D1930429

Großkommentare der Praxis

Strafgesetzbuch
Leipziger Kommentar

Großkommentar

13., neu bearbeitete Auflage

herausgegeben von
Gabriele Cirener, Henning Radtke, Ruth Rissing-van Saan,
Thomas Rönnau, Wilhelm Schluckebier

Vierter Band
§§ 38 bis 55

Bearbeiter:
§§ 38–43a: Andreas Grube
§ 44: Peter König
Vor §§ 45–51: Ursula Schneider
Vor § 52–§ 52: Ruth Rissing–van Saan
§§ 53–55: Ruth Rissing–van Saan/Daniel Scholze
Sachregister: Christian Klie

DE GRUYTER

ISBN 978-3-11-030029-1
e-ISBN (E-Book) 978-3-11-030049-9
e-ISBN (E-PUB) 978-3-11-038110-8

Library of Congress Control Number: 2018965043

Bibliografische Information der Deutschen Nationalbibliothek
Die Deutsche Nationalbibliothek verzeichnet diese Publikation in der Deutschen Nationalbibliografie; detaillierte bibliografische Daten sind im Internet über http://dnb.dnb.de abrufbar.

© 2020 Walter de Gruyter GmbH, Berlin/Boston
Satz/Datenkonvertierung: jürgen ullrich typosatz, Nördlingen
Druck und Bindung: CPI books GmbH, Leck

MIX
Papier aus verantwortungsvollen Quellen
FSC www.fsc.org FSC® C083411

www.degruyter.com

Verzeichnis der Bearbeiter der 13. Auflage

Gerhard Altvater, Bundesanwalt beim Bundesgerichtshof (Abteilungsleiter) a.D., Karlsruhe
Dr. **Christoph Barthe**, Staatsanwalt beim Bundesgerichtshof, Karlsruhe
Dr. **Alexander Baur**, Juniorprofessor an der Universität Hamburg
Dr. **Christian Brand**, Universität Konstanz
Dr. **Dominik Brodowski**, LL.M., Juniorprofessor an der Universität des Saarlandes
Dr. **Christoph Burchard**, LL.M., Universitätsprofessor an der Goethe-Universität Frankfurt am Main
Dr. **Jens Bülte**, Universitätsprofessor an der Universität Mannheim
Gabriele Cirener, Richterin am Bundesgerichtshof, Karlsruhe
Dr. **Christoph Coen**, Oberstaatsanwalt beim Bundesgerichtshof, Karlsruhe
Dr. **Gerhard Dannecker**, Universitätsprofessor an der Ruprecht-Karls-Universität Heidelberg
Dr. **Tobias Engelstätter**, Oberstaatsanwalt am Bundesgerichtshof, Karlsruhe
Dr. **Robert Esser**, Universitätsprofessor an der Universität Passau
Dr. **Ferdinand Gillmeister**, Rechtsanwalt, Freiburg
Dr. **Ingke Goeckenjan**, Universitätsprofessorin an der Ruhr-Universität Bochum
Dr. **Luís Greco**, LL.M., Universitätsprofessor an der Humboldt-Universität zu Berlin
Anette Greger, Oberstaatsanwältin beim Bundesgerichtshof, Karlsruhe
Dr. **Andreas Grube**, Richter am Bundesgerichtshof, Karlsruhe
Dr. **Anette Grünewald**, Universitätsprofessorin an der Friedrich-Schiller-Universität Jena
Dr. **Georg-Friedrich Güntge**, Leitender Oberstaatsanwalt bei der Generalstaatsanwaltschaft in Schleswig, Honorarprofessor an der Christian-Albrechts-Universität zu Kiel
Dr. **Michael Heghmanns**, Universitätsprofessor an der Westfälischen Wilhelms-Universität Münster
Dr. Dr. **Eric Hilgendorf**, Universitätsprofessor an der Julius-Maximilians-Universität Würzburg
Dr. **Tatjana Hörnle**, Universitätsprofessorin an der Humboldt-Universität zu Berlin
Dr. **Kristian Hohn**, Privatdozent an der Bucerius Law School Hamburg
Dr. **Jutta Hubrach**, Richterin am Oberlandesgericht Düsseldorf
Dr. **Florian Jeßberger**, Universitätsprofessor an der Universität Hamburg
Dr. **Johannes Koranyi**, Richter am Landgericht Bonn
Dr. **Peter König**, Richter am Bundesgerichtshof, Leipzig, Honorarprofessor an der Ludwig-Maximilians-Universität München
Dr. **Ralf Krack**, Universitätsprofessor an der Universität Osnabrück
Juliane Krause, Leitende Oberstaatsanwältin bei der Generalstaatsanwaltschaft in Bamberg
Dr. Dr. **Matthias Krauß**, Bundesanwalt beim Bundesgerichtshof, Karlsruhe
Dr. **Christoph Krehl**, Richter am Bundesgerichtshof, Karlsruhe, Honorarprofessor an der Goethe-Universität Frankfurt am Main
Dr. **Matthias Krüger**, Universitätsprofessor an der Universität München
Dr. Dr. h.c. **Michael Kubiciel**, Universitätsprofessor an der Universität Augsburg
Dr. **Hans Kudlich**, Universitätsprofessor an der Friedrich-Alexander-Universität Erlangen-Nürnberg
Dr. **Michael Lindemann**, Universitätsprofessor an der Universität Bielefeld
Dr. **Alexander Linke**, Richter am Landgericht Köln
Kai Lohse, Bundesanwalt beim Bundesgerichtshof, Karlsruhe
Dr. **Manfred Möhrenschlager**, Ministerialrat a.D., Bonn
Dr. **Andreas Mosbacher**, Richter am Bundesgerichtshof, Karlsruhe
Dr. **Svenja Münzner**, Lehrbeauftragte an der Justius-Liebig-Universität Gießen
Dr. **Uwe Murmann**, Universitätsprofessor an der Georg-August-Universität Göttingen
Dr. **Nina Nestler**, Universitätsprofessorin an der Universität Bayreuth
Dr. **Jens Peglau**, Richter am Oberlandesgericht, Hamm
Dr. **Andreas Popp**, Universitätsprofessor an der Universität Konstanz
Dr. **Henning Radtke**, Richter des Bundesverfassungsgerichts, Karlsruhe, Honorarprofessor an der Gottfried Wilhelm Leibniz Universität Hannover
Dr. **Ruth Rissing-van Saan**, Vorsitzende Richterin am Bundesgerichtshof a.D., Bochum, Honorarprofessorin an der Ruhr-Universität Bochum
Dr. **Thomas Rönnau**, Universitätsprofessor an der Bucerius Law School Hamburg
Dr. **Henning Rosenau**, Universitätsprofessor an der Martin-Luther-Universität Halle-Wittenberg

Dr. h.c. **Wilhelm Schluckebier**, Richter des Bundesverfassungsgerichts a.D., Karlsruhe
Dr. Dr. h.c. **Wilhelm Schmidt**, Bundesanwalt beim Bundesgerichtshof a.D., Karlsruhe
Dr. **Ursula Schneider**, Richterin am Bundesgerichtshof, Leipzig
Daniel Scholze, wissenschaftlicher Mitarbeiter am Bundesgerichtshof, Karlsruhe
Dr. Dres. h.c. **Friedrich-Christian Schroeder**, em. Universitätsprofessor an der Universität Regensburg
Dr. Dr. h.c. mult. **Bernd Schünemann**, em. Universitätsprofessor an der Ludwig-Maximilians-Universität München
Dr. **Jan C. Schuhr**, Universitätsprofessor an der Ruprecht-Karls-Universität Heidelberg
Dr. **Christoph Sowada**, Universitätsprofessor an der Universität Greifswald
Dr. **Mark Steinsiek**, Referat für Wettbewerbs- und Energiekartellrecht, Landeskartellbehörde, Niedersächsisches Ministerium für Wirtschaft, Arbeit, Verkehr und Digitalisierung, Hannover
Dr. **Brian Valerius**, Universitätsprofessor an der Universität Bayreuth
Dr. **Torsten Verrel**, Universitätsprofessor an der Universität Bonn
Dr. Dr. **Thomas Vormbaum**, Universitätsprofessor an der Fern-Universität Hagen
Dr. **Tonio Walter**, Universitätsprofessor an der Universität Regensburg, Richter am Bayerischen Obersten Landesgericht
Dr. **Thomas Weigend**, em. Universitätsprofessor an der Universität zu Köln
Jochen Weingarten, Oberstaatsanwalt beim Bundesgerichtshof, Karlsruhe
Lienhard Weiß, Bundesanwalt beim Bundesgerichtshof, Karlsruhe
Dr. **Gerhard Werle**, Universitätsprofessor an der Humboldt-Universität zu Berlin
Stefan Wiedner, Richter am Oberlandesgericht Koblenz
Dr. **Gereon Wolters**, Universitätsprofessor an der Ruhr-Universität Bochum
Dr. **Frank Zieschang**, Universitätsprofessor an der Julius-Maximilians-Universität Würzburg
Dr. **Georg Zimmermann**, Vorsitzender Richter am Landgericht Bielefeld

Vorwort

Der vorliegende Band umfasst den Ersten, Zweiten und Dritten Titel des Dritten Abschnitts des Allgemeinen Teils des Strafgesetzbuches mit den Vorschriften zu den Strafarten und zur Strafbemessung, mithin zu allgemein möglichen Rechtsfolgen einer Straftat. Schwerpunkt der Kommentierungen sind die gerade im Bereich der Strafzumessung zahlreichen neuen höchstrichterlichen Entscheidungen und die damit zusammenhängenden wissenschaftlichen Diskussionen. Der Gesetzgeber hat sich hingegen bis auf die mit Gesetz vom 17.8.2017 vorgenommene Erstreckung der Anwendung der Nebenstrafe des Fahrverbots (§ 44) auf verkehrsfremde Straftaten und die Verschiebung der Höchstdauer dieser Sanktion von drei auf sechs Monate bei den allgemeinen Strafzumessungsvorschriften in einer bemerkenswerten Zurückhaltung geübt.

Der Kreis der mitwirkenden Autoren hat sich nicht unerheblich verändert. Bereits seit einigen Jahren verstorben ist leider *Joachim Häger*, so dass er seine Kommentierungen in der 12. Auflage nicht mehr fortsetzen konnte. An seine Stelle getreten ist *Andreas Grube*, der die Kommentierungen zu den §§ 38 bis 43 übernommen und fortgeführt hat. Auf eigenen Wunsch ausgeschieden sind *Werner Theune* und *Klaus Geppert*. An deren Stelle haben *Ursula Schneider* die Kommentierung der §§ 45 bis 51 und *Peter König* die Kommentierung des § 44 fortgeführt. Die Bearbeitung der §§ 52 bis 55 ist in den Händen von *Ruth Rissing-van Saan* geblieben, die sich insbesondere bei der Aktualisierung der §§ 53 bis 55 auf die kenntnisreiche und wertvolle Mitarbeit von *Daniel Scholze* stützen konnte.

Den ausgeschiedenen Autoren gebührt der ausdrückliche Dank des Verlages und der Herausgeber für ihre geleistete wissenschaftliche Arbeit, die auch weiterhin das Fundament der aktuellen Bearbeitungen durch die neuen Autoren bildet, die allerdings zugleich das Ziel des Leipziger Kommentars, den aktuellen Stand der strafrechtlichen Probleme widerzuspiegeln, zu berücksichtigen haben. Die Autoren tragen letztlich die wissenschaftliche Verantwortung für Darstellung und die Auswahl der zitierten Entscheidungen und wissenschaftlichen Beiträge in Lehrbüchern, Kommentaren, Festschriften, Zeitschriften usw., sowie für die Kriterien ihrer Wahl. In der gegenwärtigen Zeit scheint es nämlich nicht mehr wirklich leistbar, die Fülle des strafrechtlichen Materials erschöpfend wiederzugeben (Siehe dazu schon das Vorwort von *Thomas Rönnau* im Bd. 3 der 13. Auflage).

Der Band 4 der 13. Auflage des Leipziger Kommentars hat durchweg den Bearbeitungsstand von Mai 2019. Teilweise konnten auch später erschienene Gerichtsentscheidungen und Literaturbeiträge berücksichtigt werden.

Bochum, im September 2019 Ruth Rissing-van Saan

https://doi.org/10.1515/9783110300499-203

Inhaltsübersicht

Abkürzungsverzeichnis

AA	Auswärtiges Amt
aA	anderer Ansicht
aaO	am angegebenen Ort
AbfG	Gesetz über die Vermeidung und Entsorgung von Abfällen (Abfallgesetz)
AbfVerbrG	Gesetz über die Überwachung und Kontrolle der grenzüberschreitenden Verbringung von Abfällen (Abfallverbringungsgesetz)
Abg.	Abgeordneter
AbgO	Reichsabgabenordnung
abgedr.	abgedruckt
Abk.	Abkommen
abl.	ablehnend
ABl.	Amtsblatt
AblEU	Amtsblatt der Europäischen Union (ab 2003); Ausgabe C: Mitteilungen und Bekanntmachungen; Ausgabe L: Rechtsvorschriften
AblKR	Amtsblatt des Kontrollrats
Abs.	Absatz
Abschn.	Abschnitt
abw.	abweichend
AbwAG	Abwasserabgabengesetz
AcP	Archiv für civilistische Praxis (zit. nach Band u. Seite)
AdVermiG	Gesetz über die Vermittlung der Annahme als Kind und über das Verbot der Vermittlung von Ersatzmüttern (Adoptionsvermittlungsgesetz)
AE	Alternativ-Entwurf eines StGB, 1966 ff
a.E.	am Ende
AEUV	Vertrag über die Arbeitsweise der Europäischen Union
ÄndG	Änderungsgesetz
ÄndVO	Änderungsverordnung
a.F.	alte Fassung
AFG	Arbeitsförderungsgesetz
AfP	Archiv für Presserecht
AG	Amtsgericht; in Verbindung mit einem Gesetz: Ausführungsgesetz
AGBG/AGB-Gesetz	Gesetz zur Regelung des Rechts der Allgemeinen Geschäftsbedingungen
AHK	Alliierte Hohe Kommission
AIDP	Association Internationale de Droit Pénal
AktG	Gesetz über Aktiengesellschaften und Kommanditgesellschaften auf Aktien (Aktiengesetz)
AktO	Anweisung für die Verwaltung des Schriftguts bei den Geschäftsstellen der Gerichte und der Staatsanwaltschaften (Aktenordnung)
allg.	allgemein
allg. M.	allgemeine Meinung
Alt.	Alternative
aM	anderer Meinung
A&M	Arzneimittel und Recht (Zeitschrift für Arzneimittel und Arzneimittelpolitik)
AMG	Arzneimittelgesetz
amtl. Begr.	amtliche Begründung
and.	anders
Angekl.	Angeklagte(r)
Anh.	Anhang
AnhRügG	Gesetz über die Rechtsbehelfe bei Verletzung des Anspruchs auf rechtliches Gehör (Anhörungsrügengesetz)
Anl.	Anlage
Anm.	Anmerkung

https://doi.org/10.1515/9783110300499-205

Annalen	Annalen des Reichsgerichts
AnwBl.	Anwaltsblatt
ao	außerordentlich
AO 1977	Abgabenordnung
AöR	Archiv des öffentlichen Rechts
AOStrÄndG	Gesetz zur Änderung strafrechtlicher Vorschriften der Reichsabgabenordnung und anderer Gesetze
AP	Arbeitsrechtliche Praxis (Nachschlagewerk des Bundesarbeitsgerichts)
AR	Arztrecht
ArchKrim.	Archiv für Kriminologie
ArchPF	Archiv für das Post- und Fernmeldewesen
ArchPR	Archiv für Presserecht
ArchPT	Archiv für Post und Telekommunikation
ARSP	Archiv für Rechts- und Sozialphilosophie
Art.	Artikel
AT	Allgemeiner Teil des Strafgesetzbuches
AtG/AtomG	Gesetz über die friedliche Verwendung der Kernenergie und den Schutz gegen ihre Gefahren (Atomgesetz)
AÜG	Arbeitnehmerüberlassungsgesetz
Auff.	Auffassung
aufgehob.	aufgehoben
Aufl.	Auflage
Aufs.	Aufsatz
AuR	Arbeit und Recht
ausdrückl.	ausdrücklich
ausführl.	ausführlich
AusfVO	Ausführungsverordnung
ausl.	ausländisch
AuslG	Ausländergesetz
AusnVO	Ausnahmeverordnung
ausschl.	ausschließlich
AV	Allgemeine Verfügung
AVG	Angestelltenversicherungsgesetz
AWG	Außenwirtschaftsgesetz
AWG/StÄG	Gesetz zur Änderung des Außenwirtschaftsgesetzes, des Strafgesetzbuches und anderer Gesetze
Az.	Aktenzeichen
b.	bei
BA	Blutalkohol, Wissenschaftliche Zeitschrift für die medizinische und die juristische Praxis
BAG	Bundesarbeitsgericht
BAGE	Entscheidungen des Bundesarbeitsgerichts (zit. nach Band u. Seite)
BAK	Blutalkoholkonzentration
BÄK	Bundesärztekammer
BÄO	Bundesärzteordnung
BAnz.	Bundesanzeiger
BauFordSiG	Bauforderungssicherungsgesetz
BauGB	Baugesetzbuch
BauR	Zeitschrift für das gesamte öffentliche und private Baurecht
Bay.	Bayern, bayerisch
BayBS	Bereinigte Sammlung des Bayerischen Landesrechts (1802–1956)
BayJagdG	Bayerisches Jagdgesetz
BayLSG	Bayerisches Landessozialgericht
BayObLG	Bayerisches Oberstes Landesgericht

BayObLGSt	Sammlung von Entscheidungen des Bayerischen Obersten Landesgerichts in Strafsachen
BayPAG	Bayerisches Polizeiaufgabengesetz
BayVBl.	Bayerische Verwaltungsblätter
BayVerf.	Verfassung des Freistaates Bayern
BayVerfGHE	s. BayVGHE
BayVerwBl.	Bayerische Verwaltungsblätter
BayVGH	Bayerischer Verwaltungsgerichtshof
BayVGHE	Sammlung von Entscheidungen des Bayerischen Verwaltungsgerichtshofs mit Entscheidungen des Bayerischen Verfassungsgerichtshofs, des Bayerischen Dienststrafhofs und des Bayerischen Gerichtshofs für Kompetenzkonflikte
BayZ	Zeitschrift für Rechtspflege in Bayern (1905–1934)
BB	Betriebs-Berater
BBG	Bundesbeamtengesetz
Bbg	Brandenburg
BBodSchG	Gesetz zum Schutz vor schädlichen Bodenveränderungen und zur Sanierung von Altlasten (Bundes-Bodenschutzgesetz)
Bd., Bde	Band, Bände
BDH	Bundesdisziplinarhof
BDO	Bundesdisziplinarordnung
BDSG	Bundesdatenschutzgesetz
BeamtStG	Beamtenstatusgesetz
Bearb.	Bearbeitung
BeckRS	Beck-Rechtsprechung/Beck online Rechtsprechung
begl.	beglaubigt
BegleitG zum TKG	Begleitgesetz zum Telekommunikationsgesetz
Begr., begr.	Begründung, begründet
Bek.	Bekanntmachung
Bekl., bekl.	Beklagter, beklagt
Bem.	Bemerkung
ber.	berichtigt
bes.	besonders, besondere(r, s)
Beschl.	Beschluss
Beschw.	Beschwerde
Bespr.	Besprechung
Best.	Bestimmung
BestechungsVO	Bestechungsverordnung
bestr.	bestritten
betr.	betreffend
BeurkG	Beurkundungsgesetz
BewH	Bewährungshilfe
BezG	Bezirksgericht
BFH	Bundesfinanzhof
BFHE	Entscheidungen des Bundesfinanzhofs (zit. nach Band u. Seite)
BfJG	Gesetz über die Errichtung des Bundesamtes für Justiz = Art. 1 des Gesetzes zur Errichtung und zur Regelung der Aufgaben des Bundesamtes für Justiz
BG	Bundesgericht (Schweiz)
BGB	Bürgerliches Gesetzbuch
BGBl. I, II, III	Bundesgesetzblatt Teil I, II und III
BGE	Entscheidungen des Schweizerischen Bundesgerichts (Amtliche Sammlung)
BGH	Bundesgerichtshof
BGHGrS	Bundesgerichtshof, Großer Senat
BGHR	BGH-Rechtsprechung

BGHSt	Entscheidungen des Bundesgerichtshofes in Strafsachen
BGHZ	Entscheidungen des Bundesgerichtshofes in Zivilsachen
BG Pr.	Die Praxis des Bundesgerichts (Entscheidungen des schweizerischen Bundesgerichts)
BilMoG	Gesetz zur Modernisierung des Bilanzrechts
BImSchG	Bundes-Immissionsschutzgesetz
BImSchVO	Bundes-Immissionsschutzverordnung
BinnSchiffG/BinSchG	Gesetz betr. die privatrechtlichen Verhältnisse der Binnenschifffahrt (Binnenschiffahrtsgesetz)
BiRiLiG	Bilanzrichtlinien-Gesetz
BJagdG	Bundesjagdgesetz
BJM	Basler Juristische Mitteilungen
BK	Basler Kommentar zum Strafgesetzbuch; auch: Bonner Kommentar zum Grundgesetz
BKA	Bundeskriminalamt
BKAG/BKrimAG	Gesetz über die Einrichtung eines Bundeskriminalpolizeiamtes (Bundeskriminalamtes)
Bln.	Berlin
Bln.GVBl.Sb.	Sammlung des bereinigten Berliner Landesrechts, Sonderband I (1806–1945) und II (1945–1967)
BlStSozArbR	Blätter für Steuern, Sozialversicherung und Arbeitsrecht
Blutalkohol	Blutalkohol, Wissenschaftliche Zeitschrift für die medizinische und juristische Praxis
BMI	Bundesminister(ium) des Inneren
BMJ	Bundesminister(ium) der Justiz
BNatSchG	Gesetz über Naturschutz und Landschaftspflege (Bundesnaturschutzgesetz)
BNotÄndG	Drittes Gesetz zur Änderung der Bundesnotarordnung und anderer Gesetze
BNotO	Bundesnotarordnung
BPolG	Bundespolizeigesetz
BR	Bundesrat
BRAGO	Bundesgebührenordnung für Rechtsanwälte
BRAK	Bundesrechtsanwaltskammer
BranntwMG/ BranntwMonG	Branntweinmonopolgesetz
BRAO	Bundesrechtsanwaltsordnung
BRAOÄndG	Gesetz zur Änderung der Bundesrechtsanwaltsordnung, der Patentrechtsanwaltsordnung und anderer Gesetze
BRD	Bundesrepublik Deutschland
BR-Drs./BRDrucks.	Bundesrats-Drucksache
BReg.	Bundesregierung
Brem.	Bremen
BremPolG	Bremisches Polizeigesetz
BRJ	Bonner Rechtsjournal
BRProt.	Protokolle des Bundesrates
BRRG	Beamtenrechtsrahmengesetz
BRStenBer.	Verhandlungen des Bundesrates, Stenographische Berichte (zit. nach Sitzung u. Seite)
BS	Sammlung des bereinigten Landesrechts
BSeuchG	Bundes-Seuchengesetz
BSG	Bundessozialgericht
BSGE	Entscheidungen des Bundessozialgerichts (zit. nach Band u. Seite)
BSHG	Bundessozialhilfegesetz
Bsp.	Beispiel
BStBl.	Bundessteuerblatt

BT	Besonderer Teil des StGB; auch: Bundestag
BT-Drs./BTDrucks.	Bundestags-Drucksache
BtMG	Gesetz über den Verkehr mit Betäubungsmitteln (Betäubungsmittelgesetz)
BTProt.	s. BTVerh.
BTRAussch.	Rechtsausschuss des Deutschen Bundestags
BTStenBer.	Verhandlungen des deutschen Bundestages, Stenographische Berichte (zit. nach Wahlperiode u. Seite)
BTVerh.	Verhandlungen des Deutschen Bundestages
Buchst.	Buchstabe
BVerfG	Bundesverfassungsgericht
BVerfGE	Entscheidungen des Bundesverfassungsgerichts
BVerfGG	Gesetz über das Bundesverfassungsgericht
BVerwG	Bundesverwaltungsgericht
BVerwGE	Entscheidungen des Bundesverwaltungsgerichts
BVV	Beitragsverfahrensverordnung
BVwVfG	(Bundes-)Verwaltungsverfahrensgesetz
BW	Baden-Württemberg
BWahlG	Bundeswahlgesetz
bzgl.	bezüglich
BZR	Bundeszentralregister
BZRG	Gesetz über das Bundeszentralregister und das Erziehungsregister (Bundeszentralregistergesetz)
bzw.	beziehungsweise
ca.	circa
CCZ	Corporate Compliance Zeitschrift
ChemG	Gesetz zum Schutz vor gefährlichen Stoffen (Chemikaliengesetz)
CR	Computer und Recht
CWÜAG	AusführungsG zum Chemiewaffenübereinkommen (CWÜ-AG)
DA	Deutschland Archiv
DÄBl.	Deutsches Ärzteblatt
dagg.	dagegen
DAR	Deutsches Autorecht
DAV	Deutscher Anwaltsverein
DB	Der Betrieb
DDevR	Deutsche Devisen-Rundschau (1951–1959)
DDR	Deutsche Demokratische Republik
DDT-G	Gesetz über den Verkehr mit DDT
DepotG	Gesetz über die Verwahrung und Anschaffung von Wertpapieren (Depotgesetz)
ders./dies.	derselbe/dieselbe
dgl.	dergleichen
DGVZ	Deutsche Gerichtsvollzieher-Zeitung
d.h.	das heißt
dies.	dieselbe(n)
Diff., diff.	Differenzierung, differenzierend
Diss.	Dissertation
DJ	Deutsche Justiz, Rechtspflege und Rechtspolitik
DJT	Deutscher Juristentag
DJZ	Deutsche Juristenzeitung (1896–1936)
DMW	Deutsche Medizinische Wochenschrift
DNA-AnalysG	Gesetz zur Novellierung der forensischen DNA-Analyse
DNutzG	Gesetz zur effektiven Nutzung von Dateien im Bereich der Staatsanwaltschaften
DÖV	Die Öffentliche Verwaltung

DOGE	Entscheidungen des Deutschen Obergerichts für das Vereinigte Wirtschaftsgebiet
DR	Deutsches Recht, Wochenausgabe (vereinigt mit Juristische Wochenschrift) (1931–1945)
DRechtsw.	Deutsche Rechtswissenschaft (1936–1943)
DRiB	Deutscher Richterbund
DRiG	Deutsches Richtergesetz
DRiZ	Deutsche Richterzeitung
DRM	Deutsches Recht, Monatsausgabe (vereinigt mit Deutsche Rechtspflege)
DRpfl.	Deutsche Rechtspflege (1936–1939)
Drs./Drucks.	Drucksache
DRsp.	Deutsche Rechtsprechung, hrsg. von Feuerhake (Loseblattsammlung)
DRZ	Deutsche Rechts-Zeitschrift (1946–1950)
DSB	Datenschutzberater
DStR	Deutsches Strafrecht (1934–1944); jetzt: Deutsches Steuerrecht
DStrR	Deutsches Steuerrecht
DStrZ	Deutsche Strafrechts-Zeitung (1914–1922)
DStZ A	Deutsche Steuerzeitung, bis Jg. 67 (1979): Ausgabe A
dt.	deutsch
DtZ	Deutsch-Deutsche Rechts-Zeitschrift
DuD	Datenschutz und Datensicherheit
DuR	Demokratie und Recht
DV	Datenverarbeitung
DVBl.	Deutsches Verwaltungsblatt
DVJJ	Deutsche Vereinigung für Jugendgerichte und Jugendgerichtshilfen e.V.
DVO	Durchführungsverordnung
DVollzO	Dienst- und Vollzugsordnung
DVP	Deutsche Verwaltungspraxis
DVR	Datenverarbeitung im Recht (bis 1985, danach vereinigt mit IuR)
DWW	Deutsche Wohnungswirtschaft
DZWIR	Deutsche Zeitschrift für Wirtschafts- und Insolvenzrecht
E	Entwurf; auch: Entscheidung
E 1927	Entwurf eines Allgemeinen Deutschen Strafgesetzbuches nebst Begründung (Reichstagsvorlage) 1927
E 62	Entwurf eines Strafgesetzbuches mit Begründung 1962
EAO	Entwurf einer Abgabenordnung
ec	electronic cash
ebd.	ebenda
EBM	Einheitlicher Bewertungsmaßstab
ebso.	ebenso
ed(s)	editor(s)
EDV	Elektronische Datenverarbeitung
EEGOWiG	Entwurf eines Einführungsgesetzes zum Gesetz über Ordnungswidrigkeiten
EEGStGB	Entwurf eines Einführungsgesetzes zum Strafgesetzbuch (EGStGB)
EFG	Entscheidungen der Finanzgerichte
EG	Einführungsgesetz bzw. Europäische Gemeinschaft(en) bzw. Erinnerungsgabe
EGBGB	Einführungsgesetz zum Bürgerlichen Gesetzbuch
EG-FinanzschutzG/ EGFinSchG	Gesetz zum Übereinkommen v. 26.8.1995 über den Schutz der finanziellen Interessen der Europäischen Gemeinschaften
EGGVG	Einführungsgesetz zum Gerichtsverfassungsgesetz
EGH/EhrenGHE	Ehrengerichtliche Entscheidungen der Ehrengerichtshöfe der Rechtsanwaltschaft des Bundesgebiets und des Landes Berlin
EGInsO	Einführungsgesetz zur Insolvenzordnung

EGInsOÄndG	Gesetz zur Änderung des Einführungsgesetzes zur Insolvenzordnung und anderer Gesetze
EGKS	Europäische Gemeinschaft für Kohle und Stahl
EGMR	Europäischer Gerichtshof für Menschenrechte
EGOWiG	Einführungsgesetz zum Gesetz über Ordnungswidrigkeiten
EGStGB	Einführungsgesetz zum Strafgesetzbuch
EGStPO	Einführungsgesetz zur Strafprozeßordnung
EGV	Vertrag zur Gründung der Europäischen Gemeinschaft
EheG	Ehegesetz
ehem.	ehemalig
Einf.	Einführung
eingeh.	eingehend
einschl.	einschließlich
einschr.	einschränkend
Einl.	Einleitung
EJF	Entscheidungen aus dem Jugend- und Familienrecht (1951–1969)
EKMR	Europäische Kommission für Menschenrechte
EmmingerVO	Verordnung über Gerichtsverfassung und Strafrechtspflege
EMRK	Europäische Menschenrechtskonvention
entgg.	entgegen
Entsch.	Entscheidung
entspr.	entsprechend
Entw.	Entwurf
Erg.	Ergebnis bzw. Ergänzung
ErgBd.	Ergänzungsband
ErgThG	Ergotherapeutengesetz
Erl.	Erläuterung
Erw.	Erwiderung
ESchG	Embryonenschutzgesetz
EssGespr.	Essener Gespräche zum Thema Staat und Kirche
EStG	Einkommensteuergesetz
etc.	et cetera
Ethik Med.	Ethik in der Medizin
ETS	European Treaty Series
EU	Europäische Union
EU-ABl	Amtsblatt der Europäischen Union
EUBestG	Gesetz zum Protokoll v. 27.9.1996 zum Übereinkommen über den Schutz der finanziellen Interessen der Europäischen Gemeinschaften (EU-Bestechungsgesetz)
EuCLR	European Criminal Law Review
eucrim	The European Criminal Law Associations' Forum
EuGH	Gerichtshof der Europäischen Gemeinschaft
EuGHE	Entscheidungen des Gerichtshofs der Europäischen Gemeinschaften – Amtliche Sammlung
EUGrdRCh	Charta der Grundrechte der Europäischen Union
EuGRZ	Europäische Grundrechte-Zeitschrift
EuHbG	Gesetz zur Umsetzung des Rahmenbeschlusses über den Europäischen Haftbefehl und die Übergabeverfahren zwischen den Mitgliedstaaten der Europäischen Union (Europäisches Haftbefehlsgesetz – EuHbG)
EuR	Europarecht
EurGHMR	Europäischer Gerichtshof für Menschenrechte
EurKomMR	Europäische Kommission für Menschenrechte
europ.	europäisch
EuropolG	Europol-Gesetz
EUV	Vertrag über die Europäische Union

EuZW	Europäische Zeitschrift für Wirtschaftsrecht
EV	Vertrag zwischen der Bundesrepublik Deutschland und der Deutschen Demokratischen Republik über die Herstellung der Einheit Deutschlands – Einigungsvertrag
EV I bzw. II	Anlage I bzw. II zum EV
evtl.	eventuell
EWG	Europäische Wirtschaftsgemeinschaft
EWGV	Vertrag zur Gründung der Europäischen Wirtschaftsgemeinschaft
EWIR	Entscheidungen zum Wirtschaftsrecht
EWiV	Europäische wirtschaftliche Interessenvereinigung
EWR	Schriftenreihe zum europäischen Weinrecht; auch: Europäischer Wirtschaftsraum
EzSt	Entscheidungssammlung zum Straf- u. Ordnungswidrigkeitenrecht, hrsg. von Lemke
f, ff	folgende, fortfolgende
FA	Fachanwalt für Arbeitsrecht
FAG	Gesetz über Fernmeldeanlagen
FamRZ	Ehe und Familie im privaten und öffentlichen Recht. Zeitschrift für das gesamte Familienrecht
FAO	Fachanwaltsordnung
FAZ	Frankfurter Allgemeine Zeitung
FD-StrafR	Fachdienst Strafrecht
Festschr.	Festschrift
FG	Finanzgericht; auch: Festgabe
FGG	Gesetz über die Angelegenheiten der freiwilligen Gerichtsbarkeit
FGO	Finanzgerichtsordnung
fin.	finanziell
FinDAG	Finanzdienstleistungsaufsichtsgesetz
FinVerwG/FVG	Gesetz über die Finanzverwaltung
FlaggRG/FlRG	Gesetz über das Flaggenrecht der Seeschiffe und die Flaggenführung der Binnenschiffe (Flaggenrechtsgesetz)
FLF	Finanzierung, Leasing, Factoring
FlRV	Flaggenrechtsverordnung
FMStG	Finanzmarktstabilisierungsgesetz
Fn.	Fußnote
Forens Psychiatr Psychol Kriminol	Forensische Psychiatrie, Psychologie, Kriminologie
Fortschr Neurol Psychiat	Fortschritte der Neurologie. Psychiatrie
fragl.	fraglich
FS	Festschrift
G bzw. Ges.	Gesetz
G 10	Gesetz zur Beschränkung des Brief-, Post- und Fernmeldegeheimnisses (Gesetz zu Artikel 10 Grundgesetz)
GA	Goltdammer's Archiv für Strafrecht, zit. nach Jahr u. Seite (bis 1933: Archiv für Strafrecht und Strafprozeß, zit. nach Band u. Seite)
GAA	Geldausgabeautomat
GBA	Generalbundesanwalt
GBG	Gesetz über die Beförderung gefährlicher Güter
GBl.	Gesetzblatt
GbR	Gesellschaft bürgerlichen Rechts
geänd.	geändert
GebFra	Geburtshilfe und Frauenheilkunde

GedS	Gedächtnisschrift
gem.	gemäß
Gemeinsame-Dateien-Gesetz	Gesetz zur Errichtung gemeinsamer Dateien von Polizeibehörden und Nachrichtendiensten des Bundes und der Länder
GenG	Gesetz betreffend die Erwerbs- und Wirtschaftsgenossenschaften
GenStA	Generalstaatsanwalt
GerS	Der Gerichtssaal
GeschlKG/GeschlkrG	Gesetz zur Bekämpfung der Geschlechtskrankheiten
GeschO	Geschäftsordnung
gesetzl.	gesetzlich
GesO	Gesamtvollstreckungsordnung
GesR	Gesundheitsrecht (Zeitschrift für Arztrecht, Krankenrecht, Apotheken- und Arzneimittelrecht)
GesRZ	Der Gesellschafter
GewArch	Gewerbearchiv, Zeitschrift für Gewerbe- und Wirtschaftsverwaltungsrecht
GewO	Gewerbeordnung
GewVerbrG	Gesetz gegen gefährliche Gewohnheitsverbrecher und über Maßregeln der Sicherung und Besserung
gg.	gegen
GG	Grundgesetz für die Bundesrepublik Deutschland
ggf.	gegebenenfalls
GjS/GjSM	Gesetz über die Verbreitung jugendgefährdender Schriften und Medieninhalte
GKG	Gerichtskostengesetz
GKÖD	Gesamtkommentar Öffentliches Dienstrecht
gl.	gleich
GmbHG	Gesetz betreffend die Gesellschaften mit beschränkter Haftung
GmbHR/GmbH-Rdsch	GmbH-Rundschau (vorher: Rundschau für GmbH)
GMBl.	Gemeinsames Ministerialblatt
GnO	Gnadenordnung (Landesrecht)
GOÄ	Gebührenordnung für Ärzte
GoB	Grundsätze ordnungsmäßiger Buchführung
GoBi	Grundsätze ordnungsmäßiger Bilanzierung
grdl.	grundlegend
grds.	grundsätzlich
GrS	Großer Senat
GrSSt	Großer Senat in Strafsachen
GRUR	Gewerblicher Rechtsschutz und Urheberrecht
GS	Der Gerichtssaal (zit. nach Band u. Seite); auch: Gedächtnisschrift
GSNW	Sammlung des bereinigten Landesrechts Nordrhein-Westfalen (1945–1956)
GSSchlH	Sammlung des schleswig-holsteinischen Landesrechts, 2 Bde (1963)
GÜG	Gesetz zur Überwachung des Verkehrs mit Grundstoffen, die für die unerlaubte Herstellung von Betäubungsmitteln mißbraucht werden können
GV	Gemeinsame Verfügung (mehrerer Ministerien) (auch: Grundlagenvertrag)
GVBl.	Gesetz- und Verordnungsblatt
GVBl. I–III	Sammlung des bereinigten Hessischen Landesrechts
GVG	Gerichtsverfassungsgesetz
GWB	Gesetz gegen Wettbewerbsbeschränkungen
GwG	Gesetz über das Aufspüren von Gewinnen aus schweren Straftaten (Geldwäschegesetz)
h.A.	herrschende Ansicht
HaagLKO/HLKO	Haager Abkommen betr. die Gesetze und Gebräuche des Landkriegs
HAG	Heimarbeitsgesetz

Halbs./Hbs.	Halbsatz
Hamb.	Hamburg
HambJVBl	Hamburgisches Justizverwaltungsblatt
HambSOG	Hamburger Sicherheits- und Ordnungsgesetz
HannRpfl	Hannoversche Rechtspflege
Hans.	Hanseatisch
HansGZ bzw. HGZ	Hanseatische Gerichtszeitung (1889–1927)
HansJVBl	Hanseatisches Justizverwaltungsblatt (bis 1946/47)
HansOLGSt	Entscheidungen des Hanseatischen Oberlandesgerichts in Strafsachen (1879–1932/33)
HansRGZ	Hanseatische Rechts- und Gerichtszeitschrift (1928–43), vorher:
HansRZ	Hanseatische Rechtszeitschrift für Handel, Schiffahrt und Versicherung, Kolonial- und Auslandsbeziehungen sowie für Hansestädtisches Recht (1918–1927)
Hdb.	Handbuch
HdbStR	Isensee/Kirchhof (Hrsg.), Handbuch des Staatsrechts der Bundesrepublik Deutschland
HeilPrG	Gesetz über die berufsmäßige Ausübung der Heilkunde ohne Bestallung (Heilpraktikergesetz)
Hess.	Hessen
HessSOG	Hessisches Sicherheits- und Ordnungsgesetz
HESt	Höchstrichterliche Entscheidungen, Sammlung von Entscheidungen der Oberlandesgerichte und der Obersten Gerichte in Strafsachen (1948–49)
HFR	Höchstrichterliche Finanzrechtsprechung
HGB	Handelsgesetzbuch
hins.	hinsichtlich
Hinw.	Hinweis
h.L.	herrschende Lehre
h.M.	herrschende Meinung
HöchstRR	Höchstrichterliche Rechtsprechung auf dem Gebiete des Strafrechts, Beilage zur Zeitschrift für die gesamte Strafrechtswissenschaft (1 zu Bd. 46, 2 zu Bd. 47, 3 zu Bd. 48)
HRR	Höchstrichterliche Rechtsprechung (1928–1942), bis 1927: Die Rechtsprechung, Beilage zur Zeitschrift Juristische Rundschau
HRRS	Höchstrichterliche Rechtsprechung im Strafrecht
Hrsg. bzw. hrsg.	Herausgeber bzw. herausgegeben
h. Rspr.	herrschende Rechtsprechung
HwO	Handwerksordung
HWiStR	Krekeler/Tiedemann/Ulsenheimer/Weinmann (Hrsg.) Handwörterbuch des Wirtschafts- und Steuerstrafrechts
i. Allg.	im Allgemeinen
i. allg. S.	im allgemeinen Sinne
i.d.F.	in der Fassung
i.d.R.	in der Regel
i.d.S.	in diesem Sinne
i.E./i. Erg.	im Ergebnis
i.e.S.	im engeren Sinne
IGH	Internationaler Gerichtshof
i. gl. S.	im gleichen Sinne
i. Grds.	im Grundsatz
IHK	Industrie- und Handelskammer
i.H.v.	in Höhe von
ILC	International Law Commission
ILM	International Legal Materials

IM	Innenminister(ium)
IMT	International Military Tribunal (Nürnberg)
inl.	inländisch
insb./insbes.	insbesondere
insges.	insgesamt
InsO	Insolvenzordnung
IntBestG	Gesetz zur Bekämpfung internationaler Bestechung
inzw.	inzwischen
IPBPR	Internationaler Pakt über bürgerliche und politische Rechte
i.R.d.	im Rahmen der/des
IRG	Gesetz über die internationale Rechtshilfe in Strafsachen
i.R.v.	im Rahmen von
IStGH-Statut	Internationaler Strafgerichtshof – Statut
IStR	Internationales Strafrecht
i.S.	im Sinne
i.S.d.	im Sinne der/des
i.S.e.	im Sinne einer(s)
IStGH	(ständiger) Internationaler Strafgerichtshof (Den Haag)
i.S.v.	im Sinne von
i. techn. S.	im technischen Sinne
ITRB	IT-Rechtsberater
i.U.	im Unterschied
i. Üb.	im Übrigen
IuKDG	Gesetz zur Regelung der Rahmenbedingungen für Informations- und Kommunikationsdienste (Informations- und Kommunikationsdienstegesetz)
IuR	Informatik und Recht
iuris	Rechtsportal der iuris-GmbH
iurisPR	iuris-Praxis-Report (Anmerkungen)
i.V.m.	in Verbindung mit
i.W.	im Wesentlichen
i.w.S.	im weiteren Sinne
i.Z.m.	im Zusammenhang mit
JA	Juristische Arbeitsblätter für Ausbildung und Examen
JahrbÖR	Jahrbuch des öffentlichen Rechts der Gegenwart
JahrbPostw.	Jahrbuch des Postwesens (1937–1941/42)
JA-R	Juristische Arbeitsblätter – Rechtsprechung
JAVollzO	Jugendarrestvollzugsordnung
JBeitrO	Justizbeitreibungsordnung
JBl.	Justizblatt; auch: Juristische Blätter (Österreich)
JBlRhPf.	Justizblatt Rheinland-Pfalz
JBl Saar	Justizblatt des Saarlandes
JbVerkR	Jahrbuch Verkehrsrecht
jew.	jeweils
JFGErg.	Entscheidungen des Kammergerichts und des Oberlandesgerichts München in Kosten-, Straf-, Miet- und Pachtschutzsachen (= Jahrbuch für Entscheidungen in Angelegenheiten der freiwilligen Gerichtsbarkeit und des Grundbuchrechts. ErgBd.)
JGG	Jugendgerichtsgesetz
JK	Jura-Kartei
JKomG	Gesetz über die Verwendung elektronischer Kommunikationsformen in der Justiz (Justizkommunikationsgesetz)
JM	Justizminister(ium)
JMBlNRW/JMBlNW	Justizministerialblatt für das Land Nordrhein-Westfalen
JÖSchG	Gesetz zum Schutze der Jugend in der Öffentlichkeit

JOR	Jahrbuch für Ostrecht
JöR	Jahrbuch des öffentlichen Rechts der Gegenwart
JR	Juristische Rundschau
JRE	Jahrbuch für Recht und Ethik
JSt	Journal für Strafrecht
JStGH	Internationaler Strafgerichtshof für das ehemalige Jugoslawien
JStGH-Statut	Internationaler Strafgerichtshof für das ehemalige Jugoslawien – Statut
1. JuMoG	Erstes Gesetz zur Modernisierung der Justiz (1. Justizmodernisierungsgesetz)
2. JuMoG	Zweites Gesetz zur Modernisierung der Justiz (2. Justizmodernisierungsgesetz)
JurA	Juristische Analysen
Jura	Juristische Ausbildung
JurBl./JBl.	Juristische Blätter
JurJahrb.	Juristen-Jahrbuch
JurPC	Internet-Zeitschrift für Rechtsinformatik und Informationsrecht
JuS	Juristische Schulung, Zeitschrift für Studium und Ausbildung
Justiz	Die Justiz, Amtsblatt des Justizministeriums von Baden-Württemberg
JuV	Justiz und Verwaltung
JVA	Justizvollzugsanstalt
JVBl.	Justizverwaltungsblatt
JVKostO	Gesetz über Kosten im Bereich der Justizverwaltung
JVollz.	Jugendstrafvollzugsordnung; s. auch JAVollzO
JW	Juristische Wochenschrift
JWG	Jugendwohlfahrtsgesetz
JZ	Juristenzeitung
JZ-GD	Juristenzeitung – Gesetzgebungsdienst
Kap.	Kapitel
KastG/KastrG	Gesetz über die freiwillige Kastration
KE	Kommissionsentwurf
KFG	Gesetz über den Verkehr mit Kraftfahrzeugen
Kfz.	Kraftfahrzeug
KG	Kammergericht bzw. Kommanditgesellschaft
KGJ	Jahrbuch für Entscheidungen des Kammergerichts in Sachen der freiwilligen Gerichtsbarkeit, in Kosten-, Stempel- und Strafsachen (1881–1922)
KindRG	Gesetz zur Reform des Kindschaftsrechts
KJ	Kritische Justiz
KKZ	Kommunal-Kassen-Zeitschrift
KO	Konkursordnung
KOM	(EU-)Kommission
KorBekG/KorrBekG/ KorrBG	Gesetz zur Bekämpfung der Korruption
K&R	Kommunikation und Recht
KRABl.	s. ABlKR
KreditwesenG/KWG	Gesetz über das Kreditwesen
KRG	Kontrollratsgesetz
KriegswaffKG/KWKG	Gesetz über die Kontrolle von Kriegswaffen
KrimAbh.	Kriminalistische Abhandlungen, hrsg. von Exner
KrimGwFr	Kriminologische Gegenwartsfragen (zit. nach Band u. Seite)
Kriminalistik	Kriminalistik, Zeitschrift für die gesamte kriminalistische Wissenschaft und Praxis
KrimJournal	Kriminologisches Journal
KriPoZ	Kriminalpolitische Zeitschrift
krit.	kritisch

KritJ/Krit. Justiz	Kritische Justiz
KritV/KritVj	Kritische Vierteljahresschrift für Gesetzgebung und Rechtsprechung
KrW-/AbfG	Gesetz zur Förderung der Kreislaufwirtschaft und Sicherung der umweltverträglichen Beseitigung von Abfällen (Kreislaufwirtschafts- und Abfallgesetz)
KTS	Konkurs-, Treuhand- und Schiedsgerichtswesen (jetzt: Zeitschrift für Insolvenzrecht)
KunstUrhG/KUrhG	Kunsturhebergesetz
KuT	Konkurs-, Treuhand- und Schiedsgerichtswesen
KuV/k+v/K+V	Kraftfahrt und Verkehrsrecht, Zeitschrift der Akademie für Verkehrswissenschaft, Hamburg
KWG	s. KreditwesenG
LegPer.	Legislaturperiode
Lfg.	Lieferung
LFGB	Lebens- und Futtermittelgesetzbuch
LG	Landgericht
lit.	littera (Buchstabe)
Lit.	Literatur
LKRZ	Zeitschrift für Landes- und Kommunalrecht Hessen/Rheinland-Pfalz/Saarland
LM	Nachschlagewerk des Bundesgerichtshofs, hrsg. v. Lindenmaier/Möhring u.a. (zit. nach Paragraph und Nummer)
LMBG	Gesetz über den Verkehr mit Lebensmitteln, Tabakerzeugnissen, kosmetischen Mitteln und sonstigen Bedarfsgegenständen (Lebensmittel- und Bedarfsgegenständegesetz)
LPG	Landespressegesetz
LPK	Lehr- und Praxiskommentar
LRA	Landratsamt
LRE	Sammlung lebensmittelrechtlicher Entscheidungen
LS	Leitsatz
lt.	laut
LT	Landtag
Ltd.	Limited (Private company limited by shares)
LuftSiG	Gesetz zur Neuregelung von Luftsicherheitsaufgaben (Luftsicherheitsgesetz)
LuftVG	Luftverkehrgesetz
LuftVO/LuftVVO	Verordnung über den Luftverkehr
LuftVZO	Luftverkehrs-Zulassungs-Ordnung
LVerf.	Landesverfassung
LVwG SH	Landesverwaltungsgesetz Schleswig-Holstein
LZ	Leipziger Zeitschrift für Deutsches Recht (1907–1933)
m.	mit
m. Anm.	mit Anmerkung
Mat.	Materialien zur Strafrechtsreform (1954). Band I: Gutachten der Strafrechtslehrer. Band II: Rechtsvergleichende Arbeiten
m.a.W.	mit anderen Worten
m. Bespr.	mit Besprechung
MdB	Mitglied des Bundestages
MdL	Mitglied des Landtages
MDR	Monatsschrift für Deutsches Recht
MDStV	Staatsvertrag über Mediendienste
MedR	Medizinrecht
MedSach	Der Medizinische Sachverständige
MEPolG	Musterentwurf eines einheitlichen Polizeigesetzes

MfS	Ministerium für Staatssicherheit
mit Nachw.	mit Nachweisen
MiStra	Anordnung über Mitteilungen in Strafsachen
missverst.	missverständlich
Mitt.	Mitteilung
MittIKV	Mitteilungen der Internationalen Kriminalistischen Vereinigung (1889–1914; 1926–1933)
MK	Münchener Kommentar zum Strafgesetzbuch
m. krit. Anm.	mit kritischer Anmerkung (von)
MMR	MultiMedia und Recht
MMW	Münchner Medizinische Wochenschrift
MoMiG	Gesetz zur Modernisierung des GmbH-Rechts und zur Bekämpfung von Missbräuchen
MRG	Militärregierungsgesetz
MschrKrim./MonKrim.	Monatsschrift für Kriminologie und Strafrechtsreform
MschrKrimBiol/ MonKrimBiol.	Monatsschrift für Kriminalbiologie und Strafrechtsreform
MschrKrimPsych/ MonKrimPsych.	Monatsschrift für Kriminalpsychologie und Strafrechtsreform (1904/05–1936)
MStGO	Militärstrafgerichtsordnung
m.w.N.	mit weiteren Nachweisen
m. zust./abl. Anm.	mit zustimmender/ablehnender Anmerkung
Nachtr.	Nachtrag
Nachw.	Nachweis
NATO-Truppenstatut/ NTS	Abkommen zwischen den Parteien des Nordatlantikvertrags v. 19.6.1951 über die Rechtsstellung ihrer Truppen (NATO-Truppenstatut)
Nds.	Niedersachsen
NdsRpfl./Nds.Rpfl	Niedersächsische Rechtspflege
NdsSOG	Niedersächsisches Sicherheits- und Ordnungsgesetz
NEhelG	Gesetz über die Rechtsstellung der nichtehelichen Kinder
n.F.	neue Fassung
Niederschr./ Niederschriften	Niederschriften über die Sitzungen der Großen Strafrechtskommission
Nieders.GVBl. (Sb. I, II)	Niedersächsisches Gesetz- und Verordnungsblatt, Sonderband I und II, Sammlung des bereinigten niedersächsischen Rechts
NJ	Neue Justiz
NJOZ	Neue Juristische Online-Zeitschrift
NJW	Neue Juristische Wochenschrift
NJW-CoR	Computerreport der Neuen Juristischen Wochenschrift
NJW-RR	NJW-Rechtsprechungs-Report Zivilrecht
NK	Nomos Kommentar zum Strafgesetzbuch
NKrimP	Neue Kriminalpolitik
NPA	Neues Polizei-Archiv
Nr.(n)	Nummer(n)
NRW	Nordrhein-Westfalen
NStE	Neue Entscheidungssammlung für Strafrecht, hrsg. von Rebmann, Dahs und Miebach
NStZ	Neue Zeitschrift für Strafrecht
NStZ-RR	NStZ-Rechtsprechungs-Report Strafrecht
NuR	Natur und Recht
NVwZ	Neue Zeitschrift für Verwaltungsrecht
NWB	Neue Wirtschaftsbriefe für Steuer- und Wirtschaftsrecht
NWVBl	Nordrhein-Westfälische Verwaltungsblätter
NZA	Neue Zeitschrift für Arbeits- und Sozialrecht

NZA-RR	NZA-Rechtsprechungsreport Arbeitsrecht
NZBau	Neue Zeitschrift für Baurecht und Vergaberecht
NZG	Neue Zeitschrift für Gesellschaftsrecht
NZI	Neue Zeitschrift für das Recht der Insolvenz und Sanierung
NZM	Neue Zeitschrift für Miet- und Wohnungsrecht
NZS	Neue Zeitschrift für Sozialrecht
NZV	Neue Zeitschrift für Verkehrsrecht
NZWehrr/NZWehrR	Neue Zeitschrift für Wehrrecht
NZWiSt	Neue Zeitschrift für Wirtschafts-, Steuer- und Unternehmensstrafrecht
o.	oben
o.ä.	oder ähnlich
ob. dict.	obiter dictum
OBGer	Obergericht (Schweizer Kantone)
öffentl.	öffentlich
OECD	Organisation for Economic Cooperation and Development
ÖJZ/ÖstJZ	Österreichische Juristenzeitung
Öst OGH	Österreichischer Oberster Gerichtshof; ohne Zusatz: Entscheidung des Öst OGH in Strafsachen (zit. nach Band und Seite)
o.g.	oben genannt
OG	Oberstes Gericht der DDR
OGDDR	Entscheidungen des Obersten Gerichts der DDR
OGH	Oberster Gerichtshof (Österreich)
OGHBrZ	Oberster Gerichtshof für die Britische Zone
OGHSt	Entscheidungen des Obersten Gerichtshofes für die Britische Zone in Strafsachen (1949/50)
OHG	Offene Handelsgesellschaft
OLG	Oberlandesgericht
OLGSt	Entscheidungen der Oberlandesgerichte zum Straf- u. Strafverfahrensrecht (zit. nach Paragraph u. Seite, n.F. nach Paragraph u. Nummer)
OR	Obligationenrecht (Schweiz)
o.R.	ohne Rechnung
OrgK	Organisierte Kriminalität
OrgKG	Gesetz zur Bekämpfung des illegalen Rauschgifthandels und anderer Erscheinungsformen der Organisierten Kriminalität
OrgKVerbG	Gesetz zur Verbesserung der Bekämpfung der Organisierten Kriminalität
OVG	Oberverwaltungsgericht
OWiG	Gesetz über Ordnungswidrigkeiten
PAO	Patentanwaltsordnung
PartG	Gesetz über die politischen Parteien (Parteiengesetz)
PartGG	Partnerschaftsgesellschaftsgesetz
PatG	Patentgesetz
PAuswG	Gesetz über Personalausweise
PersV	Die Personalverwaltung
PflanzenSchG/PflSchG	Gesetz zum Schutz der Kulturpflanzen (Pflanzenschutzgesetz)
PharmR	PharmaRecht
PHI	Produkthaftpflicht International
PIF	Protection des Intérêts Financiers (EU)
PIN	Personal Identification Number
PlProt.	Plenarprotokoll
PolG	Polizeigesetz
polit.	politisch
Polizei	Die Polizei (seit 1955: Die Polizei – Polizeipraxis)
PolV/PolVO	Polizeiverordnung

PostG	Gesetz über das Postwesen (Postgesetz)
PostO	Postordnung
Pr.	Preußen
PrG	Pressegesetz
PrGS	Preußische Gesetzessammlung (1810–1945)
ProdSG	Produktsicherheitsgesetz
Prot.	Protokolle über die Sitzungen des Sonderausschusses für die Strafrechtsreform
Prot. BT-RA	Protokolle des Rechtsausschusses des Deutschen Bundestages (zit. nach Nummern)
Pr. OT	Preußisches Obertribunal
PrOVG	Preußisches Oberverwaltungsgericht
PrPVG	Preußisches Polizeiverwaltungsgesetz
PrZeugnVerwG	Gesetz über das Zeugnisverweigerungsrecht der Mitarbeiter von Presse und Rundfunk
PStG	Personenstandsgesetz
PStR	Praxis Steuerstrafrecht
psych.	psychisch
PsychThG	Gesetz über die Berufe des psychologischen Psychotherapeuten und des Kinder- und Jugendlichenpsychotherapeuten (PsychotherapeutenG)
PTV	Polizei, Technik, Verkehr
PVT	Polizei, Verkehr und Technik
qualif.	qualifizierend
R	Rechtsprechung des Reichsgerichts in Strafsachen (zit. nach Band u. Seite)
RabgO/RAO	Reichsabgabenordnung
RAussch.	Rechtsausschuss
RBerG	Gesetz zur Verhütung von Mißbrauch auf dem Gebiet der Rechtsberatung
RdA	Recht der Arbeit
RdErl.	Runderlass
RdJB	Recht der Jugend und des Bildungswesens
RdK	Das Recht des Kraftfahrers, Unabhängige Monatsschrift des Kraftverkehrsrechts (1926–43, 1949–55)
Rdn.	Randnummer
Rdschr./RdSchr.	Rundschreiben
RDStH	Entscheidungen des Reichsdienststrafhofs (1939–41)
RDStO	Reichsdienststrafordnung
RDV	Recht der Datenverarbeitung
Recht	Das Recht, begründet von Soergel (1897–1944)
RechtsM	Rechtsmedizin
rechtspol.	rechtspolitisch
RechtsTh	Rechtstheorie
rechtsvergl.	rechtsvergleichend
RefE	Referentenentwurf
Reg.	Regierung
RegBl.	Regierungsblatt
rel.	relativ
RfStV	Rundfunkstaatsvertrag
RG	Reichsgericht
RGBl., RGBl. I, II	Reichsgesetzblatt, von 1922–1945 Teil I und Teil II
RGRspr.	Rechtsprechung des Reichsgerichts in Strafsachen (1879–1888)
RGSt	Entscheidungen des Reichsgerichts in Strafsachen
RGZ	Entscheidungen des Reichsgerichts in Zivilsachen
RHG	Rechnungshofgesetz

RHilfeG/RHG	Gesetz über die innerdeutsche Rechts- und Amtshilfe in Strafsachen
RhPf.	Rheinland-Pfalz
RiAA	Grundsätze des anwaltlichen Standesrechts – Richtlinien gem. § 177 Abs. 2 Satz 2 BRAO
RIDP	Revue internationale de droit pénal
RiJGG	Richtlinien der Landesjustizverwaltungen zum Jugendgerichtsgesetz
RiOWiG	Gemeinsame Anordnung über die Zuständigkeit der Staatsanwaltschaft zur Verfolgung von Ordnungswidrigkeiten und über die Zusammenarbeit mit den Verwaltungsbehörden
RiStBV	Richtlinien für das Strafverfahren und das Bußgeldverfahren
RiVASt	Richtlinien für den Rechtshilfeverkehr mit dem Ausland in strafrechtlichen Angelegenheiten
RIW	Recht der Internationalen Wirtschaft
RJagdG	Reichsjagdgesetz
RKG/RKnappschG	Reichsknappschaftsgesetz
RKGE	Entscheidungen des Reichskriegsgerichts
RMBl.	Reichsministerialblatt, Zentralblatt für das Deutsche Reich (1923–45)
RMG/RMilGE	Entscheidungen des Reichsmilitärgerichts (zit. nach Band u. Seite)
RöntgVO/RöV	Röntgenverordnung
ROW	Recht in Ost und West. Zeitschrift für Rechtsvergleichung und interzonale Rechtsprobleme
R & P	Recht und Psychiatrie
Rpfleger	Der Deutsche Rechtspfleger
RpflG	Rechtspflegergesetz
RPostG	Reichspostgesetz
Rspr.	Rechtsprechung
RStGB	Reichsstrafgesetzbuch
RStGH	Internationaler Strafgerichtshof für Ruanda
RStGH-Statut	Internationaler Strafgerichtshof für Ruanda – Statut
RT	Reichstag
RTDrucks.	Drucksachen des Reichstages
RTVerh.	Verhandlungen des Reichstages
RuP	Recht und Politik. Vierteljahreshefte für Rechts- und Verwaltungspolitik
RVG	Rechtsanwaltsvergütungsgesetz
RVO	Reichsversicherungsordnung
s.	siehe
S.	Seite oder Satz
s.a.	siehe auch
SA	Sonderausschuss für die Strafrechtsreform
SaarPolG	Saarländisches Polizeigesetz
SaarRZ	Saarländische Rechts- und Steuerzeitschrift
SaBremR	Sammlung des bremischen Rechts (1964)
SächsArch.	Sächsisches Archiv für Rechtspflege, seit 1924 (bis 1941/42). Archiv für Rechtspflege in Sachsen, Thüringen und Anhalt
SächsOLG	Annalen des Sächsischen Oberlandesgerichts zu Dresden (1880–1920)
SächsPolG	Sächsisches Polizeigesetz
Sarl	Societé à responsabilité limitée
SchAZtg	Schiedsamts-Zeitung
ScheckG/SchG	Scheckgesetz
SchiedsmZ	Schiedsmannszeitung (1926–1945), seit 1950 Der Schiedsmann
SchKG	Gesetz zur Vermeidung und Bewältigung von Schwangerschaftskonflikten (Schwangerschaftskonfliktgesetz)
SchlH	Schleswig-Holstein

SchlHA	Schleswig-Holsteinische Anzeigen
Schriften der MGH	Schriften der Monumenta Germanicae historica
SchwangUG	(DDR-)Gesetz über die Unterbrechung der Schwangerschaft
SchwarzArbG	Schwarzarbeitsbekämpfungsgesetz
schweiz.	schweizerisch
SchwJZ	Schweizerische Juristen-Zeitung
SchwZStr.	Schweizer Zeitschrift für Strafrecht
SeeArbG	Seearbeitsgesetz
SeemannsG	Seemannsgesetz
SeeRÜbk./SRÜ	Seerechtsübereinkommen der Vereinten Nationen; Vertragsgesetz
Sen.	Senat
SeuffBl.	Seufferts Blätter für Rechtsanwendung (1836–1913)
SexualdelikteBekG	Gesetz zur Bekämpfung von Sexualdelikten und anderen gefährlichen Straftaten – Sexualdeliktebekämpfungsgesetz –
SFHÄndG	Schwangeren- und Familienhilfeänderungsgesetz
SFHG	Gesetz zum Schutz des vorgeburtlichen/werdenden Lebens, zur Förderung einer kinderfreundlicheren Gesellschaft, für Hilfen im Schwangerschaftskonflikt und zur Regelung des Schwangerschaftsabbruchs (Schwangeren- und Familienhilfegesetz)
SG/SoldatG	Gesetz über die Rechtsstellung der Soldaten
SGB I, III, IV, V, VIII, X, XI	I: Sozialgesetzbuch, Allgemeiner Teil III: Sozialgesetzbuch, Arbeitsförderung IV: Sozialgesetzbuch, Gemeinsame Vorschriften für die Sozialversicherung V: Sozialgesetzbuch, Gesetzliche Krankenversicherung VIII: Sozialgesetzbuch, Kinder- und Jugendhilfe X: Sozialgesetzbuch, Verwaltungsverfahren, Zusammenarbeit der Leistungsträger und ihre Beziehung zu Dritten XI: Soziale Pflegeversicherung
SGb.	Sozialgerichtsbarkeit
SGG	Sozialgerichtsgesetz
SGV.NW	Sammlung des bereinigten Gesetz- und Verordnungsblatts für das Land Nordrhein-Westfalen (Loseblattsammlung)
SichVG	Gesetz zur Rechtsvereinheitlichung der Sicherungsverwahrung
SJZ	Süddeutsche Juristen-Zeitung (1946–50), dann Juristenzeitung
SK	Systematischer Kommentar zum Strafgesetzbuch
Slg.	Sammlung der Rechtsprechung des EuGH
s.o.	siehe oben
sog.	sogenannt(e)
Sonderausschuss	Sonderausschuss des Bundestages für die Strafrechtsreform, Niederschriften zitiert nach Wahlperiode und Sitzung
SortenSchG	Gesetz über den Schutz von Pflanzensorten (Sortenschutzgesetz)
SozVers	Die Sozialversicherung
spez.	speziell
SprengG/SprengstoffG	Gesetz über explosionsgefährliche Stoffe (Sprengstoffgesetz)
SpuRT	Zeitschrift für Sport und Recht
SSt	Entscheidungen des österreichischen Obersten Gerichtshofes in Strafsachen und Disziplinarangelegenheiten
StA	Staatsanwalt(schaft)
StaatsGH	Staatsgerichtshof
StaatsschStrafsG	Gesetz zur allgemeinen Einführung eines zweiten Rechtszuges in Staatsschutz-Strafsachen
StÄG	s. StRÄndG
StAZ	Das Standesamt. Zeitschrift für Standesamtswesen, Personenstandsrecht, Ehe- u. Kindschaftsrecht, Staatsangehörigkeitsrecht
StB	Der Steuerberater

StBerG	Steuerberatungsgesetz
StenB/StenBer	Stenographischer Bericht
StGB	Strafgesetzbuch
StPO	Strafprozeßordnung
str.	streitig, strittig
StrAbh.	Strafrechtliche Abhandlungen
StRÄndG	Strafrechtsänderungsgesetz (1. vom 30.8.1951) 18. ~ Gesetz zur Bekämpfung der Umweltkriminalität 27. ~ – Kinderpornographie 28. ~ – Abgeordnetenbestechung 31. ~ – Zweites Gesetz zur Bekämpfung der Umweltkriminalität 37. ~ – §§ 180b, 181 StGB 40. ~ – Gesetz zur Strafbarkeit beharrlicher Nachstellungen 41. ~ – Bekämpfung der Computerkriminalität 42. – Anhebung der Höchstgrenze des Tagessatzes bei Geldstrafen
StraffreiheitsG/StrFG	Gesetz über Straffreiheit
StraFo	Strafverteidigerforum
strafr.	strafrechtlich
StrafrAbh.	Strafrechtliche Abhandlungen, hrsg. von Bennecke, dann von Beling, v. Lilienthal und Schoetensack
StraßVerkSichG/	1. Gesetz zur Sicherung des Straßenverkehrs (Straßenverkehrssicherungsgesetz – StraßenVSichG)
StrEG	Gesetz über die Entschädigung für Strafverfolgungsmaßnahmen
StREG	Gesetz über ergänzende Maßnahmen zum 5. StrRG (Strafrechtsreformergänzungsgesetz)
StrlSchuV/StrlSchVO	Strahlenschutzverordnung
StRR	Strafrechtsreport
StrRG	Gesetz zur Reform des Strafrechts (1. ~, 2. ~, ... 6. ~)
st. Rspr.	ständige Rechtsprechung
StS	Strafsenat
StuR	Staat und Recht
StV/StrVert.	Strafverteidiger
StVE	Straßenverkehrsentscheidungen, hrsg. von Cramer, Berz, Gontard, Loseblattsammlung (zit. nach Paragraph u. Nummer)
StVG	Straßenverkehrsgesetz
StVGÄndG	Gesetz zur Änderung des Straßenverkehrsgesetzes und anderer Gesetze
StVj/StVJ	Steuerliche Vierteljahresschrift
StVK	Strafvollstreckungskammer
StVO	Straßenverkehrsordnung
StVollstrO	Strafvollstreckungsordnung
StVollzÄndG	Gesetz zur Änderung des Strafvollzugsgesetzes
StVollzG	Gesetz über den Vollzug der Freiheitsstrafe und der freiheitsentziehenden Maßregeln der Besserung und Sicherung – Strafvollzugsgesetz
StVollzK	Blätter für Strafvollzugskunde (Beilage zur Zeitschrift „Der Vollzugsdienst“)
1. StVRG	Erstes Gesetz zur Reform des Strafverfahrensrechts
1. StVRErgG	Erstes Gesetz zur Ergänzung des 1. StVRG
StVZO	Straßenverkehrs-Zulassungs-Ordnung
s.u.	siehe unten
SubvG	Subventionsgesetz
SV	Sachverhalt
TDG	Gesetz über die Nutzung von Telediensten
TerrorBekG	Gesetz zur Bekämpfung des internationalen Terrorismus (Terrorismusbekämpfungsgesetz)

TerrorBekErgG	Gesetz zur Ergänzung des Terrorismusbekämpfungsgesetzes (Terrorismusbekämpfungsergänzungsgesetz)
ThürPAG	Thüringisches Polizeiaufgabengesetz
TierschG/TierschutzG	Tierschutzgesetz
Tit.	Titel
TKG	Telekommunikationsgesetz
TPG	Gesetz über die Spende, Entnahme und Übertragung von Organen – Transplantationsgesetz
TV	Truppenvertrag
Tz.	Textziffer, -zahl
u.	unten (auch: und)
u.a.	unter anderem (auch: andere)
u.ä.	und ähnliche
u.a.m.	und anderes mehr
UdG	Urkundsbeamter der Geschäftsstelle
Üb.	Überblick; Übersicht
Übereink./Übk.	Übereinkommen
ÜbergangsAO	Übergangsanordnung
ü. M.	überwiegende Meinung
UFITA	Archiv für Urheber-, Film-, Funk- und Theaterrecht
UG	Unternehmergesellschaft
U-Haft	Untersuchungshaft
UMAG	Gesetz zur Unternehmensintegrität und Modernisierung des Anfechtungsrechts
umstr.	umstritten
UmwRG	Umweltrahmengesetz der DDR
UNO	United Nations Organization (Vereinte Nationen)
UNTS	United Nations Treaty Series
unv.	unveröffentlicht
UPR	Umwelt- und Planungsrecht
UrhG	Gesetz über Urheberrecht und verwandte Schutzrechte (Urheberrechtsgesetz)
UStG	Umsatzsteuergesetz
usw.	und so weiter
UTR	Umwelt- und Technikrecht, Schriftenreihe des Instituts für Umwelt- und Technikrecht der Universität Trier, hrsg. von Rüdiger Breuer u.a.
u.U.	unter Umständen
UVNVAG	Ausführungsgesetz v. 23.7.1998 (BGBl. I S. 1882) zu dem Vertrag v. 24.9.1996 über das umfassende Verbot von Nuklearversuchen – Zustimmungsgesetz
UWG	Gesetz gegen den unlauteren Wettbewerb
UZwG	Gesetz über den unmittelbaren Zwang bei Ausübung öffentlicher Gewalt durch Vollzugsbeamte des Bundes
UZwGBw	Gesetz über die Anwendung unmittelbaren Zwanges und die Ausübung besonderer Befugnisse durch Soldaten der Bundeswehr und zivile Wachpersonen
v.	von, vom
VAE	Verkehrsrechtliche Abhandlungen und Entscheidungen
VAG	Versicherungsaufsichtsgesetz
v.A.w.	von Amts wegen
VBlBW	Verwaltungsblätter für Baden-Württemberg
VD	Verkehrsdienst
VDA bzw. VDB	Vergleichende Darstellung des deutschen und ausländischen Strafrechts, Allgemeiner bzw. Besonderer Teil
VE	Vorentwurf
VerbrBekG	Gesetz zur Änderung des Strafgesetzbuches, der Strafprozeßordnung und anderer Gesetze (Verbrechensbekämpfungsgesetz)

VerbringungsverbG	Gesetz zur Überwachung strafrechtlicher und anderer Verbringungsverbote
VereinfVO	Vereinfachungsverordnung 1. ~, VO über Maßnahmen auf dem Gebiet der Gerichtsverfassung und Rechtspflege 2. ~, VO zur weiteren Vereinfachung der Strafrechtspflege 3. ~, Dritte VO zur Vereinfachung der Strafrechtspflege 4. ~, Vierte VO zur Vereinfachung der Strafrechtspflege
VereinhG	Gesetz zur Wiederherstellung der Rechtseinheit auf dem Gebiete der Gerichtsverfassung, der bürgerlichen Rechtspflege, des Strafverfahrens und des Kostenrechts
VereinsG	Gesetz zur Regelung des öffentlichen Vereinsrechts (Vereinsgesetz)
VerfGH	Verfassungsgerichtshof
VerglO	Vergleichsordnung
Verh.	Verhandlungen des Deutschen Bundestages (BT), des Deutschen Juristentages (DJT) usw.
VerjährG	Gesetz über das Ruhen der Verjährung bei SED-Unrechtstaten 2. VerjährG, Gesetz zur Verlängerung strafrechtlicher Verjährungsfristen vom 27.9.1993 3. VerjährG, Gesetz zur weiteren Verlängerung strafrechtlicher Verjährungsfristen vom 22.12.1997
VerkMitt/VerkMitt./VM	Verkehrsrechtliche Mitteilungen
VerkProspektG	Wertpapiere-Verkaufsprospektgesetz
vermitt.	vermittelnd
VerpflG	Gesetz über die förmliche Verpflichtung nichtbeamteter Personen (Verpflichtungsgesetz) i.d.F. v. Art. 42 EGStGB
VerschG	Verschollenheitsgesetz
VersG	Gesetz über Versammlungen und Aufzüge (Versammlungsgesetz)
VersR	Versicherungsrecht, Juristische Rundschau für die Individualversicherung
VerwArch.	Verwaltungsarchiv
VG	Verwaltungsgericht
VGH	Verwaltungsgerichtshof
vgl.	vergleiche
Vhdlgen	s. Verh.
VJZ	Zeitschrift für Vermögems- und Immobilienrecht
VN	Vereinte Nationen
VN-Satzung	Satzung der Vereinten Nationen
VO	Verordnung
VOBl.	Verordnungsblatt
VOR	Zeitschrift für Verkehrs- und Ordnungswidrigkeitenrecht
Voraufl.	Vorauflage
Vorbem.	Vorbemerkung
VorE	Vorentwurf
vorgen.	vorgenannt
VRS	Verkehrsrechts-Sammlung, Entscheidungen aus allen Gebieten des Verkehrsrechts
VStGB	Völkerstrafgesetzbuch
VVDStRL	Veröffentlichungen der Vereinigung deutscher Staatsrechtslehrer (zit. nach Heft u. Seite)
VVG	Gesetz über den Versicherungsvertrag
VwBlBW	Verwaltungsblätter Baden-Württemberg
VwGO	Verwaltungsgerichtsordnung
VwVfG	Verwaltungsverfahrensgesetz
VwVG	Verwaltungsvollstreckungsgesetz
VwZG	Verwaltungszustellungsgesetz

WaffG/WaffenG	Waffengesetz
Warn./WarnRspr	Sammlung zivilrechtlicher Entscheidungen des RG, hrsg. von Warneyer (zit. nach Jahr und Nummer)
WBl	Wirtschaftsrechtliche Blätter (Österreich)
WDO	Wehrdisziplinarordnung
WehrpflG	Wehrpflichtgesetz
WeimVerf./WV	Verfassung des Deutschen Reichs (sog. „Weimarer Verfassung“)
WeinG	Weingesetz
weitergeh.	weitergehend
WHG	Gesetz zur Ordnung des Wasserhaushalts (Wasserhaushalts-gesetz)
WiB	Wirtschaftsrechtliche Beratung
1. WiKG	1. Gesetz zur Bekämpfung der Wirtschaftskriminalität
2. WiKG	2. Gesetz zur Bekämpfung der Wirtschaftskriminalität
WiPrO	Wirtschaftsprüferordnung
WissR	Wissenschaftsrecht
WiStG	Gesetz zur weiteren Vereinfachung des Wirtschaftsstrafrechts (Wirtschaftsstrafgesetz 1954)
wistra	Zeitschrift für Wirtschaft, Steuer, Strafrecht; dann: Zeitschrift für Wirtschafts- und Steuerstrafrecht
WiVerw	Wirtschaft und Verwaltung
WK	Wiener Kommentar zum Strafgesetzbuch
WM	Wertpapier-Mitteilungen
w.N.b.	weitere Nachweise bei
WoÜbG	Gesetz zur Umsetzung des Urteils des Bundesverfassungsgerichts vom 3. März 2004 (akustische Wohnraumüberwachung) v. 24.6.2005
WuM	Wohnungswirtschaft und Mietrecht
WPg	Die Wirtschaftsprüfung
WpHG	Gesetz über Wertpapierhandel
WRP	Wettbewerb in Recht und Praxis
WStG	Wehrstrafgesetz
WZG	Warenzeichengesetz
z.	zur, zum
(Z)	Entscheidung in Zivilsachen
ZAG	Zahlungsdiensteaufsichtsgesetz
ZahlVGJG	Gesetz über den Zahlungsverkehr mit Gerichten und Justiz-behörden
ZAkDR	Zeitschrift der Akademie für Deutsches Recht (1934–1944)
ZaöRV	Zeitschrift für ausländisches öffentliches Recht und Völkerrecht
z.B.	zum Beispiel
ZBB	Zeitschrift für Bankrecht und Bankwirtschaft
ZbernJV/ZBJV	Zeitschrift des Bernischen Juristenvereins
ZBl. f. Verk. Med.	Zentralblatt für Verkehrsmedizin, Verkehrspsychologie, Luft- und Raumfahrt-medizin
ZDG	Gesetz über den Zivildienst der Kriegsdienstverweigerer (Zivildienstgesetz)
ZfB	Zeitschrift für Binnenschifffahrt und Wasserstraßen
ZfBR	Zeitschrift für deutsches und internationales Baurecht
Z. f. d. ges. Sachverst.wesen	Zeitschrift für das gesamte Sachverständigenwesen
ZFIS	Zeitschrift für innere Sicherheit
ZfJ	Zentralblatt für Jugendrecht
ZfL	Zeitschrift für Lebensrecht
ZfRV	Zeitschrift für Rechtsvergleichung, Internationales Privatrecht und Europarecht
ZfS/ZfSch	Zeitschrift für Schadensrecht

ZfStrVo	Zeitschrift für Strafvollzug und Straffälligenhilfe
ZfW	Zeitschrift für Wasserrecht
ZfWG	Zeitschrift für Wett- und Glücksspielrecht
ZfZ	Zeitschrift für Zölle und Verbrauchssteuern
ZG	Zeitschrift für Gesetzgebung
ZGR	Zeitschrift für Unternehmens- und Gesellschaftsrecht
ZHR	Zeitschrift für das gesamte Handelsrecht und Wirtschaftsrecht, begr. v. Goldschmidt
Zif./Ziff.	Ziffer(n)
ZInsO	Zeitschrift für das gesamte Insolvenzrecht
ZIP	Zeitschrift für Wirtschaftsrecht
ZIS	Zeitschrift für Internationale Strafrechtsdogmatik
zit.	zitiert
ZJS	Zeitschrift für das Juristische Studium
ZMR	Zeitschrift für Miet- und Raumrecht
ZNER	Zeitschrift für Neues Energierecht
ZollG	Zollgesetz
ZParl	Zeitschrift für Parlamentsfragen
ZPO	Zivilprozessordnung
ZRP	Zeitschrift für Rechtspolitik
ZSchwR	Zeitschrift für Schweizerisches Recht
ZStW	Zeitschrift für die gesamte Strafrechtswissenschaft
z.T.	zum Teil
ZUM	Zeitschrift für Urheber- und Medienrecht/Film und Recht
zusf.	zusammenfassend
zust.	zustimmend
ZustErgG	Gesetz zur Ergänzung von Zuständigkeiten auf den Gebieten des Bürgerlichen Rechts, des Handelsrechts und des Strafrechts (Zuständigkeitsergänzungsgesetz)
ZustG	Zustimmungsgesetz
ZustVO	Verordnung über die Zuständigkeit der Strafgerichte, die Sondergerichte und sonstige strafverfahrensrechtliche Vorschriften
zutr.	zutreffend
z.V.b.	zur Veröffentlichung bestimmt
ZVG	Gesetz über die Zwangsversteigerung und die Zwangsverwaltung (Zwangsversteigerungsgesetz)
ZVS	Zeitschrift für Verkehrssicherheit
zw.	zweifelhaft (auch: zweifelnd)
ZWehrR	Zeitschrift für Wehrrecht (1936/37–1944)
ZWH	Zeitschrift für Wirtschaftsstrafrecht und Haftung im Unternehmen
z.Z.	zur Zeit
ZZP	Zeitschrift für Zivilprozess

Schrifttum und abgekürzt zitierte Literatur

Das Schrifttum zum Kernstrafrecht sowie sämtliche strafrechtlich relevanten Festschriften und vergleichbare Werke finden sich unter 1. Es folgt in alphabetischer Reihenfolge das Schrifttum zum Nebenstrafrecht und zu nichtstrafrechtlichen Gebieten: 2. Betäubungsmittelstrafrecht, 3. Bürgerliches Recht einschließlich Versicherungsrecht, 4. DDR-Strafrecht, 5. Europäisches Recht, 6. Handelsrecht einschließlich Bilanz- und Gesellschaftsrecht, 7. Jugendstrafrecht, 8. Kriminologie, 9. Ordnungswidrigkeitenrecht, 10. Presserecht, 11. Rechtshilfe, 12. Rechtsmedizin und Medizinstrafrecht, 13. Strafprozess- und Strafvollzugsrecht, 14. Straßenverkehrsrecht, 15. Verfassungsrecht und Verwaltungsrecht, 16. Wettbewerbs- und Kartellrecht, 17. Wirtschafts- und Steuerstrafrecht, 18. Zivilprozess- und Insolvenzrecht, 19. Sonstiges (einschließlich Arbeits- und Sozialrecht, Völkerrecht und Waffenrecht).

1. Strafrecht (StGB) und Festschriften

Zitier-Abk.	Werk
AK	Kommentar zum Strafgesetzbuch – Reihe Alternativkommentare, hrsg. v. Wassermann, Bd. 1 (1990), Bd. 3 (1986)
Ambos	Internationales Strafrecht, 5. Aufl. (2018)
AnwK	AnwaltKommentar StGB, hrsg. v. Leipold/Tsambikakis/Zöller, 2. Aufl. (2015)
Appel	Verfassung und Strafe (1998)
Arzt/Weber/ Heinrich/Hilgendorf BT	Strafrecht, Besonderer Teil, Lehrbuch, 3. Aufl. (2015)
v. Bar	Gesetz und Schuld im Strafrecht, 1. Bd. (1906), 2. Bd. (1907), 3. Bd. (1909)
Baumann	Strafrecht, Allgemeiner Teil, 7. Aufl. (1975)
Baumann/Weber/Mitsch/ Eisele	Strafrecht, Allgemeiner Teil, Lehrbuch, 12. Aufl. (2016)
BeckOK	Beck'scher Online-Kommentar StGB, hrsg. v. von Heintschel-Heinegg, 42. Edition (2019)
Beling	Die Lehre vom Verbrechen (1906)
Beulke-Symposion	Strafverteidigung – Grundlagen und Stolpersteine, Symposion für Werner Beulke, hrsg. v. Engländer/Fahl/Satzger/Swoboda (2012)
Binding, Grundriß	Grundriß des Deutschen Strafrechts, Allgemeiner Teil, 8. Aufl. (1913)
Binding, Handbuch	Handbuch des Strafrechts (1885)
Binding, Lehrbuch I, II	Lehrbuch des gemeinen Deutschen Strafrechts, Besonderer Teil, 2. Aufl. Bd. 1 (1902), Bd. 2 (1904/05)
Binding, Normen	Die Normen und ihre Übertretung, 2. Aufl., 4 Bände (1890–1919)
BK	Basler Kommentar Strafrecht I und II, hrsg. von Niggli/Wiprächtiger, 4. Aufl. (2018) (s. aber auch 15. Verfassungsrecht)
Blei I, II	Strafrecht I, Allgemeiner Teil, 18. Aufl. (1983); Strafrecht II, Besonderer Teil, 12. Aufl. (1983)
Bochumer Erläuterungen	Bochumer Erläuterungen zum 6. Strafrechtsreformgesetz, hrsg. v. Schlüchter (1998)
Bockelmann BT 1, 2, 3	Strafrecht, Besonderer Teil, Bd. 1: Vermögensdelikte, 2. Aufl. (1982); Bd. 2: Delikte gegen die Person (1977); Bd. 3: Ausgewählte Delikte gegen Rechtsgüter der Allgemeinheit (1980)
Bockelmann/Volk	Strafrecht, Allgemeiner Teil, 4. Aufl. (1987)
Bringewat	Grundbegriffe des Strafrechts, 3. Aufl. (2018)
Bruns, Strafzumessungsrecht	Strafzumessungsrecht: Gesamtdarstellung, 2. Aufl. (1974)
Bruns/Güntge	Das Recht der Strafzumessung, 3. Aufl. (2018) (vormals Bruns)
Bruns, Reflexionen	Neues Strafzumessungsrecht? „Reflexionen" über eine geforderte Umgestaltung (1988)
Burgstaller	Das Fahrlässigkeitsdelikt im Strafrecht (1974)
Coimbra-Symposium	s. Schünemann/de Figueiredo Dias
Dahs	Handbuch des Strafverteidigers, 8. Aufl. (2015)

https://doi.org/10.1515/9783110300499-206

Dalcke/Fuhrmann/Schäfer	Strafrecht und Strafverfahren, 37. Aufl. (1961)
Dölling/Duttge/König/Rössner	s. HK-GS
Ebert	Aktuelle Probleme der Strafrechtspflege: Beiträge anläßlich eines Symposiums zum 60. Geburtstag von E. W. Hanack, hrsg. v. Ebert (1991)
Ebert AT	Strafrecht, Allgemeiner Teil, 4. Aufl. (2001)
Einführung 6. StrRG	Einführung in das 6. Strafrechtsreformgesetz (1998) (bearb. v. Dencker u.a.)
Eisele BT 1, BT 2	Strafrecht – Besonderer Teil I: Straftaten gegen die Person und die Allgemeinheit; Strafrecht – Besonderer Teil II: Eigentumsdelikte, Vermögensdelikte und Urkundendelikte 5. Aufl. (2019)
Erbs/Kohlhaas	Strafrechtliche Nebengesetze, Loseblattausgabe, 224. Aufl. (2019 ff)
Erinnerungsgabe Grünhut	Erinnerungsgabe für Max Grünhut (1965)
Eser et al., Rechtfertigung und Entschuldigung I–IV	Rechtfertigung und Entschuldigung: rechtsvergleichende Perspektiven. Beiträge aus dem Max-Planck-Institut für ausländisches und internationales Strafrecht, Bd. 1, hrsg. v. Eser/Fletcher (1987); Bd. 2, hrsg. v. Eser/Fletcher (1988); Bd. 3: Deutsch-Italienisch-Portugiesisch-Spanisches Strafrechtskolloquium 1990 in Freiburg, hrsg. v. Eser/Perron (1991); Bd. 4: Ostasiatisch-Deutsches Strafrechtskolloquium 1993 in Tokio, hrsg. v. Eser/Nishihara (1995)
Festgabe BGH 25	25 Jahre Bundesgerichtshof
Festgabe BGH 50	50 Jahre Bundesgerichtshof, Festgabe aus der Wissenschaft, Band IV: Straf- und Strafprozeßrecht (2000)
Festgabe Frank	Festgabe für Reinhard von Frank zum 70. Geburtstag, 2 Bde. (1930)
Festgabe Graßhoff	Der verfasste Rechtsstaat, Festgabe für Karin Graßhoff (1998)
Festgabe Kern	Festgabe für Eduard Kern zum 70. Geburtstag (1957)
Festgabe Paulus	Festgabe für Rainer Paulus zum 70. Geburtstag (2009)
Festgabe Peters	Wahrheit und Gerechtigkeit im Strafverfahren: Festgabe für Karl Peters aus Anlaß seines 80. Geburtstages (1984)
Festgabe RG I–VI	Die Reichsgerichtspraxis im deutschen Rechtsleben: Festgabe der juristischen Fakultäten zum 50-jährigen Bestehen des Reichsgerichts (1929)
Festgabe Schultz	Lebendiges Strafrecht: Festgabe zum 65. Geburtstag von Hans Schultz (1977)
Festgabe Schweizer JT	Festgabe zum Schweizerichen Juristentag (1963)
Festschrift Achenbach	Festschrift für Hans Achenbach zum 70. Geburtstag (2011)
Festschrift Amelung	Grundlagen des Straf- und Strafverfahrensrechts: Festschrift für Knut Amelung zum 70. Geburtstag (2009)
Festschrift Androulakis	Festschrift für Nikolaos Androulakis zum 70. Geburtstag (2003)
Festschrift Augsburg	Recht in Europa: Festgabe zum 30-jährigen Bestehen der Juristischen Fakultät Augsburg (2002)
Festschrift Baumann	Festschrift für Jürgen Baumann zum 70. Geburtstag (1992)
Festschrift Bemmann	Festschrift für Günter Bemmann zum 70. Geburtstag (1997)
Festschrift Beulke	Ein menschengerechtes Strafrecht als Lebensaufgabe – Festschrift für Werner Beulke zum 70. Geburtstag (2015)
Festschrift BGH 50	Festschrift aus Anlaß des fünfzigjährigen Bestehens von Bundesgerichtshof, Bundesanwaltschaft und Rechtsanwaltschaft beim Bundesgerichtshof (2000)
Festschrift Blau	Festschrift für Günter Blau zum 70. Geburtstag (1985)
Festschrift Bockelmann	Festschrift für Paul Bockelmann zum 70. Geburtstag (1979)
Festschrift Böhm	Festschrift für Alexander Böhm zum 70. Geburtstag (1999)
Festschrift Böttcher	Festschrift für Reinhard Böttcher zum. 70 Geburtstag (2007)
Festschrift Boujong	Verantwortung und Gestaltung: Festschrift für Karlheinz Boujong zum 65. Geburtstag (1996)
Festschrift Brauneck	Ehrengabe für Anne-Eva Brauneck (1999)
Festschrift Bruns	Festschrift für Hans-Jürgen Bruns zum 70. Geburtstag (1978)
Festschrift Burgstaller	Festschrift für Manfred Burgstaller zum 65. Geburtstag (2004)
Festschrift v. Caemmerer	Festschrift für Ernst von Caemmerer zum 70. Geburtstag (1978)

Festschrift Celle I	Göttinger Festschrift für das Oberlandesgericht Celle: zum 250-jährigen Bestehen des Oberlandesgerichts Celle (1961)
Festschrift Celle II	Festschrift zum 275-jährigen Bestehen des Oberlandesgerichts Celle (1986)
Festschrift Dahs	Festschrift für Hans Dahs zum 70. Geburtstag (2005)
Festschrift Dencker	Festschrift für Friedrich Dencker zum 70. Geburtstag (2012)
Festschrift Diestelkamp	Geschichte der Zentraljustiz in Mitteleuropa: Festschrift für Bernhard Diestelkamp zum 65. Geburtstag (1994)
Festschrift DJT	Hundert Jahre deutsches Rechtsleben: Festschrift zum hundertjährigen Bestehen des Deutschen Juristentages 1860 –1960, 2 Bde. (1960)
Festschrift Dreher	Festschrift für Eduard Dreher zum 70. Geburtstag (1977)
Festschrift Dünnebier	Festschrift für Hans Dünnebier zum 75. Geburtstag (1982)
Festschrift Eisenberg	Festschrift für Ulrich Eisenberg zum 70. Geburtstag (2009)
Festschrift Engisch	Festschrift für Karl Engisch zum 70. Geburtstag (1969)
Festschrift Ermacora	Fortschritt im Bewußtsein der Grund- und Menschenrechte: Festschrift für Felix Ermacora zum 65. Geburtstag (1988)
Festschrift Eser	Menschengerechtes Strafrecht: Festschrift für Albin Eser zum 70. Geburtstag (2005)
Festschrift Europa-Institut	Europäische Integration und Globalisierung, Festschrift zum 60-jährigen Bestehen des Europa-Instituts (2011)
Festschrift Fezer	Festschrift für Gerhard Fezer zum 70. Geburtstag (2008)
Festschrift Fiedler	Verfassung – Völkerrecht – Kulturgüterschutz, Festschrift für Wilfried Fiedler zum 70. Geburtstag (2011)
Festschrift Friebertshäuser	Festgabe für den Strafverteidiger Dr. Heino Friebertshäuser (1997)
Festschrift Frisch	Grundlagen und Dogmatik des gesamten Strafrechtssystems – Festschrift für Wolfgang Frisch zum 70. Geburtstag (2013)
Festschrift Fuchs	Festschrift für Helmut Fuchs zum 65. Geburtstag (2014)
Festschrift GA	140 Jahre Goltdammer's Archiv für Strafrecht: eine Würdigung zum 70. Geburtstag von Paul-Günter Pötz (1993)
Festschrift Gallas	Festschrift für Wilhelm Gallas zum 70. Geburtstag (1973)
Festschrift von Gamm	Festschrift für Otto-Friedrich Frhr. von Gamm
Festschrift Gauweiler	Recht und Politik: Festschrift für Peter Gauweiler zum 60. Geburtstag (2009)
Festschrift Geerds	Kriminalistik und Strafrecht: Festschrift für Friedrich Geerds zum 70. Geburtstag (1995)
Festschrift Geilen	Bochumer Beiträge zu aktuellen Strafrechtsthemen: Festschrift für Gerd Geilen zum 70. Geburtstag (2003)
Festschrift Geiß	Festschrift für Karlmann Geiß zum 65. Geburtstag (2000)
Festschrift Geppert	Festschrift für Klaus Geppert zum 70. Geburtstag (2011)
Festschrift Germann	Rechtsfindung – Beiträge zur juristischen Methodenlehre: Festschrift für Oscar Adolf Germann zum 80. Geburtstag (1969)
Festschrift Gleispach	Gegenwartsfragen der Strafrechtswissenschaft: Festschrift zum 60. Geburtstag von Graf W. Gleispach (1936) (Nachdruck 1995)
Festschrift Göppinger	Kriminalität, Persönlichkeit, Lebensgeschichte und Verhalten: Festschrift für Hans Göppinger zum 70. Geburtstag (1990)
Festschrift Gössel	Festschrift für Karl Heinz Gössel zum 70. Geburtstag (2002)
Festschrift Grünwald	Festschrift für Gerald Grünwald zum 70. Geburtstag (1999)
Festschrift Grützner	Aktuelle Probleme des internationalen Strafrechts – Beiträge zur Gestaltung des internationalen und supranationalen Strafrechts: Heinrich Grützner zum 65. Geburtstag (1970)
Festschrift Hamm	Festschrift für Rainer Hamm zum 65. Geburtstag (2008)
Festschrift Hanack	Festschrift für Ernst-Walter Hanack zum 70. Geburtstag (1999)
Festschrift Hanauer	Festschrift für Rudolf Hanauer aus Anlass seines 70. Geburtstages (1978)
Festschrift Hassemer	Festschrift für Winfried Hassemer zum 70. Geburtstag (2010)
Festschrift Heidelberg	Richterliche Rechtsfortbildung: Festschrift der Juristischen Fakultät zur 600-Jahr-Feier der Universität Heidelberg (1986)

Festschrift Heinitz	Festschrift für Ernst Heinitz zum 70. Geburtstag (1972)
Festschrift Heintschel-Heinegg	Festschrift für Bernd von Heintschel-Heinegg zum 70. Geburtstag (2015)
Festschrit Heinz	Festschrift für Wolfgang Heinz zum 70. Geburtstag (2012)
Festschrift Henkel	Grundfragen der gesamten Strafrechtswissenschaft: Festschrift für Heinrich Henkel zum 70. Geburtstag (1974)
Festschrift v. Hentig	Kriminologische Wegzeichen: Festschrift für Hans v. Hentig zum 80. Geburtstag (1967)
Festschrift Herzberg	Strafrecht zwischen System und Telos: Festschrift für Rolf Dietrich Herzberg zum 70. Geburtstag (2008)
Festschrift Herzog	Staatsrecht und Politik: Festschrift für Roman Herzog zum 75. Geburtstag (2009)
Festschrift Heusinger	Ehrengabe für Bruno Heusinger (1968)
Festschrift Hilger	Datenübermittlungen und Vorermittlungen: Festgabe für Hans Hilger (2003)
Festschrift Hirsch	Festschrift für Hans Joachim Hirsch zum 70. Geburtstag (1999)
Festschrift Honig	Festschrift für Richard M. Honig zum 80. Geburtstag (1970)
Festschrift Hruschka	Jahrbuch für Recht und Ethik: Festschrift für Joachim Hruschka zum 70. Geburtstag (2006)
Festschrift Hubmann	Beiträge zum Schutz der Persönlichkeit und ihrer schöpferischen Leistung: Festschrift für Heinrich Hubmann zum 70. Geburtstag (1985)
Festschrift Hübner	Festschrift für Heinz Hübner zum 70. Geburtstag (1984)
Festschrift Jakobs	Festschrift für Günther Jakobs zum 70. Geburtstag (2007)
Festschrift Jauch	Wie würden Sie entscheiden? Festschrift für Gerd Jauch zum 65. Geburtstag (1990)
Festschrift Jescheck	Festschrift für Hans-Heinrich Jescheck zum 70. Geburtstag, 2 Bde. (1985)
Festschrift Jung	Festschrift für Heike Jung zum 65. Geburtstag (2007)
Festschrift JurGes. Berlin	Festschrift zum 125-jährigen Bestehen der Juristischen Gesellschaft zu Berlin (1984)
Festschrift Kaiser	Internationale Perspektiven in Kriminologie und Strafrecht: Festschrift für Günther Kaiser zum 70. Geburtstag, 2 Bde. (1998)
Festschrift Kargl	Festschrift für Walter Kargl zum 70. Geburtstag (2015)
Festschrift Arthur Kaufmann (1989)	Jenseits des Funktionalismus: Arthur Kaufmann zum 65. Geburtstag (1989)
Festschrift Arthur Kaufmann (1993)	Strafgerechtigkeit: Festschrift für Arthur Kaufmann zum 70. Geburtstag (1993)
Festschrift Kern	Tübinger Festschrift für Eduard Kern (1968)
Festschrift Kerner	Kriminologie – Kriminalpolitik – Strafrecht, Festschrift für Hans-Jürgen Kerner zum 70. Geburtstag (2013)
Festschrift Kirchberg	Festschrift für Christian Kirchberg zum 70. Geburtstag (2017)
Festschrift Kleinknecht	Strafverfahren im Rechtsstaat: Festschrift für Theodor Kleinknecht zum 75. Geburtstag (1985)
Festschrift Klug	Festschrift für Ulrich Klug zum 70. Geburtstag, 2 Bde. (1983)
Festschrift Koch	Strafverteidigung und Strafprozeß: Festgabe für Ludwig Koch (1989)
Festschrift Kohlmann	Festschrift für Günter Kohlmann zum 70. Geburtstag (2003)
Festschrift Kohlrausch	Probleme der Strafrechtserneuerung: Eduard Kohlrausch zum 70. Geburtstage dargebracht (1944; Nachdruck 1978)
Festschrift Köln	Festschrift der Rechtswissenschaftlichen Fakultät zur 600-Jahr-Feier der Universität zu Köln (1988)
Festschrift Krause	Recht und Kriminalität: Festschrift für Friedrich-Wilhelm Krause zum 70. Geburtstag (1990)
Festschrift Krey	Festschrift für Volker Krey zum 70. Geburtstag (2010)
Festschrift Küper	Festschrift für Wilfried Küper zum 70. Geburtstag (2007)
Festschrift Kühne	Festschrift für Hans-Heiner Kühne zum 70. Geburtstag (2013)
Festschrift Lackner	Festschrift für Karl Lackner zum 70. Geburtstag (1987)

Festschrift Lampe — Jus humanum: Grundlagen des Rechts und Strafrechts, Festschrift für Ernst-Joachim Lampe zum 70. Geburtstag (2003)
Festschrift Lange — Festschrift für Richard Lange zum 70. Geburtstag (1976)
Festschrift Laufs — Humaniora, Medizin – Recht – Geschichte: Festschrift für Adolf Laufs zum 70. Geburtstag (2006)
Festschrift Leferenz — Kriminologie – Psychiatrie – Strafrecht: Festschrift für Heinz Leferenz zum 70. Geburtstag (1983)
Festschrift Lenckner — Festschrift für Theodor Lenckner zum 70. Geburtstag (1998)
Festschrift Lüderssen — Festschrift für Klaus Lüderssen zum 70. Geburtstag (2002)
Festschrift Maihofer — Rechtsstaat und Menschenwürde: Festschrift für Werner Maihofer zum 70. Geburtstag (1988)
Festschrift Maiwald — Festschrift für Manfred Maiwald zum 75. Geburtstag (2011)
Festschrift Mangakis — Strafrecht – Freiheit – Rechtsstaat: Festschrift für Georgios Mangakis (1999)
Festschrift Maurach — Festschrift für Reinhart Maurach zum 70. Geburtstag (1972)
Festschrift H. Mayer — Beiträge zur gesamten Strafrechtswissenschaft: Festschrift für Hellmuth Mayer zum 70. Geburtstag (1966)
Festschrift Mehle — Festschrift für Volkmar Mehle zum 65. Geburtstag (2009)
Festschrift Meyer-Goßner — Festschrift für Lutz Meyer-Goßner zum 65. Geburtstag (2001)
Festschrift Mezger — Festschrift für Edmund Mezger zum 70. Geburtstag (1954)
Festschrift Middendorff — Festschrift für Wolf Middendorff zum 70. Geburtstag (1986)
Festschrift Miyazawa — Festschrift für Koichi Miyazawa: dem Wegbereiter des japanisch-deutschen Strafrechtsdiskurses (1995)
Festschrift E. Müller (2003) — Opuscula Honoraria, Egon Müller zum 65. Geburtstag (2003)
Festschrift E. Müller (2008) — Festschrift für Egon Müller zum 70. Geburtstag (2008)
Festschrift Müller-Dietz (1998) — Das Recht und die schönen Künste: Heinz Müller-Dietz zum 65. Geburtstag (1998)
Festschrift Müller-Dietz (2001) — Grundlagen staatlichen Strafens: Festschrift für Heinz-Müller-Dietz zum 70. Geburtstag (2001)
Festschrift Nehm — Strafrecht und Justizgewährung: Festschrift für Kay Nehm zum 65. Geburtstag (2006)
Festschrift Neumann — Rechtsstaatliches Strafrecht: Festschrift für Ulfrid Neumann zum 70. Geburtstag (2017)
Festschrift Nishihara — Festschrift für Haruo Nishihara zum 70. Geburtstag (1998)
Festschrift Nobbe — Entwicklungslinien im Bank- und Kapitalmarktrecht: Festschrift für Gerd Nobbe zum 65. Geburtstag (2009)
Festschrift Odersky — Festschrift für Walter Odersky zum 65. Geburtstag (1996)
Festschrift Oehler — Festschrift für Dietrich Oehler zum 70. Geburtstag (1985)
Festschrift Otto — Festschrift für Harro Otto zum 70. Geburtstag (2007)
Festschrift Paarhammer — In mandatis meditari, Festschrift für Hans Paarhammer zum 65. Geburtstag (2012)
Festschrift Paeffgen — Strafe und Prozess im freiheitlichen Rechtsstaat – Festschrift für Hans-Ullrich Paeffgen zum 70. Geburtstag (2015)
Festschrift Pallin — Strafrecht, Strafprozeßrecht und Kriminologie: Festschrift für Franz Pallin zum 80. Geburtstag (1989)
Festschrift Partsch — Des Menschen Recht zwischen Freiheit und Verantwortung: Festschrift für Karl Josef Partsch zum 75. Geburtstag (1989)
Festschrift Peters — Einheit und Vielfalt des Strafrechts: Festschrift für Karl Peters zum 70. Geburtstag (1974)
Festschrift Ch. Pfeiffer — Kriminologie ist Gesellschaftswissenschaft, Festschrift für Christian Pfeiffer zum 70. Geburtstag (2014)
Festschrift Pfeiffer — Strafrecht, Unternehmensrecht, Anwaltsrecht: Festschrift für Gerd Pfeiffer zum Abschied aus dem Amt als Präsident des Bundesgerichtshofes (1988)
Festschrift Pfenniger — Strafprozeß und Rechtsstaat: Festschrift zum 70. Geburtstag von H. F. Pfenniger (1976)

Festschrift Platzgummer	Festschrift für Winfried Platzgummer zum 65. Geburtstag (1995)
Festschrift Pötz	s. Festschrift GA
Festschrift Puppe	Strafrechtswissenschaft als Analyse und Konstruktion: Festschrift für Ingeborg Puppe zum 70. Geburtstag (2011)
Festschrift Rasch	Die Sprache des Verbrechens – Wege zu einer klinischen Kriminologie: Festschrift für Wilfried Rasch (1993)
Festschrift Rebmann	Festschrift für Kurt Rebmann zum 65. Geburtstag (1989)
Festschrift Reichsgericht	Die Reichsgerichtspraxis im deutschen Rechtsleben, Festgabe der juristischen Fakultäten zum 50-jährigen Bestehen des Reichsgerichts, Bd. 5, Strafrecht und Strafprozeß (1929)
Festschrift Reichsjustizamt	Vom Reichsjustizamt zum Bundesministerium der Justiz, Festschrift zum 100-jährigen Gründungstag des Reichsjustizamtes am 1.1.1877 (1977)
Festschrift Richterakademie	Justiz und Recht: Festschrift aus Anlaß des 10-jährigen Bestehens der Deutschen Richterakademie in Trier (1983)
Festschrift Rieß	Festschrift für Peter Rieß zum 70. Geburtstag (2002)
Festschrift Richter	Verstehen und Widerstehen: Festschrift für Christian Richter II zum 65. Geburtstag (2006)
Festschrift Rissing-van Saan	Festschrift für Ruth Rissing-van Saan zum 65. Geburtstag (2011)
Festschrift Rittler	Festschrift für Theodor Rittler zu seinem 80. Geburtstag (1957)
Festschrift Rolinski	Festschrift für Klaus Rolinski zum 70. Geburtstag (2002)
Festschrift Rosenfeld	Festschrift für Ernst Heinrich Rosenfeld zu seinem 80. Geburtstag (1949)
Festschrift Rössner	Über allem: Menschlichkeit – Festschrift für Dieter Rössner zum 70. Geburtstag (2015)
Festschrift Roxin (2001)	Festschrift für Claus Roxin zum 70. Geburtstag (2001)
Festschrift Roxin (2011)	Strafrecht als Scientia Universalis: Festschrift für Claus Roxin zum 80. Geburtstag (2011)
Festschrift Imme Roxin	Festschrift für Imme Roxin zum 75. Geburtstag (2012)
Festschrift Rudolphi	Festschrift für Hans-Joachim Rudolphi zum 70. Geburtstag (2004)
Festschrift Salger	Straf- und Strafverfahrensrecht, Recht und Verkehr, Recht und Medizin: Festschrift für Hannskarl Salger zum Abschied aus dem Amt als Vizepräsident des Bundesgerichtshofes (1995)
Festschrift Samson	Recht – Wirtschaft – Strafe: Festschrift für Erich Samson zum 70. Geburtstag (2010)
Festschrift Sarstedt	Festschrift für Werner Sarstedt zum 70. Geburtstag (1981)
Festschrift Sauer	Festschrift für Wilhelm Sauer zu seinem 70. Geburtstag (1949)
Festschrift G. Schäfer	NJW-Sonderheft für Gerhard Schäfer zum 65. Geburtstag (2002)
Festschrift K. Schäfer	Festschrift für Karl Schäfer zum 80. Geburtstag (1980)
Festschrift Schaffstein	Festschrift für Friedrich Schaffstein zum 70. Geburtstag (1975)
Festschrift Schewe	Medizinrecht – Psychopathologie – Rechtsmedizin: diesseits und jenseits der Grenzen von Recht und Medizin, Festschrift für Günter Schewe zum 60. Geburtstag (1991)
Festschrift W. Schiller	Festschrift für Wolf Schiller zum 65. Geburtstag (2014)
Festschrift Schleswig-Holstein	Strafverfolgung und Strafverzicht: Festschrift zum 125-jährigen Bestehen der Staatsanwaltschaft Schleswig-Holstein (1992)
Festschrift Schlüchter	Freiheit und Verantwortung in schwieriger Zeit: kritische Studien aus vorwiegend straf(prozeß)rechtlicher Sicht zum 60. Geburtstag von Ellen Schlüchter (1998)
Festschrift N. Schmid	Wirtschaft und Strafrecht: Festschrift für Niklaus Schmid zum 65. Geburtstag (2001)
Festschrift R. Schmid	Recht, Justiz, Kritik: Festschrift für Richard Schmid zum 85. Geburtstag (1985)
Festschrift Eb. Schmidt	Festschrift für Eberhard Schmidt zum 70. Geburtstag (1961)
Festschrift Schmidt-Leichner	Festschrift für Erich Schmidt-Leichner zum 65. Geburtstag (1977)
Festschrift Schmitt	Festschrift für Rudolf Schmitt zum 70. Geburtstag (1992)

Festschrift Schneider	Kriminologie an der Schwelle zum 21. Jahrhundert: Festschrift für Hans Joachim Schneider zum 70. Geburtstag (1998)
Festschrift Schöch	Festschrift für Heinz Schöch zum 70. Geburtstag (2010)
Festschrift Schreiber	Strafrecht, Biorecht, Rechtsphilosophie: Festschrift für Hans-Ludwig Schreiber zum 70. Geburtstag (2003)
Festschrift Schroeder	Festschrift für Friedrich-Christian Schroeder zum 70. Geburtstag (2006)
Festschrift Schüler-Springorum	Festschrift für Horst Schüler-Springorum zum 65. Geburtstag (1993)
Festschrift Schwind	Kriminalpolitik und ihre wissenschaftlichen Grundlagen: Festschrift für Hans-Dieter Schwind zum 70. Geburtstag (2006)
Festschrift Schwinge	Persönlichkeit in der Demokratie: Festschrift für Erich Schwinge zum 70. Geburtstag (1973)
Festschrift Seebode	Festschrift für Manfred Seebode zum 70. Geburtstag (2008)
Festschrift Sendler	Bürger-Richter-Staat: Festschrift für Horst Sendler zum Abschied aus seinem Amt (1991)
Festschrift Spendel	Festschrift für Günter Spendel zum 70. Geburtstag (1992)
Festschrift Spinellis	Die Strafrechtswissenschaft im 21. Jahrhundert: Festschrift für Dionysios Spinellis, 2 Bde. (2001)
Festschrift Steinhilper	Kriminologie und Medizinrecht: Festschrift für Gernot Steinhilper zum 70. Geburtstag (2013)
Festschrift Stock	Studien zur Strafrechtswissenschaft: Festschrift für Ulrich Stock zum 70. Geburtstag (1966)
Festschrift Stöckel	Strafrechtspraxis und Reform: Festschrift für Heinz Stöckel zum 70. Geburtstag (2010)
Festschrift Stree/Wessels	Beiträge zur Rechtswissenschaft: Festschrift für Walter Stree und Johannes Wessels zum 70. Geburtstag (1993)
Festschrift Stutte	Jugendpsychiatrie und Recht: Festschrift für Hermann Stutte zum 70. Geburtstag (1979)
Festschrift Tiedemann	Strafrecht und Wirtschaftsstrafrecht: Dogmatik, Rechtsvergleich, Rechtstatsachen; Festschrift für Klaus Tiedemann zum 70. Geburtstag (2008)
Festschrift Trechsel	Strafrecht, Strafprozessrecht und Menschenrechte: Festschrift für Stefan Trechsel zum 65. Geburtstag (2002)
Festschrift Triffterer	Festschrift für Otto Triffterer zum 65. Geburtstag (1996)
Festschrift Tröndle	Festschrift für Herbert Tröndle zum 70. Geburtstag (1989)
Festschrift Tübingen	Tradition und Fortschritt im Recht: Festschrift gewidmet der Tübinger Juristenfakultät zu ihrem 500-jährigen Bestehen 1977 von ihren gegenwärtigen Mitgliedern (1977)
Festschrift Venzlaff	Forensische Psychiatrie – Entwicklungen und Perspektiven: Festschrift für Ulrich Venzlaff zum 85. Geburtstag (2006)
Festschrift Volk	In dubio pro libertate: Festschrift für Klaus Volk zum 65. Geburtstag (2009)
Festschrift Vormbaum	Strafrecht und Juristische Zeitgeschichte – Symposium anlässlich des 70. Geburtstages von Thomas Vormbaum
Festschrift Waseda	Recht in Ost und West: Festschrift zum 30-jährigen Jubiläum des Instituts für Rechtsvergleichung der Waseda-Universität (1988)
Festschrift Wassermann	Festschrift für Rudolf Wassermann zum 60. Geburtstag (1985)
Festschrift v. Weber	Festschrift für Hellmuth von Weber zum 70. Geburtstag (1963)
Festschrift Weber	Festschrift für Ulrich Weber zum 70. Geburtstag (2004)
Festschrift Welzel	Festschrift für Hans Welzel zum 70. Geburtstag (1974)
Festschrift Widmaier	Strafverteidigung, Revision und die gesamten Strafrechtswissenschaften: Festschrift für Gunter Widmaier zum 70. Geburtstag (2008)
Festschrift Wolf	Mensch und Recht: Festschrift für Erik Wolf zum 70. Geburtstag (1972)
Festschrift Wolff	Festschrift für E. A. Wolff zum 70. Geburtstag (1998)
Festschrift Wolter	Festschrift für Jürgen Wolter zum 70. Geburtstag (2013)
Festschrift Würtenberger	Kultur, Kriminalität, Strafrecht: Festschrift für Thomas Würtenberger zum 70. Geburtstag (1977)

Festschrift Würtenberger II	Verfassungsstaatlichkeit im Wandel, Festschrift für Thomas Würtenberger zum 70. Geburtstag (2013)
Festschrift Würzburger Juristenfakultät	Raum und Recht: Festschrift 600 Jahre Würzburger Juristenfakultät (2002)
Festschrift Zeidler	Festschrift für Wolfgang Zeidler (1987)
Festschrift Zoll	Rechtsstaat und Strafrecht: Festschrift für Andrzej Zoll zum 70. Geburtstag (2012)
Festschrift Zweibrücken	175 Jahre Pfälzisches Oberlandesgericht: 1815 Appellationshof, Oberlandesgericht 1990 (1990)
Fischer	Strafgesetzbuch und Nebengesetze, Kurzkommentar, 63. Aufl. (2016)
Forster/Joachim	Alkohol und Schuldfähigkeit (1997)
Frank	Das Strafgesetzbuch für das Deutsche Reich nebst dem Einführungsgesetz, 18. Aufl. (1931)
Freiburg-Symposium	s. Tiedemann
Freund AT	Strafrecht, Allgemeiner Teil, 2. Aufl. (2008)
Frisch, Vorsatz und Risiko	Vorsatz und Risiko: Grundfragen des tatbestandsmäßigen Verhaltens und des Vorsatzes (1983)
Frisch, Tatbestandsmäßiges Verhalten	Tatbestandsmäßiges Verhalten und Zurechnung des Erfolgs (1988)
Frister	Strafrecht Allgemeiner Teil, 8. Aufl. (2018)
Gallas, Beiträge	Beiträge zur Verbrechenslehre (1968)
Gedächtnisschrift Delitala	Gedächtnisschrift für (Studi in memoria di) Giacomo Delitala, 3 Bde. (1984)
Gedächtnisschrift Armin Kaufmann	Gedächtnisschrift für Armin Kaufmann (1989)
Gedächtnisschrift H. Kaufmann	Gedächtnisschrift für Hilde Kaufmann (1986)
Gedächtnisschrift Keller	Gedächtnisschrift für Rolf Keller (2003)
Gedächtnisschrift Meurer	Gedächtnisschrift für Dieter Meurer (2002)
Gedächtnisschrift K. Meyer	Gedächtnisschrift für Karlheinz Meyer (1990)
Gedächtnisschrift Noll	Gedächtnisschrift für Peter Noll (1984)
Gedächtnisschrift H. Peters	Gedächtnisschrift für Hans Peters (1967)
Gedächtnisschrift Radbruch	Gedächtnisschrift für Gustav Radbruch (1968)
Gedächtnisschrift Schlüchter	Gedächtnisschrift für Ellen Schlüchter (2002)
Gedächtnisschrift Schröder	Gedächtnisschrift für Horst Schröder (1978)
Gedächtnisschrift Seebode	Im Zweifel für die Freiheit: Gedächtnisschrift für Manfred Seebode (2015)
Gedächtnisschrift Tjong	Gedächtnisschrift für Zong Uk Tjong (1985)
Gedächtnisschrift Vogler	Gedächtnisschrift für Theo Vogler (2004)
Gedächtnisschrift Zipf	Gedächtnisschrift für Heinz Zipf (1999)
Gimbernat et al.	Internationale Dogmatik der objektiven Zurechnung und der Unterlassungsdelikte: Spanisch-Deutsches Symposium zu Ehren von Claus Roxin, hrsg. v. Gimbernat et al. (1995)
Gössel I, II	Strafrecht, Besonderer Teil, Bd. 1: Delikte gegen immaterielle Rechtsgüter des Individuums, 2. Aufl. (1999); Bd. 2: Straftaten gegen materielle Rechtsgüter des Individuums (1996)
Gössel/Dölling	Strafrecht, Besonderer Teil, Bd. 1: Straftaten gegen Persönlichkeits- und Gemeinschaftswerte, 2. Aufl. (2004)
Gropp AT	Strafrecht, Allgemeiner Teil, 4. Auflage (2015)
Gropp Sonderbeteiligungen	Deliktstypen mit Sonderbeteiligung (1992)
Grundfragen	Grundfragen des modernen Strafrechtssystems, hrsg. v. Schünemann (1984)
Haft AT, BT II	Strafrecht, Allgemeiner Teil, 9. Aufl. (2004); Besonderer Teil II, 8. Aufl. (2005)
Haft/Hilgendorf BT I	Strafrecht, Besonderer Teil I, 9. Aufl. (2009)
Hanack-Symposium	s. Ebert

Hefendehl	Empirische Erkenntnisse, dogmatische Fundamente und kriminalpolitischer Impetus. Symposium für Bernd Schünemann zum 60. Geburtstag, hrsg. v. Hefendehl (2005)
Hefendehl Kollektive Rechtsgüter	Kollektive Rechtsgüter im Strafrecht (2002)
Heghmanns BT	Strafrecht für alle Semester, Besonderer Teil (2009)
Heinrich	Strafrecht AT, 6. Aufl. (2019)
vHH	Strafgesetzbuch, Kommentar, hrsg. v. von Heintschel-Heinegg, 3. Aufl. (2018)
v. Heintschel-Heinegg	s. vHH
v. Hippel I, II	Deutsches Strafrecht, Bd. 1 (1925), Bd. 2 (1930)
HK-GS	Dölling/Duttge/König/Rössner, Gesamtes Strafrecht, Handkommentar, 4. Aufl. (2017)
Hohmann/Sander	Strafrecht Besonderer Teil. BT I: Vermögensdelikte, 3. Aufl. (2011); BT II: Delikte gegen die Person und gegen die Allgemeinheit, 2. Aufl. (2011)
Hruschka	Strafrecht nach logisch-analytischer Methode, 2. Aufl. (1988)
Jäger BT	Examens-Repetitorium Strafrecht Besonderer Teil, 9. Aufl. (2019)
Jakobs AT	Strafrecht, Allgemeiner Teil, 2. Aufl. (1993)
Jescheck, Beiträge I, II	Strafrecht im Dienste der Gemeinschaft: ausgewählte Beiträge zur Strafrechtsreform, zur Strafrechtsvergleichung, zum internationalen Strafrecht, 1953–1979 (1980) (I); Beiträge zum Strafrecht 1980–1998 (1998) (II), jew. hrsg. v. Vogler
Jescheck/Weigend	Lehrbuch des Strafrechts, Allgemeiner Teil, 5. Aufl. (1996)
Joecks/Jäger	Strafgesetzbuch, Studienkommentar, 12. Aufl. (2018) (vormals Joecks)
Kienapfel AT	Strafrecht, Allgemeiner Teil, 4. Aufl. (1984)
Kienapfel/Höpfel/Kert	Strafrecht, Allgemeiner Teil, 15. Aufl. (2016)
Kienapfel, Urkunden	Urkunden und andere Gewährschaftsträger im Strafrecht (1967)
Kindhäuser AT, BT I, II	Strafrecht, Allgemeiner Teil, 8. Aufl. (2017); Besonderer Teil I: Straftaten gegen Persönlichkeitsrechte, Staat und Gesellschaft, 8. Aufl. (2017); Besonderer Teil II: Straftaten gegen Vermögensrechte, 9. Aufl. (2016)
Kindhäuser/Böse	Besonderer Teil II: Straftaten gegen Vermögensrechte, 10. Aufl. (2019)
Kindhäuser LPK	Strafgesetzbuch, Lehr- und Praxiskommentar, 7. Aufl. (2017)
Kindhäuser, Gefährdung	Gefährdung als Straftat (1989)
Kindhäuser/Neumann/Paeffgen	s. NK
Klesczewski AT, BT I/II/III	Strafrecht, Allgemeiner Teil (2017); Besonderer Teil I: Straftaten gegen die Person (2010); Besonderer Teil II: Vermögensdelikte (2011); Besonderer Teil III: Straftaten gegen Kollektivrechtsgüter (2012)
Klesczewski BT	Strafrecht Besonderer Teil – Lehrbuch zum Strafrecht der Bundesrepublik Deutschland (2016)
Köhler AT	Deutsches Strafrecht, Allgemeiner Teil (1997)
Kohlrausch/Lange	Strafgesetzbuch mit Erläuterungen und Nebengesetzen, 43. Aufl. (1961)
Krey/Esser	Deutsches Strafrecht, Allgemeiner Teil, 6. Aufl. (2016)
Krey/Hellmann/Heinrich BT 1, 2	Strafrecht, Besonderer Teil, Bd. 1: Besonderer Teil ohne Vermögensdelikte, 16. Aufl. (2015); Bd. 2: Vermögensdelikte, 17. Aufl. (2015)
Kühl AT	Strafrecht, Allgemeiner Teil, 8. Aufl. (2017)
Küper/Zopfs BT	Strafrecht, Besonderer Teil, 10. Aufl. (2018)
Küpper/Börner	Strafrecht, Besonderer Teil, Bd. 1: Delikte gegen Rechtsgüter der Person und Gemeinschaft, 4. Aufl. (2017) (vormals Küpper BT)
Lackner/Kühl	Strafgesetzbuch mit Erläuterungen, 29. Aufl. (2018)
Leipold/Tsambikakis/Zöller	s. AnwK
v. Liszt, Aufsätze	Strafrechtliche Aufsätze und Vorträge, 2 Bde. (1925)
v. Liszt/Schmidt AT, BT	Lehrbuch des deutschen Strafrechts, Allgemeiner Teil, 26. Aufl. (1932); Besonderer Teil, 25. Aufl. (1925)

LK	Strafgesetzbuch, Leipziger Kommentar, 12. Aufl. hrsg. v. Laufhütte/Rissing-van Saan/Tiedemann (2006 ff); 13. Aufl. hrsg. v. Cirener/Radtke/Rissing-van Saan/Rönnau/Schluckebier (2019 ff.)
Lutz	Strafrecht AT, 14. Aufl. (2019)
Madrid-Symposium	s. Schünemann/Suárez
Manoledakis/Prittwitz	Strafrechtsprobleme an der Jahrtausendwende: Deutsch-Griechisches Symposium in Rostock 1999, hrsg. v. Manoledakis/Prittwitz (2000)
Matheus	Strafrecht BT 2, 11 Aufl. (2019)
Matt/Renzikowski	Strafgesetzbuch, Kommentar (2013)
Maurach AT, BT	Strafrecht, Allgemeiner Teil, 4. Aufl. (1971); Besonderer Teil, 5. Aufl. (1969) mit Nachträgen von 1970/71
Maurach/Zipf/Jäger	Strafrecht, Allgemeiner Teil, Teilbd. 1: Grundlehren des Strafrechts und Aufbau der Straftat, 9. Aufl. (2020)
Maurach/Gössel/Zipf	Strafrecht, Allgemeiner Teil, Teilbd. 2: Erscheinungsformen des Verbrechens und Rechtsfolgen der Tat, 8. Aufl. (2014)
Maurach/Schroeder/Maiwald I, II	Strafrecht, Besonderer Teil, Teilbd. 1: Straftaten gegen Persönlichkeits- und Vermögenswerte, 10. Aufl. (2009); Teilbd. 2: Straftaten gegen Gemeinschaftswerte, 10. Aufl. (2013)
Maurach/Schroeder/Maiwald/Hoyer/Momsen	Strafrecht, Besonderer Teil, Teilbd. 1: Straftaten gegen Persönlichkeits- und Vermögenswerte, 11. Aufl. (2019)
H. Mayer AT	Strafrecht, Allgemeiner Teil (1953)
H. Mayer, Strafrecht	Das Strafrecht des deutschen Volkes (1936)
H. Mayer, Studienbuch	Strafrecht, Allgemeiner Teil, Studienbuch (1967)
Mezger, Strafrecht	Strafrecht, Lehrbuch, 3. Aufl. (1949) (ergänzt durch: Moderne Wege der Strafrechtsdogmatik [1950])
Mitsch BT	Strafrecht, Besonderer Teil, Bd. 2: Vermögensdelikte 3. Aufl. (2015)
MK	Münchener Kommentar zum Strafgesetzbuch, hrsg. von Joecks/Miebach, 2. Aufl. (2011–2015)
Naucke	Strafrecht, Eine Einführung, 11. Aufl. (2008)
Niederschriften I–XIV	Niederschriften über die Sitzungen der Großen Strafrechtskommission, 14 Bde. (1956–1960)
Niethammer	Lehrbuch des Besonderen Teils des Strafrechts (1950)
Niggli/Queloz	Strafjustiz und Rechtsstaat: Symposium zum 60. Geburtstag von Franz Riklin und José Hurtado Pozo, hrsg. v. Niggli/Queloz (2003)
NK	Nomos-Kommentar zum Strafgesetzbuch, hrsg. von Kindhäuser/Neumann/Paeffgen, 5. Aufl. (2017)
Oehler	Internationales Strafrecht, 2. Aufl. (1983)
v. Olshausen	Kommentar zum Strafgesetzbuch für das Deutsche Reich, 12. Aufl. (§§ 1–246) bearb. von Freiesleben u.a. (1942 ff); sonst 11. Aufl. bearb. von Lorenz u.a. (1927)
Otto AT, BT	Grundkurs Strafrecht: Allgemeine Strafrechtslehre/Die einzelnen Delikte, jeweils 7. Aufl. (2005)
Pfeiffer/Maul/Schulte	Strafgesetzbuch, Kommentar an Hand der Rechtsprechung des Bundesgerichtshofes (1969)
Preisendanz	Strafgesetzbuch, Lehrkommentar, 30. Aufl. (1978)
Puppe	Strafrecht Allgemeiner Teil, 4. Aufl. (2019)
Rengier AT, BT 1, 2	Strafrecht, Allgemeiner Teil, 10. Aufl. (2018); Besonderer Teil, Bd. 1: Vermögensdelikte, 21. Aufl. (2019); Bd. 2: Delikte gegen die Person und die Allgemeinheit, 20. Aufl. (2019)
Riklin-Hurtado-Symposium	s. Niggli/Queloz
Rostock-Symposium	s. Manoledakis/Prittwitz
Roxin AT I, II	Strafrecht, Allgemeiner Teil, Bd. 1: Grundlagen – Der Aufbau der Verbrechenslehre, 4. Aufl. (2006); Strafrecht, Allgemeiner Teil, Bd. 2: Besondere Erscheinungsformen der Straftat (2003)
Roxin TuT	Täterschaft und Tatherrschaft, 10. Aufl. (2019)

Roxin/Stree/Zipf/Jung	Einführung in das neue Strafrecht, 2. Aufl. (1975)
Roxin-Symposium	s. Gimbernat
Sack	Umweltschutz-Strafrecht, Erläuterung der Straf- und Bußgeldvorschriften, Loseblattausgabe, 43. Aufl. (2018)
Safferling	Internationales Strafrecht (2011)
Satzger/Schluckebier/ Widmaier	s. SSW
Sauer AT, BT	Allgemeine Strafrechtslehre, 3. Aufl. (1955); System des Strafrechts, Besonderer Teil (1954)
Schäfer/v. Dohnanyi	Die Strafgesetzgebung der Jahre 1931 bis 1935 (1936) (Nachtrag zur 18. Aufl. von Frank: das Strafgesetzbuch für das Deutsche Reich [1931])
Schmidt AT, BT I, II	Strafrecht, Allgemeiner Teil, 20. Aufl. (2018); Besonderer Teil I und II jeweils 20. Aufl. (2018)
Schmidt-Salzer	Produkthaftung, Bd. 1: Strafrecht, 2. Aufl. (1988)
Schmidhäuser	Einführung in das Strafrecht, 2. Aufl. (1984)
Schmidhäuser AT, BT, StuB	Strafrecht, Allgemeiner Teil, 2. Aufl. (1975); Besonderer Teil, 2. Aufl. (1983); Studienbuch: Allgemeiner Teil, 2. Aufl. (1984)
Schöch	Wiedergutmachung und Strafrecht: Symposium aus Anlaß des 80. Geburtstages von Friedrich Schaffstein, hrsg. v. Schöch (1987)
Schönke/Schröder	Strafgesetzbuch, Kommentar, 30. Aufl. (2019)
Schramm	Internationales Strafrecht (2011)
Schroth BT	Strafrecht, Besonderer Teil, 5. Aufl. (2010)
Schünemann/ de Figueiredo Dias Roxin	Bausteine des Europäischen Strafrechts: Coimbra-Symposium für Claus, hrsg. v. Schünemann/de Figueiredo Dias (1995)
Schünemann/Suárez	Bausteine des europäischen Wirtschaftsstrafrechts: Madrid-Symposium für Klaus Tiedemann, hrsg. v. Schünemann/Suárez (1994)
Sieber	Verantwortlichkeit im Internet (1999)
Sieber/Cornils	Nationales Strafrecht in rechtsvergleichender Darstellung, hrsg. von Sieber/Cornils (2008 ff)
SK	Systematischer Kommentar zum Strafgesetzbuch, 9. Aufl. (2017)
sLSK	Systematischer Leitsatzkommentar zum Sanktionenrecht, hrsg. v. Horn, Loseblattausgabe (1983 ff)
Sonnen	Strafrecht Besonderer Teil (2005)
SSW	Strafgesetzbuch, Kommentar, hrsg. v. Satzger/Schluckebier/Widmaier, 4. Aufl. (2019)
Stratenwerth/Kuhlen AT	Strafrecht, Allgemeiner Teil – Die Straftat, 6. Aufl. (2011)
Tendenzen der Kriminalpolitik	Neuere Tendenzen der Kriminalpolitik, Beiträge zu einem deutsch-skandinavischen Strafrechtskolloquium, hrsg. v. Cornils/Eser (1987)
Tiedemann	Wirtschaftsstrafrecht in der Europäischen Union, Rechtsdogmatik – Rechtsvergleich – Rechtspolitik (Freiburg-Syposium), hrsg. v. Tiedemann (2002)
Tiedemann, Anfängerübung	Die Anfängerübung im Strafrecht, 4. Aufl. (1999)
Tiedemann, Tatbestandsfunktionen	Tatbestandsfunktionen im Nebenstrafrecht (1969)
Tiedemann-Symposium	s. Schünemann/Suárez
Walter	Der Kern des Strafrechts (2006)
v. Weber	Grundriß des deutschen Strafrechts, 2. Aufl. (1948)
Welzel, Strafrecht	Das Deutsche Strafrecht, 11. Aufl. (1969)
Welzel, Strafrechtssystem	Das neue Bild des Strafrechtssystems, 4. Aufl. (1961)
Wessels/Beulke/Satzger	Strafrecht, Allgemeiner Teil, 48. Aufl. (2018)
Wessels/Hettinger/Engländer	Strafrecht, Besonderer Teil 1: Straftaten gegen Persönlichkeits- und Gemeinschaftswerte, 42. Aufl. (2018)
Wessels/Hillenkamp/Schuhr	Strafrecht, Besonderer Teil 2: Straftaten gegen Vermögenswerte, 419. Aufl. (2018)

WK	Wiener Kommentar zum Strafgesetzbuch – StGB; hrsg. v. Höpfl/Ratz, Loseblatt, 2. Aufl. (1999 ff)
Wohlers Deliktstypen	Deliktstypen des Präventionsrechts – Zur Dogmatik „moderner" Gefährdungsdelikte (2000)
Wolters	Das Unternehmensdelikt (2001)
Zieschang AT	Strafrecht, Allgemeiner Teil, 5. Aufl. (2017)
Zieschang, Gefährdungsdelikte	Die Gefährdungsdelikte (1998)

2. Betäubungsmittelstrafrecht

Franke/Wienroeder	Betäubungsmittelgesetz, Kommentar, 5. Aufl. (2017)
Joachimski/Haumer	Betäubungsmittelgesetz (mit ergänzenden Bestimmungen), Kommentar, 7. Aufl. (2002)
Körner/Patzak/Volkmer	Betäubungsmittelgesetz, Kurzkommentar, 9. Aufl. (2019)
Webel	Betäubungsmittelstrafrecht (2003)
Weber	Betäubungsmittelgesetz, Kommentar, 4. Aufl. (2013); 5. Aufl. (2017)

3. Bürgerliches Recht einschließlich Versicherungsrecht

Bruck/Möller	Großkommentar zum Versicherungsvertragsgesetz, 9. Aufl. (2008 ff)
Erman	Handkommentar zum Bürgerlichen Gesetzbuch, 15. Aufl. (2017)
Jauernig	Bürgerliches Gesetzbuch: BGB, 17. Aufl. (2018)
Larenz/Wolf	s. Wolf/Neuner
MK-BGB	Münchener Kommentar zum Bürgerlichen Gesetzbuch, 6. Auflage (ab 2011), hrsg. v. Säcker/Rixecker/Oetker; 7. Aufl. (ab 2015), hrsg. von Säcker/Rixecker/Oetker/Limperg; 8. Aufl. (ab 2018) , hrsg. von Säcker/Rixecker/Oetker/Limperg
MK-VVG	Münchener Kommentar zum Versicherungsvertragsgesetz, hrsg. v. Langheid/Wandt (2009); 2. Aufl. (2016)
Palandt	Bürgerliches Gesetzbuch mit Einführungsgesetz (Auszug), Gesetz zur Regelung des Rechts der Allgemeinen Geschäftsbedingungen, Verbraucherkreditgesetz, Gesetz über den Widerruf von Haustürgeschäften und ähnlichen Geschäften, Kurzkommentar, 78. Aufl. (2019)
Prütting/Wegen/Weinreich	BGB Kommentar, 14. Aufl. (2019)
RGRK	Das Bürgerliche Gesetzbuch, Kommentar, mit besonderer Berücksichtigung der Rechtsprechung des Reichsgerichts und des Bundesgerichtshofes (Reichsgerichtsrätekommentar), hrsg. v. Mitgliedern des Bundesgerichtshofes, 12. Aufl. (1975–1999)
HK-BGB	Schulze/Dörner/Ebert/Hoeren/Kemper/Saenger/Scheuch/Schreiber/Schulte-Nölke/Staudinger/Wiese, Bürgerliches Gesetzbuch, Handkommentar, 10. Aufl. (2019)
Soergel	Bürgerliches Gesetzbuch mit Einführungsgesetz und Nebengesetzen, 13. Aufl. (1999 ff)
Staudinger	J. von Staudingers Kommentar zum Bürgerlichen Gesetzbuch mit Einführungsgesetz und Nebengesetzen, 13. Aufl. Bearbeitungen (1993 ff)
Wolf/Neuner	Allgemeiner Teil des Bürgerlichen Rechts, 10. Aufl. (2012); 11. Aufl. (2016)

4. DDR-Strafrecht

StGB-Komm.-DDR	Strafrecht der Deutschen Demokratischen Republik, Kommentar, 5. Aufl. (1987)
StGB-Lehrb.-DDR AT, BT	Strafrecht der DDR, Lehrbuch: Allgemeiner Teil, 2. Aufl. (1976); Besonderer Teil (1981)

StGB-Lehrb.-DDR 1988	Strafrecht der DDR, Lehrbuch, Allgemeiner Teil (1988)
StPO-Komm.-DDR	Strafprozeßrecht der Deutschen Demokratischen Republik, Kommentar, 3. Aufl. (1989)
StPO-Lehrb.-DDR	Strafverfahrensrecht, Lehrbuch, 3. Aufl. (1987)

5. Europäisches Recht

Bleckmann	Europarecht, 6. Aufl. (1997)
Geiger/Khan/Kotzur	s. GKK
GKK	EUV/AEUV, Kommentar, hrsg. v. Geiger/Khan/Kotzur, 6. Aufl. (2017)
GKN	Das Recht der Europäischen Union, Kommentar, Loseblattausgabe, hrsg. v. Grabitz/Hilf/Nettesheim, 66. Aufl. (2019)
Grabitz/Hilf/Nettesheim	s. GKN
Hailbronner/Klein/Magiera/ Müller-Graff	s. HKMM
HKMM	Handkommentar zum Vertrag über die Europäische Union (EUV/EGV), hrsg. v. Hailbronner/Klein/Magiera/Müller-Graff, Loseblattausgabe (1991 ff)
HdEuropR	Handbuch des Europäischen Rechts, Loseblattausgabe, hrsg. v. Bieber/Ehlermann (1982 ff)
Hecker	Europäisches Strafrecht, 5. Aufl. (2015)
Hobe	Europarecht, 9. Aufl. (2017)
IM EG	Wettbewerbsrecht: Band 1. EU, 2 Teilbände., hrsg. v. Immenga/Mestmäcker, 6. Aufl. (2019)
Immenga/Mestmäcker EG	s. IM EG
Satzger	Internationales und Europäisches Strafrecht, 8. Aufl. (2018)
Schwarze/Becker/Hatje/Schoo	EU-Kommentar, hrsg. v. Schwarze/Becker/Hatje/Schoo, 4. Aufl. (2019) (vormals Schwarze)
Schweitzer/Hummer	Europarecht, 6. Aufl. (2008)
Sieber/Satzger/ v.Heintschel-Heinegg	s. SSvHH
SSvHH	Europäisches Strafrecht, hrsg. v. Sieber/Satzger/v.Heintschel-Heinegg, 2. Aufl. (2014)
Streinz	Europarecht, 10. Aufl. (2016)

6. Handelsrecht einschließlich Bilanz- und Gesellschaftsrecht

Baumbach/Hopt	Handelsgesetzbuch: HGB mit GmbH & Co., Handelsklauseln, Bank- und Börsenrecht, Transportrecht, 38. Aufl. (2018)
Ebenroth/Boujong/Joost/ Strohn	Handelsgesetzbuch, 4. Aufl. (2019/20)
Großfeld/Luttermann	Bilanzrecht, 5. Auf. (2009)
Hachenburg	GmbHG, Kommentar, 8. Aufl. (1993 bis 1997)
Heymann	HGB, Kommentar, 3. Aufl. (2019/20)
GK-AktG	Großkommentar zum Aktiengesetz, 4. Aufl. hrsg. v. Hopt/Wiedemann (1992 ff); 5. Aufl. hrsg. v. Hirte/Mülbert/Roth (2015 ff)
Hüffer/Koch	Aktiengesetz: AktG, Kommentar, 13. Aufl. (2018) (vormals Hüffer)
MK HGB	Münchener Kommentar zum Handelsgesetzbuch, hrsg. v. K. Schmidt, 3. Aufl. (2010 ff); 4. Aufl. (2016 ff)
Schmidt/Lutter	AktG Kommentar in 2 Bänden, 3. Aufl. (2015)
Scholz	Kommentar zum GmbH-Gesetz in 3 Bänden, 11. Aufl. (2012 ff)
Staub	Großkommentar zum HGB, 5. Aufl. (2008 ff)
Ulmer/Habersack/Löbbe	s. UHL
UHL	GmbHG Großkommentar in 2 Bänden, 2. Aufl. hrsg. v. Ulmer/Habersack/Löbbe (2016)

7. Jugendstrafrecht

AK JGG	Kommentar zum Jugendgerichtsgesetz – Reihe Alternativkommentare, hrsg. v. Wassermann (1987)
Brunner	Jugendgerichtsgesetz, Kommentar, 9. Aufl. (1991)
Brunner/Dölling	Jugendgerichtsgesetz, Kommentar, 13. Aufl. (2017)
Böhm/Feuerhelm	Einführung in das Jugendstrafrecht, 4. Aufl. (2004)
Diemer/Schatz/Sonnen	Jugendgerichtsgesetz mit Jugendstrafvollzugsgesetzen, Kommentar, 7. Aufl. (2015)
Eisenberg JGG	Jugendgerichtsgesetz, Kommentar, 20. Aufl. (2018)
Laubenthal/Baier/Nestler	Jugendstrafrecht, 3. Aufl. (2015)
Ostendorf JGG	Jugendgerichtsgesetz, Kommentar, 10. Aufl. (2016)
Schaffstein/Beulke/Swoboda	Jugendstrafrecht, 15. Aufl. (2015)
Streng	Jugendstrafrecht, 4. Aufl. (2016)
Walter/Neubacher	Jugendkriminalität: eine systematische Darstellung, 4. Aufl. (2011)

8. Kriminologie

Albrecht	Kriminologie, 4. Aufl. (2010)
Dittmann/Jehle	Kriminologie zwischen Grundlagenwissenschaften und Praxis, hrsg. v. Dittmann/Jehle (2003)
Eisenberg, Kriminologie	Kriminologie, 7. Aufl. (2017)
Göppinger	Kriminologie, 4. Aufl. (1980)
Göppinger/Bock	Kriminologie, 6. Aufl. hrsg. v. Göppinger/Bock/Kröber et.al. (2008)
HwbKrim	Handwörterbuch der Kriminologie, hrsg. v. Sieverts/Schneider, Bd. 1–3, Ergänzungsband (4. Bd.), Nachtrags- und Registerband (5. Bd.), 2. Aufl. (1966 –1998)
IntHdbKrim	Internationales Handbuch der Kriminologie, hrsg. v. H.-J. Schneider, Bd 1 (2007); Bd 2 (2009)
Kaiser/Schöch/Kinzig	Kriminologie, Jugendstrafrecht und Strafvollzug, 8. Aufl. hrsg. v. Schöch/Kinzig (2015)
Kaiser, Einführung	Kriminologie: eine Einführung in die Grundlagen, 10. Aufl. (1997)
Meier	Kriminologie, 5. Aufl. (2016)
Mezger, Kriminologie	Kriminologie, Studienbuch (1951)
Schneider	Kriminologie, Lehrbuch, 3. Aufl. (1992)
Schwind	Kriminologie und Kriminalpolitik, 23. Aufl. (2016)

9. Ordnungswidrigkeitenrecht

Bohnert/Krenberger/Krumm	s. Krenberger/Krumm
Bohnert/Bülte	Ordnungswidrigkeitenrecht, Grundriss für Praxis und Ausbildung, 5. Aufl. (2016) (vormals Bohnert)
Göhler	Gesetz über Ordnungswidrigkeiten, Kurzkommentar, 17. Aufl. (2017)
HK-OWiG	Heidelberger Kommentar zum Ordnungswidrigkeitengesetz, hrsg. v. Lemke u.a., 2. Aufl. (2005)
KK-OWiG	Karlsruher Kommentar zum Gesetz über Ordnungswidrigkeiten, hrsg. v. Senge, 5. Aufl. (2018)
Krenberger/Krumm	OWiG Ordnungswidrigkeitengesetz, Kommentar, 5. Aufl. (2018) (vormals Bohnert/Krenberger/Krumm)
Mitsch, OWiG	Recht der Ordnungswidrigkeiten, 2. Aufl. (2005)
Rebmann/Roth/Hermann	Gesetz über Ordnungswidrigkeiten, Kommentar, Loseblattausgabe (2002ff)

10. Presserecht

Groß	Presserecht, 3. Aufl. (1999)
Löffler	Presserecht, Kommentar, 6. Aufl. (2015)
Löffler HdB	s. Ricker/Weberling
Ricker/Weberling	Handbuch des Presserechts, begr. v. Löffler, hrsg. v. Ricker/Weberling, 6. Aufl. (2012)
Soehring/Hoene	Presserecht, 6. Aufl. (2019) (vormals Soehring)

11. Rechtshilfe

Grützner/Pötz/Kreß	Internationaler Rechtshilfeverkehr in Strafsachen, Loseblattausgabe, 39. Aktualisierung, 2016
Hackner/Lagodny/Schomburg/Wolf	Internationale Rechtshilfe in Strafsachen (2003)
Schomburg/Lagodny/Gleß/Hackner	Internationale Rechtshilfe in Strafsachen, 6. Aufl. (2019)
Vogler/Wilkitzki	Gesetz über die Internationale Rechtshilfe in Strafsachen (IRG), Kommentar, Loseblattausgabe (1992 ff) als Sonderausgabe aus Grützner/Pötz, Internationaler Rechtshilfeverkehr in Strafsachen, 2. Aufl. (1980 ff)

12. Rechtsmedizin und Medizinstrafrecht

Foerster/Dreßing	Psychiatrische Begutachtung, hrsg. v. Venzlaff/Foerster/Dreßing/Habermeyer, 6. Aufl. (2015)
Forster	Praxis der Rechtsmedizin (1986)
Forster/Ropohl	Rechtsmedizin, 5. Aufl. (1989)
Frister/Lindemann/Peters	Arztstrafrecht (2011)
HfPsych I, II	Handbuch der forensischen Psychiatrie, hrsg. v. Kröber/Dölling/Leygraf/Saß, Bd. 1: Strafrechtliche Grundlagen der Gutachtenerstellung im Strafverfahren (2007); Bd. 2: Psychopathologische Grundlagen und Praxis der forensischen Psychiatrie im Strafrecht (2011); Bd. 3: Psychiatrische Kriminalprognose und Kriminaltherapie (2006); Bd. 4: Kriminologie und forensische Psychiatrie (2009); Bd. 5: Forensische Psychiatrie im Privatrecht und Öffentlichen Recht (2009)
Laufs	Fortpflanzungsmedizin und Arztrecht (1992)
Laufs/Katzenmeier/Lipp	Arztrecht, hrsg. v. Katzenmeier/Lipp, 7. Aufl. (2015)
Laufs/Kern	Handbuch des Arztrechts, hrsg. v. Laufs/Kern, 5. Aufl. (2019)
Rieger	Lexikon des Arztrechts, hrsg. v. Rieger/Dahm/Steinhilper Loseblatt (2004)
Roxin/Schroth	Handbuch des Medizinstrafrechts, hrsg. v. Roxin/Schroth, 4. Aufl. (2010)
Spickhoff	Medizinrecht, hrsg. v. Spickhoff, 3. Aufl. (2018)
Ulsenheimer	Arztstrafrecht in der Praxis, 5. Aufl. (2015)
Wenzel	Medizinrecht, hrsg. v. Wenzel, 4. Aufl. (2019)

13. Strafprozess- und Strafvollzugsrecht

AK-StPO	Kommentar zur Strafprozeßordnung – Reihe Alternativkommentare, hrsg. v. Wassermann, Bd. 1 (1988), Bd. 2 Teilbd. 1 (1992), Bd. 2 Teilbd. 2 (1993), Bd. 3 (1996)
AK-StVollzG	Kommentar zum Strafvollzugsgesetz – Reihe Alternativkommentare, hrsg. v. Wassermann, 3. Aufl. (1990)
Arloth/Krä	Strafvollzugsgesetze, Kommentar, 4. Aufl. (2017)
BeckOK-StPO	Beck'scher Online-Kommentar StPO, hrsg. v. Graf, 33. Edition (2019)
Beulke/Swoboda	Strafprozessrecht, 14. Aufl. (2018) (vormals Beulke)
Bringewat	Strafvollstreckungsrecht: Kommentar zu den §§ 449–463d StPO (1993)

Calliess/Müller-Dietz	s. Laubenthal/Nestler/Neubacher/Verrel
Eisenberg	Beweisrecht der StPO, Spezialkommentar, 10. Aufl. (2017)
Hamm	Die Revision in Strafsachen, 7. Aufl. (2010)
HK-StPO	Heidelberger Kommentar zur Strafprozessordnung, hrsg. v. Gercke u.a., 6. Aufl. (2019)
Isak/Wagner	s. Röttle/Wagner
Joecks-StPO	Studienkommentar StPO, hrsg. v. Joecks/Jäger 5. Aufl. (2019)
Kamann	Handbuch für die Strafvollstreckung und den Strafvollzug, 2. Aufl. (2008)
Kammeier/Pollähne	Maßregelvollzugsrecht, Kommentar, 4. Aufl. (2018)
Kissel/Mayer	Gerichtsverfassungsgesetz, 9. Aufl. (2018)
KK	Karlsruher Kommentar, Strafprozessordnung – GVG, EGGVG, EMRK, hrsg. v. Hannich, 8. Aufl. (2019)
Kleinknecht/Meyer-Goßner	s. Meyer-Goßner/Schmitt
KMR	Kleinknecht/Müller/Reitberger (Begr.), Kommentar zur Strafprozeßordnung, Loseblattausgabe, 8. Aufl. (1990 ff), ab 14. Lfg. hrsg. von v. Heintschel-Heinegg/Stöckel
Kramer	Grundlagen des Strafverfahrensrechts: Ermittlung und Verfahren, 8. Aufl. (2014)
Kühne	Strafprozessrecht (ehem. Strafprozeßlehre) 9. Aufl. (2015)
Laubenthal/Nestler/Neubacher/Verrel	s. LNNV
LNNV	Strafvollzugsgesetz, Kurzkommentar, hrsg. v. Laubenthal/Nestler/Neubacher/Verrel begr. und bis zur 11. Aufl. fortgeführt von Callies/Müller-Dietz, 12. Aufl. (2015)
LR	Löwe-Rosenberg, Die Strafprozeßordnung und das Gerichtsverfassungsgesetz mit Nebengesetzen, Großkommentar, 26. Aufl. (2006 ff), 27. Aufl. (2016 ff.)
Marschner/Lesting/Stahmann	Freiheitsentziehung und Unterbringung, 6. Aufl. (2019) (vormals-Marschner/Volckart/Lesting; Saage/Göppinger)
Meyer-Goßner/Schmitt	Strafprozessordnung mit GVG und Nebengesetzen, Kurzkommentar, 62. Aufl. (2019) vormals Kleinknecht/Meyer-Goßner
Müller	Beiträge zum Strafprozessrecht (2003)
Peters	Strafprozeß, Ein Lehrbuch, 4. Aufl. (1985)
Pfeiffer	Strafprozeßordnung und Gerichtsverfassungsgesetz, 6. Aufl. (2008)
Pohlmann/Jabel/Wolf	Strafvollstreckungsordnung, Kommentar, 9. Aufl. (2015)
Putzke/Scheinfeld	Strafprozessrecht, 7. Aufl. (2017)
Röttle/Wagner	Strafvollstreckung, 8. Aufl. (2009); (vormals Wetterich/Hamann; Isak/Wagner)
Roxin/Schünemann	Strafverfahrensrecht, 29. Aufl. (2017)
Roxin/Arzt/Tiedemann	Strafrecht und Strafprozessrecht, 6. Auflage (2014)
Saage/Göppinger	s. Marschner/Volckart
Sarstedt/Hamm	s. Hamm
Satzger/Schluckebier/Widmaier	s. SSW-StPO
Schäfer, Strafverfahren	Die Praxis des Strafverfahrens, 6. Aufl. (2000), 7. Aufl. (2018)
Schäfer/Sander/van Gemmeren	Die Praxis der Strafzumessung, 6. Aufl. (2017)
Schätzler	Handbuch des Gnadenrechts, 2. Aufl. (1992)
Eb. Schmidt, Lehrkommentar I–III	Strafprozeßordnung, Lehrkommentar, Bd. 1: Die rechtstheoretischen und die rechtspolitischen Grundlagen des Strafverfahrensrechts, 2. Aufl. (1964); Bd. 2: Erläuterungen zur Strafprozeßordnung und zum Einführungsgesetz zur Strafprozeßordnung (1957) (mit Nachtragsband 1 [1967] und 2 [1970]); Bd. 3: Erläuterungen zum Gerichtsverfassungsgesetz und zum Einführungsgesetz zum Gerichtsverfassungsgesetz (1960)
Schwind/Böhm/Jehle/Laubenthal	Strafvollzugsgesetz, Kommentar, 7. Auflage (2019)

SK-StPO	Systematischer Kommentar zur Strafprozessordnung mit GVG und EMRK, hrsg. v. Wolter, Loseblattausgabe (1986 ff, 5. Aufl. 2016 ff)
SSW-StPO	Strafprozessordnung, Kommentar, hrsg. v. Satzger/Schluckebier/Widmaier, 3. Aufl. (2018)
Ulrich	Der gerichtliche Sachverständige, 13. Aufl. (2017), ehem. Jessnitzer/Ulrich
Volckart/Grünebaum	Maßregelvollzug, 8. Aufl. (2015)
Volk/Engländer	Grundkurs StPO, 9. Aufl. (2018)
Walter, Strafvollzug	Strafvollzug, 2. Aufl. (1999)

14. Straßenverkehrsrecht

Bär/Hauser/Lehmpuhl	Unfallflucht, Kommentar, Loseblattausgabe (1978 ff)
Beck/Berr/Schäpe	OWi – Sachen im Straßenverkehrsrecht, 7. Aufl. (2017) (vormals Beck/Berr)
Berz/Burmann	Handbuch des Straßenverkehrsrechts, hrsg. von Burmann/Heß, Loseblattausgabe, 39. Erg.-Lfg. (2019)
Burmann/Heß u.a.	Straßenverkehrsrecht, Kommentar, 25. Aufl. (2018), hrsg. v. Burmann/Heß/Hühnermann/Jahnke (vormals Burmann/Heß/Hühnermann/Jahnke/Janker; Jagow/Burmann/Heß)
Cramer	Straßenverkehrsrecht, Bd. 1: StVO, StGB, 2. Aufl. (1977)
Full/Möhl/Rüth	Straßenverkehrsrecht: Kommentar (1980) mit Nachtrag (1980/81)
Haus/Krumm/Quarch	Gesamtes Verkehrsrecht, hrsg. von Haus/Krumm/Quarch , 2. Aufl. (2017)
Hentschel	Trunkenheit, Fahrerlaubnisentziehung, Fahrverbot im Straf- und Ordnungswidrigkeitenrecht, 10. Aufl. (2006)
Hentschel/Born	Trunkenheit im Straßenverkehr, 7. Aufl. (1996)
Hentschel/Krumm	Fahrerlaubnis – Alkohol – Drogen im Straf- und Ordnungswidrigkeitenrecht, 7. Aufl. (2018)
Himmelreich/Hentschel	Fahrverbot, Führerscheinentzug; Bd. 1: Straf- und Ordnungswidrigkeitenrecht, 8. Aufl. (1995)
Himmelreich/Staub/Krumm/Nissen	Verkehrsunfallflucht: Verteidigerstrategien im Rahmen des § 142 StGB, 7. Aufl. (2019) (vormals Himmelreich/Bücken/Krumm)
HKD	Straßenverkehrsrecht, hrsg. v. Hentschel/König/Dauer, 45. Aufl. (2019) vormals Jagusch/Hentschel
HK-StVR	Heidelberger Kommentar zum Straßenverkehrsrecht, hrsg. v. Griesbaum u.a. (1993)
Hentschel/König/Dauer	s. HKD
Janker	Straßenverkehrsdelikte: Ansatzpunkte für die Verteidigung (2002)
Jagow/Burmann/Heß	s. JBH
Jagusch/Hentschel	s. HKD
Janiszewski	Verkehrsstrafrecht, 5. Aufl. (2004)
Janiszewski/Jagow/Burmann	s. JBH
JBH	Straßenverkehrsrecht, Kommentar, hrsg. v. Jagow/Burmann/Heß, vormals Janiszewski/Jagow/Burmann; 20. Aufl. (2008)
MK-StVR	Münchener Kommentar zum Straßenverkehrsrecht, hrsg. von Bender/König (2016 ff.)
Müller I–III	Straßenverkehrsrecht, Großkommentar, 22. Aufl., Bd. 1 (1969) mit Nachtrag 1969, Bd. 2 (1969), Bd. 3 (1973)
Rüth/Berr/Berz	Straßenverkehrsrecht, Kommentar, 2. Aufl. (1988)

15. Verfassungsrecht und Verwaltungsrecht

AK-GG	Alternativkommentar Grundgesetz, hrsg. v. Wassermann, 3. Aufl. (2001)
Battis	Bundesbeamtengesetz, Kommentar, 5. Aufl. (2017)
BK	Kommentar zum Bonner Grundgesetz (Bonner Kommentar), Loseblattausgabe, hrsg. v. Kahl/Waldhoff/Walter 198. Lfg. (2019)

Clemens/Scheuring/ Steingen/Wiese	s. TVöD
Dreier I–III	Grundgesetz, Kommentar, 3. Aufl., (Bd. 1: 2013; Bd. 2: 2015; Bd. 3: 2017)
Friauf	Kommentar zur Gewerbeordnung – GewO, Gewerberechtlicher Teil, Loseblattausgabe, hrsg. v. Friauf (2001 ff)
Fuhr/Stahlhacke	s. Friauf
HdStR I–XIII	Handbuch des Staatsrechts der Bundesrepublik Deutschland, hrsg. v. Isensee/Kirchhof, 3. Aufl (Bd. 1: 2003; Bd. 2: 2004; Bd. 3: 2005; Bd. 4: 2006; Bd. 5: 2007; Bd. 6: 2009; Bd. 7: 2009; Bd. 8: 2010; Bd. 9: 2011; Bd. 10: 2012, Bd. 11: 2013, Bd. 12: 2014, Bd. 13: 2015
Jarass/Pieroth	Grundgesetz für die Bundesrepublik Deutschland: Kommentar, 15. Aufl. (2018)
Kopp/Ramsauer	Verwaltungsverfahrensgesetz, 20. Aufl. (2019)
Landmann/Rohmer I, II	Gewerbeordnung und ergänzende Vorschriften, Kommentar, Loseblattausgabe, Bd. 1: Gewerbeordnung; Bd. 2: Ergänzende Vorschriften (jew. 1998 ff)
v. Mangoldt/Klein/Starck	Kommentar zum Grundgesetz, Bd. 1 (Art. 1–19), Bd. 2 (Art. 20–82), Bd. 3 (Art. 83–146), 7. Aufl. (2017); früherer Titel: Das Bonner Grundgesetz
Maunz/Dürig	Grundgesetz, Kommentar, Loseblattausgabe, 7. Aufl. (1991 ff) (bearb. v. Badura u.a.), 86. Aufl. (2019)
Maunz/Schmidt-Bleibtreu/ Klein/Bethge	s. MSBKB
MSBKB	Bundesverfassungsgerichtsgesetz, Kommentar, Loseblatt, hrsg. v. Maunz/Schmidt-Bleibtreu/Klein/Bethge, 56. Aufl. (2019)
Klein/Ulsamer	nunmehr: Maunz/Schmidt-Bleibtreu/Klein/Bethge
v. Münch/Kunig	Grundgesetz, Kommentar, Gesamtwerk in 2 Bänden, 6. Aufl. (2012)
Plog/Wiedow	Kommentar zum Bundesbeamtengesetz, mit Beamtenversorgungsgesetz, 404. Erg.-Lfg. (2019)
Sachs	Grundgesetz-Kommentar, 8. Auflage (2018)
Schmidt-Aßmann/Schoch	Besonderes Verwaltungsrecht, 14. Aufl. (2008)
Schmidt-Bleibtreu/ Hofmann/Henneckef	Kommentar zum Grundgesetz, 14. Aufl. (2018)
Stern I–V	Das Staatsrecht der Bundesrepublik Deutschland, Bd. 1, 2. Aufl. (1984); Bd. 2 (1980); Bd. 3/1 (1988); Bd. 3/2 (1994); Bd. 4 (1997); Bd. 4/2 (2006); Bd. 5 (2000)
TVöD	Kommentar zum Tarifvertrag öffentlicher Dienst (TVöD), hrsg. v. Clemens/Scheuring/Steingen/Wiese, Loseblatt. 110 Erg-Lfg. (2019)
Wolff/Bachof/Stober/Kluth	Verwaltungsrecht, Band 1, 13. Aufl. (2017)

16. Wettbewerbs- und Kartellrecht

Baumbach/Hefermehl	s. Köhler/Bornkamm
Dreher/Kulka	Wettbewerbs- und Kartellrecht, 10. Aufl. (2018) (vormals Rittner/Dreher/Kulka)
Emmerich, Kartellrecht	Kartellrecht, Studienbuch, 14. Aufl. (2018)
Emmerich/Lange	Unlauterer Wettbewerb, 11. Auflage (2019) (vormals Emmerich)
FK Kartellrecht [GWB]	Frankfurter Kommentar zum Kartellrecht, mit Kommentierung des GWB, des EG-Kartellrechts und einer Darstellung ausländischer Kartellrechtsordnungen, Loseblattausgabe, hrsg. v. Glassen u.a. (2001 ff) bis zur 44. Lfg. unter dem Titel: Frankfurter Kommentar zum Gesetz gegen Wettbewerbsbeschränkungen
Fezer/Büscher/Obergfell	Lauterkeitsrecht (Kommentar zum UWG) 2 Bände, 3. Aufl. (2016) (vormals Fezer)
Immenga/Mestmäcker GWB	Wettbewerbsrecht, Kommentar, hrsg. v. Immenga/Mestmäcker, 6. Aufl. (2019)

Köhler/Bornkamm/Feddersen	Gesetz gegen den unlauteren Wettbewerb UWG – mit PAngV, UKlaG, DL-InfoV 37. Aufl. (2019) (vormals Köhler/Bornkamm)
Köhler/Piper	s. Ohly/Sosnitza
Ohly/Sosnitza	UWG – Gesetz gegen den unlauteren Wettbewerb, Kommentar, 7. Aufl. (2016)
Rittner/Dreher	Europäisches und deutsches Wirtschaftsrecht, 3. Aufl. (2008)

17. Wirtschafts- und Steuerstrafrecht

Achenbach/Ransiek/Rönnau	s. ARR
ARR	Handbuch Wirtschaftsstrafrecht, hrsg. v. Achenbach/Ransiek/Rönnau, 5. Aufl. (2019)
Belke/Oehmichen	Wirtschaftskriminalität – aktuelle Fragen des Wirtschaftsstrafrechts in Theorie und Praxis (1983)
Bender/Möller/Retemeyer	Steuerstrafrecht – Mit Schwerpunkt Zoll- und Verbrauchssteuerstrafrecht, Loseblatt 46. Akt. (2019)
Bittmann	Insolvenzstrafrecht, hrsg. von Bittmann, 2. Aufl. (2017)
Brüssow/Petri	Arbeitsstrafrecht, 2. Aufl. (2016)
Dannecker/Knierim/Smok	Insolvenzstrafrecht, 3. Aufl. (2018) (vormals Dannecker/Knierim/Hagemeier)
Eidam	Unternehmen und Strafe, 5. Aufl. (2018)
Franzen/Gast/Joecks	s. JJR
Geilen, Aktienstrafrecht	Erläuterungen zu §§ 399–405 AktG von Gerd Geilen, Erläuterungen zu § 408 AktG von Wolfgang Zöllner (1984) (Sonderausgabe aus der 1. Aufl. des Kölner Kommentars zum Aktiengesetz)
GJW	Wirtschafts- und Steuerstrafrecht, hrsg. v. Graf/Jäger/Wittig, 2. Aufl. (2017)
Graf/Jäger/Wittig	s. GJW
Greeve/Leipold	Handbuch des Baustrafrechts (2004)
Hellmann/Beckemper	Wirtschaftsstrafrecht, 5. Aufl. (2018)
Hübschmann/Hepp/Spitaler	s. HHS
HHS	Abgabenordnung, Finanzgerichtsordnung, Kommentar, Loseblattausgabe, (bearb. v. Söhn et al.) 252. Akt. (2019)
HWiStR	Handwörterbuch des Wirtschafts- und Steuerstrafrechts, Loseblattausgabe (1985–1990), hrsg. v. Krekeler/Tiedemann u.a.
Ignor/Mosbacher	Handbuch Arbeitsstrafrecht, 3. Aufl. (2016) (vormals Ignor/Rixen)
Joecks/Jäger/Randt	Steuerstrafrecht, 9. Aufl. (2019) (vormals Joecks)
JJR	Steuerstrafrecht: mit Zoll- und Verbrauchssteuerstrafrecht; Kommentar zu §§ 369–412 AO; § 32 ZollVG, 8. Aufl. (2015)
Kempf/Lüderssen/Volk	Die Handlungsfreiheit des Unternehmers, hrsg. v. Kempf/Lüderssen/Volk (2009)
Klein	AO – Abgabenordnung, Kommentar, 14. Aufl. (2018)
Kohlmann	Steuerstrafrecht, Kommentar zu den §§ 369–412 AO 1977, Loseblatt. 63. Akt. (2019)
Kohlmann/Reinhart	Die strafrechtliche Verantwortlichkeit des GmbH-Geschäftsführers, 2. Aufl. (2019)
Krekeler/Tiedemann/Ulsenheimer/ Weinmann	Handwörterbuch des Wirtschafts- und Steuerstrafrechts, hrsg. von Krekeler/Tiedemann/Ulsenheimer/Weinmann (1985–1990)
Kudlich/Oğlakcıoğlu	Wirtschaftsstrafrecht, 2. Aufl. (2014)
Kühn/von Wedelstädt	s. KvW
KvW	Abgabenordnung und Finanzgerichtsordnung, hrsg. v. Kühn/von Wedelstädt, 22. Aufl. (2018)
MG	Wirtschaftsstrafrecht, hrsg. von Müller-Gugenberger, 6. Aufl. (2015)
Müller-Gugenberger	s. MG
Otto, Aktienstrafrecht	Erläuterungen zu den §§ 399–410 AktG (1997) (Sonderausgabe aus der 4. Aufl. des Großkommentars zum Aktiengesetz)

Park	Kapitalmarktstrafrecht, Handkommentar, 5. Aufl. (2019)
Ransiek	Unternehmensstrafrecht (1996)
Rolletschke	Steuerstrafrecht, 5. Aufl. (2019)
C. Schröder	Handbuch Kapitalmarktstrafrecht, 4. Aufl. (2019)
Tiedemann, GmbH-Strafrecht	GmbH-Strafrecht (§§ 82–85 GmbHG und ergänzende Vorschriften), 5. Aufl. (2010) (Sonderausgabe aus der 10. Aufl. des Kommentars zum GmbHG von Scholz, Bd. III 2010)
Tiedemann, Wirtschaftsstrafrecht	Wirtschaftsstrafrecht, 5. Aufl. (2017)
Tiedemann, Wirtschaftsstrafrecht	Wirtschaftsstrafrecht in der Europäischen Union. Rechtsdogmatik – EU Rechtsvergleich – Rechtspolitik (Freiburg-Symposium), hrsg. v. Tiedemann (2002)
Tipke/Kruse	Abgabenordnung, Finanzgerichtsordnung. Kommentar zur AO und FGO (ohne Steuerstrafrecht), Loseblatt. 156. Akt. (2019)
Tipke/Lang	Steuerrecht, 23. Aufl. (2018)
Wabnitz/Janovsky/Schmitt	Handbuch des Wirtschafts- und Steuerstrafrechts, 5. Aufl. (2019) (vormals Wabnitz/Janovsky)
Weyand/Diversy	Insolvenzdelikte, 10. Aufl. (2016)
Wittig	Wirtschaftsstrafrecht, 4. Aufl. (2017)
Ziouvas	Das neue Kapitalmarktstrafrecht (2006)

18. Zivilprozessrecht und Insolvenzrecht

Baumbach/Lauterbach/Albers/Hartmann	s. BLAH
BLAH	Zivilprozessordnung, 77. Aufl. (2019)
FK-InsO	Frankfurter Kommentar zur Insolvenzordnung, hrsg. v. Wimmer, 9. Aufl. (2018)
HK-InsO	Heidelberger Kommentar zur Insolvenzordnung, hrsg. v. Kayser/Thole, 9. Aufl. (2018)
Jaeger	Insolvenzordnung, Großkommentar, hrsg. v. Henckel/Gerhardt (2004 ff)
KPB	InsO – Kommentar zur Insolvenzordnung, Loseblatt. 79. Akt. (2019)
Kübler/Prütting/Bork	s. KPB
Leonhard/Smid/Zeuner	Insolvenzrechtlicher Vergütungsverordnung (InsVV), Kommentar, hrsg. v. Leonhard/Smid/Zeuner, (2014)
MK-InsO	Münchener Kommentar zur Insolvenzordnung, 3. Aufl. (ab 2013)
MK-ZPO	Münchener Kommentar zur ZPO, 5. Aufl. (ab 2016)
Musielak/Voit	ZPO – Zivilprozessordnung, Kommentar, 14. Aufl. (2017)
Rattunde/Smid/Zeuner	Insolvenzordnung (InsO), Kommentar, hrsg. v. Rattunde/Smid/Zeuner, 4. Aufl. (2018) (vormals Leonhard/Smid/Zeuner)
Rosenberg/Schwab/Gottwald	Zivilprozessrecht, 18. Aufl. (2018)
Stein/Jonas	Kommentar zur Zivilprozeßordnung, 23. Aufl. (2014 ff)
Thomas/Putzo	ZPO – Zivilprozessordnung, 40. Auflage (2019)
Zöller	Zivilprozessordnung, Kommentar, 33. Aufl. (2020)

19. Sonstiges (einschließlich Arbeits- und Sozialrecht, Völkerrecht und Waffenrecht)

Bieneck	Handbuch des Außenwirtschaftsrechts mit Kriegswaffenkontrollgesetz, hrsg. v. Bieneck, 2. Aufl. (2005)
Brownlie	Principles of Public International Law, 8. Aufl. (2012)
Corpus Juris	The implementation of the Corpus Juris in the Member States/La mise en œuvre du Corpus Juris dans les Etats Membres, hrsg. v. Delmas-Marty/Vervaele (2000); Deutsche Version der Entwurfsfassung von 1997: Delmas-Marty (Hrsg.), Corpus Juris der strafrechtlichen Regelungen zum

	Schutz der finanziellen Interessen der Europäischen Union, Deutsche Übersetzung von Kleinke und Tully, Einführung von Sieber (1998)
Dahm/Delbrück/Wolfrum	Völkerrecht, 2. Aufl., Band I/1 (1989), Band I/2 (2002), Band I/3 (2002)
ErfK	Erfurter Kommentar zum Arbeitsrecht, 20. Aufl. (2019)
Fuchs/Preis	Sozialversicherungsrecht, 2. Aufl. (2009)
Gerold/Schmidt	Rechtsanwaltsvergütungsgesetz, 24. Aufl. (2019)
Götz/Tolzmann	Bundeszentralregistergesetz, Kommentar, 4. Aufl. (2000); Nachtrag (2003)
Hanau/Adomeit	Arbeitsrecht, 14. Aufl. (2007)
Hauck/Noftz	Sozialgesetzbuch – Gesamtkommentar, hrsg. v. Hauck/Noftz, Loseblatt (Stand 2019 ff.)
Herdegen	Völkerrecht, 18. Aufl. (2019)
Hoeren/Sieber/Holznagel	s. Multimedia-Recht
HwbRW I–VIII	Handwörterbuch der Rechtswissenschaft, hrsg. v. Stier-Somlo u.a., Bd. 1 (1926), Bd. 2 (1927), Bd. 3 (1928), Bd. 4 (1927), Bd. 5 (1928), Bd. 6 (1929), Bd. 7 (1931), Bd. 8 (1937) (unter dem Titel: Die Rechtsentwicklung der Jahre 1933 bis 1935/36)
Ipsen	Völkerrecht, 7. Aufl. (2018)
Kaiser/Günther/Taupitz	Embryonenschutzgesetz, Juristischer Kommentar, 2.Aufl. (2014)
KassKomm	Kasseler Kommentar Sozialversicherungsgesetz, Loseblatt, 103. Aufl. (2019)
Keller/Günther/Kaiser	Embryonenschutzgesetz, Kommentar (1992)
Kröger/Gimmy	Handbuch zum Internetrecht (2012)
Linens/Korte	Wehrstrafgesetz, Kommentar, 5. Aufl. (2012) (vormals Schölz/Lingens)
Lüder/Vormbaum	Materialien zum Völkerstrafgesetzbuch: Dokumentation des Gesetzgebungsverfahrens (2002)
Multimedia-Recht	Handbuch Multimedia-Recht, hrsg. v. Hoeren/Sieber/Holznagel, Loseblatt. 48. Aufl. (2019)
Rebmann/Uhlig	Bundeszentralregister, Gewerbezentralregister, Verkehrszentralregister und ergänzende Bestimmungen, Kommentar (1985)
Seidl-Hohenveldern	Lexikon des Rechts – Völkerrecht, 3. Aufl (2001)
Seidl-Hohenveldern/Stein	Völkerrecht, 12. Aufl. (2009)
Shaw	International Law, 8. Aufl. (2018)
Steindorf	Waffenrecht, Kurzkommentar, 10. Aufl. (2015)
Strupp/Schlochauer	Wörterbuch des Völkerrechts, 2. Aufl., Band 1 (1960), Band 2 (1961), Band 3 (1962)
Thüsing	AÜG – Arbeitnehmerüberlassungsgesetz, Kommentar, hrsg. v. Thüsing, 4. Aufl. (2018)
Tolzmann	Bundeszentralregistergesetz, 5. Aufl. (2015)
Ulsamer LdR	Lexikon des Rechts: Strafrecht, Strafverfahrensrecht, hrsg. v. Ulsamer, 2. Aufl. (1996)
Verdross/Simma	Universelles Völkerrecht, 3. Auflage (2010)
Vitzthum/Proelß	Völkerrecht, 8. Aufl. (2019)
Waltermann	Sozialrecht, 13. Aufl. (2018)
Wannagat	Sozialgesetzbuch I/IV/X, hrsg. v. Eichenhofer/Wenner (2012)
Werle/Jeßberger	Völkerstrafrecht, 4. Aufl. (2016)

DRITTER ABSCHNITT
Rechtsfolgen der Tat

ERSTER TITEL
Strafen

Vorbemerkungen zu den §§ 38 ff.

Schrifttum

Zum System der Strafen und Maßregeln, zur Freiheitsstrafe und ihren Surrogaten

A. Vor Verkündung der Strafrechtsreformgesetze (1969)

Ancel Die geistigen Grundlagen der Lehren von der Sozialen Verteidigung (Défense sociale) MschrKrim. **1956** Sonderheft S. 51; *ders.* La défense sociale nouvelle, 2. Aufl. 1966; *Baumann* Entwurf eines StGB. Allgemeiner Teil 1963, Recht und Staat Heft 274/275; *ders.* Kleine Streitschriften zur Strafrechtsreform (1965); *ders.* Schuld und Sühne, in: Mißlingt die Strafrechtsreform? (1969); *Baumgarten* Die Idee der Strafe (1952); *Bemmann* Für eine Dienstleistungsstrafe, Festschrift Schaffstein (1975) 211; *ders.* Für und wider die Vereinheitlichung der Freiheitsstrafe, GA **1967** 129; *Bianchi* Ethik des Strafens (1966); *Bockelmann* Strafe und Erziehung, Festschrift v. Gierke (1950) 27; *ders.* Zur Reform des Strafensystems, JZ **1951** 494; *Bruns* Strafzumessungsrecht, 2. Aufl. (1974); *Bumke* Die Freiheitsstrafe als Problem der Gesetzgebung, in: Deutsches Gefängniswesen (1928) 16; *Dreher* Über die gerechte Strafe (1947) (zit. *Dreher* Über die gerechte Strafe); *ders.* Die Vereinheitlichung von Strafen und sichernden Maßregeln, ZStW **65** (1953) 481; *ders.* Die erschwerenden Umstände im Strafrecht, ZStW **77** (1965) 220; *Dünnebier* Über die Vereinheitlichung von Strafe und Sicherung, Tagungsberichte der Strafvollzugskommission des Bundesjustizministeriums Bd. I S. 86; *Eisenberg* Strafe und freiheitsentziehende Maßnahme (1967); *Exner* Sinnwandel in der neuesten Entwicklung der Strafe, Festschrift Kohlrausch (1944) 24; *Frey* Ausbau des Strafensystems? ZStW **65** (1953) 3; *Goldschmidt* Strafen und verwandte Maßnahmen, VDA, Band IV (1908); *Gramatica* Principi di difesa sociale (1961); *Graven* Die Zukunft des Freiheitsentzuges im schweizerischen und deutschen Strafrecht, ZStW **80** (1968) 199; *Grünwald* Das Rechtsfolgensystem des AE, ZStW **80** (1968) 89; *Hall* Die Freiheitsstrafe als kriminalpolitisches Problem, ZStW **65** (1953) 77; *Hassemer* Die rechtstheoretische Bedeutung des gesetzlichen Strafrahmens, Radbruch-Gedächtnisschrift (1968) 89; *Heinitz* Der Ausbau des Strafensystems, ZStW **65** (1953) 26; *ders.* Der Entwurf des Allgemeinen Teils des StGB vom Kriminalpolitischen Standpunkt, ZStW **70** (1958) 1; *von Hentig* Die Strafe, I. Frühformen und kulturgeschichtliche Zusammenhänge (1954), II. Die modernen Erscheinungsformen (1955); *Hub* Die Ausgestaltung der besonders schweren Fälle im geltenden und kommenden Recht nach dem Modell des Entwurfs 1962, Diss. Heidelberg 1971; *Jescheck* Die kriminalpolitische Konzeption des AE, ZStW **80** (1968) 54; *Kadec'ka* Von der Schädlichkeit zur Schuld und von der Schuld zur Schädlichkeit, SchwZStr. **50** 343; *Arthur Kaufmann* Schuld und Strafe (1966); *ders.* Dogmatische und kriminalpolitische Aspekte des Schuldgedankens im Strafrecht, in: Programm für ein neues StGB (1968) 56; *Klee* Die Krise der Sühnetheorie, DStR **1942** 68; *Klug* Die zentrale Bedeutung des Schutzgedankens für den Zweck der Strafe (1938); *Lange* Die Systematik der Strafdrohungen, Mat. I S. 69; *Lang-Hinrichsen* Das Strafensystem, Mat. II AT S. 33; *ders.* Zum System der Strafen und bessernden und sichernden Maßnahmen im englischen Recht, Festschrift für Kraft (1955) S. 138; *von Liszt* Der Zweckgedanke im Strafrecht (1882), „Marburger Programm" genannt; *ders.* Strafrechtliche Aufsätze und Vorträge (1905), Neudruck 1970; *Ludwig* Der Sühnegedanke im schweizerischen Strafrecht (1952); *Maurach* Die kriminalpolitischen Aufgaben der Strafrechtsreform, Gutachten zum 43. DJT 1960, 3. Teil Heft A; *Middendorff* Internationales Kolloquium über Strafzumessung, ZStW **80** (1968) 1030; *Milletat* Die „besonders schweren Fälle" im Entwurf eines Strafgesetzbuchs 1962, Diss. Berlin 1965; *Noll* Die ethische Begründung der Strafe, 1962; *ders.* Schuld und Prävention usw., Festschrift H. Mayer (1966) 219; *Nowakowski* Vom Schuld- zum Maßnahmenrecht, Krim. Gegenwartsfragen Heft 10, 1972; *Ostman von der Leye* Vom Wesen der Strafe (1959); *Peters* Strafzumessung in: Handwörterbuch der Kriminologie Bd. II, 1. Aufl. (1936); *Pfander* Der zentrale Begriff der „Strafe", SchwZStr. **61** 173; *Prins* La défense sociale, 1910; *Roxin* Sinn und Grenzen staatlicher Strafe, JuS **1966** 377; *Sauer* Zur Behandlung der gesetzlichen Schärfungs- und Milderungs-

https://doi.org/10.1515/9783110300499-001

gründe, GA **1955** 232; *Schlotheim* Sinn und Zweck des Strafens und der Strafe, MschrKrim. **1967** 1; *Eb. Schmidt* Vergeltung, Sühne und Spezialprävention, ZStW **67** (1955) 177; *ders.* Ein Gegenentwurf zum Entwurf eines StGB 1962 – Kritische Erörterung, MDR **1963** 630; *ders.* Grundlagen der Freiheitsstrafe, Tagungsberichte der Strafvollzugskommission des Bundesjustizministeriums, Bd. 1 S. 28; *Schultz* Kriminalpolitische Bemerkungen zum E 1962, JZ **1966** 113; *Spendel* Die Kriminalpolitischen Aufgaben der Strafrechtsreform, NJW **1960** 1700; *Stratenwerth* Die fakultative Strafmilderung beim Versuch, Festgabe zum Schweiz. Juristentag (1963) 247; *Tröndle* Das Problem der Einheitsstrafe, Der Vollzugsdienst **1964** 65; *von Weber* Die Sonderstrafe, DRiZ **1951** 153; *Würtenberger* Défense sociale, MschrKrim. **1956** Sonderheft S. 60.

B. Nach Verkündung der Strafrechtsreformgesetze (1969)

I. Allgemeines und Übergreifendes zum System der Strafen und Maßregeln sowie zur Freiheitsstrafe

Achenbach Was kann Strafrecht heute noch leisten StraFo 2011, 422; *H.-J. Albrecht* Legalbewährung bei zu Geldstrafe und Freiheitsstrafe Verurteilten (1982); *H.-J. Albrecht/Dünkel/Spieß* Empirische Sanktionsforschung und Begründbarkeit von Kriminalpolitik, MschrKrim. **1981** 310; *P.-A. Albrecht* Spezialprävention angesichts neuer Tätergruppen, ZStW **97** (1985) 831; *Ancel* La défense sociale (1985); *ders.* Festgabe Schultz, S. 453; *Birkhoff/Lemke* Gnadenrecht Ein Handbuch (2012); *Bock* Kriminologie und Spezialprävention ZStW **102** (1990) 504; *Blau* Die Kriminalpolitik der deutschen Strafrechtsreformgesetze ZStW **89** (1977) 511; *Bock* Kriminologie und Spezialprävention ZStW **102** (1990) 504; *Bottke* Wandlungen in der Reaktion auf Kriminalität, ZStW **95** (1983) 23; *Britz* Strafe und Schmerz, Festschrift Müller-Dietz (1998) 73; *Calliess* Theorie der Strafe im demokratischen und sozialen Rechtsstaat (1974); dazu *Zipf* ZStW **90** (1978) 458; *ders.* Strafzwecke und Strafrecht NJW **1989** 1338; *Ebert* Das Vergeltungsprinzip im Strafrecht, in Geisteswissenschaften – wozu? (1988) S. 35; *Eser/Cornils* (Hrsg.) Neuere Tendenzen der Kriminalpolitik (1987); *Foucault* Überwachen und Strafen. Die Geburt des Gefängnisses (1976); *Freund* Straftatbestand und Rechtsfolgebestimmung, GA **1999** 509; *Giehring* Universitäre Ausbildung im Recht der Straftatfolgen: Ziele, Möglichkeiten und Grenzen, Festschrift Pongratz (1986) 186; *Gössel* Wesen und Begründung der strafrechtlichen Sanktionen, Festschrift Pfeiffer (1988) 3; *Hassemer* (Hrsg.) Strafrechtspolitik. Bedingungen der Strafrechtsreform (1987); *ders.* Resozialisierung und Rechtsstaat KrimJournal **1982** 161; *ders.* Perspektiven einer neuen Kriminalpolitik, StV **1995** 483; *ders.* Warum und zu welchem Ende strafen wir? ZRP **1997** 316; *Heinz* Entwicklung, Stand und Struktur der Strafzumessungspraxis – Eine Übersicht über die nach allgemeinem Strafrecht verhängten Hauptstrafen von 1882 bis 1979, MschrKrim. **1981** 148; *ders.* Strafrechtsreform und Sanktionsentwicklung – Auswirkungen der sanktionsrechtlichen Regelungen des 1. und 2. StrRG 1969 sowie des EGStGB 1974 auf die Sanktionspraxis, ZStW **94** (1982) 632; *ders.* Strafrechtliche Sozialkontrolle – Beständigkeit im Wandel? Bewährungshilfe **1984** 13; *Hettinger* (Hrsg.) Reform des Sanktionsrechts, 3 Bände (2001, 2002); *H.J. Hirsch* Bilanz der Strafrechtsreform, Gedächtnisschrift H. Kaufmann (1986) 133; *von Hippel* Zur Notwendigkeit einer „Präventiven Jurisprudenz“: Vorbeugen ist besser als Heilen, ZRP **2001** 145; *Horn* Die strafrechtlichen Sanktionen (1975); *ders.* Neuerungen der Kriminalpolitik im deutschen Strafgesetzbuch 1975, ZStW **89** (1977) 547; *ders.* Systematischer Leitsatz-Kommentar zum Sanktionenrecht (1983); *Horstkotte* Die Vorschriften des Ersten Gesetzes zur Reform des Strafrechts über die Strafbemessung (§§ 13–16, 60 StGB), JZ **1970** 122; *ders.* Tendenzen in der Entwicklung des heutigen Strafrechts: Die Gesetzgebung, Schriften der Evangelischen Akademie in Hessen und Nassau, Heft 103 (1973) S. 7 (zit.: *Horstkotte* Tendenzen); *ders.* Rückblick auf die Strafrechtsreform von 1969: Erwartungen, Erfolge, Enttäuschungen, Bewährungshilfe **1984** 2; *Hoyer* Eine Wiedervereinigung von Strafen und Maßregeln im Erwachsenensanktionsrecht Festschrift Ostendorf (2015) 435; *Jehle* (Hrsg.) Individualprävention und Strafzumessung (1992); *Jescheck* Strafrechtsreform in Deutschland, Allgemeiner Teil, SchwZStr. **1975** 1; *ders.* Die Krise der Kriminalpolitik, ZStW **91** (1979) 1037; *ders.* Die Freiheitsstrafe bei Franz v. Liszt im Lichte der modernen Kriminalpolitik, Festschrift Klug (1983) 257; *ders.* (Hrsg.) Die Freiheitsstrafe und ihre Surrogate im deutschen und ausländischen Recht, 3 Bände (1983/1984) (zit. *Jescheck* Die Freiheitsstrafe); *Jung* Fortentwicklung des strafrechtlichen Sanktionssystems, JuS **1986** 741; *ders.* Prüfsteine für das strafrechtliche Sanktionensystem, GA **1993** 535; *ders.* Was ist Strafe? (2002); *ders.* Was ist eine gerechte Strafe? JZ **2004** 1155; *Jung/Heinz/Sutterer* Legalbewährung nach strafrechtlichen Sanktionen. Eine kommentierte Rückfallstatistik (2003); *Jung/Albrecht/Hohmann-Fricke/Tetal* Legalbewährung nach strafrechtlichen Sanktionen. Eine bundesweite Rückfalluntersuchung 2004 bis 2007 (2010); *Kaiser* Was wissen wir von der Strafe? Festschrift Bockelmann (1979) 923; *ders.* Das Sanktionensystem in der deutschen Strafrechtsreform, in *Hirsch* (Hrsg.) Deutsch-Spanisches Strafrechtskolloquium (1987) S. 121; *ders.* Kriminalpolitik in der Zeitenwende, Festschrift Roxin (2001) 989; *Kaspar* Die Zukunft der Zweispurigkeit nach dem Urteilen des Bundesverfassungsgerichts und EGMR ZStW 127 (2015) 654; *Köhler* Der Begriff der Strafe (1986); *König* Ist das strafrechtliche Sanktionensystem reformbedürftig? DRiZ **2003** 267; *Kunz* (Hrsg.) Die Zukunft der Freiheitsstrafe (1989); *Kürzinger* Die Freiheitsstrafe und ihre Surrogate in der Bundesrepublik Deutschland, in *Jescheck* (Hrsg.) Die Freiheitsstrafe und ihre Surrogate im deutschen und ausländischen Recht, Band 3 (1984) S. 1737 (zit. *Kürzinger* in *Jescheck* Die Freiheitsstrafe); *Lenckner* Strafe, Schuld und Schuldfähigkeit, in *Göppinger/Witter* Handbuch der forensichen Psychiatrie Bd. I (1972) S. 3; *ders.* Der Strafprozeß im Dienst der (Re) Sozialisierung, JuS **1983** 340; *Lüderssen* Neuere Tendenzen in der Kriminalpolitik, StV **1987** 163; *ders.* Freiheitsstrafe ohne Funktion, Bemmann-Festschrift S. 47; *Meier* Strafrechtliche Sanktionen, 4. Aufl. (2015); *Müller-Dietz* Grundfragen des strafrechtlichen Sanktionensystems (1979); *Naucke* Tendenzen in der Strafrechtsentwicklung (1975); *ders.* Die Kriminalpolitik des Marburger Programms 1882, ZStW **94** (1982) 525; *U. Neumann/Schroth* Neuere Theorien von Kriminalität und Strafe (1980); *Ostendorf* Von der Rache zur Zweckstrafe (Neuherausgabe des „Marburger Programms" von Franz von Liszt mit einer Einführung, 1982); *ders.* Chancen und Risiken von Kriminalprävention, ZRP **2001** 151; *ders.* Das Jugendstrafrecht als Vorreiter für die Verknüpfung von Zurechnung und Prävention: für ein einheitliches Maß bei Strafen und Maßregeln, StV **2014** 766; *Rautenberg* Die Reform des strafrechtlichen Sanktionensystems, NJ **1999** 449; *Roxin* Franz v. Liszt und die kriminalpolitische Konzeption des Alternativentwurfs, ZStW **81** (1969) 613; *ders.* Kriminalpolitik und Strafrechtssystem 2. Aufl. (1973); *ders.* Wandlungen der Strafrechtswissenschaft, JA **1980** 221; *ders.* Zur Entwicklung der Kriminalpolitik seit den Alternativ-Entwürfen, JA **1980** 545; *ders.* Zur Problematik des Schuldstrafrechts, ZStW **96** (1984) 641; *Sarstedt* Tendenzen in der Entwicklung des heutigen Strafrechts: Die Strafrechtsprechung, Schriften der Evangelischen Akademie in Hessen und Nassau, Heft 103 (1973) S. 51; *Schmidhäuser* Vom Sinn der Strafe, 2. Aufl. (1971); *Schmitt* Was hat die Strafrechtsreform von der Zweispurigkeit übrig gelassen? Festschrift Würtenberger (1977) 277; *Schott* Wahl der Strafart und Gesamtstrafenbildung, StV **2003** 587; *Schöch* Kriminologie und Sanktionsgesetzgebung, ZStW **92** (1980) 143; *ders.* Das Marburger Programm aus der Sicht der modernen Kriminologie, ZStW **94** (1982) 864; *ders.* Strafzumessung und Sanktionen, Juristischer Studienkurs **1987** 108; *Schröder* Zur Verteidigung der Rechtsordnung, JZ **1971** 241; *Hans Schultz* Abschied vom Strafrecht? ZStW **92** (1980) 611; *Schultz* Krise der Kriminalpolitik? Festschrift Jescheck (1985) 791; *Schünemann* (Hrsg.) Grundfragen des modernen Strafrechtssystems (1984); *Schwind* Über Poenologie aus kriminalpolitischer Sicht, Festschrift Wassermann (1985) 1021; *Schwind/Berckhauer/Steinhilper* (Hrsg.) Präventive Kriminalpolitik (1980); *Seebode* Zweispurige Freiheitsstrafe, Festschrift Stree/Wessels (1993) 405; *Seelmann* Zum Verhältnis von Strafzwecken und Sanktionen in der Strafrechtsliteratur der Aufklärung, ZStW **101** (1989) 335; *von Selle* Die Reform des Sanktionenrechts, JR **2002** 227; *Stratenwerth* Tatschuld und Strafzumessung (1972); *Streng* Strafrechtliche Sanktionen, 3. Aufl. (2012) (zit. *Streng* Strafrechtliche Sanktionen[3]); *ders.* Modernes Sanktionenrecht? ZStW **111** (1999) 827; *Sturm* Die Strafrechtsreform, JZ **1970** 81; *Taver* Die Entstehung der Freiheitsstrafe in ihrer Zweiteilung, Diss. Basel 1973; *Terdenge* Strafsanktionen in Gesetzgebung und Gerichtspraxis (1983); *Tiedemann* Die Fortentwicklung der Methoden und Mittel des Strafrechts unter besonderer Berücksichtigung der Entwicklung der Strafgesetzgebung, ZStW **86** (1974) 303; *ders.* Sanktionen gegen Wirtschaftskriminelle, in Schweiz. Arbeitsgruppe für Kriminologie (Hrsg.) Politische Kriminalität und Wirtschaftskriminalität (1984) S. 273; *Tipke* Innere Sicherheit und Gewaltkriminalität (1998); *Volk* Der Begriff der Strafe in der Rechtsprechung des BVerfG, ZStW **83** (1971) 405; *Wacker* Die Herausforderung der Strafjustiz durch die Sozialwissenschaften, DRiZ **1979** 270; *Walther* Was soll „Strafe"? ZStW **111** (1999) 123; *Weigend* „Neoklassizismus" – ein transatlantisches Mißverständnis, ZStW **94** (1982) 801; *Wittstammr* Die kurze Freiheitsstrafe – Eine Bestandsaufnahme, ZfStrVo **1997** 3; *Wolters* Der Entwurf eines „Gesetzes zur Reform des Sanktionenrechts", ZStW **114** (2002) 63; *Zipf* Die Rechtsfolgen der Tat im neuen Strafgesetzbuch, JuS **1974** 147, 273 = in *Roxin/Stree/Zipf/Jung* Einführung in Das neue Strafrecht, 2. Aufl. (1975) S. 62ff (zit.: *Zipf* Einführung); *ders.* Die „Verteidigung der Rechtsordnung", Bruns-Festschrift S. 205; *ders.* Teilaussetzung bei Freiheits- und Geldstrafen, Festschrift Jescheck (1985) 977.

II. Zur Todesstrafe

Alt Das Problem der Todesstrafe (1960); *Althaus* Die Todesstrafe als Problem der christlichen Ethik. Sitzungsberichte d. Bay. Akademie d. Wissenschaften **1955** Heft 2; *Amnesty International* Die Todesstrafe, 1979; *Baumann* Zur Diskussion über die Todesstrafe, ArchRSPh **1960** 73; *Beristain* Katholizismus und Todesstrafe, ZStW **89** (1977) 215; *Bockelmann* Todesstrafe, Niederschriften Bd. XI S. 14; *Bockelmann* Die rationalen Gründe gegen die Todesstrafe, in: Die Frage der Todesstrafe (1965) 131; *Boulanger/Heyes/Hanfling* (Hrsg.) Zur Aktualität der Todesstrafe: interdisziplinäre und globale Perspektiven, 2. Aufl. (2002); *Erich Buchholz* Abschaffung der Todesstrafe in der DDR, NJ **1987** 398; *Callies* Die Todesstrafe in der Bundesrepublik Deutschland, NJW **1988** 849; *Callies* Die Abschaffung der Todesstrafe – Zusatzprotokoll Nr. 6 zur Europäischen Menschenrechtskonvention, NJW **1989** 1019; *Dehnow* Das Für und Wider der Todesstrafe, 1930; *Dombois* Mensch und Strafe (1957); *Dreher* Für und Wider die Todesstrafe, ZStW **70** (1958) 543 und in: Bemühungen um das Recht (1972) 81; *Düsing* Die Geschichte der Abschaffung der Todesstrafe usw., 1952; *Engisch* Todesstrafe – ja oder nein? Schopenhauer-Jahrb. **48** (1967) 53; *Ermecke* Zur ethischen Begründung der Todesstrafe heute, 2. Aufl. (1963) „Die Frage der Todesstrafe". 12 Antworten, Fischer Bücherei 659, 1965; *Frankowski* Die Todesstrafe in den USA, ZStW **100** (1988) 951; *Gloege* Die Todesstrafe als theologisches Problem (1966); *Graßberger* Der Ruf nach der Todesstrafe, JurBl. **1958** 429; *Greinwald* Die Todesstrafe, 1948; *Grussmann* Die Problematik der Todesstrafe heute, ÖJZ **1980** 381; *Große Strafrechtsreform*, Beratungen über die Todesstrafe, Stellungnahmen von *Dahs, Jescheck, Lange, Mezger, Sieverts, Eb. Schmidt, Welzel*), Niederschriften Bd. XI (1959); *Gusy* Auslieferung bei drohender Todesstrafe, GA **1983** 73; *Hagemann* Gedanken zur Todesstrafe, Festschrift E.H. Rosenfeld (1949); *Helfer* Todesstrafe, in: HWB Kriminologie III. Bd. (1975) 326 (mit zahlreichen weiteren Literaturhinweisen); *Heinz* Die Todesstrafe unter juristischen und kriminologischen Aspekten, in weltweite Abschaffung der Todesstrafe (1981) S. 26; *von Hentig* Die Strafe Bd. II (1955); *Herrmann* Der Supreme Court der Vereinigten Staaten erklärt die Todesstrafe für verfassungswidrig, JZ **1972** 615; *Herrmann* Neuere Entwicklungen in der amerikanischen Strafrechtspflege, JZ **1985** 602; *Hoche* Die Todesstrafe ist keine Strafe, MschrKrim **23** (1932) 553; *Jäger* Todesstrafe und öffentliche Meinung, Kriminalistik **1958** 393; *Jescheck* Die Todesstrafe im ausländischen Recht, in: Die Frage der Todesstrafe (1965) 47; *Arthur Kaufmann* Schuld und Strafe, 1966; *ders.* Todesstrafe, in Staatslexikon Bd. 7 (1962); *Keller* Die Todesstrafe in kritischer Sicht, 1968; *Kohlrausch* Todesstrafe HWBKrim. Bd. II 1. Aufl. (1936) 795; *Köberer* Läßt sich Generalprävention messen? MschrKrim. **1982** 200; *Kreuzer* Grundgesetz, Todesstrafe und lebenslange Freiheitsstrafe, Kriminalistik **1979** 422; *Koch* Das Ende der Todesstrafe in Deutschland, JZ **2007** 719; *Kühn* Schutz vor Todesstrafe im Ausland, ZRP **2001** 542; *Lang-Hinrichsen* Zur Frage der Todesstrafe, JR **1961** 321; *Lewald* Das Problem der Todesstrafe, in: Recht und Humanität, 1962; *Liepmann* Die Todesstrafe, 1912; *Luginbühl* Im Kampf gegen die Todesstrafe: Jean-Jacques Comte de Sellon (1782–1839), (2000); *Maihofer* Das Problem der Todesstrafe, Bl. f. dt. u. intern. Politik **10** (1965) 44; *Maurach* Juristische Argumente gegen die Todesstrafe, in: Todesstrafe? (1960) 24; *Maurach* Die Frage der Todesstrafe, Verlag Piper 1965; *Middendorff* Todesstrafe – ja oder nein? (1962); *Miyazawa* Die Todesstrafe in Japan, Festschrift Arthur Kaufmann (1993) 729; *Möhrenschlager* Ausländische und internationale Bestrebungen gegen die Todesstrafe, Festschrift Dünnebier (1982) 611; *ders.* Internationale Konferenz über die Todesstrafe in Syrakus, ZStW **100** (1988) 252; *Neubacher/Bachmann/Goeck* Konvergen oder Divergenz? Einstellungen zur Todesstrafe weltweit, ZIS **2011** 517; *Ohm* Das Todesurteil in seiner Auswirkung auf die Persönlichkeit (1956); *Karl Peters* Für und Wider die Todesstrafe, Caritas **1959**; *ders.* Zur ethischen Begründung der Todesstrafe, Theol. Revue **56** (1960) 243; *Preiser* Die Geschichte der Todesstrafe seit der Aufklärung, in: Die Frage der Todesstrafe (1965) 33; *Rossa* Todesstrafen. Ihre Wirklichkeit in drei Jahrtausenden, 1966; *R. Schmid* Der Streit um die Todesstrafe, Gewerkschaftl. Monatshefte **1958** 660; *Sarstedt* Die Todesstrafe, in *Sarstedt* Rechtsstaat als Aufgabe (1987) S. 81; *Schmidhäuser* Vom Sinn der Strafe, 2. Aufl. (1971); *ders.* Zur Frage der Todesstrafe, Radius **1961** 17; *Eb. Schmidt* Goethe und das Problem der Todesstrafe, SchweizZStR **63** (1948) 444; *ders.* Die Geschichte der Todesstrafe bis zum Beginn der Aufklärung, in: Die Frage der Todesstrafe, (1965) 21; *Schmitt-Leonardy* Warum waren wir nochmal gegen die Todesstrafe, JuS **2018** 848 , *Sello* Die Irrtümer der Strafjustiz und ihre Ursachen, Bd. I 1911; *Steding* Goethe und die Todesstrafe, NJW **1992** 1293; *Stephan* Die Einstellung zur Todesstrafe, ZStW **89** (1977) 1046; *Stratenwerth* Todesstrafe? Theologische und juristische Argumente (1960); *ders.* Juristische Erwägungen zur Todesstrafe, in: Nein zur Todesstrafe (1978) S. 37; *Streng* Die Todesstrafe – eigentlich kein Thema, jM **2015** 29; *Süsterhenn* Die rationalen Gründe für die Todesstrafe, in: Die Frage der Todesstrafe (1965) 117; *Tettinger* Aufhebung des Art. 102 GG? JZ **1978** 128; *Vogler* Auslieferung bei drohender Todesstrafe und Europäische Menschenrechtskonvention (EMRK), Gedächtnisschrift K. Meyer, 477; *ders.* Auslieferung bei drohender Todestrafe – ein Dauerthema, NJW **1994** 1433; *Weckbecker* Zwischen Freispruch und Todesstrafe: die Rechtsprechung der nationalsozialistischen Sondergerichte Frankfurt/Main und Bromberg (1998); *Würtenberger* Zur naturrechtlichen Problematik der Todesstrafe, Festschrift J. Messner (1961) 521; *ders.* Das Problem der Todesstrafe, Universitas **16** (1961) 1091; Nachweise über fremdsprachiges Schrifttum bei *Jescheck/Weigend* § 71.

III. Zu Entwicklung und Reform der Sanktionen insbesondere unter Gesichtspunkten der Einflußnahme auf den Täter: Diversion, Surrogation der Freiheitsstrafe, Strafaussetzung zur Bewährung und Strafformen de lege ferenda (insbes. gemeinnützige Arbeit und „elektronische Fußfessel"), Sanktionen gegen Unternehmen

Albrecht Ansätze und Perspektiven für die gemeinnützige Arbeit, Bewährungshilfe **1985** 121; *Albrecht/Schädler* Community Service (1986) (zit. *Albrecht/Schädler* Community Service); *dies.* Die gemeinnützige Arbeit auf dem Weg zur eigenständigen Sanktion? ZRP **1988** 278; *Albrecht/Arnold/Schädler* Der hessische Modellversuch zur Anwendung der „elektronischen Fußfessel", ZRP **2000** 466; *Albrecht* Der elektronische Hausarrest, MschrKrim. **2002** 84; *Beisheim/Jung* Unternehmensstrafrecht: Der neue Kölner Entwurf eines Verbandssanktionengesetzes (VerbSG-E), CCZ **2018** 63; *Berndt* Bewährungsauflage und Freiheitsstrafe, Diss. Berlin 1994; *Bergmann* Die elektronische Fußfessel FS **2007** 262; *Bianchi* Alternativen zur Strafjustiz (1988); *Bietz* Empfiehlt sich eine erweiterte Strafaussetzung zur Bewährung? ZRP **1977** 62; *Blau* Die gemeinnützige Arbeit als Beispiel für einen grundlegenden Wandel des Sanktionswesens, Gedächtnisschrift H. Kaufmann (1986) 189; *ders.* Diversion und Strafrecht, Jura **1987** 25; *Bockwoldt* Strafaussetzung und Bewährungshilfe in Theorie und Praxis (1982); *ders.* Bewährungshilfe und Wissenschaft, GA **1983** 546; *A. Böhm* Gemeinnützige Arbeit als Strafe, ZRP **1998** 360; *E. Böhm* Die Praxis der bedingten Strafrestaussetzung, MschrKrim. **1984** 365; *Bräuchle/Kinzig* Die elektronische Aufenthaltsüberwachung im Rahmen der Führungsaufsicht (2016); *Bösling* Elektronisch überwachter Hausarrest als Alternative zur kurzen Freiheitsstrafe? MschrKrim. **2002** 105; *E. Brandt* Die Bedeutung des Subsidiaritätsprinzips für Entpoenalisierungen im Kriminalrecht (1988); *Brauneisen* Die elektronische Überwachung des Aufenthaltsortes als neues Instrument der Führungsaufsicht, StV **2011** 311; *Brusten* Genese und Implementation strafrechtlicher Normen zur Führungsaufsicht, KrimJournal **1982** 194; *Brusten/Herriger/Malinowski* Entkriminalisierung (1985); *Cornel* Rechtliche Aspekte der Wahrnehmung der Dienst- und Fachaufsicht im Bereich der Bewährungshilfe, GA **1990** 55; *ders.* Klarstellung oder Verschärfung der Bedingungen zur Strafrestaussetzung zur Bewährung, MschrKrim. **2002** 424; *Dahs* Im Banne der elektronischen Fußfessel, NJW **1999** 3469; *Deichsel* Überlegungen anläßlich des Hamburger Diversionsmodells, MschrKrim. **1991** 224; *Dolde/Rössner* Auf dem Wege zu einer neuen Sanktion: Vollzug der Freiheitsstrafe als Freizeitstrafe, ZStW **99** (1987) 424; *Dölling* Die Weiterentwicklung der Sanktionen ohne Freiheitsentzug im deutschen Strafrecht, ZStW **104** (1992) 259; *Dünkel* Rechtliche, rechtsvergleichende und kriminologische Probleme der Strafaussetzung zur Bewährung, ZStW **95** (1983) 1039; *Eisenberg/Ohder* Aussetzung des Strafrestes zur Bewährung (1987); *Feuerhelm* Gemeinnützige Arbeit im Jugend- und Erwachsenenstrafrecht, in *Jehle* (Hrsg.) Individualprävention und Strafzumessung (1992) S. 333; *ders.* Stellung und Ausgestaltung der gemeinnützigen Arbeit im Strafrecht (1997); *Floerecke* Die aufgezwungene Hilfe: Vollverbüßer als Adressaten der Führungsaufsicht, KrimJournal **1985** 120; *Franke* Das Fahrverbot als Hauptstrafe bei allgemeiner Kriminalität? ZRP **2002** 20; *Fuchs* Der community service als Alternative zur Freiheitsstrafe (1985); *Fünfsinn/Kolz* „Gar nicht erst ausgliedern" Stand und Möglichkeiten elektronischer Fußfesseln Forum Kriminalprävention **2016** 12; *Gerken/Henningsen* Arbeit als strafrechtliche Sanktion? MschrKrim. **1989** 222; *Harders* Die elektronische Überwachung von Straftätern (2014); *Harrendorf* Überlegungen zur materiellen Entkriminalisierung absoluter Bagatellen am Beispiel der Beförderungserschleichung und des Ladendiebstahls, NK **2018** 250; *Haverkamp* Möglichkeiten und Grenzen des elektronisch überwachten Hausarrests, MschrKrim. **2002** 152; *Heghmanns* Fahrverbot, Arbeitsstrafe und Hausarrest als taugliche Instrumente zur Vermeidung von unnötigem Strafvollzug? ZRP **1999** 297; *Heinz* Neue Formen der Bewährung in Freiheit in der Sanktionspraxis der Bundesrepublik Deutschland, Festschrift Jescheck (1985) 955; *ders.* Diversion im Jugendstrafverfahren, ZRP **1990** 7; *Helgerth/Krauß* Der Gesetzentwurf zur Reform des Sanktionenrechts, ZRP **2001** 281; *Henssler/Hoven/Kubiciel/Weigend* Kölner Entwurf eines Verbandssanktionengesetzes, NZWist **2018** 1; *Hermann* Die Berechnung von Erfolgs- und Mißerfolgsquoten der Bewährungshilfe, MschrKrim. **1983** 267; *ders.* Widerruf der Strafaussetzung zur Bewährung oder Verlängerung der Bewährungsfrist? MschrKrim. **1988** 315; *Hettinger* Reform des Sanktionenrechts, Teilbände 1–3 (2001); *Heveling/Korte* Fußfesseln für Gefährder? DRiZ **2017** 50; *Hochmayr* Elektronisch überwachter Hausarrest, NStZ **2013** 13; *Horn* „Bewährungsstrafe“: Bewährung, sonst Strafe, ZRP **1990**, 81; *ders.* Empfehlen sich Änderungen und Ergänzungen bei den strafrechtlichen Sanktionen ohne Freiheitsentzug? JZ **1992** 828; *Hoven* Der nordrhein-westfälische Entwurf eines Verbandsstrafgesetzbuchs – Eine kritische Betrachtung von Begründungsmodell und Voraussetzungen der Straftatbestände, ZIS **2014** 19; *Hoven/Wimmer/Schwarz/Schumann* Der nordrhein-westfälische Entwurf eines Verbandsstrafgesetzes: Kritische Anmerkungen aus Wissenschaft und Praxis, Teil 1 NZWiSt **2014** 161, Teil 2 NZWiSt **2014** 201, Teil 3 NZWiSt **2014** 241; *B. Huber* Community Service als Alternative zur Freiheitsstrafe, JZ **1980** 638; *Hudy* Elektronisch überwachter Hausarrest (1999); *Jacobsen* Der Mythos von den gefährlichen Straftätern. Verlängerung der sozialen Kontrolle durch Führungsaufsicht, KrimJournal **1985** 113; *Jehle/Feuerhelm/Block* Gemeinnützige Arbeit statt Ersatzfreiheitsstrafe (1990); *Jehle* (Hrsg.)Individualprävention und Strafzumessung (1992); *ders.* (Hrsg.) Täterbehandlung und neue Sanktionsformen – Kriminalpolitische Konzepte in Europa (2000); *Jolin* Elektronisch überwachter Hausarrest. Darstellung einer Strafvollzugsalternative in den Vereinigten Staaten, MschrKrim. **1990** 201; *Julius* Tagungsbericht Strafrechtslehrertagung, ZStW **111** (1999) 889, 903; *Kerner* (Hrsg.) Diversion statt Strafe? (1983); *Kerner/Käster* (Hrsg.) Gemeinnützige Arbeit in der Strafrechtspflege (1986); *Killias/Camathias/Stump* Alternativ-Sanktionen und der „Net-widening“-Effekt, ZStW **112** (2002) 637; *Kober* Bewährungshilfe und Ursachen des Widerrufs (1986); *Köhler* Zur Kritik an der Zwangsarbeitsstrafe, GA **1987** 145; *Köllner/Mück* Praxiskommentar zum Kölner Entwurf eines Verbandssanktionengesetzes, NZI **2018** 311; *König* Strafaussetzung zur Bewährung für Freiheitsstrafen von über zwei Jahren? ZRP **2001** 67; *Krahl* Der elektronisch überwachte Hausarrest, NStZ **1997** 457; *Krieg/Löhr/Lücke/Meissner/Rufert/Schumann* Weil Du arm bist, mußt Du sitzen, MschrKrim. **1984** 25; *Kühne* Gegenstand und Reichweite von Präventionskonzepten, DRiZ **2002** 18; *Kubiciel* Die Erweiterung des Sanktionspektrums: Das Fahrverbot als Nebenstrafe, RuP **2014** 159; *Kubink* Strafen und ihre Alternativen im zeitlichen Wandel (2002); *Kühne/Hörmann* Neue Einsatzfelder für die „elektronische Fußfessel“? DRiZ **2015** 2004; *Kühne* Gegenstand und Reichweite von Präventionskonzepten, DRiZ **2002** 18; *Kubink* Strafen und ihre Alternativen im zeitlichen Wandel (2002); *Kunze* Die elektronische Fußfessel in Hessen FS **2008** 33; *Löffelmann* Der Entwurf eines Gesetzes zur Einführung der strafrechtlichen Verantwortlichkeit von Unternehmen und sonstigen Verbänden, JR **2014** 185; *Ludwig* Diversion: Strafe im neuen Gewand (1989); *Lüderssen* Stufenweise Ersetzung der Freiheitsstrafe, in *Hassemer* (Hrsg.) Strafrechtspolitik (1987) S. 83; *Maehlicke/Ortner* Alternative Kriminalpolitik (1988); *Mrozynski* Offene Fragen der gemeinnützigen Arbeit Straffälliger, JR **1987** 272; *Naucke* Gesetzlichkeit und Kriminalpolitik, JuS **1989** 866; *Neumayer-Wagner* Die Verwarnung mit Strafvorbehalt (1998); *Ostendorf* Die „elektronische Fessel“, ZRP **1997** 473; *Pallin* Generalprävention und Alternativen zur Freiheitsstrafe ÖRiZ **1980** 120; *ders.* Alternativen zur Freiheitsstrafe, in Strafverfahrensreform, Schriftenreihe des BMJ Band I (1980) S. 55; *ders.* Vorschlag einer kombinierten Geld-Freiheits-Strafe, Festschrift Wassermann (1985) 961; *Pfeiffer* Das Projekt der Brücke e.V., München, KrimJournal **1979** 261; *Pfohl* Gemeinnützige Arbeit als strafrechtliche Sanktion (1983); *ders.* Entwicklung und Perspektiven der gemeinnützigen Arbeit, Bewährungshilfe **1985** 110; *Plewig* Diversion statt Strafe? KrimJournal **1985** 59; *Ratzel/Wulf* Elektronische Aufsicht im Vollzug der Freiheitsstrafe, FS **2010** 336; *Rudolph* Die Kooperation von Strafrecht und Sozialhilferecht bei der Disziplinierung von Armen mittels Arbeit (1995); *Rübenstahl/Tsambikakis* Neues Unternehmensstrafrecht: Der NRW-Gesetzentwurf, ZWH **2014** 8; *Schaffmeister* Durch Modifikation zu einer neuen Strafe, Festschrift Jescheck (1985) 991; *Schaffstein* Vorstufen zur „Diversion“? MschrKrim. **1985** 268; *ders.* Überlegungen zur Diversion, Festschrift Jescheck (1985) 937; *Schall* Die Sanktionsalternative der gemeinnützigen Arbeit als Surrogat der Geldstrafe, NStZ **1985** 104; *Schneider* Gemeinnützige Arbeit als „Zwischensanktion“, MschrKrim. 2001 273; *Schöch* Empfehlen sich Änderungen und Ergänzungen bei den strafrechtlichen Sanktionen ohne Freiheitsentzug? Gutachten C für den 59. DJT 1992; *ders.* Wie erfolgreich ist das Strafrecht? Wirkungen freiheitsentziehender und ambulanter Sanktionen, in *Jehle* (Hrsg.) Individualprävention und Strafzumessung (1992) S. 243; *Schlömer* Der elektronisch überwachte Hausarrest (1998); *ders.* Die Anwendbarkeit des elektronisch überwachten Hausarrests als Bewährungsweisung nach geltendem Recht, Bewährungshilfe **1999** 31; *Schwind/Steinhilper* (Hrsg.) Modelle zur Kriminalitätsvorbeugung und Resozialisierung (1982); *Schünemann* Die aktuelle Forderung eines Verbandsstrafrechts – ein kriminalpolitischer Zombie ZIS **2014** 1; *ders.* Der Kampf ums Verbandsstrafrecht in dritter Neuauflage, der „Kölner Entwurf eines Verbandssanktionengesetzes“ und die Verwandlung von Kuratoren in Monitore – much ado about something, StraFo **2018** 317 *Schütz* Diversionsentscheidungen im Strafrecht (2003); *B. Schulz* Bericht aus Bonn: Strafaussetzung zur Bewährung, ZRP **1983** 74; *Sievering*

(Hrsg.) Alternativen zur Freiheitsstrafe – Das hessische Pilotprojekt „Gemeinnützige Arbeit" (1982); *Spieß* Wie bewährt sich die Strafaussetzung? MschrKrim. **1981** 296; *Stöckel* Strafaussetzung, Bewährungshilfe, Widerruf (1981); *ders.* Strafen mit Fantasie, Festschrift Gössel (1990) 329; *Vogler* Möglichkeiten und Wege einer Entkriminalisierung, ZStW **90** (1978) 132; *Walter* Wandlungen in der Reaktion auf Kriminalität, ZStZ **95** (1983) 32; *ders.* Ambulante Behandlung im Kriminalrecht, Festschrift Oehler (1985) 693; *ders.* Diversion als Leitgedanke (1986); *ders.* Über Alternativen zum Strafrecht, Köln-Festschrift S. 557; *Weichert* Der elektronische Hausarrest aus Sicht des Datenschutzes, StV **2000** 335; *Weigend* Sanktionen ohne Freiheitsentzug, GA **1992** 345; *Witte/Wagner* Die Gesetzesinitiative Nordrhein-Westfalens zur Einführung eines Unternehmensstrafrechts, BB **2014** 643; *Wittstamm* Elektronischer Hausarrest? Zur Anwendbarkeit eines amerikanischen Sanktionsmodells in Deutschland (1999); *Wößner/Schwedler* Aufstieg und Fall der elektronischen Fußfessel in Baden-Württemberg: Analysen zum Modellversuch der elektronischen Aufsicht im Vollzug der Freiheitsstrafe, NK **2014** 60; *Zieschang* Das Verbandstrafgesetzbuch, GA **2014** 91; *Zipf* Teilaussetzung bei Freiheits- und Geldstrafen, Festschrift Jescheck (1985) 977; *Zöbeley* „Negative" Berufsfreiheit und Zwangsarbeitsverbot bei Strafaussetzung zur Bewährung, Festschrift Faller 345.

IV. Zu Entwicklung und Reform der Sanktionen insbesondere unter Gesichtspunkten des Täter-Opfer-Ausgleichs, zu Schadenswiedergutmachung und Opferschutz durch das Sanktionenrecht, auch zur Sanktionierung der Bagatellkriminaltität

Barton Schuldenregulierung für Straffällige und Kriminalpolitik, KrimJournal **1982** 40; *Backmann* Fahrlässige Körperverletzung und Tötung im Straßenverkehr als Straftat?, NZV **2013** 465; *Bemmann* Täter-Opfer-Ausgleich im Strafrecht, JR **2003** 226; *Beste* Schadenswiedergutmachung – ein Fall für zwei? KrimJournal **1986** 161; *ders.* Probleme der Schadenswiedergutmachung im Zuge viktimisierter Kriminalpolitik, MschrKrim. **1987** 336; *Blau* Diversion und Schlichtung, ZStW **96** (1984) 485; Bundeskriminalamt (Hrsg.) Das Opfer und die Kriminalitätsbekämpfung (1996); *Busch* Datenschutz beim Täter-Opfer-Ausgleich, JR **2003** 94; *Bussmann* Das Konzept „Versöhnung statt Strafe", MschrKrim. **1986** 152; *Cierniak* Fahrlässige Körperverletzung und Tötung im Straßenverkehr als Straftat?, SVR **2012** 127; *Dahs* Das Verbrechensbekämpfungsgesetz vom 28.10.1994, NJW **1995** 553; *Dreher* Die Behandlung der Bagatellkriminalität, Festschrift Welzel (1974) 917; *Egg/Sponsel* „Bagatelldelinquenz" und Technik der Neutralisierung, MschrKrim. **1978** 38; *Eser/Kaiser/Madlener* (Hrsg.) Neue Wege der Wiedergutmachung im Strafrecht (1990); *Finger* Die strukturellen und finanziellen Voraussetzungen einer umfassenden Anwendung des Täter-Opfer-Ausgleichs, ZRP **2002** 514; *Franke* Die Rechtsprechung des BGH zum Täter-Opfer-Ausgleich, NStZ **2003** 410; *Frehsee* Wiedergutmachung statt Strafe, KrimJournal **1982** 126; *ders.* Verhaltenskontrolle zwischen Strafrecht und Zivilrecht, KrimJournal **1986** 105; *ders.* Schadenswiedergutmachung als Instrument strafrechtlicher Sozialkontrolle (1987); *Fromm* Reformbedarf beim Straftatbestand des Unerlaubten Entfernens vom Unfallort? NZV **2018** 5; *Frühauf* Wiedergutmachung zwischen Täter und Opfer (1988); *Götting* Geständnis als Voraussetzung einer Strafmilderung nach § 46a StGB bei Sexualdelikten, StraFo **2003** 249; *J. Herrmann* Diversion und Schlichtung in der Bundesrepublik Deutschland, ZStW **96** (1984) 455; *Hinz* Opferschutz, Genugtuung, Wiedergutmachung – Überlegungen zum Ausbau der Nebenklage, DRiZ **2001** 321; *Hirano* Diversion und Schlichtung, ZStW **93** (1981) 1085; *H.J. Hirsch* Zur Behandlung der Bagatellkriminalität in der Bundesrepublik Deutschland, ZStW **92** (1980) 218; *ders.* Zur Stellung des Verletzten im Straf- und Strafverfahrensrecht, Gedächtnisschrift Armin Kaufmann (1989) 699; *ders.* Wiedergutmachung des Schadens im Rahmen des materiellen Strafrechts, ZStW **102** (1990) 534; *Hünerfeld* Kleinkriminalität und Strafverfahren, ZStW **90** (1978) 905; *Jung* Compensation order – Ein Modell der Schadenswiedergutmachung? ZStW **99** (1987) 497; *Kaiser* Möglichkeiten der Bekämpfung von Bagatellkriminalität in der Bundesrepublik Deutschland, ZStW **90** (1978) 877; *Kintzi* Verbesserung des Opferschutzes, DRiZ **2004** 1; *Kläver* „Dornröschenschlaf" des Opferanspruchssicherungsgesetzes, JR **2004** 177; *Kondziela* Täter-Opfer-Ausgleich und Unschuldsvermutung, MschrKrim. **1989** 177; *König/Seitz* Die straf- und strafverfahrensrechtlichen Regelungen des Verbrechensbekämpfungsgesetzes, NStZ **1995** 1; *Kuhn* Das „neue" Adhäsionsverfahren, JR **2004** 397; *Kunz* Das strafrechtliche Bagatellprinzip (1984); *Landau/Fünfsinn* Polizeiliches Strafgeld als Reaktion auf den Ladendiebstahl, ZRP **2000** 5; *Leidig/Lange* Schwarzfahrer entkriminalisieren? DRIZ **2016** 98: *Lamers* Dekriminalisierung des Schwarzfahrens; Kriminalistik **2018** 131; *Maeck* Opfer und Strafzumessung (1983); *Marks/Rössner* (Hrsg.) Täter-Opfer-Ausgleich (1989); *Meier* Bagatellarische Tatbestände ZStW **129** (2017) 433; *Mertins* Rückzug des Strafrechts – mehr Freiheit? GA **1980** 41; *Messmer* Täter-Opfer-

Ausgleich, KrimJournal **1990** 56; *Mosbacher* Sitzen für Schwarzfahren, NJW **2018** 1069; *Müller-Dietz* Strafvollzug, Tatopfer und Strafzweck, GA **1985** 147; *Naucke* Auf der Grenze zwischen Strafbarkeit und Straflosigkeit, Jura **1979** 426; *Neuhaus* Das Opferrechtsreformgesetz 2004 StV **2004** 620; *Niemeyer* Genugtuung des Verletzten durch Buße (1972); *Ostendorf* Das Geringfügigkeitsprinzip als strafrechtliche Auslegungsregel, GA **1982** 333; *ders.* Alternativen zur strafverurteilenden Konfliktserledigung, ZRP **1983** 302; *Peglau* Der Opferschutz im Vollstreckungsverfahren, ZRP **2004** 39; *C. Pfeiffer* Täter-Opfer-Ausgleich – das Trojanische Pferd im Strafrecht? ZRP **1992** 338; *Rössner* Bagatelldiebstahl und Verbrechenskontrolle (1976); *ders.* Opferbezogene Strafrechtspflege (1987); *Rose* Die Bedeutung des Opferwillens im Rahmen des Täter-Opfer-Ausgleiches nach § 46a Nr. 1 StGB, JR **2004** 275; *Roxin* Die Wiedergutmachung im System der Strafzwecke, in *Schöch* (Hrsg.) Wiedergutmachung und Strafrecht (1987) S. 37; *ders.* Zur Wiedergutmachung als einer „dritten Spur" im Sanktionensystem, Festschrift Baumann (1992) 243; *Sagel-Grande* Primär Wiedergutmachung und Bewährung – sekundär Strafe, ZRP **1991** 439; *Schädler* Den Geschädigten nicht nochmals schädigen, ZRP **1990** 150; *Schauf* Entkriminalisierungsdiskussion und Aussöhnungsgedanke (1983); *Schmidt-Hieber* Ausgleich statt Geldstrafe, NJW **1992** 2001; *Schöch* Strafrecht zwischen Freien und Gleichen im demokratischen Rechtsstaat, Festschrift Maihofer (1988) 461; *ders.* (Hrsg.) Wiedergutmachung und Strafrecht (1987); *Schroth* 2. Opferrechtsreformgesetz – Das Strafverfahren auf dem Weg zum Parteienprozess, NJW **2009** 2619; *Schroth/Schroth* Die Rechte des Verletzten im Strafprozess, 3. Aufl. (2018); *Seelmann* Paradoxien der Opferorientierung im Strafrecht, JZ **1989** 670; *Sessar* Schadenswiedergutmachung in einer künftigen Kriminalpolitik, Festschrift Leferenz (1983) 145; *ders.* u.a. Wiedergutmachung als Konfliktregelungsparadigma? KrimJournal **1986** 86; *Stangeland* Wege autonomer Konfliktregelung, KrimJournal **1987** 285; *Steffens* Wiedergutmachung und Täter-Opfer-Ausgleich im Jugend- und Erwachsenenstrafrecht in den neuen Bundesländern (1999); *Stein* Täter-Opfer-Ausgleich und Schuldprinzip, NStZ **2000** 393; *Steininger* Wiedergutmachung als dritte Spur neben Strafen und Maßnahmen, JurBl. **1990** 137; *Trenczek* Täter-Opfer-Ausgleich, ZRP **1992** 130; *Villmow/Plemper* Opfer und Opferentschädigung, MschrKrim. **1984** 73; *Wagner* Ladendiebstahl – Wohlstands- oder Notstandskriminalität (1979); *S. Walther* Täter-Opfer-Ausgleich: Vermittler im Zeugenstand? ZRP **1997** 395; *Wegner* Wie Opferschutz der Wahrheit dient, ZRP **1997** 404; *Zipf* Empfiehlt sich eine Ausgestaltung des strafrechtlichen Sanktionensystems? Schadenswiedergutmachung, gemeinnützige Arbeit, Täter-Opfer-Ausgleich, 10. ÖJT Wien 1988, Abt. 2.

Zur Abgrenzung zwischen Straftat und Ordnungswidrigkeit s. die Angaben in Fn. 162.

V. Zur Neuregelung der Vermögensabschöpfung

Köhler Die Reform der strafrechtlichen Vermögensabschöpfung Teil 1, NStZ **2017** 497; *Köhler/Burkhard* Die Reform der strafrechtlichen Vermögensabschöpfung Teil 2, NStZ **2017** 665; *Korte* Vermögensabschöpfung reloaded, wistra **2018** 1; *Schilling/Corsten/Hübner* Das Gesetz zur Reform der strafrechtlichen Vermögensabschöpfung, StraFo **2017** 305; *Schmidt* Vermögensabschöpfung, 2. Aufl. (2019); *Trüg* Die Reform der strafrechtlichen Vermögensabschöpfung, NJW **2017** 1913.

VI. Allgemeines zu den Maßregeln der Besserung und Sicherung

P. Albrecht Die allgemeinen Voraussetzungen zur Anordnung freiheitsentziehender Maßnahmen gegenüber erwachsenen Delinquenten (1981); *Alex* Rückfallhäufigkeit und langer Beobachtungszeitraum NK **2013** 236; *Bae* Der Grundsatz der Verhältnismäßigkeit im Maßregelrecht des StGB (1985); *Best* Das Rückwirkungsverbot nach Art. 103 Abs. 2 GG und die Maßregeln der Besserung und Sicherung (§ 2 Abs. 6 StGB), ZStW **114** (2002) 88; *Boetticher* Aktuelle Entwicklungen im Maßregelvollzug und bei der Sicherungsverwahrung, NStZ **2005** 417; *Ehrhardt/Göppinger* (Hrsg.) Straf- und Maßregelvollzug: Situation und Reform, Kriminologie und Kriminalistik, Kriminologische Gegenwartsfragen Heft 11 (1974); *Eisenberg* Nachträgliche Sicherungsverwahrung? ZfStrVo. **2001** 131; *ders.* Die Maßregel der Unterbringung in einem psychiatrischen Krankenhaus gemäß § 63 StGB und die sogenannte „Nicht-Therapiegeeignetheit", NStZ **2004** 240; *Frey* Das Verhältnis von Strafe und Maßnahme de lege lata und de lege ferenda, SchwZStr. **1966** 295; *Frisch* Die Maßregeln der Besserung und Sicherung im strafrechtlichen Rechtsfolgensystem, ZStW **102** (1990) 343; *ders.* Das Marburger Programm und die Maßregeln der Besserung und Sicherung, ZStW **94** (1982) 565; *R. v. Hippel* Reform der Strafrechtsreform – Maßregeln der Besserung und Sicherung (1976); *Kaiser* Befinden sich die kriminalrechtlichen Maßregeln in der Krise? (1990); *Kammeier* (Hrsg.) Maßregelvollzugsrecht, 3. Aufl. (2010); *ders.* Maßregelrecht (1996); *Kröber/Albrecht* (Hrsg.) Verminderte Schuldfähigkeit und psychiatrische Maßregel (2001); *Kusch* Therapie von Sexualtätern, ZRP **1997** 89; *Lau* Zum Umgang mit gefährlichen Menschen – die britische Diskussion um die „Dangerous Severe Personality Disorder“, MschrKrim. **2004** 451; *Maier/ Mache/Klein* Woran krankt der Maßregelvollzug? MschrKrim. **2000** 71; *Mayerhofer* Die Krise der Sicherungsverwahrung, in *Göppinger/Vossen* (Hrsg.) Rückfallkriminalität, Führerscheinentzug, Kriminologische Gegenwartsfragen Heft 17 (1986) S. 31; *Menges* Entziehungsanstalten als Verwahranstalten? StV **1981** 415; *Müller-Dietz* Rechtsfragen der Unterbringung nach § 63 StGB, NStZ **1983** 148; *Nowakowski* Die Maßnahmenkomponente im StGB, Festschrift Broda (1976) 193; *Pollähne* Maßregelvollzug (§ 63) im Reformstau, NK **2015** 25; *Rautenberg* Wegschließen für immer? NJW **2001** 2608; *Royen* Die Unterbringung in einem psychiatrischen Krankenhaus bzw. in einer Entziehungsanstalt nach §§ 63, 64 StGB als kleine Sicherungsverwahrung? StV **2005** 411; *Salzgeber/Stadler* Programm zur Behandlung von Sexualstraftätern, ZRP **1997** 139; *Rudolf Schmitt* Was hat die Strafrechtsreform von der Zweispurigkeit übrig gelassen? Festschrift Würtenberger (1977) 277; *H.J. Schneider* Die Verbesserung des Schutzes der Gesellschaft vor gefährlichen Sexualstraftätern, JZ **1998** 436; *U. Schneider* Beendigung der Unterbringung in einem psychiatrischen Krankenhaus bei „Zweckerreichung“, NStZ **2004** 649; *K. Schumann* Psychisch kranke Rechtsbrecher. Eine Querschnittuntersuchung zum Maßregelvollzug (1987); *Staudinger* Therapie mit Straftätern – eine Zauberformel? NStZ **1997** 467; *Stratenwerth* Zur Rechtsstaatlichkeit der freiheitsentziehenden Maßnahmen im Strafrecht, SchwZStr. **1982** 337; *Streng* Vikariierens-Prinzip und Leidensdruck. Überlegungen zum Verhältnis von Therapie und Strafe im Rahmen von § 67 StGB, StV **1987** 41; *ders.* „Komorbidität“, Schuld(un)fähigkeit und Maßregelanordnung, StV **2004** 614; *M. Walter* Aspekte für eine Reform des Unterbringungsrechts, in *Lauter* u.a. (Hrsg.) Rechtsprobleme in der Psychiatrie (1978) S. 51; *Weichert* Sicherungsverwahrung – verfassungsgemäß? StV **1989** 265.

VII. Zur jüngeren Entwicklung der Sicherungsverwahrung i.w.S.

1. Allgemeines

Baltzer Die Sicherung des gefährlichen Gewalttäters, Kriminologie und Praxis Bd. 46 (2005); *Bartsch* Neue bundes- und landesrechtliche Vorschriften über die Vollstreckung und den Vollzug der Sicherungsverwahrung, FS **2013** 208; *Blau* Die Sicherungsverwahrung – ein Nekrolog? Festschrift Schneider (1998) 759; *Boetticher* Der neue Umgang mit Sexualstraftätern – eine Zwischenbilanz, MschrKrim. **1998** 354; *Boetticher* Neue Entwicklungen bei der Sicherungsverwahrung, Festschrift Feest 125; *Düx* Sexualstraftaten und Sicherungsverwahrung, ZRP **2006** 82; *Eisenberg/Schlüter* Extensive Gesetzesauslegung bei Anordnung von Sicherungsverwahrung, NJW **2001** 188; *Frisch* Die Maßregeln der Besserung und Sicherung im strafrechtlichen Rechtsfolgensystem, ZStW **102** (1990) 343; *Frommel* Die Anordnung der Sicherungsverwahrung bei Gelegenheitstaten, NJW **1981** 1083; *Harrendorf* Wo sind die Adressaten der Sicherungsverwahrung? JR **2008** 6; *Höffler/Kaspar* Warum das Abstandsgebot die Probleme der Sicherungsverwahrung nicht lösen kann, StW **124** (2012) 87; *Kern* Aktuelle Befunde zur Sicherungsverwahrung, ZfStrVo **1997** 19; *ders.* Brauchen wir die Sicherungsverwahrung? Diss. Heidelberg 1997, Besprechung *Blau* GA **1999** 204; *Kilchling* Kolloqiumsdiskussion „Die Praxis der Sicherungsverwahrung“, ZStW **109** (1997) 165, *Kinzig* Die Sicherungsverwahrung auf dem Prüfstand (1996), Besprechung *Schönberger/Eisenberg* GA **1998** 248; *ders.* Die Sicherungsverwahrung: bewährt oder obsolet? ZRP **1997** 99; *ders.* Die Praxis der Sicherungsverwahrung, ZStW **109** (1997) 122; *ders.* Die Einführung der Sicherungsverwahrung in den neuen Bundesländern, NJ **1997** 63; *ders.* Der Hang zu erheblichen Straftaten – und was sich dahinter verbirgt, NStZ **1998** 14; *ders.* Schrankenlose Sicherheit? Das BVerfG vor der Entscheidung über die Geltung des Rückwirkungsverbots im Maßregelrecht, StV **2000** 330; *ders.* Neues von der Sicherungsverwahrung – ein Überblick über den Stand der Gesetzgebung, StV **2002** 500; *ders.* An den Grenzen des Strafrechts – Die Sicherungsverwahrung nach den Urteilen des BVerfG, NJW **2004** 911; *ders.* Das Recht der Sicherungsverwahrung nach dem Urteil des EGMR in Sachen M. gegen Deutschland, NStZ **2010** 233; *ders.* Stand und Zukunft der Sicherungsverwahrung, StraFo **2011** 429; *Köhne* Sicherungsverwahrung und Resozialisierung, StraFo **2003** 230; *Laubenthal* Die Renaissance der Sicherungsverwahrung, ZStW **116** (2004) 703; *Laue* Die Sicherungsverwahrung auf dem europäischen Prüfstand, JR **2010** 198; *Lesting/Feest* Die Neuregelungen des StVollzG durch das Gesetz zur bundesrechtlichen Umsetzung des Abstandsgebots im Recht der Sicherungsverwahrung, StV **2013** 278; *Passek* Sicherungsverwahrung im Wandel, Neuregelungen der §§ 66, 66a und 66b StGB, GA **2005** 96; *Peglau* Zur Rückwirkung von § 67d StGB gem. Art. 1a III EGStGB, NJW **2000** 179, *ders.* Zur Anordnung der Sicherungsverwahrung neben lebenslanger Freiheitsstrafe, NJW **2000** 2980; *ders.* Das BVerfG und die

Sicherungsverwahrung – Konsequenzen für Praxis und Gesetzgebung, NJW **2011** 1924; *ders.* Das Gesetz zur bundesrechtlichen Umsetzung des Abstandsgebots im Recht der Sicherungsverwahrung, JR **2013** 249; *Pollähne* Sicherungsverwahrung, Rückfallverjährung und Rechtsstaat, StraFo **2004** 156; *Renzikowski* Abstand halten! Die Neuregelung der Sicherungsverwahrung, NJW **2013** 1638; *Rösch* Zum Urteil des BVerfG vom 5.2.2004 zur Sicherungsverwahrung, ZfStrVo **2004** 131; *Schmälzger/Skirl* Quo vadis, Sicherungsverwahrung? ZfStrVo **2004** 323; *Schöch* Das Gesetz zur Bekämpfung von Sexualdelikten und anderen gefährlichen Straftaten vom 26.1.1998, NJW **1998** 1257; *ders.* Anm. zu BGH NJW **1999** 3723, NStZ **2000** 138; *ders.* Anm. zu BGH JR **2000** 207, 209; *ders.* Das Urteil des Bundesverfassungsgerichts zur Sicherungsverwahrung, GA **2012** 14; *Schüler-Springorum* Sicherungsverwahrung ohne Hang? MschrKrim. **1989** 147; *Streng* Zur Legitimation der Sicherungsverwahrung, StV **2013** 236; *ders.* Die Zukunft der Sicherungsverwahrung nach der Entscheidung des Bundesverfassungsgerichts, JZ **2011** 827; *Ullenbruch* Verschärfung der Sicherungsverwahrung auch rückwirkend – populär aber verfassungwidrig? NStZ **1998** 326; *ders.* Anm. zu BGH NStZ **2003** 254, 255; *Weichert* Sicherungsverwahrung – verfassungsgemäß? StV **1989** 265.

2. Zu den (verfassungswidrigen) Landesunterbringungsgesetzen

Adams Zur nachträglichen Sicherungsverwahrung nach Landesrecht, StV **2003** 51; *Alex* Anm. zu OLG Naumburg NStZ **2002** 501, NStZ **2003** 224; *Dünkel/Kunkat* Der Staat als Sicherheitsrisiko? Nachträgliche Sicherungsverwahrung, Neue Kriminalpolitik **2001** 16; *Eisenberg* Nachträgliche Sicherungsverwahrung? ZfStrVo **2001** 131; *Goll/Wulf* Schutz vor besonders rückfallgefährdeten Straftätern – Das baden-württembergische Modell, ZRP **2001** 284; *Kinzig* Als Bundesrecht gescheitert – als Landesrecht zulässig? NJW **2001** 1455; *Peglau* Das baden-württembergische Straftäterunterbringungsgesetz – tatsächlich als Landesrecht unzulässig? NJW **2001** 2436; *Pestalozza* Die wider Willen sperrende Bundeslücke bei der Sicherungsverwahrung, JZ **2004** 605; *Pieroth* Gesetzgebungskompetenz und Grundrechtsfragen der nachträglichen Sicherungsverwahrung, JZ **2002** 922; *Ullenbruch* Nachträgliche „Sicherungsverwahrung" durch die „Polizei", NStZ **2001** 292; *ders.* Nachträgliche Sicherungsverwahrung, NStZ **2002** 466; *Wagner* Die „nachträgliche Sicherungsverwahrung", RuP **2002** 93, *Waterkamp* Anm. zu BVerfGE **109** 133, StV **2004** 267; *Würtenberger/Sydow* Die nachträgliche Anordnung der Sicherungsverwahrung, NVwZ **2001** 1201.

3. Zur vorbehaltenen Sicherungsverwahrung nach § 66a

Kinzig Das Gesetz zur Einführung der vorbehaltenen Sicherungsverwahrung, NJW **2002** 3204; *Müller-Metz* Vorbehaltene und nachträgliche Sicherungsverwahrung, Kriminologie und Praxis Bd. 42 (2003) 225; *Peglau* Das „Gesetz zur Einführung der vorbehaltenen Sicherungsverwahrung", JR **2002** 449; *Renzikowski* Anm. zu BGH NStZ **2006** 278, 280; *Wolf* Vorbehaltene und nachträgliche Sicherungsverwahrung, Rpfleger **2004** 665.

4. Zur nachträglichen Sicherungsverwahrung nach § 66b

Alex/Feltes Nachträgliche Sicherungsverwahrung, FS **2010** 159; *Asbrock* Mehr Sicherheit durch mehr Sicherungsverwahrung? Betrifft Justiz **2002** 371; *Braum* Nachträgliche Sicherungsverwahrung: In dubio pro securitate? ZRP **2004** 105; *Calliess* Die „Entwicklung des Verurteilten im Strafvollzug" und die Anordnung der nachträglichen Sicherungsverwahrung ohne Vorbehalt, ZfStrVo **2004** 135; *Eisenberg* Nachträgliche Sicherungsverwahrung? ZfStrVo **2001** 131; *ders.* Anm. zu OLG Frankfurt/M., StV **2005** 142, 345; *Folkers* Die nachträgliche Sicherungsverwahrung in der Rechtsanwendung, NStZ **2006** 425; *Frommel* Nachträgliche polizeiliche Sicherungsverwahrung, KrimJournal **2004** 81; *Gazeas* Nachträgliche Sicherungsverwahrung, StraFo **2005** 9; *Hanack* Nachträgliche Anordnung von Sicherungsverwahrung, Festschrift Rieß (2002) 709; *Jansing* Nachträgliche Sicherungsverwahrung, 2004; *Kinzig* Umfassender Schutz vor dem gefährlichen Straftäter? NStZ **2004** 655; *Krüger* Nachträgliche Sicherungsverwahrung, NJ **2004** 295; *Müller-Metz* Nachträgliche Sicherungsverwahrung, NJW **2003** 3171; *Peglau* Nachträgliche Sicherungsverwahrung, ZRP **2000** 147; *ders.* Die nachträgliche Sicherungsverwahrung, das Rechtsmittelverfahren und das Verschlechterungsverbot, NJW **2004** 3599; *ders.* Mehrfache Verfahren zur nachträglichen Verhängung der Sicherungsverwahrung, JR **2006** 14; *ders.* Das Gesetz zur Reform der Führungsaufsicht und zur Änderung der Vorschrift über die nachträgliche Sicherungsverwahrung, NJW **2007** 558; *Pieroth* Gesetzgebungskompetenz- und Grundrechtsfragen der nachträglichen Sicherungsverwahrung, JZ **2002** 922; *Poseck* Das Gesetz zur Einführung der nachträglichen Sicherungsverwahrung, NJW **2004** 2559; *Renzikowski* Die nachträgliche Sicherungsverwahrung und die Europäische Menschenrechtskonvention, JR **2004** 271, *Richter* Nachträgliche Sicherungsverwahrung und kein Ende, ZfStrVo **2003** 201; *Römer* Verwahrung gegen die nachträgliche Sicherungsverwahrung, JR **2006** 5; *Rzepka* Sicherheits- statt Rechtsstaat, Recht und Psychiatrie **2003** 127, 191; *Streng* „Erkennbar gewordene Tatsachen" und rechtsstaatliche Anforderungen an nachträgliche Sicherungsverwahrung, StV **2006** 92; *Ullenbruch* Nachträgliche Sicherungsverwahrung – heikle Materie in Händen des BGH, NJW **2006** 1377; *Veh* Nachträgliche Sicherungsverwahrung und nachträgliche Tatsachenerkennbarkeit, NStZ **2005** 307; *Zschieschack/Rau* Probleme der nachträglichen Sicherungsverwahrung unter besonderer Berücksichtigung der aktuellen Rechtsprechung des BGH, JR **2006** 8.

5. Zu psychiatrischen Aspekten

Alex Sozialtherapie unter den Bedingungen der Gesetzesverschärfungen seit 1998 unter besonderer Berücksichtigung von vorbehaltener und nachträglicher Sicherungsverwahrung, StV **2006** 105; *Boetticher u.a.* Mindestanforderungen an Prognosegutachten, NStZ **2006** 537; *Feltes* Rückfallprognose und Sicherungsverwahrung, StV **2000** 281; *Habermeyer/Hoff/Saß* Das psychiatrische Sachverständigengutachten zur Hangtäterschaft, MschrKrim. **2002** 20; *Habermeyer/ Kunert/Herpertz* Bedeutung des „Psychopathy"-Konzepts von Hare für die Maßregel der Sicherungsverwahrung, ArchKrim. **2004** 65; *Habermeyer/Saß* Die Maßregel der Sicherungsverwahrung nach § 66 StGB: Grundlagen und Differentialindikation gegenüber der Maßregel gemäß § 63 StGB, Nervenarzt **2004** 1061; *Kinzig* Die Gutachtenpraxis bei der Anordnung von Sicherungsverwahrung, Recht und Psychiatrie **1997** 9; *Kröber* Die Sicherungsverwahrung aus Sicht des Psychiaters, Jahresheft für Forensische Psychiatrie **2004** 187; *ders.* Psychiatrische Aspekte der Sicherungsverwahrung, MschrKrim. **2004** 261; *Lammel* Über den „Hang zu erheblichen Straftaten", Jahresheft für Forensische Psychiatrie **2004** 3; *Lau* Zum Umgang mit gefährlichen Menschen – die britische Diskussion um die ,,Dangerous Severe Personality Disorder", MschrKrim. **2004** 451; *Müller* Forensische Psychiatrie im Lichte neurobiologischer Befunde, BewHi **2010** 261; *Müller/Klein/Cording* Mißbrauch der Psychiatrie? Festschrift Rolinski (2002) 447; *Müller-Metz* Die Sicherungsverwahrung: Tätigkeit des Sachverständigen im Erkenntnis- und Vollstreckungsverfahren, StV **2003** 42. *Nedopil* Risiko und Sicherheit – Prognoseforschung zur bedingten Entlassung aus Straf- und Maßregelvollzug, ZJJ **2010** 283; *H. Schneider* Die Kriminalprognose bei der nachträglichen Sicherungsverwaltung, StV **2006** 99.

D. Zur internationalen Rechtsvergleichung

Cornils Neuere Entwicklung der Kriminalpolitik in den nordischen Ländern ZStW **99** (1987) 873; *Driendl* Wege zur Behandlung der Bagatellkriminalität in Österreich und der Schweiz, ZStW **90** (1978) 1017; *Dünkel* Rechtliche, rechtsvergleichende und kriminologische Probleme der Strafaussetzung zur Bewährung, ZStW **95** (1983) 1039; *ders.* Möglichkeiten und Praxis des Täter-Opfer-Ausgleichs und Aspekte der Stellung des Opfers im Strafverfahren im europäischen Vergleich, Bewährungshilfe **1985** 358; *ders.* Alternativen zur Freiheitsstrafe im europäischen Vergleich, in *Ortner* (Hrsg.) Freiheit statt Strafe 2. Aufl. (1986) S. 147; *Dünkel/Rössner* Täter-Opfer-Ausgleich in der Bundesrepublik Deutschland, Österreich und der Schweiz, ZStW **99** (1987) 845; *Dünkel/Spieß* (Hrsg.) Alternativen zur Freiheitsstrafe. Strafaussetzung zur Bewährung und Bewährungshilfe im internationalen Vergleich (1983); *Filar/Ewa Weigend* Die Entwicklung des Strafrechts in den sozialistischen Staaten Europas, ZStW **98** (1986) 235; *Frisch* Konzepte der Strafen und Entwicklungen des Strafrechts in Europa GA 2009, 385; *J. Herrmann* Neuere Entwicklungen in der amerikanischen Strafrechtspflege, JZ **1985** 602; *Hochmayr* Neue Kriminalsanktionen im Rechtsvergleich ZStW **124** (2012) 64; *Jescheck* Das neue deutsche Strafrecht im internationalen Zusammenhang, Jahrbuch der Max-Planck-Gesellschaft (1975) S. 49; *ders.* Deutsche und österreichische Strafrechtsreform, Festschrift Lange (1976) 365; *ders.* Der Einfluß der IKV und der AIDP auf die internationale Entwicklung der modernen Kriminalpolitik, ZStW **92** (1980) 997; *ders.* (Hrsg.) Die Freiheitsstrafe und ihre Surrogate im deutschen und ausländischen Recht, 3 Bände (1983/1984); darin *ders.* Die Freiheitsstrafe und ihre Surrogate in rechtsvergleichender Darstellung, S. 1939; *ders.* Rechtsvergleichende Bemerkungen zur Neugestaltung des Mindestprogramms der défense sociale, Festschrift Blau (1985) 425; *ders.* Neue Strafrechtsdogmatik und Kriminalpolitik in rechtsvergleichender Sicht, ZStW **98** (1986) 1; *ders.* Das Strafensystem des Vorentwurfs zur Revision des Allgemeinen Teils des schweizerischen Strafgesetzbuches in rechtsvergleichender Sicht, Festschrift Lackner (1987) 901; *Jescheck/Grebing* (Hrsg.) Die Geldstrafe im deutschen und ausländischen

Recht (1978); *Kaiser* Perspektiven vergleichender Pönologie, MschrKrim. **1980** 366; *ders.* Neue Wege im schweizerischen Maßnahmenvollzug, ZStW **100** (1988) 228; *Kögler* Die zeitliche Unbestimmtheit freiheitsentziehender Sanktionen des Strafrechts. Eine vergleichende Untersuchung zur Rechtslage und Strafvollstreckungspraxis in der Bundesrepublik Deutschland und den USA (1988); *Kunz* Zwei Schritte vor und (mindestens) einen zurück: Aspekte der Sanktionenreform in der Schweiz, Festschrift Jung (2007), 467; *Kury* Diversion – Möglichkeiten und Grenzen am Beispiel amerikanischer Programme, in *Kury/Lerchenmüller* (Hrsg.) Diversion (1981) Bd. 1 S. 165; *Kühne* (Hrsg.) Opferrechte im Strafprozeß – ein europäischer Vergleich (1988); *Küper* Gesamte Strafrechtswissenschaft in internationaler Dimension – Die Festschrift für Hans-Heinrich Jescheck, GA **1987** 337; *Lang-Hinrichsen* Zum System der Strafen und bessernden und sichernden Maßnahmen im englischen Recht, Festschrift Kraft 138; *Mühlenfeld* Die informelle Strafe im deutschen und europäischen Wirtschaftsrecht 2010; *Nowakowski* Nochmals zu § 42 öStGB (Mangelnde Strafwürdigkeit der Tat), Festschrift Jescheck (1985) 527; *Snel* Alternativen in der Bewährungshilfe am Beispiel der Niederlande, KrimJournal **1975** 59; *Vogel* Harmonisierung des Strafrechts in der Europäischen Union, GA **2003** 314, 329; *M. Walter* Stellung und Bedeutung der Freiheitsstrafe aus rechtsvergleichender Sicht, zugleich Bspr. von *Jescheck* (Hrsg.) Die Freiheitsstrafe und ihre Surrogate im deutschen und ausländischen Recht (1983/1984), ZfStrVo. **1985**, 325.

Weiteres besonderes Schrifttum. Zur *lebenslangen Freiheitsstrafe* bei § 38; zur *sozialtherapeutischen Anstalt* bei Rdn. 6a Fn. 3; zur *Abgrenzung zwischen Straftaten und Ordnungswidrigkeiten* bei Rdn. 91a Fn. 229; zur *Geldstrafe* vor § 40; zur *Geldstrafe neben Freiheitsstrafe* bei § 41; zu *Zahlungserleichterungen* bei § 42; zur *Ersatzfreiheitsstrafe* bei § 43.

Übersicht

I. Allgemeines

Der Dritte Abschnitt des Strafgesetzbuchs behandelt die **Rechtsfolgen der Tat,** die – mit einem dem Gesetz allerdings fremden Terminus – auch als **Sanktionen** bezeichnet werden. Dieser Abschnitt steht an Bedeutung den vorhergehenden Abschnitten keineswegs nach. Zwar erfuhren der Erste und Zweite Abschnitt, in denen die Voraussetzungen 1 der Strafbarkeit geregelt sind, im Rahmen der Lehre vom Verbrechen seit jeher mehr wissenschaftliches Interesse. Die Universitätsausbildung beschränkte sich im Strafrecht vorwiegend auf Fragen der „Dogmatik“, womit – in jeder Hinsicht unkorrekt – im wesentlichen die an den zweiten Abschnitt anknüpfende Straftatlehre gemeint war. All dies wurde der Bedeutung, die dem Sanktionensystem allgemein, dabei insbesondere der Zumessung der Tatfolgen, dem Strafvollzug und kriminalpolitischen sowie kriminologischen Fragen wissenschaftlich und innerhalb der praktischen Strafrechtspflege zukommt, lange Zeit nicht gerecht, stehen doch für Staat und Gesellschaft, insbesondere aber für den Straffälligen, die Fragen nach den Rechtsfolgen der Tat, ihren Auswirkungen auf den Täter und auf die Allgemeinheit deutlich im Vordergrund. Indes hat die Bedeutung der Straftatfolgen mit der Zeit auf allen Ebenen zugenommen: Der Gesetzgeber hat mit den Strafrechtsreformgesetzen insbesondere eine Reform des Sanktionenrechts vorgenommen, in der Folgezeit die Vorschrift des § 48 a.F. über den Rückfall aufgehoben, die Möglichkeit der Strafaussetzung nach § 56 Abs. 2 erweitert, die Reststrafaussetzung bei der lebenslangen Freiheitsstrafe eingeführt und – von der endgültigen Absage an die sozialtherapeutische Anstalt abgesehen – das System der Maßregeln spezialpräventiv verfeinert. In diesem Zusammenhang des gesetzgeberischen Wirkens auf dem Gebiet der Straftatfolgen ist auch die Schaffung des Strafvollzugsgesetzes zu sehen. An dieser Entwicklung hat auch die Rspr. des BVerfG maßgeblichen Anteil. Dies gilt namentlich für die Schaffung des Strafvollzugsgesetzes, die „Verrechtlichung“ der Reststrafaussetzung bei der lebenslangen Freiheitsstrafe und die Konkretisierung der Bedeutung des Verhältnismäßigkeitsgrundsatzes im Maßregelrecht. In der Rspr. des BGH hat die Behandlung der Straftatfolgen in einem Maße zugenommen, wie es in keinem anderen Bereich des Strafrechts ähnlich zu verzeichnen wäre. Der BGH praktiziert inzwischen – im Vergleich zu seiner früheren Rspr. und gar der des RG – eine außerordentlich hohe Kontrolldichte. Dabei werden durch die kontinuierliche Aufstellung neuer Rechtssätze sachlichrechtlichen Charakters mittelbar auch die Grenzen des Rechtsmittels der Revision derart nach außen verschoben, dass dies sogar Bedeutung für die Diskussion um eine etwaige Reform des Rechtsmittelrechts gewinnt. Ausgehend von der Aufgabe der Strafe, gerechter Schuldausgleich zu sein, gibt der BGH bei alledem innerhalb des tatschuldbestimmten Spielraums zunehmend spezialpräventiven Erwägungen Raum. Gegenüber einer Berücksichtigung generalpräventiver Gesichtspunkte im Rahmen der Strafzumessung zeigt der BGH sich dagegen recht verschlossen. Die Oberlandesgerichte haben seit der Einführung des Tagessatzsystems eine immens umfangreiche Rspr. zur Bemessung des zweiten Faktors der Geldstrafe, der Höhe eines Tagessatzes, entwickelt. In ganz besonderem Maße hat sich die Wissenschaft den Rechtsfolgen der Tat zugewandt. Dabei geht es, seit die Diskussion um die lebenslange Freiheitsstrafe sich beruhigt hat, in erster Linie um die unteren Bereiche der zeitigen Freiheitsstrafe, insbesondere um die Ersetzung der zu verbüßenden Freiheitsstrafe durch andere Sanktionsformen. Wenn hierbei eine zunehmende Beachtung sozial- und humanwissenschaftlicher Erkenntnisse stattfindet, so erweist sich, dass die Sanktionen die wichtigste Nahtstelle zwischen dem Strafrecht einerseits und der Kriminologie sowie der Kriminalpolitik andererseits sind. Zusätzliche Anregungen erfährt das Sanktionenrecht durch die Neubelebung der Diskussion der Strafzwecke. Dabei hat der Vormarsch der Spezialprävention nur wenige Beeinträchtigungen erlitten. Die Generalprävention erfährt eine Wiederbelebung als „positive Generalprävention“. Der Gesichtspunkt des Opferschutzes hat immer größeren Raum gewonnen. Die Sicherungsverwahrung hat in vielerlei Hinsicht eine Ausdehnung erfahren: Nach der Erweiterung der Voraussetzungen des § 66 und der Einführung der „vorbehaltenen Sicherungsverwahrung“ nach § 66a wurde mit der Schaffung der „nachträglichen Sicherungsverwahrung“ gemäß § 66b ein völlig neues Feld betreten (dazu Rdn. 60). Durch das BVerfG wurde der Gesetzgeber jedoch gezwungen, Ausgestaltung und Vollzug der Sicherungsverwahrung neu zu regeln. Im Bereich der Abschöpfung kriminell erworbener Gewinne war ein Anlauf des Gesetzgebers dadurch gescheitert, dass das Bundesverfassungsgericht die Vermögensstrafe (§ 43a ehemaliger Fassung) für verfassungswidrig erklärt hat. Inzwischen wurde mit dem Grundsatz „Straftaten dürfen sich nicht lohnen" Ernst gemacht und das vorher wenig praxistaugliche Recht der Vermögensabschöpfung materiell und prozessual vollständig neu geregelt. Schließlich haben die Bewegungen im Recht der Straftatfolgen ihren Niederschlag auch in der Juristenausbildung gefunden, in der den Straftatfolgen seit einiger Zeit zunehmende Bedeutung beigemessen wird.[1] Gleichwohl hat die Sanktionenlehre hier einen schwereren Stand als die „verwandten" Disziplinen Jugendstrafrecht, Kriminologie[2] und Strafvollzugsrecht und die jüngeren Disziplinen des Europäischen Strafrechts und des Völkerstrafrechts, die in den Justizausbildungsvorschriften der Länder regelmäßig ihren eigenen Platz als Wahlfächer des Schwerpunktbereichs gefunden haben, während das Sanktionenrecht weitgehend im Pflichtfach Strafrecht „versteckt" bleibt.

II. System der Rechtsfolgen

1. Übersicht. Rechtsfolgen der Tat sind die Strafen auf der einen und die Maßnahmen (§ 11 Abs. 1 Nr. 8) auf der anderen Seite. Jene werden nach der Schuld des Täters zugemessen, diese dienen vor allem dem Schutzzweck des Strafrechts und können auch ohne Schuld des Täters oder unabhängig vom Maß seiner Schuld angeordnet werden. 2

Es gibt zwei **Hauptstrafen**: Die *Freiheitsstrafe* (§§ 38, 39) und die *Geldstrafe* (§§ 40 bis 43). Die *Vermögensstrafe* (§ 43a bis h.F.), die nur neben Freiheitsstrafe verhängt werden konnte, vom Gesetzgeber aber gleichwohl nicht als Nebenstrafe eingeordnet worden war (vgl. die Gesetzesüberschrift vor § 44), ist durch das Bundesverfassungsgericht für mit dem Grundgesetz unvereinbar und nichtig erklärt worden § 43a wurde zwischenzeitlich aufgehoben. Die Strafrechtsreformgesetze haben die früheren Strafarten des Zuchthauses, des Gefängnisses, der Einschließung und der Haft zu einer einheitlichen Freiheitsstrafe (Rdn. 33, 35) verschmolzen. Die Todesstrafe (Rdn. 24) ist bereits seit 1949 abgeschafft (Art. 102 GG). Außerhalb des Strafgesetzbuchs gibt es noch besondere freiheitsentziehende Strafen: Der *Strafarrest* des Wehrstrafrechts (§ 9 WStG; Rdn. 82) und im Jugendstrafrecht die *Jugendstrafe* (§§ 17 ff JGG; Rdn. 71). 3

Das Strafgesetz kennt ferner die **Nebenstrafe** des *Fahrverbots* (§ 44), das von der Maßregel der Entziehung der Fahrerlaubnis (§ 69) zu unterscheiden ist. Im Nebenstrafrecht gibt es noch die Nebenstrafe des *Verbots der Jagdausübung* (§ 41a BJagdG). Auf die Nebenstrafe kann nur neben einer Hauptstrafe erkannt werden. Dasselbe gilt von den sog. **Nebenfolgen.** Es sind dies der *Verlust der Amtsfähigkeit*, der *Wählbarkeit und des Stimmrechts* (§§ 45 bis 45b), sowie die Bekanntmachung der Verurteilung bei falscher Anschuldigung und Beleidigung (§§ 165, 200). 4

Der Abschnitt enthält ferner Vorschriften über die **Strafbemessung** im Allgemeinen (§§ 46 bis 51) und bei mehreren Gesetzesverletzungen (§§ 52 bis 55). Es schließen sich die Regelungen des Instituts der *Strafaussetzung zur Bewährung* (§§ 56 bis 58), der *Verwarnung mit Strafvorbehalt* (§§ 59 bis 59c) und des *Absehens von Strafe* (§ 60) an. Im Zusammenhang damit bleiben auch die Möglichkeiten des Absehens von der öffentlichen Klage und der weiteren strafprozessualen Möglichkeiten einer *Verfahrenseinstellung* (§§ 153aff StPO) zu erwähnen. Bei den letzteren Reaktionen geht es zwar nicht mehr um eine Strafe, aber alle diese Rechtsinstitute schaffen im Verein mit der Möglichkeit, Hauptstrafen, 5

1 *Giehring* FS Pongratz S. 186; *Schall/Schirrmacher* Jura **1992** 514.
2 *Dessecker/Jehle* MschrKrim. **2003** 433.

Nebenstrafen und Nebenfolgen zu kombinieren, Voraussetzungen dafür, dass der Richter die Strafsanktionen fallgerecht auf den Täter anwenden kann.

6 Unter den Oberbegriff der **Maßnahmen** (§ 11 Abs. 1 Nr. 8) fallen neben der umfassend neu geregelten Einziehung (§§ 73 bis 76b, die nach der Einziehung (des Wertes) von Taterträgen (§§ 73ff) und der Einziehung von Tatprodukten, Tatmitteln und Tatobjekten (§§ 74ff), und der Unbrauchbarmachung (§ 74d) differenziert, bei der teils der strafähnliche, teils der Sicherungszweck überwiegt, die sechs **Maßregeln der Besserung und Sicherung,** nämlich die drei freiheitsentziehenden Maßregeln der *Unterbringung in einem psychiatrischen Krankenhaus,* in *einer Entziehungsanstalt* und in der *Sicherungsverwahrung* (§§ 63 bis 66c) sowie ferner die *Führungsaufsicht* (§ 68), die *Entziehung der Fahrerlaubnis* (§ 69) und das *Berufsverbot* (§ 70). Zu den Maßregeln der Besserung und Sicherung im Nebenstrafrecht gehören ferner das *Verbot der Tierhaltung* (§ 20 TierSchG), die *Entziehung des Jagdscheines* (§ 41 BJagdG) und wohl auch die *Abführung des Mehrerlöses* (§§ 8 bis 10 WiStG).

6a Die Maßregel der *Unterbringung in einer sozialtherapeutischen Anstalt* hat es tatsächlich nie gegeben. Die auf den AE zurückgehende Maßregel war vorgesehen für einen Täterkreis, der mit den Mitteln des Regelstrafvollzugs nicht zu beeinflussen ist, bei dem indes sozialtherapeutische Bemühungen in besonderem Maße Erfolg versprechen, nämlich Rückfalltäter mit schwerer Persönlichkeitsstörung, Sexualtäter, junge Rückfalltäter mit Hanggefahr und sonst in einem psychiatrischen Krankenhaus Unterzubringende. Zwar wurde die sozialtherapeutische Anstalt, die als Kernstück der Strafrechtsreform gedacht war, durch das 2. StrRG in das StGB (§ 65) aufgenommen, das Inkrafttreten dieser Regelung wurde jedoch – aus Kostengründen und zur Modellerprobung – mehrfach aufgeschoben, zuletzt auf den 1. Januar 1985. Durch das StVollzÄndG vom 20. Dezember 1984 (BGBl. I S. 1654) wurde § 65 schließlich aufgehoben. Zurückgeblieben sind die sozialtherapeutischen Anstalten und Abteilungen als Einrichtungen innerhalb des Strafvollzugs (§§ 9, 123ff StVollzG bzw. die entsprechenden landesrechtlichen Regelungen zum Strafvollzug), wie sie in der Erprobungsphase zahlreich eingerichtet worden waren. An die Stelle der mit großen Erwartungen verbundenen Einführung einer neuen Maßregel („Maßregellösung") ist die kleine „Vollzugslösung" getreten, wonach die „sozialtherapeutische Anstalt" nur eine besondere Abteilung innerhalb einer Strafvollzugsanstalt ist. Damit liegt die Kompetenz für die Zuweisung des Täters in eine solche Einrichtung nicht beim Richter, sondern bei den für den Strafvollzug zuständigen Behörden (vgl. zur Praxis OLG Celle NStZ-RR **2008** 144). Diese Entwicklung ist der wohl bedeutendste Pendelrückschlag gegenüber dem spezialpräventiven Impetus der Strafrechtsreformgesetze.[3]

7 Die Maßregeln der Besserung und Sicherung können untereinander kombiniert (§ 72) und die freiheitsentziehenden zum größten Teil auch zur Bewährung ausgesetzt (§§ 67b, 67c, 67d Abs. 2, § 70a) und dann mit der Führungsaufsicht verbunden werden (§ 68 Abs. 2). Die Maßregeln der Sicherungsverwahrung (§ 66) und der Führungsaufsicht (§ 68 Abs. 1) können nur zugleich mit der Verurteilung zu einer Strafe angeordnet wer-

---

3 Zu dieser Entwicklung eingehend *Schüler-Springorum* Die sozialtherapeutischen Anstalten – ein kriminalpolitisches Lehrstück? GedS H. Kaufmann S. 167; s. auch *Alexander Böhm* NJW **1985** 1813; Nachweise der Gesetzesmaterialien zum StVollzÄndG v. 20. Dezember 1984 bei *Dreher/Tröndle* StGB[45] vor § 63 Rdn. 1; zu den „letzten Rettungsversuchen" vor dem StVollzÄndG *Kaiser/Dünkel/Ortmann* ZRP **1982** 198 und *Schöch* u.a. („Alternativ-Professoren") ZRP **1982** 207; ausführlich zur sozialtherapeutischen Anstalt *Hanack* LK[10] § 65; auch *Müller-Dietz* Grundfragen des strafrechtlichen Sanktionensystems S. 205ff; zu den heutigen Konzepten der Sozialtherapie *Eisenberg/Kölbel* Kriminologie[7] § 35 Rdn. 55 bis 59; *Laubenthal* Strafvollzug[7] Rdn. 588ff. Die sozialwissenschaftlichen Erfahrungsberichte sind – aufgrund der umfangreichen Begleitung der Versuchsmodelle – außerordentlich zahlreich; Nachweise bei *Eisenberg/Kölbel* Kriminologie[7] § 42 Rdn. 28 bis 33; *Laubenthal* Strafvollzug[7] Rdn. 595ff.

den. Die übrigen Maßregeln können auch gegenüber Tätern, die ohne Schuld gehandelt haben, angeordnet werden (§ 71). Auch bei den Maßnahmen ist eine isolierte Anwendung möglich (§ 76a). Im Übrigen können die Einziehung und die Unbrauchbarmachung neben den Maßregeln der Besserung und Sicherung und neben den Strafen angeordnet werden. Auf diese Weise wird dem Richter ein reiches strafrechtliches Reaktionsinstrumentarium zur Verfügung gestellt, damit alle Aufgaben, die an ein zweispurig ausgestaltetes (Rdn. 8ff) Strafrechtssystem gestellt werden, erfüllt werden können. Zu den Kombinationsmöglichkeiten im Einzelnen: *Schöch* LK[12] vor § 61 Rdn. 83 bis 85; vgl. auch van Gemmeren MK § 61 Rdn. 1 bis 3; *Radtke* MK vor § 38 Rdn. 69 bis 71.

2. Die Zweispurigkeit

a) Die vorstehende Übersicht zeigt, dass das Rechtsfolgensystem des Strafgesetzbuchs vom **Grundsatz der Zweispurigkeit** beherrscht ist (dazu ausführlich *Schöch* LK[12] vor § 61 Rdn. 1ff; *Streng* Strafrechtliche Sanktionen[3] S. 164ff). Dieses Prinzip folgt der Einsicht, dass die Strafe, die nach der Schuld des Täters bemessen ist, nicht stets alle Aufgaben des Strafrechts, insbesondere nicht die eines hinreichenden Rechtsgüterschutzes erfüllen kann und sie daher nicht selten durch eine Maßregel der Besserung und Sicherung ergänzt werden muss, die ausschließlich dazu dient, der Gefährlichkeit des Täters in der Form entgegenzuwirken, dass auf ihn pädagogisch eingewirkt, er therapeutisch behandelt oder äußerstenfalls die Allgemeinheit vor ihm gesichert wird. Strafen (Rdn. 31ff) und Maßregeln der Besserung und Sicherung (Rdn. 54) mögen in der Rechtswirklichkeit viele Berührungspunkte, Gemeinsamkeiten und Überschneidungen aufweisen, *begrifflich* sind sie streng auseinanderzuhalten, was insbesondere für die Gesetzesauslegung von Bedeutung ist (vgl. jedoch Rdn. 10). Die Strafe ist ein Übel, das der Täter erleidet, weil er schuldhaft Unrecht begangen hat. Die Maßregel der Besserung und Sicherung knüpft an die aus der Persönlichkeit des Täters folgende Gefährlichkeit und Gemeinschaftsfeindlichkeit an. Der Eingriff, den der Täter durch die Anordnung und Vollstreckung einer solchen Maßregel hinnehmen muss, findet seine Rechtfertigung im Gedanken des Gesellschaftsschutzes. Dass der Täter Maßregeln ähnlich wie die Strafe als ein Übel empfindet, macht das Wesen der Maßregel nicht aus (BGHSt. **3** 268). 8

Im *geltenden Recht* fand das Prinzip der Zweispurigkeit erstmals durch das *Gewohnheitsverbrechergesetz* vom 24. November 1933 (RGBl. I S. 995) gesetzliche Anerkennung.[4] Es handelte sich aber nicht um eine Ausprägung nationalsozialistischen Rechtsdenkens, sondern um die Verwirklichung jahrzehntelang verfolgten Reformstrebens. Freilich tat sich der totalitäre Staat leichter als der Weimarer Staat, den Sanktionenkatalog – gegen die in der Wissenschaft bestehenden Bedenken – grundlegend zu erweitern. *Eberhard Schmidt*[5] weist darauf hin, dass der eigentliche Begründer eines zweispurigen Systems *Ernst Friedrich Klein* (1743 bis 1810) gewesen ist und seine Vorstellungen teilweise schon im Preußischen Allgemeinen Landrecht von 1794 Niederschlag gefunden haben. So sollten „Diebe und andere Verbrecher, welche ihrer verdorbenen Neigungen wegen dem gemeinen Wesen gefährlich werden könnten, ... auch nach ausgestandener Strafe des Verhafts nicht eher entlassen werden, als bis sie ausgewiesen haben, wie sie sich auf ehrliche Art zu ernähren imstande sind" (§ 5 II 20 ALR). Den äußeren und gesetzesgestalteri- 9

---

4 Eine versteckte „zweite Spur" von Strafrechtsfolgen enthielt schon das RStGB 1871 im Institut der *Polizeiaufsicht* (hierzu *K. Schäfer* LK[9] (1974) Erläuterungen zu § 38 a.F.).

5 Einführung in die Geschichte der Strafrechtspflege, 3. Aufl. 1965 § 241 (S. 252), ebenso *Stratenwerth* AT[2] Rdn. 49; vgl. *F. v. Liszt* Strafrechtliche Vorträge und Aufsätze II S. 133 „E.F. Klein und die unbestimmte Verurteilung".

schen Anstoß für unser dualistisches, auch in zahlreichen ausländischen Rechten[6] verbreitetes Straffolgensystem gab der Schöpfer des schweizerischen Strafgesetzbuchs, *Carl Stooss*.[7] In seinem Vorentwurf von 1893 spannte er einen Bogen über den im Schulenstreit aufgebrochenen Widerstreit zwischen klassischem Vergeltungs- und modernem Zweckdenken und verband schuldgebundene Strafen und spezialpräventiv orientierte Maßregeln. Dem liegt die Einsicht zugrunde, „dass im Kampf gegen das Verbrechen die Strafe weder das einzige noch das sicherste Mittel ist", die insbesondere *Franz von Liszt* (1851 bis 1919)[8] vertrat, der wie alle wirklich Großen der Entwicklung nicht nur Impulse zu Neuem und Besserem zu geben, sondern auch Altes und Neues wirkungsvoll zu verbinden verstand.[9] Das zweispurige System fand daher zunächst etwas zaghaft im deutschen Vorentwurf 1909 (§ 42, 43) Eingang, stärker jedoch in dem von *v. Liszt* maßgeblich beeinflussten Gegenentwurf 1911. Die nachfolgenden Entwürfe über den Kommissionsentwurf und den von *Radbruch* 1922 (§§ 42 bis 62) bis zu dem von *Kahl* 1930 (§§ 55 bis 64) enthalten alle – getrennt von den Strafen – mehr oder weniger umfangreiche Maßregelkataloge.

10 Auch in der Reformentwicklung nach dem Zweiten Weltkrieg haben sich in Deutschland die Stimmen durchgesetzt, die für eine Beibehaltung des 1933 eingeführten zweispurigen Systems eingetreten sind. Zwar wurde auch ein einspuriges Rechtsfolgensystem (Rdn. 11) ernsthaft diskutiert.[10] Für ein Strafrecht, das vom Tatschuldgedanken beherrscht ist, erscheint aber nur die Zweispurigkeit folgerichtig (s. *Jescheck/Weigend* § 70 I mit internationalen Vergleichen; dazu auch *Meier*, Strafrechtliche Sanktionen[4] S. 219; zu Rechtslage in anderen europäischen Ländern vgl. auch BT-Drs. 14/4991, S. 25 f). Historisch betrachtet, war die „dualistische" Lösung zur Aufrechterhaltung einer schuldorientierten Strafe unerlässlich. Freilich erfuhr der Grundsatz der Zweispurigkeit von Strafen und Maßregeln im Gesetz gewisse Modifikationen, die aus der Einsicht erklärbar sind, dass Strafen und Maßregeln sich nach Sinn und Zweck zwar begrifflich scharf abscheiden lassen, sich in ihrer Wirkung aber in mannigfacher Weise überlagern. Im Interesse einer optimalen Sanktionswirkung sieht daher das Gesetz (§§ 67, 67b) vor, Strafen und Maßregeln im Vollzug in gewissem Umfange auszutauschen und die Maßregelzeit auf die Strafzeit anzurechnen **(vikariierendes System)** und ferner auch die Maßregel zur Bewährung auszusetzen.

11 **b)** Im Gegensatz zum dualistischen System vereinigt das Prinzip der **Einspurigkeit** (monistisches System) Strafen und Maßregeln und kennt jeweils nur eine einheitliche Tatreaktion.[11] Sie könnte beispielsweise bei gefährlichen Gewohnheitsverbrechern auf eine unbestimmte „Sicherungsstrafe" oder unter Verzicht auf eine Strafe *nur* auf Sicherungsverwahrung lauten. In ausländischen Gesetzgebungen gibt es ganz oder teilweise einspurige Sanktionen, die verschieden motiviert sind und mit denen man unterschiedliche Erfahrungen gemacht hat.[12] Zum einspurigen System des Strafrechts der DDR und der dortigen vehementen Ablehnung der „zweiten Spur" s. *Häger* LK[11] Rdn. 92.

---

6 Einzelnachweise hierzu bei *Jescheck/Weigend* § 9 I 1 Fn. 4.

7 Vgl. *Stooss* SchweizZStR **44** (1930) 262; über dessen Einfluss auf die deutsche Strafrechtsreform *Jescheck* SchweizZStR **73** (1958) 189.

8 Vgl. Strafrechtl. Vorträge und Aufsätze I S. 126 „Der Zweckgedanke im Strafrecht" 1882.

9 Vgl. hierzu *Eb. Schmidt* Einführung in die Geschichte der deutschen Strafrechtspflege[3] § 318 (S. 379).

10 *Sieverts* Mat. Bd. I S. 117; *Heinitz* ZStW **63** (1951) 80; *Frey* SchweizZStR **66** (1951) 295; *Dreher* ZStW **65** (1953) 489; *Eb. Schmidt* Niederschriften Bd. I S. 51.

11 Zur Frage der Ein- oder Zweispurigkeit *Hermann Mannheim* Deutsche Strafrechtsreform in englischer Sicht (1960) 24 m.w.N.; ferner *Dreher* ZStW **65** (1953) 481; *Mezger* ZStW **66** (1954) 172; *Schröder* ZStW **66** (1954) 180; *Hall* ZStW **70** (1958) 41; *Dünnebier* ZStW **72** (1960) 42; *Grünwald* ZStW **76** (1964) 633; *Ostendorf* StV **2014** 766; *Hoyer* Ostendorf-FS S. 435 ff; *Kaspar* ZStW **127** (2015) 654, 667 ff.

12 Nachweise bei *Jescheck/Weigend* § 9 II 3.

Im Rahmen eines monistischen Systems ist die Lehre von der **défense sociale** (Soziale Verteidigung) hervorgetreten. Sie geht auf die Italiener *Ferri* (Gesetzentwurf von 1921) und *Garofalo* zurück und wird heute in ihrer extremen Ausprägung von *Gramatica* und *de Vincentiis* („Genueser Schule") vertreten. Sie verwirft die Grundlagen des klassischen Strafrechtssystems, das auf Schuld und Strafe aufbaut, und knüpft an die „subjektive Antisozialität" des Täters an, der durch täterangepasste Maßnahmen verhütender, heilender oder erzieherischer Art begegnet werden soll. Für die Dauer einer Maßnahme kommt es daher nicht auf die Schwere der Rechtsgutverletzung an, sondern allein auf den Resozialisierungsbedarf des Täters. Eine gemäßigtere Richtung vertritt *Marc Ancel* mit seiner *défense sociale nouvelle* (Neue soziale Verteidigung).[13] Diese Lehre erkennt zwar Schuldprinzip und Verantwortlichkeit des Menschen grundsätzlich an, sie möchte aber aus humanitärem Geist unter Vernachlässigung des Gedankens des Schuldausgleichs überall dort, wo Täter resozialisierungsfähig sind, ihnen in erster Linie Hilfestellung bieten. Eine Reihe von Gedanken dieser Lehre haben – unbeschadet des Festhaltens am strengen Schuldprinzip – in der deutschen Strafrechtsreform Eingang gefunden.[14] 12

Ein ausschließlich und folgerichtig spezialpräventiv ausgerichtetes System der „Sozialen Verteidigung" wirft freilich rechtsstaatliche und verfassungsrechtliche Fragen auf.[15] Zum einen kann in einem solchen System der Mensch zum bloßen Objekt resozialisierender Behandlungen werden, was z.B. zur lebenslangen Verwahrung solcher Kleinkrimineller führen müsste, die mit unausrottbaren schädlichen Neigungen behaftet sind. Zum andern versagt dieses System z.B. gegenüber sozial eingegliederten und nicht rückfallgefährdeten Tätern schwerer (z.B. im Affekt begangener) Verbrechen. Ein solches Sanktionensystem droht daher in seinen Konsequenzen fundamentalen Prinzipien der Gerechtigkeit zuwider zu laufen. Sein kriminalpolitischer Nutzen wird von vielen Stimmen in der Literatur bezweifelt.[16] Im Übrigen vermag der humanitäre Ansatz dieses Systems nicht zu verhindern, dass es autoritäre Staatswesen zur Bekämpfung ihrer Regimegegner in ihren Dienst stellen. Der „Sozialen Verteidigung" fehlen gegen einen solchen Missbrauch systemimmanente Abwehrkräfte, weil dieses System *nur* auf die „Antisozialität (und was man in den jeweiligen Gesellschaftsformen dafür hält) abhebt und weil es auf jede ethische und an Gerechtigkeitspostulaten orientierte Fundierung der Deliktsreaktionen verzichtet. Freilich weisen die Anhänger dieser Lehre demgegenüber darauf hin, dass die Maßnahmen der Sozialen Verteidigung letztlich immer dem Wohle des Täters selbst dienen und daher nicht Unrecht sein können.

c) Es wird seit Längerem von einer **„Krise der Zweispurigkeit"**[17] gesprochen. Damit 13
ist im Wesentlichen eine Krise der freiheitsentziehenden Maßregeln, also der Unterbrin-

---

13 *Ancel* Festgabe Schultz S. 459; vgl. auch *Melzer* „Die neue Sozialverteidigung" 1970; *Melzer* JZ **1970** 764; dazu auch *Horstkotte* Bewährungshilfe **1984** 2.

14 Vgl. hierzu im einzelnen *Melzer* JZ **1970** 766; BVerfGE **45** 187, 259 benutzt den Gedanken der „défense sociale" geradezu als Gegenbegriff zu Schuldausgleich und Sühne.

15 *Sch/Schröder/Kinzig* Rdn. 9; *Lenckner* in *Göppinger/Witter* Handbuch der forensischen Psychiatrie I S. 16; vgl. auch *Radtke* MK vor § 38 Rdn. 26 f.

16 Vgl. zum Ganzen *R. Lange* Das Rätsel Kriminalität (1970) 63 ff; *Frey* Strafrecht oder soziale Verteidigung? SchweizZStR **68** (1953) 405, abgedruckt in *Frey* Kriminalpolitik (1975) 110; zusammenfassend *Lenckner* aaO (Fn. 14) S. 15 f.

17 *Hanack* LK[11] vor § 61 Rdn. 13; *Kaiser* Befinden sich die kriminalrechtlichen Maßregeln in der Krise? (1990); *Höffler/Kaspar* ZStW **124** (2012) 87 88 ff, *Jescheck* ZStW **91** (1979) 1037 und LK[11] Einl. Rdn. 38; *Jescheck/Weigend* § 9 II; *Müller-Dietz* Grundfragen des strafrechtlichen Sanktionensystems S. 67; *Rudolf Schmitt* FS Würtenberger S. 277; *Pollähne* NK § 61 Rdn. 16; vgl. schon *Eisenberg* Strafe und freiheitsentziehende Maßnahme (1967).

gung in einem psychiatrischen Krankenhaus nach § 63, der Unterbringung in einer Entziehungsanstalt nach § 64 und der Unterbringung in der Sicherungsverwahrung nach § 66 gemeint. Diese Diskussion berührt verschiedene Problembereiche: Der immer wieder erhobene Vorwurf,[18] die Unterscheidung von Strafe und Maßregel sei ein „Etikettenschwindel",[19] ist in seiner Substanz so alt wie die Zweispurigkeit selbst. Diesem Vorwurf ist auf der theoretischen Ebene mit der besonderen gesellschaftlichen Legitimation der „zweiten Spur"[20] zu begegnen. Auf der nächsten Ebene wird Skepsis angemeldet, ob die vom Gesetz jeweils geforderten Prognosen überhaupt mit hinreichender Sicherheit gestellt werden können.[21] Abgesehen von der sachlichen Problematik, wird bezweifelt, ob gar genügend qualifizierte Gutachter zur Verfügung stehen.[22] In diesem Zusammenhang steht auch das Bemühen um eine Standardisierung von Mindestanforderungen für Schuldfähigkeitsgutachten.[23] Bei alledem ist auch in Rechnung zu stellen, dass die angehörten Sachverständigen, häufig Therapeuten aus den entsprechenden Vollzugseinrichtungen, zur Anwendung eines „code" neigen können, der mit dem vom Richter angewendeten Entscheidungsprogramm nicht deckungsgleich ist. Dabei sind auch die Probleme der Therapie unter Zwang[24] einerseits und der Vollzugslockerungen, die dem Maßregelzweck widerstreiten können,[25] andererseits zu sehen. Eine besonders wichtige Rolle spielt die Kritik, dass die Qualität des Vollzugs der Unterbringung in einem psychiatrischen Krankenhaus nach § 63 und der Unterbringung in einer Entziehungsanstalt nach § 64 hinter dem vom Gesetzgeber gedachten Idealzustand weit zurückbleibe.[26] Eine nachhaltige Ernüchterung aller Reformerwartungen hat schließlich die Absage an die sozialtherapeutische Anstalt (s. Rdn. 6) ausgelöst. Diese Maßregel hätte nicht nur für eine Therapie der geeigneten Klientel gesorgt, sondern zugleich aus dem Vollzug anderer Sanktionen solche Personen abgezogen, die dort fehluntergebracht sind und die therapeutische Beeinflussung der übrigen Insassen behindern.

14 Die Sicherungsverwahrung war schon vor der Einführung der „vorbehaltenen Sicherungsverwahrung" und der „nachträglichen Sicherungsverwahrung" und der Herabsetzung der Anordnungsvoraussetzungen (zur Entwicklung s. Rdnr. 55ff) Gegenstand erheblicher Kritik.[27] Angesichts empirischer Befunde zur Rückfallgefahr wird sie im Schrifttum insbesondere unter dem Gesichtspunkt der „fairen Risikoverteilung" unter Legitimationsdruck gesehen.[28]

---

18 *Bruns/Güntge* Strafzumessungsrecht[2] S. 317; *Callies* Theorie der Strafe im demokratischen und sozialen Rechtsstaat S. 9; *Eckart Müller* JZ **1977** 381, 382.

19 So schon *Kohlrausch* ZStW **44** (1924) 21, 33 unter Bezugnahme auf *Schwandner* Zum Problem der Abgrenzung von Strafe und Sicherungsverwahrung *Höffler/Kaspar* ZStW **124** (2012) 87, 96ff.

20 *Hanack* LK[11] vor § 61 Rdn. 20ff, 28ff; *Jescheck* LK[11] Einl. Rdn. 39.

21 Vgl. dazu *Eisenberg/Kölbel* Kriminologie[7] § 31 Rdn. 55; *Hanack* LK[11] vor § 61 Rdn. 107ff; *Villmow* NK vor §§ 38ff Rdn. 16ff.

22 *Hanack* LK[11] vor § 61 Rdn. 18 m.N.; vgl. auch *Schalast/Leygraf* MschrKrim. **1994** 1.

23 Arbeitsgruppe *Boetticher* u.a. NStZ **2005** 57; *dies.* NStZ **2006** 537; NStZ **2009** 478; dazu skeptisch *Eisenberg* NStZ **2005** 304.

24 Vgl. OLG Hamm StV **1982** 125; dazu *Fritz R. Baur* ebenda und StV **1983** 158; *Tondorf* StV **1982** 373; *Volckart* Maßregelvollzug[5] S. 152ff, 198f.

25 Dazu Westfälischer Arbeitskreis „Maßregelvollzug" NStZ **1991** 64.

26 *P.-A. Albrecht* MschrKrim. **1978** 104; *Blau/ Kammeier* (Hrsg.) Straftäter in der Psychiatrie, Situation und Tendenzen des Maßregelvollzuges (1984); *Gretenkord/Lietz* MschrKrim. **1983** 376; *Hohlfeld/Haberkern/Bergmeyer* KrimJournal **1985** 83; *Marschner* MschrKrim. **1982** 177; *Menges* StV **1981** 415; *Ohle* KrimJournal **1985** 125; *Ritzel* MschrKrim. **1989** 123; *Tondorf* ZRP **1983** 118.

27 Vgl. nur *Schüler-Springorum* MschrKrim. **1989** 147; *Weichert* StV **1989** 265.

28 Vgl. *Streng* Strafrechtliche Sanktionen[3] S. 166ff m.w.N.; *ders.* StV **2013** 236; *Alex* NK **2013** 350; *Harrendorf* JR **2008** 6; *Laubenthal* ZStW **116** (2004) 703; *Renzikowski* NJW **2013** 1638.

d) Die Maßregeln der Unterbringung in einem psychiatrischen Krankenhaus und der Unterbringung in einer Entziehungsanstalt stehen in der rechtspolitischen Theorie und in der Praxis in Konkurrenz[29] zu den beiden außerstrafrechtlichen Formen der Unterbringung, nämlich der **zivilrechtlichen Unterbringung** nach den Vorschriften des BGB und der **verwaltungsrechtlichen Unterbringung** nach den Unterbringungsgesetzen der Länder.[30] Die zivilrechtliche Unterbringung hat fürsorgerischen Charakter und kann nur zum Wohl des Betreuten und nur wegen Selbstgefährdung oder zu therapeutischen bzw. diagnostischen Zwecken angeordnet werden (§ 1906 BGB). Die verwaltungsrechtliche Unterbringung, ursprünglich reines Polizeirecht,[31] das den psychisch Kranken in erster Linie als Störer sah, wandelte sich mit den neuen Unterbringungsgesetzen der Länder ab 1969 zu einem „Psychisch-Kranken-Recht",[32] dem allerdings die Fremdgefährdung als wesentlicher Unterbringungsgrund eigen ist.[33] Bei Anordnung einer Maßregel nach § 63 oder § 64, insbesondere bei der Entscheidung über die Aussetzung der Vollstreckung der Unterbringung nach § 67b, und bei Folgeentscheidungen ist zu prüfen, ob eine bestehende öffentliche oder gar zivilrechtliche Unterbringung besser (oder wenigstens ebenso) geeignet ist, den Täter zu heilen oder zu pflegen.[34] In ähnlichem Sinn ist in Fällen der Tatbegehung auf Grund einer Betäubungsmittelabhängigkeit die Zurückstellung der Strafvollstreckung zugunsten einer Rehabilitationsbehandlung nach § 35 BtMG in Betracht zu ziehen.[35] 15

3. Täter-Opfer-Ausgleich und Schadenswiedergutmachung als „dritte Spur"? Eine Entwicklung, die u.a. von dem Reformvorschlag getragen ist, die Wiedergutmachung als „dritte Spur" der Sanktionen neben die Strafen und die Maßregeln der Besserung und Sicherung zu stellen,[36] hat mit der Einfügung des § 46a und einigen Parallelvorschriften einen vorläufigen Abschluss gefunden, der allerdings nicht in der Einführung einer solchen „dritten Spur" besteht.[36a] 16

a) Die Entwicklung vor der Einfügung des § 46a durch das VerbrechensbekämpfungsG. Nachdem die Strafrechtsreformgesetze Ende der 60er/Anfang der 70er Jahre das Sanktionenrecht im Wesentlichen durch eine starke Betonung der positiv-spezialpräventiven Einflussnahme auf den Verurteilten verändert hatten, entdeckte die Kriminalpolitik in der Folgezeit das Tatopfer als Objekt ihres Interesses. Hatte bis dahin 17

---

29 *Cornelia Bohnert* Unterbringungsrecht (2000) S. 218 ff, 275 ff; vgl. auch *Häger-Hofferberth* Die Unterbringung nach § 42b StGB, Diss. Berlin 1976, S. 88 ff mit dem Vorschlag, die Maßregel der Unterbringung in einem psychiatrischen Krankenhaus durch die verwaltungsrechtliche Unterbringung zu ersetzen.

30 Gesamtdarstellungen dieser Unterbringungsformen: *Cornelia Bohnert* Unterbringungsrecht (2000); *Brinckmann/Gräbsch* Die geschlossene Unterbringung psychisch Kranker (2013); *Engelfried* Praxishandbuch Unterbringungsrecht (2016); *Marschner/Volckart/Lesting* Freiheitsentziehung und Unterbringung, 5. Aufl. (2010); *Pardey/Kieß* Betreuungs- und Unterbringungsrecht, 6. Aufl. (2018).

31 Zu den alten Unterbringungsgesetzen der Länder *Baumann* Unterbringungsrecht (1966); *Kullmann* Entziehung der Freiheit von Geisteskranken und Suchtkranken (1971).

32 *Marschner/Volckart/Lesting* Freiheitsentziehung und Unterbringung[5] A Rdn. 8 ff, 10.

33 *Marschner/Volckart/Lesting* Freiheitsentziehung und Unterbringung[5] A Rdn. 138 ff.

34 Dazu BGHSt **34** 313, 316; **37** 373, 374; BGH NStZ 1998 405; *Rissing-van Saan/Peglau* LK[12] § 67b Rdn. 31, 35 f.

35 Dazu BGHR BtMG § 35 Vollstreckung 1; BGH Beschluß vom 31. Oktober 1994 – 5 StR 602/94; *Körner/Patzak/Volkmer/Volkmer* BtmG[9] § 35 Rdnr. 545.

36 *Hassemer* StV 1995 483, 488; *Heinz* ZStW **111** (1999) 461; *Roxin* Strafrecht AT, 4. Aufl. (2006), § 3 Rdn. 72 ff.

36a Zustimmend *Radtke* MK vor § 38 Rdn. 87; *Lackner/Kühl/Heger* § 46a Rdn. 1a; *Sch/Schr/Kinzig* vor §§ 38 ff Rdn. 25; *Meier* Strafrechtliche Sanktionen[4] S. 402.

die Viktimologie als Ausschnitt der Kriminologie sich mit eher ätiologischen Fragestellungen befasst,[37] so nahm sich nunmehr die Kriminalpolitik, stark beeinflusst von der Frauenbewegung mit ihrem Blick auf Strafverfahren wegen Sexualdelikten, der Rolle des Opfers im Strafverfahren an.[38] Neben einer Verbesserung der Möglichkeiten, über die Entschädigung des Verletzten im Strafverfahren zu entscheiden,[39] wurden vor allem eine Stärkung der prozessualen Situation des Verletzten durch eine Aufwertung der Nebenklage und durch die Einführung von Informationsrechten unterhalb der Schwelle der Nebenklage postuliert. Dies führte zum OpferschutzG,[40] das vor allem eine Stärkung der verfahrensrechtlichen Stellung des Verletzten brachte.[41] Im StGB wurde einzig der Katalog der „namentlich in Betracht" kommenden Strafzumessungsgründe in § 46 Abs. 2 Satz 2 geändert, nämlich um den Gesichtspunkt des „Bemühen(s) des Täters, einen Ausgleich mit dem Verletzten zu erreichen", ergänzt. Damit wurden nur bereits anerkannte Strafzumessungsgrundsätze in das Gesetz eingefügt;[42] nach *Tröndle*[43] wurde gar nur eine „Schaufenstervorschrift" geschaffen, weil damit „Waren ausgestellt werden, die es im Laden nicht zu kaufen gibt".

18 Musste der an Abolitionismus, Diversion, Senkung des Sanktionsniveaus und einer Stärkung der Verteidigungsrechte orientierten Strömung die neue Opferorientierung der Kriminalpolitik zunächst als Pendelrückschlag, gar als eine „Gegenreform"[44] erscheinen, so wurde alsbald die Mehrfunktionalität des Wiedergutmachungsgedankens deutlich. Die erfolgte vollständige oder partielle Wiedergutmachung des Schadens durch den Täter erwies sich als ausbaufähig – über die Bedeutung eines fakultativen Strafmilderungsgrundes und eines potentiellen Grundes für eine Verfahrenseinstellung hinaus. Dabei wurde in den Blick genommen, dass die Herstellung eines wirtschaftlichen und persönlich-sozialen Ausgleichs zwischen Täter und Opfer spezialpräventiv zur Stabilisierung des Täters beitragen kann. Deshalb wurden zahlreiche von Gerichtshilfe, Kommunen und Wohlfahrtsverbänden getragene Programme entwickelt, in deren Rahmen Täter und Opfer durch einen neutralen Vermittler zusammengeführt werden und eine umfassende Lösung des durch die Straftat offenbar- gewordenen oder ausgelösten Konfliktes auf der wirtschaftlichen und der personalen Seite angestrebt wird.[45] Vorreiter waren hier stets Projekte mit jugendlichen Straftätern.

19 So geriet stärker als früher in den Fokus, dass es auch Ziel des Strafverfahrens sein sollte, Rechtsfrieden auf allen Ebenen zwischen den Beteiligten herbeizuführen, also

---

37 Vgl. dazu *Eisenberg/Kölbel* Kriminologie[7] § 49, § 60 Rdn. 1 ff; *Eisenberg* GA **1971** 168; *Kaiser* Kriminologie §§ 47 ff; *Schneider* Kriminologie S. 751; *Sessar* Jescheck-FS S. 1137; *Joachim Weber* Zur Psychodiagnostik der Täter-Opfer-Beziehung (1980).

38 Aus dem umfangreichen Schrifttum: *G. Bauer* Kriminologische Gegenwartsfragen Heft 12 (1976) S. 75; *Eser* GedS Armin Kaufmann S. 723; *Hans Joachim Hirsch* GedS Armin Kaufmann S. 699 und ZStW **102** (1990) 534; *Jung* ZStW **93** (1981) 1147; *Krehl* GA **1990** 555 und NJW **1991** 85; *Rieß* Gutachten C für den 55. Deutschen Juristentag (1984); *Weigend* ZStW **96** (1984) 761; *Weigend* Deliktsopfer und Strafverfahren (1989); *Karin Werner* Der Einfluß des Verletzten auf Verfahrenseinstellungen der Staatsanwaltschaft (1986).

39 Dazu *Amelunxen* ZStW **86** (1974) 457; vgl. auch *Schätzler* ZStW **86** (1974) 471 zur Entschädigung des Verletzten aus öffentlichen Kassen.

40 Erstes G zur Verbesserung der Stellung des Verletzten im Strafverfahren (Opferschutzgesetz) vom 18. Dezember 1986 (BGBl. I S. 2496).

41 Kritisch dazu *Kempf* StV **1987** 215; *Schlothauer* StV **1987** 356; *Schünemann* NStZ **1986** 193 und 439; *Selig* StV **1988** 498; *Weider* StV **1987** 317; *Weigend* NJW **1987** 1170.

42 *Schäfer/Sander/van Gemmeren* Strafzumessung Rdn. 10.

43 85. Sitzung des Rechtsausschusses des Deutschen Bundestages, Protokoll S. 101.

44 *Kempf* StV **1987** 215; vgl. auch die weiteren Angaben in Fn. 42.

45 Nachweis zahlreicher Berichte und Bewertungen von solchen Projekten bei *Eisenberg* JGG § 10 Rdn. 27b; vgl. auch Rundverfügung des Generalstaatsanwalts bei dem OLG Schleswig zum Täter-Opfer-Ausgleich im Rahmen staatsanwaltschaftlicher Entscheidungen, StV **1992** 42.

möglichst auch alle zivilrechtlichen Ansprüche abschließend zu klären und damit und darüber hinaus eine persönliche Versöhnung zwischen den Beteiligten zu erzielen. Neue Nahrung bekam dieser Gedanke der einheitlichen Sachverhaltserledigung durch den Vergleich mit den Vorschriften der §§ 24f StGB-DDR, in denen der Schadenswiedergutmachung ein eigener, dogmatisch allerdings schwer greifbarer Stellenwert im Sanktionensystem eingeräumt war. Eine Vorbildfunktion erlangte die *compensation order* des englischen Rechts als eine selbständige Sanktion zur Herbeiführung einer Wiedergutmachung.[46] Alles dies floss in einem einheitlichen Strom zusammen, der im Alternativ-Entwurf Wiedergutmachung (AE-WGM)[47] mündete. Die Autoren dieses Entwurfs wollten der Wiedergutmachung „eine eigenständige und bedeutsame Rolle im Ensemble der denkbaren Reaktionen" (S. 11) einräumen und darüber hinaus besondere strafverfahrensrechtliche Vorschriften für die Behandlung der Wiedergutmachung einführen. In Anknüpfung hieran wurde die Anerkennung der Wiedergutmachung als einer „dritten Spur" des Strafrechts vorgeschlagen.[48]

b) § 46a. Der Gesetzgeber[49] ist auf alles dies – erklärtermaßen[50] auch eingedenk der Ergebnisse des 59. Deutschen Juristentages 1992 – in der Weise eingegangen, dass er mit der Einfügung des § 46a und entsprechender Parallelvorschriften durch das Verbrechensbekämpfungsgesetz[51] und das (spätere und ergänzende) Gesetz zur strafverfahrensrechtlichen Verankerung des **Täter-Opfer-Ausgleiches** in §§ 155a, 155b StPO[52] der **Schadenswiedergutmachung** einen bedeutenden Stellenwert im Sanktionenrecht eingeräumt hat. Zweck der Gesamtregelung war es, dem Täter-Opfer-Ausgleich und der Schadenswiedergutmachung vor dem Hintergrund der damit im Bereich des Jugendstrafrechts (§ 10 Abs. 1 Satz 3 Nr. 7, § 15 Abs. 1 Satz 1 Nr. 1 und 2 JGG)[53] gewonnenen positiven Erfahrungen in größerem Umfang als bis dahin geschehen Eingang in das Erwachsenenstrafrecht zu verschaffen. Dadurch rücken einerseits die Belange des Opfers stärker in den Mittelpunkt des Interesses, da ihnen diese Reaktionsmöglichkeiten sinnvolle materielle und immaterielle Hilfen durch Schadenskompensation und Abbau von Ängsten geben können. Andererseits kann der Täter im Einzelfall auf diesem Wege besser als mit bloßer Bestrafung zur Einsicht in die Verwerflichkeit seines Tuns und zur Übernahme von Verantwortung für die Folgen seiner Straftat veranlasst werden. Derartige Ausgleichsmaßnahmen können daher die friedenstiftende Wirkung eines herkömmlichen Strafverfahrens manchmal ergänzen (BTDrucks. 12/6853 S. 21). Die **Rechtsfolge des § 46a** ist, dass die Strafe nach den Regeln des § 49 Abs. 1 gemildert werden kann oder, wenn keine höhere Strafe als Freiheitsstrafe bis zu einem Jahr oder Geldstrafe bis zu 360 20

---

46 *Jung* ZStW **99** (1987); *Schöch* wie Fn. 47 S. 94f m.w.N.
47 *Baumann* u.a. Alternativ-Entwurf Wiedergutmachung (AE-WGM), 1992; dazu *Loos* ZRP **1993** 51.
48 *Frehsee* Schadenswiedergutmachung als Instrument strafrechtlicher Sozialkontrolle (1985) S. 119; *Roxin* in *Schöch* (Hrsg.) Wiedergutmachung und Strafrecht (1987) S. 37, 52; *Rössner* NStZ **1992** 409, 414; *Schöch* wie Fn. 47 S. 54ff m.w.N.; kritisch *Hans Joachim Hirsch* ZStW **102** (1990) 534, 540; vgl. auch *Lampe* GA **1993** 485; *Luther* NJ **1992** 400; vgl. auch *Roxin* FS Baumann S. 243; *Steininger* JurBl. **1990** 137.
49 Gesetzesmaterialien: Entwurf der Fraktionen der CDU/CSU und FDP BTDrucks. 12/6853 S. 5, 21; Bericht des Rechtsausschusses BTDrucks. 12/8588 S. 4; vgl. auch BTDrucks. 11/5829 S. 4, 11, 17 zu § 10 Abs. 1 Satz 3 Nr. 7 JGG.
50 BTDrucks. 12/6853 S. 21.
51 G zur Änderung des StGB, der StPO und anderer Gesetze (Verbrechensbekämpfungsgesetz) vom 28. Oktober 1994 (BGBl. I S. 3186).
52 G zur strafverfahrensrechtlichen Verankerung des Täter-Opfer-Ausgleichs usw. vom 20. Dezember 1999 (BGBl. I S. 2491).
53 Dazu *Eisenberg* JGG § 10 Rdn. 27 bis 27c, § 15 Rdn. 4 bis 13.

Tagessätzen verwirkt ist, von Strafe abgesehen werden kann.[54] Damit ist eine erhebliche – allerdings fakultative – Strafrahmenverschiebung vorgesehen. Zu den Einzelheiten der Regelung vgl. die Kommentierung zu § 46a.

21 **c) Flankierung durch Stärkung der Verfahrensrechte von Verletzten.** Die gesetzgeberischen Initiativen der Folgezeit zielten auf eine Stärkung der verfahrensrechtlichen Stellung des Verletzten im Strafverfahren ab.[55] Dahinter steht der Gedanke, dass auch der Verletzte Subjekt des Strafprozesses ist, er vor einer Retraumatisierung geschützt und in die Lage gesetzt werden muss, sein Wiedergutmachungsinteresse effektiv zu verfolgen. Wesentliche Impulse für die Gesetzgebung kamen hier durch europarechtliche Vorgaben.[56] Gesetzliche Neuregelungen führten zu einer Ausdehnung der Informationsrechte, der Erweiterung der zur Nebenklage berechtigenden Straftaten, der Verbesserung des Zeugenschutzes und der Reform des Adhäsionsverfahrens.[57] Das am 1. Oktober 2009 in Kraft getretene „2. OpferrechtsreformG"[58] setzte diese Entwicklung fort und stärkte weiter die Beteiligungsrechte der Verletzten und Zeugen im Strafverfahren.[59] Mit dem „Gesetz zur Stärkung der Rechte von Opfern sexuellen Missbrauchs" vom 26. Juni 2013[60] wurden die Rechte kindlicher und jugendlicher Opfer von Sexualstraftaten erweitert. Schließlich wurden mit dem „3. OpferrechtsreformG" die Informationsrechte des Verletzten erheblich ausgedehnt und die psychosoziale Prozessbegleitung eingeführt, über die besonders schutzbedürftige Opfer die Möglichkeit erhalten, während und im Anschluss an die Hauptverhandlung professionell begleitet zu werden.[61]

III. Das System der Strafen

22 Die beiden Strafrechtsreformgesetze, die in den Jahren 1969/70 und 1975 in Kraft traten, brachten grundlegende Änderungen des Strafensystems. Von den bisherigen **Hauptstrafen** blieben nur noch die *Freiheitsstrafe* und die *Geldstrafe* (denen im Jahr 1992 durch das OrgKG die *Vermögensstrafe* hinzugesellt wurde, die jedoch 2002 vom Bundesverfassungsgericht für verfassungswidrig und nichtig erklärt wurde, unten Rdn. 43). Hierin liegt im Ergebnis aber keine Verarmung des Strafensystems, weil innerhalb der Sanktionsmöglichkeiten im Ganzen unter Einschluss des verfeinerten Maßregelrechts nunmehr sogar ein variationsreicheres Rechtsfolgensystem zur Verfügung steht.[62] Denn mit der Bestimmung der Deliktsfolge durch das *erkennende* Gericht hat es regelmäßig nicht mehr sein Bewenden. Die Anpassung der Deliktsfolge auf den einzelnen Täter[63] kann vielfach durch nachträgliche Entscheidungen (vgl. z.B. §§ 453ff; 459aff StPO) Modifikationen erfahren, beim Vollzug der Freiheitsstrafe und freiheitsentziehender Maßregeln gelten die Vorschriften des StVollzG bzw. die entsprechenden landes-

---

54 Zu den Einzelheiten *Schäfer/Sander/van Gemmeren* Strafzumessung Rdn. 683ff.
55 Überblick bei *Schroth/Schroth* S.10ff.
56 Rahmenbeschluss 2001/220, JI des Rats über die Stellung von Opfern im Strafverfahren vom 15. März 2001, ABl. EG 2001, L 82/1 vom 22. März 2001; Richtlinie 2004/80 EG des Rats der Europäischen Union vom 29. April 2004, ABl. EU 2004, L 261/15 vom 6. August 2004; EU-Richtlinige über Mindeststandards für die Rechte und den Schutz von Opfern von Straftaten vom 25. Oktober 2012, ABl. EU 2012, Nr. L315/57.
57 G zur Verbesserung der Rechte von Verletzten im Strafverfahren vom 24. Juni 2004 (BGBl. I S. 1354).
58 BGBl. I S. 2280.
59 Kritisch *Schroth* NJW **2009** 2916.
60 BGBl. I S. 1805.
61 BGBl. I (2015) 2525; BGBl. I (2017) 3510.
62 Hierzu aufschlußreich *Horn* Die strafrechtlichen Sanktionen, 1975.
63 Vgl. *Peters* ZStW **81** (1969) 63.

rechtlichen Regelungen (§ 38 Rdn. 49ff), die Zuständigkeit für solche nachträglichen Entscheidungen während der Vollstreckung von Freiheitsstrafen obliegt besonderen Strafvollstreckungskammern (§ 462a StPO).

1. Das **frühere StGB** kannte nach der Beseitigung der Todesstrafe im Jahre 1949 (Rdn. 27) vier Arten der Freiheitsstrafe und die Geldstrafe. **23**

a) Die **Todesstrafe ist durch Art. 102 GG abgeschafft.** Nach Art. 2 Abs. 2 der Charta der Grundrechte der Europäischen Union darf niemand zur Todesstrafe verurteilt oder hingerichtet werden. Die Todesstrafe hat aus vielen Gründen (vgl. BGHSt. **41** 317, 325)[64] im heutigen deutschen Strafrecht keinen Platz. Ihre Wiedereinführung ist – gar abgesehen von Art. 102 GG und Art. 2 Abs. 2 EU-Grundrechtecharta – angesichts der Unantastbarkeit der Menschenwürde, der entsprechenden Achtungs- und Schutzpflicht aller staatlichen Gewalt (Art. 1 Abs. 1 GG) und der Wesensgehaltsgarantie des Grundrechts auf Leben (Art. 2 Abs. 2 Satz 1 i.V.m. Art. 19 Abs. 2 GG) ausgeschlossen (BGH aaO). Die aktuelle Problematik liegt aus der Sicht des deutschen Rechts jedoch– im Rechtshilferecht und bei Abschiebungen.[65] **24**

1989 wurde die Todesstrafe in Berlin, wo sie nach dem Recht der Alliierten bis dahin – theoretisch – noch immer angedroht war, durch die BK/O (89) 3 vom 15. März 1989 (GVBl. Berlin S. 568) beseitigt. Zur Abschaffung der Todesstrafe in der DDR s. LK[10] Rdn. 89. Als einziges Land der Bundesrepublik hatte zuletzt noch Hessen die Todesstrafe in der Landesverfassung verankert. Durch eine Volksabstimmung am 28. Oktober 2018 wurde dieser Passus mit Wirkung zum 22. Dezember 2018 gestrichen.[66]

Hinzuweisen ist auf folgende **internationale Abkommen:**

Protokoll Nr. 13 vom 3. Mai 2002 zur Konvention zum Schutze der Menschenrechte und Grundfreiheitenüber die Abschaffung der Todesstrafe (BGBl. 2004 II S. 982, 983, 1722), in Kraft getreten am 1. Februar 2005); dazu *Schomburg/Hackner* in *Schomburg/Lagodny/Gleß/Hackner* IRG 5. Aufl. (2012) § 8 Rdn. 8 m.w.N.

Art. 6 Internationaler Pakt vom 19. Dezember 1966 über bürgerliche und politische Rechte mit Zustimmungsgesetz vom 15. November 1973 (BGBl. II S. 1533, 1534).

NATO-Truppenstatut vom 19. Juni 1951 (BGBl. 1961 II S. 1183, 1190) mit Zusatzabkommen vom 3. August 1959 (BGBl. 1961 II S. 1218; 1974 II S. 143; 1990 II S. 1250); partieller Abdruck auch des Unterzeichnungsprotokolls zum Zusatzabkommen und des Gesetzes zum NATO-Truppenstatut und zu den Zusatzvereinbarungen – mit Rechtsprechungshinweisen – bei *Lagodny* in *Schomburg/Lagodny/Gleß/Hackner* aaO VD 1 bis VD 1c; dazu *Fischer* vor § 3–7 Rdn. 23.

Von erheblicher praktischer Bedeutung ist **§ 8 IRG:** Ist die Tat nach dem Recht des ersuchenden Staates mit der Todesstrafe bedroht, so ist die Auslieferung nur zulässig, wenn der ersuchende Staat zusichert, daß die Todesstrafe nicht verhängt oder nicht vollstreckt werden wird. Dazu *Schomburg* in *Schomburg/Lagodny/Gleß/Hackner* aaO und *Kubiciel* in *Ambos/König/Rachow*, Rechtshilferecht in Strafsachen, 2. Hauptteil 1 Teil Rdn. 79ff.

Zur Bedeutung der **MRK** *Meyer-Ladewig/Harrendorf/König* in *Meyer-Ladewig/Nettesheim/von Rauner*, EMRK, 4. Aufl. (2017), Prot. Nr. 6 Art. 1 Rdn. 1ff.

---

64 Vgl. zudem die Zusammenfassungen der Argumente bei *Jescheck/Weigend* § 71 I 2 und *Schmidhäuser* AT 20/2; s. auch § 38 Rdn. 37 a.E.

65 Vgl. BVerwG NVwZ **2018** 1395; BVerfG NVwZ **2018** 1390.

66 GVBl. S. 737.

25 **b)** Die **vier Arten der Freiheitsstrafe des früheren Rechts** waren Zuchthaus, Gefängnis, Einschließung und Haft.

26 **aa)** Die **Zuchthausstrafe** war die schwerste Freiheitsstrafe für Verbrechen. Sie war entehrend, und es bestand Arbeitspflicht (§§ 14, 15 a.F.). Ihre Dauer war lebenslang, jedoch nur in den gesetzlich bestimmten Fällen, oder zeitig (ein Jahr bis zu 15 Jahren).

27 **bb)** Die **Gefängnisstrafe** war die minder schwere, an sich nicht entehrende Vergehens- und mildere Verbrechensstrafe. Auch bei Gefängnis bestand Arbeitszwang, die Vollzugsverwaltung hatte aber auf die Fähigkeiten und Verhältnisse der Gefangenen in angemessener Weise Rücksicht zu nehmen. Außerhalb der Anstalt durften zu Gefängnis Verurteilte nur mit deren Zustimmung verwendet werden (§ 16 a.F.). Das Mindestmaß der Gefängnisstrafe war ein Tag, das Höchstmaß fünf Jahre, bei Gesamtstrafen zehn Jahre (§ 16 Abs. 1, § 74 Abs. 3 a.F.).

28 **cc)** Die **Einschließung** war als *custodia honesta* eine nicht entehrende zeitige Freiheitsstrafe. Ihr Mindestmaß betrug einen Tag, das Höchstmaß 15 Jahre. Diese hatte in jüngerer Zeit keinerlei praktische Bedeutung mehr. Sie hieß *vor* dem 3. StRÄndG (1953) **Festungshaft.** Die Einschließung wurde durch das 1. StrRG (1969) auch im WStG beseitigt. Sie bestand lediglich in einer Freiheitsentziehung mit Beaufsichtigung der Beschäftigung und Lebensweise der Gefangenen. Einen Arbeitszwang kannte sie nicht.

29 **dd)** Die **Haft** war die leichteste, nicht entehrende Übertretungsstrafe und vereinzelt auch Vergehensstrafe. Ihr Mindestmaß betrug einen Tag, das Höchstmaß sechs Wochen, bei Gesamtstrafen drei Monate (§§ 18, 77 Abs. 2, 78 Abs. 2 a.F.). Arbeitszwang bestand nicht, mit Ausnahme bei Bettlern, Landstreichern und Dirnen (§ 362 a.F.).

30 **c)** Mit dem Inkrafttreten des 1. StrRG (1. April 1970) wurden diese vier Arten der Freiheitsstrafe durch die **einheitliche Freiheitsstrafe** ersetzt. Damit wurde eine bedeutsame kriminalpolitische Entwicklung abgeschlossen (dazu *Tröndle* LK[10] Rdn. 23).

31 **2.** Die **Hauptstrafen des geltenden Rechts** sind die (einheitliche) Freiheitsstrafe (unten Rdn. 32ff), die Geldstrafe (unten Rdn. 37), sowie aus dem Bereich des Jugendstrafrechts die Jugendstrafe (§§ 17f JGG, unten Rdn. 86) und aus dem Bereich des Wehrstrafrechts der Strafarrest (§ 9 WStG, unten Rdn. 82). Im früheren Recht war die kumulative Androhung von Freiheitsstrafe neben Geldstrafe nicht selten. Solche Androhungen wurden durch Art. 12 Abs. 3 EGStGB 1974 beseitigt. Es ist daher regelmäßig nur noch auf eine der Hauptstrafen zu erkennen. Hat sich hingegen der Täter durch die Tat bereichert oder zu bereichern versucht, kann gegen ihn neben einer Freiheitsstrafe auch auf Geldstrafe erkannt werden (§ 41). Ein Nebeneinander von Freiheitsstrafe *und* Geldstrafe kann ferner in den Fällen der Tatmehrheit dann vorkommen, wenn es das Gericht für angebracht hält, in Form von Einzelstrafen zusammentreffende Freiheitsstrafen und Geldstrafen *nicht* zu einer einheitlichen Gesamtfreiheitsstrafe zu verbinden, sondern es (neben der Freiheitsstrafe) bei einem gesonderten Ausspruch einer (Gesamt-)Geldstrafe zu belassen (§ 53 Abs. 2 S. 2). Die Geldstrafe bleibt allerdings auch dort eine Hauptstrafe, wo sie nur neben Freiheitsstrafe verhängt wird (RGSt **19** 238, **46** 269, **52** 344). Dies folgt auch aus § 52 Abs. 3.

32 **a)** Die einzige freiheitsentziehende Hauptstrafe des StGB ist seit dem Inkrafttreten des 1. StrRG (1. April 1970) die (einheitliche) **Freiheitsstrafe.** Sie ist, wenngleich sie we-

sentlich seltener verhängt wird als die Geldstrafe (s. Rdn. 70), das Rückgrat des Strafensystems, da sie für die schwere und mittelschwere Kriminalität die einzige und eine unersetzbare Strafsanktion ist. Sie allein wird dem Schuldgehalt der Straftaten des oberen Kriminalitätsbereichs gerecht, ermöglicht – im zur Verfügung stehenden institutionellen Rahmen, der in vielerlei Hinsicht unbefriedigend ist – eine stationäre Resozialisierung und gewährleistet die Separation Schwerstkrimineller für die Dauer des Strafvollzugs.[67] Ferner verbürgt allein die Freiheitsstrafe in der Form der *Ersatzfreiheitsstrafe* (§ 43) die Durchsetzbarkeit der Geldstrafe und stellt sicher, dass auch diese mildere Strafart ernstgenommen wird.[68]

aa) Die Freiheitsstrafe ist lebenslang (hierzu § 38 Rdn. 5ff) oder zeitig (§ 38 Abs. 1). **33**
Das Höchstmaß der zeitigen Freiheitsstrafe beträgt 15 Jahre, ihr Mindestmaß einen Monat (§ 38 Abs. 2). Das 1. StrRG (1970) hat damit die ganz kurze Freiheitsstrafe unter einem Monat beseitigt, kurze Freiheitsstrafen zwischen einem Monat und sechs Monaten indessen, wenn auch unter engen Voraussetzungen (§ 47), beibehalten. Mit dieser gesetzgeberischen Entscheidung kam der **Kampf gegen die kurze Freiheitsstrafe,** den *Franz von Liszt*[69] in den 80er Jahren des vorletzten Jahrhunderts eröffnet hatte und den der Alternativentwurf (1966) und die Strafvollzugskommission (1967) bis zuletzt verfocht, zu einem vorläufigen Abschluss (zu dieser Entwicklung *Tröndle* LK[10] Rdn. 24 bis 27). Inzwischen hat die Vorschrift des § 47 zu einem weitgehenden Teilerfolg geführt: Unter den im Jahre 2016[70] verhängten 107 740 zeitigen Freiheitsstrafen waren 29.083 solche unter sechs Monaten; davon wurden 20.812 zur Bewährung ausgesetzt; es wurden also 8.271 zu vollstreckende Freiheitsstrafen unter sechs Monaten verhängt; das sind 7,6% aller zeitigen Freiheitsstrafen. Es wird von einer „Renaissance" der kurzen Freiheitsstrafe gesprochen[71] und nach sinnvollen Vollzugsformen – differierend nach Tätergruppen – gesucht.[72] Gleichzeitig wird die kriminalpolitische Diskussion um die geeignetsten Sanktionsformen im unteren Bereich der Sanktionsskala unter dem Aspekt geführt, wie die kurze Freiheitsstrafe ersetzt werden kann.[73] Die Surrogate der kurzen Freiheitsstrafe sind das Kernstück eines heutigen strafrechtlichen Sanktionensystems; denn das einschneidendste und im Vollzug außerordentlich aufwendige Strafmittel der Freiheitsstrafe muss stets die ultima ratio bleiben.[74] Fast immer stört nämlich die Freiheitsentziehung die soziale Einordnung des Verurteilten, und jedem, auch einem gezielten Resozialisierungsvollzug, sind unvermeidbare Bedingungen eigen, die die Wiedereingliederung des Verurteilten erschweren können. Gegenläufig ist zu erwägen, dass eine mehrwöchige Freiheitsstrafe, die binnen eines Urlaubs verbüßt werden kann, alle präventiven Wirkungen, aber keine Entsozialisierung auslöst.[75] Als **Surrogate der kur-**

---

67 *Zipf* Einführung S. 63.
68 Vgl. *Tröndle* MDR **1972** 466f, ÖJZ **1975** 597.
69 Strafrechtl. Vorträge und Aufsätze, I. Band 1905, Nachdruck (1970) 340ff, 511ff; ferner *Dreher* Über die gerechte Strafe 12.
70 Quelle: Statistisches Bundesamt, Rechtspflege Fachserie 10, Reihe 3 Strafverfolgung „2016".
71 *Dolde/Rössner* ZStW **99** (1987) 424, 425; *Dolde/ Jehle* ZfStrVo **1986** 195; *Jung* in Evangelische Akademie Bad Boll (Hrsg.) Probleme der kurzen Freiheitsstrafe (1979) S. 4, 7; *Kunz* (Hrsg.) Die Zukunft der Freiheitsstrafe (1989); *Schultz* FS Jescheck S. 791, 802; *Weigend* JZ **1986** 260, 261; vgl. auch *Schaffmeister* FS Jescheck S. 991 zu den Verhältnissen in den Niederlanden.
72 *Dolde/Rössner* ZStW **99** (1987) 424.
73 *Haesler* (Hrsg.) Alternativen zu kurzen Freiheitsstrafen (1981); *Quensel* FS v. Hentig S. 287; *Schwind* FS Wassermann S. 1021; *Stenner* Die kurzfristige Freiheitsstrafe und die Möglichkeiten zu ihrem Ersatz durch andere Sanktionen (1970); *Tiedemann* ZStW **86** (1974) 335; *Weigend* JZ **1986** 260; *Wittstamm* ZfStrVO **1997** 3.
74 *Hillenbrand* StRR **2015** 168; *Krumm* NJW **2004** 328.
75 *Jescheck/Weigend* § 70 II 1b.

zen Freiheitsstrafe kommen innerhalb des Sanktionensystems die zur Bewährung ausgesetzte Freiheitsstrafe, vor allem aber die Geldstrafe und – in Grenzen – die Verwarnung mit Strafvorbehalt in Betracht. Zu Alternativen im Rahmen des Täter-Opfer-Ausgleichs und der Diversion s. Rdn. 16ff und 78.

33a **bb)** Daher gewinnt in diesem Zusammenhang die **Strafaussetzung zur Bewährung** (§§ 56 bis 58) besondere Bedeutung.

34 **(1)** Sie vermeidet den Vollzug der Freiheitsstrafe und wirkt allein schon durch den Strafausspruch generalpräventiv. Das 1. StrRG hat diese Institution grundlegend reformiert und ihren Wirkungsbereich je nach Strafhöhe gestaffelt: Freiheitsstrafen bis zu sechs Monaten, die ohnehin nur, wenn sie unerlässlich (§ 47) sind, ausgesprochen werden dürfen, müssen bei guter Prognose *immer* ausgesetzt werden, ebenso solche von sechs Monaten bis zu einem Jahr, es sei denn, die „Verteidigung der Rechtsordnung" geböte deren Vollstreckung (§ 56 Abs. 1, 3). Freiheitsstrafen von mehr als einem Jahr bis zu zwei Jahren hingegen dürfen nur unter engeren Voraussetzungen (§ 56 Abs. 2) ausgesetzt werden. Die resozialisierende Wirkung der Strafaussetzung wird im Verein mit der Hervorhebung und Verselbständigung der Bewährungshilfe (§ 56d) repressiv durch Auflagen (§ 56b) und präventiv durch Weisungen (§ 56c) unterstützt. Entsprechendes gilt für die Aussetzung der Vollstreckung des Strafrestes zur Bewährung (§ 57), die nach Verbüßung von zwei Dritteln der Strafe regelmäßig auszusprechen und die ausnahmsweise schon nach der Hälfte der Strafzeit möglich ist. Auch die Aussetzung des Strafrestes einer lebenslangen Freiheitsstrafe ist vorgesehen (§§ 57a, 57b). Hieran knüpfen sich besondere Probleme (s. dazu § 38 Rdn. 18ff). In der Reformdiskussion wird zum einen die Teilaussetzung von Freiheitsstrafen vorgeschlagen,[76] zum anderen eine Verbesserung der Bewährungshilfe gefordert und grundsätzlich die hervorragende Bedeutung der Strafaussetzung als Surrogat der zu verbüßenden Freiheitsstrafe unter verschiedenen Gesichtspunkten dargestellt.[77] Zu den weiteren Vorschlägen, die Strafaussetzung zur Bewährung und die nach geltendem Recht möglichen Begleitentscheidungen durch eigenständige Sanktionen zu ersetzen, s. Rdn. 38 und 80a.

35 **(2)** Bei der **Unterscheidung zwischen der zu vollstreckenden Freiheitsstrafe und der zur Bewährung ausgesetzten Freiheitsstrafe voneinander** besteht eine massive Differenz zwischen der vom Gesetz vorgegebenen Struktur einerseits und der Sicht andererseits, die der Verurteilte, die Öffentlichkeit und die Kriminalpolitik von den beiden Sanktionsformen haben müssen. Das Gesetz (§§ 38f, §§ 56ff) behandelt die Freiheitsstrafe als die vorgegebene Einheit. Ausgesetzte Freiheitsstrafe und nicht ausgesetzte Freiheitsstrafe sind nachträglicher Gesamtstrafenbildung zugänglich (vgl. § 58 Abs. 2). Dementsprechend sehen der BGH[78] und die h.M.[79] nicht in der ausgesetzten

76 *Zipf* FS Jescheck S. 977.

77 Aus dem umfangreichen kriminalpolitischen und kriminologischen (auch empirischen) Schrifttum: *Bietz* ZRP **1977** 62; *Bockwoldt* Strafaussetzung und Bewährungshilfe in Theorie und Praxis (1982) und GA **1983** 546; *Böhm* MschrKrim. **1984** 365; *Cornell* GA **1990** 55; *Dünkel/Spieß* Alternativen zur Freiheitsstrafe (1983); *Eisenberg/Oder* Aussetzung des Strafrestes zur Bewährung (1987); *Heinz* Jescheck-FS S. 955; *Hermann* MschrKrim. **1983** 267 und **1988** 315; *Kober* Bewährungshilfe und Ursachen des Widerrufs (1986) und MschrKrim. **1987** 315; *Müller-Dietz* Grundfragen des strafrechtlichen Sanktionensystems (1979) S. 52; *Schulz* ZRP **1983** 74; *Spieß* MschrKrim. **1981** 296; *Stöckel* Strafaussetzung, Bewährungshilfe, Widerruf (1981); *Zipf* Jescheck-FS S. 977.

78 BGHSt **7** 180; **24** 40, 43; **31** 25.

79 *Lackner/Kühl/Heger* § 56 Rdn. 2; *Sch/Schröder/Kinzig* § 56 Rdn. 4; SSW/*Claus* § 56 Rdn. 1.

Freiheitsstrafe eine eigenständige Sanktionsform,[80] sondern in der Strafaussetzung zur Bewährung eine Modifikation der Strafvollstreckung. Deshalb ist in den Schritten der Strafzumessung zunächst die Höhe der schuldangemessenen Strafe zu finden und erst dann über die Aussetzung zu entscheiden. Erst wenn sich ergibt, dass die der Schuld entsprechende Strafe innerhalb der Grenzen des § 56 Abs. 1 und Abs. 2 liegt, ist Raum für die Prüfung, ob auch die sonstigen Voraussetzungen für die Aussetzung der Vollstreckung der Strafe zur Bewährung gegeben sind. Nicht etwa darf das Bestreben, dem Angeklagten Strafaussetzung zur Bewährung zu bewilligen, dazu führen, dass die schuldangemessene Strafe unterschritten wird).[81] Das gilt auch im Rahmen des Nebeneinanders von Freiheitsstrafe und Geldstrafe nach § 41 (BGHSt **32** 60, 65 = JR **1984** 210 m. Anm. *Horn*; BGH NJW **1985** 1719; s. dazu § 41 Rdn. 23). Angesichts des dargestellten Charakters der Aussetzung der Vollstreckung einer Freiheitsstrafe zur Bewährung kann ein Rechtsmittel auf die Frage der Aussetzung beschränkt werden, wenn sich nicht ausnahmsweise die für die Aussetzung maßgeblichen Gesichtspunkte mit den sonstigen Strafzumessungserwägungen überschneiden.[82] Andererseits steht außer Zweifel, dass die zur Bewährung ausgesetzte Freiheitsstrafe dem Verurteilten und der Öffentlichkeit als ein aliud gegenüber der zu verbüßenden Freiheitsstrafe erscheint. Der Sprung von der ausgesetzten zur nicht ausgesetzten Freiheitsstrafe ist sogar der größte Sprung im ganzen Sanktionensystem. Abgesehen davon, dass er quantitativ massiv bedeutsamer ist als der Schritt von der zeitigen zur lebenslangen Freiheitsstrafe, ist er auch qualitativ und im Einzelfall gewichtiger als die Differenz zwischen hoher zeitiger Freiheitsstrafe und lebenslanger Freiheitsstrafe. Daran kann auch die Kriminalpolitik nicht vorbeigehen. In diesem Sinne attestiert auch der BGH der Strafaussetzung zur Bewährung eine „Eigenständigkeit im Sinne einer besonderen ‚ambulanten' Behandlungsart" (BGHSt **24** 40, 43). Die Reformdiskussionwar zwischenzeitlich auch dadurch belebt worden, dass das Strafrecht der DDR in § 33 StGB-DDR die „Verurteilung auf Bewährung" als eine eigenständige Sanktion vorsah (s. Rdn. 89). Die Reformbemühungen gingen jedoch darüber hinaus, die zur Bewährung ausgesetzte Freiheitsstrafe als eine Strafe sui generis zu begreifen oder gesetzgeberisch zu gestalten. Den entsprechenden reformerischen impetus beschreibt besonders komprimiert *Horn* (JZ **1992** 828, 829; ähnlich schon ZRP **1990** 81): Die „Bewährung" werde in erster Linie als Negativ, als Nichtvollstreckung der verhängten, an sich „verdienten" Freiheitsstrafe empfunden. Also würden die Leistungen des Verurteilten, die dieser aufgrund der Nebenentscheidungen zur Strafaussetzung erbringt, rechtlich wie rechtstatsächlich entsprechend minder gewichtet. Ein Umdenken würde erst dann beginnen, wenn die Bewährung und die damit verbundenen Leistungen als eigenständige, gleichberechtigte – sogar als gegenüber der Freiheitsstrafenvollstreckung vorzugswürdige – Sanktionen behandelt würden: Der Angeklagte sei nicht zu Freiheitsstrafe mit Bewährung, sondern „direkt" zur Bewährung, auch zu Auflagen, Leistungen und Bewährungshilfe zu verurteilen. Diese Reformforderungen finden ihre Entsprechung in den Vorschlägen eigenständiger neuer Sanktionsformen, die darauf hinauslaufen, solche Anordnungen, die bislang nur als Anordnungen nach §§ 56b ff möglich sind, als eigenständige Sanktionen vorzusehen (s. dazu Rdn. 64).

---

80 So *Baumann* GA **1958** 193; *Bruns* NJW **1959** 1393, 1394; *Geerds* JZ **1969** 342; *Lackner/Kühl/Heger* § 56 Rdn. 3 („eigenartiges Rechtsinstitut"); *Schall* SK § 56 Rdn. 3 („dritte Spur im Strafrecht"); auch *Horn* JZ **1992** 828, 829; *Jagusch* JZ **1953** 688.
81 BGHSt **29** 319; **32** 60; **57**, 123.
82 BGH NStZ **1982** 285, 286; BGH NJW **1983** 1624; OLG Hamburg NStZ-RR **2006** 18; *Sch/Schröder/Kinzig* § 56 Rdn. 24.

36 **(3)** Die **Freiheitsstrafe** ist, auch wenn ihre Vollstreckung zur Bewährung ausgesetzt wird oder ausgesetzt worden ist, stets die **schwerere Strafe im Vergleich zur Geldstrafe** weil letztlich die Vollstreckung der Freiheitsstrafe droht. Der Charakter der Freiheitsstrafe als jedenfalls schwererer Strafe spielt eine wichtige Rolle bei den nach § 53 Abs. 2 Satz 2 zu treffenden Entscheidungen.[83]

37 **b)** Die zweite Hauptstrafe des geltenden Rechts ist die **Geldstrafe**. Sie ist – mit zuletzt 80% Anteil an allen verhängten Hauptstrafen (s. Rdn. 70) – die am häufigsten verwendete Strafsanktion und wurde hierdurch zum wirkungskräftigsten Surrogat für kurzfristige Freiheitsstrafen, da sie den gesamten Bereich, in dem Freiheitsstrafen bis zu sechs Monaten mangels „Unerlässlichkeit" nicht verhängt werden dürfen (§ 47), abdeckt. Sie greift im Übrigen überall dort ein, wo weder aus general- noch aus spezialpräventiven Gründen eine Freiheitsstrafe geboten ist und wo sie als schonendere Sanktion noch Wirkung entfaltet. Als weniger einschneidendes Strafmittel kennt die Geldstrafe im Gegensatz zur Freiheitsstrafe keine Aussetzung (dazu vor § 40 Rdn. 48a). Das 2. StrRG brachte (1975) entsprechend der praktischen Bedeutung und des ausgedehnten Anwendungsbereichs der Geldstrafe eine grundlegende Umgestaltung durch das *Tagessatzsystem* (§ 40 Abs. 1), um bei diesem Strafmittel der Opfergleichheit näherzukommen (hierzu vor § 40 Rdn. 8). Die Durchsetzbarkeit der Geldstrafe wird durch die Ersatzfreiheitsstrafe (§ 43) gewährleistet. Dabei ist die Tauglichkeit der Geldstrafe als Surrogat der Freiheitsstrafe daran zu messen, wie häufig die Vollstreckung der Ersatzfreiheitsstrafe vermieden werden kann (dazu § 43 Rdn. 1f).

38 Als weiteres strafrechtliches Reaktionsmittel ist im Zusammenhang mit der Geldstrafe die **Verwarnung mit Strafvorbehalt** (§ 59) zu erwähnen.[84] Der Sache nach handelt es sich um einen Schuldspruch, dem eine Verwarnung sowie eine Straffestsetzung beigegeben sind, deren Verhängung aber für den Fall vorbehalten bleibt, dass sich der Angeklagte während einer bestimmten Zeit nicht bewährt. Dieses Institut bildet die leichteste und zugleich „resozialisierungsfreundlichste" Sanktion im Strafensystem, weil in diesen Fällen der Verurteilte nur vorbestraft ist, wenn das Versagen während der Bewährungszeit zum Ausspruch der vorbehaltenen Strafe führt. Die Verwarnung mit Strafvorbehalt ist keine Strafe, sondern ein strafrechtliches Reaktionsmittel eigener Art, das maßnahmeähnliche Züge trägt.[85] Das geltende Recht lässt die Verwarnung mit Strafvorbehalt nur unter engen Voraussetzungen und dann zu, wenn jemand eine Geldstrafe bis zu 180 Tagessätzen verwirkt hat. In der faktischen Belastung des Verwarnten kommt die Sanktion einer zur Bewährung ausgesetzten Geldstrafe nahe. Formal allerdings wird er im Erfolgsfall nicht nur von der Vollstreckung, sondern schon von der Verurteilung verschont. Er ist dann unbestraft (BTDrucks. V/4095 S. 24). Zu den weiteren registerrechtlichen Folgen s. *Hubrach* LK[12] § 59 Rdn. 27.

39 Die Praxis macht von der Verwarnung mit Strafvorbehalt nur sehr zurückhaltend Gebrauch. Während im Jahre 2017[86] 548.591 Geldstrafen mit einer Tagessatzzahl bis zu 180 verhängt wurden (das sind 99,4% aller verhängten Geldstrafen), erfolgte eine Verwarnung mit Strafvorbehalt nur in 6492 Fällen, was einem Verhältnis von 84:1 ent-

---

83 Dazu die Rspr. bei BGHR StGB § 53 Abs. 2; BGHStV **1986** 58; BGH Beschluss vom 26. Mai 1992 – 5 StR 203/92 –, insoweit in StV **1993** 468 nicht abgedruckt.

84 Schrifttumsnachweise bei *Hubrach* LK[12] vor § 59.

85 Zu deren Rechtsnatur *Dreher* FS Maurach S. 275, 294; *Hubrach* LK[12] vor § 59 Rdn. 3; *Lackner/Kühl/Kühl* § 59 Rdn. 2; *Schöch* JR **1978** 75; *Sch/Schröder/Kinzig* § 59 Rdn. 3; *Streng* Strafrechtliche Sanktionen[3] S. 78; *Fischer* § 59 Rdn. 2.

86 Quelle: Destatis, Rechtspflege Fachserie 10, Reihe 3 Strafverfolgung „2017" (2018), s. dazu Rdn. 62.

spricht. Dies hängt auch damit zusammen, dass die Verwarnung mit Strafvorbehalt im grundsätzlichen und insbesondere in der konkreten Ausgestaltung einen höchst unglücklichen Kompromiss-Charakter und institutionelle Gebrechen aufweist:[87] Dehnt man dieses Institut (wie z.B. § 57 AE)[88] nämlich auf alle Ersttäter aus, die Geldstrafen und Freiheitsstrafen bis zu einem Jahr verwirkt haben, könnte die generalpräventive Wirkung der gesetzlichen Strafdrohungen Schaden nehmen.[89] Ferner entstünde eine außerordentlich problematische Überschneidung mit der Strafaussetzung zur Bewährung. Dies vermeidet zwar § 59, weil er solche Verwarnungen mit Strafvorbehalt auf eine kleine Gruppe kriminell ungefährdeter Täter[90] (die lediglich eine Geldstrafe bis zu 180 Tagessätzen verwirkt haben) beschränkt. Hierfür ist aber ein kriminalpolitisches Bedürfnis kaum erkennbar, weil sich in diesen Fällen, wenn schon die engen materiellen Voraussetzungen des § 59 Abs. 1 Nr. 2 vorliegen und aus diesem Grunde eine Bestrafung entbehrlich erscheint, in der Praxis sich eine Erledigung auf weniger aufwendigem prozessualem Wege (§§ 153, 153a StPO) anbietet.[91] Insbesondere verdirbt § 59 das kriminalpolitische Konzept der Geldstrafenregelung, deren Wirksamkeit beeinträchtigt wird, wenn auf ihrem – 99,4% betragenden – Hauptanwendungsfeld (Geldstrafe bis zu 180 Tagessätzen) eine Sanktion zur Wahl gestellt wird, die nicht fühlbar ist. Außerdem hat § 59 sachlich schwer verständliche Spannungen zum Ordnungswidrigkeitenrecht geschaffen, das eine entsprechende Regelung nicht vorsieht[92] und um seiner Effizienz willen auch gar nicht vorsehen kann. Trotz all dieser Kritik wird eine Erweiterung der Verwarnung mit Strafvorbehalt befürwortet.[93] Ihre Beibehaltung ist im Interesse einer möglichst breiten Sanktionenpalette – trotz der genannten Bedenken – zu wünschen. Zu den Einzelheiten der Verwarnung mit Strafvorbehalt s. *Hubrach* LK[12] § 59.

c) Die *Vermögensstrafe (§ 43a)* wurde durch das OrgKG (1992) eingeführt. Das Gesetz **40**
(vgl. die ehemalige *Überschrift „Nebenstrafe“* vor § 44) stellte die Vermögensstrafe bei den Hauptstrafen – also neben der Freiheitsstrafe und der Geldstrafe – ein, obwohl die Vermögensstrafe nur neben Freiheitsstrafe verhängt werden konnte und nach herrschendem Verständnis[94] Hauptstrafen solche sind, die isoliert ausgesprochen werden können, und Nebenstrafen diejenigen sind, die nur in Verbindung mit einer Hauptstrafe verhängt werden können. Das Bundesverfassungsgericht hat durch Urteil vom 20. März 2002 § 43a für mit dem Grundgesetz unvereinbar und nichtig erklärt. Durch Art. 1 Nr. 6 des Gesetzes zur Reform der strafrechtlichen Vermögensabschöpfung vom 13.4.2017 (BGBl. I 872) wurde § 43a schließlich aufgehoben.

3. Nebenstrafen sind nach herkömmlichem Verständnis (s. aber Rdn. 43) solche, **41**
die nur neben einer Hauptstrafe verhängt werden können.

---

87 *Cremer* NStZ **1982** 449; *Dreher* Maurach-FS (1972) 276; *Zipf* Einführung S. 87 f.

88 Der E 1936 § 60 sah dieses Institut bei Verwirkung von Gefängnis und Haft bis zu einem Monat oder Geldstrafe bis zu 30 Tagessätzen vor.

89 *Lackner/Kühl/Kühl* vor § 59 Rdn. 1.

90 *Lackner/Kühl/Kühl* vor § 59 Rdn. 2; *Schöch* JR **1978** 74. Entsprechend hoch ist auch die Erfolgsquote der Bewährungen: Nach *Streng* Strafrechtliche Sanktionen[3] S. 80 beträgt die Mißerfolgsquote nur 6,9 %.

91 *Schäfer/Sander/van Gemmeren* Strafzumessung Rdn. 89.

92 Vgl. *Zipf* Einführung S. 88.

93 *Baumann* JZ **1980** 464; *Dencker* StV **1986** 399; *Horn* NJW **1980** 106; vgl. auch *Schöch* Gutachten für den 59. DJT (1992) S. 31; *Meier* Strafrechtliche Sanktionen[4] S. 465 f; *Neumayer-Wagner* Die Verwarnung mit Strafvorbehalt, S. 189 ff; zum Gesetzentwurf des Bundesministeriums der Justiz s. Rdn. 66a.

94 *Schmidhäuser* AT 20/1 und 15.

42 **a)** Die einzige, ausdrücklich so bezeichnete Nebenstrafe des StGB ist das **Fahrverbot** (§ 44). Das geltende Recht kennt diese Nebenstrafe seit dem 1. Januar 1965.[95] Sie besteht in dem Verbot an den Täter, Kraftfahrzeuge jeder oder einer bestimmten Art von einem bis zu drei Monaten zu führen, und ist von der Entziehung der Fahrerlaubnis (§§ 69 bis 69b), die eine Maßregel der Besserung und Sicherung ist, streng zu unterscheiden (dazu *Geppert* LK[12] § 44 Rdn. 16 bis 19). In der bis zum 18. August 2017 geltenden Fassung, die seit 1. Januar 1999 in Kraft war, setzte das Fahrverbot voraus, dass der Täter eine Straftat beim Führen eines Kraftfahrzeugs, im Zusammenhang damit oder unter Verletzung der Pflichten eines Kraftfahrzeugführers begangen hatte. Die in der rechtspolitischen Diskussion wiederholt aufgestellte, aber stark umstrittene Forderung, das Fahrverbot als selbständige Hauptstrafe, u.a. auch als Sanktion für Delikte der allgemeinen Kriminalität zu gestalten, hat der Gesetzgeber mit dem Gesetz zur effektiveren und praxistauglicheren Ausgestaltung des Strafverfahrens vom 17. August 2017, das am 24. August 2017 in Kraft trat,[96] in der Form umgesetzt, dass das Fahrverbot Nebenstrafe bleibt, aber auch bei Straftaten aus dem Bereich der allgemeinen Kriminalität verhängt werden kann. Im Ordnungswidrigkeitenrecht kann auch auf ein Fahrverbot als *Nebenfolge* neben einer Geldbuße erkannt werden (§ 25 StVG).

43 **b)** Es gibt noch eine Reihe von **Maßnahmen gemischten Charakters,** deren Rechtsnatur umstritten ist[97] und bei denen bald der Straf-, bald der Sicherungscharakter überwiegt. So wurden früher der *Verfall* (Rdn. 66) und die *Einziehung* (Rdn. 68) den Nebenstrafen zugerechnet. Das 2. StrRG hat diesen Sanktionen, die auch gegen schuldlos handelnde Täter in Betracht kommen und die ferner einer selbständigen Anordnung (§ 76a) fähig sind, einen besonderen Titel (§§ 73ff) gewidmet und sie zusammen mit den Maßregeln der Besserung und Sicherung und der *Unbrauchbarmachung* (§ 74d) im Oberbegriff der Maßnahmen (§ 11 Abs. 1 Nr. 8) zusammengefasst. Mit der Reform der strafrechtlichen Vermögensabschöpfung durch das Gesetz vom 23. März 2017[98] hat der Gesetzgeber ausdrücklich bestätigt, dass die der Einziehung (des Wertes) von Taterträgen nach §§ 73 bis 73e, 75 bis 76b StGB weder Strafcharakter noch strafähnliche Wirkung hat, sondern als Maßnahme eigener Art der Beseitigung strafrechtswidriger Vermögenslagen dient.[99] Demgegenüber kann die Einziehung von Tatprodukten, Tatmitteln und Tatobjekten gem. §§ 74 bis 74f StGB strafähnlichen Charakter haben oder – wenn sie wegen der Gefährlichkeit des Gegenstands angeordnet wird (vgl. § 74 Abs. 3 iVm § 74b StGB) – Sicherungszwecke verfolgen.[100] Andere Tatfolgen, wie den Verlust der Amtsfähigkeit, der Wählbarkeit und des Stimmrechts (§§ 45 bis 45b), bezeichnet das Gesetz ausdrücklich als Nebenfolgen (Rdn. 47f).

44 **4. Nebenfolgen** sind Rechtsfolgen der Straftat, die einen aus verschiedenen Elementen zusammengesetzten Rechtscharakter haben, da sie sich weder nur als Nebenstrafen, noch als Sicherungsmaßnahmen, noch rein als Schadensersatz auffassen lassen.[101]

---

95 Eingeführt durch das 2. StraßVerkSichG v. 26. November 1964 (BGBl. I S. 921). Schrifttumsnachweise bei *Geppert* LK § 44.
96 BGBl. I 2017, 3202.
97 Vgl. *Maurach/Gössel/Zipf* § 61 Rdn. 13ff; *Schmidhäuser* AT 20/15–25; *Jescheck/Weigend* §§ 75, 76.
98 BGBl. I S. 872.
99 *Köhler* NStZ **2017** 497, 498.
100 *Joecks* MK § 74 Rdn. 2 bis 5; *Lackner/Kühl/Heger* § 74 Rdn. 1ff.
101 *Jescheck/Weigend* § 75; *Maurach/Gössel/Zipf* § 61.

a) Kraft ausdrücklicher Vorschrift gehören die Nebenfolgen des **Verlustes der Amtsfähigkeit, der Wählbarkeit und des Stimmrechts** (§§ 45 bis 45b) hierzu.[102] Dieses Institut ist ein Überbleibsel der durch Art. 8 des 1. StrRG seit dem 1. April 1970 aufgehobenen früheren Ehrenstrafe des Verlusts der bürgerlichen Ehrenrechte (§§ 32 bis 36 i.d.F. *vor* dem 1. StrRG). Entgegen dem AE erschienen dem Reformgesetzgeber solche – automatischen oder fakultativen – Statusverluste unter gewissen Voraussetzungen unverzichtbar. Es wurde daher insoweit eine zentrale strafrechtliche Regelung für erforderlich gehalten (*Sturm* JZ **1970** 83).[103] Soweit auf diese Nebenfolgen aufgrund besonderen Ausspruchs erkannt wird (§ 45 Abs. 2, 5), handelt es sich der Sache nach um Nebenstrafen, mag auch das Gesetz, um den Strafgedanken nicht zu betonen, von Nebenfolgen sprechen (*Lackner/Kühl/Kühl* § 45 Rdn. 3). Zu den Einzelheiten dieser Nebenfolgen *Theune* LK[12] vor und zu §§ 45 bis 45b. 45

b) Zu den Nebenfolgen ist auch die **Bekanntgabe der Verurteilung** (§§ 165, 200) zu zählen.[104] Die Rspr.[105] und Teile des Schrifttums[106] begreifen sie als ein Institut gemischter Natur und heben auch ihren Nebenstrafcharakter hervor. Das lässt sich aber nur rechtfertigen, wenn die Bekanntgabe der Verurteilung den Verurteilten in den Augen der Öffentlichkeit *auch* bloßstellen soll. In ein heutiges Strafrecht passt dies indessen nicht. *Schomburg*[107] spricht – die Anwendungspraxis zu § 200 kritisierend – von einer „Renaissance des Prangers". Die Bekanntgabe der Verurteilung kann nur in der *Genugtuungsfunktion für den Verletzten* ihre innere Rechtfertigung finden. Sie dient insoweit als ideeller Schadensersatz und als Wiedergutmachung vor einer Öffentlichkeit, die schon von der Tat Kenntnis genommen hat.[108] Dass lediglich eine Nebenfolge *ohne* Strafcharakter vorliegt, schließt *Schmidhäuser*[109] mit Recht aus der Tatsache, dass die Bekanntgabe der Verurteilung nur auf Antrag des Verletzten angeordnet und sie nur auf dessen weiteres Verlangen vollzogen wird (§ 463c Abs. 2 StPO). Dem entspricht, dass diese Anordnung im Falle des § 164 nicht in Betracht kommt, wenn der Verletzte in die falsche Verdächtigung eingewilligt hat (vgl. für die frühere Veröffentlichungsbefugnis BGHSt **5** 69). Auch wo im *Nebenstrafrecht*[110] die Bekanntgabe der Verurteilung vorgesehen ist, handelt es sich um eine Art Wiedergutmachung in Fällen, in denen die Ehre oder andere *persönliche* Schutzinteressen des Verletzten in der Öffentlichkeit verletzt worden sind, und nicht etwa um eine Bloßstellung des Täters. 46

c) Die *Buße zugunsten des Verletzten* (§§ 188, 231 a.F.) wurde durch Art.17, 18 Nr. 78, 103 EGStGB abgeschafft. Es handelte sich nicht um eine Nebenstrafe, sondern um eine Art der Schadensersatzleistung an den Verletzten. Das Institut hatte in der Praxis keine nennenswerte Bedeutung erlangt.[111] Dem Vorschlag des § 113 AE, die Buße wieder zum Leben zu erwecken, folgte der Reformgesetzgeber nicht. 47

---

102 Schrifttumsnachweise bei *Günter Hirsch* LK[11] vor § 45.

103 Gegen die Beibehaltung dieser Nebenfolgen im Strafrecht *Schmidhäuser* AT 20/21: „Nebenstrafen, die den Charakter der Ehrenstrafe nicht verleugnen können".

104 *SSW/Sinn* § 200 Rdn. 1 („strafähnliche Nebenfolge"); *Fischer* § 200 Rdn. 1 („Nebenfolge ohne Strafcharakter"); *Sch/Schr/Bosch/Schittenhelm* § 165 Rdn. 1.

105 RGSt **73** 24, 26; BGHSt **10** 306, 311; OLG Nürnberg NJW **1951** 124.

106 *Lackner/Kühl/Kühl* § 200 Rdn. 1; *Regge/Pegel* MK § 200 Rdn. 1; *Welzel* § 34 II 5; *Zaczyk* NK § 200 Rdn. 1.

107 ZRP **1986** 65.

108 So *Schmidhäuser* AT 20/24; im Ergebnis ebenso *Blei* AT § 103 III; *Jescheck/Weigend* § 75 II; *Sch/Schröder/Bosch/Schittenhelm* § 165 Rdn. 1; *Fischer* § 200 Rdn. 1.

109 AT 20/24.

110 Z.B. § 111 UrhG, § 142 Abs. 6 PatG, § 143 Abs. 6 MarkenG; § 51 Abs. 6 DesignG; § 25 Abs. 6 GebrMG, § 10 Abs. 6 HalblSchG; § 39 Abs. 6 SortenSchG; § 144 Abs. 5 MarkenG.

111 Begr. z. EGStGB BTDrucks. 7/550 S. 193; *Amelunxen* ZStW **86** (1974) 457, 458 ff.

48 **5.** Im Rahmen des Strafensystems sind noch **Auflagen und Weisungen** zu erwähnen, die *Schmidhäuser*[112] als „strafverdrängende Rechtsfolgen" bezeichnet und die insbesondere im Zusammenhang mit der Anwendung der Freiheitsstrafen in der Praxis große Bedeutung haben.

49 **a)** Die **Auflagen** (§ 56b) dienen der *Genugtuung für das begangene Unrecht*. Sie werden in § 56b Abs. 2 (ebenso in § 15 JGG) abschließend bezeichnet und bestehen in der Schadenswiedergutmachung, der Leistung eines Geldbetrages zugunsten einer gemeinnützigen Einrichtung oder der Staatskasse oder einer sonstigen gemeinnützigen Leistung. Die Auflagen nähern sich in ihrer Wirkung mehr der Strafe[113] (im Gegensatz zu den Weisungen, die mehr Maßregelcharakter haben) und sollen im Falle der Aussetzung der Vollstreckung deren Funktion unterstützen und stärken. Bedenken gegen die Verfassungsgemäßheit von Auflagen unter dem Gesichtspunkt des Bestimmtheitsgrundsatzes des Art. 103 Abs. 2 GG[114] können, nachdem die Auflagen abschließend umschrieben sind und zudem ausdrücklich ausgesprochen ist (§ 56b Abs. 1 Satz 2), dass an den Verurteilten keine unzumutbaren Anforderungen gestellt werden dürfen, nicht anerkannt werden. Zu verfassungsrechtlichen Bedenken aus den Aspekten des Art. 12 Abs. 2 und 3 GG gegen die Auferlegung gemeinnütziger Leistungen s. § 43 Rdn. 13.

50 **b)** Die **Weisungen** (§ 56c) sind Verbote und Gebote für die Lebensführung des Verurteilten, um ihn von weiteren Straftaten abzuhalten. Der gesetzliche Katalog ist nicht abschließend, jedoch dürfen an den Verurteilten keine unzumutbaren Anforderungen gestellt werden (§ 56c Abs. 1 S. 2). Die Weisungen ähneln in ihrem Charakter mehr den Maßregeln der Besserung und Sicherung.

51 **c)** Von Auflagen und Weisungen kann das Gericht absehen, wenn sich der Verurteilte in vertrauenswürdiger Weise zu angemessenen Leistungen erbietet (§ 56b Abs. 3) oder geeignete Zusagen für seine künftige Lebensführung macht (§ 56c Abs. 4).

52 **6.** Das Strafensystem lässt sich neben der vorstehenden systematischen Darstellung der einzelnen **Reaktionsmöglichkeiten** auch konkret **nach** seiner **Schwereskala** darstellen. Folgende Stufen strafrechtlichen Einschreitens kommen in Betracht:

52a **a)** *Absehen von der öffentlichen Klage* unter Erteilung von Auflagen (§ 153a StPO).[115] Es handelt sich hier um keine Strafen. Verschiedentlich wird sogar dem sanktionslosen *Absehen von der Verfolgung* nach § 153 StPO ein Rang im vorliegenden Zusammenhang eingeräumt.[116]

---

112 AT 19/6, 21/9.

113 Sie sind aber auch nicht dort, wo die Auflage in der Zahlung eines Geldbetrages an die Staatskasse (vgl. § 56b Abs. 2 Satz 1 Nr. 4) besteht, Geldstrafen im Rechtssinne. Auch ist ihre Einforderung und Beitreibung nach der Einforderungs- und Beitreibungsanordnung – EBAO – v. 1. August 2011 (BAnz. Nr. 112a, S. 1, 22) unzulässig (§ 18 Abs. 1 EBAO; die dortige Nennung von „§ 56b Abs. 2 Nr. 2 StGB" ist offenbar ein – auf der Zitierung alten Rechts – beruhendes Redaktionsversehen).

114 So *Sch/Schröder/Kinzig* § 56b Rdn. 14.

115 Hierzu *Dreher* Welzel-FS S. 917, 933; *Hertwig* Die Einstellung des Strafverfahrens wegen Geringfügigkeit (1982); *Hünerfeld* ZStW **90** (1988) 905; *Kunz* KrimJournal **1979** 35 und **1984** 39; *Ludwig* Die Einstellung wegen Geringfügigkeit durch die Staatsanwaltschaft (1981); *Rieß* ZRP **1983** 93 und **1985** 212; *Vogler* ZStW **90** (1978) 132; *Weigend* KrimJournal **1984** 8.

116 *Schöch* Gutachten C für den 59. Deutschen Juristentag (1992) S. 34; vgl. auch *Naucke* FS Maurach S. 197 und schon *Peters* ZStW **68** (1956) 374.

b) *Absehen von Strafe nach einem Schuldspruch,* der ein sozialethisches Unwerturteil ausspricht, in den Fällen der Generalvorschrift des § 60 oder der zahlreichen Einzelbestimmungen (z.B. § 23 Abs. 3, §§ 46a, 83a, 157, 158). 52b

c) Die *Verwarnung mit Strafvorbehalt* (§ 59), die gleichermaßen einen Schuldspruch voraussetzt. Sie ist keine Strafe, sondern behält eine vor, allerdings nur eine Geldstrafe bis zu 180 Tagessätzen. 52c

d) Die *Verhängung einer Geldstrafe*. Bei ihr gibt es keine Aussetzung. Sie unterliegt also regelmäßig der Vollstreckung und wird durch die Ersatzfreiheitsstrafe erzwungen (vgl. jedoch § 459 f StPO). 52d

e) Die Verhängung einer *Freiheitsstrafe unter Aussetzung zur Bewährung* (§§ 56 bis 56g) unter Auferlegung von Auflagen und/oder Weisungen. Strafaussetzung ist bei günstiger Prognose bei Strafen bis zu einem Jahr regelmäßig, bei solchen bis zu zwei Jahren jedoch nur unter zusätzlichen Voraussetzungen zu gewähren. 52e

f) Die *Aussetzung eines Strafrestes* (§ 57) unter Auferlegung von Auflagen und/oder Weisungen nach Verbüßung einer zu zwei Dritteln oder zur Hälfte verbüßten *zeitigen* Freiheitsstrafe von beliebiger Dauer; für die *Aussetzung des Strafrestes einer lebenslangen Freiheitsstrafe* gelten die besonderen Vorschriften den §§ 57a, 57b. 52f

g) Verhängung einer zeitigen Freiheitsstrafe ohne Aussetzung. 52g

h) Verhängung einer lebenslangen Freiheitsstrafe. 52h

i) Verhängung einer lebenslangen Freiheitsstrafe nebst Feststellung der besonderen Schwere der Schuld (§ 57a Abs. 1 Satz 1 Nr. 2, § 57b). 52i

IV. Das System der Maßnahmen des StGB

Das Gesetz fasst unter dem Oberbegriff der Maßnahmen die Maßregeln der Besserung und Sicherung, die Einziehung zum Zweck der Vermögensabschöpfung, die Einziehung von Tatmitteln und die Unbrauchbarmachung zusammen (§ 11 Abs. 1 Nr. 8). 53

1. Die **Maßregeln der Besserung und Sicherung** des StGB sind in § 61 aufgezählt (hierzu schon oben Rdn. 6). Im Übrigen wird insoweit auf die Erläuterungen und die Schrifttumshinweise bei *Schöch* LK[12] vor § 61 verwiesen. 54

2. Die **jüngere Entwicklung des Rechts der Sicherungsverwahrung i.w.S.** ist die in jeder Hinsicht gravierendste Änderung des Sanktionenrechts innerhalb der letzten Jahre. Im Kontext der Geschichte der kriminalpolitischen Ideen gesehen, liegt ein Rückgriff auf die Lehre von der défense sociale (vgl. Rdn. 12) vor. (Zum Ganzen Schrifttums-Verzeichnis B.VII.) 55

a) Zunächst hat der Gesetzgeber durch das **Gesetz zur Bekämpfung von Sexualdelikten und anderen gefährlichen Straftaten** vom 26. Januar 1998 (BGBl. I S. 1160) die Regelung des § 66 Abs. 3 eingefügt, die die Anordnung der Sicherungsverwahrung namentlich gegen Sexualstraftäter – über die zuvor geltenden Vorschriften hinaus – ermöglicht. Insbesondere wurde die niedrigste Schwelle der Voraussetzungen innerhalb 56 der gesamten Regelungen des § 66 erreicht, indem die (mangels einer justiziellen „Vorwarnung“ besonders heikle) Möglichkeit der Anordnung der Sicherungsverwahrung im Falle erstmaliger Verurteilung des Täters – über § 66 Abs. 2 hinausgehend – bereits bei Vorliegen zweier Taten geschaffen wurde (66 Abs. 3 Satz 2). Ferner wurde die bis dahin geltende 10-jährige Höchstfrist bei der Dauer einer ersten Unterbringung in der Sicherungsverwahrung abgeschafft; an die Stelle trat die Regelung des § 67d Abs. 3.

57 **b)** In den Jahren 2001 bis 2003 erließen die Länder Baden-Württemberg, Bayern, Sachsen-Anhalt, Thüringen und Niedersachsen **Unterbringungsgesetze**,[117] nach denen die (weitere) Unterbringung in einer Justizvollzugsanstalt gegen solche Strafgefangene angeordnet werden konnte, von denen eine erhebliche gegenwärtige Gefahr für Leben, körperliche Unversehrtheit, persönliche Freiheit oder sexuelle Selbstbestimmung anderer ausging. Indizieller Anknüpfungspunkt war insbesondere das Verhalten des Strafgefangenen im Strafvollzug. Diese Regelungen sollten angeblich polizeirechtlichen Charakter haben. Sie waren der Sache nach die Einführung einer nachträglichen Sicherungsverwahrung als Reaktion auf die frühere Straftat, also Strafrecht.[118] Weil den Ländern die Gesetzgebungskompetenz hierzu fehlt, hat das BVerfG durch Urteil vom 10. Februar 2004 (BVerfGE **109** 190)[119] derartige Regelungen – konkret die der Länder Bayern und Sachsen-Anhalt – für mit dem Grundgesetz unvereinbar, jedoch nicht für nichtig erklärt (aaO S. 235, dazu abweichende Meinung dreier Richter aaO S. 244).

58 **c)** Inzwischen wollte der Bundesgesetzgeber – angesichts der vorgenannten Aktivität mehrerer Länder – nicht zurückstehen. Er schuf zunächst das Institut des **Vorbehalts der Unterbringung in der Sicherungsverwahrung (§ 66a)**.[120] Damit wurde dem Tatgericht die Möglichkeit eröffnet, im Urteil die Anordnung der Sicherungsverwahrung *vorzubehalten*, wenn zwar nicht mit hinreichender Sicherheit feststellbar ist, aber aufgrund der Gesamtwürdigung des Täters und seiner Taten die Wahrscheinlichkeit besteht, dass der Täter infolge eines Hanges zu erheblichen Straftaten zum Zeitpunkt der Verurteilung für die Allgemeinheit gefährlich ist. Über die Anordnung der im Urteil vorbehaltenen Maßregel entscheidet vor der Entlassung aus dem Strafvollzug das Gericht des ersten Rechtszugs (§ 275 StPO).[121]

59 **d)** Das **BVerfG** hat durch **Urteil vom 5. Februar 2004** (BVerfGE **109** 133)[122] ausgesprochen, dass die Ersetzung der früheren 10-jährigen Höchstfrist bei der Dauer einer

---

117 Baden-Württemberg: Gesetz über die Unterbringung besonders rückfallgefährdeter Straftäter (StrUBG) vom 14. März 2001 (GBl. S. 188); Bayern: Gesetz zur Unterbringung von besonders rückfallgefährdeten hochgefährlichen Straftätern (BayStrUBG) vom 24. Dezember 2001 (BayGVBl. S. 978); Sachsen-Anhalt: Gesetz über die Unterbringung besonders rückfallgefährdeter Personen zur Abwehr erheblicher Gefahren für die öffentliche Sicherheit und Ordnung (UBG) vom 6. März 2002 (GVBl. S. 80); Thüringen: Gesetz über die Unterbringung besonders rückfallgefährdeter Straftäter (ThürStrUBG) vom 17. März 2003 (GVBl. S. 195); Niedersachsen: Gesetz über die Unterbringung besonders gefährlicher Personen zur Abwehr erheblicher Gefahren für die öffentliche Sicherheit (NUBG) vom 30. Oktober 2003 (NdsGVBl. S. 368); vgl. *Rzepka* Recht und Psychiatrie **2003** 127, 130, 191.

118 Zum Diskussionsstand vor der Entscheidung BVerfGE **109** 190 s. LK[12] Rdn. 57a, ferner das Schrifttums-Verzeichnis B.VII. 2.

119 Dazu *Kinzig* NJW **2004** 911, 913; *Waterkamp* StV **2004** 267.

120 Vom 21. August 2002 (BGBl. I S. 3344); dazu *Kinzig* NJW **2002** 3204; *Müller-Metz* Kriminologie und Praxis Bd. 42 (2003) S. 225; *Peglau* JR **2002** 449; Redaktion DRiZ **2002** 366.

121 Nach BGH, Beschl. vom 20. November 2018 – 4 StR 168/18 kann Sicherungsverwahrung neben der Verhängung lebenslanger Freiheitsstrafe vorbehalten werden.

122 Dazu *Kinzig* NJW **2004** 911.

erstmaligen Unterbringung in der Sicherungsverwahrung durch die Regelung des § 67d Abs. 3 (Rdn. 56) nicht gegen das Grundgesetz verstößt, da keine Strafe vorliege und der Anwendungsbereich des Rückwirkungsverbots aus Art. 103 Abs. 2 GG somit nicht eröffnet sei. Jedoch hat das BVerfG neue Anforderungen für den Vollzug der Sicherungsverwahrung und für die Folgeentscheidungen aufgestellt: Wegen der besonderen Bedeutung der Vollzugslockerungen für die Prognosebasis hat es den Vollstreckungsgerichten untersagt, sich damit abzufinden, dass die Vollzugsbehörde ohne hinreichenden Grund solche Vollzugslockerungen versagt, die die Erledigung der Sicherungsverwahrung vorbereiten können. Den Landesjustizverwaltungen hat es aufgegeben, dafür Sorge zu tragen, dass dem sog. **Abstandsgebot** dadurch Rechnung getragen wird, dass die Möglichkeiten der Besserstellung im Vollzug der Sicherungsverwahrung so weit ausgeschöpft werden, wie sich dies mit den Belangen der Justizvollzugsanstalten verträgt.

e) Zur Einführung der **nachträglichen Anordnung der Unterbringung in der Sicherungsverwahrung (§ 66b)**[123] sah sich der Bundesgesetzgeber durch das Urteil des BVerfG vom 10. Februar 2004 (BVerfGE **109** 190) ermutigt. Dort hatte das BVerfG die landesrechtlichen Unterbringungsgesetze allein wegen des Fehlens einer Gesetzgebungskompetenz der Länder für mit dem Grundgesetz unvereinbar erklärt (Rdn. 57c) und zugleich ausgeführt: „Jedenfalls steht aber ein vom zuständigen Gesetzgeber entwickeltes Konzept nachträglicher Anordnung einer präventiven Verwahrung noch inhaftierter Straftäter bei entsprechend enger Fassung nicht von vornherein unter dem Verdikt der Verfassungswidrigkeit“ (aaO S. 238). Trotz erheblicher Kritik[124] wurde die Verfassungsmäßigkeit der Regelung weder von BGH noch von BVerfG in Frage gestellt.[125] Schließlich wurde die Sicherungsverwahrung auch auf den Bereich des Jugendstrafrechts ausgeweitet und bei Jugendlichen die nachträgliche Sicherungsverwahrung und bei Heranwachsenden die vorbehaltene und die nachträgliche Sicherungsverwahrung ermöglicht.[126] 60

f) Mit Urteil vom 17. Dezember 2009 entschied der **EGMR**, dass die rückwirkende Verlängerung der Unterbringung eines Straftäters in der Sicherungsverwahrung über die zur Tatzeit zulässige Höchstdauer hinaus gegen das Rückwirkungsverbot aus Art. 7 MRK verstoße, da die Sicherungsverwahrung nach ihrem materiellen Gehalt als „Strafe“ einzustufen sei.[127] 61

g) Der Gesetzgeber reagierte darauf mit dem Gesetz zur Neuordnung des Rechts der Sicherungsverwahrung vom 22. Dezember 2010,[128] welches auch ein „Gesetz zur Therapierung und Unterbringung psychisch gestörter Gewalttäter“ (**Therapieunterbringungsgesetz – ThuG**) enthielt. Während das Gesetz einerseits die Anordnungsvoraussetzungen für alle Formen der Sicherungsverwahrung enger fasste, schuf es mit dem ThuG eine Rechtsgrundlage, um in von der Entscheidung des EGMR erfassten „Altfällen“ die Entlassung von gefährlichen Personen mit psychischer Störung zu verhindern. Rechtlicher Anknüpfungspunkt dafür war, dass Art. 5 Abs. 1 EMRK eine Freizeitsentziehung „psychisch Kranker“ ermöglicht. 62

---

123 Gesetz zur Einführung der nachträglichen Sicherungsverwahrung vom 23. Juli 2004 (BGBl. I S. 1838).
124 Vgl. dazu LK[12] Rdn. 57g bis 57i m.w.N.
125 BGH NJW **2005** 3078; BVerfG NJW **2006** 3483.
126 § 7 Abs. 2 JGG a.F. und § 106 Abs. 2 JGG a.F.
127 EGMR NJW 2010, 2495. Dazu *Kinzig* NStZ **2010**, 233; *Laue* JR **2010** 198.
128 BGBl. I, S. 2300.

63 **h)** Das so neu gestaltete Recht der Sicherungsverwahrung erklärte das **BVerfG** mit Urteil vom 4. Mai 2011 für verfassungswidrig.[129] In seiner Entscheidung hielt das BVerfG fest, dass alle Vorschriften des StGB und des JGG über die Anordnung und Dauer der Sicherungsverwahrung mit dem Freiheitsgrundrecht der Untergebrachten aus Art. 2 Abs. 2 Satz 2 in Verbindung mit Art. 104 Abs. 1 GG unvereinbar seien, weil sie den Anforderungen des verfassungsrechtlichen Abstandsgebots nicht genügten. Das Abstandsgebot verlange einen **freiheitsorientierten und therapiegerichteten Vollzug**, der den allein präventiven Charakter der Maßregel sowohl gegenüber dem Untergebrachten als auch gegenüber der Allgemeinheit deutlich mache. Hierzu bedürfe es eines Gesamtkonzepts der Sicherungsverwahrung mit klarer therapeutischer Ausrichtung auf das Ziel, die von dem Untergebrachten ausgehende Gefahr zu minimieren und auf diese Weise die Dauer der Freiheitsentziehung auf das unbedingt erforderliche Maß zu reduzieren. Die Perspektive der Wiedererlangung der Freiheit müsse sichtbar die Praxis der Unterbringung bestimmen. Diesen Anforderungen werde mit den vorhandenen Regelungen und auch deren tatsächlichem Vollzug nicht genügt. Vielmehr habe der Gesetzgeber die Sicherungsverwahrung immer mehr ausgeweitet, ohne dem bereits im Urteil des BVerfG vom 5. Februar 2004 konkretisierten Abstandsgebot Rechnung zu tragen. Darüber hinaus liege in den Vorschriften zur nachträglichen Verlängerung der Sicherungsverwahrung über die frühere Zehnjahreshöchstfrist hinaus und zur nachträglichen Anordnung der Sicherungsverwahrung im Erwachsenen- und Jugendstrafrecht ein Verstoß gegen das rechtsstaatliche Vertrauensschutzgebot. Die für verfassungswidrig erklärten Vorschriften erklärte es bis zum Inkrafttreten einer gesetzlichen Neuregelung bis spätestens 31. Mai 2013 mit Übergangsregelungen für weiter anwendbar.

64 **i)** Umgesetzt wurde dieser Auftrag durch das fristgerecht in Kraft getretene **Gesetz zur bundesrechtlichen Umsetzung des Abstandsgebots im Recht der Sicherungsverwahrung** vom 11. Dezember 2012[130] und neue landesrechtliche Bestimmungen zum Vollzug der Sicherungsverwahrung.[131] Auch wenn der EGMR darin eine ausreichende Umsetzung seiner Entscheidung und des Urteils des BVerfG sieht,[132] werfen diese Neuregelungen zahlreiche Fragen auf: Neben dem schwer zu überschauenden Übergangsrecht[133] und der ungelösten Problematik der Gefährlichkeitsprognosenerstellung[134] ist u.a. problematisch, dass die zur Umsetzung des vom BVerfG formulierten „Individualisierungs- und Intensivierungsgebots" geschaffenen gesetzlichen Betreuungsvorgaben Strafgefangene mit angeordneter Sicherungsverwahrung gegenüber Gefangenen privilegieren, die „nur" eine lebenslange oder zeitige Freiheitsstrafe zu verbüßen haben.[135] Überdies erscheint zweifelhaft, ob die optimistische Erwartung, schwer dissoziale Straftäter erfolgreich behandeln zu können, gerechtfertigt ist.[136] Auch nach der Neukonzeption bleibt die Sicherungsverwahrung daher umstritten: während ein Teil des Schrift-

---

129 BVerfGE **128** 326. Dazu u,a. *Hörnle* NStZ **2011** 488; *Kinzig* StraFo **2011** 429; *Peglau* NJW **2011** 1924; *Schöch* GA **2012** 14; *Streng* JZ **2011** 827.

130 BGBl. I S. 2425. Dazu *Renzikowski* NJW **2013** 1638; *Lesting/Feest* StV **2013** 278; *Peglau* JR **2013** 249.

131 Dazu *Bartsch* FS **2013** 208; zu den vollzugsrechtlichen Regelungen der Länder *Laubenthal* Strafvollzug[7] Rdn. 918 ff, 931 ff.

132 EGMR NJW **2017** 1007.

133 *Ullenbruch/Drenkhahn/Morgenstern* in MK § 66 Rdn. 297; SK/*Sinn* vor §§ 66 ff Rdn. 11, 48.

134 Sch/Schr/*Kinzig* § 66 Rdn. 38 m.w.N.; *Ullenbruch/Drenkhahn/Morgenstern* in MK § 66 Rdn. 112; NK/*Dessecker*, § 66 Rdn. 30; *Streng* JZ **2011** 827.

135 So auch BGHSt 62 211 222 m.w.N.

136 Zutreffend *Ullenbruch/Drenkhahn/Morgenstern* MK § 66 Rdn. 6.

tums eine grundlegende Reform fordert,[137] stellt ein anderer Teil die Legitimation als Sanktion generell in Frage.[138]

3. Die **strafrechtliche Vermögensabschöpfung** hat erst in den letzten Jahrzehnten an Gestalt und Bedeutung gewonnen.[139] Der **Verfall** spielte *im früheren Recht* (vor dem EGStGB 1974) nur eine geringe Rolle als Nebenstrafe bei Bestechungsdelikten (§ 335 a.F., dazu BGHSt **19** 27 m.N.; § 12 Abs. 3 a.F. UWG) und in der Form der Abschöpfung des Entgelts für die Begehung der Straftat bei Staatsschutzdelikten (§ 92b Abs. 2 a.F., § 101a Abs. 2 a.F.). 65

a) Zunächst hat das 2. StrRG den Verfall neu gestaltet und umfassend geregelt (§§ 73 bis 73d a.F.). Dessen bedurfte es, um in allen Fällen Tatentgelt und Tatgewinn abzuschöpfen. Die Geldstrafe, die zuvor auch diese Aufgabe übernommen hatte (vgl. § 27b Abs. 1 i.d.F. vor dem 2. StrRG), war hierzu nicht mehr geeignet, da sie nach Tagessätzen zu verhängen ist (hierzu vor § 40 Rdn. 49ff) und es für die Zahl der Tagessätze auf die Schuld, für deren Höhe allein auf die wirtschaftlichen Verhältnisse des Täters ankommt. Unter dem erlangten „Vermögensvorteil" i.S. des § 73 a.F. wurde nur derjenige Gewinn verstanden, der dem Täter nach Abzug seiner zur Gewinnerzielung gemachten Aufwendungen verblieb (BGHSt **31** 145, 146). Um dieses Nettoprinzip durch das Bruttoprinzip abzulösen, hat das AWG/StGBÄndG[140] das Merkmal „Vermögensvorteil" durch das Wort „etwas" ersetzt. Das OrgKG führte zusätzlich den **erweiterten Verfall** (§ 73d) eingeführt, der bei bestimmten, für organisierte Kriminalität typischen Taten die Gewinnabschöpfung unter weniger strengen Voraussetzungen vorschreibt. Mit dem Gesetz zur Stärkung der Rückgewinnungshilfe und der Vermögensabschöpfung bei Straftaten vom 24. Oktober 2006[141] versuchte der Gesetzgeber bestehende Regelungsdefizite bei der Abschöpfung zu beseitigen und die Stellung des Verletzten zu stärken; insbesondere sollte verhindert werden, dass der durch eine Straftat erlangte Vermögensvorteil wieder an den Täter zurückfällt. 66

In der praktischen Anwendung verblieben gleichwohl große Unsicherheiten und Schwierigkeiten. Da das gesetzliche Abschöpfungsmodell als zu komplex, unübersichtlich und fehleranfällig angesehen wurde, entschloss sich der Gesetzgeber zu einer **grundlegenden Reform der strafrechtlichen Vermögensabschöpfung**, welche am 1. Juli 2017 in Kraft trat.[142] Damit wurde zugleich die Richtlinie 2014/42/EU des Europäischen Parlaments und des Rates vom 3. April 2014 über die Sicherstellung und Einziehung von Tatwerkzeugen und Erträgen aus Straftaten in der Europäischen Union[143] in innerstaatliches Recht umgesetzt. Unterstrichen wird der komplette Neuansatz schon terminologisch dadurch, dass der Begriff „Verfall" durch **„Einziehung von Taterträgen"** ersetzt wurde. Kernstück der Reform ist die **Neuregelung der Opferentschädigung** durch die Anspruchsbefriedigung im Vollstreckungsverfahren und die Abschaffung der „Rückgewinnungshilfe": Die Ansprüche der Verletzten werden nun grundsätzlich außerhalb des strafrechtlichen Erkenntnisverfahrens befriedigt, nämlich entweder 67

---

137 *Ullenbruch/Drenkhahn/Morgenstern* MK § 66 Rdn. 297; *Streng* JZ **2011** 827; *Sinn* SK vor §§ 66ff Rdn. 47ff.
138 *Dessecker* NK § 66 Rdn. 28ff; *Sch/Schr/Kinzig* § 66 Rdn. 3ff m.w.N; *Höffler/Kaspar* ZStW **124** (2012) 87.
139 Zur Entwicklung vgl. BT-Drs. 18/9525, S. 45ff.
140 Vom 28. Februar 1992 (BGBl. I S. 372).
141 BGBl. I S. 2350.
142 BGBl. I S. 872.
143 ABl. L 127 vom 29.4.2014, S. 39; ABl. L 138 vom 13.5.2014, S. 114.

im Strafvollstreckungsverfahren oder im Insolvenzverfahren. Mit den Regelungen soll zugleich der Zugriff auf inkriminierte Vermögenswerte deutlich vereinfacht werden. Die Einziehung von Taterträgen nach §§ 73ff StGB hat keine Straffunktion, sondern dient präventiven Zwecken, indem sie die durch die Straftat eingetretene Störung der Vermögensordnung beseitigen und zugleich dem Täter wie der Rechtsgemeinschaft vor Augen führen soll, dass strafrechtswidrige Bereicherungen nicht geduldet werden und Straftaten sich nicht lohnen.[144]

68 **b)** Die **Einziehung (nach neuem Recht: Einziehung von Tatprodukten, Tatmitteln und Tatobjekten)** erfuhr bei Gelegenheit der Reform des Ordnungswidrigkeitenrechts durch das EGOWiG (1968) eine umfassende und systematische gesetzliche Regelung (§§ 40 bis 41c, 42 a.F., jetzt §§ 74 bis 75). Die Einziehung von Tatprodukten, Tatmitteln und Tatobjekten ist nach allgemeiner Auffassung *kein einheitliches Rechtsinstitut*. Sie ist *Nebenstrafe*, soweit sie den Täter oder Teilnehmer an einer Straftat trifft, dem die Gegenstände zur Zeit der Entscheidung gehören. *Strafähnliche Maßnahme* ist sie hingegen, soweit sie sich gegen Personen richtet, die weder Täter noch Teilnehmer, aber doch insofern beteiligt sind, als sie entweder schuldhaft dazu beigetragen haben, dass das Einziehungsobjekt Gegenstand oder Mittel der Tat gewesen ist, oder als sie es auf verwerfliche Weise erworben haben (§ 74a).[145] Eine *Sicherungsmaßnahme* ist die Einziehung , wo sie wegen der Gefährlichkeit der producta und instrumenta sceleris ohne Rücksicht auf die Eigentumsverhältnisse schuldlosen Tätern angeordnet werden kann (§ 74b)[146]

69 **c)** Reine *Sicherungsmaßnahme* ist die **Einziehung von Schriften und die Unbrauchbarmachung** der zur Herstellung der Schriften gebrauchten oder bestimmten Vorrichtungen, wie Platten, Formen, Drucksätze, Druckstöcke, Negative oder Matrizen (§ 74d Abs. 1 S. 2).

V. Zur Häufigkeit der Anwendung der einzelnen Sanktionen

70 Die vorstehende – alle Sanktionen formal egalisierend behandelnde – Darstellung darf nicht etwa zu der Annahme verleiten, alle Sanktionen hätten in der Rechtsanwendungspraxis eine auch nur annähernd ähnliche Bedeutung. Deshalb sei aus der jüngsten verfügbaren Verurteilungsstatistik[147] – betr. das Jahr 2017 – zur Vermittlung von Relationen Nachstehendes mitgeteilt.

Im Jahr 2017 wurden Erwachsene und Heranwachsende, auf die nicht Jugendstrafrecht angewendet wurde, in folgenden Zahlen verurteilt:

Verurteilte insgesamt	656.376
Dabei ist hervorzuheben, dass	142.003
Verurteilungen wegen Straftaten (nicht etwa Ordnungswidrigkeiten) im Straßenverkehr erfolgten; das sind etwa 21% aller Verurteilungen.	
Verurteilungen wegen Nicht-Verkehrsstrafen erfolgten in	514.373
Fällen, machen also etwa 79% aller Verurteilungen aus.	

144 BT-Drs. 18/9525 S. 65ff; BGH; NStZ **2018** 366; NStZ-RR **2018** 241; OLG München, Beschluss v. 19.7.2018 – 5 OLG 15 Ss 539/17. In diesem Sinne bereits zum Verfall BVerfGE **110**, 1–33 Rdn. 64; vgl. auch *Köhler* NStZ **2017** 497, 498; *SSW/Heine* § 73 Rdn. 7ff; *Schmidt* Vermögensabschöpfung, 1 Teil Rdn. 43ff; **aA** *Sch/Schr/Eser/Schuster* § 73 Rdn. 1. Umfassend zum Streitstand *Sch/Schr/Kinzig* vor § 73 Rdn. 12ff.

145 *SSW/Heine* § 74a Rdn. 1; *Sch/Schr/Kinzig* vor § 73 Rdn. 20.

146 *SSW/Heine* § 74b Rdn. 1; *Schmidt* Vermögensabschöpfung, 1 Teil Rdn. 59; *Sch/Schr/Kinzig* vor § 73 Rdn. 21.

147 Statistisches Bundesamt, Rechtspflege Fachserie 10, Reihe 3 Strafverfolgung „2017" (2018).

Die einzelnen Sanktionen wurden in folgender Häufigkeit verhängt:

Strafen:	
Hauptstrafen:	
Lebenslange Freiheitsstrafe[148]	91
Zeitige Freiheitsstrafe	104.326
Davon Freiheitsstrafe	
ohne Strafaussetzung zur Bewährung[149]	33.194
mit Strafaussetzung zur Bewährung	71.132
Das bedeutet, dass 69% aller zeitigen Freiheitsstrafen bereits bei ihrer Verhängung zur Bewährung ausgesetzt wurden.	
Geldstrafe[150]	551.959
84% aller verhängten Hauptstrafen sind also Geldstrafen.	
Nebenstrafe: Fahrverbot	26.072
Verwarnung mit Strafvorbehalt	6.492
Maßnahmen:	
Maßregeln der Besserung und Sicherung:	
Unterbringung in einem psychiatrischen Krankenhaus nach § 63	804
Unterbringung in einer Entziehungsanstalt nach § 64	2.829
Unterbringung in der Sicherungsverwahrung nach § 66	57
Entziehung der Fahrerlaubnis nach §§ 69 ff	90.742
Sonstige Maßnahmen:	
Verfall, Einziehung und Unbrauchbarmachung	56.584

VI. Zur derzeitigen kriminalpolitischen Diskussion

Das Klima der kriminalpolitischen Diskussion hat sich seit den 1990er Jahren dahin 71
verändert, dass der schnellen und einfachen Reaktion auf (medial verstärkte) Bedrohungsgefühle in der Bevölkerung der Vorrang vor ruhiger Analyse, konsequenter Gesetzesanwendung und durchdachter Lösungsfindung eingeräumt wird.[151] Die Atemlosigkeit, mit der – in meist in gesetzestechnisch unzureichender Weise – scheinbare Strafbarkeitslücken geschlossen und Verschärfungen von Strafrahmen vorgenommen werden,[152] verdeckt dabei, dass sich bestimmte Kriminalitätsphänomene (wie der Wohnungseinbruchsdiebstahl) nur deshalb ausbreiten konnten, weil man sie zuvor lange Zeit mit großem Gleichmut geduldet und nicht konsequent genug mit dem vorhandenen Sanktionsinstrumentarium bekämpft hat. Wesentlich dafür ist insbesondere der Umstand, dass die Strafjustiz seit Jahrzehnten aus fiskalischen Gründen nicht angemessen ausgestattet wird und dauerhaft an der Belastungsgrenze arbeiten muss. Soweit in der engeren fachlichen Diskussion eine Fortentwicklung des Sanktionenrechts in den Blick genommen wird, wird zum einen die Frage behandelt, ob weitere Sanktionsformen in das Sanktionensystem aufzunehmen seien, insbesondere um die zu vollstreckende Freiheitsstrafe, zudem aber auch die zur Bewährung ausgesetzte Freiheitsstrafe durch andere Sanktionsformen zu ersetzen (dazu Rdn. 72). Der Ansatz der Diversion geht darüber hinaus und sucht nach Möglichkeiten, strafrechtliche Reaktionen überhaupt zu vermeiden (dazu Rdn. 78). In diesem Zusammenhang stehen auch Bemühun-

148 Weitere statistische Daten zur lebenslangen Freiheitsstrafe bei § 38 Rdn. 43.
149 Aufschlüsselung nach Strafhöhe: Statistisches Bundesamt (Fn. 147) S. 144 f.
150 Aufschlüsselung nach Tagessatzzahl und Tagessatzhöhe: Tabelle vor § 40 Rdn. 65.
151 Meier Strafrechtliche Sanktionen[4] S. 460 ff.
152 In ähnlichem Sinne *Schäfer/Sander/van Gemmeren* Strafzumessung Rdn. 16 ff.

gen um anderweitige Entkriminalisierung (dazu Rdn. 79). Schließlich werden eine Reform der Ersatzfreiheitsstrafe und Sanktionen gegen Unternehmen diskutiert (dazu Rdn. 81).

72 **1.** In der Reformdiskussion werden **andere Sanktionen** unter dem Gesichtspunkt erörtert, ob sich deren Einführung in unser Sanktionensystem empfiehlt. Dabei wird meist an ausländische Vorbilder angeknüpft. Die in diesem Zusammenhang behandelten Sanktionen sollen teils strafenden, teils eher maßregelnden Charakter haben, wobei über diese Einordnung nicht immer Rechenschaft abgelegt wird.

73 Nachdem lange der **„elektronisch überwachte Hausarrest"** (vulgo „elektronische Fußfessel") nach ausländischen Vorbildern[153] als kostensparende, den Verurteilten womöglich sozial geringer belastende Alternative zum Vollzug der Freiheitsstrafe oder als Bewährungsweisung diskutiert wurde,[154] ist dieses Instrument seit 2000 zunächst in Hessen, zwischen 2009 und 2013 auch in Baden-Württemberg in Modellversuchen erprobt worden. Während das hessische Projekt die Anordnung des elektronischen Hausarrests als Weisung im Rahmen einer Straf(rest)aussetzung zur Bewährung oder als weniger einschneidende Maßnahme bei der Aussetzung des Vollzugs eines Haftbefehls vorsah,[155] erprobte Baden-Württemberg die elektronische Fußfessel als Mittel zur Vermeidung von Ersatzfreiheitsstrafen, im Rahmen von Vollzugslockerungen und zur Entlassungsvorbereitung.[156] Einen weiteren Anwendungsbereich findet das Instrument inzwischen bei der Führungsaufsicht als sog. elektronische Aufenthaltsüberwachung (EAÜ): Nach der am 1. Januar 2011 eingefügten Regelung des § 68b Abs. 1 S. 1 Nr. 12, S. 3 und 4 StGB kann das Gericht den Verurteilten unter engen Voraussetzungen für die Dauer der Führungsaufsicht oder für eine kürzere Zeit anweisen, die für eine elektronische Überwachung ihres Aufenthaltsorts erforderlichen technischen Mittel ständig in betriebsbereitem Zustand bei sich zu führen und deren Funktionsfähigkeit nicht zu beeinträchtigen.[157] Während diese Maßnahme zunächst nur auf Gewalt- und Sexualstraftäter abzielte, hat der Gesetzgeber – entgegen den Empfehlungen des Forschungsberichts der bundesweiten Evaluation der EAÜ[158] – die Weisungsmöglichkeit inzwischen auch auf Personen ausgedehnt, die wegen schwerer Staatsschutzdelikte verurteilt wurden.[159] Nach den bisherigen Erfahrungen mit der elektronischen Fußfessel ist eine gewisse Ernüchterung hinsichtlich eines breitgefächerten Einsatzes eingetreten, insbesondere weil sich positive Effekte auf die Rückfallquote nicht nachweisen lassen, die Gefahr des „net widening" besteht und

---

153 *Haverkamp* Bewährungshilfe (BewHi) **1999** 51; *Jolin* MschKrim. **1990** 201; *Vosgerau* BewHi **1990** 166; *Whitfield* BewHi **1999** 449.

154 *Asprion* BewHi **1999** 23; *Dahs* NJW **1999** 3469; *Reindl* BewHi **1999** 73; *Schädler/ Wulf* BewHi **1999** 3; *Schlömer* Der elektronisch überwachte Hausarrest (1998); *Schlömer* BewHi **1999**, 31; kritisch *Dölling* ZStW **104** (1992) 259, 286; *Heghmanns* ZRP **1999** 297, 301 f; *Krahl* NStZ **1997** 457, 460 f; *Lindenberg* BewHi **1999** 11, *Ostendorf* ZRP **1997** 473, 475 f; *Schall* in Deutsche Bewährungshilfe (Hrsg.) 13. Bundestagung 1988 (1990) S. 339, 359 f; *Schöch* (Fn. 106) S. 100 ff; *Streng* ZStW **111** (1999) 827, 848 ff; *Weigend* GA **1992** 346, 363. *Weichert* StV **2000** 335.

155 *Albrecht/Arnold/Schädler* ZRP **2000** 466; *Haverkamp* Bewährungshilfe (BewHi) **2003** 164; *Kunze* FS **2008** 33;

156 Gesetz über die elektronische Aufsicht im Vollzug der Freiheitsstrafe vom 30.7.2009, GBl 2009, 360. Dazu *Ratzel/Wulf* FS **2010** 336; *Wößner/Schwedler* NK **2014** 60.

157 Dazu *Brauneisen* StV **2011** 311;aus kriminologischer Sicht *Eisenberg/Kölbel* Kriminologie[7] § 39 Rdn 8.

158 *Bräuchle/Kinzig* Die elektronische Aufenthaltsüberwachung im Rahmen der Führungsaufsicht (2016).

159 Dreiundfünzigstes Gesetz zur Änderung des Strafgesetzbuchs – Ausweitung des Maßregelrechts bei extremistischen Straftätern, BGBl. 2017 I S. 1612; dazu *Heveling/Korte* DRiZ **2017** 50.

das Tragen der Fußfessel von den Probanden häufig als stigmatisierend erlebt wird.[160] Die Diskussion über geeignete Anwendungsfelder ist nach wie vor im Gange.[161]

Die Verurteilung zu **„gemeinnütziger Arbeit"**[162] nach dem Vorbild des in England seit 1972 praktizierten community service[163] ähnelt der freien Arbeit zur Abwendung der Vollstreckung einer Ersatzfreiheitsstrafe (s. dazu § 43 Rdn. 11ff). Angesichts dessen, dass die Sanktion sich an Art. 12 Abs. 2 und 3 GG messen lassen müsste,[164] halten auch ihre Befürworter eine Zustimmung des Verurteilten für erforderlich. Damit läuft die genannte Sanktion praktisch auf die **„Geldleistungsstrafe"**[165] hinaus, die dem Verurteilten die Wahl zwischen Geldzahlung und dem Erbringen gemeinnütziger Leistungen oder einer entsprechenden Kombination[166] ließe. 74

Auch an die Verurteilung auf Bewährung nach § 33 StGB-DDR anknüpfend, wurde vorgeschlagen, die Aussetzung der Vollstreckung der Freiheitsstrafe zur Bewährung durch selbständige Sanktionen zu ersetzen, die als **„Verurteilung zur Bewährung"** oder als **Verurteilung zu bestimmten Auflagen, Leistungen oder zur Bewährungshilfe** zu fassen wären. Es geht insoweit also um eine Verselbständigung der „Bewährung" und derjenigen Anordnungen, die nach geltendem Recht gemäß §§ 56b bis 56d nur als Nebenentscheidungen im Rahmen der Aussetzung der Vollstreckung einer Freiheitsstrafe zur Bewährung getroffen werden können (s. dazu Rdn. 38).[167] 75

Für neue Sanktionen am unteren Rand der Sanktionenskala[168] – etwa nach dem Vorbild des **öffentlichen Tadels** gemäß § 37 StGB-DDR – besteht angesichts der Verwarnung mit Strafvorbehalt nach § 59 und des Absehens von Strafe nach § 60 und schließ-lich eingedenk der Möglichkeiten der Verfahrenseinstellung nach §§ 153, 153a StPO kein Bedarf. 76

Zur vorgeschlagenen selbständigen Sanktion einer **„Verurteilung zum Schadensersatz"** nach dem Vorbild der englischen compensation order s. Rdn. 19 und Fn. 47. 77

2. Jenseits der Suche nach neuen Formen staatlicher Sanktionen steht die **Diversion.**[169] Darunter werden zusammenfassend alle Initiativen verstanden, die darauf zielen, in erster Linie statt einer Bestrafung des Täters den Konflikt, aus dem die Straftat entstanden ist oder den sie ausgelöst hat, in einem „informellen" Programm außerhalb des Strafverfahrens zu lösen oder in zweiter Linie durch einen außerprozessualen Ausgleich die strafrechtliche Reaktion möglichst gering zu halten.[170] Vorbildfunktionen haben auch 78

---

160 *Wößner/Schwedler* NK **2014** 60, 75ff; *Bräuchle/Kinzig* Die elektronische Aufenthaltsüberwachung im Rahmen der Führungsaufsicht (2016), S. 18ff.

161 *Bergmann* FS **2007** 262; *Harders* Die elektronische Überwachung von Straftätern, S. 104ff; *Hochmayr* NStZ **2013** 13; *Kühne-Hörmann* DRiZ **2015** 204; *Fünfsinn/Kolz* Forum Kriminalprävention **2016** 12.

162 *Böhm* Gemeinnützige Arbeit als Strafe ZRP **1998** 360, *Hönicke* Arbeitszwang als Kriminalrechtssanktion, 1999; *Horn* ZRP **1990** 81; *Kerner/Kästner* (Hrsg.) Gemeinnützige Arbeit in der Strafrechtspflege, 1986; *Köhler* GA **1987** 145; *Kubiciel* RuP **2014** 159; *Pfohl* Gemeinnützige Arbeit als strafrechtliche Sanktion, 1983, und Bewährungshilfe **1985** 110; *Schall* NStZ **1985** 104; *Schöch* (Fn. 106) S. 96 m.N.; vgl. auch *Schädler* ZRP **1983** 5 und **1985** 186, 191; vgl. schon *Bemmann* FS Schaffstein S. 211: „Dienstleistungsstrafe"; *Villmow* NK vor §§ 38ff Rdn. 108, 110; *Meier* Strafrechtliche Sanktionen⁴ S. 467ff.

163 *H.J. Albrecht/Schädler* Community-Service; *Fuchs* Der community-service als Alternative zur Freiheitsstrafe; *Huber* JZ **1980** 638.

164 Vgl. BVerfGE **74** 102; **83** 119; s. dazu § 43 Rdn. 13.

165 Dazu *Schöch* (Fn. 116) S. 99.

166 Vgl. auch *Pallin* Wassermann-FS S. 961.

167 Dazu auch *Schöch* (Fn. 116) S. 95f m.N.

168 Dazu *Schöch* (Fn. 116) S. 95 m.N.

169 Das englische Wort *diversion* steht in seiner ursprünglichen Bedeutung für Ablenkung, Umleitung, Zerstreuung.

170 Aus dem umfangreichen Schrifttum: *Albrecht* Perspektiven und Grenzen polizeilicher Kriminalprävention (1983); *Blau* Jura **1987** 25; *Böttcher/Weber* NStZ **1990** 561; *Heinz* Jescheck-FS S. 955 und

hier – wie so oft im Bereich der Sanktionen – Modelle der Arbeit mit Jugendlichen, und zwar insbesondere Erfahrungen aus den USA. In Betracht kommen informelle Erziehungsprogramme, Schulungskurse, Verkehrsunterricht und insbesondere alle Formen der Wiedergutmachung und des Täter-Opfer-Ausgleichs (s. Rdn. 16 bis 24). Praktisch geht es, wenn nicht eine Beilegung des Konfliktes ohne Einleitung eines Strafverfahrens gelingt, um das Bemühen, den (erwachsenen) Täter zu einem Nachtatverhalten zu veranlassen, in dem Gründe für eine Verfahrenserledigung nach §§ 153, 153a StPO[171] oder für eine Anwendung von § 46a StGB (s. dazu Rdn. 16 bis 21) liegen.[172]

Die **Kritik**[173] an der Diversion erfolgt zum einen unter Rechtsstaatsgesichtspunkten: So werden die Verlagerung der Sanktionierungen vom Richter auf den Staatsanwalt (§ 153a StPO), gar auf Polizisten und Sozialarbeiter, angesichts der Beschränkung der „Beweismittel" auf das Geständnis ein entsprechender Druck auf den Beschuldigten, mithin eine erhebliche Verkürzung seiner prozessualen Rechte bis hin zur Gefährdung der Unschuldsvermutung[174] besorgt. Unter kriminologischen Aspekten wird eine Eigendynamik derartiger Programme befürchtet,[175] die dazu führen könne, dass auch solche Fälle einbezogen würden, auf die sonst überhaupt nicht „reagiert" werden würde (*„net widening"*). Die Sogwirkung solcher Programme gehe in diesem Sinne möglicherweise mehr in die Breite, als dass Fälle aus höheren Sanktionierungsklassen „abgezogen" würden.

79 **3.** Depönalisierung und **Entkriminalisierung** sind in der Erörterung oft miteinander verzahnt. Deshalb ist im vorliegenden Zusammenhang an die Diskussion um die Behandlung der **„Bagatellkriminalität"** zu erinnern. Dort wird erwogen, ganze Tatbestände des StGB oder weniger schwere Fälle einzelner Tatbestände, insbesondere des Diebstahls,[176] der Beförderungserschleichung[177] und bestimmter Verkehrsdelikte,[178] zu Ordnungswidrigkeiten herabzustufen.[179] Andere Erwägungen gehen dahin, innerhalb des Straftatsystems neben Tatbestandsmäßigkeit, Rechtswidrigkeit und Schuld die „Strafwürdigkeit" als vierte Kategorie und mithin als Korrektiv zur Abscheidung nicht zu bestrafender Straftaten einzuführen.[180] Vielfach wurden auch – unter dem Gesichtspunkt

---

ZRP **1990** 7; *Kerner* (Hrsg.) Diversion statt Strafe? (1983); *Ludwig* Diversion: Strafe in neuem Gewand (1989); *Schaffstein* Jescheck-FS S. 937; *Michael Walter* Oehler-FS S. 693 und Köln-FS S. 568.

171 Vgl. dazu die Angaben in Fn. 115.

172 Zur Entwicklung der Diversionsraten bis 2006 vgl. den Zweiten Periodischen Sicherheitsbericht der Bundesregierung, BT-Drs. 16/3930, S. 546 ff.

173 *Ebert* JZ **1983** 633; *Hans Joachim Hirsch* ZStW **102** (1990) 534; *Kondziela* MschrKrim. **1989** 177; *Schaffstein* FS Jescheck S. 937, 948; *Seelmann* JZ **1989** 670; vgl. auch die Erörterung der Einwände gegen die Diversion bei *Blau* Jura **1987** 25, 32.

174 Dazu insbes. *Kondziela* MschrKrim. **1989** 177.

175 *Hauber* Zentralblatt für Jugendrecht und Jugendwohlfahrt **1984** 228; *Herriger* in *Brusten* u.a. (Hrsg.) Entkriminalisierung (1985) S. 1; *Michael Walter* ZStW **95** (1983) 43; vgl. auch *Streng* Strafrechtliche Sanktionen S. 288.

176 *Landau/Fünfsinn* ZRP **2000** 5.

177 *Leidig/Lange* DRiZ **2016** 98; *Mosbacher* NJW **2018** 1069; *Lamers* Kriminalistik **2018** 131; vgl. die Gesetzentwürfe der Fraktionen Bündnis90/Die Grünen (BT-Drs. 19/1690) und Die Linke (BT-Drs. 19/1115); zusammenfassend *Hefendehl* MK § 265a Rdn. 11 bis 21.

178 Vgl. Hessische Kommission „Kriminalpolitik" StV **1992** 202; *Cierniak* SVR **2012** 127; *Backmann* NZV **2013** 465; *Fromm* NZV **2018** 5.

179 Aus dem umfangreichen Schrifttum hierzu: *Baumann* u.a. Entwurf eines Gesetzes gegen Ladendiebstahl AE-GLD, 1974; *Dreher* Welzel-FS S. 917; *Hünerfeld* ZStW **90** (1978) 905, 910; *Kaiser* ZStW **90** (1978) 877, 893; *Naucke* Gutachten D zum 51. Deutschen Juristentag (1976) S. 85 m. w. N.; *Vogler* ZStZ **90** (1978) 132; *Meier* ZStW **129** (2017) 433.

180 *Volk* ZStW **97** (1985) 871; vgl. auch *Nowakowski* Jescheck-FS S. 527.

der Entlastung der Justiz – Lösungen erörtert, die eine vereinfachte Strafverfahrensart, die Verweisung in das Privatklageverfahren oder gar die „Überlassung" der Reaktion an das Zivilrecht vorsehen.[181]

4. Nachdem eine von der Bundesregierung 1998 eingesetzte Kommission zur Reform des Sanktionenrechts im März 2000 ihren Abschlussbericht vorgelegt hatte,[182] gab es verschiedene Vorstöße, das **Sanktionssystem zu verändern und auszudifferenzieren:** 80

a) Anknüpfend an die Vorschläge der Kommission, an die Gesetzentwürfe des Bundesrates (BTDrucks. 14/761, 14/762 und 14/1467) und über diese hinausgehend, legte das Bundesministerium der Justiz zunächst einen **Referentenentwurf eines Gesetzes zur Reform des Sanktionenrechts** mit Stand vom 8. Dezember 2000vor, der aufgrund von Widerständen der Landesjustizverwaltungen nicht weiterverfolgt wurde. Dieser enthielt den richtigen Vorschlag, dass *zwei Tagessätze Geldstrafe einem Tagessatz Freiheitsstrafe entsprechen sollten* (§ 43 Abs. 2 Satz 2 i.d.F. des Entwurfs) (vgl. dazu § 43 Rdn. 6f). Alle weiteren Änderungsvorhaben sind kritisch zu sehen: Die Idee, bei jeder Verhängung von Geldstrafe *ein Zehntel der Geldstrafe einer gemeinnützigen Opferhilfe-Organisation zuzuweisen* (§ 40a i.d.F. des Entwurfs), ist gut gemeint. Ihre Umsetzung würde jedoch zu einer erheblichen Belastung des gerichtlichen Verfahrens und zu werbenden Verteilungskämpfen unter den in Betracht kommenden Organisationen führen. Das Vorhaben, das *Fahrverbot* von einer Nebenstrafe *zu einer Hauptstrafe zu erheben* und ggf. ein Fahrverbot von bis zu sechs Monaten an die Stelle einer Geld- oder Freiheitsstrafe treten zu lassen (§ 44 Abs. 1 i.d.F. des Entwurfs), begegnet all den durchgreifenden Bedenken, die *Franke* ZRP **2002** 20 erhebt.[183] (zur gesetzlichen Neuregelung 2017 vgl. Rdn. 42). Die *Abwendung der Vollstreckung von Ersatzfreiheitsstrafe durch gemeinnützige Arbeit* findet ihre praktisch relevanten Grenzen schon heute nicht etwa in den – allemal hinreichenden und wahrlich dem Verurteilten freundlichen – normativen Regelungen (§ 43 Rdn. 11f), sondern im Leistungsprofil der in Betracht kommenden Verurteilten (§ 43 Rdn. 14f). Schon deshalb muss jede Erweiterung dieser Regelungen als „blauäugig" bezeichnet werden. Wenn gemäß § 55a i.d.F. des Entwurfs die Möglichkeit eröffnet würde, die Vollstreckung einer Freiheitsstrafe von bis zu sechs Monaten durch gemeinnützige Arbeit abzuwenden, so würde dies zu einer Potenzierung der genannten Fallprobleme führen, selbst wenn die Leistungsanforderung auf drei oder vier Stunden gemeinnütziger Arbeit pro Tag (so § 55a Abs. 3 i.d.F. des Entwurfs) reduziert würde. Zudem würde die vorgesehene Neuregelung zu einer immensen nachfolgenden Überwachungsarbeit durch die Tatgerichte führen. Ferner desavouiert der Entwurf den Kerngedanken der Aussetzung der Vollstreckung einer Freiheitsstrafe zur Bewährung, indem er die Möglichkeit eröffnet, die Vollstreckung einer zur Bewährung ausgesetzten Freiheitsstrafe von bis zu sechs Monaten durch gemeinnützige Arbeit abzuwenden (§ 55a Abs. 2 i.d.F. des Entwurfs): Der Proband soll innerhalb der Bewährungszeit nicht seine Arbeitsfähigkeit, sondern die Prognose belegen, dass er keine Straftaten mehr begehen wird (*Helgerth/Krauß* ZRP **2001** 281, 282f). Zudem birgt der Entwurf unüberbrückbare Widersprüche im Rahmen der vorgesehenen *Erleichterung der „Halbstrafenaussetzung"* (§ 57 i.d.F. des 80a

181 Dazu *Baumann* u.a. Entwurf eines Gesetzes gegen Ladendiebstahl AE-GLD, 1974; *Naucke* und *Deutsch* Gutachten D und E zum 51. Deutschen Juristentag (1976); *Rudolf Schmitt* ZStW **89** (1977) 639; *Harrendorf* NK **2018** 250.

182 *Hettinger* (Hrsg.) Reform des Sanktionenrechts, Teilbände 1–3 (2001).

183 Zur etwaigen Ausweitung des Anwendungsbereichs des Fahrverbots *Röwer* BA **2001** 90; *Stöckel* BA **2001** 99 und FS Gössel S. 329; *Streng* ZRP **2004** 237.

Entwurfs; dazu treffend *Helgerth/Krauß* aaO). Dem Vorhaben, die *Verwarnung mit Strafvorbehalt* von einer fakultativen zu einer zwingend vorgesehenen Sanktion umzugestalten (§ 59 i.d.F. des Entwurfs), sind die in Rdn. 42 genannten Gesichtspunkte entgegenzuhalten. Schließlich wird das ausdrücklich erklärte – grundsätzlich begrüßenswerte – Ziel der *„Sicherung eines Vorrangs" von Wiedergutmachungsansprüchen des Opfers* gegenüber der Vollstreckung von Geldstrafen durch die vorgesehenen Änderungen der StPO weder erreicht noch auch nur in eine greifbare Nähe gerückt. Vielmehr wird bei dem Vorschlag, im Vollstreckungsverfahren de facto die Anrechnung von Schadensersatzleistungen auf die Geldstrafe zu ermöglichen (§ 459d Abs. 2 StPO i.d.F. des Entwurfs), übersehen, dass der Täter regelmäßig zum Schadensersatz verpflichtet ist und die Geldstrafe im Einzelfall – unter mehrfacher Berücksichtigung dessen – richterlich als ein notwendigerweise hinzutretendes Übel erachtet und bemessen worden ist.

80b **b)** Es folgte zunächst ein ähnlicher **Entwurf eines Gesetzes zur Reform des Sanktionenrechts** der Fraktion der SPD und der Fraktion Bündnis 90/Die Grünen vom 11. Juni 2002 (BTDrucks. 14/9358). Der sodann vom BMJ vorgelegte weitere **Entwurf eines Gesetzes zur Reform des Sanktionenrechts** war – bei Verzicht auf eine partielle Zweckbestimmung der Geldstrafe für die Opferhilfe – eine bloße Variation des Entwurfs vom 8. Dezember 2000. Im März 2004 legte die Bundesregierung einen am zuletzt genannten Entwurf orientierten **Gesetzentwurf** vor,[184] der nach der ersten Lesung im Bundestag an die Ausschüsse überwiesen wurde. Wegen des erheblichen Widerstands der Länder[185] versandete auch dieses Vorhaben. Mit dem 2. JustizmodernisierungsG vom 22. Dezember 2006[186] wurde ein kleiner Teil der Reformvorschläge umgesetzt. So wurde § 59 dahin geändert, dass die bis dahin enthaltene „Würdigkeitsklausel" gestrichen und der schematische Ausschluss vorbelasteter Täter beseitigt wurde. Außerdem wurde in § 42 normiert, dass bei der Geldstrafe Zahlungserleichterungen auch im Hinblick auf Wiedergutmachungsleistungen des Täters gewährt werden sollen.

80c **5.** Größere gesetzliche Veränderungen gab es im Recht der Maßregeln: Das **Gesetz zur Sicherung der Unterbringung in einem psychiatrischen Krankenhaus und in einer Entziehungsanstalt** vom 16. Juli 2007[187] hat die gesetzlichen Regelungen betreffend die Anordnung der Unterbringung in einer Entziehungsanstalt (§ 64) an diejenigen Vorgaben angepasst, die das BVerfG mit Urteil vom 16. März 1994 (BVerfGE **91** 1) aufgestellt hatte. Damit wurde das Erfordernis einer hinreichend konkreten Erfolgsaussicht eingeführt. Darüber hinaus wurde die Anordnung der Maßregel in das Ermessen des Gerichts gestellt und die Vollstreckungsreihenfolge flexibilisiert. Mit Gesetz vom 8. Juli 2016[188] wurde das Recht der **Unterbringung in einem psychiatrischen Krankenhaus** maßgeblich geändert. So wurden angesichts seit Jahren steigender Zahlen insbesondere die Anordnungsvoraussetzungen mit dem Ziel der „stärkeren Fokussierung auf gravierenden Fälle" präzisiert.[189]

80d Mit dem Gesetz zur Reform der Führungsaufsicht vom 18. April 2007[190] wurden die Regelungen der **Führungsaufsicht** vereinheitlicht und vereinfacht und das Instrumen-

184 BT-Drs. 15/2725.
185 Vgl. die ablehnende Stellungnahme des Bunderats in Anlage 2 zur BT-Drs. 15/2725.
186 BGBl. I S. 3416.
187 BGBl. I S. 1327, dazu *Spiess* StV **2008** 160.
188 BGBl. I S. 1610, dazu *Peglau* NJW **2016** 2998; *Baur* JR **2017** 413.
189 Vgl. BT-Drs. 18/7244 S. 1.
190 BGBl. I S. 531.

tarium zu Kontrolle und Hilfestellung erweitert.[191] Zur Entwicklung der Sicherungsverwahrung s. Rdn. 55ff.

6. Seit einigen Jahren wird unter dem Einfluss des europäischen Rechts und im Hinblick auf entsprechende Modelle in ausländischen Rechtsordnungen wieder die schon in den Beratungen zur Großen Strafrechtsreform erörterte Frage einer **strafrechtlichen Sanktionierung von Unternehmen** diskutiert. Im Zusammenhang mit der Umsetzung europäischer Vorgaben hatte eine entsprechende – später zurückgenommene – Gesetzesinitiative des Landes Hessen[192] zur Berufung einer Kommission zur Reform des strafrechtlichen Sanktionenrechts geführt. Die deutliche Mehrheit der Kommission sprach sich im Jahre 2000 gegen eine „Unternehmensstrafe" im Bereich des Kriminalstrafrechts aus.[193] Im Jahre 2013 startete das Land Nordrhein-Westfalen eine **Initiative** zur Einführung eines speziellen Unternehmensstrafrechts,[194] die von der Justizministerkonferenz als gute Beratungsgrundlage begrüßt wurde und eine neuerliche Diskussion entfachte.[195] Obwohl sich der Entwurf stark am österreichischen Verbandsverantwortlichkeitsgesetz orientiert, sieht er weiter gehend ausdrücklich eine (ebenfalls nach Tagessätzen zu bemessende) „Verbandsgeldstrafe" vor. Mit der Verbandsauflösung sieht der Entwurf eine sehr einschneidende Sanktionsform vor. Sowohl im Koalitionsvertrag von CDU, CSU und SPD für die 18. Wahlperiode (2013–2017) und im Nationalen Aktionsplan „Wirtschaft und Menschenrechte" der Bundesregierung vom 21. Dezember 2016[196] als auch in der Vereinbarung zur Neuauflage der „Großen Koalition" in der 19. Wahlperiode (ab 2018) finden sich Absichtserklärungen, ein **Unternehmensstrafrecht** zu schaffen. Während der Koalitionsvertrag 2013 lediglich die pausch ankündigte, „das Ordnungswidrigkeitenrecht mit Blick auf strafbares Verhalten im Unternehmensbereich auszubauen" und „ein Unternehmensstrafrecht für multinationale Konzerne zu prüfen", enthält die Koalitionsvereinbarung von 2018[197] einen eigenen Abschnitt zum Thema „Unternehmenssanktionen" mit folgenden konkreten Eckpunkten. Dazu gehören u.a. eine Neuregelung des Sanktionsrecht für Unternehmen und die Schaffung weiterer Sanktionsinstrumente, die Orientierung der Geldsanktion an der Höhe der Wirtschaftskraft des Unternehmens, wobei für Unternehmen mit mehr als 100 Mio. Euro Umsatz die Höchstgrenze bei 10 Prozent des Umsatzes liegen soll, die Schaffung konkreter und nachvollziehbarer Zumessungsregeln für Unternehmenssanktionen und die öffentliche Bekanntmachung der Sanktionierung, Diese Vorgaben deuten darauf hin, dass beim „Recht der Unternehmenssanktionen" ein **„dritter Weg"** zwischen Kriminalstrafrecht und Ordnungswidrigkeitenrecht beschritten 81

---

191 Dazu *Schneider* NStZ **2007** 441.

192 Vorgeschlagen wurden – parallel zu § 30 OWiG – Bestimmungen im Allg. Teil (§§ 76b ff. StGB); dazu ablehnend *Hamm* NJW **1998** 662 (abl.); *Rogall* KK-OWiG[5] § 30 Rdn. 259ff.

193 Dazu ausf. *Hettinger* (Hrsg.) Verbandstrafe (2002) m.w.N.; *Eidam* Unternehmen und Strafe, Kap. 5 Rdn. 490ff, 498ff; vgl. auch *Dannecker* GA **2001** 101ff; *Trüg* wistra **2010** 241ff.

194 Entwurf eines G zur Einführung der strafrechtlichen Verantwortlichkeit von Unternehmen und sonstigen Verbänden (NRW VerbStGB-E), abrufbar unter www.jm.nrw.de bzw. www.justiz.nrw.de; dazu der Justizminister NRW, *Kutschaty* DRiZ **2013** 16f.

195 Z.B. *Rogall* KK-OWiG § 30 Rdn. 258ff; *Rübenstahl/Tsambikakis* ZWH **2014** 8ff; *Hoven* ZIS **2014**, 19; *Hoven/Wimmer/Schwarz/Schumann* NZWiSt **2014** 161, 201, 241; *Löffelmann* JR **2014** 185; *Schünemann* ZIS **2014**, 1; *Witte/Wagner* BB **2014** 643; *Zieschang* GA **2014** 91.

196 Nationaler Aktionsplan, Umsetzung der VN-Leitprinzipien für Wirtschaft und Menschenrechte, S. 25, abrufbar unter https://www.csr-in-deutschland.de/SharedDocs/Downloads/DE/NAP/nap-im-original.pdf.

197 „Ein neuer Aufbruch für Europa. Eine neue Dynamik für Deutschland. Ein neuer Zusammenhalt für unser Land". Koalitionsvertrag zwischen CDU, CSU und SPD, 19. Legislaturperiode, abrufbar unter https://www.cdu.de/system/tdf/media/dokumente/koalitionsvertrag_2018.pdf?file=1.

werden soll. In dieselbe Richtung zielt der noch vor dem Koalitionsvertrag im Dezember 2017 von der „Forschungsgruppe Verbandstrafrecht" der Universität Köln vorgelegte Entwurf eines „Verbandssanktionengesetzes" (**„Kölner Entwurf"**).[198] Die öffentliche Diskussion über die Details der Umsetzung ist seither in vollem Gange. Wann die Bundesregierung einen Referentenentwurf ins Gesetzgebungsverfahren einbringen wird, ist derzeit noch offen.

VII. Strafen des Wehrstrafrechts[199]

82 Neben den Hauptstrafen der Freiheitsstrafe und der Geldstrafe kennt das Wehrstrafrecht auch die Hauptstrafe des **Strafarrests** (§ 9 WStG).[200] Es handelt sich hierbei um eine militärischen Bedürfnissen entsprechende Form der relativ kurzen Freiheitsstrafe.[201] Ihr Höchstmaß beträgt sechs Monate, ihr Mindestmaß zwei Wochen. Der Strafarrest ist gegenüber der Freiheitsstrafe das mildere Strafmittel. Er hat eine praktisch große Bedeutung, weil im Wehrstrafrecht der Anwendungsbereich der Geldstrafe eingeschränkt ist (§ 10 WStG) und sie nicht verhängt werden darf, wenn besondere Umstände die Verhängung von Freiheitsstrafe (Strafarrest) zur Wahrung der Disziplin gebieten (§§ 10, 12 WStG).[202] Das Wehrstrafrecht hat besondere Vorschriften für die Aussetzung der Freiheitsstrafe und des Strafarrests (§§ 14, 14a WStG) und regelt ausdrücklich, was gilt, wenn mehrere Strafarten zusammentreffen (§ 13 WStG). Für den Vollzug des Strafarrestes in Justizvollzugsanstalten gelten die Vorschriften über den Vollzug der Freiheitsstrafe grundsätzlich entsprechend (§§ 167 bis 170 StVollzG). Vom Strafarrest, der *echte Strafe* ist, ist der Disziplinararrest der Wehrdisziplinarordnung[203] zu unterscheiden (§ 18 Abs. 1 Nr. 5, § 22 WDO), bei dem es sich lediglich um eine einfache Disziplinarmaßnahme handelt, die der Disziplinarvorgesetzte verhängen kann und dessen Mindestmaß drei Tage und dessen Höchstmaß drei Wochen beträgt.

VIII. Rechtsfolgensystem des Jugendstrafrechts

83 Das Jugendstrafrecht[204] ist eine eigene Disziplin innerhalb der gesamten Strafrechtswissenschaft. Zufolge des spezialpräventiven, kriminalpädagogischen Charakters des Jugendstrafrechts unterscheidet sich das Rechtsfolgensystem ganz erheblich vom allgemeinen Strafrecht. Gleichwohl und gerade deshalb gehen vom Jugendstrafrecht und vom Jugendstrafvollzug wesentliche Impulse auf das allgemeine Strafrecht und den Er-

---

198 *Henssler/Hoven/Kubiciel/Weigend* NZWiSt **2018** 1 ff; dazu *Beisheim/Jung* CCZ **2018** 63 ff; *Köllner/Mück* NZI **2018** 311 ff; *Schünemann*StraFO **2018** 317 ff.

199 Hierzu neben den nachstehend zitierten Kommentaren zum WStG und zur WDO: *Krieger* Das Verhältnis des allgemeinen Strafrechts zum Wehrdisziplinar- und Wehrstrafrecht, Diss. München 1968; *Brüning* Das Verhältnis des Strafrechts zum Disziplinarrecht, Baden-Baden (2017) S. 130 ff, 341 ff, 378 ff; *Hertel* Die Zukunft des Wehrstrafrechts, Baden-Baden (2014).

200 Wehrstrafgesetz; Text bei *Fischer* Anh. 16; Kommentare: *Stauf* Wehrrecht Bd. 2 (2002); *Lingens/Korte* WStG[5].

201 Hierzu *Lingens/Korte* WStG[5] § 9 Rdn. 3.

202 *Lingens/Korte* WStG[5] § 10 Rdn. 8 ff.

203 Neue Fassung vom 16. August 2001 (BGBl. I S. 2093); Kommentare zur WDO: *Dau/Schütz* 7. Aufl. (2017); *Schnell/Fritzen* Disziplinarrecht, Strafrecht, Beschwerderecht der Bundeswehr: WDO und BDO (2018).

204 Gesamtdarstellungen des Jugendstrafrechts: *Brunner/Dölling* JGG[13]; *Diemer/ Schatz/Sonnen* JGG[7]; *Eisenberg* JGG[20]; *Meier/Rössner/Trüg/Wulf* JGG[2]; *Laubenthal/Baier/Nestler* Jugendstrafrecht[3]; *Ostendorf* JGG[10]; *Schaffstein/Beulke/Swoboda* Jugendstrafrecht[15]; *Streng* Jugendstrafrecht[4]; ältere Darstellungen: *Albrecht* Jugendstrafrecht[3]; *Böhm/Feuerhelm* Einführung in das Jugendstrafrecht[4].

wachsenenstrafvollzug aus – ähnlich wie die Kriminologie in besonderem Maße die Jugenddelinquenz zum Forschungsgegenstand macht und danach sucht, aus den Ergebnissen Erkenntnisgewinne für die gesamte Kriminalität zu erzielen. All dies hat seinen guten Grund darin, dass der jugendliche Straftäter auf allen Ebenen des Prozesses der strafrechtlichen Reaktion als derjenige erscheint, der spezialpräventiver Beeinflussung in erhöhtem Maße zugänglich ist. In der aktuellen kriminalpolitischen Situation wird dies gerade darin deutlich, dass in Praxis und Diskussion der Diversion und des Täter-Opfer-Ausgleichs (vgl. Rdn. 16ff, 65) Jugendprogramme im Vordergrund stehen. Der aus alledem zu ziehende Gewinn für die Gewichtung der Strafzwecke untereinander bei der Strafzumessung, scil. im Sinne einer Limitierung des Schuldvergeltungsgedankens zugunsten von Präventionsgesichtspunkten, steht weitgehend noch aus. Im Jugendstrafrecht (einschließlich des Jugendstrafverfahrensrechts) wird die Polarität zwischen kriminalpolitisch besonders aktuellen Zielsetzungen, nämlich der Spezialprävention (Diversion) einerseits und dem Opferschutz andererseits, besonders deutlich. In diesem Konflikt hat der Gesetzgeber mit dem 2. Justizmodernisierungsgesetz vom 22. Dezember 2016[205] eine Kompromisslösung gewählt und die Nebenklage im jugendgerichtlichen Verfahren in begrenztem Umfang zugelassen (vgl. § 80 Abs. 3 JGG).[206] Das Jugendstrafrecht kennt als Straftatfolgen: Erziehungsmaßregeln (Rdn. 69), Zuchtmittel (Rdn. 70) und die Jugendstrafe (Rdn. 71), von denen nur die Jugendstrafe echte Kriminalstrafe ist. Die häufigste Strafe des allgemeinen Strafrechts, die Geldstrafe, darf gegen Jugendliche nicht verhängt werden, sehr wohl aber die Nebenstrafe Fahrverbot nach § 44.

1. Zu den **Erziehungsmaßregeln** (§ 9 JGG) gehören die *Erteilung von Weisungen* und die *Verpflichtung zur Inanspruchnahme von Hilfe zur Erziehung* im Sinne des § 12 JGG. Diese Erziehungsmaßregeln sind nicht dazu bestimmt, die Straftat eines Jugendlichen zu ahnden. Die Tat ist für den Richter nur der Anlass, Erziehungsmaßregeln anzuordnen (§ 5 Abs. 1 JGG); diese verfolgen den Zweck, erkennbar gewordene Erziehungsmängel durch erzieherische Einwirkung zu beseitigen. **84**

2. **Zuchtmittel** sind die *Verwarnung*, die *Erteilung von Auflagen* und der *Jugendarrest* (§ 13 Abs. 2 JGG), der als Freizeitarrest, Kurzarrest oder Dauerarrest (§ 16 JGG) verhängt werden kann. Diese Zuchtmittel haben nicht die Rechtswirkung einer Strafe (§ 13 Abs. 3 JGG). Es handelt sich aber um eine Form der Ahndung von Straftaten, durch die dem Jugendlichen eindringlich zum Bewusstsein gebracht werden muss, dass er für das von ihm begangene Unrecht einzustehen hat (§ 13 Abs. 1 JGG). **85**

3. Die **Jugendstrafe** ist die einzige echte Strafe des Jugendstrafrechts. Ihr Mindestmaß beträgt sechs Monate, ihr Höchstmaß grundsätzlich fünf Jahre, in bestimmten Fällen auch zehn Jahre (§§ 17, 18 JGG). Gegen Heranwachsende, die wegen Mordes verurteilt werden, beträgt das Höchstmaß bei besonderer Schwere der Schuld sogar 15 Jahre (§ 105 Abs. 3 Satz 2 JGG). Jugendstrafe darf nur verhängt werden, wenn wegen der schädlichen Neigungen des Jugendlichen, die in der Tat hervorgetreten sind, Erziehungsmaßregeln und Zuchtmittel zur Erziehung nicht ausreichen *oder* wenn wegen der Schwere der Schuld Strafe erforderlich ist. Diese beiden Alternativen, die aus ganz verschiedenen Ansätzen (im ersten Fall reines Erziehungsstrafrecht, im zweiten Schuldausgleich) Voraussetzung und Strafgrund für die Verurteilung zu Jugendstrafe bilden, bringen in das **86**

205 BGBl. I S. 3416.
206 Vgl. *Bühler* StraFo **2016** 364; *Schöch* ZJJ **2012** 246.

Institut und Konzept der Jugendstrafe eine gewisse Spannung. Die Rspr. des BGH zielt darauf ab, dieses Gefälle zwischen den beiden so ungleichen Indikationen der Jugendstrafe dadurch auszugleichen, dass der Jugendstrafe generell eine erzieherische Zielsetzung beigemessen wird und diese weitestgehend als legitimationsnotwendig und bemessungsmaßstäblich behandelt wird.[207] Wegen der wesensmäßigen Verschiedenheit von Jugend- und Erwachsenenstrafe, zumindest wegen Fehlens einer „planwidrigen Gesetzeslücke" lehnt der BGH jede Art einer Gesamtstrafenbildung aus Jugend- und Erwachsenenstrafe – etwa in analoger Anwendung von § 32 JGG – ab (BGHSt **36** 270 m.N. des Streitstandes, **36** 294, 259; vgl. auch BGHSt **37** 34 und **40** 1; BGH NStZ **2016** 683). Nachdem das BVerfG in seinem Urteil vom 31.5.2006[208] eine gesetzliche Grundlage für den Vollzug der Jugendstrafe gefordert hatte, haben zwischenzeitlich die Länder, denen seit der am 1.9.2006 in Kraft getretenen Föderalismusreform I die entsprechende Gesetzgebungskompetenz zusteht, entsprechende Regelungen geschaffen.[209] Unter im Wesentlichen denselben Voraussetzungen wie im allgemeinen Strafrecht (§ 56) kennt das Jugendstrafrecht auch die Strafaussetzung zur Bewährung (§ 21 JGG). Ferner kann nach dem Vorbild der englischen probation (vgl. auch die Verwarnung mit Strafvorbehalt nach § 59 StGB) nicht nur die Jugendstrafe, sondern bereits deren *Verhängung*, nachdem die Schuld festgestellt ist, *ausgesetzt* werden, wenn das Gericht nicht sicher beurteilen kann, ob eine Jugendstrafe erforderlich ist (§ 27 JGG).

87 **4.** Im Jugendstrafrecht sind **nur bestimmte Maßregeln der Besserung und Sicherung** zugelassen, nämlich die Unterbringung in einem psychiatrischen Krankenhaus oder in einer Entziehungsanstalt, die Führungsaufsicht oder die Entziehung der Fahrerlaubnis und die vorbehaltene Sicherungsverwahrung (§ 7 JGG), nicht also die Unterbringung in der Sicherungsverwahrung oder das Berufsverbot (vgl. § 61 Nr. 3 und 6 StGB). Ebensowenig darf auf den Verlust der Amtsfähigkeit, der Wählbarkeit und des Stimmrechts und auf die Bekanntgabe des Urteils erkannt werden (§ 6 JGG). Einziehung nach §§ 73ff StGB, auch § 375 Abs. 2 AO sind möglich, vgl. § 76 Abs. 1 Satz 1 JGG. Zulässig sind die Unbrauchbarmachung (§ 74d StGB), die Abführung des Mehrerlöses (§§ 8ff WiStG), die Entziehung des Jagdscheins (§ 40 BJagdG) und das Verbot der Tierhaltung (§ 20 TierSchG). Auch Nebenstrafen und Nebenfolgen nach landesrechtlichen Vorschriften sind möglich.[210]

88 **5.** Zum **Jugendstrafrecht der DDR** und zur Anwendbarkeit des JGG nach dem **Einigungsvertrag** s. 11. Aufl. Rdn. 90.

IX. Sanktionen außerhalb des Kriminalrechts

89 **1.** Die Rechtsordnung kennt außerhalb des Kriminalrechts eine Reihe weiterer **Sanktionen öffentlich-rechtlichen Charakters**, die an der Rechtsordnung zuwiderlaufende Verhaltensweisen anknüpfen, die aber ihrem Wesen nach nicht – wie die Kriminalstrafen – ein sozialethisches Unwertsurteil enthalten. Hierzu gehören insbesondere

---

207 BGHSt **15** 224; **16** 261, 263; BGH StV **1981** 26, 130, 240, 241, 405; **1982** 173, 474; **1988** 307; jedoch BGH StV **1982** 121; BGH NStZ **1996** 232 und 496; dazu *Brunner/Dölling* JGG § 17 Rdn. 14ff; *Eisenberg* JGG § 17 Rdn. 29ff; *Ostendorf* JGG § 17 Rdn. 4ff; *Bruns* StV **1982** 592; *Schaffstein* FS Heinitz S. 461.

208 BVerfGE **116** 69.

209 Vgl. dazu den Überblicksbeitrag von *Eisenberg* NStZ **2008** 250 und die Kommentierung von *Ostendorf* Jugendstrafvollzugsrecht 3. Aufl. (2016).

210 Zu alledem *Brunner/Dölling* JGG § 6 Rdn. 2ff; *Dallinger/Lackner* JGG § 6 Rdn. 5ff; *Eisenberg* JGG § 6 Rdn. 4ff; *Ostendorf* § 6 Rdn. 2ff.

die Rechtsfolgen des Ordnungswidrigkeitenrechts (Rdn. 90) und des Disziplinarrechts (Rdn. 92ff), ferner aber auch die zahlreichen Ungehorsamsfolgen oder die Rechtsfolgen bei Ordnungsverstößen sowie die Zwangs- und Beugemaßnahmen, durch die innerhalb der verschiedenen verfahrensrechtlichen Vorschriften Handlungen erzwungen werden sollen (Rdn. 96ff). Solche Rechtsnachteile wurden im früheren Recht uneinheitlich und ohne Rücksicht darauf, ob sie repressiven Charakter hatten oder Zwangs- oder Beugemaßnahmen darstellten, bald als „Geldstrafe", „Ordnungsstrafe", „Geldbuße" bezeichnet. Diesem „planlosen Durcheinander des bisherigen gesetzlichen Sprachgebrauchs"[211] half das EGStGB 1974 in dem Sinne ab, dass es überall, wo es um die repressiven Rechtsfolgen für Ordnungsverstöße ging, die Bezeichnung „Ordnungsgeld" oder „Ordnungshaft" einführte und bei Zwangs- und Beugemaßnahmen die Bezeichnungen „Zwangsgeld" oder „Zwangshaft".

a) Unter den nichtkriminellen Tatsanktionen spielen die **Rechtsfolgen des Ordnungswidrigkeitenrechts**[212] in der Praxis die größte Rolle, insbesondere die *Geldbuße* (§ 17 OWiG), die – als Nebenfolge – *auch gegen juristische Personen* festgesetzt werden kann (§ 30 OWiG). Von Bedeutung ist aber auch die *Einziehung*, die im Ordnungswidrigkeitenrecht den Charakter einer Nebenfolge hat (§ 22 OWiG), dasselbe gilt von dem Fahrverbot des § 25 StVG und für die Abführung des Mehrerlöses nach § 10 Abs. 2 WiStG. Das Mindestmaß der Geldbuße beträgt fünf Euro, das allgemeine Höchstmaß 1000 Euro (§ 17 Abs. 1 OWiG),[213] jedoch ist ein (wesentlich) höheres Höchstmaß in zahlreichen Bundes- und Landesgesetzen[214] vorgesehen, insbesondere in Sachen aus dem Gebiet des Steuer-, Naturschutz-, Umwelt-, Denkmalschutz- und Wirtschaftsrechts, wo durch die Verletzung von Ordnungsvorschriften besonders hohe Gewinne erzielt werden können und sehr vermögende Personen als Täter in Betracht kommen.[215] **90**

Geldbußen sind, auch wenn sie etwa horrend hoch ausfallen und von den Betroffenen wie Geldstrafen empfunden werden, ihrer Rechtsnatur und ihrer Rechtswirkung nach von den Geldstrafen rechtlich deutlich zu unterscheiden, mögen sie auch, falls auf sie gerichtlich erkannt ist, ebenso wie Nebenfolgen einer Ordnungswidrigkeit, die zu einer Geldzahlung verpflichten, nach § 87 Abs. 1 und 2 Satz 1 StVollstrO i.V.m. § 1 Abs. 1 Nr. 2 EBAO[216] vollstreckt werden. **91**

Das Recht der Ordnungswidrigkeiten hat seit dem 19. Jahrhundert eine eigene Geschichte[217] neben dem Strafrecht, die notwendig alle Phasen der Strafrechtsentwicklung

---

211 So schon Begründung zu Art. 13 des Entwurfs eines Einführungsgesetzes zum Allgemeinen Deutschen Strafgesetz und zum Strafvollzugsgesetz 1930 (Mat. 7. Band).

212 Kommentare zum OWiG und Gesamtdarstellungen des Ordnungswidrigkeitenrechts: *Göhler* OWiG 17. Aufl. (2017); KK-OWiG 5. Aufl. (2018); *Klesczweski* Ordnungswidrigkeitenrecht 2. Aufl. (2011); *Krenberger/Krumm* OWiG 5. Aufl. (2018); *Lemke/Mosbacher* OWiG 2. Aufl. (2005); *Rebmann/Roth/Herrmann* OWiG 25. Aktualisierung Stand: (2017); *Bohnert/Bülte* Ordnungswidrigkeitenrecht 5. Aufl. (2016); *Mitsch* Recht der Ordnungswidrigkeiten 2. Aufl. (2005); weiteres Schrifttum, namentlich zur Abgrenzung zwischen Straftaten und Ordnungswidrigkeiten bei Fn. 229.

213 In der Fassung des Gesetzes zur Einführung des Euro in Rechtspflegegesetzen und in Gesetzen des Straf- und Ordnungswidrigkeitenrechts usw. vom 13. Dezember 2001 (BGBl. I S. 3574).

214 Übersichten über die ergänzenden Vorschriften des Landesrechts bei *Göhler* OWiG Anhang B und KK-OWiG Anhang B.

215 Z.B. Geldbuße bis zu 50 000 Euro nach § 378 Abs. 2 AO wegen leichtfertiger Steuerverkürzung.

216 Strafvollstreckungsordnung vom 1. August 2011, zuletzt geändert mit Wirkung zum 1. Oktober 2017 durch Bekanntmachung vom 18. August 2017 (BAnz Nr. 112a S. 1) und Einforderungs- und Beitreibungsanordnung vom 1. August 2011 (BAnz Nr. 112a S. 22).

217 Zur Theoriengeschichte ausführlich *Mitsch* KK-OWiG Einl. Rdn. 50 bis 81; vgl. auch *Gürtler/Seitz/Bauer* in *Göhler* OWiG Einl. Rdn. 1 bis 12; *Lemke/ Mosbacher* OWiG Einl. Rdn. 4 bis 11.

spiegelnd durchlaufen hat und geprägt ist von dem ständigen Bemühen um eine Abgrenzung vom Strafrecht. Bis heute ist die Bestimmung der Grenze zwischen Straftat und Ordnungswidrigkeit theoretisch umstritten.[218] Positivistisch lässt sich sagen, dass allein der Gesetzgeber durch die jeweilige Androhung der Rechtsfolge (Geldbuße oder Strafe) bestimmt, welches Verhalten er als Ordnungsunrecht und welches er als Kriminalunrecht bewertet (§ 1 Abs. 1 OWiG).[219] Gleichwohl bleibt das Problem der substanziellen Unterscheidung der beiden Formen des Unrechts. Geldstrafen sind Rechtsfolgen aus kriminellem Unrecht und bringen stets ein sozialethisches Unwerturteil zum Ausdruck. Geldbußen hingegen folgen aus Ordnungswidrigkeiten, denen jener hohe Grad von Verwerflichkeit der Begehungsweise fehlt, die ein *schweres* sozialethisches Unwerturteil rechtfertigt.[220] Die scharfe Trennung dieser beiden staatlichen Reaktionen gilt auch in jenen Grenzbereichen, in denen signifikant qualitative Unterschiede zwischen Straftaten (minderer Schwere) und Ordnungswidrigkeiten (von beträchtlichem Unrechtsgehalt) nicht aufweisbar sind. Immerhin bemüht sich der Gesetzgeber dadurch, dass er sog. „Mischtatbestände" vermeidet[221] – das OWiG 1968 enthält keine Vorschrift mehr hierüber –, dass Straftaten und Ordnungswidrigkeiten durch abstrakte Tatbestandsbewertungen und in der Rechtsfolge durch formale und quantitative Merkmale eindeutig auseinandergehalten werden können. Diese formale Abschichtung zwischen Straftaten und Ordnungswidrigkeiten hat auch dann noch einen Sinn, wenn man, wie inzwischen überwiegend angenommen wird,[222] allgemeingültige und sachlich überzeugende Abscheidungskriterien nicht findet. Dem Gesetzgeber ist es nämlich nicht etwa deswegen versagt, Unterschiede zwischen Straftaten und bloßen Ordnungswidrigkeiten zur Kenntnis zu nehmen, weil sich in mehr oder weniger breiten Grenz- und Randbereichen solche Unterschiede verwischen.[223] Im Übrigen sind für Art und Umfang solcher Überlagerungen auch bis zu einem gewissen Grade zeitbedingte Gegebenheiten der Gesellschafts- und Sozialordnung maßgebend. Es ist daran zu erinnern, dass sich mit dem Aufkommen des modernen Sozial- und Wohlfahrtsstaates mit seiner umfassenden „Daseinsvorsorge" nebenstrafrechtliche Normen inflationär vermehrten und sich ursprünglich für diese neue Erscheinungsform bloßen „Verwaltungsunrechts" (früher auch als „Polizeistrafrecht" bezeichnet) innerhalb des Strafrechts vornehmlich die damalige Deliktsform der Übertretungen anbot, zumal da auch das StGB im Abschnitt der Übertretungen Normwidrigkeiten aus verschiedensten Gebieten ohne näheren sachlichen Zusammenhang zusammengefasst hatte. Der Ruf nach einer Abscheidung reinen Verwaltungsunrechts, das das klassische Strafrecht zunehmend zu überwuchern drohte, wurde schon seit Beginn des vorigen Jahrhunderts vor allem von *Frank, James Goldschmidt, Erik Wolf* und *Eberhard Schmidt*[224] erhoben. Diese Entwicklung fand im WiStG vom 26. Juli 1949[225] ihren ersten gesetzgeberischen Nieder-

218 *Mitsch* KK-OWiG Einl. Rdn. 82 ff, 92 ff; *Rogall* KK-OWiG vor § 1 Rdn. 2; *Förster* in *Rebmann/Roth/Herrmann* OWiG vor § 1 Rdn. 4 ff; *Göhler/Gürtler* OWiG vor § 1 Rdn. 2 ff; *Jescheck/Weigend* § 7 V 3.
219 *Förster* in *Rebmann/Roth/Herrmann* OWiG vor § 41 Rdn. 4.
220 Vgl. *Jescheck/Weigend* § 7 V 3b.
221 Das geltende Recht kennt nur noch wenige solche Mischtatbestände; dazu *Krenberger/Krumm* OWiG § 1 Rdn. 26 bis 29; *Rogall* KK-OWiG vor § 1 Rdn. 11 bis 14, insbes. Rdn. 13; *Göhler/Gürtler* OWiG vor § 1 Rdn. 33 bis 36, insbes. Rdn. 35a; vgl. auch *Göhler* JZ **1968** 586; *Förster* in *Rebmann/Roth/Herrmann* vor § 1 Rdn. 49 ff.
222 *Rogall* KK-OWiG vor § 1 Rdn. 2; *Göhler/Gürtler* OWiG vor § 1 Rdn. 7; *Lemke/Mosbacher* OWiG Einl. Rdn. 12 ff; **aA** *Bohnert* KK-OWiG Einl. Rdn. 92 ff, der mit ausführlicher Darstellung eine „Festigung" der Rechtslage konstatiert; *Krenberger/Krumm* OWiG § 1 Rdn. 3 bis 5.
223 *Göhler/Gürtler* OWiG vor § 1 Rdn. 5; *Förster* in *Rebmann/Roth/Herrmann* OWiG vor § 1 Rdn. 9.
224 *Frank* ZStW **18** (1898) 742; *James Goldschmidt* Verwaltungsstrafrecht 1902 und Deliktsobligationen 1905; *Erik Wolf* FG Frank Bd. II S. 516; *Eb. Schmidt* Wirtschaftsstrafrecht S. 21 und SJZ **1949** 665.
225 GBl. der Verwaltung des Vereinigten Wirtschaftsgebiets S. 193.

schlag. Mit dem OWiG 1952[226] wurde ein umfassendes Rahmengesetz geschaffen, das die Aussonderung von Ordnungswidrigkeiten aus dem Strafrecht auf wesentlichen Gebieten, auf denen es nebenstrafrechtliche Normen gab, möglich gemacht hat. Das OWiG 1968[227] vervollkommnete diese Rahmengesetzgebung namentlich auf dem Gebiet des Verfahrensrechts. In jüngerer Zeit treten die in der Sache selbst liegende Schwierigkeit und das gesetzgeberische Unvermögen, für die Abgrenzung zwischen Ordnungswidrigkeiten und Straftaten qualitative Wertkategorien zu finden, dadurch immer mehr zutage, dass sich bei den Ordnungswidrigkeiten nicht nur Verhaltensweisen finden, die Verwaltungsungehorsam zum Gegenstand haben, sondern zunehmend gewichtige Gefährdungstatbestände, bei denen es um den Schutz von Leben und Gesundheit geht (z.B. § 121 OWiG, § 49 StVO i.V.m. § 24 StVG, § 24a StVG), die Allgemeinheit belästigende, grob anstößige Verhaltensweisen sowie verbotene Prostitutionsausübung (§§ 117 bis 120 OWiG), Erschleichungstatbestände, die im Vorfeld des Betrugs liegen (z.B. § 379 Abs. 1 AO; § 19 Abs. 4 Nr. 1 AußWirtschG), oder sonst Vorbereitungstatbestände für Fälschungsdelikte (§§ 127, 128 OWiG). Diese Verhaltensweisen sind keineswegs sozialethisch farblos. Von *Straf*tatbeständen, die die entsprechenden Rechtsgüter schützen, unterschieden sich diese Ordnungswidrigkeiten nur in quantitativer oder gradueller Hinsicht. Solche Verhaltensweisen (noch) nicht mit Kriminalstrafe zu bedrohen, folgt aus der Einsicht der fragmentarischen Natur des Strafrechts und einem Gebot der Rechtsstaatlichkeit. Ebenso folgt aber daraus, dass sich der Gesetzgeber gerade durch solche – im Einzelnen möglicherweise problematische – Zuordnungen außerstandsetzt, *insoweit* Straftaten und Ordnungswidrigkeiten *im Einzelnen* qualitativ *überzeugend* abzuscheiden. Er verdient deswegen keinen Tadel, sondern eher seine Kritiker,[228] die aus der Not, in diesem Bereich zwischen Straftaten und Ordnungswidrigkeiten eine klare Grenze zu finden, gleich die Ablehnung einer ganzen Kategorie von Zuwiderhandlungen fordern, ohne zu berücksichtigen, dass der – augenfällige – fundamentale Unterschied, der *im Kernbereich* zwischen herkömmlichem Kriminalrecht und Ordnungswidrigkeitenrecht besteht, aus rechtsstaatlichen aber auch aus kriminalpolitischen Gründen eine differenzierte gesetzliche Behandlung im Rechtsfolgensystem gebietet.[229]

---

226 V. 25. März 1952 (BGBl. I S. 177; III 454–1), das am 1. Oktober 1968 außer Kraft getreten ist.

227 V. 24. Mai 1969 (BGBl. I S. 481; III 454–1) i.d.F. v. 19. Februar 1987 (BGBl. I S. 602).

228 Vgl. *Mattes* ZStW **82** (1970) 119 f; *Schoreit* GA **1967** 225.

229 Auswahl aus dem Schrifttum zur Abgrenzung zwischen Straftat und Ordnungswidrigkeit: *Bohnert* Die Entwicklung des Ordnungswidrigkeitenrechts, Jura **1984** 11; *Brodowski* Die Verwaltung darf nicht strafen – warum eigentlich nicht? Zugleich eine Vorstudie zu einer rechts-evolutionären, weichen Konstitutionalisierung strafrechtsdogmatischer Grundannahmen ZStW **128** (2016) 370; *Coeppicus* Wider das OwiG, DRiZ **1982** 366; *Coeppicus* Eine Bilanz des OwiG 1968, DAR **1985** 97; *Cramer* OwiG-Reform auf dem Holzweg? DAR **1981** 269; *Eser* Die Abgrenzung von Straftaten und Ordnungswidrigkeiten, Diss. Würzburg 1961; *Figueiredo Dias* Vom Verwaltungsstrafrecht zum Nebenstrafrecht, FS Jescheck Bd. I S. 79; *Frank* Die Aufspaltung der staatlichen Strafgewalt, ZStW **18** (1898) 733; *Göhler* Das neue Gesetz über Ordnungswidrigkeiten, JZ **1968** 583; *J. Goldschmidt* Das Verwaltungsstrafrecht, 1902; *J. Goldschmidt* Deliktsobligationen des Verwaltungsrechts, Mitt. IKV Bd. 12 (1905) S. 127 ff; *Günther* Das Recht der Ordnungswidrigkeiten in: *Nörr* (Hrsg.) 40 Jahre Bundesrepublik Deutschland, 1990, S. 325; ders. Die Ordnungswidrigkeit – Delikt ohne unmittelbar verletztes individuelles Opfer, FS Tiedemann (2008) 165; *Kunz* Das strafrechtliche Bagatellprinzip, 1984; *Mattes* Zur Problematik der Umwandlung der Verkehrsübertretungen in Ordnungswidrigkeiten, ZStW 82 (1970) 25; *Mattes* Untersuchungen zur Lehre von den Ordnungswidrigkeiten, 1. Halbb. 1977, 2. Halbb. 1982; Bespr. *Krümpelmann* GA **1983** 230; *Michels* Strafbare Handlung und Zuwiderhandlung, 1963; *Roos* Strafrechtliche Sanktionen und Ordnungswidrigkeitenrecht AiB 1999 490; *Eb. Schmidt* Straftaten und Ordnungswidrigkeiten, FS für Adolf Arndt (1969) S. 415; *Schottelius* Die Trennung zwischen kriminellem Unrecht und Verwaltungsunrecht, Mat. II S. 11 (rechtsvergleichend); *Stein* Strafrecht und/oder Ordnungswidrigkeit? 2008 *Weber* Die Überspannung der staatlichen Bußgeldgewalt, ZStW **90** (1982) 313; *E. Wolf* Die Stellung der Verwaltungsdelikte im Strafrechtssystem, Frank-Festgabe Bd. II S. 516.

Zur Materie des Ordnungswidrigkeitenrechts gehört nicht das **Bußgeldrecht der Europäischen Gemeinschaft,** das verwechslungsanfällige Termini verwendet (*Bohnert* Ordnungswidrigkeitenrecht Rdn. 15; *Krenberger/Krumm* OWiG § 5 Rdn. 15ff).

92 **b)** Nicht zu den Kriminalstrafen gehören **Rechtsfolgen,** auf die in **Disziplinar-** oder berufsständischen und **ehrengerichtlichen Verfahren** erkannt wird. Solche Disziplinarmaßnahmen[230] sind streng von den strafrechtlichen Sanktionen zu unterscheiden und gegenüber ihnen selbständig. Sie haben freilich noch eine enge Verwandtschaft mit dem Strafrecht, aus dem sie erst im Laufe des 19. Jahrhunderts herausgelöst worden sind. Das Preußische Allgemeine Landrecht kannte noch keinen Unterschied zwischen allgemeinem Strafrecht und Disziplinarstrafrecht.[231] Disziplinarmaßnahmen sind gegenüber den Sanktionen des Strafrechts kein Weniger, sie verfolgen vielmehr ein anderes Ziel: „Zweck des ordentlichen Strafrechts ist ... die Aufrechterhaltung der Rechtsordnung, Zweck des Disziplinarstrafrechts die Erziehung des Beamtentums, um es in seiner Leistungsfähigkeit und Reinheit zu erhalten.[232] Entsprechendes gilt für die Disziplinarmaßnahmen gegen Soldaten und für die berufsständischen und ehrengerichtlichen Maßnahmen der Rechtsanwaltschaft, der Ärzteschaft und anderer Berufsgruppen, die eine Ehrengerichtsbarkeit haben. Stets geht es in diesem Bereich um *besondere* Treue-, Dienst- und Berufspflichten einer bestimmten Berufsgruppe. Eine strafgerichtliche und eine disziplinargerichtliche (ehrengerichtliche) Verurteilung wegen derselben Sache ist indessen unbeschadet Art. 103 Abs. 3 GG möglich, da diese Verfassungsnorm nur eine Mehrfachbestrafung „aufgrund der allgemeinen Strafgesetze“ verbietet (BVerfGE **21** 391).[233] Allerdings hat das BVerfG am Beispiel des Disziplinararrests eines Soldaten eine Anrechnung der Disziplinarstrafe auf die strafgerichtliche Verurteilung aus Gründen der Rechtsstaatlichkeit für geboten erachtet (BVerfGE **21** 378, 390, 391).[234] Im Übrigen enthält § 14 BundDiszO Vorschriften darüber, wann auf Disziplinarmaßnahmen erkannt werden kann, nachdem bereits durch ein Gericht oder eine Behörde eine Strafe oder Ordnungsmaßnahme verhängt worden ist.

93 **Disziplinarmaßnahmen des Bundesdisziplinargesetzes,**[235] das für die Bundesbeamten maßgebend ist, sind der *Verweis,* die *Geldbuße,* die *Kürzung der Dienstbezüge,* die *Zurückstufung,* die *Entfernung aus dem Beamtenverhältnis,* die *Kürzung des Ruhegehalts* und die *Aberkennung des Ruhegehalts* (§§ 5 bis 12 BDG).

94 Die **Wehrdisziplinarordnung**[236] unterscheidet für Soldaten *einfache Disziplinarmaßnahmen* (§ 18 Abs. 1 WDO: Verweis, strenger Verweis, Disziplinarbuße, Ausgangsbeschränkung und Disziplinararrest) und *gerichtliche Disziplinarmaßnahmen* (§ 54 Abs. 1 WDO: Gehaltskürzung, Beförderungsverbot, Dienstgradherabsetzung, Entfernung aus dem Dienstverhältnis, Kürzung des Ruhegehalts und Aberkennung des Ruhegehalts).

95 Für die **Rechtsanwälte** kennt § 114 BRAO[237] folgende **ehrengerichtliche Maßnahmen**: Warnung, Verweis, Geldbuße bis zu 25000 Euro, Verbot, auf bestimmten Rechts-

---

230 Dazu *Maurach/Zipf/Jäger* § 1 Rdn. 16ff.
231 Nachweise bei *Lenckner* in *Göppinger/Witter* Handbuch der forensischen Psychiatrie Band I (1972) S. 4 Fußn. 2.
232 So schon PreußOVGE **61** (1912) 442; ähnlich BVerfGE **21** 390 = NJW **1967** 1656.
233 BVerfGE **21** 391 = NJW **1967** 1657; BVerfGE **27** 180 = NJW **1970** 509; ferner *Maunz/Dürig/Herzog/Schmidt-Aßmann* GG, 84. EL. Art. 103 Rdn. 288.
234 BVerfGE **21** 378, 390, 391 = NJW **1967** 1653, 1654.
235 Vom 9. Juli 2001 (BGBl. I S. 1510), zuletzt geändert durch G vom 19. Oktober 2016 (BGBl. I S. 2362).
236 S. Fn. 199.
237 Bundesrechtsanwaltsordnung vom 1. August 1959 (BGBl. I S. 565), letztes ÄndG v. 30. Oktober 2017 (BGBl. I S. 3618); jüngere Kommentare zur BRAO: *Feuerich/Weyland* 9. Aufl. (2016); *Henssler/Prütting* 4. Aufl. (2014); *Kleine-Cosack* 7. Aufl. (2015).

gebieten als Vertreter und Beistand für die Dauer von einem Jahr bis zu fünf Jahren tätig zu werden, und die Ausschließung aus der Rechtsanwaltschaft.

c) Auch die **Ordnungs- und Zwangsmittel des Prozessrechts** gehören nicht dem Kriminalrecht an. Sie dienen lediglich dem geordneten Ablauf staatlicher Rechtsprechungs- und Verwaltungstätigkeiten und sind dem Ordnungswidrigkeitenrecht wesensverwandt. 96

Hierzu zählen das **Ordnungsgeld** und die **Ordnungshaft**. Diese Ordnungsmittel werden z.B. gegen Schöffen, Zeugen oder Sachverständige festgesetzt, die unentschuldigt ausbleiben (§§ 51, 77 StPO, § 380 ZPO, § 56 GVG), gegen Zeugen, die die Aussage oder die Eidesleistung (§ 70 StPO, § 390 ZPO), die körperliche Untersuchung (§ 81c Abs. 6 StPO) oder die Herausgabe von zu beschlagnahmenden Gegenständen (§ 95 Abs. 2 StPO) verweigern. Mit Ordnungsgeld bis zu 1000 Euro oder Ordnungshaft bis zu einer Woche kann die Ungebühr von Prozessbeteiligten (§ 178 GVG) geahndet werden. In diesem Fall kann das Ordnungsmittel ein Verhalten betreffen, das auch kriminelles Unrecht ist. Wird wegen dieser Tat später auf Strafe erkannt, so sind das Ordnungsgeld oder die Ordnungshaft auf die Strafe anzurechnen (§ 178 Abs. 3 GVG). 97

Betont repressiver Natur und den Merkmalen einer Kriminalstrafe am nächsten[238] sind die Ordnungsmittel, die in der Zwangsvollstreckung *wegen Zuwiderhandlungen gegen eine Handlungs- oder Duldungsverpflichtung nach § 890 ZPO* verhängt werden. Das Ordnungsgeld kann in diesen Fällen bis zu 250.000 Euro, die Ordnungshaft insgesamt bis zu zwei Jahre betragen. 98

Zur *Erzwingung von unvertretbaren Handlungen* sieht das Gesetz **Zwangsgeld** und **Zwangshaft** nach § 888 ZPO vor.[239] Das Zwangsgeld kann bis zu 25.000 Euro betragen. Für die Zwangshaft gelten in diesen Fällen die besonderen Vorschriften der §§ 901ff ZPO. 99

Zwangsgelder können zur Erzwingung bestimmter Handlungen ferner z.B. verhängt werden gegen Vormünder (§ 1837 Abs. 3 Satz 1 BGB), Zwangsverwalter (§ 153 Abs. 2 ZVG), Testamentsbesitzer (§ 35 FamFG), Vorstandsmitglieder von Aktiengesellschaften (§ 407 AktG) u.a.m. 100

Die Ordnungs- und Zwangsgelder werden nach der Justizbeitreibungsordnung (JBeitrO) und der Einforderungs- und Beitreibungsanordnung (EBAO)[240] eingefordert und beigetrieben (§ 1 Abs. 1 Nr. 3 EBAO). Das gilt allerdings nicht für Zwangsgelder, die im Auftrage des Gläubigers zu vollstrecken sind (§ 1 Abs. 1 Nr. 3 EBAO), hierzu gehören z.B. das Zwangsgeld nach § 888 ZPO, nicht jedoch das Ordnungsgeld nach § 890 ZPO. Die **Vollstreckung** der verschiedenen Erscheinungsformen der Ordnungs- und Zwangshaft richtet sich nach unterschiedlichen Vorschriften, je nachdem, ob die Vollstreckung durch die Staatsanwaltschaft erfolgt oder ob der Vorsitzende des Gerichts die Vollstreckung unmittelbar veranlasst (§ 88 insbes. Abs. 2 StVollstrO).[241] Zum **Vollzug** von Ordnungs- und Zwangshaft der verschiedenen Art s. § 38 Rdn. 58 und die umfassende Darstellung bei *Manfred Winter* Vollzug der Zivilhaft (1987). 101

d) Weder Geldstrafe noch Geldbuße ist das **Verwarnungsgeld** im Verwarnungsverfahren (§ 56 Abs. 1 Satz 1 OWiG; § 26a Abs. 1 Nr. 1 StVG; § 2 Bußgeldkatalog-Verordnung – 102

238 Vgl. BVerfGE **20** 331.
239 Ähnliche Fälle z.B. § 33 FGG; § 11 Verwaltungsvollstreckungsgesetz; §§ 328, 329, 334 AO.
240 I.d.F. v. 27. Juni 2016 bzw. 1. August 2011; Zur Vollstreckung von Ordnungs- und Zwangsgeldern, von Ordnungs- und Zwangshaft *Pohlmann/Jabel/Wolf* StrVollstrO[9] § 10 Rdn. 7 f, § 88 Rdn. 1 ff; *Isak/Röttle/Wagner* Strafvollstreckung[8]. Rdn. 511 ff, 524 ff.
241 Zu den Einzelheiten *Pohlmann/Jabel/Wolf* und *Isak/Röttle/Wagner* wie Fn. 173.

BKatV –).[242] Dieses Verfahren, das an die Stelle der früheren „gebührenpflichtigen Verwarnung" (§ 22 StVG a.F.) getreten ist, hat große praktische Bedeutung. Dem Täter einer geringfügigen Ordnungswidrigkeit soll sein Fehlverhalten vorgehalten und ihm in seinem Einverständnis ein Denkzettel in der Form einer geringfügigen Vermögenseinbuße erteilt werden. Das Verwarnungsgeld beträgt im allgemeinen Ordnungswidrigkeitenrecht (§ 56 Abs. 1 Satz 1 OWiG) und im Verkehrsordnungswidrigkeitenrecht (§ 2 Abs. 3 BKatV) zwischen fünf und 55 Euro. Die Verwarnung mit Verwarnungsgeld ist ein mitwirkungsbedürftiger Verwaltungsakt aus Anlass einer Ordnungswidrigkeit.[243] Sie schafft ein Verfahrenshindernis (§ 56 Abs. 4 OWiG). Gegen ihre Verfassungsgemäßheit bestehen keine Bedenken (BVerfGE **22** 125).[244]

103 **2. Zivilrechtliche und kirchenrechtliche Sanktionen.** Keinen Zusammenhang mit dem staatlichen Kriminalrecht haben die *Privatstrafen* (§§ 339ff BGB), die *Vereinsstrafen*[245] und die *Kirchenstrafen.*[246] Sie dienen anderen als staatlichen Zwecken. Dasselbe gilt für Strafen und Maßnahmen, die durch Organe der – freilich praktisch bedeutsamen – *Betriebsjustiz*[247] ausgesprochen werden.

Freiheitsstrafe

§ 38
Dauer der Freiheitsstrafe

(1) Die Freiheitsstrafe ist zeitig, wenn das Gesetz nicht lebenslange Freiheitsstrafe androht.

(2) Das Höchstmaß der zeitigen Freiheitsstrafe ist fünfzehn Jahre, ihr Mindestmaß ein Monat.

Schrifttum zur lebenslangen Freiheitsstrafe

A. Aus dem älteren Schrifttum (vor 2009): *Baltzer* Zur Problematik der lebenslangen Freiheitsstrafe, StV **1989** 42; *Becker* Lebenslange Freiheitsstrafe, DRiZ **1976** 274; *Beckmann* Verfassungsrechtliche Grenzen staatlichen Strafens, DRiZ **1977** 108; *ders.* Die bedingte Entlassung aus der Strafhaft bei „lebenslanger" Freiheitsstrafe, DRiZ **1979** 145; *ders.* Die Aussetzung des Strafrestes bei lebenslanger Freiheitsstrafe, NJW **1983** 537; *Bock/Mährlein* Die lebenslange Freiheitsstrafe in verfassungsrechtlicher Sicht ZRP **1997** 376; *K. Böhm* Zusammentreffen von lebenslanger Freiheitsstrafe mit anderen Strafen und freiheitsentziehenden Maßregeln, NJW **1982** 135; *Börgers* Zeitige Freiheitsstrafe für Mord – zur Bedeutung der sog. Rechtsfolgenlösung bei außergewöhnlichen Umständen nach der Tat, JR **2004** 139; *Bresser* Für und Wider die lebenslange Freiheits-

242 Verordnung über die Erteilung einer Verwarnung, Regelsätze für Geldbußen und die Anordnung eines Fahrverbots wegen Ordnungswidrigkeiten im Straßenverkehr (Bußgeldkatalog-Verordnung – BKatV) vom 14. März 2013, BGBl. I 2013, 498; aktuelle Fassung und Tabellen bei *Bode/Reisert/Kroll* 9. Aufl. (2017).
243 BVerfGE **22** 125, 131; OLG Düsseldorf DAR **1984** 154; KGNZV **1990** 123; *Göhler/Gürtler* OWiG vor § 56 Rdn. 21; *Lutz* KK-OWiG[5] vor § 56 Rdn. 1.
244 Zur gebührenpflichtigen Verwarnung nach § 22 StVG a.F.
245 BGHZ **21** 373; BayObLGZ **1959** 463; *Flume* FS Bötticher S. 101; *Meyer-Cording* Vereinsstrafe (1957) 10 ff; *Meyer-Cording* Betriebsstrafe und Vereinsstrafe im Rechtsstaat, NJW **1966** 225.
246 Vgl. *Meyer* in Handwörterbuch zur deutschen Rechtsgeschichte, 2. Aufl. (2004) zum Stichwort „Kirchenbuße", Bd. II 1781.
247 BAG **20** 97; BAGNZA **1990** 193; *Ebert* Pönale Elemente im deutschen Privatrecht (2004) S. 292 ff; *Jentsch* Betriebsjustiz (2005); *Schulze/Häfner* Abmahnungen und Betriebsbußen AiB **2007** 275; Entwurf eines G zur Regelung der Betriebsjustiz, in Recht und Staat **1975** H 447; dazu *Rössner* ZRP **1976** 141 und *Pfarr* ZRP **1976** 233.

https://doi.org/10.1515/9783110300499-002

strafe, ZRP **1976** 256; *Erichsen* Zur Verfassungswidrigkeit der lebenslangen Freiheitsstrafe, NJW **1976** 1721; *Eser* Empfiehlt es sich, die Straftatbestände des Mordes, des Totschlags und der Kindestötung (§§ 211–213, 217 StGB) neu abzugrenzen? Gutachten zum 53. DJT 1980; *Foth* Die „besondere Schwere der Schuld" i.S. von § 57a StGB, NStZ **1993** 368; *Frielinghaus* Die lebenslange Freiheitsstrafe und das Grundgesetz, Vorgänge **1970** 209; *ders.* Die lebenslange Freiheitsstrafe in verfassungsrechtlicher und kriminalstatistischer Sicht, Recht und Politik **1971** 16; *Fünfsinn* Die Rechtsfolgenlösung zur Umgehung der lebenslangen Freiheitsstrafe bei Mord, Jura **1986** 136; *Geis* Die pragmatische Sanktion der „verfassungskonformen Analogie": Kritische Anmerkung zur neuesten „Lebenslänglich-Entscheidung" des BVerfG, NJW **1992** 2938; *Hinz* Anhebung der Mindestverbüßungsdauer bei der lebenslangen Freiheitsstrafe? ZRP 2003 322; *Groß* Aussetzung der lebenslangen Freiheitsstrafe, zum Entwurf eines Siebzehnten Strafrechtsänderungsgesetzes, ZRP **1979** 133; *Heine u.a.* Alternativ-Entwurf Leben (AE-Leben), Entwurf eines Arbeitskreises deutscher, österreichischer und schweizerischer Strafrechtslehrer (Arbeitskreis AE), GA **2008** 193; *Jähnke* Über die Rechtsfolgenlösung des Bundesgerichtshofes beim Heimtückemord, Festschrift Spendel (1992) 537; *Jescheck/Triffterer* Ist die lebenslange Freiheitsstrafe verfassungswidrig? Dokumentation über die mündliche Verhandlung vor dem BVerfG am 22. und 23. März 1977 (1978) mit Beiträgen von *Arzt, Bahlmann, Bertram, Bresser, Einsele, Jescheck, Kaiser, Müller-Dietz, Rasch, Staiger, Stark, Triffterer* (m. Nachw. auch des ausländischen Schrifttums); *Kargl* Gesetz, Dogmatik und Reform des Mordes, StraFo 2001 365; *Kerner* Tötungsdelikte und lebenslange Freiheitsstrafe, ZStW **98** (1986) 874; *Kinzig* Zur Verfassungsmäßigkeit der gefährdungsbedingten Vollstreckung der lebenslangen Freiheitsstrafe und zu deren Anforderungen, JR **2007** 165; *Kintzi* Konsequenzen aus dem Beschluß der BVerfG zur Aussetzung einer lebenslangen Freiheitsstrafe – Entschließungen der Großen Strafrechtskommission des Deutschen Richterbundes –, DRiZ **1993** 341; *ders.* Empfiehlt es sich, den Begriff der besonderen Schwere der Schuld i.S. von § 57a Abs. 1 Satz 1 Nr. 2 StGB gesetzlich zu definieren? Festschrift Salger (1995) 75; *Köhne* Verfassungsmäßigkeit der lebenslangen Freiheitsstrafe 25Jahre nach BVerGE 45, 187, JR **2003** 5; *Laubenthal* Lebenslange Freiheitsstrafe, Vollzug und Aussetzung des Strafrestes zur Bewährung (1987), *Nickolai/Reindl* (Hrsg.), Lebenslänglich. Zur Diskussion um die Abschaffung der lebenslangen Freiheitsstrafe, 1993; *Meurer* Strafaussetzung durch Strafzumessung bei lebenslanger Freiheitsstrafe, JR **1992** 441; *Peglau* Zur Anordnung der Sicherungsverwahrung neben lebenslanger Freiheitsstrafe, NJW **2000** 2980; *Röhl* Über die lebenslange Strafe (1969); *Rolinski* Lebenslange Freiheitsstrafe und ihr Vollzug, FS H.-D. Schwind (2006) 635; *Rotthaus* Nochmals: BVerfG zur Aussetzung lebenslanger Freiheitsstrafe, NStZ **1992** 464; *Scheffler* Von zeitiger lebenslanger und lebenslanger zeitiger Freiheitsstrafe, JR **1996** 485; *Stark* Die lebenslange Freiheitsstrafe nach der Entscheidung des BVerfG vom 3. Juni 1992, JZ **1994** 189; *Schmidhäuser* Urteil des BVerfG vom 21. Juni 1977: Verfassungswidrigkeit der lebenslangen Freiheitsstrafe für Mord und Verfassungswidrigkeit der BGH-Rspr. zur Heimtücke als Mordmerkmal, JR **1978** 265;*Weber* Die Abschaffung der lebenslangen Freiheitsstrafe (1999); *Wittschier* Die Festsetzung einer Sperrfrist gemäß den §§ 57 V, 57a IV StGB und ihre Folgen, NStZ **1986** 112; *T. Wolf* Zum Beschluß des BVerfG vom 3.6.1992 zu § 57a StGB, NStZ **1992** 579; *Wulf* Kriminelle Karrieren von „Lebenslänglichen" (1979).

B. Aus dem neueren Schrifttum (seit 2009): *Baltzer* Das Jahr der Wende in der Kriminalpolitik – auch im Hinblick auf die Verhängung und Vollstreckung lebenslanger Freiheitsstrafen? StV **2010** 602; *ders.* Mord und Totschlag: Angemessenheit der Strafen überprüfen, AnwBl **2014** 886; *Czerner* Die Schuldschwere-Feststellung in § 57a I Nr. 2 StGB als kumulative Aufgabe von Schwurgericht und Vollstreckungsgericht bei Strafrestaussetzung einer lebenslangen Freiheitsstrafe wegen Mordes, Festschrift Kerner (2013) 547; *Dessecker* Entwicklung und Zukunft der lebenslangen Freiheitsstrafe in Deutschland, FS **2017** 223; *ders.*, Die Lebenslange Freiheitsstrafe und Sicherungsverwahrung: Dauer und Gründe der Beendigung im Jahr 2010, 2012; *ders.* Die Vollstreckung lebenslanger Freiheitsstrafen. Dauer und Gründe der Beendigung im Jahr 2015, 2017; *Dölling* Die Ergebnisse der Expertengruppe zur Reform der Tötungsdelikte DRiZ **2015** 260; *Höffler/Kaspar* Plädoyer für die Abschaffung der lebenslangen Freiheitsstrafe GA **2015** 453; *Kett-Straub* Die lebenslange Freiheitsstrafe (2011); *dies.* Die Kombination von lebenslanger Freiheitsstrafe und Sicherungsverwahrung GA **2009** 586; *Kreicker* Die Unterbringung in einer Entziehungsanstalt neben lebenslanger Freiheitsstrafe, NStZ **2010** 239; *Laubenthal* Die geschichtliche Entwicklung der lebenslangen Freiheitsstrafe, FS Weitzel, 2014, 735; *Maas/Bausback* Tötungsdelikte: Reform überfällig? DRiZ **2014** 248; *Pollähne/Rode* Probleme unbefristeter Freiheitsentziehungen: Lebenslange Freiheitsstrafe, psychiatrische Unterbringung, Sicherungsverwahrung (2009); *Reichenbach* Vollstreckungslösung und lebenslange Freiheitsstrafe, NStZ **2009** 120; *Steinhilber* Entwicklungspotentiale der „Schwurgerichtslösung" – Strukturelle Defizite des Procedere bei lebenslanger Freiheitsstrafe mit besonderer Schwere der Schuld ZIS **2013** 395;

Steinhilber Mord und Lebenslang, aktuelle Rechtsprobleme und Vorschläge für eine überfällige Reform, 2011; *Streng* „Abstand" zum normalen Strafvollzug auch bei lebenslanger Freiheitsstrafe? JZ **2017** 507.

Schrifttum zur Freiheitsstrafe allgemein und zur zeitigen Freiheitsstrafe Vor § 38.

Entstehungsgeschichte

Die Vorschrift ersetzt den § 18 a.F. Sie unterscheidet sich von der alten Fassung allein dadurch, dass in Absatz 2 das Mindestmaß auf einen Monat angehoben ist. Die Vorgängernorm des § 18 erhielt ihre Fassung durch das 1. StrRG 1969. Diese trat an Stelle der Ursprungsfassung der §§ 14, 16 bis 18 RStGB, die die Dauer der verschiedenen früheren Arten der Freiheitsstrafe festlegten.

Gesetzesmaterialien

§§ 44, 46 bis 48 E 1962, Begr. S. 164 ff; Niederschriften der GrStrafRKomm. Bd. III S. 34 ff, 43 ff, 49 ff, 55 ff, 73 ff, 89 ff, 105, 117 ff, 137 ff, 328 ff, Bd. XII S. 423 ff, 576 f; § 36 AE Begr. S. 73 f; 1. Schriftl. Bericht BTDrucks. V/4094 S. 8; 2. Schriftl. Bericht BTDrucks. V/4095 S. 11 ff.

Übersicht

I. Der Regelungsgehalt der Vorschrift

Der **Regelungsgehalt der Vorschrift** besteht – entgegen ihrer leicht missverständlichen Überschrift – allein darin, dass zwei Formen der Freiheitsstrafe vorgesehen werden, nämlich die lebenslange Freiheitsstrafe und die zeitige Freiheitsstrafe (Abs. 1), und dass das absolute Höchstmaß und das absolute Mindestmaß der zeitigen Freiheitsstrafe bestimmt werden (Abs. 2). Die Gesamtregelung des §38 birgt eine gesetzestechnische Vereinfachung: Mit der bloßen Bezeichnung der Untergrenze einer Freiheitsstrafe in der konkreten Strafandrohung (z.B. in §249 Abs. 1: „Freiheitsstrafe nicht unter einem Jahr“) sind der Charakter der Strafe als zeitige Freiheitsstrafe, also der Ausschluss lebenslanger Freiheitsstrafe (§38 Abs. 1), und zugleich die Obergrenze des konkreten Strafrahmens, nämlich Freiheitsstrafe von 15 Jahren, bestimmt (§38 Abs. 2). Entsprechend wird das Androhen einer zeitigen Freiheitsstrafe, das nur durch die Benennung des Höchstmaßes erfolgt (z.B. in §242 Abs. 1: „Freiheitsstrafe bis zu fünf Jahren“), durch §38 Abs. 2 dahin ergänzt, dass das Mindestmaß der angedrohten Freiheitsstrafe einen Monat beträgt (zu den Einzelheiten Rdn. 43ff). 1

Die gesetzestechnische Unterscheidung von lebenslanger und zeitiger Freiheitsstrafe (Abs. 1) hat der Gesetzgeber nicht durchgängig eingehalten. So werden – anders als in § 49 Abs. 1, dessen Regelung an die genannte Unterscheidung anknüpft – in § 49 Abs. 2 beide Formen der Freiheitsstrafe vermengt: Das „gesetzliche Mindestmaß der angedrohten Strafe“ im Sinne dieser Vorschrift ist auch bei angedrohter lebenslanger Freiheitsstrafe das Mindestmaß der zeitigen Freiheitsstrafe nach § 38 Abs. 2. Einen Anwendungsfall bietet der aus grobem Unverstand begangene untaugliche versuchte Mord (§§ 211, 22, 23 Abs. 3, 49 Abs. 2). Zur lebenslangen Freiheitsstrafe enthält das StGB nur wenige weitere Vorschriften, nämlich neben den Androhungen im Besonderen Teil (Rdn. 5) Regelungen der Strafrahmenverschiebung (§§ 46b Abs. 1, 49 Abs. 1 Nr. 1), Vorschriften über die Gesamtstrafbildung (§ 54 Abs. 1 Satz 1) und über die Aussetzung des Strafrestes (§§ 57a und 57b) sowie schließlich Regelungen der Verfolgungsverjährung (§ 78 Abs. 3 Nr. 1) und der Vollstreckungsverjährung (§ 79 Abs. 2). Die Einzelregelungen der zeitigen Freiheitsstrafe sind ungleich zahlreicher. 1a

Zur Bedeutung der Freiheitsstrafe im Sanktionensystem s. vor § 38 Rdn. 32ff. 1b

II. Begriff der Freiheitsstrafe

Das StGB verwendet den **Begriff der Freiheitsstrafe** nicht einheitlich. §38 meint lediglich die *Freiheitsstrafe im engeren Sinne*, nämlich die durch das 1. StrRG geschaffene einheitliche Freiheitsstrafe (vor §38 Rdn.32), die an die Stelle der bisherigen Frei- 2 heitsstrafen Zuchthaus, Gefängnis, Einschließung und Haft getreten ist (vor §38 Rdn. 25ff). Das Prinzip der Einheitsfreiheitsstrafe gilt jedoch nur für das Strafensystem des StGB. Im Wehrstrafrecht tritt der Strafarrest (vor §38 Rdn. 82) neben die Freiheitsstrafe im engeren Sinne; im Jugendstrafrecht ist die Jugendstrafe die einzige zulässige Strafe (vor §38 Rdn. 86). Auch diese beiden Formen freiheitsentziehender Strafen werden durch das StGB und andere Gesetze in den Begriff der Freiheitsstrafe *(Freiheitsstrafe im weiteren Sinne)* einbezogen (BGH NJW **1976** 2356 = LM §462a StPO Nr. 13 m. Anm. *Willms*). Dadurch, dass der Gesetzgeber glaubte, bereits die neu geschaffene Einheitsstrafe des StGB mit dem allgemeineren Begriff „Freiheitsstrafe" bezeichnen zu sollen, der der Sache nach begrifflich alle freiheitsentziehenden Strafen miteinschließt, wurde das Gesetz terminologisch bedauerlicherweise auf einem wichtigen Gebiet unklar. Ob Freiheitsstrafe im engeren oder im weiteren Sinne gemeint ist, muss jeweils erst nach dem Sinngehalt der jeweiligen Vorschrift durch Auslegung ermittelt werden.[1] Ein besonders eindrucksvolles Beispiel der mehrfachen Verwendung des Begriffs der Freiheitsstrafe in wechselndem Sinn innerhalb eines Paragraphen bietet §66 (vgl. die Einzelangaben in Rdn. 3 und 4). Immerhin besteht bei §66 weitgehend Einigkeit über die Ergebnisse. Dagegen herrscht Streit, in welchem Sinn der Begriff der Freiheitsstrafe bei seinem mehrfachen Vorkommen in §57 auszulegen ist (vgl. *Fischer* §57 Rdn. 3 und 23; *Eisenberg* NStZ **1987** 167; *Maatz* MDR **1985** 797, 799).

3 **1.** Vom Begriff der **Freiheitsstrafe im engeren Sinne** – im Sinne des § 38 – gehen das StGB sowie alle nebenstrafrechtlichen Vorschriften dort aus, wo „Freiheitsstrafe" angedroht wird, also bei allen Strafdrohungen. Das gilt nicht nur für die des Besonderen Teils, sondern auch dort, wo solche Freiheitsstrafdrohungen allgemeine Modifikationen erfahren (vgl. §§ 47, 49 Abs. 2) oder wo Freiheitsstrafdrohungen in bestimmter Höhe die Voraussetzung für weitere Tatfolgen sind und das Jugendstrafrecht (§§ 6, 7 JGG) solche Tatfolgen ausschließt (vgl. §§ 45, 66 Abs. 1 am Anfang, Abs. 2 Mitte). Im engeren Sinne ist der Begriff der Freiheitsstrafe auch in § 43 verwendet.

4 **2.** An zahlreichen anderen Stellen meint das Gesetz mit dem Terminus Freiheitsstrafe die **Freiheitsstrafe im weiteren Sinne.** Das gilt schon für die nachfolgende Bemessungsregel des § 39.[2] Gleiches gilt meist, jedoch nicht ausnahmslos (vgl. § 57 Abs. 2 Satz 1 und dazu *Fischer* § 57 Rdn. 23 m.N.) dort, wo das Gesetz an eine Vorstrafe, eine Vorverbüßung, eine gleichzeitig verhängte oder verwirkte Strafe anknüpft (z.B. § 44 Abs. 1 Satz 1, § 66 Abs. 1 Nr. 1 bis 3, Abs. 2 am Anfang und Abs. 3 Satz 2, § 67, § 67b Abs. 1 Satz 2, § 67c Abs. 1 Satz 1, § 67d, § 68 Abs. 1, § 68b, § 68c, § 68e, § 68f, § 70a Abs. 3), ferner bei der Verjährung (§§ 78, 79) und bei der Anrechnung (§ 51), wobei freilich, soweit es um Jugendstrafe geht, § 52a JGG zu beachten ist, während § 51 beim Strafarrest uneingeschränkt gilt. An verschiedenen Stellen meint das Gesetz zwar Freiheitsstrafe im weiteren Sinne, schließt aber hierbei nur die Jugendstrafe, wie in §§ 60, 66 an den zuletzt angegebenen Stellen, ein, nicht jedoch den Strafarrest, weil dessen Höchstmaß (§ 9 Abs. 1 WStG) unter der förmlichen Mindestvoraussetzung jener Vorschriften bleibt. Umgekehrt schließt der Begriff der Freiheitsstrafe im weiteren Sinne bei seiner Verwendung in § 12 Abs. 2 nur den Strafarrest ein, nicht hingegen die Jugendstrafe, die nie unmittelbar an bestimmte Straftatbestände angeknüpft ist. Indes bleibt der Strafarrest im Bereich des § 12 Abs. 2 stets einflusslos, solange bei militärischen Straftaten, soweit überhaupt,

---

1 *Fischer* § 38 Rdn. 2; *Wolters* SK § 38 Rdn. 2; *Lackner/Kühl/Kühl* § 38 Rdn. 1; vgl. auch *Jescheck/Kürzinger* Die Freiheitsstrafe und ihre Surrogate 1983/1984 Bd. 3 S. 1737, 1800.

2 *Fischer* § 38 Rdn. 2; *Schölz/Lingens* WStG[5] § 9 Rdn. 10.

Strafarrest nie allein, sondern nur neben Freiheitsstrafe angedroht wird (vgl. *Hilgendorf* LK[12] § 12 Rdn. 10). In gleicher Weise ist vom Begriff der Freiheitsstrafe in §§ 53, 54 Abs. 3 der Strafarrest umfasst, dagegen Jugendstrafe ausgenommen (*Fischer* § 53 Rdn. 3).

III. Die lebenslange Freiheitsstrafe

1. Androhung und Modifizierungen

a) Die lebenslange[3] Freiheitsstrafe ist nach Abschaffung der Todesstrafe[4] (Art. 102 GG) die schwerste Strafe, die die Rechtsordnung kennt. **Angedroht** ist die lebenslange Freiheitsstrafe als *absolute* Strafe – ohne jede Milderungsmöglichkeit (zu den forensischen Konsequenzen s. Rdn. 34) – lediglich bei Mord (§ 211) und dem schwersten Fall des Tatbestandes des Völkermords (§ 220a Abs. 1 Nr. 1),[5] desgleichen bei besonders schweren Fällen des Totschlags (§ 212 Abs. 2). *Wahlweise* neben einer *Freiheitsstrafe nicht unter 10 Jahren* ist die lebenslange Freiheitsstrafe angedroht bei Vorbereitung eines Angriffskrieges (§ 80), Hochverrat gegen den Bund (§ 81 Abs. 1), Sexueller Missbrauch von Kindern mit Todesfolge (§ 176b), Sexueller Übergriff, sexuelle Nötigung und Vergewaltigung mit Todesfolge (§ 178), Vergiftung mit Todesfolge (§ 229 Abs. 2), erpresserischem Menschenraub und Geiselnahme mit Todesfolge (§ 239a Abs. 3, § 239b Abs. 2), Raub, räuberischem Diebstahl und räuberischer Erpressung mit Todesfolge (§§ 251, 252, 255), Brandstiftung mit Todesfolge (§ 306c), besonders schweren Fällen des Herbeiführens einer Explosion durch Kernenergie (§ 307 Abs. 3 Nr. 1), Herbeiführen einer Sprengstoffexplosion (§ 308 Abs. 3) und des Missbrauchs ionisierender Strahlen (§ 309 Abs. 4), räuberischer Angriff auf Kraftfahrer (§ 316a Abs. 3), Angriffe auf den Luft- und Seeverkehr (§ 316c Abs. 3). Neben einer *Freiheitsstrafe nicht unter fünf Jahren* ist lebenslange Freiheitsstrafe angedroht bei besonders schweren Fällen des Landesverrats (§ 94 Abs. 2), des Verrats illegaler Geheimnisse (§ 97a) und der friedensgefährdenden Beziehungen (§ 100 Abs. 2). Zur Häufigkeit der Verhängung der lebenslangen Freiheitsstrafe bei den verschiedenen Tatbeständen s. Rdn. 43. 5

b) Sonderregelungen im Allgemeinen Teil. Auch für den *Anstifter* (§ 26) gilt die lebenslange Freiheitsstrafe. Ebenso ist sie beim Versuch der genannten Tatbestände oder bei *verminderter Schuldfähigkeit* (§ 21) möglich, jedoch kann die Strafe in diesen Fällen aus dem Strafrahmen von 3 bis 15 Jahren (§ 49 Abs. 1 Nr. 1, § 38 Abs. 2) entnommen werden. Stets scheidet jedoch bei *Beihilfe* (§ 27 Abs. 2 S. 2) und beim nichtqualifizierten Teilnehmer in den Fällen des § 28 Abs. 1 und beim Versuch der Beteiligung (§ 30) die lebenslange Freiheitsstrafe aus. 6

c) Durch Art. 4 StrÄndG wurde 1989 die „Kronzeugenregelung" eingeführt, die – beschränkt auf terroristische Straftaten – im Falle qualifizierter Offenbarung des Täter- 7

---

3 Zum Sprachgebrauch: Die nach geltendem Recht „lebenslange" Freiheitsstrafe heißende Strafe wurde im Strafrecht der DDR „lebenslängliche" Freiheitsstrafe genannt (§ 40 Abs. 1 Satz 1 StGB-DDR). Ebenso spricht das Strafrecht der Schweiz von der „lebenslänglichen" Freiheitsstrafe (Art. 40 Abs. 2 Schweizerisches StGB). Das Strafrecht Österreichs verwendet neben dem Begriff der „lebenslangen" Freiheitsstrafe (z.B. § 2 Abs, 2 lit.a Strafregistergesetz-) den Terminus der Freiheitsstrafe „auf Lebensdauer" (§ 18 Abs. 1 StGB-Österreich).

4 Zur Todesstrafe s. vor § 38 Rdn. 27; zum Verhältnis zwischen lebenslanger Freiheitsstrafe und Todesstrafe im Zusammenhang der Diskussion um die kriminalpolitische Notwendigkeit der lebenslangen Freiheitsstrafe s. Rdn. 36, 37 a.E.).

5 Bei den übrigen Fällen des Völkermords (§ 220a Abs. 1 Nr. 2 bis 5) ist für „minder schwere Fälle" Freiheitsstrafe nicht unter fünf Jahren vorgesehen (§ 220a Abs. 2).

wissens eine Strafmilderung ermöglichte.[6] Die zunächst befristete Regelung wurde mehrfach verlängert und lief mit dem 31. Dezember 1999 aus. Zu der nach den Terroranschlägen vom 11. September 2001 diskutierten Wiedereinführung kam es nicht, in der Folge wurde aber eine Neuregelung betrieben, die schließlich zur Einführung des § 46b StGB führte, der zum 1. September 2009 in Kraft trat.[7] § 46b StGB enthält einen vertypten Milderungsgrund, der bei freiwillig geleisteter Aufklärungs- bzw. Präventionshilfe eine im Ermessen des Gerichts stehende Strafrahmenverschiebung nach § 49 Abs. 1 StGB ermöglicht, durch die an die Stelle ausschließlich angedrohter lebenslanger Freiheitsstrafe eine Freiheitsstrafe von nicht unter zehn Jahren tritt. Erfasst werden die in § 100a Abs. 2 StPO genannten Katalogtaten.

8 **d)** Auch gegen **Heranwachsende** (§ 1 Abs. 2 JGG) kann, wenn die Voraussetzungen des § 105 Abs. 1 JGG nicht vorliegen und daher allgemeines Strafrecht anzuwenden ist, die lebenslange Freiheitsstrafe verhängt werden. Jedoch kann nach § 106 Abs. 1 JGG gegen einen Heranwachsenden an Stelle von lebenslanger Freiheitsstrafe auf Freiheitsstrafe von zehn bis zu 15 Jahren erkannt werden. Diese – nur bei absoluter Androhung lebenslanger Freiheitsstrafe praktisch werdende[8] – Milderung ist fakultativ.[9] Auch wenn das Schrifttum überwiegend fordert, von ihr angesichts der Besonderheiten, die im Fall der Verurteilung eines besonders jungen Angeklagten aus allgemeinem Strafrecht das Gefüge der Strafzwecke verschieben, nach Möglichkeit Gebrauch zu machen,[10] hat die Vorschrift Ausnahmecharakter.[11] Insgesamt ist die Zahl der Verurteilungen Heranwachsender zu lebenslanger Freiheitsstrafe äußerst niedrig.[12] Der BGH hat ausgesprochen, dass bei einer Entscheidung nach § 106 Abs. 1 JGG nicht zu Lasten des Heranwachsenden berücksichtigt werden dürfe, dass § 57a StGB eine Aussetzung des Strafrestes bei lebenslanger Freiheitsstrafe ermöglicht (BGHSt **31** 189 = NStZ **1983** 218 m. Anm. *Brunner* = JZ **1983** 507 m. Anm. *Eisenberg*).[13] Die Bedeutung der Entscheidung geht weit über die für den Einzelfall entschiedene Rechtsfrage hinaus, ist doch das Problem betroffen, mit welcher Sichtweite die Wirkungen, die von einer in Betracht kommenden Strafe für das künftige Leben des Täters in der Gesellschaft zu erwarten sind, Berücksichtigung zu finden haben. Die hierfür einschlägige Vorschrift des § 46 Abs. 1 Satz 2 wird in der zitierten Entscheidung übergangen.

2. Lebenslange Freiheitsstrafe neben anderen Sanktionen

9 **a)** Beim **Zusammentreffen mehrerer lebenslanger Freiheitsstrafen oder einer lebenslangen Freiheitsstrafe mit anderen Strafen** ergeben sich besondere Probleme.

---

6 Dazu LK[12] Rdn 7.

7 Art. 1 Nr. 2 des 43. StrÄndG vom 29.7.2009 (BGBl. I 2288). Zur Entstehungsgeschichte *König* NJW **2009** 2481; *Peglau* wistra **2009** 409. Im Zuge der Neuregelung wurde § 31 BtMG, der bereits seit 1982 eine bereichsspezifische Kronzeugenregelung für den Bereich der BtM-Kriminalität enthielt, inhaltlich an § 46b StGB angepasst. Die bereichsspezifische Regelung für die Geldwäsche, die § 261 Abs. 10 StGB enthielt, ist entfallen.

8 *Eisenberg* JGG § 106 Rdn. 3.

9 *Eisenberg* JGG § 106 Rdn. 7; *Ostendorf* JGG § 106 Rdn. 4; *Schaffstein/Beulke* Jugendstrafrecht § 8 I 4, jeweils auch zu den Entscheidungskriterien; zur Urteilstenorientierung und zu den Anforderungen an die Entscheidungsbegründung *Eisenberg* aaO Rdn. 9.

10 *Brunner/Dölling* JGG § 106 Rdn. 1; *Ostendorf* JGG § 106 Rdn 4; *Laue* MK § 106 JGG Rdn. 6.

11 BVerfG ZJJ **2009** 260; in ähnliche Richtung geht BGHSt 52 316.

12 S. Rdn. 42.

13 Ebenso BGHR JGG § 106 Abs. 1 Strafmilderung 1; ferner *Eisenberg* JGG § 106 Rdn. 7; *Brunner/Dölling* § 106 Rdn. 1; *Ostendorf* JGG § 106 Rdn. 3.

Dies betrifft zunächst die **Gesamtstrafenbildung.** Diese ist durch § 54 Abs. 1 Satz 1[14] dahin geregelt, dass auf lebenslange Freiheitsstrafe als Gesamtstrafe zu erkennen ist, wenn eine der in die Gesamtstrafe einzubeziehenden Einzelstrafen eine lebenslange Freiheitsstrafe ist, also auch dann, wenn mehrere lebenslange Freiheitsstrafen zusammentreffen. Damit wird dem entsprochen, dass die lebenslange Freiheitsstrafe die höchste Strafe unserer Rechtsordnung ist. Somit erscheint die lebenslange Freiheitsstrafe notwendig in zwei Formen, nämlich zum einen als Einzelstrafe und zum anderen als Gesamtstrafe. Deshalb ist es geboten, in den Fällen, in denen aus einer lebenslangen Freiheitsstrafe (als Einzelstrafe) und weiteren Strafen gleich welcher Art eine Gesamtstrafe gebildet wird, ausdrücklich auf „lebenslange Freiheitsstrafe als Gesamtstrafe" zu erkennen.[15] Im Strafausspruch des Urteilstenors wird allein so zum Ausdruck gebracht, dass die erkannte lebenslange Freiheitsstrafe eine andere Qualität hat als im Fall der Verhängung einer lebenslangen Freiheitsstrafe als Einzelstrafe.

Mit der Regelung des § 54 Abs. 1 Satz 1 ist das Problem der **Schuldgewichtung** beim Zusammentreffen einer lebenslangen Freiheitsstrafe und weiterer Strafen auf die Ebene der **Entscheidung über die besondere Schwere der Schuld** nach § 57a Abs. 1 Satz 1 Nr. 2, § 57b verschoben (s. dazu Rdn. 23 bis 25, zum Ausschluss einer Gesamtstrafenbildung Rdn. 24 mit Fn. 61).

b) Ob eine **freiheitsentziehende Maßregel neben lebenslanger Freiheitsstrafe** verhängt werden kann, richtet sich nach den Voraussetzungen der jeweiligen Maßregel und nach § 53 Abs. 4 bzw. in Fällen der Tatmehrheit zusätzlich nach § 53 Abs. 3.[16] Lebenslange Freiheitsstrafe und freiheitsentziehende Maßregeln sind nicht in ihrem Wesen miteinander unvereinbar (BGHSt **37** 160, 161). **10**

c) Die Anordnung der **Sicherungsverwahrung (§ 66)** kann bei Vorliegen ihrer weiteren Voraussetzungen neben der Verhängung der lebenslangen Freiheitsstrafe – sei sie Einzelfreiheitsstrafe oder Gesamtfreiheitsstrafe – erfolgen, denn von der Nennung „Freiheitsstrafe" in § 66 sind jeweils deren beide Formen, die zeitige Freiheitsstrafe und die lebenslange Freiheitsstrafe, erfasst (§ 38 Abs. 1). **11**

Nach dem bis zum 27. August 2002 gültig gewesenen früheren Recht war die Anordnung der Sicherungsverwahrung allein an die Verurteilung zu „zeitiger Freiheitsstrafe" geknüpft. Schon dies musste verwundern und wurde vom BGH als bedenklich bezeichnet.[17] Besonders deutliche Spannungen ergaben sich bei der Verurteilung wegen mehrerer Fälle: So war die Sicherungsverwahrung möglich neben lebenslanger Freiheitsstrafe beim Hinzutreten zeitiger Freiheitsstrafe, dagegen ausgeschlossen neben bloßer, gar mehrfach verwirkter lebenslanger Freiheitsstrafe.[18] Der Gesetzgeber hat daraufhin – nach Anregung seitens des BGH[19] – durch das Gesetz zur Einführung der vorbehaltenen Sicherungsverwahrung[20] in § 66 Abs. 1, 2 und 3 Satz 1 und 2 jeweils das Wort „zeitiger" gestrichen. Durch das Urteil des *BVerfG* zur Verfassungsmäßigkeit der Regelungen der **11a**

---

14 Neuregelung durch Art. 1 Nr. 4 des 23. StRÄndG v. 13. April 1986 (BGBl. I S. 393); vgl. auch Rdn. 22; zum früheren Recht *Bringewat* Die Bildung der Gesamtstrafe (1987) Rdn. 111.

15 *Fischer* § 54 Rdn. 3; *Sch/Schröder/Sternberg-Lieben/Bosch* § 54 Rdn. 2; vgl. auch *Bringewat* (Fn. 14) Rdn. 112; s. auch BGHSt **32** 93 zur Rechtslage zwischen dem 20. StRÄndG v. 8. Dezember 1981 und dem 23. StRÄndG v. 13. April 1986; ferner OLG Koblenz StV **1983** 510.

16 Vgl. zur letzteren Konstellation BGHSt **34** 138, 143.

17 BGHSt **33** 398; **37** 160.

18 BGH NStZ **2000** 417, 418.

19 BGH NStZ **2000** 417, 418; vgl. auch BGH NJW **2002** 3559.

20 Vom 21. August 2002 (BGBl. I 3344), Gesetzesmaterialien: BTDrucks. 14/8586, 14/9264 und 14/9456.

Sicherungsverwahrung vom 4.5.2011[21] blieb diese gesetzgeberische Entscheidung unberührt, da sich die Bedenken des Gerichts ausdrücklich nur auf die Ausgestaltung der Unterbringung in der Sicherungsverwahrung und den vorhergehenden Strafvollzug, nicht aber auf die formellen und materiellen Anordnungsvoraussetzungen des § 66 StGB bezogen. In Anbetracht der eindeutigen Gesetzesfassung und des dahinterstehenden gesetzgeberischen Willens entspricht es ständiger Rechtsprechung des *BGH*, dass die Anordnung von Sicherungsverwahrung neben lebenslanger Freiheitsstrafe im Fall des § 66 Abs. 1 StGB, der dem Tatgericht bei Vorliegen der formellen Voraussetzungen kein Ermessen einräumt, zulässig ist, ohne dass dem die Maßgaben der Erforderlichkeit oder der Verhältnismäßigkeit entgegenstünden.[22] Soweit das Gesetz in § 66 Abs. 2 und § 66 Abs. 3 StGB die Anordnung der Maßregel in das Ermessen des Tatgerichts stellt, hat der BGH deren Zulässigkeit neben der Verhängung lebenslanger Freiheitsstrafe nicht grundsätzlich in Zweifel gezogen. Im Hinblick auf den Grundsatz der Verhältnismäßigkeit hat er in bisherigen Entscheidungen jedoch eine einzelfallbezogene Prüfung verlangt, ob für die Anordnung der Sicherungsverwahrung ein Bedarf besteht.[23] In sog. Altfällen, in denen auch nach Inkrafttreten des Gesetzes zur bundesrechtlichen Umsetzung des Abstandsgebots im Recht der Sicherungsverwahrung vom 1. Juni 2013[24] weiterhin auf der Grundlage des bisherigen Maßstabs strikter Verhältnismäßigkeit zu entscheiden war,[25] wurde die Anordnung von Sicherungsverwahrung auf der Grundlage des § 66 Abs. 2 und des § 66 Abs. 3 Satz 1 StGB neben der Verhängung lebenslanger Freiheitsstrafe als jedenfalls nicht unerlässlich angesehen.[26] Für Fälle, in denen die Taten nach dem 31. Mai 2013 begangen worden sind und somit gemäß Art. 316f Abs. 1 EGStGB die Vorschriften über die Sicherungsverwahrung in der ab dem 1. Juni 2013 geltenden Fassung Anwendung finden, hält der BGH die fakultative Anordnung der Sicherungsverwahrung neben der Verhängung lebenslanger Freiheitsstrafe (auch bei besonderer Schwere der Schuld) für zulässig.[27]

11b **d)** Auch ist der **Vorbehalt der Anordnung der Sicherungsverwahrung (§ 66a)** neben der Verhängung der lebenslangen Freiheitsstrafe nach dem Gesetzeswortlaut möglich (BGH NJW **2019** 1388, 1389). Sinnvoll erscheint dies jedoch nicht, denn die Voraussetzungen der Aussetzung des Restes einer lebenslangen Freiheitsstrafe nach § 57a (günstige Prognose) und die Voraussetzungen des § 66a werden kaum jemals zugleich vorliegen.[28]

11c **e)** Durch die umfassende Neuregelung der nachträglichen Sicherungsverwahrung[29] wurde der Anwendungsbereich dieser Sanktion erheblich eingeschränkt. § 66b StGB ermöglicht nun nur noch die Unterbringung des Betroffenen in der Sicherungsverwahrung im Anschluss an eine gem. § 67d Abs. 6 StGB für erledigt erklärte Unterbringung in einem psychiatrischen Krankenhaus. Für die Neufassung stellt sich die Frage der Kombination mit lebenslanger Freiheitsstrafe daher nicht. Für Altfälle, in denen die Vorgänger-

---

21 BVerfGE **128** 326.
22 BGH NStZ-RR **2013** 256; BGHSt **59** 56.
23 BGH StV **2013** 630; BGH, Beschluss v. 24.1.2017 – 2 StR 459/16.
24 BGBl. I **2012**, 2425.
25 BGH, Urteil v. 23.4.2013 – 5 StR 617/12.
26 BGH, Urteil v. 10.1.2013 – 3 StR 330/12; BGHR StGB § 66 Abs. 2 Ermessensentscheidung 8; BGH NStZ **2013** 524; BGH NStZ-RR **2014** 207.
27 BGHSt **62** 211; BGH NJW **2017** 2423; kritisch dazu *Hinz* JR **2018** 492; *Kett-Straub* JZ **2018** 101.
28 *Fischer* § 66a Rdn. 2b; *Sch/Schröder/Kinzig* § 66a Rdn. 11.
29 Gesetz zur Neuordnung des Rechts der Sicherungsverwahrung v. 22.12.2010 (BGBl. I 2300).

regelung noch Anwendung findet (vgl. Art 316e und 316f EGStGB) gilt, dass eine Verurteilung zu lebenslanger Freiheitsstrafe zwar theoretisch Anknüpfungspunkt für eine **nachträgliche Anordnung der Sicherungsverwahrung (§ 66b)** sein kann. Entsprechend dem vorstehend zu § 66a Gesagten erscheint ein solcher Fall jedoch praktisch kaum möglich.

f) Unterbringung in einem psychiatrischen Krankenhaus oder in einer Entziehungsanstalt ist nach dem Wortlaut der §§ 63, 64 neben der Verhängung lebenslanger Freiheitsstrafe möglich. Beschränkungen wie bei der Sicherungsverwahrung nach § 66 bestehen nicht. Jedoch wird für eine Kombination von lebenslanger Freiheitsstrafe und Unterbringung relativ selten Anlass gegeben sein.[30] Immerhin besteht zwischen den Zielen einer Unterbringung (§§ 136, 137 StVollzG) einerseits und den allgemeinen Strafvollzugszielen andererseits, die auch für den Vollzug der lebenslangen Freiheitsstrafe gelten (Rdn. 13), eine weitgehende Kongruenz im Sinne einer positiv-spezialpräventiven Orientierung (BGHSt **37** 160, 161 zur Entziehungsanstalt). Damit ist angezeigt, dass in den Grenzfällen das Problem nicht in der Alternativität von lebenslanger Freiheitsstrafe und Maßregel, sondern im Vikariieren, scil. in der Reihenfolge der Vollstreckung (§ 67) liegt. Auch im Hinblick auf die voraussichtliche Dauer des Strafvollzugs muss es darum gehen, den Angeklagten schon frühzeitig zu heilen oder seinen Gefährlichkeitszustand zu bessern (§ 136 Satz 2 StVollzG) bzw. ihn von seinem Hang zu heilen und die zugrunde liegende Fehlhaltung zu beheben (§ 137 StVollzG), damit er in der Strafanstalt an der Verwirklichung des Vollzugsziels der Strafe arbeiten kann. Diese Gesichtspunkte werden für einen Vollzug der Maßregel vor der lebenslangen Freiheitsstrafe gemäß § 67 Abs. 1 sprechen (BGHSt **37** 160; *Kreicker* NStZ **2010** 239). 12

3. Der **Vollzug der lebenslangen Freiheitsstrafe** richtet sich nach den landesrechtlichen Strafvollzugsgesetzen. Danach gelten für Gefangene mit lebenslanger Freiheitsstrafe keine besonderen materiellen Vorschriften. Die umfassende Geltung des Strafvollzugsrechts bedeutet, dass insbes. die Regelungen zum Vollzugsziel der Resozialisierung und zu der auf Wiedereingliederung gerichteten „Gestaltung des Vollzuges“ auch für den zu lebenslanger Freiheitsstrafe verurteilten Gefangenen gelten.[31] Wenngleich der Tenor eines die lebenslange Freiheitsstrafe verhängenden Urteils Hoffnung für den Verurteilten nicht zu verheißen scheint, ist gleichwohl der Vollzug der lebenslangen Freiheitsstrafe zu jeder Zeit am Ziel der Entlassung des Gefangenen aus dem Vollzug zu orientieren.[32] Besondere Bedeutung kommt dabei dem in allen Landesgesetzen enthaltenen Gegensteuerungsgrundsatz zu,[33] wonach schädlichen Folgen des Freiheitsentzuges ent- 13

---

30 *Fischer* § 57a Rdn. 2; *Lackner/Kühl/Heger* § 57a Rdn. 15; *Sinn* SK § 63 Rdn. 27; *Kreicker* NStZ **2010** 239; kritisch zur Anordnung nach § 64 StGB aus forensisch-psychiatrischer Sicht *Dannhorn* NStZ **2012** 414.

31 BVerfGE **45** 187, 239 und **64** 261; BGH NStZ **1990** 586; Vgl. auch BVerfG, Beschl. v. 25.5.17 – 2 BvR 1511/16 (zur Unterbringung im offenen Vollzug), BVerfGK 17, 459 (zu Versagung von Vollzugslockerungen) und BVerfG, Beschl. v. 15.5.18 – 2 BvR 1287/17 (zu Ausführungen).

32 Vgl. im Einzelnen *LNNV/Neubacher* B Rdn. 55 ff; vgl. auch Art. 10 Abs. 3 Satz 1 des Internationalen Paktes vom 19. Dezember 1966 über bürgerliche und politische Rechte (BGBl. II 1973, S. 1534): „Der Strafvollzug schließt eine Behandlung der Gefangenen ein, die vornehmlich auf ihre Besserung und gesellschaftliche Wiedereingliederung hinzielt.“

33 § 2 Abs. 3 S. 1 JVollzGB III; Art. 5 Abs. 2 BayStVollzG; § 7 Abs. 2 BbgJVollzG, § 3 Abs. 5 BremStVollzG; § 3 Abs. 1 S. 2 HmbStVollzG; § 3 Abs. 2 HessStVollzG; § 3 Abs. 5 StVollzG M-V; § 2 Abs. 2 NiedersJVollzG; § 7 Abs. 2 LJVollzG RP; § 3 Abs. 5 SLStVollzG; § 3 Abs. 5 SächsStVollzG; § 7 Abs. 2 JVollzGB SA; § 7 Abs. 2 ThürJVollzGB.

gegenzuwirken ist.[34] Allerdings sind bei der Anwendung und Auslegung der Vorschriften der strafvollzugsrechtlichen Regelungen die Besonderheiten zu berücksichtigen, die sich daraus ergeben, dass die zu vollstreckende Freiheitsstrafe eine lebenslange ist. So setzt die Gewährung von Lockerungen und vollzugsöffnenden Maßnahmen nach den Landesgesetzen bzw. den hierzu erlassenen Verwaltungsvorschriften teilweise den Ablauf einer mehrjährigen Mindestvollzugszeit und/oder (nach positiv verlaufener Begutachtung) die Zustimmung der Aufsichtsbehörde voraus.[35] Dies wird im konkreten Fall häufig zu einer Kollision des Resozialisierungsgebotes mit den Kriterien der §§ 57a, 57b, insbes. der Schuldschwereklausel (vgl. Rdn. 23 bis 25) führen.[36] Hier ist die Stelle, an der die verschiedenen Strafzwecke in klarster Form widerstreitend aufeinandertreffen.[37]

4. Die lebenslange Freiheitsstrafe ist verfassungsgemäß

14 **a)** Dies hat das **Bundesverfassungsgericht** durch **Urteil vom 21. Juni 1977 (BVerfGE 45, 187)**[38] grundsätzlich ausgeprochen und später wiederholt bestätigt (BVerfGE **72** 105; BVerfG StV **1992** 25; BVerfGE **86** 288 Zur Vereinbarkeit lebenslanger Freiheitsstrafe mit Art. 3 EMRK vgl. EGMR NJOZ **2014** 1582). War die Entscheidung auf die Androhung lebenslanger Freiheitsstrafe wegen Mordes beschränkt, so hat das BVerfG in der Folgezeit die entsprechenden Grundsätze auf die Androhung lebenslanger Freiheitsstrafe in anderen Tatbeständen ausgedehnt (Rdn. 17). In der mündlichen Verhandlung hat das BVerfG eine Vielzahl von Sachverständigen – insbesondere zu den Komplexen Haftschäden durch den Vollzug der lebenslangen Freiheitsstrafe, Präventivwirkung der lebenslangen Freiheitsstrafe und Auswirkungen der tatbestandlichen Ausgestaltung des § 211 – angehört,[39] was im Urteil seinen instruktiven Niederschlag findet. Jenseits dessen ist das Urteil von einer grundsätzlichen Bedeutung, die über die Vorlegungsfrage weit hinausgeht. Die formal zentrale Aussage der Entscheidung ist, dass das Rechtsstaatsprinzip eine „Verrechtlichung der bisherigen Gnadenpraxis" bei lebenslanger Freiheitsstrafe gebiete. Ein menschenwürdiger Strafvollzug setze voraus, dass der Verurteilte eine konkrete und grundsätzlich auch realisierbare Chance habe, die Freiheit je wiederzugewinnen. Der Gesetzgeber müsse daher die Aussetzung der lebenslangen Freiheitsstrafe gesetzlich regeln. Dieses Urteil des BVerfG hat die Entwicklung des Strafrechts in solch gravierender Weise beeinflusst, dass es als die wichtigste Entscheidung des BVerfG zum

---

34 BVerfGE **45** 187, 238 und **64** 261, 272.

35 Im Einzelnen *LNNV/Laubenthal* E Rdn. 158, 208 ff; *Laubenthal* Strafvollzug[7] Rdn. 538 ff, 551.

36 Dazu *Müller-Dietz* StV **1983** 162, 163; *Laubenthal* Strafvollzug[7] Rdn. 181 ff. Zur Bedeutung der Bewährung bei Vollzugslockerungen für die Aussetzung des Strafrechts bei lebenslanger Freiheitsstrafe *Sch/Schröder/Kinzig* § 57a Rdn. 12a m.w.N.

37 Vgl. BVerfGE **64** 261 zu einem Fall, der alle Extreme birgt: Urlaubsantrag eines schwerkranken 78jährigen Strafgefangenen, der wegen Mordes in 475 Fällen pp., begangen im Konzentrationslager Auschwitz an insgesamt 2100 Menschen, zu lebenslangem Zuchthaus und einer Gesamtstrafe von 15 Jahren Zuchthaus verurteilt ist; vgl. auch OLG Frankfurt NStZ **1987** 329 zum nämlichen Fall unter den Gesichtspunkten des § 57a StGB.

38 Auf Vorlegungsbeschluss des LG Verden NJW **1976** 980. Zuvor hatte das BVerfG die Annahme einer Verfassungsbeschwerde gegen den Vollzug lebenslanger Freiheitsstrafe nach § 93a Abs. 3 BVerfGG abgelehnt, Beschl. v. 30. November 1967 – 1 BvR 511/67 –. Der BGH hatte die Androhung lebenslanger Freiheitsstrafe wegen Mordes ausdrücklich für verfassungsgemäß erklärt, BGH NJW **1976** 1755; vgl. auch die in BVerfGE **45** 187, 201 ff mitgeteilten Stellungnahmen der Strafsenate des BGH.

39 Vollständige Dokumentation der mündlichen Verhandlung: *Jescheck/Triffterer* Ist die lebenslange Freiheitsstrafe verfassungswidrig? Siehe Schrifttumsverzeichnis zur lebenslangen Freiheitsstrafe mit Benennung aller Sachverständigen.

Strafrecht zu gelten hat. Das Urteil hat Wirkungen in vielerlei Richtungen entfaltet: Dies betrifft zunächst unmittelbar die Diskussion um die Verfassungsgemäßheit der lebenslangen Freiheitsstrafe (Rdn. 15, 41), danach die Lehre von den Strafzwecken (Rdn. 16). Alsbald hat das BVerfG den Anwendungsbereich der Grundsätze von BVerfGE **45** 187 auf andere Fälle ausgedehnt (Rdn. 17). Der Gesetzgeber hat auf die Entscheidung mit der Einfügung der §§ 57a und 57b reagiert (Rdn. 18 bis 26). Damit hat die lebenslange Freiheitsstrafe eine neue Qualität erlangt (Rdn. 28). Schließlich hat die genannte Entscheidung die wissenschaftliche Diskussion und die Rechtsprechung zum System der Tötungsdelikte entscheidend beeinflusst (Rdn. 30 bis 34).

b) Die **Diskussion um die Verfassungsgemäßheit der lebenslangen Freiheitsstrafe**[40] ist inzwischen weitgehend zur Ruhe gekommen. Der ganz überwiegende Teil des neueren Schrifttums erachtet den Auftrag des BVerfG an den Gesetzgeber ausdrücklich als erfüllt[41] oder geht von der Verfassungsgemäßheit der lebenslangen Freiheitsstrafe in ihrer neuen Form aus.[42] Kritisch beurteilt wird allerdings, ob die lebenslange Freiheitsstrafe angesichts der Ungewissheit über die Vollzugsdauer dem Gebot der Bestimmtheit strafrechtlicher Sanktionen genügt[43] Der Streit hat sich ansonsten auf andere Felder verlagert, namentlich auf das System der Tötungsdelikte (Rdn. 30 bis 34), die Schuldschwereklausel in § 57a Abs. 1 Satz 1 Nr. 2 und § 57b (Rdn. 18 bis 25) und die Frage, inwiefern die Vollstreckungspraxis den vom BVerfG gestellten Anforderungen genügt, dem Verurteilten eine „konkrete und grundsätzlich auch realisierbare Chance auf Freiheit" zu geben.[44] 15

c) Zur Lehre von den Strafzwecken hat das Urteil BVerfGE **45** 187, 253ff einen wesentlichen Konsolidierungsbeitrag in der Weise geleistet, dass es die herrschende „gemischte" oder „Vereinigungstheorie" und in Einzelausführungen alle in sie einfließenden Strafzwecke für verfassungsgemäß erklärt hat.[45] Unter Hinweis auf die Zurückhaltung des Gesetzgebers bei den Strafrechtsreformgesetzen, den Schulenstreit durch- 16

---

40 Vgl. zunächst die Rspr.-Nachweise in Fn. 30. Kritische Stellungnahmen vor dem Urteil BVerfGE **45** 187: *Beckmann* DRiZ **1977** 108; *Erichsen* NJW **1976** 1721; *Frielinghaus* Vorgänge **1970** 209 sowie Recht und Politik **1971** 16; *Hamann* Grundgesetz und Strafgesetzgebung (1963) S. 42; *Triffterer* ZRP **1976** 91. Schon damals für die Verfassungsgemäßheit der lebenslangen Freiheitsstrafe: Ausführlich *Röhl* S. 153–198 im wesentlichen mit den Vorbehalten, die das BVerfG und der Gesetzgeber aufgegriffen haben; *Dreher* FS Lange S. 323, 328; *Einsele/Feige/Müller-Dietz/Müller-Dietz* Die Reform der lebenslangen Freiheitsstrafe S. 35, 46 ff; *Schroiff* und *Matzke* jeweils DRiZ **1977** 183; *Uppenkamp* S. 68 ff. Kritische Besprechungen von BVerfGE **45** 187: *Beckmann* GA **1979** 441; *Schmidhäuser* JR **1978** 265 und Studienbuch 15/6; *Sessar* MschrKrim. **1980** 193. Dem BVerfG unter verschiedenen Aspekten zustimmende Stellungnahmen: *Arzt* JR **1979** 7; *Griffel* DRiZ **1978** 65 insbes. zur Determinismusfrage; *Sonnen* JA **1977** 524 und **1980** 35; vgl. auch *Rengier* MDR **1979** 969 und **1980** 1.

41 *Fischer* § 211 Rdn. 99; *Maurach/ Gössel/Zipf/Dölling* § 59 Rdn. 15; *Sch/Schröder/Kinzig* § 38 Rdn. 3; *Radtke* MK Rdn. 6.

42 *Fischer* § 38 Rdn. 5, § 211 Rn. 99; *Lackner/Kühl/Kühl* § 38 Rdn. 2; *SSW/Claus* Rdn. 7; *Radtke* MK Rdn. 6. Umfassende Darstellung der verfassungsrechtlichen Kritik bei *Kett-Straub* Die lebenslange Freiheitsstrafe, S. 46 ff; *Schulz-Merkel* Gnadenrecht, S. 132 ff und *Steinhilber* Mord und Lebenslang: Aktuelle Rechtsprobleme und Vorschläge für die überfällige Reform, S. 27 ff.

43 *Radtke* MK Rdn. 8; *Dünkel* K/N/P Rdn. 30 ff.

44 Hierzu *Dünkel* K/N/P § 57a Rdn. 19 ff; das Dilemma zwischen Sicherungsbedürfnissen der Allgemeinheit einerseits und dem Erfordernis der Erprobung in Freiheit durch Lockerungen zur Erweiterung der Prognosebasis wird in folgenden Entscheidungen aus jüngerer Zeit exemplarisch deutlich BVerfG StV **2012** 681, BVerfG Beschl. v. 15.5.2018 – 2 BvR 287/17; OLG Frankfurt FS **2013** 328; OLG Hamm NStZ **2014** 541 m. Anm. *Ahmed*; OLG Celle NStZ **2016** 99. Allgemein zur Problematik *Heghmanns* ZStW 111 647.

45 Vgl. ähnlich schon BVerfGE **28** 264, 278 und **32** 98, 109; **krit.** zur Behandlung der Strafzwecke durch das BVerfG *Giehring* KrimJournal **1987** 2.

greifend zu beeinflussen, hat das BVerfG es von sich gewiesen, den Theorienstreit „von Verfassungs wegen zu entscheiden" (aaO S. 253). Gleichwohl sprechen aus dem Urteil wesentlich größere Sympathien des BVerfG für die Präventionszwecke – dabei insbesondere für die positive Spezialprävention (Resozialisierung) und die positive Generalprävention (Rechtsbewusstseinsstärkung) – als für den Gesichtspunkt des Schuldausgleiches (Sühne), der die Rspr. des BGH zur Strafzumessung beherrscht. Knüpft alles dies an die schwersten Straftaten und die Androhung der schwersten Strafform an, so lassen sich die Ausführungen des BVerfG gleichwohl – mit Umsicht – auch auf weniger gewichtige Taten und Strafen beziehen.

17 **d)** Zudem hat das BVerfG in nachfolgenden Entscheidungen den **Anwendungsbereich der Grundsätze von BVerfGE 45, 187 ausgedehnt:** War das genannte Urteil speziell auf die Verfassungsgemäßheit der lebenslangen Freiheitsstrafe wegen Mordes bezogen, so hat das BVerfG alsbald danach – insbesondere unter dem Gesichtspunkt des Gebotes der Gesetzesbestimmtheit (Art. 103 Abs. 2 GG) – die Verfassungsgemäßheit der lebenslangen Freiheitsstrafe auch für deren Androhung wegen Totschlags im besonders schweren Fall (BVerfG JR **1979** 28 m. Anm. *Bruns*) und wegen Landesverrats im besonders schweren Fall (BVerfGE **45** 363, 370) bestätigt. Alsdann hat das BVerfG ausgesprochen, dass die Verhängung der lebenslangen Freiheitsstrafe gegen einen erheblich vermindert schuldfähigen Mörder in besonders gelagerten Fällen nicht gegen das Grundgesetz verstößt, wenn die Strafe wegen beträchtlich schulderhöhender Umstände der Tat verhältnismäßig ist (BVerfGE **50** 5). Weiterhin hat das BVerfG in einer NS-Mordsache ausgesprochen, dass es – auch angesichts absolut angedrohter lebenslanger Freiheitsstrafe – verfassungsrechtlich nicht geboten sei, einen allgemeinen übergesetzlichen Schuldmilderungsgrund der „Verstrickung in ein Unrechtssystem" anzuerkennen (BVerfGE **54** 100, 108). Es hat außerdem (noch vor der sog. Vollstreckungslösung des Großen Senats für Strafsachen) entschieden, dass die für Mord absolut angedrohte lebenslange Freiheitsstrafe nicht wegen rechtsstaatswidriger Verfahrensverzögerung reduziert werden kann (BVerfG NStZ **2006** 680). Darüber hinaus hat das BVerfG festgehalten, dass es verfassungsgemäß sei, bei fortbestehender Gefährlichkeit des Verurteilten die lebenslange Freiheitsstrafe auch über den durch die Schuldschwere gebotenen Mindest-Verbüßungszeitpunkt hinaus zu vollziehen (BVerfGE **117** 71). Die Verfassungsmäßigkeit der lebenslangen Freiheitsstrafe hat es auch im Fall des „Kannibalen von Rotenburg" bejaht, in dem der Angeklagte wegen Erfüllung der Mordmerkmale „zur Befriedigung des Geschlechtstriebs" und „zur Ermöglichung einer anderen Straftat" als Mörder verurteilt worden war (BVerfG NJW **2009** 1061).

5. Die Aussetzung der Vollstreckung des Restes einer lebenslangen Freiheitsstrafe zur Bewährung

18 **a)** Eine solche Aussetzung ist vorgesehen in §§ 57a, 57b (s. dazu die Kommentierung von *Hubrach* LK[12] §§ 57a, 57b). Danach setzt das Gericht die Vollstreckung des Restes einer lebenslangen Freiheitsstrafe zur Bewährung aus, wenn nach fünfzehnjähriger Strafverbüßung[46] (§ 57a Abs. 1 Satz 1 Nr. 1, Abs. 2) nicht die besondere Schwere der Schuld des

46 Diese Frist war im Gesetzgebungsverfahren – insbesondere im Hinblick auf ausländische Erfahrungen und Vorbilder – heftig umstritten, s. *Kunert* NStZ **1982** 89, 92 und *Lüdemann* in *Brusten/Häußling/Malinowski* (Hrsg.) Kriminologie im Spannungsfeld von Kriminalpolitik und Kriminalpraxis (1986) S. 109, 110 ff. Eine absolute Höchstgrenze der Vollstreckung sieht das Gesetz nicht vor.

Verurteilten die weitere Vollstreckung gebietet (§ 57a Abs. 1 Satz 1 Nr. 2) und eine gute Prognose gestellt werden kann. Für diese Prognose ist maßgeblich, ob verantwortet werden kann zu erproben, ob der Verurteilte außerhalb des Strafvollzugs keine Straftaten mehr begehen wird. Hierbei sind namentlich die Persönlichkeit des Verurteilten, sein Vorleben, die Umstände seiner Tat, sein Verhalten im Vollzug, seine Lebensverhältnisse und die Wirkungen zu berücksichtigen, die von der Aussetzung für ihn zu erwarten sind (§ 57a Abs. 1 Satz 1 Nr. 3, Satz 2 i.V. mit § 57 Abs. 1 Satz 1 Nr. 2, Satz 2).[47] Zudem ist die Einwilligung des Verurteilten erforderlich (§ 57a Abs. 1 Satz 1 Nr. 3 i.V.m. § 57 Abs. 1 Satz 1 Nr. 3). Schließlich kann das Gericht in den Fällen des § 57a Abs. 1 Satz 2 i.V.m. § 57 Abs. 5 (scil. in Fällen der Verheimlichung der Tatbeute) von der Aussetzung absehen. Ist lebenslange Freiheitsstrafe als Gesamtstrafe verhängt worden (vgl. Rdn. 9), so werden bei der Feststellung der besonderen Schwere der Schuld im Sinne des § 57a Abs. 1 Satz 1 Nr. 2 die einzelnen Straftaten zusammenfassend gewürdigt (§ 57b).

Das Verfahrensrecht enthält eine zusätzliche Kautele: Die Vollstreckung des Restes **18a** einer lebenslangen Freiheitsstrafe darf nur dann ausgesetzt werden, wenn das Gericht zuvor ein **Sachverständigengutachten** über den Verurteilten, namentlich darüber eingeholt hat, ob keine Gefahr mehr besteht, dass dessen durch die Tat zutage getretene Gefährlichkeit fortbesteht (§ 454 Abs. 2 StPO).[48] In diesem Verfahren darf das Gericht gegen den Widerspruch des Verurteilten auch dann einen Psychiater mit der Erstattung des Gutachtens über den Verurteilten beauftragen, wenn dieser bei Begehung der Tat psychisch gesund war und im Strafvollzug keine besonderen psychischen Auffälligkeiten gezeigt hat (BGHR StPO § 454 Gutachten 1 = NStZ **1993** 357 m. Anm. *Rasch* 509; vgl. auch BVerfG NJW **1992** 2344).

§ 57a wurde durch das **20. StRÄndG**[49] eingefügt und trat am 1. Mai 1982 in Kraft. Al- **19** lerdings hatte der Gesetzgeber dabei bewusst die Fälle des Zusammentreffens mehrerer lebenslanger Freiheitsstrafen oder lebenslanger Freiheitsstrafe mit zeitiger Freiheitsstrafe nicht geregelt. Dies stieß auf heftige Kritik.[50] Darauf wurde § 57b – zusammen mit § 54 Abs. 1 Satz 1 – durch das **23. StRÄndG**[51] eingefügt. Die Regelung trat am 1. Mai 1986 in Kraft. Damit sind auch für die Entscheidung über die Aussetzung des Strafrestes bei lebenslanger Freiheitsstrafe die Konsequenzen aus der Einbeziehung der lebenslangen Freiheitsstrafe in das Gesamtstrafenprinzip (vgl. Rdn. 9) grundsätzlich gezogen.[52] Diese Regelung knüpft mit den prognostischen Anforderungen an die Regelung des § 57 Abs. 1 Satz 1 Nr. 2 und damit an Merkmale an, die das Gesetz schon vorher kannte. Dagegen ist mit der Schuldschwereklausel (§ 57a Abs. 1 Satz 1 Nr. 2, § 57b) eine neue Begriffseinheit eingeführt worden (dazu Rdn. 24). Zu der heute nicht mehr relevanten Regelung der Altfälle vgl. Vorauflage Rdn. 20.

b) Die Zuständigkeitsfrage (die „Schwurgerichtslösung" des Bundesverfas- 20 sungsgerichts). Die Regelung der §§ 57a, 57b stieß von Anfang an auf vielfältige Kritik

47 Zu den Anforderungen an die Prognoseentscheidung BVerfGE **58** 208, 222 f; **70** 297, 308 ff; BVerfG StV **1992** 25; BVerfGE **86** 288; **117** 71; BVerfG StV **2011** 488.

48 Zu dieser Kautel im Einzelnen: *Meyer-Goßner/Schmitt* § 454 Rdn. 37 f; *Fischer* KK § 454 Rdn. 29a; zur Praxis der Begutachtung in diesen Fällen *Rasch* in *Hartmut-Michael Weber* Projektgruppe Fulda Lebenslang – wie lang? S. 173 ff.

49 Vom 8. Dezember 1981 (BGBl. I S. 1329); dazu Gesetzentwurf der Bundesregierung (BTDrucks. 8/3218) und Gesetzentwurf der Fraktionen der SPD und FDP (BTDrucks. 9/22).

50 *Ruß* LK[10] 57a Rdn. 1, 11 m.N.; vgl. nunmehr *Hubrach* LK[12] § 57b Rdn. 1.

51 Vom 13. April 1986 (BGBl. I S. 393).

52 *Hubrach* LK[12] § 57b Rdn. 1 ff; *Maurach/Gössel/Zipf/Dölling* § 65 Rdn. 80 a.E.; vgl. jedoch die während des Gesetzgebungsverfahrens erhobene Kritik von *Groß* StV **1985** 81, 84 f.

im Spezialschrifttum[53] und bei den Kommentatoren.[54] Dabei spielte auch der Gesichtspunkt eine gewichtige Rolle, dass die Beurteilung der Schuldschwere dem Vollstreckungsrichter überbürdet wurde, obwohl für diese Bewertung besser der erkennende Richter berufen wäre, hat dieser doch aufgrund seiner zeitlichen Nähe zur Tat, seiner Aufklärungsmittel und seines aus der Hauptverhandlung gewonnenen Bildes ein ungleich besseres Instrumentarium zur Hand als der ca. 15 Jahre später entscheidende Vollstreckungsrichter. Alledem hätte weitgehend dadurch Rechnung getragen werden können, dass – wie das Schrifttum es empfahl[55] – bereits das Schwurgericht in seinem Urteil auf die ca. 15 Jahre später zu beantwortende Frage der besonderen Schuldschwere Bedacht nimmt.

21 Diese und weitere Kritik hat das BVerfG auf der Ebene verfassungsrechtlicher Gebote angesiedelt und nach einer Prüfung der Zuständigkeits- und Verfahrensregelungen am Maßstab des Art. 2 Abs. 1 i.V. mit Art. 20 Abs. 3 GG, des Art. 2 Abs. 2 GG und des Art. 104 Abs. 2 Satz 1 GG folgendes erkannt (BVerfGE **86** 288;[56] vgl. auch die Folgeentscheidungen BVerfG NJW **1993** 1124 und NStZ **1993** 431): Die Regelungen der §§ 454, 462a StPO und des § 74 Abs. 1 Satz 1, Abs. 2 Satz 1 Nr. 4 GVG sind, soweit sie die Aussetzung einer lebenslangen Freiheitsstrafe wegen Mordes betreffen, mit dem GG nur dann vereinbar, wenn die für die Bewertung der Schuld gemäß § 57a Abs. 1 Satz 1 Nr. 2 StGB erheblichen Tatsachen im Erkenntnisverfahren vom Schwurgericht festgestellt und im Urteil dargestellt werden, wenn das Urteil darüber hinaus auf dieser Grundlage die Schuld – unter dem für die Aussetzungsentscheidung erheblichen Gesichtspunkt ihrer besonderen Schwere – gewichtet und wenn das Vollstreckungsgericht daran gebunden ist. Bei der Entscheidung über Altfälle darf das Vollstreckungsgericht zu Lasten des Verurteilten nur das dem Urteil zugrunde liegende Tatgeschehen und die dazu festgestellten Umstände der Ausführung und der Auswirkung der Tat berücksichtigen. Die Vorschrift des § 454 Abs. 1 StPO ist verfassungskonform dahin auszulegen, dass im Falle der Verurteilung zu lebenslanger Freiheitsstrafe das Strafvollstreckungsgericht nicht nur darüber entscheidet, ob deren weitere Vollstreckung zur Bewährung auszusetzen ist, sondern im Falle der Ablehnung auch, bis wann die Vollstreckung – unbeschadet sonstiger Voraussetzungen und Möglichkeiten ihrer Aussetzung – unter dem Gesichtspunkt der besonderen Schwere der Schuld fortzusetzen ist. Der voraussichtliche Zeitpunkt einer Aussetzung der Strafvollstreckung muss so rechtzeitig festgelegt werden, dass die Vollzugsbehörden die Vollzugsentscheidungen, die die Kenntnis dieses Zeitpunktes unabdingbar voraussetzen, ohne eigene Feststellungen zur voraussichtlichen Verbüßungszeit so treffen können, dass die bedingte Entlassung nicht verzögert wird.

---

53 *Baltzer* StV **1989** 42; *Beckmann* NJW **1983** 537; *Klaus Böhm* NJW **1982** 135; *Bode* FS Faller S. 325; *v. Bubnoff* JR **1982** 441; *Fünfsinn* GA **1988** 164; *Groß* ZRP **1979** 133 und StV **1985** 81; *Haffke* in *Bönner/de Boor* Antrieb und Hemmung bei Tötungsdelikten S. 19; *Hamann* Rpfleger **1983** 246; *Horn* JR **1983** 380; *Kunert* NStZ **1982** 89; *Lackner* FS Leferenz S. 609; *Laubenthal* Lebenslange Freiheitsstrafe und JA **1984** 471; *Lenzen* NStZ **1983** 543; *Joachim Meier* Zur gegenwärtigen Behandlung des „Lebenslänglich" beim Mord; *Müller-Dietz* StV **1983** 162, Jura **1983** 568, 628 und JR **1984** 353; *Mysegades* Zur Problematik der Strafrestaussetzung bei lebenslanger Freiheitsstrafe; *Revell* Anwendungsprobleme der Schuldschwereklausel; *Roland Schmidt* Das Zusammentreffen von lebenslanger Freiheitsstrafe und weiteren Freiheitsstrafen; *Stree* NStZ **1983** 289; *Hartmut-Michael Weber* ZRP **1990** 65.

54 *Lackner* StGB[19] § 57a Rdn. 3, 5; *Ruß* LK[10] § 57a Rdn. 1, 11; *Sch/Schröder/Stree* StGB[24] § 57a Rdn. 8; *Dreher/Tröndle* StGB[45] § 57a Rdn. 1, 7a a. E., 11.

55 *Ruß* LK[10] § 57a Rdn. 8; *Dreher/Tröndle* StGB[45] § 57a Rdn. 8a; *Fünfsinn* GA **1988** 164, 174; *Lackner* StGB[19] § 57a Rdn. 5; vgl. auch *Lenzen* NStZ **1983** 543, 544.

56 Zu dieser Entscheidung: *Berkemann* JR **1992** 450, 451; *Eisenberg* JZ **1992** 1188; *Elf* NStZ **1992** 468; *Geis* NJW **1992** 2938; *Meurer* JR **1992** 441; *Kintzi* DRiZ **1993** 341 und JR **1993** 386; *Rotthaus* NStZ **1993** 218; *Salger* DRiZ **1993** 391; *Stree* NStZ **1992** 464; *Thomas Wolf* NStZ **1992** 579.

Dies bedeutet im Wesentlichen: Bereits das Schwurgericht hat über die Frage der besonderen Schwere der Schuld zu entscheiden. Im Falle der Bejahung hat es dies nach der Rspr. des BGH im Urteilstenor auszusprechen (BGHSt **39** 121 und 208, 209; BGH StV **1993** 244); dagegen genügt die Verneinung in den Urteilsgründen (BGH NStZ **1993** 448). Dabei ist die Feststellung der besonderen Schwere der Schuld systematisch kein Teil der Entscheidung zu Schuld- und Strafausspruch. Sie ist vielmehr eine Entscheidung für das Vollstreckungsverfahren. Sie dient nicht der Bemessung der Sanktion, sondern der Vorbereitung einer Entscheidung über die Aussetzung ihrer weiteren Vollstreckung. Deshalb ist der Ausspruch über die besondere Schwere der Schuld auch isoliert mit der Revision anfechtbar (BGHSt **39** 208). Die Entscheidung über die weitere Vollstreckung obliegt dem Vollstreckungsrichter; er hat – neben den sonstigen Voraussetzungen – zu prüfen, ob die besondere Schwere der Schuld des Verurteilten die weitere Vollstreckung „gebietet". Bejaht der Tatrichter die besondere Schwere der Schuld, so ist damit weder eine Aussage getroffen, ob später die Strafe länger als 15Jahre vollstreckt noch – falls der Vollstreckungsrichter längere Vollstreckung für geboten erachtet –, wie lange die weitere Verbüßung dauern wird. Die Tätigkeit des Tatrichters beschränkt sich darauf, dem Vollstreckungsrichter die Anordnung längerer Vollstreckung aus dem Grund besonderer Schuldschwere zu ermöglichen, und sie liefert ihm, wenn er von dieser Möglichkeit Gebrauch macht, die Grundlage, die er braucht, um die Verlängerung der Vollstreckung unter diesem Gesichtspunkt zeitlich zu bestimmen (BGH Großer Senat für Strafsachen BGHSt **40** 360; vgl. BVerfGE **86** 288, 331). In Altfällen darf das Vollstreckungsgericht hinsichtlich des Tatgeschehens und seiner Umstände zu Lasten des Verurteilten nur an Feststellungen aus dem Urteil anknüpfen, nicht aber darüber hinausgehende eigene Feststellungen berücksichtigen (zu alledem *Gribbohm* LK § 57a Rdn. 16ff).

Die „Schwurgerichtslösung" des BVerfG hat von Beginn an starke Kritik erfahren. Neben dem Vorwurf der Kompetenzüberschreitung[57] wird insbesondere bemängelt, dass die Tatrichter unter dem Eindruck der Hauptverhandlung eher zur Annahme besonderer Schuldschwere neigen würden und die gefundene Regelung inkonsequent sei, da sie dem Vollstreckungsgericht die Kompetenz zur Feststellung der besonderen Schuldschwere abspreche, ihm andererseits aber die Entscheidung über deren Auswirkungen zuzuweise.[58] **22**

c) Die Schuldschwereklausel. Zum sachlichen Gehalt der §§ 57a, 57b wird grundsätzlich bemängelt, dass mit der „besonderen Schwere der Schuld" eine neue Begriffseinheit eingeführt worden sei, die einen „Fremdkörper innerhalb der sonst primär spezialpräventiv orientierten Aussetzung" darstelle (*Maurach/Gössel/Zipf/Dölling* AT[7] § 65 Rdn. 80). Die Schuldschwereklausel ist vom Gesetzgeber nur mit wenigen Merkmalen umschrieben worden. Ihre inhaltliche Ausfüllung ist der Wissenschaft und der Rechtsprechung überantwortet geblieben (zu der danach erfolgten Auslegung *Gribbohm* LK[11] § 57a Rdn. 11ff). Das Argument, es sei nicht einmal eine bundeseinheitliche Rechtsprechung zur Schuldschwereklausel gewährleistet, gilt seit der Entscheidung BVerfGE **86** 288 nicht mehr. So hatte der Große Senat für Strafsachen des Bundesgerichtshofs darüber zu entscheiden, ob es für die Feststellung besonders schwerer Schuld genügt, dass das für die lebenslange Freiheitsstrafe bei Mord vorausgesetzte Mindestmaß an Schuld **23**

57 *Tröndle/Fischer* StGB[49] § 57a Rdn. 1b; *Lackner/Kühl/Heger* § 57a Rdn. 2 m.w.N.
58 *Mahrenholz* Minderheitsvotum in BVerfGE **86** 288, 340, 348; *Winter* Minderheitsvotum in BVerfGE **86** 288, 355, 366; *Groß* MK § 57a Rdn. 17 ff m.w.N.; *Steinhilber* ZIS **2013** 395; differenzierend *Kett-Straub* S. 108ff.

deutlich überschritten ist,[59] oder ob die Schuld des Täters nur dann besonders schwer wiegt, wenn das gesamte Tatbild einschließlich der Täterpersönlichkeit von den erfahrungsgemäß gewöhnlich vorkommenden Mordfällen so sehr abweicht, dass eine Strafaussetzung der lebenslangen Freiheitsstrafe nach 15 Jahren auch bei günstiger Prognose unangemessen wäre.[60] Hierzu hat der Große Senat für Strafsachen des Bundesgerichtshofs (BGHSt **40** 360) ausgesprochen, dass es unmöglich sei, einen „Durchschnitt der erfahrungsgemäß vorkommenden Fälle" zu ermitteln. Vielmehr habe der Tatrichter ohne Bindung an eine begriffliche Vorgabe die schuldrelevanten Umstände zu ermitteln und zu gewichten. Die Feststellung besonderer Schwere der Schuld komme dabei nur dann in Betracht, wenn Umstände vorliegen, die Gewicht haben. Solche Umstände könnten beispielsweise eine besondere Verwerflichkeit der Tatausführung oder der Motive, mehrere Opfer bei der Tat, die Begehung mehrerer Mordtaten oder – im oder ohne Zusammenhang mit dem Mord begangene – weitere schwere Straftaten sein. Hierbei sei jedoch stets zu bedenken, dass solche Umstände nicht ohne weiteres, sondern nur im Rahmen der erforderlichen Gesamtwürdigung zur Bejahung der besonderen Schwere der Schuld führen könnten. Dem Revisionsgericht sei bei der Nachprüfung der Entscheidung eine ins einzelne gehende Richtigkeitskontrolle versagt. Es habe nur zu prüfen, ob der Tatrichter alle maßgeblichen Umstände bedacht und rechtsfehlerfrei abgewogen habe, dürfe aber nicht seine eigene Wertung an die Stelle derjenigen des Tatrichter setzen. Diese Entscheidung hat die ihr zugrunde liegende Polarität von Ansichten durch einen Kompromiss gelöst.

24 **d)** Von alledem unberührt bleibt die Unzulänglichkeit der gesetzlichen Gesamtregelung im Hinblick auf **Mehrfachtäter:** In den Fällen, in denen lebenslange Freiheitsstrafe als Gesamtstrafe verhängt worden ist, steht der begrenzte Prüfungsumfang des § 57b in einem schwer erträglichen Spannungsverhältnis zum weiter gefassten Prüfungsumfang des § 54 Abs. 1 Satz 3.[61] Das Zusammentreffen einer lebenslangen Freiheitsstrafe mit Strafen, die nicht gesamtstraffähig sind, kann zu unbilligen Härten führen.[62]

25 **e)** Mit der Einfügung der Vorschrift des § 57a hat der Gesetzgeber das **verfassungsrechtliche Gebot** (scil. den verfassungsgerichtlichen Auftrag aus BVerfGE **45** 187, 242, 252, vgl. Rdn. 14, 17) **erfüllt,**[63] dem zu lebenslanger Freiheitsstrafe Verurteilten gesetzlich eine konkrete und grundsätzlich auch realisierbare Chance zu verschaffen, seine Freiheit zu einem späteren Zeitpunkt wiederzugewinnen. Diese Auftragserfüllung hat das BVerfG ausdrücklich bestätigt (BVerfGE **72** 105, 113 m. krit. Anm. *Beckmann* StV **1986** 486; BVerfG StV **1992** 25).

26 **6.** Das **Gnadenverfahren** bleibt von alledem unberührt.[64] Das bedeutet zum einen, dass eine lebenslange Freiheitsstrafe im Gnadenwege in eine zeitige Freiheitsstrafe um-

---

59 So BGH 1. Strafsenat NStZ **1994** 540 Vorlegungsbeschluss; ebenso *Foth* NStZ **1993** 368.

60 So BGH 4. Strafsenat NStZ **1993** 235 und StV **1993** 4. Nachweis der ähnlichen Rspr. des 2., 3. und 5. Strafsenates im Beschluss des Großen Strafsenates; ebenso *Salger* DRiZ **1993** 391.

61 *Fischer* § 57a Rdn. 22; *Lackner* FS Leferenz 609, 621.

62 *Fischer* § 57a Rdn. 22.

63 *Jescheck/Weigend* § 72 I 3; *Maurach/Goessel/Zipf/Dölling* § 59 Rdn. 16; *Sch/Schröder/Kinzig* § 38 Rdn. 3.

64 Zum Verhältnis zwischen Strafrestaussetzung und Gnade bei lebenslanger Freiheitsstrafe *Joachim Meier* Zur gegenwärtigen Behandlung S. 112 ff und *Mysegades* Zur Problematik der Strafrestaussetzung S. 182 ff; *Birkhoff/Lemke* Gnadenrecht Rdn. 321 ff; *Schulz-Merkel* S. 153 ff.

gewandelt werden kann.[65] Zum anderen besteht die Möglichkeit der Aussetzung des Strafrestes einer lebenslangen Freiheitsstrafe im Wege der Gnade, bis zur Einfügung des § 57a einzige Möglichkeit zur Restaussetzung bei lebenslanger Freiheitsstrafe,[66] neben den Regelungen der §§ 57a, 57b weiterhin.[67]

7. Damit hat die **lebenslange Freiheitsstrafe** eine **andere Qualität erlangt**: Der Verurteilte hat beim Vorliegen der gesetzlichen Voraussetzungen nunmehr einen Rechtsanspruch auf Aussetzung der weiteren Vollstreckung zur Bewährung (BGHSt **32** 93, 94). Die lebenslange Freiheitsstrafe ist zu einer Strafe geworden, deren Dauer rechtlich bestimmbar ist. Die Dauer der Vollstreckung der verhängten lebenslangen Freiheitsstrafe folgt aus einer Anwendung materiellen Strafrechts (§§ 57a, 57b). Die gesetzlichen Maßstäbe stehen bereits zur Zeit der Tatbegehung fest. Im Fall einer Änderung (scil. etwaigen Verschärfung) der §§ 57a, 57b würden die Regeln des § 2 (insbesondere Abs. 3) gelten; denn es handelt sich um sachliches Recht,[68] nicht etwa um Strafvollstreckungsrecht, für das § 2 nicht gilt.[69] 27

Wenngleich eine „Entlassungsautomatik" nicht beabsichtigt war (BTDrucks. 8/3218 S. 5 und 9/22 S. 5) und vor einer solchen gewarnt wurde (*Chlosta* KK 2. Aufl. § 454 Rdn. 45), ist die lebenslange Freiheitsstrafe in ihrer neuen rechtlichen Rahmenstruktur praktisch eine in der Regel zeitige Freiheitsstrafe.[70] Die Einbeziehung der möglichen Entlassung „als festes Kalkül in das Bedingungsgefüge der Haftschicksale" (*Kaiser* Kriminologie § 93 Rdn. 5) kann nicht auf Vollzugsentscheidungen beschränkt bleiben. Vielmehr gebietet § 46 Abs. 1 Satz 2 eine Berücksichtigung dieser Gesichtspunkte auch im Erkenntnisverfahren. Dies ist insbesondere von Bedeutung für das Verhältnis der lebenslangen Freiheitsstrafe zu Sanktionen des Jugendstrafrechts (s. dazu Rdn. 8) und die Möglichkeit der Anordnung freiheitsentziehender Maßregeln, insbesondere der Sicherungsverwahrung, neben der lebenslangen Freiheitsstrafe (s. dazu Rdn. 10 bis 12).

Im größeren **rechtshistorischen Zusammenhang** gesehen, haben das BVerfG mit dem Urteil BVerfGE **45** 187 und der Gesetzgeber mit der Einfügung der §§ 57a, 57b die lebenslange Freiheitsstrafe gerade durch die Kappung ihrer extremen Auswirkungen als Strafform bewahrt. Die Rechtsentwicklung ist geradezu ein Musterbeispiel der Erhaltung eines in Kritik geratenen Rechtsinstitutes durch dessen Zurückschneidung. Nimmt man die seit der Aufklärung kontinuierliche Deminuierung der Strafen (BVerfG aaO S. 229; *Zipf* Kriminalpolitik § 3 2.3; vgl. jedoch die Skepsis hinsichtlich der Begründungen bei *Seelmann* ZStW **101** (1989) 335ff) zur Basis einer Langzeitprognose, so ist wohl anzuneh- 28

65 Zu den daraus folgenden Problemen bei späterer Reststrafaussetzung OLG Hamm NStZ **1989** 267 = JR **1989** 434 m. Anm. *Laubenthal* = StV **1989** 493 m. Anm. *Hohmann*.

66 Zum Vergleich zwischen Gnadenverfahren und erwogener gesetzlicher Regelung noch vor dem Urteil BVerfGE **45** 187: *Triffterer* und *Müller Dietz* jeweils in *Jescheck/Triffterer* S. 193 ff, 211 ff, ausführlich zur alten Rechtslage auch *Röhl* S. 191 ff.

67 *Kunert* NStZ **1982** 89, 95; zur Gnadenentscheidung über einen Strafrest bei noch nicht erledigter freiheitsentziehender Maßregel *Horstkotte* LK[10] 67c Rdn. 20; zur Gnadenpraxis *Eisenberg/Kölbel* Kriminologie[7] § 35 Rdn. 110 ff.

68 Vgl. zum parallelen Problem bei der Einführung der Vorschriften über die Strafaussetzung zur Bewährung BGH NJW **1954** 39; *Tröndle* LK[10] § 2 Rdn. 38 und *Jagusch* JZ **1953** 688, 689 f; vgl. auch BGH Beschluss v. 3. Juni 1986 – 2 StR 273/86 – zu dem parallelen Problem der Gesamtstrafbildung nach § 54 Abs. 1 Satz 1 i.d.F. des 23. StRÄndG.

69 *Tröndle* LK[10] § 2 Rdn. 8.

70 *Gribbohm* LK[11] § 57a Rdn. 4; *Fünfsinn* GA **1988** 164, 175; *Lackner* FS Leferenz 614; so auch der Generalbundesanwalt, zitiert in BGHSt **33** 398, 399; ähnlich nimmt *Kaiser* Kriminologie (1996), § 93 Rdn. 5 an, daß die lebenslange Freiheitsstrafe „praktisch als Freiheitsstrafe von relativ unbestimmter Dauer erscheint"; ihm zustimmend *Müller-Dietz* JR **1987** 28, 31; **aA** *Laubenthal* Lebenslange Freiheitsstrafe S. 271.

men, dass die lebenslange Freiheitsstrafe eines fernen Tages abgeschafft werden wird.[71] Gleichwohl ist sie heute unverzichtbar (Rdn. 35ff).

29 **8.** Das BVerfG hat mit seinen – übrigens vom Vorlegungsfall nicht veranlassten[72] – Erwägungen, ob es mit dem Verhältnismäßigkeitsgrundsatz vereinbar sei, für jeden Fall der heimtückischen Tötung oder der Tötung zur Verdeckung einer anderen Straftat ausschließlich die lebenslange Freiheitsstrafe anzudrohen (BVerfGE **45** 187, 260ff), die **Diskussion um die Struktur der Tötungsdelikte, insbesondere der Mordmerkmale,** in Bewegung gebracht. So widmeten sich insbesondere die 20. Tagung der Gesellschaft für die gesamte Kriminologie 1979[73] dem Problem der etwaigen Ausgrenzung des Mordes aus der vorsätzlichen Tötung und der 53. Deutsche Juristentag 1980[74] der Frage nach einer etwaigen Neuabgrenzung der Tatbestände des Mordes, des Totschlags und der Kindstötung. In neuerer Zeit haben insbesondere ein Arbeitskreis deutscher, österreichischer und schweizerischer Strafrechtslehrer mit dem „Alternativ-Entwurf Leben",[75] und eine vom Bundesjustizministerium eingesetzte Expertengruppe unter Vorsitz von Ruth Rissing-van Saan[76] Vorschläge zur Neukonzeption der Tötungsdelikte gemacht. Das Problem hat seinen Kern in der großen „Sanktionierungskluft" (*Eser* Verh. 53. DJT S. D 35), die zwischen dem allein mit lebenslanger Freiheitsstrafe bedrohten Mord einerseits und dem regelmäßig mit zeitiger Freiheitsstrafe bei erheblichen Milderungsmöglichkeiten (§ 213) bedrohten Totschlag andererseits besteht. Wenngleich die Gewichtsdifferenz zwischen lebenslanger und zeitiger Freiheitsstrafe durch die Einführung der Aussetzung des Strafrestes einer lebenslangen Freiheitsstrafe (§ 57a, 57b) erheblich verringert worden ist, so bleibt doch ein großer Graben zwischen den beiden Typen der Freiheitsstrafe. Es scheint in hohem Maße zweifelhaft, ob diesem auf der Sanktionsseite bestehenden gravierenden Unterschied auf der Seite von Unrecht und Schuld eine zumindest ähnliche Differenz entspricht, ob insbesondere die Tatbestände von Mord und Totschlag durchweg derart unterschiedlich zu bewertendes Verhalten erfassen, dass hierdurch die beträchtliche Differenz der Sanktionen gerechtfertigt wird.

30 Zur Vermeidung dieser Spannung hat die Lehre auf der Grundlage des geltenden Rechts mannigfache Vorschläge entwickelt. Soweit diese sich nicht auf eine restriktive Auslegung einzelner Mordmerkmale beschränken, laufen sie auf zwei Grundmodelle hinaus: Nach der **Lehre von der sog. positiven Typenkorrektur** wird für eine Verurteilung wegen Mordes über die Erfüllung eines Mordmerkmales hinaus gefordert, dass eine Gesamtwürdigung aller Tatumstände und der Täterpersönlichkeit die besondere Verwerflichkeit der Tat ergibt.[77] Das andere Modell gewährt dem Richter die Möglichkeit

71 Zur Langzeitperspektive auch *Bertram* in *Jescheck/Triffterer* S. 157, 167 m. Fn. 26; *Zipf* Kriminalpolitik § 3 2.3.; *Schmidhäuser* JR **1978** 265, 271 spricht vom „verbalen Festhalten an der lebenslangen Freiheitsstrafe" und einer „Übergangslösung bis zur offenen Abschaffung der lebenslangen Freiheitsstrafe"; vgl. auch *Röhl* S. 199, 204ff.

72 *Jähnke* LK[10] vor § 211 Rdn. 38, LK[11] vor § 211 Rdn. 38 und § 211 Rdn. 70, den Ausnahmecharakter der vom BVerfG an-gesprochenen Fälle betonend.

73 Dazu *Rengier* ZStW **92** (1980) S. 459.

74 Aus den Verhandlungen des 53. DJT Berlin 1980: *Eser* Bd. I Gutachten D; *Fuhrmann* Bd. II S. M 7; *Lackner* Bd. II S. M 25; Schrifttumsbeiträge zu diesem Juristentag: *Geilen* JR **1980** 309; *Gribbohm* ZRP **1980** 222; *Jähnke* MDR **1980** 705.

75 *Heine/Höpfel/Huber* GA **2008** 193.

76 Abschlussbericht der Expertengruppe vom Juni 2015, abrufbar unter https://www.bmjv.de/DE/Ministerium/ForschungUndWissenschaft/ReformToetungsdelikte/ReformToetungsdelikte_node.html.

77 *Bertram* in *Jescheck/Triffterer* S. 157, 175; *Hassemer* JuS **1971** 626, 630; *Jescheck* in *Jescheck/Triffterer* S. 127, 131; *Kohlrausch/ Lange* § 211 Anm. VIII 5 und *Lange* ZStW **83** (1971) 246; *Schaffstein* H. Mayer-FS S. 419, 428, 431; *Schmidhäuser* Gesinnungsmerkmale im Strafrecht (1958) S. 232ff.

einer **sog. negativen Typenkorrektur** in der Weise, dass ihm die Möglichkeit eingeräumt wird, trotz Vorliegens eines Mordmerkmals die Anwendung des § 211 deshalb zu verneinen, weil nach Gesamtwürdigung von Tat und Täter die Tötung ausnahmsweise als nicht besonders verwerflich erscheint.[78] Auch eine Kombination beider Ansätze im Sinne einer „Doppelkorrektur" wird vertreten.[79]

Ausgehend davon, dass dort, wo die Tat verschiedene Grade des Verschuldens und der Schwere aufweisen kann, dem Richter grundsätzlich die Möglichkeit gelassen werden muss, die Strafe dem anzupassen (BVerfGE **45** 187, 260), hat das **Bundesverfassungsgericht** die genannten **Konzepte der Lehre aufgegriffen** und als mögliche Lösungen bezeichnet (aaO S. 260ff, 267). Der **Bundesgerichtshof** ist jedoch nicht diesen Weg gegangen, sondern hat, seine Ablehnung jedweder Typenkorrektur[80] aufrechterhaltend, mit dem **Beschluss des Großen Senates für Strafsachen BGHSt 30 105**[81] „die verfassungskonforme Rechtsfortbildung, die er für erforderlich hält, im Wege richterlicher Rechtsschöpfung" (aaO S. 121) in folgender Weise vorgenommen: Er hat eine generelle Einengung des Mordtatbestandes nach den Vorschlägen der Lehre und auch ein Ausweichen auf die Vorschrift des § 213, die allein dem Tatbestand des Totschlags zugeordnet ist, abgelehnt. Stattdessen hat der Große Senat des Bundesgerichtshofs bei „außergewöhnlichen Umständen, auf Grund welcher die Verhängung lebenslanger Freiheitsstrafe als unverhältnismäßig erscheint", die Vorschrift des § 49 Abs. 1 Nr. 1 für „zwingend" anzuwenden erklärt, „weil das verfassungsrechtliche Übermaßverbot keine Ausnahmen kennt" (aaO S. 120). Als Beispiele sind durch eine notstandsnahe, ausweglos erscheinende Situation motivierte, in großer Verzweiflung begangene, aus tiefem Mitleid oder aus „gerechtem Zorn" auf Grund einer schweren Provokation verübte Morde und solche Taten genannt, die in einem vom Opfer verursachten und ständig neu angefachten, zermürbenden Konflikt oder in schweren Kränkungen des Täters durch das Opfer, die das Gemüt immer wieder heftig bewegen, ihren Grund haben (aaO S. 119). In derartigen Ausnahmefällen tritt also an die Stelle der lebenslangen Freiheitsstrafe (§ 211 Abs. 1) der sich aus § 49 Abs. 1 Nr. 1 i.V.m. § 38 Abs. 2 ergebende Strafrahmen von drei bis 15 Jahren Freiheitsstrafe. In einer Reihe von Nachfolgeentscheidungen hat der BGH den Ausnahmecharakter einer solchen Konstellation betont und Ausdehnungen des Anwendungsbereichs dieser Sonderregel entgegengewirkt.[82] Insgesamt hat der BGH damit eine Lösung nicht auf der Seite des Mordtatbestandes, sondern auf der Sanktionsseite vorgenommen und den Anwendungsbereich dieser Lösung zudem eng gehalten. Diese Rspr. des BGH ist heftig kritisiert worden.[83] Beanstandet wird zum einen, dass der BGH die 31

78 *Bockelmann* ZStW **74** (1962) 304, 307; *Geilen* GedS Schröder 235ff und JR **1980** 309ff; *Jescheck* JZ **1957** 386, 387; *Krey/Hellmann* BT 1 Rdn. 50ff, 55; *Rieß* NJW **1968** 628, 630; *Sch/Schröder/Eser/Sternberg-Lieben* § 211 Rdn. 10, 26; *Welzel* S. 284; *Neumannr* in K/N/P vor § 211 Rdn. 160.

79 *Eser* JR **1981** 177, 182f insbes. Fn. 70; *Lange* GedS Schröder 217, 225, 233f.

80 BGHSt **9** 385 = JZ **1957** 385 m. Anm. *Jescheck* und BGHSt **11** 139 (jeweils Großer Senat für Strafsachen).

81 Aus der Zeit zwischen BVerfGE **45** 187 u. BGHSt **30** 105 vgl. insbes. BGHSt **27** 281 u. 322 sowie 346 (dazu jedoch BGHSt **35** 116); BGHSt **28** 77, 79f, wo sich bereits die Neigung findet, eine Lösung nicht über eine Einengung des Mordtatbestandes, sondern über die Ersetzung der lebenslangen Freiheitsstrafe in Ausnahmefällen zu finden. Weitere Nachweise der Rspr. des BGH in dem genannten Zeitraum bei *Tröndle/Fischer* StGB[50] § 211 Rdn. 2b und *Eser* NStZ **1981** 383ff, 429ff sowie *Arzt* JR **1979** 7ff.

82 Z.B. BGH NStZ **1982** 69 und 509 (Nr. 5 u. 6), **1983** 35 und 553, **1984** 20 und 453; BGH StV **1981** 622; BGH Urt. v. 25. Oktober 1984 – 4 StR 578/84 –; BGH NStZ **2005** 154; BGH JR **2016** 603.

83 *Bruns* JR **1981** 358 und **1983** 28 sowie Kleinknecht-FS S. 49ff; *Tröndle/Fischer* StGB[49] § 38 Rdn. 2, § 211 Rdn. 2c, 17, dort mit zahlreichen Nachweisen; *Eser* NStZ **1981** 383f; *Fünfsinn* Jura **1986** 136; *Günther* NJW **1982** 353 und JR **1985** 268; *Hans Joachim Hirsch* FS Tröndle 19, 27ff; *Lackner/Kühl* vor § 211 Rdn. 20; *Lackner* NStZ **1981** 348; *Sch/Schröder/Eser/Sternberg-Lieben* § 211 Rdn. 10b m. N. Dem BGH zustimmend *Frommel* StV **1982** 533; *Rengier* NStZ **1982** 225; *Schneider* MK § 211 Rdn. 43ff.

Hinweise des BVerfG auf die Konzepte der Lehre („Typenkorrektur") nicht aufgegriffen hat, und zum anderen, dass für die „Sanktionslösung" keinerlei Anhalt im Gesetz bestehe. Die vom BGH gewählte Lösung wird deshalb von *Tröndle* (*Tröndle/Fischer* 49. Aufl. § 211 Rdn. 2c, 17) als „contra legem", von *Spendel*[84] als „objektive Rechtsbeugung", von *Bruns*[85] als „unzulässige Gesetzesänderung" bezeichnet. Dieser Kritik tritt *Jähnke*[86] insbesondere unter methodologischen Gesichtspunkten entgegen.

32 Wenngleich die skizzierte Rechtsentwicklung durch die Frage nach der Verfassungsgemäßheit der lebenslangen Freiheitsstrafe ausgelöst worden ist und für Sonderfälle in die Ersetzung der lebenslangen Freiheitsstrafe durch eine zeitige Freiheitsstrafe mündet, handelt es sich doch weitgehend um Probleme der Auslegung der Merkmale des Mordtatbestandes eingedenk der dort vorgesehenen Punktstrafe.[87] Immerhin wird hier offenbar, dass beim gegenwärtigen Rechts- und Diskussionsstand die zentralen Probleme der lebenslangen Freiheitsstrafe nicht allein in den Fragen nach ihrer Verfassungsgemäßheit, ihrer kriminalpolitischen Berechtigung und ihrer konkreten Ausgestaltung, sondern zumindest gleichwertig in der Problematik der gesetzlichen Definition der Voraussetzungen ihrer Verhängung, scil. in den Mordmerkmalen liegen.

33 In der **forensischen Praxis** führt die – trotz der Aussetzungsmöglichkeit nach §§ 57a, 57b bestehende – massive Differenz zwischen den beiden Formen der Freiheitsstrafe verständlicherweise dazu, dass an der Wasserscheide zwischen lebenslanger und zeitiger Freiheitsstrafe besonders heftig gefochten wird. Dies bedeutet zum einen, dass auf der Tatsachenseite vor den Schwurgerichten diejenigen Umstände besondere Bedeutung erlangen, die von der absoluten Strafe des § 211 zwingend wegführen oder wegzuführen vermögen. Dabei stehen neben den die Mordmerkmale begründenden Umständen die tatsächlichen Voraussetzungen erheblich verminderter Schuldfähigkeit nach § 21 an erster Stelle. Auf derselben Kammlinie findet die Entscheidung zwischen Vollendung und Versuch, zwischen Täterschaft bzw. Anstiftung (jenseits von § 28) und anderen Teilnahmeformen, zwischen der Anwendung von Erwachsenenstrafrecht und Jugendstrafrecht statt (vgl. Rdn. 6, 8). Auf der Ebene der Rechtsfragen sind in erster Linie die Mordmerkmale Heimtücke und Verdeckungsabsicht (vgl. Rdn. 30 bis 33) und niedrige Beweggründe einer Diskussion im Einzelfall zugänglich. Diese auf den beiden genannten forensischen Ebenen – Tatsachenfeststellung einerseits und Subsumtion einschließlich Rechtsauslegung andererseits – stattfindenden Vorgänge und ihr Niederschlag in den Urteilen der Schwurgerichte und Jugendkammern sowie den Entscheidungen des BGH werden vielfach als **„Vermeidung" oder „Umgehung" der lebenslangen Freiheitsstrafe** beschrieben,[88] gar als „offensichtliche(s) Ausweichen vor unerwünschten Ergebnissen durch entsprechendes ‚Umdefinieren' von Sachverhalten oder Rechtsbegriffen" interpretiert.[89] Das Phänomen liegt zutage.[90]

---

84 JR **1983** 269, 271; ähnlich *Spendel* LK[10] § 336 Rdn. 62; vgl. auch *Spendel* StV **1984** 45.

85 JR **1981** 358, 362; vgl. auch FS Kleinknecht-49, 53.

86 FS Spendel 537 ff.

87 Zu dieser Rechtsentwicklung *Tröndle/Fischer* StGB[50] § 211 Rdn. 2 f, 16 ff; *Maurach/Schroeder/Maiwald* § 2 Rdn. 27 ff, 46; *Sch/Schröder/Eser/Sternberg-Lieben* § 211 Rdn. 9 bis 10b, 26a bis 26b, 32a bis 32b, 57; vgl. auch die ausführliche Darstellung der Rspr. des BGH bei *Eser* NStZ **1981** 383 ff, 429 ff; **1983** 433 ff; **1984** 49 ff.

88 BVerfGE **45** 187, 261; *Bertram* in *Jescheck/Triffterer* S. 157, 170 f; *Eisenberg/Kölbel* Kriminologie § 35 Rdn. 18 f, § 45 Rdn. 19 und JZ **1983** 509, 511; *Fünfsinn* Jura **1986** 136; *Gribbohm* ZRP **1980** 222, 223; *Sessar* MschrKrim. **1980** 193 u. Rechtliche und soziale Prozesse einer Definition der Tötungskriminalität (1981) S. 21 f, 206.

89 *Kreuzer* ZRP **1977** 49, 50.

90 Vgl. *Blei* referiert in Fn. 72.

9. Die **lebenslange Freiheitsstrafe** ist im derzeitigen Sanktionensystem **kriminalpolitisch notwendig.**[91] Im Schrifttum aus der Zeit vor der Entscheidung BVerfGE **45** 187 und dem 20. und dem 23. StrÄG überwiegen jedoch die Stimmen, die dies bestreiten oder jedenfalls in Zweifel ziehen.[92] Auch nach der Neugestaltung der lebenslangen Freiheitsstrafe wird bis heute immer wieder deren Abschaffung postuliert.[93] Dabei gerät jedoch häufig aus dem Blick, dass der Schutz der Allgemeinheit vor der Gruppe der (auch nach Verbüßung zeitiger Freiheitsstrafe) noch gefährlichen Straftäter nur über eine anschließende Sicherungsverwahrung erreichbar wäre. 34

Allerdings kann die lebenslange Freiheitsstrafe nicht aus ihrer historischen Funktion als **Surrogat der Todesstrafe** gerechtfertigt werden.[94] Vielmehr besteht geradezu gegenläufig ein anderer Zusammenhang zwischen der Abschaffung der Todesstrafe und der Androhung der lebenslangen Freiheitsstrafe (Rdn. 37 a.E.). 35

Die Notwendigkeit der lebenslangen Freiheitsstrafe ergibt sich in erster Linie aus dem Gesichtspunkt der **positiven Generalprävention:**[95] Durch die Androhung der lebenslangen Freiheitsstrafe für schwerste Straftaten gegen das Leben[96] und die Bewahrheitung dieser Androhung durch Verhängung und Vollzug der lebenslangen Freiheitsstrafe macht die staatliche Gemeinschaft deutlich, dass sie das Leben als höchstes Rechtsgut in ganz besonderer Weise zu schützen entschlossen ist.[97] Damit werden dem Rechtsgut Leben ein massiv herausgehobener Wert zugesprochen und so die Bewertung dieses Rechtsgutes auf allen Ebenen von der gesamtgesellschaftlichen Einschätzung bis zur individuellen Gewissensbildung beeinflusst. „Adressaten der Strafe sind primär überhaupt nicht einige Menschen als potentielle Täter, sondern alle Menschen“ (*Jakobs* 1 Rdn. 15), nämlich in ihrer Sozialisation, ihrer sozialen Interaktion und schließlich in ihrem Normvertrauen. Dieser Gesichtspunkt wird häufig vernachlässigt, womöglich deshalb, weil er oft in herkömmlichen Formulierungen wie der von der „sittenbildenden Kraft des Straf- 36

---

91 *Bertram* in *Jescheck/Triffterer* S. 157, 167 m. Fn. 26; *Dreher* FS Lange- 323, 327 f; *Jescheck/Weigend* § 72 I 2; *Maurach/Gössel/Zipf/Dölling* § 59 Rdn. 14 u. *Zipf* Kriminalpolitik § 3 2.3.; *Röhl* S. 199, 201; *Staiger* in *Jescheck/Triffterer* S. 181, 190; *Trechsel* Schweizerisches StGB (1989) Art. 35 Rdn. 3.

92 *Arzt* ZStW **83** (1971) 23; *Beckmann* DRiZ **1977** 108 u. GA **1979** 441; *Bemmann* GA **1967** 139; *Grünwald* ZStW **80** (1968) 99; *Hanack* Kriminologische Gegenwartsfragen **1974** Heft 11 S. 72; *Kerner* ebenda S. 85; *Müller-Dietz* in *Einsele/Feige/Müller-Dietz* Die Reform der lebenslangen Freiheitsstrafe S. 35; *Schmidhäuser* AT 20/5 u. JR **1978** 265, siehe auch Studienbuch 15/6. Hierher sind auch diejenigen Autoren zu zählen, die vor dem Urteil BVerfGE **45** 187 eine Verfassungswidrigkeit der lebenslangen Freiheitsstrafe angenommen haben: S. Fn. 32.

93 *Baltzer* StV **1989** 42; *Höffler/Kasparr* GA **2015** 453;*Schmidhäuser* AT Studienbuch 15/6; *Walter* Strafvollzug Rdn. 34; *Hartmut-Michael Weber* MschrKrim. **1990** 65 und ZRP **1990**, 65; ferner *H.-M. Weber*/ Projektgruppe Fulda (Hrsg.) Lebenslang – wie lang? sowie *H.-M. Weber/Scheerer* (Hrsg;) Leben ohne Lebenslänglich, je mit mehreren Beiträgen.

94 *Röhl* Über die lebenslange Strafe S. 138 ff, 149 ff und mit statistischen Angaben zur Todesstrafe *Kerner* ZStW **98** (1986) 874, 875 ff; ferner *Fischer* 38 Rdn. 3; *Jescheck/Weigend* § 72 I 2; *Kaiser* Kriminologie § 93 Rdn. 3; *Kürzinger* in *Jescheck* Die Freiheitsstrafe S. 1737, 1811; *Zipf* Kriminalpolitik § 3 2.3.; vgl. auch BVerfG Beschluss vom 30. November 1967 – 1 BvR 511/67 –), beschreibt die rechtshistorische Entwicklung, nimmt jedoch nicht die Todesstrafe zur Legitimierung der lebenslangen Freiheitsstrafe in Anspruch.

95 Zur positiven Generalprävention insbes. *Jakobs* 1. Rdn. 4 ff, 15 und *Jakobs* Schuld und Prävention (1976); *Roxin* AT I § 3 Rdn. 24ff; krit. zur positiven Generalprävention *Baratta* KrimJournal **1984** 132; *Giehring* KrimJournal **1987** 2, 6; *Smaus* Zeitschrift für Rechtssoziologie **1985** 90, 97.

96 Soweit die lebenslange Freiheitsstrafe daneben auch für schwerste Angriffe auf den Staat angedroht wird (vgl. Rdn. 5), kann dies angesichts der Verurteilungszahlen (Rdn. 43) im Rahmen der Diskussion der grundsätzlichen Notwendigkeit der lebenslangen Freiheitsstrafe vernachlässigt werden. Die Androhung der lebenslangen Freiheitsstrafe in diesen Fällen ist ein eigenes Problem, das auch im historischen und rechtsvergleichenden Zusammenhang gesehen werden muss.

97 *Jescheck/Weigend* § 72 I 2; *Dreher* Lange-FS S. 327 ff; ähnlich BVerfGE **45** 187, 256 f.

rechts“ gekleidet auftritt und daher manchem als verbraucht erscheint. Indes sind damit sozialpsychologische und individualpsychologische Prozesse angesprochen, die ohne weiteres mit den heutigen Vokabeln der Sozial- und Humanwissenschaften darzustellen sind.[98] In diesem Sinne ergänzen sich der vorbildhafte Verzicht des Staates auf die Todesstrafe (BGHSt **41** 317, 325) und die Androhung der lebenslangen Freiheitsstrafe für schwerste Tötungsdelikte in ihrer Wirkung, den Wert des Rechtsgutes Leben in der Rechtsgemeinschaft und im Bewusstsein aller ihrer Mitglieder zu prägen: Ebenso wie der Staat durch einen Verzicht auf die Todesstrafe seine absolute Achtung des menschlichen Lebens zum Ausdruck bringt und dadurch das Rechtsgut Leben schützt, tut er dies, indem er für schwerste Fälle der Tötung eine herausgehobene Strafe androht.

37 **Empirischem Beweis** ist es freilich **unzugänglich,** dass die Androhung der lebenslangen Freiheitsstrafe eine höhere (positiv) generalpräventive Wirkung hat als etwa eine angedrohte zeitige Freiheitsstrafe[99] – ist doch die Generalprävention in jeder ihrer Erscheinungsformen mit dem Dilemma ihrer zumindest weitgehenden sozialwissenschaftlichen Unerweislichkeit[100] behaftet.

38 Ohne Zweifel dient die lebenslange Freiheitsstrafe objektiv der **negativen Spezialprävention,** also der Sicherung der Gesellschaft vor weiteren Taten des Verurteilten. Ob dieser Gesichtspunkt auch zur kriminalpolitischen Rechtfertigung der lebenslangen Freiheitsstrafe taugt, hängt davon ab, ob die Begehung einer mit lebenslanger Freiheitsstrafe bedrohten Tat eine entsprechende Rückfallwahrscheinlichkeit (Gefährlichkeit) indiziert, wobei der extremen Zeitperspektive der Prognose eine besondere Bedeutung zukommt. Die jüngsten kriminologischen Rückfalluntersuchungen zeigen, dass die Rückfallquoten von entlassenen „Lebenslänglichen“ sehr gering ist.[101] Ob dies Folge der Einwirkung des behandlungsorientierten Strafvollzugs ist oder mit der bei Tötungsdelikten häufigen Konstellation einer Konflikt- oder Situationstat zu tun hat, ist damit jedoch nicht geklärt. Der Aspekt der **positiven Spezialprävention,** dem die Neugestaltung der lebenslangen Freiheitsstrafe weitgehend Rechnung getragen hat, erbringt schwerlich etwas Grundsätzliches für oder wider die lebenslange Freiheitsstrafe. Dabei geht es – strukturell ähnlich wie bei der negativen Spezialprävention – in erster Linie um die Frage, inwieweit die Tatbegehung einen Bedarf an resozialisierender Behandlung indiziert. Eine empirische Aufklärung dieser Wechselverhältnisse wird durch rechtstatsächliche Bedingungen entscheidend behindert: Alle kriminologischen Untersuchungen unter den Gesichtspunkten der Gefährlichkeit, der Behandlungsbedürftigkeit und des Behandlungseffektes (d.h. praktisch: der Entlassungsprognose und der anschließenden Legalbewährung, auch der

---

98 Vgl. z.B. die Modelle von *Haffke* Tiefenpsychologie und Generalprävention (1976) S. 57 ff, 85 f, 167 ff; *Ordeig* ZStW **82** (1970) 379, 388 ff und FS Henkel – 151 ff; *Streng* ZStW **92** (1980) 637, 663, 674 u. **101** (1989) 273, 283, 292; weit. Nachw. b. *Jakobs* 1 Rdn. 15 Fn. 16; kritisch hierzu *Lüderssen* in *Hassemer/Lüderssen/Naucke* Fortschritte im Strafrecht durch die Sozialwissenschaften? (1983) S. 67 ff und *Karl F. Schumann* Positive Generalprävention (1989).

99 Skeptisch BVerfGE **45** 187, 256 f.

100 *Eisenberg/Kölbel* Kriminologie § 20 Rdn. 12 ff, § 41 Rdn. 32 verneinen eine hinreichende empirische Belegtheit, ebenso *Rolinski* Lebenslange Freiheitsstrafe und ihr Vollzug S. 638. Vgl. ferner *Giehring* KrimJournal **1987** 2, 7; *Hassemer* in *Hassemer/Lüderssen/Naucke* Hauptprobleme der Generalprävention (1979) S. 29, 35 f; *Kaiser* Kriminologie § 31 Rdn. 32 ff und *Kaiser* in *Jescheck/Triffterer* S. 115 ff; *Köberer* MschrKrim. **1982** 200; *Müller-Dietz* in *Jescheck/Triffterer* S. 91 ff; *Röhl* Über die lebenslange Strafe S. 201 ff; *Roxin* AT I[4] § 3 Rdn. 30; *Schöch* Jescheck-FS S. 1081 mit der wohl optimistischsten Einschätzung der empirischen Belegbarkeit der Generalprävention; *Karl F. Schumann* Positive Generalprävention (1989); *Schwind* FS Wassermann – 1021, 1034 f; *Vilsmeier* MschrKrim. **1990** 273; *Wolff* ZStW **97** (1985) 786; *Zipf* Kriminalpolitik S. 86.

101 *Kaiser/Schöch/Kinzig* Kriminologie[8] S. 182 f; *Jehle/Albrecht/Hohmann-Fricke/Tetal* Legalbewährung nach strafrechtlichen Sanktionen (2010) S. 182; (2013) S. 56 f.

Vorbelastung zu lebenslanger Freiheitsstrafe Verurteilter)[102] sind darauf angewiesen, daran anzuknüpfen, dass der Proband nach langer Zeit der Strafverbüßung, mithin wesentlich gealtert und durch langen Vollzug geprägt, aus dem Strafvollzug entlassen worden ist.[103] Eine „Herausrechnung" der Faktoren Alterung und Vollzugseinfluss ist praktisch nicht möglich, zumal da es an jedem Anknüpfungspunkt für sozial- und humanwissenschaftliche Vergleiche, praktisch gesprochen: an Vergleichspersonen fehlt. Jedenfalls taugen nach alledem Argumente aus dem Bereich der Spezialprävention kaum zur Widerlegung der kriminalpolitischen Gebotenheit der lebenslangen Freiheitsstrafe.

Dass das BVerfG die lebenslange Freiheitsstrafe auch aus dem Gesichtspunkt des **Schuldausgleichs und** der **Sühne** (BVerfGE **45** 187, 258f; BVerfGE **64** 261 271) rechtfertigt, verdient Zustimmung. Zutreffender als vom BVerfG formuliert, der Sache nach jedoch auch von ihm gemeint, geht es um die **Tatschuldvergeltung**:[104] Der über das Gewaltmonopol verfügende Staat darf das in der Tötung eines Menschen liegende schwere Unrecht gerade auch deshalb durch Androhung und Verhängung des drastischen Strafübels der lebenslangen Freiheitsentziehung vergelten, um einen Schuldausgleich herzustellen, dem Gerechtigkeitsempfinden und -verlangen der Rechtsunterworfenen zu genügen und (mit den Worten des BVerfG) das Unwerturteil „bewusstseinsbildend zu verdeutlichen".[105] 39

Schließlich ist der alledem grundsätzlich gegenüberstehende Gesichtspunkt, dass lebenslange (oder sonst sehr lange) Inhaftierung die **Persönlichkeit des Gefangenen zerstören** könne, also gegen **Art. 1 Abs. 1 GG** verstoße, schon in der Anhörung der Sachverständigen vor dem BVerfG relativiert worden; bis heute fehlen für die These der Haftschäden emprische Belege.[106] Zudem ist diesem Aspekt durch die Einfügung der §§ 57a, 57b das Korrektiv der (weiteren) Gefährlichkeit des Verurteilten mit entsprechender Kontrolle[107] entgegengesetzt worden. Danach müssen allerdings in den wenigen verbleibenden Extremfällen auch etwaige schwere Persönlichkeitsbeeinträchtigungen des Verurteilten dann in Kauf genommen werden, wenn er (weiterhin) qualifiziert gefährlich ist. 40

Als problematischer Bereich verbleiben danach die Fälle, in denen die **Schuldschwere die Gefährlichkeitsprognose übersteigt**. Dies verschärft den Blick darauf, dass der Frage der Gebotenheit weiterer Vollstreckung (§ 57a Abs. 1 Satz 1 Nr. 2) – insbesondere seit der Herauslösung der Entscheidung über das Vorliegen besonderer Schuldschwere aus dem Entscheidungsprogramm des Vollstreckungsrichtes (BVerfGE **86** 288, dazu Rdn. 21ff) – nach Bejahung der besonderen Schuldschwere durch das Schwurgericht zentrale Bedeutung zukommt. Wird in den genannten Konstellationen die Gebo- 41

---

102 Zu Forschungen mit all diesen Ansätzen *Eisenberg/Kölbel* Kriminologie § 42 Rdn. 42, § 57 Rdn. 1ff, 12ff m.N.

103 *Eisenberg/Kölbel* Kriminologie § 42 Rdn. 42; *Kaiser* in *Jescheck/Triffterer* S. 115, 117f; *Schwind* FS Wassermann 1021, 1035.

104 Zu Recht kritisch zum Begriff der Sühne *Kett-Straub* S. 44f.

105 Zum Schuldausgleich ausführlich *Kett-Straub* S. 38ff. Zur verfassungsrechtlichen Legitimität der Vergeltung als Strafzweck *Maunz/Dürig/Di Fabio* GG 84. EL (2018) Art. 2 Abs. 2 S. 2 Rdn. 63.

106 BVerfGE **45** 187, 227ff m. zahlr. Nachw. S. 232f; im Einzelnen die Gutachten von *Bresser* S. 15ff, *Rasch* S. 25ff, *Einsele* S. 4ff u. *Stark* S. 61ff, je in *Jescheck/Triffterer*. Vgl. zu diesem Problem auch folgende ältere Untersuchungen: *Albrecht* Zur sozialen Situation entlassener „Lebenslänglicher"; *Einsele* und *Feige* jeweils in *Einsele/Feige/Müller-Dietz* Die Reform der lebenslangen Freiheitsstrafe S. 1, 25; *Goemann* Das Schicksal der „Lebenslänglichen"; *Goette* ZfStrVo. **1976** 216; *Kühling* MschrKrim. **1964** 159 und ZfStrVo. **1986** 6; *Müller-Dietz* in *Einsele/Feige/Müller-Dietz* aaO S. 35, 76ff m. Nachw. des noch älteren Schrifttums; *Ohm* Haltungsstile Lebenslänglicher; *Röhl* Über die lebenslange Strafe S. 99ff, 111ff; *Ullrich* MschrKrim. **1965** 257; *Wulf* Kriminelle Karrieren von „Lebenslänglichen". Aktuelle Zusammenfassung bei *Eisenberg/Kölbel* Kriminologie § 37 Rdn. 23 bis 30; vgl. ferner *Kaiser/ Schöch/Kinzig* Kriminologie, S. 197f.

107 Darin sieht *Kaiser* Kriminologie § 93 Rdn. 5 das entscheidende Kriterium; ähnlich *Müller-Dietz* in *Einsele/Feige/Müller-Dietz* Die Reform der lebenslangen Freiheitsstrafe S. 25, 49.

tenheit weiterer Vollstreckung zur Drehscheibe der vollstreckungsrichtlichen Entscheidung, so ist dort Raum für den Einfluss aller Strafzwecke (vgl. *Lackner/Kühl/Heger* § 57a Rdn. 10; *Groß* MK § 57a Rdn. 20; *Sch/Schröder/Kinzig* § 57a Rdn. 8.).

42 **10. Statistische Daten zur lebenslangen Freiheitsstrafe:**[108] Die Zahl der jährlichen Verurteilungen zu lebenslanger Freiheitsstrafe in der Bundesrepublik Deutschland stieg in den letzten Jahrzehnten gegenüber dem Minimum von 46 Fällen (1972) nahezu kontinuierlich auf ein deutlich höheres Niveau und hat sich in den letzten Jahren bei unter 100 Fällen eingependelt:

	Fallzahl
2003	80
2004	116
2005	90
2006	94
2007	114
2008	111
2009	104
2010	137
2011	94
2012	95
2013	92
2014	94
2015	90
2016	89

Unter den Verurteilten befinden sich Heranwachsende mit maximal zwei Fällen pro Jahr.[109] Die Verhängung der lebenslangen Freiheitsstrafe erfolgte im Jahr 2016 in 89 Fällen, davon in 80 Fällen wegen vollendeten und in neun Fällen wegen versuchten Mordes.[110] Die Zahl der zu lebenslanger Freiheitsstrafe verurteilten Strafgefangenen lag am jährlichen Stichtag, dem 31. März, im früheren Bundesgebiet zwischen 936 (1974) und 1177 (1991).[111] Seitdem die Zahlen der zu lebenslanger Freiheitsstrafe verurteilten Strafgefangenen für das gesamte Deutschland erfasst werden, sind diese Zahlen von 1307 (1992) kontinuierlich auf 2048 (2010) angestiegen und zuletzt wieder auf 1883 (2016) gefallen.[109a] Die durchschnittliche Dauer der lebenslangen Freiheitsstrafen lag bei den zwischen 2002 und 2015 Entlassenen bei 17 Jahren, jeder achte Gefangene befand sich länger als 25 Jahre im Strafvollzug.[112]

---

108 Weitere statistische Angaben und Nachweise bei *Eisenberg/Kölbel* Kriminologie, § 35 Rdn. 111 ff zur bedingten Entlassung und zur Gnadenpraxis, § 42 Rdn. 42 zur Legalbewährung von aus lebenslanger Freiheitsstrafe Entlassenen, § 45 Rdn. 17 ff zur Verteilung der Verurteilungen wegen Tötungsdelikten, § 57 Rdn. 1ff zu Merkmalen der wegen Mordes oder Totschlags Verurteilten; vgl. auch die Aufstellungen bei *Dünkel* NK-StGB § 57a Rdn. 51 bis 61. statistische Angaben zur Zeit zwischen 1945 und 1975 in BVerfGE **45** 187, 203f.

109 Quelle: Statistisches Bundesamt, Destatis, Rechtspflege Fachserie 10, Reihe 3 Strafverfolgung, jeweils Jahresband.

110 Statistisches Bundesamt, Destatis, Rechtspflege Fachserie 10, Reihe 3 Strafverfolgung, 2016, S. 168 f. Zur Entwicklung seit 1991 vgl. *Dessecker* Die Vollstreckung lebenslanger Freiheitsstrafe, S. 13.

111 Quelle: Statistisches Bundesamt, Rechtspflege Fachserie 10, Reihe 4.1 Strafvollzug, jeweils Jahresband.

109a Quelle: Statistisches Bundesamt, Rechtspflege Fachserie 10, Reihe 4.1 Strafvollzug 2016 (2017) S. 12.

112 *Dessecker* Die Vollstreckung lebenslanger Freiheitsstrafe, S.19 f.

IV. Die zeitige Freiheitsstrafe

1. Für die zeitige Freiheitsstrafe legt **Absatz 2** das gesetzliche **Höchstmaß** (15 Jahre) und das gesetzliche **Mindestmaß** (ein Monat) fest. Der Gesetzgeber hat damit die ganz kurzen Freiheitsstrafen beseitigt, ist jedoch dem E 1962 (§ 44 Abs. 2), das Höchstmaß auf 20 Jahre zu erhöhen, nicht gefolgt.[113] Es handelt sich bei Absatz 2 nicht um einen Strafrahmen, sondern um die Reichweite der zeitigen Freiheitsstrafe überhaupt. Ein Strafrahmen, der diese gesamte Reichweite ausschreitet, ist im Besonderen Teil nicht enthalten. Die Einheiten, in denen zeitige Freiheitsstrafen zu verhängen sind, werden in § 39 bestimmt. 43

2. Das **Höchstmaß** von 15 Jahren gilt auch für die **Gesamtstrafe** (§ 54 Abs. 2 S. 2). An dieses schon alte Prinzip (vgl. RGSt **16** 282; **63** 242) knüpft sich heute folgende Weiterung: Kann eine Strafe nur deshalb, weil sie bereits vollstreckt, verjährt oder erlassen ist, nicht mehr zur Gesamtstrafbildung herangezogen werden, so ist die darin liegende Härte nach der st. Rspr. des BGH bei der Bemessung der nunmehr zu verhängenden Strafe auszugleichen.[114] Wenn bei solcher Konstellation die verhängten Einzelfreiheitsstrafen in ihrer Summe 15 Jahre übersteigen würden, kann der gebotene Härteausgleich nur dadurch bewirkt werden, dass die Höchstgrenze von 15 Jahren so beachtet wird, wie sie im Fall einer Gesamtstrafbildung gelten würde; denn allein damit wird gewährleistet, dass der Angeklagte durch die getrennte Aburteilung und die inzwischen erfolgte Vollstreckung nicht schlechter gestellt wird. Das bedeutet, dass in einem solchen Fall die Summe der verhängten Einzelstrafen 15 Jahre nicht übersteigen darf (BGHSt **33** 131; zustimmend *Maurach/Gössel/Zipf/Dölling* § 59 Rdn. 20). M.a.W.: Bei solcher Fallgestaltung darf die zweite Freiheitsstrafe höchstens die Differenz zwischen der vollstreckten, aber grundsätzlich gesamtstraffähigen ersten Strafe und 15 Jahren betragen (BGH aaO S. 133). 44

Anderes gilt für die Verhängung und **Vollstreckung mehrerer Freiheitsstrafen, die** – unabhängig von etwa erfolgter Vollstreckung – **nicht gesamtstraffähig sind.** Ist es geboten, mehrere Einzel- oder Gesamtstrafen zu bilden, so gilt das 15-jährige Höchstmaß aus Abs. 2, § 54 Abs. 2 Satz 2 nur für die einzelnen (Gesamt-)strafen, nicht aber für deren Summe.[115] Das verhängte und zu verbüßende gesamte Strafübel kann in diesen Fällen also über 15 Jahren Freiheitsstrafe liegen. Unter dem Gesichtspunkt der Verhältnismäßigkeit staatlichen Strafens ist aber zu prüfen, ob die Strafen in ihrer Gesamtheit in einem schuldangemessenen Verhältnis zu den Straftaten stehen und kein übermäßiges Gesamtübel darstellen.[116] Übersteigt das Gesamtübel die Grenze von 15 Jahren, bedarf es einer besonderen Begründung im Urteil.[117] 45

Bei mehrfach begangenem Totschlag darf die Annahme eines oder mehrerer **besonders schwerer Fälle nach § 212 Abs. 2** (mit der Folge lebenslanger Freiheitsstrafe) nicht darauf gestützt werden, dass eine aus mehreren hohen zeitigen Freiheitsstrafen zu bil- 46

---

113 Hierzu *Sturm* JZ **1970** 83. Auch der im Rahmen der Diskussion um die Bekämpfung des Terrorismus eingebrachte Vorschlag, das Höchstmaß der zeitigen Freiheitsstrafe für einzelne Androhungen auf 20 Jahre anzuheben (Gesetzentwurf der Fraktion der CDU/ CSU vom 26. April 1977, BTDrucks. 8/322 S. 3, 8), wurde nicht weiter verfolgt (BT Prot. 8/14055).

114 BGHSt **12**, 94, 95; **31**, 102; *Fischer* § 55 Rdn. 21 bis 23; *Mösl* NStZ **1983** 493, 495 je m. w. N.

115 BGHSt **33** 367, 368f; **43** 216, 218 = JR **1998** 429 m. Anm. *Fahl*, BGHSt **44** 179, 185; BGH NStZ **2000** 84; so schon RGSt **4** 53, 56; ebenso *Fischer* § 38 Rdn. 4b; *Wolters* SK § 38 Rdn. 7; *Kürzinger* in *Jescheck* Die Freiheitsstrafe S. 1737, 1818f; *Lackner/Kühl/Kühl* § 38 Rdn. 3; *Sch/Schröder/Kinzig* § 38 Rdn. 4.

116 BGHSt **41** 310.

117 BGH, Beschluss v. 8.1.2013 – 5 StR 594/12; zurückhaltend *Radtke* MK Rdn. 9.

dende Gesamtstrafe wegen § 38 Abs. 2 bei 15 Jahren Freiheitsstrafe ihre unangemessen niedrige Grenze finden würde. Die gesetzgeberische Entscheidung, selbst bei mehreren hohen zeitigen Freiheitsstrafen die Gesamtstrafe auf 15 Jahre zu begrenzen, ist auch in dem Sinn zu respektieren, dass sie im Einzelfall nicht als Argument für eine Anwendung des § 212 Abs. 2 benutzt werden darf. Jedoch kann und muss ggf. das Gesamtbild mehrerer Totschläge bei der Bewertung des Unrechts- und Schuldgehalts jeder Einzeltat Berücksichtigung finden. Dies entspricht der Rspr. des BGH.[118]

47 **3.** Das **Mindestmaß** von einem Monat darf auch dort, wo der besondere Strafrahmen keine besondere Mindeststrafdrohung vorsieht, nicht unterschritten werden (vgl. Rdn. 1). Dieses Mindestmaß gilt auch für die Landesgesetze (Art. 3 Abs. 2 Nr. 2 EGStGB). Auch beim Zusammentreffen von gesetzlichen Milderungsgründen (§ 49) kommt eine Unterschreitung des gesetzlichen Mindestmaßes nicht in Betracht.[119] Auch bei der Frage der Anrechnung der Untersuchungshaft (§ 51) wird das Problem einer Unterschreitung des Mindestmaßes gar nicht praktisch, denn zum einen bedarf es *regelmäßig* insoweit keines *besonderen* Ausspruchs, da § 51 eine *gesetzliche* Strafvollstreckungsregel enthält, zum anderen berührt dort, wo ein *richterlicher* Ausspruch über die Anrechnung der Untersuchungshaft empfehlenswert oder geboten ist, dieser die eigentliche *Bemessung* der Freiheitsstrafe, für die das Mindestmaß gilt, nicht. Das schließt selbstverständlich nicht aus, dass eine Freiheitsstrafe, auf die in der Vollstreckung Untersuchungshaft anzurechnen ist, hierdurch im Vollzug das Mindestmaß von einem Monat unterschreitet. Auch für die Ersatzfreiheitsstrafe gilt das Mindestmaß des Absatzes 2 nicht (§ 43 S. 2).

V. Übergangsvorschriften

48 Das 1. StrRG (Art. 86, 95 Abs. 3) enthält für Taten, die vor dem 1. April 1970 begangen, aber später abgeurteilt worden sind, **Übergangsvorschriften.** Es wird insoweit auf die Erläuterungen bei *Koffka* LK[9] § 21 Rdn. 8 verwiesen. Übergangsvorschriften, die die in § 38 enthaltenen und zum 1. Januar 1975 wirksam gewordenen Rechtsänderungen betreffen, sind Art. 298, 300 EGStGB 1974 zu entnehmen. Hiernach gilt das Mindestmaß der Freiheitsstrafe von einem Monat auch für die vor dem 1. Januar 1975 begangenen Taten. Wäre nach früherem Recht eine solche unter einem Monat verhängt worden, dann ist auf eine Geldstrafe bis zu 30 Tagessätzen zu erkennen. Zu Vergehen „aufgewertete“ und vor dem 1. Januar 1975 begangene Übertretungen des alten Rechts sind insoweit nach früherem Recht zu beurteilen, als es um die Voraussetzungen der Strafbarkeit und das Höchstmaß der Freiheitsstrafe geht.

VI. Vollzug der Freiheitsstrafe

49 **1. Gesetzliche Regelungen des Justizvollzugs.** Für den **Vollzug der Freiheitsstrafe** war seit dem 1. Januar 1977 das **Strafvollzugsgesetz** (StVollzG)[120] maßgebend (zu dessen Vor- und Entstehungsgeschichte und Entwicklung vgl. Vorauflage Rdn. 52ff) Im Rahmen der zum 1. Januar 2009 in Kraft getretenen Föderalismusreform I (BGBl. I 2006, 2863) wurde die bisher beim Bund liegende Kompetenz für das Strafvollzugsrecht den Ländern über-

118 BGHR StGB § 212 Abs. 2 Umstände, schulderhöhende 2; BGH NStZ **1984** 117; BGH Urteil v. 17. Mai 1982 – 2 StR 136/81 –; dazu *Theune* NStZ **1988** 171, 172f, 304, 306.

119 *Maurach/Gössel/Zipf/Dölling* § 59 Rdn. 21; *Wolters* SK § 38 Rdn. 8.

120 Gesetz über den Vollzug der Freiheitsstrafe und der freiheitsentziehenden Maßregeln der Besserung und Sicherung vom 16. März 1976 (BGBl. I S. 581), letztes ÄndG v. 17. Dezember 2018 (BGBl. I 2571).

tragen. Nach der Neuregelung von Art. 74 Abs. 1 Nr. 1 GG erstreckt sich die konkurrierende Gesetzgebung des Bundes nur noch „auf das gerichtliche Verfahren (ohne das Recht des Untersuchungshaftvollzugs)". Von ihrer Gesetzgebungszuständigkeit haben inzwischen alle Länder Gebrauch gemacht und eigene gesetzliche Grundlagen für den Strafvollzug geschaffen. Bis zu deren Inkrafttreten galt gem. Art. 125a GG das StVollzG fort. Es gilt darüber hinaus weiter, sofern einzelne Vorschriften der Ländergesetze oder andere (nicht ersetzte) Bundes- oder Landesgesetze auf das StVollzG verweisen bzw. soweit Bundesmaterien betroffen sind. Dies betrifft die Vorschriften über die gerichtlichen Rechtsbehelfe (§§ 109 bis 121, 130, 138 Abs. 3 StVollzG), Fragen der Pfändbarkeit von Ansprüchen (§ 43 Abs. 11 Satz 2 Hs. 2, § 50 Abs. 2 S. 5, 51 Abs. 4 und 5, 75 Abs. 3, 176 Abs. 4), die Sicherungsverwahrung (§§ 129 bis 135), den Vollzug des Strafarrestes (§§ 167 bis 170), den Vollzug von Ordnungs-, Sicherungs-, Zwangs- und Erzwingungshaft (§§ 171 bis 175) und den unmittelbaren Zwang bei besonderen Haftarten (§ 178 Abs. 1 bis 3).

Die Strafvollzugsgesetze der Länder orientieren sich bei eigener Akzentuierung einzelner Bereiche stark an den Regelungen des StVollzG. Die vor Inkrafttreten geäußerte Befürchtung, die Kompetenzverschiebung werde zu einem „Wettbewerb der Schäbigkeit" im Sinne eines Absinkens des bisherigen Standards führen, hat sich daher nicht bewahrheitet. Die Vielzahl der neuen Gesetze mit unterschiedlicher Regelungssystematik hat jedoch zu einer großen Unübersichtlichkeit geführt und die bundeseinheitliche Rechtsanwendung in einem für den Rechtsstaat wichtigen Bereich beendet. **49a**

Eigene rechtliche Regelungen gelten für den **Vollzug der Sicherungsverwahrung**, der sich vom Vollzug der Freiheitsstrafe qualitativ zu unterscheiden hat (sog. Abstandsgebot). Mit Urteil vom 4.5.2011 hatte das BVerfG die bis dahin geltenden wesentlichen Regelungen zur Sicherungsverwahrung für verfassungswidrig erklärt und den Gesetzgebern in Bund und Ländern aufgegeben, bis 1.6.2013 ein Gesamtkonzept der Sicherungsverwahrung zu entwickeln und normativ festzuschreiben, das dem verfassungsrechtlichen Abstandsgebot Rechnung trägt, wonach sich der Vollzug der Sicherungsverwahrung vom Vollzug der Strafhaft deutlich zu unterscheiden hat. Dabei habe der Bundesgesetzgeber angesichts seiner konkurrierenden Gesetzgebungszuständigkeit für den Bereich des Strafrechts die wesentlichen Leitlinien vorzugeben. Die Landesgesetzgeber erhielten den Gesetzgebungsauftrag, das Abstandsgebot sichernde, effektive Regelungen für den Vollzug der Maßregel zu treffen, die einen „freiheitsorientierten und therapiegerichteten" Vollzug gewährleisten. Das vom BVerfG eingeforderte Regelungskonzept wurde fristgerecht durch die bundesrechtlichen Vorschriften der § 66c StGB und §§ 129 bis 135 StVollzG sowie durch Landesgesetze zum Vollzug der Sicherungsverwahrung umgesetzt. **50**

Die Unterbringung in einem psychiatrischen Krankenhaus oder in einer Entziehungsanstalt richtet sich wegen der therapeutischen Zielsetzung (§§ 136, 137 StVollzG) nach Landesrecht, soweit Bundesgesetze nicht anderes bestimmen (§ 138 Abs. 1 StVollzG).[121] **51**

Das StVollzG regelt noch den Vollzug des **Strafarrestes** (§ 9 WStG, vgl. vor § 38 Rdn. 67) in Justizvollzugsanstalten (§§ 167 bis 170 StVollzG). **52**

Nach § 171 StVollzG gelten die Vorschriften des StVollzG über den Vollzug der Freiheitsstrafe weitestgehend (u.a. mit Maßgabe der §§ 172 bis 175 StVollzG) entsprechend für den Vollzug einer gerichtlich angeordneten **Ordnungshaft** (z.B. § 51 Abs. 1 Satz 2, § 70 Abs. 1 Satz 2 StPO; § 380 Abs. 1 Satz 2, § 390 Abs. 1 Satz 2, § 890 Abs. 1 ZPO; § 177 Satz 1, § 178 Abs. 1 GVG), **Sicherungshaft** (z.B. persönlicher Sicherheitsarrest nach §§ 918, 933 ZPO; § 21 Abs. 3 InsO; § 326 Abs. 1 Satz 1 AO), **Zwangshaft und Erzwingungshaft,** also **53**

121 Zu alledem einschließlich der Einzelregelungen des Landesrechts *Müller-Isberner/Born/Eucker/Eusterschulte* Praxishandbuch Maßregelvollzug 3. Aufl. (2018); *Volckart/Grünebaum* Maßregelvollzug 8. Aufl. (2015).

„Beugehaft" (z.B. § 70 Abs. 2 StPO; § 48 Abs. 2, §§ 96ff OWiG; § 390 Abs. 2, § 901 ZPO; § 98 Abs. 2, 3 InsO; § 284 Abs. 7 Satz 1 AO).[122]

54 Für die Abschiebungshaft, die in speziellen Hafteinrichtungen vollzogen werden muss, gelten die Vorschriften der §§ 62, 62a Aufenthaltsgesetz; für ergänzende Regelungen sind die Länder zuständig. Davon haben bislang nur Baden-Württemberg, Brandenburg, Hamburg und Nordrhein-Westfalen Gebrauch gemacht und Gesetze über den Vollzug der Abschiebehaft geschaffen.[123]

55 Im Recht der Untersuchungshaft ist infolge der Neuregelung von Art. 74 Abs. 1 Nr. 1 GG durch die Föderalismusreform (vgl. Rdn. 51) zwischen dem **Untersuchungshaftrecht** und dem **Recht des Untersuchungshaftvollzugs** zu unterscheiden:[124] Während das Untersuchungshaftrecht die gesetzlichen Regelungen betrifft, die der Sicherung des Strafverfahrens und der Durchsetzung des staatlichen Strafanspruchs im Strafprozess dienen (Erlass, Bekanntmachung, Außervollzugsetzung und Aufhebung eines Haftbefehls sowie die Haftprüfung sowie diejenigen Regelungen, die Eingriffe in die Rechte des Beschuldigten erlauben), regelt das Recht des Untersuchungshaftvollzugs die Art und Weise der Durchführung der richterlich angeordneten Untersuchungshaft von der Aufnahme des Beschuldigten in die Justizvollzugsanstalt bis zu seiner Entlassung. Nachdem der Bund bereits zum 1. Januar 2010 mit dem Gesetz zur Änderung des Untersuchungshaftrechts das ihm zugewiesene Verfahrensrecht in den §§ 112ff StPO neu geregelt hatte,[125] haben unmittelbar danach auch alle Länder von ihrer Zuständigkeit zur Regelung des Untersuchungshaftvollzugs Gebrauch gemacht und in diesem Bereich die bisher fehlende gesetzliche Grundlage geschaffen.[126] In den Untersuchungshaftvollzugsgesetzen der Länder ist nunmehr auch der Vollzug der Hauptverhandlungshaft nach §§ 127b StPO, der Haft gem. §§ 230 Abs. 2, 236, 329 Abs. 3, 412 S. 1 StPO, der **Sicherungshaft nach § 453c StPO und der Unterbringungshaft** nach § 275a Abs. 5 geregelt.

56 Der Vollzug der **Jugendstrafe** richtet sich nach den Jugendstrafvollzugsgesetzen der Länder, mit denen der Auftrag des BVerfG aus seinem Urteil vom 31. Mai 2006[127] zur Schaffung einer gesetzlichen Grundlage erfüllt wurde.

57 **Freiheitsstrafe** darf an einem Verurteilten, der das 24. Lebensjahr noch nicht vollendet hat und sich für den Jugendstrafvollzug eignet, auch **in einer Jugendstrafanstalt** vollzogen werden (§ 114 JGG; zu den Voraussetzungen im einzelnen *Eisenberg* JGG § 114 Rdn. 4ff). In diesem Fall richtet sich der Vollzug nach den jugendstrafrechtlichen Bestimmungen (*Ostendorf* JGG § 114 Rdn. 6). In der umgekehrten Konstellation kann die **Jugendstrafe** an einem Verurteilten, der das 18. Lebensjahr vollendet hat und sich nicht für den Jugendstrafvollzug eignet, **in einer Strafanstalt für Erwachsene** vollzogen werden, wobei der Vollzug sich nach dem StVollG richtet. Nach der Vollendung des 24. Lebensjahrs des Verurteilten soll so verfahren werden (§ 92 Abs. 2 JGG).

58 Für den Vollzug der **Auslieferungshaft** (§ 15 IRG), der **vorläufigen Auslieferungshaft** (§ 16 IRG) **und der Durchlieferungshaft** (§ 45 IRG) nach § 27 Abs. 1 (i.V. mit § 45 Abs. 6) IRG gelten – ebenfalls infolge der Föderalismusreform – die landesrechtlichen Vorschriften zum Vollzug der Untersuchungshaft.[128]

---

122 Zu alledem ausführlich *Manfred Winter* Vollzug der Zivilhaft (1987); ferner *Arloth/Krä* StVollzG[4] § 171 StVollzG Rdn. 1ff; *Neubacher* in LNNV Strafvollzugsgesetze, 12. Aufl., Abschn. B Rdn. 10; *Laubenthal* in LNNV Strafvollzugsgesetze, 12. Aufl., Abschn. Q Rdn. 20ff.

123 Dazu *Kluth in Kluth/Heusch* BeckOK-AusländerR § 62a AufenthG Rdn. 23ff.

124 *König* NStZ **2010** 185; *Meyer-Goßner/Schmitt* vor § 112 Rdn. 1ff.

125 BGBl. I S. 2774.

126 Übersicht bei *Ostendorf* ZJJ **2011** 251.

127 BVerfG NJW **2006** 2093; dazu *Ostendorf* NJW **2006** 2073.

128 *Schomburg/Hackner/Lagodny* in *Schomburg/Lagodny/Gleß/Hackner* § 27 Rdn. 1f.

Den Vollzug von Freiheitsstrafe, Strafarrest (vgl. vor § 38 Rdn. 67) und Jugendarrest an Soldaten durch Behörden der Bundeswehr regelt die **Bundeswehrvollzugsordnung** vom 29. November 1972 (BGBl. I S. 2205; dazu *Kürzinger* in *Jescheck* Die Freiheitsstrafe S. 1737, 1849f). 59

2. Strafvollzugsrecht. Seit dem Inkrafttreten des Strafvollzugsgesetzes hat sich das **Strafvollzugsrecht** zu einer **eigenen Disziplin** innerhalb der gesamten Strafrechtswissenschaft entwickelt und sich damit vom Strafrecht „emanzipiert". Dies schlägt sich literarisch insbesondere in einer Vielzahl von Gesamtdarstellungen nieder, auf die hinsichtlich der Einzelheiten verwiesen wird.[129] Die Rspr. zum Strafvollzugsrecht ist außerordentlich umfangreich, zumal durch §§ 109ff StVollzG ein besonderer Rechtsweg eröffnet ist.[130] 60

3. Weitere Vorschriften über den Vollzug der Freiheitsstrafe. Ferner sind für den Strafvollzug unmittelbar maßgeblich die Konvention zum Schutze der Menschenrechte und Grundfreiheiten vom 4. November 1950 (MRK)[131] und der Internationale Pakt über bürgerliche und politische Rechte vom 16. Dezember 1966,[132] die die Qualität innerstaatlichen (Bundes-)Rechts haben[133] und bei der Auslegung der Grundrechte und rechtsstaatlicher Grundsätze des Grundgesetzes als Auslegungshilfe heranzuziehen sind.[134] Zudem ist hinzuweisen auf die UNO-Konvention gegen Folter und grausame, unmenschliche oder erniedrigende Behandlung oder Strafe (UNO-Antifolterkonvention) vom 10. Dezember 1984[135] und die Europäische Konvention zur Verhütung von Folter und unmenschlicher oder erniedrigender Behandlung oder Strafe (Europäische Antifolterkonvention) vom 27. November 1987[136] Ergänzend sind die internationalen Standards und Empfehlungen. Dazu gehören insbesondere die Europäischen Strafvollzugsgrundsätze (European Prison Rules) von 2006, die Einheitlichen Mindestgrundsätze für die Behandlung der Gefangenen, beschlossen vom Ersten Kongress der Vereinten Nationen über Verbrechensverhütung und die Behandlung Straffälliger, 1955 und die Mindestgrundsätze der Vereinten Nationen für die Behandlung der Gefangenen (Entschließung des Wirtschafts- und Sozialrats der Vereinten Nationen) vom 31. Juli 1957.[137] 61

---

129 Kommentare: *Arloth/Krä* Strafvollzugsgesetze Bund und Länder: StVollzG 4. Aufl. (2017); *Feest/Lesting/Lindemann* Strafvollzugsgesetze 7. Aufl. (2017); *LNNV* Strafvollzugsgesetze: StVollzG 12. Aufl. (2015); *Schwind/Jehle/Laubenthal* Strafvollzugsgesetz 6. Aufl. (2013); Lehrbücher: *Höflich/Schriever/Bartmeier* Grundriss Vollzugsrecht 4. Aufl. (2014); *Kett-Straub/Streng* Strafvollzugsrecht (2016); *Kaiser/Schöch/Kinzig* Kriminologie, Jugendstrafrecht, Strafvollzug 8. Aufl. (2015); *Laubenthal* Strafvollzug 7. Aufl. (2015); hinzuweisen ist ferner auf *Heghmanns* Strafverteidigung in Strafvollstreckung und Strafvollzug 2. Aufl. (2012) und *Volckart/Pollähne/Woynar* Verteidigung in Vollstreckung und Vollzug 5. Aufl. (2014).

130 Vgl. etwa den Überblicksbeitrag von *Roth* NStZ **2017** 206.

131 BGBl. 1952 II S. 685; dazu *Kühl* ZStW **100** (1988) 406, 601; *Calliess/Müller-Dietz* StVollzG Einl. Rdn. 47; s. auch *Golsong* u.a. Internationaler Kommentar zur Europäischen Menschenrechtskonvention (ab 1986).

132 BGBl. 1973 II S. 1533.

133 BVerfGE **6** 389, 440, **10** 271, 274; BGHSt **20** 143, 149; **21** 81, 84; BGHZ **45** 46, 49; *Meyer-Goßner/Schmitt* Anhang 4 MRK (dort weitgehende Textwiedergabe und Kommentierung) Vorbem. Rdn. 3.

134 BVerfG NStZ **2011** 451.

135 Text in EuGRZ **1985** 131; dazu *Nowak* EuGRZ **1985** 109.

136 Text in EuGRZ **1988** 569; dazu *Nowak* EuGRZ **1988** 537 und *Lüthke* ZRP **1988** 52.

137 Vgl. *LNNV/Neubacher* A Rdn. 41ff.

§ 39
Bemessung der Freiheitsstrafe

Freiheitsstrafe unter einem Jahr wird nach vollen Wochen und Monaten, Freiheitsstrafe von längerer Dauer nach vollen Monaten und Jahren bemessen.

Schrifttum

vgl. Vor § 38.

Entstehungsgeschichte

Die Vorschrift ersetzt seit dem 2. StrRG den § 19 a.F. Sie unterscheidet sich von der alten Fassung allein dadurch, daß Freiheitsstrafe unter einem Jahr nicht auch nach vollen Tagen bemessen werden darf. Die Vorgängernorm des § 19 erhielt ihre Fassung durch das 1. StrRG 1969. Diese trat an die Stelle der Ursprungsfassung des § 19 RStGB, der die Berechnung und die Bemessung der einzelnen Freiheitsstrafarten regelte.

Gesetzesmaterialien

§ 44 Abs. 3, § 46 Abs. 2, § 47 Abs. 2, § 49 E 1962; Begr. S. 167ff; § 36 Abs. 1 Satz 2 AE; vgl. im Übrigen die Angaben bei § 38.

Übersicht

I. Strafzumessungsregel

1 Die Vorschrift enthält eine **Strafzumessungsregel** und bestimmt die Zeiteinheiten, nach denen sich die Bemessung der zeitigen Freiheitsstrafe zu richten hat. § 39 engt das richterliche Ermessen insofern ein, als dem Richter innerhalb seines „Spielraums" bei der Strafzumessung (BGHSt. **29** 319, 320; *Sander/Schäfer/van Gemmeren* Strafzumessung Rdn. 828ff je m.N.) die Möglichkeit einer völlig linearen Bemessung der zeitigen Freiheitsstrafe vorenthalten wird, vielmehr ein Stufensystem möglicher Strafeinheiten vorgegeben wird (vgl. *Streng* NStZ **1988** 485, 487).

1a § 39 gilt sowohl für die **Einzelfreiheitsstrafe** als auch für die **Gesamtfreiheitsstrafe** (BGH Beschl. v. 16. Dezember 2015 – 4 StR 529/15; *Sander/Schäfer/van Gemmeren* Strafzumessung Rdn. 1205 *Rissing-van Saan* LK[12] § 54 Rdn. 6); s. aber Rdn. 7.

1b Die Vorschrift unterscheidet Strafen unter einem Jahr und längere Strafen.

2 **1. Freiheitsstrafen von einem Jahr oder mehr** werden nach *vollen Monaten und Jahren* bemessen. Es ist nach Auffassung des Gesetzgebers weder möglich noch notwendig, bei solchen Strafhöhen die Strafe noch genauer zu bestimmen.[1] Strafen von mehr als

1 1. Schriftl. Bericht BTDrucks. V/4094 S. 8; 2. Schriftl. Bericht BTDrucks. V/4095 S. 20; *Sturm* JZ **1970** 83.

https://doi.org/10.1515/9783110300499-003

einem Jahr, aber weniger als zwei Jahren dürfen also nur auf ein Jahr und ein bis elf Monate (jeweils nach vollen Monaten) lauten, also nicht beispielsweise auf ein Jahr und zwei Wochen oder ein Jahr und fünf Tage.[2] Ist aus zwei Einzelstrafen von jeweils einem Jahr eine Gesamtstrafe zu bilden, so beträgt die niedrigstmögliche Freiheitsstrafe ein Jahr und einen Monat.[3] Zu Ausnahmen s. Rdn. 6 bis 9.

2. Freiheitsstrafen unter einem Jahr werden nach *vollen Wochen und Monaten* bemessen. Das zu Rdn. 2 Gesagte gilt entsprechend. Ist aus zwei Einzelstrafen von jeweils einem Monat eine Gesamtstrafe zu bilden, so beträgt die niedrigstmögliche Strafe einen Monat und eine Woche, die höchstmögliche einen Monat und drei Wochen. 3

3. Rspr. und h.L.[4] halten es für zulässig, Freiheitsstrafen unter einem Jahr – scil. jenseits eines Monats, § 38 Abs. 2 – allein nach Wochen zu bemessen (BayObLG NJW **1976** 1951: „sechs Wochen"; OLG Koblenz VRS **51** 350: „fünf Wochen") und Freiheitsstrafen von mehr als einem Jahr allein nach Monaten zu bestimmen. Dies ist unproblematisch, soweit es um die monatsorientierte Bestimmung von Strafen jenseits eines Jahres geht. Hier liegt stets nur eine unrichtige Bezeichnung vor: eine Freiheitsstrafe von „14 Monaten" ist ohne weiteres umzudeuten in eine Freiheitsstrafe von einem Jahr und zwei Monaten (vgl. Rdn. 5). Bemessungsdifferenzen können in diesem Bereich nicht auftreten. Anderes muss jedoch für die wochenorientierte Bemessung gelten. Der h.M. ist zuzugeben, dass der Wortlaut des § 39 und die Genese der Vorschrift (BayObLG aaO) der wochenorientierten Bemessung nicht entgegenstehen. Eine teleologische Auslegung der Vorschrift führt jedoch zum gegenteiligen Ergebnis (*Blei* JA **1976** 801): Schon der Zusammenhang der beiden Teilsätze des § 39 legt es nahe, die Gesamtvorschrift so zu verstehen, dass immer dann, wenn die Summe der kleineren Zeiteinheiten die nächstgrößere erreicht oder übersteigt, auf die größere (und einen etwaigen Rest der kleineren Zeiteinheit) zu erkennen ist. Nur so stehen die beiden Teilsätze des § 39 in Harmonie. Wenngleich die Vollstreckung einer allein nach Wochen bemessenen Freiheitsstrafe für sich genommen keine Probleme bietet, erscheint es angezeigt, insbesondere die Verhängung einer Freiheitsstrafe von vielen Wochen deshalb auszuschließen, weil dies zu erheblichen Missverständnissen führen kann: Ist mit einer Freiheitsstrafe von zwölf Wochen nur eine unrichtig deklarierte Freiheitsstrafe von drei Monaten (das sind ggf. 92 Tage) oder eine zwölf Wochen (= 84 Tage) währende Freiheitsstrafe gemeint? Das Bewusstsein des Gesetzgebers für derartige Unstimmigkeiten war bei Schaffung des § 39 geschärft – insbesondere durch das seit dem Jahre 1910 währende, in den Ergebnissen oszillierende Bemühen der Rspr. um die Frage, ob ein „halber Monat" Gefängnis 14 oder 15 Tage beträgt (dazu Rdn. 5 a.E. und Fn. 8). Eine Auslegung des § 39 im obigen Sinne unterschiebt dem Gesetzgeber keine Intention, die er nicht gehegt haben kann, und beseitigt alle genannten Unsicherheiten. 4

4. Auf **Bruchteile** der vorgesehenen Zeiteinheiten darf nicht erkannt werden. Kommt es gleichwohl zum Ausspruch von Freiheitsstrafe in Jahresbruchteilen, die Monatseinheiten entsprechen, so ist die darin liegende unrichtige Bezeichnung des Strafmaßes ohne weiteres durch Interpretation zu überbrücken: Strafurteile, die auf ein „halbes Jahr" oder ein „Vierteljahr" lauten, sind als Verhängung von „sechs Monaten" oder 5

2 Vgl. BGH Urt. v. 15. Juni 1977 – 2 StR 762/76 –; BGH Beschl. v. 13. Mai 1980 – 1 StR 121/80 –.
3 Vgl. BGHSt. **36** 270, 271; BGH NStE StGB § 54 Nr. 4; BGH Beschl. v. 25. Februar 1982 – 4 StR 15/82 – bei *Mösl* NStZ **1982** 455; BGH NJW **1957** 1642, 1643; RGSt. **61** 147, 150.
4 *Fischer* Rdn. 1; *Lackner/Kühl/Kühl* Rdn. 3; *Radtke* MK Rdn. 2; *Sch/Schröder/Kinzig* Rdn. 2.

„drei Monaten" zu lesen.[5] Strafen unter einem Monat, also etwa die Freiheitsstrafe von einem „halben Monat", widersprechen schon § 38 Abs. 2. Sind darüberliegende Strafen in Bruchteilen ausgedrückt, ohne dass sie sich in gesetzliche Zeiteinheiten ohne Rest teilen lassen, so hat das Revisionsgericht je nach Sachlage entweder die verhängte Strafe auf das in gesetzliche Zeiteinheiten ausdrückbare nächstniedrige Maß zu korrigieren[6] oder aber diejenige Strafe auszusprechen, die die größere Maßeinheit um das niedrigste mögliche Maß übersteigt.[7] Eine Freiheitsstrafe von „$2^1/_2$ Monaten" ist in „zwei Monate und zwei Wochen" zu berichtigen. BGHSt. **7** 322,[8] wo ein „halber Monat" als 15 Tage verstanden wird, ist inzwischen überholt,[9] da § 39 abweichend von § 19 a.F. „Tage" als Bemessungseinheit nicht mehr kennt.

6 **5.** Die Regel des § 39 2. Halbsatz findet – insbes. nach der Rspr. des BGH – **Durchbrechungen** derart, dass auch jenseits der Jahresschwelle die Bemessungseinheit der vollen Woche zugelassen wird (Rdn. 7 und 8). Eine darüber hinaus gehende Lösung von den Vorschriften des § 39 kann bei „Mehrfachmilderungen" eines Strafrahmens stattfinden (Rdn. 9).

7 **a)** Bei der **Gesamtstrafenbildung** geht die Vorschrift des § 54 Abs. 2 Satz 1 der des § 39 im Fall der Kollision vor. Ist z.B. eine Gesamtstrafe aus einer Freiheitsstrafe von einem Jahr und einer solchen von einem Monat zu bilden, so ist – ausnahmsweise – die Gesamtfreiheitsstrafe auf ein Jahr und eine oder mehrere Wochen (nicht jedoch Tage) festzusetzen.[10] Darüber hinaus hat der BGH – im Hinblick auf § 54 Abs. 1 StGB einerseits und § 358 Abs. 2 StPO andererseits – es bei einer aus einer sechsmonatigen Freiheitsstrafe und einer Geldstrafe von zehn Tagessätzen gebildeten, gegen § 39 verstoßenden Gesamtfreiheitsstrafe von sechs Monaten und fünf Tagen belassen.[11] Man wird jedoch annehmen müssen, dass § 39 dann nicht zurücktritt, wenn die Bildung einer dieser Vorschrift gemäßen Gesamtfreiheitsstrafe möglich ist. Dies wird bei einer Gesamtstrafbildung aus mehr als zwei Einzelstrafen praktisch. So wird aus einer Einzelfreiheitsstrafe von einem Jahr, einer solchen von einem Monat und einer Einzelgeldstrafe zwischen fünf und 30 Tagessätzen einzig eine Gesamtfreiheitsstrafe von einem Jahr und einem Monat gebildet werden dürfen. Spannungen im Randbereich müssen angesichts der Regelung des § 39, der in solchen Fällen keine andere Vorschrift widerstreitet, hingenommen werden, wenn nicht das System des § 39 völlig aufgegeben werden soll.

---

5 RG GA **51** 355; *Fischer* Rdn. 3.

6 Z.B. BGH Beschl. v. 13. Mai 1980 – 1 StR 121/80 –: Anstelle einer Gesamtfreiheitsstrafe von „drei Jahren und zehn Tagen" wurde auf eine solche von drei Jahren und einer Woche erkannt, wobei hinsichtlich der Zulässigkeit des Wochenmaßes ein Ausnahmefall gemäß Rdn. 7 vorlag; vgl. auch OLG Frankfurt OLGSt StGB § 39 Nr 1.

7 Z. B. BGH Beschl. v. 25. November 1983 – 3 StR 458/83 – bei *Mösl* NStZ **1984** 159: Anstelle einer Freiheitsstrafe von „drei 1/5 Jahren" wurde auf eine solche von drei Jahren und einem Monat (nicht drei Jahre und zwei Monate, die von „drei 1/5 Jahren" noch umfaßt wären) erkannt. Vgl. *Radtke* MK Rdn. 3.

8 Der BGH folgte damit im Ergebnis RGSt. **43** 320, **46** 303, 304 gegen RG LZ **1916** 403, RG JW **1938** 3103, 3104; vgl. auch OLG Düsseldorf NStE StGB § 56 Nr. 15 allerdings ohne Lösung der Umdeutungsfrage.

9 Ebenso; *Lackner/Kühl/Kühl* Rdn. 1; vgl. auch *Sch/Schröder/Kinzig* Rdn. 1.

10 BGHSt. **16** 167; BGH NStZ-RR **2004** 137; BGH NStZ-RR **2016** 240; RGSt. **60** 289; OLG Hamm NJW **1979** 117, 118; *Bringewat* Die Bildung der Gesamtstrafe (1987) Rdn. 167; *Fischer* Rdn. 6; *Wolters* SK Rdn. 3; *Rissing-van Saan* LK[12] § 54 Rdn. 6; *Sch/Schröder/Kinzig* Rdn. 4.

11 BGH Urt. v. 15. Juli 1977 – 2 StR 762/76 –; dazu *Bringewat* (Fn. 10) Rdn. 168; vgl. dazu auch BGHSt. **27** 176 betr. eine Geldstrafe von weniger als fünf Tagessätzen.

b) Kann eine Strafe, weil sie bereits vollstreckt ist, nicht mehr zur Bildung einer Gesamtstrafe herangezogen werden, so ist im Rahmen der Strafzumessung ein **Härteausgleich** vorzunehmen. Es bleibt dem Tatrichter überlassen, wie er diesen Ausgleich bewirkt. Er kann eine fiktive Gesamtstrafe bilden und diese um die vollstreckte Strafe mildern oder den Nachteil unmittelbar bei der Festsetzung der neuen Strafe berücksichtigen.[12] Wählt er den erstgenannten Weg, so kann der Abzug der bereits vollstreckten Strafe dazu führen, dass die im Ergebnis zu verhängende Freiheitsstrafe entgegen der Regel des § 39 nicht nur nach Jahren und Monaten, sondern auch nach Wochen zu bemessen ist (BGHR StGB § 39 Bemessung 1).[13] *Bringewat* (JR **1989** 248ff) hat hiergegen beachtliche Bedenken erhoben. Jedenfalls ist vor einer weiteren Durchlöcherung des Systems des § 39 zu warnen, die in der Form denkbar erscheint, dass die genannte Rspr. etwa innerhalb der Bemessungsskala der Freiheitsstrafe „nach unten" fortgeschrieben wird (vgl. *Bringewat* aaO S. 250). 8

c) Beim Eingreifen besonderer gesetzlicher Milderungsgründe (§§ 49, 50), insbesondere bei „Mehrfachmilderungen", kann es vorkommen, dass die nach § 49 Abs. 1 Nr. 2 Satz 1 herabgesetzte Höchststrafdrohung sich in die gesetzlichen Zeiteinheiten des § 39 nicht teilen lässt (dazu *Fischer* § 39 Rdn. 3 und § 49 Rdn. 5). In solchen Fällen ist zunächst nach §§ 49, 50 der herabgesetzte Strafrahmen mit der entsprechenden Höchststrafdrohung zu ermitteln. Das schließt aber nicht aus, dass alsdann der Richter bei der Zumessung der konkreten Strafe § 39 beachtet und die Strafe nur nach vollen Jahren und Monaten oder – soweit zulässig – nach vollen Wochen zumißt. In der Praxis ist das ohne weiteres möglich, da bei Vorliegen von Milderungsgründen ohnehin eine Strafe in der Nähe der (herabgesetzten) Obergrenze selten in Betracht kommt und der kleine Bereich, der bei Beachtung der §§ 49, 50 und 39 „leer läuft", ohne weiteres vernachlässigt werden kann. 9

II. § 39

§ 39 gilt nur für die Bemessung der Freiheitsstrafen, nicht für deren **Vollstreckung**. Die Berechnung der zu verbüßenden Strafzeiten erfolgt vielmehr ausschließlich nach §§ 37ff StrVollStrO. Die Vorschrift gilt auch nicht für die **Anrechnung** nach § 51 (*Fischer* Rdn. 5). Ist also Untersuchungshaft oder andere Freiheitsentziehung nach § 51 anzurechnen, so kann die *zu verbüßende* Strafe z.B. ein Jahr, drei Monate und zwei Tage betragen, nicht jedoch Bruchteile von Tagen (vgl. § 39 Abs. 4 StVollstrO).[14] Entsprechendes gilt für die Anrechnung von Leistungen, die zur Erfüllung von Bewährungsauflagen erbracht worden sind (§ 56f Abs. 3 Satz 2). Hierher gehören auch die Fälle, in denen bei Bildung einer Gesamtfreiheitsstrafe unter Wegfall einer Strafaussetzung zur Bewährung die erbrachten Leistungen in der in BGHSt. **36** 378 beschriebenen Weise auf die Gesamtstrafe anzurechnen sind. Vor BGHSt. **36** 378 und der damit vollzogenen Abkehr von BGHSt. **33** 326 mussten in derartigen Fällen die in Rdn. 8 genannten Grundsätze entsprechend angewendet werden (vgl. *Stree* NStZ **1989** 433). Ebenfalls keine Anwendung findet die Vorschrift auf die vom Großen Senat für Strafsachen entwickelte "Vollstreckungslösung" bei rechtsstaatswidriger Verfahrensverzögerung,[15] da es sich insoweit nicht um 10

---

12 BGH st. Rspr.; z.B. BGHSt. **31** 102; BGHSt. **33** 131; BGHR StGB § 55 Abs. 1 Satz 1 Zäsurwirkung 4.

13 Ebenso BGH Beschl. v. 16. März 1999 – 4 StR 83/99 –; BGHR StGB § 55 Abs. 1 S. 1 Härteausgleich 13;BGH Beschl. v. 10. Juli 2013 – 2 StR 178/13 –; *Fischer* Rdn. 6; *Meyer-Goßner* NStZ **1988** 529, 535f; *Sch/Schröder/Kinzig* Rdn. 4 und *Stree* NStZ **1989** 433; vgl. auch *Lackner/Kühl/Heger* § 55 Rdn. 3.

14 *Pohlmann/Jabel/Wolf* StrVollstrO § 39 Rdn. 87.

15 BGHSt-GS 52, 124.

einen Akt der Strafzumessung, sondern der Kompensation für einen Verstoß gegen Art. 6 Abs. 1 S. 1 EMRK handelt.[16] In diesen Fällen wird die tat- und schuldangemessene Strafe ausgeurteilt und in entsprechender Anwendung von § 51 Abs. 1 S. 1 StGB in der Urteilsformel ausgesprochen, dass zum Ausgleich der überlangen Verfahrensdauer ein bezifferter Teil der verhängten Strafe als vollstreckt gilt.[17] Da § 39 nicht gilt, kann dieser bezifferte Teil auch bei Strafen von über einem Jahr in Wochen und Tagen angegeben werden.[18]

11 Ebensowenig gilt § 39 für die **Ersatzfreiheitsstrafe.** Deren Mindestmaß ist ein Tag (§ 43 Satz 3).

Geldstrafe

Vorbemerkungen zu den §§ 40 bis 43

Schrifttum

A. Zur Geldstrafe alter Art. *Arndt* Die verwirkte Strafe in § 27b, GA **1956** 74; *Bamberger* Geldstrafe statt Gefängnis (1917); *Bartels* Hohe Geldstrafen statt kurzfristiger Freiheitsstrafen? k+v **1968** 4; *Bender* Ersatzfreiheitsstrafe (§ 29 StGB), NJW **1957** 1628; *Bernhardt* Leistungsstrafe statt Freiheitsstrafe? MSchrKrim **1966** 172; *Best* Studien über die Anwendung der fakultativ angedrohten Geldstrafen im Deutschen Reich, Diss. Gießen 1932; *Bovensiepen* Geldstrafengesetz, Preuß Verwaltungsblatt **1922** 387; *Bretzfelder* Das Geldstrafengesetz, Zeitschr. f. Rechtspflege in Bayern **1922** 29; *Brüggemann* Abwälzung und Rückwälzung von Geldstrafen usw., GA **1968** 161; *Cramer* Das Strafensystem des StGB nach dem 1.4.1970, JurA **1970** 183; *Dohna* Die Stellung der Buße im reichsrechtlichen System des immateriellen Güterschutzes (1902); *Erwig* Die strafrechtliche und strafprozessuale Bedeutung des § 27b StGB, Diss. Freiburg/Br. 1927; *Finkler* Vermögensstrafen und ihre Vollstreckung, Mat. II (1954) 105; *Friedmann* Sind Änderungen des geltenden Rechts erwünscht in betreff des Verhältnisses zwischen Geld- und Freiheitsstrafe? Gutachten 22. DIT; *Gutmann* Die Natur der Geldstrafe und ihre Verwendung im heutigen Reichsstrafrecht, Diss. Leipzig 1909; *Häberle* Die Strafrechtsreform, in: Reformen in Strafrecht und Strafvollzug, (1971) 36; *Händel* Das Verhältnis der Geldstrafe zur kurzfristigen Freiheitsstrafe, Blutalkohol **1970** 204; *Hartung* Die Problematik der Geldstrafe, SJZ **1950** 102; *Heinitz* Die gesetzlichen, verwaltungsrechtlichen und sozialen Folgen der strafgerichtlichen Verurteilung, Deutsche Beiträge zum VII. Internationalen Strafrechtskongreß in Athen (1957) 149; *Hellwig* Das Geldstrafengesetz, 3. Aufl. 1924; *H. v. Hentig* Die Strafe Bd. II Die modernen Erscheinungsformen (1955) S. 401; *Horstkotte* Die Vorschriften des 1. StrRG über die Strafbemessung, JZ **1970** 122; *Kleber* Die Ersatzgeldstrafe nach § 27b StGB, Diss. Erlangen 1933; *Koch* Zahlungserleichterungen bei Geldstrafen, DRiZ **1961** 217; *Kohler* Geldstrafe, GA Bd. **49** 177; *Kopacek* Die Geldstrafe in Steuerstrafsachen, NJW **1957** 1223 und DStZ **1957** 179; *Köppen* Geldstrafen in Verkehrssachen und deren Vollstreckung, in: Veröffentlichungen der auf dem 8. Deutschen Verkehrsgerichtstag gehaltenen Referate, Hamburg 1970 S. 46; *Kronecker* Beitrag zur Lehre von der Geldstrafe, GA Bd. **27** 81, Bd. **28** 9; *Lackner* Der Allgemeine Teil des künftigen Strafgesetzbuches in der Auseinandersetzung, JZ **1963** 617; *Lorenz* Zur Bemessung von Geldstrafen und Ersatzfreiheitsstrafen, DRiZ **1963** 21; *Mengele* Die Ersatzgeldstrafe (§ 27b StGB) und ihre Stellung im Strafrecht und Strafprozeß, Diss. Erlangen 1936; *Mittelbach* Ersatzfreiheitsstrafe (§ 29 StGB), NJW **1957** 1138; *Mittermaier* Die Entwicklung der Geldstrafe in Deutschland, MSchrKrim **1939** 148; *Mohr* Die Bemessung der Geldstrafe (1913); *E. Müller* Die Geldstrafe, Diss. Heidelberg 1911; *Müller-Emmert* Die kriminalpolitischen Grundzüge des neuen Strafrechts nach den Beschlüssen des Sonderausschusses für die Strafrechtsreform, JZ **1969** 245; *Oetker* Die Geldstrafe nach dem Strafgesetzentwurf von 1919, GS Bd. **88** 161; *Pitschel* Die Praxis in der Wahl der Geldstafe, KrimAbh. Heft 8, 1929; *Proschitz* Die Verwendung der Geldstrafe im geltenden Reichsstrafrecht, Diss. Leipzig 1907; *Rauh* Die Vermögensstrafen des Reichsstrafrechts (1912); *Reinhard* Geldstrafe und Buße, Diss. Halle 1890; *Rosenfeld* Welche Strafmittel können an die Stelle der kurzfristigen Freiheitsstrafe gesetzt werden?

16 SSW/*Claus* Rdn 4; *Radtke* MK Rdn. 1.
17 *Fischer § 46* Rdn. 131 ff.
18 SSW/*Claus* Rdn 4.

https://doi.org/10.1515/9783110300499-004

(1890); *Ruppert* Verurteilung zu Geldstrafe neben Maßregel der Sicherung und Besserung und Strafregister, NJW **1964** 286; *E. Schäfer* Einige Fragen aus dem Geldstrafenrecht, JR **1925** 108; *Eb. Schmidt* Ein Gegenentwurf zum Entwurf eines StGB 1962 – Kritische Erörterung, MDR **1963** 629; *H.W. Schmidt* StGB § 29 IV im Verwaltungssteuerstrafverfahren, MDR **1958** 135; *Schmölder* Die Geldstrafe, 1902; *Schneidewin* Die Geldstrafe und ihre Vollstreckung, Monatsblätter für Gerichtshilfe 11. Jg. S. 41; *Schramm* Die Bemessung der Geldstrafe, DRiZ **1962** 54; *Stooß* Die Natur der Vermögensstrafen (1878); *Tiedemann* Gleichheit und Sozialstaatlichkeit im Strafrecht, GA **1964** 353; *Traeger* Die Geldstrafe als Hauptstrafe, GS Bd. **78** 241; *Tröndle* Die Strafzumessung bei Trunkenheitsdelikten im Straßenverkehr, Blutalkohol **1966** 457, Die Justiz (Amtsblatt JustMinBadWürtt.) **1967** 156, DRiZ **1967** 261; *ders.* Die Geldstrafe im neuen Strafensystem, MDR **1972** 461; *Wahlberg* Die Vermögensstrafen, in: v. Holtzendorffs Handbuch des deutschen Strafrechts, II. Band (1871) 512; *Würtenberger* Die Reform des Geldstrafenwesens, ZStW **64** (1952) 17; *ders.* Strafrichter und soziale Gerechtigkeit, SchwZStr. Bd. **75** (Mélanges O.A. Germann) S. 35; *Wunderer* Das neue Geldstrafengesetz, LZ **1922** 41; *Zipf* Abwälzung der Geldstrafe auf einen Dritten und Erreichbarkeit des Strafzwecks, MDR **1965** 632; *ders.* Die Geldstrafe in ihrer Funktion zur Eindämmung der kurzen Freiheitsstrafe, 1966.

B. Zur Geldstrafe des Tagessatzsystems (in Kraft seit 1. Januar 1975). *Albrecht* Strafzumessung und Vollstreckung bei Geldstrafen unter Berücksichtigung des Tagessatzsystems, 1980, Bespr. *Middendorf* BA **1981** 321 und *Müller-Dietz* GA **1983** 576; *ders.* Alternativen zur Freiheitsstrafe: Das Beispiel der Geldstrafe, MschrKrim. **1981** 265; *ders.* Legalbewährung bei zu Geldstrafe und Freiheitsstrafe Verurteilten, 1982; *Baumann* Von den Möglichkeiten einer Laufzeitgeldstrafe, JZ **1963** 773; *ders.* Beschränkung des Lebensstandards anstatt kurzfristiger Freiheitsstrafe, 1968; *ders.* Anm. zu OLG Köln JZ **1979** 410; *ders.* Sperrt Art. 6 GG die „Zumutbarkeit" von Berufstätigkeit einer Hausfrau bei der Bemessung der Geldstrafe? NStZ **1985** 393; *Bems* Die Geldstrafe nach dem Tagessatzsystem und das Verbot der reformatio in peius, Diss. Münster 1980; *Brandis* Geldstrafe und Nettoeinkommen (1987); Bespr. *Krehl* GA **1988** 335; *Brüggemann* Abwälzung und Rückwälzung von Geldstrafen und Geldbußen mit den Mitteln des bürgerlichen Rechts? GA **1968** 161; *Bruns* Anm. zu BGH JR **1986** 70; *Deutscher Richterbund* (große Strafrechtskommission) Die Geldstrafe, Gutachten im Auftrag des Bundesministeriums der Justiz (1998); *Dölling* Die Weiterentwicklung der Sanktionen ohne Freiheitsentzug im deutschen Strafrecht, ZStW **104** (1992) 259; *ders.* Anm. zu BayObLG JR **1999** 215; *Ebenroth/Wollburger* Die strafrechtliche Verantwortung des Vorstandes für Umweltstraftaten und gesellschaftsrechtliche Vermeidungsstrategien, BB **1991** 1941; *Engels* Vollstreckungsvereitelung (§ 258 Abs. 2 StGB) durch Zahlung fremder Geldstrafe? Jura **1981** 581; *Fleischer* Die Strafzumessung bei Geldstrafen, Diss. Gießen 1983; *U. Frank* Probleme der Tagessatzhöhe im neuen Geldstrafensystem, NJW **1976** 2329; *ders.* Das „Nettoeinkommen" des § 40 II 2 StGB, MDR **1976** 626; *ders.* Die Neuregelung der Geldstrafe, JA **1976** 235; *ders.* Anm. zu OLG Hamm JR **1977** 72; *ders.* Anm. zu BayObLG JR **1978** 30; *ders.* Zur Überschreitung des Nettoeinkommens bei der Tagessatzhöhe, MDR **1979** 99; *Frommel* Die Bemessung des Tagessatzes bei Ehegatten, NJW **1978** 862; *Fünfsinn* Die „Zumessung" der Geldauflage nach § 153a I Nr. 2 StPO, NStZ **1987** 97; *Geppert/Bath* Die Tagessatz-Geldstrafe gegenüber der sogenannten „Nur"-Hausfrau, Jura **1985** 497; *Göhler* Das Einführungsgesetz zum StGB, NJW **1974** 825; *Grebing* Probleme der Tagessatzgeldstrafe, ZStW **88** (1976) 1049; *ders.* Recht und Praxis der Tagessatzgeldstrafe, JZ **1976** 745; *ders.* Fragen der Tagessatzbemessung, JR **1978** 142; *ders.* Zur Problematik des Verschlechterungsverbotes bei der Tagessatzgeldstrafe, JR **1981** 1, Bespr. *Dencker* NStZ **1982** 152; *Heghmanns* Abweichungen vom Nettoeinkommensprinzip bei der Bemessung von Geldstrafen, NStZ **1994** 519; *Heinz* Entwicklung, Stand und Struktur der Strafzumessungspraxis – Eine Übersicht über die nach allgemeinem Strafrecht verhängten Hauptstrafen von 1882 bis 1979, MSchrKrim. **1981** 148; *ders.* Strafrechtsreform und Stanktionsentwicklung – Auswirkungen der sanktionsrechtlichen Regelungen des 1. und 2. StrRG 1969 sowie des EGStGB 1974 auf die Sanktionspraxis, ZStW **94** (1982) 632; *Hellmann* Richterliche Überzeugungsbildung und Schätzung bei der Bemessung strafrechtlicher Sanktionen, GA **1997** 503; *Hillenkamp* Zur Höchstpersönlichkeit der Geldstrafe, Festschrift Lackner (1987) 455; *ders.* Anm. zu BGHSt **37** 226, JR **1992** 74; *Horn* Das Geldstrafensystem des neuen Allgemeinen Teils des StGB und die Ratenzahlungsbewilligung, NJW **1974** 625; *ders.* Alter Wein in neuen Schläuchen? JZ **1974** 287, *ders.* Wider die „doppelspurige" Strafhöhenzumessung, Festschrift Schaffstein (1975) 241; *ders.* Geldstrafe bei Verheirateten: Ausgang vom halben Nettoeinkommen? JZ **1976** 585; *ders.* Zwei Jahre neues Geldstrafensystem – eine Zwischenbilanz, JR **1977** 95; *ders.* Neuerungen der Kriminalpolitik im deutschen Strafgesetzbuch 1975, ZStW **87** (1977) 547; *ders.* Eine „Check-Liste" für die wichtigsten Strafzumessungsentscheidungen, Jura **1980** 113; *ders.* Probleme bei der Bestimmung der Mindest- und Höchstgeldstrafe, NStZ **1990** 270; *ders.* Empfehlen sich Änderungen und Ergänzungen bei den strafrechtlichen Sanktionen ohne Freiheitsentzug? JZ **1992** 828; *Horstkotte* Die Strafzumessung nach Einführung des Tagessatzsystems, in: 13. Deutscher Verkehrsgerichtstag (1975) 77; *Janssen* Die Praxis der Geldstrafenvollstreckung (1994); *Kadel* Tagessatzsystem und Verschlechterungsverbot, GA **1979** 459; *ders.* Die Bedeutung des Verschlechterungsverbots für Geldstrafenerkenntnisse nach dem Tagessatzsystem (1984); *E. Kaiser* Fortbildung des Geldstrafenrechts durch die Revisionsgerichte und die Justizverwaltungen, NJW **1976** 608; *Kalomiris* Wiederaufnahme bei der Verhängung von Geldstrafen trotz erfüllter Auflage nach § 153a I StPO, NStZ **1998** 500; *Kapp* Dürfen Unternehmen ihren Mitarbeitern Geldstrafen bzw. -bußen erstatten? NJW **1992** 2796; *Kintzi* Die Geldstrafe – eine ausbaufähige Sanktion, DRiZ **2001** 198; *Klussmann* Nochmals: Das Geldstrafensystem des neuen Allgemeinen Teils des StGB und die Ratenzahlungsbewilligung, NJW **1974** 1275; *Kölsch* Die veränderte Stellung des Richters und des Rechtspflegers in der Strafvollstreckung, NJW **1976** 408; *König* Grundwissen zur Zumessung der Geldstrafe, JA **2009** 809; *Köpp* Opfergleichheit, Steuergeheimnis und Ermittlungen zur Höhe des Tagessatzes bei der Geldstrafe, DRiZ **1984** 314; *Krehl* Die Ermittlung der Tatsachengrundlage zur Bemessung der Tagessatzhöhe bei der Geldstrafe, 1985; Bespr. *D. Meyer* StV **1987** 232; Bespr. *K. Meyer* GA **1987** 460; *ders.* Vermögensberücksichtigung bei der Geldstrafenbemessung, NStZ **1988** 62; *ders.* Die Berücksichtigung von Verbindlichkeiten bei der Geldstrafenbemessung, NStZ **1989** 463; *ders.* Anm. zu BayObLG NStZ **1999** 189; *Krey* Anm. zu BGHSt. **37** 226; JZ **1991** 889; *Lang* Verfassungsmäßigkeit der rückwirkenden Steuerabzugsverbote für Geldstrafen und Geldbußen, StuW **1985** 10; *B.-D. Meier* Umleitung der Geldstrafe für Zwecke der Wiedergutmachung, ZRP **1991** 68; *Meine* Das Strafmaß bei der Steuerhinterziehung, MSchrKrim. **1980** 129; *D. Meyer* Bemerkungen zur neuen Geldstrafenregelung, MDR **1975** 188; *ders.* Zu Fragen bei der Festsetzung der Höhe eines Tagessatzes im neuen Geldstrafensystem, MDR **1976** 274; *ders.* Kann das Revisionsgericht eine vom Tatgericht übersehene Entscheidung nach § 42 StGB selbst nachholen? MDR **1976** 714; *ders.* Kann ein Rechtsmittel bei der Geldstrafe beschränkt werden auf die Bemessung des Tagessatzes? SchlHA **1976** 106; *ders.* Anm. zu OLG Hamm NJW **1976** 1110; *ders.* Die Berücksichtigung der künftigen Einkommensentwicklung des Täters bei der Bemessung der Höhe des Tagessatzes, MDR **1977** 17; *ders.* Herabsetzung der Höhe des „an sich" zu bemessenden Tagessatzes der Geldstrafe bei hoher Tagessatzanzahl? MDR **1978** 444; *ders.* Zur Zurückverweisung der Sache durch das Berufungsgericht gemäß § 328 Abs. 2 StPO, wenn das Erstgericht es unterlassen hat, die Höhe des einzelnen Tagessatzes zu bestimmen, MDR **1978** 894; *ders.* Erhöhung des Tagessatzes bei alleiniger Berufung des Angeklagten? NJW **1979** 148; *ders.* Potentielles Einkommen bei der Festsetzung der Tagessatzhöhe auch bei der nicht erwerbstätigen Ehefrau? MDR **1979** 899; *ders.* Berücksichtigung der Vermögenssubstanz bei der Bemessung der Höhe eines Tagessatzes? MDR **1980** 16; *ders.* Probleme bei der Berechnung der Höhe des Tagessatzes gemäß § 40 Abs. 2 StGB, MDR **1981** 275; *ders.* Erhöhung des Tagessatzes als „Ausgleich" für den Wegfall eines an sich gebotenen Fahrverbots in der Rechtsmittelinstanz? DAR **1981** 33; *ders.* Art. 6 GG sperrt die Zumutung von Berufstätigkeit einer „nur Hausfrau" bei der Bestimmung der Tagessatzhöhe der Geldstrafe, MDR **1986** 103; *Metz* Gesamtstrafenbildung bei Einzelgeldstrafen unterschiedlicher Tagessatzhöhe StraFo **2010** 403; *Middendorf* Probleme der Strafzumessung, BA **1981** 331; *Mitsch* Die Geldstrafe, JA **1993** 304; *Naucke* Tendenzen in der Strafrechtsentwicklung, Juristische Studiengesellschaft Karlsruhe, Heft 121 (1975); Bespr. *Zipf* ZStW **89** (1977) 724; *ders.* Die Formulierung des Tenors bei der Verurteilung zu Geldstrafe, NJW **1978** 407; *Nierwetberg* Leistungen nach dem BAföG als Bemessungsgrundlage für die Tagessatzhöhe bei Studenten, JR **1985** 316; *Pallin* Vorschlag einer kombinierten Geld-Freiheits-Strafe, Festschrift Wassermann (1985) 961; *Rebmann* Aktuelle Probleme und neue Tendenzen im Deutschen Verkehrsstrafrecht, DAR **1978** 296; *Regel* Gesamtstrafe aus Geldstrafen bei Tagessätzen unterschiedlicher Höhe, MDR **1977** 446; *Roos* Bestimmung der Tagessatzhöhe bei nachträglicher Bildung einer Gesamtstrafe, NJW **1976** 1483; *Rüth* Die Strafzumessung nach Einführung der Tagessätze, in: 13. Deutscher Verkehrsgerichtstag (1975) 94; *Schall* Ehegattensplitting und Tagessatzsystem der Geldstrafe, JuS **1977** 307; *Schaeffer* Die Bemessung der Tagessatzhöhe unter Berücksichtigung der Hausfrauenproblematik (1978); Bespr. *Horn* GA **1979** 355; Bespr. *Grebing* JZ **1980** 543; *Schmidt-Hieber* Ausgleich statt Geldstrafe, NJW **1992** 2001; *Schnebele* Verkehrsstrafrecht im Streit der Meinungen, BA **1982** 385; *Scholl* Die Bezahlung einer Geldstrafe durch Dritte, NStZ **1999** 599; *Schott* Abkehr von der 1:1-Umrechnung von Geld- und Freiheitsstrafe? JR **2003** 315; *Schöch* Strafzumessungspraxis und Verkehrsdelinquenz (1973); *ders.* Anm. zu OLG Celle NStZ **1983** 310; *ders.* Kriminologische und sanktionsrechtliche Aspekte der Alkoholdelinquenz im Verkehr, NStZ **1991** 11; *ders.* Empfehlen sich Änderungen und Ergänzungen bei den strafrechtlichen Sanktionen ohne Freiheitsentzug? Gutachten für den 59. Deutschen Juristentag (1992); *ders.* in *Jehle* (Hrsg.) Individualprävention und Strafzumessung (1992) S. 263; *Schröter* Erhöhung des Tagessatzes bei alleiniger Berufung des Angeklagten? NJW **1978** 1302; *D. Schultz* Zum Strafmaß bei Trunkenheitsdelikten im Straßenverkehr, BA **1977** 307; *Schwind* Über Poenologie aus kriminalpolitischer Sicht, Festschrift Wassermann (1985) 1021, 1038; *Seib* Die Strafzumessung nach Einführung der Tagessätze, DAR **1975** 104 = 13. Deutscher Verkehrsgerichtstag (1975) 106; *Seib* Die Bemessung der Tagessatzhöhe, NJW **1976** 2202; *von Selle* Vermögen, Strafe und Steuer, wistra **1995** 161; *Seidl* Bemerkungen zum Gleichheits- und Bestimmtheitsgebot von Geldstrafen, RW **2016** 211; *von Selle* Gerechte Geldstrafe (1997); *von Spiegel* Drittwirkung der Geldstrafe, Diss. Göttingen 1979; *Stapenhorst* Die Entwicklung des Verhältnisses von Geldstrafe zu Freiheitsstrafe seit 1882 (1993); Bespr. *Müller-Dietz* GA **1995** 487; *Stree* Anm. zu OLG Celle JR **1993** 205; *Tanzer* Die Behandlung von Geldstrafen, Bußen und Nebenfolgen einer Straftat im Ertragsteuerrecht, wistra **1984** 159; *Terdenge* Strafsanktionen in Gesetzgebung und Gerichtspraxis (1983); *Tipke* Das Einkommen als zentraler Begriff des öffentlichen Schuldrechts, JuS **1985** 345; *Tröndle* Die Strafzumessung bei Trunkenheitsdelikten im Straßenverkehr, BA **1966** 457; *ders.* Das Problem der Strafzumessungsempfehlungen – wider ihre Gegner, für ihre Kritiker, BA **1971** 73; *ders.* Die Geldstrafe im neuen Strafensystem, MDR **1972** 461; *ders.* Die Geldstrafe als Rechtsfolge im Verkehrsstrafrecht, in Krim. Gegenwartsfragen Heft 10 (1972) 138; *ders.* Die Problematik der Geldstrafe (Bericht über die Sitzung der Österreichischen Gesellschaft für Strafrecht und Kriminologie vom 24.2.1972), ÖJZ **1972** 321; *ders.* Die Geldstrafe in der Praxis und Probleme ihrer Durchsetzung unter besonderer Berücksichtigung des Tagessatzsystems, ZStW **86** (1974) 545; *ders.* Geldstrafe und Tagessatzsystem, ÖJZ **1975** 589; *ders.* Anm. zu OLG Celle JR **1975** 472; *ders.* Anm. zu BayObLG JR **1976** 162; *ders.* Anm. zu OLG Celle **1977** 247; *ders.* Anm. zu OLG Frankfurt a.M. JR **1977** 250; *Vogl* Gedanken zur Tagessatzbemessung JBl. **1984** 588; *Vogler* Demontage des Tagessatzsystems? JR **1978** 353; *Vogt* Die nachträgliche Bildung einer Gesamtgeldstrafe bei differierenden Tagessatzhöhen, NJW **1991** 899; *Volckart* Zur Verrechtlichung der Gnade in Strafvollstreckung und Vollzug, NStZ **1982** 496; *Weigend* Sanktionen ohne Freiheitsentzug, GA **1992** 351; *Wieczorek* Bestimmung der Tagessatzhöhe und Steuergeheimnis, wistra **1987** 173; *Wilde* Die Geldstrafe – ein unsoziales Rechtsinstitut?, MschrKrim **2015** 348; *ders.* Armut und Strafe (2015); *Wodicka* Anm. zu BGHSt **37** 226, NStZ **1991** 487; *G. Zabel/Noss/U. Zabel* Einige Schwerpunkte für die Strafzumessung und Strafaussetzung zur Bewährung bei Alkoholdelikten im Straßenverkehr, BA **1990** 260; *Zipf* Zur Ausgestaltung der Geldstrafe im kommenden Recht, ZStW **77** (1965) 526; *ders.* Die Geldstrafe in ihrer Funktion zur Eindämmung der kurzen Freiheitsstrafe (1966); *ders.* Probleme der Neuregelung der Geldstrafe in Deutschland, ZStW **86** (1974) 513; *ders.* Die Rechtsfolgen der Tat im neuen Strafgesetzbuch, JuS **1974** 137; *ders.* Die Rechtsfolgen der Tat, in *Roxin/Stree/Zipf/Jung* Einführung in das neue Strafrecht, 2. Aufl. (1975) S. 63 (zit. *Zipf* Einführung); *ders.* Die Bemessung des Tagessatzes im neuen Geldstrafensystem, JurBl. **1977** 304; *ders.* Anm. zu BGHSt. **27** 212 und 228, JR **1978** 163; *ders.* Teilaussetzung bei Freiheits- und Geldstrafen, Festschrift Jeschek S. 977; *ders.* Anm. zu BayObLG JR **1987** 379.

C. Zur Rechtsvergleichung. *Albrecht* Die Geldstrafe in den Ländern der Europäischen Union – Normative Strukturen und praktische Anwendung, Festschrift Heinz (2012) 565; *Brustbauer* Das Tagessatzsystem in der österreichischen Gerichtspraxis, JR **1978** 100; *Bommer Neuerungen im Sanktionsrecht- Geldstrafe und Freiheitsstrafe*, ZStR **2017** 365; *Burgstaller* Die Problematik der Geldstrafe (Bericht über die Sitzung der Österreichischen Gesellschaft für Strafrecht und Kriminologie vom 24.2.1972), ÖJZ **1972** 321; *ders.* Das neue österreichische Strafrecht in der Bewährung, ZStW **94** (1982) 727; *Driendl* Die Reform der Geldstrafe in Österreich, 1978; Bespr. *Schild* GA **1980** 320; *Finkler* Vermögensstrafen und ihre Vollstreckung, Mat. II 105; *Grebing* Die Geldstrafe in rechtsvergleichender Darstellung, in: *Jescheck/Grebing* (Hrsg.) Die Geldstrafe im deutschen und ausländischen Recht (1978) S. 1183; Bespr. *Gössel* GA **1980** 437; *Jescheck* Die Geldstrafe als Mittel moderner Kriminalpolitik in rechtsvergleichender Sicht, Festschrift Würtenberger (1977) 257; *ders.* Die Bedeutung der Rechtsvergleichung für die Strafrechtsreform, Festschrift Bockelmann (1979) 133, *ders.* Deutsche und österreichische Strafrechtsreform, Festschrift Lange (1976) 365; *ders./Grebing* (Hrsg.) Die Geldstrafe im deutschen und ausländischen Recht (1978); *ders.* Das Strafensystem des Vorentwurfs zur Revision des Allgemeinen Teils des schweizerischen Strafgesetzbuchs in rechtsvergleichender Sicht, Festschrift Lackner (1987) 901; *Mittermaier* Das Tagesbußensystem in Skandinavien, ZStW **55** (1936) 646; *Nowakowski* Das Tagesbußensystem nach § 19 der Regierungsvorlage (1971) eines Strafgesetzbuches, ÖJZ **1972** 197; *Paul* Über die Geldstrafe, ZfRSoz **2012/2013** 131; *Probst* Die Vererblichkeit der Geldstrafe, ÖJZ **1977** 598; *Rusterholz* Die Ersatzfreiheitsstrafe für Geldstrafen in der Schweiz, Kriminalistik **2013** 706; *Thornstedt* Skandinavische Erfahrungen mit dem Tagesbußensystem, ZStW **86** (1974) 595; *Tröndle* Geldstrafe und Tagessatzsystem, ÖJZ **1975** 589; *Wach* Probleme der Vermögensberücksichtigung im Rahmen der Tagessatzbemessung, ÖJZ **1979** 482; *Zipf* Die Einführung der teilbedingten Strafe in Österreich, Festschrift Göppinger (1990) 463.

S. auch das Schrifttumsverzeichnis zum Sanktionssystem vor den Vorbemerkungen zu § 38 und die Schrifttumsverzeichnisse bei § 41, § 42 und § 43.

Übersicht

I. Allgemeines

1. Die **Geldstrafe** ist die **grundsätzlich mildere der** beiden **Hauptstrafen** des gel- 1
tenden Strafensystems (s. aber Rdn. 33). Sie ist eine Strafe am Vermögen i.w.S., wobei ihre Bemessung am Einkommen orientiert ist. In der Praxis wird sie am häufigsten angewendet. Ihr kommt im Bereich der unteren und mittleren Kriminalität **gegenüber der Freiheitsstrafe** auch rechtlich der **Vorrang** zu (§ 47 und unten Rdn. 40). Die Geldstrafe dient nicht der Abschöpfung des Tatgewinns; diese Funktion ist grundsätzlich der Einziehung **gemäß §§ 73ff** zugewiesen (s. aber Rdn. 49 und § 41 Rdn. 20).

2

2. Die Tatsache, dass die Geldstrafe rechtlich die mildere Strafart ist und sie gerade auch aus der Sicht des Verurteilten als die generell mildere und schonendere Sanktion erscheint, macht sie nicht zu einem Minus gegenüber der Freiheitsstrafe. Vielmehr ist die **Geldstrafe** im Vergleich zur Freiheitsstrafe ein **aliud**,[1] da sie im wesentlichen eigenen Zumessungsregeln folgt (§ 40 Abs. 2 S. 1, 2; unten Rdn. 50ff). Sie ist eine **autonome Sanktion**[2] und hat sich aus ihrer ursprünglichen Funktion einer Ersatzstrafe (vgl. § 27b i.d.F. vor dem 1. StrRG) völlig gelöst.

II. Die Geldstrafe in der bisherigen Gesetzgebung und in der Reformentwicklung

1. Das **Reichsstrafgesetzbuch** enthielt in seiner ursprünglichen Fassung vom 3
15. Mai 1871 nur wenige allgemeine Vorschriften über die Geldstrafe. So war der Mindestbetrag der Geldstrafe (bei Verbrechen und Vergehen 3 Mark, bei Übertretungen 1 Mark) bestimmt (§ 27 RStGB 1871); die Höchstbeträge waren ursprünglich bei den Tatbeständen des Besonderen Teils angegeben. Sie waren unterschiedlich und betrugen zunächst höchstens 6000 Mark, nach dem Gesetz betr. den Wucher vom 24. Mai 1880 (RGBl. S. 390), das die §§ 302a bis 302d (a.F.) einfügte, 15000 Mark. Die §§ 28, 29 RStGB 1871 enthielten ferner die Voraussetzungen für die Umwandlung der nicht beizutreibenden Geldstrafe in eine Ersatzfreiheitsstrafe, sowie nähere Bestimmungen über die Art und Dauer der Ersatzfreiheitsstrafe.

---

1 *Bruns* Strafzumessungsrecht[2] S. 77; *Grebing* ZStW **88** (1976) 1059, 1109; früher schon *Träger* GS **78** (1911) 247.

2 *Maurach/Gössel/Zipf/Dölling* S. 716; *Grebing* aaO; **aA** *Schroeder* bei *Driendl* ZStW **88** (1976) 1148; *von Heintschel-Heinegg* Beck-OK § 40 Rdn. 2.

4 **2.** Die **strafrechtliche Reformbewegung** erstrebte schon früh, ausgehend von der soziologischen Schule *Franz von Liszts*, die Zurückdrängung der kriminalpolitisch unerwünschten kurzfristigen Freiheitsstrafe und eine vermehrte und zweckentsprechende Anwendung der Geldstrafe.[3] Vor allem ging es hierbei um die Anpassung der Geldstrafe an die wirtschaftlichen Verhältnisse des Täters, ein Gedanke, der sich über die kriminalpolitischen Forderungen der Aufklärungsphilosophie in England bis zur Magna Charta von 1215 zurückverfolgen lässt und der in der zweiten Hälfte des 19. Jahrhunderts unter dem Gesichtspunkt der „Opfergleichheit" (Rdn. 52) im Schrifttum aufgegriffen wurde.[4] Zu Anfang des vorigen Jahrhunderts hatten dann der Däne *Carl Torp* und der Schwede *Johan Thyrén* den Gedanken vertreten, dass am besten das Tageseinkommen eines Straftäters oder ein ähnlicher Betrag die Höhe der Geldstrafe bestimmen sollte.[5] Finnland führte 1921 als erstes nordisches Land ein solches Tagesbußensystem ein.[6] *Radbruch* setzte in seinem Entwurf (1922) die Geldstrafe in den Mittelpunkt des Strafensystems[7] und sah bei Vergehen eine Ersatzgeldstrafe im Sinne des späteren § 27b (a.F.) auch für alle an sich verwirkten Freiheitsstrafen über drei Monate vor, soweit mildere Umstände vorliegen und der Strafzweck durch eine Geldstrafe zu erreichen ist.

5 **3.** Der **Gesetzgeber** änderte die Vorschriften über die Geldstrafe in den Jahren **1921 bis 1924** mehrfach. Es ging dabei einmal darum, anstelle kurzfristiger Freiheitsstrafen Ersatzgeldstrafen dort zu ermöglichen, wo Geldstrafe nicht angedroht, eine Freiheitsstrafe lediglich bis zu drei Monaten verwirkt und der Strafzweck durch eine Geldstrafe zu erreichen war. Ferner wollte man durch die gesetzliche Neuerung gewinnsüchtige Täter schärfer und an ihrer empfindlichsten Stelle fassen und die Strafrahmen mit der inflatorischen Geldentwertung in Einklang bringen.[8]

Zu diesem Zweck wurden im einzelnen folgende Gesetze und Verordnungen erlassen: Das Gesetz zur Erweiterung des Anwendungsgebiets der Geldstrafe und zur Einschränkung der kurzfristigen Freiheitsstrafen vom 21. Dezember 1921 (RGBl. S. 1604), das Geldstrafengesetz vom 27. April 1923 (RGBl. I S. 254), das Gesetz über Vermögensstrafen und Bußen vom 13. Oktober 1923, die Verordnung dazu vom 23. November 1923 (RGBl. I S. 1117) und zuletzt die Verordnung über Vermögensstrafen und Bußen vom 6. Februar 1924 (RGBl. I S. 44). Die Fassung aufgrund dieser Verordnung setzte die Geldstrafenrahmen bei Verbrechen und Vergehen grundsätzlich auf 3 bis 10000 RM, bei Übertretungen grundsätzlich auf 1 RM bis zu 150 RM fest. Diese Fassung der §§ 27 bis 29 (a.F.) blieb bis zum 3. StRÄndG vom 4. August 1953 (BGBl. I S. 735) bestehen, sieht man von den währungsrechtlichen Angleichungen durch § 2 der Verordnung zur Durchführung des MünzG vom 12. Dezember 1924 (RGBl. I S. 775) und durch § 2 des Währungsgesetzes (WiGBl. 1948 Beil. 5, VOBl. BritZ 1948 S. 139) ab.

6 **4.** Die Mindestsätze der Geldstrafe wurden durch das **3. StRÄndG** vom 4. August 1953 (BGBl. I S. 735) bei Verbrechen und Vergehen auf 5 DM und bei Übertretungen auf 3 DM erhöht. Das 2. StraßVerkSichG vom 26. November 1964 (BGBl. I S. 921) setzte bei

---

3 Vgl. *v. Liszt* Lehrbuch[19] § 63; *Allfeld* Lehrbuch[7] § 51 II m.w.N.

4 Zum ganzen Einzelnachweise bei *Grebing* ZStW **88** (1976) 1054 f.

5 *Thornstedt* ZStW **86** (1974) 595 m.w.N.

6 Schweden im Jahre 1931, Dänemark 1939. Norwegen und Island haben dieses System nicht übernommen: alles nach *Thornstedt* ZStW **86** (1974) 595.

7 *Radbruch* Entwurf eines Allgemeinen Deutschen Strafgesetzbuchs (1922) mit einer Einleitung von *Eb. Schmidt* 1952, Bemerkungen IV S. 55.

8 *Olshausen/Niethammer* § 27 Anm. 1.

Übertretungen den Höchstbetrag auf 500 DM und das EGOWiG vom 24. Mai 1968 (BGBl. I S. 503) den Mindestbetrag auf 5 DM herauf.

5. Das **1. StrRG** brachte mit Wirkung vom 1. September 1969 eine weitere, besonders drastische Einschränkung der kurzfristigen Freiheitsstrafen unter sechs Monaten und damit eine starke Ausdehnung des Anwendungsbereichs der Geldstrafe als primärer Hauptstrafe (vgl. hierzu den § 27b in der Übergangsfassung des Art. 106 des 1. StrRG und ab 1. April 1970 den neuen § 14 aufgrund Art. 1 Nr. 4 des 1. StrRG, der mit dem Inkrafttreten des 2. StrRG am 1. Januar 1975 vom geltenden § 47 abgelöst wurde). Die Neufassung des § 27b durch das 1. StrRG (früher § 27c) und des § 27c sowie die Fassungsänderungen der §§ 28, 29 (1. StrRG) waren zum Teil redaktioneller Art oder die Folge für die Geldstrafenregelung aus der Neueinführung des § 14 (jetzt § 47) über die Einschränkung der kurzen Freiheitsstrafen. **7**

6. Das **2. StrRG** stellte mit Wirkung vom 1. Januar 1975 die gesamte Geldstrafenregelung mit der **Einführung des Tagessatzsystems** auf eine völlig neue Grundlage (§§ 40 bis 43). Das Gesetz folgte hierbei im Wesentlichen den Vorschlägen des E 1962 (§§ 51 bis 55) sowie des AE (§§ 49 bis 54), die insoweit in skandinavischen Rechtsordnungen ihr Vorbild hatten (Rdn. 4). Wesen und Sinn dieser Regelung liegen darin, dass nach dem Unrechts- und Schuldgehalt der Tat die Anzahl der Tagessätze zu bestimmen ist und die Höhe des einzelnen Tagessatzes sich nach den persönlichen und wirtschaftlichen Verhältnissen richtet (im einzelnen Rdn. 50ff). **8**

Die weitere Geschichte der Einführung des Tagessatzsystems hat *Tröndle* in LK[11] Rdn. 11 bis 23 ausführlich beschrieben: Dort sind insbesondere dargestellt der Einfluss des Strukturgedankens des Tagessatzsystems auf die frühere Geldstrafenzumessung (Rdn. 14), die rechtspolitische Diskussion um das für die Bestimmung der Tagessatzhöhe anzuwendende Prinzip (Rdn. 15ff), insbesondere die als Alternativen zum Tagessatzprinzip diskutierten Modelle des Einbußeprinzips (Rdn. 17 und 21), des Prinzips der Lohnpfändungsfreiheitsgrenze (Rdn. 18) und des Eigenaufwandprinzips (Rdn. 19), schließlich die parlamentarische Auseinandersetzung um die vorzusehenden Mindest- und Höchstmaße des Tagessatzes (Rdn. 22ff). Eine umfassende rechtsvergleichende Dokumentation birgt das Werk *Jescheck/Grebing* (Hrsg.) Die Geldstrafe im deutschen und ausländischen Recht (1978) mit 16 Landesberichten einschließlich der DDR (*Lyon* S. 193) und einer zusammenfassenden rechtsvergleichenden Darstellung (*Grebing* S. 1183). **8a**

III. Allgemeines zum Tagessatzsystem

1. Das **Tagessatzsystem gilt allein für die Geldstrafe**, nicht für andere Sanktionen. Gleichwohl können die Berechnungsgrundsätze des Abs. 2 Sätze 1 und 2 als eine Orientierungshilfe dort entsprechend herangezogen werden, wo es um ähnliche Probleme der Bemessung oder Berücksichtigung einer Sanktion geht, die am Einkommen der sanktionierten Person auszurichten ist: So ist die Zumessung einer Zahlungsauflage nach § 56b Abs. 2 Satz 1 Nr. 4 zwar nicht an das System des § 40 gebunden (*Sch/Schröder/Kinzig* § 56b Rdn. 11; *Lackner/Kühl/Heger* § 56b Rdn.), gleichwohl können die dortigen Berechnungsgrundsätze herangezogen werden (OLG Frankfurt a.M. StV **1989** 250). Auch für die Anrechnung erbrachter Leistungen im Rahmen des § 56f Abs. 3 Satz 2 kann das Tagessatzsystem Anhaltspunkte geben (BGHSt **36** 378, 383; enger OLG Celle NStZ **1992** 336 und LG Flensburg Rpfleger **1983** 82). Entsprechendes gilt für die Bemessung einer Zahlungsauflage nach § 153a Abs. 1 Nr. 2 StPO (*Fünfsinn* NStZ **1987** 97, 99). Schließlich sind die Grundsätze des § 40 Abs. 2 Satz 2 und die Schätzungsregel des § 40 Abs. 3 auch im Fall **9**

der Bemessung eines Ordnungsgeldes gegen einen Zeugen nach § 70 Abs. 1 Satz 2 StPO entsprechend anwendbar (BGHR StPO § 70 Ordnungsgeld 1).

10 **2.** Das **Tagessatzsystem** ist ein der *sachgerechten Geldstrafenzumessung immanentes Strukturprinzip.*[9] Seine **Vorteile** leuchten unmittelbar ein und sind evident: Im Gegensatz zum alten Recht wird aus der Zahl der Tagessätze die *Unrechtsbewertung der Tat* (auch im Zentralregister, § 5 Abs. 3 BZRG) ebenso *deutlich* wie bei den Freiheitsstrafen. Der Richter wird schon durch das Zumessungssystem gezwungen, stets das *Gerechtigkeitserfordernis der Opfergleichheit* (Rdn. 52) durch eine rationalere und gerechtere Strafzumessung im Auge zu behalten. Das Problem der gesetzgeberischen Regelung der *Ersatzfreiheitsstrafe* löst sich unmittelbar aus dem System, mögen auch gegen die konkrete Regelung des § 43 gewichtige Bedenken bestehen (§ 43 Rdn. 6). Auch lässt eine gerechtere und täterangepasste Geldstrafenbemessung erwarten, dass die Zahl der Ersatzfreiheitsstrafen, die verbüßt werden müssen, sinkt. Die *Vollstreckungsverjährung* kann nunmehr auch bei Geldstrafen sachgerecht an die in der Tagessatzanzahl zum Ausdruck kommende Tatbewertung anknüpfen (§ 79 Abs. 3 Nr. 4, 5) und nicht – sachwidrig – an die Höhe der Geldsummenstrafe (§ 70 Abs. 1 Nr. 5, 6 a.F.). Ferner wurde die Geldstrafe von der ihr wesensfremden Aufgabe, den *Tatgewinn abzuschöpfen* (vgl. § 27b a.F.), *befreit* und dies dem Rechtsinstitut des Verfalls – heute der Einziehung zum Zweck der Vermögensabschöpfung §§ 73ff) übertragen. Dies wäre freilich auch ohne Einführung des Tagessatzsystems möglich gewesen, kann also nicht als dessen Vorteil gezählt werden.

11 **3.** Die meisten der der Tagessatzgeldstrafe zugeschriebenen **Nachteile** sind nicht spezifische Mängel des Tagessatzsystems, eignen vielmehr der Geldstrafe überhaupt (vgl. hierzu Rdn. 28ff, 48), nicht selten auch der Freiheitsstrafe, der zudem stets desozialisierende Wirkungen anhaften. Beim Tagessatzsystem ist allerdings das Zumessungsverfahren komplizierter (Rdn. 50ff), aber das ist der Preis, ohne den die Vorteile des Systems nicht zutagetreten. Im Übrigen ist die nähere Ermittlung der Bemessungsgrundlagen für die Tagessatzhöhe im Grunde nichts, was im alten Recht entbehrlich gewesen wäre. Dass das Tagessatzsystem dazu zwingt, diese Frage nicht zu vernachlässigen, ist ein Vorzug, mag es auch praktischer Vernunft entsprechen, das Maß der Ermittlungen im Rahmen der Verhältnismäßigkeit zu halten.

12 **4.** Der Gesetzgeber hat **die Untergrenze** für den **Tagessatz mit 1 Euro** (§ 40 Abs. 2 Satz 3) **wesentlich zu niedrig** angesetzt.[10] Mit diesem Mindestmaß des Tagessatzes lassen sich Ernst und Bedeutung der Kriminalstrafe – auch bei Minderbemittelten – nicht deutlichmachen. Ein in diesem Bereich bemessenes Sanktionsmittel kann regelmäßig noch keine *Straf*wirkungen auslösen, auch nicht dadurch, dass die Mindesttagessatzanzahl auf fünf (§ 40 Abs. 1 S. 2) und die niedrigste zulässige Geldstrafe damit auf 5 Euro festgesetzt wird. Eben weil ein Tatunrecht dem schuldstrafrechtlich fünf Tagessätze entsprechen, nicht mit der Zahlung von 5 Euro abgegolten werden sollte. Da das Nettoeinkommen sämtliche Einkünfte eines Täters unter Einschluss von Naturalbezügen, Versorgungs- und Unterhaltsleistungen umfasst, bleibt für die Annahme eines Tagessatzes von 1 Euro kein Raum, denn jeder Bedürftige hat einen Anspruch auf das Vielfache davon als Sozialhilfe. Aber auch sonst liegt der tägliche Betrag, den *jedermann* benötigt oder der für jedermann aufgewendet werden muss, damit er unter den allerbescheidensten Um-

---

9 *Tröndle* ZStW **86** (1974) 552; vgl. *Zipf* Einführung S. 67.
10 *Jescheck* SchwZStr. **1975** 35; *Kintzi* DRiZ **2001** 198, 201 f.

ständen leben kann (also das Nettoeinkommen im Sinne des Gesetzes), stets über einem Tagessatz von 1 Euro, das gilt sogar für Strafgefangene (vgl. § 40 Rdn. 43). Besonders deutlich wird dieses Missverhältnis, wenn es zur Vollstreckung der Ersatzfreiheitsstrafe (§ 43) oder zu deren Substitution durch freie Arbeit (§ 43 Rdn. 11ff, insbes. 15) kommt. Kein Verurteilter wird es als gerecht verstehen, dass er „für 1 Euro" einen Tag (Ersatz-)Freiheitsstrafe verbüßen oder einen ganzen Tag lang arbeiten soll. Damit werden auch die Programme zur Substitution der Ersatzfreiheitsstrafe durch freie Arbeit, wie die Praxis permanent zeigt, konterkariert (zur Kritik an der 1 Euro/2 DM-Untergrenze des Tagessatzes ausführlich *Tröndle* LK[11] Rdn. 22 bis 27 mit kritischer Darstellung der Gesetzgebungsgeschichte).

5. Nachdem die **Obergrenze des Tagessatzes** lange Zeit bei **5000 Euro (früher 10000 DM)** , lag, hat der Gesetzgeber im Jahre 2009 mit dem 42. StRÄndG den Betrag von 30000 Euro als Höchstgrenze festgesetzt.[11] Damit soll – auch wenn dieser Tagessatzwert nur in wenigen Einzelfällen erreicht werden wird – die Belastungsgleichheit der Geldstrafe auch bei Personen mit hohen Realeinkommen sichergestellt werden.[12] Von Teilen des Schrifttums wird die Höhe als überzogen angesehen.[13] Im Hinblick auf die exorbitanten Gehälter von Spitzenmanagern, Sportlern und Popstars erscheint es jedoch sogar noch angemessener, auf eine Obergrenze zu verzichten.[14] 13

6. Eine **Bilanz von Erfolg und Schwächen des Tagessatzsystems** ergibt folgendes Bild:

a) Unzweifelhafte **Vorteile** hat das Tagessatzsystem gegenüber dem alten Geldstrafensystem überall dort, wo es um eine eher formale Betrachtung geht.[15] Die Bewertung der Tat und der Täterschuld sowie die Berücksichtigung der meisten der übrigen in § 46 Abs. 1 und 2 genannten Strafzumessungskriterien einerseits und die Einkommensverhältnisse des Täters andererseits werden für alle mit der Verurteilung zu einer Geldstrafe verbundenen Folgen getrennt ausgewiesen. Das hat zunächst eine klärende Wirkung. Es hat zudem den Vorteil, dass in zahlreichen Regelungszusammenhängen, in denen es allein auf die Tat und die Tatschuld ankommt, die Einkommensverhältnisse des Täters ausgeblendet gehören, die Zahl der verhängten Tagessätze zum alleinigen Anknüpfungspunkt genommen werden kann: Die Bemessung der Ersatzfreiheitsstrafe (§ 43) ergibt sich von selbst. *Fischer*[16] nimmt an, dass die Zahl der zu verbüßenden Ersatzfreiheitsstrafen durch die individualisierte Zumessung in Verbindung mit § 42 StGB und §§ 459cff StPO sinke. Dafür spricht vieles. Ein kriminalstatistischer Beweis dürfte kaum möglich sein. Für die Bildung einer Gesamtfreiheitsstrafe aus Freiheitsstrafe und Geldstrafe nach § 54 Abs. 3 und für die Bewertung nach § 47 Abs. 2 Satz 2 besteht ein eindeutiger Berechnungsmaßstab. Die Vollstreckungsverjährung richtet sich nach der Tagessatzzahl (§ 79 Abs. 3 Nr. 4 und 5). Nach dem Strafregisterrecht sind zwar die Zahl der Tagessätze und die Höhe eines Tagessatzes einzutragen (§ 5 Abs. 3 Satz 1 BZRG). Für den Inhalt des Führungszeugnisses (§ 32 Abs. 2 Nr. 5 lit. a BZRG) und für die Tilgungsfrist (§ 46 Abs. 1 Nr. 1 lit. a BZRG) kommt es jedoch auf die Zahl der Tagessätze an. 14

---

11 BGBl. 2009 I 1658.
12 BT-Drs. 16/11606, S. 6.
13 *Radtke* MK § 40 Rdn. 54; *Sch/Schröder/Kinzig* § 40 Rdn. 7.
14 *Von Heintschel-Heinegg* Beck-OK § 40 Rdn. 8.
15 *Fischer* § 40 Rdn. 2.
16 *Tröndle/Fischer* StGB[50] vor § 40 Rdn. 3 sub D.

Ein über die vorstehend genannten, eher formalen Vorteile des Tagessatzsystems hinausgehender **Gewinn substantieller Art** liegt ohne Zweifel darin, dass der Richter gezwungen wird, die Höhe des Tagessatzes und damit die finanzielle Leistungsfähigkeit des Täters in einem **gesonderten Strafzumessungsschritt** zu bestimmen[17] – mit allen daran geknüpften prozessrechtlichen Anforderungen, insbesondere unter den Gesichtspunkten der Aufklärungspflicht und der Pflicht zur Darlegung der wesentlichen Umstände in einer durch das Revisionsgericht nachprüfbaren Weise. Auch unter diesem Gesichtspunkt hat sich das Tagessatzsystem bewährt.

15 **b)** Angesichts vieler **Schwächen** kann die Bewertung des Tagessatzsystems gleichwohl nicht in die Konstatierung eines Reformerfolges münden. Es sind viele Unzulänglichkeiten in der praktischen Realisierung des Systems (Rdn. 16), Fehlentwicklungen in der Rspr. (Rdn. 17), das Ausbleiben jedweder Akzeptanz in der Öffentlichkeit (Rdn. 18) und das Fehlen einer Flankierung im internationalen Rechtsvergleich (Rdn. 19) festzustellen.

16 **aa)** Eine etwa überzeugende Gesamterscheinung des Tagessatzsystems wird durch die **zahlreichen Durchbrechungen des Systems** vereitelt.[18] Dessen Grundsätze werden allzu oft zugunsten einer „Handsteuerung" aufgegeben. So ist in der Ausformung, die § 40 in Rspr. und Schrifttum gefunden hat, die Trennung der drei Strafzumessungsschritte nur eine grundsätzliche, die viele Ausnahmen derart erleidet, dass bei einem Zumessungsschritt sehr wohl auf einen anderen Bedacht zu nehmen ist (vgl. Rdn. 51f; § 40 Rdn. 18). Zudem gelten nach Praxis und h.M. bei der Bemessung der Tagessatzhöhe im unteren und im oberen Bereich so beträchtliche Ausnahmen vom Nettoeinkommensprinzip (vgl. § 40 Rdn. 53 bis 63), dass dieses Prinzip nur in dem – freilich sehr breiten – Mittelfeld verwirklicht wird. Das Gesamtbild erinnert an die – wenngleich in ganz anderem Zusammenhang stehende – Beurteilung der Effizienz der verschiedenen Formen der Kriminalprognose: Im Mittelfeld sind die Ergebnisse durchweg zufriedenstellend, die Differenzen bestehen in den oberen und unteren Randbereichen. Es fragt sich hier wie dort, ob eine solche Bewährungsstruktur ein System als erfolgreich erscheinen lässt oder ob es seine Qualität auch daran messen lassen muss, wie seine Grundsätze auch zur Behandlung der Randbereiche taugen. Schließlich kann auch nicht außer Betracht bleiben, dass eine Leitidee, mit der zunächst für das Tagessatzsystem geworben worden war, nämlich die numerische Komparabilität von Freiheitsstrafe und Geldstrafe im Verhältnis von 1:1, zwar im Gesetz (§ 43 Satz 2) verwirklicht worden ist, aber erheblicher – auch hier vertretener – Kritik ausgesetzt ist (s. § 43 Rdn. 6f). *Vogler*[19] hat alle diese Entwicklungen zutreffend unter der fragenden Überschrift kritisiert, ob eine „Demontage des Tagessatzsystems" zu beklagen sei.

17 **bb)** Die **Rspr. der Oberlandesgerichte** zur Bestimmung der Tagessatzhöhe hat nach wie vor eine **verfehlte Tendenz:** Die Oberlandesgerichte pflichten zwar expressis verbis der Rspr. des BGH bei, wonach sich für die Bemessung der Höhe eines Tagessatzes keine starren Regeln aufstellen lassen (s. § 40 Rdn. 21). Gleichwohl praktizieren die Oberlandesgerichte – wie eine Gesamtschau ergibt – in denjenigen Fällen, in denen sie die tatrichterliche Bemessung der Tagessatzhöhe beanstanden, die jeweils aus dem Nettoeinkommensprinzip hergeleiteten Regeln wie strenges Recht (s. § 40 Rdn. 23). Damit wird

---

17 *Fischer* § 40 Rdn. 4.
18 **AA** *Tröndle* LK[10] vor § 40 Rdn. 64.
19 JR **1978** 353; vgl. auch *Heghmanns* NStZ **1994** 519.

der Eindruck erweckt, es gäbe – ähnlich etwa dem Steuerrecht, dem Sozialhilferecht und dem Unterhaltsrecht – ein geschlossenes Berechnungssystem für die Höhe eines Tagessatzes, das in jedem Einzelfall zu einem vorausberechenbaren Ergebnis führen würde. Dies alles ist vor dem Hintergrund zu sehen, dass der BGH mit der genannten Problematik fast nur im Divergenzverfahren nach § 121 Abs. 2 GVG befasst sein kann und seit dem Jahre 1977 kein Oberlandesgericht mit einer Vorlegung zur hiesigen Materie an den BGH herangetreten ist (s. § 40 Rdn. 22f und 81).

Die Entwicklung hin zu einem scheinbar punktgenau „richtige" Ergebnisse liefernden Recht ist auch unter einem weiteren Gesichtspunkt verfehlt: Sie gaukelt eine mathematische Genauigkeit der Geldstrafenzumessung vor, die schon deshalb nicht einlösbar ist, weil von zwei Faktoren einer Multiplikation allein ein Faktor mathematisiert wird, während der andere Faktor, die Tagessatzzahl, nicht gleicher Bemessungsstrenge unterliegt, vielmehr einer Ermessensentscheidung überantwortet bleibt. Es wird eine Scheingenauigkeit produziert. Dies erinnert an die Schildbürger, die zur Ermittlung der Entfernung zur nächsten Stadt die Strecke von ihrem Rathaus bis zu ihrer Stadtmauer mit der Elle maßen und die Reststrecke schätzten.

cc) In der **Öffentlichkeit** ist das Tagessatzsystem weitgehend unbekannt geblieben. 18
Damit ist ein wesentliches Anliegen der Reform, nämlich die öffentliche Ausweisung des Gewichtes der Tat und der Tatschuld – in Unabhängigkeit von den Einkommensverhältnissen des Täters – ins Leere gelaufen. Dies liegt im Wesentlichen daran, dass die Medien sich praktisch weigern, die Differenzierung zu berichten, die in einer Verurteilung zu einer Geldstrafe liegt. Auch die anspruchsvollen Presseorgane referieren – selbst in Fällen besonderen öffentlichen Interesses – meist nur das Geldstrafenprodukt. Daran hat sich bis heute nichts geändert, seit dies schon Mitte der 1970er Jahre von vielen Autoren[20] kritisiert worden ist.

dd) Rechtsvergleichend ist festzustellen, dass neben Deutschland auch zahlreiche 19
weitere europäische Staaten das Tagessatzsystem eingeführt haben, die Geldsummenstrafe hat – anders als früher – keine dominierende Stellung mehr. So verfügen neben den skandinavischen Ländern und Österreich[21] inzwischen auch Frankreich, Polen, Portugal und Spanien über dieses System.[22]

IV. Das Wesen der Geldstrafe

1. Die Geldstrafe erlegt dem Verurteilten die *öffentlichrechtliche Pflicht* auf, den fest- 20
gesetzten Geldbetrag an den Staat zu entrichten[23] (Rdn. 61). Sie ist eine **öffentliche Kriminalstrafe** (RGSt **2** 41) und begründet **keine zivilrechtliche Schuld**. Die frühere Obligationentheorie, zuletzt vertreten von *Berner*,[24] wonach mit der Rechtskraft des Geldstrafenurteils sich die Geldstrafe in eine zivilrechtliche Verpflichtung und von der Seite des Staates her gesehen in einen Fiskalanspruch zivilrechtlicher Natur umwandle, stammt aus der französischen Rechtswissenschaft[25] und ist – da dem Wesen der Kriminalstrafe

20 *Frank* JA **1976** 235, 238; *Grebing* JZ **1976** 245; *Horn* JR **1977** 95; *D. Meyer* MDR **1976** 274, 275.
21 Vgl. dazu *Pallin* bei *Driendl* ZStW **88** (1976) 1144, 1146 f; *Zipf* JurBl. **1977** 304.
22 Vgl. die Übersicht in BT-Drs. 14/4991, S. 28 ff; *Albrecht* NK § 40 Rdn. 6.
23 *Maurach/Gössel/Zipf/Dölling* S. 716.
24 *Berner* Lehrbuch des Strafrechts[12] S. 310; *Wächter* Deutsches Strafrecht S. 300.
25 Nachweise bei *Tiedemann* GA **1964** 372.

zuwider – überholt und abzulehnen.[26] Ein letztes Rudiment dieser verfehlten Vorstellung war § 30 a.F., der die Vollstreckung der Geldstrafe in den Nachlass zuließ, wenn das Urteil zu Lebzeiten des Verurteilten rechtskräftig geworden war.[27] Inzwischen ist diese Vorschrift beseitigt und die Vollstreckung einer Geldstrafe in den Nachlass ausdrücklich verboten (§ 459c Abs. 3 StPO), dasselbe gilt für die Geldbußen (§ 101 OWiG). Im Insolvenzverfahren richtet sich die Behandlung von Geldstrafen, Geldbußen, Ordnungsgeldern und Zwangsgeldern sowie von solchen Nebenfolgen einer Straftat oder Ordnungswidrigkeit, die zu einer Geldzahlung verpflichten, nach § 39 Abs. 1 Nr. 3 InsO.

21 **2.** Der öffentlichen Leistungspflicht des zu einer Geldstrafe Verurteilten entspricht die **öffentliche Pflicht** der Vollstreckungsbehörden, die **Geldstrafe zu vollstrecken**, d.h. ihr öffentlichrechtliches Forderungsrecht eigener Art[28] geltend zu machen. Es handelt sich hierbei aber um einen öffentlichrechtlichen *obligatorischen* Anspruch des Staates auf Leistung. Beschlagnahme und Einziehung mit dinglicher Wirkung (Konfiskation) sind dem geltenden Recht nicht bekannt. Jedoch kann wegen einer Geldstrafe zur Sicherung des Zahlungsanspruchs der Staatskasse der Vermögensarrest dann angeordnet werden, wenn ein gegen den Beschuldigten ein auf Strafe lautendes Urteil ergangen der ein Strafbefehl erlassen worden ist (§ 111e Abs. 2 StPO). Freilich wird diese Vorschrift, soweit sie die Geldstrafe betrifft, nur geringe Bedeutung erlangen, da an die Stelle einer uneinbringlichen Geldstrafe die Ersatzfreiheitsstrafe tritt (§ 43; ferner §§ 459e, 459c Abs. 2 StPO). Jedoch könnte die Vorschrift auch für die Geldstrafe praktisch werden, wenn bei einer geringen Tagessatzanzahl und einer verhältnismäßig hohen Tagessatzhöhe der Verurteilte einen Anreiz fände, die Beitreibung zu erschweren, um die Vollstreckung der Ersatzfreiheitsstrafe zu erzwingen.[29]

22 **a)** Im Übrigen kann **der Staat auf die Beitreibung** einer Geldstrafe **nicht** wie auf die Einziehung einer sonstigen öffentlichrechtlichen Forderung **verzichten.**[30] Das zuständige Gericht oder die zuständige Vollstreckungsbehörde können lediglich Zahlungserleichterungen gewähren (§ 42; § 459a StPO). Auch können Gnadenbehörden – wenn hierfür auch angesichts des Vorrangs von Rechtsentscheidungen selten ein Bedürfnis besteht[31] – Geldstrafen ganz erlassen, herabsetzen oder stunden. Aber auch bei einem solchen gnadenweise erfolgenden Geldstraferlass handelt es sich nach richtiger Auffassung nicht um einen Verzicht des Staates auf den Strafanspruch, sondern um eine Dispension von den Rechtsfolgen der Verurteilung.[32]

23 **b)** Die **Vollstreckung der Geldstrafen** geschieht in der Weise, dass nach Eintritt der Vollstreckbarkeit (vgl. § 449 StPO) die Geldstrafe durch die Vollstreckungsbehörde (§ 451 StPO)[33] eingefordert und erforderlichenfalls beigetrieben wird. Hierfür sind die

---

26 *Brüggemann* GA **1968** 161; *Finkler* Vermögensstrafen und ihre Vollstreckung, Mat. II S. 114; *Zipf* Geldstrafe S. 31.
27 Hierzu *Tröndle* LK[9] § 30 Rdn. 1.
28 *Brüggemann* (GA **1968** 162) spricht von einem „publizistischen Forderungsrecht eigener Art". Dieser Ausdruck erscheint nicht ganz treffend, weil das Wort „publizistisch" meist in einem anderen Sinne verwendet wird. Zum Wesen der Einforderung einer Geldstrafe ferner: RGSt **30** 235, RG GA Bd. **49** 131.
29 So bereits zur Vorgängervorschrift von § 111e Abs. 2 StPO *Löwe/Rosenberg/Johann* § 111d StPO Rdn. 11.
30 *Olshausen/Niethammer* StGB[12] § 27 Anm. 2.
31 *Birkhoff/Lemke* Gnadenrecht Ein Handbuch (2012) Rdn. 161, 268.
32 Vgl. *Löwe/Rosenberg/Böttcher*[26] vor § 12–21 GVG Rdn. 15; **aA** *Birkhoff/Lemke* (Fn. 28) Rdn. 217.
33 Zum Begriff der Vollstreckungsbehörde s. Rdn. 61.

§§ 459ff StPO,[34] § 48 Strafvollstreckungsordnung (StVollstrO)[35] und im Einzelnen die Justizbeitreibungsordnung (JBeitrO)[35a] sowie die Einforderungs- und Beitreibungsanordnung (EBAO)[35b] maßgebend (s. auch § 43 Rdn. 10, 16). Die Ersatzfreiheitsstrafe wird vollstreckt, wenn und soweit die Geldstrafe vom Verurteilten nicht bezahlt worden ist und ihre Beitreibung entweder erfolglos versucht worden oder nach § 459c Abs. 2 StPO als offensichtlich erfolglos unterblieben ist (§ 49 StVollstrO). Das Gericht kann ferner unter bestimmten Voraussetzungen im Interesse der Wiedereingliederung des Verurteilten (§ 459d StPO) oder zur Vermeidung einer unbilligen Härte (§ 459f StPO) anordnen, dass die Vollstreckung der Ersatzfreiheitsstrafe unterbleibt (§ 43 Rdn. 17 ff).

c) Für **Vergleich, Abtretung und Aufrechnung** gilt folgendes: Aus dem öffentlichrechtlichen Charakter der Leistungspflicht folgt ferner, dass es keinen Vergleich über die Höhe einer Geldstrafe gibt. Sie ist auch einer Abtretung nicht zugänglich. Ferner kann der Verurteilte von sich aus grundsätzlich nicht mit einer öffentlichrechtlichen, geschweige denn mit einer privatrechtlichen Forderung, die er gegen den Staat hat, aufrechnen. Hingegen kann die Vollstreckungsbehörde im Rahmen der Strafvollstreckung für den Justizfiskus die Aufrechnung wirksam erklären.[36] Eine solche Aufrechnungserklärung, durch die gegen einen Kostenerstattungsanspruch eines teilweise freigesprochenen Angeklagten an die Landeskasse mit deren Anspruch auf Zahlung von Geldstrafe und Verfahrenskosten aufgerechnet wird, ist ein anfechtbarer Verwaltungsakt (AG Hannover NJW **1975** 178). Ein Bedürfnis für eine solche Aufrechnung ergibt sich regelmäßig dann, wenn der Geldstrafenforderung des Justizfiskus im Falle eines Teilfreispruchs der Kosten- und Auslagenerstattungsanspruch des Verurteilten gegenübersteht.[37] Zweifelhaft erscheint jedoch, ob eine solche Aufrechnung noch zulässig ist,[38] wenn die Rechtsschutzversicherung den Verurteilten bereits schadlos gehalten hat und sich durch den aufgerechneten Erstattungsanspruch die ihm auferlegte Geldstrafe mildert. 24

3. Da die Geldstrafe keine zivilrechtliche Schuld ist, gerät der Säumige auch nicht in Verzug im Sinne des bürgerlichen Rechts. Es entstehen somit auch **keine Verzugszinsen**. Für die **Reihenfolge einer Anrechnung** gilt folgendes: Leistet der Verurteilte einen Betrag, der für die Geldstrafe und für die Kosten nicht voll ausreicht, so kommt es zunächst darauf an, was der Verurteilte bei der Zahlung für eine Bestimmung getroffen hat. Fehlt es an einer solchen Bestimmung, dann wird der Betrag zunächst auf die Geldstrafe, dann auf die etwa angeordneten Nebenfolgen und zuletzt auf die Kosten angerechnet (§ 459b StPO).[39] Im Übrigen sind die Vorschriften der Justizkassenordnung maßgebend (§ 6 EBAO).[40] An einer eigenen Bestimmung der Reihenfolge der Anrechnung kann der 25

---

34 Dazu – neben den Kommentaren zur StPO – *Bringewat* Strafvollstreckung §§ 459 ff.

35 Vom 1. Oktober 2017 (BAnz. AT vom 18. August 2017); Kommentierungen hierzu: *Pohlmann/Jabel/Wolf* Strafvollstreckungsordnung⁹ § 48; *Röttle/Wagner* Strafvollstreckung⁸ Rdn. 231 ff.

35a Vom 11. März 1937 (RGBl. I S. 298; BGBl. III 365–1), letztes ÄndG vom 13. April 2017 (BGBl. I S. 872, 892), in Kraft getreten am 1. Juli 2017.

35b Vom 1. August 2011 (BAnz. Nr. 112a vom 28. Juli 2011).

36 H.M. OLG Braunschweig NJW **1951** 246; LG Berlin RPfleger **1970** 29; LG Münster NJW **1971** 2002; AG Medingen NdsRpfl. **1973** 326; *Pohlmann/Jabel/Wolf* Strafvollstreckungsordnung⁹ § 48 Rdn. 70; *Mümmler* RPfleger **1974** 94; vgl. ferner AG Rheine NJW **1970** 1796 m. Anm. *Brinkmann* NJW **1971** 59.

37 Hierzu *Mümmler* Zur Aufrechnung von Ansprüchen des Justizfiskus gegen Forderungen des Angeschuldigten beim Teilfreispruch, RPfleger **1974** 92.

38 Verneinend AG Medingen NdsRpfl. **1973** 326; hiergegen mit gewichtigen Gründen *Mümmler* RPfleger **1974** 94.

39 Eine entsprechende Bestimmung enthält § 94 OWiG.

40 Siehe hierzu Fußn. 149 vor § 38.

Verurteilte dann ein Interesse haben, wenn er damit zunächst eine zur Geldzahlung verpflichtende Nebenfolge (§ 459g Abs. 2 StPO) erledigen will, um einer Sicherstellung nach §§ 111k StPO den Boden zu entziehen.[41]

Vereitelt der Verurteilte die Zwangsvollstreckung wegen einer Geldstrafe in sein Vermögen und führt er dadurch die Vollstreckung der Ersatzfreiheitsstrafe herbei, so ist er nicht etwa nach § 288 (Vereitelung der Zwangsvollstreckung) strafbar: Einmal wäre Selbstbegünstigung nicht strafbar, zum andern ist der Staat nicht Gläubiger eines materiellen Befriedigungsrechts, dessen Schutz § 288 dient. Hingegen ist der Strafanspruch des Staates ein Vermögenswert im Sinne des § 263, die Leistungsverpflichtung des Bestraften ein ihm drohender Vermögensnachteil, dessen Abwendung umgekehrt einen Vermögensvorteil enthält.[42] Ob diese Gesichtspunkte erst ab Rechtskraft des auf eine Geldstrafe lautenden Urteils oder schon zuvor greifen, ist zweifelhaft (dazu OLG Stuttgart MDR **1981** 422).

26 **4.** Die **Höchstpersönlichkeit der Geldstrafe** ist ein Axiom, aus dem die These der weitestgehenden Substituierbarkeit der Freiheitsstrafe durch die Geldstrafe, gar eine These der Gleichwertigkeit beider Strafen (vgl. *Albrecht* NK § 40 Rdn. 8), vermeintlich gespeist wird, das jedoch in der Praxis uneingelöst bleibt (vgl. *Eisenberg/Kölbel* Kriminologie § 33 Rdn. 24ff; *Hillenkamp* Lackner-Festschrift S. 455, 456, 469). Das Ideal ist, dass die Geldstrafe allein den Verurteilten und niemand anderen treffe, dass also weder Dritte die Straflast übernehmen könnten noch der Verurteilte diese Last auf Dritte abwälzen könne und dass schließlich Dritte durch die Geldstrafe nicht in Mitleidenschaft gezogen würden. Die diesem Ideal entgegenstehenden praktischen Gegebenheiten und deren Folgen machen die „Drittwirkung“ der Geldstrafe aus (dazu *von Spiegel* Drittwirkung der Geldstrafe, Diss. Göttingen 1979).

27 **a)** Allerdings ist die **Leistungspflicht des Verurteilten höchstpersönlich.**[43] Das ergibt sich schon aus den Strafzwecken und dem Wesen der Geldstrafe als Kriminalstrafe. Dieses Prinzip findet auch seine reine Ausgestaltung insoweit, als es um das Ende der Leistungspflicht des Verurteilten geht: Die persönliche Strafverpflichtung aus der Geldstrafe endet mit dem Tod des Verurteilten. Die frühere Haftung des Nachlasses (§ 30 a.F.) ist beseitigt (§ 459c Abs. 3 StPO; vgl. auch § 101 OWiG). Verfällt der Verurteilte in Geisteskrankheit, so wird er dadurch strafunfähig: Eine Freiheitsstrafe müsste nach § 455 Abs. 1 StPO aufgeschoben werden. Dasselbe muss für die Geldstrafe, macht man mit ihr als Kriminalstrafe ernst, entsprechend gelten. Etwa einem Umkehrschluss aus § 455 Abs. 1 StPO das Gegenteil zu entnehmen,[44] erscheint für heutiges Rechtsdenken sachwidrig und wurde auch schon früher abgelehnt,[45] zumal da in solchen Fällen auch die Vollstreckung der Ersatzfreiheitsstrafe ausscheidet.

28 **b)** Bei jedweder praktischen Form der **Überbürdung der wirtschaftlichen Einbuße** auf Dritte verliert die Geldstrafe ihren Strafcharakter, was manchmal schon im Zeitpunkt der Verhängung der Strafe gewiss ist. So liegt es beispielsweise dann, wenn der Arbeitgeber, solidarische Kollegen, politische Gesinnungsgenossen oder – was häufiger vorkommen, aber seltener feststellbar sein wird – wohlmeinende Angehörige die Tragung der

41 *Appl* KK § 459b Rdn. 2; *Meyer-Goßner/Schmitt* § 459b Rdn. 1.
42 RGSt **33** 333, **63** 191; anders wegen Straflosigkeit der Selbstbegünstigung: RGSt **2** 41, **71** 281, **76** 279.
43 *Jescheck/Weigend* S. 769 Fn. 9.
44 So *Olshausen/Niethammer* § 27 Anm. 2; *Oetker* GS **88** 228.
45 *Jagusch* LK[8] § 27 Anm. I 2a; *Kohler* GA **49** 177, 179; *Rauh* StrafrAbh. **152** 35.

Geldstrafe zugesagt haben. In solchen Fällen ist, weil die Strafzwecke mit einer Geldstrafe nicht zu erfüllen sind, wohl grundsätzlich die Verhängung einer Freiheitsstrafe geboten.[46]

c) Die **Drittwirkung der Geldstrafe** tritt in erster Linie und gar im größten Teil aller Fälle der Verhängung einer Geldstrafe in der Weise auf, dass die Geldstrafe eine „Streuwirkung“[47] auf alle Personen entfaltet, die mit dem Verurteilten in einer Familie oder einer sonstigen Gemeinschaft leben. Auch wenn die (erfüllten) Unterhaltspflichten und jenseits dieser geleisteter Unterhalt bei der Bemessung der Tagessatzhöhe Berücksichtigung finden (§ 40 Rdn. 54 bis 56),[48] wird die Konsumgemeinschaft sich in den nach dem Abzug der gegen ihren Ernährer verhängten Geldstrafe verbleibenden Rest der Kaufkraft teilen. Instrumente zur Abwendung dieser Folge gibt es nicht. Daneben stehen die Fälle, in denen Wirtschaftsstraftäter die Geldstrafe auf Preise oder Betriebskosten umlegen können.[49] Vergleicht man schließlich diese Drittwirkung der Geldstrafe mit der Drittwirkung der Freiheitsstrafe, so ist zu registrieren, dass die Drittwirkung der Geldstrafe in einer Entlastung des Täters zu Lasten seiner Angehörigen – also in einer allgemeinen Verschiebung der entsprechenden Last – besteht, während die Drittwirkung der (zu verbüßenden) Freiheitsstrafe sich in einer zusätzlichen Belastung der Angehörigen bei unverminderter Einwirkung auf den Täter findet.[50] 29

d) Durch eine **etwaige Strafbewehrung der Zahlung einer fremden Geldstrafe** könnte das Prinzip der Höchstpersönlichkeit der Geldstrafe weitgehend gegen eine Überbürdung auf freiwillig eintretende Dritte abgesichert werden. Indes ist solches de lege lata nach der Rspr. des BGH ausgeschlossen (Rdn. 31), jedoch de lege ferenda wünschenswert (Rdn. 32). 30

aa) Sedes materiae ist nach geltendem Recht allein die Vorschrift des **§ 258 Abs. 2** und mithin die Frage, ob es eine Straf(vollstreckungs)vereitelung begründet, wenn ein Dritter die Geldstrafe in irgendeiner Weise anstelle des Verurteilten aufbringt. Ebenso alt wie die Geldstrafe ist die Geschichte ihrer Überbürdung auf Dritte.[51] Die möglichen Fallkonstellationen haben ein breites Spektrum: Unmittelbare Zahlung der Geldstrafe durch den Dritten, Schenkung des Dritten an den Verurteilten, Versprechen der Erstattung durch den Dritten an den Verurteilten, verschiedene Darlehenskonstruktionen mit letztlich greifendem Rückzahlungsverzicht, Erstattung nach Zahlung der Geldstrafe, schließlich die Bürgschaft für die Geldstrafe. Die Behandlung dieser vielerlei Fallkonstellationen ist früher in Rspr.[52] und Schrifttum[53] sehr differenziert, jedoch eher streng beurteilt worden. Diesen Knoten von Fällen hat der BGH mit dem Urteil BGHSt **37** 226 durchgeschlagen, indem er ausgesprochen hat: Die Bezahlung einer Geldstrafe – unmittelbar oder mittelbar – aus dem Vermögen eines Dritten erfüllt nicht den Tatbestand der Strafvereitelung. Zur Begründung hat der BGH im Wesentlichen auf vier Gesichtspunkte abgestellt, von denen die beiden ersten eher formaler Natur sind und die beiden weiteren eher kriminalpolitischen Charakter tragen: Erstens greife der Dritte nicht in den äu- 31

46 *Hillenkamp* aaO S. 467.
47 *Eisenberg/Kölbel* aaO Rdn. 25.
48 Vgl. *von Spiegel* aaO S. 160 ff.
49 *Eisenberg/Kölbel* aaO Rdn. 24; *von Spiegel* aaO S. 148 ff.
50 *von Spiegel* aaO S. 27.
51 Vgl. *Platon* Apologie des Sokrates, 399 v. Chr., Kap. 28 am Ende.
52 RGSt **30** 232, 235; RG GA **44** 253 (zur Begünstigung); vgl. BGHZ **23** 222, 224 (zur Begünstigung); **41** 223, 230; OLG Frankfurt a.M. StV **1990** 112 m. Anm. *Noack*.
53 Vgl. die Nachweise in BGHSt **37** 226, 228 und bei *Hillenkamp* aaO.

ßeren Ablauf der Vollstreckung ein. Zudem verstoße die Annahme einer Strafvereitelung im konkreten Fall (der Angeklagte hatte als Verbandsvorsteher eines Abwasserverbandes die Zahlung einer gegen den Betriebsleiter wegen einer vorsätzlichen Gewässerverunreinigung verhängten Geldstrafe bewirkt) gegen das Analogieverbot aus Art. 103 Abs. 2 GG; § 1 StGB. Nichts im Wortlaut des § 258 Abs. 2 StGB deute an, dass derjenige die Vollstreckung einer Geldstrafe vereitele, der, ohne in den äußeren Vollstreckungsvorgang einzugreifen, dafür sorge, dass die Strafe bezahlt werde, auch wenn es dabei nicht zu einer Beeinträchtigung (Vermögensminderung) des Verurteilten komme. Ferner mache es keinen Unterschied, ob ein Dritter eine Geldstrafe sogleich bezahle, sie dem Verurteilten sie später erstatte oder ob er ein Darlehen gewähre, dessen Rückzahlung er erlasse. Eine Interpretation, die das eine erlauben und das andere verbieten will, laufe auf eine „Privilegierung von Komödien"[54] hinaus. Sie treffe nur den ungeschickten Täter, der es unterlasse oder nicht verstehe, seine Zuwendung an den Verurteilten so zu etikettieren, dass sie nicht als tatbestandsmäßige Handlung erscheine, obwohl sie der Sache nach Abwendung der unmittelbar fühlbaren Auswirkungen des Strafübels vom Verurteilten sei. Schließlich würde das Verbot jedweder Zuwendung an den zu einer Geldstrafe Verurteilten, die den Strafzweck vereiteln könnte, also auch das Verbot von Schenkungen nach der Bezahlung einer Geldstrafe, in einer nicht mehr tragbaren Weise in private Beziehungen eingreifen und die Gefahr begründen, dass sozial adäquates Verhalten unter Strafe gestellt würde. Diese Entscheidung ist überwiegend auf Kritik[55] gestoßen, der die Berechtigung nicht abgesprochen werden kann. Dabei gilt für die beiden formalen Argumente des BGH: Einen Eingriff in den äußeren Ablauf der Vollstreckung setzt die Strafvereitelung nicht voraus; Wortlaut und Wortsinn der Vorschrift des § 258 Abs. 2 hätten eine Verurteilung im entschiedenen Fall wohl getragen.[56] Gegenüber den beiden kriminalpolitischen Argumenten des BGH muss daran erinnert werden, dass weder Abgrenzungsprobleme für sich genommen noch die „Sozialadäquanz" von Fällen am äußersten Rande des Problembereichs zur Rechtfertigung dafür taugen, den gesamten Problembereich resignierend in die Straflosigkeit zu entlassen.[57] Dies gilt insbesondere deshalb, weil an dieser Stelle über einen zentralen Aspekt der Höchstpersönlichkeit der Geldstrafe und damit generell über deren Wirksamkeit entschieden wird.[58] Will man – worüber Einigkeit besteht – die Freiheitsstrafe, soweit irgend möglich, durch die Geldstrafe substituieren, so ist es kontraindiziert, deren Effizienz ohne Not zu deminuieren.

32 **bb)** Wenn nach alledem die **Schaffung eines Straftatbestandes der „Strafvereitelung durch Zahlung fremder Geldstrafe"** vorgeschlagen wird,[59] so ist dem grundsätzlich zuzustimmen, jedoch zu besorgen, dass es schwerfallen wird, eine Tatbestandsfassung zu finden, die mit der erforderlichen Eindeutigkeit eine Trennungslinie innerhalb

---

54 *von Bar* Gesetz und Schuld im Strafrecht Bd. II (1907) S. 778.

55 *Ruß* LK[11] § 258 Rdn. 24a; *Sch/Schröder/Hecker* § 258 Rdn. 29; *Hillenkamp* JR **1992** 74; *Wodicka* NStZ **1991** 487; *Scholl* NStZ **1999** 599; zustimmend jedoch *Krey* JZ **1991** 889; *Lackner/Kühl/Kühl* § 258 Rdn. 13; ebenso zuvor schon *Engels* Jura **1981** 581. Zu den unternehmensrechtlichen Folgen der Entscheidung *Ebenroth/Willburger* BB **1991** 1941 und *Kapp* NJW **1992** 2796, letzterer zutreffend kritisiert von *Jescheck/Weigend* S. 769 Fn. 9.

56 So von den in Fn. 52 Genannten insbesondere *Ruß*, *Hillenkamp* und *Wodicka* jeweils aaO.

57 Ähnlich *Ruß*, *Hecker*, *Hillenkamp*, *Wodicka* und *Scholl* jeweils aaO in Fn. 52.

58 Zu kurz greift deshalb die Einschätzung von *Jescheck/Weigend* S. 769 Fn. 9, daß die Entscheidung BGHSt **37** 326 nichts daran ändere, daß die Geldstrafe eine höchstpersönliche Verpflichtung des Verurteilten zur Zahlung begründet.

59 *Vierhaus* ZRP **1992** 161, 162; *Scholl* NStZ **1999** 599, 605.

all der vorstehend (Rdn. 28f) genannten Handlungen zur Unterstützung eines etwaigen künftigen oder eines rechtskräftig verurteilten Geldstrafenschuldners zieht.

V. Die Geldstrafe im Strafensystem

1. Bei der Beurteilung des **Verhältnisses zwischen Freiheitsstrafe und Geldstrafe** ist zu differenzieren.

a) Die **Geldstrafe** ist nach der grundsätzlich anzuwendenden abstrakten Betrachtung **ihrer Art nach** stets **milder als** die **Freiheitsstrafe** (BGHSt **37** 106, 133; BGH bei Dallinger MDR **1977** 109; BGHR StPO § 358 Abs. 2 Nachteil 1; BayObLG MDR **1972** 884 und **1975** 161).[60] Das Schrifttum teilt diese Ansicht weitgehend, jedoch nicht einheitlich[61] (zur Geschichte des Verhältnisses zwischen Freiheitsstrafe und Geldstrafe s. *Tröndle* LK[11] Rdn. 42f). Eine Freiheitsstrafe von einem Monat gilt nach der Wertentscheidung des Gesetzes als schwerer denn eine Geldstrafe von beispielsweise 200 Tagessätzen zu je 2500 Euro oder mehr. Darauf, wie die Strafe im konkreten Fall auf den Verurteilten wirkt, kommt es nicht an. Dort, wo es bei der Rechtsanwendung auf das Wertverhältnis der Strafarten untereinander ankommt, kann um der Rechtssicherheit willen nur eine allgemeine (abstrakte) Betrachtungsweise maßgebend sein. So darf trotz des Verschlechterungsverbotes (§ 331 Abs. 1, § 358 Abs. 2 Satz 1 StPO) eine Freiheitsstrafe stets durch eine Geldstrafe ersetzt werden, mag der Angeklagte sie auch als drückender empfinden. Allerdings darf die Tagessatzanzahl das Zeitquantum der früheren Freiheitsstrafe nicht überschreiten.[62] 33

b) Das vorstehend genannte Prinzip, das zweifellos eine wünschenswerte Sicherheit im System der Strafen gewährleistet, kann jedoch für die **Strafzumessung im Einzelfall** nicht durchgängig gelten. 34

aa) Ein Teilausschnitt des Verhältnisses zwischen Freiheitsstrafe und Geldstrafe ist spezialgesetzlich geregelt, nämlich durch **§ 47** für diejenigen Fälle, in denen eine **Freiheitsstrafe unter sechs Monaten** in Betracht kommt. In diesem Bereich besteht Subsidiarität der Geldstrafe in dem Sinne, dass eine Freiheitsstrafe nur dann verhängt werden darf, wenn besondere in § 47 Abs. 1 genannte Umstände die Verhängung einer Freiheitsstrafe „unerlässlich" machen. Es liegt also eine Kongruenz mit dem oben (Rdn. 33) beschriebenen Prinzip vor (zu Geschichte, Diskussion, rechtstatsächlichen Folgen und rechtspolitischer Einschätzung der Vorschrift des § 47 auch *Tröndle* LK[10] Rdn. 43). 34a

bb) Jenseits dessen gelten für die **Wahl zwischen Freiheitsstrafe und Geldstrafe** im Einzelfall nicht die oben (Rdn. 33) genannten abstrakten Kriterien. Vielmehr ist die Wahl zwischen Freiheitsstrafe und Geldstrafe, die gemäß Art. 12 Abs. 3 EGStGB nicht kumuliert werden können – nach dem Kriterium vorzunehmen, ob alle Strafzwecke allein mittels einer Geldstrafe erreicht werden können. Hierzu ist nach allgemeinen Strafzumessungsregeln eine Gesamtabwägung vorzunehmen (*Radtke* MK Rdn. 27f). In die- 35

60 Ebenso schon RGSt **2** 205, 206; **51** 327, 329; **57** 121, 122; **57** 193, 198; **59** 90, 98.
61 Im Sinne der genannten Ansicht *Lackner/Kühl/Kühl* § 40 Rdn. 1; *Schäfer/Sander/van Gemmeren* Strafzumessung Rdn. 104; vgl. auch *Grebing* in *Jescheck/Grebing* Die Geldstrafe im deutschen und ausländischen Recht S. 1183, 1197 f mit dem Nachweis älterer ausländischer Stellungnahmen; **aA** *Albrecht* NK § 40 Rdn. 16; *Sch/Schröder/Kinzig* § 40 Rdn. 4.
62 Vgl. § 40 Rdn. 83.

sem Zusammenhang können sich Wertungswidersprüche zu dem oben (Rdn. 33) genannten Prinzip ergeben. Derartige Spannungen werden insbesondere in denjenigen Fällen auftreten, in denen für den Täter eine Freiheitsstrafe durchaus milder erscheint als eine Geldstrafe. Dabei findet sich im Einzelfall eine solche Bewertung nicht etwa allein in der subjektiven Empfindung des Täters; vielmehr stehen in diesen Fällen hinter einer solchen Bewertung meist Regel und ratio des § 46 Abs. 1 Satz 2, wonach die Wirkungen, die von der Strafe für das künftige Leben des Täters in der Gesellschaft zu erwarten sind, zu berücksichtigen sind. Mit anderen Worten, die letztgenannte gesetzliche Regelung steht dem abstrakten Prinzip entgegen, dass die Geldstrafe milder sei als die Freiheitsstrafe. Hintergrund all dessen sind zwei systemimmanente Rigorismen, nämlich zum einen die Theorie von der Einheitlichkeit der Freiheitsstrafe, ungeachtet der Unterscheidung zwischen einer zu verbüßenden Freiheitsstrafe und einer Freiheitsstrafe, deren Vollstreckung zur Bewährung ausgesetzt wird, und zum anderen – bei der letztgenannten Strafform – die Ausblendung der Prognose. Fehlerhafterweise wird die Vorschrift des § 46 Abs. 1 Satz 2 meist allein als eine Regelung zugunsten des Täters interpretiert. Auch hier kann ihre Anwendung zum Nachteil des Täters wirken: Es darf und muss geprüft werden, ob mit einem Bewährungserfolg zu rechnen ist oder ob ein Bewährungsmisserfolg ernsthaft in Betracht zu ziehen ist: Insbesondere dem Täter mit einer guten Kriminalprognose wird eine Bewährungsstrafe meist lieber sein als eine nach den Maßstäben des § 40 korrekt bemessene Geldstrafe. Diese Lücke zwischen Wirksamkeit einer Geldstrafe und derjenigen einer Bewährungsfreiheitsstrafe, die bei guter Prognose fast nur symbolischen Charakter hat, muss geschlossen werden. Als Instrument hierzu bietet sich die Auflage, nach § 56b Abs. 2 Satz 1 Nr. 4 einen Geldbetrag zugunsten der Staatskasse zu zahlen, an. Die Bemessung dieser Zahlungsauflage sollte sich regelmäßig an denjenigen Beträgen orientieren, die sich bei Verhängung einer – theoretisch milderen – Geldstrafe aus § 40 ergeben würden. Im Widerrufsfall können die erbrachten Leistungen angerechnet werden (§ 56f Abs. 3 Satz 2). Mit einer solchen Rechtsanwendung kann auch der Bewährungsfreiheitsstrafe derjenige Einwirkungsgrad beigelegt werden, den eine entsprechende Geldstrafe hätte. Dies wird in der Praxis offenbar vernachlässigt.

36 **c)** Auch im Rahmen der nach **§ 53 Abs. 2** zu treffenden Entscheidung, ob auf eine **aus Freiheitsstrafe und Geldstrafe zu bildenden Gesamtstrafe** erkannt wird (Satz 1) oder ob auf Geldstrafe gesondert erkannt wird (Satz 2), kommt es auf das Verhältnis zwischen Freiheitsstrafe und Geldstrafe an. In diesem Zusammenhang stellt selbst der BGH weniger auf die formale Betrachtung des Unterschieds zwischen Freiheitsstrafe und Geldstrafe, als vielmehr darauf ab, welche Sanktionsgesamtheit im Einzelfall das schwerere Übel ist.[63]

37 **d)** Allein mit der Maßgabe der vorstehend genannten Gesichtspunkte kann der Freiheitsstrafe eine **Subsidiarität** gegenüber der Geldstrafe zugesprochen werden.

38 **e)** Zur **general- und spezialpräventiven Wirkung der Geldstrafe im Vergleich zur Freiheitsstrafe** lassen sich nur schwer Aussagen treffen. Die auf der Basis des Bundeszentralregisters erhobenenen kriminologischen Rückfalluntersuchungen ergeben zwar bei der Geldstrafe mit 27,8 % eine niederigere Wiederverurteilungsquote als bei der Freiheitsstrafe mit und ohne Bewährung (48,1 % bzw. 38 %).[64] Die Interpretation dieser

---

63 BGH NJW **2001** 1436; BGHR StGB § 53 Abs. 2 Einbeziehung, nachteilige 6.

64 *Jehle/Heinz/Sutterer* Legalbewährung nach strafrechtlichen Sanktionen, S. 38, 57, 62f; *Jehle/Albrecht/Hohmann-Fricke/Tetal* Legalbewährung nach strafrechtlichen Sanktionen S. 54, 61, 66f.

Befunde ist angesichts der Vielzahl der zu berücksichtigenden Faktoren und Effekte und der Problematik der Dunkelziffer äußerst schwierig (*Streng* Strafrechliche Sanktionen[3] Rdn. 150, 324 ff; vgl. auch *Eisenberg/Kölbel* Kriminologie § 41 Rdn. 11 ff, § 42 Rdn. 5 ff m.N.).

2. Wo die einzelnen Tatbestände **Wahlandrohungen von Freiheitsstrafe und Geldstrafe** enthalten, wird ausnahmslos die Freiheitsstrafe vor der Geldstrafe erwähnt. Diese Reihenfolge ist keine Rangfolge. Sie darf auf die **Wahl der Strafart** keinen Einfluss nehmen.[65] 39

a) Dies hat folgende **geschichtliche Entwicklung** genommen: Im früheren Recht glaubte die Rechtsprechung,[66] aus der Reihenfolge der Strafandrohung auf den Vorrang der erstgenannten Strafart schließen zu können, und sie sah sich durch einige wenige Tatbestände der kleinen Kriminalität (z.B. bei § 185 a.F.) bestätigt, wo bei der Strafandrohung die Geldstrafe vor der Freiheitsstrafe plaziert war. Das EGStGB 1974 hat dieser – wohl immer schon unzutreffenden – Meinung den Boden entzogen, da in den Tatbeständen des Besonderen Teils und des Nebenstrafrechts Geldstrafe nirgends mehr isoliert angedroht wird und im Falle von Wahlandrohungen die Freiheitsstrafe stets zuerst angeführt wird. 40

Seit dem 1. StrRG lauten die Strafdrohungen der besonderen Tatbestände, sofern nicht Freiheitsstrafe (in den Fällen mit erhöhtem gesetzlichen Mindestmaß) allein angedroht ist, stets wahlweise auf „Freiheitsstrafe (mit einem jeweils begrenzten Höchstmaß)" und auf Geldstrafe. Der Gesetzgeber lässt indessen dem Richter zwischen diesen beiden Strafarten nicht freie Wahl, sondern gibt im Allgemeinen Teil gesetzgeberische Richtlinien über den Einsatz dieser beiden Hauptstrafen.[67] So schränkt § 47 die Möglichkeit, auf Freiheitsstrafen unter sechs Monaten zu erkennen, stark ein, und zwar unbeschadet, ob die Strafdrohung wahlweise auf Freiheitsstrafe und Geldstrafe lautet oder ob nur Freiheitsstrafe angedroht ist. In diesem Bereich, in dem also der Tatschwere nach nur Freiheitsstrafen bis zu sechs Monaten in Betracht kommen, gelten daher durchgängig der **Vorrang der Geldstrafe** und die **Subsidiarität der Freiheitsstrafe**. Der Richter hat also bei Freiheitsstrafen unter 6 Monaten im Einzelnen darzulegen, weshalb er nicht auf Geldstrafe erkannt hat (§ 267 Abs. 3 S. 2, 2. Halbs. StPO). Kommt eine Freiheitsstrafe über 6 Monaten in Betracht, so bedarf deren Verhängung hingegen keiner besonderen Begründung, wenn es auch nicht von vornherein ausgeschlossen ist, auch in diesen Fällen (soweit die Tat keine höhere Freiheitsstrafe als ein Jahr verdient) auf eine angemessen hohe Geldstrafe zu erkennen, immer vorausgesetzt, dass die Geldstrafe nach Sachlage noch als eine angemessene staatliche Reaktion auf das Unrecht der Tat und die Schuld des Täters erscheint, was besonders darzulegen wäre. Bei Fahrlässigkeitsdelikten wird in aller Regel der Ausspruch einer Geldstrafe genügen und die Verhängung einer Freiheitsstrafe einer eingehenderen Begründung bedürfen (z.B. bei schweren Folgen und einem hohen Maß der Pflichtverletzung). 40a

b) Keinen Einfluss dürfen die **finanziellen Verhältnisse** des Täters auf die Auswahl der Strafart haben.[68] Sie haben lediglich (ausschlaggebende) Bedeutung für die 41

---

65 OLG Hamm wistra **1989** 234; *Sch/Schröder/Kinzig* § 46 Rdn. 62.
66 Nachweise bei *Tröndle* LK[9] vor § 27 Rdn. 49.
67 Hierzu im einzelnen *Grünwald* FS Schaffstein 219 ff.
68 *Fischer* § 40 Rdn. 5; *Sch/Schröder/Kinzig* § 46 Rdn. 60; *Schäfer/Sander/van Gemmeren* Strafzumessung Rdn. 104.

Bemessung der Höhe des Tagessatzes (§ 40 Abs. 2). Im Übrigen darf von der Verhängung einer Geldstrafe nicht allein deswegen abgesehen werden, weil der Täter voraussichtlich eine Geldstrafe überhaupt nicht oder nur in kleinen Raten werde zahlen können[69] oder dass er sie voraussichtlich aus eigenen Mitteln nicht aufbringen wird (BayObLG NJW **1964** 2120).[70] Ebenso unzulässig wäre es, deswegen auf Freiheitsstrafe zu erkennen, weil gegenüber dem begüterten Täter eine Geldstrafe keine hinreichende Wirkung zu zeitigen scheint,[71] ein Fall freilich, der angesichts des gesetzlichen Höchstmaßes des Tagessatzes (§ 40 Abs. 2 S. 3) inzwischen keine praktische Bedeutung mehr hat. Anders liegt es jedoch im Fall der sicher zu erwartenden Überbürdung der wirtschaftlichen Einbuße auf Dritte (Rdn. 28).

VI. Problematik der Geldstrafe; ihre Möglichkeiten und Grenzen

42 **1.** Die Geldstrafe ist eine **Hauptstrafe am Vermögen**. Als solche kann sie bei Tätern, die ohne Geldmittel sind und sich keine verschaffen können oder die ihre Vermögenswerte dem Zugriff zu entziehen verstehen, keine Wirkungen zeitigen. Hinter der Geldstrafe muss daher, damit sie bei Zahlungsunfähigen und Zahlungsunwilligen nicht ins Leere stößt, eine Ersatzreaktion, die Ersatzfreiheitsstrafe (§ 43), stehen, deren Vollstreckung weitere Probleme aufwirft. Einen wesentlichen Teil ihrer Wirkung kann die Geldstrafe auch dadurch verfehlen, dass der Verurteilte sie abzuwälzen versteht (vgl. Rdn. 28 ff). Auch das ist bei ihrer Verhängung und Bemessung zu bedenken. Wo die Geldstrafe jedoch weder uneinbringlich ist noch abgewälzt wird, hat sie im Rahmen ihres Anwendungsbereichs gegenüber der Freiheitsstrafe Vorteile, weil sie die nachteiligen Wirkungen von kurzen Freiheitsstrafen vermeidet.[72] Eine optimale Wirkung kann die Geldstrafe, wie jede andere Strafe, nur haben, wenn sie tat- und tätergerecht zugemessen wird. Sie kann bis zur Wirkungslosigkeit herabsinken, wenn sie viel zu niedrig bemessen wird, ist sie jedoch viel zu hoch und übersteigt sie die verfügbaren Mittel und Kräfte des Täters, so kann sie ruinös oder gar kriminogen wirken. Mit der Einführung des Tagessatzsystems durch das 2. StrRG (Rdn. 8) schuf der Gesetzgeber optimale gesetzliche Voraussetzungen dafür, dass der Richter bei der Gesetzesanwendung dem Grundsatz der Opfergleichheit (Rdn. 52) nahekommt, die Geldstrafe dem Leistungsvermögen der Bestraften angepasst ist und möglichst gleich wirkt.

43 **2.** So gesehen ist die **Geldstrafe nicht unsozial**.[73] Sie begünstigt nicht, wenn sie nach der Höhe des Tagessatzes richtig zugemessen ist, die Begüterten. Tut sie es im Einzelfall, so ist das ein Anzeichen dafür, dass sie den persönlichen und wirtschaftlichen Verhältnissen des Täters nicht angepasst ist. Es ist auch kein *besonderes* Problem der Geldstrafe, dass durch sie die anderen Familienmitglieder unschuldig mitbetroffen werden (s. Rdn. 29). Wird dem Ernährer einer Familie die Freiheit und damit der Arbeitsverdienst entzogen, so trifft dies die Angehörigen ungleich schwerer. Umgekehrt: nur die Geldstrafe hat die Eignung, bis zu einem gewissen Grade das Strafübel nicht voll auf die Angehörigen wirken zu lassen. Durch die Bewilligung von Ratenzahlungen (§ 42) können

---

69 BGH GA **1968** 84; BayObLG NJW **1958** 919; OLG Düsseldorf MDR **1970** 1025, 1026; OLG Hamm MDR **1975** 329; RGSt **65** 230, **77** 139; *Tiedemann* GA **1964** 358; *D. Meyer* SchlHA **1977** 111.

70 **AA** RGSt **65** 309.

71 BGHSt **3** 263; BGH bei Holtz MDR **1978** 985, 986; OLG Düsseldorf MDR **1965** 1614; BayObLGSt. **1957** 106; zweifelnd *Tiedemann* GA **1964** 359.

72 Zu den Vorteilen und Nachteilen der Geldstrafe *Albrecht* NK § 40 Rdn. 7 ff; *Jescheck/Weigend* S. 769; *Hillenkamp* Lackner-FS S. 455; *von Spiegel* Drittwirkung der Geldstrafe S. 25 ff.

73 **AA** *Wilde* Armut und Strafe S. 37 ff, 116 ff.

in bestimmtem Umfange Voraussetzungen dafür geschaffen werden, dass der Bestrafte die Geldstrafe im Wesentlichen aus ihm für den persönlichen Bedarf zur Verfügung stehenden Mitteln zu entrichten Gelegenheit bekommt.

3. Das **Strafübel der Geldstrafe** liegt im Zwang zum **Konsumverzicht auf Zeit.**[74] 44
Nicht der (zwangsweise erfolgende) Entzug von Geldmitteln ist der Kern dieses Strafübels, sondern die mittelbare Folge, das entzogene Gut für die Befriedigung seiner Bedürfnisse nicht zur Verfügung zu haben. Das setzt voraus, dass innerhalb der Volkswirtschaft für Geld etwas zu bekommen ist und dass der Verurteilte an dieser Volkswirtschaft in dem Sinne teilhat, dass ihm eigene Mittel zur Befriedigung seiner Bedürfnisse zu Gebote stehen und er seine dafür einsetzt. Das Problem der Geldstrafe kann sich daher in einer Zeit der totalen Geldentwertung oder gegenüber Obdachlosen grundsätzlich anders stellen. Will man hingegen für die heutige Praxis der Anwendung der Geldstrafen Maßstäbe gewinnen, so ist von den Bedürfnissen des Konsumenten in der modernen Wohlstandsgesellschaft auszugehen. Die Verfügbarkeit von Geld als Tausch- und Zahlungsmittel sowie als Wertaufbewahrungsmittel ist Voraussetzung der Teilhabe am Wirtschaftsleben, die durch die Geldstrafe empfindlich beeinträchtigt wird. *Dürig*[75] spricht anschaulich von „Geld als geronnener bzw. objektivierter Freiheit“. Erstreckt sich *diese* Wirkung der Geldstrafe in der Weise über einen bestimmten Zeitraum, dass der nichtvermögende, aber arbeitsfähige Verurteilte in Raten abzahlen darf (vgl. § 42), so gibt es im Hinblick auf die *zeitlich begrenzte Übelwirkung* zwischen der sonst andersartigen Freiheitsstrafe und der Geldstrafe eine deutliche Parallele (vgl. jedoch Rdn. 2).[76] Zu *Baumanns*[77] Vorschlag einer sog. Laufzeitgeldstrafe s. *Tröndle* LK[10] Rdn. 50 und unten § 42 Rdn. 5.

4. Die Geldstrafe in ihrer Anpassungsfähigkeit. Das Strafübel des Konsumver- 45
zichts kann nur dort eintreten, wo die Geldstrafe hinreichend hoch bemessen ist. „Soll die Geldstrafe die Freiheitsstrafe ersetzen, so muss sie annähernd so fühlbar sein wie diese“ (so *Pallin*).[78] Mit der Einführung des Tagessatzsystems hat der Gesetzgeber die Voraussetzungen für eine solche Wirkung der Geldstrafe geschaffen. Es ist eine sachgerechte Folge des Tagessatzsystems, dass bei Begüterten die Geldstrafen höher ausfallen als nach dem früheren Recht (BayObLG NJW **1977** 2088 m. Anm. *Frank* JR **1978** 30; zur früheren Praxis s. *Tröndle* LK[10] Rdn. 51 bis 53).

5. Die Geldstrafe ist für jeden Bestraften auch eine weitgehend **anonyme Strafe**. Sie 46
verbindet im Bewusstsein anderer Mitbürger **keinen Ehrenmakel**. Auch ist sie unbeschadet ihrer empfindlichen Auswirkung die *schonendste Strafe*.[79]

6. Außerdem ist die Geldstrafe auch ein **ökonomisches Strafmittel**, nicht etwa 47
deswegen, weil sie dem Staat etwas „einbringt“, sondern weil sie den Bestraften an seinem gewohnten Arbeitsplatz belässt, ihn damit als vollbeschäftigtes Mitglied im Wirtschaftsprozess erhält und die Arbeitskraft des Verurteilten nicht lahmlegt, sondern gera-

---

74 Hierzu *Zipf* Die Geldstrafe S. 53; *Radtke* MK Rdn. 11 f.
75 FS für Apelt (1958) S. 31, 47.
76 Vgl. hierzu *Horstkotte* Prot. V S. 2172.
77 JZ **1963** 733 und insbesondere *Baumann* Beschränkung des Lebensstandards anstatt kurzfristiger Freiheitsstrafe (1968).
78 ZStW **84** (1972) 204.
79 *Zipf* Die Geldstrafe S. 45.

de als intakt voraussetzt, damit er die Geldstrafe bezahlen kann. Dass der Staat dort, wo er Geldstrafen verhängt, insoweit beträchtliche Kosten für einen Strafvollzug spart, ist eine mittelbare, weitere begrüßenswerte Folge.[80]

48 **7.** Problematischer als bei den Vermögenden ist die richtige Anwendung der Geldstrafe bei den **besonders einkommensschwachen Tätern** (hierzu im Einzelnen § 40 Rdn. 34 bis 44). Dass gegen sie nicht allein wegen ihrer wirtschaftlichen Lage von vornherein auf Freiheitsstrafe erkannt werden darf,[81] versteht sich aus allgemeinen Gerechtigkeitsgrundsätzen von selbst. Das Nettoeinkommensprinzip (§ 40 Rdn. 25) gewährleistet die Möglichkeit, entsprechend angepasste Geldstrafen zu verhängen, wobei freilich erst durch die Bewilligung von Ratenzahlungen (§ 42), die sich je nach Lage des Falles auch auf einen längeren Zeitraum erstrecken können, Voraussetzungen geschaffen werden, dass der Verurteilte die Strafe entrichten kann. Unter solchen Voraussetzungen können auch Einkommensschwache[82] Geldstrafen erbringen, die über Kleinstbeträge hinausgehen. Dasselbe gilt bei Einkommenslosen dann, wenn sie arbeitsfähig sind und die Möglichkeit haben, die Mittel für die Bezahlung der Geldstrafe (wenn auch durch eine zusätzliche Tätigkeit) zu erarbeiten. Tun sie das nicht oder lehnen sie eine – wenn auch untergeordnete – Tätigkeit ab, so ist es angemessen und gerecht, die Ersatzfreiheitsstrafe zu vollstrecken. Es kommt auch die Abwendung der Vollstreckung der Ersatzfreiheitsstrafe durch freie Arbeit in Betracht (hierzu § 43 Rdn. 11 bis 15). In besonderen Fällen kann gar die Vollstreckung der Ersatzfreiheitsstrafe, falls eine „unbillige Härte" vorliegt, nach § 459f StPO unterbleiben (hierzu § 43 Rdn. 18).

48a **8.** Eine **Aussetzung der Vollstreckung der Geldstrafe ist gesetzlich ausgeschlossen**. Die Bundesregierung hat im Jahre 1986 ausführlich begründet, weshalb sie eine solche Aussetzungsmöglichkeit abgelehnt hat.[83] Dabei sollte es bleiben. Hierfür stehen folgende Gesichtspunkte: Ein Verlust der spezialpräventiven Wirkung der Geldstrafe wäre im Falle ihrer Vollstreckungsaussetzung zu besorgen. Die Kriterien für die Aussetzung könnten jedenfalls nicht in Deckung mit den Voraussetzungen des § 56 bestimmt werden. Es würden sich unauflösbare Spannungen zum Ordnungswidrigkeitenrecht ergeben. Eine Zunahme der Verhängung ausgesetzter Freiheitsstrafen – mit einem entsprechenden Anteil von Widerrufsfällen – wäre als Ausweichreaktion zu erwarten.[84] Zudem wäre die gerichtliche Bewährungsüberwachung von den Gerichten nicht zu leisten, wenn die Vollstreckung auch nur der Hälfte aller verhängten Geldstrafen, also etwa 350000 pro Jahr, zur Bewährung ausgesetzt würde.[85] Schließlich ist auch die Berücksichtigung des fiskalischen Aspektes zulässig und sogar geboten.[86] Im Bereich der Ordnungswidrigkeiten, namentlich der Verkehrsordnungswidrigkeiten, wird in der öffentlichen Diskussion das fiskalische Argument blank benutzt. Gleichwohl wurde in der krimi-

---

80 So *Zipf* Die Geldstrafe S. 46 f.

81 OLG Düsseldorf MDR **1970** 1025.

82 Hierzu schon *Tröndle* MDR **1972** 465, ZStW **86** (1974) 557, ÖJZ **1975** 593.

83 BTDrucks. 10/5824 S. 4 f; Bericht über die durch die Bundesregierung dem Rechtsausschuß des Deutschen Bundestages hierzu gegebenen Erläuterungen in ZRP **1988** 111f; vgl. zum damaligen Gesetzgebungsverfahren auch Prot. V S. 903 f; Bericht des Sonderausschusses für die Strafrechtsreform BTDrucks. V/4094 S. 10 f und V/4095 S. 24.

84 *Schöch* Gutachten für den 59. DJT 1992 C 1, 84; vgl. auch *Mitsch* JA **1993** 304, 305; *Weigend* GA **1992** 345, 355.

85 *Kintzi* DRiZ **2001** 198, 203; vgl. auch Große Strafrechtskommission des Deutschen Richterbundes, Gutachten „Die Geldstrafe" (1998) S. 37 ff, 43.

86 BTDrucks. 14/6371 S. 1.

nalpolitischen Diskussion vorgeschlagen, die Aussetzung der Vollstreckung der Geldstrafe – oder (nach österreichischem Vorbild) eines Teils von ihr, auch in Verbindung mit Auflagen und Weisungen – zu ermöglichen.[87]

In eingeschränkter Weise übernimmt die Verwarnung mit Strafvorbehalt nach § 59 die Funktion einer Geldstrafe, deren Vollstreckung zur Bewährung ausgesetzt wäre. Dies gilt freilich nur im Rahmen einer „verwirkten" Geldstrafe bis zu 180 Tagessätzen und unter den weiteren Voraussetzungen des § 59 Abs. 1 und 2. Gleichwohl ermöglicht diese Sanktion eine angemessene Reaktion insbesondere in denjenigen Fällen, in denen eine strafrechtliche Sanktion angesichts des objektiven Gewichts des Normverstoßes aus generalpräventiven Gründen unerlässlich ist, die Strafnotwendigkeit gleichwohl wegen Gründen in der Person des Täters und seiner Schuld gering wiegt (wie beispielsweise im Fall BGHSt **46** 279, 290; vgl. auch Große Strafrechtskommission des Deutschen Richterbundes, Gutachten „Die Geldstrafe", 1998, S. 64f). Zur Frage der Aussetzung der Vollstreckung einer (Rest-)Ersatzfreiheitsstrafe s. § 43 Rdn. 4. **48b**

VII. Geldstrafe dient nicht der Abschöpfung des Tatgewinns

Die **Geldstrafe**, allein an Schwere von Unrecht und Schuld orientiert, **dient nicht der Abschöpfung des Tatgewinns**,[88] schon gar nicht der Vermögenskonfiskation.[89] Deshalb ist auch eine Erhöhung der Geldstrafe allein aus Gründen der Gewinnabschöpfung (anders als nach § 27b a.F.) nicht zulässig. Für eine Gewinnabschöpfung ist vielmehr grundsätzlich das 2017 neu geregelte Institut der Einziehung nach §§ 73ff vorgesehen.[90] Indes ergeben sich aus den Kriterien für die Bemessung der beiden Faktoren einer Geldstrafe Regeln, die als Ausnahmen von dem genannten Grundsatz erscheinen mögen, jedoch lediglich Folgerungen aus den allgemeinen Strafzumessungsgrundsätzen sind: So ist die Höhe des aus einer Straftat gezogenen Vorteils allgemein ein tauglicher Strafzumessungsgrund, der auch bei der Bestimmung der Anzahl der Tagessätze zu berücksichtigen ist (BGHR StGB § 41 Geldstrafe 1). Auch kann ein durch die Tat erlangter Gewinn im Rahmen der Bestimmung der Tagessatzhöhe Berücksichtigung finden, wenn sich durch den Tatgewinn die wirtschaftliche Belastbarkeit des Täters erhöht (BGH NJW **1976** 634; s. auch § 41 Rdn. 20). **49**

Die Abführung des Mehrerlöses nach § 8 WiStG[91] steht zur Geldstrafe im gleichen Verhältnis wie die Einziehung; denn nach § 8 Abs. 4 Satz 1 WiStG tritt die Abführung des Mehrerlöses an die Stelle des Verfalls in allen seinen Erscheinungsformen und Wirkungen.[92] **49a**

VIII. Die Zumessung der Geldstrafe

1. Seit der Einführung des Tagessatzsystems gelten für die Strafzumessung bei der Geldstrafe besondere Grundsätze. Die Strafzumessung teilt sich stets in **– zumindest – zwei Phasen** auf **(Zweiaktigkeit des Strafzumessungsvorgangs)**. In der *ersten Phase* wird die *Anzahl der Tagessätze* nach dem *Unrechts- und Schuldgehalt* der Tat festgesetzt, **50**

---

87 *H.J. Hirsch* ZStW **102** (1990) 534, 551; *Weber* Schröder-FS S. 175, 177; *Zipf* FS Jescheck 977, 984 ff und Göppinger-FS S. 463, 466 ff (hier ausführlich zum österreichischen Recht); SPD-Entwurf zur Reform des strafrechtlichen Sanktionensystems (BTDrucks. 13/4462) § 40a.
88 *Fischer* § 73 Rdn. 2.
89 OLG Hamm NJW **1968** 2255, 2256; BayObLG NJW **1987** 2029, *Sch/Schröder/Kinzig* Rdn. 12; Zipf ZStW **77** (1965) 526, 543; Prot. VII S. 645.
90 Zur Neuregelung der Rechts der Vermögensabschöpfung *Köhler* NStZ **2017** 497 ff, 665 ff.
91 Schönfelder Nr. 88.
92 *Radtke* MK § 40 Rdn. 111.

in der *zweiten Phase* die *Höhe der Tagessätze* nach den *persönlichen und wirtschaftlichen Verhältnissen des Täters* (BGHSt **27** 70, 72f; **34** 90, 92).[93] Ist ihm nicht zuzumuten, die gesamte Geldstrafe sofort zu zahlen, schließt sich eine **dritte Phase** an, in der bestimmt wird, ob dem Verurteilten eine Zahlungsfrist bewilligt oder ihm gestattet wird, die Strafe in bestimmten Teilbeträgen zu zahlen (§ 42). *Schäfer/Sander/van Gemmeren* (Strafzumessung Rdn. 105ff) sprechen deshalb grundsätzlich von einer Straffestsetzung in drei Schritten. Diese drei Phasen sind grundsätzlich auseinanderzuhalten, da nur auf diese Weise sich das Tagessatzsystem in seinem Sinn und seiner Wirkweise voll entfalten kann (näher zu alledem § 40 Rdn. 2ff, 13ff, § 42 Rdn. 1).

51 **2.** Bei der – grundlegenden – **ersten Phase** geht es um die **Strafzumessung im engeren Sinne.** Für die Anzahl der Tagessätze kommt es daher auf die Tatschwere und den Schuldgehalt an, ferner sind die präventiven Strafzwecke zu berücksichtigen. In dieser Phase sind die *allgemeinen Strafzumessungsregeln des § 46 maßgebend.*[94] Allerdings führt die Zweiaktigkeit des Strafzumessungsvorgangs dazu, dass die in der allgemeinen Norm des § 46 Abs. 2 mitaufgeführten und bei der Strafzumessung in Betracht zu ziehenden **„persönlichen und wirtschaftlichen Verhältnisse"** grundsätzlich erst in die zweite Phase (Rdn. 52) des Strafzumessungsvorgangs gehören (vgl. BGH NJW **1976** 634), wo sie für die Bemessung der Tagessatzhöhe die bestimmenden Faktoren liefern. Freilich können unter bestimmten Voraussetzungen auch die „persönlichen und wirtschaftlichen Verhältnisse" bereits auf die Festsetzung der *Anzahl* der Tagessätze Einfluss nehmen. So ist z.B. auf die Frage der *Strafempfindlichkeit* und der *Strafempfänglichkeit,*[95] die zu den „persönlichen Verhältnissen" zählt, bereits in der ersten Phase Bedacht zunehmen. Denn Geldstrafen können ebenso wie Freiheitsstrafen in ihrer Übelswirkung beim einzelnen Täter recht unterschiedlich empfunden werden (Strafempfindlichkeit). Ebenso können die Wirkungen verschieden sein, die die Geldstrafe für das künftige Verhalten des einzelnen Täters zeitigt (Strafempfänglichkeit). Hieraus folgt, dass auch unter spezialpräventiven Gesichtspunkten (hierzu weiter § 40 Rdn. 6f) und nicht nur zufolge ihrer Schuldrelevanz „persönliche Verhältnisse" (z.B. Beruf, Gesundheit, Wohnungsverhältnisse, Familienstand u.ä.) bereits in der ersten Phase der Festsetzung der Tagessatzanzahl Berücksichtigung finden. Aber auch die „wirtschaftlichen Verhältnisse" gehören nach allgemeiner Ansicht[96] ausnahmsweise dann in die erste Phase des Strafzumessungsvorgangs, wenn sie unmittelbar schon für das Maß von Unrecht und Schuld besondere Bedeutung haben, etwa beim Diebstahl aus Not oder einem Meineid aus wirtschaftlicher Bedrängnis. Ferner kann unter Umständen auch die wirtschaftliche Situation des Täters im Urteilszeitpunkt für die Präventionsbedürftigkeit des Täters von Einfluss sein.[97] Diese partiellen Wirkungen der persönlichen und wirtschaftlichen Verhältnisse auf die Bemessung der Zahl der Tagessätze können auch für die Frage der Zulässigkeit einer Teilanfechtung des Strafausspruchs Bedeutung haben (s. § 40 Rdn. 78 bis 80).

52 **3.** In der **zweiten Phase** des Strafzumessungsvorgangs bestimmt sich die *Höhe des Tagessatzes* nach den *„persönlichen und wirtschaftlichen Verhältnissen des Täters"* (§ 40

---

93 *Fischer* § 40 Rdn. 4; *Horn* SK § 40 Rdn. 3 ff; *Lackner/Kühl/Kühl* § 40 Rdn. 3; *Sch/Schröder/Kinzig* § 40 Rdn. 1; *Maurach/Gössel/Zipf/Dölling* S. 717 ff.

94 BGHSt **27** 70, 72; auch BGHSt **26** 325; BayObLG JZ **1975** 538; OLG Koblenz NJW **1976** 1276; *Fischer* § 40 Rdn. 5; *Lackner/Kühl/Kühl* § 40 Rdn. 5; *Sch/Schröder/Kinzig* § 40 Rdn. 4; *Maurach/Gössel/Zipf/Dölling* S. 718; *Schäfer/Sander/van Gemmeren* Strafzumessung Rdn. 108.

95 Zu diesen Begriffen *Bruns/Güntge* Strafzumessungsrecht[2] S. 497 f.

96 Vgl. etwa *Sch/Schröder/Kinzig* § 40 Rdn. 4; *Fischer* § 40 Rdn. 5; *Radtke* MK § 40 Rdn. 31.4.

97 OLG Koblenz NJW **1976** 1276.

Abs. 2 S. 1). Sie sind bei diesem Strafzumessungsakt der ausschlaggebende Faktor (hierzu im Einzelnen § 40 Rdn. 13ff). Ihre sachgerechte und gleichmäßige Berücksichtigung schafft die Voraussetzungen dafür, dass bei der Bemessung der Geldstrafe der **„Grundsatz der Opfergleichheit"** (vgl. BGHSt **27** 70, 72f; **28** 360, 363)[98] gewahrt wird. Um dieses Zieles willen hat der Gesetzgeber das Tagessatzsystem eingeführt. Es wird nur dann erreicht, wenn die Zweiaktigkeit des Strafzumessungsvorgangs beachtet wird, bei der Festsetzung der Geldstrafe die beiden Phasen auseinandergehalten werden und zunächst nach den allgemeinen Grundsätzen die Anzahl der Tagessätze und erst hernach deren Höhe nach den persönlichen und wirtschaftlichen Verhältnisse festgesetzt wird. Würde dieses Verfahren nicht eingehalten und etwa die Endsumme vorweg festgelegt und erst hinterher in Tagessätze zerlegt, wäre die ganze Geldstrafenreform eine Totgeburt, die den Aufwand nicht lohnt.[99] Allerdings hindert das Gebot des getrennten und sukzessiven Festsetzens der Anzahl der Tagessätze und deren Höhe den Richter nicht, das Ganze der Strafzumessung im Blickfeld zu behalten. Dazu ruft ihn das Gesetz in § 46 Abs. 1 S. 2, der auch für die Geldstrafenbemessung gilt, ausdrücklich auf, wo es heißt, dass die Wirkungen, die von der Strafe für das künftige Leben des Täters in der Gesellschaft zu erwarten sind, zu berücksichtigen sind. Eine weitere gesetzliche Ausprägung dieses Gedankens ist § 42, wonach dem Angeklagten – in einer dem zweiaktigen Strafzumessungsvorgang nachfolgenden dritten Phase (Rdn. 53) – Zahlungserleichterungen dann zu gewähren sind, wenn er zur sofortigen Zahlung der Geldstrafe außerstande ist. Das Gebot an den Richter, die Strafwirkungen im Ganzen im Auge zu behalten, umfasst auch die Verpflichtung, auf alle Auswirkungen einer *hohen* Anzahl von Tagessätzen Bedacht zu nehmen: In diesen Fällen summiert sich nämlich die Strafwirkung nicht nur, sondern sie steigert sich progressiv mit der Tagessatzanzahl. Unter der Herrschaft des Nettoeinkommensprinzips (§ 40 Rdn. 25) gilt dies in besonderem Maße. Es ist daher in diesen Fällen der zunehmenden Bedrückung des Angeklagten durch eine Verringerung der Höhe des Tagessatzes Rechnung zu tragen (BGHSt **26** 325, 331)[100] und nicht etwa durch eine Senkung der Tagessatzanzahl. Denn seiner Pflicht, die Geldstrafe für den Angeklagten im Rahmen des wirtschaftlich Tragbaren zu halten,[101] kann innerhalb des Tagessatzsystems der Richter nur bei der Bemessung der Höhe des Tagessatzes nachkommen und nicht bei der Festsetzung der Anzahl der Tagessätze: Haben doch in diesem Zusammenhang die wirtschaftlichen Verhältnisse regelmäßig außer Betracht zu bleiben (Rdn. 51), da sonst die *Anzahl* der Tagessätze ihren unrechts- und schuldindizierenden Charakter verlöre und für die (nach § 43 der Tagessatzanzahl entsprechenden) Ersatzfreiheitsstrafe die *wirtschaftlichen* Verhältnisse des Verurteilten Einfluss gewännen, was schon nach altem Recht (vgl etwa BGHSt **16** 300, 304) unzulässig war. (Zur Bedeutung der möglichen Wechselwirkung zwischen den Strafzumessungsphasen für die Frage der Zulässigkeit einer Teilanfechtung des Strafausspruchs s. § 40 Rdn. 78 bis 80).

4. Als eine **dritte Phase** innerhalb der Geldstrafenbemessung schließt sich in den Fällen, in denen der Angeklagte die Geldstrafe nicht sofort zahlen kann, die Entscheidung darüber an, dass ihm eine Zahlungsfrist bewilligt oder ihm gestattet wird, die Geld- **53**

98 *Fischer* § 40 Rdn. 6; *Albrecht* NK § 40 Rdn. 18; *Eisenberg/Kölbel* Kriminologie § 33 Rdn. 2; *Jescheck/Weigend* S. 770; *Maurach/Gössel/Zipf/Dölling* S. 718; *Brandis* Geldstrafe und Nettoeinkommen S. 3 f; *Grebing* JZ **1976** 745; *von Selle* Gerechte Geldstrafe S. 36 ff; *Schäfer/Sander/van Gemmeren* Strafzumessung Rdn. 106; *Zipf* ZStW **77** (1965) 526, 529.
99 So *Zipf* Die Geldstrafe S. 41; *Lackner/Kühl/Kühl* § 40 Rdn. 3.
100 Siehe hierzu § 40 Rdn. 60.
101 So schon RG JW **1931** 2432 m. Anm. *Radbruch*.

strafe in Teilbeträgen zu zahlen (§ 42). Die Gewährung solcher **Zahlungserleichterungen** ist, falls die Voraussetzungen vorliegen, gesetzlich geboten und praktisch die Regel, wenn die Anzahl der Tagessätze etwa 30 Tage überschreitet und/oder der (vermögenslose) Angeklagte den Geldbetrag aus seinen laufenden Einkünften nicht aufzubringen vermag. Die sachgerechte Bewilligung und Festsetzung von Ratenzahlungen ist eine unabdingbare Voraussetzung dafür, dass ein auf dem Nettoeinkommensprinzip (§ 40 Rdn. 25) beruhendes Tagessatzsystem, das bis zu 360 (ausnahmsweise 720) Tagessätzen reicht, praktisch überhaupt funktioniert (hierzu § 42 Rdn. 1).

IX. Währungsrechtliche Fragen

54 **1. Geldentwertungen und Währungsumstellungen** haben in früherer Zeit für die Auslegung der Geldstrafendrohungen und für die Bemessung von Geldstrafen besondere Fragen aufgeworfen. Grundsätzlich würde sich das Tagessatzsystem im Falle eines Währungsverfalls als flexibler denn die alte Geldstrafenregelung erweisen, da ihm mit dem Nettoeinkommensprinzip (§ 40 Rdn. 25) von vornherein ein Korrektiv immanent ist.

2. Zur Umstellung von DM auf Euro vgl. Vorauflage Rdnr. 55 bis 59

60 **3.** Zu **früheren währungsrechtlichen Veränderungen**, namentlich zur Inflation nach dem ersten Weltkrieg und zur Währungsreform im Jahre 1948 s. *Tröndle* LK 9. Aufl. vor § 27 Rdn. 65f, zur letzteren auch *Tröndle* LK[10] vor § 40 Rdn. 33. Zum Recht des Einigungsvertrages s. Vorauflage Rdn. 64.

X. Geldstrafe fließt in die Staatskasse

61 Die Geldstrafe sowie andere auf Geldleistung gerichtete Sanktionen außerhalb des Kriminalrechts (vor § 38 Rdn. 86), die von Justizbehörden ausgesprochen werden, fließen in die **Staatskasse**. Das folgt aus § 2 des G vom 24. Januar 1935 (RGBl. I S. 68), § 1 der VO vom 3. September 1936 (RGBl. I S. 715; zu diesen Vorschriften und weiteren früheren Regelungen *Tröndle* LK[10] Rdn. 66). Staatskasse ist, nachdem die Justizhoheit wieder den Ländern zusteht, die jeweilige *Landeskasse*; sofern Bundesgerichte erkannt haben oder im ersten Rechtszug in Ausübung von Gerichtsbarkeit des Bundes entschieden worden ist (Art. 96 Abs. 5 GG, § 120 Abs. 6, § 142a GVG), die *Bundeskasse*. Die Zahlung geht an die für den Sitz der Vollstreckungsbehörde zuständige Kasse (§ 5 Abs. 1 Satz 2 EBAO).[102] **Vollstreckungsbehörde** ist die Staatsanwaltschaft beim Landgericht, soweit nichts anderes bestimmt ist, der Generalbundesanwalt beim BGH, wenn im ersten Rechtszug in Ausübung von Gerichtsbarkeit des Bundes entschieden worden ist (Art. 96 Abs. 5 GG, § 120 Abs. 6, § 142a GVG), die Staatsanwaltschaft beim Oberlandesgericht in den übrigen Fällen, wenn dieses im ersten Rechtszug entschieden hat (§ 2 EBAO; § 4 StVollstrO;[103] vgl. hierzu *Bringewat* Strafvollstreckung Einl. Rdn. 31 und § 451 Rdn. 1ff; zum früheren Recht *Tröndle* LK[10] Rdn. 36 Fn. 91). Schließlich tritt im Jugendstrafrecht gem. § 82 Abs. 1 Satz 1 JGG an die Stelle der Staatsanwaltschaft als Vollstreckungsbehörde der Jugendrichter als Vollstreckungsleiter (dazu *Brunner/Dölling* JGG § 82 Rdn. 1f; *Bringewat* Strafvollstreckung Einl. Rdn. 33).

102 S. Fn. 32b.
103 S. Fn. 32.

XI. Steuerrechtliche Behandlung der Geldstrafe

Nach dem **Steuerrecht** (§ 12 Nr. 4 EStG; vgl. auch § 4 Abs. 5 Satz 1 Nr. 8 EStG zu Geldbußen, Ordnungsgeldern und Verwarnungsgeldern) dürfen Geldstrafen, sonstige Rechtsfolgen vermögensrechtlicher Art, bei denen der Strafcharakter überwiegt, und Leistungen zur Erfüllung von Auflagen oder Weisungen, soweit die Auflagen oder Weisungen nicht lediglich der Wiedergutmachung des durch die Tat verursachten Schadens dienen, weder bei den einzelnen Einkunftsarten noch vom Gesamtbetrag der Einkünfte abgezogen werden. Dies gilt grundsätzlich auch für im Ausland verhängte Geldstrafen, nicht jedoch dann, wenn die im Ausland verhängte Geldstrafe wesentlichen Grundsätzen der deutschen Rechtsordnung (ordre public) widerspricht (BFH NJW **1992** 1846). Die dem früheren Recht eigene Abzugsfähigkeit ist durch das Gesetz zur Änderung des EStG und des KStG vom 25. Juli 1984 (BGBl. I S. 1006) beseitigt worden. Darin enthaltene Einzelregelungen verstoßen nicht gegen das Rückwirkungsverbot (BVerfGE **81** 228; BFH BStBl. II **1986** 518 und 845).[104] Zum Verhältnis zwischen Geldstrafe und Steuerrecht im Übrigen s. § 40 Rdn. 58 a.E. und Rdn. 75. 62

XII. Geltung der §§ 40ff für sonstige Strafvorschriften des Bundes- und des Landesrechts

Die Geldstrafenregelung ist nicht nur für die Straftatbestände des StGB maßgebend, sondern für alle Strafvorschriften des Bundes- und des Landesrechts. Das EGStGB hat in seinen Art. 12 und 290 generell Anpassungsvorschriften geschaffen, obwohl die weitaus meisten Strafdrohungen des Bundesrechts außerhalb des StGB im EGStGB einzelangepasst worden sind. 63

Art. 12 EGStGB, der an die Stelle des durch Art. 18 Abs. 3 EGStGB aufgehobenen Art. 2 des 2. StrRG getreten ist, lautet:

Geldstrafdrohungen

(1) Droht das Gesetz neben Freiheitsstrafe ohne besonderes Mindestmaß wahlweise keine Geldstrafe an, so tritt neben die Freiheitsstrafe die wahlweise Androhung der Geldstrafe. Dies gilt auch, wenn die Androhung des besonderen Mindestmaßes der Freiheitsstrafe nach Artikel 11 entfällt.

(2) An die Stelle einer neben Freiheitsstrafe wahlweise angedrohten Geldstrafe von unbeschränkter Höhe oder mit einem besonderen Höchstmaß oder mit einem Höchstmaß, das in dem Mehrfachen, Einfachen oder Bruchteil eines bestimmten Betrages besteht, tritt Geldstrafe mit dem gesetzlichen Höchstmaß (§ 40 Abs. 1 Satz 2, Abs. 2 Satz 3 des Strafgesetzbuches), soweit Abs. 4 nichts anderes bestimmt.

(3) Ist Geldstrafe neben Freiheitsstrafe vorgeschrieben oder zugelassen, so entfällt diese Androhung.

(4) Droht das Gesetz Freiheitsstrafe bis zu sechs Monaten an, so beträgt das Höchstmaß einer wahlweise angedrohten Geldstrafe einhundertachtzig Tagessätze. Dies gilt auch, wenn sich die wahlweise Androhung der Geldstrafe aus Abs. 1 ergibt.

Absatz 1 dehnt die Möglichkeit, unmittelbar auf Geldstrafe zu erkennen, ohne dass auf § 47 Abs. 2 zurückgegriffen werden müsste, auch auf das Nebenstrafrecht in allen Fällen aus, in denen Freiheitsstrafe ohne besonderes Mindestmaß angedroht ist.

104 Zu alledem *Klein/Ratschow* AO 12. Aufl. 2014 § 40 Rdn. 9; *Schmidt/Heinicke* EStG 36. Aufl. 2017 § 4 Rdn. 520 sub Strafen/Geldbußen und *Schmidt/Drenseck* § 12 Rdn. 51; *Lang* StuW **1985** 10; *Tanzer* wistra **1984** 159.

Absatz 2 stellt veraltete Geldstrafdrohungen mit unbeschränktem oder mit besonderem Höchstmaß und sogenannte Multiplarstrafdrohungen, soweit sie ganz ausnahmsweise noch in Geltung waren (vgl. hierzu Tröndle LK[9] § 27 Rdn. 7) auf das Tagessatzsystem um.

Mit Absatz 3 wird sichergestellt, dass auch im Nebenstrafrecht und im Landesrecht auf Geldstrafe neben Freiheitsstrafe nur noch unter den Voraussetzungen des § 41 erkannt werden kann.

Absatz 4 verhindert, dass dort, wo Freiheitsstrafe lediglich mit einem Höchstmaß von sechs Monaten angedroht ist, die wahlweise (vgl. Absatz 1) angedrohte Geldstrafe (und damit auch die Ersatzfreiheitsstrafe) die in erster Linie angedrohte Freiheitsstrafe überschreitet.

Der die Anpassung des Landesrechts regelnde **Art. 290 EGStGB** lautet:

Geldstrafdrohungen

(1) Auf Geldstrafe kann auch dann erkannt werden, wenn das Gesetz neben Freiheitsstrafe wahlweise keine Geldstrafe androht.

(2) Droht das Gesetz neben Freiheitsstrafe mit einem Höchstmaß von mehr als sechs Monaten wahlweise Geldstrafe von unbeschränkter Höhe oder mit einem besonderen Höchstmaß oder mit einem Höchstmaß an, das in dem Mehrfachen, Einfachen oder Bruchteil eines bestimmten Betrages besteht, so kann auf Geldstrafe bis zum gesetzlichen Höchstmaß erkannt werden. Beträgt das Höchstmaß der wahlweise angedrohten Freiheitsstrafe nur sechs Monate, so kann auf Geldstrafe bis zu einhundertachtzig Tagessätzen erkannt werden.

(3) Vorschriften sind nicht mehr anzuwenden, soweit sie Geldstrafe neben Freiheitsstrafe vorschreiben oder zulassen.

Diese Vorschrift entspricht im sachlichen Inhalt weitgehend dem eben erläuterten Art. 12 EGStGB. Die abweichende Fassung hängt, wie die Begründung der Vorschrift ergibt, im wesentlichen damit zusammen, dass der Bundesgesetzgeber nicht in den Wortlaut der Vorschriften des Landesrechts eingreifen wollte. Er gibt daher Anwendungshinweise.

Absatz 1 entspricht in der Sache Art. 12 Abs. 1 EGStGB. Von „Freiheitsstrafe" schlechthin konnte gesprochen werden, weil im Landesrecht die Androhung eines besonderen Mindestmaßes bei der Freiheitsstrafe weggefallen ist (Art. 3 Abs. 2 Nr. 2 EGStGB).

Absatz 2 entspricht in der Sache Art. 12 Abs. 2 und 4 EGStGB.

Absatz 3 enthält dieselbe Regelung wie Art. 12 Abs. 3 EGStGB. Dass kumulative Geldstrafendrohungen nicht mehr zulässig sind, folgt aus Art. 289 i.V.m. Art. 3 EGStGB.

Art. 290 EGStGB ist im Gebiet der ehemaligen DDR nicht anzuwenden (Einigungsvertrag vom 31. August 1990 Anlage I Kap. III Sachgebiet C Abschnitt III Nr. 2, BGBl. II 889, 957).

XIII. Europaweite Vollstreckung von Geldstrafen

64 Mit dem am 28. Oktober 2010 in Kraft getretenen Gesetz zur europaweiten Vollstreckung von Geldstrafen und Geldbußen,[105] mit dem 2005/214/JI des Rates umgesetzt hat, können Geldstrafen und Geldbußen EU-weit grenzüberschreitend vollstreckt werden. Mit der Schaffung eines eigenständigen rechtshilferechtlichen Verfahrens ist damit sowohl die Vollstreckung ausländischer Geldstrafen und Geldbußen in Deutschland wie

105 BGBl. I S. 1408.

auch die Vollstreckung der von deutschen Gerichten verhängten Geldstrafen im EU-Ausland möglich.[106] Der Umstand, dass bis zum 31. Dezember 2017 bereits 60.295 Ersuchen beim zuständigen Bundesamt für Justiz eingegangen und 37.190 ausgehende Ersuchen gestellt wurden, belegt, dass es sich um ein wirksames Instrumentarium handelt.[107]

XIV. Strafverfolgungsstatistische Hinweise zur Geldstrafe

Nach der jüngsten verfügbaren Verurteilungsstatistik[108] wurden im Jahr 2016 568 314 Geldstrafen verhängt. Dabei sind 84,1 aller verhängten Hauptstrafen Geldstrafen (s. die Tabelle zur Häufigkeit der Anwendung der einzelnen Sanktionen vor § 38 Rdn. 62). Von diesen Geldstrafen entfallen ca. ein Viertel auf Straftaten im Straßenverkehr und ca. drei Viertel auf alle übrigen Delikte. 65

Dabei wurde die **Tagessatzzahl** in folgender Fallhäufigkeit verhängt:

5 bis 15	16 bis 30	31 bis 90	91 bis 180	181 bis 360	361 und mehr Tagessätze
54688	198147	271347	40624	3248	260

Die **Tagessatzhöhe** betrug mehr als ... bis ... € in folgender Fallzahl:

Bei fünf bis 15 Tagessätzen

bis 5	5 bis 10	10 bis 25	25 bis 50	mehr als 50 €
1238	17824	20839	13801	986

bei 16 bis 30 Tagessätzen

bis 5	5 bis 10	10 bis 25	25 bis 50	mehr als 50 €
3432	53084	74060	62102	5469

bei 31 bis 90 Tagessätzen

bis 5	5 bis 10	10 bis 25	25 bis 50	mehr als 50 €
5557	78168	100547	78540	8535

bei 91 bis 180 Tagessätzen

bis 5	5 bis 10	10 bis 25	25 bis 50	mehr als 50 €
1410	13798	15099	9259	1058

bei 181 bis 360 Tagessätzen

bis 5	5 bis 10	10 bis 25	25 bis 50	mehr als 50 €
82	782	1108	885	391

Dieses Material weist zunächst eine massive Konzentration der verhängten Tagessatzzahl auf die Bereiche von 16 bis 30 Tagessätzen (ca. 34% aller verhängten Geldstrafen) und von 31 bis 90 Tagessätzen (ca. 47% aller verhängten Geldstrafen, zusammen ca. 81%) aus. Bei der Relation von Tagessatzzahl und Tagessatzhöhe ist im Mittelfeld eine Gleichförmigkeit derart festzustellen, dass durchgängig – also unabhängig von der Tagessatzzahl – Tagessätze in der Höhe von mehr als 10 bis 25 € deutlich häufiger verhängt wurden als solche von mehr als 5 bis 10 €. Bei einer Tagessatzzahl von 16 bis 90 ergibt sich eine relative Gewichtung zugunsten einer Tagessatzhöhe von mehr als 10 bis 50 €. Die unteren und oberen Ex- 65a

---

106 *Karitzky/Wannek* NJW **2010** 339.
107 *Brahms/Wurzel/Häussermann* NStZ **2018** 193.
108 Statistisches Bundesamt, Rechtspflege Fachserie 10, Reihe 3 Strafverfolgung 2016 (2018).

treme sind statistisch unauffällig. Soweit aus alledem Schlüsse gezogen werden können, ergeben sich jedenfalls keine Einwände gegen das Funktionieren des Tagessatzsystems.

65b Den historischen Siegeszug der Geldstrafe gegen die Freiheitsstrafe seit dem Jahr 1882 weisen *Heinz*[109] und *Stapenhorst*[110] umfassend statistisch nach. Zur schlagartigen Wirkung der Strafrechtsreformgesetze 1969/1970 s. *Tröndle* LK[10] Rdn. 29f. Die Strafzumessungspraxis und die Vollstreckungspraxis wurden empirisch dargestellt von *Albrecht*,[111] *Fleischer*[112] und *Janssen*.[113] Weitere statistische Einzelheiten zur Geldstrafe finden sich bei *Eisenberg/Kölbel* Kriminologie § 33 Rdn. 4ff. Zu Daten betreffend die Vollstreckung von Ersatzfreiheitsstrafen s. unten § 43 Rdn. 2.

§ 40
Verhängung in Tagessätzen

(1) [1]Die Geldstrafe wird in Tagessätzen verhängt. [2]Sie beträgt mindestens fünf und, wenn das Gesetz nichts anderes bestimmt, höchstens dreihundertsechzig volle Tagessätze.

(2) [1]Die Höhe eines Tagessatzes bestimmt das Gericht unter Berücksichtigung der persönlichen und wirtschaftlichen Verhältnisse des Täters. [2]Dabei geht es in der Regel von dem Nettoeinkommen aus, das der Täter durchschnittlich an einem Tag hat oder haben könnte. [3]Ein Tagessatz wird auf mindestens einen und höchstens dreißigtausend Euro festgesetzt.

(3) Die Einkünfte des Täters, sein Vermögen und andere Grundlagen für die Bemessung eines Tagessatzes können geschätzt werden.

(4) In der Entscheidung werden Zahl und Höhe der Tagessätze angegeben.

Schrifttum

Vgl. Vor § 40.

Entstehungsgeschichte

Die Vorschrift des § 40 trat am 1. Januar 1975 in Kraft. Sie erhielt die geltende Fassung erst durch Art. 18 Nr. 8 des EGStGB vom 2. März 1974 (BGBl. I S. 469), der den (nie in Kraft getretenen) Abs. 2 des § 40 in der ursprünglichen Fassung des 2. StrRG vom 4. Juli 1969 (BGBl. I S. 717) wesentlich geändert hat (vor § 40 Rdn. 8). Durch das 42. StÄG vom 29. Juni 2009 (BGBl. I 1658) wurde der Höchstbetrag des Tagessatzes in Abs. 2 S. 3 angehoben.

Die Vorgängervorschrift des geltenden § 40 ist § 27 (a.F.). Die Ursprungsfassung des § 27 RStGB wurde durch die VO über Vermögensstrafen und Bußen (GeldstrVO) vom 6. Februar 1924 (RGBl. I S. 44) geändert. Weitere Änderungen erfuhr § 27 (a.F.) durch das 3. StRÄndG vom 4. August 1953 (BGBl. I S. 735), das 2. StraßVerkSichG vom 26. November 1964 (BGBl. I S. 921) und das EGOWiG vom 24. Mai 1968 (BGBl. I S. 503). Hinsichtlich des sachlichen Inhalts dieser Gesetzesänderungen wird auf Rdn. 5f vor § 40 verwiesen.

---

109 *Heinz* Entwicklung, Stand und Struktur der Strafzumessungspraxis – Eine Übersicht über die nach allgemeinem Strafrecht verhängten Hauptstrafen von 1882 bis 1979, MschrKrim **1981** 148.
110 *Stapenhorst* Die Entwicklung des Verhältnisses von Geldstrafe zu Freiheitsstrafe seit 1882 (1993).
111 *Albrecht* Strafzumessung und Vollstreckung bei Geldstrafen, 1980.
112 *Fleischer* Die Strafzumessung bei Geldstrafen, Diss. Gießen 1983.
113 *Janssen* Die Praxis der Geldstrafenvollstreckung, 1994.

https://doi.org/10.1515/9783110300499-005

Gesetzesmaterialien

§§ 51 bis 55 E 1962, Begr. S. 169; Niederschriften der GrStrafRKomm. Bd. I S. 155, 173, 211, 375; Bd. IV S. 243ff, 250ff, 352. §§ 49ff AE (Laufzeitgeldstrafe). 2. Schriftlicher Bericht BTDrucks. V/4095 S. 20; Prot. V S. 9, 259ff, 561, 579, 639, 844, 2035, 2048, 2171ff, 2194, 2619. Schriftl. Bericht BTDrucks. 7/1261 S. 4; Prot. VII S. 632, 644, 645; BTDrucks. 16/12143, 16/11606; BRDrucks. 158/08.

Übersicht

I. Allgemeines

1 Die Vorschrift verwirklicht das Tagessatzsystem, das das Verfahren bei der Festsetzung der Geldstrafe seit dem 1. Januar 1975 grundlegend geändert (vor § 40 Rdn. 8) und in zwei Phasen (vor § 40 Rdn. 50) aufgeteilt hat. Absatz 1 liefert die Grundnormen für die erste Phase (unten Rdn. 2ff), in der die Anzahl der Tagessätze nach dem Unrechts- und Schuldgehalt festgesetzt wird; Absätze 2 und 3 regeln, wie in der zweiten Phase die Höhe der Tagessätze bestimmt wird (Rdn. 13ff); Absatz 4 gibt eine Anweisung über den Inhalt der Entscheidungsformel bei der Verhängung einer Geldstrafe. Die Entscheidung über Zahlungserleichterungen nach § 42 ist als dritter Entscheidungsschritt der Bestimmung einer Geldstrafe anzusehen (*Sch/Schröder/Kinzig* Rdn. 1; *Schäfer/Sander/van Gemmeren* Strafzumessung Rdn. 105).

II. Erste Phase (Abs. 1) Festsetzung der Anzahl der Tagessätze

Bei der **ersten Phase** des Strafzumessungsvorgangs geht es um die **Festsetzung der Anzahl der Tagessätze**. Es handelt sich hier um den eigentlichen Strafzumessungsakt (vor § 40 Rdn. 51). Hierfür gelten grundsätzlich ebenso wie bei der Festsetzung einer Freiheitsstrafe die allgemeinen **Grundsätze der Strafzumessung nach § 46**: Der Richter hat den Unrechtsgehalt und die Schuld des Täters zu werten, auf die übrigen Strafzumessungsumstände des § 46 (siehe jedoch unten Rdn. 5) Bedacht zu nehmen und alsdann die Anzahl der Tagessätze festzusetzen (BGHSt **34** 92; BGHR § 40 Abs. 2 Satz 1 Einkommen 1 und 4; BGH NJW **1976** 634). 2

1. Die Mindestzahl der Tagessätze hat das Gesetz auf **fünf**, die **Höchstzahl** grundsätzlich auf **360 volle Tagessätze** festgesetzt *(Absatz 1 Satz 2)*. Diese Grenzen gelten für alle Strafdrohungen, sofern im Gesetz nichts anderes bestimmt ist. So finden sich im Besonderen Teil dort, wo der Freiheitsstrafrahmen bei sechs Monaten endet, auch – entsprechende – Begrenzungen bei der Geldstrafdrohung auf 180 Tagessätze (z.B. §§ 107b, 160, 285). Ferner beschränkt sich der jeweilige Geldstrafrahmen dann nach § 49 Abs. 1 Nr. 2 S. 2 auf drei Viertel des Höchstmaßes (also auf regelmäßig 270 Tagessätze), wenn im Allgemeinen oder Besonderen Teil eine Milderung nach § 49 vorgeschrieben oder zugelassen ist. Kommt es zu einer **Gesamtgeldstrafe**, so erhöht sich die **Höchstzahl** der Tagessätze auf **720** (§ 54 Abs. 2 S. 2). 3

Die **Tagessatzhöhe** muss nicht auf einen auf volle Euro lautenden Betrag festgesetzt werden. Dies ergibt sich aus einer Zusammenschau des Regelungsgehalts des § 40, der in Abs. 1 S. 2 hinsichtlich der Zahl der Tagessätze bestimmt, dass nur volle Tagessätze verhängt werden dürfen, für die Bestimmung der Höhe des Tagessatzes aber keine vergleichbare Regelung enthält (OLG Köln VRS 114, 237 unter Aufgabe der früheren Rspr OLG Köln MDR **1976** 597; *Sch/Schröder/Kinzig* § 40 Rdn. 7; **aA** *Häger* LK[12]; *Radtke* MK § 40 Rdn. 54). *Unzulässig* ist es, die gesetzliche Mindestzahl von *fünf Tagessätzen zu unterschreiten*. Das gilt auch dann, wenn die Strafe einem nach § 49 Abs. 1 gemilderten Strafrahmen zu entnehmen ist (vgl. zum früheren Recht RGSt **18** 125). Hat der Erstrichter rechtsirrig auf eine Geldstrafe von weniger als fünf Tagessätzen erkannt, so ist es dem Rechtsmittelgericht durch das Verschlechterungsverbot (Rdn. 83) verwehrt, die Geldstrafe durch Heraufsetzung der Tagessatzzahl auf das gesetzliche Mindestmaß zu erhöhen; auch eine Umstellung auf ein Absehen von Strafe nach § 60 ist ausgeschlossen; vielmehr ist die verhängte Geldstrafe aufrechtzuerhalten (BGHSt **27** 176). 4

2. Bei der ersten Phase des Strafzumessungsvorgangs bleibt eine Berücksichtigung der persönlichen und insbesondere der **wirtschaftlichen Verhältnisse des Täters** grundsätzlich **außer Betracht** (BGH NJW **1976** 634).[1] Dies folgt daraus, dass angesichts der Bedeutung der persönlichen und wirtschaftlichen Verhältnisse für die sachgerechte Zumessung der Geldstrafe hierfür ein besonderer ausdrücklich geregelter Arbeitsgang, eben die zweite Strafzumessungsphase, eingerichtet ist. Freilich gilt das *nur, soweit* die *persönlichen und die wirtschaftlichen Verhältnisse* als solche *nicht* schon *für* das Maß des *Unrechts und* der *Schuld* unmittelbare *Bedeutung* gewinnen, wie insbesondere beim Einfluss der wirtschaftlichen Situation des Täters auf das Tatmotiv (hierzu schon vor § 40 Rdn. 51).[2] 5

---

1 So die h.M.: OLG Hamm NJW **1976** 723; *Fischer* § 40 Rdn. 5; *Sch/Schröder/Kinzig* Rdn. 4; *Lackner/Kühl/Kühl* Rdn. 5; *Schäfer/Sander/van Gemmeren* Strafzumessung Rdn. 108.

2 Ebenso *Fischer* Rdn. 5; *Sch/Schröder/Kinzig* Rdn. 4; *Schäfer/Sander/van Gemmeren* Strafzumessung Rdn. 108.

6 **3.** Daraus, dass die erste Phase der Festsetzung der Tagessatzanzahl der eigentliche Strafzumessungsakt ist, für den die Grundsätze des § 46 gelten (Rdn. 2), folgt, dass in dieser Phase neben der Unrechts- und Schuldbewertung auch die **präventiven Strafzumessungsgesichtspunkte**, soweit für sie bei der Geldstrafe und in diesem Strafzumessungsstadium Raum ist, Berücksichtigung zu finden haben.

7 Das gilt nach allgemeiner Meinung[3] für *generalpräventive* Gesichtspunkte, soweit die Schuldstrafe erlaubt, diesen Erwägungen Geltung zu verschaffen,[4] ebenso wie für *spezialpräventive* Überlegungen.[5] Allerdings ist bei der Festsetzung der Tagessatzanzahl nicht für die Gesamtheit der von der Spezialprävention umfassten Strafzwecke Platz: Über die Frage nach der Resozialisierungsbedürftigkeit oder einer Resozialisierungseinwirkung wird schon zuvor bei der Auswahl der Strafart (hierzu vor § 40 Rdn. 39 bis 41) entschieden; für eine etwaige Kontrolle dahin, dass die Geldstrafe ihrer Höhe wegen nicht desozialisierend wirkt, ist erst und allenfalls in der zweiten Phase Raum (hierzu Rdn. 60). Im Übrigen ist bei der Geldstrafenbemessung für die spezialpräventiven Ziele der Resozialisierung und Sicherung kein Platz, weil sich die Geldstrafe hierfür nicht eignet. Auch bedürfen die zu ihr Verurteilten einer solchen Einwirkung regelmäßig nicht.[6] Wo dies der Fall ist, liegen andere Sanktionsformen nahe.[7] Hingegen ist für die Festsetzung der Tagessatzanzahl der spezialpräventive Gesichtspunkt der *Einzelabschreckung* von erheblicher Bedeutung.[8] Innerhalb des schuldgerechten Strafmaßes darf also auch bedacht werden, welche Tagessatzanzahl erforderlich ist, um den Täter von künftigen Straftaten abzuhalten.[9] Zu den Begründungsanforderungen bei Übereinstimmung von verhängter Tagessatzzahl und Zahl der Tage erlittener Untersuchungshaft OLG Hamburg JR **1982** 161 m. Anm. *v. Spiegel*.

8 **4.** Die **Bedeutung einer etwaigen Freiheitsstrafe für die Bemessung der Anzahl der Tagessätze** ist umstritten. So orientiert sich die Praxis weitgehend an dem in § 43 Satz 2 für die Ersatzfreiheitsstrafe vorgegebenen Maßstab, wonach einem Tagessatz ein Tag Freiheitsstrafe entspricht. Es wird also – nach einem *„Zeitquantenprinzip“* – die hypothetische Überlegung angestellt, wie viele Tage Freiheitsstrafe die abzuurteilende Tat dieses Täters „wert“ wäre (BGHSt **27** 70, 72 m. Anm. *Grünwald* JR **1978** 71; BGHSt **34** 90, 92). Dies findet auch im Schrifttum Zustimmung.[10] Jedoch ist dem zu widersprechen, nämlich entgegenzuhalten, dass die Art der Strafe sehr wohl Einfluss auf deren Höhe haben kann, zumal da die individuelle Wirkung der Strafe auf den Täter ein bedeutsames Strafzumessungskriterium sein kann.[11]

---

3 *Sch/Schröder/Stree/Kinzig* Rdn. 4; *Lackner/Kühl/Kühl* Rdn. 5, 13; *Radtke* MK Rdn. 32; *Zipf* JuS **1974** 137, 139; *Klussmann* NJW **1974** 1275; *Grebing* ZStW **88** (1976) 1092; ebenso OLG Koblenz NJW **1976** 1275, 1276.

4 Was *Zipf* Die Geldstrafe S. 63 insbesondere im Zusammenhang mit der Geldstrafe verneint.

5 Wie oben Fußnote 4; jedoch beschränkt *Klussmann* aaO die Berücksichtigung spezialpräventiver Gesichtspunkte auf die zweite Phase. So wie hier ferner *Zipf* ZStW **77** (1965) 530, **86** (1974) 523.

6 *Zipf* Die Geldstrafe S. 66.

7 *Grebing* ZStW **88** (1976) 1093.

8 Eingehend *Zipf* Die Geldstrafe S. 66 ff, ferner *Grebing* ZStW **88** (1976) 1092; ebenso *Lackner/Kühl/Kühl* Rdn. 5.

9 *Radtke* MK Rdn. 45 f.

10 *Albrecht* NK Rdn. 16; *Wolters* SK Rdn. 6; *Sch/Schröder/Kinzig* Rdn. 4; *Fischer* Rdn. 5.

11 So bereits *Tröndle/Fischer* StGB[49] vor § 40 Rdn. 3 a. E., § 40 Rdn. 4 und *Tröndle* LK[10] Rdn. 9 bis 13; ebenso *Jescheck* FS Würtenberger 257, 269. Aus neuerer Zeit *Radtke* MK Rdn. 37; im Ergebnis ebenso *SSW/Claus* Rdn. 6. Differenzierend *Schäfer/Sander/van Gemmeren* Strafzumessung Rdn. 109; vgl. auch *Vogler* JR **1978** 353, 355.

a) Der hier abgelehnten Ansicht liegt der insbesondere von *Horn*[12] vertretene Gedanke zugrunde, dass es seit der Einführung des Tagessatzsystems möglich sei, die Strafhöhe für Freiheitsstrafe und Geldstrafe in einander entsprechenden **„Zeitquanten"** auszudrücken und so diese beiden Strafarten quantitativ in Beziehung zu setzen, worauf letztlich auch § 43 S. 2 beruhe. Ob allerdings die Gleichsetzungsvorschrift des § 43 S. 2 die Kraft hat, die Tagessatzgeldstrafe mit der Freiheitsstrafe *zeitquantitativ durchgängig ineinszusetzen*, erscheint *fraglich*. Zwar wird die Praxis nach dem – gesetzgeberisch fragwürdigen – § 43 S. 2 zu verfahren und, solange nicht eine Korrektur des Gesetzes erfolgt, dessen Unstimmigkeit zu ertragen haben, wenn es zur Vollstreckung von Ersatzfreiheitsstrafen kommt (hierzu § 43 Rdn. 6 f). Jedoch kann – nur weil man glaubt, drei Monate Freiheitsstrafe ohne Bewährung, drei Monate Freiheitsstrafe mit Bewährung und eine Geldstrafe von 90 Tagessätzen „zeitquantitativ" gleichsetzen zu können – die Praxis nicht gezwungen werden zu übersehen, dass diese verschiedenen drei Strafmittel beim Täter unterschiedliche Strafwirkungen auslösen. Der Strafrichter kann dies nicht außer Acht lassen und er wird bei der Strafzumessung für den jeweiligen Täter – bezogen auf dessen besondere Strafempfindlichkeit oder Strafempfänglichkeit (hierzu vor § 40 Rdn. 51) für das betreffende Strafmittel – hierauf Bedacht nehmen: Das bedeutet schon aus praktischer Sicht, dass die gleichen **„Strafquanten"** innerhalb der verschiedenen Strafmittel im *konkreten* Fall nicht ohne weiteres vergleichbar sind. So kann etwa für eine fahrlässige Tötung eine Freiheitsstrafe von vier Monaten zur Bewährung mit einer angemessenen Bußgeldauflage eine durchaus sachgerechte Strafreaktion sein, eine Geldstrafe – falls nur diese Strafart in Betracht käme – von 120 Tagessätzen mag hingegen dann übersetzt erscheinen, wenn der Täter z.B. als Industriearbeiter 3600 Euro (120 x 30 Euro) nach dem konsequent angewendeten Nettoeinkommensprinzip (vgl. hierzu Rdn. 25) aufbringen müsste. Andererseits könnte etwa für einen rückfälligen Ladendieb, wenn es sich um einen älteren Menschen handelt, eine – zu verbüßende – Freiheitsstrafe von 60 Tagen ein unvergleichlich schwereres Übel sein als eine Geldstrafe von 60 Tagessätzen.[13] Kein Richter darf darüber bei der Auswahl der Strafart und bei der Festsetzung der Strafhöhe hinwegsehen. Im Übrigen ergeben sich auch aus grundsätzlicheren Erwägungen Bedenken gegen die Gleichsetzung der Strafquanten innerhalb der verschiedenen Strafmittel: Die Geldstrafe ist zwar im Vergleich zur Freiheitsstrafe innerhalb des Strafensystems die mildere, substantiell indessen eine durchaus andere Strafe, ein aliud (vor § 40 Rdn. 2). Sachgerechter Strafzumessung kommt es zugute, wenn man sich – gerade auch hinsichtlich der Strafwirkung – der Inkomparabilität der beiden Strafarten bewusst ist. Ihre „zeitquantitative" Gleichsetzung kann dieser Einsicht Abbruch tun. Schließlich verdient die Auffassung *Grebings*[14] Zustimmung, wonach die Geldstrafe als autonome Strafsanktion zu begreifen und vom Leitbild der Freiheitsstrafe loszulösen ist. 9

b) Der Weg, die angemessene Anzahl der Tagessätze aus der **hypothetischen Überlegung** zu gewinnen, **wie viele Tage Freiheitsstrafe** die abzuurteilende **Tat „wert" wäre**, entspricht dem Gesetz nicht und ist auch methodisch **verfehlt**. Dieser Gedanke entspringt mehr der Denkweise der „Laufzeitgeldstrafe".[15] Zunächst: Das Gesetz kennt 10

---

12 NJW **1974** 625, SK Rdn. 4 a, Die strafrechtlichen Sanktionen S. 11, FS Schaffstein 241, 246 f; ebenso *Horstkotte* Prot. 7 S. 639; *Frank* JA **1976** 235, 238.

13 Beispiele nach *Horstkotte* in 13. Deutscher Verkehrsgerichtstag 1975 S. 82.

14 ZStW **88** (1976) 1059, 1109; vgl. auch *Grebing* in *Jescheck/Grebing* Die Geldstrafe im deutschen und ausländischen Recht (1978) S. 13, 97.

15 Zu dieser *Baumann* JZ **1963** 736 und insbesondere *Baumann* Beschränkung des Lebensstandards anstatt kurzfristiger Freiheitsstrafe (1968); hierzu *Tröndle* LK[10] vor § 40 Rdn. 50.

seit dem 2. StrRG (1. Januar 1975) als Primärstrafe keine Freiheitsstrafe mehr, die unter einem Monat liegt. Es ist nicht angängig, die zu verhängende Geldstrafe aus einer anderen, vorgestellten Strafgröße zu ermitteln, die das Gesetz nicht mehr kennt. Hiergegen lässt sich nicht auf § 43 verweisen. Dort geht es um die Ersatzstrafe. Diese hat (nur) die Funktion, zu klären, was gilt, wenn die Hauptstrafe uneinbringlich ist. Die Ersatzstrafe setzt gerade das Vorhandensein einer Ursprungsstrafe voraus und kann – nach Grundsätzen der Logik – daher nicht für deren Bemessung Anhalt und Maßprinzip liefern. Auch im Bereich zwischen einem Monat und sechs Monaten ist die Freiheitsstrafe subsidiär (vor § 40 Rdn. 34). Es gilt der Vorrang der Geldstrafe. Sie ist in diesem Bereich gerade nicht (wie früher § 27b i.d. Fass. vor dem 1. StrRG) Ersatzstrafe, die anstelle einer „an sich verwirkten" Freiheitsstrafe tritt. Es erscheint wenig sinnvoll, die Geldstrafe als vorrangige Strafe über ihre eigene Ersatzstrafe zu ermitteln. Vielmehr ist die Geldstrafe überall, wo auf sie zu erkennen ist, autonom nach ihren eigenen gesetzlichen Bemessungsgrundsätzen festzusetzen.[16]

11 Die praktische Bedeutung dieser Einsicht wird nicht etwa dadurch aufgehoben, dass § 43 Satz 2 ohnehin einem Tagessatz einen Tag Freiheitsstrafe entsprechen lasse und daher jedenfalls über die Ersatzstrafenregelung und das Gleichstellungsgebot der Umweg, über die „entsprechende" Freiheitsstrafe die Tagessatzanzahl zu ermitteln, sachlich legitimiert werde. Folgendes ist zu bedenken: Der Gesetzgeber hat zwar in § 43 Satz 2 eine solche Gleichstellung vorgenommen. Er tat dies für die Ermittlung der *Ersatz*strafe. Hier soll nichts gesagt werden über die Schwierigkeiten und Ungereimtheiten, die bei der Vollstreckung der Ersatzstrafe durch die Gleichstellungsvorschrift entstehen (vgl. § 43 Rdn. 6f). Dass aber diese Vorschrift nichts am Vorrang der Geldstrafe ändert und dass in erster Linie einmal diese primäre Strafe den Grundsätzen schuld- und sachgerechter Strafzumessung zu entsprechen hat, kann nicht zweifelhaft sein.[17] Der Gesetzgeber mag zwar – wenn er die Folgen eines offensichtlichen Ungleichgewichts zwischen Haupt- und Ersatzstrafe in Kauf nehmen will – bestimmen können, dass ein Tagessatz einem Tag Ersatzfreiheitsstrafe entspricht, also gleichzubehandeln sind. Gleich sind sie aber damit noch nicht. Denn der Gesetzgeber kann nicht dekretieren, dass die Übelwirkung dieselbe ist, geichgültig, ob der Verurteilte einen Tagessatz entrichtet oder einen Tag Ersatzfreiheitsstrafe absitzt. Bei der Strafzumessung kann sich der Richter aber immer nur an der spezifischen Strafwirkung desjenigen Strafmittels orientieren, das er im konkreten Fall ausgewählt hat. Glaubt er z.B. – trotz einiger Bedenken – im Hinblick auf § 47 auf eine Geldstrafe erkennen zu sollen, so ist damit noch nicht ausgemacht, dass sie 120 Tagessätze betragen muss, nur weil eine Freiheitsstrafe im konkreten Falle auf vier Monate gelautet hätte. Oft wird das zwar so sein. Es kann aber auch vorkommen (vgl. Rdn. 8), dass legitime Strafzumessungsgründe, insbesondere spezialpräventive Gesichtspunkte je nach Wahl der Strafart anders zu Buche schlagen. Soll innerhalb der schuldgerechten Strafe (auch) Einzelabschreckung erzielt werden, so kann sich dies auf die Strafhöhe durchaus anders auswirken. Ferner wird ein – an sich – resozialisierungsbedürftiger Täter, der aber aufgrund der konkreten Tat eine Freiheitsstrafe (noch) nicht verwirkt hat, innerhalb der schuldgerechten Strafe nicht ohne weiteres so viele Tagessätze erhalten müssen, wie dies etwa dem Freiheitsstrafquantum entspräche, das für seine Resozialisierung erforderlich wäre. Diese Überlegungen zeigen, dass es nicht nur methodisch verfehlt ist, bei der Festsetzung der Tagessatzanzahl von der hypothetisch auszuwerfenden Freiheitsstrafe auszugehen, sondern dass dieser Weg unter Umständen

16 So im Ergebnis auch *Dreher* StGB[37] vor § 40 Rdn. 3; *Bockelmann* AT § 31 I 2 und wohl auch *Horstkotte* 2. Bericht BTDrucks. V/4095 S. 22; **aA** wohl *Sch/Schröder/Kinzig* Rdn. 4.

17 **AA** wohl *Sch/Schröder/Kinzig* Rdn. 4.

auch zu fehlerhafter Strafzumessung führen kann. Freilich tritt dort, wo sich nach dem Gesagten Freiheitsstrafe und Geldstrafe der Strafhöhe nach nicht entsprächen und es daher im konkreten Fall je nachdem, ob Geldstrafe oder Freiheitsstrafe ausgesprochen würde, zu unterschiedlichen Strafquanten käme, die crux der gesetzlichen Regelung des § 43 S. 2 offen zutage. Dieses Ungleichgewicht kann jedoch nicht hindern, bei der Zumessung der – primären – Geldstrafe allein die ihr spezifischen Strafzumessungsgründe sachgerecht einzusetzen (hierzu ferner § 43 Rdn. 7 a.E.).

c) Nach allem hat der Richter bei der Bemessung der Geldstrafe nicht von hypothe- 12
tisch vorgestellten Freiheitsstrafen auszugehen, sondern allein von der Überlegung, wie viele Tagessätze erforderlich sind, um im Rahmen einer schuldgerechten Strafe die bestmögliche Strafwirkung zu erzielen. Die Praxis hat im Bereich der Massenkriminalität, insbesondere wenn im Strafbefehlswege gegen sie eingeschritten wird, auch ohne die Krücke einer vorgestellten Freiheitsstrafe für die entsprechenden Deliktsgruppen gewisse **Regelsätze und Richtlinien** entwickelt, die für eine gleichmäßige Rechtsanwendung Anhalt liefern. Solche **Strafzumessungsempfehlungen** – etwa des Verkehrsgerichtstages oder anderer Kongresse – sowie Rundverfügungen der Generalstaatsanwälte sind zulässig. Selbstverständlich sind sie ohne jede Rechtsverbindlichkeit. Der Richter hat die Strafe in jedem Einzelfall gemäß dessen Besonderheiten zu finden. In diesem Rahmen können derartige Empfehlungen der einheitlichen Rechtsanwendung dienen.[18] Im Übrigen ist dies kein spezifisches Problem der Geldstrafenbemessung, sondern eine allgemeine Frage der Sanktionsfindung.[19]

III. Zweite Phase (Abs. 2)

Bei der **zweiten Phase** des Strafzumessungsvorgangs wird die **Höhe des Tagessat- 13
zes** festgesetzt (Abs. 2). Voraussetzung hierfür ist, dass die erste Phase, die Festsetzung der Tagessatzanzahl, abgeschlossen ist. Diese Zweiaktigkeit des Strafzumessungsvorgangs ist ein Strukturprinzip des Tagessatzsystems, ohne dessen Beachtung das Ziel dieses Systems, eine sachgerechte Geldstrafenbemessung, nicht erreichbar ist (vgl. vor § 40 Rdn. 52). Tagessatzanzahl und Tagessatzhöhe werden zwar nacheinander, aber nicht etwa durch getrennte Entscheidungen, sondern in einem einheitlichen Verfahrensgang und durch eine einheitliche Entscheidung festgesetzt *(Absatz 4).*

1. „Die Geldstrafe" ist der Geldstrafenausspruch in seiner Gesamtheit. Die Ta- 14
gessatzzahl ist ebenso wie die Tagessatzhöhe ein Rechnungsfaktor, der für sich allein nicht Grundlage der Vollstreckung sein kann. Erst das Produkt aus beiden ist das zu vollstreckende Strafübel, das den Täter trifft (BGHSt **28** 360, 363; ähnlich BGHSt **27** 359, 363).[20]

2. Schon aus der wesentlichen Bedeutung der **Tagessatzhöhe** ergibt sich, dass diese 15
bei jeder Einzelgeldstrafe im Urteil zu bestimmen ist. Das gilt auch dann, wenn eine Gesamtstrafenbildung mit einer Freiheitsstrafe vorgenommen wird.[21] Ein zusätzlicher praktischer Grund ist dabei, dass es bei einer späteren anderen Gesamtstrafenbildung

---

18 *Fischer* Rdn. 5; zu Steuerstraftaten *Meine* MschrKrim. **1980** 129.

19 *Albrecht* NK Rdn. 17.

20 OLG Hamm MDR **1978** 420; OLG Karlsruhe Die Justiz **1978** 144; *Fischer* Rdn. 4; *Naucke* NJW **1978** 407, 408 und 1171; *Vogt* NJW **1981** 899, 902.

21 BGHSt **30** 93 m. Anm. *Meyer* JR **1982** 73; BGHSt **34** 90; BGH NStZ-RR **2014** 208.

zur Auflösung einer früher gebildeten Gesamtstrafe kommen kann. Das Revisionsgericht kann die unterbliebene Bestimmung der Tagessatzhöhe grundsätzlich nicht nachholen, muss die Festsetzung – soweit sie nicht im Einzelfall über § 354 Abs. 1a StPO auf den Mindestbetrag von einem Euro (§ 40 Abs. 2 Satz 3 StGB) möglich erscheint –[22] vielmehr dem neuen Tatrichter überlassen.[23] Ob auch die Entscheidung über die Zahl der Tagessätze von einem solchen Mangel berührt ist, ist Frage des Einzelfalles.[24]

16 **3.** Das **Mindestmaß** eines Tagessatzes ist **1 Euro**, das **Höchstmaß 30000 Euro** (Abs. 2 Satz 3). Das Mindestmaß von 1 Euro ist auch dann zu niedrig, wenn man berücksichtigt, dass es eine Geldstrafe unter fünf Tagessätzen nicht gibt. Das Mindestmaß ist ferner in sich unstimmig, weil es im Grunde dem Nettoeinkommensprinzip widerstreitet, allenfalls bei Gefangenen Anwendung finden kann (Rdn. 43) und im Hinblick auf die Gleichstellungsvorschrift des § 43 Satz 2 schwer begreifliche Ergebnisse liefert (vor § 40 Rdn. 12, § 43 Rdn. 15). Zur Kritik am Höchstmaß von 30 000 Euro s. vor § 40 Rdn. 13.

17 **4.** Die **Bemessung der Höhe des Tagessatzes** ist das **Kernproblem des Tagessatzsystems.**

18 **a)** Zunächst ist auf die **Zusammenhänge zwischen den Entscheidungsphasen** Bedacht zu nehmen. *Absatz 2* gebietet, bei der Festsetzung der Tagessatzhöhe die *persönlichen und wirtschaftlichen Verhältnisse* zu berücksichtigen und hierbei vom *Nettoeinkommen* des Täters auszugehen. Ferner ist auf die Wirkungen zu achten, die von der Strafe für das künftige Leben des Täters in der Gesellschaft zu erwarten sind (§ 46 Abs. 1 S. 2). Auch die *zweite Phase* der Geldstrafenbemessung ist ein *komplexer Entscheidungsvorgang,*[25] der sich nicht etwa darauf beschränkt, die Tagesnettoeinkünfte des Täters festzustellen und ganz allein hiernach die Höhe des Tagessatzes ohne jeden Blick auf die Geldstrafensumme zu bestimmen. Zwar wird mit Recht in Rechtsprechung und Schrifttum (vgl. vor § 40 Rdn. 52) darauf hingewiesen, dass die verschiedenen Phasen bei der Geldstrafenbemessung grundsätzlich auseinanderzuhalten sind und im Wesentlichen in der ersten Entscheidungsphase der Platz für die Unrechts- und Schuldbewertung ist und in der zweiten der für die wirtschaftliche Belastbarkeit des Täters. Es wurde aber bereits dargetan (vor § 40 Rdn. 51 f), dass diese Entscheidungsphasen nicht isoliert und zusammenhanglos nebeneinander stehen.[26] So sachwidrig es wäre, den Geldstrafenendbetrag vorweg zu bestimmen und ihn erst hinterher in Tagessätze zu zerlegen, so fehlerhaft könnte es sein, als Ergebnis der Geldstrafenzumessung stets schon das Produkt der Tagessatzanzahl mit der isoliert nach der Art eines Rechenakts ermittelten Tagessatzhöhe blind hinzuzunehmen.[27] Für die Festsetzung der Höhe des Tagessatzes kann auch deren Anzahl von Bedeutung sein (hierzu vor § 40 Rdn. 52, ferner unten Rdn. 60). So ist in diesem Stadium darauf zu achten, dass die Geldstrafe zwar fühlbar sein muss, insbesondere im Bereich der mittleren Kriminalität, wo sie keine geringere Strafwirkung haben sollte als die jeweils zu vergleichende Freiheitsstrafe. Die Geldstrafe darf aber nicht desozialisierend wirken und beim Täter die Belastbarkeitsgrenze nicht überschreiten. Der Richter ist selbstverständlich verpflichtet, dies gerade auch im Hinblick auf das Endergebnis im Auge zu behalten. Er hat also auch

22 BGH, Beschluss v. 20. Oktober 2011 – 4 StR 344/11; Beschluss v. 9. Oktober 2018 – 4 StR 322/18.
23 BGH, Beschluss v. 19. Juni 2018 – 2 StR 211/18.
24 Vgl. die in Fn. 27 genannten Entscheidungen.
25 *Horstkotte* Prot. 7 S. 636; *Radtke* MK Rdn. 46.
26 **AA** OLG Koblenz NJW **1976** 1276; vgl. aber OLG Hamburg MDR **1976** 157.
27 Offenbar **aA** *Horn* JR **1977** 96.

bei der Festsetzung der Tagessatzhöhe präventive Gesichtspunkte zu berücksichtigen,[28] zumindest im Sinne einer Ergebniskontrolle, in die dann auch die dritte Phase (Zahlungserleichterungen) miteinzubeziehen ist (vor § 40 Rdn. 53, unten Rdn. 61).

b) Gleichwohl ist es selbstverständlich die **wirtschaftliche Leistungsfähigkeit** des Täters, die in der zweiten Entscheidungsphase im Mittelpunkt steht und **für die Festsetzung der Tagessatzhöhe** das **maßgebende Kriterium** bildet (BGHSt **34** 90, 92), damit jede Geldstrafe dem Grundsatz der Opfergleichheit gerecht wird (dazu *von Selle* Gerechte Geldstrafe S. 89 ff). Das Gesetz spricht in diesem Zusammenhang von der Berücksichtigung der „persönlichen und wirtschaftlichen Verhältnisse des Täters" und bringt damit zum Ausdruck, dass auch seine persönlichen und familiären Lebensumstände, soweit sie auf seine wirtschaftliche Leistungsfähigkeit Einfluss nehmen, zu bedenken sind. Soweit die persönlichen und – ausnahmsweise – auch die wirtschaftlichen Verhältnisse des Täters bereits in der ersten Zumessungsphase Berücksichtigung gefunden haben (Rdn. 5, vor § 40 Rdn. 51), bleiben sie gleichwohl für die Festsetzung der Tagessatzhöhe mit von Bedeutung. Unter Umständen unterliegen sie in beiden Phasen einer unterschiedlichen Gewichtung oder Würdigung. 19

c) Die **Wirkungsstrenge der in Abs. 2 Sätze 1 und 2 enthaltenen Regelungen** wird unterschiedlich beurteilt. Dabei hat der Grad dieser Stringenz erhebliche praktische Bedeutung, nämlich zunächst für das Maß der Bindung des Tatrichters, für den Wirkungsgrad von Präjudizien und allgemeinen Lehrmeinungen, für die Darlegungsanforderungen gegenüber dem tatrichterlichen Urteil, ferner für die Revisibilität der tatrichterlichen Entscheidung und schließlich für die Frage der Beschreitbarkeit des Divergenzverfahrens nach § 121 Abs. 2 GVG. 20

aa) Nach der hier vertretenen Ansicht, die der **st. Rspr. des BGH** folgt, ist davon auszugehen, dass die Bemessung der Höhe des Tagessatzes ein Teil der Strafzumessung und mithin Ausübung des tatrichterlichen Strafzumessungsermessens ist. Welche Umstände das Gericht zu berücksichtigen und welches Gewicht es bestimmten Umständen beizumessen hat, sagt das Gesetz nicht. Die Regeln des Abs. 2 bezwecken **keine starre Bindung des Tatrichters**, vermeiden sie vielmehr. Eine solche Bindung wäre auch mit den anerkannten Grundsätzen der Strafzumessung unvereinbar. Schon deshalb kann aus der knappen Fassung des Abs. 2 nicht die Aufforderung hergeleitet werden, einen flexiblen Hinweis des Gesetzes durch eine Vielzahl gerichtlicher Sätze derart aufzufüllen, dass diese in ihrer Gesamtheit nahezu eine Übersicht über die Bevölkerungsschichten in Verbindung mit einem Katalog steuerähnlicher Berechnungen und unterhaltsähnlicher Zumutbarkeitsklauseln abgeben müssten. Solches kann schon gar nicht Aufgabe der Revisionsgerichte sein. Für die Bemessung der Höhe eines Tagessatzes lassen sich also keine starren Regeln aufstellen.[29] Jeder unmittelbare Vergleich mit anderen Teilrechtsordnungen, in denen es um die Ermittlung des dort relevanten „Einkommens" geht (insbesondere Steuerrecht, Sozialhilferecht, Regelungen des BAFöG, Unterhaltsrecht), muss an dem strukturellen Unterschied scheitern, dass dort jeweils strikte Regelungen bestehen, die eine Berechnung des relevanten „Einkommens" bis auf die Stellen 21

28 Im Ergebnis so auch *Sch/Schröder/Kinzig* Rdn. 6.

29 BGHSt **27** 212 = JR **1978** 162 m. Anm. *Zipf*; BGHSt **27** 228 = JR **1978** 161 m. Anm. *Zipf* = NJW **1978** 228 m. Anm. *Frommel* 862 = LM StGB 1975 § 40 Nr. 5 m. Anm. *Pelchen*; BGH, Beschluss v. 26. August 1977 – 3 StR 97/77 –; vgl. auch BGHR § 40 Abs. 2 Satz 1 Einkommen 1, 5, 6; OLG Frankfurt NStZ-RR **2007** 167, 168. Ebenso *Radtke* MK Rdn. 56; *Sch/Schröder/Kinzig* Rdn. 6; *Fischer* Rn. 6.

hinter dem Komma ermöglichen, während es hier um die Ausübung tatrichterlichen Strafzumessungsermessens geht. Es hieße, das Pferd vom Schwanze aufzuzäumen, wollte man – etwa im Interesse der Vereinheitlichung der Geldstrafenpraxis (so *Zipf* JR **1978** 163, 165) – bei der geringstgewichtigen Strafe, der Geldstrafe, eine strengere Bindung des Tatrichters und eine größere Dichte der Kontrolle durch die Revisionsgerichte einführen, als sie bei den gewichtigeren Strafen bis hin zur lebenslangen Freiheitsstrafe bestehen (vgl. BGHSt **27** 212, 216). Während also der Verzicht auf starre Regeln für die Bemessung der Höhe eines Tagessatzes einen der Pole darstellt, ergibt sich der Gegenpol aus einem allgemeinen Grundsatz: Will ein Gericht von einer gesetzlich vorgegebenen, wenn auch nicht zwingenden Richtlinie abweichen, so hat es dies so zu begründen, dass es für die Verfahrensbeteiligten und für das Rechtsmittelgericht nachvollziehbar und verständlich ist. Als solche **Richtlinie** hat der Gesetzgeber das **Nettoeinkommensprinzip** als Grundlage für die Festsetzung der Tagessatzhöhe gewählt (BGHR § 40 Abs. 2 Satz 1 Einkommen 1; s. auch Rdn. 53).

22 **bb)** Sind damit die sachlichrechtliche Wirkungsstrenge der in Rede stehenden Vorschriften und die Darlegungsanforderungen gegenüber dem tatrichterlichen Urteil beschrieben, so bedeutet dies für **verfahrensrechtliche Folgefragen** zugleich: Die Anwendung der Regeln des Abs. 2 im Einzelfall ist in der Revision nur nach dem Maßstab überprüfbar, der allgemein für die revisionsgerichtliche Prüfung der Strafzumessung gilt (Rdn. 81). Um eine Rechtsfrage (vgl. BGHSt **1** 358) geht es bei der Einzelfallanwendung der Vorschriften des Abs. 2 typischerweise nicht, so dass eine Divergenzvorlegung nach § 121 Abs. 2 GVG regelmäßig unzulässig ist (BGHSt **27** 212 und 228; BGH, Beschluss v. 26. August 1977 – 3 StR 97/77 –). Es muss als Gegenprobe im Gesamtsystem von Strafrecht und Strafverfahrensrecht die Frage erlaubt sein, ob die jeweilige „Berücksichtigungsfähigkeit" eines jeden Details der persönlichen und wirtschaftlichen Verhältnisse des Täters als Gegenstand einer Vorlegung an den BGH taugen sollte. Diesen Aspekt übersieht *Zipf* (JR **1978** 163), wenn er die Rspr. des BGH als „Rückschritt für die Strafzumessungslehre" kritisiert.

23 **cc)** Die **Rspr. der Oberlandesgerichte** folgt der oben (Rdn. 21) dargestellten Rspr. des BGH – jedenfalls expressis verbis. Dabei ist angesichts des veröffentlichten Bildes dieser Rspr. zu bedenken, dass diejenigen Entscheidungen, denen die Anwendung des Grundsatzes „keine starre Bindung des Tatrichters" zugrunde liegt, weitgehend in einem Dunkelfeld eigener Art verblieben. Soweit dagegen die Oberlandesgerichte die tatrichterliche Bemessung der Tagessatzhöhe beanstanden, ist in einer Gesamtschau die Tendenz zu beobachten, trotz ausdrücklicher Bezugnahme auf die Rspr. des BGH einzelne aus dem Nettoeinkommensprinzip hergeleitete Regeln wie strenges Recht anzuwenden (vgl. auch Rdn. 81 und vor § 40 Rdn. 17). Diese Beobachtung erfolgt sehr wohl eingedenk der Relativierung, dass viele Entscheidungen der Oberlandesgerichte nur in einer reduzierten Form veröffentlicht werden.

24 **dd) Schrifttum.** Von der vorstehend beschriebenen Position ist *Tröndle*[30] kaum entfernt, wenn er das Nettoeinkommen als „Regel-Richtlinie"[31] oder als „Grundlage" für die Festsetzung der Tagessatzhöhe bezeichnet. Andere Autoren finden im Nettoeinkommen

30 *Tröndle* LK[10] Rdn. 21; *Tröndle* JR **1975** 472.
31 So auch *Brandis* Geldstrafe und Nettoeinkommen S. 130 f; vgl. auch *von Selle* Gerechte Geldstrafe S. 232 ff.

allein einen „Ausgangspunkt“[32] oder einen „bloßen Einstieg“[33] für die Festsetzung der Tagessatzhöhe. Noch weiter gehen *Schäfer/Sander/van Gemmeren* und *Kühl*, indem sie in den Einzelheiten des Nettoeinkommenprinzips „lediglich Argumentationshilfe für den Einzelfall“[34] oder „nur allgemeine Anhaltspunkte für die Bewertung des Einzelfalls“[35] finden.

5. Das Gesetz bestimmt, dass in der Regel von dem Nettoeinkommen auszugehen ist, das der Täter durchschnittlich an einem Tag hat oder haben könnte *(Absatz 2 Satz 2)*. Dieses **Nettoeinkommensprinzip** wurde erst durch das EGStGB in Abänderung der ursprünglichen Fassung des 2. StrRG anstelle des sog. *„Einbußeprinzips“* eingeführt, um einem Absinken des Geldstrafenniveaus in der Praxis entgegenzuwirken. Das Prinzip ist durchaus praktikabel. Es ist freilich wegen seiner Rigorosität Einwendungen ausgesetzt, denen jedoch durch fallbezogene „Korrekturen“ insbesondere im unteren und oberen Bereich der Anwendungsbreite ohne weiteres hinreichend Rechnung getragen werden kann. 25

6. Zum **Nettoeinkommen** gehören grundsätzlich alle Einkünfte aus selbständiger und nichtselbständiger Arbeit, aus Kapitalvermögen (Zinsen, Dividenden usw.), aus Gewerbe, Land- oder Forstwirtschaft, aus Vermietung und Verpachtung, aus Renten, Versorgungsleistungen und aus Unterhaltsbezügen.[36] Das Nettoeinkommen ist ein **strafrechtlicher Begriff**, der nach wirtschaftlicher Betrachtungsweise auszulegen ist. 26

Daran knüpfen sich folgende **Einzelheiten**: Treffen Einkünfte aus einer Einkommensart (z.B. Gewerbebetrieb) mit Verlusten einer anderen (z.B. Vermietung) zusammen, so sind beide zu saldieren mit der Folge, dass nur der Überschuss der Einkünfte über die Verluste als Einkommen anzusehen ist (BayObLG JR **1978** 28 m. Anm. *Frank*; OLG Zweibrücken StV **2001** 347). Keinesfalls dürfen Verluste dieser Art oder Zahlungsverpflichtungen, die zu solchen Verlusten führen, wie „andere Schuldverbindlichkeiten“ im Sinne der Rdn. 57 behandelt werden, die auf freiwillig übernommene Verpflichtungen zurückgehen. Steuerrechtliche Regelungen sind nicht etwa grundsätzlich übertragbar.[37] Jedoch kann bei der Festsetzung des Nettoeinkommens die steuerrechtliche Einkommensermittlung eine gewichtige Hilfe bieten,[38] mit Ausnahme solcher (steuerrechtlichen) Vorschriften, die aus wirtschafts- oder sozialpolitischen Gründen bestimmte Einkünfte von der Besteuerung ausnehmen oder im Besteuerungsverfahren eine niedrigere Bewertung ermöglichen, als es einer rein wirtschaftlichen Betrachtungsweise entspräche (BayObLG aaO). Steuerfreibeträge mindern daher das Nettoeinkommen ebenso wenig wie etwa Lohnpfändungsfreigrenzen. Ferner sind bei der Ermittlung von Einkünften aus Gewerbebetrieb, Vermietung usw. steuerrechtlich zulässige „Abschreibungen“ in der Regel nicht zu berücksichtigen. Denn sie entsprechen keiner laufenden realen Einkommensminderung, sondern verteilen lediglich die Anschaffungskosten auf die voraussichtliche Nutzungsdauer (*Frank* aaO). Es gehört also alles zum Nettoeinkommen, was dem Täter an Einkünften zufließt, seine wirtschaftliche Leistungsfähigkeit und seinen 27

---

32 *Albrecht* NK Rdn. 19; *Horn* JZ **1974** 287, 289; *Wolters* SK Rdn. 6.
33 *Sch/Schröder/Kinzig* Rdn. 8.
34 *Schäfer/Sander/van Gemmeren* Strafzumessung Rdn. 112.
35 *Lackner/Kühl/Kühl* Rdn. 6.
36 *Fischer* Rdn. 7; *Albrecht* NK Rdn. 24 f; *Wolters* SK Rdn. 10; *Radtke* MK Rdn. 57; *Sch/Schröder/Kinzig* Rdn. 9; *Schäfer/Sander/van Gemmeren* Strafzumessung Rdn. 113.
37 *Lackner/Kühl/Kühl* Rdn. 7; *Albrecht* NK Rdn. 25; *Schäfer/Sander/van Gemmeren* Strafzumessung Rdn. 113; vgl. aber auch *Brandis* Geldstrafe und Nettoeinkommen S. 11 f, 189 ff; *von Selle* Gerechte Geldstrafe S. 119 ff, 221 ff; *Tipke* JuS **1988** 345, 351 f.
38 *Albrecht* NK Rdn. 25; *Radtke* MK Rdn. 65.

Lebenszuschnitt[39] – wirtschaftlich gesehen – bestimmt. Hierzu sind nicht nur die Bareinkünfte zu rechnen, sondern auch alle *Naturalbezüge*, insbesondere die freie Kost und Wohnung (OLG Hamm NJW **1976** 1221) sowie Sachleistungen.[40] Dies versteht sich daraus, dass es im Rahmen des Nettoeinkommensprinzips inkonsequent wäre, denjenigen besserzustellen, der nicht von Bareinkünften, sondern Naturalleistungen lebt.[41] Diese Einbeziehung der Naturaleinkünfte erleichtert die Bemessung der Tagessatzhöhe bei Personen, die lediglich vom Familienunterhalt leben und auch bei Einkommenslosen und Einkommensschwachen (Rdn. 29 bis 44), hat aber auch die Folge, dass „unbare Vorteile", die z.B. Selbständigen aus ihrem Geschäftsunternehmen zufließen,[42] bei den Einkünften mitzuberücksichtigen sind, was meist nur im Rahmen der Schätzung (Absatz 3) möglich ist. Der so verstandene Nettoeinkommensbegriff erleichtert auch die Entscheidung in den Fällen, in denen ein erwachsenes Familienmitglied gegen ein Taschengeld in Erwartung eines künftigen Erbrechts arbeitet:[43] Es kommt in einem solchen Fall auf den tatsächlichen Wert seiner Arbeitskraft an. Zum Nettoeinkommen gehört ferner auch das, was der Täter an *Kindergeld* und sonstigen familienbezogenen Zuwendungen bezieht[44] oder beziehen könnte.[45] Das ergibt sich daraus, dass das Kindergeld nicht Einkommen des Kindes, sondern des Bezugsberechtigten ist. Das Kindergeld unterliegt auch keiner Zweckbindung, sondern lediglich einer Zweckrichtung in dem Sinne, dass es zur Entlastung der Personen bestimmt ist, die für den Unterhalt von Kindern aufzukommen haben.[46] Die Einbeziehung des Kindergeldes in das Nettoeinkommen rechtfertigt sich auch daraus, dass auf der anderen Seite jede (erfüllte) Unterhaltsverpflichtung bei der Festsetzung des Tagessatzes angemessen zu berücksichtigen ist (Rdn. 54 bis 56).

27a **Nicht zum Nettoeinkommen** gehört, was dem Täter von seinem Einkommen wirtschaftlich nicht zufließt: Die laufenden *Steuern*,[47] bei Unselbständigen die *Sozialversicherungsbeiträge*, bei Selbständigen die *Betriebsausgaben*, die *Verluste*, die *Werbungskosten*, ferner *Kranken- und Altersversicherungen* sowie weitere Versicherungsleistungen, die der Sozialversicherung der Unselbständigen vergleichbar sind.[48]

28 7. Entscheidend ist allein das **Einkommen des Täters selbst**. Hat er Einkünfte – gar unredliche – auf Familienmitglieder übertragen, so kommen sie für die Bemessung der Tagessatzhöhe regelmäßig nicht mehr in Betracht. Überlegungen, wie sie der Einziehung von Taterträgen (bzw. dem früheren Verfall von Wertersatz)zugrunde liegen, dürfen bei der Bestimmung der Höhe des Tagessatzes keine Rolle spielen (BGHR § 40 Abs. 2 Satz 1 Einkommen 4 = NStZ **1993** 34 m. Anm. *Krehl* 336; *Radtke* MK Rdn. 64). In einem solchen Fall werden die Vorschriften der §§ 73ff, insbes. § 73b, anzuwenden sein.

---

39 Vgl. dazu *von Selle* Gerechte Geldstrafe, mit dem durchgängig vertretenen Gedanken, auf das – dem Gesetz freilich fremde und zudem schwer feststellbare – Konsumverhalten abzustellen.

40 OLG Köln NJW **1977** 307; VRS **53** (1977) 179; StV 2009 **592**; OLG Dresden NJW **2009** 2966; *Sch/Schröder/Kinzig* Rdn. 11.

41 So *Frank* MDR **1976** 626.

42 Hierzu *Tröndle* JR **1977** 251.

43 Vgl. LG Verden NdsRpfl. **1975** 147 (Fall einer hohen Geldbuße).

44 OLG Düsseldorf NJW **1977** 260; OLG Celle JR **1977** 246 m. Anm. *Tröndle*; *Fischer* Rdn. 7; *Lackner/Kühl/Kühl* Rdn. 7; *Radtke* MK Rdn. 61; *D. Meyer* MDR **1981** 275, 276; vgl. auch *D. Meyer* NJW **1976** 1110; **aA** *Sch/Schröder/Kinzig* Rdn. 9 a. E., 14; *Frank* MDR **1976** 627.

45 OLG Celle JR **1977** 246.

46 Hierzu *Büttner* NJW **1976** 662; *Franz* NJW **1975** 1634.

47 Jedoch nur für den Zeitpunkt ihrer Fälligkeit: OLG Hamm MDR **1977** 596.

48 Allg. Meinung, *Horstkotte* (Prot. 7. S. 635) folgend.

8. Für einzelne Einkommensgruppen gelten folgende Orientierungen

a) Was bei **nichtberufstätigen Ehepartnern**, gegen die eine Geldstrafe festzusetzen 29
ist, als Nettoeinkommen in Betracht kommt, ist ähnlich *umstritten* wie die korrespondierende Frage, wie hoch die Unterhaltsverpflichtungen des Täters gegenüber seiner einkommenslosen Ehefrau bei der Festsetzung seines Tagessatzes in Ansatz zu bringen sind (hierzu unten Rdn. 54 bis 56). Die nachstehenden Grundsätze gelten entsprechend in vergleichbaren Fallgestaltungen, in denen allein ein Lebenspartner das Erwerbseinkommen des Ehepaares oder der Familie verdient, während der andere Partner keiner Erwerbstätigkeit nachgeht. Sofern der Täter eigene Einkünfte aus Erwerbstätigkeit oder anderen eigenen Quellen hat, die aber geringer sind als die seines Ehepartners, sind die höheren Einkünfte des Ehepartners mit der Folge einer etwaigen Verschiebung der Bewertungsebenen zu berücksichtigen (BayObLG bei *Rüth* DAR **1983** 247; OLG Zweibrücken StV **2000** 202; OLG Celle NZV **2011** 560).

Auszugehen ist davon, dass sich für die Bemessung der Höhe eines Tagessatzes 29a
grundsätzlich (BGHSt **27** 212) und ebenso bei der Ehegattenproblematik (BGHSt **27** 228) keine starren Regeln aufstellen lassen. Vielmehr hat der Tatrichter im Einzelfall das ihm eingeräumte Ermessen auszuüben. Dabei hilft ihm im vorliegenden Zusammenhang das Nettoeinkommensprinzip weiter, weil es nicht nur Bareinkünfte zugrunde legt, sondern auch alle geldwerten Sachbezüge und Vorteile dazu gehören. Das *„Nettoeinkommen" des nicht berufstätigen Ehepartners* ist daher das, was ihm *im Rahmen des Lebenszuschnitts* der Familie **tatsächlich gewährte Naturalunterhalt** unter Einschluss ihres Taschengeldes.[49] Was ihm an tatsächlich gewährtem Unterhalt zufließt, also das, was er persönlich aus dem Familieneinkommen erhält, ist zu ermitteln, gegebenenfalls aufgrund des Einkommens des Ehepartners, der Zahl der Kinder und des Lebensstandards der Familie zu schätzen (Absatz 3). Hierbei sind die Gerichte nicht überfordert,[50] es wird von ihnen nämlich nicht mehr verlangt als das, was sie auch sonst, wenn sich das Einkommen nicht aus dem Lohnstreifen ergibt, zu leisten haben. Die getroffene und im Familienalltag umgesetzte Entscheidung eines Ehepartners, nicht berufstätig sein zu wollen, wird zu respektieren sein, so dass die Hinzurechnung eines potentiellen Einkommens nach Abs. 2 Satz 2, 2. Alternative nicht möglich ist. Das gilt selbst dann, wenn keine Kinder oder Angehörige zu versorgen sind und der Haushalt klein ist.

Abweichende Meinungen. Die verschiedenen Auffassungen, nicht vom tatsächlich 30
gewährten Unterhalt als Nettoeinkommen auszugehen, sondern von bestimmten hypothetischen Anhaltspunkten, erscheinen auch dann nicht sachgerecht, wenn sich hieraus handlichere Anknüpfungspunkte gewinnen ließen. Denn es geht nicht an, die Bemessung von Geldstrafen bei nicht berufstätigen Ehepartnern generalisierend danach auszurichten, was ihnen allgemein zusteht oder was sie – abstrakt und ohne Berücksichtigung ihrer Lebenssituation – erzielen könnten. Es kommt daher nicht darauf an, was etwa der Ehemann der Nur-Hausfrau für eine *Haushälterin* oder Wirtschafterin aufbringen müsste[51] oder was die Frau bei einer Nebenbeschäftigung erhielte. Der – je nach Hausstand

---

49 OLG Düsseldorf MDR **1984** 959; OLG Köln NJW **1979** 277 und JMBlNW **1983** 126; ähnlich OLG Celle JR **1983** 203; OLG Braunschweig NStZ-RR **2016** 167; *Fischer* Rdn. 9; *Sch/Schröder/Kinzig* Rdn. 11 a; *Albrecht* NK Rdn. 41; *Lackner/Kühl/Kühl* Rdn. 7; *Fischer* Rdn. 9; *Radtke* MK Rdn. 80; *SSW/Claus* Rdn. 9; aus dem älteren Schrifttum: *Horstkotte* Prot. 7 S. 635; *Frank* MDR **1976** 626, 628; *Schall* JuS **1977** 310, 312 Fußn. 37, 61; zum Ganzen ausführlich *Ruth-Ellen Schaeffer* Die Bemessung der Tagessatzhöhe unter Berücksichtigung der Hausfrauenproblematik, 1978.

50 **AA** *Grebing* JZ **1976** 748.

51 So in einer Auslegungsversion *Dreher* StGB[37] Rdn. 9; ähnlich *Seib* in 13. Deutscher Verkehrsgerichtstag 1975 S. 115; hiergegen, insoweit zutreffend, OLG Hamm MDR **1976** 596; *Rüth* in 13.

sehr unterschiedliche – Verdienst einer Haushälterin kann erheblich höher sein als das, was der Hausfrau aus dem Familieneinkommen zufließt. Es ist ein Verstoß gegen die Opfergleichheit, Hausfrauen über ihrem tatsächlichen „Nettoeinkommen" einzustufen. Umgekehrt ist aber auch darauf zu achten, dass insbesondere in wohlhabenden Familien nichtselbstverdienende Ehefrauen aus dem Familieneinkommen unter Umständen mehr erhalten, als eine Wirtschafterin verdient oder verdienen könnte. Auch kann nicht dem Vorschlag von *Horstkotte*[52] gefolgt werden, dem Nettoeinkommen der Nur-Hausfrau lediglich ihren *Taschengeldanspruch* (vgl. § 1360a Abs. 1 BGB) zugrunde zu legen. Das ist nur ein Teil ihres „Nettoeinkommens". Es fehlt an einem überzeugenden Grund, den Naturalunterhalt von Hausfrauen nicht einzubeziehen.[53] Demgegenüber ist der Einwand, dass dieser Unterhaltsanspruch aus dem Familieneinkommen nicht dazu da sei, der Ehefrau die Zahlung einer Geldstrafe zu ermöglichen, und dass auf diese Weise die Ehefrau in eine Abhängigkeit von ihrem Ehemann gerate, nicht stichhaltig: Es ist inzwischen allgemein anerkannt, dass es kein Strafmittel gibt, das bei Personen, die im Familienverband leben, in seiner Wirkung auf den Verurteilten beschränkt bliebe.[54] Dieser unerwünschten, aber unvermeidbaren Nebenfolge jeder Strafe (insbesondere auch der Freiheitsstrafe!) kann nicht auf Kosten der gleichmäßigen Behandlung der Straffälle allein bei Hausfrauen entgegengewirkt werden, ganz abgesehen davon, dass diese Nebenfolge – in vermindertem Maße – auch bliebe, wenn nur vom Taschengeldanspruch ausgegangen würde, um den Preis freilich, dass nicht nur die Opfergleichheit vernachlässigt, sondern die Strafwirkung beeinträchtigt würde. Im Übrigen ist zu bedenken, dass der Taschengeld*anspruch* der Ehefrau nach Grund und Durchsetzbarkeit, vor allem aber der Höhe nach außerordentlich umstritten und nach den jeweiligen Umständen wohl auch variabel ist.[55] Er lässt sich auch nicht leicht realisieren. Demgegenüber lässt sich leichter feststellen oder schätzen, was eine Nur-Hausfrau *tatsächlich* an Naturalunterhalt bezieht *und* an Taschengeld zur Verfügung hat. Allerdings entspricht es täterangepasster Strafzumessung, bei einer Hausfrau die gesetzlich vorgeschriebenen (§ 42) Zahlungserleichterungen so zu bemessen, dass sie die Raten im Wesentlichen mit Mitteln bestreiten kann, die zu ihrer freien Verfügung stehen.

31 Aus ähnlichen Gründen, wie vorstehend ausgeführt, sollte bei der Ermittlung des Nettoeinkommens der Nur-Hausfrau auch nicht auf den Unterhalts*anspruch* abgehoben werden, den sie gegenüber dem Ehemann *im Falle der Scheidung* oder bei Getrenntleben hätte.[56] Was einer Ehefrau nach einer gescheiterten Ehe an Unterhalt zusteht, kann erheblich von dem abweichen, was sie während der Ehe tatsächlich hatte oder für sich in Anspruch nahm. Zwar wird einem solchen Verfahren Praktikabilität nachgerühmt, weil die Strafgerichte auf die Tabellen und Berechnungsschlüssel zurückgreifen können, die zu § 1361 BGB entwickelt worden sind.[57] In der Sache handelt es sich aber hierbei nicht um eine Gleichbehandlung, sondern um eine Schematisierung von möglicherweise un-

---

Deutscher Verkehrsgerichtstag 1975 S. 101; vgl. auch *Geppert/Bath* Jura **1985** 497, 499; *Sch/Schröder/Kinzig* Rdn. 11 a.

52 *Horstkotte* in 13. Deutscher Verkehrsgerichtstag 1975 S. 87 f, anders jedoch Prot. 7 S. 635.

53 Vgl. *Frank* MDR **1976** 626.

54 Vgl. *Baumann* Beschränkung des Lebensstandards anstatt kurzfristiger Freiheitsstrafe 1968 S. 49; *Zipf* ZStW **86** (1974) 529; *Tröndle* ÖJZ **1975** 593; *Frank* MDR **1976** 626.

55 Hierzu insoweit zutreffend OLG Hamm MDR **1976** 596; vgl. ferner LG Berlin NJW **1967** 204; LG Essen FamRZ **1970** 494.

56 So aber *Grebing* ZStW **88** (1976) 1081, JZ **1976** 748; *D. Meyer* MDR **1975** 191; *Dreher* StGB[37] Rdn. 9; *Preisendanz* Anm. 4 b bb und wohl auch *Schall* JuS **1977** 313. Gegen Zugrundelegung des Unterhaltsanspruchs nach Scheidung auch OLG Hamm MDR **1976** 596; *Sch/Schröder/Kinzig* Rdn. 11 a.

57 *Grebing* JZ **1976** 748; *D. Meyer* MDR **1975** 191.

gleichen Sachverhalten. Maßgebend kann immer nur der tatsächlich gewährte Unterhalt sein, was auch die Vertreter dieser Meinung mit dem Hinweis zu erkennen geben,[58] dass „der Lebenszuschnitt der Familie ein zusätzliches Bemessungskriterium nach unten und oben" sei. Zuzugeben ist ferner auch, dass bei der – meist notwendigen – Schätzung dessen, was die Hausfrau an Naturalunterhalt bezieht, ein Blick auf Tabellen und Berechnungsschlüssel Informationswert hat und Anhalt liefern kann, freilich immer korrigiert durch die besonderen Umstände des konkreten Falles. So gesehen, kommen die letztgenannte Auffassung des Schrifttums und die hier vertretene im Ergebnis sich durchaus nahe.

Durchgreifende Bedenken bestehen jedoch dagegen, dem Tagessatz des nicht berufs- 32
tätigen Ehepartners (nach Abzug der Anteile für die unterhaltsberechtigten Kinder) *die Hälfte des Gesamtbetrags der beiden Eheleuten für den Lebensunterhalt zur Verfügung stehenden Mittel* zugrundezulegen.[59]Zum Einen sieht § 40 Abs. 2 keinen „punktuellen Zugewinnausgleich" vor und das Strafgesetz zwingt Ehegatten nicht dazu, ihr Einkommen zu teilen.[60] Zum Anderen besagen die der ehelichen Zugewinngemeinschaft zugrundeliegenden Rechtsgedanken (§ 1378 Abs. 1, § 1371 Abs. 1 BGB), die eine Gleichbehandlung des verdienenden und des haushaltführenden Ehegatten nach beendeter oder gescheiterter Ehe gewährleisten sollen, nichts zur Frage der Bemessung des Tagessatzes bei einer haushaltführenden Ehefrau.[61] Für deren „Nettoeinkommen" kommt es auf den Unterhalt an, den sie bezieht, der wiederum – auch familienrechtlich – mit Fragen des Zugewinnausgleichs nicht zusammenhängt.[62] Im Übrigen geht das Gesetz lediglich vom Nettoeinkommen *des Täters* aus und nicht etwa vom „Familieneinkommen".

Geht man nach der hier vertretenen Meinung beim Nettoeinkommen des nicht be- 33
rufstätigen Ehepartners vom tatsächlich gewährten Naturalunterhalt samt Taschengeld aus, so ist es offensichtlich verfehlt, den Tagessatz der einkommenslosen Hausfrau etwa auf den gesetzlichen Mindestsatz von 1 Euro festzusetzen,[63] und zwar auch bei bescheidenen wirtschaftlichen Verhältnissen der Familie. Denn der Naturalunterhalt liegt regelmäßig deutlich darüber. Für die Bemessung des Tagessatzes bei Nur-Hausfrauen aus minderbemittelten Familien vgl. aber auch unten Rdn. 37 und vor § 40 Rdn. 29.

b) Für **in der Ausbildung stehende Personen** (Schüler, Auszubildende, Studenten, 34
Praktikanten, Volontäre) ergibt sich, falls allgemeines Strafrecht und nicht Jugendstrafrecht Anwendung findet, aus den allgemeinen Regeln zunächst: Ihr Nettoeinkommen ist das, was sie an regelmäßigen Bezügen, also monatlichen Zuwendungen der Eltern, Wohngeld, Leistungen nach Versorgungsrecht oder Zahlungen nach dem Bundesausbildungsförderungsgesetz (BAFöG), ferner aus Erträgen etwaigen Vermögens erhalten.[64] Hinzuzurechnen ist der Wert etwaiger regelmäßiger Sachbezüge (oben Rdn. 27). Denn

---

58 So *Grebing* wie Fußn. 65.

59 OLG Zweibrücken StV **2000** 202; *SSW/Claus* Rdn. 9; *Fischer* Rdn. 9; anders OLG Hamm MDR **1976** 595, für besondere Fälle zustimmend *Schäfer/Sander/van Gemmeren* Strafzumessung Rdn. 88; hiergegen *Frank* JR **1977** 72 und *Geppert/Bath* Jura **1985** 497, 499.

60 NJW **1976** 1111; im Ergebnis ebenso *Frank* JR **1977** 72; *Grebing* ZStW **88** (1976) 1081, JZ **1976** 748; *Horn* JZ **1976** 585, JR **1977** 96; *Rüth* in 13.Deutscher Verkehrsgerichtstag 1975 S. 101; *Blei* JA **1976** 528.

61 Dies verkennt *Seib* (NJW **1976** 2202), der wegen der „klaren und durchsichtigen" Berechnungsmethode dem OLG Hamm glaubt zustimmen zu sollen, ohne die – auch von ihm aaO S. 2203 bekämpften – Konsequenzen dieser Entscheidung zu sehen.

62 Im Ergebnis ebenso *Grebing* ZStW **88** (1976) 1075 f, JZ **1976** 748; *D. Meyer* NJW **1976** 1111; *Frank* JR **1977** 73.

63 Insoweit ist die Auffassung des OLG Hamm MDR **1976** 595 (hierzu aber Rdn. 32) zu billigen.

64 OLG Köln NJW **1976** 636; LG Offenburg NStZ **2006** 40: Orientierung an Bedarfsregelsätzen des BAFöG auch bei Nichtbezug von BAFöG-Leistungen; *Grebing* ZStW **88** (1976) 1082, JZ **1976** 748.

auch hier kommt es – ebenso wie bei allen Tätern (vgl. Rdn. 29) – letztlich auf den Lebenszuschnitt an.[65] Bei der Schätzung gem. Abs. 3 kann auf die Bedarfsregelsätze des § 13 BAFöG zurückgegriffen werden.[66]

35 Bei **Studenten** ergibt sich ein besonderes Problem daraus, dass der Grad der Belastung durch das Studium weitgehend steuerbar ist und deshalb ein Nebenerwerb von vielen Studenten ausgeübt wird, anderen Studenten etwa möglich und zumutbar ist. Sedes materiae ist die Vorschrift des § 40 Abs. 2 Satz 2, nämlich die Frage, ob der Täter ein entsprechendes Einkommen „haben könnte". Die Gefahr einer ungerechten Ungleichbehandlung liegt auf der Hand: Dem zur Aufbesserung seiner geringen Bezüge „nebenbei jobbenden" Studenten, gar dem „Werk-Studenten" gerät sein doppelter Fleiß ohne weiteres zum Nachteil; der gutsituierte Student wird privilegiert, wenn man die Möglichkeit eines zumutbaren Nebenerwerbs außer Betracht lässt. Andererseits kann einer konkreten und bislang partiell realisierten Ausbildungsplanung nicht unter dem Aspekt des § 40 Abs. 2 Satz 2 entgegengehalten werden, dass auch eine andere wirtschaftliche Lebensgestaltung möglich wäre. Für eine Berücksichtigung von Nebenverdienstmöglichkeiten wurden von einzelnen Stimmen in der Literatur Billigkeitserwägungen und eine andernfalls drohende Privilegierung von Studenten ins Feld geführt.[67] Der BGH hat diese Problematik nicht abschließend entschieden, sondern ausgesprochen, dass es nur um eine tatsächliche Beurteilungsgrundlage für die Bemessung des Tagessatzes gehe und der Tatrichter im Übrigen das ihm eingeräumte Ermessen auszuüben habe (BGHSt **27** 212, 215 m. Anm. *Zipf* JR **1978** 163; dazu oben Rdn. 21). Die Rspr. der Oberlandesgerichte ist durchweg „studentenfreundlich". Richtig ist, dass keinesfalls auf dasjenige potentielle Einkommen abgestellt werden darf, das bei Aufgabe des Studiums erzielt werden könnte (OLG Köln VRS **61** 344). Ferner sei grundsätzlich davon auszugehen, dass der Student auch die Semesterferien nicht für ausbildungsfremde Zwecke, sondern seinem Berufsziel entsprechend verwende (OLG Frankfurt a.M. NJW **1976** 635; vgl. auch OLG Frankfurt a.M. VRS **51** 120). Dem Ausbildungsinteresse gebühre – auch bei einem Zweitstudium – der Vorzug (OLG Celle NdsRpfl. **1977** 107; OLG Köln VRS **61** 344). Anderes gelte nur dann, wenn der Student schon bisher einer Nebenbeschäftigung nachgegangen sei und ihr auch weiterhin in zumutbarer Weise nachgehen könne (OLG Hamm MDR **1977** 596; OLG Köln NJW **1976** 636). Die Literatur folgt dem überwiegend.[68] Es wird bei der gebotenen Einzelfallprüfung dem Gedanken der Vorzug zu geben sein, dass die konkrete Lebensplanung, also gegebenenfalls die bereits ins Werk gesetzte Entscheidung für ein Studium ohne Nebenerwerbstätigkeit, zu respektieren ist.

35a In der Wartezeit zwischen studienabschließendem Examen und Beginn des Vorbereitungsdienstes ist die Aufnahme einer Erwerbstätigkeit zumutbar (OLG Köln OLGSt. Nr. 1 zu § 40). Nach dem BAFöG gewährte zinslose Darlehen sind im Umfang des ausgezahlten Kapitals kein Einkommen i.S. von § 40 Abs. 2 Satz 2. Jedoch kann der Zinsgewinn berücksichtigt werden (*Nierwetberg* JR **1985** 316; *Radtke* MK Rdn. 77). Zur Berücksichtigung der späteren Rückzahlung eines BAFöG-Darlehens vgl. BayObLG OLGSt. Nr. 6 zu § 40 und Rdn. 57.

---

65 OLG Hamm MDR **1977** 596; *Fischer* Rdn. 10; *Tröndle* ÖJZ **1975** 593.

66 LG Offenburg NStZ **2006** 596; *Radtke* MK Rdn. 77.

67 *Tröndle* ÖJZ **1975** 589, 593; *D. Meyer* MDR **1975** 188, 191, **1976** 274, 277, **1981** 275, 279; *Seib* DAR **1975** 104, 108, NJW **1976** 2202, 2203.

68 *Sch/Schröder/Kinzig* Rdn. 11 a; *Albrecht* NK Rdn. 42; *Radtke* MK Rdn. 78; *Schäfer/Sander/van Gemmeren* Strafzumessung Rdn. 125; *Frank* MDR **1976** 626, 628; *Grebing* JZ **1976** 745, 748, ZStW **88** (1976) 1049, 1081 f.

c) Auch bei allen übrigen **einkommensschwachen Personen** (Empfängern von sozialen Transferleistungen, Arbeitslosen, Asylbewerbern, Gefangenen und Ordensgeistlichen) kommt es für die Bestimmung des Nettoeinkommens auf die Unterstützung und Fürsorgeleistungen an, denen etwaige Sachbezüge (freie Kost und Wohnung) zuzurechnen sind.[69] 36

aa) Auch bei Empfängern von sozialen Transferleistungen (wie **Sozialhilfeempfängern** und Empfängern von Arbeitslosengeld II) ist vom Nettoeinkommen auszugehen. Es ergeben sich folgende Besonderheiten: Angesichts des Grundsatzes, dass der nach § 17 Abs. 1 Satz 1 Sozialgesetzbuch (SGB) XII gegebene Anspruch auf Sozialhilfe (wie auch der Anspruch auf ALG II nach § 7 Abs. 2 SGB II) dem Berechtigten selbständig zusteht,[70] wäre es verfehlt, etwa vom Gesamttransferaufkommen des Täters und seiner Familie auszugehen und hiervon die Unterhaltsverpflichtungen des Täters gegenüber seinen Familienangehörigen abzuziehen. Vielmehr sind allein die dem Täter zustehenden Leistungen zu berücksichtigen.[71] Der notwendige Lebensunterhalt i.S. von § 27 SGB XII bzw. der Regelbedarf zur Sicherung des Lebensunterhalts i.S. von § 20 SGB II ist höher als das zum Lebensunterhalt Unerlässliche. Mehr als die Differenz zwischen den zustehenden Transferleistungen und dem unerlässlichen Lebensbedarf kann einem Hilfsempfänger mit der Geldstrafe jedoch nicht genommen werden (OLG Stuttgart NJW **1994** 745; OLG Celle StV **1999** 213; OLG Frankfurt/M. StV **2002** 308). Ebenso wie es – zur Kappung von Rigorismen des Nettoeinkommensprinzips – naheliegt, bei einer hohen Anzahl von Tagessätzen die Tagessatzhöhe angemessen zu senken, um die progressive Steigerung der Strafwirkung zu mindern (BGHSt **26** 325, 331, vgl. Rdn. 60), ist bei Einkommensschwachen regelmäßig, insbesondere in der Größenordnung jenseits von 30 Tagessätzen, zu bedenken, dass der nahe am Existenzminimum Lebende unter der Geldstrafe stärker leidet als der Normalverdienende und er insbesondere wesentlich länger braucht, bis er die Schmälerung seiner Mittel wieder ausgeglichen hat. Auch durch eine Gewährung von Zahlungserleichterungen nach § 42, die regelmäßig angezeigt sein dürfte, kann nicht gerechtfertigt werden, die Grenze des zum Lebensunterhalt Unerlässlichen zu überschreiten.[72] Vielmehr ist in diesen Fällen eine Abweichung vom Nettoeinkommensprinzip angezeigt: Es wird ein Tagessatz in Betracht kommen, der unter dem Dreißigstel des monatlichen Nettoeinkommens liegt.[73] Die Beurteilung des Einzelfalles unterliegt – wie stets – dem tatrichterlichem Ermessen. Dabei ist, da es um die Erhaltung des Existenzminimums geht, besondere Sorgfalt geboten.[74] Indes wäre es verfehlt, den Tagessatz für Sozialhilfeempfänger regelmäßig auf den gesetzlichen Mindestsatz von 1 Euro festzusetzen.[75] Solches würde dem Ernst und der Bedeutung einer Kriminalstrafe nicht mehr hinreichend Rechnung tragen.[76] Es ist vielmehr auch hier eine Differenzierung im Rahmen des tatrichterlichen Ermessens geboten.[77] 37

---

69 OLG Frankfurt NStZ-RR **2007** 167; *Fischer* Rdn. 11.
70 BVerwG ZfSH **1978** 219 (noch zu § 11 BSHG).
71 OLG Düsseldorf NStZ **1987** 556 und NJW **1994** 744; *Fischer* Rdn. 11; *Radtke* MK Rdn. 84.
72 *Albrecht* NK Rdn. 43 zutreffend gegen OLG Stuttgart NJW **1994** 745.
73 OLG Köln NJW **1976** 636, **1977** 307 m. Anm. *D. Meyer* 724 und StV **1993** 365; OLG Hamm NJW **1980** 1534, 1535 m. Anm. *D. Meyer* 2480; OLG Hamm NJW **2012** 1239; OLG Stuttgart NJW **1994** 745; OLG Hamburg NStZ **2001** 655; OLG Braunschweig NdsRpfl **2014** 258; *Fischer* Rdn. 11; *Radtke* MK Rdn. 85.
74 Vgl. zur Problematik im allgemeinen *Zipf* ZStW **86** (1974) 525 f.
75 So aber LG Bremen StV **1986** 304 und ähnlich *Albrecht* NK Rdn. 43.
76 Vgl. *Fischer* Rdn. 11.
77 OLG Köln NJW **1977** 307 m. Anm. *D. Meyer* 724; OLG Hamburg NJW **1978** 551 m. Anm. *Naucke* 1171, MDR **1981** 953, JR **1982** 161 m. Anm. *v. Spiegel*; OLG Frankfurt NStZ-RR **2007** 167; vgl. auch *Heghmanns* NStZ **1994** 519, 523; *Vogler* JR **1978** 353, 356; *v. Selle* Gerechte Strafe, 1997, S. 115.

38 Nimmt ein Transferleistungsberechtigter die ihm zustehende Leistung nicht in Anspruch, so ist nach § 40 Abs. 2 Satz 2 regelmäßig vom möglichen Transferleistungsbezug auszugehen.[78] Indes unterliegt auch dies tatrichterlicher Ermessensentscheidung im Einzelfall. Es wird sich einerseits um äußerst randständige Täter aus dem Drogen- und Obdachlosenmilieu handeln, die ihre verschiedenen sozialen Einbindungen gar nicht wahrnehmen, deren Bestrafung letztlich ohnehin nur in der Ersatzfreiheitsstrafe oder günstigstenfalls in einem Substitut dieser münden kann (vgl. *Albrecht* NK Rdn. 45; *Radtke* MK Rdn. 86). Bei Tätern, die aus „Sozialstolz" Leistungen öffentlicher Kassen grundsätzlich nicht in Anspruch nehmen, wird meist nicht auf das potentielle Einkommen abzustellen sein, weil eine grundsätzliche und zu respektierende Entscheidung zur Lebensgestaltung vorliegt (**aA** *Baumann* JZ **1979** 411 und NStZ **1985** 393, 394; vgl. Rdn. 49).

39 **bb)** Bei **Arbeitslosen** ergeben sich Probleme insbesondere aus den Gesichtspunkten der Durchschnittlichkeit des Einkommens und der Möglichkeit anderweitiger Erwerbstätigkeit. So kann eine Phase des Bezuges von staatlichen Leistungen möglicherweise nur einen vorübergehenden Engpass bilden (OLG Hamburg NJW **1975** 2031; OLG Koblenz NJW **1976** 1275). Zudem kommt es darauf an, ob der Täter „unfreiwillig" arbeitslos ist (OLG Karlsruhe Justiz **1986** 308, 309). Könnte er nämlich arbeiten, wenn er nur wollte, ist der Geldstrafe das potentielle Einkommen (Rdn. 49) zugrunde zu legen. Dasselbe gilt, wenn der Täter eine zumutbare, wenn auch geringer dotierte Arbeit ausgeschlagen hat. Die wesentlichen Beurteilungsbedingungen hierfür liefert der jeweils aktuelle Arbeitsmarkt, was realistischer Betrachtung bedarf. Zur Berücksichtigung verschiedener Gesichtspunkte bei der Entziehung der Fahrerlaubnis gegen einen Berufskraftfahrer vgl. BayObLG StV **1999** 651. Zur Berücksichtigung von Sachbezügen (freie Kost und Wohnung im Elternhaus) vgl. OLG Hamm NJW **1976** 1221.

40 **cc)** Für **Asylbewerber** ohne Einkünfte jenseits der Sozialhilfe gelten die oben (Rdn. 37) für Sozialhilfeempfänger genannten Grundsätze.[79]

41 **dd)** Beim Nettoeinkommen von Soldaten war bis zur Aussetzung der Wehrpflicht danach zu unterscheiden, ob es sich um Berufssoldaten und Soldaten auf Zeit, die als Gehaltsempfänger nicht zu den einkommensschwachen Personen gehören, oder um **Wehrpflichtige** handelte. Bei diesen war für das Nettoeinkommen die Höhe des Wehrsoldes (OLG Hamm NJW **1980** 1534) samt des Geldwertes der Naturalbezüge (Verpflegung, Unterkunft und Dienstbekleidung) maßgebend.

42 **ee)** Für **Personen, die freiwillige soziale Dienste (z.B. als Freiwillige iSv § 2 BFDG) erbringen,** muss man alle Geld- und Naturalleistungen ansetzen, die sie aufgrund ihrer Tätigkeit erhalten.[80,81]

43 **ff) Gefangene** (Untersuchungs- und Strafgefangene, nach Maßregelrecht oder Landesunterbringungsrecht Untergebrachte, Abschiebehäftlinge) sind wohl die einzige Personengruppe, für die der niedrigste gesetzliche Tagessatz von einem Euro theoretisch

78 OLG Frankfurt NStZ-RR **2007** 167; *Radtke* MK Rdn. 86.
79 Vgl. OLG Stuttgart StV **2009** 131; OLG Oldenburg NStZ-RR **2008** 6; OLG Dresden NJW **2009** 2966.
80 *Radtke* MK Rdn. 88.
81 *Radtke* MK Rdn. 89.

überhaupt in Betracht kommt und sogar regelmäßig anzusetzen sein wird.[82] Bei ihnen ist, sofern sie nicht andere Einkünfte haben, – unter Berücksichtigung von Unterhaltspflichten[83] – auf das Taschengeld (§ 46 StVollzG bzw. die entsprechenden Vorschriften der Landesstrafvollzugsgesetze) und das etwa erzielte Arbeitsentgelt (§ 43 Abs. 1 bis 4, § 200 StVollzG bzw. Landesstrafvollzugsgesetze) unter Berücksichtigung der Hausgeldregelung (§ 47 StVollzG bzw. Landesstrafvollzugsgesetze) abzustellen[84] Bei Gefangenen, die in einem freien Beschäftigungsverhältnis stehen (§ 39 Abs. 1, § 11 Abs. 1 Nr. 1 StVollzG bzw. Landesstrafvollzugsgesetze), sind die Einkünfte das Arbeitsentgelt nach Abzug von Lohnsteuer und Sozialversicherungsbeiträgen.[85] Die durch den unfreiwilligen Aufenthalt in der Justizvollzugsanstalt ersparten Aufwendungen für Verpflegung und Unterkunft bleiben bei allen Gefangenen außer Ansatz.[86]

gg) Bei einem **Ordensgeistlichen**, der von seinem Orden alimentiert wird und ein Taschengeld erhält, ist lediglich der tatsächliche Lebenszuschnitt zugrunde zu legen. Verfehlt wäre es, auf die qualifizierte Arbeit des Ordensgeistlichen als Akademiker abzustellen und gar das Besoldungsrecht des öffentlichen Dienstes heranzuziehen (OLG Frankfurt a.M. NJW **1988** 2624). Hierin liegt ein besonders plausibler Fall der Unanwendbarkeit der Vorschrift des § 40 Abs. 2 Satz 2, 2. Alternative. Dem korrespondiert, dass auch im Zivilrecht einem durch einen Verkehrsunfall verletzten Ordensgeistlichen bei entsprechender Einkommenssituation ein Anspruch auf Verdienstausfallschaden nicht zuerkannt wird (OLG Celle NJW **1988** 2618). 44

9. Besondere Einkommensarten

a) Zum Nettoeinkommen zählt auch alles, was dem Täter an **Naturalbezügen und sonstigen unbaren Vorteilen** zufließt. Diese Vorteile werden allerdings regelmäßig geschätzt (Abs. 3, unten Rdn. 68ff) werden müssen. 45

Bei *Arbeitnehmern* sind dies die Sachwerte, die außer dem Barlohn zur Verfügung gestellt werden, z.B. freie Kost und Logis,[87] Wohnung des Hausmeisters, Personenkraftwagen des Handlungsreisenden;[88] nicht jedoch der bloße Haustrunk des Brauereiarbeiters oder der Rabatt für Personal eines Kaufhauses, da es immer nur auf Sachwerte ankommen kann, die die wirtschaftlichen Verhältnisse des Täters spürbar beeinflussen.[89] 45a

Bei *Selbstständigen* und *freiberuflich Tätigen* sind dem Nettoeinkommen die Vorteile zuzurechnen, die sich aus der privaten Nutzung von Geschäftseinrichtungen ergeben.[90] Zur Bewertung des Einkommens eines „billig" arbeitenden künftigen Hoferben OLG Köln MDR **1979** 691. 45b

---

82 Nach OLG Frankfurt StV **2015** 178 bedarf die Überschreitung der Tagessatzhöhe von einem Euro der besonderen Begründung.
83 *Schäfer/Sander/van Gemmeren* Strafzumessung Rdn. 128.
84 Vgl. BayObLG NJW **1986** 2842; OLG Köln OLGSt Nr. 35 zu § 40; OLG Hamm NStZ-RR 2015 139; *Albrecht* NK Rdn. 44.
85 *Radtke* MK Rdn. 79.
86 OLG Hamm NStZ-RR **2015** 139.
87 OLG Hamm NJW **1976** 1221.
88 So *Frank* MDR **1976** 627, NJW **1976** 2332.
89 So richtig *Schall* JuS **1977** 310 Fußn. 40, insoweit zu Recht gegen *Frank* MDR **1976** 627.
90 BayObLG VRS **60** 103 zu „Gebrauchsvorteilen" eines GmbH-Geschäftsführers; *Tröndle* ZStW **86** (1974) 585; *Frank* JR **1978** 30.

46 **b) Einkünfte aus Gewerbebetrieb** sind Nettoeinkommen. Die Art der Verwendung von Entnahmen ist ohne Bedeutung.[91]

47 **c)** Der **„Mietwert" des selbstgenutzten Eigenheims** gehört ebenfalls zum Nettoeinkommen,[92] freilich nur insoweit, als der Nutzungsvorteil nicht durch die Leistung von Schuldzinsen für den Erwerb des Eigenheims aufgezehrt wird[93] (vgl. unten Rdn. 57).

48 **d) Einkünfte aus Vermögen** (Zinsen, Dividende, Gewinnausschüttungen oder anders bezeichnete Gewinne) zählen zum Nettoeinkommen. In Grenzfällen, namentlich bei Gewinnen aus Aktiengeschäften, wird eine Anlehnung an die steuerrechtliche Regelung (scil. die „Spekulationsfrist") naheliegen. Schließlich gehören Einkünfte **aus Vermietung und Verpachtung** ohne jede Einschränkung zum Nettoeinkommen.[94]

10. Die weiteren besonderen Maßstäbe des Abs. 2 Satz 2

49 **a)** In Abs. 2 Satz 2 stellt das Gesetz dem tatsächlichen Nettoeinkommen dasjenige Nettoeinkommen gleich, das der Täter *„haben könnte"* **(potentielles Einkommen).** Auch was der Täter an Einkünften erzielen kann, gehört zu seiner wirtschaftlichen Leistungsfähigkeit.[95] Es darf dem Täter nicht zugutekommen, dass er seine Arbeitskraft brach liegen lässt, seine wirtschaftliche Leistungsfähigkeit bewusst herabsetzt oder in eine schlechter bezahlte Arbeitsstelle überwechselt.[96] Das potentielle Einkommen ist indessen nur dann heranzuziehen, wenn das Einwirkungsziel der Geldstrafe nicht erreicht würde, falls man nur vom tatsächlichen (baren oder unbaren) Einkommen ausginge.[97] Es kommt also nicht darauf an, ob bei abstrakter Betrachtung der Täter mehr verdienen könnte. Vielmehr ist nach der *konkreten Lebenssituation* zu beurteilen, ob es ihm zuzumuten ist, potentiellen Erwerbsquellen nachzugehen.[98] Die Entscheidung für eine bestimmte Lebensgestaltung ist zu respektieren.[99] Nach der Rspr. der Oberlandesgerichte soll Kriterium sein, ob der Angeklagte zumutbare Erwerbsmöglichkeiten „ohne billigenswerten Grund"[100] nicht wahrnimmt. Auf eine etwaige „Pflichtwidrigkeit"[101] kommt es gewiss nicht an.[102] Ein Richtungshinweis lässt sich auch der – freilich eine andere Regelungsmaterie betreffenden – Entscheidung BVerfGE **58** 358, 364 entnehmen, wonach die Bewährungsauflage, „unverzüglich ein Arbeitsverhältnis zu begründen", nicht erteilt werden darf.[103]

---

91 BGH bei Spiegel DAR **1980** 199, 200; zu Entnahmen eines Komplementärs aus einer mit Verlust arbeitenden Kommanditgesellschaft BayObLG bei Rüth DAR **1978** 207.
92 BGH wistra **2008** 19; *Radtke* MK Rdn. 51.
93 BayObLG JZ **1977** 353, 355 m. Anm. *Frank* JR **1978** 30 und MDR **1976** 627, NJW **1976** 2329, 2332; BayObLG StV **1999** 651, 652; OLG Celle NStZ-RR **2012** 138.
94 *Radtke* MK Rdn. 67; zu Verlusten aus Vermietung BayObLG bei *Rüth* DAR **1978** 207.
95 *Wolters* SK Rdn. 12; *Frank* MDR **1976** 627.
96 BayObLG NStZ **1988** 499; *Sch/Schröder/Kinzig* Rdn. 11.
97 OLG Frankfurt a.M. NJW **1988** 2624; *Fischer* Rdn. 8; *Bems* Tagessatzsystem S. 82; *Frank* MDR **1976** 627; *Schäfer/Sander/van Gemmeren* Strafzumessung Rdn. 116; *von Selle* Gerechte Geldstrafe S. 197 f.
98 OLG Köln NJW **1977** 307; vgl. auch OLG Hamm NJW **1978** 230, 231.
99 Vgl. OLG Köln NJW **1979** 277 m. Anm. *Baumann* JZ **1979** 411; *Albrecht* NK Rdn. 45; *Zipf* ZStW **86** (1974) 513, 525 und JurBl. **1977** 308; *Frank* MDR **1976** 626, 627; *SSW/Claus* Rdn. 12; *Radtke* MK Rdn. 89.
100 BayObLG bei *Rüth* DAR **1984** 238; NStZ **1988** 499 und **1998** 464 m. Anm. *Krehl* NStZ **1999** 189 und Anm. *Dölling* JR **1999** 215; KG StV **2000** 203; vgl. auch OLG Hamm NJW **1978** 230; ebenso *Fischer* Rdn. 8.
101 So aber OLG Celle NdsRpfl. **1977** 108; *Krehl* Die Ermittlung der Tatsachengrundlage S. 53.
102 Schon gar nicht geht es um eine Art „Lebensführungsschuld", vgl. *Brandis* Geldstrafe und Nettoeinkommen S. 202.
103 Vgl. auch *Albrecht* NK Rdn. 45.

Das Prinzip der Respektierung der Entscheidung für eine bestimmte Lebensgestaltung gilt jedenfalls für die Hausfrauenehe[104] bzw. vergleichbare Lebensgestaltungen und für die Aufnahme eines Studiums. Bei einem Studenten darf nicht etwa das Einkommen angesetzt werden, das er bei Aufgabe seines Studiums erzielen könnte.[105] Es ist auf die Belastung im Rahmen des Studiums abzustellen.[106] Insbesondere kann die Erteilung von Nachhilfestunden oder ähnliche Nebentätigkeit zumutbar sein.[107] Im gewerblichen Bereich sollten an die Zumutbarkeit einer möglichen Tätigkeit keine allzu hohen Anforderungen gestellt werden.[108] Jedoch lässt der – wenn auch selbst verschuldete – Verlust der Fahrerlaubnis keinen Rückgriff auf das bei bestehender Fahrerlaubnis mögliche Einkommen zu.[109] **49a**

Bei einem Gefangenen darf nicht das Einkommen zugrundegelegt werden, das er haben könnte, wenn er sich in Freiheit befände.[110] Wohl kann aber auf das Einkommen abgestellt werden, das er bei Erfüllung seiner vollzuglichen Arbeitspflicht erzielen könnte.[111] Bei einem Ordensgeistlichen ist allein auf die Zuwendungen seitens des Ordens abzustellen.[112] Potentielle Vermögenserträgnisse sind – wenn solche denn festgestellt werden können – zu berücksichtigen.[113] Die Erwägung, das auf Familienangehörige übertragene Vermögen und das daraus fließende Einkommen könnten dem Täter zugerechnet werden, kann rechtsfehlerhaft sein.[114] **49b**

Von selbst versteht es sich, dass bei der Ermittlung des potentiellen Einkommens die jeweilige Lage auf dem Arbeitsmarkt maßgebend ist.[115] Wer hingegen nach dem Gesagten gehalten ist, potentielle Erwerbsquellen einzusetzen, wird im Zweifel *jede* Arbeit, die er zu leisten in der Lage ist, annehmen müssen. Das folgt aus dem Ernst der staatlichen Strafsanktion, die, um ähnlich fühlbar zu sein wie eine Freiheitsstrafe, vom Verurteilten auch außerordentliche Anstrengungen abfordert und hinter der im Falle der Uneinbringlichkeit eine Ersatzfreiheitsstrafe steht. **49c**

b) Das Gesetz geht vom **durchschnittlichen** Nettoeinkommen aus, das der Täter an einem Tag hat oder haben kann. Es kommt also nicht auf das besonders günstige oder besonders ungünstige Tageseinkommen an, das der Täter zur Zeit der Entscheidung gerade bezieht.[116] Auch hier ist das Nettoeinkommen maßgebend, das den *Lebenszuschnitt* des Täters bestimmt. Bei Personen, die im Wesentlichen gleichbleibende Bezüge haben, bietet diese Frage keine Probleme, wohl aber bei freiberuflich Tätigen oder anderen Personen, deren Einkünfte stark variieren. In diesen Fällen wird man – vom Zeitpunkt der Entscheidung ausgehend (dazu Rdn. 51) – *zunächst* einmal die zurückliegenden Einkünfte für denjenigen Zeitraum festzustellen haben, der das *Durchschnitts*einkommen des Täters erkennbar macht,[117] und hieraus das Tagesnettoeinkommen errechnen. **50**

---

104 OLG Köln NJW **1979** 277 m. Anm. *Baumann* JZ **1979** 411; BayObLG bei Rüth DAR **1978** 206.
105 OLG Köln VRS **61** 344; vgl. aber BGHSt **27** 212, 214 m. Anm. *Zipf* JR **1978** 163.
106 OLG Celle NdsRpfl. **1977** 107.
107 So OLG Köln OLGSt § 40 Nr. 1 zur Übergangszeit zwischen Studium und Referendariat.
108 Vgl. BGH bei *Dallinger* MDR **1975** 541.
109 OLG Koblenz StV **1998** 424.
110 OLG Zweibrücken GA **1979** 72.
111 OLG Köln StV **2016** 570.
112 OLG Frankfurt a.M. NJW **1988** 2624.
113 OLG Celle NStZ **1983** 315 m. Anm. *Schöch.*
114 BGH NJW **1993** 408.
115 OLG Düsseldorf NStZ **1998** 464; *Wolters* SK Rdn. 12.
116 Schon *Horstkotte* Prot. 7, S. 635.
117 *Fischer* Rdn. 6; *Wolters* SK Rdn. 10; *Lackner/Kühl/Kühl* Rdn. 8; *Sch/Schröder/Kinzig* Rdn. 10; *Frank* MDR **1976** 628; *Roos* NJW **1976** 1483.

51 **c) Das Zeitpunktproblem:** Für die Bestimmung der Höhe des Tagessatzes sind grundsätzlich die Einkommensverhältnisse zum Zeitpunkt der letzten tatrichterlichen Verhandlung maßgeblich.[118] Dabei ist insbesondere zu berücksichtigen, dass der Gesetzgeber sich gegen die Laufzeitgeldstrafe nach dem Vorbild von § 49 AE entschieden hat, die eine Orientierung an den künftigen Einkommensverhältnissen bedingt hätte. Gleichwohl kann die Orientierung an den Verhältnissen im Urteilszeitpunkt keine rigorose sein. Vielmehr sind folgende Einschränkungen geboten: Zunächst können früher erlangte Vermögenswerte von Bedeutung sein, wenn sie zur Zeit des Urteils noch vorhanden sind.[119] Zudem kann es dem Richter nicht geboten sein, die Augen davor zu verschließen, dass sich die Einkommensverhältnisse des Täters demnächst ändern werden.[120] So hat BGHSt **26** 325, 328 – zwar primär für die sich aus § 41 ergebenden Fragen, aber vergleichend auch für die hier vorliegende Problematik – es für sinnvoll erklärt, auf den Zeitraum abzustellen, in dem die Geldstrafe zu zahlen ist. Konkret zu erwartende Einkommensverbesserungen sind daher zu berücksichtigen, unbestimmte Aussichten sind es dagegen nicht.[121] Im umgekehrten Fall, nämlich bei konkret zu erwartenden Einkommensverschlechterungen, kann schwerlich etwas anderes gelten. Indes besteht hier eine scheinbare Konkurrenz mit der Regelung des § 42. Diese Vorschrift akzentuiert mit den Worten „nicht zuzumuten, die Geldstrafe sofort zu zahlen" zwar den Entscheidungszeitpunkt.[122] Gleichwohl muss auch hier dem Richter – im Rahmen seiner Ermessensentscheidung – die Berücksichtigung der konkret zu erwartenden Einkommensentwicklung erlaubt sein.[123]

51a Vor diesem Hintergrund stehen folgende Hinweise: Einkommensveränderungen vorübergehender Art, insbesondere wirtschaftliche Engpässe bleiben regelmäßig außer Betracht, auch eine mehrmonatige Arbeitslosigkeit,[124] falls in absehbarer Zeit wieder mit einer Rückgliederung in den Arbeitsprozess und mit den bisherigen Einkünften zu rechnen ist. Zeichnet sich hingegen ab, dass sich die Einkommensverhältnisse mit Sicherheit ändern und es voraussichtlich auch künftig bei einer solchen Änderung verbleibt, so ist das Durchschnittseinkommen hieraus zu entnehmen.[125] Bei Personen, die aus dem Beruf ausscheiden, kann es für das Nettoeinkommen, je nachdem wann die Zurruhesetzung bevorsteht, bei der Errechnung des Durchschnittseinkommens anteilig auf das Arbeits- und das Renteneinkommen ankommen. Bei einem Studenten oder Auszubildenden, der vor dem Abschluss steht und in absehbarer Zeit mit (höheren) Einkünften rechnen kann, kann das Nettoeinkommen, das er nach dem Abschluss haben wird, berücksichtigt werden.[126]

52 **d)** Das **Nettoeinkommen**, das der Täter **an einem Tag** hat oder haben könnte, ist nach Abs. 2 Satz 2 maßgeblich. Verfehlt wäre es, etwa allein die Arbeitstage des Täters

---

118 BGHSt **26** 325, 328; **28** 360, 362; BGHR StGB § 40 Abs. 2 Satz 1 Einkommen 2; *Lackner/Kühl/Kühl* Rdn. 16; *Radtke* MK Rdn. 71; *Sch/Schröder/Kinzig* Rdn. 10; *D. Meyer* MDR **1975** 190 und **1977** 17.

119 BGHR StGB § 40 Abs. 2 Satz 1 Einkommen 2; *Frank* MDR **1976** 629.

120 Vgl. *Horstkotte* Prot. 7, S. 635 und 13. Deutscher Verkehrsgerichtstag 1975, S. 77, 80 ff; kritisch *Grebing* ZStW **88** (1976) 1049, 1096 f.

121 BGHR StGB § 40 Abs. 2 Satz 1 Einkommen 2 und 3; OLG Hamm JR **1978** 165 m. Anm. *Grebing* S. 142.

122 Vgl. auch RGSt **64** 207, 208 zu der im Wesentlichen gleichen Vorschrift des § 28 a.F.; dazu auch *Horn* NJW **1974** 625, 627.

123 Vgl. *Lackner/Kühl/Kühl* Rdn. 16.

124 Insoweit richtig OLG Hamm OLGSt. § 40 StGB S. 31; so ferner OLG Hamburg NJW **1975** 2030, freilich erscheint der Leitsatz dieser Entscheidung („die Höhe der Arbeitslosenunterstützung hat insofern regelmäßig nur geringe Bedeutung") zu weitgehend. Vgl. auch OLG Koblenz NJW **1976** 1275; OLG Düsseldorf VerkMitt. **1976** Nr. 129; OLG Schleswig SchlHA **1977** 177.

125 BGHSt **26** 325, 329; *D. Meyer* MDR **1977** 17; vgl. hierzu *Zipf* JusBl. **1977** 307.

126 OLG Celle NdsRpfl. **1977** 107, 108.

zugrunde zu legen. Die Höhe des Tagessatzes bestimmt sich nicht nach der Zahl der Arbeitstage, sondern nach der Zahl aller in den Einkommenszeitraum fallenden Tage; denn seinen Lebensunterhalt muss der Täter auch an arbeitsfreien Tagen bestreiten. Beim Monatseinkommen müssen deshalb 30 Tage berücksichtigt werden.[127]

11. Abweichungen vom Nettoeinkommen

Nichts wird so heiß gegessen, wie es gekocht wird. Dem trägt die Regelung des Abs. 2 Satz 2 Rechnung, wonach das Gericht „in der Regel" vom Nettoeinkommen des Täters „auszugehen" hat (s. dazu Rdn. 20 bis 24). Das nach den vorstehend (Rdn. 25 bis 52) genannten Regeln ermittelte Nettoeinkommen bildet die Richtlinie für die Festsetzung der Tagessatzhöhe. Das Gericht steht vor der Möglichkeit und der Pflicht, die Tagessatzhöhe den persönlichen Verhältnissen des Täters, insbesondere seiner wirtschaftlichen Belastbarkeit anzupassen.[128] Dabei ist auch das sich aus Tagessatzzahl und Tagessatzhöhe ergebende Produkt in den Blick zu nehmen. *Naucke*[129] bezeichnet die Kontrolle des Berechnungsverfahrens anhand der sich ergebenden Gesamtsumme gar als dritten Zumessungsschritt, während allgemein als dritte Phase der Geldstrafenbemessung die Entscheidung über Zahlungserleichterungen bezeichnet wird (s. vor § 40 Rdn. 50, 53). Es kommen Abweichungen nach unten und nach oben in Betracht. Die möglichen Abweichungen nach unten knüpfen zum einen an besondere wirtschaftliche Belastungen des Täters, insbesondere Unterhaltspflichten, Schuldverbindlichkeiten und außergewöhnliche Belastungen (dazu Rdn. 54 bis 59), zum anderen an eine besonders hohe Tagessatzzahl (dazu Rdn. 60) an. Eine Abweichung vom Nettoeinkommen nach oben kommt im Hinblick auf das Vermögen des Täters in Betracht (Rdn. 61 bis 63). Andere etwaige Gründe für eine Abweichung nach oben werden regelmäßig versagen (Rdn. 64 bis 66). 53

a) Abweichungen vom Nettoeinkommen nach unten

aa) Unterhaltspflichten sind bei der Festsetzung der Tagessatzhöhe **angemessen zu berücksichtigen.** Um dies als Ausfluss des Grundsatzes der Opfergleichheit zu qualifizieren, braucht man nicht einmal den Vergleich zwischen einem Alleinstehenden und dem Ernährer einer großen Familie zu bemühen. Schon eine einzige Unterhaltspflicht begründet einen wesentlichen, rechtlich zu beachtenden Unterschied[130] in der Leistungsfähigkeit. Dabei geht es auch um eine Minimierung der Drittwirkung der Geldstrafe[131] (s. dazu vor § 40 Rdn. 29). Deshalb gehen die heute einheitliche Rechtsprechung[132] und die allgemeine Lehre[133] davon aus, dass jede – ggf. auch die einzige – Unterhaltspflicht des Täters zu berücksichtigen ist. Die noch im Gesetzgebungsverfahren und unmittelbar nach der Einführung 54

---

127 BGH bei *Holtz* MDR **1979** 454; vgl. auch *Brandis* Geldstrafe und Nettoeinkommen S. 188 f; vgl. zudem *Fleischer* Die Strafzumessung bei Geldstrafen S. 263 ff mit dem Vorschlag, das tägliche Durchschnittseinkommen nach dem Jahreseinkommen zu berechnen.

128 *Fischer* Rdn. 21; *Schäfer/Sander/van Gemmeren* Strafzumessung Rdn. 108.

129 Anm. zu OLG Hamburg NJW **1978** 551, 1171.

130 Vgl. auch BVerfGE **103** 242 (zur Bemessung des Beitrages zur sozialen Pflegeversicherung).

131 *Wolters* SK Rdn. 6.

132 BGH Urteil vom 17. März 1995 – 4 StR 98/ 95 –; BGH wistra **2008** 19; BGHR § 40 Abs. 2 S. 1 Einkommen 6; KG NZV **2010** 530; OLG Braunschweig NStZ-RR **2016** 167; OLG Celle JR **1977** 382 m. Anm. *Tröndle*; OLG Oldenburg MDR **1975** 1038; OLG Schleswig MDR **1976** 243; OLG Hamburg MDR **1976** 156; OLG Hamm wistra **2007** 191; OLG Koblenz NJW **1976** 1276; OLG Karlsruhe Die Justiz **1976** 393; BayObLG MDR **1986** 694; OLG Düsseldorf NJW **1977** 260; OLG Köln VRS **53** 180; OLG Stuttgart NJW **1995** 67.

133 *Albrecht* NK Rdn. 33; *Wolters* SK Rdn. 9; *Sch/Schröder/Kinzig* Rdn. 14; *Fischer* Rdn. 14; *Maurach/Gössel/Zipf/Dölling* S. 725; *D. Meyer* MDR **1981** 275, 277; differenzierend *Radtke* MK Rdn. 96 ff.

des Tagessatzsystems gelegentlich vertretene Ansicht, dass nur „überdurchschnittliche Unterhaltsverpflichtungen", z.B. solche für mehr als zwei Kinder, Abweichungen vom Nettoeinkommen rechtfertigen könnten,[134] ist überholt. Nur die (im Zeitpunkt des letzten tatrichterlichen Urteils – vgl. Rdn. 51) regelmäßig tatsächlich gezahlten Unterhaltsbeträge, nicht etwa errechnetermaßen geschuldete Beträge sind zu berücksichtigen.[135] Innerhalb einer **Bedarfsgemeinschaft** (vgl. § 7 Abs. 2 und 3 SGB II) geleistete Unterhaltszahlungen an Lebensgefährten sind selbst dann abzuziehen, wenn keine gesetzliche Unterhaltspflicht besteht; vorausgesetzt, der gezahlte Unterhalt kann gem. § 33a Abs. 1 S. 2 EStG bei dem steuerpflichtigen Täter als außergewöhnliche Belastung berücksichtigt werden.[136] Können die tatsächlich gezahlten Beträge festgestellt werden, so bestehen keine Probleme: Die Zahlungsbeträge sind angemessen zu berücksichtigen. Indes ist die tatsächliche Zahlung oft schwer zu ermitteln, zumal da die Unterhaltsempfänger oder ihre Vertreter im Strafverfahren regelmäßig ein Zeugnisverweigerungsrecht aus § 52 StPO haben und ihr persönliches Interesse oft der Ermittlung der Wahrheit widerstreitet: Je höher die Geldstrafe ausfällt, desto geringer ist die Erwartung künftiger Unterhaltszahlungen. Deshalb empfiehlt sich die Anwendung der bei Rdn. 56 dargestellten Faustregel. Bei alledem gelten für den Tatrichter keine starren Regeln. Er hat den Besonderheiten des Einzelfalles im Rahmen seines Strafzumessungsermessens Rechnung zu tragen.[137] Dementsprechend ist es den Revisionsgerichten versagt, etwa Regeln über bestimmte Berechnungsmethoden aufzustellen. Vielmehr haben die Revisionsgerichte bei der Bestimmung der Höhe eines Tagessatzes wie auch sonst bei der Strafzumessung nur nachzuprüfen, ob die persönlichen und wirtschaftlichen Verhältnisse des Täters ausreichend festgestellt und in rechtsfehlerfreier Weise berücksichtigt sind. Das Revisionsgericht muss im Einzelfall die Wertung des Tatrichters „bis zur Grenze des Vertretbaren" hinnehmen. Das folgt aus der Ermessensfreiheit, die das Gesetz dem Tatrichter einräumt, indem es ihm – aus guten Gründen – nur allgemeine Anhaltspunkte für die Bestimmung des Tagessatzes gibt.[138]

55 In dem damit gesteckten Rahmen mag der Tatrichter zunächst den Blick auf die **familienrechtlichen Regelungen** nehmen und an diese bei seinen weiteren Erwägungen anknüpfen. Diese Regelungen sind für den Kindesunterhalt die Vorschriften der §§ 1610ff BGB (i.V. mit der Mindestunterhaltsverordnung).[139]Die Mindestunterhaltsverordnung fixiert jedoch lediglich den das sozial- und steuerrechtliche Existenzminimum abdeckenden Mindestunterhalt und erfasst die niedrigste Einkommensgruppe von „bis 1500 Euro".[140] Im Bereich höherer Einkommen sind zur Ermittlung des geschuldeten (damit noch nicht auch des im hiesigen Zusammenhang anzurechnenden) Unterhalts die „Düsseldorfer Tabelle" oder entsprechende Tabellen anderer Oberlandesgerichte heranzuziehen, die die familienrechtliche Spruchpraxis regelmäßig – für alle Einkommensgruppen – anwendet. Für den Unterhalt unter Ehegatten in und nach der Scheidung gilt folgen-

134 Dazu *Tröndle* LK[10] Rdn. 41.

135 BayObLG NStZ **1988** 499; OLG Celle JR **1977** 382 m. Anm. *Tröndle*; OLG Schleswig SchlHA **1978** 181; *Fischer* Rdn. 14; *Albrecht* Rdn. 33; *Sch/Schröder* Rdn. 14; *Jescheck/Weigend* S. 771 Fn. 20; *Maurach/Gössel/Zipf/Dölling* S. 722; *Schäfer/Sander/van Gemmeren* Strafzumessung Rdn. 121; *Krehl* NStZ **1989** 463, 464; *von Selle* Gerechte Geldstrafe S. 208.

136 KG StraFo **2014** 165; *Radtke* MK Rdn. 96 .

137 BGHSt **27** 212, **27** 228; BGH wistra **2008** 19; BayObLG DAR **1978** 207; OLG Braunschweig VRS **53** 262, 263; OLG Celle JR **1977** 382 m. Anm. *Tröndle*; OLG Düsseldorf VRS **68** 449, 451.

138 BGHSt **27** 212, 215.

139 Verordnung zur Festlegung des Mindestunterhalts minderjähriger Kinder nach § 1612a Abs. 1 des Bürgerlichen Gesetzbuchs (Mindestunterhaltsverordnung) vom 3. Dezember 2015 (BGBl. I S. 2188), zuletzt geändert durch die Verordnung vom 28. September 2017 (BGBl. I S. 3525).

140 *Palandt/Brudermüller* § 1612a Rdn. 2.

des: Der Unterhalt bestimmt sich für die Phase des Getrenntlebens nach § 1361 BGB, für die Zeit nach Scheidung der Ehe nach §§ 1569ff BGB. Hieran sollte der Tatrichter sich im gegebenen Fall orientieren, wenn er nicht ein Berechnungsmodell der in Rdn. 56 genannten Art anwendet.

Statt solcher an den familienrechtlichen Einzelregelungen orientierten Berücksichtigung des Unterhalts ist es auch zulässig, die entsprechenden Abschläge nach einer **Faustregel** zu bestimmen. Dafür bietet sich das von *Tröndle*[141] vorgeschlagene Modell an, wonach für die einkommenslose Ehefrau 20% und für unterhaltsberechtigte Kinder jeweils etwa 10% – mit Abweichungen nach unten und oben je nach Kinderzahl, Alter und Ausbildungsstand – vom Nettoeinkommen abzuziehen sind.[142] Dieses Berechnungsmodell ist leicht zu handhaben und führt in allen Durchschnittsfällen zu gerechten Ergebnissen. Etwaigen Besonderheiten der Familien- und Einkommenssituation kann darüber hinaus Rechnung getragen werden. Da die Art und Weise der Berücksichtigung der Unterhaltsverpflichtung in tatrichterlichem Ermessen steht, hat das KG auch im Einzelfall einen Abzug von 25 % für den Ehegatten und von 15 % für jedes Kind als rechtsfehlerfrei gebilligt.[143] 56

bb) Bei der Festsetzung der Tagessatzhöhe können im Rahmen der tatrichterlichen Einzelfallentscheidung neben Unterhaltsverpflichtungen auch **andere Schuldverbindlichkeiten** mitberücksichtigt werden. Das Nettoeinkommensprinzip (Rdn. 25) legt in dieser Hinsicht jedoch Zurückhaltung nahe.[144] Nicht etwa sind in diesem Zusammenhang allgemeine Verbindlichkeiten aus der Lebenshaltung wie Miete, Energieversorgungskosten oder Versicherungsbeiträge und schon gar nicht regelmäßig anfallende Ausgaben für Kost, Kleidung und PKW oder Fahrten zur Arbeit zu berücksichtigen.[145] Es kommen vielmehr nur überdurchschnittliche Belastungen in Betracht.[146] Im übrigen kann im Wege von *Zahlungserleichterungen* (§ 42) in vielen Fällen der Verurteilte in die Lage versetzt werden, für Geldstrafe und Schulden aufzukommen. Es muss nämlich verhindert werden, dass eine weitgehende Verplanung der flüssigen Mittel die Zugriffsmöglichkeiten der Geldstrafe schmälert.[147] Einem Verurteilten ist im übrigen regelmäßig zuzumuten, um eine Kriminalstrafe zahlen zu können, seinen Schuldentilgungsplan – auch unter Übernahme höherer Zinsverpflichtungen – zugunsten der Bezahlung der Geldstrafe umzustellen.[148] Auf die Festsetzung der Tagessatzhöhe bleibt es ohne Einfluss, wenn der Täter etwa aus Spekulation oder auch nur zur Anlegung seiner Mittel z.B. Grundstücke ankauft und zur Bestreitung des (Rest-)Kaufpreises Schuldverbindlichkeiten eingeht. Noch weniger ist es angängig, bei der Festsetzung des Tagessatzes Personen, die wegen aufwendigen Lebenswandels verschuldet sind, gegenüber solchen, die ihren Verhältnissen entsprechend leben, zu bevorzugen.[149] 57

---

141 LK[10] Rdn. 45ff.
142 Zustimmend *Jescheck/Weigend* S. 771 Fn. 20; *Schäfer/Schäfer/van Gemmeren* Strafzumessung Rdn. 121; vgl. auch *Wolters* SK Rdn. 10; *Radtke* MK Rdn. 99.
143 KG VRS **126** 97; KG NStZ-RR **2010** 306.
144 So schon 13. Deutscher Verkehrsgerichtstag 1975 DRiZ **1975** 148; s. a. Große Strafrechtskommission des Deutschen Richterbundes, Gutachten „Die Geldstrafe" (1998) S. 100ff.
145 OLG Celle NJW **1975** 2029 m. Anm. *Tröndle* JR **1975** 472; OLG Karlsruhe MDR **1977** 65; *Sch/Schröder* Rdn. 14 a; *Maurach/Gössel/Zipf/Dölling* S. 724; *Fischer* Rdn. 15.
146 BGH Urteil vom 10. Februar 1981 – 1 StR 515/80 –; OLG Celle JR **1977** 382 m. Anm. *Tröndle*; *Sch/Schröder/Kinzig* Rdn. 14 a.
147 Ähnlich *Seib* DAR **1975** 107.
148 OLG Karlsruhe MDR **1977** 65; *D. Meyer* MDR **1975** 188, 190.
149 OLG Braunschweig VRS **53** 262; OLG Düsseldorf JMBlNRW **1978** 194; OLG Hamm JR **1978** 165, 166; OLG Karlsruhe MDR **1977** 65; OLG Köln VRS **64** 114; vgl. auch BGHR § 40 Abs. 2 Satz 1 Einkommen 5; *Fischer* Rdn. 15; *Radtke* MK Rdn. 100; *Tröndle* ÖJZ **1975** 589, 591; *Sch/Schröder/Kinzig* Rdn. 14 a.

57a Es ist jedoch angezeigt, mit der überwiegenden Meinung **Schuldverbindlichkeiten**, die **aus einer vorausplanenden und angemessenen Lebensführung** resultieren, nicht nur durch Zahlungserleichterungen, sondern schon bei der Bemessung der Tagessatzhöhe angemessen zu berücksichtigen.[150] Das gilt z.B. bei Schuldzinsen für ein Familienheim[151] soweit sie die übliche Miete überschreiten, oder für eine – nicht luxuriöse – Wohnungseinrichtung, ferner bei Darlehenszinsen für sonstige lebensnotwendige Anschaffungen[152] (beruflich benötigtes Kraftfahrzeug), aber auch bei Aufwendungen für die Ausbildung einschließlich BAFöG-Rückzahlungen[153] sowie Ausbildungs- und Aussteuerversicherungen und schließlich für die Altersversorgung. Es ist aber stets Sache des Tatrichters, im Einzelfall zu entscheiden, in welchem Umfang in diesen Fällen sich ein Abzug am Nettoeinkommen empfiehlt. Immer wird zu bedenken sein, dass Aufwendungen der erwähnten Art meist mit einem Vermögensgewinn oder einem Gebrauchsvorteil einhergehen[154] und sich schon unter diesem Aspekt eine volle Anrechnung der Aufwendungen auf das Nettoeinkommen verbietet. In diesem Zusammenhang wird zwar argumentiert, dass sparsame Eigenheimerwerber und „Urlaubssparer" nicht ungleich behandelt werden dürften[155] und der persönliche Lebenszuschnitt des einzelnen nicht in sozial anerkennungsfähige und nichtanerkennungsfähige Bereiche unterteilt werden dürfe.[156] Indes ist dies nicht das Kriterium. Vielmehr geht es darum, dass der Richter im Rahmen der Strafzumessung bei der Berücksichtigung der persönlichen und wirtschaftlichen Verhältnisse würdigt und wertet, was es mit wirtschaftlichen Engpässen des Täters auf sich hat. Er kann hierbei nicht übersehen, wenn die Verplanung des Einkommens aus sozial verantwortlicher und vorausschauender Lebensführung geschah. Das gilt insbesondere dann, wenn der Täter seinen Pflichten zur Vorsorge und Unterhaltssicherstellung für seine unterhaltsberechtigten Angehörigen bestmöglich gerecht zu werden versucht und sich zugleich für den eigenen Lebenszuschnitt auf längere Zeit Beschränkungen auferlegt, wie das z.B. beim Bau eines Familienheims der Fall ist.[157] Es ist sachgerecht und legitim, wenn der Richter Bereitschaft zeigt, eine solche Bindung der Eigenmittel des Täters im Auge zu behalten. Das gebietet die Berücksichtigung der persönlichen Verhältnisse (Abs. 2 S. 1), aus der auch die Überlegung folgt, dass keine Geldstrafe die Belastbarkeitsgrenze des Verurteilten überschreiten, ihn desozialisieren (Rdn. 18) oder gar demoralisieren darf. „Die Strafe darf allgemein nicht dazu führen, dass die Einsatzfähigkeit und der Wille des Täters, seinen Verpflichtungen in der Gesellschaft nachzukommen, gebrochen" werden (so BGHSt **26** 325, 330). Eine Geldstrafe, die dazu zwänge, ein Familienheim aufzugeben, weil die Schuldzinsen nicht mehr aufgebracht werden können, hätte diese Folge. Ein Konsumverzicht in Form geschmälerter Urlaubsfreude hat eine solche Folge nicht. Allerdings dürfen die genannten Gesichts-

150 OLG Braunschweig VRS **53** 262; OLG Köln VRS **64** 114; *Fischer* Rdn. 15; *Sch/Schröder* Rdn. 14 a; *Jescheck/Weigend* S. 771; *Schäfer/Sander/van Gemmeren* Strafzumessung Rdn. 120; vgl. auch *von Selle* Gerechte Geldstrafe S. 205 ff; *Radtke* MK Rdn. 100 ff mit anderer Konzeption, aber ähnlichen Ergebnissen.
151 *Sch/Schröder/Kinzig* Rdn. 14 a; *Schäfer/Sander/van Gemmeren* Strafzumessung Rdn. 120; vgl. auch BayObLG bei Rüth DAR **1984** 238.
152 BGH bei Spiegel DAR **1980** 200.
153 BayObLG NJW **1992** 2583 m. Anm. *Streng* JR **1993** 472; *Schäfer/Sander/van Gemmeren* Strafzumessung Rdn. 120; *von Selle* Gerechte Geldstrafe S. 214 f; *Krehl* NStZ **1989** 463, 465; vgl. auch – restriktiv – OLG Karlsruhe NStZ **1988** 500.
154 Vgl. dazu OLG Celle JR **1977** 384 m. Anm. *Tröndle*; OLG Hamm MDR **1977** 596; *von Selle* Gerechte Geldstrafe S. 215 ff; *Schäfer/Sander/van Gemmeren* Strafzumessung Rdn. 120.
155 *Grebing* ZStW **88** (1976) 1049, 1077 und dort Fn. 119, 120 unter Hinweis auf das instruktive Beispiel von *Zipf* ZStW **86** (1974) 513, 527.
156 In diesem Sinne grundsätzlich kritisch *Albrecht* NK Rdn. 38; *Wolters* SK Rdn. 9; *Maurach/Gössel/Zipf/Dölling* S. 724; *Frank* JA **1976** 235, 242 f.
157 *Tröndle* JR **1977** 385.

punkte nicht etwa zu einer strafzumessungsrechtlichen Diskriminierung wirtschaftlich weniger vorausschauender Lebensgewohnheiten führen. Letztlich bietet in der Frage der Berücksichtigung der Schuldverbindlichkeiten die Orientierung am wirklichen Lebenszuschnitt einen verlässlichen Anhaltspunkt. Hieraus folgt, dass Ratenzahlungskäufe auf Güter des gehobenen Bedarfs (z.B. für ein beruflich nicht benötigtes Kraftfahrzeug), die den Lebensstandard erhöhen, außer Betracht zu bleiben haben.

Die Behandlung solcher **Schuldverbindlichkeiten**, die **unmittelbare oder mittelbare Tatfolgen** sind (Schadensersatzpflichten, Verfahrenskosten und Rechtsanwaltsgebühren), ist umstritten. Nicht etwa gilt hierfür § 46 Abs. 1 Satz 2, da es nicht um die Wirkung der Strafe geht. Verfahrenskosten und Verteidigergebühren haben, da ihr Grund außerhalb der ratio der Strafe liegt, – wie andere „allgemeine" Verbindlichkeiten – keinen Einfluss auf die Bemessung der Geldstrafe.[158] Man wird auf solche Verpflichtungen in besonderen Fällen bei der Gewährung von Zahlungserleichterungen (§ 42) Rücksicht zu nehmen haben.[159] Es bleibt als Problemfeld allein der Schadensersatz. Zunächst ist zu bedenken, dass die durch die Straftat ausgelösten Schadensersatzansprüche schon nach allgemeinen Strafzumessungsgrundsätzen bei der Festsetzung der Tagessatzzahl berücksichtigt werden können.[160] Eine doppelte Berücksichtigung sollte ausgeschlossen sein.[161] Auf der nächsten Ebene besteht eine Konkurrenz zwischen der an den Staat zu zahlenden Geldstrafe und dem Schadensersatzanspruch des Tatopfers,[162] dem nach den Akzentsetzungen durch den Gesetzgeber und die kriminalpolitische Diskussion der jüngeren Zeit mit guten Gründen ein besonderer Stellenwert zukommt. Deshalb sollte darauf abgestellt werden, ob eine Schadenswiedergutmachung tatsächlich erfolgt oder wenigstens – durch verschiedene denkbare verfahrensrechtliche Instrumente – gesichert ist. Wenn dies der Fall ist, kann der Schadenswiedergutmachung durch eine Milderung der Geldstrafe Rechnung getragen werden),[163] sei es durch Herabsetzung der Tagessatzzahl[164] oder eine Senkung des Tagessatzes.[165] Für Steuerschuldner, namentlich Steuerhinterzieher, die ihre Steuerschuld tilgen, wird dies allgemein strenger gesehen[166] (zum Verhältnis zwischen Geldstrafe und Steuerrecht vgl. auch vor § 40 Rdn. 62 und § 40 Rdn. 75a). 58

Außergewöhnliche Belastungen werden auf die Tagessatzhöhe regelmäßig Einfluss haben.[167] Es handelt sich hierbei um „situations- oder schicksalsbedingt höheren Finanzbedarf",[168] z.B. die Aufwendungen für eine Haushaltshilfe für pflegebedürftige Personen oder die notwendige Betreuung minderjähriger Kinder, auch den erhöhten Bedarf infolge einer Körperbehinderung. 59

---

158 *Maurach/Gössel/Zipf/Dölling* S. 725; *Radtke* MK Rdn. 108; vgl. auch *Grebing* ZStW **88** (1976) 1049, 1079.
159 *Maurach/Gössel/Zipf/Dölling* S. 725.
160 Vgl. BGH Urteil vom 10. Februar 1981 – 1 StR 515/80 –.
161 Vgl. *Krehl* Die Ermittlung der Tatsachengrundlage S. 63; *von Selle* Gerechte Geldstrafe S. 218 f.
162 *Albrecht* NK Rdn. 35; vgl. dazu auch *Schaeffer* Die Bemessung der Tagessatzhöhe S. 196 bis 206; *Radtke* MK Rdn. 108.
163 **AA** OLG Schleswig MDR **1976** 243; *Jescheck/Weigend* S. 771; *Maurach/Gössel/Zipf/Dölling* S. 725.
164 *Fischer* Rdn. 15, 24; *Sch/Schröder* Rdn. 14 a; *D. Meyer* MDR **1976** 274, 278; *von Selle* Gerechte Geldstrafe S. 218 f.
165 *Sch/Schröder/Kinzig* Rdn. 14 a; *Grebing* ZStW **88** (1976) 1049, 1079; *von Spiegel* Drittwirkung der Geldstrafe S. 173.
166 OLG Hamm JR **1978** 165 m. Anm. *Grebing* S. 142, 146; OLG Stuttgart NJW **1995** 67; *Fischer* Rdn. 15; *Sch/Schröder/Kinzig* Rdn. 9 a; Große Strafrechtskommission des Deutschen Richterbundes, Gutachten „Die Geldstrafe" (1998) S. 102.
167 BayObLG JR **1976** 161 m. Anm. *Tröndle*; *Fischer* Rdn. 17; *Albrecht* NK Rdn. 36; *Sch/Schröder/Kinzig* Rdn. 9, 15; *D.Meyer* MDR **1975** 188, 189; *Rüth* 13. Deutscher Verkehrsgerichtstag 1975 S. 101; *Schall* JuS **1977** 307, 310.
168 BTDrucks. 7/1261 S. 5.

60 **cc) Senkung des Tagessatzes bei hoher Tagessatzzahl.** Es ist bereits darauf hingewiesen worden (Rdn. 18, vor § 40 Rdn. 52), dass unter Umständen eine hohe Anzahl von Tagessätzen Anlass geben kann, die Höhe des einzelnen Tagessatzes zu senken. Mit der Höhe der Tagessatzzahl können – bei kleinen und mittleren Einkommen – die tatsächliche wirtschaftliche Belastung und damit das Strafleiden progressiv wachsen und sich damit von den Ergebnissen entfernen, die aus dem grundsätzlich linearen Prinzip der Geldstrafenberechnung folgen. Deshalb sehen die einhellige Rspr.[169] und die h.M. im Schrifttum[170] die Möglichkeit vor, in solchen Fällen – namentlich bei Geldstrafen jenseits von etwa 90 Tagessätzen – die Tagessatzhöhe zu reduzieren. Diese Auffassung geht auf Überlegungen zurück, die schon früh im Gesetzgebungsverfahren vor Einführung des Tagessatzsystems angestellt wurden.[171] Die progressive Steigerung des Strafleidens bei hoher Tagessatzzahl liegt auch dann auf der Hand, wenn – wie meist geboten – Ratenzahlungen bewilligt werden. Diese sind in einem Zeitraum zu erbringen, der regelmäßig ein Mehrfaches oder gar ein Vielfaches der Anzahl der Tagessätze ausmacht. Das Abschöpfungsübel, das einer solchen langfristig wirkenden Geldstrafe eigen ist, vermehrt sich zusehends. Es gehört um einer sachgerechten Strafzumessung willen, bei der alle Wirkungen bedacht werden, die von der Strafe für das künftige Leben des Täters in der Gesellschaft zu erwarten sind (§ 46 Abs. 1 Satz 2), zur Pflicht des Richters, bei der Bemessung der Tagessatzhöhe nach einem angemessenen Ausgleich einer etwaigen Übelssteigerung zu suchen. Die Einwände,[172] die gegen eine Senkung der Tagessatzhöhe bei hoher Tagessatzanzahl erhoben werden, greifen nicht durch. Ein solches Verfahren läuft dem Sinn der gesetzlichen Regelung nicht etwa zuwider. Wohl aber gleicht es systemimmanente Mängel aus. Das auf dem Nettoeinkommensprinzip aufgebaute Tagessatzsystem kann nicht gleichermaßen sachgerechte Ergebnisse liefern, gleichgültig, ob es um 20 Tagessätze geht oder um 150 oder 300. Ein an der *Tages*einnahme ausgerichtetes Strafbemessungsprinzip bietet keine Gewähr dafür, dass es – für die Tageseinheit richtig bemessen – auch für eine Mehr- oder Vielzahl von Monaten noch das richtige Ergebnis bereithält. Der Tatrichter kann sich in der zweiten Strafzumessungsphase, in der er die Strafe auf die Besonderheiten des einzelnen Täters anpasst, nicht damit begnügen festzustellen, dass der *Tages*satz an sich systemgerecht festgesetzt ist, er muss (und kann erst) in der zweiten (und dritten) Phase im Blick aufs Ganze sich über die Belastbarkeitsgrenze des Täters und darüber Gedanken machen, ob die progressive Steigerung des Strafübels nicht zu einem Einwirkungsübermaß und zu desozialisierenden Folgen führt. Beispiel: Erscheinen bei einem Handwerksmeister zufolge seines zutreffend berechneten Nettoeinkommens ein Tagessatzbetrag von 90 Euro und damit für eine Trunkenheit im Verkehr (§ 316) 30 Tagessätze mit einer Gesamtbelastung von 2700 Euro nebst einem Fahrverbot als angemessene Strafsanktion, so ist damit noch

---

169 BGHSt **26** 325, 330; **34** 90, 93; BGH bei Spiegel DAR **1981** 191; BayObLG bei *Rüth* DAR **1981** 243; OLG Dresden NJW **2009** 2966; OLG Frankfurt NStZ-RR **2007** 167; OLG Hamburg StV **1997** 472; OLG Hamm NStZ-RR **2015** 139; OLG Oldenburg NStZ-RR **2008** 6; OLG Stuttgart NJW **1994** 745; vgl. auch OLG Koblenz NJW **1976** 1275, 1276; OLG Düsseldorf NStZ **1987** 556.

170 *Fischer* Rdn. 24; *Tröndle* ÖJZ **1975** 595; *Kindhäuser* NK Rdn. 13; *Wolters* SK Rdn. 15, aber 16; *Horn* JR **1977** 95, 99; *Lackner/Kühl/Kühl* Rdn. 13; *Radtke* MK Rdn. 41; *Sch/Schröder/Kinzig* Rdn. 8, 15 a; *Schäfer/Sander/van Gemmeren* Strafzumessung Rdn. 122; *Streng* Strafrechtliche Sanktionen³ S. 52; aus dem früheren Schrifttum *Horstkotte* 13. Deutscher Verkehrsgerichtstag 1975 S. 82 und DRiZ **1975** 15; *Frommel* NJW **1978** 862; *Schall* JuS **1977** 308; *Seib* DAR **1975** 108; *von Selle* Gerechte Geldstrafe S. 30; vgl. auch *Brandis* Geldstrafe und Nettoeinkommen S. 131; *Naucke* NJW **1978** 1171.

171 E 1962 S. 192 f; *Horstkotte* Prot. 7 S. 636; BTDrucks. 7/1261 S. 5.

172 *Brustbauer* JR **1978** 101; *Frank* NJW **1976** 2329, 2331; *Grebing* ZStW **88** (1976) 1049, 1089, JZ **1976** 745, 751 und JZ **1980** 543; *Horn* JR **1977** 96 und *Wolters* SK Rdn. 16; *D. Meyer* NJW **1976** 2219, MDR **1978** 444, 445 und MDR **1981** 275, 276; *von Selle* Gerechte Geldstrafe S. 29 ff; *Vogler* JR **1978** 353, 355; *Zipf* JurBl. **1977** 305 und *Maurach/Gössel/Zipf/Dölling* S. 718; *Heghmanns* NStZ **1994** 519.

nicht gesagt, dass bei demselben Handwerksmeister, wenn ihm eine fahrlässige Tötung durch Vernachlässigung der Unfallverhütungsvorschriften zur Last liegt und er hierwegen eine Geldstrafe von 300 Tagessätzen „verdient", auch ohne weiteres von einem Tagessatz von 90 Euro ausgegangen werden müsste oder auch nur dürfte. Vielmehr ist – außer der Frage der Zahlungserleichterungen (§ 42) – auch zu erwägen, ob die Gesamtbelastung von 24000 Euro mit allen ihren persönlichen und geschäftlichen Auswirkungen im Rahmen einer gerechten Strafsanktion bleibt und ob sie sich innerhalb der wirtschaftlichen Belastbarkeit des Täters hält. Erst in diesem Stadium kann festgestellt werden, ob etwa eine monatliche Zahlung von 1000 Euro während zweier Jahre vom Täter ohne ruinöse geschäftliche Konsequenzen durchgehalten werden kann. Eine Streckung der Ratenzahlungszeit kann im Allgemeinen immer nur in beschränktem Umfange (s. § 42 Rdn. 13) in Betracht kommen. Wo dies nicht ausreicht, um die Belastung in zumutbaren Grenzen zu halten, ist eine Ermäßigung der Tagessatzhöhe nicht nur angemessen, sondern unausweichlich. Auch die Möglichkeit, nach § 459f StPO von der Vollstreckung der Ersatzfreiheitsstrafe abzusehen, hilft praktisch selten.[173] Wenn also im erwähnten Beispiel auch die Erstreckung der Monatsraten (800 Euro) auf 30 Monate die wirtschaftliche Leistungsfähigkeit übersteigt, kann nur die Ermäßigung der Tagessatzhöhe weiterhelfen. Sie mag – bei besonders hoher Tagessatzanzahl – bis zu einem Drittel, also im erwähnten Fall von 90 Euro bis zu 60 Euro gehen. In Fällen dieser Art kann es allerdings auch darauf ankommen, ob der Täter Vermögen hat. Mag auch bei der Berücksichtigung des Vermögens in Durchschnittsfällen Zurückhaltung geboten sein (hierzu im einzelnen oben Rdn. 61), bei hoher Tagessatzanzahl werden sich Zahlungserleichterungen und erst recht eine Senkung der Tagessatzhöhe aber dann verbieten, wenn dem Täter zuzumuten ist, zur Zahlung der Geldstrafe auf sein Vermögen zurückzugreifen oder einen Kredit aufzunehmen.[174] In solchen Fällen steigert sich eben das Strafübel bei hoher Tagessatzanzahl nicht in demselben Maße wie bei Vermögenslosen, weil die Belastung durch das eigene wirtschaftliche Polster des Täters bis zu einem gewissen Grade aufgefangen wird. Die Frage, ob und in welchem Umfange bei hoher Tagessatzanzahl eine „Höhenkorrektur" angebracht ist und/oder inwieweit Zahlungserleichterungen (§ 42) zu gewähren sind, ist allein eine ***tatrichterliche* Ermessensentscheidung**. Für sie besteht in der Regel bei Einkommensschwachen und Minderbemittelten Anlass. Denn nach dem Nettoeinkommensprinzip und zufolge der Transferleistungsbezüge (Rdn. 37) kommen bei diesem Personenkreis Tagessatzhöhen von etwa 5 Euro in Betracht, die bei hoher Tagessatzanzahl zu beträchtlichen und für Minderbemittelte kaum erschwinglichen Geldsummen führen. Auf keinen Fall darf die Geldstrafe entsozialisierend wirken. Wer entgegen einer solchen tatrichterlichen „Höhenkorrektur" in der zweiten Phase den Grundsatz einer rigiden Phasentrennung vertritt,[175] muss sehen, dass sich dann das Tagessatzsystem gegen sich selbst wendet: Dort, wo es in einer hohen Anzahl von Tagessätzen angewendet werden, also auch mittelfristige Freiheitsstrafen verdrängen soll,[176] steht es sich selbst im Wege. Wenn demgegenüber vertreten wird,[177] dass in solchen Fällen die *Anzahl* der Tagessätze gemindert werden müsse, so liegt auf der Hand, dass dies am Lebensnerv des Systems rührt.[178] Denn mit der wirtschaftlichen Belastbarkeit, für die die Festsetzung der Tagessatzhöhe das maßgebende Kriterium ist (oben

173 Vgl. aber *Frank* NJW **1976** 2329, 2331.
174 *Lackner/Kühl/Kühl* Rdn. 12; *Sch/Schröder/Kinzig* Rdn. 13.
175 Wie Fn. 181.
176 Vgl. *Fischer* Rdn. 24.
177 *D. Meyer* NJW **1976** 2219 und MDR **1978** 444, 446; *Heghmanns* NStZ **1994** 519, 521; *von Selle* Gerechte Geldstrafe S. 29 ff; *Vogler* JR **1978** 353, 356; *Zipf* JurBl. **1977** 305 und *Maurach/Gössel/Zipf/Dölling* S. 718.
178 *Schäfer/Sander/van Gemmeren* Strafzumessung Rdn. 122; ähnlich *Schall* JuS **1977** 309 Fn. 20.

Rdn. 19), darf die *Anzahl* der Tagessätze, die sich nach dem Unrechtsgehalt und der Schuld des Täters bestimmt und die für die Höhe der Ersatzfreiheitsstrafe maßgebend ist, nun wirklich nicht in Zusammenhang gebracht werden. Schließlich würde damit gar die gesonderte Anfechtbarkeit der Tagessatzhöhe (Rdn. 79 f) in Frage gestellt.[179]

60a Die Feststellung einer unangemessenen wirtschaftlichen Härte ist der einzige von der Rechtsprechung anerkannte Grund, zugunsten des Täters vom Nettoeinkommensprinzip abzuweichen. Die Bereitschaft eines Täters, sein Nettoeinkommen anzugeben, sowie die Erwägung, dass eine vom Tatrichter unter den gegebenen Umständen nach § 40 Abs. 3 vorgenommene Schätzung des Nettoeinkommens erheblich niedriger ausgefallen wäre, können für sich betrachtet ein Abweichen von der Regel des § 40 Abs. 2 Satz 2 nicht rechtfertigen.[180]

60b Mit der Senkung der Tagessatzhöhe bei hoher Tagessatzzahl erleidet das Tagessatzsystem zwar „keinen Abbruch".[181] Indes erweisen sich – auch über das Strafrecht hinaus – meist alle zum jeweiligen Vergleich stehenden Systeme sozialer Regelungen im Mittelbereich als austauschbar. Erst in den unteren und oberen Anwendungsbereichen können solche Systeme ihre Richtigkeit, gar Notwendigkeit beweisen. Unter diesem Gesichtspunkt muss festgehalten werden, dass das Tagessatzsystem sich nur mit der Korrektur als praktikabel bewährt, dass im oberen Anwendungsbereich eine „Handsteuerung" stattfindet. Damit scheint nicht nur eine Ausnahme vom Tagessatzsystem, sondern eine grundsätzliche Schwäche des Systems auf.[182]

b) Abweichungen vom Nettoeinkommen nach oben

61 **aa)** Die **Berücksichtigung des Vermögens** des Täters ist bei der Bemessung der Tagessatzhöhe zwar grundsätzlich möglich. Jedoch ist mit der einhelligen Tendenz im Schrifttum[183] große Zurückhaltung anzuraten. Hierfür sprechen tatsächliche und rechtliche Erwägungen ebenso wie Gründe der Billigkeit: Zwar ist angesichts des Wortlauts des Absatzes 3 unbestreitbar, dass das Vermögen nicht etwa von vornherein bei der Bemessung des Tagessatzes außer Betracht bleiben darf und dass in jedem Fall Erträge des Vermögens mitzuberücksichtigen sind. Letztere gehören freilich schon zum Nettoeinkommen (Rdn. 26 f). Das Gesetz ergibt allerdings auch, dass nicht das Vermögen, sondern das Einkommen Bewertungsgrundlage für die Bemessung des Tagessatzes ist. Ferner lässt sich der gesetzlichen Gesamtregelung auch entnehmen, dass die Geldstrafe keinen (teil-)konfiskatorischen Charakter hat.[184] Im Übrigen könnte der Gesetzgeber die generelle Berücksichtigung aller Vermögenswerte nur um den Preis einer weitgehenden Lahmlegung der Strafrechtspflege gebieten. Denn es wäre ausgeschlossen, in der Unzahl der Fälle, in denen Geldstrafen festzusetzen sind, die Ermittlungen auch noch auf eine

---

179 *Fischer* Rdn. 26.

180 BGH bei *Spiegel* DAR **1981** 191.

181 *Bruns* Recht der Strafzumessung S. 77 und *Tröndle* LK[10] Rdn. 58; vgl. auch *Tröndle* JR **1975** 473 und ZStW **86** (1974) 545, 586; vgl. ferner *Jescheck* FS Würtenberger 257, 268.

182 Vgl. *Brandis* Geldstrafe und Nettoeinkommen S. 132 Fn. 12; *Grebing* ZStW **88** (1976) 1049, 1097; *Vogler* JR **1978** 353, 355; *Radtke* MK Rdn. 46.

183 *Fischer* Rdn. 12; *Wolters* SK Rdn. 13; *Lackner/Kühl/Kühl* Rdn. 12; *Radtke* MK Rdn. 110 ff; *Schäfer/Sander/van Gemmeren* Strafzumessung Rdn. 117 ff; *Sch/Schröder/Kinzig* Rdn. 12; *Jescheck/Weigend* S. 772 f; *Maurach/Gössel/Zipf/Dölling* S. 724; vgl. auch *D. Meyer* MDR **1975** 188, 189 f und **1980** 16; *Brandis* Geldstrafe und Nettoeinkommen S. 159 ff; *Krehl* Die Ermittlung der Tatsachengrundlage S. 63 ff; *von Selle* Gerechte Geldstrafe S. 155 ff und wistra **1995** 161, 163 ff; *Wach* ÖJZ **1979** 482; grundsätzlich gegen eine Berücksichtigung des Vermögens *Naucke* Tendenzen in der Strafrechtsentwicklung (1975) S. 13.

184 *Tröndle* ÖJZ **1975** 592; *Wolters* SK Rdn. 13; *Sch/Schröder/Kinzig* Rdn. 12; *D. Meyer* MDR **1975** 189; *Zipf* JuS **1974** 139, Einführung S. 69, JurBl. **1977** 309.

verlässliche Feststellung aller Vermögenswerte auszudehnen – ganz abgesehen davon, dass dies dem Rechtsgrundsatz der Verhältnismäßigkeit zuwiderliefe, es etwa unzulässig wäre, zum Zwecke der Festsetzung einer kleineren oder mittleren Geldstrafe die gesamten Vermögensverhältnisse des Täters zu durchleuchten.[185] Schließlich widerspräche es auch billiger Strafzumessung, Sparsame höher zu bestrafen als Konsumfreudige, gar Verschwender.[186] Man ist sich daher einig, dass bei der Bemessung des Tagessatzes das Eigenheim, der Familienschmuck und persönliche Sammlungen, ein Bausparvertrag oder eine Lebensversicherung nicht mitheranzuziehen sind und auch kleinere und mittlere Vermögen unberücksichtigt zu bleiben haben.[187] Nichts anderes gilt für Grund- und Betriebsvermögen und illiquide Sachwerte.

Mag sich nach allem die Zurückhaltung bei der Berücksichtigung des Vermögens 62
rechtfertigen, so hat es doch einen guten Sinn, dass der Gesetzgeber das Vermögen bei der Geldstrafenbemessung nicht von vornherein außer Betracht gelassen hat: Der Vermögende ist nämlich gegenüber den Belastungen einer Geldstrafe weniger empfindlich. Er kann die Geldstrafe aus der „Substanz" bezahlen und ist im Übrigen kreditwürdig.[188] Lebt jemand ohnehin (auch) vom Stamme seines Vermögens oder greift er bei verhältnismäßig niedrigem laufendem Einkommen im Falle der Belastung durch eine Geldstrafe zum Ausgleich sein Vermögen an, wird er bei der Bemessung des Tagessatzes nach seinem wirklichen Lebenszuschnitt zu behandeln sein.[189] Dieser Gesichtspunkt und die Frage der *Erreichbarkeit der Strafwirkung der Geldstrafe* im Verein mit dem Grundsatz der *Opfergleichheit* werden letztlich dafür bestimmend sein, in welchem Umfange größere Vermögen bei der Bemessung des Tagessatzes mitheranzuziehen sind.[190] Es muss vermieden werden, dass der Begüterte durch die Außerachtlassung seines Vermögens bei der Strafzumessung eine unangemessene Bevorzugung erfährt.[191] Mittelbar kann vorhandenes Vermögen auch dazu führen, dass bei hoher Tagessatzanzahl von sonst üblichen Zahlungserleichterungen oder einer Senkung der Tagessatzhöhe abgesehen wird.

Angesichts geringer Neigung der Tatgerichte, sich auf dieses Terrain zu begeben, 63
hatten die **Revisionsgerichte** wenig Gelegenheit zur Behandlung der Materie. Auch hier wird betont, dass bei der Berücksichtigung von Vermögenswerten große Zurückhaltung zu üben ist.[192] Jedenfalls setzt eine solche voraus, dass diese bei Erlass des tatrichterlichen Urteils noch vorhanden sind (BGH NStE Nr. 10 zu § 40). Dabei können Vermögensverschiebungen innerhalb der Familie unbeachtlich sein (BGH NJW **1993** 408 m. Anm. *Krehl* NStZ **1993** 336). Kleinere Rücklagen bleiben unberücksichtigt (BayObLG JR **1976** 161 m. Anm. *Tröndle*; OLG Köln StV **2001** 347). Zudem haben solche Vermögenswerte außer Betracht zu bleiben, die gerade die Quelle des zu berücksichtigenden Nettoeinkommens bilden (BayObLG NJW **1987** m. Anm. *Zipf* JR **1987** 380 und Anm. *Krehl* NStZ **1988** 62). Schuldzahlungen, die nicht als Tilgungsleistungen der Ansammlung von Vermögen dienen, sollen die Einkünfte aus Vermögen und nur diese vermindern (OLG Hamm JR **1978** 165). Ein schuldenfreies Eigenheim könne allenfalls dann berücksichtigt werden, wenn ihm wegen seiner Größe oder Ausstattung ein besonders hoher Wert zukommt (BayObLG bei Rüth DAR **1978** 206 sub f). Bei belasteten Grundstückswerten sei das Vermögen

---

185 *Sch/Schröder/Kinzig* Rdn. 12; *Seib* DAR **1975** 108.
186 *Tröndle* ÖJZ **1975** 592; vgl. *Grebing* ZStW **88** (1976) 1083 f; ähnlich *Sch/Schröder/Kinzig* Rdn. 12.
187 *Sch/Schröder/Kinzig* Rdn. 13.
188 *Frank* JR **1978** 30, 31.
189 *Tröndle* ÖJZ **1975** 593; *Lackner/Kühl/Kühl* Rdn. 12.
190 *Grebing* ZStW **88** (1976) 1085 f; *Lackner/Kühl/Kühl* Rdn. 12; *Sch/Schröder/Kinzig* Rdn. 13.
191 *Lackner/Kühl/Kühl* Rdn. 12; *Sch/Schröder/Kinzig* Rdn. 12; *SSW/Claus* Rdn. 15.
192 OLG Köln StV **2001** 347 und StraFo **2018** 34.

grundsätzlich nur in Höhe des Überschusses des Grundstückswertes gegenüber den Verbindlichkeiten berücksichtigungsfähig (BayObLG bei Rüth DAR **1978** 206 sub e). Bei der Berechnung der Einkommenshöhe könne weitgehend auf die für die steuerliche Einkommensermittlung maßgebenden Grundsätze zurückgegriffen werden, soweit die Bestimmungen des Steuerrechts darauf abzielen, die Einkommenshöhe nach wirtschaftlichen Grundsätzen zu ermitteln. Außer Betracht hätten dagegen solche steuerrechtlichen Vorschriften zu bleiben, die aus wirtschafts- oder sozialpolitischen Gründen Vermögenszuflüsse, die der Sache nach Einkommen sind, ganz oder teilweise von der Besteuerung freistellen und dieses Ziel dadurch erreichen, dass bestimmte Einkünfte bei der Einkommensermittlung unberücksichtigt gelassen oder niedriger bewertet werden, als dies nach einer wirtschaftlichen Betrachtungsweise an sich geboten wäre (BayObLG JR **1978** 28 m. Anm. *Frank*; OLG Hamm StV **1983** 416). Die potentiellen Erträgnisse eines erheblichen Vermögens seien mit mindestens 3% p.a. zu veranschlagen (OLG Celle NStZ **1983** 315 m. Anm. *Schöch*; vgl. auch *Albrecht* NK Rdn. 32).

64 **bb)** Eine Erhöhung des Tagessatzbetrages und erst recht eine Erhöhung der Tagessatzanzahl allein im Hinblick auf eine vergleichsweise **langfristige Dehnung des Tilgungszeitraums** im Falle der Bewilligung von Ratenzahlungen (§ 42) kommen nicht in Betracht.[193] Eine solche Erhöhung lässt sich deshalb nicht rechtfertigen, weil nach § 42 S. 2 bestimmt werden kann, dass die Ratenzahlungsvergünstigung bei Zahlungssäumnis entfällt. Wer als Ratenschuldner in Verzug gerät, soll zwar mit dem Wegfall der Vergünstigung rechnen, jedoch darf der Ratenschuldner gegenüber dem prompten Zahler nicht von vornherein bei der Bemessung der Geldstrafe schlechter gestellt sein.[194]

65 **cc)** Dem Umstand, dass ein **Dritter die Geldstrafe zahlen wird**, ist nicht etwa mit einer Erhöhung des Tagessatzbetrages – gar gemäß dem Einkommen des Dritten – zu begegnen. Vielmehr ist in einem solchen Fall wohl grundsätzlich die Verhängung einer Freiheitsstrafe geboten, weil die Strafzwecke mit einer Geldstrafe nicht zu erfüllen sind (s. vor § 40 Rdn. 27ff, insbes. Rdn. 28).

66 **dd)** Auf die **Höhe des Tagessatzes** muss es regelmäßig **ohne Einfluss** bleiben, ob der Täter für seine Tat **Vermögensvorteile** erlangt hat.[195] Tatentgelt und Tatgewinn werden seit der Einführung des Tagessatzsystems grundsätzlich allein durch die Maßnahme der Einziehung (früher: des Verfalls) unter den Voraussetzungen der §§ 73ff abgeschöpft. Jedoch kann ein durch die Tat erzielter Gewinn bei der Bemessung der Tagessatzhöhe dann berücksichtigt werden, wenn sich durch den Tatgewinn die wirtschaftliche Belastbarkeit des Täters erhöht (BGH NJW **1976** 634; s. zu alledem vor § 40 Rdn. 49, § 41 Rdn. 20).

12. Geldstrafe und Tatmehrheit

67 Trifft bei tatmehrheitlicher Verurteilung **Geldstrafe mit Freiheitsstrafe** zusammen, so ist entweder eine Gesamtfreiheitsstrafe nach § 53 Abs. 2 Satz 1, § 54 Abs. 1 Satz 2 und 3, Abs. 3 zu bilden oder nach § 53 Abs. 2 Satz 2 auf Geldstrafe gesondert zu erkennen (dazu *Rissing-van Saan* LK[12] § 53 Rdn. 15ff, § 54 Rdn. 4ff).

---

193 *Tröndle* ÖJZ **1975** 595; *Fischer* Rdn. 23; *Sch/Schröder/Kinzig* Rdn. 16; *Horn* NJW **1974** 625, 627f; *Seib* DAR **1975** 109.
194 *Sch/Schröder/Kinzig* Rdn. 16.
195 *Sch/Schröder/Kinzig* Rdn. 18.

Aus **mehreren Einzelgeldstrafen** ist (ggf. auch nach § 53 Abs. 2 Satz 2, 2. Halbsatz) eine Gesamtgeldstrafe zu bilden, die nach § 54 Abs. 2 Satz 2 720 Tagessätze nicht übersteigen darf. Insbesondere bei Anwendung des § 55 und im Verfahren nach § 460 StPO entstehen – wegen differierender Einkommensverhältnisse zu verschiedenen Zeitpunkten – Probleme bei der Zusammenführung von Geldstrafen mit unterschiedlicher Tagessatzhöhe (dazu *Rissing-van Saan* LK[12] § 55 Rdn. 38 bis 42).

Die Bildung einer einheitlichen Sanktion aus **Geldstrafe und Verwarnung mit Strafvorbehalt** ist in § 59c – unvollkommen – geregelt. Namentlich ist dort die Frage offengelassen, ob eine bei einer Verwarnung vorbehaltene Geldstrafe mit einer (unbedingt verhängten) Geldstrafe zu einer Verwarnung als Gesamtsanktion zusammengeführt werden kann. Wegen der Parallelität zur entsprechenden Regelung bei der Freiheitsstrafe in § 58 Abs. 1 ist diese Frage – trotz des besonderen Charakters der Verwarnung mit Strafvorbehalt – zu bejahen (BGHSt **46** 279, 291; *Schall* SK § 59c Rdn. 4; *Sch/Schröder/Kinzig* § 59c Rdn. 3; **aA** *Fischer* § 59c Rdn. 1).

IV. Verfahrensrecht

1. Feststellung der Bemessungsgrundlagen für die Tagessatzhöhe (Absatz 3). Von der richtigen Festsetzung der Tagessatzhöhe hängt es ab, ob die Geldstrafe dem Grundsatz der Opfergleichheit (vor § 40 Rdn. 52) gerecht wird. Es kommt daher den Bemessungsgrundlagen für die Höhe des Tagessatzes ausschlaggebende Bedeutung zu. Die richtige Feststellung der Einkommens- und Vermögensverhältnisse des Täters ist daher das A und O für eine zutreffende Entscheidung in der zweiten Strafzumessungsphase. Der Erfolg der Geldstrafenzumessungspraxis hängt aber nicht minder davon ab, dass die Feststellung der Bemessungsgrundlagen in einem handlichen und nicht aufwendigen Beweisverfahren geschehen kann. Es muss daher gewährleistet sein, dass zumindest im Gros der Fälle, in denen eine Geldstrafe zu erwarten ist, ein Weg gefunden werden kann, ohne Verzögerung des Verfahrens zu den Bemessungsgrundlagen für die Tagessatzhöhe zu kommen. Da es nicht möglich ist, in allen Fällen – auch der kleineren und der Verkehrskriminalität – alle Umstände, die für die Festsetzung des Nettoeinkommens von Bedeutung sein können (Rdn. 26f), im Einzelnen aufzuklären, und diese Ermittlungen, insbesondere solche über das Vorhandensein von Vermögen, regelmäßig unverhältnismäßig wären, kommt der *Schätzung* der Bemessungsgrundlagen in der Praxis große Bedeutung zu. Außerdem muss es hingenommen werden, dass die Praxis angesichts des Massenanfalls kleinerer Geldstrafen in diesem Bereich je nach Stand und Lebenszuschnitt des Täters insbesondere bei Durchschnittsverdienern bestimmte *Regel-Tagessätze* anwendet und auf diese Weise zu einer gewissen *Schematisierung* im strafgerichtlichen Alltag kommt, wobei freilich der Richter in *jedem* konkreten Fall für Abweichungen von den Regelsätzen nach unten und oben in fallbezogener Würdigung offenbleiben muss. 68

a) Aus diesem Grunde spielt in der Praxis die **Schätzung** der Bemessungsgrundlagen eine außerordentlich große Rolle. Das Gesetz gibt einer solchen Verfahrensweise dadurch Raum, dass es bestimmt, dass die Einkünfte des Täters, sein Vermögen und andere Grundlagen für die Bemessung eines Tagessatzes geschätzt werden können **(Absatz 3)**. Die Vorschrift ist ianusköpfig: Sie hat zum einen sachlichrechtlichen Charakter, weshalb in der Revision eine etwaige Verletzung der Schätzungsprinzipien mit der Sachrüge geltend gemacht werden kann (vgl. aber Rdn. 81); zum anderen regelt die Vorschrift Verfahrensrecht, insbesondere enthält sie Modifizierungen der Aufklärungspflicht und – nach hiesiger Ansicht – auch Einschränkungen des Beweisantragsrechts (zur Geschichte und zur früheren Auslegung der Vorschrift s. *Tröndle* LK[10] Rdn. 60f). 69

70 **b)** Eine Schätzung nach Absatz 3 erfolgt in **Abweichung von der Aufklärungspflicht.**[196] Eine **volle Ausschöpfung der** zur Verfügung stehenden **Beweismittel** ist also **nicht geboten.** Eine Schätzung ist immer dann angebracht, wenn der Angeklagte, der zu Auskünften über sein Vermögen nicht verpflichtet ist (vgl. § 136 Abs. 1 Satz 2 StPO), keine oder unzureichende, gar unzutreffende Angaben macht und eine Ausschöpfung der Beweismittel das Verfahren unangemessen verzögern würde oder der Ermittlungsaufwand zu der zu erwartenden Geldstrafe in einem unangemessenen Verhältnis stünde.[197] Für eine Schätzung ist dagegen dann kein Raum, wenn die Einkommensverhältnisse ohne Verfahrensverzögerung feststellbar sind.[198] Zu den Aufklärungsmöglichkeiten vgl. auch RiStBV Nr. 14. In der Praxis wird allzuoft – aus Gründen der Prozessökonomie – den Angaben des Angeklagten ohne weiteres gefolgt.[199]

71 **c)** Die verfahrensrechtliche Nagelprobe über die Bedeutung der Schätzungsregelung erfolgt freilich erst bei der Bestimmung ihrer Wirkung im **Beweisantragsrecht.** Angesicht des Zwecks der Schätzungsregelung (Rdn. 68), eingedenk aller Gebote aus dem Gesichtspunkt des rechtlichen Gehörs (Rdn. 72f) und im Hinblick darauf, dass der Täter die zu seinen Gunsten sprechenden Beweismittel in der Hand hat, kann das Beweisantragsrecht nur im Falle präsenter Beweismittel Anwendung finden.[200] Dies muss konsequenterweise auch für Beweisanträge der Staatsanwaltschaft gelten. Der Ansicht, die ohne weiteres uneingeschränkte Geltung des Beweisantragsrechts annimmt,[201] kann nicht gefolgt werden.

72 **d)** Die Schätzung setzt **konkrete Feststellungen der Schätzungsgrundlagen** voraus.[202] Bloße Mutmaßungen bzw. Schätzungen „ins Blaue hinein" genügen nicht und verstoßen gegen das Willkürverbot.[203] Die Grundlagen, auf die sich die Schätzung stützt, müssen festgestellt und erwiesen sein. Es gilt für die Schätzungs*grundlage* der Zweifelsgrundsatz (in dubio pro reo), für die Schätzung als solche hingegen nicht.[204] Es kommt also nicht auf den dem Angeklagten denkbar günstigsten „Schätz"wert an, sondern auf denjenigen, der nach dem pflichtgemäßen Ermessen des Richters, das letztlich für das Ergebnis der Schätzung maßgebend ist,[205] der Wirklichkeit am nächsten kommt. Der

---

196 OLG Celle NJW **1984** 185, 186; *Fischer* Rdn. 19; *Albrecht* NK Rdn. 48; *Radtke* MK Rdn. 119; *Grebing* ZStW **88** (1976) 1049, 1098; *Schäfer/Sander/van Gemmeren* Strafzumessung Rdn. 142; vgl. auch E 1962 Begr. S. 171.
197 BGH StraFo **2017** 338; OLG Düsseldorf VRS **89** 32; OLG Bremen OLGSt. § 40 Abs. 3 S. 1; zu eng BayObLG VRS **60** 103, 104; wie hier *Schäfer/Sander/van Gemmeren* Strafzumessung Rdn. 142.
198 Vgl. BayObLG bei *Rüth* DAR **1986** 243.
199 Vgl. *Jescheck/Weigend* S. 774; *Grebing* ZStW **88** (1976) 1049, 1101; zur Praxis der Einkommensfeststellung *Albrecht* Strafzumessung und Vollstreckung bei Geldstrafen S. 77 ff, 204 ff.
200 *Radtke* MK Rdn. 120; *Schäfer/Sander/van Gemmeren* Strafzumessung Rdn. 143; im Erg. ebenso BayObLG bei *Rüth* DAR **1978** 206.
201 *Tröndle* ZStW **86** (1974) 590; *Fischer* Rdn. 19; *Albrecht* NK Rdn. 48; *Krehl* Die Ermittlung der Tatsachengrundlage zur Bemessung der Tagessatzhöhe bei der Geldstrafe S. 267; *Zipf* Einführung S. 71; vgl. auch *Maurach/Gössel/Zipf/Dölling* S. 729.
202 BGH Urteil vom 13. Dezember 1977 – 1 StR 626/77 –; KG StV **2016** 571; OLG Bremen OLGSt. § 40 Abs. 3 S. 2; OLG Celle NJW **1984** 185 m. Anm. *Stree* JR **1983** 205; OLG Hamm NJW **1978** 230 und StraFo **2001** 19; OLG Koblenz NJW **1976** 1275 und NZV **2008** 367; ; OLG Köln VRS **53** 179, 180; OLG Schleswig SchlHA **1994** 82; vgl. auch OLG Koblenz NStE § 40 Nr. 13 zu Besonderheiten im Berufungsverfahren; OLG Zweibrücken ZfSch **2017** 649.
203 BVerfG NStZ-RR **2015** 335; OLG Bremen OLGSt. § 40 Abs. 3 S. 2; KG NStE Nr. 6 zu § 17 Lebensmittelgesetz; OLG Koblenz NJW **1976** 1275; OLG Schleswig SchlHA **1984** 82; OLG Zweibrücken ZfSch **2017** 649.
204 BGH NStZ **1989** 361; *Tröndle* JR **1977** 251; *Fischer* Rdn. 19; *Grebing* JZ **1980** 543, 544; *Wolters* SK Rdn. 17; *Sch/Schröder/Kinzig* Rdn. 20; *Schäfer/Sander/van Gemmeren* Strafzumessung Rdn. 141.
205 *D. Meyer* DAR **1976** 148, *Sch/Schröder/Kinzig* Rdn. 20.

Schätzungsbefugnis wohnt in gewisser Weise ein „strategischer Zweck"[206] inne: Die Schätzungsmöglichkeit des Richters soll Angeklagte veranlassen, Angaben über ihre Einkommens- und Vermögensverhältnisse zu machen, um der Gefahr einer Schätzung mit ungünstigerem Ergebnis zu entgehen. Allerdings wäre es unzulässig und widerspräche *pflichtgemäßem* Ermessen, wenn der Richter die wirtschaftliche Leistungsfähigkeit des Angeklagten *bewusst* überschätzen würde, um ihn auf diese Weise zu zwingen, seine wirtschaftlichen Verhältnisse offenzulegen.[207] In der Praxis scheint indessen der umgekehrte Fall weitaus häufiger zu sein, dass der Richter mit der Schätzung hinter der Wirklichkeit zurückbleibt oder auch die – zu niedrigen – Angaben des Angeklagten ungeprüft übernimmt. Zur Pflicht der Darstellung im tatrichterlichen Urteil s. Rdn. 74; zum revisionsgerichtlichen Überprüfungsmaßstab s. Rdn. 81.

e) Die Schätzungsgrundlagen müssen in der Hauptverhandlung erörtert werden; 73
dem Angeklagten ist insoweit rechtliches Gehör zu gewähren. Er muss also wissen, worauf das Gericht eine etwaige Schätzung stützt und muss insoweit vor überraschenden Feststellungen sicher sein. Nur so kann der Angeklagte darüber schlüssig werden, ob er unter den gegebenen Umständen eine gerichtliche Schätzung hinnehmen oder eine gerichtliche Überprüfung seiner wirtschaftlichen Leistungsfähigkeit unter Anbietung präsenter Beweismittel beantragen will. Eine Pflicht, dem Angeklagten das Schätzungsergebnis etwa noch vor der Urteilsverkündung mitzuteilen, besteht schon deshalb nicht,[208] weil dieses Ergebnis erst aus der umfassenden Urteilskognition folgen kann. Insoweit kann nichts anderes gelten als die in BGHSt **43** 212 für sonstige Beweiserhebungen aufgestellten Grundsätze.

f) Die **Darstellungspflicht des Tatrichters** geht nach erfolgter Schätzung dahin, die 74
festgestellten Grundlagen der Schätzung in einer solchen Weise im Urteil mitzuteilen, dass das Revisionsgericht diese Grundlagen auf ihre Tragfähigkeit überprüfen kann.[209] Wenn darüber hinaus auch die Darlegung, warum eine Schätzung erfolgt ist, verlangt wird,[210] kann dem schwerlich gefolgt werden;[211] denn die revisionsgerichtliche Überprüfung, ob im Einzelfall die Beschreitung des Schätzungsverfahrens zulässig war, ist aus grundsätzlichen und praktischen Gesichtspunkten dem Bereich der verfahrensrechtlichen Überprüfung (scil. mit dem Erfordernis einer entsprechenden Aufklärungsrüge) zuzuordnen.

g) Ermittlungsmöglichkeiten. Es liegt nahe, zur Ermittlung des Einkommens des 75
Täters mit prozessrechtlichen Instrumenten, insbesondere der Beschlagnahme nach §§ 94ff StPO, aber auch zeugenschaftlicher Vernehmung der Bankangestellten, auf die-

---

206 So *Horstkotte* 13. Deutscher Verkehrsgerichtstag 1975 S. 89 f; vgl. *D. Meyer* MDR **1975** 191; *Klussmann* NJW **1974** 1275; krit. hierzu *Hammerstein* bei *Driendl* ZStW **88** (1976) 1148; *Hellmann* GA **1997** 503, 513.
207 *Sch/Schröder/Kinzig* Rdn. 20.
208 Im Erg. ebenso *Wolters* SK Rdn. 17; *Radtke* MK Rdn. 122.
209 BGH NJW **1976** 634, 635 und BGH NStZ **2003** 657; BayObLG bei Rüth DAR **1979** 235 und **1983** 246; OLG Bremen OLGSt. § 40 Abs. 3 S. 2; OLG Frankfurt a.M. StV **1984** 157; OLG Hamm StraFo **2001** 19; OLG Koblenz VRS **65** 350; OLG Schleswig SchlHA **1984** 82; *Fischer* Rdn. 26; *Sch/Schröder/Kinzig* Rdn. 21a; *Schäfer/Sander/van Gemmeren* Strafzumessung Rdn. 1456.
210 *Radtke* MK Rdn. 123; *Sch/Schröder/Kinzig* Rdn. 21 a; *Schäfer/Sander/van Gemmeren* Strafzumessung Rdn. 1455; *Krehl* Die Ermittlung der Tatsachengrundlage zur Bemessung der Tagessatzhöhe bei der Geldstrafe S. 270 f.
211 Vgl. *Meyer-Goßner/Appl* Die Urteile in Strafsachen Rdn. 439, wo lediglich die Klarstellung verlangt wird, ob das Gericht von der sicheren Feststellung eines bestimmten Einkommens ausgegangen ist oder das Einkommen geschätzt hat.

jenigen Daten Zugriff zu nehmen, die bei den Banken vorliegen, deren Kunde der Täter ist. Das **sogenannte Bankgeheimnis** steht dem nicht entgegen.[212] Es ist dem Strafverfahrensrecht fremd. Insbesondere besteht nicht etwa ein Zeugnisverweigerungsrecht (aus § 53 StPO) der Bankangestellten oder ein Beschlagnahmeverbot für die bei der Bank vorhandenen Unterlagen. Auch ist mit der h.M. zu verneinen, dass etwa aus § 54 StPO ein Zeugnisverweigerungsrecht der Mitarbeiter öffentlich-rechtlicher Kreditinstitute, wie Sparkassen und Landesbanken, herzuleiten sei.[213] Sonst würden die öffentlichrechtlichen Kreditinstitute wettbewerbswidrig privilegiert.[214] Jedoch ist der Grundsatz der Verhältnismäßigkeit zu beachten.[215]

75a Anderes gilt für einen etwaigen Zugriff auf die bei den Finanzbehörden vorhandenen Daten. Hier greift das in § 30 AO (vgl. auch § 355 StGB) geregelte **Steuergeheimnis** ein. Danach ist es entsprechend allgemeiner Meinung ausgeschlossen, zur Ermittlung der für die Bestimmung der Tagessatzhöhe wesentlichen Faktoren auf die Steuerakten oder die Kenntnis der Finanzbeamten zurückzugreifen.[216] Dies gilt selbst dann, wenn die Steuerakten dem Gericht vorliegen.[217] Allerdings ist im Schrifttum vielfach vorgeschlagen worden, das Steuergeheimnis für den vorliegenden Zusammenhang zu suspendieren.[218] Dies hat im Gesetzgebungsverfahren keine Durchsetzung gefunden.[219] *Tröndle*[220] nennt hierfür ausführlich gute Gründe.[221] Schließlich ist darauf hinzuweisen, dass im Strafverfahren wegen einer Steuerstraftat weitergehende Offenbarungsbefugnisse der Amtsträger bestehen (§ 30 Abs. 4 Nr. 1 i.V. mit Abs. 2 Nr. 1 lit. b AO,[222] s. ergänzend § 30 Abs. 4 Nr. 4 und Abs. 5 AO).

76 **2.** Für die **Urteilsfindung** über die Höhe einer Geldstrafe gilt nach § 196 Abs. 3 StPO i.V.m. dem Tagessatzprinzip, dass die **Abstimmung in zwei Schritten** zu erfolgen hat: Zuerst ist über die Tagessatzzahl, dann über die Tagessatzhöhe abzustimmen.[223]

77 **3.** Im **Urteilstenor** müssen **Zahl und Höhe** der Tagessätze angegeben werden (*Absatz 4*; § 260 Abs. 4 S. 3 StPO; vgl. auch § 5 Abs. 3 Satz 1 BZRG). Die Tenorierung allein der

---

212 *Fischer* Rdn. 18; *Meyer-Goßner/Schmitt* § 53 Rdn. 3; *Radtke* MK Rdn. 117 und FS Meyer-Goßner S. 312, 343; *Ehlers* BB **1978** 1513; *C. Hirsch* Auskünfte durch Kreditinstitute im straf- und steuerstrafrechtlichen Ermittlungsverfahren (1991) S. 16 ff; *Kirchhof* FS Tipke (1995) S. 27, 35; *Krehl* Die Ermittlung der Tatsachengrundlage S. 132 ff 0.

213 *Meyer-Goßner/Schmitt* § 54 Rdn. 10; *Müller* NJW **1963** 833, 834; **aA** *Senge* KK § 54 Rdn. 8; *Sichtermann* aaO 1966 (Fn. 219) S. 333 f.

214 *Müller* NJW **1963** 833, 834.

215 Vgl. *Ehlers* BB **1978** 1513, 1515.

216 *Fischer* Rdn. 18; *Jescheck/Weigend* S. 774 Fn. 35; *Joecks* in *Joecks/Jäger/Randt* Steuerstrafrecht[8] § 369 Rdn. 140; *Kohlmann* FS Spendel 257; *Köpp* DRiZ **1984** 314; *Krehl* Die Ermittlung der Tatsachengrundlage S. 137 ff; *Wieczorek* wistra **1987** 173; **aA** *Scheurmann-Kettner* in *Koch/Scholtz* AO[5] § 369 Rdn. 57 unter Berufung auf § 30 Abs. 4 Nr. 1 AO; vgl. auch *Brandis* Geldstrafe und Netto-Einkommen S. 189 ff.

217 *Schäfer/Sander/van Gemmeren* Strafzumessung Rdn. 144; vgl. auch BGH wistra **1999** 19, 21.

218 § 49 Abs. 3 Satz 2 AE; *Göhler* Prot. 7 S. 653 f und NJW **1974** 825, 829 Fn. 63; *Klussmann* NJW **1974** 1275; *Seib* DAR **1975** 109; *Horstkotte* 13. Deutscher Verkehrsgerichtstag 1975 S. 89; *Eb. Kaiser* NJW **1976** 608, 609; *D. Meyer* DAR **1976** 148; *Grebing* ZStW **88** (1976) 1049, 1103; *Kintzi* DRiZ **2001** 198, 201; Zur Rechtsvergleichung *Grebing* in *Jescheck/Grebing* (Hrsg.) Die Geldstrafe im deutschen und ausländischen Recht (1978) S. 1183, 1303.

219 Prot. 7 S. 1070 ff, 1275, BT Drucks. 7/550 S. 300 f.

220 LK[10] Rdn. 67; vgl. auch *Tröndle* ZStW **86** (1974) 545, 590 f und ÖJZ **1975** 589, 597.

221 Im gleichen Sinn *Fleischer* Die Strafzumessung bei Geldstrafen S. 265 ff; *Peters* Der neue Strafprozeß 1975 S. 23; *Zipf* Einführung S. 71 Fn. 27 und ZStW **86** (1974) 513, 528.

222 Vgl. dazu *Klein/Rinke* AO[14] § 30 Rdn. 93; *Pflaum* MK-StPO § 30 AO Rdn. 18 ff zur Differenzierung zwischen Steuerstrafverfahren und Strafverfahren wegen Allgemeindeliktes vgl. auch *Blesinger* wistra **1991** 239, 294, 295 f.

223 Allg. Auffassung, vgl. nur *Diemer* KK § 196 GVG Rdn. 1 m.w.N.; *Wickern* LR[25] § 196 GVG Rdn. 6.

Summe ist rechtsfehlerhaft und führt auf die Revision zur Aufhebung des Strafausspruchs.[224] Es wird sich aber empfehlen, durch einen Zusatz auch den zu zahlenden Gesamtgeldbetrag im Urteilstenor anzugeben.[225] Dies kann auch im Rahmen des Ausspruches über etwaige Zahlungserleichterungen (§ 42) geschehen.[226] Eine solche Angabe des Gesamtbetrages ist zwar gesetzlich nicht vorgeschrieben. Die Fassung der Urteilsformel unterliegt aber „im Übrigen" dem Ermessen des Gerichts (§ 260 Abs. 4 Satz 5 StPO). Dies kann der Richter in geeigneten Fällen – neben der mündlichen Urteilsbegründung – nutzen, um dem Angeklagten auch den ihn oft in erster Linie interessierenden Gesamtbetrag förmlich mitzuteilen. Freilich ist zu beklagen, dass die Presse – selbst die seriöse – auch nach jahrzehntelanger Geltung des Tagessatzsystems sich fast durchgängig weigert, in ihren Berichten über einzelne – selbst besonders öffentlichkeitsrelevante – Verfahren die beiden Strafzumessungsfaktoren der verhängten Geldstrafe mitzuteilen.[227] Indes wird weder dies noch sonst das Verständnis des in der Öffentlichkeit weitgehend unbekannten Tagessatzsystems dadurch verbessert, dass man – puristisch – den Gesamtbetrag der Geldstrafe im Urteilstenor verschweigt.

Die nach § 42 bewilligten Zahlungserleichterungen sind so genau in den Urteilstenor **77a** aufzunehmen, dass der Angeklagte danach genau weiß, welche Zahlungen er mit welcher Frequenz zu leisten hat und dass ggf. die Vergünstigung beim Ausbleiben eines Teilbetrages entfällt.[228]

Eine Angabe über die **Ersatzfreiheitsstrafe** unterbleibt im Urteilstenor.[229] Die Er- **77b** satzfreiheitsstrafe ergibt sich unmittelbar aus dem Gesetz (§ 43 Satz 2).

Der Urteilstenor kann beispielsweise lauten: **77c**

„Der Angeklagte ist des ... schuldig. Er wird zu einer Geldstrafe von 90 Tagessätzen zu 20 Euro verurteilt.

Dem Angeklagten wird gestattet, die Strafe von insgesamt 1800 Euro in monatlichen Teilbeträgen von je 300 Euro, beginnend mit dem auf die Rechtskraft des Urteils folgenden Monatsersten zu zahlen. Die Vergünstigung entfällt, wenn der Verurteilte einen Teilbetrag nicht rechtzeitig zahlt."

4. Rechtsmittelverfahren

a) Die Frage der isolierten Anfechtbarkeit der einzelnen Strafzumessungsakte

aa) Die Entscheidung über die **Anzahl der Tagessätze**, also das Ergebnis der ersten **78** Phase der Bemessung der Geldstrafe, ist **nicht getrennt anfechtbar.**[230] Diese Entschei-

---

224 BGH, Urteil vom 13. Juli 1994 – 5 StR 215/94; *SSW/Claus* Rdn. 20.

225 *Albrecht* NK Rdn. 55; *Lackner/Kühl/Kühl* Rdn. 18; *Sch/Schröder/Kinzig* Rdn. 22; *Naucke* NJW **1978** 407, 408 f; **aA** *Wolters* SK Rdn. 18; *Zipf* JuS **1974** 137, 139; vgl. auch *Vogler* JR **1978** 353.

226 *Zipf* Einführung Rdn. 68.

227 Daran hat sich nichts geändert, seitdem dies schon in den 70er Jahren kritisiert worden ist: *D. Meyer* MDR **1976** 275; *Frank* JA **1976** 238; *Grebing* JZ **1976** 745; *Horn* JR **1977** 95; *Naucke* NJW **1978** 407, 409.

228 *Schäfer/Sander/van Gemmeren* Strafzumessung Rdn. 1454.

229 OLG Bremen NJW **1975** 1524; *Fischer* § 40 Rdn. 25, § 43 Rdn. 4; *Sch/Schröder/Kinzig* § 40 Rdn. 22, § 43 Rdn. 3; **aA** *Wolters* SK Rdn. 18.

230 *Radtke* MK Rdn. 125; *Sch/Schröder/Kinzig* Rdn. 23; *Schäfer/Sander/van Gemmeren* Strafzumessung Rdn. 145; *Grünwald* JR **1978** 71, 73; *Horn* JR **1977** 95, 97; **aA** BGH Beschluß v. 30. November 1976 – 1 StR 488/76 –; OLG Koblenz NJW **1976** 1275; *Fischer* Rdn. 26; SSW/*Claus* Rdn. 19; *Grebing* ZStW **88** (1976) 1049, 1106 und JR **1981** 1, 3 sowie in *Jescheck/Grebing* Die Geldstrafe im deutschen und ausländischen Recht S. 125; *Kadel* Die Bedeutung des Verschlechterungsverbots S. 29; *Schall* JuS **1977** 307, 308; *Vogler* JR **1978** 357; zweifelnd *Lackner/Kühl/Kühl* Rdn. 19; vgl. auch BayObLGSt. **1979** 130, 131.

dung kann nicht – unter Aufrechterhaltung des Ausspruchs über die Tagessatzhöhe – aus dem Geldstrafengesamtausspruch herausgelöst werden. Zwar hat die – notwendig vorausgehende – Entscheidung über die Tagessatzanzahl mit der zweiten Phase, der Entscheidung über die wirtschaftliche Belastbarkeit des Täters, grundsätzlich nicht zu tun, die nachgeordnete Entscheidung über die wirtschaftliche Belastbarkeit des Täters kann aber nicht getroffen werden, ohne dass die Tagessatzanzahl feststeht. Auch in diesem Zusammenhang erweist sich die Richtigkeit der hier vertretenen Auffassung (Rdn. 60), dass für die Tagessatzhöhe die Anzahl der Tagessätze nicht stets ohne Einfluss ist: Wenn vor dem Rechtsmittelgericht die Entscheidung über die Anzahl der Tagessätze keinen Bestand hat, muss auch der Ausspruch über die Tagessatzhöhe aufgehoben werden. Keinem Tatrichter ist zumutbar, Unrechtsverhalten und Schuld nach Tagessätzen zu quantifizieren, ohne auch alle wirtschaftlichen Folgen des Urteilspruchs im Auge zu behalten. Auch könnte sonst der Angeklagte mit seinem Rechtsmittel die Tagessatzhöhe auf das erstinstanzlich festgesetzte Maß festschreiben.[231]

79 **bb)** Dagegen ist die Entscheidung über die **Höhe des Tagessatzes**, also das Ergebnis der zweiten Phase der Bemessung der Geldstrafe, **grundsätzlich getrennt anfechtbar**, da es sich bei den Entscheidungen über Anzahl und Höhe der Tagessätze um zwei grundsätzlich voneinander zu trennende Vorgänge handelt (Rdn. 18), von denen die Festsetzung der Tagessatzhöhe stets der Entscheidung über die Tagessatzanzahl nachfolgen muss. Dies ist st. Rspr. des BGH,[232] inzwischen auch der Oberlandesgerichte[233] und allgemeine Ansicht im Schrifttum.[234]

80 **cc) Ausnahmsweise** ist die Entscheidung über die **Höhe des Tagessatzes nicht getrennt anfechtbar**, wenn im anzufechtenden Urteil die für die Bemessung von Zahl und Höhe der Tagessätze maßgebenden Gesichtspunkte nicht auseinandergehalten wurden und sich deshalb nicht ausschließen lässt, dass die Entscheidung über die Tagessatzanzahl – in unzulässiger Weise – durch diejenige über die Tagessatzhöhe beeinflusst ist (BGHSt **27** 70, 73; BayObLGSt **1975** 76; *Radtke* MK Rdn. 125). Dies entspricht lediglich dem allgemeinen Grundsatz, dass eine Rechtsmittelbeschränkung wirkungslos ist, wenn Mängel in der Darstellung der Urteilsgründe eine abgetrennte Beurteilung nicht ermöglichen.[235] Die Höhe des Tagessatzes kann auch dann nicht von der Anfechtung des Rechtsfolgenausspruchs ausgenommen werden, wenn dieser die Verhängung eines Fahrverbotes umfasst; denn zum Ausgleich des Wegfalls des Fahrverbots kann eine Erhöhung des Tagessatzes in Betracht kommen (BayObLG NStE Nr. 2 zu § 410 StPO; OLG Karlsruhe NStZ-RR **2006** 23 stellt zutreffend klar, dass es freilich unzulässig ist, zur Vermeidung eines Fahrverbots eine die wirtschaftlichen Verhältnisse des Angeklagten übersteigende Tagessatzhöhe festzusetzen; im Einzelnen vgl. *Geppert* LK[12] § 44 Rdn. 106ff). Dagegen ist

---

231 *Horn* JR **1977** 95, 97.
232 BGHSt **27** 70, 73 = JR **1978** 70 m. Anm. *Grünwald* = LM § 40 Nr. 2 m. Anm. *Pelchen*; BGHSt **34** 90, 92; BGHR § 40 Abs. 2 Satz 1 Einkommen 1 und 4; BGH bei Spiegel DAR **1980** 199, 200; BGH Beschluß vom 30. November 1976 – 1 StR 488/76 –; BGH Beschluss vom 17. März 1995 – 4 StR 98/95 –.
233 BayObLG JR **1976** 161; BayObLG VRS **51** 22; ; OLG Braunschweig NdsRpfl **2014** 258; OLG Hamm 6.1.2015 – 3 RVs 102/14, BeckRS 2015, 03030; KG StraFo 2014 **165**; OLG Koblenz NJW **1976** 1275; OLG Koblenz VRS **54** 48; OLG Köln NJW **1977** 307; OLG Karlsruhe Justiz **1982** 233; OLG Frankfurt StV **1984** 157.
234 *Fischer* Rdn. 26; *Lackner/Kühl/Kühl* Rdn. 19; *Sch/Schröder/Kinzig* Rdn. 23; *Schäfer/Sander/van Gemmeren* Strafzumessung Rdn. 145; *D. Meyer* MDR **1976** 278, DAR **1976** 149, SchlHA **1976** 106; *Grebing* ZStW **88** (1976) 1106; *Horn* JR **1977** 97; *Schall* JuS **1977** 308.
235 Vgl. *Gössel* LR[26] § 318 Rdn. 45ff.

der Ausspruch über die Tagessatzhöhe von der Entziehung der Fahrerlaubnis im hiesigen Sinne trennbar (BayObLG VRS **60** 103, 104; *Fischer* Rdn. 28).

b) Revisionsverfahren

aa) Der **sachlichrechtliche Überprüfungsmaßstab** richtet sich auch bei der Geldstrafe nach den allgemeinen Prinzipien der revisionsgerichtlichen Prüfung der Strafzumessung, also insbesondere nach den Grundsätzen der Entscheidung BGHSt **34** 345 (349). Jedoch bestehen im Bereich der Geldstrafe besondere Ansatzpunkte für eine revisionsgerichtliche Kontrolle angesichts der Aufgliederung des Strafzumessungsvorgangs in zwei oder oft drei Phasen (vor § 40 Rdn. 50 bis 53). Es besteht insofern eine gewisse strukturelle Ähnlichkeit mit der revisionsgerichtlichen Überprüfung der Findung des im Einzelfall anzuwendenden Strafrahmens. So unterliegt das „phasengerechte" Vorgehen des Tatrichters ebenso der revisionsgerichtlichen Überprüfung wie die Berücksichtigung der hierbei wesentlichen rechtlichen Gesichtspunkte. Die Festsetzung der Tagessatzzahl wie der Tagessatzhöhe ist hingegen allein Sache des Tatrichters.[236] Das Revisionsgericht kann insoweit nur eingreifen, als er sich hierbei von unrichtigen rechtlichen Erwägungen hat leiten lassen oder wesentliche Gesichtspunkte bei seiner Ermessensentscheidung außer Acht gelassen hat. Es muss die Wertung des Tatrichters „bis zur Grenze des Vertretbaren hinnehmen". Das folgt aus der Ermessensfreiheit, die das Gesetz dem Tatrichter einräumt (BGHSt **27** 212, 215).[237] Die Revisionsgerichte können deshalb insbesondere nicht etwa einzelne Berechnungsmodelle zur Ermittlung des zu berücksichtigenden Einkommens für verbindlich erklären.[238] Insofern besteht ein grundsätzlicher, oft verkannter Unterschied gegenüber anderen Regelungsmaterien unserer Rechtsordnung, in denen ein relevantes Einkommen bis auf die Stellen hinter dem Komma anhand strikter Regelungen ermittelt werden kann – wie etwa im Steuerrecht, Unterhaltsrecht, Sozialhilferecht oder Förderungsrecht, beispielsweise Studium oder Eigenheimbau betreffend. Vielmehr kann es – im gegenläufigen Sinn – sogar einen Rechtsfehler begründen, dass der Tatrichter angenommen hat, an bestimmte Regeln gebunden zu sein.[239] 81

Dies sehen die Oberlandesgerichte teilweise sehr viel enger, indem sie insbesondere aus dem Nettoeinkommensprinzip hergeleitete Regeln in der Weise verselbständigen, dass sie diese wie strenges Recht anwenden (s. Rdn. 23 und vor § 40 Rdn. 17). Aus den zuvor genannten Gründen ergibt sich auch, dass Einzelfragen der Bemessung der Tagessatzhöhe keine Rechtsfragen sind, die ein Divergenzverfahren nach § 121 Abs. 2 GVG auslösen könnten (dazu Rdn. 22). 81a

bb) Hat der Tatrichter die **Festsetzung der Tagessatzhöhe** – etwa bei Einbeziehung der Einzelgeldstrafe in eine Gesamtgeldstrafe – **unterlassen** oder hebt das Revisionsgericht die Festsetzung der Tagessatzhöhe auf, so hat das Revisionsgericht die Sache regelmäßig zur Nachholung der Entscheidung bzw. zur erneuten Entscheidung über die Tagessatzhöhe zurückzuverweisen.[240] Die Bestimmung der Tagessatzhöhe ist auch dann 82

236 BGHSt **27** 212 und 228; BGH, Beschluss vom 26. August 1977 – 3 StR 97/77 –; kritisch dazu *Zipf* JR **1978** 163; vgl. zum Text auch OLG Hamm VRS **41** 96; OLG Oldenburg MDR **1975** 1038.
237 BGHSt **27** 212 und 228; BGH NStZ **2003** 657; OLG Dresden NJW **2009** 2966; OLG Frankfurt NStZ-RR **2007** 167; OLG Stuttgart StV **2009** 131.
238 BGH in Fn. 242; OLG Braunschweig VRS **53** 263; *Radtke* MK Rdn. 127.
239 OLG Schleswig SchlHA **1981** 169.
240 BGHSt **30** 93; **34** 90; BGHR § 54 Abs. 3 Tagessatzhöhe 1; BGH NStE Nr. 2 zu § 40, Nr. 5 zu § 54; BGH, Beschluss v. 19. Juni 2018 – 2 StR 211/18.

erforderlich, wenn die Einzelgeldstrafe in eine Gesamtgeldstrafe einbezogen wird; denn es kann später zu einer anderen Gesamtstrafenbildung unter Auflösung der zuvor verhängten Gesamtgeldstrafe kommen. Ausnahmsweise kann das Revisionsgericht die Bestimmung der Tagessatzhöhe selbst vornehmen, indem es nach § 354 Abs. 1 StPO die Tagessatzhöhe auf das Mindestmaß des § 40 Abs. 2 Satz 3 festsetzt.[241]

83 **c)** Aus dem **Verschlechterungsverbot** (Verbot der reformatio in peius gemäß § 331 Abs. 1, § 358 Abs. 2 Satz 1, § 373 Abs. 2 Satz 1 StPO) ergibt sich für die Geldstrafe folgendes: Die Verhängung einer Freiheitsstrafe als der schwereren Strafe (vor § 40 Rdn. 33) statt einer Geldstrafe ist in jedem Fall ausgeschlossen, selbst wenn die Vollstreckung der Freiheitsstrafe zur Bewährung ausgesetzt wird.[242] In nächster Linie gilt der Grundsatz, dass das Gesamtübel der Strafe nicht erhöht werden darf. Das ist – soweit nicht eine weitere Sanktion hinzutritt – das Produkt aus Tagessatzzahl und Tagessatzhöhe.[243] Auf der nächsten Ebene stellt sich die Frage, ob der neue Tatrichter die Möglichkeit hat, bei Einhaltung des Produkts einen der beiden Faktoren – Tagessatzzahl oder Tagessatzhöhe – anzuheben. Hier ist zu unterscheiden: Eine Erhöhung der Tagessatzzahl würde auch eine Erhöhung der Ersatzfreiheitsstrafe (§ 43), damit eine Verschärfung des Gesamtgewichts der Strafe bedeuten und ist daher unzulässig.[244] Eine Heraufsetzung der Tagessatzzahl ist selbst dann ausgeschlossen, wenn der Erstrichter rechtsirrig auf eine Geldstrafe von weniger als fünf Tagessätzen erkannt hat (s. dazu Rdn. 4). Dagegen ist bei Beachtung des Geldstrafenproduktes – also bei Herabsetzung der Tagessatzzahl – eine Heraufsetzung der Tagessatzhöhe zulässig.[245] Es gilt insoweit das Prinzip der ganzheitlichen Betrachtung.[246] In diesem Rahmen ist insbesondere die Berücksichtigung einer Verbesserung der Einkommensverhältnisse des Täters möglich. Das Verschlechterungsverbot lässt es dem Rechtsmittelgericht wie dem neuen Tatrichter nach Zurückverweisung der Sache unbenommen, – bei Einhaltung des Geldstrafenproduktes – der Bestimmung der Tagessatzhöhe neue Tatsachen (namentlich Einkommensverbesserungen) oder andere Berechnungsmethoden zugrundezulegen.[247] Nicht etwa greift der Rechtsgedanke ein, der dem im Steuerstrafrecht geltenden Kompensationsverbot (§ 370 Abs. 4 Satz 3 AO) zugrunde liegt. Hiervon unberührt bleibt die Frage, ob ein Revisionsgericht eine bestimmte Berechnungsmethode als rechtlich verbindlich behandeln darf (s. dazu Rdn. 20ff, 81 und vor § 40 Rdn. 17).

84 Tritt ein **Fahrverbot** nach § 44 potentiell in ein Austauschungsverhältnis mit Bemessungsfaktoren der Geldstrafe, so ergibt sich unter dem Gesichtspunkt des Verschlechte-

---

241 BGH NStE Nr. 5 zu § 54; vgl. auch BGHR § 40 Abs. 2 Satz 1 Bestimmung, unterlassene 2; BGH, Beschluss v. 20. Oktober 2011 – 4 StR 344/11; Beschluss v. 9. Oktober 2018 – 4 StR 322/18; vgl. auch BayObLG JZ **1975** 538; BayObLGSt. **1979** 130; OLG Köln NJW **1976** 636.

242 OLG Hamburg MDR **1982** 776; *Wolters* SK Rdn. 20; *Radtke* MK Rdn. 128.

243 *Lackner/Kühl/Kühl* Rdn. 19; *Meyer-Goßner/Schmitt* § 331 Rdn. 16.

244 BayObLG JZ **1975** 538; KG VRS **52** 113; *Fischer* Rdn. 27; *Geppert* LK[12] § 44 Rdn. 108; *Wolters* SK Rdn. 20; *Lackner/Kühl/Kühl* Rdn. 19; *Sch/Schröder/Kinzig* Rdn. 23.

245 OLG Celle NJW **1976** 121; OLG Köln VRS **60** 46; OLG Frankfurt a.M., Urteil v. 12. August 1988 – 1 Ss 447/88 –; vgl. auch OLG Düsseldorf JR **1986** 121 m. krit. Anm. *Welp*; ebenso *Fischer* Rdn. 27; *Wolters* SK Rdn. 20; *Lackner/Kühl/Kühl* Rdn. 19; *Sch/Schröder/Kinzig* Rdn. 23; *Radtke* MK Rdn. 128; *Meyer-Goßner/Schmitt* § 331 Rdn. 16; *D. Meyer* NJW **1979** 148; **aA** *Grebing* JR **1981** 1, 2; dazu *Dencker* NStZ **1982** 152, 153; ferner **aA** *Bems* Die Geldstrafe nach dem Tagessatzsystem S. 308; *Kadel* Die Bedeutung des Verschlechterungsverbots S. 43ff und GA **1979** 459, 463; *Schröter* NJW **1978** 1302; diese Gegenansicht übersieht weitgehend den Vorrang des Verschlechterungsverbots gegenüber dem materiellen Recht, so zutreffend *Dencker* aaO und *Lackner/Kühl/Kühl* aaO.

246 OLG Hamburg MDR **1982** 776.

247 OLG Hamm NJW **1977** 724; *Sch/Schröder/Kinzig* Rdn. 23; *Radtke* MK Rdn. 128.

rungsverbotes folgendes (zu alledem ausführlich *Geppert* LK[12] § 44 Rdn. 100 bis 113): Auch hier gilt die ganzheitliche Betrachtungsweise, und zwar in „konkret-objektiver" Form. Dabei ist das Fahrverbot mit der h.M. wohl generell als die härtere Strafart im Vergleich zur Geldstrafe anzusehen.[248] Daraus ergibt sich zunächst: Das Verschlechterungsverbot steht nicht dem entgegen, nach Wegfall oder Ermäßigung eines Fahrverbotes die Tagessatzhöhe mit der Begründung zu erhöhen, das entfallene oder ermäßigte Fahrverbot sei bei der Geldstrafenbemessung bedeutsam gewesen.[249] In der umgekehrten Konstellation wird es für zulässig gehalten, ein Fahrverbot – erstmalig – anzuordnen, wenn zugleich die Geldstrafe (namentlich die Tagessatzhöhe) herabgesetzt wird.[250] Erachtet man das Fahrverbot als die gegenüber der Geldstrafe härtere Strafart, so kann derartiges nicht gelten.[251] Schließlich ist die Ersetzung einer Freiheitsstrafe durch eine Geldstrafe mit entsprechender Tagessatzzahl in Kombination mit einem Fahrverbot zulässig.[252]

Im Gesetzgebungsverfahren ist der Gedanke erwogen worden, eine **nachträgliche** 85 **Änderung der** vom erkennenden Gericht bestimmten **Tagessatzhöhe** – zugunsten wie dann wohl auch zum Nachteil des Verurteilten – zu ermöglichen. Dies ist aus dem Gedanken der Laufzeitgeldstrafe (s. Rdn. 10) gespeist, dem geltenden System der Geldstrafe jedoch wesenswidrig: Das Urteil verpflichtet grundsätzlich zur sofortigen Zahlung der Geldstrafe; Zahlungserleichterungen nach § 42 sind strukturell – wenn auch nicht nach der Häufigkeit ihrer Gewährung in der Praxis – Ausnahmen. Gleichwohl ermöglichen § 42 und die hinzutretenden Vorschriften der §§ 459a, 459f StPO (s. § 43 Rdn. 17ff) in hinreichender Weise die erforderliche Anpassung der Geldstrafe an eine Verschlechterung der Einkommensverhältnisse des Verurteilten. Es besteht also keine Notwendigkeit, das sensible Problem der Rechtskraft des Urteils anzurühren. Deshalb ist die genannte Reformidee im Rahmen der Vorarbeiten zum 23. StRÄndG aus gutzuheißenden Gründen verworfen worden (BTDrucks. 10/5828 S. 4).

5. Wiederaufnahmeverfahren. Wird ein zu einer Geldstrafe Verurteilter im Wie- 86 deraufnahmeverfahren rechtskräftig freigesprochen, so ist die bezahlte Geldstrafe ein Schaden im Sinne des § 1 StrEG. Sie ist – gegebenenfalls mit Zinsen – aus der Staatskasse zurückzuerstatten.[253] Zur Wiederaufnahme bei der Verhängung von Geldstrafen trotz erfüllter Auflage nach § 153a Abs. 1 StPO s. *Kalomiris* NStZ **1998** 500.

6. Zur **Vollstreckung** der Geldstrafe s. vor § 40 Rdn. 21 bis 25, 61 und § 43. 87

§ 41
Geldstrafe neben Freiheitsstrafe

Hat der Täter sich durch die Tat bereichert oder zu bereichern versucht, so kann neben einer Freiheitsstrafe eine sonst nicht oder nur wahlweise angedrohte Geldstrafe verhängt werden, wenn dies auch unter Berücksichtigung der persönlichen und wirtschaftlichen Verhältnisse des Täters angebracht ist.

---

248 Eingehend *Geppert* LK[12] § 44 Rdn. 101.
249 BayObLG MDR **1976** 601; BayObLG NJW **1980** 849; BayObLG bei Janiszewski NStZ **1989** 257; KG VRS **52** 114; *Geppert* LK[12] § 44 Rdn. 106ff, 108; *Lackner/Kühl/Kühl* § 44 Rdn. 12.
250 OLG Schleswig NStZ **1984** 90; **aA** *Radtke* MK Rdn. 129.
251 *Geppert* LK[12] § 44 Rdn. 112; *Lackner/Kühl/Kühl* § 44 Rdn. 12; *Sch/Schröder* § 44 Rdn. 3.
252 BayObLG MDR **1978** 422; *Sch/Schröder* § 44 Rdn. 3.
253 *Kunz* MK-StPO § 1 StrEG Rdn. 37.

https://doi.org/10.1515/9783110300499-006

Schrifttum

Brenner Voraussetzungen von Geldstrafe neben Freiheitsstrafe nach § 41 StGB n.F., ZfZ **1976** 309; *Bruns* Anm. zu BGH JR **1986** 70, 71; *Eberbach* Zwischen Sanktion und Prävention, NStZ **1987** 486; *Grebing* Recht und Praxis der Tagessatzgeldstrafe, JZ **1976** 745, 749; *Horn* Anm. zu AG Saarbrücken NStZ **1984** 76, 77; *ders.* Anm. zu BGHSt. **32** 60, JR **1984** 211; *Krehl* Anm. zu BGHR StGB § 41 Geldstrafe 1, NStZ **1993** 336; *A. Mayer* Anm. zu BGHSt. **26** 325, LM § 41 StGB Nr.1; *Schmidt* Anm. zu BGHSt. **32** 60, LM § 41 StGB Nr. 2; *R. Schmitt* Aktivierung des „Verfalls"! Noll-Gedächtnisschrift S. 295, 297; *Stein* Anm. zu BGH (JR **1986** 70, knapper NJW **1985** 1719), Bewährungshilfe **1986** 99; *Zipf* Zur Ausgestaltung der Geldstrafe im kommenden Strafrecht, ZStW **77** (1965) 526, 541; *ders.* Die Rechtsfolgen der Tat im neuen Strafgesetzbuch, JuS **1974** 137, 140.

Ergänzend: Schrifttumsverzeichnis zur Geldstrafe vor § 40; s. auch Voraufl. Schrifttumsverzeichnis zu *§ 43a*.

Entstehungsgeschichte

Die Vorschrift des § 41 Satz 1 ist seit dem 1. Januar 1975 in Kraft. Ihre erste Fassung erhielt sie erst durch Art. 18 Nr. 9 des EGStGB vom 2. März 1974 (BGBl. I S. 469), der den nie in Kraft getretenen § 41 in der ursprünglichen Fassung des 2. StrRG vom 4. Juli 1969 (BGBl. I S. 717) erweitert hat. Die derzeit geltende Fassung durch das Art. 1 des Gesetzes zur Reform der strafrechtlichen Vermögensabschöpfung vom 13. April 2017 (BGBl. I S. 872) trägt dem Umstand Rechnung, dass die Regelung zu § 43a StGB in Satz 2 der früheren Fassung infolge der Aufhebung der Vermögensstrafe obsolet geworden war.

Die Vorgängervorschrift des geltenden § 41 ist § 27a (a.F.), der durch die Verordnung über Geldstrafen und Bußen (GeldstrVO) vom 6. Februar 1924 (RGBl. I S. 44) eingeführt wurde und bis zum 31. Dezember 1974 unverändert in Geltung blieb.

Gesetzesmaterialien

§ 52 E 1962 Begr. S.172, Niederschriften GrStrafRKomm. Bd. I S. 176, 184; Bd. III S. 289, 399, 402, Bd. IV S. 244ff, 354f, 521; Bd. V S. 73, 80, 155, 226, 279ff, 319, 322; Bd. VI S. 72f, 99f, 224f, 296ff, 342ff, 367ff, 392ff, Bd. XII S. 26ff, 285ff, 458ff, 578. Der AE enthält keine entsprechende Vorschrift. 2. Schriftlicher Bericht BTDrucks. V/4095 S. 21, Prot. V S. 9, 1312, 2037, 2178, 2908; E-EGStGB S. 212, Schriftlicher Bericht BTDrucks. 7/1261 S. 6; Prot. VII S. 160.

Übersicht

I. Allgemeines

1. Kriminalpolitischer Hintergrund. Alt und – unter allen Präventionsgesichtspunkten – in höchstem Maße verständlich[1] ist das Bemühen des Gesetzgebers, Regelungen bereitzustellen, die es ermöglichen, den Täter, der sich durch die Tat bereichert hat, auch am Vermögen zu treffen. Soweit es dabei um Gewinnabschöpfung geht, stehen hierfür regelmäßig in erster Linie (s. aber Rdn. 19 bis 23) die Vorschriften über die Einziehung (§§ 73ff) zur Verfügung, die durch das G zur Reform der strafrechtlichen Vermögensabschöpfung vom 13. April 2017 umfassend neu geregelt wurden. Gleichwohl kann im Einzelfall angesichts der persönlichen und wirtschaftlichen Verhältnisse des Täters das Bedürfnis bestehen, neben einer zur Bewährung ausgesetzten Freiheitsstrafe oder neben einer zu vollstreckenden Freiheitsstrafe eine Geldstrafe festzusetzen. Dem trägt die Vorschrift des § 41 Rechnung, indem sie unter bestimmten Voraussetzungen die Möglichkeit eröffnet, zusätzlich zu einer Freiheitsstrafe eine Geldstrafe zu verhängen. 1

2. Die **Terminologie** ist uneinheitlich. Die nach § 41 neben Freiheitsstrafe verhängte Geldstrafe sollte in Kurzform als **„zusätzliche Geldstrafe"** (so BGHSt **26** 325, 327) oder als „Zusatzgeldstrafe" (so *Bruns/Güntge* Recht der Strafzumessung[2] S. 66 und JR **1986** 71) bezeichnet werden. In Rspr. und Schrifttum ist der Terminus „kumulative Geldstrafe", ein misslungenes Sprachbild, verbreitet. 2

3. Die Vorschrift des § 41 Satz 1 enthält eine **Durchbrechung des Grundsatzes der Alternativität zwischen Freiheitsstrafe und Geldstrafe.** Alle Strafdrohungen des Besonderen Teils und des Nebenstrafrechts, in denen Geldstrafe neben Freiheitsstrafe vorgeschrieben oder zugelassen war, wurden durch Art. 12 Abs. 3, Art. 290 Abs. 3 EGStGB (abgedruckt vor § 40 Rdn. 63) beseitigt. Die – rechtspolitisch umstrittene – Vorschrift des § 41 umschreibt nunmehr im Allgemeinen Teil die Voraussetzungen, unter denen Geldstrafe neben Freiheitsstrafe verhängt werden kann. Ausgehend von § 52E 1962, erkannte der Gesetzgeber ein Bedürfnis für diese Vorschrift. Insbesondere in den Fällen der Wirtschaftskriminalität, aber auch sonst bei unberechtigtem Gewinnstreben, erschien die *zusätzliche* Verhängung von Geldstrafe insbesondere im Nebenstrafrecht unentbehrlich. Diese Strafreaktion entsprach auch dem alten Rechtsgedanken der spiegelnden Strafe („wodurch man sündigt, dadurch wird man gebüßt").[2] Man glaubte ferner, in geeigneten Fällen durch die Zusatzgeldstrafe die Strafwirkung auf besondere Weise optimieren zu können, sei es, dass man dann die Freiheitsstrafe niedriger halten, 3

1 Vgl. *Kaiser* FS Tröndle 685, 693.
2 Hierzu *Tröndle* LK[9] § 27a a. F. Rdn. 1.

oder sei es, dass man im Falle der Strafaussetzung zugleich auf ein sofort fühlbares Strafübel erkennen und auf das Ersatzmittel der Geldauflage (vgl. § 56b Abs. 2 Nr. 2) verzichten kann.[3] Freilich sollte ursprünglich (§ 52E 1962) die Zusatzgeldstrafe auf die Fälle beschränkt sein, in denen der Täter aus Gewinnsucht handelt. Entsprechende Androhungen von Freiheitsstrafe und Geldstrafe nebeneinander im Besonderen Teil sollten hierdurch entbehrlich werden. Obwohl der AE (S. 97) eine solche Vorschrift – mit allerdings recht pauschaler Begründung – ablehnte und insbesondere von *Zipf*[4] gewichtige Bedenken gegen sie erhoben worden sind, behielt der Gesetzgeber in § 41 (Fassung 2. StrRG) die Vorschrift in Übereinstimmung mit der Mehrheit der Landesjustizverwaltungen bei, ließ anstelle der Gewinnsucht *Bereicherungsabsicht* genügen und schränkte die Vorschrift, um ihr die resozialisierungsfeindliche Spitze zu nehmen, insoweit ein, als die zusätzliche Verhängung von Geldstrafe „unter Berücksichtigung der persönlichen und wirtschaftlichen Verhältnisse des Täters zur Einwirkung auf ihn und zur Bewährung der Rechtsordnung angebracht“ sein muss.[5] Bei den Beratungen zum EGStGB und bei der Anpassung des Nebenstrafrechts erfuhr die Vorschrift, bevor sie in Kraft getreten war, eine abermalige Änderung: Um abweichende und weitergehende Regelungen im Nebenstrafrecht zu vermeiden und schwerwiegende Fälle der Wirtschaftskriminalität besser bekämpfen zu können, stellte man durch die am 1. Januar 1975 in Kraft getretene Neufassung der Vorschrift klar, dass es für die Verhängung einer zusätzlichen Geldstrafe genügt, dass der Täter sich bereichert oder zu bereichern versucht hat. Auf die einengenden Merkmale „zur Einwirkung auf ihn oder zur Verteidigung der Rechtsordnung“ wurde verzichtet.[6]

4 **4.** Der Gesetzgeber hat die **rechts- und kriminalpolitische Bedeutung** dieser Vorschrift wohl überschätzt. Die Bedenken, die zuerst *Zipf*[7] vorgetragen hat und die inzwischen im Schrifttum[8] weitgehend geteilt werden, haben zweifellos Gewicht: Wo es zu einer Bereicherung des Täters gekommen ist, greifen ohnehin die Vorschriften über die Einziehung (§§ 73ff) ein und schöpfen die Vermögensvorteile des Täters ab (vgl. aber Rdn. 19 bis 23). Blieb es bei der Absicht, sich zu bereichern, so ist dies bei der Strafzumessung zu berücksichtigen. Dieser Gesichtspunkt wird jedoch dadurch relativiert, dass das Doppelverwertungsverbot des § 46 Abs. 3 gegenüber der Vorschrift des § 41 Satz 1 nicht greift (dazu Rdn. 18). Im Falle einer zur Bewährung ausgesetzten Freiheitsstrafe lässt sich die Wirkung einer Geldstrafe häufig auch durch eine Geldauflage zugunsten der Staatskasse (§ 56b Abs. 2 Nr. 2) erzielen. Im Übrigen verträgt sich eine nach Tagessätzen berechnete zusätzliche Geldstrafe oft nur schwer mit einer zur Vollstreckung kommenden Freiheitsstrafe, da der Täter während des Freiheitsentzuges in der Regel keine Einkünfte hat und ihm hernach – insbesondere aufgrund des Nettoeinkommensprinzips – für einen bestimmten Zeitraum seine sämtlichen Einkünfte, wenn auch unter Bewilligung von Ratenzahlungen, entzogen werden. § 41 bietet auch insoweit besondere Strafzumessungsprobleme, als das im Gesamtmaß von Freiheitsstrafe und Geldstrafe liegende Strafübel sich im Rahmen einer Schuldstrafe halten muss, eine zusätzliche Geldstrafe daher auf die Höhe der Freiheitsstrafe notwendig Einfluss hat (dazu Rdn. 22).

---

3 Hierzu E 1962 Begr. S. 172.
4 ZStW **77** (1965) 526, 541.
5 2. Bericht BTDrucks. V/4095 S. 22.
6 BTDrucks. 7/1261 S. 6, Prot. VII S. 160.
7 ZStW **77** (1965) 526, 541, Einführung S. 72, JuS **1974** 137, 140.
8 *Bruns/Güntge* Recht der Strafzumessung[2] S. 66; *Radtke* MK Rdn. 8 bis 15; *Sch/Schröder/Kinzig* Rdn. 1; *Streng* Strafrechtliche Sanktionen[3] Rdn. 142f; *Fischer* Rdn. 2f; *Grebing* JZ **1976** 745, 750 und *Rudolf Schmitt* GedS Noll – 295, 297 plädieren gar für eine Abschaffung der Vorschrift.

Eine zusätzliche Geldstrafe kann aber beispielsweise in Betracht kommen, wenn bei einem (vermögenden) Täter nach der Art der Tat es angebracht erscheint, ihm eine Vermögenseinbuße aufzuerlegen, die durch eine Verfallerklärung nicht erreichbar ist, falls gerade hierdurch eine besondere Strafwirkung zu erwarten ist. Im Übrigen wird man für den Regelfall Zweifel haben dürfen, ob es sinnvoll ist, Täter, die sich durch die Tat bereichern wollten, im Gegensatz zu anderen Straftätern, einen Teil ihrer Schuld durch Geldstrafe abgelten zu lassen. Zumal da angesichts der Voraussetzungen der Vorschrift ihre Anwendung nur gegen einkommensstarke Täter in Betracht kommt, nährt die Vorschrift – auch über ihren Wirkungsbereich hinaus – den populären Verdacht, ein „Freikauf" von einer zu vollstreckenden Freiheitsstrafe sei möglich (s. Rdn. 19, 23).

Damit erhöht sich die Bedeutung des Problems, ob § 41 Satz 1 eine Strafrahmen- **4a** erweiterung bewirkt. Verneinte man dies etwa mit einem Teil der Lehre, so würde man den sich aus der Entstehungsgeschichte ergebenden Sinn der Vorschrift als einer Strafschärfungsnorm dahin pervertieren, dass die Vorschrift allein eine Strafmilderungsmöglichkeit zugunsten besonders verwerflich handelnder Täter eröffnet (s. Rdn. 19 bis 23).

5. Insbesondere wegen der vorstehend (Rdn. 4) genannten kriminalpolitischen Kritik **5** wird der Vorschrift des § 41 Satz 1 im Schrifttum ein **„Ausnahmecharakter"** zugesprochen[9] und in der Folge zur zurückhaltenden Anwendung der zusätzlichen Geldstrafe geraten.[10] Soweit dabei dem deduktiven Umweg über den vermeintlichen Ausnahmecharakter ein Argument für eine restriktive Auslegung oder Anwendung der Vorschrift entnommen wird, ist dies methodologisch angreifbar. Auch der BGH hat der Regelung des § 41 „Ausnahmecharakter" attestiert (BGHSt **26** 325, 330;[11] BGH Beschluss vom 24. Juni 1980 – 5 StR 161/80 –; BGH Beschluss vom 26. November 2015 – 1 StR 389/15 –, BGHR StGB § 41 Bereicherung 2), ihren Wirkungsbereich aber gleichwohl drastisch – und zwar entgegen der Intention des Gesetzgebers – ausgedehnt (Rdn. 23). Nach hiesiger Ansicht ist die Vorschrift – freilich nach Maßgabe ihrer engen Voraussetzungen und eingedenk der aufgezeigten kriminalpolitischen Probleme – uneingeschränkt anwendbar.[12] Fakultativen Charakter trägt sie ohnehin.

II. Voraussetzungen der Vorschrift

Die Anwendung der Vorschrift des § 41 hängt von zwei Voraussetzungen ab: Der Tä- **6** ter muss sich durch die Tat bereichert oder es versucht haben (Rdn. 7 bis 9) *und* es muss angebracht sein, neben Freiheitsstrafe auf Geldstrafe zu erkennen. Maßgebend für diese Entscheidung sind insbesondere die persönlichen und wirtschaftlichen Verhältnisse des Täters (Rdn. 10 bis 12). Für die Gesamtstrafe gelten Besonderheiten (Rdn. 15). Die Entscheidung über die Verhängung der zusätzlichen Geldstrafe steht im pflichtgemäßen Ermessen des Tatrichters (Rdn. 16).

---

9 OLG Celle NStZ 2008, 711; *Bruns/Güntge* Recht der Strafzumessung S. 66; *Lackner/Kühl/Kühl* Rdn. 1; *Sch/Schröder/Kinzig* Rdn. 1; *Fischer* Rdn. 2; *Maurach/Gössel/Zipf* § 59 Rdn. 33; *Grebing* JZ **1976** 745, 749.
10 *Bruns/Güntge* Recht der Strafzumessung S. 66; *Sch/Schröder/Kinzig* Rdn. 1.
11 BGHSt **26** 325, 330 = LM Nr. 1 zu § 41 StGB m. Anm. *Albrecht Mayer*.
12 Im Erg. ebenso *Eberbach* NStZ **1987** 486, 487 f.

1. Bereicherung oder Bereicherungsversuch müssen vorliegen.

7 **a) Bereichert** oder zu bereichern versucht hat sich der Täter, wenn er einen Vermögensvorteil, also eine günstigere Gestaltung der Vermögenslage (RGSt **50**, 277, 279; vgl. BGHSt **14**, 386, 388; BGH Beschluss vom 26. November 2015 – 1 StR 389/15 –, BGHR StGB § 41 Bereicherung 2), erlangt oder erstrebt hat. Nicht dieser Vermögensvorteil braucht dem Recht zu widersprechen,[13] sondern lediglich die Tat, die ihn einbringt oder einbringen soll. Vermögensvorteile in diesem Sinne liegen auch vor, wenn der Täter eine Vermögensminderung verhindert, insbesondere wenn er Steuern hinterzieht (vgl. BGH NJW **1976** 525, 526; BGH Beschluss vom 26. November 2015 – 1 StR 389/15 –, BGHR StGB § 41 Bereicherung 2; *Radtke* MK Rdn. 18). Eine endgültige Bereicherung fordert das Gesetz nicht, so dass auch eine Steuerverkürzung auf Zeit genügt (*Henneberg* BB **1974** 705, 709).

8 **b)** Zwar muss der Täter **sich selbst** bereichert oder zu bereichern versucht haben. Solches kann aber auch darin liegen, dass die aus der Tat unmittelbar erlangten Vermögensvorteile einem Dritten zufließen, der Täter hierfür aber einen anderweitigen Vermögensvorteil erhält oder sonst an dem erlangten Vermögensvorteil mittelbar partizipiert[14] (BGHSt **26**, 325, 327 für den Geschäftsführer der unmittelbar bevorteilten GmbH; BGHSt **32** 60, 61f[15] für den Steuerberater des unmittelbar bereicherten Mandanten; BGHR § 41 Bereicherung 1 für die Ehefrau des „in erster Linie" bevorteilten Kassenarztes).

9 **c) Subjektive Voraussetzungen.** Die Vorschrift setzt *keine* Bereicherungs*absicht* und schon gar nicht, wie das alte Recht (§ 27a a.F.) Gewinnsucht (dazu BGHSt **17** 35) voraus. Es muss also dem Täter nicht auf eine Bereicherung ankommen.[16] Hierfür gibt das Gesetz nichts her. Andererseits genügt eine bloße objektive Bereicherung nicht; in einem solchen Falle kommt allenfalls Einziehung (§§ 73ff) in Betracht. Der Täter muss vielmehr sich bereichert oder sich zu bereichern versucht haben, was *vorsätzliches* Handeln voraussetzt. Dieser Vorsatz bezieht sich auf die Bereicherung, *nicht auf die Tat selbst*,[17] diese kann, etwa bei sorgfaltswidrigem Verhalten im Falle der Baugefährdung (§ 319 Abs. 3 und 4), auch fahrlässig begangen sein. Der Täter muss sich also vorgestellt haben, dass er durch die Tat einen Vermögensvorteil erhält oder behalten wird,[18] zu *diesem* Zweck braucht der Täter freilich nicht gehandelt zu haben,[19] es genügt, wenn die Bereicherung die mitvorgestellte (weitere) Folge seines Handelns ist,[20] insoweit reicht *bedingter* Vorsatz,[21] da das Merkmal des Sich-Bereicherns ihn nicht ohne weiteres ausschließt (anders wohl E-EGStGB BTDrucks. 7/550 S. 212). Allerdings wird in solchen Fällen sorgfältig zu prüfen sein, ob eine zusätzliche Geldstrafe „angebracht" ist. Dagegen wird in Schrifttum[22] und Rspr.[23] verschiedentlich direkter Vorsatz gefordert.

---

13 *Sch/Schröder/Kinzig* Rdn. 3.
14 Wie Fn. 13.
15 M. Anm. *Horn* JR **1984** 211 und Anm. *Schmidt* LM Nr. 2 zu § 41 StGB.
16 *Wolters* SK Rdn. 8; *Lackner/Kühl/Kühl* Rdn. 2.
17 *Wolters* SK Rdn. 8; *Sch/Schröder/Kinzig* Rdn. 3.
18 So *Wolters* SK Rdn. 8.
19 **AA** insoweit *Wolters* SK Rdn. 8.
20 **AA** OLG Düsseldorf GA **1976** 118; OLG Hamm NJW **1975** 1371, das sich insoweit zu Unrecht auf § 253 beruft, wo das Gesetz ausdrücklich „absichtliches Handeln" voraussetzt; kritisch zu OLG Hamm auch *Brenner* ZfZ **1976** 309.
21 *Brenner* ZfZ **1976** 309, 310; *Lackner/Kühl/Kühl* Rdn. 2; *Radtke* MK Rdn. 20; *Schäfer/Sander/van Gemmeren* Strafzumessung Rdn. 310; *Sch/Schröder/Kinzig* Rdn. 3.
22 *Blei* JA **1975** 587; *Jakobs* 4/14; *Schmidhäuser* AT 20/36.
23 OLG Düsseldorf GA **1976** 118; OLG Hamm NJW **1975** 1371; zu OLG Hamm s. auch Fn. 20.

2. Die zusätzliche Geldstrafe setzt weiter voraus, dass sie nach allgemeinen Strafzumessungsgründen, insbesondere denen der **Spezialpräventation** (§ 46 Abs. 1 S. 2), angebracht ist. Hierbei kommt es insbesondere auf die persönlichen und wirtschaftlichen Verhältnisse des Täters an. Es ist namentlich auf die Strafempfindlichkeit und Strafempfänglichkeit (hierzu vor § 40 Rdn. 51) Bedacht zu nehmen, also darauf, ob neben dem Freiheitsentzug eine Strafe am Vermögen besondere Wirkungen zeitigt. 10

a) Die **persönlichen und wirtschaftlichen Verhältnisse des Täters** sind bei § 41 – anders als bei § 40 Abs. 2 – schon bei der Frage in Betracht zu ziehen, *ob* überhaupt auf eine zusätzliche Freiheitsstrafe zu erkennen ist (BGHSt **26** 325, 327; BGH Urteil vom 17. April 1980 – 4 StR 22/80 –; BGH wistra **1985** 147f; BGH NStZ-RR **2014** 338f; sich davon abgrenzend BGH wistra **2016** 189), bejahendenfalls bilden sie selbstverständlich auch die entscheidenden Zumessungsfaktoren für die Höhe des Tagessatzes einer solchen Geldstrafe. In aller Regel kommt eine zusätzliche Geldstrafe nur bei vermögenden oder einkommensstarken Tätern in Betracht, wenn es zur Erreichung der Strafzwecke sinnvoll erscheint, sie nicht nur an der Freiheit, sondern auch am Vermögen zu treffen. Ausnahmsweise kann auch einmal eine solche Geldstrafe bei Tätern ohne Einkünfte dann möglich sein, wenn in dem Zeitpunkt, in dem die Geldstrafe zu bezahlen ist, ein entsprechendes Einkommen mit Sicherheit zu erwarten ist (vgl. BGHSt **26** 325, 328f und *Horstkotte* Prot. 7. Wahlperiode S. 635). Immer muss aber geprüft werden, welche Umstände gegen eine zusätzliche Geldstrafe sprechen können (vgl. BGHR § 41 Bereicherung 1). 11

b) Unangebracht wird eine zusätzliche Geldstrafe daher dann sein, wenn sie zu einer finanziellen Überforderung des Angeklagten führt oder ihn in die Gefahr einer Entsozialisierung bringt.[24] Die Einsatzfähigkeit und der Wille des Täters, seinen Verpflichtungen in der Gesellschaft nachzukommen, dürfen nicht gebrochen werden. Auf das latente Spannungsverhältnis zusätzlicher Geldstrafe zu § 46 Abs. 1 S. 2 ist Bedacht zu nehmen (BGHSt **26** 325, 330). Unangebracht ist eine zusätzliche Geldstrafe ferner dann, wenn Unrecht und Schuld bereits durch die Freiheitsstrafe hinreichend ausgeglichen sind.[25] **Angebracht** kann – neben den schon erwähnten Fällen, in denen eine Strafe an Freiheit und Vermögen sinnvoll erscheint (Rdn. 4, 11) – eine zusätzliche Geldstrafe dann sein, wenn die Freiheitsstrafe ausgesetzt wird und es angezeigt ist, den Täter statt mit einer nichtvollstreckbaren Geldauflage (§ 56b Abs. 2 Nr. 2, vgl. jedoch § 56f Abs. 1 Nr. 3) auch mit einer sofort vollstreckbaren (Geld-)Strafe zu treffen.[26] Zur Problematik der zusätzlichen Geldstrafe neben ausgesetzter Freiheitsstrafe s. aber Rdn. 23. 12

3. Konkurrenzfragen

a) Für den Fall der **Tateinheit** regelt § 52 Abs. 3 Kollisionen des § 41 Satz 1 mit den Konkurrenzregeln (insbesondere § 52 Abs. 1: „nur ... eine Strafe") dahin, dass die Vorschrift des § 41 Satz 1 Vorrang hat.[27] Jedweder Rückgriff auf die allein für die Tatmehrheit geltenden Vorschriften des § 53 Abs. 2 ist ausgeschlossen. 13

---

24 BGHSt **26** 325, 330; vgl. auch BGHSt **24** 40, 42f; BGH bei *Holtz* MDR **1986** 97; BGH bei *Detter* NStZ **2003** 137; OLG Köln OLGSt. Nr. 1 zu § 41 StGB; *Wolters* SK Rdn. 9; vgl. *Horstkotte* JZ **1970** 122, 124.

25 Vgl. *Albrecht Mayer* Anm. zu LM § 41 StGB Nr. 1 = BGHSt **26** 325.

26 *Sch/Schröder/Kinzig* Rdn. 6, jedoch den Sinn einer solchen Strafreaktion anzweifelnd; vgl. *Schmidhäuser* AT 20/36.

27 *Bringewat* Die Bildung der Gesamtstrafe (1987) Rdn. 124; *Jäger* SK § 52 Rdn. 43; *Radtke* MK Rdn. 38; *Sch/Schröder/Sternberg-Lieben/Bosch* § 52 Rdn. 42.

14 **b)** Bei **Tatmehrheit** ist zunächst nach den allgemeinen Regeln wegen einer jeden Tat eine konkrete Strafzumessung vorzunehmen. Dabei ist für jede Tat gesondert zu entscheiden, ob neben der jeweiligen Einzelfreiheitsstrafe eine Geldstrafe verhängt werden soll. Nicht etwa darf eine zusätzliche Geldstrafe „pauschal" wegen mehrerer Taten verhängt werden (BGHR § 41 Geldstrafe 2).

15 Die Verhängung von Geldstrafen neben Freiheitsstrafen nach den vorstehend genannten Grundsätzen oder eine entsprechend in § 55 Abs. 1 vorausgesetzte Verfahrenssituation können zu vielerlei Mischkonstellationen von Freiheits- und Geldstrafe führen. Eine ausdrückliche Regelung für diese Fälle ist weder in § 41 noch in § 53 enthalten. Insbesondere nehmen die Regelungen des § 53 Abs. 2 auf die zusätzliche Geldstrafe nach § 41 nicht gesondert Bedacht. Angesichts der ratio des § 41 wird es kaum jemals sinnvoll sein, zunächst gemäß § 41 neben einer Freiheitsstrafe eine Geldstrafe zu verhängen, diese dann aber in eine Gesamtstrafe einzubeziehen (BGHR § 41 Geldstrafe 1).[28] Vielmehr wird bei einer Gesamtstrafenbildung der Kanon der Voraussetzungen einer zusätzlichen Geldstrafe zu berücksichtigen sein.[29] Sonst würden die engen Voraussetzungen des § 41 Abs. 1 durch die Vorschriften des § 53 Abs. 2 unterlaufen. Im Ergebnis bedeutet dies, dass die Merkmale des § 41 Abs. 1 über dessen Wortlaut hinaus bis in die Gesamtstrafenbildung hineinwirken.

16 **4.** Ob beim Vorliegen der Voraussetzungen des § 41 Satz 1 im konkreten Fall eine zusätzliche Geldstrafe zu verhängen ist, steht im **pflichtgemäßen Ermessen des Tatrichters.**[30] Die Verhängung bedarf einer **Begründung** (§ 267 Abs. 3 Satz 1 StPO). Der Grad der Anforderungen, die an diese Begründung zu stellen sind, hängt verständlicherweise auch davon ab, ob und in welchem Maße der Vorschrift des § 41 Satz 1 ein „Ausnahmecharakter" beigemessen wird (vgl. Rdn. 5). Die Nichtverhängung einer zusätzlichen Geldstrafe braucht regelmäßig im Urteil nicht ausdrücklich erwähnt oder begründet zu werden. Der BGH hat jedoch in einem Fall, in dem die Taten zu „erheblichen Gewinnen" geführt hatten, durch die der Angeklagte „ein beträchtliches Vermögen erworben" hatte, die Anwendung des § 41 für so naheliegend erachtet, dass er in der Nichterörterung des § 41 einen Rechtsfehler gefunden hat (BGH bei *Holtz* MDR **1991** 294; s. auch Fn. 70).

III. Wirkungen der Vorschrift

17 **1.** Die durch § 41 Satz 1 angedrohte zusätzliche Geldstrafe ist **Geldstrafe im Sinne der §§ 40, 42 und 43** (vgl. auch die gesetzliche Überschrift vor § 40). Die zusätzliche Geldstrafe ist in Tagessätzen (§ 40 Abs. 1) zu verhängen. Die Höhe eines Tagessatzes ist nach den Vorschriften des § 40 Abs. 2 zu bestimmen. Dabei ergibt sich folgende Besonderheit: Nachdem die persönlichen und wirtschaftlichen Verhältnisse des Täters schon für die Entscheidung bedeutsam sind, ob überhaupt auf eine zusätzliche Geldstrafe zu erkennen ist (vgl. Rdn. 11), kommt es bei der Festsetzung der Tagessatzhöhe ein zweites Mal auf die persönlichen und wirtschaftlichen Verhältnisse an.[31] Insoweit wird im Einzelnen auf § 40 Rdn. 17ff verwiesen. Bei § 41 ist hierbei insbesondere auf die Einbußen und Einkommensverluste Bedacht zu nehmen, die der Täter durch einen etwa vorausgehenden Freiheitsentzug erleidet oder durch Untersuchungshaft schon erlitten

28 BGHR § 41 Geldstrafe 1 = BGH NStZ **1993** 34 m. Anm. *Krehl* S. 336.
29 Ausführlich *Bringewat* Die Bildung der Gesamtstrafe (1987) Rdn. 124 bis 128.
30 BGH bei *Dallinger* MDR **1975** 366; BGH bei *Holtz* MDR **1991** 294; *Sch/Schröder/Kinzig* Rdn. 7.
31 *Wolters* SK Rdn. 9; *Sch/Schröder/Kinzig* Rdn. 9.

hat.[32] Ferner darf gerade bei einer zusätzlichen Geldstrafe nicht außer Acht gelassen werden, dass insbesondere in umfangreichen Strafprozessen die Verfahrenskosten den Angeklagten erheblich belasten können und daher bei den wirtschaftlichen Verhältnissen zu berücksichtigen sind.[33] Für Zahlungserleichterungen gilt § 42, für die Ersatzfreiheitsstrafe § 43. Die **Vollstreckung** der zusätzlichen Geldstrafe erfolgt nach den Vorschriften der §§ 459ff StPO, wobei insbesondere § 459d Abs. 1 Nr. 1 StPO zu beachten ist (dazu Rdn. 27).

2. Durch das Doppelverwertungsverbot des § 46 Abs. 3 erfährt die Wirkung des § 41 Satz 1 **keine Einschränkung**. Eine zusätzliche Geldstrafe ist auch wegen solcher Delikte möglich, bei denen die Bereicherungsabsicht bereits Tatbestandsmerkmal ist,[34] wie etwa bei Erpressung oder Betrug. Ein Verstoß gegen das Doppelverwertungsverbot des § 46 Abs. 3 liegt hierin nicht, weil die in § 41 Satz 1 enthaltene Strafrahmenerweiterung oder Strafartmodifizierung (vgl. Rdn. 19) nicht zur Strafzumessung im engeren Sinne gehört.[35] Deshalb kann auch nicht der Ansicht von *Kinzig* (*Sch/Schröder/Kinzig* Rdn. 8) gefolgt werden, § 46 Abs. 3 verbiete es jedenfalls, bei Tatbeständen mit Bereicherungsabsicht in der Vorschrift des § 41 Abs. 1 einen allgemeinen Strafschärfungsgrund zu finden. 18

3. Ob § 41 Satz 1 eine **Strafrahmenerweiterung** enthält, ist umstritten. Eine solche Strafrahmenerweiterung wird im Schrifttum fast einhellig verneint.[36] Es hat den Anschein, dass zur Begründung dieser Ansicht zwei voneinander zu trennende Gesichtspunkte vermengt werden, nämlich die Strafrahmenbestimmung einerseits und die konkrete Strafzumessung andererseits, zu der die Wechselwirkung zwischen mehreren verhängten Strafen gehört (zum letzteren Rdn. 22f). Ein anderer Teil der Lehre sieht in § 41 Satz 1 eine „Strafrahmenerweiterung",[37] eine „Strafrahmenmodifizierung"[38] oder einen „allgemeinen Strafschärfungsgrund ..., eine Strafkumulation".[39] Allerdings wird von den Vertretern dieser Ansicht keine Antwort auf die sich aufdrängende Frage gegeben, zu welchem Strafrahmen die Anwendung von § 41 Satz 1 führt. Indes kann eine „Strafrahmenerweiterung" oder eine ähnlich umschriebene Normwirkung nur folgendes bedeuten: Beim Vorliegen ihrer Voraussetzungen erweitert die Vorschrift des § 41 Satz 1 den im Besonderen Teil jeweils vorgesehenen Strafrahmen in folgender Weise: Zu der dort angedrohten Freiheitsstrafe tritt Geldstrafe von fünf bis dreihundertsechzig Tagessätzen (§ 40 Abs. 1 Satz 2) hinzu. Bei alternativer Androhung von Freiheitsstrafe und Geldstrafe im Besonderen Teil wird die Strafdrohung dahin erweitert, dass der Strafrahmen neben der benannten Freiheitsstrafe eine zusätzliche Geldstrafe von maximal dreihundertsechzig Tagessätzen umfasst.[40] Zwar wird es – insbesondere angesichts der Wechselwirkun- 19

---

32 *Sch/Schröder/Kinzig* Rdn. 9.

33 Vgl. *van Els* MDR **1972** 577; AG Cuxhaven MDR **1971** 780.

34 BGHSt **3** 30, 32; **17** 35, 38; *Lackner/Kühl/Kühl* Rdn. 2; *Schäfer/Sander/van Gemmeren* Strafzumessung Rdn. 309; *Maurach/Gössel/Zipf* § 59 Rdn. 33.

35 *Bruns/Güntge* Recht der Strafzumessung S. 66 und JR **1986** 71, 74; *Wolters* SK Rdn. 10; im Erg. ebenso *Bockelmann/Volk* S. 225.

36 *Wolters* SK Rdn. 2, 3; *Radtke* MK Rdn. 34 bis 36; *Schäfer/Sander/van Gemmeren* Strafzumessung Rdn. 314; *Schmidt* Anm. zu LM Nr. 2 zu § 41; *SSW/Claus* Rdn. 2; *Sch/Schröder/Kinzig* Rdn. 8; *Fischer* Rdn. 7; *Lackner/Kühl/Kühl* Rdn. 5 mit Zweifeln; zweifelnd auch *Streng* Strafrechtliche Sanktionen^3 Rdn. 143; s. auch Fn. 8.

37 *Maurach/Gössel/Zipf* § 59 Rdn. 33; ähnlich und hinsichtlich des Ergebnisses besonders deutlich *Schoreit* MDR **1990** 1.

38 *Bockelmann/Volk* S. 225.

39 *Schmidhäuser* AT 20/36.

40 So wohl auch *Schoreit* MDR **1990** 1.

gen zwischen den verhängten Strafen (vgl. Rdn. 22f) – kaum jemals zu einer Ausschöpfung dieses kombinierten Strafrahmens kommen. Gleichwohl ist die beschriebene Strafrahmenerweiterung die primäre Wirkung des § 41 Satz 1. Dafür sprechen zunächst Wortlaut und Wortsinn der Vorschrift („neben einer Freiheitsstrafe") bei Zugrundelegung des allgemeinen Sprachverständnisses. In besonderem Maße legt die Geschichte der Vorschrift die hier vertretene Auslegung nahe: Die Vorgängervorschrift des § 41, nämlich § 27a a.F. (oben wiedergegeben), enthielt eine Strafbarkeitserhöhung (BGHSt **3** 30, 31).[41] Dieser Gesichtspunkt wurde im Zuge der Reform keineswegs aufgegeben. Fände man in § 41 Satz 1 keine Strafrahmenerweiterung, so würde die Bedeutung der Vorschrift sich darin erschöpfen, dass es ermöglicht wird, das im Einzelfall verwirkte Strafübel in eine Freiheitsstrafe und eine Geldstrafe aufzuspalten und so insbesondere eine Aussetzung der Freiheitsstrafe zur Bewährung zu bewirken (vgl. Rdn. 23). Dieser Vorteil käme allein solchen Tätern zugute, die unter den Voraussetzungen des § 41 Satz 1, also besonders strafwürdig gehandelt haben.[42] Eine solche Auslegung der Vorschrift wäre, gemessen an ihrem Ziel, geradezu kontraproduktiv (s. auch Rdn. 4 am Ende).

19a Der BGH hat zu dem vorliegenden Problem seit der Geltung des § 41 nicht eindeutig Stellung genommen. Insbesondere kann der Entscheidung BGH NJW **1985** 1719 keine Stellungnahme zur Strafrahmenfrage entnommen werden. Die dortige Wendung, die Geldstrafe nach § 41 sei „keine zusätzliche Strafe", ist missverständlich. Gemeint ist, wie die Zitierung von BGHSt **32** 60, 66 zeigt, dass die Anwendung des § 41 Satz 1 nicht notwendig zu einer Erhöhung des Strafübels führt. In der letztgenannten Entscheidung war die Strafrahmenfrage gerade offengelassen worden (dazu *Horn* JR **1984** 211, 212 und *Bruns* JR **1986** 71, 73). Auch der Satz in der Entscheidung NStZ-RR **2014** 338, § 41 StGB erlaube „keine Zusatzstrafe" sagt über die Frage der Strafrahmenerweiterung nichts aus.

20 **4.** Die zusätzliche Geldstrafe ist **keine konfiskatorische Maßnahme** (BGH StV **2004** 266, 267; vgl. auch BGH NStZ **2003** 198; BGH Beschluss vom 26. November 2015 – 1 StR 389/15 –, BGHR StGB § 41 Bereicherung 2). Gleichwohl ist eine **Gewinnabschöpfung** durch die zusätzliche Geldstrafe in dem Rahmen zulässig, der durch die allgemeinen Strafzumessungsregeln (§ 46) und die Vorschriften über die Bemessung der Geldstrafe (insbes. § 40 Abs. 2 und 3) gesteckt ist.[43] Dazu gehört insbesondere die Regel, dass die Höhe des aus einer Straftat erzielten Vorteils allgemein ein – sogar besonders bedeutsamer – Strafzumessungsgesichtspunkt ist (BGHR § 41 Geldstrafe 1). Auf dieser Grundlage behandelt der BGH in st. Rspr. es für zulässig, die durch die Tat eingetretene Bereicherung bei der Verhängung und Bemessung einer zusätzlichen Geldstrafe zu berücksichtigen.[44] Dies wird im Schrifttum verschiedentlich sehr viel enger gesehen. Danach soll die Entziehung des Tatvorteils der Verfallsanordnung (nach neuem Recht: der Einziehung) vorbehalten sein.[45] *Horn*[46] sieht gar eine „Verführung zur Manipulation mit der Geldstrafe als ‚Verfall-Ersatz'". Bei alledem ist zu bedenken, dass die Möglichkeiten der strafrechtlichen Vermögensabschöpfung zunächst durch das OrgKG und dann durch

---

41 Vgl. auch *Dreher* 34. Aufl. (1974) § 27a a.F. Rdn. 1; *Sch/Schröder* StGB[15] § 27a a.F. Rdn. 1; *Tröndle* LK[9] (1974) § 27a a.F. Rdn. 1.

42 Vgl. *Stein* Bewährungshilfe **1986** 98, 100; *Radtke* MK Rdn. 14; *Sch/Schröder/Kinzig* Rdn. 1.

43 Weiter gehend *Eberbach* NStZ **1987** 486, 487, 488; vgl. auch *Bringewat* Die Bildung der Gesamtstrafe (1987) S. 101: „Bereicherungsabschöpfung" als „Zweckidee des § 41 StGB".

44 Besonders deutlich BGHR StGB § 41 Geldstrafe 1 = NStZ **1993** 34 m. Anm. *Krehl* S. 336; ferner BGHSt **32** 60, 63 = JR **1984** 210 m. Anm. *Horn* = LM Nr. 2 zu § 41 StGB m. Anm. *Schmidt*; BGH NJW **1976** 525, 526; BGHR StGB § 41 Bereicherung 1.

45 *Horn* SK Rdn. 1; *Rudolf Schmitt* GedS Noll 295, 297; *Sch/Schröder/Kinzig* Rdn. 1.

46 *Horn* JR **1984** 211, 212; vgl. auch *Bruns* JR **1986** 71, 72.

das Gesetz zur Reform der strafrechtlichen Vermögensabschöpfung deutlich erweitert worden sind.[47] Dies mag es nahelegen, zur Erreichung des gleichen Zweckes eher von diesem Instrumentarium als von der zusätzlichen Geldstrafe Gebrauch zu machen.[48] Liegen jedoch die Voraussetzungen beider Rechtsinstitute gleichermaßen vor, so stehen sie dem Richter gleichrangig zur Verfügung.[49] Er hat nach pflichtgemäßem Ermessen zu wählen, welches der beiden Institute er anwendet oder ob er gar beide Sanktionen nebeneinander verhängt.

5. In der **Flexibilisierung der Auswahl der Strafen** liegt nach der hier vertretenen Ansicht die zweite Bedeutung des § 41 Satz 1 neben der Strafrahmenerweiterung, nach der gegenteiligen Meinung (vgl. Rdn. 19) gar die einzige Bedeutung der Vorschrift: Der Richter kann einen Teil des gebotenen Strafübels statt in der Form der Freiheitsstrafe in Form der Geldstrafe verhängen. 21

a) Dabei gilt das Prinzip der **„ganzheitlichen Betrachtungsweise"** (BGHSt **24** 11, 12),[50] das der Rspr. des BGH zum Sanktionenrecht zugrundeliegt. Danach dürfen zunächst (Haupt- und Neben-)Strafen in ihrer Summe das zum Ausgleich der Tatschuld erforderliche Maß nicht übersteigen.[51] (Darüber hinaus ist die gleichzeitige Anordnung von Maßregeln der Besserung oder Sicherung[52] ebenso wie die Anordnung von Verfall oder Einziehung[53] für die Strafbemessung bedeutsam.) Aus der einheitlichen Betrachtungsweise folgt, dass die Summe aus Freiheitsstrafe und zusätzlicher Geldstrafe das zum Tatschuldausgleich erforderliche Maß an Strafe nicht überschreiten darf.[54] Dabei muss jedoch – angesichts vieler Missverständnisse in der Diskussion – daran erinnert werden, dass gegenüber alledem die Bestimmung des Strafrahmens vorrangig ist: Welche Strafsumme tatschuldangemessen ist, kann nur beurteilt werden, wenn Klarheit darüber besteht, welchen Strafrahmen – bestehend aus Freiheitsstrafe und zusätzlicher Geldstrafe – das Gesetz zur Verfügung stellt (vgl. Rdn. 19). 22

b) Besondere Probleme treten dann auf, wenn die Verhängung der zusätzlichen Geldstrafe dazu führt, dass die Freiheitsstrafe auf ein Maß gesenkt wird, das nach § 56 Abs. 1 oder Abs. 2 eine **Aussetzung der Vollstreckung der Freiheitsstrafe ermöglicht**, während ohne zusätzliche Geldstrafe eine nicht mehr aussetzungstaugliche Freiheitsstrafe verhängt werden müsste. Die Rechtsentwicklung zu diesem Komplex ist durch folgende Entscheidungen des BGH geprägt: Zunächst hat der BGH ausgesprochen, dass die Verhängung einer zusätzlichen Geldstrafe bei der Bemessung der Freiheitsstrafe mildernd berücksichtigt werden dürfe (BGHSt **32** 60, 65).[55] Die Entscheidung betrifft die Verhängung einer einjährigen (vgl. § 56 Abs. 1 Satz 1) Bewährungsstrafe und einer zusätzlichen Gesamtgeldstrafe von 360 Tagessätzen. Der BGH hat ausgeführt, dass die An- 23

47 Dazu *Köhler* NStZ **2017** 497 und *Köhler/Burkhard* NStZ **2017** 556.
48 In diesem Sinne auch SSW/*Claus* Rdn. 6.
49 *Peglau* wistra **2009** 124; **aA** OLG Celle NStZ **2008** 711; *Albrecht* NK Rdn. 6; *Fischer* Rdn. 2; *Radtke* MK Rdn. 9.
50 Dazu *Bruns* JR **1986** 71, 72.
51 BGHSt **29** 58, 60; BGH NStZ-RR **2014** 338.
52 BGH bei *Holtz* MDR **1986** 97 zum Berufsverbot neben Freiheitsstrafe und zusätzlicher Geldstrafe.
53 BGHR StGB § 41 Geldstrafe 1 zur Verfallsanordnung neben Freiheitsstrafe und zusätzlicher Geldstrafe; BGH StV **1983** 327 m.N.
54 *Grebing* JZ **1976** 745, 750; *Schäfer/Sander/van Gemmeren* Strafzumessung Rdn. 309; *Sch/Schröder/Kinzig* Rdn. 8; *Fischer* Rdn. 7; *Maurach/ Gössel/Zipf* § 59 Rdn. 33.
55 BGHSt **32** 60, 65 = JR **1984** 210 m. Anm. *Horn* = LM Nr. 2 zu § 41 StGB m. Anm. *Schmidt.*

wendung des § 41 nicht notwendig zu einer Erhöhung des Strafübels führen müsse, dass die Vorschrift vielmehr eine Erhöhung der Flexibilität des Richters bei der Auswahl der Reaktionsmittel bezwecke (aaO S. 66f). Diese Flexibilisierung wird allgemein begrüßt.[56] Einen wesentlichen Schritt weiter ging der BGH mit der Entscheidung BGH NJW **1985** 1719.[57] Danach ist es zulässig, eine zwei Jahre nicht übersteigende Freiheitsstrafe auch dann zur Bewährung auszusetzen, wenn die verhängte Freiheitsstrafe und die Tagessatzanzahl der Geldstrafe zusammengerechnet die Zweijahresgrenze überschreiten. Das gilt auch dann, wenn ohne die zusätzliche Geldstrafe eine nicht mehr aussetzbare Freiheitsstrafe erforderlich würde (BGHR § 46 Abs. 1 Schuldausgleich 34; BGH wistra **1993** 297; BGH Urteil v. 20. April 1999 – 5 StR 604/98 –). Dies wird im Schrifttum unterschiedlich beurteilt.[58]

24 Damit ist es de facto möglich geworden, ein indiziertes Strafübel von mehr als zwei Jahren Freiheitsstrafe aufzuspalten in eine (aussetzungstaugliche) Freiheitsstrafe von zwei Jahren und eine zusätzliche Geldstrafe. Dies findet seine Grenze lediglich in folgendem: Nach der Rspr. des BGH und allgemeiner Meinung darf die Festsetzung der Höhe der Freiheitsstrafe nicht mit Gesichtspunkten der Strafaussetzung zur Bewährung vermengt werden. Der Richter hat nämlich zunächst die schuldangemessene Strafe zu finden. Erst wenn sich ergibt, dass sie innerhalb der Grenzen des § 56 Abs. 1 oder Abs. 2 liegt, ist Raum für die Prüfung, ob auch die sonstigen Voraussetzungen für die Aussetzung der Vollstreckung zur Bewährung gegeben sind (BGHSt **29** 319, 321;[59] **32** 60, 65; davon abweichend BGH StV **2001** 346). In Anwendung dieses Grundsatzes auf das Verhältnis von Freiheitsstrafe und zusätzlicher Geldstrafe hat der BGH ausgesprochen, dass es unzulässig wäre, auf eine zusätzliche Geldstrafe allein aus der Absicht heraus zu erkennen, die an sich gebotene höhere Freiheitsstrafe auf ein Maß herabzusetzen, das eine Strafaussetzung ermöglicht (BGHSt **32** 60; BGH NJW **1985** 1719; BGH BeckRS 2019, 7332; nicht ganz eindeutig BGH NStZ-RR **2012** 244). Ein besonders deutliches Beispiel für diese unzulässige Strafzumessungstechnik bietet AG Saarbrücken NStZ **1984** 76 m. Anm. *Horn*. Im Schrifttum wird der vom BGH vorgenommenen Grenzziehung weitgehend zugestimmt.[60]

24a Nach der hier vertretenen Ansicht ist der dargestellten Flexibilisierung im Grundsatz zuzustimmen. Übrigens wird dadurch auch eine Harmonisierung mit der ähnlichen Lösung der Problematik aus § 53 Abs. 2 Satz 2 hergestellt: Auch dort kann das Nebeneinander von Freiheitsstrafe und Geldstrafe die Aussetzungstauglichkeit der Freiheitsstrafe erhalten (vgl. BGHR § 53 Abs. 2 Einbeziehung 1; BGH NJW **1990** 2897). Jedoch erscheinen zwei Vorbehalte unerlässlich: Zum einen kann in der Flexibilisierung der Strafzumessung weder die einzige noch auch nur die primäre Funktion des § 41 Satz 1 gefunden werden. Vielmehr liegt die vorrangige Bedeutung der Vorschrift in der Strafrahmenerweiterung (Rdn. 19). Zum anderen dürfte die von BGHSt **32** 60 und BGH NJW **1985** 1719 gezogene Grenze für die Beeinflussung der Höhe der Freiheitsstrafe durch eine zusätzliche Geldstrafe – trotz der materiellrechtlichen Klarheit – in der Praxis kaum wirksam sein. Es liegt auf der Hand, wie leicht die beschriebene Schranke umgangen werden kann (*Bruns* JR **1986** 71, 73f). Daher ist zu besorgen, dass die in § 56 Abs. 1 und 2 bestimmten Maximalwerte für die Aussetzbarkeit von Freiheitsstrafe „auf kaltem Wege"

---

56 *Wolters* SK Rdn. 2; *Schäfer/Sander/van Gemmeren* Strafzumessung Rdn. 309; *Fischer* Rdn. 2.

57 BGH NJW **1985** 1719 = JR **1986** 70 m. Anm. *Bruns*; ferner Anm. *Stein* Bewährungshilfe **1986** 99; vgl. auch BGH NJW **1990** 2897.

58 Grundsätzlich zustimmend *Bruns* JR **1986** 71; *Wolters* SK Rdn. 4; kritisch *Stein* Bewährungshilfe **1986** 99, 100; differenzierend *Lackner/Kühl/Kühl* Rdn. 1a.

59 BGHSt **29** 319, 321 = JR **1981** 334 m. Anm. *Bruns*.

60 *Wolters* SK Rdn. 4 mit Bedenken; *Lackner/Kühl/Kühl* Rdn. 1 a; *Sch/Schröder/Kinzig* Rdn. 6; **aA** *Stein* Bewährungshilfe **1986** 99, 100.

(*Horn* NStZ **1984** 77) angehoben werden, und zwar allein zugunsten bereicherungsorientiert handelnder Täter. Solches wäre nicht nur kriminalpolitisch zu missbilligen, sondern unzulässig[61] (s. auch Rdn. 4 a.E., 19). Der BGH (Beschluss vom 1. Dezember 2005 – 3 StR 404/05) hat es als rechtsbedenklich bezeichnet, § 41 anzuwenden, um so auf eine aussetzungsfähige Freiheitsstrafe erkennen zu können.

IV. Verfahrensrecht

1. Zur **Tatrichterentscheidung** (pflichtgemäßes Ermessen und Begründungsanforderungen) s. Rdn. 16. Zum Eingreifen von § 263 Abs. 2 und § 265 Abs. 2 StPO s. BGHSt. **3** 30 (ergangen zu § 27a a.F.). 25

2. Rechtsmittelrecht. Aus dem oben (Rdn. 10 bis 12, 21 bis 23) dargestellten wechselseitigen Zusammenhang zwischen Freiheitsstrafe und zusätzlicher Geldstrafe ergibt sich folgendes: Ein Rechtsmittel kann nicht auf den Ausspruch der zusätzlichen Geldstrafe beschränkt werden,[62] wohl aber grundsätzlich auf die Festsetzung der Höhe des Tagessatzes (§ 40 Rdn. 79), es sei denn, dass die Entscheidung über die Tagessatzanzahl – unzulässigerweise – durch die Entscheidung über die Tagessatzhöhe beeinflusst ist (§ 40 Rdn. 80). Die Aufhebung der zusätzlichen Geldstrafe durch das Revisionsgericht macht regelmäßig die Aufhebung des gesamten Strafausspruchs erforderlich (BGH JR **1986** 70, 71). Insbesondere wird es in der Regel nicht genügen, die parallel zur zusätzlichen Geldstrafe verhängte Gesamtfreiheitsstrafe aufzuheben; vielmehr wird meist nicht auszuschließen sein, dass auch die Einzelfreiheitsstrafen von der Verhängung der zusätzlichen Geldstrafe beeinflusst sind.[63] In Ausnahmefällen kann die Freiheitsstrafe bestehen bleiben, etwa dann, wenn auf das Mindestmaß der im konkreten Fall angedrohten Freiheitsstrafe erkannt worden ist.[64] 26

3. Vollstreckungsrecht. Eine Ergänzung des § 41 für das Vollstreckungsverfahren[65] enthält § 459d Abs. 1 Nr. 1 StPO. Danach kann, um zu vermeiden, dass im Falle nachträglicher Änderung der Verhältnisse eine zusätzliche Geldstrafe die Wiedereingliederung des Verurteilten erschwert, im Verfahren nach § 462 StPO angeordnet werden, dass die *Vollstreckung der Geldstrafe* ganz oder zum Teil *unterbleibt*, wenn die zusätzlich verhängte Freiheitsstrafe vollstreckt oder zur Bewährung ausgesetzt ist. Eine solche Anordnung innerhalb des Vollstreckungsverfahrens enthält in der Sache eine Korrektur der Entscheidung des erkennenden Gerichts und setzt schon deshalb[66] voraus, dass sich inzwischen die Beurteilungsgrundlage geändert hat.[67] Zur Vollstreckung der Ersatzfreiheitsstrafe in diesen Fällen s. OLG Koblenz MDR **1978** 248. 27

---

61 *Bringewat* Die Bildung der Gesamtstrafe (1987) S. 101; *Horn* NStZ **1984** 77; *Lackner/Kühl/Kühl* Rdn. 1a; *Stein* Bewährungshilfe **1986** 99, 100.
62 *Radtke* MK Rdn. 40.
63 Vgl. BGH Urteil v. 13. Juli 1994 – 5 StR 215/94 –.
64 OLG Köln OLGSt. § 41 StGB Nr. 1.
65 *Löwe/Rosenberg/Graalmann-Scheerer* § 459d StPO Rdn. 2.
66 Vgl. *Meyer-Goßner/Schmitt* § 459 d StPO Rdn. 6; *Löwe/Rosenberg/ Graalmann-Scheerer* § 459 d StPO Rdn. 7.
67 Begründung zu E-EGStGB Art. 19 Nr. 120; *Appl* KK § 459 d StPO Rdn. 3; *Meyer-Goßner/Schmitt* § 459 d StPO Rdn. 4; *Radtke* MK Rdn. 39; *Volckart* NStZ **1982** 496, 500; *Löwe/Rosenberg/ Graalmann-Scheerer* § 459 d StPO Rdn. 2, 7.

§ 42
Zahlungserleichterungen

[1]Ist dem Verurteilten nach seinen persönlichen oder wirtschaftlichen Verhältnissen nicht zuzumuten, die Geldstrafe sofort zu zahlen, so bewilligt ihm das Gericht eine Zahlungsfrist oder gestattet ihm, die Strafe in bestimmten Teilbeträgen zu zahlen. [2]Das Gericht kann dabei anordnen, dass die Vergünstigung, die Geldstrafe in bestimmten Teilbeträgen zu zahlen, entfällt, wenn der Verurteilte einen Teilbetrag nicht rechtzeitig zahlt. [3]Das Gericht soll Zahlungserleichterungen auch gewähren, wenn ohne die Bewilligung die Wiedergutmachung des durch die Straftat verursachten Schadens durch den Verurteilten erheblich gefährdet wäre; dabei kann dem Verurteilten der Nachweis der Wiedergutmachung auferlegt werden.

Schrifttum

Horn Das Geldstrafensystem des neuen Allgemeinen Teils des StGB und die Ratenzahlungsbewilligung, NJW **1974** 625; *Klussmann* Nochmals: Das Geldstrafensystem des neuen Allgemeinen Teils des StGB und die Ratenzahlungsbewilligung, NJW **1974** 1275; *Koch* Zahlungserleichterungen bei Geldbußen, DRiZ **1961** 217; *D. Meyer* Kann das Revisionsgericht eine vom Tatgericht übersehene Entscheidung nach § 42 StGB selbst nachholen? MDR **1976** 714; *Zipf* Anm. zu OLG Schleswig, JR **1980** 425.

S. auch das Schrifttumsverzeichnis zur Geldstrafe vor § 40.

Entstehungsgeschichte

Die Vorschrift des § 42 ist seit dem 1. Januar 1975 in Kraft. Sie erhielt ihre ursprüngliche Fassung durch das 2. StrRG vom 4. Juli 1969 (BGBl. I S. 717) und ging auf § 54E 1962 zurück. Mit dem 2. JuMoG vom 22. Dezember 2016 (BGBl. I S. 3416) wurde Satz 3 eingefügt.

Die Vorgängervorschrift des § 42 ist der § 28 a.F., dessen Absatz 1 Satz 1 mit dem § 42 S. 1 sachlich übereinstimmt. Sie wurde durch die VO über Vermögensstrafen und Bußen (GeldstrVO) vom 6. Februar 1924 (RGBl. I S. 44) in das StGB eingefügt, durch das 3. StRÄndG vom 4. August 1953 (BGBl. I S. 735) wurde dessen (früherer) Absatz 3 geändert und durch das 1. StrRG vom 25. Juni 1969 (BGBl. I S. 645) wurde dieser Absatz 3 gestrichen. Die Nachfolgebestimmung des § 28 Abs. 2 a.F. findet sich in § 459a StPO.

Gesetzesmaterialien

§ 54 E 1962 Begr. S. 173, Niederschriften GrStRKomm. Bd. I S. 244, 377, 356, Bd. IV S. 244, 356, 521ff, Bd. XII S. 612. Der AE regelte die Rechtsmaterie des geltenden § 42 abweichend (vgl. §§ 51, 52 AE). 2. Schriftlicher Bericht BTDrucks. V/4095 S. 22; Prot. V S. 9, 2179.

Übersicht

https://doi.org/10.1515/9783110300499-007

I. Allgemeines

1. Bedeutung der Vorschrift. Die Vorschrift über „Zahlungserleichterungen" geht auf das Geldstrafengesetz vom 21. Dezember 1921 zurück. Schon früher hat die Vorgängervorschrift (§ 28 a.F.) dem Gericht die *Pflicht* (RGSt **64** 208) auferlegt, unter den angegebenen Voraussetzungen *Geldstrafen zu stunden* oder *Ratenzahlungen zu bewilligen.* In der Praxis wurde die Vorschrift, obwohl sie von jeher *zwingender* Natur war, oft übersehen und ihre Bedeutung geringgeachtet.[1] Seit der Einführung des Tagessatzsystems hat die Vorschrift, insbesondere durch das Nettoeinkommensprinzip (§ 40 Rdn. 25), erheblich an Bedeutung gewonnen. Zwischenzeitlich wird etwa jede dritte Geldstrafe nach Einräumung von Zahlungserleichterungen bezahlt.[2] Zutreffend spricht man nicht nur von der Zweiaktigkeit des Bemessungsvorgangs bei der Geldstrafe, sondern von der (in vielen Fällen notwendig hinzutretenden) **dritten Phase der Geldstrafenzumessung**,[3] in der durch die Gewährung von Zahlungserleichterungen die Strafe auf den jeweiligen Verurteilten angepasst wird (vor § 40 Rdn. 53). Diese dritte Phase hat dann, wenn sie in Betracht zu ziehen ist, für die richtige Strafzumessung eine annähernd ähnliche Bedeutung wie die Festsetzung von Tagessatzanzahl und Tagessatzhöhe: Sie ermöglicht überhaupt erst die Verhängung höherer Geldstrafen bei Personen ohne Vermögen und geringerem Einkommen. Sie sichert damit der Geldstrafe ihren durch die Strafrechtsreform vorgesehenen Anwendungsbereich (vor § 38 Rdn. 37). Diese dritte Phase ist schließlich dazu bestimmt, die Geldstrafe in ihrer Anpassung an den Täter zu optimieren: Die Raten müssen nämlich in einer Höhe festgesetzt werden, dass sie als staatliche Tatreaktion für den Täter fühlbar bleiben, für ihn aber noch erschwinglich sind.[4] Die Soll-Vorschrift des Satzes 3 räumt im Interesse des Opferschutzes den Wiedergutmachungssprüchen des 1

1 *Tröndle* ZStW **86** (1974) 545, 554.
2 *Albrecht* NK Rdn. 2.
3 *Horn* NJW **1974** 625, 628; *Frank* JA **1976** 235, 240; *Radtke* MK Rdn. 6; *Fischer* Rdn. 2; *Schäfer/Sander/van Gemmeren* Strafzumessung Rdn. 107; *Albrecht* NK Rdn. 1, 10.
4 *Tröndle* ZStW **86** (1974) 555.

Verletzten den Vorrang gegenüber der Geldstrafenvollstreckung ein.[5] Eine empirische Betrachtung der Praxis der Zahlungserleichterungen findet sich bei *Albrecht* Strafzumessung und Vollstreckung von Geldstrafen S. 272ff (s.a. *Albrecht* NK Rdn. 2, 5).

2 **2. Gebotenheit der Prüfung.** In allen Fällen, in denen auf Geldstrafe erkannt wird hat das Tatgericht zu prüfen, ob die Bewilligung von Zahlungserleichterungen nach § 42 in Betracht kommt. Dass das Gesetz vom „Verurteilten" spricht, ist reines Redaktionsversehen, bedeutet nicht etwa, dass erst im Vollstreckungsverfahren von dieser Vorschrift Gebrauch gemacht werden dürfte. Zahlungserleichterungen sind stets zu gewähren, wenn das Geldstrafenendprodukt den Betrag übersteigt, den der Täter aus seinem laufenden Einkommen oder – soweit zumutbar – aus etwaigen Rücklagen oder aus seinem Vermögen zu entrichten vermag. Da nach dem Nettoeinkommensprinzip (§ 40 Rdn. 25) die Geldstrafe alles abschöpft, was der Täter während des durch die Tagessatzanzahl umschriebenen Zeitraums für seinen persönlichen Bedarf benötigt, kommen bei Angeklagten ohne Rücklagen Ratenzahlungen regelmäßig jenseits von 30 Tagessätzen in Betracht.[6]

3 **3. Verhältnis zur Festsetzung von Tagessatzzahl und Tagessatzhöhe.** Die dritte Geldstrafenzumessungsphase, also die Prüfung von Zahlungserleichterungen, setzt *stets* voraus, dass die beiden anderen Zumessungsakte (Festsetzung von Tagessatzanzahl und Tagessatzhöhe) *abgeschlossen* sind.[7] Während zwischen den ersten beiden Phasen nach richtiger, wenn auch umstrittener Meinung (vgl. § 40 Rdn. 18) ausnahmsweise Zusammenhänge bestehen und die Zahl der Tagessätze nicht stets ohne Einfluss auf deren Höhe bleibt, nimmt die Frage, ob und in welcher Weise Zahlungserleichterungen bewilligt werden, auf die vorausgegangenen Strafzumessungsakte keinerlei Einfluss. Es ist daher *ausgeschlossen*, das Maß der *Geldstrafe* im Hinblick darauf *höher festzusetzen*, dass *Ratenzahlungen bewilligt* werden (§ 40 Rdn. 64).[8] Dies folgt schon aus dem phasengetrennten Strafzumessungsvorgang bei der Geldstrafe.[9] Im Übrigen steht einer solchen Erhöhung der Geldstrafe schon der Grundgedanke des Tagessatzsystems entgegen: Denn niemandem – und schon gar nicht dem Einkommensschwächeren, der keine Rücklagen hat – kann im Wege der Geldstrafe mehr als sein Nettoeinkommen weggenommen werden, auch träten gegenüber dem prompten Zahler Ungerechtigkeiten dann ein (§ 40 Rdn. 64), wenn die Zahlungsvergünstigung wegfiele (§ 42 S. 2) oder die Ersatzfreiheitsstrafe (§ 43) vollstreckt werden müsste.

II. Voraussetzungen der Vorschrift

4 **Voraussetzung** für die Bewilligung von Zahlungserleichterungen ist, dass dem Täter nach seinen persönlichen und wirtschaftlichen Verhältnissen *nicht zuzumuten* ist, die *Geldstrafe sofort zu zahlen (Satz 1).*

5 **1.** Hieraus folgt zunächst, dass jede Geldstrafe mit ihrer Rechtskraft grundsätzlich in voller Höhe **sofort fällig** und im Falle der Nichtzahlung das Vollstreckungsverfahren einzuleiten ist (hierzu vor § 40 Rdn. 23), falls keine Zahlungserleichterungen, wie sie § 42 vor-

---

5 BT-Drs. 16/3038, S. 25, 58.

6 OLG Hamburg VerkMitt. **1971** 58; OLG Schleswig NJW **1980** 1535 m. Anm. *Zipf* JR **1980** 425; *Fischer* Rdn. 5; *Lackner/Kühl/Kühl* § 42 Rdn. 3; **kritisch** *Radtke* MK Rdn. 19; *Sch/Schröder/Kinzig* Rdn. 3.

7 *Lackner/Kühl/Kühl* § 40 Rdn. 16, § 42 Rdn. 2.

8 Inzwischen ganz h.M.: *Fischer* § 40 Rdn. 23; *Lackner/Kühl/Kühl* § 40 Rdn. 16; *Sch/Schröder/Kinzig* § 40 Rdn. 16; *Horn* NJW **1974** 625, 626; *D. Meyer* MDR **1976** 714, 715.

9 Im einzelnen *D. Meyer* MDR **1976** 597.

sieht, bewilligt werden. Das Gesetz folgt daher dem Gedanken der Laufzeitgeldstrafe (dazu vor § 40 Rdn. 44 a.E.) nicht, mögen auch dann, wenn nach § 42 Ratenzahlungen bewilligt werden, tatsächliche Wirkungen eintreten, wie sie einer Laufzeitgeldstrafe entsprechen.

2. Ausgeschlossenheit von Zahlungserleichterungen. Zahlungserleichterungen nach § 42 dürfen *nicht bewilligt* werden, *wenn* der Angeklagte *Rücklagen* hat oder ihm zuzumuten ist, die Geldstrafe aus seinem Vermögen sofort zu entrichten. In solchen Fällen treten der spezialpräventive Effekt und die kriminalpädagogische Note, die die Bewilligung von Raten haben kann, weil deren Zahlung immer wieder an die Rechtsfolgen der Tat erinnert,[10] nicht ein. Vielmehr wird der Begüterte den Zinsvorteil begrüßen und seiner Bank einen Dauerauftrag erteilen. Ferner kommen Zahlungserleichterungen dann nicht in Betracht, wenn sie deswegen *keinen Sinn* haben, weil nicht zu erwarten ist, dass der (zahlungsunwillige oder zahlungsunfähige) Angeklagte, gegen den allein seiner Mittellosigkeit wegen nicht auf Freiheitsstrafe erkannt werden darf (vor § 40 Rdn. 48), in angemessener Frist oder in angemessenen Raten wirklich bezahlt (BGHSt **13** 356, 357).[11] Allerdings sind im Zweifel regelmäßig Zahlungserleichterungen zu bewilligen. Insbesondere wäre es rechtsfehlerhaft, einem Täter, nur weil er zuvor eine (längere) Freiheitsstrafe zu verbüßen hat und einige Zeit nach der Haftverbüßung ohne zureichende Mittel sein wird, eine Zahlungsfrist für eine Geldstrafe zu verweigern. Von Zahlungserleichterungen ist schließlich dann abzusehen, wenn der Angeklagte *keinen Wohnsitz in der Bundesrepublik* hat oder Anhaltspunkte dafür bestehen, dass er sich ins *Ausland* absetzen wird,[12] da dann nicht damit zu rechnen ist, dass er seinen Verpflichtungen nachkommt. 6

3. Ob dem Angeklagten die sofortige Zahlung der Geldstrafe **zuzumuten** ist, hängt von seinen persönlichen und wirtschaftlichen Verhältnissen ab, die bereits der Entscheidung über die Höhe des Tagessatzes zugrunde zu legen waren (§ 40 Rdn. 19ff). Bei der Festsetzung der Raten ist zu berücksichtigen, dass die Geldstrafe ihren Zweck nicht verfehlen darf und der Täter sie trotz der gewährten Vergünstigung noch als ernstes Übel empfindet (vgl. Rdn. 1). Die Zahlungsfrist (s. Rdn. 13) darf daher nicht so weit hinausgeschoben sein, dass die Strafe für den Täter den Sinn eines – der Straftat möglichst auf dem Fuße folgenden – Übels verliert.[13] Es entspricht im übrigen angemessener und gerechter Strafzumessung, die Raten so zu bemessen, dass der Täter wenigstens die *Möglichkeit* hat, die Geldstrafe im Wesentlichen aus eigenen Mitteln zu bestreiten, die ihm selbst für seinen persönlichen Bedarf zur Verfügung stünden, und dass er tunlichst nicht gezwungen wird, den notwendigen Lebensbedarf seiner unterhaltsberechtigten Angehörigen zu beschneiden. Maßgebend für die Festsetzung der Raten ist – ähnlich dem ursprünglich für das Tagessatzsystem vorgesehenen „Einbußeprinzip" (dazu *Tröndle* LK[10] vor § 40 Rdn. 17) – in der Regel der Geldbetrag, den der Angeklagte aus den ihm verbleibenden Mitteln bei *äußerster* Sparsamkeit während der Dauer des Ratenbewilligungszeitraums aufzubringen vermag. Dem nahe am Existenzminimum Lebenden kann nur das entzogen werden, was er nicht unbedingt zum Leben benötigt.[14] Zur Berücksichtigung von Schadensersatzansprüchen des Tatopfers s. Rdn. 10. 7

10 Vgl. *Horn* NJW **1974** 625, 627.

11 M. Anm. *Busch* LM § 28 StGB (a.F.) Nr. 1; ferner OLG Stuttgart MDR **1993** 996, 997; *Sch/Schröder/Kinzig* Rdn. 4.

12 *Radtke* MK Rdn. 17; *Fischer* Rdn. 5; *Sch/Schröder/Kinzig* Rdn. 4.

13 BGH Urteil v. 5. April 1955 – 1 StR 355/54 – mitgeteilt bei *Pfeiffer/Maul/Schulte* § 28 StGB (a.F.) Anm. 1.

14 OLG Stuttgart MDR **1993** 887 zum Fall eines Sozialhilfeempfängers; OLG Frankfurt StV **2007** 470; KG StraFo **2013** 122.

8 **a)** Ob es dem Angeklagten zugemutet werden kann, zur Zahlung der Geldstrafe oder der Teilbeträge sein **Vermögen anzugreifen oder Kredit aufzunehmen**, hängt vom Einzelfall ab.[15] Die Praxis übt hier mit Recht große Zurückhaltung: Soweit etwa vorhandenes Vermögen schon bei der Festsetzung der Höhe des Tagessatzes außer Betracht bleibt (hierzu § 40 Rdn. 61 bis 63), ist es dem Verurteilten im Zweifel auch nicht zuzumuten, es zur sofortigen Zahlung oder zur Aufbringung von Raten einzusetzen. Im Allgemeinen ist ihm auch nicht anzusinnen, zu diesem Zweck Kredit aufzunehmen.[16] Hierin läge eine unberechtigte Benachteiligung der Bestraften, die kreditwürdig sind. Vielmehr sind Zahlungserleichterungen allen Tätern zu gewähren, die ihre Geldstrafe nicht aus dem laufenden Einkommen oder aus liquiden Rücklagen entrichten können. Ob das Vorhandensein von Schuldverbindlichkeiten, die keine Unterhaltsverpflichtungen sind, auf die Bemessung der zu bewilligenden Raten Einfluss nimmt, hängt vom Einzelfall ab. Schuldverbindlichkeiten, die (bis zu einem gewissen Grade) bei der Festsetzung der Höhe des Tagessatzes zu berücksichtigen sind (hierzu § 40 Rdn. 57), nehmen in der Regel auch auf die Bemessung der Raten Einfluss. Freilich darf die Zahlung der Geldstrafe gegenüber anderen Schuldverbindlichkeiten nicht hintangestellt werden (OLG Hamm GA **1975** 57). Umgekehrt ist dem Bestraften zuzumuten, seine Mittel primär für die Geldstrafe einzusetzen. Jemandem, der sein Einkommen etwa weitgehend durch Ratenzahlungskäufe oder Bauschulden „verplant" hat, kann daher angesonnen werden, eine Umschuldung vorzunehmen oder (zusätzlich) Kredit aufzunehmen.[17]

9 **b)** Nahe liegt häufig das Argument, der Angeklagte habe sich seit langem **auf die zu erwartende Geldstrafe einrichten** können, ihm sei deshalb eine Zahlungserleichterung zu versagen oder nur in weniger bequemer Gestaltung zu gewähren. Das gilt insbesondere für die Fälle, in denen der Täter aus einer vorsätzlichen Tat einen finanziellen Gewinn gezogen hat. Sonst bestünde ein Wertungswiderspruch zu den Fällen, in denen ein Steuerpflichtiger in einem Steuerjahr besonders hohe – legale – Einkünfte erzielt hat und deshalb von ihm die Bildung von Rücklagen für die kommenden Steuerforderungen erwartet wird. Dagegen wird in Rspr.[18] und Schrifttum[19] vertreten, dass das eingangs genannte Argument unzulässig sei, namentlich wegen eines Verstoßes gegen die Unschuldsvermutung (Art. 6 Abs. 2 MRK).[20] Soweit Ausnahmen zugelassen werden sollen,[21] verwundert schon dies angesichts des fundamentalen Charakters der Unschuldsvermutung. Im Übrigen hat das Problem mit der Unschuldsvermutung, die keineswegs der Berücksichtigung von Nachtatverhalten entgegensteht, gar nichts zu tun. *Fischer*[22] stellt darauf ab, dass ein noch nicht ermittelter Täter wohl keine Pflicht zur Sparsamkeit habe und meist kaum eine Geldstrafe als solche und in ihrer Höhe voraussehen könne.

III. Berücksichtigung der Interessen des Täteropfers (Satz 3)

10 In ihrer ursprünglichen Fassung war die Vorschrift allein an der spezialpräventiven Optimierung der Geldstrafe im Hinblick auf die persönlichen und wirtschaftlichen Ver-

---

15 *Sch/Schröder/Kinzig* Rdn. 2; *Fischer* Rdn. 4; vgl. auch *Radtke* MK Rdn. 12 f.
16 Vgl. aber OLG Hamburg VerkMitt. **1971** 58 mit dem Argument, der Angeklagte könne als Sparkassenangestellter leichter einen Kredit zu günstigen Bedingungen aufnehmen.
17 LG Würzburg Urteil v. 19. Oktober 1979 –4 Ns 2 Cs 116 JS 12450/78 –.
18 OLG Schleswig bei *Ernesti/Lorenzen* SchlHA **1980** 169.
19 *Fischer* Rdn. 5a; *Radtke* MK Rdn. 18; *Sch/Schröder/Kinzig* Rdn. 4.
20 So OLG Schleswig (wie Fn. 17) und *Radtke* MK Rdn. 18.
21 OLG Schleswig (wie Fn. 17).
22 *Fischer* Rdn. 5.

hältnisse des Täters orientiert und diente letztlich dazu, ihn vor einem schweren sozialen Absturz zu bewahren, der sonst durch die Vollstreckung der Geldstrafe oder mittelbar auch durch die Vollstreckung einer Ersatzfreiheitsstrafe ausgelöst werden könnte. Dagegen war eine Berücksichtigung der Schadensersatzansprüche des Tatopfers in § 42 nicht ausdrücklich vorgesehen. Durch die Einfügung von **Satz 3** wird nun diesem wichtigen Aspekt des Opferschutzes Rechnung getragen.[23] Danach sollen Zahlungserleichterungen gewährt werden, wenn ohne eine Schadenswiedergutmachung durch den Verurteilten unmöglich oder erheblich gefährdet wäre (1. Hs.). Dem Verurteilten kann dabei der Nachweis der Wiedergutmachung auferlegt werden (2. Hs.). Nach der Systematik der Regelung steht die durch Satz 3 eröffnete Möglichkeit neben derjenigen nach Satz 1. Die Einräumung von Zahlungserleichterungen zur Schadenswiedergutmachung kommt daher auch dann in Betracht, wenn der Verurteilte die Geldstrafe sofort bezahlen könnte; die Varianten (Satz 1 und Satz 3) können aber auch miteinander kombiniert werden.[24] Auf die Gewährung von Zahlungserleichterungen nach Satz 3 findet die Verfallsklausel aus Satz 2 keine Anwendung.[25]

Der wiedergutzumachende Schaden muss durch die abgeurteilte und mit Geldstrafe **10a** sanktionierte Straftat verursacht worden sein.[26] Darüber hinaus muss es einen konkreten Anspruchsinhaber mit einer durchsetzbaren zivilrechtlichen Forderung geben.[27] Auf Seiten des Verurteilten müssen die Fähigkeit und die Bereitschaft zur Schadenswiedergutmachung bestehen.[28] Ob die Wiedergutmachung ohne Einräumung einer Zahlungserleichterung konkret (und nicht nur abstrakt) in erheblicher Weise gefährdet ist, muss das Gericht aufgrund der Umstände des Einzelfalls, insbesondere der wirtschaftlichen Verhältnisse des Verurteilten, prognostizieren.[29] Dafür ist es schon ausreichend, wenn bei sofortiger Zahlung der Geldstrafe mit unangemessen langen Verzögerungen der Wiedergutmachungszahlungen zu rechnen ist.[30]

Sofern das Gericht von der durch Satz 3 eröffneten Möglichkeit keinen Gebrauch **10b** macht, trifft – wie bereits nach der alten Rechtslage – die Vollstreckungsbehörde die Entscheidung über die Bewilligung von Zahlungserleichterungen gem. § 459a Abs. 1 StPO nach denselben Kriterien.[31]

IV. Zwingender Charakter der Vorschrift

Satz 1 enthält – wie bereits der Wortlaut zeigt – eine zwingende Regelung (BGHR **11** StGB § 42 Zahlungserleichterungen 1; BGH NStZ-RR 2018 238). Zahlungserleichterungen sind **von Amts wegen** und nicht erst auf Antrag zu bewilligen,[32] wenn deren Voraussetzungen (Rdn. 4 bis 9) vorliegen. Der Richter hat also insoweit *keinen Ermessungsspielraum.* Die Gewährung von Zahlungserleichterungen darf daher nicht schon deshalb ver-

23 Zur Reformdiskussion *Bernd-Dieter Meier* ZRP **1991** 68.
24 *Fischer* Rdn. 6; *SSW/Claus* Rdn. 11; *Sch/Schröder/Kinzig* Rdn. 7a.
25 *Sch/Schröder/Kinzig* Rdn. 7a.
26 *Fischer* Rdn. 7; *SSW/Claus* Rdn. 11.
27 *Fischer* Rdn. 7.
28 *Fischer* Rdn. 7; *Radtke* MK Rdn. 15; *Sch/Schröder/Kinzig* Rdn. 7a.
29 *Radtke* MK Rdn. 15.
30 *Radtke* MK Rdn. 15; *Sch/Schröder/Kinzig* Rdn. 7a.
31 *Meyer-Goßner/Schmitt* § 459a Rdn 3.
32 RGSt **60** 207, 208; BGH bei *Detter* NStZ **1990** 578: BGH Beschluss vom 7. März 1979 – 3 StR 39/79 (S) –; OLG Bremen NJW **1954** 522; BayObLG NJW **1956** 1166; KG StV **2006** 191; OLG Karlsruhe MDR **1979** 515; OLG Stuttgart MDR **1993** 996 und StV **2009** 131; *Wolters* SK Rdn. 5 und NJW **1974** 625, 627; *Lackner/Kühl/Kühl* Rdn. 3; *Fischer* Rdn. 5a.

sagt werden, weil der Verurteilte die Geldstrafe durch freie Arbeit tilgen könnte.[33] Der Richter darf auch keine Vergünstigungen nach § 42 gewähren, wenn dem Täter die sofortige Zahlung der Geldstrafe zuzumuten ist.[34] Hingegen ist die *Bewilligung von Zahlungserleichterungen* selbst im Grunde eine *Strafzumessungsentscheidung* wie jede andere auch. Ob man in diesem Falle von pflichtgemäßen Ermessen[35] oder von einem „Beurteilungsspielraum"[36] spricht, mag im Wesentlichen eine Frage der Terminologie sein. Im Vergleich zur Festsetzung der Tagessatzhöhe ist freilich der Richter in der dritten Entscheidungsphase bei der Bestimmung der Fristen und Teilbeträge freier gestellt, da er Entscheidungsspielraum zwischen Raten hat, die nach den persönlichen und wirtschaftlichen Verhältnissen gerade noch hinreichend wirksam und gerade noch erschwinglich sind.[37] Irgendwelchen Einschränkungen ist der Tatrichter in diesen Fällen nicht unterworfen, insbesondere sind Schemata, wie sie *Horn*[38] früher entwickelt hat, mangels gesetzlicher Grundlage abzulehnen.

11a Zwar handelt es sich bei Satz 3 im Gegensatz zu Satz 1 um eine Soll-Vorschrift. Allerdings sind Konstellationen, in denen bei Vorliegen der Voraussetzungen von der Einräumung von Zahlungserleichterungen ausnahmsweise abgesehen werden könnte, schwer vorstellbar.[39]

V. Rechtsfolgen

12 **1. Zwei Formen der Zahlungserleichterung** sieht das Gesetz vor, nämlich die Bewilligung einer Zahlungsfrist **(Stundung)** und die Gestattung, die Strafe in bestimmten Teilbeträgen zu zahlen **(Ratenzahlungsgestattung).** Die Reihenfolge dieser Nennung in Satz 1 indiziert nicht etwa eine sachliche Rangfolge. In der Anwendungspraxis rangiert die Ratenzahlungsgestattung sogar weit vor der Stundung: Diese kommt jedoch dann in Betracht, wenn der Verurteilte zwar noch nicht im Zeitpunkt des Urteils, wohl aber – nach dem Ergebnis einer Prognose – in einem späteren Zeitpunkt die Mittel für die Bezahlung der Geldstrafe aufzubringen vermag (vgl. zu einem solchen Fall BGHSt **26** 325, 331). Dies kann insbesondere dann der Fall sein, wenn der Eintritt des Täters in das Berufsleben nahe bevorsteht.[40] In entsprechender Weise kann der Zeitraum bis zur Entlassung aus der derzeitigen Haft in anderer Sache „überbrückt" werden.[41] Damit kann u.U. selbst bei voraussichtlich längerer Haftzeit dem Täter eine zusätzliche Haft – scil. die Verbüßung einer Ersatzfreiheitsstrafe erspart werden.[42] Schließlich darf nicht übersehen werden, dass die Stundung einer Geldstrafe das Motiv beseitigt, etwa allein um des Zeitgewinns (gar des Zinsgewinns) willen ein Rechtsmittel einzulegen. In der Auswahl zwischen den beiden Formen der Zahlungserleichterung ist der Richter relativ frei: Im Spannungsfeld zwischen der noch deutlich spürbaren Strafe und dem wirt-

---

33 KG StV **2006** 191.
34 *Wolters* SK Rdn. 4 und NJW **1974** 625, 628, vgl. auch JZ **1974** 287, 288; *D. Meyer* MDR **1976** 716; vgl. aber die in verschiedener Hinsicht unrichtige Entscheidung AG Saarbrücken NStZ **1984** 76 m. krit. Anm. *Horn*, s. dazu § 41 Rdn. 23.
35 So *Sch/Schröder/Kinzig* Rdn. 5.
36 So im Anschluss an *Bruns/Güntge* Strafzumessungsrecht² S. 95: *D. Meyer* MDR **1976** 716.
37 *Tröndle* ZStW **86** (1974) 545, 555.
38 SK¹ Rdn. 7; inzwischen aufgegeben, vgl. SK Rdn. 4.
39 *Fischer* Rdn. 8; *Radtke* MK Rdn. 15; *Sch/Schröder/Kinzig* Rdn. 7a.
40 OLG Celle NdsRpfl. **1977** 107 zum Fall eines Studenten mit bevorstehendem Studienabschluss.
41 OLG Stuttgart MDR **1993** 996.
42 Vgl. OLG Bremen NJW **1962** 217; OLG Celle NdsRpfl. **1963** 188; OLG Frankfurt OLGSt. § 28 a.F. S. 5; LG Dortmund StV **1988** 112.

schaftlich noch Leistbaren können mehrere unterschiedliche Entscheidungen richtig sein.[43]

2. Die **Dauer des Ratenzahlungszeitraums** ist vom Gesetz nicht beschränkt. Ihn über zwei Jahre hinaus zu erstrecken, empfiehlt sich indessen in aller Regel nicht. Immerhin gibt die Vorschrift des § 54 Abs. 2 Satz 2 mit der Maximalzahl von 720 Tagessätzen einen Fingerzeig darauf, an welchem Zeitraum das Gesetz sich bei der Bestimmung der Grenzen der Geldstrafe orientiert. Dies kann auch bei den Zahlungserleichterungen – trotz deren Eigenheiten – nicht außer Betracht bleiben (kritisch hierzu *Albrecht* NK Rdn. 7; vgl. auch *Radtke* MK Rdn. 21). Insbesondere dürfen Raten nicht so minimal und der Tilgungszeitraum nicht so ausgedehnt sein, dass die Zahlungserleichterungen das Wesen der Geldstrafe, die ein fühlbares, der Straftat möglichst auf dem Fuße folgendes (BGH Urteil v. 5. April 1955 – 1 StR 355/54 –) Strafübel bleiben muss, beeinträchtigen (BGHSt **13** 356). Keine Zustimmung kann es daher finden, wenn *Wolters* SK § 40 Rdn. 15 von der Möglichkeit einer sich über eine Vielzahl von Jahren erstreckenden Ratenzahlungsregelung spricht (vgl. auch die Kritik in BGHSt **26** 325, 331 an einer Zahlungsfrist von drei Jahren für eine Geldstrafe von 300 Tagessätzen; nach OLG Stuttgart StV **1993** 364f sollte der Zahlungszeitraum das Drei- bis Vierfache der Tagessatzzahl nicht überschreiten.). Solange Zahlungserleichterungen bewilligt sind, ruht die Vollstreckungsverjährung (§ 79a Nr. 2 lit. c). **13**

3. Verfallklausel. *Satz 2* erlaubt, abweichend vom alten Recht[44] und § 18 Satz 2 OWiG folgend, im Urteilstenor die Hinzufügung einer Verfallklausel. Sie steht im Ermessen des Gerichts[45] und wird regelmäßig, zumindest aber dann angebracht sein, wenn der Zahlungswille des Verurteilten zweifelhaft erscheint. Die Verfallklausel bewirkt, dass die gesamte Reststrafe zur Zahlung fällig ist, wenn der Verurteilte mit einer Teilzahlung in Rückstand gerät. Es bedarf dann eines besonderen Widerrufs der Ratenzahlungsbewilligung nicht, die Vollstreckungsbehörde (Rdn. 24) hat lediglich das Entfallen der Vergünstigung in den Akten zu vermerken (§ 459a Abs. 3 Satz 1 StPO). Fehlt hingegen eine Verfallklausel im Urteil, so muss die Vollstreckungsbehörde zunächst nach § 459a Abs. 2 die Zahlungserleichterungen aufheben.[46] Dies setzt freilich keine weiteren Ermittlungen über den Grund der Nichtzahlung der Raten voraus, da es Sache des Verurteilten ist, sich ohne Aufforderung hierüber hinreichend zu erklären (OLG Hamm GA **1975** 57). Greift infolge Nichtzahlung der Teilbeträge die Verfallklausel ein, so kann die Vollstreckungsbehörde wiederum nach § 459a Abs. 3 Satz 2 StPO Zahlungserleichterungen bewilligen oder die Beitreibung der Geldstrafe (§ 459c StPO) und, falls die Voraussetzungen vorliegen, die Vollstreckung der Ersatzfreiheitsstrafe anordnen (§ 459e StPO). **14**

4. Die **Reihenfolge der Anrechnung von Teilbeträgen** bestimmt sich nach § 459b StPO (s. dazu *Löwe/Rosenberg/Graalmann-Scheerer* § 459b passim). Hiernach hat zunächst eine vom Verurteilten etwa getroffene Bestimmung über die Reihenfolge der Anrechnung Vorrang (*Graalmann-Scheerer* aaO Rdn. 5). Mangels einer solchen Bestimmung werden Teilzahlungen zunächst auf die Geldstrafe, dann auf die etwa angeordneten zu **15**

---

43 OLG Stuttgart MDR **1993** 996, die im Leitsatz oder Orientierungssatz enthaltene Vokabel „Auswahlermessen" kommt in den Entscheidungsgründen allerdings nicht vor.
44 KG JW **1930** 665; OLG Hamburg NJW **1965** 1675; vgl. ferner LG Krefeld RPfleger **1971** 225 m. Anm. *Pohlmann*.
45 *Sch/Schröder/Kinzig* Rdn. 7.
46 *Fischer* Rdn. 11; *Wolters* SK Rdn. 8.

einer Geldzahlung verpflichtenden Nebenfolgen und zuletzt auf die Verfahrenskosten angerechnet. Auflagen, wonach eine hiervon abweichende Reihenfolge der Anrechnung von Ratenzahlungen Platz greifen soll, sind unzulässig (*Fischer* Rdn. 5; vgl. schon BayObLG NJW **1956** 1166 zur Rechtslage vor der – im Juni 1974 erfolgten – Einfügung der Vorschrift des § 459b StPO).

VI. Geltungsbereich der Vorschrift

16 **1.** Die Wirkung der in § 42 enthaltenen Regelung geht über den Anwendungsbereich der Geldstrafe nicht hinaus. Nach der früheren Rechtslage hatte das Gesetz eine „entsprechende" Geltung des § 42 für den Verfall (§ 73c Abs. 2; vgl. BGHSt 33 37, 40), den erweiterten Verfall (§ 73d Abs. 4) und die Einziehung des Wertersatzes (§ 74c Abs. 4) vorgesehen.[47] Die durch die umfassende Neuregelung der strafrechtlichen Vermögensabschöpfung durch das Gesetz vom 13. April 2017 (BGBl. I S. 872) geschaffenen Regelungen enthalten keine solche Verweisung mehr. § 42 ist daher weder direkt noch analog auf die Einziehung anwendbar (BGH NStZ-RR 2019, 252). Schließlich enthält **§ 18 OWiG** eine Regelung, die der des § 42 entspricht.

17 **2.** Die Vorschrift des § 42 gilt nicht für **Nebenfolgen**, die zu einer Geldzahlung verpflichten, wie die Abführung des Mehrerlöses nach § 8 WiStG,[48] und nicht für die **Verfahrenskosten.**[49] Insoweit kann allein die Vollstreckungsbehörde nach Eintritt der Rechtskraft Zahlungserleichterungen bewilligen (§ 459a Abs. 4, § 459g Abs. 2 StPO; vgl. auch § 12 EBAO vom 25. November 1974).

VII. Tatrichterliches Urteil

18 **1. Maßgeblich** für die Entscheidung nach § 42 sind die tatsächlichen Umstände, wie sie sich im **Zeitpunkt der letzten tatrichterlichen Verhandlung** – ggf. nach Zurückverweisung durch das Revisionsgericht – darstellen.[50] Zumindest in erheblicher Spannung hierzu steht es, dass das OLG Celle[51] dem nachgeholten Tatrichterurteil über Zahlungserleichterungen den Charakter einer tatrichterlichen Sachentscheidung im Sinne des § 55 abspricht, während anderen nachgeholten Teilentscheidungen betreffend die Strafe,[52] insbesondere über die Strafaussetzung zur Bewährung,[53] solche Qualität zukommt.

19 **2.** In der **Urteilsformel** sind die Zahlungserleichterungen und eine etwaige Verfallklausel im Einzelnen zu bestimmen.[54] Sie sollten dort so konkret gefasst werden, dass sie dem Verurteilten seine einzelnen Zahlungen (und die Konditionen eines etwaigen Ver-

---

47 Dazu *W. Schmidt* LK[11] § 73c Rdn. 15, § 73d Rdn. 57, § 74c Rdn. 21.
48 *Fischer* Rdn. 3.
49 BGH Urteil v. 17. Dezember 1991 – 5 StR 569/91 –; *Fischer* Rdn. 3; vgl. auch LG Hannover RPfleger **1972** 29 m. Anm. *Reiß*.
50 *Wolters* SK Rdn. 5; *Radtke* MK Rdn. 14.
51 NdsRpfl. **1979** 207.
52 *Rissing-van Saan* LK[12] § 55 Rdn. 6.
53 BGHSt **15** 66, 70; OLG Hamm GA **1959** 183; OLG Karlsruhe GA **1974** 347.
54 RGSt **60** 16; BGHR StGB § 42 Zahlungserleichterungen 1; OLG Schleswig bei *Ernesti/Jürgensen* SchlHA **1977** 178; *Wolters* SK Rdn. 7; *Sch/Schröder/Kinzig* Rdn. 6; *Fischer* Rdn. 9, 12; **aA** *Kadel* Bedeutung des Verschlechterungsverbotes S. 78.

falls) präzise vorgeben.[55] Dies alles gilt auch für den **Strafbefehl**, obwohl hier das praktische Problem besteht, dass die relevanten wirtschaftlichen Umstände meist weniger umfassend als aufgrund einer Hauptverhandlung aufgeklärt sind. *Albrecht* (NK Rdn. 2, s.a. Rdn. 5) berichtet dementsprechend von einer höheren Komplikationsrate in der Geldstrafenbeitreibung aus Strafbefehlen gegenüber Urteilsvollstreckungen. Anordnungen in den Urteilsgründen oder in einem das Urteil begleitenden Beschluss[56] genügen nicht.

3. Die **Urteilsgründe** müssen zum einen Feststellungen zu den relevanten wirtschaftlichen Verhältnissen enthalten und zum anderen dann, wenn hiernach Zahlungserleichterungen in Betracht kommen, die entsprechende (von Amts wegen gebotene, Rdn. 2) Prüfung erkennen lassen.[57] Im Hinblick auf die revisionsgerichtliche Überprüfung (Rdn. 22) ist dem Tatrichter zu empfehlen, auch in Grenzfällen zu begründen, weshalb er ggf. von der Vorschrift des § 42 keinen Gebrauch gemacht hat.[58] **20**

VIII. Rechtsmittelverfahren

1. Isolierte Anfechtbarkeit und Aufhebbarkeit der Entscheidung nach § 42. Da die Entscheidung über Zahlungserleichterungen grundsätzlich ein eigener, dritter Strafzumessungsakt ist (Rdn. 1, 3), können diese Entscheidung oder ihr Unterbleiben isoliert mit dem entsprechend beschränkten Rechtsmittel – Berufung oder Revision – angefochten werden.[59] Dem entspricht, dass das Revisionsgericht im Falle weitergehenden Rechtsmittels bei rechtsfehlerhafter oder fehlender Behandlung einzig der Frage der Zahlungserleichterungen das angefochtene Urteil allein in dem genannten Umfang aufzuheben oder zu ändern braucht.[60] Allein in den Sonderfällen, in denen der Tatrichter – fehlerhafterweise – eine Rückkoppelung derart vorgenommen hat, dass er die nach § 40 gebotenen Entscheidungen unter Einfluss von Gesichtspunkten des § 42 getroffen hat, ist eine Isolierung der Entscheidung über Zahlungserleichterungen ausgeschlossen: In diesen Fällen ist eine Beschränkung des Rechtsmittels auf die Frage der Zahlungserleichterungen unwirksam; je nach Lage des Falles gelten auch die Bestimmung der Tagessatzhöhe oder der gesamte Strafausspruch als angefochten. Entsprechend muss in den genannten Sonderfällen wegen rechtsfehlerhafter Behandlung des § 42 entweder die Tagessatzbestimmung oder der ganze Strafausspruch aufgehoben werden.[61] **21**

2. Revision. Da § 42 eine Strafzumessungsvorschrift enthält, ist ihre tatrichterliche Beachtung durch das Revisionsgericht – auf die Sachrüge – nach den allgemeinen Regeln zu überprüfen, die für die revisionsgerichtliche Kontrolle des Strafausspruchs gelten. Dabei steht im Vordergrund die Prüfung, ob der Tatrichter von einem zutreffenden Verständnis des Begriffs der Zumutbarkeit ausgegangen ist. Schweigt das tatrichterliche Urteil zu Zahlungserleichterungen, so kommt es darauf an, ob das Absehen von Zahlungserleichte- **22**

---

55 *Schäfer/Sander/van Gemmeren* Strafzumessung Rdn. 134 sowie *von Heintschel-Heinegg* BeckOK Rdn. 3 jeweils mit praktischem Beispiel.

56 Dazu BGHR StGB § 42 Zahlungserleichterungen 1.

57 BGHSt **33** 37, 40; BGH NStZ-RR **2018** 238; *SSW/Claus* Rdn. 12 bis 14; *Schäfer/Sander/van Gemmeren* Strafzumessung Rdn. 135 und 1457.

58 Vgl. BGH Beschluss v. 2. Juli 1980 – 3 StR 231/80 (S) –.

59 KG StraFo **2013** 122.

60 Davon geht die heutige Rspr. stillschweigend aus; vgl. die Nachweise in Fn. 53 und 54; anders noch OLG Bremen NJW **1954** 522 auf der Basis des alten Geldstrafensystems.

61 Vgl. *D. Meyer* MDR **1976** 714, 716.

rungen sich von selbst versteht[62] oder ob angesichts der wirtschaftlichen Verhältnisse des Täters eine entsprechende Prüfung nahelag, so dass Anlass zu solcher Prüfung bestand.[63] Erachtet das Revisionsgericht die Vorschrift des § 42 als fehlerhaft angewendet oder – was wesentlich häufiger vorkommt – die Nichterörterung als fehlerhaft, so stellt sich die Frage, ob es die Sache insoweit an einen neuen Tatrichter zurückverweisen muss oder selbst – in entsprechender Anwendung des § 354 Abs. 1 StPO – über die Zahlungserleichterungen entscheiden kann. Die Rspr. nimmt nunmehr einhellig an, dass das Revisionsgericht – auf der Basis hinreichender Feststellungen – die Zahlungserleichterungen selbst bestimmen kann.[64] Danach ist eine Zurückverweisung an den Tatrichter zwecks Nachholung der Entscheidung über Zahlungserleichterungen nur dann erforderlich, wenn das Urteil keine ausreichenden Feststellungen zu den nach § 42 maßgeblichen Umständen enthält.[65] Dagegen wird im Schrifttum vielfach vertreten, dass der Revisionsrichter die Entscheidung nach § 42 als Strafzumessungsakt und mithin ureigene Aufgabe des Tatrichters stets diesem zu überlassen habe.[66] Diese Ansicht erscheint hinsichtlich des relativ geringen Gewichts des dritten Aktes der Geldstrafenbemessung allzu puristisch. Dagegen hat die von der Rspr. praktizierte Lösung den Vorzug, pragmatisch und verfahrensökonomisch zu sein, so dass ihr – unter Hintanstellung der grundsätzlichen Bedenken aus der Rechtsnatur der Entscheidung über Zahlungserleichterungen – zuzustimmen ist.[67]

23 **3. Verschlechterungsverbot.** Es fragt sich, ob und ggf. in welchem Umfang das Verbot der reformatio in peius (§ 331 Abs. 1, § 358 Abs. 2 Satz 1 StPO) auch für Zahlungserleichterungen nach § 42 gilt. Einerseits gehört die Entscheidung nach § 42 zur richterlichen Entscheidung über die Geldstrafe – als dritter Strafzumessungsakt nach Bestimmung von Tagessatzzahl und Tagessatzhöhe (s. Rdn. 1). Immerhin kann dies dafür herangezogen werden, dass auch insoweit das Verschlechterungsverbot zu gelten habe. Andererseits spricht nach dem Wortverständnis kaum etwas dafür, die Zahlungserleichterungen bei der Geldstrafe dem Begriff „Art und Höhe der Rechtsfolgen der Tat" (§ 331 Abs. 1, § 358 Abs. 2 Satz 1 StPO) unterzuordnen. Das Merkmal „Art der Rechtsfolgen" knüpft ersichtlich an den Kanon der Sanktionen an. Unter diesem Gesichtspunkt bleibt eine Geldstrafe in ihrer „Art" als Rechtsfolge unberührt von etwaigen Anordnungen nach § 42. Die „Höhe der Rechtsfolgen" hat ihren Bezugspunkt allein in dem numerisch be-

---

62 Vgl. BGH Beschluss v. 17. Dezember 1979 –3 StR 393/79 –; BGH Beschluss v. 9. Dezember 1983 – 3 StR 438/83 (S) –.

63 Vgl. BGHSt **33** 37, 40; BGH Beschluss v. 23. August 1978 – 3 StR 285/78 –; BGH Beschluss v. 14. März 1979 – 3 StR 17/79 (S) –; BGH Beschluss v. 9. September 1980 – 5 StR 437/80 –; BGH Beschluss v. 17. August 1984 – 3 StR 283/84 –; vgl. auch *Schäfer/Sander/van Gemmeren* Strafzumessung Rdn. 1457.

64 BGHR StGB § 42 Zahlungserleichterungen 1; BGH JR **1979** 73 (insoweit in BGHSt **28** 29 nicht abgedruckt); BGH bei *Holtz* MDR **1980** 453; BGH Beschluss v. 17. Mai 1979 – 4 StR 221/79 –; BGH Beschluss v. 9. September 1980 – 5 StR 437/80 –; OLG Karlsruhe MDR **1979** 515; OLG Hamburg MDR **1982** 776; OLG Schleswig bei *Ernesti/Lorenzen* SchlHA **1985** 115; anders noch OLG Bremen NJW **1954** 522 auf der Basis des alten Geldstrafensystems.

65 Vgl. BGH Beschluss v. 23. April 1976 – 2 StR 106/76 –; BGH Beschluss v. 23. August 1978 – 3 StR 285/78 –; BGH Beschluss v. 14. März 1979 – 3 StR 17/79 (S) –; BGH Beschluss v. 17. Dezember 1979 – 3 StR 393/79 –; BGH Beschluss v. 9. Dezember 1983 – 3 StR 438/83 (S) –; BGH Beschluss v. 17. August 1984 – 3 StR 283/84 –.

66 OLG Hamm Beschl. v. 5. Juni 2014 – III-1 RVs 48/14; *Löwe/Rosenberg/Franke* § 354 Rdn. 35; *Wolters* SK Rdn. 5; *Radtke* MK Rdn. 26; *Fischer* Rdn. 12; *Sch/Schröder/Kinzig* Rdn. 8 will eine Ausnahme nur dann zulassen, wenn der Tatrichter – wie in dem der Entscheidung BGHR StGB § 42 Zahlungserleichterungen 1 zugrundeliegenden Fall – die Zahlungserleichterungen irrtümlich in der Form eines Beschlusses gewährt hat; zweifelnd *Lackner/Kühl/Kühl* Rdn. 3.

67 Im Erg. ebenso *D. Meyer* MDR **1976** 714 und *Schäfer/Sander/van Gemmeren* Strafzumessung Rdn. 1458.

stimmten Maß der jeweiligen Sanktion.[68] Für eine Berücksichtigung der Modalitäten, unter denen eine Geldstrafe zu zahlen ist, bleibt in dem durch „Art und Höhe" der Geldstrafe bestimmten Rahmen kein Raum. Nicht etwa können die Zahlungsmodalitäten in ihrer sanktionsprägenden Wirkung der Differenzierung zwischen vollstreckbarer Freiheitsstrafe und zur Bewährung ausgesetzter Freiheitsstrafe (vgl. vor § 38 Rdn. 38) gleichgesetzt werden. Schon danach gilt das Verschlechterungsverbot nicht für die Anordnungen nach § 42.[69]

Es kommt folgende Besonderheit hinzu. Nach § 459a Abs. 2 Satz 1 StPO kann die **23a** Vollstreckungsbehörde die durch das Gericht nach § 42 getroffene Entscheidung nachträglich ändern oder aufheben. Allerdings darf die Vollstreckungsbehörde dabei von der gerichtlichen Entscheidung nur auf Grund neuer Tatsachen oder Beweismittel abweichen (§ 459a Abs. 2 Satz 2 StPO). Deshalb wird die gerichtliche Entscheidung nach § 42 auch als „Akt vorweggenommener Strafvollstreckung" bezeichnet.[70] Danach findet der dem Verbot der reformatio in peius zugrundeliegende Gedanke hier keinen Boden, weil der ein Rechtsmittel einlegende Angeklagte ohnehin mit einer Änderungsentscheidung nach § 459a Abs. 2 StPO rechnen muss. Daraus wird verschiedentlich hergeleitet, dass das Rechtsmittelgericht nur[71] oder zumindest[72] aufgrund der Voraussetzungen des § 459a Abs. 2 Satz 2 StPO (Vorliegen neuer Tatsachen oder Beweismittel) vom Verschlechterungsverbot freigestellt sei. Nach dem oben Gesagten erscheint diese Lösung als zu eng.

Zum Verschlechterungsverbot bei Änderung von Tagessatzzahl und Tagessatzhöhe **23b** s. § 40 Rdn. 83.

IX. Verhältnis zum Vollstreckungsrecht

1. Nach Rechtskraft des Urteils ist zur Bewilligung von Zahlungserleichterungen **24** die **Vollstreckungsbehörde**[73] **zuständig** (§ 459a Abs. 1 Satz 1 StPO).[74] Sie kann, gleichgültig ob gerichtlich Zahlungserleichterungen bewilligt sind oder eine Verfallklausel angeordnet ist, solche Entscheidungen nachträglich aufheben oder abändern, bei den dem Verurteilten nachteiligen Entscheidungen freilich nur aufgrund neuer Tatsachen oder Beweismittel (§ 459a Abs. 2, 3 StPO).[75] Diese Regelung weicht vom früheren Recht (§ 28 Abs. 2 a.F.)[76] ab, das nachträgliche Änderungen richterlich angeordneter Zahlungserleichterungen in der Zuständigkeit des Gerichts beließ.[77] Nach der nunmehrigen gesetzlichen Regelung endet mit der Rechtskraft des Urteils und der damit eintretenden Vollstreckbarkeit (§ 449 StPO) die Zuständigkeit des Gerichts für Zahlungserleichterungen. Es entscheidet nur noch über Einwendungen gegen Entscheidungen der Vollstre-

68 Ähnlich wohl OLG Schleswig NJW **1980** 1535 = JR **1980** 425 m. Anm. *Zipf*; dagegen rechnet das OLG Hamburg MDR **1986** 517 f die Zahlungserleichterungen der „Höhe der Rechtsfolgen der Tat" zu.

69 Im Erg. ebenso *Meyer-Goßner/Schmitt* § 331 Rdn. 6; *Kadel* Die Bedeutung des Verschlechterungsverbotes S. 70 ff, 76, 79.

70 *Kadel* Die Bedeutung des Verschlechterungsverbotes S. 77.

71 So ausdrücklich *Löwe/Rosenberg/Gössel*[26] § 331 Rdn. 46; im gleichen Sinn OLG Hamburg MDR **1986** 517 f; *Brunner* KMR § 331 Rdn. 35; *Albrecht* NK Rdn. 11.

72 In diesem Sinn OLG Schleswig NJW **1980** 1535 = JR **1980** 425 m. Anm. *Zipf*.

73 Vor § 40 Rdn. 61.

74 Zur Abgrenzung gegenüber der Zuständigkeit der Strafvollstreckungskammer s. OLG Koblenz Rpfleger **1978** 148.

75 Zu alledem im einzelnen *Appl* KK § 459a Rdn. 3 ff; *Meyer-Goßner/Schmitt* § 459 a Rdn. 1 ff; *Löwe/Rosenberg/Graalmann-Scheerer* § 459 a Rdn. 4 ff; *Pohlmann/Jabel/Wolf* StVollstrO[9] § 48 Rdn. 28 ff; *Röttle/Wagner* Strafvollstreckung[8] Rdn. 241 ff, 244.

76 Dazu *Tröndle* LK[9] § 28 Rdn. 9 ff.

77 Kritisch zu dieser Reform *Tröndle* LK[10] Rdn. 12; vgl. auch *Kölsch* NJW **1976** 408.

ckungsbehörde nach § 459h StPO. Zur Bedeutung der Regelung des § 459a Abs. 2 StPO im Rahmen der Diskussion um die Tragweite des Verbots der reformatio in peius s. Rdn. 23.

25 **2.** Aus dem **Instrumentarium der Vollstreckungsbehörde** ist hervorzuheben: Zum einen können Zahlungserleichterungen auch dann gewährt werden, wenn ohne die Bewilligung die Wiedergutmachung des durch die Straftat verursachten Schadens durch den Verurteilten erheblich gefährdet wäre; zum anderen kann dem Verurteilten der Nachweis der Wiedergutmachung auferlegt werden (§ 459a Abs. 1 Satz 2 StPO, s. dazu Rdn. 10). Schließlich bleiben weitere Vorschriften des Vollstreckungsrechts unberührt, so dass auch die Regelung des § 456 StPO anwendbar ist,[78] wonach die Vollstreckungsbehörde auf Antrag des Verurteilten unter bestimmten Voraussetzungen Strafaufschub bis zu vier Monaten gewähren kann. Jedoch läuft diese Vorschrift in ihrer Anwendbarkeit auf die Geldstrafe praktisch leer, weil die in § 459a StPO vorgesehenen Entscheidungsmöglichkeiten sachlich weiter greifen und im Übrigen nicht einmal einen Antrag des Verurteilten voraussetzen.[79]

X. Verhältnis zum Landesrecht und zum Gnadenrecht

26 Das Landesrecht kann keine den § 42 abändernde Bestimmungen treffen (Art. 1 EGStGB).[80] Hingegen bleiben die Befugnisse, die die Länder zufolge ihrer Gnadenhoheit zur Gewährung von Zahlungserleichterungen im Gnadenwege haben, unberührt.[81]

§ 43
Ersatzfreiheitsstrafe

[1]An die Stelle einer uneinbringlichen Geldstrafe tritt Freiheitsstrafe. [2]Einem Tagessatz entspricht ein Tag Freiheitsstrafe. [3]Das Mindestmaß der Ersatzfreiheitsstrafe ist ein Tag.

Schrifttum

S. zunächst vor § 40.

Zu § 29 a.F.: *Bender* Ersatzfreiheitsstrafe (§ 29 StGB), NJW **1957** 1628; *Mittelbach* Ersatzfreiheitsstrafe (§ 29 StGB), NJW **1957** 1138; *H.W. Schmidt* StGB § 29 VI im Strafverfahren, MDR **1958** 135; *Tiedemann* Gleichheit und Sozialstaatlichkeit im Strafrecht, zugleich zur Problematik der §§ 29, 30 StGB, §§ 117, 465 Abs. 2 StPO, GA **1964** 353.

Zu §43: *Albrecht* Strafzumessung und Vollstreckung bei Geldstrafen (1980); *Albrecht/Schädler* Die gemeinnützige Arbeit auf dem Weg zur eigenständigen Sanktion? ZRP **1988** 278; *Blau* Die gemeinnützige Arbeit als Beispiel für einen grundlegenden Wandel des Sanktionenwesens, Gedächtnisschrift H. Kaufmann (1986) 189; *A. Böhm* Gemeinnützige Arbeit als Strafe, ZRP **1998** 360; *Bublies* Das Gefängnis darf kein Schuldturm sein – Strategien zur Vermeidung der Ersatzfreiheitsstrafe, BewHi **1992** 178; *Dolde* Vollzug von Ersatzfreiheitsstrafen – ein wesentlicher Anteil im Kurzstrafenvollzug, ZfStrVo **1999** 330; *ders.* Zum

78 OLG Schleswig SchlHA **1976** 13; *Albrecht* NK Rdn. 11.
79 *Appl* KK § 456 Rdn. 3; *Meyer-Goßner/Schmitt* § 456 Rdn. 2; *Löwe/Rosenberg/Graalmann-Scheerer* § 456 Rdn. 1.
80 *Fischer* Rdn. 3.
81 Vgl. hierzu §§ 34 ff. Gnadenordnung vom 6. Februar 1935 – DJ S. 203 –, abgedruckt bei *Birkhoff/Lemke* Gnadenrecht Ein Handbuch 2012, S. 207 ff, und die Gnadenordnungen der Länder nebst etwaiger Ausführungsvorschriften, abgedruckt bei *Birkhoff/Lemke* aaO S. 221 ff.

https://doi.org/10.1515/9783110300499-008

Vollzug von Ersatzfreiheitsstrafen, Festschrift Böhm (1999) 581; *Doller* Reststrafaussetzung bei Ersatzfreiheitsstrafen? NJW **1977** 288; *Dölling* Die Aussetzung des Restes der Ersatzfreiheitsstrafe zur Bewährung, NStZ **1981** 86; *Feuerhelm* Gemeinnützige Arbeit als Alternative in der Geldstrafenvollstreckung (1991); *ders.* Gemeinnützige Arbeit in der Geldstrafenvollsteckung, BewHi **1993** 200; *ders.* Stellung und Ausgestaltung der gemeinnützigen Arbeit im Strafrecht (1997); *U. Frank* Aussetzung der Ersatzfreiheitsstrafe nach §57 StGB? NJW **1978** 141; *Gerken/Henningsen* Ersetzung der Ersatzfreiheitsstrafe durch freie Arbeit, ZRP **1987** 386; *Groß* Reststrafenaussetzung von Ersatzfreiheitsstrafen? StV **1999** 508; *Guthke* Ersatzfreiheitsstrafe abschaffen? ZRP **2018** 58; *Hamdorf/Wölber* Die Ersatzfreiheitsstrafe in Schweden und Deutschland, ZStW 111 (1999) 929; *Heinz* Neue Formen der Bewährung in Freiheit in der Sanktionspraxis, Festschrift Jescheck (1985) 955; *Hennig* Vollstrecker ohne Macht, ZRP **1990** 99; *Horn* Neuerungen der Kriminalpolitik im deutschen Strafgesetzbuch 1975, ZStW **89** (1977) 547; *Janssen* Die Praxis der Geldstrafenvollstreckung (1994); *Jehle/Feuerhelm/Block* Gemeinnützige Arbeit statt Ersatzfreiheitsstrafe (1990); *Jung* Fortentwicklung des strafrechtlichen Sanktionssystems, JuS **1986** 741; *Kawamura-Reindl* Spezialpräventive Aspekte gemeinnütziger Arbeit statt Ersatzfreiheitsstrafe, Gedächtnisschrift Michael Walter (2014) 727; *Köhler* Zur Kritik an der Zwangsarbeitsstrafe, GA **1987** 143; *Köhne* Abschaffung der Ersatzfreiheitsstrafe?JR **2004** 453; *Krumm* Arbeit statt Ersatzfreiheitsstrafe, AnwBl. **1984** 74; *Lüderssen* Gnadenweiser Erlaß von Ersatzfreiheitsstrafen? Festschrift Böhm (1999) 553; *Mrozynski* Offene Fragen der gemeinnützigen Arbeit Straffälliger, JR **1987** 272; *Preusker* Neue Klienten des Strafvollzuges, in *Kawamura/Reindl* (Hrsg.) Wiedereingliederung Straffälliger (1998) S.30; *Radtke* Ersatzfreiheitsstrafe abschaffen? ZRP **2018** 58; *Reiss* Abwendung der Vollstreckung von Ersatzfreiheitsstrafen durch freie Arbeit, Rpfleger **1985** 133; *ders.* Ersetzung der Ersatzfreiheitsstrafe durch freie Arbeit, ZRP **1988** 143; *Rolinski* Ersatzfreiheitsstrafe oder gemeinnützige Arbeit? MschrKrim. **1981** 52; *Rönnau/Tachau* Der Geldstrafenschuldner in der Insolvenz – zwischen Skylla und Charybdis? NZI **2007** 208; *Schall* Die Sanktionsalternative der gemeinnützigen Arbeit als Surrogat der Geldstrafe, NStZ **1985** 104; *Schädler* Das Projekt „Gemeinnützige Arbeit" – die nicht nur theoretische Chance des Art. 293 EGStGB, ZRP **1983** 5; *ders.* Der „Weiße Fleck" im Sanktionensystem, ZRP **1985** 186; *Schatz* Strafrestaussetzung zur Bewährung:Auch bei Ersatzfreiheitsstrafen, ZRP **2002** 438; *Schott* Abkehr von der 1:1-Umrechnung von Geld- und Freiheitsstrafe?JR **2003** 315; *Seebode* Problematische Ersatzfreiheitsstrafe, Festschrift Böhm (1999) 519; *von Selle* Der Begriff der unbilligen Härte in §459f StPO, NStZ **1990** 118; *Villmow/Sessar/Vonhoff* Kurzstrafenvollzug: einige Daten und Überlegungen, KrimJournal **1993** 205; *Villmow* Kurze Freiheitsstrafe, Ersatzfreiheitsstrafe und gemeinnützige Arbeit, Festschrift Kaiser (1998) 1291; *Weber* Aussetzung des Restes der Ersatzfreiheitsstrafe nach §57 StGB? Gedächtnisschrift Schröder (1978) 175; *Wolters* Der Entwurf eines „Gesetzes zur Reform des Sanktionenrechts", ZStW 114 (2002) 63; *Zimmermann* Geldstrafen, BewHi **1993** 194.

S. ergänzend das Schrifttumsverzeichnis vor §38 sub B III. und IV. sowie – zur internationalen Rechtsvergleichung – sub D.

Entstehungsgeschichte

Die Vorschrift des § 43 ist seit dem 1. Januar 1975 in Kraft. Sie erhielt ihre Fassung durch das 2. StrRG vom 4. Juli 1969 (BGBl. I S. 717) und ging auf § 55 Abs. 1E 1962 zurück.

Die Vorgängervorschrift des § 43 ist der § 29 (a.F.). Ursprünglich enthielten die §§ 28, 29 RStGB vergleichbare Vorschriften. § 29 a.F. geht auf das GeldstrG vom 21. Dezember 1921 (RGBl. S. 1604) zurück, wurde durch Art. 1 Nr. 2 des GeldstrG vom 27. April 1923 (RGBl. I S. 254) und durch die GeldstrVO vom 6. Februar 1924 (RGBl. I S. 44) neu gefasst. Absatz 6 des § 29 a.F. wurde durch das 3. StRÄndG vom 4. August 1953 (BGBl. I S. 735) geändert. § 29 a.F. wurde abermals neu gefasst (und hierbei die früheren Abs. 3 und 4 gestrichen) durch Art. 1 Nr. 13 des 1. StrRG vom 25. Juni 1969 (BGBl. I S. 645) und war in dieser Fassung vom 1. April 1970 bis 31. Dezember 1974 in Kraft; vom 1. September 1969 bis 31. März 1970 war jedoch der Absatz 4 der bis dahin geltenden Fassung nicht anzuwenden (Art. 106 Abs. 2 des 1. StrRG).

Die §§ 28a, 29, 30 a.F. wurden im Übrigen neben dem geltenden § 43 durch die §§ 459ff StPO ersetzt.

Gesetzesmaterialien

§ 55 E 1962 Begr. S. 173; § 53 AE; Niederschriften der GrStrRKomm. Bd. I S. 106, 111, 151ff, 377ff: Bd. IV S. 244, 356f, 521ff, Bd. XII S. 578. 2. Schriftlicher Bericht BTDrucks. V/4095 S. 22; Prot. V S. 9, 603, 874, 1302, 2014, 2037, 2175, 2197, 3254f. E-EGStGB S. 310, Bericht BTDrucks. 7/1261 S. 32, Prot. VII S. 664.

Übersicht

I. Allgemeines

1 **1.** Die Vorschrift sagt, was gilt, wenn der Verurteilte die Geldstrafe nicht bezahlt und sie bei ihm nicht beigetrieben werden kann: An die Stelle einer dergestalt uneinbringlichen Geldstrafe tritt die **Ersatzfreiheitsstrafe** *(Satz 1)*. Sie soll das Strafübel der Geldstrafe, das sich nicht effektuieren lässt, gegen ein Strafübel vertauschen, dessen Verwirklichung gesichert erscheint (vor § 40 Rdn. 42, ferner vor § 38 Rdn. 35). Im Vergleich zu seiner Vorgängervorschrift (§ 29 a.F.) ist § 43 im Hinblick auf das Tagessatzsystem einfacher gestaltet: Die Vorschrift spricht lediglich noch den Umrechnungsschlüssel zwischen Geldstrafe und Ersatzfreiheitsstrafe aus *(Satz 2)* und gibt das Mindestmaß der Ersatzfreiheitsstrafe an *(Satz 3)*. Der Gesetzgeber hat mit Recht an dem Institut der Ersatzfreiheitsstrafe festgehalten. Die stets einsatzbereite Ersatzfreiheitsstrafe ist das **Rückgrat der Geldstrafe.**[1] Gegen sie greifen die Argumente gegen die kurzfristige Freiheitsstrafe (vor § 38 Rdn. 36) nicht durch. Die kurzfristige Ersatzfreiheitsstrafe ist vielmehr leidvolle Notwendigkeit[2] und die regelmäßige Folge der Uneinbringlichkeit der Geldstrafe (BGHSt **27** 93), um zu sichern, dass zum einen die Geldstrafe bei den zahlungsunwilligen Verurteilten ernst genommen wird und dass zum andern dieses mildere Strafmittel die ihm von der Strafrechtsreform zugedachte Funktion erfüllen kann, als *wirksame* staatliche Strafsanktion auch im Bereich der mittleren Kriminalität eingesetzt zu werden. Die Vorschläge, die

---

1 *Tröndle* MDR **1972** 466, ÖJZ **1975** 597, vgl. ferner ZStW **86** (1974) 571 jeweils m. weit. Nachw.; *Reiss* ZRP **1988** 143; *Schädler* ZRP **1983** 7; *Tiedemann* JZ **1980** 489, 492; kritisch *Fischer* Rdn. 2; *Gerken/Henningsen* ZRP **1987** 386; *Grebing* JR **1981** 4; *Köhler* GA **1987** 145, 159 ff; *Radtke* MK Rdn. 2; vgl. auch *Albrecht* NK Rdn. 2. Zu ihrer Verfassungsmäßigkeit vgl. BVerfG NJW **2006** 3626, 3627.

2 *Tröndle* MDR **1972** 467, ZStW **86** (1974) 571; für die österreichische Praxis *Fischlschweiger* ÖJZ **1972** 322.

Ersatzfreiheitsstrafe entscheidend einzuengen oder gar abzuschaffen,[3] sind demgegenüber unrealistisch. Insbesondere sind *Grebing* (ZStW **88** [1976] 1112)[4] und *Köhne* (JR **2004** 453) für die völlige Abschaffung der Ersatzfreiheitsstrafe eingetreten. Für deren Optimismus hinsichtlich der Entbehrlichkeit dieses Rechtsinstituts fehlt es freilich an zureichenden Argumenten.[5] Der von *Grebing* geteilten These von der „Autonomie der Geldstrafe", die auch hier vertreten wird (vor § 40 Rdn. 2), steht es keineswegs entgegen, wenn sich die Rechtsordnung eines andersartigen Strafmittels bedient, um die Geldstrafe erforderlichenfalls durchzusetzen. *Grebing* übersieht, dass die „effektive Beitreibung" der Geldstrafe, für die er zu Recht eintritt, letztlich gerade dadurch bewirkt wird, dass hinter ihr äußerstenfalls die Vollstreckung der Ersatzfreiheitsstrafe steht. Es ist auch angesichts des Charakters der Geldstrafe als echter Kriminalstrafe wenig sachgemäß, in diesen Fällen im Anschluss an die Auffassung von *Eb. Schmidt*[6] als Druckmittel die Erzwingungshaft des Ordnungswidrigkeitenrechts (§§ 96 ff OWiG) zu übernehmen. *Köhne* kritisiert vor allem, dass es für den Verurteilten weder vorhersehbar noch verständlich sei, dass das auf Geldstrafe lautende gerichtliche Urteil „in systemfremder Weise" durch die Vollstreckungsbehörde in eine Freiheitsstrafe umgewandelt werden könne. Dieser scheinbare Mangel wäre indes aber auch ohne Abschaffung der Ersatzfreiheitsstrafe durch die gesetzliche Einführung einer Belehrungspflicht über die Folgen der Nichtbezahlung der Geldstrafe in Anlehnung an § 268a Abs. 3 StPO zu beheben.

2. Strafverfolgungsstatistische Hinweise: Der Anteil vollstreckter Ersatzfreiheits- 2
strafen an den jährlich verhängten Geldstrafen wird aktuell mit ca. 9 Prozent veranschlagt.[7] Demgegenüber werden mehr als drei Viertel der uneinbringlichen Geldstrafen durch Zahlung und ca. 6 % (in den neuen Ländern ca. 10 %) durch Ableistung gemeinnütziger Arbeit erledigt.[8] Etwa ein Siebtel der Geldstrafenschuldner, denen die Ableistungsmöglichkeit bekannt ist, stellen einen entsprechenden Antrag; die Bewilligungsquote liegt bei ca. 85 %.[9] Die durchschnittliche Dauer der vollstreckten Ersatzfreiheitsstrafen liegt bei etwa 30 Tagen.[10] Die Erfolgsquote hängt maßgeblich von der Zahl der abzuarbeitenden Tagessätze ab: je höher die Strafe, desto höher ist die Widerrufsquote.[11] Die kriminologische Forschung hat die naheliegende Erwartung bestätigt, dass eine Korrelation zwischen der Häufigkeit der Vollstreckung von Ersatzfreiheitsstrafen und einer niedrigen Arbeitsposition bzw. Arbeitslosigkeit besteht, Personen mit prekären Lebens- und Einkommensverhältnissen daher in besonderem Maße von der Ersatzfreiheitsstrafe betroffen sind.[12] Auch Vorbestrafte sind bei den Verbüßern von Ersatzfreiheitsstrafe überrepräsentiert.[13]

Allen Daten und Bewertungen zur Verbüßung der Ersatzfreiheitsstrafe ist aus prakti- 2a
scher Erfahrung ein Gesichtspunkt hinzuzufügen, der häufig unberücksichtigt bleibt,

---

3 Nachweise bei *Tröndle* MDR **1972** 466; ferner *Bublies* BewHi **1992** 180; *Guthke* ZRP **2018** 58; *Dünkel/Flügge/Lösch/Pörksen* ZRP **2010 175;** *Gerken/Henningsen* ZRP **1987** 389; *Köhne* JR **2004** 453; zuletzt Gesetzentwurf der Fraktion Die Linke vom 18. April 2018, BT-Drs. 19/1689.

4 Insofern zweifelnd auch *Horstkotte* bei *Driendl* ZStW **88** (1976) 1140.

5 Das gilt auch für strafverfolgungsstatistische Angaben aus anderen Rechtsordnungen (ZStW **88** [1976] 1113).

6 NJW **1967** 1938; vgl. *Grebing* ZStW **88** (1976) 1113.

7 *Albrecht* NK Rdn. 1; zu Erhebungen der 1980er Jahre *Feuerhelm* S. 69.

8 *Eisenberg/Kölbel* Kriminologie § 33 Rdn. 17; vergleichbar bereits in den 1980er Jahren *Feuerhelm* BewHi **1993** 200; *Villmow/Sessar/Vonhoff* KrimJournal **1993** 217.

9 *Streng* Strafrechtliche Sanktionen³ Rdn. 149.

10 *Albrecht* NK Rdn. 1.

11 *Streng* Strafrechtliche Sanktionen³ Rdn. 149.

12 *Eisenberg/Kölbel* Kriminologie § 33 Rdn. 14.

13 *Streng* Strafrechtliche Sanktionen³ Rdn. 148.

von hier aus freilich nicht in seiner Wirkung quantifiziert werden kann: Sehr viele Ersatzfreiheitsstrafen werden in Unterbrechung der in anderer Sache angeordneten Untersuchungshaft verbüßt. Dies wirft auf die Zahlen und die etwa angenommenen Gründe der Verbüßung der Ersatzfreiheitsstrafe wie schließlich auch auf die Möglichkeiten zur Abwendung der Vollstreckung der Ersatzfreiheitsstrafe durch freie Arbeit (Rdn. 11 ff) ein zumindest ergänzendes Licht.

II. Die Ersatzfreiheitsstrafe

3 Die **Ersatzfreiheitsstrafe** ist – anders als die Erzwingungshaft – kein Beugemittel, um die Zahlung durchzusetzen, sondern **echte Strafe** (BVerfG NJW **2006** 3626; BGHSt **20** 16).[14] Sie muss daher dem Unrechtsgehalt der Tat und der Schuld des Täters entsprechen. Ist sie verbüßt, so sind das Recht und die Pflicht des Staates, die Geldstrafe zu vollstrecken (vor § 40 Rdn. 21), weggefallen. Hierin liegt der entscheidende Unterschied zu der Erzwingungshaft. Eine Geldstrafe, hinsichtlich derer die Ersatzfreiheitsstrafe verbüßt ist, kann daher auch dann nicht mehr beigetrieben werden, wenn der Verurteilte später Vermögen erwirbt.[15]

III. Aussetzung der Vollstreckung einer (Rest-)Ersatzfreiheitsstrafe

4 Während es allgemein anerkannt ist, dass die Vollstreckung der Ersatzfreiheitsstrafe nicht gemäß § 56 zur Bewährung ausgesetzt werden kann,[16] ist die Frage, ob die **Aussetzung der Vollstreckung einer (Rest-)Ersatzfreiheitsstrafe** in unmittelbarer oder entsprechender Anwendung von § 57 möglich ist, umstritten.[17] Trotz einer durchschnittlichen Dauer der vollstreckten Ersatzfreiheitsstrafe von ca. 30 Tagen[18] und einer Mindestverbüßungszeit von zwei Monaten (§ 57 Abs. 1 Nr. 1) hat das Problem zu einer umfangreichen Judikatur der Oberlandesgerichte geführt (s. Fn. 16). Für die Aussetzung wird vorgebracht, auf die Ersatzfreiheitsstrafe müssten die für die Vollstreckung von Freiheitsstrafen geltenden Vorschriften einschließlich des § 57 Anwendung finden, da es sich um eine echte Freiheitsstrafe handele.[19] Ein Täter, der eine Ersatzfreiheitsstrafe verbüße, befinde sich in der gleichen Lage wie derjenige, gegen den in erster Linie eine Freiheitsstrafe verhängt worden sei. Durch die Versagung der Aussetzung werde der ursprünglich nur zu einer Geldstrafe verurteilte Täter schlechter gestellt als derjenige, der von vornherein wegen schwerer Schuld zu zeitiger Freiheitsstrafe verurteilt worden sei.[20] § 459f

---

14 OLG Köln NJW **1957** 1727; OLG Frankfurt VRS **31** 184; BayObLG JZ **1975** 538; OLG Zweibrücken NJW **1976** 155; OLG Koblenz MDR **1977** 423; OLG Karlsruhe Die Justiz **1978** 146.

15 RGSt **45** 333; OLG Koblenz MDR **1977** 424; *Sch/Schröder/Kinzig* Rdn. 2.

16 *Fischer* § 56 Rdn. 2; *Sch/Schröder/Kinzig* Rdn. 2; *Weigend* GA **1992** 356; vgl. aber *Albrecht* NK Rdn. 7.

17 Für eine solche Aussetzungsmöglichkeit: OLG Hamm StV **1998** 151; OLG Koblenz NStZ **1995** 254; *Albrecht* NK Rdn. 7; *Dölling* ZStW **104** (1992) 259, 276; *Groß* StV **1999** 508; *Sch/Schröder/Kinzig* Rdn. 2; *Schäfer/Sander/van Gemmeren* Rdn. 139; *Schatz* ZRP **2002** 438; *Streng* Strafrechtliche Sanktionen³ Rdn. 120; *Weber* GedS Schröder- 175; **dagegen:** OLG Bamberg NStE § 57 Nr. 43 und StV **1999** 493; OLG Celle MDR **1977** 65 und StV **1999** 492; OLG Düsseldorf JMBlNRW **1986** 262; OLG Hamm StV **1999** 495; OLG Karlsruhe MDR **1978** 506; OLG Oldenburg MDR **1988** 1071 und NStZ-RR **2007** 253; Schleswig-Holsteinisches OLG OLGSt. § 57 Nr. 3; OLG Stuttgart MDR **1986** 1043 und StV **1994** 250; Thüringisches OLG StV **1999** 491; OLG Zweibrücken StV **2001** 414 unter Aufgabe von OLGSt. § 57 Nr. 30; *Eisenberg/Kölbel* Kriminologie § 33 Rdn. 20; *Fischer* § 56 Rdn. 2; *Lackner/Kühl/Kühl* § 43 Rn. 4 und § 57 Rdn. 1; *Radtke* MK Rdn. 23; *Wolters* SK § 43 Rdn. 2.

18 *Albrecht* NK Rdn. 1.

19 *Albrecht* NK Rdn. 7; *Dölling* NStZ **1981** 87; *Doller* NJW **1977** 288; *Sch/Schröder/Kinzig* Rdn. 2.

20 OLG Koblenz MDR **1977** 424; *Dölling* NStZ **1981** 87; *Doller* NJW **1977** 288; *Albrecht* NK Rdn. 7 bejaht mit dieser Begründung auch die vollständige Aussetzung einer Ersatzfreiheitsstrafe gem. § 56.

StPO, der das Absehen von der Vollstreckung der Ersatzfreiheitsstrafe bei unbilliger Härte regelt, lasse als Ausnahmevorschrift mit eng umgrenztem Anwendungsbereich das Bedürfnis für die Strafrestaussetzung nicht entfallen.[21]

Die zwischen einer von vornherein verhängten Freiheitsstrafe und einer Ersatzfreiheitsstrafe bestehenden Unterschiede sprechen jedoch eher gegen die Anwendung des § 57 auf Fälle der Vollstreckung von Ersatzfreiheitsstrafen. Bereits der Wortlaut des § 57, der nur die Vollstreckung einer verhängten zeitigen Freiheitsstrafe, nicht dagegen die anstelle einer nicht beitreibbaren Geldstrafe vollstreckte Ersatzfreiheitsstrafe erfasst, steht der Aussetzung einer (Rest-)Ersatzfreiheitsstrafe entgegen.[22] Die Ersatzfreiheitsstrafe kann nicht mit der „primär“ verhängten Freiheitsstrafe gleichgesetzt werden. Sie bleibt bis zu ihrer vollständigen Erledigung abhängig von der verhängten Geldstrafe.[23] Die Ersatzfreiheitsstrafe tritt nur an die Stelle der Geldstrafe, wenn und soweit diese uneinbringlich ist. Die Abhängigkeit der Ersatzfreiheitsstrafe von der Geldstrafe ergibt sich auch aus den §§ 459ff StPO, die für die Ersatzfreiheitsstrafe eine abschließende Regelung darstellen.[24] Die Regelungen über Auflagen, Widerruf und Erlass (§ 57 Abs. 3 Satz 1) passen nicht zur Ersatzfreiheitsstrafe.[25] Im Ergebnis stehen Gesetzeswortlaut, Gesetzessystematik und Sinn des § 57 einer entsprechenden Anwendung der Vorschrift auf die Ersatzfreiheitsstrafe entgegen. Es kommt deshalb nicht darauf an, ob auch solche Argumente[26] tragen, die daran anknüpfen, dass in den theoretisch in Betracht kommenden Fällen regelmäßig eine günstige Prognose fehlen wird. 4a

IV. Einem Tagessatz entspricht ein Tag Ersatzfreiheitsstrafe

Das Gesetz enthält hiermit eine einfache und klare Regelung. Da der Maßstab der Umrechnung zwischen Geldstrafe und Ersatzfreiheitsstrafe im Gesetz bestimmt ist und dem Strafrichter insoweit kein Raum für eine eigene Entscheidung bleibt, ist die **Ersatzfreiheitsstrafe im Urteil nicht auszusprechen.**[27] Auch Art. 104 Abs. 2 Satz 1 GG gebietet keinen ausdrücklichen Ausspruch über die Ersatzfreiheitsstrafe. Denn durch die Bestimmung der Zahl der Tagessitze erklärt der Richter zugleich die Vollstreckung einer bestimmten Ersatzfreiheitsstrafe für den Fall der Uneinbringlichkeit der Geldstrafe für zulässig. 5

Gegen den einfachen und klaren **Umrechnungsmaßstab von 1:1** werden im Schrifttum **Bedenken** erhoben. Dabei wird darauf hingewiesen, dass schon die Sachbearbeiter des Bundesjustizministeriums im Sonderausschuss „Strafrecht“ Einwendungen gegen den Umrechnungsmaßstab erhoben haben,[28] der Ausschuss jedoch gleichwohl das von den Regierungsvertretern vorgeschlagene Umrechnungsverhältnis 2:1, von dem auch das österreichische Recht (§ 19 Abs. 3 Satz 2 öStGB) ausgeht, mit Stimmengleichheit abgelehnt hat. Der Umrechnungsschlüssel 1:1 sei allzu hart und werfe schwer lösbare Strafzumessungsprobleme auf, da ein Tag Freiheitsstrafe gegenüber der Einbuße des Tageseinkommens immer ein Mehr sei. Unter dem Gesichtspunkt der Schuldgebundenheit 6

---

21 *Dölling* NStZ **1981** 87.
22 OLG Oldenburg MDR **1988** 1071; OLG Stuttgart MDR **1986** 1043 und StV **1994** 251; *Frank* NJW **1978** 141.
23 OLG Bamberg NStE Nr. 43 zu § 57; OLG Düsseldorf NJW **1980** 250.
24 *Frank* NJW **1978** 142, *Appl* KK § 459 e Rdn. 8; § 454b Rdn. 4.
25 OLG Düsseldorf NJW **1980** 251; OLG Oldenburg MDR **1988** 1071; OLG Bamberg NStE Nr. 43 zu § 57; *Gribbohm* LK[11] § 57 Rdn. 5.
26 Vgl. OLG Oldenburg MDR **1988** 1071; OLG Karlsruhe Die Justiz **1978** 147; *Frank* NJW **1978** 141, 143.
27 OLG Bremen NJW **1975** 1524, 1525; OLG Koblenz NStZ **1995** 254; *Fischer* § 40 Rdn. 25; *Schäfer/Sander/van Gemmeren* Strafzumessung Rdn. 137; E-EGStGB BTDrucks. 7/550 S. 311; **aA** *Wolters* SK § 40 Rdn. 18, § 43 Rdn. 3.
28 *Horstkotte, Dreher, Sturm* (Prot. V S. 2174 ff, 2190).

der Strafe sei der Umrechnungsmaßstab bedenklich, da die Ersatzfreiheitsstrafe Strafe sei, die dem Unrechtsgehalt der Tat und der Schuld des Täters entsprechen müsse und sich vom gerechten Schuldausgleich weder nach oben noch nach unten inhaltlich lösen dürfe. Ebensowenig wie der Präventionszweck die gerechte (scil. schuldangemessene) Strafe überschreiten dürfe, dürfe dies bei der Ersatzfreiheitsstrafe der – mehr oder weniger ausgesprochene – „Erzwingungszweck" tun.[29]

7 Diese Bedenken können nicht geteilt werden. Folgt man – anders als hier – der Auffassung, dass bereits bei der Bemessung der Anzahl der Tagessätze der Geldstrafe auf die Schuldangemessenheit der potentiell zu vollstreckenden Ersatzfreiheitsstrafe abzustellen ist,[30] besteht bereits kein Problem. Aber auch nach der hier vertretenen Auffassung, dass die Geldstrafe autonom zuzumessen ist, ist gegen den gesetzlichen Umrechnungsmaßstab von 1:1 nichts zu erinnern. Da die Ersatzfreiheitsstrafe die repressive und präventive Wirksamkeit der Geldstrafe absichern soll, muss die mit ihr verbundene Vollstreckungsandrohung im Interesse der effektiven Durchsetzung des staatlichen Strafanspruchs nachhaltig sein. Wie *Fischer* zutreffend ausführt, gibt es auch keinen Umrechnungsmaßstab, bei dem der „wertmäßige" Vergleich von Geldstrafe und Freiheitsentzug in jedem Einzelfall befriedigen wird.[31] Soweit die Möglichkeit besteht, die Vollstreckung der Ersatzfreiheitstrafe durch freie Arbeit abzuwenden (hierzu Rdn. 11, 12), ist im Übrigen der übliche Anrechnungsmaßstab von sechs Stunden freier Arbeit auf einen Tag Ersatzfreiheitsstrafe großzügig bemessen; zahlreiche scheinbare Härten der 1:1-Umrechnung lösen sich so auf.[32]

V. Das Mindestmaß der Ersatzfreiheitsstrafe ist ein Tag

8 Damit ist gesetzlich klargestellt, dass das **Mindestmaß** des § 38 Abs. 2 von einem Monat für die *Ersatz*freiheitsstrafe nicht gilt und dass sie auch noch vollstreckt werden kann, wenn der Verurteilte von der Mindestzahl von fünf Tagessätzen vier gezahlt hat.[33] Die Vollstreckung eines Geldstrafenteilbetrages, der keinem vollen Tag Freiheitsstrafe entspricht, darf nicht angeordnet werden. Das ist ausdrücklich in § 459e Abs. 3 StPO ausgesprochen. Ein solcher Teilbetrag bleibt aber gleichwohl geschuldet (§ 50 Abs. 2 Satz 2 StVollstrO) und dessen Beitreibung ist bis zum Eintritt der Vollstreckungsverjährung zu versuchen. Gegen dieses Mindestmaß der Ersatzfreiheitsstrafe können im Grundsatz keine Einwendungen erhoben werden, da das Druckmittel der Ersatzfreiheitsstrafe auch für Restgeldstrafen erhalten bleiben muss.

8a Das **Höchstmaß** der Ersatzfreiheitsstrafe ergibt sich aus § 43 Satz 2 in Verbindung mit § 40 Abs. 1 Satz 2 und § 54 Abs. 2 Satz 2 (360 und im Falle einer Gesamtstrafe 720 Tage).

---

29 *Häger* LK[12] Rdn. 6; *Tröndle* ZStW **86** (1974) 545, 575 ff, ÖJZ **1975** 589, 598f und JR **1976** 162, 163; *Albrecht* NK Rdn. 6; *Bruns* JR **1986** 71, 73; *Grebing* ZStW **88** (1976) 1049, 1111; *Jescheck* SchwZStr. **1975** 36 und Würtenberger-FS S. 257, 269 f; *Schall* NStZ **1985** 104, 106; *Schott* JR **2003** 315; *Seebode* FS Böhm 519, 528 f; *Weber* GedS Schröder 175, 184 f; *Zipf* JuS **1974** 137, 141.

30 BGHSt 27, 70; *Fischer* § 40 Rdn. 3; *Sch/Schröder/Kinzig* Rdn. 4.

31 *Fischer* Rdn. 4b.

32 *Fischer* Rdn. 4b; *Horn* JR **1977** 95, 100, ZStW **87** (1977) 547, 564 f; *Vogler* JR **1978** 353, 355; *von Heintschel-Heinegg* BeckOK Rdn. 4; vgl. auch *Sch/Schröder/Kinzig* § 40 Rdn. 4 sowie OLG Hamm JMBlNW **1983** 29, einen etwaigen im 1 : 1-Umrechnungsmaßstab liegenden Verstoß gegen die Grundsätze des Schuldstrafrechts verneinend.

33 Zweiter Schriftlicher Bericht BTDrucks. V 4095 S. 22; *Fischer* Rdn. 5; *Lackner/Kühl/Kühl* Rdn. 2; *Sch/Schröder/Kinzig* Rdn. 5.

VI. Vollstreckungsrecht

1. Die Vollstreckung der Ersatzfreiheitsstrafe setzt voraus, dass die **Geldstrafe uneinbringlich** ist (vgl. § 459e Abs. 2 StPO). Der Verurteilte kann also nicht wählen, ob er freiwillig zahlen oder die Ersatzfreiheitsstrafe verbüßen will. Zahlt er nicht freiwillig, so ist zunächst einmal die *Vollstreckung der Geldstrafe* (Rdn. 10) zu versuchen, es sei denn, deren Vollstreckung unterbleibt, weil zu erwarten ist, dass sie in absehbarer Zeit zu keinem Erfolg führt (§ 459c Abs. 2 StPO). 9

2. Für die **Vollstreckung der Geldstrafe**, die nicht schon durch Anrechnung der Untersuchungshaft erledigt ist (§ 51 Abs. 2 Satz 1), sind die §§ 459ff StPO, §§ 48, 49 Strafvollstreckungsordnung (StVollstrO) und im Einzelnen die Justizbeitreibungsordnung (JBeitrO) sowie die Einforderungs- und Beitreibungsanordnung (EBAO)[34] maßgebend. Vollstreckungsbehörde ist grundsätzlich die Staatsanwaltschaft (§ 451 StPO; zu den Einzelheiten vor § 40 Rdn. 61; allgemein zur Vollstreckung der Geldstrafe vor § 40 Rdn. 21 bis 24). Zuständig ist nach § 31 Abs. 2 RpflG der Rechtspfleger, der die ihm übertragenen Sachen in bestimmten Einzelfällen dem Staatsanwalt vorlegen muss bzw. kann (§ 31 Abs. 2a bis 2c RPflG). Nach Eintritt der Fälligkeit (das ist nach Eintritt der Rechtskraft, soweit nicht bereits das erkennende Gericht Zahlungserleichterungen nach § 42 bewilligt hat)[35] hat der Verurteilte zunächst eine *Schonfrist* von zwei Wochen(§ 459c Abs. 1 StPO), damit er sich die erforderlichen Geldmittel beschaffen oder sich bei der Vollstreckungsbehörde um Zahlungserleichterungen (§ 42) bemühen kann. Vor Ablauf dieser Schonfrist darf die Geldstrafe beigetrieben werden, wenn aufgrund bestimmter Tatsachen erkennbar ist, dass sich der Verurteilte der Zahlung entziehen will (§ 459c Abs. 1 StPO). Das ist etwa dann der Fall, wenn er sich anschickt, auszuwandern oder sein pfändbares Vermögen ins Ausland zu bringen. Nach Ablauf der Schonfrist wird die Geldstrafe nach § 6 JBeitrO, §§ 8ff EBAO beigetrieben. Ganz ausnahmsweise kann auch für die Vollstreckung einer Geldstrafe Strafaufschub nach § 456 StPO gewährt werden,[36] nicht jedoch für die Vollstreckung der Ersatzfreiheitsstrafe, da hierfür die besondere Vorschrift des § 459f StPO (Rdn. 17) gilt (OLG Schleswig SchlHA **1976** 13). Die Beitreibung der Geldstrafe unterbleibt jedoch, wenn aufgrund vorliegender Informationen, wie etwa Mitteilungen der Gerichtskasse (§ 8 EBAO) oder Berichten der Gerichtshilfe (§ 463d StPO) zu erwarten ist, dass sie in absehbarer Zeit zu keinem Erfolg führen wird (§ 459c Abs. 2 StPO). Das ist der Fall, wenn der Verurteilte gerade die Erklärung nach § 807 ZPO abgegeben hat, er sich im Insolvenzverfahren befindet (vgl. § 39 Abs. 1 Nr. 3 InsO) oder sein Arbeitseinkommen die Pfändungsgrenze nach § 850c ZPO (vgl. § 459 StPO, § 6 JBeitrO) nicht übersteigt. Der Rechtspfleger muss hierbei nicht prüfen, ob die Nichtzahlung aufgrund einer „verschuldeten" oder einer „unverschuldeten" Notlage eingetreten ist; es reicht die bloße Nichtzahlung.[37] Der Sinn dieser Unterbleibensanordnung liegt in ihrem Vereinfachungseffekt: Sie gibt den Weg für die alsbaldige Vollstreckung der Ersatzfreiheitsstrafe (§ 459e StPO) frei, ohne dass längere und wenig erfolgversprechende Beitreibungsversuche unternommen werden müssen. Einen ganz anderen Sinn und Zweck hat die Unterbleibensanordnung nach § 459d StPO. Sie modifiziert den § 41 für das Vollstreckungsverfahren um der Resozialisierung des Verurteilten willen und führt im Ergebnis eine Korrektur der 10

---

34 Nachweise der letzten Fassungen und Kommentierungen von StVollstrO, JBeitrO und EBAO vor § 40 Rdn. 23 Fn. 32 bis 32b.

35 Hierzu *Meyer-Goßner/Schmitt* § 459c Rdn. 2.

36 *Meyer-Goßner/Schmitt* § 456 Rdn. 2; OLG Schleswig SchlHA **1976** 13.

37 *Janssen* Die Praxis der Geldstrafenvollstreckung (1994) S. 38.

Entscheidung des erkennenden Gerichts herbei (§ 41 Rdn. 27). Eine Anordnung nach § 459d Abs. 1 StPO steht der Vollstreckung der Ersatzfreiheitsstrafe gerade entgegen (§ 459e Abs. 4 StPO). Das Gesetz (§ 459c Abs. 3 StPO) verbietet, anders als das frühere Recht (§ 30 a.F.), die Vollstreckung in den Nachlass.

11 **3.** Art. 293 EGStGB ermächtigt – entsprechend der früheren Regelung des § 28b – die Landesregierungen, durch Rechtsverordnungen Regelungen zu treffen, wonach die Vollstreckungsbehörde dem Verurteilten gestatten kann, die uneinbringliche **Geldstrafe durch freie Arbeit zu tilgen.** Die Landesregierung kann die Ermächtigung durch Rechtsverordnung auf die Landesjustizverwaltung übertragen. Eine umfassende bundesrechtliche Regelung war nicht beabsichtigt (Bundesregierung BTDrucks. 10/5828 S. 5). Bemühungen um eine partielle bundesrechtliche Gestaltung (SPD-Entwurf BTDrucks. 13/4462; Bundesrats-Entwurf BTDrucks. 14/762) scheiterten (vgl. *Böhm* ZRP **1998** 360).

12 **a)** In allen Bundesländern bestehen entsprechende Vorschriften zur Tilgung uneinbringlicher Geldstrafen durch Ableistung gemeinnütziger Arbeit. Im Einzelnen wurden folgende **Regelungen** erlassen:

12a Baden-Württemberg: Verordnung des Justizministeriums über die Abwendung der Vollstreckung von Ersatzfreiheitsstrafen durch freie Arbeit vom 30. Juni 2009 (GBl. **2009** 338); Berlin: Verordnung über die Abwendung der Vollstreckung von Ersatzfreiheitsstrafen durch freie Arbeit vom 14. April 2000 (GVBl. **2000** 306); Brandenburg: Verordnung über die Abwendung der Vollstreckung einer Ersatzfreiheitsstrafe durch freie Arbeit vom 19. Juni 2000 (GVBl. **2000** 226), geändert durch Verordnung vom 9. Februar 2016 (GVBl. **2016** 16); Bremen: Verordnung über die Tilgung uneinbringlicher Geldstrafen durch freie Arbeit vom 6. Dezember 2013 (GBl. **2013** 686); Hamburg: Verordnung über die Tilgung uneinbringlicher Geldstrafen durch gemeinnützige Arbeit vom 11. Dezember 2012 (GVBl. **2012** 521); Hessen: Verordnung über die Tilgung von Geldstrafen durch freie Arbeit vom 24. Januar 1997 (GVBl. **1997** 17), geändert durch Verordnung vom 1. März 2015 (GVBl. **2015** 124); Mecklenburg-Vorpommern: Verordnung über die Abwendung der Vollstreckung einer Ersatzfreiheitsstrafe durch freie Arbeit vom 23. Februar 1993 (GVBl. **1993** 172), geändert durch Verordnung vom 6. Mai 2005 (GVBl. **2005** 194); Niedersachsen: Verordnung über die Abwendung der Vollstreckung von Ersatzfreiheitsstrafe durch freie Arbeit vom 19. April 1996 (GVBl. **1996** 215); Nordrhein-Westfalen: Verordnung über die Tilgung uneinbringlicher Geldstrafen durch freie Arbeit vom 7. Dezember 2010 (GVBl. **2010** 663), geändert durch Verordnung vom 24. September 2014 (GVBl. **2014** 647); Rheinland-Pfalz: Landesverordnung über die Abwendung der Vollstreckung von Ersatzfreiheitsstrafen durch freie Arbeit vom 6. Juni 1988 (GVBl. **1988** 110); Saarland: Verordnung über die Abwendung der Vollstreckung von Ersatzfreiheitsstrafen durch freie Tätigkeit vom 21. Juli 1986 (ABl. **1986** 632), geändert durch Verordnung vom 24. Januar 2006 (ABl. **2006** 174)); Sachsen: Verordnung des Sächsischen Staatsministeriums der Justiz und für Europa über die Abwendung der Vollstreckung einer Ersatzfreiheitsstrafe durch Arbeit vom 8. Januar 2014 (SächsGVBl. **2014** 14); Sachsen-Anhalt: Verordnung über die Abwendung der Vollstreckung von Ersatzfreiheitsstrafe durch freie Arbeit vom 21. September 1993 (GVBl. **1993** 564); Schleswig-Holstein: Landesverordnung über die Abwendung der Vollstreckung von Ersatzfreiheitsstrafen durch freie Arbeit vom 12. Februar 1993 (GVBl. **1993** 129), zuletzt geändert durch Gesetz vom 15. Juni 2004 (GVBl. **2004** 153); Thüringen: Verordnung über die Tilgung uneinbringlicher Geldstrafen durch freie Arbeit vom 19. Januar 1993 (GVBl. **1993** 146).

12b Diese Verordnungen der Länder sind im Wesentlichen inhaltsgleich. Danach kann dem Verurteilten auf Antrag gestattet werden, die Vollstreckung einer Ersatzfreiheitsstrafe durch freie Arbeit – d.h. gemeinnützige und unentgeltliche Tätigkeit – abzuwenden. Bei Anordnung der Ersatzfreiheitsstrafe hat die Vollstreckungsbehörde den Verurteilten auf diese Möglichkeit der Vollstreckungsabwendung hinzuweisen. Der Anrechnungsmaßstab für die Tilgung eines Tages Ersatzfreiheitsstrafe beträgt in den meisten Ländern regelmäßig sechs Stunden freie Arbeit. In Ausnahmefällen kann er insbesondere mit Rücksicht auf Inhalt und Umstände der Tätigkeit oder auf die persönlichen Verhältnisse des Verurteilten bis auf drei Stunden reduziert werden. In Baden-Württemberg liegt der Anrechnungsmaßstab bei vier Stunden, in Sachsen bei fünf Stunden. Nur tatsächlich geleistete Arbeit wirkt tilgend: Schlechtleistung, Nichtantritt der Arbeit oder unentschuldigtes Fernbleiben führen zum Widerruf der Gestattung. Bleibt der Verurteilte der Arbeit fern, wird die versäumte Arbeitszeit auch dann nicht auf die Gesamtarbeitszeit angerechnet, wenn das Fernbleiben entschuldigt ist. Es ist weder von Verfassungs wegen[38] noch sonst zu beanstanden, wenn gesetzliche Feiertage und Tage der Krankheit des Verurteilten nicht als die Ersatzfreiheitsstrafe erledigende freie Arbeit angesehen werden. Solange dem Verurteilten die Tilgung der Geldstrafe durch freie Arbeit gestattet oder über seinen Antrag noch nicht entschieden ist, wird die Ersatzfreiheitsstrafe nicht vollstreckt. Sobald der Verurteilte der Vollstreckungsbehörde nachweist, dass er die erforderliche Stundenzahl freier Arbeit geleistet hat, ist die Geldstrafe getilgt. Der Verurteilte kann die freie Arbeit jederzeit durch Zahlung der verbleibenden Geldstrafe beenden.

In Bayern (Bayerische Gnadenordnung vom 29. Mai 2006, GVBl. **2006** 321) besteht **12c** die Besonderheit, dass die Leitenden Oberstaatsanwälte bei den Landgerichten ermächtigt sind, *im Gnadenwege* die Leistung gemeinnütziger Arbeit auf uneinbringliche Geldstrafen anzurechnen. Der Anrechnungsmaßstab beträgt sechs Stunden.

Nachdem der Versuch einer bundesweiten Vereinheitlichung des Anrechnungsmaß- **12d** stabs durch den Entwurf eines „Gesetzes zur Reform des Sanktionsrechts" (Maßstab: drei Stunden) gescheitert ist, besteht die unbefriedigende Situation einer je nach Land unterschiedlichen Anrechnung.[39]

b) Die Tilgung einer uneinbringlichen Geldstrafe durch die Ableistung gemeinnützi- **13** ger Arbeit kann **nicht** als **Zwangsarbeit im Sinne des Art. 12 Abs. 2, 3 GG** angesehen werden.[40] Die Abarbeitung der Geldstrafe, die der Vollstreckung der Ersatzfreiheitsstrafe vorgeschaltet ist,[41] erfolgt auf freiwilliger Basis. Sie setzt regelmäßig einen Antrag – und damit die Einwilligung – des Geldstrafenschuldners voraus, die Geldstrafe durch Arbeitsleistungen zu tilgen. Insoweit bestehen keine verfassungsrechtlichen Bedenken.[42]

c) Die gemeinnützige Arbeit hat einen begrenzten, aber nicht unbeachtlichen **An- 14** **wendungsbereich** gewonnen. Von den uneinbringlichen Geldstrafen werden ca. 8% durch freie Arbeit erledigt.[43] Das Spektrum der Einsatzstellen reicht nach den entsprechenden Berichten – über Gartenbauämter, Förstereien und Tierheime hinaus – gar bis zu Altenpflege- und Behinderteneinrichtungen, Kindergärten, Jugendzentren, Museen

38 BVerfG – Kammer-Beschluss v. 29. Januar 1992 – 2 BvR 1266/91 –.
39 In diesem Sinne auch *Radtke* MK Rdn. 4.
40 *Blau* GedS H.-Kaufmann 206; **aA** *Köhler* GA **1987** 145 f, der von „Zwangsarbeitsstrafe" spricht.
41 *Schall* NStZ **1985** 108.
42 *Mrozynski* JR **1987** 272, 274; *Schall* NStZ **1985** 106; Entscheidungen des Bundesverfassungsgerichts zur Vereinbarkeit von Verpflichtungen zu Arbeitsleistungen mit dem Grundgesetz, insbesondere mit Art. 12 Abs. 2, 3 GG, liegen bisher nur für die Arbeitsweisung des § 10 Abs. 1 Satz 3 Nr. 4 JGG (BVerfGE **77** 102) und für die Arbeitsauflage des § 56 b Abs. 2 Nr. 3 (BVerfGE **83** 119) vor.
43 *Villmow/Sessar/Vonhoff* KrimJournal **1993** 217; *Feuerhelm* BewHi **1993** 200; *Dölling* ZStW **104** (1992) 275.

und Feuerwehren. Bei der Auswahl wird auch darauf geachtet, dass der Arbeitsmarkt nicht belastet wird und nur solche Arbeiten zugeteilt werden, die zwar nützlich und aus sozialer Sicht erforderlich sind, aber ansonsten nicht erledigt würden.[44] Die Akzeptanz der gemeinnützigen Arbeit als Erledigungsform ist bei mittelschweren Sanktionen (zwischen 41 und 50 Tagessätzen) am größten. Bei leichteren und schweren Strafen hat die Abarbeitung der Geldstrafe eine geringere Bedeutung.[45]

15 **d)** Die **Bewertung** der Regelung, ihrer Tragweite und ihres Erfolges kann nicht ungeteilt erfolgen. Das seit Beginn des 20. Jahrhunderts befürwortete[46] und seit den 1980er Jahren immer breiter eingesetzte Instrument hat sich als geeignet erwiesen, in erheblichem Umfang Ersatzfreiheitsstrafen abzuwenden und den Strafvollzug zu entlasten.[47] So wurden im Rahmen des in Baden-Württemberg 2008 landesweit eingeführten und von justiznahen Trägern durchgeführten Programms „Schwitzen statt Sitzen" allein im Jahr 2017 unter Einsparung von 15 Millionen Euro über 166000 Hafttage vermieden.[48] Trotz des Erfolgs darf jedoch nicht verkannt werden, dass das Instrument häufig an praktische Grenzen stößt. So besteht eine deutliche Diskrepanz zwischen den Anforderungen, die an taugliche Hilfskräfte für sozial sinnvolle Arbeit im weitesten Sinne zu stellen sind, einerseits und dem Profil möglicher Leistungen der in Betracht kommenden Verurteilten andererseits.[49] Letztere werden eher selten Arbeitslust, wenigstens Verläßlichkeit, gar besondere Eignung für die Tätigkeit mitbringen. Zusätzlich wirkt sich auch hier die Verfehltheit der Höhe eines Tagessatzes von etwa nur 1 Euro oder wenig darüber (vgl. vor § 40 Rdn. 12, § 40 Rdn. 16) aus: Wer sollte motiviert sein, „einen ganzen Tag" für 1 Euro oder etwas mehr zu arbeiten, auch wenn nach den landesrechtlichen Vorschriften ein Arbeitstag regelmäßig nur sechs, manchmal gar nur drei Arbeitsstunden dauert? Schließlich verbleibt ein Restbestand von Verurteilten, die nach ihren persönlichen Fähigkeiten und ihrer Lebensgestaltung nicht einmal imstande sind, ein noch so entgegenkommendes Angebot zu nutzen. Schließlich kann der hohe Verwaltungs-, Vermittlungs- und Kontrollaufwand nur bei dauerhaft angemessener personeller und finanzieller Ausstattung der Programme geleistet werden.

15a Abschließend ist zur Klarstellung zu betonen: Die hier erörterte Tilgung von uneinbringlichen Geldstrafen durch freie Arbeit ist, wenngleich häufig mit dem folgenden vermengt erörtert, von der Idee zu trennen, etwa die gemeinnützige Arbeit als selbständige strafrechtliche Sanktion einzuführen (vgl. dazu vor § 38 Rdn. 74 und 78; zur Rechtsvergleichung *Albrecht/Schädler*, Hrsg., Community Service, 1986).

16 **4.** Die Vollstreckungsbehörde (vor § 40 Rdn. 61) ordnet die **Vollstreckung der Ersatzfreiheitsstrafe** an, wenn der Verurteilte die Geldstrafe nicht entrichtet oder sie nicht beigetrieben werden kann oder ihre Vollstreckung nach § 459c Abs. 2 StPO unterbleibt (§ 459e Abs. 2 StPO). Zu vollstrecken ist immer nur die Ersatzfreiheitsstrafe, die dem uneinbringlichen Teil der Geldstrafe entspricht. Auch nach Beginn der Vollstreckung der Ersatzfreiheitsstrafe kann der Verurteilte die weitere Vollstreckung der Ersatzfreiheitsstrafe durch (Teil-)Zahlung abwenden. Denn trotz Anordnung der Ersatzfreiheitsstrafe

44 *Blau* GedS H.-Kaufmann 199.
45 *Feuerhelm* BewHi **1993** 202.
46 Zur Geschichte *Tröndle* LK[10] Rdn. 10 f.
47 *Eisenberg/Kölbel* Kriminologie § 33 Rdn. 17 f.
48 www.justiz.baden-wuerttemberg.de/pb/,Lde/Startseite/Themen/Schwitzen+statt+Sitzen, abgerufen am 1.6.2018.
49 Zu den Schwierigkeiten im Einzelnen *Eisenberg/Kölbel* Kriminologie § 33 Rdn. 17 ff.

handelt es sich der Sache nach immer um die Vollstreckung einer Geldstrafe.[50] Wegen Teilbeträgen, die keinem vollen Tag Ersatzfreiheitsstrafe entsprechen, darf die Vollstreckung der Ersatzfreiheitsstrafe nicht angeordnet oder fortgeführt werden (§ 459e Abs. 3, 4 StPO).

5. Ausnahmsweise kann *das Gericht* trotz Uneinbringlichkeit der Geldstrafe anordnen, dass die **Vollstreckung der Ersatzfreiheitsstrafe unterbleibt, wenn** für den Verurteilten die Vollstreckung der Ersatzfreiheitsstrafe eine **unbillige Härte** wäre (§ 459f StPO). Diese Entscheidung ergeht auf Antrag des Verurteilten oder auch auf Anregung der Vollstreckungsbehörde (§ 49 Abs. 2 StVollstrO), die vor einer Entscheidung nach § 459e StPO diese Frage zu prüfen hat. Aber selbst wenn eine Anordnung der Vollstreckungsbehörde nach § 459e Abs. 1 StPO ergangen ist, kann eine solche Anregung an das zuständige Gericht gegeben werden,[51] wenn Umstände, die eine „unbillige Härte" begründen, erst nachträglich bekannt werden. Die Anregung kann auch vom Vollstreckungsrechtspfleger ausgehen,[52] der sie, sofern er ihr zustimmt, über den sachbearbeitenden Staatsanwalt dem zuständigen Gericht vorlegt.[53] Die Vollstreckungsbehörde ist – abweichend von der Anordnung eines Vollstreckungsaufschubes für die Geldstrafe nach § 456 StPO – nicht befugt, eine Unterbleibensanordnung nach § 459f StPO zu treffen, sondern allein das zuständige Gericht, d.h. entweder das Gericht des ersten Rechtszuges (§ 462a Abs. 2 StPO) oder, falls der Vollzug der Ersatzfreiheitsstrafe bereits im Gange ist oder der Verurteilte in anderer Sache in Strafhaft einsitzt, die Strafvollstreckungskammer (§ 462a Abs. 1 StPO).[54] Die Staatsanwaltschaft – und zwar als Strafverfolgungs-, nicht als Strafvollstreckungsbehörde[55] – sowie der Verurteilte sind vor der Entscheidung zu hören. Die Vollstreckungsbehörde darf hinsichtlich der Vollstreckung der Ersatzfreiheitsstrafe keinen Aufschub nach § 456 StPO gewähren, da § 459f StPO als lex specialis der Vorschrift des § 456 StPO vorgeht.[56] 17

a) Für das Vorliegen einer **unbilligen Härte** genügt – in sachlicher Übereinstimmung mit der Auslegung des (anders formulierten) früheren § 29 Abs. 4 a.F.[57] – nicht der Nachweis, dass der Verurteilte – wenn auch schuldlos – ohne Mittel für die Bezahlung der Geldstrafe ist.[58] Auch die Anordnung der Ersatzfreiheitsstrafe nach Eröffnung des Insolvenzverfahrens ist keine unbillige Härte.[59] Vielmehr liegt eine „unbillige Härte" im Sinne dieser Vorschrift nur dann vor, wenn die Vollstreckung der Ersatzfreiheitsstrafe eine *außerhalb des Strafzwecks liegende zusätzliche Härte* bedeuten würde. Die Bestim- 18

---

50 OLG Schleswig SchlHA **1976** 13; *Fischer* Rdn. 8.
51 *Meyer-Goßner/Schmitt* § 459f Rdn. 1.
52 *Meyer-Goßner/Schmitt* § 459f Rdn. 1; *Pohlmann* Rpfleger **1970** 265.
53 *Löwe/Rosenberg/Graalmann-Scheerer* § 459 f Rdn. 7.
54 Vgl. BGHSt **30** 223, 224; BGH Beschluß vom 3. August 1979 – 2 ARs 213/79 –; OLG Hamburg JR **1976** 519 m. abl. Anm. *Peters*; *Meyer-Goßner/Schmitt* § 45h Rdn. 4; *Appl* KK § 459 h Rdn. 5.
55 *Bringewat* Strafvollstreckung § 462 Rdn. 4; *Appl* KK § 462 Rdn. 3, § 459 d Rdn. 8; *Janssen* Die Praxis der Geldstrafenvollstreckung (1994) S. 41; *Katholnigg* NStZ **1982** 195; *Meyer-Goßner/Schmitt* § 462 Rdn. 2; *Löwe/Rosenberg/Graalmann-Scheerer* § 462 Rdn. 4.
56 *Appl* KK § 456 Rdn. 3; *Meyer-Goßner/Schmitt* § 456 Rdn. 2; KMR/*Stöckel* § 456 Rdn. 3; *von Selle* NStZ 1990 119.
57 Vgl. OLG Hamm JZ **1951** 518; BayObLG NJW **1955** 1644; ferner zur Auslegung des § 29 Abs. 4 a.F. *Tröndle* LK^9 § 29 Rdn. 23 ff.
58 BVerfG NJW 2006, 3626; BGHSt **27** 90, 93; OLG Jena NStZ-RR **2006** 286; LG Aachen JurBüro **1990** 1204; *Dölling* NStZ **1981** 89; KMR/*Stöckel* § 459 f Rdn. 2; *Schädler* ZRP **1983** 7; **aA** *Köhler* GA **1987** 161; *von Selle* NStZ **1990** 118 f; *Schäfer/Sander/van Gemmeren* Rdn. 138.
59 BVerfG NJW 2006, 3626.

mung ist daher ihrem Wortlaut entsprechend eng auszulegen. Die Vollstreckung der Ersatzfreiheitsstrafe ist die regelmäßige Folge der Uneinbringlichkeit der Geldstrafe (BGHSt **27** 90, 93).[60] § 459f StPO sollte nur zum Zuge kommen, wenn es offensichtlich ist, dass äußerste Anstrengung des Verurteilten (zusätzlicher Nebenverdienst, eiserne Sparsamkeit) es ihm nicht ermöglichen, ratenweise Mittel für die Geldstrafe aufzubringen, *und* eine günstige Prognose die Annahme rechtfertigt, dass schon die Verhängung der Geldstrafe Strafwirkung erzielt hat.[61] Ein solcher Fall kann etwa bei einer Hausfrau vorliegen, die kleine Kinder zu versorgen hat und ohne eigene Mittel ist, im Übrigen meist nur dann, wenn *nach* der Verurteilung Umstände eingetreten sind[62] (etwa Krankheit, unverschuldeter Verlust des Arbeitsplatzes oder Aufnahme eines drogenabhängigen Verurteil-ten in eine Therapieeinrichtung),[63] die die Zahlung der Geldstrafe – auch in Raten – unmöglich machen. Diese relative Strenge bei der Anwendung dieser Vorschrift rechtfertigt sich daraus, dass zum einen niemand allein wegen seiner Mittellosigkeit mit Freiheitsstrafe belegt werden darf (vor § 40 Rdn. 48), es aber zum andern ebenso wenig gerechtfertigt wäre, wegen (verschuldeter oder unverschuldeter) Vermögenslosigkeit von der Verhängung einer (Geld-) Strafe überhaupt abzusehen (vgl. BGHSt **27** 94). Völlige Mittellosigkeit darf eben nicht zum Freibrief für Taten werden, die nur mit Geldstrafe zu ahnden sind.[64] Bei der Entscheidung nach § 459f StPO ist stets eine Gesamtwürdigung aller Umstände des Einzelfalles geboten,[65] wobei der günstigen Sozialprognose ein entscheidendes Gewicht für die Gewährung dieser Rechtswohltat zukommt. Sie wird in der Regel zu versagen sein, wenn der Verurteilte die Zahlungsunfähigkeit verschuldet hat[66] oder Anstrengungen unterlässt, sie abzuwenden oder durch Arbeit oder eine sinnvolle Tätigkeit zu Geldmitteln zu kommen. Erfordert eine ungünstige Täterprognose eine nachhaltige Einwirkung auf den Verurteilten, um den Strafzweck zu erreichen, ist die Annahme einer unbilligen Härte ausgeschlossen.[67] Ist der Verurteilte im Hinblick auf die Verbüßung einer Freiheitsstrafe und der hierdurch herbeigeführten wirtschaftlichen Einbußen zahlungsunfähig, so ist zunächst zu prüfen, ob nicht nach § 459d StPO zu verfahren ist.

19 **b)** Ist eine „unbillige Härte" gegeben, dann hat das Gericht eine Anordnung nach § 459f zu treffen. Es liegt eine **Muss-Vorschrift** vor, das Gericht hat, falls die engen Voraussetzungen der Vorschrift vorliegen, keinen Ermessensspielraum.[68] In der Praxis wird von der Härtefallregelung des § 459f StPO allerdings nur sehr zurückhaltend Gebrauch gemacht.[69] Während es in den von *Albrecht*[70] untersuchten Fällen nicht ein einziges Mal

---

60 OLG Düsseldorf MDR **1983** 341; *Tröndle* ZStW **86** (1974) 570 unter Hinweis auf KrimGegenwFragen Heft 10 S. 142, MDR **1972** 467, ferner ÖJZ **1975** 598, *Fischer* Rdn. 10; *Meyer-Goßner/Schmitt* § 459 f Rdn. 2; *Radtke* MK Rdn. 16 bis 19; *Sch/Schröder/Kinzig* Rdn. 8; *Löwe/Rosenberg/Graalmann-Scheerer* § 459 f Rdn. 3 bis 6; einschränkend jedoch *Zipf* Einführung S. 74.

61 OLG Düsseldorf MDR **1985** 76; LG Frankfurt/M. StV **1983** 292; *Sch/Schröder/Kinzig* Rdn. 8.

62 Vgl. z.B. BayObLG NJW **1955** 1644.

63 OLG Karlsruhe NStZ-RR **2006** 287; LG Dortmund StV **1996** 218; *Patzak Körner/Patzak/Vollmer* BtMG[8] § 35 Rdn. 114.

64 *Löwe/Rosenberg/Graalmann-Scheerer* § 459 f Rdn. 5.

65 *Lackner/Kühl/Kühl* Rdn. 3; *Radtke* MK Rdn. 19.

66 *Tröndle/Fischer* StGB[50] Rdn. 10.

67 BGHSt **27** 90, 93; OLG Düsseldorf MDR **1985** 76; *Appl* KK § 459 f Rdn. 2; *Meyer-Goßner/Schmitt* § 459 f Rdn. 2; *Löwe/Rosenberg/Graalmann-Scheerer* § 459 f Rdn. 6.

68 *Sch/Schröder/Kinzig* Rdn. 9; *Wolters* SK Rdn. 6; *Albrecht* NK Rdn. 11; *Radtke* MK Rdn. 19; *Löwe/Rosenberg/Graalmann-Scheerer* § 459 f Rdn. 1; *Appl* KK § 459 f Rdn. 2; BTDrucks. 7/550 S. 311.

69 *Von Selle* NStZ **1990** 118; *Bublies* BewHi **1992** 193.

70 *Albrecht* Strafzumessung und Vollstreckung bei Geldstrafen S. 252.

zur Anwendung von § 459f StPO kam, konnte *Feuerhelm*[71] in nur 0,1% der uneinbringlichen Geldstrafen eine Erledigung nach dieser Vorschrift feststellen. Eine Entscheidung nach § 459f StPO erlangt beschränkte materielle Rechtskraft. Anträge mit derselben Tatsachengrundlage können nicht wiederholt werden (BayObLG NJW **1955** 1644).[72] Auch wenn das Gericht eine Anordnung nach § 459f StPO abgelehnt hat, kann im *Gnadenwege* die Vollstreckung der Ersatzfreiheitsstrafe unter Bestehenlassen der Geldstrafe erlassen oder diese zur Bewährung ausgesetzt werden.[73]

c) Eine Anordnung nach § 459f StPO bewirkt keinen Erlass der Strafe, sondern lediglich einen **widerruflichen Aufschub der Vollstreckung der Ersatzfreiheitsstrafe.**[74] Sie ist eine richterliche Entscheidung innerhalb des Strafvollstreckungsverfahrens und kein Gnadenakt[75] (vgl. Rdn. 22). Sie lässt das Bestehen der Ersatzfreiheitsstrafe und der ihr zugrundeliegenden Geldstrafe unberührt. Bessern sich vor Eintritt der Vollstreckungsverjährung (§ 79 Abs. 3 Nr. 4, 5) die Verhältnisse des Verurteilten, so kann das Gericht seine Anordnung nach § 459f StPO *widerrufen*. Das hat zur Folge, dass das die Vollstreckung der Ersatzfreiheitsstrafe entgegenstehende Hindernis beseitigt ist. Ein solcher Widerruf wird nur angezeigt sein, wenn es im Hinblick auf die nachträgliche Änderung der Verhältnisse des Verurteilten nicht mehr als „unbillige Härte" erscheint, dass er die Ersatzfreiheitsstrafe verbüßt, es ihm z.B. inzwischen zum Verschulden gereicht, dass die Geldstrafe nicht beitreibbar ist.[76] 20

Aber auch *ohne Widerruf der gerichtlichen Anordnung nach § 459f StPO* ist die Vollstreckungsbehörde befugt, bis zum Ablauf der Vollstreckungsverjährung die Beitreibung der Geldstrafe erneut zu versuchen, wenn nach Erlass der gerichtlichen Anordnung neue Gesichtspunkte hervorgetreten sind, die es angezeigt erscheinen lassen, die Vollstreckung der Geldstrafe fortzusetzen. Das ist der Fall, wenn deutliche Anzeichen einer Besserung der wirtschaftlichen Verhältnisse des Verurteilten bekannt werden (§ 49 Abs. 2 Satz 2 StVollstrO).[77] Die Vollstreckungsbehörde hat dann – unbeschadet der Anordnung nach § 459f StPO – keinen Ermessensspielraum, ob sie die Beitreibung der Geldstrafe fortsetzen will, da die Vollstreckungsbehörde auch sonst zur Vollstreckung verpflichtet ist; wenn die gesetzlichen Voraussetzungen vorliegen.[78] 21

6. Schließlich kann die Ersatzfreiheitsstrafe im Wege der **Gnade** – nach den allgemeinen Regelungen und Grundsätzen des Gnadenrechts – erlassen werden (dazu ausführlich *Lüderssen* Böhm-Festschrift S. 553). 22

---

71 *Feuerhelm* Gemeinnützige Arbeit S. 69.
72 *Stöckel* KMR § 459 f Rdn. 6.
73 *Löwe/Rosenberg/Graalmann-Scheerer* § 459 f Rdn. 10; *Stöckel* KMR § 459 f Rdn. 1; *Birkhoff/Lemke* Gnadenrecht Rdn. 161.
74 *Löwe/Rosenberg/Graalmann-Scheerer* § 459 f Rdn. 8; *Meyer-Goßner/Schmitt* § 459 f Rdn. 3; *Appl* KK § 459 f Rdn. 3; KMR/*Stöckel* § 459 f Rdn. 6; *Janssen* Die Praxis der Geldstrafenvollstreckung (1994) S. 41; *von Selle* NStZ **1990** 118.
75 LG Kassel NJW **1954** 325; *Tröndle/Fischer* StGB[50] Rdn. 10; *H.W. Schmidt* MDR **1958** 135.
76 *Löwe/Rosenberg/Graalmann-Scheerer* § 459 f Rdn. 8; *Meyer-Goßner/Schmitt* § 459 f Rdn. 3; *Appl* KK § 459 f Rdn. 3; *Stöckel* KMR § 459 f Rdn. 6.
77 *Meyer-Goßner/Schmitt* § 459 f Rdn. 3; *Albrecht* NK Rdn. 11; *Janssen* Die Praxis der Geldstrafenvollstreckung (1994) S. 41.
78 *Löwe/Rosenberg/Graalmann-Scheerer* § 459 f Rdn. 9; *Olshausen-Niethammer* § 29 (a.F.) Anm. 18; *Heinrich* JW **1922** 282; *Wunderer* LZ **1922** 52; *Oetker* GS **91** 339.

VII. § 43 gilt nur für Geldstrafen

23 Die Ersatzfreiheitsstrafe ist echte Kriminalstrafe (Rdn. 3), **§ 43** gilt daher **nur für Geldstrafen** im Sinne des § 40. Auf die Einziehung (§§ 73ff), auf Ordnungsgeld (§§ 51, 77 StPO) oder Zwangsgeld (§ 888 ZPO) ist also § 43 nicht anwendbar.

§ 43a
Verhängung der Vermögensstrafe

Aufgehoben durch Gesetz vom 13.4.2017 mit Wirkung zum 1.7.2017, BGBl. I S. 872.

§ 44
Fahrverbot

(1) [1]Wird jemand wegen einer Straftat zu einer Freiheitsstrafe oder einer Geldstrafe verurteilt, so kann ihm das Gericht für die Dauer von einem Monat bis zu sechs Monaten verbieten, im Straßenverkehr Kraftfahrzeuge jeder oder einer bestimmten Art zu führen. [2]Auch wenn die Straftat nicht bei oder im Zusammenhang mit dem Führen eines Kraftfahrzeugs oder unter Verletzung der Pflichten eines Kraftfahrzeugführers begangen wurde, kommt die Anordnung eines Fahrverbots namentlich in Betracht, wenn sie zur Einwirkung auf den Täter oder zur Verteidigung der Rechtsordnung erforderlich erscheint oder hierdurch die Verhängung einer Freiheitsstrafe oder deren Vollstreckung vermieden werden kann. [3]Ein Fahrverbot ist in der Regel anzuordnen, wenn in den Fällen einer Verurteilung nach § 315c Abs. 1 Nr. 1 Buchstabe a, Abs. 3 oder § 316 die Entziehung der Fahrerlaubnis nach § 69 unterbleibt.

(2) [1]Das Fahrverbot wird wirksam, wenn der Führerschein nach Rechtskraft des Urteils in amtliche Verwahrung gelangt, spätestens jedoch mit Ablauf von einem Monat seit Eintritt der Rechtskraft. [2]Für seine Dauer werden von einer deutschen Behörde ausgestellte nationale und internationale Führerscheine amtlich verwahrt. [3]Dies gilt auch, wenn der Führerschein von einer Behörde eines Mitgliedstaates der Europäischen Union oder eines anderen Vertragsstaates des Abkommens über den Europäischen Wirtschaftsraum ausgestellt worden ist, sofern der Inhaber seinen ordentlichen Wohnsitz im Inland hat. 4In anderen ausländischen Führerscheinen wird das Fahrverbot vermerkt.

(3) [1]Ist ein Führerschein amtlich zu verwahren oder das Fahrverbot in einem ausländischen Führerschein zu vermerken, so wird die Verbotsfrist erst von dem Tage an gerechnet, an dem dies geschieht. [2]In die Verbotsfrist wird die Zeit nicht eingerechnet, in welcher der Täter auf behördliche Anordnung in einer Anstalt verwahrt worden ist.

(4) [1]Werden gegen den Täter mehrere Fahrverbote rechtskräftig verhängt, so sind die Verbotsfristen nacheinander zu berechnen. [2]Die Verbotsfrist auf Grund des früher wirksam gewordenen Fahrverbots läuft zuerst. [3]Werden Fahrverbote gleichzeitig wirksam, so läuft die Verbotsfrist auf Grund des früher angeordneten Fahrverbots zuerst, bei gleichzeitiger Anordnung ist die frühere Tat maßgebend.

https://doi.org/10.1515/9783110300499-009 | https://doi.org/10.1515/9783110300499-010

Schrifttum

a) Allgemein: *Albrecht* Sofortiges Fahrverbot bei extremen Geschwindigkeitsüberschreitungen? NZV **1998** 397; *Arndt* Beginn und Ende der Entziehung der Fahrerlaubnis und des Fahrverbots, SchlHA **1969** 10; *Baum* Fristbeginn bei Fahrverbot, Rpfleger **1992** 237; *Bode* Voraussetzungen des Fahrverbots, DAR **1970** 57; *Bouska* Der Einfluss eines Fahrerlaubnisentzuges auf die Vollstreckung des Fahrverbots nach § 25 StVG, Verkehrsdienst **1978** 99; *ders.* Die Bedeutung ausländischer Fahrerlaubnisse für das deutsche Fahrerlaubnisrecht, DAR **1983** 139; *ders.* Fahrverbot und internationaler Kraftfahrzeugverkehr, DAR **1995** 93; *ders.* Vorläufige (Teil-)Umsetzung der Führerscheinrichtlinie der Europäischen Union vom 29. Juli 1991, DAR **1996** 276; *Cramer Peter* Die Austauschbarkeit der Entziehung der Fahrerlaubnis gegen ein Fahrverbot, NJW **1968** 1764; *Cramer Steffen* Fahren trotz Fahrverbots – Verfassungswidrigkeit von § 21 Abs. 1 Nr. 1 StVG im Falle des § 44 StGB? DAR **1998** 464; *Cremer* Zur Durchführung des § 44 Abs. 3 Satz 3 StGB, NStZ **1993** 126; *Danner* Nochmals: Vollstreckung von Fahrverboten bei Führerscheinentzug, Verkehrsdienst **1978** 23; *Dencker* Die Auswirkungen von § 9 FeV auf § 69a Abs. 2 StGB und § 111a Abs. 1 Satz 2 StPO, DAR **2004** 54; *Dronkovic/Hanelt* Absehen vom Fahrverbot bei Teilnahme an Nachschulungsmaßnahmen und Nachschulungsmaßnahmen im Vergleich, DAR **2017** 750; *Feiertag* Das Fahren ohne Fahrerlaubnis oder trotz Fahrverbot nach § 21 StVG, DAR **2002** 150; *Gerhard* Anrechnung eines vorläufigen Fahrerlaubnisentzuges auf ein durch Urteil ausgesprochenes Fahrverbot, DAR **1978** 283; *Grasmüller* Fahrverbot und Entzug der Fahrerlaubnis, Blutalkohol **1979** 371; *Grohmann* Besondere Anrechnungs- und Berechnungsprobleme beim Fahrverbot, DAR **1988** 45; *Halecker* Das Merkmal der sog. „Zusammenhangstat" beim Fahrverbot (§ 44 Abs. 1 StGB) und der Entziehung der Fahrerlaubnis (§ 69 Abs. 1 StGB), Blutalkohol **2005** 93; *dies.* Der „Denkzettel" Fahrverbot Diss. jur. 2009; *Hartung* Zweites Gesetz zur Sicherung des Straßenverkehrs mit Gesetzesmaterialien und kurzen Anmerkungen (1965); *ders.* Das zweite Gesetz zur Sicherung des Straßenverkehrs, NJW **1965** 86; *Hentschel* Gesetzliche Pflicht zur Verhängung symbolischer Fahrverbote?, DAR **1978** 102; *ders.* Wann beginnt die Frist für das Fahrverbot nach §§ 44 StGB, 25 StVG, wenn amtliche Verwahrung eines Führerscheins aus rechtlichen oder tatsächlichen Gründen nicht möglich ist?, DAR **1988** 156; *Herlan/Schmidt-Leichner* Entziehung der Fahrerlaubnis und Fahrverbot durch Strafrichter und Verwaltungsbehörden (1972); *Hillebrand* Vollstreckung von Fahrverboten bei Fahrerlaubnisentzug, VD **1977** 321; *Kappus* Das Risiko Fahrverbot im Arbeitsverhältnis, DAR **2017** 754; *Karl* Anrechnung eines vorläufigen Fahrerlaubnisentzuges auf ein durch Urteil ausgesprochenes Fahrverbot, DAR **1987** 283; *ders.* Fahrverbote aufgrund verschiedener Verfahren, NJW **1987** 1063; *Klüsener* Fahrverbot und Entzug der Fahrerlaubnis – Darf man ein Mofa führen, DAR **1991** 115; *Koch* Zum Fristbeginn beim Fahrverbot, DAR **1966** 343; *König* Das strafgerichtliche Fahrverbot neuer Prägung, DAR **2018** 604; *Königbauer/Birner* Fristbeginn beim Fahrverbot, Rpfleger **1991** 491; *Krumm* Fahrverbot und Fahrerlaubnisentziehung bei langer Verfahrensdauer, NJW **2004** 1627; *ders.* Nochmals: Zur Frage des Fahrverbots nach langer Verfahrensdauer, NZV **2005** 449; *Kulemeier* Fahrverbot nach § 44 StGB und Entzug der Fahrerlaubnis nach §§ 69ff StGB (**1991**); *Lackner* Das zweite Gesetz zur Sicherung des Straßenverkehrs, JZ **1965** 92; *Maatz* Anrechnung der Dauer einer vorläufigen Entziehung der Fahrerlaubnis auf das Fahrverbot (§§ 44 Abs. 1 und 3, 51 Abs. 5 StGB, 111a StPO), StV **1988** 84; *Martzloff* Vollstreckung eines gerichtlichen Fahrverbots bei gleichzeitiger behördlicher Entziehung der Fahrerlaubnis, DÖV **1985** 233; *Metzger* Fahrverbot nach zwei Jahren – Zur Frage des Fahrverbots nach langer Verfahrensdauer, NZV **2005** 178; *D. Meyer* Erhöhung des Tagessatzes als „Ausgleich" für den Wegfall eines an sich gebotenen Fahrverbots in der Rechtsmittelinstanz?, DAR **1981** 33; *J. Meyer* Beschlagnahme ausländischer Führerscheine, MDR **1992** 442; *Molketin* Fahrverbot wegen fahrlässiger Tötung im Straßenverkehr – stets eine Notwendigkeit? MDR **1982** 896; *ders.* Anwendung von § 44 Abs. 1, 69 Abs. 1 StGB nur bei „Zusammenhangstaten" im öffentlichen Straßenverkehr? DAR **1999** 536; *derselbe* Fahrverbot (§ 44 StGB) nur bei erheblichen Anlasstaten? NZV **2001** 411; *Mollenkott* Ausnahmen vom Entzug der Fahrerlaubnis und beim Fahrverbot, DAR **1982** 217; *Mürbe* Vollstreckungsaufschub und Vollstreckungsunterbrechung bei der Anordnung eines Fahrverbots? DAR **1983** 45; *ders.* Fahrverbot und Wiedereinsetzung, JR **1981** 1; *Nettesheim* Führerscheinentzug und Fahrverbot bei DDR-Führerscheinen nach Vollendung der Deutschen Einheit, DtZ **1991** 363; *Nissen/Schäpe* Führerscheinmaßnahmen in Deutschland – Fahren im Ausland?, DAR **2010** 3 mit Fortschreibung DAR **2017** 757; *Nüse* Die neuen Vorschriften zur Sicherung des Straßenverkehrs, JR **1965** 41; *Piesker* Fahrverbot statt Entziehung der Fahrerlaubnis auch bei Trunkenheitsdelikten und anderen Katalogtaten des § 69 Abs. 2 StGB, NZV **2002** 297; *Plank* Das Fahrverbot nach § 44 StGB und die Verwarnung mit Strafvorbehalt nach § 59 StGB, Diss. Kiel 1990; *Pohlmann* Das Fahrverbot in vollstreckungsrechtlicher Hinsicht, Rpfleger **1965** 73; *Schäpe* Probleme der Praxis bei der Vollstreckung von Fahrverboten, DAR **1998** 10; *Schöch* Zur Auslegung und Anwendung des neuen § 44 StGB, NStZ **2018** 15; *ders.* Fahrverbot für alle Straftaten – ein kriminalpolitischer Paradigmenwechsel, Festschrift Rengier (**2018**) S. 657; *U. Schulz* Wegfall des Fahrverbots aufgrund Zeitablaufs, ZfS **1998** 361; *Seib* Zur Vollstreckung des Fahrverbots bei behauptetem Führerscheinverlust, DAR **1982** 283; *Slapnicar* Teilnahme des Inhabers eines ausländischen Führerscheins am Straßenverkehr nach Entzug der deutschen Fahrerlaubnis, NJW **1985** 2861; *Stankewitz* Keine Anrechnung der Verwahrung des Führerscheins auf die Fahrverbotsfrist vor Rechtskraft der gerichtlichen Entscheidung, SVR **2015** 81; *Timm* Zur rechtlichen Unmöglichkeit eines Fahrverbots (§ 44 StGB) neben einer Verwarnung mit Strafvorbehalt (§ 59 StGB), NZV **2014** 112; *Uhlenbruck* Strafaussetzung zur Bewährung, Fahrerlaubnisentzug und Fahrverbot im Strafbefehlsverfahren, DAR **1967** 156; *Waechter* Wohnungsdurchsuchung zwecks Vollstreckung eines Fahrverbots? NZV **1999** 273; *Warda* Das Fahrverbot gemäß § 37 StGB, GA **1965** 65; *Widmaier* Fahrverbot bei Tatmehrheit von Verkehrsordnungswidrigkeiten, NJW **1971** 1158; *Wollentin/Breckerfeld* Verfahrensrechtliche Schwierigkeiten bei der Durchsetzung des Fahrverbots, NJW **1966** 632; *Zopfs* Fahrverbot auch bei Straftaten ohne Bezug zum Verkehr – neue Gesetzeslage, DAR **2017** 737.

b) Reform: *Von der Aa/Pöppelmann* Empfiehlt es sich, die Entziehung der Fahrerlaubnis und/oder das Fahrverbot als Hauptstrafe in das StGB aufzunehmen? JURA **1999** 462; *Beck* Fahrverbot auch für den Räuber zu Fuß? DAR **1992** 439; *Bellardita* Gesetzesänderung: Verlängerung des Fahrverbots auf sechs Monate – Verhältnis von § 44 zu § 69 StGB: „Wird hier eine Lücke geschlossen?", DAR **2017** 739; *T. Bode* Das Fahrverbot als allgemeine Nebenstrafe, NZV **2017** 1; *Bönke* Das Fahrverbot als Nebenstrafe und Nebenfolge – aktuelle Reformvorschläge zum Fahrverbot; 35. Deutscher Verkehrsgerichtstag **1997** 208; *Fehl* Fahrverbot als alternative Hauptstrafe? DAR **1998** 379; *dies.* Empfiehlt sich eine Vier-Monats-Frist für das Wirksamwerden von Fahrverboten (§ 25 Abs. 2a StVG) auch bei § 44 StGB? NZV **1998** 439; *Franke* Das Fahrverbot als Hauptstrafe bei allgemeiner Kriminalität? ZRP **2002** 20; *Frommel* Fahrverbot – eine fein abstufbare Alternative zur Freiheitsstrafe, NJ **1999** 5; *Geppert* Das Fahrverbot als Nebenstrafe und Nebenfolge, 35. Deutscher Verkehrsgerichtstag **1997** 220; *Gronemeyer* Zur Reformbedürftigkeit der strafrechtlichen Fahrerlaubnisentziehung und des strafrechtlichen Fahrverbots (**2001**); *Janker* Das Fahrverbot als Nebenstrafe bei allgemeiner Kriminalität? – oder: Die Suche nach einer (weiteren) schuldangemessenen und präventiv wirkenden Sanktion, DAR **2017** 8; *König* Fahrverbot bei allgemeiner Kriminalität? NZV **2001** 6; *Kulemeier* Fahrverbot und Fahrerlaubnisentzug – Sanktionen zur Bekämpfung allgemeiner Kriminalität? NZV **1993** 212; *Lohkamp* Reformbedürftigkeit von Fahrverbot durch Fahrerlaubnisentzug? (2004); *Röwer* Fahrverbot bei allgemeiner Kriminalität? 39. Deutscher Verkehrsgerichtstag **2001** 71 (zugleich in Blutalkohol **2001** 90); *Schäpe* Fahrverbot bei allgemeiner Kriminalität? 39. Deutscher Verkehrsgerichtstag **2001** 90; *Stöckel* Fahrverbot bei allgemeiner Kriminalität? 39. Deutscher Verkehrsgerichtstag **2001** 83 (zugleich in Blutalkohol **2001** 99); *Streng* Modernes Sanktionenrecht?, ZStW **111** (1999), 827; *ders.* Allgemeines Fahrverbot und Gerechtigkeit, ZRP **2004** 237; *Verrel* Das Fahrverbot als Nebenstrafe bei allgemeiner Kriminalität, 55. Deutscher Verkehrsgerichtstag **2017** 1; *Wedler* Fahrverbot für jugendliche Hooligans? – Zur Aufwertung des Fahrverbots zu einer eigenständigen Sanktion im Erwachsenen- und Jugendstrafrecht, NZV **2015** 209; *Weidhaas* Fahrverbot als Nebenstrafe bei allgemeiner Kriminalität, 55. Deutscher Verkehrsgerichtstag **2017** 13; *Zopfs* Steter Tropfen höhlt den Stein, Festschrift *Wolter* (**2013**) S. 815; *ders.* Dogmatische Verwerfungen im Sanktionenrecht bei Einführung eines Fahrverbots ohne Verkehrstat, SVR **2017** 401 = 55. Deutscher Verkehrsgerichtstag **2017** 25.

Entstehungsgeschichte

Das (auf Straftaten im Zusammenhang mit dem Straßenverkehr beschränkte) Fahrverbot wurde durch Art. 1 Nr. 2 des – am 2.1.1965 in Kraft getretenen – **2. StraßenVSichG vom 26.11.1964** (BGBl. I S. 921) als § 37 in das StGB eingefügt.[1] Die Vorschrift nahm § 58E 1962 (BTDrucks. IV/650) vorweg, der seinerseits auf den Beschluss der Länderkommissi-

1 Regierungsentwurf eines 2. StraßenVSichG in BTDrucks. IV/651 speziell zum Fahrverbot S. 12 ff; Bericht des Rechtsausschusses in BTDrucks. IV/2161; s. auch *Hartung* 2. StraßenVSichG S. 18 ff. Nachweise für weitere Gesetzesmaterialien bei *Warda* MDR **1965** 1 Fn. 1; zur Entstehungsgeschichte s. auch *Lackner* JZ **1965** 92 und *Halecker* S. 33 ff.

on für die Strafrechtsreform zurückgeht. Das 2. StrRG vom 4.7.1969 (BGBl. I S. 1717) hat die Vorschrift mit Wirkung zum 1.10.1973 ohne sachliche Änderungen als § 44 übernommen. Durch Art. 2 des Straßenverkehrsänderungsgesetzes vom 20.7.1973 (BGBl. I S. 870) wurde dem Absatz 1 des damals noch gültigen § 37 ein Satz 2 angefügt. Art. 18 Nr. 10 EGStGB vom 2.3.1974 (BGBl. I S. 469) hat diese Anfügung ab 1. Januar 1975 für § 44 übernommen.

Zur Anpassung an die den nationalen Gesetzgeber bindende „Zweite EU-Führerscheinrichtlinie" vom 29.7.1991 (Richtlinie 91/439/EWG: ABl. EG Nr. L 237/1 vom 24.8. 1991; dazu *Bouska* DAR **1996** 276) ist durch das 32. StrÄndG vom 1.6.1995 (BGBl. I S. 747) der vormalige Absatz 2 zunächst ersatzlos weggefallen (ohne dass die nachfolgenden Absätze 3 und 4 aufgerückt sind). Das Gesetz zur Änderung des StVG und anderer Gesetze vom 24.4.1998 (BGBl. I S. 747) hat dann die (früheren Absätze 3 und 4 als) Absätze 2 und 3 neu gefasst. Der jetzige Absatz 3 entspricht inhaltlich im Wesentlichen dem früheren Absatz 4; die Neufassung des Absatzes 2 diente vor allem der Gleichstellung deutscher und internationaler Fahrerlaubnisse. Zu diesen Neuerungen s. etwa *Jagow* DAR **1998** 186; 453; *Gehrmann* NJW **1998** 3534; **1999** 455.

Gesetzesmaterialien

BTDrucks. 13/6914 (Regierungsentwurf eines Gesetzes zur Änderung des StVG und anderer Gesetze), speziell zum Fahrverbot S. 55 und 109 (Stellungnahme des Bundesrates) sowie S. 123 (Gegenäußerung der Bundesregierung); BTDrucks. 13/7888 (Beschlussempfehlung und Bericht des Verkehrsausschusses), speziell zum Fahrverbot S. 80; BRDrucks. 940/97 vom 28.11.1997, speziell zum Fahrverbot S. 46.

Mit dem **Gesetz zur effektiveren und praxistauglicheren Ausgestaltung des Strafverfahrens vom 17.8.2017** (BGBl I S. 3202) ist das Fahrverbot unter Aufrechterhaltung seines Charakters als Nebenstrafe nach langer und sehr kontrovers geführter Reformdiskussion (Rdn. 2a; *Geppert* LK, 12. Aufl., § 44 Rdn. 117 ff) auf Straftaten der allgemeinen Kriminalität erweitert worden (Absatz 1 Satz 1 und 2). Zugleich sind die Höchstdauer des Fahrverbots (von drei) auf sechs Monate erhöht (Absatz 1 Satz 1), der Wirksamkeitsbeginn verändert (Absatz 2 Satz 1) und eine Regelung zur Vollstreckung mehrerer Fahrverbote eingefügt worden (Absatz 4). Das Gesetz ist am 24.8.2017 in Kraft getreten.

Gesetzesmaterialien

BTDrucks. 18/11272 (Regierungsentwurf eines Gesetzes zur Änderung des Strafgesetzbuchs, des Jugendgerichtsgesetzes, der Strafprozessordnung und weiterer Gesetze), speziell zum Fahrverbot S. 14 ff, 31; BTDrucks. 18/12785 (Beschlussempfehlung und Bericht des Ausschusses für Recht und Verbraucherschutz), speziell zum Fahrverbot S. 43 ff.

Übersicht

I. Grundsätzliches

1 **1. Rechtsnatur.** Das Fahrverbot ist (weiterhin) als **Nebenstrafe** ausgestaltet, darf mithin nicht selbständig, sondern nur neben Freiheits- oder Geldstrafe verhängt werden (Absatz 1 Satz 1).[2] Dem entsprechen die systematische Stellung des § 44 im Gesetz und die Abschnittsüberschriften vor §§ 38 und 44. Eine Aufstufung zur Hauptstrafe hat der Gesetzgeber im Zuge der im Jahr 2017 durchgeführten Novellierung (Entstehungsgeschichte) abgelehnt (eingehend BTDrucks. 18/11272 S. 27). Allerdings wird im Schrifttum[3]

---

2 Anders der Vorschlag des AE-Allg. Teil (1966), wo das Fahrverbot – im Gegensatz zu § 58 E 1962 – als Hauptstrafe ausgestaltet ist; zur Begründung aaO S. 105 (zu § 55 AE-AT); für das Fahrverbot als Hauptstrafe auch der Bundesratsentwurf in BTDrucks. 16/8695, Begründung S. 8 f. In diese Richtung gleichfalls *Baumann* Forensia 8 (**1987**) 51; im Ergebnis ablehnend *Kulemeier* S. 286 ff.

3 *Zopfs* DAR **2017** 737.

die Behauptung erhoben, es sei unter dem Deckmantel einer Nebenstrafe „sachlich" doch eine dritte Hauptstrafe eingeführt worden, weil eine Nebenstrafe zusätzlich zur Hauptstrafe einen weiteren Zweck verfolgen müsse bzw. nicht den Zweck verfolgen könne, die Funktion einer unzulänglichen Hauptstrafe zu übernehmen und diese zu ersetzen. Dem steht jedoch bereits entgegen, dass weder ein übergeordnetes Prinzip noch gar ein Rechtssatz existiert, wonach einer vom Gesetzgeber als solcher ausgestalteten Nebenstrafe nur bestimmte Strafzwecke zugewiesen werden dürften. Darüber hinaus verfolgte das Fahrverbot in seinem überkommenen Anwendungsbereich bei Straftaten im Zusammenhang mit dem Straßenverkehr etwa gegenüber der Geld- oder der Freiheitsstrafe unter Strafaussetzung zur Bewährung keine andersartigen Strafzwecke (s. schon BGHSt **29** 58, 60f; Rdn. 22, 25). Auch die Hauptstrafen des StGB entfalten nämlich Denkzettel- und Warnfunktion. Das gilt vor allem für die Geldstrafe, die mangels jeglicher resozialisierender Begleitfunktion wie das Fahrverbot eine reine Denkzettelsanktion darstellt. Dementsprechend wurden soweit ersichtlich vor der Änderung nirgendwo Bedenken geltend gemacht, dass mit dem zusätzlich verhängten Fahrverbot in gleicher Richtung, nämlich vorwiegend zur Individualabschreckung auf den Delinquenten eingewirkt wird. Wegen der Wechselwirkung zwischen Haupt- und Nebenstrafe führte die Kombination der Sanktionen also schon bislang dazu, dass die Hauptstrafe durch das Fahrverbot partiell ersetzt und und damit auch hinsichtlich der Strafzwecke entlastet wird (im Einzelnen Rdn. 2, 22, 25). Zudem dienen Haupt- wie Nebenstrafe wie jede Strafe (vgl. § 46 Abs. 1 Satz 1) dem Schuldausgleich (*König* DAR **2018** 604, 605f). Als Strafe darf das Fahrverbot nicht vorläufig angeordnet werden; dies käme einer vorweggenommenen Bestrafung gleich und wäre mit der rechtsstaatlichen Unschuldsvermutung (Art. 6 Abs. 2 MRK) nicht zu vereinbaren.[4] Wie auch aus § 56 hervorgeht, ist eine Aussetzung der Vollstreckung des Fahrverbots zur Bewährung vom Gesetzgeber nicht vorgesehen.[5]

1a **Höchstdauer und Mindestsperrfrist (§ 69a Abs. 1 Satz 1)** Durch § 44 erhält das Gericht die Befugnis, einem (schuldhaft handelnden) Täter unter bestimmten Maßgaben (Rdn. 3ff) im Straßenverkehr das Führen von Kraftfahrzeugen jeder oder einer bestimmten Art für die Dauer von einem bis zu sechs Monaten zu verbieten. Die zeitliche Höchstdauer entspricht damit im Erwachsenenstrafrecht[6] nunmehr der gesetzlichen Mindestsperrfrist bei der strafgerichtlichen Entziehung der Fahrerlaubnis (§ 69a Abs. 1 Satz 1). Die von manchen beklagte „Lücke"[7] zwischen der vormaligen Fahrverbotshöchstdauer von drei Monaten und der sechsmonatigen Mindestsperrfrist bei der Entziehung der Fahrerlaubnis ist damit geschlossen. Die Materialien weisen allerdings mit Recht darauf hin, dass diese „Lücke" vom historischen Gesetzgeber bewusst gelassen worden war, um eine trennscharfe Abgrenzung bei der Anordnung der Nebenstrafe einerseits und der Maßregel andererseits zu ermöglichen; jedoch habe sich die Höchstdauer von drei Monaten in der Praxis in Grenzfällen als unbefriedigend erwiesen.[8] Die Erhöhung der Fahrverbotsdauer kann eine Entlastung der Maßregel nach sich ziehen. Etwa in Grenzfällen des § 142 oder bei geringer wiegenden „Trunkenheitsfahrten" kann nunmehr ein Fahrverbot von bis zu sechs Monaten an die Stelle der Entziehung der Fahrerlaubnis treten. Hinzuzufügen ist, dass sich die Problematik nur bei Straftaten im Zusammenhang mit dem

---

4 BTDrucks. IV/651 S. 31. *Cramer* GS *Schröder* S. 533; *Geppert* ZRP **1981** 86; *Janiszewski* GA **1981** 391; *Berz* ZRP **1988** 207; *Müller-Metz* NZV **1994** 95; *Albrecht* NZV **1998** 399 (zum Fahrverbot nach § 25 StVG).

5 BayObLG JR **1987** 74.

6 Im Jugendrecht bleibt es hingegen ausweislich des neu angefügten § 8 Abs. 3 Satz 2 JGG bei der Höchstdauer von drei Monaten; dazu Rdn. 12.

7 So namentlich *Schöch* Gutachten C zum 59. Dt. Juristentag 1992 S. C 117; hierzu auch *Bellardita* DAR **2017** 739, 740.

8 BTDrucks. 18/11272 S. 17; zust. *Bellardita* DAR **2017** 739, 740.

Straßenverkehr stellt. Dies zugrundegelegt wäre es aber wenig überzeugend gewesen, bei Fahrverbotshöchsdauern von drei bzw. sechs Monaten zwischen Verkehrs- und Nichtverkehrstaten zu differenzieren (s. erg. Rdn. 2). Weiter zurückblickend wurde die Möglichkeit, das Fahrverbot als schuldunabhängige und ausschließlich spezialpräventiven Zwecken dienende Maßregel auszugestalten, bei den parlamentarischen Beratungen der großen Strafrechtsreform 1969/1975 zwar erörtert, aber abgelehnt[9] und vom Gesetzgeber trotz immer wiederkehrender entsprechender Vorschläge bewusst nicht aufgegriffen. Dazu und zu anderen Reformvorschlägen im Verhältnis zur Entziehung der Fahrerlaubnis s. § 69 Rdn. 11ff.

Rechtstatsächlich überwiegen Fahrverbotsanordnungen nach Ordnungswidrigkeitenrecht (§ 25 StVG, dazu Rdn. 14f) gegenüber strafgerichtlichen Anordnungen bei weitem. Etwa 2015 standen rund 346.000 Anordnungen nach § 25 StVG lediglich rund 25.000 Anordnungen nach § 44 StGB gegenüber.[10] Von im Jahr 2016 durch Bußgeldbehörden und Gerichte angeordneten rund 447.000 Fahrverboten entfielen (erneut) nur rund 26.000 auf Fahrverbote nach § 44 StGB.[11] Es bleibt abzuwarten, ob die Praxis die neue Sanktion annimmt (dazu auch *König* DAR **2018** 604, 609) und die Erweiterung des Fahrverbots in der Folge zu einem Anstieg der strafgerichtlichen Anordnungen führen wird. Älteres statistisches Material bei *Barth* BA **1990** 79; *Kulemeier* S. 168ff.; 361ff. 1b

2. Wesen und Zweck. Anders als die Maßregel der Entziehung der Fahrerlaubnis lässt das Fahrverbot die Fahrerlaubnis unberührt und verbietet dem Verurteilten lediglich, von der fortbestehenden Fahrerlaubnis für einen bestimmten Zeitraum Gebrauch zu machen. Während die Maßregel dem Schutz der Allgemeinheit durch Ausschluss solcher Fahrer dient, die sich zum Führen von Kraftfahrzeugen bereits als ungeeignet erwiesen haben, ermöglicht das Fahrverbot die nach §§ 69, 69a nicht zulässige kurzfristige Ausschließung von Fahrzeugführern, die ihre Verkehrspflichten zwar in vorwerfbarer Weise verletzt, sich aber noch nicht als verkehrsuntauglich erwiesen haben.[12] Der kriminalpolitische Zweck des Fahrverbots besteht in der durch den Gesetzgeber der großen Strafrechtsreform 1969/1975 auf Straftaten im Zusammenhang mit dem Straßenverkehr beschränkten Konzeption darin, einem solchen Täter zusätzlich zur Hauptstrafe einen fühlbaren „Denkzettel" zu erteilen, ihn dadurch „vor dem Rückfall zu warnen und ihm ein Gefühl dafür zu vermitteln, was es bedeutet, vorübergehend ohne Führerschein zu sein" (BTDrucks. IV/651 S. 12). Wie in Rechtsprechung[13] und Literatur[14] anerkannt, diente das Fahrverbot demnach als **Denkzettel- und Besinnungsstrafe**[15] in erster Linie dazu, auf nachlässige, leichtfertige oder sonst pflichtvergessene Kraftfahrer insbesondere unter spezialpräventiven Gesichtspunkten einzuwirken und sie eindringlich darauf 2

---

9 Dazu *Lackner* JZ **1965** 94.

10 Quelle KBA, Maßnahmen zu allgemeinen Fahrerlaubnissen Jahr 2015, FE 10.

11 Für die Jahre zuvor mit weiteren statistischen Daten NK/*Böse* Rdn. 2f.

12 Daher ist ein Fahrverbot weder die geeignete noch die zulässige Sanktion, wenn das Fehlverhalten des Täters auf altersbedingten Abbau der Fahrtauglichkeit zurückzuführen ist (LG München II DAR **1976** 22).

13 Grundlegend BVerfGE **27** 36, 41f; BGHSt **27** 348; s. auch BGHSt **61** 100 Rn. 25 [zu § 25 StVG]; statt vieler ferner OLG Hamburg DAR **1965** 215; BayObLG VRS **58** (1980) 363; OLG Düsseldorf VRS **68** (1985) 262; OLG Hamm DAR **1988** 280; OLG Bremen DAR **1988** 389; OLG Köln NZV **1996** 286 m. Anm. *Hentschel*; OLG Stuttgart DAR **1998** 153; OLG Hamm DAR **2004** 535 m. Anm. *Krumm* = NZV **2004** 598 m. Anm. *Kempgens*.

14 So schon *Lackner* JZ **1965** 94; *Warda* MDR **1965** 1; *Cramer* NJW **1968** 1764; s. auch *Plank* S. 4ff; *Kulemeier* S. 64ff.

15 Zum Begriff der Denkzettelstrafe bzw. des „Denkzettels" eingehend die gleichnamige Diss. von *Halecker* (s. dort u.a. S. 60ff).

hinzuweisen, dass sie bei nochmaligem Fehlverhalten möglicherweise ihre Fahrerlaubnis aufs Spiel setzen. Daraus hat das BVerfG den Schluss gezogen, dass beim Fahrverbot „seinem Wesen und seiner Wirkung nach nicht die Vergeltung für begangenes Unrecht ..., sondern die an ein strafbares Verhalten neben der eigentlichen Strafe geknüpfte Pflichtenmahnung zur künftigen Beachtung der Verkehrsregeln im Vordergrund" steht (BVerfGE **27** 36, 41f). Die Funktion als (jetzt „verschärfte") Denkzettelstrafe wohnt dem nunmehr für alle Straftaten geltenden Fahrverbot weiterhin inne (BTDrucks. 18/11272 S. 17). Als vorwiegend (negativ-)spezialpräventiv ausgerichtete Sanktion soll mit ihr ergänzend dort auf künftige Legalbewährung hingewirkt werden, wo die Hauptstrafe nicht ausreicht. Darauf ist das Fahrverbot aber naturgemäß nicht beschränkt. Das Fahrverbot soll nach dem gesetzgeberischen Willen Funktionen der partiell verdrängten Hauptstrafe, insbesondere der (vollstreckten) Freiheitsstrafe, aber auch einer empfindlichen Geldstrafe, in erhöhtem Maße in sich aufnehmen (im Einzelnen Rdn. 22, 25). Dies trifft auch auf sehr vermögende Delinquenten zu, die mit einer (auch hohen) Geldstrafe allein nicht hinreichend getroffen werden können, bei denen sich aber eine Freiheitsstrafe verbietet (BTDrucks. 18/11272 S. 16; dazu auch Rdn. 2a a.E.). Ferner verfolgt der Gesetzgeber ausdrücklich den Zweck, **den „Strafcharakter" des Fahrverbots zu betonen** bzw. den „Strafgedanken" mehr in den Vordergrund zu rücken (BTDrucks. 18/11272 S. 17f, 19; 18/12785 S. 44). Damit wird namentlich der Gedanke des Schuldausgleichs gemeint sein, der freilich auch dem überkommenen Fahrverbot als „echte" Strafe (vgl. § 46 Abs. 1 Satz 1) keineswegs fremd gewesen ist.[16] Der Verstärkung des „Strafgedankens" dienen die Erhöhung der Fahrverbotsdauer (Absatz 1 Satz 1; Rdn. 50) und die Regelung zur „Nacheinandervollstreckung" mehrerer Fahrverbote (Absatz 4; dazu Rdn. 80). Zudem hat das Gesetz durch Aufnahme der Wendung „Verteidigung der Rechtsordnung" in Absatz 1 Satz 2 verdeutlicht, dass bei der Strafbemessung der **Aspekt der Generalprävention** herangezogen werden darf (BTDrucks. 18/12785 S. 44). Der zum alten Recht insoweit bestehende Meinungsstreit ist damit vom Gesetzgeber in diesem Sinn entschieden (näher Rdn. 26). Zusammenfassend dient die mit der Novellierung einhergehende Erweiterung des Sanktionsspektrums dem Zweck, der strafgerichtlichen Praxis besser als bisher zu ermöglichen, „zielgenau, spürbar und schuldangemessen auf den Täter einzuwirken" und zugleich namentlich kurze Freiheitsstrafen zu vermeiden (BT-Drs. 18/11272 S. 1, 14).

2a **3. Gesetzeskritik.** Der Schaffung des nicht auf den Verkehrsbereich beschränkten Fahrverbots ist eine ungewöhnlich breite und in die Tiefe gehende, dabei teils recht scharf geführte Reformdiskussion vorausgegangen. Der Gedanke eines auch für Straftaten der allgemeinen Kriminalität geltenden Fahrverbots geht dabei zurück auf einen Vorschlag des Alternativ-Entwurfs aus dem Jahre 1966.[17] Er wurde von *Schöch* im Gutachten zum 59. Deutschen Juristentag 1992 erneut aufgegriffen,[18] von der strafrechtlichen Abteilung des DJT aber abgelehnt.[19] Gleichwohl fand er im Anschluss – in unterschiedlichen Nuancierungen – Eingang in mehrere Gesetzesinitiativen, die sich sämtlich nicht durchsetzen konnten.[20] Ausgangs der 18. Legislaturperiode hat der Gesetzgeber die Er-

---

16 *Hentschel* Trunkenheit Rdn. 916; *Halecker* S. 66; *König* DAR **2018** 604, 605; aM SK/*Wolters* Rdn. 3.

17 In § 55 AE-Allg. Teil war das Fahrverbot als selbstständige Hauptstrafe ausgestaltet (dort als Ersatz für die kriminalpolitisch unerwünschte kurzfristige Freiheitsstrafe, Begründung aaO S. 105).

18 *Schöch* Gutachten C zum 59. Dt. Juristentag 1992 S. C 116f.

19 NJW **1992** 3022.

20 Dazu schon Rdn. 1; im Einzelnen BTDrucks. 18/11272 S. 26f; s. auch *Geppert* LK[12] Rdn. 117ff und *Janker* DAR **2017** 8.

weiterung auf Straftaten der allgemeinen Kriminalität dann vorgenommen, sich aber entgegen einem Teil der bislang unterbreiteten Gesetzesvorschläge für eine Beibehaltung des Charakters des Fahrverbots als Nebenstrafe mit einem einheitlichen Höchstmaß von sechs Monaten (und gegen ein neues Zuchtmittel Fahrverbot im Jugendstrafrecht) entschieden.[21] Die gegen das erweiterte Fahrverbot gerichteten Einwände aus dem überwiegend kritisch eingestellten Schrifttum müssen hier nicht im Einzelnen dargestellt und gewürdigt werden.[22] Wesentlich erscheint aber, dass sie sich bei näherem Hinsehen ganz überwiegend, wenngleich teilweise (nur) graduell in geringerem Maße, gegen die im Straf- und Ordnungswidrigkeitenverfahren pro Jahr in rund 400.000 Fällen (Rdn. 1b) verhängte Sanktion Fahrverbot als solche wenden, ohne dann aber konsequenterweise deren vollständige Abschaffung einzufordern (eingehend *König* NZV **2001** 6; ebenso BTDrucks. 18/11272 S. 16). Das gilt etwa für die Vorwürfe, es werde ein Sonderstrafrecht für Inhaber von Fahrerlaubnissen geschaffen,[23] die Sanktion treffe je nach den konkreten Lebensverhältnissen des Delinquenten ungleich,[24] sei kaum zu überwachen, lasse sich durch Heranziehung von Angehörigen oder gar Chauffeuren unschwer umgehen[25] und zweckentfremde § 21 StVG im Sinne einer Absicherung der Strafvollstreckung.[26] Nicht durchgreifend ist ferner der Hinweis, dass es des Fahrverbots als wirksamer Sanktion gegen besonders vermögende Täter nicht (mehr) bedürfe, weil das Höchstmaß des Tagessatzes nunmehr 30.000 € (§ 40 Abs. 2 Satz 3) betrage und die Geldstrafe damit auch solche Täter hinreichend zu beeindrucken vermöge.[27] Denn einmal existiert in der modernen Wirtschaftsgesellschaft ein Spektrum hoch verdienender und in der jüngeren Vergangenheit auch praktisch durchaus straffällig gewordener Personen (z.B. Profifußballer, Wirtschaftsmanager), die am Tag mehr als diesen Betrag verdienen. Zum anderen trifft die Geldstrafe „Reiche" u.a. im Blick auf vorhandene Rücklagen systembedingt nicht so hart wie „Normalverdiener". Insofern ist das Fahrverbot durchaus geeignet, ein Mehr an Strafgerechtigkeit herzustellen, indem „reiche" Delinquenten durch Einschränkungen der „Fahrfreiheit" empfindlicher beeindruckt werden können als durch eine bloße Geldsanktion. Was befürchtete Akzeptanzprobleme etwa bei einem Fahrverbot für Meineid oder Unterhaltspflichtverletzung betrifft, schimmert das alttestamentarische ius talionis durch; das deutsche Sanktionenrecht ist jedoch dem Prinzip spiegelnder Strafe

---

21 Anders Entwürfe des Bundesrats, zuletzt in BTDrucks. 16/8695.

22 Zusammenfassende Darstellung in BTDrucks. 18/11272 S. 15 ff; hierzu auch *König* NZV **2001** 6; zust. *Wedler* NZV **2015** 209; *Janker* DAR **2017** 8.

23 Etwa *Sch/Schröder/Kinzig* Rdn. 1b mwN; *Fischer* Rdn. 7; *Zopfs* FS Wolter (2013), S. 815, 819; *Röwer* 39. VGT **2001** S. 75. Das Fahrverbot stellte indessen – nimmt man das Fahrverbot für nicht fahrerlaubnispflichtige Kfz aus – bereits vormals ein solches Sonderrecht dar. Angesichts der nach wie vor gegebenen weiten Verbreitung des Führerscheins in der Bevölkerung sind nicht hinnehmbare Beeinträchtigungen des Gedankens der Strafgerechtigkeit, der auch in anderen Bereichen der Strafrechtsordnung tangiert ist, nicht zu befürchten; krasse Ungleichheiten können im Einzelfall im Rahmen der Ermessensausübung vermieden werden (*König* DAR **2018** 604, 608).

24 Z.B. *Fischer* Rdn. 7; *Zopfs* FS Wolter (2013) 815, 818; *Meyer* ZRP **2010** 239. Das tut sie indessen auch im überkommenen Anwendungsbereich, wobei hinzukommt, dass auch die Hauptstrafen nicht „gleich" treffen (dazu *Schöch* NStZ **2018** 15, 17).

25 Etwa *Schäpe* 39. VGT **2001** S. 92; *Röwer* 39. VGT **2001** S. 77. Dies trifft in vollem Umfang auch auf das strafrechtliche Fahrverbot im herkömmlichen Sinne zu; Gleiches gilt für das ordnungsrechtliche Fahrverbot nach § 25 StVG, wobei hinreichende Anhaltspunkte dafür vorhanden sind, dass das Fahrverbot in der Breite der Fälle beachtet wird (zB *König* DAR **2018** 604, 608).

26 § 21 Abs. 1, 2 Nr. 1 StVG bedroht seit jeher das Fahren entgegen einem Fahrverbot mit Strafe und dient damit der Absicherung der „Vollstreckung" des Fahrverbots; zu diesem Aspekt auch *Schöch* FS Rengier (2018) 657, 664 f.

27 So z.B. *Fischer* Rdn. 7; *Zopfs* FS Wolter (2013) 815, 819; *Schäpe* 39. VGT **2001** S. 94.

bekanntermaßen nicht verhaftet.[28] Das Ausmaß einer – im Grundsatz nicht bestreitbaren – Mehrbelastung der Justiz (Feststellungs-, Begründungslasten, erhöhte Rechtsmittelanfälligkeit)[29] hängt davon ab, inwieweit die Praxis die Sanktion annimmt (dazu schon Rdn. 1b).

II. Voraussetzungen des Fahrverbots

3 **1.** Der Täter muss eine **strafbare Handlung („Straftat")** begangen haben (Absatz 1 Satz 1). Darunter sind nur rechtswidrige und schuldhafte Taten zu verstehen, die den Tatbestand eines Strafgesetzes verwirklichen; Ordnungswidrigkeiten genügen nicht. Jedoch können auch bei (Verkehrs-)Ordnungswidrigkeiten (§ 24 StVG) unter den Voraussetzungen des § 25 Abs. 1 StVG, ergänzt durch die Regelungen der BKatV, die Verwaltungsbehörde durch Bußgeldbescheid und nach Einspruch des Betroffenen das Amtsgericht durch Urteil neben der Geldbuße ein Fahrverbot anordnen. In diesem Fall handelt es sich nicht um eine Strafe, sondern um eine – verfassungsrechtlich unbedenkliche (BVerfGE **27** 36) – erzieherische Nebenfolge eigener Art.[30]

4 Ob die Straftat als Verbrechen oder Vergehen eingestuft ist, ist ebenso ohne Bedeutung wie die Frage, ob es sich um eine vorsätzliche oder eine fahrlässige Tat handelt oder welche Teilnahmeform vorliegt. Auch eine versuchte Tat genügt, sofern der Versuch zur Verurteilung führt. Nicht (mehr) zulässig ist ein Fahrverbot, wenn die Verfolgung verjährt ist oder ein erforderlicher Strafantrag fehlt.[31] Als Nebenstrafe setzt das Fahrverbot ferner volldeliktisches Handeln voraus, kann also – anders als die Entziehung der Fahrerlaubnis – gegenüber einem (nicht ausschließbar) schuldlos handelnden Täter nicht verhängt werden. Dem Fahrverbot gegenüber nur vermindert Schuldfähigen (§ 21) stehen hingegen (natürlich) keine Bedenken entgegen, da auch solche Delinquenten zu Freiheits- oder Geldstrafe verurteilt werden können.[32]

5 **2. Anlasstaten.** § 44 in der seit 24.8.2017 geltenden Fassung (Entstehungsgeschichte) ermöglicht die Anordnung von Fahrverboten für Straftaten der allgemeinen Kriminalität. Absatz 1 enthält mithin keine Begrenzung auf bestimmte (verkehrsbezogene) Anlasstaten mehr, gilt also für sämtliche Straftaten. Zwar benennt Absatz 1 Satz 2 Halbsatz 1 unter Übernahme der Formulierung des alten Rechts Straftaten beim oder im Zusammenhang mit dem Führen eines Kraftfahrzeugs oder unter Verletzung der Pflichten eines Kraftfahrzeugführers. Dieser Hinweis hat jedoch keine eigenständige rechtliche Bedeutung und trägt eher zur Verwirrung als zur Erleichterung der Rechtsanwendung bei. Denn nach der eindeutigen Formulierung („*Auch* wenn die Straftat nicht ...", nicht also „*Wenn* die Straftat nicht ...") gilt für die dort angesprochenen Verkehrsstraftaten im weiteren Sinn nichts anderes als für Straftaten der allgemeinen Kriminalität.[33] Dies findet darin Bestätigung, dass die Maßnahmen zur „Stärkung des Strafgedankens" (Erhöhung des Höchstmaßes, Nacheinandervollstreckung, s. Rdn. 2) Nichtverkehrstaten und Ver-

---

28 Deutlich etwa bei *Streng* ZStW **111** (1999), S. 827, 852 f, 855; hiergegen *König* NZV **2001** 6, 8 f.
29 *Schäfer/Sander/van Gemmeren* Praxis der Strafzumessung Rdn. 381; hiergegen allerdings *Sch/Schröder/Kinzig* Rdn. 1b.
30 Hierzu *Hentschel/König/Dauer* § 25 StVG Rdn. 11.
31 *Sch/Schröder/Kinzig* Rdn. 5.
32 Gleiches gilt für einen zur Tatzeit schuldunfähigen Täter, sofern dieser nach den Grundsätzen der actio libera in causa oder nach § 323 a strafrechtlich zur Verantwortung gezogen werden kann.
33 *König* DAR **2018** 604, 606; aM aber wohl *Grube* jurisPK-Straßenverkehrsrecht (Stand 20.10.2017) § 44 Rdn. 18, 20; *v. Heintschel-Heinegg* BeckOK StGB Stand: 10.2.2018 § 44 Rdn. 6; *SSW/Claus* Rdn. 12; *Fischer* § 44 Rdn. 13, 17; unklar *Sch/Schröder/Kinzig* Rdn. 7, 7a.

kehrstaten gleichermaßen betreffen. Der Gesetzgeber[34] will durch die Wendung in Absatz 1 Satz 2 zum Ausdruck bringen, dass der Hauptanwendungsbereich des Fahrverbots auch in Zukunft im Verkehrsstrafrecht liegen wird und dass die davon ausgehenden Wirkungen auf „pflichtvergessene" Kraftfahrer im neuen Recht erhalten bleiben sollen (BTDrucks 18/12785 S. 44). Zugleich betonen die Materialien aber (in Übereinstimmung mit dem Gesetzeswortlaut), „dass sich die Anwendbarkeit zukünftig eben nicht auf derartige Taten beschränkt, sondern die nachfolgend aufgeführten Kriterien *auch*[35] auf alle anderen Taten Anwendung finden und bei deren Vorliegen gleichfalls die Anordnung eines Fahrverbots in Betracht kommt" (BTDrucks. aaO). Demgemäß muss sich der Rechtsanwender nicht mehr mit den Einzelheiten der vorgenannten Wendung befassen, etwa den (umstrittenen) Begriff der „Zusammenhangstat" im Detail abhandeln (zur Begriffsbestimmung *Geppert* LK 12. Aufl. § 69 Rdn. 21ff). Denn das Fahrverbot kommt nach geltendem Recht auch dann in Betracht, wenn der Terminus im konkreten Fall eben nicht mehr erfüllt ist. Die Maßgaben zur Ermessensausübung sind namentlich in den Rdn. 22ff erläutert.

a) Auf vor ihrem Inkrafttreten verübte Straftaten („**Alttaten**") ist die Neufassung des **5a** Absatzes 1 Satz 1 und 2 wegen des in Art. 103 Abs. 2 GG, § 2 Abs. 1 StGB verankerten Rückwirkungsverbots grundsätzlich nicht anwendbar (BGH BA **55** (2018) 437; vgl. auch *Dannecker* LK 12. Aufl. § 2 Rdn. 28 m.w.N.). Anders liegt es nach OLG Düsseldorf BA **56** (2019), 202, wenn durch das Fahrverbot eine (zu vollstreckende) Freiheitsstrafe vermieden werden kann. Hinsichtlich der vormaligen Rechtslage wird auf die Erläuterungen bei *Geppert* LK 12. Aufl. verwiesen.

b) Im Grundsatz weiterhin relevant bleibt auch nach neuem Recht die Frage, ob ein **6** **Erfordernis einer Tat „von einigem Gewicht"** zu bejahen ist. In § 37 a.F. wurde das Fahrverbot zu einer Zeit in das StGB eingefügt, als die Verstöße gegen StVO und StVZO noch kriminelle „Übertretungen" waren und als solche an sich auch zur Anwendung der neuen Nebenstrafe führen konnten. Weil diese damals keine weiteren gesetzlichen Einschränkungen enthielt, bildete sich der weithin anerkannte Grundsatz heraus, dass als Grundlage für ein Fahrverbot nur Pflichtverletzungen „von einigem Gewicht" in Betracht kommen.[36] Diese Einschränkung hatte nicht zuletzt deshalb ihre Berechtigung, weil das Fahrverbot zusammen mit der Hauptstrafe die Schuld des Täters nicht überschreiten darf (dazu Rdn. 23ff). Seit aber die früheren „Übertretungen" als bloße Ordnungswidrigkeiten die Grundlage für ein behördliches Fahrverbot nur noch bilden können, wenn sie – außerhalb des § 25 Abs. 1 Satz 2 StVG, der per se grobe Verfehlungen bezeichnet – unter grober oder beharrlicher Verletzung der Pflichten eines Kraftfahrzeugführers begangen wurden, hat jene frühere Einschränkung auf Taten von „nicht ganz unerheblichem Gewicht" ihre Bedeutung verloren.[37] Ungeachtet dessen wird im Schrifttum unter Hinweis auf das Verhältnismäßigkeitsprinzip die Ansicht vertreten, Straftaten „von geringem Gewicht" hätten als Voraussetzung für das strafgerichtliche Fahrverbot auszuscheiden.[38] Doch ist dies mehr ein Streit um Worte; denn da

---

34 Anders noch der RegEntw in BTDrucks. 18/11272. Die Aufnahme geht auf Anregungen aus der Sachverständigenanhörung zurück.
35 Hervorhebung nicht im Original.
36 OLG Hamburg VRS **29** (1965) 179; VerkMitt **1965** 69; VRS **36** (1969) 177; OLG Celle DAR **1969** 187; NJW **1968** 1101; OLG Koblenz NJW **1969** 282; VRS **36** (1969) 93; OLG Saarbrücken VRS **37** (1969) 310; OLG Hamm NJW **1971** 1190; OLG Frankfurt NJW **1970** 1334. Vgl. schon *Warda* GA **1965** 76.
37 Vgl. bereits *Cramer* Rdn. 16; *Janiszewski* Rdn. 651.
38 *Sch/Schröder/Kinzig* Rdn. 6.

ein Fahrverbot auch bei Erfüllung sämtlicher Tatbestandsmerkmale nicht angeordnet werden *muss,* sondern lediglich ausgesprochen werden *„kann"* (Absatz 1 Satz 1), hat das Gericht ohnehin in jedem Einzelfall nach pflichtgemäßem Ermessen zu entscheiden, ob die Strafzwecke besser durch eine Hauptstrafe allein oder durch deren Verbindung mit einem Fahrverbot erreicht werden können. Da aber auch die Anordnung des mit nicht geringer Eingriffstiefe verbundenen Fahrverbots insgesamt dem Verschulden des Täters und dem Maß seiner Pflichtwidrigkeit entsprechen und neben, d.h. zusätzlich zur Hauptstrafe erforderlich sein muss, um den Strafzwecken Genüge zu tun, darf ein Fahrverbot nur dann angeordnet werden, wenn die mit der Nebenstrafe verfolgten (vor allem) spezialpräventiven Zwecke mit der Hauptstrafe allein nicht erreicht werden können (vgl. zum verkehrsrechtlichen Fahrverbot BGHSt **24** 348, 350;[39] näher Rdn. 27ff). Aus diesem Grund wird das Fahrverbot bei gering wiegenden Delikten in der Regel ausscheiden (im Einzelnen Rdn. 24).

7 **c) Grobe oder beharrliche Pflichtverletzung bei Verkehrsstraftaten?** Im Unterschied zum verwaltungsrechtlichen Fahrverbot (§ 25 Abs. 1 StVG), das die „grobe oder beharrliche" Verletzung der Pflichten eines Kraftfahrzeugführers voraussetzt, war und ist eine derartige Einschränkung bei § 44 nicht vorgesehen. Ausweislich der Materialien (BTDrucks. IV/ 651, S. 13) hat der Gesetzgeber auf eine solche Restriktion beim (verkehrsstrafrechtlichen) Fahrverbot bewusst verzichtet, weil es ohnehin nur bei (mindestens) „Vergehen" und damit bei Taten von einigem Gewicht in Frage kommt. Es besteht somit kein Anlass, die bei Ordnungswidrigkeiten kriminalpolitisch sinnvolle Einschränkung über den Wortlaut des § 44 Abs. 1 hinaus zu erweitern. Entgegen vereinzelter älterer Rechtsprechung[40] setzt das Fahrverbot des § 44 demzufolge *nicht* voraus, dass der „Verkehrsdelinquent" Verkehrsvorschriften wiederholt oder hartnäckig missachtet oder sich – bei einmaliger Zuwiderhandlung – besonders verantwortungslos verhalten hat (BGHSt **24** 348).[41] Auch eine (sinngemäße) Übertragung des Gedankens auf Nichtverkehrstaten verbietet sich.

3. Verurteilung zu Freiheits- oder Geldstrafe

8 **a) Allgemeines.** Voraussetzung eines Fahrverbots ist, dass es zu einem Strafausspruch gekommen und der Täter zu einer **Freiheits- oder Geldstrafe** (Hauptstrafe) verurteilt worden ist; beschleunigtes Verfahren (§§ 417ff StPO) oder Strafbefehl (§ 407 StPO) genügen (Rdn. 91).[42] Folgerichtig ist das Fahrverbot nicht nur bei Freispruch, sondern auch bei **Absehen von Strafe** (§§ 60, 142 Abs. 4, § 320 Abs. 2) sowie neben **Verwarnung mit Strafvorbehalt** (§ 59; näher Rdn. 10) unzulässig;[43] als Nebenstrafe setzt das Fahrverbot begrifflich eine Hauptstrafe voraus.[44] Bedeutet Verurteilung zu Strafe Verhängung einer Strafe, steht die **Aussetzung** der Vollstreckung der Hauptstrafe **zur Bewährung**

---

39 *Hentschel/König/Dauer* Rdn. 4; s. auch OLG Bremen DAR **1988** 389.

40 Etwa OLG Hamm NJW **1971** 1190.

41 BGHSt **24** 348 = NJW **1972** 1332 = DAR **1972** 246; OLG Oldenburg NJW **1972** 504; OLG Koblenz VRS **47** (1974) 97. Aus dem (weithin zustimmenden) Schrifttum z.B. *Sch/Schröder/Kinzig* Rdn. 7; *Hentschel/König/Dauer* Rdn. 7; *Janiszewski* Rdn. 651.

42 Zum gleichwohl „materiell" nicht ganz unbestrittenen Charakter als Nebenstrafe s. Rdn. 1.

43 Ganz h.M.; z.B. *Sch/Schröder/Kinzig* Rdn. 10, *Lackner/Kühl/Heger* Rdn. 5; *Hentschel/König/Dauer* Rdn. 3; s. schon *Warda* GA **1965** 67.

44 Berechtigte Bedenken, ob dies aus spezialpräventiver Sicht kriminalpolitisch durchdacht ist, bei *Cramer* Rdn. 33. Auf eine Ausgestaltung als Hauptstrafe zielende Reformvorschläge haben sich jedoch nicht durchgesetzt, s. Rdn. 1.

(§§ 56ff) der Anordnung eines Fahrverbots jedoch nicht entgegen; vielmehr soll nach den gesetzgeberischen Zielvorstellungen gerade in diesem Bereich ein Anwendungsschwerpunkt des Fahrverbots liegen (Rdn. 23, 25).[45] Hingegen kommen Weisungen (nach § 56c StGB und §§ 10ff JGG), für eine bestimmte Zeit im Straßenverkehr kein Kraftfahrzeug führen zu dürfen, jedenfalls dann weder neben noch anstelle eines Fahrverbots in Betracht, wenn die Weisung ganz oder vorwiegend der Sicherung des Straßenverkehrs dient;[46] dies wäre eine unzulässige Umgehung des Gesetzes.[47] Gleiches wird für Nichtverkehrstaten zu gelten haben.

b) Besonderheiten

aa) Der **Vorbehalt eines Fahrverbots** ist **ausgeschlossen.** Ausweislich von § 59 Abs. 1 Satz 1 können nur (an sich verwirkte) *Geldstrafen* zur Warnung vorbehalten werden (BayObLG NJW **1976** 301).[48] Die von *Plank* (S. 105ff) vertretene gegenteilige Ansicht läuft auf eine Art von „Fahrverbot auf Bewährung" hinaus und ist mit dem Gesetz nicht zu vereinbaren. 9

Unzulässig ist auch die Anordnung eines **Fahrverbots neben einer Verwarnung** 10
mit Strafvorbehalt.[49] Dies folgt nicht nur aus § 59 Abs. 3 Satz 1, wo das Fahrverbot nicht eigens genannt ist, sondern auch daraus, dass es bei einer Verwarnung unter Strafvorbehalt gerade *nicht* zur Verurteilung zu einer (Geld-)Strafe gekommen ist. Der von *Schöch* (JR **1978** 75) und von *Plank* (S. 140ff) für die gegenteilige Rechtsansicht vorgetragene Hinweis, die Verwarnung mit Strafvorbehalt sei ebenso eine Modifikation der Geldstrafe wie die Strafaussetzung zur Bewährung eine besondere Ausgestaltung der Freiheitsstrafe, geht nach geltendem Recht fehl; denn nach dem ausdrücklichen Wortlaut des Gesetzes (§ 56 Abs. 1 Satz 1: „Bei der *Verurteilung* zu Freiheitsstrafe ...") kann nur eine *verhängte* Freiheitsstrafe zur Bewährung ausgesetzt werden, während die Verurteilung zu einer Geldstrafe bei Verwarnung unter Strafvorbehalt erklärtermaßen unterblieben ist (§ 59 Abs. 1 Nr. 1: „künftig auch *ohne Verurteilung* zu Strafe"). Zudem würde die neben einer vorbehaltenen Geldstrafe ausgesprochene Nebenstrafe eines Fahrverbots dem Normzweck des § 59 zuwiderlaufen, den Angeklagten vor dem Strafmakel einer Verurteilung gerade zu bewahren. Schließlich folgt die Unzulässigkeit eines Fahrverbots neben einer Verwarnung mit Strafvorbehalt aus dem Wesen des Fahrverbots, das als erklärte Besinnungs- und Denkzettelstrafe im klaren Gegensatz zur Verwarnung unter Strafvorbehalt

45 *Sch/Schröder/Kinzig* Rdn. 10; s. auch *Athing/v Heintschel-Heinegg* MK Rdn. 4. Gleiches gilt, wenn bei einer Geldstrafe Zahlungserleichterungen gewährt werden (§ 42) oder die Vollstreckung der Strafe oder der Ersatzfreiheitsstrafe unterbleibt (§§ 459c bis f StPO).

46 OLG Düsseldorf NJW **1968** 2156 m. Anm. *van Els*; OLG Hamm VRS **10** (1956) 49; OLG Köln JMBlNRW **1964** 221; *Cramer* Rdn. 33; *Hartung* DRiZ **1958** 51. Vorschläge, das Fahrverbot aus diesem Grund im Jugendstrafrecht als Zuchtmittel auszugestalten (z.B. BTDrucks. 15/1725 S. 20f) haben sich nicht durchgesetzt (dazu BTDrucks. 18/11272 S. 17).

47 Davon zu unterscheiden ist die (zulässige) jugendrichterliche Weisung, z.B. nach wiederholtem Fahren ohne Fahrerlaubnis in einer bestimmten Zeit die Fahrerlaubnis zu erwerben; dies kann eine kriminalpädagogisch und kriminalprophylaktisch sinnvolle Maßnahme sein, um den kriminogenen Wirkungen von § 44 (und §§ 69, 69a) in Gestalt von Folgetaten (§ 142 StGB; § 21 StVG) entgegenzuwirken: etwa AG Saalfeld DAR **2002** 137; VRS **105** (2003) 303; zustimmend *Brunner/Dölling* § 10 Rdn. 14.

48 BayObLG NJW **1976** 301 = MDR **1976** 65 mit Anm. *Berz* S. 332 = JR **1978** 73 mit Anm. *Schöch*. Ebenso *Sch/Schröder/Kinzig* Rdn. 10; *Cramer* Rdn. 33; *Kulemeier* S. 72 mit Fn. 110.

49 BayObLG NStZ **1982** 258; OLG Stuttgart NZV **1994** 405; OLG Frankfurt NZV **2014** 136 m. Bspr. *König* DAR **2014** 363 und *Timm* NZV **2014** 112; ebenso (für viele): *Berz* MDR **1976** 332; *Hentschel/König/Dauer* Rdn. 3; *Lackner/Kühl/Heger* Rdn. 5; *Sch/Schröder/Kinzig* Rdn. 10; *Janiszewski* Rdn. 666; *Kulemeier* S. 72.

steht, die angesichts günstiger Sozialprognose davon ausgeht, eine Bestrafung des Täters sei überflüssig.[50] Vorschläge, das Fahrverbot auch bei einer Verwarnung mit Strafvorbehalt zu ermöglichen, hat der Gesetzgeber bei der Novellierung 2017 nicht aufgegriffen, weswegen die gegenteilige Auffassung spätestens jetzt nicht mehr haltbar ist.

11 In Fällen solcher Art hat das Gericht somit zunächst zu prüfen, ob eine Verwarnung mit Strafvorbehalt rechtlich in Frage kommt; ist dies zu bejahen, wäre es rechtsfehlerhaft, von dieser Möglichkeit nur deshalb abzusehen, um ein Fahrverbot verhängen zu können.[51] Hat ein Tatgericht unzulässigerweise eine Verwarnung unter Strafvorbehalt mit der Anordnung eines Fahrverbots verbunden, führt eine zugunsten des Angeklagten eingelegte Revision nach BayObLG NStZ **1982** 258 dann nicht zur Beseitigung des Fahrverbots, wenn nach der Beurteilung des Rechtsmittelgerichts zwar die Voraussetzungen des Fahrverbots, nicht aber diejenigen einer Verwarnung unter Strafvorbehalt vorgelegen haben. Dem kann jedoch nicht zugestimmt werden: Das Revisionsgericht darf den fehlerhaften Ausspruch einer Verwarnung unter Strafvorbehalt mit Rücksicht auf das Verschlechterungsverbot (§ 358 Abs. 2 StPO) zwar nicht beseitigen (zu den Auswirkungen des Verschlechterungsverbots nachfolgend Rdn. 102ff), ist aber aus Rechtsgründen gezwungen, das Fahrverbot als neben § 59 schlechterdings unstatthaft aufzuheben. Wenn das BayObLG dies nicht getan hat, war es ersichtlich vom Bestreben getragen, die nach Lage des Falls „falsche" Entscheidung (Verwarnung mit Strafvorbehalt) aufzuheben und die „richtige" Sanktion (Verhängung eines Fahrverbots) nicht kassieren zu müssen. Damit aber hat das BayObLG Fahrverbot und Verwarnung unter Strafvorbehalt im Ergebnis doch wieder unzulässigerweise miteinander verbunden und im Schrifttum daher berechtigten Widerspruch erfahren.[52]

12 **bb) Besonderheiten im jugendgerichtlichen Verfahren.** Auch wenn § 44 die Anordnung eines Fahrverbots von der Verurteilung zu Freiheits- oder Geld*strafe* abhängig macht, ist das Fahrverbot seit jeher auch neben Erziehungsmaßregeln und Zuchtmitteln zulässig; dies folgt, wovon schon die Begründung zum 2. StraßenVSichG ausgeht (BTDrucks. IV/651 S. 13), aus § 8 Abs. 3 JGG.[53] Mit der Novellierung im Jahr 2017 wurde § 8 Abs. 3 JGG ein Satz 2 angefügt, wonach das (für sämtliche Straftaten mögliche) Fahrverbot die Dauer von drei Monaten nicht überschreiten darf. Die Zulässigkeit des Fahrverbots im Jugendstrafrecht ist damit nochmals bekräftigt worden, gegenteilige Interpretationen sind mithin nicht (mehr) haltbar. Der Gesetzgeber begründet das gegenüber dem allgemeinen Strafrecht geringere Höchstmaß u.a. mit dem anderen Zeitempfinden junger Menschen (BTDrucks. 18/11272 S. 17). Vorschläge, das Fahrverbot als eigenständiges Zuchtmittel auszugestalten, hat er hingegen abgelehnt.[54] Ausweislich von § 76 Satz 1 JGG kann auf Fahrverbot im **vereinfachten Jugendverfahren** erkannt werden. Ob es auch bei **Aussetzung der Verhängung der Jugendstrafe (§ 27 JGG)** zulässig ist, unterliegt unterschiedlicher Beurteilung. Entgegen einer vor allem im jugendgerichtlichen Schrift-

---

50 OLG Stuttgart NZV **1994** 406.

51 Anders wohl OLG Stuttgart NZV **1994** 406. Ob die erzieherische Langzeitwirkung der Verwarnung mit Strafvorbehalt *aus kriminalpolitischen Gründen* mit der sofort wirksamen Denkzettelfunktion des Fahrverbots verbunden werden sollte (so *Schöch* JR **1978** 75; *Plank* S. 140ff), ist eine andere Frage, die der Gesetzgeber ablehnend beantwortet hat; dazu auch *Meyer-Goßner* NStZ **1982** 259; *Cramer* Rdn. 33.

52 *Meyer-Goßner* NStZ **1982** 258; *Geppert* JK StGB § 44/1; aM zum bisherigen Recht aber *Halecker* AnwaltK Rdn. 29; *Halecker* S. 176ff.

53 Schon zum alten Recht allgemeine Ansicht, s. etwa *Hartung* NJW **1965** 86; *Lackner* JZ **1965** 95; *Warda* GA **1965** 68; vgl. auch BayObLG bei *Rüth* DAR **1970** 261. Bedenklich BezG Meiningen bei *Janiszewski* NStZ **1992** 269.

54 BTDrucks. 18/11272 S. 27; befürwortend hingegen etwa *Wedler* NZV **2015** 209.

tum[55] vertretenen Ansicht wird diese Frage von der wohl überwiegenden Meinung mit Rücksicht auf den Wortlaut des Gesetzes und die Funktion der Nebenstrafe aber mit Recht verneint.[56] Auch hier fehlt es nämlich an der erforderlichen „Verurteilung" zu einer Hauptstrafe. Unter den Voraussetzungen des § 27 JGG wird vielmehr nur die Schuld des Jugendlichen festgestellt und die „Entscheidung über die Verhängung der Jugendstrafe" ausgesetzt. Somit geht die für die Gegenansicht vorgetragene Parallele zur Strafaussetzung zur Bewährung im Erwachsenenstrafrecht ebenso fehl wie der auf § 8 Abs. 3 JGG gegründete Hinweis, im jugendgerichtlichen Verfahren sei ein Junktim zwischen Strafe und Fahrverbot nicht vorhanden. § 8 Abs. 3 JGG ist demgegenüber gerade Ausdruck dieses Junktims, wird hier doch die Verhängung auch einer Erziehungsmaßregel und eines Zuchtmittels der Auferlegung einer „Strafe" gleichgestellt.

4. Der **Besitz einer Fahrerlaubnis** zur Tatzeit oder zur Zeit der Urteilsverkündung 13
ist allein schon deshalb nicht Voraussetzung des Fahrverbots, weil Kraftfahrzeuge i.S. von Absatz 1 Satz 1 nach der in § 1 Abs. 2 StVG enthaltenen und auf § 44 übertragbaren Begriffsbestimmung alle durch Maschinenkraft bewegten und nicht an Bahngleise gebundenen Landfahrzeuge und demzufolge auch solche sind, die von der Fahrerlaubnispflicht ausgenommen sind (§ 4 Abs. 1 Satz 2 FeV).[57] Erstreckt sich das Fahrverbot auf Kraftfahrzeuge jeder Art, ist es dem Betroffenen somit auch nicht gestattet, fahrerlaubnisfreie Kraftfahrzeuge zu führen.[58] Soweit das – nach § 21 StVG strafbewehrte[59] – Verbot das Führen erlaubnispflichtiger Kraftfahrzeuge betrifft, wird die Anordnung eines Fahrverbots im Allgemeinen nur sinnvoll sein, wenn der Täter kurz vor der Erteilung einer Fahrerlaubnis steht oder eine gegen ihn verhängte Sperrfrist (§ 69a Abs. 1) demnächst abläuft.[60] Liegen (bei Verkehrsstraftaten) Anzeichen für mangelnde Eignung des Täters zum Führen von Kraftfahrzeugen vor, was vor allem (aber nicht nur) bei den Regelbeispielen des § 69 Abs. 2 der Fall sein wird, ist die Entziehung der Fahrerlaubnis (§ 69) geboten, für die Anordnung eines Fahrverbots dann aber in aller Regel kein Raum.[61] Zu (praktisch nicht sehr bedeutsamen) Ausnahmen nachfolgend Rdn. 18.

III. Fahrverbot auch im Verhältnis zur Entziehung der Fahrerlaubnis

1. Straf- und ordnungsrechtliches Fahrverbot. Nachdem die früheren Verkehrs- 14
„Übertretungen" durch Art. 3 EGOWiG vom 24.5.1968 (BGBl. I 503) mit Wirkung vom 1.1.1969 zu Ordnungswidrigkeiten zurückgestuft worden waren, war § 37 a.F. unanwendbar geworden. Zum Ausgleich hierfür hat der Gesetzgeber in § 25 StVG die Voraussetzungen für ein behördliches Fahrverbot geschaffen.[62] Das **Fahrverbot des § 25 StVG** ist kei-

---

55 Je zu § 27 JGG: *Brunner/Dölling* Rdn. 17; *Diemer/Schoreit/Sonnen* Rdn. 11; *Ostendorf* NK-JGG Rdn. 9; *Nehring* BeckOK JGG Rdn. 21; vgl. auch *Sch/Schröder/Kinzig* Rdn. 9; *Cramer* Rdn. 34; *Lackner* JZ **1965** 95; *Schöch* JR **1978** 74, 75.
56 MK-*Athing/v Heintschel-Heinegg* Rdn. 4; *Wolters* SK Rdn. 7; *Böse* NK Rdn. 15; *Hentschel/König/Dauer* Rdn. 3, je zu § 44; *Eisenberg* JGG § 27 Rdn. 20; *Janiszewski* Rdn. 643, 666; *Kulemeier* S. 82.
57 Unbestritten: *Hentschel/König/Dauer* Rdn. 2; *Athing/v Heintschel-Heinegg* MK Rdn. 5, *Böse* NK Rdn. 16, *Sch/Schröder/Kinzig* Rdn. 12, alle zu § 44.
58 *Hentschel/König/Dauer* Rdn. 2, 10; *Schäpe* DAR **2002** 153.
59 Zum „Fahren ohne Fahrerlaubnis oder trotz Fahrverbots nach § 21 StVG" s. auch *Schäpe* DAR **2002** 150 ff sowie – sehr zweifelhaft unter Berufung auf ein so nicht existierendes Selbstbegünstigungsprivileg – *Mitsch* NZV **2007** 66 und hiergegen *Hentschel/König/Dauer* § 21 StVG Rdn. 9.
60 *Böse* NK Rdn. 16; dazu schon *Warda* GA **1965** 68 f.
61 *Sch/Schröder/Kinzig* Rdn. 11; *Lackner* JZ **1965** 94.
62 Zur weiteren Entstehungsgeschichte des Fahrverbots nach § 25 StVG s. *Geppert* LK[12] Rdn. 14 Fn. 71 sowie die bei *Hentschel/König/Dauer* § 25 StVG Rdn. 1 bis 10 auszugsweise abgedruckten Materialien.

ne Kriminalstrafe, sondern eine ordnungsrechtliche Nebenfolge (neben der Geldbuße) und daher verfassungsrechtlich grundsätzlich unbedenklich, steht jedoch unter dem strengen Grundsatz der Verhältnismäßigkeit (BVerfGE **27** 36). Die kriminalpolitische Zielrichtung des § 25 StVG entspricht im Wesentlichen der des strafgerichtlichen Fahrverbots, das ordnungsrechtliche Fahrverbot ist wie dieses also vorwiegend spezialpräventive „Denkzettel- und Besinnungsmaßnahme" (BTDrucks. V/1319 S. 90). Es gilt jedoch – unter Beibehaltung des Höchstmaßes von drei Monaten – (weiterhin) nur bei Verkehrsordnungswidrigkeiten (§ 24 StVG); Verstöße gegen andere Bußgeldtatbestände können daher kein Fahrverbot nach § 25 StVG auslösen. Ferner kommen nur solche Fehlleistungen in Betracht, die der Kraftfahrzeugführer selbst (und nicht etwa nur der Halter oder ein Beifahrer) und zwar unter „grober oder beharrlicher Verletzung der Pflichten eines Kraftfahrzeugführers" begangen hat. Sog. Zusammenhangstaten reichen nicht aus. Unter den „Pflichten eines Kraftfahrzeugführers" werden alle dem Fahrzeugführer spezifisch obliegenden Pflichten verstanden; einschlägig ist danach nicht nur typisches Fehlverhalten im (fließenden wie im ruhenden) Straßenverkehr, sondern auch die Verletzung sonstiger Pflichten, die im weiteren Sinn mit dem Führen eines Kraftfahrzeugs zusammenhängen. Das Ermessen der Bußgeldbehörden und der Amtsgerichte ist außer für Alkohol- und Drogenfahrten nach § 24a StVG (§ 25 Abs. 1 Satz 2 StVG) namentlich durch die Regeltatbestände der BKatV eingeschränkt (dazu *Hentschel/König/Dauer* § 25 StVG Rdn. 19ff). Die Anordnungshäufigkeit des Fahrverbots nach Ordnungswidrigkeitenrecht überwiegt die des strafgerichtlichen bei weitem (Rdn. 1b). Wegen der Einzelheiten wird auf Literatur und Rechtsprechung zu § 25 StVG verwiesen.

15 Sieht man von einigen Besonderheiten des Fahrverbots nach § 25 StVG einmal ab, unterscheiden sich beide Sanktionen in **Inhalt und Wirkung** nicht allzu sehr. Das ordnungsrechtliche Fahrverbot setzt wie das nach § 44 eine schuldhafte (vorwerfbare) Zuwiderhandlung voraus (§ 1 Abs. 1 OWiG). Wie bei § 44 bleibt bei § 25 StVG die Fahrerlaubnis erhalten. Auch Zuwiderhandlungen gegen § 25 StVG sind strafbewehrt (§ 21 Abs. 1 Nr. 1 StVG).[63] Rechtsprechung und Literatur zu § 25 StVG können bei der Interpretation des § 44 daher mit aller Vorsicht verwertet werden. Wenn das Gericht auch für die Ahndung der Ordnungswidrigkeit zuständig ist (§§ 42, 45 OWiG) oder eine als Straftat angeklagte Tat vom Gericht nur als Ordnungswidrigkeit beurteilt wird (§§ 82, 83 OWiG), kann das Fahrverbot des § 25 StVG auch im Strafverfahren ausgesprochen werden. Tritt umgekehrt die ein Fahrverbot (§ 25 StVG) auslösende Ordnungswidrigkeit gegenüber einer tateinheitlich begangenen Straftat nach § 21 Abs. 1 Satz 1 OWiG zurück, ist das Gericht ausweislich des nachfolgenden Satzes 2 nicht gehindert, neben der (Freiheits- oder Geld-)Strafe das ordnungsrechtliche Fahrverbot auch dann anzuordnen, wenn die konkurrierende Ordnungswidrigkeit einen „Regelfall" im Sinne von § 25 Abs. 1 Satz 2 StVG darstellt oder durch die Regeltatbestände der BKatV indiziert ist.[64] Eine andere Frage ist, ob es der Strafrichter im Rahmen der Ermessensausübung nach Absatz 1 Satz 1 zu beachten hat, dass bei nach § 21 OWiG zurücktretender Ordnungswidrigkeit § 25 Abs. 1 Satz 2 StVG für diese ein Regelfahrverbot anordnet oder nach § 25 Abs. 1 Satz 1 StVG i.V.m. BKatV ein Fahrverbot angezeigt ist. Klar ist, dass die genannten Regelungen für das Fahrverbot nach § 44 nicht unmittelbar Geltung beanspruchen. Jedoch wird der Strafrichter nicht daran vorbeigehen können, dass der Gesetz- bzw. Verordnungsgeber für den jeweiligen Verstoß einen Eingriff in die Fahrfreiheit für angezeigt bzw. für gerechtfertigt hält. Wenn der Täter wegen einer Straftat bestraft und nicht „nur" wegen einer

63 Ausführlich *Schäpe* DAR **2002** 150.
64 OLG Koblenz VRS **52** (1977) 447; ebenso *Janiszewski* Rdn. 173; Blutalkohol **1974** 168; *Göhler/Gürtler* § 21 OWiG Rdn. 14. Ausführlich *Hentschel/König/Dauer* Rdn. 7b; s. auch *Hentschel* NZV **1996** 288.

Ordnungswidrigkeit belangt wird, kann ihn dies in Bezug auf die das Fahren betreffende Sanktion schwerlich besserstellen (wohl **aM** OLG Köln NZV **1996** 286 m. Anm. *Hentschel*). Solche Regelverstöße sind mithin gewichtige Indizien für die Anordnung des Fahrverbots nach § 44.[65]

2. Fahrverbot und Fahrerlaubnisentziehung. Im Gegensatz zur schuldabhängigen Nebenstrafe des Fahrverbots (§ 44) ist die Entziehung der Fahrerlaubnis (§§ 69, 69a) als – ausschließlich spezialpräventive und demnach grundsätzlich schuldunabhängige – Maßregel der Besserung und Sicherung ausgestaltet. Danach ist dem Gericht gestattet, für die Dauer von sechs Monaten bis zu fünf Jahren oder für immer solche Personen vom Straßenverkehr auszuschließen, die sich durch ihr Fehlverhalten „bei oder im Zusammenhang mit dem Führen eines Kraftfahrzeuges oder unter Verletzung der Pflichten eines Kraftfahrzeugführers" als zum Führen von Kraftfahrzeugen ungeeignet erwiesen haben. Unter den Voraussetzungen des § 69 erlischt die Fahrerlaubnis als solche und muss nach Ablauf der vom Gericht gesondert festgesetzten Sperrfrist zur Erteilung einer neuen Fahrerlaubnis bei der Verkehrsbehörde neu beantragt werden (§§ 2ff StVG). 16

a) Angesichts unterschiedlicher Voraussetzungen ist für das Fahrverbot **neben der Entziehung der Fahrerlaubnis in aller Regel kein Raum.** Denn bei Nichterweislichkeit der fehlenden Fahreignung kann gegen den Angeklagten zwar ein Fahrverbot verhängt, nicht aber die Entziehung der Fahrerlaubnis ausgesprochen werden. Soweit dagegen Eignungsmängel zu bejahen sind, ist der Entzug der Fahrerlaubnis zwingend vorgeschrieben. Ein Fahrverbot ist daneben gesetzlich zwar nicht ausdrücklich ausgeschlossen; jedoch besteht für seine Anordnung – von praktisch nicht sehr bedeutsamen Ausnahmen abgesehen (dazu Rdn. 18) – kaum ein Bedürfnis. Der Zweck eines Fahrverbots (die Ausschaltung aus dem Straßenverkehr) kann in diesem Fall weit besser durch die mit einer mindestens sechsmonatigen Sperrfrist verbundene Entziehung der Fahrerlaubnis erreicht werden (BTDrucks. IV/651 S. 12). Soweit die gleichzeitige Anwendung von Fahrerlaubnisentziehung und Fahrverbot nicht notwendig ist, schließen sich also beide Maßnahmen (wenn auch nicht begrifflich, so doch praktisch) aus und brauchen nicht nebeneinander angeordnet zu werden;[66] soweit BGH BA **55** (2018) 437 iS eines *rechtlichen* Ausschließlichkeitsverhältnisses zu verstehen sein sollte, wäre dem freilich zu widersprechen.[67] Bei Anzeichen für fehlende Fahreignung muss das Gericht, um es bei einem Fahrverbot bewenden lassen zu können, zuvor stets die Anwendbarkeit des § 69 prüfen.[68] Umgekehrt gibt es jedoch keine Regel, dass ein Fahrverbot zwingend zu verhängen ist, wenn trotz Vorliegens eines Regelbeispiels (§ 69 Abs. 2) von der Entziehung der Fahrerlaubnis abgesehen wird (BayObLG VRS **58** [1980] 362; näher Rdn. 34). 17

---

65 Eingehend *Hentschel/König/Dauer* Rdn. 7b.

66 Allgemeine Ansicht, so schon *Warda* GA **1965** 66; *Nüse* JR **1965** 43; s. auch *Cramer* Rdn. 10, *Böse* NK Rdn. 6, *Sch/Schröder/Kinzig* Rdn. 2; ausführlich *Kulemeier* S. 138 ff. Aus der Rechtsprechung: BGH BA **55** (2018) 437; OLG Braunschweig VRS **31** (1966) 104; OLG Celle NJW **1968** 1102; OLG Karlsruhe VRS **34** (1968) 192; **59** (1980) 112; OLG Düsseldorf VM **1972** 23; s. auch – nicht unproblematisch – OLG Hamm DAR **2017** 390 m. Bspr. *König* DAR **2018** 362.

67 Die dortige Urteilsaufhebung ist auch in der Sache nicht recht verständlich. Denn das durch die Vorinstanz neben einer isolierten Fahrerlaubnissperre angeordnete Fahrverbot kann eigentlich nur auf ein Fahrverbot für nicht fahrerlaubnispflichtige Kfz abgezielt haben. Zu dieser Entscheidung s. auch *Rinio* NZV **2019** 153.

68 OLG Celle NJW **1968** 1102; *Hentschel/König/Dauer* Rdn. 2; *Warda* GA **1965** 75.

18 **b)** Fahrerlaubnisentziehung und Fahrverbot sind **nebeneinander nur ausnahmsweise** gerechtfertigt (dazu die vorstehende Rdn.). Eine kumulative Anordung kommt in Betracht, wenn nach Entziehung der Fahrerlaubnis aufgrund von § 69a Abs. 2 bestimmte Arten von Kraftfahrzeugen von der Sperre ausgenommen worden sind. Ausweislich der Gesetzesmaterialien (BTDrucks. IV/651, S. 12) hat ein zusätzliches Fahrverbot in diesen Fällen den Sinn, den Täter für kurze Zeit auch von der Führung solcher Fahrzeuge auszuschließen, auf die sich die Sperrfrist *nicht* bezieht.[69] Ferner kann ein Fahrverbot neben der Entziehung der Fahrerlaubnis sinnvoll sein, wenn es zur Warnung und individuellen Abschreckung des Täters geboten ist, ihn vorübergehend auch von der Führung fahrerlaubnisfreier Kraftfahrzeuge (z.B. Fahrräder mit Hilfsmotor, „E-Bikes", motorisierte Krankenfahrstühle oder land- oder forstwirtschaftliche Zugmaschinen mit einer Höchstgeschwindigkeit von nicht mehr als 6 km/h, vgl. § 4 FeV) auszuschließen.[70]

19 **c) Zur Austauschbarkeit von Fahrverbot und Fahrerlaubnisentziehung im Rechtsmittelverfahren.** Ungeachtet unterschiedlicher Rechtsnatur und Voraussetzungen sind Entziehung der Fahrerlaubnis und Fahrverbot in ihrem Ziel, den Täter (mindestens) vorübergehend vom öffentlichen Straßenverkehr auszuschließen, wesensmäßig einander ebenso ähnlich wie in ihren praktischen Auswirkungen auf den Betroffenen. Dies gilt verstärkt nach der 2017 erfolgten Erhöhung des Höchstmaßes des Fahrverbots auf sechs Monate. Das Fahrverbot ist gegenüber der Fahrerlaubnisentziehung jedoch (weiterhin) die weniger einschneidende Maßnahme. Namentlich wird die Fahrerlaubnis unter den Voraussetzungen des § 69 entzogen (mit der Folge, dass sie nach Ablauf der zeitigen Sperrfrist neu beantragt werden muss), während sie bei Anordnung eines Fahrverbots an sich erhalten bleibt. Somit ist das Fahrverbot gegenüber der Fahrerlaubnisentziehung jedenfalls *in seinen praktischen Auswirkungen* auf den Betroffenen kein Aliud, sondern ein wirkungsähnliches Minus. Sieht demzufolge der Erstrichter sowohl von der Fahrerlaubnisentziehung wie von der Anordnung eines Fahrverbots ab und richtet sich die Berufung (allein) der Staatsanwaltschaft gegen die Nichtentziehung der Fahrerlaubnis, muss das Rechtsmittelgericht, wenn es die Voraussetzungen der Fahrerlaubnisentziehung verneint, notwendigerweise auch prüfen, ob das Rechtsmittel nicht „wenigstens" unter dem Gesichtspunkt der Nichtanordnung eines Fahrverbots begründet ist (OLG Celle NJW **1968** 1102). Zu den Konsequenzen hieraus vor dem Hintergrund des Verschlechterungsverbots (§ 331 Abs. 1, § 358 Abs. 2 StPO) näher Rdn. 102ff.

20 **3. Fahrverbot und verwaltungsrechtliche Fahrerlaubnisentziehung.** Auch nach Einfügung der damaligen §§ 42m ff. (der heutigen §§ 69ff) durch das 1. StraßenVSichG vom 19.12.1952 (BGBl. I 823) haben neben den Strafgerichten auch die Verwaltungsbehörden die Befugnis erhalten bzw. behalten, die Fahrerlaubnis zu entziehen (Doppelkompetenz von Strafgericht und Verwaltung). So *muss* die Verwaltungsbehörde die Fahrerlaubnis entziehen, wenn sich jemand „als ungeeignet oder nicht befähigt zum Führen von Kraftfahrzeugen" erwiesen hat (§ 3 Abs. 1 StVG, §§ 46, 47 FeV) und Einschränkungen oder Auflagen zur Sicherung der Allgemeinheit nicht ausreichen (§ 46 Abs. 2 FeV). Diese Befugnis steht der Verwaltungsbehörde an sich auch gegenüber ausländischen Fahrerlaubnisinhabern zu (§ 3 Abs. 1 Satz 2 StVG), allerdings mit anderen Rechtsfolgen (kein Erlöschen des Rechts, sondern nur Verbot, davon im Inland Gebrauch

---

69 BGH BA **55** (2018) 437; OLG Düsseldorf VM **1972** 23; LG Bonn DAR **1978** 195. Dazu auch *Sch/Schröder/Kinzig* Rdn. 2, *Cramer* Rdn. 10; *Warda* GA **1965** 66, *Arndt* SchlHA **1969** 10.

70 BGH BA **55** (2018) 437; BayObLG bei *Rüth* DAR **1973** 204; OLG Düsseldorf VM **1970** 68; OLG Schleswig SchlHA **1979** 210; LG Bonn DAR **1978** 195. Vgl. auch *Janiszewski* Rdn. 670.

zu machen: § 3 Abs. 1 Satz 2, Abs. 2 Satz 2 StVG, § 46 Abs. 5 FeV), weswegen keine unzulässige Beseitigung eines ausländischen Hoheitsakts gegeben ist. Wegen der Einzelheiten wird auf das Schrifttum zum Fahrerlaubnisrecht verwiesen.[71]

Ein von einem Strafgericht ausgesprochenes Fahrverbot steht der späteren Entzie- 21
hung der Fahrerlaubnis wegen Nichteignung des Verurteilten durch die Verwaltungsbehörde nicht entgegen (§ 3 Abs. 4 StVG), wenn das Strafgericht hinsichtlich der Fahreignung nicht ausdrücklich eine negative Entscheidung getroffen oder eine diesbezügliche Begründung unterlassen hat. Wegen ihrer umfassenden Prüfungsbefugnis und Prüfungspflicht ist die Verwaltungsbehörde dann nicht an die strafrichterliche Eignungsbeurteilung gebunden; mit der Verhängung eines Fahrverbots hat das Strafgericht daher in solchen Fällen nicht abschließend über die Eignung des Betroffenen zum Führen von Kraftfahrzeugen befunden.[72]

IV. Anordnung des Fahrverbots nach Absatz 1 Satz 1

1. Grundsatz. Nach § 44 Abs. 1 Satz 1 *kann* das Gericht ein Fahrverbot – entweder 22
generell für alle Arten von Kraftfahrzeugen oder auf bestimmte Arten beschränkt – für die Dauer von einem Monat bis zu sechs Monaten verhängen. Die Anordnung des Fahrverbots ist also grundsätzlich in das pflichtgemäße Ermessen des Gerichts gestellt, dessen Ermessensfreiheit allerdings für Fahrten in rauschmittelbedingter Fahrunsicherheit durch Absatz 1 Satz 3 unter den dort bezeichneten Voraussetzungen bezüglich des Anordnungsgrundes (nicht auch hinsichtlich der Verbotsdauer und des Verbotsumfangs) erheblich eingeschränkt ist (dazu Rdn. 34ff). Da das Fahrverbot eine (Neben-)Strafe ist, richtet sich die Frage, ob, in welchem Umfang und für welche Dauer ein Fahrverbot anzuordnen ist, innerhalb des Ermessensspielraums zunächst einmal nach den allgemeinen Strafzumessungsregeln des § 46. Im Blick auf den ihm innewohnenden Strafcharakter muss das Fahrverbot dem Verschulden des Täters und dem Maß seiner Pflichtwidrigkeit entsprechen und hat die verschuldeten Auswirkungen der Tat mit zu berücksichtigen (BGHSt **24** 348, 350).[73] Da zwischen Haupt- und Nebenstrafe eine Wechselwirkung besteht, dürfen beide zusammen das Maß der Tatschuld nicht überschreiten (BGHSt **29** 58, 60f).[74]

„Leitlinien". Mit der Öffnung des Fahrverbots für Straftaten der allgemeinen Kri- 23
minalität hat der Gesetzgeber – insoweit Anregungen aus der Expertenanhörung aufgreifend (BTDrucks. 18/12785 S. 43) – **in Absatz 1 Satz 2 „Leitlinien" aufgenommen** (zu deren Bedeutung und Sinnhaftigkeit Rdn. 2, 5), die die gesetzgeberische Zielrichtung verdeutlichen und die Rechtsanwendung erleichtern sollen. Sie gelten gleichermaßen sowohl für Straftaten im Zusammenhang mit dem Straßenverkehr als auch für solche der allgemeinen Kriminalität, weswegen der in Absatz 1 Satz 2 beibehaltenen „Verkehrsformel" keine rechtliche Bedeutung mehr zukommt (im Einzelnen Rdn. 5). Angesprochen sind die erforderliche Einwirkung auf den Täter (vorwiegend negative Spezialprävention), die Verteidigung der Rechtsordnung („Generalprävention") und die Vermeidung von (vollstreckten) Freiheitsstrafen („Diversion"). Die „Leitlinien" gelten

71 Ausführlich die Erläuterungen bei *Hentschel/König/Dauer* insbesondere zu §§ 2, 3 StVG, §§ 46, 47 FeV.
72 OVG Lüneburg NJW **1971** 956; OVG Münster DAR **2004** 721 f; NZV **2014** 543; *Hentschel/König/Dauer* § 3 StVG Rdn. 59 m.w.N.
73 S. auch OLG Köln DAR **1999** 87; DAR **1996** 154; OLG Stuttgart DAR **1998** 153; *Schäpe* DAR **2002** 154; *Molketin* NZV **2001** 412.
74 Allgemeine Ansicht, s. auch BGHSt **24** 11 [zu § 25 StVG]; BayObLG MDR **1978** 422; OLG Köln DAR **1992** 190; OLG Düsseldorf VRS **78** (1990) 111; OLG Celle VRS **62** (1982) 38; OLG Frankfurt a.M. VerkMitt **1977** 31; OLG Hamm StV **2004** 481; OLG Köln NZV **1996** 286.

„insbesondere“ (also nicht nur) für Nichtverkehrstaten und sollen zugleich dem (nach zutreffender Auffassung des Gesetzgebers schon im Ansatz unberechtigten) Vorwurf fehlender Sanktionsbestimmtheit entgegenwirken.[75] Nicht übersehen werden sollte dabei, dass Absatz 1 Satz 2 – anders als Absatz 1 Satz 3 (dazu vorstehende Rdn.) – **keine Regeltatbestände normiert**, die die tatrichterliche Ermessensausübung im Rahmen der Strafzumessung einschränken, sondern lediglich nicht abschließende („kommt ... namentlich in Betracht“) Hinweise gibt, was der Tatrichter bei der Ermessensausübung *jedenfalls auch* zu bedenken haben wird. Deswegen schaden auch Überschneidungen zwischen den dort benannten Aspekten nicht.[76] Dass Absatz 1 Satz 2 geeignet ist, den Sanktionscharakter des erweiterten Fahrverbots zu präzisieren bzw. vorsichtig zu korrigieren (z.B. Stärkung des Gedankens des Schuldausgleichs, Berücksichtigung des Strafzwecks der Generalprävention; Gedanke der Diversion), bleibt davon unberührt. Im Einzelnen werden dem Tatrichter bei der Prüfung der Anordnung des (erweiterten) Fahrverbots prognostische Erwägungen abverlangt, wie er sie auch in anderen Bereichen der Anordung und Bemessung von Rechtsfolgen anzustellen hat. Wer etwa zur Feststellung der Erforderlichkeit der Einwirkung auf den Täter gerade durch das Fahrverbot die Notwendigkeit der Hinzuziehung eines Sachverständigen propagiert,[77] muss sich fragen lassen, warum der Tatrichter dann etwa bei der Prüfung der „Unerlässlichkeit“ nach § 47 Abs. 1 oder bei der Strafaussetzung zur Bewährung entgegen ständiger und ober- sowie höchstrichterlich nicht beanstandeter tatgerichtlicher Praxis sowie unter Billigung nahezu des gesamten Schrifttums ohne sachverständige Hilfe soll auskommen können.[78] Was schließlich das Verhältnis zu einer wegen des Fahrverbots unter Umständen entbehrlichen Freiheitsstrafe oder deren Vollstreckung anbelangt, handelt es sich um Gesichtspunkte, die im Blick auf die Wechselwirkung zwischen Haupt- und Nebenstrafe und die durch den Bundesgerichtshof deswegen bereits für das „alte“ Recht geforderte „ganzheitliche“ Betrachtungsweise (BGHSt **29** 58, 61: „bis in den Bereich der Anwendung des § 56 StGB“)[79] und damit auch etwa bei der Prüfung des § 47 Abs. 1 (OLG Koblenz NZV **2012** 404) seit jeher zu gewichten waren. Die in Absatz 1 Satz 2 bezeichneten „Leitlinien“ enthalten daher nichts grundsätzlich Neues (näher *König* DAR **2018** 604, 606f). Zu den Details Rdn. 25.

2. Für die **Ermessensausübung** ergibt sich Folgendes:

24 **a) Keine „kleine Münze“.** Das Fahrverbot ist weiterhin (den Strafcharakter allerdings verstärkt betonende und in den Auswirkungen „verschärfte“) Denkzettel- und Besinnungsstrafe (dazu Rdn. 2, 23). Im überkommenen Anwendungsbereich von Straftaten im Zusammenhang mit dem Straßenverkehr ist es für leichtsinnige, nachlässige oder sonst besonders pflichtvergessene Kraftfahrer gedacht, die sich zwar noch nicht als zum Führen von Kraftfahrzeugen ungeeignet erwiesen haben (sonst müsste nach § 69 die Fahrerlaubnis entzogen werden), aber nachdrücklich zur Beachtung der Verkehrsregeln ermahnt werden müssen. Daran soll sich nach dem Willen des Gesetzgebers nichts Wesentliches ändern (Rdn. 2). Der zugrundeliegende Gedanke kann aber auch auf andere

---

75 BTDrucks. 18/12785 S. 43; 18/11272, S. 16; *Schöch* FS Rengier (**2018**) S. 657, 662f.

76 AM wohl *Zopfs* DAR **2017** 737, 738.

77 So *Fischer* Rdn. 19.

78 Bei § 56 nach *Fischer* § 56 Rdn. 3 gleichwohl nur „gegebenenfalls“.

79 S. auch BayObLG MDR **1978** 422; OLG Schleswig NStZ **1984** 90, jeweils zum Verbot der reformatio in peius, wo die Fragen der Wechselwirkung zwischen den verschiedenen Strafarten und dem Fahrverbot schon immer eine Rolle gespielt haben. Dazu ausführlich Rdn. 101ff.

Straftaten übertragen werden. Danach kommt das Fahrverbot aus spezialpräventiven Gründen überall dort in Betracht, wo es im Hinblick auf die Persönlichkeit des Täters im Zeitpunkt des Urteils neben der Hauptstrafe nach pflichtgemäßer tatrichterlicher Beurteilung einer zusätzlichen Pflichtenmahnung bedarf (vgl. BGHSt **61** 100, 109 [zu § 25 StVG]), wo also die Strafzwecke besser durch Verbindung der Hauptstrafe mit einem Fahrverbot als durch jene allein erreicht werden können (grundlegend BGHSt **24** 348, 350).[80] Kasuistik zu den denkbaren Verfehlungen existiert dabei derzeit naturgemäß nur im Bereich von Straftaten im Zusammenhang mit dem Straßenverkehr (dazu Rdn. 27). Schon wegen der das Gesamtstrafübel aus Haupt- und Nebenstrafe begrenzenden Tatschuld (Rdn. 22) und der Eingriffsschwere des Fahrverbots (dazu auch Rdn. 101, 106ff) gilt aber sowohl für Verkehrs- als auch für Nichtverkehrstaten, dass das Fahrverbot keine „kleine Münze" ist, mithin für gering wiegende Delikte nicht in Betracht kommt (*König* NZV **2001** 6, 7; zust. *Schöch* NStZ **2018** 15). So scheidet die Sanktion im Verkehrsbereich bei einmaligem leichterem Versagen ebenso aus wie im Bereich der allgemeinen Kriminalität etwa bei ubiquitären Taten des Ladendiebstahls, der Beleidigung oder des „Schwarzfahrens" im öffentlichen Nah- und Fernverkehr. In der Reformdiskussion genannt wurden beispielsweise Gewalttaten (z.B. Fußballrowdys, sog. „Party-Becher") oder auch vandalistische Straftaten mit extremistischem bzw. fremdenfeindlichem Hintergrund namentlich jugendlicher oder heranwachsender Täter,[81] die mit herkömmlichen Sanktionen erfahrungsgemäß oftmals nicht erreicht werden können. In jüngerer Zeit wurde etwa auch die Unterhaltspflichtverletzung angesprochen, bei der Geldsanktionen eher kontraproduktiv wirken können; entsprechend liegt es bei Personen aus niedrigen Einkommensgruppen, die aber noch über ein Kraftfahrzeug verfügen.[82] Weitere Anwendungsfälle können sich aufgrund der „Lücken" ergeben, die namentlich durch die vom Großen Senat für Strafsachen (BGHSt **50** 93) vorgenommenen Restriktionen im Bereich der sog. Zusammenhangstaten bei der Entziehung der Fahrerlaubnis entstanden sind. Diese konnten freilich schon nach altem Recht bei sachgerechter Interpretation des § 44 (weiterhin) unter den dortigen „Zusammenhangsbegriff" gefasst werden.[83] Nach Überholung des diesbezüglichen Meinungsstreits steht nunmehr eine erhöhte Fahrverbotsdauer zur Verfügung. Ein Beispiel geben Kurierfahrten mit Betäubungsmitteln ohne Gefährdung der Verkehrssicherheit.[84] Zu denken ist überdies an Trunkenheitsfahrten bzw. -flüge im Bahn-, Schiffs- und Luftverkehr, bei denen eine Entziehung der Fahrerlaubnis gemäß § 69 nach geltendem Recht nicht zulässig ist.[85] Gleiches gilt nach dem ausdrücklichen Willen des Gesetzgebers (BTDrucks. 18/11272 S. 18; 18/12785 S. 44) für vermögende Täter, denen die Begleichung einer auch empfindlichen Geldsanktion nicht besonders

---

80 In Übereinstimmung mit der amtl. Begründung (BTDrucks. IV/651 S. 13). Aus der obergerichtlichen Rspr. z.B. OLG Stuttgart DAR **1998** 153; OLG Köln DAR **1996** 154; DAR **1992** 152; MDR **1971** 860; OLG Düsseldorf NZV **1993** 76; StV **1986** 20; OLG Bremen DAR **1988** 389; OLG Hamm NJW **1971** 1190; OLG Celle NJW **1968** 1101. S. auch *Sch/Schröder/Kinzig* Rdn. 15, *Lackner/Kühl/Heger* Rdn. 6, *Hentschel/König/Dauer* Rdn. 3, je zu § 44; *Schäpe* DAR **2002** 154. Nach *Fischer* Rdn. 19 soll die Erforderlichkeit der Einwirkung auf den Täter „kaum zu bestimmen sein"; ähnlich behauptet *Zopfs* (DAR **2017** 737, 738), dass bei nicht verkehrsbezogenen Taten die Einwirkung nicht mehr aus einer Warnungsfunktion abgeleitet werden könne. Warum das (nur bei Nichtverkehrstaten) so sein soll, bleibt indessen offen.

81 Z.B. *Stöckel* Verhandlungen des 59. DJT, Bd. II, O 33; *Schöch* NStZ **2018** 15; *Wedler* NZV **2015** 209.

82 Z.B. *T. Bode* NZV **2017** 1, 6; *Schöch* NStZ **2018** 15, 16; *ders.* FS Rengier (**2018**) S. 657, 659f.

83 So *Hentschel/König/Dauer* Rdn. 5; zust. *Athing/von Heintschel-Heinegg* MK Rdn. 3; aM aber *Geppert* LK[12] Rdn. 5; *Schwerdtfeger* MK StVR Rdn. 20.

84 Weitere Beispiele bei *Schöch* NStZ **2018** 15, 16.

85 S. betreffend den Lokomotivführer BayObLGSt **1993** 44, 46ff. Dazu *König* NZV **2001** 6, 9 Fn. 36; BTDrucks. 16/8695, S. 7; zust. *Wedler* NZV **2015** 209, 211.

„wehtut“, wohl aber eine Beschränkung der „Fahrfreiheit“ (dazu schon Rdn. 2, 2a).[86] Ferner kann das Fahrverbot angeordnet werden, wo der Täter deswegen selbst durch eine hohe Geldstrafe nicht wirksam beeindruckt werden kann, weil er etwa als Studierender eine fühlbare Geldstrafe letztlich nur aus Mitteln bestreiten könnte, die ihm seine Eltern oder andere Unterhaltsverpflichtete zu diesem Zweck zur Verfügung stellen,[87] oder wo auf der Hand liegt, dass die Geldstrafe vom Arbeitgeber „übernommen“ wird (*König* DAR **2018** 604, 607 f). Die Beispiele in Betracht kommender Fahrverbote ließen sich beliebig vermehren.[88] Nimmt die Praxis die Sanktionsmöglichkeit an, werden sich Fallgruppen von Anwendungsfällen in der Zukunft herauskristallisieren.

25 **b)** Wegen der Wechselwirkung zwischen Haupt- und Nebenstrafe (Rdn. 22) müssen in einer **Gesamtschau** („ganzheitliche Betrachtung“) die Auswirkungen eines verhängten Fahrverbots auf die Bemessung der Hauptstrafe geprüft werden (BGHSt **29** 58, 61). Hierbei handelt es sich um keine Neuerung; vielmehr waren die nachfolgenden Prüfschritte bereits vor der Öffnung des Fahrverbots und der Schaffung der „Leitlinien“ in Absatz 1 Satz 2 für das Fahrverbot im Verkehrsbereich zu unternehmen (dazu schon Rdn. 23).[89] Klar ist zunächst, dass eine neben dem Fahrverbot verhängte Geldstrafe geringer ausfallen muss als bei isoliertem Geldstrafenausspruch.[90] Ein fester Umrechnungsmaßstab existiert dabei nicht; es müssen die Umstände des Einzelfalls entscheiden.[91] Besonderes Augenmerk richtet der Gesetzgeber in Absatz 1 Satz 2 auf die **Zurückdrängung (vollstreckter) Freiheitsstrafen**. Dabei hatte es das Tatgericht schon nach altem Recht in der Hand, statt einer *an sich verwirkten Freiheitsstrafe* eine Geldstrafe zu festzusetzen und diese mit einem Fahrverbot zu kombinieren.[92] Bei ansonsten zu verhängenden kurzen Freiheitsstrafen konnte es im Fall eines hinzukommenden Fahrverbots an der in § 47 Abs. 1 geforderten „Unerlässlichkeit“ der Freiheitsstrafe fehlen.[93] Diese Grundsätze hat der Gesetzgeber in Absatz 1 Satz 2 aufgegriffen und durch ausdrückliche Benennung verstärkt.[94] Entsprechend liegt es bei der *Strafaussetzung zur Bewährung*. Anerkanntermaßen sind neben der (Haupt-)Strafe angeordnete weitere Sanktionen wie auch das Fahrverbot geeignet, die Gefahr erneuter Straffälligkeit so weit zu reduzieren, dass eine andernfalls nicht mehr zu rechtfertigende Strafaussetzung doch noch gewährt werden kann.[95] Insoweit hat auch die Erwähnung der Generalprävention in Absatz 1 Satz 2 eine gewisse Bedeutung, indem das Fahrverbot in Bezug auf § 47 Abs. 1, § 56 Abs. 3 die Verteidigung der Rechtsordnung „mitzübernehmen“ vermag (Rdn 26). Darüber hinaus kann es sein, dass wegen der zusätzlichen Anordnung eines Fahrverbots (von immerhin bis zu sechs Monaten) die (schuldangemessene) Freiheitsstrafe

---

86 Jedenfalls für § 44 überholt deshalb OLG Frankfurt NZV **1988** 75 [zu § 25 StVG] m. abl. Anm. *Berz* NZV **1988** 76.

87 Zu diesem Gedanken BayObLG DAR **1971** 202: OLG Köln VRS **72** (1987) 455; OLG Düsseldorf VRS **69** (1985) 50; je zu § 25 StVG; *Berz* NZV **1988** 76.

88 **AM** wohl *Sch/Schröder/Kinzig* Rdn. 7b.

89 Abweichend aber wohl *Fischer* Rdn. 18 ff; *Zopfs* DAR **2017** 737.

90 BGHSt **24** 11, 12: „tägliche Spruchpraxis“ [zu § 25 StVG]. Zu § 44 StGB: BayObLG MDR **1978** 422; OLG Schleswig NStZ **1984** 90; *Geppert* LK[12] § 44 Rdn. 29.

91 BGHSt **24** 11, 14 [zu § 25 StVG]; OLG Schleswig NStZ **1984** 90.

92 BayObLG MDR **1978** 422; OLG Schleswig NStZ **1984** 90.

93 OLG Koblenz NZV **2012** 404; OLG Schleswig NStZ **1984** 90; näher BTDrucks. 18/11272 S. 18; 18/12785 S. 44; *Sch/Schröder/Kinzig* § 47 Rdn. 11; *Maier* MK § 47 Rdn. 37; dazu schon *Cramer* JurA **1971** 201.

94 BTDrucks. 18/11272 S. 18; 18/12785 S. 44.

95 BGH, Beschluss vom 2.10.1958 – 4 StR 293/58, bei *Martin* DAR **1959** 67; OLG Bremen DAR **1962** 210, jeweils zur Entziehung der Fahrerlaubnis; s. auch BGHSt **29** 58, 61; *Sch/Schröder/Kinzig* § 56 Rdn. 33; *Hubrach* LK § 56 Rdn. 27; aM – jedoch ohne tragfähige Begründung – *Zopfs* DAR **2017** 737, 738.

nunmehr im aussetzungsfähigen Bereich von nicht mehr als zwei Jahren Freiheitsstrafe (§ 56 Abs. 2 Satz 1) liegt.[96] Gegen die diesbezügliche „Leitlinie" in Absatz 1 Satz 2 wird allerdings eingewandt, dass Strafzumessungsfragen nach ständiger Rechtsprechung des Bundesgerichtshofs nicht mit der Frage der Strafaussetzung zur Bewährung „vermischt" werden dürften.[97] Das ist im Grundsatz richtig; namentlich dürfen (nicht mehr schuldangemessene) Freiheitsstrafen von nicht mehr als zwei Jahren nicht in dem Bestreben ausgesprochen werden, eine Strafaussetzung nach § 56 Abs. 2 zu ermöglichen, und umgekehrt.[98] Um die Besorgnis einer den Schuldgehalt *nicht* ausschöpfenden Strafe geht es hier jedoch gerade nicht. Vielmehr kommt ein zusätzliches Strafübel hinzu, um der verwirklichten Tatschuld schuldangemessen Rechnung zu tragen.[99] Und dass ein Tatgericht die Frage der Aussetzbarkeit der Strafvollstreckung bei der Findung schuldangemessener Sanktionen mitberücksichtigt, begründet keinen Rechtsfehler;[100] anderes wäre sogar lebensfremd. Um so weniger kann es *dem Gesetzgeber* verwehrt sein, den Gedanken der Zurückdrängung vollstreckter Freiheitsstrafen in einer „Leitlinie" zum Anwendungsbereich des Fahrverbots auszudrücken. Zu Erörterungspflichten bei denkbarer Vermeidung von Freiheitsstrafen Rdn. 95.

c) Für das alte Recht war umstritten, ob bei Anordnung (und Bemessung) des Fahrverbots **der Strafzweck der Generalprävention** berücksichtigt werden darf.[101] Durch die Aufnahme des einen Teilaspekt der Generalprävention beschreibenden Begriffs der „Verteidigung der Rechtsordnung" in Absatz 1 Satz 2 hat der Gesetzgeber den Meinungsstreit im Sinne der schon bislang vorherrschenden, die Frage bejahenden Meinung entschieden. Die Verfolgung generalpräventiver Zwecke entspreche dem mit der Novellierung verfolgten Ziel der Stärkung des „Strafgedankens" (dazu schon Rdn. 2); das Fahrverbot könne in geeigneten Fällen helfen, durch seine Verhängung neben einer Geldstrafe diesen generalpräventiven Gesichtspunkten besser Rechnung zu tragen, und vermöge unter dem Blickwinkel der Zurückdrängung der (vollstreckten) Freiheitsstrafe den in § 47 Abs. 1 und § 56 Abs. 3 genannten Aspekt der „Verteidigung der Rechtsordnung" mit zu übernehmen (dazu schon vorstehende Rdn.).[102] Davon umfasst sein soll ersichtlich nicht nur die sog. „positive" Generalprävention (Integrationsprävention), sondern auch die „negative" (Abschreckung anderer; dazu etwa BGHSt **34** 150, 151).[103] Der Gedanke der (positiven und negativen) Generalprävention gilt für Verkehrs- und Nichtverkehrstaten gleichermaßen. Im Verkehrsbereich mag man dabei an das Phänomen von illegalen Kfz-Rennen denken, für das der Gesetzgeber allerdings die neue Regelvermutung für die Entziehung 26

96 *Ohlenschlager* Schriftliche Stellungnahme zur Sachverständigenanhörung im federführenden Bundestagsrechtsausschuss, S. 5 f; einschränkend *Schöch* NStZ **2018** 15, 17, der sich im Grunde für einen „Umrechnungsmaßstab" von 1:1 im Verhältnis zur Freiheitsstrafe ausspricht.
97 So *Zopfs* DAR **2017** 737, 738.
98 BGHSt **29** 319, 321; BGHR StGB § 46 Abs. 1 Schuldausgleich 29; BGH, Urteil vom 13. Dezember 2001 – 4 StR 363/01; *Schäfer/Sander/van Gemmeren* Praxis der Strafzumessung Rdn. 189.
99 S. zur ähnlichen, aber nicht deckungsgleichen Problematik der Geldstrafe neben Freiheitsstrafe nach § 41 insbesondere BGH NJW **1985** 1719; *Häger* LK[12] § 41 Rdn. 23 m.w.N.
100 BGH, Urteil vom 13. Dezember 2001 – 4 StR 363/01; BGH NStZ-RR **2008** 343.
101 Bejahend etwa BayObLG DAR **1967** 138; VRS **58** (1980) 363; OLG Hamm DAR **1988** 280; *Sch/Schröder/Kinzig* Rdn. 1; *Baumann* DAR **1966** 318, *Bode* DAR **1970** 58 (wenngleich nur „in Ausnahmefällen"); *Janiszewski* DAR **1970** 87; verneinend z.B. OLG Köln NZV **1996** 286 m Anm. *Hentschel*; *Geppert* LK[12] Rdn. 30 m. zahlreichen Nw.
102 BT-Drs. 18/11272 S. 16; 18/12785 S. 44; *König* DAR **2018** 604, 607; *Schöch* FS Rengier (**2018**) S. 657, 659.
103 Zur Auslegung im Rahmen der §§ 47, 56, 59 kann auf die Erläuterungen in LK[12] zu § 47 (dort Rdn. 27 f), § 56 (dort Rdn. 47 ff) und § 59 (dort Rdn. 18 f) verwiesen werden.

der Fahrerlaubnis nach § 69 Abs. 2 Nr. 1a aufgenommen hat. Außerhalb des Straßenverkehrs kann er vielleicht für gemeinschaftsschädliche Taten gut bemittelter Täter unter dem Blickwinkel eines für das Vertrauen der Rechtsgemeinschaft in die Unverbrüchlichkeit der Rechtsordnung nicht mehr erträglichen „dreisten Spekulierens auf eine Geldstrafe“ in Ansatz gebracht werden, aber etwa auch für vandalistische oder Gewalttaten mit fremdenfeindlichem oder extremistischem Hintergrund.[104] Bei Straftaten der allgemeinen Kriminalität wird es sogar eher mehr Anwendungsfälle geben.[105] Immer zu beachten ist, dass die Rechtsprechung an Strafschärfun-gen (hier: Verhängung und Bemessung der Nebenstrafe) unter dem Aspekt der Allgemeinabschreckung strenge Anforderungen stellt.[106] Die Anordnung eines spezialpräventiv an sich nicht angezeigten Fahrverbots oder die Erhöhung der Fahrverbotsdauer unter diesem Blickwinkel ist nur im Rahmen der Tatschuld möglich und erfordert einigen Begründungsaufwand zu einer gemeinschaftsgefährlichen Zunahme solcher und ähnlicher Delikte.[107] Die praktische Bedeutung wird demgemäß gering sein. Gänzlich ausgeschlossen ist Beides aber nicht.[108]

27 **d) Kasuistik** (nur zu Straftaten im Zusammenhang mit dem Straßenverkehr).[109] Nach Maßgabe der vorstehenden Erläuterungen führen vor allem **besonders unfallträchtige Verkehrsverfehlungen** zur Anordnung eines Fahrverbots. Beispiele sind (fahrlässige) Körperverletzungen als Folge leichtsinnigen Fahrverhaltens,[110] (nicht nur konkrete, sondern auch abstrakte) Gefährdungen durch zu schnelles Fahren, vor allem im dichten Verkehr,[111] durch nötigendes Drängeln[112] oder durch riskantes Überholen,[113] allgemein die in § 315c Abs. 1 Nr. 2 normierten „Todsünden“, auch wenn der Täter „nur“ grob verkehrswidrig *oder* rücksichtslos handelt und ein Gefahrerfolg nicht eintritt, aber

---

104 Weitere Beispiele bei *Schäfer/Sander/van Gemmeren* Praxis der Strafzumessung Rdn. 844.

105 AM – jedoch ohne nachvollziehbare Begründung – *Fischer* Rdn. 20; gänzlich ablehnend *Zopfs* DAR **2017** 737, 738, weil das Fahrverbot wegen seiner individuell unterschiedlichen Wirkung nicht geeignet sei, Abschreckungswirkung zu entfalten bzw. das Rechtssicherheitsgefühl zu stärken. Indessen ist dies, wie auch die Beispiele im Text erweisen, nicht mehr als eine Behauptung, die des Beweises bedürfte und zudem die gleichfalls unterschiedlich wirkenden Hauptstrafen ebenso betreffen müsste.

106 BGH StraFo **2005** 515; NStZ **2007** 702; NStZ-RR **2018** 170; Im Einzelnen *Gribbohm* LK[11] § 46 Rdn. 30 ff; *Theune* LK[12] § 46 Rdn. 22 ff; *Schneider* LK Rdn. 33 ff; *Schäfer/Sander/van Gemmeren* Praxis der Strafzumessung Rdn. 839 ff; *Halecker* S. 69 ff. Zur Berücksichtigung der Generalprävention beim ordnungsrechtlichen Fahrverbot nach § 25 StVG *Hentschel/König/Dauer* § 25 StVG Rdn. 11.

107 In der „Leitentscheidung“ des BayObLG (DAR **1967** 138) wurde das Urteil allerdings eher zweifelhaft aufgehoben, weil das Amtsgericht einen „Denkzettel“ nach einer Straßenverkehrsgefährdung rechtsfehlerfrei nicht mehr für erforderlich gehalten hatte, ohne ausdrücklich die Generalprävention zu erörtern.

108 Grundsätzlich ablehnend gegenüber der negativen Generalprävention im Rahmen der Strafzumessung etwa *Schäfer/Sander/van Gemmeren* Praxis der Strafzumessung Rdn. 808 ff, 845 m.w.N. Indessen stehen bei näherem Hinsehen nur zwei Seiten einer Medaille in Frage. Argumentiert man, nur eine „harte“ Strafe könne im Einzelfall geeignet sein, das Vertrauen der Rechtsgemeinschaft in die Unverbrüchlichkeit der Rechtsordnung zu erhalten bzw. dieses nicht zu erschüttern, so hält man sich im Rahmen der „positiven“ Generalprävention, erzielt aber ähnliche Ergebnisse wie unter Inanspruchnahme des Gedankens der „negativen“ Generalprävention.

109 Älteres Rechtsprechungsmaterial bei *Steffen Cramer* DAR **1998** 464; *Molketin* NZV **2001** 41; *Piesker* NZV **2002** 29.

110 S. OLG Köln NZV **1996** 286; AG Albstadt DAR **2001** 180.

111 OLG Hamm DAR **1969** 187 (Überschreitung der Höchstgeschwindigkeit von 50 km/h um mindestens 32 km/h).

112 OLG Düsseldorf VerkMitt **1971** 76, OLG Stuttgart DAR **1998** 153 (Nötigung zum Fahrstreifenwechsel oder zum Schnellerfahren); DAR **1999** 180; OLG Hamm VRS **109** (2005) 19; s. auch LG Stuttgart NZV **1996** 213.

113 OLG Koblenz VRS **36** (1969) 93.

auch etwa nötigendes Verhalten im Straßenverkehr.[114] Für die Verhängung des Fahrverbots spricht es, wenn der Angeklagte (auch bei leichteren Verfehlungen) zuvor wegen gewichtigerer Verkehrsordnungswidrigkeiten wie massive Geschwindigkeitsüberschreitungen (OLG Hamm DAR **1969** 187, VRS **36** 177), Vorfahrtverstöße, Rotlichtverstöße usw. aufgefallen ist.[115] Auch tateinheitlich verwirklichte Ordnungswidrigkeiten können gewichtet werden (*König* DAR **2019** 362; **aM** OLG Koblenz DAR **2018** 422). Als Taten kommen nicht nur typische Verkehrsstraftaten, sondern auch solche Taten in Betracht, die in einem engen, inneren Zusammenhang mit dem Führen eines Kraftfahrzeugs (Schutz der Verkehrssicherheit) stehen; dazu zählen vor allem **tätliche Auseinandersetzungen mit anderen Verkehrsteilnehmern** im Zuge eines Streits über das Fahrverhalten.[116] Als Zusammenhangstat kann zwar auch eine Beleidigung (Zeigen des „Vogels" oder des vielzitierten „Schmutzfingers") im Rahmen einer verbalen Auseinandersetzung zwischen Verkehrsteilnehmern gewertet werden (OLG Zweibrücken NZV **2001** 482); jedoch erscheint eher fraglich, ob es in einem solchen Fall bereits des Denkzettels eines (zusätzlichen) Fahrverbots bedarf.[117] Kurierfahrten mit Betäubungsmitteln oder Steuerstraftaten etwa im Zusammenhang mit Zigarettenschmuggel (hierzu *Ebner* NZV **2014** 391) können ein Fahrverbot rechtfertigen. Nach Lage des Einzelfalls kommen **Zuwiderhandlungen gegen § 22 StVG** (Kennzeichenmissbrauch) oder, soweit es sich um den Verstoß gegen ein dem Täter auferlegtes Fahrverbot handelt, Verletzungen von **§ 21 Abs. 1 Nr. 1 StVG** in Betracht; denn da ein Fahrverbot nur bei (noch) zu verneinender Ungeeignetheit des Täters zum Führen von Kraftfahrzeugen ausgesprochen werden kann, wird umgekehrt auch die Nichtbeachtung eines dem Täter auferlegten Fahrverbots diesen in aller Regel noch nicht als „ungeeignet zum Führen von Kraftfahrzeugen" (§ 69) erweisen.[118] In Betracht kommen schließlich jene Delikte, für die das Gesetz in § 69 Abs. 2 eine Regelvermutung der Ungeeignetheit zum Führen von Kraftfahrzeugen aufstellt.[119] Hat das Gericht trotz Vorliegens eines Regelbeispiels im Einzelfall von einer Entziehung der Fahrerlaubnis abgesehen, ist zu unterscheiden: Handelt es sich bei der Anlasstat um eine Fahrt im Zustand rauschmittelbedingter Fahrunsicherheit (§ 315c Abs. 1 Nr. 1a; Abs. 3; § 316), ist gemäß § 44 Abs. 1 Satz 3 „in der Regel" ein Fahrverbot anzuordnen (dazu Rdn. 32ff). Ansonsten gibt es jedoch keine aus dem Gesetz folgende Regel, dass (wenigstens) ein Fahrverbot ausgesprochen werden muss, wenn trotz Vorliegens der Regelvermutung von der Entziehung der Fahrerlaubnis abgesehen wird. Demzufolge hat das Gericht auch in solchen Fällen zu begründen, weshalb zusätzlich zur Hauptstrafe ein Fahrverbot erforderlich ist.[120] Dies gilt auch dann, wenn die Entziehung der Fahrerlaubnis nur deshalb unterblieben ist, weil kein „bedeutender Schaden" im Sinne von § 69 Abs. 2 Nr. 3 entstanden ist.[121] **Nicht in Betracht kommen** wird das Fahrverbot bei einem singulären leichteren Versagen, z.B. bei einmaliger bloßer Unaufmerksamkeit. Bei bloßen Ordnungsverstößen ohne erschwerende Umstände wird eher nur Geldstrafe angezeigt

---

114 OLG Düsseldorf VerkMitt **1971** 76; *Hentschel/König/Dauer* Rdn. 7a.
115 Vgl. BGHSt **24** 348, OLG Hamm NJW **1971** 1190; *Hentschel/König/Dauer* Rdn. 7a.
116 Vgl. BGH, Beschluss vom 9.1.2019 – 2 StR 33/18; BayObLG VRS **18** (1960) 42; OLG Karlsruhe Justiz **1980** 53; OLG Köln NJW **1963** 2379; OLG Karlsruhe DAR **2005** 645; LG Koblenz NStZ-RR **1996** 117.
117 In Verbindung mit drängelnder Nötigung im Grundsatz wohl bejahend aber OLG Hamm VRS **109** (2005) 19.
118 Vgl. LG Mühlhausen NZV **2003** 206; LG Köln NZV **1999** 99; so schon *Cramer* Rdn. 37.
119 Zur Frage des Fahrverbots statt Entziehung der Fahrerlaubnis auch bei Trunkenheitsdelikten und anderen Katalogtaten des § 69 Abs. 2 StGB *Piesker* NZV **2002** 297.
120 BayObLG VRS **58** (1980) 362; OLG Köln DAR **1992** 152; OLG Koblenz VRS **47** (1947) 97; *Sch/Schröder/Kinzig* Rdn. 16; *Cramer* Rdn. 39.
121 OLG Köln NZV **1992** 159.

sein.[122] Nicht strafschärfend darf berücksichtigt werden, dass gerade ein Berufskraftfahrer die Verkehrsregeln auf privater Fahrt missachtet hat.[123]

28 **e)** Von Bedeutung nicht nur für die Anordnung des Fahrverbots, sondern auch für dessen Dauer und dessen Reichweite (Beschränkung auf bestimmte Kraftfahrzeugarten, dazu Rdn. 42ff) ist die **individuelle Strafempfindlichkeit** des Täters. Zur Berücksichtigung **beruflicher oder wirtschaftlicher Nachteile** bei Verhängung von (durch BKatV indizierten) Fahrverboten nach § 25 StVG existiert kaum mehr überschaubares Rechtsprechungsmaterial (z.B. *Hentschel/König/Dauer* § 25 StVG Rdn. 25af), das hier nicht im Einzelnen referiert werden muss. Die dabei von den Obergerichten entwickelten Grundsätze können mit aller Vorsicht für die Ermessensausübung im Rahmen des § 44 fruchtbar gemacht werden. Im Ausgangspunkt gilt, dass berufliche (wirtschaftliche) Nachteile, die mit dem Fahrverbot üblicherweise verbunden sind und auf die die mit der Sanktion bezweckte (fühlbare) Einschränkung der Fahrfreiheit sogar notwendig (mit-)abzielt, der Anordnung des Fahrverbots nicht entgegenstehen und vom Angeklagten als selbstverschuldet hinzunehmen sind.[124] Bei *erheblichen* Nachteilen (namentlich drohender Verlust des Arbeitsplatzes)[125] kann das Bedürfnis für ein Fahrverbot jedoch zu verneinen sein.[126] In den Urteilsgründen sollte mitgeteilt werden, in welchem Umfang der Angeklagte auf den Gebrauch seines Fahrzeugs angewiesen ist[127] und ob denkbare unerträgliche Folgen für seine Existenz durch Vorkehrungen wie Urlaubsantritt, Fahrten mit öffentlichen Verkehrsmitteln oder mit dem (ggf. elektromotorunterstützten, s. Rdn. 43) Fahrrad, Taxifahrten, bei Selbständigen unter Umständen auch durch Anstellung eines Fahrers unter Kreditaufnahme vermieden werden können.[128] Allerdings darf der Tatrichter den Angeklagten nicht darauf verweisen, dass der Verlust des Arbeitsplatzes vermeidbar gewesen wäre, wenn er das Fahrverbot durch Verzicht auf das Rechtsmittel in der Zeit vor Antritt des Arbeitsverhältnisses „verbüßt" hätte; darin liegt auch dann eine rechtsfehlerhafte Verwertung zulässigen Verteidigungsverhaltens, wenn der Angeklagte den Tatvorwurf als solchen nicht bestritten hatte.[129]

28a Zu den näheren Umständen **sind im Urteil Feststellungen zu treffen** (OLG Stuttgart DAR **1999** 180; s. zur „Begründungstiefe" Rdn. 31). Dabei darf der Tatrichter (wie auch sonst im Rahmen der Beweiswürdigung) Angaben des Angeklagten zu einer etwaigen Existenzgefährdung oder zu sonstigen nicht hinnehmbaren persönlichen und/oder wirtschaftlichen Härten nicht ungeprüft übernehmen. Beispielsweise besagt ein Hinweis des Angeklagten auf eine *mögliche* Kündigung oder auf *denkbare* nicht erträgliche Nachteile wenig. Wie bei § 25 StVG wird der Tatrichter derartigen Einlassungen etwa durch Anforderung von Bescheinigungen oder durch Vernehmung des Arbeitgebers nachzugehen ha-

---

122 OLG Saarbrücken VRS **37** 310; OLG Hamm VRS **36** 177.

123 OLG Celle VRS **62** (1982) 39.

124 *Athing/v. Heintschel-Heinegg* MK Rdn. 12; *Sch/Schröder/Kinzig* Rdn. 15. Vgl., jeweils zu § 25 StVG, etwa BVerfG DAR **1996** 196, 199; BayObLG NZV **2002** 143; KG VRS **108** (2005) 286; OLG Celle VRS **108** (2005) 118; OLG Schleswig NZV **2003** 394; OLG Karlsruhe NZV **2005** 54; *Hentschel/König/Dauer* § 25 StVG Rdn. 25a m.w.N.

125 Zu den Risiken im Arbeitsverhältnis *Kappus* DAR **2017** 754.

126 OLG Stuttgart Die Justiz **1967** 174; DAR **1999** 180; s. auch OLG Köln NZV **1996** 286. Ein Absehen vom Regel-Fahrverbot des Absatzes 1 Satz 3 ist hingegen nur in „Härtefällen ganz außergewöhnlicher Art" möglich (dazu Rdn. 32ff).

127 OLG Köln DAR **1991** 113.

128 Zu den Einzelheiten *Hentschel/König/Dauer* § 25 StVG Rdn. 25a.

129 OLG Bamberg DAR **2018** 91 mit Bspr. *König* DAR **2018** 362, 364 f; s. auch OLG Hamm NZV **2002** 101, 102; OLG Jena ZfS **2004** 479, 480, alle zu § 25 StVG.

ben.[130] Allein der Umstand, dass es sich um einen Ersttäter mit langjähriger unbeanstandeter Fahrpraxis handelt,[131] dass die berufliche Stellung des Täters als Polizeibeamter die Gefahr künftiger Rechtsbrüche auch ohne zusätzliche Pflichtenmahnung als eher fernliegend erscheinen lässt[132] oder dass der Täter als Taxifahrer vom Fahrgast zu einmaligem Gesetzesverstoß gedrängt worden ist,[133] wird nicht hinreichen, um ein sonst gerechtfertigtes Fahrverbot nicht anzuordnen.[134] Andererseits können besondere persönliche Umstände wie etwa eine körperliche Behinderung zu beachten sein.[135] Z.B. schwere Gehbehinderung allein rechtfertigt freilich nicht ohne Weiteres einen Verzicht auf das Fahrverbot.[136] Auch geltend gemachte Krankheit und damit etwa verbundene Nachteilen schließen die Anordnung des Fahrverbots nicht ohne Weiteres aus (OLG Bamberg ZfS **2017** 233 [zu § 25 StVG]). Zum Abweichen vom Regelfall bei Erfüllung des Absatzes 1 Satz 3 s. Rdn. 38ff.

f) Nachtatverhalten. Nach § 46 Abs. 2 ist auch das Verhalten des Täters nach der Tat strafzumessungsrelevant (s. im Einzelnen die Erläuterungen zu § 46). Allerdings darf das **Prozessverhalten** des Angeklagten, mit dem dieser in legitimer Weise seine Rechte wahrnimmt, nicht zu seinem Nachteil gewichtet werden. Zulässiges Verteidigungsverhalten ist vielmehr jeglicher Wertung bei der Strafzumessung entzogen, weswegen es rechtsfehlerhaft ist, einem bestreitetenden oder schweigenden Angeklagten anzulasten, dass er keine Reue und Schuldeinsicht gezeigt oder keine Anstrengungen zur Wiedergutmachung unternommen habe (eingehend *Schäfer/Sander/van Gemmeren* Praxis der Strafzumessung Rdn. 213, 673ff m. zahleichen Nw). Eine andere Bewertung ist nur zulässig, wenn der Angeklagte bei seiner Verteidigung ein Verhalten an den Tag legt, das im Hinblick auf die Art der Tat und die Persönlichkeit des Täters auf besondere Rechtsfeindschaft und Gefährlichkeit schließen läßt.[137] Die Urteilsgründe müssen erkennen lassen, dass das Tatgericht **späteres Wohlverhalten** nicht als selbstverständlich angesehen und (auch: neben-) strafmildernd jedenfalls dann in Erwägung gezogen hat, wenn seit der zur Aburteilung stehenden Tat ein längerer Zeitraum verstrichen ist (dazu Rdn. 30f). Zu weit ginge es jedoch, (bei verkehrsrechtlichen Anlasstaten) *allein* schon wegen nachträglicher Teilnahme an **verkehrspsychologischen Einzelschulungen** oder sonstigen Therapieformen von einem Fahrverbot absehen zu wollen. Dies entspricht entgegen der Auffassung einiger Instanzgerichte[138] sowie eines nicht kleinen Teils des bußgeldrechtlichen (oftmals anwaltlichen oder anwaltsberatenden) Schrifttums[139] gefestigter obergerichtlicher Rechtsprechung zum Fahrverbot nach § 25 StVG.[140] Für § 44 StGB 29

130 Näher *Hentschel/König/Dauer* § 25 StVG Rdn. 26.
131 So aber OLG Düsseldorf VRS **68** (1985) 263; OLG Hamburg MDR **1971** 510.
132 So aber OLG Celle NJW **1968** 1101.
133 Abw. OLG Hamburg VRS **29** (1965) 182.
134 U.a. zur Unbeachtlichkeit des Aspekts des „Vielfahrers" die obergerichtliche Rechtsprechung zu § 25 StVG bei *Hentschel/König/Dauer* § 25 StVG Rdn. 25.
135 Zu einem Rollstuhlfahrer OLG Frankfurt a.M. DAR **1995** 260; AG Hof NZV **1998** 388, je zu § 25 StVG.
136 OLG Hamm NZV **1999** 215; NZV **2007** 152; OLG Frankfurt a.M. NZV **1994** 286, alle zu § 25 StVG.
137 BGH NStZ **1987** 171; vgl. auch BayObLG DAR **1985** 239; OLG Köln VM **1985** 8; BayObLG bei *Janiszewski* NStZ **1987** 545; OLG Köln DAR **1999** 87; OLG Stuttgart DAR **1999** 180; umfänglich *Theune* LK[12] § 46 Rdn. 197ff.
138 Z.B. AG Rendsburg NZV **2006** 611; AG Miesbach DAR **2010** 715 [notorischer „Raser" mit 3 Vorahndungen]; AG Traunstein DAR **2014** 102; AG Bernkastel-Kues DAR **2014** 401; AG Mannheim DAR **2014** 405.
139 Z.B. *Burhoff/Deutscher* Rdn. 1299; *Bode* ZfS **2001** 521; *Himmelreich* DAR **2008** 69; *Heinrich* NZV **2010** 237 [unter Anführung von AG-Urteilen, aber Verschweigen der obergerichtlichen Rspr.]; *Krumm* FS Himmelreich (**2007**) S. 65 = SVR **2008** 257; aus verkehrspsychologischer Sicht *Wolf/Uhle* DAR **2015** 352.
140 OLG Düsseldorf DAR **1997** 161; OLG Bamberg NStZ **2016** 162; Beschluss v. 2.1.2018 – 3 Ss OWi 1704/17; OLG Zweibrücken ZfS **2017** 471 [alle zu § 25 StVG); Absehen vom Fahrverbot bei Teilnahme am

kann nichts anderes gelten.[141] Die (verschärfte) Denkzettelfunktion des Fahrverbots zielt auf einen fühlbaren und abschreckenden Einschnitt gerade in die Fahrfreiheit des Angeklagten und nicht auf den Gedanken der *behandelnden* Erziehung. Ferner wird man bezweifeln müssen, dass in der Breite der Fälle der Wille zu ernsthafter Auseinandersetzung mit dem Fehlverhalten den Anstoß zur Absolvierung der Maßnahme gegeben hat (so aber AG Rendsburg NZV **2006** 611). Vielmehr wird das prozesstaktische Bestreben ganz im Vordergrund stehen, dem Fahrverbot zu entgehen. Zudem führt die Gegenansicht zu einem Freikaufverfahren für begüterte Angeklagte (OLG Bamberg VRS **114** [2008] 379). Allenfalls bei Hinzutreten weiterer für den Angeklagten sprechender gewichtiger Gesichtspunkte und wohl nur bei Straftaten im Zusammenhang mit dem Straßenverkehr als Anlasstaten kann ein ansonsten gerechtfertigtes Fahrverbot entbehrlich werden (zu § 25 StVG zusammenfassend OLG Zweibrücken ZfS **2017** 471). Schließlich gilt auch hier das **Verbot der Doppelverwertung von Tatbestandsmerkmalen** (§ 46 Abs. 3), so dass z.B. der bereits zum Tatbestand des § 142 Abs. 1 Nr. 1 gehörende Umstand, sich vom Unfallort entfernt zu haben, ohne sich um den eingetretenen Schaden zu kümmern, zur Begründung der Erforderlichkeit des Fahrverbots nicht nochmals in Erwägung gezogen werden darf.[142] Die für die Strafzumessung wesentlichen Tatsachen sind in den Urteilsgründen anzuführen, damit das Urteil revisionsrechtlich nachgeprüft werden kann (s. auch Rdn. 31, 95).

30 **g)** Aus dem vorwiegend spezialpräventiv geprägten Charakter des Fahrverbots wird – unterstützt durch den Großteil des Schrifttums[143] – von der Rechtsprechung sowohl für § 44 StGB vormaliger Fassung als auch für das ordnungsrechtliche Fahrverbot nach § 25 StVG abgeleitet, dass die Sanktion nach längerem **Zeitablauf zwischen Tat und Aburteilung** ihre Warn- und Besinnungsfunktion nicht mehr erfüllen könne und deshalb nicht angeordnet werden dürfe, wenn der Täter sich in dieser Zeit verkehrsgerecht verhalten habe.[144] Im Ansatz inkonsequent macht ein Teil der Obergerichte jedoch die Einschränkung, dass einer langen Verfahrensdauer *bei mehrmonatigen Fahrverboten* in der Regel nicht durch deren gänzlichen Wegfall, sondern durch angemessene Herabsetzung ihrer Dauer Rechnung zu tragen sei.[145] Die überwiegende Rechtsprechung (auch zu § 25 StVG) legt eine **Zwei-Jahres-Grenze** zugrunde.[146] Teils wird aber auch schon bei weniger als

---

Verkehrsunterricht in einem minder gewichtigen Fall und weiteren Faktoren aber nicht beanstandet von BayObLG NZV **1996** 79; zum Ganzen *Hentschel/König/Dauer* § 25 StVG Rdn. 25 m.w.N; i. Erg. ebenso *Sch/Schröder/Kinzig* Rdn. 18 a.

141 AM *Dronkovic/Hanelt* DAR **2017** 750, dort auch zu den verschiedenen Maßnahmen.

142 OLG Düsseldorf NZV **1993** 76; wohl auch OLG Köln VRS **59** (1980) 104. Unklar BayObLG bei *Rüth* DAR **1983** 247: Merkmale des verwirklichten Tatbestands dürften zwar in die Überlegungen zur Anordnung des Fahrverbots eingehen, könnten aber für sich allein keinen Maßstab für die Dauer des Fahrverbots darstellen.

143 Z.B. *Geppert* LK[12] Rdn. 25; *Athing/v. Heintschel-Heinegg* MK Rdn. 12; *Böse* NK Rdn. 20; *SSW/Claus* Rdn. 17, alle m.w.N.; abl. *Hentschel/König/Dauer* § 44 Rdn. 9a; § 25 StVG Rdn. 23a.

144 BGH ZfS **2004** 133; BayObLG DAR **1978** 206; NZV **1998** 82; OLG Düsseldorf VRS **68** (1985) 263; NZV **1993** 76; OLG Karlsruhe DAR **1992** 437; OLG Brandenburg ZfS **1997** 314; OLG Stuttgart DAR **1999** 180; OLG Hamm DAR **2004** 535; NZV **2004** 600; OLG Brandenburg NZV **2005** 278. Mit weiteren Rechtsprechungsnachweisen *Schulz* ZfS **1998** 361; *Krumm* NJW **2004** 1627; NZV **2005** 449 (im Anschluss an *Metzger* NZV **2005** 178); SVR **2018** 51.

145 So etwa – an sich gegenläufig zu BGH ZfS **2004** 133 – BayObLG DAR **2004** 406; NStZ-RR **2004** 57; OLG Naumburg ZfS **2003** 96; OLG Hamm NZV **2006** 50, 51; *insoweit* zutreffende Kritik bei *Krumm* SVR **2018** 51, 53.

146 BayObLG NZV **2004** 100, 210; **2002** 280; OLG Celle VRS **108** (2005) 118; OLG Karlsruhe DAR **2005** 168; OLG Brandenburg NZV **2005** 278; OLG Hamm DAR **2012** 340; OLG Schleswig DAR **2002** 326; OLG Naumburg ZfS **2003** 96; OLG Düsseldorf DAR **2003** 85; OLG Zweibrücken DAR **2000** 586; OLG Köln NZV

zwei Jahren davon ausgegangen, dass das Fahrverbot seine Wirkung nicht mehr entfalten könne, so – mit apodiktischer Begründung[147] – von BGH ZfS **2004** 133 nach 21 Monaten[148] oder von OLG Karlsruhe DAR **2007** 528 nach 23 Monaten.[149] Folgt man der Rechtsprechung zu bestimmten Zeitgrenzen, ist für deren Bemessung wie auch bei anderen Sanktionsentscheidungen auf den Zeitraum *zwischen Tatbegehung und letzter tatrichterlicher Verhandlung* (auch nach etwaiger Zurückverweisung) abzustellen, die Dauer bis zur (endgültigen) Entscheidung des Revisionsgerichts im Regelfall (ohne Zurückverweisung) also nicht einzurechnen; dies muss schon deswegen gelten, weil der Prüfungsmaßstab des Revisionsgerichts eingeschränkt ist, namentlich etwa nach der letzten tatrichterlichen Entscheidung hinzukommende Ahndungen nicht berücksichtigt werden können.[150] Betont wird, dass die Zwei-Jahres-Grenze *immer nur ein Anhaltspunkt* sei und es entscheidend auf die konkreten Umstände ankomme, die die Einwirkung eines Fahrverbots auf den Betroffenen trotz des Zeitablaufs geboten erscheinen lassen könnten.[151] Schlüssig ist, dass die Wohltat jedenfalls dann nicht zu gewähren ist, wenn der Betroffene seither abermals mit (Verkehrs-)Straftaten oder Verkehrsordnungswidrigkeiten aufgefallen ist.[152] Billigkeitsüberlegungen unabhängig von einem „Erziehungsbedarf" entspringt es hingegen, wenn weiter danach gefragt wird, ob die lange Verfahrensdauer auf dem Prozessverhalten des Betroffenen beruhe,[153] jedenfalls in seinem Einflussbereich liege,[154] vom Betroffenen zu vertreten sei,[155] wobei Rechtsmitteleinlegung nicht vorgeworfen dürfe,[156] das Prozessverhalten gerade auf Verzögerung abzielen müsse[157] oder das Verfahren in unlauterer Weise verzögert werde,[158] etwa wenn bewusst wahrheitswidrig ein anderer bezichtigt werde (OLG Hamm DAR **2009** 405). Sämtliche Aspekte beziehen sich nämlich auf das Prozessverhalten, nicht jedoch auf die Sinnhaftigkeit des Fahrverbots in Bezug auf künftige Legalbewährung des Delinquenten (s. auch *Metzger* NZV **2005** 179).

Stellungnahme: Die vorstehend referierte Rechtsprechung vermag schon für das bis zum 24.8.2017 geltende Recht nicht zu überzeugen. Warum die Denkzettel- und Besin- **30a**

2004 422; OLG Rostock DAR **2003** 530; dementsprechend abgelehnt bei weniger als zwei Jahren von OLG Düsseldorf DAR **2003** 85; OLG Hamm ZfS **2003** 521 [21 Monate]; NZV **2007** 152 [19 Monate]; DAR **2000** 580 [17 Monate]; NZV **2001** 436 [15 Monate]; OLG Schleswig ZfS **2015** 235, OLG Stuttgart NZV **2016** 292 [19 Monate].

147 Die Anordnung des Fahrverbots begegne „durchgreifenden rechtlichen Bedenken, weil sie als Warnungs- und Besinnungsstrafe für einen über ein Jahr und neun Monate zurückliegenden Pflichtverstoß nicht mehr geeignet ist."

148 Ebenso OLG Zweibrücken DAR **2011** 649 m. Anm. *Krumm*.

149 S. auch OLG Zweibrücken NZV **2014** 479 (m. Anm. *Bergenroth*) bei 20 Monaten zwischen Tat und Vorlage beim Rechtsbeschwerdegericht.

150 Zu § 44: OLG Stuttgart NZV **2016** 292; s. aber OLG Hamm NZV **2004** 598, 599; OLG Jena VRS **112** (2007) 351, 352f. Zu § 25 StVG eingehend OLG Oldenburg NZV **2011** 564; OLG Hamm DAR **2011** 409; OLG Rostock StV **2009** 363; KG SVR **2015** 353; aM KG VRS **113** (2007) 69 [mittlerweile aufgegeben]; OLG Zweibrücken DAR **2011** 649; NZV **2014** 479 [maßgebend sei die Vorlage beim Rechtsbeschwerdegericht]. Weitere Nw bei *Hentschel/König/Dauer* § 25 StVG Rdn. 23a.

151 Z.B. BayObLG NZV **2004** 210; OLG Bamberg DAR **2011** 401; OLG Celle VRS **108** (2005) 118; OLG Jena NZV **2008** 165, alle zu § 25 StVG.

152 Z.B. OLG Karlsruhe NZV **2004** 316; OLG Bamberg DAR **2008** 651 je zu § 25 StVG.

153 So OLG Köln NZV **2000** 430; OLG Rostock DAR **2001** 421; OLG Schleswig DAR **2002** 326; OLG Frankfurt a.M. ZfS **2004** 283; aM *Bode* ZfS **2004** 137; *Hentschel* NJW **2001** 721.

154 BayObLG NZV **2004** 210; OLG Karlsruhe DAR **2005** 168; OLG Köln NZV **2004** 422; *Metzger* NZV **2005** 179.

155 OLG Hamm ZfS **2004** 135 m. abl. Anm. *Bode*; KG NZV **2002** 281; OLG Karlsruhe DAR **2007** 528; OLG Bamberg DAR **2008** 651 alle zu § 25 StVG.

156 OLG Celle VRS **108** (2005) 118; OLG Hamm NZV **2006** 50; DAR **2007** 714, alle zu § 25 StVG.

157 OLG Hamm NZV **2006** 50; OLG Schleswig DAR **2002** 584.

158 OLG Hamm BA **2004** 175; OLG Zweibrücken DAR **2000** 586.

nungssanktion des Fahrverbots bei erwachsenen Angeklagten nach Ablauf letztlich gegriffener Zeiträume ihren Zweck generell sollte verfehlen müssen, erschließt sich nicht. Es existiert nämlich, wie auch die von den Gerichten divergierend angesetzten Zeiträume erweisen, kein Erfahrungssatz, wonach das Fahrverbot nach Ablauf von 20, 22 oder 24 Monaten stets nicht mehr „wirkt". Darüber hinaus kann temporäres Wohlverhalten bei fortbestehendem „Besinnungsbedarf" gerade durch das laufende Verfahren bedingt sein. Diesen Einschätzungen entspricht es, dass ein vollständiger Wegfall nach Zeitablauf für die Geldstrafe, der mangels begleitender präventiver Handhaben wie dem Fahrverbot in erster Linie Warn- bzw. Denkzettelfunktion zukommt,[159] soweit ersichtlich nirgendwo postuliert wird. Überdies verfolgt auch das überkommene Fahrverbot den Strafzweck des Schuldausgleichs (Rdn. 2). Die Verwerfungen zur Bemessung des „langen" bzw. „längeren" Zeitraums sowie zu der in der Herleitung nicht plausiblen und in der Ausformung nicht konsistenten Berücksichtigung des Prozessverhaltens des Angeklagten (jeweils vorstehende Rdn.) kommen hinzu. Es geht nicht an, die *Verhängung* einer Strafe faktisch dem Geschick des Verteidigers anheimzugeben, das Verfahren (durch Ausschöpfung gegebener Verteidigungsrechte) über willkürlich gesetzte Jahresgrenzen hinaus zu verzögern, oder sie den Unwägbarkeiten des Justizalltags anheimzugeben. Nach dem 2017 novellierten Recht dürfte diese Judikatur jedenfalls für § 44 (endgültig) nicht mehr haltbar sein. Der Gesetzgeber hat in § 44 den (vergeltenden) Strafgedanken stärken wollen (Rdn. 2, 26). Es ist aber nicht einsichtig, warum Schuldausgleich (und Spezialprävention) wie bei Geld- und Freiheitsstrafe auch in Gestalt einer ansonsten als angezeigt erachteten Nebenstrafe nach Ablauf von zwei Jahren oder sogar weniger überhaupt nicht mehr soll stattfinden können (*König* DAR **2018** 604, 608f). Längere Zeit zwischen Tat und Ahndung kann (und muss) vielmehr wie auch sonst durch mildere Strafbemessung bzw., ggf. zusätzlich, über die Kompensation wegen rechtsstaatswidriger Verfahrensverzögerung berücksichtigt werden. *In diesem Rahmen* kann das Fahrverbot auch einmal verzichtbar sein, wenn die Tatschuld nach sehr langem Zeitablauf in einem so milden Licht erscheint, dass die Verhängung einer Nebenstrafe nicht mehr angemessen ist, und/oder nach der Persönlichkeit des Angeklagten nicht einmal ein „spezialpräventiver Rest" zurückbleibt.[160] Hierbei entscheiden aber nicht gegriffene Jahresgrenzen, sondern die gebotene Gesamtwürdigung aller Umstände des Einzelfalls im Rahmen der Strafzumessung. Dabei besteht nach der Erhöhung der Fahrverbotsdauer auf sechs Monate hier (noch) mehr Spielraum, um zu einem schuldangemessenen „Gesamtstrafübel" zu gelangen. Wo schließlich bei Anordnung des Fahrverbots eine (vollstreckte) Freiheitsstrafe vermieden werden kann (Rdn. 25), ist für einen Wegfall des Fahrverbots aufgrund bloßen Zeitablaufs (und bei Verhängung der dann fälligen [vollstreckten] Freiheitsstrafe) von vornherein kein Raum.

30b **h)** Angesichts der individualabschreckenden Wirkung, die auch von einer **vorläufigen Entziehung der Fahrerlaubnis** oder einer **Beschlagnahme/Sicherstellung des Führerscheins (§§ 111a und 94 StPO)** ausgeht, könnte man daran denken, bei Anordnung (bzw. Bemessung) eines Fahrverbots auch die Zeit, in der die vorläufige Maßnahme wirksam war, angemessen zu berücksichtigen.[161] Dem ist jedoch nicht zu folgen: Wie sich

159 Vgl. BT-Drucks. 14/9358 S. 11; *Streng* MK § 38 Rdn. 12 m.w.N.; eingehend Gutachten der Strafrechtskommission des Deutschen Richterbundes „Die Geldstrafe" (1998) S. 5f [nicht veröffentlicht].
160 Das in der vorstehenden Rdn. angesprochene Postulat eines Teils der Rechtsprechung zur Verminderung mehrmonatiger Fahrverbote statt deren gänzlichen Wegfalls liegt im Ansatz auf dieser Linie.
161 So offenbar *Warda* GA **1965** 78f; vgl. auch OLG Frankfurt VRS **55** (1978) 41.

aus § 51 Abs. 5 ergibt, ist dieser Gesichtspunkt nur im Rahmen einer förmlichen „Anrechnung" zur Geltung zu bringen und hat demzufolge bei der Ermessensentscheidung nach Absatz 1 Satz 1 unberücksichtigt zu bleiben.[162] Ob Entsprechendes auch gilt, wenn das (an sich verwirkte) Fahrverbot infolge der zwingenden Anrechnungsregelung des § 51 Abs. 5 nicht mehr vollstreckt werden kann und ihm somit allenfalls noch „symbolische" Bedeutung zukommt, ist eine andere Frage; dazu Rdn. 35f.

3. Tatrichterliche Feststellungen und Begründungen. Nach § 267 Abs. 3 S. 1 StPO 31 sind in den schriftlichen Urteilsgründen neben dem zur Anwendung gebrachten Strafgesetz auch die „Umstände an(zu)führen, die für die Zumessung der Strafe bestimmend gewesen sind". Die erforderliche „Begründungstiefe" hängt nach allgemeinen Regeln vom Einzelfall ab.[163] Wie bei jeder Ermessensentscheidung im Rahmen der Rechtsfolgenbemessung muss das Urteil dabei erkennen lassen, dass sich das Tatgericht seines Ermessensspielraums bewusst gewesen ist.[164] Damit sind Wendungen nicht vereinbar, nach denen die (zusätzliche) Sanktion (ohne weitere Ausführungen) „zu verhängen war" o.Ä.[165] Ansonsten wird man jedem Tatgericht zutrauen können, dass es das Gesetz zu lesen in der Lage ist. Obergerichtliche Forderungen, dem Urteil müsse die Prüfung zu entnehmen sein, ob der Strafzweck (Sanktionszweck) auch allein mit der ggf. erhöhten Geldsanktion[166] erreicht werden könne,[167] mögen deshalb für nach § 25 StVG i.V.m. den Regelfällen der BKatV indizierte Fahrverbote ihre Berechtigung haben, für die nicht durch gesetzliche Vorgaben eingeschränkte Ermessensausübung nach Absatz 1 Satz 1 sind sie jedoch zweifelhaft. Denn der Tatrichter greift ja gerade zur Nebenstrafe, weil er das in der Geldstrafe enthaltene Strafübel nicht als ausreichend ansieht. Allerdings muss er darlegen und begründen, dass die verfolgten Strafzwecke besser durch Verbindung der Hauptstrafe mit einem Fahrverbot als durch jene allein erreicht werden können (näher Rdn. 24). Insoweit hat er prognostische Erwägungen anzustellen (Rdn. 23), die die in Rdn. 24ff im Einzelnen aufgeführten Umstände betreffen. Mit diesem Umstand nicht vereinbar sind, soweit ersichtlich allerdings nur von Teilen des Schrifttums erhobene,[168] womöglich aber lediglich missverständlich formulierte Postulate, es müsse *feststehen*, dass der mit der Nebenstrafe verfolgte Strafzweck mit der Hauptstrafe allein nicht erreicht werden könne.[169] Die (künftige) Erfüllung eines Strafzwecks *festzustellen,* würde hellseherische Fähigkeiten erfordern, die dem Tatrichter nicht zu Gebote stehen.[170] Das ist beim Fahrverbot nicht anders als bei allen anderen Strafen. Sind Anhaltspunkte für besondere berufliche

162 *Sch/Schröder/Kinzig* Rdn. 15.
163 *Wenske* MK-StPO § 267 Rdn. 339.
164 *Wenske* MK-StPO § 267 Rdn. 514.
165 Beispielsfall wohl in OLG Köln VRS **59** (1980) 104.
166 Die ohnehin nur in den Grenzen des § 40 Abs. 2 möglich ist, weswegen keine die wirtschaftlichen Verhältnisse des Angeklagten übersteigende Tagessatzhöhe festgesetzt werden darf, um auf diese Weise die Verhängung eines an sich gebotenen Fahrverbots zu vermeiden (OLG Karlsruhe VRS **109** (2005) 340). Näher dazu Rdn. 109.
167 Z.B. OLG Stuttgart DAR **1998** 153; OLG Köln NZV **1996** 286. Zu § 25 StVG *Hentschel/König/Dauer* dort Rdn. 19 mit zahlreichen Nw. Vgl. auch BayObLG JR **1981** 40; MDR **1978** 422; OLG Frankfurt a.M. NZV **1992** 86; OLG Bremen DAR **1988** 389; OLG Düsseldorf VRS **69** (1985) 50; OLG Schleswig VRS **65** (1983) 386; OLG Hamm NJW **1971** 1190; AG Gemünden ZfS **1984** 157.
168 S. aber die ähnlich strikte Formulierung in BVerfGE **27** 37, 44 zum Fahrverbot nach § 25 StVG.
169 So *Geppert* LK[12] Rdn. 31; *Athing/von Heintschel-Heinegg* MK Rdn. 11 und besonders prononciert *Zopfs* DAR **2017** 737, 738, der darüber hinaus meint, man müsse (nur beim erweiterten Fahrverbot?) dabei auch die „legalen und illegalen Umgehungsmöglichkeiten" bedenken. Das wäre indessen ein absolutes Novum, das u.a. auf die Geldstrafe durchschlagen müsste; im Einzelnen *König* DAR **2018** 604, 608.
170 *Hentschel/König/Dauer* Rdn. 9; *König* DAR **2018** 604, 608; im Ergebnis wie hier *Schäfer/Sander/van Gemmeren* Praxis der Strafzumessung Rdn. 383.

und wirtschaftliche Härten vorhanden, so muss sich das Urteil hierzu verhalten (OLG Stuttgart DAR **1998** 153, 154; im Einzelnen Rdn. 28, 28a). Dass das Tatgericht die Wechselwirkung zwischen Haupt- und Nebenstrafe und hinsichtlich des gesamten Strafübels die „Obergrenze" der Tatschuld im Blick hat, muss sich nach allgemeinen Regeln aus den strafzumessenden Erwägungen ergeben. Zu einigen Sonderfällen s. ergänzend Rdn. 95.

V. Regel-Fahrverbot bei rauschmittelbedingter Fahrunsicherheit (Absatz 1 Satz 3)

32 Unter den Voraussetzungen des Absatzes 1 Satz 3 ist das Ermessen des Richters bei Anordnung eines Fahrverbots erheblich eingeschränkt. Danach ist ein Fahrverbot „in der Regel" anzuordnen, wenn bei einer strafrechtlichen Verurteilung nach § 315c Abs. 1 Nr. 1a, Abs. 3 oder § 316 die Entziehung der Fahrerlaubnis trotz Eingreifens der Regelvermutung nach § 69 Abs. 2 Nr. 1, 2) unterblieben ist. Der Regelfall betrifft mithin nur Verkehrstaten.

33 **1. Entstehungsgeschichte und ratio legis.** Absatz 1 Satz 3 ist (als Absatz 1 Satz 2) anlässlich der Einführung von § 24a StVG (Verstoß gegen die vormalige 0,8-Promille-Grenze) dem damals noch gültigen § 37 Abs. 1 StGB durch Art. 2 des StrVÄndG vom 20.7.1973 (BGBl. I 870) hinzugefügt worden (Entstehungsgeschichte). Sie entspricht der durch das genannte Gesetz eingeführten Regelung des § 25 Abs. 1 Satz 2 StVG, der zufolge gegen einen Betroffenen, gegen den wegen einer Ordnungswidrigkeit nach § 24a StVG eine Geldbuße festgesetzt wird, „in der Regel" ein (behördliches) Fahrverbot anzuordnen ist. Zwecks Koordinierung mit § 25 Abs. 1 Satz 2 StVG will § 44 Abs. 1 Satz 3 sicherstellen, dass in der Regel nicht nur bei bloßen Ordnungswidrigkeiten (§ 24a StVG) ein ordnungsrechtliches, sondern auch in den schwereren Konstellationen krimineller „Trunkenheitsfahrten" (§ 315c Abs. 1 Nr. 1a, Abs. 3, § 316), wenn nicht schon die Maßregel des § 69, so doch wenigstens ein strafgerichtliches Fahrverbot angeordnet wird. Im Übrigen beruht Absatz 1 Satz 3 ebenso wie § 25 Abs. 1 Satz 2 StVG auf der Erwägung des Gesetzgebers, dass im Zuge der Bemühungen, alkohol- oder drogenbedingte Straßenverkehrsunfälle einzudämmen, der erzwungene zeitweilige Verzicht auf das Führen eines Kraftfahrzeugs erfahrungsgemäß nachhaltiger wirkt als z.B. die Zahlung einer Geldsanktion.[171] Nach dem aus der Entstehungsgeschichte erkennbaren Willen des Gesetzgebers ist der Begriff des Regelfalls in Absatz 1 Satz 3 der grundsätzlich gleiche wie in § 25 Abs. 1 Satz 2 StVG. Wie dort entfällt die Anordnung eines Fahrverbots nur, wenn „ganz besondere Umstände" vorliegen, die einen Verzicht auf das Fahrverbot rechtfertigen (OLG Hamm NJW **1975** 1983).

2. Ermessensbeschränkung bei Vorliegen eines Regelfalls (Absatz 1 Satz 3)

34 **a) Voraussetzungen des Regelfalls.** Ein Regelfall liegt vor, wenn der Angeklagte zwar nach § 315c Abs. 1 Nr. 1a, Abs. 3 oder § 316 zu einer Hauptstrafe verurteilt, die Fahrerlaubnis jedoch wegen Entkräftung der Regelvermutung nach § 69 Abs. 2 Nr. 1, 2 bzw., weil der Eignungsmangel nach längerer vorläufiger Entziehung der Fahrerlaubnis (§ 111a StPO) nicht mehr besteht (dazu BGHSt **29** 58 und unten Rdn. 35), nicht entzogen wird. Absatz 1 Satz 3 gilt für alle Fälle der §§ 316, 315c Abs. 1 Nr. 1a (also nicht nur für die alkohol-, sondern auch für die durch illegale Drogen oder rauschmittelhaltige Medikamente

171 BTDrucks. 7/133 S. 7. Zur Entstehungsgeschichte s. auch OLG Frankfurt VRS **50** (1976) 418.

bedingte Fahrunsicherheit), nicht hingegen für die Konstellationen der Fahrunsicherheit infolge (sonstiger) geistiger oder körperlicher Eignungsmängel (§ 315c Abs. 1 Nr. 1b). Trotz der pauschalen Verweisung auf den gesamten „Abs. 3" von § 315c, der auf alle Fälle des Absatzes 1 und nicht nur auf den der rauschmittelbedingten Fahrunsicherheit Bezug nimmt, gilt die Ermessenseinschränkung auch unter den Voraussetzungen des § 315c Abs. 3 nur für Fahrten in rauschmittelbedingter Fahrunsicherheit; denn der Fahrlässigkeitstäter darf nicht schlechter gestellt werden als der vorsätzlich Handelnde.[172] Außerhalb der § 315c Abs. 1 Nr. 1a, Abs. 3 und § 316 greift § 44 Abs. 1 Satz 3 nicht ein. Misslicherweise hat der Gesetzgeber bei der Novellierung der Vorschrift im Jahr 2017 (Entstehungsgeschichte) den verunglückten Gesetzeswortlaut nicht dahin korrigiert, dass auch Verurteilungen wegen Vollrausches (§ 323a) einbezogen sind, sofern sie sich auf eine rauschbedingte „Trunkenheitsfahrt" beziehen (vgl. in diesem Sinne § 69 Abs. 2 Nr. 4). Dass durch § 44 Abs. 1 Satz 3 gerade rauschbedingten Unfallgefahren entgegengewirkt werden soll, entspricht aber nicht nur der ratio legis dieser Vorschrift und ihrer Entstehungsgeschichte. Angesichts des eindeutigen Gesetzeswortlauts wird eine erweiternde Auslegung gleichwohl nicht in Betracht kommen (aM *Geppert* LK, 12. Aufl. Rdn. 34). Jedoch wird die Ermessensausübung nach Absatz 1 Satz 1 auch ohne ausdrücklichen Regeltatbestand kaum anders ausfallen können. Die praktische Bedeutung der Frage dürfte im Übrigen sehr gering sein. Denn bei Rauschtaten im Sinne von § 323a ist eine Entkräftung der Regelvermutung nach § 69 Abs. 2 Nr. 4 kaum vorstellbar. Außerhalb des § 44 Abs. 1 Satz 3 hat das Gericht die Anordnung eines Fahrverbots in den übrigen Fällen des § 69 Abs. 2 (nach Maßgabe von Absatz 1 Satz 1) besonders zu begründen; denn es gibt keine dem Gesetz entnehmbare allgemeine Regel, dass in den übrigen Fällen des § 69 Abs. 2 ohne Weiteres auf Fahrverbot zu erkennen ist, wenn bei Entkräftung einer Regelvermutung von der Entziehung der Fahrerlaubnis abgesehen wird (s. schon Rdn. 31).[173]

Umstritten ist, ob das Regelfahrverbot des Absatzes 1 Satz 3 auch anzuordnen ist, **35** wenn zwar die Entziehung der Fahrerlaubnis wegen der Dauer einer vorläufigen Entziehung (d.h. wegen nachträglich beseitigter „Ungeeignetheit" zum Führen von Kraftfahrzeugen) nicht mehr in Betracht kommt, das Fahrverbot wegen der zwingenden Anrechnungsregelung des § 51 Abs. 5 (i.V.m. Absatz 1) jedoch nicht mehr vollstreckbar ist. In einer solchen (vor allem im Berufungsrechtszug nicht seltenen) Konstellation hatte zunächst das BayObLG den tatrichterlichen Verzicht auf das Regelfahrverbot gebilligt:[174] Da die Zeit einer vorläufigen Entziehung nach § 51 Abs. 5, Abs. 1 Satz 1 zwingend auf das Fahrverbot anzurechnen sei, komme der Anordnung eines Fahrverbots ohnehin nur „symbolische Bedeutung" zu. Auch wenn das BayObLG diese Rechtsansicht angesichts der gegenteiligen Entscheidung BGHSt **29** 58 (dazu Rdn. 36) aufgegeben hat,[175] beharrten einzelne Untergerichte[176] unter Zustimmung eines Teils des Schrifttums auf diesem Standpunkt.[177] Für ein nur „symbolisches" Fahrverbot bestehe kein kriminalpolitisches Bedürfnis; denn ein nicht mehr vollstreckbares Fahrverbot könne auch die mit ihr erstrebte vorrangig spezialpräventive Wirkung nicht mehr entfalten. Eine Strafe anzuord-

---

172 *Sch/Schröder/Kinzig* Rdn. 16; *Hentschel/König/Dauer* Rdn. 8.
173 BayObLG VRS **58** (1980) 362; OLG Koblenz VRS **47** (1974) 97; **71** (1986) 280; OLG Köln DAR **1992** 152; ebenso (für viele) *Sch/Schröder/Kinzig* Rdn. 16; *Hentschel/König/Dauer* Rdn. 8a.
174 NJW **1977** 445; zustimmend *Hentschel* DAR **1978** 102 f. So auch schon LG Aachen NJW **1967** 1287 (dagegen *Keller* NJW **1967** 1287); offengelassen durch OLG Frankfurt VRS **55** (1978) 41 f.
175 Beschluss vom 30.9.1988 – RReg. 1 St 130/88, bei *Bär* DAR **1989** 365 und *Janiszewski* NStZ **1989** 257.
176 LG Frankfurt a.M. StV **1981** 628 f; AG Bad Homburg VRS **67** (1984) 28; AG Lüdinghausen NZV **2008** 419 [zu § 25 StVG]; **2010** 272; in diese Richtung auch BezG Meiningen bei *Janiszewski* NStZ **1992** 270.
177 *Sch/Schröder/Kinzig* Rdn. 15; *Full/Möhl/Rüth* Rdn. 9; *Hentschel* DAR **1978** 102.

nen, die letztlich keinerlei Wirkung zeitigen könne, stelle zudem eine Verletzung des verfassungsrechtlichen Übermaßverbots dar (so LG Frankfurt StV **1981** 628).

36 Demgegenüber haben andere Oberlandesgerichte und schließlich auch der Bundesgerichtshof (BGHSt **29** 58)[178] die Anordnung eines Fahrverbots in der Regel auch dann für geboten erachtet, wenn es infolge § 51 Abs. 5 nicht mehr vollstreckbar ist.[179] Dem folgt weithin auch das Schrifttum.[180] Die Anhänger dieses Standpunkts weisen zu Recht darauf hin, dass in der vergleichbaren Konstellation einer auf eine Freiheitsstrafe anzurechnenden U-Haft auch niemand auf den Gedanken kommt, deshalb überhaupt keine Freiheitsstrafe aussprechen zu wollen. § 51 enthält in seinen Absätzen 5 und 1 nur eine Anrechnungsregelung, setzt demgemäß eine auch tatsächlich ausgesprochene Rechtsfolge voraus. Der BGH spricht einer nur vorläufigen Maßnahme wie der des § 111a StPO, die als Präventivmaßregel „selbst keinen Strafcharakter" trage, aus diesem Grund eine nur geringere präventive Kraft zu als einer „nach Durchführung des Verfahrens ausgesprochenen Strafe" (BGHSt **29** 58, 61). Zu Recht gibt er zu bedenken, dass auch ein wegen der Anrechnungsregelung des § 51 Abs. 5 nicht mehr vollstreckbares Fahrverbot im Bundeszentralregister einzutragen ist (§ 5 Abs. 1 Nr. 7 BZRG), was im Hinblick auf die gerade bei rauschmittelbedingter Fahrunsicherheit nicht geringe Rückfallquote als Grundlage für spätere strafrichterliche Sanktionen gerade nicht von nur symbolischer Bedeutung ist. Zuzugeben ist zwar, dass auch die nur vorläufige Entziehung der Fahrerlaubnis nach § 28 Abs. 3 Nr. 2 StVG (i.V. mit § 59 Abs. 1 Nr. 4 FeV) in das Fahreignungsregister (FAER) eingetragen werden muss. Jedoch liefert ein solcher Eintrag strafzumessungsrechtlich keinen ausreichenden Ersatz, bliebe doch offen, ob der Richter des früheren Verfahrens einen Regelfall (§ 44 Abs. 1 Satz 3) ausnahmsweise wegen besonderer Umstände verneint hat oder nur wegen der Dauer der vorläufigen Entziehung von der Verhängung des Fahrverbots absehen konnte. Ob der spätere Tatrichter, wie demgegenüber verschiedentlich vorgebracht wird,[181] sich diesbezüglich durch Beiziehung der Vorakten Gewissheit verschafft, wird in vielen Fällen bezweifelt werden müssen. Nach alledem wäre ein Urteilstenor ohne Hinweis auf das zusätzliche Fahrverbot unvollständig und gäbe die tatrichterlichen Sanktions- und Strafzumessungsüberlegungen nur unzureichend wieder. Dies wäre nicht zuletzt deshalb bedenklich, weil alle Sanktionen und damit Haupt- und Nebenstrafen ebenso wie Maßregeln wechselseitig voneinander abhängen und dies in revisionsrichterlich überprüfbarer Weise auch in den Entscheidungsgründen belegt sein muss (dazu schon Rdn. 28f).

37 **b) Umfang und Bedeutung der Ermessensbeschränkung.** Bei Vorliegen eines Regelfalls braucht die sonst erforderliche tatrichterliche Gesamtabwägung aller Umstände nicht vorgenommen zu werden. Anders als bei Anordnung eines Fahrverbots nach Absatz 1 Satz 1 ist also nicht besonders zu begründen, aus welchen Gründen ein Fahrverbot zusätzlich zur Hauptstrafe erforderlich ist (dazu Rdn. 31). Zur Anordnung des Regelfahrverbots genügt die Feststellung der Anlasstat mit dem Hinweis, dass die Fahrerlaubnis trotz Vorliegens der Regelvermutung (§ 69 Abs. 2 Nr. 1, 2) nicht entzogen wurde. Ein Abweichen von der Regel des § 44 Abs. 1 Satz 3 ist lediglich unter „ganz besonderen" Um-

---

178 = NJW **1980** 130 = MDR **1979** 1035 = DAR **1981** 360 = VRS **57** (1979) 275.

179 BayObLG DAR **1980** 347; bei *Bär* DAR **1989** 365; OLG Frankfurt VRS **50** (1976) 418; VerkMitt **1977** 32; OLG Saarbrücken r + s **1981** 43; OLG Düsseldorf VRS **39** (1970) 133 [zu § 25 Abs. 1 Satz 2 StVG]; vgl. auch AG Hanau VRS **58** (1980) 140.

180 *Cramer* Rdn. 39; *Lackner/Kühl/Heger* Rdn. 7; *Böse* NK Rdn. 22; *Janiszewski* Rdn. 658; *Geppert* ZRP **1981** 88; *Keller* NJW **1967** 1287; *Kulemeier* S. 78 ff (widersprüchlich S. 304 f).

181 So vor allem AG Bad Homburg VRS **67** (1980) 28.

ständen zulässig (dazu Rdn. 38 ff). Nur wenn sich solche Gründe aufdrängen, hat das Gericht in der Begründung darauf einzugehen, ob es die Möglichkeit erkannt und die Voraussetzungen für ein Abweichen von der Regel geprüft hat.[182] Die Ermessensbeschränkung nach Absatz 1 Satz 3 bezieht sich aber nur auf die Anordnung als solche, nicht auch auf Dauer und Umfang des Fahrverbots. Auch bei Fehlen außergewöhnlicher Umstände bleibt somit pflichtgemäß zu prüfen, für wie lange das Fahrverbot zu verhängen ist (dazu Rdn. 50 f) und ob nicht eine Beschränkung auf bestimmte Arten von Kraftfahrzeugen ausreicht (dazu Rdn. 45 ff).[183]

3. Abweichen vom Regelfall

a) Allgemeines. Bei Vorliegen eines Regelfalls unterbleibt die Anordnung eines Fahrverbots nur, wenn die Anlasstat unter Berücksichtigung aller Umstände aus dem Rahmen der typischen Begehungsweise der in § 44 Abs. 1 Satz 3 genannten Straftaten fällt und so wesentlich vom üblichen Erscheinungsbild einer „Trunkenheitsfahrt" im Straßenverkehr abweicht, dass sie eben nicht mehr als deren „Regelfall" angesehen werden kann.[184] Nach dem erklärten Willen des Gesetzgebers ist ein strenger Maßstab angebracht. Es müssen „ganz besondere Gründe" äußerer oder innerer Art vorliegen, um ein Absehen vom Regelfall rechtfertigen zu können,[185] eine Abstandnahme vom (Regel-) Fahrverbot ist mithin nur in Härtefällen „ganz außergewöhnlicher Art" zulässig (zur Berücksichtigung von Härten im Rahmen des Absatzes 1 Satz 1 s. Rdn. 28).[186] Dabei können die Umstände, die trotz Eingreifens der Regelvermutung (§ 69 Abs. 2 Nr. 1, 2) ausnahmsweise die Nichtanordnung der Fahrerlaubnisentziehung rechtfertigen, nicht automatisch auch den Wegfall des Fahrverbots begründen; denn § 44 Abs. 1 Satz 3 setzt gerade voraus, dass das Gericht auf die Entziehung der Fahrerlaubnis trotz Regelvermutung verzichtet.[187] Auf der anderen Seite ist es aber auch nicht ausgeschlossen, dass dieselben Umstände, die einen Verzicht auf die Fahrerlaubnisentziehung rechtfertigen, auch den Verzicht auf ein Fahrverbot begründen.[188] Das Abweichen vom Regelfall bedarf in jedem Fall einer eingehenden Begründung, vor allem bei Wiederholungstätern.[189] Bei der nachfolgend referierten Judikatur ist zu beachten, dass speziell zu § 44 Abs. 1 Satz 3 ergangene Rechtsprechung vergleichsweise spärlich vorhanden ist. Die allermeisten Entscheidungen betreffen die Parallelvorschrift des § 25 Abs. 1 S. 2 StVG. Im Hinblick darauf, dass es hier um strafrechtlich relevante Trunkenheitsfahrten geht, werden jedoch eher noch strengere Maßstäbe anzulegen sein als für die Regelanordnung nach § 25 Abs. 1 Satz 2 StVG (*Hentschel/König/Dauer* Rdn. 8). Gleichwohl werden die zu § 25 Abs. 1 Satz 2 StVG 38

---

182 OLG Frankfurt VerkMitt **1977** 32.

183 OLG Hamm VRS **53** (1977) 207; OLG Köln DAR **1991** 112; DAR **1991** 191; vgl. auch BayObLG NZV **1989** 243; NZV **1991** 161; 401 (je zu § 25 Abs. 1 Satz 2 StVG).

184 OLG Hamm VRS **48** (1975) 451; VRS **53** (1977) 208; Blutalkohol **1982** 190 (je zu § 25 Abs. 1 Satz 2 StVG); OLG Saarbrücken r + s **1981** 44.

185 So im Anschluss an die Amtl. Begründung (BTDrucks. 7/133 S. 6 f) die h.M. in Rechtsprechung und Schrifttum: s. etwa OLG Hamm VRS **48** (1975) 451; 452; VRS **53** (1977) 208; OLG Koblenz VRS **48** (1975) 126; OLG Frankfurt VM **1977** 31; OLG Bremen DAR **1990** 190 sowie (je zu § 25 Abs. 1 Satz 2 StVG) BayObLG NZV **1989** 243, **1991** 161 und **1991** 401; *Böse* NK Rdn. 21; *Athing/v Heintschel-Heinegg* MK Rdn. 13; *Sch/Schröder/Kinzig* Rdn. 16.

186 OLG Hamm NJW **1975** 1983; VRS **53** (1977) 206; Blutalkohol **1982** 190; OLG Celle DAR **1986** 152, BayObLG NZV **1989** 243; OLG Düsseldorf NZV **1995** 405 und OLG Oldenburg NZV **1995** 405.

187 OLG Zweibrücken StV **1989** 251.

188 OLG Frankfurt VRS **50** (1976) 418; OLG Zweibrücken StV **1989** 251.

189 OLG Frankfurt VM **1977** 32; OLG Karlsruhe NZV **1993** 277 (drohender Arbeitsplatzverlust); OLG Oldenburg NZV **1995** 405 (selbstständiger Taxifahrer).

(Rdn. 31) ergangenen Entscheidungen im Grundsatz herangezogen werden können (s. schon Rdn. 15). Ebenfalls aus der Rechtsprechung zu § 25 Abs. 1 Satz 2 StVG dürfte die Maßgabe übertragbar sein, wonach das Absehen vom Fahrverbot trotz Vorliegen eines Regelfalls nach Absatz 1 Satz 3 tatrichterlicher Würdigung übertragen und vom Revisionsgericht „bis zur Grenze des Vertretbaren" hinzunehmen ist.[190]

b) Kasuistik

39 **aa) Unzulässiges Abweichen.** Ist die Abstandnahme vom Fahrverbot nur in Fällen außergewöhnlicher Härte oder nur bei Vorliegen von (das innere oder äußere Handlungsbild beherrschenden) ganz besonderen Umständen statthaft, kann eine wesentliche Abweichung vom üblichen Erscheinungsbild der Tat nicht schon allein darin erblickt werden, dass der Angeklagte Ersttäter oder trotz langjähriger Fahrpraxis verkehrsrechtlich bisher noch nicht negativ in Erscheinung getreten ist,[191] der maßgebliche Blutalkoholgrenzwert gerade erst erreicht oder nur geringfügig überschritten wurde[192] oder die Tat zu verkehrsarmer Zeit erfolgt und von ihr somit keine „große" Gefahr ausgegangen ist.[193] Ebenso wenig kann ein Abweichen vom Regelfall (allein) darauf gestützt werden, dass der Täter nur eine kurze Fahrtstrecke in fahrunsicherem Zustand zurückgelegt hat,[194] zwischen Alkoholgenuss und Tatzeit ein längerer, für die Fahrsicherheit aber bedeutungsloser Zeitraum liegt,[195] ein besonderer Umstand wie etwa Kälte auf der Arbeitsstelle der Anlass zum Alkoholkonsum war,[196] der Betroffene auf Geschäftsreisen mit der Bundesbahn am gleichen Tag nicht mehr an seinen Wohnort hätte zurückkehren können[197] oder schlicht darauf, dass nichts passiert ist.[198] Die nachträgliche **Teilnahme an verkehrspsychologischen Einzelschulungen** (dazu schon Rdn. 23), mag sich diese auch sperrfristverkürzend auswirken (§ 69a Abs. 7) oder im Einzelfall gar ausnahmsweise zur Widerlegung der Regelvermutung (§ 69 Abs. 2) geeignet sein, berechtigt allenfalls bei Hinzutreten einer Reihe sehr gewichtiger mildernder Umstände zur Abstandnahme vom Regel-Fahrverbot.[199] Dies entspricht bei § 25 StVG schon für das (nur) nach BKatV indizierte Fahrverbot gefestigter obergerichtlicher Rechtsprechung und ist bereits im Rahmen der Ermessensausübung nach Absatz 1 Satz 1 zu gewichten (näher Rdn. 23). Selbst fühlbare **berufliche Nachteile** oder **finanzielle Einbußen,** wie sie ein Fahrverbot häufig mit sich bringt, genügen jedenfalls nicht ohne Weiteres für ein Abweichen vom Regelfall.[200] Nicht

---

190 OLG Hamm BA **2005** 166, 167; **2004** 177; 268; OLG Köln DAR **2007** 159; OLG Saarbrücken VRS **102** (2002) 458.

191 BayObLG VRS **47** (1974) 308; OLG Bamberg DAR **2008** 37, BA **2013** 27; OLG Hamm VRS **48** (1975) 451; VRS **53** (1977) 208; OLG Koblenz VRS **48** (1975) 126; OLG Saarbrücken r + s **1981** 44; OLG Düsseldorf DAR **1999** 225. Viel zu großzügig deswegen LG München I NZV **2005** 56, das fehlende Voreintragungen und ein Jahr unbeanstandetes Fahren eines Berufskraftfahrers für ein Absehen vom indizierten Fahrverbot ausreichen lässt.

192 BayObLG VRS **47** (1974) 308; OLG Hamm VRS **48** (1975) 451; **53** (1977) 208; OLG Düsseldorf DAR **1999** 225.

193 OLG Hamm VRS **53** (1977) 208; Blutalkohol **1982** 190.

194 OLG Hamm VRS **48** (1975) 451.

195 Jedenfalls dann nicht, wenn es sich um einen erheblichen Alkoholkonsum (fast 3 ‰) handelt und der Täter erkennen musste, dass eine so hohe Blutalkoholkonzentration auch nach 18 Stunden noch nicht abgebaut ist: OLG Hamm VRS **53** (1977) 208.

196 OLG Hamm VRS **48** (1975) 224.

197 BayObLG NZV **1991** 401 (zu § 25 Abs. 1 Satz 2 StVG).

198 OLG Düsseldorf VRS **65** (1983) 390; DAR **1999** 225.

199 LG Köln DAR **1989** 109; AG Köln DAR **1989** 234; AG Delmenhorst ZfS **1989** 141.

200 Nach *Herzog* NK[3] 33 ist diese – freilich im Gesetz vorgegebene – strenge Linie Ausdruck einer Überbetonung des „Denkzettel"-Gedankens und einer Verwendung des Fahrverbots als „Kampfmittel"

ausreichend sind daher z.B. die Erschwerungen, die einem Reisevertreter,[201] einem selbstständigen Handwerksmeister[202] der Inhaberin eines Stehcafés, die mit dem Pkw Besorgungen für ihr Geschäft erledigen will[203] oder einem Baggerführer[204] dadurch entstehen, dass alle diese Personen die entsprechenden Wege nicht mit ihrem eigenen Kraftfahrzeug zurücklegen können. Auch bei einem **Berufskraftfahrer** rechtfertigen die sich aus einem Fahrverbot ergebenden erheblichen Nachteile beruflicher oder wirtschaftlicher Art den Verzicht auf ein Regel-Fahrverbot nur dann, wenn es sich um einen Härtefall ganz außergewöhnlicher Art handelt. Ein solcher außergewöhnlicher Härtefall liegt nicht schon darin, dass der Verurteilte bei Anordnung des Fahrverbots seine Stelle verlieren würde, sofern es ihm nach Lage des Einzelfalls möglich und zuzumuten ist, eine andere Arbeitsstelle (wenngleich mit einer anderen Beschäftigung) zu finden.[205] Im Übrigen bedarf das Vorbringen, die Anordnung des Fahrverbots führe zum Verlust des Arbeitsplatzes, vor allem (aber nicht nur) dann genauerer Nachprüfung, wenn es sich um ein kurzfristiges Fahrverbot handelt, das ggf. durch Urlaub, Fahrten mit öffentlichen Verkehrsmitteln oder dem Fahrrad, Fahrten mit dem Taxi u.Ä. überbrückt werden kann,[206] wobei in diesem Zusammenhang auch die (Neu-)Regelung zum Wirksamwerden des Fahrverbots in Absatz 1 Satz 2 (Rdn. 52) zu bedenken ist. Gleiches gilt für **Pendler,** die beruflich auf ihr Kraftfahrzeug angewiesen sind und nicht auf ein öffentliches Verkehrsmittel ausweichen können, oder z.B. für eine Betroffene, die als (alleinerziehende) Mutter auf das Fahrzeug angewiesen ist.[207] Ist ein Härtefall außergewöhnlicher Art zu verneinen oder sind sonstige „ganz besondere Umstände" äußerer oder innerer Art auszuschließen, wird häufig Anlass zur Prüfung bestehen, ob zur Vermeidung eines Sanktionsübermaßes bestimmte Fahrzeugarten vom Fahrverbot ausgenommen werden können (dazu nachfolgend Rdn. 45ff).[208] Im Übrigen können die Umstände, die nicht zur Abstandnahme vom Fahrverbot insgesamt ausreichen, für die Bemessung der Fahrverbotsdauer von Bedeutung sein; so wird die Festsetzung eines mehrmonatigen Fahrverbots bei fahrlässiger Begehensweise gegenüber einem Ersttäter besonders zu begründen sein.[209]

bb) Zulässige Abstandnahme vom Regel-Fahrverbot. Zu denken ist zunächst an **40**
notstandsähnliche Konstellationen (Arzt im Noteinsatz, Flucht eines angetrunkenen Fahrers vor Angreifern), ferner an kurze Fahrten ohne zu befürchtende Gefährdung anderer,[210] etwa ein Vor- oder Zurückrollen auf wenige Meter, um einen verkehrsstörenden Zustand zu beseitigen (BayObLG DAR **2005** 458 [zu § 25 StVG]), oder in sonstigen Aus-

---

gegen den Alkohol im Straßenverkehr; der Verlust von Automobilität könne heutzutage „auf stigmatisierende Weise in die Langzeitarbeitslosigkeit führen".

201 BayObLG NZV **1991** 401; OLG Celle DAR **1986** 152.

202 OLG Koblenz VRS **48** (1975) 126.

203 OLG Düsseldorf DAR **1999** 225.

204 OLG Hamm VRS **47** (1974) 453.

205 OLG Hamm VRS **48** (1975) 452; NJW **1975** 1983; OLG Celle DAR **1986** 152; s. aber OLG Celle (Beschluss vom 13.9.1985: zit. nach DAR **1986** 153). Bei einem Fahrverbot von drei Monaten steht für BayObLG NZV **1991** 161 (zu § 25 Abs. 1 Satz 2 StVG) auch die drohende Entlassung eines Berufskraftfahrers einem Regel-Fahrverbot nicht entgegen.

206 Umfängliche Nw aus der Rechtsprechung zum nach BKatV indizierten und deswegen nicht ganz deckungsgleichen Fahrverbot gemäß § 25 StVG bei *Hentschel/König/Dauer* § 25 StVG Rdn. 25a.

207 OLG Düsseldorf NZV **1995** 366.

208 OLG Hamm VRS **53** (1977) 207; OLG Köln DAR **1991** 112.

209 OLG Koblenz VRS **49** (1975) 446.

210 OLG Köln NZV **1994** 157; OLG Celle DAR **1990** 150 m. Anm. *Berr*; OLG Düsseldorf VRS **73** 142; OLG Hamm DAR **1988** 63 (alle zu § 25 StVG). OLG Köln VRS **81** 21 erörtert (zu § 44) trotzdem (im konkreten Fall wohl mit Recht) nur ein eingeschränktes Fahrverbot.

nahmesituationen.[211] Praktisch bei weitem bedeutsamer sind Fälle, in denen die Anordnung des Fahrverbots für den Verurteilten in beruflich-wirtschaftlicher Hinsicht oder in Bezug auf die allgemeine Lebensführung zu einer **außergewöhnlichen Härte** führen würde.[212] Da insoweit anerkanntermaßen ein strenger Maßstab angebracht ist (Rdn. 39), gehört zu diesen Ausnahmefällen allenfalls die Vereitelung beruflicher/finanzieller Chancen von aus dem Rahmen fallender Bedeutung: so insbesondere die Gefahr des Verlusts des Arbeitsplatzes, dies jedoch nur, *wenn ein solcher Verlust näherer Nachprüfung standhält* und nicht durch die Möglichkeit einer (wenngleich ggf. geringer bezahlten) anderen Beschäftigung ausgeglichen wird.[213] Die obergerichtliche Rechtsprechung stellt im Rahmen des § 25 Abs. 1 Satz 2 StVG an die tatrichterlichen Darlegungen zu Fällen wirtschaftlicher Härten strenge Anforderungen; so darf sich der Tatrichter nicht mit der Einlassung des Delinquenten begnügen, sondern muss bei Selbständigen ggf. Bilanzen, Kontounterlagen, Steuerbescheide nachprüfen und bei einem Arbeitnehmer u.U. den Arbeitgeber vernehmen (im Einzelnen *Hentschel/König/Dauer* § 25 StVG Rdn. 26). Geringere Anforderungen können bei § 44 Abs. 1 Satz 3 nicht gelten. Selbst wenn ein Fahrverbot auch anzuordnen ist, wenn es wegen des Anrechnungszwangs von § 51 Abs. 5 nicht mehr vollstreckt werden kann (dazu Rdn. 36), kann ein Abweichen vom Regelfall zulässig sein, wenn die außergewöhnlich lange Zeit einer vorläufigen Fahrerlaubnisentziehung nachträglich nicht nur die fehlende Eignung des Verurteilten zum Führen von Kraftfahrzeugen beseitigt, sondern (ggf. im Zusammenwirken mit anderen präventiv wirksamen Umständen) ausnahmsweise auch zur Entbehrlichkeit des Fahrverbots als einer zusätzlichen Strafe beigetragen hat; ein solcher Ausnahmefall bedarf aber besonders eingehender Begründung.[214] Wird in diesen oder ähnlichen Fällen vom Regelfall abgewichen und auf die Anordnung eines Fahrverbots verzichtet, wird eine Verschärfung der (alleinigen) Hauptstrafe zu erwägen und ggf. zu erläutern sein, weshalb dies unterblieben ist (dazu etwa OLG Hamm NZV **2007** 100 [zu § 25 StVG]).

VI. Inhalt, Umfang und Wirkung des Fahrverbots

41 **1. Die Verbotswirkung.** Nach § 44 Abs. 1 Satz 1 wird dem Angeklagten verboten, während der Dauer des Fahrverbots in dem im Urteil bestimmten Umfang im (öffentlichen) Straßenverkehr Kraftfahrzeuge jeder oder einer bestimmten Art zu führen. Im Gegensatz zur Fahrerlaubnisentziehung verliert der vom Fahrverbot Betroffene nicht die Fahrerlaubnis und wird auch an der Erlangung einer (neuen) Fahrerlaubnis an sich nicht gehindert; es wird ihm lediglich der Gebrauch der Fahrerlaubnis verboten. Nach

---

211 Z.B. LG Kaiserslautern r+s **1981** 44 m. Anm. *Zabel*: Täter hat (durch freiwillige Geldbuße an die Verkehrswacht) besondere Reue gezeigt und (durch Unterstützung der Eltern trotz eigener Arbeitslosigkeit) eine besonders soziale Einstellung an den Tag gelegt; s. auch AG Zeitz BA **2013** 312: (vormaliger) Dauerkonsument hat sich unter dem Eindruck des Verfahrens dauerhaft vom Drogenkonsum abgewendet (Bspr. *König* DAR **2014** 363, 366 f); AG Tiergarten BA **2016** 198: Verzicht auf die Fahrerlaubnis nach Drogenfahrt.

212 Zum Fall einer querschnittsgelähmten alleinstehenden Rollstuhlfahrerin OLG Frankfurt a.M. NZV **1995** 366.

213 OLG Hamm VRS **48** (1975) 452; VRS **49** (1975) 446; NJW **1975** 1983. Vgl. auch BayObLG NZV **1989** 243 (es bedürfe der Angabe/Feststellung von Anknüpfungstatsachen, weshalb tatsächlich der Verlust des Arbeitsplatzes zu befürchten sei). Weniger streng jedoch OLG Oldenburg NZV **1995** 405 (jedenfalls „naheliegend" sei ein Abweichen vom Regelfall bei einem selbstständigen Taxiunternehmer, der nur ein Fahrzeug besitzt).

214 OLG Frankfurt VM **1977** 32; VRS **55** (1978) 42; OLG Saarbrücken r+s **1981** 44; OLG Zweibrücken StV **1989** 251.

Ablauf der Verbotsfrist darf ohne Beantragung einer neuen Fahrerlaubnis sofort wieder ein Kraftfahrzeug geführt werden.

2. Das unbeschränkte Fahrverbot

a) Die Entscheidung, welchen Umfang das Fahrverbot haben soll, steht im pflichtgemäßen Ermessen des Gerichts. Bei Anlasstaten, die ein Fahrverbot rechtfertigen, wird häufig nur der (höchstens sechs Monate dauernde) zeitweilige Ausschluss von der Führung *aller* Kraftfahrzeugarten die mit dem Fahrverbot erstrebte Denkzettel- und Besinnungsfunktion erfüllen können, weswegen **das unbeschränkte Fahrverbot die Regel ist**. Das gilt in besonderem Maße bei Straftaten im Zusammenhang mit dem Straßenverkehr. Da ein Versagen im Straßenverkehr im Allgemeinen nicht auf bestimmte Fahrzeugarten, sondern auf das Verkehrsverhalten des Täters zurückzuführen ist und demzufolge Rückschlüsse auf das Führen von Kraftfahrzeugen schlechthin nahelegt, wäre die Beschränkung des Fahrverbots auf bestimmte Kraftfahrzeugarten nicht selten geeignet, den Zweck der Nebenstrafe zu beeinträchtigen oder gar zu vereiteln.[215] Genügt allerdings ein beschränktes Fahrverbot den Strafzwecken, so muss die Beschränkung wegen des Übermaßverbots ausgesprochen werden (Rdn. 45). 42

b) Einzelheiten

aa) Das Fahrverbot erstreckt sich auf die Führung (zum Merkmal des Fahrzeugführens umfänglich § 315c Rdn. 10 ff) aller Kraftfahrzeuge. Der **Begriff des „Kraftfahrzeugs"** folgt der in § 1 Abs. 2 StVG enthaltenen Definition („Landfahrzeuge, die durch Maschinenkraft bewegt werden, ohne an Bahngleise gebunden zu sein"). Danach ist es ohne Bedeutung, ob zu seiner Führung nach § 4 FeV eine Fahrerlaubnis benötigt wird oder nicht.[216] Auf die Art der maschinellen Kraftquelle (z.B. Verbrennungs- oder Elektromotor) kommt es ebenso wenig an wie auf die Ausstattung mit Rädern (z.B. Motorschlitten, Raupenfahrzeuge, Straßenwalze, Bagger oder ähnliche selbstfahrende Arbeitsmaschinen).[217] Einbezogen sind etwa auch Elektrorollstühle (vgl. AG Löbau NJW **2008** 530) oder elektronische Mobilitätshilfen wie das „Segway" (vgl. OLG Hamburg DAR **2017** 157). Bei **elektromotorunterstützten oder -betriebenen Fahrrädern,**[218] die sämtliche Begriffsmerkmale des Kraftfahrzeugs erfüllen, nicht aber die der neu in § 63a Abs. 1 StVZO aufgenommenen Definition des Fahrrads,[219] ist zu unterscheiden: Die in § 1 Abs. 3 Satz 1, 2 StVG bezeichneten elektromotorunterstützten Fahrräder („Pedelecs") sind durch den Gesetzgeber, freilich ausdrücklich nur für das StVG und die darauf gestützten Verordnungen, aus dem Begriff des Kraftfahrzeugs ausgenommen und im Wege der Fiktion Fahrrädern gleichgestellt worden (§ 1 Abs. 3 Satz 3 StVG). Man wird diese Wertung schon wegen des Zusammenhangs mit § 21 Abs. 1 Nr. 1 StVG für § 44 übernehmen können und müssen. Für elektromotorbetriebene Fahrräder, die die Anforderungen des § 1 Abs. 3 Satz 1, 2 StVG *nicht* erfüllen („E-Bikes"),[220] versteht sich hingegen von selbst, dass sie als Kraftfahrzeuge vom unbeschränkten Fahrverbot erfasst werden. 43

215 Ebenso *Cramer* Rdn. 43, *Sch/Schröder/Kinzig* Rdn. 17; *Böse* NK Rdn. 23.
216 OLG Hamm VRS **34** (1968) 367 (zum fahrerlaubnisfreien sog. „Mofa 25"); OLG Oldenburg VM **1969** 5.
217 Zum Begriff des Kraftfahrzeugs mit zahlreichen Nw. *Hentschel/König/Dauer* § 1 StVG Rdn. 14 ff.
218 Zu den schillernden Erscheinungsformen von Elektrofahrrädern *Huppertz/Kern* ZVS **2014** 44.
219 § 63a Abs. 1 StVZO: Fahrzeug mit mindestens zwei Rädern, das *ausschließlich* durch die Muskelkraft auf ihm befindlicher Personen mit Hilfe von Pedalen oder Handkurbeln angetrieben wird.
220 Hierzu umfänglich *Hentschel/König/Dauer* § 1 StVG Rdn. 22 bis 25.

44 **bb)** Das Verbot bezieht sich nur auf den Verkehr, der sich **auf öffentlichem Verkehrsraum** (Wegen, Plätzen und Brücken) abspielt („Straßenverkehr"). Wie allenthalben im Verkehrsstrafrecht beurteilt sich die Öffentlichkeit des Verkehrs nicht nach wegerechtlichen, sondern nach verkehrsrechtlichen Gesichtspunkten. Danach können auch solche Wege und Plätze „öffentlich" sein, die wegerechtlich nicht förmlich dem allgemeinen Verkehr gewidmet sind, sofern sie nur unter ausdrücklicher oder konkludenter Duldung des jeweiligen Eigentümers von der Allgemeinheit, d.h. einem unbestimmten Personenkreis tatsächlich genutzt werden. Näheres dazu in den Erläuterungen zu § 315b (dort Rdn. 5ff).[221]

44a **cc)** (Öffentlicher) Straßenverkehr im Sinne von Absatz 1 Satz 1 meint (naturgemäß) den Straßenverkehr im Inland. Daraus sowie aus dem Gebietsgrundsatz (§ 3 StGB) folgt, dass das **Fahren im Ausland entgegen einem inländischen Fahrverbot** nicht nach § 21 StVG strafbar ist. Jedoch gibt es eine Reihe von Ländern, in denen das Fahren entgegen einem im Ausland verhängten Fahrverbot ausdrücklich unter Strafe gestellt ist; die Verwerfungen wegen des nicht vorzeigbaren Führerscheins kommen hinzu.[222] Dementsprechend ist das Kraftfahrzeugführen im Ausland während der Dauer eines inländischen Fahrverbots keineswegs gefahrlos.

3. Das (art)beschränkte Fahrverbot

45 **a) Grundgedanke.** Ebenso wie § 25 Abs. 1 Satz 1 StVG gestattet auch § 44 Abs. 1 Satz 1, bestimmte Arten von Kraftfahrzeugen dadurch vom Fahrverbot auszunehmen, dass dieses auf die Führung einer bestimmten Art von Kraftfahrzeugen begrenzt wird. Eine Parallele zu § 69a Abs. 2, wonach zwar keine beschränkte Entziehung der Fahrerlaubnis zulässig ist, wohl aber im Rahmen der Sperrfrist zur Erteilung einer neuen Fahrerlaubnis bestimmte Arten von Kraftfahrzeugen ausgenommen werden dürfen, ist nur von bedingtem Wert. Zwar ist unter Kraftfahrzeug-„Art" (dazu Rdn. 47ff) bei § 44 Abs. 1 Satz 1 nichts prinzipiell anderes zu verstehen als bei § 69a Abs. 2,[223] so dass für den Begriff der Kraftfahrzeugart ergänzend auf die Erläuterungen zu § 69a verwiesen werden kann (dort Rdn. 8ff). Ungeachtet dessen sind die Kriterien, wann für bestimmte Arten von Kraftfahrzeugen Ausnahmen möglich sind, bei der Entscheidung nach § 69a Abs. 2 (Maßregel) jedoch andere als bei § 44. Entsprechend der Rechtsnatur des Fahrverbots (Nebenstrafe) sind bei ihm Strafzumessungsüberlegungen nach dem Leitbild des § 46 maßgeblich. Kann der (insbesondere Denkzettel-)Strafzweck des Fahrverbots unter Berücksichtigung der besonderen Verhältnisse des Verurteilten somit auch mit einem auf bestimmte Kraftfahrzeugarten beschränkten Fahrverbot erreicht werden, verstößt die Anordnung eines unbeschränkten Fahrverbots gegen das Übermaßverbot.[224] Anwendungsfälle sind dabei vor allem Berufskraftfahrer oder Landwirte, die die Anlasstat nicht

---

221 S. auch *Hentschel/König/Dauer* § 1 StVO Rdn. 13ff.
222 Sehr instruktiv *Nissen/Schäpe* DAR **2010** 3 unter Fortschreibung in DAR **2017** 757 mit einer Übersicht über die Lage in ausgewählten Ländern.
223 Ausdrücklich schon BTDrucks. IV/651 S. 14; heute allenthalben anerkannt: OLG Brandenburg VRS **96** (1999) 235; OLG Celle DAR **1996** 64. Ausführlich zu den Auswirkungen von § 9 FeV (Fahrerlaubnisklassen) auf die strafrechtlichen Ausnahmeregelungen in § 69a Abs. 2, § 44 Abs. 1 Satz 1 StGB und 111a Abs. 1 Satz 2 StPO *Dencker* DAR **2004** 54.
224 OLG Hamm VRS **53** (1977) 206; OLG Düsseldorf DAR **1984** 122, NZV **1994** 407; NStZ-RR **1996** 248, BayObLG NZV **1991** 161; OLG Karlsruhe NZV **1993** 277; **2004** 653; OLG Köln DAR **1991** 191; OLG Brandenburg VRS **96** (1999) 234; OLG Bamberg DAR **2018** 91, 92; *Hentschel/König/Dauer* § 25 StVG Rdn. 11; NK-*Böse* Rdn. 23; *Hentschel* Trunkenheit Rdn. 927; *Janiszewski* Rdn. 660, *Mollenkott* DAR **1982** 129.

während der Berufs- oder Arbeitszeit und mit ihrem nur beruflich zu nutzenden Fahrzeug (Lkw, Traktor, Bagger u.Ä.), sondern nach Feierabend mit einem für Privatfahrten benutzten Fahrzeug (Pkw, Motorrad) begangen haben. Ein auf die Führung bestimmter Fahrzeugarten beschränktes Fahrverbot wird jedoch auch in diesen Fällen eher die Ausnahme sein. So hat das BayObLG einem Berufskraftfahrer, der bei einer „privaten" Trunkenheitsfahrt eine Blutalkoholkonzentration von 1,26‰ aufwies, die für einen Autokran begehrte Ausnahme mit der Begründung verweigert, ein nur einmonatiges Fahrverbot führe für sich allein in aller Regel noch zu keiner Kündigung, weswegen die Versagung der erstrebten Beschränkung noch kein unzulässiges Übermaß darstelle.[225] Es existiert jedoch auch weniger strenge Rechtsprechung.[226] Beschränkungen kommen (naturgemäß) auch bei Nichtverkehrstaten in Betracht, so etwa bei einem begeisterten Motorradfahrer ein auf Motorräder beschränktes Fahrverbot.

Nach Rechtskraft der das Fahrverbot anordnenden Entscheidung ist eine Beschrän- **46**
kung nicht mehr möglich.[227] Für die Dauer der Laufzeit eines nur beschränkten Fahrverbots stellt die Verkehrsbehörde (auf Antrag) einen – auf die ausgenommene Kraftfahrzeugart beschränkten – befristeten **(Ersatz-)Führerschein** aus, aus dem die Beschränkung ersichtlich ist und der später wieder gegen den vorübergehend verwahrten (§ 44 Abs. 2 Satz 2) alten Führerschein ausgetauscht wird.[228] Ein solcher Ersatzführerschein ist erforderlich, weil der Verurteilte sonst seiner Pflicht, den Führerschein bei den nach wie vor erlaubten Fahrten mit sich zu führen (§ 4 Abs. 2 FeV), nicht nachkommen kann und andernfalls eine Ordnungswidrigkeit begeht.[229]

b) „Kraftfahrzeuge einer bestimmten Art" (dazu auch Rdn. 8ff zu § 69a) sind ne- **47**
ben den fahrerlaubnisfreien Kraftfahrzeugen (§ 4 Abs. 1 FeV)[230] vor allem solche, auf die nach § 6 Abs. 1 Satz 3 FeV die Fahrerlaubnis beschränkt werden kann.[231] Unterscheidet § 6 Abs. 1 FeV in seinem Satz 1 nach Gewicht (zulässige Gesamtmasse), Hubraum, Leistung, Höchstgeschwindigkeit, Sitzplätzen und nach Art des Kraftfahrzeugs im Einzelnen die dort aufgeführten Hauptfahrerlaubnisklassen mit Unterklassen, so ergibt sich aus Satz 3 der Vorschrift („Die Erlaubnis kann auf einzelne Fahrzeugarten dieser Klassen beschränkt werden") zunächst einmal, dass Fahrzeugart und Fahrerlaubnisklasse nicht identisch sind.[232] Daraus folgt umgekehrt, dass die Erteilung der Fahrerlaubnis – falls notwendig – innerhalb einer Fahrerlaubnisklasse auf bestimmte Fahrzeugarten beschränkt werden kann.[233] Maßgeblich für den Begriff der Kraftfahrzeug-„Art" sind im Üb-

---

225 Bei *Janiszewski* NStZ **1988** 265 (zu § 25 StVG).

226 Z.B. OLG Hamm VRS **53** 205; **109** 118; OLG Celle NdsRpfl **1992** 290; OLG Düsseldorf ZfS **1996** 356; LG Frankenthal DAR **1999** 374 (landwirtschaftlichen Zugmaschine); LG Dessau DAR **2000** 87 (Elektrokarren); LG Hamburg DAR **1996** 108 (Lkw eines Berufskraftfahrers); AG Lüdinghausen Blutalkohol **2015** 360; weitere Nw bei *Hentschel/König/Dauer* § 25 StVG Rdn. 11.

227 LG Aschaffenburg DAR **1978** 277; *Athing/v Heintschel-Heinegg* MK Rdn. 7; *Sch/Schröder/Kinzig* Rdn. 17; *Hentschel* Trunkenheit Rdn. 927.

228 Erlass des BMV vom 6.1.1966 (Vkbl. **1966** 48); s. auch schon BTDrucks. IV/651 S. 14 (Begründung zum 2. StraßenVSichG).

229 OLG Brandenburg VRS **96** (1999) 235.

230 OLG Hamm VRS **34** (1968) 368; OLG Oldenburg VM **1969** 5; OLG Düsseldorf VM **1972** 23; vgl. auch *Athing/v Heintschel-Heinegg* MK Rdn. 7.

231 OLG Celle DAR **1996** 64; OLG Brandenburg VRS **96** (1999) 233f sowie OLG Düsseldorf NStZ-RR **1996** 247; NZV **1994** 407. So schon die Begründung zum 2. StraßenVSichG (BTDrucks. IV/651 S. 19). Weiterführend und mit zahlreichen Rechtsprechungsnachweisen: *Weihrauch* NJW **1971** 829; *Orlich* NJW **1977** 1179; *Mollenkott* DAR **1982** 217; *Zabel* Blutalkohol **1980** 95; **1983** 477.

232 Fragwürdig LG Köln DAR **1990** 112.

233 BayObLG NZV **2005** 592; OLG Celle DAR **1996** 64; OLG Saarbrücken VRS **43** 22; OLG Frankfurt NJW **1973** 815; OLG Brandenburg VRS **96** (1999) 235.

rigen nicht technisch-konstruktive Besonderheiten (z.B. Schalt- oder Automatikgetriebe) und auch nicht unterschiedliche Antriebsarten (z.B. Verbrennungs- oder Elektromotor), sondern allein der Verwendungszweck und dieser auch nur, wenn und soweit er sich in bauartlichen Unterschieden auswirkt.[234] Dafür sprechen auch praktische Erwägungen. So ist die Beschränkung nach Verwendungszweck und Bauart nicht zuletzt deshalb nötig, weil sonst die erforderliche (polizeiliche) Kontrolle, ob sich das Führen eines konkreten Fahrzeugs in den Grenzen der beschränkt erteilten Fahrerlaubnis hält, nicht mit der vor Ort erforderlichen Sicherheit und Schnelligkeit möglich wäre.[235] Von hier aus kommen als unterschiedliche Fahrzeugarten neben den fahrerlaubnisfreien Kraftfahrzeugen (§ 4 Abs. 1 FeV) gemäß § 6 Abs. 1 Satz 1 FeV vor allem die Kraftfahrzeugarten in Betracht, wie sie den dort aufgelisteten Fahrerlaubnis*klassen* zugeordnet werden können (Beispiel: zwei- oder dreirädrige Kleinkrafträder, vierrädrige Leichtkraftfahrzeuge, Leichtkrafträder, land- und forstwirtschaftliche Zugmaschinen,[236] selbstfahrende Arbeitsmaschinen und nicht zuletzt Personen- und Lastkraftwagen[237] u.a.).[238] *Eine* Fahrerlaubnisklasse kann somit durchaus auch mehrere Kraftfahrzeugarten umfassen, was schon aus § 6 Abs. 1 Satz 3 FeV folgt, wonach die Erlaubnis „auf einzelne Fahrzeugarten *dieser* Klassen beschränkt werden" kann. Somit kann z.B. zwischen Lkw und Pkw als zwei (auch bauartlich) unterschiedlichen Fahrzeugarten innerhalb der Klassen C und C1 differenziert werden.[239] Demgemäß kann das Fahrverbot auch auf mehrere oder alle Fahrzeuge einer Fahrerlaubnisklasse beschränkt werden; das Gesetz sieht keine Einschränkung dafür vor, wie viele (mögliche) Arten einer Fahrerlaubnisklasse im Einzelfall vom Fahrverbot ausgenommen werden dürfen.[240]

48 **Kasuistik.** Um die Vorschrift vor dem Hintergrund des Übermaßverbots insbesondere für Berufskraftfahrer kriminalpolitisch sinnvoll handhaben zu können, hält die Rechtsprechung auch eine Differenzierung innerhalb einzelner Fahrzeugarten für zulässig. Um Unklarheiten und Missbräuche auszuschließen, müssen sich – wie bereits erläutert (Rdn. 47) – die am Verwendungszweck ausgerichteten weiteren Begriffsmerkmale jedoch bauartlich genauer bezeichnen und differenzieren lassen können. Dies galt schon für die frühere Gesetzeslage (§ 5 StVZO a.F.);[241] Gleiches gilt nunmehr für die in § 6 FeV näher beschriebenen Fahrzeugarten. Danach sind Ausnahmen vom Fahrverbot nicht nur zulässig z.B. für Lastkraftwagen der damaligen Klasse 3 (d.h. bis zu einem zulässigen Gesamtgewicht von über 7,5 Tonnen)[242] oder für ein Feuerlöschfahrzeug der früheren Klasse 3

234 OLG Saarbrücken NJW **1970** 1052; OLG Frankfurt NJW **1973** 815; OLG Stuttgart DAR **1975** 305; OLG Hamm VRS **62** (1982) 124, BayObLG NZV **1991** 397; OLG Celle DAR **1996** 64; OLG Brandenburg VRS **96** (1999) 235; OLG Düsseldorf NZV **1994** 407; NStZ-RR **1996** 247. Vgl. auch *Hentschel/König/Dauer* § 69a Rdn. 6.

235 Zutreffend OLG Brandenburg VRS **96** (1999) 235.

236 Zu zulässigen Ausnahmen für landwirtschaftliche Zugmaschinen OLG Düsseldorf NZV **1994** 407.

237 Zu zulässigen Ausnahmen für Lastkraftwagen BayObLG NZV **1991** 161; OLG Düsseldorf NStZ-RR **1996** 247. Zu Ausnahmen für einen Lkw (der vormaligen Klasse 3) ohne Pkw-Unterbau LG Zweibrücken NZV **1996** 252.

238 Dazu mit weiterführendem Material *Hentschel/König/Dauer* zu § 6 FeV.

239 *Hentschel* Trunkenheit Rdn. 762. Zur Unterscheidung zwischen Last- und Personenkraftwagen als zwei auch bauartlich verschiedenen Fahrzeugarten innerhalb der früheren Fahrerlaubnisklasse 3 OLG Saarbrücken NJW **1970** 1052; OLG Frankfurt NJW **1973** 816; OLG Hamm VRS **62** (1982) 125; OLG Karlsruhe VRS **63** (1982) 201; OLG Koblenz Blutalkohol **1980** 294.

240 OLG Schleswig VM **1974** 17; OLG Köln VRS **68** (1985) 278; OLG Celle Blutalkohol **1988** 196; LG Kempten DAR **1984** 127. Vgl. auch *Weihrauch* NJW **1971** 829.

241 OLG Oldenburg Blutalkohol **1981** 312; BayObLG VRS **66** (1984) 446; OLG Stuttgart DAR **1975** 305.

242 OLG Köln VRS **68** (1985) 281; BayObLG VRS **63** (1982) 271; OLG Hamm VRS **62** (1982) 125; OLG Frankfurt NJW **1973** 816; OLG Saarbrücken NJW **1970** 1052; VRS **43** (1972) 22; s. auch AG Emden NZV **1991** 365. Wenig überzeugend LG Hamburg Blutalkohol **1986** 453.

(bis 7,5 Tonnen),[243] der ehemaligen Klasse 2 (d.h. mit einem Gesamtgewicht über 7,5 Tonnen)[244] oder der vormaligen Klasse 4,[245] ferner in Bezug auf Kraftomnibusse im Personenbeförderungsverkehr innerhalb der damaligen Klasse 2[246] oder hinsichtlich von Traktoren oder anderen landwirtschaftlichen Zugmaschinen,[247] sondern auch hinsichtlich speziell für den Krankentransport ausgerüsteter Rettungsfahrzeuge bzw. „Krankenkraftwagen".[248] Entsprechend liegt es bei sonstigen Sanitätsfahrzeugen, die z.B. durch Hebebühne oder Rollstuhleinlass für den Transport von Behinderten ausgerüstet sind,[249] bei baulich besonders eingerichteten Spezialfahrzeugen der Straßenreinigung/Feuerwehr/Müllabfuhr[250] oder bei Pannenhilfsfahrzeugen der ADAC-Straßenwacht.[251] Auch baulich besonders ausgerüstete Geldtransportfahrzeuge stellen in diesem Sinn eine besondere Kraftfahrzeugart dar (AG Lüdinghausen NZV **2005** 593). Bei „Lieferwagen", bei denen ohne nähere Kennzeichnung unklar ist, ob sie den Personen- oder den Lastkraftwagen zuzuordnen sind,[252] empfiehlt sich eine nähere Kennzeichnung, etwa als „Kombi"-Fahrzeug oder als „Klein-Bus". Die zu § 5 StVZO a.F. ergangene Judikatur lässt sich auf die heutige Gesetzeslage (§ 6 FeV) übertragen; es empfiehlt sich jedoch die Übernahme der dort gewählten Bauartbeschreibungen.

c) Unzulässige Einschränkungen. Nach (vormaliger wie heutiger) Gesetzeslage 49
können von einem Fahrverbot somit weder einzelne noch mehrere einzelne bestimmte Fahrzeuge ausgenommen werden.[253] Beschränkungen nach dem Fabrikat[254] dem amtlichen Kennzeichen,[255] dem Namen des Eigentümers bzw. des Fahrzeughalters[256] oder nach

243 BayObLG NZV **1991** 397.

244 In diesem Fall sind nur Lastkraftwagen dieser Klasse (und nicht etwa auch die nach § 5 Abs. 2 Satz 1 Nr. 4 StVZO a.F. von der Klasse 2 miterfassten Fahrzeuge der Klasse 3 bis 5) von der Ausnahme erfasst; BayObLG JZ **1983** 33; VRS **63** (1982) 271; hingegen zu eng LG Köln DAR **1982** 166.

245 OLG Schleswig VM **1977** 14; LG Köln DAR **1990** 112.

246 OLG Hamm VRS **62** (1982) 124.

247 Statt vieler: OLG Celle Blutalkohol **1988** 196; OLG Hamm Blutalkohol **1982** 279; LG Aschaffenburg DAR **1978** 277.

248 BayObLG NJW **1989** 2959; OLG Düsseldorf NZV **2008** 104; OLG Bamberg DAR **2018** 91 m. Bspr. *König* DAR **2018** 362, 364 f [zu § 25 StVG]; vgl. auch LG Hamburg DAR **1992** 191 (Rettungswagen der Feuerwehr).

249 LG Hamburg NJW **1987** 3211; abw. AG Hamburg MDR **1987** 605. Anders liegt der Fall bei AG Coesfeld Blutalkohol **1981** 181 (Dienstfahrzeug des Roten Kreuzes, mit dem Blutkonserven transportiert wurden, von dem aber unklar war, ob es sich um einen Pkw, einen Lkw oder einen Lieferwagen handelte und ob das Fahrzeug für seinen Zweck baulich besonders ausgerüstet war); zu Recht skeptisch *Zabel* Blutalkohol **1981** 183.

250 OLG Oldenburg Blutalkohol **1981** 373, 374; OLG Saarbrücken VRS **43** (1972) 24; BayObLG NZV **1991** 397; vgl. auch AG Neunkirchen bei *Zabel* Blutalkohol **1980** 101; zweifelnd OLG Frankfurt NJW **1973** 816. *Hentschel/König/Dauer* § 69 a Rdn. 6. Zu baulich besonders eingerichteten Leichenwagen AG Homburg/Saar ZfS **1993** 31.

251 LG Hamburg NZV **1992** 442.

252 Hierzu ebenfalls OLG Saarbrücken VRS **43** (1972) 24; vgl. auch LG Hamburg Blutalkohol **1986** 453.

253 BayObLG VRS **77** (1989) 456; OLG Celle DAR **1996** 64; OLG Brandenburg VRS **96** (1999) 235. Ganz h.M. im Schrifttum, statt vieler *Hentschel/König/Dauer* § 69 a Rdn. 6; abzulehnen daher LG Göttingen NJW **1967** 2320 (es sei möglich, vom Fahrverbot ein bestimmtes Fahrzeug zu bestimmten Zwecken in einem räumlich abgegrenzten Bezirk auszunehmen); bedenklich auch *Weihrauch* NJW **1971** 831.

254 OLG Hamm NJW **1971** 1193; BayObLG VRS **66** (1984) 445; OLG Celle DAR **1996** 64. Bedenklich AG Westerstede NdsRpfl **1993** 369.

255 BayObLG VRS **66** (1984) 445.

256 Beispiele unzulässiger Einschränkung: Dienstfahrzeuge einer bestimmten Stadt (OLG Braunschweig NdsRpfl **1966** 129); bestimmte Firmenwagen (OLG Frankfurt NJW **1973** 815; VM **1977** 30); Fahrzeuge eines bestimmten Eigentümers/Halters (OLG Hamm NJW **1975** 1983; OLG Saarbrücken VRS **43** (1972) 22; NJW **1970** 1052; OLG Frankfurt NJW **1973** 815; OLG Oldenburg Blutalkohol **1981** 374).

der Motorkraft[257] sind damit ebenso unzulässig wie Beschränkungen nach dem Fahrtzweck. Anderes gilt nur, wenn sich der bloße Fahrtzweck (z.B. Transport von Blutkonserven in einem Fahrzeug des Roten Kreuzes)[258] durch bauliche Aus- oder Zurüstung des Fahrzeugs zu einem bauartlich differenzierbaren Verwendungszweck verdichtet hat.[259] Da sich die Fahrerlaubnis zur Fahrgastbeförderung (§ 48 FeV) nicht auf eine bestimmte Kraftfahrzeug„art“ bezieht, können auch Taxis oder Mietwagen nicht vom Fahrverbot ausgenommen werden.[260] In all diesen Fällen unterscheiden sich die jeweiligen Fahrzeuge jedenfalls ihrer Art nach nicht von anderen Fahrzeugen. Unzulässig ist demzufolge auch eine Fahrverbotsbeschränkung nach individuellen Benutzungszeiten[261] oder räumlich abgegrenzten Benutzungsgebieten.[262] Auch die Unterscheidung von Berufs- oder Privatsphäre, in der das Kraftfahrzeug jeweils gebraucht oder nicht gebraucht werden darf, lässt sich nicht für eine Beschränkung des Fahrverbots nutzen. Daher lassen bestimmte Dienstfahrzeuge, auch wenn sie nach ihrer baulichen Ausrüstung eine „Kraftfahrzeugart“ darstellen, eine Beschränkung des Fahrverbots nicht zu, soweit sie „im Einsatz“ geführt werden.[263] Unzulässig sind des Weiteren Einschränkungen oder Auflagen, wie sie nach § 3 Abs. 1 Satz 1 FeV bei bedingter Noch-Eignung des Kraftfahrers möglich sind; diese sind den Verkehrsbehörden vorbehalten.[264] Keine „bestimmte Art von Kraftfahrzeugen“ in diesem Sinn stellt schließlich ein aus einem Pkw und einem Anhänger bestehendes Gespann dar.[265]

VII. Dauer, Wirksamkeit, Durchsetzung und Registrierung des Fahrverbots

1. Dauer des Fahrverbots

50 **a) Mindest- und Höchstdauer.** Die Mindestdauer des Fahrverbots beträgt einen Monat, die Höchstdauer sechs Monate[266] und entspricht damit nach dem seit 2017 geltenden Recht der Mindestsperre von sechs Monaten bei der Entziehung der Fahrerlaubnis (§ 69a Abs. 1 Satz 1; dazu Rdn. 2a). Die Begrenzung der Höchstdauer gilt auch dann, wenn mehrere Taten zur Aburteilung stehen (Rdn. 77 ff). Das Mindestmaß des Fahrverbots ist auf *einen* Monat festgelegt; eine kürzere Verbotsfrist könnte die Aufgabe einer fühlbaren Warnung kaum erfüllen.[267] Sinnvollerweise wird das Fahrverbot in der Regel nach vollen Monaten

---

257 Verfehlt AG Lüdinghausen DAR **2013** 403 (keine Kfz „mit mehr als 100 PS Motorkraft“) und AG Dortmund DAR **2018** 218 (keine Kfz „mit mehr als 44 kw“); hierzu auch *Pliefke* DAR **2018** 235.
258 Unzutreffend AG Coesfeld Blutalkohol **1981** 181; berechtigte Kritik bei *Zabel* Blutalkohol **1981** 183.
259 BayObLG VRS **77** (1989) 456 (Krankenrettungsfahrzeug); LG Hamburg NJW **1987** 3211 (Behindertentransportfahrzeug).
260 BGH VRS **40** (1971) 263; OLG Stuttgart DAR **1975** 305; OLG Hamm VRS **62** (1982) 125; je zu § 15 d StVZO a.F.
261 Vgl. schon die Begründung zum 2. StraßenVSichG (BTDrucks. IV/651 S. 19). Ebenso OLG Düsseldorf VRS **66** (1984) 42; OLG Hamm NJW **1977** 1193; OLG Saarbrücken VRS **43** (1972) 22; OLG Celle DAR **1996** 64.
262 BTDrucks. IV/651 S. 19. S. auch BayObLG DAR **1970** 78; OLG Frankfurt VM **1977** 30 (landwirtschaftliche Fahrzeuge eines bestimmten Bezirks); OLG Stuttgart VRS **45** (1973) 273 (Motorräder im Rahmen einer bestimmten Rennsportveranstaltung). Auf dieser Linie BayObLG NZV **2005** 592 (dort zu § 69 a Abs. 2).
263 OLG Hamm NJW **1971** 1618; OLG Oldenburg Blutalkohol **1981** 373.
264 BayObLG VM **1970** 18; OLG Oldenburg Blutalkohol **1981** 374; *Rüth/Berr/Berz* StrVR 2. Aufl., § 25 StVG Rdn. 16.
265 LG Hamburg DAR **1991** 470.
266 Die Formulierung „bis zu sechs Monaten“ bedeutet (natürlich) nicht, dass die Verbotsfrist die Sechs-Monats-Grenze nicht erreichen darf: Begründung zum 2. StraßenVSichG (zit. nach *Hartung* 2. StraßenVSichG, S. 30).
267 Infolge der (zwingenden) Anrechnungsregelung des § 51 Abs. 5, Abs. 1 Satz 1 kann die Mindestverbotsfrist von einem Monat im Einzelfall faktisch unterschritten werden: s. schon *Warda* GA

festgesetzt; doch steht das Gesetz nicht entgegen, die Dauer der Nebenstrafe im Einzelfall nach Wochen oder gar nur nach Tagen zu bemessen.[268] Weil für die Berechnung der im Urteilstenor festgesetzten Dauer andere Zeitpunkte maßgebend sein können als die Rechtskraft der Entscheidung (dazu Rdn. 59ff), ist eine zeitliche Be-grenzung durch bestimmte Kalendertage nicht möglich.[269] Für vor dem Inkrafttreten der Neuregelung am 24.8.2017 verübte Straftaten (**Alttaten**) gilt wegen des Rückwirkungsverbots (Art. 103 Abs. 2 GG, § 2 Abs. 1 StGB) weiterhin das Höchstmaß von drei Monaten (s. schon Rdn. 5a).

b) Innerhalb des gesetzlich vorgegebenen Höchst- und Mindestrahmens erfolgt die **Festsetzung der Fahrverbotsdauer** nach pflichtgemäßem Ermessen. Dabei sind grundsätzlich dieselben Überlegungen maßgebend wie bei der Anordnung des Fahrverbots (Rdn. 22ff). Dementsprechend richtet sich auch die Fahrverbotsdauer nach den allgemeinen Strafzumessungsregeln (§ 46), muss mithin dem Verschulden des Täters und dem Maß seiner Pflichtwidrigkeit entsprechen. Da zwischen Haupt- und Nebenstrafe eine Wechselwirkung besteht, darf (auch) die Bemessung der Nebenstrafe von Art und Höhe der Hauptstrafe abhängig gemacht werden; beide zusammen dürfen das Maß der Tatschuld nicht überschreiten.[270] Feste „Ab- oder Zuschlags"-Taxen sind schon deshalb nicht möglich, weil sich z.B. ein Monat Fahrverbot von einem Monat Freiheitsstrafe oder einer Geldstrafe von 30 Tagessätzen qualitativ erheblich unterscheidet. Somit kann nur nach den Umständen des Einzelfalls geprüft werden, (ob und) mit welcher Dauer das Fahrverbot neben einer bestimmten Hauptstrafe geeignet und erforderlich ist, um beim Verurteilten die spezialpräventiv für notwendig gehaltene Denkzettelwirkung zu erzielen bzw. die sonstigen Strafzwecke zu erreichen. Unter Berücksichtigung der wirtschaftlichen Folgen wird insbesondere bei Berufskraftfahrern Anlass zur Prüfung bestehen, ob das Fahrverbot auf die Mindestdauer zu beschränken ist.[271] Die Ermessensreduzierung beim Regel-Fahrverbot (§ 44 Abs. 1 Satz 3) bezieht sich nur auf die Anordnung, nicht aber auf Dauer (und Umfang) des Fahrverbots (dazu schon Rdn. 37), weswegen der Tatrichter in der Bemessung der Fahrverbotsdauer „frei" ist. 51

2. Wirksamkeit des Fahrverbots. Das Fahrverbot wird nach der am 24.8.2017 in Kraft getretenen Neufassung des Absatzes 2 Satz 1 (Entstehungsgeschichte) wirksam, wenn der Führerschein nach Rechtskraft des Urteils in amtliche Verwahrung gelangt, spätestens jedoch mit Ablauf von einem Monat seit Eintritt der Rechtskraft. Die aus mehreren Gründen nicht mit dem strafgerichtlichen Fahrverbot kompatible Schonfristregelung nach § 25 Abs. 2a StVG[272] hat der Gesetzgeber entgegen manchen in diese Richtung zielenden Forderungen nicht in § 44 übernommen (eingehend BTDrucks. 18/12785 S. 45). Nach der Neuregelung hat es der Verurteilte in der Hand, den Beginn des Fahrverbots innerhalb eines Monats durch (Nicht-)Abgabe des Führerscheins selbst zu bestimmen. Der Gesetzgeber will hierdurch aus taktischen Gründen eingelegten Rechts- 52

1965 81. Das Gleiche gilt bei Abschlägen im Rahmen des für rechtsstaatswidrige Verfahrensverzögerungen entwickelten Vollstreckungsmodells (dazu *Hentschel/König/Dauer* § 24 StVG Rdn. 57a).

268 *Hentschel/König/Dauer* Rdn. 12; *Böse* NK Rdn. 25; *Athing/v. Heintschel-Heinegg* MK Rdn. 9; *Kulemeier* S. 74; **aM** *BHHJJ/Burmann* StVR § 44 Rdn. 10.

269 *BHHJJ/Burmann* StVR § 44 Rdn. 10 (unter Hinweis auf BayObLG VRS **31** (1966) 355).

270 BGHSt **29** 61. Speziell zum Verhältnis von Fahrverbot und Freiheitsstrafe BayObLG MDR **1978** 422 und zum Verhältnis Fahrverbot – Geldstrafe BayObLG NJW **1980** 840.

271 OLG Celle VRS **62** (1982) 38; vgl. auch BayObLG bei *Janiszewski* NStZ **1988** 265.

272 Dazu *Hentschel/König/Dauer* § 25 StVG Rdn. 3. Zu der Selbstverständlichkeit, dass die Regelung nicht im Wege der Auslegung auf § 44 StGB übertragen werden kann, KG BA **54** (2017) 44 m. Bspr. *König* DAR **2017** 362.

mitteln entgegenwirken (BTDrucks. 18/12785 S. 45). Zugleich sind Strafbarkeitsrisiken vermindert worden, die nach der alten Fassung bestanden. So wurde von Angeklagten nicht selten verkannt, dass bei sofortigem Rechtsmittelverzicht auch das Fahrverbot sofort wirksam wurde, mit der Folge der Strafbarkeit nach § 21 Abs. 1 Nr. 1 StVG bereits für die Heimfahrt vom Gericht; Gleiches galt für das sofortige Wirksamwerden des Fahrverbots nach Rücknahme des Einspruchs gegen einen Strafbefehl.[273] Für den Fall der Wiedereinsetzung in den vorigen Stand z.B. gegen die Versäumung der Berufungseinlegungsfrist bleibt es allerdings dabei, dass der Verurteilte spätestens nach Ablauf eines Monats nach Rechtskraftseintritt bis zum Erlass (nicht erst: bis zur Zustellung) des die Wiedereinsetzung gewährenden Beschlusses kein Kraftfahrzeug führen darf.[274] Zur Frage, ob mit Hilfe von § 47 Abs. 2 StPO ggf. auch beim Fahrverbot ein Vollstreckungsaufschub möglich ist, nachfolgend Rdn. 57. Da die Vorschrift ausdrücklich auf den „Führerschein“ abstellt, ist die „Mofa-Prüfbescheinigung“ (d.h. die Bescheinigung nach § 5 Abs. 4 Satz 1 FeV, dazu Rdn. 54) nicht umfasst.[275] Da die Neuregelung für den Angeklagten günstiger ist als das alte Recht, gilt sie nach dem in § 2 Abs. 3 StGB verankerten Meistbegünstigungsgebot (dazu *Dannecker* LK 12. Aufl. § 2 Rdn. 54ff) auch für vor ihrem Inkrafttreten verübte Straftaten (i.Erg. auch AG Dortmund bei *Deutscher* NZV **2018** 588). Die Vorschrift wirft bei **Inhabern von EU-/EWR-Führerscheinen** ohne ordentlichen Wohnsitz im Inland sowie bei Führerscheinen aus Drittstaaten Probleme auf (dazu Rdn. 88).

53 **3. Durchsetzung des Fahrverbots.** Da das Fahrverbot nach den Maßgaben des Absatzes 2 Satz 1 automatisch wirksam wird, bedarf es zu seiner Durchsetzung (an sich) keiner förmlichen Vollstreckung.[276] Es unterliegt daher auch nicht der Vollstreckungsverjährung;[277] zu den Konsequenzen Rdn. 55 a.E. Regelungen zur Vollstreckung von Fahrverboten sind in § 59a StVollstrO enthalten.

54 **a)** Um das Fahrverbot in seiner Wirkung auf den Verurteilten zu stärken und seine Durchführung zu sichern, wird ein von einer deutschen Behörde ausgestellter (nationaler oder internationaler) **Führerschein** für die Dauer des Fahrverbots **amtlich verwahrt** (**Absatz 2 Satz 2**). Dies gilt nicht für die *Prüfbescheinigung betreffend Mofas und gedrosselte Kleinkrafträder* (§ 5 Abs. 4 Satz 1 FeV). Auch wenn sie wie ein Führerschein stets mitzuführen und zuständigen Personen auf Verlangen zur Prüfung auszuhändigen ist (§ 5 Abs. 4 Satz 2 FeV), ist sie bereits ausweislich ihrer Bezeichnung kein Führerschein im Sinne dieser Vorschrift; sie ist – anders als der Führerschein (§ 4 Abs. 2 Satz 1 FeV) – gerade nicht Ausweis einer Fahrerlaubnis.[278] Mangels gesetzlicher Grundlage kann die Prüfbescheinigung danach auch nicht wie ein Führerschein beschlagnahmt oder in amtliche Verwahrung genommen werden.[279] Zu den daraus für den Beginn der Verbotsfrist

---

273 *König* DAR **2018** 604, 605; *Janiszewski* Rdn. 662; s. auch *Feiertag* DAR **2002** 150; *Steffen Cramer* DAR **1998** 464.

274 OLG Köln NJW **1987** 80; zustimmend *Janiszewski* Rdn. 662.

275 **AM** wohl *Kerkmann* SVR **2018** 48, 50.

276 Zu „Problemen der Praxis bei Vollstreckung von Fahrverboten“ s. *Schäpe* DAR **1998** 10 sowie die Kommentierung von § 59 a StVollstrO bei *Pohlmann/Jabel/Wolf* (9. Aufl. 2015).

277 OVG Hamburg VRS **112** (2007) 68, 79; *Sch/Schröder/Sternberg-Lieben/Bosch* § 79 Rdn. 2, *Mürbe* DAR **1983** 46; *Wollentin/Breckerfeld* NJW **1966** 635.

278 BayObLG NJW **1993** 1873; *Hentschel/König/Dauer* § 44 Rdn. 15; § 25 StVG Rdn. 32.

279 BayObLG NJW **1993** 1873; *Berr* DAR **1983** 7; *Bouska* VD **1979** 355; *Klüsener* DAR **1991** 115; *Janiszewski* NStZ **1993** 274; abw. – ohne Erörterung der Frage – jedoch wohl OLG Düsseldorf DAR **2017** 92. Für eine (da nicht strafbegründende und auch nicht strafschärfende, sondern nur verfahrensrechtliche und daher an

folgenden Konsequenzen Rdn. 59. Wird das Fahrverbot auf bestimmte Arten von Kraftfahrzeugen beschränkt, erteilt die Verkehrsbehörde einen **Ersatzführerschein,** aus dem die Beschränkung ersichtlich ist und der die Fahrzeugarten ausweist, die der Verurteilte auch weiterhin führen darf (dazu schon Rdn. 45f). Dieses etwas umständliche (doch vom Gesetzgeber bewusst gewählte) Verfahren ist für den Betroffenen günstiger als ein Vermerk im Führerschein, der sonst für immer den Stempel einer früheren Verurteilung tragen würde.[280] Zum Verfahren bei ausländischen Führerscheinen gilt Absatz 2 Satz 3 und 4 (dazu Rdn. 83ff).

b) Wird der nach Absatz 2 Satz 2 und 3 amtlich zu verwahrende Führerschein nicht freiwillig herausgegeben, ist er **zu beschlagnahmen (§ 463b Abs. 1 StPO).** Ist der Führerschein bereits amtlich verwahrt (z.B. nach §§ 94, 111a StPO), bleibt die amtliche Verwahrung (mit geänderter Rechtsgrundlage) bestehen.[281] Als Hilfsmaßnahme der Vollstreckung richtet sich die Beschlagnahme dann aber nicht nach §§ 94ff StPO, sondern nach den Vorschriften über die Strafvollstreckung (§§ 449ff StPO); die Beschlagnahme bedarf daher keiner richterlichen Bestätigung.[282] Dies ist für den Fall des (richterlich noch nicht bestätigten) behördlichen Fahrverbots (§ 25 StVG) im Hinblick auf den Richtervorbehalt des Art. 13 Abs. 2 GG zwar umstritten,[283] nicht aber für das Fahrverbot nach § 44 StGB. Daher ist die **Durchsuchung einer Wohnung** des rechtskräftig Verurteilten (nicht jedoch eines Dritten, in dessen Wohnung der Führerschein vermutet wird)[284] allein auf Grund der strafgerichtlichen Entscheidung als solcher zulässig; eines zusätzlichen richterlichen Beschlusses bedarf es trotz des Richtervorbehaltes in Art. 13 Abs. 2 GG somit nicht, weil die grundgesetzlich erforderliche richterliche Anordnung bereits im Urteil/Strafbefehl enthalten ist, mit dem das Fahrverbot (§ 44) verhängt wurde.[285] Zuständig ist die Staatsanwaltschaft als Vollstreckungsbehörde (§ 451 Abs. 1 StPO), die zur Durchführung der Beschlagnahme die Polizei um Amtshilfe ersuchen kann; die der Vollstreckungsbehörde in Straf- und Bußgeldsachen obliegenden Geschäfte sind nach § 31 Abs. 2 Satz 1 RPflG dem Rechtspfleger übertragen.[286] Die örtliche Zuständigkeit bestimmt sich nach dem Gericht des ersten Rechtszugs (§ 143 Abs. 1 GVG). Wird der Führerschein beim Verurteilten nicht vorgefunden, muss dieser auf Antrag der Vollstreckungsbehörde beim Amtsgericht eine eidesstattliche Versicherung abgeben (§ 463 Abs. 3 Satz 1 StPO). Bei **Führerscheinverlust** ist der Verurteilte von der Vollstreckungsbehörde aufzufordern, einen Ersatzführerschein zu beantragen und diesen alsbald zu den Akten zu geben; der Beginn der Verbotsfrist hängt aber nicht davon ab, dass der Verurteilte sich einen Ersatzführerschein besorgt.[287] Im Übrigen besteht keine Verpflichtung zur Erlangung eines Ersatzdokuments; § 25 Abs. 4 StVG gibt ebenso wie § 59a Abs. 4 Satz 3 StVollstrO zu erkennen, dass es bei Unauffindbarkeit des Führerscheins mit der Abgabe einer eidesstatt- 55

sich zulässige) analoge Anwendung von § 44 Abs. 2 Satz 2 jedoch *Schäpe* DAR **1998** 12, gänzlich aM unter Hinweis auf Billigkeit wohl *Kerkmann* SVR **2018** 48, 50.

280 Amtl. Begründung (nach *Hartung* 2. StraßenVSichG S. 30).

281 *Sch/Schröder/Kinzig* Rdn. 20; *Hentschel/König/Dauer* Rdn. 12a.

282 Ebenso *Cramer* Rdn. 58.

283 Dazu m.w.N. *Hentschel/König/Dauer* § 25 StVG Rdn. 32.

284 S. etwa AG Leipzig NJW **1999** 309; *Meyer-Goßner/Schmitt* § 463b StPO Rdn. 1; *Hentschel* NZV **1996** 508.

285 LG Berlin NZV **2006** 385; LG Lüneburg NZV **2011** 153 [jeweils zu § 25 StVG]; h.M., z.B. *Meyer-Goßner/Schmitt* § 463b StPO Rdn. 1; *Appl* KK § 463b Rdn. 1; *Hentschel/König/Dauer* § 25 StVG Rdn. 32; *Hentschel* NZV **1996** 506; **aM** AG Tiergarten NZV **1996** 506; AG Karlsruhe DAR **1999** 568 [jeweils zu § 25 StVG]; *Graalmann-Scheerer* LR § 463b Rdn. 1.

286 *Meyer-Goßner/Schmitt* § 463b StPO Rdn. 1.

287 OLG Düsseldorf NZV **1999** 521 (zu § 25 StVG); *Seib* DAR **1982** 283.

lichen Versicherung sein Bewenden haben soll.[288] Gibt der Verurteilte den Führerschein gar nicht ab und wird eine angeordnete Beschlagnahme nicht vollzogen, so beginnt die Verbotsfrist nicht zu laufen, weswegen das Fahrverbot mangels Vollstreckungsverjährung (Rdn. 53) bestehen bleibt, mit der Folge der Strafbarkeit nach § 21 StVG auch noch nach Jahren (OVG Hamburg VRS **112** (2007) 68, 79).[289]

56 **c)** Der Führerschein wird **durch die Vollstreckungsbehörde verwahrt,** und zwar in aller Regel bei den Strafakten oder (sofern vorhanden) beim Vollstreckungsheft, auf Grund besonderer Anweisung im Einzelfall auch anderweitig (§ 59a Abs. 1 StVollstrO).[290] Aus § 44 Abs. 2 Satz 2 folgt, dass auch der von einer deutschen Behörde ausgestellte internationale Führerschein amtlich zu verwahren ist.[291] Zuständige **Vollstreckungsbehörde** ist die **Staatsanwaltschaft** (§ 451 Abs. 1 StPO), im Jugendstrafverfahren der Jugendrichter (§ 82 Abs. 1, § 84 Abs. 1 JGG). Gelangt der Führerschein (zunächst) zu einer anderen Behörde, die zur Verfolgung von Straftaten oder Ahnung von Ordnungswidrigkeiten oder der Vollstreckung von Fahrverboten befasst ist, so wird die dortige Verwahrzeit in die Verbotsfrist eingerechnet (§ 59a Abs. 5 Satz 3 StVollstrO). Demgemäß darf der Führerschein namentlich bei einer **Polizeidienststelle**[292] oder der **Fahrerlaubnisbehörde**[293] zur Verwahrung abgegeben werden, womit auch die Verbotsfrist in Lauf gesetzt wird (Rdn. 60). Im Interesse einer klaren Fristberechnung (dazu Rdn. 59ff) und der rechtzeitigen Rückgabe des Führerscheins sind die in § 26 FeV bezeichneten Sonderführerscheine (betreffend Dienstfahrerlaubnisse der Bundeswehr, des Bundesgrenzschutzes und der Polizei) nicht bei den jeweiligen Dienststellen, sondern bei der Vollstreckungsbehörde zu verwahren.[294] Dies gilt trotz Nr. 624 der Zentralen Dienstvorschrift (ZDV) 43/1, wonach der Disziplinarvorgesetzte dem Betroffenen den Führerschein der Bundeswehr „für die Dauer eines gerichtlichen Fahrverbots abzunehmen und amtlich zu verwahren“ hat, auch für den Bundeswehr-Führerschein. Denn als lediglich interne Dienstvorschrift kann die Bestimmung anderslautendes Gesetzesrecht nicht außer Kraft setzen.[295] Allerdings bestimmt § 59a Abs. 5 Satz 4 StVollstrO, dass bei Abnahme des Dienstführerscheins durch den Dienstvorgesetzten die Zeit bis zum Zugang bei der Vollstreckungsbehörde in die Verbotsfrist eingerechnet wird (s. auch Rdn. 60). Insbesondere damit keine Zweitschrift des Führerscheins ausgestellt wird, hat die Vollstreckungsbehörde die für die Wohnung des Verurteilten zuständige **Polizeidienststelle über die Fahrverbotsentscheidung zu unterrichten** (Nr. 45 Abs. 3 MiStra). Die gleiche Mitteilung ist an die Dienststellen zu richten, die Sonderführerscheine auszustellen berechtigt sind (Nr. 45 Abs. 4 MiStra).

57 **d)** Weil das Fahrverbot keiner besonderen Vollstreckungshandlung bedarf, um wirksam zu werden, ist ein **Aufschub der Vollstreckung** über die Lockerungen nach dem neugefassten Absatz 2 Satz 1 hinaus (Rdn. 52), d.h. eine Unterbrechung der Wirkungen des Fahrverbots **nicht möglich.** Dies gilt auch, wenn die nach Maßgabe des Absat-

---

288 *Grohmann* DAR **1988** 47; *Schäpe* DAR **1998** 13.
289 Nichtzulassungsbeschwerde verworfen durch BVerwG, Beschluss vom 27.3.2007 – 6 B 108/06.
290 Gleiches gilt nach § 87 Abs. 2 Satz 2 Nr. 1 StVollstrO für das Fahrverbot des § 25 StVG. Zu Einzelheiten der amtlichen Verwahrung durch die Vollstreckungsbehörde s. *Pohlmann* Rpfleger **1965** 73 sowie die Kommentierungen des einschlägigen § 59 a StVollstrO bei *Pohlmann/Jabel/Wolf* und *Zeitler* BeckOK StVollstrO; s. auch *Baum* Rpfleger **1992** 237; *Schäpe* DAR **1998** 10.
291 Zum Umfang der abgabepflichtigen Dokumente *Schäpe* DAR **1998** 12.
292 *Zeitler* BeckOK StVollstrO § 59a Rdn. 22; *Röttle/Wagner* Strafvollstreckung Rdn. 412.
293 *Zeitler* BeckOK StVollstrO § 59a Rdn. 22; *Pohlmann/Jabel/Wolf* § 59 a StVollstrO Rdn. 16.
294 *Pohlmann/Jabel/Wolf* § 59 a StVollstrO Rdn. 5.
295 *Pohlmann/Jabel/Wolf* § 59 a StVollstrO Rdn. 5; *Janiszewski* Rdn. 663.

zes 2 Satz 1 eintretende Wirkung für den Verurteilten eine zusätzliche Härte darstellt, die ohne Beeinträchtigung der Strafzwecke durch einen Aufschub oder eine zeitweilige Unterbrechung der Verbotswirkung vermieden werden könnte. Absatz 2 Satz 1 steht einer Nutzbarmachung der § 47 Abs. 2, § 456 StPO im Fall des Fahrverbots somit ebenso entgegen wie der Anwendung des § 456c StPO.[296] Angesichts der Verschiedenartigkeit von Maßregel und Nebenstrafe ist auch eine analoge Anwendung von § 456c StPO abzulehnen,[297] zumal im Fall des Fahrverbots nicht von einer planwidrigen Gesetzeslücke gesprochen werden kann.[298] Mit einem Aufschub der „Vollstreckung" (über Absatz 2 Satz 1 hinaus) ließe sich für den Verurteilten zudem auch nicht etwa jene Vergünstigung bewirken, wie sie der Gesetzgeber in § 25 Abs. 2a StVG für das behördliche Fahrverbot ermöglicht hat.[299] Denn würde das Gericht dem Verurteilten gestatten, den Führerschein später als in Absatz 2 Satz 1 vorgesehen in amtliche Verwahrung zu geben, würde dies nur die Verbotsfrist verlängern und nichts daran ändern, dass sich der Verurteilte bei Teilnahme am öffentlichen Straßenverkehr nach § 21 Abs. 1 Nr. 1 StVG strafbar macht.[300] Rechtlich nicht gangbar ist auch eine Lösung im Wege des Gnadenverfahrens, wie sie im Schrifttum vereinzelt befürwortet wird.[301] Gnadenweise ließe sich zwar die Wirksamkeit des Fahrverbots aufheben; jedoch bedürfte es einer besonderen gesetzlichen Ermächtigung, das Fahrverbot später erneut anzuordnen, an der es aber fehlt.[302]

e) Die Rückgabe des Führerscheins nach Ablauf der Verbotsfrist ist in § 59a Abs. 2 **58**
StVollstrO näher geregelt.[303] Danach geht das Gesetz für den Regelfall davon aus, dass der Führerschein dem Verurteilten (durch eingeschriebenen Brief) so rechtzeitig zugesandt wird, dass er am letzten Tag der Verbotsfrist bei ihm eintrifft (§ 59a Abs. 2 Satz 1 StVollstrO). Wenn der Führerschein vorzeitig, d.h. vor Ablauf der Verbotsfrist zurückgegeben wird, hat dies auf das Ende des Fahrverbots keinen Einfluss; im Hinblick auf die noch fortbestehende Strafbewehrung (§ 21 Abs. 1 Nr. 1 StVG) ist dem Verurteilten bei Rückgabe des Führerscheins jedoch mitzuteilen, zu welchem Zeitpunkt das Fahrverbot endet (§ 59a Abs. 2 Satz 2 StVollstrO).[304] Etwas anderes gilt (Umkehrschluss aus § 59a Abs. 2 Satz 1 StVollstrO), wenn der Verurteilte ausdrücklich erklärt oder durch entsprechende Nachfrage zum Ausdruck bringt, dass er den Führerschein nach Fristablauf selbst abholen will. Nur in diesem Fall wird die Rückgabe des Führerscheins für den Verurteilten zur „Holschuld";[305] die Benachrichtigungspflicht des Absatzes 2 Satz 2 gilt

---

296 *Meyer-Goßner/Schmitt* § 456c StPO Rdn. 1; *Wollentin/Breckerfeld* NJW **1966** 634; *Mürbe* DAR **1983** 45; vgl. auch AG Mainz MDR **1967** 683.

297 So aber im Anschluss an *Sch/Schröder/Kinzig* Rdn. 20 für besonders gelagerte Ausnahmefälle (bei „krasser Unbilligkeit") OLG Köln NJW **1987** 82 (allerdings nur auf Antrag des Verurteilten).

298 *Cramer* Rdn. 56; *Pohlmann/Jabel/Wolf* § 59 a StVollstrO Rdn. 26; *Uhlenbruck* DAR **1967** 156; *Mürbe* DAR **1983** 45; s. auch *Meyer-Goßner/Schmitt* Rdn. 1, *Appl* KK Rdn. 1; *Wendisch* LR Rdn. 16, je zu § 456 c StPO.

299 Nicht überzeugend *Sch/Schröder/Kinzig* Rdn. 20. Der Gesetzgeber hat sich in Absatz 2 Satz 1 aus guten Gründen für eine andere Lösung entschieden (BTDrucks. 18/12785 S. 45); hierzu auch *Fehl* NZV **1998** 439.

300 *Hentschel* Trunkenheit Rdn. 933.

301 *Mürbe* DAR **1983** 47; *Wollentin/Breckerfeld* NJW **1966** 635.

302 *Hentschel* Trunkenheit Rdn. 933; im Ergebnis auch OLG Frankfurt a. M. NStZ-RR **2003** 263 (im Rahmen von § 21 Abs. 1 Nr. 1 StVG dort auch zu einem unverschuldeten Verbotsirrtum bei unzutreffender Beratung durch den Verteidiger trotz vorangegangener behördlicher/gerichtlicher Belehrung).

303 Zu weiteren Einzelheiten s. die Kommentierung bei *Pohlmann/Jabel/Wolf*.

304 Schuldhaft verzögerte Aushändigung des Führerscheins kann zu Schadensersatzansprüchen nach § 839 Abs. 1 BGB i.V.m. Art. 34 GG führen (LG Flensburg DAR **1967** 299).

305 Nach *Pohlmann/Jabel/Wolf* § 59 a Rdn. 6 ist die rechtliche Natur der Rückgabepflicht (Bring- oder Holschuld) freilich in § 44 offengelassen.

(erst recht) auch hier.[306] Bundeswehrführerscheine werden dem Disziplinarvorgesetzten des Verurteilten vor Ablauf der Verbotsfrist übersandt, und zwar so rechtzeitig, dass der Führerschein dem Verurteilten am letzten Tag der Verbotsfrist ausgehändigt werden kann (§ 59a Abs. 2 Satz 3 StVollstrO). Die Teilnahme am fahrerlaubnispflichtigen Kraftfahrzeugverkehr nach Fristablauf, doch vor Aushändigung des Führerscheins ist (nur) bußgeldbewehrt (§ 75 Nr. 4 i.V. mit § 4 Abs. 2 Satz 2 FeV).

4. Beginn der Verbotsfrist

59 **a) mit amtlicher Verwahrung.** Unbeschadet der Wirksamkeit des Fahrverbots (Absatz 2 Satz 1) beginnt die Verbotsfrist in den Fällen, in denen der Verurteilte bei Rechtskraft der Entscheidung noch im Besitze seines Führerscheins ist, erst mit dem Tag, an dem der (nationale oder internationale *deutsche*) Führerschein im Original, also nicht einer bloßen Kopie (OLG München DAR **2019** 161 m. Bspr. *König* DAR **2019** 362, 365f), amtlich verwahrt wird (Absatz 3 Satz 1).[307] Da die Prüfbescheinigung nach § 5 Abs. 4 Satz 1 FeV (Mofas, gedrosselte Kleinkrafträder) nicht als „Führerschein" zu behandeln ist (Rdn. 54), beginnt die Verbotsfrist in diesem Fall bereits mit Rechtskraft der Entscheidung.[308] Hat der Verurteilte sich mehrere Führerscheine ausstellen lassen (z.B. unter Vorspiegelung, sein erster Führerschein sei verlorengegangen) oder hat er außer einem allgemeinen Führerschein noch einen (auch zum Führen von zivilen Kraftfahrzeugen berechtigenden) Dienstführerschein (§ 26 FeV), beginnt die Verbotsfrist erst, wenn *beide* Führerscheine in amtliche Verwahrung gegeben worden sind; sonst könnte der Verurteilte den anderen Führerschein weiterbenutzen und damit den Zweck des Fahrverbots vereiteln.[309] Zum Beginn der Verbotsfrist bei ausländischen Führerscheinen s. Rdn. 85ff. Das Fahrverbot verlängert sich demnach faktisch um die Zeit, in der der Führerschein nach Wirksamwerden des Fahrverbots nicht in amtliche Verwahrung gelangt. Damit soll verhindert werden, dass der Verurteilte durch Verweigerung der Herausgabe des Führerscheins das Fahrverbot weitgehend risikolos umgehen kann.[310] Das Fahrverbot kann also – und zwar strafbewehrt (§ 21 Abs. 1 Nr. 1 StVG) – insgesamt länger wirksam sein, als es der in der Entscheidung festgesetzten Dauer entspricht. Damit sich die Frist nicht unnötig zu Lasten des Verurteilten verlängert, ist dieser im Anschluss an die Urteilsverkündung über den Beginn der Verbotsfrist **ausdrücklich zu belehren** (§ 268c Satz 1, 2 StPO). Ergeht das Urteil in Abwesenheit des Angeklagten oder im Strafbefehlsverfahren, hat die Belehrung schriftlich zu erfolgen (§ 268c Satz 3, § 409 Abs. 1 Satz 2 StPO). Es handelt sich hierbei aber nur um eine Ordnungsvorschrift, deren Nichtbeachtung im Einzelfall zwar einen Schadensersatzanspruch begründen kann, jedoch nicht hindert, dass die Verbotsfrist erst mit der amtlichen Inverwahrnahme zu laufen beginnt. Das Gericht muss die Belehrung nachholen, wenn es bemerkt, dass sie unterblieben war; auch ist es in einem solchen Fall Sache der Vollstreckungsbehörde, den Verurteilten so bald wie möglich zur Abgabe des Führerscheins aufzufordern und ihn auf die Folgen verzögerter Abgabe des Führerscheins hinzuweisen (§ 59a Abs. 4 Satz 1 StVollstrO). Die fehlende Belehrung[311] kann dazu führen, dass der Verurteilte im Sinne von § 21 Abs. 1 Nr. 1 StVG nicht vorsätz-

---

306 So im Ergebnis auch *Pohlmann/Jabel/Wolf* § 59a Rdn. 6.
307 Zur Fristberechnung und zur Abgabe bei anderen Behörden s. die nachfolgenden Rdn.
308 BayObLG NJW **1993** 1873: aber nicht vorher.
309 Ebenso *Pohlmann/Jabel/Wolf* § 59a StVollstrO Rdn. 15.
310 Amtl. Begründung (nach *Hartung* 2. StraßenVSichG S. 30).
311 Zum Inhalt der Belehrung OLG Celle VRS **54** (1978) 128; vgl. auch *Wollentin/Breckerfeld* NJW **1966** 633.

lich oder nach Lage des Falles nicht einmal fahrlässig handelt.[312] Zu Irrtumsfragen s. auch Rdn. 116.

aa) Wie unter Rdn. 56 ausgeführt, wird die Art der amtlichen Verwahrung durch § 59a Abs. 1 StVollstrO näher bestimmt. Danach wird der Führerschein für die Dauer des Fahrverbots grundsätzlich **durch die Staatsanwaltschaft als Vollstreckungsbehörde** (und dort nach § 31 Abs. 2 Satz 1 RPflG durch den Rechtspfleger) bei den Strafakten oder, falls ein Vollstreckungsheft angelegt ist, bei diesem verwahrt; eine andere Art der Aufbewahrung kann jedoch angeordnet werden (§ 59a Abs. 1 Satz 2 StVollstrO). Dem Sinn des Gesetzes entsprechend beginnt die amtliche Verwahrung nicht erst an dem Tag, an dem die Vollstreckungsbehörde den Führerschein – aus justizinternen Gründen evt. erst Tage nach Eingang bei Gericht – tatsächlich zu den Strafakten oder zum Vollstreckungsheft nimmt.[313] Da gerichts- oder behördeninterne Verzögerungen nicht zum Nachteil des Verurteilten führen dürfen, ist für den **Beginn der amtlichen Verwahrung** der Eingang des Führerscheins bei der zuständigen Vollstreckungsbehörde maßgeblich (§ 59a Abs. 5 Satz 2 StVollstrO), wo immer sich die Strafakte gerade befindet; die amtliche Ingewahrsamnahme wird durch den Eingangsstempel der Behörde dokumentiert.[314] Da es sich bei der Pflicht zur Abgabe des Führerscheins um eine Bringschuld handelt (Rdn. 58), gehen postalische Verzögerungen oder das Fehlen eines Nachtbriefkastens jedoch zu Lasten des Verurteilten.[315] Gelangt der Führerschein zunächst in den Gewahrsam einer anderen in § 59a Abs. 5 Satz 3 StVollstrO bezeichnete Stelle (insbesondere Polizeidienststelle, Fahrerlaubnisbehörde; dazu Rdn. 56), so wird die dortige Verwahrzeit in die Verbotszeit eingerechnet. Gibt der Bundeswehrangehörige alle Führerscheine bei seinem Dienstvorgesetzten ab, ist gemäß § 59a Abs. 5 Satz 4 StVollstrO dieser Zeitpunkt für den Beginn der Fahrverbotsfrist maßgeblich (*Zeitler* BeckOK StVollstrO § 59a Rdn. 22). 60

Die Beschlagnahme eines nicht freiwillig herausgegebenen Führerscheins (§ 463b StPO) begründet keine „amtliche Verwahrung", wie sie dem § 59a Abs. 1 StVollstrO entspricht und in § 44 Abs. 2 Satz 2 StGB vorausgesetzt wird. Die Zeit, die zwischen der polizeilichen Beschlagnahme des Führerscheins und seinem Eingang bei Gericht/Staatsanwaltschaft vergeht, kommt dem Verurteilten demnach ebenso wenig zugute wie die Zeitspanne zwischen Aufgabe des Führerscheins bei der Post und Eingang des Briefes bei Gericht oder Staatsanwaltschaft.[316] Nichts anderes gilt für den Fall, dass der Verurteilte seinen **Führerschein schon *vor* Rechtskraft freiwillig zu den Akten** gegeben hat.[317] Alle diese Fälle (gleichgültig, ob freiwilliger oder unfreiwilliger) vorzeitiger Herausgabe/Sicherstellung des Führerscheins liegen zeitlich *vor* Rechtskraft der Entscheidung und sind danach schon deshalb nicht geeignet, einen früheren Beginn der Verbotsfrist herbeizuführen, weil der Betroffene in dieser Zeit am Straßenverkehr teilnehmen 61

312 BayObLG VRS **62** (1982) 460. Zur Frage, ob der Irrtum über die Rechtskraft eines Fahrverbots im Rahmen des § 21 Abs. 1 Nr. 1 StVG zu einem vorsatzausschließenden Tatbestands- oder zu einem Verbotsirrtum führt, s. BayObLG DAR **2000** 77.

313 So aber *Baum* Rpfleger **1992** 237 ff (gegen *Königbauer/Birner* Rpfleger **1991** 491): Da mit „amtlicher Verwahrung" im Sinne des heutigen § 44 Abs. 2 Satz 2 immer nur die Verwahrung gerade durch die Vollstreckungsbehörde gemeint sei, sei auch für das Ingangsetzen der Verbotsfrist allein die Abgabe des Führerscheins bei der zuständigen Vollstreckungsbehörde maßgeblich.

314 *Hentschel* Trunkenheit Rdn. 939; *Koch* DAR **1966** 343; *Wollentin/Breckerfeld* NJW **1966** 632; *Grohmann* DAR **1988** 46; *Königbauer/Birner* Rpfleger **1991** 492; *Schäpe* DAR **1998** 11.

315 Ebenso *Schäpe* DAR **1998** 11; aM *Koch* DAR **1966** 344.

316 *Koch* DAR **1966** 343; **aM** *Schäpe* DAR **1998** 13 (keine Missbrauchsgefahr bei Entgegennahme des Führerscheins durch eine unzuständige Behörde; Wertungswiderspruch zu § 51 Abs. 5 Satz 2 StGB).

317 Hierzu und zum Folgenden auch *Hentschel* Trunkenheit Rdn. 940; *Königbauer/Birner* Rpfleger **1991** 491; *Schäpe* DAR **1998** 11; *Stankewitz* SVR **2015** 812 m.w.N.

kann, ohne sich nach § 21 Abs. 1 Nr. 1 StVG strafbar zu machen. § 44 Abs. 3 Satz 1 ist nur im Zusammenhang mit Absatz 2 zu verstehen. Danach kann mit „amtlicher Verwahrung" (i.S. von Absatz 3 Satz 1) nur die in Absatz 2 genannte, also nur eine *nach* Rechtskraft erfolgende gemeint sein.[318] Davon zu trennen ist die Frage, ob diese Zeit auf das später rechtskräftig werdende Fahrverbot „angerechnet" werden kann; dazu nachfolgend Rdn. 66ff, zu den Auswirkungen der freiwilligen Rückgabe des Führerscheins vor Eintritt der Rechtskraft besonders Rdn. 73.

62 **bb)** Nach Absatz 3 Satz 2 wird in die Verbotsfrist die Zeit nicht eingerechnet, in der der Verurteilte aufgrund behördlicher Anordnung in einer Anstalt verwahrt wird **(Ruhen der Verbotsfrist während behördlicher Anstaltsverwahrung).** Die Vorschrift will verhindern, dass das Verbot seine spezialpräventive Wirkung einbüßt, indem die Verbotsfrist während einer Anstaltsverwahrung, insbesondere während der Verbüßung einer in derselben Sache verwirkten Freiheitsstrafe, weiterläuft; sonst würde das Fahrverbot dem Verurteilten in der Zeit der Anstaltsverwahrung nicht fühlbar.[319] Ist der Verurteilte auf Grund behördlicher/gerichtlicher Anordnung bei Rechtskraft bereits in einer Anstalt verwahrt oder gelangt er dorthin, bevor die Verbotsfrist zu laufen beginnt, wird für die Dauer seines Aufenthalts der Ablauf des Fahrverbots aufgeschoben; die Verbotsfrist beginnt in diesem Fall – ggf. trotz Ablieferung/Sicherstellung des Führerscheins – erst am Tag seiner Entlassung.[320] Erfolgt die staatlich angeordnete Anstaltsverwahrung während des Laufs einer Verbotsfrist, wird diese unterbrochen; in diesem Fall ist die bis zum Beginn des Freiheitsentzuges verstrichene Zeit des Fahrverbots nach Beendigung der Anstaltsverwahrung um die Zeitspanne zu verlängern, die bei Beginn des Freiheitsentzugs an der vollen Dauer des Fahrverbots noch fehlte. Unter behördlich angeordneter Anstaltsverwahrung sind im Übrigen nicht nur alle Arten von (auch: Ersatz-)Freiheitsstrafe,[321] alle freiheitsentziehenden Sanktionen des Jugendstrafrechts sowie alle freiheitsentziehenden Maßregeln (insbesondere §§ 63, 64 oder 66 StGB), sondern auch alle freiheitsentziehenden Maßnahmen des Strafverfahrensrechts (Beispiele: §§ 112ff, 126a, § 70 Abs. 2, § 81 StPO) zu verstehen.[322] Vollzugslockerungen wie Freigang und Urlaubs- oder Ausgangstage (§§ 11ff StVollzG) heben das hoheitlich angeordnete Verwahrungsverhältnis nicht auf und sind demzufolge nicht geeignet, die Anstaltsverwahrung zu unterbrechen; eine Anrechnung dieser Zeiten in die Fahrverbotsfrist scheidet aus.[323] Das gilt auch für einen Freigänger, dem die JVA den Gebrauch des eigenen Pkw für Fahrten zur Arbeitsstelle und während des Urlaubs ohne weitere Auflagen gewährt (OLG Köln StraFo **2007** 345; OLG Schleswig SchlHA **2008** 223 [D/D]).

63 **b)** Es gibt auch Konstellationen, in denen die Verbotsfrist bereits **mit dem Tag der Rechtskraft zu laufen beginnt: aa)** So liegt es zum einen, wenn der Führerschein zeitlich genau mit Eintritt der Rechtskraft in amtliche Verwahrung gegeben wird; hier endet das Fahrverbot mit Ablauf der in der Entscheidung festgesetzten Dauer.[324] Mit Eintritt der

---

318 Ebenso *Baum* Rpfleger **1992** 238.
319 Amtl. Begründung zum 2. StraßenVSichG: BTDrucks. IV/651 S. 12.
320 Hierzu und zum Folgenden *Pohlmann/Jabel/Wolf* § 59 a StVollstrO Rdn. 19ff; *Mürbe* DAR **1983** 46.
321 Auch im Ausland erlittene Freiheitsstrafen: BGHSt **24** 63.
322 Dazu vor allem *Mürbe* DAR **1983** 46; *Hillebrand* VD **1978** 199.
323 Mit ausführlicher Begründung OLG Stuttgart NStZ **1983** 429; s. auch OLG Frankfurt NJW **1984** 812; OLG Köln StraFo **2007** 345; OLG Schleswig SchlHA **2008** 223 [D/D]. Weithin Zustimmung im Schrifttum: z.B. *Sch/Schröder/Kinzig* Rdn. 22; *Athing/v. Heintschel-Heinegg* MK Rdn. 18; *Wolters* SK Rdn. 17; *Hentschel/König/Dauer* Rdn. 17; **aM** *Böse* NK Rdn. 28; differenzierend *Kulemeier* S. 87.
324 *Mürbe* DAR **1983** 46.

Rechtskraft beginnt die Verbotsfrist zum anderen, wenn der Verurteilte an diesem Tag keine Fahrerlaubnis besitzt; dies kann der Fall sein, wo die Straftat im Zusammenhang mit dem Führen eines nicht fahrerlaubnispflichtigen Kraftfahrzeugs begangen worden ist. Sofern in diesen Fällen kein Führerschein vorhanden ist, der in amtliche Verwahrung gegeben werden könnte, läuft Absatz 3 Satz 1 leer. Mangels anderer Anknüpfungspunkte muss die Verbotsfrist in Fällen dieser Art nach dem erklärten Willen des Gesetzgebers vom Tag der Rechtskraft an gerechnet werden.[325]

bb) Gleiches gilt, wenn **neben einer Entziehung der Fahrerlaubnis** ausnahmsweise **auch ein Fahrverbot angeordnet** wird (dazu Rdn. 17f). Da der Verurteilte in diesem Fall ab Rechtskraft der Entscheidung keine Fahrerlaubnis mehr besitzt, muss die Verbotsfrist für das Fahrverbot auch hier mit dem Tag der Rechtskraft beginnen.[326] Die rechtlich gleiche Situation tritt ein, wenn der Angeklagte nach Rechtskraft der Fahrverbotsentscheidung den Führerschein nicht abgibt und ihm **danach die Fahrerlaubnis entzogen** wird. Auch hier wird die Verbotsfrist für das Fahrverbot mit dem Zeitpunkt beginnen müssen, in dem die Fahrerlaubnisentziehung rechtskräftig bzw. unanfechtbar geworden ist.[327] Hat die Vollstreckungsbehörde Zweifel hinsichtlich der Berechnung der Verbotsfrist, kann sie nach dem entsprechend anwendbaren § 458 Abs. 1 StPO das Gericht anrufen.[328] Gleiches gilt schließlich, wenn nach Rechtskraft des Fahrverbots ein Führerschein deswegen nicht in amtliche Verwahrung gegeben (und damit die Verbotsfrist nach Absatz 3 Satz 1 in Gang gesetzt) werden kann, weil gegen eine inzwischen behördlicherseits erfolgte Entziehung der Fahrerlaubnis zwar Widerspruch oder Anfechtungsklage erhoben, jedoch sofortiger Vollzug angeordnet worden ist, oder wenn gemäß § 111a StPO wegen einer anderen Tat eine vorläufige Entziehung der Fahrerlaubnis erfolgt ist. Solange in solchen Konstellationen nicht die aufschiebende Wirkung nach § 80 Abs. 5 VwGO angeordnet bzw. die vorläufige Fahrerlaubnisentziehung nicht nach § 111a Abs. 2 StPO aufgehoben ist, darf der Betroffene keine fahrerlaubnispflichtigen Kraftfahrzeuge führen. Entsprechend beginnt die Verbotsfrist für das Fahrverbot hier spätestens mit dem Zeitpunkt, ab dem der Betroffene von seinem Führerschein keinen legalen Gebrauch mehr machen kann.[329] 64

cc) Unklar ist die Gesetzeslage bei **(tatsächlichem oder auch nur behauptetem) Verlust des Führerscheins.** Mit der Begründung, dass es für den Beginn der Verbotsfrist keinen Unterschied machen könne, ob ein Führerschein aus rechtlichen oder aus tatsächlichen Gründen nicht in amtliche Verwahrung gegeben werden kann, will die bislang wohl herrschende Meinung im Schrifttum den Verurteilten auch in einem solchen Fall wie denjenigen behandeln, der überhaupt keine Fahrerlaubnis besitzt:[330] Könne er auch keinen Ersatzführerschein (den er zwar beantragen könne, den zu beantragen je- 65

---

325 Amtl. Begründung (zit. nach *Hartung* 2. StraßenVSichG S. 31). LG Hamburg DAR **2003** 327; *Hentschel/König/Dauer* § 25 StVG Rdn. 31; *Hentschel* DAR **1988** 156; *Weigelt* DAR **1965** 15; *Bouska* VD **1978** 99.
326 *Danner* VD **1978** 23; *Bouska* VD **1978** 99 (je zu § 25 StVG); *Hentschel* DAR **1988** 157. Wenig überzeugend *Hillebrand* VD **1977** 321 (das Fahrverbot habe als durch die Entziehung der Fahrerlaubnis vollstreckt zu gelten).
327 *Pohlmann/Jabel/Wolf* § 59 a StVollstrO Rdn. 25; *Hentschel* DAR **1988** 157; **aM** *Bouska* VD **1978** 101 (Beginn der Verbotsfrist erst bei Ablieferung des Führerscheins).
328 *Pohlmann/Jabel/Wolf* § 59 a StVollstrO Rdn. 24.
329 *Hentschel* DAR **1988** 157; **1994** 75; **aM** *Martzloff* DÖV **1985** 233 ff (mangels Denkzettelwirkung laufe die Verbotsfrist des § 44 in dieser Zeit nicht).
330 LG Hamburg DAR **2003** 327; *Pohlmann/Jabel/Wolf* § 59 a StVollstrO Rdn. 17 f; *Grohmann* DAR **1988** 47; *Hentschel* DAR **1988** 157.

doch keine Verpflichtung bestehe: dazu schon Rdn. 55) zu den Akten geben, beginne die Verbotsfrist bereits ab Rechtskraft der das Fahrverbot anordnenden Entscheidung; denn da die Verbotsfrist nach derzeitiger Gesetzeslage an die amtliche Verwahrung eines *erteilten* – nicht: eines zu erteilenden – Führerscheins gebunden sei, setze der Beginn der Verbotsfrist in Fällen des – gleichgültig: ob tatsächlichen oder nur behaupteten – Führerscheinverlustes nicht die Beschaffung eines Ersatzführerscheins voraus.[331] Trete der Verlust hingegen erst nach Rechtskraft der Entscheidung ein, sei für den Beginn der Verbotsfrist der Tag des Verlusts maßgebend (insoweit wohl unbestritten).[332]

65a Die vorgenannte Lösung ist – wie jede andere Lösung auch (eingehend OLG Köln NStZ-RR **2016** 153 m. Bspr. *König* DAR **2017** 362, 375) – **Bedenken ausgesetzt.** Hinsichtlich des Beginns der Verbotsfrist bei Führerscheinverlust fehlt nämlich eine ausdrückliche gesetzliche Regelung. § 463b StPO bestimmt lediglich, dass ein nicht freiwillig herausgegebener, jedoch nach Absatz 3 Satz 1 amtlich zu verwahrender Führerschein zu beschlagnahmen ist und dass der Verurteilte auf Antrag der Vollstreckungsbehörde eine eidesstattliche Versicherung über den Verbleib abzugeben hat. Zu berücksichtigen ist ferner, dass der Gesetzgeber die Verbotsfrist offenbar bewusst an die aktive Mitwirkung des Verurteilten bei der Vollstreckung gebunden und den Beginn der Frist demzufolge von der Abgabe des Führerscheins abhängig gemacht hat; es sollte verhindert werden, dass der Betroffene das Verfahren zu seinen Gunsten verschleppt oder sich der Sanktion möglicherweise sogar ganz entzieht. Vor diesem Hintergrund lässt das OLG Düsseldorf mit Unterstützung eines Teils des Schrifttums die Verbotsfrist bei (tatsächlichem oder auch nur behauptetem) Führerscheinverlust erst mit der Abgabe eines Ersatzführerscheins oder mit der Abgabe einer eidesstattlichen Versicherung über den Verlust des Führerscheins beginnen; andernfalls wäre derjenige, der bezüglich des Verlusts oder auch nur des Zeitpunkts des Verlusts unwahre Angaben macht, unangemessen bevorzugt.[333] Zustimmung verdient trotz auch damit verbundener Probleme eine Lösung, für die sich soweit ersichtlich zuerst das LG Essen ausgesprochen hat (DAR **2006** 106).[334] Denn wird die Ausstellung eines beantragten Ersatzführerscheins seitens der Verwaltung zeitgleich verzögert, ohne dass der Betroffene darauf Einfluss hat, wäre dieser benachteiligt, wenn die Verbotsfrist erst ab Aushändigung des Ersatzführerscheins berechnet würde, jedoch unangemessen bevorzugt, wenn die Frist mangels anderer Anknüpfungspunkte bereits mit Rechtskraft der Entscheidung zu laufen begänne.[335] Zu Recht lehnt das LG Essen es dann aber auch ab, hinsichtlich des Beginns der Verbotsfrist auf die Abgabe einer eidesstattlichen Versicherung abzustellen; denn auch diesen Weg zu beschreiten, steht ebenfalls nur der Staatsanwaltschaft zu, ohne dass der Betroffene darauf Einfluss hat. Danach ist es folgerichtig, die Verbotsfrist erst mit der Mitteilung des (tatsächlichen oder behaupteten) Verlusts bei Gericht oder der Verwaltungsbehörde beginnen zu lassen; denn nach der Konzeption des Gesetzes entspricht allein eine solche Pflicht zur Abgabe einer Verlustanzeige bei zuständiger Stelle jener dem Verurteilten gesetzlich auferlegten Pflicht zur Abgabe eines bei Rechtskraft des Urteils noch vorhandenen Führerscheins. Stellt man auf den Eingang der Verlustanzeige ab, steht es der Vollstreckungsbehörde frei, den Angaben des Verurteilten zu vertrauen oder bei Zweifeln den Weg über § 463b

---

331 So ausdrücklich *Hentschel* Trunkenheit Rdn. 943.

332 *Pohlmann/Jabel/Wolf* § 59a StVollstrO Rdn. 18; *Hentschel* Trunkenheit Rdn. 943; *Schäpe* DAR **1998** 13.

333 NZV **1999** 521; zust. *Böse* NK Rdn. 27; *Zeitler* BeckOKStVollstrO § 59a Rdn. 25.

334 Ebenso OLG Köln NStZ-RR **2016** 153; OLG Karlsruhe, Beschluss v. 12.3.2008, 1 Ss 39/07, BeckRS **2008** 14238; *Hentschel/König/Dauer* § 25 StVG Rdn. 31; *Sch/Schröder/Kinzig* § 44 Rdn. 21a.

335 So aber LG Hamburg DAR **2003** 327 (wegen Verzögerung der Aushändigung des Ersatzführerscheins um etwa fünf Wochen); dort ausdrücklich Ablehnung von OLG Düsseldorf NZV **1999** 521.

StPO beschreiten und zu versuchen, den Führerschein zu beschlagnahmen. Wird der **Führerschein vor Ablauf der Verbotsfrist wiedergefunden**, ist die Verbotsfrist als unterbrochen anzusehen; die restliche Verbotszeit rechnet dann erst von der Ablieferung des Führerscheins an.[336]

5. Anrechnung vorläufiger Maßnahmen

a) Allgemeine Überlegungen. Ausweislich der §§ 51 Abs. 5 und 1 StGB und §§ 94, 111a, 450 Abs. 2 StPO geht das Gesetz bei vorläufigen Führerscheinmaßnahmen, die (nach § 69a Abs. 4 bis 6) schließlich doch nicht zu einer Entziehung der Fahrerlaubnis, sondern nur zu einem Fahrverbot führen, erklärtermaßen von einer „Anrechnung" der bisherigen Dauer der Maßnahme aus. Auch wenn dadurch die Verbotsfrist faktisch schon *vor* Rechtskraft der maßgeblichen Entscheidung zu laufen beginnen kann, handelt es sich rechtstechnisch um Anrechnung und nicht um vorverlegten Fristbeginn.[337] Das gesetzliche *Anrechnungs*gebot verwehrt es dem Gericht, die Zeit der vorläufigen Führerscheinmaßnahme wegen deren Denkzettelwirkung schon bei Bemessung der Dauer des Fahrverbots fristverkürzend zu berücksichtigen; sonst würde die vorläufige Maßnahme dem Verurteilten doppelt zugutekommen.[338] Nichts anderes gilt folgerichtig auch dann, wenn das Gericht den Strafzweck des Fahrverbots als durch die mindestens sechs Monate währende vorläufige Maßnahme an sich als erfüllt ansieht. Erreicht oder übersteigt die Dauer der anzurechnenden vorläufigen Maßnahme also die Dauer des ausgesprochenen Fahrverbots, ist dieses kraft zwingender Anrechnung (§ 51 Abs. 5 mit 1) mit Rechtskraft der Entscheidung zwar im ganzen Umfang erledigt und voll verbüßt; doch wird die Anordnung des Fahrverbots auch in diesem Fall weder überflüssig noch gar unzulässig (dazu bereits Rdn. 35f). Hat sich das Fahrverbot auf Grund der Anrechnung erledigt, ist der Führerschein mit Verkündung des Urteils an den Verurteilten zurückzugeben.[339] 66

Entgegen vereinzelter Minderansicht[340] muss die Tat, die zu der – anzurechnenden – vorläufigen Maßnahme geführt hat, nicht zugleich Grundlage für das Fahrverbot sein; da die spezialpräventive Wirkung auf den Täter von jeder vorläufigen Maßnahme ausgehen kann, ist unerheblich, ob diese wegen derselben oder wegen einer anderen Tat angeordnet wurde, sofern sie nur Gegenstand desselben – ggf. zuvor auch abgetrennten – Verfahrens ist oder gewesen ist (dazu auch *Theune* LK 12. Aufl. § 51 Rdn. 41).[341] Dem Sinn des Gesetzes, die volle Wirkung des Fahrverbots während der ganzen Verbotsdauer sicherzustellen, entspricht es schließlich, vorläufige Maßnahmen nicht zur Anrechnung zu bringen, wenn der Verurteilte deren Belastung wegen behördlicher Anstaltsverwahrung nicht verspüren muss; es gäbe keinen Sinn, eine behördliche Anstaltsverwahrung des Verurteilten nach § 44 Abs. 3 Satz 2 zwar fristhemmend oder -unterbrechend, eine Zwangsunterbringung während der Dauer einer vorläufigen Maßnahme hingegen als unbeachtlich anzusehen. In analoger Anwendung dieser Vorschrift ist somit nicht anrechenbar die Zeit, in der sich ein Täter während einer vorläufigen Führerscheinmaßnah- 67

336 *Pohlmann/Jabel/Wolf* § 59a StVollstrO Rdn. 18; **aM** *Zeitler* BeckOK StVollstrO § 59a StVollstrO Rdn. 27 für den Fall, dass der Betroffene zwischenzeitlich einen Ersatzführerschein oder die eidesstattliche Versicherung über den Verlust des Führerscheins abgegeben hat.
337 Missverständlich die Amtl. Begründung (nach *Hartung* 2. StraßenVSichG S. 30 unten).
338 Ganz h.M., s. etwa *Hentschel/König/Dauer* Rdn. 12; 16; *Böse* NK Rdn. 29; *Sch/Schröder/Kinzig* Rdn. 23; **aM** *Warda* GA **1965** 79, 81.
339 *Sch/Schröder/Kinzig* Rdn. 24.
340 *Warda* GA **1965** 82.
341 Ebenso *Sch/Schröder/Kinzig* § 51 Rdn. 36; *Lackner/Kühl/Heger* Rdn. 14.

me in amtlicher Verwahrung befunden hat.[342] Besitzt der Verurteilte keine Fahrerlaubnis, ist für die Anwendbarkeit des § 44 Abs. 3 Satz 2 kein Raum; die Frist des Verbots, das sich insoweit auf das Führen fahrerlaubnisfreier Kraftfahrzeuge beschränkt (dazu Rdn. 13 und 18), läuft dann auch bei amtlicher Verwahrung des Verurteilten.

68 **b) Im Einzelnen** sind folgende Fälle zu unterscheiden:

aa) Sind im Rahmen eines Ermittlungsverfahrens dringende Gründe für die Annahme vorhanden, dass die Fahrerlaubnis entzogen wird, kann die Fahrerlaubnis durch gerichtlichen Beschluss nach § 111a Abs. 1 StPO vorläufig entzogen werden. Endet dieses Verfahren nicht mit Entziehung der Fahrerlaubnis, sondern wird nur auf Fahrverbot erkannt, wird die Zeit der vorläufigen Entziehung der Fahrerlaubnis auf das erkannte Fahrverbot angerechnet (§ 51 Abs. 5 Satz 1 i.V. mit Abs. 1 Satz 1). Die Entscheidung steht nicht im Ermessen des Gerichts (zur Ausnahme nach § 51 Abs. 1 Satz 2 nachfolgend Rdn. 75). Soweit die Anrechnung kraft Gesetzes erfolgt (was die Regel ist), bedarf sie keines besonderen Ausspruchs im Entscheidungstenor. Etwas anderes gilt, wo ohne Klarstellung im Tenor Zweifel hinsichtlich der Art der Anrechnung oder der Anrechnung überhaupt entstünden; in solchen Fällen ist es aus rechtsstaatlicher Fürsorge geboten, zur Beseitigung von Zweifeln und zur Vermeidung von Rechtsnachteilen für den Verurteilten ausnahmsweise auch die Anrechnung im Tenor ausdrücklich auszusprechen.[343]

69 Umstritten sind dabei vor allem folgende Fragen:

(1) Wie bereits in Rdn. 18 erläutert, ist die Anordnung eines Fahrverbots (ausnahmsweise) auch neben gleichzeitiger Entziehung der Fahrerlaubnis möglich; das zusätzliche Fahrverbot verfolgt hier den Zweck, den Verurteilten für kurze Zeit auch von der Führung solcher Kraftfahrzeuge auszuschließen, auf die sich die Sperrfrist *nicht* bezieht. Dieses Ziel würde vereitelt, müsste nach § 51 Abs. 5 Satz 1, Abs. 1 Satz 1 die Zeit der vorläufigen Fahrerlaubnisentziehung auch in solchen Fällen auf das Fahrverbot angerechnet werden. Da diesbezügliche Ausnahmen angesichts der engen Formulierung in § 51 Abs. 1 Satz 2 nur „im Hinblick auf das Verhalten des Verurteilten nach der Tat" erlaubt sind, empfiehlt sich eine einschränkende Auslegung des insoweit missverständlichen (weil zu weiten) Gesetzes; sonst würde der mit der Vorschrift erstrebte Zweck (Vermeidung einer Benachteiligung von Tätern, die mit keiner vorläufigen Führerscheinmaßnahme belastet sind) zu einer teleologisch nicht zu rechtfertigenden Besserstellung führen. Sind demzufolge in demselben Verfahren zugleich die Fahrerlaubnis entzogen *und* ein Fahrverbot ausgesprochen worden, kommt die Zeit einer vorläufigen Führerscheinmaßnahme für eine Anrechnung auf die Dauer des Fahrverbots nicht in Betracht.[344]

70 (2) Umstritten ist zum anderen, ob für die Anrechnung der Dauer einer vorläufigen Fahrerlaubnisentziehung (§ 111a StPO) auf das Fahrverbot die amtliche Verwahrung des Führerscheins vorausgesetzt ist. Diese Frage läuft ihrerseits darauf hinaus, ob die nach § 51 Abs. 5 anrechenbare Zeit bereits ab Bekanntgabe/Zustellung des die Fahrerlaubnis vorläufig entziehenden Beschlusses (§ 111a Abs. 1 StPO) zu laufen beginnt. Die Antwort auf beide Fragen wiederum hängt davon ab, ob man bei § 51 Abs. 5 Satz 1 maßgeblich auf

---

342 So schon *Cramer* Rdn. 53; *Warda* GA **1965** 90.

343 BayObLG JR **1987** 511 m. zust. Anm. *Berz;* vgl. auch OLG Köln VRS **44** (1973) 14; OLG Düsseldorf VRS **39** (1970) 133; *Hentschel/König/Dauer* Rdn. 16; *Grohmann* DAR **1988** 46.

344 *Sch/Schröder/Kinzig* § 51 Rdn. 36; *Pohlmann/Jabel/Wolf* § 59 a StVollstrO Rdn. 23; *Karl* DAR **1987** 283; **aM** *Hentschel* Trunkenheit Rdn. 945.

den Grundgedanken des § 44 Abs. 3 abstellt (so die hier vertretene Ansicht)[345] oder aber die letztgenannte Vorschrift mit der in Rechtsprechung[346] und Schrifttum[347] wohl herrschenden Meinung als eng auszulegende Sonderregelung nur auf den „Beginn" der Verbotsfrist bezieht und es demzufolge ablehnt, die Vorschrift ihrem Zweck entsprechend auch für den Bereich der „Anrechnung" nutzbar zu machen. Dazu: Selbstverständlich wird der Beschluss nach § 111a StPO schon mit seiner Bekanntmachung (durch Zustellung) an den Betroffenen wirksam (§ 35 Abs. 1 und 2 StPO); doch geht es vorliegend nicht um die Wirksamkeit der vorläufigen Führerscheinmaßnahme, sondern nach der Grundidee des (in § 51 Abs. 5 Satz 1 „entsprechend" in Bezug genommenen) Absatzes 1 Satz 1 dieser Vorschrift maßgeblich darum, ob die anrechenbare vorläufige Maßnahme vom Betroffenen „erlitten" wurde und bei diesem somit spezialpräventiv wirksam werden konnte; daher ist *Wardas* (GA **1965** 83) Vergleich mit dem damaligen § 42n Abs. 4 (dem heutigen § 69a Abs. 4) durchaus berechtigt. Im Übrigen ist der Hinweis auf den angeblich eindeutigen Wortlaut des einschlägigen § 51 Abs. 5 Satz 1 zur Bekräftigung der hier abgelehnten h.M. ebenso wenig hilfreich wie das Bemühen von *Maatz* (StV **1988** 85), aus Formulierungen der Gesetzesmaterialien den Willen des Gesetzgebers herauslesen zu wollen, diesen Satz 1 als selbstständigen Anrechnungsfall (und nicht als unselbstständigen Unterfall des nachfolgenden Satzes 2) ausgestaltet und somit bewusst vom zusätzlichen Erfordernis amtlicher Inverwahrnahme des Führerscheins befreit zu haben. Schließlich und vor allem wird gegen die hier vertretene Meinung vorgebracht, der Vollzug einer vorläufigen Entziehung der Fahrerlaubnis werde nicht zuletzt deshalb bereits mit ihrer Bekanntgabe an den Beschuldigten „wirksam", weil dieser sich schon ab diesem Zeitpunkt – und somit ungeachtet einer Übergabe des Führerscheins – nach § 21 Abs. 1 Nr. 1 (und nicht nach dem privilegierten Tatbestand des § 21 Abs. 2 Nr. 2) StVG strafbar mache.[348] Indes ist auch dieses Argument nicht überzeugend, ist die Situation unter den Voraussetzungen des § 51 Abs. 5 rechtlich und tatsächlich doch nicht entscheidend anders als unter den Voraussetzungen des § 44 Abs. 2. In beiden Fällen liegt die (nach § 21 Abs. 1 Nr. 1 StVG gleichermaßen strafbewehrte) „Wirksamkeit" des Verbots zeitlich *vor* dem Beginn der Lauf-, Berechnungs- oder eben Anrechnungszeit dieses Verbots. Entspricht somit die zentrale „Anrechnungs"-Norm des § 51 Abs. 1 nach der Konzeption des Gesetzes teleologisch dem Grundgedanken des den § 44 beherrschenden Absatzes 3, bemisst sich die nach § 51 Abs. 5 Satz 1 anzurechnende Dauer der vorläufigen Entziehung der Fahrerlaubnis entgegen herrschender Ansicht nicht ab Wirksamkeit des § 111a StPO-Beschlusses, sondern erst ab amtlicher Verwahrung des Führerscheins. Von hier aus ist es nur folgerichtig, dem Gericht (analog § 268c StPO) aufzuerlegen, dem Beschluss nach § 111a StPO eine entsprechende Belehrung hinzuzufügen.

(3) Nach eindeutigem Wortlaut des § 51 Abs. 5 werden an sich nur *vorläufige* Fahrer- **71**
laubnis- oder Führerscheinmaßnahmen angerechnet. War die Fahrerlaubnisentziehung jedoch rechtskräftig geworden, wird später (etwa nach Wiedereinsetzung in den vorigen Stand wegen Versäumung der Einspruchsfrist bei einem Strafbefehl) statt der ursprünglichen Maßregel dann aber doch nur ein Fahrverbot verhängt, kommt eine unmittelbare Anwendung des § 51 Abs. 5 nicht in Betracht. Wenn jedoch schon die Anrechnung einer

---

345 So im Anschluss an *Warda* (GA **1965** 83) auch *Cramer* Rdn. 53.
346 Vgl. BayObLG VRS **72** (1987) 278; LG Frankenthal DAR **1979** 341.
347 *Sch/Schröder/Kinzig* § 51 Rdn. 36; eingehend *Maatz* StV **1988** 84; *Grohmann* DAR **1988** 45; *Mürbe* JR **1989** 3.
348 So im Anschluss an LG Frankenthal DAR **1979** 341 u.a. *Hentschel/Krumm* Fahrerlaubnis Teil 2 Rdn. 503; *Maatz* StV **1988** 86; s. auch *Pohlmann/Jabel/Wolf* § 59a StVollstrO Rdn. 20.

vorläufigen Sicherungsmaßnahme zulässig ist, kann für die Anrechnung der endgültigen Maßnahme nichts anderes gelten. Das BayObLG hat in einem solchen Fall daher zu Recht eine analoge Anwendung des § 51 Abs. 5 (und Abs. 2) befürwortet.[349] Um mögliche Zweifel auszuschließen, ist eine Klarstellung im Entscheidungstenor zu empfehlen.[350]

72 **bb)** Nach § 51 Abs. 5 Satz 2 steht der vorläufigen Entziehung der Fahrerlaubnis die amtliche **Verwahrung, Sicherstellung oder Beschlagnahme des Führerscheins (§ 94 StPO)** gleich. Demzufolge gelten die soeben gemachten Ausführungen auch hier. Entgegen zu weitem Gesetzeswortlaut sind nach § 51 Abs. 5 Satz 2 jedoch nur diejenigen amtlichen Verwahrungen, Sicherstellungen oder Beschlagnahmen anrechenbar, die aus Gründen der Verkehrssicherheit, d.h. im Hinblick auf eine mögliche Entziehung der Fahrerlaubnis erfolgt sind. Anderes gilt für Sicherstellungen bzw. Beschlagnahmen, die aus beweisrechtlichen Gründen erforderlich geworden sind (§ 94 StPO).[351] Für eine solche Differenzierung spricht nicht nur der teleologische Zusammenhang des § 51 Abs. 5 StGB mit § 111a StPO und § 69 StGB und das funktionale Zusammenspiel der Absätze 4 und 5 von § 111a StPO, sondern nicht zuletzt auch der Schutzzweck des § 21 StVG. Als Kriminalstraftatbestand zum Schutz der Verkehrssicherheit erfasst diese Strafvorschrift auch in ihrem Absatz 2 Nr. 2 nur solche Verwahrungen, Sicherstellungen oder Beschlagnahmen, die nach Lage der Dinge zu einer Entziehung der Fahrerlaubnis führen können.[352] Wer (bei fortbestehender Fahrerlaubnis) seinen Führerschein lediglich aus Gründen beweisrechtlicher Sicherstellung/Beschlagnahme verloren hat (und ohne Weiteres einen Ersatzführerschein beantragen könnte), begeht lediglich eine Ordnungswidrigkeit, wenn er ohne Führerschein am fahrerlaubnispflichtigen Straßenverkehr teilnimmt (§ 75 Nr. 4 i.V.m. § 4 Abs. 2 Satz 2 FeV).[353] Anrechenbar ist aber nur eine Zeit, bei der die anrechenbare Rechtsfolge vollstreckt wird.[354] Da in Fällen rein beweisrechtlicher Sicherstellung/Beschlagnahme des Führerscheins die Fahrerlaubnis an sich fortbesteht und da es ein vorläufiges Fahrverbot nicht gibt, können solche Zeiten des Führerscheinverlusts als nicht strafbewehrt auf eine Fahrverbotsfrist *nicht* angerechnet werden. Soweit während der Sicherstellung/Beschlagnahme ein Ersatzführerschein ausgestellt war, kommt eine Anrechnung wegen Wegfalls ihres Grundes ebenfalls nicht in Betracht.[355]

73 Gibt der (später) Verurteilte seinen **Führerschein** schon *vor* Eintritt der Rechtskraft **freiwillig zu den Akten** (dazu schon Rdn. 61), ist vor dem Hintergrund des soeben Ausgeführten wie folgt zu differenzieren: (1) Eine entsprechende Anwendung von § 51 Abs. 5 Satz 2 verbietet sich (lediglich), soweit der Führerscheininhaber bei Teilnahme am fahrerlaubnispflichtigen Kraftfahrzeugverkehr nur nach §§ 75 Nr. 4 i.V. mit 4 Abs. 2 Satz 2 FeV ordnungswidrig handeln würde.[356] (2) Nimmt die Vollstreckungsbehörde den Führerschein jedoch in Anwendung des dem § 111a Abs. 5 Satz 2 StPO zugrundeliegenden

---

349 VRS **72** (1987) 278; zustimmend *Berz* JR **1987** 513; *Mürbe* JR **1989** 1 (analoge Anwendung von § 51 *Abs. 2*).
350 BayObLG VRS **72** (1987) 278.
351 Ebenso *Grohmann* DAR **1988** 45.
352 So auch BGH VRS **62** (1982) 114; OVG Schleswig DAR **1968** 135; *Hentschel/König/Dauer* § 21 StVG Rdn. 22; abw. wohl BHHJJ/*Hühnermann* § 21 StVG Rdn. 13.
353 So zur früheren Gesetzeslage schon *Grohmann* DAR **1988** 46; *Berz* JR **1987** 514.
354 Zutreffend *Berz* JR **1987** 514.
355 Ebenso *Lackner/Kühl/Heger* § 51 Rdn. 14.
356 *Hentschel* Trunkenheit Rdn. 940; *Königbauer/Birner* Rpfleger **1991** 492, *Berz* JR **1987** 515; vgl. auch OLG Köln VRS **71** (1986) 54; abw. wohl OLG Düsseldorf DAR **2017** 92, das (nicht tragend) eine Anrechnung für möglich hält, wenn der Betroffene eine Mofa-Prüfbescheinigung vor Rechtskraftseintritt in Verwahrung gibt und auch die Behörde (s. dazu, dass die Bescheinigung gar nicht in Verwahrung zu geben bzw. zu nehmen ist, Rdn. 54) irrtümlich davon ausgeht, Rechtskraft sei bereits eingetreten (zu § 25 StVG).

Gedankens (als Ersatz für eine damit überflüssig gewordene Beschlagnahme) förmlich zu amtlicher Verwahrung an, ist diese Zeit entsprechend § 51 Abs. 5 Satz 2 auf die Fahrverbotsfrist anzurechnen.[357] In diesem Fall ist der Betroffene zugleich mit der amtlichen Inverwahrnahme seines Führerscheins (analog §§ 268c, 409 Abs. 1 Satz 2 StPO, § 59a Abs. 4 Satz 1 StVollstrO und § 25 Abs. 8 StVG) darüber zu belehren, dass er ab jetzt im Straßenverkehr keine fahrerlaubnispflichtigen Fahrzeuge mehr führen darf und sich andernfalls nach § 21 StVG strafbar macht.[358] Gleiches gilt schließlich bezüglich der Anrechnung einer Zeit, während derer sich der Führerschein im Rahmen eines verwaltungsrechtlichen Entziehungsverfahrens in **amtlicher Verwahrung bei der Verkehrsbehörde** befunden hat; auch die Dauer einer solchen verkehrsbehördlichen Verwahrung ist anzurechnen, soweit der Führerscheininhaber in dieser Zeit von seiner Fahrerlaubnis keinen legalen Gebrauch machen konnte.[359]

cc) War im Rahmen eines Strafverfahrens gegen den Beschuldigten eine vorläufige **74** Entziehung der Fahrerlaubnis ausgesprochen oder der Führerschein amtlich in Verwahrung genommen, sichergestellt oder beschlagnahmt worden, hat das Gericht die Fahrerlaubnis dann aber doch nicht entzogen und nur ein Fahrverbot verhängt, müsste der Führerschein an sich sofort zurückgegeben werden (§ 111a Abs. 5 Satz 1 StPO). Ausweislich des nachfolgenden Satzes 2 dieser Vorschrift kann die Rückgabe des Führerscheins jedoch aufgeschoben werden, wenn der Betroffene nicht widerspricht. Die unmittelbar nach dem Urteil laufende Frist wird in diesem Fall unverkürzt auf das Fahrverbot angerechnet (§ 450 Abs. 2 StPO). Soweit die Voraussetzungen des § 450 Abs. 2 StPO vorliegen, scheidet die in § 51 Abs. 1 Satz 2 StGB vorgesehene Möglichkeit aus, (ausnahmsweise) die Nichtanrechnung anordnen zu können.[360] Somit liegt die Bedeutung des § 450 Abs. 2 StPO gerade darin, ausnahmslos zu gelten und auch durch richterliche Anordnung nach § 51 Abs. 1 Satz 2 StGB nicht dispensiert werden zu können.[361] S. auch *Schneider* LK § 51 Rdn. 70.

c) Den Fall des § 450 Abs. 2 StPO ausgenommen, kann das Gericht anordnen, dass **75** die Anrechnung der vorläufigen Maßnahme ganz oder zum Teil unterbleibt, wenn dies im Hinblick auf das Verhalten des Verurteilten nach der Tat nicht gerechtfertigt ist (§ 51 Abs. 1 Satz 2; dazu auch *Schneider* LK § 51 Rdn. 52). Wie oben erläutert (Rdn. 68), hat die Anordnung Ausnahmecharakter und bedarf der ausdrücklichen Feststellung im Entscheidungstenor. Soweit die **Nichtanrechnung der Dauer der vorläufigen Führerscheinmaßnahme** im Tenor nicht gesondert festgestellt ist, bleibt es beim Grundsatz des § 51 Abs. 1 Satz 1 und damit bei der Anrechnung der vorläufigen Maßnahme. Dies gilt folgerichtig auch dann, wenn das Gericht hinsichtlich der Anrechenbarkeit bzw. Nichtanrechenbarkeit der vorläufigen Maßnahme entweder von falschen Voraussetzungen oder von einer falschen Auslegung des Gesetzes ausgegangen ist.[362] Die Versagung der Anrechnung kann nur damit gerechtfertigt werden, dass ein „Verhalten des Verurteilten nach der Tat" zur Erschwerung der Rechtsfindung oder zu einer Verzögerung des Verfahrens beigetragen hat. Ausweislich der Gesetzesmaterialien sollte damit zum Ausdruck

---

357 **AM** *Pohlmann/Jabel/Wolf* zu § 59 a StVollstrO Rdn. 15.
358 Eine solche Belehrung scheint in der Praxis üblich zu sein: BGH VRS **62** (1982) 114; OLG Celle VRS **54** (1978) 128; s. auch *Meyer-Goßner/Schmitt* § 111 a StPO Rdn. 8, *Bruns* KK § 111 a StPO Rdn. 6b; *Hauck* LR § 111 a StPO Rdn. 61.
359 *Zeitler* BeckOK StVollstrO § 59a Rdn. 22; *Martzloff* DÖV **1985** 233 f; *Hentschel* DAR **1988** 157.
360 Statt vieler *Sch/Schröder/Kinzig* § 51 Rdn. 36; *Mürbe* DAR **1983** 46.
361 *Schneider* LK § 51 Rdn. 52, 70; *Sch/Schröder/Kinzig* § 51 Rdn. 36; *Maier* MK § 51 Rdn. 62.
362 OLG Köln VRS **44** (1973) 14.

gebracht werden, dass die Tat selbst betreffende Gründe (z.B. Art oder Schwere der Verfehlung sowie unrechts- oder schulderhöhendes *nachträgliches* Verhalten) zwar bei der Strafzumessung zu berücksichtigen sind, jedoch nicht zur Nichtanrechnung führen können.[363] Eine Versagung der Anrechnung kommt also nur in Betracht, soweit ein nach der Tat „im Verfahren" gezeigtes Verhalten des Verurteilten die Anrechnung ganz oder zum Teil ungerecht erscheinen lässt. Ein solches Verhalten kann etwa in böswillig verschleppendem Prozessverhalten[364] sowie insbesondere darin gesehen werden, dass der Verurteilte während der Dauer der vorläufigen Maßnahme verbotswidrig im öffentlichen Straßenverkehr ein Kraftfahrzeug geführt hat (§ 21 StVG).[365] Zur Anfechtung einer Nichtanrechnung s. nachfolgend Rdn. 114.

76 **6. Registrierung des Fahrverbots.** Das Fahrverbot wird im Fahreignungsregister (§ 59 Abs. 1 Nr. 6 FeV) und im Bundeszentralregister (§ 4 Nr. 1, § 5 Abs. 1 Nr. 7 BZRG) eingetragen. Ist ein Fahrverbot nach Jugendstrafrecht verhängt worden, erfolgt die Eintragung nur, soweit die Anordnung des Fahrverbots mit einem Schuldspruch nach § 27 JGG,[366] einer Verurteilung zu Jugendstrafe oder mit einer Maßregel der Besserung und Sicherung verbunden ist (§ 5 Abs. 2 BZRG). Nach Nr. 45 Abs. 3 MiStra ist die Verhängung eines Fahrverbots auch der für die Wohnung des Verurteilten zuständigen Polizeidienststelle mitzuteilen, sofern diese die Ermittlungen nicht selbst geführt hat und nicht schon als Ermittlungsbehörde über die Anordnung der Nebenstrafe unterrichtet ist. Ist der Verurteilte Inhaber eines Dienstführerscheins (§ 26 FeV), sind diese Mitteilungen auch den betreffenden Dienststellen zu machen (Nr. 45 Abs. 4 MiStra).

VIII. Fahrverbot bei Tatmehrheit; Mehrheit von Fahrverboten

77 **1. Fahrverbot bei Tatmehrheit.** Wenn mehrere (realiter konkurrierende) Taten zur Aburteilung stehen, wird insgesamt nur *ein* Fahrverbot verhängt, das die gesetzliche Höchstgrenze von sechs Monaten nicht überschreiten darf, und zwar auch dann, wenn die Voraussetzungen für die Anordnung eines Fahrverbots bei mehreren oder allen abgeurteilten Taten erfüllt wären.[367] Denn nach § 53 Abs. 3 i.V.m. § 52 Abs. 4 sind Nebenstrafen ungeachtet dessen, ob ihre Voraussetzungen hinsichtlich nur einer oder mehrerer Einzelstrafen gegeben wären, neben der Gesamtstrafe (und nicht neben den Einzelstrafen), mithin insgesamt nur *einmal* zu verhängen (vgl. BGHSt **61** 100, 104, 109).[368] Das ist auch sinnvoll. Denn im Rahmen der gebotenen Gesamtbetrachtung aller abzuurteilenden Taten kann die Dauer des Fahrverbots entsprechend dem sich aus dieser Gesamtbetrachtung ergebenden Einwirkungsbedarf auf den Angeklagten sachgerecht bemessen werden (vgl. BGHSt **61** 100, 109). Die seit 2017 geltende Regelung in Absatz 4 zur

---

363 BGHSt **23** 307 (zur Anrechnung der U-Haft); vgl. auch OLG Frankfurt VRS **55** (1978) 183; OLG Köln VRS **44** (1973) 15.

364 BGHSt **23** 308; LG Freiburg StV **1982** 338.

365 BayObLG VRS **72** (1987) 283; *Schneider* LK § 51 Rdn. 52; vgl. auch *Schlee* Sonderausschuss Prot. V/395.

366 S. aber dazu, dass die Anordnung des Fahrverbots neben dem Schuldspruch nach § 27 JGG nach h.M. nicht in Betracht kommt, oben Rdn. 12.

367 BayObLG VRS **51** (1976) 221; VRS **31** (1966) 186; OLG Brandenburg VRS **106** (2004) 212. Hierzu schon *Warda* GA **1965** 84; vgl. ferner *Sch/Schröder/Kinzig* Rdn. 27, *Cramer* Rdn. 41, *Hentschel/König/Dauer* Rdn. 13; je zu § 44; *Kulemeier* S. 75.

368 RGSt **36** 88, 89; BGHSt **12** 85, 87; **14** 381, 382. Dabei hat das Gericht zwecks Transparenz der Strafzumessung in den Urteilsgründen anzugeben, aufgrund welcher Einzeltat(en) es die Nebenstrafe für geboten erachtet (BGHSt **12** 85, 87). Das Prinzip der einheitlichen Verhängung der Nebenstrafe gilt auch dann, wenn von der Gesamtstrafenbildung nach § 53 Abs. 2 Satz 2 abgesehen wird (s. § 53 Rdn. 22).

Nacheinandervollstreckung mehrerer Fahrverbote (dazu Rdn. 80) hat an diesen Grundsätzen der Gesamtstrafenbildung nichts geändert. Sie betrifft in *verschiedenen* Verfahren *rechtskräftig verhängte* (Absatz 4 Satz 1) Fahrverbote, bei denen eine nachträgliche Gesamtstrafenbildung (Rdn. 78), durch die zugleich Zufälligkeiten der Verfahrensführung zu einem guten Teil ausgeglichen werden, nicht (mehr) möglich ist. Zum Zusammentreffen von strafgerichtlichem und ordnungswidrigkeitenrechtlichem Fahrverbot Rdn. 79.

Bei **nachträglicher Gesamtstrafenbildung (§ 55 StGB, § 460 StPO)** ist zu unterscheiden: Noch nicht erledigte Fahrverbote, die in der früheren Entscheidung angeordnet worden sind, werden aufrechterhalten, soweit sie nicht durch die neue Entscheidung gegenstandslos werden (§ 55 Abs. 2 Satz 1).[369] Der Gesamtstrafenrichter ist also insoweit an die frühere Entscheidung gebunden, weswegen eine Neufestsetzung der Nebenstrafe neben der nachträglich neu gebildeten Gesamtstrafe anders als nach vormaligem Recht nicht in Betracht kommt.[370] Will der Gesamtstrafenrichter (auch) wegen der nunmehr abzuurteilenden Tat ein Fahrverbot verhängen, so hat er die neue Tat so zu bewerten, als wenn sie schon im Zeitpunkt des früheren Urteils Anklagegegenstand gewesen wäre; hinsichtlich der früheren Tat(en) ist er dabei an die Feststellungen des früheren Urteils gebunden.[371] In diesem Rahmen darf er (nach § 55 Abs. 1 i.V.m. § 53 Abs. 3, § 52 Abs. 4) erstmals ein Fahrverbot oder ein Fahrverbot mit längerer Fahrverbotsdauer als die im Ersturteil festgesetzte verhängen. Er darf jedoch wie bei originärer Gesamtstrafenbildung (Rdn. 77) die Fahrverbotshöchstdauer von sechs Monaten nicht überschreiten.[372] Um eine Benachteiligung des Angeklagten zu vermeiden, ist dabei eine bereits abgelaufene Frist aus dem früher verhängten Fahrverbot ähnlich dem Härteausgleich anzurechnen; denn bei einer Nebenstrafe muss das Gleiche gelten wie bei einer Hauptstrafe.[373] Unterbleibt hingegen eine Gesamtstrafenbildung nach § 53 Abs. 2 Satz 2, so fehlt es auch an den Voraussetzungen für eine einheitliche Festsetzung der Nebenstrafe; dadurch entstehende Härten sind bereits im Rahmen der Ermessensentscheidung gemäß § 53 Abs. 2 Satz 2 zu gewichten.[374] Entsprechendes gilt, wenn die nachträgliche Gesamtstrafenbildung wegen Erledigung der früheren Hauptstrafe ausscheidet, das Fahrverbot aber noch nicht erledigt ist; ggf. hat aber eine Anrechnung zu erfolgen.[375] 78

Die unter Rdn. 77 aufgeführten Grundsätze sind gleichermaßen maßgeblich, wenn innerhalb desselben Bußgeldbescheids wegen **mehrerer sachlich zusammentreffender Ordnungswidrigkeiten**, von denen jede für sich allein die Anordnung eines Fahrverbots (§ 25 StVG) rechtfertigen würde, mehrere Geldbußen festgesetzt werden; es wird dann nur ein einheitliches Fahrverbot (hier von höchstens drei Monaten) festgesetzt (eingehend BGHSt **61** 100).[376] Dieselben Maßstäbe sind anzulegen, wenn ein Beschuldig- 79

---

369 Ist das Fahrverbot aus der einbezogenen Strafe bereits vollständig erledigt, so erfolgt keine Aufrechterhaltung, vgl. BGH, Beschluss vom 28.8.2012 – 4 StR 188/12.

370 *Rissing-van Saan/Scholz* LK § 55 Rdn. 50 f m.w.N.

371 *Rissing-van Saan/Scholz* LK § 55 Rdn. 53.

372 LG Stuttgart NZV **1996** 466; *Rissing-van Saan/Scholz* LK § 55 Rdn. 53 m.w.N.; *Athing/v. Heintschel-Heinegg* MK Rdn. 14; *Sch/Schröder/Kinzig* Rdn. 27.

373 LG Stuttgart NZV **1996** 466; *Sch/Schröder/Sternberg-Lieben/Bosch* § 55 Rdn. 68; *Hentschel/König/Dauer* Rdn. 14.

374 *Rissing-van Saan/Scholz* LK § 55 Rdn. 52; **aM** BayObLG VRS **51** (1976) 223; *Geppert* LK[12] § 44 Rdn. 78; *Sch/Schröder/Sternberg-Lieben/Bosch* § 55 Rdn. 68; MK/*Athing/v. Heintschel-Heinegg* Rdn. 14.

375 *Rissing-van Saan/Scholz* LK § 55 Rdn. 52; s. auch OLG Dresden NZV **1993** 402 [zu § 69a]; aM *Geppert* LK[12] § 44 Rdn. 78; *Sch/Schröder/Sternberg-Lieben/Bosch* § 55 Rdn. 68.

376 Auf gegenläufigen Vorlegungsbeschluss von OLG Hamm DAR **2015** 535 m krit. Anm. *Zopfs*. Wie BGHSt **61** 100 schon zuvor die h.M., so etwa BayObLG VRS **51** (1979) 223; OLG Brandenburg VRS **106** 212; OLG Stuttgart NZV **1996** 159, ZfS **1997** 277; OLG Düsseldorf DAR **1998** 113, NZV **1998** 512; OLG Hamm NZV **2010** 159 m. Anm. *Sandherr*; *Hentschel/König/Dauer* § 25 Rdn. 27; eingehend *Widmaier* NJW **1971** 1158.

ter wegen einer **Straftat und einer damit zusammentreffenden Ordnungswidrigkeit** gleichzeitig zu Strafe *und* Geldbuße verurteilt wird, hinsichtlich der Straftat aber die Voraussetzungen des § 44 und bezüglich der Ordnungswidrigkeit die des § 25 StVG erfüllt sind (dazu auch BGHSt **61** 100, 108). Auch wenn die Bedingungen für eine Gesamtstrafenbildung hier nicht vorliegen und eine unmittelbare Anwendung von § 53 Abs. 3 i.V.m. § 52 Abs. 4 ausscheidet, stehen der Anordnung zweier – dann nacheinander zu vollstreckender (Absatz 4) – Fahrverbote[377] nach dem bisher Gesagten Sinn und Zweck des Gesetzes entgegen; eine analoge Anwendung der genannten Vorschriften führt auch in Fällen dieser Art zu einem einheitlichen Fahrverbot von maximal sechs Monaten.[378]

80 **2. Mehrheit von Fahrverboten.** Sind gegen den Verurteilten (ohne dass die Voraussetzungen für eine nachträgliche Gesamtstrafenbildung nach § 55 StGB, § 460 StPO vorliegen) **in getrennten Verfahren mehrere Fahrverbote** ausgesprochen worden, werden hierdurch die in den verschiedenen Verfahren rechtskräftig verhängten Fahrverbote in ihrer jeweiligen Wirksamkeit nicht berührt. Hinsichtlich eines wegen *Straftaten mit Verkehrsbezug* neu erwogenen Fahrverbots ist allerdings sorgfältig zu prüfen, ob ein Fahrverbot noch genügt oder nicht vielmehr wegen inzwischen erwiesener Ungeeignetheit zum Führen von Kraftfahrzeugen im Blick auf die aktuelle Anlasstat i.V.m. früheren Straftaten mit Verkehrsbezug nunmehr die Entziehung der Fahrerlaubnis (§ 69) geboten ist.[379]

81 Die Frage, ob in *getrennten Verfahren verhängte* Fahrverbote (zur Aburteilung bei Tatmehrheit Rdn. 77) nacheinander zu vollstrecken sind oder ob einer parallelen Vollstreckung der Vorzug zu geben ist, war bis zum Inkrafttreten des neuen Absatzes 4 am 24.8.2017 (Entstehungsgeschichte) heftig umstritten (zum Streitstand umfassend *Geppert* LK 12. Aufl. Rdn. 81ff). **In Absatz 4** hat sich der Gesetzgeber unter eingehender Abwägung der für und gegen die jeweilige Lösung streitenden Argumente (BTDrucks. 18/12272 S. 18f) und in der Sache einem bereits älteren Votum des Bundesrates folgend (BTDrucks. 13/6914 S. 104) für die **Nacheinandervollstreckung mehrerer Fahrverbote** entschieden. Mit der Ausweitung des Fahrverbots auf Straftaten der allgemeinen Kriminalität und der Anhebung der Höchstdauer auf sechs Monate solle der Strafgedanke gegenüber der Denkzettelfunktion stärker betont werden (dazu schon Rdn. 2). Eine parallele Vollstreckung mehrerer Fahrverbote laufe dem zuwider, da die Wirkungen des Verbots auf der Vollstreckungsebene wieder abgemildert und Mehrfachtäter privilegiert würden, zumal sie durch taktische Rechtsmitteleinlegung eine parallele Vollstreckung herbeiführen könnten. Zwar könne die Kumulation mehrerer Verbote eine Gesamtdauer von sechs Monaten überschreiten, so dass die Gefahr zunehmen könnte, dass der Verurteilte sich über das Verbot hinwegsetze. Jedoch sei zu erwarten, dass § 21 StVG weiterhin eine hinreichend abschreckende Wirkung entfalte, da die Fahrverbote voraussichtlich auch nach der Neuregelung vornehmlich im Bereich der unteren und mittleren Kriminalität verhängt würden, obwohl der zu mehreren Fahrverboten Verurteilte bereits mehrmals gegen strafrechtliche Vorschriften verstoßen habe (BTDrucks. 18/12272 S. 19). Der zum vormaligen Recht bestehende Meinungsstreit ist damit für das neue Recht überholt. Er gilt allerdings – wenngleich praktisch wohl kaum bedeutsam – für vor dem Inkrafttreten

377 So aber *Warda* GA **1965** 85 (jedoch die „innere Berechtigung" des de lege lata befürworteten Ergebnisses selbst anzweifelnd: S. 86).

378 OLG Celle NZV **1993** 157; LG Stuttgart NJW **1968** 461; *Athing/v. Heintschel-Heinegg* MK Rdn. 14; *Sch/Schröder/Kinzig* Rdn. 27; *Hentschel/König/Dauer* § 25 StVG Rdn. 27; *Cramer* Rdn. 41; *Karl* NJW **1987** 1063; *Zopfs* DAR **2015** 538.

379 Z.B. OLG Schleswig VerkMitt **1966** 93; OLG Hamm VRS **63** (1982) 346; LG Stuttgart NJW **1968** 461.

der Neuregelung (s.o.) begangene Straftaten (**Alttaten**) fort. Obgleich an sich Vollstreckungsregelung nimmt Absatz 4 als die Rechtsfolgen der Tat betreffende Norm jedenfalls am Rückwirkungsverbot (Art. 103 Abs. 2 GG, § 2 Abs. 1 StGB) teil (allgemein *Dannecker* LK 12. Aufl. § 2 Rdn. 28 und oben Rdn. 5a).

Von den in Rdn. 81 referierten gesetzgeberischen Überlegungen ausgehend bestimmt Absatz 4 Satz 1, dass die Verbotsfristen mehrerer rechtskräftig verhängter Fahrverbote nacheinander (und jeweils in voller Höhe) zu berechnen sind. Das hat zur Folge, dass der Verurteilte ggf. länger als sechs Monate vom öffentlichen Straßenverkehr ferngehalten wird. Die Reihenfolge der in die Berechnung einzubeziehenden Fahrverbote ergibt sich aus Absatz 4 Satz 2 und 3. Nach Absatz 4 Satz 2 läuft die Verbotsfrist des früher wirksam gewordenen Fahrverbots zuerst. Bei gleichzeitigem Wirksamwerden entscheidet die frühere Anordnung, bei gleichzeitiger Anordnung die frühere Tatzeit (Absatz 4 Satz 3). Dieselben Grundsätze gelten, wenn Fahrverbote nach § 44 mit solchen nach § 25 StVG konkurrieren. Um einen Gleichlauf der Vollstreckung von strafrechtlichen Fahrverboten und solchen nach Ordnungswidrigkeitenrecht beizubehalten (BTDrucks. 18/12272 S. 19), hat der Gesetzgeber in § 25 Abs. 2b StVG mit § 44 Abs. 4 gleichlautende Regelungen getroffen (dazu *Hentschel/König/Dauer* § 25 Rdn. 28). 82

Die gleichen Grundsätze gelten, wenn gegen den Verurteilten in den verschiedenen Verfahren nur auf bestimmte Fahrzeugarten beschränkte Fahrverbote oder in einem Verfahren ein unbeschränktes, in einem anderen aber ein beschränktes Fahrverbot angeordnet wurden. Mit Verbotsablauf muss der Führerschein dem Betroffenen wieder ausgehändigt werden (§ 59a Abs. 2 Satz 1 StVollstrO). Die Rückgabe entfällt, wenn weitere Fahrverbote zu vollstrecken sind oder der Führerschein aus einem anderen Grunde zurückzubehalten ist.[380] Bei einem Wechsel der Zuständigkeit leitet die Vollstreckungsbehörde den Führerschein zur weiteren Aufbewahrung an die Vollstreckungsbehörde weiter, die das weitere Fahrverbot zu vollstrecken hat und informiert sie über das Ende des bereits vollstreckten Fahrverbots.[381] 82a

IX. Sondervorschriften bei ausländischen Fahrausweisen

1. Grundsätzliche Gleichstellung mit deutschen Fahrberechtigungen. Mit Aufhebung des vormaligen Absatzes 2 von § 44 (wonach das Fahrverbot gegen Inhaber außerdeutscher Führerscheine auf Taten gegen Verkehrsvorschriften eingeschränkt war) durch das 32. StÄndG vom 1.6.1995 (BGBl. I 747)[382] und durch die Neufassung der jetzigen Absätze 2 und 3 durch das Gesetz zur Änderung des StVG und anderer Gesetze vom 24.4.1998 (BGBl. I 747) sind die Inhaber einer außerdeutschen Fahrberechtigung den Inhabern eines von einer deutschen Behörde ausgestellten nationalen oder internationalen Führerscheins grundsätzlich gleichgestellt. Wie bereits ausgeführt (Entstehungsgeschichte), dient die Neufassung des Gesetzes im Wesentlichen der Anpassung der nationalen Gesetzeslage an die Zweite EU-Führerscheinrichtlinie vom 29.7.1991. Damit unterliegen Täter, die nach §§ 28, 29 FeV berechtigt sind, im Inland auch ohne deutsche Fahrerlaubnis fahrerlaubnispflichtige Kraftfahrzeuge zu führen, grundsätzlich keinen weitergehenden Einschränkungen mehr. Nach § 29 Abs. 1 Satz 1 FeV dürfen Inhaber einer ausländischen Fahrerlaubnis im Umfang ihrer Berechtigung im Inland Kraftfahrzeuge führen, wenn sie hier keinen ordentlichen Wohnsitz i.S. von § 7 FeV (dazu Rdn. 87) haben. 83

380 *Pohlmann/Jabel/Wolf* § 59 a StVollstrO Rdn. 10.
381 *Zeitler* BeckOK StVollstrO § 59a Rdn. 42.
382 Der Wegfall dieser Einschränkung will der zunehmend länderübergreifenden Kriminalität Rechnung tragen (BRDrucks. 68/93 [Beschluss]).

Begründet der Inhaber einer in einem anderen Mitgliedstaat der Europäischen Union (EU) oder einem anderen Vertragsstaat des Abkommens über den Europäischen Wirtschaftsraum (EWR) erteilten Fahrerlaubnis einen ordentlichen Wohnsitz im Inland, richtet sich seine weitere Berechtigung zum Führen von Kraftfahrzeugen nach § 28 FeV (§ 29 Abs. 1 Satz 3 FeV). Vorbehaltlich einzelner (sich aus § 28 Abs. 2 bis 4 FeV ergebender) Einschränkungen sind Inhaber von EU- bzw. EWR-Führerscheinen auch ohne Begründung eines ordentlichen Wohnsitzes zur Führung von fahrerlaubnispflichtigen Kraftfahrzeugen im Inland berechtigt (§ 28 Abs. 1 Satz 1 FeV). Anders als bei Inhabern von Fahrberechtigungen aus Drittländern (dazu sogleich) ist die ausländische Fahrerlaubnis bei Inhabern von Führerscheinen aus Mitgliedstaaten der EU oder des EWR zeitlich nicht mehr befristet. Auf die Staatsangehörigkeit kommt es dabei nicht an; die ausländische Berechtigung gilt demzufolge auch für Deutsche mit einer Fahrerlaubnis aus einem EU- bzw. EWR-Staat.[383] Begründet hingegen der Inhaber *einer in einem Drittstaat* (also Nicht-EU- bzw. EWR-Staat) ausgestellten Fahrerlaubnis seinen ordentlichen Wohnsitz im Inland, gilt die Berechtigung sechs Monate ab Begründung des Wohnsitzes im Inland (§ 29 Abs. 1 Satz 4 FeV); die Frist kann aber um (höchstens) weitere sechs Monate verlängert werden, wenn der Antragsteller glaubhaft macht, dass er seinen ordentlichen Wohnsitz nicht länger als insgesamt zwölf Monate im Inland haben wird (§ 29 Abs. 1 Satz 5 FeV).

84 **2.** Zu **von Behörden der ehemaligen DDR** ausgestellten Führerscheinen *Geppert* LK 12. Aufl. Rdn. 84.

85 **3.** Die **Wirkung des Fahrverbots** gegen Inhaber ausländischer Fahrberechtigungen ist dieselbe wie beim Fahrverbot, das gegen Inhaber eines deutschen (nationalen oder internationalen) Führerscheins ausgesprochen wird. Das Fahrverbot gilt somit nur im Inland (s. aber zum Fahren im Ausland bei inländischem Fahrverbot Rdn. 44a).

86 **4. Besonderheiten der Durchsetzung.** Trotz der grundsätzlichen Gleichstellung von deutschen und außerdeutschen Führerscheinen ist hinsichtlich der Durchsetzung des Fahrverbots nach Absatz 2 wie folgt zu unterscheiden:

86a **a) Inhaber von EU- und EWR-Führerscheinen mit ordentlichem Wohnsitz im Inland.** Führerscheine, die von einem Mitgliedstaat der EU oder des EWR ausgestellt worden sind, werden gemäß **§ 44 Abs. 2 Satz 3** wie deutsche (nationale oder internationale) Führerscheine behandelt. Das gilt jedoch nur, sofern der Inhaber eines solchen Führerscheins seinen ordentlichen Wohnsitz (§ 7 FeV) im Inland hat. Auch diese ausländischen Führerscheine werden für die Dauer des Fahrverbots **amtlich verwahrt**. Zum Wirksamwerden und zur Verwahrung gilt § 44 Abs. 3 Satz 1 und 2 (§ 44 Abs. 3 Satz 3); auf die Ausführungen in den Rdn. 52ff kann verwiesen werden.

87 Zur Bedeutung des ordentlichen Wohnsitzes im Inland für die Fahrberechtigung s. Rdn. 83. In Anknüpfung und Umsetzung von Art. 9 Abs. 1 der Zweiten EG-Führerscheinrichtlinie ist der **Begriff des „ordentlichen Wohnsitzes“** in § 7 FeV gesetzlich näher bestimmt. Danach ist von einem ordentlichen Wohnsitz auszugehen, „wenn der Bewerber wegen persönlicher und beruflicher Bindungen oder – bei fehlenden beruflichen Bindungen – wegen persönlicher Bindungen, die enge Beziehungen zwischen ihm und dem Wohnort erkennen lassen, gewöhnlich, d.h. während mindestens 185 Tagen im Jahr,

383 Woraus sich das Problem des sog. „Führerscheintourismus“ ergibt, dazu *Hentschel/König/Dauer* § 21 StVG Rdn. 2a, § 28 FeV Rdn. 20, 26ff. S. wegen der Einzelheiten insbesondere die dortigen Erläuterungen zu §§ 28, 29 FeV.

im Inland wohnt" (§ 7 Abs. 1 Satz 2 FeV). Maßgeblich ist danach der räumliche Schwerpunkt der persönlichen und beruflichen Lebensbeziehungen. Dabei ist nach dem Gesamtzusammenhang der Regelung davon auszugehen, dass eine berufliche Bindung an einen inländischen Wohnort auch zu entsprechenden persönlichen Bindungen an diesen räumlichen Bereich führt.[384] Wohnen in diesem Sinn bedeutet körperlicher Aufenthalt, nicht notwendig Begründung eines Wohnsitzes im förmlichen Sinn des § 7 BGB.[385] Kurzfristige Abwesenheiten oder vorübergehende Auslandsaufenthalte (Reisen, Urlaub) stehen dem selbstverständlich nicht entgegen. Auch wenn der Zeitrahmen von „mindestens 185 Tagen im Jahr" von einem in der Vergangenheit liegenden Zeitraum auszugehen scheint, ist dieses Erfordernis nicht erst zu bejahen, wenn (mindestens) 185 Tage verstrichen sind; ein Aufenthalt dieser Qualität besteht nach der Zielrichtung der Vorschrift bereits vom Zeitpunkt der *Begründung* des Wohnsitzes an, sofern die betreffende Person glaubhaft machen kann, dass der Aufenthalt entweder als zeitlich unbefristet oder jedenfalls für eine zusammenhängende Dauer von mindestens sechs Monaten angelegt ist.[386] Wird ein zunächst auf weniger als auf 185 Tage angelegter Aufenthalt verlängert und erreicht dann die Mindestspanne von sechs Monaten, wird die verstrichene Zeit auf den gesetzlichen Mindestaufenthalt angerechnet.[387] Gesetzlich klargestellt ist nunmehr auch, dass für einen **Berufspendler** (von Deutschland ins grenznahe Ausland) ein ordentlicher Wohnsitz im Inland zu bejahen ist, wenn seine persönliche Bindung im Inland liegt und er immer wieder hierher als an den Ort der persönlichen Bindung zurückkehrt, sich aber abwechselnd in einem bestimmten oder in verschiedenen EU- bzw. EWR-Mitgliedstaaten aufhält (§ 7 Abs. 1 Satz 3 FeV). Demgegenüber beurteilt sich die Fahrberechtigung von Berufspendlern, die im grenznahen Ausland wohnen, ihren Arbeitsbereich aber im Inland haben und täglich am inländischen Straßenverkehr teilnehmen, nach § 29 Abs. 1 Satz 1 FeV; sie sind von der Sechs-Monatsfrist nicht betroffen und dürfen im Umfang ihrer Berechtigung unbefristet am inländischen Kraftfahrzeugverkehr teilnehmen. Eine Sonderregelung gilt für **Schüler und Studenten**, die bislang ihren ordentlichen Wohnsitz im Inland hatten und die sich ausschließlich zwecks Besuchs einer Schule oder einer Hochschule in einem anderen EU-Mitgliedstaat oder einem anderem EWR-Vertragsstaat aufhalten. Sie behalten ihren Heimatwohnsitz in Deutschland (§ 7 Abs. 2 FeV). Entsprechend dazu begründen Bewerber, die bislang ihren ordentlichen Wohnsitz in einem anderen EU- oder EWR-Vertragsstaat hatten und sich ausschließlich wegen des Besuchs einer Schule oder Hochschule in Deutschland aufhalten, hier *keinen* ordentlichen Wohnsitz; ihnen wird in Deutschland gleichwohl die Fahrerlaubnis erteilt, wenn die Dauer ihres Aufenthalts mindestens sechs Monate beträgt (§ 7 Abs. 3 FeV).

b) Inhaber ausländischer Führerscheine ohne ordentlichen Wohnsitz im Inland. Hat der Inhaber eines EU- bzw. EWR-Führerscheins *keinen* ordentlichen Wohnsitz im Inland oder handelt es sich um einen Führerschein aus einem Drittstaat, wird der ausländische Führerschein nicht amtlich verwahrt; das Fahrverbot wird im Führerschein vielmehr lediglich vermerkt (§ 44 Abs. 2 Satz 4 StGB, § 59a Abs. 3 Satz 2 StVollstrO). Die Eintragung des Vermerks ist bloße Vollzugsmaßnahme, die als solche der Vollstre- 88

---

384 Näher *Bouska* NZV **2000** 323.
385 *Hentschel* NJW **1993** 2079 (zu § 4 IntVO a.F.).
386 VGH Baden-Württemberg ZfS **2009** 534; BayObLG NZV **2000** 261 (mit ausführlichen Hinweisen zur Entstehungsgeschichte der Vorschrift); *Hentschel/König/Dauer* § 7 FeV Rdn. 4.
387 So schon *Bouska* DAR **1993** 242 zu § 4 Abs. 3 IntVO a.F. (wo der Begriff des „ständigen Aufenthaltes" im Vorgriff zur Zweiten EG-Führerscheinrichtlinie und damit auch im Vorgriff zum heutigen § 7 FeV davon abhängig gemacht wird, dass die betreffende Person „über einen zusammenhängenden Zeitraum von mindestens 185 Tagen" im Inland „wohnt").

ckungsbehörde in eigener Verantwortung obliegt und deshalb keiner zusätzlichen Anordnung des erkennenden Richters bedarf.[388] Anders als bei der Entziehung der Fahrerlaubnis oder einer isolierten Sperre braucht das Fahrverbot der ausländischen Behörde, die den Führerschein ausgestellt hat, auch nicht mitgeteilt zu werden (Umkehrschluss aus § 59a Abs. 3 Satz 3 i.V. mit § 56 Abs. 2 Satz 2 StVollstrO).[389] Problematisch ist, dass die Neuregelung nach Absatz 2 Satz 1 (wie auch die Vorschrift des § 25 Abs. 2a StVG) zum Wirksamwerden des Fahrverbots innerhalb der Monatsfrist (dazu Rdn. 52) nicht hinreichend mit Absatz 4 Satz 4, Absatz 3 Satz 1 Fall 2 abgestimmt ist. Denn sie stellt insoweit nur auf die *Inverwahrnahme des Führerscheins* ab, die aber bei der Eintragung des Vermerks gerade nicht erfolgt. Nach dem Gesetzeswortlaut wird das Fahrverbot mit der Eintragung deshalb nicht wirksam. Eine Analogie in dem Sinn, dass für das Wirksamwerden auf die Eintragung des Sperrvermerks abgestellt wird,[390] dürfte sich im Blick auf Art. 103 Abs. 2 GG verbieten; denn mit Eintritt der Wirksamkeit wird auch der Anwendungsbereich der Strafvorschriften des § 21 Abs. 1 Nr. 1 und 2, Abs. 2 Nr. 1 StVG eröffnet (vgl. OLG München DAR **2019** 161 m. Bspr. *König* DAR **2019** 362, 365f). Folge der defizitären Regelung ist deshalb, dass das Fahrverbot in den hier erörterten Fällen **stets erst nach Ablauf eines Monats** ab Eintritt der Rechtskraft wirksam wird. Weil vor Eintritt der Wirksamkeit auch keine Verbotsfrist beginnen kann, geht Absatz 3 Satz 1 Variante 2, wonach die Verbotsfrist mit dem Tag des Eintrags im ausländischen Führerschein berechnet wird, für die vor Wirksamwerden des Fahrverbots verstrichene Zeit ins Leere. Wird der Vermerk innerhalb der Monatsfrist des Absatzes 2 Satz 1 angebracht, wird man sich aber damit behelfen müssen, dass die Zeitdauer ab Eintragung bis zum Wirksamwerden des Fahrverbots im Gnadenweg auf die Verbotsdauer angerechnet wird (im Einzelnen *König* DAR **2019** 362, 366). Ferner stößt die Anbringung eines Verbotshinweises namentlich seit Einführung der Scheckkartenführerscheinen zunehmend auf technische Schwierigkeiten (vgl. auch dazu OLG München DAR **2019** 161). Für diesen Fall bestimmt § 59a Abs. 3 Satz 3 i.V.m. § 56 Abs. 2 Satz 5 StVollstrO dass der Betroffene wie bei der Eintragung eines Sperrvermerks über die Dauer des Fahrverbots schriftlich benachrichtigt wird.[391] Die Benachrichtigung führt jedoch nach dem zuvor Gesagten nicht das Wirksamwerden des Fahrverbots herbei, womit die vorstehenden Ausführungen sinngemäß gelten.

89 Nach Eintragung des Vermerks ist der ausländische Führerschein dem Verurteilten sogleich zurückzugeben. Verweigert dieser die Vorlage, kann der Führerschein zur Sicherstellung des Eintrags **vorübergehend beschlagnahmt** werden (§ 463b Abs. 2 StPO). Wird der Führerschein nicht gefunden, kann der Verurteilte auf Antrag der Vollstreckungsbehörde zur Abgabe einer **eidesstattlichen Versicherung** gezwungen werden (§ 463b Abs. 3 Satz 1 StPO). Die Beschlagnahme des ausländischen Führerscheins darf nur zur Durchführung der Eintragung eines Vermerks und nur für die dazu erforderliche Dauer erfolgen; dessen zwangsweise Einbehaltung ggf. bis zur Ausreise ist unzulässig.[392] Um den Eintragungsvermerk zu vermeiden, kann der Verurteilte seinen (ausländischen) Führerschein auch in amtliche Verwahrung geben; die Verbotsfrist beginnt dann mit der amtlichen Verwahrnahme.[393]

---

388 BayObLG NJW **1979** 1788; OLG Karlsruhe NJW **1972** 1633.
389 *Pohlmann/Jabel/Wolf* § 59a StVollstrO Rdn. 12.
390 In diesem Sinn zu § 25 Abs. 2a StVG OLG Hamm DAR **2006** 697 im Anschluss an *Albrecht* NZV **1998** 131, 133; s. auch § 59a Abs. 3 Satz 3 i.V.m. § 56 Abs. 2 Satz 5 StVollstrO und dazu unten im Text.
391 Die (vormals) in § 56 Abs. 3 Satz 2 StVollstrO a.F. vorgeschriebene untrennbare Verbindung des Vermerks mit dem Führerschein erfolgt seit der Änderung der Strafvollstreckungsordnung im Jahr 2011 nicht mehr; hierzu *Zeitler* BeckOK StVollstrO § 59a Rdn. 56; *Pohlmann/Jabel/Wolf* § 59a Rdn. 1, 12.
392 *Meyer-Goßner/Schmitt* § 463b StPO Rdn. 3; *Sch/Schröder/Kinzig* § 69b Rdn. 6.
393 *Sch/Schröder/Kinzig* § 44 Rdn. 29.

5. Weitere Einzelfragen. Hat der Verurteilte (auch) **keinen ausländischen Fahrausweis**, beginnt die Verbotsfrist bereits mit Rechtskraft der Entscheidung; in diesem Fall besteht die Sicherung des Fahrverbots allein in der Strafdrohung des § 21 StVG. Zwangsmaßnahmen zur Durchsetzung des Verbots (z.B. Sicherstellung des Fahrzeugs) sind unzulässig.[394] Übersendet der Verurteilte eine Kopie des ausländischen Führerscheins und wird auch kein Vermerk angebracht, so beginnt die Verbotsfrist nicht zu laufen (OLG München DAR **2019** 161 m. Bspr *König* DAR **2019** 362, 365f). Besitzt ein Kraftfahrer eine deutsche Fahrerlaubnis *und* einen ausländischen Fahrausweis, wird der deutsche Führerschein für die Dauer des Fahrverbots amtlich verwahrt und die Verbotsfrist im außerdeutschen Fahrausweis vermerkt, soweit der ausländische Fahrausweis im Inland noch zur Führung von Kraftfahrzeugen berechtigt. Ist der Verurteilte auf Grund beider Führerscheine zur Führung von Kraftfahrzeugen im Inland berechtigt, muss das Fahrverbot, damit es nicht in unzulässiger Weise umgangen werden kann, hinsichtlich beider Fahrausweise durchgesetzt werden. Beide Verbotsfristen laufen demzufolge unabhängig voneinander. Während die Verbotsfrist für einen deutschen Führerschein mit seiner amtlichen Verwahrung beginnt, ist für den ausländischen Fahrausweis der Zeitpunkt der Eintragung maßgeblich. Das Ende der Verbotsfrist insgesamt bestimmt sich nach dem letzten Tag der späteren Vollzugsmaßnahme. Entsprechendes gilt für den Fall, dass ein Kraftfahrer eine außerdeutsche Fahrerlaubnis und daneben einen von einer deutschen Behörde ausgestellten internationalen Führerschein besitzt. 90

X. Verfahrensrechtliche Fragen

1. Verfahrensrechtlicher Anwendungsbereich. Außer durch Urteil kann das Fahrverbot auch im Strafbefehlsverfahren (§ 407 Abs. 2 Nr. 1 StPO) angeordnet werden,[395] wobei die Dauer des Verbots bereits im Strafbefehlsantrag bezeichnet sein muss, der Richter sie also nicht abweichend festsetzen darf.[396] Die Anordnung ist ferner möglich im beschleunigten Verfahren (§§ 417ff StPO),[397] im Abwesenheitsverfahren (§ 232 Abs. 1 Satz 1)[398] bzw. bei Entbindung von der Pflicht zum Erscheinen (§ 233 Abs. 1 Satz 1 StPO) sowie im vereinfachten Jugendverfahren (§ 76 Abs. 1 Satz 1 JGG).[399] 91

2. Allgemeine verfahrensrechtliche Besonderheiten

Hinweispflicht (§ 265 StPO). Ob die Anordnung eines Fahrverbots, die nicht zum notwendigen Inhalt des durch den Eröffnungsbeschluss zugelassenen Anklagesatzes (§§ 200, 207 StPO) gehört,[400] eines vorherigen gerichtlichen Hinweises nach § 265 StPO 92/94

---

394 *Fischer* § 44 Rdn. 38.

395 Die gegenteilige Auffassung von *Zopfs* (DAR **2017** 737, 739) ist auch angesichts dessen wenig überzeugend, dass im Strafbefehlsverfahren Freiheitsstrafen bis zu einem Jahr unter Strafaussetzung zur Bewährung verhängt werden dürfen (§ 407 Abs. 2 Satz 2 StPO) und dass auch die Entziehung der Fahrerlaubnis möglich ist (§ 407 Abs. 2 Nr. 2 StPO). In beiden Fällen können prognostische Erwägungen erforderlich werden, die nicht hinter denen bei Verhängung des Fahrverbots zurückstehen.

396 *Meyer-Goßner/Schmitt* § 407 Rdn. 16.

397 Umkehrschluss aus § 419 Abs. 1 Satz 3 StPO.

398 Dabei muss der Angeklagte auf die Möglichkeit eines Fahrverbots nicht besonders hingewiesen werden (Umkehrschluss aus § 232 Abs. 1 Satz 3 StPO).

399 Zur Anwendbarkeit des Fahrverbots im jugendrichterlichen Verfahren, insbesondere neben Erziehungsmaßregeln und Zuchtmitteln (dazu § 8 Abs. 3 JGG) sowie bei Aussetzung der Verhängung der Jugendstrafe nach § 27 JGG s. bereits Rdn. 12.

400 H.M., vgl. etwa BGHSt **16** 47, 48; **29** 124, 126; **29** 274, 276f; *Schneider* KK § 200 Rdn. 16; *Wenske* MK § 200 Rdn. 46, jeweils m.w.N. auch zur Gegenansicht.

bedarf, wurde vor der Novellierung des § 265 StPO durch Gesetz vom 17.8.2017 (BGBl I S. 3202) in Rechtsprechung und Schrifttum nicht einheitlich beurteilt. Namentlich unter Berufung auf das Gebot rechtlichen Gehörs (Art. 103 Abs. 1 GG),[401] die Gewährleistung effektiver Verteidigung und den Grundsatz des fairen Verfahrens,[402] der (auch) dazu diene, den Angeklagten vor Überraschungen zu bewahren,[403] wurde die Hinweispflicht von der wohl überwiegenden Meinung in analoger bzw. erweiternder Auslegung des § 265 StPO[404] jedenfalls dann bejaht, wenn der Angeklagte ohne den förmlichen Hinweis überrascht und deshalb in seinen Verteidigungsmöglichkeiten beeinträchtigt würde.[405] Im Lichte des durch das oben genannte Gesetz neu aufgenommenen § 265 Abs. 2 Nr. 1 StPO erscheint diese Auffassung indessen nicht mehr haltbar. Der Gesetzgeber hat in der Vorschrift zwar eine Hinweispflicht auch für die Verhängung von Nebenstrafen (und Nebenfolgen) begründet, diese aber (wie schon zuvor und weiterhin u.a. für Maßregeln) davon abhängig gemacht, dass sich erst in der Verhandlung vom Strafgesetz *besonders vorgesehene Umstände* ergeben, die die Verhängung der Nebenstrafe rechtfertigen. Zunächst wird es in aller Regel an einer Änderung der Sachlage fehlen, die die Vorschrift aber voraussetzt (vgl. BGH, Beschluss v. 18.6.2019 – 1 StR 186/18 [jeweils zu §§ 73, 73c]). Zudem ermangelt es beim Fahrverbot nach § 44 Abs. 1 Satz 1 *besonderer* Umstände.[406] Denn danach setzt die Anordnung des Fahrverbots nur eine Verurteilung wegen einer Straftat zu Freiheits- oder Geldstrafe voraus. Über solche allgemein möglichen Rechtsfolgen kann und muss sich der Angeklagte aber selbst informieren, gleichgültig, ob sie zwingend angedroht oder in das Ermessen des Tatrichters gestellt sind.[407] Eine Hinweispflicht lässt sich damit auch nach dem Willen des Gesetzgebers (s. BTDrucks. 18/11277 S. 37) wegen der dort bezeichneten zusätzlichen Voraussetzungen und bei neuen Anknüpfungstatsachen **nur (noch) für den Regeltatbestand nach § 44 Abs. 1 Satz 3** begründen.[408] Für das **ordnungsrechtliche Fahrverbot** bleibt es hingegen auch nach § 265 Abs. 2 Nr. 1 StPO (i.V.m. § 71 Abs. 1 OWiG) bei der schon zuvor nahezu allgemein befürworteten Hinweispflicht (s. auch BTDrucks. 18/11277 S. 37), falls nicht schon der Bußgeldbescheid das Fahrverbot angeordnet hat; denn § 25 Abs. 1 Satz 1 StVG normiert zusätzliche Tatbe-

---

401 Hierzu BVerfG, Beschluss vom 8. Dezember 2005 – 2 BvR 1769/04; BGH StraFo **2018** 392; BTDrucks. 18/11277 S. 37.
402 Vgl. BVerfG, Beschluss vom 8. Dezember 2005 – 2 BvR 1769/04; BGHSt **29** 274, 278; BGH StraFo **2018** 392; LR/*Stuckenberg* § 265 StPO Rdn. 1 mit zahlreichen Nw.
403 BVerfG, Beschluss vom 8. Dezember 2005 – 2 BvR 1769/04; sowie schon BGHSt **2** 85, 87.
404 Zu hier gelegentlich anzutreffenden methodischen Unschärfen *Geppert* LK[12] Rdn. 93.
405 Aus der Rspr. z.B. BayObLG NJW **1978** 2275; OLG Hamm VRS **34** (1968) 419; VRS **41** (1971) 100 (ablehnend *Meyer* JR **1971** 518 f); StraFo **2005** 298; s. ferner OLG Celle DAR **1978** 109; OLG Düsseldorf VerkMitt **1973** 14; aus dem Schrifttum u.a. *Hanack* JZ **1972** 433, *Händel* NJW **1971** 1472; *Hentschel* NJW **1979** 967; *Schlothauer* StV **1986** 221; für uneingeschränkte Hinweispflicht *Geppert* LK[12] 12. Aufl. Rdn. 94; *Stuckenberg* LR § 265 StPO Rdn. 72; *Norouzi* MK-StPO § 265 StPO Rdn. 72; *Halecker* S. 140 ff, alle zum alten Recht.
406 In diesem Sinne schon zu § 44 a.F. BGHSt **29** 274, 280; in dieser Entscheidung, die auf Vorlegungsbeschluss des OLG Düsseldorf (nur) zur Hinweispflicht im Bußgeldverfahren ergangen ist, wird die Frage der Hinweispflicht allerdings nur angesprochen, entgegen *Geppert* LK[12] Rdn. 92 nicht aber abschließend entschieden. Gegen eine Hinweispflicht im Strafverfahren schon nach altem Recht aber z.B. KG VRS **53** (1977) 42; OLG Saarbrücken OLGSt § 265 StPO S. 15, 17; im Grundsatz auch OLG Köln VRS **48** (1975) 52; OLG Koblenz NJW **1971** 1473; ebenso *Kuckein* KK[6] § 265 StPO Rdn. 15; *Meyer-Goßner/Schmitt* § 265 StPO[60] Rdn. 24 sowie eingehend *Karlheinz Meyer* JR **1971** 518. Zum neuen Recht *Sch/Schröder/Kinzig* Rdn. 31.
407 BGHSt **22** 336, 338; **29** 274, 277; *Meyer* JR **1971** 518.
408 **AM** SSW StPO/*Rosenau* § 265 Rdn. 27; wohl auch *Meyer-Goßner/Schmitt* § 265 Rdn. 20a; *Eschelbach* BeckOK StPO § 265 Rdn. 33. Zu den Vortragspflichten der Revision gemäß § 344 Abs. 2 Satz 2 StPO bei einer Rüge der Verletzung des § 265 StPO zusammenfassend BGH StraFo **2018** 392.

standsvoraussetzungen („unter grober oder beharrlicher Verletzung der Pflichten eines Kraftfahrzeugführers“) und enthält damit gesetzlich „besonders vorgesehene Umstände“ im Sinne von § 265 Abs. 2 Nr. 1 StPO.[409]

b) Begründungserfordernisse. Die Feststellungs- und Begründungserfordernisse für eine Anordnung nach Absatz 1 Satz 1 sind in Rdn. 28a, 31 dargelegt. Einer besonderen Erläuterung bedarf ansonsten nicht nur die Anordnung eines nur beschränkten Fahrverbots (Rdn. 45), sondern auch der Fall, dass trotz Vorliegens eines Regelbeispiels (§ 69 Abs. 2) nicht nur von einer Entziehung der Fahrerlaubnis, sondern auch von einem Fahrverbot abgesehen wird (Rdn. 17). Einer Begründung bedarf die Anordnung eines Fahrverbots schließlich, wenn ein Regelbeispiel i.S. von § 69 Abs. 2 *nicht* in den Anwendungsbereich des Regel-Fahrverbots (§ 44 Abs. 1 Satz 3) fällt (Rdn. 34). Zu Begründungserleichterungen bei Vorliegen eines „Regelfalls“ nach Absatz 1 Satz 3 s. Rdn. 37 und zu den Begründungserfordernissen beim Abweichen vom Regelfall Rdn. 38ff. Nach OLG Stuttgart (NJW-Spezial **2019** 474) muss die Anordnung des Fahrverbots vom Tatrichter erörtert werden, wenn durch die Kombination mit einer Geldstrafe u.U. eine kurze Freiheitsstrafe (dazu Rdn. 25) gegen den über eine Fahrerlaubnis verfügenden Täter vermieden werden kann (s. aber OLG Düsseldorf BA **56** [2019] 202). 95

c) Belehrung. Der Vorsitzende hat den Angeklagten über den Beginn der Verbotsfrist eines Fahrverbots entweder im Anschluss an die Urteilsverkündung mündlich (§ 268c Satz 1 und 2 StPO) oder, wenn das Urteil in Abwesenheit des Angeklagten ergeht, in schriftlicher Form zu belehren (§ 268c Satz 3 StPO).[410] Wird das Fahrverbot durch Strafbefehl angeordnet, hat die Belehrung im Strafbefehl oder zugleich mit dem Strafbefehl zu erfolgen (§ 409 Abs. 1 Satz 2 StPO). Aus Gründen rechtsstaatlicher Fürsorge ist die Belehrungspflicht, die sich eigentlich nur auf den Beginn der Verbotsfrist (Absatz 3 Satz 1) bezieht, auch darauf zu erstrecken, wann das Fahrverbot wirksam wird.[411] Jedenfalls zweckmäßig ist auch die Information darüber, wo der Führerschein in amtliche Verwahrung zu geben ist.[412] Zu weiteren Einzelheiten s. Rdn. 59. 96

3. Rechtsmittelbeschränkungen

a) Eine Rechtsmittelbeschränkung auf einen bestimmten Beschwerdepunkt innerhalb des Rechtsfolgenausspruchs ist nur zulässig, soweit der angefochtene Beschwerdepunkt ungeachtet des nicht angegriffenen Teils der Entscheidung rechtlich und tatsächlich einer selbstständigen Beurteilung zugänglich ist und keine Prüfung des übrigen Rechtsfolgenausspruchs notwendig macht.[413] Vor diesem Hintergrund kommt eine **Rechtsmittelbeschränkung nur auf das Fahrverbot in aller Regel nicht in Be-** 97

409 Die Notwendigkeit eines förmlichen Hinweises (§ 71 Abs. 1 OWiG, § 265 Abs. 2 StPO) auf das ordnungsrechtliche Fahrverbot entsprach schon nach altem Recht der ganz h.M.; s. BGHSt **29** 274 (gegen OLG Saarbrücken OLGSt § 265 StPO S. 15); OLG Schleswig bei *Ernesti/Jürgensen* SchlHA **1971** 220; OLG Köln VRS **48** (1975) 52; OLG Hamm DAR **1975** 219; NJW **1980** 251 (L); OLG Düsseldorf VRS **54** (1978) 206; OLG Zweibrücken ZfS **1999** 359; BayObLG VRS **98** (2000) 33; s aus dem Schrifttum statt vieler *Hentschel/König/Dauer* § 25 StVG Rdn. 29.

410 Zur Belehrung im Einzelnen *Baum* Rpfleger **1992** 238.

411 OLG Celle VRS **54** (1978) 128; *Meyer-Goßner/Schmitt* § 268c StPO Rdn. 3, *Stuckenberg* LR § 268c StPO Rdn. 4.

412 *Meyer-Goßner/Schmitt* § 268c StPO Rdn. 3.

413 Grundlegend BGHSt **10** 379 (zur Berufungsbeschränkung auf eine Fahrerlaubnisentziehung); speziell zur Wechselbeziehung von Fahrverbot und Hauptstrafe BGHSt **29** 61.

tracht;[414] denn da Haupt- und Nebenstrafe in einer Wechselbeziehung stehen, der zufolge die zusätzliche Anordnung der Nebenstrafe oder ihre Verschärfung im allgemeinen Anlass für eine geringere Hauptstrafe sein wird, kann die Frage des Fahrverbots zumeist nicht unabhängig von Art und Höhe der Hauptstrafe beurteilt werden.[415] Dies gilt jedoch nur für die Gesamtstrafe insgesamt und nicht für die ausgeurteilten Einzelstrafen; weil das Fahrverbot nur neben der Gesamtstrafe und nicht neben den Einzelstrafen zu verhängen ist (Rdn. 77), besteht das innere Abhängigkeitsverhältnis des Fahrverbots nur zur Gesamtstrafe (OLG Jena NZV **2006** 167). Auch eine Beschränkung des Rechtsmittels auf die Ausnahmeanordnung des § 44 Abs. 1 Satz 1 (beschränktes Fahrverbot) ist danach meist nicht statthaft.[416] Anerkanntermaßen erfasst ein unzulässig auf das Fahrverbot beschränktes Rechtsmittel den gesamten Strafausspruch.[417] Keine solche Abhängigkeit besteht jedoch zum Schuldspruch; daher ist eine Rechtsmittelbeschränkung auf den Strafausspruch unbestritten zulässig.

98 Eine **wirksame Rechtsmittelbeschränkung auf das Fahrverbot** wird (ausnahmsweise) allenfalls dort möglich sein, wo kein innerer Zusammenhang mit der Hauptstrafe besteht und die Nebenstrafe des Fahrverbots ausweislich der Urteilsgründe völlig unabhängig von Art und Höhe der Hauptstrafe verhängt worden ist. Ein solcher Ausnahmefall wird zu bejahen sein, wenn das Berufungsgericht die Verhängung des Fahrverbots in rechtlich nicht zu beanstandender Weise ohne Rücksicht auf Art und Höhe der erkannten Hauptstrafe für unerlässlich hält.[418] Folgerichtig dazu kann das neben einer Freiheitsstrafe ausgesprochene Fahrverbot auch dort allein angefochten werden, wo die Berufung sich nicht gegen die Feststellungen und Beurteilungen zur engeren Strafzumessung wendet und Art sowie Höhe der Hauptstrafe erkennbar unabhängig von der Verhängung des Fahrverbots und seiner Dauer gefunden worden ist.[419]

99 **b) Beschränkung des Rechtsmittels auf einzelne** (von mehreren) **Straftaten.** Hat das erstinstanzliche Gericht wegen zweier sachlich zusammentreffender (realiter konkurrierender) Taten verurteilt sowie wegen beider ein einheitliches Fahrverbot angeordnet (dazu Rdn. 77) und hat der Angeklagte nur die Verurteilung wegen *einer* der beiden Straftaten angefochten, ist das Berufungsgericht an der Aufrechterhaltung des Fahrverbots auch dann nicht gehindert, wenn es den mit der Berufung angegriffenen Schuld-

---

414 Ganz h.M.: Für die Rechtsprechung OLG Düsseldorf NZV **1993** 76; OLG Koblenz VRS **66** (1984) 40; OLG Schleswig VRS **65** (1983) 386; OLG Celle VRS **62** (1982) 38; OLG Düsseldorf VRS **63** (1982) 464; OLG Frankfurt VM **1977** 31; OLG Oldenburg VRS **42** (1972) 194; OLG Jena NZV **2006** 167; OLG Hamm NZV **2006** 167; OLG Köln VRS **109** (2005) 338. Für das Schrifttum *Athing/v. Heintschel-Heinegg* MK Rdn. 21; *Hentschel/König/Dauer* Rdn. 20; *Meyer-Goßner/Schmitt* § 318 StPO Rdn. 22; *Händel* NJW **1971** 1473; *Janiszewski* Rdn. 671; für weitgehende Zulässigkeit der Rechtsmittelbeschränkung auf das Fahrverbot aber nunmehr – wenig überzeugend – *SSW/Claus* Rdn. 27.

415 In seiner Verallgemeinerung daher nicht haltbar OLG Saarbrücken VRS **37** (1969) 311; *Kaiser* NJW **1983** 2420; bedenklich OLG Koblenz NJW **1971** 1472 (dagegen zu Recht *Händel* NJW **1971** 1473); BayObLG bei *Rüth* DAR **1985** 239.

416 *Janiszewski* Rdn. 671. Zur ähnlichen Konstellation bei § 69a Abs. 2 BayObLG DAR **1991** 388. Hingegen kann das Rechtsmittel im Ordnungswidrigkeitenrecht auf die unterbliebene Entscheidung nach § 25 Abs. 2a StVG beschränkt werden (OLG Düsseldorf NStZ-RR **1999** 61; OLG Celle DAR **2016** 471; *Hentschel/König/Dauer* § 25 StVG Rdn. 30).

417 OLG Düsseldorf VRS **63** (1982) 463; OLG Köln NZV **1996** 286. Zur Problematik der Rechtsmittelbeschränkung auf die Entziehung der Fahrerlaubnis bzw. auf das Fahrverbot nach § 25 StVG BGHSt **10** 379; **24** 12.

418 OLG Hamm VRS **41** (1971) 183.

419 OLG Hamm VRS **49** (1975) 275; OLG Frankfurt a.M. VRS **64** (1983) 12; OLG Köln VRS **109** 338; *Sch/Schröder/Kinzig* Rdn. 31; *Hentschel/König/Dauer* Rdn. 20.

spruch beseitigt und den Angeklagten insoweit freispricht.[420] Wird der Angeklagte in der Rechtsmittelinstanz wegen einer von mehreren real konkurrierenden Taten freigesprochen, entfällt auch ein nur wegen dieser Tat verhängtes Fahrverbot, und zwar selbst dann, wenn es nicht ausdrücklich aufgehoben ist; denn neben einem Freispruch kann keine Nebenstrafe bestehen bleiben.[421]

4. Verschlechterungsverbot

a) Nach **§ 331 Abs. 1 und § 358 Abs. 2 StPO** dürfen die im Urteil angeordneten Rechtsfolgen nach „Art und Höhe" nicht zum Nachteil des Angeklagten geändert werden.[422] Wenn lediglich der Angeklagte (oder sein gesetzlicher Vertreter) oder zu seinen Gunsten die Staatsanwaltschaft ein Rechtsmittel eingelegt hat, ist es im Rechtsmittelzug somit grundsätzlich unstatthaft, unter Beibehaltung der bisherigen Unrechtsfolge auf ein zusätzliches Fahrverbot zu erkennen[423] oder ein angeordnetes Fahrverbot zu verschärfen. Dem Verschlechterungsverbot kann jedoch kein Grundsatz entnommen werden, wonach bei milderer Beurteilung des Sachverhalts durch das Rechtsmittelgericht die Strafe entsprechend gemildert werden muss. Daher verstößt es nicht gegen das Verbot der reformatio in peius, wenn der in erster Instanz wegen zweier sachlich zusammentreffender Taten (konkret: einer Straftat und einer Ordnungswidrigkeit) verurteilte und wegen beider Taten mit einem Fahrverbot belegte Angeklagte im Berufungsrechtszug wegen einer dieser Taten (z.B. Unfallflucht) freigesprochen wird, das Fahrverbot hinsichtlich der bestehen bleibenden anderen Tat aber in gleicher Höhe wie in erster Instanz aufrechterhalten bleibt.[424] Anders liegt es jedoch, wenn das Fahrverbot allein wegen der weggefallenen Straftat ausgesprochen worden war; in diesem Fall verletzt es das Verschlechterungsverbot, wenn das Berufungsgericht den Angeklagten zwar vom Vorwurf der Straftat freispricht, das Fahrverbot nunmehr aber wegen der anderen Tat auf § 25 StVG stützt.[425] Zur Bedeutung des Verschlechterungsverbots bei Beseitigung eines (unzulässigerweise) mit einer Verwarnung unter Strafvorbehalt (§ 59) verbundenen Fahrverbots s. bereits Rdn. 11. 100

b) Maßstab der Verschlechterung. Ob bzw. unter welchen Voraussetzungen eine Änderung der Rechtsfolgen für den Angeklagten bei gleichzeitiger Milderung anderer Unrechtsfolgen eine Verschlechterung darstellt, ist durch vergleichende Abwägung der Gesamtheit der vom Rechtsmittelgericht beabsichtigten mit den von der Vorinstanz verhängten Unrechtsfolgen zu ermitteln (**„ganzheitliche Betrachtung"**).[426] Ein solcher Gesamtvergleich des früheren und des neuen Rechtsfolgenausspruchs kann aus Gründen der Rechtssicherheit nur anhand eines objektiven Maßstabs erfolgen, wobei nach 101

---

420 BayObLG DAR **1966** 270; *Hentschel/König/Dauer* Rdn. 20 m.w.N.
421 OLG Köln VRS **36** (1969) 296.
422 Nach § 46 Abs. 1 OWiG gilt das Verbot der reformatio in peius auch im OWi-Verfahren; daher kann vorliegend auch auf die einschlägigen Erläuterungen zum Fahrverbot des § 25 StVG zurückgegriffen werden.
423 OLG Karlsruhe NJW **1972** 1633.
424 BayObLG DAR **1966** 270.
425 BayObLG bei *Rüth* DAR **1974** 183.
426 Hierzu und zum Folgenden vor allem BGHSt **24** 11 = JR **1951** 250 m. krit. Anm. *Peters*: zur Erhöhung der Geldbuße bei Fortfall eines Fahrverbots nach § 25 StVG; s. auch OLG Hamm NJW **1971** 1190, wo die Ausführungen von BGHSt **24** 11 ausdrücklich auch für das Verhältnis von Geldstrafe und gerichtlichem Fahrverbot übernommen werden; OLG Düsseldorf VRS **83** (1992) 441. Zur Frage, wie abstrakt oder konkret der „objektive" Gesamtvergleich der einander gegenüberzustellenden Rechtsfolgen sein muss, s. vor allem *Schlüchter* Strafverfahren, Rdn. 626 ff.

Maßgabe der im Gesetz selbst zutage tretenden Wertigkeit alle gesetzlich relevanten Umstände des konkreten Einzelfalls mitberücksichtigt werden müssen (**konkret-objektive Betrachtungsweise**). Damit ist aber nicht gemeint, auch individuelle Empfindlichkeiten oder persönliche Wünsche des Angeklagten mitbedenken zu müssen; eine ausschließlich subjektive Betrachtungsweise, bei der die Beweisaufnahme auf eine Vielzahl (hypothetischer) individueller finanzieller oder persönlicher Fernwirkungen des Fahrverbots zu erstrecken wäre, scheidet daher aus.[427] Nach Maßgabe der gesetzlichen Wertigkeit dürfen also Rechtsfolgen gegen im Wesentlichen gleichartige (und gleich schwere) andere Sanktionen ausgetauscht oder durch minder schwere andersartige ersetzt werden.[428] Folglich ist eine Verschlechterung der Straf*art* schlechterdings unzulässig. So darf eine Freiheitsstrafe (mag deren Vollstreckung auch zur Bewährung ausgesetzt werden) nicht an die Stelle einer Geldstrafe treten;[429] denn nach der Wertordnung unseres Rechtssystems wiegen Maßnahmen, die einen generellen Freiheitsentzug nach sich ziehen, schwerer als Sanktionen, die den Angeklagten nur wirtschaftlich treffen.[430] Nicht restlos geklärt ist die Frage, ob die Nebenstrafe des Fahrverbots wegen der damit verbundenen, unter Umständen gravierenden finanziellen Folgen gegenüber der Geldstrafe generell als die strengere Sanktion anzusehen ist.[431] Dass die Geldbuße des Ordnungswidrigkeitenrechts im Vergleich zum Fahrverbot anerkanntermaßen die mildere Sanktion ist (vgl. BGHSt **24** 11),[432] besagt dafür schon angesichts der bei der Geldstrafe (anders als bei der Geldbuße) bestehenden Möglichkeit der Ersatzfreiheitsstrafe (§ 43 Satz 2) wenig.[433] Gerade wegen der Androhung der Ersatzfreiheitsstrafe und in Anbetracht möglicher hoher Geldstrafen tut man sich mithin schwer, ein eindeutiges Rangverhältnis im Sinne des Fahrverbots als per se härterer Strafart gegenüber der Geldstrafe zu begründen.[434] Richtig dürfte es sein, auf die Umstände des Einzelfalls abzustellen (näher Rdn. 106ff).[435]

102 **c) Einzelne Fallgestaltungen.** Soweit allein der Angeklagte (oder sein gesetzlicher Vertreter) oder zu seinen Gunsten die Staatsanwaltschaft ein Rechtsmittel eingelegt hat, folgt daraus im Einzelnen:

102a **aa)** Angesichts der weiterreichenden Folgen einer Fahrerlaubnisentziehung (s. Rdn. 16ff) verstößt der **Übergang von Fahrverbot zur Fahrerlaubnisentziehung** bzw. zur Anordnung einer isolierten Sperrfrist nach § 69a Abs. 1 Satz 3 (zum umgekehrten Fall die nachfolgende Rdn.) gegen das Verschlechterungsverbot (zur Austauschbarkeit von

---

427 OLG Düsseldorf VRS **83** (1992) 441: Die dort befürwortete „generell-objektive" Betrachtungsweise entspricht der Sache nach dem hier vertretenen Standpunkt. Weiterführend *Kadel* Bedeutung des Verschlechterungsverbots für Geldstrafenerkenntnisse nach dem Tagessatzsystem (1984), S. 12ff.

428 *Meyer-Goßner/Schmitt* § 331 StPO Rdn. 12.

429 OLG Hamburg MDR **1982** 776; OLG Hamm NJW **1971** 1190.

430 *Meyer-Goßner/Schmitt* § 331 StPO Rdn. 12; *Kadel* Verschlechterungsverbot, S. 12ff mit weiteren Nachweisen.

431 So etwa *Geppert* LK 12. Aufl. § 44 Rdn. 101 m.w.N.

432 Zur – aus diesem Grund unbedenklichen – Erhöhung der Geldbuße nach Fortfall eines ordnungsrechtlichen Fahrverbots. Im gleichen Sinn BVerfGE **27** 36; *Hentschel/König/Dauer* § 25 StVG Rdn. 29 m. zahlreichen Nw; aM aber *Peters* JR **1971** 251.

433 Abweichend *Geppert* LK 12. Aufl. § 44 Rdn. 101.

434 So OLG Hamm NJW **1971** 1190 (zum Verhältnis von strafgerichtlichem Fahrverbot zur Geldstrafe); s. *Sch/Schröder/Kinzig* Rdn. 3.

435 So OLG Schleswig NStZ **1984** 90; OLG Düsseldorf ZfS **2006** 587; *Hentschel/König/Dauer* § 44 Rdn. 21; *Meyer-Goßner/Schmitt* § 331 Rdn. 12; aM *Geppert* LK[12] § 44 Rdn. 101; *Sch/Schröder/Kinzig* § 44 Rdn. 3.

Fahrverbot und Entziehung der Fahrerlaubnis s. schon Rdn. 19).[436] Nach Ansicht von *Cramer* (NJW **1968** 1765) soll ein derartiger Austausch ausnahmsweise zulässig sein, wenn die rechtsmittelbedingte (spätere) Entziehung der Fahrerlaubnis auf geistigen oder körperlichen Mängeln beruht: Da in einem solchen Fall die Entziehung der Fahrerlaubnis mangels entsprechender Bindungswirkung nach § 3 Abs. 4 StVG im Rahmen eines verwaltungsrechtlichen Entziehungsverfahrens unschwer nachgeholt werden könne,[437] sei nicht einzusehen, weshalb es dem Strafgericht verwehrt sein solle, was der Verwaltungsbehörde in einem mit weniger rechtsstaatlichen Kautelen versehenen Verfahren später ohnehin erlaubt sei. Dem kann aber nicht gefolgt werden: Diese Rechtsansicht übersieht, dass es für das Verschlechterungsverbot weniger auf die rechtsdogmatische Ausgestaltung als auf die tatsächlichen oder rechtlichen Auswirkungen der zu vergleichenden Unrechtsfolgen auf den davon Betroffenen ankommt. Zudem dürfen hinsichtlich des Verschlechterungsverbots nur diejenigen Maßnahmen miteinander verglichen werden, die in der Kompetenz des jeweiligen Verfahrens liegen.

bb) Die **Ersetzung der Fahrerlaubnisentziehung durch ein Fahrverbot** ist zulässig.[438] Ein solcher Austausch verschlechtert die tatsächliche und rechtliche Lage eines Angeklagten nicht, was nicht zuletzt in der Anrechnungsmöglichkeit des § 51 Abs. 5 Satz 1 (dazu Rdn. 68) auch gesetzlich zum Ausdruck kommt. Dies gilt auch dann, wenn gleichzeitig die Geldstrafe angemessen erhöht wird.[439] Nach vereinzelter Ansicht soll auch der Übergang von der Maßregel des § 69 zur Nebenstrafe des § 44 jedenfalls dann unter das Verschlechterungsverbot fallen, wenn es sich um eine „echte" Maßregel handelt, die Entziehung der Fahrerlaubnis also ausschließlich wegen körperlicher oder geistiger Eignungsmängel erfolgt ist; denn in diesem Fall sei der Fahrerlaubnisentzug dem Fahrverbot nicht wesensähnlich.[440] Abgesehen davon, dass dem Gesetz eine solche Unterscheidung zwischen „echter" und „weniger echter" Maßregeln fremd ist (dazu schon Rdn. 102) und dass durch § 331 Abs. 1, § 358 Abs. 2 StPO nur die dort genannten „medizinisch indizierten" Maßregeln vom Verschlechterungsverbot ausgenommen werden, verkennt diese Rechtsansicht, dass es für das Verbot der reformatio in peius nur auf die tatsächlichen Auswirkungen und nicht auf die Rechtsnatur der zu vergleichenden Unrechtsfolgen ankommt. **103**

Anders liegt der Fall, wenn bei einer erstinstanzlichen Verurteilung irrtümlich nur eine isolierte Sperrfrist festgesetzt wird (z.B., weil dem Gericht unbekannt geblieben ist, dass der Angeklagte im Augenblick des Urteils im Besitz einer Fahrerlaubnis war). Hier stellt es einen Verstoß gegen das Verschlechterungsverbot dar, wenn auf die alleinige Berufung des Angeklagten statt der isolierten Sperrfrist (die im Unterschied zum Fahr- **104**

---

436 OLG Koblenz VRS **47** (1974) 416; OLG Celle VRS **38** (1970) 432; OLG Stuttgart NJW **1968** 1793. Allgemeine Zustimmung im Schrifttum: statt vieler *Sch/Schröder/Kinzig* Rdn. 3; *Janiszewski* Rdn. 672.

437 Nach OVG Münster DÖV **1959** 916 ist die Verwaltungsbehörde durch die Bindungswirkung des (vormaligen § 4 Abs. 3 Satz 1 bzw. des heutigen) § 3 Abs. 4 Satz 1 StVG an der Entziehung der Fahrerlaubnis nach § 3 Abs. 1 StVG nicht gehindert, wenn das (Straf-)Gericht die Eignung zum Führen von Kraftfahrzeugen nicht ausdrücklich bejaht, sondern aus anderen Gründen – etwa wegen des Verschlechterungsverbots – die Entziehung der Fahrerlaubnis abgelehnt hat. Wegen der Einzelheiten *Hentschel/König/Dauer* § 3 StVG Rdn. 59.

438 OLG Stuttgart NJW **1968** 1792; OLG Celle VRS **38** (1970) 432; OLG Hamm DAR **1974** 21; OLG Düsseldorf VRS **81** (1991) 187. Aus dem Schrifttum statt vieler: MK/*Athing/v. Heintschel-Heinegg* Rdn. 22; *Hentschel/König/Dauer* Rdn. 21; *Janiszewski* Rdn. 673.

439 OLG Koblenz VRS **47** (1974) 416 (freilich zur Rechtslage vor der großen Strafrechtsreform mit dem Hinweis, dass selbstverständlich auch eine Verschärfung der Ersatzfreiheitsstrafe mit dem Verschlechterungsverbot unvereinbar wäre; näher Rdn. 106).

440 *Cramer* NJW **1968** 1764.

verbot die Berechtigung, fahrerlaubnispflichtige Kraftfahrzeuge zu führen, keineswegs beeinträchtigt) ein Fahrverbot verhängt wird; denn damit würde dem Angeklagten die Möglichkeit genommen, vor Ablauf der Sperrfrist auch weiterhin in straffreier Weise fahrerlaubnispflichtige Kraftfahrzeuge führen zu dürfen.[441] Gleiches gilt, wenn auf ein zugunsten des Angeklagten eingelegtes Rechtsmittel eine isolierte Sperrfrist durch ein Fahrverbot ersetzt wird, nachdem der Angeklagte zwischenzeitlich eine neue Fahrerlaubnis erhalten hat.[442]

105 **cc)** Die Ersetzung einer (auch zur Bewährung ausgesetzten) **Freiheitsstrafe durch eine mit einem Fahrverbot kombinierten Geldstrafe** ist zulässig, wenn bei ganzheitlicher Betrachtung der Unrechtsfolgen Geldstrafe und Fahrverbot zusammen im Vergleich zur zunächst allein verhängten Freiheitsstrafe insgesamt als die mildere Sanktion erscheinen. Da ein Fahrverbot (als nur partielle Einschränkung der Handlungsfreiheit) gegenüber einer Freiheitsstrafe jedenfalls der Art nach die mildere Strafe darstellt und die bei Uneinbringlichkeit der Geldstrafe zu verbüßende Ersatzfreiheitsstrafe der Zahl der jeweiligen Tagessätze entspricht (§ 43 Satz 2), bedeutet die Ersetzung einer Freiheitsstrafe durch eine Geldstrafe und ein daneben verhängtes (erstmaliges) Fahrverbot jedenfalls dann keine unzulässige Schlechterstellung, wenn die Zahl der Tagessätze und die Dauer des Fahrverbots zusammen die Höhe der früheren (alleinigen) Freiheitsstrafe nicht übersteigen.[443]

106 **dd) Erhöhung der Geldstrafe nach Wegfall des Fahrverbots.** Die Rechtsprechung sah bis zur Einführung des Tagessatzsystems keine Benachteiligung des Angeklagten darin, dass zum Ausgleich eines weggefallenen (dem gleichzustellen: eines zeitlich ermäßigten oder im Umfang beschränkten) Fahrverbots die Geldstrafe angemessen erhöht wurde. Verboten war jedoch schon vor dem 1.1.1975 eine **Erhöhung der Ersatzfreiheitsstrafe,** weil diese im Verhältnis zum (weggefallenen) Fahrverbot als die härtere Unrechtsfolge anzusehen ist.[444] Seit mit Einführung der Tagessatzgeldstrafe die Zahl der Tagessätze aber zwingend die Dauer einer möglichen Ersatzfreiheitsstrafe mitbestimmt (§ 43 Satz 2), herrscht Streit darüber, ob bzw. unter welchen Voraussetzungen die Geldstrafe zwecks Kompensation eines weggefallenen bzw. ermäßigten Fahrverbots erhöht werden kann (dazu schon Rdn. 101).

107 Nicht durchgesetzt hat sich jene **literarische (Minder-)Ansicht,** die den maßgeblichen Strafzumessungsakt bei der Tagessatzgeldstrafe in der Festsetzung der Anzahl der Tagessätze sieht. Von diesem Ausgangspunkt aus bedeutet die Bestimmung der Höhe des einzelnen Tagessatzes nach Maßgabe der „persönlichen und wirtschaftlichen Verhältnisse des Täters" (§ 40 Abs. 2 Satz 1) demgegenüber nämlich nur einen sekundären Anpassungsvorgang, der keineswegs das Wesen der (Tagessatz-)Geldstrafe ausmache.[445]

441 OLG Koblenz VRS **51** (1976) 96; OLG Karlsruhe VRS **59** (1980) 111; OLG Frankfurt VRS **64** (1983) 12; *Hentschel/König/Dauer* Rdn. 21.
442 BayObLG bei *Bär* DAR **1989** 371.
443 BayObLG VRS **54** (1978) 45; OLG Schleswig NStZ **1984** 90; *Athing/v. Heintschel-Heinegg* MK Rdn. 22; *Hentschel/König/Dauer* Rdn. 21, *Sch/Schröder/Kinzig* Rdn. 3; *Janiszewski* Rdn. 674.
444 So im Anschluss an BGHSt **24** 11 (zur Erhöhung der Geldbuße bei Wegfall des Fahrverbots nach § 25 StVG) OLG Köln VRS **40** (1971) 257; OLG Hamm NJW **1971** 1190; DAR **1974** 21; OLG Koblenz VRS **47** (1974) 416. Zur Zulässigkeit der Erhöhung der Geldbuße bei Wegfall des ordnungsrechtlichen Fahrverbots (§ 25 StVG) s. auch die Nw bei *Hentschel/König/Dauer* § 25 StVG Rdn. 29.
445 So vor allem *Grebing* JR **1981** 1; ähnlich schon *Schröter* NJW **1978** 1302; *Horn* JR **1977** 96. **AM** etwa *Sch/ Schröder/Kinzig* § 40 Rdn. 23; eingehend *Kadel* Verschlechterungsverbot, S. 39 ff; GA **1979** 462 f.

Von hier aus ist Vergleichsobjekt für das Verschlechterungsverbot nur die Zahl der Tagessätze, nicht aber die Höhe des einzelnen Tagessatzes und damit auch nicht die Endsumme der Geldstrafe, wie sie sich als Produkt aus Zahl und Höhe der Tagessätze ergibt. Da die Anhebung des einzelnen Tagessatzes und mittelbar damit die Erhöhung der Endsumme von hier aus letztlich keine Verschlechterung der eigentlichen „Geldstrafe" darstellt, kann eine Verschärfung der Geldstrafe zwecks Kompensation eines weggefallenen Fahrverbots von diesem Ausgangspunkt aus folgerichtig nur durch eine Erhöhung der Zahl der Tagessätze erfolgen. Demzufolge sehen sich die Vertreter dieser Rechtsposition durch das Verschlechterungsverbot nicht gehindert, bei Wegfall des Fahrverbots die Anzahl der Tagessätze angemessen zu erhöhen.[446]

Nach zutreffender Ansicht ist demgegenüber gerade die Zweiaktigkeit des Strafzumessungsvorgangs maßgebliches Strukturprinzip des Tagessatzsystems, weswegen die Bestimmung der Tagessatzhöhe nicht nur nachrangiger Anpassungsvorgang, sondern selbstständiger Strafzumessungsakt ist, ohne dessen Beachtung eine sachgerechte Geldstrafenbemessung nicht erreicht werden kann.[447] Von hier aus nicht nur die Anzahl der Tagessätze, sondern auch die Höhe des einzelnen Tagessatzes dem Verschlechterungsverbot zu unterwerfen,[448] könnte bei Wegfall eines vorinstanzlichen Fahrverbots jedoch sogar zu einer Verbesserung der Situation des Angeklagten führen; dies ginge aber über das mit dem strafprozessualen Verschlechterungsverbot verfolgte Ziel hinaus (dazu bereits Rdn. 100). Im Anschluss an mehrere Entscheidungen des BayObLG[449] halten es daher Rechtsprechung und h.M. im Schrifttum grundsätzlich nicht für einen Verstoß gegen das Verbot der reformatio in peius, wenn nach Wegfall des Fahrverbots die Geldstrafe mit der Begründung angemessen erhöht wird, das wegfallende/ermäßigte Fahrverbot sei bei Bemessung der Geldstrafe bedeutsam gewesen.[450] In Konstellationen dieser Art ist zu differenzieren: 108

(1) Selbstverständlich bedeutet die **Erhöhung des einzelnen Tagessatzes bei ansonsten gleichen Rechtsfolgen**, insbesondere bei gleichbleibender Tagessatzzahl eine unzulässige Verschlechterung, wenn sich dadurch der Geldstrafenendbetrag (Produkt aus Tagessatzzahl und Tagessatzhöhe) vergrößert. Insoweit ist eine Anhebung der Tagessatzhöhe nur bei Verringerung der Zahl der einzelnen Tagessätze erlaubt (s. aber Rdn. 111).[451] Zudem ist die Anhebung des einzelnen Tagessatzes zwecks Kompensation eines Fahrverbots nur in den Grenzen des § 40 Abs. 2 möglich; daher verbietet es sich, eine die wirtschaftlichen Verhältnisse des Angeklagten übersteigende Tagessatzhöhe 109

446 Dass sich angesichts der zwingenden Umrechnungsvorschrift des § 43 Satz 2 zugleich das Maß der Ersatzfreiheitsstrafe ändert, hält *Grebing* (JR **1981** 1, 4) für unschädlich, da sich das Verschlechterungsverbot nur auf die primär verhängte Strafe, nicht aber auf die (lediglich Vollstreckungsgründen dienende und daher) hinter die Primärstrafe zurücktretende Ersatzfreiheitsstrafe beziehe. Zustimmend AnwK StGB/*Halecker* Rdn. 76; *Halecker* S. 146 ff. Hiergegen *Sch/Schröder/Kinzig* § 40 Rdn. 23; eingehend *Kadel* Verschlechterungsverbot, S. 68 Fn. 106.

447 Grundlegend BGHSt **27** 70; **27** 212; **34** 90. Weiterführend *Kadel* Verschlechterungsverbot S. 39 ff.

448 So aber *Kadel* Verschlechterungsverbot, S. 64 ff; S. 39 ff; GA **1979** 459 ff; ebenso wohl *SSW/Claus* Rdn. 29.

449 BayObLG VRS **50** (1976) 339; VRS **54** (1978) 45; NJW **1980** 849, ablehnend *Grebing* JR **1981** 1; grundsätzlich zustimmend *D. Meyer* DAR **1981** 33), BayObLG (2 St 297/87) bei *Bär* DAR **1989** 364; BayObLG (1 St 285/88) bei *Janiszewski* NStZ **1989** 257.

450 KG VRS **52** (1977) 114; OLG Schleswig NStZ **1984** 90; *Athing/v. Heintschel-Heinegg* MK Rdn. 22; *Hentschel/König/Dauer* Rdn. 21; *Sch/Schröder/Kinzig* Rdn. 23; **aM** *SSW/Claus* Rdn. 29.

451 OLG Düsseldorf JR **1986** 121 mit Anm. *Welp;* OLG Köln VRS **60** (1981) 46; OLG Celle NJW **1976** 121; ebenso *Sch/Schröder/Kinzig* § 40 Rdn. 23; *Schäfer/Sander/van Gemmeren* Praxis der Strafzumessung Rdn. 146.

festzusetzen, um so die Verhängung eines an sich gebotenen Fahrverbots zu vermeiden (OLG Karlsruhe NZV **2005** 594). Dazu bereits Rdn. 29.

110 (2) Als Ausgleich für das weggefallene Fahrverbot ausgeschlossen ist eine **Vermehrung der Zahl der Tagessätze** (§ 40 Abs. 1 Satz 1).[452] Da die Anzahl der Tagessätze nach § 43 Satz 2 bei Uneinbringlichkeit der Geldstrafe maßgeblich auch die Höhe der Ersatzfreiheitsstrafe bestimmt, würde deren Verschärfung eine Benachteiligung des Angeklagten bedeuten.[453] Zu Recht bislang nicht durchgesetzt hat sich daher die Ansicht des LG Köln (NStZ-RR **1997** 370), das sich unter Berufung auf die das Verschlechterungsverbot beherrschende ganzheitliche Betrachtung auch durch das Verbot der reformatio in peius als Berufungsgericht nicht gehindert sah, als Ausgleich für das von ihm aufgehobene Fahrverbot die Zahl der erstinstanzlich verhängten Tagessätze zu erhöhen.[454]

111 (3) Grundsätzlich zulässig ist jedoch eine **Anhebung der Tagessatzhöhe** (§ 40 Abs. 2), und zwar (anders als im Normalfall ansonsten gleichbleibender Rechtsfolgen: dazu schon Rdn. 109) auch über den bisherigen Geldstrafenendbetrag hinaus, wie er sich als Produkt von Zahl und Höhe der Tagessätze ergibt.[455] Da für die Höhe des einzelnen Tagessatzes die persönlichen und wirtschaftlichen Verhältnisse des Täters maßgebend sind (§ 40 Abs. 2), kommt eine Erhöhung des Tagessatzes (auch über die bisherige Geldstrafenendsumme hinaus) als Ausgleich für das weggefallene Fahrverbot nach der erforderlichen Gesamtschau aber nur dann in Betracht, wenn der Wegfall des Fahrverbots zu einer anderen Beurteilung der persönlichen und wirtschaftlichen Verhältnisse des Angeklagten führt; das bedeutet, dass sich die wirtschaftliche Situation des Verurteilten infolge des Wegfalls des Fahrverbots verbessert haben muss.[456] Damit ist zugleich vorausgesetzt, dass das nach § 40 Abs. 2 maßgebliche durchschnittliche Nettoeinkommen durch das auf sechs Monate begrenzte Fahrverbot entscheidend verändert wird.[457] Auch in diesen Grenzen ist eine Erhöhung der Geldstrafe zwecks Kompensationsverschärfung für das weggefallene Fahrverbot nur dann gestattet, wenn die Voraussetzungen für die Anordnung eines Fahrverbots überhaupt gegeben sind.[458] Ungeachtet der wechselseitigen Abhängigkeit von Haupt- und Nebenstrafe kann das Revisionsgericht in allen diesen Fällen in analoger Anwendung von § 354 Abs. 1 StPO „durchentscheiden", wenn wegen des Verschlechterungsverbots selbst bei Aufhebung des Fahrverbots (z.B. wegen Zeitablaufs) eine Erhöhung der Tagessatzgeldstrafe als Ausgleich für das weggefallene Fahrverbot nicht erlaubt ist (so OLG Köln VRS **109** (2005) 338; 343).

---

452 OLG Hamm NZV **2004** 598; OLG Köln VRS **109** (2005) 338; 343; OLG Karlsruhe NZV **2005** 594.
453 Für viele: BayObLG VRS **50** (1976) 339; JR **1981** 40, KG VRS **52** (1977) 113; OLG Schleswig VRS **65** (1983) 386; *Sch/Schröder/Kinzig* § 40 Rdn. 23; *Schäfer/Sander/van Gemmeren* Praxis der Strafzumessung Rdn. 146; *Hentschel/König/Dauer* Rdn. 21; **aM** *Böse* NK Rdn. 35, *Halecker* S. 149 mit dem wenig überzeugenden Hinweis, dass es in der Hand des Verurteilten liege, ob es zur Vollstreckung der Ersatzfreiheitsstrafe kommt.
454 So im Anschluss an den konzeptionell anderen Ausgangspunkt von *Grebing* (JR **1981** 1) auch *Kulemeier* S. 90 und *Halecker* AnwK Rdn. 76.
455 So schon BayObLG JR **1981** 40 (zustimmend *Grebing* JR **1981** 4; *D. Meyer* DAR **1981** 33); LG Köln NZV **1999** 99. *Sch/Schröder/Kinzig* § 40 Rdn. 23; *Meyer-Goßner/Schmitt* § 331 StPO Rdn. 12; *Schäfer/Sander/van Gemmeren* Praxis der Strafzumessung Rdn. 14, alle m.w.N.; grundsätzlich **aM** aber *SSW/Claus* Rdn. 29.
456 BayObLG MDR **1976** 602; NJW **1980** 849; LG Köln NZV **1999** 99; *Böse* NK Rdn. 35.
457 KG VRS **52** (1977) 114; zur Vergleichbarkeit der wirtschaftlichen Auswirkungen eines Fahrverbots s. auch *D. Meyer* DAR **1981** 33; *Kadel* Verschlechterungsverbot, S. 64.
458 OLG Hamm VRS **54** (1978) 454; OLG Karlsruhe NZV **1991** 278 279 (jeweils zur Erhöhung der Geldbuße bei Wegfall eines behördlichen Fahrverbots).

ee) Unter Hinweis auf die gebotene Gesamtschau aller Unrechtsfolgen wird teilweise auch die **Herabsetzung der Geldstrafe (durch Verringerung der Tagessatzanzahl) bei erstmaliger Anordnung eines Fahrverbots** für zulässig erachtet (OLG Schleswig NStZ **1984** 90; dazu schon Rdn. 101).[459] Dem ist unter den durch OLG Schleswig geforderten Maßgaben der Prüfung der Umstände des Einzelfalls beizupflichten. Wie der Senat zutreffend ausführt, kann die Herabsetzung der Geldstrafe bei einem in bescheidenen wirtschaftlichen Verhältnissen lebenden Angeklagten mit geringem Einkommen erhebliche Bedeutung haben, während für einen anderen Angeklagten das Fahrverbot insbesondere dann schwerwiegend ist, wenn er etwa für seine Berufsausübung auf das Führen von Kraftfahrzeugen angewiesen ist. Zudem vermindert sich mit der Verringerung der Anzahl der Tagessätze auch eine denkbare Ersatzfreiheitsstrafe, was dem mit der im Jahr 2017 erfolgten Novellierung verfolgten Ziel der Zurückdrängung von Freiheitsentzug entspricht (dazu Rdn. 1, 2, 23, 25). 112

ff) Unter den in der vorstehenden Rdn. dargelegten Maßgaben muss es auch keinen Verstoß gegen das Verschlechterungsverbot darstellen, wenn die Herabsetzung der Geldstrafe durch **Verschärfung eines schon vorinstanzlich verhängten Fahrverbots** kompensiert werden soll.[460] 113

5. Die Nichtanrechnung vorläufiger Führerscheinmaßnahmen (dazu schon Rdn. 75) kann **selbstständig angefochten** werden, wenn die Frage der Anrechnung unabhängig von den Feststellungen zur Strafzumessung und zum Fahrverbot beurteilt werden kann: so etwa, wenn es in der Revisionsinstanz darum geht, die Anwendbarkeit der Anrechnungsvorschrift zu überprüfen.[461] Gleiches gilt, wenn lediglich in den Urteilsgründen zum Ausdruck gebracht ist, dass eine Anrechnung nicht erfolgen soll. Aus Klarstellungsgründen wird dem Verurteilten auch in einem solchen Fall die Möglichkeit einzuräumen sein, das im Tenor nicht ausgesprochene Unterbleiben der Anrechnung mit einem Rechtsmittel anzufechten.[462] 114

6. Rechtsmittelverzicht. Muss der Angeklagte aufgrund des Urteils in seiner verkündeten Form annehmen, dass das Berufungsgericht das erstinstanzlich verhängte Fahrverbot aufgehoben hat, und verzichtet er deshalb auf Rechtsmittel, ist er hieran (ausnahmsweise) nicht gebunden, wenn das Urteil im gerichtlichen Klarstellungsverfahren (§ 458 StPO) zu seinen Ungunsten dahin ausgelegt wird, das Fahrverbot sei *nicht* aufgehoben worden. In einem solchen Fall verdienen die Belange des Verurteilten Vorrang vor dem Gesichtspunkt der Rechtssicherheit, wenn der Angeklagte und/oder sein Verteidiger durch das Verhalten des Gerichts in einen unverschuldeten Irrtum versetzt worden ist.[463] 115

---

459 **AM** *Geppert* LK[12] Rdn. 112; *Böse* NK Rdn. 35; *Sch/Schröder/Kinzig* Rdn. 3.
460 Vgl. auch OLG Düsseldorf VRS **83** (1993) 441, wo es nicht als Verstoß gegen das Verschlechterungsverbot angesehen wird, wenn anstelle einer Gesamtgeldstrafe über 1600 DM und eines einmonatigen Fahrverbots nach § 44 wegen versuchter Nötigung und Beleidigung im Berufungsrechtszug zwei Geldbußen über insgesamt 1.050 DM und ein dreimonatiges Fahrverbot nach § 25 StVG wegen zweier Verkehrsordnungswidrigkeiten festgesetzt werden. Die Entscheidung ist nicht vollkommen einschlägig, weil ordnungswidrigkeitenrechtliche Rechtsfolgen nach gesetzlicher Wertigkeit (z.B. kein Eintrag im Bundeszentralregister; für Geldbuße keine Ersatzfreiheitsstrafe) weniger schwer wiegen als kriminalstrafrechtliche Sanktionen.
461 BayObLG VRS **27** (1987) 278.
462 BayObLG bei *Rüth* DAR **1978** 206 [zu § 25 Abs. 6 StVG].
463 OLG Köln VRS **36** (1969) 298.

XI. Zuwiderhandlungen

116 Zuwiderhandlungen gegen das Fahrverbot sind **nach § 21 StVG strafbewehrt.**[464] Danach macht sich strafbar, wer vorsätzlich (Abs. 1) oder fahrlässig (Abs. 2 Nr. 1) entgegen einem Fahrverbot nach § 44 (oder § 25 StVG) ein Kraftfahrzeug führt oder es als Kraftfahrzeughalter anordnet oder zulässt, dass sein Fahrzeug von jemandem geführt wird, gegen den ein Fahrverbot verhängt worden ist. Nimmt der Täter trotz Kenntnis eines gegen ihn angeordneten Fahrverbots irrig an, dieses sei noch nicht rechtskräftig, handelt er jedenfalls dann im vorsatzausschließenden Tatbestandsirrtum, wenn seine Fehlvorstellung darauf beruht, dass ihm nicht alle zur Rechtskraft führenden *tatsächlichen* Umstände bekannt waren.[465] Von einem Tatbestands- und nicht von einem Verbotsirrtum ist im Übrigen auch dann auszugehen, wenn der Annahme fehlender Rechtskraft lediglich eine rechtsirrige Bewertung aller dem Täter bekannten tatsächlichen Umstände zugrunde liegt;[466] als normative Merkmale des Tatbestands müssen auch rechtskraftbezogene Umstände vom Vorsatz des Täters erfasst sein. Unter den Voraussetzungen des § 21 Abs. 3 StVG kann das Kraftfahrzeug, auf das sich die Tat bezieht, außerdem eingezogen werden; dabei sind die §§ 74 ff StGB zu beachten. Nur eine **Ordnungswidrigkeit** begeht, wer nach Ablauf der Verbotsfrist vor Rückgabe des Führerscheins, also ohne Mitführung des Führerscheins ein Kraftfahrzeug steuert (§ 75 Nr. 4, § 4 Abs. 2 Satz 2 FeV, § 24 StVG). Wird ein rechtskräftig Verurteilter im **Wiederaufnahmeverfahren** freigesprochen und entfällt damit rückwirkend auch das in der früheren Verurteilung mitenthaltene Fahrverbot, kommt eine Strafbarkeit nach § 21 Abs. 1 Nr. 1 StVG auch hinsichtlich der ursprünglichen Verbotszeit nicht in Betracht; der Angeklagte ist in einem solchen Fall (ex tunc) so zu behandeln, als wäre gegen ihn nie ein Fahrverbot verhängt worden.[467]

Vorbemerkungen zu den §§ 45 bis 45b

Schrifttum

Diether Verlust der Amtsfähigkeit und Wählbarkeit kraft Gesetzes, Rpfleger **1981** 218; *Hamann* Zur Berechnung der Dauer des Rechtsverlusts nach § 45a Abs. 2, 3 StGB, Rpfleger **1981** 220; *Heinitz* Die gesetzlichen, verwaltungsrechtlichen und sozialen Folgen der strafgerichtlichen Verurteilung, in: Deutsche Beiträge zum VII. Intern. Strafrechtskongress (1957) 151; *Holste* Wahlrechtsausschluss für Straftäter? RuP **2015** 220; *Jekewitz* Der Verlust des Abgeordnetenmandats aufgrund strafrichterlicher Entscheidung nach dem 1. und 2.StrRG, DÖV **1969** 781; *ders.* Der Ausschluss vom aktiven und passiven Wahlrecht zum Deutschen Bundestag und zu den Volksvertretungen der Länder aufgrund richterlicher Entscheidung, GA **1977** 161; *ders.* Freiheitsentzug und Abgeordnetenmandat, GA **1981** 433; *Lambrecht* Strafrecht und Disziplinarrecht (1997); *Nelles* Statusfolgen als „Nebenfolgen" einer Straftat (§ 45 StGB), JZ **1991** 17; *Schwarz* Die strafgerichtliche Aberkennung der Amtsfähigkeit und des Wahlrechts (1991); *von Stackelberg* Die Folgen der strafgerichtlichen Verurteilung, in: Deutsche Beiträge zum VII. Intern. Strafrechtskongress (1957) 181; *Stein* „Wer die Wahl hat..." GA **2004** 22; *Streng* Strafrechtliche Sanktionen, 3. Aufl. (2012); *Sturm* Die Strafrechtsreform, JZ **1970** 81.

---

464 Zum Fahren trotz Fahrverbots nach § 21 StVG zusammenfassend und weiterführend *Feiertag* DAR **2002** 150. Speziell zur hinterfragten Verfassungswidrigkeit des § 21 StVG bei Fahren trotz Fahrverbots *Steffen Cramer* DAR **1998** 464, sowie *Mitsch* NZV **2007** 66 und hiergegen *Hentschel/König/Dauer* § 21 StVG Rdn. 9.
465 BayObLG NStZ-RR **2000** 122.
466 Zu einem Verbotsirrtum tendieren in solchen Fällen jedoch BayObLG bei *Bär* DAR **1981** 242; OLG Düsseldorf VM **1976** 26 (dagegen *Rengier* KK-OWiG Rdn. 39; *Göhler/Gürtler* Rdn. 31, je zu § 11 OWiG); OLG Frankfurt NStZ-RR **2003** 263; offengelassen durch BayObLG NStZ-RR **2000** 122.
467 OLG Frankfurt a.M. NStZ-RR **2000** 23.

https://doi.org/10.1515/9783110300499-011

Übersicht

I. Überblick

1 Das **1. StrRG** hat mit Wirkung vom 1.4.1970 die einheitliche Freiheitsstrafe (§ 18 a.F., jetzt § 38) eingeführt. Mit der Abschaffung der Zuchthausstrafe entfiel auch ihre automatische Folge, der Verlust der Amtsfähigkeit (§ 31 i.d.F. *vor* dem 1. StrRG). Ferner wurde das Rechtsinstitut des **Verlusts der bürgerlichen Ehrenrechte** (§§ 32 bis 34 i.d.F. *vor* dem 1. StrRG) **beseitigt** (Art. 8 des 1. StrRG). Das neue Strafrecht ist seit dem 1. StrRG (§§ 31 bis 33 a.F.) in diesem Bereich in wesentlichen Punkten milder. Die geltenden §§ 45 bis 45b stimmen mit den §§ 31 bis 33 der vorherigen Fassung – mit einer kleinen technischen Abweichung (vgl. § 45a Entstehungsgeschichte) – wörtlich überein. Hiernach kennt das geltende Recht unter bestimmten Voraussetzungen nur noch einen zeitlich begrenzten Verlust der Amtsfähigkeit, der Wählbarkeit und des Stimmrechts (§§ 45, 45a). Ferner sieht es die Möglichkeit einer Wiederverleihung dieser verlorenen Rechte und Fähigkeiten (Rehabilitation) vor (§ 45b).

II. Reformentwicklung

2 Seit Beginn der Reformarbeiten um die Jahrhundertwende waren die Ehrenstrafen umstritten.[1] Insbesondere die Reformbewegung Anfang der zwanziger Jahre setzte sich mit Nachdruck für eine völlige Beseitigung der Ehrenstrafen ein. Der Radbruch-E 1922 (S. 53) wollte „die moralische Lynchjustiz, welche leider die Gesellschaft vielfach gegen Vorbestrafte übt, und die das schwerste Hindernis ihrer Wiedereingliederung in die Gesellschaftsordnung bildet, nicht gerechtfertigt wissen durch Richtersprüche, welche den Verurteilten für verlustig der Ehre erklären. Nicht als Entehrter, sondern als Entsühnter soll der Bestrafte in die Gesellschaft zurückkehren".[2] Die nachfolgenden Entwürfe kennen zwar die Nebenstrafe des Verlusts der bürgerlichen Ehrenrechte nicht. Sie haben indessen, zunächst als Maßregel der Besserung und Sicherung (§ 42 Nr. 7, 8 E 1925), später als besondere Nebenstrafe und Nebenfolge den Verlust der Amtsfähigkeit und des Wahl- und Stimmrechts (§§ 47 ff E 1927/30) beibehalten. Ebenso wurde in allen Entwürfen die Wiederverleihung der verlorenen Fähigkeiten und Rechte durch Richterspruch vorgesehen. Der E 1962 (§§ 45, 56, 57, 59) beließ es im Wesentlichen bei dieser Regelung.[3] Der AE 1966 ist hingegen für eine Abschaffung aller entehrenden Nebenstrafen eingetreten, weil solche Folgen in speziellere Gesetze und Berufsordnungen gehörten (AE Begr. S. 75).[4]

III. Gesetzgeberische Gründe der Regelung im StGB

3 Im Sonderausschuss Strafrecht des Deutschen Bundestages hat sich hingegen die Auffassung durchgesetzt, dass auf allgemeine Vorschriften im Strafgesetzbuch, die den automatischen Verlust der Amtsfähigkeit, der Wählbarkeit und des Stimmrechts vorse-

1 Nachweise bei *Heinitz* S. 163.
2 Ähnlich bei *Eb. Schmidt* ZStW **45** (1925) 27; *Grünhut* ZStW **46** (1926) 260; für die Beibehaltung von Ehrenstrafen hingegen: *Oetker* JW **1924** 254; *Kahl* DJZ **1923** 508.
3 BT-Drs. IV/650.
4 *Baumann* DRiZ **1970** 9.

hen, nicht verzichtet werden kann und es sich generell zu bestimmen empfiehlt, unter welchen Voraussetzungen die Fähigkeiten und Rechte durch Richterspruch aberkannt werden können (1. Schriftl. Bericht BT-Drs. V/4094 S. 15).[5] Es erschien **sachgerecht**, die **Statusfolgen** strafgerichtlicher Verurteilungen generell zu klären und zu **vereinheitlichen** und sie nicht etwa in Sondervorschriften zu verweisen. Solche verstreuten besonderen Regelungen brächten entscheidende Nachteile, da das Gesetz unübersichtlich und für die Praxis schwerer anwendbar würde. Es träte ferner eine Rechtszersplitterung ein. Auch müsste dann die Möglichkeit einer vorzeitigen Wiederverleihung verlorener Fähigkeiten und Rechte durch das Strafgericht entfallen, was im Hinblick auf die Resozialisierungsaufgabe des Strafrechts nachteilig wäre (BT-Drs. V/4094 S. 16).

IV. Neuregelung

4 Die **Neuregelung,** die das 1. StrRG schuf, ist im Vergleich zum alten Recht **erheblich milder.** Eine Verschärfung liegt allerdings darin, dass nach § 45 Abs. 1 jede Verurteilung wegen eines Verbrechens mit einer Freiheitsstrafe von mindestens einem Jahr den Verlust der Amtsfähigkeit und der Wählbarkeit zwingend nach sich zieht, während zuvor das Gericht lediglich die Möglichkeit hatte, nach § 32 Abs. 1, § 35 i.d.F. *vor* dem 1. StrRG auf Verlust der bürgerlichen Ehrenrechte und der Amtsfähigkeit zu erkennen, falls es bei einem Verbrechen mildernde Umstände annahm und daher auf Gefängnis erkannte.[6] Praktisch fällt diese Verschärfung allerdings kaum ins Gewicht, während die entscheidende Milderung darin liegt, dass das neue Recht außer dem Verlust der Amtsfähigkeit, der Wählbarkeit und des Stimmrechts keine weiteren Statusfolgen mehr kennt, diese auf eine Höchstdauer von fünf Jahren beschränkt (§ 45) und unter verhältnismäßig weiten Voraussetzungen die Wiederverleihung von Fähigkeiten und Rechten ermöglicht (§ 45b).

V. Regelungszweck und Kritik

5 § 45 soll materiell dem Schutz des Gemeinschaftsinteresses dienen, straffällig gewordene Personen von politischen, staatlichen oder sonstigen öffentlichen Aufgaben fernzuhalten, die besondere Zuverlässigkeit voraussetzen („Reinhaltung des öffentlichen Lebens", vgl. *Nelles* S. 21 m.w.N.). Die Regelung wird als überholt, kriminalpolitisch fragwürdig und entbehrlich kritisiert.[7] Sie lasse sich nicht in die Teleologie des strafrechtlichen Sanktionensystems einpassen (*Nelles* S. 21). Teilweise werden auch verfassungsrechtliche Bedenken geäußert.[8] Indes ist der zeitlich begrenzte Ausschluss von öffentlichen Ämtern und vom passiven Wahlrecht bei besonders schweren Straftaten im Hinblick auf den Normzweck unter präventiven Gesichtspunkten sowie unter dem Aspekt der Verteidigung der Rechtsordnung gerechtfertigt.[9] Der Europäische Gerichtshof hat für die Wahlen zum Europäischen Parlament den Ausschluss eines verurteilten Straftäters vom aktiven Wahlrecht nach Maßgabe von Art. 52 Abs. 1 EUGrdRCh für zulässig erachtet.[10] Kritik erscheint allerdings insoweit berechtigt, als die Art der Regelung ihre klare Einordnung in das Rechtsfolgensystem und eine Bestimmung der Entscheidungskriterien bei Ermessensentscheidungen nach § 45 Abs. 2 und 5 in Übereinstimmung mit dem Schuldstrafrecht er-

5 Hierzu *Göhler* Prot. V S. 2565 ff.
6 Erster Schriftlicher Bericht BT-Drs. V/4094 S. 16; *Kunert* NJW **1970** 541.
7 *Albrecht* NK § 45 Rdn. 1; *Sch/Schröder/Stree/Kinzig* § 45 Rdn. 1.
8 *Holste* RuP **2015** 220, 222 ff; *Stein* GA **2004** 22.
9 *SSW/Claus* § 45 Rdn. 2; *Radtke* MK § 45 Rdn. 44.
10 EuGH EuGRZ **2015** 651.

schwert (vgl. § 45 Rdn. 1). Angesichts der Tatsache, dass entsprechende fakultative Anordnungen kaum mehr erfolgen,[11] stellt sich überdies die Frage, ob für die Beibehaltung dieser Anordnungsmöglichkeiten ein kriminalpolitisches Bedürfnis besteht.

§ 45
Verlust der Amtsfähigkeit, der Wählbarkeit und des Stimmrechts

(1) Wer wegen eines Verbrechens zu Freiheitsstrafe von mindestens einem Jahr verurteilt wird, verliert für die Dauer von fünf Jahren die Fähigkeit, öffentliche Ämter zu bekleiden und Rechte aus öffentlichen Wahlen zu erlangen.

(2) Das Gericht kann dem Verurteilten für die Dauer von zwei bis zu fünf Jahren die in Absatz 1 bezeichneten Fähigkeiten aberkennen, soweit das Gesetz es besonders vorsieht.

(3) Mit dem Verlust der Fähigkeit, öffentliche Ämter zu bekleiden, verliert der Verurteilte zugleich die entsprechenden Rechtsstellungen und Rechte, die er innehat.

(4) Mit dem Verlust der Fähigkeit, Rechte aus öffentlichen Wahlen zu erlangen, verliert der Verurteilte zugleich die entsprechenden Rechtsstellungen und Rechte, die er innehat, soweit das Gesetz nichts anderes bestimmt.

(5) Das Gericht kann dem Verurteilten für die Dauer von zwei bis zu fünf Jahren das Recht, in öffentlichen Angelegenheiten zu wählen oder zu stimmen, aberkennen, soweit das Gesetz es besonders vorsieht.

Schrifttum

Vgl. Vor § 45.

Entstehungsgeschichte

Die Vorschrift entspricht wörtlich dem seit 1.4.1970 in Kraft gesetzten § 31 i.d.F. d. 1. StrRG. Die ursprüngliche Vorschrift des § 31 (RStGB) regelte die Ehrenfolge der Zuchthausstrafe; sie wurde durch das 3. StRÄndG vom 4.8.1953 (BGBl. I S. 735) geändert.

Gesetzesmaterialien

§§ 56, 57, 59 E 1962, Begr. S. 174f, 179; Niederschriften der GrStRKomm. Bd. I S. 70, 222ff, 281, 312f, 369ff; Bd. III S. 57, 110ff, 235f, 335ff; Bd. X S. 189ff, 252ff, 402ff, 460ff; Bd. XII S. 551, 577, 629ff.

Der AE hat einen Verlust der Amtsfähigkeit, der Wählbarkeit und des Stimmrechts nicht vorgesehen (vgl. Begr. S. 71). 1. Schriftl. Bericht BT-Drs. V/4094 S. 15; 2. Schriftl. Bericht BT-Drs. V/4095 S. 23.

Übersicht

11 Im Jahr 2016 wurden sie in vier Fällen ausgesprochen, Statistisches Bundesamt, Fachserie 10 Rechtspflege, Reihe 3 Strafverfolgung S. 344.

https://doi.org/10.1515/9783110300499-012

I. Allgemeines

1 § 45 sieht den **Verlust der Amtsfähigkeit und der Wählbarkeit kraft Gesetzes (Abs. 1)** oder **fakultativ (Abs. 2)** sowie den **fakultativen Verlust des Stimmrechts (Abs. 5)** vor. Umstritten sind die Einordnung der Nebenfolgen in das Rechtsfolgensystem des Strafgesetzbuches und – daraus folgend – die Frage, welche Kriterien für die richterliche Entscheidung nach Absatz 2 und Absatz 5 maßgebend sind, insbesondere ob und in welchem Umfang das Schuldprinzip zu beachten ist. Teilweise werden diese Nebenfolgen als Sanktionen eigener Art gesehen, die dem Rechtsgebiet zuzuordnen seien, das sie betreffen, etwa dem Wahlrecht oder dem Beamtenrecht;[1] teilweise wird ihnen in Anbetracht ihrer systematischen Einordnung unter dem Titel „Strafen“ insgesamt strafähnlicher Charakter zuerkannt.[2] Nach der sog. dualistischen Lösung handelt es sich demgegenüber bei den kraft Gesetzes eintretenden Nebenfolgen nicht um Strafen, weil der Akt der Strafzumessung fehlt (s. *Radtke* MK Rdn. 6ff). Jedenfalls die fakultative Sanktion gemäß § 45 Abs. 2 und Abs. 5 wird indes von der h.M. als Strafe qualifiziert[3] mit der Folge, dass das Gericht Verhängung und Dauer nach den Grundsätzen der Strafzumessung (§ 46) zu bestimmen hat.[4] Die letztlich umstrittene Frage, wie die kraft Gesetzes eintretenden Nebenfolgen einzuordnen sind, dürfte demgegenüber ohne praktische Bedeutung sein. Sowohl Anordnungen nach § 45 Abs. 2 oder 5 als auch die nach Absatz 1 eintretenden Rechtsfolgen sind bei der Zumessung der Hauptstrafe zu Gunsten des Angeklagten in Betracht zu ziehen (vgl. BGHR StGB § 46 Abs. 1 Schuldausgleich 2; BGH NStZ **2008** 283, 284; *Radtke* MK Rdn. 23).

1 *Albrecht* NK Rdn. 6; *Nelles* JZ **1991** 17.
2 *SSW/Claus* Rdn. 4; *Sch/Schröder/Stree/Kinzig* Rdn. 8.
3 BGH NStZ **2008** 283, 284; *Fischer* Rdn. 7; *Lackner/Kühl* Rdn. 3.
4 Einschränkend *Wolters* SK Rdn. 12.

Solange die Statusrechte nach § 45 nicht verloren sind, werden sie auch nicht durch Untersuchungs- oder Strafhaft beeinträchtigt (vgl. § 73 StVollzG; § 20 LStVollzG SH; § 4 Abs. 3 StVollzG NRW; Art. 78 Abs. 1 BayStVollzG); zur Ausübung des passiven Wahlrechts während der Haft: § 2 Satz 1 StVollzG (vgl. *Jekewitz* GA **1981** 433); vgl. zum Registerrecht §§ 37, 47 Abs. 2 Satz. 2 BZRG. Unabhängig von § 45 ist der Verlust des aktiven und passiven Wahlrechts für nach § 63 i.V.m. § 20 Untergebrachte (§ 13 Nr. 3, § 15 Abs. 2 Nr. 1 BWahlG). 2

Gegenüber § 70 geht § 45 für den Verlust der Amtsfähigkeit als Spezialgesetz vor. 3
§ 70 ist deswegen z.B. nicht für das Amt des Notars anwendbar (BGH wistra **1987** 60). Das gilt jedoch nur hinsichtlich der Amtsstellung als solcher. Hat ein Amtsträger (z.B. ein beamteter Lehrer) bei Begehung einer Tat die Möglichkeit einer speziellen fachlichen Qualifikation genutzt, von der er auch in nicht amtlicher Eigenschaft in gefährlicher Weise Gebrauch machen könnte, so sind darauf gerichtete Berufsverbote zulässig (BGH NStZ **2002** 198).

II. Verlust der Amtsfähigkeit

Unter dem Verlust der Amtsfähigkeit versteht das Gesetz den **Verlust der Fähigkeit, öffentliche Ämter zu bekleiden.** 4

1. Öffentliche Ämter sind nur solche Dienststellungen, die aus der Staatsgewalt abgeleitet sind und staatlichen Zwecken dienen (RGSt **62** 26).[5] Hierunter fallen nicht nur alle Ämter der staatlichen Verwaltung von Bund, Ländern, Gemeinden und Gemeindeverbänden sowie der Rechtspflege, sondern auch der Körperschaften und Anstalten des öffentlichen Rechts, soweit sie staatliche Zwecke verfolgen (z.B. Universität, Sozialversicherung). Notare und ehrenamtliche Richter bekleiden wegen ihrer hoheitlichen Aufgaben ein öffentliches Amt;[6] für sie ergibt sich die Amtsfähigkeit bzw. deren Verlust aus teilweise gegenüber § 45 Abs. 1 strengeren Sondervorschriften (§ 32 Nr. 1, 2, § 52 Abs. 1 Nr. 1, § 109 Abs. 3 GVG, § 21 Abs. 2 Nr. 1, 2 ArbGG, § 17 Abs. 1 Nr. 1, 2 SGG, § 21 Nr. 1, 2 VwGO, § 18 Nr. 1, 2 FGO; § 49 BNotO). 5

2. Nicht zu den öffentlichen Ämtern im Sinne dieser Vorschrift gehören **ausländische Ämter,**[7] da sie von einer außerhalb des Geltungsbereichs des Grundgesetzes etablierten Staatsgewalt abgeleitet sind. 6

Ferner werden **kirchliche Ämter** nicht erfasst (vgl. bereits RGSt **47** 51), auch soweit es sich um religiöse Gesellschaften handelt, die Körperschaften des öffentlichen Rechts sind, da diese keine staatlichen, sondern kirchliche Zwecke verfolgen (*Sch/Schröder/Stree/Kinzig* Rdn. 4), vor allem aber, weil Religionsgesellschaften nach Art. 140 GG i.V.m. Art. 137 Abs. 3 Satz 2 WV ihre Ämter ohne Mitwirkung des Staates oder der bürgerlichen Gemeinde verleihen (*Radtke* MK Rdn. 14). 7

Die **Rechtsanwaltschaft** nimmt abweichend von den **Notaren** und den **ehrenamtlichen Richtern** (Rdn. 5) keine hoheitlichen Aufgaben wahr. Der strafrechtliche Amtsverlust nach § 45 führt jedoch nach § 7 Nr. 2, § 14 Abs. 2 Nr. 2 BRAO zur Versagung bzw. zum Widerruf der Zulassung als Rechtsanwalt. 8

5 VGH Stuttgart NJW **1950** 838.
6 E 1962 Begr. S. 167; *Fischer* Rdn. 3; *Sch/Schröder/Stree/Kinzig* Rdn. 4.
7 *Fischer* Rdn. 3; *Lackner/Kühl* Rdn. 1; *Radtke* MK Rdn. 14; *Sch/Schröder/Stree/Kinzig* Rdn. 4.

III. Verlust der Wählbarkeit

9 Den **Verlust der Wählbarkeit** (des passiven Wahlrechts) umschreibt das Gesetz als den Verlust der Fähigkeit, Rechte aus öffentlichen Wahlen zu erlangen.

10 **Öffentliche Wahlen** sind inländische Wahlen[8] in öffentlichen Angelegenheiten (Abs. 5). Darunter fallen nicht nur die in § 108d genannten demokratischen Urabstimmungen und die Urwahlen in der Sozialversicherung, sondern alle Wahlen, die nicht ausschließlich einzelne natürliche oder juristische Personen und deren Privatinteressen, sondern die Gesamtheit des Gemeinwesens oder das öffentliche Wohl betreffen (Rdn. 22ff).[9] Dies entspricht der früheren Rechtsprechung zu § 33 i.d.F. *vor* dem 1. StrRG, die die entsprechende Formulierung in Anlehnung an den früheren § 108 (i.d.F. *vor* dem 3. StRÄndG vom 4.8.1953, BGBl. I S. 753) ausgelegt hatte,[10] der ausdrücklich von Wahlen „in öffentlichen Angelegenheiten" sprach. Auch der E 1962 (§ 409) wollte die sachwidrige Einengung des geltenden § 108d wieder beseitigen und den Geltungsbereich der Straftaten bei Wahlen und Abstimmungen auf sämtliche „öffentliche Angelegenheiten" ausdehnen (vgl. BT-Drs. IV/650, S. 586f, 593).

IV. Der „automatische" Verlust der Amtsfähigkeit und der Wählbarkeit (Abs. 1)

11 Voraussetzung ist, dass jemand wegen eines *Verbrechens* zu einer *Freiheitsstrafe von mindestens einem Jahr* verurteilt wird.

12 **1.** Diese Nebenfolge tritt bereits mit der Verurteilung als solcher und zwar **mit Rechtskraft** des Urteils (§ 45a Abs. 1) ein (RGZ **19** 400). Eines besonderen Ausspruchs bedarf diese Nebenfolge in den Fällen des Absatzes 1 nicht; ein Wertungsakt des Gerichts erfolgt nicht. Der Verlust dauert fünf Jahre. Die Berechnung im Einzelnen regelt § 45a, die vorzeitige Wiederverleihung dieser Rechte § 45b.

13 **2.** Für die Frage, ob ein Verbrechen (§ 12 Abs. 1) vorliegt, ist die abstrakte Betrachtungsweise maßgebend. Eine Verurteilung wegen eines Verbrechens ist daher auch gegeben (vgl. die Erläuterungen zu § 12), wenn es sich nur um einen Versuch, um eine Teilnahme (vgl. RGSt **60** 126) oder um eine strafbare Verbrechensvorbereitung i.S.d. § 30 handelt.

14 **3.** Für den Eintritt des automatischen Rechtsverlusts kommt es auf die **im konkreten Fall** verhängte Strafe an. Liegt sie wegen Strafmilderungen unter einem Jahr, so tritt die Folge des Absatzes 1 nicht ein. Hingegen sind die Aussetzung der Vollstreckung der Freiheitsstrafe gemäß § 56, die Kompensation einer rechtsstaatswidrigen Verfahrensverzögerung[11] und die Anrechnung von Freiheitsentziehungen oder Strafen nach § 51 ohne Bedeutung. Bei Gesamtstrafen kommt es darauf an, ob eine Einzelstrafe die Höhe von einem Jahr erreicht,[12] da das Gesetz die automatische Folge daran knüpft, dass der Täter wegen *eines* Verbrechens zu der Freiheitsstrafe von mindestens einem Jahr verurteilt wird. Ergibt sich dies im Fall einer Gesamtstrafe nicht, so ist dem Bundeszentralregister

---

8 Zum Begriff der „Wahl" Rdn. 20.
9 *Radtke* MK Rdn. 16; *SSW/Claus* Rdn. 10.
10 Vgl. RGSt **22** 337; **41** 128; **64** 303.
11 BGHSt **52** 124, 141.
12 *Sch/Schröder/Stree/Kinzig* Rdn. 3; *Fischer* Rdn. 6; *Wolters* SK Rdn. 9; **aA** für die beamtenrechtliche Bewertung BGH NStZ **1981** 342.

auch die Höhe der wegen eines Verbrechens verhängten Einzelstrafe mitzuteilen.[13] Absatz 1 erfasst auch Ausländer (*Diether* Rpfleger **1981** 219).

V. Der fakultative Verlust der Amtsfähigkeit und der Wählbarkeit (Abs. 2)

Soweit das Gesetz es besonders vorsieht, *kann d*as Gericht die Amtsfähigkeit und die Wählbarkeit aberkennen, auch wenn kein Verbrechen vorliegt und der Täter zu einer Freiheitsstrafe unter einem Jahr verurteilt wird. **15**

1. Voraussetzung ist, dass Strafvorschriften des Bundesrechts (nicht auch des Landesrechts, vgl. Art. 3 EGStGB) diese **Nebenfolgen vorsehen**. Das ist bei bestimmten **Straftaten** der Fall, die sich **gegen den Staat und seine Einrichtungen** richten. Bei den einzelnen Tatbeständen des Besonderen Teils ist angegeben, auf welche in § 45 umschriebenen Nebenfolgen erkannt werden darf und welche Höhe der Freiheitsstrafe bei der betreffenden Nebenfolge vorausgesetzt ist. Sämtliche in § 45 bezeichneten Rechte und Fähigkeiten (Rdn. 1) können aberkannt werden bei Verurteilungen wegen Straftaten des Friedens- oder Hochverrats oder der Gefährdung des demokratischen Rechtsstaates (§ 92a i.V.m. §§ 80a bis 91), vorsätzlicher Straftaten des Landesverrats und der Gefährdung der äußeren Sicherheit (§ 101 i.V.m. §§ 94 bis 100a), Angriffs gegen Organe und Vertreter ausländischer Staaten (§ 102 Abs. 2) sowie bestimmter Straftaten gegen die Landesverteidigung (§ 109i i.V.m. §§ 109e und 109f). Auf Amtsverlust und Verlust des passiven Wahlrechts kann erkannt werden bei Verurteilungen wegen Bildung terroristischer Vereinigungen (§ 129a Abs. 8), vorsätzlichen Subventionsbetrugs (§ 264 Abs. 6) oder Steuerdelikten (§ 375 Abs. 1 AO); nur auf Amtsverlust kann erkannt werden bei Amtsdelikten (§ 358) und nur auf den Verlust des aktiven und passiven Wahlrechts bei Verurteilungen wegen Straftaten bei Wahlen und Abstimmungen (§ 108c Abs. 2 i.V.m. §§ 107, 107a, 108, 108b, § 108e Abs. 5). Bei Straftaten gegen die Landesverteidigung (§ 109i) und beim vorsätzlichen Subventionsbetrug (§ 264 Abs. 6) ist die Aberkennung der Rechte und Fähigkeiten nur neben einer Freiheitsstrafe von mindestens einem Jahr zulässig, in den übrigen Fällen schon bei Freiheitsstrafen von mindestens sechs Monaten. Im Anwendungsbereich des § 358 genügt die Verhängung einer mindestens sechsmonatigen Gesamtfreiheitsstrafe wegen mehrerer gleichartiger dort bezeichneter Delikte, da es nach dem Gesetzeszweck nicht darauf ankommt, ob der Täter lediglich eine Tat nach § 358 verübt hat, die mit der vorausgesetzten Mindeststrafe geahndet wird, oder ob er seine Ungeeignetheit zur Amtsführung dadurch gezeigt hat, dass er mehrere Amtsdelikte aus dem Katalog des § 358 begangen hat, deren Gesamtstrafe die erforderliche Höhe erreicht (BGHR StGB § 358 Nebenfolgen 1 m.w.N.). **16**

2. Nach Absatz 2 steht es im **pflichtgemäßen Ermessen** des Gerichts, ob es die Nebenfolge verhängt und ggf. für welchen Zeitraum. Nach welchen Grundsätzen das Gericht von seinem Ermessen Gebrauch machen soll, ist nicht besonders geregelt. Keinen Anhalt bietet das Gesetz für die Annahme, dass dem Tatgericht ein größerer Ermessensspielraum als bei sonstigen Strafsanktionen zustehe.[14] Da die Nebenfolgen als Strafen oder jedenfalls strafähnliche Sanktionen zu qualifizieren sind, müssen die allgemeinen Strafzumessungsregeln beachtet werden.[15] Zu Recht wird der Präventionscharakter der **17**

13 Vgl. hierzu *Wulf* MDR **1970** 374 zu § 2 Abs. 4, 6 der früheren StrafRegVO; vgl. § 5 Abs. 1 Nr. 7 BZRG.
14 **AA** *SSW/Claus* Rdn. 13.
15 Vgl. *Lackner/Kühl* Rdn. 3; *SSW/Claus* Rdn. 4; *Sch/Schröder/Stree/Kinzig* Rdn. 8; *Fischer* Rdn. 9; *Radtke* MK Rdn. 9, 23; **aA** *Albrecht* NK Rdn. 6; *Streng* Rdn. 364; einschränkend *Wolters* SK Rdn. 12.

Vorschrift hervorgehoben.[16] Ein entscheidender Gesichtspunkt für die Anordnung und Bemessung der Nebenfolgen ist deshalb, inwieweit einem Täter, der sich am Gemeinwesen oder in dessen Dienst in erheblicher Weise vergangen hat, öffentliche Funktionen und Rechte anvertraut werden können.[17] Allerdings ist die limitierende Wirkung des Schuldprinzips zu beachten, mit dem sich die Berücksichtigung der präventiven Zielrichtung der Nebenfolgen durchaus vereinbaren lässt (s. § 46 Rdn. 26ff, 41). Ungeachtet der unterschiedlichen Ansichten über die systematische Einordnung der Nebenfolgen in das Rechtsfolgensystem ist bei der Rechtsfolgenbemessung zu beachten, dass Strafe und Nebenfolge insgesamt dem Schuldausgleichsprinzip unterworfen sind (vgl. BGHR StGB § 46 Abs. 1 Schuldausgleich 2; BGH NStZ **2008** 283, 284; s. § 46 Rdn. 12ff).

18 **3.** Als **Dauer** des Rechtsverlusts nach Absatz 2 sieht das Gesetz zwei bis fünf Jahre vor. Die Zeit soll (nicht zwingend) nach vollen Jahren bemessen werden (*Fischer* Rdn. 8; **aA** *SSW/Claus* Rdn. 14). Die Höchstdauer gilt auch bei einer Gesamtstrafe (vgl. RGSt **68** 176).

19 Die Rechtsfolgen des § 45 können auch bei Personen in Betracht kommen, die die deutsche Staatsangehörigkeit nicht haben (BGH NJW **1952** 234).

VI. Der Verlust der Rechtsstellungen und Rechte (Abs. 3, 4)

20 Wer nach den Absätzen 1 oder 2 die Amtsfähigkeit oder die Wählbarkeit verliert, büßt diese Fähigkeiten und Rechte nicht nur für die Zukunft ein, sondern er verliert insoweit zugleich seinen bisherigen Besitzstand, und zwar endgültig. Mit dem Amtsverlust sind daher auch die **dazugehörigen Rechte und Rechtsstellungen erloschen** (Abs. 3), mit dem Verlust der Wählbarkeit auch die **aus öffentlichen Wahlen bisher erworbenen Rechte und Rechtsstellungen** (Abs. 4), diese allerdings nur, soweit das Gesetz nichts anderes bestimmt. Dieser Vorbehalt wurde mit Rücksicht auf § 46 Abs. 1 Nr. 3, § 47 Abs. 1 Nr. 2 BWahlG erforderlich, wonach der Verlust eines Bundestagsmandats nicht schon durch den rechtskräftigen Verlust der Wählbarkeit eintritt, sondern erst durch Beschluss des Ältestenrats des Bundestags.

21 Das **endgültige Erlöschen** der Rechte und Rechtsstellungen nach dieser Vorschrift bedeutet, dass sie nicht etwa nach Ablauf der Dauer des Rechtsverlustes oder nach einer vorzeitigen Wiederverleihung der Rechte und Fähigkeiten (§ 45b) wiederaufleben. Sie können in diesen Fällen lediglich nach allgemeinen amts- und wahlrechtlichen Vorschriften wieder neu erworben werden.

VII. Verlust des Stimmrechts (Abs. 5)

22 **1. Das Recht zu wählen oder zu stimmen** ist das Recht, an öffentlichen Wahlen oder Abstimmungen teilzunehmen. Das Gesetz unterscheidet zwischen beiden Begriffen nicht (vgl. § 108d). Der Sache nach ist „Abstimmung" der Oberbegriff. Er umfasst sowohl die eigentliche Wahl, bei der der Wähler seine Stimme einer Person gibt, um sie für einen bestimmten Tätigkeitsbereich aus dem Kreis von Personen auszuerlesen, als auch die Abstimmung im engeren Sinne, bei der es um Stimmabgabe zu einer sachlichen Angelegenheit geht (E 1962 Begr. S. 587). Soweit Ausländer das aktive Wahlrecht besitzen, unterfallen sie der Vorschrift.

16 *Streng* Rdn. 364; *Wolters* SK Rdn. 12.
17 *Radtke* MK Rdn. 23; *SSW/Claus* Rdn. 13.

2. Der Verlust des Stimmrechts bezieht sich nur auf Abstimmungen (Wahlen) **„in öffentlichen Angelegenheiten“.** Hierzu gehören: 23

a) Demokratische Urabstimmungen, das sind die Wahlen im Sinne des § 108d *zu* den Gesetzgebungsorganen (Bundestag, Landtage, Europäisches Parlament), den Bezirkstagen, Kreistagen, Stadt- und Gemeinderäten (vgl. § 409 Abs. 1 Nr. 1 E 1962), ferner Wahlen *in* diesen Gremien. 24

b) Wahlen zu und in Körperschaften, Anstalten und Stiftungen des öffentlichen Rechts (vgl. § 409 Abs. 1 Nr. 2 E 1962). 25

Hierzu gehören nicht nur Wahlen zu den Gebietskörperschaften selbst, sondern auch zu den Ausschüssen, die im Bereich dieser Körperschaften staatliche Sachaufgaben wahrnehmen. Das sind z.B. der Richterwahlausschuss nach dem Richterwahlgesetz, Ausschüsse zur Wahl von Schöffen (§§ 40 ff GVG) sowie Personalräte nach dem Bundes- und den Landespersonalvertretungsgesetzen, da diese ständige Einrichtung der jeweiligen Verwaltungsbehörden und öffentlich-rechtlichen Körperschaften sind und neben den Belangen der Bediensteten auch die öffentliche Aufgabe der Dienststelle berücksichtigen müssen (E 1962 Begr. S. 594 f). 26

Ferner gehören hierzu Wahlen in und zu anderen Körperschaften, Anstalten und Stiftungen des öffentlichen Rechts. Das sind die Organe der Sozialversicherung (§ 31 SGB IV; vgl. RGSt **41** 128),[18] die Organe berufsständischer Organisationen, die Körperschaften des öffentlichen Rechts sind, wie etwa Vollversammlungen, Vorstände, Präsidien und Ausschüsse der Industrie- und Handelskammern (§§ 5 ff des Gesetzes zur vorläufigen Regelung des Rechts der Industrie- und Handelskammern), der Rechtsanwaltskammern (§§ 63 ff BRAO) und der Kammern der Ärzte, Zahnärzte, Tierärzte, Apotheker und Architekten sowie der Handwerkskammern (§ 95 ff HwO). 27

3. Nicht zu den **öffentlichen Wahlen** in diesem Sinne gehören: **Wahlen zu kirchlichen Organen,**[19] da es sich hierbei nicht um öffentliche Angelegenheiten im Rechtssinne (Rdn. 23) handelt und entsprechendes gilt wie bei den kirchlichen Ämtern (Rdn. 7); **Betriebsratswahlen** (vgl. jedoch Rdn. 35),[20] **Wahlen innerhalb der politischen Parteien** (vgl. jedoch Rdn. 35 f). Der Begriff der öffentlichen Wahlen beschränkt sich schließlich auf **inländische**, innerhalb des Geltungsbereichs des Grundgesetzes durchgeführte Wahlen. 28

4. Der Verlust des Stimmrechts kommt nicht als automatische Folge einer Verurteilung, sondern nur als **Nebenstrafe** (vgl. Rdn. 1, 17) durch den besonderen Ausspruch der Aberkennung dieser Rechte dann in Betracht, wenn das Gesetz dies besonders vorsieht, und nur unter den dort bezeichneten Voraussetzungen (§§ 92a, 101, 102 Abs. 2, §§ 108c, 109i; vgl. Rdn. 16). Im Anwendungsbereich des Bundeswahlgesetzes hat die Aberkennung des aktiven Wahlrechts auch den Verlust der Wählbarkeit zur Folge (§ 15 Abs. 2 Nr. 1, § 13 Nr. 1 BWahlG). Bei nach § 63 i.V.m. § 20 Untergebrachten erlischt das (aktive und passive) Wahlrecht automatisch (§ 13 Nr. 3, § 15 Abs. 2 Nr. 1 BWahlG). 29

---

18 Soweit es sich hierbei um „Urwahlen“ in der Sozialversicherung handelt, sind sie bereits in § 108d i.d.F. d. Ges. v. 23.12.1976 (BGBl. I S. 3845) miterwähnt.

19 *Sch/Schröder/Stree/Kinzig* Rdn. 7; *Wolters* SK Rdn. 6; **aA** RG GA Bd. **54** 292.

20 *Radtke* MK Rdn. 30.

30 **5.** Das Stimmrecht kann der Richter unter den gesetzlichen Voraussetzungen für zwei bis fünf Jahre aberkennen. Die Berechnung regelt § 45a, die vorzeitige Wiederverleihung dieses Rechts § 45b.

VIII. Jugendliche und Heranwachsende

31 Auf **Jugendliche** ist § 45 nicht anwendbar (§ 6 Abs. 1 Satz 1, Abs. 2 JGG). Soweit auf **Heranwachsende** das allgemeine Strafrecht angewendet wird, kann das Gericht nach pflichtgemäßem Ermessen anordnen, dass der (automatische) Verlust der Fähigkeiten und Rechte nach Absatz 1 nicht eintritt (§ 106 Abs. 2 JGG).

IX. Sondervorschriften mit weiteren Rechtsfolgen

32 Es gibt eine Fülle von **Sondervorschriften,** die für ihren Anwendungsbereich die Rechtsfolgen des § 45 wiederholen oder an einen Richterspruch nach § 45 **weitere Rechtsfolgen** anknüpfen.

33 **1.** Nach beamtenrechtlichen Vorschriften **endet** das **Beamtenverhältnis** mit der Rechtskraft eines strafgerichtlichen Urteils, soweit dieses Amtsverlust nach § 45 zur Folge hat oder wegen vorsätzlicher Tat auf Freiheitsstrafe von mindestens einem Jahr oder bei Staatsschutzdelikten oder Bestechlichkeit auf Freiheitsstrafe von mindestens sechs Monaten lautet (§ 41 Abs. 1 BBG, § 24 Abs. 1 BeamtStG; für das Richterverhältnis vgl. § 24 DRiG). In diesen Fällen bedarf es zum Erlöschen der Beamtenrechte keines besonderen Disziplinarverfahrens. Dienst- und Versorgungsbezüge fallen weg, Amtsbezeichnungen und Titel darf die Beamtin oder der Beamte nicht mehr führen (vgl. § 41 Abs. 2 BBG für Bundesbeamte sowie die Beamtengesetze der Länder). Fällt nach einem Wiederaufnahmeverfahren der strafrechtliche Amtsverlust weg, so gilt das Beamtenverhältnis nicht als unterbrochen (§ 42 BBG, § 24 Abs. 2 BeamtStG). Die beamtenrechtlichen Folgen einer strafgerichtlichen Verurteilung können im Übrigen im Gnadenweg beseitigt werden (vgl. § 43 BBG sowie die Beamtengesetze der Länder). Wird jemand, obwohl er amtsunfähig ist, zum Beamten ernannt, so ist die Ernennung nichtig (§ 13 Abs. 1 Nr. 3 Buchst. b BBG, § 11 Abs. 1 Nr. 3 Buchst. b BeamtStG, s. auch § 18 Abs. 2 Nr. 3 DRiG). Gleichwohl bleibt er Amtsträger i.S.d. § 11 Abs. 1 Nr. 2a, solange ihm nicht die weitere Führung der Dienstgeschäfte untersagt worden ist.[21] Zur Gültigkeit von Amtshandlungen bei nichtiger Ernennung s. § 15 S. 3 BBG. Der Verlust der Amtsfähigkeit führt nicht zum automatischen Verlust von **Würden, Titeln und Orden.** Hierfür sind ggf. Sondernormen maßgebend (§ 4 des Gesetzes über Titel, Orden und Ehrenzeichen).

34 **2.** Der strafrechtliche **Verlust der Amtsfähigkeit** nach § 45 führt aufgrund besonderer Vorschriften ferner zur Versagung sowie zum Widerruf der Zulassung als Rechtsanwalt (§ 7 Nr. 2, § 14 Abs. 2 Nr. 2 BRAO), Patentanwalt (§ 14 Abs. 1 Nr. 2, § 21 Abs. 1, Abs. 2 Nr. 2 PAO), Steuerberater (§ 40 Abs. 2 Nr. 2, § 46 Abs. 2 Nr. 2 StBerG) oder Wirtschaftsprüfer (§ 16 Abs. 1 Nr. 2, § 20 Abs. 2 Nr. 2 WiPrO). Im Sinne des § 45 amtsunfähige Personen können auch nicht ehrenamtliche Richter und Notare sein (Einzelnachweise bei Rdn. 5). Sie sind nicht zum Bundestag wählbar (§ 15 Abs. 2 Nr. 2 BWahlG) und können nicht in das Dienstverhältnis als Berufssoldat oder Soldat auf Zeit berufen werden bzw. verlieren diese Rechtsstellung (§ 38 Abs. 1 Nr. 2, § 48 Abs. 1 Nr. 1, § 53 Abs. 2 Nr. 1 SoldatenG). Ge-

---

21 Vgl. RGSt. **54** 15; *Sch/Schröder/Stree/Kinzig* Rdn. 11; *SSW/Claus* Rdn. 15.

mäß § 7 Abs. 3 Nr. 2 HessPressG – vergleichbare Regelungen enthalten auch andere Landespressegesetze – können sie nicht verantwortliche bzw. hauptamtliche Redakteure sein; dies gilt auch für Gefangenenzeitungen (OLG Frankfurt ZfStrVo **2005** 185).

3. Der strafrechtliche **Verlust der Wählbarkeit** nach § 45 zieht nicht nur den Verlust der Wählbarkeit als Personalratsmitglied nach sich (für Personalvertretungen im Bundesdienst § 14 Abs. 1 S. 2 BPersVG), sondern auch als Betriebsratsmitglied (§ 8 Abs. 1 Satz 3 BetrVG), ferner der Wählbarkeit als Versichertenältester oder Vertrauensmann oder Mitglied der Selbstverwaltungsorgane der Sozialversicherung (§ 51 Abs. 6 Nr. 2 SGB IV), als Vertreter der Vollversammlung der Handwerkskammern (§ 97 Abs. 1 Satz 2 HwO) u.a.m. Aufgrund § 45 nicht wählbare Personen können auch nicht Mitglieder politischer Parteien sein (§ 10 Abs. 1 Satz 4 PartG). **35**

4. Die Folgen strafgerichtlicher **Aberkennung des Stimmrechts** nach § 45 Abs. 5 werden in besonderen Vorschriften hervorgehoben und verdeutlicht, so z.B. der Ausschluss vom Wahlrecht nach § 13 Nr. 1 BWahlG, der auch den Verlust der Wählbarkeit nach sich zieht, § 15 Abs. 2 Nr. 1 BWahlG, von der Wahlberechtigung zum Personalrat (§ 13 Abs. 1 S. 1 BPersVG) und bei Sozialversicherungswahlen (§ 50 Abs. 2 SGB IV). Derjenige, dem das Stimmrecht aberkannt ist, kann auch nicht Mitglied einer politischen Partei sein (§ 10 Abs. 1 S. 4 PartG). **36**

5. Bestimmte Sondervorschriften gehen über die Rechtsfolgen des § 45 hinaus. So sind z.B. für das Amt eines ehrenamtlichen Richters bereits Personen unfähig, gegen die ein Ermittlungsverfahren wegen einer Tat schwebt, die den Amtsverlust zur Folge haben kann (§ 32 Nr. 2 GVG). Zum Vorstand der Rechts- oder der Patentanwaltskammer kann niemand gewählt werden, gegen den die öffentliche Klage wegen einer strafbaren Handlung erhoben ist, die den Amtsverlust zur Folge haben kann (§ 66 Nr. 2 BRAO, § 60 Nr. 2 PAO). Ein Notar, gegen den eine solche öffentliche Klage erhoben ist, kann nicht zum notariellen Beisitzer eines Disziplinargerichts für Notare ernannt werden (§ 103 Abs. 4 Nr. 3 BNotO). **37**

Nach auf dem Gebiet des Heilwesens geltenden Sondervorschriften treten Statusfolgen nicht automatisch, sondern erst nach individueller Prüfung ein (§ 3 Abs. 1, § 5 BÄrzteO; § 2 Abs. 1, § 4 ZahnheilkundeG; § 4 Abs. 1, § 6 BTierärzteO). **38**

X. Eintritt der Rechtsfolgen des § 45 und revisionsgerichtliche Prüfung

Die Rechtsfolgen des § 45 treten **mit der Rechtskraft des Urteils** ein (§ 45a Abs. 1). Ob die Freiheitsstrafe verbüßt wird, ist ohne Bedeutung. Die Rechtsfolgen bedürfen nur in den Fällen der Absätze 2 und 5 einer besonderen gerichtlichen Anordnung, die im Urteil zu begründen ist (§ 267 Abs. 3 Satz 1 StPO). Wird die Nebenfolge nicht ausgesprochen, obwohl sie nach Sachlage nahe liegt, ist auch dies zu begründen; zu den dabei jeweils maßgeblichen Gesichtspunkten vgl. Rdn. 17. Das Fehlen einer entsprechenden Begründung führt zu einem im **Revisionsverfahren** überprüfbaren sachlich-rechtlichen Mangel des Urteils. Im Übrigen ist die Entscheidung nur im Rahmen des beschränkten revisionsgerichtlichen Prüfungsmaßstabs tatrichterlicher Strafzumessung (vgl. § 46 Rdn. 320) dahingehend überprüfbar, ob das Tatgericht von ausreichenden, rechtsfehlerfreien Feststellungen und einem zutreffenden rechtlichen Wertungsmaßstab ausgegangen ist (*Radtke* MK Rdn. 38; *SSW/Claus* Rdn. 17). **39**

XI. Beseitigung der Rechtsfolgen im Gnadenweg

40 Die Rechtsfolgen des § 45 können auch im Gnadenweg beseitigt werden. Jedoch muss sich der Gnadenerweis ausdrücklich hierauf beziehen.[22] Ein Gnadenerweis, der etwa eine höhere Freiheitsstrafe in eine unter einem Jahr umwandelt, lässt die Statusfolgen des § 45 bestehen. Im Beamtenrecht gilt die besondere Vorschrift des § 43 BBG.

XII. Wiederaufnahmeverfahren

41 Wird ein Strafurteil, das Statusfolgen nach § 45 nach sich gezogen hat, im Wiederaufnahmeverfahren aufgehoben und durch ein Urteil ohne solche Folgen ersetzt, fallen die Wirkungen des § 45 weg. Schon eingetretene Dauerwirkungen nach § 45 Abs. 3 und 4 werden allerdings nicht rückgängig gemacht (RGSt **57** 313).[23] Eine Restitution eines Abgeordneten, der nach § 45 Abs. 4 sein Mandat verloren hat, ist in diesen Fällen ebenfalls ausgeschlossen (*Sch/Schröder/Stree/Kinzig* Rdn. 16). Das Beamtenverhältnis gilt in einem solchen Falle nicht als unterbrochen. Beamtinnen und Beamte haben entsprechend ihrem bisherigen Amt Anspruch auf Übertragung eines Amtes derselben oder einer mindestens gleichwertigen Laufbahn (§ 42 BBG).

§ 45a
Eintritt und Berechnung des Verlustes

(1) Der Verlust der Fähigkeiten, Rechtsstellungen und Rechte wird mit der Rechtskraft des Urteils wirksam.

(2) [1]Die Dauer des Verlustes einer Fähigkeit oder eines Rechtes wird von dem Tage an gerechnet, an dem die Freiheitsstrafe verbüßt, verjährt oder erlassen ist. [2]Ist neben der Freiheitsstrafe eine freiheitsentziehende Maßregel der Besserung und Sicherung angeordnet worden, so wird die Frist erst von dem Tage an gerechnet, an dem auch die Maßregel erledigt ist.

(3) War die Vollstreckung der Strafe, des Strafrestes oder der Maßregel zur Bewährung oder im Gnadenwege ausgesetzt, so wird in die Frist die Bewährungszeit eingerechnet, wenn nach deren Ablauf die Strafe oder der Strafrest erlassen wird oder die Maßregel erledigt ist.

Schrifttum

Vgl. Vor § 45.

Entstehungsgeschichte

Die Vorschrift entspricht mit Ausnahme ihres Absatzes 3 wörtlich dem seit 1.4.1970 in Kraft gesetzten § 32 i.d.F. d. 1. StrRG. Absatz 3 erfuhr durch das 2. StrRG eine vom früheren § 32 Abs. 3 abweichende Fassung, als die Formulierungen „oder der Maßregel gerichtlich" und „die Zeit der Aussetzung" in § 32 Abs. 3 in der geltenden Fassung des § 45a durch die Formulierungen „oder der Maßregel" und „Bewährungszeit" ersetzt wurden (vgl. BT-Drs. V/4095 S. 23). Diese Änderung hat nur technische Bedeutung. im Übrigen

22 *Sch/Schröder/Stree/Kinzig* Rdn. 16; *Radtke* MK Rdn. 40.
23 RGZ **101** 255; *Fischer* § 45a Rdn. 2; *Radtke* MK Rdn. 39.

https://doi.org/10.1515/9783110300499-013

ersetzte mit dem Inkrafttreten des 1. StrRG die bisherige Vorschrift des § 32 den alten § 36 RStGB, der durch das G vom 24.11.1933 (RGBl. I S. 995) geändert worden war.

Gesetzesmaterialien

Vgl. § 45.

Übersicht

I. Überblick

1 Die Vorschrift regelt das **Wirksamwerden, die Berechnung und die Dauer des Verlustes** der Amtsfähigkeit, der Wählbarkeit und des Stimmrechts sowie der entsprechenden innegehabten Rechte und Rechtsstellungen. Sie unterscheidet zwischen dem Zeitpunkt des Eintritts der Statusverluste (Absatz 1) und dem für den Beginn der Verlustfrist maßgeblichen (späteren) Zeitpunkt (Absatz 2). Absatz 3 regelt die Berechnung der Verlustdauer in Fällen der Aussetzung der Vollstreckung.

II. Wirksamwerden (Absatz 1)

2 **Wirksam** wird der Verlust **mit der Rechtskraft des Urteils.** Zu den Wirkungen der Aufhebung eines Statusfolgen gemäß § 45 nach sich ziehenden Urteils im Wiederaufnahmeverfahren vgl. § 45 Rdn. 41.

III. Dauer des Verlustes (Absatz 2)

3 Von dem Zeitpunkt des Wirksamwerdens des Verlusts ist der **Zeitpunkt** zu **unterscheiden**, ab dem die **Dauer des Verlusts** gerechnet wird. Der Lauf dieser Verlustfrist **beginnt erst, wenn** die **Freiheitsstrafe** und eine etwa **daneben** ausgesprochene **freiheitsentziehende Maßregel** der Besserung und Sicherung **erledigt** sind (krit. *Jekewitz* GA **1977** 170). Die sich aus § 45 Abs. 1 ergebende oder im Urteil festgesetzte Dauer (§ 45 Abs. 2, 5) verlängert sich daher um die Zeit zwischen Rechtskraft und Erledigung (RGSt **67** 95, 96). Dieser Zeitraum kann erheblich sein, wenn mit dem Vollzug der Freiheitsstrafe erst geraume Zeit nach Rechtskraft des Urteils begonnen wird oder sich die Erledigung der Freiheitsstrafe durch die – ggf. sogar wiederholte – Aussetzung der Vollstreckung eines Strafrestes zur Bewährung verzögert.

4 **1.** Die **Dauer des Verlusts** wird *von dem Tag an* gerechnet, an dem die Freiheitsstrafe *verbüßt, verjährt oder erlassen* ist (Abs. 2 Satz 1; zur Berechnung im einzelnen *Diether* Rpfleger **1981** 218 sowie *Hamann* Rpfleger **1981** 228; vgl. auch Rdn. 11). Bei einer Gesamtstrafe (§ 54) ist deren Verbüßung maßgebend (RGSt **68** 176; **36** 88). Wird nach § 55 nachträglich eine Gesamtstrafe gebildet, so kann auch die Dauer der Nebenstrafen und Nebenfolgen neu bestimmt werden, selbst wenn die zur späteren Aburteilung stehende Tat die Nebenstrafe nicht zulässt (§ 55 Abs. 2 Satz 1, § 52 Abs. 4 Satz 2).

5 Streit besteht hinsichtlich der Frage, ob es – so die h.M. – für die Fristberechnung nur auf eine Verbüßung in demjenigen Verfahren ankommt, in dem die Rechtswirkungen nach § 45 eingetreten sind,[1] oder ob der Fristablauf auch dadurch gehindert wird, dass sich der Verurteilte **in anderer Sache** (weiter) in **Haft** befindet.[2] Der h.M. ist der Vorzug zu geben. Die Gegenansicht kann sich nicht auf eine „systemgerechte Auslegung" stützen, sondern läuft auf eine verbotene Analogie zu Ungunsten des Täters hinaus. Der – die Auslegung begrenzende – Wortlaut des Absatzes 2 knüpft ausdrücklich an die Erledigung derjenigen Freiheitsstrafe an, neben die die Nebenfolge getreten ist. Im Falle der Gesamtstrafenbildung mit einer oder mehreren Einzelfreiheitsstrafen, von denen die Statusfolge abhängt, ist dies ausschließlich die Gesamtstrafe (RGSt **68** 176; **36** 88). Die h.M. führt insoweit nicht zu Wertungswidersprüchen (**aA** *Wolters* SK Rdn. 6). § 45b Abs. 2 gilt entsprechend seinem Regelungszusammenhang und -zweck nur für die in § 45b Abs. 1 Nr. 1 festgelegten Fristen der (verschiedenen) Statusverluste. Denn für die Rehabilitation kommt es nach § 45b Abs. 1 Nr. 2 auf eine positive Kriminalprognose an, die nur auf der Grundlage des Verhaltens des Verurteilten in Freiheit beurteilt werden kann (*Radtke* MK Rdn. 9).

6 Umstritten ist auch der Beginn der Dauer des **Verlusts des aktiven Wahlrechts**, auf den allerdings in der Praxis (jedenfalls) so gut wie nie erkannt wird (s. Vor § 45 Rdn. 5). Es ist problematisch, die Dauer dieses – nach Absatz 1 ab Rechtskraft des Urteils wirksamen – Verlusts erst vom Tag der Erledigung der Freiheitsstrafe oder Maßregel an zu berechnen. Da Strafgefangene und Insassen des Maßregelvollzugs – abgesehen von der in § 13 Nr. 3 BWahlG und vergleichbaren landesrechtlichen Vorschriften geregelten Ausnahmen – grundsätzlich das aktive Wahlrecht besitzen, trifft sie sein Verlust nicht erst nach Erledigung der Freiheitsstrafe oder Maßregel unmittelbar. Nach dem Wortlaut des § 45a Abs. 2 Satz 1 würden sie dieses Recht über die vom Gericht angeordnete Zeit hinaus verlieren. Dies erscheint mit dem Schuldprinzip (vgl. § 45 Rdn. 17) und der hohen Bedeutung der Allgemeinheit der Wahl (BVerfGE **132** 39) nicht vereinbar, weshalb in verfassungskonformer Auslegung insoweit die Zeit bis zur Verbüßung etc. in die Berechnung der Dauer mit einzubeziehen ist.[3]

7 **2.** Für den Fristbeginn ist die **Erledigung der Maßregel** der Besserung und Sicherung maßgebend, falls auf eine solche *neben* der Freiheitsstrafe erkannt worden ist (Abs. 2 Satz 2). Die Unterbringung in einer Entziehungsanstalt ist nach § 67d Abs. 4, § 67f mit Ablauf ihrer Höchstfrist oder einer erneuten Anordnung einer Maßregel nach § 64 erledigt; in den Fällen von § 67c Abs. 2 Satz 5, § 67d Abs. 3 Satz 1, Abs. 5 Satz 1, Abs. 6 Satz 1 erklärt das Gericht die Maßregel für erledigt. Falls die Unterbringung zur Bewährung ausgesetzt wurde und das Gericht die Aussetzung nicht widerrufen hat, ist die Maßregel mit dem Ende der Führungsaufsicht erledigt (§ 67g Abs. 5). Für die Fristberechnung in diesen Fällen enthält Absatz 3 (Rdn. 11) eine besondere Regelung. Verkürzt sich hiernach die Frist durch eine Einrechnung nicht, so ist die Maßregel erst erledigt, wenn ihre Vollstreckung nach § 79 Abs. 4 verjährt ist. Wird die Maßregel nach § 67 Abs. 1 vor der Freiheitsstrafe vollzogen, wird die Frist erst von dem Tag an gerechnet, an dem sowohl Strafe wie Maßregel erledigt sind. Für die Fälle, in denen anstelle einer erledigten Unterbringung nach § 63 nachträglich die Unterbringung in der Sicherungsverwahrung angeordnet wird (§ 66b Abs. 1), trifft das Gesetz keine Regelung; dies wirkt sich jedoch nicht

---

1 So *Fischer* Rdn. 3; *Radtke* MK Rdn. 9; *Sch/Schröder/Stree/Kinzig* Rdn. 3 f; *SSW/Claus* Rdn. 6; vgl. bereits RG JW **1937** 2643.

2 So *Wolters* SK Rdn. 6.

3 *Fischer* Rdn. 3; *Radtke* MK Rdn. 10; *Lackner/Kühl* Rdn. 1; **aA** *SSW/Claus* Rdn. 7.

aus, solange noch eine neben der Unterbringung nach § 63 angeordnete Freiheitsstrafe ganz oder teilweise zu vollstrecken ist.

3. In dem besonderen Fall, in dem die gesamte Freiheitsstrafe durch **Anrechnung der Untersuchungshaft** als verbüßt gilt (§ 51), kommt es für den Fristbeginn auf die Rechtskraft des Urteils an und nicht etwa auf den Verbüßungszeitpunkt selbst, da die Frist immer erst beginnen kann, wenn der Rechtsverlust wirksam ist. 8

4. Für die **Berechnung der Frist** ist der Beginn des auf den Erledigungstag folgenden Tages maßgebend. Ihr (in das Register einzutragendes, § 12 Abs. 1 Nr. 7 BZRG) Ende ergibt sich aus § 187 Abs. 2, § 188 Abs. 2, 3 BGB. Für den Zeitpunkt des Erlasses einer Freiheitsstrafe ist nicht die Begnadigung, sondern erst der Vollzug des Gnadenerweises, also die tatsächliche Entlassung aus der Haft maßgebend.[4] 9

IV. Ausnahme (Absatz 3)

Eine **Ausnahme** vom Grundsatz, dass der Beginn der Rechtsverluste des § 45 erst nach Erledigung der Freiheitsstrafe und der freiheitsentziehenden Maßregel eintritt (Rdn. 9), macht **Absatz 3** in den Fällen, in denen die Vollstreckung der Strafe (§ 56), des Strafrestes (§ 57) oder der einer freiheitsentziehenden Maßregel (§§ 67b, 67c Abs. 1 S. 1, § 67d Abs. 2) zur Bewährung oder im Gnadenwege ausgesetzt und hernach die Strafe oder der Strafrest erlassen wird (§ 56g Abs. 1) oder die Maßregel erledigt ist. 10

In diesen Fällen wird in die Frist die **Zeit der Aussetzung eingerechnet,** so dass sich die Dauer des Rechtsverlusts um diese Zeit verkürzt. Diese Regel galt schon im alten Recht (vgl. § 36 Abs. 2 *vor* dem 1. StrRG). Ihr Grund liegt darin, dass die Statusfolgen schon während der Bewährungszeit ihre praktische Wirkung entfaltet haben und die Rechtswohltat der Aussetzung zur Bewährung durch die – im Vergleich zur Strafzeit möglicherweise – länger dauernden Bewährungszeit nicht zu einer Verschärfung der Wirkung der Statusfolgen führen soll.[5] Im Hinblick auf diesen Sinn der Regelung ist über ihren Wortlaut hinaus auch die zwischen dem Ende der Bewährungszeit und dem Straferlass liegende Zeit einzurechnen, zumal die Länge des Zeitraums zwischen Ende der Bewährungszeit und Straferlass regelmäßig allein in der Sphäre der Justiz liegt.[6] 11

§ 45b
Wiederverleihung von Fähigkeiten und Rechten

(1) Das Gericht kann nach § 45 Abs. 1, 2 verlorene Fähigkeiten und nach § 45 Abs. 5 verlorene Rechte wiederverleihen, wenn

1. **der Verlust die Hälfte der Zeit, für die er dauern sollte, wirksam war und**
2. **zu erwarten ist, daß der Verurteilte künftig keine vorsätzlichen Straftaten mehr begehen wird.**

(2) In die Fristen wird die Zeit nicht eingerechnet, in welcher der Verurteilte auf behördliche Anordnung in einer Anstalt verwahrt worden ist.

---

4 *Jagusch* LK[8] § 36 Anm. 4.

5 E 1962 Begr. S. 175; *Sch/Schröder/Stree/Kinzig* Rdn. 8.

6 *Radtke* MK Rdn. 14; *SSW/Claus* Rdn. 10; *Sch/Schröder/Stree/Kinzig* Rdn. 8; *Hamann* Rpfleger **1981** 220; **aA** *Theune* LK[12] Rdn. 10; *Diether* Rpfleger **1981** 218.

https://doi.org/10.1515/9783110300499-014

Schrifttum

Vgl. Vor § 45.

Entstehungsgeschichte

Die Vorschrift entspricht wörtlich dem seit 1.4.1970 in Kraft gesetzten § 33 i.d.F. d. 1. StrRG. Der alte § 33 StGB betraf die Wirkungen der Aberkennung der bürgerlichen Ehrenrechte.

Gesetzesmaterialien

Vgl. § 45.

Übersicht

I. Allgemeines

1 Die Vorschrift regelt die **Wiederverleihung von Rechten und Fähigkeiten (Rehabilitation) durch Richterspruch.** Sie wurde durch das 1. StrRG (§ 33 a.F.) eingeführt (Vor § 45 Rdn. 1, 3). Die Vorschrift ist in mancher Hinsicht mit § 56 verwandt, da durch sie eine bessere Anpassung der (Neben-)Strafe an den Verurteilten erreicht und dessen Resozialisierung gefördert werden soll. § 45b gibt dem Gericht die Möglichkeit, dem Verurteilten die Amtsfähigkeit, die Wählbarkeit und das Stimmrecht vorzeitig wieder zu verleihen, nicht hingegen die nach § 45 Abs. 3 und 4 verlorenen Rechte und Rechtsstellungen. Diese sind endgültig erloschen. Sie können lediglich nach einer Wiederverleihung im Sinne des § 45b nach allgemeinen beamtenrechtlichen und wahlrechtlichen Vorschriften *neu* erworben werden (s. § 45 Rdn. 20f).

II. Voraussetzungen

2 Die Wiederverleihung ist an ein *formelles* (Zeitablauf) und ein *materielles* (günstige Prognose) **Erfordernis** geknüpft:

3 **1.** Der **Rechtsverlust** muss die **Hälfte der Zeit,** für die er dauern sollte, **wirksam** gewesen sein. Die Wirksamkeit des Rechtsverlustes rechnet von der Rechtskraft des Urteils an (§ 45a Abs. 1). Auf die Fristberechnung nach § 45a Abs. 2, 3 kommt es nicht an. Jedoch bleibt die Zeit, während der der Verurteilte – aus welchen Gründen auch immer – auf behördliche Anordnung in einer Anstalt verwahrt war, also insbesondere die Zeit der Strafverbüßung, bei der Berechnung der Halbzeitfrist außer Ansatz (Abs. 2). Grund dafür ist, dass der Rechtsverlust – vom Verlust des aktiven Wahlrechts abgesehen (s. § 45a Rdn. 6) – nur auf einen in Freiheit befindlichen Verurteilten „wirkt" (*Radtke* MK Rdn. 5; *Wolters* SK Rdn. 4). Eine Wiederverleihung nach § 45b ist daher möglich: Beim automatischen fünfjährigen Rechtsverlust nach § 45 Abs. 1 nach mindestens zwei Jahren und sechs Monaten und bei den Fällen des § 45 Abs. 2 und 5 nach der (nach § 39 zu bemessenden) Hälfte der im Urteil bezeichneten Aberkennungsdauer, jeweils unter Hinzurechnung der Zeit der Strafverbüßung (vgl. Abs. 2).

Falls nachträglich eine Gesamtstrafe gebildet worden ist und ein Rechtsverlust nur aufgrund einer früheren Verurteilung aufrechterhalten wurde (§ 55 Abs. 2), kommt es nur auf den Zeitpunkt der Rechtskraft der früheren Entscheidung an (*Fischer* Rdn. 2). 4

2. Ferner hängt die Wiederverleihung von einer **günstigen Legalprognose** ab, nämlich der *Erwartung*, dass der Verurteilte künftig keine *vorsätzlichen* Straftaten mehr begehen werde. Nichtbehebbare Zweifel gehen zu Lasten des Verurteilten. Die Prognose ist nach denselben Grundsätzen zu beurteilen wie bei den §§ 56, 57. Die Möglichkeit der Begehung fahrlässiger Taten bleibt bei § 45b jedoch außer Betracht, da das von § 45 geschützte Rechtsgut, die Reinhaltung des öffentlichen Lebens (s. Vor § 45 Rdn. 5), vor allem durch Vorsatztaten betroffen ist. Teilweise wird die Ansicht vertreten, dass der Wiederverleihung der verlorenen Rechte und Fähigkeiten entsprechend dem Sinn der §§ 45 ff nur die Gefahr solcher vorsätzlichen Taten entgegenstehe, die die Rechtsfolgen des § 45 auslösten.[1] Dem kann nicht gefolgt werden. Der Wortlaut von § 45b Abs. 1 Nr. 2 enthält keine entsprechende Einschränkung der Legalprognose auf Verbrechen oder solche vorsätzliche Straftaten, bei denen das Gesetz ausdrücklich die Aberkennung der in § 45 Abs. 2 und 5 genannten Rechte und Fähigkeiten vorsieht. Damit trägt es dem Umstand Rechnung, dass die Stellung einer derart qualifizierten Legalprognose in der Praxis kaum möglich sein wird. 5

3. Ob das Gericht dem Verurteilten Rechte und Fähigkeiten nach § 45b vorzeitig wiederverleihen will, steht in seinem **pflichtgemäßen Ermessen.** Es ist beim Vorliegen der formellen und materiellen Voraussetzungen einer Wiederverleihung nicht gezwungen, den Verurteilten zu rehabilitieren. Aus dem Umstand, dass die positive Legalprognose explizit in § 45b Abs. 1 Nr. 2 genannt ist, kann nicht der Schluss gezogen werden, dass dieser Aspekt in der Abwägung gegenüber anderen zu berücksichtigenden Gesichtspunkten höherwertig ist; dem § 45b lässt sich auch kein Regel-Ausnahme-Verhältnis entnehmen, wonach die vorzeitige Wiederverleihung verlorener Fähigkeiten und Rechte der Regelfall sei.[2] Bei seiner Ermessensentscheidung hat das Gericht zu erwägen, ob es bei Berücksichtigung des Strafcharakters der Nebenfolge (s. § 45 Rdn. 1) und der Gründe, die in den Fällen des § 45 Abs. 2 und 5 zur Aberkennung der Rechte und Fähigkeiten geführt haben, verantwortet werden kann, sie dem Verurteilten vorzeitig wieder zu verleihen mit der Folge, dass er wiederum solche Aufgaben und Funktionen anvertraut erhält; maßgebend hierfür können auch die Höhe der Freiheitsstrafe und damit die Tatschwere sein. Kann das bejaht werden, spricht die Resozialisierungsaufgabe des Strafrechts für die Rehabilitierung (vgl. *Sturm* JZ **1970** 84). Die Vergünstigung nach § 45b kann auch auf einzelne Fähigkeiten und Rechte beschränkt werden.[3] 6

III. Verfahrensrechtliches

Über die Wiederverleihung nach § 45b entscheidet das Gericht auf Antrag oder von Amts wegen ohne mündliche Verhandlung durch Beschluss (§ 462 Abs. 1 S. 2 StPO). Vor der Entscheidung sind die Staatsanwaltschaft und der Verurteilte zu hören (§ 462 Abs. 2 StPO). Zuständig ist grundsätzlich das Gericht des ersten Rechtszuges (§ 462a Abs. 2 StPO). Wird gegen den Verurteilten Freiheitsstrafe vollstreckt, so ist die Strafvollstreckungskammer des Bezirks zuständig, in dem sich die JVA befindet (§ 462a Abs. 1 S. 1 7

1 *Radtke* MK Rdn. 7; *Sch/Schröder/Stree/Kinzig* Rdn. 3; **aA** *SSW/Claus* Rdn. 3.
2 OLG Jena OLGSt StGB § 45b Nr. 1.
3 *Fischer* Rdn. 4; *Radtke* MK Rdn. 8; *SSW/Claus* Rdn. 4.

StPO). Gegen die Entscheidung ist die sofortige Beschwerde zulässig (§ 462 Abs. 3 S. 1 StPO). Beschwerdeberechtigt sind die Staatsanwaltschaft und der durch die Entscheidung beschwerte Verfahrensbeteiligte. Ein Antrag kann nach Ablehnung ohne zeitliche Beschränkung wiederholt werden, da eine Vorschrift wie § 57 Abs. 5 fehlt.

8 Eine Wiederverleihung im Gnadenweg ist unabhängig von § 45b möglich (s. § 45 Rdn. 40). Ein Gnadengesuch kann jedoch Anlass zu einer Entscheidung nach § 45b geben (*Fischer* Rdn. 5).

ZWEITER TITEL
Strafbemessung

Vorbemerkungen zu den §§ 46 bis 50

Schrifttum

Achenbach Was kann Strafrecht heute noch leisten? StraFo **2011** 422; *Andrissek* Vergeltung als Strafzweck (2017); *Baumann* Zum Entwurf eines Strafgesetzbuches, MDR **1963** 802; *Baurmann* Vorüberlegungen zu einer empirischen Theorie der positiven Generalprävention, GA **1994** 368; *Beckmann* Strafungleichheit – notwendiges Element einer sich verändernden Strafrechtspraxis oder Verletzung des Gerechtigkeitsgedankens? in: *Greive* (Hrsg.) Mehr Transparenz in der Strafjustiz (1991) 81; *Bock* Prävention und Empirie – Über das Verhältnis von Strafzwecken und Erfahrungswissen, JuS **1994** 89; *Bockelmann* Vom Sinn der Strafe, Heidelberger Jahrbücher **1961** 25; *ders.* Zur Problematik der Sonderbehandlung von Überzeugungsverbrechern, Festschrift Welzel (1974) 543; *Bruns* Strafzumessungsrecht, 2. Aufl. (1974) (zit.: *Bruns* I); *ders.* Das Recht der Strafzumessung, 2. Aufl. (1985) (zit.: *Bruns* II); *ders.* Zum Revisionsgrund der – ohne sonstige Rechtsfehler – „ungerecht" bemessenen Strafe, Festschrift Weber (2004) 708; *Bruns/Güntge* Das Recht der Strafzumessung, 3. Aufl. (2019); *Calliess* Theorie der Strafe im demokratischen und sozialen Rechtsstaat (1974); *ders.* Die Rechtsnatur der „besonders schweren Fälle" und Regelbeispiele im Strafrecht, JZ **1975** 112; *Detter* Einführung in die Praxis des Strafzumessungsrechts (2009); *Dölling* Generalprävention durch Strafrecht – Realität oder Illusion? ZStW **102** (1990) 1; *Dreher* Über die gerechte Strafe (1947); *ders.* Zur Spielraumtheorie als der Grundlage der Strafzumessungslehre des Bundesgerichtshofs, JZ **1967** 41; *ders.* Gedanken zur Strafzumessung, JZ **1968** 209; *ders.* Über Strafrahmen, Festschrift Bruns (1978) 141; *Endres* Einstellungen zu Straf- und Sanktionszwecken und ihre Messung, MschrKrim **1992** 309; *Frehsee* Schadenswiedergutmachung als Instrument strafrechtlicher Sozialkontrolle (1987); *Frisch* Revisionsrechtliche Probleme der Strafzumessung (1971); *ders.* Die verschuldeten Auswirkungen der Tat, GA **1972** 321; *ders.* Ermessen, unbestimmter Begriff und „Beurteilungsspielraum" im Strafrecht, NJW **1973** 1345; *ders.* Straftatsystem und Strafzumessung, in: 140 Jahre Goltdammers Archiv für Strafrecht (1993) 1; *ders.* Über das Verhältnis von Straftatsystem und Strafzumessung, GA **2014** 489; *Frühauf* Wiedergutmachung zwischen Täter und Opfer (1988); *Haag* Rationale Strafzumessung (1970); *Hanack* Zur Problematik der gerechten Bestrafung nationalsozialistischer Gewaltverbrecher, JZ **1967** 297, 329; *Hassemer* Die Formalisierung der Strafzumessungsentscheidung, ZStW **90** (1978) 64; *ders.* Strafrecht, Prävention, Vergeltung, Festschrift F.-C. Schroeder (2006) 51; *ders.* Warum Strafe sein muss (2009); *ders.* Vom Sinn des Strafens, Parl Beilage **2010** 3; *Heinitz* Der Überzeugungstäter im Strafrecht, ZStW **78** (1966) 615; *Heinz* Strafzumessungspraxis im Spiegel der empirischen Strafzumessungsforschung, in: *Jehle* (Hrsg.) Individualprävention und Strafzumessung (1992) 85; *Hettinger* Über den Begriff der minder schweren Fälle, in: 140 Jahre Goltdammers Archiv für Strafrecht (1993) 77; *von Hippel* Die Strafzumessung und ihr Ruf, Festschrift Lange (1976) 284; *Hirsch* Wiedergutmachung des Schadens im Rahmen des materiellen Strafrechts, ZStW **102** (1990) 534; *ders.* Die Internationalisierung des Strafrechts und der Strafrechtswissenschaft, ZStW **116** (2004) 835; *Horn* Wider die „doppelspurige" Strafzumessung, Festschrift Schaffstein (1975) 241; *Hörnle* Straftheorien, 2. Aufl. (2017); *Hörnle/von Hirsch* Positive Generalprävention und Tadel, GA **1995** 261; *Horstkotte* Die Vorschriften des Ersten Gesetzes zur Reform des Strafrechts über die Strafbemessung (§§ 13–16, 60 StGB), JZ **1970** 122; *ders.* Gleichmäßigkeit und Schuldangemessenheit der Strafzumessung, in: *Jehle* (Hrsg.) Individualprävention und Strafzumessung (1992) 151; *Jakobs* Die gerechte Strafe, in: *Grei-*

https://doi.org/10.1515/9783110300499-015

ve (Hrsg.) Mehr Transparenz in der Strafjustiz (1991) 41; *Kaufmann* Dogmatische und kriminalpolitische Aspekte des Schuldgedankens im Strafrecht, JZ **1967** 553; *Kessler* Die Umsetzung des Rom-Statuts in das deutsche Recht, Festschrift Fleck (2004) 315; *Kett-Straub/Kudlich* Sanktionenrecht (2017); *Lackner* Strafrechtsreform und Praxis der Strafrechtspflege, JR **1970** 1; *von Liszt* Der Zweckgedanke im Strafrecht, ZStW **3** (1883) 36; *Maiwald* Bestimmtheitsgebot, tatbestandliche Typisierung und Technik der Regelbeispiele, Festschrift Gallas (1973) 137; *Meier* Sanktionsforschung, in: *H.J. Schneider* (Hrsg.) Internationales Handbuch der Kriminologie, Bd. 1 (2007) 971; *ders.* What works? – Die Ergebnisse der neueren Sanktionsforschung aus kriminologischer Sicht, JZ **2010** 112; *ders.* Strafrechtliche Sanktionen, 4. Aufl. (2015) (zit.: *Meier*); *Naucke* „Schulenstreit"? Festschrift Hassemer (2010) 559; *Noll* Der Überzeugungstäter im Strafrecht, ZStW **78** (1966) 638; *Oswald* Wie reagieren Richter auf Fragen und Befunde der Strafzumessungsforschung? in: *Greive* (Hrsg.) Mehr Transparenz in der Strafjustiz (1991) 160; *Peters* Überzeugungstäter und Gewissenstäter, Festschrift Mayer (1966) 257; *Richter* Täter-Opfer-Ausgleich und Schadenswiedergutmachung im Rahmen von § 46a StGB (2014); *Roxin* Franz von Liszt und die kriminalpolitische Konzeption des Alternativentwurfs, ZStW **81** (1969) 613; *ders.* Die Wiedergutmachung im System der Strafzwecke, in: *Schöch* (Hrsg.) Wiedergutmachung und Strafrecht (1987) 37; *ders.* Strafe und Strafzwecke in der Rechtsprechung des Bundesverfassungsgerichts, Festschrift Volk (2009) 600 ; *ders.* Prävention, Tadel und Verantwortung – Zur neuesten Strafzweckdiskussion, GA **2015** 185; *Roxin/Arzt/Tiedemann* Einführung in das Strafrecht und Strafprozessrecht, 6. Aufl. (2013); *Schäfer* Spezialpräventive Erwägungen bei der richterlichen Entscheidungsfindung, in: *Jehle* (Hrsg.) Individualprävention und Strafzumessung (1992) 183; *Schäfer/Sander/van Gemmeren* Praxis der Strafzumessung, 6. Aufl. (2017); *Schneider, H.J.* Wiedergutmachung und Strafe, Universitas **1988** 1151; *Schöneborn* Die regulative Funktion des Schuldprinzips bei der Strafzumessung, GA **1975** 272; *Seebald* Ausgeglichene Strafzumessung durch tatrichterliche Selbstkontrolle, GA **1974** 193; *ders.* Strafmaßempfehlung gemäß der typologischen Häufigkeit, DRiZ **1975** 4; *ders.* Das missverstandene Doppelverwertungsverbot und seine Grenzen, GA **1975** 230; *Seib* Gleichmäßigkeit des Strafens, ein Prüfstein der Gerechtigkeit, BA **1971** 18; *Spendel* Zur Lehre vom Strafmaß (1954); *ders.* Die Begründung des richterlichen Strafmaßes, NJW **1964** 1758; *ders.* Der Conditio-sine-qua-non-Gedanke als Strafmilderungsgrund, Festschrift Engisch (1969) 509; *ders.* Der hypothetisch gleiche oder schwerere Deliktserfolg als Strafmaßproblem, Festschrift Bruns (1978) 259; *Stratenwerth* Tatschuld und Strafzumessung, Recht und Staat Heft 406/407 (1972); *Streng* Strafrechtliche Sanktionen, 3. Aufl. (2012) (zit.: *Streng*); *Tröndle* Gedanken zur Strafzumessung, GA **1968** 298; *ders.* Die Aufgabe des Gerichts bei der Anwendung von Strafen, ZStW **81** (1969) 8; *Wähle Zur* strafrechtlichen Problematik „besonders schwerer Fälle", erläutert am Beispiel der Verkehrsunfallflucht, GA **1969** 161; *Walther* Vom Rechtsbruch zum Realkonflikt (2000); *Walter* Vergeltung als Strafzweck, ZIS **2011** 636; *Weber* Zum Genugtuungsinteresse des Verletzten als Strafzweck (1997); *Weigend* Wiedergutmachung als, neben oder statt Strafe? Festschrift Müller-Dietz (2001) 975; *Wessels Zur* Problematik der Regelbeispiele, Festschrift Maurach (1972) 295; *Würtenberger* Die irrationalen Elemente bei der Strafzumessung (1968); *ders.* Zur Phänomenologie der richterlichen Erfahrung bei der Strafzumessung, in: *Würtenberger* (Hrsg.) Kriminalpolitik im sozialen Rechtsstaat (1970) 157, 175; *Zipf Die* Geldstrafe in ihrer Funktion zur Eindämmung der kurzen Freiheitsstrafe (1966); *ders.* Die Bedeutung der Viktimologie für die Strafrechtspflege, MschrKrim **1970** 1; *ders.* Die Rechtsfolgen der Tat im neuen Strafgesetzbuch, JuS **1974** 137.

Entstehungsgeschichte

Im Rahmen der Neufassung des Allgemeinen Teils des Strafgesetzbuches durch das 2. StrRG, die am 1.1.1975 in Kraft trat, wurden im Zweiten Titel des Dritten Abschnitts die Vorschriften über die Strafbemessung zusammengefasst. Die wesentlichen Änderungen in diesem Bereich brachte jedoch bereits das 1. StrRG. Kernstück der Reform waren die Strafzumessungsleitlinien des § 13 a.F., die Ersetzung der Zuchthaus-, Gefängnis-, Einschließungs- und Haftstrafen durch eine einheitliche „Freiheitsstrafe" (§§ 18 bis 21 a.F.), die weitgehende Zurückdrängung kurzer Freiheitsstrafen durch die Geldstrafe (§ 14 a.F.), die einheitliche Rückfallbestimmung (§ 17 a.F.) sowie die Streichung des mit dem Schuldprinzip unvereinbaren § 20a a.F., nach dem bei wiederholter Straffälligkeit eine das gesetzliche Höchstmaß übersteigende Strafschärfung eintreten konnte. Die geänderten Vorschriften sind am 1.4.1970 in Kraft getreten (Art. 105 Nr. 2 des 1. StrRG), zum Teil aber auch bereits in die zwischen dem 1.9.1969 und dem 31.3.1970 geltenden Übergangsbestimmungen übernommen worden. Das 23. StrÄndG hat die einheitliche Rückfallvorschrift (§ 48) mit Wirkung vom 1.5.1986 ersatzlos aufgehoben. § 46 wurde in Absatz 2 durch das OpferschutzG v. 18.12.1986 sowie durch das Gesetz zur Umsetzung von Empfehlungen des NSU-Untersuchungsausschusses des Deutschen Bundestages v. 12.6.2015 geändert. § 46a (Täter-Opfer-Ausgleich und Schadenswiedergutmachung) wurde durch das Verbrechensbekämpfungsgesetz vom 28.10.1994 mit Wirkung zum 1.12.1994 eingefügt, § 46b durch das 43. StrÄndG (Strafzumessung bei Aufklärungs- und Präventionshilfe) vom 29.7.2009 mit Wirkung zum 1.9.2009; letzterer wurde durch das 46. StrÄndG vom 10.6.2013 mit Wirkung zum 1.8.2013 geändert.

Übersicht

I. Allgemeines

1 **1. Überblick über die Vorschriften.** Der Zweite Titel des Dritten Abschnitts enthält Vorschriften über die **Strafbemessung,** die neben der Tatsachenfeststellung, der Beweiswürdigung und der Anwendung der Strafvorschrift auf den festgestellten Sachverhalt die vierte wesentliche Funktion des Gerichts in Strafsachen darstellt. Kern der gesetzlichen Bestimmungen über die Festlegung der zu verhängenden Strafe sind die in § 46 enthaltenen Strafzumessungsrichtlinien. Der Täter-Opfer-Ausgleich und die Schadenswiedergutmachung (§ 46a) sowie die Hilfe zur Aufklärung oder Verhinderung von schweren Straftaten (§ 46b) bieten Möglichkeiten einer Strafrahmenmilderung oder des Absehens von Strafe. § 47 schränkt die – kriminalpolitisch fragwürdige – Verhängung kurzer Freiheitsstrafen ein und dehnt den Anwendungsbereich der Geldstrafe aus. § 49 regelt die Abstufungen der Strafrahmenverschiebung bei Annahme eines besonderen gesetzlichen Milderungsgrundes. § 50 enthält ein über § 46 Abs. 3 hinausgehendes Doppelverwertungsverbot für den Fall, dass ein minder schwerer Fall mit einem Milderungsgrund nach § 49 zusammentrifft. § 51 schließlich regelt die Anrechnung von Untersuchungshaft, einer anderen Freiheitsentziehung aus Anlass der Tat oder einer Geldstrafe auf die verhängte Strafe.

2 **2. Internationale Regelungen** haben in Einzelbereichen für die Strafbemessung Bedeutung erlangt. Die **Europäische Konvention zum Schutze der Menschenrechte und Grundfreiheiten** (EMRK) ist unmittelbar geltendes innerstaatliches Recht der Bundesrepublik. Obgleich sie formell im Rang eines einfachen Bundesgesetzes steht, hat sie

insofern verfassungsrechtliche Bedeutung, als sie die Auslegung der Grundrechte und rechtsstaatlichen Grundsätze des Grundgesetzes beeinflusst.[1] Im Bereich der Strafzumessung ist die Rechtsprechung des EGMR zur rechtsstaatswidrigen Verfahrensverzögerung (s. § 46 Rdn. 239 ff)[2] oder Tatprovokation durch Lockspitzel (s. § 46 Rdn. 221 ff) (Verletzungen von Art. 6 Abs. 1 S. 1 EMRK) von Belang.[3]

Rahmenbeschlüsse und Richtlinien der EU im Bereich des materiellen Strafrechts 3
machen Vorgaben zur Höhe der vorzusehenden Strafen und zu Strafschärfungsgründen, die vom Gesetzgeber umgesetzt sind.[4] Der Rahmenbeschluss des Rates vom 24.7.2008 zur Berücksichtigung der in anderen Mitgliedstaaten der Europäischen Union ergangenen Verurteilungen in einem neuen Strafverfahren[5] macht eine Erörterung des mit einer ausländischen Vorverurteilung möglicherweise verbundenen Gesamtstrafübels in den schriftlichen Urteilsgründen regelmäßig notwendig; dies gilt aus Gründen der Strafgerechtigkeit auch für Bestrafungen in Drittländern (BGH JR **2010** 166 m. Anm. *van Gemmeren*). Der Grundsatz der Spezialität[6] verbietet es, strafbare Handlungen, für die die Auslieferung nicht bewilligt ist, strafschärfend zu berücksichtigen (BGH NStZ-RR **2012** 260; s. § 46 Rdn. 156).

Das **Völkerstrafgesetzbuch** (VStGB), das der Anpassung deutschen Rechts an 4
das Römische Statut des Internationalen Strafgerichtshofs vom 17.7.1998 (IStGH-Statut)[7] dient und den Vorrang der deutschen Gerichtsbarkeit sicherstellt (vgl. Art. 17 IStGH-Statut),[8] bestimmt in § 2, dass auf die von dem Gesetz erfassten Taten das allgemeine Strafrecht Anwendung findet, soweit das Gesetz nicht besondere Bestimmungen trifft.

3. Sinn und Zweck der Vorschriften. Die Vorschriften über die Strafbemessung 5
sollen es dem Gericht ermöglichen, die festgestellte Straftat mit der im Einzelfall angemessenen Strafe zu ahnden. Sie gelten nicht nur für die Ahndung von Vergehen und Verbrechen nach dem Strafgesetzbuch, sondern allgemein auch für Straftatbestände in zahlreichen anderen Gesetzen (z.B. BtMG, WaffG, AO, VStGB), soweit nicht besondere Regelungen getroffen wurden, wie etwa im JGG oder im WStG.

a) Das Wesen der Strafe. Strafe wird als eine repressive Übelszufügung,[9] eine 6
missbilligende hoheitliche Reaktion auf schuldhaftes kriminelles Unrecht gesehen, die dem Schuldausgleich dient (BVerfGE **105** 135 ff; **109** 133 m.w.N.). Sie enthält ein öf-

---

1 *Meyer-Goßner/Schmitt* StPO[62] Vor Art. 1 MRK Rdn. 3.

2 EuGRZ **1983** 371; NJW **2002** 2856; zur Kompensation durch Vollstreckungslösung: BGHSt **52** 124.

3 NJW **2009** 3565; NStZ **1999** 47; zur Strafzumessungslösung: BGHSt **45** 321; **60** 238; BGH NStZ **2014** 277; BVerfG NJW **2015** 1083 ff; zur Annahme eines Verfahrenshindernisses im Anschluss an EGMR NJW **2015** 3631 siehe BGHSt **60** 276.

4 Vgl. Art. 9 Richtlinie 2011/92/EU des Europäischen Parlaments und des Rates vom 13.12.2011 zur Bekämpfung des sexuellen Missbrauchs und der sexuellen Ausbeutung von Kindern sowie der Kinderpornografie sowie zur Ersetzung des Rahmenbeschlusses 2004/68/JI des Rates; Art. 9 Richtlinie 2013/40/EU des Europäischen Parlaments und des Rates vom 12.8.2013 über Angriffe auf Informationssysteme und zur Ersetzung des Rahmenbeschlusses 2005/222/JI des Rates; Art. 4 Richtlinie 2011/36/EU des Europäischen Parlaments und des Rates vom 5.4.2011 zur Verhütung und Bekämpfung des Menschenhandels und zum Schutz seiner Opfer sowie zur Ersetzung des Rahmenbeschlusses 2002/629/JI des Rates; Art. 4 Rahmenbeschluss 2008/913/JI des Rates vom 28.11.2008 zur strafrechtlichen Bekämpfung bestimmter Formen und Ausdrucksweisen von Rassismus und Fremdenfeindlichkeit.

5 2008/675/JI ABl. L 220 vom 15.8.2008, S. 32.

6 Art. 27 Abs. 2 des Rahmenbeschlusses des Rates vom 13.6.2002 über den Europäischen Haftbefehl und die Übergabeverfahren zwischen den Mitgliedstaaten (2002/584/JI) i.V. mit § 83h I Nr. 1 IRG.

7 BGBl. II **2000** 1394.

8 *Kessler* FS Fleck S. 315 ff; *Frister* Kap. 1 Rdn. 34 ff.

9 **Krit.** *Frehsee* S. 82 f.

fentliches sozialethisches Unwerturteil und tadelt das persönliche Fehlverhalten des Täters.[10] Strafe ohne Schuld darf es nicht geben (BVerfGE **20** 323, 331; **45** 187, 259f; **109** 133, 173). Die Strafe weist den Täter auf seine Verantwortlichkeit für die begangene Tat und die Unverbrüchlichkeit der Rechtsordnung hin. Durch ihre Verhängung bekräftigt der Staat die Geltung der Norm und tritt dem durch ihre Missachtung entstandenen Normgeltungsschaden entgegen.[11] Zu den verschiedenen Schuldbegriffen vgl. § 46 Rdn. 4ff.

b) Strafbemessung

7 **aa) Begriff.** Strafbemessung (oder Strafzumessung) ist die Festlegung der Höhe der Strafe, die dem Täter wegen der schuldhaften Verletzung einer Strafvorschrift auferlegt wird. Im weiteren Sinn gehören zur Strafzumessung die Entscheidungen über den entsprechend dem Schuldspruch heranzuziehenden Strafrahmen, die Bestimmung der Strafart (einschließlich einer etwaigen Nebenstrafe, § 44), die Strafaussetzung zur Bewährung, die Verwarnung mit Strafvorbehalt und das Absehen von Strafe (*Lackner/Kühl* Rdn. 22). Die in § 46 genannten Grundsätze gelten für alle Schritte, die letztlich zur Auferlegung der den Täter treffenden Strafe führen, soweit nicht abweichende spezielle Regelungen vorhanden sind. Zunächst hat das Gericht den gesetzlichen Strafrahmen festzustellen, dem im konkreten Einzelfall die Strafe zu entnehmen ist. Es hat dabei zu berücksichtigen, dass das StGB sowohl im Allgemeinen Teil (z.B. Beihilfe, Versuch, verminderte Schuldfähigkeit) als auch im Besonderen Teil (minder oder besonders schwere Fälle) Sonderstrafrahmen vorsieht. Sofern für die Wahl des Sonderstrafrahmens eine Wertung erforderlich ist, muss aufgrund einer Gesamtabwägung entschieden werden, ob im Einzelfall die Anwendung des Sonderstrafrahmens geboten ist. Sodann muss die Tat auf der Grundlage einer erneuten Gesamtbewertung aller strafzumessungserheblichen Umstände in den gefundenen Strafrahmen eingeordnet werden. Soweit danach die Wahl zwischen Geldstrafe und Freiheitsstrafe besteht bzw. eine Entscheidung über die Aussetzung der Vollstreckung einer zu verhängenden Freiheitsstrafe zur Bewährung getroffen werden muss, geschieht dies in einem weiteren Schritt, in dem vor allem präventive Aspekte zu berücksichtigen sind. Für jeden dieser Schritte müssen die strafzumessungserheblichen Tatsachen festgestellt und bewertet werden.[12] Das Ergebnis der Strafzumessung schlägt sich im **Strafausspruch** des Urteils nieder, der zusammen mit Entscheidungen über Maßregeln der Besserung und Sicherung (§§ 61ff) sowie über Einziehung (§§ 73ff) den **Rechtsfolgenausspruch** bildet.

8 Trotz des ihr innewohnenden Wertungsakts, der eigentlichen „Domäne des Tatrichters“, ist die Strafzumessung **Rechtsanwendung**, bei der es auf die Subsumtion eines festgestellten Strafzumessungssachverhalts unter vom Gesetzgeber formulierte Strafzumessungskriterien und -leitlinien ankommt.[13] Das Tatgericht hat die Strafe nach den gesetzlichen und ungeschriebenen Rechtssätzen unter Beachtung höchstrichterlicher Rechtsprechung zu bemessen. In etlichen seiner Entscheidungen hat der BGH darauf hingewiesen, dass die Strafbemessung (Strafrahmenbestimmung, Festsetzung der Einzelstrafen und der Gesamtstrafe) grundsätzlich **Sache des Tatrichters** sei. Ein Eingriff des Revisionsgerichts sei nur möglich, wenn die Zumessungserwägungen in sich fehlerhaft seien, von unzutreffenden Tatsachen ausgingen, das Tatgericht gegen rechtlich

---

10 *Meier* S. 15ff.
11 *Frisch* GA **2014** 489, 495f.
12 *Schäfer/Sander/van Gemmeren* Rdn. 882ff m.w.N.
13 *Bruns* II S. 296; *Bruns/Güntge* Rdn. 1ff; *Schäfer/Sander/van Gemmeren* Rdn. 1505ff; *Streng* Rdn. 654.

anerkannte Strafzwecke verstoßen habe oder wenn sich die verhängte Strafe nach oben oder unten von ihrer Bestimmung, gerechter Schuldausgleich zu sein, so weit löse, dass sie nicht mehr innerhalb des dem Tatrichter eingeräumten Spielraums liege. Eine ins Einzelne gehende Richtigkeitskontrolle sei ausgeschlossen.[14] Dies bedeutet indes, dass die Strafzumessung gleichwohl als Akt **rechtlich gebundenen Ermessens** der revisionsgerichtlichen Kontrolle unterliegt. Eine sehr große Zahl der Urteilsaufhebungen aus sachlich rechtlichen Gründen durch den BGH betrifft den Rechtsfolgenausspruch.[15]

bb) Instrumentarium. Die Vorschriften über die Strafbemessung (§§ 46 bis 51) ent- 9
halten keine vollständige Regelung der Materie. Sie knüpfen an die Bestimmungen über die gesetzlichen **Strafrahmen und deren Änderungen** an (Rdn. 10). Auch wird ihre Bedeutung im Einzelfall von den anerkannten **Strafzwecken** beeinflusst (Rdn. 25ff).

II. Die gesetzlichen Strafrahmen und deren Änderungen[16]

1. Die Bedeutung des Strafrahmens für die Strafbemessung. Die gesetzliche 10
Strafdrohung ist Ausgangspunkt der Strafzumessung. Bei einer absoluten Strafdrohung, die das Gesetz nur für Mord (§ 211) und Völkermord (§ 6 VStGB) vorsieht, ist sie der einzige Strafbemessungsfaktor. Für alle übrigen Delikte sieht das Gesetz Strafrahmen vor, die die Grenzwerte festlegen, innerhalb derer das Tatgericht auf der Grundlage der Schuld unter Berücksichtigung der spezial- und generalpräventiven Bedürfnisse die Strafe zu bestimmen hat. Der im Strafrahmen enthaltene Bereich zwischen der gesetzlichen Mindest- und der gesetzlichen Höchststrafe soll alle Schweregrade der jeweils zu beurteilenden Gesetzesverletzungen abdecken von den denkbar leichtesten bis zu den denkbar schwersten Fällen; für sie sind die Grenzwerte des Rahmens vorgesehen.[17] Bei der Feststellung des Strafrahmens, der im konkreten Fall zur Anwendung kommt, muss das Gericht nicht nur die Strafdrohung in dem anzuwendenden Strafgesetz sowie ggf. Strafrahmenänderungsgründe (Rdn. 14) beachten, sondern auch die Vorschriften des Allgemeinen Teils über Höchst- und Mindeststrafen bei den einzelnen Strafarten (§§ 38ff) und die Strafbemessungsregeln der §§ 47, 52, 53ff.

2. Qualifizierungs- und Privilegierungstatbestände. Nicht Teil der richterlichen 11
Strafzumessung, sondern des Schuldspruchs ist die Feststellung von Qualifizierungs- oder Privilegierungstatbeständen, deren Voraussetzungen im Gesetz tatbestandsmäßig umschrieben sind. Liegen sie vor, so führt dies zwingend zu einem neuen Strafrahmen.

Qualifizierungs- und Privilegierungstatbestände sind selbstständige Unterarten ei- 12
nes bestimmten Grundtatbestandes und stehen den eigenständigen Delikten nahe (Qualifizierungen: z.B. § 177 Abs. 4, 5, 7 und 8 gegenüber § 177 Abs. 1 und 2; § 244 gegenüber § 242; §§ 260, 260a gegenüber § 259; §§ 250, 251 gegenüber § 249; §§ 224, 226, 227 gegenüber § 223; Privilegierungen: insbesondere § 216 gegenüber § 212). Ihre Höchst- und Mindeststrafen sind maßgebend für den Deliktscharakter (§ 12) und die Verjährung (§ 78).

Die qualifizierenden und privilegierenden Umstände sind **Tatbestandsmerkmale.** 13
Die Abhängigkeit der Qualifizierungs- und Privilegierungstatbestände vom Hauptdelikt zeigt sich bei § 28 und beim Zusammentreffen von Qualifizierungs- und Privilegierungsgründen: Der Privilegierungstatbestand verdrängt den Qualifizierungstatbestand. Dane-

---

14 BGHSt **29** 319, 320; **34** 345, 349; BGH NStZ-RR **2017** 105, 106; StV **2017** 32, 33.
15 *Streng* Rdn. 655.
16 S. dazu § 46 Rdn. 281ff.
17 BGH NStZ **1983** 217.

ben gibt es „Strafantragsprivilegierungen“, die keine materiell-rechtliche Privilegierung der Tat darstellen, sondern allein ein prozessrechtliches Strafantragserfordernis begründen (z.B. §§ 247, 248a). Ob mehrere Qualifizierungstatbestände einander ausschließen oder in Idealkonkurrenz stehen können, lässt sich nur konkret für die einzelnen Delikte beantworten.

14 **3. Strafrahmenänderungsgründe im Rahmen der Strafzumessung (Strafrahmenverschiebungen).** Die der Strafzumessung zuzurechnenden Strafrahmenänderungsgründe unterscheiden sich voneinander nach verschiedenen Gesichtspunkten: es gibt zwingende und fakultative sowie benannte und unbenannte. Zur Strafrahmenbestimmung als Teil der Strafzumessung s. auch § 46 Rdn. 281ff. Das Gesetz unterscheidet folgende Gruppen der Strafrahmenverschiebungen:

15 **a) Besondere gesetzliche Milderungsgründe („vertypte Milderungsgründe“).** Zahlreiche Vorschriften des Allgemeinen und des Besonderen Teils des Strafgesetzbuchs sowie der strafrechtlichen Nebengesetze sehen unter bestimmten Voraussetzungen zwingende oder fakultative benannte Strafrahmenmilderungen vor und beziehen sich zur Bestimmung der anwendbaren Strafrahmen auf § 49 Abs. 1 oder Abs. 2.

16 **aa) Zwingende Strafrahmenmilderungsgründe** sind § 27 Abs. 2 (Beihilfe), § 28 Abs. 1 (Teilnahme ohne besondere persönliche Merkmale), § 30 Abs. 1 (Versuch der Beteiligung) und § 35 Abs. 2 (vermeidbarer Irrtum über entschuldigenden Notstand), jeweils in Verbindung mit **§ 49 Abs. 1**, sowie § 111 Abs. 2 und § 213 Alt. 1.

17 **bb) Fakultative Strafrahmenmilderungsgründe.** Hierher gehören die Vorschriften, die eine Strafrahmenmilderung nach **§ 49 Abs. 1** zulassen (z.B. § 13 Abs. 2, § 17 S. 2, §§ 21, 23 Abs. 2, § 35 Abs. 1 S. 2, §§ 46a, 46b, § 239a Abs. 4, § 239b Abs. 2; § 31 BtMG; § 5 Abs. 2, § 28 Abs. 1 S. 2, § 34 Abs. 1 WStG). Ob die gesetzlichen Voraussetzungen für die Strafmilderung vorliegen, gehört zum Teil zur Schuldfrage (z.B. bei §§ 13, 23), zum Teil zur Straffrage (z.B. bei §§ 17, 21, 46a, 46b). Nach ständiger Rechtsprechung[18] hat das Gericht nach Feststellung der gesetzlichen Voraussetzungen in all diesen Fällen zunächst aufgrund einer **Gesamtwürdigung** aller wesentlichen Tatumstände und der Täterpersönlichkeit zu entscheiden, ob es den gemilderten Strafrahmen anwenden will (s.a. § 49 Rdn. 5, § 50 Rdn. 9ff), und – wenn ja – innerhalb des gemilderten Strafrahmens die Strafe nach den allgemeinen Grundsätzen zu bemessen **(zweiaktige Strafzumessung).**

18 In den Bereich benannter fakultativer Strafrahmenänderung gehören weiter Milderungsbestimmungen, die auf **§ 49 Abs. 2** verweisen (z.B. § 83a Abs. 1, § 84 Abs. 5, § 98 Abs. 2, § 157 Abs. 1 und 2, §§ 306e, 320; dagegen enthält § 90 Abs. 2 einen unbenannten fakultativen Strafmilderungsgrund). In diesen Fällen steht dem Gericht, wenn es die Voraussetzungen annimmt, ein weiter Strafrahmen zur Verfügung, dessen Höchstmaß unverändert ist, dessen erhöhtes Mindestmaß aber auf das gesetzliche (§ 38 Abs. 2, § 40 Abs. 1) abgesenkt ist; statt auf Freiheitsstrafe kann auf Geldstrafe erkannt werden. In der Regel ist dem Gericht zusätzlich die Möglichkeit eingeräumt, von einer Bestrafung abzusehen (z.B. in § 83a Abs. 1, § 84 Abs. 5, § 98 Abs. 2, für bestimmte Fälle in § 157, §§ 306e, 320 Abs. 2).

---

18 BGHSt **7** 28, 30; **16** 351; **17** 266; BGH NJW **1998** 3068.

b) Besonders schwere oder minder schwere Fälle

aa) Neben den benannten Strafmilderungsgründen sehen das Strafgesetzbuch und einige strafrechtliche Nebengesetze **unbenannte Strafrahmenänderungsgründe** vor, deren Voraussetzungen nicht tatbestandlich ausgeformt sind. Darunter fallen die Vorschriften, die für besonders schwere Fälle und nicht näher umschriebene minder schwere Fälle der Tatbegehung Sonderstrafrahmen vorsehen. In der Regel handelt es sich hierbei um **zwingende** Strafrahmenänderungsgründe (für besonders schwere Fälle z.B. in § 106 Abs. 3, § 176 Abs. 3, § 212 Abs. 2, § 292 Abs. 2 S. 1; für minder schwere Fälle z.B. in § 152b Abs. 3, § 154 Abs. 2, § 177 Abs. 9, § 224 Halbsatz 2, § 249 Abs. 2 StGB; § 29a Abs. 2, § 30 Abs. 2, § 30a Abs. 3 BtMG), wobei das Tatgericht aber bei der Entscheidung, ob überhaupt ein besonders schwerer oder minder schwerer Fall vorliegt, einen Beurteilungsspielraum hat. 19

Diese Entscheidung kann nach Auffassung der Rechtsprechung nicht aufgrund einzelner strafschärfender oder strafmildernder Umstände getroffen werden; vielmehr ist die Tat als Ganzes zu bewerten. Es ist zu prüfen, ob das gesamte Tatbild unter Berücksichtigung aller objektiven und subjektiven Gesichtspunkte, die für die Wertung von Tat und Täter in Betracht kommen – gleichgültig ob sie der Tat innewohnen, sie begleiten, ihr vorausgehen oder folgen –, so erheblich vom Durchschnittsfall des in der Strafvorschrift typisierten Unrechts abweicht, dass die Anwendung des Ausnahmestrafrahmens geboten ist.[19] 20

bb) Regelbeispiele. Der Gesetzgeber bedient sich in steigendem Maße einer Mischform zwischen benannten und unbenannten Strafrahmenänderungsgründen, indem er für **besonders schwere Fälle** eine Strafrahmenänderung zulässt oder vorschreibt und zugleich bestimmte tatbestandsmäßig umschriebene Umstände als **Beispiele** aufführt, die **regelmäßig** zur Annahme eines solchen Falles führen (zur Problematik der Regelbeispiele ausführlich *Wessels* FS Maurach S. 295). **Gesetzliche Regelbeispiele besonders schwerer Fälle** enthalten § 94 Abs. 2, § 95 Abs. 3, § 98 Abs. 1, § 99 Abs. 2, § 100 Abs. 2, § 100a Abs. 4, § 113 Abs. 2, § 121 Abs. 3, §§ 125a, 129 Abs. 5, § 177 Abs. 6, § 184i Abs. 2, § 218 Abs. 2, § 240 Abs. 4, § 243 Abs. 1, § 253 Abs. 4, § 261 Abs. 4, § 263 Abs. 3, § 263a Abs. 2, § 264 Abs. 2, §§ 265e, 266a Abs. 4, § 267 Abs. 3, § 269 Abs. 3, §§ 283a, 283d Abs. 3, § 291 Abs. 2, § 292 Abs. 2, §§ 300, 303b Abs. 4, § 316b Abs. 3, § 330 Abs. 1 und § 335. § 241a Abs. 4 sieht demgegenüber zwingende, aber nicht abschließende Beispiele eines besonders schweren Falls vor. 21

Regelbeispiele sind zwischen der gesetzlichen Strafbestimmung und der richterlichen Strafzumessung angesiedelt. Da sie einen Wertungsakt erfordern, sind sie als **Strafzumessungsregeln** anzusehen, die keine tatbestandlichen Änderungen begründen.[20] Liegt ein Regelbeispiel vor, so spricht eine Vermutung dafür, dass ein besonders schwerer Fall gegeben ist. 22

Die **Indizwirkung** des Regelbeispiels kann durch strafmildernde Strafzumessungstatsachen widerlegt werden, wenn diese im Rahmen der Gesamtwertung von Tat und Täter den Unrechts- oder Schuldgehalt der Tat so erheblich mildern, dass sie nicht mehr dem im Regelbeispiel typisierten besonders schweren Fall entspricht und ihre Einordnung in den Sonderstrafrahmen unangemessen wäre.[21] Die strafmildernden Umstände 23

---

19 BGHSt **28** 318, 319; **29** 319, 322 = JR **1981** 334 mit Anm. *Bruns*.
20 BGHSt **23** 254, 256; **26** 104, 105; BGH NJW **1970** 2120; *Maiwald* FS Gallas S. 137 bezweifelt ihre Verfassungsmäßigkeit.
21 BGHSt **23** 254, 257; **24** 248, 249; *Schäfer/Sander/van Gemmeren* Rdn. 1143 ff.

können sogar ein solches Gewicht haben, dass nicht nur ein besonders schwerer Fall verneint, sondern ein minder schwerer Fall angenommen wird (BGH StV **2000** 557; BGHR StGB § 177 Abs. 5 – i.d.F. d. 6. StrRG – Strafrahmenwahl 1, 3, 5).

24 Bei den Tatbeständen, die Beispiele oder Regelbeispiele für besonders schwere Fälle nennen, kann ein besonders schwerer Fall auch dann bejaht werden, wenn kein Beispiel oder Regelbeispiel gegeben ist. Es gelten insoweit die allgemeinen Grundsätze, d.h. die Tat muss sich nach Unrecht und Schuld unter Berücksichtigung aller objektiven und subjektiven Gesichtspunkte so erheblich vom Durchschnittsfall der Tatbestandsverwirklichung abheben, dass der normale Strafrahmen unangemessen ist.[22] Die gesetzlichen Beispielsfälle bilden hierfür den **Vergleichsmaßstab.**[23] Bei der **Gesamtbewertung** können nicht nur solche Umstände berücksichtigt werden, die den Beispielsfällen ähnlich sind; die sonstigen Umstände müssen nicht gleichartig, wohl aber gleichwertig sein.

III. Die Strafzwecke

25 **1. Gesetzgeber.** Die Bestimmung der Strafzwecke ist Voraussetzung für die richtige Strafzumessung. Der Gesetzgeber des 2. StrRG hat zu seinen Leitgesichtspunkten u.a. „den wirksamen Schutz der Rechtsgüter des einzelnen und der Allgemeinheit, die schuldangemessene und gerechte Beurteilung der Tat des straffällig gewordenen Bürgers, die moderne Ausgestaltung des Sanktionensystems als taugliches Instrument der Kriminalpolitik mit dem Ziel einer Verhütung künftiger Straftaten, vor allem durch Resozialisierung des Straftäters" erklärt (BT-Drs. V/4094 S. 3) und damit neben dem **Schuldausgleich** vor allem den Strafzweck der **positiven Spezialprävention** angesprochen. Zum Verhältnis der Strafzwecke untereinander hat er in Anbetracht verschiedener wissenschaftlicher Theorien nicht ausdrücklich Stellung genommen; er wollte keiner der Theorien die weitere Entwicklung versperren (vgl. BT-Drs. V/4094 S. 4ff).

26 **2. Strafrechtswissenschaft.** Ob und ggf. welche Zwecke mit der Bestrafung des Täters verfolgt werden dürfen, sollen und können, gehört seit Langem zu den zentralen rechts- und gesellschaftspolitischen Streitfragen. Nach der klassischen **absoluten Straftheorie** ist Strafe Vergeltung der schuldhaft begangenen Tat; sie stellt durch Schuldausgleich die Gerechtigkeit wieder her und gibt dem Täter die Möglichkeit zur Sühne,[24] dient aber keinen weitergehenden Zwecken, die auf eine Instrumentalisierung des Straftäters zur Verbrechensverhütung hinauslaufen könnten (*Kett-Straub/Kudlich* § 3 Rdn. 4; *Streng* Rdn. 11).

27 Demgegenüber kommen dem Strafrecht nach den **relativen Theorien** im Bereich der Verbrechensvorbeugung general- und spezialpräventive Funktionen zu. Generalprävention bedeutet Verhütung sozialschädlichen Verhaltens durch Einwirkung auf die Allgemeinheit, während sich spezialpräventive Maßnahmen an den Täter richten, um erneute Straftaten zu verhindern. Bei der **Spezialprävention** wird zwischen dem Strafzweck der negativen Spezialprävention (Schutz der Allgemeinheit durch individuelle Abschreckung oder Sicherung des Täters) und der positiven (Resozialisierung) unterschieden. Unter welchen Voraussetzungen sich im Rahmen strafrechtlicher Sanktionen

---

22 Vgl. BGHSt **2** 181, 182; **28** 318, 319; **29** 319, 322; BGHR StGB vor § 1 besonders schwerer Fall/Prüfungsumfang 1.

23 *Schäfer/Sander/van Gemmeren* Rdn. 1147 m.w.N.

24 Zu Abgrenzung der Begriffe Sühne und Vergeltung vgl. *SSW/Eschelbach* § 46 Rdn. 21f; *Wessels/Beulke/Satzger* Rdn. 22.

spezialpräventive Wirkungen tatsächlich erreichen lassen, bedarf einer differenzierenden Betrachtung (§ 46 Rdn. 27f).[25] Die **Generalprävention** umfasst ebenfalls eine negative und eine positive Komponente. Früher wurde einseitig die negative betont, durch harte Bestrafung des Täters andere von Straftaten abzuhalten (Abschreckung der Allgemeinheit, insbes. tatgeneigter Personen). In welchen Bereichen und unter welchen Umständen Strafen eine allgemeine Abschreckungswirkung entfalten können, muss ebenfalls differenziert beurteilt werden.[26] Empirische Untersuchungen sprechen dafür, dass die Strafverfolgungsintensität und die durch sie begründete Entdeckungswahrscheinlichkeit insoweit eine größere Rolle spielen als die Strafhöhe (*Dölling* ZStW **102** [1990] 1, 3ff). Abschreckungseffekte sind am ehesten bei rational und nicht aus einem drängenden Konflikt heraus handelnden Tätern zu erwarten, die eine hohe Bestrafungswahrscheinlichkeit zu gewärtigen haben.

Die **positive Generalprävention** verfolgt mit der Androhung und der Verhängung **28**
von Strafe das Ziel, strafrechtliche Normen im allgemeinen Rechtsbewusstsein zu verankern, die Rechtstreue der Bevölkerung zu stärken und die Unverbrüchlichkeit der Rechtsordnung zu beweisen. Bei der Bestimmung des Strafmaßes verbietet sie Strafen, die dem allgemeinen Rechtsbewusstsein und der Überzeugung von der Unverbrüchlichkeit der Rechtsordnung schaden und damit die Rechtstreue der Bevölkerung untergraben könnten („generalpräventives Minimum").[27] Der Gedanke der positiven Generalprävention hat, auch infolge einer gewissen Ernüchterung über die Erreichbarkeit der übrigen Präventionszwecke, in der Diskussion der letzten Jahrzehnte erheblich an Bedeutung gewonnen.[28] Der gegen die Vereinbarkeit der positiven Generalprävention mit dem Schuldprinzip erhobene Einwand, der Täter werde zum Objekt der Bedürfnisse anderer gemacht, diese seien für ihre Rechtstreue und die Legalität ihres Handelns selbst verantwortlich (*Frisch* Festgabe BGH 269, 278), berücksichtigt nicht, dass die mit der Bestrafung erstrebte Rechtstreue anderer und der Rechtsfriede dem Täter ebenfalls zugutekommen; auch er ist auf eine intakte Rechts- und Sozialordnung angewiesen (*Theune* LK[12] § 46 Rdn. 33). Auch wenn es Hinweise auf eine präventive Relevanz von Normbekräftigung durch Strafe gibt,[29] ist die positive Generalprävention freilich dem Einwand fehlender empirischer Absicherung ausgesetzt, die wegen methodischer Schwierigkeiten auch kaum erreichbar ist.[30] Ihr grundlegendes Postulat, dass positive Generalprävention am besten durch eine dem Schuldmaß entsprechende Strafe erreicht wird, ist deshalb unbewiesen.[31] Das Fehlen empirischer Belege für positiv-generalpräventive Effekte berechtigt aber nicht zu dem Schluss auf ihr Fehlen überhaupt (*Bock* JuS **1994** 89, 99). Die Idee der positiven Generalprävention erscheint vor dem Hintergrund individueller und gesellschaftlicher Erfahrungen immerhin als der „plausibelste Deutungsansatz" für die Aufgabe des Strafrechts.[32]

---

25 *Kett-Straub/Kudlich* § 4 Rdn. 4 ff; *Meier* JZ **2010** 112 ff; *ders.* Sanktionsforschung S. 987 ff; *Streng* Rdn. 67 ff.

26 *Baumann/Weber/Mitsch/Eisele* § 2 Rdn. 23 ff; *Frister* Kap. 2 Rdn. 11 ff; *Meier* S. 27 ff; *Streng* Rdn. 59 ff.

27 *Kaspar* Gutachten C zum 72. DJT S. 29 ff; *Schöch* Festgabe BGH 50 **2000**, Bd. IV S. 309, 312; *Schäfer/Sander/van Gemmeren* Rdn. 810.

28 *Achenbach* StraFo **2011** 422, 424; *Baurmann* GA **1994** 268; *Dölling* ZStW **102** (1990) 1; *Frister* Kap. 2 Rdn. 20 ff; *Hassemer* Parl Beilage **2010** 6; *Hassemer/Neumann* NK Vor § 1 Rn. 288; vgl. ferner *Radtke* MK Vor § 38 Rdn. 35 ff; *Streng* Rdn. 24 m.w.N.; **krit.** *Hörnle/von Hirsch* GA **1995** 261.

29 *Streng* Rdn. 59 ff, 65; vgl. auch *Andrissek* S. 73 ff; *Kett-Straub/Kudlich* § 4 Rdn. 2 f.

30 *Andrissek* aaO; *Baumann/Weber/Mitsch/Eisele* § 2 Rdn. 21 ff; *Baurmann* GA **1994** 268; *Dölling* ZStW **102** (1990) 1, 14 ff; *Frister* Kap. 2 Rdn. 26; *Hörnle/von Hirsch* GA **1995** 261 f; *Meier* Sanktionsforschung S. 994 ff; *Roxin* GA **2015** 191.

31 *Hörnle/von Hirsch* GA **1995** 262, 264.

32 *Achenbach* StraFo **2011** 422, 424; *Hassemer* FS Schroeder S. 51, 56 ff; vgl. auch *Hörnle* S. 26.

29 Die klassischen **Vereinigungstheorien** verbinden mit unterschiedlicher Schwerpunktsetzung das Prinzip des gerechten Schuldausgleichs mit der Verfolgung präventiver Ziele.[33] Das Konzept der positiven Generalprävention ist Ausgangspunkt der modernen **präventiven Vereinigungstheorien**, die sich an dem verfassungsrechtlich legitimierten Zweck des Strafrechts, dem Rechtsgüterschutz, ausrichten.[34] Ihm dient die Bestrafung des Täters, indem sie das Vertrauen der Allgemeinheit in die Geltungskraft des Rechts stärkt, womöglich einen Abschreckungseffekt erzeugt und den Verurteilten zur künftigen Befolgung der Strafrechtsnormen anhält. Um vor allem positiv-generalpräventiven Zwecken zu genügen, muss die Strafe der Schwere der Tat angemessen sein (Rdn. 28), wobei die subjektive Vorwerfbarkeit des verwirklichten Unrechts, die Schuld, den Maßstab und die Grenze bildet.[35] Unter dem Primat positiv-generalpräventiver Zwecke wird damit dem Gedanken des Schuldausgleichs Raum gegeben. Daneben haben sich in der Strafzweckdiskussion der letzten Jahre **konvergierende Standpunkte** entwickelt. So geht es modernen Formen der absoluten Theorie nicht mehr um zweckfreie Vergeltung, sondern darum, im Dienste des Rechtsfriedens eine den gesellschaftlichen Werten entsprechende, an der Straftat gemessen gerechte Strafe zu gewährleisten (relative Vergeltungstheorie).[36] Strafe wird als Mittel der Erhaltung der gesellschaftlichen Ordnung, der Stärkung des Rechtsgefühls der Allgemeinheit gesehen (*Pawlik* GA **2006** 345, 348 f). Es ist ein Mittel des Staates, elementare Gerechtigkeitswünsche zu erfüllen und dadurch die Kooperation seiner Bürger zu sichern (*Andrissek* S. 94 ff). Der Gedanke des Schuldausgleichs und das Konzept der positiven Generalprävention nähern sich einander an.[37]

30 Das **Verfassungsrecht** begrenzt die Befugnis des Gesetzgebers und der Rechtsprechung, den Stellenwert und die Bedeutung einzelner Strafzwecke im Verhältnis zueinander frei zu bestimmen. Nach heutigem Staatsverständnis ist die Machtbefugnis des Staates gegenüber seinen Bürgern auf die Aufgaben beschränkt, zu deren Erfüllung er gegründet wurde. Zu diesen Aufgaben gehört es vor allem, das Zusammenleben der Menschen in der Gesellschaft zu regeln und sozialschädliches Verhalten zu bekämpfen. Daraus folgt, dass Strafe nur dann und nur in dem Umfang gerechtfertigt ist, wie ihre Verhängung zum **Schutz der Gesellschaft** erforderlich ist.[38] Die Strafjustiz dient dem Staat als Instrument der (formellen) sozialen Kontrolle und soll seinen Bürgern ein Leben in Freiheit und Sicherheit ermöglichen; Vergeltungs- und Sühnegedanken lösen sich von diesem Auftrag. Deshalb gehört die Herstellung einer von präventiven Zwecken unabhängigen Gerechtigkeit nicht zu den Aufgaben des Staates.[39]

31 Allerdings vermögen allein reine Zweckmäßigkeitserwägungen nicht, Eingriffe in die Rechtspositionen des Täters mit dem Mittel der Strafe zu legitimieren.[40] Die Zweckbestimmung des Strafrechts kann nicht der entscheidende Maßstab für die Strafbemessung sein. Da Strafe ihrem Wesen nach ein sozialethisches Unwerturteil über die Tat enthält (Rdn. 6), setzt ihre Verhängung Schuld voraus. Aus Art. 1 Abs. 1 und Art. 2 Abs. 1 GG, der Würde und Eigenverantwortlichkeit des Menschen sowie dem Rechtsstaatsprinzip (Rdn. 35) folgt, dass Strafe nach Art und Höhe das Maß der Tatschuld nicht überschreiten darf. Diese ver-

---

33 Überblicke bei: *Koriath* Jura **1995** 625; *Roxin* AT I § 3 Rdn. 33; *Streng* Rdn. 34 ff; **krit.** *Hassemer/Neumann* Vor § 1 Rn. 286.

34 *Kaspar* Gutachten C zum 72. DJT S. 23 ff; *Kett-Straub/Kudlich* § 3 Rdn. 23; *Meier* S. 35 f; *Roxin* AT I § 3 Rdn. 37 ff.

35 *Baumann/Weber/Mitsch/Eisele* § 2 Rdn. 56; *Meier* aaO.

36 *T. Walter* ZIS **2011** 636; vgl. ferner *Streng* Rdn. 10 ff m.w.N.

37 *Hassemer* FS Schroeder S. 51, 56 ff; *Roxin* GA **2015** 199 ff.

38 *Frisch* ZStW **99** (1987) 394 ff, 367; *Frisch* Festgabe BGH S. 269, 276.

39 *Hassemer* Parl Beilage **2010** 3 ff; *Roxin* FS Volk S. 613; *ders.* GA **2015** 185, 188 f.

40 *Roxin* GA **2015** 192 f.

fassungsrechtlichen Vorgaben für die Strafbemessung sind auch bei der Lösung der Frage zu beachten, welche Bedeutung Schuldausgleich einerseits und Prävention anderseits für die Strafzumessung haben.

Aus dem modernen Staatsverständnis und der Begrenzung staatlicher Machtbefugnisse folgt weiter, dass es nicht Aufgabe des Strafrechts ist, über die Ordnung und den Schutz des Staatsgebildes hinaus, die **moralischen** und **sittlichen Wertvorstellungen** des Einzelnen zu prägen und die richtige Einstellung zu erzwingen (*Baumann/Weber/Mitsch/Eisele* § 2 Rdn. 4ff). Moralische und sonstige Wertvorstellungen, deren Befolgung oder Missachtung keine Bedeutung für die Schaffung oder Erhaltung der Voraussetzungen für das Zusammenleben in der verfassungsgemäß organisierten Gesellschaft zukommt, darf der Staat nicht mit Hilfe des Strafrechts durchsetzen; sie dürfen auch nicht für die Bemessung der Strafe herangezogen werden.[41] 32

Bei der Bestimmung der Aufgaben des Strafrechts und der hierauf beruhenden Strafzweckdiskussion spielen die Interessen der durch die Straftat verletzten Person meist allenfalls eine marginale Rolle. **Genugtuung für den Verletzten** ist nach herrschender Meinung kein selbstständiger Strafzweck (s. § 46 Rdn. 39).[42] Vielmehr verschaffe bereits der gerechte Schuldausgleich Genugtuung.[43] Die *„Symbolik des richterlichen Bestrafungsakts"* gelte auch und gerade dem Verletzten, indem er das ihm widerfahrene Unrecht als solches kennzeichne (*Meier* S. 39). Auch **Wiedergutmachung** ist kein „Strafzweck";[44] sie wird jedoch seit den achtziger Jahren als Mittel zur Bewältigung strafrechtlichen Unrechts diskutiert.[45] Dabei geht es nicht alleine um den Ausgleich zivilrechtlicher Schadensersatzansprüche; Wiedergutmachung verlangt vom Täter vielmehr eine auf einem Einsichtsprozess beruhende nicht nur vordergründige Übernahme der Verantwortung für die Tat vor dem Opfer und der Gesellschaft; der Täter „sühnt" damit das begangene Unrecht.[46] Die Forderung, das gesamte Kriminaljustizsystem am Gedanken der Wiedergutmachung auszurichten und sie zu einem *„sanktionsrechtlichen Zentralinstrument"* bzw. *„einer dritten Spur des Strafrechts"* zu erheben,[47] hat sich nicht durchgesetzt. Dies würde ein grundlegend verändertes Verständnis des Strafrechts verlangen. Dass Wiedergutmachung und ein Ausgleich zwischen Täter und Opfer die Zwecke der positiven Spezial- und Generalprävention zu erfüllen vermögen und friedensstiftende Wirkung haben, wird indes vielfach anerkannt[48] und war Grundlage der Einführung des § 46a in das Strafgesetzbuch (BT-Drs. 12/6853 S. 21; vgl. § 46a Rdn. 1ff). 33

---

41 *Rudolphi/Jäger* SK vor § 1 Rdn. 1; *Roxin/Arzt/Tiedemann* S. 2f.; *Wessels/Beulke/Satzger* Rdn. 9ff.

42 Vgl. *Bruns* I S. 208; *Grasnick* JZ **1990** 704; *Hirsch* ZStW **102** (1990) 534, 541; *Streng* Rdn. 29 m.w.N.; *Weigend* JR **1990** 29; **aA** *Weber* S. 162.

43 *Hirsch* aaO.

44 *Richter* S. 54ff.

45 *Frehsee* 1987; *Frühauf* 1988; *Hirsch* aaO; *Roxin* in: *Schöch* **1987** 37, 47ff; *ders.* FS Baumann 243; *Walther* **2000**; *Weigend* FS Müller-Dietz 975; *Streng* NK Rdn. 2 m.w.N.

46 *H.J. Schneider* Universitas **1988** 1156f; *ders.* S. 39.

47 So Alternativ-Entwurf Wiedergutmachung – AE-WGM; s.a. *Frehsee* S. 119; *Roxin* Strafrecht AT I § 3 Rdn. 66; *ders.* in *Schöch* Wiedergutmachung S. 37, 52; *ders.* FS Baumann 243; *Rössner* NStZ **1992** 409, 412ff; *H.J. Schneider* Universitas **1988** 1156f; *ders.* S. 42f; *M. Walter* in: Abschlussbericht der Kommission zur Reform des strafrechtlichen Sanktionensystems (2000), S. 63ff; **krit.** *Hirsch* ZStW **102** (1990) 534, 540; *Lampe* GA **1993** 485.

48 *Bemmann* JR **2003** 226, 228; *Meier* GA **2015** 443, 449; *ders.* S. 420ff; *Schöch* FS Rissing-van Saan 639, 643; *Streng* NK Rdn. 2 m.w.N.; *M. Walter* aaO S. 63.

34 **3. Bundesverfassungsgericht.**[49] Das Bundesverfassungsgericht hat sich wiederholt mit Sinn und Zweck des staatlichen Strafens befasst, ohne zu den in der Wissenschaft vertretenen Straftheorien im Einzelnen Stellung zu nehmen.[50] In mehreren Entscheidungen hat es sich mit dem Wesen der Strafe, dem Zweck des Strafrechts und den für die Verhängung und Bemessung der Strafe geltenden Grundsätzen auseinandergesetzt. Strafe dient danach dem **Rechtsgüterschutz;**[51] Aufgabe des Strafrechts und Ziel des Strafens ist es, die Gesellschaft vor sozialschädlichem Verhalten zu bewahren und die elementaren Werte des Gemeinschaftslebens zu schützen (BVerfGE **45** 187, 254). Schuldausgleich, Prävention, Resozialisierung des Täters, Sühne und Vergeltung für begangenes Unrecht werden als Aspekte einer angemessenen Strafsanktion bezeichnet.[52]

35 Die Strafe als Reaktion auf rechtswidriges sozialethisches Fehlverhalten wäre ohne Feststellung der individuellen Vorwerfbarkeit mit der Garantie der Menschenwürde und dem Rechtsstaatsprinzip unvereinbar (BVerfGE **140** 317, 342f). Das dem Wesen der Strafe entsprechende Schuldprinzip erlangt in zweifacher Hinsicht Bedeutung: zum einen bei der Verhängung der Strafe (nulla poena sine culpa), zum anderen bei ihrer Bemessung. Der Grundsatz nulla poena sine culpa hat Verfassungsrang.[53] Er findet seine Grundlage im Gebot der Achtung der Menschenwürde sowie in Art. 2 Abs. 1 GG und im Rechtsstaatsprinzip (BVerfGE **9** 167, 169; **86** 288, 313). Jede Strafe muss in einem gerechten Verhältnis zur Schwere der Straftat und zum Verschulden des Täters stehen.[54] Insoweit deckt sich der Schuldgrundsatz in seiner die Strafe begrenzenden Auswirkung mit dem Verfassungsgrundsatz des Übermaßverbotes.[55] Der Täter darf nicht unter Verletzung seines verfassungsrechtlich geschützten sozialen Wert- und Achtungsanspruchs zum bloßen Objekt der Verbrechensbekämpfung gemacht werden.[56]

36 Das Bundesverfassungsgericht hat in seiner Rechtsprechung nicht nur den Strafzweck des Schuldausgleichs betont, sondern auch andere Strafzwecke wie etwa die Prävention oder die Resozialisierung des Täters anerkannt.[57] Die Vereinigungstheorie, die sämtliche Strafzwecke in ein ausgewogenes Verhältnis zueinander zu bringen und die Schwachstellen der absoluten und relativen Theorien zu vermeiden versucht und der das geltende Strafrecht und die Rechtsprechung weitgehend folgen, hält es für verfassungsgemäß (BVerfGE **45** 187, 253; **109**, 133, 173).

37 **4. Bundesgerichtshof.** Der Bundesgerichtshof hat ebenfalls den Rechtsgüterschutz als Aufgabe der Strafrechtspflege bezeichnet, dem die Verbotsnormen dienen.[58] Im Interesse des Rechtsgüterschutzes bestehe eine unverzichtbare Strafverfolgungspflicht des Staates (BGHSt **32** 345; BGH NStZ **2002** 143). Die große Bedeutung des geschützten Rechtsgutes rechtfertige eine erhöhte Strafandrohung (BGHSt **43** 8).

38 Bei der Bestimmung der Aufgabe der Strafe unterscheidet der BGH nicht deutlich zwischen den Begriffen **Schuldausgleich**, **Sühne** und **Vergeltung** (vgl. Rdn. 26). Der in

---

49 Siehe auch *Roxin* FS Volk S. 600 ff.
50 BVerfGE **45** 187, 254 ff; **109** 133, 173.
51 BVerfGE **28** 264, 278; **32** 98, 109; **92** 277 ff.
52 BVerfGE **28** 264, 278; **32** 98, 109; **45** 187, 254 ff.
53 BVerfGE **20** 323, 331; **50** 205, 215; **95** 96, 143.
54 BVerfGE **6** 389, 439; **9** 167, 169; **20** 323, 331; **25** 269, 285 f; **92** 277 ff; **109** 133, 173.
55 BVerfGE **50** 125, 133; **73** 206, 253; **86** 288, 313; **95** 96, 140.
56 BVerfGE **28** 386, 391; **45** 187, 228; **50** 205, 215.
57 BVerfGE **28** 243, 278; **32** 98; **45** 187, 253; **91** 1, 31; **109** 133, 173.
58 BGHSt **24** 40; **37** 55; **44** 52; **47** 55; BGH StV **1995** 301; NJW **1999** 2683; NStZ **2000** 307; **2016** 596.

früheren Entscheidungen regelmäßig als gerechte Sühne benannte Strafzweck[59] wird nunmehr als gerechter Schuldausgleich bezeichnet.[60] Diesem Begriff ist der Vorzug zu geben. Er ist konnotativ weniger belastet und erfasst sowohl Vergeltung als Ausgleich der Schuld aus Opfersicht als auch Sühne als Schuldausgleich aus der Täterperspektive.

Wiederholt hat der BGH darauf hingewiesen, dass die Strafe nicht nur nach der 39 Schwere der Tatschuld zu bemessen ist, sondern ebenfalls danach, was im Zeitpunkt des Urteils unter Berücksichtigung der Gesamtwirkung des Rechtsfolgenausspruchs zum **Ausgleich der Tatschuld** (noch) erforderlich ist (s. § 46 Rdn. 12ff).[61] Auch für die Entscheidung der Frage, ob ein dem Angeklagten anzulastendes Verschulden i.S.d. § 153 StPO gering ist, hat der BGH nicht allein auf das Gewicht der Tatschuld abgestellt, sondern ebenso darauf, welche Strafe im Hinblick auf die lange Verfahrensdauer und erlittene Untersuchungshaft bei Abschluss des Verfahrens einen gerechten Schuldausgleich herbeiführen würde (BGH NStZ **1990** 94).

Selten hat der BGH angemerkt, dass die Strafe auch der **Genugtuung** des Verletzten 40 dient (BGH NStZ **2000** 366). Dieser Gesichtspunkt gewinnt vor allem im Zusammenhang mit § 46a Bedeutung.[62]

Der Strafzweck der **negativen Generalprävention** (allgemeinen Abschreckung)[63] 41 kann heute nur noch unter engen Voraussetzungen bei der Strafzumessung berücksichtigt werden (s.a. § 46 Rdn. 32ff).[64] Die **positive Generalprävention** mit dem Ziel der Bestärkung der Rechtstreue ist für den BGH ein anerkannter Strafzweck.[65]

Der Strafzweck der **positiven Spezialprävention** wird vom BGH vor allem im Hin- 42 blick auf seine begrenzende Wirkung thematisiert. Die Strafzumessung soll unbeabsichtigte schädliche Nebenwirkungen der Strafe möglichst vermeiden.[66] Gesichtspunkte der notwendigen **Abschreckung des Täters** darf das Tatgericht berücksichtigen; sie werden allerdings in der Rechtsprechung des BGH nur selten angesprochen (BGHSt **17** 321, 324; BGHR StGB § 46 Abs. 1 Spezialprävention 1, 2; s.a. § 46 Rdn. 31).

Das Verhältnis der verschiedenen Strafzwecke zueinander versucht der BGH mit der 43 **Spielraumtheorie** zu lösen, nach der general- und spezialpräventive Zwecke nur im Rahmen der schuldangemessenen Strafe verfolgt werden dürfen, die weder unter- noch überschritten werden darf (§ 46 Rdn. 49ff).[67]

Der BGH hat auch zum Ausdruck gebracht, dass Strafe nicht die Aufgabe hat, 44 Schuldausgleich um seiner selbst willen zu üben, sondern dass sie nur gerechtfertigt ist, wenn sie sich zugleich als notwendiges Mittel zur Erfüllung der präventiven Schutzaufgabe des Staates erweist (BGHSt **24** 40, 42). Das entspricht der Aussage des Bundesver-

---

59 BGHSt **2** 21f.; **3**, 110, 128; **6** 394, 398; **7** 353, 356; **8** 182f.; **10** 316, 318; **11** 145, 147; **18** 367f; **21** 29, 36; **22** 192, 198.

60 BGHSt **29** 319, 320; **34** 345; **40** 251, 255; **45** 312, 314; **47** 369, 375; **56** 262, 267ff; **57** 123; BGH NJW **2003** 150; 446; BGHR § 46 Abs. 1 Schuldausgleich 3, 7, 13, 19, 20, 21, 25, 29, 33, 34; Beurteilungsrahmen 1, 2, 3, 5, 8, 13; Strafhöhe 1, 6, 7, 9 bis 12, 14; Spezialprävention 6; AO § 370 Abs. 1 Strafzumessung 22.

61 BGHSt **52** 124, 142; BGHR StGB § 46 Abs. 1 Schuldausgleich 1–44.

62 BGHSt **48** 134; BGH NStZ **2006** 275, 276; **2008** 452, 453.

63 BGHSt **7** 28, 32; **16** 351, 354; **20** 264, 267; **28** 318, 326; BGHR StGB § 46 Abs. 1 Generalprävention 9.

64 BGHSt **6** 125; BGH NStZ **1982** 463; **1992** 275; NStZ-RR **2013** 240; StraFo **2008** 336; NJW **2017** 3011, 3013; BGHR StGB § 46 Abs. 1 Generalprävention 2, 3, 6, 7.

65 BGHSt **6** 125, 127; **9** 258f; **22** 192, 198; **34** 150f; **39** 260; NStZ-RR **2008** 153; Beschl. v. 11.12.2013 – 5 StR 463/13.

66 BGHSt **24** 40, 42f; **34** 150, 152; NStZ **2003** 495; NStZ-RR **2012** 183, 184; **2017** 103, 104; BGHR StGB § 46 Abs. 1 Spezialprävention 3, 4, 5; Begründung 18.

67 Kein Unterschreiten: BGHSt **24** 132; **29** 319; **32** 60, 65; BGH NStZ-RR **2012** 183, 184; BGH wistra **1998** 22; BGHR StGB § 46 Abs 1 Spezialprävention 6; Strafhöhe 10; kein Überschreiten: BGHSt **20** 264, 266f; BGH NJW **1993** 338, 340; BGHR StGB § 46 Abs 1 Generalprävention 10.

fassungsgerichts, dass es allgemeine Aufgabe des Strafrechts sei, die elementaren Werte des Gemeinschaftslebens zu schützen (BVerfGE **45** 187, 254ff).

§ 46
Grundsätze der Strafzumessung

(1) [1]Die Schuld des Täters ist Grundlage für die Zumessung der Strafe. [2]Die Wirkungen, die von der Strafe für das künftige Leben des Täters in der Gesellschaft zu erwarten sind, sind zu berücksichtigen.

(2) Bei der Zumessung wägt das Gericht die Umstände, die für und gegen den Täter sprechen, gegeneinander ab. Dabei kommen namentlich in Betracht:

- **die Beweggründe und die Ziele des Täters, besonders auch rassistische, fremdenfeindliche oder sonstige menschenverachtende, die Gesinnung, die aus der Tat spricht, und der bei der Tat aufgewendete Wille, das Maß der Pflichtwidrigkeit,**
- **die Art der Ausführung und die verschuldeten Auswirkungen der Tat, das Vorleben des Täters, seine persönlichen und wirtschaftlichen Verhältnisse sowie sein Verhalten nach der Tat, besonders sein Bemühen, den Schaden wieder gutzumachen, sowie das Bemühen des Täters, einen Ausgleich mit dem Verletzten zu erreichen.**

(3) Umstände, die schon Merkmale des gesetzlichen Tatbestandes sind, dürfen nicht berücksichtigt werden.

Schrifttum:[1]

Achenbach Historische und dogmatische Grundlagen der Strafrechtlichen Schuldlehre (1974); *Ahlers-Grzibeck* Der normative Normalfall in der Strafzumessung (2003); *Albrecht* Strafzumessung bei schwerer Kriminalität (1994); *Bock* Prävention und Empirie – Über das Verhältnis von Strafzwecken und Erfahrungswissen, JuS **1994** 89; *Bringewat* Straferledigung i.S. des § 55 StGB und angemessener Härteausgleich, NStZ **1987** 385; *Bruns* Prozessuale „Strafzumessungsverbote" für nicht mitangeklagte oder wieder ausgeschiedene strafbare Vor- und Nachtaten? NStZ **1981** 81; *ders.* Grundprobleme des Strafzumessungsrechts, ZStW **94** (1982) 111; *Dencker/Hamm* Der Vergleich im Strafprozess (1988); *El-Ghazi* Der Anwendungsbereich des Doppelverwertungsverbotes, JZ **2014** 180; *Erhard* Strafzumessung bei Vorbestraften unter dem Gesichtspunkt der Strafzumessungsschuld (1992); *Fahl* Regeltatbild und Bemessung der Strafe, ZStW **111** (1999) 156; *Fezer* Inquisitionsprozess ohne Ende? – Zur Struktur des neuen Verständigungsgesetzes, NStZ **2010** 177; *Foth* Bemerkungen zur Generalprävention, NStZ **1990** 219; *ders.* Alkohol, verminderte Schuldfähigkeit, Strafzumessung, NJ **1991** 386; *Freund* Straftatbestand und Rechtsfolgebestimmung, GA **1999** 509; *Frisch* Gegenwärtiger Stand und Zukunftsperspektiven der Strafrechtsdogmatik, ZStW **99** (1987) 349; 751; *ders.* Über die Bewertung von Strafzumessungstatsachen, GA **1989** 338; *ders.* Strafzumessungstatsachen und Maßstäbe in der Rechtsprechung des BGH, Festgabe BGH 50 (2000) 269; *ders.* Unrecht und Schuld im Verbrechensbegriff und in der Strafzumessung, Festschrift Müller-Dietz (2001) 237; *ders.* Hintergrund, Grundlinien und Probleme der Lehre von der tatproportialen Strafe, in: *Frisch/von Hirsch/Albrecht* (Hrsg.) Tatproportionalität (2003) 1; *ders.* Schuldgrundsatz und Verhältnismäßigkeitsgrundsatz, NStZ **2013** 249; *Gehm* Strafzumessung bei Steuerhinterziehung, StBW **2012** 1184; *Grasnick* Über Schuld, Strafe und Sprache (1987); *Gribbohm* Aufhebung angemessener Strafen in der Revisionsinstanz? NJW **1980** 1440; *Grundies* Gleiches Recht für alle? – Eine empirische Analyse lokaler Unterschiede in der Sanktionspraxis in der Bundesrepublik Deutschland, in: *Neubacher/Bögelein* Krise – Kriminalität – Kriminologie (2016) 511; *Günter* Systematische Grundlagen der Strafzumessung, JZ **1989** 1025; *Heghmanns* Strafmilderungen für Geständnis oder Kooperation? Festschrift Dencker (2012) 155; *Hein* Grundlagen der Strafzumessung, JA **2018** 542; *Henkel* Die „richtige" Strafe, in:

1 Siehe auch Schrifttum Vorbemerkungen zu den §§ 46 bis 50.

https://doi.org/10.1515/9783110300499-016

Recht und Staat Heft 381/382 (1969); *Hillenkamp* Hirnforschung, Willensfreiheit und Strafrecht, ZStW **127** (2015) 10; *von Hirsch/Jareborg* Strafmaß und Gerechtigkeit (1991); *Horn* Zum Stellenwert der „Stellenwerttheorie", Festschrift Bruns (1978) 165; *Hörnle* Tatproportionale Strafzumessung (1999) (zit.: *Hörnle*); *dies.* Das antiquierte Schuldverständnis der traditionellen Strafzumessungsrechtsprechung und -lehre, JZ **1999** 1080; *dies.* Zwecke und Rechtfertigung staatlicher Strafe, Festschrift U. Neumann (2017) 593; *Jahn/Kudlich* Rechtsstaatswidrige Tatprovokation als Verfahrenshindernis: Spaltprozesse in Strafsachen beim Bundesgerichtshof, JR **2016** 54; *Jahn/Müller* Das Gesetz zur Regelung der Verständigung im Strafverfahren, NJW **2009** 2625; *Jähnke* Über die Rechtsfolgenlösung des Bundesgerichtshofs beim Heimtückemord, Festschrift Spendel (1992) 537; *Janssen* Probleme der Strafzumessung bei Rückfalltätern, ZRP **1991** 52; *Kaspar* Sentencing Guidelines versus freies tatrichterliches Ermessen – Brauchen wir ein neues Strafzumessungsrecht? Gutachten C zum 72. Deutschen Juristentag (2018). *Krupna* Das Konzept der „Hate Crimes" in Deutschland (2010); *Kunz* Tatproportionalität aus der Perspektive eines normativ begründeten Strafrechts, in: *Frisch/von Hirsch/Albrecht* (Hrsg.) Tatproportionalität (2003) 209; *Lackner* Über neue Entwicklungen in der Strafzumessungslehre (1978); *Lammer* Kronzeugenregelung und Strafzumessung, JZ **1992** 510; *Landau/Eschelbach* Absprachen zur strafrechtlichen Hauptverhandlung, NJW **1999** 321; *Lesting* Zur Bedeutung einer Substitutionsbehandlung für strafrichterliche Sanktionsentscheidungen, MschrKrim **1993** 320; *Lieben* Gleichstellung von „versuchtem" und „vollendetem" Regelbeispiel? NStZ **1984** 538; *Lösel/Schmucker* Evaluation der Straftäterbehandlung, in: *Volbert/Steller* (Hrsg.) Handbuch der Rechtspsychologie (2008) 160; *Maiwald* Zur Problematik der „besonders schweren Fälle" im Strafrecht, NStZ **1984** 433; *Maurer* Komparative Strafzumessung (2005); *Meier* Nachtatverhalten und Strafzumessung, GA **2015** 443; *Meine* Eine unvertretbar milde Strafe? NStZ **1989** 353; *Meyer/Wohlers* Tatprovokation quo vadis, JZ **2015** 761; *Montenbruck* Zur Aufgabe der besonders schweren Fälle, NStZ **1987** 311; *Paeffgen* Strafzumessungsaspekte bei § 323a StGB, NStZ **1993** 66; *Plankemann* Überlange Verfahrensdauer im Strafverfahren (2015); *Puppe* Die verschuldeten Folgen der Tat als Strafzumessungsgründe, Festschrift Spendel (1992) 451; *Rastätter* Strafzwecke und Strafzumessung bei der Steuerhinterziehung (2017); *Reemtsma* Das Recht des Opfers auf Bestrafung des Täters – als Problem (1999); *Rönnau* Die Absprache im Strafprozess (1990); *Roxin, C.* Zur Problematik des Schuldstrafrechts, ZStW **96** (1984) 641; *Roxin, I.* Die Rechtsfolgen schwerwiegender Rechtsstaatsverstöße in der Strafrechtspflege, 4. Aufl. (2004); *Schall/Schirrmacher* Doppelverwertungsverbot und Bewertungsrichtung in der Systematik des richterlichen Strafzumessungsaktes, Jura **1992** 514; *Schmidt-Hieber* Vereinbarungen im Strafverfahren, NJW **1982** 1017; *ders.* Verständigung im Strafverfahren (1986); *Schneider, H.J.* Kriminalpolitik an der Schwelle zum 21. Jahrhundert (1998) (zit.: *H.J. Schneider*); *ders.* Hasskrimininalität – eine neue kriminologische Deliktskategorie, JZ **2003** 497; *Schöch* Die Rechtswirklichkeit und präventive Effizienz strafrechtlicher Sanktionen, in: *Jehle* (Hrsg.) Kriminalprävention und Strafjustiz (1996) 291; *ders.* Maßstäbe für Strafart und Strafhöhe in der Bundesrepublik Deutschland, in: *Frisch* (Hrsg.) Grundlagen des Strafzumessungsrechts aus deutscher und japanischer Sicht (2011); *Schreiber* Strafzumessungsrecht, NStZ **1981** 338; *Schünemann* Plädoyer für eine neue Theorie der Strafzumessung, in: *Eser/Cornils* (Hrsg.) Neuere Tendenzen der Kriminalpolitik (1987) 209; *ders.* Wetterzeichen einer untergehenden Strafrechtskultur, NJW **1993** 657; *ders.* Die Akzeptanz von Normen und Sanktionen aus der Perspektive der Tatproportionalität, in: *Frisch/von Hirsch/Albrecht* (Hrsg.) Tatproportionalität (2003) 185; *Steinhögl* Der strafprozessuale Deal (1998); *Streng* Schuld, Vergeltung, Generalprävention, ZStW **92** (1980) 637; *ders.* Mittelbare Strafwirkungen und Strafzumessung, NStZ **1988** 485; *ders.* Die Strafzumessungsbegründung und ihre Orientierungspunkte, NStZ **1989** 393; *ders.* Psychowissenschaftler und Strafjuristen, NStZ **1995** 161; *ders.* Kommentar zu „Kriterien für die Herstellung von Tatproportionalität", in: *Frisch/von Hirsch/Albrecht* (Hrsg.) Tatproportionalität (2003) 129; *ders.* Forschungen zu Grundlagen und Determinanten der Strafzumessung, in: *Frisch* (Hrsg.) Grundlagen des Strafzumessungsrechts aus deutscher und japanischer Sicht (2011); *Theune* Grundsätze und Einzelfragen der Strafzumessung, StV **1985** 162; 205; *ders.* Gerechte Strafe, Festschrift Pfeiffer (1988) 449; *ders.* Die Beurteilung der schweren anderen seelischen Abartigkeit in der Rechtsprechung und ihre Vereinbarkeit mit dem Schuldprinzip, ZStW **114** (2002) 300; *ders.* Die Beurteilung der Schuldfähigkeit in der Rechtsprechung des Bundesgerichtshofs, NStZ-RR **2003** 225; *Tomforde* Die Zulässigkeit einer Unterschreitung der schuldangemessenen Strafe aus präventiven Gesichtspunkten (1999); *Tyszkiewicz* Tatprovokation als Ermittlungsmaßnahme (2014); *Ulsamer* Art. 6 Menschenrechtskonvention und die Dauer von Strafverfahren, Festschrift Faller (1984) 373; *Vogel* Strafprozessuale Verständigung und Kronzeugenregelung, GA **2011** 520; *Vogler* Die strafschärfende Verwertung strafbarer Vor- und Nachtaten bei der Strafzumessung und die Unschuldsvermutung (Art. 6 Abs. 2 EMRK), Festschrift Kleinknecht (1985) 429; *Vultejus* Die Härte der Strafrichter, ZRP **1992** 375; *Weber* Zum Genugtuungsinteresse des Verletzten als Strafzweck (1997); *Weider* Der verweigerte

Deal, StV **2002** 397; *Zschockelt* Die Urteilsabsprache in der Rechtsprechung des Bundesverfassungsgerichts und des Bundesgerichtshofs, NStZ **1991** 305; *ders.* Der Richter ist kein Handelspartner, Festschrift Salger (1995) 433.

Entstehungsgeschichte

Das 1. StrRG normierte in § 13 a.F. erstmals **Grundsätze der Strafzumessung**, die am 1.4.1970 in Kraft traten. Der Gesetzgeber kam damit immer drängenderen Forderungen nach. Mit dem 2. StrRG trat dann am 1.1.1975 der mit § 13 wortgleiche § 46 n.F. in Kraft, dessen Absatz 2 seither zweimal geändert wurde: Durch das OpferschutzG vom 18.12.1986 (BGBl. I S. 2496) wurden in Satz 2 nach den Wörtern „den Schaden wieder gutzumachen" die Wörter eingefügt „sowie das Bemühen des Täters, einen Ausgleich mit dem Verletzten zu erreichen". Das am 1.8.2015 in Kraft getretene Gesetz zur Umsetzung von Empfehlungen des NSU-Untersuchungsausschusses des Deutschen Bundestages vom 12. Juni 2015 (BGBl. I S. 925) ergänzte nach den Wörtern „Ziele des Täters" die Wörter „besonders auch rassistische, fremdenfeindliche oder sonstige menschenverachtende".

Das bis zum 31.3.1970 geltende StGB gab dem Gericht nur wenige Hinweise dafür, in welcher Weise es **Wesen und Zweck der Strafe** bei der Strafzumessung zu berücksichtigen hatte. Zwar folgte die „Zweispurigkeit" aus der Erkenntnis, dass die Strafe Besserungs- und/oder Sicherungszwecke nicht immer hinreichend zu erfüllen vermochte, so dass diese Zwecke die Höhe der Strafe – wenn überhaupt – nur in beschränktem Umfang beeinflussen konnten. § 27b a.F. sprach im Zusammenhang mit der Verhängung von Geldstrafe anstelle einer Freiheitsstrafe von dem zu erreichenden Strafzweck, ohne anzugeben, worin dieser besteht.

Die **Rechtsprechung** und die **Strafrechtswissenschaft** entwickelten allmählich Grundsätze für die Strafzumessung, die zu einer immer stärkeren „Verrechtlichung" dieses zuvor weitgehend irrationalen Aktes führten. Die Forderung nach einer **gesetzlichen Regelung** wurde schließlich unausweichlich. Ob und gegebenenfalls wie der Gesetzgeber dem Gericht Strafzumessungsrichtlinien geben sollte, ist während der jahrzehntelangen Reformarbeit eingehend erörtert worden. Alle Entwürfe haben den Versuch einer solchen Führung des Gerichts unternommen.[2]

Die **Entwürfe von 1922 bis 1930** wollten vor allem der **Spezialprävention** als wichtigstem Strafzweck zum Durchbruch verhelfen (vgl. die Begründung der Entwürfe 1925 S. 49ff, 1927 S. 52ff). Doch ergab sich aus ihren Bestimmungen nicht eindeutig, in welcher Weise Schuld und Gefährlichkeit gegen einander abzuwägen seien. Die **Große Strafrechtskommission**, die im Jahr 1954 ihre Arbeit aufnahm, stand vor demselben Problem. Sie bekannte sich zur Zweispurigkeit und leitete daraus die beherrschende Rolle der Schuld gegenüber allen auf Präventionszwecken beruhenden Zumessungstatsachen ab, folgte also nicht den rein spezialpräventiv ausgerichteten Vorschlägen von *Eb. Schmidt* (Gutachten S. 26f).

Die trotz dieser Grundsatzentscheidung verbleibenden Schwierigkeiten führten nacheinander zu verschiedenen Beschlüssen (bei *Bruns* I 1. Aufl., S. 289ff). Nachdem zunächst die im Wesentlichen der Spielraumtheorie (Rdn. 49ff) entsprechende Rahmenformel beschlossen und auf zum Teil heftige Kritik gestoßen war, sah § 2 der **Entwürfe 1956 bis 1959 I** ein Schuldüberschreitungsverbot vor („Die Strafe darf das Maß der Schuld nicht übersteigen"), während in § 62 die wichtigsten Strafzumessungstatsachen

2 Zu den Entwürfen 1909 bis 1930 *Bruns* I 1. Aufl., S. 104ff mit wörtlicher Wiedergabe der Bestimmungen und eingehender Auswertung des Schrifttums, sowie die synoptische Zusammenstellung von *Schäfer* Deutsche Strafgesetzentwürfe von 1919 bis 1927.

aufgeführt wurden, ohne dass die Strafzwecke erwähnt wurden. Der **E 1962** (BT-Drs. IV/650) enthielt diese Formel nicht mehr, gegen die vor allem aus der Praxis schwere Bedenken erhoben worden waren, stattdessen als ersten Absatz in § 60 (Grundsätze der Strafzumessung) die Formel „Grundlage für die Strafzumessung ist die Schuld des Täters". Über die Strafzwecke sagt § 60 nichts; die nach seinem Absatz 2 namentlich in Betracht kommenden Tatsachen sind dieselben, die in § 46 Abs. 2 (i.d.F. des 2. StrRG) aufgeführt sind. In § 53 (Geldstrafe an Stelle von Freiheitsstrafe), in § 72, der die Strafaussetzung zur Bewährung behandelte, und schließlich in § 87 Abs. 1, der die Reihenfolge der Vollstreckung von Strafe und Maßregel regeln sollte, wurden als Gründe, die eine Freiheitsstrafe erfordern oder deren Vollstreckung oder den Vollzug der Strafe vor der Maßregel gebieten können, die Schuld des Täters und die Aufgabe der Strafe genannt, Straftaten entgegenzuwirken. Der von 14 Strafrechtslehrern, die den E 1962 für eine unbefriedigende Reformlösung hielten, erstellte Alternativentwurf[3] (AE) bestimmte wiederum in § 2 Abs. 2 „Die Strafe darf das Maß der Tatschuld nicht überschreiten" und in § 59 Abs. 2 „Das durch die Tatschuld bestimmte Maß ist nur insoweit auszuschöpfen, wie es die Wiedereingliederung des Täters in die Rechtsgemeinschaft oder der Schutz der Rechtsgüter erfordert". Den **Beratungen des Sonderausschusses Strafrecht** der 5. Wahlperiode lagen der im Sonderausschuss der 4.Wahlperiode unter Berücksichtigung der Vorschläge der Länderkommission nicht unwesentlich abgeänderte E 1962 sowie der AE zugrunde. Berücksichtigt wurden die Beratungen der Strafrechtslehrertagung in Münster. Ergebnis der Beratungen des Sonderausschusses war ein **Bekenntnis zum Schuldprinzip**, das in der Schuld den Grund und nicht, wie der AE, nur ein Begrenzungsmoment nach oben für die nach Präventionsgrundsätzen zu bemessende Strafe sieht, sowie zu der besonderen Bedeutung der **Spezialprävention** für die Strafzumessung, schließlich die Erkenntnis, dass man in einem beschränkten Umfang ohne (negative) **Generalprävention** nicht auskommen kann. Die Auffassung des Sonderausschusses, der sich der Bundestag im 1. StrRG angeschlossen hat, lässt sich dahin zusammenfassen, dass die konkrete Strafe die Präventionszwecke soweit erfüllen muss, wie dies möglich ist, ohne ihr Wesen als angemessene Antwort auf verschuldetes Unrecht zu verfälschen (vgl. insbes. Sitzungsniederschriften des Sonderausschusses für die Strafrechtsreform 5. Wahlperiode S. 2795f; Erster Schriftlicher Bericht des Sonderausschusses für die Strafrechtsreform, BT-Drs. V 4094 S. 4f).

Die **Strafzumessungsregelung des § 46** (§ 13 a.F.) stieß von Anfang an auf heftige **Kritik** (*Stratenwerth:* „Eine gesetzgeberische Fehlleistung von besonderem Range").[4] Die Normierung von Strafzumessungsgrundsätzen und -faktoren hat der tatgerichtlichen Strafzumessungsentscheidung jedoch immerhin eine praktisch handhabbare gesetzliche Basis gegeben, die durch die obergerichtliche Rechtsprechung inzwischen sehr weitgehend präzisiert und ausdifferenziert worden ist und so dem auch im Bereich der Rechtsfolgen zu beachtenden verfassungsrechtlichen Bestimmtheitsgrundsatz Rechnung trägt (BVerfGE **105** 135, 152ff; zweifelnd aber *SSW/Eschelbach* Rdn. 13). Die Diskussion um die Normen zur Strafzumessung ist freilich nicht beendet. Kritisiert wird, dass die Grundlagenformel des Absatzes 1, zumal angesichts unscharfer Konturen des von ihr verwendeten Schuldbegriffs,[5] unklar sei und keine eindeutigen Grenzen im Sinne eines klaren Verbots schuldüber- oder auch -unterschreitender Strafen benenne (*Streng* NK Rdn. 19ff). Absatz 2 wird als „strukturloses Sammelsurium potenziell erheblicher Straf-

3 Alternativ-Entwurf eines Strafgesetzbuches – Allgemeiner Teil 1966.
4 *Stratenwerth* Tatschuld und Strafzumessung S. 13; gegen ihn *Lackner* FS Gallas 117 ff.
5 *Kaspar* Gutachten C für den 72. DJT S. 63 ff.

zumessungsgründe“ geschmäht (*SSW/Eschelbach* Rdn. 13).[6] Ausgehend von der vielfach geäußerten Kritik, der gegenwärtige, durch weite Strafrahmen und große tatgerichtliche Spielräume bei der Strafzumessung gekennzeichnete Rechtszustand führe zu erheblichen **Strafzumessungsunterschieden**, hat sich der 72. Deutsche Juristentag in Leipzig (2018) mit der Frage von Reformen des gegenwärtigen Strafzumessungsrechts befasst, insbesondere damit, ob ein Systemwechsel in Richtung einer engeren Bindung der tatgerichtlichen Strafzumessung durch Leitlinien etwa nach dem Vorbild US-amerikanischer „sentencing guidelines“[7] empfehlenswert wäre, einen solchen jedoch abgelehnt[8] (Rdn. 297).

In der revisionsgerichtlichen Rechtsprechung des BGH spielen Fragen der Strafzumessung eine erhebliche Rolle. Dabei haben sich zum Teil strenge Grundsätze herausgebildet, deren Nichtanwendung zur Aufhebung von Urteilen im Strafausspruch führt. Die **Tendenz zur zunehmenden „Verrechtlichung“ der Strafzumessung**, die sich darin widerspiegelt, ist wenigstens zum Teil eine notwendige Folge der Reform des Strafzumessungsrechts in den 70er Jahren. Eine Entscheidung des Großen Senats für Strafsachen (BGHSt **34** 345) wollte der Verrechtlichung der Strafzumessung engere Grenzen setzen und die Strafbemessung weitgehend dem Tatgericht und seiner vom Revisionsgericht kaum überprüfbaren Gesamtwürdigung überlassen. Die erwartete Tendenzwende ist jedoch nicht eingetreten. Der BGH überprüft und beanstandet weiterhin in starkem Maße die Strafzumessung. Dies weisen auch die einschlägigen Rechtsprechungsübersichten aus, die seit 1981 in der NStZ erscheinen (von 1981 bis 1984 von *Mösl*, 1985 von *Müller*, von 1986 bis 1989 von *Theune* und seit 1990 von *Detter*). In jüngerer Zeit zeichnet sich allerdings in zwei Entscheidungen des Großen Senats für Strafsachen die Tendenz ab, den Entscheidungsspielraum der Tatgerichte zu vergrößern (vgl. BGHSt **62** 184; 247).

Übersicht

6 Vgl. auch *Kaspar* Gutachten C für den 72. DJT S. 66ff.
7 Vgl. hierzu *Meyer* ZStW **118** (2006) 512; *Walther* MschrKrim **2005** 362.
8 Vgl. *Kaspar* Gutachten C für den 72. DJT; Beschlüsse 3 und 4 des 72. DJT.

I. Sinn und Zweck der Vorschrift

§ 46 enthält Grundsätze sowie die wichtigsten Kriterien der Strafzumessung. Er gibt dem Tatgericht keine abschließende Regelung an die Hand. Absatz 1 spricht in der **Grundlagenformel** des Satzes 1 den **Gedanken des Schuldausgleichs** an und in Satz 2 mit den Wirkungen, die von der Strafe für das künftige Leben des Täters in der Gesellschaft zu erwarten sind, die **Spezialprävention**, ohne die zulässigen Strafzwecke abschließend zu umschreiben. Absatz 2 weist das Gericht an, bei der Strafzumessung die für und gegen den Täter sprechenden Umstände gegeneinander abzuwägen. Dabei führt das Gesetz eine Reihe solcher Umstände beispielhaft an, ohne zur Bewertungsrichtung bei der Abwägung Stellung zu nehmen. Die in § 46 Abs. 2 S. 2 genannten Strafzumessungsumstände sind grundsätzlich neutral formuliert und können daher im Einzelfall je nach ihrer konkreten Ausgestaltung strafschärfend oder strafmildernd berücksichtigt werden. Allerdings umfasst bereits der Strafzumessungsumstand „Verhalten nach der Tat" eine beispielhafte Nennung von Umständen, die nach ihrer Natur strafmildernde Berücksichtigung finden, nämlich das Bemühen, den Schaden wiedergutzumachen sowie einen Ausgleich mit dem Verletzten zu erreichen. Im Gegensatz hierzu enthält die am 1.8.2015 in Kraft getretene Ergänzung zu den Beweggründen und Zielen des Täters (rassistische, fremdenfeindliche oder sonstige menschenverachtende)[9] eine beispielhafte Aufzählung von besonders zu beachtenden Umständen, bei denen eine grundsätzlich strafschärfende Bedeutung anzunehmen ist (BT-Drs. 18/3007 S. 16). Absatz 3 schließt durch das sogenannte **Doppelverwertungsverbot** bestimmte Umstände von der Berücksichtigung bei der Strafzumessung aus. 1

Die Grundsätze des § 46 werden **ergänzt** durch andere Vorschriften desselben Titels: durch § 46a (Täter-Opfer-Ausgleich; Schadenswiedergutmachung) und § 46b (Hilfe zur Aufklärung oder Verhinderung von schweren Straftaten), die unter den dort jeweils geregelten Voraussetzungen eine Milderung oder das Absehen von Strafe ermöglichen; durch § 47, soweit es sich um die Bestimmung der Strafart handelt; durch § 49, soweit es um die Festlegung des im Einzelfall anzuwendenden Strafrahmens geht; durch § 50 für das Zusammentreffen von Milderungsgründen und durch § 51 für Anrechnungsfälle. 2

II. Grundlagen und Leitgesichtspunkte der Strafzumessung

Die Strafzwecke als Grundlagen der Strafe (Vor §§ 46 ff Rdn. 25 ff) sind für die Bewertung und Gewichtung der Strafzumessungstatsachen und die Bemessung der Strafe von großer Bedeutung, insbesondere auch der Stellenwert der unterschiedlichen Strafzwecke (Rdn. 40 ff). 3

1. Das Schuldprinzip. Aus dem verfassungsrechtlich begründeten Schuldgrundsatz folgt, dass Bestrafung Schuld voraussetzt. Für das „Ob" der Strafbarkeit kommt es nur darauf an, dass eine tatbestandsmäßige rechtswidrige Tat vorwerfbar ist. Die **Strafbegründungsschuld** betrifft die Frage, unter welchen Voraussetzungen dem Täter die Ver- 4

9 Gesetz zur Umsetzung von Empfehlungen des NSU-Untersuchungsausschusses des Deutschen Bundestages v. 12. Juni 2015 (BGBl. I S. 925).

wirklichung tatbestandsmäßigen Unrechts überhaupt vorgeworfen werden kann.[10] Der Grundsatz „Keine Strafe ohne Schuld“ (nulla poena sine culpa) verlangt Eigenverantwortung des Menschen, der sein Handeln selbst bestimmt und sich kraft seiner **Willensfreiheit** zwischen Recht und Unrecht entscheiden kann (BVerfGE **140** 317, 343). Schuld erfordert danach ein „Anders-Handeln-Können“ im Sinne freier Willensentscheidung. Zur **Willensfreiheit** hat sich der BGH von jeher bekannt und in ihr den Grund des Schuldvorwurfs gesehen (BGHSt **2** 194, 200f). Empirisch ist die Willensfreiheit weder be-, noch widerlegbar. Daran hat sich auch durch Ergebnisse der experimentellen Erforschung neuronaler Mechanismen im Labor nichts geändert, die teilweise zur Begründung einer deterministischen Sicht menschlichen Handelns herangezogen werden (*Hillenkamp* ZStW **127** (2015) 10, 75ff; *Müller-Dietz* GA **2006** 338). Angesichts der naturwissenschaftlich ungeklärten und voraussichtlich auch unaufklärbaren Frage der Existenz der menschlichen Willensfreiheit ist es legitim, dass sich das deutsche Rechtssystem für ein Menschenbild entschieden hat, das die Annahme eines freien Willens voraussetzt (*Hillenkamp* aaO S. 80).

5 Demgegenüber verzichtet der in der Lehre in verschiedenen Variationen vertretene **normative oder soziale Schuldbegriff** auf die Feststellung des Fehlgebrauchs der Willensfreiheit.[11] Schuld wird verstanden als unrechtes Handeln trotz normativer Ansprechbarkeit, die bei psychisch gesunden Erwachsenen und Abwesenheit von im Gesetz als schuldrelevant bewerteten Umständen (§§ 17, 33, 35) in zulässiger Weise postuliert werden darf.[12] Der im Schuldvorwurf steckende individuelle Vorwurf wird ersetzt durch einen **sozialen Tadel** wegen des Zurückbleibens hinter Verhaltensanforderungen, die der freiheitlich verfasste und daher die menschliche Freiheit anerkennende Staat an seine Bürger mit normaler Motivierbarkeit durch soziale Normen als Grundbedingung friedlichen Zusammenlebens stellen muss (*Lackner/Kühl* Vor § 13 Rdn. 23). Das Schuldurteil ist danach eine die Tat bewertende Kennzeichnung der sozialen Verantwortung des Täters. Ohne von der Willensfreiheit als naturwissenschaftlich-psychologischer Tatsache auszugehen, legt dieses Schuldverständnis normativ das dem Menschenbild des Grundgesetzes entsprechende Bild des in seinen Entscheidungen freien Menschen zugrunde, das auch der Selbstwahrnehmung der meisten Menschen entsprechen dürfte (*Radtke* MK Vor § 38 Rdn. 22). In der Konsequenz ergeben sich keine wesentlichen Unterschiede zu der Auffassung, die die menschliche Willensfreiheit als Faktum begreift.

6 Noch weitergehend definiert der **funktionale Schuldbegriff** Schuld als Derivat der Generalprävention und als Mittel zur Bekräftigung der durch die Tat geschwächten Norm;[13] die Schuldangemessenheit der Strafe wird danach von den Erfordernissen der Generalprävention bestimmt. Beim Schuldausgleich geht es pragmatisch um das Realisieren solcher tatbezogener Strafbedürfnisse der Allgemeinheit, deren systematische Nichtbeachtung die allgemeine Normbefolgungsbereitschaft in Frage stellen würde.[14] Die Zuschreibung von Schuld und die damit verbundene Bestrafung des Täters erfolgt zu dem Zweck, das durch die Straftat gestörte Normvertrauen der Rechtsgemeinschaft wieder zu stabilisieren. Dieser Lehre kann nicht zugestimmt werden, weil sie die strafbarkeitseinschränkende Funktion des Schuldprinzips zugunsten der Generalprävention

---

10 *C. Roxin* AT I § 19 Rdn. 54f; *Schäfer/Sander/van Gemmeren* Rdn. 574.

11 *Bockelmann* ZStW **75** (1963) 372; *Krümpelmann* GA **1983** 337ff; *C. Roxin* ZStW **96** (1984) 641, 650ff; *ders.* GA **2015** 489; *Schreiber* Der Nervenarzt **1977** 242; vgl. auch *Lackner* FS Kleinknecht 251f.

12 *C. Roxin* AT I § 19 Rdn. 36; *ders.* ZStW **96** (1984) 641, 652f.

13 *Jakobs* Schuld und Prävention (1976); *ders.* AT^2 17. Abschn. Rdn. 23ff, 27, 29ff; vermittelnd *Streng* Rdn. 16ff; *ders.* NStZ **1995** 161ff.

14 *Streng* NK Rdn. 19f; *ders.* Rdn. 15ff.

aufgibt.[15] Sie ist mit dem Schuldverständnis des geltenden Rechts nicht vereinbar.[16] Normbestätigungserwartungen und Selbstbestätigungsbedürfnisse der Mitbürger geben, jedenfalls solange sie empirisch nicht aufgeklärt sind, den Gerichten keinen verlässlichen Maßstab für die Strafzumessung.[17] Zutreffend ist allerdings, dass die Bedürfnisse der Prävention sich in der Ausgestaltung der Strafvorschriften, insbesondere in den Strafrahmen widerspiegeln, somit den Rahmen für den Schweregrad des Unrechts vorgeben, der dem Täter bei der Strafzumessung angelastet werden kann. Dies rechtfertigt aber nicht, bei der Strafzumessung die Strafe nochmals präventiven Bedürfnissen anzupassen.

2. Strafzumessungsschuld. Von der Strafbegründungsschuld wird die in § 46 Abs. 1 7
S. 1 zur Grundlage der Strafbemessung erklärte Strafzumessungsschuld abgegrenzt. Sie erfasst das **Maß der Vorwerfbarkeit** bei der Verwirklichung tatbestandsmäßigen Unrechts, an das wiederum die richterliche Strafzumessung anknüpft.[18]

Umstritten ist, inwieweit sich die Strafzumessungsschuld von dem Schuldbegriff der 8
Verbrechenslehre zulässiger Weise unterscheiden darf.[19] Die Theorie der tatproportionalen Strafzumessung (s. Rdn. 45f) sieht die Strafzumessungsschuld lediglich als *„Umschreibung des Tatunwerts, ggf. mit Abstrichen wegen geminderter Strafbegründungsschuld“*.[20] Einziger Bezugspunkt und Maßstab der Strafzumessung ist danach das durch ihren Handlungs- und Erfolgsunwert charakterisierte verschuldete Unrecht der Tat. Die Diskussion um die Inhalte der Strafzumessungsschuld ist insbesondere von Bedeutung dafür, ob und ggf. mit welchen Einschränkungen vom jeweiligen gesetzlichen Tatbestand nicht erfasste Tatsachen, wie Beweggründe und Gesinnungsmerkmale,[21] Vor- und Nachtatverhalten,[22] das Vorleben (hier insbes. auch Vorstrafen)[23] und die persönlichen Verhältnisse des Täters, bei der Strafzumessung berücksichtigt werden dürfen.[24] Um eine Harmonisierung zwischen den Elementen von Strafbegründung und Strafzumessung zu erreichen, will *Frisch* demgegenüber bestimmte Strafzumessungsumstände mit Hilfe eines erweiterten Unrechtsbegriffs erfassen (*Frisch* FS Müller-Dietz 237ff). Seine Annahme, Substrat des Unrechts sei die in der Straftat liegende Infragestellung des Rechts, die der Norm Schaden zufüge, koppelt das Unrecht indes von der im Rechtsgüterschutz liegenden Aufgabe des Strafrechts ab (*Radtke* MK Vor § 38 Rdn. 17).

Nach ständiger Rechtsprechung des BGH bilden die **Schwere der Tat** in ihrer Be- 9
deutung für die verletzte Rechtsordnung und der **Grad der persönlichen Schuld** des Täters die Grundlagen der Strafzumessung,[25] die miteinander verknüpft sind.[26] In dieser häufig verwendeten Formel sind die aus der Tatbestandslehre entwickelten Erfolgs- und

15 *Bock* ZStW **103** (1991) 636; *Hirsch* ZStW **106** (1994) 746, 752ff; *A. Kaufmann* Jura **1986** 225; *Radtke* MK Vor § 38 Rdn. 23 m.w.N.; *C. Roxin* AT I § 19 Rdn. 34; *Otto* AT § 12 Rdn. 27; *Schöneborn* ZStW **88** (1976), 349; *Sch/Schröder/Eisele* Vor §§ 13 ff Rdn. 117 m.w.N.
16 *Lackner/Kühl* Vor § 13 Rdn. 25; *Theune* LK[12] Rdn. 35.
17 *Radtke* MK Vor § 38 Rdn. 23; *Schöneborn* ZStW **88** (1976) 349.
18 *Achenbach* S. 2ff; *Kett-Straub/Kudlich* § 9 Rdn. 47; *Radtke* MK Vor § 38 Rdn. 15; *C. Roxin* AT I § 19 Rdn. 54f; *Schäfer/Sander/van Gemmeren* Rdn. 575f; *Sch/Schröder/Stree/Kinzig* Rdn. 8ff.
19 *Hörnle* S. 143ff; *Radtke* MK Vor § 38 Rdn. 16ff.
20 *Hörnle* S. 328.
21 *Frisch* FS Müller-Dietz 251f.
22 *Maurach/Gössel/Zipf/Dölling* § 63 Rdn. 50ff; Bruns I S. 562ff.
23 *Hörnle* S. 159ff.
24 *Hörnle* S. 269ff, 354, 396ff; *dies.* JZ **1999** 1085f.
25 BGHSt **20** 264, 266; BGH NStZ **2016** 277; NStZ-RR **2017** 103f.
26 BGH StV **1983** 332; NJW **1987** 2687.

Handlungskomponenten der Strafzumessungsschuld wiederzufinden.[27] Auch der BGH selbst verwendet in verschiedenen Entscheidungen die Begriffe des Handlungs- und des Erfolgsunwerts und sieht in ihnen die **Leitgesichtspunkte der Strafzumessung.**[28] Der **Erfolgsunwert** erfasst das Maß des verschuldeten Unrechts (Taterfolg und Folgen der Tat), der **Handlungsunwert** das Maß der Vorwerfbarkeit des Täterhandelns (insbes. Schuldminderungsgründe, Motive und Ziele, Planung und Vorbereitung, Maß der Pflichtwidrigkeit).[29]

10 Ausgehend vom positiven Recht kann sich die Strafzumessungsschuld allerdings nicht auf eine wertende Quantifizierung allein der Merkmale des verwirklichten Straftatbestandes beschränken.[30] Die in § 46 Abs. 2 S. 2 ausdrücklich genannten Strafzumessungstatsachen gehen über das strafbarkeitsbegründende Handeln hinaus. Auch Umstände, die vom gesetzlichen Tatbestand nicht erfasst sind, können den Schuldvorwurf mildern oder verstärken, wenn sie in der Tat relevant geworden sind. Dies gilt für **außertatbestandsmäßige Folgen** der Tat (Rdn. 134), wie z.B. psychische Schäden des Raubopfers, sowie tatferneres **Vor- und Nachtatverhalten** des Täters, wie z.B. Vorstrafen oder Schadenswiedergutmachung.

11 Die **Lebensführung** eines Angeklagten und sein außerhalb der Tatausführung liegendes Verhalten dürfen nur dann bei der Strafzumessung zu seinen Lasten berücksichtigt werden, wenn sie eine Beziehung zur Tat haben und Rückschlüsse auf eine höhere Tatschuld zulassen,[31] was in der Regel nicht der Fall ist. Der mangelnde Einsatz der Willens- und Charakterkräfte im Rahmen der allgemeinen, nicht strafbaren Lebensführung vor der Tat oder die fehlerhafte Bewertung der eigenen strafrechtlich noch nicht bedeutsamen Wünsche, Ziele und Handlungen sind nicht Grundlage der Strafzumessung (BGH NStZ **1984** 259). Auch in der Literatur besteht Einigkeit darüber, dass dem Angeklagten nur seine Tat, nicht aber sein Charakter oder die Art und Weise der Lebensführung angelastet werden darf.[32]

12 **3. Schuldausgleich und Belastungsgleichheit.** Soll Strafe dem Rechtsgüterschutz und Rechtsfrieden durch gerechten Schuldausgleich dienen, dann ist sie nicht allein nach dem Maß der Tatschuld, sondern auch danach zu bestimmen, mit welcher Strafe **im Zeitpunkt des Urteils** ein gerechter Schuldausgleich erreicht werden kann. Ein **langer Zeitablauf** zwischen Tat und Urteil führt nicht nur zu einer Minderung des Sühneanspruchs, weil das Strafbedürfnis allgemein abnimmt (BGHSt **52** 124, 141f), sondern erfordert auch eine gesteigerte Prüfung der Wirkungen der Strafe für den Täter (BGHSt **62** 184, 194; BGHR StGB § 46 Abs. 1 Schuldausgleich 35; vgl. Rdn. 234ff).

13 Die schuldangemessene Strafe kann je nach dem Grad der **Strafempfindlichkeit** des Täters verschieden sein (BGHSt **7** 28, 31).[33] Der Grundsatz der Schuldangemessenheit verlangt bei gleicher Tatschuld nicht eine objektiv gleiche Strafhöhe, sondern ein *„subjektiv gleiches Strafleiden“* (*Maurach/Gössel/Zipf/Dölling* § 63 Rdn. 116). Bei der Bemessung der Strafe können deshalb unter dem Gesichtspunkt der **Belastungsgleichkeit** zugunsten des Angeklagten Umstände Bedeutung erlangen, die das „Strafleid“ für ihn

---

27 *Schäfer/Sander/van Gemmeren* Rdn. 577.
28 BGHSt **36** 1, 18f; NStZ **2011** 170f; JZ **1988** 367; StV **1989** 15; Beschl. v. 23.4.2013 – 2 StR 610/12.
29 Übersicht bei *Schäfer/Sander/van Gemmeren* Rdn. 586.
30 *Streng* NK Rdn. 22; *ders.* Rdn. 527; *Sch/Schröder/Stree/Kinzig* Rdn. 9a; **krit.** *Radtke* MK Vor § 38 Rdn. 15.
31 BGH StV **1984** 21f; NStZ-RR **2001** 295; **2010** 25; BGHR StGB § 46 Abs. 2 Vorleben 3, 7–10, 12, 23, 27–29.
32 *Bruns* II S. 147; *Otto* AT § 12 Rdn. 23; *C. Roxin* AT I § 19 Rdn. 62f; *Schäfer/Sander/van Gemmeren* Rdn. 615, 648f.
33 *Sch/Schröder/Stree/Kinzig* Rdn. 54; **krit.** *Streng* JR **2007** 271; *ders.* StV **2009** 639f.

erhöhen. Im Anwendungsbereich der Geldstrafe wird diesem Gesichtspunkt durch die Orientierung der Tagessatzhöhe an den persönlichen und wirtschaftlichen Verhältnissen des Täters Rechnung getragen (§ 40 Abs. 2). Einer vergleichbar individualisierenden Sichtweise bedarf es auch bei der Bemessung von Freiheitsstrafen. Obgleich der BGH in diesem Zusammenhang auch auf § 46 Abs. 1 S. 2 hinweist, wonach die Wirkungen der Strafe auf das künftige Leben des Täters in der Gesellschaft zu berücksichtigen sind,[34] geht es tatsächlich ebenso um Schuldausgleich, weil die tragenden Gründe der milderen Bemessung der Strafe jeweils Umstände sind, die die „Sanktion empfindlicher machen"[35] oder zur „Verschärfung der staatlichen Reaktion auf die Straftat führen und deshalb bei der Bestimmung des gerechten Schuldausgleichs zu beachten sind",[36] oder weil der Ausgleich der Schuld durch eine geringere als die sonst schuldangemessene Strafe erreicht werden kann.[37]

Das **Bundesverfassungsgericht** hat die beim Bundesgerichtshof unter dem Gesichtspunkt des Schuldausgleichs geprüften Umstände in Anwendung des – dem Schuldgrundsatz nahestehenden[38] – **Verhältnismäßigkeitsgrundsatzes** für beachtlich angesehen und z.B. argumentiert: Infolge des Zeitablaufs veränderte Umstände können negative Wirkungen verstärken, die von einer staatlichen Sanktion für das künftige Leben des Betroffenen zu erwarten sind. Belastungen durch ein überlanges Verfahren können in ihren negativen Auswirkungen der Sanktion gleichkommen (BVerfG NJW **2003** 2225). Der Gedanke, dass den Täter treffende schwere Folgen der Tat einen gewissen Schuldausgleich herbeiführen können, hat in § 60 seinen gesetzlichen Niederschlag gefunden (BGHSt **27** 298; BGH NJW **1996** 3350). Die Annahme eines teilweisen Schuldausgleichs durch den Täter belastende besondere Umstände entspricht somit der Intention des Gesetzgebers. Die besonderen Umstände müssen allerdings einen gewissen Schweregrad erreicht haben (BGHSt **44** 125, 126). Die Berücksichtigung der Strafempfindlichkeit des Täters darf nicht die positiv-generalpräventiven, normbestätigenden Funktionen des Strafrechts außer Acht lassen und insbesondere nicht in eine „Klassenjustiz" münden.[39] **14**

Das Prinzip des gerechten Schuldausgleichs gebietet es unter dem Gesichtspunkt der Belastungsgleichkeit, bei der Bemessung der Strafe die **Gesamtwirkung** des Rechtsfolgenausspruchs unter Einbeziehung weiterer täterbelastender Folgen (poena naturalis) zu berücksichtigen.[40] **15**

Wird **neben Freiheitsstrafe eine Geldstrafe** verhängt, sind beide Sanktionen so miteinander zu verbinden, dass sie zusammen das Maß des Schuldangemessenen erreichen.[41] Das gilt auch für **Nebenstrafen und strafähnliche Maßnahmen** wie die Einziehung wertvoller Gegenstände nach § 74[42] oder den Verlust der Amtsfähigkeit (BGH NJW **2008** 929, 930). Demgegenüber stellt die mit der Einziehung von Taterträgen bzw. ihres Wertes (früher Verfall, §§ 73, 73a, 73c) verbundene Vermögenseinbuße keinen Strafmil- **16**

34 BGHR StGB § 46 Abs. 1 Schuldausgleich 2, 5, 8, 10, 22, 35.
35 BGHR StGB § 46 Abs. 1 Schuldausgleich 2, 22.
36 BGHR StGB § 46 Abs. 1 Schuldausgleich 10.
37 BGHR StGB § 46 Abs. 1 Schuldausgleich 7, 19, 25, 31; s. auch *Schäfer/Sander/van Gemmeren* Rdn. 717.
38 Vgl. aber *Frisch* NStZ **2013** 249.
39 *Streng* JR **2007** 271; *ders.* StV **2009** 639 f.
40 *Schäfer/Sander/van Gemmeren* Rdn. 712 ff; *Streng* Rdn. 532 ff.
41 BGHSt **32** 60, 66; **41** 20, 25; 278 f; BGH StV **1997** 633.
42 Bez. § 74 StGB a.F.: BGHR StGB § 46 Abs. 1 Schuldausgleich 6, 12, 16, 39; § 74 Rechtsfolge 1; BGH NStZ-RR **2012** 169 f; StV **2013** 565; **2015** 633; zum Charakter der Einziehung nach § 74 n.F. vgl. BT-Drs. 18/9525 S. 48; anders bei der Einziehung von Beziehungsgegenständen gem. § 261 Abs. 7, BGH Beschl. v. 25.11.2014 – 5 StR 490/14.

derungsgrund dar, da sie allein der Gewinnabschöpfung und damit dem Ausgleich unrechtmäßiger Vermögensverschiebung dient (BGH NJW **1995** 2235; NStZ-RR **2015** 281f, jew. betr. §§ 73, 73a a.F.; NStZ-RR **2018** 240).

17 **Strafe und Maßregel** verfolgen unterschiedliche Ziele, so dass die Anordnung einer Maßregel die Unterschreitung der schuldangemessenen Strafe nicht rechtfertigt (BGHSt **24** 132; BGH NStZ **2002** 535f). Zwar hat der BGH in Fällen erfolgreicher Anfechtung der Nichtanordnung einer Maßregel, insbesondere der Sicherungsverwahrung, die Urteilsaufhebung zugunsten des Angeklagten (§ 301 StPO) häufiger auch auf den Strafausspruch erstreckt, weil nicht auszuschließen sei, dass die Strafe niedriger ausgefallen wäre, wenn das Tatgericht zugleich auf Sicherungsverwahrung erkannt hätte.[43] Hieraus lassen sich indes keine Vorgaben für die tatgerichtliche Strafzumessung ableiten, zumal der BGH in anderen Entscheidungen eine Aufhebung der Strafe bei Aufhebung der Nichtanordnung der Maßregel abgelehnt und betont hat, dass zwischen Strafe und Maßregel keine Abhängigkeit bestehe.[44] Im Einzelfall kann allerdings eine Wechselwirkung zwischen beiden Rechtsfolgen vorliegen, wenn sich die für deren Anordnung jeweils wesentlichen Gesichtspunkte nicht voneinander trennen lassen.[45] Das verfassungsrechtliche Gebot, Strafe und Maßregel einander so zuzuordnen, dass die Zwecke beider Maßnahmen möglichst weitgehend erreicht werden, ohne dass dabei in das Freiheitsrecht des Betroffenen aus Art. 2 Abs. 2 S. 2 GG mehr als notwendig eingegriffen wird (BVerfGE **130** 372), betrifft vor allem die Ebene der Vollstreckung. Der BGH hat jedoch darauf hingewiesen, dass Strafbemessung und Unterbringung in einer Entziehungsanstalt in einer sinnvollen Wechselwirkung aufeinander abzustimmen sind.[46]

18 Die Verbüßung von **Untersuchungshaft** ist im Regelfall kein Strafmilderungsgrund, da sie nach § 51 Abs. 1 S. 1 grundsätzlich auf die zu vollstreckende Strafe angerechnet wird. Etwas anderes kann gelten, wenn mit ihrem Vollzug ungewöhnliche, über die üblichen Beschwernisse deutlich hinausgehende verbunden sind.[47]

19 Besondere **berufliche oder wirtschaftliche Folgen der Verurteilung** sind unter dem Gesichtspunkt des Schuldausgleichs bei der Strafzumessung ebenfalls zu berücksichtigen. Drohen einem Beamten wegen der Tat ein Disziplinarverfahren und der Verlust seiner Beamtenrechte oder seines Pensionsanspruchs, ist dies grundsätzlich ein wesentlicher Strafmilderungsgrund.[48] Das gilt jedenfalls dann, wenn der Täter durch diese Maßnahmen seine berufliche oder wirtschaftliche Existenzgrundlage verliert.[49] Dieselben Grundsätze werden auch bei anderen Berufen angewendet,[50] wie bei Rechtsanwälten,[51] Steuerberatern,[52] Apothekern[53] und selbständigen Unternehmern.[54] Ob infolge der strafmildernden Berücksichtigung dieses Umstandes und der daraus folgenden Verhängung einer geringeren Freiheitsstrafe der drohende Nachteil gar nicht eintritt, ist demge-

---

43 BGH NJW **1980** 1055f; NStZ **1990** 334f; **2015** 354f; NStZ-RR **2002** 38f; StV **2002** 480; BGHR StGB § 66 Abs. 1 Hang 3; Urt. v. 21.10.2004 – 4 StR 325/04; Beschl. v. 28.4.1992 – 1 StR 181/92.
44 BGHSt **7** 101, 103f; BGH StV **2017** 29, 31; BGHR StGB § 66 Strafausspruch 1; Urt. v. 28.4.2015 – 1 StR 594/14; Beschl. v. 6.9.2016 – 3 StR 283/16; **aA** *Fischer* Rdn. 71.
45 BGH NStZ-RR **2012** 72, 74; 289; Urt. v. 31.7.2013 – 2 StR 620/12.
46 BGHSt **33** 69; BGH StraFo **2013** 343; vgl. auch NStZ-RR **2014** 88.
47 BGH NJW **2006** 2645 m.w.N.; StraFo **2016** 347f; Urt. v. 13.10.2016 – 4 StR 248/16, Rdn. 22 m.w.N.
48 BGHSt **35** 148; BGH NJW **2013** 1892; BGH wistra **1988** 64; BGHR StGB § 46 Abs. 1 Schuldausgleich 2, 18, 43.
49 BGH NStZ **1987** 133, 134; **1987** 550; **2006** 393; **2015** 277, 278; StV **1991** 207; **2010** 479f; **2016**, 557.
50 BGHR StGB § 46 Abs. 1 Schuldausgleich 5.
51 BGH StV **1991** 2007; BGHR StGB § 46 Abs. 1 Schuldausgleich 8, 44.
52 BGH wistra **1991** 300; **2016** 29.
53 BGHR StGB § 46 Abs. 1 Schuldausgleich 23.
54 BGH Beschl. v. 16.3.1993 – 4 StR 65/93.

genüber irrelevant. Diese „Doppelbegünstigung" muss hingenommen werden, weil nur so eine zu harte und insoweit ungerechte Reaktion des Staates vermeidbar ist (BGHSt **35** 148, 151). Im Übrigen kann in derartigen Fällen ein gerechter Schuldausgleich häufig dadurch hergestellt werden, dass neben der ermäßigten Freiheitsstrafe eine Geldstrafe (§ 41) verhängt wird oder bei der Strafaussetzung zu Bewährung fühlbare Auflagen erteilt werden.[55]

Von der Strafmilderung sind Folgen ausgenommen, die **typische Auswirkungen** 20 oder gar Tatbestandsmerkmale (vgl. z.B. § 109) einer Tat sind.[56] Nachteilige Folgen für den Täter, die er zwar nicht gewollt, aber bewusst auf sich genommen hat, dürfen in der Regel nicht strafmildernd berücksichtigt werden. Bei Tatbegehung **nicht absehbare Folgen** dürfen jedoch zugunsten des Angeklagten in die Abwägung eingestellt werden (BGH NStZ-RR **2016** 107). Dies gilt auch für außergewöhnlich hohen Druck der **medialen Berichterstattung**, der mit einer erheblichen seelischen Belastung für den Angeklagten verbunden ist (BGH NStZ-RR **2008** 343). Wer allerdings an exponierter Stelle in Ausübung seines Amtes Verfehlungen begeht, muss mit einem besonderen Interesse an seiner Person und seiner Amtsausübung auch für den Fall der Durchführung eines Strafverfahrens rechnen (BGHSt **52** 220, 222; dazu **krit.** *Streng* JR **2009** 77).

Unter dem Begriff des **Härteausgleichs** erlangt der Schuldausgleichsgedanke bei 21 der Kompensation von Nachteilen Bedeutung, die dem Täter bei der **Gesamtstrafenbildung** aus Zufälligkeiten des Verfahrensablaufs entstehen: Wenn die an sich gebotene Einbeziehung einer früher verhängten Strafe deswegen nicht mehr möglich ist, weil diese **bereits vollstreckt** ist, hat das Gericht eine darin ggf. liegende Härte bei der Bemessung der Strafe für die nunmehr abzuurteilende Tat auszugleichen.[57] Dasselbe gilt, wenn wegen der Zäsurwirkung eines früheren Urteils zum Nachteil des Angeklagten die Bildung einer Gesamtstrafe nicht möglich ist und dadurch das Gesamtstrafübel dem Unrechts- und Schuldgehalt der Taten nicht mehr gerecht wird.[58] In diesem Fall müssen unter Umständen geringere Einzelstrafen verhängt werden als sonst angemessen wären.[59] Dem Schuldausgleichsgedanken ist auch Rechnung zu tragen, wenn bei getrennter Aburteilung die Bildung einer Gesamtstrafe aus einer Jugendstrafe und einer Freiheitsstrafe des allgemeinen Strafrechts nicht zulässig ist[60] oder eine nachträgliche Gesamtstrafenbildung daran scheitert, dass das frühere Urteil auf eine Gesamtstrafe erkannt hat, aber keine Einzelstrafe enthält (BGHSt **43** 34). Ein Härteausgleich ist auch in Fällen vorzunehmen, in denen es zu einer Gesamtstrafenbildung deswegen nicht kommt, weil ausländische Strafen nicht gesamtstrafenfähig sind, sofern eine Aburteilung der Auslandstat auch im Inland nach deutschem Recht möglich gewesen wäre.[61] Wenn diese Voraussetzung nicht erfüllt ist oder eine Aburteilung im Inland nur unter dem Aspekt der stellvertretenden Strafrechtspflege (§ 7 Abs. 2 Nr. 2) möglich gewesen wäre, soll demgegenüber ein Nachteilsausgleich nicht geboten sein, weil die Möglichkeit der Verhängung einer (milderen) Strafe in einem einzigen Verfahren in Deutschland tatsächlich nie bestanden hätte und es deshalb nicht „zufällige" Umstände seien, die eine Gesamtstrafenbildung verhindert hätten (BGH JR **2010** 130 m. **krit.** Anm. *van Gemmeren*). Eine ausländische Vorverurteilung, die an innerstaatlichen Maßstäben gemessen gesamtstrafen-

55 BGH Urt. v. 5.12.2000 – 1 StR 411/00.
56 BGH wistra **2005** 458; *Sch/Schröder/Kinzig/Stree* Rdn. 55.
57 BGHSt **31** 102; BGH NJW **1989** 236; **2011** 868; NStZ-RR **2008** 370; wistra **2002** 422.
58 BGH NStZ **2000** 137 m.w.N.; **2002** 196; StV **2007** 632.
59 BGHSt **41** 310, 313; BGH NJW **2011** 868.
60 BGHSt **14** 287; **36** 270, 275; BGH NStZ-RR **2007** 168, 169; **2008** 388.
61 BGHSt **43** 79, 80; BGH NJW **2000** 1964,1965; **2010** 2677, 2678; NStZ **1998** 134; **2008** 709, 710; NStZ-RR **1998** 204; **2000** 105.

fähig wäre, ist aber jedenfalls mit Blick auf das Gesamtstrafübel im Rahmen der allgemeinen Strafzumessung zu berücksichtigen (BGH NJW **2010** 2677f; BGHR StGB § 55 Abs. 1 S. 1 Härteausgleich 22).

22 Auf welche Weise das Tatgericht den Härteausgleich vornimmt, steht in seinem Ermessen. Bei Bildung einer Gesamtstrafe kann es von einer unter Heranziehung der bereits vollstreckten Strafe gebildeten „fiktiven Gesamtstrafe" ausgehen und diese um die vollstreckte Strafe mindern oder den Umstand, dass eine Gesamtstrafenbildung mit der früheren Strafe ausscheidet, unmittelbar bei der Festsetzung der neuen Strafe berücksichtigen (BGH NJW **2011** 868). Erforderlich ist nur, dass es einen angemessenen Härteausgleich vornimmt und dies den Urteilsgründen zu entnehmen ist (BGHSt **31** 102; **33** 131). Der Härteausgleich kann dazu führen, dass bei der Gesamtstrafenbildung die Untergrenze des § 54 Abs. 1 S. 2 unterschritten wird.[62] Die Höchstgrenze des § 54 Abs. 2 S. 2, die bei der nicht mehr möglichen Gesamtstrafenbildung mit der verbüßten Strafe hätte eingehalten werden müssen, ist bei der Zumessung der neuen Strafe in der Weise zu berücksichtigen, dass die Summe der vollstreckten und der neuen Strafe diese Grenze nicht überschreitet.[63] Kann der Ausgleich nicht bei der Gesamtstrafenbildung erfolgen, ist der Nachteil bei der Bemessung der Einzelstrafe zu kompensieren (vgl. BGHSt **36** 270, 276; **43** 79, 80).

23 Strafverbüßung infolge eines früheren Fehlurteils ist generell unter dem Gesichtspunkt des Schuldausgleichs ebenso zugunsten des Angeklagten zu berücksichtigen[64] wie der Umstand, dass dem Angeklagten wegen derselben Tat eine **erneute Bestrafung** im Ausland droht.[65] Wird der Angeklagte – ohne Verstoß gegen das Verbot der Doppelbestrafung – nach einer zu Unrecht erfolgten Verurteilung wegen Hehlerei nachträglich als Täter des Raubes verurteilt, aus dem das Hehlgut stammt, so ist die Tatsache, dass der Angeklagte wegen des Ansichbringens der geraubten Sache bereits bestraft ist, strafmildernd zu berücksichtigen, und zwar unabhängig von der Frage, ob die Verurteilung wegen Hehlerei in einem späteren Verfahren in Wegfall gebracht werden kann (BGHSt **35** 60, 66).

24 **Schwere Erkrankungen** (z.B. Aids, Schlaganfall, Diabetes, Krebs, Schizophrenie), die eine höhere Strafempfindlichkeit oder sogar eine kürzere Lebenserwartung des Angeklagten zur Folge haben, sind in der Regel strafmildernd zu berücksichtigen.[66] Bei einer schweren Erkrankung ist nicht nur strafmildernd zu berücksichtigen, dass die Verbüßung einer Strafe den Verurteilten möglicherweise härter treffen wird als einen gesunden Menschen. Ein wesentlicher Umstand bei der Strafzumessung kann auch die deutlich herabgesetzte Lebenserwartung sein (BGH Beschl. v. 19.6.2007 – 3 StR 214/07). In solchen Fällen bedarf es vor dem Hintergrund, dass einem zu Freiheitsstrafe Verurteilten grundsätzlich eine realistische Chance auf Wiedererlangung seiner Freiheit verbleiben muss,[67] im Urteil einer ausdrücklichen Erörterung, ob ein Ausgleich der Schuld möglicherweise durch eine geringere als die sonst schuldangemessene Strafe erreicht werden kann.[68] Auch ein **fortgeschrittenes Lebensalter** kann Strafmilderungsgrund sein.[69]

---

62 BGHSt **31** 102, 104 = NStZ **1983** 260 m. Anm. *Loos* = JR **1983** 249 m. Anm. *Vogt*.
63 BGHSt **33** 131, 132f; s.a. *Bringewat* NStZ **1987** 385.
64 BGH StV **1991** 460.
65 BGH StV **1992** 155.
66 BGH NStZ-RR **2008** 105; BGHR StGB § 46 Abs. 1 Schuldausgleich 3, 7, 13, 19, 25, 31; BGH Beschl. v. 6.10.2004 – 5 StR 345/04.
67 BVerfGE **45** 187, 228f, 239.
68 BGHR StGB § 46 Abs. 1 Schuldausgleich 3 und 7; BGH Beschl. v. 25.1.2018 – 3 StR 613/17.
69 BGH JR **2007** 296 m. Anm. *Streng* JR **2007** 271; BGHR StGB § 46 Abs. 1 Schuldausgleich 20; BGH wistra **2001** 388.

Dass eine Angeklagte schwanger ist und die Geburt ihres Kindes voraussichtlich in die Zeit des Freiheitsentzugs fällt, ist dann kein Strafmilderungsgrund, wenn die Strafe in einer Haftanstalt vollzogen wird, in der entsprechend den Vollzugsrichtlinien Einrichtungen bestehen, die eine erhöhte Wirkung der Strafe auf die Mutter vermeiden (BGHSt **44** 125).

Aus der **Ausländereigenschaft** allein ergibt sich noch keine strafmildernd zu beachtende besondere Haftempfindlichkeit (Rdn. 175). Nur besondere Umstände wie Verständigungsprobleme, abweichende Lebensbedingungen und erschwerte familiäre Kontakte können ausnahmsweise zu einer anderen Beurteilung führen.[70] Auch diese Umstände verlieren ihre Bedeutung, wenn die Strafvollstreckung überwiegend im Heimatland erfolgen kann.[71] **Ausländerrechtliche Folgen** sind regelmäßig keine bestimmenden und damit in den Urteilsgründen zu erörternden Strafmilderungsgründe. Anderes kann nur dann gelten, wenn zusätzliche Umstände eine Ausweisung als besondere Härte erscheinen lassen.[72] 25

4. Spezialprävention. Neben der Schuld gehört die Spezialprävention zu den Strafzumessungsmaximen (BGHSt **62** 184, 196). § 46 Abs. 1 S. 2, wonach bei der Strafzumessung die Wirkungen der Strafe zu berücksichtigen sind, die für das künftige Leben des Täters in der Gesellschaft zu erwarten sind, wird von der herrschenden Meinung dem Strafzweck der Spezialprävention zugeordnet, der (nur) im Rahmen der schuldangemessenen Strafe berücksichtigt werden darf.[73] Die tatnahen und konkret vorhersehbaren nachteiligen Wirkungen der Strafe sind bereits unter dem Gesichtspunkt des Schuldausgleichs zugunsten des Angeklagten zu würdigen (Rdn. 12ff). In diesem Sinne umfasst § 46 Abs. 1 S. 2 auch einen Auftrag an die Gerichte, die besonderen Wirkungen einer Strafe auf den konkreten Täter zu berücksichtigen, um so zu einem gerechten Schuldausgleich zu gelangen (*Miebach/Maier* MK Rdn. 44; *Schäfer/Sander/van Gemmeren* Rdn. 717 ff). 26

Der BGH entnimmt § 46 Abs. 1 S. 2 das Gebot, Art und Umfang der Strafe so zu bestimmen, dass ihr Resozialisierungszweck erfüllt werden kann (BGHR StGB § 46 Abs. 1 Wiedereingliederung 2). Nach der gesetzlichen Konzeption hat der Strafzweck der **positiven Spezialprävention** (Besserung) in erster Linie Bedeutung für die **Wahl der Strafart**, also bei Entscheidungen über die Verwarnung mit Strafvorbehalt (§ 59 Abs. 1), die Verhängung einer Geldstrafe anstelle einer kurzen Freiheitsstrafe (§ 47) oder die Strafaussetzung zur Bewährung (§ 56). Bei der Ahndung geringerer Straftaten gibt das Gesetz „ambulanten" Sanktionen, also solchen ohne Freiheitsentzug, grundsätzlich den Vorzug. Empirische Ergebnisse weisen auf eine gewisse „Austauschbarkeit der Sanktionen" hin: Innerhalb ihres jeweiligen Anwendungsbereichs wirken sich ambulante Sanktionen zwar nicht ohne weiteres positiv auf die Rückfallquote aus; sie führen aber auch nicht zu höheren Rückfallraten als vollstreckbare Freiheitsstrafen.[74] Vor diesem Hintergrund sprechen letztlich Verhältnismäßigkeitserwägungen für einen Vorrang von Sanktionen ohne Freiheitsentzug.[75] 27

Die (Re-)Sozialisierung des Täters ist **Aufgabe des Strafvollzugs** (vgl. § 2 S. 1 StVollzG sowie entsprechende landesrechtliche Regelungen). Auf einen an diesem Ziel 28

---

70 BGHSt **43** 233; BGH NStZ **2006** 35; NStZ-RR **2010** 337, 338.
71 BGHSt **43** 233 f; BGHR StGB § 46 Abs. 2 Ausländer 1–4.
72 BGH NStZ-RR **2000** 297, 298; **2004** 11, 12; NStZ **2002** 196; **2012** 147; StV **2008** 298; **2018** 559, 560; BGHR StGB § 46 Abs. 2 Ausländer 5 und 6; Lebensumstände 17; BVerfG Beschl. v. 29.3.2007 – 2 BvR 617/07.
73 *Streng* NK Rdn. 33; *SSW/Eschelbach* Rdn. 28; *Schäfer/Sander/van Gemmeren* Rdn. 803 ff; BGHR StGB § 46 Abs. 1 Spezialprävention 6 m.w.N.
74 *Meier* JZ **2010** 114 f; *Streng* Rdn. 542, jeweils m.w.N.
75 *Radtke* MK Vor § 38 Rdn. 48.

ausgerichteten Strafvollzug hat der Strafgefangene einen durch Art. 2 Abs. 1 GG i.V.m. Art. 1 Abs. 1 GG vermittelten Anspruch.[76] Für die Erzielung von Besserungseffekten kommt es auf die konkrete Ausgestaltung der Sanktion an (*Radtke* MK Vor § 38 Rdn. 50). Die Ergebnisse der neueren kriminologischen Forschung belegen nicht die ernüchternde These des *„nothing works"*; festgestellt wurde freilich nur eine mäßige Rückfallverminderung durch Behandlung. Mit dieser Einschränkung erfolgversprechend sind danach solche Behandlungsmaßnahmen, die der unterschiedlichen Gefährlichkeit der Täter, den individuellen Ursachen der Tat und der unterschiedlichen Ansprechbarkeit von Tätern auf bestimmte Behandlungsprogramme Rechnung tragen, wobei sich bislang kognitiv-behavioristische und soziale Lernprogramme als am wirksamsten erwiesen haben.[77]

29 Vor dem Hintergrund der begrenzten und nur mit differenzierten Behandlungsmethoden erreichbaren Resozialisierungserfolge im Strafvollzug verbieten sich Strafschärfungen, die sich auf die Pauschalbegründung stützen, eine bestimmte Strafdauer sei erforderlich, um den (erwachsenen) Täter im Strafvollzug „erzieherisch" zu beeinflussen (anders aber BGHR StGB § 46 Abs. 1 Spezialprävention 2). Der positiven Spezialprävention zuzurechnende Erwägungen haben im Rahmen des Strafzumessungsvorgangs demgegenüber eine wichtige zugunsten des Angeklagten wirkende **Korrektur- und Begrenzungsfunktion**:[78] Unbeabsichtigte Nebenwirkungen der (Freiheits-)Strafe sollen vermieden, ein bisher sozial angepasster Täter möglichst nicht aus der sozialen Ordnung herausgerissen werden (BGHSt **24** 40, 42f; BGHR StGB § 46 Abs. 1 Spezialprävention 3). Ähnliches gilt, wenn nach der Tat eine Stabilisierung der Lebensverhältnisse des Täters eingetreten ist (BGH StV **2012** 16; StraFo **2017** 242, 245). Bei der Verhängung einer sehr hohen Freiheitsstrafe gegen einen jungen Angeklagten ist der Gefahr Rechnung zu tragen, dass wegen des Fehlens jeglicher Perspektive für ein eigenverantwortliches Leben die anzustrebende Wiedereingliederung in die Gesellschaft nicht erreicht werden könnte (BGHR StGB § 46 Abs. 1 Wiedereingliederung 2).

30 Auf der Grundlage der von ihm vertretenen Spielraumtheorie (Rdn. 49 ff) hält der BGH die **Unterschreitung der schuldangemessenen Strafe** aus (spezial-)präventiven Gesichtspunkten für unzulässig.[79] Demgegenüber sieht ein Teil der Literatur sie für grundsätzlich zulässig an.[80] Im Gesetzgebungsverfahren wurde bei der Formulierung des § 13 a.F., dem § 46 entspricht, eine Festlegung hinsichtlich dieser umstrittenen Frage bewusst vermieden.[81] Das Schuldprinzip steht einer schuldunterschreitenden Strafe zwar nicht entgegen.[82] Da Strafe der Normbekräftigung zu dienen hat, muss sie allerdings eine angemessene Antwort auf die Tat bleiben, um nicht das Rechtsbewusstsein der Allgemeinheit zu untergraben.[83] Dies konzedieren auch die Befürworter der Möglichkeit einer spezialpräventiv motivierten Schuldunterschreitung.[84]

---

76 Vgl. BVerfGE **98** 169, 200; **116** 69, 85 f; BVerfGK **19** 157, 162; **19** 306, 315; **20** 307, 312.

77 *Lösel/Schmucker* S. 160 ff; *Meier* S. 32 ff; *ders.* JZ **2010** 115 f; *Schöch* in: *Jehle* **1996** 298 f; *H.J. Schneider* S. 37 f; *ders.* JR **2011** 287, 298.

78 S. auch *Streng* NK Rdn. 34.

79 BGHSt **24** 132, 134; **29** 319, 321; NJW **1978** 174 f; so auch *Bruns* MDR **1987** 177, 178; *ders.* FS Welzel 739, 746 f; *Schaffstein* FS Gallas S. 105.

80 *Lackner* S. 24 f; *Meier* S. 167; *C. Roxin* AT I § 3 Rdn. 54; *ders.* FS Volk 601, 614 ff; *ders.* ZStW **96** (1984) 641, 657; *Sch/Schröder/Stree/Kinzig* Rdn. 5; in der Tendenz auch *Schäfer/Sander/van Gemmeren* Rdn. 827; **aA** *Bruns/Güntge* Kap. 7 Rdn. 27; zum Ganzen *Bruns* FS Dreher 251; *Tomforde* 136 ff.

81 Vgl. Sitzungsniederschriften des Sonderausschusses für die Strafrechtsreform 5. Wahlperiode S. 2795 f; Erster schriftlicher Bericht des Sonderausschusses für die Strafrechtsreform, BT-Drs. V/4094 S. 4 f.

82 *Radtke* MK Vor § 38 Rdn. 57; zweifelnd *SSW/Eschelbach* Rdn. 27.

83 *Miebach/Maier* MK Rdn. 76; *Streng* NK § 56 Rdn. 48.

84 *Lackner* S. 24 f; *Meier* S. 167 f; *C. Roxin* FS Volk 601, 614; *Sch/Schröder/Stree/Kinzig* Rdn. 5.

Die negativ-spezialpräventiven Strafzwecke der (individuellen) **Abschreckung und Sicherung** können grundsätzlich im Rahmen des Schuldangemessenen bei der Strafzumessung verwertet werden.[85] Zu der Aussage, dass diese berücksichtigt werden dürfen, sah sich der BGH allerdings vor allem in Fällen veranlasst, in denen die Strafschärfung rechtlicher Überprüfung nicht standhielt.[86] Zulässig soll es sein, die „besondere Anfälligkeit des Täters für Straftaten der abgeurteilten Art" – m.a.W. seine Rückfälligkeit – unter dem Gesichtspunkt der Individualabschreckung strafschärfend zu berücksichtigen (BGHSt **17** 321, 324). Dies unterliegt erheblichen Bedenken, da der rückfällige Täter sich bereits von früheren Verurteilungen nicht hat abschrecken lassen (*Streng* Rdn. 540; *ders.* NK Rdn. 35). Hohe Rückfallhäufigkeit und -frequenz sprechen allerdings für eine erhöhte Gefährlichkeit des Täters, die unter dem Gesichtspunkt seiner (längerfristigen) Sicherung eine Strafschärfung rechtfertigen kann. Da dabei das Maß des Schuldangemessenen nicht überschritten werden darf, ist die Sicherungswirkung zeitiger Freiheitsstrafen freilich begrenzt. Spezialpräventive Aufgaben, die die Strafe wegen ihrer Bindung an die Schuld des Täters nicht erfüllen kann, übernehmen im zweispurigen Sanktionssystem die Maßregeln der Besserung und Sicherung.[87] 31

5. Negative Generalprävention

a) Zulässigkeit der strafschärfenden Berücksichtigung. Daraus, dass § 46 StGB generalpräventive Zwecke nicht erwähnt, folgt nicht die Unzulässigkeit ihrer Berücksichtigung.[88] Allerdings steht die h.M. in der Literatur der strafschärfenden Verwertung negativ-generalpräventiver Gesichtspunkte vor allem im Hinblick auf ihre fehlende Legitimierung skeptisch bis ablehnend gegenüber, weil die abschreckende Wirkung hoher Strafen durch empirische Studien bislang wenig Bestätigung erfahren hat (vgl. Vor § 46 Rdn. 27).[89] Nach der Rechtsprechung des BGH kann zwar der Gedanke der Abschreckung anderer grundsätzlich strafschärfend herangezogen werden. Anknüpfend an **bestimmte Arten von Straftaten** verfolge dieser den Zweck, durch die Härte des Strafausspruchs ein Gegengewicht zu der Versuchung oder Neigung zu schaffen, Gleiches wie der Angeklagte zu tun (BGHSt **17** 354, 357). Werden bestimmt Delikte nur von **bestimmten Täterkreisen** begangen, so könne es genügen, die abschreckende Wirkung auf sie zu beschränken. Das könne der Fall sein bei ausländischen Drogenhändlern, um ihnen den Anreiz zu nehmen, wegen der in anderen Ländern drohenden harten Strafen den Drogenhandel aus solchen Ländern in die (aus der Sicht der Täter) weniger gefährliche Bundesrepublik Deutschland zu verlagern (BGH bei *Dallinger* MDR **1975** 195; NStZ **1982** 112 mit **krit.** Anm. *Wolfslast*). Insgesamt spielt der Gesichtspunkt der negativen Generalprävention in der Rechtsprechung des BGH allerdings eine geringe Rolle (BGHSt **45** 270, 307). Eine Strafschärfung aus Gründen der negativen Generalprävention (vgl. Vor § 46 Rdn. 27) wird im Rahmen der schuldangemessenen Strafe nur unter engen – in der Praxis sehr selten erfüllten – Voraussetzungen als zulässig angesehen. 32

---

85 BGHSt **17** 321, 324; *Bruns* II S. 97; *Streng* Rdn. 540; *ders.* NK Rdn. 35.

86 BGHSt **20** 264, 267; BGH NStZ-RR **2017** 305; StV **1993** 302; BGHR StGB § 46 Abs. 1 Schuldausgleich 21; Spezialprävention 1 und 4; Strafhöhe 3; § 46 Abs. 2 Wertungsfehler 25.

87 BVerfGE **109** 133, 173 f; BGHR StGB § 46 Abs. 1 Spezialprävention 6; Beschl. vom 7.7.1998 – 5 StR 308/98; vgl. auch *Kaspar* ZStW **127** (2015) 654.

88 *Sch/Schröder/Stree/Kinzig* Rdn. 5; *Streng* NK Rdn. 33; zweifelnd *SSW/Eschelbach* Rdn. 33 ff.

89 *Hassemer/Neumann* NK Vor § 1 Rdn. 281 ff; *Meier* S. 27 ff, *Miebach/Maier* MK Rdn. 58; *Radtke* MK Vor § 38 Rdn. 35 ff, *C. Roxin* AT I § 3 Rdn. 25; *Sch/Schröder/Stree/Kinzig* aaO; *Streng* Rdn. 544.

33 **b) Voraussetzungen und Grenzen der Berücksichtigung von Abschreckungszwecken.** Nach der Rechtsprechung kann ein Abschreckungsbedürfnis strafschärfend als „Nebenstrafzweck"[90] (nur) **innerhalb des Spielraums für die schuldangemessene Strafe** (Rdn. 49ff) mitberücksichtigt werden.[91] Diese Begrenzung lässt es nicht zu, dass für Fälle, die objektiv in den Bereich der kleinen und mittleren Kriminalität gehören, unter Berufung auf den – in diesem Bereich möglicherweise erreichbaren (vgl. *Meier* S. 27ff; *Streng* Rdn. 65) – Abschreckungszweck hohe Strafen ausgesprochen werden.

34 Bei Straftaten, die **Ausnahmecharakter** haben oder aus einer besonderen **Konfliktlage** entstehen, scheidet der Abschreckungszweck als strafschärfender Aspekt von vornherein aus, weil sich Täter in ähnlicher Lage durch den Gedanken an eine höhere oder geringere Strafe nicht beeindrucken lassen werden,[92] so zum Beispiel im Fall der Mutter, die aus Verzweiflung ihr Kind tötet und anschließend versucht, sich selbst das Leben zum nehmen (BGH JR **1969** 187 mit Anm. *Koffka*). Herangezogen werden dürfen nur Umstände, die über die bei der Bestimmung eines konkreten Strafrahmens vom Gesetzgeber bereits berücksichtigte allgemeine Abschreckung hinausgehen. Erforderlich kann eine Strafschärfung nur sein, wenn sich eine **gemeinschaftsgefährdende Zunahme** solcher oder ähnlicher Straftaten, wie sie zur Aburteilung stehen, feststellen lässt.[93] Eine solche, zu belegende Feststellung ist allenfalls selten möglich. Die Aussage, die ständig steigende Zahl der Drogentoten sei allgemeinkundig und brauche deshalb auch in der Hauptverhandlung nicht erörtert zu werden (BGHR BtMG § 29 Strafzumessung 14), ist zu undifferenziert.

35 Es gibt keine Gruppe von Straftaten, bei der ihrer Art nach eine Strafverschärfung aus Gründen der Generalprävention ohne weiteres geboten ist. Jedoch wurde bei **bestimmten Delikten** der Abschreckungsgedanke angesprochen, so bei Vergehen des Verbreitens von NS-Propagandamitteln,[94] in Fällen gefährlicher Agententätigkeit,[95] bei einer Verurteilung wegen Steuerhinterziehung in Millionenhöhe,[96] überhaupt bei umfangreichen Wirtschaftsstraftaten und organisierter Kriminalität,[97] ferner bei Straftaten gegen die Umwelt,[98] bei nach der Art der Tatausführung besonders gefährlichen sexuellen Angriffen (Gruppenvergewaltigung einer Anhalterin),[99] bei Verwendung einer Form der Erpressung, die jedermann als eine Methode im Ausland agierender, besonders gefährlicher krimineller Vereinigungen bekannt ist („Mafiamethoden") und den Rechtsfrieden deshalb empfindlich stört,[100] sowie in „Raserfällen" wegen der signifikanten Zunahme tödlicher Verkehrsunfälle innerorts aufgrund deutlich überhöhter Geschwindigkeit.[101]

36 **Kein Anlass** zur Strafschärfung aus generalpräventiven Gründen sind: generalpräventive Erwägungen des Gesetzgebers, die in einem erhöhten Strafrahmen zum Ausdruck kommen;[102] das besondere Interesse der Öffentlichkeit an dem Verfahren, wo-

---

90 BGHSt **7** 28.
91 BGHSt **28** 318, 326; BGH NStZ **1983** 501; **1984** 409; **1986** 358; **1988** 309; **1997** 336; **2002** 489; StV **1984** 71.
92 BGH StV **2001** 453; **2005** 387; StraFo **2005** 515; BGHR StGB § 46 Abs. 1 Generalprävention 3.
93 BGH NStZ **1982** 463; **1983** 501; **1984** 409; **1986** 358; **1988** 309; **1996** 79; NStZ-RR **2013** 240; NJW **2017** 3011, 3013; StV **1994** 424; **2001** 680; BGHR StGB § 46 Abs. 1 Generalprävention 2 und 7.
94 BGH Urt. v. 13.6.1979 – 3 StR 127/79.
95 BGHSt **28** 318, 326f.
96 BGHR StGB § 46 Abs. 1 Generalprävention 1; BGH Beschl. v. 28.6.1978 – 3 StR 199/78.
97 BGHR StGB § 46 Abs. 1 Generalprävention 6.
98 BGHR StGB § 46 Abs. 1 Generalprävention 4.
99 BGH NStZ **1996** 79.
100 BGH NStZ **1992** 275.
101 BGH NJW **2017** 3011, 3013.
102 BGH StV **1984** 71; BGHR StGB § 46 Abs. 1 Generalprävention 5.

durch Tat, Strafmaß und seine Begründung in hohem Maße bekannt werden;[103] der Aufbau einer Hemmschwelle gegen sexuelle Kontakte zwischen nahen Verwandten und die Verhinderung gewaltsamer sexueller Handlungen;[104] der Hinweis auf eine hohe Dunkelziffer im Bereich der Sexualdelikte;[105] die Erwägung, Familienangehörige des Täters von der Begehung strafbarer Handlungen abzuschrecken;[106] der Umstand, dass einige dem Angeklagten gleichgesinnte Personen in einem Landtagswahlkampf vom Gesetzgeber Änderungen im Bereich des Sexualstrafrechts gefordert haben;[107] die Erwägung, dass das Urteil in örtliche Gastarbeiterkreise hineinwirke.[108]

Die Ansicht, eine gemeinschaftsgefährliche Zunahme einschlägiger Straftaten sei 37 nicht der einzige Grund für eine Strafschärfung aus generalpräventiven Erwägungen, die Schutzfunktion des Strafrechts verlange vielmehr **schon die Verhinderung einer gemeinschaftsgefährlichen Zunahme** bestimmter Straftaten mit Hilfe der Generalprävention (*Foth* NStZ **1990** 219, 221), hat sich zu Recht in der Rechtsprechung nicht durchgesetzt. Abgesehen davon, dass der Gesetzgeber Strafdrohungen regelmäßig generalpräventiven Bedürfnissen anpasst, ist nicht ersichtlich, auf welche zuverlässigen Erkenntnisse das Tatgericht sich stützen könnte, wenn es eine höhere Strafe verhängen will, um der Gefahr der gemeinschaftsgefährlichen Zunahme bestimmter Straftaten zu begegnen.

6. Positive Generalprävention. Sie betrifft vor allem die Funktion des Strafrechts 38 als solchem (s. Vor § 46 Rdn. 28), hat aber auch Bedeutung für die Wahl der Strafart (§ 47), die Strafaussetzung zur Bewährung (§ 56) sowie die Verwarnung mit Strafvorbehalt (§ 59; jeweils: „Verteidigung der Rechtsordnung"). Bei der Bestimmung des Strafmaßes verbietet sie Strafen, die dem allgemeinen Rechtsbewusstsein und der Überzeugung von der Unverbrüchlichkeit der Rechtsordnung schaden und damit die Rechtstreue der Bevölkerung untergraben könnten („generalpräventives Minimum").[109] Aussagekräftige empirische Belege dafür, wann diese Grenze überschritten ist, gibt es freilich nicht. Am ehesten wird dies anzunehmen sein, wenn sich die Strafe „von ihrer Bestimmung löst, gerechter Schuldausgleich zu sein".[110] Deshalb besteht in der Regel kein Grund, bei der Bemessung der Strafe den Strafzweck der positiven Generalprävention besonders zu betonen. **Strafmildernde Aspekte**, die den durch die Tat verletzten Geltungsanspruch der Norm unabhängig von der Verhängung einer (hohen) Strafe bestätigen, können z.B. sein: Nachtatverhalten, wie der Ausgleich mit dem Verletzten und die Wiedergutmachung des Schadens (§ 46a StGB); die Hilfe zur Aufklärung oder Verhinderung schwerer Straftaten (§ 46b); ein von Reue getragenes Geständnis;[111] ein aufgrund des Zeitablaufs verringertes Strafbedürfnis; besondere Belastungen durch das (ggfs. überlange) Strafverfahren;[112] Kompensation der Schuld durch den Täter treffende Folgen der Tat (Rdn. 12ff). In Fällen rechtsstaatswidriger Tatprovokation (Rdn. 221ff) kann ein Verzicht auf vollen Schuldausgleich unter dem Gesichtspunkt der positiven Generalprävention aufgrund der

103 BGH wistra **2002** 260.
104 BGH Beschl. v. 14.5.1986 – 2 StR 157/86.
105 BGHR StGB § 46 Abs. 1 Generalprävention 7.
106 BGH wistra **1987** 60.
107 BGH NStZ **1986** 358.
108 BGH StV **1983** 14.
109 *Kaspar* Gutachten C zum 72. DJT S. 29 ff; *Schöch* Festgabe BGH 50 **2000**, Bd. IV S. 309, 312; *Schäfer/Sander/van Gemmeren* Rdn. 810.
110 BGHSt **57** 123, 133 ff; BGHR StGB § 46 Abs 1 Beurteilungsrahmen 2 und 5; *Streng* NK Rdn. 48.
111 BGH NStZ-RR **2011** 141; wistra **2006** 257; BGHR StGB § 250 Abs. 2 Gesamtbetrachtung 6.
112 BGH NStZ **1992** 229; vgl. aber auch BGHSt **57** 123, 132.

Erwartung gerechtfertigt sein, dass eine tatschuldausgleichende Strafe angesichts nachdrücklicher staatlicher Tatprovokation von den Bürgern als ungerecht empfunden würde (*Schäfer/Sander/van Gemmeren* Rdn. 848; *Streng* NK Rdn. 91).

39 **7. Genugtuung und Wiedergutmachung.** Die **Genugtuung** wird ihrem Begriff und Inhalt nach als Ausgleich des intellektuellen Verbrechensschadens durch Strafe bezeichnet (*Weber* S. 31ff, 52). In der neueren Literatur wird eine Einbeziehung der Genugtuungsinteressen des Opfers in eine moderne Straftheorie gefordert.[113] Die von erheblichen Übergriffen gegen die Person Betroffenen hätten ein legitimes Interesse daran, bestätigt zu bekommen, dass ihnen Unrecht widerfahren sei. Nach h.M. gilt die Erfüllung des Genugtuungsbedürfnisses des Verletzten nicht als selbständiger Strafzweck (s. Vor § 46 Rdn. 33) (*Streng* NK Rdn. 3). Opfer und Gesellschaft erhalten danach Genugtuung bereits durch die Verhängung (und Vollstreckung) einer schuldangemessenen Strafe; der gerechte Schuldausgleich verschaffe Genugtuung (*Meier* S. 39). Unzulässig ist es, den Gesichtspunkt immaterieller Genugtuung zum Nachteil des Täters als schuldfremden Faktor „ergänzend" in die Strafzumessung „einfließen" zu lassen.[114] Das Maß des dem Opfer individuell verursachten Leids ist freilich bei der Bestimmung der schuldangemessenen Strafe zu berücksichtigen. Auch **Wiedergutmachung** ist kein „Strafzweck" (s. Vor § 46 Rdn. 33). Der fehlende Wille des Täters, dem Opfer durch Schadenswiedergutmachung oder auf sonstige Weise Genugtuung zu verschaffen, darf nicht als Strafschärfungsgrund berücksichtigt werden (Rdn. 199). Auf der anderen Seite können Täter-Opfer-Ausgleich und Schadenswiedergutmachung der Genugtuung dienen und eine schwächere Sanktion als Schuldausgleich genügen lassen (BGHSt **48** 134; Rdn. 198 und § 46a Rdn. 3), ebenso ein Geständnis, selbst wenn es nicht von Reue und Einsicht getragen ist (BGH NStZ **2000** 366).

III. Stellenwert der Strafzwecke und Strafzumessungstheorien

40 **1. Vorbemerkung.** Aufgabe des Tatgerichts ist es, auf der Grundlage des Sachverhalts eine konkrete zahlenmäßig bestimmte Strafe zu finden. Diese muss den gesetzlich vorgegebenen und verfassungsgemäßen Strafzwecken gerecht werden. Da das **Bundesverfassungsgericht** nahezu alle in der Strafrechtstheorie diskutierten Strafzwecke als Aspekte einer angemessenen Sanktion bezeichnet hat (s. Vor § 46 Rdn. 34ff.), sind gegen diese Strafzwecke – auch im Hinblick auf die weite Fassung des vom BVerfG verwendeten Schuldbegriffs (s. Vor § 46 Rdn. 35) – verfassungsmäßige Bedenken nicht zu erheben.

41 Auf der Grundlage der Vereinigungstheorien (s. Vor § 46 Rdn. 29) können die verschiedenen Strafzwecke dergestalt miteinander in Konflikt geraten, dass die einzelnen Strafzwecke unterschiedlich hohe Strafen erfordern und rechtfertigen können.[115] Es werden zahlreiche Versuche unternommen, die sog. **„Antinomie der Strafzwecke"** durch Bestimmung ihres Stellenwerts zu lösen. Dieses Problem wird allerdings überschätzt: Gesichtspunkte des Schuldausgleichs und der positiven Generalprävention stehen weitgehend miteinander in Einklang (Rdn. 38). Spezialpräventive Bedürfnisse können unter dem Prinzip des Schuldausgleichs berücksichtigt werden (Rdn. 26ff). Die Verhängung

---

113 *Hörnle* FS U. Neumann 593, 598ff; *dies.* JZ **2006** 950, 953ff; *Reemtsma* S. 24ff; *C. Roxin* GA **2015** 184, 200ff; *ders.* JR **2017** 83, 91.

114 So aber OLG Hamburg NStZ **1989** 226; *Weber* S. 162; **abl.**: *Grasnick* JZ **1990** 704; *Hillenkamp* StV **1989** 532; *Weigend* JR **1990** 29.

115 *Bruns/Güntge* Kap. 6 Rdn. 1ff; *Kett-Straub/Kudlich* § 9 Rdn. 6ff; *SSW/Eschelbach* Rdn. 19; *Schäfer/Sander/van Gemmeren* Rdn. 814ff; *Meier* S. 166.

einer höheren Strafe aus Gründen der negativen Generalprävention ist in der Regel nicht gerechtfertigt (Rdn. 32ff). Für Fälle, in denen die als schuldangemessen erachtete Strafe nicht ausreicht, um die Allgemeinheit vor dem Täter zu schützen, sind die Maßregeln der Besserung und Sicherung vorgesehen. Gerade auf dem Gebiet der Maßregeln hat der Gesetzgeber im Spannungsfeld zwischen Sicherheitsbedürfnissen, Vollzugsinteressen und verfassungsrechtlichen Geboten in den letzten Jahren wiederholt Anpassungen vorgenommen. Zudem berücksichtigt die Annahme eines Konflikts der Strafzwecke nicht die Realität der praktischen Strafzumessung und die Schwierigkeiten, die schuldangemessene Strafe hinreichend genau zu bestimmen und sie von einer nach den anderen Strafzwecken erforderlichen Sanktion abzugrenzen.

In der Praxis der Strafhöhenbemessung haben die unterschiedlichen Theorien über **42** den Stellenwert der Strafzwecke denn auch kaum Bedeutung erlangt. Sie müssen sich daran messen lassen, ob es ihnen gelingt, eine Grundlage für die Strafbemessung zu schaffen, die dem Tatgericht Maßstäbe oder zumindest Anhaltspunkte für die Bestimmung der konkreten Strafe und ihrer Begründung vermittelt.

2. Theorie der positiven Generalprävention und funktionaler Schuldbegriff. Eine **43** Auseinandersetzung mit dem Stellenwert einzelner Strafzwecke ist dann nicht erforderlich, wenn man unterschiedliche Zielrichtungen dieser Strafzwecke verneint. Ausgehend von dem Strafzweck der positiven Generalprävention (präventiver Rechtsgüterschutz durch Bekräftigung der Rechtstreue, Vor § 46 Rdn. 28) postuliert eine weit verbreitete Meinung, dass nur die schuldangemessene Strafe als gerechte Sanktion die Präventionsbedürfnisse erfülle, indem sie das Vertrauen in die Unverbrüchlichkeit des Rechts bestärke, den Täter vor weiteren Straftaten abschrecke und damit dem Rechtsgüterschutz diene.[116]

Für die Vertreter des sozialen oder **funktionalen (analytisch-funktionalen)** **44** **Schuldbegriffs** (Rdn. 6) stellt sich ebenfalls die Frage nicht, in welcher Weise sowohl dem Gesichtspunkt des Schuldausgleichs als auch den Erfordernissen der General- und Spezialprävention Rechnung getragen werden kann (*Streng* Rdn. 14ff). Definiert man Schuld als Derivat der Generalprävention und als Mittel zur Stabilisierung der schwachen Norm, so wird die Schuldangemessenheit der Strafe ohnehin von den Erfordernissen der Generalprävention bestimmt. Ähnliches gilt, wenn man die Erfüllung gesellschaftlicher Strafbedürfnisse gegen den Täter, die sich aus dem Bedürfnis nach Bestätigung einer verinnerlichten Weltordnung ergeben, mit der Schuldbewertung gleichsetzt (*Streng* Rdn. 16; *ders.* NStZ **1995** 161ff).

3. Theorie der tatproportionalen Strafzumessung.[117] Auch die Theorie der tatpro- **45** portionalen Strafzumessung kennt das Problem der „Antinomie der Strafzwecke" nicht. Grundprinzip dieser Lehre ist, dass das Strafmaß mit Blick auf die expressiven Funktionen der Strafe (Tadel) allein von der **Schwere der Tat** abhängig gemacht werden soll. Einziger Bezugspunkt und Maßstab der Strafzumessung ist das verschuldete Unrecht der Tat, das durch ihren Handlungs- und Erfolgsunwert charakterisiert wird. Aspekte, die außerhalb des Geschehens liegen, für das der Täter getadelt wird, spielen keine Rolle. Ausgeschlossen sind insbesondere präventive Erwägungen. Bei der Bewertung des Unrechts soll die Perspektive des Tatopfers aufgewertet werden. Besondere Bedeutung kommt deshalb dem **Erfolgsunrecht** der Tat zu, das nach der Stärke der Verletzung oder

---

116 *Meier* S. 35ff; *Streng* ZStW **101** (1989) 273; *Müller-Dietz* FS Jescheck 813; s. a. *Lackner/Kühl* Rdn. 30.
117 *Hörnle* Tatproportionale Strafzumessung (1999); *von Hirsch/Jareborg* Strafmaß und Strafgerechtigkeit (1991); *Schünemann* in: *Eser/Cornils* **1987** 209, 224ff; *ders.* in: *Frisch/von Hirsch/Albrecht* **2003** 185; *Kunz* S. 209; *Albrecht* S. 215; **krit.**: *Dölling* GedS Zipf 177, 193ff; *Ellscheid* FS Müller-Dietz 201ff.

Gefährdung des Rechtsgutsträgers anhand eines deliktsübergreifenden Maßstabes bestimmt wird, sowie dem **Handlungsunwert**, der ebenfalls nach vorgegebenen Schweregraden bemessen wird. Als Schwerekriterien dienen in erster Linie äußerliche Merkmale. Durch **Reduzierung** der bei der Strafzumessung zu berücksichtigenden Tat- und Tätermerkmale soll eine gleichmäßige Strafbemessung gefördert werden.

46 Eine Verringerung der für die Strafzumessung relevanten Umstände und eine eher pauschale Beurteilung von Tat und Täter kann zwar möglicherweise zu einer Vereinheitlichung der Strafhöhenbemessung beitragen und damit einem rechtspolitischen Anliegen entgegenkommen (*SSW/Eschelbach* Rdn. 41). Die Reduzierung der zu berücksichtigenden Tat- und Tätermerkmale blendet indes wesentliche Umstände für eine Schuldindividualisierung der Strafe aus und verzichtet damit auf die Verwirklichung von **Einzelfallgerechtigkeit** (*Streng* Rdn. 635). Die Ausklammerung spezialpräventiver Überlegungen widerspricht dem Konzept, das der Gesetzgeber mit der Großen Strafrechtsreform verfolgt hat und das der Regelung des § 46 Abs. 1 S. 2 zugrunde liegt. Von diesem hat er sich auch angesichts der inzwischen in der Kriminologie und der Strafrechtswissenschaft verbreitet skeptischeren Beurteilung der Erreichbarkeit spezialpräventiver Ziele durch Behandlung im Strafvollzug – zu Recht – nicht abgewandt (Rdn. 26 ff). Möglichkeiten zu einer unter Resozialisierungsgesichtspunkten sinnvollen Abstimmung der Strafe auf bestimmte Vollstreckungsmodalitäten, die im Rahmen der Schuldangemessenheit bestehen, dürfen nicht von vornherein durch eine Strafzumessungstheorie versperrt werden.[118]

47 **4. Stellenwerttheorie und Punktstrafe.** Nach der **Stellenwerttheorie**[119] richtet sich die Strafzumessung im engen Sinne, also die Festlegung der Strafhöhe, ausschließlich nach dem Schuldmaß, so dass auch hier ein Spannungsverhältnis zwischen verschiedenen Strafzwecken nicht auftreten kann. Dasselbe gilt für die Theorie von der **Punktstrafe**, die davon ausgeht, dass es nur eine bestimmte schuldangemessene Strafe gebe.[120] Präventionserwägungen sollen jeweils auf andere Stadien des Bestrafungsvorganges verlagert werden, insbesondere auf die Prüfung, ob die schuldangemessene Strafe zu verhängen oder ob davon nach § 60 oder § 59 abzusehen ist, ob sie als Freiheitsstrafe oder als Geldstrafe zu verhängen ist und ob eine verhängte Freiheitsstrafe nach §§ 56ff. zur Bewährung ausgesetzt werden soll.

48 Die Theorie von der Punktstrafe beruht auf einer rechtstheoretischen Fiktion und ist daher abzulehnen. Strafzumessung erfordert einen Wertungsakt, der auf den Werten und Normen einer pluralistischen Gesellschaft beruht und vom Tatgericht in einer hochspezifischen, nicht rekonstruierbaren Situation, nämlich der zwischenmenschlichen Begegnung in der Hauptverhandlung, vorgenommen wird (*Streng* Rdn. 657 ff). Auch die Befürworter der Theorie von der Punktstrafe erkennen an, dass sich die juristische Richtigkeit des Strafmaßes nur in Annäherungswerten ausdrücken lässt. Beide Theorien sind mit dem Gesetz nicht vereinbar. Nach der eindeutigen Aussage in § 46 Abs. 1 S. 2 sind bei der auf der Grundlage der Schuld vorzunehmenden Strafzumessung die Wirkungen zu berücksichtigen, die von der Strafe für das künftige Leben des Täters in der Gesellschaft zu erwarten sind.[121]

---

118 Vgl. *Meier* S. 171.
119 *Henkel* S. 51; *Horn* SK Rdn. 33 ff; *ders.* FS Schaffstein 241 ff; *ders.* FS Bruns 165 ff; ähnlich *Schöch* FS Schaffstein 259 ff; ausführlich *Bruns* FS Dreher 251 ff.
120 *Bruns* I S. 263; *ders.* Leitfaden des Strafzumessungsrechts (1980) S. 3, 33, 85; *ders.* FS Engisch 708; *Günther* JZ **1989** 1025; *SSW/Eschelbach* Rdn. 45; *Streng* Rdn. 656 ff.
121 **Krit.**: *Bruns* FS Dreher 251 ff, 258 ff; *Dreher* FS Bruns 147 ff; *Meier* S. 169 f; *C. Roxin* FS Bruns 184 ff; *Streng* Rdn. 635; dagegen: *Horn* FS Bruns 165 ff; *ders.* SK Rdn. 39.

5. Spielraumtheorie.[122] Nach der überwiegend vertretenen Spielraumtheorie (Schuldrahmentheorie) kommt dem Schuldmaß entscheidende Bedeutung für die Strafzumessung zu. Die höchstrichterliche Rechtsprechung stand schon vor Einführung der gesetzlichen Leitlinien für die Strafzumessung durch die Große Strafrechtsreform auf dem Standpunkt, dass für die einzelne Tat verschiedene Strafmaße innerhalb eines engeren Spielraums im weiten Bereich des gesetzlichen Strafrahmens als schuldangemessen zu betrachten seien. Das vom Reformgesetzgeber gewählte Regelungskonzept sollte dieser Auffassung Raum geben, allerdings keine abschließende Entscheidung zu ihren Gunsten treffen (vgl. BT-Drs. IV/650 S. 96; V/4094 S. 5). Die Spielraumtheorie geht davon aus, dass die **schuldangemessene Strafe nicht genau zu bestimmen** ist. Innerhalb der Strafenskala des gesetzlichen Strafrahmens gebe es einen Ausschnitt, der nach unten durch die schon und nach oben durch die noch schuldangemessene Strafe begrenzt werde. Alle Strafquanten innerhalb des Schuldrahmens, der im tatgerichtlichen Urteil nicht angegeben werden müsse, seien schuldangemessen. Bei der Festlegung des Endstrafmaßes sei innerhalb dieses Rahmens Raum für die Berücksichtigung präventiver Bedürfnisse (BGHSt **7** 28; **20** 264, 266; **29** 319, 321 f; BGHR StGB § 46 Abs. 1 Spezialprävention 2 und 3; Generalprävention 8). 49

Die Spielraumtheorie akzeptiert die Erkenntnis des Fehlens absoluter Maßstäbe für Strafzumessungsentscheidungen (*Streng* Rdn. 630). Strafzumessungsschuld ist **keine empirisch messbare reale Größe**, der eine objektiv einzige schuldangemessene Strafe zugeordnet werden könnte. Die Bestimmung der Strafzumessungsschuld und der ihr entsprechenden Strafe können immer nur Ergebnis normativer Wertungen sein, die um Konsensfähigkeit und Akzeptanz bemüht sein müssen (Rdn. 301 f). Der in einer pluralistischen Gesellschaft mögliche Wertungskonsens trifft sich nicht in einem Punkt, sondern bewegt sich in einem Rahmen; er ist *„flächig angelegt“* (*Streng* Rdn. 628). Ein weiterer Vorteil der Spielraumtheorie ist ihre Realitätsnähe. Sie spiegelt den in der Praxis ablaufenden Strafzumessungsvorgang wider und bietet ihr einen handhabbaren Rahmen.[123] Ihre Nachteile werden darin gesehen, dass sie nur begrenzt geeignet sei, der Strafzumessungspraxis Leitlinien zu geben (*Streng* Rdn. 630), zur rationalen Erfassung der Strafzumessung wenig beitrage und letztlich zur Intransparenz von Strafzumessungsentscheidungen führe (*Theune* LK[12] Rdn. 43 ff). Es sei weder geklärt, nach welchen Gesichtspunkten im Einzelnen der Schuldrahmen zu bestimmen sei, noch welche präventiven Strafzwecke mit welchem Gewicht innerhalb dieses Rahmens berücksichtigt werden könnten oder sollten (*Meier* S. 168).[124] 50

Diese Kritik relativiert sich, wenn der Auffassung gefolgt wird, dass bei der Festlegung des Schuldrahmens das verwirklichte Handlungs- und Erfolgsunrecht zentrale Gesichtspunkte sind (s. Rdn. 9) und präventive Zwecke begrenzt durch die oben dargelegten Grundsätze (s. Rdn. 26 ff) zu berücksichtigen sind. Die Spielraumtheorie bietet den Tatgerichten die Möglichkeit, die Strafe in den Grenzen des Schuldrahmens unter Resozialisierungsgesichtspunkten sinnvoll auf ggf. zur Verfügung stehende Vollstreckungsmodalitäten abzustimmen. Solchen Aspekten kann insbesondere dann entscheidende Bedeutung zukommen, wenn die Untergrenze der schuldangemessenen Strafe in einem 51

---

122 BGHSt **7** 28, 32; **20** 264, 266; **24** 132, 133; *Bruns* I S. 263 ff; *ders.* II S. 105 ff; *Bruns/Güntge* Kap. 7 Rdn. 59 ff; *Schaffstein* FS Gallas 99, 101, 107 ff; *Spendel* Zur Lehre vom Strafmaß, S. 168 ff; *C. Roxin* FG Schultz 463 ff; *ders.* FS Bruns 183 ff; **krit.** *Dreher* JZ **1967** 41, 45; *SSW/Eschelbach* Rdn. 42 ff; *Theune* LK[12] Rdn. 43 ff.

123 *Schäfer/Sander/van Gemmeren* Rdn. 832; *Meier* GA **2015** 443, 445.

124 *Kaspar* Gutachten C zum 72. DJT S. 37 f.

Bereich liegt, in dem eine Strafaussetzung zur Bewährung möglich ist.[125] Bei der Bestimmung der Strafhöhe können auch deren Auswirkungen auf eine unter den Voraussetzungen des § 35 Abs. 1 BtMG begonnene, weit fortgeschrittene Therapie berücksichtigt werden: Um zu erreichen, dass diese nicht unterbrochen werden muss, darf das Tatgericht bei der Strafzumessung auch die Voraussetzungen des § 35 Abs. 1, Abs. 3 S. 2 BtMG in den Blick nehmen, solange das Maß des Schuldangemessenen nicht unterschritten wird (BGH NStZ-RR **2012** 183f).

52 Die Spielraumtheorie, wie sie vom BGH vertreten wird, hat Konsequenzen für die **revisionsgerichtliche Überprüfbarkeit** der Strafzumessung (vgl. Rdn. 320ff). Aus ihr ergibt sich, dass eine innerhalb des Spielraums liegende Strafe nicht revisibel ist, weil eine exakte Richtigkeitskontrolle nicht möglich ist.[126] Der materiellrechtliche „Spielraum" ist allerdings nicht identisch mit den Grenzen der revisionsrechtlichen Prüfung, bei der es um die Frage geht, mit welcher Intensität die Revisionsgerichte die Ausfüllung des Spielraums zu kontrollieren bereit sind.[127] Insoweit vertritt der BGH die Ansicht, dass das Revisionsgericht in Zweifelsfällen die vom Tatgericht vorgenommene Bewertung bis an die Grenze des Vertretbaren hinnehmen müsse.[128] Er nimmt dementsprechend nur grobe Über- oder Unterschreitungen des Schuldrahmens zum Anlass für Aufhebungen des Strafausspruchs (Rdn. 321).

53 **6. Strafzumessung als sozialer Gestaltungsakt.**[129] Diese Theorie stellt die tatrichterliche Freiheit bei der Strafzumessung in den Vordergrund. Wie die Spielraumtheorie geht sie davon aus, dass es schon objektiv keine fixe Strafgröße für eine bestimmte Tat gebe. Allerdings gebe es ebenso wenig feste Grenzgrößen der noch und der schon schuldangemessenen Strafe. Vielmehr sei *„die gerechte Strafe ...das Resultat eines schöpferischen sozialen Aktes durch... den Richter selbst"* (*Dreher* JZ **1967** 41, 43f). Richtschnüre der richterlichen Strafzumessung seien neben dem gesetzlichen Strafrahmen die „lebendige Tradition", innerhalb deren sich der Richter allmählich seinen eigenen Maßstab des Strafens schaffe, die Einpassung der Strafe in die soziale Gemeinschaft und die Gerechtigkeit (*Dreher* aaO S. 44f). Damit mag die Theorie den Strafzumessungsvorgang zutreffend beschreiben, schafft jedoch keine rationale Grundlage für die Strafhöhenbemessung (*Streng* Rdn. 649).

54 **7. Sonstige.** Die Theorie vom Strafrahmen als **kontinuierliche Schwereskala**[130] und die Orientierung der Strafbemessung an vergleichbaren bereits entschiedenen Fällen (Gerichtspraxis) sind von der Rechtsprechung aufgegriffene praxisorientierte Versuche, die Strafhöhenbemessung zu vereinheitlichen. Sie werden bei der Strafhöhenbemessung (Rdn. 298ff) erörtert.

IV. Die Strafzumessungstatsachen und Grundsätze für ihre Bewertung

55 **1. Vorbemerkung.** Der Strafzumessungsvorgang geht in mehreren Schritten vonstatten, über deren Anzahl und Abfolge in der Literatur unterschiedliche Ansichten be-

---

125 *Schäfer/Sander/van Gemmeren* Rdn. 831; BGH NStZ **1993** 584; NStZ **2001** 365; BGHR StGB § 46 Abs. 1 Begründung 18; Spezialprävention 3.
126 BGHSt **20** 264, 266; **24** 132; **27** 2; **29** 319, 321f; **34** 345, 349; **57** 123, 127.
127 *Franke* LR[26] § 337 Rdn. 164.
128 BGHSt **34** 345, 349; BGH NStZ-RR **2015** 240; **2017** 105, 106; StraFo **2017** 506, 508; BGHR StGB § 46 Abs. 1 Beurteilungsrahmen 1, 2, 3, 5; § 23 Abs. 2 Strafrahmenverschiebung 12.
129 *Dreher* JZ **1967** 41, 43f; *ders.* FS Bruns 141, 163f.
130 *Dreher* Über die gerechte Strafe **1947** 61 ff.; *Streng* Rdn. 64.

stehen.[131] Nach dem ursprünglich von *Bruns* (ZStW **94** [1982] 111, 115; *ders.* II S. 6; *Bruns/Güntge* Kap. 1 Rdn. 18 ff) entwickelten Schema verläuft die Strafzumessung in fünf Phasen: (1) Bestimmung der relevanten gesetzlichen Strafzwecke, (2) Ermittlung der relevanten Strafzumessungstatsachen, (3) Festlegung ihrer Bewertungsrichtung und anschließende Gewichtung, (4) Abwägung der Strafzumessungsumstände, (5) Umwertung der gewonnenen relativen Größen in absolute Zahlen – Eingliederung des Falls in die Strafenstaffelung des Rahmens.[132] In der Praxis beginnt die Strafzumessung mit der Feststellung der strafzumessungserheblichen Tatsachen, die auf die zu verfolgenden Strafzwecke (vgl. Rdn. 7 ff) und den oder die in Betracht kommenden Strafrahmen (vgl. Rdn. 281 ff) bezogen sein muss. Erst im Anschluss an die Eingliederung des Falls in die Schwereskala des Strafrahmens erfolgt – vor allem unter präventiven Gesichtspunkten[133] – die Wahl der Strafart.[134]

2. Strafzumessungstatsachen

a) Der Tatsachenbegriff. Nach § 46 Abs. 2 S. 1 hat das Gericht die Umstände gegeneinander abzuwägen, die für und gegen den Täter sprechen. Das erfordert eine Bestimmung, welche Tatsachen bei der Strafzumessung überhaupt relevant sein können und welche nicht geeignet sind, im konkreten Fall die Strafzumessung zu beeinflussen. Umstände, die bereits Merkmale des gesetzlichen Tatbestandes sind, dürfen entsprechend § 46 Abs. 3 nicht berücksichtigt werden. Der Anwendungsbereich dieser Regelung im Einzelnen ist allerdings umstritten (s. Rdn. 258). Der nicht abschließende Katalog des § 46 Abs. 2 S. 2 nennt Tatsachen, die die Tat oder den Täter kennzeichnen. Strafzumessungserheblich können sowohl äußere als auch innere Tatsachen, wie Beweggründe und Ziele des Täters, sein. Der allgemeinen Lebensführung zuzurechnende Umstände dürfen bei der Strafzumessung nur berücksichtigt werden, wenn sie wegen ihrer engen Beziehung zur Tat Schlüsse auf deren Unrechtsgehalt zulassen oder Einblicke in die innere Einstellung des Täters zur Tat gewähren (Rdn. 11).[135] 56

b) Die Tatsachenfeststellung. Für die Feststellung der Umstände im Sinne des § 46 Abs. 2 gelten dieselben Regeln wie für die Bestimmung der den Schuldspruch tragenden Tatsachen (BGH NStZ **1987** 405). Sie sind also nach den Grundsätzen der §§ 244 ff StPO im Strengbeweisverfahren zu ermitteln.[136] Die sachlich- und die verfahrensrechtlichen **Verwertungsverbote** sind zu beachten. So dürfen aus dem Schweigen des Angeklagten keine Schlüsse zu seinem Nachteil gezogen werden.[137] Sachverhalte, die einer im Bundeszentralregister getilgten Verurteilung zugrunde liegen, fallen ebenso unter das sachlichrechtliche Verwertungsverbot (§§ 51, 52 BZRG)[138] wie Umstände, die sich allein auf eine versuchte Straftat beziehen, von der der Angeklagte mit strafbefreiender Wirkung zurückgetreten ist (BGHSt **42** 43). Will das Gericht die Art der Tatbegehung von bereits ab- 57

---

131 *Fahl* JR **2017** 387, 392; *Fischer* Rdn. 13; *Günther* JZ **1989** 1025; *Kett-Straub/Kudlich* § 9 Rdn. 20; *Meier* S. 163 ff; *Miebach/Maier* MK Rdn. 175; *Schäfer/Sander/van Gemmeren* Rdn. 883 ff; *Sch/Schröder/Stree/Kinzig* Rdn. 3; *Streng* Rdn. 653.
132 **Krit.** *Streng* Rdn. 650 ff.
133 *Schäfer/Sander/van Gemmeren* Rdn. 888.
134 *Meier* S. 164; *Miebach/Maier* MK Rdn. 175; *Sch/Schröder/Stree/Kinzig* Rdn. 3.
135 BGH StV **1984** 21 f; NStZ-RR **2001** 295; **2010** 25; BGHR StGB § 46 Abs. 2 Vorleben 3, 7–10, 12, 23, 27–29.
136 Im Einzelnen *Schäfer/Sander/van Gemmeren* Rdn. 1274 ff.
137 BGH NStZ **1981** 257; BGH StV **2017** 34; BGHR StGB § 46 Abs. 2 Geständnis 3.
138 BGHSt **24** 378; **25** 100; BGH NStZ **1983** 19; **1983** 30; StV **1985** 322.

geurteilten Taten strafschärfend heranziehen, muss es diese konkret feststellen (BGHSt **43** 106). Dasselbe gilt für die strafschärfende Verwertung verjährter Taten. Sie müssen so genau festgestellt werden, dass sie in ihrem wesentlichen Unrechtsgehalt abzuschätzen sind (BGH NStZ **1995** 439). Zur strafschärfenden Berücksichtigung gem. §§ 154, 154a StPO von der Verfolgung ausgenommener Vorwürfe s. Rdn. 161 f.

58 Der Umfang der erforderlichen Sachaufklärung hängt eng mit dem **Umfang der Erörterungspflicht** potenziell strafzumessungserheblicher Umstände im Urteil zusammen (*SSW/Eschelbach* Rdn. 62). Nach § 267 Abs. 3 S. 1 StPO ist das Tatgericht nur verpflichtet, die für die Strafzumessung **bestimmenden Umstände** in den Urteilsgründen darzulegen; eine erschöpfende Aufzählung aller Strafzumessungserwägungen ist weder vorgeschrieben noch möglich (BGHSt **3** 179; BGHR StPO § 267 Abs. 3 S. 1 Strafzumessung 2). Jedoch müssen Gegebenheiten, deren Erörterung sich nach materiellem Recht aufdrängt, in den Urteilsgründen erwogen werden. Es stellt einen Verstoß gegen das sachliche Recht dar, wenn das Gericht für die Strafzumessung ausschließlich Umstände der Tat verwertet und die persönlichen und wirtschaftlichen Verhältnisse des Täters überhaupt nicht oder nicht hinreichend erörtert (BGH NStZ **1981** 299). Dies gilt selbst dann, wenn der Angeklagte Angaben hierzu verweigert. In diesem Fall kann es, insbesondere vor Verhängung hoher Strafen, geboten sein, die Tatsachen auf andere Weise zu ermitteln (BGHR StGB § 46 Abs. 2 Vorleben 15; StPO § 267 Abs. 3 S. 1 Strafzumessung 1, 9).

59 **c) Im Zweifel für den Angeklagten.** Zum Nachteil des Angeklagten dürfen auch im Rahmen der Strafzumessung nur solche Tatsachen berücksichtigt werden, die zur Überzeugung des Tatgerichts feststehen (BGH NStZ **1991** 182). Die strafschärfende Verwertung bloßer Vermutungen widerspricht dem Grundsatz, dass im Zweifel für den Angeklagten zu entscheiden ist.[139] Der Zweifelsgrundsatz gilt uneingeschränkt für Strafzumessungstatsachen (BGH NStZ **1997** 336; StV **2000** 656) und die Gewichtung der Strafzumessungsschuld (BGH StV **2003** 18). Demgemäß darf das Tatgericht bei einer Verurteilung wegen gefährlicher Körperverletzung nicht strafschärfend darauf abstellen, dass der Angeklagte „als Schläger allgemein bekannt" sei (BGH bei *Dallinger* MDR **1973** 190); ein zweifelhafter oder schlechter Ruf allein rechtfertigt eine Strafverschärfung nicht. Auch darf das Tatgericht im Steuerstrafverfahren für den Angeklagten nachteilige Schätzungen des Finanzamts zur Höhe der verkürzten Steuer im Urteil nur zu Grunde legen, wenn es von ihrer Richtigkeit überzeugt ist (BGH wistra **1986** 65). Unzulässig ist die Erwägung, der Angeklagte „scheine" sich der Schwere und Verwerflichkeit seiner Tat auch heute noch nicht bewusst zu sein; denn damit wird ein bloßer Verdacht gegen ihn verwertet (BGH bei *Dallinger* MDR **1973** 16). Nur mögliche Tatfolgen (z.B. Spätfolgen sexuellen Missbrauchs für das kindliche Opfer) dürfen nicht straferschwerend herangezogen werden (BGH NStZ-RR **2004** 41 f).

60 Ist unter Anwendung des Zweifelssatzes zugunsten des Angeklagten von einem bestimmten Sachverhalt auszugehen, so hat er für die rechtliche Würdigung dieselbe Bedeutung wie ein zur Überzeugung des Gerichts festgestellter; dies gilt auch für die Strafzumessung.[140] Das wird gelegentlich verkannt, indem solchen Tatsachen, die zugunsten des Angeklagten zu unterstellen sind, bei der Strafzumessung weniger Gewicht beigelegt wird, als wenn sie erwiesen wären. So darf etwa eine lediglich nicht ausschließbare erhebliche Verminderung der Schuldfähigkeit nicht geringer bewertet werden als eine si-

139 BGH StV **1983** 456; **1987** 20; s.a. BGH Urt. vom 15.6.2005 – 5 StR 78/05; Beschl. vom 13.7.2005 – 5 StR 259/05.
140 BGH NStZ **1987** 70; StV **2000** 656; **2015** 173; BGHR StGB § 21 Strafrahmenverschiebung 15, 17.

cher festgestellte.[141] Eine zugunsten des Angeklagten beim Schuldspruch als wahr unterstellte Tatsache darf beim Strafausspruch nicht zu seinen Lasten verwendet werden, da sie nicht zweifelsfrei festgestellt ist (BGH Beschl. v. 12.11.1979 – 3 StR 415/79; *Schäfer/Sander/van Gemmeren* Rdn. 1299).

3. Bewertung der Strafzumessungstatsachen. Die Abwägung der festgestellten strafzumessungserheblichen Umstände erfordert zunächst eine Entscheidung über deren **Bewertungsrichtung**, d.h. ihre Einstufung als strafmildernd oder strafschärfend. § 46 Abs. 2 S. 2 bietet insoweit wenig Ansatzpunkte. Die hier genannten Strafzumessungsumstände sind grundsätzlich neutral formuliert und können daher im Einzelfall je nach ihrer konkreten Ausgestaltung strafschärfend oder -mildernd berücksichtigt werden. Lediglich das im Katalog möglicher Strafzumessungstatsachen beispielhaft genannte Bemühen, den Schaden wiedergutzumachen sowie einen Ausgleich mit dem Verletzten zu erreichen, ist bereits seiner Natur nach strafmildernd, während besonders zu beachtende rassistische, fremdenfeindliche oder sonst menschenverachtende Beweggründe und Ziele des Täters nur eine strafschärfende Bedeutung haben können. 61

Das bloße **Fehlen strafmildernder Gesichtspunkte** darf nicht strafschärfend gewertet werden.[142] So dürfen dem Angeklagten nicht straferschwerend zur Last gelegt werden: bei BtM-Handel das Fehlen einer eigenen Betäubungsmittelabhängigkeit, einer wirtschaftlichen Notlage, der Leistung von Aufklärungshilfe;[143] das Fehlen nachvollziehbarer, verständlicher Tatmotive;[144] bei einem Tötungs- oder Körperverletzungsdelikt die fehlende Provokation durch den Geschädigten;[145] dass das Opfer einer Vergewaltigung dem Angeklagten keine Veranlassung zur Tat gegeben habe;[146] dass er „keinerlei echte Reue" gezeigt habe.[147] Die Abgrenzung zwischen dem bloßen Fehlen eines strafmildernden Umstands und dem Vorliegen eines strafschärfenden erweist sich in der Praxis gelegentlich als schwierig (vgl. BGHSt **34** 345). Hilfreich wäre es deshalb, wenn Ausgangswerte festgestellt werden könnten („Nulllinie", *Foth* JR **1985** 397), die bei der Entscheidung über die Bewertungsrichtung sichere Bezugspunkte böten. 62

a) Mögliche Bezugspunkte. Eine in der **Literatur** vertretene Auffassung will bei der Bewertung und Gewichtung von Strafzumessungstatsachen vom **„normativen Normalfall"**[148] ausgehen. Bei den Bezeichnungen strafschärfend und strafmildernd handele es sich um Relations- oder Steigerungsbegriffe. Die Entscheidung über die Bewertung eines Umstandes als für oder gegen den Täter sprechend, strafmildernd oder -schärfend, setze deshalb die Festlegung eines neutralen Bezugspunktes voraus, an dem sich die Bewertung orientieren könne (*Fahl* JR **2017** 387, 392; *Frisch* GA **1989** 338, 345 f). Dieser sei anhand von normativen Vorgaben des Gesetzes, der gesetzgeberischen Wertvorstellung und ihrer Umsetzung durch die Rechtsprechung zu bestimmen. Der Begriff des normati- 63

---

141 BGH StV **1984** 464; NStZ **1987** 70; **2014** 510; BGHR StGB § 21 Strafrahmenverschiebung 4; Beschl. v. 13.2.1991 – 2 StR 12/91.
142 BGHR StGB § 46 Abs. 2 Wertungsfehler 37.
143 BGH NStZ-RR **2011** 90; BGHR StGB § 46 Abs. 2 Lebensumstände 11; Beschl. v. 19.11.2013 – 4 StR 480/13.
144 BGH NStZ **2017** 84, 85.
145 BGH NStZ-RR **2016** 8 f; Beschl. v. 8.1.2014 – 2 StR 514/13; v. 13.6.2017 – 3 StR 106/17.
146 BGH StV **1993** 25; vgl. aber BGH NStZ-RR **2017** 40: auffälliges Missverhältnis zwischen Anlass und Tat.
147 BGH Beschl. v. 4.9.2012 – 2 StR 248/12.
148 *Neumann* StV **1991** 258; *Grasnick* JZ **1991**, 933, 935; *Schall/Schirrmacher* Jura **1992** 624, 629; *Ahlers-Grzibeck* S. 91 ff; *Theune* StV **1985** 205 ff; *ders.* LK[12] Rdn. 61 ff; *Lackner/Kühl* Rdn. 32.

ven Normalfalls wird bei der Bewertung von Strafzumessungstatsachen nur auf Varianten einzelner Umstände bezogen; es geht um den „Normalfall" des einzelnen Umstandes bei einer bestimmten Tatbestandsverwirklichung. Dieser könne aufgrund von normativen Vorgaben des Gesetzes – sowohl deliktsübergreifenden Regeln des Allgemeinen Teils als auch deliktsspezifischen oder systematischen Wertentscheidungen in den Vorschriften des Besonderen Teils – durch die Rechtsprechung konkretisiert werden (*Schall/Schirrmacher* Jura **1992** 514ff). Ausgehend vom strafzumessungsneutralen Normalfall wären dann die einzelnen Umstände als strafschärfend oder -mildernd zu bewerten. Demgegenüber will *Horn* (StV **1986** 168; SK Rdn. 90) vom **statistisch häufigsten „Regelfall"** ausgehen.

64 *Frisch* weist zwar auf Grenzen der Qualifizierbarkeit von Umständen als Normal- oder Regelfall hin (*Frisch* GA **1989** 338, 351ff), hält aber eine derartige Unterscheidung und – daraus folgend – die Benennung eines Bezugspunktes ebenfalls für erforderlich. Er bezeichnet ihn als **normatives Regeltatbild**. Dieses verkörpere jenen engen Kreis von Umständen, die bei oder im Falle der Verwirklichung eines bestimmten Deliktstatbestandes so sehr typisch und maßgebend seien, dass sie adäquater Weise als stillschweigende Basisannahme der Bewertung fungieren und man sie daher nicht mehr neben den wirklich individuellen Umständen als den Einzelfall charakterisierend und seine Bewertung erklärend verwenden könne (*Frisch* GA **1989** 338, 361). Dieser Bezugspunkt unterscheidet sich – abgesehen von seiner Bezeichnung – kaum von dem normativen Normalfall.

65 Ein anderer Lösungsansatz lehnt eine Orientierung an festen Bezugspunkten ab und verlangt stattdessen eine **Gesamtbetrachtung** der zumessungserheblichen Umstände (*Foth* JR **1985** 397). Sämtliche Schattierungen des Strafmaßes gingen ineinander über, was die Strafe nicht mildere, schärfe sie und umgekehrt. Entscheidend sei die Bedeutung des jeweiligen Umstandes im Gesamtkonzept der Strafzumessung; es sei zu fragen, welche Konsequenzen sich aus dem (Nicht-)Vorliegen eines Umstandes bei Berücksichtigung der anderen Umstände des Einzelfalls für die Festlegung der Bewertungsrichtung anhand der Strafzwecke ergäben.

66 **b) Rechtsprechung des Bundesgerichtshofs.** Auch der BGH lehnt eine Ausrichtung an einem normativen Normalfall ab. Er hat sich mit der Frage, auf welche Weise strafmildernde und strafschärfende Umstände zu bestimmen und voneinander abzugrenzen sind, in einem Beschluss des Großen Senats für Strafsachen (BGHSt **34** 345f) grundsätzlich befasst. Zu entscheiden hatte er über die Frage, ob der Umstand, dass der Angeklagte „nicht in Geldnot" war oder dass er es „bei seinen Verdienstmöglichkeiten (absolut) nicht nötig hatte zu stehlen", strafschärfend gewertet werden dürfe, oder ob darin eine rechtsfehlerhafte Bewertung des Fehlens eines Strafmilderungsgrundes als Strafschärfungsgrund liege. Der Große Senat für Strafsachen hat die Ansicht vertreten, dass diese Frage nach Lage des Einzelfalls unterschiedlich beantwortet werden könne. Dabei hat er die Existenz eines normativen Normalfalls verneint, von dem aus eine Unterscheidung in strafmildernde und strafschärfende Faktoren bestimmbar wäre. Begründet hat er dies damit, dass die Annahme eines Normalfalls der Systematik des deutschen Strafrechts widerspräche, das dem Tatgericht weite Strafrahmen zur Verfügung stelle und in § 46 lediglich einzelne wichtige Strafzumessungsgesichtspunkte aufführe, ohne dass es sich dabei um eine erschöpfende Aufzählung handele (BGHSt **34** 345, 350f).[149]

---

149 Vgl. auch BGH NStZ-RR **2017** 237, 238; BayObLGSt **1993** 195.

In seiner Entscheidung zur Bestimmung der **besonderen Schwere der Schuld** nach § 57a Abs. 1 S. 1 Nr. 2 hat der Große Senat für Strafsachen die Zugrundelegung eines normativen Bezugspunktes ebenfalls abgelehnt und darüber hinaus darauf hingewiesen, dass sich auch empirisch ein Bezugspunkt nicht gewinnen lasse. Die Vielgestaltigkeit der Tatsituationen und der sie begleitenden Umstände, der zur Tat führenden Beweggründe und der Täterpersönlichkeiten mache es gleichermaßen unmöglich, einen „Durchschnitt der erfahrungsgemäß vorkommenden Fälle" zu ermitteln wie einen Mordfall mit „Mindestschuld" zu postulieren (BGHSt **40** 360, 368f). 67

c) Stellungnahme. Mit dem Konstrukt des normativen Normalfalls ist für die Bewertung der strafzumessungserheblichen Umstände und die Einordnung der Tat in den Strafrahmen keine verlässliche, die Einheit der Rechtsanwendung fördernde Bezugsgröße zu erlangen. Der normative Normalfall ist dem Gesetz fremd (BGHSt **34** 345, 352). Er lässt sich auch nicht aus den deliktsübergreifenden und -spezifischen Regelungen des StGB gewinnen (*Meier* S. 232; *Hettinger* StV **1987** 146, 148; *Horn* StV **1986** 168f). Ob ungeschützter vaginaler Geschlechtsverkehr ein „Normalfall" der sexuellen Handlung bei der Vergewaltigung ist,[150] welches Maß an Leid der Angehörigen einer Getöteten „normal" ist[151] oder ob bisherige straffreie Lebensführung vom Gesetz zugrunde gelegt wird,[152] kann anhand normativer Gesichtspunkte nicht ermittelt werden. Das normativ verankerte, für die Schwerebewertung bei Eigentums- und Vermögensdelikten zentrale Merkmal der Höhe des angerichteten Schadens (§ 263 Abs. 3 Nr. 2) lässt sich zur Bestimmung eines normativen Normalfalls nicht nutzen (*Streng* Rdn. 710). In vergleichbarer Weise folgt aus § 29a Abs. 1 Nr. 2 BtMG zwar, dass die Menge des gehandelten Rauschgifts bestimmender Faktor der Strafzumessung sein soll; durch die Anknüpfung des Qualifikationstatbestands an eine bestimmte Menge von Betäubungsmitteln ist die Bewertungsrichtung indes nur dahin vorgegeben, dass ausgehend von der Untergrenze des gesetzlichen Strafrahmens die Überschreitung des Grenzwerts grundsätzlich strafschärfende Bedeutung hat (BGHSt **62** 90). Auch insoweit lässt sich kein normativer Normalfall ermitteln. 68

Der bezogen auf das jeweilige Delikt **häufigste (statistische) Regelfall** eignet sich grundsätzlich ebenso wenig als Bezugspunkt der Strafzumessung.[153] Zum einen ist bereits problematisch, nach einer in erster Linie normativen Bewertung der Strafzumessungsfaktoren und des Schweregrads der Tat die **Höhe der Strafe nach statistischen Größen** zu bestimmen. Zum anderen fehlt es in weitem Umfang schon an **empirischen Grundlagen** für die Feststellung der statistisch häufigsten Fälle. Eine Ausnahme kann lediglich bei **„Alltagskriminalität"** gelten, hinsichtlich derer den Tatgerichten in größerem Umfang Erfahrungswerte über häufig vorkommende Umstände vorliegen. Der BGH hat insoweit eine Orientierung der Strafzumessung am erfahrungsgemäß immer wieder vorkommenden Durchschnittsfall für zulässig gehalten, der vom denkbaren Durchschnittsfall mittlerer Schwere zu unterscheiden sei. Stellt die Tat einen **tatsächlichen Durchschnittsfall** dar, so soll für sie nur eine **Strafe aus dem Bereich unterhalb der Mitte** des gesetzlichen Strafrahmens angemessen sein.[154] Dies beruht auf dem Gedanken, dass die Mehrzahl der vom gesetzlichen Strafrahmen erfassten Delikte nur einen verhältnismäßig geringen Schweregrad erreichen und deshalb für sie nur eine Strafe unterhalb der Mitte des Strafrahmens angemessen ist. Für Totschlagsdelikte kann dies aber – 69

150 BGHSt **37** 153.
151 BayObLGSt **1993** 195.
152 BGH NStZ **1988** 70.
153 *Streng* Rdn. 754; dafür *Meier* S. 237.
154 BGHSt **27** 2; BGH NStZ **1983** 217; StV **1983** 102; BGHR StGB § 46 Abs. 1 Durchschnittsfall 2.

entgegen früherer Rechtsprechung[155] – nicht gelten (BGH StV **1999** 576). Hier hält der Strafrahmen nach unten eine große Bandbreite von Strafen für seltenere Fälle bereit, die sich trotz schwersten Erfolgsunwertes angesichts besonderer Umstände bei Tat und Täter als leichter darstellen (*Schäfer/Sander/van Gemmeren* Rdn. 1168).

70 Aus gesetzlichen Wertentscheidungen lassen sich **normative Ausgangspunkte** dafür gewinnen, welche Faktoren für die Strafzumessung bestimmend sein können und in welche Richtung diese zu bewerten sind (*Frisch* GA **1989** 338, 356f). So können sich Einschränkungen der Fähigkeit zur Normbefolgung, auch wenn sie nicht die Grenze der §§ 20, 21 erreichen, strafmildernd auswirken. Dasselbe gilt für notstands- oder notwehrähnliche Taten (§§ 32, 34, 35; BGH NStZ-RR **2006** 270). Aus § 213 ergibt sich, dass auch außerhalb seiner Grenzen provozierendes Verhalten des Opfers strafmildernd wirken kann. Dass eine Mehrzahl durch eine Tat Geschädigter bei der Strafzumessung zulasten des Täters berücksichtigt werden kann, lässt sich unmittelbar aus der Aufgabe des Rechtsgüterschutzes herleiten. Diesen Beispielen lassen sich zahlreiche weitere hinzufügen. Darüber hinaus bietet der **„richterliche Wertungskonsens“** (*Streng* Rdn. 645), wie er in der höchstrichterlichen Rechtsprechung Ausdruck findet, Orientierungsmöglichkeiten auch bei der Bewertung von Strafzumessungstatsachen (s. Rdn. 301ff). Ein **strukturiertes Vorgehen** bei der Abwägung der Strafzumessungsschuld[156] begegnet der Gefahr, dass im Zusammenhang mit der Gesamtschau der Bemessungstatsachen die Begründung Strafzumessung zu einem „undurchsichtigen Strafzumessungsbrei“ wird (*Meier* S. 233).

71 **d) Ambivalente Bewertungen.** Die Bestimmung der Bewertungsrichtung bereitet unter den Blickwinkeln des verwirklichten Erfolgs- und Handlungsunrechts und (spezial-)präventiver Zwecke oft keine großen Schwierigkeiten. Es gibt aber auch Umstände, deren Bewertungsrichtung sich nicht unmittelbar und eindeutig erschließt. Einzelne Strafzumessungstatsachen können unterschiedlich bewertet werden je nachdem, ob sie für die Beurteilung der Strafzumessungsschuld oder für die Berücksichtigung eines Präventionszwecks herangezogen werden (*Maurach/Gössel/Zipf*/Dölling Strafrecht AT 2 § 63 Rdn. 145; *Meier* S. 231). So können Obdachlosigkeit und damit verbundene wirtschaftliche Not des Täters bei einem Diebstahl das Handlungsunrecht in einem milderen Licht erscheinen lassen, sich unter spezialpräventiven Gesichtspunkten jedoch ungünstig auswirken. Unlogisch ist dies nicht; die unterschiedliche Bewertung hat auf die Strafzumessung auch wenig Einfluss, weil Prävention nur im Rahmen des Schuldangemessenen berücksichtigt werden darf.

72 Eine ambivalente Bewertung desselben Umstands bei der Beurteilung der Strafzumessungsschuld als zugleich strafschärfend und strafmildernd wurde hingegen teilweise als widersprüchlich und mithin rechtsfehlerhaft beanstandet.[157] Indes kann sich ein und dieselbe Strafzumessungstatsache auch bei Ausblendung präventiver Zwecke unter verschiedenen für die Bestimmung der Strafzumessungsschuld erheblichen Blickwinkeln unterschiedlich auswirken (*Meier* S. 232): So kann die Einbettung in eine **Tatserie** den Schuldgehalt der Einzeltaten einerseits mit Blick auf eine „verfestigte rechtsfeindliche Gesinnung“ des Täters[158] oder den verursachten Gesamtschaden[159] erhöhen; andererseits

---

155 BGH StV **1984** 114; NStZ **1984** 20.

156 Vgl. das Gliederungsschema von *Schäfer/Sander/van Gemmeren* Rdn. 586, 1178ff.

157 BGH NStZ **1987** 405f; Urteil v. 28.3.2013 – 4 StR 467/12; vgl. aber BGH NStZ **1995** 226 m. **krit.** Anm. *Joerden* JZ **1995** 907 und *Streng* StV **1995** 411; missverständlich: BGH VRS **56** 189, 191; vgl. dazu *Theune* LK[12] Rdn. 81.

158 BGHSt **24** 268, 271; Urt. v. 28.3.2013 – 4 StR 467/12, Rdn. 23.

159 BGHSt **53** 221ff; NZWiSt **2012** 112.

kann sich eine Verminderung des Schuldgehalts der Folgetaten ergeben, wenn auf Grund des inneren Zusammenhangs auf eine herabgesetzte Hemmschwelle geschlossen werden kann.[160] Im Einzelfall kann auch die Abgrenzung zwischen täterbelastendem Vertrauensbruch und taterleichternder Opfermitverursachung schwierig sein (BGH NJW **1985** 1719; BGHR StGB § 266 Strafzumessung 1; s. Rdn. 208ff).

V. Einzelne Strafzumessungstatsachen und ihre Bewertung (§ 46 Abs. 2 S. 2)

Der Katalog des § 46 Abs. 2 S. 2 zählt Umstände auf, die bei der Strafzumessung namentlich in Betracht kommen. Einerseits kommen nicht alle aufgezählten Umstände in jedem Fall in Frage (BGH bei *Dallinger* MDR **1971** 720; *Horstkotte* JZ **1970** 125). So scheiden bei aus reiner Gedankenlosigkeit begangenen Fahrlässigkeitsdelikten Beweggründe und Ziele des Täters regelmäßig aus. Andererseits ist der Katalog nicht abschließend. Es können auch nicht aufgeführte Umstände berücksichtigt werden, soweit sie Anhaltspunkte zum Beispiel für eine höhere oder geringere Schuld des Täters bieten. 73

1. Innere Tatseite

a) Grundsätze der Bewertung. Die über den Vorsatz hinausgehende innere Einstellung des Täters zur Tat kann auch dann festgestellt werden, wenn sich der Angeklagte dazu nicht äußert. Die festgestellten Umstände des äußeren Tatgeschehens lassen Rückschlüsse auf die psychischen Wurzeln der Tat zu (BGH StV **1993** 521). Vor allem aus dem Vorleben des Angeklagten (Rdn. 146ff) und seinem Verhalten nach der Tat (Rdn. 179ff) werden häufig Rückschlüsse auf seine Einstellung zur Tat gezogen. Die **Unschuldsvermutung** als besondere Ausprägung des Rechtsstaatsprinzips hindert das Gericht nicht daran, aus dem Gesamtverhalten des Täters, auch soweit es den Zeitraum nach der Tat betrifft und nicht Gegenstand der Anklage ist, Schlüsse auf die aus der Tat sprechende „Gesinnung" zu ziehen (BVerfG Kammerbeschl. v. 26.6.1992 – 2 BvR 928/92). Die Bewertung von der inneren Tatseite zurechenbaren Strafzumessungstatsachen hat sich an den für das Strafrecht geltenden allgemeinen Grundsätzen, insbesondere dem Ziel des Rechtsgüterschutzes auf der Basis des Schuldprinzips, zu orientieren. Das Gericht muss zwar Motive und „Gesinnung" des Täters auch an **sittlichen** und **sozialethischen Maßstäben** messen; diese sind jedoch nur soweit bedeutsam, wie sie für die Erhaltung des Zusammenlebens der Menschen in der verfassungsgemäß organisierten Gesellschaft notwendig sind (Vor § 46 Rdn. 30ff). Das Strafrecht dient nur der Beeinflussung zu straffreiem, nicht zu moralischem Verhalten. 74

Bei der Bewertung sind **moralisierende Erwägungen** zu vermeiden, die nicht verdeutlichen, welcher schuld- oder (innerhalb des Schuldrahmens) präventionsrelevante Gesichtspunkt angesprochen und in Übereinstimmung mit den anerkannten Grundsätzen der Strafzumessung bewertet wird, sondern besorgen lassen, das Tatgericht habe sich bei der Bemessung der Strafen von sachfernen Gründen leiten lassen (BGH NStZ **1987** 405; StV **2015** 637; NJW **2017** 1491). Vom BGH beanstandet wurden die strafschärfende Bewertung „schamlosen" Verhaltens (BGH StV **1998** 76; NStZ-RR **2000** 361), der Angeklagte sei „dreist und unbelehrbar" (BGHR StGB § 46 Abs. 2 Zumessungsfehler 4), der Vorwurf eines verschwenderischen Lebenswandels und ungesunder materieller Ansprüche (BGH Beschl. v. 24.4.1997 – 4 StR 687/96) sowie einer – nicht durch Tatsachen belegten – grob rücksichtslosen Gesinnung (BGH Beschl. v. 26.2.2003 – 2 StR 411/02). Da 75

---

160 BGHR StGB § 46 Abs. 2 Tatumstände 8; BGH StraFo **2012** 151, 152; NStZ-RR **2009** 72; **2016** 368f.

negative „Gesinnungen" oft nur in wertenden Begriffen umschrieben werden können, ist die Grenze zu moralisierenden Erwägungen allerdings fließend (vgl. Rdn. 88).

76 **b) Beweggründe und Ziele.** Beweggründe können durch äußere Anreize hervorgerufen sein oder dem Charakter des Täters entspringen. Sie sind sowohl nach ihrem Entstehungsgrund (einerseits: plötzlich sich bietende günstige Gelegenheit, Verstrickung durch Dritte; andererseits: Gewinn- oder Machtstreben, Rücksichtslosigkeit) als auch nach ihrem ethischen Wert (verständlich, verwerflich) und ihrer Stärke (schwach – unwiderstehlich) auf ihre Strafzumessungsrelevanz zu überprüfen (vgl. *Bruns* I S. 548 ff).

77 Durch das Gesetz zur Umsetzung von Empfehlungen des NSU-Untersuchungsausschusses des Deutschen Bundestages vom 12. Juni 2015 (BGBl. I S. 925) sind die in § 46 Abs. 2 genannten Beweggründe und Ziele dahingehend verdeutlicht worden, dass sie „besonders auch **rassistische, fremdenfeindliche oder sonstige menschenverachtende**" umfassen. Das Gesetz verfolgt insgesamt das Ziel, Defizite bei der Verfolgung rassistischer oder fremdenfeindlich motivierter Straftaten zu beheben, wie sie bei der Nichtentdeckung des NSU offenbar geworden sind. Die Änderung des § 46 Abs. 2 soll die sorgfältige Ermittlung der genannten Motive gewährleisten (§ 160 Abs. 3 StPO), ihre Bedeutung für die gerichtliche Strafzumessung hervorheben und damit zu Zwecken der positiven Generalprävention für das Gemeinwesen grundlegende Wertungen dokumentieren und bekräftigen (BT-Drs. 18/3007, S. 7). Sie stützt sich auch auf Art. 4 des Rahmenbeschlusses 2008/913/JI,[161] wonach die EU-Mitgliedstaaten sicherzustellen haben, dass rassistische und fremdenfeindliche Beweggründe entweder als erschwerende Umstände gelten oder dass solche Beweggründe bei der Festlegung des Strafmaßes durch die Gerichte berücksichtigt werden können.

78 Überwiegend wird die Gesetzesänderung **kritisiert:**[162] Es handele sich um symbolische Gesetzgebung, da bereits nach zuvor geltendem Recht die Berücksichtigung dieser Beweggründe bei der Strafzumessung möglich gewesen sei.[163] Das Problem bei der Verfolgung von „Hasskriminalität" bestehe nicht in der Höhe der verhängten Strafen, sondern in fehlender Effizienz der Strafverfolgung. Die Änderung müsse ihre kriminalpolitische Zielsetzung verfehlen. Sie widerspreche der Systematik des § 46, indem sie aus einer unbeschränkten Vielzahl von Motiven einzelne Gruppen betone. Immerhin erscheint es als ein berechtigtes Anliegen des Gesetzgebers, die genannten Motive als besonders verwerflich hervorzuheben und damit das Augenmerk der Rechtsanwender auf sie zu richten. Hassverbrechen sind **„Botschaftsverbrechen"**, weil sie über die Traumatisierung der unmittelbaren, allein wegen ihrer Zugehörigkeit zu einer bestimmten gesellschaftlichen Gruppe ausgewählten Opfer hinaus Schädigungssignale an die gesamte Opfergruppe, die Gesellschaft und den Rechtsstaat senden (*H.J. Schneider* JZ **2003** 497 f). Sie sind deshalb in besonderem Maße geeignet, den sozialen Frieden einer durch Migration mitgeprägten pluralistischen Gesellschaft zu stören.[164] Der Vorwurf eines „Gesinnungsstrafrechts"[165] ist angesichts des Angriffs auch auf das überindividuelle Rechts-

---

161 Rahmenbeschluss des Rates vom 28. November 2008 zur strafrechtlichen Bekämpfung bestimmter Formen und Ausdrucksweisen von Rassismus und Fremdenfeindlichkeit, ABl. L 328.

162 *Fischer* Rdn. 26a f.; *Hillenbrand* StRR **2016** 3 f; *Jungbluth* StV **2015** 578; *ders.* RuP **2015** 162, 164 ff; *Miebach/Maier* MK Rdn. 187; *Sch/Schröder/Stree/Kinzig* § 46 Rdn. 72; *Sotiriadis* KJ **2014** 261, 271 ff; *Stolle* Vorgänge **2014** 113 ff; *Timm* JR **2014** 141 f; **aA** *Bittmann* DRiZ **2007** 323; *Götz* AnwBl. **2016** 5639; *Stegbauer* NJ **2008** 108; *Stoltenberg* ZRP **2012** 119; abwägend *Bruns/Güntge* Kap. 13 Rdn. 60.

163 Vgl. BGH Urt. v. 11.1.2001 – 5 StR 281/00.

164 Vgl. Gesetzentwurf des Bundesrates BT-Drs. 17/9345 S. 1.

165 *Timm* JR **2014** 141 f.

gut des friedlichen demokratischen Zusammenlebens[166] haltlos. Ob und inwieweit die Regelung ihren kriminalpolitischen Zweck erfüllt, wird sich allerdings erst im Nachhinein beurteilen lassen. Richtig ist, dass Maßnahmen zur Vorbeugung gegenüber solchen Verbrechen und zu ihrer Bekämpfung deutlich über die deklaratorische Änderung des § 46 Abs. 2 hinausgehen müssen.

Durch die Gesetzesänderung benannt werden Beweggründe und Ziele, die sich gegen eine nach Rasse, Hautfarbe, Religion, Abstammung oder nationale oder ethnische Herkunft definierte Gruppe von Personen oder gegen ein Mitglied einer solchen Gruppe richten. Während **„Rassismus"** einen – vermeintlich – biologischen bzw. phänotypischen Hintergrund hat und auf einem entsprechenden Weltbild beruht, wird mit **Fremdenfeindlichkeit** ein Verhalten umschrieben, bei dem Menschen aufgrund bestimmter Kriterien, wie Aussehen, Herkunft, Sprache oder sonstiger sozialer Verhaltensweisen, als „fremd" stigmatisiert werden. Durch das Auffangmerkmal **menschenverachtend** sollen darüber hinaus weitere anerkannten Diskriminierungsverboten widersprechende Beweggründe erfasst werden, insbesondere antisemitische oder solche, die sich gegen eine bestimmte religiöse Orientierung, gegen eine Behinderung, gegen den gesellschaftlichen Status (Obdachlose, sozial Schwache) oder gegen die sexuelle Identität oder Orientierung richten (BT-Drs. 18/3007, S. 14 f). 79

Rechtsextreme Gesinnung als solche ohne konkreten Tatbezug ist kein tauglicher Strafzumessungsgrund; erforderlich ist ein innerer Zusammenhang zur Tat (*Hillenbrand* StRR **2016** 3, 5). Trotz ihrer Hervorhebung handelt es sich bei rassistischen oder fremdenfeindlichen Beweggründen nicht um ein gegenüber den anderen Strafzumessungsgesichtspunkten besonders gewichtiges oder gar vorrangiges Kriterium. Mit der ausdrücklichen Benennung dieser Motive sollte **keine einseitige Gewichtung** dieser Beweggründe und Ziele im Vergleich zu den übrigen Strafzumessungsumständen verbunden sein (BT-Drs. 18/3007, S. 16).[167] Darüber hinaus ist auf das **Doppelverwertungsverbot** Bedacht zu nehmen: Die genannten Motive dürfen nicht strafschärfend berücksichtigt werden, wenn sie bereits Umstände des gesetzlichen Tatbestandes sind (insbes. niedrige Beweggründe, § 211) oder der Tat so häufig anhaften, dass sie über eine Steigerung der Schuld im Einzelfall nichts aussagen (insbes. §§ 86, 86a, 130) (*Miebach/Maier* MK Rdn. 188; Rdn. 258). 80

Anhaltspunkte für die Bewertung von in der Tat zum Ausdruck gekommenen **sonstigen Beweggründen** bietet die umfangreiche Rechtsprechung zum Mordmerkmal der niedrigen Beweggründe. Der zu § 211 Abs. 2 aufgestellte Grundsatz, dass es bei Motiven wie Verärgerung, Eifersucht, Rache, Wut oder Hass darauf ankommt, auf welcher „Gesinnung" diese beruhen, ob etwa für die Wut oder den Hass des Täters ein verständlicher Grund vorhanden war,[168] muss auch für Beweggründe gelten, die keine Tatbestandsmerkmale sind. 81

Das Schuldprinzip setzt voraus, dass die eine Tat charakterisierenden Beweggründe nur dann berücksichtigt werden dürfen, wenn sie in das **Bewusstsein des Täters** getreten sind. Er muss die Umstände kennen und mit seinem Bewusstsein erfassen, welche die ihm nachteilige Bewertung begründen. Allerdings kommt es dabei nicht auf seine eigene Einschätzung oder rechtsethische Wertung an. Diese Grundsätze sind für das Tatbestandsmerkmal der niedrigen Beweggründe von der Rechtsprechung anerkannt,[169] gelten aber allgemein. Soweit gefühlsmäßige Regungen (wie Wut, Hass oder Zorn) in 82

---

166 *Bittmann* DRiZ **2007** 323 f.
167 *Hillenbrand* StRR **2016** 3, 6 f.
168 BGHSt **56** 11; BGHR StGB § 211 Abs. 2 Niedrige Beweggründe 8, 16, 22, 23, 28, 30, 31, 36, 49.
169 BGHR StGB § 211 Abs. 2 Niedrige Beweggründe 6, 13, 15, 23.

Betracht kommen, muss der Täter diese gedanklich beherrschen und willensmäßig steuern können.[170]

83 Eine den Täter belastende „Gesinnung“ kann aufgrund von Beweisanzeichen festgestellt werden, die bei Körperverletzungs- und Tötungsdelikten oft in der Vielzahl der Verletzungshandlungen oder in der besonderen Brutalität der Tatausführung zu sehen sind (BGHSt **60** 52; NStZ **2015** 690, 692). Bei der Würdigung solcher Tatmodalitäten ist allerdings zu bedenken, dass sie im Einzelfall durch eine vom Täter nicht zu vertretende **geistig-seelische Beeinträchtigung** (mit-)hervorgerufen sein können. Dann dürfen derartige Tatmodalitäten nicht oder nur in entsprechend geringerem Maße zu seinem Nachteil berücksichtigt werden.[171]

84 **Spontane Tatbegehung** wirkt sich insbesondere bei Tötungsdelikten häufig strafmildernd aus (BGH StV **1995** 131; **2002** 190), kann aber auch bei anderen Straftaten, etwa Diebstahl oder Raub, die Tat in einem günstigeren Licht erscheinen lassen (BGH StV **1996** 270; BGHR StGB § 250 Abs. 2 Wertungsfehler 3). Die Bewertung hängt vielfach von dem konkreten Delikt und den Umständen des Einzelfalls ab. **Angst, Verzweiflung, das Gefühl einer ausweglosen Lage** (z.B. bei einer Frau, die ein Kind bald nach der Geburt tötet, weil schon die übrigen Kinder sie überfordern und der Mann sie ohne Hilfe lässt) können strafmildernd sein.

85 **Nachvollziehbare Motive** für eine Tatbegehung können strafmildernd wirken; ihr Fehlen berechtigt allerdings nicht, dies zulasten des Angeklagten zu berücksichtigen (BGH NStZ **2013** 46; NStZ-RR **2014** 45f; **2016** 40). Das mit der Tötung eines moribunden Angehörigen verfolgte Ziel, ihn von schwerem Leiden zu befreien, ist strafmildernd zu bewerten (BGH NStZ-RR **2017** 238f). Bei Handeltreiben mit Betäubungsmitteln hat der BGH das durch **wirtschaftliche Not** und Fürsorge für die Kinder geprägte Tatmotiv als wesentlichen Strafmilderungsgrund angesehen (BGHR BtMG § 29 Strafzumessung 20; s.a. BGH MDR **1996** 552; NStZ **1996** 238). Die für den Angeklagten günstige Bewertung einer **Provokation durch das Opfer** hat über die Regelung des § 213 hinaus Bedeutung. Ist der Täter vom Verletzten gereizt worden, so kann dies bei einer Körperverletzung zugunsten des Täters ins Gewicht fallen. Artet der Beweggrund in reine **Rachsucht** aus, so kann darin ein strafschärfender niedriger Beweggrund liegen (BGH Urt. v. 2.6.2015 – 5 StR 80/15, Rdn. 10). Der tätliche Angriff auf Angehörige einer fremden Volksgruppe ist nicht dann milder zu beurteilen, wenn der Angeklagte zu der Tat dadurch motiviert wurde, dass er selbst von anderen Mitgliedern dieser Volksgruppe früher angegriffen worden war (BGHR StGB § 46 Abs. 2 Wertungsfehler 24). Dass ein Täter die ihm zustehenden Rechte geltend macht, darf ihm nicht angelastet werden. Als fehlerhaft hat der BGH deshalb die Wertung des Tatgerichts bezeichnet, dem Angeklagten sei vorzuwerfen, die Eskalation der zur Tötung im Affekt führenden Situation durch die halsstarrige Geltendmachung seiner Rechte verschuldet zu haben (BGHR StGB § 46 Abs. 2 Wertungsfehler 1).

86 Die **Ziele des Täters** entsprechen in der Regel, aber nicht zwangsläufig seinen Beweggründen. Wer mit dem Ziel handelt, einem anderen einen Vorteil zu verschaffen, kann das aus Dankbarkeit oder aus Mitleid tun, weil er von dem anderen erpresst wird oder weil er sein Schweigen erkaufen will. Ebenso wie die Beweggründe können die Ziele schon subjektive Tatbestandsmerkmale sein (vgl. z.B. §§ 236, 257 Abs. 1). Insoweit dürfen sie bei der Strafzumessung nicht berücksichtigt werden (§ 46 Abs. 3).

---

170 BGHSt **28** 210, 212; **47** 128, 133; BGH NStZ **2012** 691; StV **2017** 516; BGHR StGB § 211 Abs. 2 Niedrige Beweggründe 2, 6, 15, 22, 23, 26.

171 BGHSt **16** 360, 364; BGH NStZ **1988** 125, 126; **1988** 310; **1991** 81; **1992** 538; **1998** 84; **1999** 22; NStZ-RR **2003** 104; StV **2005** 495; BGHR StGB § 21 Strafrahmenverschiebung 24; Strafzumessung 1 bis 12 und 15; § 177 Abs. 1 Strafzumessung 9, 13.

Gewinnstreben ist beim Handeltreiben mit Betäubungsmitteln nur dann ein Strafschärfungsgrund, wenn es besonders ausgeprägt und verwerflich ist und deshalb den Rahmen des zur Tatbestandserfüllung Erforderlichen deutlich übersteigt (BGH Beschl. v. 28.3.2000 – 4 StR 69/00). Auch bei Steuerstraftaten muss das Gewinnstreben des Täters das bei jedem Steuerstraftäter vorhandene deutlich übersteigen, um strafschärfend berücksichtigt werden zu können (BGH Urt. v. 8.8.2017 – 1 StR 519/16, Rdn. 22). In Fällen des Betäubungsmittelerwerbs ausschließlich zum Eigenkonsum besitzt dieses Ziel erhebliche strafmildernde Bedeutung (BGHR BtMG § 29 Strafzumessung 11; BGH StV **1993** 473f; **2013** 149 m.w.N.). 87

c) Gesinnung des Täters. Sie ist für die Strafzumessung nur bedeutsam, wenn sie in einem inneren Zusammenhang mit der Tat steht.[172] Eine generelle Einstellung des Täters, sein Charakter und seine Gesinnung, die keinen Einfluss auf die konkrete Tat hatten, müssen außer Betracht bleiben (BGH MDR **1980** 240; BayObLG NStZ **1982** 288 mit Anm. *Bruns*). Eine dem Angeklagten anzulastende besonders verwerfliche Gesinnung wurde z.B. bei einer aus Langeweile und zum Vergnügen begangenen schweren Misshandlung eines Mithäftlings bejaht (BGH NStZ-RR **2002** 105). Sie kann sich aus einem **auffälligen Missverhältnis** zwischen Anlass und Tat ergeben (BGH NStZ **2017** 84f; Urt. v. 7.6.2017 – 2 StR 30/16, Rdn. 9). Auch bei Fahrlässigkeitstaten ist sie nicht ausgeschlossen (BGH Beschl. v. 3.9.1975 – 3 StR 240/75). Da sich die für die Strafzumessung wesentlichen Aspekte der „Gesinnung" bereits in der „Art der Tatausführung" oder den „Zielen und Beweggründen des Täters" abbilden, erscheint ihre Nennung in § 46 neben diesen Faktoren überflüssig und sollte gestrichen werden.[173] Ihre gesonderte Erwähnung verleitet zu moralisierenden Erwägungen, die im Urteil keinen Raum haben.[174] 88

Erschwerende Tatmodalitäten und -motive dürfen insoweit nicht angelastet werden, als sie in einem die Tatschuld mindernden **psychischen Defekt** des Täters ihre Ursache haben (BGH NStZ **1982** 200f; s. Rdn. 120). Da auch der im Sinne des § 21 erheblich vermindert schuldfähige Täter für die von ihm begangene Tat in ihrer konkreten Ausgestaltung verantwortlich ist, bleibt zwar für eine strafschärfende Verwertung Raum, jedoch nur nach dem Maß der geminderten Schuld (BGHSt **16** 360, 364; BGH NStZ **1992** 538; StV **2005** 495). Das Urteil muss erkennen lassen, dass sich das Tatgericht dieser Problematik bewusst war (BGH NStZ-RR **2003** 104, 105; Beschl. v. 13.2.2013 – 4 StR 557/12, Rdn. 15). 89

d) Der **bei der Tat aufgewendete Wille** kann vor allem für die Strafzumessung bei Vorsatztaten Bedeutung erlangen. Bei dem zu seiner Kennzeichnung oft verwendeten Begriff „kriminelle Energie" handelt es sich um eine Leer- und Verschleierungsformel,[175] die überdies die verfehlte Vorstellung von einem physischen „Kriminalitätstrieb" weckt; sie sollte vermieden werden. Gemeint ist die Intensität, mit der ein Täter sein Ziel verfolgt. So können **Planung**[176] der Tat oder die sich in mehreren Tatanläufen[177] zeigende **Hartnäckigkeit**, mit der ein Täter sein Ziel verfolgt, sowie **Vorkehrungen zur Verringerung des Entdeckungsrisikos** (Maskierung,[178] Tragen von Handschuhen, Bereithalten 90

---

172 BGH MDR **1954** 693; **1980** 240; NJW **1979** 1835; BayObLG NStZ **1982** 288 m. Anm. *Bruns*.
173 *Kasper* Gutachten C zum 72. DJT S. 71; Beschluss 8 c) des 72. DJT; so auch *Bruns/Güntge* Kap. 13 Rdn. 64. *Hörnle* JZ **1999** 1080, 1088f; *Timm* Gesinnung und Straftat **2012** 257.
174 *Schäfer/Sander/van Gemmeren* Rdn. 614.
175 *Kasper* Gutachten C zum 72. DJT S. 69; *Hörnle* S. 59f, 394; *Schäfer/Sander/van Gemmeren* Rdn. 619; *Miebach/Maier* MK Rdn. 196.
176 BGH NStZ **1998** 188; BGH bei Dallinger MDR **1969** 535; **1972** 570; **1974** 544.
177 BGH JR **2011** 177, 180.
178 BGH StV **1998** 652 m. **krit.** Anm. *Jahn*.

von Kleidung zum Wechseln nach der Tat und von Fluchtfahrzeugen) strafschärfend wirken.[179] Kommt bei Steuerdelikten **Versäumnissen staatlicher Organe** im Rahmen der Strafzumessung Bedeutung zu, muss strafschärfendes Verhalten des Täters (etwa Skrupellosigkeit, Raffinesse oder Hartnäckigkeit) hierzu ins Verhältnis gesetzt werden (BGHR AO § 370 Abs. 1 Nr. 1 Angaben 10 m.w.N.). Nutzt ein Täter gezielt die Schwächen der Kontrollmechanismen der Finanzverwaltung aus, wird dies im Ergebnis strafschärfend und nicht strafmildernd zu werten sein (BGH wistra **2013** 67, 68 Rdn. 49; BGH NStZ **2015** 466, 468). Die **Einbeziehung Dritter**, zumal des eigenen minderjährigen Kindes, kann strafschärfend zu berücksichtigen sein. So durfte straferschwerend gewertet werden, dass der Angeklagte, der im Internet dschihadistische Beiträge veröffentlicht und als Arbeitsmaterial hierfür auch Bilder seines achtjährigen Sohnes mit einer Gesichtsmaske und einer Gewehrattrappe in der Hand erstellt hatte, nicht davor zurückschreckte, das Kind in seine gewaltverherrlichenden Aktivitäten einzubeziehen und dessen Entwicklung durch rigide Glaubensvorstellungen „in Art einer Gehirnwäsche“ zu beeinflussen (BGH NStZ **2015** 636, 638).

91 Allgemeine **Willensschwäche**, die den Täter immer wieder der Versuchung zu Gelegenheits- oder Augenblickstaten erliegen lässt, kann die Schuld mindern, zugleich aber das Bedürfnis nach spezialpräventiver Einwirkung auf ihn erhöhen und ggf. unter den Voraussetzungen des § 66 sogar die Anordnung der Sicherungsverwahrung rechtfertigen (BGH JR **1980** 340 mit Anm. *Hanack;* NStZ **2005** 265f).

92 Geht das Wollen des Täters weiter als die verwirklichte Tat, so ist dies in der Regel strafschärfend zu berücksichtigen (BGHSt **1** 131, 136f). Ist der Täter jedoch vom Versuch einer Straftat **strafbefreiend zurückgetreten**, dürfen der auf die versuchte Straftat gerichtete Vorsatz sowie ausschließlich darauf bezogene Tatbestandsverwirklichungen nicht erschwerend berücksichtigt werden;[180] Umstände, die sich auf das Tatgeschehen insgesamt beziehen und den Unrechts- und Schuldgehalt auch des vollendeten Delikts charakterisieren, dürfen dagegen strafschärfend bewertet werden (BGHSt **42** 43; BGH StV **2003** 218). Strafmildernd kann sich auswirken, dass der Täter von der (weiteren) Tatausführung Abstand genommen hat, auch wenn sein Verhalten nicht ausreicht, Straflosigkeit für ihn zu begründen (BGH bei Holtz MDR **1986** 271).

93 Die Frage, ob sich in der **Vorsatzform** ein die Strafhöhe bestimmender Schuldgehalt spiegelt, kann nur einzelfallbezogen beantwortet werden. Stets bedarf es einer Würdigung im Zusammenhang mit den Vorstellungen und Zielen des Täters.[181] So kann eine bedingt vorsätzliche Tötung aus nichtigem Anlass oder zu verwerflichen Zwecken schwerwiegender sein als eine mit direktem Vorsatz verübte Tat, die auf verständlichen Beweggründen beruht.[182] **Tötungsabsicht** kann zulasten des Täters strafschärfend berücksichtigt werden (vgl. Rdn. 265), da das Streben nach dem Tod des Opfers in besonderem Maße mit einem sozialen Unwerturteil belegt ist und eine höhere Gefahr für das geschützte Rechtsgut darstellt.[183] Etwa entgegenstehende Rechtsprechung haben alle Strafsenate des BGH aufgegeben.[184] Maßgeblich sind allerdings auch insoweit die Umstände des Einzelfalls, insbesondere die mit der Tat verbundenen Vorstellungen und Ziele des Täters. Eine dem Strafzumessungsrecht wesensfremden Schematisierung verbietet sich, wie z.B. „Haustyrannen-Fälle“ oder Mitleidstötungen zeigen (BGH NStZ-RR **2017** 238f).

---

179 *Schäfer/Sander/van Gemmeren* Rdn. 619.
180 BGH NStZ **1990** 490; NStZ-RR **2010** 202; BGHR StGB § 46 Abs. 2 Wertungsfehler 15, 30.
181 BGH NJW **1981** 2204; BGHR StGB § 46 Abs. 3 Tötungsvorsatz 5.
182 BGH NJW **1981** 2204 = JR **1981** 512 m. Anm. *Bruns*; BGH bei Holtz MDR **1984** 276; **1984** 980.
183 BGH NStZ **2017** 216 = JR **2017** 387 m. Anm. *Fahl* und StV **2017** 523 m. Anm. *Streng*.
184 BGH NStZ-RR **2017** 237, 238; JR **2017** 391.

Wo sowohl die vorsätzliche als auch die fahrlässige Verletzung desselben Rechtsguts unter Strafe gestellt ist, gilt für die vorsätzliche Verletzung häufig ein strengerer Strafrahmen als für die fahrlässige (§§ 211, 212 gegenüber § 222; § 223 gegenüber § 230). Wo das Gesetz für **vorsätzliches und fahrlässiges Handeln** denselben Strafrahmen vorsieht, trifft in der Regel den fahrlässig Handelnden ein minder schwerer Vorwurf als den vorsätzlich Handelnden (OLG Schleswig Verk. Mitt. **1967** 12). Das schließt nicht aus, dass im Einzelfall, etwa bei Leichtfertigkeit, die Schwere der Fahrlässigkeitstat derjenigen einer Vorsatztat nahekommt. 94

e) Beeinflussung durch Dritte. In der Regel mindert es die Schuld des Täters, wenn er zur Begehung der Tat angestiftet werden musste (zum Verleiten des Täters durch einen **verdeckten Ermittler oder V-Mann** s. Rdn. 221 ff).[185] Wenn sich der Täter zu den Straftaten unter dem **Druck eines Erpressers** entschließt, um diesen mit dem Erlös aus der Beute loszuwerden, kommt dieser Tatsache solches Gewicht zu, dass sie zugunsten des Täters im Strafmaß berücksichtigt werden muss.[186] **Verführung** ist häufig strafmildernd, insbesondere bei innerer Abhängigkeit des Täters vom Verführer oder bei jungem Alter des Verführten, ebenso eine die Tatbeteiligung auslösende **Gruppendynamik.**[187] Allgemein schlechtes Beispiel der Umgebung ist in der Regel nicht strafmildernd (BGH NJW **1964** 261, Diebstahl von Arbeitsmaterial am Arbeitsplatz; OLG Bremen NJW **1954** 405, verbreitete Unsitten im Straßenverkehr). Kein Strafmilderungsgrund ist es, dass der Waffenhändler im Herkunftsland bei seiner Tat staatliche Unterstützung erhielt (BGH NStZ **1997** 79). 95

f) Handeln auf Befehl. § 11 Abs. 2 S. 1 SG verbietet den Gehorsam gegenüber einem Befehl, wenn der Untergebene dadurch eine Straftat begeht. Ein solcher strafrechtswidriger Befehl ist unverbindlich. Gemäß § 11 Abs. 2 S. 2 SG und § 5 Abs. 1 WStG trifft einen Untergebenen, der auf Befehl eine rechtswidrige Tat begeht, eine Schuld aber nur dann, wenn er erkennt, dass es sich um eine solche handelt, oder dies nach den ihm bekannten Umständen offensichtlich ist (vgl. BGHSt **19** 231, 232). § 5 Abs. 2 WStG sieht zusätzlich eine fakultative Strafmilderung gem. § 49 Abs. 1 vor, wenn die Schuld des Untergebenen mit Rücksicht auf die besondere Lage, in der er sich bei der Ausführung des Befehls befand, gering ist. Die Problematik des Handelns auf Befehl in einem Unrechtsregime ist insbesondere in Verfahren gegen **Angehörige der früheren DDR-Grenztruppen** relevant geworden, die an der Berliner Mauer gegen DDR-Flüchtlinge von der Schusswaffe Gebrauch machten (BGHR WStG § 5 Abs. 1 Schuld 1–7; s. Rdn. 99). Eine **Verstrickung in das NS-Unrechtsregime** bildet keinen übergesetzlichen Strafmilderungsgrund, der eine Strafrahmenverschiebung zur Folge hätte (BGH NJW **1978** 1336). 96

g) Überzeugungstäter. Der Überzeugungstäter lehnt sich gegen die Rechtsordnung auf, weil seine politische, sittliche oder religiöse Überzeugung ihm dies gebietet.[188] Er hält sein strafbares Tun für richtig und rechtfertigt deshalb die Befürchtung, er werde auch bei künftiger Gelegenheit in gleicher oder anderer Weise seiner Überzeugung gemäß handeln (BGH NJW **1978** 174, 175). Seine Schuld ergibt sich daraus, dass er bewusst 97

---

185 BGH MDR **1986** 331; NStZ **1986** 162; **1988** 550 m. Anm. *Endriß*.
186 BGH bei *Dallinger* MDR **1958** 14; Beschl. v. 13.5.1986 – 5 StR 198/86.
187 BGH StV **2010** 633; BGHR StGB § 46 Abs. 2 Wertungsfehler 25; BGH Beschl. vom 21.2.2002 – 4 StR 545/01.
188 BayObLG MDR **1976** 946 m. Anm. *von Hippel* JR **1977** 119; NJW **1980** 2424 f; *Bruns/Güntge* Kap. 13 Rdn. 77 ff.

an die Stelle der Wertordnung der Gemeinschaft seine eigene setzt und von dieser her im Einzelfall falsch wertet (BGHSt **2** 194, 208). Handelt ein Überzeugungstäter aus achtenswerten Motiven (z.B. Sitzblockaden gegen Atomkraft; Dienstflucht von Zeugen Jehovas), kann seine Schuld gemindert sein.[189] Für solche Überlegungen ist aber grundsätzlich kein Raum, wenn die Überzeugung **mit demokratischen Grundwerten nicht in Einklang** steht und der Täter in der Lage ist, dies zu erkennen (BGHSt **8** 162, 163). Politische Verblendung ist nicht geeignet, die strafrechtliche Schuld zu mindern (BGH NJW **1995** 340). Bei der Bewertung der Überzeugung des Täters als strafschärfend oder -mildernd ist sein Gesamtverhalten zu berücksichtigen. Es kommt sowohl auf die verfolgten **Ziele** als auch auf die zu ihrer Verwirklichung eingesetzten **Mittel** an (BGHSt **8** 162, 163). Eine Tat, die der Festigung oder Verbreitung politischer Zwangsherrschaft dient, ist anders zu bewerten als ein Vorhaben, mit dem eine Diktatur beseitigt und Freiheitsrechte wiederhergestellt werden sollen. Wer in einem Rechtsstaat zur Durchsetzung politischer Ziele – gleich welcher Art und Richtung – erhebliche Gewalt einsetzt, verdient bei der Strafzumessung keine Rücksicht. **Terrorakte**, insbesondere Tötungsverbrechen, Sprengstoff- oder Brandanschläge und ähnliche Gewalttaten, sind als Mittel politischer Auseinandersetzungen verachtenswert, ohne dass es für diese Beurteilung auf die politischen Motive des Täters im Einzelnen ankäme (BGH NJW **1981** 2204; **2004** 3051).[190] Islamistische oder antisemitische Überzeugungen fallen als menschenverachtende Motive erschwerend ins Gewicht.

98 In Fällen **achtenswerter Überzeugung** liegt das strafzumessungsrechtlich Besondere darin, dass die Willensstärke des Täters, die – für sich betrachtet – ebenso wie die damit verbundene **Hartnäckigkeit und Uneinsichtigkeit** für eine gesteigerte Schuld sprechen kann, durch ein anerkennenswertes politisches, sittliches oder religiöses Motiv an strafzumessungsrechtlicher Relevanz verliert und ausgeglichen wird (BayObLG MDR **1976** 946; NJW **1980** 2424, 2425). Kann das Motiv so einerseits die Schuld des Täters mindern, soll es andererseits aus spezialpräventiven Gründen eine intensive Einwirkung auf ihn erforderlich machen können.[191] Das Festhalten an einer politischen Gesinnung, die Ursache der Straftat war, allein begründet allerdings noch nicht die Gefahr weiterer strafbarer Handlungen, da der Täter sich durch die gegen ihn verhängte Strafe so beeindrucken lassen kann, dass er in Zukunft trotz seiner Überzeugung die Strafgesetze achtet (BGH StV **2001** 505f). Im Übrigen sind der Berücksichtigung einer besonderen Gefährlichkeit durch das **Schuldprinzip** Grenzen gesetzt.

99 **h) Indoktrination.** Das Bundesverfassungsgericht hat in den Fällen der **Tötung von Flüchtlingen durch Grenzsoldaten an der innerdeutschen Grenze** darauf hingewiesen, dass sich dem durchschnittlichen Soldaten angesichts seiner Indoktrination und der sonstigen Umstände die richtige Grenze strafbaren Verhaltens nicht selbstverständlich erschlossen haben müsse (BVerfGE **95** 96, 127). Für die überwiegend sehr jungen Grenzsoldaten, die in überdurchschnittlich hohem Maße von der herrschenden Ideologie und der mit der Ausbildung verbundenen Indoktrination bestimmt wurden, war es nicht of-

---

189 BayObLG NJW **1980** 2424 und JR **1981** 171 m. Anm. *Peters*; *Sch/Schröder/Kinzig/Stree* § 46 Rdn. 15; *SSW/Eschelbach* Rdn. 101.

190 Übersicht über Terroristenprozesse in der Bundesrepublik Deutschland bei *Gribbohm* DRiZ **1990** 421, 423f.

191 BGHSt **8** 162, 163; *Heinitz* ZStW **78** (1966) 632f; *Bockelmann* FS Welzel 5ff; *Bopp* Der Gewissenstäter und das Grundrecht der Gewissensfreiheit (1974); *Ebert* Der Überzeugungstäter in der neueren Rechtsentwicklung (1975); *Gallas* FS Mezger 320; *Gödan* Die Rechtsfigur des Überzeugungstäters (1975); *Greffenius* Der Täter aus Überzeugung und der Täter aus Gewissensnot (1969); *Hoffmann/Sax* Der Ideologietäter (1967); *Noll* ZStW **78** (1966) 638ff; *Peters, H.* FS Mayer 257ff; *Rudolphi* FS Welzel 605ff.

fensichtlich, dass sie mit Schüssen auf die Beine der Flüchtlinge einen Strafrechtsverstoß begingen (BGH NStZ **1993** 488f). Bei der vorsätzlichen Tötung von Flüchtlingen wurde ein unverschuldeter Verbotsirrtum zwar regelmäßig verneint (BGHSt **40** 241; **44** 204; NStZ **1993** 488), wegen der besonderen Umstände – die jungen Täter hatten keine Möglichkeit der Indoktrination eine kritische Einstellung entgegenzusetzen – wurden aber relativ milde Strafen für angemessen erachtet (BGHSt **39** 1, 35f; BGH NJW **1994** 2240, 2241).

Eine Bestrafung von **Richtern und Staatsanwälten der DDR** wegen Rechtsbeugung **100**
hat der BGH auf Fälle beschränkt, in denen die Rechtswidrigkeit der Entscheidungen offensichtlich war und in denen insbesondere die Rechte anderer, hauptsächlich ihre Menschenrechte, derart schwerwiegend verletzt worden waren, dass sich die Entscheidungen als Willkürakte darstellten. Als unbeachtlich hat er aber die Meinung des Richters angesehen, er dürfe aus politischen Gründen, etwa zum Schutz der sozialistischen Gesellschaftsordnung vor politischen Gegnern, wie geschehen handeln. Eine Strafmilderung wegen eines vermeidbaren Verbotsirrtums hat er abgelehnt (BGHSt **41** 247, 276f). Die **Einbindung in ein Unrechtssystem**, in dem Todesstrafen zum Zwecke vermeintlichen Staatswohls verhängt wurden, sowie die Konflikte, in denen sich der das Recht beugende Richter befand, hat er aber als gravierend schuldmindernd bewertet (BGHSt **41** 317, 340ff).

2. Maß der Pflichtwidrigkeit. Das Maß der Pflichtwidrigkeit ist dem Handlungsun- **101**
recht zuzuordnen und vor allem bei Fahrlässigkeitsdelikten, Gefährdungsdelikten, unechten Unterlassungsdelikten (§ 13), Verkehrsstraftaten (§§ 315a, 315c) und Delikten die besondere Rechtspflichten voraussetzen, wie z.B. Untreue (§ 266) und bestimmte Sexualdelikte (§§ 174, 174c), insbesondere aber bei den Straftaten im Amt ein wesentlicher Strafzumessungsgrund:

a) Verletzung tatbestandlicher Pflichten. Bei Fahrlässigkeitsdelikten ist das Maß **102**
des Verstoßes gegen relevante Pflichten ein gewichtiger Strafzumessungsumstand. So wird bei einer fahrlässigen Tötung im Straßenverkehr aufgrund von Überschreitung der zulässigen Höchstgeschwindigkeit mit ausschlaggebend sein, wie erheblich die Geschwindigkeitsgrenze überschritten ist. Bei Unterlassungsdelikten entscheidet das Maß des Verstoßes gegen Handlungspflichten.[192]

Gehört die **Ausnutzung einer Vertrauensstellung** zum gesetzlichen Tatbestand, so **103**
kann die **Art der Stellung** des Täters das Maß der Pflichtwidrigkeit ebenso kennzeichnen wie das Maß des Verstoßes. Ein Vertreter der öffentlichen Jugendhilfe hat im Vergleich zu dem in Anwendung des Zivilrechts Verpflichteten höhere Anforderungen zu erfüllen (BGH Beschl. v. 3.2.2004 – 5 StR 488/03). Der Lehrer einer allgemeinbildenden Schule ist bei sexuellem Missbrauch Schutzbefohlener (§ 174) in der Regel strafwürdiger als ein Fahrlehrer, sofern dieser Missbrauch überhaupt unter die Strafvorschrift fällt (vgl. BGHSt **21** 196). Die Pflicht zur Betreuung fremden Vermögens (§ 266) wiegt beim Vormund in der Regel schwerer als die eines Angestellten, bei dem die Voraussetzungen des nicht unbedeutenden Pflichtenkreises und einer gewissen Selbständigkeit gerade noch erfüllt sind. Das Ausmaß der Pflichtwidrigkeit der Diensthandlung bei Bestechlichkeit oder Untreue eines Amtsträgers wird ganz wesentlich durch die Höhe des eingetretenen Schadens bestimmt (BGH wistra **2002** 420; NJW **2009** 3248, 3253).

---

192 *Schäfer/Sander/van Gemmeren* Rdn. 624.

104 **b) Verletzung außertatbestandlicher Pflichten.** Auch außerhalb der durch besondere Pflichten gekennzeichneten Tatbestände kann das strafzumessungsrelevante Maß der objektiven Pflichtwidrigkeit größer oder geringer sein, je nach den Beziehungen des Täters zum Opfer oder nach seiner beruflichen oder sozialen Stellung. Eine gesteigerte Pflicht kann sich bei Begehung einer Straftat durch aktives Tun aus einer **Garantenstellung** (§ 13) des Täters gegenüber dem Opfer ergeben. Eine **herausgehobene berufliche oder soziale Stellung** für sich allein ist **nicht** ohne weiteres geeignet, eine schärfere Bestrafung zu begründen. Dass eine Tat wegen der Persönlichkeit eines Tatbeteiligten **Aufsehen in der Öffentlichkeit** erregt, ist – für sich genommen – für die Strafzumessung unerheblich; es gibt kein „Prominentenstrafrecht". Nach der höchstrichterlichen Rechtsprechung darf eine herausgehobene berufliche oder soziale Stellung bei einer Straftat, die dem privaten Lebensbereich zuzuordnen ist, nur dann zulasten des Täters berücksichtigt werden, wenn zwischen seiner Stellung und der Tat ein innerer, das Maß der Pflichtwidrigkeit erhöhender Zusammenhang besteht.[193] Dies lässt sich dahin präzisieren, dass sich aus der Stellung besondere Pflichten ergeben, deren Verletzung im Hinblick auf die abzuurteilende Tat Bedeutung hat (BGH NJW **1987** 2685, 2687).

105 Eine solche **innere Beziehung** zwischen Stellung und Tat wurde **angenommen**: bei einem Angeklagten, der als Erster **Bürgermeister** einer bayerischen Gemeinde und damit als kommunaler Wahlbeamter durch geheimdienstliche Agententätigkeit für die DDR gegen eine erhöhte Treuepflicht verstoßen hat, die ihm gegenüber der Bundesrepublik erwachsen war;[194] bei einem **Rechtsanwalt**, der eine schwere Vermögensstraftat dadurch förderte, dass er ein Mandatsverhältnis fingierte, um zu erwartende staatsanwaltschaftlichen Ermittlungen unter Hinweis auf die angeblich bestehende anwaltliche Schweigepflicht ins Leere laufen lassen zu können;[195] bei einem **beamteten Inhaber eines Lehrstuhls** einer Universität im Falle einer Strafvereitelung zugunsten eines führenden Mitglieds der RAF, das wegen versuchten Mordes und Gefangenenbefreiung gesucht wurde.[196] Als weitere Beispiele dieser Art lassen sich Fälle denken, in denen der Täter beruflich erlangte Kenntnisse zu Straftaten verwendet, so wenn ein zum Schutz gefährdeter Personen eingesetzter **Polizeibeamter** sein Wissen von den Lebensgewohnheiten der Beschützten zu einem Einbruch in deren Wohnhaus missbraucht oder wenn ein **Steuerberater** ihm überlassene Unterlagen über die Vermögensangelegenheiten eines reichen Mandanten für ein Betrugsmanöver verwendet.

106 Die erforderliche **innere Beziehung** zwischen beruflicher oder sozialer Stellung und Tat wurde dagegen **abgelehnt**: bei einem **Arzt**, der sich wegen Handeltreibens mit und Einfuhr von Betäubungsmitteln in nicht geringer Menge strafbar gemacht hat, sofern er nicht seine Arztpraxis zur Abwicklung des Handels eingesetzt hat;[197] bei einem Arzt, der sich an einer schweren Brandstiftung beteiligte;[198] bei einem **Apotheker** der außerhalb seiner Berufsausübung einen Totschlag beging;[199] bei einem **Berufssoldaten**, der privat unerlaubt Waffen besaß;[200] bei einem **Rechtsanwalt**, der eine versuchte räuberische Erpressung beging;[201] bei einem **Polizeibeamten**, der sich der ausbeuterischen Zuhälterei in Tateinheit mit Nötigung und Raub oder räuberischer Erpressung schuldig gemacht

---

193 BGH NStZ **1981** 258; **1988** 175; **2000** 366; NJW **2000** 154, 157.
194 BGH bei *Holtz* MDR **1981** 453.
195 BGH NStZ **1988** 126 f.
196 LG Hannover NJW **1976** 978, 979 m. Anm. *Schroeder*.
197 BGH Beschl. v. 16.2.1993 – 5 StR 3/93.
198 BGH NJW **1996** 3089.
199 BGHR StGB § 46 Abs. 2 Lebensumstände 19.
200 BGH Beschl. v. 12.12.1997 – 3 StR 383/97, Rdn. 11.
201 BGH bei *Holtz* MDR **1982** 280.

hat, wobei er dem Opfer seinen Beruf verschwieg.[202] Bei einem **Justizoberamtsrat**, der – vorübergehend zum Pfleger bestellt – das Vertrauen des Geschädigten gewonnen hatte und dadurch nach Beendigung der Pflegschaft Gelegenheit zu einer Vermögensstraftat erhielt, hat der BGH als rechtsfehlerhaft die Erwägung gewertet, der Angeklagte habe die Tat „unter Missbrauch seines Ansehens als Justizoberamtsrat" begangen;[203] zutreffenderweise hätte allerdings der Missbrauch des ihm aufgrund seiner früheren Pflegerstellung entgegengebrachten Vertrauens gewertet werden können. Einen **Ausländer** trifft keine gesteigerte Pflicht, sich im Gastland straffrei zu führen. Das Maß der Pflichtwidrigkeit seines strafbaren Verhaltens wird durch die Ausländereigenschaft deshalb nicht berührt (Rdn. 169 ff).[204] Unzulässig ist es, strafschärfend zu werten, der Angeklagte habe seiner Vorbildfunktion als **Mitglied des Landtages** und als Rechtsanwalt nicht entsprochen, wenn kein das Maß der Pflichtwidrigkeit erhöhender Zusammenhang zwischen diesen Funktionen und der Tat besteht (BGH NJW **2000** 154).

Großenteils **überholt** ist damit die **frühere Rechtsprechung**, die die berufliche oder soziale Stellung des Täters im Rahmen der Würdigung der Gesamtpersönlichkeit in weiterem Umfang als Strafschärfungsgrund anerkannte, so z.B. bei der Trunkenheitsfahrt eines Arztes oder Beamten.[205] Es bestand die Tendenz, aus einer gehobenen beruflichen oder sozialen Stellung des Täters auf erhöhte Pflichten gegenüber der Allgemeinheit und von daher bei einer Straftat allgemein auf erhöhte strafrechtliche Schuld zu schließen. Diese Rechtsauffassung mag zwar im Einklang damit stehen, dass zahlreiche Berufsordnungen von ihren Angehörigen einwandfreies Verhalten auch außerhalb des Berufs oder Dienstes verlangen und dass sich an die Verletzung solcher standesrechtlichen Pflichten ehrengerichtliche oder disziplinarische Folgen knüpfen können. Sie lässt jedoch außer Acht, dass strafzumessungsrechtlich relevante Schuld tatbezogen ist und bei Verletzung allgemeiner außerstrafrechtlicher Pflichten nicht ohne weiteres zunimmt. 107

c) Das Maß der persönlichen Schuld. Das Maß der Pflichtwidrigkeit ist für die Strafzumessung nur im Umfang der Schuldverknüpfung relevant. Das Gewicht der zurechenbaren Pflichtwidrigkeit hängt bei **Fahrlässigkeitsdelikten** davon ab, wie weit der Täter nach seinen persönlichen Fähigkeiten in der Lage war, die objektive Pflichtwidrigkeit zu vermeiden. Doch kann es schon fahrlässig sein, wenn er eine riskante Aufgabe übernimmt, obgleich er weiß oder wissen muss, dass er ihr nicht gewachsen ist.[206] Leichtfertigkeit bedeutet einen erhöhten Grad der Fahrlässigkeit und wirkt bei allen Fahrlässigkeitsdelikten straferhöhend. Auf eine ausdrückliche Einordnung der Fahrlässigkeit als „bewusst" kommt es bei der Strafzumessung nicht an. Entscheidend ist, dass das Maß der Pflichtwidrigkeit festgestellt und ihre Intensität nachvollziehbar bewertet wird (BGH Urt. v. 20.1.2004 – 1 StR 319/03). Bewusste Fahrlässigkeit braucht nicht schwerer zu wiegen als unbewusste (OLG Karlsruhe VRS **35** 365). 108

3. Äußere Tatseite

a) Art der Tatausführung. Die Art der Tatausführung ist für die Bewertung des Handlungsunrechts von erheblicher Bedeutung. In ihr drückt sich der bei der Tat aufge- 109

202 BGH NJW **1987** 2685, 2687.
203 BGHR StGB § 46 Abs. 2 Lebensumstände 10.
204 BGH NStZ **1993** 337; NStZ-RR **2006** 137; BGHR StGB § 46 Abs. 2 Lebensumstände 12 m.w.N.
205 OLG Frankfurt NJW **1972** 1524, 1525 mit abl. Anm. *Hanack* S. 2228; OLG Hamm NJW **1957** 1003; vgl. auch BGH NJW **1961** 1591, 1592 mit abl. Anm. *Arndt*; BGH bei *Dallinger* MDR **1957** 528; **1966** 26.
206 RG DR **1941** 2233 betr. Heilbehandlung; BGH DAR **1968** 131 f betr. ungeübten Kraftfahrer; *Bruns* I S. 556.

wendete Wille aus. Maßgebliche Kriterien können Ort und Zeit der Tat sein, ihre Dauer, die Beziehung zwischen Täter und Opfer, besondere Schutzbedürftigkeit des Opfers, die Tatmittel und Handlungsmodalitäten einschließlich der Beteiligung anderer. Bei ihrer Berücksichtigung ist besonderer Bedacht auf das **Doppelverwertungsverbot** zu nehmen (Rdn. 253 ff), da viele dieser Umstände als Qualifikationen oder Regelbeispiele besonders schwerer Fälle strafrahmenbestimmend sind (*Schäfer/Sander/van Gemmeren* Rdn. 632).

110 **aa) Ort und Zeit der Tat** werden als **ambivalent** angesehen. Ein Raub auf öffentlicher Straße könnte besonders dreist erscheinen, ein Überfall auf einem einsamen Weg als besonders bedrohlich, weil das Tatopfer keine Hilfe zu erwarten hat. Ähnlich ist es bei der Tatzeit (Begehung am „helllichten Tage“ oder unter dem „Schutzmantel der Nacht“). Da eine Tat entweder bei Tage oder bei Nacht begangen wird, würde mit einer solchen straferschwerenden Bewertung der Tatzeit dem Angeklagten letztlich die Begehung der Tat als solche straferschwerend angelastet. Ort und Zeit der Tatbegehung können nur **ausnahmsweise** als Kriterium der Strafzumessung herangezogen werden, wenn **normative Vorgaben** dies rechtfertigen. Gemäß § 244 Abs. 1 Nr. 3, Abs. 4 ist Wohnungseinbruchdiebstahl besonders strafwürdig, insbesondere wenn das Objekt eine dauerhaft genutzte Privatwohnung ist. Die Verletzung des **räumlichen Intimbereichs des Opfers** kann deshalb auch bei anderen Delikten (z.B. Aufsuchen des Betrugsopfers zu Hause; Eindringen in die Wohnung des Opfers zu Zwecken des Raubs;[207] Vergewaltigung des Opfers in seiner Wohnung)[208] strafschärfend gewürdigt werden. Dass der Täter eine schutzlose Lage des Opfers ausnutzt, ist nach § 177 Abs. 5 Qualifikationsgrund beim sexuellen Übergriff. Die **Ausnutzung einer schutzlosen Lage** kann sich auch bei anderen Delikten gefahrerhöhend für das Opfer auswirken und eine Strafschärfung rechtfertigen (z.B. Verbringen des Opfers an eine einsame Stelle, um es dort zu verprügeln).

111 **bb) Dauer und Umfang der Tat.** Das **Dauerdelikt** besteht aus einer als natürliche Einheit zusammengefassten Reihe von Handlungen oder Unterlassungen, mit denen der Täter einen rechtswidrigen Zustand schafft und aufrechterhält (Freiheitsberaubung § 239; Verletzung der Fürsorgepflicht oder Erziehungspflicht § 171; Hausfriedensbruch § 123). Je länger die Tat dauert, desto größer ist das verschuldete Unrecht. Auf diesem Gesichtspunkt beruht § 239 Abs. 3 Nr. 1. Die Dauer der Tatausführung und der Umfang der Rechtsverletzung sind nicht nur bei Handlungseinheiten (wie Dauerstraftat und Bewertungseinheit) strafzumessungserheblich, sondern auch bei **Einzeltaten**. Das versteht sich in der Regel von selbst. So kennzeichnet es die Gefährlichkeit der Täter, wenn sie bei einem nächtlichen Einbruch in stundenlanger Arbeit verschlossene Tresore öffnen, umfangreiche Beute zum Abtransport zusammensuchen oder gar ein ganzes Warenlager leer räumen. Bei einer Vergewaltigung kann es darauf ankommen, wie lange der erzwungene Geschlechtsverkehr dauerte (BGHSt **37** 153, 154; BGHR StGB § 46 Abs. 2 Tatumstände 13). Beim bloßen **Zustandsdelikt** ist die Herbeiführung eines rechtswidrigen Zustands unter Strafe gestellt. Dessen Aufrechterhaltung ist kein selbständiges kriminelles Unrecht (Doppelehe, doppelte Lebenspartnerschaft § 172; Personenstandsfälschung § 169). Unter dem Gesichtspunkt der Tatausführung kann der Dauer des geschaffenen rechtswidrigen Zustandes deshalb keine Bedeutung zukommen.

112 Bei Begehung **mehrerer gleichartiger Taten** kann sich die Einzeltatschuld zwar dadurch erhöhen, dass der Täter mehrmals das Recht verletzt hat (BGHSt **24** 268, 270 f.). Besteht zwischen den einzelnen Taten aber ein zeitlicher, sachlicher und situativer Zu-

---

207 BGH NJW **2005** 1813, 1814.
208 BGH Urt. v. 14.12.1983 – 3 StR 403/83.

sammenhang, handelt es sich insbesondere um die wiederholte Verwirklichung von gleichartigen gegen dasselbe Opfer gerichteten, einer persönlichen Beziehung entsprungenen Taten, dann kann die Hemmschwelle für die späteren Taten mit fortschreitendem Verlauf geringer geworden und eine mildere Beurteilung gerechtfertigt sein (Rdn. 72, 280).[209]

cc) Tatmittel und Handlungsmodalitäten. Sieht das Gesetz für die Verwendung unterschiedlicher Tatmittel oder für mehrere Handlungsmodalitäten denselben Strafrahmen vor, dann spricht eine Vermutung dafür, dass die Begehungsweisen als gleichwertig angesehen wurden und die Erfüllung einer dieser Varianten kein Strafzumessungsgrund ist (Rdn. 257). Etwas anderes kann nur **bei offensichtlich unterschiedlich schweren Tatbestandsvarianten** gelten. So umfasst § 250 Abs. 2 Nr. 1 den Einsatz eines einfachen Schlaginstruments ebenso wie die Verwendung einer munitionierten vollautomatischen Selbstladeschusswaffe oder einer scharfen Handgranate, mithin Tatmodalitäten, die sich in ihrer Gefährlichkeit für die betroffenen Tatopfer sehr unterschiedlich darstellen können. In einem solchen Fall verbietet es § 46 Abs. 3 nicht, eine aufgrund des verwendeten Tatwerkzeuges besonders gefährliche Art der Tatausführung straferschwerend zu berücksichtigen (BGH NStZ **2002** 480). 113

Die **tateinheitliche Verwirklichung** mehrerer Straftatbestände wirkt strafschärfend, wenn – wie dies regelmäßig, aber nicht immer der Fall ist – dem tateinheitlich verwirklichten Tatbestand eigenständiges unrechtserhöhendes Gewicht zukommt, insbesondere durch Verletzung weiterer Rechtsgüter (zusätzliche körperliche Misshandlung oder Beleidigung des Vergewaltigungs-, Missbrauchs- oder Raubopfers) oder Erhöhung des Gesamtschadens (Beschädigung von Gegenständen bei einem Einbruchdiebstahl).[210] Die Erfüllung **mehrerer Varianten desselben Tatbestandes** wirkt strafschärfend, wenn ihnen jeweils selbständige Bedeutung zukommt, so z.B. die Verwirklichung verschiedener Begehungsvarianten der gefährlichen oder der schweren Körperverletzung.[211] 114

Versuchte schwerere Tatvarianten, von deren Verwirklichung der Täter **freiwillig Abstand** genommen hat, sind kein Strafschärfungsgrund (Rdn. 92).[212] Der Umstand, dass der Täter **bereits einmal erfolglos zur Tatbegehung angesetzt** hatte, bevor es zur Tatausführung kam, kann strafschärfend berücksichtigt werden (BGH bei Dallinger MDR **1973** 728). 115

Für die Strafzumessung erheblich können nur Tatmittel und Handlungsmodalitäten sein, die **nicht Merkmale des gesetzlichen Tatbestandes** und auch nicht typischerweise mit der Verwirklichung des Tatbestandes verbunden sind (§ 46 Abs. 3). Soweit tatbestandsmäßige Mittel oder Modalitäten mehr oder weniger gefährlich sind und von Tätern in stärkerer oder schwächerer Weise eingesetzt werden, sind sie für die Strafzumessung allerdings relevant. So bei **Vergewaltigung** etwa die Art des „Eindringens", dessen Zeitdauer und, ob der Geschlechtsverkehr „ungeschützt" (d.h. ohne Schutz des Opfers vor Empfängnis oder Ansteckung) durchgeführt wird und Samenerguss in der Scheide stattfindet (BGHSt **37** 153, 154, BGHR StGB § 46 Abs. 3 Vergewaltigung 5). Bei **Tötungs-, Körperverletzungs- oder Raubdelikten oder gewaltsamen sexuellen Übergriffen** (§ 177 Abs. 5 Nr. 1) wirkt die Anwendung besonders brutaler Gewalt strafschärfend. Bei einem **schweren Raub** sind eine auf Grund des verwendeten Tatwerk- 116

209 BGHR StGB § 46 Abs. 2 Tatumstände 8; BGH StraFo **2012** 151, 152; NStZ-RR **2009** 72; **2016** 368 f.

210 BGH NStZ **1993** 434; NStZ-RR **2000** 104; BGHR StGB § 46 Abs. 2 Tatumstände 9; *Schäfer/Sander/van Gemmeren* Rdn. 910.

211 BGH Beschl. v. 23.10.2012 – 5 StR 469/12; v. 26.4.2017 – 5 StR 90/17.

212 BGH NStZ **1990** 490; NStZ-RR **2010** 202; BGHR StGB § 46 Abs. 2 Wertungsfehler 15, 30.

zeugs (funktionsfähige geladene Schusswaffe) besonders gefährliche Art der Tatausführung sowie der Umstand, dass mehrere Menschen, darunter auch unbeteiligte Bankkunden in Angst um ihr Leben versetzt wurden, strafschärfend zu bewerten (BGH NStZ **2002** 480; NJW **2003** 76).

117 **Nachhaltiges Würgen**, das noch nicht das Ausmaß einer lebensgefährdenden Behandlung (§ 224 Abs. 1 Nr. 5) erreicht, kommt bei einer (einfachen) Körperverletzung (§ 223) nach § 46 Abs. 2 als Zumessungsgesichtspunkt in Betracht (BGH NStZ **1988** 310). Täuschungshandlungen beim **Betrug** reichen von übertriebenen Anpreisungen, die kaum die Grenze großsprecherischer Werbung überschreiten, bis zur größten Arglist. Planmäßiges Verringern des Überführungsrisikos durch besondere Vorkehrungen (Maskierung, Tragen von Handschuhen, Wechseln der Kleidung oder des Fluchtfahrzeugs, Körperschmuggel von Drogen) kann als Ausdruck eines gesteigerten kriminellen Willens gewertet werden.[213] Das bloße Ausnutzen des von Natur gegebenen und deshalb nicht vorwerfbaren äußeren Erscheinungsbildes (Schwarzafrikaner vertraut darauf, dass Europäer ihn nicht identifizieren können) reicht nicht aus (BGH NStZ **2000** 586).

118 Bei **Handeltreiben mit Betäubungsmitteln** sind die Art des Rauschgifts („harte" oder „weiche" Droge) und die Gesamtmenge, insbesondere die des Wirkstoffs, für den Unrechts- und Schuldgehalt der Tat maßgebend und die Strafzumessung bestimmende Umstände.[214] Das gilt selbst dann, wenn das Betäubungsmittelgeschäft vor dem Abschluss scheitert.[215]

119 Soweit das Gesetz die **Herbeiführung eines bestimmten Erfolges oder die Vornahme einer Handlung** unter Strafe stellt, ohne die Mittel zu bezeichnen, deren sich der Täter hierzu bedient, ist es für die Erfüllung des gesetzlichen Tatbestandes gleichgültig, welches Mittel der Täter anwendet. **Strafschärfend** können dann vor allem die Verwendung von Mitteln, die **dem Opfer zusätzliche Leiden** zufügen, insbesondere besonders brutale, grausame oder entwürdigende Tatmodalitäten, eine hartnäckige oder sonst besonders intensive Begehungsweise gewertet werden.

120 Erschwerende Tatmodalitäten und -motive dürfen insoweit nicht angelastet werden, als sie in einem die Tatschuld mindernden **psychischen Defekt** des Täters ihre Ursache haben (Rdn. 89). Dabei ist zu beachten, dass nicht jede geistig-seelische Beeinträchtigung i.S.v. §§ 20, 21 es rechtfertigt, dem Täter bestimmte Handlungsweisen nicht strafschärfend anzulasten. Entscheidend sind die Art der Beeinträchtigung (Affekt, seelische Abartigkeit), ihre Stärke und der symptomatische Zusammenhang mit der Handlungsmodalität. Hätte der Täter die durch die geistig-seelische Beeinträchtigung ausgelöste Handlungsweise trotz erheblich verminderten Hemmungsvermögens noch beherrschen können, so ist ihm diese – wenn auch mit geringerem Gewicht – strafschärfend anzulasten. Liegt kein Fall vor, in dem sich die Art der Tatausführung gerade aus dem die Annahme verminderter Schuldfähigkeit begründenden Zustand des Täters erklärt, so ist eine brutale Begehungsweise auch dann ein Strafschärfungsgrund, wenn dem Angeklagten erheblich verminderte Schuldfähigkeit zugutegehalten wird. Einer besonderen Begründung, weshalb diese Tatmodalität trotz Bejahung des § 21 straferschwerend gewertet wird, bedarf es dann nicht (BGHR StGB § 21 Strafzumessung 18). Konnte der Angeklagte die Tatmodalität aber nicht beherrschen, darf aus einer objektiv als besonders verwerflich erscheinenden Begehungsweise der Tat nicht auf einen erhöhten Schuldumfang geschlossen werden. Für die Handlungsmodalitäten kann nichts anderes gelten als für die Mordmerkmale, die zu Tatbestandsmerkmalen erhobene Handlungsmodalitäten

---

213 BGH StV **1998** 652 m. **krit.** Anm. *Jahn;* BGHR StGB § 46 Abs. 2 Tatauswirkungen 16 m.w.N.
214 BGH NJW **1992** 380; **1994** 1885 f; NStZ-RR **2002** 52 f.
215 BGH Beschl. v. 25.4.2002 – 3 StR 45/02.

sind. Diese dürfen nach der Rechtsprechung dem Täter nicht zugerechnet werden, wenn er sie gedanklich nicht beherrschen und willensmäßig nicht steuern konnte (BGHR StGB § 21 Strafzumessung 15; § 211 Abs. 2 grausam 2; Niedrige Beweggründe 26, 47, 51).

dd) Opfergesichtspunkte können bei der Strafzumessung eine erhebliche Bedeutung erlangen. Dass sie in der höchstrichterlichen Rechtsprechung eher selten erwähnt werden, dürfte daran liegen, dass ihre Berücksichtigung durch die Tatgerichte meist nicht beanstandet wird. So kann es das Handlungsunrecht einer Tat erhöhen, wenn sie sich gegen ein **besonders schutzbedürftiges Opfer** richtet. Unter diesem Aspekt kann beim sexuellen Kindesmissbrauch das geringe Alter des geschädigten Kindes innerhalb der Schutzaltersgrenze ohne Verstoß gegen § 46 Abs. 3 strafschärfend gewürdigt werden (BGH Urt. v. 29.4.2015 – 2 StR 405/14, Rdn. 19). Bei Vermögensstraftaten erhöht es das Unrecht, wenn sie unter Ausnutzung einer geistigen Behinderung des Verletzten begangen werden.[216] Hohes Alter der Geschädigten kann bei Körperverletzungstaten[217] aber auch bei Vermögensstraftaten zur Strafschärfung berechtigen. Bei **„Enkeltrick-Betrügereien"** können zudem die Tatfolgen besonders gravierend sein, wenn Ersparnisse verloren gehen und sich solche Verluste – anders als bei jüngeren Opfern – nicht mehr in der Lebenszeit kompensieren lassen (BT-Drs. 16/3930, S. 202). 121

Bei Sexualdelikten ist das Bestehen einer intimen **Vorbeziehung zwischen Täter und Opfer** ambivalent. Die Bedrohlichkeit einer Sexualstraftat ist höher und der Eingriff in die Intimsphäre intensiver, wenn sie durch einen Fremden begangen wird. Deshalb kann das vom Täter verwirklichte Unrecht größer als bei Bestehen einer Vorbeziehung sein,[218] was regelmäßig für eine strafschärfende Berücksichtigung spricht. Eine vor der Tat bestehende intime Beziehung zwischen Täter und Opfer kann einerseits die Hemmschwelle für sexuelle Übergriffe senken (BGH StV **2001** 453; **2004** 479; BGHR StGB § 177 Abs. 2 Strafrahmenwahl 13). Andererseits können diese einen erheblichen Vertrauensbruch darstellen, der besonders traumatisierend wirken kann (*Schäfer/Sander/van Gemmeren* Rdn. 638). Jedenfalls kann das Bestehen einer intimen Vorbeziehung eine ausschlaggebende Entlastung des Angeklagten nicht begründen, wenn gleichzeitig erheblich beschwerende Tatmodalitäten (gewichtige Gewaltausübung, besondere Demütigung der Geschädigten, besonders belastende Sexualpraktiken) vorliegen (BGH NStZ-RR **2016** 203). Zur strafmildernden Berücksichtigung von **Opfermitverursachung** s. Rdn. 208 ff. 122

Der Umstand, dass das Opfer einer Vergewaltigung **Prostituierte** ist und sich zur Vornahme sexueller Handlungen gegen Entgelt zunächst bereit erklärt hat, ist – entgegen früher in der höchstrichterlichen Rechtsprechung teilweise vertretener Auffassung[219] – nicht grundsätzlich und regelmäßig als strafmildernder Gesichtspunkt zu berücksichtigen. Allein aus dem hypothetischen Umstand, dass eine Person unter anderen Umständen, für ein Entgelt oder auch gegen ein höheres Entgelt in die Vornahme der vom Täter erzwungenen sexuellen Handlungen eingewilligt hätte, kann nicht schon ein bestimmender Milderungsgrund für das Erzwingen von sexuellen Handlungen abgeleitet werden, in welche das Tatopfer gerade nicht eingewilligt hat (BGH NStZ **2009** 207). 123

Bei **Straftaten gegen das Leben** darf für die Gewichtung der Tat grundsätzlich nicht auf das **Alter des Getöteten** abgestellt werden, weil der Wert des menschlichen Lebens 124

---

216 Vgl. OLG Hamm NZWiSt **2016** 479, 485.
217 BGH Urt. v. 15.10.1985 – 1 StR 385/85.
218 *Hörnle* LK[12] § 177 Rdn. 154.
219 Vgl. hierzu *Theune* LK[12] Rdn. 230; *Hörnle* LK[12] § 177 Rdn. 156.

solcher Abstufung nicht zugänglich ist (BGH VRS **5** 213; BGHR StGB § 46 Abs. 2 Tatauswirkungen 8; § 46 Abs. 3 Totschlag 1).[220] Dem Leben eines jungen Menschen kommt vor der Rechtsordnung kein höherer Wert zu als dem eines älteren (BGHR StGB § 46 Abs. 2 Tatauswirkungen 8). Demgemäß ist es unzulässig, zuungunsten des Täters zu erwägen, dass er den Tod eines gerade erst zehn Monate alten Kindes verursacht (BayObLG NJW **1974** 250) oder ein junges, blühendes oder hoffnungsvolles Menschenleben ausgelöscht habe (BayObLG NJW **1954** 1211 f). Bei einer in drei Varianten des § 226 Abs. 1 verwirklichten **schweren Körperverletzung** darf demgegenüber zum Nachteil des Angeklagten gewichtet werden, dass es sich bei dem Opfer um ein knapp neun Monate altes Kind handelt, das voraussichtlich lange Zeit an den schweren Folgen der Tat wird leiden müssen; hierin liegt keine unzulässige Wertabstufung menschlichen Lebens (BGH Beschl. v. 26.4.2017 – 5 StR 90/17).

125 **ee) Beteiligung Mehrerer.** Sind Mehrere an einer Straftat beteiligt, so führt dies oft zu **erhöhter Gefahr** und deshalb auch zu größerer Strafwürdigkeit. Der Gesetzgeber hat dies in einzelnen Vorschriften berücksichtigt. In § 224 Abs. 1 Nr. 4 führt eine solche Beteiligung ebenso zu einer höheren Strafandrohung wie in § 177 Abs. 6 Nr. 2. Die Beteiligung Mehrerer kann auch bei anderen Straftaten, vor allem bei Gewaltdelikten, strafschärfend wirken. Bei Eigentums- und Vermögensstraftaten, z.B. Betrug, Diebstahl, Erpressung, kann die Tatbegehung mit verteilten Rollen von besonderer Raffinesse einzelner oder aller Beteiligter und einem hohen Planungsgrad zeugen. Bei Massendelikten, vor allem bei solchen im Zusammenhang mit Demonstrationen, kann der schon vom Gesetz berücksichtigten erhöhten Gefährlichkeit durch eine große Zahl von Teilnehmern für den Mitläufer strafmildernd die massenpsychologische Verführung gegenüberstehen (OGHSt **3** 119, 120).

126 Die Strafe bemisst sich bei jedem Mittäter oder Teilnehmer nach dem Maß seiner **individuellen Schuld**; der Umfang seiner Tatbeteiligung ist dabei ein bedeutsamer Strafzumessungsgesichtspunkt.[221] Nur die ihm jeweils vorwerfbaren Tatmodalitäten dürfen ihm bei der Strafzumessung angelastet werden. Bei **sukzessiver Mittäterschaft** dürfen erschwerende Modalitäten, die vor dem Anschluss des Mittäters bereits verwirklicht waren, diesem allenfalls zugerechnet werden, wenn er sie kannte und er an der Vollendung der erschwerten Tat mitwirkte (BGH NStZ **1997** 336). Werden sie ihm angelastet, dann ist zu seinen Gunsten zu berücksichtigen, dass er sie nicht selbst verwirklicht hat (vgl. BGHR StGB § 46 Abs. 2 Tatumstände 2). Aus dem allgemeinen Grundsatz, dass nur Umstände zum Nachteil des Angeklagten gewertet werden dürfen, von denen er entweder Kenntnis oder die er billigend in Kauf genommen hatte oder deren Eintritt für ihn zumindest vorhersehbar waren (BGHSt **37** 179, 180; BGH Beschl. v. 8.6.1995 – 4 StR 262/95; Urt. v. 6.9.1995 – 2 StR 310/95), folgt, dass die Verwirklichung von Tatmodalitäten durch einen Mittäter, die im Tatplan nicht vorgesehen waren und mit denen der andere Mittäter nicht rechnen konnte, als **Exzess** diesem nicht vorgeworfen werden dürfen (BGH StV **1997** 129; BGH Beschl. v. 8.5.2002 – 3 StR 8/02).

127 **ff) Tun und Unterlassen.** Werden innerhalb eines Straftatbestandes sowohl Handeln als auch Unterlassen mit Strafe bedroht, so darf das Tatgericht die im Einzelfall vorliegende Begehungsweise in die Abwägung mit einbeziehen. So ist es ihm nicht verwehrt, bei der Gewichtung des Unrechts- und Schuldgehalts einer Steuerhinterziehung mit ins Auge zu fassen, ob die Tat unter den Voraussetzungen des § 370 Abs. 1 Nr. 1 AO (durch Angabe unrichtiger oder unvollständiger steuerlich erheblicher Tatsachen) oder

---

220 BGH Beschl. v. 13.7.1999 – 4 StR 303/99; BayObLG NJW **1954** 1211 f; **1974** 250 m. Anm. *Schroeder*.
221 BGH StV **1995** 199; **1996** 661; Urt. v. 1.12.1993 – 2 StR 101/93, Rdn. 4.

unter denen des § 370 Abs. 1 Nr. 2 AO (durch pflichtwidriges Verschweigen steuerlich erheblicher Tatsachen) begangen worden ist (BGH StV **1988** 60).

Begehen durch Unterlassen bei unechten Unterlassungsdelikten kann milder zu be- 128 urteilen sein als Begehen durch positives Tun. Dem trägt die in § 13 Abs. 2 vorgesehene **Möglichkeit der Strafrahmenmilderung** nach § 49 Abs. 1 Rechnung. Bei der Entscheidung, ob und in welchem Umfang von dieser Milderungsmöglichkeit Gebrauch gemacht werden soll, ist von einer Gesamtschau der tat- und täterbezogenen Umstände auszugehen. Dabei ist insbesondere von Bedeutung, dass jede strafbare Unterlassung in der Nichtvornahme einer rechtlich erwarteten, dem Täter möglichen und zumutbaren Handlung besteht. Insbesondere bei der **Möglichkeit und Zumutbarkeit der rechtlich erwarteten Handlung** gibt es erhebliche Abstufungen. Die Rettung eines Lebensmüden kann trotz bestehender Garantenpflicht an der Grenze des Zumutbaren liegen, ihre Unterlassung deshalb mildere Bestrafung verdienen. Demgegenüber kann die Mutter, die ihr Kind qualvoll verhungern lässt, schwerere Schuld auf sich laden als diejenige, die es durch eine Überdosis von Schlafmitteln tötet. Insbesondere bei Fahrlässigkeitsdelikten hat die Begehung durch Unterlassen keineswegs immer geringeres Gewicht als die durch positives Tun.

b) Verschuldete Auswirkungen der Tat

aa) Auswirkungen der Tat sind Folgen, die durch sie verursacht sind. Der Begriff 129 setzt die **Ursächlichkeit der Tat** für die Auswirkungen voraus; sie muss feststehen (BGHSt **37** 179, 180 = NStZ **1991** 392 mit Anm. *Beulke/Schröder*). Der bloße Verdacht bestimmter Auswirkungen genügt nicht (BGH bei *Dallinger* MDR **1975** 195). Die Tat muss aber weder die einzige noch die wesentliche Ursache der Folgen sein. Es genügt, dass sie eine von mehreren Bedingungen ist, ohne die die Folgen ausgeblieben wären.

Die bloße Herbeiführung des für die Erfüllung eines Tatbestandes erforderlichen Er- 130 folges (der auch in einer Gefährdung bestehen kann) darf für sich genommen wegen des Doppelverwertungsverbots (§ 46 Abs. 3) nicht straferschwerend verwertet werden. Strafzumessungserheblich sind insoweit nur Modalitäten dieser „innertatbestandlichen Folgen", soweit sie nicht notwendige oder regelmäßige Folgen der Tatbestandsverwirklichung sind (Rdn. 258).

Demgegenüber sind **quantitative und qualitative Besonderheiten des Erfolges** 131 unter dem den Erfolgsunwert der Tat charakterisierenden Gesichtspunkt der Auswirkungen der Tat für die Strafzumessung relevant, so z.B. eine Mehrzahl von Opfern bei Tötungsdelikten (BGH NStZ **1996** 129), die Herbeiführung besonders schwerer Verletzungen bei Körperverletzungsdelikten (BGH Urt. v. 28.3.2001 – 3 StR 463/00; Beschl. v. 8.8.2013 – 5 StR 316/13) oder der Umfang des angerichteten materiellen Schadens bei Vermögensdelikten,[222] und zwar unter Berücksichtigung der Verhältnisse des Geschädigten (RG HRR **1940** Nr. 1214).

Bei **Steuerdelikten** ist die Höhe der verkürzten Steuern ein bestimmender Strafzu- 132 messungsumstand (BGHSt **53** 311, 315; **57** 123, 130ff; BGH NJW **2009** 528, 531 m.w.N.). Nach der Rechtsprechung des BGH kommt bei einem sechsstelligen Hinterziehungsbetrag die Verhängung einer Geldstrafe, bei Hinterziehungsbeträgen in Millionenhöhe diejenige einer aussetzungsfähigen Freiheitsstrafe nur bei Vorliegen besonders gewichtiger Milderungsgründe noch in Betracht.[223]

---

222 *Sch/Schröder/Stree/Kinzig* Rdn. 19.
223 BGHSt **53** 71 86 = StV **2009** 639 m. Anm. *Streng*; BGHSt **57** 123, 130 ff = NJW **2012** 1458 m. Anm. *Michalke* = NZWiSt **2012** 195 m. Anm. *Kohler*; *Peters* NWiSt **2012** 201.

133 Bei der Beurteilung der für die Strafzumessung bedeutsamen Tatfolgen darf nicht allein auf den Zeitpunkt der Beendigung der Tat abgestellt werden. Eine vom Täter zu vertretende **nachträgliche Verstärkung der Tatfolgen** ist ebenso bedeutsam wie deren Verminderung oder gar Beseitigung, etwa durch Schadenswiedergutmachung (Rdn. 198).

134 **Außertatbestandliche Folgen.** Da das Gewicht einer Tat nicht allein durch den vom Tatbestand vorausgesetzten Schaden bestimmt wird, sind auch **Nachteile außerhalb des tatbestandlichen Schadens** zu berücksichtigen, so bei einer Tötung das besondere Leid der Hinterbliebenen[224] oder beim Betrug die über den eigentlichen Betrugsschaden hinausgehende Vernichtung einer wirtschaftlichen Existenz (BGH wistra **2006** 265). Da es zu den regelmäßigen Tatfolgen eines vollendeten Tötungsverbrechens gehört, dass der Täter den Angehörigen des Opfers Leid zufügt, reichen allgemeine Erwägungen etwa dahingehend, dass (erwachsenen) Kindern der Vater genommen wurde, allerdings nicht aus (BGHR StGB § 46 Abs. 3 Totschlag 3 m.w.N.; § 46 Abs. 2 Wertungsfehler 10). Erwägungen dieser Art sind darüber hinaus für die Strafzumessung in der Regel nur bedeutsam, wenn dem Täter die persönlichen Verhältnisse des Opfers bekannt sind; anderenfalls gereichen sie ihm nicht ohne weiteres zur Schuld. In einem Fall hatte das Tatgericht als schulderhöhend gewertet, dass der Angeklagte „den noch kleinen Kindern des Opfers die Mutter genommen" habe. Der BGH hat diese Erwägung mit der Begründung beanstandet, dem Angeklagten sei sein Opfer unbekannt gewesen und er habe bei einer 23jährigen Frau nicht davon ausgehen müssen, dass sie Kinder habe (BGH Beschl. v. 4.5.1993 – 4 StR 168/93).

135 Als **außertatbestandliche Auswirkungen** können **strafzumessungserheblich** z.B. ferner sein: bei falscher uneidlicher Aussage und Meineid der Schaden, der durch die falsche Aussage entstanden ist (OLG Düsseldorf NJW **1949** 913); bei Bestechlichkeit eines Zollbeamten der dem Fiskus entstandene Schaden (BGH wistra **2002** 420); bei Untreue eines Landrats der Ansehensverlust seines Amtes (BGH wistra **2000** 96); bei einem Betrug, durch den sich der Täter den Besitz eines Mietwagens erschlichen hat, die schwere Beschädigung des Wagens infolge eines von ihm verschuldeten Verkehrsunfalls (BGH VRS **15** 112); bei Straftaten gegen die sexuelle Selbstbestimmung besondere, über den üblicherweise eintretenden Schaden hinausgehende psychische Folgen für das missbrauchte Kind oder die vergewaltigte Frau (BGH StV **1987** 100; BGHR StGB § 46 Abs. 2 Tatauswirkungen 3), auch ein Selbstmordversuch des missbrauchten Opfers (BGHR StGB § 46 Abs. 2 Tatauswirkungen 11). Sind schwere psychische Schäden bei mehrfachem sexuellem Missbrauch Folge aller Taten, dann sind sie nur einmal bei der Gesamtstrafe zu berücksichtigen. Sind sie dagegen unmittelbare Folge allein einzelner Taten, so können sie mit ihrem vollen Gewicht nur in diesen Fällen, nicht aber in gleicher Weise auch bei der Bemessung sämtlicher anderer Einzelstrafen und bei der Gesamtstrafenbildung in Ansatz gebracht werden.[225] Regelmäßig durch eine Sexualstraftat beim Opfer auftretende psychische Beeinträchtigungen sind keine Strafschärfungsgründe (BGH NStZ-RR **1998** 326; s.a. Rdn. 258, 264). Bei einem Vergehen nach dem Betäubungsmittelgesetz (Abgabe von Heroin) wurde der Umstand strafschärfend bewertet, dass der Täter dadurch fahrlässig den Tod des Empfängers verursacht hat, obwohl eine Verurteilung wegen fährlässiger Tötung nicht erfolgte (BGH NStZ **1992** 489).[226]

136 Wo – abgesehen von der Kausalität der Tat (Rdn. 129) und dem Verschulden des Täters (s. nachfolgend Rdn. 140 ff) – die Grenzen für die objektive Zurechnung außertatbestandli-

---

224 BGH NJW **2016** 2674 f; NStZ **1993** 385; BayObLG NJW **1954** 1211 f.; *Sch/Schröder/Stree/Kinzig* Rdn. 26a.

225 BGH NStZ-RR **2014** 340 f; NStZ **2014** 701 m.w.N.; StV **2017** 35.

226 Ablehnend *Hoyer* StV **1993** 128; zustimmend *Helgerth* JR **1993** 419.

cher Folgen liegen, ist freilich umstritten.[227] In der Literatur wird die Auffassung vertreten, dass nur solche außertatbestandsmäßigen Tatfolgen objektiv für die Strafzumessung relevant sind, die in den **Schutzbereich der verletzten Strafrechtsnorm** fallen.[228]

Auch der 4. Strafsenat des BGH (NStZ **1993** 337 f) hatte nur solche **das Tatbild prägende** Auswirkungen der Tat für relevant erachtet, die in den Schutzbereich der strafrechtlichen Norm fallen, deren Verletzung dem Täter vorgeworfen wird. Er hatte deshalb eine „Diskreditierung" aller Asylbewerber in Deutschland durch die Tat als dem Angeklagten nicht anzulastende Tatfolge bewertet. In einer jüngeren Entscheidung hat er allerdings offengelassen, ob es sich um Folgen handeln muss, die in den Schutzbereich der verletzten strafrechtlichen Norm fallen. Jedenfalls sei eine Prägung der Tat durch die Zugehörigkeit des Angeklagten zur Polizei nicht dargetan, und die ihm zugeschriebenen negativen Folgen für deren Ruf berührten weder das Gewicht seiner Tat in ihrer Bedeutung für die verletzte Rechtsordnung, noch ließen sie Rückschlüsse auf den Grad seiner persönlichen Schuld zu (BGH NStZ **2017** 577 m. krit. Anm. *Kett-Straub*). 137

Der 3. Strafsenat hält demgegenüber für die Zurechnung von Tatfolgen, die in keinem Zusammenhang mit dem strafbaren Verhalten stehen und außerhalb des eigentlichen Tatbereichs liegen, das Abgrenzungskriterium ihrer **Voraussehbarkeit** für ausreichend. So dürften bei Betrugstaten eines Heiratsschwindlers die voraussehbaren persönlichen Beeinträchtigungen der Opfer, wie Enttäuschung und Verzweiflung, berücksichtigt werden (BGH NStZ **2002** 645 m. abl. Anm. *Meier* StV **2003** 442). Auch der 1. Strafsenat hat auf die Voraussehbarkeit von Tatfolgen abgestellt und angenommen, dass für den Täter einer Strafvereitelung im entschiedenen Fall die Begehung einer weiteren schweren Gewalttat durch den von ihm Begünstigten nicht außerhalb des Vorhersehbaren gelegen hatte (BGH NStZ-RR **2006** 372). 138

Stellungnahme: Die Orientierung am Schutzzweck führt oftmals nicht zu einer klareren Umgrenzung der zum Nachteil des Täters berücksichtigungsfähigen Tatfolgen. Denn es stellt sich vielfach die Frage danach, welche Sekundärschäden vom Schutzzweck der verletzten Norm erfasst sind und welche nicht.[229] So kann es bei etlichen Deliktsnormen zweifelhaft sein, ob psychische Schäden des Opfers noch in ihrem Schutzbereich liegen (z.B. diejenigen der bei einem Raubüberfall auf einen Supermarkt bedrohten Kassiererin, die schweren seelischen und körperlichen Belastungen einer Mutter durch die Pflege ihres durch eine Gewaltstraftat in Siechtum verfallenen Kindes oder die durch eine fremdenfeindliche Straftat eingetretene besondere Verunsicherung der indirekt angegriffenen Gruppenmitglieder; hierzu *Streng* NK Rdn. 59).[230] Mit der Beschränkung auf die im Schutzzweck der Norm liegenden Folgen entfallen auch solche, die angesichts besonderer Tatumstände nicht nur vorherzusehen, sondern sicher zu erwarten sind, wie z.B. seelische Nöte des Opfers von Heiratsschwindel,[231] dessen Vertrauen und Zuneigung für die Begehung von Betrügereien grob missbraucht und enttäuscht, oder des Hochbetagten, der mit dem „Enkeltrick" um seine gesamten Ersparnisse gebracht wurde. Sogar solche Erfolge, die der Täter über die Verwirklichung des Tatbestandes hinaus gerade erstrebt, wie z.B. das von ihm beabsichtigte seelische Leid des Nachbarn, dessen geliebtes Haustier er aus Rache vergiftet hat, könnten nicht berücksichtigt werden. In all diesen Fällen geben die 139

227 Zum Ganzen *Bruns/Güntge* Kap. 9 Rdn. 13 ff.
228 Vgl. *Berz* NStZ **1986** 86 f; *Beulke/Schröder* NStZ **1991** 392; *Horn* SK Rdn. 109; *Lackner/Kühl* Rdn. 34; *Meier* S. 195; *Schäfer/Sander/van Gemmeren* Rdn. 600 f; *Sch/Schröder/Stree/Kinzig* Rdn. 26a; *SSW/Eschelbach* Rdn. 105; *Streng* Rdn. 558; **aA** *Miebach/Maier* MK Rdn. 216.
229 *SSW/Eschelbach* Rdn. 105; *Streng* NK Rdn. 58.
230 Vgl. die Auflistung bei *Schäfer/Sander/van Gemmeren* Rdn. 598.
231 *SSW/Eschelbach* Rdn. 105.

besonderen, vom Schutzzweck der jeweiligen Norm nicht umfassten Tatfolgen der Tat ihr besonderes Gepräge; ohne ihre Berücksichtigung kann ihr Gewicht nicht erfasst werden. Bereits das Handlungsunrecht erscheint im Hinblick auf die dem Täter anzulastende besondere Rücksichtslosigkeit bzw. seine besonders verwerflichen Beweggründe erhöht. Weshalb dann aber seine Gleichgültigkeit gegenüber tatbestandsüberschießenden Folgen oder seine Absicht, diese herbeizuführen, strafschärfend wirken soll, nicht aber der tatsächliche Eintritt solcher Folgen, leuchtet nicht ein. Der Gesetzgeber hatte bei Einführung des Verschuldenserfordernisses hinsichtlich der Auswirkungen der Tat nur deren Voraussehbarkeit im Auge (vgl. BT-Drs. IV/650 S. 182). Der Gefahr, dass auf dem Umweg über die Strafzumessung die Verletzung von Rechtsgütern oder Interessen geahndet wird, die das Strafrecht nicht schützen will (*Theune* LK[12] Rdn. 156), kann Rechnung getragen werden, indem die Berücksichtigungsfähigkeit von objektiv vorhersehbaren Sekundärschäden auf Beeinträchtigungen von strafrechtlich (nicht notwendigerweise auch durch die verletzte Norm) geschützten Rechtsgütern beschränkt wird. Rufschädigungen von Institutionen oder ganzen Bevölkerungsgruppen (s. Rdn. 137) fallen hierunter ebenso wenig, wie bei einem Diebstahl in Anwesenheit der eigenen minderjährigen Kinder deren mögliche ungünstige Beeinflussung.[232] Darüber hinaus können die für die frei verantwortliche Selbstgefährdung entwickelten Regeln eine Zurechnung ausschließen (BGHSt **37** 179; *Lackner/Kühl* Rdn. 34).

140 **bb) Verschulden des Täters.** Für die subjektive Zurechnung der Tatfolgen gilt derselbe Schuldbegriff wie für die Begründung der Strafbarkeit. Die früher umstrittene Frage, ob dem Angeklagten nur vorhersehbare außertatbestandliche Folgen anzulasten sind, ist durch das 1. StrRG entschieden. Nach § 46 Abs. 2 dürfen nur verschuldete Folgen der Tat berücksichtigt werden. Frühere Entscheidungen, wonach lediglich die Gefahrenlage schuldhaft herbeigeführt sein musste, aus der die Folgen entstanden,[233] sind nach dem geltenden Recht nicht mehr maßgebend. Gegen sie bestanden unter dem Gesichtspunkt des Schuldprinzips ohnehin Bedenken (*Meier* S. 195).

141 Streitig ist, ob § 16 oder § 18 (entsprechend) für die Zurechnung der Tatfolgen gilt:[234] Die Meinungen reichen von der Anwendung des § 16 bei allen Vorsatzdelikten auch auf außertatbestandliche Folgen, die demnach vom Vorsatz erfasst sein müssen,[235] über die Unterscheidung zwischen Auswirkungen, die in einem Rechtswidrigkeitszusammenhang mit der Tat stehen – für sie soll § 18 entsprechend gelten – und den übrigen Folgen der Tat,[236] bis zu der wohl herrschenden Ansicht, dass sich die Zurechnung aller Folgen nach § 18 richtet, Fahrlässigkeit also ausreicht.[237]

142 Die **Praxis** geht im Allgemeinen davon aus, dass – soweit nicht das Gesetz Vorsatz verlangt – zu den strafzumessungsrechtlich relevanten verschuldeten Auswirkungen der Tat auch solche gehören, die der Täter nicht erkannt hat, aber hätte erkennen können.[238] Dem steht nicht entgegen, dass das Revisionsgericht in der Regel einen Strafausspruch aufheben muss, wenn das Tatgericht Folgen als vorsätzlich herbeigeführt wertet, ohne den Vorsatz einwandfrei festzustellen. Da Vorsatz im Allgemeinen schwerer wiegt, kann

---

232 OLG Jena NJW **2006** 3654.
233 BGHSt (GS) **10** 259; s.a. BGHSt **16** 126; **23** 375.
234 *Schäfer/Sander/van Gemmeren* Rdn. 594 ff.
235 *Sch/Schröder/Stree/Kinzig* Rdn. 26b.
236 *Bruns* I S. 421 ff; *Frisch* GA **1972** 321 ff.
237 *Frisch* GA **1972** 325 f; *Lackner/Kühl* Rdn. 34; *Maurach/Gössel/Zipf/Dölling* § 63 Rdn. 37 ff; *Miebach/Maier* MK Rdn. 217; *Streng* NK Rdn. 60.
238 BGHSt **37** 179, 180 = NStZ **1991** 392 m. Anm. *Beulke/Schröder*; BGH StV **1987** 100; BGHR StGB § 46 Abs. 2 Tatauswirkungen 3, 4, 11, 14.

die Aufhebung auch dann geboten sein, wenn Fahrlässigkeit nach den Feststellungen vorliegt.

Bei **Auswirkungen**, die ihrer Art nach **für den Täter erkennbar** sind, soll es zur Annahme von Fahrlässigkeit nicht erforderlich sein, dass er sie in allen Einzelheiten voraussehen kann. Danach genügt es, dass sie in ihrem Gewicht im Wesentlichen voraussehbar sind.[239] Da mittlerweile allgemein bekannt ist, dass, zumal gewaltsam begangene, **Delikte gegen die sexuelle Selbstbestimmung** zu schwerwiegenden psychischen Schäden beim Opfer führen können, bedarf die Annahme, dass solche Folgen einer Sexualstraftat für den Täter in ihrem Kern voraussehbar waren, keiner näheren Darlegung, sofern nicht besondere Umstände vorliegen.[240] Bei einem Sexualdelikt eines geistig behinderten Täters hat der BGH allerdings eine nähere Begründung für die subjektive Vorhersehbarkeit des Eintritts schwerer psychischer Folgen beim Opfer gefordert (BGH Beschl. v. 13.3.1997 – 1 StR 72/97, Rdn. 20). **143**

Vorhergesehene oder vorhersehbare Tatfolgen dürfen dem Angeklagten nicht angelastet werden, wenn andere Rechtsgrundsätze dies verbieten. Handelte der Täter eines versuchten Totschlags zwar nicht insgesamt, aber bei einem ersten Messerstich, der allein zu einer starken Blutung führte, in Notwehr, darf ihm nicht angelastet werden, „dass die Kinder ihre Mutter im Blut liegen sehen mussten" (BGHR StGB § 46 Abs. 2 Tatauswirkungen 5). Aus dem gleichen Grund darf die Tötung oder Körperverletzung in Notwehr beim bewaffneten Handeltreiben mit Betäubungsmitteln nicht strafschärfend herangezogen werden, auch nicht mit der Begründung, es habe sich die unter eine erhöhte Strafandrohung gestellte abstrakte Gefahr tatsächlich realisiert (BGH NStZ **2002** 313). **144**

An der Vorwerfbarkeit fehlt es auch, wenn der Täter seine Tatbeteiligung leugnet und er schon dadurch einen anderen dem Verdacht aussetzt, die Tat begangen zu haben; denn ein Geständnis darf von ihm nicht verlangt werden (BGH NStZ **1986** 85 mit krit. Anm. *Berz*). **145**

4. Das Vorleben des Täters

a) Allgemeines. Das im gesetzlichen Tatbestand umschriebene Unrecht erfasst das Vorleben des Täters regelmäßig nicht. § 176a Abs. 1 ist insoweit eine Ausnahme, als eine einschlägige Vorverurteilung innerhalb der letzten fünf Jahre einen Qualifikationstatbestand mit höherer Strafandrohung begründet. Das **Vorleben** des Täters, insbesondere seine Belastung durch Vorstrafen, spielt bei der Strafzumessung in der Praxis eine herausgehobene Rolle. In der Literatur ist die Frage umstritten, ob und unter welchen Voraussetzungen sich die Berücksichtigung dieser Umstände bei der Strafzumessung dogmatisch begründen lässt.[241] Die Rechtsprechung geht davon aus, dass das Vorleben des Täters Hinweise auf seine Einstellung zu den geschützten Rechtsgütern geben kann (BGHSt **36** 1, 10). Deshalb könne es ein **Indiz** für die Beurteilung der inneren Tatseite (Rdn. 74ff) sein und sich auf den Handlungsunwert der Tat auswirken.[242] **146**

Die **Art der nicht strafbaren Lebensführung** scheidet in der Regel als Strafzumessungsfaktor aus.[243] So kommen als Strafschärfungsgrund nicht in Betracht: die sonstige **147**

---

239 BGHSt **37** 179, 180; BGHR StGB § 46 Abs. 2 Tatauswirkungen 11.

240 BGHR StGB § 46 Abs. 2 Tatauswirkungen 11; BGH Beschl. v. 13.3.1997 – 1 StR 72/97, Rdn. 19; Urt. v. 25.4.2001 – 5 StR 123/01.

241 Vgl. *Hörnle* S. 159ff; *Meier* S. 203f; *Maurach/Gössel/Zipf/Dölling* § 63 Rdn. 23, 52ff, 162; *Erhard* S. 279f; *Frisch* ZStW **99** (1987) 751, 770 ff.

242 *Meier* S. 204; *Schäfer/Sander/van Gemmeren* Rdn. 641.

243 BGH Beschl. v. 17.10.1984 – 3 StR 424/ 84; Urt. v. 24.7.1985 – 3 StR 134/85; Urt. v. 26.2.1986 – 3 StR 18/86; BGHR StGB § 46 Abs. 2 Vorleben 12.

(nicht in der Tat zutage getretene) Gesinnung und der allgemeine Charakter des Täters (BGH NStZ **1985** 545); der mangelnde Einsatz der Willens- und Charakterkräfte im Rahmen der allgemeinen, nicht strafbaren Lebensführung vor der Tat oder die fehlerhafte Bewertung der eigenen, strafrechtlich nicht bedeutsamen Wünsche, Ziele und Handlungen (BGH NStZ **1984** 259; NJW **1988** 1153, 1154). Die Berücksichtigung des Vorlebens darf nicht zu einer Gesamtabrechnung mit dem Täter und zu einer allgemeinen **Gesinnungsstrafe** führen (BGH bei Dallinger MDR **1970** 14).

148 Im Einzelnen bedeutet dies zum **Beispiel**: Im Falle einer Verurteilung wegen der Tötung eines Neugeborenen (ehemals nach § 217) ist es nicht bedenkenfrei, den „leichtsinnigen und wenig Verantwortung zeigenden Lebenswandel" der Angeklagten auf sexuellem Gebiet zur Strafschärfung heranzuziehen. Das Geschlechtsleben hat mit dem Tötungsdelikt nichts zu tun. Es ist nicht Aufgabe der Strafgerichtsbarkeit, Frauen durch das Strafmaß in dem Sinne zu warnen, „sich in Zukunft in ihrem Umgang mit Männern zurückzuhalten" (BGH bei Dallinger MDR **1972** 570). Kein Strafschärfungsgrund bei der Tötung eines Neugeboren durch die Mutter ist es auch, dass sie bereits zwei andere Schwangerschaften ihrem Ehemann verschwiegen, ein Kind abgetrieben und das andere zur Adoption freigegeben hatte (BGHR StGB § 46 Abs. 2 Vorleben 28). Keine Strafschärfungsgründe sind ferner: bloße Abenteuerlust (BGH Beschl. v. 15.6.1981 – 3 StR 194/81), die Herkunft aus geordneten Familienverhältnissen, der Volksschulabschluss und eine durchschnittliche Berufsausbildung (BGH Beschl. v. 30.4.1982 – 2 StR 149/82), die Tätigkeit als „Gesellschafter", der sich für „Liebesdienste" entlohnen lässt (BGH Beschl. v. 13.5.1983 – 2 StR 187/83), das Bestreben, den Angeklagten durch die Strafe aus dem „Dirnen- und Zuhältermilieu" herauszuführen (BGHR StGB § 46 Abs. 2 Lebensumstände 9) oder dass der Angeklagte „entgegen ärztlichem Verbot" raucht, „weil er von diesem Laster nicht loskomme" (BGHR StGB § 46 Abs. 2 Lebensumstände 15). „Arbeitsscheu" wurde bei Eigentums- und Vermögensdelikten allerdings erschwerend bewertet, so die Neigung zum Müßiggang und zum Alkoholgenuss, wenn sie Anlass für einen Raubüberfall ist (BGH bei Dallinger MDR **1972** 196); andererseits wurde bei einer Verurteilung wegen Totschlags der Umstand, dass der Angeklagte sich nicht ernsthaft um Arbeit bemühte und erheblich dem Alkohol zusprach, nicht als zulässiger Strafschärfungsgrund angesehen (BGHR StGB § 46 Abs. 2 Vorleben 3). Eine unrealistische Anspruchshaltung und die fehlende Bereitschaft, einen Beruf zu erlernen, sind keine geeigneten Strafzumessungskriterien bei einem Totschlag (BGHR StGB § 46 Abs. 2 Vorleben 9).

b) Vorstrafen, Vorwarnungen, Vortaten, von der Verfolgung ausgenommene weitere Taten

149 **aa) Vorstrafen** gehören in der Praxis zu den bedeutsamsten Strafzumessungsfaktoren (BGHSt **24** 198, 200). Für ihre strafschärfende Berücksichtigung gibt es folgende Gründe:[244] Unrecht erschöpft sich nicht in dem gegenständlich zugefügten Schaden, sondern erfasst auch die damit verbundene Nichtanerkennung der verletzten Rechtsnorm durch den Täter. Die Rückfallschärfung hat ihre Wurzel demgemäß in der durch Wiederholung gesteigerten Auflehnung gegen die Rechtsordnung, die den durch die aktuelle Tat verursachten Normgeltungsschaden erhöht und entsprechend **intensivere Normbestätigungsbedürfnisse** der Allgemeinheit nach sich zieht (*Streng* NK Rdn. 66). Die Rechtsprechung knüpft die strafschärfende Berücksichtigung des Rückfalls demgegenüber vor allem an den Vorwurf an, der Täter habe sich die früheren Verurteilungen

244 *Schäfer/Sander/van Gemmeren* Rdn. 651; *Streng* Rdn. 655.

nicht zur **Warnung** dienen lassen und die durch sie gesetzten Hemmschwellen überwunden.[245] Vorstrafen haben darüber hinaus Bedeutung für die Beurteilung der **Gefährlichkeit** des Täters. Diese Überlegungen gelten in besonderem Maße, wenn der Täter die neue Tat mit hoher Rückfallgeschwindigkeit kurz nach einer früheren Verurteilung, während des Strafvollzugs, kurze Zeit nach seiner Haftentlassung oder während der Dauer einer Bewährungszeit oder einer Führungsaufsicht begangen hat.[246]

Damit das Revisionsgericht die Strafzumessungserwägungen überprüfen kann, 150
muss das Tatgericht über strafschärfend verwertete Vorverurteilungen **genaue Angaben** machen (BGH bei Dallinger MDR **1967** 898; **1976** 13; BayObLG MDR **1976** 598); pauschale Feststellungen genügen nicht (BGH Beschl. v. 28.4.1993 – 2 StR 166/93). Ob Vorstrafen erheblich sind, hängt nicht allein von der Höhe der früheren Strafen ab, sondern auch von den Sachverhalten, die ihnen zugrunde liegen (BGHR StGB § 46 Abs. 2 Vorleben 24). Soll die Art der früheren Tatbegehung strafschärfend herangezogen werden, muss das Tatgericht diese erneut prozessordnungsgemäß feststellen (BGHSt **43** 106). **Einschlägige Vorstrafen** lassen eher Rückschlüsse auf den Schuldgehalt der Tat und die voraussichtlichen Strafwirkungen zu als nicht einschlägige, deren Verwertung jedoch nicht ausgeschlossen ist (BGHSt **24** 198, 199f; BGH MDR **1963** 331). Ob Vorstrafen wegen Fahrlässigkeitstaten straferschwerend sein können, ist eine Frage des Einzelfalls. Sie können zuungunsten des Täters zu berücksichtigen sein, wenn sie Ausdruck derselben Haltung sind, die aus der neuen Tat spricht (BGH bei Dallinger MDR **1976** 13). Die Verhängung und die Verbüßung von **Freiheitsstrafen** können nach der Rechtsprechung die Schuld des Täters und die Notwendigkeit, auf ihn einzuwirken, in besonderem Maße erhöhen (BGHSt **38** 71, 73).

Bei einer Verurteilung wegen sexuellen Missbrauchs eines Kindes relativiert sich das 151
Gewicht einschlägiger Vorstrafen für die die Strafzumessung, wenn der Täter unter einer sexuellen Präferenzstörung leidet, die seine Persönlichkeit so nachhaltig verändert hat, dass sein Hemmungsvermögen bei strafbarem Sexualverhalten erheblich vermindert war. Hier können die einschlägigen Vorstrafen allerdings Maßregeln der Besserung und Sicherung rechtfertigen (BGH Beschl. v. 7.7.1998 – 5 StR 308/98).

Zum **Zeitpunkt der Urteilsverkündung** in der Tatsacheninstanz im Bundeszentral- 152
register **getilgte oder tilgungsreife Vorstrafen** dürfen nicht berücksichtigt werden,[247] auch nicht unter dem Gesichtspunkt der Warnwirkung der früheren Verurteilung (BGH NStZ **1983** 19). § 51 BZRG begründet ein umfassendes Verwertungsverbot (Ausnahmen: § 52 BZRG). Solche Vorstrafen dürfen auch dann nicht berücksichtigt werden, wenn der Angeklagte sie selbst mitgeteilt hat.[248] Das Verwertungsverbot erstreckt sich auf Umstände, die eng mit der nicht verwertbaren Tat im Zusammenhang stehen (BGH NStZ **2006** 587). Entsprechendes gilt nach § 63 Abs. 4 BZRG für Eintragungen im Erziehungsregister. Hierbei ist zu beachten, dass solche grundsätzlich aus dem Erziehungsregister zu entfernen sind, wenn der oder die Betroffene das 24. Lebensjahr vollendet hat (§ 63 Abs. 1 BZRG; Ausnahme: § 63 Abs. 2 BZRG).

Vorstrafen, die in das Strafregister der **DDR** eingetragen waren, sind bei Wiederher- 153
stellung der deutschen Einheit in das Bundeszentralregister übernommen worden (§ 64a Abs. 2 BZRG); nicht übernommen wurden Eintragungen über Verurteilungen wegen nicht mehr mit Strafe bedrohten Verhaltens und solche, die mit rechtsstaatlichen Maßstäben unvereinbar waren (§ 64a Abs. 3 Nr. 1 und 2 BZRG). Bei derartigen Verurteilungen

245 BGHSt **23** 237f; **43** 106; vgl. auch BVerfGE **50** 125, 134.
246 *Schäfer/Sander/van Gemmeren* Rdn. 657 m.w.N.
247 BGHSt **28** 338, 340; BGH NStZ **2006** 587; **2016** 468; BGHR BZRG § 51 Verwertungsverbot 1, 3.
248 BGH NStZ-RR **2001** 237; **2012** 143.

kommt auch der Verbüßung einer langjährigen Freiheitsstrafe keine Warnfunktion zu, deren Missachtung strafschärfend verwertet werden dürfte (vgl. BGHR StGB § 46 Abs. 2 Vorleben 21). Die Verbüßung einer Strafe wegen Republikflucht (§ 213 StGB-DDR) kann sogar zu einer milderen Bestrafung führen (BGHR StGB § 46 Abs. 2 Vorleben 21).

154 DDR-Vorstrafen wegen gewöhnlicher krimineller Delikte, bei denen der Schuldspruch keinen rechtsstaatlichen Zweifeln ausgesetzt ist, darf das Tatgericht bei der Strafzumessung dann nicht erschwerend berücksichtigen, wenn es möglich ist, dass der Verurteilte unangemessen hoch bestraft worden ist. Ist zu besorgen, dass der Vollzug, insbesondere langer Freiheitsstrafen in der DDR, wegen dessen größerer Härte den Verurteilten unangemessen belastet und seine Resozialisierung beeinträchtigt hat, wirkt dies eher strafmildernd als strafschärfend (BGHSt **38** 71, 73). In anderen Fällen gelten für Vorverurteilungen durch Gerichte der ehemaligen DDR keine Besonderheiten (vgl. BGH NStZ **1992** 327).

155 Rechtskräftige **ausländische Vorstrafen** dürfen bei der Strafzumessung berücksichtigt werden, wenn die Tat nach deutschem Recht strafbar wäre. Sind sie zur Bewertung des Vorlebens des Täters relevant, müssen in einem Mitgliedsstaat der **Europäischen Union** ergangene Verurteilungen grundsätzlich sogar „mit gleichwertigen tatsächlichen bzw. verfahrens- und materiell-rechtlichen Wirkungen versehen werden ... wie denjenigen, die das innerstaatliche Recht den im Inland ergangenen Verurteilungen zuerkennt".[249] Dabei ist nicht Voraussetzung, dass es sich um eine nach § 54 BZRG im Bundeszentralregister eingetragene ausländische Vorstrafe handelt (siehe aber § 53a BZRG).[250] Die Verwertbarkeit einer ausländischen Verurteilung in einem in Deutschland geführten Strafverfahren zum Nachteil des Beschuldigten setzt grundsätzlich aber ebenfalls voraus, dass diese – würde es sich um eine Verurteilung nach deutschem Recht handeln – nicht tilgungsreif wäre. Dies ergibt sich für im Bundeszentralregister eingetragene ausländische Verurteilungen aus § 51 Abs. 1, § 56 Abs. 1 BZRG (ggf. i.V.m. § 63 Abs. 4 BZRG), gilt aber auch für dort nicht eingetragene ausländische Vorstrafen (BGH NStZ-RR **2012** 305).

156 Der Grundsatz der **Spezialität nach einer Auslieferung** lässt allerdings eine strafschärfende Berücksichtigung eines Sachverhaltes, der nicht zu der Auslieferungstat (§ 264 StPO) gehört, bei der Bestimmung der Strafhöhe zum Nachteil des Angeklagten nicht zu. Danach ist nicht nur die Festsetzung selbständiger Strafen für Taten ausgeschlossen, für die die Auslieferung nicht bewilligt worden ist, sondern auch deren Mitbestrafung im Wege der Erhöhung der für die Auslieferungstat verwirkten Strafe (BGHSt **22** 318; BGH NJW **1987** 3088 ff; NStZ **2012** 648; NStZ-RR **2012** 260).

157 **bb) Vorwarnungen.** Nach Auffassung der Rechtsprechung kann auch ein früheres Ermittlungsverfahren, insbesondere eine frühere Anklage, eine Warnfunktion haben.[251] Entsprechend wurde dem Angeklagten sogar dann, wenn das frühere Verfahren mit einer **Einstellung** oder mit einem **Freispruch** geendet hatte, angelastet, das Verfahren habe ihm eine Warnung sein müssen, weil es ihm einen deutlichen Hinweis auf die Strafbarkeit derartiger Handlungen gegeben habe.[252] Die Missachtung dieser Warnung

---

249 Art. 3 Abs. 1 i.V.m. Nr. 5 der Erwägungsgründe des Rahmenbeschlusses 2008/675/JI des Rates der Europäischen Union vom 24.7.2008 zur Berücksichtigung der in anderen Mitgliedsstaaten der Europäischen Union ergangenen Verurteilungen in einem neuen Strafverfahren, Abl. L 220/32.

250 BGH NStZ-RR **2007** 368 f; **2012** 305.

251 Differenzierend *Hacker/Hoffmann* JR **2007** 452.

252 BGHSt **25** 64; StV **1991** 64; NStZ-RR **2005** 72; BGHR StGB § 46 Abs. 2 Vorleben 2; OLG Stuttgart NJW **1961** 1491; vgl. auch *Stuckenberg* StV **2007** 655, 657.

sei ein Indiz für seine negative Einstellung zur Rechtsordnung (BGHR StGB § 46 Abs. 2 Vorleben 1, 2). Begehe er die Tat trotz dieser Warnung, wiege sein Handlungsunrecht schwerer (BGHSt **25** 64f). Diese Ansicht ist im Hinblick auf die **Unschuldsvermutung** (Art. 6 Abs. 2 EMRK) zweifelhaft (*SSW/Eschelbach* Rdn. 111; *Stuckenberg* StV **2007** 655, 657). Deshalb hat mittlerweile auch der BGH die frühere Rechtsprechung für bedenklich erachtet (BGH NStZ **2006** 620). Jedenfalls sprechen in erheblichem Maße **Billigkeitsgesichtspunkte** dagegen, einen Verdacht, der sich nicht bestätigt hat, dem unschuldigen (oder als unschuldig geltenden) Angeklagten später erneut zum Nachteil gereichen zu lassen (OLG Köln NJW **1960** 449). Überdies lässt sich **lernpsychologisch** nicht begründen, dass Täter aufgrund der Warnwirkung früherer nicht zu einer Verurteilung führender Strafverfahren eine höhere Hemmschwelle überwinden müssen. Vielmehr besteht die Gefahr, dass der wegen einer tatsächlich begangenen Tat entgegen eigener Erwartungen nicht verurteilte Täter dies als Verstärkung seines kriminellen Verhaltens erfährt und sich zu weiteren Straftaten sogar ermuntert fühlen wird.

Nach der (älteren) Rechtsprechung kann die von der Anklage ausgehende Warnung 158
in Fällen, in denen keine Verurteilung erfolgte, sogar länger zulasten des Angeklagten berücksichtigt werden als eine Verurteilung. Denn während die Warnfunktion mit der Tilgung (Tilgungsreife) der Vorstrafe im Bundeszentralregister ihre Wirkung verliert, soll Gleiches nicht für Verfahren gelten, die zu keiner Verurteilung geführt haben (BGHSt **25** 64f). Begründet wird dies damit, erst die „entsühnende Wirkung einer Verurteilung" rechtfertige das Verwertungsverbot (BGHSt **28** 338, 340). Diese Rechtsprechung ist abzulehnen. Sie stellt eine ungerechtfertigte Benachteiligung von Angeklagten dar, bei denen ein früheres gegen sie geführtes Strafverfahren mit einem Freispruch oder einer Einstellung endete. Da es in diesen Fällen keiner „Entsühnung" durch Strafe bedurfte, kann zur Legitimierung der Ungleichbehandlung hierauf auch nicht abgestellt werden.

cc) Vortaten. Tatsächlich begangene Vortaten können indes Schlüsse auf die **inne-** 159
re Einstellung des Täters gegenüber geschützten Rechtsgütern zulassen und damit eine erhöhte Vorwerfbarkeit begründen, und zwar auch dann, wenn sie nicht Gegenstand eines früheren Ermittlungs- oder Strafverfahrens waren.[253] Das Anklageprinzip hindert ihre Berücksichtigung nicht, weil es in dem hier erörterten Zusammenhang nicht um die Aburteilung der Vortat geht, sondern um die Verwertung von Beweisanzeichen für das Maß der Schuld und die Erfordernisse spezialpräventiver Einwirkung auf den Täter.[254] Die Unschuldsvermutung (Art. 6 Abs. 2 EMRK) steht ihrer Verwertung bei der Strafzumessung nicht entgegen, wenn das Gericht die Vortat, die nicht Gegenstand der Aburteilung ist, **prozessordnungsgemäß** und so **bestimmt festgestellt** hat, dass sie in ihrem wesentlichen Unrechtsgehalt abzuschätzen ist und eine unzulässige Berücksichtigung des bloßen Verdachts weiterer Straftaten ausgeschlossen werden kann.[255] Darüber hinaus muss – mangels Verbrauchs der Strafklage – eine Doppelbestrafung vermieden werden (BGH NStZ **1981** 99, 100). Die Grenze zulässiger strafschärfender Berücksichtigung solcher Taten ist überschritten, wenn sie zur angeklagten Tat keine (enge) Beziehung aufweisen und deshalb **keine Rückschlüsse auf Schuld oder Gefährlichkeit des Täters** zulassen (BGH NStZ **1998** 404; **2006** 620; NJW **2014** 645f).

---

253 *Schäfer/Sander/van Gemmeren* Rdn. 653.
254 BGH NJW **1951** 769f.
255 BVerfGK **17** 223 unter Berücksichtigung von EGMR *Böhmer/Deutschland* NJW **2004** 43; BGH NStZ **1998** 133; NStZ-RR **2009** 306; NJW **2014** 3259; StV **2015** 552 m. **krit.** Anm. *Staudinger* StV **2016** 558; *Sander* StraFo **2004** 47, 49ff; **aA** *Vogler* FS Kleinknecht 429; *Leitmeier* StV **2015** 585, 586; zum Meinungsstand *Stuckenberg* BRJ Sonderausgabe **2010** 5, 8f.

160 Auch **verjährte Taten** dürfen im Rahmen der Strafzumessung zum Nachteil des Angeklagten herangezogen werden,[256] jedoch nur in beschränktem Ausmaß und soweit sie **Schlüsse auf die Tatschuld** des Angeklagten gestatten (BGHR StGB § 46 Abs. 2 Vorleben 19). Dies konnte insbesondere bei langjährigen, bereits in der Kindheit des Tatopfers beginnenden und in sein Erwachsenenalter hineinreichenden sexuellen Übergriffen zur Erfassung des Handlungs- und Erfolgsunwerts der abzuurteilenden Taten erforderlich sein, hat aber infolge der Ausdehnung der Ruhensgrenze des § 78 Abs. 1 Nr. 1 praktische Relevanz verloren. Da das bei verjährten Taten bestehende Straf- bzw. Sühnebedürfnis wegen des nicht unerheblichen Zeitablaufs herabgesetzt ist, dürfen sie nicht ihrer vollen Schwere nach strafschärfend gewertet werden, weil sonst das Rechtsinstitut der Verjährung praktisch unterlaufen würde (BGHR StGB § 46 Abs. 2 Vorleben 24). Gleiches gilt bei Taten, die wegen des Fehlens eines Strafantrags nicht verfolgt werden können (BGH bei Dallinger MDR **1957** 654), sofern sie eine Modalität des zu ahnenden Delikts darstellen (BGHR StGB § 46 Abs. 2 Tatumstände 9).

161 **dd) Von der Verfolgung ausgenommene weitere Taten.** Nach der Rechtsprechung ist es auch zulässig, Taten oder Tatteile, die gem. §§ 154, 154a StPO von der Verfolgung ausgenommen wurden, dem Täter ohne Wiedereinbeziehung strafschärfend anzulasten.[257] Verfahrensrechtliche Voraussetzung ist auch hier, dass die ausgeschiedenen Taten oder Tatteile **prozessordnungsgemäß festgestellt** sind. Ferner muss der Angeklagte entsprechend § 265 StPO regelmäßig darauf **hingewiesen** werden, dass nach den §§ 154, 154a StPO ausgeschiedener Verfahrensstoff bei der Strafzumessung nachteilig berücksichtigt werden könnte.[258] Dies wird aus den Grundsätzen des fairen Verfahrens und des rechtlichen Gehörs hergeleitet.[259] Denn ein Angeklagter, der nicht mehr damit rechnet, mit Rechtsfolgen belastet zu werden, die sich aus dem ausgeschiedenen Sachverhalt ergeben können, wird sich insoweit regelmäßig nicht mehr verteidigen (BGHSt **31** 302, 303). Eines Hinweises bedarf es nur dann nicht, wenn das Entstehen eines solchen Vertrauens des Angeklagten aufgrund besonderer Umstände des Verfahrensgangs ausgeschlossen werden kann (BGH NStZ **1987** 133, 134; **1996** 507; **1996** 611, 612).

162 Generell ist sowohl bei der Berücksichtigung von Verfahren, die nicht zu einer Verurteilung geführt haben, als auch bei der Heranziehung ausgeschiedener Taten oder Tatteile sowie bei der Verwertung nicht verfolgbarer Vortaten **Zurückhaltung** geboten. Bei der Verwertung ausgeschiedener Taten oder Tatteile (§§ 154, 154a StPO) ist ohnehin schwer verständlich, weshalb sie zu den für die Strafzumessung bestimmenden Umständen (§ 267 Abs. 3 S. 1 StPO) gehören sollen, obwohl sie insgesamt „nicht beträchtlich ins Gewicht" fallen (§ 154 Abs. 1 Nr. 1, § 154a Abs. 1 StPO). Bei der strafschärfenden Verwertung solcher Taten ist zu bedenken, dass sie für die Kennzeichnung von Tat und Täter in der Regel weniger Gewicht haben, als wenn sie selbst Gegenstand des Schuldspruchs wären. Verjährte Taten haben oft im Hinblick auf den Zeitablauf seit ihrer Begehung nur noch geringe Bedeutung für die Beurteilung der Täterpersönlichkeit; Vortaten, die wegen Fehlens des erforderlichen Strafantrags nicht verfolgt werden dürfen, haben häufig ohnehin nur geringes Gewicht.

---

256 BGH NJW **1987** 3144, 3145 = StV **1989** 478 m. Anm. Sonnen; StV **2016** 558; BGHR StGB § 46 Abs. 2 Vorleben 11, 20, 24; zusammenfassend *Sander* StraFo **2004** 47; **krit.** *Leitmeier* StV **2015** 585.

257 BGHSt **30** 147 f; **30** 165 f = StV **1982** 17 m. Anm. *Bruns*; BGH NStZ **1981** 99 f; **1983** 20 f = StV **1983** 15 m. Anm. *Bruns;* BGHR StGB § 46 Abs 2 Vorleben 33.

258 BGHSt **30** 147, 148; **30** 197 ff; BGH NStZ **1981** 100; **1996** 611 f.

259 BGH NStZ **1981** 100; **1996** 507; BGHR StPO § 154 Abs. 2 Hinweispflicht 1, 4.

c) Verdienste im Vorleben und Vorstrafenfreiheit

aa) Verdienste im Vorleben. Für sozial positiv zu bewertendes Vorleben gilt grundsätzlich dasselbe wie für außerhalb der Tat liegendes vorwerfbares Verhalten. Soll es unter Schuldgesichtspunkten berücksichtigt werden, muss es die Tat in milderem Lichte erscheinen lassen. Die Auszeichnung mit einer Lebensrettungsmedaille kann eher die Beurteilung einer fahrlässigen Tötung beeinflussen als die eines Diebstahls. Hat der Angeklagte in Bezug auf eine eigene Dienstverfehlung einen Meineid geleistet, ist es ein strafmildernder Umstand, dass er sich jahrelang als besonders guter Beamter erwiesen hat (BGHSt **8** 186, 188). Entsprechendes gilt, wenn ein Soldat der Bundeswehr, der sich lange im Dienst bewährt und einwandfrei geführt hat, eine militärische Straftat begeht. 163

bb) Vorstrafenfreiheit. Es ist unzulässig, die straffreie Lebensführung eines Täters mit der Begründung als Milderungsgrund unberücksichtigt zu lassen, dass Straffreiheit kein Verdienst sei, sondern eine Selbstverständlichkeit (BGH NStZ **1982** 376; NStZ **1988** 70). Die Erfahrung zeigt, dass Straflosigkeit eben nicht selbstverständlich ist, sondern zahlreiche Menschen straffällig werden. Bisherige Rechtstreue kann wichtige Schlüsse auf die Persönlichkeit des Angeklagten gestatten. Eine solche Erkenntnisquelle darf das Tatgericht nicht ungenutzt lassen (BGH NStZ **1983** 453; **1988** 70). Wenn es sie übergeht, kann darin ein durchgreifender Rechtsfehler liegen, der zur Aufhebung des Strafausspruchs führt (BGH bei Holtz MDR **1980** 628). Das Fehlen von Vorstrafen wirft allerdings nicht zwangsläufig ein positives Licht auf das Vorleben und die Persönlichkeit des Angeklagten.[260] Es ist Sache tatrichterlicher Beurteilung, ob bei einem erst kurze Zeit im Inland lebenden Täter das Fehlen von Vorstrafen in der Bundesrepublik Deutschland als Erkenntnisquelle für die Strafzumessung unergiebig ist (BGH NStZ **1983** 453). 164

5. Die persönlichen und wirtschaftlichen Verhältnisse des Täters. Sie sind wesentliche Anknüpfungstatsachen bei der Strafzumessung (BGH StV **1998** 636; BGHR StPO § 267 Abs. 3 S. 1 Strafzumessung 17). Der Kreis der insoweit bedeutsamen Tatsachen überschneidet sich mit den Bereichen, die Umstände der Pflichtwidrigkeit (Rdn. 101 ff) und des Vorlebens (Rdn. 146 ff) erfassen. 165

a) Die persönlichen Verhältnisse

aa) Allgemeines. Lebensumstände eines Angeklagten, die außerhalb des Tatgeschehens liegen, können bei der Strafe nur berücksichtigt werden, wenn sie wegen ihrer engen **Beziehung zur Tat** Schlüsse auf deren Unrechtsgehalt oder Einblicke in die innere Einstellung des Täters zu seiner Tat zulassen. Weil eine solche Beziehung nicht gegeben war, beanstandete der BGH die strafschärfende Bewertung der Lebensumstände eines Zuhälters, dessen Tat, eine räuberische Erpressung, überwiegend darauf zurückzuführen war, dass er sich beim Hauskauf übernommen und drückende Schulden hatte (BGHR StGB § 46 Abs. 2 Lebensumstände 9). 166

Auch **Intelligenz und besondere Kenntnisse** des Täters dürfen im Hinblick auf das Maß der Schuld strafschärfend nur herangezogen werden, wenn sich eine innere Beziehung zur Straftat erkennen lässt (BGH Beschl. v. 17.1.1990 – 3 StR 307/89). Das kann zum Beispiel bei einer Steuerhinterziehung der Fall sein, wenn der Täter bestimmte steuerrechtliche und buchhalterische Kenntnisse ausnutzt, aber auch bei einer Fahrlässigkeits- 167

---

260 *Bruns/Güntge* Kap. 14 Rdn. 26.

tat, wenn er bei seinen Fähigkeiten und Kenntnissen den missbilligten Ausgang eines Geschehens unschwer hätte verhindern können. Handelt ein Täter im Affekt, so wirkt sich seine Intelligenz nicht notwendig strafschärfend aus (BGH bei Dallinger MDR **1975** 367). Haben besondere persönliche Schwierigkeiten in einer Ehe zur Begehung der Tat beigetragen, darf der Frau, die ihren gewalttätigen Mann getötet hat, nicht vorgeworfen werden, dass sie sich nicht von ihm getrennt hat (BGHR StGB § 46 Abs. 2 Lebensumstände 6).

168 **bb) Berufliche und soziale Stellung.** Unter dem Gesichtspunkt des Schuldausgleichs (oder unter spezialpräventiven Gesichtspunkten) wirkt eine besondere berufliche oder soziale Stellung häufig strafmildernd, weil sie es mit sich bringt, dass den Täter wegen der Tat neben der Strafe zusätzliche (beamtenrechtliche, disziplinarische, berufs- oder ehrengerichtliche) Folgen treffen (Rdn. 19). Unter dem Gesichtspunkt des Maßes der Pflichtwidrigkeit ist dagegen zu prüfen, unter welchen Voraussetzungen eine solche herausgehobene Position im Hinblick auf die damit erhöhte Verantwortlichkeit strafschärfend wirken kann (Rdn. 104ff). Der BGH hat immer wieder betont, dass die berufliche oder soziale Stellung eines Täters nur dann zu seinen Lasten berücksichtigt werden darf, wenn zwischen dem Beruf oder der Stellung und der Straftat eine **innere Beziehung** besteht.[261] Die neuere Rechtsprechung neigt dazu, eine für die strafschärfende Berücksichtigung erforderliche innere Beziehung zwischen der beruflichen oder sozialen Stellung und der Tat eher abzulehnen als anzunehmen (vgl. Rdn. 106f). Doch gibt es Fälle, in denen diese Beziehung nicht zu bezweifeln ist, so etwa, wenn ein Rechtsanwalt oder Notar Fremdgelder veruntreut. Ebenso ist es, wenn ein Arzt im Urlaub bei einem Verkehrsunfall, dessen Zeuge er zufällig wird, Verletzten nicht hilft, obwohl er dies sachgerecht hätte tun können.

169 **cc) Ausländereigenschaft.** Die Ausländereigenschaft eines Täters darf als solche **nicht strafschärfend** berücksichtigt werden (BGH NStZ **1993** 337). Das gilt auch für Strafzumessungserwägungen, mit denen zulasten eines ausländischen Straftäters ohne weitere Substanz auf einen **Missbrauch des Gastrechts** abgehoben wird,[262] so z.B.: Der Täter habe die Tat in einem Gastland begangen, welches ihm angesichts von Schwierigkeiten in seiner Heimat Zuflucht gewährt habe (BGHR StGB § 46 Abs. 2 Lebensumstände 12); er sei, obwohl erst knapp ein Jahr in Europa, nicht davor zurückgeschreckt, sich bei der ersten sich ihm bietenden Gelegenheit über die geltenden Strafvorschriften hinwegzusetzen (BGH StV **1987** 20); er habe das ihm von der Nachbarschaft im Rahmen der erwünschten Integration von ausländischen Mitbürgern entgegengebrachte Vertrauen in gröbster Weise missbraucht (BGH NStZ-RR **2006** 137). Ließe man derartige Erwägungen als Strafschärfungsgrund zu, könnte man gegen jeden ausländischen Täter eine höhere Strafe verhängen als gegen einen deutschen (BGH bei Dallinger MDR **1973** 369). Das wird zu Recht abgelehnt.

170 Es spricht viel dafür, dass unter verfassungsrechtlichem Aspekt die Behandlung der Ausländereigenschaft als Strafschärfungsgrund gegen den **Gleichheitsgrundsatz** des Art. 3 Abs. 1 und 3 GG verstieße und willkürlich wäre.[263] Doch kann dies dahinstehen. Denn für die strafrechtliche Beurteilung ist bereits entscheidend, dass die Staatsbürger-

---

261 BGH NStZ **1981** 258; **1988** 175; NJW **1987** 2685, 2687; BGHR StGB § 46 Abs. 2 Lebensumstände 10, 19.
262 BGH NJW **1972** 2191; BGH bei Dallinger MDR **1973** 369; BGH NStZ **1993** 337; BGHR StGB § 46 Abs. 2 Lebensumstände 12.
263 So BGH NJW **1972** 2191; bei Holtz MDR **1976** 986; OLG Celle NJW **1953** 1603; OLG Karlsruhe NJW **1974** 2061, 2062; **aA** BGH StV **1993** 358, 359.

schaft des Täters für die Bewertung seiner strafzumessungsrechtlich relevanten Schuld grundsätzlich ohne Bedeutung ist. Insbesondere wird das Maß der Pflichtwidrigkeit durch sie nicht beeinflusst. Eine gesteigerte Pflicht, sich im Gastland straffrei zu führen, trifft den Ausländer nicht (BGH NStZ **1993** 337). Beanstandet wurde deshalb die Begründung des Tatgerichts, sowohl die Schuld des Angeklagten als auch der Gedanke der Generalprävention erforderten eine empfindliche Bestrafung, wenn „Ausländer, die das Gastrecht der Bundesrepublik Deutschland wegen politischer Verfolgung in Anspruch nehmen, hier ihre Nationalitätenkonflikte mit gewalttätigen Mitteln austragen" (BGHR StGB § 46 Abs. 2 Wertungsfehler 21).

Nicht ausgeschlossen ist es, mit der Ausländereigenschaft zusammenhängende Gesichtspunkte strafschärfend zu werten, die die **Tat in einer für die Schuldgewichtung erheblichen Weise prägen**. Das kann in Betracht kommen, wenn der ausländische Täter in der Absicht in die Bundesrepublik Deutschland einreist und Asyl beantragt, hier Straftaten – etwa im Rahmen organisierter Kriminalität oder im Zusammenhang mit Nationalitätenkonflikten – zu begehen, wenn er in strafbarer Weise Vorteile missbraucht oder sich erschleicht, die ihm gerade mit Rücksicht auf seine Ausländereigenschaft oder Eigenschaft als Asylbewerber gewährt werden, wenn die Straftat – etwa eine mittelbare Falschbeurkundung – im unmittelbaren Zusammenhang mit der Inanspruchnahme des Gastrechts steht oder wenn sie sich gegen die Bundesrepublik Deutschland oder ihre Sicherheit richtet (BGH NStZ **1993** 337). 171

Soweit der BGH die strafschärfende Erwägung für zulässig gehalten hat, die Angeklagten seien, „dem Ausländergesetz unterliegend, bewusst das ihnen bekannte Risiko der Ausweisung und damit des Verlustes einer gesicherten Existenz zum eigenen Nachteil und zum Nachteil ihrer Familie" eingegangen (BGH bei Holtz MDR **1976** 812), kann dem nicht gefolgt werden. Diese Begründung verstößt, soweit sie gerade Ausländer treffende Folgen strafschärfend bewerten will, gegen das Verbot der Gleichbehandlung und kann auch nicht damit gerechtfertigt werden, dass die Gefahr des Verlustes der Existenz allgemein auch bei anderen Tätern bestehe. Denn derartige „normale" Folgen für die Familie eines Täters sind wegen § 46 Abs. 3 keine Strafschärfungsgründe. Der BGH hat in späteren Entscheidungen denn auch wiederholt darauf hingewiesen, dass die Ausländereigenschaft (ebenso der Status eines Asylbewerbers) nicht strafschärfend bewertet werden dürfe (BGHR StGB § 46 Abs. 2 Ausländer 4; s. Rdn. 169). 172

Ebenso beanstandet wurde die Erwägung, die Strafe solle eine **abschreckende Wirkung** auch in der Hinsicht haben, dass ausländische Staatsangehörige es unterlassen, in der Bundesrepublik Deutschland Straftaten gegen das Betäubungsmittelgesetz in der Hoffnung zu begehen, dass sie hier deutlich milder als in ihrem Heimatland bestraft werden (BGHR StGB § 46 Abs. 2 Wertungsfehler 28). Nicht gerügt wurde demgegenüber eine ähnliche Begründung, die der BGH dahin verstanden hatte, dass mit der härteren Bestrafung allen Drogenhändlern der Anreiz genommen werden müsse, wegen in anderen Ländern drohenden besonders harten Strafen den Heroinhandel aus solchen Ländern in die – aus der Sicht der Händler – weniger gefährliche Bundesrepublik zu verlagern (BGH NStZ **1982** 112). 173

Der Umstand, dass der Täter in einem **fremden Kulturkreis** verwurzelt und seine Tat durch entsprechende Rechtsvorstellungen motiviert ist, wirkt als solcher **nicht strafmildernd.**[264] Der Maßstab für die Bewertung seiner Motive ist den **Vorstellungen der Rechtsgemeinschaft Deutschlands** zu entnehmen und nicht den Anschauungen einer Volksgruppe, die die rechtlichen Werte dieser Rechtsgemeinschaft nicht aner- 174

264 BGH NStZ-RR **2007** 86 f; BGHR StGB § 46 Abs. 2 Kulturkreis, fremder 1, 2.

kennt. Einer vom deutschen ordre public grob abweichenden Rechtsvorstellung ist auch im Rahmen der Strafzumessung die Anerkennung zu versagen (*SSW/Eschelbach* Rdn. 97). Dass es dem Täter aufgrund eingewurzelter Vorstellungen schwerer fällt, eine Norm zu befolgen, kann ihm jedenfalls dann nicht zugutegehalten werden, wenn er schon viele Jahre in Deutschland lebt (BGH NStZ **2011** 512f). Denn es ist ohne weiteres zu erwarten, dass er die Ge- und Verbote der hier geltenden und ihm bekannten Rechtsordnung akzeptiert und in der Lage ist, sich von abweichenden Vorstellungen und Erfahrungen freizumachen. Dasselbe gilt, wenn sein Verhalten – ungeachtet hiervon divergierender Ansichten der Bevölkerungsgruppe, der er entstammt – auch in seinem Herkunftsland strafbar ist (BGH NStZ **2009** 689), was gerade bei den in diesem Zusammenhang problematisierten Fällen von Körperverletzungs-, Tötungs- und gewaltsamer Sexualkriminalität regelmäßig der Fall sein wird. Strafmildernd darf aber berücksichtigt werden, dass der aus einem anderen Kulturkreis stammende Angeklagte unter dem „Erwartungsdruck" seiner Familie stand und daher zur Begehung der Tat eine geringere Hemmschwelle zu überwinden hatte (BGH NStZ-RR **2007** 137f) oder dass er sich zwischen dem (kurdischen) Kulturkreis, aus dem er stammt, und dem hiesigen „zerrissen fühlt" und es ihm deshalb schwerer als anderen fällt, sich normgerecht zu verhalten (BGHR StGB § 46 Abs. 2 Kulturkreis, fremder 2).

175 Aus der Ausländereigenschaft für sich alleine folgt auch noch kein Grund für die Annahme, es liege eine strafmildernd zu berücksichtigende **besondere Haftempfindlichkeit** vor (s. Rdn. 25). Ob der Vollzug einer Freiheitsstrafe voraussichtlich außergewöhnliche Wirkungen auf einen Verurteilten haben wird, hängt von der Beurteilung seiner gesamten persönlichen Verhältnisse ab, zu denen Verständigungsprobleme, die angesichts der multi-nationalen Zusammensetzung der Gefangenenpopulation oder zunehmender Haftdauer aber an Bedeutung verlieren, wesentlich abweichende Lebensgewohnheiten und erschwerte familiäre Kontakte gehören können (BGH NStZ **1997** 77; NStZ-RR **2010** 337f). Die Annahme, die Strafvollstreckung im Inland werde den Angeklagten als Ausländer voraussichtlich besonders hart treffen, verliert ihre Bedeutung, wenn die Strafvollstreckung überwiegend im Heimatland erfolgen kann und dadurch die besonderen Härten bei Strafvollstreckung im Inland entfallen.[265] **Ausländerrechtliche Folgen** sind regelmäßig keine bestimmenden Strafzumessungsgründe; anderes kann nur dann gelten, wenn zusätzliche Umstände die Ausweisung als besondere Härte erscheinen lassen.[266]

176 **b) Die wirtschaftlichen Verhältnisse.** Die wirtschaftlichen (finanziellen) Verhältnisse zur Zeit der Verurteilung sind unter dem Gesichtspunkt der Strafempfindlichkeit des Angeklagten für die **Bemessung der Tagessatzhöhe** einer Geldstrafe bedeutsam (§ 40 Abs. 2). Soweit die finanzielle Situation des Täters zum Zeitpunkt der Tat für seine **Motivation und Zielsetzung** mitbestimmend war, kann zu seinen Gunsten wirken, dass er sich in einer Notlage befunden hat. **Wirtschaftliche Bedrängnis** kann, insbesondere bei Eigentums- und Vermögensdelikten, zur Strafmilderung führen (vgl. BGHR StGB § 46 Abs. 2 Lebensumstände 1, 7 und 8). Dieser Strafmilderungsgrund kann zwar im Einzelfall dadurch an Gewicht verlieren, dass der Angeklagte seine finanzielle **Not selbst verschuldet** hat. Hingegen ist es rechtlich bedenklich, diesen Umstand ohne weiteres zulasten des Angeklagten zu verwerten. Denn damit wird zum einen das Fehlen eines Milderungsgrundes – nämlich einer unverschuldeten Notlage – zulasten des Angeklagten

---

265 BGHSt **43** 233f; BGHR StGB § 46 Abs. 2 Ausländer 1–4.
266 BGH NStZ **2002** 196; **2012** 147; StV **2008** 298; **2018** 559, 560.

berücksichtigt; zum anderen werden insoweit Umstände aus der privaten Lebensführung des Angeklagten vor der Tat strafschärfend herangezogen, die keinen unmittelbaren Bezug zur Tat haben (BGH StV **1995** 584). Verschulden eines Ehepartners an der Notlage kann dem anderen ohnehin nicht angelastet werden (BGHR StGB § 46 Abs. 2 Lebensumstände 14). Wird ein Angeklagter durch eine ihn menschlich bedrückende ungünstige wirtschaftliche Lage zu einer Straftat verleitet, verliert dieser Umstand nicht schon deshalb sein wesentliches strafmilderndes Gewicht, weil der notwendige Lebensunterhalt des Angeklagten auch ohne die strafbare Handlung gesichert wäre (BGHR StGB § 46 Abs. 2 Lebensumstände 7). Die wirtschaftlichen Verhältnisse dürfen bei der Bewertung einer bestimmten Tat nicht gleichzeitig zugunsten und zulasten des Angeklagten berücksichtigt werden. Einem wegen Diebstahl verurteilten Angeklagten darf nicht straferschwerend angelastet werden, dass seine finanzielle Bedrängnis, die ihn zur Tat veranlasste, noch nicht die Intensität einer Notlage erreicht hatte (BGHR StGB § 46 Abs. 2 Lebensumstände 1).

Die Frage, ob **ausreichende wirtschaftliche Verhältnisse** es rechtfertigen, die 177 Strafe zu schärfen, hängt mit der allgemeinen Problematik zusammen, ob es zulässig ist, das Fehlen von Strafmilderungsgründen strafschärfend zu berücksichtigen und wie Strafmilderungs- von Strafschärfungsgründen abzugrenzen sind (Rdn. 61ff). Nach der Entscheidung des Großen Senats für Strafsachen des BGH vom 10.4.1987 soll nach Lage des Einzelfalls beurteilt werden, ob der Umstand, dass der Angeklagte „nicht in Geldnot" war oder dass er es „bei seinen Verdienstmöglichkeiten absolut nicht nötig hatte zu stehlen", ein **Strafschärfungsgrund** ist.[267] Ebenso wie andere, ähnlich lautende Formulierungen seien derartige Feststellungen häufig dahin zu verstehen, der Angeklagte habe in auskömmlichen wirtschaftlichen Verhältnissen gelebt und es sei ihm zur Last zu legen, dass er die Straftat aus **Motiven** begangen habe, für die in Anbetracht seiner wirtschaftlichen Verhältnisse **kein Verständnis** aufgebracht werden könne (BGHSt **34** 345, 350; BGH NStZ **1987** 119; **1987** 550). Damit wird der Unterschied zwischen strafschärfenden und strafmildernden Umständen verwischt. Fehlendes Verständnis für das Tatmotiv ist in der Regel kein Strafschärfungsgrund (Rdn. 85). Damit ist nicht ausgeschlossen, dass z.B. der Täter eines Eigentums- oder Vermögensdelikts oder anderer auf Bereicherung gerichteter Straftaten in Anbetracht seiner guten wirtschaftlichen Verhältnisse durch seine Tat eine besonders verwerfliche Haltung und Missachtung der Rechtsordnung offenbart. Hingegen ist es fehlerhaft, bei einer Verurteilung wegen Verabredung zum schweren Raub strafschärfend zu werten, dass der Angeklagte zur Tatzeit keineswegs von irgendeiner wirtschaftlichen Not bedrängt gewesen sei (BGHR StGB § 46 Abs. 2 Lebensumstände 4). Unter Schuldgesichtspunkten sind die wirtschaftlichen Verhältnisse – in der einen oder anderen Richtung – für die Strafzumessung immer nur erheblich, wenn ein **innerer Zusammenhang** zwischen ihnen und der Tat besteht.

Veränderungen der persönlichen oder wirtschaftlichen Verhältnisse des Täters 178 **nach der Tat** können nicht nur unter spezialpräventiven Gesichtspunkten bedeutsam sein. Eine seitdem eingetretene **Stabilisierung seiner Lebensverhältnisse** kann die Tatschuld beeinflussen, wenn sie zeigt, dass die Tat einmalig war oder am Ende einer inzwischen überwundenen, problembehafteten Lebensphase begangen wurde.[268] Das kann der Fall sein, wenn sich der Angeklagte aus dem kriminellen Milieu und seiner Drogensucht gelöst hat, sich mit seiner Lebensgefährtin „ein neues Leben aufgebaut"

267 BGHSt **34** 345 = NStZ **1987** 450 m. Anm. *Bruns* = JZ **1988** 155 m. Anm. *Grasnick*.
268 *Schäfer/Sander/van Gemmeren* Rdn. 688.

hat und seit längerem einer geregelten Tätigkeit nachgeht, in der er sich als zuverlässig erweist (BGH Beschl. v. 16.8.2011 – 5 StR 300/11). Hier ist ein Zusammenhang mit der Tat nicht erforderlich, da auch unter präventiven Gesichtspunkten die Stabilisierung der Lebensverhältnisse beachtlich ist (vgl. BGHR StGB § 177 Abs. 1 Strafzumessung 12; § 46 Abs 1 Spezialprävention 4).

6. Das Verhalten des Täters nach der Tat

179 **a) Grundsätze.** Das Nachtatverhalten ist in seiner Bedeutung für die Strafzumessung in jüngerer Zeit namentlich mit der Einführung von § 46a (Täter-Opfer-Ausgleich) und § 46b (Hilfe zur Aufklärung oder Verhinderung von schweren Straftaten) erheblich aufgewertet worden. Es kann sowohl unter **Schuld- als auch unter Präventionsgesichtspunkten** Einfluss auf die Strafzumessung haben. Dies gilt für konstruktive Handlungen des Täters (insbes. Geständnis, Schadenswiedergutmachung), die den Erfolgsunwert der Tat mindern, ebenso wie für solche, die ihn im Nachhinein steigern (z.B. schadensvertiefendes Verhalten) oder neues Unrecht verwirklichen (z.B. Bedrohung des Opfers, um eine Veränderung seines Aussageverhaltens im Strafverfahren zu erreichen) (*Meier* GA **2015** 443, 446f).

180 Bei der Bewertung des Nachtatverhaltens muss der Grundsatz berücksichtigt werden, dass weder das materielle Strafrecht noch das Strafverfahrensrecht vom Täter verlangt, zur eigenen Überführung beizutragen. Der **Schutz vor Selbstbezichtigung** (nemo tenetur se ipsum accusare) ergibt sich aus Art. 2 Abs. 1 i.V.m. Art. 1 Abs. 1 GG. Strafrechtlich ist es dem Täter grundsätzlich gestattet, die eigene Strafverfolgung zu vereiteln (§ 258 Abs. 1 und 5). Es steht ihm frei, sich zu der Beschuldigung oder der Anklage zu äußern oder nicht zur Sache auszusagen (§ 136 Abs. 1 S. 2, § 163a Abs. 4 S. 2, § 243 Abs. 5 S. 1 StPO). Wenn er sich zur Sache äußert, ist er nicht zur Wahrheit verpflichtet. Diese Grundsätze haben zur Folge, dass für die Bewertung des Verhaltens nach der Tat besondere Regeln gelten, und zwar für die Fälle der Spurenbeseitigung (Rdn. 181ff) und die der Verteidigung im Ermittlungs- und Strafverfahren (Rdn. 186ff).

b) Spurenbeseitigung

181 **aa) Allgemeines.** Dem Täter darf es in der Regel nicht angelastet werden, dass er Tatspuren beseitigt hat.[269] Das gilt selbst für umsichtiges oder gar „kaltblütiges“ Verhalten,[270] denn der Versuch, sich selbst der Strafverfolgung zu entziehen, ist als solcher kein zulässiger Strafschärfungsgrund (BGH StV **1995** 634). Das Bestreben des Täters, sich vor der Strafverfolgung zu schützen, ist bis zu einem gewissen Grad auch verständlich und kein Anzeichen besonderer Rechtsfeindlichkeit. Aber selbst dort, wo aus der Spurenbeseitigung auf einen stärkeren verbrecherischen Willen geschlossen werden könnte, verbietet der **Grundsatz der Selbstbelastungsfreiheit** eine strafschärfende Bewertung der einfachen Spurenbeseitigung. Dies soll aber nicht gelten, wenn das Nachtatverhalten neues Unrecht schafft oder der Täter Ziele verfolgt, die ein ungünstiges Licht auf ihn werfen (sog. qualifizierte Spurenbeseitigung).[271] Eine scharfe Abgrenzung zwischen diesen Verhaltensweisen ist freilich nicht immer möglich.

---

269 BGH StV **1990** 16; **1991** 106; NStZ **1999** 23; **1999** 49; BGHR StGB § 46 Abs. 2 Nachtatverhalten 13 und 15; BGH Beschl. v. 25.10.2016 – 2 StR 286/16.
270 BGH NStZ **1985** 21; **1999** 23; BGHR StGB § 46 Abs. 2 Nachtatverhalten 13, 17, 18; BGH Beschl. v. 2.7.2002 – 1 StR 195/02.
271 BGH NStZ-RR **1997** 99; NStZ **2011** 512f; Beschl. v. 18.7.2001 – 3 StR 234/01.

Der Grundsatz des „nemo tenetur" gewährleistet im Übrigen nur die Freiheit des Beschuldigten, **nach der Begehung einer Straftat** darüber zu befinden, ob er zu ihrer Aufklärung beitragen will (vgl. BGHSt **42**, 139, 152). Er gilt nicht für die Tat prägende Umstände. So sollen die Maskierung des Täters und der Umstand, dass er eine Vermeidung von Tatspuren oder deren Beseitigung vor der Tat sorgfältig geplant hat, strafschärfend herangezogen werden dürfen (BGH NStZ **1998** 188; NStZ-RR **1999** 49; BGH Beschl. v. 21.8.2002 – 2 StR 111/02). **182**

bb) Einfache Spurenbeseitigung. In diese Fallgruppe werden eingeordnet: Wegwischen von Fingerabdrücken und Beseitigen von Blutspuren (BGHR StGB § 46 Abs. 2 Nachtatverhalten 17 und 18); Verstecken des gefesselten Vergewaltigungsopfers vor die Täterwohnung durchsuchenden Polizeibeamten im Bettkasten (BGH StraFo **2010** 347), Wegwerfen von Kleidungsstücken und persönlichen Gegenständen des Opfers sowie Reinigung des Tatorts (BGH bei Holtz MDR **1977** 982); Beiseiteschaffen der Leiche nach einem Tötungsdelikt, z.B.: Fortschaffen im Kofferraum (BGH NStZ **1997** 99), Zerteilen der Leiche lediglich zu dem Zweck, sie besser abtransportieren zu können (BGH Beschl. v. 16.1.1996 – 1 StR 660/95, s. auch Rdn. 185), Ablegen oder Vergraben im Wald oder Verstecken in einem Schacht (BGH NJW **1971** 1758; NStZ **1985** 21), Verbrennen (BGH Beschl. v. 11.6.2002 – 4 StR 183/01), Werfen in einen Fluss (BGH NStZ **2013** 579 f); Wegwerfen des Tatwerkzeugs, z.B. eines Messers oder einer Schusswaffe, nach einem Körperverletzungs- oder Tötungsdelikt (BGH StV **1990** 259; BGHR StGB § 46 Abs. 1 Schuldausgleich 19; BGH NStZ-RR **1999** 49); Verstecken des Tatfahrzeugs (BGH Beschl. v. 2.7.2002 – 1 StR 195/02); Vorlage eines inhaltlich unrichtigen Tagebuchs, um die eigene Täterschaft zu verdecken (BGH StV **1991** 255); Nichtpreisgabe der wahren Identität des Angeklagten vor Gericht (BGH StraFo **2015** 324). Wie die einfache Spurenbeseitigung ist in der Regel auch der Versuch zu werten, sich der Strafverfolgung durch Flucht zu entziehen (BGHR StGB § 46 Abs. 2 Nachtatverhalten 16) oder sich ein falsches Alibi zu verschaffen (BGH NStZ-RR **1999** 49). **183**

cc) Qualifizierte Spurenbeseitigung. Ein solcher Fall wurde angenommen bei Nachtrunk im Zusammenhang mit unerlaubtem Entfernen vom Unfallort (§ 142), wenn der Täter den weiteren Alkohol in dem Bewusstsein trinkt, dadurch die zuverlässige Bestimmung des Blutalkohols zu erschweren (BGHSt **17** 143, 144). Der Täter bewege sich damit nicht im Bereich erlaubter Selbstbegünstigung, sondern handle besonders hartnäckig der durch § 142 in Einschränkung dieses Bereichs aufgestellten Rechtpflicht zuwider, nach (Mit-)Verursachung eines Verkehrsunfalls die zu dessen Aufklärung erforderlichen Feststellungen zu ermöglichen. Er füge dem tatbestandsmäßigen Unrecht schuldhaft ein in derselben Richtung liegendes zusätzliches Unrecht hinzu, das vom Gericht als Ausdruck eines sich nicht in der Tatbestandsverwirklichung erschöpfenden rechtsfeindlichen Verhaltens gewürdigt werden dürfe (BGHSt aaO). Ein Strafschärfungsgrund wurde ferner angenommen: bei Fortsetzung eines Betrugsversuch durch Klageerhebung im Zivilprozess, ohne dass ein solches Vorgehen notwendig gewesen wäre, um die Verteidigungsposition im Strafprozess nicht zu gefährden (BGHR StGB § 46 Abs. 2 Nachtatverhalten 14); bei der Beutesicherung, selbst dann wenn sie mit dem Bestreben verbunden war, sich der Überführung und Bestrafung zu entziehen (BGHR StGB § 46 Abs. 2 Nachtatverhalten 15); bei Durchwühlen der Taschen des sterbenden Opfers, um die Spuren zu verwischen und sich überlegt ein Alibi zu verschaffen (vgl. BGH Urt. v. 26.2.1986 – 3 StR 18/86); bei massiven Einwirkungen auf das Opfer, um zu untersuchen, ob es noch lebt, etwa durch Anbrennen der Leiche, um Reaktionen zu prüfen (vgl. BGH Beschl. v. 30.1.1980 – 3 StR 513/79); bei schimpflicher Behandlung der Leiche unter anderem dadurch, dass der leblose Körper eine Treppe hinunter gestoßen wurde, als Ausdruck einer **184**

feindlichen Haltung gegenüber dem Getöteten (BGHR StGB § 46 Abs. 2 Nachtatverhalten 11 und 17); bei menschenverachtender „Entsorgung" der Leiche des misshandelten Kindes verbunden mit dem Versuch, den Eindruck zu erwecken, das Kind sei Opfer eines sexuellen Missbrauchs geworden (BGH Urt. v. 16.4.2014 – 2 StR 608/13, Rdn. 26); bei dem Versuch, den Leichnam des getöteten Kindes auszugraben und nach Afrika zu verschiffen, um den Behörden ein Versterben des Kindes in Afrika vorzutäuschen, und Verschaffung entsprechender gefälschter Papiere (BGH NStZ **2011** 512).

185 Eine **Abgrenzung** zwischen Verhaltensweisen, die durch die Selbstbelastungsfreiheit gedeckt sind, und solchen, die sie überschreiten, kann nicht ohne weiteres anhand des äußeren Geschehens vorgenommen werden. Im Einzelfall hat das Tatgericht insoweit einen Beurteilungsspielraum (BGH NStZ-RR **1997** 99). Unter Hinweis hierauf hat der BGH die strafschärfende Berücksichtigung des Umstandes gebilligt, dass der Täter die Leiche seiner Ehefrau zur Vortäuschung eines Selbstmords oder Unfalls auf die Bahngleise gelegt hatte (BGH aaO). Mit diesem Hinweis hat er auch die straferschwerende Bewertung einer Zerstückelung der Leiche gebilligt: Der Angeklagte habe von vornherein vorgehabt, die Leiche seiner von ihm hochschwangeren Ehefrau spurlos verschwinden zu lassen. Sein Tatplan habe auf dem Glauben beruht, dass seine Geliebte dann keine Skrupel und kein schlechtes Gewissen mehr haben würde, das Verhältnis mit ihm fortzusetzen. Schon dieser Tathintergrund führe dazu, dass die Art und Weise der Beseitigung der Leiche des Tatopfers zu Ungunsten des Angeklagten habe berücksichtigt werden dürfen (BGH Beschl. v. 12.1.2000 – 1 StR 636/99).

c) Verhalten im Ermittlungs- und Strafverfahren

186 **aa) Grundsätze.** Für die Beurteilung des Prozessverhaltens des Täters haben die **Grundsätze, die die freie Verteidigung sichern** (Rdn. 180), im Interesse der Rechtsstaatlichkeit des Verfahrens besondere Bedeutung (BGH NJW **1955** 1158). Das Prozessverhalten darf nicht um seiner selbst willen als Strafschärfungsgrund gewertet werden (BGHSt **1** 105; BGH NStZ **1985** 545). Doch ist nicht ausgeschlossen, es unter bestimmten Voraussetzungen im Rahmen der Strafzumessung auch erschwerend zu berücksichtigen. Für die Unterscheidung zwischen bloßer Verteidigung, die bei der Strafzumessung außer Betracht zu bleiben hat, und qualifiziertem Verhalten, das strafschärfend wirken kann, gelten sinngemäß die zur Spurenbeseitigung dargelegten Grundsätze (Rdn. 181ff). Insgesamt ist **Zurückhaltung bei strafschärfender Berücksichtigung** geboten, denn der Angeklagte befindet sich in einer besonderen Situation und zwischen Tat und Hauptverhandlung liegt regelmäßig ein längerer Zeitraum. In mehrere Entscheidungen hat der BGH es als fraglich bezeichnet, ob aus dem Verhalten des Angeklagten im Verfahren überhaupt sichere nachteilige Schlüsse auf seine Einstellung zur Tat gezogen werden können, zumal für die Gewichtung der Strafzumessungsschuld der Zweifelsgrundsatz uneingeschränkt gelte (BGH StV **1996** 204; NStZ **1997** 336; **2003** 18). Ein Prozessverhalten, mit dem der Angeklagte – ohne die Grenzen zulässiger Verteidigung zu überschreiten – den ihm drohenden Schuldspruch abzuwenden versucht, darf grundsätzlich nicht strafschärfend herangezogen werden (BGH Beschl. v. 14.12.2004 – 4 StR 237/04). Ermöglicht der Angeklagte durch sein Prozessverhalten eine zügige Durchführung der Hauptverhandlung – etwa durch Verzicht auf eine ihm zustehende Aussetzung des Verfahrens nach § 265 Abs. 4 StPO – darf dies als Strafmilderungsgrund gewertet werden (BGH Urt. v. 2.12.2005 – 5 StR 119/05, Rdn. 42).

bb) Geständnis. Ein Geständnis ist grundsätzlich ein **bestimmender Strafmilderungsgrund**, auch wenn seine Gewichtung unterschiedlich ausfallen kann.[272] Von besonderem Gewicht ist ein frühes von **Schuldeinsicht und Reue** geprägtes Geständnis. Denn mit ihm übernimmt der Täter die Verantwortung für die Tat und anerkennt den Geltungsanspruch der Norm. Unter spezialpräventiven Gesichtspunkten kann es auf eine „innere Umkehr" und Hinwendung zu normgerechtem Verhalten deuten. Aber auch ein **„taktisches"** auf Erlangung von Vorteilen gerichtetes oder auf einer **Verfahrensabsprache** (§ 257c StPO) beruhendes **Geständnis** kann unter dem Blickwinkel positiver Generalprävention zur **Normbekräftigung,**[273] Aufarbeitung der Tat und **Wiederherstellung des Rechtsfriedens**[274] beitragen und **Genugtuungswirkung** für das Opfer und die Allgemeinheit entfalten.[275] Es kann den Angeklagten im Einzelfall erhebliche innere Überwindung kosten und positive Schlüsse auf seine Persönlichkeit zulassen.[276] Dies gilt insbesondere für das Geständnis, das die Vernehmung des durch die Tat körperlich oder seelisch schwer beeinträchtigten Opfers entbehrlich macht und diesem eine **„sekundäre Viktimisierung"** erspart.[277] Deshalb kann letztlich dahinstehen, ob es unter strafzumessungsrechtlichen Gesichtspunkten gerechtfertigt sein kann, dem Angeklagten ein Geständnis auch ohne Schuldeinsicht und Reue als **Beitrag zur Sachaufklärung und Verfahrensabkürzung** zugutezuhalten.[278] Da Schuldeinsicht und Reue objektiv schwer messbare subjektive Empfindungen sind und bei der Strafzumessung der Zweifelssatz uneingeschränkt gilt, ist bei ihrer Verneinung ohnehin Zurückhaltung geboten (BGHSt **43** 195, 209; BGH StV **1998** 481). 187

Das **strafmildernde Gewicht** eines Geständnisses hängt von den konkreten Umständen des Einzelfalls ab. Ein Geständnis „von ganz außergewöhnlichem Wert", mit dem der Angeklagte die **tragende Verurteilungsgrundlage** gelegt hat und das als eine bewusste Wahrnehmung der Verantwortung für eigenes Fehlverhalten zu betrachten ist (BGH NStZ **2006** 568), wird besonders ins Gewicht fallen. Ein Geständnis kann dadurch an Gewicht verlieren, dass der Angeklagte **nach Durchführung der Beweisaufnahme** nur das zugibt, was ihm ohnehin zweifelsfrei nachgewiesen werden kann.[279] Wenn ein Angeklagter ein Geständnis bei Bestehen einer Aussage-gegen-Aussage-Konstellation erst nach „glaubhaften Bekundungen" der Belastungszeugin ablegt, ist dies allerdings für die Strafzumessung nicht bedeutungslos, weil er dadurch dennoch zur Wahrheitsfindung beigetragen hat (BGH StV **1998** 481). Für das Gewicht eines Geständnisses ist es ohne Bedeutung, dass der Angeklagte die rechtliche Bewertung des Sachverhalts infrage stellt (BGH Urt. v. 11.11.1997 – 1 StR 529/97) oder Hintermänner der Tat nicht nennt (BGHR StGB § 46 Abs. 2 Nachtatverhalten 23). Es darf auch nicht mit der Begründung gemindert werden, ein Mittäter habe zuerst gestanden und der Angeklagte sich dessen Geständnis lediglich angeschlossen. Die Annahme, der Angeklagte hätte sonst kein Geständnis abgelegt, kann sich als Spekulation erweisen (BGH Beschl. v. 8.8.2001 – 5 StR 317/01). Wurde das Geständnis im Zusammenhang mit einer Absprache über die Höhe der Strafe abgegeben, soll es selbst dann strafmildernd zu berücksichtigen sein, wenn es 188

---

272 BGHSt **42** 191, 195; **43** 195, 210; **krit.** *SSW/Eschelbach* Rdn. 128 ff.
273 *Dencker* ZStW **102** (1990) 51, 66; *Jerouschek* ZStW **102** (1990) 793, 818.
274 BGHSt **43** 195, 209.
275 BGH NStZ **2000** 366.
276 *Schäfer/Sander/van Gemmeren* Rdn. 679.
277 *Dencker* ZStW **102** (1990) 51, 60 f; *Meier* GA **2015** 443, 451; *Streng* Rdn. 575.
278 BGHSt **43** 195, 209; BGH NStZ **2014** 169; **krit.** *Dencker* ZStW **102** (1990) 51, 58 f; *Streng* Rdn. 576; *Weigend* NStZ **1999** 57, 60 f.
279 BGHSt **42** 191, 195; **43** 195, 209; BGH StV **1998** 481; NStZ-RR **2014** 106; BGHR StGB § 46 Abs. 2 Verteidigungsverhalten 3, 7.

aus verfahrensrechtlichen Gründen bei der Beweiswürdigung nicht zulasten des Angeklagten verwertet wurde (BGHSt **42** 191, 194f). Die Rechtsprechung, wonach das Tatgericht nicht gehindert ist, das strafmildernde Gewicht eines von prozesstaktischen Erwägungen bestimmten Geständnisses geringer zu bewerten,[280] darf nicht dazu führen, diesen eine geringere strafmildernde Wirkung als im Rahmen von Verfahrensabsprachen (s. Rdn. 305ff) abgelegten Geständnissen zuzuerkennen.

189 Leistet der Angeklagte über das Geständnis hinaus **Aufklärungshilfe**, so ist dies auch dann strafmildernd in Betracht zu ziehen, wenn die Voraussetzungen der §§ 46b StGB, 31 BtMG nicht erfüllt sind oder wenn das Tatgericht eine Strafrahmenverschiebung nach diesen Vorschriften in Anwendung seines Ermessens ablehnt (vgl. § 46b Rdn. 34).[281] Gleichermaßen ist zugunsten des Angeklagten zu berücksichtigen, dass er sich **den Strafverfolgungsbehörden gestellt** hat, ohne dass Tatverdacht gegen ihn bestand (BGH NStZ-RR **2006** 270f).

190 **cc) Leugnen.** Ein Prozessverhalten, das sich im Rahmen einer zulässigen Verteidigungsstrategie hält, darf dem Angeklagten **nicht strafschärfend** angelastet werden, weil dadurch sein Recht, sich zu verteidigen, in Frage gestellt wird.[282] Deshalb ist Leugnen, auch hartnäckiges, kein zulässiger Strafschärfungsgrund,[283] selbst nicht bei rechtskräftigem Schuldspruch (BGH StV **2002** 599). Auch wenn das Leugnen der Tat nachteilige Folgen für Dritte hat, ist es in der Regel kein Strafschärfungsgrund (Rdn. 194). Der Milderungsgrund langer Verfahrensdauer (Rdn. 237f) darf nicht mit der Begründung versagt werden, der Angeklagte habe vor der Hauptverhandlung kein Geständnis abgelegt (BGH StV **1983** 103). Die Ansicht „freches Leugnen" sei ein zulässiger Strafschärfungsgrund (BGHSt **1** 105f) ist überholt.

191 **dd) Fehlen von Unrechtseinsicht und Reue** kann strafschärfend wirken, wenn es Schlüsse auf das Maß der persönlichen Schuld des Täters oder auf den Grad seiner Gefährlichkeit zulässt.[284] Von einem **leugnenden Angeklagten** darf Unrechtseinsicht und Reue allerdings nicht erwartet werden; denn er kann solche Gemütsregungen nicht zu erkennen geben, ohne seine Verteidigungsposition zu gefährden.[285] Der Grundsatz, dass **zulässiges Verteidigungsverhalten** des Angeklagten nicht zu seinen Lasten gewertet werden darf, wirkt sich bis in viele Verästelungen aus. Er gilt auch: bei Unbelehrbarkeit „bis ins Schlusswort hinein" (BGHSt **32** 165, 182f); bei Vortäuschung mehrerer Selbstmordversuche, mit denen der Angeklagte sein strafbares Verhalten als Verzweiflungstat erscheinen lassen möchte (BGHR StGB § 46 Abs. 2 Nachtatverhalten 10); wenn er das Tatgeschehen zu bagatellisieren versucht (BGH NStZ **1985** 545); wenn er Ausflüchte macht, um sein Tun zu rechtfertigen oder sonst in einem günstigeren Licht erscheinen zu lassen (BGHR StGB § 46 Abs. 2 Nachtatverhalten 5); wenn er tatbestandsmäßiges Handeln zwar einräumt, sein Tun jedoch als gerechtfertigt darstellt (BGH Urt. v. 30.5.1984 – 2 StR 211/84); wenn er – bei einer Verurteilung nach dem Betäubungsmittelgesetz – sich für eine Liberalisierung des Strafrechts im Betäubungsmittelbereich einsetzt (BGH StV **1981** 235); wenn nach rechtskräftigem Schuldspruch nur noch über den Strafausspruch verhandelt wird.[286]

---

280 BGH NStZ-RR **2007** 232; **2014** 10.
281 *Schäfer/Sander/van Gemmeren* Rdn. 682.
282 BGH StV **1989** 105; BGH Beschl. v. 13.2.2001 – 4 StR 562/00.
283 BGHSt **1** 103, 104; BGH MDR **1980** 240f; NStZ **1983** 118; **1985** 545; **1996** 80, StV **2002** 74; **2002** 360.
284 BGHSt **32** 165, 182; BGH NJW **1955** 1158; BGH NStZ **1983** 453.
285 BGH NStZ **1983** 453; **1987** 171; StV **1993** 591; **2002** 74; StraFo **1998** 346; NStZ-RR **2016** 274; **2017** 71; BGHR StGB § 46 Abs. 2 Nachtatverhalten 2, 4.
286 BGH NStZ **1987** 171; StV **1989** 199; **1994** 125.

Ist der **Angeklagte geständig**, so kann ihm – anders als im Falle des Leugnens – der Vorwurf mangelnder Reue und Unrechtseinsicht gemacht werden (BGH Urt. v. 24.7.1985 – 3 StR 134/85), denn dies beeinträchtigt nicht berechtigte Verteidigungsinteressen. Der **uneinsichtige** Angeklagte missachtet nachhaltig den Geltungsanspruch der Norm. Fehlende Unrechtseinsicht kann ein Indiz für seine kriminelle Verhaltensbereitschaft und mit dafür bedeutsam sein, welche Strafe Schuldausgleich und Wiederherstellung des gestörten Rechtsfriedens erfordern. Bekennt sich etwa der **Täter eines Terroranschlags** zu der Tat und ruft in einer Prozesserklärung zugleich zur Fortsetzung des bewaffneten Kampfes auf, fällt ein solcher Aufruf strafschärfend ins Gewicht (vgl. BGHSt **31** 16, 19); denn er vertieft den Normgeltungsschaden, beeinträchtigt den Rechtsfrieden über die begangene Tat hinaus, wirft ein ungünstiges Licht auf die Persönlichkeit des Täters und kennzeichnet seine fortbestehende Gefährlichkeit. 192

ee) Verhalten gegenüber Zeugen und Mitangeklagten. Die Frage, ob das Verhalten gegenüber Zeugen und Mitangeklagten im Prozess strafschärfend wirken kann, stellt sich in der Regel bei einem leugnenden Täter. Die Rechtsprechung des BGH bewertet es durchweg unter Beachtung und Hervorhebung des Grundsatzes freier Verteidigung (Rdn. 180). Es führt demgemäß nur dann zur Strafschärfung, wenn es eindeutig die Grenzen angemessener Verteidigung im Ermittlungs- und Strafverfahren überschreitet und Rückschlüsse auf eine **rechtsfeindliche Einstellung** des Täters zulässt (Rdn. 196).[287] Die Grenzen sind im Einzelfall gelegentlich schwer zu ziehen; das Tatgericht hat einen Beurteilungsspielraum. Doch lässt die Kasuistik des BGH das Bestreben erkennen, dem Angeklagten im Interesse der Rechtsstaatlichkeit des Verfahrens eine unbehinderte Verteidigung zu ermöglichen. 193

Wie zulässiges Leugnen (Rdn. 190) wird der Umstand behandelt, dass der Täter dem Tatopfer die Zeugenaussage und die damit verbundenen Unannehmlichkeiten nicht durch ein Geständnis erspart hat (BGH StV **1987** 100). Die beim Opfer aufgrund von Folgen des Leugnens (mehrfache Vernehmung, soziale Isolierung des Opfers) entstandene zusätzliche psychische Beeinträchtigung kann allerdings unter dem Gesichtspunkt der Tatfolgen ein Strafschärfungsgrund sein.[288] Dem Täter wird hier nicht das unterlassene Geständnis vorgeworfen, sondern eine durch den Gang des Strafverfahrens entstandene oder verstärkte Tatfolge.[289] Nicht als Strafschärfungsgrund angesehen wurden die bloße Benennung eines Zeugen zu einer bewusst falschen Behauptung[290] sowie die Tatsache, dass der Täter eine von ihm nicht veranlasste Falschaussage eines Zeugen geduldet und nicht verhindert hat.[291] Anderes kann aber gelten, wenn der Angeklagte den Zeugen zu der Falschaussage veranlasst oder ihn in Kenntnis seiner Bereitschaft hierzu als Zeugen benannt hat (BGH NStZ-RR **2015** 305). Kein Strafschärfungsgrund sind das bloße Bestreiten der Wahrheit belastender Aussagen eines Zeugen oder Mitangeklagten,[292] in der Regel auch das Bemühen, die Glaubwürdigkeit eines Belastungszeugen zu erschüttern,[293] auch wenn dieser dadurch dem Vorwurf der Falschaussage ausgesetzt wird (BGH StV **2001** 456; 618) oder wenn der Angeklagte ihn in öffentlicher Hauptverhandlung der Lüge 194

---

287 Vgl. BGH bei *Dallinger* MDR **1969** 724; BGH StV **1990** 404; BGHR StGB § 46 Abs. 2 Verteidigungsverhalten 6, 9.

288 BGHR StGB § 46 Abs. 2 Verteidigungsverhalten 15, 18; vgl. aber BGHR StGB § 176 Abs. 1 Strafzumessung 4.

289 *Schäfer/Sander/van Gemmeren* Rdn. 677.

290 BGH JR **1980** 335 m. Anm. *Bruns*.

291 BGH bei *Holtz* MDR **1987** 799; BGH StV **1994** 125; **1995** 297.

292 BGHSt **5** 124, 132; BGH StV **1990** 404.

293 BGH bei *Dallinger* MDR **1969** 724; BGH JR **1980** 335 m. Anm. *Bruns*; StV **1985** 146, 147.

bezichtigt (BGH StV **1985** 146f). Kein Strafschärfungsgrund ist ferner gegeben: wenn der Angeklagte seine Tat zu beschönigen versucht[294] oder bei einem Geständnis dem Opfer zu Unrecht eine Mitschuld zuweist, um seine Tat in einem milderen Licht erscheinen zu lassen (BGHR StGB § 46 Abs. 2 Verteidigungsverhalten 13); wenn er versucht, wahrheitswidrig den eigenen Tatbeitrag herunterzuspielen, auch wenn dadurch zwangsläufig ein anderer Tatbeteiligter belastet wird (BGH StV **1990** 403f); wenn infolge des Leugnens oder Schweigens ein Unschuldiger in Verdacht gerät;[295] wenn der Angeklagte anderen, auch Mitangeklagten, die Schuld an der Tat zuschiebt;[296] bei Nichtentlastung eines Mitverdächtigen (BGHR StGB § 46 Verteidigungsverhalten 16).

195 **Dem Angeklagten dürfen dagegen angelastet werden:** massive Zurufe in der Hauptverhandlung gegenüber einem von ihm eingeschüchterten Kind, um es als Zeugen zum Schweigen zu bringen (BGH bei Dallinger MDR **1969** 724); überhaupt Versuche, einen Zeugen einzuschüchtern oder zu einer falschen Aussage zu bestimmen und damit das Prozessergebnis in unzulässiger Weise zu beeinflussen;[297] bewusst unwahre Vorwürfe gegenüber Zeugen;[298] eine gezielte, unwahre Verdächtigung eines anderen,[299] insbesondere wenn ein Belastungszeuge der Tatbeteiligung bezichtigt wird (BGHR StGB § 46 Abs. 2 Verteidigungsverhalten 1) und in der Einlassung eine besonders verwerfliche Einstellung des Täters zum Ausdruck kommt (BGH NStZ **1991** 181f). Leugnet der Angeklagte seine Tatbeteiligung und bedeutet dies, dass nach Lage der Dinge nur eine konkrete andere Person als Täter in Betracht kommt, kann dem Angeklagten zwar nicht strafschärfend angelastet werden, er habe die Schuld auf einen anderen abgeschoben; ein Strafschärfungsgrund kann aber dann angenommen werden, wenn der Angeklagte die andere Person zusätzlich verleumdet oder herabwürdigt (BGH StV **1989** 388).

196 **Äußerungen über das Tatopfer** dürfen nur dann strafschärfend verwertet werden, wenn in ihnen eine über das Leugnen eigener Schuld hinausgehende **Ehrverletzung oder eine rechtsfeindliche Einstellung** des Angeklagten gesehen werden kann (BGH NStZ **2010** 692; NStZ-RR **2017** 369). Der Beschuldigte einer gefährlichen Körperverletzung überschreitet deshalb nicht den Rahmen angemessener Verteidigung, wenn er behauptet, er sei selbst vom Verletzten angegriffen worden und dessen Verletzungen stünden im Zusammenhang mit seinen Abwehrbemühungen (BGH NStZ **2010** 692). Diese falschen Angaben dürfen auch dann nicht strafschärfend berücksichtigt werden, wenn die zuständigen Stellen das unrichtige Vorbringen geglaubt und Ermittlungsverfahren gegen die Verletzten eingeleitet haben (BGH StV **1999** 536). **Angriffe auf die Glaubwürdigkeit eines Belastungszeugen** – auch wahrheitswidrige – sind im Rahmen des Verteidigungszwecks erlaubt, soweit sie inhaltlich zugleich das Leugnen belastender Tatsachen bedeuten und nicht etwa einen vom maßgeblichen Verfahrensstoff losgelösten Angriff auf die Ehre des Zeugen umfassen (BGHR StGB § 46 Abs. 2 Verteidigungsverhalten 1; BGH NStZ **2004** 616, 617). Die Grenzen des Zulässigen können freilich nicht immer klar gezogen werden. Wird dem Angeklagten sexueller Missbrauch einer Schutzbefohlenen vorgeworfen, so sollen seine Einlassungen, die sexuellen Handlungen seien jeweils von der Nebenklägerin veranlasst gewesen, sie sei immer der aktivere Teil gewesen und habe ihn zum Teil auch erpresst, sich noch im Rahmen des zulässigen Verteidigungsverhaltens bewegen (BGH NStZ-RR **2017** 369). Dies erscheint im Hinblick auf den Erpressungs-

---

294 BGH Beschl. v. 9.7.2002 – 3 StR 207/02.
295 BGH NStZ **1985** 453; BGHR StGB § 46 Abs. 2 Verteidigungsverhalten 16.
296 BGH StV **1989** 388; **2001** 618; NStZ **1991** 181, 182; BGHR StGB § 46 Abs. 2 Verteidigungsverhalten 10.
297 BGH MDR **1980** 240; StV **1985** 146, 147.
298 BGH bei *Dallinger* MDR **1966** 894; BGH StV **1985** 146, 147; NStZ **1995** 78.
299 BGH bei *Dallinger* MDR **1974** 721; BGH NStZ **1985** 453.

vorwurf bei dessen Wahrheitswidrigkeit zweifelhaft, sofern er ohne Bezug zur Tat erfolgt ist. Verteidigt sich ein Angeklagter gegen den Vorwurf der sexuellen Nötigung mit der Einlassung, das Opfer habe in die sexuelle Handlung – unentgeltlich oder gegen Entgelt – eingewilligt, so liegt hierin noch keine Überschreitung der Grenze zulässiger Verteidigung (BGH NStZ **2001** 419). Eine solche wurde aber für einen Fall bejaht, in dem das Vorbringen des Angeklagten über die Behauptung der „freiwilligen Hingabe" hinausging und dem Tatopfer ein „in besonderem Maße anstößiges Verhalten" unterstellte (BGH NStZ **1995** 78). Dasselbe gilt für die ohne Bezug zur Tat aufgestellte Behauptung, die Belastungszeugin einer Vergewaltigung sei eine „Gelegenheitsprostituierte" (BGH NJW **2005** 1519, 1520).

d) Neue Straftaten. Begeht der Angeklagte nach der abgeurteilten Tat weitere Straftaten, so kann dieses Verhalten grundsätzlich auch für die zuvor begangene Tat strafschärfend verwertet werden, wenn die neuen Taten nach ihrer Art und nach der Persönlichkeit des Täters auf Rechtsfeindschaft und die Gefahr künftiger Rechtsbrüche schließen lassen (BGH NStZ **1998** 404; **2007** 150; NStZ-RR **2010** 8; 40). Unter diesen Voraussetzungen kann eine weitere Straftat Hinweise auf den Unrechtsgehalt der früher begangenen Tat und die innere Einstellung des Täters zu ihr geben (BGH NStZ **1998** 404). Im Einzelfall kann allerdings fraglich sein, ob und unter welchen Voraussetzungen die späteren Taten Rückschlüsse der bezeichneten Art gestatten. Die Beurteilung ist in erster Linie Sache des Tatgerichts. Die Frage ist z.B. zu bejahen, wenn der Täter während der gegen ihn eingeleiteten Ermittlungen (OLG Schleswig MDR **1976** 1036) oder gar nach Anklageerhebung (BGHR StGB § 46 Abs. 2 Vorleben 1) erneut einschlägige Straftaten begeht oder wenn er sich nach einer Vergewaltigung alsbald einer zweiten schuldig macht (BGH Urt. v. 27.1.1985 – 3 StR 413/85). Die Begehung von „Nachtaten" kann – ähnlich wie bei Vortaten – unabhängig davon berücksichtigt werden, ob sie bereits zu rechtskräftigen Verurteilungen geführt haben (*Schäfer/Sander/van Gemmeren* Rdn. 687). Die für die Berücksichtigung von Vortaten bestehenden Voraussetzungen gelten insoweit entsprechend, s. Rdn. 159. 197

e) Wiedergutmachungs- und Ausgleichsbemühungen

aa) Bemühen des Täters. Unter den Voraussetzungen des § 46a können Täter-Opfer-Ausgleich und Schadenswiedergutmachung eine Strafrahmenmilderung oder ein Absehen von Strafe rechtfertigen. Eine strafmildernde Berücksichtigung des **Bemühens um Schadenswiedergutmachung und Ausgleich mit dem Verletzten** kommt aber auch in Betracht, wenn die Voraussetzungen des § 46a für eine Strafrahmenmilderung nicht vorliegen. Das reine Bemühen des Täters vermindert zwar anders als die tatsächliche Schadenswiedergutmachung nicht den Erfolgsunwert der Tat. In ihm kann aber die teilweise Rücknahme der Auflehnung gegen die Rechtsordnung liegen (*Streng* NK Rdn. 80). Ebenso wie mit einem Geständnis (Rdn. 187) übernimmt der Täter mit einem entsprechenden Bemühen die Verantwortung für die Tat und anerkennt den Geltungsanspruch der Norm. Unter spezialpräventiven Gesichtspunkten kann es auf eine Hinwendung zu normgerechtem Verhalten deuten. Der Gesetzgeber hat diesen Teil des möglichen Nachtatverhaltens besonders erwähnt und damit als bedeutsamen Strafzumessungsgrund hervorgehoben. In Fällen, in denen ein **Dritter den Schaden ersetzt**, kann eine solche Leistung unter dem Gesichtspunkt erheblich sein, dass sie die verschuldeten Auswirkungen der Tat mildert. Das gilt zugunsten eines Tatbeteiligten, z.B. eines Gehilfen, auch wenn der Haupttäter den Schaden wiedergutmacht (vgl. OLG Köln NJW **1958** 2078, 2079), sowie ferner (allerdings nur in beschränktem Umfang), wenn der Scha- 198 den durch eine **Versicherung** des Verletzten oder durch eine soziale Einrichtung ausgeglichen wird und durch die Verlagerung auf die Allgemeinheit die Folgen der Tat für den Verletzten leichter zu ertragen sind. Soweit der Dritte, etwa ein Haftpflichtversicherer, für den Täter leistet, ist die Leistung als eigene des Täters zu berücksichtigen. Entsprechendes gilt, wenn der Dritte, z.B. ein Angehöriger des Täters, auf dessen Bemühungen hin zur Wiedergutmachung bereit ist. Auch eine auf Zwangsvollstreckung beruhende Schadensbeseitigung oder -verringerung kann im Blick auf den letztlichen Erfolgsunwert der Tat für die Strafzumessung Bedeutung gewinnen (*Sch/Schröder/Stree/Kinzig* Rdn. 40).

199 **bb) Unterlassen von Wiedergutmachungs- und Ausgleichsbemühungen.** Ein solches Verhalten ist bei einem die Tat **leugnenden Angeklagten** ebenso wenig wie mangelnde Unrechtseinsicht und Reue (Rdn. 191) strafschärfend zu werten,[300] und zwar auch dann nicht, wenn der Schuldspruch rechtskräftig und nur noch über die Strafe zu befinden ist (BGH NStZ **1993** 77). Denn in der Wiedergutmachung oder in Ausgleichsbemühungen, auch in der Entschuldigung beim Opfer, kann ein die Verteidigung erschwerendes Eingeständnis gesehen werden (BGHSt **5** 238, 239; BGH wistra **1987**, 98; **1993** 221). Demgemäß darf dem leugnenden Angeklagten auch nicht angelastet werden, dass er die Tat im Zivilprozess bestritten hat, wenn die Anerkennung des gegen ihn erhobenen Schadensersatzanspruchs seine Verteidigungsposition im Strafverfahren gefährden könnte (BGH StV **1982** 418; BGHR StGB § 46 Abs. 2 Nachtatverhalten 1), oder dass er in einem Zivilprozess von seinem Zeugnisverweigerungsrecht Gebrauch macht (BGH wistra **1993** 301). Nach den dargelegten Grundsätzen ist es des Weiteren kein Strafschärfungsgrund, dass sich der leugnende Angeklagte weigert, Angaben über den Verbleib der Beute zu machen (BGH bei Dallinger MDR **1953** 723; BGH NStZ **2003** 199), oder dass er im Rahmen der Verteidigung insoweit unrichtige Angaben macht, die die Wiedergutmachung erschweren (**aA** BGH bei Dallinger MDR **1966** 560; BGH GA **1975** 84).

200 Grundsätzlich muss es auch einem **geständigen Angeklagten** ohne negative Folgen freistehen, von diesen zu seinen Gunsten wirkenden Ausgleichsmöglichkeiten keinen Gebrauch zu machen.[301] Problematisch ist es daher, ihm die Verweigerung der Zahlung von Schmerzensgeld unter dem Gesichtspunkt strafschärfend zur Last zu legen, dass dies von Uneinsichtigkeit und mitleidloser Gesinnung zeuge, weil das Opfer zur Klageerhebung gezwungen sei und ihm damit weitere psychische Belastungen auferlegt würden (BGHR StGB § 46 Abs. 2 Nachtatverhalten 12, 22). Anders ist der Fall zu beurteilen, dass ein geständiger Angeklagter die Rückgabe der (beträchtlichen) Tatbeute verweigert und sich damit die Möglichkeit erhält, nach Strafverbüßung „in den Genuss der Früchte seines verbrecherischen Tuns" zu kommen; denn damit zeigt er eine rechtsfeindliche Haltung, die zu seinen Lasten berücksichtigt werden kann (BGH NStZ-RR **2005** 168), und stellt die normstabilisierende Wirkung der Strafe in Frage.

201 **f) Therapiebereitschaft.** Ernsthafte Therapiebereitschaft des Täters oder seine Bereitschaft zu anderen Maßnahmen, die seine Kriminalprognose verbessern, kann unter spezialpräventiven Gesichtspunkten die Strafzumessung zu seinen Gunsten beeinflussen.[302] Von der Ernsthaftigkeit der Bereitschaft zu solchen Maßnahmen und deren Wirk-

---

300 BGH NJW **1979** 1835; NStZ **1981** 343; NStZ-RR **1996** 233; StV **1981** 122; **1999** 657; BGHR StGB § 46 Abs. 2 Nachtatverhalten 3.

301 *Schäfer/Sander/van Gemmeren* Rdn. 686; **aA** *Miebach/Maier* MK Rdn. 260; *Sch/Schröder/Stree/Kinzig* Rdn. 40.

302 BGHSt **19** 201, 206 zur Kastration; BGH StraFo **2003** 246; OLG Frankfurt GA **1965** 152; OLG Hamm VRS **74** 443.

samkeit kann sich das Tatgericht naturgemäß eher überzeugen, wenn sie bereits eingeleitet oder ausgeführt sind. Zur Bedeutung einer Substitutionsbehandlung (Methadontherapie) Betäubungsmittelabhängiger für strafrechtliche Sanktionsentscheidungen vgl. *Lesting* MschrKrim. **1993** 320.

Eine **Verweigerung** von Schritten der genannten Art sowie die **fehlende Aufarbeitung** der Tat dürfen dem die Tat **bestreitenden Angeklagten nicht strafschärfend** angelastet werden. Dies ergibt sich aus seinen Verteidigungsrechten (BGH NStZ **1997** 434; **2010** 270 f; NStZ-RR **2015** 107 f). Denn der die Tat in Abrede nehmende Angeklagte müsste sich mit der Bekundung von Therapiebereitschaft in Widerspruch zu seinem Recht setzen, den Tatvorwurf zu bestreiten. Im Übrigen darf bei fehlender Therapiebereitschaft oder Therapierbarkeit dem Sicherungsgedanken jedenfalls nicht eine derartige Bedeutung beigemessen werden, dass die notwendige Schuldangemessenheit der Strafe aus dem Blick gerät (BGH NStZ **2017** 694). Darüber hinaus ist im Auge zu behalten, dass die Weigerung, sich therapeutischer Hilfe zu bedienen, auf die (Sucht-)Erkrankung des Angeklagten zurückzuführen sein kann. Fehlende Therapiebereitschaft kann deshalb allenfalls in Ausnahmefällen straferhöhend berücksichtigt werden (OLG Düsseldorf NStZ-RR **2011** 40). 202

g) Tätige Reue. Es gibt zahlreiche Vorschriften des materiellen Strafrechts, die tätige Reue des Täters honorieren, sei es durch besondere Strafrahmenmilderung (nach § 49 Abs. 2) oder durch Verzicht auf Bestrafung (Absehen von Strafe im Einzelfall oder Gewährung von Straffreiheit). Die Vorschriften knüpfen an unterschiedliche Voraussetzungen an. Allen gemeinsam ist aber, dass sie gesetzlich vorgesehene Vorteile nur für aktives Handeln gewähren. 203

Zum Teil verlangen sie, dass der Täter freiwillig **Auswirkungen der eigenen Tat verhindert** oder sich nach Kräften jedenfalls darum bemüht, wenn bestimmte Tatfolgen ohne sein Zutun ausbleiben; so beim beendeten oder gemeinschaftlichen Versuch (§ 24), beim Versuch der Beteiligung (§ 31 Abs. 1 Nr. 3, Abs. 2), bei Hochverrat (§ 83a), Gefährdungen des demokratischen Rechtsstaats (§ 84 Abs. 5, § 85 Abs. 3), Straftaten gegen die öffentliche Ordnung (§ 129 Abs. 7 Nr. 1, § 129a Abs. 7, § 139 Abs. 3 und 4), Geld- und Wertzeichenfälschung (§ 149 Abs. 2 und 3, § 152a Abs. 5), falscher uneidlicher Aussage, Meineid und falscher Versicherung an Eides Statt (§ 158 Abs. 1), erpresserischem Menschenraub und Geiselnahme (§ 239a Abs. 4, § 239b Abs. 2), einigen Vermögensdelikten (§ 264 Abs. 5, § 264a Abs. 3, § 265b Abs. 2, § 266a Abs. 6), Urkundenfälschung (§ 275 Abs. 3), gemeingefährlichen Straftaten (§ 314a, § 320) sowie Straftaten gegen die Umwelt (§ 330b). 204

Zum Teil wird in den Vorschriften allein oder zusätzlich gefordert, dass der Täter die **Tat**, an der er beteiligt ist, einer Dienststelle **offenbart** und damit auch andere Beteiligte preisgibt, wobei in einigen Fällen zur Offenbarung ein Aufklärungserfolg oder eine Wiedergutmachung hinzukommen müssen. Einschlägige Beispiele finden sich bei Agententätigkeit zu Sabotagezwecken (§ 87 Abs. 3), landesverräterischer oder geheimdienstlicher Agententätigkeit (§ 98 Abs. 2, § 99 Abs. 3), Bildung krimineller bzw. terroristischer Vereinigungen (§ 129 Abs. 7 Nr. 2, § 129a Abs. 7), Geldwäsche (§ 261 Abs. 9) und im Steuerstrafrecht (§ 371 AO). 205

Soweit diese **Regelungen nicht eingreifen**, wird man ihnen für die Strafzumessung innerhalb der gesetzlichen Strafrahmen **allgemein als Grundsatz** zu entnehmen haben, dass die Verhinderung eines zunächst angestrebten außertatbestandsmäßigen Erfolgs, das Bemühen, dessen Eintritt zu vereiteln, sowie die Aufdeckung der Tat gegenüber den Behörden mildernd wirken. Dies lässt sich begründen unter den Aspekten der Schadensverringerung (Verminderung des Erfolgsunrechts), der teilweisen Rücknahme der Auflehnung gegen die Rechtsordnung sowie unter spezialpräventiven Gesichtspunkten. 206

207 **7. Sonstige Strafzumessungstatsachen.** Die Aufzählung der für die Strafzumessung wesentlichen Faktoren in § 46 Abs. 2 ist nicht vollständig. Von Bedeutung können insbesondere sein: die Mitverursachung der Tat durch den Verletzten, sein Einverständnis mit der Tat, die Mitverursachung durch Dritte, insbesondere auch durch staatliche Organe, sowie der Verlauf des Verfahrens.

a) Opferverhalten und Mitverschulden Dritter

208 **aa)** Bei **Fahrlässigkeitstaten** – insbesondere Verkehrsunfällen – ist ein Mitverschulden oder eine **Mitverursachung des Opfers** zugunsten des Täters zu berücksichtigen, sofern es nicht gering oder unwesentlich ist.[303] Der Vorwurf der Fahrlässigkeit ist auch von der Voraussehbarkeit des Erfolgs abhängig; diese wiederum kann durch ein Mitverschulden beeinflusst sein. Die Frage des Mitverschuldens ist eng mit dem Schuldvorwurf selbst verknüpft und bestimmt (mit der genannten Einschränkung) regelmäßig auch das Maß der strafzumessungsrechtlich relevanten Schuld (BGHSt **3** 218, 220).

209 Dies gilt auch für das **Mitverschulden eines Dritten.** Es ist auch bei fahrlässig verursachten schweren Folgen einer Vorsatztat beachtlich. So ist bei der Strafzumessung wegen Körperverletzung mit Todesfolge die nicht unerhebliche Mitverursachung des Todes durch einen ärztlichen Behandlungsfehler strafmildernd zu berücksichtigen. Mit welchem Gewicht dies zu berücksichtigen ist, hängt davon ab, wie hoch die Rettungschance ohne den Kunstfehler war, und ist grundsätzlich vom Tatgericht zu beurteilen (BGH NStZ-RR **2000** 265). Soweit eine derartige Mitverursachung in Betracht kommt, gilt – wie allgemein bei der Strafzumessung (Rdn. 59) – der Grundsatz „im Zweifel für den Angeklagten" (BGH aaO).

210 **bb)** Bei **Vorsatztaten** kann eine Mitwirkung der verletzten Person an der Verursachung der Tat mit Blick auf die Beurteilung der **Beweggründe des Täters** und seines **bei der Tat aufgewendeten Willens** strafzumessungsrelevant sein. Der zur Kennzeichnung des Beitrags des Geschädigten häufig verwendete Begriff des „Opfermitverschuldens" sollte hier vermieden werden, da es **nicht** um eine **Schuldzuweisung** an das Tatopfer geht. Denn zum einen kommt es auf sein Verschulden nicht an, um seine Mitwirkung bei der Tatverursachung dem Täter strafmildernd zugutehalten zu können. Zum anderen bleibt eine etwaige „Schuld" der durch eine vorsätzlich, rechtswidrig und schuldhaft begangene Tat verletzten Person selbst in Provokationsfällen immer hinter derjenigen des Täters zurück.

211 Bei **Tatprovokation** durch den Verletzten gilt: Regelmäßig ist ein minder schwerer Fall der schweren oder der gefährlichen Körperverletzung anzunehmen, wenn der Angeklagte zu der Tat durch eine grundlose schwerwiegende Provokation veranlasst worden ist, die im Falle der Annahme eines (versuchten) Totschlags zwingend zu einer Strafrahmenmilderung nach § 213 Alt. 1 StGB hätte führen müssen (BGH StV **2004** 654; StraFo **2012** 24 jeweils m.w.N.). Bei Tötungsdelikten ist eine Tatprovokation, auch wenn diese noch nicht zur Annahme der Voraussetzungen des § 213 1. Alt. führt, für die Strafzumessung bedeutsam (BGH StV **1995** 132).

212 Bei **sexuellen Übergriffen** (§ 177) kommt eine strafmildernde Mitverursachung in Betracht, wenn das Verhalten des Opfers die Hemmschwelle beim Täter vermindert hat[304] und dies nicht durch andere erschwerende Umstände (insbes. Verletzung von Vertrauen) aufgewogen wird (*Schäfer/Sander/van Gemmeren* Rdn. 1621, 1623). Das Festhal-

---

303 *Bruns/Güntge* Kap. 12 Rdn. 29 f.
304 BGH NStZ-RR **2006** 6; **2009** 308 f; **2010** 9; StV **1993** 639.

ten des Opfers an einer konfliktbeladenen Beziehung sollte nicht strafmildernd gewertet werden;[305] denn einer möglicherweise hiermit verbundenen Senkung der Hemmschwelle beim Täter stehen die Ausnutzung der Gefühle und Umstände gegenüber, die das Opfer zu seinem Verhalten bewegen, wie Zuneigung, Loyalität oder Abhängigkeit.

Bei **Eigentums- und Vermögensdelikten** kann es strafmildernd sein, dass das Opfer eine Situation geschaffen hat, die dem Täter einen Tatanreiz bietet, z.B. wertvolle Sachen ungesichert liegen gelassen oder den Täter nicht in der im Einzelfall gebotenen und verkehrsüblichen Weise beaufsichtigt hat. Die Tatsache, dass ein Angestellter über eine lange Zeit hinweg ohne nennenswerte Kontrolle mit Firmengeldern umgehen kann und dieser Organisationsmangel Unterschleife erleichtert, lässt die Untreue auch bei hohem Schaden und langer Tatdauer in milderem Licht erscheinen.[306] Eine gewisse Taterleichterung kann allerdings durch erschwerend zu berücksichtigenden Vertrauensmissbrauch kompensiert sein.[307] Entsprechendes gilt, wenn einem Bankangestellten beim dienstlichen Umgang mit großen Mengen Banknoten notgedrungen erhebliches Vertrauen entgegengebracht wird, weil dem Sicherheitssystem durch die Arbeitsabläufe, die auf Wirksamkeit angelegt sind, und durch die Menschenwürde der Mitarbeiter Grenzen gesetzt sind (BGHSt **29** 319, 323). 213

cc) Ein **Einverständnis des Verletzten**, das den Schuldspruch nicht hindert, kann gleichwohl die Strafe mildern (BGH bei Dallinger MDR **1969** 194), jedenfalls insofern, als es dem Täter die Tatausführung überhaupt erst ermöglicht oder sie ihm erleichtert. Demgemäß kann es ein **Milderungsgrund** sein, dass sich der **Beifahrer einer Trunkenheitsfahrt** selbst in die Gefahr gebracht hat, bei einem Unfall verletzt oder getötet zu werden.[308] Beim **sexuellen Kindesmissbrauch** kann es strafmildernd wirken, dass durch die ausdrückliche Zustimmung des missbrauchten Opfers die Hemmschwelle des Täters gesunken ist (BGH NStZ-RR **2009** 72). Für den Bereich der Vorschriften des **Betäubungsmittelgesetzes** soll den Regeln über die bewusste Selbstgefährdung (BGHSt **37** 179, 181) eine die Verantwortung des Täters einschränkende Bedeutung aber nicht zukommen. Dies gilt in den Fällen, in denen wie bei § 30 Abs. 1 Nr. 3 BtMG und § 29 Abs. 3 Nr. 2 BtMG der **Tod eines Menschen oder die Gefährdung der Gesundheit mehrerer** infolge des Genusses von Betäubungsmitteln **Grund für erhöhte Strafe** ist oder in denen es ganz allgemein um die strafschärfende Bewertung solcher Folgen geht. Der **Schutzzweck** der Vorschriften des Betäubungsmittelrechts erfordert es, das Prinzip der Selbstverantwortung insoweit einzuschränken. Denn die betäubungsmittelrechtlichen Strafnormen schützen nicht allein oder in erster Linie Leben und Gesundheit des Einzelnen. Geschützes Rechtsgut ist vielmehr die Volksgesundheit. Es soll Schäden vorgebeugt werden, die sich für die Allgemeinheit aus dem verbreiteten Konsum vor allem „harter" Drogen und den daraus herrührenden Beeinträchtigungen der Gesundheit der Konsumenten ergeben (BGHSt **37** 179, 181ff; **38** 339, 341ff). Dies gilt gerade auch insoweit, als der Konsument sich durch den Betäubungsmittelgenuss bewusst selbst gefährdet, und zwar unabhängig davon, ob er seine Entscheidung für Eigenkonsum noch frei trifft oder ob sie durch eine Sucht schon vorgezeichnet ist. 214

b) Mitverursachung durch staatliche Stellen. Bei **Steuerdelikten** wirkt es regelmäßig nicht strafmildernd, dass dem Täter falsche Angaben aufgrund eingeschränkter 215

---

305 So aber BGH **2004** 479.
306 BGH StV **1988** 253; NJW **2018** 2210, 2211 m. **krit.** Anm. *Grosse-Wilde* NZWiSt **2018** 457, 458.
307 BGH NStZ-RR **2003** 297, 298; wistra **2004** 263; BGH Beschl. v. 14.8.2002 – 1 StR 286/02.
308 OLG Stuttgart NJW **1970** 258; OLG Koblenz Blutalkohol **39** 483.

Überprüfungspraxis der Finanzbehörden „leicht gemacht" werden; die Rechtsgemeinschaft ist auf Richtigkeit der Angaben angewiesen, da sorgfältige Prüfung einen nicht vertretbaren und auch nicht gewünschten Überwachungsapparat erfordern würde (*Schäfer/Sander/van Gemmeren* Rdn. 620, 1847). Ein Verhalten des Steuerfiskus kann allenfalls dann strafmildernd zu berücksichtigen sein, wenn das Verhalten der staatlichen Stellen unmittelbar auf das Handeln des Angeklagten Einfluss genommen hat und den staatlichen Entscheidungsträgern die Tatgenese vorgeworfen werden kann; eine bloße kausale Verursachung reicht insoweit nicht (BGH NJW **2011** 1299).

216 Eine staatliche Mitverantwortung für die **Vergewaltigung eines Mitefangenen** in der Justizvollzugsanstalt kann nur dann zur Minderung der Schuld des Täters führen, wenn eine Vorhersehbarkeit der Tat für die Verantwortlichen der Vollzugsanstalt in dem Sinne bestanden hätte, dass ihnen die Tatgenese vorwerfbar wäre. Die bloße kausale Verursachung durch das Zusammenlegen des Täters und des Geschädigten in einer Zelle als solche ist nicht geeignet, sich auf den Schuldumfang auszuwirken (BGH NStZ-RR **2009** 167).

217 **Mängel der Dienstaufsicht** stellen bei der Bemessung von Strafen wegen Bestechlichkeit (§ 332) und Verletzung von Dienstgeheimnissen (§ 353b) in der Regel keinen Milderungsgrund dar (BGH NStZ **1989** 318 = wistra **1990** 356 mit Anm. *Molketin*). Die Beamtenpflichten, deren Verletzung in diesen Vorschriften im Interesse der Lauterkeit und Verschwiegenheit der Amtsführung mit Strafe bedroht ist, verstehen sich so sehr von selbst, dass Unzulänglichkeit der Dienstaufsicht die Verantwortlichkeit des Täters grundsätzlich nicht zu mindern vermag (BGH aaO).

218 Bei **Aussagedelikten** sind die **unterlassene Belehrung** über ein bestehendes Zeugnis- (§ 52 Abs. 3 StPO, § 383 Abs. 2 ZPO), Auskunfts- (§ 55 Abs. 2 StPO) oder Eidesverweigerungsrecht (§ 61 StPO) und die **Vereidigung entgegen dem Verbot** des § 60 Nr. 2 StPO jeweils **selbstständige Strafmilderungsgründe**.[309] Sie sind ggf. kumulativ zugunsten eines Angeklagten zu werten; eine Milderung des Strafrahmens gem. §§ 157, 49 Abs. 2 steht dem nicht entgegen (BGH NStZ **2005** 33ff). Das gilt auch dann, wenn dem Gericht die Voraussetzungen der Belehrungspflicht oder des Vereidigungsverbots nicht bekannt waren und auch nicht bekannt sein konnten.[310] Denn der maßgebende Grund für die Strafmilderung ist nicht die Begehung eines Verfahrensfehlers, sondern die Erwägung, dass das Unterlassen der Belehrung oder die Vereidigung in den bezeichneten Fällen den Intentionen des Gesetzes objektiv widerspricht.[311] Es soll die **Zwangslage** vermieden werden, in die ein Zeuge gerät, welcher – einmal benannt – zugunsten der Rechtspflege zu einer Aussage gezwungen wird und dann entweder eine falsche Aussage beschwören oder sich in irgendeiner Form offenbaren muss (BGHSt **27** 74, 75f). Für den Anstifter gilt dies nicht (BGHSt **19** 113, 115f; **27** 74, 75f).

219 Ist in Fällen des § 384 ZPO, in denen das Gericht nicht gesetzlich zur Belehrung verpflichtet ist, die gleichwohl weitgehend übliche Belehrung unterblieben und lässt sich weder ausschließen, dass der Angeklagte in Unkenntnis des Weigerungsrechts war, noch dass er möglicherweise sonst nicht ausgesagt hätte, liegt ebenfalls ein bedeutsamer Strafmilderungsgrund vor.[312]

220 Anders kann es bei einem **Meineid der Partei im Zivilprozess** liegen. Sie macht ihre Aussage nicht zur Erfüllung einer wirklichen oder vermeintlichen staatsbürgerli-

---

309 BGHSt **8** 186, 189f; **23** 30, 31; BGH NJW **1960** 1960, 1962; NStZ **2005** 33ff; BGHR StGB § 145 Abs 2 Milderungsgründe 1.

310 BGHSt **23** 30, 32f; **27** 74, 75; BGH NJW **1958** 1832; NStZ **1981** 268, 269; **2005** 33f; **aA** BGHSt **19** 113, 114f.

311 BGHSt **23** 30, 32f; BGH NStZ **1981** 268, 269.

312 BGH NStZ **1984** 134; **2005** 33f.

chen Pflicht und ist nach §§ 446, 453 ZPO nicht verpflichtet, sich vernehmen zu lassen und einen Eid zu leisten. Demgemäß finden die §§ 383, 384 ZPO, welche die Weigerungsrechte des Zeugen regeln, nach § 451 ZPO auf die Parteivernehmung keine Anwendung. Eine Weigerung der Partei, sich vernehmen zu lassen oder den Eid zu leisten, führt nicht zu Beugemitteln oder Ordnungsstrafen, sondern wird im Rahmen der Beweiswürdigung verwertet (§§ 446, 453 ZPO). Insofern ist die Lage der Partei im Zivilprozess anders als die des Zeugen. Doch auch sie kann sich über diese Rechtslage irren und sich zu Unrecht für verpflichtet halten auszusagen. Jedenfalls ein solcher Irrtum kann die Strafe mildern.

c) Lockspitzeleinsatz und Tatprovokation, Observation

aa) Allgemeines. Ob und unter welchen Voraussetzungen verdeckt ermittelnde Polizeibeamte (§§ 110a bis c StPO) oder (private) Vertrauenspersonen der Polizei,[313] deren Einsatz sich auf die Ermittlungsgeneralklausel der § 161 Abs. 1 S. 1, § 163 Abs. 1 S. 2 StPO stützt,[314] als Lockspitzel andere Personen zu einer Straftat veranlassen dürfen und welche Konsequenzen sich daraus für den verleiteten Straftäter ergeben, beschäftigt Rechtsprechung und Lehre seit geraumer Zeit. In der Rechtsprechung besteht Einigkeit, dass auf den Einsatz von Lockspitzeln zur rechtsstaatlich gebotenen Verfolgung und Bekämpfung besonders gefährlicher und schwer aufzuklärender Kriminalität nicht verzichtet werden kann.[315] Jedoch kann tatprovozierendes Verhalten polizeilicher Lockspitzel nur innerhalb der durch das Rechtsstaatsprinzip gesetzten Grenzen hingenommen werden (BGHSt **32** 345 f). 221

Beschränkungen des Lockspitzeleinsatzes ergeben sich aus dem Recht des Beschuldigten auf ein faires Verfahren, das sich zum einen aus dem Rechtsstaatsprinzip in Verbindung mit dem allgemeinen Freiheitsrecht (Art. 2 Abs. 1 GG),[316] zum anderen aus Art. 6 Abs. 1 S. 1 EMRK ableitet. Die **Europäische Menschenrechtskonvention** gilt in der Bundesrepublik Deutschland unmittelbar im Rang eines einfachen Bundesgesetzes. Ihre Gewährleistungen müssen durch die deutschen Gerichte im Rahmen vertretbarer Auslegung beachtet und angewandt werden (BVerfGE **74** 358, 370; **111** 307, 323 f). Auch die Entscheidungen des Europäischen Gerichtshofs für Menschenrechte sind – über ihre Verbindlichkeit für den Einzelfall (Art. 46 Abs. 1 EMRK) hinaus – von den deutschen Gerichten infolge ihrer Bindung an Recht und Gesetz als Auslegungshilfe für die Bestimmung von Inhalt und Reichweite rechtsstaatlicher Grundsätze zu beachten (BVerfGE **74** 358, 370; **82** 106, 115). Dabei ist die Rechtsprechung des EGMR „möglichst schonend in das vorhandene, dogmatisch ausdifferenzierte nationale Rechtssystem einzupassen".[317] 222

Der **EGMR** hat sich in mehreren Entscheidungen zu den Voraussetzungen und Grenzen des Lockspitzeleinsatzes und den Folgen rechtsstaatswidriger Tätigkeit geäußert.[318] Bei Vorliegen einer unfairen Tatprovokation stellt er die Fragen der Zulässigkeit der Verfahrensdurchführung an sich und der Beweisverwertung in den Mittelpunkt seiner Erwägungen. Er hat wiederholt ausgeführt, dass das öffentliche Interesse an der Bekämpfung schwerer Straftaten nicht die Verwendung von Beweisen rechtfertigen könne, die 223

313 Zum Begriff des V-Manns *Erb* LR[26] § 163 Rdn. 57.

314 Umstritten, vgl. *Erb* LR[26] § 163 Rdn. 57 ff; *Meyer-Goßner/Schmitt* StPO[62] § 163 Rdn. 34a f.

315 BVerfG NJW **1981** 1719, 1724; **1987** 1874; **2015** 1083 f; BGHSt **32** 115, 121 f; 345 f; **45** 321, 324; EGMR *Furcht/Deutschland* NJW **2015** 3631 f Nr. 47.

316 BVerfGE **57** 250, 274 f m.w.N.

317 BVerfGE **111** 307, 327; **128** 326, 371; BVerfG NJW **2015** 1083, 1085; *Meyer/Wohlers* JZ **2015** 761, 767 ff.

318 *Teixeira de Castro/Portugal*, NStZ **1999** 47; *Ramanauskas/Litauen*, NJW **2009** 3565; *Prado Bugallo/Spanien*, NJW **2012** 3502; *Lagutin u.a./Russland*, Urt. v. 24.4.2014, 6228/09, 19123/09, 19678/07, 52340/08 und 7451/09; *Furcht/Deutschland*, NJW **2015** 3631.

durch „polizeiliche Anstiftung“ gewonnen worden seien. Denn dies würde den Angeklagten der Gefahr aussetzen, ihm von Beginn an und endgültig das Recht auf ein faires Verfahren zu nehmen (EGMR NJW **2012** 3502, 3503 Nr. 27; **2015** 3631, 3633 Nr. 47, jeweils m.w.N.). Kommt es zu einer die Grenzen des Art. 6 Abs. 1 S. 1 EMRK überschreitenden **rechtsstaatswidrigen Einwirkung**, muss dies zu Kompensationszwecken im Urteil anerkannt werden (EGMR NJW **2015** 3631, 3634 Nr. 62).

224 **bb) Die Strafzumessungslösung.** Grundsätzlich ist **jede Einwirkung** eines polizeilichen Lockspitzels auf den Täter, also auch die zulässige, bei der Strafzumessung und dort auch bei der Entscheidung über den anzuwendenden Strafrahmen zu würdigen.[319] Denn in der Regel mindert es die Schuld des Täters, wenn er erst von einem Dritten zur Begehung einer Tat veranlasst worden ist. Dies gilt unabhängig davon, ob der Täter von einem polizeilichen Lockspitzel oder von einer anderen Person angestiftet wurde. Werden mit Hilfe eines Lockspitzels provozierte strafbare Handlungen so überwacht, dass eine erhebliche Gefährdung des angegriffenen Rechtsgutes ausgeschlossen ist, kann das für die Strafzumessung regelmäßig unter dem Gesichtspunkt des geringeren Erfolgsunwerts der Tat Bedeutung erlangen.[320]

225 Demgegenüber hat der **Bundesgerichtshof** hinsichtlich der Behandlung von Fällen der **rechtsstaatswidrigen Tatprovokation** zunächst die Auffassung vertreten, dass diese zu einer Verwirkung des staatlichen Strafanspruchs gegen den provozierten Täter führe.[321] Hieran hat er in der Folge aber nicht festgehalten.[322] Vielmehr hat er in ständiger Rechtsprechung angenommen, dass eine rechtsstaatswidrige Tatprovokation, bei der der Verstoß gegen Art. 6 Abs. 1 EMRK im Urteil **ausdrücklich auszusprechen** sei, einen besonderen, gewichtigen und schuldunabhängigen **Strafmilderungsgrund** begründe, der zur **Unterschreitung der schuldangemessenen Strafe** führen und schon für die Strafrahmenwahl bedeutsam sein könne.[323] Der spätere Beschuldigte sei im Interesse der Kriminalitätsbekämpfung zu strafbarem Verhalten verleitet worden, ohne dass die gesetzlichen Voraussetzungen für ein Einschreiten gegen ihn vorgelegen hätten.[324] Das Ausmaß der Strafmilderung bedürfe exakter Bestimmung in den Urteilsgründen (BGHSt **45** 321, 339). Darüber hinaus könne bei Vergehen eine Verfahrenserledigung nach §§ 153, 153a StPO, bei Verbrechen ein Zurückgehen auf die gesetzliche Mindeststrafe unter Ausnutzung der auch hier im Allgemeinen durch § 47 Abs. 2, § 59 StGB eröffneten Möglichkeit einer Verwarnung mit Strafvorbehalt angezeigt sein (BGHSt **32** 345, 355; **45** 321, 341).

226 In diese Rechtsprechung ist durch das **Urteil des EGMR vom 23.10.2014** (*Furcht/Deutschland* NJW **2015** 3631) Bewegung gekommen. Darin hat der Gerichtshof unter Bezugnahme auf seine ständige Rechtsprechung erstmals zu der Frage Stellung genommen, ob (im konkreten Fall) eine erhebliche Strafmilderung eine ausreichende Wiedergutmachung für eine Tatprovokation unter Verletzung von Art. 6 Abs. 1 EMRK sein könne: Damit ein Verfahren im Sinne dieser Vorschrift fair sei, müssten alle durch polizeiliche Anstiftung gewonnenen **Beweismittel ausgeschlossen oder auf andere Weise vergleichbare Ergebnisse** herbeigeführt werden (aaO Nr. 64, 68 m.w.N.). Anderweitige Maßnahmen reichten zur angemessenen Wiedergutmachung einer Verletzung des Rechts auf ein faires Verfahren nicht aus. In dem ihm vorliegenden Fall seien die durch

---

319 BGHSt **32** 345, 355; BGH NStZ **1986** 162; **1992** 488.
320 BGH NStZ **1986** 162; **1988** 133; StV **1989** 15; *SSW/Eschelbach* Rdn. 147.
321 BGH NJW **1981** 1626; NStZ **1982** 126; **1982** 156.
322 BGHSt **32** 345, 348 ff; **33** 356, 358.
323 BGHSt **45** 321, 339; BGH NStZ **1986** 162; StV **1982** 221; **1995** 131.
324 BGHSt **45** 321, 326; BGH NStZ **1994** 335; **1995** 506; NJW **1986** 1764.

die polizeiliche Anstiftung erlangten Beweismittel in dem Verfahren gegen den Beschwerdeführer verwertet und seine Verurteilung auf diese Beweise gestützt worden. Nicht zuletzt wegen der Bedeutung des Materials für den Beweis seiner Schuld sei deshalb selbst eine erhebliche Milderung der Strafe kein Verfahren mit vergleichbaren Ergebnissen wie der Ausschluss der Beweismittel (aaO Nr. 69 f).

Im Anschluss an diese Entscheidung ist der **2. Strafsenat des BGH** zu der Auffassung gelangt, dass die rechtsstaatswidrige Provokation einer Straftat durch Angehörige von Strafverfolgungsbehörden oder von ihnen gelenkte Dritte **regelmäßig ein Verfahrenshindernis** zur Folge habe (BGHSt **60** 276). Nach dem Urteil des EGMR komme die Strafzumessungslösung als Konsequenz rechtsstaatswidriger Tatprovokation nicht mehr in Betracht.[325] Ein bloßes Beweisverwertungsverbot stünde mit grundlegenden Wertungen des deutschen Strafrechtssystems nicht in Einklang. Es griffe überdies zu kurz, da das gegen Art. 6 Abs. 1 S. 1 EMRK verstoßende Handeln des Staates in Fällen der rechtsstaatswidrigen Tatprovokation nicht erst die Erlangung von Beweismitteln betreffe, sondern die Tat als solche zur Folge habe. Was den Umfang eines möglichen Verwertungsverbots angehe, sei eine Differenzierung zwischen unmittelbar und mittelbar durch die Tatprovokation erlangten Beweisen nicht möglich (aaO S. 294). 227

Bereits zuvor hatte allerdings das **Bundesverfassungsgericht** in einem Kammerbeschluss die Strafzumessungslösung auch unter Berücksichtigung der aktuellen Rechtsprechung des EGMR für grundsätzlich weiterhin möglich erklärt. Eine **Verfahrenseinstellung** könne nur **in extremen Ausnahmefällen** aus dem Rechtsstaatsprinzip hergeleitet werden, weil dieses auch das Interesse an einer der materiellen Gerechtigkeit dienenden Strafverfolgung schütze (BVerfG NJW **2015** 1083). Ob die Strafzumessungslösung den Anforderungen des EGMR in jedem Einzelfall genüge, hat das Bundesverfassungsgericht offengelassen. Jedenfalls in ihrer Anwendung durch die Strafgerichte auf den ihm vorliegenden Fall, in dem sich die Beweiswürdigung des Landgerichts im Ergebnis der Annahme eines ausdrücklichen Beweisverwertungsverbots zulasten der Beschwerdeführer angenähert habe,[326] verstoße sie nicht gegen den Grundsatz des fairen Verfahrens. Unter Berücksichtigung der Rechtsprechung des EGMR hätten die Strafgerichte es gleichwohl zukünftig „zu erwägen", in vergleichbaren Fällen ausdrücklich ein **Verwertungsverbot** bezüglich der **unmittelbar durch die rechtsstaatswidrige Tatprovokation gewonnenen Beweise**, insbesondere bezüglich der unmittelbar in die rechtsstaatswidrige Tatprovokation verstrickten Tatzeugen, auszusprechen (BVerfG NJW **2015** 1083,1086). Bezug nehmend auf diesen Beschluss des Bundesverfassungsgerichts haben auch der **1. und der 5. Strafsenat des BGH** die Ansicht vertreten, dass Art. 6 Abs. 1 S. 1 EMRK in der Auslegung durch den EGMR bei einer konventionswidrigen Tatprovokation nicht die Annahme eines Verfahrenshindernisses fordere, sondern diese lediglich in extremen Ausnahmefällen, also bei einer besonders hohen Eingriffsintensität, in Frage komme (BGHSt **60** 238; BGH Urt. v. 4.7.2018 – 5 StR 650/17) . Nach dieser bislang uneinheitlichen Rechtsprechung verbleibt jedenfalls ein – mehr oder minder großer – (Grenz-) Bereich, in dem die Strafzumessungslösung auch weiterhin eingreift (*Schäfer/Sander/van Gemmeren* Rdn. 855). 228

In der **Literatur** ist die Strafzumessungslösung als Folge rechtsstaatswidriger Tatprovokation seit Langem umstritten.[327] Sie wurde seit dem Urteil vom 9.6.1998 (*Teixeira* 229

---

325 So auch *Meyer/Wohlers* JZ **2015** 761, 769; *Sommer* StraFo **2014** 508; *Petzsche* JR **2015** 88 f; *Pauly* StV **2015** 411 f.

326 Vgl. BGH NStZ **2014** 277.

327 Vgl. bereits *Schünemann* StV **1985** 424, 426 f.

de Castro/Portugal)[328] für unvereinbar mit der Rechtsprechung des EGMR gehalten.[329] In Fällen, in denen eine unverdächtige und zunächst nicht tatgeneigte Person in einer dem Staat zuzurechnenden Weise zu einer Straftat verleitet werde, gewähre die Strafzumessungslösung keinen angemessenen Ausgleich für die hierdurch verwirklichte Menschenrechtsverletzung.[330] Sei nämlich das Verfahren von Anfang an und endgültig nicht fair i.S.d. Art. 6 Abs. 1 S. 1 EGMR,[331] könne der Menschenrechtsverstoß nicht durch die Verurteilung zu einer geringeren Strafe beseitigt werden. Eine Kompensation verlange Straflosigkeit.[332] Überwiegend wird ein Verfahrenshindernis angenommen.[333] Nur damit könne ausreichender Druck zur Disziplinierung der Strafverfolgungsbehörden ausgeübt werden.[334] Zwar deute die Argumentation des EGMR auf die Annahme eines Beweiserhebungs- oder -verwertungsverbots hin, das auch von Teilen der Literatur befürwortet wird.[335] Gegen diese Lösung wird jedoch eingewandt, dass nicht die einzelne Beweiserhebung fehlerhaft sei, sondern das gesamte Verfahren von Beginn an. Wenn es bereits an dem Verdacht einer Straftat als notwendiger Voraussetzung aller Ermittlungseingriffe fehle, sei das gesamte auf die Provokation folgende Verfahren von Anfang an unzulässig.[336] Einige Autoren nehmen demgegenüber einen persönlichen Strafausschließungsgrund an.[337] Teilweise wird aus der Unverwertbarkeit aller provokationsbezogenen Beweismittel die Folgerung gezogen, dass eine unzulässige Tatprovokation jedenfalls faktisch ein Bestrafungshindernis auslöse.[338] In der Literatur hat das Urteil des 2. Strafsenats (Rdn. 227) dementsprechend vielfach Zustimmung gefunden.[339] Teilweise wird allerdings angesichts des den nationalen Tatgerichten verbleibenden weiten Spielraums bei der Wahl eines „Verfahrens mit vergleichbaren Ergebnissen" auch eine Strafzumessungslösung weiterhin für möglich gehalten.[340]

230 **cc) Kriterien für die rechtsstaatswidrige Tatprovokation.** Maßgeblich für die **Unterscheidung** zwischen rechtsstaatswidriger Tatprovokation und rechtmäßigen verdeckten Ermittlungstechniken sind sowohl nach der Rechtsprechung des EGMR als auch nach der sich hieran orientierenden Rechtsprechung des BGH vor allem das **Vorhandensein einer Tatgeneigtheit**, das **Bestehen eines Tatverdachts** gegen den Betroffenen sowie die **Art und die Intensität der dem Staat zurechenbaren Einwirkung** auf

---

328 EGMR NStZ **1999** 47 m. Anm. *Sommer*; *Kinzig* StV **1999** 288; hierzu BGHSt **45** 321, 327.

329 *Endriß/Kinzig* NStZ **2000** 271; *Gaede/Buermeyer* HRRS **2008** 279, 285 f; *Gaede* JR **2009** 493, 496; *Kempf* StV **1999** 128 ff; *Kinzig* StV **1999** 288 ff; *Meyer-Goßner/Schmitt* StPO[62] Einl Rdn. 148a; *C. Roxin* JZ **2000** 363, 370; *I. Roxin* Die Rechtsfolgen schwerwiegender Rechtsstaatsverstöße in der Strafrechtspflege[4] S. 179 ff; *Sinner/Kreuzer* StV **2000** 114 ff; *Sommer* StraFo **2000** 150 ff; *Tyszkiewicz* S. 218 ff.

330 *Tyszkiewicz* S. 216 ff.

331 EGMR NStZ **1999** 47 f Nr. 39.

332 *C. Roxin* JZ **2000** 369; *Sinner/Kreuzer* StV **2000** 114, 116.

333 *SSW/Eschelbach* Rdn. 148; *ders.* GA **2015** 545, 561ff; *Esser* LR[26] Art. 6 EMRK Rdn. 263 ff; *Herzog* StV **2003** 410; *Hillenkamp* NJW **1989** 2841, 2845 ff; *Kempf* StV **1999** 128 ff; *Weiler* GA **1994** 561; *Bruns* NStZ **1983** 49 ff; **aA** BGHSt **32** 345, 350 ff.

334 *Küpper* JR **2000** 257, 259; *Petzsche* JR **2015** 81, 89.

335 *Fischer/Maul* NStZ **1992** 7, 13; *Kinzig* StV **1999** 288, 292; **aA** BGHSt **45** 321, 334 f.

336 *Sinner/Kreuzer* StV **2000** 114, 117.

337 *Beulke* Strafprozessrecht[13] Rdn. 288; *C. Roxin* JZ **2000** 369; *I. Roxin* Die Rechtsfolgen schwerwiegender Rechtsstaatsverstöße in der Strafrechtspflege[4] S. 179 ff; *Seelmann* ZStW **95** (1983) 797, 831; *Wolter* NStZ **1993** 1, 9 f; **aA** BGHSt **32** 345, 352 ff.

338 *Meyer/Wohlers* JZ **2015** 761, 769.

339 *Eidam* StV **2016** 129; *Jahn/Kudlich* JR **2016** 54; *Lochmann* StraFo **2015** 492; *Meyer-Lohkamp* StraFo **2017** 45; *Meyer/Wohlers* JZ **2015** 761,770; *I. Roxin* FS U. Neumann 1359.

340 *Dölp* StraFo **2016** 265; *Miebach/Maier* MK § 46 Rdn. 191; *Sinn/Maly* NStZ **2015** 379, 382f.: Strafreduzierung auf null.

ihn (BGHSt **60** 238, 246). Der **EGMR** stellt insoweit zum einen auf die Gründe ab, auf denen die verdeckte Maßnahme beruhte, zum anderen auf das Verhalten derjenigen, die die Maßnahme durchgeführt haben: Es komme darauf an, ob es **objektive Anhaltspunkte für den Verdacht** gegeben habe, dass der Angeklagte an Straftaten beteiligt oder hierzu bereit gewesen sei. Weiter sei zu prüfen, ob auf ihn **Druck** ausgeübt worden sei, die Straftat zu begehen. In Rauschgiftfällen verhielten sich die Ermittler unter anderem dann nicht mehr passiv, wenn sie von sich aus Kontakt zu dem Verdächtigen aufnähmen, ihr Angebot erneuerten, obwohl es der Verdächtige zunächst abgelehnt habe, oder ihn beharrlich drängten, indem sie den Preis über den durchschnittlich gezahlten erhöhten oder durch Vortäuschen von Entzugserscheinungen an das Mitleid des Verdächtigen appellierten. Bei der Anwendung der genannten Kriterien hätten die Behörden die Beweislast. Für die Entscheidung, ob es objektive Anhaltspunkte für den Verdacht gegeben habe, dass die betroffene Person tatgeneigt gewesen sei, müsse auf den Zeitpunkt abgestellt werden, in dem die Polizei erstmals zu ihr Kontakt aufgenommen habe (EGMR NJW **2015** 3631, 3634).

Diese Voraussetzungen werden in der bisherigen Rechtsprechung des BGH – jeden- **231**
falls im Wesentlichen[341] – bereits abgebildet.[342] Er nimmt eine Verletzung von Art. 6 Abs. 1 S. 1 EMRK aufgrund polizeilicher Tatprovokation dann an, wenn eine unverdächtige und zunächst nicht tatgeneigte Person in einer dem Staat zurechenbaren Weise zu einer Straftat verleitet wird und dies zu einem Strafverfahren führt.[343] Eine rechtsstaatswidrige Tatprovokation ist danach gegeben, wenn eine polizeiliche Vertrauensperson in Richtung auf das **Wecken der Tatbereitschaft** oder eine **Intensivierung der Tatplanung** mit einiger Erheblichkeit stimulierend auf den Täter einwirkt. Auch bei bestehendem Anfangsverdacht kann eine rechtsstaatswidrige Tatprovokation vorliegen, wenn die Einwirkung im Verhältnis zu diesem „unvertretbar übergewichtig“ ist.[344] In den Blick zu nehmen sind dabei die Grundlage und das Ausmaß des gegen den Betroffenen bestehenden Verdachts, Art, Intensität und Zweck der Einflussnahme sowie seine eigenen, nicht fremdgesteuerten Aktivitäten (BGH NStZ **2018** 355, 357). Spricht eine Vertrauensperson einen Betroffenen lediglich ohne sonstige Einwirkung darauf an, ob er Betäubungsmittel beschaffen könne, handelt es sich nicht um eine (rechtsstaatswidrige) Tatprovokation. Daran fehlt es auch, wenn die Vertrauensperson nur die offen erkennbare Bereitschaft zur Begehung oder Fortsetzung von Straftaten ausnutzt (BGHSt **45** 321, 338; **47** 44, 47). Je stärker der Tatverdacht ist, desto nachhaltiger darf die Stimulierung zur Tat sein, bevor die Schwelle der rechtsstaatswidrigen Tatprovokation erreicht wird. Die Qualität des Tatverdachts begrenzt den Unrechtsgehalt derjenigen Tat, zu der der Verdächtige in zulässiger Weise provoziert werden darf. Wird er weiter in die Kriminalität gedrängt, verletzt dies den Grundsatz des fairen Verfahrens. Das kann der Fall sein, wenn ein ihm angesonnenes Drogengeschäft nach Art und Menge der Drogen nicht mehr in einem angemessenen, deliktsspezifischen Verhältnis zu dem gegen ihn bestehenden Tatverdacht steht (sog. **Quantensprung**). Lässt sich der Betroffene auf die an ihn herangetragene Intensivierung der Tatplanung aber ohne weiteres (sofort) ein, liegt keine Tatprovokation vor (BGHSt **47** 44, 49, 51).[345] Eine Tatprovokation durch eine Vertrauensper-

---

341 **Krit.** BGHSt **60** 276, 290; *I. Roxin* FS U. Neumann 1359, 1365.
342 Vgl. BGHSt **60** 238, 246; BGH NStZ **2016** 232, 233; NStZ **2018** 355, 357.
343 BGHSt **47** 44, 47; **45** 321, 335 im Anschluss an das Urteil des EGMR *Teixeira de Castro/Portugal* NStZ **1999** 47.
344 BGHSt **32** 345, 346 f; **60** 276, 285; BGH NStZ **2014** 277, 279; **2016** 232; Urt. v. 4.7.2018 – 5 StR 650/17, Rn. 26.
345 BGH Beschl. v. 28.2.2018 – 4 StR 640/17.

son ist dem Staat zuzurechnen, wenn sie mit Wissen eines für die Anleitung der privaten Vertrauensperson verantwortlichen Amtsträgers geschieht oder dieser sie jedenfalls hätte unterbinden können (BGHSt **45** 321, 336).

232 Zur Frage, wann die Nichtbeachtung einer unzulässigen Tatprovokation mit der Verfahrensrüge geltend zu machen ist oder die Sachrüge ausreicht s. Rdn. 319f.

233 **dd) Observation.** Der Umstand polizeilicher Überwachung eines Betäubungsmittelgeschäfts mit der Folge, dass eine tatsächliche Gefahr der Übernahme durch den Abnehmer und eines tatsächlichen In-Verkehr-Gelangens nicht bestand, ist ein **bestimmender Strafzumessungsgrund** zugunsten des Angeklagten, dem neben der Sicherstellung der Drogen als solcher eigenes Gewicht zukommt.[346] Ein (zu einer Strafmilderung führender) Anspruch eines Straftäters darauf, dass die Ermittlungsbehörden rechtzeitig gegen ihn einschreiten, um seine Taten zu verhindern, besteht jedoch nicht (BGH NStZ-RR **2003** 172; NStZ **2007** 635; NJW **2011** 1299, 1301).

234 **d) Zeitablauf und Verfahrensdauer.** Der Zeitraum zwischen Tat und Urteil kann unter drei verschiedenen Gesichtspunkten für die Strafzumessung Bedeutung erlangen. Strafmilderung kann bereits wegen des langen zeitlichen Abstandes zwischen Tat und Urteil geboten sein (aa), ferner wegen der Belastungen des Angeklagten durch eine lange Verfahrensdauer, auch wenn diese unvermeidbar war (bb), und schließlich wegen einer rechtsstaatswidrigen Verfahrensverzögerung (cc).[347]

235 **aa) Zeitablauf zwischen Tat und Urteil.** Eine lange Zeitspanne zwischen Tat und Urteil mindert nicht die Tatschuld. Er gilt jedoch nach der Rechtsprechung als **in der Regel gewichtiger Strafmilderungsgrund**, weil das **Sanktionsbedürfnis** mit der Zeit nachlasse (BGHSt **52** 124, 141f; BVerfG JR **2007** 251, 253). Diese Begründung überzeugt nicht. Ein Nachlassen des Sanktionsbedürfnisses kann zwar angenommen werden, wenn die Folgen der Tat überwunden sind und auch ohne Verhängung strafrechtlicher Sanktionen Rechtsfriede wieder eingekehrt ist. Die Annahme, es schwinde durch bloßen Zeitablauf, ist aber jedenfalls dann nicht plausibel, wenn schwere Gewalt- oder Sexualstraftaten erst nach Jahren, z.B. aufgrund von „DNA-Treffern" oder neuen Ermittlungstechniken, aufgeklärt werden können (*SSW/Eschelbach* Rdn. 168f). Zeitablauf kann allerdings unter **spezialpräventiven Gesichtspunkten** günstig wirken, wenn der Täter inzwischen jahrelang straffrei geblieben ist oder sogar darüber hinaus sein Leben zum Positiven verändert hat. Gründe der positiven Generalprävention werden in diesen Fällen einer deutlich milderen Bestrafung nicht entgegenstehen. Ein langer Zeitablauf nach der Tat erfordert deshalb eine gesteigerte Prüfung der Wirkungen der Strafe für den Täter (BGHSt **62** 184, 194; BGHR StGB § 46 Abs. 1 Schuldausgleich 35). Der BGH verlangt, dass die Urteilsgründe über diesen bestimmenden Strafmilderungsgrund nicht hinweggehen dürfen.[348]

236 Der Faktor Zeitablauf ist stets **individuell** zu betrachten und zu gewichten und hängt insbesondere nicht von der Länge der Verjährungsfrist ab. Dies gilt – entgegen früherer Rechtsprechung[349] – auch für die Strafzumessung bei Taten des **sexuellen Missbrauchs von Kindern** (BGHSt **62** 184, 194f, 201f). Das Gewicht des langen Ab-

---

346 BGH NStZ **2004** 694; **2013** 662; NStZ-RR **2016** 105, 107 m.w.N.
347 BGH NJW **1999** 1198.
348 BGHSt **52** 124, 141f; BGH NStZ **1983** 167; **1986** 217, 218; **1988** 552; **1992** 78 m. Anm. *Scheffler*; **1992** 229; BGH NJW **1999** 1198.
349 BGH NStZ **2006** 393.

standes zwischen Tat und Urteil kann in diesen Fällen aber durch andere Umstände vermindert werden. So kann die Einflussnahme des Täters auf das Opfer, um dieses zum Schweigen über den Missbrauch zu veranlassen, als strafzumessungsrelevantes, die strafmildernde Wirkung des Zeitablaufs reduzierendes Nachtatverhalten des Angeklagten gewertet werden. Auch ohne ein unmittelbares Einwirken durch den Täter kann z.B. die mit dem Zeitablauf für das Opfer einhergehende längere Dauer der familiären Drucksituation insoweit von Bedeutung sein (BGHSt **62** 184, 202).

bb) Dauer des Verfahrens. Zieht sich das Verfahren nach Bekanntgabe des Schuld- 237
vorwurfs an den Angeklagten in die Länge, kann sich dies unter dem Gedanken des Schuldausgleichs[350] oder spezialpräventiven Aspekten bei der Strafzumessung **zusätzlich** zu seinen Gunsten auswirken. In der Rechtsprechung ist die **strafmildernde Wirkung** einer langen Verfahrensdauer, die zu einer erheblichen **Belastung des Beschuldigten** führt, anerkannt, und zwar neben dem Strafmilderungsgrund des Zeitraums zwischen Tatbeendigung und Urteil (BGH NStZ **1986** 217, 218). Die durch eine lange Verfahrensdauer bedingten Beschwernisse können in ihren Folgen der Sanktion selbst gleichkommen.[351] Sie wirken sich umso stärker mildernd aus, je mehr Zeit zwischen dem Zeitpunkt, in dem der Beschuldigte von den gegen ihn laufenden Ermittlungen erfährt, und dem Verfahrensabschluss verstreicht. Dieser Strafmilderungsgrund ist bei der Straffindung unabhängig davon zu berücksichtigen, ob die Verfahrensdauer durch eine rechtsstaatswidrige Verzögerung mitbedingt ist oder sachliche Gründe hatte.[352]

In der Regel kommt es auch nicht darauf an, ob der Angeklagte durch eigenes **Ver-** 238
teidigungsverhalten zur Verfahrensdauer beigetragen hat, indem er etwa Beweisanträge in der Hauptverhandlung gestellt oder von Rechtsmitteln Gebrauch gemacht hat. Offensichtliche **Prozessverschleppung** muss er sich jedoch entgegenhalten lassen. Bei der Ermittlung der Verfahrensdauer ist auch eine außergewöhnliche Verfahrensverlängerung zwischen der Entscheidung des Revisionsgerichts, das die Sache an die Vorinstanz zurückverwiesen hat, und dem neuen tatgerichtlichen Urteil zu berücksichtigen (BGH bei Holtz MDR **1984** 89).

cc) Rechtsstaatswidrige Verfahrensverzögerung[353]

(1) Allgemeines. Überlange Strafverfahren, deren erhebliche Dauer sachlich nicht 239
begründet ist, belasten nicht nur die Beschuldigten (und ggf. auch die durch die jeweiligen Taten verletzten Zeugen und ihre Angehörigen) in unangemessener Weise; sie stellen darüber hinaus die Wirksamkeit des Strafrechts in Frage.[354] Eine funktionstüchtige Strafrechtspflege erfordert die Durchsetzung des staatlichen Strafanspruchs innerhalb so kurzer Zeit, dass die Rechtsgemeinschaft die Strafe noch als Reaktion auf geschehenes Unrecht wahrnehmen kann (BVerfG StV **2009** 673). Der im **Rechtsstaatsprinzip** wurzelnde **Beschleunigungsgrundsatz** gebietet es, im öffentlichen Interesse Strafverfahren zügig durchzuführen und schützt die subjektiven Belange des Beschuldigten (BVerfG JR **2007** 251f). Eine von den Justizbehörden zu verantwortende erhebliche Verzögerung des Strafverfahrens verletzt den Beschuldigten in seinem Anspruch auf ein rechtsstaatliches,

---

350 Krit. *SSW/Eschelbach* Rdn. 171ff.

351 BVerfG NJW **1993** 3254, 3255; **1995** 1277f; **2003** 2897; *Kloepfer* JZ **1979** 209, 214; *Schroth* NJW **1990** 29, 30.

352 BGHSt **52** 124, 142; BGH NJW **1999** 1198; NStZ **2011** 651; vgl. auch KG StV **2009** 694.

353 Rechtsprechungsübersicht bei *Maier/Percic* NStZ-RR **2009** 297; 329.

354 *Plankemann* S. 26ff; *Schmitt* StraFo **2008** 313; Schroth NJW **1990** 29, 30.

faires Verfahren (BVerfGE **46** 17, 28f; **63** 45, 68f; BVerfG NJW **1993** 3254). Sie stellt sich auch als Verstoß gegen Art. 6 Abs. 1 S. 1 EMRK dar, wonach jeder ein Recht darauf hat, dass über eine gegen ihn erhobene Anklage innerhalb angemessener Frist verhandelt wird (zur Geltung der EMRK Rdn. 222). Ist der Beschuldigte inhaftiert, so tritt ein auf Art. 5 Abs. 3 S. 1 Hs. 2 EMRK gestützter Anspruch auf ein Urteil innerhalb angemessener Frist hinzu. Das Recht auf verfahrensmäßige Abhilfe bei Konventionsverletzungen nach Art. 13 EMRK gibt dem Betroffenen einen Anspruch darauf, dass der Vertragsstaat Verfahrensverzögerungen feststellt und ihnen abhilft oder sie durch Rechtsvorteile ausgleicht (*Gaede* JR **2007** 254). Liegt aufgrund überlanger Verfahrensdauer eine Konventionsverletzung vor, muss dem Betroffenen mithin eine **Kompensation** gewährt werden, die dem **Ausgleich des entstandenen objektiven Verfahrensunrechts** dient.[355] Ist sie geleistet, entfällt die Opfereigenschaft des Betroffenen i.S.d. Art. 34 EMRK (EGMR StV **2006** 474, 477f); hierdurch wird eine Verurteilung der Bundesrepublik Deutschland wegen der Verletzung des Rechts aus Art. 6 Abs. 1 S. 1 EMRK verhindert.

240 **(2) Maßgeblicher Zeitraum.** Einigkeit herrscht darüber, dass die für die Beurteilung der Angemessenheit der Verfahrensdauer maßgebliche Zeitspanne mit der **Bekanntgabe des Schuldvorwurfs** an den Betroffenen **beginnt.**[356] Mit umfasst werden **Rechtsmittelverfahren.**[357] Der EGMR zählt auch **Verfassungsbeschwerdeverfahren** zu der nach Art. 6 Abs. 1 S. 1 EMRK maßgeblichen Gesamtverfahrensdauer, wenn die Entscheidung des Verfassungsgerichts Auswirkungen auf den Ausgang des Verfahrens vor den ordentlichen Gerichten haben kann.[358] Demgegenüber hat das Bundesverfassungsgericht es als aufgrund seiner Stellung im deutschen Rechtssystem „eher fernliegend" betrachtet, die Bearbeitungszeit einer nicht zum Rechtsweg gehörenden Verfassungsbeschwerde der Dauer des Strafverfahrens hinzuzurechnen.[359] Die Dauer eines Verfassungsbeschwerdeverfahrens muss indes jedenfalls dann als Teil der Gesamtverfahrensdauer angesehen werden, wenn sich die Entscheidung des Bundesverfassungsgerichts auf die weitere Sachbehandlung durch die Fachgerichte ausgewirkt hat, diese z.B. in der Sache neu entscheiden mussten.[360] Zumindest in diesen Fällen ist auch eine **vom Bundesverfassungsgericht zu vertretende Verfahrensverzögerung** beachtlich.

241 **(3) Kriterien für die rechtsstaatswidrige Verfahrensverzögerung.** Ob eine rechtsstaatswidrige Verfahrensverzögerung vorliegt, richtet sich nach den **Umständen des Einzelfalls**, die in einer umfassenden **Gesamtwürdigung** gegeneinander abgewogen werden müssen.[361] Der EGMR zieht als Beurteilungskriterien bei der Feststellung von Verstößen gegen Art. 6 Abs. 1 S. 1 EMRK insbesondere die **Schwierigkeit des Falls**, das **Verhalten der zuständigen Behörden**, das **Verhalten des Beschwerdeführers** und die **Bedeutung der Sache für ihn** heran.[362] Mit diesen Kriterien decken sich die vom Bundesverfassungsgericht genannten zwar weitgehend, aber nicht völlig. Danach sind

---

355 BGHSt **52** 124, 137f; *Demko* HRRS **2005** 283, 294f; *Gaede* JR **2007** 254f; *Krehl* ZIS **2006** 168, 178.

356 EGMR *Eckle/Deutschland* EuGRZ **1983** 371, 3379f Nr. 73ff; *Metzger/Deutschland* NJW **2002** 2856 = StV **2001** 489 m. Anm. *I. Roxin*; BVerfG NJW **1993** 3254, 3256; BGH NStZ **1988** 552; BGHR MRK Art. 6 Abs. 1 S. 1 Verfahrensverzögerung 43.

357 EGMR *Kudla/Polen* NJW **2001** 2694, 2697 Nr. 122.

358 EGMR *Gast u. Popp/Deutschland* NJW **2001** 211 Nr. 64; NJW **2002** 2856f Nr. 34.

359 BVerfG JR **2007** 251f; *Krehl* ZIS **2006** 168, 176; **krit.** *Gaede* JR **2007** 254.

360 BGH NStZ-RR **2006** 177; offengelassen: NJW **2006** 1529, 1532; StraFo **2011** 319, 322.

361 BGH NStZ-RR **2011** 239f; BGHR MRK Art. 6 Abs 1 Satz 1 Verfahrensverzögerung 43.

362 EGMR *Gast u. Popp/Deutschland* NJW **2001** 211f Nr. 70; *Metzger/Deutschland* NJW **2002** 2856f Nr. 36; vgl. *Demko* HRRS **2005** 283, 286f, 289ff.

insbesondere zu berücksichtigen: der durch die Verzögerungen der Justizorgane verursachte Zeitraum der Verfahrensverlängerung, die Gesamtdauer des Verfahrens, die Schwere des Tatvorwurfs, der Umfang und die Schwierigkeit des Verfahrensgegenstands sowie das Ausmaß der mit dem Andauern des schwebenden Verfahrens für den Betroffenen verbundenen besonderen Belastungen.[363] Der Gesichtspunkt der „Schwere des Tatvorwurfs“ findet in den Kriterien des EGMR keine Entsprechung. Diese Abweichung dürfte damit zusammenhängen, dass das Bundesverfassungsgericht in den Mittelpunkt der Begründung des Ausgleichsanspruchs des Beschuldigten bei rechtsstaatswidrigen Verfahrensverzögerungen die Überlegung stellt, eine unangemessene Verfahrensdauer mildere den Unrechtsgehalt der Tat, der dem Beschuldigten als Tatschuld angelastet werde, weil das sachlich nicht veranlasste Andauern der Strafverfolgung ihn im Regelfall besonderen Belastungen mit teilweise sanktionsähnlichem Charakter aussetze (BVerfGK **1** 269, 279f; BVerfG JR **2007** 251, 253). Derartige Milderungsgründe sind aber nicht spezifisch für die rechtsstaatswidrige Verfahrensverzögerung, sondern resultieren aus einer langen Verfahrensdauer als solcher, die ohnehin strafmildernd zu berücksichtigen ist (Rdn. 237). Wenn die mit der Verfahrensdauer verbundenen Belastungen des Angeklagten so bereits in die Strafbemessung eingeflossen sind, kann es nur noch um einen **Ausgleich für deren rechtsstaatswidrige Verursachung** gehen (BGHSt **52** 124,146f). Demgemäß kommt es bei der Beurteilung, ob eine lange Verfahrensdauer Art. 6 Abs. 1 S. 1 EMRK verletzt, auf das Gewicht der Tat und das Maß der Schuld nicht an (BGHSt **52** 124, 137f; *Plankemann* S. 65ff).

Eine dem Beschleunigungsgebot widersprechende Verfahrensverzögerung liegt vor, wenn die Sache durch die zuständigen Behörden **phasenweise nicht in sachgemäßer Weise gefördert** wird.[364] Eine maximale Beschleunigung ist von Verfassungs wegen nicht geboten.[365] Nach der Rechtsprechung des BGH führt eine „gewisse Untätigkeit“ während eines bestimmten Verfahrensabschnitts regelmäßig dann nicht zu einer rechtsstaatswidrigen Verfahrensverzögerung, wenn die angemessene **Verfahrensdauer insgesamt** nicht überschritten wird.[366] Als **rechtsstaatswidrig** können nur solche Verfahrensverzögerungen angesehen werden, die ihre Ursache im Bereich der Strafverfolgungsbehörden oder anderer inländischer staatlicher Stellen haben.[367] Eine generelle Zurechnung von verzögerten Verfahrenshandlungen in anderen EMRK-Mitgliedstaaten lehnt der BGH ab.[368] Keine Berücksichtigung finden Verfahrensverzögerungen, die der Beschuldigte selbst verursacht hat, sei es auch durch zulässiges Prozessverhalten.[369] Rechtsstaatswidrig ist eine Verfahrensverzögerung auch dann, wenn sie auf eine unzureichende personelle Ausstattung der Justiz und nicht lediglich auf eine kurzfristig auftretende, unerwartete und unvermeidbare Verzögerung des Verfahrensablaufs zurückzuführen ist, wie z.B. auf eine Erkrankung von Schöffen (BGH NJW **2005** 1813f). Art. 6 Abs. 1 EMRK verpflichtet die Konventionsstaaten dazu, ihre Justiz so einzurichten, dass die Gerichte allen Anforderungen dieser Vorschrift entsprechen können einschließlich derjenigen, über Rechtssachen in angemessener Frist zu entscheiden.[370] Vermeid- 242

363 BVerfGE **122** 248, 279; BVerfGK **1** 269, 279; **2** 239, 246f; BVerfG NStZ-RR **2005** 346; NJW **2011** 591, 593.
364 *SSW/Eschelbach* Rdn. 176.
365 BVerfG, Nichtannahmebeschl. v. 24.1.2009 – 2 BvR 1182/08, Rdn. 26.
366 BGH NStZ **2003** 384; NJW **2006** 1073; NStZ-RR **2006** 50f; **2007** 150f.
367 BGH NStZ **2010** 230.
368 BGHSt **57** 1 m. **abl.** Anm. *Stiebig* JR **2012** 257.
369 BVerfG NJW **1984** 967; **1992** 2472; **1993** 3254; **1995** 1277; **2009** 1469, 1476; OLG Koblenz StraFo **2018** 23, 25f.
370 EGMR *Pélissier u. Sassi/Frankreich* NJW **1999** 3545, 3548 Nr. 74; *Metzger/Deutschland* NJW **2002** 2856f Nr. 42.

bare Verzögerungen, zu denen es im Rahmen der Beauftragung von Sachverständigen kommt, werden dem Staat zugerechnet.[371]

243 **Prozessordnungsgemäße Verfahrensverlängerungen**, die durch die Aufhebung eines Urteils im Rechtsmittelverfahren und die Zurückverweisung der Sache zur erneuten Verhandlung und Entscheidung entstehen, sind Ausfluss einer **rechtsstaatlichen Ausgestaltung des Rechtsmittelsystems** und begründen in der Regel keinen Verstoß gegen Art. 6 Abs. 1 S. 1 EMRK.[372] Insoweit ist die Rechtsprechung allerdings uneinheitlich. Das **Bundesverfassungsgericht** hatte zunächst in mehreren Kammerentscheidungen die Ansicht vertreten, die Verzögerung des Verfahrens durch Wiederholung fehlerhafter Verfahrensteile und die Durchführung eines Rechtmittelverfahrens stellten für sich allein keine rechtsstaatswidrigen zusätzlichen Belastungen des Beschuldigten dar und rechtfertigten keine Herabsetzung der Strafe, es sei denn, die Verzögerung sei Folge einer eklatanten Gesetzesverletzung (BVerfG NJW **2003** 2228; **2003** 2897; **2004** 2398). In späteren Kammerentscheidungen hat es diese Ansicht dahingehend modifiziert, dass bereits aus dem Umstand, dass eine Entscheidung des Instanzgerichts durch den BGH oder eine Entscheidung des BGH auf die Verfassungsbeschwerde durch das Bundesverfassungsgericht wegen eines Verstoßes gegen das Verfahrensrecht aufgehoben wurde, auf eine rechtsstaatswidrige Verfahrensverzögerung geschlossen werden könne. Eine dem Staat zuzurechnende Verfahrensverzögerung liege schon deshalb vor, weil das ergangene Urteil fehlerhaft gewesen sei (BVerfG NStZ **2005** 456; NJW **2005** 3485, 3487; StV **2006** 73). Diese Rechtsprechung dürfte mit dem Beschluss des 2. Senats des Bundesverfassungsgerichts vom 9.1.2009 überholt sein. Dort hat das Bundesverfassungsgericht die Auffassung vertreten, dass die Durchführung eines Vorlageverfahrens zum Großen Senat für Strafsachen als solche grundsätzlich keine rechtsstaatswidrige Verfahrensverzögerung begründe. Der aus der Durchführung eines Vorlageverfahrens folgende Zeitbedarf sei – „ebenso wie der aus einer Revisionseinlegung resultierende Zeitbedarf“ – Folge einer rechtsstaatlichen Ausgestaltung des Rechtsmittelrechts (BVerfGE **122** 248, 280). Demgegenüber hat der **EGMR** in der Sache *Metzger/Deutschland*[373] allein darauf abgestellt, dass die Aufhebung des Urteils im Revisionsverfahren auf einem Verfahrensfehler des Tatgerichts beruhte, bei dem es sich allerdings um einen eklatanten handelte (Nichteinhaltung der Frist des § 275 Abs. 1 StPO). Der **BGH** hält an seiner Auffassung fest, dass nicht jede Verlängerung des Verfahrens infolge Aufhebung eines Urteils in der Rechtsmittelinstanz eine rechtswidrige Verfahrensverzögerung darstelle (BGHR StGB § 46 Abs. 2 Verfahrensverzögerung 15, 38). Anders sei dies in Fällen zu beurteilen, in denen die Verfahrensverlängerung durch einen Rechtsbehelf **Folge erheblicher, kaum verständlicher Rechtsfehler** sei, die einer verzögernden Handlung gleichstünden.[374] Maßgeblicher Bezugspunkt für die überlange Verfahrensdauer bei einer Urteilsaufhebung durch Revisionsentscheidung ist in diesen Fällen die erste in der Strafsache ergangene Revisionsentscheidung. Denn von diesem Zeitpunkt an dient das Verfahren der Korrektur der der Justiz anzulastenden Verfahrensfehler.[375] Ähnliches gilt, wenn im selben Verfahren mehrmals Urteile wegen allein vom Gericht zu verantwortender Verfahrensfehler aufgehoben wurden und die Sache deshalb wiederholt neu verhandelt werden musste (BGH NStZ **2009** 472).Wird die Durchführung eines **Revisionsverfahrens verzögert**,

---

371 *Schäfer/Sander/van Gemmeren* Rdn. 759.
372 *Fischer* Rdn. 125 ff; *Miebach/Maier* MK Rdn. 379 ff; *Streng* NK Rdn. 90.
373 NJW **2002** 2856, 2857.
374 BGH StraFo **2004** 358; NJW **2005** 1813; NStZ-RR **2014** 314; BGHR MRK Art 6 Abs. 1 S. 1 Verfahrensverzögerung 22.
375 *Sch/Schröder/Stree/Kinzig* Rdn. 57 f.

kann auch das zur Strafmilderung führen, wobei das Revisionsgericht über die Kompensation in entsprechender Anwendung von § 354 Abs. 1a Satz 2 StPO selbst entscheiden kann.[376]

(4) Einzelfälle. Als Verstöße gegen das Beschleunigungsverbot wurden beanstandet: fehlende Förderung des Ermittlungsverfahrens durch die Staatsanwaltschaft auch als Folge von Überlastung (BGH wistra **2009** 271); zu spätes Zusammenwirken der Finanzbehörde mit der Staatsanwaltschaft in einem Steuerstrafverfahren (BGHSt **54** 9); verzögerte Anklageerhebung (BGH Beschl. v. 14.5.2008 – 3 StR 75/08); verzögerter Erlass des Eröffnungsbeschlusses oder zu zögerliche oder weiträumige Terminierung auch bei nicht nur vorübergehender Überlastung der zuständigen Strafkammer;[377] Unterlassen von Maßnahmen zur Verfahrensbeschleunigung bei verschleppter Erstattung eines Sachverständigengutachtens (BGH NStZ **2007** 539); verspätete (wirksame) Urteilszustellung (BGH NStZ **2008** 118); Verzögerung bei der Zuleitung der Akten an das Revisionsgericht;[378] außerordentlich lange Dauer des Revisionsverfahrens (BGHR MRK Art. 6 Abs. 1 S. 1 Verfahrensverzögerung 26). **244**

Beruht die Verfahrensverzögerung auf einem nur **vorübergehenden Engpass** in der Arbeits- und Verhandlungskapazität der Strafverfolgungsorgane, stellt sie keinen Verstoß gegen Art. 6 Abs. 1 S. 1 EMRK dar (BGH wistra **2005** 34 m.w.N.). Der (vorläufige) Verzicht auf die Strafverfolgung gem. **§ 154 Abs. 1 StPO** begründet nach sachlich vertretbarer Wiederaufnahme der Ermittlungen grundsätzlich keine rechtsstaatswidrige und damit kompensationsbedürftige Verzögerung des Strafverfahrens (BGH NStZ **2011** 651). Die **Beachtung von Opferbelangen** (Akteneinsicht eines Geschädigtenanwalts, § 406e Abs. 1 StPO) kann regelmäßig keine rechtsstaatswidrige Verfahrensverzögerung begründen (BGH JR **2006** 297 f m. Anm. *Cirener/Sander*). **245**

(5) Kompensation. Das Bundesverfassungsgericht verlangt in ständiger Rechtsprechung, dass die Strafgerichte bei einer rechtsstaatswidrigen Verfahrensverzögerung die **Verletzung des Beschleunigungsgebots ausdrücklich feststellen** und das **Ausmaß der Berücksichtigung dieses Umstands näher bestimmen** (BVerfG NJW **1984** 967; **1993** 3254, 3255; **1995** 1277 f; **2003** 2397 f) Hierzu hat der BGH früher die Auffassung vertreten, die Verletzung des Anspruchs des Angeklagten auf zügige Durchführung des gegen ihn gerichteten Strafverfahrens sei bei der Strafzumessung zu berücksichtigen (BGHSt **24** 239; **27** 274, 275 f), falls die erforderliche konkrete Feststellung von Art und Ausmaß der Verzögerung sowie ihrer Ursache zum Ausgleich der vom Beschuldigten erlittenen Belastungen nicht ausreiche und andere rechtliche Folgen nicht in Betracht kämen.[379] Von dieser Strafzumessungslösung ist er durch Beschluss des Großen Senats für Strafsachen vom 17.1.2008 zugunsten der sog. **Vollstreckungslösung** in entsprechender Anwendung des § 51 Abs. 1 S. 1 abgerückt, die den Ausgleich für das erlittene Verfahrensunrecht von Fragen des Unrechts, der Schuld und der Strafhöhe abkoppelt (BGHSt **52** 124, 138).[380] Danach ist in die Urteilsformel die nach den Kriterien des § 46 **246**

---

376 BGH NStZ-RR **2008** 208; BGHR MRK Art 6 Abs. 1 S. 1 Verfahrensverzögerung 26; BGHR StPO § 354 Abs. 1a S. 2 Herabsetzung 2.

377 BGH wistra **2006** 226; NJW **2008** 2451, 2453; StV **2008** 298; Beschl. v. 21.2.2008 – 4 StR 666/07.

378 BGHSt **35** 137; BGH NStZ-RR **2008** 208; wistra **1998** 101; **2007** 257; BGHR StGB § 46 Abs. 2 Verfahrensverzögerung 20; StPO § 354 Abs. 1a S. 2 Herabsetzung 2.

379 Vgl. die Darstellung in der Vorauflage *Theune* LK[12] Rdn. 256 ff.

380 S. hierzu *Bußmann* NStZ **2008** 236; *Kraatz* JR **2008** 189; *Schmitt* StraFo **2008** 313; zum Vorlegungsbeschluss: *Peglau* NJW **2007** 3298; *Weber* JR **2008** 31; *Streng* JZ **2008** 979; krit.: *Gaede* JZ **2008**

zugemessene Strafe aufzunehmen und ggf. gleichzeitig auszusprechen, welcher bezifferte Teil dieser Strafe als Entschädigung für die überlange Verfahrensdauer als vollstreckt gilt. Das Vollstreckungsmodell knüpft die Kompensation dabei ausschließlich an die Gesamtstrafe (aaO S. 48). Für die Hinwendung des BGH zu diesem Modell war maßgeblich, dass die Strafzumessungslösung an ihre Grenzen stößt, wenn gesetzliche Mindeststrafen unterschritten werden müssen, um eine angemessene Kompensation für Verfahrensverzögerungen zu gewähren. Eine Trennung der Strafzumessung, die allein durch Unrecht und Schuld bestimmt werden soll, von der Kompensation des erlittenen Verfahrensunrechts sei sachgerechter; die eigentliche Strafzumessung werde nicht mehr mit ihr wesensfremden Anforderungen belastet (BGHSt **52** 124, 141ff). Im Rahmen des Vollstreckungsmodells sind das Gewicht der Tat und das Maß der Schuld weder für die Frage relevant, ob das Verfahren rechtsstaatswidrig verzögert worden ist, noch spielen sie für Art und Umfang der zu gewährenden Kompensation eine Rolle. Diese ist vielmehr allein an der Intensität der Beeinträchtigung des subjektiven Rechts des Betroffenen aus Art. 6 Abs. 1 S. 1 EMRK auszurichten (BGHSt **52** 124, 137f). Zur Kompensation einer rechtsstaatswidrigen Verfahrensverzögerung bei **Freispruch** s. Rdn. 251.

247 **Kritiker der Vollstreckungslösung** sehen die Folgen des vom Großen Senat vorgenommenen „Systemwechsels" als so massiv an, dass sich Fragen nach der Legitimation des Großen Senats für eine Entscheidung solcher Tragweite stellten.[381] Der staatliche Strafanspruch schwinde, wenn sich die Strafverfolgungsbehörden ihrerseits rechtswidrig verhalten hätten. Deshalb sei die rechtsstaatswidrige Verfahrensverzögerung aus verfassungsrechtlichen Gründen (spätestens) im Rahmen der Strafzumessung zu berücksichtigen.[382] Die Analogie zu § 51 Abs. 1 S. 1 sei im Hinblick auf die Bindung der Rechtsprechung an Gesetz und Recht (Art. 20 Abs. 3 GG) problematisch[383] und im Übrigen unpassend.[384] Die darüber hinaus geäußerte Befürchtung, dass die Aufspaltung in die Folgen einer generellen und einer rechtsstaatswidrigen Verfahrensdauer unpraktikabel sei,[385] hat sich nicht bewahrheitet; das Vollstreckungsmodell hat mittlerweile Eingang in den Alltag der Rechtsprechung gefunden. Auch erscheint die Annahme gerechtfertigt, dass die Anwendung der Vollstreckungslösung nicht in nennenswertem Umfang zu der prognostizierten Zunahme kurzzeitiger Strafvollstreckungen[386] geführt hat. Unter den Gefangenen mit einer Vollzugsdauer von bis unter sechs Monaten machen den weitaus größten Anteil diejenigen aus, die Ersatzfreiheitsstrafen verbüßen.[387] Da die belastenden Umstände langer Verfahrensdauer und der Zeitablauf zwischen Tat und Urteil bereits bei der Strafzumessung berücksichtigt werden, ist in vielen Fällen eine Kompensation der rechtsstaatswidrigen Verfahrensverzögerung über ihre bloße Feststellung hinaus durch einen Vollstreckungsabschlag nicht mehr erforderlich; ggf. fällt dieser meist nicht hoch aus.[388] Zudem wird der eine Strafrestaussetzung ermöglichende Zeitpunkt unter Anwen-

---

422; *Ignor/Bertheau* NJW **2008** 2209; *Scheffler* ZIS **2008** 269; *Sch/Schröder/Stree/Kinzig* Rdn. 57g; *Ziegert* StraFo **2008** 321.

381 *Ignor/Bertheau* NJW **2008** 2209 ff; *SSW/Eschelbach* Rdn. 181; *Plankemann* S. 178 ff.

382 *Ignor/Bertheau* NJW **2008** 2212 f.

383 *Ziegert* StraFo **2008** 321, 329 f.

384 *Scheffler* ZIS **2008** 269, 277.

385 *Kraatz* JR **2008** 189, 191; *Sch/Schröder /Stree/Kinzig* Rdn. 57g; *Scheffler* ZIS **2008** 269, 274; *Weber* JR **2008** 31, 36.

386 *Ignor/Bertheau* NJW **2008** 2209, 2213; *Peglau* NJW **2007** 3298 f; *I. Roxin* StV **2008** 14, 17.

387 *Statistisches Bundesamt* (Hrsg.) Rechtspflege – Bestand der Gefangenen und Verwahrten in den deutschen Justizvollzugsanstalten. Stichtag 31. August 2017 S. 21.

388 *Beukelmann* StraFo **2011** 210, 214.; vgl. die Übersicht bei *Schäfer/Sander/van Gemmeren* Rdn. 782.

dung der Vollstreckungslösung schneller erreicht (§ 57 Abs. 4).[389] Im Übrigen nimmt das Gesetz (entgegen der § 47 zugrundeliegenden Wertung) mit der Anrechnung von Untersuchungshaft (§ 51 Abs. 1 S. 1) selbst die Vollstreckung kurzer Freiheitsstrafen hin.[390] Ferner geäußerte Bedenken, die Vollstreckungslösung berücksichtige nicht, dass die Belastung des Angeklagten durch ein überlanges Verfahren „schuldausgleichstauglich" sei[391] und dass die Vollstreckung einer Freiheitsstrafe nach einer überlangen Verfahrensdauer in besonderer Weise zu Resozialisierungsproblemen führen könne,[392] greifen ebenfalls nicht durch. Denn bereits bei der Strafzumessung sind nach den Maßstäben des § 46 der Zeitablauf zwischen Tat und Urteil und eine lange Verfahrensdauer als solche strafmildernd zu berücksichtigen (Rdn. 237f).

In **Anwendung der Vollstreckungslösung** sind bei der Strafzumessung zunächst **Art und Ausmaß der Verzögerung sowie ihre Ursachen** zu ermitteln und im Urteil konkret festzustellen. Danach ist in einem ersten Schritt die schuldangemessene Strafe unter Berücksichtigung des zeitlichen Abstands zwischen Tat und Urteil (Rdn. 235) sowie der besonderen Belastungen, denen der Angeklagte wegen der besonders langen Verfahrensdauer ausgesetzt war (Rdn. 237), festzusetzen. Die entsprechenden Erörterungen müssen als bestimmende Zumessungsfaktoren in den Urteilsgründen kenntlich gemacht werden (§ 267 Abs. 3 S. 1 StPO). Hieran anschließend ist in einem zweiten Schritt zu prüfen, ob angesichts der festgestellten Umstände zur Kompensation der Verfahrensverzögerung die **ausdrückliche Feststellung der rechtsstaatswidrigen Verfahrensverzögerung** (im Tenor oder in den Urteilsgründen)[393] genügt. Einer weitergehenden Kompensation bedarf es nicht, wenn der Beschuldigte während der Verzögerung nicht inhaftiert war und auch sonst keine besonderen Belastungen gerade durch die Rechtsstaatswidrigkeit der Verfahrensverzögerung eingetreten sind.[394] Reicht die Feststellung der rechtsstaatswidrigen Verfahrensverzögerung als Entschädigung nicht aus, muss das Gericht in einem dritten Schritt festlegen, welcher bezifferte Teil der Strafe zur Kompensation der Verzögerung als vollstreckt gilt. Soweit bei einer **lebenslangen Freiheitsstrafe** eine Kompensation geboten ist, erfolgt sie durch Anrechnung auf die Mindestverbüßungsdauer i.S.v. § 57a Abs. 1 Nr. 1 und muss durch das Tatgericht im Urteilstenor ausgesprochen werden (BGHSt **52** 124, 136, 140f). Wenn die besondere Schwere der Schuld festgestellt wurde, kann der Ausgleich bei der Festsetzung der Verlängerungsdauer der Mindestverbüßungszeit erfolgen. Nicht überzeugend ist, dass eine Kompensation in Fällen lebenslanger Freiheitsstrafe nur „ausnahmsweise" in Betracht kommen soll (aaO S. 136).[395] Die vom Großen Senat für Strafsachen insoweit in Bezug genommene Entscheidung des BGH stützte sich darauf, dass angesichts der absoluten Strafdrohung des § 211 Umstände, die das Unrecht der Tat oder die Schuld des Täters abschwächen, grundsätzlich keine Berücksichtigung finden könnten (NJW **2006** 1529, 1535). Die Kompensation nach der Vollstreckungslösung ist aber gerade schuldunabhängig; ihre Gewährung und Bemessung müssen sich demnach auch in Fällen lebenslanger Freiheitsstrafe nach allgemeinen Grundsätzen richten. Die Vollstreckungslösung findet auch zur Kompensation überlanger Verfahrensdauer bei auf „schädliche Neigungen" und „Schwere der Schuld" gestützter **Jugendstrafe** Anwendung (BGH NJW **2018** 2062). 248

---

389 *Beukelmann* aaO S. 212.
390 *Kraatz* aaO.
391 *Ziegert* StraFo **2008** 321, 324 f.
392 *Ignor/Bertheau* NJW **2008** 2209, 2213.
393 BGH NStZ-RR **2009** 248.
394 BGH NStZ **2009** 287; **2012** 470; NStZ-RR **2009** 339.
395 *Beukelmann* StraFo **2011** 210, 212; *Fischer* Rdn. 134; *Miebach/Maier* MK Rdn. 418 f; *Schäfer/Sander/van Gemmeren* Rdn. 786.

249 Ausschlaggebend für das **Maß** des für vollstreckt zu erklärenden Teils der Strafe sind stets die **Umstände des Einzelfalls**, namentlich der Umfang der staatlich zu verantwortenden Verzögerung, das Maß des Fehlverhaltens der Strafverfolgungsorgane sowie die konkreten Auswirkungen all dessen auf den Angeklagten (BGH NStZ **2008** 234, 236). Dies führt dazu, dass trotz gleichlanger konventionswidriger Verfahrensverzögerung der Umfang der Kompensation bei mehreren, zu unterschiedlich langen Freiheitsstrafen verurteilten Straftätern verschieden sein kann (BGH NStZ **2009** 287). Da das Gewicht der Tat und das Maß der Schuld für die Entschädigung keine Rolle spielen (BGHSt **52** 124, 138), richtet sich diese auch nicht nach der Höhe der erkannten Strafe (BGH NStZ **2012** 316f). Objektive Maßstäbe für die Bemessung des Vollstreckungsabschlags neben der bereits erfolgten Strafmilderung gibt es nicht.[396] Der Anrechnungsmaßstab des § 51 Abs. 1 S. 1 kann nicht herangezogen werden; vielmehr wird sich die Anrechnung in der Regel auf einen eher geringen Bruchteil der Strafe beschränken (BGHSt **52** 124, 147). Eine Reduzierung der (Gesamt-)Strafe um mehr als die Hälfte ist zwar nicht völlig ausgeschlossen; jedoch werden an die Begründung eines derartigen Strafabschlags hohe Anforderungen gestellt (BGH NStZ-RR **2008** 368). Die Grenzen des dem Tatgericht bei der Gewährung eines Strafabschlags zustehenden Bewertungsspielraums sind jedenfalls überschritten, wenn dieser die Dauer der Verfahrensverzögerung übersteigt (BGH NStZ **2008** 477). Wird die Vollstreckung der Freiheitsstrafe zur Bewährung ausgesetzt, entfaltet die Anrechnungsentscheidung erst bei einem Bewährungswiderruf Wirksamkeit; daneben kann die Verfahrensverzögerung dadurch ausgeglichen werden, dass im Bewährungsbeschluss ausdrücklich auf Auflagen i.S.d. § 56b Abs. 2 Nr. 2 bis 4 verzichtet wird (BGHSt **52** 124, 145). Bei Verhängung einer Geldstrafe wird eine bezifferte Anzahl der verhängten Tagessätze für vollstreckt erklärt (aaO).

250 In **Extremfällen**, in denen das gebotene Maß der Kompensation die schuldangemessene Strafe erreicht oder übersteigt, kommt die Anwendung von §§ 59, 60 oder die Verfahrenseinstellung nach Opportunitätsgrundsätzen (§§ 153, 153a, 154, 154a StPO) in Frage (BGHSt **52** 124, 145). Stehen entsprechende Möglichkeiten nicht zur Verfügung, etwa weil die Staatsanwaltschaft die nach § 153 Abs. 2 StPO erforderliche Zustimmung verweigert, oder ist der Verstoß so gewichtig, dass er im Rahmen einer Sachentscheidung nicht mehr ausreichend kompensiert werden könnte (BGHSt **46** 159, 174), muss die Einstellung wegen eines von Verfassungs wegen anzunehmenden **Verfahrenshindernisses** in Betracht gezogen werden.[397] Angesichts des öffentlichen Interesses an einer möglichst vollständigen Wahrheitsermittlung im Strafprozess und an der Verfolgung, Aburteilung und gerechten Bestrafung von Straftätern[398] ist Voraussetzung hierfür jedoch die Feststellung, dass unter Berücksichtigung des bisherigen und des noch zu erwartenden Verfahrensverlaufs, des (noch) im Raum stehenden Tatvorwurfs und ggf. besonderer persönlicher Umstände des Beschuldigten dessen weitere Belastung mit dem Strafverfahren nicht mehr verhältnismäßig wäre. Das ist anzunehmen, wenn die voraussichtlich erforderliche Kompensation die ohne Berücksichtigung der Verfahrensdauer maximal noch zu erwartende Strafe ersichtlich überstiege (BVerfG, Nichtannahmebeschl. v. 4.9.2009 – 2 BvR 1089/09, Rdn. 5f).

251 Eine **Entschädigung wegen immaterieller Nachteile** aufgrund unangemessen langer Verfahrensdauer ist gem. § 199 Abs. 3 S. 1 i.V.m. § 198 Abs. 2 S. 2 GVG ausgeschlossen, soweit eine Kompensation durch die Feststellung ihrer Rechtsstaatswidrigkeit

---

396 *Schäfer/Sander/van Gemmeren* Rdn. 781.

397 BVerfGK **2** 239, 248 ff; BGHSt **35** 137, 142 f; **46** 159, 168 ff m. Anm. *Kempf* StV **2001** 134; BGH wistra **2017** 193, 195.

398 Vgl. BVerfGE **33** 367, 383; **46** 214, 222 f.

oder durch die Gewährung eines Vollstreckungsabschlags erfolgt ist.[399] Nur wenn – etwa im Falle des **Freispruchs** – solche Nachteile nicht auf diesem Weg kompensiert werden können, kommt ein Anspruch nach § 198 GVG in Betracht. Dieser ist dann jedoch von der rechtzeitigen Erhebung einer **Verzögerungsrüge** (§ 198 Abs. 3 S. 1 GVG) abhängig, deren es für den Ausgleich von Nichtvermögensnachteilen im Wege des Vollstreckungsabschlags nicht bedarf.[400]

Die **Verletzung des Art. 5 Abs. 3 S. 1 Hs. 2 EMRK** (Anspruch des Untersuchungsgefangenen auf ein Urteil innerhalb angemessener Frist) und diejenige des Art. 6 Abs. 1 EMRK stellen zwei unterschiedliche Strafmilderungsgründe dar.[401] Deshalb ist es geboten, eine Verletzung des Art. 5 Abs. 3 S. 1 Hs. 2 EMRK neben einem Verstoß gegen Art. 6 Abs. 1 EMRK **gesondert festzustellen** und „durch eindeutige und messbare Minderung der Strafe" (EGMR aaO) über die zwingende Anrechnung nach § 51 Abs. 1 S. 1 hinaus unter Anwendung der Vollstreckungslösung wiedergutzumachen (BGH NStZ **2010** 229f). Bei minder schweren Verstößen kommt vor dem Hintergrund vollständiger Anrechnung des lediglich zur Unzeit erlittenen Freiheitsentzuges die bloße Feststellung des Konventionsverstoßes als ausreichende Kompensation in Betracht.[402] Ob diese genügt, hängt von der Dauer der rechtsstaatswidrig erlittenen U-Haft und ihrer Wirkung auf den später Verurteilten ab. Bei zusätzlichem Verstoß gegen Art. 6 Abs. 1 EMRK ist eine einheitliche Kompensation auszusprechen (BGH aaO). Kommt es zu von dem inhaftierten Beschuldigten nicht zu vertretenden, sachlich nicht zu rechtfertigenden und vermeidbaren erheblichen Verfahrensverzögerungen, steht dies regelmäßig bereits einer weiteren Aufrechterhaltung der Untersuchungshaft entgegen.[403] 252

VI. Das Doppelverwertungsverbot (§ 46 Abs. 3)

1. Anwendungsbereich

a) Tatbestandsmerkmale. Das Doppelverwertungsverbot des § 46 Abs. 3 besagt, dass Umstände, die schon Merkmale des gesetzlichen Tatbestandes erfüllen, weder zulasten noch zugunsten des Täters bei der Zumessung der Strafe innerhalb des anwendbaren Strafrahmens berücksichtigt werden dürfen. Es ist in Rechtsprechung und Schrifttum schon seit langem anerkannt und wurde durch das 1. StrRG als § 13 Abs. 3 (jetzt: § 46 Abs. 3) in das StGB übernommen. Nach dem Gesetzeswortlaut bezieht es sich nur auf Umstände, die Merkmale des gesetzlichen Tatbestandes sind. Es hat seinen Grund darin, dass diese Merkmale den Gesetzgeber bei der Festlegung des Strafrahmens geleitet haben und von ihm insoweit bereits berücksichtigt sind. Sie sind deshalb nicht geeignet, innerhalb dieses Rahmens die für die einzelne Tat gerechte Strafe zu bestimmen (E 1962 S. 181). Das Doppelverwertungsverbot geht nur so weit, wie die **Vorbewertung durch den Gesetzgeber** reicht. Für alle nach Qualität oder Quantität **nicht steigerungsfähigen Tatbestandsmerkmale** gilt es uneingeschränkt. Sie können keine strafschärfenden oder strafmildernden Faktoren sein. Quantitative oder qualitative Abstufungen bei der Tatbestandsverwirklichung oder Handlungen, die über die Erfüllung des Tatbestandes hinausgehen, dürfen demgegenüber bei der Strafzumessung berücksichtigt werden 253

399 *Heine* MDR **2012** 327, 331.
400 *Graf* NZWiSt **2012** 121, 126f; *Schäfer/Sander/van Gemmeren* Rdn. 792.
401 EGMR *Dželili/Deutschland* StV **2006** 474, 476ff m. Anm. *Pauly*.
402 Vgl. EGMR *Cevizovic/Deutschland* NJW **2005** 3125, 3128.
403 BVerfGE **20** 45, 50; **36** 264, 270ff; StV **2000** 322, 323.

(*Schäfer/Sander/van Gemmeren* Rdn. 694). Das Doppelverwertungsverbot hindert das Tatgericht somit nicht daran, im Rahmen der Strafzumessung zugunsten oder zulasten eines Angeklagten den **Ausprägungsgrad eines steigerungsfähigen Tatbestandsmerkmals** zu berücksichtigen (BGH NStZ **2017** 216, 218). Auch die besondere Art, in der Umstände des Tatbestandes im Einzelfall verwirklicht sind, darf bei der Strafzumessung verwertet werden (E 1962 S. 181).

254 Im **Jugendstrafrecht** gilt das Doppelverwertungsverbot, etwa für die Würdigung der Art und Weise der Tatausführung, nicht, weil das Jugendstrafrecht eine dem Erwachsenenstrafrecht vergleichbar enge Bindung an tatbestandsbezogene Strafrahmen nicht kennt (BGH NStZ-RR **1997** 21f; NStZ **2014** 409f m.w.N.).

255 **b) Regelbeispiele.** Dieselben Grundsätze gelten für die den Tatbestandsmerkmalen ähnlichen Merkmale der benannten besonders schweren Fälle, insbesondere die Regelbeispiele (BGHR StGB § 46 Abs. 3 Regelbeispiel 1; BGH Beschl. v. 14.6.1993 – 4 StR 302/93). Die **gleichzeitige Erfüllung mehrerer Regelbeispiele** eines besonders schweren Falls wirkt sich allerdings jedenfalls dann strafschärfend aus, wenn hieraus auf eine erhöhte Vorwerfbarkeit zu schließen ist (BGH Urt. v. 21.3.2001 – 1 StR 32/01).

256 **c) Gesetzeszweck.** Dem Gericht ist es ferner verwehrt, den allgemeinen Gesetzeszweck, das Schutzziel der Norm sowie die gesetzgeberischen Motive und Intentionen, soweit sie zur Festlegung des Strafrahmens geführt haben und bei jeder Variante der Tatbestandsverwirklichung herangezogen werden könnten, bei der Strafzumessung zulasten des Angeklagte zu berücksichtigen, wie etwa bei § 174 Abs. 1 Nr. 3 den Gesetzeszweck, die ungestörte sexuelle Entwicklung von Kindern zu schützen, indem die Familie, in der das Kind angesichts der Abhängigkeit von den Eltern in erhöhtem Maße gegen sexuelle Übergriffe anfällig ist, von solchen Übergriffen freigehalten wird (BGHR StGB § 46 Abs. 3 Sexualdelikte 2). Das Doppelverwertungsverbot gilt auch für die regelmäßigen vom Schutzzweck der Strafdrohung umfassten Tatfolgen (BGHR StGB § 46 Abs. 2 Wertungsfehler 5).

257 **d) Tatbestandsvarianten.** Problematisch ist die Anwendung des Doppelverwertungsverbots in Fällen, in denen eine Strafnorm für unterschiedliche, nicht gleichwertige Tatbestandsvarianten denselben Strafrahmen vorsieht. Hier soll nach überwiegender Meinung § 46 Abs. 3 nicht gelten (BGH NStZ **2017** 216, 218). Zwar ist zunächst davon auszugehen, dass der Gesetzgeber die verschiedenen Tatbestandsvarianten als gleichwertig angesehen hat, weil er sonst unterschiedliche Strafrahmen vorgesehen hätte (BGHSt **44** 361, 366f). In Fällen, in denen für offensichtlich **unterschiedlich schwere Tatbestandsvarianten** derselbe Strafrahmen gilt, muss allerdings bei der Strafzumessung eine Abstufung nach den Schweregraden vorgenommen werden. So wiegt z.B. bei § 226 der Verlust des Sehvermögens auf beiden Augen generell schwerer als sein Verlust auf einem Auge; die vorsätzliche Trunkenheit im Verkehr ist gewichtiger als die fahrlässige (§ 316 Abs. 1 und 2). Dass der Täter zugleich **mehrere Tatbestandsvarianten** erfüllt hat, kann erschwerend wirken, wenn ihnen jeweils selbständige Bedeutung für das Maß der Vorwerfbarkeit zukommt (*Schäfer/Sander/van Gemmeren* Rdn. 694a m.w.N.).

258 **e) Regeltatbild und Normalfall.** Umstritten ist die Frage, ob Umstände und Modalitäten, die zwar nicht notwendig, aber typischerweise mit der Verwirklichung eines Tatbestandes verbunden sind („Regeltatbild"), bei der Strafzumessung berücksichtigt wer-

den dürfen oder ob auf sie § 46 Abs. 3 analog anzuwenden ist.[404] Im Anschluss an die Entscheidung des Großen Senats für Strafsachen, der die Existenz eines normativen Normalfalls abgelehnt hat (Rdn. 66),[405] wird eine analoge Anwendung von der Rechtsprechung mittlerweile verneint (BGHSt **37** 153). Die Rechtslehre ist dieser Ansicht überwiegend gefolgt.[406] Einen normativen Normalfall oder ein Regeltatbild gibt es nicht (Rdn. 63ff); die Berufung hierauf zur Begründung eines Doppelverwertungsverbots ist mithin versagt.[407] Allerdings ist es möglich, dass ein der Straftat oder dem Täter anhaftender Umstand so häufig vorkommt, dass er über das Maß der Schuld im Einzelfall wenig aussagt. Dies festzustellen ist Sache des Tatgerichts (BGHSt **37** 153, 156).[408] Ob Umstände, die über das zu Tatbestandserfüllung ausreichende Minimum[409] hinausgehen, im Einzelfall strafzumessungsrelevant sind, bedarf stets besonderer Prüfung unter dem Gesichtspunkt, ob durch sie der Zweck der Norm berührt wird und deshalb dem Täter ein erhöhter oder geringerer Vorwurf gemacht werden kann (*Schäfer/Sander/van Gemmeren* Rdn. 707; *Streng* Rdn. 700).

2. Doppelverwertungsverbot bei deliktsübergreifenden allgemeinen Umständen

a) Deliktscharakter. Gegen das Verbot wird verstoßen, wenn bei der Strafzumessung zum Nachteil des Angeklagten der durch die Strafdrohung bestimmte Verbrechenscharakter der Straftat und ihr Gewicht im Gefüge der anderen Straftatbestände des StGB berücksichtigt werden (BGH Beschl. v. 2.12.1980 – 1 StR 610/80). **259**

b) Begehung der Tat, Versuch und Vollendung. Unzulässig ist die Strafzumessungserwägung, der Angeklagte habe die Tat begangen, anstatt davon Abstand zu nehmen (BGHR StGB § 46 Abs. 2 Wertungsfehler 14). Mit dem Vorwurf, der Angeklagte habe nichts unternommen, um den Erfolgseintritt auch nur abzuschwächen bzw. den Erfolg zu verhindern, wird ihm unter Verstoß gegen § 46 Abs. 3 angelastet, nicht mit strafbefreiender Wirkung vom Versuch zurückgetreten zu sein.[410] Unzulässig sind auch die Erwägungen, bei einem Totschlagsversuch habe das Überleben des Geschädigten nur von dem Zufall des bereits alarmierten Rettungswagens abgehangen (BGHR StGB § 46 Abs. 3 Totschlagsversuch 2), es sei nicht dem Angeklagten zu verdanken, dass die Tat nicht weiter gediehen sei (BGH bei Dallinger MDR **1970** 380), sie sei nur dank des Eingreifens Dritter nicht vollendet worden (BGH StV **1977** 129). Die Erfolgsnähe der versuchten Tat darf bei deswegen versagter Versuchsmilderung nicht strafschärfend gewertet werden (BGHR StGB § 46 Abs. 3 Tötungsversuch 2; Versuch 1). Ebenso darf dem Angeklagten nicht angelastet werden: Er habe sich von vorangegangenen Fehlschlägen nicht abhalten lassen, weitere Straftaten zu begehen; er habe mehrfach Gelegenheit gehabt, die Tat abzubrechen;[411] er habe von der Tat nicht Abstand genommen, obwohl er über das Vor- **260**

---

404 So die frühere Rspr., BGH NStZ **1985** 215; bei *Detter* NStZ **1990** 173, 177; NStZ **1998** 131; NJW **1990** 2570; StV **1982** 70, 71; **1991** 106; **1999** 597; NStZ-RR **2002** 136.
405 BGHSt **34** 345; so auch BGH NJW **2017** 2776; NStZ **2017** 658; NStZ-RR **2015** 218; **2017** 238.
406 *Ahlers-Grzibek* S. 64ff; *Fahl* ZStW **111** (1999) 156; *Meier* S. 229; *Schall/Schirrmacher* Jura **1992** 627; *Streng* Rdn. 709; **abl.**: *Neumann* StV **1991** 256; *Weßlau* StV **1991** 259.
407 **AA** *Kett-Straub/Kudlich* § 9 Rdn. 74.
408 *SSW/Eschelbach* Rdn. 208.
409 *Fahl* ZStW **111** (1999) 156, 165.
410 BGHR StGB § 46 Abs. 3 Vollendung 1; BGH Beschl. v. 25.9.2002 – 1 StR 347/02.
411 BGH Beschl. v. 15.10.2003 – 2 StR 332/03; NStZ-RR **2001** 295; **2002** 106; BGHR StGB § 46 Abs. 2 Wertungsfehler 14.

haben noch eine Nacht habe schlafen und nachdenken können (BGH NStZ-RR **2000** 106); er sei nicht unvermittelt und unvorbereitet in die Tatsituation geraten (BGHR StGB § 21 Strafrahmenverschiebung 18); er habe sich erst „nach reiflicher Überlegung bewusst" (BGHR StGB § 46 Abs. 3 Handeltreiben 6) oder „aus freien Stücken" zur Tat entschlossen (BGH Beschl. v. 20.3.2018 – 3 StR 539/17). Dem Bankräuber darf nicht angelastet werden, dass er derjenige war, der bei dem Überfall die Bank betrat, weil dies notwendige Voraussetzung der Tatbegehung ist (BGH StV **1990** 403). Mit dem Verweis darauf, der Angeklagte habe die Tat „in Kenntnis der hohen Strafandrohung" begangen, wird unter Verstoß gegen § 46 Abs. 3 der Umstand straferhöhend gewertet, dass er sich trotz positiver Kenntnis von der hohen Straferwartung nicht von der Begehung der Tat abhalten ließ (BGHR StGB § 46 Abs. 3 Raub 7).

261 **c) Unterlassen.** Bei Totschlag durch Unterlassen ist die Strafzumessungserwägung bedenklich, der Angeklagte habe sein Wohlbefinden „ohne Not" über das des Getöteten gestellt; das Opfer sei auf Grund seiner Querschnittslähmung ohne fremde Hilfe überhaupt nicht überlebensfähig gewesen, so dass sich die Untätigkeit nur wenig von einer aktiven Tötung unterscheide. Denn mit diesen Erwägungen wird ihm strafschärfend vorgeworfen, dass er seine Garantenpflicht gegenüber dem hilflosen Opfer verletzt hat, obwohl ihm ein Tätigwerden zumutbar gewesen wäre (BGH StraFo **2007** 298 f).

262 **d) Täterschaft und Teilnahme. Alleintäterschaft** ist kein Strafschärfungsgrund (BGHR BtMG § 29 Strafzumessung 31). Dem **Mittäter** darf nicht angelastet werden, dass ohne ihn die Tat nicht hätte erfolgreich durchgeführt werden können (BGH Beschl. v. 18.3.2003 – 4 StR 83/03) oder dass er keinerlei Bedenken gegen den gemeinsamen gewaltsamen Überfall geäußert habe (BGH Beschl. v. 3.11.1999 – 2 StR 485/99). Fehlerhaft ist es, dem **Anstifter** anzulasten, dass er der eigentliche Initiator der Tat gewesen sei (BGH StV **2002** 190). Kein Strafschärfungsgrund sind die regelmäßigen Auswirkungen der **Beihilfehandlung** auf die Tatbereitschaft des Täters (BGHR StGB § 46 Abs. 3 Beihilfe 3), die „bereitwillige" Leistung des als Beihilfe gewerteten Tatbeitrags (BGH Beschl. v. 16.8.2000 – 3 StR 253/00), der Tatbeitrag als solcher (BGH Urt. v. 26.6.1979 – 1 StR 246/79; Beschl. v. 18.8.2000 – 3 StR 253/00) und gemeinschaftliches Handeln des Gehilfen, denn Beihilfe setzt immer einen anderen voraus, dem Hilfe geleistet wird (BGHR StGB § 46 Abs. 3 Beihilfe 2).

263 **e) Unrecht und Schuld.** Unzulässig ist die strafschärfende Wertung, der Angriff seitens des Opfers sei bereits beendet gewesen, als der Angeklagte diesem die tödlichen Schläge versetzte, weil ihm damit zur Last gelegt wird, **nicht in Notwehr** gehandelt zu haben (BGH StV **1997** 519); ebenso der Vorwurf, der Angeklagte habe die Gefahrensituation auf andere, das Leben des Getöteten schonende Weise abwenden können, wenn dies bei Notwehrlage und Verteidigungswillen der einzige Grund ist, den Rechtfertigungsgrund der Notwehr zu verneinen (BGH bei Dallinger MDR **1972** 750; **1975** 195). Gleiches gilt für den Vorwurf, der Angeklagte habe bewusst die Rechtslage ignoriert (BGH StV **1991** 20) oder er sei nicht unverschuldet in einer Weise, die einen entschuldigenden Notstand hätte begründen können, in die Tat hineingezogen worden (BGH StV **1993** 302; BGHR StGB § 46 Abs. 3 Schuldfähigkeit 1). Unzulässig ist es auch, den Umstand, dass der Angeklagte **nicht in einem entschuldigenden Notstand** (§ 35) gehandelt hat, zu seinem Nachteil zu werten, da es eine der Voraussetzungen für eine Bestrafung ist, dass er schuldhaft gehandelt hat (BGH Beschl. v. 1.12.1992 – 4 StR 577/92; vgl. BGHR StGB § 46 Abs. 3 Schuldfähigkeit 1). Ebenso verstößt die strafmildernde oder -schärfende Berück-

sichtigung des **Nichtvoliegens strafrahmenschärfender oder -mildernder Merkmale** gegen das Doppelverwertungsverbot (*Streng* Rdn. 699).

3. Doppelverwertungsverbot bei einzelnen Tatbeständen

a) Fälle unzulässiger Doppelverwertung. Als Verstoß gegen das Verbot der Doppelverwertung wurden im Einzelnen folgende strafschärfende Erwägungen beanstandet: 264

Bei **§ 113**: dass sich die Angriffe gegen „Repräsentanten des Staates" richteten (BGH NStZ **2014** 512f).

Bei **§ 129**: die Selbstverständlichkeit, mit der der Angeklagte zur Erreichung seiner politischen Ziele bereit war, gegen die Rechtsordnung der Bundesrepublik Deutschland zu verstoßen (BGH NStZ-RR **2009** 73).

Bei **§ 146**: Die Sicherheit des Zahlungsverkehrs habe für die Abwicklung lebenswichtiger wirtschaftlicher Beziehungen eine so überragende Bedeutung, dass eine abschreckend wirkende Ahndung der Geldfälschung unerlässlich sei (BGH StV **1988** 341; BGHR StGB § 46 Abs. 3 Geldfälschung 1, 2).

Bei **§ 153**: Die Gerichte seien auf wahre Aussagen angewiesen, im Interesse der Rechtspflege müsse die Wahrheitspflicht vor Gericht nachhaltig geschützt werden (BGH Beschl. v. 25.11.1975 – 5 StR 597/75).

Bei **§ 154**: Dem Angeklagten müsse eindringlich und nachhaltig vor Augen geführt werden, wie verwerflich gerichtliche Falschaussagen und deren Beeidigung seien (BGHSt **17** 321, 324). Er habe den Eid unter religiöser Beteuerung geleistet (BGH bei Dallinger MDR **1957** 582).

Bei **§ 171** (§ 170d a.F.): Die Angeklagte habe elementare Mutterpflichten verletzt (BGH NStZ-RR **1998** 101f).

Bei **§§ 174, 176**: Durch die Strafe müsse deutlich gemacht werden, dass auch in dem Abhängigkeitsverhältnis „Familie" einzelne Familienmitglieder nicht zur Befriedigung der Bedürfnisse eines anderen Familienmitglieds zur Verfügung stünden (BGH StV **1991** 207); der Täter habe auch aus eigenem sexuellen Antrieb gehandelt (BGHR StGB § 46 Abs. 2 Wertungsfehler 7); die Entwicklung des Kindes sei möglicherweise konkret gefährdet worden (BGH StV **1988** 250); dem Täter habe das Kind ausschließlich zur Befriedigung seiner egoistischen sexuellen Bedürfnisse gedient;[412] der Täter sei zielgerichtet vorgegangen (BGHR StGB § 176 Abs. 1 Strafzumessung 4); der Täter habe die Abhängigkeit bzw. das Vertrauen des Kindes ausgenutzt;[413] durch die Tat sei die sexuelle Entwicklung des Opfers gefährdet oder gestört worden;[414] durch das Verhalten des Angeklagten sei das Vertrauensverhältnis zu seiner Tochter massiv beeinträchtigt und die Familie zerstört worden (BGHR StGB § 46 Abs. 3 Sexualdelikt 3); die Tat habe „naturgemäß auch entsprechende Spuren in der Entwicklung" des Kindes hinterlassen und es habe dem Angeklagten keinen nachvollziehbaren Anlass zu den Handlungen gegeben (BGHR StGB § 46 Abs. 2 Wertungsfehler 5).

Bei **§ 174c**: Der Angeklagte habe durch seine Taten seinen gesamten pflegerisch tätigen Berufsstand sehr stark in Misskredit gebracht (BGH StraFo **2017** 116).

Bei **§ 176a Abs. 2 Nr. 1** (§ 176a Abs. 1 Nr. 1 a.F.): Die Tat sei mit einem Eindringen in den Körper verbunden gewesen (BGH Beschl. v. 30.7.2002 – 4 StR 148/02; s. aber

412 BGHR StGB § 46 Abs. 3 Sexualdelikt 4, 5; NStZ-RR **1999** 360; s.a. BGH Beschl. v. 19.1.2005 – 2 StR 513/04 und 18.2.2005 – 2 StR 551/04.
413 BGH StV **1994** 306; **1996** 248; NStZ-RR **1998** 326; **2000** 358.
414 BGH StV **1987** 146; **1988** 250; **1997** 519; **1998** 657.

Rdn. 265). Bei **§ 176a Abs. 1** (§ 176a Abs. 1 Nr. 4 a.F.): Der Angeklagte sei einschlägig vorbestraft (BGH StV **2002** 78).

Bei **§ 177 a.F.**: Der Angeklagte sei bei der Tatausführung grob vorgegangen (BGH StV **1987** 195); ihm sei durch die Strafe deutlich zu machen, dass er nicht das Recht habe, mit Gewalt gegen eine hilf- und wehrlose Frau vorzugehen (BGH Beschl. v. 4.12.1985 – 3 StR 488/85); mit dem Strafausspruch müsse grundsätzlich verdeutlicht werden, dass die Gesellschaft nicht bereit sei, solch massive Übergriffe auf die Selbstbestimmung der Frau tatenlos hinzunehmen oder mit besonderer Milde zu betrachten (BGHR StGB § 46 Abs. 3 Vergewaltigung 1); bei der Tat sei Gewalt angewendet worden (BGH NStZ-RR **2002** 136); der Täter habe seine Wünsche gegen den Willen der Frau gewaltsam durchgesetzt (BGH NStZ-RR **2002** 165); er habe seine Interessen über die Belange des Opfers gesetzt (BGH StV **2001** 453). Nicht strafschärfend gewertet werden darf ferner, dass sich der Angeklagte weder von der Gegenwehr noch dem Flehen des Opfers habe beeindrucken lassen (BGH NStZ-RR **2010** 76), dass die Angeklagten ihre erhebliche körperliche Überlegenheit einsetzen und die Hilflosigkeit des Opfers ausnutzten, das keine Chance zur Gegenwehr hatte (BGH Beschl. v. 25.10.2000 – 3 StR 370/00), sowie das vom Tatopfer empfundene Gefühl der Erniedrigung (BGH NStZ **2000** 366). Bei **§ 177 Abs. 4 a.F.**: die äußerst brutale Vorgehensweise und Intensität der Tatbegehung (BGHSt **46** 225).

Bei **§ 181a**: In dem Bestreben, durch Zuhälterei Geld zu verdienen, sei „ein Plan von einer sittlich negativen Ausprägung erkennbar" (BGH NStZ **1987** 405).

Bei **§§ 211, 212**: Der Täter sei zum Risiko der Tötung bereit gewesen (BGH Beschl. v. 24.9.1982 – 2 StR 474/82); er habe mit direktem Tötungsvorsatz gehandelt (s. zur Tötungsabsicht aber Rdn. 265);[415] er habe sich aus eigensüchtigen Gründen über das Lebensrecht des Opfers hinweggesetzt (BGH v. 13.10.1995 – 3 StR 462/95); er habe beim Tötungsversuch eine Schusswaffe und damit ein typisches Tötungswerkzeug verwendet (BGHR StGB § 46 Abs. 3 Totschlagsversuch 1); er habe das Opfer massiv, minutenlang gewürgt (BGHR StGB § 46 Abs. 3 Tötungsvorsatz 6); trotz der Schreie habe der Angeklagte nicht von seinem Vater abgelassen (BGH NStZ-RR **2002** 106); er habe sich nach den Messerstichen nicht um sein Opfer gekümmert (BGH StV **2003** 223); er habe durch seine Tat in der Nachbarschaft Leid über die Familie seines Opfers und seine eigene Familie gebracht (BGHR StGB § 46 Abs. 2 Wertungsfehler 10; **aA** BGH NStZ **1993** 385); die Täterin habe den gemeinsamen (erwachsenen) Kindern den Vater genommen (BGHR StGB § 46 Abs. 3 Totschlag 3). Unzulässig ist die strafschärfende Berücksichtigung des ganz erheblichen Unrechtsgehalts eines Tötungsdelikts (BGH Beschl. v. 28.3.2001 – 2 StR 82/01) sowie der nach der Tätervorstellung zur Ausführung der Tötungshandlung erforderlichen Gewalt (BGH StV **1998** 657), beim Verdeckungsmord die Erwägung, der Täter habe bedenkenlos ein Menschenleben ausgelöscht, nur um sich einer geringen Strafe wegen der Vortat zu entziehen (BGHR StGB § 46 Abs. 2 Wertungsfehler 10).

Bei **§ 222**: die schwere Folge des Sorgfaltsverstoßes (BGH NStZ **1986** 217, 218).

Bei **§§ 223, 224**: Die Geschädigte habe in allen Fällen Verletzungen davongetragen bzw. Schmerzen erlitten (BGHR StGB § 46 Abs. 3 Körperverletzung 3). Bei Annahme eines hinterlistigen Überfalls (§ 224 Abs. 1 Nr. 3 StGB) darf nicht straferschwerend berücksichtigt werden, dass sich der Angeklagte zur Ausführung der Tat im Schutz der Dunkelheit hinter einer Mauer an einer unbelebten Stelle verbarg (BGHR StGB § 46 Abs. 3 Körperverletzung 2).

---

415 BGHR StGB § 46 Abs. 3 Tötungsvorsatz 1, 3, 4, 6, 7; § 46 Abs. 1 Strafhöhe 16; § 21 Strafzumessung 4; BGH StV **1993** 72; **1998** 657; **2002** 190; NStZ **1999** 23.

Bei **§ 242:** die Missachtung fremden Eigentums (BGH Urt. v. 26.11.1998 – 4 StR 406/98).

Bei **§ 243 Abs. 1:** Die kriminelle Energie des Angeklagten komme im Aufbrechen des Vorhängeschlosses eines Bauwagens zum Ausdruck, was über die Verwirklichung der eigentlichen Tatbestandsmerkmale des Diebstahls (§ 242) hinausgehe (BGH StV **1993** 521).

Bei **§ 244:** Der Angeklagte sei mit dem Tatbeteiligten in einer festen Organisationsstruktur tätig gewesen (BGHR StGB § 46 Abs. 3 Bandendiebstahl 1); er habe die Tat unter Mitwirkung eines anderen Bandenmitglieds begangen (BGH Beschl. v. 25.7.2017 – 3 StR 174/17).

Bei **§ 250:** Bei Verwendung objektiv ungefährlicher Tatmittel: Der Angeklagte habe das Opfer in Angst um das eigene Leben versetzt (BGHR StGB § 250 Abs. 2 Wertungsfehler 2; § 46 Abs. 3 Raub 3; BGH StV **1993** 241; **1999** 597, vgl. aber BGHR StGB § 253 Abs. 1 Konkurrenzen 2); er habe bei den in der Bank befindlichen Personen das Gefühl einer erheblichen Gefahr erzeugt (BGH NStZ **1998** 404); er habe nicht aus Not heraus gehandelt, sondern absolute Bereicherungssucht habe im Vordergrund gestanden (BGH Beschl. v. 24.4.1997 – 4 StR 687/96) bzw. er habe aus Eigennutz gehandelt (BGH Beschl. v. 19.9.2000 – 4 StR 357/00). Bei **§ 250 Abs. 1 Nr. 1:** Der Angeklagte habe Pfefferspray mitgenommen, um den Widerstand des Opfers zu brechen (BGH NStZ-RR **2003** 105); er habe eine Waffe und andere Werkzeuge mitgenommen (BGH Beschl. v. 10.8.1999 – 4 StR 345/99).

Bei **§ 253:** Der Angeklagte habe sich bei der Tat von egoistischen Beweggründen leiten lassen, wenn damit die bei der Erpressung notwendige Bereicherungsabsicht herangezogen wird (BGH bei Dallinger MDR **1976** 14; wistra **1982** 65).

Bei **§§ 259, 260:** Der Hehler mache die Vortat durch die Absatzhilfe erst wirtschaftlich sinnvoll (BGH StV **1982** 567). Der Angeklagte habe den Vortäter durch die gewerbsmäßige Hehlerei zur Begehung immer weiterer Straftaten ermuntert (BGH NJW **1967** 2416). Nur durch die Branchenkenntnisse und Kontakte des Angeklagten habe das gestohlene Gold zu einem guten Preis abgesetzt werden können; dies habe den Anreiz zu weiteren Diebstählen erhöht (BGH StV **2002** 190f).

Bei **§§ 263, 266:** Der Angeklagte habe aus Gewinnstreben gehandelt (BGH NStZ **1981** 343).

Bei **§ 283 Abs. 1 Nr. 7 b:** Der Angeklagte habe sich gerade wegen des Fehlens der Bilanz keinen Überblick über die Geschäftsentwicklung der GmbH machen können (OLG Stuttgart NStZ **1987** 460, 461).

Bei **§ 323a:** Der Angeklagte habe ohne triftigen Grund zu viel Alkohol getrunken (BGH bei Dallinger MDR **1975** 541; vgl. auch BGHR StGB § 46 Abs. 3 Vollrausch 2).

Bei **§ 323c:** nicht näher begründete Gleichgültigkeit und Gefühlsrohheit (BGH Beschl. v. 11.1.1995 – 4 StR 750/94).

Bei **§ 331:** Die Tat habe das Vertrauen der Öffentlichkeit in die Lauterkeit der Verwaltung erschüttert (BGH StV **1997** 129). Der Angeklagte habe am bestehenden Korruptionssystem aktiv mitgewirkt und dessen Funktion gefestigt (BGHR StGB § 46 Abs. 3 Bestechlichkeit 1).

Bei **§ 353b:** Der Angeklagte habe sich im Rahmen der Verletzung von Dienstgeheimnissen über alle ihn treffenden Dienstvorschriften sehenden Auges hinweggesetzt (BGH NStZ **2011** 270).

Bei **§ 96 Abs. 12 AMG:** Gerade durch die Verschreibungspflicht für gefährliche Medikamente und durch deren ausschließliche Abgabe durch Apotheken solle ein unkontrollierter und deshalb gesundheitsgefährdender Verkauf verhindert werden (BGH NStZ **1982** 113; **1982** 463).

Bei **§ 370 AO**: Der Angeklagte habe sich sozialschädlich verhalten, weil der Steuerausfall zulasten der Allgemeinheit gehe (BGHR AO § 370 Abs. 1 Strafzumessung 11).

Bei **§ 96 Abs. 1 Nr. 1a AufenthG**: Der Angeklagte habe den Willen gehabt, mit den Taten Geld zu verdienen (BGH StraFo **2013** 477).

Bei **§§ 29, 29a, 30, 30a BtMG**: Wer mit Rauschgift Handel treibe, betätige sich besonders verwerflich, weil er sich am Unglück anderer Menschen zu bereichern suche (BGH bei Holtz MDR **1977** 808). Der Angeklagte habe aus Gewinnstreben oder Gewinnsucht[416] oder „allein um seines finanziellen Vorteils willen"[417] mit Betäubungsmitteln gehandelt (BGH NStZ **2000** 137). Er habe sich die Kontakte eines anderen für die Beschaffung von Rauschgift ohne große Bedenken um des eigenen Vorteils willen zu eigen gemacht (BGH wistra **2001** 420). Er habe von vornherein die Möglichkeit Geld zu verdienen ins Auge gefasst (BGH Beschl. v. 4.3.1994 – 2 StR 49/94). Der Angeklagte habe bedenkenlos Heroin verkauft, um damit seinen Lebensunterhalt zu bestreiten (BGH Beschl. v. 2.12.1997 – 1 StR 689/97). Ein minder schwerer Fall gem. § 30 Abs. 2 BtMG komme nicht in Betracht, weil der Angeklagte „sich aus wirtschaftlichen Erwägungen ganz bewusst für die Übernahme der angebotenen Kurierfahrten und mithin für die Begehung der Straftat entschieden" habe (BGH Beschl. v. 25.4.2017 – 3 StR 81/17). Bei einer Verurteilung wegen Handeltreibens: Die Betäubungsmittel seien in den Konsumentenkreislauf gelangt (BGH Beschl. v. 20.6.2018 – 5 StR 225/18). Die Erwägung, Handeltreiben mit Betäubungsmitteln sei die verwerflichste Tatvariante der §§ 29, 29a BtMG, verstößt für sich allein genommen als bloße Leerformel gegen das Doppelverwertungsverbot (BGHSt **44** 361, 366) und kann jedenfalls dann einen Wertungsfehler begründen, wenn sich das Handeltreiben gemessen an der Breite des gesamten Anwendungsbereichs von § 29 Abs. 1 Nr. 1 oder § 29a Abs. 1 Nr. 2 BtMG konkret als die weniger gewichtige Tatvariante darstellt (BGH NJW **2000** 597). Bei **§ 29 Abs. 3 BtMG**: Der Angeklagte habe sich über einen langen Zeitraum aus Drogengeschäften finanziert und aus einzelnen Taten erhebliche Gewinne gezogen, die über das für den Unterhalt Notwendige hinausgingen (BGH Beschl. v. 14.1.2001 – 3 StR 352/01). Die Einbeziehung der Gewerbsmäßigkeit des Handelns in die Gesamtwürdigung, ob bei Vorliegen des Regelbeispiels des § 29 Abs. 3 Nr. 1 BtMG die Indizwirkung für die Annahme eines besonders schweren Falls entfallen kann (BGHR StGB § 46 Abs. 3 Gewerbsmäßigkeit 1), verstößt gegen § 43 Abs. 3. Bei **§ 29a Abs. 1 Nr. 1 BtMG**: Haschisch als Einstiegsdroge führe Jugendliche oftmals härteren Drogen zu (BGH Beschl. v. 14.1.2001 – 3 StR 352/01). Bei **§ 30a Abs. 2 BtMG**: die Gefährlichkeit der mitgeführten Schusswaffe (BGH Beschl. v. 14.1.2001 – 3 StR 352/01 und 1.6.2005 – 2 StR 144/05).

Bei **Verstößen gegen das WaffenG**: die Gefährlichkeit von Waffen (BGH Beschl. v. 8.9.1994 – 1 StR 269/94; BGHR StGB § 46 Abs. 3 Waffenbesitz 1; StV **1998** 658).

265 **b) Keine unzulässige Doppelverwertung** sah der BGH in folgenden strafschärfenden Begründungen:

Bei **§§ 174, 176**: Der Angeklagte habe seine Tochter zum Sexualobjekt degradiert, weil er ihr durch finanzielle Belohnung das Gefühl der Käuflichkeit vermittelt habe (BGH NStZ **2001** 28). Er habe das Vertrauen seiner Frau grob missbraucht, die Stieftochter als bloßes Objekt sexueller Begierde betrachtet, das ihm zu Willen zu sein hatte, wann immer er es verlangte (BGH NStZ **2002** 646). Die Tat und das Strafverfahren hätten zu einer familiären und sozialen Isolierung des Opfers geführt (BGH NJW **2001** 2983). Es sei zu einer beträcht-

416 BGH NJW **1980** 1344; StV **1985** 102; BGHR StGB § 46 Abs. 3 Handeltreiben 1, 7, 8.
417 BGH Beschl. v. 24.4.2018 – 4 StR 60/18.

lichen konkreten Gefährdung der ungestörten Sexualentwicklung des Opfers gekommen (BGH v. 25.4.2001 – 5 StR 123/01). Bei **§ 176a Abs. 1 Nr. 1:** Auch kurzzeitiger Analverkehr mit einem zehn Jahre alten Kind sei eine gravierende Form des schweren sexuellen Missbrauchs (BGH Beschl. v. 23.7.2002 – 3 StR 179/02).

Bei **§ 177:** Geschlechtsverkehr ohne Kondom mit Samenerguss in die Scheide (BGHSt **37** 153; BGH NStZ **1999** 505); ungeschützter Analverkehr (BGH Beschl. v. 18.12.2002 – 2 StR 404/02); anders aber, wenn aus der dem Täter bekannten Sicht des Opfers die Gefahr einer unerwünschten Schwangerschaft und einer Infektion mit einer Krankheit nicht besteht (BGHR StGB § 46 Abs. 3 Vergewaltigung 5; § 177 Abs. 1 Strafzumessung 10, 11; s.a. BGH Urt. v. 15.12.2005 – 4 StR 314/05).

Bei **§§ 211, 212:** Tötungsabsicht (BGH NStZ **2012** 689; **2017** 216 [Anfragebeschluss], sowie zustimmend BGH NStZ-RR **2017** 237; **2017** 238; JR **2017** 391; Beschluss v. 27. Juli 2017 – 1 ARs 20/16, jew. unter Aufgabe entgegenstehender früherer Rechtsprechung; zum Ergebnis des Anfrageverfahrens s. BGH NStZ **2018** 533 m. Anm. *Kett-Straub*); im Fall des Heimtückemordes der Bruch eines besonderen Vertrauens (BGH NStZ-RR **2007** 106).

Bei **§ 238 Abs. 1:** die „besondere Hartnäckigkeit" und „Bedenkenlosigkeit" des Nachstellens, wenn das Tatgericht auf die Beharrlichkeit nicht als Merkmal des gesetzlichen Tatbestandes abgestellt, sondern die in Äußerungen in der Hauptverhandlung zum Ausdruck gebrachte ablehnende Einstellung des Angeklagten gegenüber den gerichtlich angeordneten Kontaktverboten berücksichtigt hat (BGH NStZ-RR **2014** 208).

Bei **§§ 249, 250, 255:** dass die Geschädigten durch die Tat in Todesangst gerieten (BGHR StGB § 253 Abs. 1 Konkurrenzen 2; s. aber Rdn. 264).

Bei **§ 250 Abs. 2 Nr. 1:** die Verwendung funktionsfähiger geladener Schusswaffen, die im Vergleich zu sonstigen Tatmitteln des § 250 Abs. 2 Nr. 1 höchstes Gefährdungspotenzial aufweisen (BGH NStZ **2002** 480).

4. Grenzen des Doppelverwertungsverbots

a) Strafrahmenwahl und Strafbemessung. Die Verwertung eines Umstandes, der 266
kein Tatbestandsmerkmal ist, sowohl bei der Strafrahmenwahl als auch bei der Strafzumessung im engeren Sinne verstößt nicht gegen das Doppelverwertungsverbot. Das Gericht ist vielmehr verpflichtet, alle Umstände auch bei der Strafzumessung im engeren Sinne zu würdigen (BGHR StGB § 46 Abs. 2 Gesamtbewertung 1, 2, 4). Voraussetzung für die strafmildernde oder strafschärfende Bewertung eines Umstandes auch innerhalb des herangezogenen Strafrahmens ist allerdings, dass er geeignet ist, als **Differenzierungsmerkmal für die angemessene Strafe innerhalb des Strafrahmens** zu dienen und nicht für jeden denkbaren Punkt des gemilderten oder erhöhten Strafrahmens gilt. Deshalb kann zwar der Umstand allein, dass nur ein **Versuch** vorliegt, innerhalb des nach § 49 Abs. 1 gemilderten Strafrahmens kein Strafmilderungsgrund sein; ein solcher kann sich aber aus tatsächlichen Besonderheiten der Versuchstat ergeben (BGH NJW **1989** 326). Dasselbe gilt für die Strafbemessung bei besonders schweren Fällen. Das Vorliegen eines besonders schweren Falls als solches darf innerhalb des erhöhten Strafrahmens nicht strafschärfend bewertet werden. Die Aussage, dass ein Umstand, der regelmäßig zum **Strafrahmen des besonders schweren Falls** führt, bei der konkreten Strafzumessung nicht noch einmal herangezogen werden darf (BGH StV **1983** 14), gilt nur für den Umstand als solchen, nicht aber für eventuelle qualitative oder quantitative Abstufungen (Rdn. 253). Hat erheblich verminderte Schuldfähigkeit zu einer Strafrahmenmilderung geführt, dann ist immer zu prüfen, welche Auswirkungen die verminderte Schuldfähigkeit auf die Bewertung der gegen den Angeklagten sprechenden Tatmodalitäten inner-

halb des Strafrahmens hat, ob diese ihm etwa nicht oder nur mit geringerem Gewicht anzurechnen sind. Eine unzulässige Doppelverwertung liegt darin nicht (BGHR StGB § 21 Strafzumessung 1 bis 18; BGH NStZ-RR **2002** 165; **2003** 104, st. Rspr.)

267 **b) Strafart und Strafhöhe.** Im Verhältnis zwischen Strafart und Strafhöhe besteht kein Doppelverwertungsverbot. Die besonderen Umstände, die nach § 47 Abs. 1 zur Verhängung einer Freiheitsstrafe führen, sind für deren Bemessung nicht verbraucht. Für die Auswahl der Strafart gelten die allgemeinen Strafzumessungsgrundsätze.

c) Innerhalb der Einzelstrafe

268 **aa) Tateinheit.** Es verstößt nicht gegen das Doppelverwertungsverbot, im Falle der Tateinheit bei der Bemessung der Einzelstrafe nach dem Gesetz, das die schwerste Strafe androht (§ 52 Abs. 2), strafschärfend zu berücksichtigen, dass der Täter neben dem Straftatbestand, dessen Strafrahmen eingreift, noch einen oder mehrere andere Straftatbestände erfüllt hat. Soweit sich Tatbestände allerdings überschneiden, kann das in den Bereich der Überschneidung fallende Unrecht dem Angeklagten nur einmal angelastet werden, wie z.B. die Tötung eines Menschen in § 211 und § 251 (BGHSt **39** 100, 109). Entsprechendes gilt, wenn die nach den Feststellungen vorliegende Tateinheit im Schuldspruch versehentlich nicht erscheint oder im Hinblick auf eine Beschränkung der Verfolgung gem. § 154a StPO nicht zum Ausdruck kommt.

269 **bb) Gesetzeskonkurrenz.** Diese Grundsätze gelten sinngemäß für Fälle der Gesetzeskonkurrenz (Spezialität, Subsidiarität und Konsumtion). Gesetzeseinheit verbietet es nicht, die Erfüllung von Merkmalen oder Tatmodalitäten des verdrängten Gesetzes straferschwerend zu berücksichtigen, wenn sie gegenüber dem Tatbestand des angewendeten Gesetzes selbständiges Unrecht enthalten (BGHR StGB § 46 Abs. 2 Tatumstände 7). Das gilt auch bei Annahme einer sog. Bewertungseinheit beim Handeltreiben mit Betäubungsmitteln (BGHR StGB § 46 Abs. 2 Wertung 2). Bei einer Verurteilung wegen schwerer Körperverletzung (§ 226) oder Körperverletzung mit Todesfolge (§ 227) darf berücksichtigt werden, dass bei der Tat ein gefährliches Werkzeug gebraucht wurde (RGSt **63** 423, 424; OGHSt **2** 324, 328).

270 **d) Mehrere Einzelstrafen.** Das Doppelverwertungsverbot hindert nicht daran, bei der Zumessung der Einzelstrafe für eine Tat auch zu berücksichtigen, dass der Täter zu ihrer Ermöglichung eine andere Tat begangen hat. Deshalb darf z.B. die außergewöhnliche Missachtung menschlichen Lebens, die in einem Mordversuch zur Ermöglichung eines anderen Tötungsverbrechens liegt, als Strafzumessungstatsache auch bei der Würdigung des nachfolgenden Totschlags gewertet werden, dessen Ermöglichung der Mordversuch bezweckte. Sie kann sogar die Annahme rechtfertigen, der nachfolgende Totschlag sei als besonders schwerer Fall mit lebenslanger Freiheitsstrafe zu ahnden (BGH NJW **1982** 2264, 2265 = JR **1983** 28 m. Anm. *Bruns*).

271 **e) Einzelstrafen und Gesamtstrafe.** § 54 Abs. 1 S. 2 verlangt, dass die Person des Täters und die einzelnen Straftaten zusammenfassend gewürdigt werden. Für die Annahme eines Doppelverwertungsverbots ist auch deshalb im Verhältnis zwischen Einzel- und Gesamtstrafe kein Raum (**aA** *Fischer* Rdn. 83).

272 **f) Strafzumessung und Strafaussetzung.** Die Berücksichtigung bestimmter Tatsachen bei der Strafzumessung hindert nicht, sie bei der Prüfung zu verwerten, ob die Voll-

streckung der verhängten Freiheitsstrafe zur Bewährung ausgesetzt werden kann (BGHSt **6** 298, 300). Soweit das Doppelverwertungsverbot bei der Strafzumessung wirkt, ist es auch bei der Prüfung der Strafaussetzung zu beachten.

VII. Gewichtung und Abwägung

Bereits bei der **Strafrahmenbestimmung** (Rdn. 281 ff) ist die Gewichtung und Abwägung der strafmildernden gegen die strafschärfenden Zumessungsfaktoren erforderlich, sofern die Wahl eines Sonderstrafrahmens von einer tatrichterlichen Wertung abhängt. Eine solche ist bei den fakultativen Strafmilderungsgründen (Vor § 46 Rdn. 17) sowie bei den besonders schweren oder minder schweren Fällen (Vor § 46 Rdn. 19 ff) notwendig. Nach Bestimmung des Strafrahmens muss das Tatgericht bei der **Strafzumessung im engeren Sinn** erneut eine Gesamtbewertung aller für und gegen den Angeklagten sprechenden Umstände vornehmen, um die schuldangemessene Strafe zu ermitteln. Die bei der Findung des Strafrahmens verwerteten Gesichtspunkte sind hierdurch nicht „verbraucht“, sondern – wenn auch mit geringerem Gewicht – erneut in die Gesamtbewertung einzustellen (BGHSt **26** 311; BGH NStZ **1984** 548; **1985** 164; BGHR StGB § 50 Strafhöhenbemessung 1 bis 6). 273

1. Grundsätze

a) Wertungsvorgaben. Besondere Bedeutung kommt bei der **Gewichtung** dem Schuldprinzip zu. **Verminderte Schuldfähigkeit** (§ 21) kann – wie alle vertypten Strafmilderungsgründe – zur Annahme eines minder schweren oder Ablehnung eines besonders schweren Falls oder zu einer Strafrahmenverschiebung nach § 49 Abs. 1 führen (§ 49 Rdn. 3 und § 50 Rdn. 2ff) und ist für die Einordnung der Tat in die Schwereskala des gefundenen Strafrahmens bedeutsam. Sie kann sich auf die Bewertung einzelner Strafzumessungstatsachen auswirken, so dass dem Angeklagten ein sonst straferhöhender Umstand nicht oder nur mit geringerem Gewicht angelastet werden darf (BGHR StGB § 21 Strafzumessung 1 bis 18; Rdn. 89, 120). 274

Eine **Strafmilderung** wegen verminderter Schuldfähigkeit kann aufgrund einer Gesamtwürdigung aller schuldrelevanten Umstände des Einzelfalls bei der Strafrahmenwahl oder auch der Strafhöhenbemessung **versagt** werden.[418] Im Rahmen seiner Ermessensentscheidung hierüber hat das Tatgericht allerdings zu berücksichtigen, dass der Schuldgehalt der Tat bei einer erheblichen Verminderung der Schuldfähigkeit in aller Regel vermindert ist (BGH NStZ-RR **2016** 74). Deshalb kann von der Strafrahmenverschiebung nur abgesehen werden, wenn den schuldmindernden Umständen schulderhöhende gegenüberstehen (BGH NStZ **2004** 619; Beschl. v. 10.5.2016 – 1 ARs 21/15), etwa weil der Täter den seelischen Ausnahmezustand verschuldet hat (BGHR StGB § 21 Vorverschulden 4) oder andere erschwerende Umstände vorliegen (BGHSt **7** 28, 31 f). 275

Die in der Rechtsprechung lange Zeit uneinheitlich behandelte Frage, unter welchen Voraussetzungen die fakultative Strafrahmenverschiebung nach §§ 21, 49 Abs. 1 in Fällen **selbst verantworteter Trunkenheit** abgelehnt werden kann, ist durch den Großen Senat für Strafsachen im Sinne einer Stärkung des tatgerichtlichen Ermessens entschieden worden (BGHSt **62** 247). Er sieht das selbstverantwortliche Sich-Betrinken des Täters vor der Tat bereits für sich genommen als schulderhöhenden Umstand an, der im Rahmen 276

418 BVerfGE **50** 5; BGHSt **7** 28, 30 f; BGH NStZ **1994** 183 f; **2008** 619 f; NStZ-RR **2003** 136; **2010** 336; **2016** 74; BGHR StGB § 21 Strafrahmenverschiebung 24; *Streng* MK § 21 Rdn. 20 ff; *SSW/Kaspar* § 21 Rdn. 18 ff.

der Ermessensausübung nach § 21 regelmäßig Berücksichtigung finden darf, ohne dass dies – wovon die bisherige Rechtsprechung im Anschluss an eine Grundsatzentscheidung des 5. Strafsenats (BGHSt **49** 239) vielfach ausging – von einzelfallbezogenen Feststellungen dazu abhängt, ob sich auf Grund der jeweiligen persönlichen oder situativen Verhältnisse das Risiko der Begehung von Straftaten infolge der Alkoholisierung für den Täter vorhersehbar signifikant erhöht hat. Nach dem Beschluss des Großen Senats für Strafsachen **kann** im Rahmen der bei der tatgerichtlichen Ermessensentscheidung über die Strafrahmenverschiebung nach den §§ 21, 49 Abs. 1 gebotenen **Gesamtwürdigung aller schuldrelevanten Umstände** eine „selbstverschuldete" Trunkenheit die Versagung der Strafrahmenmilderung tragen, auch wenn im Einzelfall eine vorhersehbare signifikante Erhöhung des Risikos der Begehung von Straftaten nicht festgestellt ist. Der Große Senat für Strafsachen stützt sich dabei auf die Prämisse, dass alkoholische Berauschung generell das Risiko strafbaren Verhaltens steigere. Diese Annahme entspricht zwar einer weit verbreiteten sozialen Überzeugung, die auch in der Rechtsprechung[419] und der strafrechtlichen Literatur[420] ihren Niederschlag gefunden hat, ist letztlich aber unbewiesen. Denn das gemeinsame Auftreten von Alkoholkonsum und Kriminalität, insbesondere Gewalt,[421] besagt für sich genommen wenig über das Bestehen und ggf. die Art eines zugrunde liegenden Wirkungszusammenhangs[422] und ist deshalb kein Beleg für die Annahme, dass Trunkenheit als solche für die Allgemeinheit abstrakt gefährlich sei. Angesichts der weiten Verbreitung von Alkoholgebrauch und -missbrauch verwundert das gemeinsame Auftreten von Alkoholisierung und Kriminalität nicht. Die Lösung des 5. Strafsenats war deshalb im Interesse der Einzelfallgerechtigkeit vorzugswürdig. Auch weiterhin wird es bei selbst verantworteter Trunkenheit jedoch in der Regel **gegen** eine Strafrahmenverschiebung sprechen, wenn im Einzelfall eine vorhersehbar signifikante Erhöhung des Risikos der Begehung von Straftaten festgestellt werden kann. Ein die Steuerungsfähigkeit erheblich beeinträchtigender Alkoholrausch ist aber dann nicht uneingeschränkt vorwerfbar, wenn der Täter alkoholkrank oder -überempfindlich ist. Eine Alkoholerkrankung, bei der die Alkoholaufnahme nicht als schulderhöhender Umstand gewertet werden kann, liegt regelmäßig vor, wenn der Täter den Alkohol aufgrund eines unwiderstehlichen oder ihn weitgehend beherrschenden Hanges trinkt (BGH NStZ **2012** 687 f; Beschl. v. 21.6.2016 – 5 StR 194/16).

277 Bei der Bewertung des Unrechtsgehalts der Tat sind die **gesetzlichen Wertungsvorgaben** zu beachten, die das Maß des verschuldeten Unrechts bestimmen und die in den für ein Delikt spezifischen Tatbestandsmerkmalen sowie dem Schutzzweck der Norm zu finden sind. Von besonderem Gewicht ist deshalb bei Eigentums- und Vermögensdelikten die Höhe des angerichteten Eigentums- oder Vermögensschadens, bei Gewaltdelikten das Maß der Gewalt und der dem Opfer zugefügten körperlichen und seelischen Schäden. Bei Tätigkeitsdelikten kommt es auf die Intensität der verbrecherischen Handlung an, bei Gefährdungsdelikten auf das Ausmaß der Gefährdung und bei Sexualdelikten ist die Stärke des Eingriffs in die sexuelle Selbstbestimmung oder Entwick-

---

419 BGHSt **10** 247, 251; **16** 124, 125; BGH NStZ-RR **1997** 163, 165; BGHR StGB § 21 Strafrahmenverschiebung 31, 40.

420 *Foth* DRiZ **1990** 417, 419 f; *Lackner* JuS **1968** 215, 218 f; *Rautenberg* DtZ **1997** 45; *Schäfer* DRiZ **1996** 196; *Schnarr* Alkohol als Strafmilderungsgrund, in: *Hettinger* (Hrsg.) Reform des Sanktionenrechts (2001) 40, 83 f.

421 *Görgen/Nowak* Alkohol und Gewalt (2013) 5 ff.

422 *Schalast/Leygraf* in: *F. Schneider/Frister* (Hrsg.) Alkohol und Schuldfähigkeit (2001) 182 f; vgl. zur kriminologischen Diskussion: *Albrecht* BewHi **1985** 354; *Egg* BewHi **1996** 198; ders. in: *Deutsche Hauptstelle für Suchtfragen* (Hrsg.) Jahrbuch Sucht **2015** 171, 177 ff; *H.J. Schneider* Kriminologie (1987) 466 f.

lung von besonderer Bedeutung. Diese Faktoren bieten dem Tatgericht auch die Grundlage für die erste Einordnung der Tat in die Schwereskala des Strafrahmens (Rdn. 70). Der Gesetzgeber hat darüber hinaus in den Qualifikations- und Privilegierungstatbeständen, den Regelbeispielen besonders schwerer Fälle und den vertypten Milderungsgründen bestimmten Tatmodalitäten oder sonstigen Umständen besonderes Gewicht verliehen. Diese Wertungen können auf vergleichbare Umstände übertragen werden und für die Strafzumessung auch dann Bedeutung erlangen, wenn sie zu keiner Strafrahmenverschiebung führen. So wird das Gericht bei der Strafzumessung wegen Betrugs – entsprechend den aus § 263 Abs. 3 Nr. 2 und 3 ersichtlichen gesetzlichen Wertungsvorgaben – die Höhe des Vermögensverlusts und das hieraus resultierende Maß der wirtschaftlichen Belastung des Opfers zu berücksichtigen haben. Tötungsdelikte können sich im Erfolgsunwert unterscheiden, wenn mehrere Menschen getötet werden oder dem Opfer vor Eintritt des Todes besondere (das Mordmerkmal der Grausamkeit aber nicht erfüllende) Leiden zugefügt werden; im Übrigen treten entsprechend den Wertungen in § 213 einerseits und § 211 andererseits bei ihnen subjektive Faktoren, Motive und Handlungsmodalitäten in den Vordergrund. Bei einer Verurteilung wegen Handeltreibens mit Betäubungsmitteln sind die seine Gefährlichkeit bestimmende Art des Rauschgifts sowie seine Menge und sein Wirkstoffgehalt die wesentlichen Strafzumessungsfaktoren.[423] Sie bilden die Grundlage für die erste Bewertung des Unrechts- und Schuldgehalts der Tat (BGH NStZ-RR **2002** 52f). Eine „reine Mengenrechtsprechung" wäre mit den Grundsätzen des § 46 indes nicht zu vereinbaren (BGH NStZ-RR **2011** 284f). Art, Menge und Wirkstoffgehalt des Rauschgifts verlieren z.B. an Bedeutung, wenn sie nicht vom Täter, sondern von dem ihn zur Tat verleitenden polizeilichen Lockspitzel bestimmt worden sind (BGH StV **1991** 565). In unterschiedlichen Fallgestaltungen können dieselben Strafzumessungsfaktoren verschieden gewertet werden. Vom Täter verursachte Tatfolgen sind ihm mit geringerem Gewicht anzulasten, wenn das Tatopfer ein Mitverschulden trifft (Rdn. 208ff). Ein dem Täter nicht zuzurechnender geistig-seelischer Ausnahmezustand kann erschwerende Handlungsmodalitäten in einem milderen Licht erscheinen lassen (Rdn. 120). Da unterschiedliche Strafzumessungsfaktoren ihr Gewicht und ihre Bedeutung gegenseitig beeinflussen können, lassen sich die Vorgänge der Gewichtung eines Faktors und der Abwägung strafmildernder und strafschärfender Faktoren nicht vollständig voneinander trennen. Wichtig ist jedoch, dass das Tatgericht die wesentlichen Strafzumessungsgründe in Übereinstimmung mit den gesetzlichen und höchstrichterlich anerkannten Bewertungsgrundsätzen berücksichtigt, danach den Unrechts- und Schuldgehalt der Tat bestimmt und die schuldangemessene Strafe findet.

b) Beurteilung bei Tatmehrheit. Eine Häufung von Straftaten kann bereits bei der **278** **Bemessung der Einzelstrafen** im Rahmen der Gesamtbewertung zu berücksichtigen sein (BGH NStZ-RR **2016** 105f m.w.N.). Begeht ein Angeklagter eine Mehrzahl von Straftaten und lässt dies nach ihrer Art und nach der Persönlichkeit des Täters auf Rechtsfeindschaft und die Gefahr künftiger Rechtsbrüche schließen, kann dieses Verhalten grundsätzlich nicht nur für später, sondern auch für früher begangene Taten strafschärfend gewertet werden (s. Rdn. 197).[424] Bei **Tatserien** ist der hierdurch verursachte **Gesamtschaden** schon bei der Zumessung der Einzelstrafen in den Blick zu nehmen (BGH NZWiSt **2012** 112; BGHR StGB § 46 Begründung 1).

---

423 *Weber* BtMG⁵ Vor §§ 29 ff Rdn. 892ff.
424 BGHSt **24** 268, 271; BGHR StGB § 212 Abs. 2 Umstände, schulderhöhende 2; vor § 1 – minder schwerer Fall – Gesamtwürdigung 2.

279 Bei der **Bemessung der Gesamtstrafe** fordert der BGH eine **Gesamtschau aller Taten** (BGHSt **24** 268). Hierbei sind besonders das Verhältnis der einzelnen Straftaten zueinander, ihr Zusammenhang, ihre größere oder geringere Selbständigkeit, Gleichheit oder Verschiedenheit der verletzten Rechtsgüter, die Häufigkeit und die Art der Begehung der Taten sowie das Gesamtgewicht des abzuurteilenden Sachverhalts zu berücksichtigen, ferner die Person des Täters, seine Strafempfindlichkeit und größere oder geringere Schuld im Hinblick auf das Gesamtgeschehen sowie die Frage, ob die mehreren Straftaten einem kriminellen Hang bzw. bei Fahrlässigkeitstaten einer allgemeinen gleichgültigen Einstellung entspringen oder ob es sich um Gelegenheitsdelikte ohne innere Verbindung handelt (BGH aaO, 269 f). Ein enger zeitlicher, sachlicher und situativer Zusammenhang zwischen den Einzeltaten ist grundsätzlich zugunsten des Angeklagten zu werten.[425] Zeitlich weit auseinanderliegende Taten gegen verschiedene Rechtsgüter sprechen eher für eine deutliche Erhöhung der Einsatzstrafe (BGH JR **2012** 35, 36). Besteht kein kriminologisch fassbarer Zusammenhang zwischen den Taten, ist weder ein enger Zusammenzug der Einzelstrafen noch eine deutliche Erhöhung der Einsatzstrafe angezeigt (*Schäfer/Sander/van Gemmeren* Rdn. 1214).

280 Bei **Serienstraftaten** ist nach Auffassung des BGH zu beachten, dass in derartigen Fällen die **Hemmschwelle** für spätere Taten gesunken sein könne. Daraus könne sich eine Verminderung des Schuldgehalts der Folgetaten ergeben, was sich bei der Bemessung der jeweiligen Einzelstrafen[426] und bei der Bildung der Gesamtstrafe[427] zugunsten des Täters auswirken könne. Diese **Privilegierung** besonders gefährlicher oder hartnäckiger Straftäter ist **ungerechtfertigt.**[428] Der Grund für das Absinken der Hemmschwelle liegt in der Begehung früherer Straftaten und ist deshalb dem Täter selbst anzulasten. Insbesondere bei sexuellem Kindesmissbrauch, aber auch bei anderen Formen der Gewaltanwendung innerhalb sozialer Nähebeziehungen kann die serielle Begehung von gleichartigen Taten gegen immer dasselbe Opfer zugunsten des Täters ausschlagen. Derartige serienweise begangene Sexual- oder Gewaltdelikte stellen aber im Regelfall eine erhebliche Belastung des Tatopfers dar und führen oft zu einer nachhaltigen Traumatisierung,[429] so dass das Gesamtgewicht einer Vielzahl solcher Einzeltaten, auch wenn sie für sich genommen jeweils nicht sonderlich schwerwiegend sind, eher für eine empfindliche Erhöhung der Einsatzstrafe spricht.[430] Immerhin hat auch der BGH in einigen Entscheidungen betont, dass die „Milderungsmöglichkeit der sinkenden Hemmschwelle" in den genannten Fällen durch den ständigen Druck ausgeglichen werde, dem das Opfer dadurch ausgesetzt sei, dass es jederzeit mit einer neuen Tat rechnen müsse (BGH NJW **2010** 3176; JR **2012** 35, 36). Die Erwägung der sinkenden Hemmschwelle greift darüber hinaus jedenfalls dann nicht, wenn der Täter von vornherein eine Vielzahl von Taten geplant hat (BGH Beschl. v. 9.1.2018 – 5 StR 541/17).

2. Festlegung des Strafrahmens

281 **a) Allgemeines.** Nach Bestimmung der den Schuldspruch tragenden Norm muss das Tatgericht den für die Rechtsfolgenentscheidung maßgeblichen Strafrahmen finden.

---

425 BGH StV **1994** 654; **1997** 76; **2000** 254; NStZ **1996** 187; wistra **1999** 463.
426 BGH StV **1991** 106; NJW **1995** 2234; StraFo **2012** 151 f; NStZ-RR **2016** 368.
427 BGH NStZ **1995** 77; NStZ-RR **2010** 40; **2016** 368; BGHR StGB § 46 Abs. 2 Tatumstände 4; § 54 Abs. 1 Bemessung 2.
428 *Reichenbach* JR **2012** 9, 11.
429 *SSW/Eschelbach* § 54 Rdn. 6.
430 *Reichenbach* aaO S. 12.

In diesem manifestiert sich die Bandbreite des Unrechts einer bestimmten Tatbestandsverwirklichung, aus der sich in der Regel in einer ersten groben Bewertung das Ausmaß der Schuld ergibt. Mit der Benennung der im konkreten Fall maßgeblichen Norm des Besonderen Teils steht der anzuwendende Strafrahmen allerdings oft noch nicht fest, weil die Strafandrohung dieser Norm durch zahlreiche Strafrahmenänderungsgründe (Vor § 46 Rdn. 10 ff) modifiziert sein kann, über die das Tatgericht zu befinden hat. Zur Strafrahmenbestimmung bei Ideal- und Gesetzeskonkurrenz siehe § 52.

Die **Qualifizierungs- und Privilegierungstatbestände** des Besonderen Teils betreffen allein den Schuldspruch und sind nicht Teil der Strafzumessung (Vor § 46 Rdn. 11 ff). Liegen zwingende **gesetzliche Privilegierungsgründe des Allgemeinen Teils** vor (§ 27 Abs. 2, § 28 Abs. 1, § 30 Abs. 1 S. 2, § 35 Abs. 2), so führen diese zwar ohne tatrichterliche Bewertung unmittelbar zu einem geringeren gesetzlichen Strafrahmen (Vor § 46 Rdn. 11). Als sog. vertypte Strafmilderungsgründe können sie darüber hinaus aber ebenso bereits für die Strafrahmenbestimmung (z.B. die Annahme eines minder schweren Falls, Rdn. 287) von Bedeutung sein wie die vertypten fakultativen Strafmilderungsgründe § 13 Abs. 2, § 17 S. 2, §§ 21, 23 Abs. 2, § 35 Abs. 1 S. 2, §§ 46a und b (Vor § 46 Rdn. 17 f). Vertypte Milderungsgründe sind auch in strafrechtlichen Nebengesetzen zu finden. Für die Praxis wichtig ist insbesondere § 31 BtMG. 282

Benannte **fakultative Strafrahmenänderungsgründe des Besonderen Teils,** die zu einer Strafrahmenmilderung nach § 49 Abs. 1 führen können, sind z.B. § 239a Abs. 4 und § 239b Abs. 2. Andere benannte fakultative Strafrahmenmilderungsgründe lassen eine Strafrahmenmilderung nach § 49 Abs. 2 oder auch ein Absehen von Strafe zu (z.B. § 83a Abs. 1, § 84 Abs. 5, § 98 Abs. 2, § 157 Abs. 1 und 2, §§ 306e, 320; Vor § 46 Rdn. 18). 283

Zahlreich sind die als **minder schwere Fälle** ausgestalteten unbenannten Strafrahmenänderungsgründe (Vor § 46 Rdn. 19). Für **besonders schwere Fälle** hat der Gesetzgeber in den meisten Fällen durch die sog. Regelbeispiele Bewertungsregeln aufgestellt (Vor § 46 Rdn. 21 ff). 284

b) Grundsätze der Strafrahmenbestimmung. Die Strafrahmenbestimmung bereitet die endgültige Strafhöhenbemessung vor. Die Voraussetzungen für die Strafrahmenbestimmung sind zwar oft ausdrücklich geregelt, dennoch ist in vielen Fällen bereits hier eine Abwägung von belastenden und entlastenden Tatsachen erforderlich. Die bei der Strafzumessung genannten Grundsätze der Gewichtung und Abwägung (Rdn. 273 ff) sind hier zu beachten. Die besonderen Voraussetzungen für die Annahme einzelner benannter Strafrahmenänderungsgründe und Regelbeispielsfälle sind in erster Linie bei den entsprechenden Normen zu erörtern. Hinsichtlich der Bestimmung minder oder besonders schwerer Fälle treten jedoch auch allgemeine, deliktsübergreifende Fragen auf, die grundsätzlich und beispielhaft zu behandeln sind: 285

aa) Gesamtbewertung. Soweit die Voraussetzungen für eine Strafrahmenänderung im Gesetz nicht besonders benannt sind, hat das Tatgericht den Strafrahmen aufgrund einer Gesamtwürdigung zu bestimmen. Diese ist auch in den Regelbeispielsfällen erforderlich, allerdings mit einer veränderten Fragestellung: Hat der Angeklagte ein Regelbeispiel erfüllt, ist zunächst von dem erhöhten Strafrahmen auszugehen und zu prüfen, ob trotz der Verwirklichung des Regelbeispiels aufgrund einer Gesamtwürdigung ein besonders schwerer Fall zu verneinen ist (Vor § 46 Rdn. 23). 286

bb) Strafrahmenmilderung durch vertypte Milderungsgründe. Bei der Bestimmung des Strafrahmens können die vertypten allgemeinen Strafrahmenmilderungsgründe (z.B. §§ 21, 23 Abs. 2, Rdn. 282) eine bedeutende Rolle spielen. Statt zu einer Straf- 287 rahmenverschiebung nach § 49 Abs. 1 oder Abs. 2 können sie auch zur Annahme eines minder schweren Falls oder zur Verneinung eines besonders schweren Falls führen.[431] Rechtfertigen bereits allgemeine Strafzumessungsfaktoren die Annahme eines minder schweren Falls, dann bleiben die vertypten Gründe insoweit außer Betracht und können eine weitere Strafrahmenverschiebung rechtfertigen (vgl. § 50 Rdn. 9). Im Übrigen sind bei der Gesamtbetrachtung Milderungsgründe nur in dem Umfang heranzuziehen, wie dies zur Annahme des minder schweren Falls erforderlich ist. Diese Grundsätze gelten entsprechend für die Verneinung eines besonders schweren Falls (§ 50 Rdn. 17) trotz Vorliegen eines Regelbeispiels (BGHR StGB vor § 1 besonders schwerer Fall – Verneinung 2; § 177 Abs. 2 Strafrahmenwahl 11). Zu der hieraus folgenden **Prüfungsreihenfolge** für die **Strafrahmenwahl** s. § 50 Rdn. 9.

288 **c) Minder schwere Fälle.** Soweit das Gesetz die Annahme eines minder schweren Falls vom **Vorliegen bestimmter Umstände** abhängig macht, hat das Tatgericht bei deren Vorhandensein keinen Beurteilungsspielraum, der es ihm ermöglicht, einen minder schweren Fall zu verneinen (z.B. bei § 213 1. Alt.). In der überwiegenden Zahl der gesetzlichen Bestimmungen werden die Voraussetzungen für die Annahme eines minder schweren Falls jedoch nicht genannt. Bejaht das Tatgericht unter Nutzung seines Beurteilungsspielraums einen minder schweren Fall, steht es regelmäßig nicht in seinem Ermessen, ob es eine Strafrahmenmilderung vornimmt oder nicht (s. auch Vor § 46 Rdn. 10).

289 Entscheidend für das Vorliegen eines **unbenannten minder schweren Falls** ist nach ständiger Rechtsprechung, ob das gesamte Tatbild einschließlich aller subjektiven Momente und der Täterpersönlichkeit vom Durchschnitt der erfahrungsgemäß gewöhnlich vorkommenden Fälle in einem so erheblichen Maße abweicht, dass die Anwendung dieses Strafrahmens geboten erscheint. Für die Prüfung der Frage ist eine **Gesamtbetrachtung** erforderlich, bei der alle Umstände heranzuziehen und zu würdigen sind, die für die Wertung der Tat und des Täters in Betracht kommen, gleichgültig ob sie der Tat selbst innewohnen, sie begleiten, ihr vorausgehen oder nachfolgen (Vor § 46 Rdn. 20). Es ist Sache des Tatgerichts, die Erschwernis- und Milderungsgründe auf diese Weise nach pflichtgemäßem Ermessen gegeneinander abzuwägen.[432]

290 **d) Regelbeispiele besonders schwerer Fälle.** Nahezu alle besonders schweren Fälle sind inzwischen als Regelbeispiele ausgestaltet. Ist ein bestimmtes Regelbeispiel gegeben, spricht zunächst eine Vermutung dafür, dass ein besonders schwerer Fall vorliegt, der die Strafrahmenerhöhung rechtfertigt. Da diese Vermutung aber durch entlastende Strafzumessungsfaktoren **widerlegt** werden kann, muss das Tatgericht in einer **Gesamtwürdigung** prüfen, ob ein besonders schwerer Fall nicht dennoch zu verneinen ist (Vor § 46 Rdn. 23). In besonderen Ausnahmefällen kann darüber hinaus sogar die Annahme eines minder schweren Falls in Betracht kommen (BGH NStZ-RR **2006** 6; StraFo **2017** 425).

291 Auf der anderen Seite kann bei den Tatbeständen mit Regelbeispielen ein besonders schwerer Fall aufgrund einer Gesamtwürdigung auch zu bejahen sein, wenn kein Regelbeispiel vorliegt. Denn die Regelbeispiele stellen **keinen abschließenden Katalog** dar (BGHSt **23** 254, 257). Für die Annahme eines solchen Falls kommt es – wie auch beim unbenannten besonders schweren Fall – darauf an, ob das gesamte Tatbild einschließ-

---

431 BGH NStZ **1987** 72; NStZ-RR **2016** 367; StV **2016** 283; 565; BGHR StGB § 1 Gesamtwürdigung, unvollständige 1, 2, 4, 5, 7, 11; BGH Beschl. vom 17.3.2016 – 1 StR 47/16; *Schäfer/Sander/van Gemmeren* Rdn. 928 ff.

432 BGHSt **26** 97; **35** 148; BGH NStZ **1982** 246; **1985** 547; **1991** 529; **2000** 254; NStZ-RR **2002** 329; BGHR StGB vor § 1 – minder schwerer Fall – Gesamtwürdigung 1, 5 und 6.

lich aller subjektiven Momente und der Täterpersönlichkeit vom Durchschnitt der erfahrungsgemäß gewöhnlich vorkommenden Fälle in einem Maße abweicht, dass die Anwendung des Ausnahmestrafrahmens geboten ist (BGHSt **2** 181, 182; **28** 318, 319; **29** 319, 322). Dabei kommt den Regelbeispielen maßstabbildende Bedeutung zu. Ein besonders schwerer Fall kann auch dann naheliegen, wenn ein dem Regelbeispiel zwar nicht nach seiner Art, wohl aber nach seinem Gewicht vergleichbarer Umstand gegeben ist (BGHSt **28** 318; BGH NJW **1990** 1489).

e) Versuch des besonders schweren Falls. Die Frage, wie der Versuch einer Tatbe- 292
standsverwirklichung zu beurteilen ist, der auch auf die **Verwirklichung eines Regelbeispiels** abzielt, ist umstritten.[433] Nach im Schrifttum verbreiteter Ansicht tritt die Indizwirkung nur ein, wenn das Regelbeispiel erfüllt wurde.[434] Ist demnach zwar das **Grunddelikt nicht vollendet, das Regelbeispiel aber verwirklicht**, entfaltet nach nahezu einhelliger Meinung[435] das Regelbeispiel seine Indizwirkung, so dass ein besonders schwerer Fall des Versuchs der Tatbestandsverwirklichung angenommen werden kann, der den höheren (ggf. nach §§ 23, 49 Abs. 1 gemilderten) Strafrahmen rechtfertigt, es sei denn, der besonders schwere Fall wird aufgrund einer Gesamtwürdigung verneint. Ist das **Regelbeispiel nur versucht**, soll dies für die Annahme eines besonders schweren Falls wegen des versuchten Erschwerungsgrundes demgegenüber nicht ausreichen, da die Indizwirkung vom tatsächlichen Vorliegen des Regelbeispiels abhänge.[436] Die Annahme eines besonders schweren Falls sei dann nur mit der Begründung möglich, dass nach einer Gesamtwürdigung aller Umstände die Tat in ihrem Unrechts- und Schuldgehalt einem Regelbeispielsfall gleichkomme.

Der **BGH** sieht zwischen Regelbeispielen und Qualifikationstatbeständen „keinen 293
tiefgreifenden Wesensunterschied" (BGHSt **26** 167, 173; **29** 359, 368) und behandelt die Regelbeispiele weitgehend wie Tatbestandsmerkmale. Für den Eintritt der Regelwirkung des § 243 Abs. 1 S. 2 Nr. 1 beim versuchten Diebstahl hat er nicht vorausgesetzt, dass neben dem (versuchten) Grundtatbestand das Regelbeispiel verwirklicht sein muss.[437] Denn die Schuld des Täters spiegele sich in dem wenigstens teilweise ausgeführten Tatentschluss wieder, so dass dieser einen geeigneten Anknüpfungspunkt für die Typisierung im Zusammenhang mit der Strafrahmenbestimmung als dem ersten Schritt der Strafzumessung biete. Der bloße Entschluss zur Erfüllung eines Regelbeispiels reicht allerdings nicht aus, um dessen Indizwirkung auszulösen. Vielmehr ist ein **unmittelbares Ansetzen zur Verwirklichung des Regelbeispiels** erforderlich (BGH NStZ **1995** 339 m. Anm. *Wolters*). Für den Fall der vollendeten sexuellen Nötigung (§ 177 a.F.) verbunden mit dem Versuch einer – an der heftigen Gegenwehr des Opfers gescheiterten – Vergewaltigung hat der BGH demgegenüber entschieden, dass die Indizwirkung für die Annahme eines besonders schweren Falls nur von der (vollendeten) Verwirklichung des Regelbeispiels ausgehe.[438] In einem obiter dictum hatte er zuvor die Ansicht vertreten, dass in Fällen, in

433 Vgl. *Fischer* Rdn. 97 ff; *Vogel* LK[12] § 243 Rdn. 71 ff.

434 *Graul* JuS **1999** 852; *Hoffmann-Holland* MK § 23 Rdn. 7 f; *Lackner/Kühl* Rdn. 15; *Lieben* NStZ **1984** 538; *Sch/Schröder/Eser/Bosch* § 243 Rdn. 44; *Wessels* FS Lackner 423, 430 ff; *Zopfs* GA **1995** 320, 324; **aA** *Schäfer* JR **1986** 522; *Eckstein* JA **2001** 548, 554; *Eisele* JA **2006** 309, 314; *Fabry* NJW **1986** 15, 19; *Gropp* JuS **1999** 1041, 1050; *Reichenbach* Jura **2004** 260.

435 **AA** *Arzt* JuS **1972** 517; *Callies* JZ **1975** 118.

436 *Küper* JZ **1986** 518, 523 f; *Graul* JuS **1999** 852, 855.

437 BGHSt **33** 370, 374; BGH NStZ **1984** 262; zu § 243 Abs. 1 S. 2 Nr. 2 BayObLG NStZ **1997** 442 m. Anm. *Wolters* JR **1999** 37 u. *Sander/Malkowski* NStZ **1999** 36.

438 BGH NStZ **2003** 602; NStZ-RR **2016** 138; vgl. auch NStZ-RR **1997** 293 zu § 176 Abs. 3 in der bis 31.3.1998 geltenden Fassung.

denen der Täter nach Einsatz des Nötigungsmittels aber vor Begehung einer sexuellen Handlung an der weiteren Ausführung der geplanten Vergewaltigung gehindert werde, also insgesamt nur ein Versuch vorliege, der nach §§ 23, 49 Abs. 1 gemilderte Strafrahmen des § 177 Abs. 2 a.F. Anwendung finde.[439] Die Frage, wie zu entscheiden wäre, wenn ein Versuch des Regelbeispiels mit einem vollendeten Grunddelikt zusammenhängt, hat der BGH offengelassen (BGHSt **33** 370, 376). Es erscheint naheliegend, entsprechend den in BGHSt **33** 370 entwickelten Grundsätzen – im Wege eines „Erst-Recht-Schlusses“[440] – eine Indizwirkung der versuchten Verwirklichung des Regelbeispiels auch in Fällen des vollendeten Grunddelikts zu bejahen.[441] Eine Differenzierung kann zu Wertungswidersprüchen führen, wo die Obergrenze des Strafrahmens für den besonders schweren Fall wesentlich höher liegt als die des „Normalstrafrahmens“ (z.B. bei § 263 Abs. 3), weil dann für das insgesamt nur versuchte Delikt ein höherer Strafrahmen gilt als für das vollendete mit versuchter Verwirklichung des Regelbeispiels (z.B. § 263 Abs. 3 i.V.m. §§ 23, 49 Abs. 1 anstelle von § 263 Abs. 1). Siehe zur Strafrahmenbestimmung auch § 50 Rdn. 9ff.

294 **f) Mehrere Tatbeteiligte.** Haben sich mehrere an der Tat beteiligt, so ist die Frage, ob ein besonders schwerer oder minder schwerer Fall vorliegt, für jeden von ihnen gesondert zu prüfen. Für die Bestimmung des Strafrahmens für den Gehilfen kommt es darauf an, ob die Beihilfehandlung – wenn auch unter Berücksichtigung der Haupttat – als besonders schwer oder minder schwer zu werten ist.[442] Auch hier ist – soweit ein Beurteilungsspielraum besteht – eine Gesamtbetrachtung erforderlich (Rdn. 286). Bei sukzessiver Mittäterschaft oder Beihilfe wirkt die Verwirklichung eines erschwerenden Umstandes (z.B. Regelbeispiels) auch gegen den später hinzukommenden Teilnehmer, der davon Kenntnis hat und dennoch an der Vollendung der Tat mitwirkt (BGHSt **2** 344; BGH StV **1994** 240).

295 **3. Die Bestimmung der Strafart.** Droht das Gesetz wahlweise Geldstrafe oder zeitige Freiheitsstrafe an, so ist nach den Grundsätzen des § 46 Abs. 2 bereits bei der Wahl der Strafart aufgrund einer Gesamtabwägung festzustellen, ob eine Geldstrafe als mildere Sanktion zur Ahndung der Tat ausreicht. Für die Verhängung kurzer Freiheitsstrafen bis zu sechs Monaten trifft § 47 Sonderregelungen. Für die kumulative Androhung von Geldstrafe neben Freiheitsstrafe wird auf § 41 verwiesen.

VIII. Strafhöhenbemessung

296 **1. Die gerechte Strafe.** Das Bundesverfassungsgericht hat für die Strafzumessung geltende Gerechtigkeitskriterien bestimmt. Nach ihnen muss die Strafe in einem gerechten **Verhältnis zur Schwere der Tat und dem Verschulden des Täters** stehen (BVerfGE **6** 389, 439; **105** 134, 156 m.w.N.). Es dürfen **keine unverhältnismäßig hohen Strafen** verhängt werden (BVerfGE **17** 306, 314; **45** 187, 261). Gemessen an der Idee der Gerechtigkeit müssen Tatbestand und Rechtsfolge sachgerecht aufeinander abgestimmt sein und der Täter darf nicht unter Verletzung seines sozialen Wert- und Achtungsanspruchs zum bloßen Objekt der Verbrechensbekämpfung gemacht werden (BVerfGE **50**

---

439 BGH NJW **1998** 2987f unter Hinweis auf BGHSt **33**, 370.
440 *Fabry* NJW **1986** 15, 20; *Fischer* Rdn. 102; *Zopfs* GA **1995** 320, 324.
441 Zweifelnd *Eckstein* JA **2001** 548, 553.
442 BGH MDR **1980** 814; **1982** 101; StV **1993** 186; **1996** 87; **2003** 284; BGHR StGB vor § 1 – minder schwerer Fall – Beihilfe 1, 2; § 250 Abs. 2 Beihilfe 1.

125 ff). Die Frage, welche Strafe im konkreten Fall zu verhängen ist, lässt sich mit Hilfe dieser Grundsätze nicht beantworten. Sie bieten aber immerhin Schutz vor Bestrebungen, aus Gründen der Abschreckung oder Sicherung überhöhte, nicht mehr schuldangemessene Strafen zu verhängen.

Wie die Strafzumessungsschuld und die den gerechten Schuldausgleich bestimmenden Faktoren in ein bestimmtes Strafmaß „umzuwerten" sind, ist wenig geklärt.[443] Für die konkrete Einordnung der Tat in den gesetzlichen Strafrahmen enthält das Gesetz keine Lösungen;[444] sie ist deshalb ein großes praktisches Problem.[445] Der gegenwärtige, durch weite Strafrahmen und große tatgerichtliche Spielräume bei der Strafzumessung gekennzeichnete Rechtszustand führt zu erheblichen **Ungleichheiten in der Strafzumessungspraxis.**[446] In der im Einzelfall verhängten Strafe schlagen sich individuelle Einstellungen der Urteilenden nieder;[447] zudem lassen sich regionale Unterschiede in der Strafzumessung feststellen.[448] Diese Befunde sind nicht auf Deutschland beschränkt. Um eine einheitlichere Strafzumessungspraxis zu erzielen, sind die USA seit Beginn der 80er Jahre dazu übergegangen, das richterliche Ermessen bei der Strafbemessung durch den Erlass von **„sentencing guidelines"** zu binden.[449] Eine Begrenzung der tatgerichtlichen Strafzumessung durch Leitlinien nach diesem Vorbild hat der 72. Deutsche Juristentag (2018) indes zu Recht abgelehnt, da solche Vorgaben die Vielfalt der möglichen Fallgestaltungen nicht abbilden und daher dem Einzelfall nicht gerecht werden.[450] Sie stellen keinen verfassungsrechtlich tragfähigen Ausgleich des Spannungsverhältnisses zwischen Schuldprinzip und Einzelfallgerechtigkeit einerseits und Rechtsfolgenbestimmtheit und Rechtssicherheit andererseits dar.[451] Die Rechtsprechung lehnt eine „Mathematisierung" der Strafzumessung oder sonstigen Schematismus ab.[452] Mehr noch als die Bewertung der Schuldschwere ist die Bestimmung der Strafhöhe nicht das Ergebnis eindeutig messbarer Faktoren, sondern beruht auf einer Interpretation und Anwendung zahlreicher allgemeiner Wertungsvorgaben durch das Tatgericht auf den konkreten Fall. Zur konsensfähigen Strafhöhenbemessung s. Rdn. 301. 297

2. Orientierung an den Strafrahmengrenzen. Nach der von der Rechtsprechung aufgegriffenen Schwereskala-Theorie[453] begrenzen die Strafrahmen eine **kontinuierliche Schwereskala** aller möglichen Fälle des gleichen Deliktstypus.[454] Aus diesem Grund sei der denkbar schwerste Fall einer Tatbestandsverwirklichung mit der angedrohten Höchststrafe, der denkbar leichteste Fall mit der Mindeststrafe und der Fall mittlerer Schwere mit einer Strafe aus der Mitte des Strafrahmens zu ahnden.[455] Diese Ankerpunkte geben den Tatgerichten – zumal angesichts häufig sehr weiträumiger Strafrahmen – 298

---

443 *Schäfer/Sander/van Gemmeren* Rdn. 1164 ff.
444 *Schäfer/Sander/van Gemmeren* Rdn. 1170.
445 *SSW/Eschelbach* Rdn. 193; *Kasper* Gutachten C zum 72. DJT S. 97.
446 *Kasper* Gutachten C zum 72. DJT S. 18 ff; *Streng* Rdn. 479 ff.
447 *Streng* Rdn. 486 ff; *ders.* in: *Frisch* **2011** 39, 49.
448 *Grundies* in: *Neubacher/Bögelein* **2016** 511; *Streng* Rdn. 482 ff.
449 Vgl. hierzu *Meyer* ZStW **118** (2006) 512; *Walther* MschrKrim **2005** 362.
450 Vgl. *Kaspar* Gutachten C für den 72. DJT; Beschlüsse des 72. DJT.
451 Vgl. BVerfGE **105** 135, 154 f.
452 BGHSt **34** 345, 351; **62** 184, 192; vgl. auch *Bruckmann* ZRP **1973** 30; *Bruns/Güntge* Kap. 1 Rdn. 9; *Hassemer* ZStW **90** (1978) 46; *v. Hippel* FS Lange 284; *Seebald* GA **1974** 193; DRiZ **1975** 4.
453 *Dreher* Über die gerechte Strafe (1947) S. 61 ff; *Schöch* in: *Frisch* **2011** 166 f.
454 BGHSt **27** 2; BGH NStZ **1983** 217; OLG Stuttgart MDR **1961** 343 m. Anm. *Dreher*; OLG Hamm, Urt. v. 23.12.1977 – 3 Ss 795/77.
455 *Dreher* FS Bruns 149 ff; BGH NStZ **1983** 217.

aber allenfalls grobe Maßstäbe für die Einordnung einer Tat in die Schwereskala.[456] Hinzu kommt, dass die Festlegung des denkbar schwersten und denkbar mildesten Falls praktisch unmöglich ist. Der „denkbar schwerste Fall" entzieht sich einer konkreten Festlegung, da letztlich zu jedem Fall weitere Unrechts- und Schuldsteigerungen hinzugedacht werden können. Auch der „denkbar leichteste Fall" ist praktisch kaum fassbar.[457] Wenn sich das Tatgericht an diesen Eckwerten orientieren will, muss es jeweils eine gewisse Bandbreite möglicher Fälle berücksichtigen (*Meier* S. 235). Die Mindeststrafe darf deshalb trotz straferschwerender Umstände auch dann verhängt werden, wenn das Tatgericht in einer umfassenden Würdigung den strafmildernden Gesichtspunkten besonderes Gewicht beimisst.[458] Ähnliches gilt sinngemäß für die Höchststrafe (BGH NJW **1993** 3210). In der Konsequenz der Schwereskala-Theorie liegt es, dass die höchstrichterliche Rechtsprechung an die Begründung der Strafzumessung umso höhere Anforderungen stellt, je mehr sich die Strafe der unteren oder der oberen Grenze des Strafrahmens nähert.[459] Zur Mindeststrafe bei Ideal- und Gesetzeskonkurrenz siehe § 52.

299 **3. Orientierung am tatsächlichen Durchschnittsfall.** Nach der Rechtsprechung des Bundesgerichtshofes zu Strafhöhe gilt für **Alltagskriminalität**, dass der Durchschnitt der erfahrungsgemäß vorkommenden Fälle nur einen verhältnismäßig geringen Schweregrad erreicht und die Strafe für solche Durchschnittsfälle deshalb **unterhalb der Mitte des Strafrahmens** anzusiedeln ist.[460] Für Totschlagsdelikte kann dies aber nicht gelten (BGH StV **1999** 576; s. Rdn. 69).

4. Vergleichende Strafhöhenbemessung

300 **a) Eigenverantwortlichkeit richterlicher Überzeugungsbildung.** Der BGH hat wiederholt betont, dass das Tatgericht in jedem Einzelfall die angemessene Strafe unter Abwägung aller in Betracht kommenden Umstände aus der Sache selbst finden muss (BGHSt **56** 262, 264).[461] Auf die Strafpraxis anderer Gerichte oder anderer Spruchkörper desselben Gerichtes komme es nicht an. Revisionen, die auf vergleichende Strafzumessung gerichtet sind, werden daher grundsätzlich als unbegründet angesehen (BGH NStZ **1991** 581 m.w.N.). Vielmehr gilt es als rechtsfehlerhaft, wenn ein Gericht nicht eine **nach eigener Wertung angemessene Strafe** festgesetzt hat, sondern die Strafe allein im Hinblick auf die Strafzumessung anderer Gerichte oder Spruchkörper in Parallelentscheidungen verschärft oder gemildert hat (BGHSt **28** 318, 323ff). Hat das Tatgericht hingegen eine eigene Entscheidung über die Strafhöhe getroffen und hierbei lediglich die in den Parallelsachen erkannte Strafhöhe in die Gesamtabwägung eingestellt, ist dies rechtsfehlerfrei. Denn die **Gleichmäßigkeit des Strafens** kann als Gebot der Gerechtigkeit in die Strafzumessungserwägungen einbezogen werden.[462] Dass der BGH selbst bei der Strafhöhenbemessung vergleichende Bewertungen vornimmt und somit implizit auch von den Tatgerichten fordert, zeigen zahlreiche Entscheidungen, in denen er Strafen als zu hoch oder zu niedrig bemängelt hat, ohne einen anderen Fehler aufzuzeigen (s. Rdn. 321). Offenkundig ist diese vergleichende Betrachtung, wenn die Strafhöhe be-

---

456 **Krit.** *Streng* Rdn. 642ff; *Schäfer/Sander/van Gemmeren* Rdn. 1166ff.
457 BGH NStZ **1984** 359 m. Anm. *Zipf*.
458 BGH NStZ **1984** 410; StV **1993** 521; **2000** 553; wistra **1997** 227; BGHR StGB § 46 Abs. 1 Strafhöhe 14.
459 BGH NJW **1995** 2234f; **2001** 83f; vgl. auch BGHSt **24** 268, 271.
460 BGHSt **27** 2; BGH NStZ **1983** 217; BGH StV **1983** 102; **1994** 182.
461 = JR **2012** 249 m. **krit.** Anm. *Streng*; BGH NStZ-RR **2009** 71f; BGH wistra **2001** 57, 58; BGHR StGB § 46 Abs. 2 Wertungsfehler 23; BGHR StGB § 46 Abs. 2 Zumessungsfehler 1.
462 BGH NStZ-RR **1997** 196f; BGHR StGB § 46 Abs. 2 Wertungsfehler 23.

anstandet wird, weil sie im „Verhältnis zu anderen vergleichbaren Fällen“ oder „in Anbetracht der Strafzumessungspraxis“ zu hoch oder zu niedrig sei.[463] Aber auch die Beanstandung von Strafen mit der Begründung, sie seien nicht schuldangemessen, beruht letztlich auf einer vergleichenden Betrachtung. Das zeigt sich besonders bei Begründungen, die die Strafe deswegen als nicht schuldangemessen bezeichnen, weil sie von den in ähnlichen Fällen bestätigten Strafen zu stark abwichen.[464] Zur Strafzumessung bei Mittätern Rdn. 303.

b) Konsensfähige Strafhöhe. Eine differenzierte Bestimmung der angemessenen Strafe ist nur auf der Grundlage eines Wertungskonsenses möglich, der bestehende Bewertungsregeln beachten und durch sachliche Argumentation erzielt werden muss. Die **Quantifizierung von Schuld**, ihre Bestimmung als zahlenmäßige Größe innerhalb des Strafrahmens, kann nicht zu einem objektiv unbestreitbaren, sondern nur zu einem konsensfähigen Ergebnis führen. Ein solches ist allein dann erreichbar, wenn die Urteilenden auch die Vorstellungen anderer berücksichtigen. Daraus folgt die **Berechtigung und Notwendigkeit einer vergleichenden Betrachtung** bei der Strafhöhenbemessung.[465] Konsensfähig ist eine Strafhöhe in der Regel, wenn sie nicht erheblich von der Höhe anderer Strafen abweicht, die in vergleichbaren Fällen verhängt werden. Freilich darf sich das Tatgericht schon im Interesse der Einzelfallgerechtigkeit nicht darauf beschränken, einen durch eine Vielfalt strafzumessungserheblicher Gesichtspunkte geprägten Sachverhalt pauschal mit anderen zu vergleichen und daraus auf die Höhe der Strafe zu schließen. Darüber hinaus verbietet das Prinzip der Eigenverantwortlichkeit richterlicher Überzeugungsbildung (Rdn. 300) eine Orientierung an nicht für überzeugend gehaltenen Entscheidungen anderer Gerichte.[466] Der Unrechts- und Schuldgehalt der Tat muss vielmehr selbständig bewertet und die danach als angemessen erachtete Strafe ins Auge gefasst werden. In einem weiteren Akt sollte das Tatgericht sich allerdings vergewissern, ob seine Wertung konsensfähig ist, d.h. ob sie sich im Rahmen der Strafe für vergleichbare Fälle hält. Das bedeutet freilich nicht, dass es gezwungen wäre, die allgemeine Strafzumessungspraxis auch dann zu übernehmen, wenn es sie auf Grund einer normativen Bewertung bei der Entscheidung seines Falls für nicht zutreffend hält (vgl. *Theune* FS Pfeiffer 459). Solche Strafzumessungserwägungen werden insbesondere bei **massenhaft auftretenden Taten typischer Prägung** angezeigt sein, bei denen sich in gewissem Rahmen eine allgemeine, als die sachlich richtig zu bewertende Strafpraxis herausgebildet hat. Diese kann das Tatgericht dazu veranlassen, den Gesichtspunkt der Gleichmäßigkeit des Strafens als Gebot der Gerechtigkeit in seine Strafzumessungserwägungen einzubeziehen und damit – bei Berücksichtigung der Besonderheiten des von ihm zu entscheidenden Falls – jedenfalls ein auffälliges Abweichen von der in einer solchen Praxis zum Ausdruck kommenden allgemeinen Auffassung von der richtigen Strafe zu vermeiden (BGHSt **28** 318, 324). 301

Eine konsensfähige Strafhöhenbemessung könnte durch **empirische Erfassung** üblicher gerichtlicher Strafmaße für typische Fallgestaltungen gefördert werden.[467] Dieser 302

463 BGH NStZ **1985** 415; **1992** 381; **1997** 335 f; BGH NStZ-RR **2008** 308 f; BGHR StGB § 46 Abs. 1 Strafhöhe 2, 7, 9, 10; Beurteilungsrahmen 8, 9, 11, 12; BtMG § 29 Strafzumessung 12; BGH wistra **2001** 177; BGH Beschl. v. 15.12.2005 – 5 StR 439/05.

464 Vgl. BGHR BtMG § 29 Strafzumessung 8; s. a. BGHR StGB § 46 Abs. 1 Strafhöhe 7, 9; BtMG § 29 Strafzumessung 13; *Meine* NStZ **1989** 353.

465 Vgl. *Maurer* Komparative Strafzumessung; *Meier* S. 238 ff; *Schöch* in: *Frisch* **2011** 163, 167; *Streng* Rdn. 496 ff., 654 ff, 661 ff.

466 BGHSt **28** 318, 324; BGH NStZ-RR **1997** 196 f; StV **2008** 295 f, 296.

467 *Schöch* in: *Frisch* **2011** 163, 168.

Weg ist indes aufwendig, zumal ständige Aktualisierungen erforderlich wären. In Richtung der Schaffung tatsächlicher Erkenntnisgrundlagen für eine „konsensfähige Strafbemessung“ geht der Vorschlag der **Einrichtung einer zentralen Entscheidungsdatenbank** „zur Erweiterung des richterlichen Horizontes“,[468] die allerdings eine systematische Auswertung der eingestellten Entscheidungen nach den bestimmenden Strafzumessungsgesichtspunkten erfordert, um nicht zu einem bloßen Datenfriedhof zu verkommen. Auch die revisionsgerichtliche Kontrolle durch den Bundesgerichtshof und die Oberlandesgerichte trägt zu einer Orientierung der Strafzumessung an der üblichen Praxis bei. Da die Strafzumessung grundsätzlich Sache des Tatgerichts ist, nimmt sie allerdings nur in Evidenzfällen eine Korrektur vor (Rdn. 321).

303 **c) Strafhöhe bei Mittätern.** Der BGH verlangt, dass für alle (Mit-)Angeklagten, die in demselben Verfahren abgeurteilt werden, die Strafe „aus der Sache selbst“ gefunden werden muss. Der Gesichtspunkt, dass gegen Mittäter verhängte Strafen auch in einem gerechten Verhältnis zueinander stehen sollten, könne aber „nicht völlig außer Betracht“ bleiben.[469] Dies soll auch dann gelten, wenn ein Täter nach Jugendrecht und der andere nach Erwachsenenrecht verurteilt wird (BGH StV **1991** 557). Unterschiede der Strafen müssen deshalb erläutert werden, sofern sie sich nicht aus der Sache selbst ergeben. Erkennt das Tatgericht im umgekehrten Fall trotz erheblicher Unterschiede bei den Zumessungsgründen gegen Mittäter auf nahezu gleich hohe Strafen, bedarf dies ebenfalls einer ausdrücklichen Begründung (BGH StV **2011** 725 f). Diese sachlich-rechtlichen Begründungspflichten gelten vor allem bei Aburteilung mehrerer Beteiligter an derselben Tat durch **dasselbe Gericht in demselben Verfahren** (BGH StV **2011** 725 f; NStZ-RR **2017** 40) oder, wenn die Strafkammer in derselben Besetzung (einschließlich der Schöffen), z.B. in einem abgetrennten Verfahren, gegen Mittäter entscheidet und das andere Verfahren danach gerichtsbekannt ist (BGHSt **56** 262 f). Dann müssen die jeweiligen Strafmaße in einem sachgerechten, nachprüfbaren Verhältnis zur Strafe anderer Beteiligter stehen. Ein Grundsatz, dass Mittäter bei (vermeintlich) gleicher Tatbeteiligung von verschiedenen Gerichten gleich hoch zu bestrafen wären, besteht demgegenüber nicht. Es kann ihn auch schon deshalb nicht geben, weil die Vergleichsmöglichkeiten zwischen den in verschiedenen Verfahren gewonnenen Ergebnissen zu gering sind, insbesondere zur inneren Tatseite und zum Maß der Schuld (BGHSt aaO; BGHR StGB § 46 Abs. 2 Wertungsfehler 23).[470] Eine nach der Wertung des Tatgerichts als angemessen erachtete Strafe darf deshalb nicht allein im Hinblick auf eine in einem anderen Verfahren gegen einen Mittäter verhängte mildere Strafe herabgesetzt werden (BGHR StGB § 46 Abs. 2 Wertung 4). Allerdings sollte das Tatgericht im Hinblick auf die mildere Strafe prüfen, ob seine Entscheidung noch konsensfähig ist. Wegen des **Gebots gleichmäßiger Behandlung** aller Tatbeteiligten, abgeleitet aus dem Prinzip des gerechten Strafens, hat der 5. Strafsenat des BGH vom Tatgericht gefordert, bei der Strafzumessung im Falle einer Verurteilung von Untergebenen den Umstand zu berücksichtigen, dass eine Bestrafung der bislang Hauptverantwortlichen nicht gelungen war (BGHSt **39** 1, 36; **39** 146, 158 f.).

304 **5. Stimmige Strafhöhenbemessung.** Die Strafhöhenbemessung muss in sich stimmig, sie darf nicht unlogisch oder widersprüchlich sein. Insbesondere darf die Höhe der Strafe nicht in einem Widerspruch zu den vom Tatgericht in den Urteilsgründen vorge-

---

468 Beschluss 6 c) des 72. DJT.
469 BGH NStZ-RR **1998** 50; **2009** 71; StV **1993** 241; **1998** 481; **2009** 244, 245 ; wistra **1995** 312; **1997** 228; StraFo **2016** 477 f; BGHR StGB § 46 Abs. 2 Zumessungsfehler 1.
470 Vgl. auch *Maurer* S. 162 f, 218.

nommenen Bewertungen stehen. So ist es bedenklich, trotz festgestellter erheblich überwiegender strafmildernder Umstände nicht nur einen minder schweren Fall des Totschlags zu verneinen, sondern mit einer Freiheitsstrafe von zehn Jahren auch eine Strafe aus der Mitte des „Normalstrafrahmens" des § 212 Abs. 1 zu verhängen (BGH StV **2002** 190; **2003** 72). Widersprüchlich ist es auch, den Unrechts- und Schuldgehalt der Einzeltaten als gering, das Gesamtgewicht des Tatgeschehens aber als derart hoch zu bewerten, dass eine Gesamtfreiheitsstrafe von acht Jahren wegen Bestechlichkeit verhängt wird (BGHR StGB § 46 Abs. 1 Strafhöhe 13). Als widersprüchlich hat es der BGH ferner beanstandet, dass das Tatgericht in zwei Fällen ohne nähere Begründung unterschiedlich hohe Einzelstrafen verhängt hat, obwohl der Angeklagte die gleiche Tathandlung an demselben Tatopfer nur an einer anderen Stelle der Wohnung vorgenommen hatte, und dass in zwei weiteren Fällen gleich hohe Einzelstrafen ausgesprochen wurden, obwohl in einem der Fälle ein minder schwerer Fall bejaht worden war (BGH Beschl. v. 6.8.2004 – 2 StR 282/04). Beanstandet wurde auch die Verhängung gleicher Einzelstrafen bei einer Serie von Wohnungseinbruchdiebstählen mit sehr unterschiedlicher Höhe der Entwendungsschäden (zwischen 115 Euro und mehr als 23.500 Euro) als regelmäßig zentralem Punkt der Strafzumessung bei Eigentumsdelikten (BGHR StGB § 46 Abs. 1 Strafhöhe 20).

6. Verständigung über den Rechtsfolgenausspruch

a) Rechtsentwicklung. Die Zulässigkeit von Prozessabsprachen, die ein Geständnis 305
des Angeklagten und die zu verhängende Strafe zum Gegenstand haben, ist seit mehr als 30 Jahren heftig umstritten.[471] Die höchstrichterliche Rechtsprechung hat sich zu Absprachen über die Strafhöhe zwar immer wieder kritisch geäußert, diese aber nicht für grundsätzlich unzulässig erachtet.[472] Sie hat allerdings die Einhaltung bestimmter Mindestbedingungen gefordert, die sich aus dem Recht des Angeklagten auf ein **faires, rechtsstaatliches Verfahren** und dem **Schuldprinzip** ableiten (BVerfG NJW **1987** 2662; BGHSt **43** 195; **50** 40). Der Kritik, mit der Zulassung eines solchermaßen institutionalisierten Abspracheverfahrens habe der Bundesgerichtshof die Grenzen zulässiger Rechtsfortbildung überschritten, ist der Große Senat für Strafsachen in seinem Beschluss vom 3.3.2005 (BGHSt **50** 40) mit dem Hinweis entgegengetreten, dass die Justiz den Anforderungen der verfassungsrechtlich gebotenen Durchsetzung des staatlichen Strafanspruchs unter den gegebenen rechtlichen und tatsächlichen Bedingungen ohne die Zulassung von Urteilsabsprachen durch richterrechtliche Rechtsfortbildung nicht mehr gerecht werden könnte (aaO 54 ff).[473] Gleichzeitig hat er einen „drängenden Regelungsbedarf" konstatiert und an den Gesetzgeber appelliert, die Zulässigkeit und die wesentlichen rechtlichen Voraussetzungen und Begrenzungen von Urteilsabsprachen zu normieren (aaO 55, 64). In der Folge sind mit dem „Gesetz zur Regelung der Verständigung im Strafverfahren" vom 29.7.2009 (BGBl I 2353) Verfahrensvorschriften zu Absprachen im Strafprozess (insbes. §§ 160b, 202a, 243 Abs. 4, §§ 257b und c, § 273 Abs. 1 S. 2, Abs. 1a, § 302 Abs. 1 S. 2 StPO) geschaffen worden, die die vom BGH entwickelten Grundsätze

---

471 *Böttcher/Dahs/Widmaier* NStZ **1993** 375; *Dencker/Hamm* **1988**; *Gallandi* wistra **1991** 47; *Hamm* ZRP **1990** 337; *Koch* ZRP **1990** 249; *Krekeler* NStZ **1994** 196; *Lüderssen* StV **1990** 415; *Nestler-Tremel* DRiZ **1988** 288; *Niemöller* StV **1990** 34; *Pfeiffer* ZRP **1990** 355; *Rex* DRiZ **1991** 31; *Rönnau* **1990**; *Schmidt-Hieber* **1986**; *ders.* NJW **1982** 1017; *ders.* NJW **1990** 1884; *Schünemann* FS Baumann 361; *ders.* StV **1993** 657 f; *Wagner/Rönnau* GA **1990** 387; *Weigend* JZ **1990** 774; *Wolfslast* NStZ **1990** 409; *Zschockelt* FS Salger 435 ff.

472 BVerfG NJW **1987** 2262; BGHSt **37** 298, 305; **38** 102, 104; BGH NStZ **1994** 196.

473 S.a. *Landau* NStZ **2014** 425 f.

aufgreifen.[474] Einen Schwerpunkt bildet dabei die Gewährleistung der **Transparenz** und der **Dokumentation** des mit einer Verständigung verbundenen Geschehens.

306 Die Schaffung einer gesetzlichen Regelung hat die **Kritik von Prozessabsprachen** nicht verstummen lassen.[475] Es wird bemängelt, der das deutsche Strafverfahren beherrschende Untersuchungsgrundsatz und sein Ziel der **Wahrheitsfindung** seien aufgegeben worden. Die Verfahrensabsprache sei mit der Aufklärungspflicht des Gerichts nicht vereinbar. Es bestehe das Risiko, dass eine Verständigung wegen des erwünschten Beschleunigungseffekts einen Verzicht auf gründliche und umfassende Sachaufklärung zur Folge habe. Das in einem frühen Zeitpunkt aus echter Reue abgelegte Geständnis werde gegenüber dem im Hinblick auf eine mögliche Verständigung taktisch zurückgehaltenen Geständnis entwertet, was zur **Ungleichbehandlung** führe. Weder unter dem Gesichtspunkt der Schuldangemessenheit noch aus Gründen der Prävention sei es gerechtfertigt, nach einer Prozessabsprache eine geringere Strafe zu verhängen als nach einem umfassenden Geständnis ohne Absprache. Tatsächlich werde mit der teilweise erheblichen Strafmilderung im Rahmen von Verfahrensabsprachen vorwiegend ein kooperatives Verhalten des Angeklagten belohnt, was jedoch durch § 46 nicht legitimiert sei. Der Gesetzgeber versuche lediglich, Versäumnisse bei der Ausgestaltung und Praktikabilität des formellen und materiellen Rechts zu kaschieren.

307 Das **Bundesverfassungsgericht** ist in seinem Urteil vom 19.3.2013 zu dem Ergebnis gekommen, dass das Verständigungsgesetz die Einhaltung der verfassungsrechtlichen Vorgaben – nämlich des Schuldprinzips und der mit ihm verbundene Pflicht zur Erforschung der materiellen Wahrheit sowie des Grundsatzes des fairen, rechtsstaatlichen Verfahrens, der Unschuldsvermutung und der Neutralitätspflicht des Gerichts – in ausreichender Weise sichere (BVerfGE **133** 168).[476] Der allerdings festzustellende in erheblichem Maß **defizitäre Vollzug** des Gesetzes führe „derzeit" nicht zu dessen Verfassungswidrigkeit. Den Gesetzgeber treffe jedoch die Pflicht, die weitere Entwicklung sorgfältig im Auge zu behalten. Ggf. müsse er durch geeignete Maßnahmen einer fortdauernden Missachtung des Gesetzes entgegenwirken (BVerfG aaO, 235 f). Darüber hinaus hat das Bundesverfassungsgericht einige **verfassungsrechtliche Leitlinien** zur Auslegung der gesetzlichen Verständigungsregelungen aufgestellt. Die Kritik, diese Entscheidung sei nicht mehr als ein Appell an die Praxis, sie möge sich an das Gesetz halten (*Knauer* NStZ **2013** 433), hat sich als unberechtigt erwiesen. Vielmehr wird die Prüfung verständigungsbasierter Entscheidungen in der Revisionsinstanz maßgeblich durch das Urteil bestimmt.[477] Den Schwerpunkt der Revisionsrechtsprechung, die bereits mehrere hundert mit Gründen versehene Entscheidungen umfasst, bilden dabei verfahrensrechtliche Fragen, insbesondere Rügen gegen die Mitteilungspflicht nach § 243 Abs. 4 StPO.

308 **b) Die gesetzliche Regelung und ihre Bedeutung für die Strafzumessung.** Die **zentrale Norm** zur Prozessabsprache ist **§ 257c StPO** mit Regelungen zum zulässigen Inhalt und Zustandekommen sowie zu den Folgen einer Verständigung. Absatz 1 Satz 2 stellt klar, dass auch bei einer Verständigung die **Aufklärungspflicht** des Gerichts (§ 244

---

474 Vgl. *Jahn/Müller* NJW **2009** 2625.

475 *Altenhain/Haimerl* JZ **2010** 327; *Fezer* NStZ **2010** 177, 181; *Fischer* Rdn. 110 ff; *Knauer/Lickleder* NStZ **2012** 366 f; *Meyer-Goßner/Schmitt* StPO[61] § 257c Rdn. 3; *Miebach/Maier* MK Rdn. 134 ff; *Sch/Schröder/Stree/Kinzig* Rdn. 41e; *Schünemann* FS Baumann 361; *ders.* StV **1993** 657; *ders.* ZRP **2009** 104; *Strate* NStZ **2010** 362; *Streng* Rdn. 105, 609; *Stuckenberg* LR[26] § 257c; *Wohlers* NJW **2010** 2470, 2474 m.w.N.; eher positiv *Jahn* StV **2011** 497 m.w.N.

476 M. Anm. *Löffelmann* JR **2013** 333; erläuternd *Landau* NStZ **2014** 425; *Schmitt* FS Tolksdorf 399.

477 *Altvater* StraFo **2014** 221; vgl. auch *Mosbacher* NZWiSt **2013** 201.

Abs. 2 StPO) unberührt und somit dessen Überzeugung vom festgestellten Sachverhalt erforderlich bleibt. Nach Absatz 2 dürfen Gegenstand einer Verständigung nur **Rechtsfolgen** sein, die Inhalt des Urteils und der dazugehörigen Beschlüsse sein können, sowie sonstige verfahrensbezogene Maßnahmen im zugrundeliegenden Erkenntnisverfahren und das Prozessverhalten der Verfahrensbeteiligten (Satz 1), **nicht** aber der **Schuldspruch oder Maßregeln** der Besserung und Sicherung (Satz 3); Bestandteil jeder Verständigung „soll" ferner ein **Geständnis** sein (Satz 2). Außerdem werden Einzelheiten für das Verständigungsverfahren und die Folgen für das Handeln der Beteiligten festgelegt. Dazu gehören die Umstände, unter denen das Gericht einen **Strafrahmen** angeben kann (Absatz 3 Satz 1 und 2), die Voraussetzungen, unter denen eine Verständigung zustande kommt (Absatz 3 Satz 3 und 4) und unter denen die Bindung des Gerichts an eine Verständigung entfällt (Absatz 4 Satz 1 und 2), sowie die Folgen bei Wegfall dieser Bindung, die im Sinne einer Unverwertbarkeit des im Vertrauen auf eine Verständigung abgelegten Geständnisses geregelt sind (Absatz 4 Satz 3). Ein **Rechtsmittelverzicht** kann **nicht** Gegenstand einer Vereinbarung sein (§ 302 Abs. 1 S. 2 StPO).[478]

Im Hinblick auf die durch eine Verständigung unangetastet bleibende Aufklärungs- **309** pflicht des Gerichts sind an die **Qualität** des als Leistung des Angeklagten geforderten **Geständnisses** gewisse Anforderungen zu stellen. Ein „inhaltsleeres Formalgeständnis", das sich in einer Bezugnahme auf die Anklage erschöpft, ist als Grundlage einer Verständigung ungeeignet, weil es keine Grundlage für eine Überprüfung seiner Glaubhaftigkeit bietet (BVerfGE **133** 168, 239).

Als materiell-rechtliche **Verständigungsgegenstände** kommen neben der Strafhö- **310** he etwa die Entscheidung über die Strafaussetzung zur Bewährung, Bewährungsauflagen,[479] die Anordnung eines Fahrverbots (§ 44), die Anrechnung der Untersuchungshaft oder einer anderen Freiheitsentziehung (§ 51), die Anwendung von Verfolgungsbeschränkungen (§§ 154, 154a StPO), das Absehen von der Einziehung von Taterträgen oder Tatprodukten (§ 421 StPO), die Feststellung der besonderen Schwere der Schuld (§ 57a Abs. 1 Nr. 2)[480] sowie die (weitere) Vollstreckung von Untersuchungshaft in Betracht.[481] Die Verfahrensbeteiligten können sich nur auf solche Rechtsfolgen verständigen, die das Gesetz im konkreten Fall vorsieht. Unzulässig ist daher z.B. die Zusammenführung einer Geld- und Freiheitsstrafe zu einer Gesamtgeldstrafe[482] oder die Verständigung auf eine Strafe unterhalb des gesetzlichen Mindestmaßes.[483] Die Höhe der Kompensation für eine hinsichtlich Art, Ausmaß und ihrer Ursachen prozessordnungsgemäß festgestellten überlangen Verfahrensdauer ist ein zulässiger Verständigungsgegenstand.[484] Verboten sind „Paket-Absprachen" unter Einbeziehung der Rechtsfolgen anderer Verfahren.[485] Da der Schuldspruch von der Verständigung ausgeschlossen ist, darf das Absehen von der Verurteilung wegen einer qualifizierenden bandenmäßigen Begehung nicht Gegenstand einer Absprache sein (BGH NStZ **2011** 231). Eine verbotene Absprache über den Schuldspruch liegt aber nicht vor, wenn das Tatgericht nach längerer Hauptverhandlung seinem Verständigungsvorschlag das bisherige, einen Bandenvorwurf nicht belegende Beweisergebnis zugrunde legt (BGH Urt. v. 1.12.2016 – 3 StR 331/16).

478 Vgl. hierzu *Meyer-Goßner/Schmitt* StPO[62] § 302 Rdn. 26a ff.
479 Vgl. BGHSt **59** 172; BGH NJW **2014** 3173; NStZ-RR **2016** 379.
480 *Moldenhauer/Wenske* KK-StPO[7] § 257c Rdn. 16.
481 BGH Beschl. v. 21.7.2011- 5 StR 176/11.
482 KG Berlin StV **2012** 654.
483 BGH NStZ-RR **2004** 235 f.
484 BGHSt **61** 43; *Moldenhauer/Wenske* KK-StPO[7] § 257c Rdn. 15; *Meyer-Goßner/Schmitt* StPO[62] § 257c Rdn. 10.
485 BVerfGE **133** 168, 214; *Fischer* Rdn. 113j; **aA** *Bittmann* NStZ **2015** 545, 551.

311 Aus § 257c Abs. 2 Satz 1 StPO folgert das Bundesverfassungsgericht, dass eine **Strafrahmenverschiebung nicht Gegenstand einer Verständigung** sein darf, und zwar auch dann nicht, wenn sie sich auf Sonderstrafrahmen für besonders schwere oder minder schwere Fälle im Vergleich zum Regelstrafrahmen bezieht. Denn mit der Normierung von Sonderstrafrahmen bringe der Gesetzgeber nicht anders als bei Qualifikationen und Privilegierungen zum Ausdruck, dass er innerhalb eines Deliktstypus eine Differenzierung schon auf der Ebene der Strafrahmenwahl für geboten erachte.[486] Diese Vorgabe des Bundesverfassungsgerichts, die den zulässigen Anwendungsbereich von Verständigungen ganz erheblich einschränkt, wird zu Recht im Hinblick darauf kritisiert, dass die Frage, ob ein minder oder ein besonders schwerer Fall vorliegt und zur Strafrahmenverschiebung führt oder der Strafrahmen etwa nach §§ 21, 23 Abs. 1, 49 Abs. 1 zu verschieben ist, eine solche der Strafzumessung ist.[487] Nach Auffassung des 3. Strafsenats des BGH fehlt es jedenfalls für unbenannte minder schwere Fälle, deren Annahme oder Ablehnung allein eine tatrichterliche Gesamtwürdigung aller strafzumessungsrelevanten Gesichtspunkte voraussetzt, an jedem argumentativen Anknüpfungspunkt dafür, diese Gesamtwürdigung der Frage des Schuldspruchs gleichzustellen und damit dem Bereich zulässiger Verständigungsgespräche zu entziehen (BGH NStZ **2017** 363, 365). Nach dem Urteil des Bundesverfassungsgerichts ist insoweit aber Zurückhaltung geboten.[488] Allerdings ist zu berücksichtigen, dass die Strafrahmenverschiebung erst dann Gegenstand der Verständigung wird, wenn sie nur mit der Absprache, nicht aber ohne sie erreicht wird. Wenn eine Strafrahmenverschiebung auch aus anderen Gründen in Betracht kommt, ist eine Verständigung nicht ausgeschlossen. Um den Vorgaben des Bundesverfassungsgerichts zu entsprechen, sollte im Falle einer Verständigung unter Anwendung einer Strafrahmenverschiebung im Urteil ausdrücklich klargestellt werden, dass nicht erst die Verfahrensabsprache, einschließlich des auf ihr beruhenden Geständnisses, zur Annahme des Sonderstrafrahmens geführt hat (*Mosbacher* NZWiSt **2013** 201, 203; *H. Schneider* NStZ **2014** 192, 195).

312 Nach § 257c Abs. 3 S. 2 StPO soll das Gericht bei der Bekanntgabe des möglichen Inhalts einer Verständigung auch eine **Ober- und Untergrenze der Strafe** angeben (BGH NJW **2011** 1159). Das Gericht hat hierzu namentlich das vom Angeklagten im Rahmen der Verständigung erwartete Prozessverhalten, bei dem es sich in aller Regel um ein Geständnis handeln wird, zu antizipieren und unter Beachtung der Vorgaben des materiellen Rechts eine strafzumessungsrechtliche Bewertung des Anklagevorwurfs vorwegzunehmen (BGH NJW **2012** 3113). Die **Grundsätze der Strafzumessung** bleiben von einer Verständigung unberührt.[489] Der Strafausspruch darf demnach nicht unterhalb dessen liegen, was noch als **schuldangemessene Sanktion** hingenommen werden kann.[490] Die Verständigung auf eine bestimmte Strafe, eine sog. **Punktstrafe**, ist unzulässig.[491] Denn das Gericht hat aus dem Inbegriff der Verhandlung in der Urteilsberatung über die Strafe zu entscheiden (§ 260 Abs. 1, § 261 StPO); diese Entscheidungsfindung darf nicht durch Festlegung auf eine konkrete Strafe vorweggenommen werden. Die Selbstbindung an eine Punktstrafe würde überdies die materiell-rechtlichen Prinzipien der Strafzumessung verletzen, weil das Gericht in der Urteilsberatung nicht mehr frei wäre, die Strafhöhe

---

486 BVerfGE **133** 168, 211; **109** 130; *Landau* NStZ **2014** 425, 430.

487 *Jahn/Kudlich* MK-StPO § 257 c Rdn. 26 f, 37, 98, 117; *Kudlich* NStZ **2013** 379, 380; *Moldenhauer/Wenske* KK-StPO⁷ § 257 c Rdn. 18; *Mosbacher* NZWiSt **2013** 201, 203; *H. Schneider* NStZ **2014** 192, 195; *Schmitt* FS Tolksdorf 399, 403 f; *Schuster* StV **2014** 109 ff.; *Trück* ZWH **2013** 169, 172.

488 *Schmitt* FS Tolksdorf 399, 404.

489 Vgl. BT-Drs. 16/12310, S. 1.

490 BGHSt **43** 195, 208; **50** 40, 49; NStZ **2011** 592, 594; *Landau* NStZ **2014** 425, 428.

491 BGHSt **43** 195, 206 f; NStZ **2011** 231 f; **2011** 648.

anhand der maßgeblichen Strafzumessungskriterien nach der Schuld des Täters zuzumessen (BGHSt **43** 195, 207). Das Gericht ist nicht gehindert, die Obergrenze des angegebenen Verständigungsstrafrahmens als Strafe zu verhängen.[492] Wird in dem Verständigungsvorschlag nur eine Strafrahmenobergrenze, aber keine Strafrahmenuntergrenze benannt, kann der Angeklagte dies grundsätzlich nicht mit Erfolg revisionsrechtlich beanstanden, da er hierdurch nicht beschwert ist.[493] Dass das Urteil einem Verständigungsvorschlag des Gerichts entspricht, dem die Staatsanwaltschaft nicht zugestimmt hatte, begründet für sich genommen keinen Rechtsfehler.[494] Da außerhalb einer Verständigung keine Bindung des Tatgerichts an den von ihm für den Fall des Zustandekommens einer Absprache in Aussicht gestellten Strafrahmen besteht,[495] ist die Strafzumessung jedoch rechtsfehlerhaft, wenn das Tatgericht sich dabei rechtsirrig an eine entsprechende „Zusicherung" gebunden gefühlt hat.[496]

Ein Anspruch des Angeklagten auf die Mitteilung eines alternativen Strafrahmens **313** für den Fall der Durchführung eines „streitigen" Verfahrens besteht nicht. Im Rahmen von Verständigungsgesprächen darf nicht mit einer überhöhten Strafe gedroht und der Angeklagte so zu einem Geständnis gedrängt werden (BGHSt **43** 195, 204). Sofern bei Verständigungsgesprächen der Alternativstrafrahmen genannt wird, darf deshalb die Differenz zu dem für den Fall des Geständnisses zugesagten Strafrahmen, die sog. **Sanktionsschere**, nicht zu groß sein, um die Selbstbelastungsfreiheit des Angeklagten nicht zu beeinträchtigen.[497] Da das Gewicht eines Geständnisses (Rdn. 187f) in verschiedenen Verfahren sehr unterschiedlich sein kann, verbieten sich mathematische Betrachtungen zum angemessenen „Strafrabatt";[498] maßgeblich sind immer die Verhältnisse des Einzelfalls.[499]

Grundsätzlich sind die Regelungen über Verständigungen auch im **Jugendstrafver- 314 fahren** anwendbar. Unter erzieherischen Gesichtspunkten ist es aber regelmäßig problematisch, die Sanktionsentscheidung zum Gegenstand einer „ausgehandelten" Absprache zu machen (BT-Drs. 16/12310, S. 10). Die **Anwendung von Jugendstrafrecht** auf einen Heranwachsenden kann nicht Gegenstand einer Verständigung sein.[500] Ausgeschlossen sind auch Absprachen hinsichtlich der Wahl einer bestimmten Rechtsfolge (*Miebach/Maier* MK § 46 Rdn. 140).

IX. Begründung der Strafzumessung im Urteil

Gemäß § 267 Abs. 3 Satz 1 StPO ist das Gericht **verfahrensrechtlich** (nur) **verpflich- 315 tet**, die für seine Strafzumessung **bestimmenden Umstände** darzulegen. Eine erschöpfende Darstellung aller Strafzumessungserwägungen ist weder vorgeschrieben noch möglich. Was als wesentlicher Strafzumessungsgrund anzusehen ist, ist unter Berücksichtigung der Besonderheiten des Einzelfalls vom Tatgericht zu entscheiden.[501] Ob seine Bewertung dem sachlichen Recht (Rdn. 316) entspricht, kann im Revisionsrechtszug auf Rechtsfehler überprüft werden. Weitere verfahrensrechtliche Begründungspflichten zur

492 BGH NStZ **2010** 650; **2013** 417, 419.
493 BGH StV **2011** 75; **2012** 134, 135; NStZ **2011** 170.
494 BGH NStZ-RR **2014** 204; Beschl. v. 10.11.2010 – 5 StR 424/10.
495 BGH NStZ **2011** 107f; NJW **2011** 3463f; Urt. v. 9.11.2011 – 1 StR 302/11 Rdn. 45.
496 BGH NStZ-RR **2017** 351.
497 BGH StraFo **2003** 98 m. Anm. *Salditt*; NStZ **2011** 592, 594.
498 Vgl. aber *Meyer-Goßner/Schmitt* StPO[61] § 257c Rdn 19.
499 BGH NStZ **2011** 592, 594; BVerfG **133** 168, Rdn. 130.
500 BGH NStZ **2001** 555 m. Anm. *Eisenberg*; NStZ-RR **2006** 187.
501 BGH NStZ-RR **2012** 336; **2015** 240; **2014** 320; NStZ **2016** 605, 606f.

Wahl der Strafart und des Strafrahmens enthalten § 267 Abs. 2 StPO (Behauptung besonderer rechtsfolgenändernder Umstände) sowie Absatz 3 Satz 2 (Annahme der Voraussetzungen eines minder schweren Falls oder Ablehnung entgegen einem Antrag; dem entsprechend Verhängung einer kurzen Freiheitsstrafe in den Fällen des § 47), Satz 3 (Verneinung eines besonders schweren Falls trotz Vorliegens eines Regelbeispiels; Annahme eines besonders schweren Falls ohne Vorliegen eines Regelbeispiels oder Ablehnung entgegen einem Antrag), Satz 4 (bei Strafaussetzung zur Bewährung, Verwarnung mit Strafvorbehalt, Absehen von Strafe oder deren Ablehnung entgegen einem Antrag).

316 Über die Anforderungen dieser Verfahrensvorschriften hinaus besteht **sachlich-rechtlich** die Pflicht, im Urteil die nach materiellem Recht für die Rechtsfolgenbestimmung **naheliegenden Überlegungen** mitzuteilen und die insoweit erheblichen Umstände festzustellen.[502] Eine an den anerkannten Strafzwecken ausgerichtete Strafzumessung muss auf einer wertenden Gesamtschau des Tatgeschehens sowie des Täters beruhen (BGHR StPO § 267 Abs. 3 S. 1 Strafzumessung 17). Die Urteilsgründe müssen daher auch die Persönlichkeit des Täters, insbesondere sein Vorleben, sowie – jedenfalls bei Taten von einigem Gewicht – seine **persönlichen und wirtschaftlichen Verhältnisse** darstellen.[503] Bestimmende Strafzumessungstatsachen dürfen nicht übergangen werden. Hierzu zählen: ein **Geständnis** (BGH NStZ-RR **2014** 106), fehlende Vorbelastungen,[504] eine überdurchschnittlich lange **Verfahrensdauer**,[505] das Vorliegen eines **Konventionsverstoßes** infolge rechtsstaatswidriger Verfahrensverzögerung oder Tatprovokation (BGHSt **45** 321, 341; **52** 124, 164), dienstrechtliche oder berufliche **Folgen** einer Verurteilung, die zum Verlust der wirtschaftlichen und der beruflichen Grundlagen führen können,[506] die **staatlichen Initiative** zu einem Drogengeschäft (BGH NStZ **2013** 99), **Art und Menge** des gehandelten **Rauschgifts**,[507] seine **Sicherstellung** (BGH StraFo **2017** 117) und die polizeiliche **Überwachung** der Tat,[508] in Fällen sexuellen Kindesmissbrauchs ein relativ geringer Altersunterschied zwischen Täter und Opfer sowie das Bestehen einer „Liebesbeziehung",[509] eigene Verletzung und Deeskalation bei einer Schlägerei (BGH NStZ-RR **2015** 274f), die Höhe der **Steuerverkürzung** bei Steuerdelikten,[510] die **Höhe des** – ggf. nach ausgleichenden Leistungen verbleibenden[511] – **Schadens** und der beabsichtigten Bereicherung beim Betrug[512] sowie der Umstand, dass der Angeklagte das Gewaltopfer noch nach der Tat weiter nachhaltig verängstigt hat (BGH NStZ **2017** 59, 62). Sollen aus Vortaten und Vorstrafen gewichtigere Konsequenzen gezogen werden, ist es in der Regel sachlich-rechtlich geboten, die früheren Taten mit einer (zusammengefassten) Sachverhaltsschilderung und ggf. auch mit relevanten früheren Strafzumessungserwägungen darzulegen; die bloße Mitteilung des Bundeszentralregisterinhaltes kann u.U. nicht genügen (BGH StV **2017** 520, 522).

317 Dass in den Strafzumessungsgründen ein in den übrigen Urteilsgründen angesprochener Umstand nicht ausdrücklich wiederholt wird, lässt allein nicht den Schluss zu, das

---

502 BGHR StPO § 267 Abs. 3 Satz 2 Strafrahmenwahl 1; *Schäfer/Sander/van Gemmeren* Rdn. 1349, 1360.
503 BGH NStZ **1981** 299 f; **1981** 299 f; **1981** 389; **1982** 433; **1985** 309; **1991** 231; Beschl. v. 21.9.2017 – 2 StR 498/16.
504 BGH Beschl. v. 21.6.2017 – 1 StR 193/17.
505 BGH StV **2011** 407; Beschl. v. 5.10.2017 – 2 StR 573/16.
506 BGH NStZ **2013** 522; StV **2010** 479 f; **2016** 557.
507 BGH NStZ-RR **2011** 284; Beschl. v. 8.11.2011 – 4 StR 472/11.
508 BGH NStZ **2013** 662; Beschl. v. 26.3.2014 – 2 StR 202/13, Rdn. 24.
509 BGH StV **2005** 387; **2017** 40; NStZ-RR **2013** 291.
510 BGHSt **53** 71, 80; **53** 311, 315; BGH NJW **2009** 528, 531 m.w.N.
511 BGHSt **48** 354; **51** 10, 17; BGH NJW **2009** 2390 f.
512 BGH Urt. v. 14.8.2009 – 3 StR 552/08, Rdn. 191.

Tatgericht habe ihn bei der Zumessung der Strafe übersehen (BGH NStZ-RR **2012** 168). Die Urteilsgründe dürfen nicht formelhaft sein, sondern müssen **Bedeutung und Gewicht** der angeführten Strafzumessungstatsachen für die Bewertung des Unrechts und Schuldgehalts der Tat klar und nachvollziehbar erkennen lassen. Ein Rechtsfehler liegt vor, wenn im Rahmen der Begründung der Strafzumessung ausschließlich nicht unerhebliche Strafmilderungsgründe genannt werden und die Mindeststrafe dennoch deutlich überschritten wird (BGH NStZ-RR **2009** 336). Wertungen müssen ausreichend durch im Urteil mitgeteilte Tatsachen belegt werden (BGH NStZ **1995** 296; BGHR StGB § 46a Begründung 1). Moralisierende Erwägungen sollten unterbleiben (Rdn. 75).[513] In der Regel sind an die Darlegung der für die Strafzumessung bestimmenden Umstände größere Anforderungen zu stellen, wenn sich die verhängte Strafe dem **oberen oder unteren Rand des Strafrahmens** nähert oder ihn erreicht.[514] Gleiches gilt, wenn die verhängte Strafe das „für vergleichbare Fälle übliche Maß" nicht unerheblich überschreitet (BGHR StGB § 46 Abs. 1 Strafhöhe 2) oder eine grundsätzlich noch bewährungsfähige Strafe nur wenig übersteigt (BGH StV **2001** 615; **2002** 190). Eine eingehende Begründung ist auch erforderlich, wenn das auf Berufung oder nach Urteilsaufhebung und Zurückverweisung durch das Revisionsgericht neu entscheidende Tatgericht Feststellungen nicht zu treffen vermag, die im ersten Rechtszug als bestimmende Zumessungstatsachen strafschärfend herangezogen worden waren, aber dennoch **dieselbe Strafe** verhängt; denn der Angeklagte hat einen Anspruch darauf zu erfahren, warum er trotz des Wegfalls eines Strafschärfungsgrundes gleich hoch bestraft wird.[515] Dasselbe gilt, wenn das neue Tatgericht Feststellungen trifft, die die Tat abweichend vom aufgehobenen Ersturteil in einem wesentlich milderen Licht erscheinen lassen und sogar einen wesentlich niedrigeren Strafrahmen begründen (BGH NJW **1983** 54; NStZ-RR **2013** 113). Bei **Bagatelldelikten** schließt das Übermaßverbot die Verhängung von Freiheitsstrafe nach Maßgabe des § 47 Abs. 1 zwar nicht generell aus; jedoch kann es geboten sein, auf die Mindeststrafe zu erkennen (s. § 47 Rdn. 12).[516]

X. Anfechtung des Strafausspruchs

Der Strafausspruch kann in der Regel gesondert mit dem Rechtsmittel der Berufung oder der Revision angefochten werden.[517] Die regelmäßig gegebene **Trennbarkeit zwischen Schuld- und Strafausspruch** ist ausnahmsweise zu verneinen, wenn die Schuldfeststellungen eine Überprüfung des Strafausspruchs nicht ermöglichen, weil die Feststellungen zur Tat so knapp, unvollständig, unklar oder widersprüchlich sind, dass sie keine hinreichende Grundlage für die Prüfung der Rechtsfolgenentscheidung bilden.[518] Die Erhebung der (allgemeinen) **Sachrüge** führt zu einer umfassenden Überprüfung des Rechtsfolgenausspruchs auf sachlich-rechtliche Fehler, insbesondere Verstöße gegen Grundsätze der Strafzumessung oder die fehlende Feststellung oder Erwägung bestimmender Strafzumessungstatsachen (Rdn. 315 f). Auch eine **Verfahrensrüge** kann allein für den Strafausspruch Bedeutung erlangen, etwa wenn die Ablehnung eines Beweisantrags beanstandet wird, der nur für den Rechtsfolgenausspruch relevante Tatsachen betrifft. 318

---

513 BGH NStZ **1987** 405; StV **2015** 637; NJW **2017** 1491.

514 BGH StV **1991** 346; **1998** 480; NJW **1995** 2234; NStZ **1998** 132; NStZ-RR **2012** 306; BGHR StGB § 46 Abs. 1 Begründung 3, 11, 12, 15, 23; Beurteilungsrahmen 7; Strafhöhe 8.

515 BGH StV **2013** 758; **2017** 34; NStZ-RR **2015** 207.

516 OLG Oldenburg StraFo **2008** 297; OLG Braunschweig NStZ-RR **2002** 75; OLG Stuttgart NStZ **2007** 37; vgl. auch BGHSt **52** 84 auf Vorlagebeschl. des OLG Naumburg.

517 *Meyer-Goßner/Schmitt* StPO[62] § 318 Rdn. 16 ff.

518 BGHSt **33** 59; BGH wistra **2012** 350, 353, Rdn. 27; wistra **2012** 477, 481 f; StV **2017** 520, 521; BGHR StPO § 344 Abs. 1 Beschränkung 12.

319 Zunächst uneinheitlich war die Rechtsprechung zu der Frage, wie **Konventionsverstöße** aufgrund rechtsstaatswidriger Tatprovokation oder Verfahrensverzögerung in der Revision geltend zu machen sind. Die Senate des BGH stellten an die Anfechtung des Strafausspruchs wegen Nichtberücksichtigung einer rechtsstaatswidrigen Verfahrensverzögerung höchst unterschiedliche Anforderungen.[519] Nachdem eine Anfrage des 5. Senats nach § 132 Abs. 3 GVG (NStZ **2004** 639) mit dem Ziel, eine Konventionswidrigkeit auf die Sachrüge hin zu prüfen, zu kontroversen Antworten der übrigen Senate geführt hatte,[520] nahm der anfragende Senat eine vermittelnde Haltung ein (BGHSt **49** 342), der die Strafsenate seitdem folgen (BGH NStZ **2014** 21). Danach ist zwar grundsätzlich die Erhebung einer Verfahrensrüge erforderlich. Allerdings reicht die Sachrüge dann aus, wenn sich aus den Urteilsgründen die Voraussetzungen für die Verfahrensverzögerung ergeben und es allein um die Überprüfung ihrer rechtlichen Wertung geht (BGH NStZ **2004** 639). Dasselbe gilt, wenn die Urteilsgründe Anhaltspunkte aufzeigen, die das Tatgericht zur Prüfung einer solchen Verfahrensverzögerung hätten drängen müssen, sodass ein sachlich-rechtlich zu beanstandender Erörterungsmangel vorliegt (BGH aaO).[521] Die Aufhebung allein des Strafausspruchs durch das Rechtsmittelgericht erfasst grundsätzlich nicht die Frage eines Ausgleichs für eine bis dahin eingetretene rechtsstaatswidrige Verfahrensverzögerung; vielmehr tritt insoweit horizontale (Teil-)Rechtskraft ein (BGHSt **54** 135, 138). Nach Ablauf der Revisionsbegründungsfrist für das angefochtene Urteil eingetretene Verzögerungen sind vom Revisionsgericht von Amts wegen zu berücksichtigen.[522] § 357 StPO findet im Zusammenhang mit der Kompensation rechtsstaatswidriger Verfahrensverzögerungen nach dem Vollstreckungsmodell keine Anwendung (BGH NJW **2009** 307).

XI. Beurteilung der Strafzumessung im Revisionsverfahren

320 **1. Überprüfung der tatgerichtlichen Entscheidung.**[523] Bei der Überprüfung der Strafzumessung im Revisionsverfahren hat der BGH dem Tatgericht einen **weiten Beurteilungs- und Ermessensspielraum** zugestanden. Es ist – wie der BGH vielfach betont hat – Aufgabe des Tatgerichts, auf der Grundlage des umfassenden Eindrucks, den es in der Hauptverhandlung von der Tat und der Persönlichkeit des Täters gewonnen hat, die wesentlichen ent- und belastenden Umstände festzustellen, einer wertenden Betrachtung zu unterziehen und gegeneinander abzuwägen (BGHSt **17** 35f). Das Revisionsgericht könne nur eingreifen, wenn die Zumessungserwägungen in sich fehlerhaft seien, gegen rechtlich anerkannte Strafzwecke verstießen oder wenn sich die verhängte Strafe nach oben oder unten von ihrer Bestimmung, gerechter Schuldausgleich zu sein, so weit löse, dass sie nicht mehr innerhalb des dem Tatgericht eingeräumten Spielraums liege.[524] Im Zweifelsfall müsse es die vom Tatgericht vorgenommene Bewertung bis an die Grenze des Vertretbaren hinnehmen, auch wenn eine andere Entscheidung möglich gewesen wäre oder vielleicht näher gelegen hätte.[525]

---

519 Sachrüge: BGH NStZ-RR **1998** 108; StV **2000** 554; zweifelnd: NStZ **1997** 451; Verfahrensrüge BGH NStZ **1999** 95; 313.

520 Beschl. v. 25.3.2004 – 4 ARs 6/04; v. 25.5.2004 – 2 ARs 33/04 = StraFo **2004** 356; v. 23.6.2004 – 1 ARs 5/04; v. 12.8.2004 – 3 ARs 5/04.

521 NStZ-RR **2006** 56; 177; zur Tatprovokation: BGHSt **60** 238, 247.

522 BGH NJW **1995** 1101; NStZ **2001** 52; **2012** 320, 321; NStZ-RR **2008** 208; **2017** 53.

523 *Gribbohm* NJW **1980** 1440; *Horstkotte* in Jehle **1992** 152; *Rieß* NStZ **1982** 53; *Sander* StrFo **2010** 365; *Theune* FS Pfeifer 452.

524 BGH NStZ **1988** 497; **1990** 334; NStZ-RR **1997** 99; **2004** 80; **2012** 168; wistra **1999** 297; StV **2000** 553.

525 BGHSt **29** 319, 320; **34** 345, 349; BGH NStZ-RR **2015** 240; **2016** 107; **2017** 105f; BGHR StGB § 46 Abs. 1 Beurteilungsrahmen 1, 2, 3, 5; § 23 Abs. 2 Strafrahmenverschiebung 12.

Insgesamt findet eine stärkere Überprüfung der Strafzumessung in der Revisionsinstanz statt, als dies nach der Grundsatzformel über die tatrichterliche Entscheidungsbefugnis zu erwarten wäre. Ein ganz erheblicher Anteil von Urteilsaufhebungen durch den BGH aus sachlich-rechtlichen Gründen betrifft den Bereich der Strafzumessung (*Sander* StraFo **2010** 365f). Teilweise lassen die Revisionsgerichte allerdings den Strafausspruch trotz eines Rechtsfehlers mit der Begründung bestehen, das Urteil beruhe nicht auf diesem Fehler (§ 337 StPO, Rdn. 322) oder die Strafe sei angemessen (§ 354 Abs. 1a S. 1 StPO, Rdn. 324ff). Rechtsfehler können in jeder Phase des Strafzumessungsvorgangs (Rdn. 53) auftreten (*Bruns* II S. 257f): Die Strafzumessungserwägungen dürfen nicht gegen rechtlich anerkannte **Strafzwecke** verstoßen oder sie außer Acht lassen.[526] Die Feststellung und Bewertung der Strafzumessungsfaktoren darf **nicht widersprüchlich, einseitig, unvollständig oder lückenhaft** sein.[527] Wesentliche, die Tat prägende Gesichtspunkte dürfen bei der Strafzumessung nicht unberücksichtigt bleiben (BGH NStZ-RR **2008** 343; Rdn. 315f); sie muss den Anforderungen an eine **umfassende Abwägung** der für und gegen den Angeklagten sprechenden Gesichtspunkte genügen (BGHR StGB § 46 Abs. 1 Beurteilungsrahmen 7).[528] Erschöpft sich die Strafzumessung im engeren Sinne in der Darstellung nicht unerheblicher Strafmilderungsgründe ohne Nennung von strafschärfenden Umständen und wird die Mindeststrafe deutlich überschritten, ist dies rechtsfehlerhaft (BGH NStZ-RR **2009** 336). Ein Rechtsfehler liegt vor, wenn das Tatgericht von einem unzutreffenden **Strafrahmen** ausgegangen ist oder die Möglichkeit, einen für den Angeklagten günstigeren Strafrahmen zu wählen, nicht in Betracht gezogen hat.[529] In einigen Fällen hat der BGH die **Strafhöhe**, also das Ergebnis des tatgerichtlichen Strafzumessungsvorgangs, beanstandet, weil die verhängte Strafe den Schuldrahmen überschreite[530] oder aber „unvertretbar milde"[531] sei (sog. **Vergreifen in der Oktave**). Eine ungewöhnlich hohe (oder auch geringe) Strafe bedarf dementsprechend einer besonderen Rechtfertigung in den Urteilsgründen, die die Abweichung vom Üblichen vor dem Hintergrund der Besonderheiten des jeweiligen Falls verständlich macht.[532] Als Vergleichsmaßstab hat der BGH das für vergleichbare bzw. ähnliche Fälle **übliche Maß der Strafe** und damit eine „von den Tatrichtern per Konsens geschaffene Gerechtigkeitskategorie" (*Streng* Rdn. 661) herangezogen; ein solches Vorgehen ist auf der Grundlage des Konsensgedankens (vgl. Rdn. 301ff) und der Aufgabe des BGH, die Rechtseinheit zu sichern, zulässig und sinnvoll.[533] Der BGH kann sich dabei auf Vergleichsmöglichkeiten in einer Vielzahl Fällen stützen, die ihm aus allen Regionen Deutschlands zur Entscheidung vorgelegt werden,[534] und über „selektive Eindrücke"[535] deutlich hinaus gehen. Zu den Vorgaben des BGH für die Strafzumessung bei **Steuerdelikten** vgl. Rdn. 132. 321

---

526 BGHSt **17** 35, 36; BGH NStZ-RR **2012** 168.
527 BGH StV **1993** 72; NStZ-RR **1999** 46; NStZ **2004** 694; StraFo **2008** 36; BGHR StGB § 46 Abs. 1 Schuldausgleich 40; § 177 Abs. 2 Gesamtwürdigung 3.
528 *Detter* S. 247.
529 *Kett-Straub/Kudlich* § 11 Rdn. 8.
530 BGHR StGB § 46 Abs. 1 Beurteilungsrahmen 6, 9 bis 12; Strafhöhe 1, 5, 6, 7, 11, 13, 18; BGH StV **1996** 661; wistra **2001** 177; StraFo **2003** 246; NStZ-RR **2008** 308f.
531 BGH NJW **1977** 1247; **1990** 846f; BGHR StGB § 46 Abs. 1 Beurteilungsrahmen 8, 13; Strafhöhe 9, 10; NStZ-RR **1996** 116; Übersicht bei *Schäfer/Sander/van Gemmeren* Rdn. 834ff.
532 BGH NStZ-RR **2011** 5 m.w.N.; StraFo **2012** 419; StV **2016** 559; **krit.** *Kett-Straub/Kudlich* § 11 Rdn. 13.
533 **Krit.** *Kett-Straub/Kudlich* § 11 Rdn. 15.
534 *Schöch* in: *Frisch* **2011** 163, 168
535 So *Kaspar* Gutachten C zum 72. DJT S. 102.

2. Entscheidung des Revisionsgerichts

322 **a) Beruhensprüfung.** Ein auf die Revision des jeweiligen Beschwerdeführers beachtlicher Rechtsfehler bei der Strafzumessung führt nur dann zur Aufhebung des Strafausspruchs durch das Revisionsgericht, wenn dieser (möglicherweise) auf dem Rechtsfehler beruht (§ 337 Abs. 1 StPO). Das ist nicht der Fall, wenn ausgeschlossen werden kann, dass das Tatgericht eine andere Entscheidung getroffen hätte, wäre es von zutreffenden tatsächlichen oder rechtlichen Erwägungen ausgegangen. Maßgeblich ist insoweit also die **hypothetische Sicht des Tatgerichts.**[536] Selbst die Anwendung eines falschen Strafrahmens durch das Tatgericht soll danach unbeachtlich sein, wenn angesichts der sonstigen Strafzumessungserwägungen auszuschließen ist, dass die Heranziehung des zutreffenden Strafrahmens zu einer milderen Bestrafung hätte führen können (BGHR StGB § 46 Abs. 1 Strafhöhe 17, 19).[537]

323 **b) Eigene Sachentscheidung.** Wenn die Strafzumessung auf dem Rechtsfehler beruht, führt dies nicht in jedem Fall zur Aufhebung des Strafausspruchs und Zurückverweisung der Sache in diesem Umfang an die Vorinstanz (§ 354 Abs. 2 StPO). Nach **§ 354 Abs. 1 StPO** hat das Revisionsgericht in der Sache selbst zu entscheiden, wenn das Urteil nur wegen **Gesetzesverletzung bei Anwendung des Gesetzes auf die dem Urteil zugrunde liegenden Feststellungen** aufgehoben wird und ohne weitere tatsächliche Erörterungen nur auf Freisprechung oder auf Einstellung oder auf eine absolut bestimmte Strafe zu erkennen ist oder das Revisionsgericht in Übereinstimmung mit dem Antrag der Staatsanwaltschaft die gesetzlich niedrigste Strafe oder das Absehen von Strafe für angemessen erachtet. Im engen Rahmen dieser Vorschrift ist das Revisionsgericht nicht befugt, die Strafzumessung des Tatgerichts durch eigene Erwägungen zu ersetzen (BVerfG NStZ **2004** 273). Notwendige Voraussetzung einer eigenen revisionsgerichtlichen Entscheidung ist, dass die Feststellungen des Tatgerichts unverändert bestehen bleiben können, so dass die Entscheidung nur die rechtlichen Folgen dieser Feststellungen zum Gegenstand hat.[538] Ein Erkennen auf eine absolut bestimmte Strafe ist nur bei Mord (§ 211) oder Völkermord (§ 6 VStGB) möglich, für die jeweils lebenslange Freiheitsstrafe als einzige Reaktion angedroht ist.[539] Entsprechend angewendet wird § 354 Abs. 1 StPO, wenn die Verfahrenslage jedes Ermessen über die Art und die Höhe der Rechtsfolge ausschließt.[540] Relativ häufige Anwendungsfälle sind: die Nachholung der versäumten Entscheidung über den **Anrechnungsmaßstab erlittener Auslieferungshaft** (§ 51 Abs. 4 Satz 2), soweit in einem EU-Mitgliedstaat grundsätzlich keine Anhaltspunkte für eine andere Anrechnung als im Verhältnis 1 : 1 bestehen (s. § 51 Rdn. 59);[541] bei **Zusammenfassung von durch das Tatgericht als rechtlich selbstständig gewerteten Taten** zu einer Tat im materiellen Sinn die Verhängung der höchsten für diese Taten verhängten Einzelstrafe, wenn es wegen des bei Annahme einer einheitlichen Tat höheren Schuldumfangs ausgeschlossen ist, dass das Tatgericht bei zutreffender konkurrenzrechtlicher Bewertung eine geringere Einzelstrafe verhängt hätte (BGH NStZ **2016** 39, 41); die Nachholung der Entscheidung über die **Anrechnung der Erfüllung von Bewäh-**

---

536 Vgl. BVerfG NStZ **2004** 272, 274.

537 **Krit.** *Fischer* Rdn. 151 f.

538 *Franke* in: *Löwe-Rosenberg* StPO[26] § 354, Rdn. 1.

539 Anwendungsfall: BGH NStZ-RR **2018** 172.

540 *Meyer-Goßner/Schmitt* StPO[62] § 354 Rdn. 27; *Miebach/Maier* MK Rdn. 488 jew. mit Beispielsfällen; vgl. auch BGH bei *Becker* NStZ-RR **2002** 97, 103 Nr. 48–50; BayObLG NStZ-RR **2004** 22 f.

541 BGHR StGB § 51 Abs. 4 Anrechnung 3; BGH Beschl. v. 3.11.2017 – 3 StR 293/17 u. v. 20.11.2013 – 4 StR 441/13.

rungsauflagen (BGH Beschl. v. 18.2.2014 – 3 StR 442/13); die Korrektur der Entscheidung über die **Dauer des Vorwegvollzugs** der Strafe bei Unterbringung in einer Entziehungsanstalt, § 67 Abs. 2 S. 2 (BGH NStZ-RR **2010** 171; Beschl. v. 28.6.2011 – 4 StR 17/11). Die **gesetzlich niedrigste Strafe** darf das Revisionsgericht nur in Übereinstimmung mit dem Antrag der Staatsanwaltschaft verhängen. Auf die Befugnis zur Bestimmung der gesetzlichen Mindeststrafe stützt sich der BGH auch, wenn das Tatgericht es versehentlich unterlassen hat, für eine von mehreren in Tatmehrheit stehenden Straftaten eine Einzelstrafe festzusetzen[542] oder bei verhängten Geldstrafen die Tagessatzhöhe zu bestimmen.[543] Auf entsprechenden Antrag der Staatsanwaltschaft kann das Revisionsgericht dann die niedrigste in Betracht kommende Strafe als Einzelstrafe festsetzen.

Diese Befugnisse zur eigenen Sachentscheidung sind mit der Einführung des **§ 354 Abs. 1a StPO** durch das Erste Gesetz zur Modernisierung der Justiz vom 30.8.2004 (BGBl. I S. 2198 ff) erweitert worden.[544] Danach kann das Revisionsgericht bei einer **Gesetzesverletzung nur bei der Zumessung der Rechtsfolgen** von der Aufhebung des angefochtenen Urteils absehen, sofern die verhängten Rechtsfolgen angemessen sind (Satz 1). Auf Antrag der Staatsanwaltschaft kann es die Rechtsfolgen auch angemessen herabsetzen (Satz 2). Ziel der Gesetzesänderung war es, zum Zweck der Ressourcenschonung Zurückverweisungen an die Vorinstanz wegen solcher Fehler zu vermeiden, die ohne neue Tatsachenfeststellungen unschwer in der Revisionsinstanz behoben werden können (BT-Drs. 15/3482 S. 21 f). Die Regelung steht in einem gewissen Widerspruch zu dem vom BGH stets betonten Grundsatz, dass die Strafzumessung in erster Linie Sache des Tatgerichts ist, das allein in der Lage ist, sich auf Grund der Hauptverhandlung einen umfassenden Eindruck von der Tat und dem Täter zu verschaffen und diesen bei der Strafzumessung zu berücksichtigen.[545] Der 72. Deutsche Juristentag (2018) hat[546] deswegen ihre Abschaffung gefordert.[547] **324**

Kurz nach Inkrafttreten der Vorschrift hat der BGH ihren Anwendungsbereich dahin erweiternd interpretiert, dass sie auch Fälle der Änderung des Schuldspruchs nach Beschränkung der Verfolgung gem. § 154a Abs. 2 StPO (BGHSt **49** 371) sowie der Berichtigung eines fehlerhaften Schuldspruchs (NJW **2005** 2164, 2166; NStZ **2006** 36, 38) erfasse. Diese Rechtsprechung hat das Bundesverfassungsgericht durch Beschluss vom 14. Juni 2007 indes korrigiert; im Wege **verfassungskonformer Auslegung** hat es § 354 Abs. 1a StPO eingeschränkt (BVerfGE **118** 212).[548] Eine eigene Strafzumessungsentscheidung des Revisionsgerichts ist danach ausgeschlossen, wenn zugleich eine Schuldspruchkorrektur erfolgen muss (BVerfG aaO, 242 ff). Im Übrigen hängt die Kompetenz des Revisionsgerichts zu eigener Strafzumessung davon ab, dass ihm für die Sachentscheidung ein **zutreffend ermittelter, vollständiger und aktueller Strafzumessungssachverhalt** zur Verfügung steht (BVerfG aaO, 230 ff). Um sich hierüber Gewissheit zu verschaffen, muss es dem Angeklagten die Gelegenheit zum Vorbringen möglicher Einwände geben. Es hat ihn deshalb auf die für eine Sachentscheidung nach § 354 Abs. 1a S. 1 StPO sprechenden Gründe hinzuweisen. Eines derartigen Hinweises bedarf es nicht, wenn wegen eines entsprechenden mit Gründen versehenen Antrags der Staatsanwaltschaft angenommen **325**

---

542 BGH Beschl. v. 24.8.2016 – 1 StR 300/16 u. v. 15.9.2015 – 5 StR 343/15.
543 BGH Beschl. v. 27.7.2016 – 1 StR 19/16 u. v. 24.3.2015 – 5 StR 88/15.
544 **Krit.**: *Franke* GA **2006** 261; *Eisenberg/Haeseler* StraFo **2005** 221 ff; *Langrock* StraFo **2005** 226; *Sommer* StraFo **2004** 295, 298; *Ventzke* NStZ **2005** 461.
545 BGHSt **29** 319; **34** 345; BGH wistra **1999** 297; 417; NStZ-RR **2001** 215; **2003** 52.
546 In Übereinstimmung mit dem Referat *Mosbacher*.
547 Beschluss 12.
548 BVerfGE **118** 212 = JR **2008** 73 m. Anm. *Peglau*; *Paster/Sättele* NStZ **2007** 609; **krit.**: *Gaede* GA **2008** 394; *Hamm* StV **2008** 205; *Maier* NStZ **2008** 226.

werden kann, dass der Angeklagte Kenntnis von einer im Raum stehenden eigenen Strafzumessungsentscheidung des Revisionsgerichts erlangt hat (BVerfG aaO, 235ff). Auf der Grundlage des schriftlichen Anhörungsverfahrens hat das Revisionsgericht zu prüfen, ob sich der ihm vorliegende Fall für eine eigene Strafzumessungsentscheidung eignet. Werden ihm dabei „neue" strafzumessungsrelevante Tatsachen bekannt oder solche, die das Tatgericht nicht (hinreichend) berücksichtigt hat, muss es die Entscheidung aufheben und das Verfahren zurückverweisen (*Paster/Sättele* NStZ **2007** 609, 611).

326 Ob eine **Rechtsfolge** als **angemessen** i.S.d. § 354 Abs. 1a S. 1 StPO angesehen werden kann, hat das Revisionsgericht auf der Grundlage der Feststellungen des angefochtenen Urteils unter Berücksichtigung aller maßgeblichen Gesichtspunkte, insbesondere aller nach § 46 für die Strafzumessung erheblichen Umstände zu beurteilen (BGH NJW **2005** 1813; NStZ-RR **2013** 307). Es ist eine Frage des Einzelfalls, ob es dabei in besonderem Maße auf den persönlichen Eindruck vom Angeklagten ankommt und deshalb die Aufhebung des Strafausspruchs und die Zurückverweisung der Sache geboten ist (BGH NJW **2005** 1813f). Im Hinblick auf das Verbot der reformatio in peius ist bei Revision des Angeklagten eine Strafe auch dann für „angemessen" zu erachten, wenn sie „unverständlich milde" ist (BGHSt **49** 371, 375). Für eine Entscheidung des Revisionsgerichts gem. § 354 Abs. 1a S. 1 StPO ist kein Raum, wenn der Rechtsfehler gerade die Strafrahmenwahl berührt und somit für die Bemessung der Einzelstrafen ein anderer Strafrahmen in Betracht kommen kann (BGH StraFo **2010** 159; NStZ-RR **2017** 114f).

327 § 354 Abs. 1a S. 2 StPO eröffnet dem Revisionsgericht die Möglichkeit, die **Rechtsfolgen** angemessen **herabzusetzen**. Auf die hypothetische Frage, wie das Tatgericht bei zutreffender rechtlicher oder tatsächlicher Bewertung entschieden hätte, kommt es hier nicht an.[549] Die eigene Strafzumessungsentscheidung des Revisionsgerichts nach Absatz 1a S. 2 setzt einen entsprechenden Antrag Staatsanwaltschaft voraus. In entsprechender Anwendung von § 354 Abs. 1a S. 2 StPO entscheiden die Revisionsgerichte selbst auch über die **Kompensation einer konventionswidrigen Verfahrensverzögerung** im Revisionsverfahren.[550] Die Herabsetzung der Strafe nach § 354 Abs. 1a StPO kann durch Beschluss gem. § 349 Abs. 4 StPO erfolgen (BGH NJW **2006** 1605 m.w.N.; anders noch BGH NStZ **2005** 705).

328 **3. Umfang der Aufhebung.** Wenn das Revisionsgericht ein Urteil gem. § 353 Abs. 2 StPO im Strafausspruch mit den dazugehörigen Feststellungen aufhebt, bezieht sich diese Aufhebung auf solche Umstände tatrichterlicher Sachverhaltsfeststellung, die ausschließlich die Straffrage betreffen. Feststellungen, die ausschließlich den in Teilrechtskraft erwachsenen Schuldspruch betreffen, und solche, die als **doppelrelevante Umstände** zugleich für die Schuld- und die Straffrage von Bedeutung sind, bleiben aufrechterhalten und sind für das weitere Verfahren **bindend**. Feststellungen zur erheblichen Verminderung der Schuldfähigkeit (§ 21) des Angeklagten gehören ausschließlich zum Rechtsfolgenausspruch (BGH NStZ-RR **1997** 237; StV **2017** 520, 521). Daher erstreckt sich die Aufhebung des Strafausspruchs mit den zugehörigen Feststellungen auch auf die Feststellungen und Entscheidung des früheren Tatgerichts zur Frage einer erheblich verminderten Schuldfähigkeit des Täters (BGH NStZ-RR **1997** 237; StV **2017** 520, 521; StraFo **2017** 160). Eine Bindung des neuen Tatgerichts an das im Strafausspruch aufgehobene Urteil besteht in der Regel nur an Feststellungen zum Tatgeschehen, in denen das frühere Tatgericht die gesetzlichen Merkmale der dem Angeklagten zur Last gelegten

549 BT-Drs. 15/3482 S. 22; BGH Beschl. v. 9.4.2008 – 2 StR 31/08, Rn. 2.
550 BGH NStZ-RR **2008** 208; **2017** 53; NJW **2012** 1463, 1464; BGHR StPO § 354 Abs. 1a S. 2 Herabsetzung 1 und 2.

Straftat gefunden und aus denen es seine Überzeugung von der Schuld des Angeklagten abgeleitet hat (BGH NStZ **2015** 182f). Hierzu darf das neue Tatgericht keine den bisherigen widersprechenden Feststellungen treffen und seiner Entscheidung zugrunde legen (BGH StV **2017** 520, 521). **Regelbeispiele** für Straferschwerungsgründe charakterisieren einen erhöhten Unrechts- und Schuldgehalt; die sie betreffenden Feststellungen können **nach Lage des Falls** doppelrelevant sein (BGHSt **29** 359, 368f; **62** 202, 206ff). Die Aufhebung eines tatrichterlichen Urteils allein im Strafausspruch erfasst grundsätzlich nicht die Frage der Kompensation einer bis zur revisionsgerichtlichen Entscheidung eingetretenen rechtsstaatswidrigen Verfahrensverzögerung (BGHSt **54** 135).

§ 46a
Täter-Opfer-Ausgleich, Schadenswiedergutmachung

Hat der Täter

1. **in dem Bemühen, einen Ausgleich mit dem Verletzten zu erreichen (Täter-Opfer-Ausgleich), seine Tat ganz oder zum überwiegenden Teil wiedergutgemacht oder deren Wiedergutmachung ernsthaft erstrebt oder**
2. **in einem Fall, in welchem die Schadenswiedergutmachung von ihm erhebliche persönliche Leistungen oder persönlichen Verzicht erfordert hat, das Opfer ganz oder zum überwiegenden Teil entschädigt,**

so kann das Gericht die Strafe nach § 49 Abs. 1 mildern oder, wenn keine höhere Strafe als Freiheitsstrafe bis zu einem Jahr oder Geldstrafe bis zu dreihundertsechzig Tagessätzen verwirkt ist, von Strafe absehen.

Schrifttum[1]

Bannenberg/Rössner Die Wirklichkeit des Täter-Opfer-Ausgleichs in Deutschland, Festschrift Rolinski (2002) 287; *Bemmann* Täter-Opfer-Ausgleich im Strafrecht, JR **2003** 226; *Blesinger* Zur Anwendbarkeit des Täter-Opfer-Ausgleichs nach § 46a StGB im Steuerstrafrecht, wistra **1996** 90; *Brauns* Die Wiedergutmachung der Folgen der Straftat durch den Täter (1996); *ders.* Zur Anwendbarkeit des § 46a StGB im Steuerstrafrecht, wistra **1996** 214; *Dölling* Der Täter-Opfer-Ausgleich, JZ **1992** 492; *Dünkel* Restorative Justice – Aktuelle Entwicklungen einer wiedergutmachenden Strafrechtspflege in Europa, Festschrift Rössner (2015) 499; *Frehsee* Schadenswiedergutmachung als Instrument strafrechtlicher Sozialkontrolle (1987); *ders.* Wiedergutmachung und Täter-Opfer-Ausgleich im deutschen Strafrecht, in: *Schünemann/Dubber* (Hrsg.) Die Stellung des Opfers im Strafrechtssystem (2000) 117; *Freund/Garro Carrera* Strafrechtliche Wiedergutmachung und ihr Verhältnis zum zivilrechtlichen Schadensersatz, ZStW **118** (2006) 76; *Hamm* „Täter-Opfer-Ausgleich" im Strafrecht, StV **1995** 491; *Hartmann/Schmidt/Kerner* Täter-Opfer-Ausgleich in Deutschland – Auswertung der bundesweiten Täter-Opfer-Ausgleichs-Statistik für die Jahrgänge 2015 und 2016 (2018); *Hillenkamp* Zur „Freiwilligkeit" von Täter-Opfer-Ausgleich und Schadenswiedergutmachung nach § 46a StGB, Festschrift Streng (2017) 259; *Hirsch* Wiedergutmachung des Schadens im Rahmen des materiellen Strafrechts, ZStW **102** (1990) 534; *Jesser* Täter-Opfer-Ausgleich und Wiedergutmachung im Steuerstrafrecht (2003); *Jung* Compensation order – Ein Modell der Schadenswiedergutmachung? ZStW **99** (1987) 497; *Kaspar* Schadenswiedergutmachung und Täter-Opfer-Ausgleich bei Gesamtschuldnern, GA **2003** 146; *Kerner/Weitekamp* Praxis des Täter-Opfer-Ausgleichs in Deutschland (2013); *Kespe* Täter-Opfer-Ausgleich und Schadenswiedergutmachung (2011); *Kilchling* Aktuelle Perspektiven für Täter-Opfer-Ausgleich und Wiedergutmachung im Erwachsenenstrafrecht, NStZ **1996** 309; *Klawitter* Täter-Opfer-Ausgleich (§ 46a StGB) im Steuerstrafverfahren, DStZ **1996** 553; *Kurze* Täter-Opfer-Ausgleich und Allgemeines Straf-

1 Siehe auch Schrifttum Vorbemerkungen zu den §§ 46 bis 50.

https://doi.org/10.1515/9783110300499-017

recht – Eine Umfrage unter Strafrichtern und Staatsanwälten (1997); *Lammer* Täter-Opfer-Ausgleich und Schadenswiedergutmachung – Chance oder Risiko für die Verteidigung? StraFo **1997** 257; *Lampe* Wiedergutmachung als „dritte Spur" des Strafrechts? GA **1993** 485; *Laue* Symbolische Wiedergutmachung (1999); *Loos* Zur Kritik des Alternativentwurfs Wiedergutmachung, ZRP **1993** 51ff; *ders.* Bemerkungen zu § 46a StGB, Festschrift Hirsch (1999) 851; *Maiwald* Zur „Verrechtlichung" des Täter-Opfer-Ausgleichs in § 46a StGB, GA **2005** 339; *Meier* Gegenläufigkeit des materiellen Strafzumessungsrechts, GA **1999** 1; *ders.* Täter-Opfer-Ausgleich und Schadenswiedergutmachung im Strafrecht, JZ **2015** 488; *Noltenius* Kritische Anmerkung zum Täter-Opfer-Ausgleich, GA **2007** 518; *Pfeiffer* Täter-Opfer-Ausgleich – das Trojanische Pferd im Strafrecht? ZRP **1992** 338; *Pielsticker* § 46a StGB – Revisionsfalle oder sinnvolle Bereicherung des Sanktionenrechts? (2004); *Püschel* Täter-Opfer-Ausgleich – Gestaltungsmöglichkeiten des Verteidigers, StraFo **2006** 261; *Reubner/Rössner* Sammlung der Länderrichtlinien zum TOA mit einer vergleichenden Analyse (2003); *Richter* Täter-Opfer-Ausgleich und Schadenswiedergutmachung im Rahmen von § 46a StGB (2014); *Rössner* Mediation als Element der strafrechtlichen Sozialkontrolle in: *Schünemann/Dubber* (Hrsg.) Die Stellung des Opfers im Strafrechtssystem (2000) 105; *ders.* Wirklichkeit und Wirkung des Täter-Opfer-Ausgleichs in Deutschland, Festschrift Böttcher (2007) 357; *Rössner/Klaus* Rechtsgrundlagen und Rechtspraxis, in: *Dölling u.a.* (Hrsg.) Täter-Opfer-Ausgleich in Deutschland (1998) 49; *Roxin* Die Wiedergutmachung im System der Strafzwecke, in: *Schöch* (Hrsg.) Wiedergutmachung und Strafrecht (1987) 37, 47ff; *ders.* Zur Wiedergutmachung als einer „Dritten Spur" im Sanktionensystem, Festschrift Baumann (1992) 243; *Schabel* Zur Anwendbarkeit des § 46a StGB im Steuerstrafrecht, wistra **1997** 201; *Schöch* Empfehlen sich Änderungen und Ergänzungen bei den strafrechtlichen Sanktionen ohne Freiheitsentzug? Gutachten C für den 59. Deutschen Juristentag (1992); *ders.* Täter-Opfer-Ausgleich und Schadenswiedergutmachung gemäß § 46a, Festgabe BGH 50, Bd. IV (2000) 309; *ders.* Wege und Irrwege der Wiedergutmachung im Strafrecht, Festschrift Roxin zum 70. Geburtstag (2001) 1045; *ders.* Die „unterbelichtete" Schadenswiedergutmachung gemäß § 46a StGB, Festschrift Rissing-van Saan (2011) 639; *Schwedhelm/Spatscheck* Täter-Opfer-Ausgleich und Schadenswiedergutmachung im Steuerstrafrecht, DStR **1995** 1449; *Sessar* Wiedergutmachung oder strafrechtliche Einstellungen in der Bevölkerung und der Justiz (1992); *Stein* Täter-Opfer-Ausgleich und Schuldprinzip, NStZ **2000**, 393; *Trenczek* Täter-Opfer-Ausgleich, ZRP **1992** 130; *Weigend* Fragen der Rechtsstaatlichkeit beim Täter-Opfer-Ausgleich, in: *Marks u.a.* (Hrsg.), Wiedergutmachung und Strafrechtspraxis (1993) 37; *Worring* Täter-Opfer-Ausgleich im Steuerstrafrecht? DStZ **1996** 459.

Entstehungsgeschichte

Die Vorschrift wurde durch das am 1.12.1994 in Kraft getretene Verbrechensbekämpfungsgesetz vom 28.10.1994 (BGBl. I 3186) in das StGB eingefügt. Sie bleibt weit hinter den Vorschlägen des Alternativ-Entwurfs (AE) Wiedergutmachung zurück, der neben den Strafen und Maßregeln der Besserung und Sicherung die Wiedergutmachung als „dritte Spur" in den Rechtsfolgenteil des StGB aufnehmen wollte,[2] geht aber über die Empfehlungen des 59. Deutschen Juristentages (59. DJT) hinaus, der die Möglichkeit eines Absehens von Strafe abgelehnt hatte.[3] Der Koalitionsentwurf des Gesetzes (BT-Drs. 12/6853) wurde im Gesetzgebungsverfahren zwar kontrovers diskutiert; insbesondere waren die Einbeziehung von Verbrechen, die Möglichkeit des Absehens von Strafe, die Frage obligatorischer und fakultativer Strafrahmenmilderung und das Ausreichen eines bloßen Bemühens des Täters umstritten.[4] Er blieb aber im Ergebnis unverändert, so dass seine Begründung als wesentliche Auslegungshilfe herangezogen werden kann. Durch die gleichzeitige Änderung und Ergänzung von Vorschriften über die Strafaussetzung

2 AE Wiedergutmachung, Entwurf eines Arbeitskreises deutscher, österreichischer und schweizerischer Strafrechtslehrer **1992** 37ff; **krit.** *Hirsch* ZStW **102** (1990) 534; *Lampe* GA **1993** 485, 491f; *Loos* ZRP **1993** 52ff.

3 59. DJT 1992, Band II, Sitzungsbericht Teil O, Beschlüsse V 5a Unteralternative S. 184; vgl. zu den weitergehenden Vorschlägen *Schöch* Gutachten C für den 59. DJT, S. 54ff.

4 Beratungen in der 120. Sitzung des Rechtsausschusses des Deutschen Bundestages, 12. Wahlperiode Prot. Nr. 120.

zur Bewährung (§ 56 Abs. 2 S. 2, § 56b Abs. 2) sowie der Verwarnung mit Strafvorbehalt (§ 59a Abs. 2) wurde dem Gedanken des Täter-Opfer-Ausgleichs und der Wiedergutmachung zusätzliche Bedeutung verliehen.[5] Der Täter-Opfer-Ausgleich (TOA) und die Schadenswiedergutmachung bzw. das ernsthafte Bemühen des Täters können auch bei einer Einstellung des Verfahrens nach § 153a StPO zur Auflage gemacht werden. Eine verfahrensrechtliche Verankerung und Förderung des Ausgleichs zwischen dem Beschuldigten und dem Verletzten soll mit den später eingeführten §§ 155a, 155b StPO erreicht werden.[6] Der Täter-Opfer-Ausgleich und die Schadenswiedergutmachung sollen aufgrund der im Bereich des Jugendstrafrechts (§ 10 Abs. 1 S. 3 Nr.7, § 45 Abs. 2 S. 2 JGG) gewonnenen positiven Erfahrungen auch im Erwachsenenstrafrecht verstärkt werden.

Übersicht

I. Zweck der Vorschrift

Ziel der Vorschrift ist es, den Opferschutz dadurch stärker zu gewichten, dass der Täter zum Ausgleich mit dem Opfer motiviert und so die friedensstiftende Wirkung des Rechts zur Geltung gebracht wird. Dem Opfer soll durch sinnvolle materielle und immaterielle Unterstützung Hilfe bei der Schadenskompensation und bei dem Abbau von Ängsten gewährt werden. Gleichzeitig soll der Täter auf diesem Wege besser als mit bloßer Bestrafung zur Einsicht in die Verwerflichkeit seines Tuns und zur Übernahme von Verantwortung für die Folgen seiner Straftat veranlasst werden (BT-Drs. 12/6853 S. 21). § 46a will einen Anreiz für Ausgleichsbemühungen des Täters schaffen. Zugleich will die Norm aus generalpräventiver Sicht sicherstellen, dass nicht jede Form des Schadensausgleichs dem Täter zugutekommt. Nach der Begründung des Gesetzentwurfs können „derartige Ausgleichsmaßnahmen die friedensstiftende Wirkung eines herkömmlichen Strafverfahrens“ ergänzen und im Hinblick auf die Allgemeinheit deutlich machen, dass eine Straftat nicht ohne Folgen bleibt und der Täter zur Verantwortung gezogen wird. In dieser Begründung liegt auch ein Hinweis des Gesetzgebers auf seine Vorstellung vom Zweck des Strafverfahrens und dem Ziel der Rechtsfolgenentscheidung. Die später eingefügten §§ 155a, 155b StPO sollen die Möglichkeit eines Täter-Opfer-Ausgleichs vereinfachen (vgl. BT-Drs. 14/1928). Gemäß § 155a S. 1 und 2 StPO sollen Staatsanwalt und Ge- 1

5 Vgl. BT-Drs. 12/6853 S. 2.
6 G. zur strafverfahrensrechtlichen Verankerung des Täter-Opfer-Ausgleichs ... v. 20.12.1999 (BGBl. I 2491).

richt in jedem Stadium des Verfahrens prüfen, ob ein Ausgleich zwischen Beschuldigtem und Verletztem möglich ist und in geeigneten Fällen darauf hinwirken. In einzelnen Bundesländern ist in Verwaltungsvorschriften geregelt, auf welche Weise Polizei und Staatsanwaltschaft den Täter-Opfer-Ausgleich im Ermittlungsverfahren fördern sollen.[7] Das TOA-Verfahren wird in den Bundesländern von unterschiedlichen Stellen durchgeführt (sozialer Dienst der Justiz, Gerichtshilfe, Opferhilfe, Schiedspersonen oder freien Trägern). Einer vorgeschlagenen weiteren Stärkung des Täter-Opfer-Ausgleichs und der Schadenswiedergutmachung durch Änderungen des materiellen Strafrechts, etwa der gesetzlichen Verankerung eines Vorrangs des Täter-Opfer-Ausgleichs vor anderen strafrechtlichen Sanktionen oder der Einführung einer „Wiedergutmachungsstrafe", ist die „Kommission zur Reform des strafrechtlichen Sanktionensystems" (Abschlussbericht [2000] S. 63ff) entgegengetreten.

II. Regelungskonzept

2 Konzeptionell ist der **Täter-Opfer-Ausgleich** (§ 46a Nr. 1) ein **außergerichtliches Verfahren,** in dem der mit der Straftat verbundene Konflikt mit dem Ziel bearbeitet wird, zu einer für den Beschuldigten und den Geschädigten tragfähigen Regelung zu gelangen (*Meier* JZ **2015** 489). **Wiedergutmachung** (§ 46a Nr. 2) ist demgegenüber in erster Linie **Entschädigung** des Opfers für materielle und immaterielle Schäden[8] als mögliches Ergebnis eines Täter-Opfer-Ausgleichs, aber auch unabhängig davon.[9] Die Gesetzesbegründung geht davon aus, dass die Lösung des der Tat zugrundeliegenden Konflikts durch Täter-Opfer-Ausgleich *„unter Anleitung eines Dritten"* anzustreben ist (BT-Drs. 12/6853 S. 22).[10] Damit sollte ersichtlich ein entsprechendes, im Jugendstrafrecht bereits etabliertes Verfahrensmodell aufgegriffen werden (BT-Drs. aaO S. 21; s.a. BGH NJW **2002** 3264f).[11] Auch die späteren Regelungen der §§ 155a, 155b StPO über die Durchführung des Täter-Opfer-Ausgleichs gehen von diesem Verständnis aus. Der insoweit „wolkige" Wortlaut des § 46a Nr. 1 hat den BGH indes dazu veranlasst, als Voraussetzung für einen Täter-Opfer-Ausgleich einen „offeneren Kommunikationsbegriff" zu entwickeln, um anderen als durch Mediatoren vermittelten Kommunikationsformen zur Schadenswiedergutmachung Raum zu geben (BGHSt **48** 134, 139; BGH NStZ **1995** 492). Danach setzt § 46a Nr. 1 lediglich einen – wie auch immer gearteten – **kommunikativen Prozess** zwischen Täter und Opfer voraus, der auf einen umfassenden Ausgleich der durch die Straftat verursachten Folgen gerichtet sein muss (BGH NStZ **2000** 205; **2001** 200f). An diesem erweiternden Verständnis des § 46a Nr. 1 wird zu Recht **Kritik** geübt:[12] Zwischen Täter und Opfer bestehe typischerweise ein durch die rechtswidrige Tat bedingtes **strukturelles Ungleichgewicht,** das es angezeigt erscheinen lasse, den kommunikativen Prozess unter Einschaltung einer auf Konfliktschlichtung spezialisierten Ausgleichsstelle stattfinden zu lassen (*Meier* JZ **2015** 490). Der Gefahr, dass insbesondere bei Körperverletzungsdelikten und Sexualstraftaten im sozialen Nahraum dem Tatgericht ein nur aufgrund von Pressionen des Täters „versöhntes" Opfer präsentiert wird (*P. König* JR **2002** 251, 253), könnte auf diesem Wege ebenso entgegengewirkt werden, wie derjenigen einer unzuläs-

---

7 Z.B. Niedersachsen, Richtlinie für den Täter-Opfer-Ausgleich im allgemeinen Strafrecht, Nds. MBl. 2016 Nr. 18, S. 532.
8 *Schöch* FS Rissing-van Saan 639ff.
9 *Frehsee* in: *Schünemann/Dubber* **2000** 117, 120; *Kilchling* NStZ **1996** 309, 310; vgl. auch *Meier* S. 404.
10 Ebenso *P. König/Seitz* NStZ **1995** 1, 2.
11 Einschränkend *Rössner/Klaus* in: *Dölling u.a.* **1998** 49, 50f.
12 *Kespe* S. 369f.

sigen Druckausübung auf den der Tat Beschuldigten. Ferner wäre dem Einwand Rechnung getragen, dass Gegenstand des Strafverfahrens nur Unrechtsbewältigung und nicht die Verarbeitung eines darüberhinausgehenden Konflikts sein könne.[13] Zudem wäre eine klarere Abgrenzung zwischen § 46a Nr. 1 und Nr. 2 möglich, die in der gegenwärtigen Rechtsanwendung verschwimmt (s. Rdn. 19ff). Allerdings müsste ein gegenüber dem geltenden Verständnis der Rechtsprechung eingeschränkter Anwendungsbereich der Vorschrift hingenommen werden.

III. Vereinbarkeit mit dem System des Rechtsfolgenrechts und der Unschuldsvermutung

Bemühungen des Täters um Ausgleich mit dem Opfer und Schadenswiedergutma- 3
chung sind seit jeher Gesichtspunkte für die Rechtsfolgenbestimmung im Rahmen der grundsätzlich zu beachtenden Strafzwecke und Zumessungskriterien (vgl. § 46 Abs. 2). Die Gesetz gewordene, sehr begrenzte Regelung des § 46a beruht auf der Vorstellung, dass Täter-Opfer-Ausgleich und Wiedergutmachung wesentlich zur Erreichung der Strafzwecke, insbesondere dem der **positiven Spezial- und Generalprävention** sowie zur **Wiederherstellung des Rechtsfriedens** beitragen können.[14] Sie ist mit dem Schuldprinzip und den anerkannten Strafzwecken (s. § 46 Rdn. 4ff, 26ff) vereinbar. Die insoweit geäußerte Kritik[15] ist nicht berechtigt.[16] Die mit der Strafe verfolgten Funktionen bedürfen nicht zwingend der Auferlegung eines Übels durch den Staat, sondern können auch durch sozial-konstruktive, auf den Ausgleich der konkreten Unrechtsfolgen gerichtete Leistungen abgedeckt werden.[17] **Gerechter Schuldausgleich** wird nicht allein nach dem Maß der Tatschuld, sondern danach bestimmt, welche Strafe im Zeitpunkt des Urteils unter Berücksichtigung der den Täter sonst treffenden Folgen angemessen ist (s. § 46 Rdn. 12ff). Durch den Ausgleich mit dem Opfer und dessen Entschädigung setzt der Täter dem Erfolgs- und Handlungsunwert der Tat eine positive, sozial-konstruktive Leistung entgegen, die das Unrecht der Tat mindern und sogar ganz entfallen lassen kann.[18] Der Täter-Opfer-Ausgleich und die Schadenswiedergutmachung können der Genugtuung dienen und eine schwächere Sanktion als Schuldausgleich genügen lassen (BGHSt **48** 134). Dass eine Strafrahmenmilderung oder das Absehen von Strafe bei Täter-Opfer-Ausgleich und Schadenswiedergutmachung generell eine mögliche abschreckende Wirkung der Strafe beeinträchtigen könne, ist lediglich eine unbewiesene Vermutung.[19] Das für eine Abschreckungswirkung maßgebliche Entdeckungsrisiko (s. Vor § 46 Rdn. 27) wird durch beides nicht in Frage gestellt.[20] Der Strafzweck der positiven Generalprävention dürfte auch und gerade durch Ausgleich und Wiedergutmachung erreichbar sein, die den durch die Tat verletzten Geltungsanspruch der Norm bestätigen (s. § 46 Rdn. 38).[21] Die

---

13 *Renzikowski* FS Höland 210, 214; ähnlich *Fischer* Rdn. 3.
14 *Frehsee* S. 87ff; *ders.* in: *Schünemann/Dubber* **2000** 117, 128; *Roxin* in: *Schöch* **1987** 37, 47ff; *Streng* NK Rdn. 2 m.w.N.
15 *Kett-Straub/Kudlich* § 12 Rdn. 9; *SSW/Eschelbach* § 46 Rdn. 37.
16 *Bemmann* JR **2003** 226ff; *Frehsee* S. 140ff; *Schöch* FS Roxin 1045, 1055f; *Sch/Schröder/Stree/Kinzig* Rdn. 1.
17 *Frehsee* S. 82ff; *Meier* StV **2008** 263, 264; *Stein* NStZ **2000** 393, 395 m.w.N.
18 *Meier* S. 420ff; *ders.* GA **2015** 443, 449; s.a. *Brauns* S. 176ff, 214f; *Kespe* S. 102f; *Schöch* Gutachten C für den 59. DJT, S. 64; *ders.* FS Rissing-van Saan 639, 643; *Streng* NK Rdn. 2 m.w.N.; **krit.** demgegenüber *SSW/Eschelbach* Rdn. 2, 12; *Pielsticker* S. 94ff, 107f.
19 *Bemmann* JR **2003** 226, 227f; vgl. auch *Streng* NK Rdn. 2 m.w.N.
20 *Meier* S. 422; *Pielsticker* S. 66ff.
21 *Meier* aaO; *Pielsticker* S. 39ff.

Konfrontation des Täters mit den Gefühlen und Forderungen des Opfers beim Täter-Opfer-Ausgleich soll unter spezialpräventiven Gesichtspunkten die Möglichkeit eröffnen, dass der Täter auf diesem Weg die Sinnhaftigkeit der verletzten Normen erlebt und an dieser Erkenntnis sein weiteres Verhalten orientiert.[22] Abschließende Aussagen über eine spezialpräventive Wirksamkeit des Täter-Opfer-Ausgleichs sind zwar nicht möglich;[23] Studien weisen aber darauf hin, dass er hinsichtlich der Rückfallvermeidung jedenfalls keine schlechteren Ergebnisse als herkömmliche Sanktionen erbringt,[24] was zumindest unter Verhältnismäßigkeitsgesichtspunkten die Einräumung eines gewissen Vorrangs – jedenfalls innerhalb der engen Grenzen des § 46a – rechtfertigen kann.

4 Die in erster Linie gegen die Einführung der Wiedergutmachung als selbständige strafrechtliche Sanktion[25] erhobenen Bedenken, diese sei mit dem Konzept eines proportionalen Ausgleichs des Tatunrechts durch Strafe nicht zu vereinbaren und der Strafzweck der Generalprävention werde vernachlässigt,[26] sind unberechtigt (s. Rdn. 3) und treffen jedenfalls für die Gesetz gewordene Regelung nicht zu, die eine Strafrahmenmilderung und ein Absehen von Strafe lediglich fakultativ vorsieht. Das Tatgericht hat bei seiner Ermessensentscheidung insbesondere das Schuldausgleichsprinzip zu beachten (s. Rdn. 36).

5 Täter-Opfer-Ausgleich und Wiedergutmachung stellen die **Unschuldsvermutung** nicht in Frage.[27] An die Nichtmitwirkung des Tatverdächtigen am Ausgleichsverfahren sind keine Nachteile geknüpft, sondern vielmehr Vorteile an seine Mitwirkung (*Meier* JuS **1996** 436, 440). Er wird keinem unangemessenen Druck ausgesetzt, sich „freiwillig" auf entsprechende Bemühungen einzulassen. Bei der Abwägung zwischen einer Freispruch-Verteidigung und der Teilnahme an einem Täter-Opfer-Ausgleich werden der Beschuldigte und die Verteidigung die jeweiligen Chancen und Risiken gegeneinander abwägen. § 46a eröffnet einerseits Verteidigungsoptionen, die gerade auch in Fällen einer erdrückenden Beweislage genutzt werden können. Andererseits ist die Möglichkeit eines Scheiterns des Täter-Opfer-Ausgleichs und der damit eventuell verbundenen Festschreibung der Täter- und der Opferrolle für das dann folgende Strafverfahren zu bedenken.[28] Im Ergebnis lässt sich jedoch festhalten, dass § 46a den Interessen des Geschädigten Rechnung trägt, ohne berechtigte Verteidigungsinteressen des Beschuldigten zu schmälern (*Meier* JZ **2015** 488f).

IV. Praktische Bedeutung

6 In seiner praktischen Umsetzung bleibt der Täter-Opfer-Ausgleich nicht nur in Deutschland, sondern auch in anderen europäischen Ländern hinter dem ihm in Wissenschaft und Kriminalpolitik (zunächst) zugewendeten erheblichen Maß an Aufmerksamkeit zurück.[29] In Deutschland gibt es keine umfassende statistische Erfassung von TOA-Fällen. Die bundesweite **Täter-Opfer-Ausgleich-Statistik** erfasst Einrichtungen,

---

22 *Kett-Straub* NStZ **2018** 276, 277; *Meier* JZ **2010** 112, 119; *Streng* NK Rdn. 2 m.w.N.
23 *Meier* JZ **2010** 112, 119 f m.w.N.
24 *Dölling/Hartmann/Traulsen* MSchrKrim **2002** 185; *Rössner* FS Böttcher 357; *Dünkel* FS Rössner 499, 512 m.w.N.
25 AE Wiedergutmachung (Fn. 2); vgl. auch *Jung* ZStW **99** (1987) 497; *Schöch* Gutachten C für den 59. DJT, S. 54 ff.
26 *Hirsch* ZStW **102** (1990) 534, 545 ff; **krit.** auch *Lampe* GA **1993** 485, 491 f und *Loos* ZRP **1993** 52 ff.
27 So aber *Kett-Straub/Kudlich* § 12 Rdn. 9; *Lammer* StraFo **1997** 257, 260; *Noltenius* GA **2007** 518, 527; *SSW/Eschelbach* Rdn. 14 ff.; *Walther* StraFo **2005** 452 f; zweifelnd *Weigend* in: *Marks* u.a. **1993** 37, 55 ff.
28 *Frehsee* in: *Schünemann/Dubber* **2000** 117, 134; *Lammer* StraFo **1997** 257, 261.
29 *Dünkel* FS Rössner 499, 507 ff; vgl. auch *Kespe* S. 368; *Kubink* DRiZ **2008** 345 f.

die entsprechende Verfahren durchführen und freiwillig an der Befragung teilnehmen.[30] Schon aufgrund dieser Einschränkungen vermittelt sie kein flächendeckendes Bild. Es lässt sich feststellen, dass die Zahl der TOA-Einrichtungen in Deutschland sehr wahrscheinlich nicht wesentlich höher als 450 ist.[31] Schätzungen gehen von jährlich mehr als 20.000 bis zu 30.000 TOA-Fällen aus.[32] Laut TOA-Statistik wurden die weitaus meisten TOA-Versuche im Vorverfahren angeregt.[33] Straftaten gegen die körperliche Unversehrtheit machen den größten Anteil aus.[34] Diese Daten beziehen sich auf die Durchführung formeller Schlichtungsverfahren, deren es nach der Rechtsprechung des BGH zur Erzielung eines Täter-Opfer-Ausgleichs indes nicht bedarf. In der Justizpraxis hat der Täter-Opfer-Ausgleich eine begrenzte, insgesamt eher **geringe Bedeutung**. Dies wird plausibel darauf zurückgeführt, dass die Befassung mit zivilrechtlichen Fragen nicht dem Rollenverständnis von Strafjuristen entspreche und der Täter-Opfer-Ausglich ein mit zusätzlichem Aufwand verbundenes Verfahren erfordere, was nicht den „Eigeninteressen der professionellen Akteure des Verfahrens" genüge (*SSW/Eschelbach* Rdn. 3).[35]

V. Voraussetzungen der Anwendung

1. Allgemeines. Das Bemühen des Täters, den Schaden wiedergutzumachen, sowie sein Bemühen, einen Ausgleich mit dem Verletzten zu erreichen, sind Strafzumessungskriterien im Sinne von § 46 (s. § 46 Rdn. 158f). Ihm gegenüber ist § 46a grundsätzlich die **speziellere Regelung**, da er die weitergehenden Möglichkeiten der Strafrahmenmilderung oder des Absehens von Strafe an zusätzliche Voraussetzungen knüpft (BGH NJW **2002** 3264f). Wenn Wiedergutmachungsbemühungen des Angeklagten vorliegen, sind deshalb vorrangig die Voraussetzungen des § 46a zu prüfen.[36] Das Tatgericht muss bei der Ausübung seines Ermessens im Rahmen der Gesamtwürdigung allerdings die Alternative einer Strafmilderung nach allgemeinen Grundsätzen des § 46 im Blick behalten. Wird § 46a nicht angewendet, sind erbrachte Wiedergutmachungsleistungen (oder Ausgleichsbemühungen) im Rahmen von § 46 Abs. 2 zu berücksichtigen (BGH Urt. v. 18.11. 1999 – 4 StR 435/99, Rdn. 15). 7

Liegt der vertypte Strafmilderungsgrund des § 46a vor, so kommt nach allgemeinen Grundsätzen (s. § 46 Rdn. 287) statt einer Strafrahmenverschiebung ggf. die Annahme eines minder schweren Falls oder die Ablehnung eines besonders schweren Falls in Betracht.[37] Das Doppelverwertungsverbot des § 50 ist zu beachten. 8

2. Anwendungsbereich

a) Verbrechen und Vergehen. § 46a ist nach seinem Wortlaut bei allen Delikten anwendbar und gilt auch für Verbrechen. Eine Begrenzung des Anwendungsbereichs oder die Nichtanwendbarkeit einer der beiden Alternativen kann sich allerdings daraus ergeben, dass die an den Täter-Opfer-Ausgleich oder die Schadenswiedergutmachung zu stellenden Anforderungen bei bestimmten Delikten generell nicht erfüllbar sind oder die 9

---

30 *Hartmann/Schmidt/Kerner* S. 1; vgl. auch die Darstellung bei *Meier* S. 426ff.
31 *Kerner/Weitekamp* S. 12.
32 *Dünkel* FS Rössner 499, 507f.
33 *Hartmann/Schmidt/Kerner* S. 29.
34 *Hartmann/Schmidt/Kerner* S. 43f.
35 Vgl. auch *Dünkel* FS Rössner 499, 510; *Frehsee* in: *Schünemann/Dubber* **2000** 117, 122ff.
36 *Fischer* Rdn. 6; *Kilchling* NStZ **1996** 309, 311; *Maier* MK Rdn. 13f; *Sch/Schröder/Stree/Kinzig* § 46a Rdn. 1; **aA** *Streng* NK Rdn. 21 m.w.N.
37 BGH StV **2017** 680; zur Prüfungsreihenfolge BGH NStZ **1999** 610.

Anwendung der Vorschrift mit der Zielsetzung des Gesetzgebers einer Wiederherstellung des Rechtsfriedens durch überwiegende Wiedergutmachung von materiellen oder immateriellen Tatfolgen nicht zu vereinbaren ist. Danach sind solche Delikte von einem Täter-Opfer-Ausgleich oder einer Schadenswiedergutmachung ausgeschlossen, bei denen eine (überwiegende) Wiedergutmachung nicht möglich ist, so insbesondere **vollendete Tötungsdelikte** (*Maier* MK Rdn. 3). Die Hinterbliebenen eines Getöteten sind keine „Verletzten" i.S.d. der Vorschrift; daran hat auch die Erweiterung der Ersatzansprüche Dritter bei Tötung durch § 844 Abs. 3 BGB[38] nichts geändert (BGH NJW **2019** 319, 320). Bei einer Verurteilung wegen **versuchten Mordes** (in Tateinheit mit gefährlicher Körperverletzung) hat der Bundesgerichtshof einen Täter-Opfer-Ausgleich nach § 46a Nr. 1 für möglich gehalten (BGH StV **2001** 230).

10 Auch bei **Vergewaltigung** und anderen schweren Sexualdelikten sind Täter-Opfer-Ausgleich oder Schadenswiedergutmachung nicht grundsätzlich ausgeschlossen (BGH NStZ-RR **2008** 304; **2012** 43).[39] Allerdings ist eine zumindest annähernd gelungene Konfliktlösung in der Regel aus tatsächlichen Gründen nur **schwer erreichbar** (BGH NStZ **1995** 492; **2002** 646; **2008** 452). Ob eine Konfliktlösung möglich ist, hängt freilich in erster Linie von der Einstellung des Opfers und dem Verhalten des Täters ab. Tatsächlich hat der BGH in einem besonders schweren Fall der Vergewaltigung einer Intimpartnerin, die sich zur Versöhnung mit einer bloßen Entschuldigung des Täters zufrieden gab, die Möglichkeit eines Täter-Opfer-Ausgleichs nicht ausgeschlossen, sondern die fehlende Prüfung einer Strafrahmenmilderung nach § 46a Nr. 1, § 49 Abs. 1 beanstandet (BGH StV **2001** 457). Die Anlegung derart geringer Maßstäbe an einen Täter-Opfer-Ausgleich ist schon unter Gerechtigkeitsgesichtspunkten problematisch (vgl. *P. König* JR **2002** 252f; s. auch Rdn. 36). Bei Verurteilungen wegen – auch schweren – **sexuellen Missbrauchs von Kindern** ist ein Täter-Opfer-Ausgleich nach § 46a Nr. 1 ebenfalls nicht ausgeschlossen,[40] kommt aber bei ablehnender Haltung des Opfers nicht in Betracht.[41] Bei **schwerem Raub** und schwerer räuberischen Erpressung hat der BGH mehrfach auf die Anwendbarkeit von § 46a hingewiesen.[42]

11 **b)** Auch der (strafbare) **Versuch** eines Verbrechens oder Vergehens kann zu materiellen oder immateriellen Schäden führen. Er verletzt die persönliche Integrität des Opfers und stellt eine Störung des Rechtsfriedens dar. Täter-Opfer-Ausgleich und Wiedergutmachung sind auch in solchen Fällen möglich. § 46a ist somit grundsätzlich anwendbar.[43]

12 **c)** Umstritten ist, ob § 46a auch bei **Straftaten gegen juristische Personen** des privaten oder öffentlichen Rechts sowie bei sog. **opferlosen**, allein die **abstrakten Interessen der Allgemeinheit** verletzenden, Delikten (z.B. Trunkenheit im Verkehr, § 316; Straftaten im Amt, §§ 331ff; Aussagedelikte, §§ 153ff; Betäubungsmitteldelikte, §§ 29ff BtMG), angewendet werden kann.[44] Teilweise wird dies uneingeschränkt bejaht (BGH NStZ **2000** 205 betr. Delikte gegen juristische Personen und – insoweit allerdings nur als

38 Gesetz zur Einführung eines Hinterbliebenengeldes vom 17.7.2017, BGBl. I 2421.
39 *Richter* S. 245ff.
40 BGH NStZ **2002** 29; NStZ-RR **2002** 263; **2006** 373; **2009** 369; StV **2000** 129; BGHR StGB § 46a Nr. 1 Ausgleich 8.
41 BGH Urt. v. 29.4.2015 – 2 StR 405/14, Rdn. 22f.
42 BGH NStZ-RR **1998** 297; NJW **2001** 2557; StV **2001** 346; **2002** 656.
43 *Maier* MK Rdn. 7; *Rössner/Klaus* in: *Dölling u.a.* **1998** 49, 55; *Sch/Schröder/Stree/Kinzig* Rdn. 4; **aA** *Horn/Wolters* SK Rdn. 3.
44 Vgl. *Rössner/Klaus* in: *Dölling u.a.* **1998** 49, 55f.

obiter dictum – solche gegen die Allgemeinheit; davon abweichend aber BGH NStZ **2001** 200: kein § 46a Nr. 1 für Steuerstraftaten; BGHSt **60** 84: kein § 46a Nr. 1 bei „opferlosen" Delikten).[45] Diese auch in der Vorauflage vertretene Ansicht[46] ist abzulehnen. Ihr ist zwar zuzugeben, dass selbst bei Delikten gegen die Allgemeinheit der Täter durch sein Verhalten nach der Tat seine Bereitschaft zur Übernahme von Verantwortung zeigen[47] und eine symbolische Wiedergutmachung, z.B. Zahlung eines Geldbetrages zugunsten einer gemeinnützigen Einrichtung oder andere gemeinnützige Leistungen, der Wiederherstellung des Rechtsfriedens dienen kann.[48] Auch ist sie geeignet, widersprüchliche und unbillige Ergebnisse zu vermeiden, zu denen die Ausklammerung von nur gegen die Allgemeinheit gerichteten Delikten aus dem Anwendungsbereich des § 46a oder seine Beschränkung auf solche Delikte führen kann, bei denen zumindest eine natürliche Person mittelbar betroffen ist.[49] Sie entspricht aber nicht dem gesetzgeberischen Konzept des Täter-Opfer-Ausgleichs. Dieses setzt denknotwendig voraus, dass sich die Tat gegen ein „Opfer" gerichtet hat, mit dem ein Ausgleich gesucht werden kann (*Meier* S. 408f; vgl. auch *Kespe* S. 74ff).

Da § 46a Nr. 1 als zentrales Element einen **kommunikativen Prozess** zwischen Täter und Opfer verlangt, ist es zwar nicht unbedingt erforderlich, dass es sich bei dem Opfer um eine natürliche Person handelt.[50] Die Interessen der Opferseite müssen aber in diesem Ausgleichsprozess durch eine natürliche Person wirksam vertreten werden können. Soweit dies bei **Straftaten zum Nachteil juristischer Personen** möglich ist, kann § 46a Nr. 1 Anwendung finden.[51] Wenn diese Voraussetzung nicht erfüllbar ist, bleibt § 46a Nr. 2 anwendbar, soweit ein wiedergutmachungsfähiger (Vermögens-)Schaden entstanden ist (BGH NStZ **2000** 593 betr. eine Tat z.N. des Landes Baden-Württemberg). 13

Bei **Straftaten gegen die Allgemeinheit** will eine **vermittelnde Ansicht** § 46a (Nr. 1 oder 2) dann anwenden, wenn auch individuell Verletzte oder Gefährdete betroffen sind, wie etwa bei Widerstand gegen Vollstreckungsbeamte (§ 113), konkreter Straßenverkehrsgefährdung (§ 315c) oder Straftaten gegen die Umwelt (§§ 324ff).[52] Eine solche Differenzierung kann zu dem unbilligen Ergebnis führen, dass bei einer lediglich abstrakten Gefährdung eine Strafrahmenmilderung nach §§ 46a, 49 Abs. 1 ausschiede, während sie bei der gravierenderen konkreten Gefährdung eines individuellen Opfers möglich wäre. Der **BGH** hat zu Recht eine Anwendung des § 46a Nr. 1 auf solchermaßen „opferlose" Delikte unter Hinweis auf das Erfordernis eines auf umfassenden, friedensstiftenden Ausgleich der durch die Straftat verursachten Folgen angelegten kommunikativen Prozesses zwischen Täter und Opfer abgelehnt und dementsprechend dessen Anwendung bei einem **vorsätzlichen Eingriff in den Straßenverkehr** (§ 315b) grundsätzlich ausgeschlossen (BGHSt **60** 84). 14

Eine Besonderheit stellt freilich der **Vollrausch** (§ 323a) dar, der nach h.M. dem Schutz aller strafrechtlich relevanten Rechtsgüter vor der generellen Gefährlichkeit des 15

---

45 Bejahend auch: *Brauns* wistra **1996**, 214; *Schäfer/Sander/van Gemmeren* Rdn. 1033; ablehnend: *Horn/Wolters* SK Rdn. 3; *Blesinger* wistra **1996** 91; differenzierend: *SSW/Eschelbach* Rdn. 22; *Fischer* Rdn. 8; *Lackner/Kühl/Heger* Rdn. 1b; *Meier* S. 408f; *Pielsticker* S. 118ff; *Sch/Schröder/Stree/Kinzig* Rdn. 4a.

46 *Theune* LK[12] Rdn. 26ff.

47 BGH NStZ **2000** 205.

48 *Brauns* S. 283ff, 316f; *ders.* wistra **1996** 214ff; *Dölling* JZ **1992** 492, 499; *Laue* S. 121ff; *Theune* LK[12] Rdn. 28.

49 *Theune* LK[12] Rdn. 50.

50 **AA** *Kespe* S. 75; *P. König* JR **2002** 252, 254; *Lackner/Kühl/Heger* Rn. 3.

51 *Meier* S. 408f; *Loos* FS Hirsch 851, 863; *Sch/Schröder/Stree/Kinzig* Rdn. 4a; *Streng* NK Rdn. 10.

52 *Fischer* Rdn. 8; *Kett-Straub/Kudlich* § 12 Rdn. 7; *Rössner/Klaus* in: *Dölling u.a.* **1998** 49, 55; *Schöch* FG BGH 309, 333f; *ders.* FS Rissing-van Saan 654f; *Laue* S. 121ff; *Pielsticker* S. 118ff.

Rausches dient.[53] Soweit es hier ein individuelles Tatopfer gibt, ist auch die Anwendbarkeit des § 46a grundsätzlich zu bejahen (BGH NStZ **1995** 492; *Streng* NK Rdn. 10).

16 **d) Steuerstraftaten.** Die unterschiedlichen Ansichten treffen besonders bei der Frage aufeinander, ob § 46a in Steuerstrafverfahren herangezogen werden kann. Die Anwendbarkeit wird teilweise uneingeschränkt bejaht.[54] Die Gegenmeinung, die die Anwendbarkeit von § 46a generell verneint, sieht zum Teil in der **strafbefreienden Selbstanzeige** (§ 371 AO) eine abschließende Regelung, die § 46a verdrängt.[55] § 371 AO grenzt den Anwendungsbereich von § 46a allerdings nur insoweit ein, als er eine weitergehende Vergünstigung gewährt und bei seiner Anwendung ein Ausgleich nach § 46a überflüssig wird. Er verfolgt aber andere Ziele, hängt von anderen Voraussetzungen ab und hat andere Rechtsfolgen als § 46a. Deshalb kann er nicht als vorgehende Spezialregelung verstanden werden.[56] Nach anderer Auffassung ist § 46a aufgrund einer gesetzessystematischen und teleologischen Auslegung der Begriffe Opfer (Verletzter) in Nr. 1 und Nr. 2 und seines Normzwecks, dem Schutz des individuellen Opfers durch Aussöhnung, Verzeihung und kommunikativen Dialog zu dienen, nicht im Steuerstrafrecht anwendbar (*Schabel* wistra **1997** 201, 203 ff).

17 Richtigerweise ist mit der wohl überwiegenden Ansicht **zwischen Nr. 1 und Nr. 2 zu differenzieren.** § 46a Nr. 1 kann bei Steuerdelikten nicht herangezogen werden (BGH NStZ **2001** 200). Nicht ausgeschlossen ist demgegenüber die Anwendung der Nr. 2.[57] Nach Auffassung des BGH kommt eine Strafrahmenverschiebung auf der Grundlage von § 46a Nr. 2 bei Steuerstraftaten allerdings nur in „ganz besonders gelagerten Ausnahmefällen" in Betracht (NStZ-RR **2010** 147). Dies ergibt sich bereits daraus, dass § 46a Nr. 2 eine Wiedergutmachung unter erheblichen persönlichen Leistungen oder persönlichem Verzicht verlangt, eine rein rechnerische Kompensation des Schadens also generell nicht genügt.[58] Eine teilweise Steuernachzahlung mit Inaussichtstellung weiterer Zahlungen[59] reicht deswegen ebenso wenig wie eine bloße Nachzahlung des geschuldeten Steuerbetrags.[60]

18 **e) Zusammentreffen eines opferlosen Delikts mit einer Tat gegen einen individuellen Geschädigten.** Bezugspunkt für den Täter-Opfer-Ausgleich ist der konkret verwirklichte Straftatbestand. Hat der Täter tateinheitlich mehrere Delikte begangen, ist im Hinblick auf jede der konkurrierenden Gesetzesverletzungen gesondert zu prüfen, inwieweit ein die Anwendung von § 46a Nr. 1 ermöglichender Opferbezug besteht und ob ggf. ein gelungener Ausgleich mit dem Verletzten erfolgt ist. Nur insoweit kann dem Angeklagten ein Täter-Opfer-Ausgleich zugutekommen (BGHSt **60** 84, 88, Tateinheit zw. vorsätzlichem gefährlichem Eingriff in den Straßenverkehr und gefährlicher Körperverletzung).

---

53 BGHSt **1** 275, 277; **16** 128; *Fischer* § 323a Rdn. 2; *Geisler* MK § 323a Rdn. 2; *Lackner/Kühl/Heger* § 323 a Rdn. 1.

54 *Brauns* wistra **1996** 214, 216 ff; *von Briel* NStZ **1997,** 33 f; *Peters* NWiSt **2012** 201, 205; *Schwedhelm/Spatscheck* DStR **1995** 1445, 1450 f.

55 *Blesinger* wistra **1996** 90.

56 *Brauns* wistra **1996** 214; *von Briel* NStZ **1997** 33, 34; *Jesser* S. 70 ff; *Lackner/Kühl/Heger* Rdn. 1b; *Klawitter* DStZ **1996** 553, 554; *Schabel* wistra **1997** 201, 205 f.

57 *Jesser* S. 188 f; *Lackner/Kühl/Heger* Rdn. 1b; *Sch/Schröder/Stree/Kinzig* Rdn. 4a; *Streng* NK Rdn. 10; *Joecks* in Joecks/Jäger/Randt, StStrafR[8] § 371 AO, Rdn. 423, auch zu möglichen Anwendungsfällen; **aA** *Klawitter* DStZ **1996** 553, 555.

58 *Maier* MK Rdn. 5; *Schöch* FS Rissing-van Saan 639, 654 f.

59 BGH NStZ **2001** 200.

60 BayObLG NJW **1996** 2806 m. **abl.** Anm. *von Briel* NStZ **1997** 33 u. *Schwedhelm/Spatschek* DStR **1996** 668; BayObLG NStZ-RR **1997** 342.

3. Abgrenzung der Alternativen Nr. 1 und Nr. 2. Die Abgrenzung zwischen § 46a Nr. 1 und 2 ist streitig. Sie ist von Bedeutung, weil Nr. 2 hinsichtlich der materiellen Entschädigung einen Wiedergutmachungserfolg verlangt,[61] während sich Nr. 1 mit dem erstrebten Erfolg in Verbindung mit Ausgleichsbemühungen begnügt.[62] Nach der **Rechtsprechung** soll sich § 46a Nr. 1 *vor allem* auf den **Ausgleich der immateriellen Folgen** einer Straftat beziehen,[63] während § 46a Nr. 2 den **Ersatz materieller Schäden** betreffe. Deswegen sei § 46a Nr. 1 in erster Linie bei Delikten gegen die persönliche Integrität, § 46a Nr. 2 dagegen für Vermögensdelikte vorgesehen.[64] Diese Ansicht wird von der herrschenden Meinung in der **Literatur** nicht geteilt:[65] § 46a unterscheide nicht nach Schadensarten, sondern nach Leistungskategorien. In **§ 46 Nr. 1** komme **immateriellen Leistungen** größeres Gewicht zu, in **§ 46 Nr. 2 materiellen Leistungen**, die auch dem Ausgleich immaterieller Schäden dienen können. In beiden Alternativen gehe es um eine Kombination von materiellen und immateriellen Leistungselementen.[66] 19

Die Auffassung der Rechtsprechung findet weder im Wortlaut des § 46a noch in der Gesetzesbegründung hinreichenden Anhalt (*Fischer* Rdn. 9). Konzeptionell ist der Täter-Opfer-Ausgleich (§ 46a Nr. 1) vielmehr eine Verfahrensweise, in deren Mittelpunkt die Bearbeitung des mit der Straftat verbundenen Konflikts steht, während unter Wiedergutmachung (§ 46a Nr. 2) in erster Linie die Entschädigung des Opfers für materielle und immaterielle Schäden – ggf. als Ergebnis eines Täter-Opfer-Ausgleichs – zu verstehen ist (s. Rdn. 2).[67] § 46a will einen Anreiz für Ausgleichsbemühungen des Täters schaffen und gleichzeitig verhindern, dass dieser sich „freikaufen" kann (BT-Drs. 12/6853 S. 21f). Deshalb verlangt die Vorschrift von ihm besondere Leistungen, nämlich in Nr. 1 das Bemühen um einen Ausgleich mit der verletzten Person, in Nr. 2 erhebliche persönliche Leistungen oder persönlichen Verzicht zur Schadenswiedergutmachung.[68] Dem „armen" Täter, der eine zumindest überwiegende Entschädigung des Opfers nach Nr. 2 auch unter größten Anstrengungen nicht leisten kann, soll ebenso wie dem „reichen" Täter, dem diese keine erhebliche persönliche Leistungen oder persönlichen Verzicht abverlangen würde, der Weg zum Täter-Opfer-Ausgleich nach Nr. 1 nicht verschlossen werden. Bei immateriellen Schäden kann § 46a Nr. 2 nach Zahlung von Heilungskosten und Schmerzensgeld Anwendung finden,[69] stößt allerdings bei Straftaten mit schweren immateriellen Folgen an seine Grenzen.[70] 20

Der BGH hat die von ihm vorgenommene Unterscheidung auch nicht konsequent vollzogen; sie dient nur einer Groborientierung.[71] Eine trennscharfe Abgrenzung anhand der Kriterien der Rechtsprechung ist bereits deshalb nicht möglich, weil auch bei Eigentums- und Vermögensdelikten immaterielle Schäden denkbar sind (BGH NStZ **2013** 33, 21

61 Zu Teilleistungen BGH StV **2009** 405f; NStZ-RR **2009** 133.
62 *Schöch* FS Rissing-van Saan 639, 648.
63 BGH NStZ **1995** 492; **2012** 439f; NJW **2013** 483f; wistra **2002** 21.
64 BGH NStZ **1995** 492; **1999** 610; **2012** 439f; NStZ-RR **2006** 373; NJW **2013** 484; StV **2000** 129; **2001** 346, 347; wistra **2016** 486, 487; zweifelnd aber BGH NJW **2001** 2557 m. Anm. *Dölling/Hartmann*; zur verfassungsrechtlichen Unbedenklichkeit dieser Interpretation BVerfG (Kammer) NJW **2003** 740.
65 *Brauns* S. 324; *Dierlamm* NStZ **2000** 536; *Horn/Wolters* SK Rdn. 2a; *Kett-Straub/Kudlich § 12 Rdn. 3; Kühl/Heger* JZ **2002** 363; *P. König* JR **2002** 252f; *Maier* MK Rdn. 11; *Richter* S. 80ff; *Rose* JR **2010** 189, 191; *Schöch* FG BGH 309, 323; *ders.* FS Rissing-van Saan 639; *Streng* NK Rdn. 9.
66 *Schöch* FG BGH 309, 324; *ders.* FS Rissing-van Saan 639, 644.
67 *Frehsee* in: *Schünemann/Dubber* **2000** 117, 120; *Kilchling* NStZ **1996** 314.
68 *Dölling/Hartmann* NStZ **2002** 364, 366.
69 *Rose* JR **2010** 189, 192.
70 *Kühl/Heger* JZ **2002** 363.
71 *Fischer* Rdn. 9; *Maier* MK Rdn. 10.

34; wistra **2016** 486, 487). Sie treten z.B. bei Raubdelikten oder Wohnungseinbruchdiebstahl sogar typischerweise auf und können allein mit einer Entschädigung nach § 46a Nr. 2 nicht ausgeglichen werden.[72] Die Anwendung von § 46a Nr. 1 hat der BGH auch bei Vermögensdelikten nicht von vornherein ausgeschlossen (BGH wistra **2009** 309, 310). So hat er bei einer Verurteilung wegen Betrugs und Untreue auf die Anwendbarkeit des § 46a Nr. 1 hingewiesen (BGH NStZ **2000** 205). Bei einer Verurteilung wegen einer Vollrauschtat, durch die der Angeklagte seinem Opfer schwere Verletzungen zufügte, hat er beanstandet, dass die Strafkammer die Möglichkeit einer Strafrahmenmilderung nach § 46 Nr. 2 nicht geprüft habe (BGH NStZ **1995** 492f).

22 **4. Voraussetzungen von Nr. 1.** Das Gesetz geht von einem **zweistufigen Ablauf** aus, nämlich einem Bemühen um Herstellung einer Ausgleichsvereinbarung und der anschließenden Erbringung einer ggf. verabredeten Leistung (*Streng* NK Rdn. 12). Ein Täter-Opfer-Ausgleich nach Nr. 1 setzt danach jedenfalls einen **kommunikativen Prozess** zwischen Täter und Opfer voraus, der auf einen umfassenden, **friedensstiftenden Ausgleich** der durch die Straftat verursachten Folgen angelegt sein muss. Einseitige Wiedergutmachungsangebote ohne den Versuch der Einbeziehung des Opfers genügen nicht.[73] Die Privilegierung reicher Täter, die jederzeit zur Wiedergutmachung in der Lage sind und sich ohne Berücksichtigung der Opferinteressen freikaufen könnten, soll verhindert werden (BGH StV **1995** 584).

23 Das Opfer muss sich **freiwillig** zu einem Ausgleich mit dem Täter bereitfinden und sich hierauf einlassen (BGH NStZ-RR **2003** 363; NStZ **2006** 275f). Das Verhalten des Täters muss Ausdruck der **Übernahme von Verantwortung** sein und das Opfer muss die vom Täter angebotenen Leistungen als friedenstiftenden Ausgleich akzeptieren.[74] Eine Ausgleichsvereinbarung ist nicht erfolgreich, wenn der Täter bereits die ideelle Komponente seiner Wiedergutmachung nicht erfüllt, indem er eine Entschuldigung nur formal abgibt und das Tatopfer diese deshalb nicht annimmt (BGHSt **48** 134, 143). Zwar steht es einer Bejahung der Voraussetzungen des § 46a Nr. 1 grundsätzlich nicht im Wege, wenn ein Opfer an das Maß der Wiedergutmachungsbemühungen keine hohen Anforderungen stellt und schnell zu einer Versöhnung bereit ist (BGH StV **2001** 457; Rdn. 10). Bei einer **erheblichen Gewalttat** liegt jedoch fern, dass die **bloße Entschuldigung** des Angeklagten, selbst wenn der Geschädigte diese angenommen hat, eine umfassende Versöhnung zwischen Täter und Opfer bewirkt hat (BGH NStZ **2016** 401; vgl. auch Urt. v. 23.5.2013 – 4 StR 109/13, Rdn. 12).

24 Von welcher Seite die **Initiative** zu einem kommunikativen Prozess ausgeht, ist unerheblich (OLG Köln NStZ-RR **2004** 71; s. aber Rdn. 36). Von der Rechtsprechung wird weder zwingend eine Schlichtung durch einen neutralen Dritten noch ein persönlicher Kontakt zwischen Täter und Opfer verlangt (BGH NJW **2002** 3264f; Urt. v. 24.8.2017 – 3 StR 233/17, Rdn. 18). Die Durchführung eines förmlichen TOA-Verfahrens ist danach nicht erforderlich (s. aber Rdn. 2). Der Ausgleich kann für den Angeklagten durch dessen Verteidiger bewirkt werden (BGH NStZ-RR **1998** 297). Auch aufseiten des Opfers dürfen Vermittlungspersonen tätig werden (BGH NStZ **2006** 275; Urt. v. 24.8.2017 aaO).[75] Jedoch ist ein (vermittelter) kommunikativer Prozess nicht gegeben, wenn die Erklärungen des Täters das Opfer nicht erreichen. Dies gilt im Grundsatz auch für Minderjährige, die im Rechtsverkehr von ihren Eltern gesetzlich vertreten werden (BGH Urt. v. 24.8.2017 aaO, Rdn. 19).

72 BGH NStZ **1995** 492; **2000** 205; NJW **2013** 483f; wistra **2002** 21.
73 BGH StV **2001** 230; **2002** 346; NStZ **2002** 29; **2006** 275.
74 BGHSt **48** 134, 142; **60** 84, 85f; BGH NStZ **2012** 439; **2016** 401; NStZ-RR **2014** 304; **2017** 198.
75 Zu Recht **krit.** hierzu *Kespe* S. 369f.

Anders als § 46a Nr. 2 setzt Nr. 1 einen **Wiedergutmachungserfolg nicht zwingend** 25 voraus (BGH NStZ **2002** 29). Es genügt, wenn der Täter die Wiedergutmachung ernsthaft erstrebt. Der Anwendung des § 46a Nr. 1 steht nicht entgegen, dass die Wiedergutmachungsleistung nicht aus eigenen Mitteln des Täters erfolgt ist (BGH NStZ-RR **1998** 297). Hinsichtlich ihres Umfangs besteht ein Stufenverhältnis: Grundsätzlich ist eine vollständige Wiedergutmachung erforderlich.[76] Lediglich in Fällen, in denen diese oder auch nur eine überwiegende Wiedergutmachung nicht möglich ist, kann das bloße Bemühen des Täters ausreichen. Er muss im Rahmen eines auf einen friedensstiftenden Ausgleich mit dem Verletzten gerichteten Kommunikationsprozesses ernsthaft danach streben, das Opfer „zufrieden zu stellen" (BGH NJW **2002** 3264; zum Umfang der erforderlichen Urteilsfeststellungen s. Rdn. 39). Hiervon kann nicht ausgegangen werden, wenn das Opfer eine Wiedergutmachungsleistung, ohne darin tatsächlich eine Konfliktregelung zu sehen, nur aus Not oder aus der Befürchtung heraus annimmt, sonst gar keine Entschädigung zu erhalten, oder um in der Hauptverhandlung nicht aussagen zu müssen.[77] Ein Verzicht des Opfers auf Schmerzensgeld steht der Anwendung von § 46a Nr. 1 freilich nicht entgegen (BGH NStZ **2002** 364). Hat der kommunikative Prozess zu einem vollstreckbaren Vergleich geführt, so liegt ein Täter-Opfer-Ausgleich auch dann vor, wenn sich der Geschädigte weitergehende Ansprüche vorbehalten hat und Einvernehmen darüber besteht, dass noch keine abschließende Erklärung getroffen worden ist (OLG Köln NStZ-RR **2004** 71). Anderes gilt bei fortbestehendem Streit über die Schadenshöhe (OLG Hamm NStZ-RR **2009** 272).

Streitig ist die Frage, ob und ggf. unter welchen Bedingungen § 46a Nr. 1 zur An- 26 wendung kommen kann, wenn sich das **Opfer** einem Kommunikationsprozess **verweigert** oder sich zu einem Ausgleich letztlich nicht bereitfindet.[78] Indem die Norm das Bemühen um Ausgleich und Wiedergutmachung ausreichen lässt, sollte nach dem Willen des Gesetzgebers dem Täter eine realistische Chance eingeräumt werden, auch in Fällen, in denen die Geschädigten eine für einen Ausgleich erforderliche Mitwirkung ablehnen, in den Genuss der Rechtsfolge des § 46a zu gelangen (BT-Drs. 12/6853 S. 21f). Die Klarstellung in dem später eingeführten §155a S. 3 StPO, dass gegen den ausdrücklichen Willen des Verletzten die Eignung des Verfahrens für die Durchführung eines Täter-Opfer-Ausgleichs nicht angenommen werden darf, steht hierzu nicht in Widerspruch. Denn diese Regelung stellt lediglich eine verfahrensrechtliche Handlungsanweisung an die Organe der Strafjustiz für das Hinwirken auf einen Täter-Opfer-Ausgleich dar.[79] Die Anwendung von § 46a Nr. 1 kann nach seinem Wortlaut und nach dem Willen des Gesetzgebers nicht vollständig von der Einstellung des Opfers zu den Ausgleichsbemühungen des Täters abhängig gemacht werden.[80] Zu weitgehend erscheint jedoch die Annahme, dass für die Anwendung des § 46a Nr. 1 das „ernsthafte Erstreben" einer Wiedergutmachung ausreiche, wenn das Opfer zu einer Mitwirkung am Ausgleichsverfahren nicht bereit sei.[81] Sie steht in einem Spannungsverhältnis zu der Absicht des Gesetzgebers, die Belange des Opfers von Straftaten stärker in den Mittelpunkt zu rücken (BT-Drs. 12/6853 S. 21). Wenn das Opfer von vornherein die Teilnahme an einem Kommunikationsprozess ablehnt, ist der Fall für einen Täter-Opfer-Ausgleich nicht geeignet (BGHSt **48** 134, 142f;

---

76 *Meier* JZ **2015** 488, 491; *Schäfer/Sander/van Gemmeren* Rdn. 1035.

77 BGHSt **48** 134, 144; BGH NJW **2002** 3264; NStZ **2008** 452; **krit.** *Franke* NStZ **2003** 410, 413; *Kaspar* StV **2002** 653.

78 Vgl. *Kaspar* JR **2003** 426, 428; *P. König* JR **2002** 251, 253f; *Meier* JuS **1996** 436, 440; *Rose* JR **2004** 275; *Schädler* NStZ **2005** 366; *Schöch* FG BGH 309, 322f.

79 *P. König* JR **2002** 251, 253f; *Kaspar* JR **2003** 426, 428; *Rose* JR **2004** 275, 280.

80 *Kaspar* JR **2003** 426, 428; *P. König* JR **2002** 251, 253f; s.a. BGH NJW **2002** 3264.

81 *Meier* JZ **2015** 488,491; *Rössner* in: *Schünemann/Dubber* **2000** 105, 114.

BGH NStZ **2006** 275 f). Versagt sich die verletzte Person den Bemühungen des Täters, zu einem Täter-Opfer-Ausgleich zu gelangen, hat der Täter dies nach Auffassung der Rechtsprechung prinzipiell hinzunehmen, da seinem Bemühen ohne Zustimmung des Opfers die Grundlage fehlt (BGHSt aaO; BGH Urt. v. 24.8.2017 – 3 StR 233/17, Rdn. 14). In der Literatur wird die Verweigerung durch das Opfer zum Teil dann für unbeachtlich gehalten, wenn sich diese nicht mehr als Wahrnehmung rechtlich schützenswerter Interessen darstellt.[82] Dem ist in dieser Allgemeinheit nicht zuzustimmen. Für die Interessen und Motive, die ein Opfer an der (freiwilligen) Teilnahme an einem Täter-Opfer-Ausgleich hindern, gelten grundsätzlich höchstpersönliche Maßstäbe, die sich der gerichtlichen Nachprüfung entziehen (*Rose* JR **2004** 275, 280). Auch wenn das Opfer aus einem begonnenen Kommunikationsprozess „aussteigt" oder das Ergebnis dieses Prozesses nicht als Ausgleich akzeptiert, wird es nicht auf eine Bewertung seiner Motive hierfür ankommen können.[83] Stellt das Opfer allerdings **unangemessene Forderungen** an den Täter oder hat dieser am Ende eines erfolgreichen Kommunikationsprozesses ernsthafte Leistungen zum friedensstiftenden Ausgleich erbracht und sich das Tatopfer dennoch geweigert, diese zu akzeptieren, muss der Wille des Gesetzgebers zum Tragen kommen, allein das Bemühen des Täters um einen Ausgleich ausreichen zu lassen (*Schädler* NStZ **2005** 366, 368 f).[84]

27 **5. Voraussetzungen von Nr. 2.** § 46a Nr. 2 fordert eine **zumindest überwiegende Entschädigung** des Opfers, verbunden mit **erheblichen persönlichen Leistungen oder persönlichem Verzicht** des Täters. Damit die Schadenswiedergutmachung ihre friedensstiftende Wirkung entfalten kann, muss das Handeln des Täters auch hier **Ausdruck der Übernahme von Verantwortung** sein (s. Rdn. 34).[85] Erforderlich ist ein über die rein rechnerische Kompensation hinausgehender Beitrag; die Erfüllung von zivilrechtlichen Schadensersatzansprüchen genügt ebenso wenig wie die Rückgabe der Beute.[86] Um eine Privilegierung „reicher" Täter zu vermeiden, ist eine vollständige Entschädigung ohne persönliche Leistung (oder persönlichem Verzicht) nicht ausreichend, während eine mit persönlicher Leistung oder persönlichem Verzicht erbrachte nur überwiegende Entschädigung die Anwendung des § 46a Nr. 2 rechtfertigen kann. Gedacht hat der Gesetzgeber dabei etwa an umfangreiche Arbeiten in der Freizeit oder erhebliche Einschränkungen im finanziellen Bereich, die erst eine materielle Entschädigung ermöglichen (BT-Drs. 12/6853 S. 22). Erhebliche persönliche Leistungen sind auch z.B. der Verkauf von Grundvermögen[87] oder der Abschluss eines Erbverzichtsvertrags.[88] Die erheblichen persönlichen Leistungen müssen gerade zur Finanzierung der Entschädigung für das Opfer erbracht worden sein (OLG Stuttgart NJW **1996** 2109). Auch § 46a Nr. 2 setzt eine **Mitwirkung des Opfers** voraus, damit die Wiedergutmachungsleistung eine friedensstiftende Wirkung entfalten kann.[89] Der BGH verlangt auch hier einen **kommunikativen Prozess** zwischen Täter und Opfer,[90] dessen Annahme aber nahe liegen soll, wenn die Beteiligten letztlich erfolgreiche Vergleichsverhandlungen geführt haben (BGH NStZ-RR **2009** 133 f).

---

82 *Fischer* Rdn. 10d; *Loos* FS Hirsch 851, 864; *Meier* JuS **1996** 436, 440; **krit.** *Maier* MK Rdn. 28.
83 Unklar insoweit *Schädler* NStZ **2005** 366, 369; **aA** *Loos* FS Hirsch 851, 864; *Schöch* FG BGH 309, 322 f.
84 Vgl. auch *Kett-Straub/Kudlich* § 12 Rdn. 11.
85 BGH NStZ **1995** 492; NStZ-RR **2010** 147; wistra **2000** 176; **2016** 486, 487 m.w.N.
86 BGH wistra **1995** 308; NJW **2001** 2557; NStZ **2001** 200; **2002** 364; NStZ-RR **2010** 147; **2013** 372.
87 BGH NJW **2001** 2557, 2558.
88 BGH NStZ **2000** 592, 593; **krit.** hierzu *Kespe* S. 207 f.
89 *Maier* MK Rdn. 42.
90 **Abw.** *Fischer* Rdn. 11; *Maier* aaO; *Sch/Schröder/Stree/Kinzig* Rdn. 5.

(Überwiegende) Wiedergutmachung liegt nur vor, wenn **Leistungen tatsächlich erbracht** wurden. Ein bloßes Versprechen späterer Entschädigung oder ein zivilrechtliches Schuldanerkenntnis reicht nicht.[91] Genügen kann ein notarielles Schuldanerkenntnis, durch das der Täter sich der sofortigen Zwangsvollstreckung in sein gesamtes Vermögen unterwirft, i.V.m. der Bestellung einer Sicherungshypothek (BGH NStZ **2000** 205). Allerdings steht die **Stellung einer Sicherheit** nach Auffassung des BGH nur dann einer Zahlung gleich, wenn der Gläubiger (Geschädigter) auf deren alsbaldige Verwertung freiwillig verzichtet hat, um dem Schuldner (Täter) Gelegenheit zur Begleichung seiner Schuld durch Ratenzahlungen zu geben (BGH NStZ **2000** 83, zw.). 28

Eine Entschädigung **zum überwiegenden Teil** setzt grundsätzlich voraus, dass **mehr als die Hälfte** des Schadens ersetzt wurde.[92] Ein geringerer Teilschadensausgleich kann zur Erfüllung der Voraussetzungen des § 46a Nr. 2 allerdings ausreichen, wenn der Geschädigte sich mit der Teilleistung zufrieden gibt und den Täter von der weitergehenden Haftung freistellt (BGH NJW **2001** 2557; StV **2009** 405) oder wenn andere (Wiedergutmachungs-)Leistungen mitberücksichtigt werden können. 29

Bei einer **gesamtschuldnerischen Haftung** ist die Bezahlung des im Innenverhältnis der Beteiligten allein auf den Angeklagten entfallenden Anteils jedenfalls dann nicht als volle Entschädigung anzusehen, wenn es ihm nicht gelingt, die anderen Tatbeteiligten zur Entschädigung des Opfers zu veranlassen.[93] Zur Erfüllung des § 46a Nr. 2 genügt es auch nicht, wenn der Täter mithaftende (Gesamt-)Schuldner zur Zahlung veranlasst, ohne eine eigene materielle Leistung zu erbringen, die eine überwiegende Schadenswiedergutmachung darstellt (BGH NStZ-RR **2010** 147). Nach vollständiger Schadenswiedergutmachung durch einen (oder mehrere) als Gesamtschuldner haftende Tatbeteiligte ist für die anderen der Weg über § 46a Nr. 2 versperrt.[94] 30

6. Mehrere Opfer. Werden durch die Tat mehrere Opfer betroffen, wie z.B. bei einem Banküberfall die bedrohten Angestellten und die Bank, so kommt § 46a nur zur Anwendung, wenn hinsichtlich jedes Geschädigten eine der Alternativen erfüllt ist.[95] Bei Untreuehandlungen zu Lasten des Vermögens von Personenhandelsgesellschaften bedarf es für die Anwendung von § 46a Nr. 2 der wenigstens teilweisen Wiedergutmachung gegenüber allen geschädigten Gesellschaftern (BGH wistra **2016** 486). 31

32

7. Zeitpunkt des Ausgleichs. Gemäß § 155a Abs. 1 StPO sollen Staatsanwaltschaft und Gericht in jedem Stadium des Verfahrens prüfen, ob ein Ausgleich zwischen dem Beschuldigten und dem Verletzten erreichbar ist. Mit dem Bemühen soll möglichst früh begonnen werden. Das Tatgericht kann die Hauptverhandlung zur Anbahnung oder Durchführung des Täter-Opfer-Ausgleichs unterbrechen. Einen Anspruch hierauf hat der Angeklagte jedoch nicht (BGHSt **48** 134, 145).

Grundsätzlich sind Täter-Opfer-Ausgleich und Schadenswiedergutmachung nicht an einen bestimmten Zeitpunkt oder ein bestimmtes Verfahrensstadium gebunden;[96] sie sind auch noch **nach Rechtskraft des Schuldspruchs** möglich (BGH StV **2000** 129). Dass der Angeklagte erst leistet, nachdem er vom Opfer auf Zahlung in Anspruch genom- 33

---

91 BGH NStZ **1999** 454; Beschl. v. 11.8.2010 – 1 StR 359/10, Rdn. 13.
92 *Horn/Wolters* SK Rdn. 7; *Lackner/Kühl/Heger* Rdn. 2; *Maier* MK Rdn. 37; *Schöch* FG BGH 309, 317; **aA** *Rössner/Klaus* in: *Dölling u.a.* **1998** 49, 52.
93 *Streng* NK Rdn. 18; vgl. auch *Dölling/Hartmann* NStZ **2002** 364, 367.
94 *Streng* NK Rdn. 18.
95 BGH NJW **2001** 2557; NStZ **2012** 439 f; **2018** 276 m. **krit.** Anm. *Kett-Straub*; NStZ-RR **2013** 372; **2017** 306; BGHR StGB § 46a Nr. 1 Ausgleich 10.
96 OLG Köln NStZ-RR **2004** 71; *Richter* S. 286 ff.

men wurde, steht einer Anwendung von § 46a ebenfalls nicht von vornherein entgegen (BGH NStZ **1995** 284; **2003** 29). Bei seiner Ermessensentscheidung, ob es von der Strafmilderungsmöglichkeit Gebrauch macht, kann das Tatgericht aber berücksichtigen, dass der Angeklagte seine Ausgleichsbemühungen erst spät entfaltet hat.[97] Die Entschädigung nach § 46a Nr. 2 muss im Zeitpunkt des Urteils geleistet worden sein (OLG Bamberg NStZ-RR **2007** 37; s. Rdn. 28). Im Fall des § 46a Nr. 1 muss der kommunikative Prozess zwischen Täter und Opfer ebenfalls in diesem Zeitpunkt beendet sein. Nicht erforderlich ist aber, dass auch die Wiedergutmachung bereits ganz oder überwiegend erfolgt ist.[98] Das ergibt sich bereits daraus, dass nach § 46a Nr. 1 ein ernsthaftes Erstreben der Wiedergutmachung ausreicht.

34 **8. Übernahme von Verantwortung und Beweggründe.** Voraussetzung der Strafrahmenmilderung nach § 46a ist, dass das Verhalten und die Leistung des Täters **Ausdruck der Übernahme von Verantwortung** sind.[99] Der Täter muss sich gegenüber der geschädigten Person zu seiner Schuld bekennen und ihre Opfereigenschaft respektieren (BGHSt **48** 134, 140ff).[100] Deshalb ist *regelmäßig* ein **Geständnis** erforderlich (BGH NStZ **2003** 199; **2008** 452).[101] Oftmals ist dem Opfer gerade ein Bekennen des Täters zu seiner Tat im Strafverfahren besonders wichtig, so dass ein friedensstiftender Ausgleich ohne ein Geständnis kaum denkbar ist. Dies gilt insbesondere bei Sexual- und Gewaltstraftaten (BGHSt aaO). Die Beschönigung einzelner Umstände der Tatbegehung kann aber unschädlich sein.[102] Freilich stellt es keine Verantwortungsübernahme dar, wenn der Täter in einem Entschuldigungsschreiben an das Opfer eines unter massivem Gewalteinsatz durchgeführten Raubüberfalls ausführt, die Sache sei „dumm gelaufen" und es sei nur Zufall, dass es gerade dieses Opfer getroffen habe,[103] oder wenn er einen vorsätzlichen Tötungsversuch als unverschuldeten Unfall darstellt.[104] Bei einem schweren Sexualdelikt reicht die Einräumung eines „Missverständnisses" nicht aus, zumal wenn der Täter das Opfer im Strafverfahren mit nachweislich falschen Behauptungen herabgewürdigt und es der Falschaussage bezichtigt hat.[105] An der Anerkennung der Opferrolle fehlt es auch, wenn der Angeklagte die Tat als Notwehr gegen einen rechtswidrigen Angriff des Tatopfers hinstellt (BGHR StGB § 46a Nr. 1 Ausgleich 7; BGH NStZ-RR **2010** 175f). Dies gilt jedoch nicht, wenn er bei einer tatsächlich bestehenden Notwehrlage lediglich das Maß der erforderlichen Verteidigung überschritten hat (BGH NStZ **2010** 82). **Ausnahmen** vom Erfordernis eines Geständnisses sind abhängig von den Umständen des Einzelfalls denkbar.[106] So steht ein nur eingeschränktes Geständnis in der Hauptverhandlung der Anwendung des § 46a nicht entgegen, wenn der Angeklagte die Tat gegenüber dem Opfer eingeräumt hat und nach gelungenen Ausgleichsbemühungen die strafrechtliche Ahndung und das Verteidigungsverhalten des Angeklagten nicht mehr von besonderem Interesse für den Geschädigten sind (BGH NStZ **2003** 199).

35 Welche Gründe den Beschuldigten zu einem Täter-Opfer-Ausgleich oder Wiedergutmachungsleistungen veranlasst haben, ist nach dem Wortlaut des Gesetzes und der

---

97 BGH NStZ-RR **2000** 364; OLG Köln aaO.
98 *Horn/Wolters* SK Rdn. 7; **krit.** *Richter* S. 288.
99 BGH NStZ **2001** 200, 201; **2006** 275, 276; **2016** 401; StV **2001** 346, 347; NStZ-RR **2017** 198, 199.
100 M. Anm. *Dölling/Hartmann* NStZ **2004** 382.
101 **AA** *Götting* StraFo **2003** 252f; *Kaspar* JR **2003** 426, 427; *Richter* S. 248ff.
102 BGH NStZ-RR **2017** 198.
103 BGH NStZ-RR **2014** 172.
104 BGH Urt. v. 29.1.2015 – 4 StR 433/14, Rdn. 29.
105 BGHSt **48** 134, 145ff.
106 *Fischer* Rdn. 10b; *Maier* MK Rdn. 32.

Entstehungsgeschichte grundsätzlich ohne Bedeutung.[107] Unerheblich ist, ob die Wiedergutmachung unter dem Druck des Verfahrens zustande gekommen ist.[108] Eine ethisch motivierte, autonome Entscheidung wird nicht verlangt.[109] Dem Gedanken der **Freiwilligkeit** kommt demnach nur sehr eingeschränkt Bedeutung zu;[110] es darf kein über die gegebenen Rahmenbedingungen hinausgehender Druck ausgeübt werden.[111] Unter dem Aspekt der erforderlichen Verantwortungsübernahme können die Motive des Täters für die Suche nach einem Ausgleich mit dem Opfer allerdings von indizieller Bedeutung sein.[112] Sie können auch die Ermessensentscheidung des Tatgerichts über die Vornahme einer Strafrahmenmilderung beeinflussen (s. Rdn. 36).

VI. Die Rechtsfolgenentscheidung

Liegen die Voraussetzungen des § 46a vor, **kann** das Gericht die Strafe nach § 49 Abs. 1 mildern oder – unter den hierfür zusätzlich erforderlichen Voraussetzungen – von Strafe absehen. Die Entscheidung hierüber steht in seinem **pflichtgemäßen Ermessen.** Es hat sie unter Berücksichtigung der Schwere des verschuldeten Unrechts und der Intensität des Ausgleichs oder der Ausgleichsbemühungen aufgrund einer **Gesamtwürdigung** aller strafzumessungserheblichen Tatsachen zu treffen. Dabei muss es das gesetzgeberische Anliegen im Blick behalten, mit der Schaffung eines vertypten Strafmilderungsgrundes einen Anreiz für Ausgleichsbemühungen des Täters zu schaffen (BGH NStZ **2003** 29). Es hat zu prüfen, ob trotz eines Täter-Opfer-Ausgleichs und der Schadenswiedergutmachung wegen der **Schwere der Tat** und des öffentlichen Interesses an ihrer Verfolgung oder aber aus **präventiven Gründen** eine Strafrahmenmilderung (und damit auch ein Absehen von Strafe) ausscheidet. Je schwerer das Delikt und die Folgen für das Opfer sind, desto höhere Anforderungen müssen an die Leistung des Täters gestellt werden.[113] Erforderlich ist eine Prüfung, ob die konkret erfolgten oder ernsthaft angebotenen Leistungen nach einem objektivierenden Maßstab so erheblich sind, dass damit das Unrecht der Tat oder deren Folgen als ausgeglichen erachtet werden können (vgl. BayObLGSt **2004** 17, 20f und OLG Bamberg NStZ-RR **2007** 37, die dieses Erfordernis allerdings bereits für die Annahme eines erfolgreichen Ausgleichs i.S.v. § 46a StGB aufstellen). Von Belang ist die **Intensität der Bemühungen** des Täters, wobei auch das Verfahrensstadium bzw. der **Zeitpunkt** zu berücksichtigen ist, in dem er mit ihnen begonnen hat.[114] Im Einzelfall kann auch die **Motivation** des Täters für die Suche nach einem Ausgleich[115] oder die Frage, von welcher Seite die **Initiative** hierzu ausgegangen ist,[116] eine Rolle spielen. Im Fall der Nr. 2 kann von entscheidender Bedeutung sein, wie erheblich die persönlichen Leistungen oder der persönliche Verzicht des Täters zur Schadenswiedergutmachung gewesen sind.[117] Wendet das Gericht § 46a nicht an, so sind Ausgleichsbemühungen des Angeklagten und erbrachte Wieder- 36

107 *Sch/Schröder/Stree/Kinzig* Rdn. 1.
108 *Horn/Wolters* SK Rdn. 10; *Kilchling* NStZ **1996** 309.
109 *Kespe* S. 219 f; *Meier* S. 413; *Pielsticker* S. 147 f.
110 *Streng* NK Rdn. 11; grundlegend *Hillenkamp* FS Streng 259 ff; vgl. auch *Frehsee* in: *Schünemann/Dubber* **2000** 117, 132 ff.
111 Kespe S. 220 ff; *Meier* S. 413; *Schöch* FG BGH 309, 321.
112 Vgl. auch *Pielsticker* S. 148.
113 *Dölling/Hartmann* NStZ **2004** 382; *Maier* MK Rdn. 46; *Sander/Schäfer/van Gemmeren* Rdn. 1037.
114 BGH StV **2000** 129; NStZ-RR **2006** 373; OLG Stuttgart NJW **1996** 2109.
115 BayObLG NJW **1995** 2120; OLG Stuttgart NJW **1996** 2109.
116 OLG Köln NStZ-RR **2004** 71.
117 *Sch/Schröder/Stree/Kinzig* Rdn. 6.

gutmachungsleistungen nach § 46 Abs. 2 S. 2 bei der Strafzumessung zu berücksichtigen.[118]

37 Bei einer verwirkten Freiheitsstrafe von nicht mehr als einem Jahr oder Geldstrafe bis zu 360 Tagessätzen lässt § 46a das **Absehen von Strafe** zu. Hat der Angeklagte die Voraussetzungen des § 46a erfüllt, muss das Tatgericht im Rahmen einer Gesamtbewertung zunächst prüfen, ob im Hinblick auf die Schwere des verschuldeten Unrechts unter Berücksichtigung der Intensität des Ausgleichs oder der Ausgleichsbemühungen der Strafrahmen nach § 49 Abs. 1 zu mildern ist (s. Rdn. 36). Wenn dies der Fall ist, kann die Prüfung eines möglichen Absehens von Strafe veranlasst sein. Hierzu muss zunächst in einem weiteren Schritt eine (fiktive) Strafzumessung zur Bestimmung einer **konkret verwirkten Strafe** durchgeführt werden. Liegt diese unter einem Jahr Freiheitsstrafe bzw. 360 Tagessätzen Geldstrafe, kann in einem letzten Schritt entschieden werden, ob von Strafe abgesehen werden soll (OLG Bamberg wistra **2013** 117 f).

38 Für das Verhältnis der Strafrahmenmilderung nach §§ 46a, 49 Abs. 1 zur Strafzumessung im engeren Sinne nach § 46 gelten die allgemeinen Grundsätze. Die Strafrahmenmilderung steht einer Berücksichtigung des Nachtatverhaltens i.S.v. § 46 Abs. 2 nicht entgegen (s. § 50 Rdn. 6). Auch für die Entscheidung der Frage, ob der vertypte Milderungsgrund des § 46a zur Begründung eines minder schweren Falles (bzw. zur Verneinung eines sonst gegebenen besonders schweren Falles) oder zur Strafrahmenmilderung nach § 49 Abs. 1 herangezogen wird, ist auf die insoweit für die Strafrahmenbestimmung geltenden Grundsätze zu verweisen (§ 46 Rdn. 287). Der Milderungsgrund darf nach § 50 nur einmal berücksichtigt werden (zur Prüfungsreihenfolge s. § 50 Rdn. 9).

VII. Erörterung in den Urteilsgründen

39 Kommt eine Anwendung des § 46a ernsthaft in Frage, muss sich das Tatgericht in den Urteilsgründen damit auseinandersetzen.[119] Die Urteilsgründe müssen erkennen lassen, ob es die Voraussetzungen des Täter-Opfer-Ausgleichs annimmt und ggf. im Rahmen der Ausübung seines Ermessens von der Milderungsmöglichkeit Gebrauch macht (BGHSt **48** 134, 145). Die allgemeine strafmildernde Berücksichtigung der Schadenswiedergutmachung ersetzt die gebotene Prüfung des § 46a nicht (BGH NStZ-RR **2006** 373). Das Tatgericht muss die wesentlichen Einzelheiten über den erfolgreichen oder nicht erfolgreichen Ausgleich einschließlich der Frage der Zustimmung oder der Verweigerung des Opfers in den Urteilsgründen in einem Umfang darlegen, der eine revisionsgerichtliche Überprüfung unter Beachtung der Opferinteressen ermöglicht. Erforderlich sind ggf. Darlegungen zum Zustandekommen einer Ausgleichszahlung und eines kommunikativen Prozesses zwischen Täter und Opfer sowie dazu, wie sich das Opfer zu den Bemühungen des Angeklagten gestellt hat, welche wirtschaftlichen Konsequenzen eine Ausgleichszahlung für diesen hat und wie sicher die Erfüllung von weiteren Zahlungsverpflichtung ist.[120] Die erforderliche Aufklärung der Motivlage der geschädigten Person setzt dabei nicht zwingend deren Vernehmung voraus (BGH NStZ **2008** 452). Zur Beurteilung der Angemessenheit einer Schmerzensgeldverpflichtung sind tatgerichtliche **Feststellungen zu den Schäden des Opfers** erforderlich (BGH NStZ **2006** 275 f).

---

118 *Kett-Straub/Kudlich* § 12 Rdn. 2; *Schäfer/Sander/van Gemmeren* Rdn. 1038.

119 BGH StV **2001** 346; NStZ-RR **2000** 364; *Lackner/Kühl/Heger* Rdn. 7; *Schäfer/Sander/van Gemmeren* Rdn. 1038.

120 BGH NStZ-RR **2002** 329; NStZ **2003** 29; **2006** 275, 276; **2012** 439, 440; BGHR StGB § 46a Nr. 1 Ausgleich 8.

Das Gericht muss klarstellen, welche Alternative des § 46a (Nr. 1 oder Nr. 2) es prüft und ggf. annimmt.[121] Liegen die Voraussetzungen für beide Alternativen vor, können sie auch nebeneinander festgestellt werden (BGHSt **48** 134, 138). 40

§ 46b
Hilfe zur Aufklärung oder Verhinderung von schweren Straftaten

(1) [1]Wenn der Täter einer Straftat, die mit einer im Mindestmaß erhöhten Freiheitsstrafe oder mit lebenslanger Freiheitsstrafe bedroht ist,
1. durch freiwilliges Offenbaren seines Wissens wesentlich dazu beigetragen hat, dass eine Tat nach § 100a Abs. 2 der Strafprozessordnung, die mit seiner Tat im Zusammenhang steht, aufgedeckt werden konnte, oder
2. freiwillig sein Wissen so rechtzeitig einer Dienststelle offenbart, dass eine Tat nach § 100a Abs. 2 der Strafprozessordnung, die mit seiner Tat im Zusammenhang steht und von deren Planung er weiß, noch verhindert werden kann,

kann das Gericht die Strafe nach § 49 Abs. 1 mildern, wobei an die Stelle ausschließlich angedrohter lebenslanger Freiheitsstrafe eine Freiheitsstrafe nicht unter zehn Jahren tritt. [2]Für die Einordnung als Straftat, die mit einer im Mindestmaß erhöhten Freiheitsstrafe bedroht ist, werden nur Schärfungen für besonders schwere Fälle und keine Milderungen berücksichtigt. [3]War der Täter an der Tat beteiligt, muss sich sein Beitrag zur Aufklärung nach Satz 1 Nr. 1 über den eigenen Tatbeitrag hinaus erstrecken. [4]Anstelle einer Milderung kann das Gericht von Strafe absehen, wenn die Straftat ausschließlich mit zeitiger Freiheitsstrafe bedroht ist und der Täter keine Freiheitsstrafe von mehr als drei Jahren verwirkt hat.

(2) Bei der Entscheidung nach Absatz 1 hat das Gericht insbesondere zu berücksichtigen:
1. die Art und den Umfang der offenbarten Tatsachen und deren Bedeutung für die Aufklärung oder Verhinderung der Tat, den Zeitpunkt der Offenbarung, das Ausmaß der Unterstützung der Strafverfolgungsbehörden durch den Täter und die Schwere der Tat, auf die sich seine Angaben beziehen, sowie
2. das Verhältnis der in Nummer 1 genannten Umstände zur Schwere der Straftat und Schuld des Täters.

(3) Eine Milderung sowie das Absehen von Strafe nach Absatz 1 sind ausgeschlossen, wenn der Täter sein Wissen erst offenbart, nachdem die Eröffnung des Hauptverfahrens (§ 207 der Strafprozessordnung) gegen ihn beschlossen worden ist.

Schrifttum[1]

Christoph Der Kronzeuge im Strafgesetzbuch (2019); *Fezer* Kronzeugenregelung und Amtsaufklärungsgrundsatz, Festschrift Lenckner (1998) 681; *Fornauf* Die Unabhängigkeit der Dritten Gewalt im rechtsstaatlichen Strafrecht, KritV **2010** 217; *Frahm* Die allgemeine Kronzeugenregelung – Dogmatische Probleme und Rechtspraxis des § 46b StGB (2014); *Frank/Titz* Die Kronzeugenregelung zwischen Legalitätsprinzip und Rechtsstaatlichkeit, ZRP **2009** 137; *Hardinghaus* Strafzumessung bei Aufklärungs- und Präventionshilfe (2015); *Heghmanns* Strafmilderungen für Geständnis oder Kooperation? Festschrift Dencker (2012) 155; *Hilger* Die „Kronzeugenregelung" bei terroristischen Straftaten, NJW **1989** 2377; *Jeßberger* Kooperation und

121 *Schäfer/Sander/van Gemmeren* Rdn. 1038.

1 Siehe auch Schrifttum Vorbemerkungen zu den §§ 46 bis 50.

https://doi.org/10.1515/9783110300499-018

Strafzumessung (1999); *ders.* Nulla poena quamvis in culpa: Anmerkungen zur Kronzeugenregelung in § 46b StGB, Festschrift Beulke **2015** 1153; *Kaspar/Christoph* Kronzeugenregelung und Strafverteidigung, StV **2016** 318; *Kaspar/Wengenroth* Die neue „Kronzeugenregelung" in § 46b StGB: Voraussetzungen, Kritikpunkte und straftheoretische Bedeutung, GA **2010** 453; *Kinzig* Die rechtliche Bewältigung von Erscheinungsformen organisierter Kriminalität (2004); *Kneba* Die Kronzeugenregelung des § 46b StGB (2011); *König, S.* Wieder da: Die „große" Kronzeugenregelung, NJW **2009** 2481; *ders.* Kronzeuge – Abschaffen oder regulieren? StV **2012** 113; *Lammer* Kronzeugenregelung und Strafzumessung, JZ **1992** 510; *Malek* die neue Kronzeugenregelung und ihre Auswirkungen auf die Praxis der Strafverteidigung, StV **2010** 200; *Mühlhoff/Mehrens* Das Kronzeugengesetz im Urteil der Praxis (1999); *Mühlhoff/Pfeiffer* Der Kronzeuge – Sündenfall des Rechtsstaats oder unverzichtbares Mittel der Strafverfolgung? ZRP **2000** 121; *Mushoff* Die Renaissance der Kronzeugenregelung, KritV **2007** 366; *Oglakcioglu* Höchstrichterliche Rechtsprechung zur Aufklärungshilfe – eine erste Zwischenbilanz, StraFo **2012** 89; *Peglau* Die neue „Kronzeugenregelung" (§ 46b StGB), wistra **2009** 409; *ders.* Neues zur „Kronzeugenregelung" – Beschränkung auf Zusammenhangstaten, NJW **2013** 1910; *Quentin* Welche Strafmilderung schafft Aufklärungshilfe? Festschrift Stöckel **2010** 463; *Sahan/Berndt* Neue Kronzeugenregelung – aktive Beendigung von Korruptionssystemen durch effiziente Compliance-Strukturen alternativlos, BB **2010** 647; *Salditt* Allgemeine Honorierung besonderer Aufklärungshilfe, StV **2009** 37; *Vogel* Strafprozessuale Verständigung und Kronzeugenregelung, GA **2011** 52.

Entstehungsgeschichte[2]

Die sog. **Kronzeugenregelung** wurde durch das am 1.9.2009 in Kraft getretene **43. StrÄG** – „Strafzumessung bei Aufklärungs- und Präventionshilfe" (BGBl. I 2288) in das StGB eingefügt und bereits durch das **46. StrÄG** – „Beschränkung der Möglichkeit zur Strafmilderung bei Aufklärungs- und Präventionshilfe" (BGBl. I 1497) mit Wirkung vom 1.8.2013 wieder eigeschränkt. Die aufgeklärte oder verhinderte Tat musste ursprünglich keinen Zusammenhang mit der dem Angeklagten zur Last gelegten aufweisen. Dies wurde als zu weitgehend angesehen, da Aussagen zu völlig anderen Taten – sogar solchen, die durch einen Dritten gegen den jetzt Angeklagten verübt wurden (vgl. BGHSt **55** 153) – mit dem Schuldprinzip (§ 46 Abs. 1 S. 1) nicht mehr in Einklang stünden. Mit der Beschränkung der offenbarten Taten auf sog. Zusammenhangstaten durch das 46. StrÄG wurden bereits vor Einführung der Regelung im Jahr 2009 auch im Gesetzgebungsverfahren geäußerte Bedenken aufgegriffen (BT-Drs. 17/9695 S. 6 m.w.N.; s. Rdn. 2). Vor Schaffung des § 46b gab es lediglich auf wenige einzelne Deliktsbereiche begrenzte Regelungen (§ 129 Abs. 6 Nr. 2, auch i.V.m. § 129a Abs. 7, § 261 Abs. 10, § 31 BtMG, jew. a.F.).[3] Eine befristete Kronzeugenregelung bei terroristischen Straftaten hatte aufgrund Art. 4 des Gesetzes vom 9.6.1989[4] nach zwei Verlängerungen bis zum 31.12.1999 bestanden. Außerhalb des Anwendungsbereichs dieser bereichsspezifischen Regelungen konnte Aufklärungs- oder Präventionshilfe bei der Strafzumessung nur innerhalb des gesetzlichen Strafrahmens als strafmilderndes Nachtatverhalten (§ 46 Abs. 2 S. 2) gewürdigt werden.[5] Die Gesetzesinitiative stützte sich auch auf die Ergebnisse von Praxisumfragen, nach denen eine überwältigende Mehrheit der befragten Richter und Staatsanwälte Kronzeugenregelungen als nützlich ansahen (*Mühlhoff/Mehrens* S. 96 ff; *Mühlhoff/Pfeiffer* ZRP **2000** 121; BT-Drs. 16/6268 S. 9). Neben § 46b existieren weiterhin in § 129 Abs. 7 Nr. 2, § 129a Abs. 7 **bereichsspezifische Regelungen** zur Präventionshilfe, die eine Strafrahmenmilderung nach § 49 Abs. 2 oder ein Absehen von einer Bestrafung nach den jeweiligen Vorschriften ermöglichen. Die in der Praxis bedeutsamste bereichsspezifische Kronzeugenregelung enthält **§ 31 BtMG**, der durch das 43. und das 46. StrÄG der Vorschrift des § 46b angepasst wurde (BT-Drs.

2 Ausführlich hierzu *Frahm* S. 19 ff.
3 Darstellung bei *Jeßberger* S. 36 ff; *ders.* FS Beulke 1155 ff.
4 BGBl. I 1059.
5 BGHSt **31** 163, 168; BGH StV **1983** 505, 506; NStZ **1989** 580; **1993** 242.

16/6268 S. 16; 17/9695 S. 9). Auch er gestattet eine Strafrahmenmilderung nach § 49 Abs. 1 oder, wenn der Täter keine Freiheitsstrafe von mehr als drei Jahren verwirkt hat, das Absehen von Strafe. Innerhalb ihres Anwendungsbereichs gehen die genannten Regelungen § 46b regelmäßig als **leges speciales** vor (BT-Drs. 16/6268 S. 14 f; s. Rdn. 33). § 261 Abs. 10 a.F. wurde – da von § 46b weitestgehend umfasst – durch das 43. StrÄG gestrichen (BT-Drs. 16/6268 S. 16). Für **vor Inkrafttreten des 46. StrÄG** begangene Taten gilt § 46b in seiner ursprünglichen Fassung vom 29.7.2009 (BGH wistra **2015** 99).

Übersicht

I. Zweck und Kritik der Vorschrift

Die Kronzeugenregelung ermöglicht eine Strafrahmenverschiebung nach § 49 Abs. 1 oder – unter weiteren einschränkenden Bedingungen (Abs. 1 S. 3) – ein Absehen von Strafe, wenn der Angeklagte durch freiwilliges Offenbaren seines Wissens zur Aufklärung einer begangenen (Abs. 1 S. 1 Nr. 1) oder zur Verhinderung einer geplanten Straftat aus dem Katalog des § 100a Abs. 2 StPO (Abs. 1 S. 1 Nr. 2), die mit seiner Tat im Zusammenhang steht, beigetragen hat. Der Gesetzgeber hielt die vor Einführung des § 46b vorhandenen bereichsspezifischen Kronzeugenregelungen (§ 129 Abs. 6 Nr. 2, auch i.V.m. § 129a Abs. 7, § 261 Abs. 10, § 31 BtMG, jew. a.F.) sowie die Möglichkeit der strafmildernden Berücksichtigung von Aufklärungs- oder Präventionshilfe bei der Strafzumessung nach § 46 Abs. 2 S. 2 für nicht ausreichend, um potenziell kooperationsbereiten Tätern einen hinreichenden Anreiz zu bieten, Hilfe zur Aufklärung oder Verhinderung von Straftaten zu leisten. Mit § 46b sollte die Möglichkeit geschaffen werden, in die *„abgeschotteten Strukturen"* des Terrorismus und der organisierten Kriminalität, einschließlich der schweren Wirtschaftskriminalität, einzudringen (BT-Drs. 16/6268 S. 1; vgl. auch *Mühlhoff/Pfeiffer* ZRP **2000** 121, 122). 1

Die Regelung wird umfassend und heftig **kritisiert.**[6] Der seiner Einführung zugrundeliegende Gesetzentwurf war Gegenstand einer ablehnenden *Gemeinsamen Erklärung des Deutschen Richterbundes, des Deutschen Anwaltvereins, der Bundesrechtsanwaltskammer und der Strafverteidigervereinigungen* (zit.: *Gemeinsame Erklärung*), die die Novelle als *„fragwürdigen Handel mit dem Verbrechen"* tadelten.[7] Vor allem im Hinblick 2

6 BRAK-Stellungnahme-Nr. 23/2006; *Fischer* Rdn. 4a, b; *Fornauf* KritV **2010** 217, 229 f; *Frank/Titz* ZRP **2009** 137; *von Heintschel-Heinegg* BeckOK Rdn. 4; *Kett-Straub/Kudlich* § 12 Rdn. 19, 40 ff; *Mushoff* KritV **2007** 366; *Sahan/Berndt* BB **2010** 647; *Salditt* StV **2009** 375; *Sch/Schröder/Kinzig* Rdn. 2; *Streng* NK Rdn. 4 ff; *ders.* Rdn. 597 f; *SSW/Eschelbach* Rdn. 1 ff; *Wolters* SK Rdn. 4, 6; **abw.** *Kaspar/Wengenroth* GA **2010** 452, 457 ff; *Lackner/Kühl/Heger* Rdn. 1; *Maier* MK Rdn. 8.

7 Vgl. hierzu und zum Folgenden auch die ablehnenden Stellungnahmen der Sachverständigen *Albrecht, Dierlamm, Frank, Gillmeister und S. König* auf der 133. Sitzung des Rechtsausschusses des Deutschen Bundestages v. 25.3.09, Protokoll Nr. 133.

darauf, dass § 46b in seiner ursprünglichen Fassung auf einen Zusammenhang zwischen der aufgeklärten oder verhinderten Tat und der dem Angeklagten zur Last gelegten verzichtete, wurde bemängelt, dass die Norm die Verhängung einer **nicht mehr schuldangemessenen Strafe** zulasse.[8] Die Regelung sei Bestandteil einer als problematisch anzusehenden[9] Entwicklung hin zur **Stärkung eines kooperativen Strafprozesses**[10] und mit dem **Legalitätsprinzip** nicht vereinbar.[11] Da die erst nach der Eröffnung des Hauptverfahrens geleistete Aufklärungshilfe nach § 46b Abs. 3 die besondere Strafmilderung nicht mehr auslösen könne, komme es zudem zu einer unter dem Gesichtspunkt der **Transparenz** des Strafverfahrens problematischen Verlagerung wesentlicher Rechtsfolgenfragen in das Vorverfahren (s. Rdn. 25)[12] und einer korrespondierenden Beeinträchtigung der Einlassungsfreiheit des Beschuldigten.[13] Für ihn stelle sich das Problem, dass er in „Vorleistung" treten müsse, ohne dass ihm seitens der Staatsanwaltschaft Verhandlungssicherheit gegeben werden könne.[14] Personen, die mehr als andere in Kriminalität verstrickt seien, würden tendenziell bevorzugt.[15] Ein **Verstoß gegen den Gleichheitsgrundsatz** liege jedenfalls darin, dass die Beteiligten an Delikten einfacher Kriminalität nicht in den Anwendungsbereich des § 46b fielen.[16] Zudem habe die Regelung „kontaminierende Wirkung" auf das Bemühen, den wahren Sachverhalt zu ermitteln (*Gemeinsame Erklärung*). Es bestehe nämlich ein erhöhtes Risiko von *„Halbwahrheiten, Gerüchten und schlichten Falschbelastungen"* (*Frank/Titz* ZRP **2009** 137, 139).[17] Bereits im Gesetzgebungsverfahren wurde auf eine hohe **Missbrauchsgefahr** hingewiesen.[18] Die Gefahr von Fehlurteilen erhöhe sich.[19] Die vom Gesetzgeber gegen Falschangaben geschaffenen Sicherungsmechanismen – Erhöhung der Strafdrohung in §§ 145d, 164, Präklusion gem. § 46b Abs. 3 – seien nicht wirkungsvoll und dogmatisch fragwürdig.[20] Durch die erforderliche Überprüfung der Glaubwürdigkeit der Angaben des „Kronzeugen" werde sich die Verfahrensdauer erheblich verlängern.[21] Schließlich wird einerseits bereits die **Ausgangsprämisse** bezweifelt, dass die zuvor existierenden Vergünstigungsmöglichkeiten

---

8 Stellungnahme des Bundesrates, BT-Drs. 16/6268 S. 18; Gemeinsame Erklärung; *Frank/Titz* ZRP **2009** 137, 139; *S. König* NJW **2009** 2481; *Mushoff* KritV **2007** 366, 377, 382; *Sahan/Berndt* BB **2010** 647, 648; *Salditt* StV **2009** 375, 376; *Sander* StraFo **2010** 365, 367; *Schäfer/Sander/van Gemmeren* Rdn. 1039; *SSW/Eschelbach* Rdn. 1 f; *Streng* NK Rdn. 4 f; *Wolters* SK Rdn. 30 f; **aA** *Peglau* ZRP **2001** 103, 105; differenzierend *Christoph* S. 194 ff.

9 **AA** *Sander* StraFo **2010** 365, 368.

10 *Christoph* S. 223 ff; *Fornauf* KritV **2010** 217, 229 f; *Hardinghaus* S. 225 f; *S. König* NJW **2009** 2481,2483; *ders.* StV **2012** 113 f; *Maier* MK Rdn. 9; *Sch/Schröder/Kinzig* Rdn. 2; *Salditt* StV **2009** 375, 376, 378; *SSW/Eschelbach* Rdn. 1.

11 *Mushoff* KritV **2007** 366, 374 f; **aA** *Christoph* S. 133 ff; *Frahm* S. 191 ff; *Kaspar/Wengenroth* GA **2010** 453, 461.

12 *Fischer* Rdn. 4a, b; *S. König* StV **2012** 113, 114; *Malek* StV **2010** 200, 203; *Mushoff* KritV **2007** 366, 375 f; *Sahan/Berndt* BB **2010** 647, 648.

13 *Salditt* StV **2009** 375, 377; *Frank/Titz* ZRP **2009** 137, 139.

14 *Hardinghaus* S. 187 ff; *Leipold* NJW-Spezial **2009** 776; *Malek* StV **2010** 200, 202 f; *Mühlhoff/Pfeiffer* ZRP **2000** 121, 124; *Mushoff* KritV **2007** 366, 369; *Wolters* SK Rdn. 24.

15 Stellungnahme des Bundesrates, BT-Drs. 16/6268 S. 18; Gemeinsame Erklärung; *S. König* NJW **2009** 2481; *Sander* StraFo **2010** 365, 368.

16 *Jeßberger* S. 116; *Sahan/Berndt* BB **2010** 647, 648.

17 Vgl. auch *Sander* StraFo **2010** 365, 368; *Mushoff* KritV **2007** 366, 370 ff; *Streng* NK Rdn. 7; *ders.* Rdn. 598; *SSW/Eschelbach* Rdn. 4 ff.

18 Stellungnahme des Bundesrates, BT-Drs. 16/6268 S. 18.

19 *Kaspar/Wengenroth* GA **2010** 452, 461 f; *Sahan/Berndt* BB **2010** 647, 649.

20 *Hardinghaus* S. 197 ff; *Frahm* S. 238 ff; *S. König* NJW **2009** 2481, 2483; *Leipold* NJW-Spezial **2009** 776; *Mushoff* KritV **2007** 366, 372 f; *SSW/Eschelbach* Rdn. 4 f; *Zopfs* ZIS **2011** 669.

21 *Frank/Titz* ZRP **2009** 137, 138; *Mushoff* KritV **2007** 366, 373; *Sahan/Berndt* BB **2010** 647, 649.

als Anreiz für potenzielle Kronzeugen nicht ausgereicht hätten.[22] Andererseits wird der **tatsächliche Nutzen** der Regelung in Frage gestellt.[23] Die zudem kritisierten möglichen **Friktionen zu § 138,**[24] der eine Anzeigepflicht betreffend bestimmter schwerer geplanter Straftaten begründet, sind durch die Beschränkung des § 46b auf sog. Zusammenhangstaten abgemildert worden (vgl. *Streng* NK Rdn. 6).

Die Kritik an § 46b ist in ihrer Massivität überzogen.[25] Es erscheint insbesondere un- 3
angebracht, die Hilfe bei der Aufklärung oder Verhinderung schwerer Straftaten als „Denunziation“[26] zu verpönen. Bereits die Aufdeckung einzelner Strukturen im organisierten kriminellen und terroristischen Bereich kann einen für den **Rechtsgüterschutz** wichtigen Erfolg darstellen (*Mühlhoff/Pfeiffer* ZRP **2000** 121, 123). Mit der Einschränkung des Anwendungsbereichs der Vorschrift auf die Aufklärung oder Verhinderung von „Zusammenhangstaten“ wurde dem Einwand Rechnung getragen, dass die Norm die Verhängung einer dem Opfer und der Öffentlichkeit nicht vermittelbaren nicht mehr schuldangemessenen Strafe zulasse.[27] Die Hilfe bei der Aufklärung oder Verhinderung solcher im Zusammenhang mit der eigenen Tat des Kronzeugen stehenden Taten kann dessen **Schuld mindern** (s. auch § 46 Rdn. 187 ff).[28] Eine Offenbarung lässt sich zugunsten des Täters als Bemühen bewerten, die Folgen der Tat zu begrenzen[29] und sich – wenn auch unter Einfluss der Verheißungen des § 46b – aus der jeweiligen kriminellen Struktur zu lösen, nicht selten unter Inkaufnahme eigener Gefährdung oder drohender Schikane. Sie ist Indiz für ein unter spezialpräventiven Gesichtspunkten **gemindertes Strafbedürfnis.**[30] Unter generalpräventiven Gesichtspunkten mag der Kronzeuge sogar dazu beitragen, durch Offenbarung begangener oder geplanter Straftaten das **Normvertrauen** der Bevölkerung zu stärken.[31] Freilich darf die gegen den Kronzeugen verhängte Strafe das „generalpräventive Minimum“ nicht unterschreiten (s. Vor § 46 Rdn. 28).[32] Das Schuldprinzip steht einer schuldunterschreitenden Strafe nicht entgegen.[33] § 46b erhöht das Instrumentarium der Strafverteidigung,[34] stellt sie und den Beschuldigten allerdings zweifellos vor spezifische Risiken und Probleme.[35] Soweit allerdings ein damit verbundener *„fataler Rollenkonflikt“* des Strafverteidigers zwischen Abwehrfunktion gegenüber dem staatlichen Strafanspruch und Vermittlerfunktion im Hinblick auf staatliche Verfolgungsinteressen gesehen wird (*S. König* NJW **2009** 2481, 2483), wirft diese Kritik die Frage nach der Vereinbarkeit des hierin zum Ausdruck kommenden Rollenverständnisses mit der Verpflichtung des Strafverteidigers gegenüber seinem Mandanten auf.

---

22 Vgl. Gemeinsame Erklärung; *Frank/Titz* ZRP **2009** 137, 138 f; *Wolters* SK Rdn. 4; *Kinzig* S. 804; *S. König* NJW **2009** 2481, 2482; *Sahan/Berndt* BB **2010** 647, 648; *Sch/Schröder/Kinzig* Rdn. 2.

23 *Frahm* S. 172 ff, 344; *Wolters* SK Rdn. 6, 24.

24 So *S. König* NJW **2009** 2481, 2483; *ders.* StV **2012** 113; vgl. auch *Frahm* S. 124 ff; **aA** *Kaspar/Wengenroth* GA **2010** 453, 456.

25 So auch *Maier* MK Rdn. 8.

26 So *Gillmeister* 133. Sitzung des Rechtsausschusses v. 25.3.09, Protokoll Nr. 133 S. 9; *S. König* NJW **2009** 2481; *Sahan/Berndt* BB **2010** 647, 649; *SSW/Eschelbach* Rdn. 19.

27 **Krit.** *Jeßberger* FS Beulke 1164.

28 *Maier* MK Rdn. 8; **aA** *Fezer* FS Lenckner 695; *Frahm* S. 209 ff; *Jeßberger* S. 65 ff, 87 f; *ders.* FS Beulke 1159; *Kneba* S.124 ff; *Quentin* FS Stöckel 467 f.

29 *Theune* LK^{12} § 46 Rdn. 225.

30 *Hardinghaus* S. 269 f; *Jeßberger* S. 68 ff, 88 ff; *Kaspar/Wengenroth* GA **2010** 453, 466 f.

31 *Jeßberger* S. 91 ff; *ders.* FS Beulke 1159; *Kneba* S. 134 f.

32 *Christoph* S. 206; *Kaspar/Wengenroth* GA **2010** 453, 468 f; *Kaspar* Gutachten C zum 72. DJT S. 29 ff.

33 *Frahm* S. 216 ff; *Jeßberger* FS Beulke 1160; *Kneba* S. 122 f.

34 *Sahan/Berndt* BB **2010** 647, 649.

35 Vgl. hierzu *Malek* StV **2010** 200, 202 ff; *Mushoff* KritV **2007** 369 f.

4 Der durch die gesetzlich vorgesehenen Sicherungsmechanismen nicht eingedämmten **Gefahr von Falschaussagen** des Kronzeugen trägt die gerichtliche Praxis in den Verfahren gegen die durch ihn Belasteten durch eine an besonders strengen Maßstäben ausgerichtete **Beweiswürdigung** Rechnung.[36] Der BGH verlangt, dass sich die Tatgerichte mit dieser naheliegenden Gefahr auseinandersetzen und die Entstehungsgeschichte der Aussage, ihren Inhalt und sämtliche sonstigen Umstände, die die Entscheidung beeinflussen können, in den Urteilsgründen umfassend darlegen und würdigen. Ist ein geständiger Mitbeschuldigter bereits wegen seiner Tatbeteiligung verurteilt worden, muss die Beweiswürdigung erkennen lassen, ob sich der Betreffende eine Strafmilderung als Aufklärungsgehilfe verdient hat. Aufbauend hierauf ist zu würdigen, ob der Geständige einen Mittäter durch übertriebene Schilderung dessen Tatbeitrags über den eigenen Vorteil hinaus zusätzlich belasten wollte (BGH NStZ **2004** 691, 692).

5 Dass § 46b nur solchen Straftätern zugutekommen kann, die Wissen über andere Straftaten besitzen, liegt in der Natur der Sache und verstößt nicht gegen den Gleichheitsgrundsatz.[37] Eine ungerechtfertigte **Ungleichbehandlung** liegt allerdings darin, dass die Beteiligten an Delikten einfacher Kriminalität nicht in den Anwendungsbereich des § 46b fallen.[38] Soweit die Gesetzesbegründung hierzu darauf hinweist, dass im Bereich der nicht mit erhöhter Mindestfreiheitsstrafe bedrohten Taten eine Aufklärungshilfe regelmäßig bereits im Bereich der Strafzumessung oder durch Anwendung der § 153 ff StPO angemessen berücksichtigt werden könne (BT-Drs. 16/6268 S. 10), hat sie nicht im Blick, dass § 46b – unter weiteren Voraussetzungen – auch ein Absehen von Strafe ermöglicht. Diese Rechtsfolge wird ausgerechnet den Tätern geringerer Delikte abgeschnitten (*Kaspar/Wengenroth* GA **2010** 453, 459).

6 Praktikerbefragungen, deren Ergebnisse jedoch mit der methodischen Problematik des geringen,[39] möglicherweise selektiven Rücklaufs von Fragebögen belastet sind, weisen auf eine eher geringe praktische Bedeutung des § 46b hin.[40] Einen ersten tieferen Einblick in die Rechtswirklichkeit gibt die „Augsburger Studie" zur Evaluierung des § 46b StGB (*Christoph* S. 272 ff). Viele der an der Befragung teilnehmenden Praktiker hatten bislang keine oder nur geringe Erfahrungen mit der Kronzeugenregelung gemacht. Ein Großteil der Befragten, die mit § 46b StGB in Berührung gekommen waren, bestätigte, dass der Ermittlungsgehilfe durch seine Aussagen die Arbeit der Strafverfolgungsbehörden erheblich gefördert hatte. In der Mehrzahl der Fälle erwiesen sich die Aussagen des Kronzeugen als inhaltlich richtig.[41] Die begleitende Analyse von Urteilen aus rund 150 Verfahren erbrachte keine Hinweise auf einen zu leichtfertigen Umgang der Gerichte mit Kronzeugenaussagen.[42] Sowohl unter den Anlasstaten als auch unter den Offenbarungstaten spielten Raub und Erpressung sowie Betrug und Untreue die größte Rolle.[43] Insgesamt wird aus den Untersuchungsergebnissen der Schluss gezogen, dass die bisherigen Erfolge der Regelung bei der Aufklärung relevanter Kriminalität weder unterschätzt noch überbewertet werden dürfen.[44]

---

36 BGHSt **52** 78, 82 f; **58** 184, 189 f; BGH NStZ-RR **2003** 245 f; StV **2003** 264, 265 m. Anm. *Weider*; vgl. auch *Christoph* S. 256 ff; *Kaspar/Wengenroth* GA **2010** 452, 461 f; *Schmandt* StraFo **2010** 446,450 f; **krit.** *SSW/Eschelbach* Rdn. 5, der hierin keinen ausreichenden Schutz sieht.
37 *Kaspar/Wengenroth* GA **2010** 453, 458 f; *Kneba* S. 111 ff; *Peglau* wistra **2009** 409, 412 f.
38 *Christoph* S. 164 ff; *Frahm* S. 198 ff, 205 f; *Fischer* Rdn. 6a.
39 *Christoph* S. 282 ff.
40 *Christoph* S. 272 ff; *Frahm* S. 286 ff, 339 ff; *Kaspar/Christoph* StV **2016** 318, 319.
41 *Christoph* S. 330 ff, 337 ff, 346 ff.
42 *Christoph* S. 419 ff.
43 *Christoph* S. 414 ff, 435.
44 *Christoph* S. 520.

II. Voraussetzungen der Anwendung

1. Anlasstat. Nach § 46b Abs. 1 S. 1 kann nur derjenige eine Strafmilderung erfahren, dessen Straftat mit einer **im Mindestmaß erhöhten Freiheitsstrafe**, d.h. einer solchen von mindestens drei Monaten (vgl. § 38 Abs. 2), bedroht ist. Zum Kreis der möglichen Anlasstaten gehören damit **Delikte der mittleren und schweren Kriminalität**, insbesondere sämtliche Verbrechen (§ 12 Abs. 1), aber auch viele Vergehen. Die Anlasstat muss keine Katalogtat des § 100a Abs. 2 sein.[45] Bei ihrer Einstufung sind – abweichend von den Regelungen in § 12 Abs. 3 und § 78 Abs. 4 – auch **Schärfungen** für besonders schwere Fälle zu berücksichtigen;[46] demgegenüber bleiben **Milderungen** für minder schwere Fälle oder solche, die nach den Vorschriften des Allgemeinen Teils zwingend vorgesehen oder möglich sind, außer Betracht (§ 46b Abs. 1 S. 2).[47] Dies soll sicherstellen, dass nicht durch die vorgehende Anwendung eines anderen Milderungsgrundes die weitergehende Milderungs- und Absehensmöglichkeit nach § 46b ausgeschlossen wird. Insbesondere soll verhindert werden, dass der für die Aufklärungs- und Präventionshilfe relevante Kreis der Tatgehilfen aufgrund der in § 27 Abs. 2 S. 2 vorgeschriebenen Milderung aus dem Anwendungsbereich der Vorschrift herausfällt (BT-Drs. 16/6268 S. 10f). Nach den gesetzgeberischen Vorstellungen und entsprechend dem Sprachgebrauch in §§ 46, 46a sind auch Teilnehmer „Täter" i.S.d. § 46b Abs. 1 S. 1 (*Frahm* S. 33; *Hardinghaus* S. 119). Hat der Täter **mehrere Straftaten** (§ 55) begangen, kann eine Strafrahmenverschiebung nur für diejenigen gewährt werden, die den für die Anwendung des § 46b erforderlichen Schweregrad erreicht haben (BT-Drs. 16/6268 S. 13). Erfüllen mehrere Delikte die Voraussetzungen des § 46b Abs. 1 S. 1, so ist für alle Taten abzuwägen, ob eine Strafrahmenverschiebung gerechtfertigt ist, auch wenn sich die Aufklärungshilfe nur auf eine dieser Taten bezieht (BGH NStZ-RR **2013** 203). 7

Für die Einstufung der Tat ist der Zeitpunkt des gegen den Aufklärungsgehilfen ergehenden Urteils maßgeblich. Es kommt nicht darauf an, welcher Vorwurf gegen ihn in einem früheren Verfahrensstadium, insbesondere in der Anklage, erhoben wurde oder welcher Verdacht im Zeitpunkt seiner offenbarenden Angaben bestand.[48] Spricht ihn das Gericht unter Anwendung des Zweifelssatzes nicht wegen einer i.S.d. § 46b Abs. 1 S. 1 qualifizierten Anlasstat, sondern wegen eines geringfügigeren Delikts schuldig, so ist es nicht gehalten, im Wege der doppelten Anwendung des in-dubio-Grundsatzes von einer für die Anwendung des § 46b relevanten Tat auszugehen (*Schäfer/Sander/van Gemmeren* Rdn. 1043). 8

Für Täter „einfacher" Straftaten, die die Voraussetzungen des § 46b Abs. 1 S. 1 nicht erfüllen, bleibt es bei der Möglichkeit, geleistete Aufklärungs- oder Präventionshilfe als strafmilderndes Nachtatverhalten (§ 46 Abs. 2 S. 2) im Rahmen der allgemeinen Strafzumessung zu berücksichtigen (s. § 46 Rdn. 87ff). Die hierin liegende Ungleichbehandlung (s. Rdn. 2, 5) kann nicht durch analoge Anwendung des § 46b behoben werden, da sich der Gesetzgeber bewusst gegen eine Einbeziehung leichterer Anlasstaten entschieden hat (*Fischer* Rdn. 6a; *Maier* MK Rdn. 15). 9

---

45 BGH NStZ-RR **2013** 241.
46 BT-Drs. 16/6268 S. 10, 13.
47 *Sch/Schröder/Kinzig* Rdn. 6.
48 *Schäfer/Sander/van Gemmeren* Rdn. 1042.

2. Offenbarte Tat

10 **a)** Die offenbarte Tat muss im **Deliktskatalog des § 100a Abs. 2 StPO** genannt sein. Diese Eingrenzung hielt der Gesetzgeber – auch im Interesse einer Erleichterung der Rechtsanwendung – für sachgerecht, weil § 100a Abs. 2 StPO sowohl schwerste Einzeldelikte als auch solche Deliktsformen umfasse, die dem Bereich des Terrorismus und der organisierten Kriminalität, einschließlich der schweren Wirtschaftskriminalität, zugeordnet werden könnten (BT-Drs. 16/6268 S. 11).[49] Danach ist es nicht ausreichend, dass eine aufgedeckte Nichtkatalogtat mit einer vom Offenbarenden selbst begangenen Katalogtat im Zusammenhang steht (BGHSt **57** 95, 122). Für die maßgebliche rechtliche Bewertung der aufgedeckten Tat kommt es im Strafverfahren gegen den Offenbarenden ebenfalls auf deren Bewertung durch das Tatgericht zum Zeitpunkt des Urteils an (s. Rdn. 8).[50] Die Feststellung, dass die mit der Bezugstat der Aufklärungshilfe befassten Ermittlungsbehörden bzw. Gerichte (k)eine Katalogtat angenommen haben, genügt nicht.[51] Das Tatgericht muss sich vielmehr eine **eigene Überzeugung** bilden. Der Grundsatz in dubio pro reo gilt insoweit nicht.[52] Erfasst werden nicht nur vollendete Delikte, sondern alle mit Strafe bedrohten Stadien der Katalogtaten (BGH StV **2011** 534, 535). § 46b ist auch dann anwendbar, wenn der durch den Aufklärungsgehilfen Belastete vom Versuch eines Katalogdelikts strafbefreiend zurückgetreten ist. Denn beim Rücktritt handelt es sich um einen persönlichen Strafaufhebungsgrund, der die Rechtswidrigkeit der Tat und Schuld des Täters unberührt lässt (BGHSt **59** 193).

11 **b)** Seit Inkrafttreten des 46. StrÄG am 1.8.2013 kann sich der Offenbarende eine Strafmilderung nach § 46b nur noch durch Wissensmitteilungen zu Taten verdienen, die mit seiner eigenen Tat im **Zusammenhang** stehen (sog. Zusammenhangstaten). Die ursprüngliche, vom Gesetzgeber bewusst weit ausgestaltete Tatbestandsfassung[53] verlangte einen solchen Zusammenhang nicht (zur Anwendbarkeit auf Altfälle s. Entstehungsgeschichte). Für eine Strafmilderung nach § 46b konnte deshalb die Offenbarung von Wissen über „irgendeine Katalogtat“ ausreichen. Dementsprechend konnte sogar das Tatopfer für Aufklärungshilfe hinsichtlich der zu seinen Lasten begangenen Tat mit einer Strafmilderung bezüglich einer eigenen Tat belohnt werden (BGHSt **55** 153, 155). Diese Rechtsprechung dürfte nach der Einschränkung des Anwendungsbereichs[54] von § 46b obsolet sein. Nicht mehr zur Anwendung der Kronzeugenregelung führen wird auch das Aushorchen von Mitgefangenen in der Untersuchungshaft, um das so erlangte Wissen über deren Taten für die eigene Strafmilderung nutzen zu können, oder die Mitteilung von Erkenntnissen zu Straftaten einer im selben Kriminalitätsbereich tätigen rivalisierenden Gruppe (*Peglau* NJW **2013** 1910, 1912).

12 Ein Zusammenhang zwischen der dem Offenbarenden vorgeworfenen und der aufgeklärten Tat soll bei deren Zugehörigkeit zu einem „kriminellen Gesamtgeschehen“ bestehen. Erforderlich sein soll ein **innerer oder inhaltlicher Bezug** zwischen beiden Taten. Ein rein zeitliches oder örtliches Zusammentreffen der Taten oder eine persönliche Beziehung zwischen beiden Tätern reicht ebenso wenig wie die bloße Identität der

---

49 **Krit.** zu dieser Verweisung: Stellungnahme des Bundesrates BT-Drs. 16/6268 S. 18 f; *Frahm* S. 36 ff; *S. König* NJW **2009** 2481, 2482; *ders.* StV **2012** 113, 115; *Malek* StV **2010** 200, 201; *Wolters* SK Rdn. 12.

50 BGHSt **59** 193, 194 f; BGHR StGB § 46b Voraussetzungen 3 und 4; *Schäfer/Sander/van Gemmeren* Rdn. 1046.

51 OLG Hamburg NStZ-RR **2011** 201; *Frahm* S. 39.

52 BT-Drs. 16/6268 S. 12; BGHR StGB § 46b Voraussetzungen 4; § 46 Abs. 2 Nachtatverhalten 27.

53 BT-Drs. 16/6268 S. 10.

54 **Krit.** hins. des hierfür bestehenden gesetzgeberischen Handlungsbedarfs *Peglau* NJW **2013** 1910, 1911.

Tatbeteiligten (BGH Beschl. v. 15.7.2015 – 5 StR 209/15). Die jeweils spontane Verübung von Straftaten aus einem eher losen Zusammenschluss von latent tatgeneigten Personen heraus erfüllt das Zusammenhangserfordernis nicht (BGHR StGB § 46b Voraussetzungen 2). Auch die Zugehörigkeit zu derselben Bande oder Gruppierung, aus der heraus die vorgeworfene und die aufgeklärte Tat begangen worden sind, soll allein für die Begründung eines Zusammenhangs noch nicht genügen. Vielmehr müssen sich beide Taten als Bestandteile des verabredeten Gesamtgeschehens darstellen.[55] Bei aufeinander aufbauenden Tatbegehungen soll es erforderlich sein, dass die eigene Tat zumindest mittelbar unterstützende Funktion für die offenbarte Tat hat oder umgekehrt, etwa in der Form, dass die eine Tat durch die andere vorbereitet oder abgesichert wird (z.B. beim Hehler, der bandenmäßige Diebstähle seiner Lieferanten offenbart, BT-Drs. 17/9695 S. 8f, oder beim Dieb, der seinen gewerbsmäßig handelnden Hehler benennt, BGHR StGB § 46b Abs. 1 Satz 1 Nr. 1 Aufdeckung 6). Das Zusammenhangserfordernis verlangt zwar nicht, dass der Kronzeuge an der offenbarten Tat beteiligt war. Es ist aber zu bejahen, wenn der Kronzeuge das tatbestandliche Handeln eines Mittäters aufdeckt oder wenn sich die aufgedeckte Tat als Teil einer fortgesetzten Handlung des Mittäters erweist, an der der Kronzeuge jedenfalls in anderen Handlungsabschnitten beteiligt war (BGH StV **2014** 619, 620 m.w.N.). Der erforderliche Zusammenhang kann auch dann bestehen, wenn sich die aufgedeckten Taten als Teil einer Tatserie des Mitangeklagten darstellen, an welcher der die Aufklärungshilfe leistende Angeklagte jedenfalls in Teilabschnitten beteiligt war (BGH NStZ-RR **2015** 248).

c) In der Praxis bezieht sich die Aufklärungshilfe oft auf eine Tat, an der der Offenbarende selbst beteiligt war (*Schäfer/Sander/van Gemmeren* Rdn. 1047). Sie muss dann **über den eigenen Tatbeitrag** hinausgehen (§ 46b Abs. 1 S. 3). Dies ist bei der Mitwirkung an der Überführung von Mittätern bzw. Mitangeklagten der Fall.[56] Der Anwendung des § 46b Abs. 1 steht nicht entgegen, dass der Angeklagte seinen eigenen Tatbeitrag nur teilweise einräumt,[57] beschönigt oder sogar leugnet.[58] Dies ist allerdings im Rahmen der Gesamtwürdigung für die Ausübung des Ermessens nach § 46b Abs. 2 zu berücksichtigen. 13

3. Freiwilliges Offenbaren. Der Wortlaut des § 46b Abs. 1 orientiert sich an § 31 BtMG, so dass nach den Vorstellungen des Gesetzgebers die dazu ergangene Rechtsprechung auch für dessen Auslegung nutzbar gemacht werden kann (BT-Drs. 16/6268 S. 12). In beiden Varianten der Nr. 1 und der Nr. 2 fordert § 46b Abs. 1 S. 1, dass der Beschuldigte sein Wissen freiwillig offenbart. Die Kundgabe allgemein bekannter Tatsachen, bloßer Vermutungen oder Gerüchte ist kein **Offenbaren von Wissen.**[59] Der Beschuldigte muss sein Wissen im Fall der Nr. 1 den Strafverfolgungsbehörden, im Fall der Nr. 2 einer „Dienststelle“ (Rdn. 21) mitteilen. Dies kann etwa durch die Benennung von unmittelbar tatbeteiligten Personen und ihrer Rollen oder die Angabe von Hintermännern geschehen (BGH StraFo **2011** 323). Die **Mitteilung** muss **bewusst** geschehen. Äußerungen gegenüber einem vom Beschuldigten nicht erkannten verdeckten Ermittler oder V-Mann genügen dieser Anforderung nicht.[60] Auf welchem Weg der Beschuldigte sein Wissen erlangt 14

---

55 BT-Drs. 17/9695 S. 8f; BGH StV **2015** 560; *Frahm* S. 48; Beispiele bei *Peglau* NJW **2013** 1910, 1912.
56 BGH StV 2016 283; wistra **2011** 99; Beschl. v. 23.10.2012 – 4 StR 289/12; v. 14.4.2015 – 3 StR 94/15.
57 BGHSt **33** 80; BGH NStZ **2000** 433.
58 BGH StV **2011** 534; NStZ-RR **2012** 201; *Hardinghaus* S. 132.
59 BT-Drs. 16/6268 S. 12; *Frahm* S. 42; *Maier* MK Rdn. 23; *Streng* NK Rdn. 9; *Wolters* SK Rdn. 15; *Sch/Schröder/Kinzig* Rdn. 10.
60 *Frahm* S. 41 m.w.N.; *Hardinghaus* S. 135f; *Maier* MK Rdn. 21; *Schäfer/Sander/van Gemmeren* Rdn. 1044.

hat, ist gleichgültig. Es kann grundsätzlich auch auf Erkenntnissen vom Hörensagen beruhen.[61] Allerdings dürfte sich durch bloßes Hörensagen erlangtes Wissen in der Praxis nur selten auf Zusammenhangstaten (s. Rdn. 11ff) beziehen.[62] Unerheblich ist, auf welche Weise der Beschuldigte sein Wissen weitergibt. Eine **mittelbare Mitteilung**, etwa durch einen Boten oder einen Mittäter aufgrund eines abgesprochenen Geständnisses, genügt.[63] Der Aufklärungsgehilfe trägt freilich das Risiko des Missverständnisses.[64] Anonyme Hinweise, die ihm nicht zugeordnet werden können, reichen demgegenüber nicht aus (*Maier* MK Rdn. 21).

15 An das Merkmal der **Freiwilligkeit** werden keine hohen Anforderungen gestellt.[65] Es ist nach der Rechtsprechung des BGH gegeben, wenn sich der Beschuldigte frei zur Offenbarung entschließen kann. Unfreiwillig handelt hingegen, wer meint, nicht mehr anders handeln zu können (BGHSt **55** 153, 155 m.w.N.). Auch eine Zeugnispflicht führt nicht dazu, dass der Beschuldigte nicht mehr Herr seiner Entschlüsse ist und eine Aussage daher nicht auf einem **autonomen Entschluss** beruhen kann. Der Gesetzgeber sieht den Tatbestand des § 46b Abs. 1 Satz 1 Nr. 2 und damit das Freiwilligkeitserfordernis selbst bei Bestehen einer strafbewehrten Anzeigepflicht nach § 138 nicht in Frage gestellt.[66] Anders liegt es, wenn der Zeuge erst nach gegen ihn konkret ergriffenen Erzwingungsmaßnahmen (vgl. §§ 51, 70 StPO) aussagt (BGHSt aaO).

16 Die **Motive des Kronzeugen** sind im Hinblick auf den Gesetzeszweck **ohne Bedeutung** (BGH NStZ **1989** 326; *Maier* MK Rdn. 28). In den seltensten Fällen werden Reue oder innere Umkehr Motive für die Offenbarung sein (*Malek* StV **2010** 200, 202). Das Fehlen sittlich anerkennenswerter Motive lässt die Freiwilligkeit nicht entfallen.[67] Ihr steht nicht entgegen, dass der Beschuldigte unter dem Druck der Festnahme oder aufgrund von Vorhalten der Vernehmungsbeamten Angaben macht, „die Erfolglosigkeit weiterer Ausflüchte“ erkennt, „Schweigen für zwecklos“ hält, erwartet, dass andere Tatbeteiligte sich ohnehin stellen werden (BGHR BtMG § 31 Nr. 1 Freiwillig 1; *Maier* MK Rdn. 25), oder seinen eigenen Tatbeitrag herunterspielen will (BGH NStZ **2011** 100). § 46b Abs. 1 S. 1 verlangt Freiwilligkeit nur hinsichtlich der Offenbarung fremder Tatbeiträge, nicht hinsichtlich der Angaben zur eigenen Tat.[68] Angst vor drohender Untersuchungshaft oder Strafe schließt die Freiwilligkeit der Aussage nicht aus (*Malek* StV **2010** 200, 201; BGH StV **1983** 152), auch nicht die Hoffnung, in den Genuss von Haftverschonung zu gelangen (BGH NStZ **1983** 323). Die Aufklärungsmotivation kann allerdings für die **Ermessensentscheidung des Gerichts** bedeutsam sein (*Schäfer/Sander/van Gemmeren* Rdn. 1045, 1056f). Taktisches Vorgehen, das die Voraussetzungen des § 46b gerade noch erfüllt, kann im Rahmen der erforderlichen Gesamtwürdigung zur Begründung dafür herangezogen werden, dem Angeklagten eine Strafrahmenverschiebung zu versagen (*Maier* MK Rdn. 28).

17 **4. Aufklärungshilfe (Abs. 1 S. 1 Nr. 1).** Die Mitteilung des Offenbarenden muss zu einem **Aufklärungserfolg** geführt haben. Ein bloßes Aufklärungsbemühen reicht nicht (BGH StV **2000** 295). Die Gesetzesbegründung verweist insoweit auf die Rechtsprechung zu § 31 BtMG.[69] Ein Aufklärungserfolg ist danach eingetreten, wenn der Offenbarende die

---

61 BGHR StGB § 46b Abs. 1 Nr. 1 Aufdeckung 1; *Schäfer/Sander/van Gemmeren* Rdn. 1044.
62 Vgl. *Peglau* NJW **2013** 1910, 1912.
63 BGHR BtMG § 31 Nr. 1 Aufdeckung 17, 30; *Maier* MK Rdn. 22; *Sch/Schröder/Kinzig* Rdn. 10.
64 *Schäfer/Sander/van Gemmeren* Rdn. 1044.
65 *Frahm* S. 43ff m.w.N.
66 Vgl. Beschlussempfehlung und Bericht des Rechtsausschusses, BT-Drs. 16/13094 S. 5.
67 *Frahm* S. 44f.
68 *Frahm* S. 45; *Maier* MK Rdn. 27.
69 BT-Drs. 16/6268 S. 12.

Beteiligung anderer an der Tat zur Überzeugung des Gerichts zutreffend geschildert hat, aufgrund seiner Angaben bestimmte identifizierbare Personen einer Katalogtat hinreichend verdächtig sind und bislang unbekannter Taten oder bekannter Taten besser überführt werden können.[70] Dies kann etwa durch die Benennung von unmittelbar tatbeteiligten Personen und ihrer Rollen oder die Angabe von Hintermännern geschehen (BGH StraFo **2011** 323; *Fischer* Rdn. 14). Nicht erforderlich ist, dass der Kronzeuge sein gesamtes Wissen offenbart und alle ihm bekannten Tatbeteiligten preisgibt (*Sch/Schröder/Kinzig* Rdn. 13). Er muss durch seine Angaben die Voraussetzungen dafür geschaffen haben, dass gegen den Bezichtigten im Falle seiner Ergreifung ein Strafverfahren mit Aussicht auf Erfolg durchgeführt werden könnte (BGH StraFo **2011** 323). Daran fehlt es, wenn dieser aufgrund der Angaben des Täters nicht identifizierbar ist[71] oder die Aufdeckung lediglich einen bloßen Verdacht oder Ermittlungsansatz begründet (BGH StraFo **2011** 323). Der Aufklärungserfolg wird aber nicht dadurch in Frage gestellt, dass in dem Strafverfahren gegen den Belasteten möglicherweise Beweisschwierigkeiten entstehen (BGH NStZ-RR **1998** 25). Nicht verlangt wird, dass die bezichtigte Person aufgrund der Angabe des Kronzeugen bereits ergriffen,[72] angeklagt oder gar verurteilt worden ist.[73] Es ist auch nicht notwendig, dass die Tat ohne die Enthüllungen des Kronzeugen nicht oder nicht vollständig aufgeklärt worden wäre (BGH NStZ **2011** 100). Eine wesentliche Aufklärungshilfe kann auch dadurch geleistet werden, dass die Angaben bereits vorhandenen Erkenntnissen eine sicherere Grundlage für die Aburteilung des Bezichtigten verschafft haben.[74] Ein voraussichtlich erfolgreicher Abschluss des Strafverfahrens im Inland ist nicht erforderlich; der Aufklärungserfolg kann auch in einem anderen Vertragsstaat des Schengener Durchführungsübereinkommens[75] oder im sonstigen Ausland eingetreten sein.[76] Angaben zu einer bereits verjährten Tat genügen nicht (*Kneba* S. 89f; *Schäfer/Sander/van Gemmeren* Rdn. 1045).

Ein **Wechsel im Aussageverhalten** des Aufklärungsgehilfen hindert die grundsätzliche Anwendung des § 46b nicht, wenn der tatsächliche Aufklärungseffekt in der Hauptverhandlung festgestellt werden kann.[77] Sofern dieser nicht in Frage gestellt wird, steht ihr deshalb nicht entgegen, dass der Angeklagte in der Hauptverhandlung die Taten bestreitet und seine im Ermittlungsverfahren gemachten Angaben in Abrede stellt (vgl. BGH StV **1990** 455; NStZ **2009** 394). Dass er in dem Strafverfahren gegen den Belasteten als Zeuge die Aussage verweigert hat, schließt die Voraussetzungen des § 46b Abs. 1 Nr. 1 ebenfalls nicht per se aus, kann jedoch im Rahmen der Ermessensausübung bei der Entscheidung über die Strafrahmenverschiebung berücksichtigt werden (BGH StraFo **2013** 521). 18

Die Vergünstigung des § 46b kommt in der Regel zunächst demjenigen **Mittäter** zugute, der als erster einen über seinen Tatbeitrag hinausgehenden Aufklärungsbeitrag leistet und damit die Möglichkeit der Strafverfolgung im Hinblick auf begangene Taten nachhaltig verbessert (BGH StV **2012** 80, 81 m.w.N.). Eine zeitlich nachfolgende Aussage, die nur die bereits bekannten Erkenntnisse wiederholt und darüber hinaus lediglich unwesentliche Randdetails des Tatgeschehens schildert, stellt nur dann noch einen we- 19

---

70 BT-Drs. 16/6268 S. 12; BGHSt **31** 163, 166; BGHR BtMG § 31 Nr. 1 Aufdeckung 1.
71 BGH NStZ **1984** 28; BGHR BtMG § 31 Nr. 1 Aufdeckung 1.
72 BGH NStZ **2003** 162, 163; **2017** 250, 251; StraFo **2011** 323.
73 *Maier* MK Rdn. 53; *Sch/Schröder/Kinzig* Rdn. 13.
74 BGH NStZ **2016** 720; BGHR BtMG § 31 Nr. 1 Aufdeckung 27; BGH Beschl. v. 28.10.2015 – 5 StR 436/15, Rdn. 4.
75 BGH NJW **2003** 1131; StraFo **2009** 38, 39.
76 *Frahm* S. 56.
77 BGH StV **2012** 80; *Frahm* S. 56ff; *Oglakcioglu* StraFo **2012** 89, 93.

sentlichen Aufklärungsbeitrag dar, wenn erst durch sie den Strafverfolgungsorganen die erforderliche Überzeugung vermittelt wird, dass die bisherigen Erkenntnisse zutreffen (BGHR BtMG § 31 Nr. 1 Aufdeckung 18). Die Strafmilderung für freiwillige Offenbarung kann aber nicht davon abhängig sein, welcher von mehreren aussagebereiten Angeklagten als Erster vernommen wird (vgl. BGHR BtMG § 31 Nr. 1 Aufdeckung 23).

20 Der Aufklärungsgehilfe trägt das **Risiko**, dass ein Aufklärungserfolg nicht eintritt (BGHR StGB § 46b Abs. 1 Nr. 1 Aufdeckung 1). Bei der Prüfung, ob ein solcher vorliegt, ist das Tatgericht weder gehalten, selbst den Angaben des Angeklagten nachzugehen, noch braucht es abzuwarten, bis die zuständigen Polizeidienststellen Ermittlungen zur Überprüfung der Angaben des Angeklagten angestellt haben (BT-Drs. 16/6268 S. 12; BGHR StGB § 46 Abs. 2 Nachtatverhalten 27; BGH NStZ **1998** 90; **2003** 162). Der BGH hebt auch hervor, dass die **Aufklärungspflicht** es unter Berücksichtigung des Gebots zügiger und effektiver Verfahrensgestaltung nicht gebiete, zum Verlauf sich (mittelbar) aus den Angaben des Angeklagten ergebender Ermittlungsverfahren gegen Dritte „ausufernd Beweis zu erheben" (BGHR StGB § 46b Voraussetzungen 1). Freilich kann sie dazu drängen, einen Ermittlungsbeamten zu einem bereits eingetretenen Aufklärungserfolg zu vernehmen (BGH StV **2011** 74; *Sch/Schröder/Kinzig* Rdn. 13). Bei der Behandlung von **Beweisanträgen**, die auf den Nachweis der Voraussetzungen des § 46b zielen, ist danach zu unterscheiden, ob ein bereits eingetretener Aufklärungserfolg belegt oder ein solcher erst herbeigeführt werden soll (*Maier* MK Rdn. 97). Im letzteren Fall ist die Beweistatsache für die Entscheidung über das Vorliegen der Voraussetzungen des § 46b Abs. 1 regelmäßig ohne Bedeutung (§ 244 Abs. 3 S. 2 StPO), da dieser gesicherte Erkenntnisse über das Vorliegen eines bereits eingetretenen Aufklärungserfolges voraussetzt (BGH NStZ **1998** 90). Das Tatgericht muss selbst die Überzeugung gewonnen haben, dass die offenbarenden Angaben des Angeklagten zutreffen. Der Grundsatz in dubio pro reo gilt insoweit nicht (BGHR BtMG § 31 Nr. 1 Aufdeckung 7). Zweifel gehen vielmehr zulasten des Kronzeugen (*Schäfer/Sander/van Gemmeren* Rdn. 1045). Eine Bindung an die Feststellungen eines anderen Gerichts besteht nicht (BGH NStZ **2009** 394).

21 **5. Präventionshilfe (Abs. 1 S. 1 Nr. 2).** Nach der zweiten Variante des § 46b Abs. 1, die § 31 S. 1 Nr. 2 BtMG nachgebildet ist und wie dieser kaum praktische Bedeutung erlangt,[78] kann eine Strafmilderung auch erlangen, wer als Täter oder Teilnehmer einer qualifizierten Anlasstat (s. Rdn. 7) freiwillig sein Wissen so rechtzeitig einer Dienststelle offenbart (s. Rdn. 24), dass eine Tat aus dem Katalog des § 100a Abs. 2 StPO, die mit seiner Tat im Zusammenhang steht (s. Rdn. 11), noch verhindert werden kann. Abweichend von der Aufklärungshilfe genügt hier die Mitteilung an **jegliche Dienststelle** (*Frahm* S. 72f; *Sch/Schröder/Kinzig* Rdn. 15). Die Mitteilung an das potenzielle **Tatopfer** ist vom Gesetzestext zwar nicht umfasst, muss aber im Hinblick auf den Gesetzeszweck unter analoger Anwendung der Vorschrift genügen.[79] Es muss sich um Hinweise auf eine konkrete Tat handeln (*Streng* NK Rdn. 10). Streitig ist, ob sie sich noch im Planungs- oder straflosen Vorbereitungsstadium befinden muss (So *Sch/Schröder/Kinzig* Rdn. 15; *Lackner/Kühl/Heger* Rdn. 4). Der Gesetzeszweck spricht hier dafür, es entscheidend darauf ankommen zu lassen, dass der Erfolg der geplanten Katalogtat noch verhindert werden kann (*Hardinghaus* S. 135; *Frahm* S. 77). Die Tatbegehung muss zum Zeitpunkt der Offenbarung noch tatsächlich drohen. Dies ist nicht der Fall, wenn die Tat wegen der Festnahme des

---

78 *Frahm* S. 71; *Schäfer/Sander/van Gemmeren* Rdn. 1051.

79 *Fischer* Rdn. 20; *Frahm* S. 75 f; *Maier* MK Rdn. 138; *Schäfer/Sander/van Gemmeren* Rdn. 1051; *Sch/Schröder/Kinzig* Rdn. 15; *Wolters* SK Rdn. 22; **aA** *Hardinghaus* S. 136 ff.

jetzt Kooperationsbereiten oder aus anderen Gründen ohnehin nicht mehr verübt wird (*Sch/Schröder/Kinzig* Rdn. 15; *Streng* NK Rdn. 10).

Ob ein **Verhinderungserfolg** erzielt werden muss, ist streitig. Die h.M. hält es für unerheblich, ob die Verhinderung der Tat letztlich gelingt, solange die Benachrichtigung der Dienststelle konkret zur Vereitelung der Tat geeignet war.[80] Pflichtversäumnisse oder zögerliches Handeln der Behörden dürften nicht zulasten des Beschuldigten gehen (*Frahm* S. 74; *Maier* MK Rdn. 140). Der Wortlaut der Vorschrift ist insoweit nicht völlig eindeutig („verhindert werden *kann*", nicht etwa *„konnte"* oder aber *„könnte"*), spricht aber unter Berücksichtigung des allgemeinen Sprachgebrauchs eher dafür, dass der Gesetzgeber einen Verhinderungserfolg verlangen wollte. Ein entsprechender gesetzgeberischer Wille spiegelt sich auch in der Begründung des Gesetzentwurfs, wonach „zu den Tatbestandsvoraussetzungen des Absatzes 1 gehört, dass die Angaben ... die Tatverhinderung ermöglicht haben" (BT-Drs. 16/6268 S. 12, ähnlich S. 2, 2. Abs., S. 9, Gesetzesfolgen). Demnach muss es tatsächlich gelingen, die Tat zu vereiteln.[81] Ähnlich wie bei der Aufklärungshilfe (s. Rdn. 20) trägt der Täter auch bei der Präventionshilfe das Risiko, dass der Verhinderungserfolg nicht eintritt. Ein erfolgloses Verhinderungsbemühen kann danach nur innerhalb des gesetzlichen Strafrahmens als strafmilderndes Nachtatverhalten (§ 46 Abs. 2 S. 2) gewürdigt werden. 22

Auch in der Präventionsvariante verlangt § 46b Abs. 1 eine Offenbarung einer Tat, die mit seiner eigenen Tat des Präventionsgehilfen im **Zusammenhang** steht. Diese Einschränkung ist angesichts des gesetzgeberischen Anliegens, schwere Straftaten zu verhindern, kaum nachvollziehbar (*Peglau* NJW **2013** 1910,1911). Im Hinblick hierauf ist auch wenig verständlich, dass die – auf der Grundlage der h.M. zur Verhinderung einer schweren Straftat zumindest konkret geeigneten, „rechtzeitigen" (s. Rdn. 21) – Angaben des Präventionsgehilfen ebenfalls der **Präklusion** nach Absatz 3 unterworfen sind. Abs. 1 S. 3 (Aufklärung *„über den eigenen Tatbeitrag hinaus"*) ist auf die Präventionsvariante demgegenüber nicht anwendbar. Angaben zu Taten, die der Offenbarende selbst als Einzeltäter begehen wollte, reichen aber nicht (*Fischer* Rdn. 18). 23

6. Zeitpunkt der Offenbarung – Präklusion (Abs. 3). Absatz 3 sieht zwingend vor, dass Strafmilderung und Absehen von Strafe ausgeschlossen sind, wenn der Beschuldigte sein Wissen erst offenbart, nachdem die Eröffnung des Hauptverfahrens (§ 207 StPO) gegen ihn beschlossen worden ist. Maßgebender Zeitpunkt ist der **Erlass des Eröffnungsbeschlusses**, nicht seine Zustellung.[82] Die Gründe für ein Versäumen des Präklusionszeitpunktes sind ohne Bedeutung (BGH NJW **2019** 245). Diese Grenze gilt nur für die offenbarenden Angaben selbst, nicht für den Eintritt eines Aufklärungs- oder Präventionserfolgs. Für erst nach Eröffnung des Hauptverfahrens gemachte Angaben bleibt die Möglichkeit einer Strafmilderung nach der allgemeinen Strafzumessungsregel des § 46 Abs. 2 unberührt (BT-Drs. 16/6268 S. 14; BGHSt **56** 191; *Frahm* S. 202; *Maier* MK Rdn. 38). 24

Die Präklusionsregelung soll verhindern, dass Angeklagte aus taktischen Gründen, etwa zum Zweck der Prozessverschleppung, erst im Rahmen der Hauptverhandlung belastende Angaben machen, deren Überprüfung langwierige und schwierige Beweiserhebungen erfordert und die deshalb nicht selten von den Gerichten im Interesse eines zügigen Verfahrensabschlusses ohne die notwendige Kontrolle akzeptiert und zur Grundlage einer Strafmilderung gemacht werden (vgl. *Mühlhoff/Pfeiffer* ZRP **2000** 121, 124). 25

---

80 *Frahm* S. 73 ff; *Hardinghaus* S. 134; *Kaspar/Wengenroth* GA **2010** 453, 456; *Kneba* S. 93 f.; *Maier* MK Rdn. 140; *Sch/Schröder/Kinzig* Rdn. 15; *Streng* NK Rdn. 10; *Wolters* SK Rdn. 20.

81 *Jeßberger* S. 59; *Schäfer/Sander/van Gemmeren* Rdn. 1052; wohl auch *SSW/Eschelbach* Rdn. 25.

82 BGH StraFo **2011** 61; NStZ **2017** 298; *Frahm* S. 78.

Den Ermittlungsbehörden soll damit genügend Zeit eingeräumt werden, um den Wert der Angaben für Aufklärungs- und Präventionszwecke nachzuprüfen (BT-Drs. 16/6268 S. 2, 14). In der Hauptverhandlung bedarf es allerdings weiterhin der Klärung, ob nicht präkludierte Angaben des Beschuldigten im erforderlichen Umfang zu Aufklärungs- oder Verhinderungserfolgen geführt haben.[83] Die Präklusionsbestimmung wird deshalb als zur Vermeidung verfahrensrechtlicher Schwierigkeiten ungeeignet kritisiert (*Frahm* S. 202f). Darüber hinaus wird bezweifelt, ob die Ausschlussfrist hilft, Falschbezichtigungen vorzubeugen, und letztlich die Legitimation der Regelung im Hinblick auf den Schuldgrundsatz und den Gleichheitssatz in Frage gestellt.[84] Die Präklusionsbestimmung harmoniert nicht mit den gesetzlichen Vorschriften zur Verständigung im Strafverfahren. Denn die Wissensoffenbarung hat zu einem Zeitpunkt zu erfolgen, an dem das Gericht als Gesprächspartner nicht oder nur eingeschränkt zur Verfügung steht (*Fischer* Rdn. 35; *Maier* MK Rdn. 34). Damit wird die Gefahr informeller Absprachen erhöht (*Frahm* S. 343; vgl. auch *Maier* MK Rdn. 35f; *Wolters* SK Rdn. 37).

26 § 46b regelt nicht ausdrücklich den **frühesten Zeitpunkt** aufklärender Angaben. Er knüpft allerdings an das aktuelle Strafverfahren gegen den Aufklärungsgehilfen an und setzt dessen Beschuldigteneigenschaft voraus. Der **Beginn des Ermittlungsverfahrens** gegen den Offenbarenden stellt deshalb den frühesten Zeitpunkt dar, in dem er den Vorteil einer Strafmilderung erlangen kann.[85] Andernfalls könnte sich ein Informant durch Hinweise an die Ermittlungsbehörden eine Art „Bonusheft" anlegen (BGH NStZ-RR **2015** 248). Nicht ausgeschlossen ist aber, dass sich ein Beschuldigter auf frühere Aussagen beruft, die er als Zeuge gemacht hat, solange diese nicht bereits zu einem Aufklärungs- oder Präventionserfolg geführt haben (*Maier* MK Rdn. 43).

III. Die Rechtsfolgenentscheidung

27 **1. Entscheidungsmöglichkeiten.** § 46b eröffnet dem Gericht die Möglichkeit, den an sich anzuwendenden Strafrahmen nach § 49 Abs. 1 zu mildern, wobei allerdings an die Stelle *ausschließlich* angedrohter lebenslanger Freiheitsstrafe eine solche von nicht unter zehn Jahren tritt (§ 46b Abs. 1 S. 1). Mit dieser deutlich oberhalb der Drei-Jahres-Grenze von § 49 Abs. 1 Nr. 1 liegenden Mindeststrafdrohung soll der Schwere des in diesen Fällen verwirklichten Unrechts und der daran anknüpfenden Schuld des Täters Rechnung getragen werden.[86] An der ausschließlichen Bewehrung mit lebenslanger Freiheitsstrafe fehlt es, wenn im konkreten Fall aufgrund des Vorliegens eines anderen vertypten Milderungsgrundes (z.B. § 23 Abs. 2 oder § 27 Abs. 2 S. 2) ein niedrigerer Strafrahmen anwendbar ist[87] oder das Gesetz ohnehin alternativ eine zeitige Freiheitsstrafe vorsieht (wie z.B. bei Taten mit Todesfolge nach §§ 176b, 178, 239a Abs. 3, § 239b Abs. 2, §§ 251, 306c, 307 Abs. 3 Nr. 1, § 308 Abs. 3, § 309 Abs. 4, § 316a Abs. 3, § 316c Abs. 3). Ist die Straftat *ausschließlich* mit *zeitiger* Freiheitsstrafe bedroht und hat der Täter bei konkreter Betrachtung keine Freiheitsstrafe von mehr als drei Jahren verwirkt, kann das Gericht von Strafe absehen. In diesen Fällen ermöglicht es § 153b StPO auch bereits der Staatsanwaltschaft mit Zustimmung des Gerichts von der Erhebung einer Anklage abzu-

---

83 *Fischer* Rdn. 21; *Maier* MK Rdn. 33; *Wolters* SK Rdn. 35.

84 *Frahm* S. 202ff, 238ff; *Jeßberger* FS Beulke 1165; *S. König* NJW **2009** 2481, 2483; *SSW/Eschelbach* Rdn. 3; **krit.** auch *Maier* MK Rdn. 32; *Wolters* SK Rdn. 36.

85 BGH NStZ-RR **2015** 248; *Fischer* Rdn. 23; *Maier* MK Rdn. 43; *Sch/Schröder/Kinzig* Rdn. 19; **abw.** *Wolters* SK Rdn. 38.

86 **Krit.** hierzu *Sch/Schröder/Kinzig* Rdn. 24.

87 BT-Drs. 16/6268 S. 13.

sehen (Abs. 1); nach Erhebung der Anklage kann das Gericht bis zum Beginn der Hauptverhandlung mit Zustimmung der Staatsanwaltschaft und des Angeschuldigten das Verfahren einstellen (Abs. 2). An eine so weitgehende Honorierung der Angaben des Kronzeugen sind mit Blick auf das Schuldprinzip aber strenge Anforderungen zu stellen (*Schäfer/Sander/van Gemmeren* Rdn. 1055).

Liegt der vertypte Strafmilderungsgrund des § 46b vor, so kommt nach allgemeinen Grundsätzen (s. § 46 Rdn. 287) statt einer Strafrahmenverschiebung ggf. die Annahme eines minder schweren Falls oder die Ablehnung eines besonders schweren Falls in Betracht.[88] Dabei ist das Doppelverwertungsverbot des § 50 zu beachten. 28

2. Ermessensleitende Kriterien. Ob das Gericht von der Milderungs- oder Absehensmöglichkeit des Absatzes 1 Gebrauch macht, steht in seinem pflichtgemäßen Ermessen, das in der Revision nur eingeschränkt überprüft werden kann.[89] Bei der Ermessensentscheidung sind alle strafzumessungsrelevanten Umstände des Einzelfalls einzubeziehen (BGH NJW **2019** 245). § 46b Abs. 2 enthält eine nicht abschließende Aufzählung von Kriterien für die Entscheidung des Gerichts, ob und in welchem Umfang es die Angaben des Täters bei der Strafzumessung belohnt (BT-Drs. 16/6268 S. 13). Sie soll gleichzeitig auch dem potenziellen Kronzeugen aufzeigen, welche Umstände für eine etwaige Honorierung seiner Angaben bedeutsam sind (BT-Drs. 16/13094 S. 1f). Nach Absatz 2 Nr. 1 ist eine Bewertung von **Quantität und Qualität** des mitgeteilten Wissens erforderlich (*Peglau* wistra **2009** 409, 411), wobei zu berücksichtigen ist, dass § 46b Abs. 1 S. 1 schon tatbestandlich einen *wesentlichen* Aufklärungsbeitrag verlangt (*Frahm* S. 87). Unter anderem ist entscheidend, wann – innerhalb der Zeitgrenze des § 46b Abs. 3 – der Angeklagte die Ermittlungsbehörden informiert hat (*Maier* MK Rdn. 41). Die Milderung kann etwa bei einer zwar noch rechtzeitigen, gemessen an den gesamten Ermittlungen jedoch **späten Offenbarung** versagt werden, insbesondere, wenn Mittäter oder Hintermänner ihr strafbares Verhalten fortsetzen oder flüchten konnten.[90] Wesentlich kann auch sein, wie eng der Kronzeuge mit den Ermittlungsbehörden zusammengearbeitet hat, ob er z.B. bereit war, im Strafverfahren gegen den Bezichtigten auszusagen, oder ob er erkennbar weiteres aufklärungsrelevantes Wissen zurückgehalten hat (*Jeßberger* S. 325). Nach Absatz 2 Nr. 2 sind die aufklärungsrelevanten Umstände in **Relation zum Grad des Verschuldens** des Täters zu setzen. Je schwerer die aufgeklärte oder verhinderte Tat im Verhältnis zur eigenen Tat des Kronzeugen wiegt, desto näher wird die Vornahme einer Strafrahmenverschiebung liegen (BT-Drs. 16/6269 S. 14). Auch die Anzahl der Taten, zu denen Aufklärungshilfe geleistet wurde, kann berücksichtigt werden. Eine besonders sorgfältige auf den Einzelfall bezogene Abwägung aller infrage kommenden Gesichtspunkte ist dann erforderlich, wenn eine Strafmilderung angesichts der konkret festgestellten Gesamtumstände nicht nahe liegt (BGH StV **2013** 629: äußerst brutale, von erheblicher „krimineller Energie" zeugende und insgesamt drei Mordmerkmale erfüllende Handlungen des Angeklagten sowie mehrfach wechselndes Aussageverhalten). 29

Als sonstiger, nicht im Katalog des § 46b Abs. 2 enthaltener Umstand kann bei der Abwägung zugunsten des Kronzeugen auch berücksichtigt werden, dass aufgrund seiner Angaben ein als gefährlich einzustufender Straftäter überführt werden konnte[91] oder der Kronzeuge sich selbst und ggf. auch seine Angehörigen Gefahren ausgesetzt hat.[92] In die 30

---

88 BGH StV **2017** 680; *Maier* MK Rdn. 108; *Sch/Schröder/Kinzig* Rdn. 26.
89 *Maier* MK Rdn. 146; *Sch/Schröder/Kinzig* Rdn. 23.
90 *Frahm* S. 88; *Maier* NStZ **2011** 151; vgl. aber BGH StV **1985** 14.
91 Vgl. OLG Naumburg Beschl. v. 4.6.2013 – 2 Ss 77/13; *Peglau* jurisPR-StrafR 19/2013 Anm. 3.
92 *Frahm* S. 89; *Jeßberger* S. 325.

Abwägung kann zudem eine Bewertung seiner **Motive** einfließen.[93] Gegen die Gewährung der Strafmilderung können ein wechselndes Aussageverhalten (BT-Drs. 16/6269 S. 14; s. Rdn. 18) oder ein Leugnen der eigenen Tatbeiträge sprechen (BGH StV **2011** 534; NStZ-RR **2012** 201), ferner, dass der Angeklagte als Zeuge in der Hauptverhandlung gegen den bezichtigten Mittäter die Aussage verweigert hat (BGH StraFo **2013** 521) oder dass er durch seine Aussage nach den konkreten Gegebenheiten nur seine staatsbürgerlichen Pflichten erfüllt hat (BT-Drs. 16/13094 S. 5; BGHSt **55** 153, 155f; *Frahm* S. 126f).

31 Hat der Angeklagte **mehrere Taten** begangen, muss das Gericht die Angemessenheit und Gebotenheit der Strafmilderung für jede ihm zur Last liegende Tat prüfen.[94] Es kann sein Ermessen mithin auch differenziert ausüben (*Schäfer/Sander/van Gemmeren* Rdn. 1057). Die Aufklärungs- oder Präventionshilfe kann in die für die Gesamtstrafenbildung nach § 54 Abs. 1 Satz 3 gebotene Gesamtwürdigung nochmals Eingang finden,[95] wenn auch nur mit vermindertem Gewicht (*Schäfer/Sander/van Gemmeren* Rdn. 1058).

32 Im Falle des Nebeneinanders von Aufklärungshilfe (Abs. 1 S. 1 Nr. 1) einerseits und Präventionshilfe (Abs. 1 S. 1 Nr. 2) andererseits hat das Tatgericht unter Berücksichtigung beider Strafmilderungsgründe im Wege einer einheitlichen Ermessensentscheidung darüber zu befinden, ob und gegebenenfalls in welcher Weise und welchem Umfang es von der Milderungsmöglichkeit Gebrauch macht (vgl. BGH NStZ-RR **2006** 56 zu § 31 BtMG). Eine doppelte Strafrahmenverschiebung erscheint in aller Regel nicht sachgerecht, weil sie zu einem nicht mehr schuldangemessenen Strafrahmen führen würde.[96]

33 Innerhalb ihres Anwendungsbereichs gehen die bereichsspezifischen Kronzeugenregelungen (insbes. § 31 BtMG) § 46b als **leges speciales** vor, sofern nicht dessen Anwendung für den Kronzeugen im Einzelfall günstiger ist (BT-Drs. 16/6268 S. 14f).[97]

34 **3. Berücksichtigung bei der Strafzumessung im engeren Sinne.** Die Umstände, die eine Milderung des Strafrahmens nach § 46b bewirkt haben, sind nach allgemeinen Grundsätzen mit ihrem **verbleibenden Gewicht** bei der Strafzumessung im engeren Sinne nochmals zu berücksichtigen (BGHR StGB § 50 Strafhöhenbemessung 1 bis 5). Darüber hinaus kann **Aufklärungs- oder Präventionshilfe, die nicht die Voraussetzungen des § 46b erfüllt**, weil es sich z.B. bei dem Beschuldigten nicht um einen Täter einer einschlägigen, privilegierten Straftat handelt oder sich seine Offenbarung nicht auf eine Katalogtat bezieht, im Rahmen der allgemeinen Strafzumessung (§ 46 Abs. 2 S. 2) strafmildernd berücksichtigt werden.[98] Auch verspätete, nach Absatz 3 präkludierte Angaben bleiben für die allgemeine Strafzumessung relevant.[99] Ähnliches gilt, wenn sich der Täter kooperationsbereit gezeigt und Angaben gemacht hat, ein relevanter Aufklärungserfolg, der oft von Zufällen abhängt, aber noch nicht eingetreten ist.[100] Der BGH hat insoweit sogar die Auffassung geäußert, dass einem ernsthaften, aber erfolglosen Aufklärungsbemühen in der Regel ein solches Gewicht zukommt, dass es seiner ausdrücklichen Anführung als Strafmilderungsgrund im Urteil bedarf.[101] Entscheidet sich das Gericht im Rahmen der Ausübung seines Ermessens gegen eine Strafrahmenverschiebung,

93 BGH Urt. v. 17.1.2018 – 2 StR 334/15.
94 BT-Drs. 16/6269, S. 13; BGHSt **55** 153, 156f; BGH NStZ-RR **2013** 203; StV **2014** 619, 620.
95 BT-Drs. 16/6269, S. 13 unter Bezugnahme auf BGHSt **24** 268, 270f und BayObLGSt **1991** 16, 34.
96 *Streng* NK Rdn. 14; **aA** *Frahm* S. 97; *Lackner/Kühl/Heger* Rdn. 7; *Maier* MK Rdn. 144.
97 BGH StV **2014** 619, 620; *Fischer* Rdn. 32; *Sch/Schröder/Kinzig* Rdn. 28.
98 *Sch/Schröder/Kinzig* Rdn. 21.
99 BGHSt **56** 191; *Fischer* Rdn. 24; *Frahm* S. 202; *Maier* MK Rdn. 38.
100 *Jeßberger* S. 63f.
101 BGH StV **1987** 487; NStZ **1989** 580 m. zust. Anm. *Weider*; vgl. auch BGH NStZ **1998** 90; BayObLG NJW **1991** 2575, 2580; *Schäfer/Sander/van Gemmeren* Rdn. 1058.

ist geleistete Aufklärungs- oder Präventionshilfe bei der allgemeinen Strafzumessung regelmäßig als wesentlicher Milderungsgrund zu berücksichtigen (*Maier* MK Rdn. 108, 131).

IV. Beurteilung im Revisionsverfahren

Die Erörterung des § 46b im Urteil ist regelmäßig geboten, wenn es nach den Ausführungen des Tatgerichts naheliegt, dass der Angeklagte Aufklärungshilfe geleistet hat (BGH StV **2016** 283; NStZ-RR **2014** 203; Beschl. v. 15.7.2015 – 5 StR 209/15; v. 7.9.2017 – 5 StR 359/17; *Maier* MK Rdn. 151). Ihre Berücksichtigung zu Gunsten des Angeklagten lediglich bei der Strafzumessung im engeren Sinne genügt nicht (BGH NStZ-RR **2014** 368). Liegen Angaben des Angeklagten vor, die möglicherweise Grundlage der Annahme eines Aufklärungserfolgs sein können, muss das Tatgericht deren Bewertung nachvollziehbar darlegen, um dem Revisionsgericht die Prüfung zu ermöglichen, ob ein Aufklärungserfolg in zutreffender Weise angenommen oder abgelehnt worden ist.[102] Dem Urteil muss entnommen werden können, auf welche tatsächlichen Umstände sich das Tatgericht dabei stützt. Die bloße Wertung, es habe (k)eine Aufklärungshilfe vorgelegen oder es bestehe (k)ein Zusammenhang mit den Taten des Angeklagten, genügt nicht. Die Ausübung des dem Tatgericht durch § 46b auf der Rechtsfolgenseite eingeräumten Ermessens ist im Revisionsverfahren nur eingeschränkt überprüfbar (BGH StV **2013** 629, 630; *Maier* MK Rdn. 146). Das Ermessen zu gebrauchen, ist dem Tatgericht vorbehalten (BGH Beschl. v. 7.9.2017 – 5 StR 359/17, Rdn. 4). 35

§ 47
Kurze Freiheitsstrafe nur in Ausnahmefällen

(1) Eine Freiheitsstrafe unter sechs Monaten verhängt das Gericht nur, wenn besondere Umstände, die in der Tat oder der Persönlichkeit des Täters liegen, die Verhängung einer Freiheitsstrafe zur Einwirkung auf den Täter oder zur Verteidigung der Rechtsordnung unerlässlich machen.

(2) [1]Droht das Gesetz keine Geldstrafe an und kommt eine Freiheitsstrafe von sechs Monaten oder darüber nicht in Betracht, so verhängt das Gericht eine Geldstrafe, wenn nicht die Verhängung einer Freiheitsstrafe nach Absatz 1 unerläßlich ist. [2]Droht das Gesetz ein erhöhtes Mindestmaß der Freiheitsstrafe an, so bestimmt sich das Mindestmaß der Geldstrafe in den Fällen des Satzes 1 nach dem Mindestmaß der angedrohten Freiheitsstrafe; dabei entsprechen dreißig Tagessätze einem Monat Freiheitsstrafe.

Schrifttum[1]

Besozzi/Kunz Kurze Freiheitsstrafe und ihr Ersatz – eine Revision der Revision? Festschrift Heinz (2012) 580; *Beulke* Kurze Freiheitsstrafe bei Bagatelldelikten? Festschrift Heinz (2012) 594; *Blei* Die Verteidigung der Rechtsordnung in §§ 14 Abs. 1, 23 Abs. 3 StGB i.d.F. des 1. StrRG, JA **1970** 397, 461; **1971** 299, 369; *Çelik/Stief* Kurze Freiheitsstrafen, § 47 StGB und die Vollstreckungslösung des BGH, StV **2010** 657; *Dünkel* Wege und Irrwege der Reform des strafrechtlichen Sanktionensystems in Deutschland, Gedächtnisschrift Joecks (2018) 51; *Grünwald* Offene Fragen im System der Hauptstrafen, Festschrift Schaffstein (1975)

102 BGH NStZ **2003** 162; **2013** 665; NStZ-RR **2017** 377, 378.

1 Siehe auch Schrifttum Vorbemerkungen zu den §§ 46 bis 50 und zu § 46.

https://doi.org/10.1515/9783110300499-019

219; *Hillenbrand* Die kurze Freiheitsstrafe – eine zu häufige Ausnahme, StRR **2015** 168; *Horstkotte* Der Allgemeine Teil des Strafgesetzbuches nach dem 1.9.1969, NJW **1969** 1601; *ders.* Die Vorschriften des Ersten Gesetzes zur Reform des Strafrechts über die Strafbemessung, JZ **1970** 122; *Kaufmann* Subsidiaritätsprinzip im Strafrecht, Festschrift Henkel (1974) 89; *Kinzig* Knast für den Diebstahl einer Milchschnitte? Festschrift Schöch (2010) 647; *Koch* Die „Verteidigung der Rechtsordnung" bei Verkehrsvergehen, NJW **1970** 842; *Kohlmann* Vollstreckung kurzfristiger Freiheitsstrafen – wirksames Mittel zur Bekämpfung der Kriminalität? Festschrift Triffterer (1996) 603; *Köhne* Abschaffung der Ersatzfreiheitsstrafe, JR **2004** 453; *Krumm* Verfassungsrechtliches Übermaßverbot und kurze Freiheitsstrafe, NJW **2004** 328; *Kunert* Kurze Freiheitsstrafe und Strafaussetzung zur Bewährung nach den Vorschriften des Ersten Gesetzes zur Reform des Strafrechts, MDR **1969** 705; *Laun* Alternative Sanktionen zum Freiheitsentzug und die Reform des Sanktionensystems (2002); *Lenckner* Die kurze Freiheitsstrafe nach den Strafrechtsreformgesetzen, Jur. Analysen **1971** 319; *Maiwald* Die Verteidigung der Rechtsordnung – Analyse eines Begriffs, GA **1983** 49; *Meier* Kriminalpolitik in kleinen Schritten – Entwicklungen im strafrechtlichen Rechtsfolgensystem, StV **2008** 263; *ders.* Bagatellarische Tatbestände, ZStW **2017** 433; *Meyer* Verhängung einer Freiheitsstrafe, SchlHA **1977** 111; *Naucke/Bake/Bartling* Verteidigung der Rechtsordnung (§§ 14, 23 StGB) (1971); *Schaeferdiek* Die kurze Freiheitsstrafe im schwedischen und deutschen Strafrecht (1997); *Schöch* Die Rechtswirklichkeit und präventive Effizienz strafrechtlicher Sanktionen, in: *Jehle* (Hrsg.) Kriminalprävention und Strafjustiz (1996) 291; *ders.* Empfehlen sich Änderungen und Ergänzungen bei den strafrechtlichen Sanktionen ohne Freiheitsentzug? Gutachten C für den 59. Deutschen Juristentag (1992); *Schreiber* Besondere Umstände in der Tat und in der Persönlichkeit des Verurteilten, Festschrift Schaffstein (1975) 275; *Schröder* Zur Verteidigung der Rechtsordnung, JZ **1971** 241; *Sturm* Die Strafrechtsreform, JZ **1970** 81; *Weigend* Die kurze Freiheitsstrafe – eine Sanktion mit Zukunft? JZ **1986** 260; *Wittstamm* Die kurze Freiheitsstrafe, ZfStrVo **1997** 3; *Zipf* Abwälzung der Geldstrafe auf einen Dritten und Erreichbarkeit des Strafzweckes, MDR **1965** 632; *ders. Die* Geldstrafe in ihrer Funktion zur Eindämmung der kurzen Freiheitsstrafe (1966); *ders.* Die „Verteidigung der Rechtsordnung", Festschrift Bruns (1978) 205.

Entstehungsgeschichte

Die Vorschrift wurde durch das 2. StrRG an dieser Stelle eingefügt und entspricht in Absatz 1 wörtlich dem durch das 1. StrRG eingeführten § 14 Abs. 1. Absatz 2 wurde durch das EGStGB neu gefasst, insbesondere wurde Satz 2 angefügt, der dem § 27c Satz 2 a.F. entspricht.

Übersicht

I. Zweck der Vorschrift und praktische Bedeutung

§ 47 stellt Regeln für die Wahl zwischen Freiheits- und Geldstrafe auf und gehört damit zur Strafzumessung. Er rückt bei der gesamten kleinen und einem Teil der mittleren Kriminalität die Geldstrafe gegenüber der Freiheitsstrafe in den Vordergrund und entspricht damit – zusammen mit den Vorschriften über die Strafaussetzung zur Bewährung (§ 56) und mit der Heraufsetzung des Mindestmaßes der Freiheitsstrafe auf einen Monat (§ 38 Abs. 2) – einem bedeutsamen **kriminalpolitischen Reformanliegen** (BGHSt **22** 192, 199). Kurze Freiheitsstrafen wurden[2] – und werden auch heute noch überwiegend[3] – als zur Verbrechensbekämpfung ungeeignet angesehen. Einerseits wirkt die kurze Freiheitsstrafe stigmatisierend, reißt den Täter aus seinen sozialen Bindungen (Beruf, Familie etc.) und setzt ihn kriminellen Vorbildern und Kontakten aus. Andererseits reicht ihre Dauer in der Regel nicht für eine wirksame positive Beeinflussung im Vollzug aus, die der Reformgesetzgeber der 60er Jahre für möglich hielt. Auch kommt ihr keine nennenswerte Sicherungsfunktion zu. Vor diesem Hintergrund sollte die Verhängung kurzer Freiheitsstrafen drastisch eingeschränkt werden. Sie sollten nur noch ausnahmsweise in Betracht kommen. Ihre völlige Abschaffung wurde abgelehnt, weil andere strafrechtliche Reaktionsmittel mit entsprechender Wirkung nicht zur Verfügung stünden.[4] Jüngere Bestrebungen, § 47 im Interesse der Bekämpfung von Hasskriminalität (§ 46 Rdn. 78) einzuengen (vgl. BT-Drs. 16/10123), haben sich nicht durchsetzen können. 1

Die **Zurückdrängung kurzer Freiheitsstrafen** ist insofern gelungen, als ihre Verhängung auf einen Bruchteil der Zahlen Ende der 60er Jahre zurückgegangen und ein **Siegeszug der Geldstrafe** festzustellen ist.[5] Da uneinbringliche Geldstrafen grundsätzlich im Wege der Anordnung von Ersatzfreiheitsstrafen[6] vollstreckt werden (§ 43), kommt es freilich in nicht wenigen Fällen dennoch zu einem an sich unerwünschten kurzfristigen Freiheitsentzug.[7] Überdies machen Freiheitsstrafen unter sechs Monaten immer noch mehr als ein Viertel aller verhängten Freiheitsstrafen aus.[8] Ob diese Zahl für sich betrachtet als Beleg dafür dienen kann, dass dem Ausnahmecharakter der kurzen Freiheitsstrafe von der Rechtsprechung nicht ausreichend Rechnung getragen wird (*Hillenbrand* StRR **2015** 168), erscheint allerdings fraglich. 2

Das Gesetz geht davon aus, dass Freiheitsstrafe nur als **ultima ratio** verhängt werden darf. Dies ist eine Folge des Grundsatzes, das zugefügte Übel möglichst gering zu halten, und gilt allgemein im Verhältnis von Freiheitsstrafe zu Geldstrafe (vgl. BGHSt **24** 40, 43). Von der Geldstrafe ist ein gegenüber der kurzen Freiheitsstrafe mindestens gleichwertiger kriminalpolitischer Effekt zu erwarten. Nach den Ergebnissen der 2016 vorgelegten **Rückfallstatistik** lag die Rückfallrate nach Geldstrafen (innerhalb eines dreijährigen Beobachtungszeitraums) vergleichsweise niedrig bei rund 30 %, während sie nach vollstreckten 3

---

2 *Horstkotte* JZ **1970** 122, 126; *Lenckner* Jur. Analysen **1971** 319 f.

3 *Besozzi/Kunz* FS Heinz 580; *Beulke* FS Heinz 594, 596; *Çelik/Stief* StV **2010** 657, 659; *Dünkel/Flügge/Lösch/Pörksen* ZRP **2010** 175; *Frisch* FS Kaiser 765, 766 f.; *Kett-Straub/Kudlich* § 7 Rdn. 7 ff; *Laun* S. 31 ff.; *Maurach/Gössel/Zipf/Dölling* § 64 Rdn. 13; *Niewisch-Lennartz* DRiZ **2015** 86; *Streng* NK Rdn. 1; differenzierend *Weigend* JZ **1986** 260.

4 BT-Drs. V 4094 S. 6; *Kunert* MDR **1969** 705; vgl. auch *Maier* MK Rdn. 4 f.

5 Vgl. *Heinz* Das strafrechtliche Sanktionensystem und die Sanktionierungspraxis in Deutschland 1882 – 2012, S. 70 f., 93 f; *Meier* StV **2008** 263, 264.

6 **Krit.** *Köhne* JR **2004** 453; *Meier* StV **2008** 263, 269.

7 *Laun* S. 59 f; zu statistischen Angaben betr. Ersatzfreiheitsstrafe vgl. BT-Drs. 19/803.

8 *Statistisches Bundesamt* (Hrsg.) Rechtspflege – Strafverfolgung **2016** S. 160; zur Rückläufigkeit ihres Anteils an den Freiheitsstrafen vgl. *Kinzig* FS Schöch 647, 649.

Freiheitsstrafen von weniger als sechs Monaten rund 55 % betrug.[9] Aus diesen Zahlen lassen sich zwar bereits deshalb keine Belege für die Kausalität von Sanktion und Rückfall ableiten, weil in den Freiheitsentzug systematisch mehr Menschen mit ungünstiger Kriminalprognose gelangen.[10] Sie mahnen jedoch zur Zurückhaltung bei Aussagen zur spezialpräventiven Effektivität kurzer Freiheitsstrafen (*Meier* ZStW **2017** 433, 441 f). Von Befürwortern kürzester, unterhalb der Einmonatsgrenze des § 38 Abs. 2 liegender Freiheitsstrafen erwartete Effekte bei der Bekämpfung kleinerer und mittlerer Kriminalität unter gleichzeitiger Vermeidung entsozialisierender Wirkungen[11] lassen sich nicht belegen.

4 Das Ziel der Vermeidung kurzer Freiheitsstrafen ist grundsätzlich zu begrüßen. Allerdings setzt das deutsche Strafrecht zur Erreichung dieses Ziels zu einseitig auf Geldstrafen. Auch die Geldstrafe als Alternative zur (kurzen) Freiheitsstrafe hat zahlreiche unerwünschte Nebenwirkungen.[12] Wirtschaftlich gut situierte Täter werden von ihr oft nicht hinreichend beeindruckt. Bei wirtschaftlich schwachen Straftätern führt die Bezahlung einer – auch auf der Grundlage des Tagessatzsystems bemessenen – Geldstrafe oft zur finanziellen Überlastung und trifft zudem auch ihre Familien, zumal daneben in der Regel auch Verfahrenskosten zu tragen und ggf. Schadensersatzforderungen der Opfer zu befriedigen sind. Wenn es in dieser Situation zur Vollstreckung von Ersatzfreiheitsstrafen kommt, ist kriminalpolitisch nichts gewonnen.[13] Vielmehr wird die kurze Freiheitsstrafe im Ergebnis nur „sozial umverteilt".[14] Das geltende Sanktionensystem bietet im Bereich kleinerer und mittlerer Kriminalität **zu wenige Reaktionsmöglichkeiten.**[15] Ein wünschenswerter Ausbau ambulanter Sanktionen wurde jahrelang erfolglos diskutiert.[16] Die in der 14. und 15. Legislaturperiode geplante Erweiterung des Sanktionensystems durch den Ausbau ambulanter Sanktionen ist gescheitert.[17] Allerdings ist inzwischen das Spektrum der Sanktionsmöglichkeiten durch die mit dem *Gesetz zur effektiveren und praxistauglicheren Ausgestaltung des Strafverfahrens* vom 17. August 2017 (BGBl. I S. 3202) vorgenommene **Ausweitung des Anwendungsbereichs des Fahrverbotes** auf alle Straftaten leicht ausgebaut worden. Der Gesetzgeber ist dabei auch von der Erwartung ausgegangen, dass sich diese Erweiterung insbesondere in den Fällen auswirken wird, die in den Anwendungsbereich von § 47 fallen.[18] Darüber hinaus wurden durch das 2. Justizmodernisierungsgesetz vom 22. Dezember 2006 (BGBl. I 3416) die Voraussetzungen der **Verwarnung mit Strafvorbehalt** gelockert.

II. Anwendungsbereich

5 § 47 gilt auch für **Verbrechen**, soweit gemilderte Strafrahmen (z.B. nach § 49 oder in einem minder schweren Fall) Freiheitsstrafen unter sechs Monaten zulassen.

---

9 *Jehle/Albrecht/Hohmann-Fricke/Tetal* Legalbewährung nach strafrechtlichen Sanktionen (2016) S. 57, 66 f.
10 *Killias* ZSchwR **2011** 627, 634 f.
11 *Kohlmann* FS Triffterer 603.
12 *Laun* S. 60 ff; *Meier* StV **2008** 263, 268 f; *Schaeferdiek* S. 178 ff, 228 f.
13 *Dünkel/Flügge/Lösch/Pörksen* ZRP **2010** 175; *Kett-Straub/Kudlich* § 7 Rdn. 12.
14 *Killias* ZSchwR **2011** 627, 633.
15 Vgl. auch *Dünkel* GS Joecks 51, 52; *SSW/Eschelbach* Rdn. 5.
16 Vgl. insbes. *Schöch* Gutachten C für den 59. DJT; *Dölling* ZStW **104** (1992) 259; *Dünkel/Flügge/Lösch/Pörksen* ZRP **2010** 175; *Horn* JZ **1992** 828; *Laun* S. 27 ff; *Meier* StV **2008** 263; *U. Schneider* MschrKrim **2001** 273; *Weigend* GA **1992** 345.
17 Vgl. Entwurf eines Gesetzes zur Reform des Sanktionenrechts, BT-Drs. 14/9358, 15/2725; **krit.** hierzu *Maier* MK Rdn. 5; *Selle* JR **2002** 227; *Stöckel* FS Böttcher 616; *Wolters* ZStW **114** (2002) 63.
18 BT-Drs. 18/11272 S. 18.

1. Kurze Freiheitsstrafe

a) Abgrenzung zu anderen Sanktionen. Nur Freiheitsstrafe im engeren Sinne kommt in Betracht. **Jugendstrafe** fällt nicht unter § 47. Das Mindestmaß der Jugendstrafe beträgt ohnehin sechs Monate (§ 18 Abs. 1 S. 1 JGG) und gegenüber Jugendlichen und ihnen gleichstehenden Heranwachsenden gibt es keine Geldstrafe. Bei Straftaten von **Soldaten** sieht § 10 WStG abweichend von § 47 vor, dass eine Geldstrafe nicht verhängt werden darf, wenn besondere Umstände, die in der Tat oder der Persönlichkeit des Täters liegen, die Verhängung von Freiheitsstrafe zur Wahrung der Disziplin gebieten (vgl. für Zivildienstleistende § 56 ZDG; BVerfG NJW **1973** 797). Darf nach § 10 WStG nicht auf Geldstrafe erkannt werden, so ist auf **Strafarrest** zu erkennen; dasselbe gilt, wenn bei Straftaten von Soldaten die Verhängung einer Freiheitsstrafe, die nach § 47 unerlässlich ist, auch zur Wahrung der Disziplin geboten ist (§ 12 WStG). 6

b) Einzelfreiheitsstrafe – Gesamtfreiheitsstrafe. Hat der Täter mehrere selbständige Taten begangen und sind demgemäß mehrere Strafen gegen ihn festzusetzen, so ist die Anwendung des § 47 schon bei der Bestimmung der Einzelstrafen zu prüfen und nicht erst bei der Bildung der Gesamtstrafe (BGHSt **24** 164, 165; BGHR StGB § 47 Abs. 1 Umstände 3, 4; s. Rdn. 8). Denn die Gesamtstrafenbildung richtet sich auch danach, ob als Einzelstrafen allein auf Freiheitsstrafen, ausschließlich auf Geldstrafen oder teils auf Freiheitsstrafen und teils auf Geldstrafen erkannt worden ist (§ 53 Abs. 1 und 2, § 54 Abs. 1 S. 2). Wurden nach § 47 ausschließlich Einzelgeldstrafen festgesetzt, kann nur auf eine Gesamtgeldstrafe erkannt werden (BGH NStZ **1995** 178). 7

Auch wenn Einzelfreiheitsstrafen von mehr als sechs Monaten mit kurzfristigen Freiheitsstrafen zusammentreffen, ist ohne Rücksicht auf die Höhe der Gesamtfreiheitsstrafe darzulegen, ob und welche Gründe in den Taten oder der Persönlichkeit des Angeklagten Einzelstrafen unter sechs Monaten unerlässlich machen. Das gilt vor allem, wenn die Bildung einer gesonderten Gesamtgeldstrafe (§ 53 Abs. 2) und dadurch eine geringere Gesamtfreiheitsstrafe mit Strafaussetzung zur Bewährung in Betracht kommen (BGHR StGB § 47 Beschwer 1). Allerdings liegt bei einer **Serie** sachlich und zeitlich ineinander verschränkter Vermögensdelikte, von denen die gewichtigeren die Verhängung von Einzelfreiheitsstrafen von sechs Monaten und mehr gebieten, die Verhängung kurzer Freiheitsstrafen nach § 47 StGB auch in den Einzelfällen mit geringeren Schäden nahe,[19] ebenso bei einer Vielzahl von Einzelfällen mit insgesamt hohem Schaden.[20] 8

2. Verhältnis der Absätze 1 und 2 zueinander

a) Einschränkung des Anwendungsbereichs der Freiheitsstrafe (Absatz 1). § 47 Abs. 1 schränkt das Ermessen des Tatgerichts bei der Strafzumessung in den Fällen ein, in denen das Gesetz wahlweise beide Strafarten (zeitige Freiheitsstrafe und Geldstrafe) androht. Für solche Fälle wird die Verhängung einer Freiheitsstrafe unter sechs Monaten an einschränkende Kriterien gebunden. Liegen diese Kriterien vor, so darf auf eine kurze Freiheitsstrafe gleichwohl nur erkannt werden, wenn sie auch nach allgemeinen Strafzumessungsregeln in Betracht kommt, insbesondere dem Schuldgrundsatz entspricht (s. Rdn. 11). 9

---

19 BGHSt **53** 221, 232; BGHR StGB § 47 Abs. 1 Umstände 8.
20 BGH Beschl. v. 6.6.1994 – 5 StR 229/94, u. v. 5.9.1995 – 1 StR 456/95.

10 **b) Ersetzung angedrohter Freiheitsstrafe durch Geldstrafe (Absatz 2).** Absatz 2 enthält eine Strafrahmenerweiterung. Er hat nur einen schmalen Anwendungsbereich. Nach Satz 1 ist auch in Fällen, in denen der Straftatbestand keine Geldstrafe vorsieht und eine Freiheitsstrafe von sechs Monaten oder mehr nicht in Betracht kommt, in der Regel Geldstrafe zu verhängen, es sei denn, nach den Kriterien des Absatzes 1 ist die Verhängung einer kurzen Freiheitsstrafe unerlässlich. Bereits **Art. 12 Abs. 1 EGStGB** bestimmt jedoch, dass in Fällen, in denen das Gesetz ausschließlich Freiheitsstrafe ohne besonderes Mindestmaß androht, neben die Freiheitsstrafe die wahlweise Androhung der Geldstrafe tritt. Dadurch wird die Möglichkeit eröffnet, in all diesen Fällen auch Geldstrafen zu verhängen, ohne auf § 47 Abs. 2 zurückgreifen zu müssen (BT-Drs. 7/550, S. 204). Maßgeblich für die Anwendbarkeit des Art. 12 Abs. 1 EGStGB ist der im konkreten Fall anzuwendende Strafrahmen.[21] Für § 47 Abs. 2 bleibt nur bei Strafvorschriften Raum, die Freiheitsstrafe mit einem erhöhten Mindestmaß androhen (Satz 2),[22] sowie im Zusammenhang mit den Strafdrohungen des Wehrstrafgesetzes und des Zivildienstgesetzes,[23] für die das EGStGB nicht gilt (Art. 10 Abs. 2 EGStGB).[24]

III. Schuldgrundsatz und Übermaßverbot

11 Die Entscheidung, ob nach § 47 auf Freiheitsstrafe oder auf Geldstrafe zu erkennen ist, gehört zur Strafzumessung. Demgemäß gelten in diesem Zusammenhang die **allgemeinen Strafzumessungsgrundsätze**, soweit die Sonderregelung (§ 47) sie nicht in bestimmter Hinsicht modifiziert. Zentraler Anknüpfungspunkt für die Strafbemessung ist das nach seiner Schwere abgestufte verschuldete Unrecht, die Tatschuld (OLG Karlsruhe NJW **2003** 1825). Rechtfertigt der Schuldgehalt der Tat keine Freiheitsstrafe, so ist kein Raum für eine Prüfung, ob die erforderliche Einwirkung auf den Täter oder die Verteidigung der Rechtsordnung nur durch die Verhängung einer Freiheitsstrafe erreicht werden kann.[25] Wenn eine Freiheitsstrafe von mindestens sechs Monaten ausscheidet, genügt erhebliche Schuld für sich allein nicht, um eine Freiheitsstrafe unter sechs Monaten festzusetzen.[26] Geringe Schuld kann ihre Verhängung verbieten (s. Rdn. 12).[27] Insofern hat der Schuldgrundsatz des § 46 Abs. 1 S. 1 Vorrang vor § 47. Nur wenn die tatschuldbezogene Abwägung zu einem Strafmaß zwischen einem (§ 38 Abs. 2) und sechs Monaten Freiheitsstrafe führt, folgt die Prüfung anhand der präventionsbezogenen Kriterien des § 47 (*van Gemmeren* JR **2007** 212f; *SSW/Eschelbach* Rdn. 2).

12 **Bagatellstraftaten.** Mit diesem Begriff sind Straftaten gemeint, die nach ihrem objektiven Gewicht an der untersten Grenze des Bereichs menschlichen Verhaltens liegen, das die Rechtsordnung mit Strafe bedroht (KG StV **2004** 383), vor allem Ladendiebstähle und Leistungserschleichungen mit geringstem Schaden sowie das Sichverschaffen oder der Besitz von Kleinmengen an Betäubungsmitteln zum Eigenkonsum.[28] Die Auffassung,

---

21 *Fischer* Rdn. 12; *Horn* NStZ **1990** 270, 271; *Schäfer/Sander/van Gemmeren* Rdn. 156; BGHSt **60** 215, 217 für den Fall der zwingenden Strafrahmenabsenkung durch einen vertypten Milderungsgrund.

22 BT-Drs. 7/550, S. 212; vgl. Horn NStZ **1990** 270, 271; OLG Düsseldorf NStZ-RR **2013** 202.

23 BayObLG NJW **1992** 191.

24 *Lackner/Kühl/Heger* Rdn. 8.

25 OLG Zweibrücken MDR **1970** 434 f; *Bruns* I S. 331 f; *Maurach/Gössel/Zipf/Dölling* § 64 Rdn. 19 ff.

26 OLG Köln NJW **1970** 258, 259; BGH bei *Dallinger* MDR **1970** 380; *Streng* NK Rdn. 7; *SSW/Eschelbach* Rdn. 2, 7; ferner OLG Stuttgart NJW 2002, 3188 f.

27 BGHR StGB § 46 Abs. 2 Zumessungsfehler 4; OLG Stuttgart NJW **2002** 3188; OLG Karlsruhe NJW **2003** 1825; OLG Brandenburg OLGSt StGB § 46 Nr. 24; OLG Naumburg OLGSt StGB § 47 Nr. 15; vgl. auch *SSW/Eschelbach* Rdn. 7.

28 Vgl. *Kinzig* FS Schöch 647, 655 ff.

dass die Verhängung einer Freiheitsstrafe bei derartigen Taten mit geringstem Tatunrecht per se gegen das **Übermaßverbot** verstoße,[29] hat sich in der Rechtsprechung nicht durchgesetzt. Nach der h.M. in der höchst- und obergerichtlichen Rechtsprechung[30] und in der Literatur[31] ist die Verhängung kurzer Freiheitsstrafen bei der Ahndung von Bagatellstraftaten nicht ausgeschlossen. Nach den Verhältnissen des Einzelfalls entscheidet sich auch, ob bei Bagatelldelikten die gesetzliche Mindeststrafe übersteigende, also mehrmonatige Freiheitsstrafen schuldangemessen sind (BGHSt **52** 84).[32] Einem geringen Erfolgsunwert kann – bei Bagatelldelikten allerdings nur ausnahmsweise[33] – ein besonders hohes Handlungsunrecht gegenüberstehen.[34] Soweit Vorstrafen oder Bewährungsversagen eine indizielle Bedeutung für die Beurteilung der Tatschuld zukommt, können sie zu einer entscheidenden Erhöhung des Stellenwertes der Tat nur dann führen, wenn sie ein die gewöhnlichen Fälle deutlich übertreffendes Ausmaß an Pflichtwidrigkeit belegen (OLG Karlsruhe NStZ-RR **1997** 248; OLG Stuttgart NJW **2002** 3188). Nach in der Rechtsprechung überwiegend vertretener Ansicht, die zwischen vorgreiflichen Schuldgesichtspunkten und den im Rahmen des § 47 maßgeblichen Präventionsgesichtspunkten nicht immer klar unterscheidet, können allein täterbezogene Umstände die Verhängung kurzer Freiheitsstrafen in Bagatellfällen nur ausnahmsweise rechtfertigen (Rdn. 16).[35] Unter spezialpräventiven Gesichtspunkten kann dies etwa der Fall sein bei Taten, die aus prinzipiell rechtsfeindlicher Gesinnung begangen werden, oder wenn aussagekräftige Hinweise dafür vorliegen, dass eine Geldstrafe auf den Täter keine Wirkung entfalten wird (OLG Brandenburg OLGSt StGB § 47 Nr. 14). Insbesondere in Fällen des Sichverschaffens oder **Besitzes geringer Mengen an Betäubungsmitteln zum Eigenkonsum** (§ 29 Abs. 5, § 31a BtMG) kommt auch bei einschlägig vorbestraften abhängigen Drogenkonsumenten die Verhängung einer Freiheitsstrafe nur in Ausnahmefällen in Betracht (etwa wenn mit weiteren erheblichen Beschaffungsdelikten des hartdrogenabhängigen und nicht therapiewilligen Angeklagten zu rechnen ist, OLG Oldenburg NdsRpfl **2009** 107). Erweist sie sich als unerlässlich, hat sie sich im untersten Bereich des Strafrahmens des § 29 Abs. 1 BtMG zu bewegen.[36]

---

29 OLG Stuttgart NJW **2002** 3188: Diebstahl einer Milchschnitte im Wert von 26 Cent; OLG Hamm StraFo **2003** 99: Diebstahl einer Tafel Schokolade im Wert von 50 Cent; OLG Karlsruhe NJW **2003** 1825: Besitz einer geringsten Menge ausschließlich zum Eigenverbrauch bestimmter Betäubungsmittel; tendenziell auch *Beulke* FS Heinz 594, 606f; *Streng* NK Rdn. 7.

30 BVerfGE **50** 205; BVerfG, Kammerbeschl. v. 9.6.1994 – 2 BvR 710/94; BGHSt **52** 84; OLG Düsseldorf NStZ **1986** 512; OLG Braunschweig NStZ-RR **2002** 75; BayObLG NJW **2003** 2926; OLG Hamm StraFo **2003** 177; NStZ-RR **2014** 214; KG StV **2004** 383, 384; OLG Hamburg NStZ-RR **2004** 72; OLG Celle NStZ-RR **2004** 142; zur Begründung der ablehnenden Auffassung eingehend OLG Stuttgart NJW **2006** 1222, 1223.

31 *Hillenbrand* StRR **2015** 168, 173; *Fischer* Rdn. 6a; *Maier* MK Rdn. 49; *Sch/Schröder/Stree/Kinzig* Rdn. 10; *SSW/Eschelbach* Rdn. 19; **aA** de lege ferenda *Meier* ZStW **129** (2017) 433, 445ff; *Niewisch-Lennartz* DRiZ **2015** 86.

32 **Anders** OLG Oldenburg StraFo **2008** 297; OLG Braunschweig NStZ-RR **2002** 75; OLG Stuttgart NStZ **2007** 37; OLG Brandenburg OLGSt StGB § 46 Nr. 24.

33 OLG Hamburg JR **2007** 212, 213; KG StV **2007** 35, 36.

34 OLG Hamburg NStZ-RR **2004** 72; OLG Nürnberg StraFo **2006** 502; *Hillenbrand* StRR **2015** 168, 173; *Krumm* NJW **2004** 328.

35 BGHR StGB § 46 Abs. 2 Zumessungsfehler 4; OLG Karlsruhe NJW **2003** 1825; KG StV **2007** 35; OLG Hamburg JR **2007** 212, 213; OLG Brandenburg NStZ-RR **2009** 205; OLG Brandenburg OLGSt StGB § 47 Nr. 14 u. § 46 Nr. 24; OLG Naumburg StRR **2012** 70; OLG Stuttgart StraFo **2016** 162, 163; OLG Hamm Beschl. v. 4.4.2017 – 1 RVs 23/17, Rdn. 13 m.w.N.; vgl. auch *Hillenbrand* StRR **2015** 168, 173; *Kinzig* FS Schöch 647, 664; *Sch/Schröder/Stree/Kinzig* Rdn. 6.

36 BGHR BtMG § 29 Abs. 5 Absehen von Strafe 1; StGB § 46 Abs. 2 Zumessungsfehler 4; OLG Karlsruhe NJW **2003** 1825; StV **2005** 275; OLG Hamburg JR **2007** 212; OLG Oldenburg StraFo **2010** 121; OLG Hamm NStZ-RR **2014** 214 u. StRR **2017** Nr. 10, 4.

IV. Die Kriterien für die Verhängung kurzer Freiheitsstrafen

13 **1. Allgemeines.** Ob die Verhängung von Freiheitsstrafe unter spezialpräventiven Gesichtspunkten zur Einwirkung auf den Täter oder aus generalpräventiven Gründen zur Verteidigung der Rechtsordnung unerlässlich ist, muss aufgrund einer **Gesamtwürdigung** aller, nicht nur die Tat, sondern auch den Täter kennzeichnenden Umstände entschieden werden.[37] Maßgeblich ist der **Zeitpunkt des tatrichterlichen Urteils.**[38] Einer positiven Entwicklung des Angeklagten nach der Tat, die Rückschlüsse auf seine künftige Lebensführung ermöglicht, kommt deshalb erhebliche Bedeutung zu (KG StV **1997** 640, 641; **2004** 383 m.w.N.; vgl. auch Rdn. 25). Dem Tatgericht obliegt eine umfassende Begründungspflicht nach § 267 Abs. 3 StPO (s. Rdn. 37 ff).

14 **2. Besondere Umstände.** Sie müssen in der Tat oder in der Persönlichkeit des Täters vorliegen und die Verhängung einer Freiheitsstrafe zur Vermeidung weiterer Straftaten unverzichtbar machen (BGH StV **1994** 370; NStZ **1996** 429; OLG Saarbrücken NStZ **1994** 192; OLG Zweibrücken StV **1992** 323; KG StV **1997** 640, 641; **2004** 383; OLG Jena NJW **2006** 3654, 3655). Es muss sich also um Umstände handeln, die vom Durchschnittsfall erheblich abweichen. Erwägungen, die dem erfüllten Tatbestand allgemein zugrunde liegen, sind keine besonderen Umstände (vgl. BGHSt **24** 40, 46). Wenn die Verhängung einer kurzen Freiheitsstrafe auf solche gestützt wird, verstößt dies gegen das **Doppelverwertungsverbot** (§ 46 Abs. 3). So ist es rechtsfehlerhaft, die Unerlässlichkeit einer kurzen Freiheitsstrafe bei einem besonders schweren Fall des Diebstahls (§ 243 Abs. 1) mit dem schlichten Hinweis zu begründen, dass Schuld und Unrecht bei einer solchen Tat erheblich schwerer wögen als bei einem einfachen Diebstahl (BGH StV **1986** 198).

15 **a) In der Tat.** Auszugehen ist vom Gesamtbild der Tatbestandsverwirklichung. Bedeutsam können insbesondere die **Art der Tatausführung** (z.B. Planung, besonders raffinierte Begehungsweise, ungewöhnlich lang anhaltende Verwirklichung eines Dauerdelikts, vgl. BGH NStZ **1996** 429; OLG Hamburg StV **2000** 353, 354), das **Maß der Pflichtwidrigkeit** und die **verschuldeten Folgen** der Tat sein. Die Umstände müssen so beschaffen sein, dass sie die konkrete Tat in einer bestimmten Beziehung aus dem Durchschnitt der Taten dieser Art herausheben.[39] Generalisierende Begründungen sind zu vermeiden. So kann die Festsetzung einer Freiheitsstrafe unter sechs Monaten nicht damit begründet werden, Hehler seien in der Regel „finanziell gut gebettet" und durch Geldstrafen nicht zu beeindrucken, so dass die Rechtsordnung „mit der schärfsten ihr zur Verfügung stehenden Sanktionsart", der Freiheitsstrafe, reagieren müsse (BGHR § 47 Abs. 1 Umstände 5). Unzulässig ist es, bei bestimmten Deliktsgruppen eher als bei anderen von besonderen Umständen auszugehen.[40] Bei **Verletzungen der Unterhaltspflicht** kann es nicht als besonderer Umstand gelten, dass durch die Auferlegung einer Geldstrafe eine weitere Minderung der Leistungsfähigkeit des Täters herbeigeführt wird (BayObLG NJW **1988** 2750, 2751).[41] Auch bei **Alkoholdelikten im Straßenverkehr** ist die Re-

---

37 BGH wistra **2003**, 348; NStZ **2004** 554; BGHR StGB § 47 Abs. 1 Umstände 6 und 7; OLG Karlsruhe StV **2005** 275.

38 *Horn/Wolters* NK Rdn. 22.

39 BGHR § 47 Abs. 1 Umstände 7; OLG Hamburg StV **2000** 353; OLG Frankfurt StV **2005** 13; *Hillenbrand* StRR **2015** 168, 170.

40 *Hillenbrand* StRR **2015** 168, 171; *Sch/Schröder/ Stree/Kinzig* Rdn. 6; *SSW/Eschelbach* Rdn. 12.

41 **Krit.** hierzu *SSW/Eschelbach* Rdn. 5.

gelstrafe Geldstrafe, wenn als Alternative Freiheitsstrafe unter sechs Monaten zur Erörterung steht.[42] Selbst im ersten Wiederholungsfall von Trunkenheitsfahrten[43] und solchen, die zu Körperverletzungen des Mitfahrers oder Dritter geführt haben,[44] sind nicht immer derartige Umstände gegeben. Bei **Betäubungsmitteldelikten** können zu den die Tat kennzeichnenden besonderen Umständen Art, Menge und Wirkstoffgehalt des Rauschgifts zählen (BayObLG NJW **1996** 798; OLG Frankfurt StV **1997** 252, 253). Bei Erwerb oder Besitz von Betäubungsmitteln zum **Eigenverbrauch** ist die Gefährlichkeit der Droge indes kein besonderer Umstand (KG StV **1997** 640; **1998** 427; OLG Karlsruhe StV **2005** 275 m.w.N.; OLG Braunschweig StRR **2013** 469).

b) In der Persönlichkeit. Praktisch größere Bedeutung haben besondere Umstände 16
in der Person des Täters, sei es, dass sie in der Tat zum Ausdruck gekommen sind, sei es, dass sie sich aus seinem bisherigen Leben ergeben. In Betracht kommen alle Umstände, die die Persönlichkeit des Täters kennzeichnen, so z.B. sein Vorleben (BayObLG NJW **1995** 3265), insbesondere zahlreiche und einschlägige **Vorstrafen** (vgl. hierzu im Einzelnen Rdn. 25f), oder seine persönlichen und wirtschaftlichen Verhältnisse. Unter Berücksichtigung des verfassungsrechtlichen Gebots der Verhältnismäßigkeit von Tat und Rechtsfolge können täterbezogene Umstände, wie Vorstrafen oder Bewährungsversagen, die Verhängung einer kurzen Freiheitsstrafe bei **Bagatellstraftaten** allerdings i.d.R. nicht rechtfertigen. Gegen die Verhängung einer Freiheitsstrafe spricht es, wenn ein bisher unbescholtener geständiger Angeklagter wieder in geordneten Verhältnissen lebt (BGHR § 47 Beschwer 1; BGH Beschl. vom 13.10.1998 – 4 StR 483/98). Rechtsfehlerhaft sind in diesem Zusammenhang Erwägungen, die bereits nach allgemeinen Strafzumessungsgrundsätzen unzulässig sind. So kann die Verhängung einer kurzen Freiheitsstrafe nicht auf den Umstand gestützt werden, dass der Angeklagte Ausländer oder Asylbewerber ist (OLG Celle StV **1993** 195; OLG Frankfurt StV **1997** 252). Zulässiges Verteidigungsverhalten darf dem Angeklagten nicht zum Nachteil gereichen (*Hillenbrand* StRR **2015** 168, 171).

c) Überschneidungen. Besondere Umstände in der Tat und in der Persönlichkeit 17
des Täters lassen sich häufig nur schwer voneinander trennen. Denn die Tat kann die Täterpersönlichkeit charakterisieren und umgekehrt. Für die Praxis verliert die zutreffende rechtliche Einordnung in die eine oder andere Kategorie dadurch erheblich an Bedeutung, sofern die Besonderheit der Umstände nicht verkannt ist. Im Übrigen lässt bereits das Gebot einer Gesamtwürdigung eine strikte Trennung nicht zu (BGH wistra **2003** 348; BGHR StGB § 47 Abs. 1 Umstände 6).

3. Unerlässlichkeit der Verhängung kurzer Freiheitsstrafe

a) Allgemeines. Unerlässlich ist eine kurze Freiheitsstrafe nur, wenn sie unter Be- 18
achtung des in § 47 normierten Regel-Ausnahme-Verhältnisses **aus spezial- oder generalpräventiven Gründen unverzichtbar** ist (BGHR StGB § 47 Abs. 1 Umstände 6 und 7), eine andere schuldangemessene Reaktion (einschließlich etwaiger Maßregeln der Besserung und Sicherung) also nicht ausreicht (OLG Frankfurt NJW **1971** 669, 670).[45] Dass eine

42 OLG Koblenz MDR **1970** 693; OLG Köln NJW **1970** 258, 259; OLG Frankfurt NJW **1971** 666.
43 OLG Frankfurt NJW **1970** 956; OLG Schleswig SchlHA **1976** 166.
44 BGH NStZ **1994** 336; OLG Hamm MDR **1970** 693.
45 **Anders** *Horn/Wolters* SK Rdn. 20.

kurze Freiheitsstrafe *„geboten"* oder *„erforderlich"* ist, genügt nicht.[46] Nachdem mit der am 24.8.2017 in Kraft getretenen Novellierung des § 44 das Fahrverbot als allgemeine Nebenstrafe zugelassen worden ist, muss im Rahmen der Prüfung der Unerlässlichkeit einer kurzen Freiheitsstrafe insbesondere auch in Betracht gezogen werden, ob die **Kombination von Geldstrafe und Fahrverbot** zur Einwirkung auf den Täter ausreicht, so dass es der Verhängung einer kurzen Freiheitsstrafe nicht bedarf (vgl. BT-Drs. 18/11272 S. 18).

19 Die Unerlässlichkeit muss zur **Überzeugung des Gerichts** feststehen. Zweifel gehen anders, als unter der Geltung des § 27b a.F. angenommen wurde,[47] nicht zu Lasten des Angeklagten.[48] Eine kurze Freiheitsstrafe darf nicht verhängt werden, wenn sie mit vertretbarer Wahrscheinlichkeit nicht erforderlich ist (OLG Saarbrücken NStZ **1994** 192).

20 Die Verhängung einer Freiheitsstrafe kann auch dann zur Einwirkung auf den Täter unerlässlich sein, wenn die Voraussetzungen einer **Strafaussetzung zur Bewährung** (§ 56 Abs. 1) vorliegen (BGHSt **24** 164 ff). Denn auch die bloße Verhängung einer kurzen Freiheitsstrafe kann ein geeignetes Mittel sein, um dem Täter die Bedeutung der verletzten Norm bewusst zu machen und ihn von künftigen Straftaten abzuhalten. Dabei kann die mit der Strafaussetzung verbundene Möglichkeit eine Rolle spielen, den Täter durch Auflagen (§ 56b) und Weisungen (§ 56c) zu beeinflussen.

21 **b) Maßgebende Strafzwecke.** § 47 lässt die Verhängung kurzer Freiheitsstrafen – im Rahmen des Schuldangemessenen – nur unter der Voraussetzung ihrer Unverzichtbarkeit aus bestimmten präventiven Gründen zu, nämlich **spezialpräventiv** zur Einwirkung auf den Täter oder **generalpräventiv** zur Verteidigung der Rechtsordnung. Spezialpräventive Gründe liegen vor, wenn ernsthaft zu besorgen ist, dass der Täter ohne die Verhängung einer (wenn auch kurzen) Freiheitsstrafe weitere Straftaten begehen würde (OLG Zweibrücken StV **1992** 323). Dass auch eine kurze Freiheitsstrafe den Täter voraussichtlich unbeeindruckt lassen wird, soll demgegenüber für die Beurteilung ihrer Unerlässlichkeit keine Rolle spielen.[49] Die Unverzichtbarkeit einer kurzen Freiheitsstrafe kann in solchen Fällen aber wohl kaum auf spezialpräventive Erwägungen, sondern allenfalls auf generalpräventive Notwendigkeiten gestützt werden (*Streng* NK Rdn. 4; *SSW/Eschelbach* Rdn. 28).

22 Mit dem Begriff der **Verteidigung der Rechtsordnung** sind Gesichtspunkte der positiven Generalprävention angesprochen (BGHSt **24** 40; s. Rdn. 33).[50] Sie werden die Verhängung einer kurzen Freiheitsstrafe allerdings eher selten erforderlich machen.[51] Denn im Anwendungsbereich des § 47 sind Tat und Schuld regelmäßig so wenig gewichtig, dass das Vertrauen der Öffentlichkeit in die Unverbrüchlichkeit der Rechtsordnung nicht nachhaltig berührt ist, wenn nur auf eine Geldstrafe erkannt wird.[52]

23 Aus dem grundsätzlichen **Vorrang spezialpräventiver Gesichtspunkte** vor generalpräventiven folgt, dass das Gericht zuerst zu prüfen hat, ob eine Freiheitsstrafe zur Ein-

46 BGH StraFo **2010** 500; OLG Düsseldorf StV **1991** 264; OLG Hamburg StV **2000** 353, 354; OLG Stuttgart StraFo **2009** 118, 119; OLG Düsseldorf NStZ-RR **2013** 202.

47 BayObLG NJW **1964** 2120.

48 Vgl. OLG Celle NJW **1970** 872; BayObLG Urt. v. 12.11.2002 – 2 St RR 111/02, Rdn. 31; KG StV **2004** 383.

49 BayObLG JZ **1989** 696 m. **abl.** Anm. *Köhler*; OLG Stuttgart NJW **2006** 1222; *Maier* MK Rdn. 37; **aA** *Horn/Wolters* SK Rdn. 14, 20; *Lackner/Kühl/Heger* Rdn. 3; *Sch/Schröder/Stree/Kinzig* Rdn. 11.

50 *Horstkotte* JZ **1970** 122, 127; *Kett-Straub/Kudlich* § 7 Rdn. 29; *Maiwald* GA **1983** 49, 69; *Sch/Schröder/Stree/Kinzig* Rdn. 14; *Streng* NK Rdn. 5.

51 Vgl. *Horn/Wolters* SK 34.

52 OLG Hamburg StV **2000** 353; Beschl. v. 20.12.2004 – II-125/04-1 Ss 182/04, Rdn. 38; *Schäfer/Sander/van Gemmeren* Rdn. 178.

wirkung auf den Täter erforderlich ist, bevor es untersucht, ob sie zur Verteidigung der Rechtsordnung unerlässlich ist (OLG Düsseldorf VerkMitt. **1971** 58). Zwar kann jeder der beiden Aspekte eine Freiheitsstrafe für sich und gegen den anderen rechtfertigen.[53] Sprechen indes spezialpräventive Gründe für den Verzicht auf die Verhängung einer kurzen Freiheitsstrafe, so wird dieser einer rechtstreuen Bevölkerung, der die Umstände bekannt sind, nicht als ungerechtfertigte Nachgiebigkeit erscheinen (vgl. BGH NJW **1990** 193, 194).

c) Bedeutung des Gewichts der Schuld. Die Unverzichtbarkeit der Verhängung einer Freiheitsstrafe liegt umso ferner, je geringer die konkrete Tatschuld ist (Rdn. 11f).[54] Umgekehrt kann aber die Schwere der Schuld **für sich allein** eine kurze Freiheitsstrafe nicht unerlässlich machen.[55] Sie kann allenfalls mit für die Beurteilung von Bedeutung sein, ob eine Geldstrafe auf das Unverständnis der Bevölkerung stoßen würde und deshalb eine Freiheitsstrafe zur Verteidigung der Rechtsordnung unerlässlich ist (Rdn. 33). So soll es in Fällen grober Rechtsmissachtung zur Erhaltung der Rechtstreue unerlässlich sein können, eine Freiheitsstrafe zu verhängen, soweit dies nicht schon zur Einwirkung auf den Täter unverzichtbar ist.[56] Die Schuldhöhe kann, muss aber keinesfalls immer Einfluss haben auf die Einstellung der Bevölkerung zu der Frage, ob im konkreten Fall eine Geldstrafe noch als effektive und sachgerechte Reaktion der Strafrechtspflege auf die Tat angesehen werden kann oder als „ungerechtfertigte Nachgiebigkeit und unsicheres Zurückweichen vor dem Verbrechen" (BGHSt **24** 40, 46). 24

d) Einwirkung auf den Täter

aa) Vorstrafen. Es gibt eine Reihe von Beweisanzeichen, die die Annahme rechtfertigen können, die Verhängung einer kurzen Freiheitsstrafe sei aus spezialpräventiven Gründen unerlässlich. Vorstrafen sind insbesondere von Bedeutung bei Tätern, die schon wegen gleicher oder ähnlicher Delikte – unter Umständen wiederholt – mit Geldstrafe belegt worden sind. Das Vorliegen der Ausnahmevoraussetzungen des § 47 Abs. 1 darf freilich **nicht schematisch** aus einschlägigen Vorstrafen, Bewährungsbrüchen oder der Wirkungslosigkeit früherer Haftzeiten geschlossen werden, sondern ist nach den besonderen Umständen des Einzelfalls festzustellen.[57] Neben deren Anzahl sind in der Würdigung auch ihr Gewicht und ihr zeitlicher Abstand zu berücksichtigen (OLG Köln StV **1984** 378; KG StV **1997** 640, 641; **1998** 427). Stets ist zu prüfen, ob nicht eine gegenüber einer früheren wesentlich erhöhte Geldstrafe Aussicht auf Erfolg haben kann. Hat die Tat Ausnahmecharakter, muss Freiheitsstrafe trotz einschlägiger Vorstrafen nicht unerlässlich sein (BayObLG StV **1992** 322, 323; OLG Frankfurt StV **1997** 252). Dasselbe gilt, wenn das Gericht Tatsachen feststellt, die für eine Stabilisierung des Täters sprechen (KG StV **2004** 383; OLG Naumburg NJW **2006** 3654). Weit zurückliegende Geldstrafen, die nicht einschlägige Vortaten betreffen, bleiben in der Regel außer Betracht. Es ist auch denkbar, dass im Einzelfall selbst frühere Freiheitsstrafen, die auf einschlägigen Vorverurteilungen beruhen, die Eignung einer Geldstrafe als ausreichende Sanktion nicht ausschließen 25

53 *Schwalm* JZ **1970** 491.
54 OLG Hamburg JR **2007** 212, 213 m.w.N.; OLG Naumburg StraFo **2008** 388; *Beulke* FS Heinz 594, 599.
55 *Fischer* Rdn. 7; *Horn/Wolters* SK Rdn. 23; *Maurach/Gössel/Zipf/Dölling* § 64 Rdn. 20; vgl. zum Verlauf der Beratungen im Sonderausschuss für die Strafrechtsreform *Theune* LK[12] Rdn. 28.
56 BGHSt **24** 40, 44 und 64; BGH bei Dallinger MDR **1970** 380; BGH DAR **1971** 120; BGH VRS **38** 334; vgl. auch BayObLG NJW **1970** 1383; MDR **1972** 340; OLG Düsseldorf VRS **39** 328; OLG Hamm NJW **1970** 870; OLG Köln VRS **39** 27; DAR **1971** 300; NJW **1970** 258; SchlHOLG SchlHA **1976** 166.
57 OLG Köln StV **1999** 8; OLG Jena OLGSt StGB § 47 Nr. 9; OLG Naumburg StRR **2014** 122; OLG Karlsruhe Beschl. v. 2.4.2012 – 2 (7) Ss 117/12.

(BayObLG NJW **1970** 871; OLG Celle NJW **1970** 872). Dass in solchen Fällen, in denen spezialpräventive Erwägungen die Verhängung einer Freiheitsstrafe nicht gebieten, der Gesichtspunkt der Verteidigung der Rechtsordnung zu einem anderen Ergebnis führen kann (BayObLG NJW **1970** 871; OLG Celle NJW **1970** 872, 873), muss bezweifelt werden.

26 In die Erörterung, ob die Verhängung einer kurzen Freiheitsstrafe zur Einwirkung auf den Täter unerlässlich ist, muss auch der Umstand einbezogen werden, dass er die Wirkung des Freiheitsentzugs bereits durch – ggf. auch in anderer Sache – erlittene Haft gespürt hat (OLG Hamburg StV **2000** 353; OLG Hamm StRR **2017** Nr. 10, 4). Hat der Angeklagte nach der Tat (in anderer Sache) erstmals Freiheitsstrafe verbüßt, sind deren zu erwartende Auswirkungen auf ihn bei der Prüfung der Unerlässlichkeit der Verhängung weiterer kurzer Freiheitsstrafen zu erörtern.[58] Ggf. ist auch seine Entwicklung während eines laufenden Strafvollzugs zu würdigen (OLG Naumburg StraFo **2016** 424).

27 **bb) Wirtschaftliche Verhältnisse des Täters.** Die Wahl zwischen Geld- und kurzer Freiheitsstrafe kann nicht von den wirtschaftlichen Verhältnissen des Täters abhängig gemacht werden (*Maier* MK Rdn. 32).

28 **Zahlungsunfähigkeit** rechtfertigt die Verhängung von Freiheitsstrafe nicht.[59] Nach dem Schuldgrundsatz darf ein Angeklagter nicht deshalb mit Freiheitsstrafe belegt werden, weil er in ungünstigen wirtschaftlichen Verhältnissen lebt, wenn gegen ihn – wäre er bemittelt – eine Geldstrafe als ausreichende Sühne angesehen würde.[60] Ist die Zahlungsunfähigkeit **vorübergehend,** so ist die Bewilligung von Zahlungsaufschub und Ratenzahlungen der richtige Weg (§ 42 StGB, § 459a StPO). Bei **dauernder Zahlungsunfähigkeit** droht die Vollstreckung von Ersatzfreiheitsstrafe (§ 43), die aufgrund landesrechtlicher Vorschriften durch Leistung gemeinnütziger Arbeit abgewendet werden kann (Art. 293 EGStGB). Die Vollstreckung von Ersatzfreiheitsstrafe unterbleibt, wenn sie für den Verurteilten eine unbillige Härte wäre (§ 459f StPO).

29 Auch **Zahlungsunwilligkeit** allein gestattet es **grundsätzlich** nicht, von der Verhängung einer Geldstrafe abzusehen, wenn die Festsetzung einer kurzen Freiheitsstrafe nach § 47 an sich ausscheidet.[61] Die Beitreibung einer rechtskräftig verhängten Geldstrafe richtet sich nach den Vorschriften des Justizbeitreibungsgesetzes (§ 459 StPO). Führt der Beitreibungsversuch nicht zum Erfolg, so ist die Ersatzfreiheitsstrafe zu vollstrecken (§ 459e Abs. 2 StPO). Eine andere Frage ist, ob aus der Zahlungsunwilligkeit **im Einzelfall** auf eine **strafzumessungsrelevante Einstellung des Täters zur Tat** in dem Sinne geschlossen werden kann, dass er sich durch eine Geldstrafe nicht von weiteren Straftaten abhalten lässt.

30 Auch der Gedanke, dass eine Geldstrafe den Täter wegen seiner **besonders günstigen finanziellen Lage** nicht sonderlich trifft, kann die Verhängung einer kurzen Freiheitsstrafe nicht legitimieren. Er hat unter der Geltung des **Tagessatzsystems** ohnehin an praktischer Bedeutung verloren. Denn gute wirtschaftliche Verhältnisse haben ohne weiteres zur Folge, dass die Höhe der Geldstrafe bei gleichbleibender Tagessatzzahl mit dem Einkommen des Täters steigt. Dass ein Angeklagter das Übel der Strafvollstreckung im Einzelfall wegen seiner besonders guten wirtschaftlichen Verhältnisse nicht so hart wie ein anderer empfindet, muss im Rahmen des § 47 in Kauf genommen werden.

---

58 OLG Köln NStZ-RR **2007** 266; OLG Naumburg StraFo **2012** 285; **2015** 389; OLG Saarbrücken StV **2012** 734.

59 OLG Düsseldorf MDR **1970** 1025; OLG Hamm Beschl. v. 5.9.2002 – 3 Ss 706/02; *Horn/Wolters* SK 28.

60 BGH GA **1968** 84; BayObLG NJW **1958** 1919 f.; **1964** 2120 f.; wistra **1994** 113, 114; OLG Hamm MDR **1975** 329.

61 *Horn/Wolters* SK Rdn. 27.

Es ist zulässig, dass **ein anderer** die Geldstrafe für den Täter zahlt. Strafrechtlich handelt es sich dabei **nicht um Vollstreckungsvereitelung** (BGHSt **37** 226, 229 ff).[62] Die Erwartung, dass eine Geldstrafe auf diese Weise beglichen wird, steht ihrer Verhängung in der Regel nicht entgegen.[63] Dem mittellosen Angeklagten, für den voraussichtlich seine Eltern zahlen, kann die Vergünstigung des § 47 nicht allein aus diesem Grund versagt werden. Ein Übel bleibt die Strafe dennoch. Die Verhängung einer kurzen Freiheitsstrafe wäre nur dann unerlässlich, wenn aus der Zahlung durch den anderen auf die **Wirkungslosigkeit der Geldstrafe** geschlossen werden müsste.[64] Ob dies ausnahmsweise zutrifft, richtet sich nach den Umständen des Einzelfalls. Bei der tatsächlichen Würdigung ist Zurückhaltung geboten. In keinem Fall steht der Verhängung einer Geldstrafe entgegen, dass sich der Täter das Geld durch einen Kredit verschafft (OLG Frankfurt NJW **1971** 669). Auch die Erwägung, der Täter werde versucht sein, zur Finanzierung der Geldstrafe weitere Straftaten zu begehen, rechtfertigt die Verhängung einer kurzen Freiheitsstrafe nicht.[65] 31

cc) Verhalten vor und nach der Tat. Nach allgemeinen Strafzumessungsgrundsätzen (vgl. § 46 Rdn. 146 ff, 179 ff) können auch aus dem Verhalten des Täters vor und nach der Tat Schlüsse darauf gezogen werden, ob die Verhängung einer Freiheitsstrafe unerlässlich ist. Für die Unerlässlichkeit kann zum Beispiel sprechen, dass der geständige Täter verschweigt, wo die große Beute aus der Tat geblieben ist, dagegen, dass er sie zurückgegeben oder den angerichteten Schaden auf andere Weise wiedergutgemacht hat. Fehlerhaft ist es hingegen, die Unerlässlichkeit einer Freiheitsstrafe mit fehlender Schuldeinsicht und Reue eines die Tat bestreitenden Angeklagten zu begründen (BGHR StGB § 46 Abs. 2 Nachtatverhalten 24). 32

e) Verteidigung der Rechtsordnung. Der Begriff der „Verteidigung der Rechtsordnung" umschreibt nach h.M. im Wesentlichen den Zweck der **positiven Generalprävention** (s. Vor § 46 Rdn. 38).[66] Mit ihr ist die Aufgabe der Strafe angesprochen, das Recht gegenüber dem vom Täter begangenen Unrecht durchzusetzen, die Unverbrüchlichkeit der Rechtsordnung damit vor der Rechtsgemeinschaft zu erweisen und zugleich künftigen ähnlichen Rechtsverletzungen potentieller Täter vorzubeugen („spezielle Generalprävention", BGHSt **24** 40, 44). Es gelten die zu § 56 Abs. 3 von der Rechtsprechung entwickelten Grundsätze entsprechend (BGHR StGB § 56 Abs. 3 Verteidigung 1–22). Entscheidend ist insoweit, ob eine Geldstrafe auf das Unverständnis der Bevölkerung stoßen, deren **Rechtstreue ernsthaft beeinträchtigen** würde.[67] Eine solche Befürchtung liegt bei gehäuft auftretenden Straftaten mit nicht wiedergutzumachenden Schäden, wie Trunkenheitsfahrten mit schweren Unfallfolgen, näher als bei anderen Rechtsverletzungen (BGHSt aaO). Im Blickpunkt stehen dabei die **rechtstreuen Staatsbürger** und ihre vermutliche Reaktion auf das Urteil, nicht diejenigen, die zur Begehung ähnlicher Taten nei- 33

---

62 Vgl. auch OLG Schleswig SchlHA **1978** 59.

63 BayObLG NJW **1964** 2120, 2121; **1994** 1167; *Maier* MK Rdn. 33; *Sch/Schröder/Stree/Kinzig* Rdn. 18; *Streng* NK Rdn. 4; **anders** *Horn/Wolters* SK Rdn. 29.

64 Vgl. *Horstkotte* NJW **1969** 1601, 1602.

65 OLG Frankfurt StV **1997** 252, 254; *Schott* StV **2003** 587, 589; *Lackner/Kühl/Heger* Rdn. 3; *Maier* MK Rdn. 33.

66 *Horstkotte* NJW **1969** 1601, 1603 f; *ders.* JZ **1970** 122, 127; *Kunert* MDR **1969** 705, 709; *ders.* NJW **1970** 537, 539; *Zipf* FS Bruns 205, 217; *Schäfer/Sander/van Gemmeren* Rdn. 161; *Sch/Schröder/Stree/Kinzig* Rdn. 14; *Schröder* JZ **1971** 241; *Streng* NK Rdn. 5; *SSW/Eschelbach* Rdn. 23: Generalprävention im weiteren Sinne.

67 KG StV **1997** 640, 641; OLG Hamburg StV **2000** 353, 354.

gen. Die Abschreckung anderer möglicher Täter kann die Wahl einer Freiheitsstrafe unmittelbar nicht rechtfertigen.[68] Unzulässig ist es, die Gefahr einer Beeinträchtigung der Rechtstreue bei bestimmten Deliktsgruppen pauschal, etwa mit der allgemeinen Lebenserfahrung, zu bejahen (BGH StV **1989** 59 – Förderung der Prostitution; StV **1996** 265 – Steuerhinterziehung; StV **1989** 150 – Rauschgiftdelikte; NJW **1990** 193 – folgenschwere Trunkenheitsfahrt; KG StV **1997** 640, 641). Die Art der Tat kann jedoch bei der Gesamtwürdigung große Bedeutung erlangen, wenn sie im besonderen Maße geeignet ist, die Rechtsordnung zu gefährden (BGH StV **1995** 73 – Volksverhetzung). Die Verteidigung der Rechtsordnung kann der Verhängung einer Geldstrafe auch dann entgegenstehen, wenn die Tat **Ausdruck einer verbreiteten Einstellung** ist, die eine durch einen erheblichen Unwertgehalt gekennzeichnete Norm nicht ernst nimmt (*Schäfer/Sander/van Gemmeren* Rdn. 163). Wird die generalpräventive Unverzichtbarkeit einer kurzen Freiheitsstrafe mit einer *„erschreckenden Zunahme"* von Delikten der vorliegenden Art begründet, muss die Kriminalitätsentwicklung in der Regel mit statistischem Material belegt werden (OLG Hamburg StV **2000** 353). Der Zweck der Verteidigung der Rechtsordnung kann immer nur die Verhängung, aber niemals die Vollstreckung einer kurzen Freiheitsstrafe rechtfertigen (vgl. § 56 Abs. 3).

IV. Bemessung der Geldstrafe

34 Das Mindestmaß der Geldstrafe, die nach **§ 47 Abs. 1** verhängt werden muss, beträgt nach § 40 Abs. 1 S. 1 fünf Tagessätze, das Höchstmaß entsprechend der allgemeinen Regelung 360 Tagessätze.

35 In den Fällen des **§ 47 Abs. 2** bestimmt sich bei einem erhöhten Mindestmaß der Freiheitsstrafe auch das Mindestmaß der nur nach dieser Vorschrift zulässigen Geldstrafe nach dem Mindestmaß der angedrohten Freiheitsstrafe, wobei 30 Tagessätze einem Monat Freiheitsstrafe entsprechen. Beträgt also die im Straftatbestand oder über eine Milderungsvorschrift angedrohte Mindestfreiheitsstrafe drei Monate, so darf die Geldstrafe 90 Tagessätze nicht unterschreiten. Ihr Höchstmaß liegt bei 179 Tagessätzen (BGHSt **60** 215, 217).

36 Für die konkrete Bemessung der Geldstrafe gelten die **allgemeinen Grundsätze**. Sowohl in den Fällen des Absatzes 1 als auch in denen des Absatzes 2 verhängt das Gericht die Geldstrafe unmittelbar nach den §§ 40 und 46, ohne dass es gehalten wäre, zunächst eine bestimmte Freiheitsstrafe festzusetzen, an deren Stelle die Geldstrafe nach § 47 Abs. 2 tritt (BGHSt **24** 230, 231 zu § 14 Abs. 2 i.d.F. des 1. StrRG). Es genügt die Feststellung, dass eine Freiheitsstrafe von sechs Monaten oder mehr ausscheidet.

V. Begründungspflichten im Urteil

37 Das Gericht ist **prozessrechtlich** gehalten, nach § 267 Abs. 3 Satz 2 StPO die Umstände anzugeben, derentwegen es die Verhängung einer **Freiheitsstrafe** von weniger als sechs Monaten für unerlässlich erachtet (BGHR StGB § 47 Abs. 1 Umstände 1). Eine Begründung hierfür ist in der Regel auch **sachlich-rechtlich** geboten. Aus der Entscheidung des Gesetzgebers für eine Beschränkung der kurzen Freiheitsstrafe auf Ausnahmefälle ergeben sich besondere Anforderungen an die Begründung der Sanktionsentscheidung im tatgerichtlichen Urteil (KG StV **2004** 383; OLG Brandenburg OLGSt StGB § 47 Nr. 14). Eine formelhafte, inhaltsleere Wiederholung des Gesetzestextes genügt ihnen

---

68 BayObLG MDR **1970** 779; OLG Stuttgart NJW **1970** 258; OLG Köln NJW **1970** 259; *Sturm* JZ **1970** 85.

nicht (BGH StV **2003** 485). Die Urteilsgründe müssen sich vielmehr gesondert und eingehend mit den gesetzlichen Voraussetzungen in § 47 Abs. 1 auseinandersetzen (OLG Brandenburg OLGSt StGB § 47 Nr. 14).

Die Begründung muss erkennen lassen, dass sich das Tatgericht der Bedeutung des verfassungsrechtlichen **Übermaßverbotes** bewusst gewesen ist (*Sch/Schröder/Stree/Kinzig* Rdn. 19). Je geringer der Schaden, desto höher sind die Begründungsanforderungen für die Verhängung einer Freiheitsstrafe (*Krumm* NJW **2004** 328, 329). In **Bagatellfällen** bedarf es umfassender Ausführungen zur Begründung einer kurzen Freiheitsstrafe, um einen Verstoß gegen das Übermaßverbot ausschließen zu können.[69] Erhöhte Anforderungen sind an die Begründung auch zu stellen, wenn der Täter **nicht vorbestraft** ist (OLG Köln NJW **2001** 3491). Soweit das Tatgericht auf **Vorbelastungen** des Angeklagten abstellt, müssen diese im Urteil so genau mitgeteilt werden, dass dem Revisionsgericht die Nachprüfung möglich ist, ob sie im Hinblick auf ihre Bedeutung und Schwere für den Strafausspruch richtig bewertet worden sind (OLG Nürnberg Beschl. v. 15.3.2005 – 2 St OLG Ss 13/05). Die Begründung für die Annahme einer unerlässlichen kurzen Freiheitsstrafe kann umso knapper ausfallen, je deutlicher das **Vor- und Nachtatverhalten** des Angeklagten dafür spricht, dass eine Geldstrafe nicht mehr ausreicht (OLG Oldenburg NdsRpfl **2009** 107). Bei einer eng zusammenhängenden umfangreichen **Serie von Vermögensdelikten**, die eine Notwendigkeit der Einwirkung auf den Täter deutlich zutage treten lässt, kann sich die Verhängung kurzfristiger Freiheitsstrafen ausnahmsweise dermaßen aufdrängen, dass ein Verstoß gegen die Begründungspflicht unschädlich ist (BGHR StGB § 47 Abs. 1 Umstände 8; BGH NStZ **2004** 554). Eine zur Begründung einer kurzen Freiheitsstrafe unter dem Gesichtspunkt der Verteidigung der Rechtsordnung herangezogene **Zunahme von Delikten** der abgeurteilten Art muss – abgesehen vom Fall ihrer Offenkundigkeit – mit statistischem Material belegt werden, damit das Revisionsgericht prüfen kann, ob das Tatgericht zu Recht auf sie abgestellt hat (OLG Hamburg StV **2000** 353; OLG Hamm Beschl. v. 1.3.2018 – III-5 RVs 129/17, Rdn. 24). 38

Das **Berufungsgericht** muss auf § 47 auch dann eingehen, wenn es ohne die Begrenzung durch das Verschlechterungsverbot (§ 331 StPO) eine höhere, nicht mehr in den Anwendungsbereich des § 47 fallende Freiheitsstrafe verhängt hätte (OLG Köln MDR **1974** 774; OLG Jena NJW **2006** 3654, 3655). 39

Die **Verhängung einer Geldstrafe** unter Anwendung des § 47 bedarf demgegenüber i.d.R. keiner gesonderten Begründung. Etwas anderes gilt, wenn eine Freiheitsstrafe beantragt wurde oder nach den Umständen des Falles nahe liegt, so bei einem durch schweren Alkoholmissbrauch verursachten tödlichen Verkehrsunfall (OLG Stuttgart NJW **1971** 2181). 40

§ 48
(weggefallen)

69 OLG Naumburg OLGSt StGB § 47 Nr. 15; OLG Hamm Beschl. v. 18.11.2002 – 2 Ss 768/02, u. Beschl. v. 1.3.2018 – III-5 RVs 129/17.

§ 49
Besondere gesetzliche Milderungsgründe

(1) Ist eine Milderung nach dieser Vorschrift vorgeschrieben oder zugelassen, so gilt für die Milderung folgendes:

1. **An die Stelle von lebenslanger Freiheitsstrafe tritt Freiheitsstrafe nicht unter drei Jahren.**
2. **Bei zeitiger Freiheitsstrafe darf höchstens auf drei Viertel des angedrohten Höchstmaßes erkannt werden. Bei Geldstrafe gilt dasselbe für die Höchstzahl der Tagessätze.**
3. **Das erhöhte Mindestmaß einer Freiheitsstrafe ermäßigt sich im Falle eines Mindestmaßes von zehn oder fünf Jahren auf zwei Jahre, im Falle eines Mindestmaßes von drei oder zwei Jahren auf sechs Monate, im Falle eines Mindestmaßes von einem Jahr auf drei Monate, im übrigen auf das gesetzliche Mindestmaß.**

(2) Darf das Gericht nach einem Gesetz, das auf diese Vorschrift verweist, die Strafe nach seinem Ermessen mildern, so kann es bis zum gesetzlichen Mindestmaß der angedrohten Strafe herabgehen oder statt auf Freiheitsstrafe auf Geldstrafe erkennen.

Schrifttum[1]

Bergmann Die Milderung der Strafe nach § 49 Abs. 2 StGB (1988); *Börker* Die Milderung der Strafe für den Versuch, JZ **1956** 477; *Braunsteffer* Strafzumessung bei Zusammentreffen von Regelbeispiel und Milderungsgrund, NJW **1976** 736; *Dreher* Was bedeutet Milderung der Strafe für den Versuch? JZ **1956** 682; *Frisch* Die Strafmilderung beim Versuch, Festschrift Spendel (1992) 381; *Horn* Probleme bei der Bestimmung der Mindest- und Höchstgeldstrafe, NStZ **1990** 270; *ders.* Gesamtwürdigung – Sinn und Unsinn eines Rechtsbegriffs, Gedächtnisschrift Armin Kaufmann (1989) 573.

Entstehungsgeschichte

Die Vorschrift wurde durch das 2. StrRG neu eingefügt und durch das EGStGB angepasst. Absatz 1 löste die frühere Regelung in § 44 Abs. 2 und 3 a.F. ab, Absatz 2 entspricht wörtlich § 15a.

Übersicht

1 Siehe auch Schrifttum vor § 46 und zu § 46.

https://doi.org/10.1515/9783110300499-020

I. Bedeutung der Vorschrift

§ 49 bestimmt für Fälle, in denen Vorschriften des StGB oder des Nebenstrafrechts unter Verweis auf diese Norm Strafmilderungen vorsehen, den Strafrahmen, innerhalb dessen die Strafe festzusetzen ist. Die Voraussetzungen der Strafrahmenverschiebung richten sich nach den Regelungen, in denen auf § 49 verwiesen wird. Die Vorschrift gilt für drei Fallgruppen, nämlich fakultative und obligatorische Strafmilderungen nach Absatz 1 und (fakultative) nach Absatz 2. Der Deliktscharakter ändert sich durch die Strafrahmenmilderung nicht (§ 12 Abs. 3). 1

Auf **jugendstrafrechtliche Sanktionen** ist § 49 nicht anwendbar (§ 18 Abs. 1 S. 3 JGG). Allerdings darf das Tatgericht auch bei ihrer Verhängung nicht die gesetzliche Bewertung des Tatunrechts unbeachtet lassen, die in der Strafdrohung des allgemeinen Strafgesetzes ihren Ausdruck gefunden hat (BGH NJW **1972** 693; **1982** 393; NStZ **2000** 194, 195). 2

Bei der Strafrahmenwahl ist zu berücksichtigen, dass vertypte Strafmilderungsgründe statt zu einer Strafrahmenverschiebung nach § 49 Abs. 1 oder Abs. 2 auch zur Annahme eines minder schweren Falls oder zur Verneinung eines besonders schweren Falls führen können (BGH NStZ **1987** 72; NStZ-RR **2016** 367; StV **2016** 283; 565; BGHR StGB § 1 Gesamtwürdigung, unvollständige 1, 2, 4, 5, 7, 11; BGH Beschl. vom 17.3.2016 – 1 StR 47/16; *Schäfer/Sander/van Gemmeren* Rdn. 928ff; vgl. § 46 Rdn. 274 und § 50 Rdn. 2ff). 3

II. Anwendungsbereich

1. Strafrahmenmilderung nach Absatz 1

a) Art der Milderung. Die Strafrahmenmilderung nach § 49 Abs. 1 ist entweder **zwingend** vorgeschrieben oder **fakultativ** zugelassen. Zur **ersten Gruppe** der gesetzlich vertypten Milderungsgründe gehören § 27 Abs. 2 S. 2, § 28 Abs. 1, § 30 Abs. 1 S. 2 und § 35 Abs. 2 S. 2. Nimmt das Gericht die gesetzlichen Voraussetzungen an, so hat es von dem nach § 49 Abs. 1 gemilderten Strafrahmen auszugehen. Zur **zweiten Gruppe** gehören z.B. § 13 Abs. 2, § 17 S. 2, § 21, § 23 Abs. 2, § 35 Abs. 1 S. 2, §§ 46a, 46b Abs. 1 S. 1, § 239a Abs. 4, § 239b Abs. 2 StGB und § 31 S. 1 BtMG. 4

b) Gesamtabwägung. In den Fällen der **fakultativen** Milderungsgründe hat das Tatgericht nach **pflichtgemäßem Ermessen**[2] aufgrund einer **Gesamtabwägung aller wesentlichen Tatumstände und der Täterpersönlichkeit** zu entscheiden, ob es den Sonderstrafrahmen wählt,[3] und zwar vor der Bestimmung der Strafhöhe. Die im Schrifttum ganz h.M. lehnt demgegenüber eine Gesamtwürdigung aller Umstände ab und will diese auf solche Kriterien beschränken, die den jeweiligen gesetzlichen Milderungs- 5

2 BGH NStZ **1985** 357; NJW **1993** 2544; NStZ **1986** 114, 115; **1994** 183, 184; **2004** 619; **2008** 619; **2009** 496.
3 BGHSt **16** 351, 353f; **17** 266f; **26** 311; **62** 247, 260; BGH NStZ **1993** 134; **1998** 245; StV **1998** 536; NStZ-RR **2010** 305; BGHR StGB § 21 Strafrahmenverschiebung 3, 25; § 23 Abs. 2 Strafrahmenverschiebung 7; so auch *Maier* MK Rdn. 13.

grund bestimmen.[4] Eine solche Begrenzung hat zwar den Vorteil, dass die Anwendung des Sonderstrafrahmens sich nach verhältnismäßig klaren Kriterien richtet.[5] Sie führt jedoch zur Vernachlässigung wesentlicher nach dem Schuldausgleichsprinzip zu beachtender Umstände bei der Strafrahmenbestimmung. So kann trotz erheblich verminderter Schuldfähigkeit der dem Täter zurechenbare Unrechtsgehalt einer Tat so groß sein, dass eine Strafrahmenmilderung ausscheidet.[6] Allerdings kommt auch nach Auffassung des BGH den für einen gesetzlichen Milderungsgrund maßgeblichen Umständen bei der Gesamtwürdigung besonderes Gewicht zu (Rdn. 9).[7]

6 **aa) Erheblich verminderte Schuldfähigkeit** verringert grundsätzlich den Schuldgehalt der Tat und führt zu einer Milderung des Strafrahmens, sofern keine den zurechenbaren Unrechtsgehalt erhöhenden Umstände vorliegen, die die Verringerung des Schuldgehalts kompensieren (BGHR StGB § 21 Strafrahmenverschiebung 9, 10, 12, 16, 30). An die Ablehnung einer möglichen Strafrahmenmilderung sind umso höhere Anforderungen zu stellen, je stärker sich der gemilderte Strafrahmen von dem nicht gemilderten unterscheidet (BGHR StGB § 21 Strafrahmenverschiebung 18). Besteht allein die Wahl zwischen **lebenslanger** und zeitiger Freiheitsstrafe, müssen besonders erschwerende Gründe vorliegen, um die mit den Voraussetzungen des § 21 verbundenen Strafmilderungsgründe so auszugleichen, dass die gesetzliche Höchststrafe dennoch verhängt werden darf (vgl. BGH NStZ **1993** 342; NStZ-RR **1999** 295; BGHR StGB § 21 Strafrahmenverschiebung 7, 8, 12).

7 Die in der Rechtsprechung lange Zeit uneinheitlich behandelte Frage, unter welchen Voraussetzungen die fakultative Strafrahmenverschiebung nach §§ 21, 49 Abs. 1 in Fällen **selbst verantworteter Trunkenheit** versagt werden kann, ist durch Beschluss des Großen Senats für Strafsachen vom 24.7.2017 (BGHSt **62** 247) entschieden worden (vgl. § 46 Rdn. 276). Danach kann eine „selbstverschuldete" Trunkenheit im Rahmen der bei der tatgerichtlichen Ermessensentscheidung über die Strafrahmenverschiebung nach den §§ 21, 49 Abs. 1 gebotenen Gesamtwürdigung aller schuldrelevanten Umstände die Versagung der Strafrahmenmilderung tragen, auch wenn eine vorhersehbare signifikante Erhöhung des Risikos der Begehung von Straftaten aufgrund der persönlichen oder situativen Verhältnisse des Einzelfalls nicht festgestellt ist (anders zuvor insbes. BGHSt **49** 239).

8 **Betäubungsmittelabhängigkeit** begründet für sich genommen nach der Rechtsprechung des BGH keine erhebliche Verminderung der Schuldfähigkeit, sodass sich die Frage der Strafrahmenmilderung nicht stellt. Sie ist nur ausnahmsweise anzunehmen, wenn langjähriger Betäubungsmittelgenuss zu schwersten Persönlichkeitsveränderungen geführt hat oder der Täter unter starken Entzugserscheinungen leidet und durch sie dazu getrieben wird, sich mittels einer Straftat Drogen zu verschaffen, ferner unter Umständen dann, wenn er das Delikt im Zustand eines akuten Rausches verübt (BGHR StGB § 21 BtM-Auswirkungen 2, 5 – 9, 11, 12, 16).

---

4 *Kett-Straub* NK Rdn. 6 f; *Lackner/Kühl/Heger* Rdn. 4; *Rudolphi* SK § 23 Rdn. 3; *Frisch* FS Spendel 381, 399; *Horn* GedS Kaufmann 573, 583; *Meier* S. 179; *Sch/Schröder/Stree/Kinzig* Rdn. 7; *Streng* Rn. 688 f; *SSW/Eschelbach* Rdn. 8.

5 *Schäfer/Sander/van Gemmeren* Rdn. 920.

6 BVerfGE **50** 5; BGHSt **62** 247, 260; BGH NStZ-RR **1999** 170, 171; BGHR StGB § 21 Strafrahmenverschiebung 25.

7 BGHSt **35** 347, 355; **36** 1, 18; BGH NStZ **1993** 134; **1995** 285; **1998** 245; NStZ-RR **2010** 305; **2011** 334; **2014** 238.

bb) Die Entscheidung über eine Strafrahmenmilderung beim **Versuch** wird wesentlich von der Nähe zur Tatvollendung und der Gefährlichkeit der Tat sowie der in ihr zu Tage getretenen „verbrecherischen Energie“ beeinflusst.[8] Bei einem **unechten Unterlassungsdelikt** muss das Tatgericht eine mögliche Strafrahmenmilderung nach § 13 Abs. 2, § 49 Abs. 1 in einer wertenden Gesamtwürdigung der wesentlichen unterlassungsbezogenen Gesichtspunkte prüfen. Zu berücksichtigen hat es dabei vor allem diejenigen Umstände, die etwas darüber besagen, ob das Unterlassen im Verhältnis zur entsprechenden Begehungstat weniger schwer wiegt oder nicht. Besondere Bedeutung kommt dabei der Frage zu, ob die gebotene Handlung von dem Unterlassungstäter mehr verlangt als den normalen Einsatz rechtstreuen Willens (BGH NStZ **1998** 245; NStZ-RR **2011** 334; BGHR StGB § 13 Abs. 2 Strafrahmenverschiebung 1). 9

c) Der zu mildernde Strafrahmen. Gemäß § 49 Abs. 1 wird sowohl das Mindest-, als auch das Höchstmaß des konkret heranzuziehenden Strafrahmens verringert, also nicht nur des Normalstrafrahmens, sondern auch desjenigen eines besonders schweren oder minder schweren Falles, sofern eine (weitere) Milderung nicht nach § 50 ausgeschlossen ist (§ 50 Rdn. 1, 2; zur Prüfungsreihenfolge § 50 Rdn. 9). Der für die Gesamtstrafe vorgesehene Strafrahmen bleibt unverändert. Hat ein Straftatbestand zwei Regelstrafdrohungen, wie z.B. §§ 176b, 178, 239a Abs. 3, §§ 251, 306c (lebenslange Freiheitsstrafe oder Freiheitsstrafe nicht unter zehn Jahren), so muss sich das Tatgericht bei einer Milderung nach § 49 Abs. 1 entscheiden, welche der beiden es der Milderung zugrunde legt. Es darf nicht zwei Strafrahmen in der Weise kombinieren, dass es – unter Anwendung des § 49 Abs. 1 – dem einen die Mindeststrafe und dem anderen die Höchststrafe entnimmt (BGH Beschl. v. 29.11.1985 – 3 StR 456/85; s. aber auch § 50 Rdn. 16). 10

d) Das Maß der Milderung richtet sich nach § 49 Abs. 1. An Stelle **lebenslanger Freiheitsstrafe** tritt Freiheitsstrafe nicht unter drei Jahren (§ 49 Abs. 1 Nr. 1). Bei **zeitiger Freiheitsstrafe** darf höchstens auf drei Viertel des angedrohten Höchstmaßes erkannt werden (§ 49 Abs. 1 Nr. 2). Bei der Bemessung ist § 39 zu berücksichtigen. Die Ermäßigung erhöhter Mindestmaße zeitiger Freiheitsstrafe regelt § 49 Abs. 1 Nr. 3. Sie kann – bei einfacher Milderung – im Falle eines erhöhten Mindestmaßes von einem Jahr oder darunter über § 47 Abs. 2 auch zur Verhängung einer **Geldstrafe** führen. 11

Ist lebenslange Freiheitsstrafe neben zeitiger angedroht, wie z.B. in §§ 176b, 178, 239a Abs. 3, § 251 oder § 306c, so stehen dem Tatgericht bei obligatorischer Strafmilderung zwei Sonderstrafrahmen zur Verfügung, bei fakultativer Strafmilderung sogar vier Möglichkeiten der Abstufung (zwei in Betracht kommende „Regelstrafen“ und zwei Sonderstrafrahmen). Auch im zuletzt genannten Fall hat das Tatgericht zunächst den anzuwendenden Strafrahmen zu bestimmen, ehe es die Strafe zumisst. Doch ist der Frage, ob es die Strafe einem Regel- oder einem Sonderstrafrahmen entnimmt, hier diejenige vorgelagert, ob es von der strengeren oder der milderen der beiden ungemilderten Strafdrohungen ausgeht (BGH NStZ **1994** 485; BGHR StGB § 307 Strafrahmenbestimmung 1). Das Tatgericht kann die Entscheidung, ob es von einer fakultativen Strafmilderung Gebrauch machen will, unter Schuldgesichtspunkten nicht abstrakt treffen, sondern immer nur im Hinblick auf einen bestimmten Strafrahmen oder eine angedrohte absolute Strafe. Denn die Schuldangemessenheit der Strafe hängt wesentlich davon ab, welche Strafdrohung der Milderung zugrunde gelegt wird. Es ist denkbar, dass das Tatgericht in einem ein- 12

8 BGHSt **36** 1, 18; BGH StV **1985** 411; **1986** 378; NStZ **1993** 134; **1995** 285; BGHR StGB § 23 Abs. 2 Strafrahmenverschiebung 1, 2, 4, 6, 8 bis 12.

schlägigen Fall die Strafe wegen erheblich verminderter Schuldfähigkeit nach § 49 Abs. 1 mildert, wenn es von lebenslanger Freiheitsstrafe als „Regelstrafe" ausgeht, dass es aber davon absieht, wenn es den Strafrahmen der (auch) zur Verfügung stehenden zeitigen Freiheitsstrafe mit erhöhtem Mindestmaß anwendet.

13 Für **Geldstrafe** ist die Ermäßigung der **Höchststrafe** auf drei Viertel der Höchstzahl der Tagessätze vorgeschrieben (§ 49 Abs. 1 Nr. 2 S. 2), beim regulären Höchstmaß also auf 270 Tagessätze (§ 40 Abs. 1 S. 2).[9] Dabei spielt es keine Rolle, ob die Geld- neben der Freiheitsstrafe angedroht ist.[10] Das gesetzliche **Mindestmaß** nach § 40 Abs. 1 bleibt unberührt. Bei Ermittlung der Höhe der Mindestgeldstrafe nach einer Strafrahmenmilderung gem. § 49 Abs. 1 muss auf § 47 Abs. 2 S. 2 geachtet werden.[11] Ergibt sich nach Durchführung der Milderung eine Strafrahmenuntergrenze von drei Monaten Freiheitsstrafe, so bestimmt sich die Mindestzahl der Tagessätze unmittelbar nach dem Mindestmaß der angedrohten Freiheitsstrafe. Reduziert sich die Strafdrohung auf das gesetzliche Mindestmaß – bei Freiheitsstrafe ein Monat (§ 38 Abs. 2) – so gilt § 47 Abs. 2 S. 2 nicht. Die Mindestgeldstrafe beträgt hier also fünf Tagessätze (§ 40 Abs. 1).

14 **e) Strafrahmenmilderung bei Zusammentreffen mehrerer Straftaten.** Wenn bei mehreren in **Tateinheit** stehenden Straftaten ein gesetzlich vertypter Milderungsgrund nur bei einer von ihnen eingreift, kommt eine Milderung allein des sie betreffenden Strafrahmens in Betracht. Bei der nach § 52 Abs. 2 S. 1 gebotenen Prüfung, welches Gesetz die schwerste Strafe androht, ist für den Fall der Strafrahmenmilderung auf den angewendeten Sonderstrafrahmen abzustellen. In diesem Bereich setzt § 52 Abs. 2 S. 2 der Anwendung des § 49 Abs. 1 bei der Mindeststrafe Grenzen. Gleiches gilt bei Gesetzeskonkurrenz.

15 **f) Strafrahmenmilderung beim Zusammentreffen mehrerer gesetzlicher Milderungsgründe.** Liegen mehrere Milderungsgründe nach § 49 Abs. 1 vor, so muss (bei zwingender) oder kann (bei fakultativer Milderung) der Strafrahmen mehrmals gemildert werden. Das folgt im Gegenschluss aus § 50, der für diesen Fall kein Verbot doppelter Milderung enthält. Die mehrmalige Strafrahmenmilderung kann zu sehr differenzierten Strafrahmen führen (tabellarische Übersicht bei *Schäfer/Sander/van Gemmeren* Rdn. 918). Sie ist unzulässig, wenn ein und derselbe Umstand für sich allein mehrere gesetzliche Milderungsgründe nach § 49 Abs. 1 begründet, so wenn das Fehlen eines besonderen persönlichen Merkmals nach § 28 Abs. 1 zugleich zur Folge hat, dass ein Tatbeteiligter statt als Mittäter nur als Gehilfe nach § 27 Abs. 2 bestraft werden kann (§ 50 Rdn. 3).[12] Eine doppelte Milderung darf nicht zu einem Wertungswiderspruch führen. Da bei versuchter Anstiftung zum Mord die doppelte Milderung der Strafdrohung des § 211 nach § 49 Abs. 1 i.V.m. § 28 Abs. 1, § 30 Abs. 1 zu einer Mindeststrafe von nur sechs Monaten führt, die Mindeststrafe bei versuchter Anstiftung zum Totschlag aber zwei Jahre beträgt, entfaltet die Mindeststrafe von zwei Jahren eine Sperrwirkung und darf bei einer Verurteilung wegen versuchter Anstiftung zum Mord nicht unterschritten werden (BGH NStZ **2006** 288 m. Anm. *Puppe*).

16 **g) Analogie zugunsten des Täters.** Die Strafrahmenmilderung nach § 49 Abs. 1 setzt voraus, dass in Vorschriften des StGB oder anderer Gesetze auf diese Bestimmung

9 *Maier* MK Rdn. 7; *Sch/Schröder/Stree/Kinzig* Rdn. 5.
10 *Kett-Straub* NK Rdn. 15; *Lackner/Kühl/Heger* Rdn. 2; **aA** *Horn* NStZ **1990** 270; *Horn/Wolters* SK Rdn. 8.
11 *Horn/Wolters* SK Rdn. 9.
12 BGHSt **26** 53, 54 f = JR **1975** 509 mit zust. Anm. *Bruns*; BGH wistra **1988** 303.

verwiesen wird. Eine analoge Anwendung zum Beispiel auf Fälle der Verstrickung des Täters in das nationalsozialistische System staatlich befohlener Verbrechen[13] hat die höchstrichterliche Rechtsprechung abgelehnt (BGH NJW **1977** 1544; **1978** 1336). Eine sinngemäße Anwendung des § 49 Abs. 1 zugunsten des Täters ist jedoch nicht schlechthin ausgeschlossen. Der BGH hat sie der **Strafzumessungslösung bei Heimtückemord** zugrunde gelegt, um es dem Tatgericht zu ermöglichen, die in § 211 vorgesehene lebenslange Freiheitsstrafe zu vermeiden, wenn bei der Tat außergewöhnliche Umstände vorliegen (BGHSt **30** 105).[14] Sie soll bei Taten in Betracht gezogen werden können, die durch eine notstandsnahe, ausweglos erscheinende Situation motiviert, in großer Verzweiflung begangen, aus tiefem Mitleid oder aus „gerechtem Zorn" aufgrund einer schweren Provokation verübt worden sind oder in einem vom Opfer verursachten und ständig neu angefachten, zermürbenden Konflikt oder ihren Grund in schweren Kränkungen des Täters durch das Opfer haben, die das Gemüt immer wieder heftig bewegen (BGHSt aaO, 119). Eine Anwendung der insofern aufgestellten Grundsätze auf die Mordmerkmale der Befriedigung des Geschlechtstriebes oder der Ermöglichungsabsicht ist nicht geboten (BGH NStZ **2016** 469 und NStZ-RR **2018** 172 in einem sog. Kannibalenfall). Dasselbe gilt bei Mord aus Habgier (BGHSt **42** 301, 304).

2. Strafrahmenmilderung nach Absatz 2

a) Art der Milderung. Absatz 2 führt zu einer erheblichen Strafrahmenerweiterung: 17
Die Strafe kann einem Rahmen entnommen werden, der im Höchstmaß unverändert bleibt, dessen Mindestmaß aber auf das gesetzliche (§ 38 Abs. 2, § 40 Abs. 1) herabgesetzt ist (Rdn. 20). Es handelt sich ausschließlich um Fälle **fakultativer** Strafmilderung in Fällen, in denen das Gesetz auf § 49 Abs. 2 verweist. Solche Verweisungen finden sich z.B. in § 23 Abs. 3, § 30 Abs. 1 S. 3, § 83a Abs. 1, § 89a Abs. 7 S. 1, § 113 Abs. 4, § 129 Abs. 7, § 129a Abs. 6, § 157 Abs. 1 und 2, § 158 Abs. 1, § 236 Abs. 5, § 306e Abs. 1 StGB. Oft sind es Fälle, in denen bei geringer Schuld oder zur Honorierung tätiger Reue auch die Möglichkeit besteht, von Strafe überhaupt oder von der Bestrafung nach einer strengeren Vorschrift abzusehen. Bis zu seiner Änderung durch das 43. StrÄndG vom 29.7.2009 (BGBl I 2288) sah § 31 Abs. 1 S. 1 BtMG eine Strafmilderungsmöglichkeit nach § 49 Abs. 2 vor und stellte damit dessen häufigsten Anwendungsfall dar. Mit der Änderung wurde die Vorschrift der Regelung in § 46b Abs. 1 S. 1 angepasst und verweist nunmehr auf § 49 Abs. 1.

b) Der zu mildernde Strafrahmen und die Konkurrenz von Milderungsgründen. 18
Ansatzpunkt der Milderung nach § 49 Abs. 2 ist im Allgemeinen der **Regelstrafrahmen.** Das muss aber nicht so sein. Vielmehr kann die Milderung auch an einen besonderen Strafrahmen anknüpfen. Liegt auch ein gesetzlicher Milderungsgrund nach § 49 Abs. 1 vor, so hat das Tatgericht zunächst zu prüfen, von welchem Strafrahmen es bei der möglichen Milderung nach Absatz 2 auszugehen hat, ob von dem Regelstrafrahmen oder von dem Sonderstrafrahmen nach § 49 Abs. 1.[15] Diese **Reihenfolge der Prüfung** ist sachlich geboten. Sie empfiehlt sich, weil § 49 Abs. 1 (anders als Absatz 2) auch Fälle obligatorischer Milderung enthält. Überdies ist diese Strafrahmenvorwahl bereits mit einer Bewertung der Tat unter Schuldgesichtspunkten verbunden. Sie erleichtert

13 LG Hamburg NJW **1976** 1756 m. Anm. *Hanack*.
14 BGHSt **30** 105 = JR **1981** 358 mit Anm. *Bruns* = NStZ **1981** 344 mit Anm. *Lackner*; BGH NJW **1983** 54; NStZ **1982** 69; **1983** 553; **1984** 20; NStZ-RR **2004** 294; *Günther* NJW **1982** 353.
15 *Fischer* Rdn. 5; *Maier* MK Rdn. 29.

dem Tatgericht damit die Beantwortung der Frage, ob es von der zusätzlichen fakultativen Milderungsmöglichkeit nach § 49 Abs. 2 Gebrauch machen will.

19 Eine auf Absatz 2 beruhende Strafrahmenmilderung nach dem Ermessen des Gerichts kann eine Milderung nach § 49 Abs. 1 nicht ersetzen oder verdrängen, es sei denn, das Tatgericht sieht im Hinblick auf die Milderung nach Absatz 2 von einer nur **fakultativen** nach Absatz 1 ab. Diese hier vertretene Auffassung zur **Konkurrenz von Milderungsgründen** ergibt sich zwangsläufig daraus, dass auch das Höchstmaß der Strafe bei einer Milderung nach § 49 Abs. 1 herabgesetzt wird, während es bei einer Milderung des Strafrahmens nur nach Absatz 2 unverändert bleibt (vgl. BGH Beschl. v. 18.1.1979 – 4 StR 707/78).

20 **c) Auswirkung der Milderung.** Da die Strafrahmenmilderung nur die Mindeststrafe erfasst, hat sie je nach deren Höhe bei den einzelnen Tatbeständen unterschiedliche Auswirkungen. So ermöglicht § 83a im Falle des Hochverrats eine Milderung von lebenslanger Freiheitsstrafe auf einen Monat Freiheitsstrafe (oder Geldstrafe), während in anderen Fällen die Strafrahmenmilderung ins Leere geht, weil die anzuwendende Norm kein erhöhtes Mindestmaß der Strafe vorsieht (z.B. §§ 156, 158). Bei anderen Tatbeständen ist eine Herabsetzung der Untergrenze von einem Jahr auf einen Monat (oder Geldstrafe) möglich, während die Obergrenze von zehn Jahren unverändert bleibt (z.B. § 307 Abs. 2, § 314a Abs. 2). Es können sich auf diese Weise also Strafrahmen von erheblicher Weite ergeben, was mit Blick auf das Bestimmtheitsgebot nach Art. 103 Abs. 2 GG kritisiert wird (*SSW/Eschelbach* Rdn. 21).

21 **d) Mögliche Wertungswidersprüche.** Weil eine Herabsetzung allein der Strafrahmenuntergrenze nach § 49 Abs. 2 zu Wertungswidersprüchen führe, wird im Schrifttum auch eine Herabsetzung des Höchstmaßes der Strafe nach dem Maßstab des Absatzes 1 befürwortet.[16] Hierfür bietet das Gesetz aber keine Grundlage. Die Herabsetzung des Höchstmaßes der Strafe ist auch nicht erforderlich. Zu Wertungswidersprüchen kommt es zum einen nicht, wenn mit Hilfe der den Milderungsgrund des § 49 Abs. 2 rechtfertigenden Umstände ein minder schwerer Fall bejaht oder ein besonders schwerer Fall verneint werden kann (§ 50 Rdn. 9ff, 17). Zum anderen ist eine Strafrahmenverschiebung nach § 49 Abs. 2 nur dann sinnvoll, wenn voraussichtlich eine Strafe aus dem untersten Bereich des Strafrahmens in Betracht kommt und dafür eine wesentliche Herabsetzung der Strafrahmenuntergrenze erforderlich wird. In anderen Fällen hätte der verminderte Strafrahmen des § 49 Abs. 2 keine Auswirkungen auf die Strafhöhenbemessung, und die für eine mögliche Strafrahmenverschiebung vorgesehenen Umstände sollten mit ihrem vollen Gewicht allein bei der Strafzumessung im engeren Sinne berücksichtigt werden.

22 **e) Geldstrafe.** Die Möglichkeit, unter den Voraussetzungen des § 49 Abs. 2 statt auf Freiheitsstrafe wahlweise auf Geldstrafe zu erkennen, ist im Anwendungsbereich des **Art. 12 Abs. 1 EGStGB** gegenstandslos geworden. Denn mit der Ermäßigung der Freiheitsstrafe auf das gesetzliche Mindestmaß ist – auch ohne besondere Anordnung in dem einzelnen Strafgesetz – zugleich der Zugang zur Geldstrafe eröffnet, die Art. 12 Abs. 1 EGStGB wahlweise allgemein zulässt. In solchen Fällen ist das Ermessen des Tatgerichts, nach § 49 Abs. 2 zwischen Freiheitsstrafe und Geldstrafe frei zu wählen, allerdings zugunsten der Geldstrafe eingeschränkt, wenn Freiheitsstrafe von sechs Monaten

16 *Lackner/Kühl/Heger* Rdn 5; *Bergmann* S. 34; **aA** *Maier* MK Rdn. 30.

oder mehr ausscheidet. Insoweit geht § 47 Abs. 1 dem § 49 Abs. 2 vor. Im Bereich höherer Freiheitsstrafe entfällt diese Beschränkung. Die durch § 49 Abs. 2 geschaffene Möglichkeit, wahlweise auch sonst nicht vorgesehene Geldstrafe zu verhängen, bleibt von Bedeutung für die Strafdrohungen des Wehrstrafgesetzes und des Zivildienstgesetzes (Art. 10 Abs. 2 EGStGB). Doch sind insoweit die Einschränkungen zu beachten, die nach den §§ 10, 12 WStG und § 56 ZDG für die Verurteilung zu Geldstrafe bestehen. Unter den dort genannten Voraussetzungen hat dort die Freiheitsstrafe Vorrang vor der Geldstrafe.

III. Begründungspflichten im Urteil und Revision

Räumt das Gesetz dem Tatgericht die Möglichkeit einer (fakultativen) Strafmilderung ein, so muss es im Urteil angeben, ob es von ihr Gebrauch gemacht hat.[17] Es muss, wenn es von ihr absieht, auch die Gründe bezeichnen, die es zu dieser Entscheidung bewogen haben (BGHR StGB § 49 Abs. 2 Ermessen 1). Bei der Heranziehung des § 49 muss die Strafe im konkreten Fall geringer bemessen werden als ohne die Strafrahmenmilderung (BGH JR **1977** 26), da die Strafhöhenbemessung sich an den Strafrahmengrenzen zu orientieren hat und diese eine Vorbewertung des Unrechtsgehalts der Tat vornehmen. 23

Allerdings kommt der Bundesgerichtshof bei rechtsfehlerhafter Strafrahmenwahl – besonders wenn nur eine der Grenzen falsch bestimmt wurde – manchmal zu dem Ergebnis, dass die Strafe nicht auf dem Fehler beruhe (§ 337 StPO), weil die verhängte Strafe weit von den Strafrahmengrenzen entfernt sei oder das Tatgericht sich an ihnen ersichtlich nicht orientiert habe.[18] Nach § 354 Abs. 1a StPO haben die Revisionsgerichte ferner die Möglichkeit von einer Aufhebung abzusehen, weil sie die Strafe als angemessen beurteilen (§ 46 Rdn. 324ff). Eine solche Entscheidung ist grundsätzlich auch bei Anwendung eines unzutreffenden Strafrahmens möglich (BGHSt **51** 18, 24; BGH NStZ-RR **2005** 76, 77; **2008** 182, 183; NStZ-RR **2010** 21). 24

Die Befugnis der Revisionsgerichte, fehlerhaft begründete Strafen hinzunehmen, darf jedoch nicht zu einer Missachtung der Grundsätze der Strafzumessung beim Tatgericht führen. Dieses muss sich in einem ersten Wertungsakt darüber klar werden, ob es den Sonderstrafrahmen anwenden muss oder will; sodann hat es die Strafe nach den allgemeinen Strafzumessungsgrundsätzen innerhalb des bestimmten Strafrahmens zuzumessen. Wählt das Gericht den Sonderstrafrahmen, so muss es nicht eine Strafe außerhalb des Bereichs festsetzen, der sich mit dem Regelstrafrahmen überschneidet (BGH JZ **1956** 500).[19] 25

§ 50
Zusammentreffen von Milderungsgründen

Ein Umstand, der allein oder mit anderen Umständen die Annahme eines minder schweren Falles begründet und der zugleich ein besonderer gesetzlicher Milderungsgrund nach § 49 ist, darf nur einmal berücksichtigt werden.

17 BGH StV **1984** 205; NStZ **1985** 30.
18 BGHR StGB § 46 Abs. 1 Strafhöhe 17, 19; BGH Urt. v. 14.3.1995 – 1 StR 844/94.
19 *Dreher* JZ **1956** 682; **aA** *Börker* JZ **1956** 477.

https://doi.org/10.1515/9783110300499-021

Schrifttum[1]

Frisch Das Verhältnis der Milderung nach § 49 Abs. 2 StGB zu den „minder schweren Fällen", JR **1986** 89; *Goydke* Die Strafrahmenbestimmung in minder schweren Fällen und beim Vorliegen gesetzlicher Milderungsgründe, Festschrift Odersky (1996) 371; *Gribbohm* Das Verbot der strafschärfenden Analogie und der strafzumessungsrechtlichen Doppelverwertungsverbote, Festschrift Salger (1995) 39; *Hettinger* Das Doppelverwertungsverbot bei strafrahmenbildenden Umständen (1982); *Horstkotte* Zusammentreffen von Milderungsgründen (§ 50 StGB), Festschrift Dreher (1977) 265.

Entstehungsgeschichte

Die Vorschrift wurde durch das 2. StrRG neu eingefügt und durch das EGStGB angepasst. Sie entspricht § 65 Abs. 1 E 1962 sowie § 62 AE, also einem bereits seit langem vertretenen Reformanliegen (ausführlich zur Vorgeschichte *Horstkotte* FS Dreher 265ff).

Übersicht

I. Sinn und Zweck der Vorschrift

1 § 50 betrifft die **Strafrahmenwahl.** Er regelt das Zusammentreffen eines minder schweren Falles mit einem besonderen gesetzlichen Milderungsgrund[2] nach § 49 Abs. 1 oder 2. Der Anwendungsbereich des § 50 ist auf die dort ausdrücklich geregelten Fälle der Doppelverwertung eines gesetzlichen Milderungsgrundes nach § 49 beschränkt (BGHSt **27** 298, 299; BGH NStZ **1987** 72; 504). Zur Strafrahmenwahl im Übrigen siehe Vor § 46 Rdn. 10 bis 24 und § 46 Rdn. 281ff.

II. Anwendungsbereich

2 **1. Minder schwerer Fall und vertypter Milderungsgrund.** Der **Wortlaut** des § 50 beschränkt das Doppelverwertungsverbot eindeutig auf den Fall, dass ein und derselbe Umstand – allein oder zusammen mit anderen Tatsachen – sowohl die Annahme eines minder schweren Falles als auch diejenige eines besonderen (obligatorischen oder fakultativen) gesetzlichen Milderungsgrundes nach § 49 Abs. 1 oder 2 begründen kann. Das Verbot greift also nur bei der Strafrahmenwahl, nicht bei der Strafzumessung im engeren Sinne (§ 46) ein (Rdn. 6). Er verbietet die mehrfache Herabsetzung des Strafrahmens **aufgrund desselben Umstandes** (BGHSt **27** 298, 299; BGH StV **1985** 54).

1 Siehe auch Schrifttum Vorbemerkungen zu den §§ 46 bis 50.
2 Z.B. § 13 Abs. 2, § 21, § 23 Abs. 2, § 27 Abs. 2; s.a. Vor § 46 Rdn. 15ff, § 46 Rdn. 282ff.

Im **Umkehrschluss** ergibt sich aus § 50, dass der Strafrahmen eines minder schweren Falles nochmals nach § 49 gemildert werden kann, wenn sich die **weitere Strafrahmenmilderung** aus einem anderen als dem bereits zu seiner Begründung „verbrauchten" vertypten Strafmilderungsgrund ergibt.[3] Bei **Zusammentreffen mehrerer gesetzlicher Milderungsgründe**, z.B. Beihilfe eines vermindert Schuldfähigen zu einer versuchten Tat, ist eine mehrfache Herabsetzung des Strafrahmens zulässig.[4] Dies gilt aber nur, wenn – wie dies regelmäßig der Fall ist – jeder der strafrahmenbildenden Milderungsgründe eine selbständige sachliche Grundlage hat. Wenn das **Fehlen eines besonderen persönlichen Merkmals** dazu führt, dass ein Tatbeteiligter nur als Gehilfe (und nicht als Mittäter) verurteilt werden darf, kommt ihm die sowohl in § 27 Abs. 2 wie in § 28 Abs. 1 vorgeschriebene Milderung der Strafe nach § 49 Abs. 1 nur einmal zugute.[5] Die Möglichkeit einer doppelten Strafrahmenmilderung entfällt auch, wenn ein **vermeidbarer Verbotsirrtum** (§ 17 S. 2) auf vermeidbarer fehlender Unrechtseinsicht infolge erheblich **verminderter Schuldfähigkeit** (§§ 20, 21) beruht.[6] Dieses Ergebnis ist die Konsequenz aus der Beurteilung des Konkurrenzverhältnisses zwischen § 17 und § 21, wonach das verschuldete Fehlen von Unrechtseinsicht infolge erheblich verminderter Einsichtsfähigkeit ein Sonderfall des vermeidbaren Verbotsirrtums ist. Bei erheblich verminderter Steuerungsfähigkeit in Verbindung mit einem Verbotsirrtum ist demgegenüber eine zweifache Strafrahmenmilderung möglich. 3

§ 50 findet keine Anwendung, wenn ein minder schwerer Fall bereits wegen **einfacher** – nicht vertypter – **Milderungsgründe** i.S.v. § 46 bejaht wird (BGHR StGB § 50 Mehrfachmilderung 1). Einfache Milderungsgründe in diesem Sinne können auch Modalitäten sein, die mit einem vertypten Milderungsgrund verbunden sind oder sich aus ihm ergeben.[7] „Umstand" i.S.v. § 50 ist der **Kern des vertypten Milderungsgrundes**, nicht seine **Ausprägung.**[8] Insbesondere ist eine doppelte Strafrahmenmilderung nach § 213 1. Alt. und §§ 21, 49 Abs. 1 nicht deswegen ausgeschlossen, weil sowohl der Bejahung des Provokationsfalls als auch dem Strafmilderungsgrund des § 21 dieselben tatsächlichen Umstände zugrunde liegen. Sind die zur Reaktion auf eine Provokation führenden Umstände so stark, dass sie auch zu einer erheblichen Verminderung der Schuldfähigkeit führen, so bestehen beide Milderungsgründe nebeneinander.[9] Allerdings darf das Tatgericht im Rahmen seiner Ermessensentscheidung über die weitergehende doppelte Strafrahmenverschiebung zum Nachteil des Angeklagten berücksichtigen, dass beide Milderungsgründe auf dieselbe Wurzel zurückzuführen sind (BGH NStZ **2009** 91). 4

2. Besonders schwerer Fall und vertypter Milderungsgrund. Wenn das Tatgericht einen besonders schweren Fall der Tatbestandsverwirklichung (Regelbeispiel) mit Hilfe eines vertypten Milderungsgrundes verneint hat, soll nach der Rechtsprechung des BGH eine weitere Strafrahmenmilderung gem. § 49 in entsprechender Anwendung des § 50 ebenfalls unzulässig sein.[10] Jedoch fordert das auch für die Vorschriften des Allge- 5

3 *Kett-Straub* NK Rdn. 5; *Streng* Rdn. 692; *SSW/Eschelbach* Rdn. 14.
4 BGHSt **26** 53, 54; **30** 166, 167; BGH NStZ-RR **2010** 305; *Sch/Schröder/Stree/Kinzig* Rdn. 6.
5 BGHSt **26** 53; BGH wistra **1988** 303; StV **1994** 305.
6 *Horn/Wolters* SK Rdn. 10.
7 **Krit.** *Streng* Rdn. 393.
8 BGH NStZ **1987** 504; **2013** 241; BGHR StGB § 50 Mehrfachmilderung 2.
9 BGH NStZ **1986** 115; **2011** 340; BGHR StGB § 50 Mehrfachmilderung 3; *Kett-Straub* NK Rdn. 20; *Lackner/Kühl* § 213 Rdn. 10; *Maier* MK Rdn. 6; *Sch/Schröder/Stree/Kinzig* Rdn. 5.
10 BGH NStZ **1986** 312; BGHR StGB vor § 1/minder schwerer Fall – Gesamtwürdigung, unvollständige 11; zweifelnd BGH NStZ **2004** 200, 201; NStZ-RR **2004** 205, 206.

meinen Teils des StGB geltende **Verbot der strafschärfenden Analogie**[11] die Begrenzung des Anwendungsbereichs von § 50 auf die vom Wortlaut der Vorschrift erfassten Fälle. Wie sich aus § 12 Abs. 3 ergibt, ist der Ausdruck „minder schwerer Fall" ein Gesetzesbegriff mit vorbestimmtem Inhalt. Es ist daher nicht möglich, den mit Hilfe eines vertypten Milderungsgrundes gewonnenen „Normalstrafrahmen" als minder schweren Fall (des sonst gegebenen besonders schweren Falles) i.S.v. § 50 einzuordnen.[12] Die Verneinung eines besonders schweren Falles mit Hilfe eines vertypten Milderungsgrundes steht deshalb einer weiteren Strafrahmenmilderung nach § 49 aus Rechtsgründen nicht entgegen. Dem Tatgericht ist allerdings nicht untersagt, in Fällen, in denen ein **fakultativer vertypter Milderungsgrund** zur Verneinung des besonders schweren Falles wesentlich beigetragen hat, im Rahmen seiner Ermessensentscheidung eine zweite Strafrahmenmilderung, etwa wegen der Nähe zum besonders schweren Fall, abzulehnen.[13] Dies ist freilich bei einem obligatorischen vertypten Strafmilderungsgrund ausgeschlossen.

6 **3. Strafzumessung im engeren Sinne.** § 50 gilt nicht für das Verhältnis der Strafrahmenwahl zur Strafzumessung im engeren Sinne.[14] Hat das Tatgericht den anzuwendenden Strafrahmen bestimmt, so ist bei der Bemessung der Strafe erneut eine **Gesamtbewertung** aller für und gegen den Angeklagten sprechenden Umstände vorzunehmen. Dabei können und müssen[15] die nach Art und Maß unterschiedlichen konkreten Umstände, die zu einer Milderung des Strafrahmens geführt haben, mit ihrem **verbleibenden Gewicht** berücksichtigt werden (§ 46 Rdn. 273).[16] Der die Milderung des Strafrahmens bewirkende Grund *als solcher* scheidet allerdings als Zumessungserwägung aus. Denn innerhalb eines gemilderten Strafrahmens kann der mildernde Umstand allein keine Bedeutung für die Findung der angemessenen Strafe entfalten (BGHR StGB § 46 Abs. 2 Gesamtbewertung 2 und 5).

7 **4. Absehen von Strafe.** Die Anwendbarkeit des **§ 60** wird durch § 50 ebenfalls nicht eingeschränkt, wenn das Gericht einen minder schweren Fall oder einen besonderen gesetzlichen Milderungsgrund annimmt. Denn der Anwendungsbereich des § 50 ist auf die durch ihn ausdrücklich geregelten Fälle beschränkt (BGHSt **27** 298; BGH NStZ **1997** 121 m. Anm. *Stree*).

8 **5. Strafrahmenwahl zwischen lebenslanger und zeitiger Freiheitsstrafe.** Hat das Tatgericht die Wahl zwischen lebenslanger und zeitiger Freiheitsstrafe – wie bei § 239a Abs. 3, §§ 251 oder 306c – dann ist ein vertypter Milderungsgrund nach § 49 nicht dadurch verbraucht, dass der ihn bildende Umstand bei der Entscheidung zugunsten der zeitigen Freiheitsstrafe berücksichtigt wurde (BGHR StGB § 307 Strafrahmenbestimmung 1).

---

11 BGHSt **42** 158, 161; **42** 235, 241.
12 *Gribbohm* FS Salger 39, 45; *Kett-Straub* NK Rdn. 10; *SSW/Eschelbach* Rdn. 3.
13 *SSW/Eschelbach* Rdn. 3; *Streng* Rdn. 696.
14 *Hettinger* S. 273.
15 BGHR StGB § 50 Strafhöhenbemessung 1; NStZ-RR **1998** 295.
16 BGHSt **26** 311; BGH NStZ **1984** 548; NStZ-RR **1998** 295; BGHR StGB § 46 Abs. 2 Gesamtbewertung 1 und 2, 4 und 5; § 50 Strafhöhenbemessung 1–6; *SSW/Eschelbach* Rdn. 18; *Horstkotte* FS Dreher 265, 278 ff; *Lackner/Kühl/Heger* Rdn. 4; *Maier* MK Rdn. 5, *Schäfer/Sander/van Gemmeren* Rdn. 1151; *Sch/Schröder/Stree/Kinzig* Rdn. 4.

III. Strafrahmenwahl

1. Bei der Strafrahmenwahl ergibt sich für das Tatgericht folgende **Prüfungsreihenfolge:**[17] Sieht das Gesetz den Sonderstrafrahmen eines minder schweren Falles vor und ist gleichzeitig ein gesetzlich vertypter Milderungsgrund gegeben, muss bei der Strafrahmenwahl **zunächst** geprüft werden, ob der **Sonderstrafrahmen** zur Anwendung kommt. Dabei ist im Rahmen einer Gesamtwürdigung vorab auf die **allgemeinen Strafzumessungsgründe** abzustellen. Wenn bereits diese die Annahme eines minder schweren Falles tragen, stehen die den gesetzlich vertypten Milderungsgrund verwirklichenden Umstände noch für eine (weitere) Strafrahmenmilderung nach § 49 zur Verfügung. Ist jedoch nach einer Abwägung aller allgemeinen Strafzumessungsumstände das Vorliegen eines minder schweren Falles abzulehnen, so sind **zusätzlich** (kumulativ) die den **gesetzlich vertypten Strafmilderungsgrund** verwirklichenden Umstände in die gebotene Gesamtabwägung einzubeziehen. Ein besonderer gesetzlicher Milderungsgrund kann – im Rahmen der erforderlichen Gesamtwürdigung[18] – den Ausschlag für die Annahme eines minder schweren Falles geben und diesen insofern begründen.[19] Erst wenn das Tatgericht weiterhin die Anwendung des milderen Sonderstrafrahmens nicht für angemessen hält, darf es seiner konkreten Strafzumessung den (allein) wegen des vorliegenden gesetzlich vertypten Strafmilderungsgrundes nach § 49 herabgesetzten Regelstrafrahmen zugrunde legen. Sieht das Tatgericht demgegenüber die Anwendung des Sonderstrafrahmens für gerechtfertigt an, muss es eine **Wahl** zwischen diesem und dem gem. § 49 gemilderten Regelstrafrahmen treffen (Rdn. 11). 9

Entsprechendes gilt, wenn **mehrere vertypte Milderungsgründe** vorliegen (BGH NStZ-RR **2018** 104). Bejaht das Tatgericht unter Heranziehung bereits eines dieser Milderungsgründe einen minder schweren Fall, so steht jeder weitere Milderungsgrund für eine Strafrahmenverschiebung nach § 49 Abs. 1 zur Verfügung. 10

2. Günstigkeitsgrundsatz. Für den Fall, dass im konkreten Fall mehrere Möglichkeiten der Strafrahmenmilderung zur Verfügung stehen, überlässt der **BGH** die Entscheidung darüber, von welcher dieser Möglichkeiten Gebrauch gemacht wird, dem **pflichtmäßigem Ermessen** des Tatgerichts.[20] Es soll darauf ankommen, welcher Strafrahmen dem Gericht zur Ahndung des Unrechts besser geeignet erscheint (BGH NStZ **1999** 610; *Lackner/Kühl/Heger* Rdn. 2). Aus den Urteilsgründen muss allerdings hervorgehen, dass sich das Tatgericht der Wahlmöglichkeit bewusst war (BGH StV **1988** 385). 11

Nach **zutreffender Ansicht** muss das Tatgericht der Strafzumessung den **konkret günstigeren Strafrahmen** zugrunde legen. Einen Ermessensspielraum hat es nicht. Sachliche Kriterien, an denen es sich bei einer Ermessensentscheidung orientieren könnte, sind nicht ersichtlich.[21] Es wäre auch nicht zu begründen, einem Täter, der die Vor- 12

---

17 BGH NStZ-RR **2008** 105; **2017** 168; **2018** 104; NStZ **2008** 338; **2017** 524; StV **2015** 551 m. Anm. *Schlothauer*; BGH Beschl. v. 24.6.2014 – 3 StR 168/14; BGHR StGB § 50 Mehrfachmilderung 1; *Detter* S. 96 f; *Goydke* FS Odersky 371, 379; *Kett-Straub* NK Rdn. 17 ff; *Miebach/Maier* MK § 46 Rdn 104 ff.; *Schäfer/Sander/van Gemmeren* Rdn. 930; *Streng* Rdn. 691.

18 *SSW/Eschelbach* Rdn. 9; *Schäfer/Sander/van Gemmeren* Rdn. 933.

19 BGH NStZ **1985** 367; **1990** 96; **1990** 384; **1999** 610; NStZ-RR **2004** 14; **2008** 105; BGHR BtMG § 30 Abs. 2 – Gesamtwürdigung 2; *SSW/Eschelbach* Rdn. 13; *Goydke* FS Odersky 371, 380; *Horstkotte* FS Dreher 265, 275; *Schäfer/Sander/van Gemmeren* Rdn. 929; *Sch/Schröder/Stree/Kinzig* Rdn. 3.

20 BGHSt **21** 57; NStZ **1982** 200; BGHR StGB § 50 Mehrfachmilderung 4; *Schäfer/Sander/van Gemmeren* Rdn. 933.

21 *Fischer* Rdn. 5; *Horn/Wolters* SK Rdn. 5; *Meier* S. 180; *Sch/Schröder/Stree/Kinzig* Rdn. 2; *Streng* Rdn. 694.

aussetzungen einer bestimmten Vergünstigung erfüllt, diese zu entziehen, nur weil bei ihm auch die Voraussetzungen einer anderen Privilegierung vorliegen (*Frisch* JR **1986** 89, 91). Das gilt nicht nur für Fälle eines obligatorischen Milderungsgrundes, sondern auch für die fakultativen Milderungsgründe beim Zusammentreffen mit einem minder schweren Fall (**aA** *Hettinger* S. 285ff).

13 **3. Günstigster Strafrahmen bei zwei vertypten Milderungsgründen.** In der Regel ist der Strafrahmen des minder schweren Falles für den Angeklagten günstiger als der des § 49 Abs. 1. Liegen zwei vertypte Milderungsgründe (etwa nach §§ 21, 23) vor und reicht einer zusammen mit den allgemeinen Milderungsgründen für die Bejahung eines minder schwereren Falles nicht aus, dann kann eine doppelte Milderung nach § 49 Abs. 2 vorteilhafter sein als die Annahme eines minder schweren Falles unter „Verbrauch" der vertypten Milderungsgründe (z.B. bei § 177 Abs. 9, §§ 212, 213; § 250).

14 Wenn sowohl die Voraussetzungen für die Annahme eines minder schweren Falles als auch die einer günstigeren mehrfachen Strafrahmenmilderung nach § 49 Abs. 1 vorliegen, muss das Tatgericht eine – sachlich gerechtfertigte – doppelte Milderung vornehmen. Es gibt keine Rechtfertigung dafür, es in diesen Fällen dem Tatgericht zu überlassen, ob es bei versuchtem Totschlag durch einen erheblich vermindert Schuldfähigen gemäß §§ 212, 21, 23, 49 Abs. 1 einen Strafrahmen von 6 Monaten bis acht Jahre fünf Monate oder gemäß § 213 2. Alt. einen solchen von einem Jahr bis zehn Jahre annimmt.

15 **4. Unterschiedliche Strafrahmengrenzen.** Nicht selten ist zwar die Höchststrafe für einen minder schweren Fall niedriger als die nach § 49 Abs. 1 gemilderte, die Mindeststrafe hingegen höher (z.B. bei § 177 Abs. 9, § 249 Abs. 2 und § 250 Abs. 3). Besonders groß ist der Unterschied bei den nach § 49 Abs. 2 gemilderten Strafrahmen.

16 Nach Ansicht des BGH hängt es von den Besonderheiten des Einzelfalles ab, welcher Strafrahmen günstiger ist (BGHSt **33** 92, 93; StV **2015** 552). Es kommt darauf an, ob sich das Tatgericht eher an der Mindest- oder an der Höchststrafe orientiert hat. Eine Kombination der Milderungsmöglichkeiten in der Art, dass der Strafrahmen durch die jeweils milderen Ober- und Untergrenzen gebildet wird, hat der BGH abgelehnt (BGH NStZ **1999** 610). Wenn das Tatgericht aber den im konkreten Fall sachlich gerechtfertigten günstigsten Strafrahmen wählen muss, dann steht ihm **faktisch** nur der Strafrahmen zur Verfügung, der durch die Untergrenze des nach § 49 gemilderten und die Obergrenze des für den minder schweren Falles vorgesehenen begrenzt wird (vgl. auch *Frisch* JR **1986** 89). Die Strafrahmenmilderung nach § 49 Abs. 1 oder Abs. 2 ist dann in der Regel ohnehin nur geboten, wenn der Unrechts- und Schuldgehalt der Tat besonders gering ist und eine Strafe in Betracht kommt, die im Bereich der für den minder schweren Fall vorgesehenen Mindeststrafe liegt. In einem derartigen Fall dürften aber regelmäßig zahlreiche allgemeine Strafmilderungsgründe vorliegen, die bereits die Annahme eines minder schweren Falles gebieten, so dass § 50 nicht anwendbar ist und deshalb ohnehin eine weitere Strafrahmenmilderung nach § 49 in Betracht kommt.

17 **5. Verneinung eines besonders schweren Falles.** Die genannten Grundsätze (Rdn. 9 bis 16) sind auch zu beachten, wenn man **mit der Rechtsprechung des BGH** in analoger Anwendung des § 50 die Verneinung eines besonders schweren Falles mit der Begründung eines minder schweren Falles gleichsetzt (Rdn. 5). Auch hier wäre zunächst zu prüfen, ob ein besonders schwerer Fall trotz der Verwirklichung des Regelbeispiels aufgrund allgemeiner Strafzumessungsgründe verneint werden kann. Erst wenn das nicht möglich ist, sind vertypte Milderungsgründe heranzuziehen, um mit ihrer Hilfe den besonders schweren Fall zu verneinen. Häufig führt die Verneinung

eines besonders schweren Falles trotz Verwirklichung eines Regelbeispiels zu einem für den Angeklagten günstigeren Strafrahmen als eine Strafrahmenmilderung nach § 49 Abs. 1.

IV. Begründungspflichten im Urteil

Gemäß § 267 Abs. 3 S. 1 StPO ist das Gericht verfahrensrechtlich verpflichtet, die für seine Strafzumessung **bestimmenden Umstände** darzulegen (§ 46 Rdn. 315). Nach § 267 Abs. 3 S. 2 StPO müssen die Urteilsgründe ergeben, weshalb ein minder schwerer Fall angenommen oder einem in der Verhandlung gestellten Antrag entgegen verneint worden ist. Auch ohne Antrag besteht bei Vorliegen gesetzlich vertypter Milderungsgründe eine sachlich-rechtliche Pflicht zur Erörterung eines minder schweren Falles (BGH StV **1981** 169f; *Julius* in: *Gercke/Julius/Temming* u.a., Strafprozessordnung[5] § 267, Rdn. 16).[22] Die Strafrahmenwahl muss dann unter Berücksichtigung des § 50 erwogen und begründet werden.[23] Aus den Urteilsgründen muss hervorgehen, dass das Tatgericht sich zweier unterschiedlicher Strafrahmen und mithin der Wahlmöglichkeit nach § 50 bewusst war (BGH StV **1988** 385). Liegen außergewöhnliche mildernde Umstände in der Tat und der Persönlichkeit des Angeklagten vor, so muss das Gericht sich bei Prüfung eines minder schweren Falles zunächst mit diesen auseinandersetzen und darf nicht vorschnell einen zusätzlich verwirklichten vertypten Milderungsgrund zu seiner Begründung heranziehen (BGH NStZ **2008** 338). Zur Berücksichtigung der zur Strafrahmenmilderung führenden Umstände im Rahmen der Strafzumessung im engeren Sinne (§ 46) vgl. Rdn. 6. 18

§ 51
Anrechnung

(1) [1]Hat der Verurteilte aus Anlaß einer Tat, die Gegenstand des Verfahrens ist oder gewesen ist, Untersuchungshaft oder eine andere Freiheitsentziehung erlitten, so wird sie auf zeitige Freiheitsstrafe und auf Geldstrafe angerechnet. [2]Das Gericht kann jedoch anordnen, daß die Anrechnung ganz oder zum Teil unterbleibt, wenn sie im Hinblick auf das Verhalten des Verurteilten nach der Tat nicht gerechtfertigt ist.

(2) Wird eine rechtskräftig verhängte Strafe in einem späteren Verfahren durch eine andere Strafe ersetzt, so wird auf diese die frühere Strafe angerechnet, soweit sie vollstreckt oder durch Anrechnung erledigt ist.

(3) [1]Ist der Verurteilte wegen derselben Tat im Ausland bestraft worden, so wird auf die neue Strafe die ausländische angerechnet, soweit sie vollstreckt ist. [2]Für eine andere im Ausland erlittene Freiheitsentziehung gilt Absatz 1 entsprechend.

(4) [1]Bei der Anrechnung von Geldstrafe oder auf Geldstrafe entspricht ein Tag Freiheitsentziehung einem Tagessatz. [2]Wird eine ausländische Strafe oder Freiheitsentziehung angerechnet, so bestimmt das Gericht den Maßstab nach seinem Ermessen.

22 *Schäfer/Sander/van Gemmeren* Rdn. 1411.
23 *Maier* MK Rdn. 15.

https://doi.org/10.1515/9783110300499-022

(5) [1]Für die Anrechnung der Dauer einer vorläufigen Entziehung der Fahrerlaubnis (§ 111a der Strafprozeßordnung) auf das Fahrverbot nach § 44 gilt Absatz 1 entsprechend. [2]In diesem Sinne steht der vorläufigen Entziehung der Fahrerlaubnis die Verwahrung, Sicherstellung oder Beschlagnahme des Führerscheins (§ 94 der Strafprozeßordnung) gleich.

Schrifttum

Baumgärtner Die Auswirkungen der neuen Fassung des § 60 Absatz 1 StGB, MDR **1970** 190; *Bock* Zur transnationalen Wirkung ausländischer Strafe oder Freiheitsentziehungen gem. § 51 Abs. 3, Abs. 4 S. 2 StGB, ZIS **2010** 482; *Dencker* Die Anrechnung der Untersuchungshaft, MDR **1971** 627; *Dreher* Zweifelsfragen zur Anrechnung der Untersuchungshaft nach der Neufassung des § 60 StGB, MDR **1970** 965; *Hecker* Europäisches Strafrecht: Transnationales Doppelbestrafungsverbot, JuS **2014** 845; *Horstkotte* Die Vorschriften des Ersten Gesetzes zur Reform des Strafrechts über die Strafbemessung (§§ 13–16, 60 StGB), JZ **1970** 122; *Jung* „Internationalisierung" des Grundsatzes „ne-bis-in-idem", Festschrift Schüler-Springorum (1993) 493; *Löffler* Zur Frage der Nichtanrechnung der erlittenen Haft im Falle der Haftanordnung gemäß § 230 II StPO, MDR **1978** 726; *Morgenstern* Anrechnung von Auslandshaft nach § 51 Abs. 3 und 4 StGB und die Frage der Haftbedingungen, StV **2016** 395; *Eb. Schmidt* Revisionsrechtliche Fragen bezüglich der Anrechnung der Untersuchungshaft, MDR **1968** 537; *G. Schmidt* in: *Jescheck/Krümpelmann* Die Untersuchungshaft im deutschen, ausländischen und internationalen Recht (1971); *H.W. Schmidt* Die Anrechnung der Untersuchungshaft, SchlHA **1964** 131; *Seibert* Zur Anrechnung der Untersuchungshaft, DRiZ **1955** 288; *ders.* Anrechnung der Untersuchungshaft durch das Revisionsgericht, NJW **1959** 1521; *Specht* Die zwischenstaatliche Geltung des Grundsatzes ne-bis-in-idem (1999); *Stein* Zum europäischen ne-bis-in-idem nach Art. 54 des Schengener Übereinkommens (2004); *Ullenbruch* Strafzeitberechnung nach Maßregelabbruch, NStZ **2000** 287; *Wacker* Die Anrechnung von ausländischer Freiheitsentziehung nach § 51 Abs. 4 Satz 2 StGB, StRR **2008** 450; *Warda* Das Fahrverbot gemäß § 37 StGB, GA **1965** 65; *Weber/Römer* Die Anrechenbarkeit verfahrensfremder Untersuchungshaft, NJW **1965** 854; *Würtenberger* Die Anrechnung der Untersuchungshaft, JZ **1952** 545; *Würz* Das Schengener Durchführungsübereinkommen (1997).

Entstehungsgeschichte

Die Ursprungsfassung des § 60 RStGB wurde durch das GewVerbrG vom 24.11.1933 (RGBl. I S. 995) ergänzt (Aufnahme der einstweiligen Unterbringung). Durch das 2. StraßenVSichG vom 26.11.1964 (BGBl. I S. 921) wurde ein Absatz 2 hinzugefügt. Durch das 1. StrRG vom 25.6.1969 (BGBl. I S. 645) wurde die Vorschrift umgestaltet und der Inhalt des früheren § 7 als Absatz 3 mit übernommen. Die Fassung des 1. StrRG (§ 60) stimmt wörtlich mit den Absätzen 1, 3 und 5 sowie weitgehend mit Absatz 2 des geltenden Rechts überein; sie war seit 1.9.1969 in Kraft. Durch das 2. StrRG vom 4.7.1969 (BGBl. I S. 717) – in Kraft seit 1.1.1975 – erhielt die Vorschrift die Bezeichnung **§ 51.** Im Hinblick auf die Einführung des neuen Geldstrafensystems wurde der geltende Absatz 4 eingefügt. Durch Art. 1 Nr. 2 des 23. StrÄndG ist mit Wirkung vom 1.5.1986 in Absatz 2 die Anrechnung der früheren Strafe auch insoweit vorgeschrieben, als sie durch Anrechnung erledigt ist.

Gesetzesmaterialien

E 1962 § 66, Begr. S. 188; Niederschriften der Großen Strafrechtskommission Bd. 4 S. 21, 127, 277 ff, 396 f, 411, 414, 416, 418, 533 ff; Bd. 12 S. 579; AE § 63; 1. Bericht BT-Drs. V/4094 S. 24; 2. Bericht BT-Drs. V/4095 S. 24.

Zum früheren Recht. Bis zum 1. StrRG bestimmte **§ 60 Abs. 1** in der damaligen Fassung, dass „eine erlittene Untersuchungshaft oder einstweilige Unterbringung bei Fällung des Urteils auf die erkannte Strafe ganz oder teilweise angerechnet werden" könne.

Es stand also im pflichtgemäßen Ermessen, ob und in welchem Umfange das Gericht die Untersuchungshaft auf die erkannte Strafe anrechnen wollte.[1] Allerdings wurde dieses Ermessen von den Revisionsgerichten rechtlich nachgeprüft. Das Gericht war deshalb von jeher gehalten, in den Urteilsgründen erkennen zu lassen, dass die Anrechnung erwogen und die Befugnis des § 60 beachtet worden ist.[2] Für die Anrechnung waren – dem Grundgedanken der Vorschrift folgend – Billigkeitserwägungen maßgebend.[3] Indessen führten die von der Rechtsprechung im Laufe der Zeit entwickelten Grundsätze dazu, dass die vollständige Anrechnung der Untersuchungshaft in der Praxis zur Regel, die Versagung der Anrechnung zur Ausnahme geworden war.[4] Es bestand schon früher Einigkeit darüber, dass die Anrechnung der Untersuchungshaft nicht Gnadenerweis für den Geständigen ist, ihre Versagung daher auch keine zusätzliche Strafe für den Leugnenden sein darf (BGH NJW **1956** 1845).

Übersicht

---

1 RGSt **35** 234, BGHSt **3** 330.
2 RG DJ **1939** 1665; RG HRR **1939** 340.
3 RGSt **71** 140; *Dreher* MDR **1970** 968.
4 *Seibert* DRiZ **1955** 288; *Weber/Römer* NJW **1965** 855; *Dreher* MDR **1970** 969.

I. Inhalt und Anwendungsbereich der Vorschrift

1 § 51 ist keine Regelung der Strafzumessung, sondern eine solche der **Strafvollstreckung** (Rdn. 39ff). Abgesehen von Absatz 1 Satz 2 und Absatz 4 Satz 2 ist Adressatin der Norm die Vollstreckungsbehörde. Die Anrechnung der Untersuchungshaft sowie für alle mit der Tat zusammenhängenden Freiheitsentziehungen, die nicht Strafe sind, ist gesetzlich zwingend vorgeschrieben (Absatz 1 Satz 1). Nur noch in Ausnahmefällen kann aufgrund besonderer gerichtlicher Anordnung die Anrechnung der Untersuchungshaft unterbleiben (Absatz 1 Satz 2). Absatz 2 regelt die Anrechnung einer vollstreckten oder durch Anrechnung erledigten Strafe. Die Anrechnung von vollstreckten ausländischen Strafen sowie von im Ausland erlittenen Freiheitsentziehungen ist in Absatz 3 geregelt. Für die Anrechnung von Geldstrafen und auf Geldstrafen gilt der Gleichstellungsgrundsatz des § 43 Satz 2 und für die Anrechnung von ausländischen Strafen oder Freiheitsentziehungen das auf den Maßstab beschränkte Ermessensprinzip (Absatz 4 Satz 1 und 2). Vorgeschrieben ist auch die Anrechnung einer vorläufigen Entziehung der Fahrerlaubnis sowie der Verwahrung, Sicherstellung und Beschlagnahme des Führerscheins auf ein Fahrverbot nach § 44 (Absatz 5).

2 Für das **Jugendstrafrecht** gelten entsprechende Vorschriften: § 52 JGG für die Berücksichtigung von Untersuchungshaft oder anderer Freiheitsentziehung bei Verurteilung zu Jugendarrest und § 52a JGG für die Anrechnung auf Jugendstrafe. Weitere funktional **ähnliche Regelungen** enthalten § 56f Abs. 3 S. 2, § 58 Abs. 2 S. 2 betreffend die Anrechnung von zur Erfüllung von Bewährungsauflagen oder -anerbieten erbrachten Leistungen, § 57a Abs. 2 betreffend die Anrechnung von Freiheitsentziehung aus Anlass der Tat bei der Bestimmung der Verbüßungsdauer der lebenslangen Freiheitsstrafe, § 67 Abs. 4 und 6 für die Anrechnung des Maßregelvollzugs, § 36 Abs. 1 und 3 BtMG für die Anrechnung einer stationären Suchtbehandlung sowie § 178 Abs. 3 GVG für die Anrechnung von Ordnungsgeld oder Ordnungshaft.

3 Die Anrechnungsvorschriften des § 51 gelten für die gesamte während des Verfahrens erlittene Freiheitsentziehung **bis zur Rechtskraft des Urteils**[5] ggf. mit der Folge, dass ein vom Tatgericht vorgenommener Anrechnungsausschluss (§ 51 Abs. 1 S. 2, Abs. 3 S. 2) über den Zeitpunkt der Urteilsverkündung hinauswirkt.[6] Allerdings ist Untersuchungshaft ab dem in § 450 Abs. 1 StPO bestimmten Zeitpunkt nach dieser Vorschrift, d.h. ohne Ausschlussmöglichkeit, anzurechnen (Rdn. 70).

4 § 51 Abs. 1 S. 1 wird **analog** angewendet zur **Kompensation von rechtsstaatswidrigen Verfahrensverzögerungen** nach der sog. Vollstreckungslösung (BGHSt **52** 124, 138; vgl. § 46 Rdn. 246ff). Umstritten ist, ob die Vorschrift analog in den Fällen anzuwenden ist, in denen eine Maßregel nach § 63 wegen einer anfänglichen Fehldiagnose für erledigt erklärt wird: so KG StraFo **2015** 128; OLG Hamm NStZ-RR **2017** 392; OLG Rostock Beschl. v. 16.1.2017 – 20 Ws 173/16, BeckRS **2017** 100581; **aA** OLG Hamburg NStZ-RR **2018** 229 – Anrechnung der Zeit des Maßregelvollzugs nur bis zum Zweidrittelzeitpunkt gem. § 67 Abs. 4.

5 OLG Celle NJW **1970** 768; OLG Frankfurt NJW **1970** 1140; OLG München NJW **1970** 1141; **1971** 2275; OLG Düsseldorf MDR **1990** 172; *Lackner/Kühl/Heger* Rdn. 5; *Sch/Schröder/Stree/Kinzig* Rdn. 6.

6 *Dreher* MDR **1970** 965; *Maier* MK Rdn. 6; **abw.** *Horn/Wolters* SK Rdn. 5.

II. Anrechenbare Eingriffe

1. Anrechnung gemäß § 51 Abs. 1 Satz 1

a) Allgemeines. Bei der Auslegung der Vorschrift ist zu beachten, dass die Vollstreckung von Strafe die durch Art. 2 Abs. 2 GG verfassungsrechtlich gewährleistete Freiheit der Person berührt. Aus diesem Grund ist eine dem Angeklagten nachteilige, lediglich am Wortlaut der Vorschrift orientierte Anwendung des Gesetzes unzulässig. Das Bundesverfassungsgericht hat mehrfach die Nichtanrechnung sog. verfahrensfremder Untersuchungshaft beanstandet (BVerfG NStZ **1999** 24; 125; 477; **2000** 277; **2001** 501). Nach Sinn und Zweck der Vorschrift soll jede Art von Freiheitsentziehung, die aus Anlass der Tat (Rdn. 10ff) in Deutschland vollzogen wurde, auf die Strafe angerechnet werden. Dabei kommt es nicht darauf an, ob die Freiheitsentziehung nach den Vorschriften der StPO oder aufgrund anderer Bestimmungen erfolgte. Unerheblich ist auch, ob sie von deutschen oder ausländischen Behörden angeordnet wurde (BGH NStZ **1997** 385). 5

b) Freiheitsentziehung. Wie sich aus der Gegenüberstellung von § 51 Abs. 1 und 3 ergibt, ist **Untersuchungshaft** im Sinne des Absatzes 1 nur deutsche Untersuchungshaft nach §§ 112ff StPO, § 72 JGG. Um deutsche Untersuchungshaft handelt es sich grundsätzlich auch beim Gewahrsamsvollzug nach Art. 22 des Zusatzabkommens zum NATO-Truppenstatut, da das Recht deutscher Behörden zu bestimmen, ob der Beschuldigte in Untersuchungshaft zu nehmen und wann er zu entlassen ist, von diesen Bestimmungen unberührt bleibt.[7] Da nur vollzogene Untersuchungshaft angerechnet werden kann, ist indessen stets zu ermitteln, ob der Gewahrsamsvollzug „untersuchungshaftgleich" vollzogen worden ist oder ob nur freiheitsbeschränkende Maßnahmen von Behörden des Entsendestaates angeordnet worden sind (BGH Beschl. v. 13.6.1978 – 1 StR 108/78). 6

Als **sonstige Freiheitsentziehungen** fallen unter § 51 Abs. 1 die länger dauernde **vorläufige Festnahme** § 127 StPO,[8] die **einstweilige Unterbringung** nach § 126a StPO und nach § 71 Abs. 2, § 72 Abs. 4 JGG,[9] die **Unterbringung zur Beobachtung** nach § 81 StPO[10] und nach § 73 JGG, die Zeit einer zwangsweisen **Vorführung zur amtsärztlichen Untersuchung** nach § 81a StPO,[11] die **Freiheitsentziehung nach den Unterbringungsgesetzen der Länder,**[12] die **Vorführungshaft** nach § 230 Abs. 2 StPO, der **persönliche Sicherheitsarrest** nach §§ 918, 933 ZPO,[13] die **Organisationshaft** (Rdn. 38),[14] die **Auslieferungshaft** nach §§ 15, 16 IRG, ebenso die vorübergehende Auslieferungshaft nach § 68 IRG,[15] die **Durchlieferungshaft** nach § 45 Abs. 2 IRG sowie die im Inland verbüßte[16] **Abschiebehaft**[17] und die **Sicherungsverwahrung**, wenn an ihrer Stelle Untersuchungshaft angeordnet und vollzogen worden wäre.[18] 7

---

7 OLG Koblenz NJW **1974** 2193; *Marenbach* NJW **1978** 2434; **aA** OLG Frankfurt NJW **1973** 2219.
8 OLG Stuttgart NStZ **1984** 381.
9 BGH NStZ-RR **2014** 138.
10 BGHSt **4** 325.
11 LG Osnabrück NJW **1973** 2256; **aA** LG Oldenburg Rpfleger **1970** 175 m. abl. Anm. *Pohlmann*; *Lackner/Kühl/Heger* Rdn. 1; *v. Heintschel-Heinegg* BeckOK Rdn. 3.
12 BGH bei *Dallinger* MDR **1971** 363; OLG Düsseldorf MDR **1990** 172.
13 KG NStZ-RR **2005** 388.
14 OLG Zweibrücken NStZ **1996** 357.
15 BGH NJW **2000** 1964.
16 Zur im Ausland verbüßten Haft s. Absatz 3.
17 OLG Hamm NJW **1977** 1019; OLG Celle NStZ-RR **2002** 254.
18 OLG Köln OLGSt StGB § 51 Nr 18.

8 Auch der **Disziplinararrest** (§ 22 Nr. 5 WDO) ist eine anzurechnende andere Freiheitsentziehung, die „aus Anlass" der abgeurteilten Tat erlitten wurde. Die Gegenmeinung, die den Disziplinararrest nicht als Fall einer anderen Freiheitsentziehung im Sinne des § 51 betrachtet,[19] führt zu keinen anderen Ergebnissen, nachdem das Bundesverfassungsgericht die Anrechnung des Disziplinararrests auf eine strafgerichtliche Verurteilung zu einer Freiheitsstrafe in derselben Sache aus Gründen der Rechtsstaatlichkeit für geboten erachtet (BVerfGE **21** 378, 390, 391).[20] Bei einer strafgerichtlichen Verurteilung zu Geldstrafe kann bei vorausgegangener Verhängung eines Disziplinararrestes nichts anderes gelten, um die zu einer Geldstrafe Verurteilten gegenüber denen, die wegen schwerer Taten eine Freiheitsstrafe erhielten, nicht schlechter zu stellen.[21] Aus diesem Grund ist auch eine **Disziplinarbuße** (§ 24 WDO) in derselben Sache auf eine Geldstrafe anzurechnen (OLG Hamm NJW **1978** 1063). Solche Disziplinarmaßnahmen sind schließlich auch auf den Strafarrest (§ 9 WStG) anzurechnen (OLG Frankfurt NZWehr. **1973** 194). **Arrest nach § 103 StVollzG**, der gegen einen Strafgefangenen verhängt worden ist, kann hingegen nicht angerechnet, aber bei der Strafzumessung berücksichtigt werden (OLG Hamm NJW **1972** 593), da der Strafgefangene hierdurch keine weitere Freiheitsbeschränkung erfährt und der Fall mit dem der Anrechnung eines Disziplinararrestes nach der WDO nicht vergleichbar ist.

9 **Nur vollzogene Freiheitsentziehung** wird angerechnet; der Beschuldigte muss sie „erlitten" haben (§ 51 Abs. 1 S. 1). Es reicht also nicht aus, dass ein Haft- oder Unterbringungsbefehl lediglich erlassen und „Überhaft notiert" worden ist.[22] Solange der Beschuldigte in Unterbrechung der Untersuchungshaft eine Strafe verbüßt, wird keine Untersuchungshaft an ihm vollzogen.[23] Die Haftverschonung unter Auflagen ist keine Freiheitsentziehung i.S.d. Absatzes 1, ebenso wenig das einem Soldaten auferlegte Ausgehverbot (OLG Zweibrücken NJW **1975** 509) oder eine sonstige bloße Freiheitsbeschränkung, durch die keine haftgleiche Freiheitsentziehung stattgefunden hat, wie z.B. Hausarrest (BGH NJW **1998** 767 m. **krit.** Anm. *Gullo/Murmann* wistra **1998** 261; BGH Beschl. v. 25.4.2018 – 1 StR 65/18).

c) Aus Anlass der verfahrensgegenständlichen Tat

10 **aa) Nach dem Wortlaut des Gesetzes** kann grundsätzlich nur Untersuchungshaft oder andere Freiheitsentziehung angerechnet werden, die aus Anlass einer Tat erlitten wurde, welche Gegenstand des Verfahrens ist oder in einem früheren Stadium gewesen ist. Dieser **Grundsatz der Verfahrenseinheit** wurde unter Geltung der früheren Fassung des § 60 (vor dem 1. StrRG) von der Rechtsprechung entwickelt.[24] Er wurde schon damals verhältnismäßig weit ausgelegt (RGSt **71** 142). Der Gesetzgeber hat diese Entwicklung im 1. StrRG (§ 60 a.F.) gesetzlich anerkannt und die Rechtsprechung folgt auf dem Boden des aktuellen Gesetzeswortlauts der Tendenz einer möglichst weitgehenden Anrechnung.

11 **Verfahrenseinheit** ist nicht nur gegeben, wenn der Täter **wegen der abgeurteilten Straftat** in Untersuchungshaft genommen worden war. Sie liegt bereits nach dem Gesetzeswortlaut auch vor, wenn die Tat, derentwegen die Freiheitsentziehung vollzogen

---

19 *Lackner/Kühl/Heger* Rdn. 17.
20 BVerfGE **21** 378, 390, 391 = NJW **1967** 1651, 1653 m. **krit.** Anm. *Rupp*.
21 So OLG Frankfurt NJW **1971** 852; OLG Hamm NJW **1978** 1063; vgl. *Lingens* NZWehrr. **1973** 19; **aA** *Hennings* NZWehrr. **1972** 86.
22 RG DR **1939** 362; anders noch RG JW **1939** 31; RG Rspr. **4** 850; *SSW/Eschelbach* Rdn. 6.
23 RG Rspr. **2** 380; BGHSt **22** 306; OLG Hamm MDR **1969** 407.
24 RGSt **3** 265; **30** 185; **31** 245.

worden war, **in irgendeiner Phase Gegenstand des zum Abschluss kommenden Verfahrens** gewesen ist. Einer Anrechnung der Untersuchungshaft steht es somit nicht entgegen, dass die Tat, die zur Untersuchungshaft führte, inzwischen **aus dem Verfahren ausgeschieden** ist, sei es, dass das Verfahren insoweit von der Staatsanwaltschaft oder dem Gericht **eingestellt** worden ist (BGH StraFo **2011** 519) oder dass der Täter **freigesprochen**, in einem vorausgegangenen Verfahren **abgeurteilt** (RGSt **71** 140) oder das Verfahren insoweit während der Hauptverhandlung oder zuvor **abgetrennt** worden ist (BGH GA **1966** 210). Zur Anrechnung führt § 51 erst recht, wenn der Täter wegen mehrerer Straftaten in Haft genommen, jedoch nur wegen einer Tat verurteilt worden ist. Von jeher war es unerheblich, ob die Tat der Verurteilung im Haftbefehl aufgeführt war (RGSt **71** 142). Es ist nicht einmal erforderlich, dass im Zeitpunkt der Haftanordnung die Tat, die der Verurteilung zugrunde liegt, bereits Gegenstand des Verfahrens war. Sie kann auch erst durch eine **Nachtragsanklage** in das einheitliche Verfahren hineingekommen sein.[25] Anzurechnen ist grundsätzlich sogar eine Untersuchungshaft, die bereits beendet war, bevor der Täter die zur Verurteilung führende Tat begangen hat (BGHSt **28** 29 m. Anm. *Tröndle* JR **1979** 73).[26] Es muss also nicht die die Untersuchungshaft auslösende Tat Gegenstand der Verurteilung sein. Für die Anrechnung genügt es, dass eine andere Tat, die Gegenstand desselben Verfahrens ist, die Strafe zur Folge hat.[27]

bb) Verfahrensfremde Freiheitsentziehung. Die überwiegende Zahl der Entscheidungen hat früher gestützt auf den Wortlaut des Gesetzes und auf Gründe der praktischen Notwendigkeit eine analoge Anwendung von § 51 zu Gunsten des Verurteilten bei „verfahrensfremder" (Untersuchungs-)Haft abgelehnt (vgl. Übersicht bei BGHSt **43** 112, 115). Dies hat das Bundesverfassungsgericht in mehreren Fällen als verfassungswidrig beanstandet (BVerfG NStZ **1999** 24; 125; 477; **2000** 277; **2001** 501) und dabei auf die grundlegende Entscheidung des BGH vom 26.6.1997 (BGHSt **43** 112) verwiesen. Danach ist eine Verfahrenseinheit nicht nur bei einer förmlichen Verbindung der in Betracht kommenden Verfahren nach den Regeln der Strafprozessordnung, sondern auch dann anzunehmen, wenn ein **sachlicher Bezug** oder **funktionaler Zusammenhang** zwischen den Verfahren besteht. Der BGH hat zwar offengelassen, ob und gegebenenfalls bei welcher Verfahrenslage es allgemein zulässig ist, „verfahrensfremde" Untersuchungshaft analog § 51 anzurechnen. Er hat die Anrechnungsvoraussetzungen aber auch dann bejaht, wenn das die vorläufige Freiheitsentziehung betreffende Verfahren stets formell von dem anderen nicht zur Verurteilung führenden Verfahren getrennt geführt wurde, die vorläufige Freiheitsentziehung in dem einen Verfahren sich aber auf den Gang des anderen konkret ausgewirkt hat (BGHSt **43** 112, 120). 12

Eine **funktionale Verfahrenseinheit**, die eine Anwendung von § 51 rechtfertigt, liegt danach immer dann nahe, wenn sich eine formal verfahrensfremde vorläufige Freiheitsentziehung auf ein anderes Verfahren verfahrensnützlich ausgewirkt hat, so z.B., wenn in dem Verfahren, das später zu einer Verurteilung führt, Haftbefehl erlassen worden war, der nicht – dauerhaft – vollzogen, sondern mit dem Überhaft notiert wurde, weil in dem anderen Verfahren gegen denselben Beschuldigten bereits ein Haftbefehl vollstreckt wurde (BGHSt **43** 112, 120, s.a. OLG Saarbrücken wistra **1996** 70). In einem solchen Fall dient die Untersuchungshaft in den anderen Verfahren unmittelbar auch dem Verfahren, in dem auf Strafe erkannt wird. Insofern hat der Täter sie **zugleich** aus Anlass der Tat erlitten, die der Verurteilung zugrunde liegt. 13

---

25 RGSt **71** 143; RG DR **1939** 362; anders noch RGSt **30** 182.
26 OLG Schleswig NJW **1978** 115.
27 BGH Urt. v. 19.5.1981 – 1 StR 165/81.

14 Verfahrenseinheit wird auch bejaht für Fälle, in denen eine Einstellung des einen Verfahrens nach § 154 Abs. 2 StPO im Hinblick auf das mit der Verurteilung endende selbständige andere Verfahren erfolgt war (BVerfG NStZ **1999** 24; 125; 546; BGHSt **43** 112, 120). Ebenso wird eine im Ausland begangene Straftat (spätestens) durch die Entscheidung der Staatsanwaltschaft, von der Verfolgung dieser Straftat gemäß § 153c Abs. 1 Nr. 1 StPO abzusehen, zum Gegenstand eines inländischen Ermittlungsverfahrens mit der Folge, dass eine im Ausland wegen dieser Tat vollstreckte Strafe auf eine wegen einer anderen Tat in demselben Verfahren verhängte Strafe anzurechnen ist (BGHR StGB § 51 Abs. 3 Anrechnung 2). Unerheblich ist jeweils, dass die Untersuchungshaft bereits beendet war, bevor die später abgeurteilte Tat begangen wurde (BVerfG StV **1998** 664; NStZ **1999** 477; s.a. OLG Nürnberg NStZ **1990** 406).

15 Verfahrenseinheit wird ferner nach einer Einstellung des einen Verfahrens gemäß § 170 Abs. 2 StPO angenommen, sofern eine Verbindung beider Verfahren möglich gewesen wäre (OLG Dresden NStZ-RR **1997** 205). Bei einer Einstellung eines der Verfahren nach § 154 StPO hingegen ist nach der Vorgabe des Bundesverfassungsgerichts (s. insbesondere BVerfG NStZ **1999** 477) nicht Voraussetzung, dass eine Verbindung der Verfahren hätte hergestellt werden können. Entscheidungen, die auch für diesen Fall eine Anrechnung „verfahrensfremder" Untersuchungshaft abgelehnt haben,[28] sind überholt.

16 Der Anrechnung verfahrensfremder Untersuchungshaft steht nicht entgegen, dass der Verurteilte eine Entschädigung nach dem StrEG erhalten hat (OLG Düsseldorf StV **2001** 517).

17 **cc) Nachträgliche Gesamtstrafenbildung.** Die verhältnismäßig weite Ausdehnung, die § 51 Abs. 1 Satz 1 erfahren hat, ist auch für die Fälle der nachträglichen Gesamtstrafenbildung nach § 55, aber auch nach §§ 460, 462 StPO maßgebend. Der Angeklagte soll keinen Nachteil dadurch haben, dass gegen ihn nacheinander mehrere Verfahren durchgeführt worden sind, obwohl er zur Zeit des ersten Urteils auch die übrigen Taten schon begangen hatte. Der BGH (BGHSt **23** 297)[29] hat sich daher – abweichend von der Rechtsprechung des Reichsgerichts[30] – auf den Standpunkt gestellt, dass dann, wenn eine Strafe aus einem früheren Verfahren einbezogen werden soll, die Untersuchungshaft aus dem zweiten Verfahren auf die zu bildende Gesamtstrafe in voller Höhe anzurechnen ist und zwar auch, wenn sie die Einzelstrafen übersteigt, die in der zweiten Sache verhängt werden. Diesen Grundsatz hat das Bundesverfassungsgericht dahin erweitert, dass bereits die **potentielle Gesamtstrafenfähigkeit** von Strafen aus verschiedenen Verfahren die Anwendung von § 51 rechtfertigt (BVerfG NStZ **2001** 501). Wird ein Verurteilter in einem weiteren Verfahren vom Vorwurf der Begehung einer anderen Tat freigesprochen, die im Falle ihres Erwiesenseins zur Verhängung einer einheitlichen Rechtsfolge geführt hätte, ist ebenfalls die Anrechnung der Untersuchungshaft aus dem Verfahren geboten, das mit Freispruch endete (BVerfG NStZ **2000** 277).

2. Rechtskräftige inländische Strafen (Absatz 2)

18 **a) Voraussetzungen der Anrechnung.** Die Vorschrift regelt die Anrechnung rechtskräftig verhängter Strafen, auch Geld- oder Nebenstrafen, die in einem späteren Verfahren durch eine andere Strafe ersetzt werden. Sie hat im Hinblick auf das Doppelbestrafungsverbot aus Art. 103 Abs. 3 GG nur **deklaratorischen Charakter.**[31] Voraus-

---

28 OLG Hamm NStZ **1981** 480; NStZ-RR **1996** 377; OLG Düsseldorf wistra **1997** 78.
29 BGHSt **23** 297 = JR **1971** 336 mit zust. Anm. *Koffka*.
30 RGSt **41** 318; **71** 143; RG DR **1939** 362.
31 BGHSt **21** 186, 187; *Kett-Straub* NK Rdn. 24; *Maier* MK Rdn. 40.

setzung der Anrechnung auf die neue Strafe ist, dass die rechtskräftig verhängte Strafe wenigstens teilweise vollstreckt oder durch Anrechnung erledigt ist. Nur im Umfang solcher Erledigung kommt die Anrechnung in Betracht. Durch Anrechnung erledigt sein kann eine Strafe nach einer vorläufigen Freiheitsentziehung (Rdn. 6ff), aber auch nach einem Maßregelvollzug gemäß § 67 Abs. 4 oder durch Anrechnung der Zeit einer Behandlung in einer staatlich anerkannten Einrichtung nach § 36 Abs. 1 und 3 BtMG; ebenso durch Anrechnung von Leistungen zur Erfüllung von Bewährungsauflagen nach Widerruf der Strafaussetzung zur Bewährung (§ 56f Abs. 3 Satz 2, § 58 Abs. 2 Satz 2).

b) Ersetzungsfälle. Die frühere rechtskräftige Strafe, um deren Anrechnung es geht, **19** wird ersetzt: wenn aus rechtskräftigen Einzelstrafen nach § 55 oder § 460 StPO nachträglich eine Gesamtstrafe gebildet wird, die dann allein Grundlage der Strafvollstreckung ist; wenn sonst nach Rechtskraft mit der Vollstreckung begonnen, dem Angeklagten aber nachträglich Wiedereinsetzung in den vorigen Stand gewährt und das Urteil geändert wird (BGHSt **18** 34, 36); wenn nach einem Wiederaufnahmeverfahren an Stelle der ursprünglich ausgesprochenen Strafe eine andere gebildet wird. § 51 Abs. 2 kann auch herangezogen werden, wenn der Angeklagte im Wiederaufnahmeverfahren freigesprochen wird, er aber eine Strafe verbüßt hat, mit der im Falle einer erneuten Verurteilung im Wiederaufnahmeverfahren eine Gesamtstrafe zu bilden gewesen wäre (OLG Frankfurt GA **1980** 262). Eine Anrechnung findet – kraft Gesetzes – auch statt bei Einbeziehung eines früheren Urteils gemäß § 31 Abs. 2 JGG oder § 66 JGG zur Bildung einer einheitlichen Jugendstrafe (BGHSt **41** 315).

Eine **Fahrerlaubnisentziehung** kann durch analoge Anwendung von § 51 Abs. 1 **20** i.V.m. Abs. 2 auf ein wegen einer Ordnungswidrigkeit verhängtes Fahrverbot angerechnet werden, wenn die Fahrerlaubnisentziehung in einem zunächst rechtskräftig gewordenen Strafbefehl angeordnet wurde, der wegen Wiedereinsetzung in den vorigen Stand gegen die Versäumung der Einspruchsfrist später weggefallen war (BayObLG JR **1987** 511 m. Anm. *Berz*).

3. Vollstreckte ausländische Strafe und andere Freiheitsentziehung im Ausland (Absatz 3)

a) Ausländische Strafen

aa) Rechtsgrund der Anrechnung ausländischer Strafen ist, dass das Verbot der **21** Doppelbestrafung aus Art. 103 Abs. 3 GG nur bei Verurteilungen durch ein inländisches Gericht gilt (BVerfGE **12** 62, 66; BGHSt **6** 177; **24** 54).[32] Es besteht auch noch keine allgemeine Regel des Völkerrechts, dass eine Person wegen desselben Lebenssachverhalts, dessentwegen sie bereits in einem dritten Staat zu einer vollstreckten Freiheitsentziehung verurteilt wurde, in einem anderen Staat nicht neuerlich angeklagt oder verurteilt werden darf oder jedenfalls die Zeit der im dritten Staat erlittenen Freiheitsentziehung im Falle einer neuerlichen Verurteilung angerechnet oder berücksichtigt werden muss (BVerfGE **75** 1, 18). Im **EU-Recht** gilt jedoch das Ne-bis-in-idem-Prinzip als allgemeiner Rechtsgrundsatz.[33] Nach Art. 50 der EU Grundrechtecharta darf niemand wegen einer Straftat, derentwegen er bereits in der Union nach dem Gesetz rechtskräftig verurteilt

---

32 *Jung* FS Schüler-Springorum 493, 495ff.

33 *v. Heintschel-Heinegg* BeckOK Rdn. 10; *Wanitschek* Die Grundrechtecharta der Europäischen Union im Strafverfahren (2018) S. 24f.

oder freigesprochen worden ist, in einem Strafverfahren erneut verfolgt oder bestraft werden. Art. 54 des Schengener Durchführungsübereinkommens (SDÜ) macht die Anwendung des Grundsatzes „ne bis in idem" allerdings von der zusätzlichen Bedingung abhängig, dass im Fall einer Verurteilung die Sanktion bereits vollstreckt worden ist, gerade vollstreckt wird oder nicht mehr vollstreckt werden kann. Diese „Vollstreckungsbedingung" stellt eine mit Art. 50 der Charta vereinbare Einschränkung des in diesem Artikel verankerten Rechts i.S.v. Art. 52 der Charta dar (EuGH NJW **2014** 3007).[34] Unter den Voraussetzungen des Art. 54 SDÜ kann demnach durch eine Verurteilung in einem anderen Vertragsstaat Strafklageverbrauch eintreten, der bereits im Erkenntnisverfahren zu beachten ist.[35] Die von einem Gericht eines Vertragsstaats verhängte Sanktion ist i.S.v. Art. 54 SDÜ auch „vollstreckt", wenn die Vollstreckung der verhängten Freiheitsstrafe zur Bewährung ausgesetzt worden ist, nicht jedoch, wenn der Angeklagte kurzfristig in Polizei- oder Untersuchungshaft genommen worden ist und dieser Freiheitsentzug nach dem Recht des Urteilsstaats auf eine spätere Vollstreckung der Haftstrafe anzurechnen wäre (EuGH NJW **2007** 3412). Das von Deutschland ratifizierte[36] Übereinkommen vom 25.5.1987 zwischen den Mitgliedstaaten der Europäischen Gemeinschaften über das Verbot der doppelten Strafverfolgung weitet den Ne-bis-in-idem-Grundsatz auf weitere Mitgliedstaaten der EU aus.[37] Wird die Vollstreckung einer Geld- oder Freiheitsstrafe im Wege der internationalen Rechtshilfe bewilligt, darf die Tat gem. § 56 Abs. 3 IRG nach deutschem Recht nicht mehr verfolgt werden.

22 Da es vorkommen kann, dass jemand – in zulässiger Weise – **wegen derselben Tat zweimal verurteilt** wird, ist es ein Gebot der Billigkeit, vollzogene Auslandsstrafen im Falle einer nachfolgenden Inlandsverurteilung anzurechnen (BGHSt **29** 63, 65). Absatz 3 schreibt diese Anrechnung zwingend vor. Damit wird vermieden, dass der Täter durch die Doppelverurteilung im Ergebnis schlechter gestellt wird, als er stehen würde, wenn er für die Tat nur einmal im inländischen Verfahren verurteilt worden wäre (BGHSt **29** 63, 65; **35** 172, 177). Die ausländische Verurteilung entbindet das deutsche Gericht in der Regel nicht von der Pflicht, die Tat nach deutschem Recht abzuurteilen und die angemessene Strafe festzusetzen, unabhängig von einer bereits durch das ausländische Urteil erkannten und im Ausland vollzogenen Strafe. Ist ein Urteil im Ausland ergangen und vollstreckt worden, so kann jedoch von der Verfolgung abgesehen werden, wenn die im Inland zu erwartende Strafe nach Anrechnung der ausländischen nicht ins Gewicht fiele (§ 153c Abs. 2 StPO). Die Regelung des § 51 Abs. 3 S. 2 wird für den Fall der im Ausland erlittenen Freiheitsentziehung im Rahmen eines Auslieferungsverfahrens zum Zwecke der Strafvollstreckung durch § 450a StPO ergänzt.

23 **bb) Voraussetzungen der Anrechnung.** Die Anrechnung setzt nach dem Wortlaut der Regelung voraus, dass der Verurteilte **wegen derselben Tat** bestraft worden ist. Hiermit ist derselbe geschichtliche Vorgang im Sinne des § 264 StPO gemeint (BGHSt **29** 63, 64; **35** 172, 177). Tatidentität in diesem Sinne ist auch gegeben, wenn die Tat im Ausland als Angriff auf ein anderes Rechtsgut angesehen[38] oder nur als Ordnungswidrigkeit verfolgt worden ist (BayObLG NJW **1972** 1631). Es genügt, dass nur ein Teil desselben ge-

---

34 *Hecker* JuS **2014** 845; *Wanitschek* aaO S. 29 f.
35 BGHSt **52** 275 = NStZ **2009** 457 m. Anm. *Lagodny*; *Fischer* Rdn. 16a; *Maier* MK Rdn. 43; s.a. *Specht* 1999; *Stein* 2004; *Würz* 1997.
36 BGBl. 1998 II S. 2226.
37 *Fischer* Rdn. 16b; *Kett-Straub* NK Rdn. 31.
38 BGH NJW **1953** 1522; BGH LM § 7 StGB (vor dem 1. StrRG) Nr. 1; RG HRR **1939** 480; BayObLGSt **1950** 158.

schichtlichen Vorgangs (etwa ein Teilstück einer Tat im Rechtssinne) Gegenstand der ausländischen Verurteilung gewesen ist (BGHSt **29** 63, 65). In einem solchen Fall muss das inländische Gericht die Verhandlung und Entscheidung auch auf den vom ausländischen Gericht schon abgeurteilten Einzelteil erstrecken. Ohne diese Erstreckung würde die Strafe für einen Tatteil angerechnet werden, der im inländischen Verfahren bei der Bestimmung der Rechtsfolgen der Tat außer Betracht geblieben wäre (BGHSt **29** 63, 65).

Mit der Entscheidung über die Anrechnung von im Ausland erlittener Haft soll der Täter so gestellt werden, als wenn er die Freiheitsentziehung im Inland erlitten hätte. Deshalb ist über den Wortlaut des Absatzes 3 Satz 1 hinaus eine im Ausland vollstreckte Strafe auch dann auf eine inländische anzurechnen, wenn die ausländische Strafvollstreckung eine **selbständige prozessuale Tat** betrifft, die im inländischen Erkenntnis zwar nicht mit abgeurteilt wird, die aber **Gegenstand des inländischen Verfahrens** gewesen ist (BGHSt **35** 172, 177; BGH NStZ **1990** 231, 232; StraFo **2017** 117). Der Zusammenhang mit § 51 Abs. 1 gebietet es, auch im Rahmen des Absatzes 3 Satz 1 auf den Gedanken der **Verfahrenseinheit** (Rdn. 11) abzustellen, der über die Grenzen der Identität der Tat im Sinne des § 264 StPO hinausreicht.[39] In entsprechender Anwendung des § 51 Abs. 1 und 3 ist darüber hinaus eine Anrechnung von im Ausland vollzogener Strafe nach den Grundsätzen der Anrechnung verfahrensfremder Untersuchungshaft möglich, wenn zwischen der die Untersuchungshaft- und Auslieferungshaft auslösenden Tat und der Tat, die der Verurteilung zu Grunde liegt, ein **funktionaler Zusammenhang** besteht (KG NStZ-RR **2011** 339). 24

Tatgleichheit in dem in Absatz 3 vorausgesetzten Sinne liegt nicht vor, wenn die Handlung im Ausland **im entgegengesetzten Sinne strafbar** ist und bestraft wurde: Entfaltet etwa ein Agent Spionage- und Gegenspionagetätigkeit, so wäre die Auslandsstrafe, die er wegen der Spionagetätigkeit verbüßt hat, nicht im Inlandsverfahren anrechenbar, in dem ihm die Gegenspionagetätigkeit vorgeworfen wird (KG NJW **1957** 1936). Nicht vorausgesetzt ist, dass die Handlung, derentwegen im Ausland verurteilt worden ist, auch ganz oder teilweise im Ausland begangen wurde. Gleichgültig ist ferner, wo die Strafe verbüßt ist. Auch eine in Deutschland begangene Handlung genügt, sofern sie durch ein ausländisches Urteil erfasst und die erkannte Strafe im Ausland verbüßt ist. 25

Eine Anrechnung ist nur möglich, wenn und soweit die Strafe im Ausland bereits **vollstreckt** ist. Es genügt nicht, dass die Strafe ausgesetzt, erlassen oder verjährt ist. Anrechenbar ist auch die im Ausland wegen derselben Tat vollzogene und dort auf die Strafe angerechneten Polizei- und Untersuchungshaft.[40] Fehlt eine solche Anrechnung, so greift § 51 Abs. 3 Satz 2 ein. 26

b) Andere Freiheitsentziehung im Ausland. Anrechenbar ist schließlich jede andere aus Anlass der Tat im Ausland erlittene Freiheitsentziehung (Absatz 3 Satz 2). Das Gesetz schreibt insoweit eine entsprechende Anwendung des Absatzes 1 vor. Das bedeutet, dass in diesen Fällen unter den besonderen Voraussetzungen des Absatzes 1 Satz 2 die Anrechnung der Freiheitsentziehung versagt werden kann. Absatz 3 Satz 2 bezieht sich auf solche Freiheitsentziehung, die nicht zu einer strafgerichtlichen Verurteilung im Ausland geführt hat oder nicht auf eine ausländische Strafe angerechnet worden ist.[41] Im Falle ihrer Anrechnung auf die im Ausland verhängte Strafe ist sie vollstreckte Strafe und wird schon aufgrund des Absatzes 3 Satz 1 angerechnet (Rdn. 21ff). 27

---

39 BGHSt **35** 172, 177 f; BGH NStZ **1990** 231, 232; StraFo **2017** 117.
40 BayObLG NJW **1963** 2238; *Sch/Schröder/Stree/Kinzig* Rdn. 31; **aA** *Horn/Wolters* Rdn. 21, 23.
41 Vgl. E 1962, Begr. S. 189; *Sch/Schröder/Stree/Kinzig* Rdn. 34.

28 In Betracht kommen vor allem ausländische **Untersuchungshaft**, Polizeihaft, vor Rechtskraft des Urteils erlittene **Abschiebehaft**[42] sowie **Auslieferungshaft zum Zwecke der Strafverfolgung**, und zwar unabhängig davon, ob sie zur Auslieferung geführt hat.[43] Durch **§ 450a StPO** ist ausdrücklich klargestellt, dass die im Ausland nach Rechtskraft des Urteils **zum Zwecke der Strafvollstreckung erlittene Auslieferungshaft** anzurechnen ist. In § 450a Abs. 3 StPO enthält das Gesetz eine dem § 51 Abs. 1 S. 2 entsprechende Versagungsvorschrift, wonach die Anrechnung vollzogener Auslieferungshaft aufgrund richterlicher Anordnung ganz oder zum Teil unterbleiben kann, wenn dies im Hinblick auf das Verhalten des Verurteilten nach dem Erlass des Urteils gerechtfertigt ist. Zur Frage der analogen Anwendbarkeit des § 450a StPO auf nach Rechtskraft des Urteils erlittene Abschiebehaft vgl. BVerfGK **5** 17.

29 **4. Vorläufige Entziehung der Fahrerlaubnis (Absatz 5).** Die Vorschrift dehnt das Anrechnungsgebot entsprechend Absatz 1 auf die Nebenstrafe des Fahrverbots aus, falls eine vorläufige Entziehung der Fahrerlaubnis (§ 111a StPO) oder – wie die gesetzliche Gleichstellungsvorschrift des Absatzes 5 Satz 2 ergibt – eine andere das Führen von Kraftfahrzeugen verhindernde Maßnahme (Verwahrung, Sicherstellung, Beschlagnahme des Führerscheins: § 94 StPO) angeordnet war. Entsprechend dem zu Absatz 1 Gesagten (Rdn. 10 ff) ist nicht erforderlich, dass die vorläufige Maßnahme gerade wegen der Tat getroffen worden ist, die zum Fahrverbot geführt hat. Vielmehr genügt eine funktionale Verfahrenseinheit.[44] Anzurechnen ist der Zeitraum ab Bekanntgabe des entsprechenden Beschlusses (*Maatz* StV **1988** 84). Soweit die Verwahrung vor Rechtskraft der gerichtlichen Entscheidung erfolgt, etwa weil der Betroffene nach eigenem Verzicht auf Rechtsmittel seinen Führerschein freiwillig vorzeitig abliefert, kann die Dauer der Verwahrung des Führerscheins auf die Fahrverbotsfrist nicht angerechnet werden.[45] Nicht angerechnet wird die Zeit, in der sich der Täter in amtlicher Verwahrung befunden hat, da das Fahrverbot nur die Zeit in Freiheit erfasst (§ 44 Abs. 3 Satz 2) und für die anrechenbare Zeit nichts anderes gelten kann.[46] Wird nicht auf die Nebenstrafe des Fahrverbots, sondern auf die Maßregel der Entziehung der Fahrerlaubnis erkannt, so kommt die Zeitdauer der Wirksamkeit von solchen vorläufigen Maßnahmen (§§ 111a, 94 StPO) durch § 69a Abs. 4 bis 6 zur Anrechnung.

III. Rechtsfolgen, auf die angerechnet wird

30 § 51 sieht eine Anrechnung nur auf Strafen vor, nicht dagegen auf Nebenfolgen (§ 45), Maßregeln der Besserung und Sicherung (§§ 61 ff) oder Einziehung (§§ 73 ff). Bestimmten Strafen, auf die anzurechnen ist, stehen jeweils nur bestimmte anrechenbare hoheitliche Eingriffe gegenüber: der Freiheits- oder Geldstrafe die Untersuchungshaft und andere Freiheitsentziehung (Absatz 1); einer neuen Strafe eine rechtskräftig verhängte frühere Strafe, soweit sie vollstreckt oder durch Anrechnung erledigt ist (Absatz 2); ferner – im Umfang der Vollstreckung – eine ausländische Strafe und im Ausland erlittene andere Freiheitsentziehung (Absatz 3); sowie schließlich dem Fahrverbot (§ 44) die vorläufige Entziehung der Fahrerlaubnis und die ihr gleichgestellten Maßnahmen (Absatz 5).

42 BGH NStZ **1997** 385; NStZ-RR **2012** 271.
43 *Kett-Straub* NK Rdn. 36.
44 *SSW/Eschelbach* Rdn. 34.
45 *Kett-Straub* NK Rdn. 42; *Stankewitz* SVR **2015** 81.
46 OLG Koblenz NStZ **2007** 720; *Sch/Schröder/Stree/Kinzig* Rdn. 36.

Dieser **Systematik des § 51** liegt ersichtlich der Gedanke zugrunde, dass anrechenbar nur Nachteile sein sollen, die mit der Rechtsfolge, auf die angerechnet wird, in gewisser Hinsicht vergleichbar und mit deren Zweck auch vereinbar sind.[47] Im Einzelnen ist hervorzuheben: 31

1. Freiheitsstrafe. § 51 Abs. 1 S. 1 StGB sieht eine Anrechnung erlittener Haft zwar nur für die **zeitige Freiheitsstrafe** vor. Indes ist – mangels jeder Rechtfertigung einer Ungleichbehandlung – eine entsprechende Anwendung im Falle erlittener U-Haft und anderer Freiheitsentziehung auch für die Festsetzung der **Mindestverbüßungsdauer der lebenslangen Freiheitsstrafe** anerkannt und geboten (BGH NJW **2004** 3789; NStZ **2010** 385; vgl. Rdn. 57). Insoweit schreibt § 57a Abs. 2 die Anrechnung jeglicher Freiheitsentziehung aus Anlass der Tat bei der Bestimmung der Verbüßungsdauer – ohne eine dem § 51 Abs. 1 Satz 2 entsprechende Versagungsmöglichkeit – vor. Auch bei lebenslanger Freiheitsstrafe muss deshalb stets der Umrechnungsmaßstab von anzurechnender Auslandshaft festgesetzt werden (BGH NJW **2004** 3789). 32

Freiheitsstrafe im Sinne des § 51 Abs. 1 S. 1 ist auch der **Strafarrest** nach den §§ 9, 12 WStG. Für die Anrechnung von Untersuchungshaft oder anderer Freiheitsentziehung **auf Jugendarrest und Jugendstrafe** enthalten die §§ 52 und 52a JGG besondere Bestimmungen, die hinsichtlich der Jugendstrafe dem § 51 angeglichen sind. 33

2. Geldstrafe. Bei Geldstrafe ist auf sie, **nicht** auf die **Ersatzfreiheitsstrafe** (§ 43) anzurechnen (arg. § 51 Abs. 1 S. 1, Abs. 4 S. 1).[48] Auf Geldstrafe kann auch angerechnet werden, wenn sie nach § 41 **neben zeitiger Freiheitsstrafe** verhängt wird. In solchen Fällen wird es allerdings in der Regel angebracht sein, in erster Linie auf die Freiheitsstrafe anzurechnen. Dies gilt sowohl im Hinblick darauf, dass Untersuchungshaft angemessener durch Freiheitsstrafe als durch Geldstrafe ausgeglichen wird, als auch nach dem Sinn und Zweck kumulativer Geldstrafe, die neben der Freiheitsstrafe eine besondere spezialpräventive Funktion hat. Dementsprechend ist gemäß § 39 Abs. 1 S. 1 StVollstrO die Anrechnung auf die Freiheitsstrafe der Regelfall, es sei denn, dass sich aus dem erkennenden Teil der Entscheidung etwas anderes ergibt, § 39 Abs. 1 S. 2 StVollstrO. Im Übrigen bestimmt das Gericht nach pflichtgemäßem Ermessen, ob die Untersuchungshaft auf die Freiheitsstrafe oder auf die Geldstrafe angerechnet wird; so etwa dann, wenn es nach § 53 Abs. 2 S. 2 davon absieht, eine Gesamtfreiheitsstrafe zu bilden. 34

3. Was **andere Rechtsfolgen** als Freiheits- oder Geldstrafe betrifft, so enthält § 51 Abs. 5 nur eine auf das **Fahrverbot** des § 44 beschränkte Anrechnungsmöglichkeit, die überdies hinsichtlich der anrechenbaren Nachteile auf die Dauer einer vorläufigen Entziehung der Fahrerlaubnis und der ihr gleichgestellten besonderen Eingriffe beschränkt ist. **Anrechnung von Untersuchungshaft erfolgt nicht**: auf den Verlust der Amtsfähigkeit, der Wählbarkeit und des Stimmrechts (§ 45), auf die Bekanntgabe der Verurteilung (§§ 165, 200), auf die verschiedenen Formen der Einziehung (§§ 73ff) und auf das Fahrverbot (§ 44). Da der Gesetzgeber die Anrechnungsmöglichkeiten in § 51 klar geregelt hat, ist für eine entsprechende Anwendung der Vorschrift kein Raum. Von vornherein scheidet jede Anrechnung der Untersuchungshaft auf **Höchstfristen der Unterbringung nach §§ 64, 66** (§ 67d Abs. 1 und 3) aus. Das ergibt sich aus dem Zweck dieser Maßre- 35

47 Vgl. BGHSt **10** 235, 236.
48 BGHSt **10** 235, 237.

geln. Auch ist eine Anrechnung der einstweiligen Unterbringung nach § 126a StPO auf eine Unterbringung nach § 63 nicht möglich.

IV. Anrechnung

36 **1. Reihenfolge der Anrechnung bei Maßregeln der Besserung und Sicherung.** Umstritten ist die Reihenfolge der Anrechnung von **Untersuchungshaft oder einstweiliger Unterbringung** im Zusammenhang mit der Unterbringung in einer Entziehungsanstalt oder einem psychiatrischen Krankenhaus für den (Regel-)Fall des **Vollzugs der Maßregel vor der Strafe** (§ 67 Abs. 1). Es geht dabei um die Frage, ob eine vorläufige Freiheitsentziehung auf das nach § 67 Abs. 4 von der Anrechnung des Maßregelvollzuges ausgenommene Strafdrittel anzurechnen ist (so OLG Celle StV **1997** 477; NStZ-RR **2006** 388; OLG Düsseldorf NStZ-RR **2006** 251; *Volckart* StV **1997** 479; *Ullenbruch* NStZ **2000** 287, 292; *Sch/Schröder/Stree/Kinzig* § 67 Rdn. 5) oder ob sie – so die herrschende Auffassung– dem anrechenbaren Zweidrittelzeitraum zugeschlagen wird und so die Anrechenbarkeit des Maßregelvollzuges beschränkt (OLG Frankfurt NStZ-RR **1996** 380; OLG Hamm NStZ-RR **1996** 381, 382; NStZ **1997** 54; OLG Düsseldorf NStZ-RR **1997** 25; OLG Zweibrücken StV **1997** 478; Beschl. v. 22. Juni 2006 – 1 Ws 217/06; OLG Nürnberg Beschl. v. 28. Januar 1997 – Ws 1116/96; OLG Naumburg Beschl. v. 20. November 2000 – 1 Ws 534/00; OLG Braunschweig NStZ-RR **2000** 7; **2014** 262; OLG Stuttgart Justiz **2002** 63; OLG Köln StraFo **2006** 120; OLG Jena StV **2007** 427). Die h.M. beruft sich auf den Zweck der Anrechnungsregel des § 67 Abs. 4, die Therapiemotivation des Untergebrachten durch den Druck zu fördern, den die Gefahr einer etwaigen Vollstreckung des Restdrittels erzeugt.[49] Dieser Zweck würde oft nicht erreicht, wenn zunächst die in der Maßregel verbrachte Zeit und erst danach die verbüßte Untersuchungshaft anzurechnen wäre. Gegen diese Auffassung spricht aber, dass für die Anrechnung des Maßregelvollzuges dann nicht zwei Drittel der Strafe zur Verfügung stehen, sondern nur ein um frühere Haftzeiten gekürzter Zweidrittelzeitraum, wobei das Maß der Anrechnung von vom Verurteilten in der Regel nicht verschuldeten und nur begrenzt beeinflussbaren Unwägbarkeiten in der Dauer des Strafverfahrens abhängig wäre (OLG Celle StV **1997** 477; StraFo **2009** 346; OLG Düsseldorf NStZ-RR **2006** 251). Gemäß § 51 Abs. 1 S. 1 ist die Zeit der vorläufigen Freiheitsentziehung voll auf die Strafe anzurechnen, sofern nicht § 51 Abs. 1 S. 2 eine Ausnahme zulässt. Die „Vorweganrechnung" der vorläufigen Freiheitsentziehung ist im Ergebnis ein teilweiser Vorwegvollzug der Strafe ohne die entsprechende richterliche Anordnung gem. § 67 Abs. 1. Sie widerspricht zudem der Intention des Gesetzes und der Rechtsprechung, bei Verurteilung zu einer Freiheitsstrafe und einer freiheitsentziehenden Maßregel die Dauer einer zusätzlichen Freiheitsentziehung zu begrenzen. Die Maßregel soll sich nach Möglichkeit nicht als zusätzliches Strafübel auswirken (BGH NStZ **1998** 82). So hat auch das Bundesverfassungsgericht die von der herrschenden Meinung vorgenommene Anrechnungsfolge zwar für mit der Verfassung vereinbar erklärt, zugleich aber betont, dass gute Gründe für die andere Auffassung sprechen (BVerfG NStZ **1998** 77).

37 Wird der **Vorwegvollzug eines Teils der Strafe vor der Maßregel** angeordnet, so ist vorläufige Freiheitsentziehung auf diesen Teil anzurechnen.[50] Dies ist durch die Vorentscheidung des Gerichts über das Abweichen von der regelmäßigen Reihenfolge der Vollstreckung gerechtfertigt.

---

49 BT-Drs. 10/2720, S. 13.

50 BGH NStZ **1991** 508; **2003** 257; *SSW/Eschelbach* Rdn. 7.

Organisationshaft ist auf den Teil der Freiheitsstrafe anzurechnen, dessen Vollzug sich nicht durch Anrechnung der Unterbringung erledigt (BVerfG NStZ **1998** 77 m. Anm. *Lemke*). Die Vollstreckungsbehörden sind durch Art. 2 Abs. 2 S. 2, Art. 104 Abs. 1 GG verpflichtet, den Folgen der „Regelwidrigkeit" der Organisationshaft (die von der Vollstreckungsbehörde veranlasst wird, weil der nach dem Urteil gebotene sofortige Vollzug der Maßregel aus organisatorischen Gründen nicht möglich ist) im Rahmen der Strafzeitberechnung in geeigneter Weise entgegenzuwirken. Das bedeutet, dass sie im letzten Drittel der Freiheitsstrafe in Abzug zu bringen ist.[51] Der Rechtsansicht, dass die Organisationshaft im Zwei-Drittel-Zeitraum des § 64 Abs. 4 Satz 1 zu berücksichtigen sei,[52] ist mit der Entscheidung des Bundesverfassungsgerichts (aaO) der Boden entzogen. 38

2. Art und Weise der Anrechnung. § 51 geht von der **Anrechnung kraft Gesetzes** aus (Absatz 1 Satz 1, Absatz 2, Absatz 3 Satz 1, Absatz 5 Satz 1). In bestimmten Fällen kann die Anrechnung durch Richterspruch ausgeschlossen werden (Absatz 1 Satz 2, Absatz 5 Satz 1). In der Regel ist ein ausdrücklicher richterlicher Ausspruch über die Anrechnung nicht erforderlich (BGHSt **24** 29, 30; **27** 287, 288). Eine ausdrückliche richterliche Anordnung ist nur dort geboten, wo sie zur Klarstellung notwendig ist. Im Urteil braucht nicht darüber entschieden zu werden, auf welche von mehreren Freiheitsstrafen (Gesamtstrafen) die erlittene Untersuchungshaft anzurechnen ist (BGHR StGB § 51 Abs. 1 Anrechnung 2). 39

§ 51 wendet sich unmittelbar an die Strafvollstreckungsbehörden mit der Aufforderung, bei der Strafzeitberechnung die bis zur Rechtskraft des Urteils (Rdn. 3) erlittene Untersuchungshaft anzurechnen. Die **automatische Anrechnung** durch die Vollstreckungsbehörden vereinfacht das Verfahren. Sie beruht auf dem Aufopferungsgedanken.[53] Das Übel der Untersuchungshaft, das dem Beschuldigten lediglich zur Sicherung des Verfahrens auferlegt wird, verlangt nach einem Ausgleich.[54] Der Vorschrift liegt auch die Vermutung zugrunde, dass die Untersuchungshaft und andere Formen der Freiheitsentziehung vor Rechtskraft des Urteils in der Wirkung regelmäßig der Strafe gleichkommen (BGHSt **4** 325, 326f.). Danach versteht sich die automatische Anrechnung auch in den Fällen des § 51 Abs. 2 und 3 Satz 1 von selbst, die des Absatzes 3 Satz 1 mit der Einschränkung des Absatzes 4 Satz 2. 40

Die Anrechnung wird **nach vollen Tagen** vorgenommen (§ 39 Abs. 4 StVollstrO). Tagesteile einer Freiheitsentziehung werden zusammengezogen, so dass z.B. eine auf zwei Tage verteilte vorläufige Festnahme von weniger als 24 Stunden Dauer mit einem Tag anzurechnen ist (OLG Stuttgart NStZ **1984** 381). Zweifelsfragen über die Berechnung der erkannten Strafe sind im Wege einer gerichtlichen Entscheidung nach § 458 StPO zu lösen.[55] 41

In den Fällen des **§ 51 Abs. 5** bedeutet die entsprechende Anwendung des Absatzes 1 Satz 1, dass die genannten vorläufigen Maßnahmen von den Strafvollstreckungsbehörden auf das **Fahrverbot** anzurechnen sind, ohne dass es eines besonderen richterlichen Ausspruches bedürfte. Der Grundsatz der obligatorischen Anrechnung hat zur Folge, dass sich ein angeordnetes Fahrverbot erledigt, wenn die anrechenbare Zeit der vorläufigen Maßnahme die Dauer des Fahrverbots erreicht oder übersteigt. Die Anordnung eines Fahrverbots ist jedoch auch dann noch sinnvoll, wenn es durch vorläufige Maßnahmen 42

51 *Kett-Straub* NK Rdn. 14.
52 OLG Düsseldorf NStZ-RR **1997** 25; OLG Hamm NStZ-RR **1996** 381; NStZ **1997** 54.
53 BGH StV **2017** 320; *Horn/Wolters* SK Rdn. 3; *Kett-Straub* NK Rdn. 2; *Maier* MK Rdn. 1.
54 *Dreher* MDR **1970** 965, 968.
55 *Maier* MK § 51 Rdn. 10.

bereits voll abgegolten ist. Es gilt hier nichts anderes als bei der Strafe, die durch Untersuchungshaft verbüßt ist. Das Fahrverbot bringt in solchen Fällen zum Ausdruck, dass die vorläufige Maßnahme in ihrer Übelwirkung auch als endgültige Deliktsreaktion sachlich begründet war.

43 **3. Ausschluss der Anrechnung.** Nach § 51 Abs. 1 S. 2 und den Bestimmungen, die auf diese Vorschrift verweisen (Absatz 3 Satz 2, Absatz 5 Satz 1), kann das Gericht anordnen, dass die Anrechnung von inländischer Untersuchungshaft oder anderer Freiheitsentziehung, im Ausland erlittener Freiheitsentziehung, die nicht vollstreckte Auslandsstrafe (Absatz 3 Satz 1) ist, sowie der vorläufigen Entziehung der Fahrerlaubnis und der ihr gleichgestellten Maßnahmen unterbleibt, wenn die Anrechnung im Hinblick auf das Verhalten des Verurteilten nach der Tat nicht gerechtfertigt ist.

44 **a) Rechtsnatur der Versagung.** Diese richterliche Entscheidung betrifft **nicht** die **Strafzumessung.** Die Strafe muss bereits festgesetzt, alle ihre Art und Höhe begründenden Umstände müssen vollständig erörtert sein, bevor eine Nichtanrechnung der Untersuchungshaft nach dieser Ausnahmevorschrift erwogen wird. Zwar hat auch die Entscheidung über die Nichtanrechnung der Untersuchungshaft mit der eigentlichen Strafzumessung gemein, dass das Ausmaß der staatlichen Unrechtsfolge (mit-)bestimmt wird. Die Nichtanrechnung ist aber eine besondere, von der Strafzumessung losgelöste richterliche **Ermessensentscheidung**, die die gesetzliche Strafvollstreckungsregel für den Einzelfall ganz oder teilweise außer Kraft setzt. Die Gründe für die Nichtanrechnung sind im Gesetz reichlich unbestimmt umschrieben. Gleichwohl bleibt für ein richterliches Ermessen in diesem Bereich nur ein enger Raum. Es können nur solche Umstände die Nichtanrechnung begründen, die die Untersuchungshaft oder die anderen Eingriffe selbst und ihre Dauer betreffen und dem Verurteilten zurechenbar sind. Dass möglicherweise solche Nichtanrechnungsgründe „doppelrelevant" sind und auch Aspekte aufweisen, die unmittelbar oder mittelbar auf die Strafzumessung eingewirkt haben, ändert an der rechtlichen Verschiedenheit und Trennbarkeit der Strafzumessungs- und Nichtanrechnungsgründe nichts. In der Praxis hat die Vorschrift nur geringe Bedeutung.

45 **b) Versagungsgründe.** § 51 Abs. 1 S. 2 ist eine **Ausnahmevorschrift**. Der **AE** hatte in seinem § 63 Abs. 1 zwingende Versagungsgründe abschließend aufgezählt: zum einen die **Verschleppung des Verfahrens** zum Zwecke der Untersuchungshaft, zum anderen die **Herbeiführung der Untersuchungshaft um der Anrechnung willen.** Der Gesetzgeber hat eine Kann-Vorschrift mit einer flexibleren Fassung gewählt, aber die Materialien lassen keinen Zweifel, dass Art und Schwere der Tat ebenso wenig die Nichtanrechnung rechtfertigen können wie verfahrensverlängernde Umstände, die auf ein erlaubtes Prozessverhalten des Angeklagten zurückgehen.[56]

46 Der Begriff des „Verhaltens nach der Tat" deckt sich nicht mit dem gleichlautenden Merkmal in § 46 Abs. 2. Die Erwägung, dem Angeklagten müsse vor Augen geführt werden, dass er bei Bewährungsversagen mit der Verbüßung der Freiheitsstrafe in voller Höhe zu rechnen habe, verknüpft die Bestimmung der schuldangemessenen Strafe unzulässig mit der Frage der Anrechnung erlittener Freiheitsentziehung (BGH StV **1999** 312).

47 Auch die zur Untersuchungshaft führenden Gründe selbst – und zwar die der §§ 112, 112a StPO wie der des § 230 Abs. 2 StPO[57] – können nicht zugleich die Versagung der An-

56 Prot. V/394 f; 1. Bericht BT-Drs. V/4094 S. 25.
57 *Löffler* MDR **1978** 727.

rechnung rechtfertigen. Versagungsgrund ist vielmehr in erster Linie ein Verhalten des Angeklagten, das nicht der Verteidigung dient, sondern erkennbar **darauf abzielt, die Untersuchungshaft zu verlängern.**[58] Er muss beabsichtigen, sich durch deren spätere Anrechnung ungerechtfertigte Vorteile bei der Strafvollstreckung zu verschaffen, oder den Zweck verfolgen, das Verfahren aus anderen Gründen böswillig zu verschleppen (BGHSt **23** 307 f; **37** 75, 77 = NStZ **1991** 332 mit Anm. *Walter/Pieplow*). Ein von solcher Absicht getragenes Verhalten bildet einen Versagungsgrund für die Anrechnung jedoch nur, wenn und soweit dadurch das Verfahren tatsächlich verschleppt wird.

Ein Verhalten, das zu einer Verfahrensverzögerung führt, kann eine Versagung der Anrechnung nicht rechtfertigen, wenn es auf anderen Motiven als der genannten Verschleppungsabsicht beruht. Danach reicht es nicht aus, dass der Täter zur Aufklärung der Tat nichts beiträgt, sich in der Hauptverhandlung uneinsichtig zeigt und hartnäckig leugnet,[59] sich gegenüber Belastungszeugen feindselig verhält,[60] den Abschluss des Verfahrens durch unbegründete Beweisanträge erheblich verzögert[61] oder eine notwendige ärztliche Behandlung verweigert. **48**

Hat der **Verteidiger** das Strafverfahren durch wiederholte und ersichtlich aussichtslose Anträge böswillig verschleppt, kann die teilweise Nichtanrechnung der Untersuchungshaft nur angeordnet werden, wenn dem Angeklagten das Verhalten seines Verteidigers ausnahmsweise zuzurechnen ist (BGH NStZ **2002** 367). Zur Nichtanrechnung von Untersuchungshaft im Jugendstrafrecht (§ 52a Abs. 1 Satz 2 und 3 JGG) siehe BGHSt **37** 75 = NStZ **1991** 332 mit Anm. *Walter/Pieplow*. **49**

Die **Einlegung von Rechtsmitteln** darf nicht dazu führen, eine Untersuchungshaft nicht oder zum Teil nicht anzurechnen, selbst wenn eine Verlängerung des Verfahrens damit bezweckt gewesen sein sollte.[62] Denn aus der bloßen Ausübung ausdrücklich gewährter gesetzlicher Rechte darf kein Nachteil erwachsen. **50**

Auch bei einer **im Ausland erlittenen Freiheitsentziehung**, die nicht vollstreckte Strafe ist, kann das Gericht in entsprechender Anwendung des Absatzes 1 Satz 2 anordnen, dass deren Anrechnung unterbleibt (§ 51 Abs. 3 S. 2). Insoweit haben sinngemäß die Grundsätze zu gelten, die für die Nichtanrechnung von Untersuchungshaft im Inland maßgebend sind (Rdn. 45 ff). So kann die Anrechnung erlittener Auslieferungshaft nicht deswegen versagt werden, weil sich der Angeklagte der drohenden Verfolgung durch Flucht ins Ausland entzogen hat (BGH Urt. v. 14.11.1979 – 3 StR 323/79 Rdn. 17). **51**

Unter den Voraussetzungen des Absatzes 1 Satz 2 kann das Gericht auch die Anrechnung der **vorläufigen Entziehung der Fahrerlaubnis** und der gleichgestellten Maßnahmen (§ 51 Abs. 5) ausdrücklich versagen. Hierzu kann Anlass bestehen, wenn der Angeklagte während der Dauer der vorläufigen Maßnahme verbotswidrig gefahren ist[63] oder andere nach der Tat liegende Verhaltensweisen die Nichtanrechnung rechtfertigen,[64] soweit dieses Verhalten nicht die Anordnung der strengeren Maßregel des § 69 rechtfertigt. Eine richterliche Versagung der Anrechnung auf das Fahrverbot nach Absatz 1 Satz 2 ist jedoch dann nicht möglich, wenn § 450 Abs. 2 StPO eingreift. Das ist – entgegen § 450 Abs. 1 StPO – nicht erst ab relativer Rechtskraft, sondern schon von der Verkündung des Urteils bis zur Rechtskraft der Fall. **52**

---

58 BGH NJW **1970** 1753; 1. Bericht BT-Drs. V/4094 S. 25.
59 BGH bei *Dallinger* MDR **1953** 272.
60 BGH bei *Holtz* MDR **1978** 459.
61 BGH StV **1989** 152.
62 1. Bericht BT-Drs. V/4094 S. 25; *Dreher* MDR **1970** 969.
63 *Schlee* Prot. V/395.
64 OLG Frankfurt VRS **55** 183.

53 **c) Klarstellender Ausspruch.** In Fällen, in denen Zweifel bei der Anrechnung auftreten können, ist es geboten, sie durch eine Klarstellung im Urteil mit bindender Wirkung auszuräumen; so etwa, wenn es um die Bedeutung des Grundsatzes der Verfahrenseinheit geht (Rdn. 11ff), wenn mehrere Freiheitsstrafen im Zusammenhang mit Gesamtstrafenbildungen[65] oder Freiheitsstrafe und Geldstrafe nebeneinander verhängt werden (Rdn. 17, 34). Wird der Täter zu zwei zeitigen (Gesamt)-Freiheitsstrafen verurteilt, so kann fraglich sein, ob das Tatgericht die Anrechnung der Untersuchungshaft auf die Strafe anordnen darf, deren Vollstreckung es zur Bewährung aussetzt.[66] Dem dürfte in der Regel Sinn und Zweck der Strafaussetzung entgegenstehen, es sei denn, die Strafaussetzung wird wesentlich damit begründet, dass ein Teil der Strafe bereits durch Untersuchungshaft verbüßt ist. Bei einem Nebeneinander von Freiheits- und Geldstrafe muss das Urteil erkennen lassen, ob die **Untersuchungshaft** auf die Freiheitsstrafe oder die Geldstrafe zu verrechnen ist (BGHSt **24** 29, 30).[67] In der Regel wird allerdings eine Anrechnung auf die Freiheitsstrafe den Vorrang haben. Da der Anrechnungsmodus von Geldstrafe und auf Geldstrafe feststeht (§ 51 Abs. 4 S. 1), genügt es, wenn lediglich bestimmt wird, dass die Untersuchungshaft „in erster Linie" auf die Geldstrafe anzurechnen sei.

54 Die Anrechnung **vollstreckter Strafen** (§ 51 Abs. 2), die später anderweitig ersetzt werden, war von jeher obligatorisch und von der Vollstreckungsbehörde bei der Strafzeitberechnung zu beachten (BGHSt **18** 34, 36; **21** 186, 187). Dies folgt schon aus Art. 103 Abs. 3 GG. § 51 Abs. 2 spricht diesen Grundsatz im Anschluss an § 66 Abs. 2 E 1962 ausdrücklich aus. Die Begründung zum E 1962 (S. 188) sah die Bedeutung der Vorschrift darin, dass in diesen Fällen die Anrechnung nunmehr im Urteil – wenn auch nur mit deklaratorischem Charakter – auszusprechen ist. Obwohl die Anrechnung solcher vollstreckter Strafen Sache der Strafvollstreckungsbehörde ist (BGHSt **18** 34, 36; **21** 186, 187), kann im Einzelfall ein Bedürfnis nach Klarstellung im Urteil bestehen. Die Erwähnung einer Anrechnung vollstreckter Strafen im Urteil vermeidet die Gefahr, dass sie bei der Strafzeitberechnung übersehen wird. Denn die Anrechnung bezieht sich in diesen Fällen möglicherweise nicht auf eine Haftverbüßung, deren Daten sich aus den Akten desselben Verfahrens ergeben.

4. Anrechnungsmaßstab (Absatz 4)

55 **a) Bei Anrechnung inländischer Freiheitsentziehung auf Freiheitsstrafe.** Das Gesetz geht davon aus, dass inländische Untersuchungshaft, inländische andere Freiheitsentziehung (Absatz 1 Satz 1) oder eine inländische frühere Freiheitsstrafe, soweit sie vollstreckt oder durch Anrechnung erledigt ist (Absatz 2), im **Verhältnis 1:1** auf Freiheitsstrafe angerechnet wird. Das ist so selbstverständlich, dass § 51 Abs. 4 es nicht besonders ausspricht. Das Maß der Anrechnung richtet sich also allein nach der Dauer der anzurechnenden Freiheitsentziehung. Eine längere Freiheitsstrafe kann nicht durch eine kürzere Untersuchungshaft für verbüßt erklärt werden (BGHSt **27** 287, 288).[68] Wird von der Freiheitsstrafe gleichwohl in rechtsfehlerhafter Weise eine höhere Zeitspanne als die Untersuchungshaft für getilgt erklärt, so beschränkt sich die Anrechnung ohne weiteres auf die wirkliche Dauer der Untersuchungshaft (BGH aaO). Entsprechendes gilt, wenn

---

65 BGH Urt. v. 18. März 1976 – 4 StR 65/76.
66 Vgl. BGH aaO.
67 BGH bei *Dallinger* MDR **1970** 196; BGH NJW **1962** 2311; BayObLG NJW **1972** 1632; *Baumgärtner* MDR **1970** 190.
68 RGSt **9** 244; **54** 26; **59** 412.

die erlittene Untersuchungshaft, die angerechnet wird, die Höhe der verhängten Freiheitsstrafe übersteigt (BGH Beschl. v. 25. Februar 1976 – 2 StR 670/75). In diesem Fall wird durch den Ausspruch über die Anrechnung nur der Teil der erlittenen Untersuchungshaft „verbraucht", der der Dauer der verhängten Freiheitsstrafe entspricht, so dass ein „unverbrauchter" Rest verbleibt, der eine Entschädigungspflicht auslösen kann (§ 4 Abs. 1 Nr. 2 StrEG).

b) Bei Anrechnung von inländischer Geldstrafe oder auf Geldstrafe. § 51 Abs. 4 S. 1 bestimmt entsprechend § 43 S. 2, dass bei der Anrechnung von Geldstrafe oder auf Geldstrafe ein Tag Freiheitsentziehung einem Tagessatz entspricht. Vor der Einführung des Tagessatzsystems war die Ersatzfreiheitsstrafe fester Umrechnungsmaßstab (BGHSt **30** 282, 284). Mit der Festsetzung der Geldstrafe und ihres Äquivalents an Freiheitsentzug steht also der Maßstab für die spätere Anrechnung fest. Das Gewicht der einen oder der anderen Strafart spielt insofern keine Rolle mehr (BGHSt **30** 282, 284). 56

c) Bei Anrechnung ausländischer Strafe oder Freiheitsentziehung. Nach § 51 Abs. 4 S. 2 hat das Gericht den Maßstab nach seinem Ermessen zu bestimmen. Voraussetzung für die Anrechnung der ausländischen Strafe ist, dass sie vollstreckt worden ist (Absatz 3 Satz 1). Das gilt auch für lebenslange Freiheitsstrafe. Nach § 57a Abs. 2 ist jegliche Freiheitsentziehung aus Anlass der Tat bei der Bestimmung der Verbüßungsdauer zu berücksichtigen. Es sind keine Gründe dafür erkennbar, im Ausland erlittene Freiheitsentziehung, abweichend von der gesetzlichen Regelung für zeitige Freiheitsstrafe, nicht auf die Mindestverbüßungszeit der lebenslangen Freiheitsstrafe anzurechnen. Der Anrechnungsmaßstab ist vom erkennenden Gericht zu bestimmen (BGH NJW **2004** 3789). Der Anrechnungsmodus kann bei erheblichen Unterschieden im Strafensystem beträchtlichen Schwierigkeiten begegnen. Steht eine **Geldsummenstrafe** zur Anrechnung auf eine Tagessatzgeldstrafe, so wird in der Regel der Vergleich der Ersatzfreiheitsstrafen einen Anhalt liefern. Der im Ausland übliche Maßstab ist zu beachten (BGHSt **30** 282, 284). 57

Geht es um die Anrechnung ausländischer **Freiheitsstrafen** oder sonstiger Freiheitsentziehungen, so hat das Gericht das im Ausland erlittene Strafübel zu schätzen und in ein dem inländischen Strafensystem zu entnehmendes Äquivalent umzusetzen.[69] Es hat zu erwägen, wie schwer das Übel wiegt, das dem Verurteilten durch den ausländischen Strafvollzug widerfahren ist, und wieviel dieses Übel von demjenigen schon vorweggenommen hat, mit dem das inländische Urteil den Angeklagten belastet. Dabei ist der Maßstab zu berücksichtigen, der sich aus dem Vergleich der ausländischen mit der inländischen Strafenordnung ergibt.[70] Besondere Belastungen bei der ausländischen Freiheitsentziehung durch erheblich erschwerte Haftbedingungen können dazu führen, dass der Anrechnungsmaßstab günstiger als im Regelverhältnis 1:1 festzusetzen ist (BGHR StGB § 51 Abs. 4 Anrechnung 6). Grundlage für diese Bewertung sind die **Haftbedingungen in der konkreten Haftanstalt,**[71] da diese in einzelnen Ländern von Anstalt zu Anstalt unterschiedlich sein können. Ist der Angeklagte an verschiedenen Haftorten inhaftiert gewesen, so hat das Tatgericht nicht nur die einzelnen Haftanstalten zu benennen und die dort vorherrschenden Haftbedingungen festzustellen, sondern auch die konkreten Zeiträume der jeweiligen Inhaftierung (BGHR StGB § 51 Abs. 4 Anrechnung 6). **Anhaltspunkte** für die Bewertung der Relation der Hafterschwernis in ausländischen 58

69 BGHSt **30** 282, 283; BGH NStZ **1986** 312f; *Bock* ZIS **2010** 482, 483ff.
70 BGH aaO.
71 *SSW/Eschelbach* Rdn. 31; *Kett-Straub* NK § 51 Rdn. 38.

Vollzugsanstalten sind etwa: die Größe und Ausgestaltung der Haftzellen, die hygienischen Verhältnisse, die sanitären Einrichtungen, die Belegungssituation, die ärztliche Betreuung, das Personal, Beschäftigungs- und Kontaktmöglichkeiten, das Essen.[72] Um nicht allein auf die Schilderungen der Haftbedingungen durch den Betroffenen angewiesen zu sein, kann das Gericht zu deren Feststellung über das Auswärtige Amt eine Auskunft der jeweiligen Botschaft einholen.

59 Bei Freiheitsentziehungen in **Staaten der Europäischen Union** wird grundsätzlich von einem Anrechnungsmaßstab **1:1** ausgegangen (BGHR StGB § 51 Abs. 4 Anrechnung 3 und 6; BGH NJW **2004** 3789 für die „älteren" Mitgliedstaaten der EU). Allerdings müssen die zum Teil desolaten Haftbedingungen auch in EU-Staaten im Blick behalten und ggf. entsprechende Informationen über die konkrete Anstalt eingeholt werden.[73] Erste Erkenntnisquellen zu den Haftbedingungen bieten Urteile des EGMR zu Verletzungen von Art. 3 EMRK sowie Berichte des Anti-Folter-Komitees (CPT) des Europarats.[74] Zu den in der Rechtsprechung **betreffend einzelne Länder** angewandten Anrechnungsmaßstäben vgl. die **Übersichten** bei *SSW/Eschelbach* Rdn. 32; *Kett-Straub* NK § 51 Rdn. 39f; *Wacker* StRR **2008** 450, 454 sowie die Nachweise zu Rdn. 68. Vorentscheidungen können für die Festlegung von Anrechnungsmaßstäben allerdings nur bedingt herangezogen werden, weil über den Anrechnungsmaßstab nach dem **aktuellen Stand der Verhältnisse** in der **konkreten ausländischen Haftanstalt** zu entscheiden ist.[75]

60 Wird ein Angeklagter im Inland wegen **mehrerer** Taten zu einer Gesamtfreiheitsstrafe verurteilt, so ist die Untersuchungshaft, die er wegen **einer** der abgeurteilten Taten im Ausland erlitten hat, auch dann in voller Höhe auf die Gesamtstrafe anzurechnen, wenn die wegen der einen Tat festgesetzte Einzelstrafe geringer ist als die im Ausland erlittene Untersuchungshaft (vgl. Rdn. 17).[76] Indessen kann im Falle einer im Ausland vollstreckten Strafe, die die im Inland verhängte übersteigt, ein verbleibender Teil nicht etwa auf eine inländische Strafe wegen einer anderen Tat angerechnet werden, die nicht Gegenstand des Verfahrens ist oder gewesen ist.[77]

61 § 51 Abs. 4 Satz 2 ist **nicht auf Untersuchungshaft** anzuwenden, die in der ehemaligen **DDR** erlitten ist. Die Vorschrift betrifft nur im Ausland erlittene Strafe oder Freiheitsentziehung. In diesem Sinne ist die DDR **kein Ausland** gewesen. Insoweit verbleibt es bei der Regel des § 51 Abs. 1 (BGHSt **38** 88, 89ff = JR **1992** 340 mit **krit.** Anm. *Terhorst*). Im Einigungsvertrag ist die Geltung des § 51 Abs. 4 Satz 2 nicht auf die in der DDR erlittene Untersuchungshaft erstreckt worden. Bei systematischer Auslegung des Vertragswerks ist dies so zu verstehen, dass keine unbeabsichtigte Regelungslücke vorliegt (BGHSt **38** 88, 92). Für eine entsprechende Anwendung der Vorschrift ist deshalb kein Raum. Besondere Härten sind im Rahmen der Strafzumessung auszugleichen (BGH aaO).

62 **5. Wirkung der Anrechnung.** Die Anrechnung bewirkt, dass die Untersuchungshaft der vollstreckten Strafe gleich geachtet wird. Es sind damit alle Wirkungen der Strafvollstreckung (Strafverbüßung) erfüllt (RGSt **66** 352).[78] Der Gesetzgeber hat diesen Grundsatz an Stellen, an denen das Gesetz auf die Verbüßung der Strafe abstellt (§ 57 Abs. 4, § 57a

72 *Bock* ZIS **2010** 482, 486ff m.w.N.; vgl. auch die Nachw. bei *v. Heintschel-Heinegg* BeckOK Rdn. 18; *Kett-Straub* NK § 51 Rdn. 38; *Wacker* StRR **2008** 450.
73 *Kett-Straub* NK § 51 Rdn. 38; *Morgenstern* StV **2016** 395.
74 *Morgenstern* StV **2016** 395, 397ff; zu Haftbedingungen in Rumänien vgl. BVerfG Einstweilige Anordnung v. 1.10.2018 – 2 BvR 1845/18.
75 *Bock* ZIS **2010** 482, 484; *Kett-Straub* NK § 51 Rdn. 40.
76 OLG Hamm NJW **1972** 2192.
77 OLG Hamm aaO.
78 RGSt **4** 230; **13** 18; **38** 182; **52** 191.

Abs. 2, § 66 Abs. 4 S. 2), ausdrücklich klargestellt. Untersuchungshaft gewinnt den Charakter einer **Strafverbüßung** aber erst mit der Rechtskraft des Urteils. Wird daher eine wegen mehreren Betrügereien verhängte Gesamtstrafe, auf die die Untersuchungshaft anzurechnen war, vom Revisionsgericht aufgehoben und hat der Angeklagte zwischen dem ersten und dem zweiten tatrichterlichen Urteil erneut einen Betrug begangen, so war die wegen der ersten Betrugstaten verhängte Strafe noch nicht teilverbüßt. Das hindert allerdings nicht daran, bei der Strafzumessung zu Lasten des Täters zu berücksichtigen, dass er sich trotz vorausgegangener Untersuchungshaft nach dem ersten Urteil erneut in gleicher Weise strafbar gemacht hat. In den Fällen des Verlustes der Amtsfähigkeit, der Wählbarkeit und des Stimmrechts (§§ 45ff) berechnet sich die Dauer des Verlusts (§ 45a Abs. 2 S. 1), falls die ganze Strafe als durch die Untersuchungshaft verbüßt gilt, von der Rechtskraft des Urteils an. Die erlittene Untersuchungshaft gilt als Verbüßung der Strafe, sie ist aber nicht etwa vorweggenommene Strafhaft (RGSt **29** 76).[79] Diese beginnt erst mit dem eigentlichen Strafantritt.

V. Verfahrensrechtliches

1. Das tatgerichtliche Urteil

a) Urteilsspruch. Die Entscheidung, dass eine Anrechnung ganz oder zum Teil zu unterbleiben hat (Rdn. 43ff) oder nach welchem Maßstab eine ausländische Strafe oder Freiheitsentziehung anzurechnen ist (Rdn. 57ff), gehört – als Teil des Rechtsfolgenausspruchs – in die Urteilsformel (vgl. zu § 51 Abs. 4 S. 2: BGHSt **35** 172, 177; BGH bei Holtz MDR **1982** 101; BGH NStZ **1982** 326; **1983** 455). Die Aufnahme in die Urteilsformel ist in der Regel auch geboten, wenn der Ausspruch über die Anrechnung klarstellende Bedeutung hat (Rdn. 53). Die Strafe wird auf Grund einer mit der Bescheinigung der Vollstreckbarkeit versehenen beglaubigten Abschrift der Urteilsformel vollstreckt (§ 451 Abs. 1 StPO). Die Urteilsformel muss deshalb das enthalten, was für die Vollstreckung wesentlich ist, soweit es sich nicht von selbst versteht. Die Entscheidung in den Fällen, in denen eine Klarstellung erforderlich ist, darf nicht dem Beschlussverfahren nach § 458 StPO überlassen werden (BGHSt **24** 29, 30). 63

b) Urteilsgründe. Soweit eine ausdrückliche Entscheidung über die Anrechnung oder Nichtanrechnung angezeigt ist (Rdn. 43ff, 53), muss das Urteil erkennen lassen, dass die Frage geprüft worden ist. Das Tatgericht kann das Urteil nicht nachträglich ergänzen, wenn eine solche Entscheidung unterblieben ist. Die **Anordnung der Nichtanrechnung** nach § 51 Abs. 1 S. 2 muss besonders begründet werden. Der Inhalt der Begründung hat sich nach den maßgebenden sachlich-rechtlichen Grundsätzen (Rdn. 45, 53) zu richten. Auch wenn keine solche Anordnung ergeht, kann im Einzelfall eine Begründung erforderlich sein, damit dem Revisionsgericht die Prüfung ermöglicht wird, ob das Tatgericht zu Recht von der Anwendung des § 51 Abs. 1 S. 2 abgesehen hat (BGH wistra **1990** 350). 64

Hat der Angeklagte im Ausland Strafe oder Untersuchungshaft erlitten, so muss das Urteil im Hinblick auf § 51 Abs. 4 S. 2 auch erkennen lassen, dass sich das Gericht der Möglichkeit bewusst war, den **Anrechnungsmaßstab** nach seinem Ermessen zu bestimmen (BGH wistra **1984** 21), und wie es dieses Ermessen ausgeübt hat (BGH NStZ **1982** 326). Der Anrechnungsmaßstab ist zu begründen. 65

---

79 *Dreher* MDR **1970** 968.

2. Die Überprüfung in der Revisionsinstanz

66 **a) Umfang der Überprüfung.** Auf die Sachrüge hat das Revisionsgericht zu prüfen, ob dem Tatgericht bei den Entscheidungen nach § 51 Abs. 1 S. 2 und Abs. 4 S. 2 Rechtsfehler unterlaufen sind. Wenn der Sachverhalt Anlass zu einer Entscheidung bietet, kann in beiden Fällen auch beanstandet werden, dass sie unterblieben ist (BGH NStZ **1985** 21). Die Revision kann in der Regel auf die Entscheidung über die Nichtanrechnung beschränkt werden (BGH wistra **1990** 350). Doch ist es nicht ausgeschlossen, dass sich der Strafausspruch im Einzelfall nicht gesondert von der Anrechnungsfrage prüfen lässt, so etwa, wenn das Tatgericht die Ablehnung eines Härteausgleichs bei der Bemessung der Gesamtstrafe auf die vorzunehmende Anrechnung der Auslandshaft stützt (BGH Urt. v. 5.11.2014 – 1 StR 299/14, BeckRS **2014** 23680).

67 Eine Revision, mit der die Staatsanwaltschaft eine Anordnung nach § 51 Abs. 1 S. 2 erstrebt, wird nicht dadurch gegenstandslos, dass das Revisionsgericht den Strafausspruch auf die Revision des Angeklagten ohnehin aufhebt. Zwar ist es dem Tatgericht nach einer solchen Aufhebung und Zurückverweisung nicht verwehrt, eine bisher unterbliebene Anordnung über die Nichtanrechnung zu treffen. Das Verbot der Schlechterstellung (§ 358 Abs. 2 StPO) ließe es jedoch nicht zu, dass sich dadurch das Maß der zu verbüßenden Strafe erhöht. Die Revision der Staatsanwaltschaft, die zu Ungunsten des Angeklagten eingelegt ist, verhindert den Eintritt dieser Sperrwirkung (BGH wistra **1990** 350).

68 **b) Entscheidung des Revisionsgerichts.** Die Entscheidungen nach § 51 Abs. 1 S. 2 und Abs. 4 S. 2 sind grundsätzlich Sache des Tatgerichts. Das Revisionsgericht kann sie in der Regel nicht selbst treffen (BGH NJW **1972** 730). Anders kann es sein, wenn das Tatgericht bei einem klaren Sachverhalt zu Unrecht eine Anordnung nach Absatz 1 Satz 2 getroffen hat (BGH Beschl. v. 17.1.1978 – 5 StR 801/77). Der BGH entscheidet entsprechend § 354 Abs. 1 StPO auch in Fällen des § 51 Abs. 4 S. 2 abschließend selbst, wenn bei Anrechnung einer im Ausland erlittenen Freiheitsentziehung ein anderer Anrechnungsmaßstab als 1:1 nach den Umständen des Falles ersichtlich nicht in Betracht kommt.[80] Er setzt einen anderen Anrechnungsmaßstab selbst fest, wenn sich aus den Feststellungen ergibt, welcher Maßstab im Hinblick auf die erschwerten Haftbedingungen angemessen ist (BGH NStZ-RR **2009** 370).

69 **3. Verhältnis des Erkenntnisverfahrens zum Beschlussverfahren.** Klärungsbedürftige Fragen, die sich im Zusammenhang mit der Anrechnung oder Nichtanrechnung nach § 51 ergeben, darf das Tatgericht nicht dem Beschlussverfahren nach § 458 Abs. 1 StPO überlassen (BGHSt **24** 29, 30). Das Erkenntnisverfahren hat insoweit Vorrang. Daraus folgt zugleich, dass das Beschlussverfahren nicht dazu dient, ausdrückliche Anordnungen des rechtskräftigen Urteils zu korrigieren. Anders ist es, wenn eine Freiheitsstrafe, deren Dauer die erlittene Untersuchungshaft übersteigt, in rechtsfehlerhafter Weise durch die Untersuchungshaft für erledigt erklärt wird (Rdn. 55). Im Übrigen ist Raum für das Beschlussverfahren, wenn das Urteil keine oder keine klare Bestim-

---

80 BGH NJW **1986** 1555, 1557 [USA]; NStZ **1997** 337 und StraFo **2001** 433 [England]; Beschl. v. 3.6.2015 – 5 StR 145/15, BeckRS 2015, 11090 [Norwegen]; v. 7.1.2014 – 3 StR 425/13, BeckRS 2014, 2527 [Rumänien]; v. 19.5.2016 – 2 StR 159/16, BeckRS 2016, 11070 [Niederlande]; v. 12.7.2016 – 2 StR 440/15, BeckRS 2016, 13941 [Italien]; v. 5.9.2017 – 5 StR 362/17 [Ungarn]; v. 5.9.2017 – 2 StR 565/16 [Belgien]; v. 19.9.2017 – 5 StR 405/17 [Österreich]; v. 20.12.2017 – 4 StR 508/17 [Spanien]; v. 20.3.2018 – 2 StR 36/18 [Lettland]; v. 17.4.2018 – 3 StR 91/18, [Luxemburg]; BGHR StGB § 51 Abs. 4 – Anrechnung 3 und 6 [EU-Mitgliedstaat].

mung über Auswirkungen und Umfang der Anrechnung trifft und hierüber Zweifel bestehen.[81]

4. Bedeutung des § 450 StPO. Die gesetzliche Strafvollstreckungsregel des § 51 Abs. 1 S. 1 gilt für das ganze Strafverfahren, also für die Untersuchungshaft bis zum Eintritt der Rechtskraft (Rdn. 3). Jedoch ist Untersuchungshaft ab dem in § 450 Abs. 1 StPO bestimmten **Zeitpunkt des Eintritts der relativen Rechtskraft** nach dieser Vorschrift zwingend unverkürzt auf die zu vollstreckende Freiheitsstrafe anzurechnen. Diese Vorschrift begrenzt somit die Wirkung einer Anordnung nach § 51 Abs. 1 S. 2 auf die Zeit bis zu dem Zeitpunkt, in dem der Angeklagte selbst auf Einlegung eines Rechtsmittels verzichtet, das eingelegte Rechtsmittel zurückgenommen hat oder die Einlegungsfrist abgelaufen ist, ohne dass er eine Erklärung abgegeben hat. Die Bestimmung des § 450 Abs. 2 StPO ergänzt § 51 Abs. 5, indem sie vorschreibt, dass auf das Fahrverbot unverkürzt die Zeit anzurechnen ist, während der nach dem Urteil eine Verwahrung, Sicherstellung oder Beschlagnahme des Führerscheins aufgrund des § 111a Abs. 5 S. 2 StPO fortgedauert hat. Auch insoweit ist die Anwendung des § 51 Abs. 1 S. 2 ausgeschlossen (Rdn. 52). 70

DRITTER TITEL
Strafbemessung bei mehreren Gesetzesverletzungen

Vorbemerkungen zu den §§ 52ff

Vor § 52

Schrifttum

Achenbach „Tat", „Straftat", „Handlung" und die Strafrechtsreform, MDR **1975** 19; *Aden* Ständige Rechtsprechung und Gewohnheitsrecht, JZ **1994** 1109; *Albrecht* Die Abgrenzung von Tateinheit und Tatmehrheit bei mehreren gleichzeitig begangenen Straßenverkehrsordnungswidrigkeiten NZV **2005**, 62; *Altenhain* Die Verwirklichung mehrerer Tatbetsandsalternativen: Einzelverbrechen oder Tateinheit? ZStW **107** (1995) 382; *Altvater* Anklageerhebung nach Aufgabe der Rechtsfigur der fortgesetzten Handlung, Festschrift 50 Jahre Bundesgerichtshof 495; *Arzt* Die fortgesetzte Handlung geht – die Probleme bleiben, JZ **1994** 1000; *J. Baumann* Straflose Nachtat und Gesetzeskonkurrenz, MDR **1959** 10; *ders.* Amtsunterschlagung und Betrug, NJW **1961** 1141; *Baumgarten* Die Lehre von der Idealkonkurrenz und Gesetzeskonkurrenz, 1909 (Strafr. Abh. Heft 103); *Bindokat* Zur Frage des prozessualen Tatbegriffs, GA **1967** 362; *Bittmann/Dreier* Bekämpfung der Wirtschaftskriminalität nach dem Ende der fortgesetzten Handlung, NStZ **1995** 105; *Blei* Die natürliche Handlungseinheit, JA **1972** 711; **1973** 95; *Bockelmann* Zur Konkurrenz der Vermögensdelikte, JZ **1960** 621; *Brähler* Die rechtliche Behandlung von Serienstraftaten und -ordnungswidrigkeiten, Eine Untersuchung aus Anlaß des Plenarbeschlusses BGHSt **40** 138, Kölner Kriminalwissenschaftliche Schriften (2000); *Bringewat* Fortsetzungstat und „in dubio pro reo", JuS **1970** 329; *Bruns* Zum Verbot der Doppelverwertung von Tatbestandsmerkmalen oder strafrahmenbildenden Umständen (Strafbemessungsgründen), Festschrift H. Mayer (1966) 353; *ders.* Strafzumessungsrecht (1974); *ders.* Ungeklärte materiell-rechtliche Fragen des Contergan-Prozesses, Festschrift Heinitz (1972) 317; *Buchholz* Die Selbständigkeit der Einzelakte beim fortgesetzten und Kollektivdelikt, 1940 (Strafr. Abh. Heft 413); *Burghardt* Die Strafsache „Oskar Gröning" vor dem Bundesgerichtshof ZIS **2019** 21; *v. Buri* Einheit und Mehrheit der Verbrechen (1879); *Calliess* Der Rechtscharakter der Regelbeispiele im Strafrecht – Zum Problem von Tatbestand und Rechtsfolge im 6. Strafrechtsreformgesetz, NJW **1998** 929; *Cantzler* Ungelöste und neugeschaffene Probleme bei der Unterschlagung (§ 246 StGB) nach dem 6. StRG, JA **2001** 567; *Cantzler/Zauner* Die Subsidiaritätsklausel in § 246

81 *Graalmann-Scheerer* LR[26] § 458 Rdn. 3; *Meyer-Goßner/Schmitt* StPO[62] § 458 Rdn. 3.

https://doi.org/10.1515/9783110300499-023

StGB: zugleich eine Anmerkung zum Urteil des BGH vom 6. Februar 2002 – 1 StR 513/01, Jura **2003** 483; *Coenders* Über die Idealkonkurrenz (1921); *Cording* Der Strafklageverbrauch bei Dauer- und Organisationsdelikten (1993); *Cramer* Das Strafensystem des StGB nach dem 1. April 1970, Jura **1970** 183; *Deiters* Strafzumessung bei mehrfach begründeter Strafbarkeit, Studien zur Ratio der §§ 52–55 StGB, Düsseldorfer Rechtswissenschaftliche Schriften (1999); *Doerr* Das fortgesetzte Delikt, GS **71** (1908) Beilagenheft; *ders.* Die Lehre vom fortgesetzten Delikt und R. v. Franks Stellungnahme hierzu in seinem Komm. zum StGB, Festgabe Frank, Bd. II (1930) 210; *Graf zu Dohna* Betrachtungen über das fortgesetzte Verbrechen, DStR **1942** 19; *Dreher* Doppelverwertung von Strafbemessungsumständen, JZ **1957** 155; *Dünnebier* Die Subsidiaritätsklausel, GA **1954** 271; *Eckstein* „Wiederholte Zueignung", JA **2001** 25; *Erb* Die Reichweite des Strafklageverbrauchs bei Dauerdelikten und bei fortgesetzten Taten, GA **1994** 265; *ders.* Die Möglichkeit einer abschließenden Erledigung von Seriendelikten in einem einzigen Verfahren, GA **1995** 430; *ders.* Überlegungen zu einer Neuordnung der Konkurrenzen, ZStW **117** (2005) 37; *Fahl* Zur Bedeutung des Regeltatbildes bei der Bemessung der Strafe (1996); *ders.* Freiheitsberaubende Kindesentziehung ohne Strafantrag? GA **1996** 476; *Fischer* Entwicklungslinien der fortgesetzten Handlung, NStZ **1992** 415; *Freund/Putz* Materiellrechtliche Strafbarkeit und formelle Subsidiarität der Unterschlagung (§ 246 StGB) wörtlich genommen, NStZ **2003** 242; *Foth* Dürfen verjährte Taten strafschärfend wirken? NStZ **1995** 375; *Fuchs* Erfolgsqualifiziertes Delikt und fahrlässig herbeigeführter Todeserfolg, NJW **1966** 868; *Geerds* Zur Lehre von der Konkurrenz im Strafrecht (1961); *Geisler* Der Beschluß des Großen Strafsenats zum Fortsetzungszusammenhang, Jura **1995** 74; *Gelbert* Die mitbestrafte Tat (1934); *Geppert* Grundzüge der Konkurrenzlehre, Jura **1982** 358, 418 und **2000** 598, 651; *ders.* Die „fortgesetzte Tat" im Spiegel jüngerer Rechtsprechung und neuerer Literatur, Jura **1993** 649; *ders.* Zur straf- und verfahrensrechtlicher Bewältigung von Serienstraftaten nach Wegfall der „fortgesetzten Handlung", NStZ **1996** 57, 118; *ders.* Neue Perspektiven für ein altes Thema: Muss die Einheitsstrafe kommen? KuP Bd. 25 (1998), S. 117; *Göhler* Ist die fortgesetzte Handlung mit der Entscheidung des Großen Senats in Strafsachen, wistra 1994, 185, auch in Bußgeldsachen praktisch verabschiedet? wistra **1995** 300; *ders.* Die Strafzumessung im System des Strafrechts, Festschrift Tröndle (1989) 357; *Gribbohm* Auf der Suche nach dem richtigen Recht – Gedanken zum Beschluß des Großen Senats für Strafsachen vom 3.5.1994 (BGHSt 40, 138), Festschrift Odersky (1996) 387; *S. Grommes* Eine verhängnisvolle Affäre, NZWiSt **2017** 201; *Grosse-Wilde* Auftakt zum Abschied von der Konsumtion als „unechter Konkurrenzform (Gesetzeseinheit)"? HRRS **2019** 160; *Hamm* Das Ende der fortgesetzten Handlung, NJW **1994** 1636; *Hartung* Tateinheit und künstliche Verbrechenseinheiten in der neueren Rechtsprechung des RG, SJZ **1950** 326; *v. Heinschel-Heinegg* Der Fortsetzungszusammenhang JA **1993** 136; *ders.* Die Entbehrlichkeit des Fortsetzungszusammenhangs JA **1994** 586; *ders.* Die Konsumtion als eigenständige Form der Gesetzeskonkurranz Festschrift Jakobs (2007) 131; *Hellmer* Das Zusammentreffen von natürlicher Handlungs- und rechtlicher Tateinheit bei Verletzung höchstpersönlicher Interessen, GA **1956** 65; *Herzberg* Die Kausalität beim unechten Unterlassungsdelikt, MDR **1971** 881; *ders.* Ne bis in idem – Zur Sperrwirkung des rechtskräftigen Strafurteils, JuS **1972** 113; *v. Hippel* Die allgemeinen Lehren vom Verbrechen in den Entwürfen, ZStW **42** (1921) 525; *Hirschberg* Zur Lehre von der Gesetzeskonkurrenz, ZStW **53** (1934) 34; *Höper* Die mitbestrafte Vor- und Nachtat, Diss. Kiel 1997; *Höpfner* Einheit und Mehrheit der Verbrechen, Bd. I (1901), Bd. II (1908); *Honig* Straflose Vor- und Nachtat (1927); *ders.* Studien zur juristischen und natürlichen Handlungseinheit (1925); *Hruschka* Konkurrenzfragen bei den sog. erfolgsqualifizierten Delikten, GA **1967** 42; *ders.* Der Begriff der „Tat" im Strafverfahrensrecht, JZ **1966** 700; *ders.* Die Dogmatik der Dauerstraftaten und das Problem der Tatbeendigung, GA **1968** 193; *ders.* Zur Logik und Dogmatik von Verurteilungen aufgrund mehrdeutiger Beweisergebnisse im Strafprozeß, JZ **1970** 637; *ders.* „Wahlfeststellung" zwischen Diebstahl und sachlicher Begünstigung? NJW **1971** 1392; *Jähnke* Grenzen des Fortsetzungszusammenhangs, GA **1989** 376; *ders.* Zur Berücksichtigung verjährter Taten bei der Strafzumessung, Festschrift Salger (1995) 47; *Jakobs* Die Konkurrenz von Tötungsdelikten mit Körperverletzungsdelikten (1967); *Joerden* Postpendenz- und Praependenzfeststellungen im Strafverfahren, JZ **1988** 847; *Kindhäuser* Normverstoß und natürliche Handlungseinheit – BGH NJW 1984, 1568, JuS **1985** 100; *Klug* Zum Begriff der Gesetzeskonkurrenz, ZStW **68** (1956) 399; *Klumpe* Probleme der Serienstraftat, Europäische Hochschulschriften Reihe II Rechtswissenschaft (1998); *Koch* Zur fortgesetzten Fahrlässigkeitstat, NJW **1956** 1267; *Köhler* Die Grenzlinien zwischen Idealkonkurrenz und Gesetzeskonkurrenz (1900); *Kohlmann* Schließt die Verjährung der Vortat auch die Bestrafung wegen der Nachtat aus? JZ **1964** 492; *Kohlrausch* Der Sammelbegriff der Sammelstraftat, ZAkDR **1938** 473; *Kratzsch* Die fortgesetzte Tat: eine Sonderform des Vorsatzdelikts – zugleich ein Beitrag zur Auslegung des § 78a StGB, JR **1990** 177; *Krauß* Zum Begriff der straflosen Nachtat, GA **1965** 173; *Kreß* Das Sechste Gesetz zur Reform des Strafrechts, NJW **1998** 633; *Krauth* Zum Umfang der

Rechtskraftswirkung bei Verurteilungen von Mitgliedern krimineller und terroristischer Vereinigungen, Festschrift Kleinknecht (1985) 215; *Kröpil* Die Bedeutung der Tatbegriffe für den Strafklageverbrauch, DRiZ **1986** 448; *v. Krog* Die straflosen Vor- und Nachtaten, Diss. Hamburg 1976; *Kühl* Das leidige Thema der Konkurrenzen, JA **1978** 475; *Küper* Probleme der „Postpendenzfeststellung" im Strafverfahren, Festschrift Lange (1976) 65; *Kuhli* Überforderung des Strafprozesses? Zur Frage des verfahrensrechtlichen Umgangs mit Massenbetrugsfällen, StV **2016** 40; *Kurz* Paradigmenwechsel bei der Strafverfolgung des Personals in den deutschen Vernichtungslagern? ZIS **2013** 122; *Landau* Das Urteil des Zweiten Senats des BVerfG zu den Absprachen im Strafprozess vom 19. März 2013 NStZ **2014** 425; *Lampe* Auswirkungen des Wegfalls der fortgesetzten Tat auf die Beurteilung geheimdienstlicher Agententätigkeit, in: Geisler (Hrsg) Zur Rechtswirklichkeit nach Wegfall der „fortgesetzten Tat", KUP Bd 25 (1998) S. 95; *Lenckner* Das 33. Strafrechtsänderungsgesetz – das Ende einer langen Geschichte, NJW **1997** 2801; *v. Lessen* Handlungseinheit und Strafklageverbrauch bei mitgliedschaftlicher Beteiligung, NStZ **2016** 446; *Maatz* Kann ein nur versuchtes schwereres Delikt den Tatbestand eines vollendeten milderen Delikts verdrängen? NStZ **1995** 209; *Maiwald* Die natürliche Handlungseinheit (1964) (zit. *Maiwald* Die natürliche Handlungseinheit); *ders.* Die Feststellung tatmehrheitlicher Deliktsbegehung, NJW **1978** 300; *Mann, D. und U.* Materielle Rechtskraft und fortgesetzte Handlung, ZStW **75** (1963) 251; *Merkel* Konkurrenz, VDA Bd. 5, S. 269; *Mezger* Der Fortsetzungszusammenhang im Strafrecht, JW **1933** 3265; *Miehe* Zum Verhältnis des Fälschens zum Gebrauchmachen im Tatbestand der Urkundenfälschung, GA **1967** 270; *Miller* Neuere Entwicklungen zur fortgesetzten Handlung, Diss. Tübingen 1997; *Mitsch* Dauerdelikt und Strafklageverbrauch, MDR **1988** 1005; *ders.* Konkurrenzen im Strafrecht, JuS **1993** 385; *ders.* Die Vermögensdelikte im Strafgesetzbuch nach dem 6. Strafrechtsreformgesetz, ZStW **111** (1999) 65; *Momsen* Die konkurrenzrechtliche „Tat" bei sukzessiver Tatausführung unter Verletzung höchstpersönlicher Rechtsgüter, NJW **1999** 982; *Montenbruck* Abwägung und Umwertung. Zur Bemessung der Strafe für eine und für mehrere Taten (1989); *Murmann* Ungelöste Probleme des § 246 StGB nach dem 6. Gesetz zur Reform des Strafrechts (6. StrRG), NStZ **1999** 14; *Nickel* Der Begriff des fortgesetzten Delikts (1931); *Niehaus* Der Begriff des Handeltreibens mit Betäubungsmitteln – Zum Anfragebeschluss des 3. Strafsenats – JR **2005** 192; *Noll* Tatbestand und Rechtswidrigkeit: Die Wertabwägung als Prinzip der Rechtfertigung, ZStW **77** (1965) 1; *Nowakowski* Fortgesetztes Verbrechen *und* gleichartige Verbrechensmenge (1950); *Oehler* Das erfolgsqualifizierte Delikt als Gefährdungsdelikt, ZStW **69** [1957] 503; *Oske* Das Konkurrenzverhältnis der Dauerdelikte zu den übrigen Straftaten, MDR **1965** 532; *Otto* Fehlgeschlagener Versuch und Rücktritt, Jura **1992** 423; *Paeffgen* Unterbrechung der geheimdienstlichen Agententätigkeit (§ 99 StGB) und konkurrenzrechtlicher Handlungsbegriff, JR **1999** 89; *ders.* Betäubungsmittelstrafrecht und der Bundesgerichtshof, Festschrift BGH 50 (2000) Bd. IV, 695; *Paul* Der Begriff des „Handeltreibens" nach dem Betäubungsmittelgesetz, StV **1998** 623; *Paulusch* Strafbare Nachtaten und tatbestandslose Nachhandlungen, Diss. München 1971; *Preiser* Aufspaltung der Sammelstraftat, insbesondere der fortgesetzten Handlung, ZStW **58** (1939) 743; *Preiser* Einheitsstrafe für eine Mehrheit gleichartiger Handlungen, ZStW **71** (1959) 341; *Puppe* Idealkonkurrenz und Einzelverbrechen (1979); *dies.* Funktion und Konstitution der ungleichartigen Idealkonkurrenz, GA **1982** 143; *dies.* Die Erfolgseinheit, eine verkappte Form der Idealkonkurrenz, Festschrift Mangakis (1999) 225; *dies.* Strafrecht Allgemeiner Teil im Spiegel der Rechtsprechung, Bd. 2 Sonderformen des Verbrechens (2005); *dies.* Was ist Gesetzeskonkurrenz, JuS **2016** 96; *dies.* Die Lehre von der Tateinheit, JuS **2017** 637; *Rippisch* Die verfahrensrechtlichen Auswirkungen der Idealkonkurrenz und Realkonkurrenz, 1935 (Strafr. Abh. Heft 322); *Rissing-van Saan* Die Behandlung der rechtlichen Handlungseinheiten in der Rechtsprechung nach Aufgabe der fortgesetzten Handlung (unter besonderer Berücksichtigung des Staatsschutzstrafrechts), Festschrift 50 Jahre BGH (2000) 475; *dies.* Für betrügerische oder andere kriminelle Zwecke errichtete oder ausgenutzte Unternehmen: rechtliche Handlungseinheiten sui generis? Festschrift Klaus Tiedemann (2008) 391; *Rolletschke* Umsatzsteuerjahreserklärung als mitbestrafte Nachtat? StraFo **2005** 497; *Rohleder* Die Folgen des Wegfalls der fortgesetzen Handlung bei sexuellem Missbrauch (2001); *Roth-Stielow* Kritisches zur fortgesetzten Handlung, NJW **1955** 450; *Roxin* Die Strafbarkeit von Vorstufen der Beteiligung (§ 30 StGB), JA **1979** 169; *Ruppert* Der Tag danach: Praktische Auswirkungen des Beschlusses zur fortgesetzten Handlung, MDR **1994** 973; *Seier* Die Gesetzeseinheit und ihre Rechtsfolgen, Jura **1983** 228; *Schirmeyer* Wesen und Voraussetzungen des fortgesetzten Verbrechens, 1941 (Strafr. Abh. Heft 425); *Schlosky* Über Tateinheit und fortgesetztes Verbrechen, ZStW **61** (1942) 245; *Schlüchter/Duttge* Spionage zugunsten des Rechtsvorgängerstaates als Herausforderung für die Strafrechtsdogmatik, NStZ **1996** 457; *Schmidhäuser* Über die strafrechtliche Konkurrenzlehre, 140 Jahre Goltdammer's Archiv für Strafrecht (1993) S. 191; *Schmidt, Eb.* Zum Begriff der Sammelstraftat, JZ **1952** 136; *Schmitt, R.* Vorsätzliche Tötung und vorsätzliche Körperverletzungsdelikte, JZ **1962** 389; *ders.* Die Konkurrenz im geltenden und künftigen Strafrecht, ZStW **75** (1963) 43, 179; *ders.* Juristische „Aufrichtigkeit" am Beispiel des § 243 StGB, Festschrift Tröndle (1989) 313; *Schneidewin* Inwieweit ist es möglich und empfehlenswert, die Art der Konkurrenz zwischen mehreren Straftatbeständen im Gesetz auszudrücken? Mat. Band I S. 221; *L. Schulz*, § 246 StGB – Tatbestand und Konkurrenz, Festschrift Lampe (2003); *Sowada* Probleme der natürlichen Handlungseinheit, Jura **1995** 245; *Schroeder* Die Zusammenrechnung im Rahmen von Qualitätsbegriffen bei Fortsetzungstat und Mittäterschaft, GA **1964** 225; *ders.* Irrwege aktionistischer Gesetzgebung, JZ **1995** 231; *Schröder* Konkurrenzprobleme bei den erfolgsqualifizierten Delikten, NJW **1956** 1737; *Spendel* Zu Dogmatik der unechten Unterlassungsdelikte, JZ **1973** 137; *Schwarz* Sammelstraftat und fortgesetzte Handlung, ZAkDR **1938** 539; *Stoecker* Die Konkurrenz, Mat. Band III S. 449; *Stratenwerth* Zum Verbrauch der Strafklage beim Fortsetzungszusammenhang, JuS **1962** 220; *Stree* Teilrechtskraft und fortgesetzte Tat, Festschrift Engisch (1969) 676; *ders.* In dubio pro reo (1962); *Struensee* Die Konkurrenz bei Unterlassungsdelikten (1971); *Wahle* Die sog. „Handlungseinheit durch Klammerwirkung", GA **1968** 97; *Vogler* Funktion und Grenzen der Gesetzeseinheit, Festschrift Bockelmann (1979) 715; *Wagemann* Natürliche Handlungseinheit bei Angriffen auf höchstpersönliche Rechtsgüter, JA **2006** 580; *T. Walter* Zur Lehre von den Konkurrenzen: Handlungseinheit und Handlungsmehrheit, JA **2004** 572; *ders.* Zur Lehre von den Konkurrenzen: die Gesetzeskonkurrenz, JA **2005** 468; *Warda* Grundfragen der strafrechtlichen Konkurrenzlehre, JuS **1964** 81; *ders.* Funktion und Grenzen der natürlichen Handlungseinheit, Festschrift Oehler (1985) 241; *ders.* Konstruktive Möglichkeiten und Grenzen der Zusammenfassung eines mehraktigen Geschehens zu einer Tat, dargestellt am Beispiel des Tatbestandmerkmals „quälen" in § 225 StGB, Festschrift Hirsch (1999) 391; *ders.* Zur natürlichen und tatbestandlichen Handlungseinheit bei Äußerungsdelikten, insbesondere bei der Volksverhetzung (§ 130), Geilen-Symposium, Bochumer Beiträge (2003) 199; *v. Weber* Zur Behandlung des zum Teil im Ausland begangenen fortgesetzten Delikts, ZStW **57** (1938) 490; *Weber* Was lässt der Beschluss des 3. Strafsenats des BGH vom 10.7.2003 vom Handeltreiben übrig? NStZ **2004** 66; *Wegscheider* Echte und scheinbare Konkurrenz (1980); *Werle* Die Beteiligung an kriminellen Vereinigungen und das Problem der Klammerwirkung, JR **1979** 93; *ders.* Konkurrenz und Strafklageverbrauch bei der mitgliedschaftlichen Beteiligung an kriminellen oder terroristischen Vereinigungen, NJW **1980** 2671; *ders.* Die Konkurrenz bei Dauerdelikt, Fortsetzungstat und zeitlich gestreckter Gesetzesverletzung, (1981); *Wiedmann* Zur Bestrafung wegen vorsätzlicher oder fahrlässiger Tötung bei gleichzeitigem Vorliegen eines sog. erfolgsqualifizierten Delikts, MDR **1966** 554; *Wollweber* Fortgesetzte Probleme der fortgesetzten Handlung, NJW **1996** 2632; *Wolter* Verurteilung aus nicht tatbestandsmäßiger Nachtat? GA **1974** 161; *ders.* Grundfälle zu „in dubio pro reo" und Wahlfeststellung, JuS **1983** 602; *J. Wolter*, Gewaltanwendung und Gewalttätigkeit, NStZ **1985** 193; *ders.* Natürliche Handlungseinheit, normative Sinneinheit und Gesamtgeschehen, StV **1986** 315; *Zieschang* Tendenzen in der Rechtsprechung seit der Entscheidung des Großen Senats für Strafsachen zur fortgesetzten Handlung, GA **1997** 457; *ders.* Das Konkurrenzverhältnis von Zustands- und Dauerdelikt, Rissing-van Saan Festschrift (2011) 787; *Zschockelt* Die praktische Handhabung nach dem Beschluß des Großen Senats für Strafsachen zur fortgesetzten Handlung, NStZ **1994** 361; *ders.* Bemerkungen zu Bittmann/Dreier, NStZ **1995** 109; *ders.* Auswirkungen der Entscheidung des Großen Senats zum Fortsetzungszusammenhang auf die tatrichterliche Rechtsprechung, StraFo **1996** 131; siehe ferner die Nachweise bei § 52.

Entstehungsgeschichte

Das im Wesentlichen zumindest im Allgemeinen Teil auch heute noch in der Fassung der Bekanntmachung vom 2. Januar 1975 (BGBl. I S. 1) geltende StGB hat die Regelung der Konkurrenzen, wie sie dem früheren Recht in den §§ 73ff (in der Fassung des 1. StrRG vom 25. Juni 1969, BGBl. I S. 645) zugrunde lag, überwiegend ohne Umgestaltung in die §§ 52ff übernommen. Notwendige Änderungen wurden bereits durch das 1. StrRG vorgenommen, das aber auch die Grundkonzeption der Konkurrenzbestimmungen beibehalten hat.

Diese Fassung entspricht weitgehend den §§ 67–70 E 1962 (BTDrucks. IV/650 mit Begründung); die Gründe, die in diesem Entwurf als maßgebend dafür angeführt sind, entgegen früheren Entwürfen (von § 63 E 1922 an) nicht die Unterscheidung zwischen Tateinheit und Tatmehrheit aufzugeben und zur Einheitsstrafe überzugehen, haben auch in den Beratungen des SondA nach längerer Debatte dazu geführt, dass von der Einführung der Einheitsstrafe im Falle der Tatmehrheit abgesehen worden ist (Prot. SondA S. 904, 2216).

Der Gesetzgeber hat allerdings unter Beibehaltung der Unterscheidung von Tateinheit und Tatmehrheit eine wesentliche Änderung insoweit herbeigeführt, als in die Gesamtstrafe bei Tatmehrheit entgegen dem früheren Rechtszustand (§ 74 a.F.) auch Geldstrafen einbezogen werden können. Zudem wurde die Behandlung von Nebenstrafen, Nebenfolgen und sichernden Maßnahmen aus Vorverurteilungen dahin geregelt, dass diese nicht mehr aufgrund eigenständiger Prüfung der Voraussetzungen erneut ausgesprochen werden konnten (so die Rechtsprechung zu § 79 a.F.), sondern grundsätzlich aufrechtzuerhalten sind, soweit sie durch die neue Entscheidung nicht gegenstandslos (vgl. hierzu BTDrucks. IV/650 S. 194 und BRDrucks. 200/62 S. 194) werden (§ 76 Abs. 2). Im Übrigen dienen die Änderungen der Klärung von Zweifelsfragen (so in §§ 73 Abs. 3 und 4, 75 Abs. 1 S. 2, 76 Abs. 1 S. 2 und 77 a.F.) und der Anpassung an das System der einheitlichen Freiheitsstrafe. Für die Behandlung der Gesetzeskonkurrenz und der fortgesetzten Handlung hat der Gesetzgeber bewusst keine Richtlinien gegeben, sondern hat diese Fragen weiterhin der Klärung durch Rechtsprechung und Wissenschaft überlassen; in der Begründung zum E 1962 (S. 191) wird insbesondere darauf hingewiesen, dass es angesichts der Vielgestaltigkeit der Verhältnisse kaum möglich sei, für die Gesetzeskonkurrenz eine gesetzliche Formel zu finden. Die Rechtsprechung hat die Rechtsfigur der fortgesetzten Handlung weitestgehend aufgegeben (GSSt – BGHSt **40** 138 für §§ 173, 174, 176, 263; siehe im Übrigen unten Vor § 52 Rdn. 57 ff). Eine Fallkonstellation, bei der eine Fortsetzungstat noch angenommen werden könnte, scheint es nicht mehr zu geben. Die Praxis stellt deshalb nunmehr vermehrt auf die tatbestandliche und die natürliche Handlungseinheit ab (unten Rdn. 10 ff) oder auf neue Formen der sog. Organisationsdelikte (siehe dazu unten Rdn. 30 und 44 f).

Durch Art. 1 Nr. 4 des 23. StrÄndG vom 13. April 1986 (BGBl. I S. 393) wurde in § 54 Abs. 1 S. 1 auch die Gesamtstrafenfähigkeit der lebenslangen Freiheitsstrafe geregelt, nachdem das Bundesverfassungsgericht es als Voraussetzung für einen menschenwürdigen Strafvollzug für erforderlich angesehen hat, dass dem zu lebenslanger Freiheitsstrafe Verurteilten grundsätzlich eine Chance verbleiben muss, je wieder der Freiheit teilhaftig zu werden (BVerfGE **45** 187, 239). Dieser Forderung ist der Gesetzgeber durch Einfügung des § 57a durch das 20. StrÄndG vom 8. Dezember 1981 (BGBl. I S. 1329) nachgekommen, der die Aussetzungsfähigkeit der lebenslangen Freiheitsstrafe vorsieht. Um zu einer einheitlichen Aussetzungspraxis der Vollstreckungskammern zu gelangen und um eine gesetzliche Grundlage zu schaffen (BTDrucks. 10/2720 S. 9/10 sowie S. 23), wurden §§ 54 Abs. 1 S. 1, 57b (mit Folgeänderungen in §§ 53 Abs. 1 und 2 und 54 Abs. 2) durch das 23. StrÄndG neu eingefügt. Mit der Regelung, dass bei Tatmehrheit eine lebenslange Freiheitsstrafe als Gesamtstrafe zu verhängen ist, sollte für die Aussetzungsproblematik eine „vergleichsweise einfache Lösung“ (BT-Drucks. 10/2720 S. 10) gefunden werden. Der zusätzliche Unrechtsgehalt ist bei der Aussetzung des Strafrests zu berücksichtigen (= vollstreckungsrechtliche Lösung im Gegensatz zur Strafzumessungslösung, die *Lackner* in FS Leferenz S. 609, 625 vorgeschlagen hat; vgl. krit. *Groß* in StV **1985** 81, 84). Anders als der Gesetzentwurf der Bundesregierung, der den zusätzlichen Unrechtsgehalt nur in „allen besonders gravierenden Fällen“ berücksichtigt wissen wollte (BT-Drucks. 10/2720 S. 10), sah die Stellungnahme des Bundesrates eine Berücksichtigung im Regelfall vor (BT-Drucks. 10/2720 S. 20). Im Ergebnis (aaO S. 29) wurde es der Rechtsprechung überlassen, das Merkmal der besonderen Schwere der Schuld i.S.v. § 57a Abs. 1 Nr. 2 auszulegen. Mit Beschluss vom 3. Juni 1992 (BVerfGE **86** 288) hat das Bundesverfassungsgericht das Tatgericht verpflichtet, die erheblichen Tatsachen für die Feststellung der besonderen Schwere der Schuld bereits im Erkenntnisverfahren fest- und im Urteil darzustellen und für das Strafvollstreckungsgericht mit Bindungswirkung zu gewichten. Die Entscheidung hat der Tatrichter aufgrund einer Gesamtwürdigung von Tat und Täter zu treffen (BGHSt **40** 360).

Die durch das Gesetz zur Bekämpfung des illegalen Rauschgifthandels und anderer Erscheinungsformen der Organisierten Kriminalität (OrgKG) vom 15. Juli 1992 (BGBl. I S. 1302) mit Wirkung vom 22. September 1992 eingeführte Vermögensstrafe (§ 43a) hatte Folgeänderungen in §§ 52 Abs. 4, 53 Abs. 3 und 4, 54 Abs. 2 S. 2 und 55 Abs. 2 nach sich gezogen. Nach den gesetzgeberischen Vorstellungen sollte die Vermögensstrafe Schwierigkeiten bei der Gewinnabschöpfung entgegenwirken, wenn bei Tatbeteiligten Vermögenswerte angetroffen werden, deren kriminelle Herkunft zwar nahe liegt, die sich jedoch nicht konkret fassbaren Straftaten zuordnen lassen (BTDrucks. 12/989 S. 22). Sie war als eine zusätzliche kriminalstrafrechtliche Sanktion wie eine nicht nach dem Tagessatzsystem zu bemessende Geldstrafe ausgestaltet, deren Obergrenze lediglich durch den Wert des Tätervermögens begrenzt war, die neben einer Freiheitsstrafe von mehr als zwei Jahren verhängt werden konnte. Dieses Rechtsinstitut begegnete von Anfang an verfassungsrechtlichen Bedenken (vgl. hierzu BGHSt **41** 20), auch bereitete die praktische Handhabung vielfach Probleme (vgl. allgemein *Bringewat* in NStZ **1993** 316; BGHSt **41** 278). Mit Urteil vom 20.3.2002 – 2 BvR 794/95, BVerGE **105** 135, (BGBl. I S. 1340) hat das Bundesverfassungsgericht die Vermögensstrafe als unvereinbar mit Art. 103 Abs. 2 GG insgesamt für nichtig erklärt.

Übersicht

I. Allgemeines

Die §§ 52ff enthalten Regeln über die **Strafbemessung** im Falle des **Zusammentreffens mehrerer Gesetzesverletzungen**, die durch eine Person begangen worden sind. Die Titelüberschrift weist darauf hin, dass es sich um die „Nahtstelle zwischen der Lehre von der Straftat und der Lehre von Unrechtsfolgen" handelt.[1] Da die Tatbestände des Besonderen Teils grundsätzlich nur den Fall regeln, dass der Täter durch *eine* Handlung *einen* Tatbestand verwirklicht(zu den sog. zusammengesetzten und mehraktigen Delikten siehe unten bei der „tatbestandlichen Handlungseinheit" Rdn. 22), bedarf es zusätzlicher Vorschriften über die Strafrahmenwahl und die Art und Weise der Strafbemessung für die Fälle, in denen der Täter *mehrere Tatbestände* oder *denselben Tatbestand mehrmals* durch eine oder mehrere Handlungen erfüllt.[2] Das klingt zunächst wenig spektakulär. Dieser Problembereich hat die höchstrichterliche Rechtsprechung jedoch zuletzt zu einigen grundlegenden Entscheidung veranlasst, die das Potential haben, die Rechtsprechung zu den Konkurrenzen und infolge dessen zumindest auch in Teilbereichen zum dogmatischen Gefüge des materiellen Strafrechts nachhaltig zu verändern.[3] 1

1 *Blei* AT § 90 II; *Wessels/Beulke/Satzger* Rdn. 751; *Bruns* Strafzumessungsrecht S. 411; ferner *Maurach/Gössel/Zipf* § 54 Rdn. 16; *Jescheck/Weigend* § 66 Fn. 2; *Roxin* AT II § 33 I Rdn. 6.

2 Vgl. auch *v. Heinschel-Heinegg* MK Vor § 52 Rdn. 8, 11.

3 Allen voran trifft dies auf die Entscheidung des 3. Strafsenats des BGH in BGHSt **60** 308 zum tateinheitlichen Zusammentreffen von mitgliedschaftlichen Beteiligungsakten an einer kriminellen oder terrorisitischen Vereinigung mit anderen Straftaten zu (hier Rdn. 30). Hier zu erwähnen sind aber auch die Entscheidungen des 2. Strafsenats zur Einschränkung der Konkurrenzform der *Konsumtion* in den Fällen

2 Ausgangspunkt der Konkurrenzlehre ist die Unterscheidung von **Handlungseinheit** und **Handlungsmehrheit**, weil darauf die Differenzierung der Rechtsfolgen in den §§ 52, 53 aufbaut.[4] Verletzt eine Handlung mehrere Strafgesetze oder dasselbe Strafgesetz mehrmals, so spricht das Gesetz von **Tateinheit** (Idealkonkurrenz), die mehrfache Gesetzesverletzung durch mehrere Handlungen bezeichnet das Gesetz als **Tatmehrheit** (Realkonkurrenz). Daneben gibt es Fälle, bei denen eine mehrfache Gesetzesverletzung nur scheinbar vorliegt, während sich in Wirklichkeit aus dem Verhältnis der beteiligten Vorschriften oder der einheitlichen Bewertung des Tatkomplexes ergibt, dass nur *ein* Strafgesetz anzuwenden ist und die anderen zurücktreten, **Gesetzeseinheit** (Gesetzeskonkurrenz); diese Fallgruppe ist im Gesetz mit Ausnahme der sog. ausdrücklichen, d.h. gesetzlich vorgesehenen Subsidiarität (dazu unten Rdn. 105) nicht geregelt.

3 Als Grundsätze, nach denen die Rechtsfolgen bei mehreren Gesetzesverletzungen zu bemessen sind, kennt das Gesetz das **Absorptionsprinzip**, d.h. Straffestsetzung allein nach dem schwersten der verletzten Gesetze (§ 52 Abs. 2), das **Kombinationsprinzip**, d.h. die Verknüpfung der Strafdrohungen der verschiedenen verletzten Gesetze zu einer gemeinsamen Strafdrohung (§ 52 Abs. 2 S. 2, Abs. 3, 4) und das **Asperationsprinzip**, d.h. die Verschärfung der schwersten Strafe (§ 54). Daneben hat das **Kumulationsprinzip**, d.h. die Addition der gesondert bemessenen Einzelstrafen, das vor dem 1.4.1970 für Geldstrafen und bis zum 1.5.1986 auch für lebenslange Freiheitsstrafen galt, im Strafgesetzbuch für das Zusammentreffen von Freiheits- und Geldstrafe nach § 53 Abs. 2 Satz 2 seine nicht zu gering zu schätzende Bedeutung behalten. Das Kumulationsprinzip findet darüber hinaus auch im Recht der Ordnungswidrigkeiten (§ 20 OWiG) und bei dem Zusammentreffen von Sanktionen des StGB mit Geldbußen nach dem OWiG (BGH Beschl. vom 13. Oktober 1993 – 3 StR 509/93; OLG Köln NJW **1979** 379) Anwendung (hierzu insgesamt *v. Heinschel-Heinegg* MK Vor §§ 52ff Rdn. 14).

4 Das Prinzip der **Einheitsstrafe**, wie es in den europäischen Nachbarländern Frankreich, Österreich und der Schweiz geltendes Recht ist und auch nach dem DDR-Recht (§§ 63, 64 StGB/DDR) galt, wonach nur eine einheitliche Strafe ohne Rücksicht auf die Zahl der Gesetzesverletzungen und die Art ihres Zusammentreffens bestimmt wird, hat zwar in das Jugendstrafrecht Eingang gefunden (§§ 31, 66 JGG), nicht aber in das Strafgesetzbuch. Allerdings hatte die Einheitsstrafe in der strafrechtlichen Reformdiskussion zahlreiche Befürworter und auch heute werden Stimmen laut, die die Unterscheidung von Handlungseinheit und Handlungsmehrheit für kriminalpolitisch verfehlt oder die Einheitsstrafe aus Gründen der Vereinfachung der richterlichen Praxis für wünschenswert halten.[5] Dennoch hat der Gesetzgeber bisher aus dogmatischen und pragmatischen Gründen an

---

der tateinheitlichen mit einem schwiegenderen Delikt begangenen Begleitdelikte, Beschl. v. 27.11.2018 – 2 StR 481/17, NJW **2019** 1086 – 1091, sowie der Beschl. des Großen Senats für Strafsachen zum Handeltreiben mit BtM als Bewertungseiheit v. 20.7.2017 – GSSt – 4/17 (zum Abdruck in BGHSt **63** 1 bestimmt) und der Beschl. des 1. Strafsenats zur Änderung seiner Rechtsprechung zu den Voraussetzungen von Einheit und Mehrheit von Steuerstraftaten v. 22.1.2018 – 1 StR 535/17 (u.a. NStZ **2019** 154).

4 H. L.: *Bockelmann/Volk* AT § 32 I 4; *Geppert* Jura **1982** 361; *Jescheck/Weigend* § 66; *Maurach/Gössel/Zipf* § 54 Rdn. 17; *Schmitt* ZStW **75** (1963) 43ff; *Sch/Schröder/ Sternberg-Lieben/Bosch* Vor §§ 52ff Rdn. 4; *Samson/Günther SK* [8] Vor §§ 52ff Rdn. 15 ff; *Stratenwerth* AT Rdn. 1209ff; *Warda* JuS **1964** 82; *Wessels/ Beulke/Satzger* Rdn. 753.

5 *Geerds* Konkurrenzen S. 244ff und S. 463ff; *ders.* JR **1995** 71, 72 Anm. zu BGHSt **39** 390; *v. Heinschel-Heinegg* MK Vor § 52 Rdn. 6; *Jescheck* ZStW **67** (1955) 537ff; *Niese* Mat. Bd. I S. 155, 163; *Preiser* ZStW **71** (1959) 341ff; *Rebmann* FS Bengl S. 99; *Schmitt* ZStW **75** (1963) 529, 542ff; *Schoreit* FS Rebmann S. 443; *Stratenwerth* AT Rdn. 1208. Zum Ganzen außerdem *Blei* AT § 90 III 5; *Geppert* Jura **1982** 360f; *Peters* FS Kohlrausch S. 199ff; 9; *Zipf* JuS **1974** 137ff; *Werle* Die Konkurrenz S. 130ff; hingegen deutlich zurückhaltender *Sch/Schröder/Sternberg-Lieben/Bosch* Vor §§ 52ff Rdn. 8f.

der Unterscheidung zwischen Ideal- und Realkonkurrenz festgehalten (E 1962 BTDrucks. IV/650 S. 189 ff; BTDrucks. V/4094 S. 25). Vor allen Dingen wurde befürchtet, die Einheitsstrafe könne allzuleicht zu einer summarischen und an der Oberfläche haftenden Beurteilung der Taten und der Täterpersönlichkeit verführen, die sich von den Grundsätzen eines folgerichtigen Schuldstrafrechts entferne (BTDrucks. IV/650 S. 190).[6] Dass derartige Befürchtungen nicht rein theoretischer Natur sind, hat sich in der strafrechtlichen Praxis als zutreffend erwiesen; dies war einer der Gründe, die die Rechtsprechung zu einer rigorosen Einschränkung der Figur der sog. fortgesetzten Handlung bewogen haben. Die Entscheidung gegen die Einheitsstrafe und für das Gesamtstrafenprinzip ist in den letzten Jahren auch auf der Gesetzgebungsebene wieder in die Diskussion geraten vgl. BTDrucks. 10/2720 S. 20 und 29 sowie BTDrucks. 11/2597 S. 5.[7] Die Entscheidung des Großen Senats für Strafsachen (BGHSt **40** 138) zur fortgesetzten Handlung hat die Diskussion über die Vor- und Nachteile der Einheitsstrafe vorrübergehend, aber nicht nachhaltig wieder belebt, auch der Regierungsentwurf eines Gesetzes zur Reform des Sanktionenrechts von 2003,[8] hat dazu nichts beigetragen.(Siehe dazu unten § 53, Entstehungsgeschichte)

Die **praktische Bedeutung** der Unterscheidung von Tateinheit und Tatmehrheit ist im 5
Ergebnis durch die Anwendung des Kombinationsprinzips auch bei Tateinheit (§ 52 Abs. 3, 4) sowie die in § 52 Abs. 2 Satz 2 vorgeschriebenen Sperrwirkung des milderen Gesetzes und deren durch die Rechtsprechung auf den Bereich der Gesetzeseinheit erstreckte Wirkung materiellrechtlich allerdings nicht sehr erheblich. Die Fälle, in denen die Gesamtstrafe den Rahmen des schwersten verletzten Gesetzes überschreitet, sind bei der Weite der Strafrahmen nicht zahlreich. Im Übrigen kann die Verletzung eines weiteren Gesetzes auch bei Tateinheit strafschärfend berücksichtigt werden (siehe dazu unten § 52 Rdn. 53). Deshalb wird in der Literatur die Auffassung vertreten, dass nicht nur die Strafe bei Tateinheit – und zwar schon seit der Entscheidung RGSt **73** 148 – sondern auch die nach §§ 53 ff zu bildende Gesamtstrafe in Wahrheit eine verkappte Einzelstrafe darstelle, da die Gesamtstrafe in der Regel nur unwesentlich höher ausfalle als die Einsatzstrafe[9] und z.B. in den Fällen der Gesetzeseinheit durch die Grundsätze der Rechtsprechungzur Sperrwirkung des zurücktretend Gesetzes die Unterschiede zur Tateinheit praktisch eingeebnet würden.[10]

Liegt nur *eine* Handlung vor, so ist nach der h.M. nur *eine* Straftat gegeben, auch 6
wenn mehrere Straftatbestände erfüllt sind (**Einheitstheorie**).[11] Im Gegensatz dazu behauptete etwa die **Mehrheitstheorie**, dass die Verletzung mehrerer Strafgesetze zur Annahme *mehrerer* Straftaten führen müsse, obwohl äußerlich gesehen nur eine Handlung vorliege.[12] Denn eine Handlung beanspruche nur insoweit strafrechtliche Bedeutung, als

---

6 Vgl. auch *Jäger* SK Vor § 52 Rdn. 3 ff.

7 Siehe hierzu u.a. *Erb* ZStW **117** 41 ff; *Sch/Schröder/Sternberg-Lieben/Bosch* Rdn. 7.

8 Vgl. *v. Heinschel-Heinegg* MK Rdn. 5; *Schnorr/Wissing* ZRP **2003** 478.

9 *Geppert* KuP Bd 25 (1998), 117, 127 f; *Montenbruck*, Abwertung und Umwertung (1989), S. 95 ff.

10 Deshalb wird auch die Auffassung vertreten, bei der sog. Gesetzeskonkurrenz bzw. Gesetzeseinheit jedenfalls in den Fällen der Subsidiarität und der Konsumtion handele es sich im Prinzip um verkappte Formen der Idealkonkurrenz bzw. der Erfolgseinheit, *Puppe* FS Mangakis S. 225, 230; *dies.* JuS **2016** 961; *Sch/Schröder/Sternberg-Lieben/Bosch* Vor §§ 52 ff Rdn. 103; u. a. wegen des Mehrfachverwertungsverbots will neuerdings *v. Heinschel-Heinegg*, MK Vor §§ 52 ff Rdn. 30 und Rdn. 77 ff, bei der Gesetzeseinheit auf die Sperrwirkung des verdrängten Gesetzes prinzipiell verzichten, siehe dazu auch unten Rdn. 95 ff.

11 *Abels* Klarstellungsfunktion S. 12; *Baumann/Weber* AT[9] § 41 I 2a; *Baumgart* Festgabe Frank II S. 189; *Höpfner* Einheit und Mehrheit S. 101 ff; *Jescheck/Weigend* § 67 I 2; *Jescheck* ZStW **67** (1955) 529, 533; *v. Liszt – Schmidt* S. 359 Fn. 6; *Kubisch* DJ **1942** 99; *Maurach* AT[4] § 54 I 3; *M. E. Mayer* AT S. 156 Fn. 2; *Mezger* S. 469.

12 So zuletzt *Schmidhäuser* FS GA S. 191, 198 ff; *ders.* schon AT 18/38 Fn. 30; ebenso *Jakobs* AT 32/15; in der älteren Literatur *Binding* Handb. S. 569 ff; *Coenders* Idealkonkurrenz S. 12 f; *Frank* § 73 Anm. 1; *Honig*

sie in bestimmten Tatbeständen in Erscheinung trete. Einheit der Tat ist nach dieser Meinung gleichzusetzen mit der Einheit des Tatbestandes. Der Theorienstreit betrifft jedoch eine Frage ohne größere praktische Bedeutung;[13] er beruht letztlich auf einer unterschiedlichen Bestimmung der Begriffe „Delikt" und „Straftat" als äußerem Vorgang der Tatbestandserfüllung oder als Gesetzesverstoß.[14] In der Sache selbst besteht aber weitgehend Einigkeit: Tateinheit ist die auf Handlungseinheit aufbauende **Bewertungsmehrheit**,[15] d.h. ein und derselbe tatsächliche Vorgang wird unter denselben oder verschiedenen rechtlichen Gesichtspunkten mehrfach beleuchtet bzw. bewertet.[16]

II. Einheit und Mehrheit von Handlungen. Begriff der „Tat"

7 Das Strafgesetzbuch enthält keine Definition der „Handlung" und erläutert auch nicht die Voraussetzungen für die Annahme einer Handlungseinheit. Es bedarf deshalb der Abklärung der rechtlichen Vorgaben. Das Schweigen des Gesetzes legt jedenfalls die Annahme nahe, dass es zunächst eine Handlung im alltäglichen Sprachgebrauch und damit eine natürliche Handlung voraussetzt. Über dieVoraussetzungen für eine Handlungseinheit besteht in Rechtsprechung und Wissenschaft keine Einigkeit. Die Beantwortung dieser Frage wird zudem durch eine terminologische Vielfalt der Umschreibungen erschwert. Der *materiellrechtliche Begriff der „Handlungseinheit"* ist von dem für den im Zusammenhang mit dem Problem des Strafklageverbrauchs wesentlichen *verfahrens-* bzw. *verfassungsrechtlichen* Begriff der „Tat" i.S.v. § 264 StPO und Art. 103 Abs. 3 GG zu unterscheiden. Dieser umfasst den gesamten, dem angeklagten Verhalten des Täters zugrundeliegenden geschichtlichen, nämlich zeitlich und sachverhaltlich begrenzten Vorgang, den Anklage und Eröffnungsbeschluss umschreiben und innerhalb dessen der Angeklagte als Täter oder Teilnehmer einen Straftatbestand verwirklicht haben soll.[17] Bei Tateinheit i.S. des § 52 ist zwar in aller Regel, aber nicht notwendigerweise[18] von einer Tat im prozessualen Sinne auszugehen. Auf der anderen Seite können aber auch mehrere Taten gemäß § 53 eine prozessuale Tat ergeben.[19] Maßgeblich sind jeweils die Umstän-

---

Studien zur juristischen und natürlichen Handlungseinheit S. 3 Fn. 7; *H. Mayer* AT S. 412 und StudB S. 191; *Mösl* LK⁹ § 73 a.F. Vorbem. Rdn. 1 und 8; *Niese* Mat. Bd. I S. 156.

13 *Lackner/Kühl/Heger* Vor § 52 Rdn. 23; *Maiwald* Die natürliche Handlungseinheit S. 63f; *Maurach/Gössel/Zipf* § 54 Rdn. 22ff; *Jescheck/Weigend* § 67 I 2; *Puppe* Idealkonkurrenz S. 27ff; *dies.* GA **1982** 143f; **aA** *v. Heinschel-Heinegg* MK § 52 Rdn. 5.

14 *Geerds* Konkurrenzen S. 325f; vgl. als Beispiele etwa die Darlegungen von *Schmidhäuser* in FS GA S. 199f und in FS Dünnebier S. 497ff.

15 *Sch/Schröder/Sternberg-Lieben/Bosch* § 52 Rdn. 3; *Abels* Klarstellungsfunktion S. 11f; *Roxin* AT II § 33 Rdn. 71.

16 Zu keinem wesentlich anderen Ergebnis führt der Versuch, für den Begriff der „Straftat" entsprechend der Doppelstellung der Konkurrenzen zwischen Tatbestand und Strafzumessung einen doppelten Inhalt zu postulieren, nämlich einen solchen der „Subsumtionsstraftat" und einen davon zu unterscheidenden der „Aburteilungsstraftat" (*Schmidhäuser* FS GA S. 202ff); denn auch dann, wenn nach dieser Meinung auf der Tatbestandsebene mehrere Subsumtionsstraftaten anzunehmen sind, kann die Bewertung auf der Rechtsfolgenebene ergeben, dass dennoch nur eine Aburteilungsstraftat vorliegt (vgl. *Schmidhäuser* aaO).

17 *Gollwitzer* LR25 § 264 Rdn. 3ff; *Stuckenberg* LR²⁶ § 264 Rdn. 4ff; *Kuckein* KK § 264 Rdn. 3ff; *Meyer-Goßner/Schmitt* StPO § 264 Rdn. 1 u. 6f; *Achenbach* MDR **1975** 19; *Grünwald* JZ **1970** 330; *Hanack* JZ **1972** 355; *Schlüchter* JZ **1991** 1057; vgl. ferner BVerfG (1. Kammer des 2. Senats) Beschluss vom 16.3.2006 – 2 BVR 111/06.

18 BVerfGE **56** 22; BGHSt **29** 288 mit Anm. *Rieß* NStZ **1981** 74 und Anm. *Werle* NJW **1980** 2671; BGHSt **36** 151 mit Anm. *Mitsch* JR **1990** 162 und Anm. *Neuhaus* StV **1990** 342; BGHSt **39** 390 mit Anm. *Geerds* JR **1995** 71; BGH NStZ **1984** 135; anders noch BGHSt **8** 92, 94; **13** 21, 23; **26** 184, 185: Tateinheit nach § 52 genügt stets den Voraussetzungen des § 264 StPO.

19 BGHSt **23** 141, 150; **24** 185, 186; **45** 211, 213; BGH NStZ **1983** 87; BayObLG NJW **1991** 2360.

de des Einzelfalls (BGH NStZ **1984** 469; BGH NJW **1992** 1777). Entscheidend für die Annahme einer einheitlichen prozessualen Tat ist stets, ob die einzelnen Handlungen nicht nur äußerlich ineinander übergehen, sondern auch innerlich derart miteinander verknüpft sind, dass der Unrechts- und Schuldgehalt der einen Handlung nicht ohne die Umstände, die zu der anderen Handlung geführt haben, richtig gewürdigt werden kann und ihre getrennte Würdigung und Aburteilung als unnatürliche Aufspaltung eines einheitlichen Lebensvorgangs empfunden würde.[20] Es besteht ferner dahin Einigkeit, dass der im Schrifttum mit sehr unterschiedlichen Maßstäben gemessene *allgemeine* Handlungsbegriff der Verbrechens- bzw. der Straftatlehre[21] für die Unterscheidung von Tateinheit und -mehrheit im Rahmen der Konkurrenzlehre wenig ergiebig ist, da er ein anderes Ziel verfolgt, nämlich die Mindestvoraussetzung strafbaren Verhaltens zu umschreiben oder die Handlung als Ursache eine tatbestandlichen Erfolges zu definieren sucht; die Frage, wann mehrere „natürliche" Handlungen eine oder mehrere Taten i.S.d. §§ 52ff bilden, d.h. Einheiten als rechtliche oder soziale Sinnzusammenhänge verstanden, vermag er nicht zu lösen.[22]

Von einem Teil der Literaturmeinungen wird zudem das Erfordernis eines vortat- **8**
bestandlichen (naturalistischen) Handlungsbegriffs für die Lösung der Konkurrenzprobleme bestritten[23] bzw. zumindest als Unterscheidungskriterium von Handlungseinheit und Handlungsmehrheit für unzulänglich gehalten;[24] dennoch ist nicht zu leugnen, dass es auch in diesem Zusammenhang eines Mindestbegriffs der Handlung als gemeinsamem Element strafrechtlicher Wertung bedarf. Eine „Nichthandlung" ist auch für die §§ 52ff ohne Bedeutung.[25] Selbst die Auffassung, die für die Abgrenzung der Tateinheit von der Tatmehrheit unter Verzicht auf einen tatbestandsneutralen Handlungsbegriff die sachliche Unrechtsverwandtschaft der verwirklichten Tatbestände (Einheit des konkreten Unrechts) maßgeblich sein lassen will,[26] kommt tatsächlich nicht ohne ein gewisses Vorverständnis von wertneutraler Handlung aus. Denn auch nach dieser Meinung stellt erst das Zusammentreffen von Normverstoß mit der Person des Täters in einem für die Beurteilung der Normverletzung relevanten Zeitausschnitt aus dessen Leben die notwendige Beziehung des Täters zur Rechtsverletzung her, die einer strafrechtlichen Bewertung unterzogen werden soll.[27] Anders als durch Orientierung zunächst an „Hand-

---

20 Vgl. zuletzt etwa BGH NJW **2005** 836, 837; BGH Beschluss v. 24.11.2004 – 5 StR 206/04; BVerfG (1. Kammer des 2. Senats) Beschluss v. 16.3.2006 – 2 BVR 111/06; dieser strikten Trennung zwischen „Tat" im materiellen und verfahrensrechtlichen Sinn sind in der Literatur Versuche entgegengesetzt worden, den prozessualen Tatbegriff wieder mehr an den sachlichrechtlichen heranzuführen (*Bindokat* GA **1967** 362; *Geerds* Konkurrenzen S. 397ff; *Herzberg* JuS **1972** 117; *Neuhaus* NStZ **1993** 202 Anm. zu BayObLG NJW **1991** 2360; *Oehler* FS Rosenfeld S. 134 und GedS Horst Schröder S. 439; *Wolter* GA **1986** 143) bzw. wird deren Identität behauptet *Maurach/Gössel/Zipf* § 54 Rdn. 5.

21 Zu den heute vertretenen Theorien des kausalen und finalen, des sozialen, personalen und des negativen Handlungsbegriffs siehe die Übersichten bei *Jescheck* LK 11. Aufl. Vor § 13 Rdn. 25ff sowie Walter LK 12. Aufl. Vor §§ 13 Rdn. 28ff *Maurach/Zipf* AT/1 § 16 28ff; *Roxin* AT I § 8 II, III, *Schmidhäuser* GedS A. Kaufmann S. 131, 137ff, jeweils m.w.N.

22 *Blei* AT 92 I; *v. Heinschel-Heinegg* MK § 52 Rdn. 12, 22; *Jakobs* AT 32/2; *Jescheck/Weigend* § 66 I 2; *Roxin* AT I § 8 I Rdn. 5; *Samson/Günther SK 8. Aufl.* Vor § 52 Rdn. 34; *Sch/Schröder/Sternberg-Lieben/Bosch* Vor §§ 52ff Rdn. 11f; *Puppe* Idealkonkurrenz S. 243ff und GA **1982** 143, 146; *dies.* NK § 52 Rdn. 7f.

23 *Geerds* Konkurrenzen S. 244ff; *Jescheck/Weigend* § 66 I 3; *Maiwald* Die natürliche Handlungseinheit S. 59f; *Kindhäuser* JuS **1985** 105; *Otter* Funktionen des Handlungsbegriffs S. 46f und S. 187ff; *Puppe* GA **1982** 146ff; *dies.* NK § 52 Rdn. 7ff; vgl. auch *Freund* AT § 1 III Rdn. 3 und § 11 I 1 Rdn. 4.

24 *v. Heinschel-Heinegg* MK § 52 Rdn. 77.

25 *Jescheck* LK[11] Vor § 13 Rdn. 25; *Roxin* AT I § 8 Rdn. 5; *Warda* JuS **1964** 83.

26 *Puppe* Idealkonkurrenz S. 170ff, 282ff; *dies.* GA **1982** 146, 153ff.

27 So wohl auch *Puppe* FS Mangakis S. 226, indem sie (*Beling* folgend) als Handlung ansieht, was der Täter in einem bestimmten Zeitraum seines Lebens tut und lässt.

lung" in natürlichem Sinne oder an dem positiven Handeln gleich zustellenden pflichtwidrigen Unterlassen ist das Zusammentreffen oder die Zuordnung von Normverstoß und Täter nicht zu bewerkstelligen. Den Kritikern dieser Theorie[28] ist darin zuzustimmen, dass ein solches Verständnis von „Handlung" erhebliche Unsicherheit in die Anwendung der §§ 52ff hineinträgt und die Gefahr beliebiger bis willkürlicher Bestimmung von Tateinheit und Tatmehrheit begründet. Wenn man das an einen „natürlichen" Handlungsbegriff anknüpfende System für verfehlt hält, muss man konsequenterweise auch ein anderes Konzept der Rechtsfolgebestimmung verlangen.[29] Ob und unter welchen Voraussetzungen mehrere äußerlich trennbare Handlungen eine Einheit oder eine Mehrheit i.S. der §§ 52ff bilden, etwa weil der durch Auslegung zu ermittelnde Sinngehalt der jeweils verletzten Tatbestände[30] oder die wertende Betrachtung eines einheitlichen Sinnzusammenhangs die eine oder die andere Annahme erfordern,[31] ist eine von der Definition eines wie auch immer verstandenen Handlungsbegriffs zu unterscheidende Fragestellung. Allerdings gibt es verschiedene, von unterschiedlichen rechtlichen Voraussetzungen abhängige Formen der rechtlichen Handlungseinheiten, hinsichtlich deren Beschreibung und inhaltlicher Definition noch kein hinreichend konkreter, allgemein akzeptierter Konsens besteht.[32]

9 Die herkömmliche Meinung in der Konkurrenzlehre und die Rechtsprechung nehmen **eine** Handlung zunächst dann an, wenn ein Willensentschluss eine Körperbewegung hervorgerufen hat bzw. wenn sich ein Entschluss in einem Ausführungsakt erschöpft (sog. **natürliche Handlung** oder **Handlung im natürlichen Sinne**).[33] Eine solche natürliche Handlung ist zunächst auch eine Handlung im Sinne der §§ 52ff, gleich, ob sie mehrere tatbestandliche Erfolge verursacht oder mehrere höchstpersönliche Rechtsgüter verletzt.[34] Dass ein Verhalten mehrere Straftatbestände zur gleichen

---

28 *Jakobs* AT 31/16; *Jescheck/Weigend* § 66 Fn. 5; *Lippold* Die Konkurrenz bei Dauerdelikten S. 19ff; *Maurach/Gössel/Zipf* § 54 Rdn. 25; *Montenbruck* Strafrahmen und Strafzumessung S. 146f; *Roxin* AT II Rdn. 75ff; *Samson* SK[5] Vor § 52 Rdn. 16a und b; *Seier* Jura **1983** 227; *Stratenwerth* AT Rdn. 1177; *Werle* Die Konkurrenz S. 128ff, insbes. S.135 und 139; erste Kritik schon bei *Gössel* GA **1981** 134, 136; s. auch *Altenhain* ZStW **107** (1995) 382, 398ff und *Samson/Günther* SK Vor § 52 Rdn. 20. *Puppe* räumt denn auch selbst ein, dass sich die Voraussetzungen für die Unrechtsverwandtschaft zum einen nicht in einer für alle Tatbestände gültigen Form abstrakt darstellen lassen und zum anderen der Kreis unrechtsverwandter Tatbestände umso größer wird, je allgemeiner der Gesetzgeber die gemeinsamen Unrechtselemente gefasst hat (*Puppe* Idealkonkurrenz S. 172 und 184, GA **1982** 154). Ihren Kritikern hält sie entgegen, das Kriterium der Unrechtsverwandtschaft(-einheit) solle nicht einer einfacheren, sondern einer gerechteren Unterscheidung von Einheit und Mehrheit der Handlungen dienen.

29 So denn auch *Freund* AT § 11 Rdn. 58ff; *Puppe* NK Vor §§ 52ff Rdn. 1ff.

30 So die Versuche der Rechtsprechung, mit Hilfe der tatbestandlichen Unrechtsumschreibung und der Identität des Handlungsobjekts (vgl. u.a. BGHSt **45** 64 für den Völkermord) einen objektivierten und tatbestandsbezogenen Handlungsbegriff zu entwickeln; so auch *v. Heinschel-Heinegg* MK § 52 Rdn 76ff; *Rissing-van Saan* FS 50 Jahre BGH S. 475, 486ff.

31 Vgl. *Jescheck/Weigend* § 66 I 3; *Wessels/Beulke/Satzger* Rdn. 757; *Geppert* Jura **1982** 361ff.

32 So zutreffend *v. Heinschel-Heinegg* MK § 52 Rdn. 10 und 76ff.

33 *SSW/Eschelbach* § 52 Rdn. 2; *Geppert* Jura **1982** 361; *v. Heinschell-Heinegg* MK § 52 Rdn. 18ff; *Lackner/Kühl/* Vor § 52 Rdn. 3; *Samson* SK[5] Vor § 52 Rdn. 17; *Sch/Schröder/Sternberg-Lieben/Bosch* Vor §§ 52ff Rdn. 11; *Stratenwerth* AT Rdn. 1209; *Warda* JuS **1964** 82; *Walter* LK Vor § 13 Rdn. 30ff, der sich auch mit den Einwänden ausführlich auseinandersetzt; *Werle* Die Konkurrenz S. 25f; *Wessels/Beulke/Satzger* Rdn. 758; RGSt **70** 26; **aA** *Jakobs* AT 32/2 Handlung ist vermeidbares Bewirken irgendwelcher Erfolge; *Schmidhäuser* StB 14/9 stellt darauf ab, ob ein Sachverhalt nur einen einzigen Vorgang aufweist, der der Schilderung eines gesetzlichen Tatbestandes entspricht.

34 BGHSt **1** 20; **16** 397f; BGHSt **43** 252, 256; BGH – GSSt 4/17 – TZ 16 (juris) = BGHSt **63** 1; *Samson/Günther SK 8. Aufl.* Vor § 52 Rdn. 21; *Sch/Schröder/Sternberg-Lieben/Bosch* Vor §§ 52ff Rdn. 11; *Stratenwerth* AT Rdn. 1209; *Kühl* AT 21/7; **aA** *Baumann/Weber* AT[9] § 41 II 1a, der bei mehreren besonders schweren Rechtsgutsverletzungen deren Gewicht für bedeutsam und deshalb auch die Annahme mehrerer Handlungen für möglich hält; dagegen *Blei* AT § 92 II 3 und *Jescheck/Weigend* § 66 I 2.

Zeit verletzt, genügt dabei nicht; entscheidend ist, dass dies auf Grund derselben Willensbetätigung geschieht.[35] In der Regel stellt sich aber strafrechtlich relevantes Handeln eines Täters nicht nur als einmalige Willensbetätigung, sondern als eine Mehrzahl solcher natürlichen Handlungen dar, mit denen er ein bestimmtes Ziel verfolgt oder auf ein bestimmtes Ereignis Einfluss nehmen will. Eine Antwort auf die Frage, wann mehrere natürliche Handlungen eine Handlungseinheit oder eine Handlungsmehrheit bilden, ist mit diesen ersten Grundlagen der Konkurrenzlehre noch nicht gefunden. Denn eine *natürliche Handlung* ist *nicht identisch* mit einer *im Rechtssinne einheitlichen* Handlung. Die h.M. unterscheidet deshalb zwischen der „natürlichen Handlung" oder „Handlung im natürlichen Sinne" und der „natürlichen Handlungseinheit". Die Rechtsprechung legt bei der Bestimmung der Handlungseinheit für die Abgrenzung der Konkurrenzformen weitgehend eine „natürliche Lebensauffassung" zugrunde.

III. Natürliche Handlungseinheit

Eine Rechtsfigur, die mehrere natürliche Handlungen zu einer Handlung im Rechtssinne zusammenfasst, ist der von der Rechtsprechung entwickelte Begriff der **„natürlichen Handlungseinheit"**. Diese wird gekennzeichnet durch einen „solchen unmittelbaren Zusammenhang zwischen mehreren menschlichen, strafrechtlich erheblichen Verhaltensweisen, dass sich das gesamte Tätigwerden an sich (objektiv) auch für einen Dritten als ein einheitlich zusammengefasstes Tun bei natürlicher Betrachtungsweise erkennbar macht".[36] Sie wird nach den in der Rechtsprechung am häufigsten verwendeten Formeln dann angenommen, wenn „der Handelnde den auf die Erzielung eines Erfolgs in der Außenwelt gerichteten, einheitlichen Willen durch eine Mehrheit gleichgearteter Akte betätigt und diese einzelnen Betätigungsakte aufgrund ihres räumlichen und zeitlichen Zusammenhangs objektiv erkennbar derart zusammengehören, dass sie nach der Auffassung des Lebens eine Handlung bilden",[37] bzw. „...zwischen menschlichen, strafrechtlich erheblichen Verhaltensweisen ein solcher unmittelbarer Zusammenhang besteht, dass sich das gesamte Tätigwerden bei natürlicher Betrachtungsweise (objektiv) auch für einen Dritten als einheitlich zusammengefasstes Tun darstellt und die einzelnen Betätigungsakte durch ein gemeinsames subjektives Element miteinander verbunden sind (sog. natürliche Handlungseinheit...).[38] Diese Definitionen wurden aber von der Rechtsprechung bei unterschiedlichen Fallkonstellationen schon in der Vergangenheit *nicht* einheitlich umgesetzt.[39] 10

---

35 RGSt **44** 223, 227; **66,** 359, 362; **68** 315, 317; BGHSt **18** 29, 32 f; BGH JR **1978** 423; BGHR StGB § 52 Abs. 1 Rechtsgüter, höchstpersönliche 1; **aA** *Puppe* NK § 52 Rdn. 37 ff, die gerade die Zeitgleichheit verschiedener Körperbewegungen als mögliches Merkmal einer (unrechtseinheitlichen) Handlung ansieht; vgl auch *dies.* AT Bd. 2 § 52 Rdn. 24 f.

36 RGSt **58** 113, 116; BGHSt **4** 219, 220; BGH StV **1986** 293 mit Anm. *Wolter* StV **1986** 315; BGH NJW **1990** 2896; BGH wistra **1992** 148, 150; BGHR StGB vor § 1 natürliche Handlungseinheit, Entschluss einheitlicher 9.

37 BGHSt **10** 230, 231; **43** 312, 315; BGH NStZ **2000** 30; **2005** 262 f.

38 So zuletzt BGHSt – GSSt – **63** 1 ff TZ 17 m.w.N.

39 Zur Kritik in der Literatur an diesem Begriff und dessen unterschiedlicher Handhabung in der Rechtsprechung vgl. *Blei* AT § 93 I 4; *SSW/Eschelbach* § 52 Rdn. 27 f; *Fischer* Vor § 52 Rdn. 3 ff; *Geerds* Konkurrenzen S. 247 f; *Geppert* Jura **1982** 631 ff; *ders.* NStZ **1996** 57, 59; *Haft* AT S. 276; *Jakobs* AT 32/35 ff; *Jescheck/Weigend* § 66 III 3; *Kindhäuser* JuS **1985** 100; *Kühl* § 21 Rdn. 17 ff; *Maiwald* Natürliche Handlungseinheit S. 67 f, 70, 77; *Mitsch* JuS **1993** 385; *Momsen* NJW **1999** 982; *Samson* SK[5] Vor § 52 Rdn. 21; *Samson/Günther* SK[8] Vor § 52 Rdn. 32 f; *Sch/Schröder/Sternberg-Lieben/Bosch* Vor §§ 52 ff Rdn. 22; *Sowada* Jura **1995** 245; *Warda* FS Oehler S. 241; *Wolter* StV **1986** 315; *Wessels/Beulke/Satzger* Rdn. 765 f.

11 **1.** So soll einmal die **Beurteilung** des **äußeren Tatbildes** entscheidend sein, für die „im Wesentlichen die Auffassung des Lebens" maßgeblich sein soll.[40] Betroffen sind häufig Fallgestaltungen, die nach verbreiteter Lehrmeinung aber auch in einigen neueren Entscheidungen als Unterfälle einer normativ verstandenen tatbestandlichen Handlungseinheit behandelt werden könnten, wenn nämlich eine in engem zeitlichen und räumlichen Zusammenhang wiederholte (iterative) Verwirklichung desselben Tatbestandes[41] als einheitliche, lediglich quantitative gesteigerte Rechtsgutverletzung erscheint, oder wenn fortschreitendes (sukzessives) Tun auf die einmalige Verletzung desselben Rechtsguts gerichtet ist und deshalb eine auf eine einheitliche Erfüllung des Tatbestandes hinauslaufende Handlungskette darstellt.[42] Mehrfaches Ansetzen zu einer Tat ist als einheitlicher Versuch zu werten, wenn die vorangegangenen, erfolglos gebliebenen Teilakte mit einer weiteren Versuchshandlung, auf die der Täter schließlich verzichtet hat, aufgrund ihres äußeren räumlich-zeitlichen Zusammenhangs einen einheitlichen Lebensvorgang bilden (BGHSt **40** 75; BGH NStZ **2005** 263).[43] Kurzfristige Unterbrechungen, auch soweit sie durch das Eingreifen eines Dritten veranlasst sind (BGH NStZ **1993** 234), stehen ebensowenig wie die Änderung der Ausführungsart, die Ersetzung des ursprünglichen Mittels durch ein anderes oder der Umstand, dass der Täter für einen kurzen Zeitraum die Vollendung der Tat unfreiwillig aufgegeben, aber nach Beseitigung des Hindernisses fortgeführt hat (BGH Urt. v. 21. April 1977 – 4 StR 72/77), der Annahme einer natürlichen Handlungseinheit entgegen.[44] Bei zeitlichen Unterbrechungen von mehreren Wochen (BGH Beschl. v. 2. Juli 1993 – 3 StR 197/93) oder Monaten (BGH NStZ **1995** 46, 47), von mehreren Tagen zwischen verschiedenen Ausführungshandlungen i.S.d. § 22 (BGHSt **40** 75, 77 f) oder mehreren Anstiftungshandlungen (BGH Beschl. vom 18. Februar 1997 – 1 StR 675/96) und beim Wiederaufgreifen des ursprünglichen Tatplanes nach drei Tagen (BGH Beschl. vom 3. November 1993 – 4 StR 583/93) sind die Voraussetzungen der natürlichen Handlungseinheit hingegen nicht erfüllt. In der Rechtsprechung finden sich ferner Beispiele, die eine natürliche Handlungseinheit ablehnen, weil ein augenfälliger Einschnitt die Handlungen des Täters unterbrochen hat (BGH StV **1986** 293) oder weil es an einem sachlichen Zusammenhang, einer inneren Abhängigkeit zwischen den einzelnen Handlungen fehlt (BGH wistra **1992** 148, 150).

12 **2.** Andererseits wird als notwendige Voraussetzung für eine „natürliche Handlungseinheit **der einheitliche Wille**, durch eine Mehrheit von Handlungen einen bestimmten Erfolg zu erzielen, hervorgehoben, der erst – allerdings zusammen mit den objektiven Voraussetzungen – die Einheit der Handlung bewirkt (BGH NJW **1977** 2321 mit Anm. *Maiwald* NJW **1978** 300). Deshalb ist Tatmehrheit zwischen einer vollendeten Körperverletzung und einer ihr zeitlich nachfolgenden versuchten Tötung angenommen worden,

---

40 RGSt **58** 113, 115 f; **59** 318; **76** 140, 143 f; BGHSt **4** 219, 220; OLG Koblenz DAR **1976** 138, 139; BayObLG bei *Rüth* DAR **1976** 174.

41 BGHSt **1** 168, 170; BGH GA **1966** 208, 209; BGHR StGB Vor § 1 natürliche Handlungseinheit Entschluss, einheitlicher 4; BGH NJW **1996** 1604, 1605 (wiederholter Besitz derselben Rauschgiftmenge im Rahmen ein und desselben Rauschgiftgeschäfts); StV **1996** 481 (Verschieben mehrerer gehehlter Fahrzeuge in einem Konvoi).

42 BGHSt **4** 219; BGH NJW **1990** 2896; BGHR StGB Vor § 1 natürliche Handlungseinheit Entschluss, einheitlicher 1; vgl auch *Maiwald* Natürliche Handlungseinheit S. 70 ff und S. 85 ff; *Warda* FS Oehler S. 241, 242 f; *Lackner/Kühl* Vor § 52 Rdn. 6; *Fischer* Vor § 52 Rdn. 10; *Sowada* Jura **1995** 245, 247 f versteht die natürliche Handlungseinheit in diesem Zusammenhang als Unterfall der tatbestandlichen Handlungseinheit.

43 Vgl. auch BGHSt **34** 53, 57 f.

44 BGHSt **10** 129; BGH StV **1987** 389; NJW **1990** 2896; *Samson/Günther* SK[8] Vor § 52 Rdn. 25.

weil der nach Vollendung der Körperverletzung gefasste Tötungsentschluss nicht auf die wiederholte Verwirklichung gleichartigen Unrechts gerichtet war (BGH NJW **1984** 1568 mit Anm. *Kindhäuser* JuS **1985** 100). *Wann* ein solcher *einheitlicher Wille* anzunehmen ist, wird allerdings unterschiedlich beantwortet. Teils wird gefordert, dass er auf einen einzigen einheitlichen Entschluss zurückgeht,[45] teils wird der allgemeine Wille, ein bestimmtes Ziel zu erreichen,[46] oder ganz allgemein ein gemeinsames subjektives Element[47] für ausreichend erachtet. Einigkeit besteht nur dahingehend, dass ein Gesamtvorsatz nicht erforderlich ist.[48]

Die erforderliche **Gleichartigkeit** des Handlungswillens und der einzelnen Tätig- **13**
keitsakte ist nach Auffassung der Rechtsprechung allerdings schon bei *Verletzung desselben Deliktstypus* gewahrt, so dass der Diebstahl eines PKW zu dem Zweck, diesen zur Ermöglichung eines Einbruchs zu verwenden, mit dem späteren Diebstahl eine natürliche Handlungseinheit bilden (BGH GA **1969** 92); ebenso sind zwei, über verschiedene Tatsachen täuschende, aber einer einheitlichen Zielrichtung dienende Betrugshandlungen zum Nachteil derselben Bank (BGH GA **1970** 84f), ein räuberischer Diebstahl und eine anschließende, auf die Wiedererlangung derselben Sachen zielende räuberische Erpressung (BGH bei *Holtz* MDR **1984** 981, 982) als in natürlicher Handlungseinheit begangen gewertet worden. Ferner können mehrere zum Nachteil verschiedener Eigentümer in einem unmittelbaren räumlichen und zeitlichen Zusammenhang begangene Diebstahlstaten (BGH NStZ **1996** 493f)[49] jedenfalls dann eine natürliche Handlungseinheit bilden, wenn die Diebstahlshandlungen innerhalb eines räumlich abgegrenzten Bereichs – etwa in einer privaten Tiefgarage – ausgeführt wurden, nicht aber bei dem in Diebstahlsabsicht erfolgten Aufbruch mehrerer Kfz, die auf offener Straße abgestellt sind, unabhängig davon, wie nah oder weit die Fahrzeuge auseinanderstehen (BGHR StGB Vor § 1 natürliche Handlungseinheit, Entschluss, einheitlicher 14). Eine natürliche Handlungseinheit ist auch in einem Fall angenommen worden, in dem zwei Täter zwei fremde PKW in Brand setzten, indem sie die von einem dritten Täter, der das Geschehen auch weiter beobachtete, beschafften Grillanzünder gleichzeitig auf die Vorderreifen der PKW legten und entzündeten, wobei einer der PWK schwer, der andere weniger schwer durch den Brand beschädigt wurde (BGH Beschl. v. 10.8.2011 – 2 StR 272/11). Da offensichtlich Mittäterschaft vorlag – dazu äußert sich die Entscheidung allerdings nicht – hätte hier wesentlich näher gelegen, Tateinheit zwischen der vollendeten und der versuchten Brandstiftung an den beiden Fahrzeugen anzunehmen, da die Handlungen der jeweils anderen den drei Tätern nach § 25 Abs. 2 dann im vollen Umfang zuzurechnen wären.

Diese und weitere Beispiele[50] zeigen, dass die Bewertung eines komplexen Tat- **13a**
geschehens als „natürliche Handlungseinheit" offenbar keinen festen Regeln folgt,[51]

---

45 BGHSt **1** 168, 170f; **10** 129; **16** 397, 398; BGH GA **1970** 84; BGH NJW **1977** 2321; BGH bei *Holtz* MDR **1981** 452; BGHR StGB Vor § 1 natürliche Handlungseinheit Entschluss, einheitlicher 8.

46 RGSt **44** 223, 227; BGHSt **22** 67, 76; BGH VRS **48** 18, 20; BayObLG bei Bär DAR **1990** 363f.

47 BGH bei *Holtz* MDR **1986** 622; BGH NJW **1990** 2896; NStZ **1993** 234; BGHR StGB Vor § 1 natürliche Handlungseinheit, Entschluss, einheitlicher 4; offen gelassen in BGH NJW **1984** 1568.

48 BGH bei *Dallinger* MDR **1973** 17; BGH VRS **48** 18; BayObLG bei *Bär* DAR **1990** 363f. Vgl. im Übrigen zur Abgrenzung der natürlichen Handlungseinheit von der fortgesetzten Handlung RGSt **58** 113, 116; **74** 375, 377 sowie *Maiwald* Natürliche Handlungseinheit S. 77ff.

49 In Wahrheit handelt es sich hier jedoch eher um eine fortgesetzte Handlung „ alter" Art denn um eine natürliche Handlungseinheit; vgl. insoweit auch *Beulke/Satzger* NStZ **1996** 432.

50 Siehe etwa BGH Beschl. v. 29.1.2019 – 2 StR 507/19 Rdn. 4, siehe auch die Beispiele bei *Jäger* SK Vor § 52 Rdn. 44f.

51 *Jäger* SK Vor § 52 Rdn. 54 will aber vier – wohl allgemein gültige – Voraussetzungen für diese Rechtsfigur erkannt haben: nämlich

sondern mehr oder weniger der richterlichen Intuition im Einzelfall überlassen bleibt, jedenfalls dann, wenn anerkannte andere Rechtsfiguren, die die Zusammenfassung unterschiedlicher Tatgeschehen zu einem einheitlich zu bewertenden Gesamtgeschehen erlauben, wegen fehlender rechtlicher Voraussetzungen ersichtlich nicht greifen.

14 In der Literatur wird deshalb zutreffend die Ansicht vertreten, dass es sich bei der Rechtsfigur der „natürlichen Handlungseinheit" in Wahrheit um einen *rechtlich wertenden Vorgang* handele, durch den die nach dem tatsächliches Geschehen und der Auffassung des entscheidenden Gerichts zusammen zu beurteilenden Delikte zu einer Einheit verbunden werden sollen.[52] Jüngstes Beispiel hierfür ist die Entscheidung des Großen Senats für Strafsachen des BGH vom 10.7.2017 – GSSt 4/17, wo lediglich *zeitgleich* ausgeführte Teilakte des Handeltreibens mit verschiedenen Betäunbungsmittelmengen (aus Anlass der Bezahlung von zuvor „auf Kommission" gelieferter Betäubungsmittel wurden weitere Betäubungsmittel aus einem anderen Umsatzgeschäft entgegen genommen) als eine „natürlichen Handlungseinheit" gewertet werden,[53] weil eine ständige Lieferbeziehung bestand. Tatsächlich kamen insoweit auch weder Tateinheit im Sinne des § 52 Abs. 1 noch eine „Bewertungseinheit" (dazu näher unten Rdn. 40) in Betracht.[54]

15 **3.** Allgemein umstritten ist die Frage, ob die Verletzung **höchstpersönlicher Rechtsgüter** *verschiedener* Rechtsgutsträger zu einer natürlichen Handlungseinheit zusammengefasst werden können. Während die Wissenschaft dem, jedenfalls bei Straftaten gegen das menschliche Leben, größtenteils ablehnend gegenüber steht,[55] wird die Annahme einer natürlichen Handlungseinheit in der Rechtsprechung – anders als bei dem früheren Rechtsinstitut der fortgesetzten Handlung[56] – nicht grundsätzlich ausgeschlossen (BGH NStZ **2003** 366),[57] dies setzt jedoch einen einheitlichen Tatentschluss voraus.[58] Aber auch nach dieser Auffassung können Handlungen, die sich nacheinander gegen höchstpersönliche Rechtsgüter mehrerer Personen richten, jedenfalls dem Grundsatz nach weder durch ihre Aufeinanderfolge noch durch einen einheitlichen Plan oder Vorsatz zu einer natürlichen Handlungseinheit und damit einer Tat im Rechtssinne zu-

---

- Eine Mehrzahl gleichartiger strafrechtlich relevanter Begehungsweisen,
- Einen unmittelbaren räumlich-zeitlichen Zusammenhang,
- Ein objektiv einheitliches, auch für einen Dritten erkennbares zusammengehöriges Tun und
- Eine Verbindung der einzelnen Betätigungen durch einen gemeinsamen Willen.

In den hier oder bei *Jäger* genannten Beispielen fehlt es jedoch gelegentlich entweder an einem auf die jeweiligen Tatbestände bezogenen gemeinsamen tatbestandsrelevanten Willen oder aber an einem unmittelbaren räumlich-zeitlichen Zusammenhang.

52 So z.B. *Jäger* SK Rdn. 52. Siehe dazu auch hier Rdn. 17 f (Polizeifluchtfälle).

53 BGH –GSSt. 4/17 – TZ 28 ff (juris).

54 So zutreffend BGH, Fn 46, TZ 25 ff.

55 *SSW/Eschelbach* StGB § 52 Rdn. 60; *Hartung* SJZ **1949** 64, 66; *Maiwald* Natürliche Handlungseinheit S. 80 f; *ders.* NJW **1978** 300 und JR **1985** 513, 514 f; *Mitsch* JuS **1993** 385, 388; *Jäger* SK9 Vor § 52 Rdn. 58; *Schmidhäuser/Awart* Studienbuch 14/11; *Warda* JuS **1964** 81, 84; *ders.* FS Oehler S. 241, 247; *Wolter* StV **1986** 315, 321; **aA** *Blei* AT § 93 I 4 d; *Fischer* Vor § 52 Rdn. 7 f; *Jähnke* LK[11] § 212 Rdn. 38; *Jescheck* AT[4] § 66 II 1; *Hellmer* GA **1956** 65; *Otto* AT § 23 II 2b; *Samson/Günther* SK 8. Aufl. Vor § 52 Rdn. 35 u. 38; *Vogler* LK[10] Vor § 52 Rdn. 32 f; differenzierend *Jakobs* AT 32/36; *Sch/Schröder/Sternberg-Lieben/Bosch* Vor §§ 52 ff Rdn. 22; *Sowada* Jura **1995** 245, 252 f.

56 Vgl. RGSt **66** 221; **70** 243 und 282; BGHSt **26** 24, 26 f; BGHR StGB Vor § 1 fortgesetzte Handlung Rechtsgüter, höchstpersönliche 1 und § 176 Abs. 1 Handlungen 1.

57 RGSt **27** 19, 21; **44** 223, 227; BGH NJW **1969** 2056 f; BGH NStZ **1985** 217; BGHR StGB Vor § 1 natürliche Handlungseinheit Entschluss, einheitlicher 1 und 5.

58 BGH NJW **1977** 2321; **1998** 619 (Autobahnschütze) mit Anm. *Satzger* JR **1998** 518, *Wilhelm* NStZ **1999** 80 und Besprechung *Momsen* NJW **1999** 982.

sammengefasst werden (BGHSt **2** 246, 247; BGH NStZ **1984** 311).[59] Höchstpersönliche Rechtsgüter sind einer additiven Betrachtungsweise jedenfalls *nur in Ausnahmefällen* zugänglich.[60] Solche Ausnahmen sind angenommen worden, wenn die Aufspaltung des Tatgeschehens in Einzelhandlungen wegen eines außergewöhnlich engen zeitlichen und räumlichen Zusammenhangs willkürlich und gekünstelt erschiene, wie etwa beim schnellen Abdrücken eines auf Einzelfeuer gestellten Schnellfeuergewehrs (BGH GA **1966** 208, 209), bei in einem Zug abgegebenen Schüssen auf irgendwelche Personen in einer Menschenmenge (BGH NJW **1985** 1565[61] mit abl. Anm. *Maiwald* JR **1985** 513), wenn die Angriffe gegen die Tatopfer zeitgleich bzw. wechselweise erfolgen (BGH StV **1998** 72; NStZ **2001**, 219, 220; NStZ-RR **2001** 82)[62] oder bei blitzschnellem Einstechen auf zwei Gegner (BGH NStZ **1985** 217; StV **1990** 544). Dies gilt auch bei einem aus der Sicht des Täters gegen eine nicht individualisierbare bzw. annonymen Personenmehrheit gerichteten Angriff.[63] Greift der Täter jedoch einzelne Menschen nacheinander an, um jeden von ihnen in seiner Individualität, also als Individuum, zu vernichten, so kommt eine natürliche Handlungseinheit nicht in Betracht (vgl. BGHSt **16** 397 f),[64] namentlich dann nicht, wenn der Angriff gegen ein weiteres Opfer auf einem aufgrund veränderter Tatsituation gefassten neuen Tatentschluss beruht (BGH NStZ **2005** 262). Aber selbst bei einem einheitlichen Tatentschluss und einem engen räumlichen und zeitlichen Zusammenhang besteht unter diesen Umständen in der Regel kein Anlass, eine Mehrheit von Handlungen rechtlich als eine Tat zusammenzufassen.[65]

4. Die Annahme, eine natürliche Handlungseinheit sei auch bei **Unterlassungsdelikten** denkbar, wenn die Erfüllung verschiedener Pflichten durch eine einzige Handlung möglich ist,[66] überzeugt nicht. Denn eine natürliche Handlungseinheit setzt an sich selbstständige Gesetzesverletzungen voraus, die durch einen Bewertungsakt zu einer Tat verbunden werden. Sie ist nicht mit Tateinheit zu verwechseln, die zumindest eine Teilidentität der Ausführungshandlung voraussetzt. Die hierfür herangezogene Entscheidung BGHSt. **18** 376, 379, belegt keine natürliche Handlungseinheit, weil dort der Fall einer denkbaren *Tateinheit* – ein und dieselbe Unterlassung verletzt mehrere Handlungspflichten – abgehandelt und für den Tatbestand des § 170 b StGB bei mehreren Unterhaltsberechtigten – verneint wird (siehe auch hier § 52 Rdn. 11 f). 16

---

59 BGH NStZ **2016** 594 f. Ähnlich *Jäger* SK Vor § 52 Rdn 58, der unter Verweis auf *Maiwald* NJW **1978** 301 und *Kühl* AT § 21 Rdn. 19 zur Begründung auf das Fehlen eines inneren Grundes für die Annahme einer natürlichen Handlungseinheit verweist.

60 BGH StV **1994** 537, 538; NStZ **2016** 207, 208; BGH Urt. v .29.3.2012 – 3 StR 422/11 Rdn. 8 f; zu der Verletzung höchstpersönlicher Rechtsgüter in den sog. Polizeifluchtfällen siehe BGH bei Holtz MDR **1979** 987; BGH bei Hürxthal DRiZ **1979** 149 und **1980** 143 einerseits und BGH VRS **48** 18, 20 andererseits.

61 Ebenso RG HRR **1939** Nr. 391; BGH Urt. v. 27.5.1975 – 1 StR 658/74.

62 Sowie BGH Beschlüsse v. 25.5.1995 – 2 StR 239/95, v. 24.10.2000 – 5 StR 323/00 und v. 16.9.2004 – 3 StR 316/04.

63 Diese Formulierung, *von Heinschel-Heinegg* StGB § 52 Rdn. 52, trifft das Gemeinte ziemlich genau, vgl. BGH NStZ – RR **2010** 140; NStZ **2016** 73. Differenzierend *Wagemann* Jura **2006** 580, 582 f.

64 BGH NStZ **1984** 311; NStZ **1996** 129; auf dem gleichen Grundgedanken beruht letztlich auch die Entscheidung BGH NJW **1977** 2321 mit Anm. *Maiwald* NJW **1978** 300.

65 BGH StV **1994** 537, 538; BGH bei *Holtz* MDR **1995** 880 und NStZ **1996** 129; NJW **1998** 619 f; kritisch zu dieser Problemstellung insgesamt *Wagemann* Jura **2006** 580, der es im Übrigen für verfehlt hält, den Begriff der natürlichen Handlungseinheit im Zusammenhang mit höchstpersönlichen Rechtsgütern in Gänze auszuschließen.

66 So *Fischer* vor § 52 Rdn. 9; vgl. auch *Albrecht* NZV **2005**, 62, 67 ff.

17 **5.** Über die Mindestvoraussetzung der Verletzung desselben Tatbestandes oder desselben Deliktstypus hinaus wird von der Rechtsprechung eine natürliche Handlungseinheit selbst dann bejaht, wenn zwar **verschiedenartige Tatbestände** verwirklicht sind, die mehreren realen Handlungen jedoch in einem *unmittelbaren zeitlichen und räumlichen Zusammenhang* stehen und auf einem einheitlichen Willensentschluss beruhen, so dass sie sich bei der gebotenen natürlichen Betrachtungsweise als ein einheitliches, zusammengehörendes Tun darstellen.[67] So sind Diebstahl bzw. Hehlerei und Urkundenfälschung durch „Umfrisieren" des gestohlenen Kraftfahrzeugs als eine Tat gewertet worden, weil der Diebstahl oder die Hehlerei ausschließlich dem „Umfrisieren" des Fahrzeugs zum Zwecke des Weiterverkaufs dienen sollte und die Tathandlungen zeitlich ineinander übergingen (BGH bei Holtz MDR **1981** 452),[68] ebenso ein Diebstahl und das anschließende Vortäuschen einer Straftat oder eine anschließende Brandstiftung, wenn die Strafanzeige oder die Brandlegung – wie von vornherein beabsichtigt – der Verdeckung des Diebstahls diente (BGHR StGB Vor § 1 natürliche Handlungseinheit Entschluss, einheitlicher 8; BGH NStZ **1997** 276). Eine natürliche Handlungseinheit zwischen einem bereits vollendeten Diebstahl und einer anschließenden Brandlegung (BGH NStZ **1986** 314) oder der Hehlerei an gestohlenen Blankoausweispapieren und Stempeln und dem Herstellen einer falschen Urkunde unter Verwendung der zuvor gehehlten Gegenstände (BGH Urt. v. 22.11.1994 – 1 StR 594/94) ist hingegen verneint worden.

18 **a)** Auf der Grundlage einer natürlichen Handlungseinheit auch bei Verwirklichung verschiedener Tatbestände baut insbesondere die Rechtsprechung zur konkurrenzrechtlichen Behandlung mehrerer aufeinanderfolgender, auf derselben Fahrt begangener Straßenverkehrsverstöße auf, wobei als ausreichendes subjektives Element ein gleichbleibender Betätigungswille akzeptiert wird.[69] Die Fälle der sog. **„Polizeiflucht"**, in denen ein an einem Verkehrsunfall Beteiligter oder ein Verkehrsteilnehmer, der sonstiges zuvor begangenes strafbares Verhalten verbergen will, flieht und auf der Flucht strafbare Handlungen begeht, bilden deshalb den Hauptanwendungsbereich der so verstandenen Rechtsfigur der natürlichen Handlungseinheit. Aus dem einheitlichen Willen, sich dem drohenden Zugriff der Polizei zu entziehen, wird der Schluss gezogen, dass die im Verlauf einer einzigen andauernden Fluchtfahrt begangenen Straftaten, wie etwa Sachbeschädigung, gefährliche Körperverletzung, Widerstand gegen Vollstreckungsbeamte, gefährlicher Eingriff in den Straßenverkehr und unerlaubtes Entfernen vom Unfallort, eine Tat bilden (BGH VRS **28** 359, 361; BGHSt **22** 67, 76).[70] Obwohl diese Rechtsprechung in der Literatur kritisiert worden ist,[71] sind die „Polizeifluchtregeln" auch auf andere Fallgestaltungen übertragen worden, bei denen der Täter mit seinem Fahrzeug zwar

---

67 BGH NStZ **1986** 314; StV **1996** 432 f; BGH Beschl. vom 1. Oktober 1996 – 1 StR 568/96.

68 Ebenso BGH Beschl. vom 9. Mai 1989 – 1 StR 156/89; ferner BGHR StGB Vor § 1 natürliche Handlungseinheit Entschluss, einheitlicher 8 für einen Fall des Vortäuschens einer Straftat zum Zwecke der Verdeckung eines Diebstahls. Diese Wertung wird im Schrifttum schon deshalb abgelehnt, weil damit das Erfordernis der Gleichartigkeit der Rechtsverletzungen missachtet wird, das zumindest eine gleiche Unrechtsrichtung der verwirklichten Tatbestände verlangt, wie dies etwa bei Qualifikationen oder Privilegierungen im Verhältnis zum Grundtatbestand der Fall ist, vgl. *Warda* JuS **1964** 84; *ders.* FS Oehler S. 245 ff; *Wolter* StV **1986** 319.

69 BayObLG bei Rüth DAR **1976** 174 und bei Bär DAR **1990** 363 f; vgl. auch OLG Koblenz DAR **1976** 138 f.

70 Ferner BGH VRS **13** 135; **48** 354, 355; **56** 141 (= **57** 277); **65** 428; **66** 20; BGH bei Holtz MDR **1979** 987; BGH bei Hürxthal DRiZ **1979** 149; **1980** 143; BGHR StGB § 142 Konkurrenzen 1 und § 315b Abs. 1 Konkurrenzen 2; BGH NStZ-RR **1997** 331, 332.

71 *Kühl* § 21 Rdn. 17 ff; *Mitsch* JuS **1993** 385, 388; *Sch/Schröder/Sternberg-Lieben/Bosch* Vor §§ 52 ff Rdn. 24; *Samson/Günther* SK[8] Vor § 52 Rdn. 32 f u. 39; *Seier* NZV **1990** 132; *Sowada* Jura **1995** 245, 253; *Warda* FS Oehler S. 250 ff; *Wessels/Beulke/Satzger* Rdn. 764 f.

nicht vor der Polizei, sondern vor Privatpersonen flüchtete (BGH NJW **1989** 2550), oder aber während der Flucht zu Fuß strafbare Handlungen beging, um seine Festnahme zu verhindern (BGH Beschl. v. 10.3.1993 – 2 StR 56/93).

Andererseits finden sich aber auch Entscheidungen, die versuchen, der Verallgemeinerung der zu den „reinen Polizeifluchtfällen" entwickelten Grundsätzen entgegenzutreten (BGH bei Dallinger MDR **1974** 13), oder die die Einheitlichkeit des Willensentschlusses und des Gesamtziels nicht ausreichen lassen, wenn es an gleichartigen Betätigungen eines gleichartigen Handlungswillens fehlt (BGH VRS **36** 354, 355f).[72] In einem Fall, in dem der Täter sich entschlossen hatte, im Verlauf einer Fahrt absichtlich mehrere Verkehrsunfälle herbeizuführen, ist sowohl dem von vornherein gefassten allgemeinen Entschluss als auch dem Umstand der anschließenden ununterbrochenen Fahrt die Wirkung abgesprochen worden, mehrere Handlungen, die jede für sich den Tatbestand des § 315b erfüllten, zu einer Tat zu verbinden (BGH NJW **1995** 1766, 1767). 19

b) In der **Literatur** wird der Auffassung, Handlungseinheit könne schon durch den vorgefassten Täterplan bzw. den einheitlichen Willensentschluss hergestellt werden, entgegen gehalten, damit werde innerhalb der Konkurrenzlehre ein Stück rechtlicher Bestimmtheit preisgegeben.[73] Die Zusammenfassung der Begehung mehrerer Delikte nach einer *„natürlichen Betrachtungsweise"* (zu deren Maßstab *Maiwald* Natürliche Handlungseinheit S. 66ff, 113) bleibe „ein Stück nicht nachprüfbarer richterlicher Intuition" (*Maiwald* NJW **1978** 303) und berge die Gefahr willkürlicher Handhabung in sich.[74] Soweit die natürliche Handlungseinheit von anderen Literaturvertretern als zeitlich und räumlich komprimierte fortgesetzte Handlung verstanden und als solche akzeptiert worden ist,[75] ist angesichts des Umstandes, dass die Rechtsprechung diese Rechtsfigur nicht mehr anwendet, aus der Parallele zur fortgesetzten Handlung eine Legitimation des weiten Begriffs der natürlichen Handlungseinheit, wie er in der Praxis Anwendung findet, nicht mehr abzuleiten. Vielmehr sollte auch in diesem Zusammenhang die Prüfung, ob mehrere Handlungen eine Tat im Rechtssinne bilden, allein an den in Betracht kommenden Delikten und deren tatbestandlichen Handlungsumschreibungen vorgenommen werden.[76] 20

5. Anlass zur **Kritik** an der Rechtsprechung bietet vor allem der Umstand, dass sie den Begriff der natürlichen Handlungseinheit mit *zwei* unterschiedlichen *Inhalten* versieht und ihm verschiedene Funktionen beimisst.[77] So verwendet sie einmal den Begriff 21

---

72 Vgl. auch RGSt **76** 140, 144; BGHSt **4** 219, 221; **10** 230, 231; **14** 104, 109; BGH bei *Dallinger* MDR **1973** 17.

73 So schon *v. Buri* Einheit und Mehrheit der Verbrechen S. 37; ferner *Blei* AT § 93 I 4; *ders.* JA **1973** 98; *Geerds* Konkurrenz S. 249; *Jescheck/Weigend* § 66 I 3; *Maiwald* Natürliche Handlungseinheit S. 66ff; *Puppe* Idealkonkurrenz S. 255ff; *Sch/Schröder/Sternberg-Lieben/Bosch* Vor §§ 52ff Rdn. 24; *Samson/Günther* SK[8] Vor § 52 Rdn. 31f; *Welzel* § 29 I; *Werle* Die Konkurrenz S. 97ff, 104; zu der globalen Annahme einer „natürlichen Handlungseinheit" im Contergan-Beschluß kritisch *Bruns* FS Heinitz S. 319ff.

74 *Wessel/Beulke/Satzger* Rdn. 765. Kritisch zur Verwendung des Kriteriums der natürlichen Betrachtungsweise auch *Blei* AT § 93 I 4; *Geerds* Konkurrenz S. 244; *Geisler* Jura **1995** 74, 79; *Jakobs* AT 32/35; *Kindhäuser* JuS **1985** 100, 105; *Otter* Die Funktionen des Handlungsbegriffs S. 187f; *Schmitt* ZStW **75** (1963) 46; *Stratenwerth* AT Rdn. 1217; differenzierend *Wahle* GA **1968** 97, 110f; *Warda* FS Oehler S. 257ff; zustimmend hingegen *Samson/Günther* SK[8] Vor § 52 Rdn. 33 u. 37.

75 *Blei* AT § 93 I 4c; *Hartung* SJZ **1949** 64, 66; *Jähnke* LK[10] § 212 Rdn. 38; *Schmoller* Fortgesetztes Delikt S. 19f; *Sowada* Jura **1995** 245, 249; *Warda* JuS **1964** 81, 84; *ders.* Bochumer Beiträge (1999) S. 199, 200: *Wolter* StV **1986** 315, 319f. Ein Beispiel dafür, daß diese Auffassung auch jetzt noch in der Rechtsprechung Anwendung findet, bietet die Entscheidung BGH NStZ **1996** 493f.

76 VGl. BGHSt **40**, 138, 162ff; *Sch/Schröder/Stree/Sternberg-Lieben/Bosch* Vor §§ 52ff Rdn. 22ff.

77 *v. Heinschel-Heinegg* MK § 52 Rdn. 53; *Lackner/Kühl/Heger* Vor § 52 Rdn. 6, 8; *Kindhäuser* JuS **1985** 100, 101; *Maiwald* Natürliche Handlungseinheit S. 101f, 113; *Warda* FS Oehler S. 248ff; *Wolter* StV **1986** 315, 319; *Geppert* Jura **2000** 598, 601.

in den Fällen wiederholter oder sukzessiver Verwirklichung desselben Tatbestandes zur Prüfung, ob mehrere natürliche Handlungen als *eine Handlung* im *Rechtssinne* angesehen werden können, die einen Tatbestand nur einmal erfüllen. Andererseits verwendet sie die „natürliche Handlungseinheit" unter Hinweis auf einen einheitlichen Handlungswillen des Täters – vor allem in den sog. Polizeifluchtfällen – zur *Konstruktion von Tateinheit*.[78] Das bedeutet: zeitlich aufeinander folgende Verstöße gegen verschiedener Strafgesetze oder die mehrfache Verletzung desselben Strafgesetzes werden aufgrund bloßen zeitlichen, räumlichen und situativen Zusammenhangs zu einer Einheit zusammengefasst, ohne dass die seit der Entscheidung RGSt **32** 140 von der h.M. anerkannte und von der Rechtsprechung des Bundesgerichtshofs übernommene Voraussetzung der Tateinheit, nämlich zumindest eine Teilidentität der Ausführungshandlungen,[79] vorliegt. Zwar hat dieser Methodendualismus zur Begründung von „*Tateinheit*" als gemeinsam zu bewertender *Einheit mehrerer Taten* – das Nebeneinander der Forderung nach Identität der Ausführungshandlungen und der Verbindung unterschiedlicher, nacheinander begangener Delikte mit Hilfe der natürlichen Handlungseinheit zur Tateinheit – insbesondere in der reichsgerichtlichen Rechtsprechung eine gewisse Tradition,[80] dennoch ist die Verwendung des Begriffs der natürlichen Handlungseinheit als Grundlage für eine ansonsten nicht – auch nicht im Wege der sog. Verklammerung durch ein drittes Delikt[81] – begründbare „Tateinheit" als systemfremd und dogmatisch widersprüchlich zu bezeichnen.[82] Denn in anderem Zusammenhang wird in der Rechtsprechung immer wieder hervorgehoben, dass eine einheitliche Zielsetzung, ein einheitlicher Beweggrund oder die Verfolgung eines Endzwecks allein nicht zur Tateinheit führen können.[83] Diese dogmatische Widersprüchlichkeit wird nicht dadurch beseitigt, dass in den sog. Polizeifluchtfällen auf die nicht unterbrochene Handlung des fortdauernden Fahrens verwiesen wird.[84] Eine solche Argumentation postuliert, da in diesen Fällen die verschiedenen Tatbestände *nicht* – zumindest – *teilidentisch* verwirklicht, *sondern nacheinander* erfüllt werden, als Ausgangspunkt eine vor jeder juristischen Betrachtung liegende soziale Handlungs-

---

78 Schon nach der Wortwahl eindeutig BGH VRS **13** 135; BGH bei *Holtz* MDR **1981** 452; BGHR StGB Vor § 1 natürliche Handlungseinheit Entschluss, einheitlicher 1, 5; BGHSt **40** 307, 314; BGH Beschl. vom 10.7.1996 – 2 StR 231/96 und vom 11.3.1997 – 4 StR 71/97. So auch *Baumann/Weber* AT[9] § 41 II 1a, der allerdings nicht zwischen einzelnen Handlungen im natürlichen Sinne und natürlicher Handlungseinheit unterscheidet, sondern mehrere Handlungen schlechthin als eine Handlung i.S. des § 52 definiert, wenn sie bei „natürlicher Betrachtung", für die es auf Art und Bedeutung der verletzten Rechtsgüter nicht ankommt, als eine Handlung erscheinen.

79 BGHSt **7** 149, 151; **8** 243; **9** 10, 11; **18** 29, 32 ff; **27** 66, 67; **33** 163, 165; auch in BGHSt **22** 206, 209 und BGH VRS **36** 354, 355 wird zwischen zwei Formen der Tateinheit, nämlich zwischen der durch Teilidentität der Ausführungshandlungen begründeten Tateinheit und der natürlichen Handlungseinheit unterschieden.

80 Vgl. hierzu näher *Blei* JA **1972** 203 f, **1973** 19 f; *Maiwald* Natürliche Handlungseinheit S. 16 ff, 52 ff.

81 Näher dazu § 52 Rdn. 27 ff. Auch die sog. Verklammerung setzt zumindest Teilidentität tatbestandlicher Handlungen der zu verklammernden Delikte mit der sie verbindenden dritten Straftat voraus.

82 *Lackner/Kühl* § 52 Rdn. 3; *Warda* FS Oehler S. 252 f; *Jakobs* AT 32/35; *Maiwald* Natürliche Handlungseinheit S. 101 spricht in diesem Zusammenhang von einer abzulehnenden bloßen „Billigkeits – Handlungseinheit". Das zeigt sich u.a. deutlich in der in NStZ **2012** 562 abgedruckten Entscheidung des 5. Strafsenats v. 23.5.2012 – 5 StR 54/12 – dort unter 2.a) –, die die Annahme einer „natürlichen Handlungseinheit" bei mehreren versuchten Tötungsdelikten durch das Tatgericht ausdrücklich billigt, jedoch beanstandet, dass dieses verkannt habe, dass es sich nicht um ein einheitliches (versuchtes) Tötungsdelikt handele, sondern um mehrere tateinheitlich begangene (versuchte) Tötungsdelikte, hinsichtlich derer die Voraussetzungen eines Rücktritts vom Versuch jeweils gesondert zu prüfen seien.

83 Vgl. etwa BGHSt **7** 149, 151; **14** 104, 109; **33** 163, 165; **40** 138, 163 f; BGH NJW **1984** 2169, 2170; BGH bei Holtz MDR **1992** 17.

84 So aber *Seier* NZV **1990** 129, 130 unter Hinweis auf BGH VRS **48** 354.

einheit, die von der h.M. mangels Bezugs des Gesamtgeschehens zu einer einheitlichen tatbestandlichen Handlungsbeschreibung zu Recht nicht anerkannt wird.[85]

Soweit die Rechtsfigur der *natürlichen Handlungseinheit* in der *Wissenschaft* trotz Kritik an der ausufernden Anwendungspraxis grundsätzlich *Anerkennung* gefunden hat, wird aber vorgeschlagen, sie auf solche Sachverhalte zu beschränken, in denen die einzelnen deliktischen Handlungen demselben Unrechtstypus zuzuordnen sind, deren Verschmelzung zu einem einzigen Gesetzesverstoß durch eine entsprechend einheitliche Deliktsbezeichnung in der Urteilsformel ausdrückbar ist.[86] Eine solche, primär normgebundene Interpretation der natürlichen Handlungseinheit gewährleistet zwar klare Abgrenzung der einmaligen Gesetzesverletzung von der gleichartigen wie der ungleichartigen Tateinheit; die natürliche Handlungseinheit erscheint bei einem solchen Verständnis aber nur noch als Unterfall der tatbestandlichen Handlungseinheit.[87] Eine eigenständige dogmatische Bedeutung behält sie dann, wenn man der These folgt, die Auslegung des Begriffs der natürlichen Handlungseinheit habe, anders als im Fall der tatbestandlichen Handlungseinheit, nicht anhand normativer Kriterien, sondern allein nach tatsächlichen Gesichtspunkten zu erfolgen. Entscheidender Vergleichsmaßstab sei die Nähe zur „natürlichen Handlung"; zeitgleiche oder nahezu zeitgleiche, am selben Ort begangene Gesetzesverletzungen, die auf einer gemeinsamen Willensentschließung beruhen, sollen deshalb eine natürliche Handlungseinheit bilden, gleich ob die deliktischen Angriffe verschieden- oder gleichartige oder gar höchstpersönliche Rechtsgüter desselben Opfers oder verschiedener Personen beeinträchtigen.[88] Diese Auffassung, die eine die ohnehin schon ausufernden Tendenzen der Rechtsprechung noch übersteigende Ausdehnung der Tateinheit zu Lasten der Tatmehrheit beinhaltet, ist abzulehnen. Sie ist weder mit dem auch an normativen Maßstäben zu messenden Handlungsbegriff der §§ 52ff (vgl. BGHSt **40** 138, 163), noch mit den übrigen allgemeinen Konkurrenzregeln zu vereinbaren. 22

IV. Tatbestandliche Handlungseinheit

1. Tatbestandliche Handlungseinheit i.e.S. Mehrere natürliche Handlungen können unter verschiedenen rechtlichen und tatsächlichen Gesichtspunkten zu einer Handlungseinheit zusammengefasst werden. Das *einheitsbildende Kriterium* ist der *Straftatbestand* selbst.[89] Auf der untersten Stufe rechtlicher Handlungseinheit werden mehrere natürliche Handlungen schon durch die **Fassung des Tatbestandes,** d.h. dessen Wortlaut oder seinem durch Auslegung zu ermittelnden Sinn zu einer **Unrechtseinheit** im Sinne *einer* einheitlichen Tatbestandsverwirklichung verknüpft.[90] Die Erfüllung der Min- 23

---

85 *Blei* JA **1973** 23; *ders.* AT § 93 I 4; *Jakobs* AT 32/35; *Jescheck/Weigend* § 66 I 3; *Maiwald* Natürliche Handlungseinheit S. 70ff; *Otter* Handlungsbegriff S. 186ff; *Puppe* Idealkonkurrenz S. 257ff; *Samson* SK[5] Vor § 52 Rdn. 18ff; *Stratenwerth* AT Rdn. 1217; *Vogler* LK[10] Vor § 52 Rdn. 14; *Werle* Die Konkurrenz S. 99ff; *Wolter* StV **1986** 315, 320; **aA** *Baumann/Weber* AT[9] § 41 II 1a.

86 So vor allem *Warda* FS Oehler S. 241, 245ff; vgl. aber auch *Maiwald* NJW **1978** 300, 301; *Maurach/Gössel/Zipf* § 54 Rdn. 38ff; *Sowada* Jura **1995** 245, 252; *Wolter* StV **1986** 315, 319f.

87 *Sowada* Jura **1995** 245, 252; so geht eindeutig *Sch/Schröder/Sternberg-Lieben/Bosch* Vor §§ 52ff Rdn. 10, 17ff; **aA** *Warda* FS Oehler S. 257ff.

88 *Samson/Günther* SK[8] Vor § 52 Rdn. 33 u. 35ff unter Berufung auf *Puppe* Idealkonkurrenz S. 265ff, 285ff sowie JR **1985** 246ff.

89 BGHSt **40** 138, 163f; *Puppe* NK § 52 Rdn. 12 und AT/2 § 52 Rdn. 15; *Rissing-van Saan* FS 50 Jahre BGH 475, 478ff.

90 BGHSt **3**, 23, 26; **15** 259, 262; **16** 26, 33; **41** 385, 394f; *Blei* AT § 93 I; *Geppert* Jura **1982** 362; *v. Heinschel-Heinegg* MK § 52 Rdn. 22ff; *Jakobs* AT 32/27 und 32/29; *Jescheck/Weigend* § 66 II 1; *Lackner/Kühl/Heger* Vor § 52 Rdn. 9f; *Maurach/Gössel/Zipf* § 54 Rdn. 46ff; *Otter* Funktionen des Handlungsbegriffs S. 189;

destvoraussetzungen des gesetzlichen Tatbestandes ist deshalb *rechtlich* immer *eine* einheitliche *Handlung*.

24 **a)** Eine Handlung im Rechtssinne liegt somit dann vor, wenn der Tatbestand auf mehreren Einzelhandlungen im natürlichen Sinne aufbaut, wie bei den **mehraktigen** und den **zusammengesetzten Delikten**,[91] bei denen jeder Einzelakt nur einen Teil des Tatbestandes verwirklicht und der gesamte gesetzliche Tatbestand sich erst aus ihrer Zusammenfassung ergibt (z.B. Gewalt oder Drohung mit gegenwärtiger Gefahr für Leib oder Leben und Ausübung der sexuellen Handlung in § 177, Nötigung und Wegnahme beim Raub usw.). Dasselbe gilt auch bei Delikten mit überschießender Innentendenz, wenn der zweite Handlungsakt, der im Tatbestand nur als *subjektives Unrechtsmerkmal* (**Absicht**) erscheint, objektiv verwirklicht wird, der Täter z.B. die in §§ 239a, 253, 267, 306b Abs. 1 Nr. 2 vorausgesetzte Absicht in die Tat umsetzt. So bildet das auf einem einheitlichen Entschluss beruhende Herstellen, Sichverschaffen oder Inverkehrbringen von Falschgeld nach § 146 Abs. 1 Nr. 1 bis Nr. 3 nur eine Tat i.S.d. § 146 Abs. 1 (BGHSt **34** 108, 109),[92] da § 146 Abs. 1 Nr. 3 das Inverkehrbringen als Verwirklichung der schon bei der Vorbereitungshandlung vorhandenen Absicht unter Strafe stellt (BGHSt **35** 21, 27 = JR **1988** 119 mit Anm. *Jakobs*), auch wenn die ursprünglich beabsichtigte Art des Inverkehrbringens später modifiziert wird. Gleiches gilt, wenn Falschgeld in mehreren Einzelakten hergestellt, aber durch eine Handlung verwertet, oder einheitlich hergestelltes oder durch einen Akt verschafftes Falschgeld vom Täter in mehreren Teilmengen in Verkehr gebracht wird (BGH NStZ **1982** 25; BGH Beschl. v. 1.9.2009 – 3 StR 601/08);[93] dieselben Grundsätze gelten bei §§ 152a, 152b hinsichtlich des Beschaffens und des Gebrauchens von gefälschten Zahlungskarten.[94] Ebenso ist bei § 267 Abs. 1 von einer Tat der Urkundenfälschung auszugehen, wenn der Täter von einer von ihm zum Zwecke der Täuschung gefälschten Urkunde Gebrauch macht.[95]

Samson/Günther SK[8] Vor § 52 Rdn. 22 f; *R. Schmitt* ZStW **75** (1963) 46; *Sch/Schröder/Sternberg-Lieben/Bosch* Vor §§ 52 ff Rdn. 13 f; *Sowada* Jura **1995** 245, 246; *Stratenwerth* AT Rdn. 1210 f; *Wessels/Beulke/Satzger* Rdn. 760; vgl auch BVerfGE **56** 22, 31. *T.Walter* JA **2004** 572, 573 spricht von *innertatbestandlichen Handlungseinheiten*; weitergehend *Wolter* StV **1986** 315, 320, der für eine normative Handlungseinheit eintritt, die auf rechtliche Bewertungseinheiten und funktionale Sinnzusammenhänge mit Fortsetzungs- oder wiederholtem Vorsatz abzielt. *Schmidhäuser/Awart* Studienbuch 14/10 zählen die tatbestandliche Zusammenfassung mehrerer Handlungen zur Figur der „natürlichen Handlungseinheit".

91 BGHSt **26** 284, 285; *Jakobs* AT 32/29; *Jescheck/Weigend* § 66 II 2; *Samson/Günther* SK[8] Vor § 52 Rdn. 46; *Sch/Schröder/Sternberg-Lieben/Bosch* Vor §§ 52 ff Rdn. 14; *Stratenwerth* AT Rdn. 1211 und 1213; *Warda* JuS **1964** 84 f; *Werle* Die Konkurrenz S. 29.

92 BGHSt **34** 108, 109 = JR **1987** 423 mit Anm. *Kienapfel* u. JZ **1991** 612 mit Bespr. *Puppe*; siehe ferner BGH MDR **1982** 101, 102; BGH NJW **1995** 1845, 1846; NStZ **1997** 80 f; NStZ-RR **2000** 105; BGHR StGB § 146 Abs. 1 Konkurrenzen 4; *v. Heinschel-Heinegg* MK § 52 Rdn. 27.

93 Die letztgenannte Entscheidung verneint im Übrigen das Qualifikationsmerkmal der Gewerbsmäßigkeit des § 146 Abs. 2, wenn der Täter sich das Falschgeld in einem Handlungsakt verschafft hat, seine Absicht sich aber nicht auf ein wiederholtes Sichverschaffen, sondern auf eine Wiederholte Begehung der Variante des § 146 Abs. 3 bezieht, weil sich dann die Wiederholungsabsicht nicht auf dasselbe Delikt beziehe, dessen Tatbestand durch diese Merkmal qualifiziert werde. Das überzeugt nicht, weil § 146 Abs. 1 in den Nr. 1 bis 3 gleichwertige Varianten tatbestandsmäßigen Handelns nennt, die eine Tat im Rechtssinne darstellen, wenn sie nacheinander in Bezug auf dieselbe Geldmenge begangen werden. Auch differenziert § 146 Abs. 2 nicht nach den einzelnen Varianten, sondern knüpft pauschal an Absatz 1 an. Zudem dürfte diese Entscheidung, anders als dort behauptet wird, nicht mit der Rechtsprechung des BGH zur Gewerbsmäßigkeit beim Handeltreiben zu vereinbaren sein.

94 BGH NStZ-RR **2001** 240; NStZ **2005** 329.

95 BGH NStZ **2018** 468 m.w.N.; *Fischer* § 267 Rdn 58; *Jescheck/Weigend* § 66 II 2; *Lackner/Kühl/Heger* § 146 Rdn. 14 und § 267 Rdn. 27; *Miehe* GA **1967** 270, 275; *Puppe* NK Vor § 52 Rdn. 44 f; *Samson/Günther* SK[8] Vor § 52 Rdn. 46; *Sch/Schröder/Cramer/Heine/Schuster* § 267 Rdn. 79 ff und *Sch/Schröder/Stree/ Sternberg-*

b) Auch die **Dauerdelikte**, bei denen der Täter durch sein Verhalten einen rechtswidrigen Zustand schafft und diesen Zustand willentlich aufrechterhält oder die deliktische Tätigkeit ununterbrochen fortsetzt, beinhalten tatbestandlich erfasste Mehrheiten natürlicher Handlungen, die zu einer rechtlichen Bewertungseinheit zusammengefasst sind;[96] sämtliche den Tatbestand des Dauerdelikts erfüllende Einzelakte sind wegen dieser tatbestandlichen Gemeinsamkeit Bestandteile einer Handlungseinheit.[97] (Näher dazu unten Rdn. 29) 25

2. Tatbestandliche Handlungseinheit i.w.S. Nach h.M. in der Literatur, die auch in der Rechtsprechung in zunehmendem Maße, wenn auch zum Teil unter dem Begriff der „Bewertungseinheit", an Boden gewonnen hat, können über die einfache Verwirklichung des Tatbestands hinaus auch **Sinn** und **Zweck** der jeweils verletzten Tatbestände, die durch **Auslegung** zu erschließen sind, zur Annahme von Handlungseinheit führen. Dies ist jedoch eine Wertungsfrage, die sich nicht nur am Schutzzweck der verletzten Norm, sondern auch an den tatsächlichen Gegebenheiten der Rechtsgutsverletzung zu orientieren hat (vgl. BGHSt **43** 252, 259f).[98] 26

Nicht selten beschreiben Tatbestände ganze *Handlungskomplexe* als eine Tat, indem sie mehrere Einzelakte – auch unterschiedlichen Gewichts – pauschal zu einem tatbestandlichen Verhaltenstypus i.S. einer rechtlichen Bewertungseinheit zusammenfassen.[99] Ferner können Handlungseinheiten durch die *Identität des Erfolges* gestiftet werden.[100] Die Tatbestandliche Handlungseinheit wird also vorrangig normativ bestimmt.[101] Anders als für die Annahme einer natürlichen Handlungseinheit müssen die einzelnen Tätigkeiten usw. nicht in einem engen zeitlichen und räumlichen Zusammenhang stehen (BGHSt **43** 1, 3 = NStZ **1997** 487 mit Anm. Rudolphi). Wenn und soweit durch den Schutzzweck und den Sinngehalt des Tatbestandes mehrere Willensbetätigungen zu einer deliktischen Einheit verknüpft werden, spricht man deshalb von *tatbestandlicher Handlungseinheit i.w.S.*[102] 27

Lieben § 146 Rdn. 26; *Wahle* GA **1968** 97, 110; BGHSt **5** 291, 293; BGH GA **1955** 245f; BGHR StPO § 264 Abs. 1 Strafklageverbrauch 3.

96 *Baumann/Weber/Mitsch/Eisele* § 36 Rdn. 20; *Geppert* Jura **1982** 362f; *Jakobs* AT 32/26f; *Lackner/Kühl/Heger* Vor § 52 Rdn. 11; *Kühl* § 21 Rdn. 24; *Samson/Günther* SK[8] Vor § 52 Rdn. 49f; *Seier* NZV **1990** 129f; *Sch/Schröder/Sternberg-Lieben/Bosch* Vor §§ 52ff Rdn. 81; *Stratenwerth* AT Rdn. 1218; *Werle* Die Konkurrenz S. 31f; siehe dazu näher unten Rdn. 44ff.

97 *Baumann/Weber/Mitsch/Eisele* § 36 Rdn. 20; *Kühl* § 21 Rdn. 24.

98 *Fischer* Vor § 52 Rdn. 2f; *Puppe* NK § 52 Rdn. 13.

99 *Samson/Günther* SK[8] Vor § 52 Rdn. 47f; *Sch/Schröder/Sternberg-Lieben/Bosch* Vor §§ 52ff Rdn. 16; *Geppert* Jura **1982** 361, 362; *ders.* NStZ **1996** 57, 59 und Jura **2000** 598, 600; *Wessels/Beulke/Satzger* Rdn. 760; *Werle* Die Konkurrenzen S. 29; *Maurach/Gössel/Zipf* § 54 II B: „gesetzlich vertypte Handlungseinheit"; *Jakobs* AT 32/38 fasst diese Sachverhalte unter dem Begriff der „rechtswidrigen Veranstaltung" zusammen; *Warda* FS Oehler S. 257ff hatte schon früher trotz seiner Kritik am Begriff der tatbestandlichen Handlungseinheit eingeräumt, dass bei der Beurteilung der Einheitlichkeit eines aus mehreren Akten bestehenden Handlungsvollzuges die Besonderheiten der jeweils in Rede stehenden gesetzlichen Tatbestände zu berücksichtigen sind (aaO S. 259); heute erkennt auch er die tatbestandliche Handlungseinheit als eigenständige Rechtsfigur an: FS Hirsch 391, 399ff und Bochumer Beiträge (2003) 199.

100 *Puppe* NK § 52 Rdn. 18ff, *dies.* FS Mangakis S. 225, 234ff; vgl. auch *Jakobs* AT 32; offengelassen bei *v. Heinschel-Heinegg* MK § 52 Rdn. 80. Die von *Puppe* so benannte ***Erfolgseinheit*** umfasst im Übrigen auch die Fallgestaltungen sog. *iterativen* und *sukzessiven* Handlungseinheiten (siehe dazu unten Rdn. 35, 36).

101 Vgl. *Samson/Günther* Vor § 52 Rdn. 35ff; **aA** *Fischer* Vor § 52 Rdn. 2, der auch die natürliche Handlungseinheit als eine Form der normativen Zusammenfassung menschlicher Verhaltensweisen versteht.

102 *Blei* AT § 93 I 4; *ders.* JA **1973** 22f; *Geisler* Jura **1995** 74, 80; *Jescheck/Weigend* § 66 I 3; *Samson/Günther* SK[8] Vor § 52 Rdn. 43f; *Sch/Schröder/Sternberg-Lieben/Bosch* Vor §§ 52ff Rdn. 13ff; *Beulke/Satzger* NStZ **1996** 432, 433 Anm. zu BGHSt **41** 368; *Schmitt* ZStW **75** (1963) 46; *Sowada* Jura **1995**

28 **a) Pauschalierende Handlungsbeschreibungen (Staatsschutz-, Organisations- u.ä. Delikte).** Dabei handelt es sich um Strafnormen, die den tatbestandlichen Unrechtsgehalt durch pauschalierenden Handlungsbeschreibungen wiedergeben, d.h. weder zwingend einzelne Handlungen noch konkrete Erfolge der der tatbestandlich umschriebenen Verhaltensweisen voraussetzen.[103] Sie finden sich insbesondere bei Staatsschutzdelikten:

28a So z.B. bei der geheimdienstlichen Agententätigkeit nach §§ 98, 99 (BGHSt **42** 215),[104] dem Landesverrat nach § 94, wenn erst die Gesamtheit des Verratsmaterials die zu gewinnende Erkenntnis des Staatsgeheimnisses bildet (BGHSt **24** 72, 77; BGH NStZ **1996** 492), der Rädelsführerschaft nach §§ 90a, 129a Abs. 2 a.F. (BGHSt **15** 259, 262; **19** 280, 285), dem Nachrichtensammeln nach § 109f Abs. 1 Nr. 1 (BGHSt **16** 26, 32f für § 92 a.F.), bei den **Organisationsdelikten** der §§ 84, 85 und des § 20 Abs. 1 Nr. 1–3 VereinsG, sowie den Tatbeständen der Mitgliedschaft in einer kriminellen oder terroristischen Vereinigung nach §§ 129, 129a (BGHSt **29** 114, 123; **33** 16, 17; **36** 192, 198).[105]

29 Kennzeichnend für diese Delikte ist, dass der Tatbestand nach seinem Sinngehalt neben einmaligen Handlungen auch alle Betätigungen im Rahmen eines über den Einzelfall hinausreichenden, in eine Beziehung oder Organisation eingebetteten oder auf eine gewisse Dauer angelegten Verhaltens erfassen soll.[106] Diese Struktur macht sie den *Dauerdelikten* zwar *ähnlich*,[107] weil sie sich über eine längere Zeit erstrecken können. Sie unterscheiden sich aber von jenen, weil sie eine ununterbrochene deliktische *Tätigkeit* oder einen in deliktischer Weise geschaffenen *Zustand* als Tatbestandsmerkmale gerade *nicht* verlangen. Deshalb ist **§** 99 Abs. 1 kein Dauerdelikt, sondern beinhaltet als Organisationsdelikt eine tatbestandliche Handlungseinheit.[108] Ebenso handelt es sich bei den §§ 129, 129 a StGB sowie § 20 Abs. 1 Nr. 1–3 VereinsG um Organisationsdelikte. Die tatbestandliche Ausgestaltung des § 20 Abs. 1 Nr. 4 VereinsG als Ungehorsamstatbestand bietet im Gegensatz hierzu zwar für sich genommen keine ausreichende Grundlage für die Annahme einer tatbestandliche Handlungseinheit, da er durch einzelne Verstöße stets neu und eigenständig verletzt wird (BGHSt **43** 312, 314f und Urt. vom 10.12.1997 –

245, 247 und 249 Fn. 44; insoweit ähnlich BGHSt – GSSt – **40** 138, 164f; noch **aA** *Warda* Jus **1964** 84; *ders.* FS Oehler S. 257ff.

103 *Puppe* NK § 52 Rdn. 16.

104 *v. Heinschel-Heinegg* MK § 52 Rdn. 34; *Rissing-van Saan* FS 50 Jahre BGH 475, 484; *Roxin* AT/II § 33 Rdn. 25; siehe auch BGHSt **43** 1, anders noch BGHSt **28** 169, 171; BGH NStZ **1984** 309 mit Anm. *Wagner* StV **1984** 189. Diese älteren Entscheidungen subsumieren den im Gegensatz zu § 100e a.F. nicht als Beziehungs-, sondern als Tätigkeitsdelikt ausgestalteten Tatbestand des § 99 unter den Begriff der Dauerstraftat. Als Argument dient hierbei jedoch die „Eigenart des in § 99 StGB umschriebenen Verhaltens" (BGHSt aaO S. 173) und damit der Sache nach die tatbestandlich erfasste Handlung. Den Versuch, die unter § 99 fallenden Verhaltensweisen näher zu definieren, hatte deshalb schon die Entscheidung BGH NStZ **1996** 129f unternommen.

105 Gegen die in der Rechtsprechung (OLG Karlsruhe NJW **1977** 2222f) und in der Literatur (*Sch/Schröder/Lenckner*[26] § 129 Rdn. 28; *Fleischer* NJW **1979** 1337, 1338f) anzutreffende Wertung der §§ 129, 129a als bloße Dauerdelikte schon *Haberstrumpf* MDR **1979** 977, 979 und mit überzeugenden Gründen *Werle* NJW **1980** 2671, 2674 sowie BGHSt **29** 288, 289f.

106 Insbesondere bei länger dauernden Handlungseinheiten ist darauf zu achten, ob Intervalle mit Verhaltensweisen, die nicht vom Tatbestand erfasst werden, Zäsuren bilden und die Annahme *mehrerer* tatbestandlicher Handlungseinheiten rechtfertigen, vgl. für § 99 BGH NJW **1996** 3424, sowie zur Verjährungsproblematik BGHSt **43** 1 mit kritischer Anm. *Rudolphi* NStZ **1997** 489; *Schlüchter/Duttge/Klumpe* JZ **1997** 995; *Sch/Schröder/Sternberg-Lieben/Bosch* § 99 Rdn. 2; zu möglichen Zäsuren siehe auch Rdn. 28 und Fn. 97.

107 So ausdrücklich *v. Heinschel-Heinegg* MK § 52 Rdn. 34; *Rissing-van Saan* FS 50 Jahre BGH aaO S. 482; *Roxin* AT II § 33 Rdn. 25.

108 BGHSt **42** 215, 216; *Fischer* § 99 Rdn. 10; siehe auch Fn 83.

3 StR 389/97; **aA** OLG Düsseldorf MDR **1997** 90). Nach Übernahme eines auf längere Dauer angelegten Amtes oder einer Funktion innerhalb eines mit einem Betätigungsverbot belegten Vereins können aber mehrere gegen § 20 Abs. 1 Nr. 4 VereinsG verstoßende Einzelakte des Amtsinhabers oder Funktionsträgers zu einer Tat zusammengefasst werden, wenn sie in Ausübung des Amtes oder der Funktion begangen werden und von dem Willen getragen sind, zur Aufrechterhaltung oder Förderung der verbotenen Tätigkeit des Vereins beizutragen (BGHSt **46** 6, 10ff mit Anm. *Puppe* JZ **2000** 735; BGH NStZ **2003** 492). Das übernommene Amt oder die Funktion verbindet dann, und zwar ohne dass damit eine entsprechend pauschalierende Handlungsbeschreibung im Tatbestand korrespondierend einhergehen müsste, sämtliche weitere Zuwiderhandlungen gegen das Betätigungsverbot zu einer Tat.[109]

b) Zu beachten ist jedoch, dass die neuere Rechtsprechung dazu übergegangen ist, **Organisationsdelikte** dann in kleinere Einheiten **aufzuspalten**, wenn einzelne Beteiligungsakte an einer kriminellen oder terroristischen Vereinigung i.S.d. §§ 129, 129a zugleich andere Straftatbestände erfüllen (BGHSt **60** 308).[110] Nach dieser Entscheidung bewirkt das Hinzutreten eines weiteren Delikts, das ein Mitglied der Vereinigung in Verfolgung der Ziele der Vereinigung begeht, eine *objektive* Zäsur im Tatbestand des Organisationsdelikts, die dazu führt, dass dieser Betätigungsakt zwar in Tateinheit mit diesem allgemeinen Delikt (z.B. Erpressung, Raub, Körperverletzung oder Sachbeschädigung) steht, aber in *Tatmehrheit* zu den übrigen zu einer Einheit zusammengefassten zugunsten der Vereinigung begangenen Betätigungsakten tritt, die zwar der Förderung der Vereinigung dienen, aber keinen anderweitigen Straftatbestand erfüllen. Das hat zur Folge, dass sämtliche in Tateinheit mit einem anderen Delikt begangenen Beteiligungsakte sowohl untereinander als auch zur Gesamtheit der übrigen Beteiligungsakte in Tatmehrheit stehen.[111] Das wirkt sich u.a. für die bisher von der Rechtsprechung angenommene sog. *Klammerwirkung* von tatbestandlichen Handlungseinheiten, u.a. bei Organisationsdelikten, dahin aus, dass zusammen mit einem Beteiligungsakt, also tateinheitlich begangene *allgemeine Delikte* hierdurch aus dem Kontinuum des Organisationsdelikts herausgebrochen, mithin „entklammert" werden und deshalb als selbstständige Straftaten – jeweils in Tateinheit mit dem jeweiligen Organisationsdelikt – zu behandeln sind.[112] 30

c) Um eine tatbestandliche Handlungseinheit handelt es sich ferner bei dem völkerrechtlichen Wurzeln entstammenden Tatbestand des **Völkermordes** nach § 6 VStGB bzw. § 220a StGB a.F. (BGHSt **45** 64).[113] Hier geht es zwar nicht um eine pauschalierende Handlungsbeschreibung, sondern der Tatbestand knüpft an konkrete Handlungen an, er umfasst aber objektiv nach seinem Wortlaut und seinem durch Auslegung zu ermittelnden Sinn typischerweise mehrfaches Handeln zum Nachteil einer bestimmten nationa- 31

---

109 BGH NStZ **2010** 455; kritisch zu dieser Art „Bewertungseinheit" *v. Heinschel-Heinegg* MK § 52 Rdn. 36 und 48.

110 Mit zustimmender Anmerkung *Puppe* JZ **2016** 478ff.

111 BGHSt **60** 308, 312.

112 Hierdurch dürften sich auch sonst bei zeitlich gespreckten Handlungseinheiten nicht selten auftretende Probleme des Strafklageverbrauchs vermeiden lassen, worauf *Puppe* JZ **2016** 478, 480 zutreffend hinweist. Einer prozessualen Hilfskonstruktion zur Vermeidung eines als unbillig empfundenen Strafklageverbrauchs, wie in etwa in BGHSt **29** 288, 292ff, bedarf es dann nicht mehr. Siehe auch § 52 Rdn. 38.

113 Mit Anm. *Ambos* NStZ **1999** 404; *Nill-Theobald* JR **2000** 205; *Werle* JZ **1999** 1181; siehe ferner *Bungenberg* AVR **39** (2001) 170; *Lüder* NJW **2000** 269; *v. Heinschel-Heinegg* MK § 52 Rdn. 35.

len, rassischen religiösen oder ethnischen (Teil) Gruppe der Bevölkerung. Die objektiven Tathandlungen erhalten zudem ihr besonderes Gewicht als Völkermord durch die, die völkerrechtliche Werteordnung missachtenden Absicht des Täters, eine unter den Schutz des § 6 VStGB fallende Gruppe ganz oder teilweise zu zerstören (BGH aaO S. 86).

32 **d) Auslegungskriterien in Einzelfällen.** Nach Aufgabe der Rechtsfigur der fortgesetzten Handlung war die Rechtsprechung zunächst bestrebt, die Gefahr überdimensionierter oder zeitlich uferloser Handlungseinheiten durch Verwendung objektiver Abgrenzungs- und Eingrenzungskriterien zu begegnen, so etwa BGHSt **41** 368 (zur sukzessiven Tatausführung) und BGHSt **45** 64, 88ff (zum Völkermord), BGHSt. **46** 349, 353ff, BGH NJW **1998** 1653.[114] Hinsichtlich der Voraussetzungen für die Annahme oder die Ablehnung von Handlungseinheiten war die Rechtsprechung bisher unübersichtlich und ließ dogmatische Grundlinien nicht unmittelbar erkennen. Das verwundert allerdings nicht, da es stets um die Analyse der einzelnen Tatbestände und die Bewertung einzelner unterschiedlicher Fallgestaltungen geht, die jeweils für die Entscheidung des Einzelfalls eine Gesamtschau aller Umstände voraussetzt (siehe auch unten Rdn. 34).[115]

33 So verbindet z.B. der Tatbestand des § 132a mehrfaches Sichausgeben als Träger eines Amtes bei unbefugtem Führen einer Amtsbezeichnung zu einer einheitlich zu bewertenden Straftat,[116] ebenso stellen mehrere Tätigkeiten, durch die ein verbotener Beruf ausgeübt wird, nur eine Tat i.S.d. § 145c dar (BGH NStZ **1991** 549). Ein besonders prägnantes Beispiel bildet der Tatbestand der „Nachstellung" des § 238 („Stalking"). Er beinhaltet eine tatbestandliche Handlungseinheit,[117] weil er ein „beharrliches" Täterverhalten voraussetzt und der zum gesetzlichen Tatbestand gehörende Erfolg der „schwerwiegenden Lebensbeeinträchtigung" des Opfers der Nachstellung in der Regel erst durch die Summe der tatbestandlichen Handlungen eintritt.[118]

34 Demgegenüber sind einzelne Bankrotthandlungen des § 283 Abs. 1 grundsätzlich selbständige Taten (BGH GA **1978** 185); sie können zwar durch dieselbe Zahlungseinstellung oder Entscheidung im Konkursverfahren nach § 283 Abs. 6 gleichzeitig strafbar werden, sie werden dadurch aber nicht zu einer Handlungseinheit verbunden (BGHSt **1** 186, 190f). Jedoch bilden die einzelnen Verstöße gegen die Buchführungspflicht nach § 283 Abs. 1 Nr. 5 eine als gesetzliche Einheit zu ahndende strafbare Handlung (BGHSt **3** 23, 26f zu § 240 Abs. 1 KO a.F.; BGH NStZ **1995** 347; wistra **1998** 105), wenn sie in ihrer Gesamtheit die Buchführung unordentlich machen bzw. die Übersicht über den Vermögensstand erschweren.[119]

35 Der tatbestandlichen Handlungseinheit zuzurechnen sind ferner die Strafnormen der unbefugten Gewässer-, Boden- und Luftverunreinigung gemäß §§ 324, 324a, 325 für

---

114 Vgl. zu diesem Problemkreis auch *Paeffgen* JR **1999** 89; *Rissing-van Saan* FS 50 Jahre BGH S. 475, 488ff; *v. Heinschel-Heinegg* MK § 52 Rdn. 38; *Sch/Schröder/Sternberg-Lieben/Bosch* Vor §§ 52ff Rdn. 17.

115 Zu den Kriterien für die Bildung einer tatbestandlichen Handlungseinheit vgl. *Warda* FS Hirsch S. 391, 412ff und in: Bochumer Beiträge (2003) S. 199, 204ff.

116 BGH GA **1965** 373f. Dort ist allerdings eine *natürliche* Handlungseinheit angenommen worden, wobei die Begründung, dass schon *der gesetzliche Tatbestand* eine Mehrheit von natürlichen Betätigungen, die auf demselben Entschluss beruhen, zu einer einheitlich bewerteten Tat zusammenfasse, über eine rein „natürliche Betrachtungsweise" hinausgeht, sondern normativ wertet, so schon zutreffend *Blei* JA **1973** 20.

117 *Fischer* § 238 Rdn. 39; vgl. auch *Krehl* LK § 238 Rdn. 86.

118 BGHSt **54** 189, 197ff mit Anm. *Gazeas* NJW **2010** 1680; *Mitsch* NStZ **2010** 513; vgl. auch *Gazeas* KJ **2006** 247, 263 und JR **2007** 497, 504.

119 Vgl. auch *Radtke/Petermann* MK § 283 Rdn. 87; *Sch/Schröder/Heine/Schuster* § 283 Rdn. 66; *Tiedemann* LK[12] § 283 Rdn. 236, jeweils m.w.Nachw.

deren Erfüllung der Eintritt des tatbestandlichen Erfolges (Erfolgseinheit) maßgeblich ist, gleich, ob der Täter diesen durch eine fortdauernde oder durch mehrere einzelne Handlungen herbeigeführt hat und in welchem Umfang die einzelnen Handlungen hierzu beigetragen haben.[120]

Mehrere *Rechtsbeugungshandlungen* nach § 339, die in demselben Strafverfahren mit 36
derselben Zielrichtung zugunsten oder zuungunsten desselben Beschuldigten begangen worden sind, stellen regelmäßig nur *eine Tat* dar (BGHSt **40** 169, 188; **41** 247, 250).[121] Mehrere Handlungen nach § 38 Abs. 1 Nr. 1 GWB a.F. werden durch das Tatbestandsmerkmal des Sich-Hinwegsetzens über die Unwirksamkeit einer Kartellvereinbarung nur insoweit zu einer Tat zusammengefasst, wie sie der Durchführung derselben *Kartellabsprache* dienen (BGHSt **41** 385 = JZ **1997** 98 m. Anm. *Kindhäuser*).

Bei anderen Tatbeständen, die aufgrund eines einheitlichen Unrechtsmerkmals, wie 37
etwa der Unrechtsvereinbarung bei den Bestechlichkeits- und Bestechungsdelikten, die Möglichkeit der Annahme einer tatbestandlichen Handlungs- oder Bewertungseinheit als Ersatz für die aufgegebene Rechtsfigur der fortgesetzten Handlung nahezulegen scheinen, ist nach allerdings Zurückhaltung geboten.[122] Jeder einzelne Tatbestand ist vielmehr dahin zu prüfen, ob und inwieweit er die Tat in sachlichem Umfang beschränkt. Die hierfür erforderliche Tatbestandsauslegung darf sich nicht in der Interpretation einzelner Tatbestandsmerkmale erschöpfen, sondern erfordert eine Deutung des Zusammenhangs der einzelnen Merkmale untereinander.[123] Ob sich zu diesem auch von der Rechtsprechung übernommenen Grundsatz allgemein gültige Regeln aufstellen lassen, ist bisher nicht geklärt. Für § 332 und § 12 Abs. 2 UWG a.F.[124] ist die Auffassung, dass alles, was auf ein und dieselbe Unrechtsvereinbarung zurückgeht, stets eine Tat bilde, abgelehnt worden, weil eine solche Zusammenfassung von ungewisser Tragweite im Tatbestand der Bestechlichkeit nicht angelegt ist; vielmehr stehen die Begehungsformen des Forderns und Annehmens von Vorteilen selbständig nebeneinander (BGHSt **11** 345; **41** 292, 302) .[125] *Anerkannt* ist eine tatbestandliche Handlungseinheit – auch für die Tatbestände der §§ 331, 334 – bisher *nur* für den Fall, dass die einzelnen Tathandlungen auf eine Unrechtsvereinbarung zurückgehen, die die zu leistenden Vorteile bereits genau festgelegt hatte. In den übrigen Fällen bleiben die Begehungsformen des Forderns und Sichversprechenlassens neben der Vorteilsannahme als selbständige Taten bestehen.[126]

Ebenso stellen sich zwar verschiedene Betätigungen im Rahmen der Verfolgung 38
einer Rechtsangelegenheit als *ein* Besorgen im Sinne der Tatbestandsfassung des § 8 Abs. 1 Nr. 1 RBerG dar und sind deshalb als ein einheitliches Tun zu würdigen; jedoch rechtfertigt weder der Gebrauch der sprachlichen Mehrzahl zur Kennzeichnung der Tathandlung noch die Verwendung des Begriffs der Geschäftsmäßigkeit die Verknüpfung der Besorgung verschiedener Rechtsangelegenheiten einer Person oder der Rechtsange-

---

120 Vgl. etwa die den Entscheidungen BGHR StGB § 324 Abs. 1 Veränderung 1 u. 2 zugrundeliegenden Sachverhalte.

121 Hierzu auch *Lackner/Kühl/Heger* Vor § 52 Rdn. 10.

122 Kritisch zur Behandlung zeitlich gestreckter Tatwiederholungen durch die Rechtsprechung nach Fortfall der fortgesetzten Handlung *Fischer* Vor § 52 Rdn. 51 ff.

123 *Werle* Die Konkurrenz S. 105; vgl. auch *Maiwald* Natürliche Handlungseinheit S. 70 ff und *Puppe* Idealkonkurrenz S. 255 ff.

124 Gestrichen durch das Gesetz zur Bekämpfung der Korruption vom 13. August 1997 (BGBl. I S. 2038) und ersetzt durch § 299 Abs. 1 StGB, der den Regelungsgehalt des § 12 Abs. 2 UWG übernommen hat.

125 BGH NStZ **1995** 92 und NStZ-RR **1996** 354; gegen die Auslegung des § 332 als „Beziehungsdelikt" schon BGH NJW **1989** 914, 916.

126 BGHSt **41** 292, 302 f = NJW **1996** 1160, 1162; BGH NStZ **1995** 92; JZ **1998** 263.

legenheiten mehrerer Personen zu einer Tat (BayObLG NJW **1994** 2303, 2304).[127] Auch aus der tatbestandlichen Fassung des § 5 HeilprG lässt sich *nicht* das Erfordernis ableiten, wiederholte Tatbestandsverwirklichungen in ihrer Gesamtheit zu einer Tat im Rechtssinne zusammenzufassen, so dass die unerlaubte Ausübung der Heilkunde an verschiedenen Personen keine tatbestandliche Handlungseinheit bildet (BayObLG MDR **1995** 190).

39 Schon der bisherige Überblick zeigt ein buntes Bild fall- bzw. tatbestandsbezogener Entscheidungen, aus dem keine bestimmten, generell verwendbaren objektiven oder subjektiven Kriterien erkennbar werden, die die Annahme einer im Einzelfall möglichen Deliktseinheit verlässlich festlegen könnten. Denn vielfach erlauben tatbestandliche Handlungsbeschreibungen nur die Aussage, dass mehrere getrennte Tätigkeiten eine tatbestandlichen Handlungseinheit bilden *könnten*, *nicht* aber, dass eine solche *stets* anzunehmen ist, auch wenn zwischen ihnen kein oder nur ein loser Zusammenhang besteht. In der Wissenschaft ist der Versuch einer systematischen Aufbereitung von Wesensmerkmalen einer tatbestandlichen Handlungseinheit unternommen und ein „bewegliches System" entwickelt worden. Dabei handelt es sich um in der Regel qualitativ unterschiedliche Elemente, wie das äußere Erscheinungsbild des Täterhandelns in zeitlich-räumlicher und situativer Hinsicht und/oder die subjektive Klammer einer alle Einzelakte umfassenden besonderen Absicht. Je nach Ausgestaltung des einzelnen Tatbestandes kann das eine oder andere Element fehlen oder schwächer ausgebildet sein, muss dann aber durch eine umso deutlichere Ausprägung eines anderen aufgewogen werden.[128] Da ein derartiges bewegliches System aber stets eine Gesamtbewertung des „Tatbildes" im Einzelfall voraussetzt,[129] vermag ein solches System letztlich auch nur Anhaltspunkte für eine tatbestands- oder fallgruppenbezogene normative Bewertung zu bieten.[130]

40 **e) Wiederholte (iterative) Tatbestandsverwirklichung.** Auch dann, wenn der Tatbestand sich nicht ausdrücklich einer pauschalierenden Handlungsbeschreibung bedient, kann die Auslegung ergeben, dass bei wiederholter (iterativer) gleichartiger Verwirklichung des Tatbestands in unmittelbarer zeitlicher und räumlicher Abfolge ebenso Handlungseinheit in Betracht kommt wie bei einmaligem Handeln im natürlichen Sinn.[131] Die Rechtsprechung und ein Teil der Literatur zählen diese Fallkonstellationen deshalb zur natürlichen Handlungseinheit.[132] Das Kriterium der **Gleichartigkeit** bestimmt sich nach dem einzelnen Tatbestand. So kann mehrfaches tatbestandliches Handeln bei phänomenologischer Betrachtung zwar als eine Mehrheit natürlicher Handlun-

---

127 Für den Bereich des Ordnungswidrigkeitenrechts vgl. auch BayObLG wistra **1982** 38 m. Anm. Göhler.

128 Vgl. *Warda* FS Hirsch S. 391, 412 ff für den Tatbestand des § 225 in der Begehungsform des „Quälens"; *ders.* in: Bochumer Beiträge (2003) S. 199, 206 ff für den Tatbestand der Volksverhetzung (§ 130).

129 *Warda* FS Hirsch S. 403 und 413.

130 So wohl auch *Fischer* Vor § 52 Rdn. 52.

131 *Blei* JA **1973** 23; *Binding* Handb. S. 544; *Doerr* GS **72** [1908] Beilageheft S. 86; *Geerds* Konkurrenzen S. 282 ff; *Honig* Studien S. 77 ff; *Höpfner* Einheit und Mehrheit S. 222 ff; *Jescheck/Weigend* § 66 III 1; *Kohlrausch-Lange* § 73 Vorbem. II A; *Maiwald* Natürliche Handlungseinheit S. 72 ff; *Maurach/Gössel/Zipf* § 54 Rdn. 48; *Samson/Günther* SK[8] Vor § 52 Rdn. 52; *Sch/Schröder/Sternberg-Lieben/Bosch* Vor §§ 52 ff Rdn. 10, 17; *Warda* JuS **1964** 84 und in FS Oehler S. 242 f sowie *Jakobs* AT 32/11 halten es demgegenüber bei dichter Aufeinanderfolge von Einzelhandlungen und subjektiver Einheitlichkeit für überflüssig, auch noch eine – äußerliche – Gleichartigkeit der Einzelakte zu fordern.

132 Vgl. u.a. *v. Heinschel-Heinegg* MK § 52 Rdn. 54, 56 m. w. N.; *Sch/Schröder/Sternberg-Lieben/Bosch* Rdn. 10; *T. Walter* JA **2004** 572 f.

gen erscheinen, z.B. die Wegnahme mehrerer Sachen bei einer Gelegenheit, mehrfaches Zustechen, das den Tod des Opfers herbeiführt, zahlreiche Schläge, die es körperlich misshandeln, oder die Beleidigung derselben Person durch mehrere Schimpfworte; dennoch kann bei einer sinnvollen Tatbestandsauslegung nur *ein* Diebstahl, *ein* Tötungsdelikt, *eine* körperliche Misshandlung nach § 223 und nur *eine* Beleidigung angenommen werden,[133] weil die jeweiligen an sich tatbestandlichen Handlungen als Teilstücke eines einheitlichen Ganzen, des auf demselben Entschluss beruhenden einheitlichen Deliktserfolges (**Erfolgseinheit**)[134] erscheinen. Dasselbe gilt für die Abfassung und Absendung eines Schriftstücks mit mehreren Beleidigungen derselben Person (RGSt **34** 134, 135); desgleichen bilden mehrere falsche Angaben in einer Umsatzsteuervoranmeldung über verschiedene steuerliche Vorgänge innerhalb desselben Voranmeldungszeitraums eine tatbestandliche Handlungseinheit i.S.d. § 370 AO (BGH NJW **1980** 2591); auch Handlungen, durch die eine vorausgegangene Rechtsbeugung (§ 339) oder eine falsche Verdächtigung (§ 164) lediglich bekräftigt werden, beinhalten keine selbständige Verletzung des durch den jeweiligen Tatbestand geschützten Rechtsgutes (BGHSt **40** 169, 188; BGH Beschl. vom 3. September 1996 – 4 StR 314/96). Enthält eine Zeugenaussage mehrere falsche Angaben, so stellen diese einzelnen Angaben nur Teilstücke eines einheitlichen Ganzen – der uneidlichen Falschaussage – dar (OLG Köln StV **1983** 507, 508). Auf demselben Grundgedanken beruht auch die Entscheidung BGHSt **8** 301, 311f, soweit sie über die Regeln der Gesetzeseinheit hinausgehend den in derselben Instanz in einem späteren Termin geleisteten Meineid und die durch diesen beschworenen falschen uneidlichen Angaben in einem früheren Termin als *eine* Tat bewertet. Besteht die Tatbeteiligung eines Mittäters in der Ausübung der Geschäftsleitung einer Firma, deren Betrieb auf den durch Täuschung bewirkten Abschluss von Warentermin- oder Optionsgeschäften ausgerichtet ist, so werden die einzelnen betrügerischen Geschäftsvorfälle in seiner Person zu einer einzigen Tat des Betruges verbunden.[135] Die Annahme von Handlungseinheit setzt in den Fällen der wiederholten Tatbestandsverwirklichung voraus, dass die Rechtsgutsverletzung durch die Wiederholung nur eine *rein quantitative* Steigerung erfährt *(einheitliches Unrecht)* und dass die Tat außerdem auf einem *einheitlichen Willen* beruht *(einheitliche Schuld)*.[136]

f) fortlaufende (sukzessive) Tatbestandsverwirklichung Unter der Vorausset- 41
zung eines (engen) *räumlichen und zeitlichen Zusammenhanges* sowie bei Fortbestehen *der gleichen Motivationslage* (eines einheitlichen Willens) wird im Schrifttum – die Rechtsprechung hat hier bis in die jüngere Zeit wie bei der wiederholten gleichartigen Tatbestandsverwirklichung überwiegend eine natürliche Handlungseinheit angenommen[137] – schon seit jeher die fortlaufende (sukzessive) Tatbestandsverwirklichung, bei der sich der Täter dem tatbestandsmäßigen Erfolg nach und nach nähert, der wiederhol-

133 *Jescheck/Weigend* § 66 III 1; *Lackner/Kühl/Heger* Vor § 52 Rdn. 6 und 10; *Otter* Funktionen des Handlungsbegriffs S. 189; *Samson* SK5 Vor § 52 Rdn. 28; *Samson/Günther SK 8. Aufl.* Vor § 52 Rdn. 52; *Sch/Schröder/Sternberg-Lieben/Bosch* Vor §§ 52ff Rdn. 17 und 21; *Stratenwerth* AT Rdn. 1216; *Warda* FS Oehler S. 242f; *Werle* Die Konkurrenz S. 30.

134 Siehe hierzu auch *Puppe* NK § 52 Rdn. 18ff.

135 BGHR StGB § 263 Abs. 1 Konkurrenzen 10; BGH wistra **1998** 224; vgl. auch BGH NStZ **1996** 296f.

136 *Altenhain* ZStW **107** (1995) 382, 397; *Jakobs* AT 32/10f und 32/16f; *Jescheck/Weigend* § 66 III 1; *Maiwald* Natürliche Handlungseinheit S. 72ff, der allerdings eine einheitliche Motivationslage genügen lässt; *Stratenwerth* Rdn. 1212ff; *R. Schmitt* ZStW **75** (1963) 46.

137 Nach *Samson/Günther* SK8 Vor § 52 Rdn. 43 schließen sich natürliche Handlungs- und tatbestandliche Bewertungseinheit nicht aus, sondern überschneiden sich. Demgegenüber will *Warda* FS Oehler S. 245 an dem Begriff der natürlichen Handlungseinheit festhalten (aaO S. 257ff, 261).

ten Tatbestandsverwirklichung als Unterfall tatbestandlicher Handlungseinheit gleichgesetzt.[138] Hierher gehören die etappenweise Durchführung eines Diebstahls (BGHSt **10** 129), mehrere Einwirkungshandlungen des Anstifters auf den Täter, die auf die Erregung desselben Tatentschlusses abzielen (BGH StV **1983** 456f) oder mehrere Beihilfehandlungen zur Förderung derselben Haupttat (BGHSt **40** 374, 377).[139] Demgegenüber ist die Anstiftung mehrerer Haupttäter durch dieselbe Äußerung des Anstifters kein Fall der tatbestandlichen Handlungseinheit.[140] Denn bei einem solchen Sachverhalt werden nicht wiederholte Rechtsverletzungen durch den Tatbestand zu einer Handlungseinheit zusammengefasst, sondern mehrere Gesetzesverletzungen durch ein und dieselbe Handlung begangen, *so dass gleichartige Tateinheit i.S.d. § 52* gegeben ist (RGSt **70** 334, 335; siehe ferner unten § 52 Rdn. 16). Weitere Fälle der fortlaufenden Tatbestandsverwirklichung sind das Hinwirken auf denselben Erfolg mit nacheinander benutzten Tatmitteln (BGHSt **10** 129; **20** 269, 272; BGH NJW **1990** 2896), mehrfache Ausführungshandlungen zum Zwecke des Einbruchs in ein und dasselbe Diebstahlsobjekt (BGHSt **21** 319, 322f),[141] die Fortsetzung eines noch nicht fehlgeschlagenen Versuchs der Steuerhinterziehung durch weitere falsche Angaben mit dem Ziel, ein und dieselbe Steuer zu verkürzen (BGHSt **36** 105, 116; **38** 37, 39f)[142] oder die sukzessive Ausführung eines einheitlichen Erpressungsversuchs (BGHSt **41** 368).[143] Bei „Lastschriftreiterei" z.N. der Inkassostelle bilden die in Betrugsabsicht erschwindelte Lastschriftvereinbarung als schadensgleiche Vermögensgefährdung und die späteren Forderungseinziehung per Online-Buchungen, die auf dieser beruhen, *eine* Tat im materiellen Sinne.[144] Denn bei mehraktigem Geschehen mit gleicher Angriffsrichtung nimmt die Rechtsprechung selbst bei Wechsel des Angriffsmittels eine tatbestandliche Handlungseinheit an. Nach anderer und vorzugswürdiger Ansicht ist eine neue Tat jedenfalls dann anzunehmen, wenn der Täter sein Tatmittel wesentlich ändert, wenn er z.B. bei einer Tat nach §§ 253, 255 eine Drohung mit anderer Zielrichtung oder erhöhtem Unrechtsgehalt als Nötigungsmittel einsetzt (so z.B. *Puppe* JR **1996** 513, 515).

42 Für die Frage, ob ein *einheitlicher Versuch* oder eine *Mehrheit* selbständiger *Versuchstaten* anzunehmen ist, sind nach Auffassung der Rechtsprechung die Merkmale des „Tatbestandes" in § 22 bzw. die „Tat" im sachlich-rechtlichen Sinn des § 24 und damit die in den gesetzlichen Straftatbeständen umschriebenen tatbestandsmäßigen Handlungen

---

138 *Blei* AT § 93 I 4; *Jescheck/Weigend* § 66 III 1 u. 2; *Lackner/Kühl* Vor § 52 Rdn. 6 und Rdn. 10 a.E.; *Sch/Schröder/Sternberg-Lieben/Bosch* Vor §§ 52ff Rdn. 18f; *Werle* Die Konkurrenz S. 33f; *Wessels/Beulke/Satzger* Rdn. 763; *Beulke/Satzger* NStZ **1996** 432. Zur Abgrenzung der natürlichen/tatbestandlichen Handlungseinheit bei den sog. Durchgangsdelikten vgl. *Sowada* Jura **1995** 245, 248 und unten Rdn. 131.

139 *Roxin* LK11 § 27 Rdn. 54; davon zu unterscheiden ist das Problem der *fortgesetzten* Beihilfe (die es im Übrigen als Rechtsfigur nicht mehr gibt, BGH Beschl. v. 16. August 1994 – 1 StR 364/94) zur *fortgesetzten* Haupttat, vgl. BGH bei *Holtz* MDR **1978** 803 und BGH NJW **1991** 2574, 2575.

140 **AA** *Jescheck/Weigend* § 66 III 1 unter Bezugnahme auf RGSt **70** 26, 31, obwohl diese Entscheidung ausdrücklich von Tateinheit spricht (RGSt aaO S. 29 u. 31); wie hier *Jakobs* AT 32/22.

141 Die dieser Entscheidung zugrundeliegende Annahme eines Fortsetzungszusammenhangs zwischen mehreren Versuchshandlungen beruht ersichtlich auf der früheren, inzwischen aufgegebenen Rechtsprechung, nach der der Tatplan für die Frage des Rücktritts und der Abgrenzung des unbeendeten vom beendeten Versuch maßgeblich war. Nach der neueren Rechtsprechung, die auf den Rücktrittshorizont des Täters nach der letzten Ausführungshandlung abstellt (BGHSt – GSSt – **39** 221, 227), hätte es einer solchen Konstruktion nicht bedurft.

142 Vgl. auch *Schlüchter* NStZ **1990** 180, 182 Anm. zu BGHSt **36** 105; **aA** *Kratzsch* JR **1990** 177, 181.

143 Mit Anm. *Beulke/Satzger* NStZ **1996** 432; BGH NStZ **1996** 398, 399; NJW **1998** 619, 620; BGH Beschl. v. 7.1.1997 – 4 StR 603/96 und v. 28.2.1997 – 2 StR 587/96, sowie Beschl. v. 26.5.1998 – 4 StR 127/98 bei mehreren Ausführungshandlungen eines Computerbetruges.

144 BGHSt **50** 147, 159f; BGH Beschl. v. 17.4.2007 – 5 StR 446/07.

und der jeweilige tatbestandsmäßige Erfolg entscheidend (BGHSt **39** 221, 230; **40** 75; **41** 368, 369).[145] *Eine* Tat *im Rechtssinne* kann nach diesen Grundsätzen nur dann angenommen werden, wenn die der Tatvollendung dienenden Teilakte einen einheitlichen Lebensvorgang bilden.[146] Bei sukzessiver Tatausführung wird die Tat entweder durch den *Eintritt des Erfolges* oder den *Fehlschlag eines Versuchs* vollendet bzw. beendet. Fehlgeschlagen ist ein Versuch, wenn der Täter nach dem Misslingen des vorgestellten Tatablaufs zu der Annahme gelangt, er könne die Tat nicht mehr ohne zeitliche Zäsur mit den bereits eingesetzten oder anderen bereitliegenden Mitteln vollenden, so dass ein neues Ansetzen notwendig ist, um zum gewünschten Ziel zu gelangen (BGHSt **41** 368, 369; **43** 381, 387;[147] BGH NJW **1998** 619).[148] Für das Verhältnis des Fehlschlags eines Beteiligungsversuchs nach § 30 zur Beteiligung am Versuch des Verbrechens gelten diese Grundsätze ebenfalls. Das hat zur Folge, dass eine fehlgeschlagene Anstiftung zur Tötung eines Menschen und ein auf einem neuen Entschluss beruhender späterer Versuch der Tötung rechtlich selbständige Taten sind (BGHSt **44** 91).

g) Anders als bei der Rechtsfigur der natürlichen Handlungseinheit, wie sie in der Rechtsprechung Anwendung findet,[149] kommt die Zusammenfassung mehrerer Handlungen zu einer *tatbestandliche Handlungseinheit* bei Verletzung **höchstpersönlicher** Rechtsgüter **verschiedener** Personen – jedenfalls nach der bisherigen Rechtsprechung – dem Grundsatz nach *nicht* in Betracht. Denn eine tatbestandliche, als eine einzige Normverletzung zu wertende Handlungseinheit kann nur bei solchen Straftatbeständen angenommen werden, bei denen das tatbestandliche Unrecht überhaupt einer quantitativen Steigerung zugänglich ist, gewissermaßen zu einem „Gesamtschaden" addiert werden kann. Eine solche Steigerung ist bei höchstpersönlichen Rechtsgütern nur in Bezug auf ein und denselben Rechtsgutsträger möglich, scheidet aber bei Beeinträchtigungen verschiedener Rechtsgutsinhaber von vornherein aus, da höchstpersönliche Rechtsgüter wegen ihrer personalen Gebundenheit immer eigenwertig sind.[150] Unter diesem Blickwinkel ist die Rechtsprechung des BGH zu den konkreten Gefährdungsdelikten der §§ 315b, 315c problematisch, die in Abkehr von der Entscheidung BGH VRS **55** 185[151] die Auffassung vertritt, dass der Täter bei gleichzeitiger konkreter Gefährdung[152] mehre- **43**

---

145 BGHSt **33**, 142, 144 f; **35** 184, 187; BGH NJW **1998** 619, 620 m. Anm. *Satzger* JR **1998** 518 und Bespr. *Momsen* NJW **1999** 982; BGHR StGB § 24 Abs. 1 S. 1 Rücktritt 4; *Blei* AT § 93 I 4b; *Samson/Günther* SK⁸*SK 8. Aufl.* Vor § 52 Rdn. 52 u. 54; *Fischer* Vor § 52 Rdn. 10a; *Werle* Die Konkurrenz S. 33 f; kritisch *Otto* Jura **1992** 423, 427; *v. Heinschel-Heinegg* MK § 52 Rdn. 11 jeweils m.w.N.

146 BGHSt **40** 75, 77 f; BGHSt **41** 368, 369 mit – für die Fälle der wiederholten Tatausführung im Ergebnis zustimmender – Anm. *Beulke/Satzger* NStZ **1996** 432 f; *Satzger* JR **1998** 518; *Wessels/Beulke/Satzger* Rdn. 763a; **aA** *Puppe* JR **1996** 513, 514 f, die für die Annahme einer Handlungseinheit maßgeblich auf die Identität des Tatentschlusses und des Tatmittels sowie die Einheit des erstrebten bzw. bewirkten Erfolges abstellt, wobei jeweils gewisse Modifikationen im Sinne einer Taterweiterung unschädlich sein sollen; siehe aber auch *Puppe* NK § 52 Rdn. 21.

147 Mit Anm. *Gribbohm* NStZ **1998** 572.

148 Mit Anm. *Satzger* JR **1998** 518, Anm. *Wilhelm* NStZ **1999** 80 und Besprechung *Momsen* NJW **1999** 982.

149 Vgl. hierzu etwa BGH NJW **1985** 1565 mit Anm. *Maiwald* JR **1985** 512 ff einerseits sowie BGH StV **1981** 396 f und BGH NStZ **1984** 311 andererseits; *Samson/Günther* SK⁸ Vor § 52 Rdn. 30 und 38; *Hellmer* GA **1956** 68 f; vgl. oben Rdn. 10 ff.

150 *Maiwald* Natürliche Handlungseinheit S. 81; *Jakobs* AT 32/19; *Samson/Günther* SK⁸ Vor § 52 Rdn. 43 und 53; *Sch/Schröder/Sternberg-Lieben/Bosch* Vor §§ 52 ff Rdn. 17a; *Warda* FS Oehler S. 241, 247; *Wolter* StV **1986** 315, 321; vgl. auch *Kindhäuser* JuS **1985** 100, 101 und 103.

151 Dagegen schon *Engelhardt* DRiZ **1982** 106 f; *Janiszewski* NStZ **1984** 112; BayObLG NJW **1984** 68.

152 Zur Problematik der natürlichen Handlungseinheit bei nacheinander herbeigeführten Gefahrenlagen vgl. BGHSt **22** 67, 71; BGH NJW **1995** 1766 f und oben Rdn. 16.

rer Personen die Tatbestände der §§ 315b, 315c nur einmal und nicht in gleichartiger Tateinheit mehrfach verwirklicht,[153] da sich der Strafgrund – die von der Trunkenheitsfahrt oder dem Eingriff in den Straßenverkehr ausgehende Gefährdung der Sicherheit des Straßenverkehrs – insofern nur in unterschiedlichem Umfang konkretisiere. Selbst dann, wenn man den vorrangigen Schutzzweck dieser Vorschriften in der Sicherung der allgemeinen Verkehrssicherheit sieht,[154] bleibt das unbefriedigende Ergebnis, dass die gleichzeitige konkrete Gefährdung von Leib oder Leben und damit höchstpersönlicher Rechtsgüter mehrerer Personen im Schuldspruch keinen Niederschlag findet.[155]

44 Anders liegt die Sache nach neuerer Rechtsprechung in den Fällen staatlicher Unrechtshierarchien, bei denen ein oder mehrere Hintermänner bestimmte Rahmenbedingungen mit Hilfe von Organisationsstrukturen geschaffen haben, innerhalb derer es zu von ihnen beabsichtigten regelhaften Geschehensabläufen kommt, die zwangsläufig zu vielfachen Tötungsdelikten oder zu anderen, höchstpersönliche Rechtsgüter verletzende Straftaten führen werden. Die Rechtsprechung hat die von *Roxin* begründete Theorie der *mittelbaren Täterschaft* kraft *Organisationsherrschaft*[156] schon im sog. Mauerschützenurteil vom 26.7.1994 BGHSt **40** 218, 236ff übernommen und die dortigen Angeklagten – Mitglieder des für den an der DDR-Grenze geltenden Schießbefehl verantwortlichen Nationalen Verteidigungsrats – statt wegen Anstiftung wegen täterschaftlich begangenen Totschlags in sieben tateinheitlich zusammentreffenden Fällen verurteilt, weil sie den Tod von sieben Menschen, die bei der versuchten Flucht in die Bundesrepublik von Grenzsoldaten der DDR erschossen worden waren, als mittelbare Täter mit zu verantworten hatten. Dabei hat der 5. Strafsenat auch die Frage der konkurrenzrechtlichen Einordnung der Mitwirkungshandlungen der Angeklagten in den abgeurteilten Einzelfällen problematisiert, die Annahme von Tatmehrheit war nämlich nicht fernliegend.[157] Er hat jedoch letztlich die rechtliche Wertung des Landgerichts, es handle sich rechtlich um eine Tat (natürliche Handlungseinheit), zugunsten der Angeklagten und aus prozessökonomischen Gründen übernommen (BGHSt **40** 218, 238f). Ausschlaggebend war für den Senat allerdings, dass auch bei tateinheitlicher Aburteilung der sieben Tötungsdelikte das Maß der Schuld, soweit es durch die Tötung mehrerer Menschen bestimmt wird, ein wesentliches Strafzumessungskriterium darstellt, so dass die konkurrenzrechtliche Bewertung bei gleichem Schuldumfang letztlich keine wesentliche Auswirkung auf die Strafzumessung haben könne.

45 Diese Rechtsprechung zu den Mauerschützenfällen hat der 3. Strafsenat in einem vielbeachteten Beschluss v. 26.9.2016 – 3 StR 49/16 – aufgegriffen, und die Verurteilung eines ehemaligen SS-Mannes wegen seiner Diensttätigkeit während der sog. Ungarn-

---

153 BGH NJW **1989** 1227f zu § 315c mit zustimmender Anm. *Geppert* NStZ **1989** 320 und Kritik von *Werle* JR **1990** 74 sowie BGH NJW **1989** 2550f zu § 315b.

154 BGHSt **23** 261, 263; BGH NJW **1989** 2550.

155 So insbesondere *Horn/Hoyer* JZ **1987** 965; s. aber auch *Jagusch/Hentschel* § 315c Rdn. 80; *Sch/Schröder/Hecker* § 315c Rdn. 54 m.w.N.; **aA** *Fischer* § 315c Rdn. 23; differenzierend *Lackner/Kühl/Heger* § 315c Rdn. 35.

156 *Roxin* GA **1963** 193; *ders.* Täterschaft und Tatherrschaft S. 677ff; *ders.* AT II § 25 Rdn. 130. Siehe hierzu auch *Rissing-van Saan* in FS Tiedemann S. 391, 401f.

157 In Fortführung dieser Rspr. stellt der 5. Strafsenat im Urteil v. 8.11.1999 in BGHSt **45** 270 hinsichtlich der Mitwirkung von drei Mitgliedern des Politbüros der SED und eines Angeklagten an einem Beschluss des Nationalen Verteidigungsrats der DDR an Beschlüssen zur Sicherung der Grenze der DDR darauf ab, dass diese Mitwirkungen als kausale Tatbeiträge der Angeklagten an Erschießungen von flüchtenden Personen durch Grenzsoldaten zu werten sind, wenn diese Tötungen in einem an die jeweiligen Beschlüsse anschließenden Zeitraum erfolgten. Bei der konkurrenzrechtlichen Bewertung stellt er darauf ab, welcher Angeklagte in welchem Gremium an Beschlüssen mitgewirkt hat und wie viele Personen anschließend an der Grenze getötet wurden (BGHSt aaO S. 293ff).

Aktion – ein Aktion der nationalsozialistischen Machthaber und der SS zur Vernichtung der jüdischen Bevölkerung Ungarns im Frühjahr 1944 – im KZ Auschwitz-Birkenau wegen Beihilfe zum Mord in 300.000 Fällen bestätigt (BGHSt **61** 252). Bei der rechtlichen Einordnung der Gehilfentätigkeit des Angeklagten hat der 3. Strafsenat des BGH danach unterschieden, ob er diese bei seinen Rampendiensten anlässlich der ankommenden Transportzüge mit den für die anschließende Vernichtung in der Gaskammer bestimmten Menschen oder bei seiner allgemeinen Tätigkeit in der Verwaltung, insbesondere als Häftlingsgeldverwalter erbracht hat. Soweit der BGH den Rampendienst des Angeklagten bei der Ankunft von Transportzügen als Beihilfe für die vor Ort die Vergasung der Tatopfer betreibenden SS-Angehörigen bestätigt hat, ist dies weniger spektakulär, da sein Rampendienste die vor Ort die Tötungsmaschinerie abwickelnden Täter unmittelbar unterstützte. Die Verwaltungstätigkeit des Angeklagten als sog. Häftlingsgeldverwalter, der das Geld der Tatopfer nach Währungen zu sortieren, zu verbuchen, zu verwalten und nach Berlin zu transportieren hatte, unterstütze hingegen weder physisch noch psychisch die vor Ort die Tötungen ausführenden Tätern, zumindest ergaben sich aus dem angefochtenen landgerichtlichen Urteil wohl keine entsprechenden Feststellungen.[158] Der 3. Strafsenat hat deshalb im Anschluss an die vom 5. Strafsenat entwickelten Rechtsprechung zu den Mauerschützenfällen an der ehemaligen Grenze zur DDR darauf abgestellt, dass bei staatlich bzw. hierarchisch organisierten Massenverbrechen stets mehrere Täter auf den verschiedenen Ebenen und mit unterschiedlichen Funktionen zusammenwirken, so auch bei der Planung und Durchführung der sog. Ungarn-Aktion 1944. Schon das Landgericht war davon ausgegangen, dass der Angeklagte durch seine Verwaltungstätigkeit den wohl als mittelbare Täter der Tötungen zu wertenden Führungspersonen in Staat und SS Hilfe leistete bei deren Anordnungen, der Leitung und der Durchführung der sog. Ungarn- Aktion. Diese gesamttatbezogene rechtliche Wertung hat der BGH im Ergebnis mit zusätzlichen eigenen Erwägungen bestätigt und damit die umstrittene frühere Rechtsprechung des BGH zur Teilnahme des Wachpersonals, von Ärzten usw. an Verbrechen in nationalsozialistischen Konzentrations- und Vernichtungslagern korrigiert bzw. konkretisiert.[159] *Beihilfefähige Haupttat* soll in diesen Fällen ein auf Tötungen angelegtes, staatlich organisiertes und unterhaltenes (Gesamt)System sein, zu dem mit allen Handlungen Hilfe geleistet werden kann, die einen unmittelbaren Bezug zum organisierten Tötungsgeschehen haben und dieses fördern (BGHSt aaO S. 260f).[160] Das ist ein Bruch mit der bisherigen Rechtsprechung, der sich vor dem Hintergrund der neuen Rechtsfigur der systematischen und organisierten Begehung von Straftaten in einem staatlichen Organisationsgefüge allerdings erklären lässt. Offen ist aber, wie sich diese Rechtsprechung des 3. Strafsenats mit seiner ebenfalls neuen Rechtsprechung zu den Organisationsdelikten der kriminellen und terroristischen Vereinigungen der §§ 129, 129a[161] vereinbaren lässt.

158 So auch *Burghardt* ZIS **2019** 21, 24.

159 Jedenfalls nach dem Urteil des 2. Strafsenats des BGH im Frankfurter Ausschwitzverfahren, BGH NJW **1969** 2056f, *Brüning* ZJS **3/2018** 285ff; *Burghardt* ZIS **2019** 21, 25ff; hierzu und zum Fall *Demjanjuk* auch *Rissing-van Saan/Zimmermann* LK 12. Aufl. § 212 Rdn. 11ff m.w.Nachw.

160 Ähnlich gesamttatbezogen schon *Bauer* JZ **1967** 625, 628 und dem jetzigen BGH-Beschluss vorangehende Entscheidungen, vgl. etwa BGH Urt. v. 25.3.1971 – 4 StR 47/69, die von einer *natürlichen Handlungseinheit* als einheitlicher Haupttat der Hintermänner ausgingen. Kritisch zur Lösung in BGHSt **61** 252 *Brüning* ZJS **3/2018** 285, 288, 290f; *Fahl* HRRS **2017** 167, 168; *Grünewald* NJW **2017** 498, 501; *Momsen* StV **2017** 546, 551; zustimmend *Burghardt* ZIS **2019** 21, 39f und *Roxin* JR **2017** 88, 89, der im Übrigen die schon in der Ausschwitz-Entscheidung Fn. 159 vom 2. Strafsenat vorgenommene Strafbarkeitsbeschränkung auf konkret deliktsbezogene Unterstützungshandlungen für berechtigt hält.

161 Dazu oben Rdn. 30.

46 **3. Handeltreiben mit Betäubungsmitteln.** Um eine tatbestandlich umschriebene Handlungseinheit und damit um **eine Tat** im Rechtssinne handelt es sich nach der Definition durch Rechtsprechung und h.M. bei dem, verschiedenartige Tätigkeiten zusammenfassenden *Begriff des unerlaubten Handeltreibens* mit Betäubungsmitteln, unter den *jede eigennützige, auf den Güterumsatz gerichtete Tätigkeit* fällt.[162] Hat der Täter eine bestimmte Menge Rauschgift zum Zwecke gewinnbringender Veräußerung erworben, so verbindet der schon durch den Erwerb erfüllte gesetzliche Tatbestand des unerlaubten Handeltreibens alle weiteren, auf denselben Güterumsatz gerichteten Tätigkeiten – wie Einfuhr, Besitz, allmähliche Veräußerung von Teilmengen – als unselbständige Teilakte zu einer Tat des unerlaubten Handeltreibens (Bewertungseinheit: BGHSt **30** 28, 31; **31** 163, 165).[163] Unter den Begriff des unerlaubten Handeltreibens mit Betäubungsmitteln fallen einerseits bei einem beabsichtigten Ankauf von zu gewinnbringendem Weiterverkauf bestimmten Betäubungsmitteln schon ernsthafte Kaufverhandlungen mit dem potentiellen Verkäufer,[164] andererseits aber auch die im Zusammenhang mit der Beschaffung und Lieferung des Rauschgifts erforderlichen Zahlungsvorgänge.[165] Denn der *Begriff des Handeltreibens* im BtMG ist grundsäzlich *weit auszulegen* (BGHSt – GSSt – **50** 252, 262).[166] Entscheidend für eine einheitliche Tat ist also, ob sich der Umgang mit oder der Vertrieb des Betäubungsmittels auf eine einheitliche, zum Zwecke des Handeltreibens erworbenen Menge des Betäubungsmittels bezieht. Ist der Erwerb selbst nicht strafbewehrt, etwa weil er zulässig aufgrund eine ärztlichen Verschreibung erfolgt ist (§ 4 Abs. 3 Buchst. a BtMG), und ist erst die Weitergabe von Teilmengen des Betäubungsmittels nach BtMG strafbewehrt, fehlt es an einem die Einzelfälle der Abgabe oder Veräußerung der Teilmengen zu einer Einheit verbinden Güterumsatz.[167]

47 **a)** Die Rechtsprechung verwendet im Zusammenhang mit dem Tatbestandsmerkmal des Handeltreibens nahezu durchgängig den Begriff der **Bewertungseinheit.**[168] Im Kern handelt es sich bei der u.a. in BGHSt **30** 28 für die Verwendung dieses Begriffs gegebenen Begründung aber lediglich um eine andere Bezeichnung für eine an die Fassung des gesetzlichen Tatbestandes anknüpfenden **tatbestandlichen Handlungseinheit.** Der Große Senat für Strafsachen des BGH hat zwar zuletzt in einem Beschluss vom 10.7.2017 – GSSt 4/17 – den Versuch unternommen, den *Begriff* der *Bewertungseinheit* zu den anderen rechtlichen Handlungseinheiten abzugrenzen.[169] Die Rechtsprechung hat aber in der Vergangenheit „Bewertungseinheiten" auch ohne Anknüpfung an pauschalierende tatbestandliche Handlungsbeschreibungen anerkannt, z.B. beim vereinsrechtlichen Betätigungsverbot des § 20 Abs. 1 Nr. 4 VereinsG, wenn der Täter in Ausübung eines Amtes oder einer Funktion in dem betroffenen Verein gehandelt hat;[170] ähnlich bei den Absatz-

162 BGHSt **25** 290, 291; **28** 308, 309; **29** 239 f; **30** 359, 360 f; so auch schon das Reichsgericht: RGSt **51** 379, 380; **52** 169, 170 und die nachfolgenden Entscheidungen.

163 BGH bei *Holtz* MDR **1992** 18; BGH NStZ **1994** 495 f; **1995** 37 und 193; **1996** 93; **1999** 250; StV **2001** 460 BGHR BtMG § 29 Bewertungseinheit 4 und 29 Abs. 1 Nr. 1 Handeltreiben 27, 44, 49; *Zschockelt* NStZ **1995** 323, 324 f.

164 BGHSt **50** 252, 256 ff.

165 BGHSt **43** 158, 161 f.

166 So auch BGH – GSSt 4/17 – Beschl. v. 10.7.2017, TZ 20 (JR **2018** 655, 658).

167 BGH NStZ **2012**, 337, TZ 9 f.

168 So jetzt auch für § 4 Abs. 1 Nr.1, § 2 Abs. 1 Nr. AntidopingG für das Tatbestandsmerkmal des „Handeltreibens", BGH Beschl. v. 14.2.2019 – 4 StR 37/18 Rdn. 7.

169 BGH – GSSt – Beschl. v. 10.7.2017 (zum Abdruck in BGHSt **63** 1 – 10 bestimmt), TZ 17, 18 (juris), auch JR **2018** 655, 657 mit Anm *Kudlich* JR **2018** 659; NStZ **2019** 89 mit Anm. *Immel* und Besprechung *Oglakcioglu* NJW **2018** 2907.

170 BGHSt **46** 6 und hier Rdn. 24; kritisch dazu v. *Heinschel-Heinegg* MK.

delikten des Betäubungsmittelstrafrechts (dazu unten Rdn. 57). In der Literatur wird die *Bewertungseinheit* deshalb zum Teil als eine allein durch objektive Kriterien bestimmte, eigenständige neue Rechtsfigur gesehen,[171] zum Teil wird sie aber auch lediglich als Unterfall der tatbestandlichen Handlungseinheit verstanden.[172] Für das Tatbestandsmerkmal des Handeltreibens mit Betäubungsmitten ist nach zutreffender Ansicht von einer synonymen Verwendung beider Begriffe auszugehen

Bei der Untersuchung, was der Begriff des Handeltreibens mit Betäubungsmitteln **48**
inhaltlich besagt, sind zwei unterschiedliche Aspekte zur Erfassung des einheitlichen Unrechts des unerlaubten Umgangs mit Betäubungsmitteln zu beachten: zum einen die *tatbestandliche Kennzeichnung* als *Handeltreiben*, zum anderen die *einheitliche Menge* an Betäubungsmitteln, die den Gegenstand des Handeltreibens bildet.[173] Beide Begrifflichkeiten – die tatbestandliche Handlungseinheit und die Bewertungseinheit – bezeichnen kein aliud, sondern sind jeweils nur eine andere Betrachtungsweise desselben Phänomens, nämlich einmal aus der Sicht der tatbestandlichen Handlungsumschreibung; zugleich – gewissermaßen aus der Sicht eines objektiven Beobachters – stellt sich das Handeltreiben als Bewertungseinheit dar, nämlich als *einheitliche Bewertung verschiedener Formen des Umgangs mit einer konkreten Rauschgiftmenge* oder, soweit es um den zukünftigen Erwerb usw. geht, der verschiedenen Bemühungen um eine bestimmte BtM-Menge, die durch das subjektive Band der erstrebten Zweckerreichung miteinander verknüpft sind und deshalb eine Tat bilden. Beides, die tatbestandliche Handlungsumschreibung und die einheitliche Bewertung der Bemühungen um den Umsatz einer konkreten BtM-Menge bilden die Unrechtseinheit[174] des unerlaubten Handeltreibens mit Betäubungsmitteln; dabei kommt der konkreten Gesamtmenge als Handlungs- oder Bezugsobjekt vor allem die Funktion zu, den weiten Begriff des Handeltreibens und damit den Umfang der Tat auf einen möglichst überschaubaren objektiv bestimmbaren Handlungskomplex zu begrenzen.[175]

Die Annahme einer tatbestandlichen Handlungseinheit bzw. einer Bewertungsein- **49**
heit hat z.B. zur Folge, dass grundsätzlich der Erwerb oder die unerlaubte Einfuhr einer BtM-Menge als Teil des Gesamtgeschehens im Handeltreiben mit dieser Menge aufgeht (BGHR BtMG § 29 Abs. 1 Nr. 1 Tatidentität 1, Konkurrenzen 2), es sei denn, den Teilakten des Erwerbs oder der Einfuhr käme eine eigene Bedeutung zu, weil das Rauschgift teilweise zum Eigenverbrauch und teilweise zum Weiterverkauf erworben und/oder einge-

---

171 *v. Heinschel-Heinegg* MK § 52 Rdn. 39; *Fischer* Vor § 52 Rdn. 12f, der allerdings davon ausgeht, dass es auch eines „Gesamtplans" des Täters bedarf. So auch die frühere Entscheidung des 3. Strafsenats (BGHSt **43** 312, 315.), die in diesen Fällen eine *natürliche Handlungseinheit* angenommen hat, die neben einer räumlichen und zeitlichen Enge vor allem einen einheitlichen Täterwillen voraussetzt.

172 *Miller*, Neuere Entwicklungen S. 151; *Warda* FS Hirsch S. 391, 393f; *ders.* in: Bochumer Beiträge (2003) S. 199, 204f; nicht ausdrücklich, aber beide Begriffe gleichbehandelnd *Lackner/Kühl/Heger* Vor § 52 Rdn. 10; *Sch/Schröder/Sternberg-Lieben/Bosch* Vor §§ 52ff Rdn. 17, 17b und *T.Walter* JA **2004** 572, 573. Ähnlich wohl *Geppert* NStZ **1996** 59ff Fn. 25 und *Wolfslast/Schmeissner* JR **1996** 338f Anm. zu BGHSt **41** 113, die von „rechtlicher Bewertungseinheit" sprechen.

173 Im Ansatz ähnlich *Brähler* S. 376f.

174 *Puppe* NK § 52 Rdn. 19 verwendet in diesem Zusammenhang den Begriff der „Erfolgseinheit".

175 Nach BGHSt **30** 28, 31: „fällt unter den Begriff des Handeltreibens mit Betäubungsmitteln jede eigennützige, auf Güterumsatz gerichtete Tätigkeit, wobei Erwerb, Einfuhr und Veräußerung ... rechtlich unselbständige Teilakte des Handeltreibens sind ... Dieser Auffassung entspricht es, eine einheitliche Tat immer dort anzunehmen, wo ein und derselbe Güterumsatz Gegenstand der strafrechtlichen Bewertung ist. Die innerhalb dieses Bezugsrahmens aufeinander folgenden Teilakte – wie Erwerb, Einfuhr, Veräußerung – sind nicht etwa mehrfache Verwirklichungen desselben Tatbestandes ... vielmehr werden sie schon vom gesetzlichen Tatbestand selbst in dem pauschalierenden, verschiedenartige Tätigkeiten zusammenfassenden Begriff des Handeltreibens zu einer Bewertungseinheit verbunden." Vgl hierzu auch *Rissing-van Saan* FS 50 Jahre BGH S. 475, 490.

führt wurde. In diesen Fällen kann zwischen unerlaubtem Erwerb bzw. Einfuhr von und unerlaubtem Handeltreiben mit Betäubungsmitteln Tateinheit vorliegen.[176]

50 **b) Einzelfälle:** Da eine einheitliche Tat stets dann anzunehmen ist, wenn ein und derselbe auf Gewinnerzielung gerichtete Güterumsatz Gegenstand der strafrechtlichen Bewertung ist, gelten die Grundsätze der tatbestandlichen Handlungseinheit auch in den Fällen des **Bandenhandels** nach **§ 30a Abs. 1 BtMG.**[177] Deshalb kommt auch in den Fällen des bandenmäßigen Handeltreibens mit Betäubungsmitteln in nicht geringer Menge einzelnen Teilakten – wie etwa der unerlaubten Einfuhr der zum Handeltreiben bestimmten Betäubungsmittelmenge – keine selbständige Bedeutung zu. Der Täter ist jeweils nur eines bandenmäßigen Handeltreibens mit Betäubungsmitteln in nicht geringer Menge schuldig.[178] Allerdings kann der unselbständige Teilakt der unerlaubten Einfuhr im Rahmen der Strafzumessung als strafschärfender Gesichtspunkt Bedeutung erlangen.[179] Auch beim Tatbestand des **§ 30a Abs. 2 Nr. 2 BtMG** verbindet das **bewaffnete** unerlaubte **Handeltreiben** mit Betäubungsmitteln in nicht geringer Menge die mit dem Zusatz „ohne Handel zu treiben" gekennzeichnete Handlungsmodalität der bewaffneten unerlaubten Einfuhr von Betäubungsmitteln in nicht geringer Menge zu einer einzigen Tat i.S. einer Bewertungseinheit (BGH NStZ-RR **1997** 144). Deshalb ist der Täter, soweit sich die bewaffnete Einfuhr der zum Handeltreiben bestimmten Betäubungsmittelmenge als unselbständiger Teilakt darstellt, in diesen Fällen nur wegen bewaffneten Handeltreibens mit Betäubungsmitteln in nicht geringer Menge schuldig zu sprechen. Eine (tateinheitliche) Verurteilung wegen der bewaffneten Einfuhr kommt nicht in Betracht.[180]

51 Im Übrigen gestaltet sich das Konkurrenzverhältnis in dem in der Praxis häufig vorkommenden Fall, dass Handeltreiben mit einer (nicht geringen) Gesamtmenge vorliegt, die vor ihrem Absatz in **mehreren Einzelmengen durch mehrere Einfuhrtaten** (Stichwort: „fallübergreifendes Handeltreiben") beschafft wird, durchaus komplex: Eine Verbindung der Einfuhrtaten zu *einer Tat* des Handeltreibens mit einer nicht geringen Menge lässt sich problemlos annehmen, soweit die einzelnen *Einzeleinfuhrmengen*, die nicht geringe Menge *nicht* überschreiten und es sich somit um mehrere Verstöße gegen den Grundtatbestand aus § 29 Abs. 1 Satz 1 Nr. 1 BtMG handelt (so die Ausgangsentscheidung BGH, Beschluss vom 13. Juli 1994 – 5 StR 358/94, BGHR BtMG § 29a Abs. 1 Nr. 2 Gesamtmenge 1). Es liegt dann nur eine Tat gemäß § 29a Abs. 1 Nr. 2 BtMG vor, die die mehreren Einfuhrhandlungen, die lediglich den Grundtatbestand erfüllen, verklammert. Keine Einheitlichkeit besteht hingegen in der Rechtsprechung für den Fall, dass schon die jeweiligen *Einfuhrtaten* Einzelmengen betreffen, die eine *nicht geringe Menge überschreiten*, so dass die diese jeweils den Tatbestand des § 30 Abs. 1 Nr. 4 BtMG erfüllen. Der 4. Strafsenat ist in jüngerer Zeit davon ausgegangen, dass eine einheitliche Tat des unerlaubten Handeltreibens mit Betäubungsmitteln in nicht geringer Menge mehrere zur Verwirklichung dieses Handeltreibens unternommene Einfuhren von Betäubungsmitteln in nicht geringer Menge zu einer Tat der unerlaubten Einfuhr von Betäubungsmitteln in nicht geringer Menge **verklammern** könne. (BGH NStZ-RR **2013** 147,

---

176 Vgl. BGHR BtMG § 29 Abs. 1 Nr. 1 Konkurrenzen 5; BGH Beschl. vom 14.4.1982 – 2 StR 38/82; zu ähnlichen Konstellationen auch BGH Urt. vom 7.7.2004 – 1 StR 115/04.

177 BGH NStZ **1994** 496; **1996** 442; vgl. auch BGH Beschl. vom 8.11.2006 – 1 StR 506/06; Beschl. vom 29.9.2009 – 3 StR 322/09.

178 St. Rspr. vgl. etwa BGH NStZ **2010** 223 f; NStZ **2015** 589, 590; siehe auch *Körner/Patzak/Volkmer* BtMG[9] § 30a Rn. 24.

179 So ausdrücklich BGH NStZ-RR **2010** 216.

180 BGH NStZ **2013** 662, 663; *Körner/Patzak/Volkmer* § 30a Rdn. 128.

148f und **2014** 144, 145). Sowohl der 2. Strafsenat (NStZ-RR **2014** 81, 82) als auch der 3. Strafsenat (NStZ-RR **2014** 146) sind dieser konkurrenzrechtlichen Einordnung entgegengetreten. Dies maßgeblich mit dem zutreffenden Hinweis auf die gesetzgeberische Wertung des § 30 Abs. 1 Nr. 4 BtMG, der mit zwei Jahren eine deutlich höhere Mindeststrafe vorsieht als der Tatbestand des Handeltreibens mit Betäubungsmitteln in nicht geringer Menge aus § 29a Abs. 1 Nr. 2 BtMG (Mindeststrafe von einem Jahr).[181] Das weniger schwerwiegende Delikt des Handeltreibens ist danach nicht in der Lage, mehrere selbständige Taten der Einfuhr von Betäubungsmitteln in nicht geringer Menge zu verklammern.

Die Absprache, eine konkrete Gesamtmenge in bestimmten Teilmengen zu liefern, 52
verbindet sowohl die in Erfüllung der Abrede zur sukzessiven Lieferung erfolgten Einfuhren als auch die anschließenden Teilakte der Veräußerung der vereinbarten Gesamtmenge zu einer Tat.[182] Gleiches gilt für den Besitz einer Gesamtmenge, die zum Zwecke der gewinnbringenden Veräußerung verwahrt wird.[183] Bestehen die Aktivitäten eines Täters in verschiedenen Bemühungen, eine bestimmte Rauschgiftmenge abzusetzen, die nicht er selbst, sondern ein Dritter in Besitz hat, so bilden sowohl die gescheiterten Verkaufsbemühungen als auch die von ihm anschließend veranlassten Verkäufe von Teilmengen an mehrere Abnehmer für diesen Täter eine einheitliche Tat des unerlaubten Handeltreibens.[184]

Bei nacheinander getätigten reinen **Erwerbstaten** kommt eine Handlungseinheit 53
ebenso wenig in Betracht (BGH NStZ **1997** 243), wie zwischen einem Akt der gewaltsamen Wiederbeschaffung einer abhanden gekommenen Rauschgiftmenge und dem ursprünglichen Erwerb dieser Menge durch den Täter (BGHSt **43** 252, 258ff = NStZ **1998** 251 mit. Anm. *Erb*). Wird eine zum Verkauf bereit gehaltene Rauschgiftmenge vor der vollständigen Entleerung des Depots durch eine neue Lieferung wieder aufgefüllt, so reicht das nicht aus, die Veräußerungen aus der ursprünglich besessenen Menge mit den Verkäufen aus dem wieder aufgefüllten Bestand zu einer Bewertungseinheit zu verbinden.[185]

Denn für die Annahme eines *einheitlichen Handeltreibens* mit *derselben Rauschgiftmenge* ist entscheidend, dass sich *bereits der erste Teilakt* des Handeltreibens *auf dieselbe einheitliche Menge* bezogen hat, da nur im Rahmen ein und desselben Güterumsatzes aufeinanderfolgende Teilakte der Tatbestandsverwirklichung – wie etwa Erwerb, Einfuhr, Veräußerung – durch den pauschalierenden, verschiedenartige Tätigkeiten zusammenfassenden Begriff des Handeltreibens zu einer Bewertungseinheit verbunden werden (BGHSt **30** 28, 31). Dies setzt z.B. beim Verwahren als erstem Teilakt voraus, dass eine bestimmte Menge auch einheitlich zum Zwecke ihres Vertriebs eigennützig in Besitz genommen wurde (vgl. BGHSt **43** 252, 261). In den Fällen, in denen sich lediglich *Teilakte* des jeweiligen unerlaubten Handeltreibens mit *verschiedenen Rauschgiftmengen über-*

---

181 Zur nicht zur Entscheidung angenommenen Vorlegungsfrage – weil nicht entscheidungserheblich – BGHSt **61** 14 und zur Entwicklung *Körner/Patzak/Volkmer* BtMG § 30 Rdn. 174.

182 BGHR BtMG § 29a Abs. 1 Nr. 2 Gesamtmenge 1; § 29 Abs. 1 Nr. 3 (a.F.) Konkurrenzen 4; § 29 Bewertungseinheit 4; vgl. ferner BGH NJW **1995** 739 „Probekäufe" zur Vorbereitung eines Geschäfts im Kilobereich.

183 BGHR BtMG § 29 Abs. 1 Nr. 1 Konkurrenzen 4; BGH StV **1994** 658; NStZ **1994** 495.

184 BGH Beschl. vom 31. Mai 1995 – 2 StR 125/95; BGH StV **1996** 483.

185 Sog. *Silotheorie*: BGHR BtMG § 29 Abs. 1 Nr. 1 Handeltreiben 44 und 45 (in NStZ **1995** 37f insoweit nicht abgedruckt); BGH NStZ **1997** 243; **2000** 207; *Zschockelt* StraFo **1996** 131, 134; **aA** BGH NStZ **1994** 547f; NStZ-RR **1997** 144; StV **1998** 594; offengelassen in BGHR BtMG § 29 Bewertungseinheit 4; zum Vermischen verschiedener Mengen siehe unten Rdn. 28 a.E. Siehe hierzu außerdem *D. Schmidt* NJW **2017** 2876, 2879.

schneiden, ist kein Raum für die Annahme einer Bewertungseinheit als *einer* Tat im Rechtssinne (BGH NStZ **2000** 262, 263).

54 Allerdings stellt sich die Frage, ob wegen *Teilidentität der Ausführungshandlungen* mehrerer Gesetzesverletzungen der Tatbestände der §§ 29 ff BtMG *Tateinheit* i.S.d. § 52 gegeben ist (BGH NStZ-RR **2017** 218); dies wurde durch den Großen Senat für Strafsachen im Beschluss vom 20.7.2017 – GSSt 4/17 – bejaht.[186] In diesem Zusammenhang ist jedoch zu beachten, dass die bloße Gleichzeitigkeit des Besitzes, jedenfalls in den Fällen, in denen es nur um den **Besitz** als Teilakt des Handeltreibens geht, nach der älteren Rechtsprechung angeblich keine Tateinheit begründen kann (BGHSt **43** 261).[187] Es wird deshalb von den objektiven *Umständen des Einzelfalles* bzw. die tatsächlichen *räumlichen Verhältnisse* abhängen, ob die Art und Weise der *gleichzeitigen Besitzausübung* über mehrere, zu verschiedenen Zeiten erworbene Rauschgiftmengen die Wertung rechtfertigt, die Besitzausübung über die eine Menge stelle zugleich auch die tatsächliche Ausübung des Besitzes über die andere Menge dar. So würde etwa dann, wenn verschiedene Rauschgiftmengen in ein und demselben Behältnis aufbewahrt werden, schwerlich angenommen werden können, die Ausübung des Besitzes erfolge lediglich gleichzeitig; vielmehr wäre es unter solchen Umständen gerechtfertigt, das Innehaben und Ausüben der tatsächlichen Gewalt über verschiedene Mengen als Besitz in zwei oder drei usw. tateinheitlich begangenen Fällen zu werten, weil der Tatbestand des §§ 29 Abs. 1 Nr. 3 und seine Qualifikation in 29a Abs. 1 Nr. 2 BtMG durch dieselbe Handlung (Besitzausübung) zweifach oder mehrfach verletzt worden ist.[188] Dann liegt nämlich keine rechtliche Handlungseinheit, sondern ein hiervon zu unterscheidender Fall der *gleichartigen Tateinheit* vor.[189] Die frühere Rechtsprechung ging in derartigen Fällen zwar davon, dass das Gesetz „nur einmal verletzt" werde,[190] ohne näher zu erläutern, ob damit eine Handlungseinheit oder Tateinheit gemeint sein soll. Wenn zwei unterschiedliche Lieferungen für denselben Auftraggeber am selben Ort für ein einheitliches Entgelt aufbewahrt werden sollen und *sich die Handlungen* in Bezug auf beide Rauschgiftmengen dadurch *überschneiden*, dass der Lohn für die gesamte Tätigkeit zusammen mit der ersten Menge übergeben wurde, ist aber früher schon *Tateinheit* angenommen worden.[191]

55 Werden mehrere, zu verschiedenen Zeitpunkten erworbene und zum Verkauf bestimmte Rauschgiftmengen gleicher Art miteinander und mit einem Streckmittel ver-

---

186 BGHSt **63** 1 – 10, TZ 22 – 25 = JR **2018** 655, 658; *D. Schmidt* NJW **2018** 2993, 2996.

187 So allerdings auch noch BGH StV **2018** 504 f. Diese Aussage ist nach den Ausführungen in Fn. 165 genannten der Entscheidung des Großen Senats zur Ungeeignetheit von Kriterien, die sich am Unrechts- und Schuldgehalt der einzelnen Handlungsabschnitte orientieren sollen, in dieser Allgemeinheit wohl obsolet geworden. Dies gilt auch für die Auffassung, der *bloße Besitz* als Innehaben eines tatsächlichen Herrschaftsverhältnisses und der sicheren Verfügungsmacht über das BtM (BGHSt **27** 380) verletze das Gesetz *nur einmal*, auch wenn mehrere Betäubungsmittel, die an verschiedenen Orten im Haus gleichzeitig verwahrt würden: BGH StV **2005** 270 f; vgl ferner BGH NStZ-RR **1997** 227 für den Besitz nicht geringer Mengen, anders wohl die Wertung in BGH Beschl. v. 28.5.2018 – 3 StR 95/18 (juris) TZ 7, wo für die aus zwei verschiedenen Ernten stammenden Mengen Cannabispflanzen, die sich auf derselben Geschossebene eines Hauses befanden, wegen der räumlichen Nähe ein Tateinheit begründender Besitz angenommen wurde. Sie im Übrigen auch hier § 52 Rdn. 25 a.E.

188 Zum tateinheitlich begangenen unerlaubten Handeltreiben mit zwei verschiedenen, zu unterschiedlichen Zeitpunkten erworbenen BtM – Mengen durch gleichzeitigen Verkauf jeweils einer Teilmenge, der (Teil)identität der tatbestandlichen Ausführungshandlung des § 29a Abs. 1 Nr. 2 BtMG in Bezug auf beide Mengen begründet: BGH Beschl. vom 25. März 1998 – 1 StR 80/98.

189 So zutreffend BGH NStZ-RR **1999** 119: zur Unterscheidung von rechtlicher Handlungseinheit und Tateinheit vgl. auch BGH Beschl. v. 28.5.2018 – 3 StR 95/18, juris TZ Rdn 5, 6; siehe ferner hier Rdn. 88.

190 BGH StV **2005** 270 und **2018** 504, jeweils m.w.N.

191 BGH NStZ-RR **1999** 119.

mischt, so wird durch **Vermischung** zweier verschiedener Mengen eine andere, **neue Rauschgiftmenge** hergestellt, die sich von den Ursprungsmengen in der Regel schon durch einen anderen Wirkstoffgehalt unterscheidet. Diese neue eigenständige Menge wird nun ihrerseits Gegenstand einer neuen Tat des Handeltreibens. In derartigen Fällen lässt sich nämlich vertreten, im Vorgang der Vermischung einen Umstand zu sehen, der einen gewichtigen Einschnitt in den Verlauf des vorherigen Handeltreibens darstellt und zur Konsequenz hat, dass durch den Vertrieb der vermischten Menge auch eine **neue**, einer *eigenständiger Bewertung* zugängliche **Tat** des **unerlaubten Handeltreibens** in Gang gesetzt wird. Dies hätte den Vorteil, dass sich die Frage eines möglichen Strafklageverbrauchs bei einer getrennten Aburteilung von Teilakten des Handeltreibens mit den Ursprungsmengen oder mit Teilen der Ursprungsmengen nicht stellen würde.[192]

c) Die Annahme einer Bewertungseinheit muss durch **konkrete Tatsachen** belegt **56**
werden.[193] Fehlen solche, kann der Angeklagte durch die Wertung mehrerer natürlicher Handlungen als eine Tat beschwert sein, wenn erst die Addition der einzelnen Betäubungsmittelmengen, mit denen Handel getrieben wurde oder die in Besitz genommen worden sind, eine nicht geringe Menge ergibt, so dass dadurch die Verbrechenstatbestände der § 29a Abs. 1 Nr. 2, § 30 Abs. 1 Nr. 4 oder des § 30a BtMG erfüllt sind (BGH Beschl. v. 23.5.2012 – 5 StR 12/12). Ohne ausreichende Anhaltspunkte hierfür wäre die Zuordnung bestimmter Absatzgeschäfte zu einer einzigen Gesamtmenge im Sinne einer Bewertungseinheit eine willkürliche und deshalb unzulässige Zusammenfassung rechtlich selbständiger Taten (BGH NStZ **1997** 137; NStZ-RR **1997** 344; BGHR BtMG § 29 Bewertungseinheit 14),[194] denn der Grundsatz in dubio pro reo gebietet es nicht, zugunsten des Angeklagten von einer einzigen Tat auszugehen, wenn lediglich eine nicht näher konkretisierte Möglichkeit besteht, dass die den einzelnen Handlungen zuzuordnenden Teilmengen aus einem Verkaufsvorrat stammen (BGH NJW **1995** 2300f).[195] Schließlich dürfen bei der Annahme einer Bewertungseinheit auch die Anzahl der Einzeltaten und die dabei gehandelten Betäubungsmittelmengen nicht willkürlich festgestellt werden (BGH StV **1997** 20), allerdings kann eine an den Umständen des Einzelfalls orientierte Schätzung zulässig sein (BGH NJW **2002** 1810; BGH Beschl. vom 14.4.2004 – 4 StR 32/04). Insgesamt obliegt es der – vom Revisionsgericht nur auf Rechtsfehler zu überprüfenden – Bewertung durch den Tatrichter, ob hinreichende tatsächliche Anhaltspunkte dafür bestehen, dass mehrere veräußerte Kleinmengen aus einer einheitlich erworbenen Gesamtmenge herrühren (BGH NStZ-RR **1997** 344; BGHR BtMG § 29 Bewertungseinheit 8, 11, 12). Zu der Frage, *wann* hinreichende tatsächliche Anhaltspunkte die Annahme einer Bewertungseinheit nahelegen, ist die Rechtsprechung stark an dem jeweiligen Einzelfall ausgerichtet und zeigt schon jetzt eine gewisse Neigung zu rein fallbezogenen Lösungen,[196] ein Umstand, der eine ähnliche Entwicklung wie in der früheren ausufernden Rechtsprechung zur Rechtsfigur der fortgesetzten Handlung besorgen lässt.

---

192 Siehe zum Problem des Strafklageverbrauchs bei zeitlich gestreckten Taten § 52 Rdn. 30 ff.

193 BGH NStZ **1997** 137; NStZ-RR **1997** 34; NStZ **2000** 540, 541; NJW **2002** 1810; NStZ-RR **2016** 211, 212.

194 Im Ansatz, aber nicht im Ergebnis ebenso BGH NJW **2002** 1810.

195 BGHR BtMG § 29 Bewertungseinheit 4, 5, 8, 11, 14 und 20; BGH BGH NStZ **1997** 192; NStZ-RR **1997** 238; BGH StV **1997** 636; **1998** 360; **1999** 431; **2002** 257; BGH Urt. v. 21.3.2018, TZ 7 ff (juris); vgl. auch *Sch/Schröder/Sternberg-Lieben/Bosch* Vor §§ 52 ff Rdn. 17b; *Zschockelt* NStZ **1995** 324; *Franke/Wienröder* BtMG § 29 Rdn. 32; *Fischer* Vor § 52 Rdn. 19.

196 Siehe etwa BGH NStZ-RR **1997** 121; hierzu auch *Geppert* NStZ **1996** 57, 60.

57 **d)** Nach einigen älteren Entscheidungen soll die Annahme einer Bewertungseinheit nicht nur beim Handeltreiben mit Betäubungsmitteln, sondern bei allen **Absatzdelikten** des Betäubungsmittelstrafrechts, wie bei **Veräußerung** und bei **Abgabe** in Betracht kommen (BGH NStZ **1996** 93; **1997** 243; **1999** 192, 193), da immer dann, wenn ein und derselbe Güterumsatz (eine einheitlich erworbene Gesamtmenge) Gegenstand der strafrechtlichen Bewertung sei, – allerdings nur bei Absatzdelikten – eine Bewertungseinheit vorliege.[197] Damit wird jedoch der Begriff der Bewertungseinheit, wie er in der früheren Rechtsprechung definiert worden ist, von dem Tatbestandsmerkmal des Handeltreibens mit Betäubungsmitteln losgelöst und die neue Rechtsfigur einer allein durch das Handlungsobjekt (Gesamtmenge) bestimmten und auf Absatzdelikte beschränkten neue Art von „Bewertungseinheit" geschaffen. Eine solche Vorgehensweise erscheint von Beliebigkeiten abhängig und überzeugt nicht. Ohne Grund würde der Vorzug einer gesetzlich vorgezeichneten, wenn auch der Auslegung zugänglichen tatbestandlichen Handlungseinheit,[198] aufgegeben und damit auch die für die Auslegung wichtige enge Anbindung an die Handlungsbeschreibung des gesetzlichen Tatbestandes. Nach der früheren Rechtsprechung steht nämlich der Begriff des Handeltreibens, der im Rahmen ein und desselben Güterumsatzes die aufeinanderfolgenden Teilakte des Handeltreibens zu einer Tat verbindet (BGHSt **30** 28; **31** 163, 165), im Vordergrund der Handlungseinheit, der Gesamtmenge kommt lediglich die Funktion des allerdings wesentlichen, weil die Reichweite begrenzenden Bezugsobjekts zu (dazu näher oben Rdn. 41). Der neue, nur an der einheitlich erworbenen Gesamtmenge orientierte Begriff der „Bewertungseinheit" bei Absatzdelikten vermag im Übrigen nicht überzeugend zu begründen, weshalb die Notwendigkeit besteht, verschiedene Teilakte des Absatzes von Betäubungsmitteln an mehrere Personen einheitlich zu bewerten und als eine Tat zu behandeln. Rechtsdogmatisch und kriminalpolitisch wäre es bei einem bloßen Abstellen auf Absatzdelikte aus einer Gesamtmenge zumindest ebenso naheliegend, einzelne Absatzhandlungen, mit denen Betäubungsmittel an verschiedene Personen abgegeben, veräußert oder mit Gewinn ver-kauft werden, wegen der damit jeweils verbundenen weiteren oder neuen Gesundheitsgefährdungen einer gesonderten strafrechtlichen Bewertung zu unterziehen.[199]

58 **e)** Da das **Tatbestandsmerkmal des Handeltreibens** durch das Gesetz nicht näher eingegrenzt wird, sondern einen, schon durch die Rechtsprechung des Reichsgerichts geprägten und vom Bundesgerichtshof übernommenen **„offenen Begriff"** darstellt,[200] der – für sich genommen – sogar die Einbeziehung an sich typischer Vorbereitungshandlungen zulässt, ist er von der Rechtsprechung in dem Bemühen, möglichst alle Aktivitäten illegalen Rauschgifthandels zu erfassen, extensiv ausgelegt worden.[201] Das hat zur Folge, dass ein Versuch des Handeltreibens, obwohl er nach der Intention des Gesetzes (§ 29 Abs. 2 BtMG) möglich ist, in der Praxis so gut wie nie vorkommt. Mit dem Ziel einer Abgrenzung von Vorbereitungsstadium, Versuch und Vollendung hat es der 3.

---

197 Ebenso *Zschockelt* NStZ **1995** 323, 324 f; *ders.* **1996** 222, **1997** 224, 226 und **1998** 238, 239; *Lackner/Kühl/Heger* Vor § 52 Rdn. 10; *Fischer* Vor § 52 Rdn. 18.

198 *Miller* Neuere Entwicklungen S. 151 nennt sie „legislativ vertypte Handlungseinheit".

199 Wie hier ablehnend *v. Heinschel-Heinegg* MK § 52 Rdn. 44.

200 *Niehaus* JR **2005** 192, 196.

201 Vgl. nur BGH NJW **1992** 380 f; weitere Nachweise bei *Niehaus* aaO, sowie *Endriss/Kinzig* NJW **2001** 3217, 3218; aufschlussreich auch die zusammenfassenden Darstellungen bei *Ebert*, Das Handeltreiben mit Betäubungsmitteln im Sinne von § 29 I 1 Nr. 1 BtMG Diss (1997) S. 11 ff und bei *Schwitters* Die Vorverlagerung der Strafbarkeit beim unerlaubten Handeltreiben im Betäubungsmittelstrafrecht (1998) S. 17 ff.

Strafsenat des BGH unternommen, das Bemühen um eine Neudefinition des Handeltreibens in Gang zu bringen, und zu diesem Zweck eine eigene, an die Definition des Waffenhandels im Waffengesetz angelehnte Kataloglösung mit Beschreibungen „handelstypischer Tätigkeiten" entwickelt.[202] Korrekturbedürftig ist jedoch weniger der in der Praxis bewährte Begriff des Handeltreibens, als vielmehr die weite Auslegung, die er durch die Rechtsprechung erfahren hat. Da die übrigen Strafsenate der vorgeschlagenen Katalogisierung skeptisch bis ablehnend gegenüberstanden,[203] hat der 3. Strafsenat davon Abstand genommen. Er hat dem Großen Senat für Strafsachen unter grundsätzlicher Beibehaltung der bisherigen Definition des Handeltreibens eine sehr viel enger gefasste Rechtsfrage zur Entscheidung vorgelegt, weil er entgegen der bisherigen Rechtsprechung die Ansicht vertrat, dass für die Annahme vollendeten Handeltreibens ernsthafte Verhandlungen über den Ankauf von Betäubungsmitteln jedenfalls dann nicht ausreichen, wenn keine Einigung erzielt wird (BGH NJW **2005** 1589). Der Große Senat für Strafsachen hat mit Beschluss vom 26.10.2005 – GSSt 1/05 (BGHSt **50** 252) die ihm vorgelegte Rechtsfrage dahin beanwortet, dass auch in den Fällen, in denen über den Ankauf noch keine Einigung erzielt wurde, schon vollendetes Handeltreiben vorliegt: damit bleibt es bei der hergebrachten Definition des Handeltreibens. Grund für diese Entscheidung war vor allem der Umstand, dass der Gesetzgeber bei den zahlreichen Änderungen des Betäubungsrechts von dieser Defintion ausgegangen ist, ohne sie – weil zu weit – einzugrenzen und sie zudem auch anderen Gesetzen – etwa im Kriegswaffenkontrollgesetz, im Arzneimittelgesetz und im Transplantationsgesetz – zugrunde gelegt hat.

4. Waffen- sowie Organ- und Gewebehandel. Ähnlich dem Begriff des Handel- 59
treibens im Betäubungsmittelrecht erfasst der **Begriff des Waffenhandels** im Waffenrecht verschiedene Begehungsformen, die, wenn sie nacheinander erfüllt werden, eine einheitliche Tat bilden. So waren die in § 53 Abs. 1 Nr. 1 lit. b) WaffG a.F. aufgeführten Tathandlungen jeweils Modalitäten des Tatbestandes, der in § 7 Abs. 1 Nr. 2 WaffG als Waffenhandel gesetzlich definiert wurde (BGHR WaffG § 53 Abs. 1 Konkurrenzen 5); diese Definition hat das WaffG vom 11.10.2002 in Abschnitt 2, Ziff 9 der Anlage 1 zu § 1 Abs. 4 übernommen. Kauft der Täter unerlaubt Waffen ein und vertreibt er diese anschließend auch unerlaubt, so ist er lediglich *eines* Delikts des Waffenhandels schuldig.

Das Gleiche gilt für den Begriff des Handeltreibens in §§ 17 Abs. 1 S. 1, 2, 18 Abs. 2 59a
Transplantationsgesetzes (TPG), den der Gesetzgeber des TPG 1997 bewußt mit Blick auf seine Verwendung und Auslegung im Betäubungsmittelrecht übernommen hat.[204] Allerdings wird die Übernahme des Begriffs des Handeltreibens aus dem Betäubungsmittelrecht in das Transplantationsrecht für das Delikt des **Organhandels** in der Literatur teilweise als problematisch kritisiert, weil BtMG und das TPG schon strukturell andere Zwecke verfolgten.[205]

202 BGH Beschl. vom 10.7.2003 – 3 StR 61/02 und 243/02 (NStZ **2004** 105) mit Anm. *Roxin* StV **2003** 619 sowie Besprechungsaufsätzen *Weber* NStZ **2004** 66 und *Niehaus* JR **2005** 192.

203 Vgl. Beschlüsse vom 25.3.2004 – 1 ARs 21/03, vom 6.2.2004 – 2 ARs 276/03 (NStZ-RR **2004** 183), vom 24.1.2004 – 4 ARs 23/03 und vom 22.1.2004 – 5 ARs 46/03.

204 BGHSt **50** 252, 260; BT-Drucks. 13/4355 S. 29 f; *Bernsmann/Sickor* in *Höfling* (Hrsg) TPG §§ 17, 18 Rdn. 15 ff.

205 *König* in *Roxin/Schroth* (Hrsg.) Handbuch des Medizinrechts S. 501, 512. Für eine in Anlehnung an das BSG – Urteil MedR **2004** 330, 331 einengenden Auslegungs des Begriffs „Organhandel" im TPG *Middel/Scholz* in *Spickhoff* (Hrsg) Medizinrecht, TPG § 17 Rdn. 4 ff.

60 **5. Übertragbarkeit der Grundsätze auf Geld- und Wertzeichenfälschung?** Die für das Betäubungsmittelrecht entwickelten Voraussetzungen einer Bewertungs- bzw. Handlungseinheit und deren Grundsatz, eine in einem Akt erworbene Rauschgiftmenge könne nicht Gegenstand mehrmaligen strafbaren Handeltreibens sein, dürfen auf andere Tatbestände, insbesondere das Inverkehrbringen von Falschgeld, nicht ohne weiteres übertragen werden (BGHSt **42** 162, 169). Die Wertung des mehrmaligen Inverkehrbringens derselben falschen Banknoten als jeweils selbständige, nach § 146 Abs. 1 Nr. 3 oder § 147 strafbare Handlung ist schon deshalb geboten, weil mit der Übergabe des falschen Geldes an einen Dritten zu dessen freier Verfügung die einzelne als Einheit zu wertende Tat nach § 146 Abs. 1 Nr. 1, 2 und 3 nicht nur vollendet, sondern auch beendet ist.[206] Ebenso liegt bei Geldwäschehandlungen nach § 261 Abs. 1 Satz 2, Abs. 2 Nr. 1 grundsätzlich Tatmehrheit vor, wenn sich der Täter bei verschiedenen Gelegenheiten Geldbeträge verschafft (BGHSt **43** 149), auch wenn sie (möglicherweise) aus *einer* Vortat herrühren.

61 **6. Dauerdelikte. Dauerdelikte** sind Strafnormen, bei denen durch die Straftat ein rechtswidriger Zustand geschaffen wird, den der Täter dann willentlich aufrechterhält, oder bei denen er seine deliktische Tätigkeit fortsetzt.[207] Als typische Beispiele für die erste Fallgruppe werden die Freiheitsberaubung gemäß § 239 oder der Hausfriedensbruch nach § 123 genannt, während der Tatbestand des § 316 oder das nach § 21 StVG strafbare Fahren ohne Fahrerlaubnis typische Fälle der zweiten Kategorie darstellen. Im Unterschied zu den sog. **Zustandsdelikten**, bei denen das Aufrechterhalten des rechtswidrigen Zustands keinen selbständigen Unrechtsgehalt besitzt, da der tatbestandliche Vorwurf nur an die *Herbeiführung* des widerrechtlichen Zustands anknüpft (z.B. §§ 169, 171, 271, 303), wird der Tatbestand des Dauerdelikts dadurch, dass der rechtswidrige Zustand durch Handlungen oder pflichtwidrige Unterlassungen des Täters aufrechterhalten oder die tatbestandliche Handlung weiter fortgeführt wird, kontinuierlich weiter verletzt und so das Unrecht der Tat intensiviert.[208]

62 Weitere Beispiele tatbestandlich als Dauerdelikte ausgestalteter Strafnormen sind die Gebrauchsanmaßung nach § 248b,[209] das Ausüben der tatsächlichen Gewalt (Besitz) über eine der in §§ 28, 37 WaffG a.F. genannten Waffen oder deren Führen (§§ 52a Abs. 1, 53 Abs. 1 Nr. 3a WaffG a.F.),[210] wobei der gleichzeitige Besitz mehrerer Waffen z.T. als *ein* Dauerdelikt gewertet wird,[211] der nach § 40 Abs. 1 Nr. 4 SprengG a.F. strafbare Besitz von Sprengstoff,[212] der unerlaubte Besitz von Betäubungsmitteln (§§ 29 Abs. 1 Nr. 3, 29a Abs. 1 Nr. 2

---

206 BGH NJW **1995** 1845 f; *Sch/Schröder/Sternberg-Lieben/Bosch* § 146 Rdn. 26.

207 BGHSt **36** 255, 257; **42** 215, 216; *SSW/Eschebach*-StGB § 52 Rdn. 40 ff; *v. Heinschel-Heinegg* MK § 52 Rdn. 28; *ders.* StGB-Kommentar § 52 Rdn. 30 f; *Lippold* Die Konkurrenzen bei Dauerdelikten S. 4; *Hau* Die Beendigung der Straftat S. 24; *Hruschka* GA **1968** 193 f; *Jescheck/Weigend* § 26 II 1a; *Jescheck* FS Welzel S. 685, 687.

208 *Lackner/Kühl/Heger* Vor § 52 Rdn. 11; *Samson/Günther* SK 8. Aufl. Vor § 52 Rdn. 49; *Sch/Schröder/Sternberg-Lieben/Bosch* Vor §§ 52 ff Rdn. 81 f; *Baumann/Weber/Mitsch* § 8 Rdn. 56 ff; *Maurach/Gössel/Zipf* § 54 Rdn. 55 ff; *Jakobs* AT 32/26 f; *Jescheck/Weigend* § 26 II 1a; *Roxin* AT I § 10 Rdn. 105 f und AT II § 33 Rdn. 22; *SSW/Eschelbach* § 52 Rdn. 40, 42; *Wessels/Beulke/Satzger* § 1 Rdn. 31 ff.

209 BGHR StGB § 52 Abs. 1 Handlung, dieselbe 3.

210 BGHSt **31** 29 f; **36** 151 ff; BGH NStZ **1989** 20; BGHR StGB § 52 Abs. 1 Klammerwirkung 4.

211 BGH NStZ **1984** 171; **1997** 446; BGHR WaffG § 53 Abs. 3 Konkurrenzen 4; *Meyer-Goßner* NStZ **1986** 49, 52 f; *Steindorf* WaffR § 53 WaffG Rdn. 32 m.w.N.; **aA** (mehrfache, aber tateinheitlich begangene Verstöße gegen das WaffG): BGHR WaffG § 52a Abs. 1 Konkurrenzen 1 und § 53 Abs. 3 Konkurrenzen 1–3; BGH Beschl. vom 27. September 1996 – 2 StR 297/96; siehe aber auch unten § 52 Rdn. 24.

212 BGH NStZ **1992** 37.

BtMG),[213] das Vorrätighalten von Propagandamitteln oder Kennzeichen verfassungswidriger Organisationen zum Zwecke der Verbreitung (§§ 86 Abs. 1 Nr. 4, 86a Abs. 1 Nr. 2),[214] die Zuhälterei (§ 181a) und Ausbeutung von Prostituierten (§ 180a) zum Nachteil desselben Opfers,[215] nicht aber der Menschenhandel nach § 180b) a.F. und der schwere Menschenhandel § 181 Abs. 1 Nr. 1 a.F. = § 232 Abs. 4 Nr. 1 n.F.), da die Gesetzesüberschrift missverständlich ist, weil sie keinen „Handel", sondern verselbständigte Handlungen einzelner Täter unter Strafe stellen.[216] Auch die geheimdienstliche Agententätigkeit (§ 99) ist – entgegen der früheren Rechtsprechung[217] – kein Dauerdelikt, weil dem Tatbestand des § 99 Abs. 1 Nr. 1 zwar ein gewisses Dauerelement innewohnt, so dass die Tat nicht mit jeder Einzellieferung des Agenten beendet ist; ein Aufrechterhalten eines rechtswidrig geschaffenen deliktischen Zustandes setzt der Tatbestand des § 99 Abs. 1 Nr. 1 jedoch nicht voraus (BGHSt **42** 215 unter teilweiser Aufgabe von BGHSt **28** 169). Der Straftatbestand des Landesverrats kann ebenfalls nicht zu den Dauerdelikten gerechnet werden (BGH NStZ **1996** 492; *Träger* LK[11] § 94 Rdn. 18).

Die rechtliche Einordnung der konkreten Straßenverkehrsgefährdungsdelikte in die Kategorien Dauer- oder Erfolgsdelikt ist umstritten. Einerseits wird der Gedanke der gleichzeitig verwirklichten abstrakten Dauergefahr – etwa des § 316 bei § 315c – und deshalb der Dauerdeliktscharakter der §§ 315b, 315c betont,[218] andererseits wird das Schwergewicht dieser Tatbestände in der Herbeiführung der konkreten Gefährdung der einzelnen Rechtsgüter gesehen, so dass die Tatbestände der §§ 315b, 315c teils als Erfolgsdelikte verstanden werden.[219] Auch die Rechtsprechung ist uneinheitlich. Teils werden die §§ 315b, 315c als Dauerdelikte,[220] teils unter ausdrücklicher Hervorhebung des Umstandes, dass diese Vorschriften auch dem konkreten Schutz einzelner Rechtsgüter dienen, als Erfolgsdelikte gesehen.[221] 63

Eine Dauerstraftat kann auch *fahrlässig* begangen werden, wenn ihr eine einheitliche pflichtwidrige Handlung oder Unterlassung zugrunde liegt;[222] dagegen begründet die mehrfache Missachtung von Verkehrszeichen keine Dauerstraftat, weil eine jeweilige neue Prüfung der Verkehrsregeln durch den Täter in Betracht kommt (BayObLGSt **1957** 61). Ein **Wechsel der Schuldform** ist unerheblich; die fahrlässige Begehung kann in eine vorsätzliche übergehen, ohne dass die Einheitlichkeit des Dauerdelikts unterbrochen wird, etwa wenn dem betrunkenen Autofahrer erst während der Fahrt seine Fahruntüchtigkeit bewusst wird.[223] 64

---

213 BGH Urt. v. 24. März 1981 – 1 StR 100/81 S. 4; BayObLG JZ **1991** 1095; *Körner/Patzak/Volkmer* BtMG § 29 Teil 13 Rdn. 111.

214 BGH NJW **1995** 2500 f.

215 BGHSt **39** 390; BGHR StGB § 180a Abs. 1 Nr. 2 Konkurrenzen 2.

216 *Fischer*[52] § 180b Rdn. 2 und § 181 Rdn. 3.

217 BGHSt **28** 169, 173; BayObLG NJW **1996** 669, 670.

218 *Geppert* NStZ **1989** 320, 321; *Horn* SK § 315c Rdn. 26; *Rüth* LK § 315c Rdn. 74; *Sch/Schröder/Hecker* § 315c Rdn. 43; *Werle* JR **1990** 74.

219 *Jagusch/Hentschel* Straßenverkehrsrecht § 315c Rdn. 60; *Horn/Hoyer* JZ **1987** 965; *Lackner/Kühl/Heger* § 315c Rdn. 4 und 35 sowie § 315b Rdn. 7; kritisch zum Ganzen *Seier* NZV **1990** 129, 130.

220 BGHSt **22** 67, 71 f; BGH NJW **1989** 2550; NStZ **1989** 73 mit Anm. *Geppert* S. 320 ff; BayObLG NJW **1984** 68.

221 BGHSt **23** 141, 147 f; BGH VRS **62** 191, 192; BGH NJW **1995** 1766, 1767; vgl auch KG VRS **60** 107; OLG Koblenz VRS **37** 190 ff.

222 RGSt **59** 53 und 281, 287; *Fischer*[52] Vor § 52 Rdn. 35b; *Sch/Schröder/Sternberg-Lieben/Bosch* Vor §§ 52 ff Rdn. 83.

223 RGSt **73** 230; BGH VRS **48** 354; **49** 177 u. 185; BayObLG MDR **1980** 867 f; *Sch/Schröder/Sternberg-Lieben/Bosch* Vor §§ 52 ff Rdn. 83; *v. Heinschel-Heinegg* MK § 52 Rdn. 30.

65 **a)** Das Dauerdelikt wird mit der Begründung des rechtswidrigen Zustandes **vollendet**, aber erst mit der Aufhebung des Zustandes **beendet**,[224] z.B. dem Verlassen des Raumes bei § 123. Wird der ein Dauerdelikt begründende Zustand nur vorübergehend unterbrochen, so stellt sich die Frage, ob dadurch die Einheitlichkeit der Tat unterbrochen und ein neues Dauerdelikt begonnen wird oder ob eine einheitliche Tat vorliegt: Wiedereinsperren derselben Person, erneutes Eindringen nach kurzfristigem Verlassen der fremden Wohnung[225] oder erneuter Erwerb einer Maschinenpistole von einem Dritten, dem sie einige Zeit zuvor von demselben Täter überlassen worden war.[226] Die Problematik spielt insbesondere bei Verkehrsdelikten eine Rolle (vorübergehende Fahrtunterbrechungen, Verkehrsunfall und anschließende Flucht). Die Dauerstraftaten der Trunkenheit im Verkehr nach § 316 oder des Fahrens ohne Fahrerlaubnis nach § 21 StVG enden erst mit dem endgültigen Anhalten des Fahrzeugs,[227] hingegen nicht bei kurzen Unterbrechungen der Bewegung aus verkehrsbedingten Gründen, wie Halten vor einer Ampel oder Bahnschranke.[228] Dasselbe soll gelten, wenn der Täter kurz anhält, um eine Person einsteigen zu lassen (BGH VRS **47** 178), um eine Gaststätte zu besuchen oder um zu tanken.[229] Auch von der Polizei veranlasstes Anhalten zu Kontrollzwecken unterbricht das Dauerdelikt ebensowenig wie die Flucht vor der Polizei.[230] Allerdings sprengen diese verschiedenen Fahrtunterbrechungen z.T. den Begriff des *Dauerdelikts* als *kontinuierliche Verwirklichung desselben Tatbestandes*; Brüche im Handlungsablauf werden jedoch gelegentlich mit den der Rechtsfigur der natürlichen Handlungseinheit entlehnten Argumentationshilfen als unschädlich angesehen.[231]

66 Nach Ansicht der Rechtsprechung wird eine *Trunkenheitsfahrt* durch einen *Verkehrsunfall* in jedem Fall *unterbrochen* gleichgültig, ob der Täter vorübergehend anhält[232] oder ohne Halt weiterfährt.[233] Dieser Ansicht wird in der Literatur widersprochen. Gegen die Begründung, dass der Täter durch den Unfall „nunmehr sowohl im äußeren Geschehen wie in seiner geistig-seelischen Verfassung vor eine neue Lage gestellt sei" (BGH VRS **13** 121, 122), und dass deshalb die Weiterfahrt nach dem Unfall, selbst wenn der Täter sein ursprüngliches Fahrtziel nicht ändere, notwendig auf einem neuen und selbständigen Fahrtentschluss beruhe,[234] wird eingewandt, durch die neue Lage, vor der der Täter im Hinblick auf § 142 stehe, und den damit hinzutretenden Fluchtvorsatz werde der Entschluss, mit einem Kraftfahrzeug zu fahren, solange nicht beseitigt oder geändert, wie der Täter aus der neuen Lage keine Konsequenzen ziehe und die Fahrt nicht ab- oder unterbreche.[235] Vorzuhalten ist der Rechtsprechung fehlende Konsequenz

---

224 *v. Heinschel-Heinegg* MK § 52 Rdn. 31; *Lackner/Kühl/Heger* Vor § 52 Rdn. 11; *Wessels/Beulke/Satzger* Rdn. 32.
225 *v. Heinschel-Heinegg* MK § 52 Rdn. 29; *Lackner/Kühl/Heger* aaO; *Roxin* AT II § 33 Rdn. 23.
226 BGH NStZ-RR **1997** 197.
227 BGHSt **6** 229, 231; BGH VRS **48** 354; **49** 185; *Lackner/Kühl/Heger* Vor § 52 Rdn. 11.
228 OLG Stuttgart NJW **1964** 1913; OLG Celle VRS **33** 113.
229 BGHR § 52 Abs. 1 Handlung, dieselbe 9; BayObLG DAR **1983** 247 u. NStZ **1987** 114 bei *Janiszewski*; OLG Karlsruhe VRS **35** 267; vgl. auch *Samson/Günther SK 8. Aufl.* Vor § 52 Rdn. 50; *Sch/Schröder/Sternberg-Lieben/Bosch* Rdn. 84; *Sch/Schröder/Hecker* § 315c Rdn. 57 und § 316 Rdn. 33.
230 BGH VRS **48** 354, 355; **49** 185; StV **1983** 279 f; BayObLG DAR **1982** 251.
231 *Sch/Schröder/Hecker* § 315c Rdn. 43; *Seier* NZV **1990** 131.
232 BGH VRS **13** 121; OLG Stuttgart NJW **1964** 1913; OLG Hamm VRS **42** 21; *Krüger* NJW **1966** 489.
233 BGHSt **21** 203; BGH NJW **1970** 1427, 1429; BGH VRS **48** 191; OLG Düsseldorf VRS **87** 290, 292; *Granicky* SchlHA **1966** 60; vgl. aber BayObLG bei Rüth DAR **1966** 260 und NJW **1973** 1657.
234 BGHSt **21** 203, 204; **25** 72, 75; BayObLG JR **1982** 249 m. Anm. *Hentschel*; OLG Celle JR **1982** 79, 80 m. Anm. *Rüth*.
235 *Jäger* SK Rdn. 18 f; *Samson/Günther* SK^{8} Vor § 52 Rdn. 50; *Sch/Schröder/Sternberg-Lieben/Bosch* Vor §§ 52 ff Rdn. 85 und *Sch/Schröder/Hecker* § 315c Rdn. 57.

auch insoweit, als sie der neuen Lage desjenigen Täters keine Zäsurwirkung beimisst, der sich unterwegs vor einer Polizeikontrolle entschließt, der polizeilichen Weisung keine Folge zu leisten, und sich durch Flucht entzieht.[236] Weshalb der Täter bei der Verletzung des Wartegebots des § 142 eine ganz andere oder größere Hemmschwelle zu überwinden haben soll als bei der Missachtung des konkreten Haltegebots eines Polizeibeamten,[237] ist nicht ersichtlich. Nach der überwiegenden Meinung in der Literatur hängt deshalb die Annahme eines einheitlichen Dauerdelikts der Trunkenheitsfahrt oder des Fahrens ohne Fahrerlaubnis nicht von der psychologischen Befindlichkeit des Täters, sondern davon ab, ob er aufgrund neuer oder anderer äußerer Umstände, die im äußeren und inneren Geschehen eine deutliche Zäsur bewirken, einen neuen Entschluss gefasst hat.[238]

b) Eine Dauerstraftat kann auch **mehrfach begangen** werden, so etwa das Dauerdelikt der strafbaren Verletzung gewerberechtlicher Vorschriften gemäß § 148 GewO i.V.m. §§ 144 Abs. 1, 34c Abs. 1 Nr. 1a GewO durch Einrichtung selbständiger Gewerbebetriebe an verschiedenen Orten (BGH wistra **1992** 184, 185).[239] Demgegenüber stellt die nach §§ 7, 66 Abs. 1 Nr. 1 JArbSchG verbotene Beschäftigung mehrerer Kinder nur eine Dauerstraftat dar (BayObLG GA **1975** 55f). Das Dauerdelikt des Linksfahrens auf der Autobahn soll durch jedes Zurückkehren auf die rechte Fahrspur unterbrochen werden (BayObLG VRS **35** 421); auch sollen bei mehrfachen Geschwindigkeitsüberschreitungen auf derselben Fahrt jeweils selbständige Taten vorliegen, da das Fahren als solches keine rechtliche Klammer bildet (OLG Hamm NJW **1972** 1060, 1061). 67

c) Die **Verurteilung** wegen eines Dauerdelikts bildet für dieses eine **Zäsur**; sie erfasst die Schaffung und Aufrechterhaltung des rechtswidrigen Zustands bis zum Zeitpunkt des Urteils, mit dem die letzte Tatsachenentscheidung zum Schuldspruch ergeht, auch wenn sich erst später herausstellt, dass sich die Dauerstraftat über einen längeren Zeitraum erstreckt hat und umfangreicher war als ursprünglich angenommen.[240] Hält der Täter den Dauerzustand nach dem letzten, das Verfahren zur Schuldfrage abschließenden Urteil aufrecht, so handelt es sich um eine neue Tat, die einerseits einer neuen Anklage und Verurteilung zugänglich,[241] andererseits aber auch der Beurteilung des Berufungsgerichts bei der Verhandlung über eine auf den Rechtsfolgenausspruch beschränkten Berufung entzogen ist.[242] Die Aburteilung eines Dauerdelikts wie etwa des 68

---

236 BGHSt **22** 67, 76; BGH StV **1983** 279f; weitere Nachweise oben Rdn. 16,18.
237 BGH VRS **48** 354, 355.
238 *Lackner/Kühl/Heger* Vor § 52 Rdn. 11; *Samson/Günther* SK⁸ Vor § 52 Rdn. 50; *Sch/Schröder/Sternberg-Lieben/Bosch* Vor §§ 52ff Rdn. 85; *Roxin* AT II § 33 Rdn. 24; *Bringewat* Die Bildung der Gesamtstrafe Rdn. 29f; *Seier* NZV **1990** 129, 132f; *Werle* Die Konkurrenz S. 199f; vgl. auch *Peters* JR **1993** 265, 269.
239 Zum Fragenkomplex Tateinheit/Tatmehrheit und Tatidentität in Fällen der (Dauer-)Aufsichtspflichtverletzungen in Großunternehmen vgl. BGH wistra **1990** 67f; *Göhler* NStZ **1991** 73, 75, 77.
240 BGHSt **9** 324, 327; **17** 5, 9; **29** 288, 295; BGH Urt. v.20. Mai 1981 – 2 StR 784/80 S. 6f; BayObLG NJW **1958** 110, 111; OLG Hamm NJW **1973** 1851, 1852; OLG Karlsruhe StV **1998** 28, 29f für das unerlaubte Handeltreiben mit BtM; *SSW/Eschelbach*-StGB § 52 Rdn. 44f; *v. Heinschel-Heinegg* MK § 52 Rdn. 31; *Sch/Schröder/Sternberg-Lieben/Bosch* Vor §§ 52ff Rdn. 87; *Meyer-Goßner/Schmitt* StPO Einl. Rdn. 175; *Gollwitzer* LR25 StPO § 264 Rdn. 33f sowie *Stuckenberg* LR StPO § 264 Rdn. 64. Zum Problem des Strafklageverbrauchs bei Idealkonkurrenz zwischen Dauerdelikten und andere Straftaten siehe auch hier § 52 Rdn. 23 und 28ff.
241 BGH Urt. vom 31. Juli 1980 – 4 StR 340/80 S. 7; OLG Karlsruhe StV **1998** 28, 30; vgl. BGHR StPO § 206a Abs. 1 Verfahrenshindernis 6.
242 BayObLGSt **1977** 39f.

unerlaubten Waffenbesitzes steht der Bestrafung von schwereren Straftaten, die mit dem unerlaubt besessenen Gegenstand begangen, aber nicht mit abgeurteilt wurden, unter dem Gesichtspunkt des Strafklageverbrauchs nicht ohne weiteres entgegen (BGHSt **36** 151f).

V. Serienstraftaten

69 **1. Die fortgesetzte Handlung.** Die Zusammenfassung einer Mehrheit von Einzelakten zur *tatbestandlichen Handlungseinheit* (oben Rdn. 20ff) *versagt* in den Fällen, in denen zwischen einer Menge dem gleichen Deliktstypus unterfallender Taten nur ein rein tatsächlicher Zusammenhang besteht (sog. gleichartige Verbrechensmenge).[243] Von der tatbestandlichen Handlungseinheit unterscheiden sich diese Fälle nicht nur durch den loseren Zusammenhang der Einzelakte, die in sich geschlossene Geschehnisse bilden, es fehlt auch schon die *äußere* Erkennbarkeit ihrer Zugehörigkeit zu einer Einheit. Für diese Fälle hatte die Rechtsprechung aus vermeintlich praktischen Bedürfnissen und aufgrund einer „natürlichen Betrachtungsweise" die Einheit des fortgesetzten Verbrechens entwickelt, eine Konstruktion, für die es im Gesetz keinen Anhalt gibt. Sie verband Straftaten, denen zu ihrer vollen rechtlichen Selbständigkeit an sich nichts fehlte (vgl. BGHSt **2** 163, 167; **17** 157, 158; **35** 318, 323), aufgrund zusätzlicher, in der Regel auch nicht von vornherein im deliktischen Tatbestand angelegter objektiver und subjektiver Elemente rechtlich zu einer Einheit. Allerdings sollte für sie *ursprünglich nur dort Raum* sein, wo nicht schon aus anderen Gründen eine Handlungseinheit vorlag, so dass die fortgesetzte Tat erst dann zum Zuge kommen sollte, wenn nicht schon andere Rechtsfiguren die Annahme einer Verbrecheneinheit tragen (RGSt **58** 113, 116). In diesem Sinne hat die ftrühere Rechtsprechung wiederholt betont, die fortgesetzte Handlung sei der natürlichen Handlungseinheit nachgeordnet (BGHSt **19** 323, 325).

70 Die Rechtsprechung verlangte für die fortgesetzte Handlung als rechtlicher Handlungseinheit zur äußeren Tatseite *Gleichartigkeit* des verletzten *Rechtsguts* und gleichartige *Tatbegehung* sowie einen *engen räumlichen* und *zeitlichen Zusammenhang* zwischen den einzelnen Teilstücken des Gesamtgeschehens;[244] darüber hinaus war ein *Gesamtvorsatz* erforderlich, der sämtliche Teile der geplanten Handlungsreihe in den wesentlichen Grundzügen ihrer künftigen Gestaltung umfasst und den späteren Verlauf zwar nicht in allen Einzelheiten, aber mindestens insoweit vorweg begreift, als das zu verletzende Rechtsgut und sein Träger, ferner Ort, Zeit und ungefähre Art der Tatbegehung in Betracht kommt.[245] Der Entschluss, künftig bei sich bietender Gelegenheit beliebig oft Straftaten gleicher Art zu begehen, reichte danach nicht aus;[246] deshalb wurde von der Rechtsprechung zwar nicht einheitlich, aber überwiegend als weiteres **Merkmal eines Gesamtvorsatzes** erachtet, dass er den **Gesamterfolg oder -umfang** der Teilakte wenigstens annähernd erfasste.[247] Der Gesamtvorsatz konnte allerdings – wenn er vorlag – noch bis zur Beendigung des letzten Teilaktes auf weitere Handlungsteile erstreckt werden.[248] Demgegenüber ließ eine Ansicht in der Literatur es für einen

---

243 *Nowakowski* Fortgesetztes Verbrechen S. 51; zur Differenzierung zwischen „fortgesetztem Delikt" und „gleichartiger Verbrechensmenge" siehe *Schmoller* Bedeutung und Grenzen des fortgesetzten Delikts (1988); *Jescheck/Weigend* § 66 V.

244 BGHSt **8** 34, 35; **36** 105, 109f; **38** 165, 166 m.w.N.

245 BGHSt **1** 313, 315; **15** 268, 271; **37** 45, 47; **38** 165, 166 jeweils m.w.N.

246 BGHSt **2** 163, 167; **36** 105, 110; **39** 256, 257; BGH NStZ **1991** 291; **1992** 381; wistra **1992** 253, 254.

247 BGHSt **1** 313, 315; **2** 163, 167; **6** 92, 96; **16** 124, 128f; BGH NStZ **1993** 585, 586f.

248 BGHSt **19** 323, 325; **21** 319, 322; **23** 33, 35; **30** 207, 209; **33** 4, 5; BGHR Vor § 1 fortgesetzte Handlung Gesamtvorsatz, erweiterter 1–3, 5, 6, 9–12. Die *Erweiterung des Gesamtvorsatzes* auf ein *open end* war der

einheitlichen Vorsatz im Sinne einer fortgesetzten Tat genügen, dass jeder spätere Entschluss als Fortsetzung des vorangegangenen erscheint, weil diese Einzelentschlüsse eine fortlaufende psychische Linie bildeten (*Sch/Schröder/Stree/Sternberg-Lieben*[29] Vor §§ 52ff Rdn. 52 m.w. Nachw.). Die Vertreter dieser Meinung haben die in der Rechtsprechung anerkannte Möglichkeit zur späteren Erweiterung des ursprünglich gefassten Gesamtvorsatzes nicht zu Unrecht als Annäherung an ihre Lehre vom Fortsetzungvorsatz interpretiert,[249] wie noch einige der letzten Entscheidungen zur fortgesetzten Tat belegen.[250]

Bei *Fahrlässigkeitstaten* war eine fortgesetzte Tat nach der Rechtsprechung *ausgeschlossen*. Schon das RG hatte angenommen, dass nur der Vorsatz eine Handlungsmehrheit zu einer rechtlichen Einheit verbinden könne,[251] und lediglich in einigen älteren Entscheidungen auch einen fahrlässigen Fortsetzungszusammenhang für möglich erachtet (Rechtsprechung **2** 770; **9** 7). Der BGH hat die Rechtsprechung des RG weitergeführt mit der Begründung, dass ein Gesamtvorsatz, der erst die Zusammenfassung mehrerer einzelner Handlungen zu einer fortgesetzten Straftat ermöglicht, begrifflich nur bei vorsätzlichen Delikten denkbar sei;[252] mit der gleichen Begründung wurden auch fahrlässige Einzelakte innerhalb einer Fortsetzungstat nicht anerkannt.[253] 71

a) Der Begriff der fortgesetzten Handlung hatte im Laufe der Zeit einen **Zweckwandel** erfahren. Diente er ursprünglich unter der Geltung des Kumulationsprinzips als eine Art Härteausgleich der gerechten *Abgeltung minderer Schuld*, so wurde er später vor allem zum Instrument der *Vereinfachung der Rechtsanwendung* (vgl. BGHR StGB Vor § 1 fortgesetzte Handlung Gesamtvorsatz 60), das der Überwindung von Beweis- und anderen Schwierigkeiten bei der prozessualen Bewältigung von Serientaten dienen sollte.[254] Die Tatgerichte entwickelten deshalb zur Ersparung von Kleinarbeit eine Vorliebe für die Fortsetzungstat, die Zeit zu Urteilen mit ungenauen bis nebulösen Feststellungen und zu bedenklichen Missverständnissen über die Voraussetzungen der fortgesetzten Handlung führte; diesen Missständen haben die Rechtsmittelgerichte lange – vergeblich – versucht entgegenzutreten.[255] Die fortgesetzte Handlung wurde sogar innerhalb der höchstrichterlichen Rechtsprechung zunehmend – je nach Rechtsgebiet – hinsichtlich ihrer rechtlichen Voraussetzungen, insbesondere in Bezug auf einen Gesamtvorsatz, unterschiedlich gehandhabt, so dass es nicht nur für Teilrechtsgebiete zur Schaffung neuer rechtlicher Konstruktionen,[256] sondern auch zu einer Fülle kaum noch überschaubarer und zum Teil 72

eigentliche „Sündenfall“ der Rspr. bei der Rechtsfigur der fortgesetzten Handlung, vgl. *Rissing-van Saan* FS 50 Jahre BGH S. 475.

249 So *Honig* in GedS Schröder S. 167; *Schröder* JR **1965** 106 Anm. zu BGHSt **19** 323.

250 BGH NJW **1989** 3231f mit zustimmender Anm. *Geerds* JR **1990** 28; NStZ **1990** 239.

251 RGSt **41** 98; **47** 332; **52** 262; **53** 226; **57** 120; **59** 53; **76** 70.

252 BGH JR **1952** 445; BGHSt **5** 371, 376; **22** 67, 71; ebenso OLG Hamm MDR **1952** 122.

253 BGH JR **1952** 445; RGSt **52** 262; OLG Köln NJW **1953** 676; BayObLGSt **1970** 52; *Sch/Schröder/Stree*[25] Vor §§ 52ff Rdn. 56.

254 RGSt **70** 243 bezeichnet bei der Aburteilung von Serienstraftaten die Feststellung aller Einzelakte und die Anwendung der Regeln über die Realkonkurrenz als „eine lästige, überflüssige und wunderlich anmutende Arbeit“; zurückhaltender aber schon RGSt **70** 145 und BGHSt **5** 136, 138; zur historischen Entwicklung vgl. im übrigen *Jung* GedS Schultz S. 183, 185ff; *Geppert* Jura **1993** 649f; *v. Heintschel-Heinegg* JA **1993** 136f; *Altvater* FS 50 Jahre BGH S.495, 496.

255 RGSt **66** 239; **72** 213; **73** 166; BGHSt **1** 313, 315; **2** 164, 167; BGH GA **1965** 92; BGH bei *Dallinger* MDR **1972** 196, 197; 752 und bei *Holtz* MDR **1978** 803; **1985** 91; StV **1981** 275 und 542; **1982** 17; **1991** 245f; NStZ **1982** 128; **1983** 326; **1984** 565; **1993** 35; NJW **1992** 1709; BGHR StPO § 267 Abs. 1 Satz 1 Mindestfeststellungen 1, 3–5.

256 Im Betäubungsmittelstrafrecht das „eingespielte Bezugs- und Vertriebssystem“ (vgl. etwa BGHSt **35** 318, 321; BGH NStZ **1992** 389 und 497), im Steuerstrafrecht die „institutionalisierte Steuerhinterziehung“

widersprüchlicher Entscheidungen kam.[257] Schließlich sahen sich zwei Strafsenate des BGH veranlasst, zur Sicherung einer einheitlichen Rechtsprechung den Großen Senat für Strafsachen anzurufen.[258]

73 Schon vorher hatten sich in der Literatur die Stimmen gemehrt, die einer Preisgabe der fortgesetzten Handlung das Wort redeten.[259] Zum einen wurde der bezweckte Entlastungseffekt in Frage gestellt, weil die Einzelakte der fortgesetzten Handlung – jedenfalls nach der überwiegenden Meinung – ohnehin aufgeklärt werden mussten und die Festsetzung der Einzelstrafen dann keine besondere Mühe mehr machte; zum anderen aber wurde auf die **Nachteile** hingewiesen, die in der Nichtanwendbarkeit des § 54 mit der Folge einer unangebrachten Milde der Strafen im Vergleich zu der Tatmehrheit, in der Einschränkung der Möglichkeit, nach § 66 Sicherungsverwahrung zu verhängen, und in der Einbeziehung auch der nicht entdeckten Teile der Tat in die Rechtskraftwirkung lagen. Ferner wurde mit Recht eingewandt, dass die Strafzumessung an Genauigkeit und Nachprüfbarkeit verliere, wenn keine Einzelstrafen ausgeworfen werden müssten (*Jescheck* AT[4] § 66 V 1; *v. Heintschel-Heinegg* JA **1993** 136),[260] sowie generell die Gefahr bestehe, dass dem Angeklagten der Sache nach nicht mehr konkrete Einzelakte, sondern eine Art „Einheit strafbarer Lebensführung" (*Jähnke* GA **1989** 376, 390) angelastet werde. In den Mittelpunkt der Kritik gerückt wurde zunehmend, dass die Annahme einer fortgesetzten Handlung, bedingt durch den Verzicht auf jegliche, zu Beginn der fortgesetzten Handlung vom Vorsatz erfasste zeitliche Begrenzung (BGHSt **12** 148, 156; **26** 4, 7) und die seit BGHSt **19** 323 anerkannte Möglichkeit der späteren Erweiterung des Gesamtvorsatzes, zur Aburteilung von Handlungsketten führte, die sich über viele Jahre erstrecken konnten, ein Umstand, der bei der Verjährung für den Angeklagten erhebliche Nachteile zur Folge hatte.[261] Hinzu kam, dass bis zuletzt über die Wesensmerkmale der fortgesetzten Handlung keine völlige Einigkeit bestand, so dass selbst die Meinungen in der Literatur, die die fortgesetzte Handlung nicht schlechthin als „eine zur Vermeidung des § 74

(BGHSt **39** 256; BGH NStZ **1991** 541) und das „häusliche Beziehungsgeflecht" bei Straftaten des sexuellen Missbrauchs (BGH NStZ **1992** 553, 554; **1993** 237; BGHR StGB Vor § 1 fortgesetzte Handlung Gesamtvorsatz 38 und 51).

257 Vgl. hierzu etwa die in BGHR StGB Vor § 1 fortgesetzte Handlung und zu AO § 370 Abs. 1 jeweils unter dem Stichwort „Gesamtvorsatz" abgedruckten Entscheidungen und BGH NStZ **1993** 585, sowie die Kritik bei *Fischer* NStZ **1992** 415 und *Lackner* StGB[20] Vor § 52 Rdn. 15, 587 und die zusammenfassende Darstellung bei *Geppert* Jura **1993** 649 ff.

258 BGH NStZ **1993** 434 und 585; vgl. dazu und zu BGH wistra **1994** 57 *Geisler* Jura **1995** 74, 76. Noch kurz zuvor war die fortgesetzte Handlung vom Bundesverfassungsgericht anlässlich einer Verfassungsbeschwerde gegen eine Verurteilung wegen einer sich über mehrere Jahre erstreckenden Steuerhinterziehung als ein verfassungsgemäßes Rechtsinstitut gebilligt worden, vgl. BVerfG EuGRZ **1994** 73, 77.

259 *Jakobs* AT 32/50; *Jung* JuS **1989** 289, 299; *ders.* StV **1990** 72, 73 und NJW **1994** 916; *Neuhaus* JuS **1986** 969; *Ostendorf* DRiZ **1983** 426; *Puppe* JR **1985** 244, 245 f; *Timpe* JA **1991** 12, 16; *Schmidhäuser* AT 18/20; *ders.* AT Studienbuch 14/18; *R. Schmitt* ZStW **75** [1963] 59 ff; *Schultz* ZBJV **102** (1966) 55; *Stratenwerth* Rdn. 1219 ff; *Wahle* GA **1968** 109; **kritisch** auch *Jähnke* GA **1989** 376; *Jescheck* AT[4] § 66 V 1 und *Foth* FS Nirk S. 293, 296 f.

260 *Ders.* JA **1994** 586, 588; *Geppert* Jura **1993** 649, 650; vgl. auch *Schröder* GA **1964** 225, 226. Demgegenüber befürchtet *Arzt* JZ **1994** 1000 f gerade durch die Aufgabe der fortgesetzten Handlung einen Konturenverlust bei der Strafzumessung.

261 Vgl. schon BGHSt **36** 105, 112 ff mit Anm. *Schlüchter* NStZ **1990** 180; BGH NJW **1989** 2141 mit Anm. *Jung* StV **1990** 72; BGHR StGB Vor § 1 fortgesetzte Handlung Gesamtvorsatz 10 a.E.; *Foth* FS Nirk S. 293, 302 f; *Geppert* Jura **1993** 649, 654 f; *Gribbohm/Utech* NStZ **1990** 209, 213; *v. Heintschel-Heinegg* JA **1993** 136; *Jung* GedS Schultz S. 183; *Kratzsch* JR **1990** 177; *Rudolphi* SK Vor § 78 Rdn. 10; *Rüping* GA **1985** 437; *Schumann* StV **1992** 392.

(a.F.) aufgestellte Fiktion"[262] verdammen wollten, einräumen mussten, dass ein Teil ihrer Merkmale fiktiver Natur und fragwürdig ist.[263]

b) Mit dem Beschluss des **Großen Senats für Strafsachen** des BGH vom 3. Mai 1994 (BGHSt **40** 138), der von einem Teil der Literatur in der ersten Euphorie zu den bedeutendsten strafrechtlichen Entscheidungen des BGH gerechnet wurde,[264] ist die **Rechtsfigur der fortgesetzten Handlung** – jedenfalls in ihrer hergebrachten Form – **aufgegeben** worden.[265] Die Tatsache, dass die fortgesetzte Handlung, trotz ihrer teilweise einschneidenden täternachteiligen Folgen, über keine ausdrückliche gesetzliche Grundlage verfügte, sowie die erheblichen Nachteile, Bedenken und Anwendungsschwierigkeiten, die mit diesem Rechtsinstitut verbunden waren (vgl. BGHSt aaO S. 146ff), denen nach den Erfahrungen durch weitere Präzisierungen der Anwendungsvoraussetzungen nicht ausreichend begegnet werden konnte, haben den Großen Senat für Strafsachen letztlich dazu veranlasst, den materiellen Geltungsgrund der fortgesetzten Handlung zu überdenken und die Annahme einer einheitlichen Handlung jenseits des Bereichs natürlicher Handlungseinheit und tatbestandlicher Bewertungseinheit nur noch dort zuzulassen, wo die rechtliche Zusammenfassung mehrerer schon für sich tatbestandsmäßiger Handlungen zur sachgerechten, dem Sinn des Gesetzes entsprechenden Erfassung des begangenen Unrechts und der Schuld geboten ist, wofür jeweils tatbestandsbezogene Gründe von besonderem Gewicht sprechen müssen (BGHSt aaO S. 164f). Trotz der vordergründig die fortgesetzte Tat weiterhin als dogmatisch eigenständige Form der Handlungseinheit behandelnden Formulierung beinhaltet diese „neue" tatbestandsbezogene und -abhängige „fortgesetzte Handlung" der Sache nach die *Kriterien der tatbestandlichen Handlungseinheit*;[266] dies bedeutet die grundsätzliche Anerkennung dieser Kategorie der rechtlichen Handlungseinheiten durch die Rechtsprechung;[267] dies wird zudem durch die zeitlich nachfolgende Rechtsprechung belegt. Allerdings sind damit die mit der 73

---

262 So *R. Schmitt* ZStW **75** (1963) 60; von „juristischer Fiktion" spricht schon RGSt **17** 227, 228.

263 Vgl. *Vogler* LK[10] Vor § 52 Rdn. 46 sowie *Baumann/Weber* AT[9] § 41 II 4; *Jescheck* AT[4] § 66 V 2c; *Jähnke* GA **1989** 376, 388ff; vgl. auch *Maurach/Gössel/Zipf* Rdn. 54 Rdn. 59ff.

264 Zustimmend *Geisler* Jura **1995** 74; *Hamm* NJW **1994** 1636; Roxin AT II § 33 Rdn. 272f; vgl. ferner die Besprechungen bei *Ruppert* MDR **1994** 973; *Wollweber* NJW **1996** 2632; *Zschockelt* StraFo **1996** 131. Kritik üben hingegen: *Arzt* JZ **1994** 1000, der die durch die Aufgabe der fortgesetzten Handlung heraufbeschworenen Nachteile für erheblicher hält als die durch diese selbst verursachten, *Aden* JZ **1994** 1109, der der Entscheidung einen Verstoß gegen das Gewohnheitsrecht vorhält, und *Gribbohm* FS Odersky S. 387ff, der dem Großen Senat für Strafsachen unnötigen dogmatischen Rigorismus anlastet; ebenso kritisch *Miller* Neuere Entwicklungen S. 142ff und *Zieschang* GA **1997** 457, 461ff.

265 Eine gewisse Signalwirkung hatten dabei ersichtlich zwei Entscheidungen des Schweiz. BG aus den Jahren 1990 und 1991 (NStZ **1993** 331 u. 331f), mit denen für das schweizerische Rechtssystem die Figur der fortgesetzten Handlung bereits aufgegeben worden war. Siehe hierzu auch *Jung* NJW **1994** 916; *Arzt* JZ **1994** 100.

266 So zutreffend *Lackner/Kühl/Heger* Vor § 52 Rdn. 16; *Samson/Günther* SK[8] Vor § 52 Rdn. 55 u. 67; *Geisler* Jura **1995** 80; *Geppert* NStZ **1996** 57; im Ergebnis ebenso *v. Heintschel-Heinegg* JA **1994** 586, 587. Demgegenüber hält eine andere Meinung die Rechtsfiguren der tatbestandlichen und der natürlichen Handlungseinheit bei mehraktigen oder zeitlich gestreckten Vorsatztaten nicht für anwendbar und will deshalb für diese Fälle an einer durch einen eindeutig limitierten Gesamtvorsatz eingeschränkten fortgesetzten Handlung festhalten (*Fischer*[49] Vor § 52 Rdn. 25e; im Ergebnis auch *Brähler* S. 318ff), ähnlich *Bittmann/Dreier* NStZ **1995** 105, dagegen *Zschockelt* NStZ **1995** 109.

267 Neben der natürlichen Handlungseinheit, der Dauerstraftat und der fortgesetzten Handlung hatte die Rechtsprechung als eine Tat im Rechtssinne bis dahin lediglich die Bewertungseinheit beim unerlaubten Handeltreiben nach dem BtMG anerkannt (BGHSt **30** 28, 31). Nach *Gribbohm* FS Odersky S. 387, 394ff, 397ff ist diese „neue" fortgesetzte Handlung lediglich eine inhaltslose Konstruktion.

rechtlichen Behandlung langer Tatserien oder zeitlich gestreckter Vorsatztaten verbundenen Probleme noch nicht abschließend gelöst.[268]

75 Dass der Sinn der Straftatbestände der §§ 173, 174, 176 (jeweils a.F.)[269] die Zusammenfassung mehrerer tatbestandlicher Verhaltensweisen zu einer Handlung im Rechtssinne, trotz der vom Gesetz bei der Kennzeichnung der tatbestandlichen Handlung zum Teil verwendeten sprachlichen Mehrzahl, nicht indiziert, und dass die Annahme einer fortgesetzten Handlung bei diesen Tatbeständen, ebenso wie bei § 263, nicht (mehr) in Betracht kommen kann, hat der Große Senat für Strafsachen selbst ausgesprochen und außerdem diese Wertung für die Tatbestände der §§ 174a, 174b, 177, 178, 179 (jeweils a.F.) als naheliegend bezeichnet (BGHSt aaO S. 165f). Im Übrigen hat er es der nachfolgenden Rechtsprechung überlassen, die einzelnen Tatbestände anhand der aufgestellten Kriterien dahin zu überprüfen, ob es zur sachgerechten Erfassung des Unrechts und der Schuld geboten ist, wiederholte Tatbestandsverwirklichungen zu einer Tat im Rechtssinne zusammenzufassen.

76 Im Anschluss an die Entscheidung des Großen Senats für Strafsachen in BGHSt **40** 138 kommt nach der Rechtsprechung die Annahme einer fortgesetzten Handlung für folgende Straftatbestände nicht mehr in Betracht: §§ 94, 98 (BGH NStZ **1996** 492) § 177 a.F. (jetzt § 177 Abs. 2 n.F. BGHR StGB § 177 Serienstraftaten 2), § 178 a.F. – jetzt § 177 Abs. 1 n.F. – (BGH Beschl. vom 16. Mai 1994 – 3 StR 39/94), § 223b (= § 225 n.F.) in der Tatbestandsalternative des Quälens (BGHSt **41** 113),[270] § 242 (BGH Beschl. vom 17.5.1994 – 5 StR 275/94 und Urt. vom 18.5.1994 – 5 StR 227/94), Verletzung der Buchführungspflicht, § 283 Abs. 1 Nr. 5 (BGH NStZ **1995** 347), Untreue, § 266 (BGH StV **1995** 298), räuberische Erpressung, §§ 253, 255 (BGH Urt. vom 10.5.1994 – 5 StR 194/94 und vom 20.6.1994 – 5 StR 306/94), Urkundenfälschung, § 267 (BayObLG wistra **1996** 236f), Bestechlichkeit, § 332 (BGH Urt. vom 4.10.1994 – 4 StR 503/94) sowie Bestechung nach § 334 (BGHSt **41** 292, 302)[271] und nach § 12 Abs. 2 UWG (BGH NStZ **1995** 92).[272] Als durch den jeweiligen Tatbestand nicht indiziert ist die Annahme einer fortgesetzten Handlung im Nebenstrafrecht abgelehnt worden für die Steuerhinterziehung nach § 370 AO (BGHSt **40** 196; BFH NJW **1995** 2872) und den gewerbs- und bandenmäßigen Schmuggel nach § 373 AO (BGH Urt. vom 6. Juni 1994 – 5 StR 229/94), für das unerlaubte Handeltreiben, Veräußern, den Erwerb und die Einfuhr von Betäubungsmitteln nach §§ 29, 29a Abs. 1, 30 Abs. 1 Nr. 2 und 4, 30a BtMG (BGH NStZ **1994** 494 und 537; **1995** 37, 38 und 141),[273] für das vorsätzliche Fahren ohne Fahrerlaubnis, § 21 StVG (BayObLG DAR **1995** 411; OLG Köln VRS **90** 288, 289f; OLG Zweibrücken StV **1995** 124),[274] für das unerlaubte Ausüben der Heilkunde nach § 1 Abs. 2, § 5 HeilprG (BayObLG MDR **1995** 190) sowie im Ordnungswidrigkeitenrecht[275] für das mehrfache Sich-Hinwegsetzen über die

---

268 Dazu *Altvater* FS 50 Jahre BGH S. 495, 513f; *Fischer* Vor § 52 Rdn. 51f; *Rissing-van Saan* FS 50 Jahre BGH S. 475, 486ff.

269 Für die neuen gesetzlichen Regelungen dieser Vorschriften, die durch das 33. StÄG und 6. StrRG und danach noch mehrfach neu gefasst worden sind, gilt nichts anderes.

270 BGHSt **41** 113 = JR **1996** 335 mit abl. Anm. *Wolfslast/Schmeisser*, kritisch auch *Hirsch* NStZ **1996** 37; *Zieschang* GA **1997** 458, 460f; in der Tat verkennt diese Entscheidung die – gegebenen – rechtlichen Voraussetzungen einer tatbestandlichen Handlungseinheit (siehe dazu auch oben Rdn. 20ff). Für die Möglichkeit der tatbestandlichen Handlungseinheit bei § 223b wohl auch BGHSt **40** 138, 164f.

271 Mit Bespr. *Schlüchter/Duttge* NStZ **1996** 457.

272 In engen Grenzen ist jedoch die Möglichkeit einer tatbestandlichen Handlungseinheit anerkannt worden; siehe hierzu auch *Samson/Günther* SK[8] Vor § 52 Rdn. 73.

273 Ferner BGH NJW **1994** 3020; **1995** 2300; StV **1995** 641; OLG Düsseldorf MDR **1995** 737.

274 Offengelassen in BGH NStZ **1995** 300.

275 Zur generellen Übertragung der in BGHSt **40** 138 aufgestellten Grundsätze auf das Recht der Ordnungswidrigkeiten trotz des dort nach § 20 OWiG geltenden Kumulationsgrundsatzes *Geisler* Jura

Unwirksamkeit einer Kartellvereinbarung, §§ 38 Abs. 1 Nr. 1, 8 GWB (BGHSt **41** 385 = JZ **1997** 98 m. Anm. Kindhäuser), für die unerlaubte Besorgung von Rechtsangelegenheiten nach §§ 8, 10 RBerG (BayObLG NJW **1994** 2303)[276] und die Nichtzahlung von Rundfunkgebühren gemäß § 9 Abs. 1 Nr. 2 Rundfunkgebührenstaatsvertrag (BayObLG NJW **1995** 2862).

25 Jahre nach der Entscheidung des Großen Senats für Strafsachen kann die Entwicklung der höchstrichterlichen Rechtsprechung dahin zusammengefasst werden, dass es eine fortgesetzte Handlung herkömmlichen Verständnisses – jedenfalls terminologisch – nicht mehr gibt.[277] Inwieweit andere, Einzeltaten zusammenfassende „Handlungs"- bzw. „Bewertungseinheiten" als Ersatz an ihre Stelle getreten sind, ist eine andere Frage. 77

2. Folgewirkungen abgeurteilter fortgesetzter Handlungen. Der „Geist der fortgesetzte Handlung" und deren vermeintliche Vorzüge wirken zwar noch immer in der Rechtsprechung bzw. in den Köpfen der Richter aller Instanzen nach. Ihre Spuren lassen sich auch ohne Schwierigkeiten in den gegenwärtigen rechtlichen Handlungseinheiten nachverfolgen. Die fortgesetzte Handlung als materiell- und verfahrensrechtliche *eigenständige Rechtsfigur* hat aber auch *reale* rechtliche *Folgewirkungen* in den Fällen, in denen diese Rechtsfigur – zutreffend oder fälschlicherweise – einer früheren Verurteilung eines Täters zugrunde gelegt wurde und nunmehr in einem späteren Strafverfahren materiell- oder verfahrensrechtlich als Vorverurteilung von Bedeutung ist, insbesondere dann, wenn sie den Angeklagten beschwert. So etwa hinsichtlich geringerer Einzelstrafen bei der Annahme von Tatmehrheit.[278] Auch ist die fortgesetzte Tat bei den formellen Voraussetzungen der **Sicherungsverwahrung** grundsätzlich nur als *eine Tat* i.S. des § 66 Abs. 1 anzusehen (RGSt **68** 297; BGHSt **1** 313; **34** 321, 323f). Die irrige Annahme von Fortsetzungszusammenhang beschwert den Verurteilten in aller Regel bei den formellen Voraussetzungen des § 66 Abs. 1 alter und neuer Fassung,[279] weil die Höhe der Strafe für die – gesamte – fortgesetzte Tat darüber entscheidet, ob diese als ausreichende Vorverurteilung i.S.d. § 66 in Betracht kommt; allerdings gilt gem. § 66 Abs. 4 S. 1 n.F. nun auch eine Verurteilung zu einer Gesamtstrafe als eine einzige Vorverurteilung.[280] Eine *Vorverurteilung* wegen einer *fortgesetzten Handlung* zu einer Freiheitsstrafe von *mindestens einem* Jahr bzw. nach heutigem Recht von *mindestens zwei Jahren,* ist aus Gründen der materiellen Rechtskraft nach wie vor als *eine* Vorverurteilung i.S.d. § 66 Abs. 1 anzusehen, auch wenn eine fortgesetzte Handlung nach den Grundsätzen der Entscheidung BGHSt **40** 138 jetzt nicht mehr angenommen werden dürfte (BGHSt **41** 97),[281] es ist als von der Rechtsauffassung des früheren Gerichts auszugehen. 78

Bei der Beurteilung des **Umfangs der Rechtskraft** stellte die Rechtsprechung darauf ab, dass die als fortgesetzte Handlung abgeurteilte Tat verfahrensrechtlich *nicht* zerlegt werden dürfe. Daraus ergab sich, dass die Aburteilung der Fortsetzungstat **sämtliche Teilakte bis zum Urteil** ohne Rücksicht auf ihr Bekanntsein und auch ohne Rücksicht 79

1995 74, 83; *Geppert* NStZ **1996** 118, 119f; *Göhler* wistra **1995**, 300; *Samson/Günther* SK⁸ Vor § 52 Rdn. 77 m.w.N.

276 Zustimmend *Göhler* NStZ **1995** 116.

277 So auch *SSW/Eschelbach*-StGB § 52 Rdn. 63; *v. Heinschel-Heinegg* MK § 52 Rdn. 62; *Fischer* Vor § 52 Rdn. 49; *Puppe* NK § 52 Rdn. 15; *Sch/Schröder/Sternberg-Lieben/Bosch* Vor § 52 Rdn. 31; *Geppert* NStZ **1996** 57, 59; *Roxin* AT II § 33 Rdn. 263f.

278 Siehe z.B. OLG Brandenburg wistra **2009** 404f; *Fischer* Vor § 52 Rdn. 49 a.E.

279 I.V.m. Art 316e EGStGB.

280 Anders noch bei anderer Rechtslage als heute die Vorauflage LK¹² Vor § 52 Rdn. 66 unter Verweis auf BGHSt **30** 220, 221; **34** 321; BGH GA **1974** 307; BGH DRiZ **1972** 246; OLG Karlsruhe MDR **1975** 595.

281 *Fischer* Vor § 52 Rdn. 54 und § 66 Rdn. 5; **aA** *Samson/Günther* SK⁸ Vor § 52 Rdn. 75.

auf ihre rechtliche Beurteilung (BGHSt **6** 92, 95; **9** 324, 326; **15** 268) umfasste und die spätere Strafverfolgung insoweit ausschloss,[282] und zwar auch im Falle der Aburteilung durch Strafbefehl (BGHSt **6** 122), sofern nicht eine *erhöhte* Bestrafung unter *neuen* rechtlichen Gesichtspunkten geboten erschien (BGHSt **3** 13; **6** 122; BVerfGE **3** 248). Die Rechtskraft erfasste alle vor der Verkündung des Urteils begangenen und in den Fortsetzungszusammenhang fallenden Handlungen, ohne Rücksicht darauf, ob das Gericht Anlass und Gelegenheit hatte, sich Kenntnis von ihnen zu verschaffen.[283]

80 Streitig war allerdings, in welchem **Umfang** von einem **Strafklageverbrauch** in den Fällen auszugehen ist, in denen ein späteres Verfahren ergibt, dass *früher als Einzelhandlungen verfolgte und abgeurteilte Taten* nach neuer Beurteilung Teilakte einer Fortsetzungstat waren, die in die neue Verurteilung wegen weiterer Teilakte dieser fortgesetzten Tat einzubeziehen gewesen wären.[284] Zwar erscheint es bei der heutigen Rechtslage kaum noch vorstellbar, dass entgegen der Bewertung in einem früheren Urteil die Annahme einer fortgesetzten Handlung in einem späteren Urteil möglich sein könnte. In jedem Fall ist aber die Frage, ob die Strafklage für strafbare Handlungen verbraucht ist, die Gegenstand des *neuen* Verfahrens sind, durch den Richter des *neuen* Verfahrens zu entscheiden; er hat *unabhängig* von den Feststellungen des rechtskräftigen Urteils zu prüfen, ob sie Einzelakte einer fortgesetzten Straftat waren, die bereits rechtskräftig abgeurteilt ist.[285] Über die Rechtsfigur der fortgesetzten Handlung hinaus können sich auch heute bei zeitlich gestreckten Handlungsabläufen, die z.B. eine *tatbestandliche Handlungseinheit* oder eine *Bewertungseinheit* bilden, ähnliche Probleme des Strafklageverbrauchs stellen. Dann würde es nahe liegen, auf die zur fortgesetzten Handlung entwickelten verfahrensrechtlichen Grundsätze zum Strafklageverbrauch zurückzugreifen (vgl. BGH NJW **1996** 168).[286]

81 **3. Rechtliche Behandlung von zeitlich gestreckten Tatwiederholungen (Serientaten).** Es bleibt aber die Frage, wie jetzt bei Serienstraftaten materiellrechtlich und prozessrechtlich zu verfahren ist, bei denen Straftatbestände mehrfach und oft über längere Zeiträume verwirklicht worden sind und zu deren tatsächlicher und rechtlicher Bewältigung früher vielfach auf die fortgesetzte Handlung zurückgegriffen wurde. Unter tatbestandliche oder natürliche Handlungseinheiten sind sie häufig nicht zu fassen, weil entweder die tatbestandliche Handlungsbeschreibung dafür nichts hergibt, oder aber es in den Fällen sukzessiver oder iterativer Tatbestandsverwirklichung (siehe dazu oben Rdn. 40f) an dem erforderlichen engen räumlichen und zeitlichen Zusammenhang fehlt.[287] Nach BGHSt **40** 138, 166f reichen bei langgestreckten Tatserien, ins-

---

282 RGSt **72** 212; **70** 336; **44** 28 und 398; **54** 333; **68** 384; BGHSt **5** 136, 138; **6** 92.

283 RG JW **1937** 2961; BGHSt **6** 92, 95; BGH GA **1958** 366; OLG Düsseldorf StV **1984** 425.

284 Vgl. hierzu RGSt **54** 285; **72** 258; BGHSt **15** 268, 272; **29** 63, 64; **33** 122, 124f; BGH MDR **1985** 423f; NStZ **1989** 381f; **1992** 142; BGHR BtMG § 29 Abs. 1 Nr. 1 Fortsetzungszusammenhang 3; StPO § 264 Abs. 1 Strafklageverbrauch 1 und 4; OLG Hamburg JZ **1964** 34; OLG Köln NJW **1952** 437; OLG Schleswig SchlHA **1976** 185; *Stratenwerth* JuS **1962** 220; *Samson* SK[4] Vor § 52 Rdn. 55; *Vogler* LK[10] Vor §§ 52ff Rdn. 96ff.

285 BGHSt **15** 268, 270; OLG Hamburg VRS **26** 49; **45** 31; OLG Hamburg MDR **1973** 517; *Stratenwerth* JuS **1962** 220; *Sch/Schröder/Sternberg-Lieben/Bosch*[25] Vor §§ 52ff Rdn. 66; *Fischer* Vor § 52 Rdn. 54; RGSt **57** 21; **72** 210, 213.

286 Vgl. im Übrigen zum Problem des Strafklageverbrauchs und zur Auflösung zeitlich gestreckter Straftaten unten § 52 Rdn. 30ff (sog. *Entklammerung* bei Tateinheit durch Klammerwirkung); *Fischer* StGB Vor § 52 Rdn. 54, sowie *Stuckenberg* LR StPO § 264 Rdn. 65f und 69f.

287 Vgl. *Beulke/Satzger* NStZ **1996** 432; *Geppert* NStZ **1996** 57, 60f *Bittmann/Dreier* NStZ **1995** 105, 108f plädieren deshalb für die Beibehaltung einer juristischen Handlungseinheit aufgrund eines „institutionalisierten Systems"; ausdrücklich gegen diese Ansicht *Zschockelt* NStZ **1995** 109f. Hingegen

besondere im Bereich der Sexual- und Vermögensdelikte, die gesetzlichen Regeln über die Strafenbildung bei Tatmehrheit und die ergänzend dazu in der Rechtsprechung entwickelten Grundsätze zur Strafzumessung bei Serientaten[288] zur sachgerechten Erfassung des Gesamtunwerts aus. Probleme der Stofffülle und von Beweisschwierigkeiten stellten sich bei der Annahme einer fortgesetzten Handlung alter Art – wenn man deren Anforderungen ernst nahm, konkrete und individualisierbare Einzelakte feststellen zu müssen, die jeder für sich zweifelsfrei den objektiven und subjektiven Tatbestand eines Strafgesetzes erfüllen – und bei Tatmehrheit gleichermaßen; hier wie dort stehen nach Auffassung des Großen Senats jeweils dieselben prozessualen Mittel zur Verfügung, nämlich die Verfahrensbeschränkungen nach §§ 154, 154a StPO und die Anwendung des Zweifelssatzes (BGHSt **40** 159 f).[289] Die Rechtsprechung hat versucht, sich des tatsächlichen Phänomens der Serienstraftat anzunehmen und Regeln zu deren rechtlichen Behandlung entwickelt bzw. geltende Rechtssätze für diese Sachverhalte zum Teil präzisiert.[290]

Dabei hat sie auch einen, nach hiesiger Auffassung problematischen *Sonderweg* beschritten, in dem sie durch Übernahme oder Kreation neuer Formen rechtlicher Handlungseinheiten tatsächliche oder vermeintliche Ermittlungs- und Feststellungsschwierigkeiten zu vermeiden sucht. Rechtsfiguren wie die **„Täterschaft kraft Organisationsherrschaft"**, bei der der Hintermann durch betriebliche Organisationsstrukturen bestimmte Rahmenbedingungen schafft, die regelhafte Geschäftsabläufe zur Folge haben,[291] sollen den Strafverfolgungsbehörden die Ermittlung und Aburteilung strafwürdigen Verhaltens im Wirtschaftsleben erleichtern und vereinfachen. Auch das sog. **„uneigentliche" Organisationsdelikt,**[292] soll vergleichbaren Zwecken dienen, ungeachtet gegenteiliger früherer Rechtsprechung, die der Ansicht war, dass die Annahme einer tatbestandlichen Handlungseinheit nicht schon deshalb gerechtfertigt sei, weil der Täter sich zur mehrfachen Verwirklichung eines deliktischen Erfolges planmäßig eines Geschäftsbetriebes oder einer sonstigen eingespielten Organisation bedient hatte.[293] **82**

Nach neuerer Ansicht soll das „uneigentliche" Organisationsdelikt seine *Legitimation* aber gerade durch die *organisierte Begehungsweise* innerhalb eines auf die Begehung von Betrugstaten oder anderer Vermögensdelikten ausgerichteten Geschäftsbetriebes erfahren.[294] Eine überzeugende Argumentation, die nicht dem Verdacht der Beliebigkeit ausgesetzt ist, sieht anders aus. Übersehen bzw. nicht erkennbar bedacht wird von der Rechtsprechung zudem, dass ähnliche Bestrebungen bereits zur Zeiten des RG und auch schon früher vom BGH verfolgt, aber wieder aufgegeben wurden,[295] weil sie zu ungerechten Er- **82a**

Schlüchter/Duttge NStZ **1996** 457, 466, ähnlich auch Fischer[49] Vor § 52 Rdn. 25e, die die Annahme einer dogmatisch eigenständigen Form der fortgesetzten Handlung nach wie vor für möglich und erforderlich hielten.

288 Unter Hinweis auf BGHSt **24** 268, 270; BGHR StGB § 46 Abs. 2 Tatumstände 4; § 54 Abs. 1 Bemessung 2, 4.

289 Zustimmend *Ruppert* MDR **1994** 973; *Zschockelt* NStZ **1994** 361.

290 Siehe hierzu auch *Fischer* Vor § 52 Rdn. 55 f.

291 Vgl dazu BGHSt. **40**, 218, 236 ff; **48**, 331, 341 f; BGH NStZ **1998**, 148, 150; *Nack* GA **2006**, 342; kritisch dazu *Rissing-van Saan* FS Tiedemann S. 391 ff.

292 BGHSt. **49**, 177, 184 f; BGH NStZ **2008**, 89, 90. Pate gestanden hat hier wohl das von *Bittmann/Dreier* NStZ **1995** 105, 108 als eigenständige Rechtsfigur favorisierte sog. „institutionalisierte System" der Rspr., das im Zusammenhang mit der fortgesetzten Handlung schon eine Rolle gespielt hatte. Siehe dazu auch hier Rdn. 80.

293 BGH NStZ **1997** 233. Vgl. zur ähnlichen Fragestellung bei den Begriffen der fortgesetzten Handlung und der natürlichen Handlungseinheit BGHSt **26** 284 = NJW **1976** 1512.

294 BGHSt **49** 177, 183 f.

295 RGSt. **61**, 147; **72**, 164, 166 f; BGHSt. **1**, 41, 42 f; BGHSt. **12**, 148, 155 f.

gebnissen führten und außer einer pragmatischen Begründung, die sich maßgeblich auf ökonomische Erwägungen stützt, keine dogmatische Rechtfertigung für diese Art der rechtlichen Zusammenfassung von einzelnen Straftaten zu finden war. So ist und bleibt etwa eine Betrug nach § 263 ein gegen das Vermögen einzelner natürlicher oder juristischer Personen gerichteter Tatbestand, dessen Voraussetzungen hinsichtlich jeden Einzelaktes konkret festgestellt werden muss; allein die organisierte Begehung macht aus § 263 kein „Organisationsdelikt" – gleich, ob im eigentlichen oder im herkömmlichen Sinne oder im „uneigentlichen", also neu kreierten Sinne – das es rechtfertigen könnte, auf die exakte Feststellung der mehrgliedrigen tatbestandlichen Voraussetzungen eines Betruges in den zur Aburteilung gelangten Einzelfällen zu verzichten.[296]

83 **a)** Eine i.S.d. § 200 StPO wirksame **Anklage** setzt grundsätzlich voraus, dass die dem Angeklagten angelasteten Tat(en) sowie Zeit und Ort ihrer Begehung so genau bezeichnet werden, dass die Identität des geschichtlichen Vorgangs klargestellt und erkennbar wird, welche bestimmte Tat(en) gemeint sind. Sie müssen sich von anderen strafbaren Handlungen gleicher Art desselben Täters unterscheiden lassen.[297] Es darf nicht unklar bleiben, über welchen Sachverhalt das Gericht nach dem Willen der Staatsanwaltschaft urteilen soll. Fehlt es an der gebotenen Klarheit, ist die Anklage unwirksam (BGH NStZ **1984** 133; **1992** 553).

84 An die **Konkretisierung** der Anklage bei Serientaten mit sich gleichartig wiederholenden Handlungsabläufen legt die Rechtsprechung aber großzügige Maßstäbe an. So wird den Anforderungen der Bestimmtheit der Anklage genügt, wenn die Art und Weise der Tatbegehung in ihren Grundzügen, ein bestimmter Tatzeitraum und die (Höchst)Zahl der den Gegenstand des Vorwurfs bildenden Straftaten mitgeteilt werden.[298] Dies gilt zwar auch, wenn dem Verfahren eine Vielzahl sexueller Übergriffe gegen Kinder zugrunde liegt. Kommen aber in einem längeren Tatzeitraum verschiedene Tatmodalitäten mit rechtlich unterschiedlichen Bewertungen in Betracht, muss die Anklage erkennen lassen, wie viele Taten welcher Tatmodalität welchen Alterstufen des Tatopfers zuzuordnen sind und welchen rechtlichen Einordnungen sie deshalb unterliegen (BGH StV **2005** 113 unter Bezugnahme auf *Rieß* LR § 200 Rdn. 14c). Diese Handhabung der rechtlichen Anforderungen an die Anklageschrift ist verfassungsrechtlich unbedenklich, solange eine wirksame Verteidigung des Angeklagten gewährleistet bleibt (BVerfG – 3. Kammer des Zweiten Senats – Beschluss v. 11.5.2005 – 2 BvR 2/05).

85 **b)** Im **Urteil** ist bei rechtlich selbständigen Serienstraftaten eine – gegebenenfalls unter Beachtung des Grundsatzes in dubio pro reo[299] – festzustellende Mindestzahl ihrer

---

296 BGH NStZ **2010**, 103 f und NStZ **2011** 638, 640; *Rissing-van Saan* FS Tiedemann S. 394 f. Soweit *Bosch* (*Sch/Schröder/Sternberg-Lieben/Bosch* Vor §§ 52 ff Rdn. 17a) hinter der hiesigen Kritik eine Verkennung der sich seit Jahren in der Rspr. entwickelnden Tendenz zu einer Betrachtungsweise, die den organisatorischen Tatformen und einer (besonderen?) Form der mittelbaren Täterschaft einen Vorrang einräumt, vermutet, übersieht er seinerseits, dass sich der Beitrag in der Tiedemann Festschrift gerade mit dieser Problematik auseinandersetzt.

297 BGHSt **40** 44, 45; **56** 183, 186; BGH NStZ **1999** 42; NStZ **2008** 351 m. Anm. *Krehl* NStZ **2008** 525; siehe auch *Meyer-Goßener/Schmitt* StPO § 200 Rdn. 9 f; *Altvater* FS 50 Jahre BGH S. 495, 504 jeweils m.w.N.

298 BGHSt **40** 44; **44** 153, 154 f; **48** 221; BGH NStZ **2001** 656; **2005** 282; StV **2003** 320, 321. Zu den Anforderungen an eine § 200 StPO genügende Anklage und einen wirksamen Eröffnungsbeschluss vgl. im übrigen BGHSt **10** 137, 139; **23** 336, 340 ff; BGH NJW **1991** 2716; **1994** 2966; StV **1995** 342; BayObLG wistra **1992** 238; OLG Düsseldorf wistra **1994** 318; *Geisler* Jura **1995** 74, 82; *Geppert* NStZ **1996** 57, 62 f; *Ruppert* MDR **1994** 973, 975 f; *Zschockelt* NStZ **1994** 361, 365 f, jeweils m.w.N.

299 *SSW/Eschelbach* § 52 Rdn. 65, weist zutreffend auf die damit für den Angeklagten oft verbundenen, aber ebenso oft übersehenen negativen Folgen einer solchen „in-dubio-Einheitstat" hin.

Begehung nach konkretisierter Einzeltaten festzustellen, die der Täter innerhalb eines bestimmten Zeitraums begangen hat (**36** 320, 321f; BGHSt **40** 138 160).[300] Die Einhaltung dieser Anforderung an die Urteilsfeststellungen wird insbesondere in Fällen eines sich über längere Zeit erstreckenden wiederholten sexuellen Missbrauchs desselben Tatopfers als ausreichend erachtet, weil die exakte Wiedergabe jedes einzelnen Geschehensablaufs aufgrund der gleichförmigen Tatbegehung von einem kindlichen oder jugendlichen Opfer in der Regel nicht geleistet werden kann.[301] Es muss jedoch sichergestellt sein, dass die Feststellung der Mindestzahl auf einer aus objektivierbaren Tatsachen und Beweisumständen abgeleiteten richterlichen Überzeugungsbildung beruht und nicht auf bloßen Vermutungen oder Hoch- bzw. Herunterrechnungen zweifelhafter Zeugenangaben.[302] Damit ist nicht einer konturlosen sog. *gleichartigen Verbrechensmenge* als ausreichender Urteilsgrundlage das Wort geredet;[303] es gilt vielmehr auch hier, dass die der Verurteilung zugrundegelegten Einzeltaten so konkret zu beschreiben sind, dass der Rechtskundige hierin den gesetzlichen Tatbestand erkennen, der Angeklagte sich gegen den Vorwurf im einzelnen verteidigen und das Revisionsgericht die ihm obliegende Nachprüfung vornehmen kann.[304] Zwar kann dort, wo der Angeklagte den Straftatbestand stets in gleicher Weise, mit denselben Mitteln und unter auch sonst gleichen Tatumständen verwirklicht hat, die einmalige, zusammenfassende Beschreibung der unverändert wiederholten Handlungen genügen, jedoch muss bei Straftaten insbesondere bei Sexualstraftaten mit Nötigungselementen für jeden Einzelfall das eingesetzte Nötigungsmittel individualisiert festgestellt werden (BGHSt **42** 107; StV **2001** 450),[305] weil der Tatbestand für jede Tat die konkrete Feststellung der Beugung des entgegenstehenden Willens des Tatopfers voraussetzt.

Ähnliche Grundsätze zur **Individualisierungspflicht** gelten bei **serienmäßig** be- 86
gangenen **Eigentums- oder Vermögensdelikten.** Lässt sich der genaue Zeitpunkt der jeweiligen Taten nicht ermitteln ist es ausreichend, wenn sie überhaupt, etwa durch die Kennzeichnung der Diebesbeute, die Art und Weise der Tatbegehung oder durch die Benennung des Geschädigten, individualisiert werden können.[306] Lässt sich nur ein, in einem bestimmten Tatzeitraum verursachter, aus einer Vielzahl von Einzelakten resultierender Gesamtschaden feststellen, so erfogt die Feststellung der Zahl der Einzelakte und die Verteilung des festgestellten Gesamtschadens nach dem Grundsatz in dubio pro reo (BGHSt **40** 374, 377; BGH NJW **1995** 2933, 2934; NStZ **1999** 581);[307] muss offen bleiben, welche und wieviele Einzeltaten mit welchem Gewicht und welchem Umfang zu dem

---

300 Ferner BGH NStZ **2005** 113 und 282, 283. Kritisch hierzu *Erb* GA **1995** 430, 436ff und ZStW **117** 37, 99ff; Klumpe, Serienstraftat, S. 82ff; *Sch/Schröder/Sternberg-Lieben/Bosch* Vor §§ 52ff Rdn. 33–80.

301 BGH NStZ **1994** 502; NStZ **1998** 208; BGHR StPO § 267 Abs. 1 S. 1 Sachdarstellung 9 vgl. auch *v. Heinschel-Heinegg* MK § 52 Rdn. 66 m.w.N.

302 BGHSt **42** 107; BGH bei *Holtz* MDR **1985** 91; BGH NStZ **1993** 585, 587; **1995** 78; StV **1996** 363, 364; BGHR StPO § 261 Vermutung 2 sowie StGB § 176 Serienstraftaten 7 und 8; BGH Beschl. vom 7.4.2005 – 4 StR 82/05.

303 So aber wohl die Auffassung von *Erb* GA **1995** aaO und *Klumpe* aaO S. 84 Fn. 270; enger als die Rechtsprechung auch *Zschockelt* NStZ **1994** 361, 363; *ders.* StraFo **1996** 331, 332f und JA **1997** 412, der stets die Feststellung von Einzeltaten für erforderlich hält, die nach den ihnen zugrunde liegenden konkreten Lebenssachverhalten zu individualisieren sind; in diesem Sinne auch BGH NStZ **1994** 393f.

304 BGH NStZ **1993** 35 und **1994** 555; StV **1981** 542 und **1991** 245f; NJW **1994** 2557; BGH Beschl. vom 7.4.2005 – 4 StR 82/05; *Fischer* Vor § 52 Rdn. 56; *Ruppert* MDR **1994** 973, 976.

305 BGHR StPO § 267 Abs. 1 S. 1 Mindestfeststellungen 7; BGH Beschl vom 16.11.1999 – 4 StR 528/99.

306 BGH NStZ **1982** 79; NJW **1992** 1709, 1710f; NStZ **2004** 568; BGHR StPO § 267 Abs. 1 S. 1 Mindestfeststellungen 8.

307 Zur an sich systemwidrigen Methodik der „Verteilung des Gesamtschadens auf Einzelakte" *Altvater* FS 50 Jahre BGH S. 495, 508; *Klumpe* Serienstraftat, S. 84 ff; kritisch auch *Hefendehl* StV **1998** 474; *Zopfs* StV **2000** 601; *Sch/Schröder/Sternberg-Lieben/Bosch* Vor §§ 52ff Rdn. 33–80.

Gesamtschaden beigetragen haben, so ist zugunsten des Angeklagten davon auszugehen, dass er den Schaden durch eine Handlung herbeigeführt hat (BGH NStZ **1994** 586).[308] Im Übrigen kann, wenn feststeht, dass ein Schaden entstanden ist, dessen Höhe bzw. der Schuldumfang geschätzt werden,[309] wenn sich Feststellungen auf andere Weise nicht treffen lassen.

87 Dies alles entbindet den Tatrichter auch in Massenbetrugsfällen jedoch nicht von der Pflicht, das strafbare Verhalten nach Ort, Zeit oder Begehungsart näher zu bestimmen und im Urteil die Umstände seiner Überzeugungsbildung so ausfürlich mitzuteilen, dass sie erkennen lässt, dass die Beweiswürdigung auf einer tragfähigen, verstandesmäßig einsichtigen Tatsachengrundlage beruht. Bei **§ 263** gehört dazu, dass sich dem Urteil auch entnehmen lässt, aufgrund welcher Umstände der Tatrichter die Überzeugung gewonnen hat, dass die schädigende Vermögensverfügung durch einen **Irrtum des Getäuschten** veranlasst worden ist.[310] In welchem Umfang diese Darlegungen erforderlich sind, hängt allerdings von den Umständen des Einzelfalls ab.

88 So kann es in Fällen gleichförmiger, massenhafter oder routinemäßiger Geschäfte, die von selbstverständlichen Erwartungen geprägt sind, ausreichend sein, auf der Grundlage eines „sachgerechten Mitbewusstseins" indiziell auf einen täuschungsbedingten Irrtum des Verfügenden zu schließen;[311] bei normativ geprägten Vorstellungen des Verfügenden kann u.U. schon auf der Grundlage weniger Zeugenvernehmungen, wenn deren Aussagen einen Irrtum belegen, davon ausgegangen werden, dass auch bei den übrigen Verfügenden ein Irrtum vorlag. Soweit in der Rechtsprechung die Ansicht vertreten wird, in einfachen Fällen normativ geprägter Vorstellungsbilder der Geschädigten sei es zulässig und ausreichend, wenn sich der Tatrichter zur Feststellung eines Irrtums lediglich auf äußere Umstände und allgemeine Erfahrungssätze stützt,[312] wird mit einiger Berechtigung kritisiert, dass selbst ein geständiger Angeklagter nichts zu inneren Vorgängen des Getäuschten aussagen könne, sondern letztlich damit das **Wesen des Irrtums** als feststellungsbedürftige **innere Tatsache** preisgegeben würde.[313] In komplexeren Fällen, insbesondere in Fällen von individuellen Motivationen der Getäuschten zur Leistung, ist es jedoch auch nach der Rechtsprechung regelmäßig erforderlich, die betreffenden Personen über ihr Vorstellungsbild zu vernehmen und ihre Bekundungen im Urteil darzulegen und zu würdigen.[314]

89 Der Umstand, dass der Gesetzgeber mit § 257c StPO das verfahrensrechtliche Phänomen einer „Verständigung" zwischen Gericht, Angeklagtem und Staatsanwaltschaft institutionalisiert hat, dem nicht selten ein (anwaltlich vorformuliertes) „glaubhaftes Geständnis" des Angeklagten vorausgegangen ist, enthebt das Tatgericht nicht der Verpflichtung, die den Schuldspruch tragenden Tatsachen hinreichend konkret und differenziert festzustellen und die der richterlichen Überzeugungsbildung zugrundeliegenden

---

308 Zustimmend *Puppe* NK (1995) § 52 Rdn. 28; **aA** *Bittmann/Dreier* NStZ **1995** 105, 107, dagegen *Zschockelt* NStZ **1995** 109.

309 BGHSt **36** 320, 327 f; **38** 186, 193; **40** 374, 376 f mit abl. Anm. *Bohnert* NStZ **1995** 460; BGH NJW **2002** 1810; NStZ-RR **2004** 242, 243. Kritisch hierzu auch *Geppert* NStZ **1996** 57, 63 und 118; *Zieschang* GA **1997** 465; *Roxin* AT II § 33 Rdn. 269 f.

310 BGH StV **2012** 653 f; NStZ **2014** 459, 460 jeweils m.w.N.

311 BGH NStZ **2014** 215 f (Beschl. v. 22.11.2913 – 3 StR 162/13, insoweit in BGHSt **59** 75 nicht abgedruckt) unter Bezugnahme auf *Tiedemann* LK § 263 Rdn. 77 ff m.w.N.; BGH NStZ **2015** 98, 99 f m. krit. Anm. *Krehl* ebenda S. 101 f.

312 BGH NStZ **2014** 98, 100 (1. Senat) und NStZ **2019** 43, 44 (5. Senat); anders hingegen BGH NStZ **2019** 40, 41 (4.Senat).

313 *Krehl* NStZ **2015** 101, 102; *E.Frank* NStZ **2019** 45 f Anm. zu BGH NStZ **2019** 43 f.

314 BGH NStZ **2014** 459, 460; NStZ **2014** 644, 645; NStZ-RR **2017** 375 f (keine Schätzung einer „Irrtumsquote").

Beweisumstände im Urteil näher darzulegen.[315] Das gilt uneingeschränkt gerade auch bei Serientaten von Eigentums- und Vermögensdelikten,[316] die erfahrungsgemäß dazu verleiten, die für die rechtliche Würdigung der Einzelfälle wesentliche tatsächlichen Nuancen nicht mit der gebotenen Genauigkeit aufzuklären bzw. festzustellen und im Urteil darzulegen. Nach jahrelangen heftigen Diskussionen in Wissenschaft und Rechtsprechung, sowie ideologischen Meinungsverschiedenheiten der Strafsenate des BGH untereinander, hat der 2. Senat des BVerG in einem Urteil v. 19.3.2013 – 2 BvR 2628/10 u.a.[317] mit aller Deutlichkeit klargemacht, dass durch § 257c StPO weder der Aufklärungsgrundsatz des deutschen Strafprozesses noch das verfassungsrechtlich gesicherte Schuldprinzip eingeschränkt wurden, so dass die Gerichte durch § 257c StPO nicht von der Pflicht zur *Aufklärung* und *Darlegung* des Sachverhalts entbunden sind, soweit dies für den Tatbestand, der dem Angeklagten vorgeworfenen Gesetzesverletzung erforderlich ist.[318]

Ob überhaupt und in welchem Umfang pauschalierende „in-dubio-Lösungen" auf **90**
Serientaten übertragen werden können, die Straftaten gegen **höchstpersönliche Rechtsgüter** betreffen, deren Unrechts- und Schuldgehalt schon wegen ihrer Personenbezogenheit maßgeblich durch die konkreten Tatbestandsverwirklichungen und damit durch die Umstände jeder Einzeltat bestimmt werden, ist in der Rechtsprechung noch nicht zufriedenstellend geklärt. Die nur in Ausnahmefällen zulässige Zusammenfassung verschiedener Tatbestandsverwirklichungen des § 176 Abs. 1 nach dem Grundsatz in dubio pro reo zu einer einzigen Tat setzt neben einer sorgfältigen Beweiserhebung und -würdigung voraus, dass keine Unsicherheit über die Zahl der Taten sowie den Unrechts- und Schuldgehalt jeder Einzeltat besteht und durch die Zusammenfassung auch nicht eintritt (BGH NStZ **1997** 280f). Die einzelnen Tatbestandsverwirklichungen müssen deshalb wie Einzeltaten festgestellt werden, um ähnliche materiell- und prozessrechtliche Unzuträglichkeiten auszuschließen, wie sie bei der fortgesetzten Handlung beanstandet wurden und schließlich zu deren Aufgabe geführt haben (BGH aaO).[319]

c) Bei der **Strafzumessung** für eine Vielzahl gleichartiger Einzeltaten ist es zulässig, **91**
die für alle Taten geltenden Zumessungserwägungen gemeinsam zu erörtern,[320] für gleiche Taten gleiche Strafen zu verhängen und sich im Übrigen darauf zu beschränken, Einzelerwägungen nur dort zu erörtern, wo Taten aufgrund besonderer Umstände nach ihrem Unwertgehalt oder ihrer Schuldschwere aus der Reihe der übrigen Serientaten nach oben oder unten abweichen. Insbesondere kann es bereits bei der Bemessung der Einzelstrafen erforderlich und geboten sein, die Tatsache der Häufung der Sraftaten zu berücksichtigen.[321]

Für die **Gesamtstrafenbildung** bei Serienstraftaten gelten keine anderen Grundsät- **92**
ze als in den übrigen Fällen tatmehrheitlich begangener Straftaten (siehe dazu näher unten § 54). Zwar trifft es zu, dass die Anwendung der §§ 53, 54 konstruktiv gegenüber einer einzigen Tat im Rechtssinne zu einer Erweiterung des Strafrahmens führt und be-

---

315 BGH NStZ-RR **2012** 52 m.w.N.
316 BGH StV **2012**, 653f; NStZ-RR **2012** 52.
317 BVerfGE **133** 168 = NJW **2013** 1058.
318 Ausführlich hierzu *Landau* NStZ 2014 425; *Meyer-Goßner/Schmitt* StPO § 257c Rdn. 4ff jeweils m.w.Nachw.
319 *Fischer* Vor § 52 Rdn. 56; wegen der damit einhergehenden Sprengung des materiellrechtlichen Tatbegriffs ablehnend Klumpe, Serientaten, S. 88f. Vgl. im übrigen zur Zuordnung einzelner Qualifikationen und Straferschwerungsgründe bei unsicherer Tatsachengrundlage: *Altvater* aaO S. 509.
320 Vgl. BGHSt **40** 138, 162; BGH Beschl. vom 6.6.1994 – 5 StR 229/94; *Ruppert* MDR **1994** 973, 974; *Zschockelt* StraFo **1996** 131, 136.
321 BGHSt **24** 268, 271; BGHR BtMG § 29 Serienstraftaten 2.

reits deshalb zu einer höheren Bestrafung des Gesamtkomplexes als bei der Annahme einer fortgesetzten Handlung führen kann.[322] Darauf, dass dies nicht die zwangsläufige Folge sein muss, hat schon der Große Senat für Strafsachen hingewiesen;[323] dem liegt die Erkenntnis zugrunde, dass die unterschiedliche rechtliche Beurteilung der Konkurrenzen bei unverändertem Unrechts- und Schuldgehalt kein maßgebliches Kriterium für die Strafbemessung sein kann.[324] Da nach § 54 Abs. 1 S. 2 die Gesamtstrafe durch Erhöhung der verwirkten schwersten Einzelstrafe zu bilden ist, hat die Rechtsprechung wiederholt darauf hingewiesen, dass bei einer Reihe gleichartiger Taten die Erhöhung der Einsatzstrafe in der Regel niedriger auszufallen hat, wenn zwischen den einzelnen Taten ein enger zeitlicher, sachlicher und situativer Zusammenhang besteht, der strafmildernd zu Buche schlagen kann;[325] allerdings können wiederholte gleichartige Straftaten auch Ausdruck einer sich steigernden rechtsfeindlichen Gesinnung und kriminellen Energie des Täters sowie einer erhöhten kriminellen Intensität der Taten sein, Umstände, die sich dann straferhöhend auswirken.[326] Verjährte oder nach den §§ 154, 154a StPO eingestellte Straftaten dürfen bei der Strafzumessung mit berücksichtigt werden, wenn sie in der Hauptverhandlung hinreichend aufgeklärt worden sind.[327] Jedoch muss das dem Angeklagten angelastete strafschärfende Verhalten, das nicht dem Schuldspruch zugrunde gelegt wird, so bestimmt festgestellt sein, dass es zumindest in seinem wesentlichen Unwertgehalt abzuschätzen ist und eine unzulässige Berücksichtigung des bloßen Verdachts der Begehung weiterer Straftaten ausgeschlossen werden kann.[328] Bedeutung für die Gesamtstrafenbildung kommt nicht zuletzt dem Gesamtgewicht des abgeurteilten strafrechtlich relevanten Vorgangs zu, insbesondere den konkreten Folgen für das Opfer oder dem Umfang und den Ausmaßen eines festgestellten Schadens.[329] Hier ist der Ort, um den Gesamtunwert einer Tatserie sachgerecht zu erfassen und angemessen zu berücksichtigen. Im Übrigen gilt auch für die Strafzumessung bei Serientaten, dass das Gesetz von jedem Schematismus weit entfernt ist.[330]

93 **4. Lösungsvorschläge in der Literatur.** Trotz weitgehender Zustimmung zur Aufgabe der fortgesetzten Handlung ist in der Literatur aber vor allem der Ansatz des Großen Senats, eine fortgesetze Tat als Rechtsfigur, wenn überhaupt, nur noch dann zuzulassen, wenn der Tatbestand zur sachgerechten Erfassung von Unrecht und Schuld die Verbindung mehrerer Einzelakte zu einer Tat unumgänglich macht, als eine die Problematik verkürzende Sichtweise kritisiert worden. Der Entscheidung ist vorgeworfen worden, wesentliche Bewertungsgesichtspunkte des Allgemeinen Teils, namentlich der Vorsatztat, auf diesem Wege ausgeklammert zu haben, was insbesondere bei der Erfassung von Eigentums- und Vermögensdelikten mit vorneherein vom Täter geplanten Gesamterfolgen sowie bei zeitlich gestreckten Vorsatztaten zu unlösbaren Problemen führen wer-

---

322 Vgl. hierzu *Arzt* JZ **1994** 1000, 1001; *Geisler* Jura **1995** 74, 82 f; *Geppert* NStZ **1996** 118.

323 BGHSt **40** 138, 162; so auch BGH StV **1999** 599.

324 BGHSt **40** 218, 239; **41** 368, 373; BGH NStZ **1997** 233; NJW **2004** 2840; BGHR StGB Vor § 1 Serienstraftaten Betrug 2 und § 54 Serienstraftaten 5; vgl. hierzu auch *Kalf* StZ **1997** 66.

325 BGH NJW **1995** 2234; NStZ **1995** 77; StV **1997** 76; MDR **1995** 879 und 880.

326 Vgl. BGHSt **34** 321, 323 f; **36** 320, 321; *Geppert* NStZ **1996** 118.

327 BGHSt **30** 147, 148; **34** 209, 210, 211; **41** 305, 309; BGH NStZ **1981** 99 und **1995** 439; NJW **1994** 2966, 2967; StV **1994** 423; BGHR StGB § 46 Abs. 2 Vorleben 11, 19 und 20; *Altvater* aaO S. 509 f; *Jähnke* FS Salger S. 47 ff; mit gewichtigen Argumenten zur Vorsicht mahnend *Foth* NStZ **1995** 375; kritisch auch *Fischer* § 54 Rdn. 9; *Geppert* NStZ **1996** 57, 62, 63; *Klumpe* Serienstraftat, S. 57 ff.

328 BGH NStZ **1995** 439; BGH Beschl. vom 3.7.1996 – 2 StR 260/96; unter diesen Voraussetzungen dürfte den von *Arzt* JZ **1994** 1000, 1001 geäußerten Bedenken die Spitze genommen sein.

329 BGH NStZ **1988** 126; **1996** 187 f.

330 BGHSt **34** 345, 351; BGH Beschl. vom 11.5.2004 – 1 StR 181/04.

de.[331] Im Schrifttum werden für derartige Konstellationen zum Teil Lösungen angeboten, die der alten fortgesetzten Handlung zumindest nahe kommen.

So schlägt *Geppert*[332] vor, die Fälle der zeitlich gestreckten Vorsatztaten mit Hilfe der Grundsätze der natürlichen Handlungseinheit zu lösen. Als Ersatz für die fortgesetzte Handlung schlagen *Schlüchter/Duttge*[333] die „fortgesetzte Handlungseinheit" vor, die als vermittelnde Lösung neben einem Gesamtvorsatz als wichtigstes Element die enge räumlich-zeitliche Nähe voraussetzt. *Brähler*[334] will im Anschluss an BGHSt **40** 138, 164f zeitlich gestreckte Vorsatztaten als juristische Handlungseinheit anerkennen, weil hierfür unrechtsspezifische Gründe von Gewicht sprächen, wenn im Übrigen bei eindeutig limitiertem Gesamtvorsatz die Voraussetzungen eines engen zeitlich-räumlichen Zusammenhangs erfüllt seien.[335] Eine, den Gesamtvorsatz der fortgesetzten Handlung ebenfalls mit einen engen räumlichen und zeitlichen Zusammenhang verknüpfende Rechtsfigur der „finalen Handlungseinheit" favorisiert *Klumpe*,[336] bei der alle Handlungen aus Tätersicht nur unselbständige Teile eines deliktischen Ganzen sind, weil die einzelnen Handlungen nur im Hinblick auf den Gesamterfolg vorgenommen werden. Ferner wird von *Bittmann/Dreier* in Anlehnung an die „institutionalisierten Systeme" der fortgesetzten Handlung (siehe oben) vorgeschlagen, ein solches System unabhängig von der fortgesetzten Handlung als eigenständige Rechtsfigur zur Bewältigung des Phänomens der Wirtschaftskriminalität anzuerkennen,[337] wenn den einzelnen Handlungen eines Täters in einer Unternehmensstruktur ein einziger Tatentschluss zugrunde liege, der sich kraft der für wiederkehrende Situationen vorherbestimmten Handlungsabläufe zeitlich gestreckt verwirklicht.[338] Alle möglicherweise in größeren zeitlichen und räumlichen Abständen verwirklichten Schäden haben ihren Ursprung in einem Grundentschluss und einer Grundlagenhandlung, durch die das System einrichtet worden ist.[339] Ebenfalls von *Bittmann/Dreier*[340] stammt der Gedanke, bei den Tatserien, bei denen lediglich das Ausmaß des Gesamtschadens bekannt sei, auf die Feststellung einzelner Taten zu verzichten, weil deren einzelne Schadensbeträge lediglich Rechnungsposten bildeten, so dass ihre Summe eine einzige Straftat darstellten.[341] **94**

Die Vorschläge, die der Schwäche der allein auf den Tatbestand der in Betracht kommenden Delikte abstellenden Lösung des Großen Senats in BGHSt **40** 138 mit Hilfe einer wie auch immer benannten Handlungseinheit begegnen wollen, die sich neben einem engen zeitlichen und räumlichen Zusammenhang gerade durch einen auf einen Gesamterfolg gerichteten echten Gesamtvorsatz auszeichnet, erscheinen deshalb sach- **95**

331 *Fischer* Vor § 52 Rdn. 51 und 57; *Geppert* NStZ 1996 57, 60 f.
332 NStZ **1996** 57, 60.
333 NStZ **1996** 457, 466; so auch schon *Schlüchter* SK-StPO § 264 Rdn. 21.
334 Die rechtliche Behandlung von Vorsatzstraftaten und -ordnungswidrigkeiten (2000) S. 318 ff.
335 Ähnlich schon *Fischer*[49] Vor § 52 Rdn. 25e.
336 Probleme der Serienstraftat (1998) S. 197 ff.
337 NStZ **1995** 105, 108 f.
338 Ähnlich argumentiert im übrigen auch teilweise die Rspr, wenn sie bei den sog. uneigentlichen Organisationsdelikten, d.h. bei solchen Serientaten, die aus einem Unternehmen heraus organisatorisch ins Werk gesetzt werden, gegebenenfalls mit der Begründung, der Angeklagte sei hierdurch nicht beschwert, eine einzige Tat annimmt, vgl. etwa BGH NJW **1995** 2933, 2934; StV **1996** 604; NStZ **1996** 296; NJW **2004** 2840, 2841 f. Die von *Jähnke* GA **1989** 376, 385 gegen derartige institutionalisierte Unternehmenssysteme vorgebrachten Bedenken, auf diese Weise werde letztlich das Merkmal der Gewerbsmäßigkeit als einheitsstiftendes Element und damit die Sammelstraftat wieder eingeführt, greifen auch hier.
339 Vgl. hierzu auch *Klumpe* Serientat S. 166 ff.
340 AaO S. 109.
341 Auch diese Überlegung hat bereits Eingang in die Rechtsprechung gefunden, siehe dazu oben Rdn. 73.

gerecht. Ähnlich hatte bereits der 3. Strafsenat in seinem Vorlagebeschluss an den Großen Strafsenat[342] argumentiert, der auf die Rückführung der Rechtsfigur der fortgesetzten Tat zu ihren Ursprüngen abzielte und deshalb einen schon aufgrund der Natur der Sache zeitlich und inhaltlich limitierten „echten Gesamtvorsatz" statt eines beliebig erweiterbaren „Fortsetzungsvorsatz" verlangen wollte.

VI. Sammelstraftat und Massenverbrechen

96 Keine rechtliche Handlungseinheit bildet die Sammelstraftat (Kollektivdelikt). Der Begriff Sammelstraftat umfasst die gewerbsmäßig, geschäftsmäßig oder gewohnheitsmäßig begangenen Verbrechen. **Gewerbsmäßigkeit** setzt voraus, dass sich der Täter durch wiederholte Begehung der Tat eine fortlaufende Einnahmequelle verschaffen will (RGSt **66** 19, 21; BGHSt **1** 383; BGH GA **1955** 212).[343] Da es sich um ein subjektives Element handelt, kann Gewerbsmäßigkeit auch schon bei der ersten der geplanten Taten vorliegen. Der Umstand, dass das strafrechtlich relevante Verhalten materiellrechtlich als eine einzige Tat zu werten ist, steht der Annahme von Gewerbsmäßigkeit ebenfalls nicht entgegen (BGH NJW **1992** 381, 382; **2004** 2840, 2841f). **Geschäftsmäßig** handelt der Täter, wenn er beabsichtigt, die Tat durch wiederholte Begehung zu einem Teil seiner wirtschaftlichen oder beruflichen Beschäftigung zu machen (RGSt **72** 313, 315; siehe hierzu auch § 217 n.F.). **Gewohnheitsmäßigkeit** liegt vor, wenn die Tat auf einem durch wiederholte Begehung erworbenen Hang zu dem betreffenden Verbrechen beruht.[344] Die frühere Zusammenfassung der Sammelstraftat zu einer rechtlichen Handlungseinheit hat der Plenarbeschluss RGSt **72** 164 zunächst für § 218 Abs. 4 a.F. (gewerbsmäßige Abtreibung) aufgegeben und die Sammelstraftat wieder in **Einzeltaten** aufgelöst; diese Tendenz hat sich dann in der Rechtsprechung des RG durchgesetzt, gleichgültig, ob bei gewerbsmäßigen Delikten die Gewerbsmäßigkeit straferhöhend oder strafbegründend wirkt (RGSt **72** 164, 257, 258; 401; **73** 216). Auch der BGH hat diese Rechtsprechung übernommen.[345] Die Mehrheit des Schrifttums steht ebenfalls auf diesem Standpunkt.[346] Sie beruht auf der Erwägung, dass das Gesetz nicht zur Annahme einer Sammelstraftat zwingt, dass der Handlungsbegriff sie nicht erfordert oder rechtfertigt und dass die juristische Anerkennung einer solchen rein kriminologischen Einheit kriminalpolitisch verfehlt wäre, weil sie gerade das Gewohnheitsverbrechertum durch die Nichtanwendbarkeit der §§ 54 und 66 begünstigen würde und prozessual eine Überspannung der Rechtskraft zur Folge hätte. Die früher vertretene Gegenmeinung[347] beruhte auf dem Gedanken der Lebensführungsschuld und ist mit dem Tatprinzip des geltenden Rechts nicht vereinbar. Möglich ist auch die Annahme nicht mehr, dass gewerbs- oder gewohnheitsmäßig begangene Taten als Ganzes in Fortsetzungszusammenhang stehen, wenn mit den anderen Voraussetzungen auch ein Gesamt-

---

342 BGH NStZ **1993** 585.

343 BGH bei Holtz MDR **1976** 633; BGH StV **1983** 281; NJW **1992** 381; NStZ **1993** 87 **1995** 85; **1998** 98; **2004** 265, 266; siehe auch *Sch/Schröder/Sternberg-Lieben/Bosch* Vor §§ 52ff Rdn. 35; *Fischer* Rdn. 62 m.w.N.

344 RGSt **59** 142; BGHSt **15** 377, 380 mit Anm. *Bindokat* NJW **1961** 1731; BGH GA **1971** 209; BayObLG MDR **1962** 325; *Sch/Schröder/Sternberg-Lieben/Bosch* Vor §§ 52ff Rdn. 98/99; *Fischer* Rdn. 63.

345 BGHSt **1** 41, 42f; **26** 284; BGH NJW **1953** 955; BGHR StGB Vor § 1 fortgesetzte Handlung Gesamtvorsatz 60 (S. 7f); vgl. auch BGHSt **1** 383; OLG Braunschweig MDR **1947** 136; OLG Kiel NJW **1948** 195; KG JR **1951** 213.

346 *Blei* AT § 93 II; *Geerds* Konkurrenz S. 270; *Hartung* SJZ **1950** 333; *Kohlrausch* ZAkDR **1938** 473; *Kohlrausch-Lange* § 73 Vorbem. II B 3a; *Lackner/Kühl/Heger* Vor § 52 Rdn. 20; *Maurach/Gössel/Zipf* § 56 Rdn. 45ff; *Olshausen* § 73 Vorbem. 2; *Preiser* ZStW **58** [1939] 743; *Puppe* NK § 52 Rdn. 29; *Roxin* AT II § 33 Rdn. 275f; *Samson/Günther* SK[8] Vor § 52 Rdn. 78; *R. Schmitt* ZStW **65** [1963] 62; *Sch/Schröder/Sternberg-Lieben/Bosch* Vor §§ 52ff Rdn. 93f, 100; *Schmidhäuser* 18/21; *Stratenwerth* Rdn. 1314.

347 *H. Mayer* AT S. 410; *Sauer* AT S. 230; *Eb. Schmidt* SJZ **1950** 292 und JZ **1952** 136; *Welzel* § 29 II 5.

vorsatz gegeben ist.[348] In jüngerer Zeit erfreut sich die Idee der „Organisierte Tatbegehung" als Legitimation für die Schaffung neuartiger normativer Bewertungseinheiten allerdings in der gerichtlichen Praxis wieder zunehmender Beliebtheit.[349]

In allgemeiner Begriff des **„Massenverbrechens"** als rechtliche Handlungseinheit (wiederholte Verwirklichung gleichliegender Tatbestände aufgrund derselben charakterlichen Grundhaltung), wie ihn der OGH für die Anstaltstötungen von Geisteskranken vereinzelt angenommen hat (OGHSt **1** 243; **2** 134 und 316), ist wegen seiner Unbestimmtheit für das deutsche Strafrecht nicht anzuerkennen.[350] Zwar hat die Rechtsprechung einheitliche Vernichtungsprogramme mehrfach als natürliche Handlungseinheiten zusammengefasst (BGH JZ **1967** 643; NJW **1969** 2056), aber auch auf dem Umweg über die natürliche Handlungseinheit konnte man in der Vergangenheit mit Rücksicht auf die nach herkömmlicher Rechtsprechung stets erforderliche notwendige Individualisierung der Tötungsdelikte und der Notwendigkeitkeit, konkrete Teilnahmehandlungen festzustellen, nicht zur Annahme eines Massenverbrechens kommen (BGH NStZ **1984** 229 f). 97

Anders allerdings jetzt nach der Entscheidung des 3. Strafsenats in BGHSt **61** 252 zur Beihilfe zum Mord durch Dienst in einem Konzentrationslager zu Zeiten der Unrechtsherrschaft der NSDAP in Deutschland. Allerdings wird jetzt *nicht* mehr auf die *massenhafte* Tötung von Menschen abgestellt, *sondern* auf die *organisierte Begehungsweise* der Tötungen, eine wesentliche Verschiebung der Argumentation, die nicht mehr nur die Menge der individuellen Tatopfer, sondern die Art und Weise der Tatbegehung durch die Täter in den Blick nimmt (dazu auch LK 12. Aufl. Bd. 11 § 212 Rdn. 11 f). 97a

VII. Teilnahme

Bei **Anstiftung** und **Beihilfe** zu mehreren Taten (entweder mehrere Täter oder mehrere Taten eines Täters) und durch mehrere Einzelakte entscheidet das **Handeln des Teilnehmers** und *nicht* das Handeln des Täters oder der Täter darüber, ob *eine* Teilnahmehandlung oder *mehrere* Teilnahmehandlungen vorliegen.[351] Die gegenteilige, vom Grundsatz der extremen Akzessorietät bestimmte Auffassung, dass eine Mehrheit von Teilnahmehandlungen vorliege, wenn nach dem Willen des Teilnehmers mehrere Taten (entweder eines Täters oder mehrerer Täter) begangen werden sollen (RGSt **4** 95; **5** 227), hat die Rechtsprechung aufgegeben.[352] Sie beurteilt die Frage von Tateinheit oder Tatmehrheit bei einer Tatserie mit mehreren Tatbeteiligten heute durchgängig nach dem Grundsatz, dass für jeden Beteiligten gesondert zu prüfen und entscheiden sei, ob seine strafbaren Handlungen je nach Art seiner Tatbeiträge zur Haupttat zueinander im Verhältnis der Tateinheit oder der Tatmehrheit stehen.[353] 98

Dass bei Beteiligungen an einer Haupttat oder Gesamttat *mehrerer Täter* die Frage der Handlungseinheit oder –mehrheit nach dem individuellen Tatbeitrag eines jeden Beteilig- 98a

---

348 **AA** noch BGHSt **26** 4, 8; BayObLGSt. **1951** 488, 490; BayObLG MDR **1956** 119; *Jescheck* AT[4] § 66 VI 2; *Sch/Schröder/Sternberg-Lieben/Bosch* Vor §§ 52 ff Rdn. 95.

349 BGHSt. **49** 177; BGH Beschl. vom 29.7.2009 – 2 StR 160/09 = wistra **2009** 437; vgl. zum Ganzen *Rissing-van Saan* Tiedemann FS (2008) S. 391.

350 BGHSt **1** 219, 221 f; BGH NJW **1951** 666; **1953** 112; *Roxin* AT II § 33 Rdn. 281 f; *Lackner/Kühl/Heger* Vor § 52 Rdn. 21; **aA** OLG Hamburg NJW **1953** 1684; *Schneidewin* NJW **1952** 683.

351 BGH bei *Dallinger* MDR **1957** 266; **1968** 551; **1976** 14; BGH bei *Holtz* MDR **1980** 272; BGH NStZ **1981** 352, 353; BGH NJW **1994** 2703, 2707; **1995** 2933, 2934; NStZ-RR **1996** 227; BGHR StGB § 52 Abs. 1 in dubio pro reo 7.

352 RGSt **70** 26, 31; 293; 334; 344; OGHSt. **1** 321; **2** 117; 316; BGHSt **1** 21; BGH NJW **1951** 666.

353 BGH NJW **2004**, 2840, 2841 f; und NStZ **2008**, 352 f jeweils m.w.N; BGH Beschl.v. 14.9.2010 – 3 StR 131/10; vgl. aber auch BGH NStZ **2010**, 103.

ten zu beurteilen ist, ist inzwischen ständige Rechtsprechung[354] Die Literatur steht heute ebenfalls auf dem Standpunkt, dass sich Einheit bzw. Mehrheit des Teilnehmerhandelns danach bestimmen, ob der *Tatbeitrag* des *Teilnehmers* eine einheitliche Handlung darstellt oder ob er mehrfach tätig wurde.[355] Dieselben Grundsätze sollen im Übrigen nach BGHSt **56** 170 auch für die Beurteilung des Konkurrenzverhältnisse der Tatbeiträge der Tatbeteiligten zu nach § 30 Abs. 2 strafbaren Verabredungen eines oder mehrerer Verbrechens gelten.

99 Deshalb gilt: Besteht eine **Beihilfe** aus einer einzigen Handlung oder pflichtwidrigen Unterlassung, so ist sie auch dann, wenn der Haupttäter mehrere rechtlich selbständige Taten begeht, für den *Gehilfen* als *eine Beihilfe* zu bewerten,[356] ebenso ist nur *eine Anstiftung* anzunehmen, wenn der Anstifter mit mehreren Einwirkungshandlungen auf den Täter darauf abzielt, bei diesem einen bestimmten Tatentschluss hervorzurufen (BGH StV **1993** 456f; BGH Beschl. v. 2. Juni 1995 – 2 StR 198/95), und nur *eine Beihilfe*, wenn durch mehrere Handlungen zu derselben Haupttat Hilfe geleistet wird, da sich das Unrecht des Gehilfen nur aus dem Unrecht der Rechtsgutsverletzung der einmalig begangenen Haupttat ableiten lässt.[357] Ist die durch mehrere Beihilfehandlungen geförderte Haupttat eine Handlungs- oder Bewertungeinheit, so kommt es darauf an, ob die einzelnen Beihilfehandlungen die gesamte Hauptat gefördert haben und auch subjekltiv fördern sollten. Fördert der Gehilfe nur einzelne Teilakte bzw. einzelnen an sich auch selbstständig strafbare Einzelakte der Handlungseinheit des Haupttäters, so kann er auch nur für diese verantwortlich gemacht werden.[358] Das ergibt sich schon aus den Akzessorietätsregeln von Täterschaft und Teilnahme. Die Rechtsprechung hat diese Grundsätze auch auf die Fälle erstreckt, in denen die Anstiftungs- oder Beihilfehandlungen nur nach den Regeln der natürlichen Handlungseinheit oder der tatbestandlichen Handlungseinheit oder -bewertungseinheitals *eine* Handlung gewertet werden können.[359] Lässt sich nicht klären, durch wieviele Handlungen im Sinne der §§ 52, 53 ein Angeklagter als Mittäter oder Gehilfe eine Tat gefördert hat, so ist im Zweifel zu seinen Gunsten davon auszugehen, dass er nur *eine* Handlung begangen hat.[360]

100 Für den **mittelbaren Täter**, der den oder die Tatmittler durch einen Auftrag, eine Weisung oder *durch eine einheitliche* Handlung, z.B. eine Schulung zur Vornahme mehrerer strafbarer Handlungen veranlasst, sind die von den Tatmittlern verwirklichten selbständigen Straftaten tateinheitlich begangen (BGH NStZ **1994** 35; BGH NJW **1994** 2703, 2707; wistra **1999** 23).[361] Ein Sonderproblem stellen die von der Rechtsprechung in jüngerer Zeit „entdeckten" neuen Formen der mittelbaren Täterschaft bei Tatbegehung

---

354 BGHSt **49** 177, 182ff und 306, 316; BGH NStZ **2013** 102f; **2014** 702; NStZ – RR **2014** 180 jeweils m.w.Nachw.

355 U.a. *Lackner/Kühl/Heger* Vor § 52 Rdn. 22; *Fischer* Vor § 52 Rdn. 34; *Maurach/Gössel/Zipf* § 54 Rdn. 49 ff; *Sch/Schröder/Sternberg-Lieben/Bosch* § 52 Rdn. 20 f jetzt auch dahin der Rspr.zustimmend, dass diese Grundsätze auf die Mittäterschaft und mittelbare Täterschaft ohne weiteres übertragen werden könnten.

356 BGHSt **40** 374, 377; BGH NStZ **1993** 584; BGH NStZ **1996** 296 f, **1999** 451; NJW **2000** 1732, 1735; **2005** 163, 165 f; wistra **2004** 417; BGHR StGB § 52 Abs. 1 Handlung, dieselbe 10.

357 *Fischer* Rdn. 36; *Roxin* LK[11] § 27 Rdn. 54 und 57; *Sch/Schröder/Cramer/Heine/Weißer* § 27 Rdn. 42; *Baumann/Weber/Mitsch/Eisele* § 31 IV 4; **aA** *Jescheck/Weigend* § 64 V 3 : Realkonkurrenz oder gegebenenfalls fortgesetzte Beihilfe; letzteres, die Annahme einer fortgesetzten Beihilfe, ist aber mit der Entscheidung des Großen Senats für Strafsachen zur fortgesetzten Handlung (BGHSt **40** 138) nicht mehr zu vereinbaren (BGH Beschl. v. 16. August 1995 – 4 StR 364/94).

358 BGH StV **2012** 286, Beschl. v. 6.12.2011 – 3 StR 393/11; BGH Beschl. v. 8.5.2012 – 3 StR 72/12 Rdn. 8 und v. 31.5.2012 – 3 StR 178/12 Rdn. 8.

359 BGHSt **40** 307, 314; BGH NStZ **1996** 203.

360 BGHSt **40** 374, 377; BGH BGH NJW **1995** 2933 f; NStZ **1997** 121; **2000** 532.

361 *Fischer* Rdn. 11a und 35; vgl. auch BGHR StGB § 266 Abs. 1 Konkurrenzen 2; siehe aber BGH NJW **1951** 666 f und **1969** 2056 f zur *natürlichen Handlungseinheit* aufgrund einer Weisung oder eines Befehls bei sog. Massenverbrechen. Beachte zur neueren Rpsr. oben Rdn. 39 ff.

durch „Organisationsherrschaft“ bzw. bei sog. „uneigentlichen“ Organisationsdelikten (BGHSt **48** 331, 341 ff) insoweit nicht dar.[362]

VIII. Handlungseinheit und -mehrheit bei Unterlassungs- und Fahrlässigkeitsdelikten

Die Grundsätze, nach denen mehrere körperliche Betätigungen zu einer natürlichen **101** Handlungseinheit zusammengefasst werden, sollen nach der Rechtsprechung auf das Unterlassen mehrerer pflichtmäßig gebotener Handlungen anwendbar sein (RGSt **76** 140, 143). Es ist deshalb zwischen **Unterlassungseinheit** und **Unterlassungsmehrheit** zu unterscheiden. Besonderheiten ergeben sich für die Annahme von Handlungseinheit bzw. -mehrheit bei den Unterlassungsdelikten jedoch insoweit, als es beim Unterlassen keine äußerlich wahrnehmbare Tätigkeit des „Handelnden“ gibt. Das vom Täter erwartete hypothetische Tun für sich scheidet allein als Anknüpfungspunkt aus, weil es als normgemäßes Verhalten keinem Delikt entsprechen kann. Deshalb kann nach dieser Meinung als Maßstab für die Beurteilung des das Rechtsgut beeinträchtigenden Verhaltens als „Unterlassungseinheit“ nur sein Bezug zu den schädlichen Erfolgen dienen;[363] nach einer anderen Meinung, die Handlungseinheit als Einheit der Zeit versteht, in der der Täter seinen deliktischen Willen zum Tun oder Unterlassen verwirklicht, kommt es auch für die Unterlassungseinheit nur darauf an, ob der Täter die verschiedenen Gebote zeitgleich oder nahezu zeitgleich hätte erfüllen müssen.[364]

Die Rechtsprechung entscheidet die Frage nach Einheit oder Mehrheit von Unterlas- **102** sungstaten danach, ob die mehrfachen Gesetzesverletzungen durch ein und dieselbe Unterlassung begangen worden sind. Eine einzige Unterlassung, und in diesem Fall Tateinheit, nimmt sie an, wenn mehrere Handlungspflichten durch ein und dieselbe Handlung zu erfüllen sind, also eine gebotene Handlung unterlassen wird. Sind dagegen mehrere Handlungen erforderlich, um mehreren, auch gleichartigen Pflichten nachzukommen, so liegt bei deren Nichtvornahme in der Regel Tatmehrheit vor (BGHSt **18** 376, 379; **48** 77, 97).[365]

1. Ist bei einem **unechten Unterlassungsdelikt** der tatbestandliche Erfolg nur einmal **103** eingetreten, ist selbst bei mehrfach möglicher Erfolgsabwendung, die der Täter insgesamt ungenutzt gelassen hat, nur *eine* Unterlassungstat gegeben. Auch wenn es der Täter entgegen einer Garantenpflicht unterlässt, mehrere tatbestandsmäßige Erfolge abzuwenden, liegt nur *eine* Unterlassung *(Unterlassungseinheit)* vor, wenn er alle Erfolge *zusammen* abwenden konnte. So begeht der Schrankenwärter, der es unterlässt, beim Herannahen des Zuges die Schranken zu schließen, nur eine Tötung durch Unterlassen, auch wenn mehrere Personen vom Zug erfasst und getötet werden. Diese Grundsätze gelten auch bei komplexeren Fallgestaltungen (BGHSt **37** 106, 134 f). Der BGH betont in diesem sog. *Ledersprayfall*, dass auch in solchen zeitlich gestreckten Geschehensabläufen die Frage nach Einheit oder Mehrheit von Unterlassungen nach Maßgabe des ersten zur Pflichterfüllung

---

362 BGH NStZ **2015** 334; anders noch LK[12] Vor § 52 Rdn. 83.

363 *Maiwald* Natürliche Handlungseinheit S. 107; *Jescheck/Weigend* § 66 IV 2; *Maurach/Gössel/Zipf* § 54 Rdn. 42; differenzierend *Geerds* JZ **1964** 593 ff Anm. zu BGHSt **18** 376; *Jakobs* AT 32/30 ff.

364 *Puppe* Idealkonkurrenz S. 282 ff und JR **1985** 245, 247 unter Hinweis auf *Beling* Die Lehre vom Verbrechen (1906) S. 381 f; *Samson/Günther* SK[8] Vor § 52 Rdn. 40 und § 52 Rdn. 8; *Sch/Schröder/Sternberg-Lieben/Bosch* Vor §§ 52 ff Rdn. 28a.

365 BGH bei *Holtz* MDR **1979** 987; BGH NStZ **1983** 29; BGH NJW **1985** 1719 f = JR **1985** 244 f m. abl. Anm. *Puppe*; BGH JR **1988** 25 m. Anm. *Otto*; BGH Beschl. v. 5. März 1996 – 5 StR 73/96; BayObLG NStZ **1986** 173; OLG Köln wistra **1986** 273, 275; OLG Celle NJW **1992** 190; *v. Heinschel-Heinegg* MK § 52 Rdn. 71; *Samson* SK[5] § 52 Rdn. 8; *Sch/Schröder/Sternberg-Lieben/Bosch* Vor §§ 52 ff Rdn. 28; *Bringewat* Gesamtstrafe Rdn. 61.

und damit zur Schadensabwendung gebotenen Tuns zu beantworten ist. Danach lag in dem zu entscheidenden Fall keine Unterlassungsmehrheit vor, wie das LG angenommen hatte, sondern es war von Unterlassungseinheit auszugehen. Denn wenn die Angeklagten sich in dem jeweils für sie frühest möglichen Zeitpunkt pflichtgemäß und mit Erfolg für die erforderliche Rückrufaktion eingesetzt hätten, wäre nicht nur der erste, sondern wären auch die nachfolgenden, mithin sämtliche Schadensfälle vermieden worden.

103a Hat der Täter dagegen die Möglichkeit, seine Entscheidung für oder gegen jedes der gefährdeten Rechtsgüter *getrennt* zu vollziehen, so liegen *mehrere* Unterlassungen *(Unterlassungsmehrheit)* vor, z.B. der Vater unterlässt es, bei einem Brand des Hauses seine zwei Kinder aus dem Fenster in die Arme auffangbereiter Helfer zu werfen.[366] Bei Verletzung der Unterhaltspflicht gegenüber mehreren Berechtigten ist eine Mehrheit von Unterlassungen gegeben.[367]

104 2. Beim **echten Unterlassungsdelikt** ist eine *Mehrheit von Unterlassungen* dann anzunehmen, wenn der Täter jede der Handlungspflichten *unabhängig* von der anderen erfüllen oder verletzen konnte (RGSt **76** 140, 144; BGHSt **18** 376, 379). Eine Handlungsmehrheit liegt z.B. vor, wenn der Täter zwei Unfallopfern keine Hilfe geleistet hat, obwohl er sie nacheinander hätte leisten können.[368] Die Gleichzeitigkeit des Verstoßes gegen die Handlungspflichten reicht ebensowenig aus wie die Identität des Vorgangs, aus dem sich die Pflichten ergeben.[369]

105 3. Bei **Fahrlässigkeitsdelikten** hat die Rechtsprechung die Möglichkeit einer – natürlichen – Handlungseinheit anerkannt, da diese Rechtsfigur – anders als die fortgesetzte Handlung – keinen Gesamtvorsatz voraussetzt (RGSt **53** 226, 227; BGHSt **22** 67, 71). Beim *fahrlässigen Erfolgsdelikt* liegt eine *Handlungseinheit* vor, wenn nur ein *einziger Erfolg* verursacht worden ist, mag der Erfolgsverursachung auch eine Mehrheit von Sorgfaltspflichtverletzungen zugrunde liegen oder das unsorgfältige Verhalten sich über einen längeren Zeitraum erstrecken (*Maiwald* Natürliche Handlungseinheit S. 111; BGH VRS **9** 350, 353). Sind dagegen mehrere tatbestandsmäßige Erfolge eingetreten (sei es, dass zugleich mehrere Gesetze oder dasselbe Gesetz mehrfach verletzt worden sind), dann kommt es wie bei den unechten Unterlassungsdelikten darauf an, ob der Täter *zwischen* ihrem Eintritt die Möglichkeit hatte, das Sorgfaltsgebot überhaupt zu befolgen. Kommt z.B. der Kraftwagen des Täters infolge zu hoher Geschwindigkeit von der Straße ab und werden dabei mehrere Menschen verletzt oder getötet, so liegt Handlungseinheit

---

366 BGH bei *Dallinger* MDR **1971** 361; *Herzberg* MDR **1971** 881, 883; *Spendel* JZ **1973** 137, 144; *Struensee* Konkurrenz S. 48 ff, 56; *SSW/Eschelbach* § 52 Rdn. 68; *v.Heinschel-Heinegg* MK § 52 Rdn. 71; *Wessels/Beulke/Satzger* Rdn. 762;

367 BGHSt **18** 376, 379 mit Anm. *Geerds* JZ **1964** 593; BayObLG NJW **1960** 1730; OLG Celle MDR **1964** 862; OLG Stuttgart MDR **1977** 1034 mit Anm. *Schmid* MDR **1978** 547; *Jescheck/Weigend* § 66 IV 2; *SSW/Eschelbach* § 52 Rdn. 67.

368 *Blei* AT § 92 I 4; *Sch/Schröder/Stree/Sternberg-Lieben/Bosch* Vor §§ 52 ff Rdn. 28, der im Übrigen in Anlehnung u.a. an *Puppe* JR **1985** 246 f in Parallele zur „natürlichen Handlungseinheit" (siehe dazu oben Rdn. 10 ff) Tateinheit als *natürliche Unterlassungseinheit* aus Gründen der Gleichbehandlung gleichschwerer Schuld anerkennen will, wenn der Täter mehreren Pflichten nicht nachkommt, die er nahezu zeitgleich hätte erfüllen müssen (und können?), *Sch/Schröder/Sternberg-Lieben/Bosch* aaO Rdn. 28a.

369 OLG Hamm NJW **1973** 1851, 1854 (Bereithalten mehrerer ungeeichter Meßgeräte); vgl. zum ganzen *Bringewat* Gesamtstrafe Rdn. 61 f; *Geerds* Konkurrenz S. 262 f; *Höpfner* Einheit und Mehrheit S. 164 ff; *Jescheck/Weigend* § 66 IV 2; **aA** noch *Puppe* NK (1995) § 52 Rdn. 57 ff; *Samson/Günther* SK^{8} Vor § 52 Rdn. 40. *Maiwald* Natürliche Handlungseinheit S. 108 f verneint bei echten Unterlassungsdelikten grundsätzlich die Möglichkeit von Unterlassungseinheit, dagegen *Struensee* Konkurrenz S. 54 f.

i.S. von gleichartiger Tateinheit vor;[370] andererseits ist Handlungsmehrheit anzunehmen, wenn der Täter über eine längere Strecke hinweg zu schnell fährt und deshalb mehrere Menschen verletzt oder im Verlaufe einer Fahrt mehrere fahrlässige Verkehrsverstöße begeht,[371] selbst wenn er mehrfach gegen dieselbe Sorgfaltspflicht verstößt, da diese sich mit zeitlichen Abständen in den konkreten Situationen jeweils neu aktualisiert. Beim *fahrlässigen Tätigkeitsdelikt* ist darauf abzustellen, ob das Gebot der Einhaltung pflichtmäßiger Sorgfalt den Täter *zwischen* den einzelnen Tatbestandsverwirklichungsakten zu erreichen vermag (*Höpfner* Einheit und Mehrheit S. 250; *Maiwald* Natürliche Handlungseinheit S. 112; *Jescheck/Weigend* § 66 IV 1). So ist *Handlungseinheit* gegeben, wenn der fahrlässig hehlende Altmetallhändler (§ 18 UnedlMetG) sich gestohlene Gegenstände in der Weise verschafft, dass er die Gegenstände einer Wagenladung einzeln in sein Lager schafft, dagegen **Handlungsmehrheit,** wenn er die einzelnen Gegenstände nach und nach ankauft. Auch bei mehrfachem fahrlässigem Verstoß gegen Preisvorschriften liegt Handlungsmehrheit vor (RGSt **53** 226, 227; *Jescheck/Weigend* § 66 IV 1).

IX. Handlungseinheit und Tateinheit

Eine **rechtliche Handlungseinheit** ist *nicht* mit **Tateinheit** (Idealkonkurrenz) i.S.d. **106**
§ 52 Abs. 1 zu *verwechseln.* Idealkonkurrenz oder Tateinheit setzt eine, einen Tatbestand erfüllende Handlung voraus; die einzelne Handlung und deren Relevanz für den jeweiligen Tatbestand ist zwar eine notwendige Bedingung bzw. Bezugsgröße für die Annahme von Tateinheit, aber mit ihr nicht identisch. Bei Tateinheit muss die durch eine Handlung oder Unterlassung gleichzeitige Verletzung *mehrerer* Tatbestände *oder* die gleichzeitige Verletzung desselben Strafgesetzes durch dieselbe Handlung zum Nachteil *mehrerer* Tatopfer bzw. verschiedener Rechtsgutsinhaber hinzukommen. *Tateinheit* liegt *nur* dann vor, wenn die *einzelnen Handlungsakte* zugleich *mehrere Tatbestände* oder *denselben Tatbestand mehrmals* erfüllen.[372]

X. Gesetzeskonkurrenz – Gesetzeseinheit

Mit den Ausdrücken **„Gesetzeskonkurrenz/Gesetzeseinheit“** wird ein Sachverhalt **107**
bezeichnet, bei dem ein Verhalten an sich mehrere Strafvorschriften dem Wortlaut nach erfüllt, jedoch, anders als im Fall der Tateinheit, zur Erfassung des Unrechtsgehalts der Tat bereits die Anwendung eines Tatbestandes ausreicht, so dass die übrigen, ebenfalls erfüllten Strafnormen zurücktreten müssen.[373] Weil bei derartigen Fallgestaltungen in

---

370 *Jähnke* LK[11] § 222 Rdn. 24; *Sch/Schröder/Eser/Sternberg-Lieben* § 222 Rdn. 8.

371 *Bockelmann/Volk* AT S. 254; *Höpfner* Einheit und Mehrheit S. 250; *Maiwald* Natürliche Handlungseinheit S. 111; *Roxin* AT II § 33 Rdn. 68; RGSt **16** 290; BayObLG VRS **35** 421; OLG Hamm VRS **52** 131 f: anders noch OLG Hamm VRS **25** 237 f; vgl. zum Ganzen auch *Sch/Schröder/Sternberg-Lieben/Bosch* Vor §§ 52 ff Rdn. 28b.

372 *Geerds* Konkurrenzen S. 264 ff, 294 f; *Samson/Günther* SK[8] Vor § 52 Rdn. 17 f; *Sch/Schröder/Sternberg-Lieben/Bosch* Vor §§ 52 ff Rdn. 21; *Sowada* Jura **1995** 245, 246; *Warda* FS Oehler S. 241, 244; *Wessels/Beulke/Satzger* Rdn. 787; siehe auch § 52 Rdn. 18 ff und 35 f. Das aber z.B. *T.Walter* JA **2004** 572, 573 f indem er sowohl die tatbestandliche Handlungseinheit in dem von der h.M. vetretenen Sinne als auch die Tateinheit i.S.d. § 52 Abs. 1 unter dem von ihm verwendeten Begriff der innertatbestandlichen Handlungseinheit zusammen fasst.

373 Vgl. RGSt **7** 116; *Bauman/Weber/Mitsch/Eisele* § 36 II 4; *Blei* AT § 96 I; *Jescheck/Weigend* § 69 I 1; *Lenckner* JR **1978** 425; *Maurach/Gössel/Zipf* § 55 Rdn. 6 ff; *Fischer* Vor § 52 Rdn. 39; *Schmidhäuser* 14/22; *Sch/Schröder/Sternberg-Lieben/Bosch* Vor §§ 52 ff Rdn. 102, 103; *Samson/Günther* SK[8] Vor § 52 Rdn. 13, 79; *Stratenwerth* Rdn. 1175; *R. Schmitt* ZStW **75** (1963) **48**; *Seier* Jura **1983** 227; *Vogler* FS Bockelmann S. 715;

Wahrheit keine Gesetze im Sinne eines Zusammentreffens mehrerer Straftatbestände, die mit ihnen eigenen (Teil-)Aspekten zur Bewertung des Tatunrechts beitragen können, miteinander um die Bestimmung des in den Schuldspruch aufzunehmenden Unrechts konkurrieren, sondern die Strafnormen eine Einheit bilden, von ihnen aber nur eine der Verurteilung zugrunde gelegt wird, wird in der Literatur und der Rechtsprechung überwiegend von *Gesetzeseinheit* gesprochen.[374]

108 Die Gesetzeseinheit wird im Gegensatz zur Tateinheit und -mehrheit im Gesetz nicht erwähnt; weil *nur ein Gesetz angewendet* wird, bedarf es keiner besonderen Vorschriften über die Bildung des Strafrahmens und die Art und Weise der Strafzumessung. Ebenso ist die Frage, ob verschiedene Strafgesetze zueinander im Verhältnis der Gesetzeseinheit stehen, im Gesetz nicht ausdrücklich geregelt (zu den Ausnahmen bei der ausdrücklichen Subsidiarität unten Rdn. 126). Die Antwort ist durch wertende, auf den Sinn und den Zweck abgestellte Auslegung der in Betracht kommenden Tatbestände zu ermitteln (*Jescheck/Weigend* § 69 I; *Roxin* AT II § 33 Rdn. 174). Die Rechtsprechung hält Gesetzeseinheit für gegeben, wenn der Unrechtsgehalt einer Handlung durch einen von mehreren dem Wortlaut nach anwendbaren Straftatbeständen *erschöpfend* erfasst wird. Maßgebend sind insoweit die Rechtsgüter, gegen die sich der Angriff des Täters richtet, und die Tatbestände, die das Gesetz zu ihrem Schutz aufstellt (BGHSt **11** 15, 17; **25** 373; **31** 380f; **46** 24, 25). Auch der Unrechtsgehalt ist von Bedeutung (BGHSt **28** 13, 15). Die Verletzung des durch einen Straftatbestand geschützten Rechtsguts muss dabei eine – wenn nicht notwendige, so doch regelmäßige – Erscheinungsform des zurücktretenden Tatbestandes sein (RGSt **60** 117, 122; BGHSt **39** 100, 108; **41** 113, 115; **42** 27).[375] Während die Konkurrenzform der *Tateinheit* auch nach der neueren Rechtsprechung durch die *Klarstellungfunktion* (Ausschöpfungsgebot) gekennzeichnet wird, kommt der *Gesetzeseinheit* im Kern die Aufgabe zu, *Überschneidungen* im Unrechts- und Schuldgehalt und damit eine doppelte Verwertung bei der Strafzumessung zu *vermeiden* (Mehrfachverwertungsverbot).[376]

109 Andere Meinungen[377] stellen nicht wie die Rechtsprechung auf die *Regelmäßigkeit* des Zusammentreffens von Unrechts- und Schuldgehalt des zurücktretenden Delikts mit der Haupttat ab, sondern fragen unter Rückgriff auf den Gedanken der *unzulässigen Doppelverwertung* bzw. *Mehrfachverwertung* danach, ob das Gesamtgeschehen als Einheit unter einem rechtlichen Gesichtspunkt gewertet werden kann, der Haupttatbestand gleichsam eine Klammer bildet, die eine Mehrheit von Tatbestandsverwirklichungen als Bewertungseinheit zusammenhält, so dass seine Strafdrohung dem tatsächlichen Ge-

---

Wessels/Beulke/Satzger Rdn. 787; ähnlich auch *Geerds* Konkurrenzen 163. Vgl. zum österreichischen Recht: *Burgstaller* JBl **1978** 393ff; *Wegscheider* Echte und scheinbare Konkurrenz S. 211f.

374 BGHSt **11** 15, 17; **18** 26, 27; **25** 373; **31** 380; **39** 100, 108; vgl. ferner *Bockelmann/Volk* AT § 35 I; *Baumann/Weber/Mitsch/Eisele* § 36 II; *Geerds* Konkurrenzen S. 156; *Jescheck/Weigend* § 69 I 1; *Maurach/Gössel/Zipf* aaO; *Mitsch* JuS **1993** 471; *Warda* JuS **1964** 89f. Im Ansatz, nicht aber im Ergebnis anders *v. Heinschel-Heinegg* MK Vor §§ 52 Rdn. 18 im Anschluss an *Jakobs* AT 31/2 und 31/11.

375 Soweit an dieser Definition kritisiert wird, es sei unzutreffend, hierbei auf das Kriterium der Rechtsgutsidentität abzustellen, da es häufig schwierig sei das von den anzuwendenden Tatbeständen geschützte Rechtsgut zu bestimmen (*v. Heinschel-Heinegg* MK Vor §§ 52ff Rdn. 20; so auch schon *Fahl* GA **1996** 476, 478ff) überzeugt dieser Einwand nicht. Schwierigkeiten bei der Gesetzesauslegung können keine Legitimation dafür abgeben, den Rechtsgüterschutz als Grundlage des Strafrechtssystems in Frage zu stellen: „Das für die Konkurrenzfrage Essentielle im Tatbestand ist und bleibt in einem funktionellen Strafrechtssystem vielmehr notwendig das in der jeweiligen Norm geschützte Rechtsgut", *Jäger* JR **2003** 479, Anm. zu BayObLG Beschl. vom 29.8.2002 – 1 St RR 75/2002.

376 *v. Heinschel-Heinegg* MK Vor §§ 52ff Rdn 15ff; *Puppe* NK Vor § 52 Rdn. 8; *dies.* JuS **2016** 961, 966.

377 *Vogler* FS Bockelmann S. 715ff; *Jakobs* AT 31/12f.

schehen Rechnung trägt.[378] Eine weitere Meinung geht von der These aus, dass Tatbestände, weil sie jeweils normwidrig herbeigeführte Rechtsgutsbeeinträchtigungen umfassen, stets selbständig und gleichberechtigt nebeneinander stehen, so dass es nach dieser Auffassung darauf ankommt, in welcher Beziehung die gleichzeitig verwirklichten Tatbestände zueinander stehen. Die gleichberechtigte Existenz der Tatbestände nebeneinander soll danach zu einer Konkurrenz führen, die sich allein als Konkurrenz der Rechtsfolgenbestimmungen verstehen lässt.[379]

Gesetzeseinheit kommt sowohl bei *Handlungseinheit* wie bei *Handlungsmehrheit* in **110**
Betracht und kann sich deshalb als **„scheinbare (unechte) Idealkonkurrenz"** wie auch als **„scheinbare (unechte) Realkonkurrenz"** darstellen.[380] Über die Gründe, die zum Ausschluss eines der mehreren scheinbar zutreffenden Gesetze führen, bestehen bis in die Terminologie hinein erhebliche Meinungsverschiedenheiten.[381] Die überwiegende Meinung unterscheidet zwischen **Spezialität**, **Subsidiarität** und **Konsumtion**.[382] Soweit Gesetze als abschließende Sonderregelungen konzipiert sind, wie etwa § 370 AO gegenüber § 263 StGB (BGHSt **36** 11; BGHR AO § 370 Abs. 1 Konkurrenzen 7) oder § 105 gegenüber § 240 (BGHSt **32** 165, 176), wird gelegentlich auch von Spezialität i.w.S. gesprochen.[383] Sonderfälle stellen die sog. *mitbestraften Vor- und Nachtat* dar (siehe unten Rdn. 149 ff).

In der Wissenschaft sind im Anschluss an *Klug* (ZStW **68** (1956) S. 399) Bemühungen **111**
unternommen worden, den verschiedenen Erscheinungsformen der Gesetzeseinheit mit Hilfe **begriffslogischer Strukturen** schärfere Konturen zu geben und sie so leichter voneinander abgrenzbar zu machen.[384] So wird die logische Struktur der *Spezialität* in

---

378 Vgl. *Vogler* aaO S. 721; trotz des prinzipiell anderen Ansatzes – sachliche Unrechtsverwandtschaft der Tatbestände statt eines vortatbestandlichen Handlungsbegriffs als Anknüpfungsmerkmal der Konkurrenzen – im Ergebnis ähnlich *Puppe* Idealkonkurrenz S. 313 ff und GA **1982** 143, 160; *dies.* JR **1984** 229, 233 und NK Vor § 52 Rdn. 6 f; zu diesen Auffassungen kritisch *Seier* Jura **1983** 231.

379 Vgl. *Maurach/Gössel/Zipf* § 55 Rdn. 39 ff. Diese Meinung kann die Frage der im konkreten Fall anwendbaren Rechtsfolgenbestimmungen allerdings auch nicht ohne Beurteilung der Konkurrenz der Tatbestände lösen. Denn erst ein solcher Vergleich erlaubt die Aussage, dass zwei oder mehr Tatbestände zueinander im Verhältnis der Identität, der Subordination oder der Interferenz stehen.

380 *Blei* AT § 96 I; *Jescheck/Weigend* § 69 II; *Maurach/Gössel/Zipf* § 55 Rdn. 6; *Samson/Günther* SK[8] Vor § 52 Rdn. 14; *Sch/Schröder/Sternberg-Lieben/Bosch* Vor §§ 52 ff Rdn. 102; *M.E. Mayer* S. 501; *Hirschberg* ZStW **53** (1934) 50; **aA** *Baumann* MDR **1959** 10 Fn. 1; *Wessels/Beulke/Satzger* Rdn. 793 ff.

381 *Sch/Sch/Sternberg-Lieben/Bosch* Vor §§ 52 Rdn. 6 m.w.N.

382 Z.B. *Baumann/Weber/Mitsch* AT § 36 II; *Blei* AT § 96 II; *Bockelmann/Volk* AT § 36 II; *v. Heinschel-Heinegg* MK Vor §§ 52 ff Rdn. 31 ff; *Jescheck/Weigend* § 69 II; *Lackner/Kühl* Vor § 52 Rdn. 25 ff; *Roxin* AT II § 33 Rdn. 177 ff; *Samson/Günther* SK[8] Vor § 52 Rdn. 80; *Schmidhäuser* 18/24; *Fischer* Vor § 52 Rdn. 40 ff; *Welzel* § 30 II; *Wessels/Beulke* Rdn. 788 ff; *Jakobs* AT 31/16 f, der allerdings statt der gängigen Terminologie von Spezialität kraft Beschreibungsintensität, Vollendungsdichte bzw. Beteiligungsintensität und Spezialität zur Begleittat spricht. Demgegenüber wollte *Puppe* auf der von einem vortatbestandlichen Handlungsbegriff unabhängigen Lehre von der Unrechtsverwandtschaft der Tatbestände aufbauend nur die Spezialität im streng logischen Sinne als einzige Form der Gesetzeseinheit anerkennen, weil bei derartigen Konstellationen das verdrängte Gesetz zur Bestimmung des Unrechts- und Schuldgehalts „nichts mehr beizutragen hat" (*Puppe* Idealkonkurrenz S. 355), während in allen anderen Fällen die Straftatbestände, wenn sie auf den Strafrahmen, die Nebenstrafen und -folgen oder sonst auf die Strafzumessung in irgendeiner Form Einfluss haben, miteinander unrechtsverwandt sind und deshalb in den Schuldspruch gehören (*Puppe* aaO S. 356 f). Heute kommt Sie in der Konkurrenzlehre zu vergleichbaren Ergebnissen, stützt ihre Ansicht jedoch teils auf andere Schwerpunkte, (Gleichzeitigkeit des Verhaltens und Erfolgseinheit, Doppelverwertungsverbot und Ausschöpfungsgebot) vgl. etwa *Puppe* JuS **2016** 961 ff und JuS **2017** 513 ff.

383 Vgl. *Lackner/Kühl/Heger* § 266b Rdn. 9; *Lackner/Kühl* § 263 Rdn. 68 hält in diesem Zusammenhang die Bezeichnung der Sonderregelung des § 370 AO als *Spezialität* jedenfalls für ungenau.

384 Demgegenüber will *Abels* Klarstellungsfunktion S. 38 ff auf die herkömmliche Unterscheidung der verschiedenen Formen der Gesetzeseinheit verzichten und als wesentliches Abgrenzungskriterium zwischen Gesetzeseinheit und Tateinheit allein die auf der Grundlage des Doppelverwertungsverbots zu

der auf einem abstrakten Vergleich der Tatbestandsmerkmale beruhenden Subordination (Unterordnung), diejenige der *Subsidiarität* in der Interferenz (Überschneidung) gesehen;[385] letztere liegt vor, wenn aus einem Tatbestand nur dann bestraft werden soll, wenn nicht ein anderer mit schwererer Strafe bedrohter Tatbestand eingreift. Dies ist durch eine wertende Betrachtung der gleichzeitig verwirklichten Tatbestände zu ermitteln.[386] Sofern die *Konsumtion* als eigenständige Form der Gesetzeseinheit anerkannt wird,[387] wird sie dann angenommen, wenn die begriffslogischen Voraussetzungen der Spezialität oder der Subsidiarität nicht vorliegen, gleichwohl aber der Unrechtsgehalt der (Begleit-)Tat typischerweise von einer anderen Strafnorm bzw. nach Sinn und Wesen der Haupttat mit eingeschlossen wird (*Stratenwerth* AT Rdn. 1187f; *Fischer* Vor § 52 Rdn. 43).[388]

112 Gelegentlich wird als Gegenstück zur Spezialität auch die **Alternativität** als Fall der Gesetzeskonkurrenz angeführt. Sie soll dann vorliegen, wenn dieselbe Handlung von mehreren Gesetzen unter verschiedenen rechtlichen Gesichtspunkten mit verschiedenen Strafen bedroht wird, sofern anzunehmen ist, dass jedes dieser Gesetze nur insoweit Anwendung finden soll, als nicht das andere eine schwerere Strafdrohung enthält.[389] In dieser Form ist der Begriff der Alternativität inzwischen gegenstandslos geworden.[390] Aber auch in dem engeren Sinne, dass zwei Tatbestände einander widerstreitende Merkmale enthalten und sich deswegen gegenseitig ausschließen (**Exklusivität)**, wie etwa Diebstahl und Unterschlagung (BGHSt **17** 205, 209), Betrug und Erpressung (BGHSt **11** 66; **23** 294, 295f), ist der Begriff überflüssig.[391] Die umstrittene Frage einer **Sperrwirkung** bei einander ausschließenden Tatbeständen[392] ist für das Verhältnis der §§ 211, 212 zu § 251 durch die Entscheidung BGHSt **39** 100, 107, wonach Mord und Raub mit Todesfolge zueinander im Verhältnis der Tateinheit stehen können, gegenstandslos geworden.

113 Die **Wirkungen** der **Gesetzeseinheit** bestehen zunächst im *Vorrang eines Tatbestandes*. Die verdrängte Norm wird nicht in den Schuldspruch aufgenommen. Die Haupt-

---

stellende Frage nach dem Unrechtsgehalt der Tat und dessen Abschöpfung gelten lassen. *Puppe* Idealkonkurrenz, S. 355ff; *dies.* NK § 52 Rdn. 45ff; *dies.* AT/2 § 52 Rdn. 5ff und FS Mangakis S. 225, 129f erkennt seit langem vor dem Hintergrund ihrer Lehre von der Unrechtsverwandtschaft, nach der alle unrechtsverwandten Fälle der Idealkonkurrenz zugerechnet werden, lediglich die Spezialität als Form der echten Gesetzeseinheit an.

385 *Klug* ZStW **68** (1956) S. 405ff; *Jescheck/Weigend* § 69 II 1 u. 2; ähnlich schon *Jescheck* in ZStW **67** (1955) 529, 534f; *v. Heinschel-Heinegg* MK Vor §§ 52ff Rdn. 32; *Maurach/Gössel/Zipf* § 55 II E; *Geppert* Jura **1982** 423; *Roxin* AT II § 33 178 und 190; *Seier* Jura **1983** 228f; vgl. auch *Blei* AT § 96 II 1; *Baumann/Weber/Mitsch* AT § 36 II 2 und 3; *Warda* JuS **1964** 90.

386 *Baumann/Weber/Mitsch/Eisele* § 36 II 3; *Blei* AT II § 46 II 2; *Freund* AT § 11 Rdn. 25; *Jescheck/Weigend* § 69 II 2; *Lackner/Kühl/Heger* Vor § 52 Rdn. 26; *Roxin* AT II § 33 Rdn. 190; *Sch/Schröder/Sternberg-Lieben/Bosch* Vor §§ 52ff Rdn. 102; *Fischer* Vor § 52 Rdn. 41.

387 **AA** *Maurach/Gössel/Zipf* § 55 Rdn. 49 ff, wonach auf die Konsumtionsfälle § 52 angewandt werden soll, vgl. auch *Klug* ZStW **68** (1956) 414f; *Sch/Schröder/Sternberg-Lieben/Bosch* Vor §§ 52ff Rdn. 124 hält demgegenüber die sachgerechte Anwendung von Gesetzeseinheit für wichtiger als deren rechtstheoretische Zuordnung.

388 Vgl. zu diesm phänomenologischen Aspekt auch *Roxin* AT II § 33 Rdn. 215.

389 *Binding* Handb. S. 349, ihm folgend *Allfeld* S. 238; so auch noch *Jagusch* LK⁹ Anm. C 8 Vor § 73 a.F.

390 *Klug* ZStW **68** (1956) 409ff; *Jakobs* AT 31/12 Fn. 13; *Jescheck/Weigend* § 69 II 1 Fn. 12; *Sch/Schröder/Sternberg-Lieben/Bosch* Vor §§ 52ff Rdn. 133.

391 *Hippel* II S. 527; *Frank* § 73 Anm. VII 3; *Baumann/Weber*[9] § 41 II 3b; *Geerds* Konkurrenzen S. 224ff; *R. Schmitt* ZStW **75** (1963) 52; *Sch/Schröder/Sternberg-Lieben/Bosch* Vor §§ 52ff Rdn. 104a; grundsätzlich ablehnend *Puppe* Idealkonkurrenz S. 343ff, JR **1984** 229 und NK Vor § 52 Rdn. 42ff, die die Erscheinungsform der sog. Exklusivität auf der Grundlage ihres Verständnisses der Konkurrenzen als überflüssiges Scheinproblem bezeichnet; vgl. auch *Seier* Jura **1983** 227.

392 *Lackner/Kühl* § 251 Rdn. 4; *Rudolphi* JR **1976**, 74; *Paeffgen* JZ **1989**, 223; *Montenbruck* Strafrahmen und Strafzumessung S. 203.

strafe ist dem Strafrahmen des vorrangigen Gesetzes zu entnehmen. Hinsichtlich der Rechtsfolgen hat jedoch schon die ältere Rechtsprechung den Grundsatz der vollständigen Deliktsabsorption[393] erheblich modifiziert und dadurch die Unterscheidung der echten Konkurrenz (Tateinheit) von der Gesetzeskonkurrenz für die Straffrage nahezu bedeutungslos gemacht,[394] da die Rechtsfolgen weitgehend denjenigen der Tateinheit nach § 52 Abs. 2 und Abs. 4 angeglichen worden sind. So darf auch bei Gesetzeseinheit – allerdings nur dann, wenn das vorrangige Gesetz den Täter nicht privilegieren soll – die Mindeststrafe des verdrängten Gesetzes nicht unterschritten werden (sog. *Sperrwirkung des milderen Gesetzes*),[395] das gilt, wenn der zur Anwendung kommende Tatbestand einen minder schweren Fall vorsieht, auch für die höhere Mindeststrafe des verdrängten Tatbestandes oder die höhere Mindeststrafe eines besonders schweren Falls des Grunddelikt,[396] und sogar dann, wenn eine versuchte Anstiftung zum Totschlag durch eine versuchte Anstiftung zum Mord verdrängt wird, obwohl § 211 und § 212 nach der Rechtsprechung als eigenständige Straftatbestände zu verstehen sind. Denn auch in diesem Fall besteht ein Einschlussverhältnis, weil der Unrechtsgehalt des Totschlags von demjenigen des Mordes mit umfasst ist: die vorsätzliche Tötung i.S.d. § 212 ist auch in § 211 als notwendiges Unrechtselement enthalten.[397]

In der Literatur erkennt insbesondere *Puppe* grundsätzlich nur zwei Formen der Gesetzeskonkurrenz an, nämlich die *Spezialität als echte Gesetzeskonkurrenz*, die auch bei der Strafzumessung berücksichtigt, dass logischer Weise nur das speziellere Gesetz zur Anwendung kommen kann, sowie die *sog. unechte Gesetzeskonkurrenz* (Subsidiarität und Konsumtion) bestreitet aber die Sinnhaftigkeit etwa der Konsumtion als eigene Konkurrenzform,[398] was sie mit Blick auf die Praxis der Rechtsprechung begründet, die *die Rechtsfolgen* der Gesetzeskonkurrenz bzw. – einheit mit denen mit denen der Tateinheit *gleichschaltet*. Puppe will deshalb in diesen Fällen konsequent Tateinheit annehmen. Anders als *Puppe* erkennt *v. Heinschel-Heinegg* wie die h.M. auch die Konsumtion als Form der Gesetzeskonkurrenz und damit ein dreigliedriges System der Konkurrenzen an, weil es die verschiedenen Erscheinungsformen durchaus sinnvoll aufteile. Dabei will er aber auf die von der Rechtsprechung praktizierte „Sperrwirkung des milderen Gesetzes" verzichten, da das aus materiell-rechtlichen Gründen verdrängte Gesetz in jeder Hinsicht für auch für die Rechtsfolgenbestimmung irrelevant sei müsse.[399] Auch diese Auffassung erscheint für sich genommen schlüssig. **114**

Dennoch begegnen diese Auffassungen Bedenken. Ein rigides Verständnis von Gesetzeseinheit lässt nämlich außer Betracht, dass sich die Strafbarkeit des Täters im Falle **115**

---

393 Vgl. hierzu RGSt **59** 321, 325; *Frank* § 53 Anm. VII 3; *v. Hippel* AT S. 527; *Mezger* AT S. 247 f; *ders.* JW **1937** 627 f.

394 Vgl. *Fischer* Vor § 52 Rdn. 23; *Dünnebier* GA **1954** 273 f; *Jescheck/Weigend* § 69 I 2 und II und *Jescheck* ZStW **67** (1955) 535 f; *Puppe* GA **1982** 143, 161 und NK Vor § 52 Rdn. 17, 25; *Stratenwerth* Rdn. 1195 ff; *Sch/Schröder/Sternberg-Lieben/Bosch* Vor §§ 52 ff Rdn. 103, wonach die Praxis den Unterschied „nahezu auf null" reduziert habe.

395 RGSt **73,** 148, 150; BGHSt **1** 152, 155 f; **7** 307, 312; **10** 312, 315; **15** 345, 346; **19** 188, 189; **20** 235, 238; **57** 28, 31 *Lackner/Kühl/Heger* Vor §§ 52 ff Rdn. 29; *Sch/Schröder/Sternberg-Lieben/Bosch* Vor §§ 52 ff Rdn. 144; *Fischer* Vor § 52 Rdn. 45; *Roxin* AT II § 33 Rdn. 243 f; *Pfister* NStZ-RR **2000** 358 f; **aA** OLG Köln NJW **1953** 1762; differenzierend *Geerds* Konkurrenzen S. 230 ff; *Warda* JuS **1964** 92 f; demgegenüber gibt es eine strenge Bindung im Hinblick auf die Höchststrafe des verdrängten Gesetzes nicht, BGHSt **30** 166, 167 mit Anm. *Bruns* JR **1982** 166.

396 BGH NStZ **2001** 646; **2003** 202, 203; NJW **2003** 1679 f; NStZ-RR **2018** 217; *Fischer* Vor § 52 Rdn. 45.

397 BGH Urt. v. 24.11.2005 – 4 StR 243/05 unter Berufung auf BGHSt **36** 231, 235.

398 *Puppe* u.a. MK Vor § 52 Rdn. 8 und 49 ff sowie JuS **2016** 961, 964 ff.

399 *v. Heinschel-Heinegg* MK Vor § 52 Rdn. 77 ff; ähnlich auch *Fahl* Bedeutung des Regeltatbildes, S. 330 f und *Satzger* JR **1999** 203, 204 Anm. zu BGHSt **44** 196.

der Gesetzeseinheit mehrfach, d.h. mit verschiedenen Argumenten begründen lässt, nämlich zum einen mit dem Umstand, dass mehrere Tatbestände tatsächlich erfüllt sind und auch anwendbar werden, wenn z.B. das vorrangige Delikt aus materiell-rechtlichen oder prozessualen Gründen nicht zum Zuge kommt.[400] Bliebe zum anderen die vom zurücktretenden Gesetz in dessen Mindeststrafandrohung zum Ausdruck kommende Bewertung des dortige Unrechts zwingend auch in den Fällen unbeachtlich, in denen sie höher liegt als im anzuwendenden Gesetz,[401] würde das zu Wertungswidersprüchen und zu einer Besserstellung des Täters führen, nur weil er auch ein vorrangiges Delikt begangen hat. Ein solches Ergebnis würde elementaren Bedürfnissen der Gerechtigkeit widersprechen (vgl. *Roxin* AT II § 33 Rdn. 244) und ist auch dem Mehrfachverwertungsverbot nicht geschuldet. Wenn man denn eine konsequente Lösung anstrebt, liegt es in der Tat näher, Schuld- und Rechtsfolgenausspruch in der Form anzugleichen, dass zumindest in Fällen der konsumierten Begleittaten von der Gesetzeseinheit zur Tateinheit übergegangen wird, wie es im Übrigen auch von der Rechtsprechung inzwischen in geeignet Fällen umgesetzt wurde, um das verwirklichte Gesamtunrecht schon im Schuldspruch abzubilden (Klarstellungsfunktion).[402]

116 Auf jeden Fall können oder müssen aber **Nebenstrafen, Nebenfolgen und Maßnahmen i.S.v. § 11 Abs. 1 Nr. 8**, die nur das zurücktretende Gesetz zulässt oder vorschreibt, verhängt werden.[403] Das verkennt z.B. auch *Puppe* nicht, die u.a. deshalb von Tateinheit (Erfolgseinheit) ausgeht und diese Fälle, vor allem mitbestrafte Vor- und Nachtaten, auch als *unechte Gesetzeskonkurrenzen* bezeichnet, weil die nur scheinbar zurückträten, da sie bei den Rechtsfolgen wieder zu Buche schlügen.[404] Bei der Strafzumessung darf aber auch nach der h.M. das ausgeschlossene Delikt nur dann mitberücksichtigt werden, wenn und soweit die Umstände, die die erhöhte Schuld begründen sollen, nicht schon zu den Merkmalen des vorrangigen Tatbestandes gehören (*Verbot der Doppelverwertung* bzw. *Mehrfachverwertungsverbot*).[405]

117 Das verdrängte *Gesetz lebt wieder auf*, wenn eine Bestrafung nach dem vorrangigen Tatbestand aus materiell-rechtlichen Gründen, wie Rücktritt vom Versuch oder weil das

---

400 Siehe dazu unten Rdn. 119. Dass dies ausnahmsweise nicht der Fall ist, wenn das vorrangige Delikt den Täter privilegiert, findet seine Erklärung in der Privilegierung und nicht in konkurrenzrechtlichen Gründen. Die Ausnahme sollte deshalb nicht, wie *v. Heinschel-Heinegg* offenbar meint, zur Regel erhoben werden.

401 Nach h.M. etwa bei § 248b, der trotz seiner Subsidiaritätsklausel die §§ 242, 246 am Benzin und anderen Betriebsmitteln verdrängen soll, vgl. *Lackner/Kühl* § 248b Rdn. 6 m.w.N. In der Regel wird die Mindeststrafe des zurücktretenden Gesetzes tatsächlich aber niedriger sein als diejenige des vorrangigen.

402 So etwa im Anschluss an BGHSt. **44** 196 (versuchter Totschlag in Tateinheit mit Körperverletzung) BGHSt **46** 24, 28 (versuchter Raub mit Todesfolge in Tateinheit mit Körperverletzung); BGH NJW **1999** 72 (Misshandlung Schutzbefohlener in Tateinheit mit Körperverletzung); ebenso BGH Urt. v. 16.4.2014 – 2 StR 608/13, juris Rn. 17 ff; BGHSt. **63** 253 (grundsätzlich Tateinheit zwischen §§ 244a Abs. 1, 244 Abs. 1 Nr.3, 243 Abs. 1 Nr. 3 Var. 1 und § 303); BGH Beschl. v. 5.2.2019 – 3 StR 466/18 (Tateinheit zwischen § 244 Abs. 4 und § 244a Abs. 1). Auf diesen Wandel der Rspr. weist u.a. schon *v. Heinschel-Heinegg* MK Vor § 52 Rdn. 27 zutreffend hin.

403 BGHSt **7** 307, 312; **8** 46, 52; **19** 188, 189.

404 *Puppe* NK Vor § 52 Rdn. 25 f; *dies.* JuS **2016** 961, 965.

405 RGSt **26** 312, 314; **63** 424; RG HRR **1939**, 471; BGHSt **1** 152, 155; **33** 142, 147; BGHR StGB § 46 Abs. 2 Tatumstände 7 und Wertung 2; BGHR BtMG § 29 Strafzumessung 3 und § 30 Abs. 2 Bewertungsfehler 2; ebenso *Dünnebier* GA **1954** 271, 274; *R. Schmitt* ZStW **75** (1963) 53; zustimmend unter der Prämisse der Beachtung des Doppelverwertungsverbots *Sch/Schröder/Sternberg-Lieben/Bosch*[26] Vor §§ 52 ff Rdn. 141; *Jakobs* AT 31/38 ff; *Jescheck/Weigend* § 69 III 3; *Warda* JuS **1964** 92; kritisch *Maurach/Gössel/Zipf* § 55 Rdn. 25, grundsätzlich **aA** *Seier* Jura **1983** 225, 234 ff und jetzt *Sch/Schröder/Sternberg-Lieben/Bosch* Vor §§ 52 ff Rdn. 144.

vorrangige Delikt in der Versuchsform nicht strafbewehrt ist,[406] oder aus verfahrensrechtlichen Gründen, wie Fehlen einer Strafbarkeitsbedingung oder des erforderlichen Strafantrages, einer Amnestie, usw. nicht möglich ist.[407] Gleiches gilt, wenn im Falle der Auslieferung die beschränkte Aburteilungsbefugnis nur eine Bestrafung aus dem an sich zurücktretenden Gesetz erlaubt oder die Aburteilung einer Straftat unter einem rechtlichen Gesichtspunkt, unter dem die Auslieferung erfolgt ist, aus tatsächlichen Gründen nicht möglich ist, sofern dieselbe verfolgbare Tat auch nach dem anderen rechtlichen Gesichtspunkt an sich auslieferungsfähig wäre.[408] Dies gilt jedoch nicht uneingeschränkt. Soll der Täter durch das vorrangige Gesetz *privilegiert* werden, so kann jedenfalls bei fehlenden Verfahrensvoraussetzungen, etwa wenn es für die Verfolgbarkeit einer Straftat eines Strafantrags bedarf, nicht auf ein an sich zurücktretendes Offizialdelikt zurückgegriffen werden, wenn dadurch die durch eine Anbindung an den Verfolgungswillen des Verletzten oder sonstigen Antragsberechtigten geschaffene Begünstigung des Täters unterlaufen würde.[409]

Im Übrigen ist zu beachten, dass sich das *Konkurrenzverhältnis für jeden* **Täter** und 118
Teilnehmer entsprechend der Art seines Tatbeitrages und der ihn betreffenden individuellen Gegebenheiten ohne Rücksicht auf die Beurteilung bei anderen Tatbeteiligten **selbständig** bestimmt.[410]

1. Spezialität liegt vor, wenn ein Strafgesetz alle Merkmale einer anderen Strafvor- 119
schrift aufweist und sich nur dadurch von dieser unterscheidet, dass es wenigstens noch ein weiteres Merkmal enthält, das den in Frage kommenden Sachverhalt unter einem genaueren (spezielleren) Gesichtspunkt erfasst,[411] wobei es *im Prinzip* nicht darauf ankommt, ob das zusätzliche Merkmal privilegierender oder qualifizierender Natur ist. So sind z.B. die §§ 244, 249 gegenüber § 242 speziellere Gesetze, da ihre Tatbestände alle

---

406 BGHSt **30** 235.

407 Vgl. RGSt **23** 225; BGHSt **7** 296, 300; BGH NStZ **1988** 550 zum Rücktritt vom Versuch des primären Delikts; zur Amnestie BGHSt **24** 262, 266; BGH NJW **1972** 262; OLG Köln NJW **1971** 628; **aA** BayObLG mit abl. Anm. *Dreher* JZ **1971** 31 und *Krauth* MDR **1970** 1033. Zum Rückgriff auf das verdrängte Gesetz bei Verjährung der Primärnorm vgl. *Maurach/Gössel/Zipf* § 55 Rdn. 48; *Roxin* AT § 33 Rdn. 229; *Fischer* Vor § 52 Rdn. 46; *Jakobs* AT 31/46; *Stratenwerth* AT Rdn. 1204; BGHSt **38** 366, 368 f = JZ **1993**, 475 mit abl. Anm. *Stree* (mitbestrafte Nachtat).

408 BGHSt **19** 188, 190; BGH GA **1955** 149; NStZ **1985** 318 und NStZ **1992** 547.

409 Vgl. RGSt **47** 385, 388 f; BGHSt **19** 320, 321 mit abl. Anm. *Händel* NJW **1964** 1733; BGHSt **24** 262, 265; BGH NStZ **1988** 70; BGHR StGB § 239 Abs. 1 Strafantrag 1 sowie Konkurrenzen 1, 2 u. 5; OLG Düsseldorf NStZ **1981** 103 mit Anm. *Bottke* JR **1981** 389; *Cramer* Jura **1970** 207; *Fahl* GA **1996** 476, 485; *Maurach/Gössel/Zipf* § 55 II D 1; *Jescheck/Weigend* § 69 III 1; *Sch/Schröder/Sternberg-Lieben/Bosch* Vor §§ 52 ff Rdn. 142; *Welzel* S. 235; differenzierend *Jakobs* AT 31/47; **aA** *Lilie/Albrecht* LK[11] § 24 Rdn. 338; *Zaczyk* NK § 24 Rdn. 125.

410 St. Rspr. u.a. BGH bei Dallinger MDR **1968** 551 und MDR **1976** 14; BGH bei Holtz MDR **1980** 272; BGH NJW **1994** 2703, 2707; BGHSt **40** 374, 377; **49** 177, 182 ff und 306, 316; *Lackner/Kühl* Vor § 52 Rdn. 22; *Sch/Sch/Sternberg-Lieben/Bosch* Vor §§ 52 ff Rdn. 102a.

411 BGHSt **49** 34, 37; BGH NJW **1999** 1561; *Jescheck/Weigend* § 69 II 1 im Anschluss an *Honig* Straflose Vor- und Nachtat S. 113; *Roxin* AT II § 33 Rdn. 177; *Samson/Günther* SK[8] Vor § 52 Rdn. 83; *Seher* JuS **2004** 482; *Warda* JuS **1964** 90; vgl. auch *Blei* AT § 96 II 1; *Baumann/Weber/Mitsch/Eisele* § 36 II 2; *Geerds* Konkurrenzen 193; *Maurach/Gössel/Zipf* § Rdn. 30 ff; *Schmitt* ZStW **75** (1963) 49; *Sch/Schröder/Sternberg-Lieben/Bosch* Vor §§ 52 ff Rdn. 105; *Stratenwerth* AT Rdn. 1185; *Wessels/Beulke/Satzger* Rdn. 788; **AA** *Jakobs* AT 31/11–13 und 31/16–18, der alle Fälle der Gesetzeskonkurrenz auf Spezialität zurückführt, die allein dazu dient, Mehrfachverwertungen verschieden ausformulierter Deliktsbestimmungen zu vermeiden, wobei er verschiedene Gründe für die Annahme von Spezialität nennt, wie Spezialität kraft Beschreibungsdichte (= Spezialität), Vollendungsdichte, Beteiligungs- und Erfolgsintensität (= Subsidiarität), Spezialität zur Begleittat (= Konsumtion) und kraft Vorgriffs (= mitbestrafte Nachtat). Siehe hierzu auch *v. Heinschel-Heinegg* MK Vor § 52 Rdn. 37.

Merkmale des § 242 enthalten, denen sie jeweils eines oder mehrere hinzufügen. Das **engere**, weil genauer auf den spezifischen Sachverhalt zugeschnittene **Gesetz** beansprucht den **Vorrang** vor dem allgemeinen und damit weiteren nach der Rechtsregel: „lex specialis derogat legi generali".

119a Jedoch anerkennt die Rechtsprechung hier für Fälle der *privilegierenden Spezialität* insofern eine Besonderheit an, als sie bei spezielleren, den Täter gegenüber der allgemeineren Norm privilegierenden Tatbeständen letzteren eine *Sperrwirkung* zuspricht, so dass ein Rückgriff auf die allgemeinere Norm ausgeschlossen sein soll, wenn die speziellere Norm nicht anwendbar ist.[412] Ob die speziellere Vorschrift den Täter begünstigt, ist nach dieser Auffassung anhand des Zwecks der spezielleren Vorschrift, dem inneren Zusammenhang der miteinander konkurrierenden Vorschriften und des gesetzgeberischen Willens zu prüfen.[413]

120 **a) Grundlagen.** Eine aus der begriffslogischen Struktur der Spezialität abgeleitete Definition hat gegenüber sonstigen Umschreibungen, die meist nur den allgemeinen Grundsatz der Gesetzeseinheit wiederholen, wegen ihrer Klarheit nicht zu bestreitende Vorzüge, vor allem bei der Abgrenzung von Spezialität gegenüber Subsidiarität. Soweit die Verfechter eines rein begrifflich-tatbestandlichen Vergleichs, der am Gleichlaut der in Betracht kommenden Strafnormen gemessen werden soll,[414] Delikte aus dem Bereich der Spezialität ausklammern wollen, bei denen gemeinsame Begriffsmerkmale lediglich inhaltlich näher umschrieben (spezialisiert) werden – wie etwa im Verhältnis von § 240 zu § 239 – und diese statt der Spezialität der Subsidiarität oder der Konsumtion als in Betracht kommende Form der Gesetzeseinheit zuordnen, ist dies für die rechtlichen Folgen ohne Bedeutung. Geht es aber um die Frage, ob zwei oder mehr Tatbestände zueinander im Verhältnis der Gesetzeseinheit oder der Tateinheit stehen, versagen rein logische Zuordnungsversuche. Diese bieten zwar eine erste Orientierung, sind aber gleichwohl durch teleologische Gesichtspunkte und Wertungen zu ergänzen.[415]

121 Die Rechtsprechung des **RG** hat Spezialität (Gesetzeseinheit im engeren Sinne) dann angenommen, wenn die Gesetze denselben rechtlichen Tatbestand aufgestellt haben und sich dadurch unterscheiden, dass das eine von ihnen ein oder mehrere Begriffsmerkmale in engerer Begrenzung und besonderer Gestalt enthält.[416] Die Rechtsprechung des **BGH** rechnet solche Tatbestände dem Bereich der Spezialität zu, bei denen *der Vergleich des Wortlauts* oder *des Regelungsgehalts der gesetzlichen Merkmale*, die die materielle Umschreibung der jeweiligen Deliktsart enthalten, ergibt, das eines oder mehrere der gemeinsamen Merkmale sachlich enger begrenzt und deshalb spezieller ausgestaltet ist.[417] Erschöpft sich z.B. die Behinderung der Bewegungsfreiheit des Tatopfers in seiner Funktion als tatbestandsmäßiges Mittel zur Begehung einer sexuellen Nötigung, so kommt § 239 als das allgemeinere Delikt neben § 177 Abs. 1 nicht zur Anwendung.[418] Allerdings kann – hier erweisen sich wertende Gesichtspunkte als notwendiges Korrektiv –

---

412 BGHSt **49** 34, 37; **53** 288, 293.

413 BGHSt **19** 188, 190; **24** 262, 266.

414 *Geppert* Jura **1982** 421 und **2000** 654; *Seier* Jura **1983** 228; *Sch/Schröder/Sternberg-Lieben/Bosch* Vor §§ 52 ff Rdn. 105; vgl. auch *Warda* JuS **1964** 90.

415 Vgl. *Klug* ZStW **68** (1956) 412 f, der sich insbesondere auch gegen den Versuch wendet, den Begriff der Spezialität rein logisch und losgelöst von jeder wertenden Betrachtung zu bestimmen. Siehe auch *Vogler* FS Bockelmann S. 717; *Krauß* GA **1965** 177; *Stratenwerth* AT Rdn. 1186. Wie hier *v. Heinschel-Heinegg* Vor § 52 Rdn. 35 f.

416 RGSt **57** 329, 330; **59** 107, 111.

417 **AA** *Sch/Schröder/Sternberg-Lieben/Bosch* Vor §§ 52 ff Rdn. 105.

418 BGH Beschl. v. 15.11.2006 – 2 StR 447/06, juris Rn 4 und Beschl. v. 19.2.2019 – 3 StR 14/19, juris Rn. 8.

zwischen an und für sich im Verhältnis der Spezialität stehenden Tatbeständen dann Tateinheit anzunehmen sein, wenn das speziellere Gesetz nur versucht, der zurücktretende Tatbestand jedoch voll erfüllt ist und eine Verurteilung nur aus dem versuchten engeren Gesetz den Unrechts- und Schuldgehalt der Tat nicht voll erfassen würde. (Dazu näher unten Rdn. 113).

b) Beispiele: Exemplarisch für den Fall der *Spezialität kraft besonderen Reglungsgehalts* ist zum einen die durch das VerbrBekG vom 28.10.1994 neugefasste Vorschrift des § 130, die in Absatz 3 speziell die Billigung, das Leugnen oder die Verharmlosung nationalsozialistischer Gewaltverbrechen gegen die jüdische Bevölkerung erfasst und mit höherer Strafdrohung belegt; diese ist deshalb gegenüber der von § 140 Nr. 2 unter Strafe gestellten generellen Billigung von Straftaten das speziellere Gesetz (BGH NJW **1999** 1561). Zum anderen finden sich Beispiele hierfür vor allem auch im Bereich der Vermögens- und Fälschungsdelikte: So tritt der Subventionsbetrug nach § 264, wenn seine tatbestandlichen Voraussetzungen erfüllt sind, an die Stelle des § 263 (BGHSt **32** 203).[419] § 264 ist jedoch nicht in der Form exklusiv, dass § 263 stets verdrängt wird. Fehlt es aus irgendeinem Grund an einem Tatbestandsmerkmal des § 264, sind aber die Voraussetzungen des Betruges oder des versuchten Betruges nach § 263 gegeben, so findet, um eine vom Gesetzgeber nicht gewollte Privilegierung des Täters zu vermeiden, § 263 wieder Anwendung.[420] Der zur Schließung von Strafbarkeitslücken geschaffene § 266b ist gegenüber § 263 ebenfalls das speziellere Delikt ist (BGH NStZ **1987** 120).[421] Ebenso sieht die Rechtsprechung in Fälschung und Gebrauch von Zahlungskarten erfassenden Tatbeständen der §§ 152a, 152b gegenüber der Urkundenfälschung gemäß § 267 Abs. 1 speziellere Delikte (BGH NStZ-RR **2001** 240)[422] und in den Tatbeständen der Gebühren- und Abgabenüberhebung nach §§ 352, 353 gegenüber § 263 speziellere (Privilegierungs-)Vorschriften (BGH NJW **2006** 3219, 3221).[423] 122

Nach den oben dargestellten Grundsätzen liegt Spezialität vor allem zwischen den *zusammengesetzten Delikten* im Verhältnis zu den in ihnen enthaltenen einfachen Tatbeständen vor, wie etwa beim Delikt des Raubes im Verhältnis zu Diebstahl und Nötigung, wobei, da der Raub nach §§ 249 ff sachlich die Merkmale des Diebstahls einschließt, letzterer auch in der Form des § 243 keine selbständige strafrechtliche Bedeutung besitzt, sondern als Element des Raubes in diesem aufgeht (BGHSt **20** 235, 237); hingegen zehrt der nur versuchte Raub einen vollendeten schweren oder einen unter die Voraussetzungen des § 244 fallenden Diebstahl nicht auf, da sich die Vollendung der Wegnahmehandlung als ein Mehr gegenüber der lediglich versuchten Wegnahme beim Raubversuch darstellt und von diesem nicht miterfasst wird (BGHSt **21** 78, 80; *Ruß* LK[11] § 244 Rdn. 18). In derartigen Fällen ist daher Tateinheit gegeben. Der Tatbestand der räuberischen Erpressung nach §§ 253, 255 schließt denjenigen des Raubes nach § 249 mit ein, so dass der 123

---

419 Siehe auch BGH wistra **1987** 23; BayObLG NJW **1982** 2202; *Lackner/Kühl/Heger* § 264 Rdn. 30 (selbständige Sonderregelung); *Tiedemann* LK[11] § 264 Rdn. 162; *Lackner/Kühl/Heger* § 264 Rdn. 30; *Sch/Schröder/Lenckner/Perron* § 264 Rdn. 87; *Ranft* JuS **1986** 450.

420 BGHSt **44** 233, 243; BGH wistra **1987** 23; *Lackner/Kühl/Heger* § 264 Rdn. 31; *Samson/Günther* SK[8] § 264 Rdn. 100; *Tiedemann* LK[11] § 264 Rdn. 134 und 162; *Sch/Schröder/Lenckner/Perron* § 264 Rdn. 87; *Fischer* § 264 Rdn. 34.

421 *Gribbohm* LK[11] 266b Rdn. 51; *Tiedemann* LK[11] 263 Rdn. 315; differenzierend *Fischer* § 266b Rdn. 23 alle m.w.N.

422 Ebenso BGH, Beschl. v. 26.1.2005 – 2 StR516/04; **aA** *Lackner/Kühl/Heger* § 152b Rdn. 7.

423 Mit Anm. *Kuhlen* JR **2007** 207; BGH Beschl. v. 9.8.2009 – 5 StR 394/08 Rdn. 10 f und 12 f*; Fischer* § 352 Rdn. 2 und § 353 Rdn. 7; *Kuhlen* NK § 353 Rdn. 4f und § 353 Rdn. 19 f; *Träger* LK[11] 353 Rdn. 24 und (differenzierend) § 353 Rdn. 24, alle m.w.N.

engere Tatbestand des § 249, wenn seine Voraussetzungen vorliegen, die weiteren der §§ 253, 255 verdrängt (BGHSt **14** 386, 390 f; BGH NJW **1967** 60).

124 § 239 ist gegenüber § 240 das speziellere Gesetz, sofern die Nötigung sich darin erschöpft hat, das Opfer an der freien Bestimmung des Aufenthaltsorts zu hindern (BGHSt **30** 235). Vollendete und versuchte Nötigung nach § 240 verdrängen ihrerseits die Bedrohung gemäß § 241, wenn die Bedrohung Mittel der Nötigung war.[424] Nach den Regeln der Spezialität geht § 240 in einer versuchten Erpressung auf, es sei denn, der Täter verfolgt gegenüber demselben Opfer von vornherein zwei verschiedene Ziele, erreicht aber mit den Mitteln der Nötigung nur das nicht unter § 253 fallende Ziel.[425] Unter denselben Voraussetzungen können auch vollendete Erpressung (§§ 253, 255) und § 240 in Tateinheit stehen (BGHSt **37** 256, 259). § 239b verdrängt den Tatbestand des § 240.[426] Denn nach den allgemeinen Konkurrenzregeln ist § 239b die speziellere Strafnorm, weil sie eine bestimmte Absicht voraussetzt und das Nötigungsmittel gegenüber denjenigen des § 240 qualifiziert ist.[427]

125 Bei den Beleidigungsdelikten sind die §§ 186, 187 gegenüber § 185 die spezielleren Normen,[428] wenn eine als üble Nachrede oder Verleumdung anzusehende Äußerung zugleich Merkmale enthält, die den Tatbestand des § 185 erfüllen; Tateinheit ist jedoch möglich, wenn ehrverletzende Werturteile nicht oder nicht ausschließlich aus der ehrenrührigen Tatsachenbehauptung abgeleitet werden, die den Tatbestand der üblen Nachrede oder der Verleumdung begründet, oder diese Tatsachenbehauptung nicht nur gegenüber Dritten, sondern auch gegenüber dem Betroffenen abgegeben wird.[429] Entgegen früherer Ansicht[430] wird die Frage, ob die Sexualstraftatbestände als speziellere Normen gegenüber dem allgemeineren Tatbestand der Beleidigung nach § 185 angesehen werden können, nach der Entscheidung BGHSt **36** 145 verneint werden müssen.[431] Danach soll ein Angriff auf die sexuelle Selbstbestimmung nur noch dann – auch – den Tatbestand der Beleidigung erfüllen, wenn nach den gesamten Umständen des Falles in dem Verhalten des Täters zugleich eine von ihm gewollte herabsetzende Bewertung des Opfers zu sehen ist.[432] Reicht aber die Beeinträchtigung des Opfers durch die sexuelle Handlung

---

424 BGH GA **1970** 372; BGH bei Holtz MDR **1979** 280 f; BGHR StGB § 240 Abs. 3 Konkurrenzen 2 und § 253 Abs. 1 Konkurrenzen 3; OLG Koblenz MDR **1984** 1040; BGH Beschl. vom 8.11.2005 – 1 StR 455/05 *gegen* BayObLG NJW **2003** 911, 912 (= mit abl. Anm. *Jäger* JR **2003** 479); BGH StV **2015** 111 f; BGH Beschl. v. 19.2.2019 – 3 StR 14/19, juris Rn. 7.

425 BGH bei *Dallinger* MDR **1972** 386; BGHR StGB § 253 Abs. 1 Konkurrenzen 1.

426 BGHSt **40** 90; BGH NStZ **1994** 284; vgl. im übrigen BGHSt **25** 386, 387.

427 Zur früher in der Rechtsprechung umstrittenen Frage, in welchem Verhältnis §§ 239a und § 239b zu §§ 253, 255 und zu § 177 stehen, siehe Vorauflage Rdn. 86.

428 So schon ausdrücklich *Herdegen* LK[10] Vor § 185 Rdn. 30, der deshalb generell ein Zurücktreten des § 185 gegenüber den qualifizierten Beleidigungstatbeständen annehmen will; ebenso *Rudolphi* SK Vor § 185 Rdn. 21 und *Hilgendorf* LK[11] Vor § 185 Rdn. 42 f und § 185 Rdn. 43.

429 RGSt **59** 414, 417; **65** 358; BGHSt **6** 159, 161; **12** 287, 288; BGHR StGB § 185 Konkurrenzen 2; BayObLGSt **1962** 48, 50; OLG Celle GA **1960** 247; OLG Stuttgart JZ **1969** 1850; OLG Köln OLGSt § 185 S. 44; ebenso *Fischer* § 185 Rdn. 20; **aA** *Hilgendorf* LK[11] Vor § 185 Rdn. 43; zweifelnd *Lackner/Kühl/Heger* § 186 Rdn. 11.

430 Vgl. RGSt **45** 344; **65** 337; **68**, 20, 25; BGHSt **5** 143, 146; **8** 357, 358; so auch noch *Vogler* LK[10] Vor § 52 Rdn. 108; ausführliche Nachweise bei *Hilgendorf* LK[11] § 185 Rdn. 28.

431 Vgl. auch BGHSt **35** 76; BGH NJW **1986** 2442 m. Anm. *Hillenkamp* JR **1987** 126 und Laubenthal JuS **1987** 700; OLG Zweibrücken NJW **1986** 2960; OLG Düsseldorf GA **1988** 473.

432 BGHSt **36** 145, 150 mit Anm. *Hillenkamp* NStZ **1989** 529 und *Otto* JZ **1989** 803; BGHR StGB § 184c Nr. 1 Erheblichkeit 7. Zweck dieser Rechtsprechung ist es letztlich, eine Vorverlagerung der Strafbarkeit sexueller Handlungen, die den Tatbestand eines Sexualdelikts gerade (noch) nicht erfüllen, durch einen Rückgriff auf § 185 StGB zu verhindern; siehe hierzu ferner *Hilgendorf* aaO Rdn. 30 f; *Lackner/Kühl/Heger* § 185 Rdn. 6; *Sch/Schröder/Lenckner* § 185 Rdn. 4 jeweils m.w.N.

allein nicht mehr aus, um die Annahme einer zugleich begangenen Beleidigung zu rechtfertigen, so kommt einer Tatbestandserfüllung des § 185 durch die „Gesamtumstände der Tat" neben den Delikten der §§ 174, 176, 177 ein eigenständiger Unrechtsgehalt zu, wenn sie eine Kundgabe der Missachtung der betroffenen Person beinhalten. Dann handelt es sich bei dem Zusammentreffen dieser Straftatbestände aber nicht mehr um einen Fall der Gesetzeseinheit, sondern um einen solchen der Tateinheit.[433]

In § 154 werden unwahre Aussage und Eid zu einem mit einer höheren Strafdrohung **126** bewehrten gesteigerten Unrecht verbunden (BGHSt **8** 301, 309).[434] § 154 ist deshalb gegenüber § 153 die speziellere Norm.[435] Dennoch verdrängt der in demselben Rechtszug später geleistete Meineid die frühere Falschaussage zu demselben Vernehmungsgegenstand nicht nach den Regeln der Gesetzeseinheit (Spezialität); in diesen Fällen handelt es sich vielmehr um einen Anwendungsbereich der sog. **tatbestandlichen Handlungseinheit** oder **Bewertungseinheit** (Ebenso *Roxin* AT II § 33 Rdn. 103; vgl. dazu auch oben Rdn. 32), nämlich der einheitlichen strafrechtlichen Bewertung des durch mehrere Handlungen verwirklichten einheitlichen Unrechts – mehrerer falscher Aussagen zu demselben Aussagegegenstand in derselben Instanz –, so dass nur **ein** Verbrechen des Meineides anzunehmen ist (BGHSt **8** 301, 311 f).

c) Im Verhältnis der Spezialität stehen vor allem die **qualifizierten** Tatbestände zu **127** ihren Grundnormen, wie § 224 n.F. zu der einfachen Körperverletzung nach § 223, § 226 a.F. (jetzt § 227) zu § 223 und § 222 (BGHSt **8** 54), § 251 zu § 222 (BGH NJW **1965** 2116) und § 244 zu den §§ 242, 243 (BGHSt **33** 50, 53; BGH NJW **1970** 1279, 1280); § 252 ist gegenüber § 242 lex specialis; aber auch der einfache Raub nach § 249 wird von § 252 verdrängt (BGHSt **21** 377, 380; BGH GA **1969** 347). Sind die Raubmittel der Beutesicherung dieselben wie die Mittel der Wegnahme oder geringer gewichtig, so „zehrt" die Vortat „Raub" § 252 auf (BGHSt **21** 377; BGH GA **1969** 347).[436] Hat der Täter ausschließlich ein zur Wohnung von Menschen dienendes Gebäude in Brand gesetzt, wurde § 308 a.F. durch den spezielleren § 306 Nr. 2 a.F. verdrängt (BGH bei Holtz MDR **1984** 443). Dies gilt auch im Verhältnis von § 306 n.F. zu § 306a Abs. 1 Nr. 1 n.F. Wird durch die fahrlässige Inbrandsetzung eines der in § 308 a.F. (= § 306 n.F.) und § 306 a.F. (= § 306a n.F.) genannten Objekte der Tod eines Menschen verursacht, so ging nach der Rechtsprechung § 309 2. Alt. a.F. (jetzt § 306d Abs. 1) dem § 222 als Spezialfall vor (BGHR StGB § 309 Konkurrenzen 1),[437] jedoch nur dann, wenn der Tod die spezifische Folge des Brandes ist. Ist die Brandlegung mit anderen Tatumständen lediglich kumulativ kausal für die Todesfolge, so konnte nach der Rechtsprechung Tateinheit der einfachen fahrlässigen Brandstiftung nach § 309 1. Alt. a.F. mit § 222 in Betracht kommen (BGH NJW **1989** 2479 mit Bespr. *Küpper* JuS **1990** 184). Der Grundtatbestand des unerlaubten Handeltreibens mit Betäu-

---

433 Vgl. auch BGHSt **8** 357, 359. Nach *Sch/Schröder/Sternberg-Lieben/Bosch* Vor §§ 52 ff Rdn. 105 kommt nach der Entscheidung BGHSt **36** 145 ohnehin nur noch Tateinheit in Betracht.

434 Anders noch BGHSt **1** 241; **4** 244; **5** 44; dass BGHSt **8** 301 gegenüber BGHSt **1** 241 das zu schützende Rechtsgut der §§ 153, 154 ebenso wie das Verhältnis der beiden Vorschriften zueinander anders bestimmt hat, besagt für sich genommen nichts und ist nicht geeignet, die für die Konkurrenzen notwendige Rechtsgutsbestimmung obsolet zu machen (so aber wohl *v. Heinschel-Heinegg* MK Vor §§ 52 ff Rdn. 20), da unterschiedliche Rechtsauffassungen der Senate durch den Großen Senat für Strafsachen zu klären waren und entschieden worden sind.

435 So der Sache nach zutreffend schon BGHSt **7** 186, 187 f; vgl auch *Vogler* LK[10] Vor § 52 Rdn. 109; anders BGHSt **8** 301, 309: § 153 hat gegenüber § 154 nur Hilfs- (subsidiären) Charakter.

436 *Fischer* § 252 Rdn. 12; *Herdegen* LK[11] § 252 Rdn. 22; *Lackner/Kühl/Heger* § 252 Rdn. 8; § 252 wird deshalb in diesen Fällen auch als „mitbestrafte Nachtat" verstanden, vgl. *Geilen* Jura **1980** 43, 46; **aA** *Sch/Schröder/Bosch* § 252 Rdn. 13.

437 Ebenso BGHR StGB § 306 Nr. 2 Konkurrenzen 1; **aA** *Fischer* § 306d Rdn. 6.

bungsmitteln nach § 29 Abs. 1 Nr. 1 BtMG tritt, einschließlich der in § 29 Abs. 3 Satz 1 BtMG enthaltenen Zumessungsregeln, hinter jedem der in den §§ 29a, 30 und 30a BtMG aufgeführten Verbrechenstatbestände zurück.[438] Die Tatsache, dass der Täter das Regelbeispiel eines besonders schweren Falles verwirklicht hat, behält jedoch Bedeutung für die Bemessung der Strafe innerhalb des Strafrahmens des Qualifikationstatbestandes (BGH Beschl. v. 25. März 1997 – 1 StR 5/97).

128 Schließlich können Strafnormen durch besondere Tätermerkmale, wie etwa die Amtsträgereigenschaft, gegenüber dem Grundtatbestand qualifiziert sein. Deshalb ist § 340 gegenüber § 223 und § 224 das speziellere Delikt. Soweit hinsichtlich einer im Amt begangenen gefährlichen Körperverletzung Tateinheit zwischen § 340 und § 223a a.F. angenommen wurde (RGSt **75** 355, 359; *Vogler* FS Bockelmann S. 723), überzeugt schon die Begründung, § 223a a.F. finde in § 340 keine Erwähnung, nicht. § 223a ist erst später in das Gesetz eingefügt wurde und die Lücke zwischen der einfachen und der schweren Körperverletzung erfassen sollte, wenn nämlich kein schwerer Erfolg eingetreten, die Tat aber wegen der Art der Ausführung besonders gefährlich ist (BGH NJW **1967** 297). Diesem Einwand ist zudem durch die Neufassung des Gesetzes mit § 340 Abs. 3 die Grundlage entzogen.

129 **d)** Wird ein Grundtatbestand durch verschiedene Merkmale qualifiziert, so gilt hinsichtlich der Frage des Konkurrenzverhältnisses der Qualifikationen untereinander folgendes: Die Rechtsprechung nimmt noch überwiegend Gesetzeseinheit mit Vorrang des unrechtsschwereren Delikts an, so bei dem Zusammentreffen des § 251 mit Qualifikationsmerkmalen des § 250 (BGHSt **21** 183), näherliegend ist jedoch, auch hier nach der Art der verschiedenen Qualifikationsmerkmale des § 250 zu differenzieren und zu prüfen, ob gemessen am Regelungs-/Unwertgehalt des § 251 weiteres Unrecht enthalten, dann kommt Tateinheit in Betracht.[439] Bei gleicher Art der Beteiligung hat § 244 Vorrang vor § 243 (BGHSt **25** 18, 19 im Anschluss an BGH NJW **1970** 1279, 1280).[440] Gleiches gilt für die Beteiligung an einem Delikt nach § 244a und an Straftaten gemäß §§ 242 bis 244, da § 244a gegenüber den letztgenannten Vorschriften das speziellere Gesetz ist (vgl. Ruß LK § 244a Rdn. 3 und 6). Entsprechend der Grundregel, dass auch bei Qualifikationen die schwächere von der schwerwiegenderen nur dann verdrängt wird, wenn der inhaltliche Vergleich der gesetzlichen Merkmale und die konkrete zur Aburteilung anstehende Tat zu einem solchen Ergebnis Anlass geben, ist aber auch für möglich gehalten worden, dass ein Versuch des besonders schweren Raubes nach § 250 Abs. 2 Nr. 1 von einem vollendeten schweren Raub nach § 250 Abs. 1 Nr. 1a verdrängt werden kann.[441]

130 Enthält ein Qualifikationstatbestand **mehrere Erschwerungsgründe** nebeneinander und erfüllt eine Tat zwei oder mehrere dieser Modalitäten, so entsteht die Frage, in welchem Verhältnis diese mehreren Qualifikationen zueinander stehen.[442] Aus dem Bereich der Konkurrenzen scheiden jedoch von vornherein solche, die Strafdrohung des Grundtatbestand lediglich modifizierenden Normen aus, die – wie z.B. § 243, § 177 Abs. 6 n.F., § 121 Abs. 3 oder § 29 Abs. 3 BtMG – lediglich Regelbeispiele eines besonders schweren Falles umschreiben. Auch wenn sie tatbestandsähnlich ausgestaltet sind, beinhalten

438 BGH NStZ **1994** 39; NJW **2003** 1679, 1680; BGHR BtMG § 30a Konkurrenzen 2.
439 So richtig *v. Heinschel-Heinegg* MK Vor § 52 Rdn. 40.
440 Insoweit in BGHSt **23** 239 nicht abgedruckt; vgl. auch BGHR StGB § 244 Abs. 1 Nr. 3 Bande 2.
441 BGH NJW **2004** 3437 mit abl. Anm. *Gössel* JR **2005** 159 und Anm. von *Schlothauer* StV **2004** 655.
442 Ausführlich zur Problematik der Konkurrenzen bei der Verwirklichung mehrerer Tatbestandsvarianten *Altenhain* ZStW **107** (1995) 382ff.

sie nur Strafzumessungsregeln, denen allein für die Strafzumessung Bedeutung zukommt,[443] die aber nicht im Sinne eines tatbestandlich umschriebenen Rechtsgüterschutzes, wie er von § 52 vorausgesetzt wird, „verletzt" werden können.[444] Demgegenüber kennzeichnen zweifelsfrei etwa die Qualifikationstatbestände des § 177 Abs. 4 und 5,[445] des § 224 Abs. 1 und des § 250 Abs. 1, 2, 3 und 4 mit ihren einzelnen Begehungsformen im Vergleich zu dem jeweiligen Grundtatbestand erschwertes, den Schuldspruch berührendes Unrecht. Innerhalb der einzelnen Qualifikationstatbestände, etwa § 224 Abs. 1 Nr. 1–5 oder § 250 Abs. 1 Nr. 1 lit a)–c) und Nr. 2, unterscheiden sich die Qualifikationsvarianten jedoch nach Art und Gewicht des Handlungs- oder Erfolgsunrechts nicht,[446] wie auch der jeweils gleiche Strafrahmen belegt. Die gleichzeitige Erfüllung mehrerer dieser in die gleiche Schutzrichtung zielenden – lediglich Tatmodalitäten darstellenden – Erschwerungsgründe rechtfertigt nicht die Annahme von Tateinheit; der Tatsache, dass mehrere Qualifikationsmerkmale erfüllt sind, kann bei der Strafzumessung hinreichend Rechnung getragen werden.[447] Ebenso wenig sind die Regeln der Gesetzeseinheit, etwa der Spezialität, anwendbar.[448]

Im Anschluss an die Entscheidung des *Großen Senats für Strafsachen* in BGHSt **39** 131
100 zu *§ 251* und das Verhältnis zu *§ 211* ist die neuere Rechtsprechung bestrebt, die Konkurrenz zwischen verschiedenen Tatbeständen und Qualifikationen, insbesondere solcher, die dem Schutz höchstpersönlicher Rechtsgüter unter verschiedenen Aspekten dienen, darauf zu überprüfen, ob sie dem *Prinzip der Klarstellungsfunktion,* d.h. der Ausschöpfung des verwirklichten Unrechts, gerecht wird. Deshalb nimmt sie nunmehr, anders als die frühere Rechtsprechung[449] Tateinheit an, und zwar zwischen Misshandlung von Schutzbefohlenen durch Quälen (§ 225 Abs. 1) mit schwerer Körperverletzung nach § 226 (BGH NJW **1999** 72)[450] oder mit Körperverletzung mit Todesfolge nach § 227 (BGHSt **41** 113, 115f).[451] Demgegenüber ist in der übrigen, allerdings älteren Rechtsprechung angenommen worden, § 224 werde verdrängt, wenn die Tat notwendiges Mittel eines Schwangerschaftsabbruchs ist (BGHSt **28** 11) oder wenn die Körperverletzung zu einer schweren Folge nach § 226 oder § 227 führt (BGH **21** 194, 195).[452]

e) Der rein formal anmutende Rechtssatz, das Gesamtbild einer Tat, mit der ver- 132
schieden schwere Qualifikationen desselben Grundtatbestandes verwirklicht werden,

---

443 BGHSt **23** 254, 256f; **26** 104, 105; **29** 359, 368; *Lackner/Kühl/Heger* § 46 Rdn. 18; *Ruß* LK[11] § 243 Rdn. 2 und Rdn. 43; *Sch/Schröder/Bosch* § 243 Rdn. 1; *Fischer* § 46 Rdn. 95; **aA** *Vogler* FS Bockelmann S. 723; zum Rechtscharakter der Regelbeispiele auch *Calliess* NJW **1998** 929ff.

444 BGH NStZ **1994** 39; BGHR BtMG § 29 Abs. 3 Nr. 1 Konkurrenzen 1.

445 Hierzu näher *Pfister* NStZ-RR **2001** 353, 360 m.w.N.

446 Vgl. zu den §§ 223a, 244, 250 Abs. 1 a.F. *Altenhain* ZStW **107** (1995) 382, 388ff; zu § 250 Abs. 1 vgl. auch BGHSt **26** 167, 174; anders, wenn die erfülltenTatmodalitäten verschiedene Schutzzwecke verfolgen BGH NJW **1996** 2804, 2805f = BGHSt **42** 123; siehe dazu auch unten § 52 Rdn. 3 und 38.

447 BGHR StGB § 223a Konkurrenzen 4; *Geppert* JK **1994** StGB § 250/7; *Ruß* LK § 244 Rdn. 18 (Aufgabe der in der Vorauflage vertretenen Auffassung); *Samson* SK § 250 Rdn. 14; *Sch/Schröder/Sternberg-Lieben/Bosch* Vor §§ 52ff Rdn. 106 und § 52 Rdn. 28; zur Frage möglicher Tateinheit zwischen § 250 Abs. 1 Nr. 2 und 3 a.F. vgl. BGH NJW **1994** 2034f und NStZ **1994** 284 sowie **1994** 285 mit Anm. *v. Hippel* JR **1995** 125; *für Tateinheit*: BGH bei *Dallinger* MDR **1971** 363 (zu § 244 Ziff. 1 und 3 a.F.); *Fischer* § 244 Rdn. 28 und § 250 Rdn. 13; *Herdegen* LK[11] § 250 Rdn. 33.

448 *Altenhain* ZStW **107** (1995) 390f, 396; BGH NStZ **1994** 284; NJW **1994** 2034.

449 Vgl. zur alten Rechtsprechung und der dazu kontroversen Literatur die Vorauflage Rdn. 88.

450 So wohl auch BGH Beschl. v. 16.4.2014 – 2 StR 608/13, juris.

451 Insoweit zustimmend *Hirsch* NStZ **1996** 37; hierzu auch *Wolfslast/Schmeissner* JR **1996** 338.

452 BGH NJW **1967** 297; ebenso *Hirsch* LK[11] § 226 Rdn. 26 und § 227 Rdn. 11; zweifelnd *Lackner/Kühl/Heger* § 224 Rdn. 12; für Tateinheit: *Jescheck/Weigend* § 69 II 1; *Lilie* LK[11] § 224 Rdn. 41; vgl auch *Vogler* FS Bockelmann S. 715, 723.

werde stets von der schwersten Begehungsform bestimmt,[453] wird in der Rechtsprechung nicht nur beim Zusammentreffen unterschiedlicher Erschwerungsgründe zunehmend durch die inhaltliche Prüfung ersetzt, ob der Unrechtsgehalt der Tat bereits durch einen der mehreren dem Wortlaut nach erfüllten Tatbestände erfasst wird, oder ob ein zusätzlicher Unrechtsgehalt des anderen Tatbestandes durch die Annahme von Tateinheit im Schuldspruch zum Ausdruck gebracht werden muss. Auch beim Zusammentreffen **eines Grundtatbestandes** mit **Qualifikationen** in Form von **Vollendung** des einen und **Versuch** der anderen oder verschiedener durch eine bestimmte Folge qualifizierter Tatbestände räumt die Rechtsprechung dem Ausschöpfungsgebot zunehmend Platz ein. Deshalb hat sie zwischen versuchtem Raub und vollendetem schweren Diebstahl (BGHSt **21** 78, 80), zwischen versuchtem schweren und vollendetem einfachen Diebstahl (BGHSt **10** 230),[454] und – anders als beim Zusammentreffen vollendeter Delikte nach §§ 223a, 224 a.F. – zwischen vollendeter gefährlicher und versuchter schwerer Körperverletzung (BGHSt **21** 194),[455] zwischen versuchter Brandstiftung mit Todesfolge gemäß §§ 306c, 22 und vollendeter schwerer Brandstiftung nach § 306a (BGH StV **2005** 88), sowie zwischen Bedrohung und versuchter Erpressung[456] Tateinheit angenommen. Da nach der Entscheidung BGHSt **39** 100 die Todesfolge des § 251 auch vorsätzlich herbeigeführt werden kann, ist der Versuch des § 251 möglich und bei gleichzeitiger Vollendung eines schweren Raubes Tateinheit zwischen §§ 251, 22 und § 250 die zutreffende Konkurrenzform.[457] Nach der Rechtsprechung ist zwischen vollendetem Raub mit Todesfolge (§ 251) und Körperverletzung mit Todesfolge (§ 227) Gesetzeseinheit anzunehmen, weil bei § 251 der Tod des Opfers regelmäßig die Folge vorsätzlich eingesetzter Gewalt ist und Gewalt sich wiederum regelmäßig als vorsätzliche Körperverletzung darstellt (BGHSt **46** 24, 26 im Anschluss an BGH NJW **1965** 2116). Treffen aber Körperverletzung mit Todesfolge und ein versuchter Raub mit Todesfolge zusammen, weil das Opfer schon infolge eines mittels Gewaltanwendung versuchten Raubes zu Tode gekommen ist, ist aus Klarstellungsgründen Tateinheit anzunehmen (BGH aaO S. 28 f).[458]

133 Setzt die tatbestandliche Ausgestaltung eines qualifizierten Delikts – wie etwa bei § 252 – jedoch schon für dessen Versuch die Vollendung des Grunddelikts voraus, bedarf es beim Zusammentreffen des versuchten qualifizierten mit dem vollendeten Grunddelikt nach herkömmlicher Meinung der Annahme von Tateinheit zur Erfassung des gesamten Unrechts nicht;[459] es verbleibt vielmehr bei dem ursprünglichen Konkurrenzverhältnis, im Fall des § 252 zu § 242 demjenigen der Spezialität.

---

453 RGSt **70** 357, 360; BGHSt **21** 183, 185; BGH NJW **1970** 1279, 1280, insoweit in BGHSt **23** 239 nicht abgedruckt; BGHR StGB § 223b Konkurrenzen 1.

454 Vgl. auch BGH NJW **1958** 1243 für einen Fall des Zusammentreffens des Versuchs des § 243 a.F. mit § 370 Abs. 1 Nr. 5 StGB a.F.

455 Im Anschluß an BGH Urt. vom 24.5.1966 – 5 StR 206/66; zum Verhältnis von versuchten Tötungsdelikten zu vollendeten Straftaten nach §§ 224, 225 a.F. siehe unten Rdn. 135.

456 BayObLG JR **2003** 477 mit abl. Anm. *Jäger*; **aA** auch BGH Beschl. vom 8.11.2005 – 1 StR 455/05.

457 *Herdegen* LK[11] § 251 Rdn. 19; *Schünemann* JA **1980** 397.

458 Ablehnend *Stein* JR **2001** 72, der die Erwähnung des § 227 im Schuldspruch aus Klarstellungsgründen für überflüssig hält; ebenso *Hirsch* LK[11] § 227 Rdn. 11, der eine Doppelbewertung der die Schwere der §§ 251, 227 prägenden Todesfolge bemängelt. Kritisch auch *Kindhäuser* NStZ **2001** 31, der schon beim Zusammentreffen vollendeter Verbrechen nach §§ 251, 227 die Annahme von Tateinheit für geboten hält, weil bei § 251 die mit der räuberischen Gewaltanwendung verbundene Todesgefahr nach der gesetzlichen Wertung (Beispiel: § 239 Abs. 4 n.F.) gerade nicht auf vorsätzliche Körperverletzungen beschränkt sei. Siehe ferner *Kudlich* StV **2000** 669.

459 So im Ergebnis zutreffend OLG Karlsruhe MDR **1978** 244; ebenso *Sch/Schröder/Bosch* § 252 Rdn. 13; *Sinn* SK § 252 Rdn. 28. **AA** *Fischer* § 252 Rdn. 12a; *Lackner/Kühl* § 252 Rdn. 8; *Herdegen* LK[11] § 252 Rdn. 21, jeweils m.w.N. Für den Fall, dass der Täter irrig einen ihm gehörenden Gegenstand entwendet, so dass ein untauglicher Versuch des Diebstahls vorliegt, mag anderes gelten.

f) Spezialnormen sind ferner die **privilegierenden** Tatbestände gegenüber den ihnen zugrunde liegenden allgemeinen Strafvorschriften, wie z.B. § 113 Abs. 1 in der Alternative des Widerstandleistens im Verhältnis zu § 240,[460] § 216 gegenüber den §§ 211, 212.[461] Der auf eine besondere Tatsituation zugeschnittene Tatbestand des § 216 wirkt insofern auch qualifizierend, als er eine Anwendung des § 213 ausschließen.[462] Privilegierende Spezialität schließt generell den Rückgriff auf das allgemeine Delikt aus, weil ansonsten die Privilegierung beseitigt würde.[463] 134

g) Hinsichtlich des **Verhältnisses** von **§ 211** zu **§ 212** vertritt die Rechtsprechung trotz gewichtiger Gegenargumente in der Literatur[464] nach wie vor – formal – die Auffassung, dass es sich nicht um dasjenige von Grundtatbestand (§ 212) und Qualifikation (§ 211), sondern um selbständige Straftatbestände mit arteigenem Unrechtsgehalt handelt (BGHSt **1** 368; **2** 252, 255; **6** 329; **22** 375, 377; **24** 106, 108; BGH StV **1984** 69; BGH JZ **2005** 900 m. abl. Anm. *Puppe*). § 211 enthalte keine strafschärfenden, sondern strafbegründende Merkmale.[465] Wie schon das Reichsgericht in RGSt **77** 286, 288 vertreten hatte und entgegen der in BGHSt **6** 329 geäußerten Ansicht, hat die Entscheidung BGHSt **36** 231[466] allerdings die Möglichkeit der Begehung von Mord und Totschlag in Mittäterschaft anerkannt, weil es sich trotz der Verletzung unterschiedlicher Strafnormen um die gleiche Straftat im Sinne des § 25 Abs. 2 handeln kann. Zur Begründung wird auf den Gedanken der Gesetzeskonkurrenz(-einheit) (wohl der Spezialität) zurückgegriffen und argumentiert, wie bei § 249, der die Tatbestände des § 242 und des § 240 umfasse, so sei auch der Unrechtsgehalt des § 212 in § 211 enthalten, so dass trotz unterschiedlicher Beurteilung der Mittäter und Verurteilung aus verschiedenen Straftatbeständen eine gemeinsame Straftat – die vorsätzliche Tötung eines Menschen – vorliege (BGH aaO 234f).[467] Deshalb soll auch die Mindeststrafe für eine versuchte Anstiftung zum Totschlag gegenüber der u.U. milderen Mindeststrafe für eine versuchte Anstiftung zum Mord Sperrwirkung entfalten, d.h. sie darf nicht unterschritten werden.[468] Diese Argumentation ist zutreffend, wenn man zwischen beiden Tatbeständen kein Exklusivitätsverhältnis annimmt (vgl. *Roxin* LK § 25 Rdn. 169). Geht man aber der Sache nach davon aus, dass § 211 und § 212 im Verhältnis der Gesetzeseinheit stehen, besagt dies im Ergebnis nichts anderes 135

---

460 BGH bei *Dallinger* MDR **1968** 895; BGH DAR **1981** 189; BayObLG MDR **1988** 517 und JR **1989** 24; OLG Frankfurt NJW **1973** 1806.

461 *Jähnke* LK[11] Vor § 211 Rdn. 42, § 212 Rdn. 39 und § 216 Rdn. 2; *Lackner/Kühl/Heger* § 216 Rdn. 1; *Maurach/Schroeder/Maiwald* BT/Teilbd. 1§ 2 Rdn. 61 f; *Sch/Schröder/Eser/Sternberg-Lieben* § 216 Rdn. 2; *Fischer* § 216 Rdn. 2; *Wessels/Hettinger* Rdn. 167a.

462 BGHSt **1** 235, 237 zu § 217 ; BGHSt **2** 258 zu § 216; vgl. auch RGSt **53** 293; **59** 8.

463 BGHSt **30** 235, 236; **49** 34, 37 zur Frage, ob § 30 Abs. 1 Nr. 3 BtMG gegenüber § 227 StGB einen spezielleren, den Täter privilegierenden Tatbestand enthält, was die Entscheidung verneint; **aA** *Mosbacher* JR **2004** 390, 391; vgl auch die Anm. von *Trüg* JA **2004** 597 und *Sternberg-Lieben* JuS **2004** 954.

464 Vgl. u.a. *Jähnke* LK[11] Vor § 211 Rdn. 43 ff m.w.N.; *Lackner/Kühl/Heger* Vor § 211 Rdn. 22; *Sch/Schröder/Eser* § 211 Rdn. 46 ff; *Schneider* MK Vor §§ 211 ff Rdn. 131 f; *Fischer* Vor § 211 Rdn. 38; kritisch inzwischen auch BGH JZ **2006** 629 mit zustimmender Besprechung *Küper* JZ **2006** 608.

465 Hierzu ausführlich *Rissing-van Saan* LK[12] Vor §§ 211 ff Rdn. 130 ff und *Rissing-van Saan/Zimmermann* LK[12] § 212 Rdn. 82.

466 Mit Anm. *Beulke* NStZ **1990** 278; Anm. *Timpe* JZ **1990** 98; ferner *Küper* JZ **1991** 910.

467 Ähnlich schon BGH bei Dallinger MDR **1952** 532 (zu § 265 StPO), wo – wenn auch unter verfahrensrechtlichen Aspekten – davon ausgegangen wurde, dass der Vorwurf des Mordes denjenigen des Totschlags in sich schließt.

468 BGH Urt. v. 24.11.2005 – 4 StR 243/05 unter Berufung auf BGHSt **36** 231, 235; offengelassen in BGH Beschl. v. 30.6.2005 – 1 Str 227/05. Dies kommt etwa dann in Betracht, wenn der Strafrahmen des § 211 nach § 49 Abs. 1 im Hinblick auf § 30 Abs. 1 und § 28 Abs. 1 doppelt zu mildern ist: Mindeststrafe von 6 Monaten gegenüber Mindeststrafe von 2 Jahren gemäß § 30 Abs. 1 i.V.m. § 212.

als die Anerkennung einen Stufenverhältnisses zwischen beiden Strafnormen (vgl. *Otto* JK **1997** StGB § 211/30).

136 **h)** Nicht mehr um einen Fall der Spezialität im engeren Sinne, sondern um eine gegenüber § 263 **abschließende Sonderregelung** handelt es sich bei **§ 370 AO** (BGHSt **36** 100).[469] § 370 AO ist dann einschlägig, wenn ein tatsächlich existierender Unternehmer den gesamten steuerlichen Vorgang zum Zweck der Vorsteuererstattung erfunden hat (BGHSt **36** 100, 102), die Existenz eines Unternehmens vorgetäuscht wird (BGHSt **40** 109, 110 f) oder Steuerschuldverhältnisse fingiert werden, um aufgrund unzutreffender Angaben Erstattungen von Einkommen- und Kirchensteuer zu bewirken (BGH wistra **1990** 58). Mit der Erwägung, dass es für die strafrechtliche Zuordnung einzelner Vorgänge nicht entscheidend sein kann, ob der gesamte oder – bis auf einen geringen Teil – nahezu der gesamte Steuervorgang erfunden worden ist,[470] hat die Rechtsprechung die Exklusivität des § 370 AO auch auf die Fallkonstellationen erstreckt, in denen schon die Existenz des Unternehmens vorgetäuscht wird, für das fingierte Umsätze angemeldet und Vorsteuererstattungen begehrt werden (BGHSt **40** 109). Die frühere Rechtsprechung, die trotz grundsätzlichen Vorrangs des § 370 AO einen Betrug nach § 263 jedenfalls dann angenommen hatte, wenn der gesamte steuerliche Vorgang erfunden war, weil in diesen Fällen nicht der staatliche Steueranspruch, sondern das Vermögen des Staates geschädigt oder gefährdet werde,[471] ist damit aufgegeben.

137 Einen weiteren Fall der Spezialität im Sinne einer abschließenden Sonderregelung stellt die mittels Gewalt oder Drohung mit Gewalt begangene Nötigung von Verfassungsorganen gemäß § 105 dar. Dieser speziell ausgestaltete Straftatbestand schließt eine Anwendung des § 240 auch dann aus, wenn das Nötigungsmittel zwar nicht den Tatbestand des § 105, wohl aber denjenigen des § 240 erfüllt (BGHSt **32** 165, 176).[472] Mit Rücksicht auf den gesetzgeberischen Willen, die schwierige Frage, unter welchen Voraussetzungen politische Kampfmaßnahmen gegen Verfassungsorgane als verwerflich im Sinne des § 240 Abs. 2 anzusehen sind, nicht der Rechtsprechung zu überlassen, ist zudem eine normative Tatbestandseinschränkung dahin erforderlich, dass nicht jede Gewalt oder Drohung mit Gewalt den Tatbestand des § 105 erfüllt.[473] Um eine abschließende Sonderregelung handelt es sich ferner bei **§ 108e** gegenüber den §§ 331 f (BGH NJW **2006** 2050, 2054). Die Nötigung des Bundespräsidenten und einzelner Mitglieder von Verfassungsorganen nach § 106 hat als *lex specialis* Vorrang vor § 240.[474] Allerdings dürfte die Frage sich kaum stellen, ob auch in den Fällen des § 106 ein Rückgriff auf § 240 ausgeschlossen ist, da für § 106 ebenso wie für den allgemeinen Nötigungstatbestand die Drohung mit einem empfindlichen Übel ausreicht, und für § 240 gleichfalls das Erfordernis einer normativen Tatbestandseinschränkung aufgestellt worden ist (BGHSt **31** 195, 201; BGH NStZ

---

469 Dies gilt nach der h.M. in der Literatur auch für das Verhältnis von § 264 zu § 370 AO: vgl. *Fischer* § 263 Rdn. 137 und § 264 Rdn. 54; *Lackner/Kühl/Heger* § 263 Rdn. 68 und § 264 Rdn. 30; *Tiedemann* LK[11] § 263 Rdn. 319 ff; *Samson* SK § 264 Rdn. 30; für Tateinheit dagegen *Berz* BB **1976** 1435; *Schmidt-Hieber* NJW **1980** 322.

470 BGHSt **36** 100, 103; vgl. BGH NJW **1982** 2453 mit Anm. *Tiedemann* JR **1983** 212.

471 BGH NJW **1972** 1287; BGH wistra **1986** 172; BGHR AO § 370 Konkurrenzen 2.

472 Mit Anm. *Willms* JR **1984** 120 und Anm. *Arzt* JZ **1984** 428.

473 Vgl. BGHSt **32** 165, 174 ff; *Laufhütte* LK § 105 Rdn. 11 und 26; *Fischer* § 105 Rdn. 5; *Lackner/Kühl/Heger* § 105 Rdn. 7; vgl. auch *Arzt* JZ **1984** 429; *R. Scholz* Jura **1987** 192; *Wolter* NStZ **1985** 193, 194 ff und 245 ff; **aA** *Wallau* JR **2000** 312, 316 als Folge der mit der tatbestandlichen Neufassung des § 240 erfolgten Beschränkung auf „Menschen" als taugliche Nötigungsopfer.

474 *Laufhütte* LK § 105 Rdn. 26 und § 106 Rdn. 8; *Sch/Schröder/Eser* § 106 Rdn. 5, die insoweit ebenfalls von einer Sperrwirkung des § 106 gegenüber § 240 ausgehen.

1992 278). Die §§ 105, 106 werden ihrerseits von den Hochverratstatbeständen der §§ 81 Abs. 1 Nr. 2, 82 Abs. 1 Nr. 2 als den spezielleren Normen verdrängt.[475]

i) Die **Rechtswirkungen** der Spezialität sind allgemein diejenigen der Gesetzeseinheit (oben Rdn. 107 ff). Insbesondere darf auch hier das ausgeschlossene Gesetz bei der Strafzumessung strafschärfend berücksichtigt werden, sofern die strafschärfend gewerteten Umstände nicht schon zu den Merkmalen des vorrangigen Delikts gehören und für dessen Strafdrohung mitbestimmend sind. So wird etwa die Benutzung eines gefährlichen Werkzeugs i.S.d. § 224 Abs. 1 Nr. 2 nicht von den Qualifikationen des § 226 Abs. 1 erfasst. Diese Tatmodalität des verdrängten Gesetzes kann daher bei der Strafzumessung Berücksichtigung finden.[476] **138**

Im Übrigen kann auf das allgemeine Delikt dann zurückgegriffen werden, wenn es für das spezielle Delikt an einem objektiven oder subjektiven Tatbestandsmerkmal fehlt, weil dann das speziellere Delikt nicht verwirklicht ist (RGSt **47** 385, 388 f; **68** 208); ist etwa der Versuch des speziellen Delikts nicht strafbar, so liegt ein mit einer Strafe bedrohter Tatbestand nicht vor. In diesen Fällen fehlt es überhaupt an einem Konkurrenzverhältnis (*Vogler* FS Bockelmann S. 726); auf das vollendete oder versuchte allgemeinere Delikt kann dann grundsätzlich zurückgegriffen werden. Die mit Nötigungsmitteln versuchte Freiheitsberaubung kann mangels Strafbarkeit des Versuchs des § 239 deshalb als versuchte Nötigung strafbar sein (BGHSt **30** 235, 236).[477] Etwas anderes gilt nur, wenn der Täter durch die Spezialvorschrift privilegiert werden soll, da er sonst bei einem an sich straflosen Versuch des privilegierenden Delikts schlechter gestellt würde, als bei dessen Vollendung (BGHSt **24** 262, 266; **30** 235, 236).[478] Ob eine speziellere Vorschrift den Täter begünstigt, ist anhand des Zweckes dieser Vorschrift und des inneren Zusammenhangs der miteinander konkurrierenden Bestimmungen zu prüfen.[479] **139**

Die Frage einer *Sperrwirkung des vorrangigen Delikts*[480] nach dem Vorbild der privilegierenden Normen wird in neuerer Zeit vor allem auch dann diskutiert, wenn neu geschaffene Tatbestände, deren Versuch nicht mit Strafe bedroht ist, als Sonderregelung konzipiert worden sind, wie etwa § 264 und § 266b gegenüber § 263. Für § 264 ist eine solche Sperrwirkung gegenüber einer Strafbarkeit wegen Betruges oder versuchten Betruges zu verneinen, weil der Gesetzgeber den ansonsten im Vorfeld des Betruges straflosen Täter durch die Schaffung des § 264 nicht besser stellen wollte (BGHSt **44** 233, 243).[481] Dieselben Erwägungen müssen auch hinsichtlich der Vorschrift des § 266b gelten, die erklärtermaßen geschaffen worden ist, um Strafbarkeitslücken zu schließen,[482] deren Zweck es daher nicht sein kann, neue Strafbarkeitslücken zu schaffen.[483] Ob sich dann, wenn lediglich ein strafloser Versuch des § 266b vorliegt, nach dem zu beurteilenden Sachverhalt zumindest ein versuchter Betrug oder eine Untreue begründen lässt, ist eine **140**

---

475 Str.: für Spezialität *Laufhütte* LK § 105 Rdn. 26 und § 81 Rdn. 21; **aA** – *Tateinheit* möglich – *Fischer* § 105 Rdn. 5; *Lackner/Kühl/Heger* § 105 Rdn. 7.

476 RGSt **63** 423, 424; BGHR StGB § 46 Abs. 2 Tatumstände 7.

477 Mit Anm. *Jakobs* JR **1982** 206 f.

478 *Sch/Schröder/Stree* Vor §§ 52 ff Rdn. 136; *Jakobs* AT 31/45; *Geerds* Konkurrenzen S. 270 ff; *Vogler* Bockelmann – FS S. 729.

479 BGHSt **19** 188, 190; **24** 262, 265 f.

480 Nicht zu verwechseln mit der Sperrwirkung des milderen Gesetzes!

481 Dazu auch *Achenbach* NStZ **1999** 549, 550; ferner BGH wistra **1987** 23; *Lackner/Kühl/Heger* § 264 Rdn. 31; *Sch/Schröder/Lenckner/Perron* § 264 Rdn. 87; *Tiedemann* LK[11] § 263 Rdn. 314 und § 264 Rdn. 134 und 162.

482 BGH NStZ **1987** 120.

483 *Küpper* NStZ **1988** 60, 61; **aA** *Weber* NStZ **1986** 481, 484; *Lackner/Kühl/Heger* § 266b Rdn. 9; *Sch/Schröder/Lenckner/Perron* § 266b Rdn. 12.

die Voraussetzungen der in Betracht kommenden Straftatbestände betreffende und deshalb von den Konkurrenzen zu unterscheidende Frage.

141 Ist das speziellere Delikt zumindest in der Form des strafbaren Versuchs verwirklicht, stehen seiner Anwendbarkeit jedoch materiell-rechtliche Gründe wie etwa der Strafaufhebungsgrund des Rücktritts vom Versuch entgegen, so ist grundsätzlich das an sich verdrängte Gesetz anzuwenden, wenn nicht der Zusammenhang der Vorschriften etwas anderes ergibt (BGHSt **19** 188, 189).[484] Tritt der Täter vom Versuch des spezielleren Delikts zurück, so kann er wegen des allgemeineren Delikts, das er bereits vollendet hat, bestraft werden, da nach der Rücktrittsvorschrift des § 24 nur der Versuch als solcher straflos ist.[485] Deshalb schloss z.B. der Rücktritt vom Vergewaltigungsversuch die Strafbarkeit nach § 178 a.F. nicht aus.[486] Aber auch hier darf auf den verdrängten Tatbestand nur zurückgegriffen werden, wenn der Täter durch den Primärtatbestand nicht privilegiert werden soll (BGHSt **24** 262, 266).

142 Gleiches gilt in den Fällen, in denen einer Bestrafung aus dem spezielleren Gesetz ein verfahrensrechtliches Hindernis entgegensteht. Die Anwendbarkeit der allgemeinen Norm ist dann von dem konkreten Zweck des Verfahrenshindernisses oder der Verfahrensvoraussetzung, an der es mangelt, abhängig (BGHSt **24** 262, 266).[487] So steht das Verfahrenshindernis der Straffreiheit aufgrund eines Amnestiegesetzes der Aburteilung aus einem nach dem vorherigen Rechtszustand durch eine speziellere Norm verdrängten Gesetz nicht entgegen, wenn es sich lediglich um eine Rechtskorrekturen-Amnestie handelt, die nach dem Willen des Gesetzgebers allein diese speziellere Vorschrift erfassen sollte.[488] Gestattet eine Auslieferungsbewilligung nur die Strafverfolgung wegen einer Straftat, die an und für sich durch ein spezielleres Gesetz verdrängt wird, dessen Voraussetzungen der Täter ebenfalls erfüllt hat, so steht das Verfahrenshindernis der beschränkten Verfolgbarkeit einer Verurteilung wegen des allgemeinen Delikts nicht entgegen, wenn der Zusammenhang der in Betracht kommenden Vorschriften ergibt, dass dem Täter hierdurch keine mit dem spezielleren Gesetz verbundene Vergünstigung vorenthalten wird.[489]

143 Dient der Strafantrag als Verfahrensvoraussetzung der Rücksichtnahme auf bestimmte individuelle Interessen, wie im Falle des § 247 der Wahrung des Familienfriedens, denen Vorrang vor dem staatlichen Strafverfolgungsinteresse eingeräumt wird (BGHSt **10** 400, 403; **29** 54, 56), so ist der Wille des Antragsberechtigten grundsätzlich für die Verfolgbarkeit der Tat maßgeblich, so dass die Tat bei fehlendem Antrag zwar nicht als Diebstahl nach § 242 bestraft werden kann, aber andere damit im Zusammenhang verwirklichte Straften, wie etwa § 303 oder § 123 oder Diebstahl z.N. eines Nichtangehörigen verfolgbar bleiben.[490]

---

484 RGSt **23** 225; **68** 204, 207 f; BGHSt **1** 152, 156; *Roxin* AT II § 33 Rdn. 229 ff; *Fischer* Vor § 52 Rdn. 46; *Geerds* Konkurrenzen S. 167 ff. Zur Frage der Auswirkung des Rücktritts vom Versuch des vorrangigen Delikts auf Vorbereitungshandlungen nach § 30 und tätige Reue gemäß § 306e siehe unten Rdn. 114 f.

485 BGHSt **7** 296, 300; BGHR StGB § 24 Abs. 1 S. 1 Freiwilligkeit 21; *v. Heinschel-Heinegg* MK Vor §§ 52 Rdn. 66 ff; *Maurach/Gössel/Zipf* § 55 23; *Jescheck/Weigend* § 69 III 1; *Sch/Schröder/Sternberg-Lieben/Bosch* Vor §§ 52 ff Rdn. 140.

486 BGHSt **1** 152, 156; **7** 296, 300; **17** 1, 2; BGHR StGB § 177 Abs. 1 Versuch 5 und BGHR StGB § 178 Konkurrenzen 2, insoweit in NStZ **1988** 550 nicht abgedruckt.

487 *v. Heinschel-Heinegg* MK Vor §§ 52 ff Rdn. 71 ff.

488 So auch OLG Köln NJW **1971** 628; **aA** BayObLG JZ **1971** 31 mit abl. Anm. *Dreher* und abl. Anm. *Krauth* MDR **1970** 1033.

489 BGHSt **19** 188; BGH GA **1955**, 149, 150; *Vogler* FS Bockelmann S. 715, 731.

490 *Jescheck/Weigend* § 69 III 1; *Roxin* AT II § 33 Rdn. 235.

2. Subsidiarität bedeutet, dass eine Vorschrift nur hilfsweise anwendbar sein soll, d.h. nur für den Fall Geltung beansprucht, dass nicht ein anderes Gesetz eingreift.[491] Zwischen den verwirklichten Tatbeständen besteht ein normatives Einschluss- oder Stufenverhältnis.[492] Das als Auffangtatbestand fungierende Gesetz tritt hinter dem primär anzuwendenden zurück: „lex primaria derogat legi subsidiariae". 144

a) Zweifel an der Funktion einer Strafnorm als Auffangtatbestand bestehen zunächst dort nicht, wo der Gesetzgeber diese Hilfsfunktion einer in **formellen Subsidiaritätsklausel** angeordnet hat, und zwar entweder *allgemein* gegenüber *jedem* Tatbestand mit einer höheren Strafdrohung (z.B. §§ 107b Abs. 1, 109e Abs. 5, 109f, 125 Abs. 1, § 246 Abs. 1, 248b Abs. 1, 265a Abs. 1) oder *speziell* nur gegenüber bestimmten *ausdrücklich* genannten Vorschriften (z.B. §§ 95, 98, 99, 109g Abs. 2, 145, 145d, 183a, 202, 265 n.F., 316). Zweifel können aber hinsichtlich der Reichweite einer allgemeinen Subsidiaritätsklausel auftreten. Einheitliche sachliche Gesichtspunkte sind der gesetzgeberischen Systematik, mit Ausnahme des Zwecks, Strafbarkeitslücken zu schließen, nicht zu entnehmen. Die allgemeine Subsidiaritätsklausel „soweit" oder „wenn die Tat nicht nach anderen Vorschriften mit schwererer Strafe bedroht ist" führte nach älterer Rechtsprechung nicht zur Annahme von Gesetzeseinheit gegenüber jeder zugleich erfüllten Strafvorschrift. Vielmehr war danach mit Rücksicht auf den Gedanken, dass Subsidiarität nur dort vorliegen kann, wo dasselbe Rechtsgut tangiert wird, nach Zweck und Schutzrichtung der Vorschrift zu prüfen, ob nicht nach dem erkennbaren Willen des Gesetzes auch auf die nur hilfsweise geltende Bestimmung zurückzugreifen ist (BGHSt **6** 297, 298; **8** 191, 192f).[493] Ob für die Tat eine schwerere Strafe angedroht wird, richtet sich nach den konkret anwendbaren Strafrahmen, so dass Qualifikationen und Regelbeispiele zu beachten sind.[494] 145

Die neuere Rechtsprechung des BGH hat sich mit Blick auf Art. 103 Abs. 2 GG in Abkehr von der früheren Judikatur zunächst für § 125 (BGHSt **43** 237)[495] und sodann für § 246 (BGHSt **47** 243)[496] auf den Standpunkt gestellt, eine einschränkende Auslegung der allgemeinen Subsidaritätsklausel nach Zweck und Schutzbereich der Vorschrift komme, weil mit dem Wortlaut nicht vereinbar, nicht in Betracht. Diese Sicht der Dinge war neu und wird argumentativ nicht näher belegt. Die zur Rechtfertigung aufgeführte „neuere Rechtsprechung zur Auslegung strafrechtlicher Normen" (BGHSt aaO 239) existierte auch schon früher, wie z.B. BGHSt **1** 74, 75 und **1** 158, 163 belegen; allerdings wird Art. 146

491 RGSt **38** 383, 385; **48** 427, 428; *Blei* AT § 96 II 2; *Freund* AT § 11 Rdn. 25; *Roxin* AT II Rdn. 190; *Jescheck/Weigend* § 69 II 2; *Stratenwerth* AT Rdn. 1190; *Wessels/Beulke/Satzger* Rdn. 790; *v. Heinschel-Heinegg* MK Vor §§ 52 Rdn. 42; *Lackner/Kühl/Heger* Vor § 52 Rdn. 26; *Fischer* Vor § 52 Rdn. 41; *Sch/Schröder/Sternberg-Lieben/Bosch* Vor §§ 52ff Rdn. 105; *Jakobs* AT 31/18 nennt diese Fälle Spezialität kraft Vollendungsdichte, kraft Beteiligungs- oder Erfolgsintensität.

492 Dieses „Interferenzverhältnis" wird auch als zwei sich teilweise überschneidende Kreise verstanden, so etwa v. *Heinschel-Heinegg* MK Vor § 52 Rdn. 42.

493 Ebenso u.a. BGH GA **1974**, 149.

494 Vgl. ferner *Cantzler* JA **2001** 567, 572; *Cantzler/Zauner* Jura **2003** 483, 486; *Freund/Putz* NStZ **2003** 242, 247; *v. Heinschel-Heinegg* MK Vor §§ 52ff Rdn. 45; *Mitsch* ZStW **111** (1999) 65, 97.

495 Mit ablehnender Anm. *Rudolphi* JZ **1998** 471.

496 Mit ablehnender Anm. *Hoyer* JR **2002** 517; *Küpper* JZ **2002** 1115; *Duttge/Sotelsek* NJW **2002** 3756; *Cantzler/Zauner* Jura **2003** 483; *Freund/Putz* NStZ **2003** 242; zustimmend hingegen *Heghmanns* JuS **2003** 954; *Otto* NStZ **2003** 87. Die Kritiker dieser Entscheidung beanstanden vor allem auch das durch Anwendung des doppelten In-dubio-Satzes gewonnene konkrete Ergebnis: § 246 wird von einem nicht auschließbar tateinheitlich verwirklichtem Totschlag als subsidiär verdrängt, als „grob sachwidrig" (vgl. *Freund/Putz* aaO S. 243 mit weiteren Nachweisen in Fn. 7). Die Entscheidung des 2. Strafsenats vom 18.12.2002 – 2 StR 477/02, die in diesem Zusammenhang gelegentlich als Bestätigung zitiert wird, hat sich bei näherem Hinsehen tatsächlich kritisch bzw. distanziert hierzu geäußert.

103 II GG nicht erwähnt, der Sache nach aber angewendet. Der Vorwurf verfassungswidriger Gesetzesauslegung kann der älteren Rechtsprechung daher nicht gemacht werden. Diese neuere Auffassung ist auch in der übrigen Literatur überwiegend auf Ablehnung gestoßen[497] und das zu Recht. Es wäre sachgerechter, bei der rechtlichen Bewertung nicht von alternativen Sachverhalten auszugehen, sondern eine Meistbegünstigungsregel in dem Sinne genügen zu lassen, dass der Sachverhalt, der von den möglichen Sachverhaltsgestaltungen für die rechtliche Beurteilung einschließlich der konkurrenzrechtlichen Aspekte die günstigste Lösung darstellt, ermittelt und zugunsten des Angeklagten dem Urteil zugrunde gelegt wird. Die Aburteilung des mit Sicherheit begangenen Tatunrechts erfolgt dann auf einer eindeutigen Tatsachengrundlage, die nach dem Grundsatz in dubio pro reo ermittelt worden ist und eine weitere Anwendung des Zweifelssatzes auf der Konkurrenzebene rechtlich überflüssig macht.[498]

147 Beide Entscheidungen gehen davon aus, eine teleologische Reduktion der allgemeinen Subsidiaritätsklausel sei ohne Verstoß gegen Art. 103 Abs. 2 GG nicht möglich. Der nullum-crimen-Grundsatz des Art. 103 Abs. 2 GG und die damit im Zusammenhang stehende Wortlautschranke greift aber nur dort, wo es um strafbarkeitsbegründende Tatbestandsmerkmale oder echte Strafbarkeitseinschränkungen geht. Allgemeine Subsidiaritätsklauseln als materiell-rechtliche Konkurrenzregeln fallen nicht darunter.[499] Dass der aus den Gesetzesmaterialien zu entnehmende Wille des Gesetzgebers, § 246 jedenfalls hinter Delikten mit gleicher, nämlich das Eigentum oder das Vermögen erfassenden Schutzrichtung zurücktreten zu lassen (BT-Drs. 13/8587 S. 43f), im Gesetz keinen Niederschlag gefunden habe (BGHSt **47** 243, 244f), muss bestritten werden. Das Gesetz ist nämlich „beim Wort zu nehmen“. Nach § 246 wird derjenige mit Freiheitstrafe bis zu drei Jahren bestraft, der „eine fremde bewegliche Sache sich oder einem Dritten rechtswidrig zueignet, wenn die ‚Tat‘ nicht in anderen Vorschriften mit schwererer Strafe bedroht ist“. Die „Tat“ bezieht sich nach dem Kontext des Gesetzes auf die zuvor beschriebene tatbestandsmäßige Handlung, die eine Zueignung beinhalten muss. Diese materiell-rechtliche „Tat“, die nicht mit der „Tat“ i.S.d. § 264 StPO zu verwechseln ist,[500] umschreibt der Gesetzeswortlaut, um dessen Grenzen es sich bei der Auslegung nur handeln kann.[501] Gleiches gilt auch für § 125 Abs. 1, auch dort muss der Begriff der „Tat“ im Zusammenhang mit der gesetzlichen Umschreibung des tatbestandsmäßigen Handels gesehen werden.

---

497 Über die in Fn. 429 Genannten hinaus ablehnend: *v. Heinschel-Heinegg* MK Vor §§ 52 Rdn. 45; *Hoyer* SK § 246 Rdn. 48; *Puppe* AT Bd. 2 § 53 Rdn. 23ff; *Roxin* AT § 33 Rdn. 195f; *Samson/Günther* SK[8] § 52 Rdn. 92; *Sch/Schröder/Bosch* § 246 Rdn. 32; *Fischer* § 246 Rdn. 23f; *Wessels/Hillenkamp* BT/2 Rdn. 300a. Zustimmend aber *Lackner/Kühl/Heger* Vor § 52 Rdn. 26 und § 246 Rdn. 14; *Laufhütte/Kuschel* LK[11] Nachtrag § 246 Rdn. 9.

498 So ausdrücklich *Puppe* AT § 53 Rdn. 25; im Ergebnis ebenso *Otto* NStZ **2003** 87 Anm. zu BGHSt **47** 243; ebenfalls kritisch zur doppelten Anwendung des Zweifelssatzes *Hoyer* JR **2002** 517f; **aA** *Freund/Putz* NStZ **2003** 242, 244, die die Lösung des BGH insoweit im Ergebnis für zutreffend halten. Vgl allgemein zu Anwendung und Abgrenzung von Zweifelssatz, Wahlfeststellung, Prä- und Postpendenz: *Gollwitzer* LR StPO § 261 Rdn. 127ff; *Gribbohm* LK[11] § 1 Rdn. 95; *Fischer* § 1 Rdn. 20ff jeweils m.w.N.

499 *Freund/Putz* NStZ **2003** 242, 245; *Fischer* § 246 Rdn. 23; vgl. auch *v. Heinschel-Heinegg* MK Vor §§ 52 Rdn. 45.

500 Siehe schon oben Rdn. 7, es liegt aber nahe, dass die Entscheidung einer solchen Verwechselung erlegen ist.

501 Ebenso *Freund/Putz* NStZ **2003** 242, 245; *Hoyer* JR **2002** 517, 518; *Roxin* AT II § 33 Rdn. 197; *Puppe* NK Vor § 52 Rdn. 23; *dies.* AT/2 § 53 Rdn. 26f; *Fischer* § 246 Rdn. 23f; *Wessels/Hillenkamp* BT/2 Rdn. 300a, vgl. auch *Cantzler* JA **2001** 571 und *Duttge/Sotelsek* NJW **2002** 3756, 3758.

b) Die **stillschweigende** oder **materielle** Subsidiarität,[502] die sich nicht aus der gesetzgeberischen Anordnung, sondern aus dem Zweck und dem Zusammenhang der konkurrierenden Vorschriften ergibt, bedarf der näheren Substantiierung, wenn man ihr neben der Spezialität und der Konsumtion einen eigenen Stellenwert einräumen will. Die Subsidiarität lässt sich nicht durch einen abstrakt-logischen Vergleich der in Betracht kommenden Tatbestände begründen, sondern erfordert eine *wertende Betrachtung* von Umfang und Intensität des in den Strafvorschriften aufgestellten Rechtsgüterschutzes. Der Grundgedanke der Subsidiarität als Form der Gesetzeseinheit ist gekennzeichnet durch die logische Struktur der Überschneidung oder Überlagerung (Interferenz).[503] Nach einer vermehrt Zustimmung findenden Formel ist Subsidiarität insbesondere dann gegeben, wenn mehrere Gesetze *verschiedene Stadien* oder *verschieden intensive Arten des Angriffs* auf **dasselbe Rechtsgut** erfassen.[504] So ist § 239a gegenüber § 239b zwar nicht der speziellere Tatbestand, weil die Tatmittel der Erpressung, zu welcher der Menschenraub benutzt werden soll, weiter gefasst sind als die in § 239b aufgeführten Nötigungsmittel; § 239b tritt aber als subsidiäres Delikt gegenüber § 239a zurück, wenn die Geiselnahme nur zu dem Zweck vorgenommen wird, durch Bedrohung des Opfers eine unrechtmäßige Bereicherung zu erlangen,[505] weil die Absicht der Erpressung den Nötigungsvorsatz mit einschließt. Ebenso tritt § 239 hinter § 239a Abs. 1 2. Alt. zurück, weil das Ausnutzen einer Bemächtigungslage in der Regel eine länger dauernde Einschränkung der persönlichen Freiheit des Opfers zur Folge hat.[506] Dient die Geiselnahme sowohl der Erlangung eines Vermögensvorteils als auch anderen Zwecken, stehen die §§ 239a, 239b zueinander im Verhältnis der Tateinheit (BGHSt **26** 24, 28 f; BGH NStZ **1993** 39 f). 148

Allgemein sind **Gefährdungsdelikte** gegenüber den dasselbe Rechtsgut schützenden Verletzungsdelikten subsidiär (RGSt **70** 400, 401; BGHSt **8** 243, 244).[507] Das gilt für *konkrete Gefährdungsdelikte* gegenüber den ihnen entsprechenden *Verletzungsdelikten,* wie etwa für § 310a a.F. bzw. § 306f n.F. gegenüber den §§ 306–309 a.F. bzw. §§ 306–306d n.F. (BGHSt **39** 128, 129), sofern die Gefährdung nicht über den konkreten Verletzungserfolg hinausgeht (RGSt **68** 407, 409f). Dieser Gedanke kommt auch beim Zusammentreffen eines vollendeten Aussetzungsdelikts gemäß § 221 Abs. 1 und Abs. 2 Nr. 1 mit einem versuchten Tötungsdelikt nach §§ 212, 22 zum Tragen, jedenfalls dann, wenn die Aussetzung mit einem direkten Tötungsvorsatz einhergeht.[508] Wegen ihres weitergehenden 149a

---

502 *Jescheck/Weigend* § 69 II 2; *Samson/Günther* SK 8. Aufl. Vor § 52 Rdn. 93; *Sch/Schröder/Sternberg-Lieben/Bosch* Vor §§ 52 ff Rdn. 109; *Geppert* Jura **1982** 418, 423; *Abels* Klarstellungsfunktion S. 34 ff. Demgegenüber hält *Puppe* NK Vor § 52 Rdn. 24 nicht nur Subsidiaritätsklauseln generell für unzweckmäßig und irreführend, sondern versagt auch dieser Form der Subsidiarität die Anerkennung.

503 *Klug* ZStW **68** (1956) 406; *Geppert* Jura **1982** 423; *v. Heinschel-Heinegg* MK Vor §§ 52 Rdn. 42; *Jescheck* ZStW **67** (1955) 534 f; *Maurach/Gössel/Zipf* § 55 33 ff; *Seier* Jura **1983** 228; *Warda* JuS **1964** 91.

504 So im Anschluss an *Honig* Straflose Vor- und Nachtat, S. 113 (der allerdings verschieden intensive Angriffe auf dasselbe Rechtsgut zur Konsumtion zählt): *Jescheck/Weigend* § 69 II 2 und *Samson/Günther* SK[8] Vor § 52 Rdn. 90; ähnlich auch *Stratenwerth* AT Rdn. 1192 ff. Nach Auffassung von *Puppe* handelt es sich in der Regel um Fälle der Spezialität: *Puppe* NK Vor § 52 Rdn. 21 und AT/2 § 52 Rdn. 9.

505 BGHSt **25** 386, 387; BGHR StGB § 239b Konkurrenzen 1; BGH Urt. vom 7. März 1996 – 1 StR 688/95 (insoweit nicht in BGHSt **42** 71 zum Abdruck gelangt), wo Subsidiarität des § 239b für den Fall bejaht wird, dass auch die qualifizierten Nötigungsmittel des § 239b nur zu dem Nötigungszweck des § 239a eingesetzt werden.

506 BGH, Beschl. v. 28.5.2009 – 3 StR 172/09.

507 *Arzt/Weber* BT LH 2 Rdn. 128; *Lackner/Kühl/Heger* Vor § 52 Rdn. 33; *Jescheck/Weigend* § 69 II 2b; *Samson/Günther* SK 8. Aufl. Vor § 52 Rdn. 93; *Stratenwerth* AT Rdn. 1193; *Sch/Schröder/Sternberg-Lieben/Bosch* Vor §§ 52 ff Rdn. 116 ff; *Warda* JuS **1964** 91; *Puppe* NK Vor § 52 Rdn. 38 hält demgegenüber das Zusammentreffen von Gefährdungs- und Verletzungsdelikt für einen Fall der Erfolgseinheit.

508 BGH NStZ **2017**, 90 mit kritischer Anmerkung *Bock*. *Puppe* NK Vor § 52 Rdn. 14 hält das Ergebnis – Verdrängungen eines vollendeten Verbrechens nach § 221 Abs. 1, Abs. 2 Nr. 1 durch einen *Versuch* nach

Rechtsgüterschutzes (Sicherheit des Verkehrs) besteht zwischen § 315b sowie § 315c und den vorsätzlich oder fahrlässig verwirklichten, Individualrechtsgüter schützenden Körperverletzungs- oder Tötungsdelikten kein Subsidiaritätsverhältnis, sondern Tateinheit.[509]

149b *Abstrakte Gefährdungsdelikte* sind ihrerseits gegenüber den konkreten Gefährdungsdelikten, wie § 316 gegenüber § 315c Abs. 1 Nr. 1a (BGH NJW **1983** 1744; OLG Hamm VRS **48** 266) oder § 224 Abs. 1 Nr. 5 gegenüber § 250 Abs. 2 Nr. 3a), subsidiär.[510] Da abstrakte Gefährdungsdelikte außer der Gefährdung eines bestimmten Rechtsguts im allgemeinen auch eine Gemeingefahr abwehren sollen oder generalpräventive Bedeutung beanspruchen, ist bei einem Zusammentreffen von abstraktem Gefährdungs- mit einem aus der Gefährdung erwachsenen Verletzungsdelikt in der Regel Tateinheit anzunehmen.[511] Deshalb wird das abstrakte Gefährdungsdelikt der Beteiligung an einer Schlägerei des § 231 wegen seines weitergehenden Rechtsgüterschutzes nicht durch § 224 oder § 227 verdrängt (BGHSt **33** 100, 104).[512] Der als abstraktes Gefährdungsdelikt ausgestaltete Auffangtatbestand des § 323a (BGHSt **32** 48, 51, 53) tritt hinter den nach den Grundsätzen der sog. actio libera in causa strafbaren Handlungen dann zurück, wenn die im schuldfähigen Zustand verantwortlich in Gang gesetzte Straftat denselben Tatbestand erfüllt wie die Rauschtat (BGHSt **2** 14, 18ff; **17** 333, 336).[513] Obwohl § 265b nach h.M. als abstraktes Gefährdungsdelikt verstanden wird,[514] scheidet nach Ansicht der Rechtsprechung die Annahme von Tateinheit zwischen § 265b und vollendetem oder versuchtem Betrug nach § 263 aus (BGHSt **36** 130), weil nicht die Kreditwirtschaft als schützenswertes Rechtsgut der Allgemeinheit, sondern das Vermögen des Kreditgebers als Schutzgut anzusehen ist, so dass der Unwertgehalt des Gefährdungsdelikts in der Rechtsgutsverletzung nach § 263 enthalten ist und auch das Ausmaß der Rechtsgutsgefährdung bei einem versuchten Betrug nicht hinter der von § 265b unter Strafe gestellten Gefährdung zurückbleibt.[515] Dieselbe Frage nach der vollständigen Abdeckung des Unrechts durch das Verletzungsdelikt stellt sich im Verhältnis der umweltgefährdenden Abfallbeseitigung bzw. dem unerlaubten Umgang mit gefährlichen Abfällen nach § 326

---

§§ 212, 22 für falsch, weil die Rspr. ansonsten jedenfalls bei versuchten Qualifikationstatbeständen, die mit einem vollendeten Grunddelikt zusammenträfen, von Tateinheit ausgehe. Dem kann eigentlich nur entgegen gehalten werden, dass es sich hier nicht um einen Zusammentreffen von Qualifikation und Grundtatbestand handelt, sondern um ein vollendetes konkretes Gefährdungsdelikt, das objektiv gerade den Vorwurf eines versuchten Tötungsdelikts trägt. Das ändert jedoch nichts an dem Gewicht des von *Puppe* erhobenen Einwands.

509 *Fischer* § 315b Rdn. 10 und § 315c Rdn. 23; *Horn* SK § 315c Rdn. 31; *Lackner/Kühl/Heger* § 315c Rdn. 35; *König* LK[11] § 315c Rdn. 211 a.E.; *Sch/Schröder/Hecker* § 315c Rdn. 55; *Geppert* Jura **1982** 424.

510 BGH StraFo **2004** 396; BGH Urt. v. 12.8.2005 – 2 StR317/05; *Arzt/Weber* BT LH 2 Rdn. 137; *Roxin* AT II § 33 Rdn. 208; *Fischer* Vor § 52 Rdn. 41.

511 *Jescheck/Weigend* § 69 II 2b; *Maurach/Gössel/Zipf* § 55 Rdn. 15f; *Samson/Günther* SK[8] Vor § 52 Rdn. 69; *Sch/Schröder/Sternberg-Lieben/Bosch* Vor §§ 52ff Rdn. 117.

512 RGSt **59** 107, 110ff; BGH NStZ **1984** 329; h.M.: statt aller *Roxin* AT II § 33 Rdn. 209.

513 Vgl. hierzu *Fischer* § 323a Rdn. 23; *Roxin* AT II § 33 Rdn. 210; differenzierend je nachdem, ob Vorsatz oder Fahrlässigkeit bezüglich des Sichberauschens oder der Rauschat vorliegt *Spendel* LK[11] § 323a Rdn. 42ff.

514 *Fischer* § 265b Rdn. 2; *Lackner/Kühl/Heger* § 265b Rdn. 1; *Sch/Schröder/Lenckner/Perron* § 265b Rdn. 4, jeweils m.w.N.

515 Zustimmend *Lackner/Kühl/Heger* § 265b Rdn. 10; *Roxin* AT II § 33 Rdn. 208; *Fischer* § 265b Rdn. 3 a.E.; nur für den Fall des vollendeten Betruges *Lackner* in LK[10] § 263 Rdn. 33, nach dessen Ansicht es beim versuchten Betrug jedoch der Klarstellung bedarf, dass es zur Vollendung des Gefährdungsdelikts gekommen ist. Ablehnend zu BGHSt **36** 130 *Kindhäuser* JR **1990** 520; **aA** auch *Otto* Jura **1983** 16, 23; *Sch/Schröder/Lenckner/Perron* § 265b Rdn. 51; *Tiedemann* LK[11] § 265b Rdn. 14 und 115; *Wessels/Hillenkamp* BT/2 Rdn. 695.

zu dem Tatbestand der Verunreinigung eines Gewässers gemäß § 324. Auch § 326 wird nach h.M. als abstraktes Gefährdungsdelikt verstanden,[516] das mit dem Verletzungsdelikt des § 324 in Tateinheit stehen kann. Wird jedoch als Erfolg des § 324 eine nachhaltige Gewässerverunreinigung durch die unbefugte Beseitigung von Abwasser herbeigeführt, so geht der Unrechtsgehalt des § 326 Abs. 1 Nr. 3 vollständig in § 324 auf und wird von diesem Tatbestand als subsidiär verdrängt (BGHSt **38** 325, 338f; **aA** *Steindorf* LK[11] § 324 Rdn. 26a).

Stillschweigend subsidiär sind ferner die **Durchgangsdelikte**,[517] die jedoch von einem Teil des Schrifttums nicht als Fall der Subsidiarität, sondern als *Unterfall der Konsumtion* oder als eigene Konkurrenzform der *mitbestraften Vortat* behandelt werden.[518] Gemeint sind damit die **Vorstufen der Deliktsverwirklichung**, die ihre selbständige Bedeutung verlieren, sobald auf einer späteren Stufe eine weitergehende Beeinträchtigung des geschützten Rechtsguts eintritt. Zum *einen* gehören dazu die selbständig strafbaren Vorbereitungshandlungen und der Versuch, zum *anderen* treten Durchgangsdelikte auch dort auf, wo ein Delikt seiner Natur nach mehrere Tatbestände durchlaufen muss, z.B. bei der Tötung die Körperverletzung.[519] Zu beachten ist jedoch, dass in den Fällen des Versuchs häufig eine rechtliche Handlungseinheit im Sinne einer natürlichen oder tatbestandlichen Handlungseinheit bei fortlaufender (sukzessiver) Tatbestandsverwirklichung gegeben ist, so dass nur ein einheitlicher – vollendeter – Verstoß gegen den Tatbestand in Betracht kommt (ebenso *Roxin* AT II § 33 Rdn. 203; siehe dazu auch oben Rdn. 11 und 33). Die Regeln der Gesetzeseinheit, hier der Subsidiarität, kommen erst zur Anwendung, wenn die Beurteilung des Gesamtgeschehens als eine Handlung im Rechtssinne ausscheidet.[520] **150**

Subsidiär sind danach neben dem **Versuch** im Verhältnis zur Vollendung desselben Delikts[521] vor allem die **selbständigen strafbaren Vorbereitungstatbestände** gegenüber der versuchten oder vollendeten Haupttat, z.B. § 149 gegenüber § 146,[522] § 310 im Verhältnis zu § 307 Abs. 1, § 309 Abs. 2, § 308 Abs. 1 n.F.,[523] § 83 gegenüber §§ 81, **151**

---

516 BGHSt **36** 255, 257; BGHR StGB § 326 Abs. 1 Nr. 3 Abfallmenge 1 a.E. (insoweit in BGHSt **34** 211 nicht abgedruckt); *Fischer* § 326 Rdn. 1; *Lackner/Kühl/Heger* § 326 Rdn. 1; *Sch/Schröder/Lenckner/Heine* § 326 Rdn. 22.

517 *Jescheck/Weigend* § 69 II 2b; *Samson/Günther* SK[8] Vor § 52 Rdn. 93; *Sch/Schröder/Sternberg-Lieben/Bosch* Vor §§ 52ff Rdn. 120ff.

518 *Blei* AT § 96 II 3b; *Tröndle*[48] Vor § 52 Rdn. 48f; *Maurach/Gössel/Zipf* § 56 Rdn. 17; *Stratenwerth* AT Rdn. 1192 hält den Begriff der mitbestraften Vortat für überflüssig und rechnet alle derartigen Fallgestaltungen der Subsidiarität zu.

519 Das Verhältnis von Körperverletzungs- zu Tötungsdelikten wird teils als Fall der Spezialität, so etwa *Puppe* AT Bd. 2 § 52 Rdn. 6, teils wie *Sch/Schröder/Eser/Sternberg-Lieben* § 212 Rdn. 17ff und wie hier, als Beispiel für Subsidiarität angesehen, teils wird vertreten, die sachgerechtere Form der Gesetzeseinheit sei die Konsumtion, so *v. Heinschel-Heinegg* MK Vor §§ 52ff Rdn. 52 im Anschluss an *Fahl*, GA **1996** 476, 483 und *Jakobs* Die Konkurrenz von Tötungsdelikten, S. 122. Diese Unterscheidung ist aber im Ergebnis ohne Belang, so zutreffend *Roxin* AT II § 33 Rdn. 204.

520 Vgl. *Maiwald* Natürliche Handlungseinheit S. 86ff; *Sowada* Jura **1995** 245, 247f; *Samson/Günther* SK[8] Vor § 52 Rdn. 93; *Stratenwerth* Rdn. 1192; *Warda* JuS **1964** 91 Fn. 67; *Puppe* behandelt diese Fälle entweder als solche der Idealkonkurrenz (Bewertungseinheit kraft Erfolgseinheit: NK § 52 Rdn. 18ff) oder der Spezialität im engeren Sinne (aaO Vor § 52 Rdn. 16 u. 36); vgl. im Übrigen auch *Jakobs* AT 31/26.

521 RGSt **10** 406; **26** 199; **33** 401; **44** 208; **56** 60; **59** 28; BGHSt **10** 230, 233; BGH NJW **1967** 60, 61; BGH StV **1982** 114.

522 RGSt **62** 217; RG JW **1934** 2850; *Herdegen* LK[10] § 149 Rdn. 7.

523 *Lackner/Kühl/Heger* § 310 Rdn. 5; *Fischer* § 310 Rdn. 11, der zutreffend darauf hinweist, dass die Mindeststrafe der §§ 308, 309 Abs. 2 bei Vorliegend von gesetzlichen Milderungsgründen, z.B. §§ 23, 27 milder sein kann als die Mindeststrafe des § 310, die dann zu beachten sein wird (Sperrwirkung des mildren Gesetzes).

82.[524] Subsidiär ist § 30 gegenüber der strafbaren Teilnahme an derselben Tat, sobald die vorbereitete Tat wenigstens in das Versuchsstadium getreten ist.[525] Das gilt auch im Verhältnis des § 30 zur Beihilfe als der schwächsten Form der Teilnahme an der Haupttat.[526] Ebenso ist die am *Grad der Rechtsgutsgefährdung* gemessen tatbestandsfernere versuchte Anstiftung gemäß § 30 Abs. 1 gegenüber der tatbestandsnäheren Verabredung zu einem Verbrechen nach § 30 Abs. 2 grundsätzlich subsidiär.[527] Voraussetzung ist jedoch, dass es sich bei der versuchten oder vollendeten Tat nur um einen nach der Intensität abgestuften Angriff auf dasselbe Rechtsgut handelt, durch den das durch die Vorbereitungshandlung schon begangene Unrecht nur vertieft wird. Voraussetzung ist außerdem ein einheitliches auf demselben Tatentschluss beruhendes Handlungsgeschehen, das nicht durch eine Zäsur – etwa einen fehlgeschlagenen Versuch der Anstiftung – unterbrochen worden ist. Handelt es sich bei dem späteren Versuch der Beteiligung oder der Vollendung um ein eigenwertiges, selbständiges oder qualitativ anderes Unrecht, etwa weil die spätere Beteiligung an einem Tötungsversuch nach dem Fehlschlag der Anstiftung zur Tötung desselben Opfers auf einem neuen Tatentschluss beruht, kommt tateinheitliche oder tatmehrheitliche Bestrafung aus den die verschiedenen Stufen der Deliktsverwirklichung erfassenden Strafnormen in Betracht (BGHSt **44** 91, 94 mit zustimmender Anm. *Beulke* NStZ **1999** 26).[528]

152 Vor allem auch dann, wenn die ausgeführte Tat an Schwere hinter der vorbereiteten zurückbleibt, behält die **Vorbereitungshandlung** einen **eigenen Unrechtsgehalt** und wird nicht von der Haupttat verdrängt.[529] Ist etwa die Anstiftung zum Meineid nur versucht, weil der Angestiftete zwar falsch ausgesagt hat, aber wider Erwarten unvereidigt geblieben ist, oder wird statt des verabredeten schweren nur ein einfacher Raub ausgeführt, so liegt zwischen versuchter Anstiftung zum Meineid und Anstiftung zur uneidlichen Falschaussage Tateinheit (BGHSt **9** 131, 133f), im Falle der Verabredung zum schweren Raub Tatmehrheit mit dem ausgeführten einfachen Raub vor.[530] Ebenso wird die Verabredung gemäß § 30 zu einem Verbrechen der unerlaubten Einfuhr von Betäubungsmitteln in nicht geringer Menge nach § 30 Abs. 1 Nr. 4 BtMG nicht von dem gleichzeitig vorliegenden Verbrechen des unerlaubten Handeltreibens mit Betäubungsmitteln in nicht geringer Menge nach § 29a Abs. 1 Nr. 2 BtMG verdrängt, weil der Schuldgehalt der Tat nicht ausgeschöpft würde, wenn die in der Form der Gefährdung nach § 30 erfüllte schwerere Strafvorschrift des § 30 Abs. 1 Nr. 4 BtMG im Schuldspruch völlig hinter dem weniger schweren Delikt zurückträte.[531]

---

524 *Fischer* § 83 Rdn. 7; *Lackner/Kühl/Heger* § 83 Rdn. 7; *Laufhütte* LK § 83 Rdn. 15; *Sch/Schröder/Sternberg-Lieben* § 83 Rdn. 13. Neben oder an der Stelle von § 83 als der speziellen Regelung der strafbaren Vorbereitung zu den §§ 81, 82 kommt eine Anwendung des § 30 nicht in Betracht, *Laufhütte* LK[12] Rdn. 13 m.w.N.
525 RGSt **59** 376, 377; BGHSt **14** 378, 379; BGH NStZ **1983** 364; BGHR StGB § 30 Abs. 1 Satz 1 Konkurrenzen 1, 2 und 3. Siehe dazu aber BGH NJW **1998** 2684 und *Geppert* NStZ **1998** 190 f.
526 *Roxin*[11] LK § 30 Rdn. 55; *Sch/Schröder//Heine/Weißer* § 30 Rdn. 38; jetzt ebenso *Fischer* § 30 Rdn. 16.
527 BGHR StGB § 30 Abs. 1 Satz 1 Konkurrenzen 4; *Roxin* LK § 30 Rdn. 78; vgl. aber für die Fälle der Verabredung zu einem Verbrechen und späterer versuchter Anstiftung eines Dritten BayObLG NJW **1956** 1000 f; *Roxin* LK § 30 Rdn. 78; **aA** *Sch/Schröder/Crame/Heine* § 30 Rdn. 43, der von gleichwertigen, aber untereinander unselbständigen Formen der Deliktsvorbereitung ausgeht.
528 Siehe auch BGH NStZ **1998** 189 mit zustimmender Anm. *Geppert*.
529 BGHSt **6** 308, 311 und **9** 131, 134 (unter Aufgabe der Entscheidung BGHSt **1** 131; vgl. auch schon BGHSt **1** 241); BGH NJW **1992** 2903, 2905; BGH NStZ **1993** 489; *Fischer* § 30 Rdn. 16; *Lackner/Kühl/Heger* § 30 Rdn. 10; *Roxin* LK[11] § 30 Rdn. 53 f; *ders.* JA **1979** 169, 174 f; *Vogler* FS Bockelmann S. 725.
530 *Roxin* LK[11] § 30 Rdn. 80 m.w.N.; *ders.* AT II § 33 Rdn. 38 und § 28 Rdn. 69.
531 BGHSt **40** 73, 74 f = NJW **1994** 1885 im Anschluss an BGHSt **30** 28 und **31** 163.

So wie die selbständig strafbare Vorbereitung eines Verbrechens nach § 30 **nur dann** gegenüber der Haupttat **subsidiär** ist, wenn letztere **in gleichwertiger, nicht weniger schwerer Erscheinungsform** zum Versuch oder zur Vollendung gediehen ist (BGHSt **9** 131, 134; **14** 328, 329), wird in der Literatur auch für das Verhältnis von Versuch zur Vollendung für maßgeblich gehalten, ob die Tat denselben Deliktstatbestand vom Versuch bis zur Vollendung durchläuft oder ob der Versuch gegenüber der Vollendung eigenständiges Unrecht enthält, etwa weil er Qualifikationen erfüllt, die der Tat im späteren Stadium fehlen. Trifft dies zu, scheidet nach dieser Meinung Subsidiarität des Versuchs aus, weil das gesteigerte Unrecht der Qualifikation sonst unberücksichtigt bliebe.[532] Hier gilt nichts anderes als in den Fällen der Spezialität, bei denen auch die Rechtsprechung[533] dem Gedanken der vollständigen Erfassung des deliktisch verwirklichten Unrechts schon Rechnung trägt (siehe oben Rdn. 112f). 153

c) Für die **Körperverletzung** als **Durchgangsdelikt der Tötung** nimmt der BGH Subsidiarität der Körperverletzung an. Grundlage ist die seit BGHSt **16** 122[534] in der Rechtsprechung vertretene sog. *Einheitstheorie*, wonach jede Tötung als notwendiges Durchgangsstadium die Körperverletzung enthält, so dass der – auch bedingte – Tötungsvorsatz stets mit dem Körperverletzungsvorsatz verbunden ist.[535] Die Tötungsdelikte enthalten danach als die intensivere Form der Verletzung die ausschließliche Qualifikation der Tat, so dass die Körperverletzung zurücktritt, wenn die Anwendung der §§ 211ff möglich ist. Für die Bewertung der Körperverletzung als Durchgangsstadium der Tötung genügt es, dass sie die Tötungshandlung vorbereiten und erleichtern soll und mit ihr im Sinne natürlicher Handlungseinheit im unmittelbaren Handlungszusammenhang steht (BGH NStZ **1995** 79, 80). 154

Obwohl die Rechtsprechung gegen die h.M. in der Literatur auch beim Zusammentreffen eines Tötungsversuchs mit einer vollendeten Körperverletzung grundsätzlich vom Vorrang des versuchten Tötungsdelikts ausgegangen war,[536] hatte sie zunächst aber offen gelassen, ob dies auch dann gelte, wenn der Tötungsversuch zu einer beabsichtigten schweren Körperverletzung nach § 226 Abs. 2 (= § 225 Abs. 1 a.F.) führt, und dies für den Fall des mit bedingtem Vorsatz begangenen Tötungsversuchs zunächst nicht ausgeschlossen[537] und sodann die Annahme von Tateinheit bei bedingt vorsätzlich begangenem Versuch eines Tötungsdelikts ausdrücklich anerkannt (BGHR StGB § 225 Konkurrenzen 1 u. 2).[538] Seit der **Grundsatzentscheidung** BGHSt **44** 196, die die alte Position zur Konkurrenzfrage versuchtes Tötungsdelikt/vollendete Körperverletzung unter weit- 155

532 *Samson/Günther* SK[8] Vor § 52 Rdn. 93; *Sch/Schröder/Sternberg-Lieben/Bosch* Vor §§ 52ff Rdn. 113f; *Vogler* FS Bockelmann S. 724; *Warda* JuS **1964** 91.

533 BGHSt **21** 78, 80 (Tateinheit zwischen §§ 249, 22 und § 242); **21** 194, 195 (Tateinheit zwischen §§ 224, 22 und 223a a.F.).

534 Im Anschluss an RGSt **28** 200, 201; **44** 321, 323.

535 Nach der früher überwiegend vertretenen sog. *Gegensatztheorie* sollen sich Tötungsvorsatz und bloßer Körperverletzungsvorsatz schon begrifflich gegenseitig ausschließen (RGSt **61** 375; OGHSt. **1** 263; **3** 58); vgl. im einzelnen *Hirsch* LK[10] Vor § 223 Rdn. 14 und *Lilie* LK[11] Vor § 223 Rdn. 15f; *Horn* SK § 212 Rdn. 30; *Jähnke* LK[11] § 212 Rdn. 43, *Sch/Schröder/Eser/Sternberg-Lieben* § 212 Rdn. 17 jeweils m.w.N.

536 *Rissing-van Saan* LK[11] Vor § 52 Rdn. 106f.

537 BGHSt **22** 248, 249f; vgl. auch schon BGHSt **16** 122, 124.

538 Unter Hinweis auf *Maatz* NStZ **1995** 209; vgl. auch BGH NJW **1991** 990 und den dortigen Hinweis, dass eine Verurteilung wegen Körperverletzung aufgrund von Mindestfeststellungen zum äußeren und inneren Tatgeschehen nicht dadurch ausgeschlossen wird, dass der Angeklagten möglicherweise den Tod des Opfers in seinen Vorsatz aufgenommen hat.

gehender Zustimmung der Literatur[539] aufgegeben hat, ist es ständige Rechtsprechung der Strafsenate des BGH,[540] dass zur Klarstellung des Schuldspruchs die Annahme von Tateinheit geboten ist, wenn es nicht bei einem folgenlosen Tötungsversuch geblieben ist, sondern dieser zu einem Körperverletzungserfolg geführt hat. Dies gilt allgemein, wenn der Täter nicht nur eine unrechtsschwerere Tat versucht, sondern zugleich eine minder schwere vollendetet hat, weil nur so das begangenen Unrecht erschöpfend abgebildet bzw. klargestellt werden kann.[541]

156 Darüber hinausgehend wird in der Literatur die Auffassung vertreten, auch das Konkurrenzverhältnis der *vollendeten Tötungsdelikte* zu den *qualifizierten Formen der Körperverletzung* sei differenzierter zu betrachten, wenn diese sich nicht nur als bloßes Durchgangsstadium der Tötung darstellt, sondern ein Mehr an Körperverletzungsunrecht aufweise. In den Fällen, in denen die Tötung vom Regeltatbild abweicht, insbesondere wenn „die Tötung mit Verletzung im Überschuss", d.h. mit in besonders unrechtsintensiven Formen der Körperverletzung begangen wird, sei ebenfalls Tateinheit anzunehmen.[542] Dieser Ansicht könnte aber entgegen gehalten werden, dass derartige Tatausführungen in der Regel bereits ein Merkmal des § 211 („grausam" oder auch „sonstige niedrige Beweggründe") erfüllen, so dass das Tatunrecht hinreichend erfasst und im Schuldspruch als Mord zum Ausdruck gebracht wird. Selbst dort, wo dies kein gangbarer Weg wäre, käme immer noch die strafschärfende Berücksichtigung der Art der Tatausführung bis hin zur Annahme eines besonders schweren Falles des Totschlags nach § 212 Abs. 2 in Betracht.[543] Wo auch dieser Weg aus objektiven oder subjektiven (schuldmildernden) Gründen rechtlich nicht möglich ist, besteht auch kein Bedürfnis mehr – vermeintliches – höheres Körperverletzungsunrecht neben einem Schuldspruch wegen eines vollendeten Tötungsdelikts in den Schuldspruch aufzunehmen.

157 **d)** Bei einem Angriff auf *dasselbe Rechtsgut* schließt die **intensivere Angriffsart** die **weniger intensive** aus. Treffen in einer Person Täterschaft und Teilnahme bzw. verschiedene Formen der Teilnahme hinsichtlich derselben Straftat zusammen, so ist die schwächere im Verhältnis zur stärkeren subsidiär.[544] So ist bei derselben Haupttat die Beihilfe gegenüber der Anstiftung und der Täterschaft,[545] die Anstiftung gegenüber der Täterschaft[546] subsidiär. Trägt der Täter durch eine Handlung zu zwei verschiedenen Delikten bei, so können die Voraussetzungen unterschiedlich schwerer Teilnahmeformen auch tateinheitlich verwirklicht worden sein. So kann sich mittäterschaftliche Begehung eines Diebstahls nach §§ 242, 243 zugleich als tateinheitlich begangene Beihilfe zum Bandendiebstahl gemäß § 244 Abs. 1 Nr. 2 StGB darstellen (BGHSt **33** 50, 53f; BGHR StGB § 244

539 Besprechung *Martin* JuS **1999** 298; *Kudlich* JA **1999** 452; *Satzger* JR **1999** 203; siehe außerdem *Lilie* LK[11] Vor § 223 Rdn. 18; *Lackner/Kühl/Heger* § 212 Rdn. 9; *v. Heinschel-Heinegg* MK Vor §§ 52 Rdn. 27; *Roxin* AT II § 33 Rdn. 205; *Fischer* § 212 Rdn. 12; *Schneider* MK § 212 Rdn. 99.

540 So zutreffend *Altvater* NStZ **2001** 19, 25, 29.

541 So u.a. *Lackner/Kühl/Heger* Vor § 52 Rdn 28; *Jäger* SK Vor § 52 Rdn. 81 ff; *Sch/Schröder/Sternberg-Lieben/Bosch* Vor §§ 52 ff Rdn. 111.

542 So etwa *v. Heinschel-Heinegg* MK Vor §§ 52 Rdn. 52 f im Anschluss an *Jakobs* Die Konkurrenz der Tötungsdelikte, S. 110 ff; *Roxin* AT II § 33 Rdn. 206; *Sch/Schröder/Eser/Sternberg-Lieben* § 212 Rdn. 20.

543 Vgl hierzu *Horn* SK § 212 Rdn. 31; *Lilie* LK[11] Vor § 223 Rdn. 17; *Schneider* MK § 212 Rdn. 20.

544 BGH NStZ **1994** 29, 30; BGHR AO § 370 Abs. 1 Beihilfe 2; *Fischer* Vor § 25 Rdn. 12; *Lackner/Kühl/Heger* Vor § 25 Rdn. 13; *Jescheck/Weigend* § 69 II 2 a; *Roxin* LK § 27 Rdn. 67 und AT II § 33 Rdn. 212; *Samson/Günther* SK[8] Vor § 52 Rdn. 94; *Sch/Schröder/Cramer/Heine* Vor §§ 25 ff Rdn. 49; *Sch/Schröder/Sternberg-Lieben/Bosch* Vor §§ 52 ff Rdn. 119.

545 RGSt **62** 74, 75 f; BGHSt **4** 244, 247; **30** 28, 30.

546 RGSt **56** 58, 59; **59** 26, 28; BGH NStZ **1994** 29, 30.

Abs. 1 Nr. 3 Bande 2). Verabreden mehrere Täter die Durchführung zweier Taten, die gleichzeitig, aber an verschiedenen Orten begangen werden sollen, so wird – neben der Täterschaft an der eigenen Tat – durch ein vorheriges Verabreden der Taten, das über eine bloße einseitige billigende Kenntnisnahme von der Tat eines anderen hinausgeht, tateinheitlich Beihilfe zur fremden Tat geleistet (BGH StGB § 27 Abs. 1 Hilfeleisten 11). Problematisch ist die Auffassung, wonach das Bereitstellen von Geldmitteln oder anderen Vermögenswerten zum unerlaubten Handeltreiben mit Betäubungsmitteln gemäß § 29 Abs. 1 Nr. 4 BtMG a.F.[547] als subsidiärer Auffangtatbestand hinter die durch dasselbe Tatgeschehen verwirklichte Beihilfe zum unerlaubten Handeltreiben mit Betäubungsmitteln nach § 29 Abs. 1 Nr. 1 BtMG zurücktritt (BGHSt **40** 208). Denn das *Bereitstellen von Vermögenswerten* zu den im Gesetz genannten Zwecken ist eine gefährliche Form der Rauschgiftkriminalität, die deshalb gleichrangig neben den übrigen in § 29 Abs. 1 BtMG aufgeführten Formen des strafbaren Umgangs mit Betäubungsmitteln als selbständige Straftat in die Vorschrift des § 29 Abs. 1 BtMG aufgenommen worden ist.[548] Sie ist mit derselben Strafdrohung bewehrt, wie etwa das unerlaubte Handeltreiben nach § 29 Abs. 1 Nr. 1 BtMG. Sie ist eigenständige Täterschaft, die nicht durch Beihilfe zu der Straftat, zu deren Ermöglichung die Geldmittel bereitgestellt werden, verdrängt werden kann. Stellt sich jedoch die Finanzierung eines konkreten Rauschgiftgeschäfts als mittäterschaftlich begangenes Handeltreiben dar, so geht das nach § 29 Abs. 1 Nr. 13 BtMG strafbare Bereitstellen von Geldmitteln in dem täterschaftlichen Handeltreiben auf.[549] Wie sich das Verhältnis von Tathandlungen nach § 29 Abs. 1 Nr. 13 BtMG zu Beihilfehandlungen zu den Verbrechen nach den §§ 29a, 30, 30a BtMG n.F. darstellt, ist durch die Rechtsprechung noch nicht entschieden worden. Je nach Gestaltung des Einzelfalles ist hier Subsidiarität des § 29 Abs. 1 Nr. 13 BtMG ebenso denkbar wie die Annahme von Tateinheit mit Teilnahmehandlungen an den genannten Verbrechenstatbeständen oder auch von Tatmehrheit, wenn die Voraussetzungen selbständiger Handlungen erfüllt sind. Dies alles setzt je nach Einzelfallgestaltung, komplexe Wertungen voraus.

Subsidiär ist ferner die **fahrlässige** gegenüber der **vorsätzlichen** Begehung eines Delikts,[550] z.B. im Fall der sog. alternativen Kausalität die fahrlässige gegenüber der vorsätzlichen Tötung (BGHSt **39** 195, 199) oder die auf Alkoholeinfluss beruhende fahrlässige Straßenverkehrsgefährdung nach § 315c Abs. 1 Nr. 1a gegenüber dem vorsätzlichen Eingriff in den Straßenverkehr nach § 315b (BGH VRS **65** 359, 360; BGHR StGB § 315b Abs. 1 Konkurrenzen 1), das *Unterlassungs-* gegenüber dem schutzrichtungsgleichen *Begehungsdelikt* (BGHSt **39** 164, 166), innerhalb der *Unterlassungsdelikte* das *echte* gegenüber dem *unechten*, den Verletzungserfolg herbeiführenden Unterlassungsdelikt.[551] Schwierigkeiten bereiten die Fälle, in denen **Überschneidungen** unterschiedlicher Angriffsarten und - **158**

---

547 Ersetzt durch § 29 Abs. 1 Nr. 13 BtMG in der am 28.2.1994 in Kraft getretenen Fassung des BtMG (BGBl. I 1994 S. 342), die nunmehr über das unerlaubte Handeltreiben und Herstellen hinaus auch alle anderen wesentlichen Ausgangsdelikte des § 29 Abs. 1 BtMG erfasst.

548 BT-Drs. 8/3551 S. 36; BGH NStZ **1992** 495, 496; BGHR BtMG § 29 Abs. 1 Nr. 4 Bereitstellen 1; vgl. auch BGH MDR **1990** 1031; *Joachimski* BtMG § 29 Rdn. 240; *Körner* BtMG § 29 Rdn. 863; da es sich um eine selbständige täterschaftlich begangene Straftat handelt, ist hieran nach den allgemeinen Regeln auch eine Teilnahme Dritter möglich.

549 Vgl. BGHR BtMG § 29 Abs. 1 Nr. 13 Bereitstellen 1.

550 *Puppe* Vor § 52 Rdn. 10 behandelt die Konstellationen vorsätzliche/fahrlässige Tat sowie Vollendung/Versuch als solche der Spezialität; für die Vorsatzdelikte ebenso *v. Heinschel-Heinegg* MK Vor § 52 Rdn. 38; für das Verhältnis Vollendung /Versuch zustimmend *SSW/Eschelbach* § 52 Rdn. 9. Siehe ferner *Puppe* JuS **2016** 961, 963 f.

551 Zum Ganzen: *Jescheck/Weigend* § 69 II 2a; *Sch/Schröder/Sternberg-Lieben/Bosch* Vor §§ 52 ff Rdn. 107 und *Sch/Schröder/Sternberg-Lieben* § 323c Rdn. 34 ff; *Spendel* LK[11] § 323c Rdn. 200 ff; *Geppert* Jura **2005** 39, 47 f.

stufen in Form der Kombination von Täterschaft/Teilnahme mit Vorsatz/Fahrlässigkeit und/oder Tun/Unterlassen und/oder Gefährdung/Verletzung auftreten. Dabei kann es vertretbar sein, Anstiftung durch aktives Tun gegenüber dem täterschaftlichen unechten Unterlassen als subsidiär anzusehen,[552] aber auch, auf die Frage abzustellen, welches Verhalten mit der schwereren Strafe bedroht ist.[553] Ebenso ist denkbar, dass zwei unterschiedlich schwere Teilnahmeformen, die eine durch Handeln, die andere durch unechtes Unterlassen verwirklicht, zueinander in Tateinheit stehen, wie etwa unter bestimmten Voraussetzungen Anstiftung zur uneidlichen Falschaussage und eine durch Unterlassen begangene Beihilfe zum Meineid (BGH NStZ **1993** 489). *Feste Regeln* lassen sich bei diesen vielfältigen Möglichkeiten des Zusammentreffens unterschiedlicher Angriffsintensitäten, Begehungs- und Schuldformen *nicht* aufstellen. Es kommt vielmehr auf die Struktur und den Schutzzweck der zugrunde zu legenden Tatbestände und die Frage an, auf welche Weise dem Unrechts- und Schuldgehalt der konkreten Tat umfassend Rechnung getragen werden kann.

159 **e)** Die **Wirkung** der Subsidiarität ist grundsätzlich die allgemeine der Gesetzeseinheit (s. oben Rdn. 70). Auch hier gilt die Sperrwirkung des zurücktretenden Gesetzes und die Regel, dass Tatmodalitäten des verdrängten Gesetzes, die in dem vorrangigen Tatbestand nicht schon enthalten sind, bei der Strafzumessung berücksichtigt werden können.[554]

160 **aa) Allgemein.** Das subsidiäre Delikt lebt wieder auf, wenn der an sich vorrangige Tatbestand nicht anwendbar ist. Die formelle Subsidiarität kraft gesetzlicher Anordnung setzt voraus, dass der Täter tatsächlich aus dem vorrangigen Delikt bestraft werden kann.[555] Steht ihm z.B., wie im Fall der straflosen Selbst- oder Angehörigenbegünstigung nach § 258 Abs. 5 und 6, ein Strafausschließungsgrund zur Seite, so bleibt er dennoch nach § 145d strafbar, wenn die Begünstigung mittels Vortäuschens einer Straftat begangen wurde.[556] Auch für die stillschweigende oder materielle Subsidiarität gilt, dass das vorrangige Delikt tatsächlich anwendbar sein muss, um den subsidiären Tatbestand zu verdrängen. Bleibt unaufklärbar, ob der Täter sich in strafbarer Weise an einem Unglücksfall i.S. des § 323c beteiligt hat, entfällt wegen der Unanwendbarkeit der an und für sich vorrangigen Begehungstat der Rechtsgrund für die Nichtanwendung des sonst subsidiären Unterlassungsdelikts. Der Täter ist deshalb aus § 323c zu bestrafen (BGHSt **39** 164, 166; BGH NStZ **1997** 127). Nach allgemeiner Meinung findet das subsidiäre Gesetz auch Anwendung, wenn der Täter vom Versuch des vorrangigen Delikts zurücktritt.[557] Er ist dann aus einem bereits vollendeten Delikt, wie im Fall des Rücktritts von einem versuchten Tötungsdelikt aus den §§ 223ff (BGHSt **16** 122, 123f), zu bestrafen. Auch eine subsidiäre Teilnahmeform lebt wieder auf, wenn die Voraussetzungen

---

552 *Sch/Schröder/Sternberg-Lieben/Bosch* Vor §§ 52ff Rdn. 107; *Vogler* LK[10] Vor § 52 Rdn. 127.
553 *Samson/Günther* SK[8] Vor § 52 Rdn. 94.
554 Vgl. u.a. *Dünnebier* GA **1954** 271, 274; *Geppert* Jura **1982** 426; *Jakobs* AT 31/38 ff; *Jescheck/Weigend* § 69 III 3; *Sch/Schröder/Sternberg-Lieben/Bosch* Vor §§ 52ff Rdn. 144.
555 BayObLG NJW **1978** 2563f mit Anm. *Stree* JR **1979** 252; *Sch/Schröder/Sternberg-Lieben/Bosch* Vor §§ 52ff Rdn. 141.
556 BayObLG NJW **1978** 2563f; OLG Celle NJW **1980** 2205 mit zustimmender Anm. *Geerds* JR **1981** 35; *Jakobs* AT 31/48 Fn. 89; *Maurach/Gössel/Zipf* § 55 Rdn. 24; *Ruß* LK § 258 Rdn. 38; *Sch/Schröder/Sternberg-Lieben/Bosch* § 258 Rdn. 37; *Fischer* Vor § 52 Rdn. 46.
557 U.a. *Jakobs* AT 31/44; *Jescheck/Weigend* § 51 VI 2 und § 69 III 1; *Roxin* AT II § 33 Rdn. 229; *Lilie/Albrecht* LK[11] § 24 Rdn. 331ff; *Sch/Schröder/Sternberg-Lieben/Bosch* Vor §§ 52ff Rdn. 141; *Vogler* FS Bockelmann S. 727.

der an sich schwereren Beteiligungsform entfallen sind. Kommt (Mit-)Täterschaft an einem Raub nicht mehr in Betracht, weil der Täter vor der Tatvollendung erklärt, mit der Tat nichts mehr zu tun haben zu wollen, und damit das für einen Raub notwendige subjektive Element der Zueignungsabsicht entfällt, so ist sein früherer Tatbeitrag als Beihilfe zu werten.[558] Erfüllt der zuvor erbrachte fortwirkende Tatbeitrag aber zugleich die gesetzlichen Merkmale der Anstiftung, so ist wegen Anstiftung zum Raub und nicht wegen der weniger schweren Teilnahmeform der Beihilfe zu bestrafen (BGH NStZ **1995** 29f).[559]

bb) Die Frage, wie sich der **Rücktritt von** der **Haupttat** auf *selbständig strafbare Vorbereitungshandlungen* auswirkt, wird kontrovers behandelt. H.M. ist es jedoch, dass bei einem Rücktritt von den Fälschungsdelikten der §§ 146, 148 der Tatbestand des § 149 wieder Anwendung findet, wenn nicht die eigens für die Vorbereitungshandlungen geschaffenen Rücktrittsvorschriften des § 149 Abs. 2 und 3 erfüllt sind,[560] weil trotz Rücktritts von einem Versuch nach den §§ 146, 148 noch Fälschungsmittel existent bleiben, deren Verwahren usw. der Gesetzgeber allein wegen der von ihnen ausgehenden Gefahren unter Strafe gestellt hat. Dasselbe muss für den Rücktritt von einem Verbrechen nach § 152b Abs. 1 und 2 im Verhältnis zur Strafbarkeit der Vorbereitungshandlungen gemäß § 152b i.v.m. § 149 gelten, zumal § 152a und § 152a dem § 149 vergleichbare Gefährdungstatbestände zum Schutz der Sicherheit und Funktionsfähigkeit des bargeldlosen Zahlungsverkehrs beinhaltet (BT-Drucks. 10/5058 S. 26 zu § 152a a.F.). **161**

Der *Rücktritt von der Haupttat* führt nach überwiegender Ansicht in Rechtsprechung und Literatur auch zur *Straflosigkeit* der *Vorbereitungshandlungen* nach § 30, da die Straflosigkeit, die der Täter sich durch den freiwilligen Rücktritt vom Versuch verdient hat, nicht zur Wiederanwendung einer Strafvorschrift führen kann, die nur eine dem Versuch vorangehende Vorbereitungshandlung mit Strafe bedroht.[561] Ob dieser Grundsatz auch für die Fälle gilt, in denen die versuchte Haupttat an Schwere hinter dem geplanten Verbrechen zurückbleibt, ist streitig und in der Rechtsprechung bisher offen geblieben (BGHSt **14** 378, 380f; BGH NStZ **1999** 450). Da bei dem strafbaren Versuch eines gegenüber der nach § 30 vorbereiteten Tat minder schweren Delikts zwischen beiden strafbaren Handlungen Tateinheit angenommen wird (s. oben Rdn. 104f), erscheint es jedoch konsequent, in diesen Fällen die Erstreckung der strafbefreienden Wirkung des Rücktritts nach § 24 auf die nach § 30 vorbereitete, schwerere Tat zu verneinen,[562] weil insoweit ein überschießender Teil an strafbarer Vorbereitung mit eigenem Unrechtsgehalt gegenüber der bis zum Versuch gediehenen weniger schweren Tat übrig bleibt. Bei einer Verabredung nach § 30 Abs. 2 ist zu beachten, dass sich nach der neueren Rechtsprechung die Beurteilung des Konkurrenzverhältnisses wie auch sonst für jeden Tatbeteiligten nach dessen Tathandlungen i.S.d. § 30 Abs. 2 richtet und *nicht* danach, in welchem **162**

---

558 *Sch/Schröder/Eser/Bosch* § 24 Rdn. 77; *Vogler* LK[10] § 24 Rdn. 162 jeweils m.w.N.

559 Der dieser Entscheidung zugrundeliegende Sachverhalt ist insofern rechtlich anders gelagert als der der Entscheidung BGHSt **28** 346, der einen Fall der räuberischen Erpressung betraf.

560 *Fischer* § 149 Rdn. 12; *Ruß* LK[11] § 149 Rdn. 7; *Lackner/Kühl/Heger* § 149 Rdn. 7; *Roxin* AT II § 33 Rdn. 234; *Sch/Schröder/Sternberg-Lieben/Bosch* Vor §§ 52ff Rdn. 139 a.E.; *Vogler* FS Bockelmann S. 728.

561 BGHSt **14** 378, 380; BGH NStZ **1983** 364; *Lackner/Kühl/Heger* § 31 Rdn. 7; *Lilie/Albrecht* LK[11] § 24 Rdn. 330; *Maurach/Gössel/Zipf* § 55 Rdn. 46; *Jakobs* AT 31/44; *Roxin* LK § 30 Rdn. 79 und AT II Rdn. 231; *Sch/Schröder/Sternberg-Lieben/Bosch* Vor §§ 52ff Rdn. 142; *Vogler* FS Bockelmann S. 727.

562 *Vogler* FS Bockelmann S. 728; *Fischer* § 30 Rdn. 18; *Lackner/Kühl/Heger* § 31 Rdn. 7; *Lilie/Albrecht* LK[11] § 24 Rdn. 333ff; **aA** *v. Heinschel-Heinegg* MK Vor §§ 52 Rdn. 68; *Jescheck/Weigend* § 65 IV 1 und § 69 III 1; *Roxin* LK § 30 Rdn. 82; *ders.* JA **1979** 169, 175 und AT II § 33 Rdn. 231f; **aA** *Sch/Schröder/Cramer/Heine/Weißer* § 30 Rdn. 40.

Verhältnis die verabredeten Verbrechen im Falle ihrer Realisierung zueinander gestanden hätten.[563]

163 Für das Herbeiführen einer Brandgefahr gemäß § 306f wird im Schrifttum wie in den Fällen der nach § 30 strafbaren Vorbereitungshandlungen überwiegend die Meinung vertreten, dass tätige Reue nach § 306e (§ 310 a.F.) und Rücktritt vom Versuch gemäß § 24 dem Täter nicht nur Straflosigkeit hinsichtlich der Verletzungstatbestände der §§ 306ff verschafft, sondern auch einer Bestrafung wegen Herbeiführens einer Brandgefahr nach § 306f entgegensteht; da sowohl § 30 als auch § 306f lediglich gefährliche Vorstufen der Verletzungsdelikte darstellten, sei es gerechtfertigt, in beiden Fällen den Rücktritt vom Versuch bzw. die tätige Reue gleich zu behandeln und auf die Vorbereitungsstraftaten zu erstrecken.[564] Anderer Ansicht ist die Rechtsprechung In BGHSt **39** 128, 130 (mit Anm. *Geppert* JR **1994** 71)[565] ist im Anschluss an BGH NJW **1951** 726 entschieden worden, dass weder der Rücktritt vom Versuch der Brandstiftung noch die tätige Reue nach § 310 a.F. Straffreiheit wegen der Herbeiführung einer Brandgefahr bewirkt.[566] Gegen diese Entscheidung und ihre auf gesetzessystematische Erwägungen und die Entstehungsgeschichte des § 310 a.F. bzw. § 306e gestützte Begründung sind in der Literatur vor allem aus der rechtlichen Struktur der konkreten Gefährdungsdelikte abgeleitete Einwände erhoben worden,[567] wie sie allerdings im Wesentlichen schon Gegenstand der früheren Auseinandersetzungen mit der Rechtsprechung waren.

164 **3. Konsumtion**[568] ist eine besonders umstrittene Spielart der Gesetzeseinheit.[569] Sie liegt nach überwiegender Meinung dann vor, wenn der Unrechts- und Schuldgehalt einer tatbestandsmäßigen Handlung (Haupttat) den Unrechts- und Schuldgehalt einer anderen (Begleit-)Tat mit einschließt, oder besser, wenn das konsumierende Delikt seinem Wesen und Sinn nach ein anderes Gesetz mit einschließt,[570] so dass bereits die Verurteilung unter dem rechtlichen Gesichtspunkt des vorrangigen Delikts den Unrechtsgehalt des gesamten Tatverhaltens erschöpfend erfasst:[571] „lex consumens derogat legi

---

563 BGHSt **56** 170 (gegen BGH NJW **2010** 623, 624) m. Anm. *Duttge* NStZ **2012** 438f und insoweit zustimmender Bespr. *Bachmann/Goeck* JR **2011** 425, 429f.

564 *Arzt/Weber/Heinrich/Hilgendorf* BT LH 2 Rdn. 187; *Geppert* Jura **1989** 473, 481; *Jescheck/Weigend* § 51 VI 2; *Otto* Jura **1986** 52f; *Roxin* AT II § 33 Rdn. 233; *Rudolphi* SK § 24 Rdn. 44; *Sch/Schröder/Cramer/Heine/Bosch* § 306f Rdn. 16; *Sch/Schröder/Sternberg-Lieben/Bosch* Vor §§ 52ff Rdn. 142/143; *Seier* Jura **1983** 232; *Vogler* FS Bockelmann S. 727f.

565 Ferner Besprechung *Jung* JuS **1994** 84 und *Gropengießer* StV **1994** 19.

566 Ebenso OLG Celle NdsRpfl. **1952** 57; OLG Schleswig SchlHA **1955** 99; OLG Stuttgart MDR **1994** 713f; *Lackner/Kühl/Heger* § 306e Rdn. 3; *Lilie/Albrecht* LK[11] § 24 Rdn. 333ff; *Fischer* § 306e Rdn. 8; *Wolff* LK[11] § 310 a.F. Rdn. 1 Fn1 und § 310a a.F. Rdn. 7.

567 *Geppert* JR **1994** 72, 73ff; *Gropengießer* StV **1994** 19 Anm. zu BGHSt **39** 128, jeweils m.w.N.; beide vertreten allerdings hinsichtlich der Bedeutung des Willens des historischen Gesetzgebers und der richterlichen Bindung an den gesetzgeberischen Willen unterschiedliche Positionen, vgl. *Geppert* aaO S. 74f; *Gropengießer* aaO S. 21.

568 Zum Begriff vgl. *Fahl* Zur Bedeutung des Regeltatbildes (1996) S. 99, 132, 193; *ders.* ZStW **111** (1999) 156, 166; *v. Heinschel-Heinegg* Vor §§ 52 Rdn. 32 und 49; *Geerds* Konkurrenzen S. 222; *Hirschberg* ZStW **53** (1934) S. 43ff; *Köhler* Die Grenzlinien S. 88ff; *Rittmann* Konsumtion S. 40ff; *Schmidhäuser* 18/31; *Welzel* § 30 II 3.

569 Zusammenfassend zuletzt *Grosse-Wilde* HRRS **2019** 160.

570 Vgl. u.a. *SSW/Eschelbach* § 52 Rdn. 21; *Fischer* Vor § 52 Rdn. 43; *v. Heinschel-Heinegg* MK Vor § 52 Rdn. 49; *Jäger* SK Vor § 52 Rdn. 102; *Lackner/Kühl* Vor § 52 Rdn. 27. **AA** *Puppe* NK Vor § 52 Rdn. 25ff von einer *Erfolgseinheit* ausgeht und deshalb Tateinheit bzw. eine *Bewertungseinheit* annimmt.

571 *Blei* AT § 96 II 3; *Baumann/Weber/Mitsch/Eisele* § 36 Rdn. 12f; *Jakobs* AT 31/18: Spezialität zur Begleittat; *Jescheck/Weigend* § 69 II 3; *Stratenwerth* AT Rdn. 1187f; *Wessels/Beulke/Satzger* Rdn. 791; *Lackner/Kühl* Vor § 52 Rdn. 27; *Samson/Günther* SK[8] Vor § 52 Rdn. 97; *Roxin* AT II 33 Rdn. 213, 216ff; *Geppert* Jura **1982** 405; *Seier* Jura **1983** 230.

consumptae". Für die Konsumtion lässt sich eine ihr eigene begriffslogische Struktur nicht finden, sie richtet sich vielmehr nach dem Prinzip des wertenden Einschlusses des aufgezehrten durch das vorherrschende schwerere Delikt,[572] setzt also *Wertungen* des Rechtanwenders voraus. Die Konsumtion kann sich je nach den Umständen der Fallgestaltungen und der wertenden Betrachtung als spezialitätsähnlich oder aber als Folge der Überschneidung bzw. Überlagerung von Tatbeständen, mithin als Form der Subsidiarität darstellen. Deshalb wurde die Konsumtion als eigenständige Form der Gesetzeseinheit schon in der Vergangenheit oft als überflüssig angesehen.[573]

a) Soll die Konsumtion von den übrigen Formen der Gesetzeseinheit überhaupt sinnvoll unterschieden werden, so bietet es sich an, ihre Voraussetzungen nur dann als gegeben zu erachten, wenn der sekundäre Straftatbestand ein *anderes Rechtsgut* schützt als das primäre Delikt oder durch dieselbe Handlung *unterschiedliche Angriffsobjekte* betroffen sind. Die h.M. erkennt deshalb die Konsumtion für **Begleittaten** an, wenn weder Spezialität noch Subsidiarität vorliegen, aber ein bestimmtes Strafgesetz regelmäßig oder typischerweise miterfüllt ist (*Regeltatbild*).[574] Aus der **Regelmäßigkeit der gleichzeitigen Verwirklichung** von Haupt- und Begleittat wird gefolgert, dass der Gesetzgeber den Unrechtsgehalt einer solchen typischen Verbindung im Sinne eines Funktionszusammenhangs bei der Aufstellung der Strafrahmen bereits mitberücksichtigt hat.[575] Nach anderer Auffassung fügt im Fall der Konsumtion das aufgezehrte Delikt dem Geschehen einen, wenn auch geringen Unwertgehalt hinzu,[576] der nach der Rpsr. des BGH zwar im Schuldspruch nicht erwähnt, aber bei der Strafzumessung berücksichtigt werden darf.[577] Die Mindeststrafe des verdrängten Gesetzes entfaltet dabei Sperrwirkung.[578] Danach liegt der Konsumtion der materielle Gedanke der „Sperrwirkung des Regeltatbildes" für die Annahme von – logisch möglicher – Idealkonkurrenz zugrunde. **165**

Regelmäßige Begleiterscheinung eines schweren Diebstahls nach § 243 Abs. 1 Nr. 1, 2 und deshalb mitabgegoltene Begleittat waren nach der älteren Rechtsprechung der Hausfriedensbruch (§ 123) und die Sachbeschädigung (§ 303) im Verhältnis zu § 243 Abs. 1 Nr. 1 (RGSt **40** 430, 431; BGHSt **22** 127, 129), obwohl § 243 als Strafzumessungsregel anzusehen ist, da die Regelbeispiele des § 243 insoweit Qualifikationsmerkmalen näher stünden als bloßen Strafzumessungsgründe.[579] Demgegenüber ist schon das Urteil BGH NStZ **2001** 642 davon ausgegangen, dass Tateinheit zwischen § 243 Abs. 1 Nr. 1 oder Nr. 2 und § 303 anzunehmen ist, wenn – und nur insoweit war die Begründung tragend – die **166**

---

572 *Fahl* GA **1996** 476, 482 f.

573 *SSW/Eschelbach* StGB § 52 Rdn. 27; *v. Hippel* Handbuch II S. 526; *Klug* ZStW **68** (1956) S. 414 f; *Maurach/Gössel/Zipf* § 55 Rdn. 51; *Puppe* Idealkonkurrenz S. 322 ff; *dies.* NK Vor § 52 Rdn. 25; *R. Schmitt* ZStW **75** (1963) S. 54 f; *Sch/Schröder/Sternberg-Lieben/Bosch* Vor §§ 52 ff Rdn. 124. Dezidiert **aA** Fahl JR **2019** 114, 117.

574 *v. Heinschel-Heinegg* MK Vor § 52 Rdn. 50 geht von einer *Sperrwirkung* des Regeltatbildes aus. Vgl. auch *SSW/Eschelbach* § 52 Rdn. 21; *Sch/Schröder/Sterneberg-Lieben/Bosch* Vor §§ 52 ff Rdn. 146.

575 RGSt **59** 321, 325; BGH JZ **1977** 237; OLG Frankfurt NJW **1970**, 1333; *Geerds* Konkurrenzen S. 216 ff; *Jescheck/Weigend* § 69 II 3; *Samson/Günther* SK[8] Vor § 52 Rdn. 98; *Fahl* GA **1996** 476, 480 ff; *Geppert* Jura **1982** 425; *Seier* Jura **1983** 230; *Puppe* nimmt Idealkonkurrenz an, und zwar in der Form der *Erfolgseinheit*: NK Vor § 52 Rdn. 25; *dies.* AT/2 § 52 Rdn. 11 und FS Mangakis S. 232 ff.

576 *Fahl* ZStW **111** (1999) 156, 166 (sog. Regeltatbild).

577 BGHSt **1** 152, 155; **19** 188, 189; **30** 166, 167; **aA** *v. Heinschel-Heinegg* MK Vor § 52 Rdn. 78 ff.

578 *SSW/Eschelbach* § 52 Rdn. 28; *Fischer* Vor §§ 52 Rdn. 45, jeweils mit w.Nachw.

579 BGHSt **33** 370, 374; *Lackner/Kühl/Heger* § 243 Rdn. 25; *Hoyer* SK § 243 Rdn. 58; *Jescheck/Weigend* § 69 II 3b; *Wessels/Beulke/Satzger* Rdn. 791; *Wessels* FS Maurach S. 308; **aA** weil nur Tatbestände miteinander konkurrieren könnten, nicht aber ein Tatbestand mit einem Regelbeispiel *R. Schmitt* FS Tröndle S. 313, 316; *Gössel* FS Tröndle S. 363, 366; *Kargl/Rüdiger* NStZ **2002** 202: dagegen wiederum *v. Heinschel-Heinegg* MK Vor §§ 52 ff Rdn. 49 f und *Wessels/Beulke/Satzger* Rdn. 791.

Begleittat im konkreten Fall aus dem regelmäßigen Verlauf der Haupttat herausfällt,[580] etwa weil der durch die Sachbeschädigungen verursachte Schaden seht hoch ist.[581] Im Übrigen hat schon der damals entscheidende Senat gegen die generelle Annahme, die Erfüllung des § 303 sei eine regelmäßige Erscheinung eines schweren Diebstahls nach § 243 Abs. 1 Nr. 1, 2 und werde deshalb durch diesen in seinem Unrechtsgehalt aufgezehrt und verdrängt, beachtliche Einwände erhoben. U.a. hatte er darauf hingewiesen, dass der Inhaber des Gewahrsam nicht gleichzeitig Eigentümer der Gestohlenen Sache sein müsse und zu bedenken geben, dass die Verwirklichung von Regelbeispielen für die Frage der Konkurrenzen der Straftatbestände außer Betracht zu bleiben habe,[582] ähnlich hatte auch schon der 4. Strafsenat in der Entscheidung BGH NStZ **1998** 91, 92 für §§ 370 AO, 266 StGB argumentiert. Die neuere Rechtsprechung nimmt, weil sie schon den Charakter des § 303 als regelmäßige oder typische Begleittat von schweren Diebstählen nach § 243 Abs. 1, 2 verneint hat,[583] jetzt stets *Tateinheit* bzw. Idealkonkurrenz zwischen (vollendetem) schweren Bandendiebstahl (§ 244a Abs. 1, 244 Abs. 1 Nr. 3, § 243 Abs. 1 Satz 2 Satz 2 Var. 1) oder (vollendetem) Wohnungseinbruchsdiebstahl (§ 244 Abs. 1 Nr. 3 Var. 1) und einer zugleich begangenen Sachbeschädigung (§ 303) an.[584] Als weiteres Argument wird auf die Klarstellungsfunktion der Tateinheit verwiesen, mit deren Hilfe erst der Unrechtsgehalt des Gesamtgeschehens erfasst werden könne.[585] Das ist m.E. das entscheidende Argument, wenn man ohnehin (fast) alle Folgen der Tateinheit auf die Figur der Konsumtion überträgt, ist es weniger kompliziert aber einsichtig, jedenfalls bei tateinheitlich verwirklichten Delikten gleich von Tateinheit auszugehen und auch den Schuldspruch entsprechend zu fassen.[586] Vor diesem Hintergrund erscheint die Konkurrenzform der Konsumtion in dieser Konstellation tatsächlich entbehrlich. Anders aber, wenn das sog. Begleitdelikt nicht durch dieselbe Handlung, sondern tatmehrheitlich begangen wurde. Hier ist es aber ein gangbarer Weg , nebensächliche, nicht wirklich ins Gewicht fallende Begleitdelikt prozessrechtlich gemäß §§ 154, 154a StPO auszuscheiden.[587]

167 Beispiele für Konsumtion in der bisherigen Rechtsprechung: Durch § 218 mit abgegolten wurden die §§ 223, 223a, 224 a.F. (BGHSt **10** 312, 314), nicht aber eine Körperverletzung mit Todesfolge nach § 227 (BGHSt **28** 11, 16f; anders für den noch als Verbrechenstatbestand ausgestalteten § 218 a.F. BGHSt **15** 345), Körperverletzung nach § 223 durch § 25 WStG (OLG Frankfurt NJW **1970** 1333), § 164 durch § 344, wenn die falsche Verdächtigung Mittel der Verfolgung Unschuldiger ist (BGH Beschl. vom 4. Dezember 1997 – 5 StR 620/97; OLG Oldenburg MDR **1990** 1135). Der unbefugte Gebrauch eines

---

580 Im zur Entscheidung anstehenden Fall blieb es hinsichtlich der Haupttat (Diebstahl) zum einen beim Versuch und in einem anderen Fall übertraf der Sachschaden den Wert der gestohlenen Sachen um ein Vielfaches, BGH aaO S. 644.

581 BGH NStZ **2014** 40.

582 Mit Anm. *Sternberg-Lieben* JZ **2002** 512 und Bespr. *Fahl* JA **2002** 541 und *Kargl/Rüdiger* NStZ **2002** 202; siehe zu dieser Frage auch *SSW/Eschelbach* § 52 Rdn. 21; *Fischer* § 243 Rdn. 30; *v. Heinschel-Heinegg* Vor § 52 Rdn 51; *Zieschang* Jura **1999** 567.

583 Beschl. v. 27.11.2018 – 2 StR 481/17 TZ 20–25 (juris); anders noch der 2. Strafsenat selbst: NStZ-RR **2017** 340.

584 Mit zustimmender Bespr. *Grosse-Wilde* HRRS **2019** 160; kritisch hingegen *Fahl* JR **2019** 107, sowie hinsichtlich der Annahme von *Tateinheit Mitsch* NJW **2019** 1091, der im Falle der Verneinung von Konsumtion von Tatmehrheit ausgehen will. Siehe hierzu ferner den Anfragebeschluss des 2. Strafsenats v. 8.3.2018 – 2 StR 481, NStZ **2018** 708 mit kritischer Anm. *Fahl* JR **2019** 107, 114, dessen entsprechender Fragestellung die übrigen Strafsenate des BGH zuvor zugestimmt und eventuell entgegenstehende frühere Entscheidungen aufgegeben haben.

585 BGH Beschl. v. 27.11.2018 – 2 StR 481/17 TZ 26 u.a. unter Bezugnahme auf BGHSt **39** 100, 109.

586 So zutreffend *SSW/Eschelbach* § 52 Rdn. 27 a.E.

587 *SSW/Eschelbach* § 52 Rdn. 27; vgl. hierzu auch *Grosse-Wilde* HRRS **2019** 160 ff.

Kraftfahrzeugs nach § 248b konsumiert den mit der Benutzung des Fahrzeugs zugleich begangenen Diebstahl durch Verbrauch des Benzins (BGH GA **1960** 182f; BGHSt **14** 386, 388); andernfalls würde § 248b wegen seiner Subsidiaritätsklausel ins Leere laufen.[588] Unterschlägt der Täter einen fremden Brief, indem er diesen unbefugt öffnet, so deckt das Eigentumsdelikt die gleichzeitig begangene Verletzung der fremden Privatsphäre nicht mit ab, § 202 wird deshalb von § 246 nicht konsumiert (BGH JZ **1977** 237 mit zust. Anm. *Küper* JZ **1977** 464).

Die **Einrechnung in die Strafdrohung** der Haupttat ist im Übrigen **Auslegungsfrage**. Wird der Unrechts- oder Schuldgehalt der Begleittat im Einzelfall ausnahmsweise nicht ausgeschöpft, so verdrängt die Strafdrohung der Haupttat die der Begleittat nicht. Dabei ist vor allem der *Unrechtsgehalt* der Begleittat abzuwägen; deshalb ist stets der Verletzungsumfang von Bedeutung. Fällt das Begleitdelikt aus dem regelmäßigen Verlauf der Haupttat heraus, etwa bei Zerstörung einer besonders wertvollen Sache, um den Diebstahl begehen zu können, so hat schon die frühere Rechtsprechung Tateinheit angenommen.[589] Auch dann, wenn die Umstände entfallen, die zu der Annahme geführt haben, der Gesetzgeber habe schon bei der Aufstellung der Strafdrohung die Verwirklichung der typischen Begleittat mit in Ansatz gebracht, erhalten die Begleittaten wieder eigenständigen Charakter. So finden die §§ 123, 303 Anwendung, wenn trotz Verwirklichung des Regelbeispiels des § 243 Abs. 1 Nr. 1 ein besonders schwerer Fall verneint und die Strafe dem § 242 entnommen wird (KG JR **1979** 249 m. Anm. *Geerds*). 168

Inwieweit die Änderung der Rechtsprechung zu den früheren Konsumtionsfällen der §§ 243 Abs. 1, 2, 303 sich auf die hier genannten weiteren Fälle auswirken wird, ist schwer abzuschätzen, eigentlich wäre es zu erwarten, wenn der Gedanke des Ausschöpfungsgebots und das Prinzip der Klarstellungsfunktion hinsichtlich des verwirklichten Gesamtunrechts von der Rechtsprechung konsequent herangezogen und berücksichtigt würden. Dies gilt umso mehr, als sich bei den Folgen einer solchen Änderung für Täter bzw. Angeklagte nichts Wesentliches ändern würde. 168a

Denn die konsumierte Begleittat konnte schon nach der früheren Rechtsprechung bei der **Strafzumessung** berücksichtigt werden (dagegen *v. Heinschel-Heinegg* MK Vor §§ 52 Rdn. 50 und 77; *Puppe* NK Vor § 52 Rdn. 49f; *Sch/Schröder/Stree/Sternberg-Lieben/Bosch* Vor §§ 52ff Rdn. 134), sofern ihre Tatmodalitäten nicht schon für die Strafdrohung des vorrangigen Delikts mitbestimmend waren (Mehrfachverwertungsverbot). So konnte bei einem Einbruchsdiebstahl zwar nicht der Umstand, dass dabei Sachen des Eigentümers beschädigt oder zerstört worden sind, wohl aber die dadurch verursachte Höhe des Sachschadens strafschärfend wirken. *Von Bedeutung* ist die Konkurrenzform der *Konsumtion* allerdings heute noch vor allem dort, wo die *vorrangige Norm* den Täter *privilegiert*. Wer unbefugt ein Kraftfahrzeug benutzt, kann nicht wegen Benzindiebstahls aus § 242 bestraft werden, wenn der Verletzte den für die Strafverfolgung nach § 248b erforderlichen Strafantrag nicht stellt.[590] Die Privilegierung des § 247 gilt u.a. auch für die Diebstahlsform des § 243 (*Ruß* LK[11] § 247 Rdn. 1), die zugleich begangene Straftaten nach §§ 123, 303 konsumiert. Wird der für § 247 erforderliche Strafantrag nicht gestellt, so ist der Täter, wenn der Hauseigentümer nicht zu dem in § 247 genannten Personenkreis gehört und Strafantrag wegen der durch den Einbruch an seinem Eigentum entstande- 169

---

588 *Ruß* LK[11] § 248b Rdn. 13; *Blei* AT § 96 II 3a; *Roxin* AT II § 33 Rdn. 218.

589 *Jescheck/Weigend* § 69 II 3b; *Jakobs* AT 31/30; *Fahl* GA **1996** 476, 483; *ders.* JA **2002** 541; *Wessels/Beulke/Satzger* Rdn. 791 a.E.; *Wessels/Hillenkamp* Rdn. 236; so auch BGH NStZ **2001** 642, 644.

590 OLG Celle NJW **1953** 37, 38; *Jakobs* AT 31/31; *Sch/Schröder/Sternberg-Lieben/Bosch* Vor §§ 52ff Rdn. 142; *Stratenwerth* AT Rdn. 124.

nen Schäden gestellt hat, nach § 303 zu bestrafen, weil die Privilegierung des Täters nicht über den in § 247 aufgeführten Kreis der Verletzten hinausreicht.[591]

170 **b)** Nach welchen Kriterien **mitbestrafte Vor- und Nachtat** im Rahmen der Konkurrenzen zu behandeln sind, ist außerordentlich umstritten. Teils werden sie der Subsidiarität,[592] teils der Konsumtion[593] zugeordnet, teils als eigenständige Konkurrenzform (**unechte Realkonkurrenz**) angesehen.[594] Diese sprachlichen Differenzierungen beruhen überwiegend auf dem Versuch, mitbestrafte Vor- und Nachtat als echte Formen der Gesetzeseinheit zu definieren, obwohl der grundlegende Unterschied zur Gesetzeseinheit – diese setzt *eine* Handlung voraus, mitbestrafte Vor- und Nachtat sowie die sie verdrängende Haupttat werden durch *mehrere* Handlungen verwirklicht – eine Zuordnung zu den Merkmalen der Subsidiarität oder der Konsumtion nur bedingt zulässt.[595] Diese Formen der Gesetzeseinheit werden deshalb auch mit einer gewissen Berechtigung als Bewertungseinheit kraft Identität des mit verschiedenen deliktischen Mitteln herbeigeführten objektiven Unrechtserfolges (*Erfolgseinheit*) bezeichnet.[596] Weitgehende Einigkeit besteht hingegen in Bezug auf das Ergebnis, dass nämlich Vor- und Nachtat dann als durch die Strafe für die Haupttat mitabgegolten gelten können, wenn sich aus dem Funktionszusammenhang der auf den abzuurteilenden Sachverhalt anzuwendenden Vorschriften ergibt, dass ihnen gegenüber der Haupttat kein eigenständiger Unrechtsgehalt zukommt.[597] Wenn zur Begründung dieses Ergebnisses je nach Sachverhaltsgestaltung lediglich der *Grundgedanke* der Subsidiarität oder der Konsumtion herangezogen wird,[598] so erscheint dies sachgerechter, da auf diese Art und Weise dem Umstand der tatmehrheitlichen Begehung und dem konkreten Sachverhalt des Einzelfalls hinreichend Rechnung getragen werden kann.

---

591 *Maurach/Gössel/Zipf* § 55 Rdn. 2; *Sch/Schröder/Sternberg-Lieben/Bosch* Vorbem. §§ 52 ff Rdn. 104; siehe auch *Puppe* NK Vor § 52 Rdn. 25, die allerdings weitreichender von *unechter Gesetzeskonkurrenz* in den unterschiedlichen Fällen von Konsumtion spricht, aber im Prinzip die Konkurrenzform der Konsumtion ablehnt, weil sie diese als *Erfolgseinheit* zusammen mit dem Hauptdelikt wertet.

592 *R. Schmitt* ZStW **75** (1963) 43, 55; *Sch/Schröder/Sternberg-Lieben/Bosch* Vor §§ 52 ff Rdn. 113 und 119 f; *Stratenwerth* AT Rdn. 1192 und 1195, der allerdings bei der Nachtat nur eine enge Verwandtschaft zur Subsidiarität für gegeben und eine mitbestrafte Vortat neben der Subsidiarität überhaupt für überflüssig hält. Subsidiarität allein für die Vortat wird angenommen von *Jescheck/Weigend* § 69 II 2b.

593 *Baumann/Weber/Mitsch/Eisele* § 36 Rdn. 12 f; *Geerds* Konkurrenzen S. 205 ff; *v. Heinschel-Heinegg* MK Vor §§ 52 ff Rdn. 56 ff; *Honig* Straflose Vor- und Nachtat S. 81; *Samson/Günther* SK[8] Vor § 52 Rdn. 99 ff; *Vogler* LK[10] Vor § 52 Rdn. 135 und 137, der jedoch schon selbst Zweifel angemeldet hat, ob die mitbestrafte Nachtat ihren Ort innerhalb der geläufigen Formen der Konkurrenzen hat (so in FS Bockelmann S. 735). Von Konsumtion nur für die Nachtat gehen *Jescheck/Weigend* § 69 II 3a aus und *Roxin* AT II Rdn. 213.

594 *Höper* Mitbestrafte Vor- und Nachtat S. 4 f, 19 ff, 141 ff; *Lackner/Kühl/Heger* Vor § 52 Rdn. 31; *Maurach/Gössel/Zipf* § 56 Rdn. 11 ff; *Roxin* AT II § 33 Rdn. 219 allerdings nur für die Nachtat; *Fischer* Vor § 52 Rdn. 64; *Wessels/Beulke/Satzger* Rdn. 793; vgl. auch *Baumann* MDR **1959** 10; nach anderer Meinung, *Mösl* LK[9] Vor § 73 Rdn. 59 und *Paulusch* Strafbare Nachtaten S. 154 ff, kann auf die Begriffe der mitbestraften Vor- und Nachtat überhaupt verzichtet werden. Grundsätzlich anderer Auffassung auch *Puppe* GA **1982** 143, 158, die in den Fällen der mitbestraften Vor- und Nachtat wegen einer Unrechtsverwandtschaft mit der Haupttat Idealkonkurrenz annehmen will und heute

595 *v. Heinschel-Heinegg* MK Vor § 52 Rdn. 57 billigt der Anzahl von Handlungen im Zusammenhang mit einem, auf das Tatunrecht abstellendes flexibles Konzept der Gesetzeseinheit, deshalb auch keine Bedeutung zu.

596 So *Puppe* NK Vor § 52 Rdn. 25 im Anschluss an *Beling* Die Lehre vom Verbrechen (1906) S. 249 u. 344 ff; *Maurach/Gössel/Zipf* § 52 Rdn. 10 ff; vgl. auch *Krauß* GA **1965** 173, 177.

597 BGHSt **38** 366, 368 f; *Blei* AT § 96 II 3c; *v. Heinschel-Heinegg* MK Vor § 52 ff Rdn. 58; *Otto* Jura **1994** 276; *Vogler* FS Bockelmann S. 733 f.

598 *Wessels/Beulke/Satzger* Rdn. 793; *Lackner/Kühl* Vor § 52 Rdn. 31.

Ein großer Teil der mitbestraften **Vortaten**, vor allem die sogenannten *Durchgangsdelikte*, bei denen das auf einen bestimmten Erfolg gerichtete Gesamtgeschehen verschiedene Stufen derselben Rechtsgutsbeeinträchtigung durchläuft, werden nach überwiegender Meinung bereits als Fälle der Subsidiarität verstanden; so das Verhältnis der Gefährdungs- zu den Verletzungsdelikten, von Versuch zur Vollendung oder der nach § 30 selbständig strafbaren Vorbereitungshandlungen zu Versuch und Vollendung des vorbereiteten Delikts, es sei denn, die versuchte Vorbereitungshandlung schlägt fehl und eine spätere, letztlich sogar erfolgreiche Anstiftungshandlung beruht auf einem neuen Tatentschluss.[599] 171

Tatsächlich sind diese Vortaten auch *keine echten* Anwendungsfälle der *Subsidiarität* als Form der Gesetzeseinheit, weil diese nach h.M. die Verletzung mehrerer Strafgesetze durch *eine Handlung* voraussetzt. Aus demselben Grund gehören sie aber auch nicht zum Anwendungsbereich der Konsumtion in dem hier verstandenen Sinne; außerdem fehlt es an der die *Konsumtion* kennzeichnenden Voraussetzung der Verletzung *unterschiedlicher* Rechtsgüter *desselben* Rechtsgutsträgers oder der Beeinträchtigung verschiedener Angriffsobjekte. Allerdings liegt es nahe, zur Begründung der Straflosigkeit derartiger Durchgangsdelikte zumindest auf den Grundgedanken der Subsidiarität oder aber auf die natürliche bzw. tatbestandliche Handlungseinheit[600] zurückzugreifen, weil für sie wie für die Tatbestände, die in einem echten Subsidiaritätsverhältnis stehen, der gleichgerichtete Rechtsgüterschutz ausschlaggebend ist, so etwa bei einem versuchten Raub und einer daran anschließenden räuberischen Erpressung, wenn beide Taten auf die Erlangung derselben Sache gerichtet sind (BGH NJW **1967** 60), oder bei der versuchten räuberischen Erpressung als Vortat zu dem nachfolgenden Raub, wenn der Täter in Ausführung seines Tatentschlusses von der einen zu der anderen Begehungsweise übergeht (BGH StV **1982** 114; BGH Beschl. v. 23.6.1998 – 4 StR 231/97). Dem Grundgedanken der Konsumtion stehen demgegenüber solche Vortaten nahe, bei denen verschiedene Angriffsobjekte beeinträchtigt werden, die konkrete Gestaltung des Sachverhalts aber ergibt, dass der Unrechtsgehalt der Vortat durch die Bestrafung der Haupttat mitabgegolten wird, etwa weil die Vortat lediglich der Beschaffung eines Mittels dient, mit dessen Hilfe ein weiteres deliktisches Ziel verwirklicht werden soll, wie etwa bei der Unterschlagung eines Fahrzeugschlüssels zum Zweck des späteren Diebstahls des dazu gehörenden Kraftfahrzeugs (OLG Hamm MDR **1979** 42), oder bei Manipulationen am Tachometer eines PKWs, um ein geringeren Laufleistung des Fahrzeugs vorzutäuschen und einen höheren Preis für das Fahrzeug bei dessen Verkauf zu erzielen.[601] In diesen Fällen ist § 22b StVG (Missbrauch von Wegstreckenzählern) gegenüber einem sodann verwirklichten § 263 durch Verkauf an einen gutgläubigen Dritten eine mitbestrafte Vortat. Ebenso um eine mitbestrafte Vortat handelt es sich bei einer Betrugshandlung, die lediglich die Möglichkeit für eine spätere Unterschlagung schaffen soll, wie z.B. in dem Fall, dass der rechtmäßige Fremdbesitzer dem Eigentümer den Untergang der Sache vortäuscht, um sich diese anschließend unbehelligt zueignen zu können.[602] Unter Umständen kann jedoch, vor allem nach der Neufassung des § 246, die auf das Tatbestandsmerkmal „Besitz oder Gewahrsam" an der fremden Sache verzichtet hat, im Vortäuschen 172

---

599 BGHSt **44** 91; anders aber, wenn der Täter nach einer fehlgeschlagenen Anstiftung eines Dritten die geplante Tat selbst ausführt BGH NStZ **2000** 197.

600 Zur Abgrenzung der natürlichen Handlungseinheit in Form der sukzessiven Tatbestandsverwirklichung von der mitbestraften Vortat vgl. *Maiwald* Natürliche Handlungseinheit S. 91.

601 BGH Beschl. v. 27.9.2017 – 4 StR 142/17.

602 *Schröder* MDR **1950** 338, 339; *Maurach/Gössel/Zipf* § 56 Rdn. 14 ff; *Sch/Schröder/Sternberg-Lieben/Bosch* Vor §§ 52 ff Rdn. 127; *Wessels/Beulke/Satzger* Rdn. 794.

des Untergangs der Sache schon eine für die Annahme des Tatbestandes des § 246 maßgebliche Zueignung im Sinne einer strafbaren Begründung des Eigenbesitzes liegen, so dass nach den Grundsätzen der Entscheidung BGHSt **14** 38 eine anschließende erneute Zueignung den Tatbestand des § 246 nicht mehr erfüllen würde.[603]

173 **4.** Die **mitbestrafte (straflose) Nachtat** ist eine selbständige, den Tatbestand eines Strafgesetzes erfüllende rechtswidrige und schuldhafte Handlung, durch die der Täter den *Erfolg* der Vortat oder die durch diese erlangte Position *sichert, ausnutzt* oder *verwertet.*[604] Sie bleibt straflos, wenn die Bewertung des konkreten Sachverhalts ergibt, dass dieser nachfolgenden, an sich strafbaren Handlung wegen ihres inneren – funktionalen – Zusammenhangs mit der (Vor-)Haupttat kein eigener Unwertgehalt zukommt, so dass auch kein Bedürfnis besteht, sie neben der Haupttat selbständig zu bestrafen.[605] Die Nachtat bleibt **straflos**, weil sie durch die Ahndung der (Vor)Haupttat mitabgegolten wird und damit **mitbestraft** ist (BGHSt **38** 366, 368f; RGSt **62** 61, 62). U.U. kann es zweifelhaft sein, bei welchem Geschehensabschnitt eines Gesamtgeschehens mit mehreren Handlungsakten es sich um die Haupttat und/oder Vortaten bzw. Nachtaten handelt, wie etwa bei den Abgaben unrichtiger Umsatzsteuervoranmeldungen innerhalb eines Jahres und der anschließenden Abgabe einer unrichtigen Umsatzsteuerjahreserklärung. Hier ist danach zu differenzieren, in welcher/en Handlung(en) man den Unrechtsschwerpunkt begründet sieht. Die neuere Rechtsprechung (BGH Urt.v.13.7.2017 – 1 StR 536/2017, Rdn. 50ff)[606] sieht in den mehreren unrichtigen Abgaben von Umsatzsteuervoranmeldung mitbestrafte Vortaten, weil der Schwerpunkt des Unrechts bei letzterer liegt, während in der Literatur mit vertretbaren Argumenten demgegenüber die Abgabe der unrichtigen Umsatzsteuerjahreserklärung als mitbestrafte Nachtat bewertet wird.[607]

174 Deshalb werden Vor- und Nachtat von einem Teil der Literatur auch als eine Bewertungseinheit in dem Sinne verstanden, dass der Gesamtkomplex des Eingriffs in die fremde Rechtssphäre *nur* unter dem Gesichtspunkt der *vorangehenden Tat* zu werten ist.[608] Für die Frage, ob die Nachtat durch die Bestrafung der Haupttat mitabgegolten wird, ist es auch nicht entscheidend, ob sie regelmäßig oder typischerweise begangen werden muss, wenn die Haupttat für den Täter einen Sinn haben soll.[609] Auf einen typischen Zusammenhang kommt es, anders als in den echten Konsumtionsfällen, nicht an,[610] denn es geht nicht um die Frage, ob der Gesetzgeber ein bestimmtes typisches Zusammentreffen von Tatbeständen vor jeder deliktischen Verwirklichung bereits bei der Aufstellung der Strafdrohungen mit in Ansatz gebracht hat, sondern um die nachträgli-

---

603 Hierzu auch *v. Heinschel-Heinegg* MK Vor § 52 Rdn. 59.

604 *Blei* AT § 96 II 3c; *Geerds* Konkurrenzen S. 205ff; *Maurach/Gössel/Zipf* § 56 Rdn. 25ff; *Jescheck/Weigend* § 69 II 3a; *Roxin* AT II § 33 Rdn. 220; *Samson/Günther* SK[8] Vor § 52 Rdn. 101; *Wessels/Beulke/Satzger* Rdn. 795; *Jakobs* AT 31/18: Spezialität kraft Vorgriffs.

605 *Vogler* FS Bockelmann S. 733f; vgl. ferner *Baumann/Weber/Mitsch/Eisele* § 36 Rdn. 13; *Maurach/Gössel/Zipf* § 56 Rdn. 22; *Stratenwerth* AT Rdn. 1195.

606 JR **2018** 64 m. Anm. *Schäfer*.

607 *Grommes* NZWiSt *2017* 201, 202.

608 *Blei* AT § 96 II 3c; *Bringewat* Die Bildung der Gesamtstrafe Rdn. 87; *Lackner/Kühl* Vor § 52 Rdn. 31; *Samson/Günther* SK[8] Vor § 52 Rdn. 101; *Sch/Schröder/Sternberg-Lieben/Bosch* Vor §§ 52 ff Rdn. 129; *Krauß* GA **1965** 173, 177f; *Paulusch* Strafbare Nachtaten S. 58ff und S. 124; **aA** *Vogler* FS Bockelmann S. 733ff.

609 Roxin AT II § 33 Rdn. 219; in dieser Hinsicht anders aufgrund der Zurechnung zur Konsumtion: *Jescheck/Weigend* § 69 II 3a; *Wessels/Beulke/Satzger* Rdn. 795; **aA** im Anschluss an die ältere Literatur auch *Krauß* GA **1965** 173ff.

610 *Stratenwerth* AT Rdn. 1195; *Vogler* FS Bockelmann S. 732ff; *ders.* schon in LK[10] Vor §§ 52ff Rdn. 144, wo allerdings die mitbestrafte Nachtat noch als Fall der echten Gesetzeseinheit (Konsumtion) behandelt worden ist.

che Beurteilung eines konkreten Sachverhalts unter dem Gesichtspunkt der Strafbedürftigkeit beider Taten.

a) Voraussetzung dafür, dass die Nachtat keiner gesonderten Bestrafung bedarf, ist, dass die *Geschädigten* der beiden Straftaten *identisch* sind, die Nachtat *kein neues Rechtsgut* verletzt und der *Schaden nicht* über das durch die Haupttat verursachte Maß hinaus *qualitativ erweitert* wird.[611] Eine die Verwertungshandlung umfassende, bereits bei der Begehung der Haupttat vorhandene Absicht setzt der Begriff der mitbestraften Nachtat nicht voraus.[612] Soweit in der Rechtsprechung von Absichtsverwertungen die Rede ist,[613] sind lediglich solche durch die Haupttat verwirklichten Strafvorschriften angesprochen, die tatbestandlich eine (Zueignungs- oder Bereicherungs-)Absicht erfordern, zu deren Verwirklichung oder Fortsetzung die Nachtat dient. 175

Eine mitbestrafte Nachtat kommt schon begrifflich nur dann in Betracht, wenn die spätere Handlung in jeder Hinsicht einen *weiteren Tatbestand erfüllt.* Insbesondere die Rechtsprechung lehnt im Falle einer erneuten Zueignung der gestohlenen Sache durch den Dieb oder einer Sache, an der bereits in betrügerischer Absicht Eigenbesitz erlangt wurde, eine den Tatbestand des § 246 erfüllende mitbestrafte Nachtat ab, weil bloße erneute Betätigungen des Herrschaftswillens keine Zueignung – Herstellen der Herrschaft über die Sache oder erstmalige Verfügung über sie – sein können (BGHSt **14** 38, 43, 45).[614] Demgegenüber können Sachen, an denen durch Betrug lediglich Fremdbesitz erlangt wurde, noch Gegenstand einer Zueignung und damit einer selbständigen Straftat sein; in einem solchen Fall liegt dann auch keine mitbestrafte Nachtat vor (BGHSt **16** 280ff).[615] 176

Die allgemeine **Subsidiaritätsklausel des § 246 Abs. 1** hat die *Probleme* um die Einordnung einer erneuten Zueignung *nicht* gelöst. Nach der bisher überwiegenden Auffassung findet die Subsidiaritätsklausel, die voraussetzt, dass die Tat im materiellrechtlichen Sinne durch eine gleichzeitig verwirklichte Vorschrift mit einer schwereren Strafe bedroht wird, auf eine wiederholte Zueignung, die nach „der Tat" ausgeführt wird, keine Anwendung.[616] Ungeklärt ist auch die Frage einer Drittzueignung, die einer Selbst- 177

---

611 RGSt **38** 193; **49** 17, 18 und 405, 407; **60** 371, 374; BGH GA **1955** 149, 151; **1957** 409, 410; **1961** 83; BGHSt **5** 295, 297; **6** 67, 68; 38 366, BGH NStZ **1987** 23; NStZ **2008** 396; **2009** 38; *Blei* AT § 96 II 3 c; *Jescheck/Weigend* § 69 II 3a; *v. Heinschel-Heinegg* MK Vor § 52 Rdn. 60; *Lackner/Kühl* Vor § 52 Rdn. 32; *Samson/Günther* SK[8] Vor § 52 Rdn. 101; *Stratenwerth* AT Rdn. 1195; abweichend von der h.M. wollen *Jakobs* AT 31/36; *Roxin* AT II § 33 Rdn. 220 und eine mitbestrafte Nachtat auch dann annehmen, wenn sich diese zwar gegen dasselbe Angriffsobjekt richtet, hierdurch aber ein neuer Inhaber oder Träger beeinträchtigt wird.

612 *Blei* AT § 96 II 3c; *Maurach/Gössel/Zipf* § 56 Rdn. 22 und 27; *Paulusch* Strafbare Nachtaten S. 130 f.

613 Vgl. RGSt **35** 64; **40** 290; BGH GA **1955** 149, 150 und 271; GA **1957** 409, 410. Zum Meinungsstand der früheren Literatur: *Gelbert* Die mitbestrafte Tat S. 16 ff.

614 Vgl. auch BGHR StGB § 263 Abs. 1 Täuschung 1; BGH NStZ-RR **1996** 131 sowie RGSt **15** 246; **49** 16; **60** 371, 372; **61** 37, 38. Ebenso wie die Rspr.: *Hohmann* MK § 246 Rdn. 41; *Jäger* JuS **2000** 1167, 1180; *Kindhäuser* NK § 246 Rdn. 62f; *Maurach/Schroeder/Maiwald* BT/1 § 34 Rdn. 22; *Stratenwerth* AT Rdn. 1196; *Roxin* AT II § 33 Rdn. 225; *Fischer* § 246 Rdn. 14; *Maiwald* Der Zueignungsbegriff S. 261 ff; *Murmann* NStZ **1999** 14, 15; *Otto* Die Struktur des strafrechtlichen Vermögensschutzes S. 106 ff; differenzierend *Lackner/Kühl* § 246 Rdn. 7 und *Lackner* LK[10] § 263 Rdn. 335. Dagegen abl.: *Bockelmann* JZ **1960** 621; *Schröder* JR **1960** 305; *Seelmann* JuS **1985** 699, 702; *Tenckhoff* JuS **1984** 775, 778; für die Annahme von § 246 als mitbestrafter Nachtat auch *Eckstein* JA **2001** 25; *Hoyer* SK § 246 Rdn. 32; *Mitsch* ZStW **111** (1999) 65, 92; *Ruß* LK[11] § 242 Rdn. 81; *Sch/Schröder/Sternberg-Lieben/Bosch* Vor §§ 52 ff Rdn. 132 u. *Sch/Schröder/Eser* § 246 Rdn. 19; *Jescheck/Weigend* § 69 II 3a; *Wessels/Hillenkamp* BT/2 Rdn. 303.

615 Ebenso *Lackner/Kühl/Heger* § 246 Rdn. 7; *Puppe* NK Vor § 52 Rdn. 39; *Roxin* AT II § 33 Rdn. 222; vgl. im Übrigen auch BGH NJW **1961** 1171 f mit Anm. *Baumann* NJW **1961** 1141.

616 *Krey/Hellmann* BT II Rdn. 174; *Küper* BT S. 481; *Lackner/Kühl/Heger* § 246 Rdn. 7; *Fischer* § 246 Rdn. 15; zweifelnd *Wessels/Hillenkamp* Rdn. 301, alle m.w.N.

zueignung nachfolgt. Denkbar wäre, Selbst- und Drittzueignung als ein aliud mit jeweils eigenem Eingriffsgehalt und -unrecht anzusehen, so dass beide Zueignungsbetätigungen hintereinander als selbständig strafbare Handlungen begangen werden können,[617] andererseits lässt sich argumentieren, auch eine einer Selbstzueignung nachfolgende Drittzueignung könnte die Rechtsgutsverletzung allenfalls vertiefen, nicht aber wiederholen;[618] die Rechtsprechung hat dieses Problem noch nicht entschieden.

178 Obwohl späteres **Wegwerfen oder Beschädigen** der gestohlenen oder unterschlagenen Sache den Tatbestand des § 303 und damit ein anderes Rechtsgut verletzt, nämlich die Substanz einer fremden Sache, sind nach überwiegender Meinung der Verwertung durch Verbrauch oder dauernde Nutzung einer durch die Haupttat in strafbarer Weise erlangten Sache deren Beschädigung oder Zerstörung als mitbestrafte Nachtaten gleichzustellen, wenn sie sich als Betätigung der Anmaßung einer eigentümerähnlichen Herrschaft über die Sache oder der rechtswidrig erlangten Stellung als Berechtigter darstellen.[619] Ein anderes Ergebnis kann dann gerechtfertigt sein, wenn ein vorangehendes (privilegierendes) Delikt durch seine tatbestandliche Fassung den Kreis der als mitbestrafte Nachtaten in Betracht kommenden eigentümerähnlichen Verfügungen über die Sache bereits eingrenzt.[620]

179 Mitbestrafte Nachtat ist das Beiseiteschaffen oder die Vernichtung einer vom Täter (mit-)gestohlenen Urkunde, wie etwa die Beseitigung von Motor- und Fahrgestellnummer an einem gestohlenen Kraftfahrzeug ohne Anbringung neuer Nummern,[621] und eine spätere, im nüchternen Zustand begangene Unterschlagung im Verhältnis zu einem vorangehenden Delikt nach § 323a, wenn die im Rausch begangene Tat ein Zueignungsdelikt war.[622]

180 Ein **Betrug** kann mitbestrafte Nachtat sein, wenn er die durch die Haupttat geschaffene Vermögenslage lediglich aufrechterhält.[623] Umgekehrt kann auf einen Betrug eine mitbestrafte Nachtat folgen, falls diese nur der Sicherung oder Verwertung der durch den Betrug erlangten Stellung dient,[624] wie z.B. **Untreue** durch Verwertung eines zuvor

---

617 So etwa *Mitsch* ZStW **111** (1999) S. 65, 9; *Eckstein* JA **2001** 25, 30.

618 *Wessels/Hillenkamp* Rdn. 303a: auch hier greift die Konkurrenzlösung ein, die nachfolgende Drittzueignung tritt zurück, ebenso *Cantzler* JA **2001** 567, 573; *Cantzler/Zauner* Jura **2003** 483, 487 f; **aA** *Murmann* NStZ **1999** 14 f, *Fischer* § 246 Rdn. 15, die der Tatbestandslösung den Vorzug geben; vgl. zu dem Problemkreis auch *L. Schulz* FS Lampe S. 653, 669.

619 RGSt **35** 64, 65; RG Rspr. **10** 488; RG GA Bd. **50**, 121; BGH NJW **1955** 876; OLG Braunschweig NJW **1963** 1936; *Sch/Schröder/Sternberg-Lieben/Bosch* Vor §§ 52 ff Rdn. 131 f; **aA** *Jescheck/Weigend* § 69 II 3a Fn. 27; *Jescheck* ZStW **67** (1955) S. 535; *Roxin* AT II § 33 Rdn. 224; zweifelnd *Fischer* Vor § 52 Rdn. 65 und *Dreher* MDR **1964** 168 f Anm. zu OLG Braunschweig NJW **1963** 1936.

620 *Krauß* GA **1965** 173, 180 f zu OLG Braunschweig GA **1963** 379 = NJW **1963** 1936 und zu der Frage, ob die *Zerstörung* eines zum alsbaldigen *Verbrauch* entwendeten geringwertigen Nahrungs- oder Genussmittels (§ 303) mitbestrafte Nachtat eines Mundraubes (§ 370 Abs. 1 Nr. 5 StGB a.F.) sein kann.

621 BGH NJW **1955** 876; RGSt **35**, 64; **59** 174; **aA** *Maurach/Gössel/Zipf* § 56 Rdn. 29.

622 OLG Celle NJW **1962** 1833; zweifelhaft, da der Grund der Strafbarkeit nach § 323a die Gefährlichkeit des Rausches und Tatvorwurf das schuldhafte Sichberauschen ist; folgt man der Auffassung des OLG Celle, dass der im Rausch betätigte „natürliche Vorsatz" ausreicht, um die Straflosigkeit einer im schuldfähigen Zustand wiederholten Zueignung zu begründen, so liegt es näher, unter solchen Umständen, anders als BGHSt **14** 38, nicht von fehlender Tatbestandsmäßigkeit der späteren Zueignung, sondern von einer mitbestraften Nachtat auszugehen. Vgl. auch BGH bei Dallinger MDR **1971** 546; für die Verdrängung des § 323a als subsidiär durch den nachfolgenden § 246 *Sch/Schröder/Hecker* § 323a Rdn. 33; auch *Warda* JuS **1964** 93.

623 BGH GA **1957** 409, 410; **1958** 369; **1961** 83; BGH wistra **1989** 60, 61; NStZ **1994** 586; RGSt **24** 408, 410; **38** 192, 193; **49** 16, 18; OLG Koblenz GA **1977** 347; **aA** für den Fall der Entwendung von Waren in einem Selbstbedienungsgeschäft mit anschließender Täuschung der Kassiererin BGHSt **17** 205, 209, da die Tatbestände der §§ 242, 263 sich gegenseitig ausschließen.

624 BGH MDR **1979** 1035; OLG Hamm MDR **1968** 779; OLG Celle MDR **1973** 242; RGSt **62** 61, 62; **63** 187, 192 f.

auf betrügerische Weise erlangten Gegenstandes; in derartigen Fällen ist § 266 gegenüber § 263 mitbestrafte Nachtat.[625] Wird der Tatbestand des § 263 durch Abhebungen von einem zuvor gestohlenen Postsparbuch erfüllt, so ist der Betrug mitbestrafte Nachtat des Diebstahls,[626] es sei denn, die Gefahr einer weiteren Verwirklichung des Schadens war vor Verwendung des Sparbuchs durch eine Sperrung des Kontos behoben worden. Die durch Täuschung bewirkte Aufhebung der Kontensperre ist dann ein selbständiges schadenverursachendes Verhalten (BGH NStZ **1993** 561). Anders als im Fall gestohlener Scheckformulare ist auch die der Unterschlagung eines echten Inhaberschecks nachfolgende betrügerische Einlösung des Schecks mitbestrafte Nachtat (BGH Beschl. vom 6. September 1991 – 2 StR 355/91). Die spätere Abgabe einer unrichtigen **Umsatzsteuerjahreserklärung** stellt gegenüber der durch Unterlassen der vorangehenden Umsatzsteuervoranmeldungen begangenen Steuerhinterziehung eine mitbestrafte Nachtat dar (BGHSt **38** 366, 368),[627] wenn die unzutreffende Umsatzsteuervoranmeldung von Anfang an auf Dauer angelegt war;[628] gleiches gilt für die durch verspätete Abgabe einer Umsatzsteuerjahreserklärung begangene Steuerhinterziehung im Verhältnis zu der durch Unterlassen der fristgerechten Jahreserklärung bewirkten Steuerhinterziehung (BGHSt **39** 233, 235). Voraussetzung ist allerdings, dass die spätere Jahreserklärung lediglich die vorangegangenen oder auch unterlassenen Erklärungen wiederholt und keine weitere Steuerverkürzung eingetreten ist. Dies ist z.B. nicht der Fall, wenn der Täter bei Abgabe der unrichtigen Umsatzsteuervoranmeldung nur erreichen will, dass die Steuer später als zum korrekten Zeitpunkt festgesetzt wird und somit nur eine Steuerverkürzung auf Zeit anstrebt. Eine entsprechende spätere unzutreffende Umsatzsteuerjahreserklärung perpetuiert demgegenüber die Steuerverkürzung und beinhaltet deshalb zusätzliches Unrecht.[629] Erfüllt der Täter bereits durch den Ankauf der Schmuggelware den Tatbestand der Steuerhehlerei, so wird seine durch den Absatz der Ware begangene weitere Steuerhehlerei als Sicherungs- oder Verwertungshandlung durch die Bestrafung wegen des Ankaufs mitabgegolten.[630]

Keine durch die Ahndung der Haupttat *mitbestrafte Nachtat* liegt vor, wenn diese einen **neuen oder zusätzlichen Schaden** herbeiführt, einen **anderen Rechtsträger** beeinträchtigt oder ein **weiteres Rechtsgut** verletzt. So ist die Hehlerei im Verhältnis zur Anstiftung oder Beihilfe zu dem vorausgegangenen Diebstahl keine mitbestrafte Nachtat (BGHSt **7** 134, 141f; **8** 390, 392);[631] bei betrügerischer Verwendung gefälschter Dauerfahrkarten, die der Täter aus zuvor entwendeten Blankozeitkarten hergestellt hat, wird dem Betreiber des Verkehrsmittels durch den Betrug ein weiterer und andersartiger Schaden zugefügt (BGHSt **5** 295, 297), der Täter ist unbeschadet der gegenüber der Vortat ohnehin 181

---

625 BGHSt **6** 67, 68; BGH GA **1971** 83, 84; NStZ **2001** 195; BGH Beschl. vom 26.7.2005 – 3 StR36/05; vgl. auch RGSt **48** 290; so auch *Sch/Schröder/Lenckner/Perron* § 266 Rdn 54; *Fischer* § 266 Rdn. 197; **aA** BGH NJW **1991** 1692, 1694 (Ziff. II 1) = BGHR StGB § 263 Abs. 1 Konkurrenzen 5 (insoweit in BGHSt **37** 298 nicht abgedruckt), wo in einem derartigen Fall im Anschluss an BGHSt **14** 38 schon die Tatbestandsmäßigkeit der nachfolgenden Untreue verneint wird. Diese Auffassung ist zumindest zweifelhaft, weil § 266 weder ein Zueignungs- noch ein Bereicherungsdelikt ist, sondern eine Straftat gegen fremdes Vermögen beinhaltet, in das aufgrund Gesetzes, behördlichen Auftrags oder Rechtsgeschäfts eingeräumter Befugnis treuwidrig eingegriffen wird. Weil es an einem neuen oder selbständigen Schaden fehlt, handelt es sich aber um einen typischen Fall der mitbestraften Nachtat.

626 BGH bei *Dallinger* MDR **1957** 652 und bei *Holtz* MDR **1982** 280; BGH StV **1992** 272; BGHR StGB § 263 Abs. 1 Konkurrenzen 7; vgl. auch BGH NStZ **2001** 316.

627 Mit abl. Anm. *Stree* JZ **1993** 475; **aA** noch BGH NStZ **1982** 335.

628 Vgl. BGH wistra **2000** 63 und 137; **2001** 341; **2002** 185.

629 Vgl. BGH wistra **2005** 145; *Rolletschke* StraFo **2005** 497, 498 m.w.N.

630 BGH NJW **1975** 2109 zu § 398 AO a.F. m. Anm. *Hübner*.

631 Vgl. auch BGH NStZ **1996** 493.

selbständigen Strafbarkeit nach § 267 auch aus § 263 zu bestrafen (BGH bei Dallinger MDR **1957** 652; RGSt **43** 60). Ebenso wird ein neuer Schaden des Besitzers oder Eigentümers einer Urkunde, wie etwa einer Postanweisung oder eines Hypothekenbriefs, verursacht, wenn der Dieb unter Verwendung der gestohlenen Urkunde einen ihm durch die Urkunde zugänglichen anderen Vermögensgegenstand auf betrügerische Weise erlangt (RGSt **49** 405, 407f; **64** 281, 283). Auch durch die Verwertung eines gestohlenen und sodann mit der gefälschten Unterschrift des Orderberechtigten versehenen Schecks werden nach §§ 263, 267 selbständige strafbare Handlungen begangen (RGSt **60** 371). Ist der Tatbestand des Betruges dadurch erfüllt worden, dass dem Täter infolge Vorspiegelung falscher Tatsachen der Besitz zur vertragsgemäßen Verwendung unter Eigentumsvorbehalt gelieferter Sachen eingeräumt worden ist, so wird durch deren, auf einem späteren Entschluss beruhenden Verkauf zusätzlich das bis dahin nicht tangierte Eigentumsrecht des Lieferanten verletzt (BGHSt **16** 280, 281; BGH GA **1957** 147). Der Betrug, der einer zum Vorteil eines Dritten begangenen Untreue nachfolgt, ist keine mitbestrafte Nachtat, wenn er dazu dient, einen Schadensersatzanspruch des Geschädigten gegen den Täter der Untreue abzuwenden (RGSt **63** 187, 193; BGH NJW **1955** 508). Dasselbe gilt, wenn der der Untreue nachfolgende Betrug zwar denselben Personenkreis betrifft wie die Straftat nach § 266, die mit der Untreue verursachte Vermögensgefährdung jedoch durch den Betrug zu einem konkreten Vermögensschaden vertieft wird (BGHR StGB § 267 Abs. 1 Identität 1).[632] Die spätere Verwertung von Forderungen, deren Abtretung zur Sicherheit vom Sicherungsnehmer durch Betrug erschlichen worden ist, kann den Tatbestand einer selbständigen Untreue erfüllen (RGSt **67** 273, 275).

182 Der Kreditkartenmissbrauch nach § 266b ist im Verhältnis zu dem Betrug, mit dessen Hilfe die Karte erlangt wurde, keine mitbestrafte Nachtat, weil erst der Gebrauch der Kreditkarte über die zunächst eingetretene Vermögensgefährdung hinaus den Schaden konkretisiert und vertieft, und durch § 266b neben dem Vermögen zusätzlich die Funktionsfähigkeit des bargeldlosen Zahlungsverkehrs geschützt wird (BGH NStZ **1993** 283).[633] Ebenso wenig ist der Computerbetrug (§ 263a) gegenüber dem vorangegangenen Diebstahl der dann danach unberechtigt eingesetzten Scheckkarte eine mitbestrafte Nachtat, da sich die Taten gegen verschiedene Rechtsgüter unterschiedlicher Rechtsgutträger richten.[634] Ein Konkursdelikt, das über den Kreis der durch einen vorangegangenen Betrug Geschädigten hinaus weitere Gläubiger betrifft, durch den Betrug mitabgegoltene Nachtat (BGH GA **1955** 149, 151), auch nicht eine Bankrotthandlung gegenüber der zeitlich zuvor begangenen Steuerhinterziehung, weil § 283 und § 370 AO unterschiedliche Rechtsgüter schützen und durch das Beiseiteschaffen von Vermögensgegenständen für die Steuerbehörde der zusätzliche Nachteil einer erschwerten Vollstreckung der Steuerforderung entsteht (BGH NStZ **1987** 23).

183 Sichert der Täter den durch einen Betrug erlangten Vermögensvorteil, indem er aufgrund eines neuen Entschlusses den Geschädigten mit Gewalt an der Durchsetzung seiner Forderung hindert, fügt er dem Betrogenen zwar keinen neuen Vermögensschaden zu, so dass sich die nachträgliche Sicherung unter dem Gesichtspunkt der Vermögensbeschädigung als mitbestrafte Nachtat erweist; dennoch bleibt die Nachtat wegen der zu-

---

632 Insoweit in BGHSt **37** 168 nicht abgedruckt.

633 *Lackner/Kühl/Heger* § 266b Rdn. 9; *Samson/Günther* SK[8] § 266b Rdn. 8; **aA** *Küpper* NStZ **1988** 60, 61; *Sch/Schröder/Lenckner/Perron* § 266b Rdn. 14; *Fischer* § 266b Rdn. 24: § 266b ist mitbestrafte Nachtat; *Gribbohm* LK[11] § 266b Rdn. 55ff; *Mitsch* JZ **1994** 877, 886: § 263 ist mitbestrafte Vortat. Vgl. aber BGHSt **47** 160, 169f wonach zwischen jedem nach § 266b strafbaren Missbrauch der Scheckkarte durch den Inhaber und dem bei ihrer Erlangung begangenen Betrug Tateinheit besteht.

634 BGH NStZ **2001** 316 mit zustimmender Anm. *Wohlers* NStZ **2001** 539; *Schnabel* NStZ **2005** 18, 21f; **aA** *Sch/Schröder/Eser* § 263a Rdn. 18; *Samson/Günther* SK[8] § 263a Rdn. 32.

sätzlichen Beeinträchtigung der Willensfreiheit des Geschädigten als Nötigung strafbar.[635] Dasselbe gilt im Fall einer nach Beendigung des Diebstahls zum Zweck der Beutesicherung durchgeführten Erpressung.[636]

b) Streitig ist, ob für die **Bewertung** einer **Nachtat** als durch die Bestrafung wegen der Haupttat mitabgegolten das **Gewicht der strafbaren Handlungen**, wenn es in **unterschiedlichen Höhen der Strafdrohungen** Ausdruck gefunden hat, Bedeutung zukommt.[637] Bei der zumeist im Zusammenhang mit der Entscheidung OLG Braunschweig NJW **1963** 1936 zu dem Verhältnis eines nachfolgenden Vergehens nach § 303 zu der – nicht mehr existierenden – Übertretung des § 370 Abs. 1 Nr. 5 StGB a.F. diskutierten Frage ist zu berücksichtigen, dass es sich bei der als Nachtat in Betracht kommenden Handlung um einen zweiten selbständigen Angriff gegen dasselbe Rechtsgut handeln muss, der nur deshalb straflos bleibt, weil er der bloßen Verwertung oder Sicherung des bereits mit dem ersten Eingriff erzielten Erfolges dient. Unter diesen Voraussetzungen liegt der Unrechtsschwerpunkt bei der ersten Rechtsgutsbeeinträchtigung. Wird der Erfolg der ersten Tat nicht nur gesichert oder verwertet, sondern der Schaden erweitert oder ein neuer Schaden verursacht, so handelt es sich eben nicht mehr um eine (bloße) mitbestrafte Tat; wird ein neues oder zusätzliches Rechtsgut verletzt, ist die Bestrafung dieses zusätzlichen Angriffs ohnehin möglich und geboten. 184

Auch für die Frage, ob und in welchem Umfang die mitbestrafte **Nachtat** bei der **Strafzumessung** berücksichtigt werden kann, ist zu bedenken, dass – jedenfalls nach der hier vertretenen Auffassung – eine mitbestrafte Nachtat nur vorliegt, wenn kein zusätzlicher Schaden bei dem durch die Haupttat Geschädigten verursacht und auch kein neues Rechtsgut verletzt worden ist, so dass das nachfolgende an sich strafbare Verhalten schon durch die Bestrafung der Haupttat mitabgegolten wird. Deshalb kann die Nachtat bei der Strafzumessung zwar nicht als weitere Gesetzesverletzung strafschärfend berücksichtigt werden; auch können Umstände, die Merkmale des gesetzlichen Tatbestandes sind, nicht ohne Verstoß gegen § 46 Abs. 3 verwertet werden. Wohl aber kann das tatsächliche Verhalten des Täters nach der (Haupt-)Tat, wie z.B. das durch Täuschung bewirkte Vereiteln von Schadensersatzansprüchen, Eingang in die Strafzumessung finden, soweit es schulderhöhende Umstände enthält, die etwa nach § 46 Abs. 2 berücksichtigungsfähig sind.[638] 185

c) Da die **mitbestrafte Nachtat** eine **selbständige und tatbestandsmäßige** strafbare **Handlung** ist, können sich Dritte, die an der Vortat nicht mitgewirkt haben, der **Teilnahme** an der Nachtat schuldig machen (BGHSt **30** 28, 30).[639] Das ist herrschende Meinung;[640] sie wird in der Literatur auch von solchen Autoren vertreten, die für den 186

---

635 BGH MDR **1975** 23; NJW **1984** 501 = JR **1984** 387 m. Anm. *Kienapfel*; StV **1986** 530; ebenso *Samson* SK[5] Vor § 52 Rdn. 73; *Sch/Schröder/Sternberg-Lieben/Bosch* Vor §§ 52 ff Rdn. 132 a.E.; vgl. zu dem Problem der Sicherungserpressung schon *Schröder* JZ **1950** 94, 98 und MDR **1950** 398, 400.

636 BGHR StGB § 252 Frische Tat 1.

637 Für bedeutungslos halten diesen Umstand *Geerds* Konkurrenzen S. 207; *Jakobs* AT 31/37; *Jescheck/Weigend* § 69 II 3a; *Krauß* GA **1965** 173, 179; **aA** *Dreher* MDR **1964** 168 f Anm. zu OLG Braunschweig NJW **1963** 1936; *Hruschka* NJW **1960** 1189; *Kohlmann* JZ **1964** 492; *Maurach* JZ **1956** 258; *Maurach/Gössel/Zipf* § 56 Rdn. 36.

638 So auch *Paulusch* Strafbare Nachtaten S. 136 ff; vgl auch *Roxin* AT II § 33 Rdn. 240 f; BGHR StGB § 46 Abs. 2 Nachtatverhalten 14 und 15 und Tatumstände 7.

639 RGSt **67** 70, 77; BGH NJW **1975** 2109, 2110; *Sch/Schröder/Sternberg-Lieben/Bosch* Vor §§ 52 ff Rdn. 133.

640 *Jescheck/Weigend* § 69 II 3a; *Lackner/Kühl* § 27 Rdn. 8; *Maurach/Gössel/Zipf* § 56 Rdn. 42; *Roxin* AT II § 33 Rdn. 246; *Samson/Günther* SK 8. Aufl. Vor § 52 Rdn. 102; *Sch/Schröder/Sternberg-Lieben/Bosch* Vor §§ 52 ff Rdn. 133; *Stratenwerth* AT Rdn. 1206; *Fischer* Vor § 52 Rdn. 66; vgl. auch *v. Heinschel-Heinegg* MK

Haupttäter ein Wiederaufleben der Strafbarkeit der Nachtat bei Vorliegen eines Verfolgungshindernisses für die Vortat verneinen. Beihilfe zu einem Betrug, der für den Haupttäter eine mitbestrafte Nachtat wäre, ist nur möglich, wenn die späteren Verschleierungshandlungen des Haupttäters den Tatbestand des § 263 voll erfüllen, insbesondere einen Schaden bewirken; ist das nicht der Fall, kann sich die Tätigkeit des Helfers jedoch bezogen auf die Vortat als **Begünstigung** nach § 257 darstellen (BGH StV **1994** 185). Die mitbestrafte Nachtat kann ferner taugliche Vortat für eine **Hehlerei** gemäß § 259 sein (BGH NJW **1959** 1377f; **1969** 1260f).[641]

187 **d)** Dass die Strafbarkeit der **Nachtat** für den Haupttäter **wiederauflebt,** wenn er wegen **materiell-rechtlicher** Mängel der (Vor-)Haupttat aus dieser nicht bestraft werden kann, entspricht einhelliger Meinung in Rechtsprechung und Literatur.[642] Danach kommt eine Bestrafung der Nachtat in Betracht, wenn die Haupttat gerechtfertigt, entschuldigt oder im schuldunfähigen Zustand begangen worden ist. Dasselbe gilt, wenn die Haupttat nicht nachweisbar ist (BGH MDR **1955** 269), und somit vor allem in den früher dem Problembereich der Wahlfeststellung zugerechneten Fällen der sog. **Postpendenzfeststellung.**[643] Besteht nämlich nur eine einseitige Sachverhaltsungewissheit dahin, dass von zwei rechtlich relevanten Sachverhalten allein der zeitlich frühere möglicherweise, der zeitlich nachfolgende dagegen sicher gegeben ist, so ist wegen der späteren, feststehenden Tat zu verurteilen.[644] Für das Verhältnis von (Vor-)Haupttat zu einer an sich mitbestraften Nachtat folgt daraus, dass dann, wenn die Strafbarkeit der Nachtat deshalb entfallen würde, weil ihr Unwertgehalt durch die Bestrafung der Haupttat mitabgegolten wäre, aus der Nachtat zu bestrafen ist, wenn diese nachweisbar ist, die Haupttat hingegen nicht sicher feststeht (sog. konkurrenzenrelevante Postpendenz).[645] Nur eine bewiesene Haupttat ist geeignet, eine taugliche Grundlage für die Bewertung abzugeben, dass eine Nachtat aus Konkurrenzgründen straflos bleiben muss.[646]

188 Ähnliche Überlegungen liegen bei der strafbaren **Geldwäsche** der Regelung des **§ 261 Abs. 9 Satz 2** zugrunde. Diese Regelung beinhaltet nach der Intention des Gesetzgebers[647] und der Auslegung durch die Rechtsprechung zum einen Strafausschließungsgrund, zum anderen eine auf dem Grundgedanken der mitbestraften Nachtat beruhende Konkurrenzregel. Sie schließt eine Strafbarkeit wegen Geldwäsche immer dann – zugleich aber auch nur dann – aus, wenn der Geldwäscher bereits an der Vortat beteiligt

---

Vor §§ 52 Rdn. 74. Für *Blei* liegt dieses Ergebnis schon deshalb auf der Hand, weil er das Mitbestraftsein der Nachtat als einen auf den Täter der Vorhandlung beschränkten (persönlichen) Strafaufhebungsgrund versteht (AT § 96 II 3c); **aA** *Paulusch* Strafbare Nachtaten S. 142ff.

641 *Maurach/Gössel/Zipf* § 56 Rdn. 42; *Fischer* Vor § 52 Rdn. 66.

642 *Baumann/Weber/Mitsch/Eisele* § 36 Rdn. 5; *Blei* AT § 96 I 3c; *Höper* Mitbestrafte Vor- und Nachtat S. 112ff; *Lackner/Kühl* Vor § 52 Rdn. 32; *Maurach/Gössel/Zipf* § 56 Rdn. 44; *Roxin* AT II § 33 Rdn. 234; *Samson/Günther* SK 8. Aufl. Vor § 52 Rdn. 75; *Sch/Schröder/Sternberg-Lieben/Bosch* Vor §§ 52ff Rdn. 135f; *Geppert* Jura **1982** 429; *Schröder* In dubio pro reo S. 28; *Wessels/Beulke/Satzger* § 17 Rdn. 795.

643 Vgl. zu dem Begriff *Hruschka* JZ **1970** 637, 640f und NJW **1971** 1392f.

644 BGHSt **35** 86, 90; BGH NStZ **1989** 266; BGHR StGB Vor § 1 Wahlfeststellung Postpendenz 5. Zu der Problemstellung insgesamt: *Joerden* JZ **1988** 847; *Küper* FS Lange S. 65ff; *Wolter* GA **1974** 161ff und JuS **1983** 456ff; *Fischer* § 1 Rdn. 45f; *Gribbohm* LK[11] § 1 Rdn. 121; *Rudolphi* SK Anh. zu § 55 Rdn. 24f; *Sch/Schröder/Hecker* § 1 Rdn. 89ff; BGHSt **35** 86 m. Anm. *Wolter* NStZ **1988** 456; BGH NStZ **1989** 574; NJW **1989** 1867 und NJW **1990** 2476f.

645 Vgl. BGH Urt. vom 18.7.2007 – 2 StR 69/07 Rdn. 21; ferner zu der Unterscheidung zwischen konkurrenzenrelevanter und tatbestandsrelevanter Postpendenz *Küper* FS Lange S. 64, 73ff; *Sch/Schröder/Hecker* § 1 Rdn. 91.

646 *Küper* FS Lange S. 75; *Rudolphi* SK Anh. zu § 55 Rdn. 25; *Sch/Schröder/Eser* § 1 Rdn. 98 und *Sch/Schröder/Sternberg-Lieben/Bosch*[26] Vor §§ 52ff Rdn. 117; *Vogler* LK[10] Vor §§ 52ff Rdn. 145.

647 BT-Drucks. 13/ 8651 S. 11.

war, weil er schon insoweit täterschaftlich gehandelt oder jedenfalls als Anstifter oder Gehilfe daran teilgenommen hat.[648] § 261 Abs. 9 Satz kommt deshalb erst dann zum Zuge, wenn der Geldwäscher tatsächlich wegen seiner Beteiligung an der Haupttat bestraft werden kann. In den Fällen, in denen die Vortat im Ausland begangen wurde, beurteilt sich die Frage der Strafbarkeit anhand einer konkreten Betrachtungsweise nach deutschem Recht.[649] Kann der Täter der Geldwäsche wegen der im Ausland begangenen Vortat im Inland nicht bestraft werden, wird § 261 nicht verdrängt. Bleibt ungewiss, ob der Täter des § 261 schon an der Vortat beteiligt war, so hat nach den Grundsätzen der Postpendenzfeststellung eine eindeutige Verurteilung nach § 261 zu erfolgen.[650]

e) Umstritten ist das Problem, ob auch dann, wenn der Bestrafung der Haupttat **189** **prozessuale Gründe** entgegenstehen, die Strafbarkeit der Nachtat wiederauflebt. Die Rechtsprechung des Bundesgerichtshofs bejaht dies mit der Begründung, dass die Nachtat nur deshalb straflos bleibt, weil der Unrechtsgehalt der (mitbestraften) Nachtat durch die Bestrafung der in erster Linie strafwürdigen Haupttat abgegolten, d.h. „mitbestraft" wird. Kann eine Bestrafung der Haupttat nicht erfolgen, entfällt der Grund für die Straflosigkeit der Nachtat, ohne dass es darauf ankommt, weshalb die Haupttat straflos bleibt.[651] Danach kommt eine Bestrafung der an sich straflosen Nachtat u.a. dann in Betracht, wenn die Verfolgung der Vortat zur Vereinfachung des Verfahrens nach § 154a StPO ausgeschieden worden (BGH GA **1971** 83f) oder die Haupttat verjährt ist (BGHSt **38** 366, 368).[652] Ein Teil der Literatur stimmt dieser Auffassung zu.[653]

Nach einer verbreiteten Meinung sollen **Verfahrenshindernisse,** die der Bestrafung **190** der Haupttat entgegenstehen, auch eine Bestrafung der Nachtat ausschließen. Zur Begründung wird hauptsächlich angeführt, dass Vor- und Haupttat eine – tatbestandlich verstandene – Bewertungseinheit in dem Sinne bildeten, dass der (erste) Eingriff in die fremde Rechtssphäre gegenüber dem bloßen Ausbau oder der Vertiefung der Interessenverletzung exklusive Wirkung besitze; der erste Eingriff stelle daher die ausschließliche Bewertungsgrundlage dar, eine selbständige strafrechtliche Beurteilung der Nachtat scheide grundsätzlich – mit Ausnahme der Nichterweislichkeit der Vortat – aus.[654]

Diese Auffassung vermag nicht zu überzeugen. Soweit der (Vor-)Haupttat gegenüber **191** der Nachtat tatbestandliche Exklusivitätswirkung beigemessen wird, wird dem Umstand nicht hinreichend Rechnung getragen, dass es sich bei der mitbestraften Nachtat – anders als in den Fällen der „echten" Gesetzeseinheit – um eine an sich selbständige, den Tatbestand einer Strafvorschrift voll erfüllende rechtswidrig und schuldhaft begangene

---

648 BGH NJW **2000** 3725; BGH Beschl. vom 18.2.2009 – 1 StR 4/09 = JR **2009** 745. 746 mit insoweit zustimmender Anm. *Fahl*; *Hoyer* SK[6] § 261 Rdn. 34; *Sch/Schröder/Stree*[27] § 261 Rdn. 5.

649 BGH JR **2009** 745, 746; ebenso *Fahl* eben dort S. 747.

650 BGH Urt. vom 21.6.1995 – 2 StR 157/95 = NStZ **1995** 500; *Fischer* § 261 Rdn. 53.

651 BGHSt **39** 233, 235; BGH NStZ **1994** 586; NJW **1968** 2115; bei *Dallinger* MDR **1955** 269 (vgl. hierzu im übrigen BGHSt **18** 324 f).

652 BGHSt **38** 366, 368 = JZ **1993** 475 mit abl. Anm. *Stree* JZ **1993** 476 f; vgl. andererseits *Otto* Jura **1994** 276.

653 *Dreher* MDR **1964** 168, 169; *Geerds* Konkurrenzen S. 169, 229; *v. Heinschel-Heinegg* MK Vor §§ 52 Rdn. 72 f; *Hruschka* NJW **1960** 1189, 1190 Fn. 12; *Kohlmann* JZ **1964** 492, 494; *Lackner/Kühl* Vor § 52 Rdn. 32; *Maurach* JZ **1956** 258; *Puppe* NK Vor § 52 Rdn. 34 ff; *Roxin* AT II § 33 Rdn. 239; *Fischer* Vor § 52 Rdn. 66; *Vogler* FS Bockelmann S. 734 f; *Wessels/Beulke/Satzger* § 17 Rdn. 796; z.T. derselben Ansicht *Maurach/Gössel/Zipf* § 56 Rdn. 44 i. V. m. § 55 Rdn. 48.

654 OLG Braunschweig NJW **1963** 1936; *Samson/Günther* SK[8] Vor § 52 Rdn. 102; *Blei* AT § 96 II 3c; *Jescheck/Weigend* § 69 II 3a; *Krauß* GA **1965** 173, 178; *Paulusch* Strafbare Nachtaten S. 124 ff; *Welzel* LB § 30 II 3b; ähnlich, wenn auch mit anders akzentuierten Abgrenzungskriterien, *Geppert* Jura **1982** 429; differenzierend *Sch/Schröder/Sternberg-Lieben/Bosch* Vor §§ 52 ff Rdn. 136.

Tat handelt. Sind diese Voraussetzungen erfüllt, so vermag es nicht einzuleuchten, weshalb etwa ein zur Sicherung des Diebesguts begangener Betrug von dem zuvor begangenen Diebstahl oder die durch spätere Verschleierungshandlungen betrügerisch bewirkte Vereitelung von Schadensersatzansprüchen von einer verjährten Vortat tatbestandlich absorbiert werden und deren prozessuales Schicksal teilen soll. Zwar stellen Vor- und Nachtat eine Bewertungseinheit in dem Sinne dar, dass es um die tatsächliche Bewertung des Unrechtsgehalts zweier selbständiger Straftaten geht, die durch die Einheit des Erfolges in Beziehung stehen; auf dem Prüfstand steht aber allein die Frage nach der Strafbedürftigkeit der Nachtat im Verhältnis zu derjenigen der Vor- bzw. Haupttat,[655] bei Verjährung der Haupttat kann es eigentlich nur darum gehen, ob die Nachtat noch verfolgbar oder ebenfalls verjährt ist.

192 Bei Vortaten bzw. Haupttaten, die eine den Täter privilegierende Strafvorschrift erfüllen, ist zu prüfen, welche Täter oder tatbestandlichen Handlungen von der Privilegierung erfasst werden, so dass der Kreis der als mitbestraft anzusehenden Nachtaten schon durch die tatbestandliche Fassung der Haupttat, wie etwa bei § 247, begrenzt ist.[656] Entspricht die Nachtat der vom Gesetz bezweckten Privilegierung, so lebt ihre Strafbarkeit auch bei fehlender Verfolgbarkeit der Haupttat nicht wieder auf; fällt die Nachtat wegen ihrer tatbestandlichen Ausgestaltung nicht unter die gesetzliche begrenzte Privilegierung, so bleibt es bei der Bestrafungsmöglichkeit aus der Nachtat.

§ 52
Tateinheit

(1) Verletzt dieselbe Handlung mehrere Strafgesetze oder dasselbe Strafgesetz mehrmals, so wird nur auf eine Strafe erkannt.

(2) [1]Sind mehrere Strafgesetze verletzt, so wird die Strafe nach dem Gesetz bestimmt, das die schwerste Strafe androht. [2]Sie darf nicht milder sein, als die anderen anwendbaren Gesetze es zulassen.

(3) Geldstrafe kann das Gericht unter den Voraussetzungen des § 41 neben Freiheitsstrafe gesondert verhängen.

(4) Auf Nebenstrafen, Nebenfolgen und Maßnahmen (§ 11 Absatz 1 Nr. 8) muss oder kann erkannt werden, wenn eines der anwendbaren Gesetze dies vorschreibt oder zulässt.

Schrifttum

Abels Die „Klarstellungsfunktion" der Idealkonkurrenz (1991); *Albrecht* Die Abgrenzung von Tateinheit und Tatmehrheit bei mehreren gleichzeitig begangenen Straßenverkehrsordnungswidrigkeiten, NZV **2005** 62; *Altenhain* Die Verwirklichung mehrerer Tatbestandsalternativen: Einzelverbrechen oder Idealkonkurrenz? ZStW **107** (1995) 382; *Baumgarten* Die Idealkonkurrenz, Festgabe Frank, Bd. II (1930) 188; *Bockelmann* Zur Lehre von der Idealkonkurrenz, ZAkDR **1941** 293; *Bürk* Über das Wesen der Idealkonkurrenz (1927); *Graf zu Dohna* Grenzen der Idealkonkurrenz, ZStW **61** (1942) 131; *Hartung* Die Strafe bei Tateinheit, DR **1939** 1484; *Hartung* Nochmals die Strafe der Tateinheit, DRM **1940** 49; *Jescheck* Wesen und rechtliche Bedeutung der Beendigung der Straftat, Festschrift Welzel (1974) 683; *Kalf* Muß die Veränderung der Konkurrenzverhältnisse die Strafe beeinflussen? NStZ **1997** 66; *Kubisch* Tateinheit und Tatmehrheit, DJ

655 BGHSt **38** 366, 369; *Vogler* FS Bockelmann S. 734; vgl. auch *Maurach/Gössel/Zipf* § 56 Rdn. 23.
656 *Krauß* GA **1965** 173, 180 f; vgl. auch *Wolter* GA **1974** 161, 165 Fn. 37, der bei Antragsdelikten nach dem jeweiligen gesetzgeberischen Zweck des Antragserfordernisses unterscheidet. Differenzierend auch *Warda* JuS **1964** 81 93.

https://doi.org/10.1515/9783110300499-024

1942 97; *Krüger* Tatmehrheit oder Tateinheit bei Trunkenheitsfahrt mit Unfallflucht? NJW **1966** 489; *van Lessen* Handlungseinheit und Strafklageverbrauch bei mitgliedschaftlicher Beteiligung nach §§ 129, 129a StGB – Besprechung von BGH, Beschl.v. 9.7.2015, 3 StR 537, NStZ **2016** 446; *Lippold* Die Konkurrenz bei Dauerdelikten als Prüfstein der Lehre von den Konkurrenzen (1985); *Maschinsky* Zur Frage von Tateinheit und Tatmehrheit, DJ **1942** 503; *Peters* Was bleibt von der „Idealkonkurrenz durch Klammerwirkung"? JR **1993** 265; *Puppe* Idealkonkurrenz und Einzelverbrechen (1979); *dies.* Funktion und Konstruktion der ungleichartigen Idealkonkurrenz, GA **1982** 143; *dies.* Die Erfolgseinheit, eine verkappte Form der Idealkonkurrenz, Festschrift Mangakis (1999) 225; *Schwarz* Die Straffestsetzung bei der Tateinheit, ZAkDR **1939** 672; *Seier* Die Handlungseinheit von Dauerdelikten im Straßenverkehr, NStZ **1990** 129; *Wahle* Die sogenannte Handlungseinheit durch Klammerwirkung, GA **1968** 97; *T. Walter* Zur Lehre von den Konkurrenzen: Handlungseinheit und Handlungsmehrheit, JA **2004** 572; *Werle*, Die Beteiligung an kriminellen Vereinigungen und das Problem der Klammerwirkung, JR **1979** 93; *Wilhelm* Zur Konkurrenz zwischen einem Begehungs- und einem Unterlassungsdelikt, NStZ **2001** 404; siehe auch das Schrifttum Vor § 52.

Entstehungsgeschichte

Die **Fassung** des § 52 durch das 2. StrRG weist nur geringe Änderungen gegenüber der früheren Umgestaltung durch das 1. StrRG (dazu Entstehungsgeschichte Vor § 52) auf: § 52 Abs. 3 berücksichtigt, dass es Strafvorschriften, die neben Freiheitsstrafe obligatorisch Geldstrafe anordnen, nicht mehr gibt. Die Definition in § 11 Abs. 1 Nr. 8 hat die Einzelaufzählung der Maßnahmen im Absatz 4 entbehrlich gemacht. Das 2. StrRG hatte zunächst in § 52 Abs. 1 das Wort „Straftat" im Anschluss an § 67 Abs. 1 E 1962 verwendet. Stattdessen hat § 1 Nr. 1 ÄndG zum EGStGB vom 15.8.1974 (BGBl. I S. 1942) wieder das Wort „Handlung" gesetzt (dazu *Achenbach* MDR **1975** 19).

Die Entstehungsgeschichte der Vorschrift ist dadurch gekennzeichnet, dass das StGB von 1871 ursprünglich den Grundsatz der **absoluten Absorption** des milderen durch das strengere Gesetz aufstellte. Nicht nur jede strafende, sondern auch jede schuldsprechende Mitwirkung des milderen Gesetzes sollte ausgeschlossen sein (absolute Exklusivität des härtesten Strafgesetzes) mit der Folge einer Gleichstellung von Gesetzes- und Tateinheit. Die Rechtsprechung des Reichsgerichts ging aber mehr und mehr dazu über, auch das mildere Gesetz zu berücksichtigen und den Täter nicht nur aufgrund aller Gesetze schuldig zu sprechen, sondern auch innerhalb des Rahmens und unter Berücksichtigung der Nebenwirkungen aller Gesetze zu bestrafen (vgl. dazu RGSt **6** 183; **18** 193; **73** 148; und unten Rdn. 41 ff). Diese Auffassung hat durch das 1. StrRG gesetzliche Anerkennung gefunden.

Mit RGSt **75** 19 wurde schließlich die *konkrete* Betrachtungsweise eingeführt: Für die Bestimmung des Gesetzes, das die schwerste Strafe androht, soll nur noch der im Einzelfall tatsächlich in Frage kommende Strafrahmen zu berücksichtigen sein (näher unten Rdn. 46). Damit ist aus dem ursprünglichen Absorptionsprinzip ein neues Prinzip der **Kombination** der verschiedenen Strafgesetze geworden (*Lackner/Kühl* Rdn. 8; *Sch/Schröder/Sternberg-Lieben/Bosch* Rdn. 34 f; siehe auch unten Rdn. 45 ff). Zur Entstehungsgeschichte im Übrigen Vor § 52.

Übersicht

I. Allgemeines

1 Gegenstand des § 52 sind die Fälle, in denen dieselbe Handlung mehrere Gesetze oder dasselbe Gesetz *mehrfach* verletzt **(Idealkonkurrenz, Tateinheit).** Voraussetzung der Tateinheit ist damit zweierlei: Einmal darf nur eine Handlung gegeben sein (ausführlich dazu Vor § 52 Rdn. 7 ff), zum anderen muss durch diese Handlung eine Mehrheit von Gesetzesverletzungen eingetreten sein. Diese kann sich aus der Verletzung verschiedener Gesetze (ungleichartige Tateinheit) oder aus der mehrmaligen Verletzung desselben Gesetzes (gleichartige Tateinheit) ergeben.[1]

2 **1.** Über das **Wesen der Tateinheit** herrscht Streit. Während die Mehrheitstheorie in der Verletzung mehrerer Strafgesetze stets mehrere Delikte annimmt und in der Tateinheit eine Verbrechenskonkurrenz oder Verbrechensmehrheit sieht, nimmt die Einheitstheorie beim Vorliegen nur einer Handlung auch nur eine Straftat an, obwohl mehrere Straftatbestände angewendet werden. Der Sache nach besteht aber Einigkeit darüber, dass *Tateinheit eine auf Handlungseinheit aufbauende Bewertungsmehrheit* ist.[2]

3 Die mehrfache Verletzung desselben Gesetzes ist im **Schuldspruch** zum Ausdruck zu bringen. Weil sich der Schuldgehalt der Tat erst aus sämtlichen verletzten Strafgesetzen ergibt, werden bei der Verletzung mehrerer Gesetze alle tateinheitlich erfüllten Tatbestände in den *Urteilstenor* aufgenommen und dokumentiert, wie oft der Täter einzelne Tatbestände verletzt hat.[3] Durch die Verurteilung wegen idealkonkurrierender bzw. tateinheitlich begangener Taten wird der Umfang des vom Täter begangenen deliktischen Unrechts klargestellt (sog. **Klarstellungsfunktion** der Idealkonkurrenz),[4] was auch bei der Abgrenzung zur Gesetzeseinheit zu beachten ist.

---

1 *Fischer* Rdn. 1; *Lackner/Kühl* Rdn. 2; *Jescheck/Weigend* § 67 IV; *Maurach/Gössel/Zipf* § 55 Rdn. 56 ff; *Puppe* NK Rdn. 22 f und 24; *Sch/Schröder/Sternberg-Lieben/Bosch* Rdn. 22 ff; *Stratenwerth* Rdn. 1245; *Wessels/Beulke* Rdn. 776.

2 *Sch/Schröder/Sternberg-Lieben/Bosch*. Siehe dazu näher Vor § 52 Rdn. 6.

3 BGHR StPO § 260 Abs. 4 S. 1 Tatbezeichnung 8; BGH Beschl. vom 18. Februar 1997 – 1 StR 22/97; zur Darstellung der Konkurrenzen im Schuldspruch vgl. *Schoreit* KK § 260 Rdn. 34; *Meyer-Goßner/Schmitt* § 260 Rdn. 26 und BGH NStZ **1996** 610, 611.

4 BGHSt (GSSt) **39** 100, 108 f; **31** 380; **54** 216, 235 *Sch/Schröder/Sternberg-Lieben/Bosch* Rdn. 2; *Jescheck/Weigend* § 67 I 1 sowie IV 1 u. 2; ebenso *Altenhain* ZStW **107** (1995) S. 383, 393 ff;

Liegt Tateinheit vor, dann ist nur *eine* Strafe zu verhängen (§ 52 Abs. 1). Für die Festsetzung dieser *„einen Strafe"* bleibt es trotz des Zusammentreffens mehrerer Gesetzesverletzungen bei den Normalstrafrahmen der Tatbestände: Die Strafe ist unmittelbar entweder dem mehrmals verletzten Strafgesetz oder bei Erfüllung mehrerer Tatbestände dem strengsten dieser Strafgesetze – *ohne* die Möglichkeit der Überschreitung dieses Strafrahmens – zu entnehmen; sie darf jedoch nicht milder sein, als die anderen anwendbaren Gesetze es zulassen (§ 52 Abs. 2).[5] Diese gegenüber der Realkonkurrenz mildere Regelung beruht auf dem Gedanken, dass bei nur einer Handlung der Unrechts- und Schuldgehalt der Tat geringer ist, als bei Vornahme mehrerer Handlungen.[6] **4**

2. Zwar sind mehrere natürliche Handlungen grundsätzlich auch mehrere Taten im Rechtssinne.[7] Tateinheit ist jedoch regelmäßig die für den Angeklagten günstigere Konkurrenzform, weil dem Grundsatz nach Unrechts- und Schuldgehalt bei der Verletzung mehrerer Tatbestände durch *eine* Handlung geringer gewichtet werden als bei der Verletzung durch mehrere Handlungen, da der Täter sich nur *einmal* gesetzeswidrig verhalten hat und nicht mehrfach. Deshalb ist nach dem Grundsatz **in dubio pro reo** zu verfahren und Tateinheit anzunehmen, wenn ungeklärt bleibt, ob die tatsächlichen Voraussetzungen der Tateinheit oder der Tatmehrheit vorliegen.[8] Jedoch bleibt die Annahme von Tateinheit rein spekulativ und ist deshalb nicht geboten, wenn es hierfür keine zureichenden tatsächlichen Anhaltspunkte gibt.[9] Ist bei der Schuldfrage aufgrund tatsächlicher Zweifel von der für den Angeklagten günstigeren Sachverhaltsgestaltung ausgegangen worden, darf ihm nach der Rechtsprechung daraus aber auch auf der Konkurrenzebene kein Nachteil erwachsen. Hier ist gegebenenfalls der Zweifelssatz erneut anzuwenden. Bleibt etwa ungeklärt, ob die einer Wegnahme vorausgegangene Körperverletzungs- oder Tötungshandlung die Wegnahme ermöglichen sollte, so dass die Voraussetzungen eines Raubes oder einer Mordqualifikation nicht festgestellt werden konnten, so ist zugunsten des Angeklagten dennoch von Tateinheit zwischen den §§ 223, 224 und § 242 bzw. § 212 und § 246 auszugehen.[10] Dies hat im letzteren Fall zur Folge, dass § 246 in der Fassung des 6. StrRG wegen seiner allgemeinen Subsidiaritätsklausel jedenfalls nach der neueren Rechtsprechung hinter § 212 zurücktritt, so dass die doppelte Anwendung des Zweifelssatzes zum Wegfall der strafrechtlichen Ahndung des Eigentumsdeliktes führt, obwohl an und für sich feststeht, dass es begangen wurde.[11] **5**

Maurach/Gössel/Zipf § 55 Rdn. 96; grundlegend Abels Die „Klarstellungsfunktion" der Idealkonkurrenz (1991); vgl. auch BGHSt **39** 100, 108 f; BGH NStZ **1994** 285 mit kritischer Anm. *v. Hippel* JR **1995** 125. Zur Frage der Konkurrenzen bei der Verwirklichung mehrerer Tatbestandsalternativen siehe Vor §§ 52 ff Rdn. 90 sowie unten Rdn. 40.

5 Zu den abweichenden Regelungen im ausländischen Recht siehe *Jescheck/Weigend* § 67 V.

6 RGSt **70** 26, 29; *Sch/Schröder/Sternberg-Lieben/Bosch* Rdn. 1; *Samson/Günther* SK[8] Rdn. 2; vgl auch E 1962 Begr. S. 191.

7 BGHR StGB § 52 Abs. 1 in dubio pro reo 6; BGH NStZ **1997** 276.

8 BGH bei *Dallinger* MDR **1972** 923; bei *Holtz* MDR **1980** 628 und **1982** 101; NStZ **1982** 391; **1983** 365 und **1997** 121; BGHR StGB § 52 Abs. 1 in dubio pro reo 1 bis 3; BtMG § 29 Bewertungseinheit 2 sowie § 29 Abs. 1 Nr. 1 Konkurrenzen 3; *Fischer* § 52 Rdn. 1; *Lackner/Kühl* § 52 Rdn. 2; *Sch/Schröder/Sternberg-Lieben/Bosch* § 52 Rdn. 48.

9 BGH Beschluss v. 23.1.2008 – 2 StR 575/05.

10 BGH NStZ **1983** 364 f; bei *Holtz* MDR **1992** 632; BGHR StGB § 52 Abs. 1 in dubio pro reo 4.

11 BGHSt **47** 243.

II. Dieselbe Handlung (Handlungseinheit)

6 **1. Allgemein.** Die mehrfache Gesetzesverletzung darf nur durch **eine Handlung** begangen worden sein, um Tateinheit annehmen zu können. Das ist zunächst bei einer *Handlung im natürlichen Sinne* der Fall (vgl. dazu Vor §§ 52ff Rdn. 9). Ohne Bedeutung ist, wie viele Erfolge diese Handlung hervorgerufen hat. So liegt nur eine Handlung vor, auch wenn ein Schuss mehrere Menschen tötet oder eine Äußerung mehrere Personen beleidigt.[12]

7 Das Gesetz kann aber auch *mehrere Handlungen* im natürlichen Sinne zu einer *rechtlichen Bewertungseinheit* zusammenfassen, so dass sie dann i.S. des § 52 als *eine* Handlung gewertet werden (eingehend dazu Vor § 52 Rdn. 15ff). Die Rechtsprechung nimmt in solchen Fällen vielfach eine *natürliche Handlungseinheit* an (dazu Vor § 52 Rdn. 10ff). Allgemein spricht man von tatbestandlichen Handlungseinheiten oder Bewertungseinheiten. Die Rechtsfigur der *fortgesetzte Tat* kann seit der Entscheidung des Großen Senats für Strafsachen (BGHSt **40** 138) zur Begründung einer Handlungseinheit, wenn überhaupt, nur noch in Ausnahmefällen herangezogen werden (dazu näher Vor § 52 Rdn. 74).

8 Weder *Gleichzeitigkeit* noch *„zeitliche* oder *örtliche Vereinigung"* reichen für sich allein zur Annahme einer Handlungseinheit i.S.v. Tateinheit aus.[13] Um Tateinheit annehmen zu können, muss zumindest ein Teil der einheitlichen Handlung zur Erfüllung des einen wie des anderen Tatbestandes beitragen, d.h., die verletzende Ausführungshandlung muss in einem für sämtliche Tatbestandsverwirklichungen *notwendigen Teil identisch* sein.[14] Insbesondere bei der sog. Polizeiflucht lässt die Rechtsprechung allerdings mitunter enge räumlich-zeitliche und situative Verbundenheit der Handlungen genügen (zu den z.T. unannehmbaren Folgen der *„natürlichen* Betrachtungsweise": Vor § 52 Rdn. 16ff).

9 **2. Einzelfallgestaltungen.** Umstritten ist, unter welchen Voraussetzungen bei verschiedenen schriftlichen **Äußerungen** strafbaren Inhalts **in einer** Schrift Tateinheit anzunehmen ist. Das RG ließ die Einheitlichkeit des Inhalts, gegebenenfalls unter Berücksichtigung der äußeren Gestaltung des Schriftstücks, über die Einheit oder Mehrheit von Handlungen entscheiden.[15] Ein Teil der Literatur sieht in der Einheitlichkeit des Ausgabe- oder sonstigen Entäußerungsaktes die wesentliche Grundlage für die Annahme von Handlungs- und damit von Tateinheit, weil durch das äußere Handlungsgeschehen des Kundgebungsaktes mehrere Äußerungen zusammengefasst werden,[16] während ein anderer Teil der Wissenschaft auf den *materiellen Zusammenhang* abstellen will.[17] Die Rechtsprechung

---

12 BGHSt **1** 20, 21; **2** 246, 247; **6** 81; **16** 397, 398; BGH bei *Holtz* MDR **1980** 252; NJW **1983** 1745f; StraFo **2003** 281; BGHR StGB § 52 Abs. 1 Rechtsgüter, höchstpersönliche 1; *Abels* Klarstellungsfunktion S. 12; *Blei* AT § 92 II; *Lackner/Kühl* Vor § 52 Rdn. 3; *Sch/Schröder/Sternberg-Lieben/Bosch* Vor §§ 52ff Rdn. 11; *Samson/Günther* SK⁸ StGB Vor § 52 Rdn. 17; *Stratenwerth* Rdn. 1207; *Wessels/Beulke/Satzger* AT Rdn. 758; **aA** *s* AT 32/2.

13 RGSt **44** 223, 227; **66** 361, 362; **68** 315, 317; BGHSt **18** 29, 32; **43** 252, 261; BGH bei *Dallinger* MDR **1974** 13; BGH NJW **1984** 2169, 2170; BGH bei *Holtz* MDR **1992** 17; **aA** *Binding* Handb. S. 575; *Puppe* NK Rdn. 37ff, die ausgehend von ihrer Konzeption der notwendigen (Teil)Identität von Verwirklichungen einzelner Tatbestandsmerkmale, die in verschiedenen Tatbeständen vorkommen, die Gleichzeitigkeit als außertatbestandliches Identitätskriterium verschiedener Tatbestandsverwirklichungen anerkennt.

14 RGSt **32** 137, 138f; **66** 359, 362; BGHSt **22** 206, 208 mit krit. Anm. *Schröder* JZ **1969** 32; **27** 66, 67; **33** 163, 165; **43** 317, 319; BGHR StGB § 52 Abs. 1 Handlung, dieselbe 11, 19, 25.

15 RGSt **33** 46; **34** 134; **62** 83, 85; **66** 1, 4; RG JW **1936** 389.

16 *Binding* Handb. S. 581; *Frank* Anm. III 3; *Rudolphi* SK § 185 Rdn. 25; differenzierend *Hilgendorf* LK¹¹ § 185 Rdn. 43.

17 *Blei* AT § 92 II 2; *Geerds* Konkurrenz S. 292f; *Maurach/Gössel/Zipf* § 54 II A 2b aa; *Sch/Schröder/Sternberg-Lieben/Bosch* Vor §§ 52ff Rdn. 29; *Vogler* LK¹⁰ Vor §§ 52ff Rdn. 10.

stellt weitgehend darauf ab, ob sich schon die schriftliche Äußerung als Teil der tatbestandlichen Handlung einer oder mehrerer Strafnormen darstellt, durch die dasselbe Gesetz mehrfach oder verschiedene Gesetze zugleich erfüllt werden. Ist das der Fall, so kommt der schriftlichen Äußerung eine die mehreren Gesetzesverletzungen zur Tateinheit verbindende Wirkung zu. Mehrere Verdächtigungen verschiedener Personen in ein und demselben Schreiben sind deshalb als tateinheitlich verwirklichte Vergehen der falschen Verdächtigung nach § 164 gewertet worden (RGSt **62** 64, 85; BGH GA **1962** 24f).

Verschiedene Steuerarten konnten nach der früheren Rechtsprechung durch unrichtige Angaben in derselben Erklärung, aber auch durch mehrere Erklärungen in gleichzeitig abgegebenen Formblättern *tateinheitlich* hinterzogen werden, wenn die Abgabe der Steuererklärungen dadurch *im äußeren Vorgang* zusammenfiel und die Erklärungen in den entscheidenden Punkten inhaltsgleich waren (BGHSt **33** 163, 165f).[18] Diese Rechtsprechung hat der BGH nunmehr insoweit aufgegeben bzw. korrigiert, als er bei Steuerhinterziehung nach § 370 Abs.1 AO für die Annahme von Tateinheit bei der Abgabe von mehreren Steuererklärungen, die rechtlich nicht miteinander verknüpft sind, das *bloße zeitliche Zusammenfallen* der Abgabehandlung *nicht* mehr ausreichen lässt (BGH, Beschl. v. 22.1.2018 – 1 StR 535/17 Rdn. 17ff).[19] Vielmehr ist jetzt in Fällen, in denen nicht auch zumindest teilweise übereinstimmende, für den Tatbestand der **Steuerhinterziehung** relevante unrichtige Angaben über die Besteuerungsgrundlagen in den Erklärungen vorliegen, grundsätzlich von Tatmehrheit gemäß § 53 auszugehen. 10

3. Auch das **Unterlassen** einer pflichtmäßig gebotenen Handlung fällt unter den Handlungsbegriff des § 52. Dieselbe Unterlassung kann mehrere Strafgesetze verletzen, wobei sowohl gleichartige als auch ungleichartige Tateinheit in Betracht kommt (*Jescheck/Weigend* § 67 III 4). Da jedoch das Wesen der Unterlassung in der Nichtvornahme bestimmter und geforderter Handlungen besteht (*Sch/Schröder/Sternberg-Lieben/Bosch* Vor §§ 52ff Rdn. 28), kommt es nicht auf die Identität der Unterlassungen, sondern nach h.M. auf die hypothetische Identität der gebotenen Handlungen an.[20] Das soll sowohl für *echte* wie auch *unechte* Unterlassungsdelikte gelten, zwischen denen im Rahmen des § 52 nicht differenziert wird (*Struensee* Konkurrenz S. 54 m.w.N.). Deshalb ist auch bei Unterlassungstaten zwischen **Unterlassungseinheit** und **-mehrheit** zu unterscheiden. Ob mehrere Erfolge auf derselben Unterlassung beruhen, beurteilt sich nach Maßgabe des zur Pflichterfüllung gebotenen Tuns. Stellt sich dieses Tun als nur *eine* pflichtwidrig unterlassene Handlung dar, so liegt auch *nur eine* Unterlassungstat vor.[21] (dazu ferner oben Vor §§ 52ff Rdn. 85ff). Nach der neueren Rechtsprechung zu den Konkurrenzen bei Steuerdelikten ist daher bei Steuerhinterziehungen durch Unterlassen nach § 370 Abs. Nr. 2 AO nur dann eine einheitliche Tat anzunehmen, wenn die erforderlichen Angaben, die der Täter pflichtwidrig unterlassen hat, durch ein und dieselbe Handlung zu erbringen gewesen wären.[22] 11

---

18 Vgl. auch BGH NStZ **1983** 29; NJW **1989** 2141; wistra **1993** 222 und **1996** 62; BGHR AO § 370 Abs. 1 Konkurrenzen 9 und 11; OLG Köln wistra **1986** 273, 275. Anders noch BayObLG GA **1973** 112 mit zustimmender Bemerkung Blei JA **1973** 101f.

19 Abgedruckt u.a. NStZ **2019** 154 m. Anm. *Bittmann* und wistra **2019** 103 mit Besprechung *Rolletschke* wistra **2019** 133.

20 RGSt **76** 140; BGHSt **18** 376, 379 mit Anm. *Geerds* JZ **1964** 593; BGH JR **1985** 244 m. abl. Anm. *Puppe*; BGH NStZ **1983** 29; BayObLG NJW **1960** 1730 und NStZ **1986** 173; OLG Celle NJW **1992** 190; *Schmidhäuser* 18/44; *Struensee* Konkurrenz S. 56; *Blei* AT § 92 II 4; **aA** *Puppe* JR **1985** 247; *Samson/Günther* SK[8] Rdn. 8f und Vor § 52 Rdn. 40.

21 BGHSt **37** 106, 134; **48** 77, 97.

22 BGH NStZ **2019** 154, 155f (Rz 19); NJW **2005** 374, 375.

12 Zwischen **Begehungs- und Unterlassungsdelikten** wird in der *Literatur* die Möglichkeit von Tateinheit überwiegend abgelehnt, da sich Unterlassen und positives Tun auch nicht teilweise decken, sondern nur zeitlich zusammentreffen können.[23] Unterlassen wird nach dieser Meinung in jedem Fall eine ganz andere Handlung, als sie (gleichzeitig) begangen wird.[24] Wenn das Unterlassungsdelikt ein *Dauerdelikt* darstellt und das Begehungsdelikt der *Aufrechterhaltung* dieses Zustandes dienen soll, kommt auch nach dieser Meinung Tateinheit in Betracht.[25] Für die Ansicht in der Literatur, für die maßgebliches Kriterium der Tateinheit die Zeitgleichheit ist, ergibt sich die Möglichkeit der Einheit von Tun und Unterlassen ohne weiteres, wenn das Merkmal der Gleichzeitigkeit erfüllt ist.[26]

13 Die *Rechtsprechung* ist uneinheitlich: während BGHSt **6** 229, 230 davon ausgeht, dass eine echte Unterlassungstat mit einer gleichzeitig verwirklichten Begehungstat nicht in Tateinheit stehen kann,[27] haben andere Entscheidungen z.B. eine tateinheitliche Begehung von § 142 und § 323c oder eines Totschlagsversuchs durch Unterlassen und einem unerlaubtem Entfernen vom Unfallort für möglich gehalten,[28] da gerade die Begehung der einen Tat (§ 142) der Erfüllung des dem Unterlassungstatbestand zugrunde liegenden Handlungsgebots (§ 323c, §§ 212, 22, 13) entgegensteht. Ersichtlich aus ähnlichen Erwägungen ist in BGH NJW **1987** 199 Tateinheit zwischen Bestechlichkeit und Beihilfe zur Förderung der Prostitution durch Unterlassen angenommen worden. Ebenso soll zwischen unerlaubter Einreise und unerlaubtem Aufenthalt im Bundesgebiet (§ 92 Abs. 2 Nr. 1a und b AuslG a.F.) Tateinheit vorliegen können (BGH NStZ **2001** 101)[29] Nach BGHSt **37** 107, 135 besteht zudem die Möglichkeit, zwischen einer durch positives Tun begangenen gefährlichen Körperverletzung und einer Körperverletzung durch Unterlassen eine natürlichen Handlungseinheit anzunehmen.

14 **3.** Bei **Teilnehmern** ist die für die Konkurrenzen relevante *„Handlung"* gemäß § 52 Abs. 1 nicht die Handlung des Haupttäters, sondern der Tatbeitrag des Teilnehmers.[30] Dies gilt auch für die Tatbeteiligten einer Verbrechensverabredung nach § 30 Abs. 2.[31] Die aus *einer* Handlung bestehende Anstiftung oder Beihilfe zu mehreren Gesetzesverletzungen begründen *Tateinheit für diesen Teilnehmer,* weil es auf die Anzahl seiner Teilnah-

---

23 *Bringewat* Gesamtstrafe Rdn. 63 f; *Baumann/Weber/Mitsch/Eisele* § 36 Rdn. 31; *Jescheck/Weigend* § 67 III 4; *v. Heinschel-Heinegg* MK Rdn. 72; *Sch/Schröder/Stree*[26]; **aA** jetzt ab 27. Aufl. *Sch/Schröder/Sternberg-Lieben/Bosch* Rdn. 19; *Roxin* AT II § 33 Rdn. 88; *Stratenwerth* Rdn. 1245; **aA** *Baumann/Weber* AT[9] § 41 II 1a (S. 654 f); *Fischer* Vor § 52 Rdn. 26; *Geerds* Konkurrenz S. 291 f; *Jakobs* AT 33/8; einschränkend *Lackner/Kühl* Rdn. 7.

24 *Puppe* JR **1985** 245, 246 Anm. zu BGH NJW **1985** 1719; vgl. auch *dies.* FS Mangakis S. 229 ff; *Schmidhäuser* 18/45; *Vogler* LK[10] Rdn. 12.

25 *Bringewat* Gesamtstrafe Rdn. 64; *Jescheck/Weigend* § 67 III 4; *Lackner/Kühl* Rdn. 7.

26 *Puppe* Idealkonkurrenz S. 282 ff; *dies.* JR **1985** 245, 247 und NK Rdn. 56 ff; *Samson/Günther* SK[8] Vor § 52 Rdn. 41 und § 52 Rdn. 9; vgl. auch *Geerds* JZ **1964** 593 f Fn. 7 (Anm. zu BGHSt **18** 376).

27 Ebenso RGSt **68** 315, 317; vgl. auch OLG Celle NJW **1970** 341 und OLG Stuttgart NStZ **1982** 514. Einen anders gelagerten Fall hat BGHSt **9** 247 entschieden: dort fielen strafbares Tun und pflichtwidriges Unterlassen schon nach den Tatbeständen zeitlich auseinander.

28 RGSt **75** 355, 360; BGH GA **1956** 120; BGH bei Martin DAR **1960** 67; VRS **24** 191; OLG Oldenburg VRS **11** 54; BayObLGSt. **1957** 108; BayObLG VRS **60** 112.

29 Kritisch hierzu zu Recht *Wilhelm* NStZ **2001** 404, weil es an der notwendigen Teilidentität des jeweiligen tatbestandlichen Verhaltens (unerlaubte Einreise = Tun, unerlaubter Aufenthalt = unterlassene Ausreise) fehle.

30 BGHSt **40** 374, 377; BGH NStZ **1993** 584; **2014** 702; **2015** 334; StV **2002** 73; *Fischer* Vor § 52 Rdn. 34; *Maurach/Gössel/Zipf* § 54 Rdn. 49 ff; *Fischer* Vor § 52 Rdn. 34 ff; *Jäger* SK Rdn. 22; *Samson/Günther* SK[8] Rdn. 21; *Sch/Schröder Sternberg-Lieben/Bosch* Rdn. 20; siehe auch oben Vor § 52 Rdn. 86 f.

31 BGHSt **56** 170; *Lackner/Kühl* Vor § 52 Rdn. 22.

mehandlungen ankommt gleichviel, ob die mehreren Gesetzesverletzungen vom Haupttäter in Tateinheit oder in Tatmehrheit oder von verschiedenen Haupttätern begangen werden.[32] Es kommt immer darauf an, wie oft der Teilnehmer etwas zu dem strafbaren Verhalten des Haupttäters oder der Täter beigetragen hat. Lässt sich nicht klären, durch wie viele Handlungen ein Tatbeteiligter als Mittäter oder Gehilfe die Tat gefördert hat, so ist im Zweifel zu seinen Gunsten davon auszugehen, dass er nur *eine* Handlung begangen hat (BGH NStZ **1994** 586; wistra **1997** 61, 62).

Dasselbe muss für den **mittelbaren Täter** gelten;[33] denn das Zusammentreffen meh- 15
rerer strafbarer Handlungen ist bei jedem Beteiligten anhand seines Tatbeitrages auch dann selbständig zu bewerten, wenn Täterschaft anzunehmen ist.[34] Deshalb liegt ein in mittelbarere Täterschaft begangener Betrug in mehreren tateinheitlichen Fällen vor, wenn der Tatbeitrag des mittelbaren Täters z.B. darin besteht, dass er ein oder mehrere – gutgläubige – Werkzeuge durch denselben Auftrag zur Vermittlung mehrerer betrügerischer Vertragsabschlüsse veranlasst; diese werden in der Person des mittelbaren Täters zur Tateinheit zusammengefasst (BGH NStZ **1994** 35; wistra **1997** 230 f).[35]

Anders kann sich aber die Situation für den **Mittäter** darstellen, wenn man berück- 16
sichtigt, dass der Mittäter als Konsequenz aus der nach § 25 Abs. 2 folgenden wechselseitige Zurechnung der Tatbeiträge für jede einzelne Tat der übrigen Mittäter als eigene Tat einzustehen hat, was nahelegen könnte, unabhängig von der Anzahl der eigenen Tatbeiträge für jeden Mittäter Tatmehrheit anzunehmen.[36] Diese Schlussfolgerung läge für die Rechtsprechung angesichts ihrer Annahme, dass Mittäterschaft nicht notwendig einen Tatbeitrag im Ausführungsstadium voraussetzt, eigentlich nahe.

Im **Verhältnis** der **Täterschaft/Teilnahme** geht in der Regel die *geringere* Teilnah- 17
meform in der *schwereren* auf, sofern sich beide auf dieselbe Tat beziehen.[37] Beihilfe ist die minderschwere Form im Vergleich mit der Anstiftung (RGSt **47** 372; **62** 74, 76; BGHSt **4** 244, 247). Bei besonderer Sachlage können solche Teilnahmeformen aber auch nach § 52 zusammentreffen, u.a. bei Straftaten, die *ihrer Natur* nach den Begriff der Beihilfe oder der Anstiftung zu fremder Tat in sich tragen.[38] In Einzelfällen kann bei *natürlicher Auffassung* des Gesamtvorganges Mittäterschaft und Anstiftung hinsichtlich verschiedener Delikte gegenüber demselben Rechtsgut in Tateinheit zusammentreffen (RGSt **70** 293, 296). Ebenso kann zwischen Anstiftung und Beihilfe (RGSt **72** 402, 404), zwischen Anstiftung zur Abtreibung und täterschaftlich begangener fahrlässiger Tötung (BGH bei

---

32 RGSt **70** 26; **74** 56, 59; BGH bei *Dallinger* MDR **1957** 266; bei *Holtz* MDR **1980** 272; StV **1983** 456; NStZ **1993**, 584; BGHR StGB § 52 Abs. 1 Handlung, dieselbe 10; BayObLG NJW **1989** 2142.

33 RGSt **70** 385; **76** 353, 358; BGH bei *Dallinger* MDR **1968** 551; bei *Holtz* MDR **1979** 280; JZ **1995** 49; BGHR StGB § 52 Abs. 1 Handlung, dieselbe 23; BayObLGSt. **1951** 184; OLG Hamburg NJW **1953** 1684; *Jäger* SK Rdn. 24; *Sch/Schröder/Sternberg-Lieben/Bosch* Rdn. 21.

34 BGHSt **40** 218, 238; BGH bei Dallinger MDR **1976** 14; BGH NStZ **1994** 35; NStZ **1996** 296 und **1997** 121; BGH NJW **1995** 2933 f; NStZ **1997** 121; NStZ-RR **1998** 234; wistra **1997** 181 f; **2004** 417; NJW **2005** 163, 165 f; BGHR StGB § 52 Abs. 1 Handlung, dieselbe 29; *Lackner/Kühl* Vor § 52 Rdn. 22; *Fischer* Vor § 52 Rdn. 35; *Samson/Günther* SK[8] Rdn. 22; *Sch/Schröder/Stree/Sternberg-Lieben/Bosch* Rdn. 21.

35 Vgl. ferner BGH NStZ **1996** 296 f; StraFo **1997** 274 f.

36 So schon *Stree* in *Schönke/Schröder/Stree* 26. Aufl. § 52 Rdn. 21; *Rissing-van Saan* in Tiedemann- FS S. 391, 399 f.

37 RGSt **48** 206; **63** 133, 134; **70** 293, 296; BGHSt **30** 28, 30; BGH NStZ **1994** 29, 30; BGHR StGB Vor § 1 Gesetzeskonkurrenz, Begehungsform 1; *Baumann/Weber/Mitsch* § 30 III 4 und § 32 III; *Jescheck/Weigend* § 64 V 2; *Lackner/Kühl* Vor § 25 Rdn. 13; *Sch/Schröder/Cramer/Heine* Vor §§ 25 ff Rdn. 51; dazu auch oben Vor §§ 52 ff Rdn. 126.

38 RGSt **70** 138, 139 für Täterschaft und Beihilfe bei Schmuggel teilbarer Sachen; RGSt **9** 430; **21** 291; dazu auch *R. Schmitt* NJW **1977** 1811, der sich im Rahmen des § 281, Missbrauch von Ausweispapieren, gegen eine Konkurrenzlösung ausspricht.

Dallinger MDR **1971** 722) oder zwischen Diebstahl nach §§ 242, 243 und Anstiftung oder Beihilfe zum Bandendiebstahl (BGHSt **25** 18; **30** 50, 53f; BGHR StGB § 244 Abs. 1 Nr. 3 Bande 2) Tateinheit gegeben sein.

18 **4.** Da es ausschließlich auf ein Zusammentreffen der mehreren, durch eine Handlung begangenen Gesetzesverletzungen *im objektiven Tatbestand* ankommt, ist **Tateinheit** trotz Verschiedenheit der **Schuldformen** nicht ausgeschlossen; *vorsätzliche* und *fahrlässige* Tatbestandserfüllung kann Tateinheit begründen, sofern nur die Ausführungshandlung dieselbe ist.[39]

19 **5.** Der materielle Begriff der **„Handlung"** in **§ 52** und der verfassungs- sowie verfahrensrechtliche Begriff der **„Tat"** in Art. 103 Abs. 3 GG und **§ 264 StPO** sind wesensverschieden. Sie folgen eigenen, dem jeweiligen Gesetzeszweck entnommenen Regeln.[40] Im Strafverfahren ist der geschichtliche Vorgang in seiner Gesamtheit gemeint, der durch die Anklage umrissen wird und den Lebensvorgang bestimmt, mit dem sich das Gericht zu befassen hat.[41]

III. Verletzung mehrerer Strafgesetze durch ein und dieselbe Handlung

20 **1. Tateinheit** liegt zunächst dann vor, wenn **volle Identität** der tatbestandlichen Ausführungshandlungen gegeben ist, wenn also sämtliche Akte, die den einen Tatbestand erfüllen, zugleich auch die Tatbestandsmerkmale des anderen aufweisen. Wenn durch einen Schuss ein Mensch getötet und eine Sache beschädigt wird oder wenn ein versuchter qualifizierter mit einem vollendeten einfachen Tatbestand zusammentreffen, wie z.B. ein versuchter Raub mit einem vollendeten Diebstahl (BGHSt **21** 78, 80) oder durch dieselbe Handlung verschiedene Qualifikationsmerkmale eines Diebstahls verwirklicht werden, wie etwa die Tatbestände des Einbruchsdiebstahls in Bezug auf eine dauerhaft genutzte Privatwohnung (§ 244 Abs. 4) und des schweren Bandendiebstahls (§ 244a Abs. 1), so ist Tateinheit anzunehmen (BGH Beschl. v. 5.2.2019 – 3 StR 466/18), da der erhöhte Unrechtsgehalt, der beide Delikte zu Verbrechen qualifiziert, auf unterschiedlichen objektiven Umständen beruht. Auch zwischen den §§ 211, 212 und Raub mit Todesfolge gemäß § 251 ist seit der Entscheidung des Großen Senats für Strafsachen BGHSt **39** 100 Tateinheit möglich;[42] mit dieser Entscheidung wurde der früher in der Rechtsprechung vertretenen sog. Exklusivitätstheorie eine Absage erteilt.[43] Der Gesetzgeber hat dies im Rahmen des 6. StrRG vom 26. Januar 1998 (BGBl. I S. 164, 178) durch Einfügen des Wortes „wenigstens" vor „leichtfertig" ebenfalls klargestellt.

---

39 RGSt **48** 250, 251; **49** 272; **59** 318, 319; **72** 120, 123; RG DR **1943** 753; BGHSt **1** 278, 280; **7** 287, 289; **17** 333, 337; BGH NJW **1971** 153; vgl. ferner BGH NStZ **1997** 493; *Fischer* Vor § 52 Rdn. 26; *Jakobs* AT 32/33 und 33/6; *Jescheck/Weigend* § 67 III 1; *Lackner/Kühl* Anm. 7; *Samson/Günther* SK[8] Rdn. 7; *Sch/Schröder/Sternberg-Lieben/Bosch* Rdn. 7; *Welzel* § 30 I 3.

40 BVerfGE **56** 22; BVerfG (1. Kammer des 2. Senats) Beschl. v. 16.3.2006 – 2 BvR 111/06; BGHSt **10** 396, 397; **29** 288, 292f; **32** 215, 216ff; **35** 60, 61ff und 80, 81f; **36** 151ff; BGH NJW **1992** 1776f und **1998** 168, 169; RGSt **56** 324; **61** 314, 317; **66** 132, 138.

41 Näher zu dem verfahrensrechtlichen Begriff *Stuckenberg* LR[26] § 264 Anm. 4ff; *Meyer-Goßner/Schmitt* § 264 Rdn. 2ff zur Ordnungswidrigkeit OLG München NJW **1970** 261, 262.

42 Zum Verhältnis von § 212 zu § 251 BGHR StGB § 251 Konkurrenzen 4.

43 Vgl. zu dem früheren Streit BGHSt **26** 175 mit Anm. *Rudolphi* JR **1976** 74; *Tröndle*[48] § 251 Rdn. 6 und *Sch/Schröder/Eser*[25] § 251 Rdn. 9, die schon vorher trotz der Neufassung des § 251 den § 18 heranziehen und Tateinheit annehmen wollten.

2. Für Tateinheit ausreichend ist aber auch die **teilweise Identität** der objektiven Ausführungshandlungen,[44] auch wenn höchstpersönliche Rechtsgüter betroffen sind.[45] Eine tatbestandliche Ausführungshandlung „verletzt" zwei bzw. mehrere Strafgesetze, wenn sie in einem für beide Tatbestandsverwirklichungen *notwendigen* Teil zumindest teilweise identisch ist und so dazu beiträgt, den Tatbestand des *einen* und des *anderen* Strafgesetzes zu erfüllen.[46] So genügt z.B. das Zusammentreffen von Körperverletzung und Raub nur in dessen *einem* Element, der Gewaltanwendung (BGHSt **22** 362 364; vgl. auch BGHSt **20** 269, 272). Die Anstiftung eines Zeugen zur Falschaussage steht zu dem u.a. hierdurch begangenen Prozessbetrug in Tateinheit, wenn es zur Absicht des Täters gehört, das Gericht (auch) durch die wahrheitswidrige Aussage zu täuschen (vgl. BGHR StGB § 52 Abs. 1 Handlung, dieselbe 12; BGH NStZ **1998** 300, 301). Die Anwendung eines einheitlichen Nötigungsmittels, nämlich eine während eines gesamten Geschehensablaufs fortwirkende Gewalt oder konkludente Drohung, die zur Verwirklichung verschiedener Delikte mit tatbestandlichem Nötigungsmerkmal ausgenutzt wird, reicht aus, diese Delikte, z.B. sexuelle Nötigung (die nach § 177 Abs. 2 Nr. 1 n.F. die Vergewaltigung als Regelbeispiel für einen besonders schweren Fall umfasst), Freiheitsberaubung und Raub, zur Tateinheit zu verbinden.[47] Tateinheit kommt auch in Betracht, wenn mehrere natürliche oder andere rechtliche Handlungseinheiten nur in einem Teilakt eine identische Handlung aufweisen.[48] Handeln am selben Ort und zur selben Zeit (BGHSt **18** 29, 32f), ein einheitliches Ziel (BGHSt **14** 104, 109; BGH NJW **1997** 3322, 3323) oder ein übereinstimmender Beweggrund (BGHSt **7** 149, 151; **33** 163, 165) genügen für sich allein nicht. Ebenso wenig reicht es aus, dass die eine Straftat die andere verdecken soll (BGH Beschl. vom 16. Juli 1953 – 4 StR 258/53). Denn grundsätzlich wird Tateinheit nicht schon durch die Gleichzeitigkeit von Geschehensabläufen, die Verfolgung eines Endzwecks, eine Mittel-Zweck-Verknüpfung oder eine Grund-Folge-Beziehung begründet (BGHSt **43** 317, 319).[49] Es kommt immer auf die **Identität** der objektiven **Ausführungshandlungen** an.[50] Deshalb ist die Praxis der Rechtsprechung, gelegentlich schon bei bloßer enger zeitlicher und räumlicher Verbundenheit verschiedener Handlungsabläufe und gleicher Motivationslage des Täters – unter Ausdehnung der Rechtsfigur der natürlichen Handlungseinheit – Tateinheit anzunehmen,[51] abzulehnen.[52] Beim Zusammenfallen von Zahlungsvorgängen für mehrerer Betäubungsmittelgeschäfte differenziert die Rechtsprechung nach nicht näher erläuterten Kriterien bei der Frage, ob ein tateinheitliches Zusammentreffen 21

44 BGHSt **22** 206, 208; **33** 163, 165; **43** 317, 319; BGH bei Dallinger MDR **1970** 381, 382; OLG Saarbrücken NJW **1974** 375, 376; *Geerds* Konkurrenz S. 277; *Jescheck/Weigend* § 67 II 2; *Maurach/Gössel/Zipf* AT § 55 Rdn. 72; *v. Heinschel-Heinegg* MK Rdn. 86; *ders.* StGB (2018) Rdn. 44; *Lackner/Kühl* Rdn. 4; *Sch/Schröder/Sternberg-Lieben/Bosch* Rdn. 9; *Schmidhäuser* 18/40; *Stratenwerth* Rdn. 1240; *Jescheck* ZStW **67** (1955) 539; *Welzel* § 30 1; gegen die Teilidentität vor allem *Wahle* GA **1968** 97, 110.

45 BGH bei Holtz MDR **1980** 272; NStZ-RR **1998** 103; BGHR StGB § 52 Abs. 1 Rechtsgüter, höchstpersönliche 1.

46 Sog. *„Formel des RG"*: RGSt **32** 137, 139; **52** 299, 300; **54** 288; **56** 58; **66** 359, 362; BGHSt **7** 149, 151; **14** 104, 109; **18** 29, 34; **27** 66, 67, BGH Beschl. v. 22.1.2018 – 1 StR 535/17 Tz 21.

47 BGH bei Holtz MDR **1981** 99; BGH NStZ **1982** 380; **1985** 546; BGHR StGB § 177 Abs. 1 Gewalt 10 und Konkurrenzen 1, 7; BGH Beschl. vom 10. Januar 1996 – 2 StR 606/95.

48 BGHSt **6** 81; BGH NStZ **1991** 81; bei *Miebach* NStZ **1993** 225 (Nr. 19).

49 BGH NJW **1984** 2169, 2170; BGH bei Holtz MDR **1992** 17; BGHR AO § 370 Abs. 1 Konkurrenzen 6.

50 *Fischer* Vor § 52 Rdn. 24 f; *Geppert* Jura **1982** 358, 359; *Samson/Günther* SK[8] Rdn. 7; *Sch/Schröder/Sternberg-Lieben/Bosch* Rdn. 9. Zu nahezu gleichen Ergebnissen, wenn auch mit anderer Begründung (Teilidentität der Unrechtsmerkmale) kommt aber auch *Puppe* NK Rdn. 31 ff.

51 Vgl. etwa BGH NJW **1977** 2321; bei Holtz **1984** 981; NStZ **1996** 599; BGH Beschl. vom 1. Oktober 1996 – 1 StR 568/96.

52 Siehe auch oben Vor §§ 52 ff Rdn. 18; kritisch bzw. ablehnend auch *Lackner/Kühl* Rdn. 3; *Maiwald* Die natürlichen Handlungseinheit (1964); *Kindhäuser* JuS **1985** 100; *Warda* FS Oehler S. 241, 248.

verschiedener Taten des unerlaubten Handeltreibens mit Betäubungsmitteln anzunehmen ist;[53] dies ist zu bejahen, wenn die Entgelte für verschiedenen BtM-Käufe in *einer Summe* gezahlt werden, weil dann der letzte Teilakt des Handeltreibens – der Zahlungsvorgang – *einheitlich* durch ein und dieselbe Handlung vorgenommen wurde.[54]

22 **a)** Auch im Zeitraum **zwischen Vollendung und Beendigung** kann diese Tateinheit noch begründet werden (BGHSt **26** 24, 27f). Wenn eine Handlung, die z.B. der Beendigung eines bereits vollendeten Raubes oder eines Diebstahls dient, zugleich ein anderes Strafgesetz verletzt, stehen diese Gesetzesverletzung im Verhältnis der Tateinheit, etwa wenn sich ein Dieb durch Nötigung ein Fahrzeug zum Abtransport der Beute verschafft (BGH StV **1983** 413) oder die Beute mit einem KfZ fortschafft und dabei zugleich den Tatbestand des § 316 erfüllt (BayObLG NJW **1983** 406). Ebenso stehen die durch Schüsse auf die Verfolger oder durch die Kaperung eines Fluchtfahrzeugs nach einem Raub oder räuberischen Erpressung verwirklichten Gesetzesverletzungen zu dem Raub in Tateinheit, wenn sie der Beendigung des Raubes dienen, selbst wenn eine Absicht der Beutesicherung nicht festgestellt werden kann (BGH NJW **1992** 2103, 2104, insoweit in BGHSt **38** 295 nicht abgedruckt). Insbesondere aber in den Fällen der *Absichtsdelikte* entspricht es h.M., dass Tateinheit durch Überschneidung mit solchen Handlungen begründet werden kann, die zum Zwecke der Absichtsrealisierung vorgenommen werden;[55] so ist Tateinheit zwischen § 239a und § 255 anzunehmen, wenn der Entführer seiner Absicht entsprechend einen anderen erpresst,[56] oder zwischen §§ 255, 250 Abs. 2 Nr.1 mit § 240, wenn der Täter eines Banküberfalls seine Verfolger mit vorgehaltener Pistole zwingt, die Verfolgung abzubrechen (BGH NStZ **2005** 387). Da auch derartige Handlungsüberschneidungen in der Beendigungsphase ausreichen,[57] werden die Möglichkeiten der Tateinheit nicht unwesentlich ausgeweitet (*Jescheck/Weigend* § 67 II 2). Soweit gegen die von der Rechtsprechung und der h.M. in der Literatur vertretene Beendigungslehre eingewandt wird, ihr fehle es an erforderlichen Anknüpfungspunkten in den gesetzlichen Tatbeständen (*Kühl* JuS **2002** 729, 731 m.w.N.), lässt sich dem jedenfalls für die Delikte mit überschießender Innentendenz entgegenhalten, dass der in der zwischen Vollendung und Beendigung liegende zweite Handlungsakt objektiv der Realisierung der im Gesetzestatbestand als subjektives Unrechtselement enthaltenen Absicht dient. An einem normativen Anknüpfungspunkt bzw. Zusammenhang fehlt es in diesen Fällen also nicht; sie werden von der h.M. denn auch zu Recht als Fälle tatbestandlicher Handlungseinheit angesehen und behandelt.[58]

---

53 Vgl. BGHR BtMG § 29 Strafzumessung 20 und § 29 Abs. 1 Nr. 3 Konkurrenzen 5 sowie Beschlüsse v. 17.10.2007 – 2 StR 376/07 und v. 9.1.2008 – 2 StR 527/07 einerseits, andererseits BGH Urt. v. 16.7.2009 – 3 StR 148) und BGH NStZ **2009** 392.

54 Zu beachten ist hier die Entscheidung des Großen Senats für Strafsachen v. 10.7.2017 – GSSt 4/17, BGHSt **63** 1ff, der bei bereits bestehenden Lieferbeziehungen im Falle von bloßer Zeitgleichheit statt Tateinheit eine „natürliche Handlungseinheit" annehmen will. Siehe dazu auch Vor § 52 Rdn. 40ff.

55 BGHSt **26** 24, 27f; BGH JZ **1952** 89; GA **1955** 245 und **1969** 347; NStZ **1984** 409 und **1993** 77; BGH bei *Holtz* **1992** 632; BGHR StGB § 52 Abs. 1 Handlung, dieselbe 5, 13, 21; § 113 Konkurrenzen 1; *Fischer* Vor § 52 Rdn. 26; *Jäger* SK Rdn. 18; *Jescheck/Weigend* § 67 II 2; *Jescheck* FS Welzel S. 698; *Roxin* AT II § 33 Rdn. 89ff; *Wessels/Beulke/Satzger* Rdn. 777; **aA** *Kühl* AT § 21 Rdn. 40f.

56 BGHSt **16** 316, 320; BGH NStZ **1993** 39; BGHR StGB § 239a Sichbemächtigen 1; *Sch/Schröder/Eisele* § 239a Rdn. 44.

57 Vgl. ferner BGH bei Holtz MDR **1988** 453; BGH NStZ **1995** 588; **2002** 33; **2004** 329; **2005** 387; BGHR StGB § 113 Konkurrenzen 2.

58 Siehe Vor § 52 Rdn. 24; **aA** *Sch/Schröder/Sternberg-Lieben/Bosch* Rdn. 11ff m.w.N.

b) Dagegen genügt Teilidentität im **Versuchsstadium,** also am entgegengesetzten Pol des deliktischen Geschehens, nach BGHSt **16** 397 (der Täter lauert zugleich drei Personen auf, um sie nacheinander zu töten) *nicht bei* Versuchshandlungen, die lediglich eine *tatbestandsnahe Gefährdungen* bewirken, also in der Form des unmittelbaren Ansetzens begangen worden sind, weil diese noch kein Teil der tatbestandlichen Ausführungshandlung darstellen.[59] Dazu erforderlich sind vielmehr Versuchshandlungen, die schon ein Teilstück der tatbestandlichen Handlung ausführen.[60] In diesen Fällen kann aber, da die Einzelakte einer deliktischen Ausführungshandlung beim Übergang vom Versuch zur Vollendung eine *tatbestandliche Handlungseinheit* bilden (vgl. oben Vor § 52 Rdn. 36f), Tateinheit durch Klammerwirkung in Betracht kommen. Etwaige Überschneidungen im Bereich der **Vorbereitungshandlungen** können wegen fehlender tatbestandlicher Relevanz Tateinheit hingegen nicht begründen (BGHSt **33** 165; BGHSt **43** 149; BGH NStZ **1985** 70; BGHR StGB § 52 Abs. 1 Handlungen, mehrere 2). **23**

c) Zwischen **Dauerdelikten** und anderen Straftaten, die während des Dauerzustands begangen werden, besteht Tateinheit, wenn sich die Ausführungshandlungen wenigstens in einem für die jeweilige Tatbestandserfüllung notwendigen Teil decken,[61] d.h. wenn die zur Verwirklichung des einen Tatbestandes beitragende Handlung zugleich der Begründung oder Aufrechterhaltung des durch das Dauerdelikt geschaffenen rechtswidrigen Zustandes dient.[62] Demgegenüber wird in der Literatur z.T. Tateinheit auch dann angenommen, wenn das Dauerdelikt die V*oraussetzungen* für die Begehung einer anderen Straftat schaffen soll.[63] Bedenken gegen diese Auffassung bestehen schon im Hinblick auf das Problem überdimensionierter Handlungseinheiten und mit Rücksicht auf die in diesem Zusammenhang nach wie vor streitigen Fragen des Strafklageverbrauchs.[64] Mit der Rechtsprechung ist anzunehmen, dass die bloße Mittel-Zweck-Beziehung *nicht* ausreicht, die Einheit der Handlung herzustellen.[65] Erforderlich ist, dass das andere Delikt selbst einen *tatbestandserheblichen Tatbeitrag* zu dem Dauerdelikt leistet,[66] indem es dazu dient, den rechtswidrigen Zustand aufrechtzuerhalten, d.h. auch in diesem Zusammenhang ist – wie allgemein für die Annahme von Tateinheit – zu verlangen, dass zumindest ein Handlungsteil zur *Erfüllung* des *Tatbestandes beider* in Betracht kommender Strafgesetze beiträgt. Diese Voraussetzungen liegen z.B. beim Dauerdelikt des § 21 StVG vor, wenn das Fahren ohne Fahrerlaubnis notwendiger Teil des Diebstahls eines PKW (BGHSt **18** 66; BGH VRS **30** **24**

---

59 Zustimmend *Baumann/Weber/Mitsch/Eisele* § 36 Rdn. 25f; *Kühl* § 21 Rdn. 42; *Miehe* GA **1967** 278; *Sch/Schröder/Sternberg-Lieben/Bosch* Rdn. 10; vgl. auch BGH bei Dallinger MDR **1970** 381; **aA** *Samson/Günther* SK[8] Rdn. 12, der unter Berufung auf *Struensee* Konkurrenz S. 25 den Versuch ablehnt, zwischen Anfang und Ende der Ausführung eine Grenze zu suchen, von der an erst Teilidentität erheblich sein soll, da Kriterien für eine solche Grenzziehung nicht auffindbar seien; vgl. auch *Stratenwerth/Kuhlen* Rdn. 1242.

60 *Jäger* SK Rdn. 19; *Sch/Schröder/Sternberg-Lieben/Bosch* Rdn. 10; vgl. auch BGH NJW **1998** 619 mit Besprechung. *Martens* JuS **1998** 462 und Anm. *Satzger* JR **1998** 518 sowie *Wilhelm* NStZ **1999** 80.

61 RGSt **32** 137, 140; **54** 288, 289; **66** 117, 119; BGHSt **18** 29, 32ff; **27** 66, 67; **29** 184, 186; **31** 29, 30; BGH NJW **1952** 795; GA **1967** 21; BGH LM § 177 Nr. 8; BGH VRS **30** 183, 185; BGH NStZ **1995** 300; BayObLG GA **1975** 54; OLG Koblenz VRS **56** 38; OLG Köln NJW **1982** 295, 256. Zur besonderen Problematik beim zeitgleichen Zusammentreffen verschiedener Verkehrsordnungswidrigkeiten: *Albrecht* NZV **2005** 62.

62 BGHSt **18** 29, 31; BGH Urt.v. 14.3.2012 -2 StR 561/11 Rdn. 11.

63 *Puppe* NK § 52 Rdn. 60; *Welzel* § 30 I 4; *Schlüchter* JZ **1991** 1057, 1059 differenzierend *Wessels/Beulke/Satzger* AT Rdn. 779; **aA** Tateinheit kraft eines situativ-zeitlichen-voluntativen Zusammenhangs *Samson/Günther* SK[8] Rdn 13; *Sch/Schröder/Sternberg-Lieben/Bosch* Vor §§ 52ff Rdn. 90f.

64 Grundlegend hierzu: *Lippold* Die Konkurrenz bei Dauerdelikten (1985); *Erb* GA **1994** 265ff.

65 Ebenso *Geppert* Jura **1982** 358, 370; *Lackner/Kühl* § 52 Rdn. 7; Roxin AT II § 33 Rdn. 95f; *Jescheck/Weigend* § 67 III 2; *Oske* MDR **1965** 532, 534; *Schmidhäuser* 18/43; vgl. auch *Maurach/Gössel/Zipf* AT § 55 Rdn. 52.

66 *Fischer* Vor § 52 Rdn. 60; *Lackner/Kühl* § 52 Rdn. 7.

283) oder einer unter Ausnutzung der besonderen Verhältnisse des Straßenverkehrs begangenen räuberischen Erpressung darstellt (BGH NStZ **1984** 135), wenn der Abtransport der Beute mit dem KfZ noch zur Begründung des neuen Gewahrsams und damit zur Vollendung des § 242 gehört (BGH NJW **1981** 997) oder zur Sicherung der Beute führt (BGHR StGB § 242 Abs. 1 Konkurrenzen 1), oder wenn der das Tatfahrzeug führende Täter die Ausführung des Diebstahls durch seinen Mittäter dadurch absichert, dass er im Auto wartet (BGHR StGB § 52 Abs. 1 Handlung, dieselbe 20).

25 Handlungen, die nur **zeitgleich** mit einem oder **gelegentlich** eines Dauerdelikts vorgenommen werden, d.h. mit diesem lediglich zeitlich und örtlich zusammentreffen, ohne dass die Handlungen in einem für sämtliche Tatbestandsverwirklichungen notwendigen Teil zusammenfallen, stehen mit dem Dauerdelikt in *Tatmehrheit*.[67] Tatmehrheit ist daher angenommen worden zwischen dem in der Absicht der Notzucht (§ 177 a.F.) begangenen Hausfriedensbruch und der Notzucht selbst (RGSt **32** 140), zwischen sexueller Nötigung der Beifahrerin (§ 178 a.F.) durch den alkoholbedingt fahruntüchtigen Fahrer und der Ordnungswidrigkeit nach § 24 a StVG a.F. (OLG Koblenz NJW **1978** 716 mit ablehnender Anm. *Kinnen* MDR **1978** 545 f), zwischen einer tatbestandlich bereits vollendeten Kindesentziehung nach § 235 a.F. und dem während des Entziehungszeitraums begangenen sexuellen Missbrauch des Kindes (BGH Beschl. vom 17. Juli 1981 – 1 StR 385/81), zwischen § 323a und den im Verlauf des Sichberauschens begangenen Straftaten (BGHR StGB § 323a Abs. 1 Konkurrenzen 3). Ob das unabhängig von einem Rauschzustand und bereits vor diesem Zustand begonnene Dauerdelikt des unerlaubten Besitzes von Sprengstoff schon deshalb mit der Straftat nach § 323a in Tateinheit steht, weil der Täter im Rauschzustand auch den Sprengstoff als Drohmittel zur Erreichung eines Nötigungsziels eingesetzt hat (BGH NJW **1992** 584 f),[68] erscheint zweifelhaft, weil die „Rauschtat" nicht „Tathandlung" i.S. des § 323a ist; Gegenstand des Schuldvorwurfs und tatbestandliche Handlung des § 323a ist das vorsätzliche oder fahrlässige Sichberauschen.[69] Deshalb liegt auch nur *ein* Vergehen des Vollrausches vor, wenn der Täter in demselben Rauschzustand mehrere Straftaten begeht.[70]

26 Für die Frage, wann beim zeitlichen **Zusammentreffen** von einzelnen **Dauerdelikten** oder anderen Handlungseinheiten mit anderen Delikten oder Handlungseinheit *Tateinheit* anzunehmen ist, gelten dem Grundsatz nach keine anderen Regeln als diejenigen, die allgemein als Voraussetzungen der Tateinheit zu beachten sind (vgl. BGH NJW **1995** 2500 f). So sind das „Führen" einer Schusswaffe und das „Führen" eines Kraftfahrzeugs in fahruntüchtigem Zustand als zwei verschiedene, lediglich gleichzeitig begangene Handlungen gewertet worden (BGH VRS **49** 177, 178); ebenso der unerlaubte Besitz von Betäubungsmitteln und das Führen eines KfZ unter der Wirkung von berauschenden Mitteln, wenn das Mitsichführen von Betäubungsmitteln in keinem inneren Beziehungs- oder Bedienungszusammenhang mit dem Fahrvorgang steht (BGH NStZ **2004** 694 m. Anm. *Bohnen*). Tateinheit ist aber zwischen Fahren ohne Fahrerlaubnis, unerlaubtem Führen einer Schusswaffe und versuchter Nötigung in einem Fall bejaht worden, in dem der Täter die später als Drohmittel eingesetzte Schusswaffe mittels des ohne Fahrerlaubnis gelenkten KFZ zum Tatort transportiert hatte, so dass die Ausführungshandlungen des Delikts nach § 21 StVG und des Führens einer Schusswaffe nach § 53 Abs. 3 Nr. 1b a.F.

---

67 BGHSt **18** 29, 32 f; **27** 66, 67; BGH NStZ **1995** 300; **2000** 641; *Jescheck/Weigend* AT § 67 III 2; *Lackner/Kühl* § 52 Rdn. 7; *Maurach/Gössel/Zipf* § 55 Rdn. 70 f; *Sch/Schröder/Sternberg-Lieben/Bosch* Vor §§ 52 ff Rdn. 90; *Geppert* Jura **2000** 651, 652.

68 **AA** für den Fall des Zusammentreffens von unerlaubtem Waffenbesitz und Vollrausch: BGH Beschl. vom 29. März 1983 – 5 StR 135/83.

69 BGHSt **23** 375, 377; BGH bei Holtz MDR **1982** 811; BGHR StGB § 323a Abs. 2 Strafzumessung 1.

70 RGSt **73** 11, 12; BGH bei Holtz MDR **1990** 489; BGHR StGB § 323a Abs. 1 Konkurrenzen 4.

WaffG sich „überlagerten" (BGHR StGB § 52 Abs. 1 Handlung, dieselbe 15). Der Begriff des „Überlagerns" ist unscharf und vor allem geeignet, eine bloße Gleichzeitigkeit *verschiedener* tatbestandlicher Handlungen zu verschleiern.

d) Im **Waffenrecht** wird hingegen bei gleichzeitigem, in einem engen zeitlichen und 27
räumlichen Zusammenhang ausgeübten unerlaubten Besitz mehrerer Schusswaffen, auch verschiedenartiger Waffen, die nicht unter dieselbe Strafbestimmung fallen, in ständiger Rechtsprechung nur *ein Delikt* des Ausübens der tatsächlichen Gewalt angenommen.[71] Unterhält der Täter ein Waffenlager, in dem er teilweise zeitgleich, im Übrigen aber nacheinander mehrere Waffen verwahrt, soll Tateinheit hinsichtlich aller Waffen anzunehmen sein.[72] Ferner verbindet das Ausüben der tatsächlichen Gewalt verschiedenartige Verstöße gegen das Waffengesetz, die zugleich Fortsetzung oder Konkretisierung des Ausübens der tatsächlichen Gewalt – auch in der Form des unerlaubten Überlassens – sind oder den unerlaubten Erwerb derselben Waffe betreffen, zur Tateinheit.[73] Anderes gilt aber dann, wenn die Waffe aufgrund eines neuen Entschlusses zur Begehung eines schwerer wiegenden Delikts eingesetzt wird. Tateinheit wird in den Transport- oder Fluchtfällen angenommen, wenn die Fahrt den Zweck verfolgt, den Drogen- oder Waffenbesitz aufrechtzuerhalten oder zu sichern, durch gleichzeitigen Transport von Waffen und Betäubungsmitteln im Kofferraum eines PKW oder in demselben Koffer können dann unerlaubtes Handeltreiben mit bzw. Einfuhr von Betäubungsmittel und die Vergehen nach den §§ 52a, 53 a.F. WaffG zur Tateinheit verbunden werden.[74] Auch beim gleichzeitigen Transport von Schusswaffen und von Propagandamitteln sowie Kennzeichen verfassungswidriger Organisationen in demselben Behältnis können die bewusste Besitzausübung mit Verbreitungswillen i.S. der §§ 86, 86a und das Ausüben der tatsächlichen Gewalt nach den §§ 52a, 53 a.F. WaffG durch dieselbe Handlung begangen werden.[75]

e) Ähnlich den Besitzfällen im Waffenrecht sieht die Rechtsprechung zu Konkur- 28
renzproblemen im **Betäubungsmittelstrafrecht** bei gleichzeitigem Besitz verschiedener Rauschgiftmengen[76] das Gesetz als nur einmal verletzt an,[77] selbst dann, wenn das

---

71 BGH NStZ **1984** 171 f; NStZ-RR **2003** 124, 125; BGHR WaffG § 52a Abs. 1 Konkurrenzen 1 und § 53 Abs. 3 Konkurrenzen 4; BGH Urt. v. 31.7.1980 – 4 StR 340/80; *Steindorf* Waffenrecht § 53 WaffG Rdn. 32; *Meyer-Goßner* NStZ **1986** 49, 52 f.

72 BGH NStZ-RR **2003**,124 f; BGHR WaffG § 52a Abs. 1 a.F. Konkurrenzen 1; BGH Beschluss v. 6.5.1997 – 1 StR 129/97 und Beschluss v. 13.1.2009 – 3 StR 543/08; zweifelhaft, deshalb zu Recht zurückhaltend BGHR WaffG § 53 Abs. 1 a.F Konkurrenzen 6und BGH Beschluss v. 5.5.2009 – 1 StR 737/08.

73 BGHSt **29** 184, 186; **31** 29, 30; BGH NStZ **1984** 171; **1985** 221; **1999** 513; BGH NStE Nr. 20 zu § 52 StGB; BGHR WaffG § 53 Abs. 1 Konkurrenzen 1 und § 53 Abs. 3 Konkurrenzen 2; BGH Beschl. vom 14.5.1996 – 4 StR 189/96; *Steindorf* Waffenrecht § 53 WaffG Rdn. 33 ff; siehe aber BGHR aaO § 53 Abs. 1 Konkurrenzen 2, wo es im Anschluss an *Steindorf* aaO Rdn. 36 f und in Abkehr von der Rechtsprechung für möglich gehalten wird, das Ausüben der tatsächlichen Gewalt gegenüber dem Erwerb derselben Waffe als subsidiäre Straftat anzusehen.

74 BGH NStZ **1982** 512; NJW **1989** 726, 727; BGHR WaffG § 53 Abs. 3 Konkurrenzen 3 = BGHR StGB § 52 Abs. 1 Handlung, dieselbe 27; BGH Beschl. vom 25.4.1994 – 5 StR 189/94.

75 BGH NJW **1995** 2500: dort ist zwar letztlich offen gelassen worden, ob Tateinheit im materiellrechtlichen Sinn angenommen werden kann, dieses Ergebnis liegt aber nach der mitgeteilten Sachverhaltsgestaltung auf der Hand.

76 Zur Frage der Tateinheit bei Überschneidungen von Teilhandlungen des unerlaubten Handeltreibens mit Betäubungsmitteln hinsichtlich verschiedener Betäubungsmittelmengen, insbesondere der dazugehörigen Zahlungsvorgänge, *Fischer* Vor § 52 Rdn. 29; BGH NStZ **1999** 411; BGHR BtMG § 29 Abs. 1 Nr. 3 Konkurrenzen 3; anders BGH Beschl. vom 13.3.1996 – 2 StR 514/95 und vom 2.10.2002 – 2 StR 294/02; kritisch dazu *Winkler* NStZ **2003** 247, 248.

77 BGH StV **1982** 824, 825; NStZ-RR **1997** 227.

Rauschgift räumlich entfernt in zwei verschiedenen Wohnungen lagert, zu denen der Täter aber ungehindert Zugang hat.[78] Der unerlaubte Besitz von Betäubungsmitteln, soweit er bloßer Auffangtatbestand ist, verbindet aber nach der alten Rechtsprechung mehrere selbständige Taten des unerlaubten Veräußerns oder Handeltreibens *nicht* zur Tateinheit oder zu unterschiedlichen Zeitpunkten erworbene Rauschgiftmengen zu einer Bewertungseinheit bzw. einer tatbestandlichen Handlungseinheit.[79] Das soll auch für den Verbrechenstatbestand des unerlaubten Besitzes von Betäubungsmitteln in nicht geringer Menge gelten.[80] Das ist aber nach den allgemeinen Grundsätzen zur Tateinheit nicht ohne weiteres einsichtig in den Fällen des unerlaubten Handeltreibens mit nicht geringen Mengen, weil die tatbestandlichen Handlungen des unerlaubten Besitzes und des Handeltreibens gleichrangig in § 29a Abs. 1 Nr. 2 BtMG nebeneinander stehen und über denselben Strafrahmen verfügen.

29 Von Tateinheit im Sinne des § 52 Abs. 1 ist nach der jüngeren Rechtsprechung aber auszugehen, wenn sich bei zwei oder mehr Fahrten zu einem Lieferanten einzelne Handlungselemente des Handeltreibens mit verschiedenen, zu unterschiedlichen Zeiten bei demselben Lieferanten erworbenen Betäubungsmittelmengen überschneiden, weil z.B. beim Aufsuchen des Lieferanten zur Abholung des bereits zuvor bestellten bzw. erworbenen Betäubungsmittels zugleich die Bezahlung einer bereits noch früher erworbenen Menge dient. Denn darin liegt in Bezug auf beide Betäubungsmittelmengen ein den Tatbestand des Handeltreibens erfüllendes Handlungselement, das die *Teilidentität* der jeweiligen Ausführungshandlung begründet.[81] Auf das *Gewicht* der Tat oder den Schweregrad des Unrechts der jeweiligen Tathandlung kommt es danach nicht an,[82] was nach hiesiger Ansicht zutrifft.

IV. Tateinheit durch Klammerwirkung

30 **1. Grundsätze** Nach herkömmlicher ständiger Rechtsprechung ist Tateinheit zwischen zwei Vorschriften grundsätzlich noch durch *Vermittlung einer dritten Vorschrift*, insbesondere eines Dauerdelikts oder einer anderen Handlungseinheit möglich. Zustandsdelikte, wie z.B. die Körperverletzung oder die Sachbeschädigung, eignen sich hierfür nicht, weil sie entgegen ihrer insoweit irreführenden Bezeichnung nicht die Aufrechterhaltung eines widerrechtlichen Zustandes voraussetzen, sondern mit der Herbeiführung des tatbestandsmäßigen Zustand (§ 223 – körperliche Misshandlung oder Gesundheitsschädigung) bereits beendet sind.[83] Voraussetzung für die **Tateinheit** durch **Klammerwirkung**[84] ist, dass die Ausführungshandlungen zweier oder mehrerer an sich getrennt verwirklichter Delikte zwar nicht miteinander, wohl aber mit der Ausführungshandlung eines dritten Tatbestandes **(teil-)identisch** sind: so werden etwa Körperverlet-

78 BGH StV **2005** 270.

79 BGH NStZ **1982** 512f; **1993** 44; **1995** 37f; BGHR BtMG § 29 Abs. 1 Nr. 1 Fortsetzungszusammenhang 2 u. 4; 29a Abs. 1 Nr. 2 Menge 1; siehe dazu auch Vor §§ 52ff Rdn. 29 a.E.

80 BGHSt **42** 162, 165f; BGH NStZ **1997** 243, 244; *Fischer* Vor § 52 Rdn. 31.

81 BGHSt **63** 1 TZ 7.

82 BGH NStZ – RR **2016** 313 (2. Strafsenat) und 373 (4. Strafsenat).

83 BGH NJW **1983**,1745, 1746; BGH Urt. v. 14.3.2012 – 2 StR 561/11 Rdn. 11; *Fischer* Vor § 52 Rdn. 58; *Sch/Sch/Sternberg-Lieben/Bosch* Vor § 52ff Rdn. 82.

84 Vgl. dazu *Bringewat* Gesamtstrafe Rdn. 70ff; *Geerds* Konkurrenz S. 280; *Geppert* Jura **1997** 214; *Lackner/Kühl* Rdn. 5; *Jescheck/Weigend* § 67 II 3; *Maurach/Gössel/Zipf* § 55 Rdn. 74; *Fischer* Vor § 52 Rdn. 59; *Jäger* SK Vor § 52 Rdn. 65; *Sch/Schröder/Sternberg-Lieben/Bosch* Rdn. 14f; *Stratenwerth* Rdn. 1244; *Wessels/Beulke* AT Rdn. 780; kritisch *Geppert* Jura **1997** 214; *Jakobs* AT 33/10ff; *Puppe* NK § 52 Rdn. 41ff; *Werle* JR **1979** 93, 96 und NJW **1980** 2671; Bedenken gegen diese Konstruktion haben schon *R. Schmitt* ZStW **75** (1963) 48 und *Wahle* GA **1968** 97, 107 geäußert; grundsätzlich ablehnend *Schmidhäuser* 18/41.

zung, Raub und Sachbeschädigung untereinander so behandelt, als bestünde zwischen ihnen eine Handlungsidentität, wenn die Köperverletzungshandlung mit der Gewalt und die Sachbeschädigung mit der Wegnahmehandlung identisch sind;[85] so können z.B. auch Bestechlichkeit und Betrug durch Untreue (BGH bei Holtz MDR **1985** 627), Vergewaltigung und Totschlag bzw. Mord durch eine als Freiheitsberaubung mit Todesfolge (§ 239a Abs. 4 n.F.) strafbare Handlung (BGHSt **28** 18, 20; BGH NStZ-RR **2000** 360), Hausfriedensbruch und bewaffneter Landfriedensbruch durch eine der Unterstützung einer kriminellen Vereinigung dienende Handlung (BGH NJW **1975** 985, 986) oder Straftaten nach §§ 224, 240 durch das nach § 53 Abs. 1 Nr. 3a Buchst. b a.F. WaffG strafbare Führen einer halbautomatischen Selbstladewaffe (BGH NStZ **1989** 20) zur Tateinheit verklammert werden.

Die Grundsätze der Klammerwirkung greifen auch dann ein, wenn der die Tateinheit 31
herstellende Verbindungstatbestand vom erkennenden Gericht übersehen (BGH NStZ-RR **2000** 360) oder nach § 154a Abs. 2 StPO von der Strafverfolgung ausgenommen worden ist (BGH NStZ **1984** 135 und 262; **1989** 20; NJW **1987** 509; BGHR StGB § 52 Abs. 1 Klammerwirkung 3),[86] weil die prozessuale Behandlung der Straftaten keinen Einfluss auf die materielle Rechtslage haben kann; gleiches gilt, wenn das klammernde Delikt mangels Strafantrages (BGH JR **1983** 210 mit Anm. *Keller*; NStZ **1984** 408; BGHR StGB § 52 Abs. 1 Klammerwirkung 1) nicht verfolgt oder wegen eines persönlichen Strafaufhebungsgrundes (BGH NStZ **2005** 46) nicht abgeurteilt werden kann.

a) Tateinheit durch Klammerwirkung kommt jedoch *nur* in Betracht, wenn zwischen 32
wenigstens einem der an sich selbständigen Straftaten und dem sie verbindenden Delikt **annähernde Wertgleichheit** besteht (BGHSt. **31** 29, 31).[87] Klammerwirkung tritt dann nicht ein, wenn eine minderschwere Dauerstraftat oder rechtliche Handlungseinheit mit jeweils schwereren Gesetzesverstößen zusammentrifft.[88] Denn eine minderschwere Straftat hat nicht die Kraft, mehrere schwerere Straftaten, mit denen sie ihrerseits tateinheitlich zusammentrifft, zur Tateinheit zusammenzufassen.[89] Die Verbindung würde der Täterschuld in solchen Fällen nicht gerecht und hätte das widersinnige Ergebnis, mehrere untereinander selbständige schwere Straftaten zu unselbständigen Teilen einer minderschweren Straftat zu machen (BGHSt **1** 67, 70; **2** 246, 247f). Die Rechtsprechung vertritt deshalb den Standpunkt, dass das *Prinzip der Verklammerung* dann *nicht* gilt, wenn die mehreren selbständigen Handlungen gegenüber der dritten einen unverhältnismäßig größeren Unwert verkörpern mit der Folge, dass die beiden nur durch das leichtere Delikt verbundenen Taten in *Tatmehrheit* stehen, während das leichtere Delikt jeweils mit ihnen tateinheitlich zusammentrifft – sog. *Entklammerung*.[90]

---

85 *Samson/Günther* SK⁸ § 52 Rdn. 16; *Baumann/Weber/Mitsch/Eisele* § 36 Rdn. 29f.
86 *v. Heinschel-Heinegg* MK Rdn. 98; *Fischer* Vor § 52 Rdn. 30.
87 BGHSt **29** 288, 291; BGH NStZ **2013** 158; **2014** 272 mit kritischer Anm. *Becker*.
88 BGH NStZ **2011** 577; BGH Beschl. v. 10.11.2010 – 5 StR 464/10 Rdn. 5; Beschl. v. 4.4.2012 – 2 StR 70/12 Rdn. 5.
89 RGSt **44** 223; **56** 329; **60** 241; **68** 216; BGHSt **3** 165; **6** 92, 97; **23** 141, 149; **31** 29, 31; BGH NJW **1952** 795f; bei Dallinger MDR **1973** 556 mit Anm. *Schöneborn* NJW **1974** 734; wistra **1997** 61, 62; BGH NStZ **2005** 262 und **2008** 209, 210; BGHR StGB § 52 Abs. 1 Klammerwirkung 4; *v. Heinschel-Heinegg* MK Rdn. 97; *Lackner/Kühl/Kühl* Rdn. 5; *Maurach/Gössel/Zipf* § 55 Rdn. 76ff; *Sch/Sch/Sternberg-Lieben* Rdn. 17f; *Fischer* Vor § 52 Rdn. 32; **aA** *Samson/Günther* SK⁸ Rdn. 19; kritisch auch *Lippold* Die Konkurrenz bei Dauerdelikten S. 30ff; *Puppe* GA **1982** 143, 152; *Roxin* AT II § 33 Rdn. 108; *Werle* Die Konkurrenz S. 160.
90 BGHSt **3** 165; **18** 26 mit Anm. *Hellmer* NJW **1963** 116; BGHSt. **29** 288 291f; BGH NStZ **1993**, 39, 40; BGH NJW **1998** 619, 620; *Maurach/Gössel/Zipf* § 55 Rdn. 77; *Geerds* Konkurrenz S. 281; *Samson/Günther* SK⁸ Rdn. 18; *Sch/Schröder/Sternberg-Lieben/Bosch* Rdn. 17.

33 So kann etwa Freiheitsberaubung nach § 239 Abs. 1 nicht eine schwere Vergewaltigung (§ 177 Abs. 3 a.F.) und eine gefährliche Körperverletzung (§ 224),[91] Fahren ohne Fahrerlaubnis nicht mehrere Diebstähle,[92] fahrlässige Verkehrsgefährdung nicht fahrlässige Tötung und unerlaubtes Entfernen vom Unfallort,[93] unerlaubtes Entfernen vom Unfallort nicht eine fahrlässige Tötung und einen versuchten Totschlag zur Tateinheit verbinden. Auch kann ein Verstoß gegen das Berufsverbot nach § 145c als minderschwere Tat nicht mehrere Betrugstaten zur Tateinheit zusammenführen;[94] § 129a a.F. kann die mit höherer Strafe bedrohten Verbrechen des versuchten Mordes und der Herbeiführung einer Sprengstoffexplosion oder Verbrechen nach § 249 und § 30 Abs. 2 ebenso wenig verklammern,[95] wie ein sukzessiv ausgeführter Versuch der schweren räuberischen Erpressung mehrere, in größeren zeitlichen Abständen begangene vorsätzliche Tötungsdelikte (BGH NJW **1998** 619, 620) oder wie das minderschwere Delikt der Zuhälterei nach § 181a oder der Förderung der Prostitution nach § 180a Abs. 1 die Verbrechen des schweren Menschenhandels (§ 181 a.F.) und der sexuellen Nötigung oder der Vergewaltigung (§ 177).[96] Der Besitz von Betäubungsmitteln in nicht geringer Menge ist in § 29a Abs. 1 Nr. 2 BtMG das OrgKG vom Regelbeispiel des § 29 Abs. 3 BtMG a.F. zum Verbrechenstatbestand hochgestuft worden, so dass er durch den unerlaubten Erwerb von Betäubungsmitteln wegen seines höheren Unrechtsgehalts nicht mehr verdrängt wird.[97] Auch im Verhältnis zu den übrigen Tatbestandsalternativen des § 29a Abs. 1 Nr. 2 BtMG (Handeltreiben, Herstellen, Abgabe usw.) ist der Besitz von Betäubungsmitteln in nicht geringer Menge nach zutreffender neuerer Rechtsprechung BGH Beschl. v. 5.3.2009 – 3 StR 566/08 Rdn. 9) als gleichwertiger Unrechtstatbestand anzusehen, der diese als durchgängiges Dauerdelikt zur Tateinheit verbinden kann; entgegen der früher in in BGHSt **42** 162, 165f vertretenen Ansicht ist er demnach in der gesetzlichen Fassung als Verbrechensqualifikation kein subsidiärer Auffangtatbestand.

34 **b)** Als **Maßstab** des Wertevergleichs dient im Übrigen die Abstufung der einzelnen Delikte nach ihrem Unrechtsgehalt in Verbrechen oder Vergehen oder er wird an den – gleichen oder unterschiedlich hohen – Strafrahmen orientiert.[98] Problematisch erscheint aber die Auffassung, dass der Wertevergleich nicht so sehr an einer abstrakt – generalisierenden Betrachtungsweise gemessen werden dürfe, maßgebend sei vielmehr die Gewichtung der konkreten Taten (BGHSt **33** 4, 6 ff),[99] so dass z.B. auch ein Vergehen in einem besonders schweren Fall (§ 29 Abs. 3 BtMG) durchaus ein Bindeglied zwischen Verbrechen in minder schweren Fällen (§ 30 Abs. 2 BtMG) sein könne. Diese Argumentationsweise ist zu Recht als methodisch bedenklich und wenig überzeugend bezeichnet worden.[100]

---

91 BGH, Urteil v. 8.11.2007 – 3 StR 320/07.

92 BGHSt **18** 66, 69; BGHR StGB § 52 Abs. 1 Klammerwirkung 8; BGH NStZ **1997** 508.

93 BayObLG NJW **1957** 1485; OLG Oldenburg NdsRpfl. **1963** 18; OLG Stuttgart NJW **1964** 1913; OLG Oldenburg NJW **1965** 117.

94 BGH bei Dallinger MDR **1973** 370; NStZ **1991** 549.

95 BGHR StGB § 129a Konkurrenzen 4; BGH bei *Holtz* MDR **1982** 969 zu § 129a a.F.

96 BGHSt **39** 390, 391 f mit Anm. *Geerds* JR **1995** 71; BGHR StGB § 181 Konkurrenzen 3; BGH Urteil vom 15.7.2005 – 2 StR 131/05.

97 BGH NStZ **1994** 548; BGHR BtMG § 29a Abs. 1 Nr. 2 Menge 3.

98 BGHSt **29** 288, 292; BGH bei *Holtz* MDR **1983** 620; BGHR StGB § 52 Abs. 1 Klammerwirkung 5; vgl. auch *Fischer* Vor § 52 Rdn 32 f.

99 BGH NStZ **1993** 133; NStZ-RR **1998** 234; NStZ **2005** 262; differenzierend BGHR StGB § 52 Abs. 1 Klammerwirkung 4; **a.A.** BGH NStZ **2011** 577, 578; vgl. auch *Sch/Sch/Sternberg-Lieben/Bosch* § 52 Rdn. 16.

100 *Peters* JR **1993** 265, 267 f; kritisch auch *Lackner/Kühl* § 52 Rdn. 5; zustimmend hingegen *Bringewat* Gesamtstrafe Rdn. 73 f; *Maurach/Gössel/Zipf* § 55 Rdn. 78; *Wessels/Beulke/Satzger* AT Rdn. 780.

c) Die Rechtsprechung hat im Übrigen die für das *Verkehrsstrafrecht* wichtige *Klammerwirkung* der *Trunkenheitsfahrt* dadurch eingeschränkt, dass sie bei einem Unfall eine Zäsur annimmt, die Tateinheit ausschließt (z.B. BGHSt **21** 203, 204; **23** 141; näher dazu oben Vor §§ 52ff Rdn. 39).[101] Die diese Entscheidungen tragenden Argumente – **Zäsurwirkung** eines **neuen Tatentschlusses** – sind auf die Beurteilung der Konkurrenzverhältnisse der Dauerdelikte des Ausübens der tatsächlichen Gewalt und des Führens einer Schusswaffe nach § 53 Abs. 1 Nr. 3a a.F. WaffG zu den mit der Waffe begangenen Straftaten übertragen worden. Zunächst sind im Anschluss an BGHSt **31** 29 mehrere Entscheidungen von Tateinheit zwischen den Dauerdelikten des Ausübens der tatsächlichen Gewalt und des Führens einer Schusswaffe und einem mit der Waffe ausgeübten Verbrechen ausgegangen;[102] schon in BGHSt **36** 151, 153f[103] ist dagegen die Annahme von Tatmehrheit zwischen Besitz und Führen einer Schusswaffe und einer mit der Waffe begangenen räuberischen Erpressung bejaht worden mit der Begründung, der Entschluss, eine unerlaubt besessene Waffe bei einer anderen Straftat zu verwenden, stelle jedenfalls dann einen entscheidenden Einschnitt dar, der eine neue Handlung i.S.d. § 52 beginnen lasse und die Dauerdelikte des Besitzes und des Führens von Waffen in selbständige Taten vor und nach der mit der Waffe begangenen Tat teile, wenn die mit der Waffe begangene Straftat schwerer wiege als das Waffenvergehen. Dem hat sich auch der 2. Strafsenat des BGH in NStZ-RR **1999** 8 unter Aufgabe der in BGHSt **31** 29 vertretenen Auffassung angeschlossen.[104] Hat der Täter aber bereits beim Erwerb oder bei dem Herstellen einer Waffe die Absicht, diese bei einem Verbrechen einzusetzen, so liegt eine einheitliche Straftat vor,[105] weil dann von einem neuen Willensentschluss keine Rede sein kann, wenn der Täter die Waffe entsprechend seines von Anfang an gefassten Vorsatzes verwendet.[106] Die Auffassung, das mit einer Sachbeschädigung verbundene Führen einer Schusswaffe stehe zu dem davor liegenden Ausüben der tatsächlichen Gewalt in Tatmehrheit (BGHR WaffG § 53 Abs. 1 Konkurrenzen 3), genügt zwar den in BGHSt **36** 151 aufgestellten Kriterien für eine Zäsurwirkung nicht, sie entspricht aber einer Tendenz in der Rechtsprechung, generell dem Einsatz der Waffe bei der Ausführung einer anderen Straftat gegenüber dem bloßen Ausüben der tatsächlichen Gewalt über diese ein eigenständiges Gewicht i.S. eines intensiveren kriminellen Verhaltens zuzusprechen und deshalb unabhängig vom Gewicht des mittels der Waffe begangenen Delikts stets von Tatmehrheit auszugehen.[107] Eine solche strafrechtliche Behandlung kann die Handhabung der Waffendelikte in der Praxis nicht nur erheblich erleichtern und vereinfachen, sondern auch zu sachgerechteren Ergebnissen führen. 35

---

101 Zur Gegenüberstellung dieser Rechtsprechung mit derjenigen zur Klammerwirkung *Warda* FS Oehler S. 254 ff.

102 BGH NStZ **1989** 20; BGHR StGB § 52 Abs. 1 Handlung, dieselbe 6, 14, 15 und Klammerwirkung 5 und 6.

103 BGHSt **36** 151, 153 f = JR **1990** 161 ff m. Anm. *Mitsch*; ebenso BGH Beschl. vom 7. Febr. 1995 – 5 StR 728/94 und Urt. vom 22. Juni 1995 – 5 StR 249/94; kritisch *Peters* JR **1993** 265, 268 ff; zustimmend *Steindorf* WaffR § 53 Rdn. 35.

104 Vgl. auch BGH JR **1995** 168, 169 mit Anm. *Erb*; BGHR WaffG § 53 Abs. 1 Konkurrenzen 8; OLG Zweibrücken NJW **1986** 2841 f m. Anm. *Mitsch* NStZ **1987** 457 f.

105 BGH NStZ **1992** 276; RGSt **59** 359, 361; differenzierend *Jähnke* LK[11] § 212 Rdn. 44; **aA** *Schlüchter* JZ **1991** 1057, 1059.

106 *Erb* JR **1995** 169, 170; *Peters* JR **1993** 265, 269; *Steindorf* WaffG § 53 Rdn. 40; **aA** *Puppe* JR **1986** 205, 207 f, die allerdings das Verbrechen aus dem Kontinuum des unerlaubten Waffenbesitzes grundsätzlich und unabhängig von neuen Täterentschlüssen herauslösen will.

107 Vgl. BGH Beschl. vom 18.2.1998 – 1 ARs 1/98, ergangen auf eine Anfrage des 5. Strafsenats in der Sache 5 StR 717/97; vgl. auch BGH Beschl. vom 19. März 1997 – 2 StR 520/96.

36 **2.** Ob eine während einer **Dauerstraftat** oder bei einem **Organisationsdelikt** zeitgleich begangene weitere Straftat nur *gelegentlich* des Dauerdelikts begangen wurde und deshalb mit diesem in *Tatmehrheit* steht, ist vor allem in den Fällen von Bedeutung, in denen eine rechtskräftige (Teil-)Aburteilung einer Dauerstraftat oder einer einzelnen Betätigung zugunsten einer kriminellen oder terroristischen Vereinigung i.S.d. §§ 129, 129a, die in Tateinheit mit einem allgemeinen Delikt begangen und abgeurteilt wurde, die spätere strafrechtliche Verfolgung einer mit dieser zusammenhängenden weiteren allgemeinen Straftat gemäß dem Grundsatz des *ne bis in idem*[108] in Frage stellt.

37 So ist vom OLG Karlsruhe[109] für das Organisationsdelikt der Mitgliedschaft in einer kriminellen Vereinigung nach § 129 materiell-rechtlich Tatmehrheit mit den im Zusammenhang mit der Mitgliedschaft begangenen Straftaten angenommen worden, weil die Mitgliedschaft nach § 129 ein reines Organisationsdelikt sei, zu dessen Tatbestand die Begehung der auf die Zielerreichung gerichteten Straftaten gerade nicht gehöre.[110] Diese Meinung bestritt mithin, dass Straftaten, die in Verfolgung der Ziele einer kriminellen Vereinigung begangen werden, nicht zwangsläufig auch der Förderung des organisatorischen Zusammenhalts dienen. Das widersprach der älteren Rechtsprechung des BGH, die im Übrigen eine kontinuierliche Beteiligung als Mitglied in einer von den §§ 129, 129a erfassten Vereinigung auch in den Zeiten für möglich hielt, in denen das Mitglied keine Tätigkeiten für die Vereinigung ausübte,[111] es sei denn, die Mitgliedschaft war über längere Zeit nicht mehr auf eine aktive Teilnahme am Verbandsleben gerichtet (BGH NStZ **2002** 328, 330f). In BGHSt **29** 288, 290f (= NStZ **1981** 72 m. Anm. *Rieß*) ist deshalb materiell-rechtlich Tateinheit zwischen dem Organisationsdelikt und den einzelnen, in Verfolgung der Ziele der Vereinigung begangenen Verbrechen und Vergehen angenommen aber ein Verbrauch der Strafklage verneint worden.[112] Dies wurde damit begründet, dass der allgemeine Grundsatzes, dass materielle Tateinheit in der Regel auch zur prozessualen Tatidentität i.S.d. § 264 StPO führt, in den Fällen des tateinheitlichen Zusammentreffens von Beteiligungsakten nach § 129 mit allgemeinen Delikten, die über eine mit höhere Strafdrohungen verfügten, wegen der u.U. lange Zeiträume und unterschiedlichste Verhaltensweisen erfassenden besonderen Struktur des § 129 als Organisationsdelikt und aus Gründen der materiellen Gerechtigkeit – unter näher dargelegten Voraussetzungen – durchbrochen werden könne (BGHSt aaO S. 293ff).[113] Diese Grundsätze sind von der Rechtsprechung zunächst auch auf § 20 Abs. 1 Nr. 1 Vereinsgesetz übertragen worden.[114] Auf Dauerdelikte, insbesondere Waffendelikte lassen sich die, auf die Struktur der Organisationsdelikte zugeschnittenen Erwägungen in BGHSt **29** 288 zur Begründung der

---

108 Zum Strafklageverbrauch bei Tateinheit mit Dauerdelikten grundsätzlich BGHSt **8** 92, 94f; BGH NJW **1981** 997; NStZ **1984** 135. Durch die Entscheidung BGHSt **40** 138 zur Aufgabe der fortgesetzten Handlung sind auch hier die Dinge in Bewegung geraten.

109 OLG Karlsruhe NJW **1977** 2222 mit Anm. *Meyer* JR **1978** 35 und Bespr. *Werle* JR **1979** 93.

110 **AA** *Sch/Schröder/Stree/Sternberg-Lieben/Bosch* Vor §§ 52ff Rdn. 91; *Vogler* LK[10] Vor §§ 52ff Rdn. 23; *Herdegen* MDR **1980** 438, 439.

111 BGHSt **29** 114, 122f; *v. Bubnoff* LK § 129 Rdn. 87; *Rudolphi* SK § 129 Rdn. 30; *Cording* Der Strafklageverbrauch S. 69ff u. S. 109ff; *Fleischer* NJW **1979** 1337, 1339; *Krauth* FS Kleinknecht S. 215, 224f.

112 BVerfGE **56** 22, 32f m. Anm. *Grünwald* StV **1981** 323 und Anm. *Gössel* JR **1982** 108; BGH NJW **1980** 2029, 2030; NStZ **1982** 517, 518; *Krauß* MK § 129 Rdn. 194; *Werle* NJW **1980** 2671, 2675f.

113 Insoweit kritisch insbesondere *Schlüchter* SK StPO § 264 Rdn. 9 und JZ **1991** 1057, 1058f; *Puppe* NK Rdn. 49. Mit auf den Regelungszweck des § 264 StPO gestützten Argumenten hingegen zustimmend *Gollwitzer* LR § 264 StPO Rdn. 7; *Kröpil* DRiZ **1986** 451; *Roxin* AT II § 33 Rdn. 100; vgl. zu dem Fragenkomplex des Strafklageverbrauchs bei Organisationsdelikten und zeitlich gestreckten Delikten u.a. *v. Bubnoff* LK[11] § 129 Rdn. 91ff; *Fischer* § 129 Rdn. 69; *Cording* Der Strafklageverbrauch (1993); *Erb* GA **1994** 265; *Krauth* aaO S. 215; *Wahle* GA **1968** 97.

114 BGH NStZ **2001** 436 m. Anm. *Mitsch* NStZ **2002** 159.

Trennung von prozessualer Tat und materiell-rechtlicher Tateinheit wegen deren anderer tatbestandlicher Struktur allerdings nicht übertragen.[115]

3. Diese **Rechtsprechung** hat der 3. Strafsenat des BGH inzwischen mit BGHSt **60** 308 **aufgegeben** und dahin gehend abgeändert, dass alle gegen individuellen Interessen gerichteten Straftaten eines Mitglieds der Vereinigung, die dem Zweck oder dem Interesse der Vereinigung dienen sollen, zwar mit einer Straftat nach § 129 in Tateinheit, jedoch untereinander in Tatmehrheit stünden, weil **keine Verklammerung** durch § 129 mehr stattfinde (BGH aaO S. 315ff). Als Ausgangspunkt für seine Neubewertung knüpft der Senat an die Rechtsprechung zum Konkurrenzverhältnis zwischen Besitz und Führen einer Schusswaffe und einer mittels der Waffe begangenen anderen Straftat an, wenn diese auf einem neuen, bei Inbesitznahme noch nicht vorliegenden Willensentschluss beruhte. In diesen Fällen wird dem neuen Tatentschluss Zäsurwirkung beigemessen, weil die tatbestandlichen Voraussetzungen der Strafbarkeit des Waffenbesitzes in keinem unmittelbaren Zusammenhang mit der Begehung einer Straftat mittels dieser Waffe stünde. Eine anschließende weitere Besitzausübung über die Waffe wird in der Regel als neue rechtlich selbstständige Straftat gewertet. Im Unterschied zu der Rechtsprechung zur Zäsurwirkung eines neuen Tatentschlusses beim Dauerdelikt des unerlaubten Waffenbesitzes, wird die Aufspaltung der tatbestandlichen Einheit des Organisationsdelikts des § 129 in Tatmehrheiten von die Entscheidung BGHSt **60** 319f strikt *objektiv* und *handlungsbezogen* bestimmt. Der 3. Strafsenat begründet die Aufspaltung damit, dass die zugunsten der Vereinigung unternommenen Handlungen, die zugleich einen weiteren Straftatbestand erfüllten hierdurch im Unrechts- und Schuldgehalt erhöht würden. Das habe zur Folge, dass die in Tateinheit mit einem anderen Delikt vorgenommenen Handlungen nicht (mehr) unter die zusammenfassenden Wirkung der tatbestandlich Handlungseinheit des § 129 fallen würden, weil dieser Tatbestand *nur gleichwertige* Handlungen zusammenfassen könne,[116] so dass die schwerwiegenderen Handlungen – idealkonkurrierend mit § 129 Abs. 1– tatmehrheitlich zu der Handlungseinheit des § 129 Abs. 1 Var. 2 hinzu träten. Von Bedeutung ist insbesondere, dass der 3. Strafsenat seine Ausführungen in dem zu entscheidenden Fall– *unabhängig* von der Schwere des Unrechtsgehalts –auf jede sonstige, lediglich den organisatorischen Zusammenhalt oder die Schlagkraft der Organisation fördernde Handlung durch ein Mitglied einer kriminellen oder terroristischen Vereinigung erstrecken will, sofern dadurch zusätzlich ein anderer Straftatbestand erfüllt wird. Auch diese Handlungen sollen nicht mehr Teil der Handlungseinheit werden können, was nichts anderes bedeutet, als dass zukünftig alle Betätigung, die den Tatbestand eines Organisationsdelikts oder einer anderen tatbestandlichen Handlungseinheit und gleichzeitig auch einen weiteren Straftatbestand erfüllen, als tatmehrheitliche Straftaten behandelt werden müssen.[117] Darin liegt Spreng- 38

115 So aber OLG Hamm NStZ **1986** 278f m. abl. Anm. *Grünwald* StV **1986** 241, 243ff und *Puppe* JR **1986** 201, 203ff; zustimmend hingegen *Neuhaus* NStZ **1987** 138; zur sog. „Entklammerung" bei Waffendelikten durch einen neuen Tatentschluss siehe oben Rdn. 35.

116 *Van Lessen* NStZ **2016** 446, 447 kritisiert zu Recht, dass der Senat eine Erklärung für das angebliche Erfordernis der Gleichwertigkeit nicht gibt.

117 Die überwiegende Meinung in der Literatur steht der Quintessenz dieser Entscheidung und deren Begründung positiv gegenüber vor allem, weil sie die „systemwidrige" Trennung von materieller und prozessualer Tat, wie sie von BGHSt **29** 288 vorgenommen worden sei, wieder beseitige, vgl. *Fischer* § 129 Rdn. 70; *Krauß* LK § 129 Rdn. 194; *Ostendorf* NK § 129 Rdn. 32f; *Schäfer* MK Rdn. 141; *Sch/Schröder/Sternberg-Lieben/Schittenhelm* § 129 Rdn 27; SSW/*Lohse* § 129 Rdn. 46f. Siehe auch die Anmerkung von *Puppe* JZ **2016** 478 und *dies.* NK § 52 Rdn. 44, die vor allem die neue dogmatische Grundlage der Entscheidung, die den Unrechtsgehalt entscheidend verändert hätte, positiv sieht.

kraft,[118] und zwar über das Staatsschutzstrafrecht hinaus für alle Delikte, denen von der Rechtsprechung bisher *Klammerwirkung* beigemessen wurde. Ob der Senat bei seiner „kopernikanischen Wende“[119] in der konkurrenzrechtlichen Dogmatik alle sich hieraus ergebenden Konsequenzen, z.B. mögliche Verjährungsproblematiken für die aus dem Verbund der u.U. zeitlich langgestreckten mitgliedschaftlichen Beteiligung an einer kriminellen oder terroristischen Vereinigung heraus gelösten Einzeltaten, hinreichend deutlich im Blick hatte, ist dem Beschluss nicht zu entnehmen.

39 **4.** Diesen Grundsätzen der Rechtsprechung zur sog. Entklammerung stellen einige Meinungen in der *Literatur* eigene *„Zergliederungsmethoden“* gegenüber, die sich argumentativ u.a. den Umstand zu Nutze machen, dass die Tatbestandsverwirklichung eines Dauerdelikts je nach Betrachtungsweise entweder als eine Handlungseinheit oder aber als eine Mehrzahl zeitlich hintereinander geschalteter Handlungsabschnitte erscheint, je nachdem, wie viele einzelne Handlungen oder Unterlassungen des Täters den Tatbestand des Dauerdelikts erfüllen. Deshalb soll die Annahme von Tatmehrheit schon dann möglich sein, wenn an sich untereinander real konkurrierende andere Straftaten mit der durchgängigen Handlung des Dauerdelikts zusammentreffen, so dass etwa eine Trunkenheitsfahrt – als tatsächliches zusammenhängendes Geschehen – allein unter dem rechtlichen Blickwinkel des § 316 als eine Einheit verstanden werden kann, während sie als Mehrheit erscheint, wenn sie in verschiedenen Phasen z.B. mit einer fahrlässigen Tötung und später mit einer Körperverletzung mit unerlaubtem Entfernen vom Unfallort zusammentrifft.[120] Nach anderer Auffassung soll vor allem das Gewicht des Unrechts der mit einem Dauer- oder Organisationsdelikt tateinheitlich begangenen Straftaten für die Annahme einer oder mehrerer materiell-rechtlicher Taten maßgeblich sein, so dass etwa ein mit einem Akt der mitgliedschaftlichen Beteiligung i.S.d. §§ 129, 129a zusammenfallender Mord aus der sachlich-rechtlichen Bewertungseinheit der mitgliedschaftlichen Beteiligung in einer kriminellen oder terroristischen Vereinigung herausfallen würde.[121] Gegen diese Zergliederungsmethoden, aber auch gegenüber der Entklammerung, wie sie die Rechtsprechung praktiziert, wird mit gewisser Berechtigung der Einwand erhoben, dass eine solche materiell-rechtliche Aufspaltung des Dauerdelikts die Gefahr einer sachlich nicht gerechtfertigten Vervielfältigung seiner Strafbarkeit in sich birgt und sich keine gesetzliche Anhaltspunkte finden lassen, die eine solche Aufspaltung des eine tatbestandliche Handlungseinheit bildenden Dauerdelikts stützen könnten.[122]

---

118 Das sieht *Gazeas* StV **2016** 502, 505 in seiner differenziert kritischen Anmerkung zu BGHSt **60** 308 so ähnlich; zu Recht kritisch auch *van Lessen* NStZ **2016** 446, 453 f.

119 *Gazeas* StV **2016** 502.

120 *Puppe* Idealkonkurrenz S. 210 ff; *dies.* GA **1982** 142, 149 und JR **1986** 206 ff sowie NK § 52 Rdn. 44 ff; *Schlüchter* JZ **1991** 1057, 1059 f und SK StPO § 264 Rdn. 32 f; zustimmend *Mitsch* MDR **1988** 1005, 1011; *ders.* JR **1990** 164.

121 *Werle* Die Konkurrenz S. 211 ff; *ders.* NJW **1980** 2671, 2674 ff; hiergegen mit zutreffenden Argumenten *Krauth* FS Kleinknecht S. 215, 224 ff; vgl. auch *v. Bubnoff* LK[11] § 129 Rdn. 87; *Peters* JR **1993** 265, 269 f.

122 *Cording* Strafklageverbrauch S. 69 ff und S. 120; *Erb* GA **1994** 265, 271 f; *ders.* JR **1995** 169, 170; *Lippold* Die Konkurrenz bei Dauerdelikten S. 34 f und S. 51; *Samson/Günther* SK[8] Rdn. 19; ähnlich schon *Wahle* GA **1968** 97, 103 ff; *Schönborn* NJW **1974** 734 f; gegen diese Argumente *Puppe* JR **1986** 205, 208 und NK § 52 Rdn. 65; zur Kritik an der Figur der Tateinheit durch Klammerwirkung generell *Jakobs* AT § 33/11 f; *Roxin* AT § 33 Rdn. 108; *v. Heinschel-Heinegg* MK Rdn. 103.

V. Gleichartige und ungleichartige Tateinheit

Verletzt dieselbe natürliche oder juristische Handlung *verschiedene Strafgesetze* zugleich, so liegt *ungleichartige* Tateinheit vor; verletzt sie *dasselbe Gesetz mehrfach* (ein Schuss trifft mehrere Personen), also bei gleichartiger Verletzung mehrere Rechtsgüter durch dieselbe Handlung, so ist *gleichartige* Tateinheit gegeben.[123] Den letzten Fall erfasst § 52 seit dem 1. StrRG auch ausdrücklich. Doch hatte schon das Reichsgericht in ständiger Rechtsprechung die Verletzung „mehrerer" Strafgesetze auch dann angenommen, wenn eine Handlung dasselbe Strafgesetz mehrfach verletzt.[124] **40**

1. Die gesetzliche Anerkennung der gleichartigen Tateinheit gibt noch keine Antwort auf die Frage nach **der Abgrenzung** von **einfacher und mehrfacher** Erfüllung desselben Tatbestandes durch eine Handlung in den Fällen pauschalierender Handlungsbeschreibungen und lediglich quantitativer Intensivierung durch wiederholte Tatbestandsverwirklichung; so wenn ein Tatbestand durch verschiedene Einzelhandlungen jeweils voll erfüllt wird, diese aber nach den oben (Vor § 52 Rdn. 41 ff) aufgeführten Grundsätzen zu einer Einheit zusammengefasst werden.[125] **41**

Den Tatbestand erfüllt daher nur *einmal*, wer einen anderen mit mehreren Schlägen misshandelt, durch mehrere Worte beleidigt oder ihm mit mehreren Handgriffen mehrere Sachen wegnimmt. Gleichfalls erfüllt auch bei Straftaten gegen Vermögensrechte eine Handlung den Tatbestand nicht schon deshalb „mehrmals", weil **verschiedene Rechtsgutsträger** betroffen sind, nimmt der Täter z.B. durch dieselbe Handlung verschiedenen Eigentümern gehörende Sachen weg oder beschädigt sie.[126] Handelt es sich dagegen um **höchstpersönliche** Rechtsgüter, liegt *gleichartige* Tateinheit vor, z.B. wenn mehrere Menschen durch eine Explosion getötet werden, wenn der Täter zwei Kinder gleichzeitig zur Duldung sexueller Handlungen auffordert oder wenn durch die Schrift oder Rede mehrere Personen beleidigt werden.[127] **42**

2. Dieselbe natürliche oder juristische Handlung verletzt nicht selten dem Wortlaut nach mehrere Strafgesetze. § 52 meint aber nicht *alle* diese Fälle. Er bezweckt die Bestrafung einer schuldhaften Handlung nach allen rechtlichen Gesichtspunkten und damit ihrem vollen Unrechtsgehalt i.S. einer begrenzten und kombinierten Absorption; er setzt also voraus, dass außerhalb desjenigen Gesetzes, dem nach § 52 die Strafe zu entnehmen ist, noch andere rechtliche Gesichtspunkte bestehen, die die Tat auch noch in anderer Weise als Unrecht kennzeichnen. Wo das nicht zutrifft, sind in Wirklichkeit nicht mehrere Gesetze i.S. des § 52 „verletzt", sondern von der Handlung neben dem einschlägigen Gesetz nur mittelbar berührt (*Fälle der Gesetzeseinheit* dazu oben Vor § 52 Rdn. 107 ff). **43**

---

123 BGHSt **1** 20; **2** 246; **40** 307, 314; *Jescheck/Weigend* § 67 I 1; *Lackner/Kühl* Rdn. 2; *Sch/Schröder/Sternberg-Lieben/Bosch* Rdn. 22; *Stratenwerth* Rdn. 1245; kritisch hinsichtlich des Begriffs der gleichartigen Tateinheit *Baumann/Weber* AT^9 § 41 II 1; *Maurach/Gössel/Zipf* § 55 Rdn. 56 ff; *Puppe* NK Rdn. 17 ff; *Fischer* Vor § 52 Rdn. 20 ff unterscheidet nach Anzahl und Art (ungleichartige und gleichartige) der Erfolge.

124 RGSt **72** 342 mit weit. Angaben; **70** 245, 250; 26, 29; **74** 378; zur älteren Literatur vgl. *Frank* § 73 Anm. III.

125 *v. Heinschel-Heinegg* MK Rdn. 105 f; *Sch/Schröder/Sternberg-Lieben/Bosch* Rdn. 23; *Samson/Günther* SK^8 Rdn. 24; vgl. auch *Puppe* NK Rdn. 12 ff.

126 *Sch/Schröder/Sternberg-Lieben/Bosch* Rdn. 29; *Jakobs* AT 32/18 ff; *Jescheck* ZStW **67** (1955) 547; **aA** aber *Jescheck/Weigend* § 67 II 1; *Mitsch* JuS **1993** 388; **aA** für § 263 BGH bei *Dallinger* MDR **1970** 381 f und für § 266 BGH wistra **1986** 67.

127 BGHSt **1** 21; **2** 246, 247; **6** 81, 82; **16** 397 f; BGHR StGB § 239 Abs. 1 Konkurrenzen 9 und § 253 Abs. 1 Konkurrenzen 2; *Sch/Schröder/Sternberg-Lieben/Bosch* Rdn. 26.

Angewandt i.S. des § 52 werden nur diejenigen Strafgesetze, welche die Handlung im vorerwähnten Sinne in irgendeiner Richtung selbständig als Unrecht kennzeichnen und verfahrensrechtlich anwendbar sind. Nur sie sind i.S. der Vorschrift gleichzeitig „verletzt". Sie bestimmen die Schuld und den Schuldspruch im Urteil. Nach ihnen ist der Täter daher zu verurteilen, damit wird schon im Schuldspruch das verwirklichte Unrecht erschöpfend zum Ausdruck gebracht (**sog. Klarstellungsfunktion**).[128]

44 Wird dasselbe Gesetz nur in mehreren *gleichartigen Begehungsformen* verletzt, z.B. Mord unter Verwirklichung mehrerer Mordmerkmale oder gefährliche Körperverletzung durch mehrere der in § 224 n.F. aufgeführten Alternativen, so liegt nicht (gleichartige) Tateinheit, sondern nur *eine* Gesetzesverletzung vor.[129] Voraussetzung ist allerdings stets, dass die verschiedenen Tatmodalitäten gleichwertiges Unrecht beschreiben.[130]

VI. Rechtsfolgen der Tateinheit

45 Für die Rechtsfolgen der Tateinheit ist zu unterscheiden, ob die Handlung mehrere Strafgesetze verletzt (*ungleichartige Tateinheit)* oder eine mehrfache Verletzung desselben Strafgesetzes durch eine Handlung *(gleichartige Tateinheit)* vorliegt.[131]

1. Strafbemessung

46 **a)** bei **gleichartiger** Tateinheit ist die Strafe unmittelbar dem mehrfach verletzten Strafgesetz zu entnehmen, als wäre es nur einmal verletzt (*Sch/Schröder/Sternberg-Lieben/Bosch* Rdn. 33). Strafschärfend kann (§ 46 Abs. 2: Art der Ausführung und die verschuldeten Auswirkungen der Tat) gewertet werden, dass dieselbe Tat das Gesetz mehrfach (BGH bei Holtz MDR **1992** 932) oder in mehreren Begehungsformen (BGH bei Dallinger MDR **1971** 363; NJW **1994** 2034) verletzt; die mehrfache Verletzung desselben Gesetzes kann auch zur Annahme eines besonders schweren Falles, etwa gemäß § 212 Abs. 2, führen.[132] Der Urteilstenor muss enthalten, wie oft der Tatbestand verletzt wurde (BGH NStZ **1994** 35; **1996** 610; wistra **2001** 144).[133]

47 **b)** Verletzt ein und dieselbe Handlung mehrere Strafgesetze (**ungleichartige** Tateinheit), so ist auch aus dem milderen Gesetz zu verurteilen, d.h. es ist durch Kombination verschiedener Strafrahmen ein neuer Strafrahmen zu bilden (§ 52 Abs. 2 S. 2, Abs. 4), aus dem dann die einheitliche Strafe (Abs. 1) entnommen wird: **Kombinationsprinzip.**[134]

48 Ursprünglich bestimmte ausschließlich das schwerere Gesetz die Strafbemessung, die Strafe war allein diesem zu entnehmen; das galt auch für die Mindeststrafe und für Nebenstrafen (RGSt **70** 357; **71** 105; **72** 117). Dies führte dazu, dass die Strafe für eine Straf-

---

128 BGHSt **39** 100, 109; **46** 24, 28; vgl. auch schon RGSt **69** 286; RGSt **62** 88; **53** 50; **52** 271; **47** 388.

129 BGH GA **1957** 84; bei *Dallinger* MDR **1968** 201; *Jähnke* LK[11] 211 Rdn. 2; grundlegend *Altenhain* ZStW **107** (1995) 382; **aA** noch NStZ **1994** 285 mit ablehnender Anm. *v. Hippel* JR **1995** 125.

130 *Lackner/Kühl* Rdn. 3; *Samson/Günther* SK[8] Rdn. 27; *Sch/Schröder/Sternberg-Lieben* Rdn. 28; siehe ferner oben Vor §§ 52ff Rdn. 90.

131 U.a. *Jäger* SK Rdn. 34ff; *Sch/Schröder/Sternberg-Lieben/Bosch* Rdn. 22ff; *SSW/Eschelbach* Rdn. 69ff.

132 Vgl. zum Ganzen *Sch/Schröder/Sternberg-Lieben/Bosch* Rdn. 33; *v. Heinschel-Heinegg* MK Rdn. 109f; *Fischer* Rdn. 4; vgl. auch BGH NJW **1982** 2264f.

133 *Meyer-Goßner/Schmitt* § 260 StPO Rdn. 26.

134 *Samson/Günther* SK[8] Rdn. 29; *Sch/Schröder/ Sternberg-Lieben/Bosch* Rdn. 34; *Jescheck/Weigend* § 67 IV 2; *Lackner/Kühl* Rdn. 8; *Fischer* Rdn. 2.

tat von vielfältigem Unrechtsgehalt innerhalb des Ganzen, u.U. nach unten hin niedrigeren Strafrahmens des schwereren Strafgesetzes gewählt werden konnte. Schwierig war auch die Abgrenzung der Strafen von den zulässig bleibenden Maßregeln und die Einordnung der „besonders schweren Fälle" bei abstrakter Betrachtungsweise.

Diese Exklusivität hat zunächst die Rechtsprechung zugunsten einer **begrenzten und ergänzenden Absorption** aufgegeben.[135] Seit der Entscheidung RGSt **73** 148 wurde bei der Strafbemessung das Mindeststrafmaß und die Strafart des milderen Gesetzes eingehalten; so auch ständig der BGH, z.B. BGHSt **1** 152; BGH GA **1977** 21; BGH Urt. v. 5.2.1992 – 2 StR 449/91. 49

c) Die dogmatische Begründung dieser Wirkung des milderen Gesetzes auf den Strafrahmen war streitig. Nach richtiger Auffassung liegt eine begrenzte und u.U. kombinierende Absorption vor. Die Neubildung selbständiger Strafrahmen bei Tateinheit sieht das Gesetz in § 52 nicht vor. Nach wie vor bleibt es bei der Anwendung des *strengsten* Gesetzes. Ihm allein ist die Strafe zu entnehmen, nur mit der Maßgabe, dass sie nach der Schwere der Strafe die Untergrenze des milderen Gesetzes einhalten muss (insoweit *begrenzte* Strafabsorption). Diese sog. **Sperrwirkung milderer Gesetze** (§ 52 Abs. 2 S. 2) beruht auf der Überlegung, dass der Rechtsbrecher nicht deshalb besser gestellt sein darf, weil seine Handlung nicht nur einen, sondern mehrere Straftatbestände erfüllt (*Sch/Schröder/Sternberg-Lieben/Bosch* Rdn. 34). Sieht nur eines der verletzten Strafgesetze – und sei es nur das mildere – Nebenstrafen, Nebenfolgen und Maßnahmen (§ 11 Abs. 1 Nr. 8) vor, so müssen oder können diese verhängt werden,[136] insoweit *kombinierende* Absorption (§ 52 Abs. 4). Nach § 52 Abs. 3 kann unter den Voraussetzungen des § 41 gesondert auf Geldstrafe neben Freiheitsstrafe erkannt werden.[137] 50

Grundsätzlich geht das Gesetz mit der **schwersten Strafart** vor. Nach den durch das EGStGB eingeführten Änderungen kommt ein Zusammentreffen von Gesetzen mit **verschieden schweren Strafarten** nicht mehr in Betracht. Das neue Recht droht nur noch Freiheitsstrafe allein oder wahlweise Freiheitsstrafe oder Geldstrafe an. Die schwerere Strafart ist die Freiheitsstrafe (BGH Urt. vom 15. Mai 1997 – 4 StR 89/97; *Jescheck/Weigend* § 67 IV 2). Der Strafarrest des WStG ist nur noch eine Form der Ersatzfreiheitsstrafe (§ 11 WStG) oder eine allgemein mögliche Form der kurzfristigen Freiheitsstrafe (§ 12 WStG); als solche geht er der Geldstrafe vor (vgl. BGHSt **12** 244). Droht ein Gesetz nur Freiheitsstrafe, ein anderes alternativ Geldstrafe an, so darf auf Geldstrafe nur über § 47 erkannt werden.[138] Zum Zusammentreffen von Straftat und Ordnungswidrigkeit vgl. § 21 OWiG. 51

Sodann ist das Gesetz zu finden, das die höchste Strafe androht (§ 52 Abs. 2 S. 1). Für die Ermittlung der maßgeblichen Strafdrohung gilt nicht die abstrakte Betrachtungsweise in dem Sinne, dass die Regelstrafrahmen der in Betracht kommenden Straftatbestände darüber entscheiden, welches Gesetz die höhere Strafe androht; es ist vielmehr ein *Vergleich* der *im konkreten Fall* anwendbaren Strafrahmen erforderlich, so dass auch benannte oder unbenannte Strafschärfungs- oder -milderungsgründe und die hierdurch eröffneten Ausnahmestrafrahmen zu beachten sind, sofern sie als erfüllt erachtet werden (BGH NStZ **2004** 110).[139] 52

---

135 RG GrS **73** 148; RGSt **75** 19, 20; 190, 191; BGHSt **1** 192; BGH LM § 73 Nr. 42; *Bockelmann* ZAkDR **1941** 293; *Mezger* DR **1941** 291 mit Überblick über die rechtsgeschichtliche Entwicklung des Strafgedankens bei Tateinheit.

136 Vgl. hierzu BT-Drucks. 11/5461 S. 7; *Lackner/Kühl* Rdn. 9; *Samson/Günther* SK[8] Rdn. 35.

137 Vgl. zu den Voraussetzungen BGHSt **26** 325, 330; **32** 60, 65; BGHR StGB § 41 Geldstrafe 1.

138 *Samson/Günther* SK[8] Rdn. 33; *Sch/Schröder/Sternberg-Lieben/Bosch* Rdn. 39.

139 BGH bei *Dallinger* MDR **1970** 560; BGHR StGB § 52 Abs. 2 Androhen 1; vgl. auch BGH NStZ **1989** 72; *Lackner/Kühl* Rdn. 8; *Sch/Schröder/Sternberg-Lieben/Bosch* Rdn. 37; *Maurach/Gössel/Zipf* § 55 Rdn. 88 ff;

53 **d)** Bei der **Strafzumessung i.e.S.** kann die tateinheitliche Verwirklichung mehrerer Gesetze mit unterschiedlicher Schutzrichtung straferhöhend wirken, allerdings auch nur soweit sich das tatbestandliche Unrecht nicht überschneidet (BGHSt **39** 100, 109; BGH bei Holtz MDR **1991** 104f),[140] und zwar – wenn auch mit geringerem Gewicht – selbst dann, wenn ein tateinheitlich begangener, das Tatunrecht modifizierender Tatbestand wegen Fehlens eines wirksamen Strafantrages nicht verfolgt werden kann (BGH bei Holtz MDR **1993** 405; NJW **1994** 1165, 1166).[141] Die Strafe muss sich aber innerhalb des Strafrahmens halten. Dies entspricht dem Erfordernis, den gesamten Unrechtsgehalt des tateinheitlichen Verhaltens angemessen zu ahnden.[142] Der Umstand, dass mehrere Tatbestände erfüllt worden sind, muss jedoch nicht notwendig zu einer Strafschärfung führen.[143] Auch die gesetzlichen Höchstgrenzen von Nebenstrafen usw. (§ 52 Abs. 4 S. 2) dürfen selbst dann nicht überschritten werden, wenn sie aufgrund mehrerer der in Tateinheit stehenden Strafgesetze angeordnet werden können oder müssen. § 52 ordnet insoweit nicht Addition, sondern Kombination der verschiedenen Sanktionen an (*Sch/Schröder/Sternberg-Lieben/Bosch* Rdn. 43).

54 Die Strafgesetze, die wegen des Fehlens einer Prozessvoraussetzung nicht anwendbar sind, wenn etwa der erforderliche Strafantrag nicht gestellt oder Verjährung eingetreten ist,[144] *entfalten* aber *für die Kombinationsstrafdrohung keine* Wirkung. Ebenso ist für jedes anzuwendende Gesetz die Möglichkeit der Straffreiheit (Amnestie)[145] oder der Verjährung[146] gesondert festzustellen. Außer Ansatz bleiben für die Kombinationsstrafdrohung auch solche Strafgesetze, bei denen ein Strafausschließungs- oder Strafaufhebungsgrund vorliegt.[147]

55 **2. Strafprozessuale Behandlung.** War statt Gesetzeseinheit rechtsirrtümlich Tateinheit angenommen worden, so braucht das Revisionsgericht das Urteil nicht aufzuheben, wenn bei der Strafzumessung ohnehin auf die niedrigste zulässige Strafe erkannt ist; es genügt Richtigstellung.[148] Ist ein Urteil mit der Begründung aufgehoben worden, dass die Taten nicht in Tatmehrheit, sondern in Tateinheit stehen, so kann auf dieselbe Strafe erkannt werden, die das frühere Urteil als Gesamtstrafe verhängt hatte (BGH NStZ **1996** 296f). Da die unrichtige Bestimmung der Konkurrenzen bei im Übrigen unverändertem Schuldumfang in der Regel ohne Auswirkung auf den Strafausspruch bleibt (BGHSt **41** 368, 373; BGH NJW **2004** 2840, 2842), kann das Revisionsgericht entsprechend § 354 Abs. 1 StPO den Schuldspruch selbst von Tatmehrheit in Tateinheit abändern und auf die vom Tatgericht verhängte Gesamtstrafe als Einzelstrafe erkennen.[149] Hat

---

Fischer Rdn. 3; *Jescheck/Weigend* § 67 IV 2; *Schmidhäuser* 20/45; *Baumann/Weber/Mitsch/Eisele* § 36 Rdn. 32.

140 Vgl. auch BGH NStZ **1989** 72; OLG Köln MDR **1956** 374; OLG Hamm NJW **1973** 1891; *Puppe* NK Rdn. 54.

141 Ähnlich auch *Puppe* NK Rdn. 57.

142 RGSt **22** 393; **49** 402; *Sch/Schröder/Stree/ Sternberg-Lieben/Bosch* Rdn. 47; *Samson/Günther* SK 8. Aufl. Rdn. 27; *Fischer* Rdn. 4.

143 BGH NStZ **1987** 70; **1993** 434 sowie **1993** 537, 591; OLG Hamburg JR **1951** 86.

144 RGSt **47** 388; **62** 88; BGHSt **17** 157; *Sch/Schröder/Sternberg-Lieben/Bosch* Rdn. 47.

145 RGSt **67** 235; BGHSt **7** 305.

146 RGSt **52** 270; **53** 50; RG JW **1924** 1878; BGH bei *Dallinger* MDR **1976** 15; wistra **1982** 188; NStZ **1990** 80, 81; BGHR StGB § 78 Abs. 1 Tat 1, 2; § 176 Abs. 1 Konkurrenzen 4.

147 *Sch/Schröder/Sternberg-Lieben/Bosch* Rdn. 46.

148 RGSt **53** 191; **60** 58.

149 Ständige Rspr: so schon BGH bei *Holtz* MDR **1978** 110; ferner BGH NJW **1994** 1165, 1166; NStZ **1996** 296; wistra **1997** 181, 182; BGHR StPO § 358 Abs. 2 Nachteil 2 (vgl. aber andererseits BGHR StPO § 354 Abs. 1

umgekehrt der erste Tatrichter Tateinheit angenommen und das Revisionsgericht das Verhalten als Tatmehrheit gewürdigt und deshalb das Urteil aufgehoben, so hat das verfahrensrechtlich nicht zur Folge, dass die Summe der jetzt festzusetzenden Einzelstrafen nicht über die frühere Einzelstrafe hinausgehen dürfte. Dem Verschlechterungsverbot des § 358 Abs. 2 StPO ist genüge getan, wenn die frühere einheitliche Strafe weder von einer der neuen Einzelstrafen noch von der hieraus zu bildenden Gesamtstrafe überschritten wird (BGH StV **1982** 510; BGHR StPO § 358 Abs. 2 Nachteil 5).[150]

Im Bereich des § 52 gibt es im Allgemeinen **keinen Teilfreispruch,** weil jeweils nur eine natürliche oder eine Handlung im Rechtssinne nach mehreren einschlägigen rechtlichen Gesichtspunkten abgeurteilt wird, nicht aber mehrere im Rechtssinne selbständige Handlungen.[151] Dagegen kommt Teilfreispruch in Betracht, wenn die Annahme von Tateinheit im Eröffnungsbeschluss von vorneherein offensichtlich fehlerhaft war.[152] 56

Ist eine im natürlichen oder juristischen Sinne einheitliche Handlung abgeurteilt, so gilt dies zugleich für alle in ihr enthaltenen Teilhandlungen: Die Strafklage ist insoweit verbraucht **(ne bis in idem).**[153] Zwar ist der strafprozessuale Tatbegriff weder mit dem materiellen Handlungsbegriff noch mit dem Begriff der Tateinheit identisch mit der Folge, dass eine Tat i.S. des § 264 StPO auch bei Tatmehrheit vorliegen kann. Andererseits ist aber auch bei Tateinheit i.S.d. § 52 nicht stets zwingend von einer Tat im prozessualen Sinne auszugehen (BGHSt **43** 252, 255). Eine unterlassene tateinheitliche Beurteilung mit weiteren Strafgesetzen kann nicht nachgeholt werden.[154] Einer nachträglichen Verfolgung steht der Grundsatz *ne bis in idem* in der Regel auch dann entgegen, wenn der Täter nur wegen des milderen der zusammentreffenden Tatbestände verurteilt worden war.[155] Nach der Neufassung des § 410 StPO äußert der nicht mehr anfechtbare Strafbefehl Rechtskraftwirkung wie ein rechtskräftiges Urteil (vgl. *Meyer-Goßner/Schmitt* § 410 StPO Rdn. 12). 57

Die **Beschränkung der Revision** auf eine oder die (Teil-)Aufhebung einer der tateinheitlich zusammentreffenden Straftaten durch das Rechtsmittelgericht ist **unzulässig,** soweit die Schuldfrage nur einheitlich geprüft und beurteilt werden kann. In der Regel erfassen Anfechtung und Aufhebung die Tat im Ganzen, auch wenn nur die Anwendung eines Teils der rechtlich zusammentreffenden Strafgesetze fehlerhaft ist (BGH NStZ **1997** 276; NStZ-RR **1997** 331, 332).[156] In einem solchen Fall ist der gesamte Schuldspruch nachzuprüfen, auch wenn der Erstrichter zu Unrecht Tatmehrheit angenommen hat (BGHSt **6** 230 im Anschluss an RGSt **59** 317; OLG Braunschweig NJW **1954** 45). Das gilt auch dann, wenn der Erstrichter unter Annahme mehrerer Handlungen teilweise verur- 58

Strafausspruch); BGH Beschl. v. 14.7.2005 – 4 StR 134/05; *Meyer-Goßner/Schmitt* § 354 StPO Rdn. 22; *Kalf* NStZ **1997** 66 und *Basdorf* NStZ **1997** 423 mit einem Beispiel für eine denkbare Beschwer.

150 Vgl. *Gössel* LR § 33 Rdn. 67 ff sowie *Franke* LR § 358 Rdn. 22; *Kalf* NStZ **1997** 66, 68; zu einem Fall der Verhängung der Mindeststrafe als Einzelstrafe durch das Revisionsgericht BGHR StPO § 354 Abs. 1 Strafauspruch 5.

151 RGSt **52** 205; BGH NJW **1984** 135, 136; NStZ **1997** 276; StV **1997** 636.

152 BGH NStZ **1992** 398; StV **1997** 120, 121; BayObLGSt. **1960** 116; OLG Köln NJW **1958** 838; *Meyer-Goßner/Schmitt* StPO § 260 Rdn. 12 m.w.N.

153 § 264 StPO; dazu *Sch/Schröder/Sternberg-Lieben/Bosch* Rdn. 50; *Maurach/Gössel/Zipf* § 55 Rdn. 98 ff.

154 BGHSt **6** 290; BGH bei *Dallinger* MDR **1973** 556 mit Anm. *Schöneborn* NJW **1974** 734; RGSt **67** 316; **56** 176; **53** 315; **52** 208, 264; **25** 27.

155 RGSt **3** 210; *Sch/Schröder/Sternberg-Lieben/Bosch* Rdn. 50; *Maurach/Gössel/Zipf* § 55 Rdn. 98; beachte aber Vor § 52 Rdn. 56 und oben Rdn. 26 f.

156 RGSt **60** 161, 345; **65** 125, 133; **73** 245; BGHSt **19** 46, 48; anders für den Fall des Dauerdelikts der Zuhälterei aber BGHSt **39** 390, 391 unter Bezugnahme auf BGHSt **29** 288 und *Laufhütte* LK[11] Vor § 174 Rdn. 22 f.

teilt, teilweise freigesprochen hatte und nur der Angeklagte ein Rechtsmittel eingelegt hat (BGH JZ **1968** 233 mit Anm. *Grünwald*).[158]

§ 53
Tatmehrheit

(1) Hat jemand mehrere Straftaten begangen, die gleichzeitig abgeurteilt werden, und dadurch mehrere Freiheitsstrafen oder mehrere Geldstrafen verwirkt, so wird auf eine Gesamtstrafe erkannt.

(2) [1]Trifft Freiheitsstrafe mit Geldstrafe zusammen, so wird auf eine Gesamtstrafe erkannt. [2]Jedoch kann das Gericht auf Geldstrafe auch gesondert erkennen; soll in diesen Fällen wegen mehrerer Straftaten Geldstrafe verhängt werden, so wird insoweit auf eine Gesamtgeldstrafe erkannt.

(3) § 52 Abs. 3 und 4 gilt sinngemäß.

Schrifttum

Bohnert Warum Gesamtstrafenbildung? ZStW **105** (1993) 846; *Bringewat* Die Bildung der Gesamtstrafe (1987); *ders.* Die Bildung der Gesamtvermögensstrafe – ein kriminalpolitisches Kuckucksei, NStZ **1993** 316; *Cramer* Das Strafensystem des StGB (Die Bildung der Gesamtstrafe) Jura **1970** 183, 205; *Deiters* Strafzumessung bei mehrfach begründeter Strafbarkeit, Studien zur Ratio der §§ 52–54 StGB, Düsseldorfer Rechtswissenschaftliche Schriften, Bd 8 (1999); *Eisenberg/Haeseler* Zum begrenzten Anwendungsbereich des § 354 Abs. 1a und 1b StPO, StraFo **2005** 221; *Erb* Überlegungen zu einer Neuordnung der Konkurrenzen, ZStW **117** (2005) 37; *Langrock* Über die Grenzen der Strafzumessungskompetenz der Revisionsgerichte nach § 354 Abs. 1a StPO, StraFo **2005** 226; *Montenbruck* Gesamtstrafe – eine verkappte Einheitsstrafe? JZ **1988** 332; *Niederreuther* Die prozessuale Behandlung der Realkonkurrenz im geltenden und künftigen Recht, Strafr. Abh. Heft 278 (1930); *Niese* Empfiehlt sich die Einführung einer einheitlichen Strafe auch im Falle der Realkonkurrenz? Mat. Band I S. 155; *Peters* Einheitsstrafe bei Verbrechensmehrheit, Festschrift Kohlrausch (1944) 199; *Rebmann* Überlegungen zur Einheitsstrafe im Erwachsenenstrafrecht, Festschrift Bengl (1984) 99; *Schoreit* Zur Frage der Bildung einer Gesamtstrafe aus einer Jugendstrafe und einer Freiheitsstrafe, NStZ **1989** 461; *Steinmetz* Das Gleichzeitigkeitserfordernis des § 53 StGB und die Rechtsprechungsänderung zu §§ 4, 237 StPO, JR **1993** 228; *Wilhelm* Die Konkurrenz der Regeln zur Gesamtstrafenbildung, NStZ **2008** 425; vgl. auch das Schrifttum Vor §§ 52, § 54 und § 55.

Entstehungsgeschichte

§ 53 gilt seit dem 2. StrRG und entspricht in den Absätzen 1 und 2 wörtlich § 74 a.F. Die Geldstrafe war schon durch das 1. StrRG in das Gesamtstrafensystem einbezogen worden. Durch das 23. StÄG vom 13. April 1986 (BGBl. I S. 393) ist die lebenslange Freiheitsstrafe, die früher von der Gesamtstrafenbildung ausgeschlossen war – § 53 Abs. 1 bezog sich nur auf „zeitige“ Freiheitsstrafen – und stets gesondert ausgesprochen werden musste, in die Regelungen der §§ 53ff einbezogen worden;[1] ferner hatte das OrgKG vom 15. Juli 1992 (BGBl. I S. 1302) das Gesamtstrafensystem in § 53 Abs. 3 a.F. auf die neu geschaffene Vermögensstrafe (§ 43a a.F.) erstreckt, die allerdings vom BVerfG mit Urteil vom 20. März 2002 – 2 BvR 794/95 (BVerfGE **105** 135 = NJW **2002**, 1779) für verfassungswidrig und nichtig gewertet worden ist (BGBl. I S. 1340; dazu näher m.w.N. *Rissing-van Saan* LK[12] Rdn. 19). Zuletzt wurde die Vorschrift durch das Gesetz zur Reform der straf-

158 Siehe hierzu näher u.a. *Meyer-Goßner/Schmitt* § 354 StPO Rdn. 19 ff m.w.N.

1 Vgl. hierzu *Bringewat* Gesamtstrafe Rdn. 111 f.

https://doi.org/10.1515/9783110300499-025

rechtlichen Vermögensabschöpfung vom 13.4.2017 (BGBl. I S. 872) geändert; Abs. 3 a.F. wurde aufgehoben und Abs. 3 n.F. redaktionell an § 52 Abs. 4 angepasst.

§ 53 gibt die Voraussetzungen an, unter denen für den Fall, dass in einem Strafverfahren mehrere selbständige Taten desselben Täters abgeurteilt werden **(Tatmehrheit, Realkonkurrenz),** eine Gesamtstrafe gebildet werden kann oder muss. Die Art und Weise der Gesamtstrafenbildung selbst bestimmt § 54.

Der Gesetzgeber hat am Konzept des E 1962 festgehalten, er hat insbesondere entgegen früheren Entwürfen (von § 63 E 1922 an) und den Überlegungen, die sowohl in der Großen Strafrechtskommission wie im SondA (Prot. S. 892, 904, 2216, 2233) zugunsten einer *Einheitsstrafe* angestellt worden waren, das Prinzip der *Gesamtstrafe* beibehalten.[2] Die Diskussion um die Einheitsstrafe ist jedoch nie zur Ruhe gekommen. Die de-facto-Abschaffung der Rechtsfigur der fortgesetzten Handlung durch den Großen Senat für Strafsachen des BGH im Mai 1994 (BGHSt **40** 138), hat zu neuen Forderungen nach Einführung der Einheitsstrafe geführt.[3] Sie war auch Gegenstand der Beratungen der Anfang 1998 vom Bundesministerium der Justiz eingesetzten Kommission zur Reform des strafrechtlichen Sanktionensystems, die die Einführung der Einheitsstrafe ebenso befürwortete[4] wie ein Gutachten der Großen Strafrechtskommission des Deutschen Richterbundes,[5] allerdings votierten beide Gremien für die Beibehaltung des bisherigen Konkurrenzensystems.[6] Dennoch sah der Entwurf eines Gesetzes zur Reform des Sanktionenrechts vom Juni 2003 keine Regelung der Einheitsstrafe vor; auf der Herbstkonferenz der Justizminister 2003 sprach sich jedoch wieder eine Mehrheit für die Ersetzung des Gesamtstrafensystems durch eine Einheitsstrafenregelung aus.[7]

Vor Einführung der Einheitsstrafe als Rechtsfolge bei tateinheitlicher und tatmehrheitlichen Deliktsbegehung sind aber die damit verbundenen Vorzüge und Nachteile für das strafrechtliche Sanktionensystem und deren prozessualen Auswirken zu bedenken und abzuwägen. Einerseits würde der Verzicht auf Einzelstrafen, aus denen in einem gesonderten Strafzumessungsvorgang eine Gesamtstrafe zu bilden ist, zweifellos eine nicht zu unterschätzende Vereinfachung der Verfolgung und Aburteilung umfangreicher Tatserien nach sich ziehen. Andererseits wäre es mit der bloßen Ersetzung der Einzel- und Gesamtstrafe durch die Einheitsstrafe nicht getan. Vielmehr müssten durch den Gesetzgeber weitere systematische und dogmatische Folgeprobleme bedacht und gelöst werden. Denn das geltende System der Rechtsfolgen, d.h. die differenzierten Möglichkeiten, auf verschiedene Rechtsverstöße des einzelnen Täters eine unrechts- und schuldangemessene Reaktion der Rechtsgemeinschaft folgen zu lassen, sind auf das geltende Zusammenspiel von Einzel- und Gesamtstrafen abgestimmt. Mit der Einführung der Einheitsstrafe müssten gleichzeitig z.B. die Frage geregelt werden, ob auf die Unterscheidung von Tateinheit und Tatmehrheit im Schuldspruch verzichtet werden kann, wie eine „nachträgliche" Einheitsstrafenbildung vorgenommen werden

2 Kritisch dazu *Schmidhäuser* 20/48; *Cramer* Jura **1970** 212; *Zipf* Kriminalpolitik S. 89 f; zustimmend *Montenbruck* JZ **1988** 332, 333; vgl. auch *Puppe* NK § 52 Rdn. 4 ff; *Rebmann* FS Bengl S. 9; siehe auch Vor § 52 Rdn. 4.

3 Zum Ganzen *Erb* ZStW **117** (2005) 37; *Geppert* in: *Geisler* (Hrsg) Zur Rechtswirklichkeit nach Wegfall der „fortgesetzten Tat", S. 117 ff; *v. Heintschel-Heinegg* MK Vor §§ 52 ff, Rdn 3 ff; *Schnarr* in *Hettinger* (Hrsg), Reform des Sanktionenrechts, Bd. 2, 2001, S. 11 ff; *Schuster* ZRP **2014**, 101.

4 *Schnarr* aaO S. 253 ff.

5 *Kintzi* DRiZ **1999** 309 ff.

6 Ebenso *v. Heintschel-Heinegg* MK Vor §§ 52 Rdn. 11, der die Unterscheidung von Tateinheit und Tatmehrheit für eine sachgerechte Sanktionierung für unverzichtbar hält; **aA** demgegenüber *Erb* aaO S. 74 ff und zusammenfassend S. 104 f.

7 Vgl. *Schnorr/Wissing* ZRP **2003** 478.

soll, ob an einer dem § 55 vergleichbaren Zäsurwirkung festzuhalten ist oder ob darauf entsprechend der Regelung des § 31 Abs. 2 JGG verzichtet werden kann. Namentlich dort, wo es im Nebenfolgen- und Maßregelrecht bisher auf die Höhe der Einzelstrafen ankommt, wie etwa bei der Sicherungsverwahrung oder den beamtenrechtlichen Folgen einer Straftat, würde die Einheitsstrafenregelung erhebliche Folgeänderungen bedingen. Aber auch prozessual wären die Auswirkungen etwa auf die Teilbarkeit des Rechtsfolgenausspruchs im Rechtsmittelverfahren oder auf den Tatbegriff der Strafprozessordnung und das damit zusammenhängende Problem des Strafklageverbrauchs nachhaltig.[8]

Übersicht

I. Allgemeines

1 Das nach §§ 53, 54 geltende **Asperationsprinzip,** das statt der Addierung verwirkter Strafen die schwerste Strafe verschärft, erfasst alle Hauptstrafen, auch den Strafarrest nach § 9 Abs. 2 WStG, ausgenommen ist die Jugendstrafe (§ 31 JGG). Es gilt nicht nur beim Zusammentreffen mehrerer Freiheitsstrafen oder mehrerer Geldstrafen (Absatz 1), sondern auch beim Zusammentreffen von Freiheitsstrafe mit Geldstrafe (Absatz 2 S. 1).

2 Nach herkömmlicher Auffassung ist der Grundgedanke des § 53, dass der Verurteilte die Vollstreckung mehrerer zeitiger Freiheitsstrafen *nacheinander* regelmäßig als ein unverhältnismäßig schwereres Strafübel empfinden wird, als es der Vollstreckung jeder Einzelstrafe für sich allein innewohnt (RGSt **44** 302, 306). Außerdem könnte die zusammenhängende Vollstreckung mehrerer zeitiger Freiheitsstrafen zu lebenslanger Freiheitsentziehung führen, und das Wesen der zeitigen Freiheitsstrafe würde dadurch verwischt. Die Häufung mehrerer Einzelstrafen würde nicht nur eine bloße Summierung der Strafwirkungen erzeugen, sondern durch den zusammenhängenden Vollzug das Leiden *progressiv,* und zwar vielfach über das Maß der Schuld hinaus steigern (E 1969 Begr. S. 193). Das gilt nicht nur für die zeitigen Freiheitsstrafen, sondern auch für die Häufung von Geldstrafen, die bei ihrem Anwachsen ebenso *progressiv* fühlbarer werden, so dass der Gesetzgeber folgerichtig auch die Geldstrafen wie die übrigen Hauptstrafen behandelt (dazu *Jescheck/Weigend* § 68 II 1; *Sch/Schröder/Sternberg-Lieben/Bosch* Vor §§ 52ff Rdn. 4). Grund für die lediglich asperierende Gesamtstrafenbildung ist demnach ihre Anbindung an das Verhältnis von Schuld- und Strafhöhe. Die These der progressiven Zunahme des Strafübels wird in der Literatur zum Teil bestritten;[9] statt dessen werden strafzumessungsexterne Begründungsmodelle diskutiert, die jedoch mit der in §§ 53, 54 niedergelegten Systematik einer differenzierten Strafzumessung bei mehrfachen Gesetzesverletzungen durch denselben Täter nicht in Einklang zu bringen sind.[10]

---

8 Vgl. hierzu *Erb* aaO, S. 40 f und S. 85 f; *Frister* NK Rdn. 10 ff; *Geppert* aaO, S. 134 ff; *Schnarr*, aaO, S. 128 ff.

9 Kritisch hierzu *Bohnert* ZStW **105** (1993) 846, 851 ff; *Frister* NK Rdn. 4 ff; *v. Heintschel-Heinegg* MK Rdn. 6; *SSW/Eschelbach* Rdn. 3; *Jakobs* AT 33/14; *Montenbruck* JZ **1988** 332 ff.

10 Hierzu näher *Deiters* Strafzumessung bei mehrfach begründeter Strafbarkeit, 15 ff.

Beim Zusammentreffen mehrerer selbständiger Handlungen kumulieren deshalb nicht die verwirkten Einzelstrafen, sondern es wird die verwirkte schwerste Einzelstrafe (**Einsatzstrafe**) erhöht.[11] Dazu sind für alle Taten die erforderlichen Schuldfeststellungen zu treffen und die *konkret* verwirkten Einzelstrafen (BGHSt **1** 252) festzulegen, und zwar unter Beachtung des § 38 Abs. 2 sowie gegebenenfalls des § 47 (BGHSt **24** 164, 165; BGH MDR **1969** 1022), bei Geldstrafen gemäß § 40 Abs. 2 unter Angabe der Tagessatzhöhe (BGHSt **30** 93 mit Anm. *Meyer* JR **1982** 73). Die Festsetzung der Tagessatzhöhe ist auch dann erforderlich, wenn die Einzelgeldstrafe in eine Gesamtfreiheitsstrafe einfließt (BGH Beschl. v. 8.8.2007 – 2 StR 316/07; Beschl. v. 20.11.2018 – 2 StR 372/18). Die Einzelstrafen erscheinen nicht im Urteilstenor, sie müssen sich aber aus den Entscheidungsgründen ergeben, ebenso, welche Strafzumessungsgründe für jede Einzeltat maßgebend waren (BGH LM Nr. 4 zu § 74 a.F.; BGH NJW **1966** 509, 510); fehlt auch nur eine Einzelstrafe, so ist auch die Gesamtstrafe fehlerhaft, was auf Revision in der Regel zur Aufhebung und Zurückverweisung zur Festsetzung der unterbliebenen Einzelstrafe und zur Bildung einer neuen Gesamtstrafe zwingt (BGHSt 4, 345 f),[12] soweit nicht ausnahmsweise eine Festsetzung durch das Rechtsmittelgericht selbst in Betracht kommt (BGH, Beschl. v. 6.3.2014 – 3 StR 44/14. 3

Durch das Justizmodernisierungsgesetz vom 30. August 2004 (BGBl. I S. 2198 ff) wurde mit Wirkung vom 1. September 2004 die Vorschrift des § 354 Abs. 1a neu in die StPO eingestellt, die nach Auffassung des BVerfG im Wege verfassungskonformer Auslegung mit dem Grundgesetz vereinbar ist (BVerfGE **118**, 212 = JR **08**, 73 mit Anm Peglau); durch diese ist die Kompetenz des Revisionsgerichts erweitert und ihm eine eigene (tatrichterliche) Entscheidungsmöglichkeit eingeräumt worden, fehlerhaft begründete Einzelstrafen bestehen zu lassen, weil sie angemessen sind (§ 354 Abs. 1a Satz 1 StPO), oder auf Antrag der Staatsanwaltschaft angemessen herabzusetzen (§ 354 Abs. 1a Satz 2 StPO). Ob § 354 Abs. 1a StPO angesichts der nur begrenzten Erkenntnismöglichkeiten des Revisionsgerichts eng auszulegen ist[13] oder trotzdem im Sinne einer nach der gesetzgeberischen Intention anzustrebenden Verfahrensökonomie weit ausgelegt werden kann[14] und auf welcher Tatsachengrundlage – nur hinsichtlich der für die Urteilsanfechtung relevanten oder auch aufgrund sonstiger dem Urteil zu entnehmender Umstände? – die Bewertung der fehlerhaft begründeten Einzelstrafe als angemessen vorzunehmen ist, ist problematisch und nach wie vor nicht abschließend geklärt.[15] Jedenfalls wird – mit Blick auf die Verfassungsmäßigkeit der Vorschrift (BVerfGE **118**, 212) – eine Anwendung von § 354 Abs. 1a StPO zu unterbleiben haben, wenn dem Revisionsgericht eine abschließende Beurteilung der Angemessenheit der verhängten Einzelstrafe aufgrund Fehlens eines vollständigen Strafzumessungssachverhalts nicht möglich ist, oder sich eine Vielzahl von Strafzumessungsfehlern in den Urteilsgründen findet.[16] Überdies kann es je nach

---

11 *Sch/Schröder/Sternberg-Lieben/Bosch* Rdn. 1; *v. Heintschel-Heinegg* Beck OK 42. Ed. Rdn. 2; *Lackner/Kühl* Rdn. 3; *Jäger* SK Rdn. 4; *SSW/Eschelbach* Rdn. 3; *Schmidhäuser* 20/46; *Stratenwerth* Rdn. 1256; *Blei* AT § 98 I 1; dazu auch Vor §§ 52 ff Rdn. 3.

12 BGHR StPO § 354 Abs. 1 Strafausspruch 10 und § 358 Abs. 2 Satz 1 Einzelstrafe, fehlende 2; vgl. ferner BGHSt **30** 93, 97 und BGH Beschlüsse v. 27.9.1983 – 4 StR 564/83 und v. 15.11.1995 – 3 StR 433/95, sowie Beschl. vom 6.8.2004 – 2 StR 282/04; siehe außerdem unten § 54 Rdn. 2.

13 So OLG Celle NStZ **2005** 163; zustimmend *Eisenberg/Haeseler* StraFo **2005** 221, 222; kritisch *Ignor* FS Hans Dahs, S. 281, 305.

14 So BGH NJW **2005** 1813; vgl. auch BGHSt **49** 371; OLG Schleswig Urt. vom 14.12.2004 – 1 Ss 81/04 (95/04), mitgeteilt bei *Langrock* StraFo **2005** 226 Fn. 5.

15 *Güntge* NStZ **2005** 208; *Langrock* StraFo **2005** 226; kritisch auch *Ignor* aaO S. 304 ff; *Rosenthal* StV **2004** 687; *Sommer* StraFo **2004** 298; vgl auch *Theune* LK[12] § 46 Rdn. 340 ff.

16 BGH NStZ **2014**, 453; StV **2007**, 408 = BGH Besch. v. 7.2.2007 – 2 StR 577/06; vgl. auch *Meyer-Goßner/Schmitt* StPO § 354 Rdn. 28 ff; *Gericke* KK StPO § 354 Rdn. 26d ff jeweils m.w.N.

den Umständen des Einzelfalls maßgeblich auf den persönlichen Eindruck vom Angeklagten ankommen, so dass eine Aufhebung der Strafe und Zurückverweisung an das Tatgericht geboten ist.[17]

II. Regelungsbereich

4 § 53 findet Anwendung, wenn jemand mehrere Straftaten begangen hat, die gleichzeitig abgeurteilt werden.

5 **1.** Mehrere Straftaten i. S. mehrerer selbständiger Handlungen liegen vor, wenn keine Tateinheit gegeben ist (vgl. § 52 Rdn. 7f), namentlich, wenn mehrere im natürlichen Sinn selbständige Handlungen vorliegen (**Handlungsmehrheit**), die auch nicht rechtlich zu einer Handlungseinheit zusammengefasst sind, wie dies etwa bei den sog. natürlichen oder den tatbestandlichen Handlungseinheiten der Fall ist (siehe dazu Vor §§ 52ff Rdn 10ff, und 20ff). Außerdem darf kein Fall von Gesetzeseinheit gegeben sein, wie z.B. bei strafloser Vor- und Nachtat (dazu Vor § 52 Rdn. 150ff). Bei der Frage nach Handlungseinheit oder Handlungsmehrheit ist im Falle gemeinschaftlicher Tatbegehung zu berücksichtigen, dass sich die konkurrenzrechtliche Beurteilung eines jeden Mittäters allein nach den seinen eigenen Tatbeitrag betreffenden individuellen Gegebenheiten – ohne Rücksicht auf die Beurteilung bei anderen Tatbeteiligten – bestimmt (st. Rspr.; BGH NStZ-RR **2013** 147 148; NStZ **2014** 702; NStZ-RR **2018**, 44 45).

6 Wie bei Tateinheit lassen sich auch bei Tatmehrheit *gleichartige* und *ungleichartige* Konkurrenz unterscheiden. Gleichartige Tatmehrheit ist gegeben, wenn mehrere selbständige Handlungen denselben Straftatbestand mehrfach erfüllen. Ungleichartige Tatmehrheit liegt vor, wenn durch mehrere selbständige Handlungen verschiedene Strafnormen verletzt werden.[18]

7 Die einzelnen Handlungen können aber auch jeweils *mehrere* Strafgesetze verwirklicht haben, so dass durch die einzelnen Handlungen jeweils *mehrere* Strafgesetze *tateinheitlich* verletzt worden sind. Andererseits liegt Tatmehrheit auch dann vor, wenn mehrere aus natürlichen Handlungen oder Handlungssentenzen zusammengesetzte rechtliche Handlungseinheiten selbständig nebeneinander stehen (*Sch/Schröder/Sternberg-Lieben/Bosch* Rdn. 3; SSW/*Eschelbach* Rdn. 5).

8 **2.** § 53 Abs. 1 setzt die Aburteilung der *mehreren* selbständigen Handlungen *in demselben Urteil*, also in demselben Verfahren (BGHSt **37** 42, 44),[19] voraus. Damit gehören die Vorschriften über die Tatmehrheit nicht nur dem materiellen Recht, sondern auch dem Verfahrensrecht an, denn ob die Möglichkeit gemeinsamer Aburteilung für eine Mehrheit von strafbaren Handlungen gegeben ist, hängt von den Regeln des Strafprozesses ab (*Jescheck/Weigend* § 68 I 2). Gleichzeitige Aburteilung i. S. d. § 53 Abs. 1 liegt nach der Rechtsprechung bei einer Verbindung nach § 237 StPO nicht vor, da es sich – anders als bei § 4 StPO – um eine bloße Verhandlungsverbindung und keine Verfahrensverschmelzung handelt (BGHSt **36** 348, 351f; **37** 42).[20] Eine Verhandlungsverbindung nach § 237 StPO zwi-

17 So auch BGH NJW **2005** 1813, 1814; NStZ 2005, 683.

18 *Jescheck/Weigend* § 68 I 1; *Lackner/Kühl* Rdn. 2; *Sch/Schröder/Sternberg-Lieben/Bosch* Rdn. 2; *Fischer* Rdn. 2.

19 *Frister* NK Rdn. 13; *Sch/Schröder/Sternberg-Lieben/Bosch* Rdn. 6; *Fischer* Rdn. 2; *SSW/Eschelbach* Rdn. 6.

20 Mit Anm. *Bringewat* JR **1991** 74; anders noch BGHSt **4** 152; BGH NJW **1976** 720; vgl. hierzu auch *Steinmetz* JR **1993** 228.

schen einem Berufungs- und einem erstinstanzlichen Verfahren ist auch nach dem Inkrafttreten des RpflEntlG vom 17. Dezember 1990 (BGBl. I S. 2847) bei der großen Jugendkammer noch möglich (*Gmel* KK § 237 StPO Rdn. 2; *Meyer-Goßner/Schmitt* StPO § 237 Rdn. 4). Im Erwachsenenstrafrecht kommt noch eine Verbindung nach § 237 StPO von erstinstanzlich anhängigen Sachen mit solchen Sachen in Betracht, die nach §§ 328 Abs. 2, 354 Abs. 2 und 3, 355 StPO zurückverwiesen wurden (*Meyer-Goßner/Schmitt* StPO § 237 Rdn. 4).

Da es vielfach von Zufällen abhängt, ob mehrere Straftaten in demselben Verfah- 9
ren abgeurteilt werden, sehen § 55 StGB und für das Nachtragsverfahren § 460 StPO (*Meyer-Goßner/Schmitt* StPO § 460 Rdn. 1f) auch eine nachträgliche Gesamtstrafenbildung vor. Dadurch wird der Anwendungsbereich der Regeln der Tatmehrheit nicht unwesentlich erweitert (*Jescheck/Weigend* § 68 I 2). Ist aber eine erkannte Strafe verjährt, erlassen oder ganz verbüßt – was ihre Rechtskraft voraussetzt –, so ist keine nachträgliche Gesamtstrafe mehr möglich (*Fischer* § 55 Rdn. 6). Kommt es wegen der Zäsurwirkung eines früheren Urteils zur Bildung mehrerer Gesamtstrafen, so können diese nicht zu einer einzigen Gesamtstrafe zusammengefasst werden (*v. Heintschel-Heinegg* MK Rdn. 11; *Sch/Schröder/Sternberg-Lieben/Bosch* Rdn. 7); eine Gesamtstrafe aus Gesamtstrafen gibt es nicht (zum Problem des schuldangemessenen „Gesamtstrafübels" siehe unten § 55 Rdn. 35 und *Sch/Schröder/Sternberg-Lieben/Bosch* Rdn. 8); zum Spannungsverhältnis zwischen § 53 und § 55, wenn die mehreren abzuurteilenden Taten teils vor, teils nach einem früheren Urteil begangen worden sind, vgl. ferner *Frister* NK Rdn. 7ff, *Jäger* SK Rdn. 9ff und *Sch/Schröder/Sternberg-Lieben/Bosch* § 55 Rdn. 15.

III. Bildung der Gesamtstrafe

Dabei ist zu unterscheiden, ob die Bildung einer Gesamtstrafe *vorgeschrieben* oder 10
lediglich *zulässig* ist. Nach Absatz 1 **muss** eine Gesamtstrafe gebildet werden, und zwar selbst dann, wenn eine spätere Änderung der Gesamtstrafe wegen weiterer einzubeziehender Strafen im Beschlussverfahren nach § 460 StPO absehbar ist.[21]

1. a) Wenn **mehrere Freiheitsstrafen** verwirkt sind. Das gilt für alle Arten zeitiger 11
Freiheitsstrafen, auch für den Strafarrest nach § 9 WStG (BGHSt **12** 244); an dessen Stelle wird jedoch auf Freiheitsstrafe i. S. des § 38 erkannt, wenn eine Gesamtstrafe von mehr als 6 Monaten zu bilden ist (§ 13 WStG; dazu OLG Köln NJW **1966** 165 und unten § 54 Rdn. 3). Nach § 13 Abs. 2 S. 2 WStG ist auf Freiheitsstrafe und Strafarrest gesondert zu erkennen, wenn die zu bildende Gesamtfreiheitsstrafe zur Bewährung auszusetzen wäre, gemäß § 14a WStG aber die Vollstreckung des Strafarrestes zur Wahrung der Disziplin erforderlich erscheint. Die in der unterlassenen Gesamtstrafenbildung liegende Härte ist nach § 13 Abs. 2 S. 3 WStG auszugleichen, indem die Einzelstrafen so gekürzt werden, dass ihre Summe der hypothetischen Gesamtstrafe entspricht (*Frister* NK Rdn. 15).

Seit der Neufassung der §§ 53ff durch das 23. StÄG vom 13. April 1986 (BGBl. I S. 393) kann eine Gesamtstrafe auch aus zeitigen mit lebenslanger Freiheitsstrafe gebildet werden, wie sich schon aus dem Wortlaut des § 54 Abs. 1 Satz 1 ableiten lässt, wonach in einem solchen Fall als Gesamtstrafe auf lebenslange Freiheitsstrafe zu erkennen ist.

Keine Gesamtstrafenbildung gibt es im *Jugendstrafrecht*, da dort das Prinzip der ein- 12
heitlichen Strafe gilt (§ 31 JGG). Nicht zulässig ist es, bei gleichzeitiger Aburteilung meh-

21 BGHR StGB § 53 Abs. 1 Einbeziehung 1; **aA** für einen Fall des § 55 in einer weiteren Hauptverhandlung BGH NJW **1997** 2892; zu den Ausnahmen siehe § 55 Rdn. 47.

rerer Taten teils auf Jugend-, teils auf Freiheitsstrafe zu erkennen (BGHSt **29** 67 = JR **1980**, 262 mit Anm. Brunner). Wird für mehrere Straftaten, die gleichzeitig abgeurteilt werden und auf die teils Jugendstrafrecht und teils allgemeines Strafrecht anzuwenden wäre, das allgemeine Strafrecht angewendet, weil das Schwergewicht bei den nach diesem Recht abzuurteilenden Taten liegt (§ 32 JGG), dann kommt die Bildung einer Gesamtstrafe in Betracht (BGHSt **12** 129, 134; für die Fälle des § 105 Absatz 2 JGG BGHSt **37** 34, 39; **40** 1, 2). Dagegen gibt es keine Gesamtstrafe aus Freiheitsstrafe i. S. von § 38 und aus Jugendstrafe (st. Rspr.; BGHSt **10** 100; **14** 287; **43**, 79), auch nicht i. V. mit § 55 (BGHSt **36** 270, 271f).[22] Sind mehrere sowohl vor als auch nach dem 3. Oktober 1990 auf dem Gebiet der ehemaligen DDR begangene Straftaten gleichzeitig abzuurteilen, so ist es unzulässig, zugleich auf eine Hauptstrafe nach §§ 63f StGB-DDR und eine nach §§ 53, 54 verhängte Gesamtstrafe zu erkennen und beide nebeneinander bestehen zu lassen (BGH NStZ **1996** 275f); stattdessen ist aus der Hauptstrafe – sofern das StGB-DDR für die Taten vor dem 3. Oktober 1990 gemäß § 2 Abs. 3 als das mildere Gesetz anzusehen ist – und den übrigen Einzelstrafen insgesamt eine Gesamtstrafe gemäß den §§ 53, 54 zu bilden (BGH NStZ **1999** 82; BGHR StGB § 2 Abs. 3 DDR-StGB 12, 13; vgl. auch *Fischer* Rdn. 3). Die „Hauptstrafe" wird also wie eine Einzelstrafe behandelt.

13 **b)** Wenn **mehrere Geldstrafen** verwirkt sind. Nach dem StGB ist das nur bei wahlweiser Androhung mit Freiheitsstrafe möglich, da Geldstrafe allein seit dem EGStGB auch im Nebenstrafrecht nicht mehr angedroht wird. Ob diese Einzelgeldstrafen aber unmittelbar der eingreifenden Vorschrift entnommen oder nach § 47 verhängt werden, ist unerheblich (*Sch/Schröder/Sternberg-Lieben/Bosch* Rdn. 15; *Fischer* Rdn. 3); denn werden nur *Einzelgeldstrafen* verhängt, darf auch nur auf eine *Gesamtgeldstrafe* und nicht etwa auf eine Gesamtfreiheitsstrafe erkannt werden, selbst wenn die für § 47 geltende Grenze von 6 Monaten überschritten wird (BGH NStZ **1995** 178; wistra **1999**, 297 = BGH Beschl. v. 5.5.1999 – 1 StR 133/99). Auch für Geldstrafen gilt der Grundsatz, dass die Gesamtgeldstrafe durch Erhöhung der verwirkten höchsten Strafe gebildet wird (§ 54 Abs. 1 Satz 2); wird Geldstrafe nach § 41 neben Freiheitsstrafe verwirkt, so gelten die unter Rdn. 18 dargelegten Grundsätze.

14 Zwischen Geldstrafe und *Geldbuße* nach dem OWiG scheidet eine Gesamtstrafenbildung aus (OLG Köln NJW **1979** 379; LG Verden NJW **1975** 127; vgl auch BGH Beschl. vom 13.10.1993 – 3 StR 509/93; BGH NStZ-RR **1999** 138).[23]

15 **2.** Nach Absatz 2 **kann auch dann** eine Gesamtstrafe gebildet werden, wenn zeitige Einzelfreiheitsstrafen mit selbständiger Einzelgeldstrafe zusammentreffen. Der Wortlaut der Vorschrift lässt erkennen, dass auch in diesem Fall *grundsätzlich* eine Gesamtstrafe gebildet werden soll (BGH NStZ-RR **2002** 264; OLG Köln NStZ-RR **2005** 169, 170),[24] die gemäß § 54 Abs. 1 S. 2 auf Gesamtfreiheitsstrafe zu lauten hat, dass aber dem Gericht die Möglichkeit gegeben wird, von der Gesamtstrafenbildung ausnahmsweise abzusehen und auf Geldstrafe *gesondert* neben der Freiheitsstrafe zu erkennen. Aus dem Grundgedanken des § 47 lässt sich nicht ableiten, dass bei einem Zusammentreffen von Freiheits- und Geldstrafe in der Regel auf isolierte Geldstrafe zu erkennen ist, da im Rahmen des § 53 Abs. 2 nicht über die gesonderte Verhängung einer kurzen Freiheitsstrafe entschieden wird, es vielmehr um die Erhöhung einer ohnehin zu verhängenden Freiheits-

---

22 Hierzu *Bringewat* JuS **1991** 24; *Schoreit* NStZ **1989** 461; vgl. ferner BGH StV **1998** 345.
23 *Bringewat* Gesamtstrafe Rdn. 113; *Frister* NK Rdn. 17; *v. Heintschel-Heinegg* MK Rdn. 16; *Jescheck/Weigend* § 68 II 1; kritisch *Sch/Schröder/Sternberg-Lieben/Bosch* Rdn. 16; *Cramer* Jura **1970** 205.
24 So auch E 1962 Begr. S. 193; BGHSt **23** 260.

strafe geht.[25] Entscheidet sich das Gericht – dem gesetzlichen Regelfall entsprechend – für die Einbeziehung einer Einzelgeldstrafe in eine Gesamtfreiheitsstrafe, muss auch der Ausspruch über die Geldstrafe vollständig sein, d.h. es ist auch eine Festsetzung der Tagessatzhöhe erforderlich, weil der Bestand einer Gesamtstrafe wirksame und vollstreckbare Einzelstrafen voraussetzt (BGHSt **30** 93, 96; BGH Beschl. v. 20.11.2018 – 2 StR 372/18).[26]

Die Entscheidung ist nach allgemeinen Strafzumessungsgrundsätzen zu treffen.[27] So kann es im Einzelfall unangemessen sein, den Täter statt mit einer Geldstrafe mit einer Erhöhung der für die Gesamtstrafe maßgebenden Freiheitsstrafe zu belasten, z. B. wenn das Schwergewicht bei der Geldstrafe liegt.[28] Umgekehrt sind Fälle möglich, in denen eine höhere Freiheitsstrafe besser am Platz oder günstiger ist als die Kombination zwischen Freiheitsstrafe und Geldstrafe (BGH Beschl. vom 1.8.2003 – 2 StR 250/03). Es kann im Einzelfall aber auch angebracht sein, von der Einbeziehung der Geldstrafe in eine Gesamtfreiheitsstrafe abzusehen, um den Verurteilten zusätzlich am Vermögen zu strafen.[29] Der Tatrichter wird im Einzelfall nach pflichtgemäßem Ermessen auch dann von der Einbeziehung der Geldstrafe absehen können, wenn nur auf diesem Wege die Vollstreckung der zeitigen Freiheitsstrafe noch zur Bewährung ausgesetzt werden kann und sich dies im Rahmen schuldangemessener Ahndung der Taten bewegt (BGH Beschl. v. 9.4.1991 – 4 StR 103/91; *Fischer* Rdn. 6)

Während früher vereinzelt das gesonderte Erkennen auf Freiheits- und Geldstrafe als **16**
Regelfall angesehen wurde,[30] wollen mittlerweile mehrere Literaturmeinungen jeweils die Umstände des Einzelfalles entscheidend sein lassen.[31] Demgegenüber sieht die Rechtsprechung die Gesamtstrafenbildung gemäß dem Wortlaut des § 53 Abs. 2 S. 1 als Regelfall an,[32] der in § 53 Abs. 2 S. 2 unter einen richterlichen Ermessensvorbehalt gestellt ist. Der Sache nach unterscheidet sich die Rechtsprechungspraxis aber nicht von den Literaturmeinungen. Sie verlangt nämlich dann eine besondere Begründung der Bildung einer Gesamtstrafe, aus der sich die Tatsache der Ermessensausübung und die Gründe ergeben müssen, die für oder gegen eine Gesamtstrafenbildung sprechen, wenn nach den Umständen des Falles eine Gesamtstrafe das schwerere Übel ist, etwa weil bei Bestehenlassen der gesonderten Geldstrafe die übrige (Gesamt-)Freiheitsstrafe zur Bewährung ausgesetzt werden oder bleiben kann,[33] oder wenn aufgrund der Höhe der aus Geld- und Freiheitsstrafe zu bildenden Gesamtfreiheitsstrafe zwingend vorgeschriebene beamtenrechtliche Folgen, etwa nach § 45, § 358, eintreten würden.[34] Demgegenüber ist

---

25 *Fischer* Rdn. 4; *Frister* NK Rdn. 20; *Sch/Schröder/Sternberg-Lieben/Bosch* Rdn. 20; **aA** Vogler LK[10] Rdn. 16; vgl. auch *Jäger* SK Rdn. 19, der ein Regel-Ausnahme-Verhältnis ablehnt und die Entscheidung einzelfallbezogen in das Ermessen des Tatrichters stellt; einschränkend *Bringewat* Gesamtstrafe Rdn. 130.

26 vgl. auch BGHSt **55** 266, 287.

27 *Cramer* Jura **1970** 183, 209; *Lackner/Kühl* Rdn. 4; *Jescheck/Weigend* § 68 II 2; *Fischer* Rdn. 6; *SSW/Eschelbach* Rdn. 14.

28 Dazu *Bringewat* Gesamtstrafe Rdn. 117; *Frister* NK Rdn. 19 f; *Sturm* JZ **1970** 84.

29 BGH NJW **1990** 2897; BGHR StGB § 53 Abs. 2 Einbeziehung 1.

30 *Sch/Schröder/Stree/Sternberg-Lieben*[28] Rdn. 20.

31 *Cramer* Jura **1970** 210; *Lackner/Kühl* Rdn. 4; *Jescheck/Weigend* § 68 II 2; *Jäger* SK Rdn. 19; siehe hierzu auch *Frister* NK Rdn. 18 ff.

32 BGH bei *Dallinger* MDR **1973** 17; GA **1987** 80 und **1989** 132, 133; JR **1989** 425, 456 mit Anm. *Bringewat* BGH wistra **1994** 61; BGH Beschl. vom 11. Juni 2002 – 1 StR 142/02; BGH Urteil vom 21.10.2004 – 4 StR 298/04; BGH NStZ **2009** 27; OLG Koblenz GA **1978** 188; BayObLG MDR **1982** 770; ebenso SSW/*Eschelbach* Rdn. 13; *Fischer* Rdn. 4; *Sch/Schröder/Sternberg-Lieben/Bosch* Rdn. 20.

33 BGH bei *Holtz* MDR **1985** 793; StV **1986** 58, **1992** 225 und **1999** 598; NJW **1990** 2897 und **1999** 3132, 3133; NStZ-RR **1998** 325; BGHR StGB § 53 Abs. 2 Einbeziehung, nachteilige 2 und 4.

34 BGH wistra **1986** 256 f; NJW **1989** 2900; wistra **2004** 264; NJW **2008** 929.

das Absehen von der Gesamtstrafenbildung dann besonders zu begründen, wenn sich diese Sanktion nach den Umständen des Falles als das schwerwiegendere Übel darstellt;[35] ansonsten liegt in der Regel mangels Beschwer kein zur Aufhebung des Strafausspruchs zwingender Rechtsfehler vor, wenn das Erstgericht eine gesamtstrafenfähige Geldstrafe neben einer Freiheitsstrafe ohne nähere Begründung hat bestehen lassen. Etwas anderes kann u. U. dann gelten, wenn zum Zeitpunkt der Urteilsfällung absehbar ist, dass an Stelle der Geldstrafe die Ersatzfreiheitsstrafe verbüßt werden wird.[36] Ob ein Begründungszwang grundsätzlich auch anzunehmen ist, wenn sich die mit Geld- und Freiheitsstrafe geahndeten Taten gegen verschiedenartige Rechtsgüter richten (so BGHR StGB § 53 Abs. 2 S. 2 Einbeziehung, nachteilige 1 und 5), erscheint zweifelhaft. Bleibt die Geldstrafe neben der Freiheitsstrafe gesondert bestehen, kann die *Ersatzfreiheitsstrafe nicht* in die Gesamtstrafenbildung einbezogen werden.[37] Denn es entspricht dem Willen des Gesetzgebers, der mit der Vorschrift des § 53 Abs. 2 S. 2 bewusst eine Ausnahme von der Regel der grundsätzlichen Gesamtstrafenbildung geschaffen hat, dass der Verurteilte sämtliche sich aus der Selbständigkeit der Geldstrafe ergebenden sachlich- und vollstreckungsrechtlichen Folgen auf sich nehmen muss (vgl. KG JR **1986** 119). Ist von § 53 Abs. 2 S. 2 Gebrauch gemacht, d. h. keine Gesamt(freiheits)strafe gebildet worden, so ist dies kein Grund, im Falle nachträglicher Gesamtstrafenbildung (§ 55) die Zäsurwirkung einer auf Geldstrafe lautenden Vorverurteilung entfallen zu lassen (BGH Beschl. v. 18.12.2013 – 4 StR 501/13).[38]

17 Entscheidet sich das Gericht für die gesonderte Verhängung der Geldstrafe, so muss, wenn es sich um mehrere Geldstrafen handelt, aus diesen eine Gesamtgeldstrafe gebildet werden (Absatz 2 S. 2 2. Halbs.).[39] Es ist nach Sinn und Zweck des Gesetzes aber auch möglich, aus *einem Teil* der Geldstrafen mit der Freiheitsstrafe eine Gesamtfreiheitsstrafe zu bilden und auf eine *weitere* Einzelgeldstrafe gesondert zu erkennen oder mehrere *weitere* Geldstrafen auf eine gesonderte Gesamtgeldstrafe zurückzuführen (vgl. *Sch/Schröder/Sternberg-Lieben/Bosch* Rdn. 21; SSW/*Eschelbach* Rdn. 13).

18 **3.** § 53 Abs. 2 S. 1 gilt nur für Freiheits- und Geldstrafen, die für **unterschiedliche** Taten verhängt worden sind. Soll aber für **dieselbe** Tat gemäß § 41 neben einer Freiheitsstrafe auch auf eine **Geldstrafe als zweite Hauptstrafe** erkannt werden (zu den näheren Voraussetzungen vgl. BGH Urt. v. 13.3.2019 – 1 StR 367/18), so ist diese, da nach § 53 Abs. 3 1. Alt. die Vorschrift des § 52 Abs. 3 sinngemäß gilt, stets – auch neben einer Gesamtfreiheitsstrafe – gesondert zu verhängen.[40] Anderenfalls ginge der besondere kriminalpolitische Zweck, der mit der Geldstrafe in diesem Fall verbunden ist – die Abschöpfung der durch die Tat erlangten Bereicherung (§ 41) – verloren.[41] Ob gemäß § 41 eine zusätzliche

35 OLG Düsseldorf NStE Nr. 6 zu § 53 StGB; KG NStZ **2003** 208 f; vgl. BGHR StGB § 53 Abs. 2 Einbeziehung, nachteilige 6.
36 BGH NStZ **1990** 436.
37 BayObLG MDR **1971** 860; LG Flensburg GA **1984** 577; *Bringewat* Gesamtstrafe Rdn. 130 ff; *Jescheck/Weigend* § 68 II 3; *Lackner/Kühl* Rdn. 4; *Fischer* Rdn. 3; *Jäger* SK Rdn. 18; **aA** *Cramer* Jura **1970** 210; *Frister* NK Rdn. 22 f; *Sch/Schröder/Sternberg-Lieben/Bosch* Rdn. 26 f.
38 BGHSt **32** 190, 194; **44** 179, 84; BGH NStZ-RR **2001** 103, 104; BGH Besch. v. 12.11.2003 – 2 StR 294/03; BGH NStZ **2008** 90; NStZ-RR **2012** 170; *Fischer* Rdn. 7; siehe auch § 55 Rdn. 21.
39 BGHSt **25** 382, 384 mit Anm. Küper NJW **1975** 547; BGH StV **1999** 598 f; BGH Beschl. vom 22.12.2004 – 2 StR 417/04; vgl. auch BGH wistra **1994** 61, 62; *Fischer* Rdn. 7; *v. Heintschel-Heinegg* MK Rdn. 20; SSW/*Eschelbach* Rdn. 13.
40 *Frister* NK Rdn. 24; *Lackner/Kühl* Rdn. 4; *Sch/Schröder/Sternberg-Lieben/Bosch* Rdn. 22; *Fischer* Rdn. 8.
41 *Jescheck/Weigend* § 68 II 2; *Bringewat* Gesamtstrafe Rdn. 125 und 128 a.E.; *Sch/Schröder/Sternberg-Lieben/Bosch* Rdn. 22/23; *Jäger* SK Rdn. 22; vgl. auch BGH bei Dallinger MDR **1974** 722.

Geldstrafe verhängt werden soll, muss für jede Einzeltat gesondert geprüft werden (BGHR StGB § 41 Geldstrafe 2); kommt es zur Verhängung mehrerer kumulativer Geldstrafen nach § 41 (vgl. zu den Voraussetzungen BGHSt **32** 60; BGHR StGB § 41 Geldstrafe 2), so ist nach dem Prinzip des § 53 Abs. 2 S. 2 (*Vogler* LK[10] Rdn. 17) bzw. nach der Grundregel des § 53 Abs. 1 (BGHSt **23** 260 f) neben einer Gesamtfreiheitsstrafe eine Gesamtgeldstrafe auszusprechen; gleiches gilt bei einem Zusammentreffen kumulativer Geldstrafen nach § 41 mit anderen, für weitere Taten verhängten Geldstrafen, sofern diese nicht schon nach § 53 Abs. 2 S. 1 in die Gesamtfreiheitsstrafe einbezogen worden sind.[42]

IV. Nebenstrafen, Nebenfolgen, Maßnahmen

19 Für die Verhängung von Nebenstrafen, Nebenfolgen und Maßnahmen (§ 11 Nr. 8) kommt es nach Abs. 3 2. Alt. i. V. m. § 52 Abs. 4 ebenfalls darauf an, ob eines der in Betracht kommenden Gesetze sie vorschreibt oder zulässt und ob ihre Voraussetzungen in Bezug auf eine der abgeurteilten Taten erfüllt sind.[43] Damit zeigt sich auch in diesem Zusammenhang, dass die Einzelstrafen ihre selbständige Bedeutung *nicht* verlieren; da jedoch die Einzelstrafen in der Gesamtstrafe aufgehen, können diese Nebenfolgen im Urteilstenor nicht als Nebenfolgen der Einzelstrafe erscheinen, sondern sie müssen als Nebenfolge der Gesamtstrafe zu- und angeordnet werden.[44]

20 Die Zulässigkeit der Nebenfolge, Nebenstrafe oder Maßnahme richtet sich grundsätzlich nach der *Einzeltat* (*Jescheck/Weigend* § 68 II 4; *Sch/Schröder/Sternberg-Lieben/Bosch* Rdn. 30), deshalb sind in der Regel die verwirkten *Einzelstrafen, nicht die Gesamtstrafe* entscheidend, so etwa für die Polizeiaufsicht (BGH GA **1958** 367) oder für die Sicherungsverwahrung nach § 66 Abs. 1 (BGHSt **24** 243 und 345; **34** 321; *Fischer* § 66 Rdn. 25 f). Eine andere Regelung gilt jedoch in den Fällen fakultativer Sicherungsverwahrung nach § 66 Abs. 2 und Abs. 3 Satz 1 und 2; hier reicht auch eine den gesetzlichen Vorgaben in der Höhe genügende Gesamtstrafe jedenfalls dann aus, wenn Grundlage der Gesamtstrafe nur Symptom- bzw. Katalogtaten sind.[45] Neben lebenslanger Freiheitsstrafe als Gesamtstrafe konnte schon nach dem alten Rechtszustand dann auf Sicherungsverwahrung erkannt werden, wenn wegen einer weiteren, mit zeitiger Einzelfreiheitsstrafe geahndeten Tat die formellen und materiellen Voraussetzungen des § 66 Abs. 1 erfüllt waren (BGHSt **34** 138, 144; *Peglau* NJW **2000** 2980). Seit Inkrafttreten des Gesetzes zur Einführung der vorbehaltenen Sicherungsverwahrung vom 21. August 2002 (BGBl. I S. 3344) ist jedoch auch neben einer auf lebenslange Freiheitsstrafe lautenden Einzelstrafe die Verhängung der Sicherungsverwahrung möglich (BGHSt **59**, 56, 61 f; *Fischer* § 66 Rdn. 74a).

21 Kommt dieselbe Rechtsfolge bei mehreren Einzelstrafen in Betracht, so ist dennoch nur *einmal* auf sie zu erkennen (vgl. auch *v. Heintschel-Heinegg* MK Rdn. 23).[46] Dabei kann zwar eine Frist *höher* bemessen werden als in den Einzelerkenntnissen, gesetzliche *Höchstgrenzen* dürfen jedoch *nicht überschritten* werden.[47] Es kann aber auch eine Häu-

---

42 BGHSt **25** 380 mit Anm. *Küper* NJW **1975** 547; *Frister* NK Rdn. 24; *Jescheck/Weigend* § 68 III 2; *Lackner/Kühl* Rdn. 4; *Sch/Schröder/Sternberg-Lieben/Bosch* Rdn. 22; *Fischer* Rdn. 8.

43 RGSt **38** 353, 354; **73** 366, 368; BGHSt **12** 85, 87; **24** 205, 207; **34** 138, 144; vgl. auch BGH NJW **1979** 2113.

44 *Frister* NK Rdn. 27; *Lackner/Kühl* Rdn. 6; *Sch/Schröder/Sternberg-Lieben/Bosch* Rdn. 30; *Fischer* Rdn. 9; *Bringewat* Gesamtstrafe Rdn. 135, 142.

45 BGHSt **48** 100, 102 ff m. kritischer Anm. *Ullenbruch* NStZ **2003** 255; BGH NStZ **2002** 536 und **2005** 88; *Frister* NK Rdn. 26; *Lackner/Kühl/Heger/Pohlreich* § 66 Rdn. 10e; *Sch/Schröder/Kinzig* § 66 Rdn. 61; *Fischer* § 66 Rdn. 33 und 35a; **aA** *Hanack* LK[11] Nachtrag § 66 Rdn. 8.

46 So schon RGSt **36** 88, 89; vgl. auch *Fischer* Rdn. 9; *Jäger* SK Rdn. 24.

47 BGHSt **24** 205, 207; BGHR StGB § 55 Abs. 2 Aufrechterhalten 5; *v. Heintschel-Heinegg* Beck OK 42. Ed. Rdn. 11; *Lackner/Kühl* Rdn. 6a; *Sch/Schröder/Sternberg-Lieben/Bosch* Rdn. 31; *SSW/Eschelbach* Rdn. 16;

fung von Nebenfolgen eintreten, so wenn die verschiedenen Gesetze verschiedene Nebenfolgen usw. androhen (BGHSt **12** 85), doch kann der Richter von an sich statthaften Nebenfolgen absehen, nur nicht von zwingend vorgeschriebenen (RGSt **75** 212); bei verschiedenen in Betracht kommenden Maßregeln kann die Anordnung der einen die andere schon mit einschließen (vgl. BGHSt **30** 305; BGH NStZ **2009**, 565) und deshalb überflüssig machen, oder aber die Anordnung der einen kann die andere nach den Regeln des § 72 ausschließen. Sind keine *Einzelstrafen* im Urteil angegeben, so ist nicht ersichtlich, ob die Nebenfolge, Nebenstrafe oder Maßnahme zulässig ist, und es wird regelmäßig ein Revisionsgrund vorliegen (RGSt **65** 296, 297). Bei gleichzeitiger Aburteilung mehrerer Taten sind Nebenfolgen usw. auch dann einheitlich neben der Gesamtstrafe anzuordnen und nicht den Einzelstrafen zuzuordnen, wenn es gemäß § 53 Abs. 2 S. 2 ausnahmsweise nicht zur Gesamtstrafenbildung kommt, da das Prinzip der einheitlichen Verhängung der Nebenfolgen usw. an die allgemeinen Voraussetzungen der Gesamtstrafenbildung anknüpft.[48]

V. Strafprozessuale Bedeutung

22 Die *Beschränkung eines Rechtsmittels* bei mehreren Taten i.S. des § 53 auf einzelne Verurteilungen ist zulässig und wirksam, auch bei einem tateinheitlichen Zusammentreffen der einzelnen Taten mit minderschweren (Dauer-)Straftaten, die keine Klammerwirkung zu entfalten vermögen (BGHSt **23** 141, 150); denn eine Rechtsmittelbeschränkung ist immer, aber auch nur dann zulässig, wenn nur Beschwerdepunkte angegriffen werden, die rechtlich und tatsächlich selbständig beurteilt werden können, ohne eine Prüfung des übrigen Urteilsinhalts notwendig zu machen (RGSt **69** 110, 111; BGHSt **29** 359, 364; BGHR StGB § 163 Aussage 1).[49]

23 Wird eine oder werden mehrere Einzelstrafen aufgehoben, so ist in der Regel auch die Gesamtstrafe aufzuheben, es sei denn, das Revisionsgericht kann angesichts der Anzahl der verbleibenden Einzelstrafen sowie deren Höhe ausschließen, dass das Tatgericht ohne die weggefallenen Einzelstrafen eine niedrigere Gesamtstrafe verhängt hätte (BGH Beschl. v. 15.2.2017 – 4 StR 629/16 und v. 12.2.2019 – 4 StR 565/18) oder aber gemäß § 354 Abs. 1b S. 3 i.V.m. Abs. 1a S. 1 oder 2 StPO eine eigene Entscheidung über die Gesamtstrafe treffen (dazu § 54 Rdn. 17); das Revisionsgericht kann entsprechend § 354 Abs. 1 StPO insbesondere auch vergessene Tagessatzhöhen bei einbezogenen Einzelgeldstrafen in eine Gesamtfreiheitsstrafe durch Festsetzung der gesetzlichen Mindesttagessatzhöhe nachholen,[50] um eine in der Sache unverhältnismäßige Urteilsaufhebung und Zurückverweisung der Strafsache zu vermeiden. Durch die Festsetzung der Tagessatzhöhe auf das gesetzliche Mindestmaß von einem Euro (§ 40 Abs. 2 Satz 3) ist jede Beschwer des Verurteilten ausgeschlossen.

Die Rechtsprechung ist aber hinsichtlich der Frage, wie mit der Gesamtstrafe zu verfahren ist, uneinheitlich in den Fällen, in denen ein Urteil in einem oder mehreren Teil-

---

Widmaier NJW **1971** 1158, 1159; OLG Hamm NJW **1964** 1285; OLG Zweibrücken NJW **1968** 310; *Warda* GA **1965** 84.

48 BayObLG VRS **51** 221, 222 f; *Frister* NK Rdn. 27; *v. Heintschel-Heinegg* MK Rdn. 24; *Lackner/Kühl* Rdn. 6; *Sch/Schröder/Sternberg-Lieben/Bosch* Rdn. 33; **aA** *Bringewat* Gesamtstrafe Rdn. 145.

49 Vgl. auch BGHSt **8** 269, 271; **24** 185, 189; zur Beschränkung des Rechtsmittels bei Verurteilung wegen Trunkenheit am Steuer und Unfallflucht hingegen BGHSt **25** 72. Zur Rechtsmittelbeschränkung siehe ferner *Gössel* LR StPO § 318 Rdn. 3; *Franke* LR StPO § 344 Rdn. 19 ff; *Gericke* KK StPO § 344 Rdn. 6 ff; *Paul* KK StPO § 318 Rdn. 5 f; *Meyer-Goßner/Schmitt* StPO § 318 Rdn. 10 ff.

50 BGH NStZ-RR **2014** 208, 209 sowie BGH Beschlüsse v. 23.6.2016 – 4 StR 552/15 und v. 14.9.2016 – 2 StR 104/16.

freisprüchen erfolgreich angefochten worden ist. Zum Teil ist die Gesamtstrafe mehr oder weniger selbstverständlich mit aufgehoben worden, um dem neuen Tatrichter für den Fall einer zusätzlichen Verurteilung in einem oder mehreren Einzelfällen den Ausspruch einer neuen – höheren – Gesamtstrafe zu ermöglichen.[51] Andere Entscheidungen haben es dem neuen Tatrichter überlassen, in diesen Fällen die Gesamtstrafe aufzulösen und mit einer oder mehreren neu ausgeurteilten Einzelstrafen eine neue Gesamtstrafe zu bilden, weil § 53 zwar von gleichzeitiger Aburteilung spreche, damit aber nur eine Verurteilung im selben Verfahren meine.[52] Soweit diese Konstellationen als Unterfall des § 55 StGB verstanden worden sind,[53] überzeugt diese Ansicht nicht, weil in demselben Verfahren das alte – teilrechtskräftige – und das neue Urteil eine Einheit bilden,[54] § 55 aber eine rechtskräftige Verurteilung in einem früheren Verfahren voraussetzt.

Bei Teilaufhebung eines Urteils sowie bei Aufhebung der Gesamtstrafe bleiben die Einzelstrafen der nicht oder erfolglos angefochtenen Einzeltaten und die ihnen zugrunde liegenden Feststellungen bestehen.[55] Ist ein Urteil *im Gesamtstrafenausspruch aufgehoben* worden, so müssen damit nicht notwendigerweise auch die neben der Gesamtstrafe angeordneten Nebenstrafen, Nebenfolgen oder Maßnahmen entfallen; (so aber noch BGHSt **14** 381, 382 zu § 76 i.d.F. des Gesetzes vom 24. November 1933), da nach der Neufassung der §§ 52ff durch das 1. und 2. StRG Nebenstrafen, Nebenfolgen und Maßnahmen nunmehr als Bestandteil des Rechtsfolgenausspruchs für die Einzeltat erscheinen (vgl. BGH NJW **1979** 2113). Das Rechtsmittelgericht kann deshalb trotz Aufhebung der Gesamtstrafe eine Nebenfolge usw., die allein von bestehen bleibenden Einzelstrafen abhängt, aufrechterhalten (BGHSt **33** 306, 310; hierzu auch BGHR StGB § 55 Abs. 2 Aufrechterhalten 12).[56] **24**

Berichtigt das Revisionsgericht den Schuldspruch dahin, dass an die Stelle der vom Tatrichter angenommenen Tatmehrheit Tateinheit tritt, so waren nach der älteren Rechtsprechung in der Regel die Einzelstrafen und die Gesamtstrafe aufzuheben und die Sache zur Verhängung neuer Strafen zurückzuverweisen (BGH bei Holtz MDR **1978** 110). Der neue Tatrichter ist in einem solchen Fall durch das Verbot der reformatio in peius (§ 358 Abs. 2 Satz 1 StPO) nicht gehindert, die Einzelstrafe für die jetzt mehrere frühere Taten umfassende *eine* Tat höher zu bemessen als für die frühere, jedoch darf sie die Summe der von der Zusammenfassung betroffenen Einzelstrafen nicht überschreiten.[57] Die Änderung des Konkurrenzverhältnisses muss nicht stets die Aufhebung des gesamten Strafausspruchs nach sich ziehen (vgl. hierzu näher *Kalf* NStZ **1997** 66; *Basdorf* NStZ **1997** 423). Werden durch die Annahme von Tateinheit statt Tatmehrheit Unrechts- und Schuldgehalt des abgeurteilten strafbaren Verhaltens nicht geändert, so kann nach neuerer Rechtsprechung die Gesamtstrafe als Einzelstrafe aufrechterhalten werden, wenn das Revisionsgericht angesichts der Strafzumessungsgründe ausschließen kann, dass der Tatrichter bei zutreffender Bewertung des Konkurrenzverhältnisses auf eine geringere Strafe erkannt hätte (BGH Beschl. v. 6.12.2012 – 2 StR 294/12; BGH wistra **2016**, 309 310).[58] Hingegen wird im **25**

---

51 BGH Urteile v. 26.11.1998 – 4 StR 207/98, v. 26.5.1999 – 3 StR 108/99 und v. 3.7.2003 – 1 StR 453/02.

52 BGH Urteile v. 10.11.1976 – 2 StR 572/76, v. 26.1.1999 – 4 StR 556/98 und v. 16.2.2005 – 2 StR 384/04 sowie Beschluss vom 25.7.1995 – 1 StR 350/95.

53 BGH wistra **1996** 70; Urteile v. 25.11.2003 – 1 StR 182/03 und v. 3.12.2003 – 5 StR 361/03.

54 Vgl. *Gericke* KK StPO § 353 Rdn. 34 und § 354 Rdn. 42 jeweils mit Rechtsprechungsnachweisen.

55 RGSt **25** 297; BGHSt **28** 119, 121 f; *Gericke* KK StPO § 344 Rdn. 14.

56 Zustimmend *v. Heintschel-Heinegg* MK Rdn. 34; vgl. auch *Fischer* Rdn. 9; SSW/*Eschelbach* Rdn. 19.

57 BGHR StPO § 358 Abs. 2 Nachteil 3 und 7; *Paul* KK StPO § 331 Rdn. 2a; *Meyer-Goßner/Schmitt* StPO § 331 Rdn. 18.

58 So schon BGH bei Holtz MDR **1978** 110, ferner z.B. BGH NStZ **1984** 262; NJW **1994** 1165, 1166 und **2004** 2840, 2842; NStZ **1996** 296; wistra **1997** 181, 182; vgl. auch *Franke* LR StPO § 354 Rdn. 34; SSW/*Eschelbach*

umgekehrten Fall, bei der Annahme von Tatmehrheit statt Tateinheit, regelmäßig die bisherige Einzelstrafe aufzuheben und die Sache insoweit an den Tatrichter zur Festsetzung sämtlicher Einzelstrafen sowie der Gesamtstrafe zurückzuweisen sein.[59]

§ 54
Bildung der Gesamtstrafe

(1) [1]Ist eine der Einzelstrafen eine lebenslange Freiheitsstrafe, so wird als Gesamtstrafe auf lebenslange Freiheitsstrafe erkannt. [2]In allen übrigen Fällen wird die Gesamtstrafe durch Erhöhung der verwirkten höchsten Strafe, bei Strafen verschiedener Art durch Erhöhung der ihrer Art nach schwersten Strafe gebildet. [3]Dabei werden die Person des Täters und die einzelnen Straftaten zusammenfassend gewürdigt.

(2) [1]Die Gesamtstrafe darf die Summe der Einzelstrafen nicht erreichen. [2]Sie darf bei zeitigen Freiheitsstrafen fünfzehn Jahre und bei Geldstrafe siebenhundertzwanzig Tagessätze nicht übersteigen

(3) Ist eine Gesamtstrafe aus Freiheits- und Geldstrafe zu bilden, so entspricht bei der Bestimmung der Summe der Einzelstrafen ein Tagessatz einem Tag Freiheitsstrafe.

Schrifttum

Bender Doppelte Gesamtstrafe oder „Einheits"-Gesamtstrafe? NJW **1964** 807; *Bruns* Zum Verbot der Doppelverwertung von Tatbestandsmerkmalen, Festschrift H. Mayer (1966) 353; *Dreher* Doppelverwertung von Strafbemessungsumständen, JZ **1957** 155; *Ignor* Eigene Sachentscheidungen des Revisionsgerichts. Ein kritischer Überblick über die alte und die neue Rechtslage unter besonderer Berücksichtigung der sog. Schuldspruchberichtigung, Festschrift Dahs (2005) 281; *Nöldecke* Rückfallvoraussetzungen und Gesamtstrafe, ZRP **1970** 33; *Reichenbach* Die Kriterien der Revisionsgerichte für die Bildung der Gesamtstrafe. Anmerkungen aus tatrichterlicher Perspektive JR **2012** 9; *Sacksofsky* Die Problematik der doppelten Gesamtstrafen, NJW **1963** 894; *Schoreit* Strafbemessung bei mehreren Gesetzesverletzungen, Festschrift Rebmann (1989) 443; *Schorn* Fragen zur Gesamtstrafe, JR **1964** 45; *Schweling* Die Bemessung der Gesamtstrafe, GA **1955** 289; *Senge* Die Entscheidung des Revisionsgerichts nach § 354 Abs. 1a und Abs. 1b StPO, Festschrift Dahs (2005) 475; *Streng* Strafrechtliche Sanktionen. Die Strafzumessung und ihre Grundlagen, 2. Aufl. (2002); *Wilhelm* Die Konkurrenz der Regeln zur Gesamtstrafenbildung ZIS **2007** 82; vgl. auch das Schrifttum Vor § 52 und § 53.

Entstehungsgeschichte

Die Art und Weise der Gesamtstrafenbildung wurde durch das 1. StrRG in einer selbständigen Vorschrift (§ 75) geregelt, während sie vorher zusammen mit den Voraussetzungen der Gesamtstrafe in § 74 a. F. enthalten war. Die Neufassung des so entstandenen § 75 durch das 2. StrRG, auf die der jetzige § 54 zurückgeht, entspricht im wesentlichen

---

Rdn. 4 und 18; *v. Heintschel-Heinegg* MK Rdn. 32. Diese neuere Rechtsprechung hat das Bundesverfassungsgericht mit Beschluss vom 1.3.2004 – 2 BvR 2251/03 (3. Kammer des 2. Senats) gebilligt.

59 BGH NJW **1952**, 274; BGHSt **41**, 368 373; *Meyer-Goßner/Schmitt* StPO § 354 Rdn. 22; *Franke* LR StPO § 354 Rdn. 33; *SSW/Eschelbach* Rdn. 4 und 18; aA mit weitergehendem Ansatz *Kalf* NStZ **1997** 66 68 f; vgl. nunmehr für den Bereich der Steuerhinterziehung auch BGH, Urteil v. 28.2.2019 – 1 StR 604/17, wonach trotz rechtsfehlerhafter Annahme von Tateinheit eine mit weiteren (nicht betroffenen) Einzelstrafen gebildete Gesamtstrafe bestehen bleiben kann, wenn auszuschließen ist, dass der Tatrichter bei zutreffender Beurteilung der Konkurrenzverhältnisse eine andere Gesamtstrafe verhängt hätte.

https://doi.org/10.1515/9783110300499-026

§ 75 a.F. Änderungen haben sich aber dadurch ergeben, dass die Geldstrafe nunmehr nach Tagessätzen verhängt wird und dass durch Art. 1 Nr. 4 des 23. StÄG vom 13. April 1986 die Gesamtstrafenregelung auch auf die lebenslange Freiheitsstrafe erstreckt wurde (Abs. 1 Satz 1); vgl. auch Entstehungsgeschichte Vor §§ 52 und § 53.

Übersicht

I. Allgemeines

1 § 54 regelt die Methode, nach der bei **Tatmehrheit** die **Gesamtstrafe** zu bestimmen ist; sie wird dadurch gebildet, dass die verwirkte höchste Strafe, bei Strafen verschiedener Art die verwirkte schwerste Strafe erhöht wird **(Asperationsprinzip),** jedoch darf sie die Summe der Einzelstrafen nicht erreichen (Abs. 2 S. 1). Auch die nachträgliche Gesamtstrafenbildung nach § 55 und nach § 460 StPO folgt diesen Regeln (BGH MDR **1993** 1038; *Frister* NK Rdn. 1).

II. Art und Weise der Gesamtstrafenbildung

2 **1.** Bei der Gesamtstrafenbildung ist stufenweise vorzugehen. Zunächst wird für jede Einzeltat die angemessene **Einzelstrafe** in den Urteilsgründen festgesetzt. Die Einzelstrafen sind nicht nur Rechnungsgrößen, sondern haben selbständige Bedeutung;[1] das folgt aus § 53 Abs. 3, § 52 Abs. 3 und 4 und geht auch daraus hervor, dass die Einzelstrafen beim Wegfall der Gesamtstrafe oder einer anderen Einzelstrafe bestehen bleiben. Die Urteilsgründe müssen deshalb die Einzelstrafen angeben und ihre Zumessung begründen (siehe oben § 53 Rdn. 3). Ist auch nur eine Einzelstrafe nicht (rechtsfehlerfrei) bestimmt, so ist auch die Gesamtstrafe fehlerhaft und muss in der Regel aufgehoben werden (BGHSt **4** 345 f).[2] Für Einzelgeldstrafen muss jeweils auch die Höhe des Tagessatzes angegeben werden. Sind in einer Gesamtfreiheitsstrafe auch Einzelgeldstrafen enthalten, muss für sie die Höhe des Tagessatzes ebenfalls bestimmt werden; dies ist nicht deshalb entbehrlich, weil sie in einer Gesamtfreiheitsstrafe eingeflossen sind (BGH Beschlüsse v. 20.7.2011 – 2 StR 108/11 und v. 2.11.2017 – 2 StR 415/17), da auch unter diesen Umständen für den Fall der Auflösung der Gesamtstrafe die Vollstreckbarkeit der Einzelstrafen gewährleistet bleiben muss (BGHSt **30** 93, 96; BGH Beschl. v. 14.9.2016 – 2 StR 104/16).

---

1 BGHSt **1** 252; **4** 345, 346; **24** 268, 269; BGH NJW **1951** 610; BGH Beschl. v. 15.11.1995 – 3 StR 433/95; ebenso *Jescheck/Weigend* § 68 III 1a; *Sch/Schröder/Sternberg-Lieben/Bosch* Rdn. 21.

2 Vgl. ferner BGHR StPO § 358 Abs. 2 Satz 1 Einzelstrafe, fehlende 1, BGH Beschlüsse v. 5.12.1980 – 2 StR 685/80; v. 27.9.1983 – 4 StR 564/83, v. 15.11.1995 – 3 StR 433/95 und v. 23.3.2004 – 4 StR 34/04; v. 26.3.2019 – 2 StR 511/18; v. 9.4.2019 – 2 StR 24/19; zu § 354 Abs. 1b StPO siehe unten Rdn. 17 und § 55 Rdn. 62 ff.

3 In Einzelfällen können es die Umstände aber zulassen, dass in der Revisionsinstanz in entsprechender Anwendung von § 354 Abs. 1 StPO eine versehentlich unterbliebene oder unvollständige Einzelstrafenfestsetzung nachgeholt und die Gesamtstrafe bestehen gelassen werden kann (BGH NStZ-RR **2010** 184 und 384).[3] Zwar hat § 354 Abs. 1a und 1b StPO die Entscheidungskompetenz des Revisionsgerichts nicht unerheblich erweitert,[4] aber § 354 Abs. 1a StPO räumt ihm nicht ohne weiteres auch die Möglichkeit ein, in der Tatsacheninstanz vergessene Festsetzungen von Einzelstrafen nachzuholen, da diese Vorschrift voraussetzt, dass bereits eine Rechtsfolge verhängt wurde.[5] Im Unterschied zum Revisionsgericht kann das Berufungsgericht als Tatsachengericht die vergessene Festsetzung einer Einzelstrafe stets nachholen (BGH b. Kusch NStZ **2007** 71, 73; OLG Frankfurt NJW **1973** 1057; *Paul* KK StPO § 331 Rdn. 3; *Meyer-Goßner/Schmitt* StPO § 331 Rdn. 7).

4 **2.** Die verwirkte schwerste Einzelstrafe wird als **Einsatzstrafe** bezeichnet und ist unter Berücksichtigung der anderen Einzelstrafen zu erhöhen. Diese erhöhte Einsatzstrafe ist die **Gesamtstrafe**; auf sie ist im Urteilstenor allein zu erkennen (RGSt **25** 297; **44** 302; **74** 389; **77** 151, 152). Die Einsatzstrafe ist bei gleichartigen Strafen die verwirkte höchste Einzelstrafe, bei Strafen verschiedener Art die ihrer Art nach schwerste Einzelstrafe. Freiheitsstrafe ist immer schwerer als Geldstrafe, auch wenn sie niedriger ist als die Zahl der Tagessätze für die außerdem verhängte Geldstrafe (*Fischer* Rdn. 4; *Sch/Schröder/Sternberg-Lieben/Bosch* Rdn. 5; *SSW/Eschelbach* Rdn. 5). Trifft Strafarrest nach dem WStG mit Freiheitsstrafe zusammen, so ist eine Gesamtstrafenbildung aus beiden Rechtsfolgen möglich (§ 13 Abs. 2 WStG). Für die Höhe der Geldstrafe ist nicht der zu zahlende Betrag, sondern die – den Schuldgehalt abbildende – Anzahl der Tagessätze ausschlaggebend (BGH NJW **1986** 1117).

5 **3.** Lauten eine oder mehrere Einzelstrafen auf eine **lebenslange Freiheitsstrafe**, so ist auf eine lebenslange Freiheitsstrafe als Gesamtstrafe zu erkennen (§ 54 Abs. 1 S. 1) und zugleich in zusammenfassender Gewichtung der Schuld darüber zu befinden, ob eine besondere Schuldschwere i. S.d. §§ 57b, 57a Abs. 1 S. 1 Nr. 2 vorliegt.[6] Diese ist im Urteilstenor auszusprechen (BGHSt **39** 121 m. Anm. *Meurer* JR **1993** 251) und in den Urteilsgründen dem Maßstab des § 267 Abs. 3 Satz 1 StPO entsprechend darzulegen (BGH NStZ-RR **1996** 321).[7] Der Umstand, dass nach § 57b im Zusammenhang mit der Gesamtstrafe über die besonders schwere Schuld i. S.d. § 57a Abs. 1 S. 1 Nr. 2 zu entscheiden ist, schließt aber nicht aus, die besondere Schuldschwere schon für die als Einzelstrafe ausgesprochene lebenslange Freiheitsstrafe zu bejahen (BGH NStZ **1997** 277 mit Anm. *Stree*; BGH Beschl. v. 27.6.2001 – 2 StR 174/01).

6 **4.** In den übrigen Fällen wird die **Gesamtstrafe** durch Erhöhung der verwirkten schwersten Strafe gebildet; unzulässig ist es, stattdessen die Einzelstrafen zusammenzu-

---

3 Vgl. auch BGHR StPO § 358 Abs. 2 S. 1 Einzelstrafe, fehlende 2; BGH Beschlüsse v. 22.4.1997 – 1 StR 93/97 und v. 26.8.1997 – 1 StR 431/97, 23.6.1998 – 4 StR 287/98, 24.6.2003 – 4 StR 225/03, 16.10.2003 – 4 StR 414/03 sowie v. 8.7.2004 – 2 StR 232/05; siehe auch *Gericke* KK StPO § 354 Rdn. 10; *Meyer-Goßner/Schmitt* StPO § 354 Rn. 10.

4 So auch BGH NJW **2005** 1813, 1815; BGH Beschl. v. 13.5.2005 – 2 StR 160/05; BGH NStZ-RR **2007** 152.

5 So zutreffend *Senge* FS Hans Dahs S. 475, 486; siehe auch *Gericke* KK StPO § 354 Rdn. 26b und 26f.

6 BVerfGE **86** 288 = NJW **1992** 2947; BGHSt-GSSt **40** 360 mit Anm. *Hille* NStZ **1995** 227, BGH Urt. v. 8.8.2001 – 3 StR 162/01; *Kintzi* JR **1995** 249; *Krümpelmann* NStZ **1995** 337 und Besprechungsaufsatz *Streng* JZ **1995** 556; *Fischer* § 57b Rdn. 3; *Sch/Schröder/Kinzig* § 57b Rdn. 2.

7 Vgl. auch *Fischer* § 57a Rdn. 5; *Meyer-Goßner/Schmitt* StPO § 267 Rdn. 20a.

zählen und die Summe der Einzelstrafen zu mindern oder zuerst eine „Gesamtstrafe" ins Auge zu fassen und dann fiktive „Einzelstrafen" festzusetzen. Das Gesetz verlangt – unter Ausschluss jeder rechnerischen oder schematischen Betrachtung – das umgekehrte Verfahren.[8] Die Einsatzstrafe ist so zu erhöhen, dass die Gesamtstrafe innerhalb eines Rahmens liegt, der gemäß Abs. 1 S. 2 nach unten durch die geringstmöglich erhöhte Einsatzstrafe begrenzt ist; die Erhöhung muss deshalb mindestens eine Strafeinheit betragen, so dass Freiheitsstrafen von weniger als einem Jahr und Strafarrest um mindestens eine Woche (§ 39 1. Alt.), Freiheitsstrafen von einem Jahr und mehr um mindestens einen Monat (§ 39 2. Alt.) und Geldstrafen um mindestens einen Tagessatz (§ 40 Abs. 1) erhöht werden müssen.[9] Für die Erhöhung der Einsatzstrafe gibt es ferner ein *konkretes* und ein *abstraktes* Höchstmaß, die mit der Einsatzstrafe als Untergrenze den Strafrahmen für die mögliche Gesamtstrafenfindung bilden.

a) Das **konkrete Höchstmaß** besteht nach Abs. 2 S. 1 darin, dass die Gesamtstrafe 7
die Summe der Einzelstrafen nicht erreichen darf,[10] das bedeutet, dass sie wenigstens eine Strafeinheit niedriger sein muss (BGH Beschl. v. 14.12.2006 – 4 StR 472/06; OLG Karlsruhe MDR **1995** 404; *Fischer* Rdn. 5). Das muss aus dem Urteil hervorgehen (RGSt **36** 88). Die Summe der Einzelstrafen wird durch einfache Addition gebildet, wenn es sich um gleichartige Strafen handelt; das gilt trotz des unterschiedlichen Gewichts der Sanktionen auch, wenn Freiheitsstrafe und Strafarrest zusammentreffen.[11] Bei der Zusammenrechnung von Freiheitsstrafen und Geldstrafen entspricht ein Tagessatz der Geldstrafe einem Tag Freiheitsstrafe (Absatz 3). Treffen aber z.B. Einzelstrafen von einem Jahr und von einem Monat Freiheitsstrafe zusammen, so darf die Einsatzstrafe von einem Jahr ausnahmsweise um eine geringere Einheit als einen Monat erhöht werden, weil sonst die Summe der Einzelstrafen erreicht würde; § 54 Abs. 2 Satz 1 verdrängt insoweit § 39,[12] d.h. um den Grundsätzen der Gesamtstrafenbildung zu entsprechen, kann die zu bildende Gesamtfreiheitsstrafe nicht nur nach Jahren und Monaten, sondern auch nach Wochen bemessen werden.[13]

b) Das **abstrakte Höchstmaß** beträgt bei *Freiheitsstrafe* 15 Jahre (Absatz 2 S. 2). Er- 8
reicht schon die Einsatzstrafe das Höchstmaß, so kann sie nicht mehr erhöht werden, womit die Asperation gänzlich zu unterbleiben hat (RGSt **63** 242; BGH bei Dallinger MDR **1971** 545).[14] Nach richtiger Ansicht darf deshalb neben einer die Höchstgrenze von 15 Jahren für zeitige Freiheitsstrafen erreichenden Einzelfreiheitsstrafe weder gesondert nach § 53 Abs. 2 S. 2 auf Geldstrafe erkannt noch eine kumulative Geldstrafe nach § 41

---

8 RGSt **44** 302, 303; BGH bei Martin DAR **1967** 95, 96; StV **1994** 424, 425; NStZ-RR **2009** 200; NStZ-RR **2010** 40; OLG Dresden Beschl. v. 12.8.2014 – 1 OLG 13 Ss 191/14; vgl. auch BGHR StGB § 54 Abs. 1 Bemessung 10; so auch *Frister* NK Rdn. 17 und *v. Heintschel-Heinegg* MK Rdn. 19; *SSW/Eschelbach* Rdn. 6; *Jäger* SK Rdn. 10.

9 *Bringewat* Gesamtstrafe Rdn. 165; *Lackner/Kühl/Heger* Rdn. 3; *Fischer* Rdn. 5; *v. Heintschel-Heinegg* Beck OK 42. Ed. Rdn. 14.

10 BGH Beschl. vom 7.5.1997 – 3 StR 172/97; **aA** *Schoreit* FS Rebmann S. 443, 459 ff.

11 BGHSt **12** 244; *Sch/Schröder/Sternberg-Lieben/Bosch* Rdn. 8.

12 BGHSt **16** 167; **41** 374, 376; BGH NStZ **1996** 187; NStZ-RR **2004**, 137; NStZ-RR **2016** 240; ebenso *Bringewat* Gesamtstrafe Rdn. 167; *Frister* NK Rdn. 16; *Lackner/Kühl/Heger* Rdn. 4; *Fischer* § 39 Rdn. 6; *Jäger* SK Rdn. 7; *Sch/Schröder/Sternberg-Lieben/Bosch* Rdn. 7.

13 BGH NStZ-RR **2000**, 139; **2004**, 137; BGH, Beschlüsse vom 24.8.2007 – 2 StR 352/07 und vom 12.6.2019 – 3 StR 71/19.

14 Vgl. BGH Beschl. v. 18.8.2010 – 2 StR 231/10; *Bringewat* Gesamtstrafe Rdn. 176; *Frister* NK Rdn. 15; *Lackner/Kühl/Heger* Rdn. 4; *Jäger* SK Rdn. 8; *Sch/Schröder/Sternberg-Lieben/Bosch* Rdn. 11; *SSW/Eschelbach* Rdn. 13; *v. Heintschel-Heinegg* Beck OK 42. Ed. Rdn. 15.

verhängt werden,[15] zumal die letztgenannte Sanktion nicht das zulässige Höchstmaß zeitiger Freiheitsstrafe erhöhen, sondern nur die Möglichkeiten verschiedener strafrechtlicher Reaktionen erweitern soll.[16]

8a Für die *Gesamtgeldstrafe* besteht eine Höchstgrenze von 720 Tagessätzen (Abs. 2 S. 2). Das entspricht dem doppelten des allgemeinen Höchstmaßes der Geldstrafe in § 40 Abs. 1. Dabei ist es gleichgültig, ob es sich um eine selbständige Gesamtgeldstrafe nach § 53 Abs. 1 oder um eine zusätzliche nach § 53 Abs. 2 S. 2 2. Halbsatz handelt (*v. Heintschel-Heinegg* MK Rdn. 18; *Sch/Schröder/Sternberg-Lieben/Bosch* Rdn. 13; *SSW/Eschelbach* Rdn. 15).

III. Grundsätze der Strafbemessung bei der Gesamtstrafenbildung

9 **1.** Vor der Einführung des § 54 wurde davon ausgegangen, dass die Urteilsgründe zwar die für die Strafzumessung bestimmenden Gesichtspunkte anführen müssen (§ 267 Abs. 3 Satz 1 StPO) und dies grundsätzlich auch für die Begründung der Gesamtstrafe gilt, dass jedoch die Zumessungsgründe für die Einzelstrafen bereits hinreichenden Aufschluss über die die Gesamtstrafe tragenden Gründe geben würden, deren Wiederholung deshalb nicht geboten sei. So wurde ein Anlass für die besondere Begründung der Gesamtstrafe nur angenommen, wenn sie, ohne dass der Grund dafür bereits aus den übrigen Erwägungen hervorging, der oberen oder unteren Grenze des Zulässigen nahe kam.[17] Bei der Bildung der Gesamtstrafe sollten allerdings schon nach früherem Recht Zahl und Schwere der Taten, ihr Verhältnis zueinander, die Gesamtverhältnisse des Täters und dessen gesamtes Verschulden berücksichtigt werden (RGSt **44** 302, 306 ff); Umstände, die bei der Festsetzung der Einzelstrafen bereits verwertet worden waren, sollten bei der Festsetzung der Gesamtstrafe nicht noch einmal verwertet werden.[18]

10 **2.** Für die Bemessung der Gesamtstrafe schreibt Abs. 1 S. 3 ausdrücklich vor, dass die Person des Täters und die einzelnen Straftaten zusammenfassend gewürdigt werden müssen. Damit hat die Neufassung des Gesetzes den **Begründungszwang** für die Gesamtstrafe **verschärft.** Der Gesetzgeber ging davon aus, dass bei der Bemessung der Gesamtstrafe mit den allgemeinen Strafzumessungsgründen des § 46 nicht auszukommen ist, vielmehr ist zu beachten, dass die einzelnen Taten Ausfluss einer einheitlichen Täterpersönlichkeit sind und deshalb nicht als bloße Summe, sondern als ein *Inbegriff* beurteilt werden müssen, dem eine besondere Bedeutung zukommen kann (vgl. 1. Bericht des Bundestagssonderausschusses für die Strafrechtsreform, BT-Drucks. V/4094 S. 26). § 54 Abs. 1 Satz 3 enthält **eigene**, über § 46 hinausgehende **Bewertungsgrundsätze**, die insbesondere das Verhältnis der einzelnen Taten zueinander betreffen,[19] namentlich kann ein zeitlicher oder motivatorischer Zusammenhang oder eine wiederholte und gleichartige Begehungsweise von Bedeutung sein (BGH NStZ-RR **2017** 105, 107);[20] auch das Gewicht des Gesamtunrechts oder die Höhe eines Gesamtschadens sind ty-

---

15 *Frister* NK Rdn. 13; *v. Heintschel-Heinegg* MK Rdn. 16; *Sch/Schröder/Sternberg-Lieben/Bosch* Rdn. 11; *SSW/Eschelbach* Rdn. 13.

16 Vgl. BGHSt **32** 60, 67; BGH wistra **1993** 297 und StV **1997** 633 für § 41 sowie BGHSt **41** 20, 25.

17 BGHSt **8** 205, 210 f unter Auseinandersetzung mit den Urteilen OLG Bremen NJW **1952** 1069 und OLG Köln NJW **1953** 275, 276.

18 Bremen HESt **2** 232; OLG Köln NJW **1953** 275; *Dreher* JZ **1957** 156; *Schorn* JR **1964** 45; *Schweling* GA **1955** 292.

19 Vgl. BGHR StGB § 54 Abs. 1 Bemessung 2; BGH Urt. v. 2.4.2008 – 5 StR 633/07.

20 Vgl. auch BGH NStZ-RR **2007,** 300; wistra **2010,** 264; Beschlüsse v. 10.11.2016 – 1 StR 417/16 und v. 8.8.2017 – 1 StR 671/16; *Fischer* Rdn. 7a; *SSW/Eschelbach* Rdn. 6.

pische, für die Gesamtstrafenbemessung wesentliche Zumessungskriterien. § 54 Abs. 1 Satz 3 macht somit deutlich, dass die Bestimmung der Gesamtstrafe einen **gesonderten Strafzumessungsvorgang** erfordert. Das ist in Rechtsprechung[21] und Literatur anerkannt.[22]

3. Im Einzelnen ist folgendes zu beachten:

a) Es sind zunächst die **Einzelstrafen** für die verschiedenen Taten nach den Grundsätzen des § 46 festzusetzen; alle Strafschärfungs- und -milderungsgründe, die unmittelbar den Unrechts- und Schuldgehalt der Einzeltat betreffen, wie z. B. der durch sie verursachte Schaden oder andere Tatfolgen, die §§ 21, 23 Abs. 2 oder die §§ 46a, 46b, sind bei den Einzelstrafen für die Taten zu berücksichtigen, bei denen sie in Betracht kommen.[23] Jede Einzeltat ist dabei zunächst grundsätzlich für sich zu bewerten ohne Rücksicht auf die anderen Taten. Schon bei der Strafrahmenwahl für die Einzeltaten kann jedoch der Umstand, dass es sich um eine Mehrzahl von Taten handelt, ebenso von Bedeutung sein (BGHR StGB Vor § 1 minderschwerer Fall Gesamtwürdigung 2), wie es etwa im Hinblick auf § 47 gegebenenfalls erforderlich sein kann, die Tatsache der Häufung von Straftaten erschwerend bei der Festsetzung der Einzelstrafen zu berücksichtigen.[24] Andererseits darf ein erst durch die Gesamtzahl der Taten verursachter „Gesamtunrechtserfolg" nicht bereits bei der Zumessung der Einzelstrafen berücksichtigt werden, soweit er nicht von vornherein absehbar war (vgl. BGH NStZ-RR **2015** 47; SSW/*Eschelbach* Rdn. 6). 11

b) Aus den so bemessenen Einzelstrafen wird die **Gesamtstrafe** durch angemessene Erhöhung der Einsatzstrafe gebildet. Die Summe der Einzelstrafen hat hierbei nur geringeres Gewicht, so dass es fehlerhaft wäre, sich von ihr zu sehr leiten zu lassen. Die Findung der angemessenen Gesamtstrafe ist keine bloße Rechenaufgabe, vielmehr ein gesonderter Strafzumessungsvorgang, dem jeder Schematismus fremd ist und bei dem statt dessen die Person des Täters und die einzelnen Straftaten zusammenfassend gewürdigt werden müssen.[25] Die Taten sind als Ausfluss einer einheitlichen Täterpersönlichkeit nicht als bloße Summe, sondern als ein *Inbegriff* zu beurteilen, dem als eigene Größe eine selbständige Bedeutung zukommt (BGHSt **24** 268, 269).[26] Bei der Bemessung der Gesamtstrafe, wird es sich nicht immer vermeiden lassen, Strafzumessungsgründe, die bereits bei der Bildung der Einzelstrafen verwertet wurden, auch bei der Prüfung ihrer Auswirkungen auf die Gesamtheit der Taten mit heranzuziehen;[27] die Forderung, die bei 12

---

21 Siehe Nachweise zur Rspr. in Fn. 20.

22 *Frister* NK Rdn. 17 ff; *Jescheck/Weigend* § 68 II 1c; *Lackner/Kühl/Heger* Rdn. 6; *Jäger* SK Rdn. 9; *Sch/Schröder/Sternberg-Lieben/Bosch* Rdn. 14; *v. Heintschel-Heinegg* MK Rdn. 20; *Fischer* Rdn. 6.

23 Vgl. BGH bei Dallinger MDR **1958** 739; NJW **1966** 509; *Lackner/Kühl/Heger* Rdn. 6; *Fischer* Rdn. 4; *Sch/Schröder/Sternberg-Lieben/Bosch* § 53 Rdn. 10.

24 BGHSt **24** 268, 271; BGH NStZ **1991** 527; NStZ-RR **1998** 236, 237; BGHR StGB § 54 Strafhöhe 1 und BtMG § 29 Serienstraftaten 2; OLG Hamm NJW **1977** 2087; vgl. auch BGHSt **40** 138, 162; *Bringewat* Gesamtstrafe Rdn 152; *Frister* NK Rdn. 7 ff; *Jescheck/Weigend* § 68 III 1c; *Jäger* SK Rdn. 4; *Sch/Schröder/Sternberg-Lieben/Bosch* § 53 Rdn. 10.

25 BGHSt **12** 1, 6 f; **24** 268, 269; BGH NStZ **2001** 365; NStZ-RR **2003** 295; NStZ-RR **2018**, 171; *Fischer* Rdn. 7 m.w.N.; ferner *v. Heintschel-Heinegg* MK Rdn. 20 ff; *Frister* NK Rdn. 17.

26 BGH bei Holtz MDR **1995** 880; NStZ-RR **1997** 130, 131 und 228; **2003** 295; BGHR StGB § 54 Abs. 1 Bemessung 5, 8, 10 und 12.

27 BGHSt **8** 205, 210; einschränkend BGHSt **24** 268, 270 f mit zust. Anm. *Jagusch* NJW **1972** 454; BGH NStZ-RR **1998** 236; OLG Saarbrücken NJW **1975** 1040, 1041; OLG Hamm NJW **1977** 2087, 2088; OLG Köln NJW **1953** 275, 276; *Bringewat* Gesamtstrafe Rdn. 184; *Bruns* FS H. Mayer S. 374 f; *Geerds* Konkurrenzen

der Bildung der Einzelstrafen verwerteten Tatsachen bei der Bildung der Gesamtstrafe außer Betracht zu lassen, lässt sich nicht uneingeschränkt verwirklichen, wenn man nicht künstlich Revisionsgründe schaffen will. Denn schon kraft Gesetzes sind bei der Festsetzung der Einzelstrafen die aus der Tat sprechende Gesinnung, das Vorleben, die persönlichen und wirtschaftlichen Verhältnisse des Täters zu berücksichtigen (§ 46), die auch bei der Gesamtstrafe, die den *Inbegriff* der Taten als Ausfluss der einheitlichen Täterpersönlichkeit würdigen soll, verwertet werden müssen (BGH StV **1994** 370); auch sonst gibt es, vor allem zugunsten eines Angeklagten wirkende Umstände, wie etwa der – seit neuerer Rechtsprechung (BGHSt **52**, 124 = NJW **2008**, 860) im Wege einer Anrechnung auf die Vollstreckung der Gesamtstrafe zu berücksichtigende – Strafmilderungsgrund einer Art. 6 Abs. 1 Satz 1 MRK zuwiderlaufenden Verfahrensverzögerung, die für die Zumessung der Einzelstrafen und der Gesamtstrafe von Bedeutung sein können.[28] Dies berücksichtigt die Ansicht nicht hinreichend, die insoweit die Gefahr einer unzulässigen Doppelverwertung von Strafschärfungsgründen bemängelt.[29]

13 **c)** Der **Umfang der erforderlichen Begründung**, der bisweilen in der Praxis für den Tatrichter vor dem Hintergrund revisionsrechtlicher Überprüfung schwer zu prognostizieren ist, hängt davon ab, wie sehr sich die Gesamtstrafe der zulässigen Grenze nach oben oder unten nähert oder ob sich die Gesamtstrafe auffallend von der Einsatzstrafe entfernt (BGH NStZ-RR **2017**, 105, 107).[30] Wird die Einsatzstrafe trotz zahlreicher hoher Einzelstrafen nur geringfügig erhöht, so kann darin ein Ermessensmissbrauch zum Ausdruck kommen.[31] Eine nur geringfügige Überschreitung der Einsatzstrafe bedarf daher ebenso einer näheren Begründung wie das Heranreichen an die Summe der Einzelstrafen (BGH Beschl. v. 4.6.2019 – 3 StR 199/19).[32] Wenn die Gesamtstrafe die Einsatzstrafe um ein Mehrfaches übersteigt, kann dies zwar im Hinblick auf das sich in der Gesamtheit der Taten widerspiegelnde Unrecht gerechtfertigt sein, etwa bei einem hohen Gesamtschaden oder bei einer Vielzahl von Geschädigten; dies ist aber näher zu begründen, um den Eindruck zu vermeiden, die Summe der Einzelstrafen habe den Ausschlag gegeben (BGH NStZ-RR **2003** 9; StV **2003** 555; NStZ **2011** 32).[33] Eine besondere Begründungspflicht kann

---

S. 376 Fn. 765; *Fischer* Rdn. 7a; *Lackner/Kühl/Heger* Rdn. 6; **aA** Dreher JZ **1957** 155, 157; *Jakobs* AT 33/18; *Jescheck/Weigend* § 68 III 1c; *Sch/Schröder/Sternberg-Lieben/Bosch* Rdn. 15, jedoch unter Hinweis, dass eine völlige Trennung der für die Einzel- und die Gesamtstrafenfestsetzung maßgeblichen Umstände bisweilen nicht möglich ist; *Jäger* SK Rdn. 11; differenzierend: Doppelverwertungsverbot nur insoweit, als die Zumessungsgründe bereits für die Einsatzstrafe verbraucht worden sind, *Frister* NK Rdn. 24 f; vgl. hierzu auch *Montenbruck* JZ **1988** 332, 336 ff; *Schnarr* in *Hettinger* (Hrsg) Reformen des Sanktionenrechts, Bd. 2, S. 54 ff.

28 BGH NStZ **1987** 232, 233; **1999** 181; wistra **2002**, 337; NStZ **2003** 601; zu den Folgen der „Vollstreckungslösung", die eine Anrechnung auf die zu vollstreckende Gesamtstrafe vorsieht vgl. BGHSt **52** 124, 147 = NJW **2008** 860, 866; BGH NStZ **2008**, 477; siehe hierzu auch *SSW/Eschelbach* Rdn. 10.

29 *Jakobs* AT 33/18; *Horn* GedS Armin Kaufmann S. 573; *Streng* Strafrechtliche Sanktionen Rdn. 523 ff; vgl. zur Frage eines Verstoßes gegen das Doppelverwertungsverbot auch *v. Heintschel-Heinegg* MK Rdn. 20.

30 Vgl. auch BGH StV **1994** 424, 425; wistra **1997** 228; BGH Beschl. vom 25. Juli 1997 – 3 StR 321/97; NStZ-RR **1998** 236; StV **2003** 555, 556; BGH Beschl. v. 9.7.2004 – 2 StR 155/04; *Fischer* Rdn. 11; *Jäger* SK Rdn. 14; **aA** *Frister* NK Rdn. 25.

31 BGHSt **5** 57; BGH JR **1954** 147; StV **1996** 263.

32 BGHSt **8** 205, 210; **24** 268, 271; StV **1983** 237; **1994** 370; **1996** 263; **2003** 555; NJW **1995** 2234. 2235; NStZ-RR **2005,** 374 f; **2007** 71 und 300; BGHR StGB § 54 Bemessung 1 und § 54 Abs. 1 Bemessung 3, 7, 8 und 11; OLG Düsseldorf wistra **2007** 235 f.

33 Vgl. auch BGH StV **2000** 254; **2006** 402; **2007** 633; wistra **2004** 383; BGH Beschl. v. 4.6.2004 – 2 StR 163/04; BGH Beschlüsse v. 28.2.2013 – 2 StR 541/12 und v. 25.6.2013 – 5 StR 232/13; *v. Heintschel-Heinegg* Beck OK 41. Ed. Rdn. 19; *SSW/Eschelbach* Rdn. 7.

sich auch dann ergeben, wenn die Gesamtstrafe nur knapp den „Zweijahresbereich" (§ 56 Abs. 2) überschreitet und damit die Möglichkeit einer Strafaussetzung zur Bewährung von vornherein ausscheidet (BGH NStZ-RR **2015** 240).[34] In einfach gelagerten Fällen kann es zwar ausreichen, zur Vermeidung von Wiederholungen auf die im Urteil zur Festsetzung der Einzelstrafen niedergelegten Erwägungen Bezug zu nehmen (st. Rspr.; BGH NStZ-RR **2018** 171),[35] formelhafte Begründungen oder nicht belegte Behauptungen genügen aber in der Regel nicht;[36] zumindest muss erkennbar sein, welche gesamtstrafenspezifischen strafschärfenden Umstände das Gericht zu einer erheblichen Erhöhung der Einsatzstrafe bewogen haben,[37] wobei der Tatrichter auch insoweit lediglich die bestimmenden Strafzumessungserwägungen (§ 267 Abs. 3 Satz 1 StPO) in den Urteilsgründen darzulegen hat (BGH Beschl. v. 8.8.2017 – 1 StR 671/16).

d) Bei der Bemessung der Gesamtstrafe ist einmal das Verhältnis der einzelnen Straf- 14
taten zueinander, ihr Zusammenhang, ihre größere oder geringere Selbständigkeit, die Häufigkeit der Begehung, die Gleichheit oder Verschiedenheit der verletzten Rechtsgüter und der Begehungsweise sowie das Gesamtgewicht der Taten zu berücksichtigen (BGHSt **24** 268, 269f; BGH NJW **1995** 2234; NStZ-RR **2017** 105, 107); ferner sind für die Gesamtstrafenzumessung die zusammenfassende Würdigung der Person des Täters, seine Schuld im Hinblick auf das Gesamtgeschehen und die Frage von Bedeutung, ob seine Taten auf einem kriminellen Hang oder – bei Fahrlässigkeitstaten – auf einer allgemein gleichgültigen Einstellung beruhen (BGHSt **24** 268, 270; BGH StV **1994** 370). Ein enger zeitlicher, sachlicher, motivatorischer oder situativer Zusammenhang führt nach der Rechtsprechung in der Regel zu einer geringeren Erhöhung der Einsatzstrafe;[38] insbesondere die wiederholte Verwirklichung gleichartiger, gegen dasselbe Opfer gerichteter oder einer krankhaften Disposition entspringender Taten muss nicht Ausdruck einer sich steigernder rechtsfeindlichen Gesinnung sein, sondern kann – aus vom Täter nicht zu vertretenden Gründen – Folge einer von Tat zu Tat geringer werdenden Hemmschwelle sein (BGH StV **2000** 254; NStZ-RR **2003** 9; NStZ-RR **2010** 40).[39] An diesen Grundsätzen misst die Rechtsprechung vor allem die besondere Erscheinungsform der Serienstraftat (BGHSt **24** 268, 270; **40** 138, 162, 165), die nach der Aufgabe der Rechtsfigur der fortgesetzten Handlung besondere Bedeutung erlangt hat.[40] Allerdings *muss* die serienmäßige Begehung von Straftaten *nicht stets mildernd* wirken; sie kann vielmehr, insbesondere durch das Gesamtgewicht der Taten und der diesen zugrundeliegenden erhöhten kriminellen Energie des Serientäters (BGH NStZ **1996** 187; NJW **2010** 3176; NStZ **2011**, 32), wie es auch für die fortgesetzte Handlung anerkannt war,[41] straferschwerend zu bewerten sein.[42] Damit er-

---

34 Vgl. hierzu auch BGH NStZ **2001** 365.
35 Vgl. auch BGHSt **24** 268, 271; BGHR StGB § 55 Abs. 1 Satz 1 Strafen, einbezogene 1 und 6; BGH NStZ **2009** 565; *Jäger* SK Rdn. 14; *Fischer* Rdn. 7b.
36 BGH NStZ **1995** 77; **2007** 326; NStZ-RR **2007** 71 f; StV **2007**, 633; NStZ-RR **2009**, 336; *Fischer* Rdn. 7a ff. m.w.N. zur Rspr.
37 BGH Beschlüsse v. 18.2.2009 – 2 StR 593/08 und 603/08 = NStZ-RR **2009**, 167.
38 BGH NStZ **1988** 126; **1995** 77; **1996** 187; **2001** 365, 367; StV **1992** 225, 226; **1993** 302; NStZ-RR **2017** 105, 107; BGH Beschlüsse v. 13.11.2008 – 3 StR 485/08 und v. 13.4.2010 – 3 StR 71/10.
39 Vgl. auch BGH StV **1994** 424, 425 und **1997** 76; NJW **1995** 2234; BGHR StGB § 54 Abs. 1 Bemessung 2 und 4; vgl hierzu auch *Fischer* Rdn. 7a; *SSW/Eschelbach* Rdn. 6; *Jäger* SK Rdn. 13; *v. Heintschel-Heinegg* Beck OK 42. Ed. Rdn. 18.
40 BGH NJW **1995** 2234; *Arzt* JZ **1994** 1001; *Geisler* Jura **1995** 82; siehe näher dazu oben Vor §§ 52 Rdn. 50 ff.
41 BGH NStZ **1992** 389; vgl. auch BGHR StGB Vor § 1 fortgesetzte Handlung Auswirkungen, nachteilige 7.
42 BGHSt **24** 268, 270; BGH NStZ-RR **1998**, 236; *Jescheck/Weigend* § 68 III 1c; vgl. hierzu auch *Bohnert* ZStW **105** (1993) 846, 850; *Bender* NJW **1964** 807 f; *Jäger* SK Rdn. 13.

langt das Kriterium der wiederholten Tatbegehung bei der Bemessung der Gesamtstrafe eine gewisse Ambivalenz.[43]

15 **4.** Ein relevanter Verstoß gegen das Beschleunigungsgebot des **Art. 6 Abs. 1 Satz 1 MRK** bringt auch vor dem Hintergrund der nunmehr geltenden „Vollstreckungslösung" (BGHSt **52**, 124 = NJW **2008**, 860), wonach die Kompensation im Wege einer Anrechnung auf die Gesamtstrafe zu erfolgen hat, vielfache Begründungspflichten mit sich. Denn bereits im Rahmen der Festsetzung der Einzelstrafen und der Zumessung der Gesamtstrafe sind das Ausmaß und die Gründe der Verzögerung sowie die damit für den Angeklagten verbundenen besonderen Belastungen als bestimmende (mildernde) Strafzumessungsumstände (§ 267 Abs. 3 Satz 1 StPO) darzustellen und zu bewerten. Hieran schließt sich dann die Frage der Feststellung der überlangen Verfahrensdauer und ggf. die Bezifferung eines als vollstreckt geltenden Teils des gebildeten Gesamtstrafe, die allein die Grundlage der Vollstreckung darstellt (*Fischer* Rdn. 12; *Frister* NK Rdn. 26), an.[44]

IV. Strafverfahrensfragen

16 Nur die Gesamtstrafe ist die *erkannte Strafe* i. S. des § 46 (BGHSt **25** 81, 84), daher erscheint auch nur sie im Urteilstenor, während die Einzelstrafen lediglich in den Entscheidungsgründen angeführt werden müssen (*Sch/Schröder/Sternberg-Lieben/Bosch* Rdn. 19; siehe auch oben Rdn. 2). Die Höhe der Gesamtstrafe bestimmt die Dauer der Verjährungsfrist (BGHSt **30** 232, 234). Für die Frage, ob eine Strafaussetzung zur Bewährung in Betracht kommt, ist nach § 58 ebenso auf die Gesamtstrafe abzustellen (BGHSt **7** 180, 182; **9** 370, 385; **25** 142, 143), wie bei der Entscheidung über eine Verwarnung mit Strafvorbehalt gemäß § 59c (*Frister* NK Rdn. 27). Die Gesamtstrafe kann grundsätzlich isoliert angefochten werden (BGH NStZ-RR **2000** 13; *Jäger* SK Rdn. 17; *Fischer* Rdn. 13). Wird sie aufgehoben, entfallen mit ihr die Nebenfolgen, Nebenstrafen und Maßregeln, wenn ihre Anordnung von einer Ermessensentscheidung abhängig ist (BGHSt **14** 381, 382; *Gericke* KK StPO § 353 Rdn. 20 m.w.N.), es sei denn, das Rechtsmittelgericht hält sie aufrecht (BGHSt **33** 306, 310; BGH NStZ **1982** 483). Hierbei ist das Rechtsmittelgericht gehalten, den Umfang der Aufhebung präzise im Tenor zu bestimmen, um Unklarheiten bezüglich der eintretenden Teilrechtskraft im zweiten Rechtsgang zu vermeiden (BGH NStZ-RR **2017** 187; BGH Beschl. v. 15.11.2018 – 3 StR 463/18). Das Tatgericht hat dann – unter Beachtung der eingetretenen Teilrechtskraft – neu zu prüfen, ob es Nebenfolgen usw. neben der Gesamtstrafe verhängen will. Hingegen erwachsen diejenigen Nebenfolgen usw. in Rechtskraft und bleiben von der Aufhebung der Gesamtstrafe unberührt, die neben einer rechtskräftig gewordenen *Einzelstrafe zwingend* vorgeschrieben sind (BGH NJW **1979**, 2113; *Sch/Schröder/Sternberg-Lieben/Bosch* Rdn. 23; *Frister* NK Rdn. 27). Wendet sich die *Revision* gegen eine von mehreren im Verhältnis der Tatmehrheit zueinander stehenden Taten, so hat das Revisionsgericht auch zu prüfen, ob die §§ 53, 54 richtig angewendet worden sind. Wird eine Einzeltat aufgehoben, so bleiben die anderen bestehen, wenn ausgeschlossen werden kann, dass der aufgehobene Schuld- und/oder Einzelstrafausspruch die anderen Einzelstrafen beeinflusst hat;[45] jedoch ist in der Regel die Gesamtstrafe aufzuheben (siehe dazu § 53 Rdn. 22ff). Die Gesamtstrafe kann aber in Form einer Einzelstrafe bestehen bleiben, wenn zu Unrecht Tatmehrheit statt Tateinheit

---

43 Vgl. *SSW/Eschelbach* Rdn. 6; *Sch/Schröder/Sternberg-Lieben/Bosch* Rdn. 15.

44 BGHSt **52** 124, 147 = NJW **2008** 860, 866; vgl. auch *SSW/Eschelbach* Rdn. 10.

45 BGH NJW **1979** 378; **1981** 2204, 2206; *Meyer-Goßner/Schmitt* StPO § 353 Rdn. 10; *Knauer/Kudlich* MK StPO § 353 Rdn. 19.

angenommen worden ist (BGH NJW **1963** 1260; vgl. ferner § 52 Rdn. 49 und § 53 Rdn. 25 m.w.N. zur neueren Rspr.). Wird die Gesamtstrafe *nachträglich* – etwa bei einem Verfahren nach § 55 oder im Beschlusswege nach § 460 StPO – aufgehoben, so treten die nicht aufgehobenen rechtskräftigen Einzelstrafen wieder in ihr Recht, soweit aus ihnen nicht eine neue Gesamtstrafe gebildet wird (RGSt **25** 297; BGHSt **1** 252, 253). Wegen der selbständigen prozessualen Bedeutung der Einzelstrafen ist bei Einzel*geldstrafen* auch dann die Tagessatzhöhe zu bestimmen, wenn auf Freiheitsstrafe als Gesamtstrafe erkannt wird (BGHSt **30** 93, 96).[46] Ist bei einer Einzelgeldstrafe die Tagessatzhöhe vergessen worden, so ist die Sache entweder zur Festsetzung der Tagessatzhöhe an die Tatsacheninstanz zurückzuverweisen (BGHSt **34** 90; BGHR StGB § 54 Abs. 3 Tagessatzhöhe 1 und 2), oder aber das Revisionsgericht holt dies in geeigneten Fällen in entsprechender Anwendung von § 354 Abs. 1 StPO selbst nach;[47] in der Regel erkennt es dann jedoch nur auf die Mindesttagessatzhöhe von einem Euro (§ 40 Abs. 2 Satz 3), um jede Beschwer des Verurteilten auszuschließen. Dem steht das Verbot der Schlechterstellung nicht entgegen, weil im ersten Urteil gerade keine konkrete Rechtsfolge festgesetzt wurde (st. Rspr.; BGHSt **30** 93, 96; BGH NStZ-RR **2012**, 181; **2014** 186; OLG Frankfurt NJW **1973** 1057). Das Berufungsgericht kann die Ergänzung des Ausspruchs über die Einzelgeldstrafe stets selbst vornehmen,[48] das Revisionsgericht nur, wenn die Voraussetzungen des § 354 Abs. 1 StPO oder des § 354 Abs. 1a StPO n.F. vorliegen.[49]

Entfallen infolge einer Aufhebungs-, Änderungs- oder Einstellungsentscheidung des Revisionsgerichts **Einzelstrafen**, so dass die Gesamtstrafe neu gebildet werden muss, bestehen nach der Einführung des § 354 Abs. 1a und Abs. 1b StPO durch das Justizmodernisierungsgesetz vom 30. August 2004 (BGBl. I S. 2198 ff) mehrere Möglichkeiten, wie weiter verfahren werden kann. Das Revisionsgericht hebt entweder das Urteil in diesem Umfang auf und verweist die Sache gemäß § 354 Abs. 2 StPO an einen anderen Tatrichter zurück, der dann aufgrund einer neuen Hauptverhandlung durch Urteil zu entscheiden hat, oder es hebt den Gesamtstrafenausspruch mit der Maßgabe auf, dass die nachträgliche gerichtliche Entscheidung über die Gesamtstrafe im Beschlusswege nach §§ 460, 462 StPO zu treffen ist (§ 354 Abs. 1b Satz 1 oder 2 StPO),[50] oder aber es entscheidet anstelle des Tatrichters aus Gründen der Prozessökonomie über die Gesamtstrafe selbst (354 Abs. 1b Satz 3 StPO), indem es die Gesamtstrafe trotz fehlerhafter Begründung als angemessen bestehen lässt (§ 354 Abs. 1b Satz 3 i.V.m. Abs. 1a Satz 1 StPO) oder auf Antrag der Staatsanwaltschaft herabsetzt (§ 354 Abs. 1b Satz 3 i.V.m. Abs. 1a Satz 2 StPO).[51] Möglich ist auch, dass die Gesamtstrafe trotz Wegfalls einer oder mehrerer Einzelstrafen vom Revisionsgericht aufrechterhalten wird, weil die Vielzahl der verbleibenden Einzelstrafen es ausgeschlossen erscheinen lässt, dass der Tatrichter ohne die entfallenen Einzelstrafen eine niedrigere Gesamtstrafe verhängt hätte, was insbesondere bei Teileinstellungen 17

46 BGH Beschlüsse v. 11.8.2004 – 2 StR 224/04, v. 23.2.2010 – 1 StR 647, v. 16.8.2017 – 2 StR 295/17 und v. 2.11.2017 – 2 StR 415/17.

47 BGH Beschlüsse v. 18.6.2003 – 1 StR 214/03, 8.1.2002 – 4 StR 567/01, v. 24.6.2003 – 4 StR 225/03, v. 16.8.2017 – 2 StR 295/17 und v. 5.6.2018 – 2 StR 418/17.

48 *D. Meyer* MDR **1978** 894; *K. Meyer* JR **1979** 388, 389; *Meyer-Goßner/Schmitt* StPO § 328 Rdn. 3; *Paul* KK StPO § 328 Rdn. 5; **aA** OLG Hamm JR **1979** 74 mit zust. Anm. *Gössel*.

49 *Senge* FS Hans Dahs (2005) S. 475, 481 ff; vgl. auch BGH Beschl. v. 9.2.2010 – 3 StR 567/09; vgl hierzu auch § 53 Rdn. 3 m.w.N.

50 BGH StV **2005** 9; BGH Beschlüsse v. 9. und 16.11.2004 – 4 StR 426/04 und 392/04 sowie v. 8.7.2005 – 2 StR 2/05; vgl. auch *Peglau* JR **2005** 143; *Meyer-Goßner/Schmitt* StPO § 354 Rdn. 31; *SSW/Momsen* StPO § 354 Rdn. 51; *Jäger* SK Rdn. 19. Zur Frage des zuständigen Richters für die Gesamtstrafenbildung in diesen Fällen siehe auch § 55 Rdn. 64 ff.

51 BGH NJW **2007**, 1475, 1476; BGH Beschl. v. 20.4.2005 – 3 StR 95/05; vgl hierzu auch SSW/*Momsen* StPO § 354 Rdn. 52; *Meyer-Goßner/Schmitt* StPO § 354 Rdn. 32; *Jäger* SK Rdn. 19.

nach § 154 Abs. 2 StPO im Revisionsverfahren Bedeutung erlangen kann (BGH Beschl. v. 14.2.2019 – 4 StR 340/18).[52] Unter welchen Voraussetzungen das Revisionsgericht an Stelle des Tatgerichts „durchentscheiden“ kann und wo die Grenzen des – nach Aktenlage – entscheidenden Revisionsgerichts anzusetzen sind, ist nach wie vor nicht abschließend geklärt.[53] Jedenfalls bleibt aber festzuhalten, dass das BVerfG entschieden hat, dass die Vorschrift des § 354 Abs. 1a StPO bei verfassungskonformer (enger) Auslegung mit dem Grundgesetz vereinbar ist (BVerfGE **118**, 212 = JR **08**, 73 mit Anm *Peglau*). Mit Blick auf diese verfassungsrechtlichen Vorgaben des BVerfG ist der Anwendungsbereich der Vorschrift in der Praxis der Revisionsgerichte deutlich eingeschränkt.[54]

18 Hat nur der Angeklagte Revision eingelegt, so darf der Tatrichter in der neuen Hauptverhandlung die Einzelstrafen zwar grundsätzlich nicht erhöhen (RGSt **26** 167; BGHSt **1** 252, 254; **14** 5, 7; **28** 119, 122); bei Änderung des Konkurrenzverhältnisses durch das Revisionsgericht ist aber für die Frage des **Verbots der Schlechterstellung** (§ 358 Abs. 2 Satz 1 StPO) zu unterscheiden: wird aus Tatmehrheit Tateinheit oder entfällt eine Tat, weil sie mitbestrafte Nachtat einer anderen Tat ist oder mit dieser eine Tat im Rechtssinne bildet, so steht das Verschlechterungsverbot der Erhöhung der Einzelstrafe für die verbliebene Tat wegen des nunmehr von dieser erfassten größeren Unrechtsgehalts bzw. Schuldumfangs nicht entgegen (zur „Bewertungseinheit“ vgl. BGH NStZ-RR **1999** 218, 219); dem Verbot der Schlechterstellung wird ausreichend Rechnung getragen, wenn die neue Strafe die Summe der vorher für die Einzeltaten verhängten Strafen nicht übersteigt und die neu festzusetzende Einzel- bzw. Gesamtstrafe nicht höher ist als die früher ausgesprochene.[55] Wird umgekehrt aus einer vom Erstgericht angenommenen einheitlichen Tat eine Mehrheit von Taten, so darf jede der neuen Einzelstrafen die frühere einheitliche Strafe der Höhe nach erreichen, auch die Gesamtstrafe darf die frühere Strafe erreichen, jedoch nicht übersteigen.[56]

19 Das *Verschlechterungsverbot* der §§ 331 Abs. 1, 358 Abs. 2 StPO gilt auch bei der Gesamtstrafenentscheidung als solcher; allerdings darf der neue Tatrichter nach Wegfall einer Einzelstrafe auf dieselbe Gesamtstrafe erkennen, da nicht jede Einzelstrafe sich bei der Bemessung der Gesamtstrafe auswirken muss,[57] dies ist jedoch näher zu begründen (vgl. hierzu *Fischer* Rdn. 15). Hat es der erste Tatrichter versäumt, eine Einzelstrafe festzusetzen, so ist diese zwar nachzuholen, jedoch darf dann die Gesamtstrafe nicht erhöht

---

52 Vgl auch BGH Beschlüsse v. 24.7.2012 – 4 StR 193/12, v. 28.2.2019 – 4 StR 286/18 und v. 3.4.2019 – 5 StR 87/19; kritisch zu dieser Form der Sachentscheidung *Buchholz* HRRS **2019** 132.

53 Vgl. hierzu *Fischer* Rdn. 14 und § 46 Rdn. 154 f m.w.N.; *Meyer-Goßner/Schmitt* StPO § 354 Rdn. 28 ff m.w.N.; beispielhaft sei hier zur Rspr. nur auf die divergierenden Entscheidungen zu § 354 Abs. 1a StPO des BGH Beschl. v. 4.3.2005 – 2 StR 552/04 und v. 13.12.2005 – 4 StR 366/05 sowie v. 7.3.2006 – 5 StR 547/05 und Urt. v. 28.7.2005 – 3 StR 368/02 verwiesen; zu § 354 Abs. 1a Satz 2 StPO im Übrigen zutreffend *Senge* aaO S. 488 ff.

54 Vgl. hierzu näher § 53 Rdn. 3; SSW/*Momsen* StPO § 354 Rdn. 45 ff; *Meyer-Goßner/Schmitt* StPO § 354 Rdn. 28 ff; *Gericke* KK StPO § 354 Rdn. 26d; *Knauer/Kudlich* MK StPO § 354 Rdn. 38; *Franke* LR StPO § 354 Rdn. 53 jeweils m.w.N.

55 RGSt **62** 61, 63; **67** 273, 276; BGH bei Holtz MDR **1980** 988; BGHR StPO § 358 Abs. 2 Nachteil 3; BGH Beschl. v. 6.3.2008 – 5 StR 622/07; siehe aber auch BGHR aaO Nachteil 1; vgl auch *Meyer-Goßner/Schmitt* StPO § 331 Rdn. 18; *Gericke* KK StPO § 358 Rdn. 30.

56 RGSt **67** 236, 241; BGH StV **1982** 510; *Fischer* Rdn. 15; *v. Heintschel-Heinegg* MK Rdn. 35; *Frister* NK Rdn. 32; *Sch/Schröder/Sternberg-Lieben/Bosch* Rdn. 22; *Jäger* SK Rdn. 18; *Gericke* KK StPO § 358 Rdn. 30; vgl. im Übrigen zur ganzheitlichen Betrachtung bei Änderung der Konkurrenzen *Paul* KK StPO § 331 Rdn. 4; BGHR StPO § 358 Abs. 2 Nachteil 6 und 7.

57 RGSt **47** 166, 170; **53** 164; BGHSt **7** 86, 87; BGH NJW **1953** 1360; *Bringewat* Gesamtstrafe Rdn. 186; *Sch/Schröder/Sternberg-Lieben/Bosch* Rdn. 22; *v. Heintschel-Heinegg* MK Rdn. 35; *Jäger* SK Rdn. 18; *Frister* NK Rdn. 32.

werden.[58] Auch sonst dürfen dem Angeklagten die Vorteile der ggf. rechtsfehlerhaft gebildeten Gesamtstrafe des ersten Urteils, das nur zu seinen Gunsten angefochten worden ist, nicht genommen werden; kommt nach Aufhebung eines Gesamtstrafenurteils im Wege nachträglicher Gesamtstrafenbildung eine weitere Strafe hinzu, darf die neue Gesamtstrafe die Summe der aufgehobenen Gesamtstrafe und der hinzukommenden Strafe nicht übersteigen.[59] Auf ein erfolgreiches Rechtsmittel des Angeklagten hat auch die erstmalige Bildung einer Gesamtstrafe zu unterbleiben, wenn diese nachteilig wäre. Dies kann z. B. bei der fakultativen Gesamtstrafe nach § 53 Abs. 2 Satz 2 der Fall sein; war im aufgehobenen Urteil eine Geldstrafe gesondert verhängt worden, so darf nicht in Abänderung des angefochtenen Urteils auf eine (höhere) Gesamtfreiheitsstrafe erkannt werden, weil Freiheitsstrafe gegenüber Geldstrafe das schwerere Strafübel ist.[60]

V. Strafvollstreckung

Grundlage der Strafvollstreckung ist die Gesamtstrafe, ihre Rechtskraft ist auch maß- **20**
geblich für den Beginn der Vollstreckungsverjährung (BGHSt **30** 234; *Frister* NK Rdn. 26; *Fischer* Rdn. 12). Mit der Gesamtstrafe sind auch die Einzelstrafen verbüßt. Nach neuerer Auffassung sollen aber bei Teilrechtskraft von Einzelstrafen („vertikale Teilrechtskraft") diese bereits vollstreckt werden können.[61] Dies erscheint zumindest dann nicht unbedenklich, wenn durch die Vollstreckung der Einzelstrafen die Voraussetzungen einer späteren Gesamtstrafenbildung (§§ 53, 55) zum Nachteil des Verurteilten beseitigt werden.

§ 55
Nachträgliche Bildung der Gesamtstrafe

(1) [1]Die §§ 53 und 54 sind auch anzuwenden, wenn ein rechtskräftig Verurteilter, bevor die gegen ihn erkannte Strafe vollstreckt, verjährt oder erlassen ist, wegen einer anderen Straftat verurteilt wird, die er vor der früheren Verurteilung begangen hat. [2]Als frühere Verurteilung gilt das Urteil in dem früheren Verfahren, in dem die zugrundeliegenden tatsächlichen Feststellungen letztmals geprüft werden konnten.

(2) Nebenstrafen, Nebenfolgen und Maßnahmen (§ 11 Abs. 1 Nr. 8), auf die in der früheren Entscheidung erkannt war, sind aufrechtzuerhalten, soweit sie nicht durch die neue Entscheidung gegenstandslos werden.

Schrifttum

Arnoldi/Rutkowski Die nachträgliche Gesamtstrafenbildung und der Tatrichter – ein ewiger Händel, NStZ **2011** 493; *Bender* Art und Weise nachträglicher Gesamtstrafenbildung, NJW **1971** 791; *Bohnert* Tat-

---

58 BGH Beschl. v. 27.9.1983 – 4 StR 564/83; BGH Beschlüsse v. 12.10.2006 – 5 StR 397/06 und v. 23.3.2004 – 4 StR 34/04; *Frister* NK Rdn. 32; *v. Heintschel-Heinegg* Beck OK 42. Ed. Rdn. 26.

59 BGHSt **15** 164, 166; *Frister* NK Rdn. 32; *Sch/Schröder/Sternberg-Lieben/Bosch* § 55 Rdn. 42 ; *Fischer* § 55 Rdn. 19.

60 BGHSt **35** 208, 212; BGH bei Holtz MDR **1977** 109; BayObLG MDR **1975** 161; OLG Düsseldorf StV **1993** 31, 34 mit Anm. *Bringewat* StV **1993** 49; *Frister* NK Rdn. 33; *Sch/Schröder/Sternberg-Lieben/Bosch* § 55 Rdn. 42.

61 OLG Hamm NStZ **2009** 655; *Appl* KK StPO § 449 Rdn. 14 ff; *Meyer-Goßner/Schmitt* StPO § 449 Rdn. 11; *Nestler* MK StPO § 449 Rdn. 41; *Graalmann-Scheerer* LR StPO § 449 Rdn. 25 ff jeweils m.w.N.; **aA** u.a. RGSt **74** 387, 389; **77** 151, 152; BGHSt **9** 370, 385; *v. Heintschel-Heinegg* MK Rdn. 36 f; *Sch/Schröder/Sternberg-Lieben/Bosch* Rdn. 24; *Jäger* SK Rdn. 20.

https://doi.org/10.1515/9783110300499-027

mehrheit, Verfahrensmehrheit und nachträgliche Gesamtstrafenbildung, GA **1994** 97; *Bringewat* Straferledigung im Sinn des § 55 StGB und angemessener Härteausgleich, NStZ **1987** 385; *ders.* Sperrwirkung einer im Sinn des § 55 StGB „früher" erkannten Gesamtstrafe? MDR **1987** 793; *ders.* Zäsurwirkung des früher erkannten Urteils trotz Straferledigung? – BGHSt 33, 367, JuS **1988** 25; *ders.* Nachträgliche Bildung einer Gesamtfreiheitsstrafe in der Berufungsinstanz und das Verschlechterungsverbot – BGH NStZ **1988** 284, JuS **1989** 527; *ders.* Nachträgliche Bildung der Gesamtstrafe und das Verbot der reformatio in peius, StV **1993** 47; *Eisenberg/Haeseler* Zum begrenzten Anwendungsbereich des § 354 Abs. 1a und 1b StPO, StraFo **2005** 221; *Franke* Die erweiterte Sachentscheidungsbefugnis des Revisionsgerichts nach § 354 1a und b StPO n.F., GA **2006** 261; *Grebing* Recht und Praxis der Tagessatz – Geldstrafe, JZ **1976** 745; *ders.* Die Geldstrafe im deutschen Recht nach Einführung des Tagessatzsystems in: Jescheck u. Grebing (Hrsg.) Die Geldstrafe im deutschen und ausländischen Recht (1978) S. 13; *Greib* Die nachträgliche Bildung der Gesamtstrafe nach §§ 55 StGB, 460 StPO, JuS **1994** 690; *Geppert* Auswirkungen einer früheren strafgerichtlichen Entziehung der Fahrerlaubnis und der dort festgesetzten Sperrfrist auf die Bemessung einer neuen Sperrfrist, MDR **1972** 280; *Gollmer* Nochmals: Zur „Quasi"-Gesamtstrafenbildung, NJW **1971** 1247; *Henßler* Unterlassene Gesamtstrafenbildung nach § 79 StGB als Revisionsgrund, NJW **1953** 452; *Horn* Zwei Jahre neues Geldstrafensystem – eine Zwischenbilanz, JR **1977** 95; *Kadel* Tagessatz – System und Verschlechterungsverbot, GA **1979** 459; *ders.* Die Bedeutung des Verschlechterungsverbots für Geldstrafenerkenntnisse nach dem Tagessatzsystem (1984); *Karl* Zäsurwirkung bei Absehen von der Bildung einer Gesamtstrafe aus Freiheits- und Geldstrafe? MDR **1988** 365; *Kemper/Lehner* Überprüfung rechtskräftiger Strafurteile der DDR, NJW **1991** 329; *Klappstein/Kossmann* Die Gesamtstrafenbildung, JuS **2010** 785; *Küper* Zur Problematik der nachträglichen Gesamtstrafenbildung, MDR **1970** 885; *Maatz* Zur Zäsurwirkung einer früheren Verurteilung im Rahmen nachträglicher Gesamtstrafenbildung, NJW **1987** 478; *Maiwald* Nachträgliche Gesamtstrafenbildung und das Verbot der reformatio in peius, JR **1980** 353; *Metz* Gesamtstrafenbildung bei Einzelgeldstrafen unterschiedlicher Tagessatzhöhe, StraFo **2010** 403; *Nestler* Die nachträgliche Bildung der Gesamtstrafe, JA **2011** 248; *Peglau* Neue strafprozessuale Möglichkeiten der eigenen Sachentscheidung des Revisionsgerichts nach dem JuMoG, JR **2005** 143; *Pohlmann* Die Vollstreckung mehrerer auf Unterbringung in einer Trinkerheilanstalt lautender strafgerichtlicher Anordnungen, Rpfleger **1970** 233; *Regel* Gesamtstrafe aus Geldstrafe bei Tagessätzen unterschiedlicher Höhe, MDR **1977** 446; *Remmele* Nachträgliche Gesamtstrafenbildung beim Strafbefehl, NJW **1974** 486; *ders.* Warnfunktion der früheren Verurteilung bei der nachträglichen Gesamtstrafenbildung, NJW **1974** 1855; *Roos* Bestimmung der Tagessatzhöhe bei nachträglicher Bildung einer Gesamtgeldstrafe, NJW **1976** 1483; *Sander* Die Rechtsprechung des Bundesgerichtshofs zur nachträglichen Bildung der Gesamtstrafe – Teil 1/2, NStZ **2016** 584, *ders.* – Teil 2/2, NStZ **2016** 656; *Schrader* Bildung einer Gesamtstrafe nach vollstreckter Einzelstrafe, MDR **1974** 718; *Schuk* Der Einfluß einer früheren Gesamtstrafe auf die nachträgliche Gesamtstrafenbildung, MDR **1964** 559; *Sieg* Nachträgliche Gesamtstrafenbildung und Strafklageverbrauch beim Strafbefehl – Eine Erwiderung, NJW **1975** 530; *Siggelkow* Anrechnung getilgter Geldstrafe auf die Gesamtststrafe, Rpfleger **1994** 93; *ders.* Vollstreckung der Ersatzfreiheitsstrafe aus einer nachträglich getilgten Gesamtgeldstrafe, Rfpleger **1994** 285; *Tietz-Bartram* Gesamtstrafenbildung mit ausgelaufener Bewährungsstrafe, wistra **1990** 259; *Vogler* Demontage des Tagessatzsystems? JR **1978** 353; *Vogt* Die nachträgliche Bildung einer Gesamtgeldstrafe bei differierenden Tagessatzhöhen, NJW **1981** 899; *Wasserburg* Gesamtstrafenbildung im Beschlussverfahren nach Aufhebung der Gesamtstrafe durch das Revisionsgericht (§ 354 Abs. 1b StPO), GA **2006** 393; *Wilhelm* Die Konkurrenz der Regeln zur Gesamtstrafenbildung, ZIS **2007** 82 (gekürzte Fassung in NStZ **2008** 425); vgl. auch das Schrifttum Vor §§ 52 und zu § 53.

Entstehungsgeschichte

Die Voraussetzungen, unter denen die nachträgliche Bildung einer Gesamtstrafe möglich ist, waren zunächst in § 79 a.F. geregelt. Diese Vorschrift wurde sodann durch das 1. StrRG neu gefasst und in § 76 a.F. übergeleitet. Damit verbanden sich aber nur insoweit sachliche Änderungen, als die Geldstrafe auch in den Bereich der nachträglichen Gesamtstrafenbildung einbezogen wurde. Ansonsten übernahm die Neufassung lediglich verschiedene, von Rechtsprechung und Lehre bislang schon einheitlich angewandte Grundsätze und räumte einige rechtliche Zweifelsfragen aus. So bestimmte Absatz 1 S. 1 nunmehr ausdrücklich, dass das frühere Urteil, dessen Strafe in die Gesamtstrafe einbezogen werden soll, rechtskräftig sein muss und Satz 2 stellte klar, dass es für die nachträgliche Bildung der Gesamtstrafe auf den Zeitpunkt der Verkündung desjenigen Urteils im früheren Verfahren ankommt, in dem die zugrundeliegenden Feststellungen zum letzten Mal geprüft werden konnten. Nach Absatz 2 sollte bei nachträglicher Bildung der Gesamtstrafe an dem früheren Ausspruch über Nebenstrafen, Nebenfolgen und Maßregeln grundsätzlich festgehalten werden (vgl. zum Ganzen E 1962 Begr. S. 194). Das 2. StrRG, auf das § 55 der jetzigen Fassung zurückgeht, übernahm diese in § 76 a.F. enthaltenen Bestimmungen vollinhaltlich. Eine nur technische Änderung (Anpassung an den neuen AT) brachte noch das EGStGB 1974 (vgl. auch Entstehungsgeschichte Vor §§ 52). Durch Art. 1 Nr. 6 OrgKG wurde Absatz 2 des § 55 mit Rücksicht auf die neu geschaffene Vermögensstrafe (§ 43a) neu gefasst, jedoch hat das BVerfG in seiner Entscheidung vom 20. März 2002 (BGBl. I 1340) § 43a für verfassungswidrig und nichtig erklärt (vgl. hierzu oben Entstehungsgeschichte § 53). Mit dem Ersten Gesetz zur Modernisierung der Justiz (JuMoG) vom 30. August 2004 (BGBl. I S. 2198 ff) hat der Gesetzgeber nunmehr durch die Neukonzeption des § 354 StPO (§ 354 Abs. 1a und 1b StPO) Möglichkeiten für das Revisionsgericht geschaffen, entweder selbst in die Gesamtstrafenbildung einzugreifen oder aber durch Verlagerung der Korrektur fehlerhafter Gesamtstrafenbildung in das Beschlussverfahren (§ 460 StPO) nachhaltig die Anwendung des § 55 zu verändern, namentlich im Hinblick auf die bisher unbestrittene Pflicht, die nachträgliche Gesamtstrafenbildung im Erkenntnisverfahren nach durchgeführter Hauptverhandlung vorzunehmen. Zuletzt wurde die Vorschrift durch das Gesetz zur Reform der strafrechtlichen Vermögensabschöpfung vom 13.4.2017 (BGBl. I S. 872) geändert; Abs. 2 Satz 2 a.F. wurde aufgehoben.

Übersicht

I. Allgemeines

1 Der Regelfall der Aburteilung mehrerer selbständiger Handlungen in demselben Verfahren ist in den §§ 53 und 54 geregelt. Der Grundsatz der Asperation reicht jedoch über die gleichzeitige Aburteilung mehrerer selbständiger Handlungen in demselben Verfahren hinaus und gilt auch für den Fall, dass die Aburteilung einer Tat im früheren Verfahren an sich möglich gewesen wäre und nur zufällig unterblieben ist oder aus Verfahrensgründen noch unterbleiben musste (RGSt **3** 213, 217; **33** 231, 233, **59** 168, 169). In erster Linie handelt es sich um die Fälle, in denen die weitere Tat bei der ersten Aburteilung unbekannt oder noch nicht hinreichend aufgeklärt war. Der spätere Tatrichter hat nach §§ 53 und 54 nachträglich diejenige Gesamtstrafe zu bilden, die im früheren Verfahren bei *gemeinsamer* Aburteilung aller Verfehlungen zu bilden gewesen wäre. Ob eine nachträgliche Gesamtstrafe gebildet werden muss und welche bereits rechtskräftig verhängten Einzelstrafen für welche Gesamtstrafenbildung in Betracht kommen, richtet sich allein nach der materiellen Rechtslage und nicht nach der jeweiligen verfahrensrechtlichen Situation, die bisweilen von Zufälligkeiten abhängt (BGHSt **32** 190, 192f).[1] Die Regelung über die nachträgliche Gesamtstrafenbildung erweist sich in ihrer Anwendung immer wieder als sehr kompliziert (vgl. BGH NStZ-RR **2010** 106, 107), was in der Praxis zu einer nicht unerheblichen Anzahl von Urteilsaufhebungen führt.[2]

2 Der **Zweck** nachträglicher Gesamtstrafenbildung besteht darin, den Angeklagten so zu stellen, wie er stünde, wenn er bei gemeinsamer Aburteilung aller Taten in einem Verfahren zu einer Gesamtstrafe nach § 54 verurteilt worden wäre.[3] Dahinter steht der Gedanke, dass dem Verurteilten nicht aus solchen Umständen ein Nachteil erwachsen soll, auf die er keinen Einfluss hat. Darüberhinausgehende Vorteile sollen dem Verurteilten durch die nachträgliche Bildung der Gesamtstrafe nicht gewährt werden. Er soll im Ergebnis weder besser noch schlechter gestellt sein, als bei Aburteilung aller Taten in einem Verfahren (st. Rspr.; BGHSt **7** 180, 182, BGH NStZ **1998**, 35; NStZ-RR **2010** 106; **2013** 7).[4] Zu diesem Zweck gestattet § 55 einen beschränkten Eingriff in die Rechtskraft des früheren Urteils. Auf *nach* dem früheren Urteil begangene Straftaten ist § 55 dagegen nicht anwendbar, weil das Urteil sie nicht hätte erfassen können und das spätere Urteil das frühere nur insoweit ergänzen und vervollständigen soll, als es selbst schon hätte ergehen können (*v. Heintschel-Heinegg* MK Rdn. 2 und 3; *SSW/Eschelbach* Rdn. 2).

II. Grundsätze der nachträglichen Gesamtstrafenbildung

3 **1. Voraussetzungen.** § 55 setzt formal im Einzelnen voraus:

1) *Rechtskraft* der früheren Entscheidung.
2) Die später abzuurteilende Tat muss *vor* der früheren Verurteilung begangen worden sein.
3) Die frühere Strafe darf sich *nicht* vollständig *erledigt* haben, und
4) auf das frühere Urteil muss § 55 überhaupt angewendet werden können.

---

1 Vgl. auch BGH NStZ-RR **2004** 137; *v. Heintschel-Heinegg* MK Rdn. 2 und 5; *Fischer* Rdn. 2; *SSW/Eschelbach* Rdn. 1; *Jäger* SK Rdn. 2.

2 *Fischer* Rdn. 2; *Jäger* SK Rdn. 2; vgl. auch *Arnoldi/Rutkowski* NStZ **2011** 493 ff; *Sander* NStZ **2016** 584.

3 BGHSt **7** 180, 181; **15** 66, 69; **17** 173, 175; **32** 190, 193; **33** 131, 132; **35** 208, 211; BGH bei Holtz MDR **1993** 1038 f; NJW **1991** 1763 m. Anm. *Bringewat* JR **1991** 514; BGH NStZ-RR **2011** 41; OLG Saarbrücken NJW **1975** 1040, 1041; *SSW/Eschelbach* Rdn. 2; *Jäger* SK Rdn. 2.

4 Vgl. auch BGHSt **32** 190, 193; **35** 208, 211; *Lackner/Kühl/Heger* Rdn. 1; *Sch/Schröder/Sternberg-Lieben/Bosch* Rdn. 1; *v. Heintschel-Heinegg* Beck OK 42. Ed. Rdn. 1.

Das frühere Urteil muss **rechtskräftig** sein, denn es kann nicht Sinn des § 55 sein, in eine Gesamtstrafe Einzelstrafen einzubeziehen, deren Bestand nicht gesichert ist und die u.U. später wieder wegfallen (BGHSt **23** 98, 100; BGH Beschl. v. 24.4.2013 – 4 StR 125/13).[5] Die Rechtskraft des früheren Urteils muss *spätestens* bis zur Entscheidung über die Gesamtstrafe im späteren Verfahren eingetreten sein. Die Entscheidung über eine etwaige Aussetzung der ersten Strafe zur Bewährung braucht dagegen nicht rechtskräftig zu sein, da bei der Entscheidung über die Gesamtstrafe gemäß § 58 erneut über die Strafaussetzung zu entscheiden ist (BGH NJW **1956** 1567, 1568; KG NStZ **2007** 422; *Frister* NK Rdn. 20). Die Rechtskraft des früheren Urteils entzieht dem späteren Richter außerdem die Prüfung, ob dieses zu Recht ergangen ist oder ob ihm ein Verfahrenshindernis entgegenstand (BGH MDR **1982** 1031; *Sch/Schröder/Sternberg-Lieben/Bosch* Rdn. 32; *SSW/Eschelbach* Rdn. 14). 4

2. Als frühere Verurteilung kommt nur eine Verurteilung durch ein **deutsches Gericht** in Betracht. Stammt die frühere Verurteilung von einem ausländischen oder einem Besatzungsgericht, so ist § 55 unanwendbar, weil das deutsche Gericht aufgrund des deutschen Rechts in die Rechtskraft solcher Urteile nicht eingreifen kann (st. Rspr.; BGH NStZ **1998** 134; NStZ-RR **2000** 105; NStZ **2008** 709; **2010** 30 f).[6] Zu den Entscheidungen deutscher Gerichte zählen auch die Verurteilungen durch die Gerichte der ehemaligen DDR (Art. 18 des Einigungsvertrages vom 31. August 1990, BGBl. II S. 899).[7] 5

3. Für die Auslegung der Worte **vor der früheren Verurteilung begangen** und damit für die Anwendbarkeit des § 55 kommt es auf die *letzte tatrichterliche Entscheidung* zur Schuld- oder Straffrage an (BGH NStZ-RR **2010** 41; **2014** 242, 243),[8] da das Gericht auch bei der Befassung mit der Straffolge noch eine Gesamtstrafe bilden kann. Die Fassung des § 55 Abs. 1 Satz 2 ist in diesem, die Straffrage einschließenden Sinne zu verstehen (*Jescheck/Weigend* § 68 III 2; *Sch/Schröder/Sternberg-Lieben/Bosch* Rdn. 6, 7). Maßgeblich ist, dass es sich um eine *Sachentscheidung* handelt. Wird von mehreren im gleichen Verfahren angeklagten Straftaten zunächst nur eine vollstreckbar abgeurteilt, so ist trotz ausstehender Gesamtstrafenbildung diese Verurteilung maßgebend für die Zulässigkeit einer Gesamtstrafenbildung mit weiteren Straftaten (BayObLGSt. **1955** 235). Als tatrichterliche *Sachentscheidungen* genügen z. B. die Entscheidung über die Strafaussetzung zur Bewährung (BGHSt **15** 66, 70f; BGH NStZ-RR **2016** 75; StraFo **2016** 348; OLG Hamm GA **1959** 183; OLG Karlsruhe GA **1974** 347; OLG Schleswig NStZ **1990** 359), über den Vorbehalt einer Geldstrafe nach § 59 (OLG Frankfurt NStZ **2009** 268) oder über eine in früherer Instanz unterbliebene Gesamtstrafenbildung, weil auch die Entscheidung über die Bildung einer Gesamtstrafe als Entscheidung zur Straffrage u. U. besondere Feststellungen nach durchgeführter tatrichterlicher Hauptverhandlung erfordern kann (BGHSt **15** 66, 71; BGH NStZ-RR **2010** 41). *Nicht* genügend sind dagegen ein nachträglicher Gesamtstrafenbeschluss nach § 460 StPO (OLG Karlsruhe GA **1974** 347),[9] sowie Entscheidungen über Zahlungserleichterungen nach § 42 (*Fischer* Rdn. 7; *Jäger* SK Rdn. 7). 6

---

5 BGH NStZ **1990** 448; *Frister* NK Rdn. 20; *Jäger* SK Rdn. 29; *Sch/Schröder/Sternberg-Lieben/Bosch* Rdn. 32; *Fischer* Rdn. 5; *SSW/Eschelbach* Rdn. 14.

6 Vgl. auch BGHSt **43** 79; BGH JZ **1951** 376; NStZ **1998** 149; NJW **2000** 1964, 1965; NStZ-RR **2000** 105; OLG Düsseldorf GA **1991** 271; *Lackner/Kühl/Heger* Rdn. 2; *Fischer* Rdn. 5; *SSW/Eschelbach* Rdn. 6; *Matt/Renzikowski/Bußmann* Rdn. 4.

7 Vgl. auch *Kemper/Lehner* NJW **1991** 329 f.

8 Vgl. auch BGHSt **2** 230, 232; **4** 366; **15** 66, 69; **17** 173, 175; BGHR StGB § 55 Abs. 1 S. 2 Zäsurwirkung 1; *Frister* NK Rdn. 4; *SSW/Eschelbach* Rdn. 7; *v. Heintschel-Heinegg* Beck OK 42. Ed. Rdn. 7.

9 *Sch/Schröder/Sternberg-Lieben/Bosch* Rdn. 9; *SSW/Eschelbach* Rdn. 7.

7 Als Sachentscheidung in diesem Sinne kommen nicht nur erstinstanzliche Sachurteile in Betracht, sondern auch Berufungsurteile (RGSt **53** 145; **60** 382, 384; BGHSt **15** 66, 69; BGH NStZ **2002** 590; OLG Hamm MDR **1977** 861)[10] und weitere Entscheidungen in derselben Sache nach Zurückverweisung durch das Revisionsgericht (RGSt **60** 382, 384; BGHSt **15** 66, 69); nicht dagegen das nur auf Rechtsprüfung abzielende Revisionsurteil selbst (RGSt **60** 382, 384; *Sch/Schröder/Sternberg-Lieben/Bosch* Rdn. 8). Hieran hat sich durch § 354 Abs. 1b StPO[11] nichts geändert; das Revisionsgericht kann danach nur prüfen, ob die rechtlichen Regeln der Gesamtstrafenbildung eingehalten worden sind und gegebenenfalls die Gesamtstrafe aufheben oder feststellen, dass der Angeklagte durch eine fehlerhaft gebildete Gesamtstrafe nicht beschwert ist. Es ist ihm jedoch z.B. nicht möglich, übersehene Strafen selbst einzubeziehen oder die Gesamtstrafe insgesamt neu zu fassen. Reine Prozessentscheidungen wie z. B. die Verwerfung der Berufung als unzulässig (RGSt **60** 382, 384; BGHSt **15** 66, 69) oder wegen Ausbleibens des Angeklagten im Falle des § 329 StPO (BGHSt **17** 173, 175; BGH Beschl. v. 24.6.2003 – 3 StR 184/03)[12] sind ebenfalls keine Sachentscheidungen.

8 Auf das frühere Urteil muss § 55 überhaupt anwendbar, d.h. die Bildung einer Gesamtstrafe grundsätzlich möglich sein. Das ist bei einer getrennten früheren Verurteilung zu Jugendstrafe und zu Freiheitsstrafe nach Erwachsenenstrafrecht nicht der Fall (BGHSt **36** 270; BGH Beschl. v. 16.9.2008 – 4 StR 316/08; vgl. hierzu auch *Fischer* Rdn. 4; *Jäger* SK Rdn. 8 jeweils m.w.N.).

8a Dem Urteil steht der Strafbefehl gleich (BGH GA **1955** 50, 51), wenn gegen ihn kein Einspruch eingelegt wurde (§ 410 Abs. 3 StPO). Beim **Strafbefehl** ist der Zeitpunkt des Erlasses (BGHSt **33** 230; BGH NStZ-RR 2009, 74)[13] entscheidend, nicht der der Zustellung an den Beschuldigten.[14] Hat der Beschuldigte Einspruch eingelegt, kommt es auf den Tag der Verkündung des aufgrund der anschließenden Hauptverhandlung ergangenen Sachurteils an (BGH Beschl. vom 9.8.2000 – 2 StR 286/00; BGH NStZ **2002** 590). Bei der *Wiederaufnahme* ist das in diesem Verfahren ergehende letzte tatrichterliche Urteil maßgebend, sofern es wieder auf eine Strafe erkannt hat (OLG Bremen NJW **1956** 316; BayObLG JR **1982** 335 m. Anm. *Stree*; *Sch/Schröder/Sternberg-Lieben/Bosch* Rdn. 11).

9 Für die Frage, ob die zweite Tat *vor* dem früheren Urteil begangen worden ist, kommt es nach überwiegender Ansicht auf deren Beendigung an (st. Rspr.; BGH NStZ-RR **2009** 74; **2015**, 305; OLG Bamberg StV **2017** 117);[15] dies gilt sowohl für die *fortgesetzte Handlung* herkömmlicher Art als auch für die *tatbestandliche Handlungseinheit* oder *Be-*

---

10 Vgl. auch BGH Beschlüsse v. 18.2.2016 – 4 StR 524/15, v. 3.5.2016 – 3 StR 101/16 und v. 26.2.2019 – 1 StR 14/19 dort Rdn. 10; *Sch/Schröder/Sternberg-Lieben/Bosch* Rdn. 8; *Fischer* Rdn. 6; *v. Heintschel-Heinegg* MK Rdn. 10.

11 In der Fassung des Justizmodernisierungsgesetzes vom 30. August 2004 (BGBl. I S. 2198 ff).

12 *Jäger* SK Rdn. 7; *SSW/Eschelbach* Rdn. 7; *v. Heintschel-Heinegg* MK Rdn. 10.

13 Ebenso BGH Beschl. v. 30.8.1995 – 3 StR 313/95 und Beschl. v. 25.3.2015 – 4 StR 600/14; *Frister* NK Rdn. 5; *Remmele* NJW **1974** 486; NJW **1974** 1855; *Jäger* SK Rdn. 6; *Lackner/Kühl/Heger* Rdn. 2; *Fischer* Rdn. 3; *Sch/Schröder/Sternberg-Lieben/Bosch* Rdn. 10; *SSW/Eschelbach* Rdn. 8; differenzierend *Bringewat* Gesamtstrafe Rdn. 207 f; *Sieg* NJW **1975** 530.

14 **AA** OLG München – 1 Ws 336/74 bei *Remmele* NJW **1974** 1855; *Sch/Schröder/Stree*[26] Rdn. 10; *Sieg* NJW **1975** 530; *Vogler* LK[10] Rdn. 7.

15 RGSt **59** 168; BGH bei *Holtz* MDR **1988** 101; wistra **1996** 145; NJW **1997** 751; **1999** 1344, 1346; BGH Beschlüsse v. 8.12.2015 – 3 StR 430/15 und vom 23.2.2016 – 3 StR 4/16; *Lackner/Kühl/Heger* Rdn. 4; *Fischer* Rdn. 7; **aA** *Bringewat* Gesamtstrafe Rdn. 213 f, *Frister* NK Rdn. 6; *Jäger* SK Rdn. 10; *Sch/Schröder/Sternberg-Lieben/Bosch* Rdn. 12; *v. Heintschel-Heinegg* MK Rdn. 7 und *Roxin* AT II § 33 Rdn. 139 möchten demgegenüber auf den Zeitpunkt der Vollendung abstellen. *Frister* aaO und *v. Heintschel-Heinegg* aaO möchten sogar bei strafbarem Versuch den Beginn des Versuchs ausreichen lassen; dagegen zutreffend **aA** BGH NStZ **1994** 482 f und *Jäger* SK Rdn. 10.

wertungseinheit, so dass eine nachträgliche Gesamtstrafenbildung nur dann möglich ist, wenn auch der letzte Teilakt der einen Tat im Rechtssinne vor der früheren Verurteilung begangen worden ist;[16] dasselbe gilt auch für die *Dauerstraftat*, die erst mit der Aufhebung des rechtswidrigen Zustandes beendet ist (BGH NJW **2004** 865, 867).[17]

Hängt die Strafbarkeit der abzuurteilenden Tat vom Eintritt einer objektiven Straf- 10
barkeitsbedingung ab, so kommt es auch in diesen Fällen auf die Tatbeendigung und nicht auf den Eintritt der Bedingung an.[18] Da über die Gesamtstrafenfähigkeit die sachlich-rechtliche und nicht die verfahrensrechtliche Lage entscheidet (vgl. BGHSt **32** 190, 193; **35** 243, 245), ist bei Antragsdelikten auch nicht auf den Zeitpunkt der Antragstellung abzustellen, sondern auf die Beendigung der Tat; denn der Strafantrag ist als Prozessvoraussetzung lediglich eine Bedingung für die prozessuale Verfolgbarkeit des Delikts (*Frister* NK Rdn. 7; *SSW/Eschelbach* Rdn. 10).

Für den **Teilnehmer** richtet sich der *Zeitpunkt der Beendigung* in Fällen des § 55 – 11
anders als nach der allgemeinen Bestimmung des § 8 – nach der *Beendigung* der *Haupttat*.[19] Zweifel, ob eine Tat vor oder nach dem früheren Urteil begangen ist, wirken zugunsten des Angeklagten i. S. der ersten Möglichkeit (vgl. BGH Besch. v. 13.4.2011 – 2 StR 664/10).[20]

Die Grundsätze der Gesamtstrafenbildung gelten auch, wenn bereits die **frühere** Ver- 12
urteilung eine **Gesamtstrafe** enthält. Diese ist, da Gesamtstrafen nur aus Einzelstrafen gebildet werden können,[21] aufzulösen, nur ihre zugrunde liegenden Einzelstrafen werden einbezogen.[22] Diese bleiben unberührt und bestehen in der neuen Gesamtstrafe fort; daher darf nicht ausgesprochen werden, dass sie „in Wegfall kommen" (BGHSt **12** 99). Die Korrektur rechtsfehlerhafter früherer Einzelstrafen durch den späteren Gesamtstrafenrichter oder, wenn im früheren Urteil Einzelstrafen fehlen, deren Nachholung ist, mit Rücksicht auf die Rechtskraft hingegen nicht möglich (BGHR StGB § 55 Abs. 1 S. 1 Strafe, einbezogene 5), da § 55 hierzu keine rechtliche Handhabe bietet. Da die nachträgliche Gesamtstrafenbildung mit einer früheren „Gesamtstrafe" nicht zulässig ist, muss ein früheres Urteil, das zwar auf eine Gesamtstrafe erkannt hat, in dem aber jegliche Einzelstrafen fehlen, nach der Rechtsprechung für eine Gesamtstrafenbildung außer Betracht bleiben (BGHSt **43** 34).[23] Sachgerechter wäre jedoch die von BGH NStZ-RR **1999** 137, 138 vorgeschlagene Lösung, eine ohne Festsetzung von Einzelstrafen verhängte Gesamtstrafe wie eine „Hauptstrafe" des DDR-StGB zu behandeln (siehe dazu oben § 53 Rdn. 12), und als solche wie eine Einzelstrafe in die neu zu bildende Gesamtstrafe einzubeziehen.[24] Denn insoweit liegt

---

16 BGHSt **9** 370, 383; BGH bei *Detter* NStZ **1989** 470; BGH NJW **1991** 2847; **1997** 750 f; **1999** 1344, 1346; StV **1997** 471; BGHR StGB § 55 Abs. 1 S. 1 Fortsetzungstat 1; BGH Beschl. v. 19. Januar 1972 – 3 StR 331/71; OLG Hamm NJW **1954** 324 und **1957** 1937.

17 *Lackner/Kühl/Heger* Rdn. 4; *Fischer* Rdn. 7; **aA** *Jäger* SK Rdn. 10; *Bringewat* Gesamtstrafe Rdn. 219.

18 *Fischer* Rdn. 7; BayObLG wistra **1983** 162; **aA** *Frister* NK Rdn. 7; *Jäger* SK Rdn. 10; *Sch/Schröder/Sternberg-Lieben/Bosch* Rdn. 12; *SSW/Eschelbach* Rdn. 9.

19 BGH NStZ **1994** 482 f; OLG Stuttgart MDR **1992** 177.

20 BGH bei *Holtz* MDR **1993** 1038 f; OLG Oldenburg GA **1960** 28; *Frister* NK Rdn. 8; *SSW/Eschelbach* Rdn. 11; *Sch/Schröder/Sternberg-Lieben/Bosch* Rdn. 13; *v. Heintschel-Heinegg* MK Rdn. 9.

21 RGSt **4** 56; BGHSt **12** 99, 100; **15** 164, 166; BGH bei *Holtz* MDR **1979** 280; BGH StV **1983** 14; BGH bei Detter NStZ **2000** 580; BGH Beschl. v. 24.11.2000 – 2 StR 361/00.

22 BGH Beschl. v. 25.11.2009 – 2 StR 465/09; vgl. auch BGHSt. **7** 180, 181; **9** 5, 8 und *Fischer* Rdn. 8.

23 Ebenso BGH NStZ-RR **1998** 296 und **2004** 106; differenzierend BGH NStZ-RR **1999** 137; **aA** zunächst BGH NStZ **1997** 385 und **1999** 185, dann aber offen gelassen wistra **1999** 262; vgl dazu *Frister* NK Rdn. 46 f; *Lackner/Kühl/Heger* Rdn. 5; *Fischer* Rdn. 8b; *SSW/Eschelbach* Rdn. 29; *Bringewat* Rdn. 268.

24 Ebenso *Frister* NK Rdn. 47; **aA** *Fischer* Rdn. 8b und 8c, weil das dem Wortlaut des Gesetzes widerspräche; dem kann entgegengehalten werden, dass solche Erwägungen der Rechtsprechungspraxis zur nachträglichen Gesamtstrafenbildung nicht fremd sind, da auch ein „Härteausgleich" vom Wortlaut

auch eine begründete Strafzumessungsentscheidung des früheren Richters vor. Mit einer solchen Lösung wäre zudem die Auffassung der Rechtsprechung, dass einem Urteil auch bei fehlerhaft unterlassener Einzelstraffestsetzung Zäsurwirkung zukommt (BGHSt **44** 179; dazu unten Rdn. 20), vereinbar.

13 **4.** Aufgrund eines gewissen Spannungsverhältnisses zwischen § 53 einerseits und § 55 andererseits (*Frister* NK Rdn. 9 ff; *Sch/Schröder/Sternberg-Lieben/Bosch* Rdn. 15; *SSW/Eschelbach* Rdn. 12) können dann Zweifel auftreten, wenn der Gesamtstrafenrichter **mehrere Taten** abzuurteilen hat, die **teils vor, teils nach** einer früheren Verurteilung begangen worden sind. In diesen Fällen stellt sich das Problem, ob eine einheitliche Gesamtstrafe gebildet werden muss, wie es § 53 für den Regelfall der gleichzeitigen Aburteilung mehrerer Straftaten an sich vorsieht, oder ob in strikter Anwendung des § 55 nur die vor der früheren Verurteilung begangenen Straftaten zusammen mit dieser zu einer Gesamtstrafe verbunden werden können, während für die spätere(n) eine weitere Gesamt- oder Einzelstrafe festzusetzen ist. Nach ständiger Rechtsprechung ermächtigt und verpflichtet § 55 aber den Gesamtstrafenrichter, in rechtskräftige frühere Gesamtstrafen einzugreifen, wenn dies die „Gesamtstrafenlage" erfordert, selbst wenn nicht alle in ihr zusammengefassten Einzelstrafen in eine neue Gesamtstrafe einbezogen werden können (zur Bildung der nachträglichen Gesamtstrafe siehe unten Rdn. 28 ff).[25]

14 Nach h. M. bildet die **frühere Verurteilung** eine **Zäsur,** so dass in diesen Fällen nur aus den vor der früheren Verurteilung liegenden Einzeltaten zusammen mit dieser eine Gesamtstrafe gebildet werden kann, während für *die späteren Taten* eine *weitere selbständige* Einzel- oder Gesamtstrafe gebildet werden muss (vgl. BGH Urt. vom 12.2.2015 – 4 StR 408/14; BGH StraFo **2016** 82 f; 165).[26] Nach anderer Ansicht soll in diesen Fällen die Regelung des § 53 vorgehen, weil anderenfalls der Verurteilte entgegen dem Grundgedanken des Gesamtstrafensystems möglicherweise benachteiligt werden könnte; die Annahme einer Zäsur durch die Vorverurteilung verstoße gegen das Gesetz. Der Gefahr einer Privilegierung des Mehrfachtäters könne dadurch begegnet werden, dass die Tatsache der Verurteilung bei der Bestimmung der Einzelstrafe für die spätere Tat berücksichtigt werde.[27] Eine Mittelmeinung will differenzieren und darauf abstellen, ob die abgeurteilte Tat ihrem Unrechtsgehalt nach den vorher und nachher begangenen weiteren Taten entspricht, weil die frühere Verurteilung nur dann einen warnenden Appell habe ausüben können.[28] Nach anderer Auffassung sind sämtliche zuvor genannten Meinungen nicht mit dem Gesetz zu vereinbaren, vielmehr soll aus § 54 Abs. 1 Satz 1 und Satz 2, ein allgemeiner Grundsatz des Inhalts abgeleitet werden, dass für die Frage, ob die aktuell abzuurteilenden Straftaten, wenn sie teilweise vor einer früheren Verurteilung begangen wurden, mit der früheren Strafe zu einer Gesamtstrafe zusammengefasst werden

---

des Gesetzes nicht gedeckt ist; *SSW/Eschelbach* Rdn. 29, wonach in solchen Fällen § 55 keine Anwendung finden kann und in der Folge ein „Härteausgleich" vorzunehmen ist.

25 BGHSt **35** 243; BGH NStZ **1996** 329; NStZ-RR **2004**, 137; siehe auch *Fischer* Rdn. 9.

26 RGSt **4** 53; BGHSt **9** 370, 383; **32** 190, 193; BGH GA **1955** 244; **1956** 51; **1963** 374; bei *Holtz* MDR **1979** 987; StV **1981** 620; BGHR StGB § 55 Abs. 1 Satz 1 Zäsurwirkung 1, 4; BayObLGSt. **1955** 122, 123; BayObLG NJW **1971** 1193; OLG Celle GA **1957** 56; OLG Zweibrücken NJW **1973** 2116; OLG Hamm MDR **1976** 162; *Jescheck/Weigend* § 68 III 2; *Frister* NK Rdn. 11 ff; *Lackner/Kühl/Heger* Rdn. 7; *Fischer* Rdn. 9, 9a; *Bender* NJW **1964** 807, der darauf hinweist, dass eine einheitliche Gesamtstrafe ein vom Zweck des § 55 nicht gerechtfertigtes Entgegenkommen an den Mehrfachtäter darstellen würde.

27 *Sacksofsky* NJW **1963** 894 f; *Samson/Günther* SK[8] § 53 Rdn. 9; anders jetzt *Jäger* SK Rdn. 11 ff.

28 *Sch/Schröder/Stree*[26] Rdn. 14 ff anders jetzt *Sch/Schröder/Sternberg-Lieben/Bosch* Rdn. 15 ff; *Stree* NStZ **1999** 184, 185; zur Warnfunktion der früheren Verurteilung bei nachträglicher Gesamtstrafenbildung ferner *Remmele* NJW **1974** 1855.

müssen, die Höhe der in Betracht kommenden Einzelstrafen maßgeblich sein soll.[29] Ist dies die frühere Strafe, so soll sie führend sein und § 55 Abs. 1 Satz 1 Anwendung finden, ist dies eine der aktuell zu verhängenden Einzelstrafen, „gewinnt" § 53 Abs. 1 Satz 1 und eine nachträgliche Gesamtstrafenbildung scheidet aus. Dass dieses anhand von drei Straftaten entwickelte Model (A als frühere bereits abgeurteilte Tat, B als vor A begangene, aber erst nach Aburteilung von A entdeckte Tat, die mit C, die nach der Aburteilung der Tat A begangen wurde, zusammen abgeurteilt wird) für den Tatrichter kaum praktikabel ist, sobald mehrere Taten im Spiel sind und abgeurteilt werden sollen, die zudem auch noch teils zwischen mehreren Vorverurteilungen begangen wurden, liegt nahe.

Mit der h. M. ist deshalb davon auszugehen, dass die Einbeziehung späterer Taten 15
durch § 55 nicht gedeckt ist (BGHSt **9** 370, 383);[30] deshalb kommt der früheren Verurteilung **Zäsurwirkung** zu, wobei nicht die zufällige verfahrensrechtliche Gestaltung, sondern die materielle Rechtslage maßgeblich ist (BGH NStZ-RR **2004** 137). Sind zwei Vorverurteilungen *untereinander nicht* gesamtstrafenfähig und ist die neue Tat *vor* der *ersten* Vorverurteilung begangen, so kann nicht mit beiden Vorverurteilungen, sondern *nur mit der ersten* eine Gesamtstrafe gebildet werden. Umgekehrt gilt: wenn die zur Aburteilung anstehenden Taten zwischen zwei Vorverurteilungen begangen wurden, aus denen aber eine Gesamtstrafe gebildet werden müsste, weil die Taten der zeitlich späteren Vorverurteilung vor der zeitlich früheren begangen wurden, so scheidet eine Gesamtstrafenbildung aus den Strafen für die neu abzuurteilenden Taten mit den Strafen aus den Vorverurteilungen aus.[31]

Zäsurwirkung kommen jedoch nur solchen Vorverurteilungen zu, auf die § 55 grundsätzlich Anwendung findet und mit deren Strafe eine Gesamtstrafe gebildet werden kann.[32] Dies ist bei Verurteilungen zu Jugendstrafen nicht der Fall, da bei getrennter Aburteilung eine nachträgliche Gesamtstrafenbildung rechtlich ausgeschlossen ist (siehe oben Rdn. 8).[33]

Da ein Angeklagter durch die nachträgliche Gesamtstrafenbildung weder besser 16
noch schlechter gestellt werden soll als bei einer direkten Anwendung der §§ 53, 54, lässt § 55 für Überlegungen, ob die Anwendung des § 55 den Angeklagten unangemessen benachteiligt, etwa weil die abgeurteilte, zäsurbildende Tat im Unrechtsgehalt erheblich hinter den vorher und nachher begangenen Taten zurückbleibt, keinen Raum. Für eine Einschränkung der Zäsurbildung findet sich im Gesetz keine Stütze, sie ist auch von Verfassungswegen nicht geboten (BVerfG NStZ **1999** 500 f). Auf eine Appell- oder Warnwirkung des früheren Urteils kommt es ebenfalls nicht an (BGHSt **33** 230, 231 f; **43** 216, 217).[34]

In eine neue Gesamtstrafe können zwar nur die Strafen für solche Taten einbezogen 17
werden, die **vor** der dort einbezogenen frühesten Verurteilung liegen, es ist aber **nicht erforderlich**, dass **alle Einzelstrafen** der aufgelösten Gesamtstrafe in die neue Gesamtstrafe **einbeziehungsfähig** sind;[35] ist die Einbeziehung einzelner Strafen aus Rechtsgründen, etwa wegen des auslieferungsrechtlichen Spezialitätsgrundsatzes (BGH GA **1967**

---

29 *Wilhelm* ZIS **2007**, 82, 90 ff.
30 Vgl. auch RGSt **53** 145, 146; **60** 382, 385; **75** 256.
31 BGHSt **32** 190, 193; BGH NStZ **2003** 200; BGH Beschl. v. 9.11.2004 – 4 StR 426/04.
32 BGH StraFo **2007** 424; vgl. auch *SSW/Eschelbach* Rdn. 12 a.E.
33 BGH StV **2017** 716 f unter Bezugnahme auf BGHSt **36** 270.
34 BGH MDR **1993** 1036; NStZ-RR **2001** 368; BGHR StGB § 55 Abs. 1 S. 1 Anwendungspflicht 1; *Bringewat* Gesamtstrafe Rdn. 227; *Frister* NK Rdn. 12 ff; *Jakobs* AT 33/15 ff; *Fischer* Rdn. 9.
35 BGHSt **8** 203, 204; **9** 5, 8; BGH GA **1963** 374 und **1967 153**, 154; NStZ **1996** 329; *Sch/Schröder/Sternberg-Lieben/Bosch* Rdn. 38; anders OLG Celle NJW **1966** 560.

153, 154; NStZ **1998** 149; **2014** 590),[36] nicht möglich, hindert dies die Anwendung des § 55 auf die übrigen Einzelstrafen nicht. Der Einbeziehung nach § 55 steht nicht entgegen, dass in einer früheren *Gesamtfreiheitsstrafe* auch *Geldstrafen* enthalten sind, bei denen die Festsetzung der Tagessatzhöhe vergessen worden war (OLG Karlsruhe Justiz **1982** 374), denn für die Einbeziehung einer Geldstrafe in eine Gesamtfreiheitsstrafe und deren Höhe ist die Anzahl und nicht die Höhe der Tagessätze maßgebend (§ 54 Abs. 3).

18 Liegen mehrere Vorverurteilungen vor und sind mehrere Taten abzuurteilen, die jeweils vor einer früheren Verurteilung liegen, so ist entsprechend zu verfahren. **Mehrere Vorverurteilungen** bilden **mehrere Zäsuren** und lassen eine Gesamtstrafenbildung nur für die *jeweils vor* ihnen liegenden Taten zu (*Sch/Schröder/Sternberg-Lieben/Bosch* Rdn. 17; *Fischer* Rdn. 12; *Frister* NK Rdn. 14). Das ist auch dann zu beachten, wenn die neu abzuurteilenden Taten zeitlich zum Teil zwischen zwei Vorverurteilungen liegen, zum Teil aber auch nach der letzten Verurteilung begangen wurden, aber die Taten, die Gegenstand der letzten Vorverurteilung waren, sämtlich vor der früheren (ersten) Vorverurteilung begangen wurden. In diesen Fällen entfaltet nur die erste Vorverurteilung Zäsurwirkung, die zweite kommt hierfür nicht in Frage, weil sie keine Einzelstrafen (mehr) enthält, mit denen nunmehr eine Gesamtstrafe gebildet werden könnte (BGH NStZ **1998** 35; **2003** 200). Aus den Strafen für die zwischen den beiden Vorverurteilungen und der/den nach der zweiten Vorverurteilung begangenen Tat(en) ist deshalb – da der zweiten Vorverurteilung *keine* Zäsurwirkung zukommt – eine neue einheitliche Gesamtsstrafe zu bilden.

18a Bei mehreren Vorverurteilungen und mehreren neuen Taten, deren Begehungszeitpunkte zwischen zwei oder verteilt zwischen mehreren Vorverurteilungen liegen, hat der Richter also **Gesamtstrafengruppen** zu bilden, wobei die im anhängigen Verfahren abzuurteilenden Taten nach der zeitlichen Reihenfolge ihrer Begehungszeitpunkte der jeweils zugehörigen Vorverurteilung zuzuordnen sind;[37] in der Urteilsformel muss er dann außerdem kenntlich machen, für welche der aktuell abgeurteilten Taten mit welchen Vorverurteilungen die jeweiligen Gesamtstrafen festgesetzt werden (BGH NStZ-RR **2008** 153, 154).[38] Er hat sich somit in die Lage des Richters zu versetzen, dessen Entscheidung für eine nachträgliche Einbeziehung in Betracht kommt; für ihn ist deshalb maßgeblich, ob und wie der frühere Richter bei richtiger Rechtsanwendung weitere Urteile bzw. die diesen zugrunde liegenden Taten und Strafen hätte berücksichtigen müssen (BGHSt **32** 190, 193; *Frister* NK Rdn. 14; *SSW/Eschelbach* Rdn. 12). Auf diese Weise kann es zu mehrfacher Zäsurwirkung von Vorverurteilungen kommen und eine mehrfache Gesamtstrafenbildung erforderlich werden.[39] Gegebenfalls ist eine fehlerhafte Gesamtstrafe, die in einer Vorverurteilung unter Missachtung der Zäsurwirkung eines früheren Urteils gebildet worden war, aufzulösen und die Gesamtstrafenbildung insgesamt neu vorzunehmen (BGHSt **35** 243). Eine nachträgliche Gesamtstrafe kann und darf nur aus solchen Verurteilungen gebildet werden, bei denen auch untereinander alle Voraussetzungen des § 55 erfüllt sind (*Sch/Schröder/Sternberg-Lieben/Bosch* Rdn. 17). Anderenfalls erhielte der Verurteilte einen vom Zweck des § 55 nicht gerechtfertigten Vorteil eines „Gesamtstrafenrabatts".[40]

---

36 Vgl. ferner BGH Beschl. v. 24.2.1981 – 5 StR 36/81; BGH StraFo **2015** 470.
37 BGH NStZ-RR **2004** 137; OLG Zweibrücken NJW **1968** 310; OLG Hamm MDR **1976** 162; LG Hamburg NJW **1973** 1382; *Sch/Schröder/Sternberg-Lieben/Bosch* Rdn. 17.
38 Vgl. auch BGH Beschlüsse v. 8.3.2007 – 3 StR 19/07 und v. 11.6.2008 – 2 StR 13/08.
39 BGH NStZ **1998** 35; NStZ **2003** 200; *Fischer* Rdn. 12; *Lackner/Kühl/Heger* Rdn. 7; *Jäger* SK Rdn. 15; *Sch/Schröder/Sternberg-Lieben/Bosch* Rdn. 17.
40 BGHSt **7** 180, 181; **15** 66, 69; **17** 173, 175; **32** 190, 193; **33** 230, 232.

Zur **Vermeidung von Doppelbestrafungen** dürfen Einzelstrafen in eine Gesamtstrafe aber dann nicht mehr einbezogen werden, wenn sie bereits zur Bildung einer anderen – noch nicht rechtskräftigen – Gesamtstrafe gedient haben (BGHSt **20** 292; **50** 188).[41] Auch wenn das erstinstanzliche Gericht an sich fehlerfrei eine Gesamtstrafe gebildet hat, dieser aber Einzelstrafen zugrunde liegen, die schon in eine andere – rechtskräftige, aber fehlerhaft gebildete – Gesamtstrafe einbezogen worden waren, so muss das Rechtsmittelgericht die für sich genommen richtige, aber noch nicht rechtskräftige Gesamtstrafe wegen des Verbots der Doppelbestrafung aufheben (BGHSt **44** 1, 2; *Sch/Schröder/Sternberg-Lieben/Bosch* Rdn. 17a). 19

Wenn auf ein früheres Urteil, das zwar auf eine Gesamtstrafe erkannt hat, aber keine Einzelstrafen enthält, so dass mit ihm auch keine Gesamtstrafe gebildet werden kann (siehe dazu oben Rdn. 12), liegt es nahe, einem solchen Urteil auch eine Zäsurwirkung abzusprechen. Nach BGHSt **44** 179[42] soll aber auch einem solchen Urteil Zäsurwirkung zukommen, da nicht Zufälligkeiten für die Frage der Zäsurwirkung einer Entscheidung maßgeblich sein könnten, sondern die materiellrechtliche Gesamtstrafenlage (BGHSt **44** 179, 182). Das erscheint nicht konsequent, wenn man einem auf eine Gesamtstrafe lautenden Urteil ohne Einzelstrafen zutreffend die Eignung zur nachträglichen Gesamtstrafenbildung gemäß § 55 abspricht.[43] Denn dann ist materiell gerade keine Gesamtstrafenbildung möglich, womit die Grundlage für eine Zäsurwirkung von vornherein fehlt. Diese Rechtslage ähnelt der Lage, die bei Wegfall der Zäsurwirkung einer Vorverurteilung durch Erledigung (dazu unten Rdn. 22 und BGHSt **33** 367, 369) entsteht. Auch hier ist kein rechtlicher Anlass ersichtlich, der dafür sprechen könnte, die Frage der Zäsurwirkung einer Vorverurteilung von der Voraussetzung ihrer – fortbestehenden – Gesamtstrafenfähigkeit abzukoppeln. 20

Demgegenüber stellt die Möglichkeit, gemäß § 55 Abs. 1 Satz 1, § 53 Abs. 2 Satz 2 auf Geldstrafe gesondert zu erkennen, keinen Grund dar, die Zäsurwirkung einer Entscheidung zu verneinen, die nach dieser Vorschrift neben einer (Gesamt-)Freiheitsstrafe eine Geldstrafe gesondert verhängt hat (st. Rspr.: BGH NStZ-RR **2007** 369; **2012** 170; **2014** 74).[44] Denn der spätere Richter ist mit den früher verhängten Strafen aufgrund ihrer Gesamtstrafenfähigkeit „befasst" (BGHSt **25** 382, 383; BGH Beschl. v. 22. Dezember 2004 – 2 StR 417/04); die Ausübung des Ermessens i.S. des § 53 Abs. 2 Satz 2 ist eine zulässige Entscheidung im Rahmen materiellrechtlicher Gesamtstrafenlage und -bildung. 21

5. Nach § 55 Abs. 1 S. 1 wird die nachträgliche Gesamtstrafenbildung **durch Erledigung** der früheren Strafe vor der späteren Verurteilung **ausgeschlossen** (BGHSt **32** 90),[45] d.h. die frühere Strafe (nicht eine Maßregel)[46] darf noch nicht *vollstreckt, verjährt* oder 22

---

41 Ferner BGHSt **9** 190, 192; BGH NStZ-RR 2011, 306; BGH Beschl. v. 3.12.2013 – 4 StR 404/13.

42 Mit Anm. *Bringewat* JR **1999** 513; kritisch *Stree* NStZ **1999** 184; zustimmend *v. Heintschel-Heinegg* MK Rdn. 14; *Sch/Schröder/Sternberg-Lieben/Bosch* Rdn. 15a; *SSW/Eschelbach* Rdn. 12.

43 So BGHSt **43** 34; BGH NStZ-RR **1998** 296.

44 Vgl. auch BGHSt **32** 190, 194; **43** 159, 212; **44** 179, 184: BGH NStZ-RR **2001** 103 f; BGHR StGB § 55 Abs. 1 S. 1 Zäsurwirkung 9. Hierzu auch *Karl* MDR **1988** 365 f; *Detter* NStZ **2014** 441, 444 f; *Fischer* Rdn. 9a m.w.N.; *Jäger* SK Rdn. 15; *SSW/Eschelbach* Rdn. 12.

45 H.M.; BGH NJW **1982**, 2080; BGH JR **1988** 214 m. Anm. *Bringewat*; NStZ **1988** 270; BGHR StGB § 52 Abs. 1 Satz 1 Zäsurwirkung 2, 5 und 7; BGH Beschl. v. 14.4.2010 – 2 StR 92/10; *Lackner/Kühl/Heger* Rdn. 8; *Fischer* Rdn. 6; *SSW/Eschelbach* Rdn. 16; mit Bedenken um damit mögliche Zufälligkeiten *Sch/Schröder/Sternberg-Lieben/Bosch* Rdn. 19; **aA** *Frister* NK Rdn. 18 f; *v. Heintschel-Heinegg* MK Rdn. 22; *Bringewat* Gesamtstrafe Rdn. 228; diese Ansicht hat zeitweise auch der 3. Strafsenat des BGH in BGHSt **33** 367, 369 f vertreten, der sie jedoch inzwischen wieder aufgegeben hat: BGH NStZ **1988** 552 und BGH Beschl. v. 28.6.1991 – 3 StR 130/91.

46 *Pohlmann* Rpfleger **1970** 233; vgl. auch BayObLG bei *Bär* DAR **1991** 364.

erlassen sein. Sie kann nämlich als Einzelstrafe nur dann sinnvoller Weise noch Bestandteil einer neu zu bildenden Gesamtstrafe sein, wenn sie noch nicht **vollständig** erledigt ist;[47] hingegen ist bei einer bloßen **Teilerledigung** (siehe auch unten Rdn. 26) eine nachträgliche Gesamtstrafenbildung weiterhin vorzunehmen (BGH NStZ-RR **2007**, 232; BGH Beschl. v. 26.6.2013 – 3 StR 161/13).[48] Eine „Gesamtstrafe" aus einer Freiheitsstrafe und einer gemäß § 53 Abs. 2 Satz 2 daneben verhängten Einzelgeldstrafe oder einer nach dieser Vorschrift neben der Freiheitsstrafe gebildeten Gesamtgeldstrafe ist nur dann vollständig erledigt, wenn beide Teile der „Gesamtstrafe" – Freiheits- und Geldstrafe – vollständig vollstreckt usw. sind.[49] Die Nichterledigung muss im späteren Urteil als Voraussetzung für die Anwendbarkeit des § 55 festgestellt werden (RGSt **74** 387, 391; BGH wistra **1995** 307; NStZ-RR **2011** 307; **2015**, 20; BGH Beschl. v. 8.2.2011 – 4 StR 658/10); die Verneinung der Voraussetzungen des § 55 ist jedoch auch durch Schweigen im Urteil zulässig, wenn sich aus dem Urteilszusammenhang mit ausreichender Sicherheit entnehmen lässt, dass die Frage weder übersehen noch aus rechtsirrigen Erwägungen verneint worden ist.[50]

23 *Erledigungstatbestände:* Eine frühere Freiheitsstrafe ist vollstreckt und damit erledigt, wenn sie verbüßt wurde, eine Geldstrafe, wenn sie bezahlt ist oder die Ersatzfreiheitsstrafe verbüßt wurde. Als vollstreckt gilt auch eine durch Anrechnung erledigte Strafe (*Frister* NK Rdn. 22; *Sch/Schröder/Sternberg-Lieben/Bosch* Rdn. 22; *SSW/Eschelbach* Rdn. 17). Die Verjährung früherer Strafen richtet sich nach § 79. Für den Erlass i.S. des § 55 kommen eine allgemeine Amnestie, ein Gnadenakt oder die allgemeinen Vorschriften des StGB (insbesondere § 56g Abs. 1) in Betracht, eine nur bedingte Begnadigung reicht nicht (vgl. OLG Hamm JMBlNRW **1952** 35), der Erlass muss endgültig sein (*Sch/Schröder/Sternberg-Lieben/Bosch* Rdn. 24). Die zur Bewährung ausgesetzte Strafe eines früheren Urteils ist deshalb noch nicht erledigt, wenn zwar die Bewährungszeit zum Zeitpunkt des neuen Urteils schon abgelaufen, die Strafe jedoch noch nicht formell erlassen worden ist (BGH NJW **1991** 2847; NStZ **1993** 235; BGH Beschl. v. 15.12.2015 – 1 StR 562/15);[51] dies ist aus Verfassungsgründen jedenfalls dann nicht zu beanstanden, wenn die mögliche Gesamtstrafenbildung wegen weiterer Straftaten schon während des Laufs der Bewährungszeit im Raum stand (BVerfG NJW **1991** 558; **aA** *Tietz-Bartram* wistra **1990** 259).

24 Die Bestimmung des für § 55 entscheidenden Zeitpunkts der späteren Verurteilung kann dann zu Schwierigkeiten führen, wenn sich die frühere Strafe erst im Verlauf des späteren Verfahrens erledigt. Hier ist es streitig, ob für den Zeitpunkt der Erledigung das erste Urteil oder weitere Urteile in derselben Sache maßgebend sind. Nach ganz h.M. ist der Zeitpunkt, bis zu dem die frühere Strafe nicht erledigt sein darf, der Zeitpunkt des letzten *tatrichterlichen* Urteils, das sich mit der Schuld- oder zumindest mit der Straffrage befasst.[52]

---

47 RGSt **32** 7, 9; vgl. ferner *Bringewat* Gesamtstrafe Rdn. 242; *Sch/Schröder/Sternberg-Lieben/Bosch* Rdn. 19.

48 *Frister* NK Rdn. 26; *SSW/Eschelbach* Rdn. 16; *v. Heintschel-Heinegg* MK Rdn. 24.

49 BGH NStZ-RR **2006**, 337 und **2007**, 232; BGH Beschl. v. 25.6.2008 – 2 StR 176/08.

50 BGH NJW **1957** 509; vgl. auch BGH NStZ **2005** 32; NStZ-RR **2008**, 73; zur Frage, ob die Voraussetzungen des § 55 vom Revisionsgericht schon aufgrund der Sachrüge oder erst auf eine entsprechende Verfahrensrüge zu prüfen sind: BGHR StGB § 55 StGB Abs. 1 Satz 1 Zäsurwirkung 8; BGH Beschl. v. 18.9.1996 – 3 StR 334/96; vgl. dazu auch *Fischer* Rdn. 34.

51 Ebenso BVerfG NJW **1991** 558; BGH NStZ-RR **1997**, 228; BGH Beschl. v. 19.7.2000 – 3 StR 259/00; zustimmend *Lackner/Kühl/Heger* Rdn. 3; *Fischer* Rdn. 24; *SSW/Eschelbach* Rdn. 18; *Sch/Schröder/Sternberg-Lieben/Bosch* Rdn. 24; *Jäger* SK Rdn. 17; **aA** *Frister* NK Rdn. 23; *v. Heintschel-Heinegg* MK Rdn. 23.

52 RGSt **32** 7, 9; **39** 275, 277; **74** 387, 391; BGHSt **2** 230, 232; BGH NStZ-RR **1996** 162; NStZ **1998** 353; *Frister* NK Rdn. 24; *Lackner/Kühl/Heger* Rdn. 3; *Fischer* Rdn. 6; *Jäger* SK Rdn. 18; *Sch/Schröder/Sternberg-Lieben/Bosch* Rdn. 25.

Hat sich eine frühere Strafe *zwischen* erstinstanzlichem Urteil und Berufungsurteil erledigt, so muss eine in erster Instanz vorgenommene Gesamtstrafenbildung im Berufungsurteil deshalb rückgängig gemacht werden (*Sch/Schröder/Sternberg-Lieben/Bosch* Rdn. 26; *Jäger* SK Rdn. 18). Ist das Verfahren vom Revisionsgericht zur Bildung einer bisher fehlerhaften oder unterlassenen Gesamtstrafe an das erstinstanzliche Gericht zurückverwiesen worden, so ist diese auch dann nachzuholen, wenn die nach § 55 einzubeziehende Strafe inzwischen erledigt ist, weil sonst der Rechtsfehler des ersten Gerichts nicht mehr beseitigt werden könnte (BGH NStZ-RR **2012** 90; **2016** 75).[53] Die neue Gesamtstrafenbildung ist dann nach Maßgabe der Vollstreckungssituation zum Zeitpunkt der ersten tatrichterlichen Verhandlung vorzunehmen (BGH NStZ-RR **2008** 72; BGH Beschl. v. 25.2.2009 – 5 StR 22/09), und zwar auch dann, wenn die Aufhebung im Straf- oder Gesamtstrafenausspruch nicht wegen fehlerhafter Gesamtstrafenbildung erfolgt ist.[54] 25

Bei nur **teilweiser Erledigung** des früheren Urteils gilt folgendes: Ist eine der früheren Strafen teilweise schon vollstreckt, so ist dennoch die gesamte frühere Strafe in die nachträgliche Gesamtstrafe einzubeziehen (siehe oben Rdn. 22), die vollstreckten Teile sind auf die Gesamtstrafe anzurechnen;[55] das ist jedoch nicht im Urteilstenor auszusprechen, sondern es ist Sache der Strafvollstreckungsbehörde, diese Anrechnung nach § 51 Abs. 2 vorzunehmen (BGHSt **21** 186; BGH NStZ **2012** 380, 381). Nach dem Grundgedanken des § 55 entspricht der einheitlichen Strafe auch die *einheitliche Vollstreckung*, daher geht die begonnene Vollstreckung der Einzelstrafe in die der Gesamtstrafe derart über, dass der Beginn der Vollstreckung der Einzelstrafe zugleich als Beginn der Vollstreckung der Gesamtstrafe gilt (BGHSt **21** 186, 187; *Jäger* SK Rdn. 21). Bei teilweisem Erlass der früheren Strafe kann dagegen nur noch deren Rest in die neue Gesamtstrafe einbezogen werden (*Sch/Schröder/Sternberg-Lieben/Bosch* Rdn. 27; *Frister* NK Rdn. 26; *v. Heintschel-Heinegg* MK Rdn. 24; **aA** *Bringewat* Gesamtstrafe Rdn. 203). 26

6. Ist eine frühere Strafe bereits durch Vollstreckung erledigt und daher nicht mehr in die Gesamtstrafe einzubeziehen, so sind nach dem Prinzip des § 55 die sich durch die getrennte Aburteilung ergebenden Nachteile bei der Strafzumessung auszugleichen (**sog. Härteausgleich**).[56] Es muss aber auch tatsächlich ein Nachteil für den Angeklagten eingetreten sein. Für einen Härteausgleich ist deshalb in der Regel kein Raum, wenn die frühere Strafe bereits erlassen ist;[57] in den meisten Fällen steht der Angeklagte durch den Erlass der Strafe besser, als wenn deren Einbeziehung eine erst noch zu vollstreckende Freiheitsstrafe erhöht hätte. Demgegenüber liegt eine auszugleichende Härte bei Erledigung einer, wenn auch nur geringen Geldstrafe durch Vollstreckung der Ersatzfreiheitsstrafe vor; denn es steht fest, dass der Angeklagte hierdurch einen Nachteil erlitten hat (BGH NStZ-RR **2004** 330 m. Anm. *Güntge* NStZ **2005** 208). Dies ist z.B. auch dann zu 27

53 BGHSt **4** 366; **15** 66, 71; BGH NJW **1953** 389; StV **1982** 569; BGH bei Detter NStZ **2003** 137, 139; BGHR StGB § 55 Abs. 1 S. 1 Erledigung 1; BGH Beschl. vom 15.10.1996 – 4 StR 456/96; zweifelnd *Lackner/Kühl/Heger* Rdn. 3; *Fischer* Rdn. 37; *Sch/Schröder/Sternberg-Lieben/Bosch* Rdn. 26; **aA** OLG Schleswig MDR **1981** 866; *Bringewat* Gesamtstrafe Rdn. 248 f.

54 BGHSt **43** 195, 212; BGH NStZ **2001** 645; BGHR StGB § 55 Abs. 1 Einbeziehung 9.

55 RG GA **44** 255, 257; **47** 296; *v. Heintschel-Heinegg* MK Rdn. 24; *SSW/Eschelbach* Rdn. 16.

56 BGHSt **31** 102 mit Anm. *Loos* NStZ **1983** 260; BGHSt **33** 131 und 367, 370; BGH NStZ **1990** 436; NStZ-RR **2008** 370; **2009** 43; BGHR StGB § 55 Abs. 1 S. 1 Härteausgleich 1; BayObLG NJW **1993** 2127; vgl. ferner BGHSt **2** 230, 233; *Frister* NK Rdn. 31; *Lackner/Kühl/Heger* Rdn. 3; *Jäger* SK Rdn. 23; *Sch/Schröder/Sternberg-Lieben/Bosch* Rdn. 28; *SSW/Eschelbach* Rdn. 19; *v. Heintschel-Heinegg* MK Rdn. 16; *Bringewat* Gesamtstrafe Rdn. 250 ff.

57 BGH NStZ **1983** 261; BGH NStZ-RR **1996** 291; NStZ **2005** 208; ebenso *Frister* NK Rdn. 33; *v. Heintschel-Heinegg* MK Rdn. 28.

bedenken, wenn eine gesamtstrafenfähige frühere Verurteilung zu Geldstrafen durch Bezahlung erledigt ist und der neue Tatrichter vor der Frage steht, ob er aus mehreren Einzelgeldstrafen mit zugleich verhängten Einzelfreiheitsstrafen eine einheitliche Gesamtfreiheitsstrafe bildet oder Freiheits- und Geldstrafen zu gesonderten Gesamtstrafen zusammenführt.[58] Auf welche Art und Weise der Härteausgleich vorgenommen wird, überlässt die h. M. dem Ermessen des Tatrichters; er muss aber erkennbar vorgenommen und angemessen sein (*Fischer* Rdn. 22; näher dazu unten Rdn. 32ff).

III. Bildung der nachträglichen Gesamtstrafe

28 Liegen die Voraussetzungen des § 55 vor, so sind die §§ 53, 54 grundsätzlich ebenso anzuwenden, wie wenn alle Taten einheitlich abgeurteilt würden (BGH NStZ-RR **2003** 9; NStZ **2004** 85). Es sind also, falls Tatmehrheit vorliegt, zunächst die Einzelstrafen festzustellen, danach wird unter Erhöhung der Einsatzstrafe die nachträgliche Gesamtstrafe neu gebildet. Die Grundsätze über die Bildung einer Gesamtstrafe aus Freiheits- und Geldstrafen (vgl. § 53 Abs. 2) finden im Rahmen des § 55 ebenfalls Anwendung (vgl. im Übrigen die Anmerkungen zu § 54).

1. Es gelten aber Besonderheiten:

29 **a)** Enthält bereits das frühere Urteil eine **Gesamtstrafe**, so **entfällt** diese wegen der notwendigen Auflösung in Einzelstrafen (vgl. oben Rdn. 12). Dies ist im Tenor des neuen Urteils auszusprechen (BGHSt **12** 99; *Jäger* SK Rdn. 37). Aus den Einzelstrafen des früheren Urteils und den neuen Strafen wird die Gesamtstrafe gebildet; die nach § 55 einbezogenen Strafen sind konkret in den Urteilsgründen zu benennen (BGH NStZ **1987** 183; BGH Beschl. v. 13.11.1997 – 4 StR 417/97), damit das Revisionsgericht prüfen kann, ob § 54 Abs. 1 richtig angewendet wurde (BGH bei Holtz MDR **1979** 280). Hat ein früheres Urteil zwar auf eine Gesamtstrafe erkannt, ist aber eine Einzelstrafe vergessen oder sind mehrere Einzelstrafen nicht konkret festgesetzt worden, so kann die verabsäumte Einzelstrafenfestsetzung durch den späteren Gesamtstrafenrichter nicht nachgeholt werden (vgl. BGH NStZ-RR **1998** 296; **2004** 106); § 55 ermächtigt und verpflichtet den späteren Richter nur, in *rechtskräftige* frühere *Gesamtstrafen* einzugreifen (BGHSt **35** 243, 245 m. Anm. *Stree* JR **1988** 517), gibt ihm aber nicht die Befugnis, die von dem früheren Richter unterlassene Festsetzung von Einzelstrafen aufgrund eigener Erwägungen nachzuholen oder zu fingieren; die vergessene Einzelstrafe hat deshalb bei der Bildung der Gesamtstrafe außer Betracht zu bleiben (BGHSt **41** 374, 375; siehe auch oben Rdn. 12).[59] Etwas anderes kann aber dann gelten, wenn sich aus dem Zusammenhang der Gründe des früheren Urteils ergibt, dass der „Gesamtstrafe" tatsächlich festgesetzte Einzelstrafen zugrunde liegen, deren ausdrückliche Mitteilung lediglich versehentlich unterblieben ist, und das Urteil außerdem Anhaltspunkte bietet, die jedenfalls zuverlässige Rückschlüsse auf die Mindesthöhe der nicht konkret bezeichneten Einzelstrafe(n) ermögli-

---

58 Vgl. BGH Beschl. vom 8.1.2008 – 4 StR 468/07.

59 *Lackner/Kühl/Heger* Rdn. 5; kritisch *Fischer* Rdn. 8 ff; **aA** BGH NStZ **1997** 385; BGH Urt. vom 9.1.1975 – 4 StR 550/74; *Bringewat* Gesamtstrafe Rdn. 268 spricht sogar ausdrücklich von einer bei der nachträglichen Gesamtstrafenbildung nachzuholenden Einzelstrafzumessung, obwohl er in anderen Zusammenhängen (aaO Rdn. 273 und 355) immer wieder betont, dass in die Rechtskraft des früheren Urteils nur ausnahmsweise und nur in engen Grenzen aus Gründen der Gleichstellung und Gleichbehandlung im Ausspruch über die Gesamtstrafensanktion eingegriffen werden darf (vgl. etwa *Bringewat* NStZ **1996** 330 f); vgl. auch oben Rdn. 12.

chen.[60] Da eine nachträgliche Gesamtstrafenbildung mit einer früheren „Gesamtstrafe" nicht zulässig ist, findet § 55 StGB auf ein Gesamtstrafenurteil ohne Einzelstrafen keine Anwendung (BGHSt **43**, 34).[61]

b) Für die **Bemessung der neuen Gesamtstrafe** gelten die zu § 54 dargelegten Grundsätze (*Sch/Schröder/Sternberg-Lieben/Bosch* Rdn. 39; *Fischer* Rdn. 14). Dabei ist der Richter jedoch an die Feststellungen des früheren Urteils zu den *Einzelstrafen* (nicht an die zu einer früheren Gesamtstrafe BGHSt **7** 180, 182; BGH NStZ-RR **2003** 9) gebunden und hat auch deren Strafzumessungserwägungen zu berücksichtigen.[62] Diese muss er in seinem Urteil mitteilen (BGH NStZ-RR **1998** 103; **2002** 137; BGH Beschl. v. 11.6.1997 – 2 StR 134/97), weil jedes Strafurteil aus sich heraus – ohne Bezugnahmen auf Gründe früherer Urteile – verständlich sein muss.[63] Unterlässt der Gesamtstrafenrichter die Mitteilung der einbezogenen Einzelstrafen, wird das Revisionsgericht in aller Regel die Gesamtstrafe aufheben, weil es anhand der Urteilsgründe nicht prüfen kann, ob die Gesamtstrafe rechtsfehlerfrei bemessen wurde (BGH NStZ-RR **1998** 103; BGH Beschl. vom 8.6.2011 – 4 StR 111/11). Bei der Bildung der neuen *Gesamtstrafe* ist er aber ansonsten frei. Ihre Bemessung bestimmt sich nach der in § 54 Abs. 1 S. 3 vorgeschriebenen zusammenfassenden Würdigung der Täterpersönlichkeit und der festgestellten Einzeltaten. Daher können auch Umstände herangezogen werden, die dem ersten Richter noch unbekannt waren oder die erst später entstanden sind; auch die nach § 56 zu treffende Prognose richtet sich nach dem Zeitpunkt der nachträglichen Gesamtstrafenbildung (BGH NStZ **2000** 480, 481; NJW **2003** 2841, 2842).[64] Auch hier besteht die tatrichterliche Pflicht, die bestimmenden Zumessungsgründe für die neue Gesamtstrafe nach § 267 Abs. 3 Satz 1 StPO im Urteil anzuführen (BGH NJW **1953** 1360; *Sander* NStZ **2016** 584, 591). 30

c) Eine frühere Gesamtstrafe behält aber eine gewisse Bedeutung bei, weil die neue Gesamtstrafe einerseits nicht niedriger sein darf als die alte,[65] andererseits darf sie die alte Gesamtstrafe, vermehrt um die neue(n) Einzelstrafe(n), zwar erreichen, aber **nicht übersteigen** (BGH NStZ **2005** 210).[66] Zulässig ist es, die neue Gesamtstrafe ebenso hoch wie die frühere zu bestimmen (BGH Beschl. v. 29.8.2011 – 5 StR 327/11),[67] wenn dies 31

---

60 Dies war ersichtlich bei der in diesem Zusammenhang häufig zitierten Entscheidung OLG Stuttgart NJW **1968** 1731 der Fall; vgl. zu dem Problemkomplex auch BGH NStZ **1997** 385; **1999** 185; BGH Beschl. v. 27.2.1998 – 3 StR 537/97 und Urt. v. 12.8.1998 in derselben Sache.

61 Ebenso BGH Beschl. v. 19.6.1998 – 4 StR 230/98; vgl. hierzu auch *SSW/Eschelbach* Rdn. 29; siehe ferner zu weiteren Nachweisen oben Fn. 23.

62 BGH NJW **1953** 1360; BGH NStZ-RR **2003** 9, 10; BGHR StGB § 55 Abs. 1 S. 1 Strafen, einbezogene 1; OLG Braunschweig NJW **1954** 569; vgl. auch OLG Karlsruhe Die Justiz **1965** 1; *Sch/Schröder/Sternberg-Lieben/Bosch* Rdn. 39; *SSW/Eschelbach* Rdn. 24.

63 BGH NStZ **1987** 183; *Fischer* Rdn. 17; *Meyer-Goßner/Schmitt* StPO § 267 Rdn. 2 m.w.N.

64 *Schweling* GA **1955** 297; *Roos* NJW **1976** 1483; *v. Heintschel-Heinegg* MK Rdn. 36; *Sch/Schröder/Sternberg-Lieben/Bosch* Rdn. 39.

65 RGSt **6** 283, 286; **44** 302, 303 f; **48** 277, 278; BGHSt **7** 180, 183; BGH Beschl. v. 4.10.2001 – 4 StR 329/01; *Frister* NK Rdn. 43 f; *v. Heintschel-Heinegg* MK Rdn. 37; *Jäger* SK Rdn. 35; *Lackner/Kühl/Heger* Rdn. 6; *SSW/Eschelbach* Rdn. 24; *Schorn* JR **1964** 46; **aA** *Bringewat* Gesamtstrafe Rdn. 274; *ders.* MDR **1987** 793; *Sch/Schröder/Sternberg-Lieben/Bosch* Rdn. 40, 41; *Schulz* MDR **1964** 559.

66 RGSt **46** 179, 183; **48** 277; BGHSt **8** 203, 205; **15** 164; OLG Karlsruhe Die Justiz **1965** 119; OLG Stuttgart NJW **1968** 1731; BayObLG NJW **1971** 1193, 1194; OLG Hamm VRS **42** 99, 102 und MDR **1976** 162, 163; *Gollwitzer* JR **1983** 165; *v. Heintschel-Heinegg* MK Rdn. 37; *Lackner/Kühl/Heger* Rdn. 6; *Fischer* Rdn. 16; **aA** *Sch/Schröder/Sternberg-Lieben/Bosch* Rdn. 40, 41, der sich gegen jede Limitierung der neuen durch die alte Gesamtstrafe ausspricht; ebenso mit beachtlichen Gründen *Schulz* MDR **1964** 559.

67 RGSt **6** 283, 285; **44** 302, 304; BGH NJW **1973** 63; OLG Köln JMBl NRW **1964** 107; *Lackner/Kühl/Heger* Rdn. 6; *Fischer* Rdn. 16; *SSW/Eschelbach* Rdn. 24; **aA** *Bringewat* MDR **1987** 793.

schuldangemessen ist (BGH bei Holtz MDR **1992** 16). Der Gegenmeinung, die diese Begrenzungen ablehnt, ist zuzugeben, dass § 55 uneingeschränkt auf § 54 verweist. Andererseits erlaubt § 55 nur einen *beschränkten* Eingriff in die Rechtskraft des früheren Urteils, indem der Täter so gestellt werden soll, als wären seine Taten in dem früheren Verfahren einheitlich abgeurteilt worden. Dann besteht aber kein Grund, unter die frühere Gesamtstrafe zurückzugehen oder auf eine höhere Gesamtstrafe als die Summe aus früherer Gesamtstrafe und neuer Einzelstrafe zu erkennen, weil die Strafbemessung sich bei einheitlicher Aburteilung im früheren Verfahren ebenfalls in diesen Grenzen gehalten hätte. Für einen weitergehenden Eingriff in die Rechtskraft des Urteils bildet auch der Umstand keine hinreichende Legitimation, dass die Bestimmung der Gesamtstrafe nach § 54 Abs. 1 S. 2 einen gesonderten Strafzumessungsvorgang erfordert (vgl. auch *Frister* NK Rdn. 44; *Lackner/Kühl/Heger* Rdn. 6).

32 **d)** Kann keine nachträgliche Gesamtstrafe gebildet werden, weil die früher verhängten Strafen bereits vor dem tatrichterlichen Urteil in dem anhängigen Verfahren erledigt waren, so darf dies dem Angeklagten nicht zum Nachteil gereichen; die darin liegende Härte ist nach allgemeiner Meinung bei der Strafzumessung auszugleichen (st. Rspr.; BGH NJW 2011 868 m.w.N.).[68] Der **Härteausgleich** kann nach zwei Methoden vorgenommen werden: einmal kann eine fiktive Gesamtstrafe unter Einbeziehung der bereits vollstreckten Strafe gebildet werden, die dann um die vollstreckte Strafe zu mindern ist,[69] zum anderen kann der Härteausgleich aber auch unmittelbar bei der Festsetzung der neuen Strafe berücksichtigt werden.[70] Rechtsprechung und h.M. in der Literatur überlassen es dem Ermessen des Tatrichters, welchen Weg er für den Härteausgleich wählt, der Ausgleich muss jedoch angemessen sein und dem Urteil entnommen werden können.[71] Ist auch ohne die erledigte frühere Strafe eine Gesamtstrafe zu bilden, so ist der Härteausgleich in der Regel bei der Gesamtstrafe vorzunehmen, weil sich hier jedenfalls die durch eine Vollstreckung der früheren Strafe erlittene Härte auswirkt.[72] Kann aber deshalb keine Gesamtstrafe gebildet werden, weil eine gleichzeitige Aburteilung nach § 32 JGG nicht stattgefunden hat, kann die Härte durch Minderung der Einzelstrafen ausgeglichen werden.[73] *Voraussetzung* für die Anwendung der Grundsätze *des Härteausgleichs* ist stets, dass durch die Unmöglichkeit der nachträglichen Gesamtstrafenbildung auch *tatsächlich ein Nachteil* eintritt (BGH NStZ-RR **2004** 330; BGH Urt. v. 6.6.2002 – 3 StR 118/02).[74]

33 Ein Härteausgleich ist auch dann zu gewähren, wenn der an und für sich einschlägige § 55 aus sonstigen Gründen nicht angewendet werden kann (BGHSt **43** 34; BGH Beschl. v. 19. Juni 1998 – 4 StR 230/98), etwa weil eine nach dem zeitlichen Ablauf gesamtstrafenfähige Verurteilung durch ein ausländisches Gericht erfolgt ist, (BGHSt **43**

68 Siehe oben Rdn. 27 sowie *Deiters*, Strafzumessung bei mehrfach begründeter Strafbarkeit, S. 78 f und *Frister* NK Rdn. 30 ff; *Lackner/Kühl/Heger* Rdn. 3; *Jäger* SK Rdn. 23; *Sch/Schröder/Sternberg-Lieben/Bosch* Rdn. 28; *Fischer* Rdn. 21.

69 Als einzig möglichen Lösungsweg sehen dies an: *Frister* NK Rdn. 32 und *Deiters* aaO S. 79 f; *Loos* NStZ **1983** 260 f; vgl. hierzu auch *Sch/Schröder/Sternberg-Lieben/Bosch* Rdn. 29 ff.

70 BGH Urt. v. 10.9.1997 – 3 StR 337/97; vgl. auch *SSW/Eschelbach* Rdn. 20.

71 BGHSt **31** 102, 103; **33** 131 132; BGH NStZ-RR **1996** 227; BGH Beschl. v. 17.8.2011 – 5 StR 301/11; *Lackner/Kühl/Heger* Rdn. 3; *Jäger* SK Rdn. 28; *Sch/Schröder/Sternberg-Lieben/Bosch* Rdn. 31; *SSW/Eschelbach* Rdn. 20; *Bringewat* NStZ **1987** 385 und StV **1991** 27.

72 BGHSt **31** 102, 104; BGHR StGB § 55 Abs. 1 S. 1 Härteausgleich 7.

73 BGHSt **36** 270, 275; BGHR StGB § 55 Abs. 1 S. 1 Härteausgleich 6.

74 BGH bei *Holtz* MDR **1979** 106; NStZ-RR **1996** 291; BGHR StGB § 55 Abs. 1 S. 1 Härteausgleich 4; BGH Urt. v. 18.8.2004 – 2 StR 249/04; *Frister* NK Rdn. 33.

79; BGH NStZ **1998** 134; NStZ-RR **2000** 105, siehe oben Rdn. 5), und der Angeklagte hierdurch beschwert ist. Die Erstreckung des Härteausgleich bei ausländischen Vorverurteilungen ist durch die jüngere Rechtsprechung auf diejenigen Fälle beschränkt worden, in denen nach den Regeln des sog. Strafanwendungsrechts der §§ 3ff, eine Gesamtstrafenbildung nach deutschem Recht rechtlich und tatsächlich möglich gewesen wäre (BGH Urt. v. 10.6.2009 – 2 StR 386/08 = NStZ **2010** 30 mit krit. Anm. *van Gemmeren* JR **2010** 132). Der *Rechtsgedanke des Härteausgleichs* ist von der Rechtsprechung ferner auf die Fälle erstreckt worden, in denen Taten, die an sich gesamtstrafenfähig wären, getrennt nach Jugend- und Erwachsenenstrafrecht abgeurteilt worden sind, so dass eine Gesamtstrafe nicht gebildet werden kann (BGHSt **14** 287; **36** 270; siehe auch oben Rdn. 8). Da bei der Anwendung des § 55 erledigte frühere Strafen aus dem Prinzips der nachträglichen Gesamtstrafenbildung ausgeklammert werden und keine Zäsurwirkung mehr entfalten, kann dies auch hier zu Ergebnissen führen, die von den Zufälligkeiten der Strafvollstreckung abhängig sind, nämlich davon, ob eine oder mehrere früherer Verurteilungen (noch) Zäsurwirkung entfalten oder nicht (vgl. hierzu *SSW/Eschelbach* Rdn. 13; *Wilhelm* NStZ **2008** 425, 427 f).

Der Härteausgleich kann dazu führen, dass das gesetzliche Mindestmaß der Strafe **34** unterschritten werden muss (BGHSt **31** 102, 104).[75] Im Rahmen der Strafzumessung, bei der ein Härteausgleich zu berücksichtigen ist, sind auch die für die Findung der Gesamtstrafe aus § 54 Abs. 2 S. 2 folgenden Höchstgrenzen zeitiger Freiheitsstrafe zu beachten (BGHSt **33** 131; BGH JR **1988** 214); das kann dazu führen, dass die an sich für die neue Tat angemessene Einzelstrafe reduziert werden muss, wenn erst so gewährleistet ist, dass bei gleichzeitiger Aburteilung der früheren, bereits vollstreckten (Gesamt-)Strafe und der neu zu verhängenden Strafe die hieraus zu bildende Gesamtstrafe 15 Jahre nicht überstiegen hätte.[76] Der Härteausgleich kann schließlich Veranlassung geben, Freiheitsstrafen entgegen den Grundsätzen des § 39 nach Jahren, Monaten und Wochen zu bemessen (BGH NJW **1989** 236; BGH Beschlüsse v. 10.7.2013 – 2 StR 178/13 und v. 8.10.2003 – 2 StR 328/03).[77]

e) Nach der Rechtssprechung ist auch in den Fällen, in denen wegen der Zäsurwir- **35** kung früherer Urteile **mehrere Gesamtstrafen** zu bilden sind, der Gedanke des Härteausgleichs anzuwenden (BGHSt **41** 310).[78] Es ist darauf zu achten, dass das **„Gesamtstrafübel"** den Unrechts- und Schuldgehalt der Taten nicht übersteigt (BGH NStZ-RR **1996** 227).[79] Der Richter hat die Schuldangemessenheit der Summe der Gesamtstrafen zu prüfen und, falls erforderlich, die Gesamtstrafen in einem solchen Maß herabzusetzen, dass insgesamt eine gerechte Bestrafung erreicht wird; die Erwägungen hierzu hat er im Urteil darzulegen (BGH NJW **1998** 3725, 3726 zu den Darlegungsanforderungen bei besonders hoher Gesamtstrafensumme; BGH NStZ **2000** 137).[80] Dies alles gilt allerdings auch hier nur dann, wenn es erforderlich ist, solche Härten auszugleichen, die durch die Zufälligkeiten der Zäsurwirkung früherer Urteile bedingt sind. (BGH NStZ **1998** 79; BGHR

---

75 Mit Anm. *Loos* NStZ **1983** 260; *Sch/Schröder/Sternberg-Lieben/Bosch* Rdn. 31; *SSW/Eschelbach* Rdn. 20; *Fischer* Rdn. 23; kritisch *Vogt* JR **1983** 250; vgl. auch BGH bei Holtz MDR **1980** 454.

76 BGH Beschl. v. 18.8.2010 – 2 StR 231/10.

77 Mit abl. Anm. *Bringewat* JR **1989** 248; BGH NStZ **1996** 187; NStZ-RR **1996** 227; vgl. auch BGH Urt. vom 10.9.1997 – 3 StR 337/97; *Sch/Schröder/Sternberg-Lieben/Bosch* Rdn. 30; *Lackner/Kühl/Heger* Rdn. 3; *SSW/Eschelbach* Rdn. 20.

78 Mit krit. Bespr. *Peters* NStZ **1996** 382; ferner BGH JR **1988** 214 mit Anm. *Bringewat*; *SSW/Eschelbach* Rdn. 21.

79 BGH NStZ-RR **1997** 227, 228; StraFo **1997** 275; BGHR StGB § 55 Abs. 1 S. 1 Zäsurwirkung 11.

80 BGHR StGB § 55 Bemessung 1; BGH NStZ **2000** 137, 138; BGH Beschl. v. 24.7.2007 – 4 StR 237/07.

StGB § 55 Abs. 1 S. 1 Zäsurwirkung 15). Das kann etwa dann der Fall sein, wenn dem zäsurbildenden Urteil ein Berufungsverfahren von ungewöhnlich langer Dauer vorausgegangen war und das Berufungsverfahren bei normaler Verfahrensdauer vor der ersten aktuell abzuurteilende Tat abgeschlossen gewesen wäre (BGH Beschl. v. 22.7.2009 – 5 StR 243/09 = NStZ-RR **2009** 367). Die Berücksichtigung des „Gesamtstrafübels" hat nicht zur Folge, dass die Summe der Gesamtstrafen die ohne Zäsurwirkung nach § 54 Abs. 2 Satz 2 geltende Obergrenze einer Gesamtstrafe nicht übersteigen darf (BGHSt **43** 216, 218; **44** 179, 185 f).[81] Im Übrigen ist in der Rechtsprechung noch ungeklärt, wie das Spannungsverhältnis zwischen der Obergrenze des § 38 Abs. 2 für zeitige Freiheitsstrafen und der schuldangemessenen Bestrafung von Mehrfachtätern, die auch durch mehrfache (Vor-)Verurteilung nicht zu beeindrucken waren, angemessen und befriedigend gelöst werden kann.[82]

36 Ist eine zur Bewährung ausgesetzte frühere Freiheitsstrafe in eine nachträglich zu bildende Gesamtfreiheitsstrafe einzubeziehen, kommt ein *Härteausgleich* durch Minderung der Gesamtstrafe *nicht* in Betracht, wenn der Angeklagte Geldleistungen in *Erfüllung einer Bewährungsauflage* nach § 56b Abs. 2 erbracht hat. Hier greifen die speziellen Regelungen der §§ 58 Abs. 2 Satz 2, 56f Abs. 3 Satz 2 ein, wonach ein Ausgleich durch eine die Strafvollstreckung verkürzende Anrechnung auf die Gesamtfreiheitsstrafe zu bewirken ist (BGHSt **36** 378 m. Anm. *Weber* NStZ **1991** 35; BGH Besch. v. 18.2.2014 – 3 StR 442/13; BGH Beschl. v. 28.11.2017 – 5 StR 438/17).[83] Ob eine Anrechnung stattfindet, obliegt nach § 56f Abs. 3 Satz 2 StGB dem pflichtgemäßen Ermessen des Tatrichters; sie kommt nicht in Betracht, wenn der Verurteilte seine Geldleistung mit Hilfe von Vermögensdelikten erbracht hat (BGH NStZ-RR **2002** 137). Wurde für eine Ersatzfreiheitsstrafe freie Arbeit abgeleistet, so ist die Ersatzfreiheitsstrafe hierdurch erledigt (Art. 293 EGStGB), einer irgendwie gearteten Anrechnung bedarf es nicht.

Sind infolge Zäsurwirkung einer oder mehrerer früherer Verurteilungen mehrere Gesamtstrafen zu bilden, muss schon aus der Urteilsformel erkennbar sein, für welche Taten die einzelnen Rechtsfolgen festgesetzt sind, d.h. die Urteilsformel ist so zu fassen, dass erkennbar wird, welchen Taten die jeweiligen Gesamtstrafen zuzuordnen sind.[84]

37 **f)** Ist oder sind in eine nachträglich zu bildende Gesamtstrafe eine oder mehrere **lebenslange (Einzel-)Freiheitsstrafe(n)** einzubeziehen, so ist auch in diesen Fällen auf eine lebenslange Freiheitsstrafe als Gesamtstrafe zu erkennen (§§ 55 Abs. 1 Satz 1, 54 Abs. 1 Satz 1) und zugleich in zusammenfassender Gewichtung der Schuld darüber zu befinden, ob eine besondere Schuldschwere i.S.d. §§ 57b, 57a Abs. 1 Satz 1 Nr. 2 vorliegt.[85] Ist die besondere Schuldschwere schon für die einzubeziehende lebenslange Freiheitsstrafe festgestellt, so ist diese rechtskräftige Feststellung bindend (*SSW/Eschelbach* Rdn. 25; *Fischer*

---

81 Ferner BGH NStZ **2000** 84; *Fischer* Rdn. 23; *v. Heintschel-Heinegg* MK Rdn. 16; *SSW/Eschelbach* Rdn. 21.

82 Vgl. hierzu BGH Beschl. v. 28.1.1998 – 3 StR 537/97. Zur Problematik der „doppelten Gesamtstrafe" im Übrigen *Sacksofsky* NJW **1963** 894; *Bender* NJW **1964** 804; *Bringewat* Gesamtstrafe Rdn. 225 f; *Frister* NK Rdn. 34 f; vgl. auch BGHSt **33** 367, 368. Einige Stimmen in der Literatur plädieren dafür, in den Fällen, in denen die kumulative Vollstreckung mehrerer Strafen dazu führt, dass bereits $^2/_3$ der Vollstreckungszeit 15 Jahre überschreiten § 57a entsprechend anzuwenden vgl. *Frister* NK Rdn. 34; *v. Heintschel-Heinegg* MK Rdn. 4.

83 Ferner BGHR StGB § 58 Abs. 2 S. 2 Anrechnung 3; BGH NStZ-RR **1996** 291; *SSW/Eschelbach* Rdn. 22; anders noch BGHSt **33** 326 m. Anm. *Stree* NStZ **1986** 163.

84 BGH Beschlüsse v. 24.7.2007 – 4 StR 237/07, v. 9.1.2008 – 2 StR 531/07 und v. 11.6.2008 – 2 StR 13/08; vgl. auch *Meyer-Goßner/Appl*, Die Urteile in Strafsachen[29] Rdn. 83.

85 Vgl. zur besonders schweren Schuld bei lebenslanger Freiheitsstrafe BVerfGE **86** 288; BGHSt **40** 360; zur Gesamtstrafenbildung siehe ferner § 54 Rdn. 5.

§ 57b Rdn. 4a), die Schuldschwere kann durch die hinzukommenden neuen Taten aber erhöht werden. War für die einzubeziehende lebenslange Freiheitsstrafe die besondere Schuldschwere noch nicht festgestellt, so kann die zusammenfassende Würdigung (vgl. hierzu *Gribbohm* LK[11] § 57b Rdn. 10) mit den nunmehr neu abzuurteilenden Taten zur Annahme der besonders schweren Schuld führen (*Sch/Schröder/Sternberg-Lieben/Bosch* Rdn. 39a; *Lackner/Kühl/Heger* § 57b Rdn. 4; *SSW/Eschelbach* Rdn. 25). Ob sinngemäß stets dasselbe für die nachträgliche Gesamtstrafenbildung nach § 460 StPO gelten muss (*Lackner/Kühl/Heger* § 57b Rdn. 4; *Gribbohm* LK[11] § 57b Rdn. 12; *Hubrach* LK[12] § 57b Rdn. 6), erscheint zweifelhaft, weil der vom BVerfG in seiner Entscheidung vom 3. Juni 1992 zu § 57a Abs. 1 Nr. 2, § 57b (BVerfGE **86** 288) bemühte Gedanke der Sachnähe des Tatsachenrichters nur in den Fällen gewahrt bleibt, in denen der Tatrichter die Feststellung der besonders schweren Schuld nur in den Urteilsgründen getroffen, nicht aber in den Urteilstenor aufgenommen hat, wie es seit BGHSt **39** 121 notwendig ist.[86]

2. Ist aus mehreren Geldstrafen eine **Gesamtgeldstrafe** zu bilden, so wird bei glei- **38**
cher Tagessatzhöhe lediglich die Zahl der Tagessätze der höchsten Einzelstrafe erhöht. Damit ist dem Erhöhungsgebot des § 54 Abs. 1 S. 2 genügt. Schwierigkeiten entstehen dann, wenn die Tagessätze bei den einzelnen Geldstrafen *unterschiedlich* hoch sind. Das ist bei der nachträglichen Gesamtstrafenbildung nicht selten der Fall, da sich wegen der oft längeren Zeitspannen zwischen den einzelnen Verurteilungen die wirtschaftlichen Verhältnisse des Täters verschlechtert oder verbessert haben können. Nach der Einführung des Tagessatzsystems für Geldstrafen am 1.1.1975 durch das 2. StrRG entstand ein lebhafter dogmatischer Streit über die systematische Einordnung des neuen Geldstrafensystems und seine Auswirkungen im Rahmen der Gesamtstrafenregelung der §§ 54, 55.[87] Streitig war und ist es auch heute noch teilweise, ob diese „Geldstrafe" systematisch nur die Tagessatzanzahl oder aber – zumindest auch – das Produkt aus Anzahl und Höhe der Tagessätze ist und welche Kriterien für die Bestimmung der Einsatzstrafe und für die Anwendung des Erhöhungsgebots des § 54 Abs. 1 S. 2 maßgeblich sind. Das Gesetz hat dieses Problem nicht bedacht. In derartigen Fällen besteht zwischen § 54 und § 40 Abs. 2 ein unauflöslicher Konflikt.[88]

Die Regelung in § 54 Abs. 1 Satz 2 und Abs. 2 Satz 1, wonach bei der Bemessung der **39**
Gesamtstrafe die Einsatzstrafe zu erhöhen ist, aber die Summe der Einzelstrafen nicht erreicht werden darf, ist hinsichtlich der Tagessatzanzahl einer Geldstrafe unproblematisch. Nach § 40 Abs. 2 ist für die Bestimmung der Höhe der einzelnen Tagessätze auf die persönlichen und wirtschaftlichen Verhältnisse des Täters zur Zeit der Entscheidung abzustellen, mithin auf den Zeitpunkt der – nachträglichen – Gesamtstrafenbildung (*Lackner/Kühl/Heger* Rdn. 12; *Sch/Schröder/Sternberg-Lieben/Bosch* Rdn. 37a). Haben sich gemessen an dem Zeitpunkt, zu dem eine rechtskräftige gesamtstrafenfähige Vorverurteilung ergangen ist, die Verhältnisse des Täters verbessert oder verschlechtert, wäre an sich für die nachträglich zu bildende Gesamtgeldstrafe entweder ein höherer oder ein niedrigerer Tagessatz angemessen. Umstritten war aber, ob und gegebenenfalls welche Auswirkungen die Höhe der rechtskräftig festgesetzten Tagessatzhöhen einer einzubeziehenden früheren Geldstrafe auf die Neufestsetzung der Gesamtgeldstrafe haben kann

86 So wohl auch OLG Hamm NStZ **1996** 301, 302.
87 Vgl. *Grebing* JZ **1976** 745; *Horn* JR **1977** 95 ff und 336 ff; *Meyer* NJW **1977** 2322; *Regel* MDR **1977** 447; *Roos* NJW **1976** 1483; *Tröndle* LK[10] § 40 Rdn. 71 ff; *Vogler* LK[10] § 55 Rdn. 27 ff; *ders.* JR **1978** 353; *Vogt* NJW **1981** 899.
88 Ebenso BGHSt **27** 359, 361; *Lackner/Kühl/Heger* Rdn. 12; *Fischer* Rdn. 25; *Jäger* SK Rdn. 36; **aA** *Frister* NK Rdn. 48 ff.

oder muss; streitig war insbesondere, ob auch das Produkt aus Tagessatzanzahl und -höhe für die Bemessung der nachträglich zu bildenden Gesamtgeldstrafe von Bedeutung ist (vgl. *Horn* JR **1977** 97 und 336; *Vogt* NJW **1981** 899; *Sch/Schröder/Sternberg-Lieben/Bosch* Rdn. 37a).[89]

40 Dieser Meinungsstreit ist für die Praxis durch die Entscheidung der Rechtsprechung in BGHSt **27** 359 und **28** 360 gegen eine gesplittete Tagessatzhöhe innerhalb einer einzigen Gesamtgeldstrafe gelöst.[90] Die Rechtsprechung des BGH geht von dem Grundsatz aus, dass die Geldstrafe ihren Ausdruck nicht ausschließlich in der Anzahl der Tagessätze findet, sondern auch durch ihren jeweiligen Geldstrafenendbetrag gekennzeichnet ist, da die Geldsumme und nicht der jeweilige Faktor Tagessatzanzahl bei natürlicher, an dem von dem Verurteilten empfundenen Strafübel orientierter Betrachtungsweise die Geldstrafe darstellt (BGHSt **27** 359, 361, 363).[91] Danach sind sowohl die durch die höchste Tagessatzanzahl bestimmte Einsatzstrafe als auch das Produkt aus Anzahl und Höhe der Tagessätze mit Blick auf § 54 Abs. 1 Satz 2 und Abs. 2 Satz 1 zu beachten, d.h. die in § 54 Abs. 1 S. 2 vorgeschriebene Erhöhung der Einsatzstrafe ist deshalb nicht nur auf die Anzahl der Tagessätze zu beziehen, sondern kann letztlich nur dadurch gewahrt werden, dass auch die Endsumme der Gesamtgeldstrafe dem Asperationsprinzip unterfällt, womit sie höher sein muss als der entsprechende Endbetrag aus der früheren Verurteilung (*SSW/Eschelbach* Rdn. 27). Andererseits muss aber auch die Grenze des § 54 Abs. 2 Satz 1 beachtet werden, so dass die Endsumme der Gesamtgeldstrafe hinter der Summe aus der Gesamtheit der Einzelstrafen zurück zu bleiben hat.

41 Zwar ist auch nach dieser Lösung für die Beurteilung der Verhältnisse des Täters nach § 40 Abs. 2 auf den Zeitpunkt der – nachträglichen – Gesamtstrafenbildung abzustellen. § 40 Abs. 2 kann jedoch nur in dem von § 54 Abs. 1 Satz 2 und Abs. 2 Satz 1 abgesteckten Strafzumessungsrahmen Rechnung getragen werden;[92] innerhalb dieses Rahmens ist unter weitestgehender Beachtung der aktuellen wirtschaftlichen Verhältnisse ein einheitlicher Tagessatz festzusetzen.[93] Im Falle der *Verschlechterung* der Verhältnisse des Täters ist nach angemessener Erhöhung der Tagessatzanzahl der Einsatzstrafe die Höhe des Tagessatzes gemäß § 40 Abs. 2 anhand der aktuellen Verhältnisse zu bestimmen und dann so zu korrigieren, dass das aus ihr und der Anzahl der Tagessätze der Gesamtstrafe gebildete Produkt den Endbetrag sowohl der Einsatzstrafe als auch jeder anderen in die Gesamtstrafe einbezogenen Einzelstrafe überschreitet (BGHSt **27** 359, 365).[94] Haben sich die *Verhältnisse* des Täters gegenüber den Verhältnissen zur Zeit der einzubeziehenden früheren Geldstrafe *verbessert*, so ist ebenfalls zunächst die Anzahl der Tagessätze der Einsatzstrafe zu erhöhen, die aktuell angemessene Tagesatzhöhe ist dann aber, um § 54 Abs. 2 Satz 1 Rechnung zu tragen, so zu ermäßigen, wie es unumgänglich ist, damit die Endsumme der Gesamtgeldstrafe hinter der Summe der Einzelstrafen zurückbleibt und diese nicht erreicht oder gar übersteigt (BGHSt **28** 360, 363f; OLG Frankfurt NStZ-RR **1997** 264).[95]

---

89 Näher dazu Vorauflage LK[11] Rdn. 37–40.

90 Anders aber noch *Frister* NK Rdn. 51.

91 Zustimmend *Bringewat* Gesamtstrafe Rdn. 297 ff; *ders.* NStZ **1988** 73; *Lackner/Kühl/Heger* Rdn. 12 f; *Fischer* Rdn. 25; *SSW/Eschelbach* Rdn. 27; *Tröndle* LK[10] § 40 Rdn. 72 ff; *Vogt* NJW **1981** 899.

92 Vgl. BayObLG JR **1977** 335, 336; *Bringewat* Gesamtstrafe Rdn. 291.

93 *Bringewat* Gesamtstrafe Rdn. 296 ff; *Fischer* Rdn. 25.

94 Ebenso *Lackner/Kühl/Heger* Rdn. 12; Fischer Rdn. 26; *SSW/Eschelbach* Rdn. 27.

95 Ebenso *Lackner/Kühl/Heger* Rdn. 13; *Fischer* Rdn. 27.

Sind auf die einbezogenen Geldstrafen bereits Teilleistungen erbracht worden, so erfolgt die Anrechnung der Zahlungen auf die Geldstrafe nach dem Maßstab des früheren Urteils (BGHSt **28** 360, 364).[96] 42

3. Grundsätzlich ist **eine Gesamtstrafe mit** einer früher ausgesprochenen **Jugendstrafe** nicht zulässig (BGH NStZ-RR **2007** 168f; **2008**, 388);[97] dies gilt auch für den Fortbestand von Maßregeln der Sicherung und Besserung, die mit einer früheren Verurteilung verhängt wurden, sie sind dem Zugriff des später entscheidenden Gerichts entzogen.[98] Eine Gesamtstrafenbildung ist auch dann nicht möglich, wenn gemäß § 89b Abs. 1 JGG der Vollzug der Jugendstrafe nach den Vorschriften des Strafvollzugs für Erwachsene angeordnet wurde, (*Sch/Schröder/Sternberg-Lieben*[27] Rdn. 34; anders LG Braunschweig MDR **1965** 594; *Jäger* SK Rdn. 8). In diesem Fall ist ein Ausgleich bei der Strafzumessung zu schaffen, und zwar bei der Festsetzung der Einzelstrafe für die jetzt abzuurteilende Tat, bei mehreren Taten bei der Gesamtstrafe;[99] es ist jedoch nur die durch die Schwere der Erwachsenenstraftat nicht begründete Härte auszugleichen (BGHSt **36** 294, 297f). Nach der Rechtsprechung kann analog § 32 JGG i. V. m. § 105 JGG bei der Aburteilung von Straftaten eines Heranwachsenden in eine einheitliche Jugendstrafe eine Verurteilung zu einer Freiheitsstrafe einbezogen werden, die wegen einer Tat verhängt worden ist, die der Täter *später*, und zwar *als Erwachsener*, begangen hat (BGHSt **37** 34);[100] Voraussetzung ist jedoch, dass die nach § 32 JGG vorzunehmende Neubewertung aller Straftaten ergibt, dass das Schwergewicht bei den Taten liegt, die nach Jugendrecht zu beurteilen sind. Entsprechend findet das allgemeine Strafrecht Anwendung, wenn das Schwergewicht nicht bei der nach Jugendrecht zu beurteilenden Straftat liegt (BGH NJW **1994** 744); das führt, sofern nicht von § 31 Abs. 3 Satz 1 i.V.m. § 105 Abs. 2 JGG Gebrauch gemacht wird, zur Bildung einer Gesamtstrafe nach § 55 (BGHSt **40** 1, 2f).[101] 43

4. Das **Verbot der reformatio in peius (§ 358 Abs. 2 StPO)** gilt auch bei § 55. Jedoch ist zu unterscheiden: Die Anwendung des § 55 ist nicht deshalb ausgeschlossen, weil die Gesamtstrafenbildung für den Täter ungünstig ist, wenn z.B. die Strafaussetzung zur Bewährung durch sie gegenstandslos wird (BGH StV **2016** 562 f)[102] – dies folgt schon aus § 58 Abs. 2 Satz 2[103] – oder eine höhere Gesamtfreiheitsstrafe durch Einbeziehung 44

---

96 Auf Vorlegungsbeschluss des BayObLG MDR **1978** 1043; kritisch zu diesem Anrechnungsmodus *Lackner/Kühl/Heger* Rdn. 14; *Sch/Schröder/Sternberg-Lieben/Bosch* Rdn. 37a; zu den Anrechnungsproblemen ferner LG Konstanz MDR **1991** 171 mit Anm. *Tulatz* und Anm. *Hamann* Rpfleger **1990** 221; LG Hildesheim NStZ **1991** 136 mit kritischer Anm. *Meyer-Goßner* NStZ **1991** 434; *Siggelkow* Rpfleger **1994** 93 und 285.

97 BGHSt **10** 100, 103; **14** 287; **27** 295, 296; **36** 270, 275ff mit Anm. *Böhm/Büch-Schmitz* NStZ **1991** 131 und Bespr. *Bringewat* JuS **1991** 24; BGHSt **36** 294, 295 m. Anm. *Brunner* JR **1990** 524; BGH NStZ **1987** 24; BGHR JGG § 32 Aburteilung, getrennte 2; OLG Schleswig NStZ **1987** 225f mit Anm. *Knüllig-Dingeldey*; ebenso *v. Heintschel-Heinegg* MK Rdn. 32f; *Sch/Schröder/Sternberg-Lieben/Bosch* Rdn. 34; *Jäger* SK Rdn. 8; *Arnoldi/Rutkowski* NStZ **2011** 493, 496; **aA** *Frister* NK Rdn. 27f; *Ostendorf* JGG § 32 Rdn. 8; *Schoreit* NStZ **1989** 461, 462f und ZRP **1990** 175, 177.

98 BGH StV **2016** 717f.

99 BGHSt **43** 79, 80; BGH NStZ-RR **2007** 168; **2008** 388; *Fischer* Rdn. 4; *Sch/Schröder/Sternberg-Lieben/Bosch* Rdn. 34.

100 Mit Anm. *Eisenberg* JR **1990** 483 und Anm. *Ostendorf* NStZ **1991** 185; *Sch/Schröder/Sternberg-Lieben/Bosch* Rdn. 34.

101 Unter Berufung auf *Eisenberg* JGG § 105 Rdn. 44b; *Jäger* SK Rdn. 8; BGH Beschl. v. 23.1.1997 – 5 StR 638/96.

102 BGHSt **7** 180, 185; **36** 378; BGH NStZ **1993** 235; *Frister* NK Rdn. 38; *v. Heintschel-Heinegg* MK Rdn. 35; *Lackner/Kühl/Heger* Rdn. 10; *Jäger* SK Rdn. 33.

103 *Sch/Schröder/Sternberg-Lieben/Bosch* Rdn. 44; *v. Heintschel-Heinegg* MK Rdn. 41.

einer Geldstrafe zu bilden ist (BGHSt **35** 208).[104] Dies sind notwendige Folgen einer gesetzeskonformen nachträglichen Gesamtstrafenbildung, die für sich genommen kein ungeschriebenes „Verschlechterungsverbot" beinhaltet. Erbrachte Leistungen auf Bewährungsauflagen sind nach § 58 Abs. 2 Satz 2 i.V.m. § 56f Abs. 3 schon bei der Gesamtstrafenbildung anzurechnen (BGHSt **36** 378).[105]

44a Hat der erste Richter aber aus einer Freiheitsstrafe und aus einer Geldstrafe gemäß § 53 Abs. 2 Satz 2 bewusst keine Gesamtstrafe gebildet oder hat der Täter durch einen rechtskräftigen Strafausspruch einen über das in §§ 53 bis 55 vorgesehene Maß – infolge fehlerhafter Anwendung dieser Vorschriften – hinausgehenden sonstigen Vorteil erlangt, so ist dies bei der neuen Gesamtstrafe zu seinen Gunsten zu berücksichtigen (BGH NStZ-RR **2016** 275, 276).[106] Wird eine fehlerhafte Gesamtstrafe allein aufgrund eines Rechtsmittels des Angeklagten aufgehoben, darf eine eventuell neu zu bildenden Gesamtstrafe – gleich, wie viele Einzelstrafen jetzt einbezogen werden müssen – allenfalls so hoch bemessen werden, dass sie die frühere (fehlerhafte) Gesamtstrafe nicht übersteigt (BGH NJW **1991** 1763, 1764; BGH NStZ-RR **2012** 170). Das gilt auch, wenn sich in der neuen Hauptverhandlung die Notwendigkeit ergibt, unter Auflösung einer anderweitig erkannten Gesamtstrafe deren Einzelstrafen in das Urteil einzubeziehen; die neue Gesamtstrafe darf dann nicht höher sein, als die Summe der aufgehobenen und der aufgelösten Gesamtstrafe, weil dem Angeklagten sonst Vorteile aus der aufgehobenen Gesamtstrafe genommen würden (BGHSt **15** 164f). Der **früheren Gesamtstrafe** kommt insoweit eine **strafmaßbegrenzende Funktion** zu (BGHR StGB § 55 Abs. 1 S. 1 Härteausgleich 11). Hat der Verurteilte vor dem neuen Urteil eine von zwei Einzelstrafen der früheren Gesamtstrafe verbüßt, so darf die andere Einzelstrafe nicht mehr höher bemessen werden als die aufgehobene Gesamtstrafe abzüglich der bereits verbüßten Strafe (BGHSt **12** 94; BayObLG NJW **1958** 1406). U.U. kann nach diesen Grundsätzen eine Gesamtstrafe ergehen, die das durch § 54 Abs. 1 Satz 2 festgelegte Mindestmaß unterschreitet.[107] Das Verbot der reformatio in peius geht insoweit dem sachlichen Recht vor.

45 Dagegen hindert das Verbot der reformatio in peius nicht, eine Gesamtstrafenbildung im Instanzenzug durch das Berufungsgericht oder nach Aufhebung und Zurückverweisung durch das Revisionsgericht nachzuholen, wenn die Einbeziehung einer früheren Verurteilung versehentlich unterblieben ist, auch wenn dann die Gesamtstrafe höher oder nach der Strafart schwerer ist als die Strafe des angefochtenen Urteils. Denn der Grundsatz der reformatio in peius greift nur ein, wenn der frühere Richter eine Rechtsfolge festgesetzt hat, die durch die neue Entscheidung verschärft werden kann. Fehlt es aber an einer bewusst getroffenen Rechtsfolgenentscheidung, weil der frühere Richter eine gesamtstrafenfähige Verurteilung nicht gekannt oder die Möglichkeit der Bildung einer Gesamtstrafe fehlerhaft nicht erkannt hat, so liegt keine Entscheidung vor, die zum Nachteil des Angeklagten geändert würde (*Frister* NK Rdn. 40; *Sch/Schröder/Sternberg-Lieben/Bosch* Rdn. 42; *SSW/Eschelbach* Rdn. 31); deshalb kann z. B. das Berufungsgericht § 55 erstmals anwenden, auch wenn das für den Angeklagten nachteilig ist

---

104 Ebenso BGH NStZ-RR **1997** 228; *Bringewat* StV **1993** 47; *Gollwitzer* JR **1983** 165; *Frister* NK Rdn. 39; *Lackner/Kühl/Heger* Rdn. 10.

105 Vgl. hierzu auch oben Rdn. 36; siehe auch BGH Beschl. v. 27.7.2011 – 4 StR 306/11.

106 BGHSt **8** 203, 205; **35** 208, 212; BGH bei Holtz MDR **1977** 109; BGH NStZ **1998** 34; BGHR StGB § 55 Abs. 1 S. 1 Geldstrafe 3; BayObLG NJW **1971** 1193 und MDR **1975** 161; OLG Hamm MDR **1972** 162 und GA **1976** 58; OLG Düsseldorf StV **1993** 31, 34 mit Bespr. *Bringewat* StV **1993** 49 und OLG Düsseldorf mit Anm. *Bringewat* JR **2001** 477; *Frister* NK Rdn. 39; *SSW/Eschelbach* Rdn: 32.

107 BGHSt **8** 203, 205; OLG Saarbrücken MDR **1970** 65; BayObLG NJW **1971** 1193, 1194; OLG Hamm GA **1976** 58, 59; *Sch/Schröder/Sternberg-Lieben/Bosch* Rdn. 42.

(BGHSt **35** 208, 212; OLG Hamm NStZ-RR **2008** 235, 236);[108] das gilt unabhängig davon, ob der erste Richter auf eine Geldstrafe oder auf eine Freiheitsstrafe erkannt hat (OLG Hamm NStZ **1987** 557; **aA** OLG Karlsruhe NStZ **1983** 137 mit abl. Anm. *Ruß* und abl. Bespr. *Gollwitzer* JR **1983** 165).[109] Zu beachten ist aber stets, dass die Gesamtstrafenbildung nach Aufhebung und Zurückverweisung durch das Revisionsgericht immer nach Maßgabe der *Vollstreckungssituation zum Zeitpunkt der ersten Tatsachenverhandlung* vorgenommen werden muss, so dass vom neuen Tatrichter weiterhin auch zwischenzeitlich erledigte Strafen einzubeziehen sind (st. Rspr.: BGH NStZ **2001** 645; NStZ-RR **2010** 106; **2011** 306; BGH Beschlüsse v. 20.10.2004 – 2 StR 408/04 und v. 22.7.2009 – 2 StR 191/09), da dem Angeklagten einerseits ein erlangter Rechtsvorteil nicht genommen, andererseits er aber auch nicht unberechtigt bevorzugt werden darf (*Fischer* Rdn. 37).

IV. Anwendungspflicht

Unter den Voraussetzungen des § 55 ist die nachträgliche Bildung einer Gesamtstrafe sachlich-rechtlich *zwingend* geboten, ihre Festsetzung darf nicht dem Verfahren nach §§ 460ff StPO überlassen werden (st. Rspr.; BGHSt **12** 1, 5f; BGH NStZ-RR **2008** 73; **2013** 7). Das gilt auch für die Entscheidung über die aus mehreren Geldstrafen zu bildende Gesamtgeldstrafe, wenn der Richter gemäß § 53 Abs. 2 Satz 2 davon absieht, die verwirkten Geldstrafen in die Freiheitsstrafe einzubeziehen (BGHSt **25** 382). Das Verfahren nach § 55 bietet auf Grund der Hauptverhandlung und des darin gewonnenen Eindrucks von der Persönlichkeit des Angeklagten grundsätzlich bessere Erkenntnismöglichkeiten für die Strafzumessung als das Beschlussverfahren (vgl. *Sch/Schröder/Sternberg-Lieben/Bosch* Rdn. 72).[110] Dennoch hat der Gesetzgeber mit § 354 Abs. 1b StPO in der Fassung des Ersten Justizmodernisierungsgesetzes vom 30. August 2004 (BGBl. I S. 2198ff) nunmehr aus – von BGHSt **12** 1 noch für nachrangig erachteten – Zweckmäßigkeitserwägungen für das Revisionsgericht die Möglichkeit vorgesehen, ein Urteil, das sich in der Frage der Gesamtstrafenbildung als fehlerhaft erwiesen hat, in diesem Umfang zwar aufzuheben, dies aber mit der Maßgabe, dass eine nachträgliche gerichtliche Entscheidung über die Gesamtstrafe nach §§ 460, 462 StPO zu treffen ist (näher dazu unten Rdn. 61ff). **46**

Ausgehend vom Grundsatz der zwingenden Anwendung des § 55 StGB hat der Tatrichter immer dann, wenn eine nachträgliche Gesamtstrafenbildung in Betracht kommt, die hierfür maßgeblichen Umstände der Vorverurteilungen in den **Urteilsgründen** darzustellen, d.h. Urteilsdatum und das Datum seiner Rechtkraft, die Tatzeiten der abgeurteilten Einzeltaten, der Vollstreckungsstand der für eine mögliche Gesamtstrafenbildung in Betracht kommen Strafen, sowie Höhe und wesentliche Zumessungsgründe der Einzelstrafen sind mitzuteilen (BGH NStZ-RR **2011** 307; BGH Beschlüsse v. 8.2.2011 – 4 StR 658/10 und v. 9.4.2019 – 2 StR 24/19, dort Rdn. 11).[111] **46a**

Von dem Grundsatz des Vorrangs des § 55 hatte allerdings schon das Reichsgericht und ihm folgend der BGH **Ausnahmen** zugelassen: Findet das Gericht keine sichere tatsächliche Grundlage für die Anwendung des § 55, ohne hierzu notwendig noch weitere, mit erheblichem Zeitaufwand verbundene Ermittlungen vorzunehmen, z.B. wenn zu **47**

---

108 Mit zust. Anm. *Böttcher* JR **1989** 205 und Bespr. *Bringewat* JuS **1989** 527; zustimmend auch *Bringewat* JR **2001** 478, 479; *Lackner/Kühl/Heger* Rdn. 10; *v. Heintschel-Heinegg* MK Rdn. 39 f; *Fischer* Rdn. 20. Vgl. auch BGHSt **35** 243, 245 m. krit. Anm. *Stree* JR **1988** 517.

109 Ablehnend ferner *Frister* NK Rdn. 40 f; *Sch/Schröder/Sternberg-Lieben/Bosch* Rdn. 42.

110 BGHSt **12** 1, 6; BGHSt **25** 382, 383 mit Anm. *Küper* NJW **1975** 547; kritisch *Fitzner* NJW **1966** 1206; ferner BGHSt **35** 208, 215.

111 Vgl. auch BGH Beschl.v. 11.1.2011 – 4 StR 450/10 Rdn. 6; *Fischer* Rdn. 34 jeweils m.w.N.

klären ist, ob der Grundsatz der Spezialität der Einbeziehung einer früher verhängten Strafe in die mit ihr nachträglich zu bildende Gesamtstrafe entgegensteht (BGH Beschl. v. 27.7.2011 – 4 StR 303/11 = NStZ **2012** 100) oder weil die Vorstrafakten fehlen und ohne Vertagung nicht zu beschaffen sind (BGH NStZ **2005** 22), so kann es, falls nicht mangelnde Terminvorbereitung dafür verantwortlich ist (OLG Köln StraFo **2006** 119), statt die Hauptverhandlung auszusetzen, die Bildung der Gesamtstrafe dem Beschlussverfahren nach § 460 StPO vorbehalten.[112] Führt aber die Verweisung auf das Nachtragsverfahren in der Berufungsinstanz zu einer Schlechterstellung des Angeklagten, so darf nach OLG Hamburg NStZ **1994** 508 die Gesamtstrafenbildung nicht dem Verfahren nach § 460 StPO überlassen bleiben. Das Zuwarten auf das Verfahren nach § 460 StPO kann aus Gründen prozessualer Zweckmäßigkeit ferner dann zulässig sein, wenn das zur Gesamtstrafenbildung heranzuziehende frühere Urteil zwar durch Fristablauf rechtskräftig geworden ist, der Angeklagte aber mit Aussicht auf Erfolg um Wiedereinsetzung in den vorigen Stand gegen die Versäumung der Rechtsmittelfrist nachgesucht hat (BGHSt **23** 98, 101 mit Anm. *Küper* MDR **1970** 885; BGHR StGB § 55 Abs. 1 Satz 1 Anwendungspflicht 2). Der Antrag auf Wiederaufnahme des Verfahrens, durch den die Vollstreckung des Urteils nicht gehemmt wird (§ 360 Abs. 1 StPO), hindert jedoch die Einbeziehung nicht (BGH NJW **1978** 384). Von der Bildung einer nachträglichen Gesamtstrafe kann aber dann abgesehen werden, wenn diese wegen einer alsbald zu erwartenden weiteren Gesamtstrafenbildung nach einer weiteren Hauptverhandlung in einem anderen Verfahren vorhersehbar keinen Bestand haben wird (BGH NJW **1997** 2892; StV **1999** 599); zum Teil wird auch vertreten, dass dies schon nach der Zulassung eines Wiederaufnahmeantrags zum Probationsverfahren anzunehmen sei, weil damit bereits die entscheidende Hürde des Wiederaufnahmeverfahrens genommen wurde, so dass die Zurückstellung der Gesamtstrafenbildung geboten erscheine.[113]

48 Die **Verletzung des § 55 begründet die Revision,** die sich auf diesen Verstoß beschränken kann.[114] Das Unterlassen einer Gesamtstrafenbildung kann weder mit der fehlenden Warnfunktion einer Vorverurteilung (BGHR StGB § 55 Abs. S. 1 Anwendungspflicht 1) noch mit einem bereits früher gewährten Härteausgleich gerechtfertigt werden (BGH NStZ **1994** 582). Werden die Voraussetzungen des § 55 verkannt oder bei einer in Betracht kommender Anwendbarkeit des § 55 die für Überprüfung notwendigen Umstände (siehe dazu oben Rdn. 46) nicht oder nicht erschöpfend mitgeteilt, so unterliegt das Urteil insoweit auf die **Sachrüge** hin der Aufhebung, es sei denn das Revisionsgericht kann ein Beruhen des Gesamtstrafenausspruchs auf der rechtsfehlerhaften Behandlung des § 55 ausschließen (*Fischer* Rdn. 34; zu einer fehlenden Beschwer des Angeklagten bei einem Verstoß gegen § 55 vgl. BGH NStZ-RR **2006** 232).

V. Nebenstrafen, Nebenfolgen, Maßnahmen

49 **Nebenstrafen, Nebenfolgen, Maßnahmen (§ 11 Abs. 1 Nr. 8)** sind stets *neben* der *Gesamtstrafe* und unter Einhaltung ihrer Höchstgrenzen anzuordnen.

---

112 RGSt **34** 267, 268; **37** 284; BGHSt **12** 1, 10; BGHSt **23** 98, 99 mit Anm. *Küper* MDR **1970** 885; BGH bei *Holtz* MDR **1980** 454; OLG Köln MDR **1983** 423; OLG Celle NdsRpfl. **1993** 165; *Lackner/Kühl/Heger* Rdn. 15; *Sch/Schröder/Sternberg-Lieben/Bosch* Rdn. 72; *Fischer* Rdn. 35.

113 *SSW/Eschelbach* Rdn. 15.

114 BGHSt **12** 1; BGH StV **1983** 60; NStZ **2003** 200, 201; *Lackner/Kühl/Heger* Rdn. 15; *Fischer* Rdn. 34; *Sch/Schröder/Sternberg-Lieben/Bosch* Rdn. 73.

1. Dieser allgemeine Grundsatz gilt auch für § 55. Anders als nach der Rechtslage vor dem 1. StrRG, nach der die Nebenstrafen usw. in dem die Gesamtstrafe bildenden Urteil nicht „aufrechterhalten" werden durften, sondern neu festzusetzen waren (BGHSt **7** 180, 182; **14** 381, 383), bestimmt § 55 Abs. 2 nunmehr, dass Nebenstrafen, Nebenfolgen und Maßnahmen, auf die in der früheren Entscheidung erkannt war, **„aufrechtzuerhalten"** sind, soweit sie nicht durch die neue Entscheidung gegenstandslos werden. Damit weicht das geltende Recht konstruktiv von der früheren Handhabung ab. Aus dem Gebot der „Aufrechterhaltung" folgt ebenso wie schon aus § 53 Abs. 3 i.V.m. § 52 Abs. 4, dass die Nebenfolgen als Bestandteile der Einzelstrafen anzusehen sind, die wie diese weiter gelten; sie erscheinen nicht mehr, wie früher bei der erforderlichen „Neufestsetzung", als Bestandteile der einheitlichen Gesamtstrafe (BGH NJW **1979** 2113).[115] Der Gesamtstrafenrichter ist daher an die frühere Entscheidung nicht nur hinsichtlich der Einzelstrafen, sondern auch insoweit gebunden, als er eine mit ihnen im Zusammenhang stehende und noch nicht erledigte Rechtsfolge aufrechterhalten muss (BGHSt **30** 305; BGH NStZ **1992** 231; NJW **1997** 875, 876; **2000** 3654). 50

In dem Umfang, in dem frühere Nebenstrafen usw. aufrechtzuerhalten sind, ist dem Gesamtstrafenrichter ein Eingriff in die Rechtskraft des früheren Urteils verwehrt (BGHSt **42** 306, 307). Die Milderung einer früher verhängten Nebenstrafe usw. ist nicht ohne Eingriff in die Feststellungen des früheren Urteils denkbar und scheidet daher aus.[116] Aufrechterhalten der Nebenstrafen usw. ist im *Tenor* des Gesamtstrafenurteils ausdrücklich auszusprechen (BGH NJW **1979** 2113, 2114; BGH Beschl. v. 4.11.1993 – 1 StR 598/93). Sie bestehen mit **dem Inhalt fort**, den sie nach der früheren Entscheidung hatten. In diesem Fall kommt ein bereits abgelaufener Teil einer befristeten Maßnahme – etwa eine Sperrfrist nach § 69a – dem Angeklagten zugute (BGH NStZ **1992** 231; NStZ-RR **2004** 247f; BGH Beschl. v. 14.2.2008 – 1 StR 542/07; *Lackner/Kühl/Heger* Rdn. 18; *Fischer* Rdn. 29 und 32f; *SSW/Eschelbach* Rdn. 33). 51

Eine einheitliche Entscheidung über Nebenstrafen scheidet dann aus, wenn aus den Hauptstrafen *keine* Gesamtstrafe gebildet wird, sondern auf sie – etwa bei Geldstrafe neben Freiheitsstrafe nach § 53 Abs. 2 Satz 2 – gesondert, d.h. nebeneinander erkannt wird.[117] Zwar ist auch eine derartige Ermessensausübung Teil der Gesamtstrafenentscheidung, jedoch fehlt es an der Notwendigkeit einer einheitlichen Entscheidung über Nebenfolgen. Würde dies zu Härten infolge Kumulierung mehrerer Nebenstrafen, z. B. mehrere Fahrverbote, führen, ist dies ein Umstand, der bei der Prüfung, ob eine Gesamtstrafe gebildet werden soll, Berücksichtigung finden muss. Wird aus Strafzumessungsgründen von der Gesamtstrafenbildung abgesehen, bleiben noch nicht erledigte Nebenfolgen Teil der zwar gesamtstrafenfähigen, aber gerade nicht einbezogenen früheren Strafe. Nebenstrafen usw. aus dem früheren Urteil sind auch dann nicht einheitlich anzuordnen bzw. aufrechtzuerhalten, wenn nur sie unerledigt sind, für die Hauptstrafe die 52

---

115 Vgl. hierzu *Sch/Schröder/Sternberg-Lieben/Bosch* Rdn. 59; *Lackner/Kühl/Heger* Rdn. 17; *Fischer* Rdn. 29; *SSW/Eschelbach* Rdn. 33.

116 *Frister* NK Rdn. 53f; *SSW/Eschelbach* Rdn. 33; etwas einschränkend *Sch/Schröder/Sternberg-Lieben/Bosch* Rdn. 57; BGHR StGB § 55 Abs. 2 Aufrechterhalten 7; BGH, Urt. vom 25.11.2004 – 2 StR 315/04; Diesem Grundsatz entsprach die durch die Entscheidung des BVerfG zur Verfassungswidrigkeit der Vermögensstrafe überflüssig gewordene Regelung des § 55 Abs. 2 S. 2 a.F., die ausdrücklich klarstellte, dass eine Vermögensstrafe auch dann aufrechtzuerhalten ist, wenn ihre in der einzubeziehenden Entscheidung festgesetzte Höhe den Wert des Tätervermögens zum Zeitpunkt der nachträglichen Gesamtstrafenbildung übersteigt, BT-Drucks. 11/5461 S. 8.

117 Ebenso *v. Heintschel-Heinegg* MK Rdn. 45; *Fischer* Rdn. 29; *Bringewat* Gesamtstrafe Rdn. 302; **aA** *Frister* NK Rdn. 56; *Sch/Schröder/Sternberg-Lieben/Bosch* Rdn. 53.

Anwendung des § 55 aber wegen ihrer Erledigung ausscheidet.[118] Jedoch ist gegebenenfalls eine noch zu vollstreckende Dauer der früheren Nebenstrafe auf die neue Nebenstrafe usw. anzurechnen, um, ähnlich dem Härteausgleich, Nachteile zu vermeiden, die dem Gedanken des § 55 zuwiderlaufen würden.[119]

53 **2.** Soweit aufgrund der neu abzuurteilenden Tat allein oder in Verbindung mit der schon abgeurteilten Tat **erstmals** die **Anordnung einer Nebenfolge** usw. in Betracht kommt, hat der Gesamtstrafenrichter über sie wie über die Gesamtstrafe selbständig zu entscheiden. Sofern es sich nicht um zwingende Folgen handelt, hat er sein eigenes Ermessen auszuüben, wobei er sich auf den Standpunkt des zuerst erkennenden Gerichts zu stellen hat, das die neue Straftat mit abzuurteilen gehabt hätte, wenn sie schon bei ihm zur Anklage gekommen wäre.[120] Sein Spielraum wird für Nebenstrafen usw. ebenso wie für Hauptstrafen eingegrenzt durch die Feststellungen des früheren Urteils zum Schuldspruch und zu den Einzelstrafen. In diesen Grenzen kann das spätere Urteil erstmals eine der Folgen verhängen oder eine bereits früher verhängte Folge durch eine schwerere ersetzen.[121] Bei der einheitlichen Entscheidung über Nebenstrafen usw. dürfen die jeweiligen *Höchstgrenzen* ebenso wenig überschritten werden wie bei gleichzeitiger Aburteilung aller Taten.[122]

54 **3.** Die früheren Nebenstrafen usw. sind nicht aufrechtzuerhalten, wenn sie durch die neue Entscheidung **gegenstandslos** werden. Der Begriff „gegenstandslos" wird vom Gesetz nicht definiert. Die Materialien zu § 55 Abs. 2 verweisen auf § 76 Abs. 2 i.d.F. des 1. StrRG, dessen Begründung wiederum auf § 70 Abs. 2 E 1962 und dessen amtliche Begründung (BT-Drucks. V/4094) Bezug nimmt, die sich jedoch mit der Angabe von Beispielen begnügt: Habe z. B. das frühere Urteil die Fähigkeit, öffentliche Ämter zu bekleiden, auf Zeit entzogen (§ 45 Abs. 2), während nun als Gesamtstrafe eine Freiheitsstrafe verhängt werde, die kraft Gesetzes die Amtsunfähigkeit auf die Dauer von 5 Jahren zur Folge habe (§ 45 Abs. 1), so sei diese Nebenfolge zu streichen. Ebenso sei eine vorbeugende Verwahrung aufzuheben, wenn in dem neuen Urteil Sicherungsverwahrung angeordnet werde, weil die beiden Maßregeln nebeneinander keinen Bestand haben könnten (§ 86 Abs. 2 E 1962). Daraus ist als *Begriffsbestimmung* abgeleitet worden, eine bereits früher angeordnete Nebenfolge werde grundsätzlich dann gegenstandslos, wenn sie entweder nach ihren Voraussetzungen nicht mehr begründet oder infolge anderer Rechtsfolgen überflüssig geworden sei (*Sch/Schröder/Sternberg-Lieben/Bosch* Rdn. 59; *Fischer* Rdn. 30; *Lackner/Kühl/Heger* Rdn. 18). Das hat zu der Schlussfolgerung geführt, § 55 Abs. 2 betreffe nicht den Fall, dass eine schon früher angeordnete Nebenfolge in der Gesamtstrafenentscheidung anlässlich der **noch nicht abgeurteilten Tat** an sich **erneut angeordnet** werden müsste. Insoweit handele es sich um eine *Verschärfung* der bereits früher angeordneten Nebenfolge, die deshalb durch die neue Entscheidung *nicht* gegenstandslos werde. Um diesem Schluss vorzubeugen, wird der Begriff auch so ausgelegt,

---

118 *Bringewat* Gesamtstrafe Rdn. 303; *Lackner/Kühl/Heger* Rdn. 17; *Pohlmann* Rpfleger **1970** 233; vgl. auch OLG Dresden NZV **1993** 402; **aA** *Sch/Schröder/Sternberg-Lieben/Bosch* Rdn. 54; *Frister* NK Rdn. 56.
119 *Bringewat* aaO; vgl. zu dieser Konstellation *Sch/Schröder/Sternberg-Lieben/Bosch* Rdn. 54.
120 BGHSt **7** 180, 182; OLG Hamm NJW **1964** 1285; OLG Zweibrücken NJW **1968** 312; *Sch/Schröder/Sternberg-Lieben/Bosch* Rdn. 55.
121 BGHR StGB § 55 Abs. 2 Aufrechterhalten 7; BGH, Urt. v. 29.5.2008 – 3 StR 94/08 jeweils zum Wertersatzverfall; *Sch/Schröder/Sternberg-Lieben/Bosch* Rdn. 56.
122 BGHSt **24** 205; BGH NJW **2003** 1613, 1615; BGHR StGB § 55 Abs. 2 Aufrechterhalten 5; *Frister* NK Rdn. 57; *Sch/Schröder/Sternberg-Lieben/Bosch* Rdn. 60–65; *Fischer* Rdn. 32; *v. Heintschel-Heinegg* MK Rdn. 48; *Matt/Renzikowski/Bußmann* Rdn. 32.

dass die frühere Anordnung gegenstandslos wird, wenn sie in dem neuen Urteil ihrer Wirkung nach ohnehin enthalten ist (*R. Schmitt* ZStW **75** (1963) 191; *Geppert* MDR **1972** 280, 285; vgl auch *v. Heintschel-Heinegg* MK Rdn. 49).

a) Nach der in Rechtsprechung und Literatur vorherrschenden Auffassung können im Bereich der Nebenstrafen, Nebenfolgen und Maßnahmen früher angeordnete Rechtsfolgen *durch Zeitablauf* oder sonstige Umstände *gegenstandslos werden*, weil sie ihre tatsächliche oder rechtliche Erledigung gefunden haben. Bietet die neue Tat lediglich die Grundlage für eine inhaltlich gleiche Nebenfolge wie die frühere Rechtsfolgenentscheidung, soll es mit der Aufrechterhaltung der früheren Rechtsfolgenentscheidung sein Bewenden haben, sofern sie noch nicht rechtlich oder tatsächlich erledigt ist (BGH NJW **2009** 2903, 2904).[123] Das gilt auch in der Rechtsmittelinstanz (BGH NJW **2000** 3654, 3655). Dem liegt das Bestreben zugrunde, solche Täter nicht zu benachteiligen, deren weitere Tat bei gleichzeitiger Aburteilung keinen Anlass für die Anordnung einer schwereren oder weiterreichenden Nebenfolge geboten hätte. 55

Praktisch bedeutsam ist die Frage der Anrechnung des teilweisen oder vollständigen Fristablaufs früherer Nebenfolgeanordnungen vor allem bei der *Entziehung der Fahrerlaubnis* nach § 69 und der *Festsetzung einer Sperrfrist* nach § 69a. Sind auch bei der neu abzuurteilenden Tat die Voraussetzungen des § 69a gegeben, beginnt nach der h. M. der Lauf der neben der nachträglich gebildeten Gesamtstrafe neu festzusetzenden zeitlichen Sperrfrist schon mit der Rechtskraft der früheren Entscheidung, wenn diese ebenfalls eine Sperrfrist festgesetzt hatte.[124] Die damit verbundene Anrechnung ist zwar mit dem Wesen der Maßregel nicht ohne weiteres zu vereinbaren, sie ist aber wegen des Zwecks des § 55 hinnehmbar und auch geboten;[125] da nur eine Anrechnung sicherstellt, dass die gesetzliche Höchstgrenze aus § 69a Abs. 1 Satz 1 nicht überschritten wird. Sind bei der neu abzuurteilenden Tat die Voraussetzungen für eine Maßregel nach §§ 69 ff nicht gegeben, so sind die Entziehung der Fahrerlaubnis und eine früher verhängte Sperrfrist lediglich aufrechtzuerhalten; das gilt auch, wenn durch Einstellung nach § 154 Abs. 2 StPO eine mögliche Anlasstat entfällt und die übrigen Taten eine Maßregel nach §§ 69, 69a nicht rechtfertigen.[126] Ist die früher verhängte Sperre im Zeitpunkt der die frühere Verurteilung einbeziehenden Entscheidung infolge Zeitablaufs erledigt, kann nur noch die Entziehung der Fahrerlaubnis aufrechterhalten werden, weil die Anordnung der Sperre gegenstandslos geworden ist (BGH NJW **2002** 1813 f).[127] 56

b) Außer durch Fristablauf bei zeitlich befristeten Maßnahmen usw. kann eine frühere Nebenfolgenentscheidung aber auch dadurch gegenstandslos werden, dass eine neu festzusetzende Nebenfolge, Nebenstrafe oder Maßnahme die frühere in ihren Wirkungen *mit einschließt*. So macht die Anordnung von Maßregeln nach §§ 69 ff das neben einer einzubeziehenden Strafe ausgesprochene Fahrverbot nach § 44 gegenstandslos ebenso wie eine Verurteilung wegen eines Verbrechens zu einer Freiheitsstrafe von min- 57

---

123 BGHSt **30** 305, 306; **42** 305, 307 f; BGH NJW **1979** 2113; NStZ **1998** 79; OLG Karlsruhe NStZ-RR **1999** 211; *Bringewat* Gesamtstrafe Rdn. 309 f; *Lackner/Kühl/Heger* Rdn. 18; *Jäger* SK Rdn. 38; *Fischer* Rdn. 31.
124 BGHSt **24** 205, 207; BGH NStZ **1992** 231; BGH NJW **2000** 3654; BGHR StGB § 55 Abs. 2 Aufrechterhalten 3; OLG Köln VRS **61** 348, 349; OLG Stuttgart VRS **71** 275; *Frister* NK Rdn. 57; *Fischer* Rdn. 32 und § 69 Rdn. 27; *Bringewat* Gesamtstrafe Rdn. 312 f.
125 Ebenso *Frister* NK Rdn. 57; *Lackner/Kühl/Heger* Rdn. 18; *Matt/Renzikowski/Bußmann* Rdn. 32; **aA** *Geppert* MDR **1972** 280 und *Geppert* LK § 69a Rdn. 62 ff; *Sch/Schröder/Sternberg-Lieben/Bosch* Rdn. 69/70.
126 BGH NStZ **2001** 245; *Fischer* Rdn. 33; *Matt/Renzikowski/Bußmann* Rdn. 32.
127 BGH StV **1983** 14; NStZ **1996** 433; BGH Beschl. v. 29.7.2009 – 2 StR 264/09; *Fischer* Rdn. 29; *SSW/Eschelbach* Rdn. 35.

destens einem Jahr mit dem in § 45 Abs. 1 zwingend vorgesehenen Verlust der Amtsfähigkeit auf die Dauer von fünf Jahren einen früheren Ausspruch nach § 45 Abs. 2 gegenstandslos werden lässt (*Frister* NK Rdn. 55; *Lackner/Kühl/Heger* Rdn. 18; *SSW/Eschelbach* Rdn. 35). Dasselbe gilt für die Anordnung der Unterbringung in einem psychiatrischen Krankenhaus nach § 63 oder für die Anordnung der Sicherungsverwahrung nach § 66, die ihren Wirkungen nach jeweils über die Anordnung der Unterbringung in einer Entziehungsanstalt nach § 64 hinausreichen und diese deshalb *mit einschließen* (BGHSt **30** 305, 307; *Sch/Schröder/Sternberg-Lieben/Bosch* Rdn. 59; *v. Heintschel-Heinegg* MK Rdn. 49). Die früher neben einer Einzelstrafe angeordnete Sicherungsverwahrung ist demgegenüber aufrechtzuerhalten, auch wenn die frühere Einzelstrafe in eine lebenslange Gesamtfreiheitsstrafe (§ 54 Abs. 1 Satz 1) Eingang findet (*v. Heintschel-Heinegg* MK Rdn. 46).

58 Gibt die neu abzuurteilende Tat dagegen nur Anlass, eine Nebenfolge, Nebenstrafe oder Maßnahme anzuordnen, die einer früher bereits angeordneten Nebenfolge usw. in jeder Hinsicht entspricht, so hat es mit der Aufrechterhaltung der früheren Anordnung sein Bewenden (BGH NJW **2009** 2903, 2904).[128] Denn der Täter soll auch im Bereich der Nebenfolgenentscheidung entsprechend dem Grundgedanken des § 55 so gestellt werden, wie er bei gleichzeitiger Aburteilung aller Taten gestanden hätte. Das führt bei einer Maßregelanordnung nach § 64 dazu, dass sie bei Vorliegen ihrer Voraussetzungen dann neu anzuordnen ist, wenn sie zwar schon in einem anderen Verfahren angeordnet worden war, die jetzt abzuurteilende Tat aber *nach* der früheren Verurteilung begangen wurde und sie der erste Tatrichter damit bei seiner Entscheidung nicht berücksichtigen konnte (BGH NStZ **1992** 432). Liegen hingegen die Voraussetzungen der nachträglichen Gesamtstrafenbildung vor, so hat § 55 Vorrang vor § 67f und es verbleibt bei der aufrechtzuerhaltenden früheren Maßregelanordnung nach § 64 (st. Rspr.; BGH NStZ-RR **2011** 243; BGH Beschl. v. 22.7.2005 – 2 StR 258/05 und Beschl. v. 31.5.2011 – 3 StR 132/11). Dieselben Grundsätze gelten bei der Frage, ob eine bereits früher angeordnete Maßregel nach § 63 bloß aufrechtzuerhalten oder erneut anzuordnen ist (BGH Urt. v. 23.6.2009 – 5 StR 149/09, = NStZ 2009, 565). Ist eine nachträgliche Gesamtstrafenbildung wegen der mitunter zufälligen Zäsurwirkung (vgl. hierzu *SSW/Eschelbach* Rdn. 12 a. E.) einer weiteren Vorverurteilung nicht möglich, so finden nach der Rechtsprechung die dargelegten Grundsätze des § 55 Abs. 2 gleichwohl Anwendung. Trotz fehlender konkreter Anwendbarkeit des § 55 kommt die erneute Anordnung jedenfalls einer Maßregel nach § 64 auch dann nicht in Betracht, wenn die Tat bei der früheren Anordnungsentscheidung – jedenfalls zeitlich gesehen – hätte mitberücksichtigt werden können (BGH NStZ **1998** 79; ferner BGH Beschl. vom 8.11.1991 – 2 StR 409/91).

59 Nach diesen Grundsätzen ist eine neben einer früheren gesamtstrafenfähigen Strafe angeordnete Sicherungsverwahrung auch dann lediglich aufrechtzuerhalten, wenn die konkret abzuurteilende Tat ebenfalls als Anlasstat i.S.d. § 66 in Betracht kommt (BGHR StGB § 55 Abs. 2 Aufrechterhalten 4). Im Übrigen macht die Anordnung der Sicherungsverwahrung eine frühere Unterbringung nach § 63 nicht gegenstandslos, da die Unterbringung in einem psychiatrischen Krankenhaus kein geringeres, sondern ein anderes Übel ist als die Sicherungsverwahrung (BGHSt **5** 312, 314; **42** 306, 308; *Sch/Schröder/Sternberg-Lieben/Bosch* Rdn. 59). Vielmehr können, wenn die jeweiligen Voraussetzungen erfüllt sind, grundsätzlich beide Maßregelarten nebeneinander angeordnet werden,

---

128 BGHSt **30** 305, 307 f; **42** 306, 307 f m. kritischer Anm. *Bringewat* JR **1998** 122; BGH NJW **1979** 2113; **1998** 79; NStZ **1992** 231; OLG Karlsruhe NStZ-RR **1999** 211; *Lackner/Kühl/Heger* Rdn. 18; *Jäger* SK Rdn. 38; *Fischer* Rdn. 31; *Bringewat* Gesamtstrafe Rdn. 309 f.

allerdings ist nach § 72 der Grundsatz der Verhältnismäßigkeit zu beachten (BGH NStZ **1995** 284 f; ferner BGH NJW **1991** 1244).

60 **c)** Über den Wortlaut des § 55 Abs. 2 hinaus kann eine Nebenstrafe oder Maßregel auch deshalb gegenstandslos geworden sein, weil sie *auf andere Weise* ihre *Erledigung* gefunden hat. So kann sich eine Einziehung nach §§ 74 ff, § 33 BtMG bereits erledigt haben, weil das Eigentum an den sichergestellten Gegenständen mit der Rechtskraft der die Einziehung anordnenden Entscheidung bereits auf den Staat übergegangen ist (§ 75 Abs. 1), so dass es keiner weiteren Vollstreckung bedarf; der Gesamtstrafenrichter kann die bereits eingetretene Erledigung im Tenor seiner Entscheidung klarstellen (BGH NStZ-RR **2016** 368, 369; vgl. auch BGHR StGB § 55 Abs. 2 Aufrechterhalten 8; BGH Beschlüsse v. 2.6.2005 – 3 StR 123/05, v. 10.8.2010 – 3 StR 286/10 und v. 4.4.2019 – 5 StR 114/19). Das Gleiche gilt in den Fällen der Entziehung der Fahrerlaubnis und der Einziehung des Führerscheins, die mit der Rechtskraft der sie anordnenden früheren Entscheidung wirksam werden; eines Ausspruchs über ihre Aufrechterhaltung bedarf es deshalb nach § 55 Abs. 2 nicht mehr (BGH DAR **2004** 229; NStZ-RR **2010** 58; BGH Besch. v. 18.11.2015 – 4 StR 449/15). Stellt sich im Rahmen einer nachträglichen Gesamtstrafenbildung nach § 55 heraus, dass die Voraussetzungen einer im Zusammenhang mit einer einzubeziehenden Strafe früher angeordneten und noch vollzogenen Unterbringung nach § 63 entfallen sind, kann der Gesamtstrafenrichter diese als gegenstandslos behandeln und aus Anlass der vom ihm abzuurteilenden Tat die Unterbringung in der Sicherungsverwahrung anordnen, wenn die Voraussetzungen des § 66 im Übrigen vorliegen; § 72 Abs. 1 hat insoweit Vorrang vor § 55 Abs. 2 (BGHSt **42** 306, 309 ff mit kritischer Anm. *Bringewat* JR **1998** 122).[129]

VI. Nachträgliche Gesamtstrafenbildung im Beschlussverfahren nach § 460 StPO

61 Ist entgegen der Vorschrift des § 55 eine Gesamtstrafenbildung nicht erfolgt, so bietet § 460 StPO einen *zusätzlichen* Rechtsbehelf zur Sicherung der mit § 55 verfolgten Ziele (BGHSt **12** 1, 5).[130] Die Anwendung des § 460 StPO war nach dem bis zum 1. September 2004 geltenden Recht erst dann möglich, wenn die Bildung einer Gesamtstrafe nach § 55 wegen eingetretener Rechtskraft aller in Betracht kommenden Urteile ausgeschlossen ist (BGHSt **12** 1, 6; **23** 98, 99). § 460 StPO hatte auch außer Betracht zu bleiben, wenn der Richter bei der früheren Verurteilung die Anwendung des § 55 ausdrücklich geprüft und – wenn auch aus Rechtsirrtum – verneint hat.[131] Das herkömmliche Verfahren nach § 460 StPO setzte erst dann ein, wenn sich ergab, dass der erkennende Richter die Frage der Gesamtstrafenbildung, sei es auch rechtsirrig, nicht geprüft[132] oder sie zulässigerweise dem nachträglichen Beschlussverfahren überlassen hatte. Inhaltlich verweist § 460 StPO auf § 55; hier wie dort gelten dieselben Grundsätze, d.h. insbesondere, sind sämtliche

---

129 Vgl. auch *Sch/Schröder/Sternberg-Lieben/Bosch* Rdn. 59; zweifelnd *Lackner/Kühl/Heger* Rdn. 18; zur Vollstreckungsproblematik insgesamt *U. Schneider* NStZ **2004** 649 ff.

130 Vgl. zum ganzen ausführlicher *Appl* KK StPO § 460; *Meyer-Goßner/Schmitt* StPO § 460; *Graf/Coen* StPO § 460; *SSW/Hanft* StPO § 460; *v. Heintschel-Heinegg* MK Rdn. 50 ff; *Sch/Schröder/Sternberg-Lieben/Bosch* Rdn. 75.

131 BGHSt **35** 208, 214; OLG Koblenz MDR **1975** 73; OLG Düsseldorf VRS **78** 291; OLG Hamburg NStZ **1992** 607 mit Anm. *Maatz*; *Graalmann-Scheerer* LR StPO § 460 Rdn. 4; *v. Heintschel-Heinegg* MK Rdn. 53; **aA** *Schrader* MDR **1974** 720.

132 OLG Karlsruhe NStZ **1987** 186; OLG Stuttgart NStZ **1989** 47; vgl. auch OLG Hamm NStZ-RR **2008** 235; *Meyer-Goßner/Schmitt* StPO 460 Rdn. 3.

Strafen verbüßt, kommt eine nachträgliche Gesamtstrafenbildung nicht mehr in Betracht (BGH NJW **1953** 1879, 1880; *Sch/Schröder/Sternberg-Lieben/Bosch* Rdn. 75).

62 Der Gesamtstrafenrichter kann nach der strikten Unterscheidung zwischen nachträglicher Gesamtstrafenbildung im Erkenntnisverfahren gemäß § 55 und derjenigen im Beschlusswege den Verurteilten nach § 460 StPO *nicht zusätzlich* mit Nebenstrafen, Nebenfolgen und Maßnahmen beschweren, da die Neuverhängung von Rechtsfolgen dem Erkenntnisverfahren vorbehalten bleibt; er darf nur die bisher in den einzelnen Urteilen verhängten Folgen koordinieren.[133] Ob die mit § 354 Abs. 1b StPO neu eröffnete Möglichkeit, die in einem Urteil nach den Grundsätzen des § 55 fehlerhaft gebildete Gesamtstrafen zu deren Korrektur in das Beschlussverfahren zu verweisen, auch insoweit eine Änderung der Rechtslage nach sich zieht, ist nur vereinzelt problematisiert worden.[134]

63 **1.** Durch das Erste Gesetz zur Modernisierung der Justiz vom 30. August 2004 (BGBl. I S. 2198 ff) ist am 1. September 2004 u. a. § 354 Abs. 1b StPO in Kraft getreten. Mit dieser Vorschrift soll, neben der Möglichkeit des Revisionsgericht, gemäß § 354 Abs. 1b Satz 3 i. V. m. Abs. 1a Satz 1 oder 2 StPO in der Sache (Gesamtstrafenbildung) selbst zu entscheiden, mit „dem bewährten Verfahren" nach §§ 460, 462 StPO eine zeit- und kostensparende Verfahrensform zur zügigen Erledigung fehlerhafter Teile der Rechtsfolgenentscheidung eines angefochtenen Urteils zur Verfügung gestellt werden.[135] Daneben lässt das Gesetz dem Revisionsgericht aber auch die Möglichkeit offen, das Verfahren zur neuen Gesamtstrafenbildung wie bisher nach § 354 Abs. 2 StPO aufzuheben und an eine andere Abteilung oder eine andere Kammer des Gerichts zurückzuverweisen.[136] Dies folgt schon aus dem Wortlaut des § 354 Abs. 1b StPO („kann dies mit der Maßgabe geschehen, ..."). Eine Aufhebung und Zurückverweisung nach § 354 Abs. 2 StPO hat zur Folge, dass über die Gesamtstrafe nur aufgrund einer neuen Hauptverhandlung unter Ausschöpfung ihrer besonderen Erkenntnismittel im Strengbeweisverfahren entschieden werden kann. Das kommt insbesondere dann in Betracht, wenn das mit der Revision angefochtene Urteil sich nicht zum Vollstreckungsstand einer möglicherweise zur nachträglichen Gesamtstrafenbildung geeigneten Vorverurteilung verhält und auch ein Härteausgleich wegen bereits eingetretener Erledigung durch Vollstreckung im Raum steht, der dem Tatgericht nach Durchführung einer Hauptverhandlung vorbehalten ist (BGH NStZ-RR **2016** 251).[137] Überdies wird die Anwendung von § 354 Abs. 1b StPO regelmäßig nicht in Betracht kommen, wenn dem Tatrichter bei der Bildung der Gesamtstrafe „echte Zumessungsfehler" unterlaufen sind (BGH NStZ-RR **2005** 374, 375). Von der Zurückverweisung ins Nachtragsverfahren ist auch abzusehen, wenn keine Gewissheit darüber besteht, dass überhaupt eine nachträgliche Gesamtstrafenbildung vorzunehmen ist bzw. unklar ist, ob und in welcher Weise die Gesamtstrafenbildung rechtsfehlerhaft ist (BGH Beschl. v. 16.8.2018 – 5 StR 348/18; dort Rdn. 18; anders hingegen BGH Beschlüsse v. 16.1.2018 – 2 StR 160/17 und v. 12.3.2018 – 4 StR 494/17; vgl. auch *Graf/Wiedner* StPO § 354 Rdn. 96; *Meyer-Goßner/Schmitt* StPO § 354 Rdn. 31).

---

133 *Sch/Schröder/Sternberg-Lieben/Bosch* Rdn. 75; *Meyer-Goßner/Schmitt* StPO § 460 Rdn. 18 m.w.N.
134 Siehe dazu *Senge* FS Hans Dahs (2005) S. 475, 492.
135 BT-Drucks. 15/3482 S. 22; vgl. hierzu auch die vorherigen Gesetzesinitiativen: Gesetzentwurf des BR für ein Zweites Gesetz zur Entlastung der Rechtspflege vom 7. Mai 1996, BT-Drucks. 13/4541; Gesetzentwürfe der CDU/CSU-Fraktion für ein Strafverfahrensbeschleunigungsgesetz vom 5. Oktober 1999, BT-Drucks. 14/1714 und vom 20. Mai 2003, BT-Drucks. 15/999; *Peglau* JR **2005** 143; *Franke* GA **2006** 261, 266.
136 *Meyer-Goßner/Schmitt* StPO § 354 Rdn. 31; *SSW/Momsen* StPO § 354 Rdn. 52.
137 BGH Beschl. v. 10.6.2014 – 3 StR 246/14 und Beschl. v. 25.10.2017 – 2 StR 408/16; zur Vornahme eines Härteausgleichs im Nachtragsverfahren siehe aber auch BGH NStZ-RR **2015** 20; vgl. auch *Gericke* KK StPO § 354 Rdn. 26i.

2. Zuständig für die nachträgliche Gesamtstrafenbildung ist nach §§ 460, 462a Abs. 3 StPO nicht die Strafvollstreckungskammer, sondern – unabhängig davon, ob bisher nur auf Einzelstrafen oder auf eine oder mehrere Gesamtstrafen erkannt wurde – das Gericht des ersten Rechtszuges, das die schwerste und bei gleich schweren die höchste Einzelstrafe verhängt hat (BGHSt **11** 293; BGH NJW **1976** 1512; MDR **1986** 69); kommen danach mehrere Gerichte in Betracht, ist zuständig das Gericht, dessen Urteil zuletzt ergangen ist (§ 462a Abs. 3 S. 2 StPO).[138] **64**

Hieraus ergibt sich auch das für die Korrektur der fehlerhaften Gesamtstrafenbildung zuständige Gericht, wenn das Revisionsgericht hierfür auf den Beschlussweg verwiesen hat. Dabei kann dahinstehen, ob es nach § 354 Abs. 1b Satz 1 StPO in der Revisionsinstanz neben dem förmlichen Ausspruch der Urteilsaufhebung einer (ausdrücklichen) Zurückverweisung an ein bestimmtes Gericht bedarf oder nicht (so jedenfalls BGH StV **2005** 9; anders hingegen BGH NStZ **2005** 163).[139] Wenn das Revisionsgericht im Umfang der Aufhebung nicht selbst entscheidet, indem es die fehlerhaft begründete, aber angemessene Gesamtstrafe bestätigt oder auf Antrag der Staatsanwaltschaft angemessen herabsetzt, was bei fehlerhafter Gesamtstrafenbildung nach § 354 Abs. 1b Satz 3 StPO auch möglich ist, oder nach Satz 2 dieser Vorschrift verfährt, wird das Verfahren in diesem Umfang – der Sache nach – an den kraft Gesetzes nach § 460 StPO i. V. m. § 462a Abs. 3 StPO zuständigen Richter verwiesen (vgl. auch BGH NJW **2005** 376; NStZ **2005** 163; Beschl. v. 22.12.2004 – 2 StR 417/04). Das ist nach der Konzeption des Gesetzes (§§ 460, 462, 462a Abs. 3 und Abs. 6 StPO) das Gericht des ersten Rechtszuges (*Appl* KK StPO § 462a Rdn. 32), und zwar nicht selten der Richter oder die Strafkammer, deren Entscheidung über die Gesamtstrafe als fehlerhaft aufgehoben wurde (hierzu krit. *Wasserburg* GA **2006** 393, 394); dasselbe gilt in den Fällen, in denen als Folge einer revisionsgerichtlichen Entscheidung Einzelstrafen entfallen sind – sei es durch Änderung des Schuldspruchs, durch Einstellung einzelner Taten oder durch Teilfreispruch –, so dass deshalb die Gesamtstrafe neu gebildet werden muss, und in der Revisionsentscheidung insoweit auf den Beschlussweg nach §§ 460, 462 StPO verwiesen worden ist (vgl. dazu oben § 54 Rdn. 17). Als Rechtsmittel steht gegen diese Beschlussentscheidung lediglich das Beschwerdeverfahren (§ 462 Abs. 2 StPO) mit einer eigenen Sachentscheidungskompetenz des Beschwerdegerichts (§ 309 Abs. 2 StPO) zur Verfügung (*Meyer-Goßner/Schmitt* StPO § 309 Rdn. 3 und § 460 Rdn. 24). Hält hingegen das Revisionsgericht das Beschlussverfahren wegen der Schwierigkeit der Sache oder aus sonstigen Rechtsgründen nicht für geeignet, verbleibt es bei der Aufhebung und Zurückverweisung nach § 354 Abs. 2 StPO (vgl. BGH StV **2005** 9, 10; NStZ-RR **2005** 374, 375; BGH Beschl. v. 21.7.2009 – 5 StR 269/09, dort Rdn. 3) mit der Folge, dass auch eine neue Hauptverhandlung über die Frage der Gesamtstrafenbildung notwendig wird und die Entscheidung durch Urteil ergeht, das erneut mit der Revision angefochten werden kann. **65**

Damit erweist sich die neue Entscheidungskompetenz des Revisionsgerichts gemäß § 354 Abs. 1b StPO, ein Urteil wegen fehlerhafter Gesamtstrafenbildung entweder insoweit selbst abzuändern oder nach § 354 Abs. 2 StPO aufzuheben und zurückzuverweisen oder mit der Maßgabe aufzuheben, „dass eine nachträgliche gerichtliche Entscheidung über die Gesamtstrafe nach §§ 460, 462 StPO zu treffen ist“, auch als Weichenstellung für den anschließend mit der Entscheidung über die nachträgliche Gesamtstrafe befassten **66**

---

138 Dazu näher OLG Köln StraFo **2004** 424, 425; *Appl* KK StPO § 462a Rdn. 32; *Meyer-Goßner/Schmitt* StPO § 462a Rdn. 25 ff.

139 Zustimmend *Eisenberg/Haeseler* StraFo **2005** 221, 223. Anders wohl der Gesetzgeber: Beschlussempfehlung und Bericht des Rechtsausschusses zum Entwurf eines Gesetzes zur Modernisierung der Justiz BT-Drucks. 15/3482 S. 22, so wie schon die amtliche Begründung BT-Drucks. 13/4541 S. 25; vgl. hierzu auch *Senge* aaO S. 492.

gesetzlichen Richter und den sich hieran anschließenden Instanzenzug. Dies begegnet jedoch keinen verfassungsrechtlichen Bedenken (*Senge* FS Hans Dahs S. 475, 493).[140]

140 Wegen des Ermessenscharakters dieser Vorschrift werden mit Blick auf die Garantie des gesetzlichen Richters (Art. 101 Abs. 1 Satz 2 GG) demgegenüber Bedenken geäußert: *Güntge* NStZ **2005** 208, 210; vgl. auch *Eisenberg/Haeseler* StraFo **2005** 221, 222; vgl. auch *Wasserburg* GA **2006** 393, 395 ff.

Sachregister

https://doi.org/10.1515/9783110300499-028